Frankfurter Kommentar

Frankfurter Kommentar

GwG

Geldwäschegesetz, GeldtransferVerordnung, relevante Vorgaben aus KWG, VAG, StGB und AO

Herausgegeben von

Dr. Uta Zentes, LL.M.
Rechtsanwältin, Frankfurt am Main

und

Sebastian Glaab
Rechtsanwalt, Frankfurt am Main

Bearbeitet von:

Dr. Emanuel H. F. Ballo; Franz Blaschek; Luisa R. Geiling, LL.M.;
Sebastian Glaab; Annina K. Greite; Silke Jachinke; Dr. Joachim Kaetzler;
Carsten Lang; Robin A. Pichler; Daniel Sandmann, E.-M.B.L. (St. Gallen);
Dr. Dirk Scherp; Dr. Oliver v. Schweinitz, LL.M.; Dr. Marcus Sonnenberg;
Dr. Ocka Stumm, LL.M.; Simone Weber; Jacob P. E. Wende;
Elke Weppner, MM; Sören Wollesen; Dr. Uta Zentes, LL.M.

Fachmedien Recht und Wirtschaft | dfv Mediengruppe | Frankfurt am Main

Zitiervorschlag: *Bearbeiter*, in: Zentes/Glaab, GwG

Bibliografische Information der Deutschen Nationalbibliothek

Die Deutsche Nationalbibliothek verzeichnet diese Publikation in der Deutschen Nationalbibliografie; detaillierte bibliografische Daten sind im Internet über http://dnb.de abrufbar.

ISBN 978-3-8005-1664-3

dfv′ Mediengruppe

© 2018 Deutscher Fachverlag GmbH, Fachmedien Recht und Wirtschaft, Frankfurt am Main

Der Verlag im Internet: www.ruw.de

Das Werk einschließlich aller seiner Teile ist urheberrechtlich geschützt. Jede Verwertung außerhalb der engen Grenzen des Urheberrechtsgesetzes ist ohne Zustimmung des Verlages unzulässig und strafbar. Das gilt insbesondere für Vervielfältigungen, Bearbeitungen, Übersetzungen, Mikroverfilmungen und die Einspeicherung und Verarbeitung in elektronischen Systemen.

Satzkonvertierung: Lichtsatz Michael Glaese GmbH, 69502 Hemsbach

Druck und Verarbeitung: Beltz Bad Langensalza GmbH, 99947 Bad Langensalza

Vorwort

Wir freuen uns, Ihnen mit dem vorliegenden Kommentar ein Werk zur Verfügung zu stellen, das sich durch eine möglichst umfassende Kommentierung der wesentlichen geldwäscherechtlichen Vorgaben im deutschen Recht auszeichnet. Das Geldwäscherecht in Deutschland umfasst neben der Geldwäsche auch die Terrorismusfinanzierung, wobei wir aus Gründen der Vereinfachung – und wie gemeinhin im Metier der Geldwäscheprävention üblich – nachfolgend beide Risikobereiche unter dem Begriff der Geldwäsche zusammenfassen.

Neben dem Geldwäschegesetz und der Geldtransferverordnung als zentrale Regulierungen zum Geldwäscherecht, haben wir insbesondere auch ergänzende Vorschriften sowie spezialgesetzliche Normen aus Abgabenordnung, Kreditwesengesetz und Versicherungsaufsichtsgesetz in die Kommentierung einbezogen. Zudem liefert das Werk eine Kommentierung zu § 261 StGB. Hierdurch soll den Anwendern erstmals der Zugriff auf die wesentlichen geldwäscherechtlichen Vorschriften in einem Standardwerk gewährt werden. Dies erleichtert die Recherche zu Fragen des Tagesgeschäfts, für die dieses Werk juristische und praktische Hinweise liefern möchte.

Die besondere Herausforderung dieser ersten Auflage bestand darin, dass ein vollständig neu formuliertes sowie neu strukturiertes Geldwäschegesetz innerhalb eines Zeitraums zu kommentieren war, zu dem noch keine abgestimmten und einheitlichen Auslegungs- und Anwendungshinweise seitens der Aufsichtsbehörden bzw. der Verbände verfügbar waren. Ihnen liegt somit ein Kommentar vor, der an vielen Stellen fachliches Neuland betritt. Dies betrifft insbesondere die neuen Vorschriften zu Begriffsbestimmungen, wirtschaftlich Berechtigten, Kundensorgfaltspflichten, zum Transparenzregister, zur Zentralstelle für Finanztransaktionsuntersuchungen, zum Bußgeldregime und zur Haftung.

Wir wünschen Ihnen viel Erfolg bei der risikobasierten Arbeit mit diesem Werk und nehmen Wünsche und Anregungen für die zweite Auflage gerne entgegen.

Frankfurt am Main, im Februar 2018

Dr. Uta Zentes
Sebastian Glaab

Bearbeiterverzeichnis

Dr. Emanuel H. F. Ballo	Rechtsanwalt, Gleiss Lutz, Frankfurt am Main
Franz Blaschek	Leiter KYC, AML u. Sanctions Officer, München
Luisa R. Geiling, LL.M. (McGeorge)	Rechtsanwältin, Frankfurt am Main
Sebastian Glaab	Rechtsanwalt, Head of AML/Compliance, VTB Bank (Europe) SE, Frankfurt am Main
Annina K. Greite	Rechtsanwältin, Starnberg
Silke Jachinke	Rechtsanwältin, Kanzlei Jachinke, Duisburg
Dr. Joachim Kaetzler	Rechtsanwalt, Frankfurt am Main
Carsten Lang	Rechtsanwalt, Leitung Compliance, Geldwäsche- und Betrugsprävention, European Bank for Financial Services GmbH (ebase®), München
Robin A. Pichler, Dipl.-Jur.	GGV Grützmacher Gravert Viegener Partnerschaft mbH, Frankfurt am Main
Daniel Sandmann, E.-M.B.L. (St. Gallen)	Rechtsanwalt in München, Lehrbeauftragter an der Universität Augsburg (ZWW) und der ICN Business School, Nancy
Dr. Dirk Scherp	Rechtsanwalt, Gleiss Lutz, Frankfurt am Main
Dr. Oliver v. Schweinitz, LL.M.	Rechtsanwalt, Steuerberater, Fachanwalt für Steuerrecht, Attorney-at-Law (New York), GGV Grützmacher Gravert Viegener Partnerschaft mbH, Hamburg/Frankfurt am Main
Dr. Marcus Sonnenberg	Syndikusrechtsanwalt bei einem kreditwirtschaftlichen Verband, Frankfurt am Main
Dr. Ocka Stumm, LL.M.	Rechtsanwältin, Steuerberaterin, Gleiss Lutz, Frankfurt am Main

Bearbeiterverzeichnis

Simone Weber	Rechtsanwältin, Knierim & Kollegen Rechtsanwälte, Mainz, und Wissenschaftliche Mitarbeiterin am Lehrstuhl für Strafrecht und Strafprozessrecht von Prof. Dr. Zopfs, Johannes Gutenberg-Universität Mainz
Sören Wollesen	Rechtsanwalt, GGV Grützmacher Gravert Viegener Partnerschaft mbB, Hamburg
Jacob P. E. Wende	Frankfurt am Main
Elke Weppner, MM	Rechtsanwältin (Syndikusrechtsanwältin), Verband der Auslandsbanken in Deutschland e.V., Frankfurt am Main
Dr. Uta Zentes, LL.M.	Rechtsanwältin, Frankfurt am Main

Inhaltsverzeichnis

Vorwort V
Bearbeiterverzeichnis VII
Abkürzungsverzeichnis XIII

Geldwäschegesetz (GwG)

Geschichte der Geldwäschebekämpfung 1

Abschnitt 1
Begriffsbestimmungen und Verpflichtete

§ 1	Begriffsbestimmungen	21
§ 2	Verpflichtete, Verordnungsermächtigung	69
§ 3	Wirtschaftlich Berechtigter	147

Abschnitt 2
Risikomanagement

§ 4	Risikomanagement	171
§ 5	Risikoanalyse	184
§ 6	Interne Sicherungsmaßnahmen	202
§ 7	Geldwäschebeauftragter	258
§ 8	Aufzeichnungs- und Aufbewahrungspflicht	295
§ 9	Gruppenweite Einhaltung von Pflichten	307

Abschnitt 3
Sorgfaltspflichten in Bezug auf Kunden

§ 10	Allgemeine Sorgfaltspflichten	323
§ 11	Identifizierung	368
§ 12	Identitätsüberprüfung, Verordnungsermächtigung	383
§ 13	Verfahren zur Identitätsüberprüfung, Verordnungsermächtigung .	401
§ 14	Vereinfachte Sorgfaltspflichten, Verordnungsermächtigung	407
§ 15	Verstärkte Sorgfaltspflichten, Verordnungsermächtigung	433
§ 16	Besondere Vorschriften für das Glücksspiel im Internet	450
§ 17	Ausführung der Sorgfaltspflichten durch Dritte, vertragliche Auslagerung	463

Inhaltsverzeichnis

Abschnitt 4
Transparenzregister

§ 18	Einrichtung des Transparenzregisters und registerführende Stelle	482
§ 19	Angaben zum wirtschaftlich Berechtigten.....................	492
§ 20	Transparenzpflichten im Hinblick auf bestimmte Vereinigungen .	502
§ 21	Transparenzpflichten im Hinblick auf bestimmte Rechtsgestaltungen	549
§ 22	Zugängliche Dokumente und Datenübermittlung an das Transparenzregister, Verordnungsermächtigung	556
§ 23	Einsichtnahme in das Transparenzregister, Verordnungsermächtigung..................................	566
§ 24	Gebühren und Auslagen, Verordnungsermächtigung	588
§ 25	Übertragung der Führung des Transparenzregisters, Verordnungsermächtigung..................................	595
§ 26	Europäisches System der Registervernetzung, Verordnungsermächtigung..................................	603

Abschnitt 5
Zentralstelle für Finanztransaktionsuntersuchungen

§ 27	Zentrale Meldestelle.......................................	606
§ 28	Aufgaben, Aufsicht und Zusammenarbeit.....................	611
§ 29	Datenverarbeitung und weitere Verwendung..................	623
§ 30	Entgegennahme und Analyse von Meldungen	627
§ 31	Auskunftsrecht gegenüber inländischen öffentlichen Stellen, Datenzugriffsrecht...	632
§ 32	Datenübermittlungsverpflichtung an inländische öffentliche Stellen	642
§ 33	Datenaustausch mit Mitgliedstaaten der Europäischen Union	651
§ 34	Informationsersuchen im Rahmen der internationalen Zusammenarbeit..	663
§ 35	Datenübermittlung im Rahmen der internationalen Zusammenarbeit..	666
§ 36	Automatisierter Datenabgleich im europäischen Verbund	680
§ 37	Berichtigung, Einschränkung der Verarbeitung und Löschung personenbezogener Daten aus automatisierter Verarbeitung und bei Speicherung in automatisierten Dateien	682
§ 38	Berichtigung, Einschränkung der Verarbeitung und Vernichtung personenbezogener Daten, die weder automatisiert verarbeitet werden noch in einer automatisierten Datei gespeichert sind	689
§ 39	Errichtungsanordnung.....................................	695
§ 40	Sofortmaßnahmen	699

§ 41	Rückmeldung an den meldenden Verpflichteten	706
§ 42	Benachrichtigung von inländischen öffentlichen Stellen an die Zentralstelle für Finanztransaktionsuntersuchungen	710

Abschnitt 6
Pflichten im Zusammenhang mit Meldungen von Sachverhalten

§ 43	Meldepflicht von Verpflichteten	712
§ 44	Meldepflicht von Aufsichtsbehörden	742
§ 45	Form der Meldung, Verordnungsermächtigung	746
§ 46	Durchführung von Transaktionen	754
§ 47	Verbot der Informationsweitergabe, Verordnungsermächtigung	758
§ 48	Freistellung von der Verantwortlichkeit	771
§ 49	Informationszugang und Schutz der meldenden Beschäftigten	776

Abschnitt 7
Aufsicht, Zusammenarbeit, Bußgeldvorschriften, Datenschutz

§ 50	Zuständige Aufsichtsbehörde	783
§ 51	Aufsicht	799
§ 52	Mitwirkungspflichten	816
§ 53	Hinweise auf Verstöße	825
§ 54	Verschwiegenheitspflicht	833
§ 55	Zusammenarbeit mit anderen Behörden	843
§ 56	Bußgeldvorschriften	851
§ 57	Bekanntmachung von bestandskräftigen Maßnahmen und von unanfechtbaren Bußgeldentscheidungen	877
§ 58	Datenschutz	885
§ 59	Übergangsregelung	891

Anlage 1 (zu den §§ 5, 10, 14, 15) Faktoren für ein potenziell geringeres Risiko 895

Anlage 2 (zu den §§ 5, 10, 14, 15) Faktoren für ein potenziell höheres Risiko 897

EU-Geldtransferverordnung (GTVO)

Art. 1	Gegenstand	901
Art. 2	Geltungsbereich	902
Art. 3	Begriffsbestimmungen	908
Art. 4	Bei Geldtransfers zu übermittelnde Angaben	913
Art. 5	Geldtransfers innerhalb der Union	917

Inhaltsverzeichnis

Art. 6	Geldtransfers nach außerhalb der Union	921
Art. 7	Feststellung fehlender Angaben zum Auftraggeber oder zum Begünstigten	923
Art. 8	Geldtransfers mit fehlenden oder unvollständigen Angaben zum Auftraggeber oder zum Begünstigten	929
Art. 9	Bewertung und Verdachtsmeldung	935
Art. 10	Erhaltung der Angaben zum Auftraggeber und zum Begünstigten bei einem Geldtransfer	936
Art. 11	Feststellung fehlender Angaben zum Auftraggeber oder zum Begünstigten	937
Art. 12	Geldtransfers mit fehlenden Angaben zum Auftraggeber oder zum Begünstigten	938
Art. 13	Bewertung und Verdachtsmeldung	939
Art. 14	Erteilung von Informationen	941
Art. 15	Datenschutz	942
Art. 16	Aufbewahrung von Aufzeichnungen	945
Art. 17	Verwaltungsrechtliche Sanktionen und Maßnahmen	948
Art. 18	Besondere Bestimmungen	950
Art. 19	Bekanntmachung von Sanktionen und Maßnahmen	950
Art. 20	Anwendung von Sanktionen und Maßnahmen durch die zuständige Behörde	951
Art. 21	Meldung von Verstößen	952
Art. 22	Überwachung	954
Art. 23	Ausschussverfahren	956
Art. 24	Vereinbarungen mit Ländern und Gebieten, die nicht Teil des Unionsgebiets sind	957
Art. 25	Leitlinien	960
Art. 26	Aufhebung der Verordnung (EG) Nr. 1781/2006	961
Art. 27	Inkrafttreten	962

Kreditwesengesetz (KWG) *(Auszug)*

§ 24c	Automatisierter Abruf von Kontoinformationen	963
§ 25h	Interne Sicherungsmaßnahmen	979
§ 25i	Allgemeine Sorgfaltspflichten in Bezug auf E-Geld (nicht kommentiert)	996
§ 25j	Zeitpunkt der Identitätsüberprüfung	998
§ 25k	Verstärkte Sorgfaltspflichten	1000
§ 25l	Geldwäscherechtliche Pflichten für Finanzholding-Gesellschaften	1005
§ 25m	Verbotene Geschäfte	1008

Versicherungsaufsichtsgesetz (VAG) *(Auszug)*
§§ 52–55 1011

Strafgesetzbuch (StGB) *(Auszug)*
§ 261 Geldwäsche; Verschleierung unrechtmäßig erlangter
       Vermögenswerte.. 1025

Abgabenordnung (AO) *(Auszug)*
§ 154 Kontenwahrheit 1053

Sachregister 1073

Abkürzungsverzeichnis

3. GWRL	Richtlinie 2005/60/EG des Europäischen Parlaments und des Rates vom 26. Oktober 2005 zur Verhinderung der Nutzung des Finanzsystems zum Zwecke der Geldwäsche und der Terrorismusfinanzierung
4. GWRL	Richtlinie (EU) 2015/849 des Europäischen Parlaments und des Rates vom 20. Mai 2015 zur Verhinderung der Nutzung des Finanzsystems zum Zwecke der Geldwäsche und der Terrorismusfinanzierung, zur Änderung der Verordnung (EU) Nr. 648/2012 des Europäischen Parlaments und des Rates und zur Aufhebung der Richtlinie 2005/60/EG des Europäischen Parlaments und des Rates und der Richtlinie 2006/70/EG der Kommission
4. FMFG	Viertes Finanzmarktförderungsgesetz
a. A./A. A.	andere Ansicht
a. a. O.	am angegebenen Ort
a. E.	am Ende
a. F.	alte Fassung
ABl.	Amtsblatt
Abs.	Absatz
AEAO	Anwendungserlass zur Abgabenordnung
AEUV	Vertrag über die Arbeitsweise der Europäischen Union, Konsolidierte Fassung, ABl. EU 2010 C 83/47
AktG	Aktiengesetz in der Fassung vom 6. September 1965 (BGBl. I S. 1089), geändert durch Artikel 26 des Gesetzes vom 23. Juli 2013 (BGBl. I S. 2586)
AML	Anti-Money Laundering
Anh.	Anhang
Anm.	Anmerkung
AnwBl.	Anwaltsblatt (Zeitschrift)
Art.	Artikel
AO	Abgabenordnung
AuA	Auslegungs- und Anwendungshinweise der Deutschen Kreditwirtschaft (Stand: 1.2.2014)
Aufl.	Auflage
Az.	Aktenzeichen
BaFin	Bundesanstalt für Finanzdienstleistungsaufsicht
BAG	Bundesarbeitsgericht
BAnz	Bundesanzeiger
BB	Betriebs-Berater (Zeitschrift)

Abkürzungsverzeichnis

Bd.	Band
BDSG	Bundesdatenschutzgesetz in der Fassung der Bekanntmachung vom 14. Januar 2003 (BGBl. I S. 66), geändert zuletzt durch Artikel 1 des Gesetzes vom 14. August 2009 (BGBl. I S. 2814)
BeckOK	Beck'scher Online-Kommentar
BetrVG	in der Fassung der Bekanntmachung vom 25. September 2001 (BGBl. I S. 2518), zuletzt geändert durch Artikel 3 Absatz 4 des Gesetzes vom 20. April 2013 (BGBl. I S. 868)
Beschl.	Beschluss
BFH	Bundesfinanzhof
BFHE	Sammlung der Entscheidungen des BFH
BGB	Bürgerliches Gesetzbuch in der Fassung der Bekanntmachung vom 2. Januar 2002 (BGBl. I S. 42, 2909; 2003 I S. 738), geändert durch Artikel 4 Absatz 5 des Gesetzes vom 1. Oktober 2013 (BGBl. I S. 3719)
BGBl.	Bundesgesetzblatt
BGH	Bundesgerichtshof
BGHZ	Entscheidungssammlung des Bundesgerichtshofes in Zivilsachen
BIS	Bank for International Settlements
BKA	Bundeskriminalamt
BKartA	Bundeskartellamt
BMF	Bundesministerium für Finanzen
BRAO	Bundesrechtsanwaltsordnung in der im Bundesgesetzblatt Teil III, Gliederungsnummer 303-8, veröffentlichten bereinigten Fassung, geändert durch Artikel 7 des Gesetzes vom 10. Oktober 2013 (BGBl. I S. 3786)
BStBl.	Bundessteuerblatt (Zeitschrift)
BT-Drs.	Bundestagsdrucksache
BVerfG	Bundesverfassungsgericht
bzw.	beziehungsweise
CDD	Customer Due Diligence
CR	Computer & Recht (Zeitschrift)
CRD IV-Umsetzungsgesetz	Gesetz zur Umsetzung der Richtlinie 2013/36/EU über den Zugang zur Tätigkeit von Kreditinstituten und die Beaufsichtigung von Kreditinstituten und Wertpapierfirmen und zur Anpassung des Aufsichtsrechts an die Verordnung (EU) Nr. 575/2013 über Aufsichtsanforderungen an Kreditinstitute und Wertpapierfirmen vom 28.8.2013 (BGBl. I S. 3395 ff.)
CTF	Counter Terrorist Financing
DB	Der Betrieb (Zeitschrift)
ders.	derselbe

d. h.	das heißt
DK	Deutsche Kreditwirtschaft
DSGVO	Datenschutz-Grundverordnung, Verordnung (EU) 2016/679 des europäischen Parlaments und des Rates vom 27. April 2016 zum Schutz natürlicher Personen bei der Verarbeitung personenbezogener Daten, zum freien Datenverkehr und zur Aufhebung der Richtlinie 95/46/EG (Datenschutz-Grundverordnung)
DStRE	Deutsches Steuerrecht Entscheidungsdienst (Zeitschrift)
DStZ	Deutsche Steuer-Zeitung (Zeitschrift)
DuD	Datenschutz und Datensicherheit (Zeitschrift)
EBA/ESMA, EIOPA, Draft RTS	Finaler Bericht „Draft Joint Regulatory Technical Standards on the measures credit institutions and financial institutions shall take to mitigate the risk of money laundering and terrorist financing where a third country's law does not permit the application of group-wide policies and procedures" vom 6.12.2017
E.C.L.R.	European Competition Law Review (Zeitschrift)
ECN	European Competition Network
EFTA	Europäische Freihandelsassoziation
EG	Europäische Gemeinschaft
EGAO	Einführungsgesetz zur Abgabenordnung
EGMR	Europäischer Gerichtshof für Menschenrechte
EGV	Vertrag zur Gründung der Europäischen Gemeinschaft, ABl. EG 2001 C 80/1
eIDAS-Verordnung	Verordnung (EU) Nr. 910/2014 des europäischen Parlaments und des Rates vom 23. Juli 2014 über elektronische Identifizierung und Vertrauensdienste für elektronische Transaktionen im Binnenmarkt und zur Aufhebung der Richtlinie 1999/93/EG
EMRK	Europäische Menschenrechtskonvention
Entsch.	Entscheidung
EStG	Einkommensteuergesetz in der Fassung der Bekanntmachung vom 8. Oktober 2009 (BGBl. I S. 3366, 3862), geändert zuletzt durch Artikel 1 des Gesetzes vom 15. Juli 2013 (BGBl. I S. 2397)
etc.	et cetera
EU	Europäische Union
EuG	Gericht der Europäischen Union
EuGH	Gerichtshof der Europäischen Union
EU KOM	Europäische Kommission
EUR	Euro

Abkürzungsverzeichnis

EUV	Vertrag über die Europäische Union, Konsolidierte Fassung, ABl. EU 2010, C 83/13
EuZW	Europäische Zeitschrift für Wirtschaftsrecht (Zeitschrift)
EWG	Europäische Wirtschaftsgemeinschaft
EWR	Europäischer Wirtschaftsraum
EWS	Europäisches Wirtschafts- und Steuerrecht (Zeitschrift)
f.	folgende
FATCA	Foreign Account Tax Compliance Act
FATF	Financial Action Task Force
ff.	fortfolgende
FGO	Finanzgerichtsordnung
FinDAG	Gesetz über die Bundesanstalt für Finanzdienstleistungsaufsicht (Finanzdienstleistungsaufsichtsgesetz)
FIU	Financial Intelligence Unit
FKAustG	Finanzkonten-Informationsaustauschgesetz
Fn.	Fußnote
GDV	Gesamtverband der Deutschen Versicherungswirtschaft e. V.
GewO	Gewerbeordnung in der Fassung der Bekanntmachung vom 22. Februar 1999 (BGBl. I S. 202), geändert durch Artikel 2 des Gesetzes vom 6. September 2013 (BGBl. I S. 3556)
GG	Grundgesetz für die Bundesrepublik Deutschland in der im Bundesgesetzblatt Teil III, Gliederungsnummer 100-1, veröffentlichten bereinigten Fassung, geändert zuletzt durch Artikel 1 des Gesetzes vom 11. Juli 2012 (BGBl. I S. 1478)
ggf.	gegebenenfalls
GTVO	Verordnung (EU) 2015/847 des Europäischen Parlaments und des Rates vom 20. Mai 2015 über die Übermittlung von Angaben bei Geldtransfers und zur Aufhebung der Verordnung (EU) Nr. 1781/2006
GWB	Gesetz gegen Wettbewerbsbeschränkungen, in der Fassung der Bekanntmachung vom 15. Juli 2005 (BGBl. I S. 2114; 2009 I S. 3850), zuletzt durch Artikel 3 des Gesetzes vom 22. Dezember 2010 (BGBl. I S. 2262) geändert
GwBekErgG	Gesetz zur Ergänzung der Bekämpfung der Geldwäsche und der Terrorismusfinanzierung (Geldwäschebekämpfungsergänzungsgesetz)
GwG	Gesetz über das Aufspüren von Gewinnen aus schweren Straftaten (Geldwäschegesetz – GwG)
GwG-Novelle 2017	Gesetz zur Umsetzung der Vierten EU-Geldwäscherichtlinie, zur Ausführung der EU-Geldtransferverordnung und zur Neuorganisation der Zentralstelle für Finanztransaktionsuntersuchungen vom 23. Juni 2017
HGB	Handelsgesetzbuch

Abkürzungsverzeichnis

h. M.	herrschende Meinung
ICC	International Chamber of Commerce
i. d. F.	in der Fassung
i. d. R.	in der Regel
insb.	insbesondere
i. S. d.	im Sinne des/der
IStR	Internationales Steuerrecht (Zeitschrift)
i. S. v.	im Sinne von
i. Z. m.	im Zusammenhang mit
i. V. m.	in Verbindung mit
Juris-PR_StrafR juris	PraxisReport Strafrecht (Zeitschrift)
Kap.	Kapitel
KG	Kammergericht
KMU	kleine und mittlere Unternehmen
Komm.	Kommission der Europäischen Union
KWG	Gesetz über das Kreditwesen
KYC	Know-Your-Customer
Leitlinien	Mitteilung der Kommission, Leitlinien für vertikale Beschränkungen, ABl. EU 2010 C 130/1
LG	Landgericht
lit.	litera (Buchstabe)
LKA	Landeskriminalamt
Mio.	Millionen
MMR	Multimedia und Recht (Zeitschrift)
Mrd.	Milliarden
m. w. N.	mit weiteren Nachweisen
n. F.	neue Fassung
NJW	Neue Juristische Wochenschrift (Zeitschrift)
NJZO	Neue Juristische Online Zeitschrift (Zeitschrift)
Nr./Nrn.	Nummer/Nummern
n. rkr.	nicht rechtskräftig
NStZ	Neue Zeitschrift für Strafrecht (Zeitschrift)
NZA	Neue Zeitschrift für Arbeitsrecht (Zeitschrift)
NZG	Neue Zeitschrift für Gesellschaftsrecht (Zeitschrift)
OLG	Oberlandesgericht
OWiG	Gesetz über Ordnungswidrigkeiten in der Fassung der Bekanntmachung vom 19. Februar 1987 (BGBl. I S. 602), geändert durch Artikel 18 des Gesetzes vom 10. Oktober 2013 (BGBl. I S. 3786)
PEP	Politisch exponierte Person
RAO	Reichsabgabenordnung
RDV	Recht der Datenverarbeitung (Zeitschrift)

Abkürzungsverzeichnis

rkr.	rechtskräftig
Rn.	Randnummer
Rs.	Rechtssache
Rspr.	Rechtsprechung
S.	Seite
Slg.	Sammlung der Rechtsprechung des Gerichtshofs und des Gerichts der Europäischen Union
s. o.	siehe oben
StB	Der Steuerberater (Zeitschrift)
StBp	Die steuerliche Betriebsprüfung (Zeitschrift)
StGB	Strafgesetzbuch in der Fassung der Bekanntmachung vom 13. November 1998 (BGBl. I S. 3322), geändert durch Artikel 6 Absatz 18 des Gesetzes vom 10. Oktober 2013 (BGBl. I S. 3799)
StPO	in der Fassung der Bekanntmachung vom 7. April 1987 (BGBl. I S. 1074, 1319), geändert durch Artikel 5 Absatz 4 des Gesetzes vom 10. Oktober 2013 (BGBl. I S. 3799)
st. Rspr.	ständige Rechtsprechung
s. u.	siehe unten
Tz.	Textziffer
UmgBG	Steuerumgehungsbekämpfungsgesetz
Urt.	Urteil
usw.	und so weiter
u. U.	unter Umständen
UVP	Unverbindlicher Verkaufspreis/Preisempfehlung
v.	von, vom
VAG	Versicherungsaufsichtsgesetz
verb.	verbunden
vgl.	vergleiche
VO	Verordnung
wB	wirtschaftlich Berechtigter
WM	Zeitschrift für Wirtschafts- und Bankrecht (Zeitschrift)
WRP	Wettbewerb in Recht und Praxis (Zeitschrift)
WuW	Wirtschaft und Wettbewerb (Zeitschrift)
WuW/E	Wirtschaft und Wettbewerb, Entscheidungssammlung
ZAG	Gesetz über die Beaufsichtigung von Zahlungsdiensten (Zahlungsdiensteaufsichtsgesetz)
z. B.	zum Beispiel
Ziff.	Ziffer
zit.	zitiert
ZGR	Zeitschrift für Unternehmens- und Gesellschaftsrecht (Zeitschrift)

ZKG	Gesetz zur Umsetzung der Richtlinie über die Vergleichbarkeit von Zahlungskontoentgelten, den Wechsel von Zahlungskonten sowie den Zugang zu Zahlungskonten mit grundlegenden Funktionen (ZKG) vom 11.4.2016
ZKRL	EU-Zahlungskontenrichtlinie, Richtlinie 2014/92/EU des Europäischen Parlaments und des Rates vom 23.7.2014 über die Vergleichbarkeit von Zahlungskontoentgelten, den Wechsel von Zahlungskonten und den Zugang zu Zahlungskonten mit grundlegenden Funktionen, Abl. Nr. L 257 vom 28.8.2014, S. 214 (Payment Account Directive = PAD)
ZIdPrüfV	Verordnung über die Bestimmung von Dokumenten, die zur Überprüfung der Identität einer nach dem Geldwäschegesetz zu identifizierenden Person zum Zwecke des Abschlusses eines Zahlungskontovertrags zugelassen werden (Zahlungskonto-Identitätsprüfungsverordnung)
ZPO	Zivilprozessordnung in der Fassung der Bekanntmachung vom 5. Dezember 2005 (BGBl. I S. 3202; 2006 I S. 431; 2007 I S. 1781), geändert durch Artikel 1 des Gesetzes vom 10. Oktober 2013 (BGBl. I S. 3786)
ZWeR	Zeitschrift für Wettbewerbsrecht (Zeitschrift)

Geschichte der Geldwäschebekämpfung

Schrifttum: *Ackmann/Reder,* Geldwäscheprävention in Kreditinstituten nach Umsetzung der Dritten EG-Geldwäscherichtlinie, WM 2009, 158 (Teil 1) und 200 (Teil 2); *Friese/ Brehm,* Das neue Transparenzregister: Effektiver Kampf gegen Geldwäsche oder Bürokratie-Monstrum?, GWR 2017, 271; *Herzog/Hoch,* Politisch exponierte Personen unter Beobachtung – Konsequenzen aus der 3. EU-Geldwäscherichtlinie und damit verbundene Fragen des Datenschutzes, WM 2007, 1997; *Höche,* Der Entwurf einer dritten EU-Richtlinie zur Verhinderung der Nutzung des Finanzsystems zu Zwecken der Geldwäsche und der Finanzierung des Terrorismus, WM 2005, 8; *Möllers/Vosskuhle/Walter,* Internationales Verwaltungsrecht, 2007; *Rößler,* Auswirkungen der vierten EU-Anti-Geldwäsche-Richtlinie auf die Kreditwirtschaft, WM 2015, 1406; *Schneider/Dreer/Riegler,* Geldwäsche – Formen, Akteure, Größenordnungen – und warum die Politik machtlos ist, 2006; *Sotiriadis/Heimerdinger,* Die Umsetzung der 3. EG-Geldwäscherichtlinie und ihre Bedeutung für die Finanzwirtschaft, BKR 2009, 234; *Spoerr/ Roberts,* Die Umsetzung der Vierten Geldwäscherichtlinie: Totale Transparenz, Geldwäschebekämpfung auf Abwegen?, WM 2017, 1142; *Wegner,* Die Reform der Geldwäsche-Richtlinie und die Auswirkungen auf rechtsberatende Berufe, NJW 2002, 794; *Zentes/Glaab,* Regulatorische Auswirkungen des Vorschlages der 4. EU-Geldwäscherichtlinie, BB 2013, 707; *dies.,* Referentenentwurf zur Umsetzung der 4. EU-Geldwäscherichtlinie – Was kommt auf die Verpflichteten zu?, BB 2017, 67.

Übersicht

	Rn.		Rn.
I. Einleitung	1	IV. Die Entwicklung des deutschen Geldwäschegesetzes	27
II. Internationale Vorgaben zur Bekämpfung von Geldwäsche und Terrorismusfinanzierung	4	1. Die Ursprünge des Geldwäschegesetzes aus dem Jahr 1993	28
1. Internationale Gremien und Entwicklungen der Geldwäschebekämpfung	5	2. Die vollständige Überarbeitung des Geldwäschegesetzes im Jahr 2008	32
2. Die Financial Action Task Force (FATF) als weltweiter Standardsetzer	9	3. Vorgaben durch den Deutschland-Bericht der FATF aus dem Jahr 2010	35
III. Europäische Richtlinien	13	4. Weitere Anpassungen der europäischen Vorgaben in den Jahren ab 2013	39
1. Erste Geldwäscherichtlinie	14		
2. Zweite Geldwäscherichtlinie	18		
3. Dritte Geldwäscherichtlinie	19	5. Erhebliche Erweiterung des Geldwäschegesetzes im Jahr 2017	45
4. Vierte Geldwäscherichtlinie	22		
5. Fünfte Geldwäscherichtlinie	25		

I. Einleitung

Kaum eine Geschichte steht so beispielhaft für die Geldwäschebekämpfung wie die des legendären Gangsters Al Capone.[1] Der Mafiaboss aus Chicago wurde

---

[1] Sein vollständiger Name war Alphonse Capone (1899–1947).

GwG Geschichte der Geldwäschebekämpfung

nämlich nicht wegen seiner zahlreichen kriminellen Verbrechen wie dem illegalen Glücksspiel, Alkoholhandel, Prostitution oder Schutzgelderpressung festgenommen, diese konnte man ihm nicht nachweisen, sondern weil es ihm nicht möglich war, der Bundessteuerbehörde der Vereinigten Staaten (Internal Revenue Service – IRS) zu erklären, woher sein ganzes Vermögen stammte. Damit wird die Idee des Gesetzgebers bei der Geldwäschebekämpfung deutlich. Man will der Organisierten Kriminalität entgegenwirken, indem man die Weiterverbreitung der Erlöse aus strafbaren Vortaten verhindert. Die Erlöse sollen untauglich gemacht werden. Der Tatbestand der Geldwäsche nach § 261 StGB sieht vor, dass es strafbar ist, wenn man Vermögenswerte aus strafbaren Vortaten „wäscht" – also verbirgt, deren Herkunft verschleiert oder die Ermittlung der Herkunft, das Auffinden, die Einziehung oder die Sicherstellung eines solchen Gegenstandes vereitelt oder gefährdet.

2   Der **Begriff der Geldwäsche** wurde aus dem Amerikanischen übernommen. Das „money laundering" beschreibt anschaulich den Vorgang, dass Waschsalons dazu genutzt worden sind, hohe Bargeldbeträge aus kriminellen Vortaten unter die legalen Einnahmen zu mischen und so die Herkunft zu verschleiern.[2] Es ist typisch für kriminelle Vortaten insbesondere aus dem Drogenhandel, dass aus ihnen hohe Bargeldbeträge erzielt werden. Diese hohen Bargeldbeträge wieder in den Finanzkreislauf einzubringen, ist auffällig und birgt ein erhebliches Entdeckungsrisiko. Waschsalons haben sich dafür besonders gut geeignet, da bei ihnen von Natur aus ein hohes Bargeldaufkommen besteht. Die heutigen Methoden gehen selbstverständlich weit über die Nutzung von bargeldintensiven Gewerbeeinrichtungen hinaus und können international aufgestellte Firmen- und Finanzkonstrukte umfassen.

3   Neben der **Bekämpfung** der Geldwäsche tritt seit den Anschlägen vom 11.9.2001 das Ziel verstärkt in den Vordergrund, die **Finanzierung des Terrorismus** zu bekämpfen. Diese beiden Themenbereiche werden oft verbunden, da die terroristischen Vereinigungen ebenso wie die Organisierte Kriminalität in ihren Strukturen sehr viele Gemeinsamkeiten aufweisen. Allerdings bestehen auch Besonderheiten, da sich terroristische Vereinigungen nicht nur aus illegalen Mitteln, sondern auch aus legalen Einnahmequellen finanzieren (z. B. Spendeneinnahmen durch gemeinnützige Organisationen).[3]

---

2   Ausführlich zu der Geschichte sowie zu den Methoden der Geldwäsche siehe *Schneider/Dreer/Riegler*, Geldwäsche, S. 11 ff.
3   Siehe näher zum Missbrauch von gemeinnützigen Organisationen zur Unterstützung der Terrorismusfinanzierung den FATF/GAFI-Bericht über Geldwäsche-Typologien 2002–2003 vom 14.2.2003, S. 11, abrufbar in deutscher Übersetzung auf der Internetseite der BaFin, www.bafin.de/SharedDocs/Downloads/DE/Bericht/dl_rs_0402_gw_anlage_typologiebericht.pdf?__blob=publicationFile&v=2, zuletzt abgerufen am 21.8.2017.

II. Internationale Vorgaben zur Bekämpfung von Geldwäsche und Terrorismusfinanzierung

Die deutschen Regelungen zur Bekämpfung der Geldwäsche und Terrorismusfinanzierung finden fast ausnahmslos ihren Ursprung in internationalen und europäischen Vorgaben. Ein Überblick zu der Entwicklung und den relevanten internationalen Institutionen ist nicht nur für ein besseres Verständnis notwendig, sondern auch bei der Auslegung und Anwendung des Geldwäschegesetzes zu berücksichtigen. 4

1. Internationale Gremien und Entwicklungen der Geldwäschebekämpfung

Erst Ende der 1980er Jahre wurde die Bekämpfung der Geldwäsche – getrieben von internationalen Initiativen – auch ein relevantes Thema in Deutschland. Dies hing damit zusammen, dass die Organisierte Kriminalität zunehmend die neuen Möglichkeiten der Globalisierung für sich nutzte. Der kriminelle Ursprung der Gelder konnte so einfacher verschleiert werden. Es bestand daher schnell Konsens, dass Gegenmaßnahmen, die ausschließlich auf nationaler Ebene getroffen würden, ohne der internationalen Koordinierung und Zusammenarbeit Rechnung zu tragen, eine nur sehr begrenzte Wirkung hätten.[4] 5

Einen wesentlichen Anfangspunkt für die internationale Bekämpfung der Geldwäsche markierten die Vereinten Nationen (United Nations – UN) mit dem Übereinkommen gegen den unerlaubten Verkehr mit Suchtstoffen und psychotropen Stoffen (sogenannte **„Wiener Drogenkonvention"**) vom 20.12.1988. Dieses Übereinkommen zielte darauf ab, gegen die Geldwäsche aus dem internationalen illegalen Drogenhandel mit der Einführung eines Straftatbestandes vorzugehen.[5] In den USA wurde bereits im Jahr 1986 ein eigener Straftatbestand der Geldwäsche mit dem „Money Laundering Control Act" eingeführt. 6

Neben dieser Initiative hat der **Basler Ausschuss für Bankaufsicht** (Basel Committee on Banking Supervision) zeitgleich im Dezember 1988 die Basler Grundsatzerklärung zur „Verhütung des Missbrauchs des Bankensystems für die Geldwäsche" verabschiedet.[6] Die Erklärung richtet sich an Banken und andere 7

---

4 Vgl. Erwägungsgründe der Richtlinie 91/308/EWG.
5 Siehe näher dazu die Unterrichtung durch die Bundesregierung, BT-Drs. 11/5525, sowie das Gesetz zu dem Übereinkommen der Vereinten Nationen vom 20.12.1988 gegen den unerlaubten Verkehr mit Suchtstoffen und psychotropen Stoffen (Vertragsgesetz Suchtstoffübereinkommen 1988) vom 22.7.1993 (BGBl. II, S. 1136).
6 Basel Committee on Banking Supervision, Verhütung des Missbrauchs des Bankensystems für die Geldwäsche vom Dezember 1988, abrufbar unter www.bis.org/publ/bcbsc137de.pdf, zuletzt abgerufen am 23.8.2017.

Finanzinstitute. Es wurde unter anderem festgelegt, dass wirksame Verfahren durchgeführt werden müssen, um die sorgfältige Identifikation sämtlicher Geschäftspartner sicherzustellen. Damit sollen illegale Transaktionen abgewehrt werden. Zudem haben die Banken und andere Finanzinstitute mit den staatlichen Vollzugsorganen zusammenzuarbeiten.

8 Des Weiteren hat auch der **Europarat** am 8.11.1990 ein Übereinkommen über Geldwäsche sowie Ermittlung, Beschlagnahme und Einziehung von Erträgen aus Straftaten verabschiedet.[7] Die ratifizierenden Staaten sollen umfassend bei der Ermittlung, Beschlagnahme und Einziehung von Erträgen aus kriminellen Aktivitäten zusammenarbeiten. Das Übereinkommen beschränkt sich dabei nicht nur auf den Bereich des Drogenhandels, sondern erfasst vielmehr die Bekämpfung der Schwerkriminalität im Allgemeinen.

2. Die Financial Action Task Force (FATF) als weltweiter Standardsetzer

9 Die unterschiedlichen internationalen Initiativen verdeutlichen das Problem, dass die organisierte Kriminalität weltweit tätig ist und die globalen Finanzströme für ihre Zwecke nutzt. Eine wirksame Bekämpfung war nur auf internationaler Ebene möglich, daher wurde der Ruf nach einer internationalen Arbeitsgruppe immer lauter. Im Juni 1989 erfolgte auf dem Weltwirtschaftsgipfel der G7-Staaten in Paris die Gründung der „**Financial Action Task Force**" (FATF) als zwischenstaatliches Gremium. Sie wurde bei der Organisation für wirtschaftliche Zusammenarbeit und Entwicklung (OECD) angesiedelt und gilt bis heute als weltweiter Standardsetzer bei der Bekämpfung der Geldwäsche und Terrorismusfinanzierung.[8] Angegliedert sind bei der FATF 35 Mitgliedstaaten und zwei internationale Organisationen, womit die wesentlichen Finanzzentren der ganzen Welt erfasst sind.[9]

10 Das Ziel der FATF besteht darin, effektive regulatorische und operationelle Maßnahmen zur Bekämpfung der Geldwäsche und Terrorismusfinanzierung zu fördern. Hierzu werden unterschiedliche Publikationen veröffentlicht. Allen voran sind dabei die **40 Empfehlungen** zu nennen, welche erstmalig 1990 veröffentlicht und in den Jahren 1996, 2001 und 2003 überarbeitet wurden. Die jetzt noch

---

7 Europarat, Übereinkommen über Geldwäsche sowie Ermittlung, Beschlagnahme und Einziehung von Erträgen aus Straftaten vom 8.11.1990, Sammlung Europäischer Verträge – Nr. 141.
8 *Ohler*, in: Möllers/Vosskuhle/Walter, Internationales Verwaltungsrecht, S. 263 f.
9 Zu den Mitgliedern der FATF gehören: Europäische Kommission, Golf-Kooperationsrat, Argentinien, Australien, Österreich, Belgien, Brasilien, Kanada, Volksrepublik China, Dänemark, Finnland, Frankreich, Deutschland, Griechenland, Island, Indien, Irland, Italien, Japan, Südkorea, Niederlande mit Aruba, Curaçao und Sint Maarten, Luxemburg, Mexiko, Malaysia, Neuseeland, Norwegen Portugal, Russland, Singapur, Südafrika, Spanien, Schweden, Schweiz, Türkei, Vereinigtes Königreich, Vereinigte Staaten.

II. Internationale Vorgaben zur Bekämpfung von Geldwäsche GwG

aktuellen FATF-Empfehlungen stammen aus dem Jahr 2012 und stellen die wesentliche Grundlage für den internationalen Standard zur Bekämpfung der Geldwäsche und Terrorismusfinanzierung dar. Daneben veröffentlicht die FATF weitere Publikationen zu unterschiedlichen Themen, die allesamt auf der Internetseite der FATF abrufbar sind (z. B. zum Thema virtuelle Währungen: „Virtual Currencies: Key Definitions and Potential AML/CFT Risks").[10]

Die **Empfehlungen der FATF** stellen keine rechtlich unmittelbar verbindlichen Regelungen weder für die Mitgliedstaaten noch für die Verpflichteten des Geldwäschegesetzes dar. Sie haben einen schlicht empfehlenden Charakter und werden allgemein als sogenanntes „**soft law**" verstanden.[11] Trotzdem haben sie eine bemerkenswerte Durchsetzungskraft. Dies ist einerseits auf den umfangreichen FATF-Mitgliederkreis der wichtigsten Industrienationen der Welt (z. B. Russland, Vereinigte Staaten, Volksrepublik China, Deutschland) zurückzuführen und andererseits auf einen ausgefeilten Überprüfungsmechanismus. Die Überprüfung erfolgt durch regelmäßige Fremdevaluationen („Mutual Evaluation"). Deutschland wurde im Jahr 2009 von der FATF in diesem Rahmen geprüft.[12] Dabei stellte man teilweise erhebliche Mängel bei der Umsetzung der FATF-Empfehlungen fest und hielt sie in einem 386-seitigen Bericht fest. Der deutsche Gesetzgeber sah sich gezwungen, zu handeln, und hat in der Folge das Gesetz zur Umsetzung der Zweiten E-Geld-Richtlinie sowie das Gesetz zur Optimierung der Geldwäscheprävention verabschiedet, um den Monita der FATF zu begegnen (siehe näher Rn. 35).[13] Folgt ein Land nicht den Empfehlungen der FATF, so droht es, als ein Hochrisikostaat oder als ein nicht-kooperativer Staat („Highrisk and non-cooperative jurisdictions") eingeordnet zu werden. Die anderen Mitgliedsländer der FATF werden durch regelmäßige Stellungnahmen („Public Statement") dazu aufgerufen, bei dem Kontakt mit diesen Ländern und Personen aus diesen Ländern angemessen hohe Sorgfaltspflichten zu beachten. Daneben veröffentlicht die FATF eine Liste mit Ländern, die Defizite im Hinblick auf wesentliche FATF-Empfehlungen aufweisen und unter Beobachtung stehen („Improving Global AML/CFT Compliance: On-going Process"). Es besteht ein erheblicher Druck für die Länder, nicht auf einer solchen „Schwarzen Liste" zu erscheinen.

Damit setzen die FATF-Empfehlungen **faktisch einen internationalen Standard**, der schon alleine aufgrund der unzureichenden demokratischen Legitima-

11

12

---

10 Alle Veröffentlichungen können auf der FATF-Internetseite www.fatf-gafi.org unter der Rubrik „Publications" abgerufen werden.
11 *Ohler*, in: Möllers/Vosskuhle/Walter, Internationales Verwaltungsrecht, S. 263; *Höche*, WM 2005, 8; *Herzog/Hoch*, WM 2007, 1997; *Rößler*, WM 2015, 1406, 1407.
12 FATF, Mutual Evaluation Report (Germany) Anti-Money Laundering and Combating the Financing of Terrorism vom 19.2.2010, abrufbar auf der Internetseite der FATF www.fatf-gafi.org.
13 BT-Drs. 17/3023, S. 1; BT-Drs. 17/6804, S. 1.

tion kritisiert wird.[14] Für die europäische Rechtsordnung gewinnen die FATF-Empfehlungen zudem besonderes Gewicht, da sie unmittelbar durch die europäischen Geldwäscherichtlinien in die Rechtsordnung einfließen. Im Erwägungsgrund 4 der Vierten Geldwäscherichtlinie wird festgehalten: „*Geldwäsche und Terrorismusfinanzierung finden häufig in internationalem Kontext statt. Maßnahmen, die nur auf nationaler oder selbst auf Unionsebene erlassen würden, ohne grenzübergreifende Koordinierung und Zusammenarbeit einzubeziehen, hätten nur sehr begrenzte Wirkung. Aus diesem Grund sollten die von der Union auf diesem Gebiet erlassenen Maßnahmen mit den im Rahmen der internationalen Gremien ergriffenen Maßnahmen vereinbar und mindestens so streng sein wie diese. Insbesondere sollten sie auch weiterhin den Empfehlungen der FATF und den Instrumenten anderer internationaler Gremien, die im Kampf gegen Geldwäsche und Terrorismusfinanzierung aktiv sind, Rechnung tragen. Um Geldwäsche und Terrorismusfinanzierung noch wirksamer bekämpfen zu können, sollten die einschlägigen Rechtsakte der Union gegebenenfalls an die internationalen Standards zur Bekämpfung von Geldwäsche, Terrorismus- und Proliferationsfinanzierung der FATF vom Februar 2012 angepasst werden.*"

III. Europäische Richtlinien

13   Die europäischen Geldwäscherichtlinien sind Ausgangspunkt und wesentliche Grundlage für das deutsche Geldwäscherecht. Rechtlich sind europäische Richtlinien für die Verpflichteten des Geldwäschegesetzes nicht unmittelbar verbindlich, sondern richten sich nach Art. 288 Abs. 3 AEUV zunächst nur an die Mitgliedstaaten. Diese sind beauftragt, die Anforderungen der Richtlinien innerhalb einer gesetzten Frist in innerstaatliches Recht umzusetzen.

1. Erste Geldwäscherichtlinie

14   Am 10.6.1991 wurde die Richtlinie des Rates zur Verhinderung der Nutzung des Finanzsystems zum Zwecke der Geldwäsche (91/308/EWG) verabschiedet, welche auch als sogenannte „**Erste Geldwäscherichtlinie**" bekannt geworden ist.[15]

15   Darin wurde festgehalten, dass nicht nur die Solidität und Stabilität eines Kredit- und Finanzinstitutes, sondern auch das Ansehen des Finanzsystems insgesamt ernsthaft Schaden erleiden kann und das Vertrauen in der Öffentlichkeit verloren geht, wenn Institute dazu benutzt werden, die Erlöse aus kriminellen Tätigkeiten zu waschen.[16] Die Bekämpfung der Geldwäsche ist als Vorgehensweise eines der

---

14 Siehe näher zu den verfassungsrechtlichen Fragen *Ohler*, in: Möllers/Vosskuhle/Walter, Internationales Verwaltungsrecht, S. 269 ff.
15 ABl. EG Nr. L 166, S. 77 vom 28.6.1991.
16 Erwägungsgründe der Richtlinie 91/308/EWG.

III. Europäische Richtlinien **GwG**

„wirksamsten Mittel" gegen die Zunahme der organisierten Kriminalität im Allgemeinen und des Rauschgifthandels im Besonderen.[17]

Die durch die Richtlinie festgelegten Vorgaben entsprechen noch heute den **wesentlichen Eckpunkten** der Geldwäscheregelungen in Europa. So wurde zunächst bestimmt, dass die Geldwäscher für ihre kriminellen Tätigkeiten nicht in den Genuss der Anonymität kommen dürfen. Daher sollen die Kredit- und Finanzinstitute von ihren Kunden die Bekanntgabe ihrer Identität verlangen, wenn sie zu ihnen in Geschäftsbeziehungen treten. Werden hingegen nur einzelne Transaktionen durchgeführt, dann muss eine Identifizierung zumindest ab einem bestimmten Schwellenwert stattfinden.[18] Damals wurde in der Richtlinie ein Betrag von 15.000 Europäische Währungseinheit (ECU) vorgegeben, der in Deutschland auf 20.000 Deutsche Mark festgesetzt wurde.[19] Auch der wirtschaftlich Berechtigte stand schon damals im Fokus, weswegen die Institute mit angemessenen Maßnahmen Informationen und die Identität einholen sollten.[20] Wesentliche Dokumente mussten mindestens fünf Jahre lang aufbewahrt werden.[21] Die Kredit- und Finanzinstitute sollten jede Transaktion besonders sorgfältig prüfen und geldwäscherelevante Ergebnisse den Behörden zur Verfügung stellen.[22] Schon damals wurde in der Richtlinie festgestellt, dass das Bankgeheimnis in diesen Fällen aufgehoben werden muss.[23] Besonders herausgehoben wurden auch schon die internen Sicherungsmaßnahmen. Nach der Richtlinie bleiben alle Maßnahmen wirkungslos, wenn die Kredit- und Finanzinstitute nicht einschlägige interne Kontrollverfahren und Fortbildungsprogramme einführen.[24]

Der **Adressatenkreis** richtete sich zunächst an Kredit- und Finanzinstitute. Allerdings sollten die Mitgliedstaaten dafür sorgen, dass die Bestimmungen der Geldwäscherichtlinie auch auf Berufe und Unternehmenskategorien ausgedehnt werden, die Tätigkeiten ausüben, die besonders geeignet sind, für Zwecke der Geldwäsche ausgenutzt zu werden.[25] Ein bei der Kommission eingesetzter Ausschuss sollte prüfen, um welche Berufe es sich dabei handelt.[26] Die Mitgliedstaa-

---

17 Erwägungsgründe der Richtlinie 91/308/EWG.
18 Erwägungsgründe und Art. 3 der Richtlinie 91/308/EWG.
19 Art. 3 Abs. 2 der Richtlinie 91/308/EWG, welcher im § 3 Abs. 1 GwG in der Fassung vom 25.10.1993 (BGBl. I, S. 1770) umgesetzt wurde.
20 Erwägungsgründe und Art. 3 Abs. 5 der Richtlinie 91/308/EWG.
21 Erwägungsgründe und Art. 4 der Richtlinie 91/308/EWG.
22 Art. 5 und 6 der Richtlinie 91/308/EWG.
23 Erwägungsgründe der Richtlinie 91/308/EWG.
24 Erwägungsgründe der Richtlinie 91/308/EWG. Die konkreten Vorgaben ergaben sich aus Art. 11 der Richtlinie 91/308/EWG.
25 Siehe Erwägungsgründe und Art. 12 der Richtlinie 91/308/EWG.
26 Art. 13 der Richtlinie 91/308/EWG.

ten sollten den Vorgaben der Richtlinie vor dem 1.1.1993 nachkommen.[27] In Deutschland wurde die Erste Geldwäscherichtlinie erst am 29.11.1993 umgesetzt (siehe Rn. 28).

2. Zweite Geldwäscherichtlinie

18 Die Erste Geldwäscherichtlinie wurde am 4.12.2001 geändert durch die Richtlinie 2001/97/EG (sogenannte „Zweite Geldwäscherichtlinie").[28] Zu den wesentlichen Erneuerungen gehörte, dass die Vorgaben nunmehr konkret auch auf den Nichtfinanzsektor ausgedehnt wurden. Hintergrund war die Feststellung der FATF, dass ein Trend zur zunehmenden Nutzung von Nichtfinanzunternehmen durch Geldwäscher besteht.[29] Daher wurden Abschlussprüfer, externe Buchprüfer und Steuerberater, Immobilienmakler, Notare und andere selbstständige Angehörige von Rechtsberufen, Güterhändler sowie Kasinos auch in den Kreis der Verpflichteten aufgenommen. Weiterhin sollte der Straftatbestand der Geldwäsche durch ein größeres Spektrum der Vortaten erweitert werden.[30] Trotz der zeitlichen Nähe zum Terroranschlag vom 11.9.2001 wurde das Thema der Terrorismusfinanzierung noch nicht in die Vorgaben der Richtlinie eingearbeitet. Allerdings wurde auch schon in der Ersten Geldwäscherichtlinie das Phänomen der Geldwäsche umfassend verstanden. Demnach fielen darunter nicht nur die Erlöse aus Drogenstraftaten, sondern auch die Erlöse aus anderen kriminellen Tätigkeiten wie dem Terrorismus.[31]

3. Dritte Geldwäscherichtlinie

19 Mit der Richtlinie 2005/60/EG des Europäischen Parlaments und des Rates vom 26.10.2005 zur Verhinderung der Nutzung des Finanzsystems zum Zwecke der Geldwäsche und der Terrorismusfinanzierung (sogenannte „**Dritte Geldwäscherichtlinie**") wurde die Erste Geldwäscherichtlinie in ihrer geänderten Fassung durch die Zweite Geldwäscherichtlinie aufgehoben und vollständig neu gefasst.[32] Der Grund für eine Überarbeitung der Geldwäscherichtlinie lag im neuen internationalen Standard der Geldwäschebekämpfung, der durch die

---

27 Art. 16 der Richtlinie 91/308/EWG.
28 Richtlinie 2001/97/EG des Europäischen Parlaments und des Rates vom 4.12.2001 zur Änderung der Richtlinie 91/308/EWG des Rates zur Verhinderung der Nutzung des Finanzsystems zum Zwecke der Geldwäsche, ABl. EG L 344/76 vom 28.12.2001.
29 Erwägungsgründe 14 der Richtlinie 2001/97/EG.
30 Erwägungsgrund 8 der Richtlinie 2001/97/EG.
31 Erwägungsgründe der Richtlinie 91/308/EWG.
32 ABl. EU Nr. L 309/15 vom 25.11.2005. Daneben hat die Europäische Kommission mit der Richtlinie 2006/79/EG vom 1.8.2006 Durchführungsbestimmungen erlassen, die die Mitgliedstaaten bei der Umsetzung der Dritten Geldwäscherichtlinie beachten mussten.

Empfehlungen der Arbeitsgruppe FATF definiert wird. Die FATF-Empfehlungen wurden im Jahr 2003 umfassend überarbeitet und erweitert. Daher war auch eine Anpassung der Richtlinie notwendig geworden.[33]

Neben der Verschärfung von bereits bestehenden Eckpunkten der Geldwäschebekämpfung kam es zu weiteren Änderungen. Hierzu zählte die **Erweiterung des Geldwäschebegriffes**. Die möglichen Vortaten sollten nunmehr auf ein breites Spektrum von Straftaten ausgedehnt werden.[34] Damit entfernte man sich zunehmend von der ursprünglichen Idee, die Organisierte Schwerstkriminalität zu bekämpfen. Dies rief Bedenken hervor, da die Inpflichtnahme von Privaten zu Zwecken der Strafverfolgung der besonders schwerwiegenden Kriminalität vorbehalten werden sollte und die Ausuferung des Straftatbestandes zu Rechtsunsicherheit führte.[35]

Bedeutend ist zudem die Wandlung von einem regelbasierten Ansatz („Rule-Based Approach") hin zu einem **risikobasierten Ansatz** („Risk-Based Approach"). Während der regelbasierte Ansatz den Verpflichteten genaue Vorgaben macht, in welchen Situationen sie welche Handlungen vornehmen müssen, verlangt der risikobasierte Ansatz vielmehr, dass die Verpflichteten selbst Maßnahmen auf ihr konkretes Risikoprofil entwickeln. Betroffen waren hiervon insbesondere die vereinfachten und verstärkten Sorgfaltspflichten.[36]

4. Vierte Geldwäscherichtlinie

Im Dezember 2012 hat die Europäische Kommission einen Bericht über die Anwendung der Dritten Geldwäscherichtlinie angenommen.[37] Dabei hat die Kommission zwar keine grundlegenden Unzulänglichkeiten identifiziert, allerdings war neben einigen Änderungsvorschlägen und Klarstellungen aufgrund der überarbeiten FATF-Empfehlungen eine Aktualisierung der Richtlinie notwendig geworden. Daher sollte ein Vorschlag für eine **Vierte Geldwäscherichtlinie** erarbeitet werden.

---

33 Erwägungsgrund 5 der Richtlinie 2005/60/EG.
34 Ziel war es, die Definition des Begriffs „schwere Straftat" in Einklang mit der Definition dieses Begriffs im Rahmenbeschluss 2001/500/JI des Rates vom 26.6.2001 über Geldwäsche sowie Ermittlung, Einfrieren, Beschlagnahme und Einziehung von Tatwerkzeugen und Erträgen aus Straftaten zu bringen (ABl. EG L 182 vom 5.7.2001, S. 1). Vgl. Erwägungsgrund 7 der Richtlinie 2005/60/EG.
35 Vgl. *Höche*, WM 2005, 8, 10, 14; *Sotiriadis/Heimerdinger*, BKR 2009, 234, 235.
36 Vgl. Erwägungsgründe 18, 22, Art. 8, 13 der Richtlinie 2005/60/EG.
37 Bericht der Europäischen Kommission an das Europäische Parlament und den Rat über die Anwendung der Richtlinie 2005/60/EG zur Verhinderung der Nutzung des Finanzsystems zum Zwecke der Geldwäsche und der Terrorismusfinanzierung vom 11.4.2012, COM (2012) 168 final. Für einen Überblick zum Richtlinienentwurf siehe *Zentes/Glaab*, BB 2013, 707.

GwG Geschichte der Geldwäschebekämpfung

23 Am 20.5.2015 wurde dann die Richtlinie (EU) 2015/849 des Europäischen Parlaments und des Rates zur Verhinderung der Nutzung des Finanzsystems zum Zwecke der Geldwäsche und der Terrorismusfinanzierung, zur Änderung der Verordnung (EU) Nr. 648/2012 des Europäischen Parlaments und des Rates und zur Aufhebung der Richtlinie 2005/60/EG des Europäischen Parlaments und des Rates und der Richtlinie 2006/70/EG der Kommission verabschiedet.[38] Neben der Verschärfung von bereits bestehenden Verpflichtungen im Geldwäscherecht wurden beispielsweise folgende neue Kernpunkte in die Richtlinie aufgenommen:

– Ein Register über den wirtschaftlich Berechtigten (sogenanntes „**Transparenzregister**"): Dabei wurde den Mitgliedstaaten offengelassen, welches zentrale Register dafür genutzt werden soll. Verzichtet wurde hingegen darauf, ein einheitliches europäisches Register zu nutzen, welches z. B. bei dem europäischen Unternehmensregister (European Business Register – EBR) hätte angesiedelt werden können.[39]

– Detaillierte **europaweite Vorgaben der Sanktionen**:[40] In der Richtlinie werden konkrete Vorgaben zu der Höhe der Geldbußen gemacht.[41] Zudem wird eine öffentliche Bekanntgabe auf der offiziellen Website durch die zuständige Behörde festgeschrieben, sobald ein Verstoß gegen das Geldwäschegesetz vorliegt. Dabei sollen mindestens Art und Wesen des Verstoßes und die Identität der verantwortlichen Personen bekanntgemacht werden.[42]

24 Die Mitgliedstaaten sollten die Vorgaben der Richtlinie bis zum 26.6.2017 in nationales Recht umgesetzt haben.[43] Aufgrund der terroristischen Anschläge innerhalb Europas sah sich die **Europäische Kommission** gezwungen, einen **Aktionsplan** zu formulieren, in dem die Mitgliedstaaten aufgerufen wurden, die Umsetzung der Vierten Geldwäscherichtlinie und den Anwendungsbeginn spätestens bis zum Ende des Jahres 2016 vorzuziehen.[44] Deutschland setzte die Vorgaben der Richtlinie am 23.6.2017 in dem Gesetz zur Umsetzung der Vierten EU-Geldwäscherichtlinie, zur Ausführung der EU-Geldtransferverordnung und zur Neuorganisation der Zentralstelle für Finanztransaktionsuntersuchungen

---

38 ABl. EU Nr. L 141/73 vom 5.6.2015.
39 Vgl. *Rößler*, WM 2015, 1406, 1409.
40 Siehe den Abschnitt 4 (Sanktionen) der Richtlinie (EU) 2015/849.
41 Art. 59 der Richtlinie (EU) 2015/849.
42 Art. 60 der Richtlinie (EU) 2015/849.
43 Art. 67 Abs. 1 der Richtlinie (EU) 2015/849.
44 Europäische Kommission, Mitteilung der Kommission an das Europäische Parlament und den Rat, Ein Aktionsplan für ein intensiveres Vorgehen gegen Terrorismusfinanzierung vom 2.2.2016, COM (2016) 50 final, S. 10.

um.[45] Etliche europäische Mitgliedstaaten verpassten die Umsetzungsfrist aus der Richtlinie.[46]

5. Fünfte Geldwäscherichtlinie

Noch während der laufenden Umsetzungsfrist der Vierten Geldwäscherichtlinie hat die Europäische Kommission am 5.7.2016 einen Vorschlag zur Änderung der Vierten Geldwäscherichtlinie (sogenannte „**Fünfte Geldwäscherichtlinie**") veröffentlicht.[47] Die zügige Vorgehensweise war geprägt von den jüngsten Terroranschlägen in Europa sowie den offensichtlichen Mängeln im internationalen Finanzsystem, die durch den Fall „Panama Papers" zutage getreten sind. Gerade im Zusammenhang mit der Bekämpfung der Terrorismusfinanzierung wurden wesentliche Probleme identifiziert (z. B. unzureichende Überwachung virtueller Währungen, fehlender oder verzögerter Zugang der zentralen Meldestellen zu Informationen über die Identität von Inhabern von Bank- und Zahlungskonten).

Zentrale Änderungsvorschläge betrafen daher insbesondere folgende Punkte:

– Benennung von Umtausch-Plattformen für virtuelle Währungen als Verpflichtete,
– niedrigere Schwellenwerte für Transaktionen mit bestimmten Zahlungsinstrumenten auf Guthabenbasis,
– Ermächtigung der zentralen Meldestellen, von jedem Verpflichteten Informationen über Geldwäsche und Terrorismusfinanzierung einzuholen,
– Ermöglichung der Identifizierung der Inhaber von Bank- und Zahlungskonten durch zentrale Meldestellen und zuständige Behörden,
– Harmonisierung der Vorgehensweise der Europäischen Union in Bezug auf Drittländer mit hohem Risiko sowie
– Verbesserung des Zugangs zu Informationen über den wirtschaftlich Berechtigten.

IV. Die Entwicklung des deutschen Geldwäschegesetzes

Das deutsche Geldwäschegesetz wurde innerhalb seiner kurzen Geschichte vielfach angepasst und verändert. Diese turbulente Entwicklung lässt sich darauf zu-

---

45 BGBl. I 2017, S. 1822.
46 Zu den Mitgliedstaaten, die die Anforderungen der Vierten Geldwäscherichtlinie nicht bis zum 26.6.2017 umgesetzt haben, gehörten z. B. Belgien, Griechenland, Luxemburg, Niederlande, Portugal.
47 Europäische Kommission, Vorschlag für eine Richtlinie des Europäischen Parlaments und des Rates zur Änderung der Richtlinie (EU) 2015/849 zur Verhinderung der Nutzung des Finanzsystems zum Zwecke der Geldwäsche und der Terrorismusfinanzierung und zur Änderung der Richtlinie 2009/101/EG vom 5.7.2016, COM (2016) 450 final, 2016/0208 (COD).

GwG Geschichte der Geldwäschebekämpfung

rückführen, dass das Thema der Bekämpfung der Geldwäsche und der Terrorismusfinanzierung insbesondere auf internationaler und europäischer Ebene zunehmend an Bedeutung gewann. Während der Straftatbestand der Geldwäsche nach § 261 StGB der repressiven Bekämpfung dient, soll das Geldwäschegesetz vorwiegend präventiv die Geldwäschehandlungen verhindern.

1. Die Ursprünge des Geldwäschegesetzes aus dem Jahr 1993

28 Ursprünglich wurde das **Geldwäschegesetz (GwG)** am 29.11.1993 in die deutsche Rechtsordnung aufgenommen.[48] Die erste Fassung geht auf das Gesetz über das Aufspüren von Gewinnen aus schweren Straftaten zurück und diente zur Umsetzung der Vorgaben aus der Ersten Geldwäscherichtlinie (Richtlinie 91/308/EWG).[49]

29 Schon damals hat man sich entschieden, ein **eigenständiges Sondergesetz** zu verabschieden und die Regelungen nicht in bestehende Aufsichtsgesetze wie dem Kreditwesengesetz (KWG) einzufügen. Andere europäische Mitgliedsländer wie z.B. Österreich arbeiteten es hingegen in vorhandene Gesetze ein.[50] Diese Entscheidung des deutschen Gesetzgebers hat sich als sinnvoll erwiesen, da schon damals der Adressatenkreis nicht nur auf den Finanzsektor beschränkt war, sondern auch Gewerbetreibende und Spielbanken umfasste. Durch folgende Gesetzesänderungen wurden allerdings auch bestimmte Geldwäscheregelungen in andere Aufsichtsgesetze (z.B. KWG, VAG, ZAG) verankert, da sie nur für den jeweiligen Adressatenkreis relevant waren.

30 Dem Gesetzgebungsverfahren des ersten Geldwäschegesetzes gingen **umfangreiche Diskussionen** voraus und es musste auch der Vermittlungsausschuss zwischen Bundestag und Bundesrat eingeschaltet werden.[51] Bemerkenswerterweise wurden schon damals Probleme diskutiert, die in den späteren Gesetzgebungsverfahren immer wieder Gegenstand von Kontroversen waren (z.B. die Höhe des Schwellenbetrages, das Anwaltsprivileg, Verwertungsmöglichkeiten von erhobenen Daten, die Stillhaltefrist).

31 Nach weiteren Gesetzesanpassungen wurde am 15.8.2002 das Geldwäschegesetz in wesentlichen Teilen durch das Gesetz zur Verbesserung der Bekämpfung der Geldwäsche und der Bekämpfung der Finanzierung des Terrorismus (Geldwäschebekämpfungsgesetz) ergänzt.[52] Der Gesetzgeber verfolgte damit das

---

48 BGBl. I 1993, S. 1770.
49 Siehe näher zur Ersten Geldwäscherichtlinie oben Rn. 14.
50 Österreich hat die Anforderungen der Ersten Geldwäscherichtlinie in den 10. Abschnitt (Sorgfaltspflicht und Geldwäscherei), §§ 39 ff. Bankwesengesetz, umgesetzt, BGBl. 1993, S. 3903.
51 Vgl. BT-Drs. 12/5720.
52 BGBl. I 2002, S. 3105.

IV. Die Entwicklung des deutschen Geldwäschegesetzes GwG

Ziel, die Bedrohungen durch den **internationalen Terrorismus** zu bekämpfen sowie die Vorgaben der Zweiten Geldwäscherichtlinie (Richtlinie 2001/97/EG) umzusetzen.[53] Unter anderem musste nunmehr eine Verdachtsmeldung (damals noch „Verdachtsanzeige") auch dann vorgenommen werden, wenn Tatsachen auf eine Finanzierung einer terroristischen Vereinigung schließen lassen.[54] Zudem wurden auch einige freie Berufe wie Rechtsanwälte und Notare als Verpflichtete in das Geldwäschegesetz aufgenommen. Diese Ausweitung stieß auf Bedenken, da sich nunmehr ein ganz neues Verständnis vom „Mandanten-Vertrauen" entwickeln musste.[55]

2. Die vollständige Überarbeitung des Geldwäschegesetzes im Jahr 2008

Zu einer gänzlichen Überarbeitung und vollständigen Neufassung des Geldwäschegesetzes kam es am 13.8.2008 mit dem Gesetz zur Ergänzung der Bekämpfung der Geldwäsche und der Terrorismusfinanzierung (Geldwäschebekämpfungsergänzungsgesetz – GwBekErgG).[56] Grundlage war die Dritte Geldwäscherichtlinie (siehe Rn. 19). Eigentlich sah die Richtlinie eine Umsetzungsfrist in nationales Recht bis zum 15.12.2007 vor.[57] Die Bundesrepublik Deutschland war allerdings nicht der einzige europäische Mitgliedstaat, der die Richtlinie mit einer Verspätung umsetzte.[58] 32

Das Geldwäschegesetz wurde **vollständig neu strukturiert** und teilte sich nunmehr in die Abschnitte Begriffsbestimmungen und Verpflichtete (Abschnitt 1); Sorgfaltspflichten und interne Sicherungsmaßnahmen (Abschnitt 2); Zentralstelle für Verdachtsanzeigen, Anzeigepflichten und Datenverwendung (Abschnitt 3); sowie Aufsicht und Bußgeldvorschriften (Abschnitt 4). Wesentliche neue Regelungen waren unter anderem: 33

– Einführung von verstärkten Sorgfaltspflichten bei sogenannten **politisch exponierten Personen (PEPs)**, womit eine nicht im Inland ansässige natürliche Person gemeint ist, die ein wichtiges öffentliches Amt ausübt oder ausgeübt hat.[59] Nicht als PEPs i.d.S. galten hingegen solche Funktionsträger, die lediglich mittlere oder niedrige Funktionen innehatten.[60]

---

53 BT-Drs. 14/8739, S. 1, 10.
54 § 11 Abs. 1 GwG in der Fassung vom 14.8.2002 (BGBl. I, S. 3105).
55 *Wegner*, NJW 2002, 794.
56 BGBl. I 2008, S. 1690.
57 Art. 45 der Richtlinie 2005/60/EG.
58 Die Dritte Geldwäscherichtlinie wurde auch von anderen Mitgliedstaaten verspätet umgesetzt, wie z. B. Frankreich, Finnland, Irland, Niederlande.
59 Die weitergehende umfangreiche Definition der PEPs lässt sich aus dem § 6 Abs. 2 Nr. 1 GwG in der Fassung vom 13.8.2008 (BGBl. I, S. 1690) entnehmen.
60 Näher zu den PEPs in der damaligen Fassung: *Herzog/Hoch*, WM 2007, 1997; *Ackmann/Reder*, WM 2009, 200, 203 ff.

GwG Geschichte der Geldwäschebekämpfung

- Der Begriff des **wirtschaftlich Berechtigten** wurde konkretisiert.[61] Demnach sollten nunmehr die gesamten Kontrollebenen nachvollzogen werden, wobei am Ende der Kette immer eine natürliche Person stehen muss. Hilfreich für die Praxis war die Einführung einer gesetzlichen Schwelle von 25% der Anteile an einer Gesellschaft, ab der eine Person als wirtschaftlich Berechtigter galt.
- Zentral war die Umsetzung von einem regelbasierten Ansatz („Rule-Based Approach") zu einem **risikobasierten Ansatz** („Risk-Based Approach"), welche insbesondere die Sorgfaltspflichten betraf. Danach sollten die Verpflichteten flexibel auf konkrete Risikosituationen reagieren können. Es wurde allerdings kritisiert, dass der risikobasierte Ansatz nicht vollumfänglich Anwendung findet, da z.B. die vereinfachten Sorgfaltspflichten einen abschließenden Charakter aufweisen und daher kaum andere Fallgruppen als risikoarm qualifiziert werden könnten.[62]

34 In den folgenden Jahren kam es immer wieder zu **vereinzelten Änderungen** des Geldwäschegesetzes. Am 4.8.2009 ist das Gesetz zur Verfolgung der Vorbereitung von schweren staatsgefährdenden Gewalttaten in Kraft getreten, wobei eine Anpassung des Begriffes Terrorismusfinanzierung im Sinne des Geldwäschegesetzes vorgenommen wurde.[63] Aufgrund von Art. 91 Nr. 1 der Zahlungsrichtlinie (Richtlinie 2007/64/EG) wurden die Zahlungsinstitute generell dem Anwendungsbereich der Dritten Geldwäscherichtlinie unterworfen.[64] Daher änderte sich am 31.10.2009 auch das Geldwäschegesetz durch die Vorgaben aus dem Gesetz zur Umsetzung der aufsichtsrechtlichen Vorschriften der Zahlungsdiensterichtlinie (Zahlungsdiensteumsetzungsgesetz).[65] Weiterhin kam es zu Änderungen am 1.11.2010 durch das Inkrafttreten des Gesetzes über Personalausweise und den elektronischen Identitätsnachweis sowie zur Änderung weiterer Vorschriften,[66] am 9.3.2011 mit dem Gesetz zur Umsetzung der Zweiten E-Geld-Richtlinie[67] sowie am 1.7.2011 durch das Gesetz zur Umsetzung der Richtlinie 2009/65/EG zur Koordinierung der Rechts- und Verwaltungsvorschriften betreffend bestimmte Organismen für gemeinsame Anlagen in Wertpapieren (OGAW-IV-Umsetzungsgesetz – OGAW-IV-UmsG).[68]

---

61 § 1 Abs. 6 GwG in der Fassung vom 13.8.2008 (BGBl. I, S. 1690); BT-Drs. 16/9038, S. 30.
62 *Ackmann/Reder*, WM 2009, 200, 201.
63 BGBl. I 2009, S. 2437.
64 BT-Drs. 16/11613, S. 60.
65 BGBl. I 2009, S. 1506.
66 BGBl. I 2009, S. 1346.
67 BGBl. I 2011, S. 288.
68 BGBl. I 2011, S. 1126.

3. Vorgaben durch den Deutschland-Bericht der FATF aus dem Jahr 2010

Weiterhin hat der **Deutschland-Bericht** der internationalen Financial Action Task Force (FATF) vom 19.2.2010 zu wesentlichen Änderungen im Geldwäschegesetz geführt.[69] Die FATF hat im Rahmen einer Fremdevaluation („mutual evaluation") umfangreiche **Mängel im deutschen Rechtssystem** bei der Bekämpfung von Geldwäsche und Terrorismusfinanzierung identifiziert. Nachdem bereits mit dem Gesetz zur Umsetzung der Zweiten E-Geld-Richtlinie Anpassungen von aufsichtsrechtlichen Defiziten im Finanzsektor insbesondere im Bereich der internen Sicherungsmaßnahmen durchgeführt worden sind,[70] folgten mit dem Gesetz zur Optimierung der Geldwäscheprävention umfangreiche Anpassungen auch im Nichtfinanzsektor (z.B. Immobilienmakler, Juweliere, Spielbanken sowie Personen, die gewerblich mit Gütern handeln).[71] Wesentliche Änderungen betrafen unter anderem die Sorgfaltspflichten, das Verdachtsmeldewesen sowie die Sanktionen bei Verstößen des Geldwäschegesetzes.

35

Im Zusammenhang mit den **Sorgfaltspflichten** wurde unter anderem klargestellt, dass der wirtschaftlich Berechtigte von dem Verpflichteten überprüft werden muss. Nach der alten Fassung habe es nahegelegen, dass es im Ermessen des Verpflichteten stehe, ob überhaupt eine Identitätsprüfung zu erfolgen habe.[72] Die Gesetzesänderungen haben damit die Monita der FATF aufgegriffen.[73] Darüber hinaus wurden die verstärkten Sorgfaltspflichten in Bezug auf die politisch exponierten Personen (PEPs) ergänzt. Nach den Vorgaben der FATF soll bei der Prüfung eines PEPs nunmehr nicht nur auf den Vertragspartner, sondern auch auf den wirtschaftlich Berechtigten abgestellt werden. Erfasst werden sollen zudem auch Personen, die ein wichtiges politisches Amt im Ausland ausüben, aber im Inland ansässig sind.[74]

36

Die **Änderungen im Meldewesen** betrafen die Schwelle der Verdachtsmeldung. Nach Ansicht der FATF darf die Verdachtsmeldung nicht mit der Strafanzeige im Sinne des § 158 Abs. 1 der Strafprozessordnung gleichgesetzt und

37

---

69 FATF Mutual Evaluation Report (Germany) Anti-Money Laundering and Combating the Financing of Terrorism vom 19.2.2010, abrufbar auf der Internetseite der FATF www.fatf-gafi.org.
70 Die Regelungsinhalte der internen Sicherungsmaßnahmen wurden vom § 9 GwG a. F. in andere Aufsichtsgesetze (KWG, VAG und ZAG) verlegt, da der Adressatenkreis nur die Adressaten dieser drei Gesetze, jedoch nicht die übrigen Adressaten des Geldwäschegesetzes betraf, vgl. BT-Drs. 17/3023, S. 71.
71 BGBl. I 2011, S. 2959.
72 BT-Drs. 17/6804, S. 27.
73 FATF Mutual Evaluation Report (Germany) Anti-Money Laundering and Combating the Financing of Terrorism vom 19.2.2010, Tz. 578, 622, abrufbar auf der Internetseite der FATF www.fatf-gafi.org.
74 BT-Drs. 17/6804, S. 29.

GwG Geschichte der Geldwäschebekämpfung

erst bei „ausermittelten Fällen" den zuständigen Behörden gemeldet werden.[75] Daher wurde der Begriff der „Verdachtsanzeige" in „Verdachtsmeldung" sowie weitere redaktionelle Änderungen zur Klarstellung vorgenommen.[76] Weiterhin wurde die Financial Intelligence Unit (FIU) und die Strafverfolgungsbehörden als gleichgewichtige „Erstanlaufstelle" für die Entgegennahme der Verdachtsmeldung bestimmt.[77] Zuvor war es dem Gesetzeswortlaut nach ausreichend, wenn die Verpflichteten die Verdachtsmeldung der FIU nur in Kopie übersendeten.

38 Des Weiteren wurden die **Bußgeldvorschriften** angepasst, da die FATF die Anzahl der durch Bußgeld sanktionierten Verstöße als zu gering und die Bußgeldhöhe als nicht ausreichend hoch angesehen hat.[78] Der Gesetzgeber weitete den subjektiven Tatbestand von vorsätzlichem Verhalten auf leichtfertiges Verhalten aus.[79] Zudem wurden alle Ordnungswidrigkeiten mit einem einheitlichen Bußgeldrahmen von 100.000 EUR belegt, da geringere Bußgeldbeträge die Vorwerfbarkeit der bußgeldbewehrten Zuwiderhandlungen nicht ausreichend rechtfertigten. Aufgrund des verfassungsrechtlichen Bestimmtheitsgebots hat der Gesetzgeber nicht alle Vorgaben der FATF umgesetzt. Die Verletzungen der Pflicht zur kontinuierlichen Überwachung sollten weiterhin nicht bußgeldbewehrt sein.[80]

4. Weitere Anpassungen der europäischen Vorgaben in den Jahren ab 2013

39 In den folgenden Jahren wurde das Geldwäschegesetz vielfach geändert, wobei es sich im Wesentlichen um redaktionelle Anpassungen an europäische Vorgaben handelte.

40 Hervorzuheben ist noch das Gesetz zur Ergänzung des Geldwäschegesetzes (GwGErgG) vom 26.2.2013, mit dem **Erweiterungen im Bereich des Glücksspiels** vorgenommen wurden. Aus den Vorgaben der FATF und der Dritten Geldwäscherichtlinie ergab sich, dass Kasinos zum Kreis der Verpflichteten zählen müssen.[81] Der Anwendungsbereich umfasst dabei auch Tätigkeiten, die über das

---

75 FATF Mutual Evaluation Report (Germany) Anti-Money Laundering and Combating the Financing of Terrorism vom 19.2.2010, Tz. 712, 718, 723, abrufbar auf der Internetseite der FATF www.fatf-gafi.org; BT-Drs. 17/6804, S. 35.
76 Zu den Einzelheiten siehe BT-Drs. 17/6804, S. 12, 35 f.
77 BT-Drs. 17/6804, S. 35.
78 FATF Mutual Evaluation Report (Germany) Anti-Money Laundering and Combating the Financing of Terrorism vom 19.2.2010, Tz. 838, 839, 847, 855, abrufbar auf der Internetseite der FATF www.fatf-gafi.org.
79 BT-Drs. 17/6804, S. 39.
80 BT-Drs. 17/6804, S. 39.
81 FAFT-Empfehlung 24 von 2003; Art. 2 Abs. 1 Nr. f der Richtlinie 2005/60/EG.

IV. Die Entwicklung des deutschen Geldwäschegesetzes GwG

Internet ausgeübt werden.[82] In Deutschland gehörten bisher nur Spielbanken zum Verpflichtetenkreis des Geldwäschegesetzes. Für Regelungen in Bezug auf das Glücksspiel im Internet (sogenanntes Onlineglücksspiel) bestand hingegen kein Bedarf, da es ohnehin ausnahmslos verboten war. Dies änderte sich jedoch mit dem Auslaufen des Staatsvertrags zum Glücksspielwesen (Glücksspielstaatsvertrag der Länder) aus dem Jahr 2007. Mit dem ersten Glücksspieländerungsstaatsvertrag (Erster GlüÄndStV) vom 15.12.2011 wurde in Deutschland die Möglichkeit zur Erlaubnis des Eigenvertriebes und der Vermittlung von Lotterien sowie der Veranstaltung und Vermittlung von Sportwetten im Internet geschaffen.[83] Nunmehr waren auch Regelungen im Geldwäschegesetz notwendig geworden.[84]

Noch im Jahr 2013 erfolgten drei **weitere Änderungen**. Am 4.7.2013 wurde das Geldwäschegesetz durch das Gesetz zur Umsetzung der Richtlinie 2011/89/EU des Europäischen Parlaments und des Rates vom 16.11.2011 zur Änderung der Richtlinien 98/78/EG, 2002/87/EG, 2006/48/EG und 2009/138/EG hinsichtlich der zusätzlichen Beaufsichtigung der Finanzunternehmen eines Finanzkonglomerats,[85] am 13.7.2013 durch das Gesetz zur Änderung des Gesetzes über die Kreditanstalt für Wiederaufbau und weiterer Gesetze[86] sowie zuletzt am 24.12.2013 durch das Gesetz zur Anpassung des Investmentsteuergesetzes und anderer Gesetze an das AIFM-Umsetzungsgesetz (AIFM-Steuer-Anpassungsgesetz – AIFM-StAnpG)[87] geändert. **41**

Zu weiteren lediglich **redaktionellen Anpassungen** kam es beim Gesetz zur Umsetzung der Richtlinie 2013/36/EU über den Zugang zur Tätigkeit von Kreditinstituten und die Beaufsichtigung von Kreditinstituten und Wertpapierfirmen und zur Anpassung des Aufsichtsrechts an die Verordnung (EU) Nr. 575/2013 über die Aufsichtsanforderungen an Kreditinstitute und Wertpapierfirmen (CRD IV-Umsetzungsgesetz).[88] **42**

Ein redaktionelles Versehen wurde am 19.7.2014 mit dem Gesetz zur Anpassung von Gesetzen auf dem Gebiet des Finanzmarktes behoben.[89] Der Gesetzgeber versäumte es bei dem GwGErgG (siehe Rn. 40) zu regeln, dass die Ausübung des Geschäfts oder des Berufs auch den gewerblichen Güterhändlern untersagt **43**

---

82 Erwägungsgrund 14 der Richtlinie 2005/60/EG. Die FATF versteht unter dem Begriff „Kasinos" auch solche, die im Internet tätig sind, vgl. FATF-Empfehlungen, Glossary die Definition von „Designated non-financial businesses and professions".
83 Vgl. § 4 Abs. 5, § 10a Abs. 4 Satz 1 Erster GlüÄndStV.
84 BT-Drs. 17/10745, S. 1 f.
85 BGBl. I 2013, S. 1862.
86 BGBl. I 2013, S. 2178.
87 BGBl. I 2013, S. 4318.
88 BGBl. I 2013, S. 3395.
89 BGBl. I 2014, S. 934.

GwG Geschichte der Geldwäschebekämpfung

werden kann.[90] Mit dem Gesetz zur Änderung der Verfolgung der Vorbereitung von schweren staatsgefährdenden Gewalttaten (GVVG-Änderungsgesetz – GVVG-ÄndG) vom 12.6.2015 wurde der Begriff der Terrorismusfinanzierung im Strafgesetzbuch geändert. Daher folgten auch redaktionelle Folgeänderungen im Geldwäschegesetz.[91] Weitere Anpassungen fanden durch die Zehnte Zuständigkeitsanpassungsverordnung vom 31.8.2015[92] sowie durch das Gesetz zur Modernisierung der Finanzaufsicht über Versicherungen statt, welches am 1.1.2016 in Kraft getreten ist.[93]

44 Mit dem Gesetz zur Umsetzung der Richtlinie über die Vergleichbarkeit von Zahlungskontoentgelten, den Wechsel von Zahlungskonten sowie den Zugang zu Zahlungskonten mit grundlegenden Funktionen[94] hat der Gesetzgeber ein neues Zahlungskontengesetz in Deutschland geschaffen. Dabei wurde das Ziel verfolgt, dass auch Obdachlose, Asylsuchende und Geduldete ein sogenanntes **Basiskonto** eröffnen können. Bestehende Ungleichbehandlungen beim Zugang zu einem Zahlungskonto sollten damit beendet werden. In vielen Fällen konnte nämlich der betroffene Personenkreis nicht seine Identität in der nach dem Geldwäschegesetz verlangten Form bei der Kontoeröffnung nachweisen.[95] Das Gesetz ist am 19.6.2016 in Kraft getreten und führte auch zu Anpassungen im Geldwäschegesetz.

5. Erhebliche Erweiterung des Geldwäschegesetzes im Jahr 2017

45 Am 26.6.2017 trat das **Gesetz zur Umsetzung der Vierten EU-Geldwäscherichtlinie**, zur Ausführung der EU-Geldtransferverordnung und zur Neuorganisation der Zentralstelle für Finanztransaktionsuntersuchungen in Kraft.[96] Es sieht neben einer erheblichen Ausdehnung des Geldwäschegesetzes (Erweiterung von 17 auf 59 Paragraphen) auch Änderungen in zahlreichen anderen Gesetzen wie dem KWG, dem VAG, in der Gewerbeordnung bis hin zum Straßenverkehrsgesetz vor.[97] Schon aus dem Namen des Gesetzes wird der Hintergrund ersichtlich, da es im Wesentlichen der Umsetzung der Vierten Geldwäscherichtlinie dient. Daneben wurden allerdings auch nationale Besonderheiten in das Gesetzesvorhaben eingebracht. Die deutsche Zentralstelle für Finanztrans-

---

90 BT-Drs. 18/1305, S. 31.
91 BT-Drs. 18/4087, S. 14.
92 BGBl. I 2015, S. 1474.
93 BGBl. I 2015, S. 434.
94 BGBl. I 2016, S. 720.
95 BT-Drs. 18/7204, S. 46.
96 BGBl. I 2017, S. 1822.
97 Bei dem Gesetz zur Umsetzung der Vierten EU-Geldwäscherichtlinie handelt es sich um ein Artikelgesetz, mit dem mehr als 22 Gesetze geändert wurden, vgl. BT-Drs. 18/11555, S. 7.

IV. Die Entwicklung des deutschen Geldwäschegesetzes GwG

aktionsuntersuchungen (Financial Intelligence Unit – FIU) wurde neu organisiert und vom Bundeskriminalamt in den Zuständigkeitsbereich des Zolls verlagert.[98]

Der Gesetzesentwurf der Bundesregierung setzte drei **wesentliche Schwerpunkte**:[99]

- die weitere Stärkung des risikobasierten Ansatzes,
- die Einrichtung eines elektronischen Transparenzregisters der wirtschaftlich Berechtigten sowie
- eine Harmonisierung der Bußgeldbewehrung von Verstößen gegen geldwäscherechtliche Pflichten.

Insbesondere führte die Einrichtung eines **elektronischen Transparenzregisters** zu vielen Diskussionen.[100] Es sieht vor, dass juristische Personen des Privatrechts, eingetragene Personengesellschaften, Trusts und Rechtsgestaltungen, die in ihrer Struktur und Funktion Trusts ähneln, Angaben zu ihren wirtschaftlich Berechtigten an ein zentrales Register melden müssen.

Daneben sorgte der **neue Sanktionskatalog** für Aufsehen. Ursprünglich sah der Referentenentwurf des Bundesfinanzministeriums sogar noch vor, dass auch schon Verstöße bei leichter Fahrlässigkeit zu einem Ordnungswidrigkeitenverfahren führen sollten.[101] Dagegen erhob sich erheblicher Widerstand durch die Interessenverbände.[102] Beim ersten Gesetzesentwurf durch die Bundesregierung wurde die Ausweitung des Verschuldensmaßstabes dann wieder zurückgenommen.[103] Die Sanktionshöhen aus der Vierten Geldwäscherichtlinie blieben jedoch als Vorgaben bestehen und umfassen nunmehr maximale Geldbußen bei bestimmten Verpflichteten des Finanzsektors (z. B. Kredit- und Finanzinstitute) bis zu 10 % des Gesamtumsatzes des Geschäftsjahres, wenn schwerwiegende,

---

98 Die Verlagerung war unter anderem wegen der beschränkten Personalausstattung besonders umstritten, vgl. BT-Drs. 18/11928, S. 11, 25.
99 BR-Drs. 182/17, S. 1 f.
100 Siehe unter anderem den abgelehnten Änderungsantrag BT-Drs. 18/12429; sowie *Rößler*, WM 2015, 1406, 1408; *Spoerr/Roberts*, WM 2017, 1142, 1146; *Friese/Brehm*, GWR 2017, 271, 273.
101 Bundesministerium der Finanzen, Referentenentwurf eines Gesetzes zur Umsetzung der Vierten EU-Geldwäscherichtlinie, zur Ausführung der EU-Geldtransferverordnung und zur Neuorganisation der Zentralstelle für Finanztransaktionsuntersuchungen vom 15.12.2016, S. 60, 171. Für einen Überblick zum Referentenentwurf siehe *Zentes/Glaab*, BB 2017, 67.
102 Siehe z. B. Die Deutsche Kreditwirtschaft, Stellungnahme zum Referentenentwurf vom 15.12.2016 für ein Umsetzungsgesetz zur 4. Geldwäsche-Richtlinie (EU) 2015/849 vom 30.12.2016, S. 36; Deutscher Industrie- und Handelskammertag, Stellungnahme zum Referentenentwurf eines Gesetzes zur Umsetzung der Vierten EU-Geldwäsche-Richtlinie, S. 19.
103 Vgl. BT-Drs. 18/11555, S. 56.

GwG Geschichte der Geldwäschebekämpfung

wiederholte oder systematische Verstöße gegen die Vorschriften des Geldwäschegesetzes stattfinden.[104] Dies wird insbesondere deshalb als unverhältnismäßig empfunden, da die (unbestimmten) Bußgeldtatbestände das gesamte Tagesgeschäft der Kreditinstitute umfassen.[105]

---

104 Vgl. § 56 Abs. 1 und 2 GwG.
105 Die Deutsche Kreditwirtschaft, Stellungnahme zum Regierungsentwurf vom 22.2.2017 für ein Umsetzungsgesetz zur 4. Geldwäsche-Richtlinie (EU) 2015/849, S. 7, 30 ff.

Abschnitt 1
Begriffsbestimmungen und Verpflichtete

§ 1 Begriffsbestimmungen

(1) Geldwäsche im Sinne dieses Gesetzes ist eine Straftat nach § 261 des Strafgesetzbuchs.

(2) Terrorismusfinanzierung im Sinne dieses Gesetzes ist

1. die Bereitstellung oder Sammlung von Vermögensgegenständen mit dem Wissen oder in der Absicht, dass diese Vermögensgegenstände ganz oder teilweise dazu verwendet werden oder verwendet werden sollen, eine oder mehrere der folgenden Straftaten zu begehen:

    a) eine Tat nach § 129a des Strafgesetzbuchs, auch in Verbindung mit § 129b des Strafgesetzbuchs, oder

    b) eine andere der Straftaten, die in den Artikeln 1 bis 3 des Rahmenbeschlusses 2002/475/JI des Rates vom 13. Juni 2002 zur Terrorismusbekämpfung (ABl. L 164 vom 22.6.2002, S. 3), zuletzt geändert durch den Rahmenbeschluss 2008/919/JI des Rates vom 28. November 2008 (ABl. L 330 vom 9.12.2008, S. 21), umschrieben sind,

2. die Begehung einer Tat nach § 89c des Strafgesetzbuchs oder

3. die Anstiftung oder Beihilfe zu einer Tat nach Nummer 1 oder 2.

(3) Identifizierung im Sinne dieses Gesetzes besteht aus

1. der Feststellung der Identität durch Erheben von Angaben und

2. der Überprüfung der Identität.

(4) Geschäftsbeziehung im Sinne dieses Gesetzes ist jede Beziehung, die unmittelbar in Verbindung mit den gewerblichen oder beruflichen Aktivitäten der Verpflichteten steht und bei der beim Zustandekommen des Kontakts davon ausgegangen wird, dass sie von gewisser Dauer sein wird.

(5) Transaktion im Sinne dieses Gesetzes ist oder sind eine oder, soweit zwischen ihnen eine Verbindung zu bestehen scheint, mehrere Handlungen, die eine Geldbewegung oder eine sonstige Vermögensverschiebung bezwecken oder bezwecken oder bewirken oder bewirken.

(6) Trust im Sinne dieses Gesetzes ist eine Rechtgestaltung, die als Trust errichtet wurde, wenn das für die Errichtung anwendbare Recht das Rechtsinstitut des Trusts vorsieht. Sieht das für die Errichtung anwendbare Recht ein Rechtsinstitut vor, das dem Trust nachgebildet ist, so gelten auch Rechts-

gestaltungen, die unter Verwendung dieses Rechtsinstituts errichtet wurden, als Trust.

(7) Vermögensgegenstand im Sinne dieses Gesetzes ist
1. jeder Vermögenswert, ob körperlich oder nichtkörperlich, beweglich oder unbeweglich, materiell oder immateriell, sowie
2. Rechtstitel und Urkunden in jeder Form, einschließlich der elektronischen und digitalen Form, die das Eigentumsrecht oder sonstige Rechte an Vermögenswerten nach Nummer 1 verbriefen.

(8) Glücksspiel im Sinne dieses Gesetzes ist jedes Spiel, bei dem ein Spieler für den Erwerb einer Gewinnchance ein Entgelt entrichtet und der Eintritt von Gewinn oder Verlust ganz oder überwiegend vom Zufall abhängt.

(9) Güterhändler im Sinne dieses Gesetzes ist jede Person, die gewerblich Güter veräußert, unabhängig davon, in wessen Namen oder auf wessen Rechnung sie handelt.

(10) Hochwertige Güter im Sinne dieses Gesetzes sind Gegenstände,
1. die sich aufgrund ihrer Beschaffenheit, ihres Verkehrswertes oder ihres bestimmungsgemäßen Gebrauchs von Gebrauchsgegenständen des Alltags abheben oder
2. die aufgrund ihres Preises keine Alltagsanschaffung darstellen.

Zu ihnen gehören insbesondere
1. Edelmetalle wie Gold, Silber und Platin,
2. Edelsteine,
3. Schmuck und Uhren,
4. Kunstgegenstände und Antiquitäten,
5. Kraftfahrzeuge, Schiffe und Motorboote sowie Luftfahrzeuge.

(11) Immobilienmakler im Sinne dieses Gesetzes ist jede Person, die gewerblich den Kauf oder Verkauf von Grundstücken oder grundstücksgleichen Rechten vermittelt.

(12) Politisch exponierte Person im Sinne dieses Gesetzes ist jede Person, die ein hochrangiges wichtiges öffentliches Amt auf internationaler, europäischer oder nationaler Ebene ausübt oder ausgeübt hat oder ein öffentliches Amt unterhalb der nationalen Ebene, dessen politische Bedeutung vergleichbar ist, ausübt oder ausgeübt hat. Zu den politisch exponierten Personen gehören insbesondere
1. Staatschefs, Regierungschefs, Minister, Mitglieder der Europäischen Kommission, stellvertretende Minister und Staatssekretäre,

2. Parlamentsabgeordnete und Mitglieder vergleichbarer Gesetzgebungsorgane,
3. Mitglieder der Führungsgremien politischer Parteien,
4. Mitglieder von obersten Gerichtshöfen, Verfassungsgerichtshöfen oder sonstigen hohen Gerichten, gegen deren Entscheidungen im Regelfall kein Rechtsmittel mehr eingelegt werden kann,
5. Mitglieder der Leitungsorgane von Rechnungshöfen,
6. Mitglieder der Leitungsorgane von Zentralbanken,
7. Botschafter, Geschäftsträger und Verteidigungsattachés,
8. Mitglieder der Verwaltungs-, Leitungs- und Aufsichtsorgane staatseigener Unternehmen,
9. Direktoren, stellvertretende Direktoren, Mitglieder des Leitungsorgans oder sonstige Leiter mit vergleichbarer Funktion in einer zwischenstaatlichen internationalen oder europäischen Organisation.

(13) Familienmitglied im Sinne dieses Gesetzes ist ein naher Angehöriger einer politisch exponierten Person, insbesondere

1. der Ehepartner oder eingetragene Lebenspartner,
2. ein Kind und dessen Ehepartner oder eingetragener Lebenspartner sowie
3. jeder Elternteil.

(14) Bekanntermaßen nahestehende Person im Sinne dieses Gesetzes ist eine natürliche Person, bei der der Verpflichtete Grund zu der Annahme haben muss, dass diese Person

1. gemeinsam mit einer politisch exponierten Person
   a) wirtschaftlich Berechtigter einer Vereinigung nach § 20 Absatz 1 ist oder
   b) wirtschaftlich Berechtigter einer Rechtsgestaltung nach § 21 ist,
2. zu einer politisch exponierten Person sonstige enge Geschäftsbeziehungen unterhält oder
3. alleiniger wirtschaftlich Berechtigter
   a) einer Vereinigung nach § 20 Absatz 1 ist oder
   b) einer Rechtsgestaltung nach § 21 ist,

bei der der Verpflichtete Grund zu der Annahme haben muss, dass die Errichtung faktisch zugunsten einer politisch exponierten Person erfolgte.

(15) Mitglied der Führungsebene im Sinne dieses Gesetzes ist eine Führungskraft oder ein leitender Mitarbeiter eines Verpflichteten mit ausreichendem Wissen über die Risiken, denen der Verpflichtete in Bezug auf

GwG § 1 Begriffsbestimmungen

Geldwäsche und Terrorismusfinanzierung ausgesetzt ist, und mit der Befugnis, insoweit Entscheidungen zu treffen.

(16) Gruppe im Sinne dieses Gesetzes ist ein Zusammenschluss von Unternehmen, der besteht aus

1. einem Mutterunternehmen,
2. den Tochterunternehmen des Mutterunternehmens,
3. den Unternehmen, an denen das Mutterunternehmen oder seine Tochterunternehmen eine Beteiligung halten, und
4. Unternehmen, die untereinander verbunden sind durch eine Beziehung im Sinne des Artikels 22 Absatz 1 der Richtlinie 2013/34/EU des Europäischen Parlaments und des Rates vom 26. Juni 2013 über den Jahresabschluss, den konsolidierten Abschluss und damit verbundene Berichte von Unternehmen bestimmter Rechtsformen und zur Änderung der Richtlinie 2006/43/EG des Europäischen Parlaments und des Rates und zur Aufhebung der Richtlinien78/660/EWG und 83/349/EWG des Rates (ABl. L 182 vom 29.6.2013, S. 19).

(17) Drittstaat im Sinne dieses Gesetzes ist ein Staat,

1. der nicht Mitgliedstaat der Europäischen Union ist und
2. der nicht Vertragsstaat des Abkommens über den Europäischen Wirtschaftsraum ist.

(18) E-Geld im Sinne dieses Gesetzes ist E-Geld nach § 1a Absatz 3 des Zahlungsdiensteaufsichtsgesetzes.

(19) Aufsichtsbehörde im Sinne dieses Gesetzes ist die zuständige Aufsichtsbehörde nach § 50.

(20) Die Zuverlässigkeit eines Mitarbeiters im Sinne dieses Gesetzes liegt vor, wenn der Mitarbeiter die Gewähr dafür bietet, dass er

1. die in diesem Gesetz geregelten Pflichten, sonstige geldwäscherechtliche Pflichten und die beim Verpflichteten eingeführten Strategien, Kontrollen und Verfahren zur Verhinderung von Geldwäsche und von Terrorismusfinanzierung sorgfältig beachtet,
2. Tatsachen nach § 43 Absatz 1 dem Vorgesetzten oder dem Geldwäschebeauftragten, sofern ein Geldwäschebeauftragter bestellt ist, meldet und
3. sich weder aktiv noch passiv an zweifelhaften Transaktionen oder Geschäftsbeziehungen beteiligt.

(21) Korrespondenzbeziehung im Sinne dieses Gesetzes ist eine Geschäftsbeziehung, in deren Rahmen folgende Leistungen erbracht werden:

1. **Bankdienstleistungen,** wie die Unterhaltung eines Kontokorrent- oder eines anderen Zahlungskontos und die Erbringung damit verbundener Leistungen wie die Verwaltung von Barmitteln, die Durchführung von internationalen Geldtransfers oder Devisengeschäften und die Vornahme von Scheckverrechnungen, durch Verpflichtete nach § 2 Absatz 1 Nummer 1 (Korrespondenten) für CRR-Kreditinstitute oder für Unternehmen in einem Drittstaat, die Tätigkeiten ausüben, die denen solcher Kreditinstitute gleichwertig sind (Respondenten), oder
2. andere Leistungen als Bankdienstleistungen, soweit diese anderen Leistungen nach den jeweiligen gesetzlichen Vorschriften durch Verpflichtete nach § 2 Absatz 1 Nummer 1 bis 3 und 6 bis 9 (Korrespondenten) erbracht werden dürfen
   a) für andere CRR-Kreditinstitute oder Finanzinstitute im Sinne des Artikels 3 Nummer 2 der Richtlinie (EU) 2015/849 oder
   b) für Unternehmen oder Personen in einem Drittstaat, die Tätigkeiten ausüben, die denen solcher Kreditinstitute oder Finanzinstitute gleichwertig sind (Respondenten).

(22) **Bank-Mantelgesellschaft** im Sinne dieses Gesetzes ist
1. ein CRR-Kreditinstitut oder ein Finanzinstitut nach Artikel 3 Nummer 2 der Richtlinie (EU) 2015/849 oder
2. ein Unternehmen,
   a) das Tätigkeiten ausübt, die denen eines solchen Kreditinstituts oder Finanzinstituts gleichwertig sind, und das in einem Land in ein Handelsregister oder ein vergleichbares Register eingetragen ist, in dem die tatsächliche Leitung und Verwaltung nicht erfolgen, und
   b) das keiner regulierten Gruppe von Kredit- oder Finanzinstituten angeschlossen ist.

Schrifttum: *Bausch/Voller*, Geldwäsche-Compliance für Güterhändler, 2014; *Boos/Fischer/Schulte-Mattler*, KWG/CRR-VO, 5. Aufl. 2016; *Ellenberg/Findeisen/Nobbe*, Kommentar zum Zahlungsverkehrsrecht, 2. Aufl. 2013; *Erbs/Kohlhaas*, Strafrechtliche Nebengesetze, 213. EL März 2017; *Euskirchen*, Geldwäscheprävention und Compliance Management Systeme. Praxisleitfaden für Unternehmen, 2017; *Eylmann/Vaasen*, Bundesnotarordnung Beurkundungsgesetz, 4. Aufl. 2016; *Grützner/Jakob*, Compliance von A–Z, 2. Aufl. 2015; *Hauschka/Moosmayer/Lösler/Diergarten*, Corporate Compliance, 3. Aufl. 2016; *Herzog/Achtelik*, Geldwäschegesetz, 2. Aufl. 2014; *Höche*, Der Entwurf einer dritten EU-Richtlinie zur Verhinderung der Nutzung des Finanzsystems zu Zwecken der Geldwäsche und der Finanzierung des Terrorismus, WM 2005, 8; *Klein*, Abgabenordnung, 13. Aufl. 2016; *Landmann/Rohmer*, Gewerbeordnung, 75. EL März 2017; *Lochen*, Geldwäsche-Compliance im Industrieunternehmen, CCZ 2017, 226; Münchener Kommentar zum Bürgerlichen Gesetzbuch, Band 5, 7. Aufl. 2017; *Pielow* (Hrsg.), BeckOK, Gewerberecht, 38. Edition, Stand: 1.5.2017; *Rößler*, Auswirkungen der vierten EU-Anti-Geldwä-

GwG § 1 Begriffsbestimmungen

sche-Richtlinie auf die Kreditwirtschaft, WM 2015, 1406; *Schimansky/Bunte/Lwowsky*, Bankrechts-Handbuch, 5. Aufl. 2017; *Schmidt* (Hrsg.), Vielfalt des Rechts – Einheit der Rechtsordnung?, 1994; *Schwennicke/Auerbach*, Kommentar zum Kreditwesengesetz (KWG), 3. Aufl. 2016; *Stief*, Implementierung der nichtfinanzorientierten Geldwäschebekämpfung in das Geldwäschegesetz, 2017; *Suendorf*, Geldwäsche – eine kriminologische Untersuchung, 2001; *Wegen/Spahlinger/Barth*, Gesellschaftsrecht des Auslands, Loseblattsammlung, April 2016; *Zipfel/Rathke*, Kommentar zum Lebensmittelrecht, Loseblattsammlung, 166. EL, Juni 2017.

Übersicht

	Rn.		Rn.
I. Allgemeines	1	XIII. Politisch exponierte Person (§ 1 Abs. 12 GwG)	86
II. Geldwäsche (§ 1 Abs. 1 GwG)	11	XIV. Familienmitglied (§ 1 Abs. 13 GwG)	101
III. Terrorismusfinanzierung (§ 1 Abs. 2 GwG)	22	XV. Bekanntermaßen nahestehende Person (§ 1 Abs. 14 GwG)	109
IV. Identifizierung (§ 1 Abs. 3 GwG)	33	XVI. Mitglied der Führungsebene (§ 1 Abs. 15 GwG)	117
V. Geschäftsbeziehung (§ 1 Abs. 4 GwG)	41	XVII. Gruppe (§ 1 Abs. 16 GwG)	126
VI. Transaktion (§ 1 Abs. 5 GwG)	48	XVIII. Drittstaat (§ 1 Abs. 17 GwG)	134
VII. Trust (§ 1 Abs. 6 GwG)	54	XIX. E-Geld (§ 1 Abs. 18 GwG)	137
VIII. Vermögensgegenstand (§ 1 Abs. 7 GwG)	61	XX. Aufsichtsbehörde (§ 1 Abs. 19 GwG)	144
IX. Glücksspiel (§ 1 Abs. 8 GwG)	65	XXI. Zuverlässigkeit eines Mitarbeiters (§ 1 Abs. 20 GwG)	147
X. Güterhändler (§ 1 Abs. 9 GwG)	68	XXII. Korrespondenzbeziehung (§ 1 Abs. 21 GwG)	153
XI. Hochwertige Güter (§ 1 Abs. 10 GwG)	76	XXIII. Bank-Mantelgesellschaft (§ 1 Abs. 22 GwG)	162
XII. Immobilienmakler (§ 1 Abs. 11 GwG)	79		

I. Allgemeines

1 **§ 1 GwG definiert wichtige Begriffe** des GwG en bloc gleich zu Beginn. Bei der Auslegung der Definitionen, wie auch des Gesetzes selbst, sind seit der Existenz des GwG vier wesentliche Eckpfeiler zu beachten:

2 **Erstens** handelt es sich bei den Vorschriften des GwG – jedenfalls soweit sie sich an die Verpflichteten nach § 2 richten – um im Kern gewerberechtliche, in die Gewerbefreiheit[1] bzw. (in den Fällen der freiberuflichen Tätigkeiten) die

---

1 Zum Begriff der Gewerbefreiheit ausführlich *Pielow*, in: BeckOK Gewerberecht, § 1 Rn. 1 ff. m. w. N.

I. Allgemeines **§ 1 GwG**

Freiheit der Berufsausübung des Einzelnen eingreifende Normen. Als solche unterliegen sie dem Gesetzesvorbehalt und sind naturgemäß eng auszulegen.² Dort wo die Normen des GwG auf solche des speziellen Gewerberechts, zum Beispiel die Vorschriften des Kreditwesen- oder Versicherungsaufsichtsgesetzes, verweisen, müssen die Begrifflichkeiten aufgrund der Einheit der Rechtsordnung³ identisch angewandt werden.

Zweitens müssen bei der Auslegung des GwG die im Geldwäscherecht typischen „Normkaskaden" beachtet werden: Aufgrund von Empfehlungen der Financial Action Task Force („FATF") werden EU-Richtlinien erlassen, die weitestgehend auf die Empfehlungen der FATF rekurrieren, ausführlich in den jeweiligen Quellen auf dieselben zurückgreifen und oft betonen, dass die Empfehlungen der FATF durch den EU-Gesetzgeber möglichst eng umgesetzt werden sollen.⁴ Bei der Umsetzung der EU-Geldwäscherichtlinien in deutsches Recht betont der Gesetzgeber ebenso, dass die Vorschriften des GwG der Umsetzung der EU-Richtlinien dienen (und erspart sich in oftmals rechtsstaatlich bedenklichem Umfang eine selbstständige Begründung).⁵ Bei der Auslegung des GwG müssen daher die Wertungen der in der Normkaskade jeweils „höheren Stufen" einbezogen, mithin die jeweilige Normgeschichte anhand von EU-Richtlinien und FATF-Empfehlungen berücksichtigt werden.

3

Drittens ist das GwG seit Anbeginn von einem funktionalen Ansatz geprägt: Zweck des GwG (vgl. hierzu auch Geschichte der Geldwäschebekämpfung Rn. 2 ff.) ist die Verhinderung (oder zumindest die Erschwerung) von schwerwiegenden, einem eigenen Unrechtscharakter unterliegenden Straftaten der Geldwäsche und der Terrorismusfinanzierung. Dies geschieht durch Verpflichtung von in Geldwäschekreisläufe typischerweise einbezogenen, gewerberechtlich (und freiberuflich) fest umgrenzten Berufsgruppen, deren Geschäftspartnern und zuletzt der Allgemeinheit.⁶ Ziel der Vorschriften ist die wirtschaftliche

4

---

2 Vgl. etwa *Eisenmenger*, in: Landmann/Rohmer, Gewerbeordnung, § 1 Rn. 90 ff.
3 Ausführlich zur Einheit der Rechtsordnung *Schmidt*, Vielfalt des Rechts – Einheit der Rechtsordnung?, S. 9, 10 f.
4 FATF, The FATF Recommendations, S. 6; *Rößler*, WM 2015, 1407.
5 BT-Drs. 18/11555, S. 1.
6 Vgl. zur Ausdehnung des Verpflichtetenkreises *Stief*, Implementierung der nichtfinanzorientierten Geldwäschebekämpfung in das Geldwäschegesetz. Durch die Aufnahme der Mitwirkungspflicht des betroffenen Kunden bei der Identifizierung und Feststellung wirtschaftlich Berechtigter im GwOptG am 22.12.2012 wurde der Anwendungsbereich des Gesetzes faktisch auf diese erstreckt; eine neuerliche Erweiterung des sachlichen Anwendungsbereiches und eine Erstreckung auf juristische Personen und Rechtskonstruktionen erfolgte durch die Aufnahme der Vorschriften zum Transparenzregister im Jahr 2017. Spätestens mit Letzterem ändert sich der Rechtscharakter des GwG, welches vorher eine rein gewerberechtliche Vorschrift darstellte, zu einer die Allgemeinheit betreffenden Norm des Straf-, Polizei- und Sicherheitsrechts.

GwG § 1   Begriffsbestimmungen

Isolation kriminell erlangter Vermögenswerte.[7] Um dem Gesetzeszweck gerecht zu werden, muss die Auslegung einzelner Begriffe mithin an praktischen Erwägungen wie Machbarkeit und Nützlichkeit der Norm im Hinblick auf den Gesetzeszweck der „effektiven Verhinderung" der genannten Straftaten orientiert werden.

5 **Viertens** sind aus Sicht der Verpflichteten Erwägungen der Vorsicht und des Selbstschutzes vor Mitwirkung an Straftaten Dritter bei der Auslegung der Begriffe des GwG zu beachten. Nach ganz herrschender Meinung beinhalten die Normen des GwG Pflichten, die der Normadressat des § 2 GwG im eigenen Interesse erfüllen muss. Aufgrund der weiten Fassung des Geldwäschestraftatbestandes bestehen nämlich schon bei der Teilnahme am „üblichen" Wirtschaftsverkehr Risiken für Unternehmen, zur Geldwäsche durch Dritte missbraucht zu werden. Zur strafrechtlichen Verantwortung des Unternehmens ist es von der objektiven Teilnahme aufgrund der Leichtfertigkeitsstrafbarkeit nur ein kleiner Schritt. Mithin sollen (und dürfen!) Verpflichtete Standards eines „vorsichtigen Kaufmanns" ansetzen und sich bei deren Umsetzung sowohl auf die zivilrechtliche Durchsetzbarkeit als auch auf deren gewerberechtliche Angemessenheit verlassen: Viele der in diesem Gesetz geregelten Pflichten sind als „Mindeststandards" anzusehen, die ein Verpflichteter jedenfalls im diskriminierungsfreien Umfang und innerhalb der Grenzen des Rechtsmissbrauches und der Guten Sitten jederzeit anheben darf.

6 Im Vergleich zum bisherigen GwG ist die Liste an Definitionen **deutlich ausgeweitet** worden. Maßgeblicher Grund dieser Ausweitung ist die Umsetzung von Art. 2 und Art. 3 der 4. EU-Geldwäscherichtlinie[8] und die weitgehende Umstrukturierung des Gesetzes selbst.

7 Im Zusammenhang mit der Umsetzung der Richtlinie hat der deutsche Gesetzgeber insbesondere die Begriffe „Vermögensgegenstand", „Güterhändler", „Immobilienmakler", „Familienmitglied", „bekanntermaßen nahestehende Person", „Mitglied der Führungsebene", „Gruppe", „E-Geld", „Korrespondenzbeziehung" und „Bank-Mantelgesellschaft" als eigene Definitionen neu in das GwG eingefügt.

8 Weiterhin hat der Gesetzgeber im Zuge der Umsetzung der 4. EU-Geldwäscherichtlinie auch eine Änderung im Hinblick auf die schon in der alten Gesetzesfassung vorhandene Definition des Begriffs „Glücksspiel im Internet" hin zu

---

7 Vgl. hierzu *Nestler*, in: Herzog, GwG, § 261 StGB Rn. 21 ff.
8 Richtlinie (EU) 2015/849 des Europäischen Parlaments und des Rates vom 20.5.2015 zur Verhinderung der Nutzung des Finanzsystems zum Zwecke der Geldwäsche und der Terrorismusfinanzierung, zur Änderung der Verordnung (EU) Nr. 648/2012 des Europäischen Parlaments und des Rates und zur Aufhebung der Richtlinie 2005/60/EG des Europäischen Parlaments und des Rates und der Richtlinie 2006/70/EG der Kommission.

einer Definition des Begriffs „Glücksspiel" vorgenommen. Anlass dieser Änderung ist, dass die 4. EU-Geldwäscherichtlinie im Gegensatz zur 3. EU-Geldwäscherichtlinie in Bezug auf Prävention gegen Geldwäsche nicht mehr nur noch einen Teilausschnitt des Glücksspielbereichs (namentlich Spielbanken und Online-Glücksspiele), sondern nunmehr den gesamten Bereich des Glücksspiels umfassen will.[9]

Schließlich hat der Gesetzgeber einige weitere Definitionen aus Klarstellungsgründen ergänzend und neu in das GwG eingefügt, wie zum Beispiel „Geldwäsche", „Trust", „Drittstaat" oder „Aufsichtsbehörde". 9

Im Übrigen enthält der Katalog von Legaldefinitionen überwiegend solche, die bereits in den bisherigen Fassungen des GwG, mitunter jedoch an anderer Stelle, enthalten waren.[10] 10

II. Geldwäsche (§ 1 Abs. 1 GwG)

„Geldwäsche" ist der **Grundlagenbegriff des GwG**.[11] Auf internationaler Ebene rekurriert der Begriff auf die Definitionen des Übereinkommens der Vereinten Nationen gegen den unerlaubten Verkehr mit Suchtstoffen und psychotropen Stoffen (sog. Wiener Übereinkommen von 1998) und des Übereinkommens gegen die grenzüberschreitende organisierte Kriminalität (sog. Palermo-Konvention).[12] Die FATF hat eine rechtspolitisch geprägte „Interpretative Note" zur Reichweite des Straftatbestandes erlassen,[13] die jedoch sowohl für deutsches Gewerberecht als auch für das deutsche Strafrecht nicht maßgeblich ist, sondern eher als politische Leitlinie für die Zukunft gedacht ist. 11

„Geldwäsche im Sinne dieses Gesetzes ist eine Straftat nach § 261 des Strafgesetzbuches", § 1 Abs. 1 GwG. Mithin orientiert sich das deutsche Geldwäscherecht an der strafrechtlichen Nomenklatur und ist deckungsgleich mit Straftaten nach § 261 StGB.[14] Etwaige Über- oder Unterumsetzungen internationaler Standards (vgl. z.B. die lange Diskussion um die „Eigengeldwäsche") bleiben gewerberechtlich außer Betracht. 12

---

9 Vgl. die Gesetzesbegründung im Regierungsentwurf zur Umsetzung der 4. EU-Geldwäscherichtlinie, BT-Drs. 18/11555, S. 201.
10 Ein Beispiel hierfür ist die Definition der „hochwertigen Güter", die zuvor in § 9 Abs. 4 Satz 4 GwG a. F. enthalten war, sich aber nun in § 1 Abs. 10 GwG finden lässt. Weitere Beispiele sind die „politisch exponierte Person", welche im GwG a. F. in § 6 Abs. 2 Nr. 1 zu finden war (nun § 1 Abs. 12 GwG), oder die „Zuverlässigkeit eines Mitarbeiters" aus § 9 Abs. 2 Nr. 4 Satz 2 GwG a. F. (nun § 1 Abs. 20 GwG).
11 Vgl. auch umfassend zum Geldwäschebegriff oben Rn. 1.
12 *Walther*, in: Schimansky/Bunte/Lwowski, Bankrechts-Handbuch, § 42 Rn. 16 ff.
13 FATF Interpretative Note to Recommendation 3 (Money Laundering Offence).
14 So BT-Drs. 18/11555, S. 101.

GwG § 1 Begriffsbestimmungen

13 Das GwG gebraucht – fast selbstverständlich – den Begriff der „Geldwäsche" sehr zahlreich. Jedoch wurde er unter den gewerberechtlichen, bzw. die freiberuflichen Stände regulierenden Aspekten nicht näher definiert. Allen bisherigen Auslegungen war gemein,[15] dass er als Verweis auf den strafrechtlichen Geldwäschetatbestand des § 261 StGB verstanden werden solle, wie dies bereits die alten Gesetzesfassungen nahelegten. Nunmehr hat dies der Gesetzgeber ausdrücklich klargestellt.[16]

14 Der Gesetzgeber hat somit festgelegt, dass dem GwG nicht der „kriminologische", sondern **der „strafrechtliche" Geldwäschebegriff zugrunde liegen** solle. Der „kriminologische" Geldwäschebegriff ist deutlich weiter als der „strafrechtliche" Geldwäschebegriff. Während vom „kriminologischen" Geldwäschebegriff sämtliche Handlungen umfasst sind, die vorgenommen werden, um die illegale Herkunft von Erlösen aus jeglichen Straftaten zu verschleiern und diese als scheinbar legales Vermögen in den regulären Finanz- und Wirtschaftskreislauf einzuführen,[17] ist der „strafrechtliche" Geldwäschebegriff auf ganz bestimmte Straftaten (die **Geldwäschevortaten**, „predicate offences") begrenzt. Der strafrechtliche Geldwäschetatbestand des § 261 StGB richtet sich nämlich maßgeblich gegen die unerkannte Verschmelzung von Vermögenswerten aus dem Bereich der organisierten Kriminalität und wertmäßig verwandter Straftaten mit dem legalen Wirtschaftskreislauf und dient der Isolation illegal erlangten Vermögens.[18]

15 § 261 StGB stellt einerseits das Verbergen, das Verschleiern der Herkunft und die Vereitelung oder die Gefährdung des Auffindens, der Einziehung oder der Sicherstellung eines Gegenstands unter Strafe, wenn der Gegenstand aus einer der dort genannten „Geldwäschevortaten" herrührt. Weiterhin ist auch strafbar, wer sich oder einem Dritten einen aus einer „Geldwäschevortat" stammenden Gegenstand verschafft oder einen solchen Gegenstand verwahrt oder verwendet. Im Falle der Verwahrung oder Verwendung muss der Täter aber die Inkriminierung des Gegenstandes im Zeitpunkt, in der er den Gegenstand erlangt hat, nicht zwingend positiv kennen: Es reicht bereits leichtfertige Unkenntnis der Inkriminierung des Gegenstandes für eine Strafbarkeit.

16 Zu den tauglichen „Geldwäschevortaten" nach § 261 StGB gehören namentlich zum einen alle Verbrechen, also sämtliche Straftaten mit einem Mindeststrafmaß von einem Jahr Freiheitsstrafe (§ 12 Abs. 1 StGB). Zum anderen gehören diverse Vergehen zu den Vortaten, beispielsweise Bestechlichkeit und Bestechung, das

---

15 Vgl. etwa *Herzog/Achtelik*, in: Herzog, GwG, § 11 Rn. 15 ff.
16 BT-Drs. 18/11555, S. 101.
17 *Suendorf*, Geldwäsche – eine kriminologische Untersuchung, S. 44 f.; *Walther*, in: Schimansky/Bunte/Lwowsky, Bankrechts-Handbuch, § 42 Rn. 1.
18 *Walther*, in: Schimansky/Bunte/Lwowsky, Bankrechts-Handbuch, § 42 Rn. 2; BT-Drs. 12/989, S. 26.

II. Geldwäsche (§ 1 Abs. 1 GwG)   § 1 GwG

unerlaubte Handeltreiben mit Betäubungsmitteln, die gewerbs- oder bandenmäßige Steuerhinterziehung sowie die Bildung krimineller Vereinigungen. Der Katalog der Geldwäschevortaten, die bei der Einführung des Straftatbestandes noch auf Institute beschränkt war, unterliegt nicht zuletzt aufgrund des um die Jahrtausendwende eingeführten „all crimes approach"[19] allerdings häufig Erweiterungen.

In praktischer Hinsicht lassen sich in Bezug auf den strafrechtlichen Geldwäschebegriff nach § 261 StGB und dem damit einhergehenden Anwendungsbereich des GwG vor allem zwei Konstellationen von Geldwäsche unterscheiden: die **eigennützige („interne") und die fremdnützige („externe") Geldwäsche**. Bei der intern betriebenen Geldwäsche ist der Täter Mitglied des eigenen Unternehmens, in dem Geld gewaschen wird. Hingegen bedient sich bei der extern betriebenen Geldwäsche ein Dritter der Dienste eines anderen, etwa eines Unternehmens, um über sie ihr Geld zu waschen, ohne dass dieser „andere" dies notwendigerweise weiß.[20] Konsequenterweise werden strafrechtlich sowohl das aktive „Helfen" bei der Verschleierung der Herkunft eines unmittelbar oder mittelbar kriminellem Verhalten entspringenden Gegenstandes bestraft wie auch dessen bloße Entgegennahme in Kenntnis – oder leichtfertiger Unkenntnis – dessen Ursprungs. 17

Das GwG setzt an beiden Konstellationen an. Beispielsweise versucht das Gesetz durch die Vorschriften zur Kundenidentifizierung der §§ 10 ff. GwG maßgeblich die „extern" betriebene Geldwäsche zu verhindern. Ein Beispiel für die Bekämpfung der intern betriebenen Geldwäsche ist z. B. die Mitarbeiterüberprüfung hinsichtlich ihrer Zuverlässigkeit gem. § 6 Abs. 2 Nr. 5 GwG. Einige Maßnahmen wirken auf die Erschwerung beider Konstellationen hin, wie zum Beispiel die Risikoanalyse nach § 5 GwG. 18

Geldwäsche ist ein oft sehr komplexer, vom Willen des Kriminellen zur Verschleierung der Verbindung zwischen Straftat und Vermögensgegenstand getriebener Prozess. Bis jetzt hält sich hinsichtlich der Erklärungs- und Strukturierungsmodelle noch immer das sogenannte **„Drei-Phasen-Modell" als herrschende Meinung**.[21] Das Modell spiegelt an vielen Stellen, etwa bei der Einbeziehung verschiedener Berufsgruppen und bei der Verwendung von Bargeld in der ersten Phase, ein auf den Vorstellungen organisierter Kriminalität manifestiertes Vorstellungsbild des Gesetzgebers wider. Es ist daher tragendes Fundament für Auslegungsfragen hinsichtlich des Zwecks der Vorschriften des GwG. 19

---

19 *Walther*, in: Schimansky/Bunte/Lwowski, Bankrechts-Handbuch, § 42 Rn. 75.
20 *Euskirchen*, Geldwäscheprävention und Management Systeme, S. 13.
21 Vgl. *Herzog/Achtelik*, in: Herzog, GwG, Einl. Rn. 5 ff.; zum Drei-Phasen-Modell siehe oben Rn. 1.

GwG § 1 Begriffsbestimmungen

20 Es muss natürlich, viele Jahrzehnte nach Schaffung des Drei-Phasen-Modells, festgestellt werden, dass die ursprünglichen, von Vorstellungen der organisierten Kriminalität zu Beginn der 1990er Jahre geprägten Modelle zur Auslegung „moderner" Vortaten, wie zum Beispiel von Kapitalmarktdelikten, Marken- oder Steuerdelikten wenig nützlich sind. Bei vielen der heute im Vortatenkatalog des § 261 StGB vorzufindenden Vortaten fehlt das Bargeldelement – oder die gewaschenen Vermögenswerte werden erst inkriminiert, wenn sie sich bereits im formalen Finanzkreislauf befinden. Mit Zurückdrängung des Bargeldes ist zu erwarten, dass die erste Phase, das „Placement" für Auslegungsfragen weiter an Bedeutung verlieren wird. Auch verschwimmen in modernen Wirtschaftsdelikten Layering und Placement ineinander, da inkriminierte Vermögenswerte häufig das „Layering" nicht mehr verlassen und nicht mehr im klassischen (an den Vorstellungsbildern der organisierten Kriminalität orientierten) Sinne zum persönlichen Vorteil des Kriminellen investiert oder zu dessen Vergnügen ausgegeben werden.

21 Immerhin erlaubt das „Drei-Phasen-Modell" im Rahmen der Auslegung neben historischen Anhaltspunkten weiterhin hilfreiche Rückschlüsse bei der Ergründung des Gesetzeszwecks und bei der Auslegung der in § 1 und auch darüber hinaus im GwG enthaltenen Begrifflichkeiten.

III. Terrorismusfinanzierung (§ 1 Abs. 2 GwG)

22 Mit der Umsetzung der 3. EU-Geldwäscherichtlinie[22] wurde neben die Bekämpfung der Geldwäsche auch die Bekämpfung der Finanzierung des Terrorismus als Ziel des Geldwäschegesetzes in die Vorschriften aufgenommen.[23] Der strafrechtliche Begriff rekurriert auf die „International Convention for the Suppression of the Financing of Terrorism",[24] in der die Mitgliedstaaten sich zum ersten Male verpflichteten, zur Verhinderung der Finanzierung des Terrorismus die Beschaffung von finanziellen Mitteln schon weit im Vorfeld terroristischer Aktivitäten unter Strafe zu stellen.

23 Hinter der im Gesetz häufig und (teilweise sehr unreflektiert) **durchgehend als Begriffspaar „Geldwäsche und Terrorismusfinanzierung" verwendeten gewerberechtlichen Formulierung** verbirgt sich jedoch ein Dilemma: Tatgegenstand der Geldwäsche ist inkriminiertes Vermögen; Terrorismusfinanzierung kann durch Verwendung inkriminierter oder völlig legal erworbener Vermögens-

---

22 Richtlinie 2005/60/EG des Europäischen Parlaments und des Rates vom 26.10.2005 zur Verhinderung der Nutzung des Finanzsystems zum Zwecke der Geldwäsche und der Terrorismusfinanzierung.
23 Zum Phänomen der Terrorismusfinanzierung vgl. auch oben Rn. 1.
24 *Herzog/Achtelik*, in: Herzog, GwG, Einl. Rn. 131.

III. Terrorismusfinanzierung (§ 1 Abs. 2 GwG) **§ 1 GwG**

werte stattfinden. Auch die Perspektive derjenigen Parteien, die mit beiden Straftaten in Berührung kommen, ist grundverschieden: Während der Gesetzgeber von einem Verpflichteten möglicherweise erwarten kann, dass er Maßnahmen bei erkannter oder zumindest erkennbarer Inkrimination von Vermögenswerten ergreift, ist die Ausgangslage für Verpflichtete hinsichtlich der Terrorismusfinanzierung schwierig: Der Verpflichtete muss eine Einschätzung treffen, welchem Zweck eine Transaktion in der Zukunft möglicherweise dienen soll. Nur wenn er erkennt, dass die Mittel, mit denen er in Berührung gerät, in der Zukunft für terroristische Aktivitäten verwendet werden sollen, kann realistischerweise ein Tätigwerden erwartet werden. In der Praxis ist diese Verwendungsprognose aber sehr schwierig.

Während die FATF[25] und der Gesetzgeber auf europäischer[26] wie auch auf deutscher[27] Ebene das Dilemma der unterschiedlichen Behandlung von inkriminiertem wie nicht inkriminierten Vermögenswerten – und etwa die Auswirkungen hiervon auf Vermögenskonfiskationen – erkannt und teilweise geregelt hat, verbleibt die Unsicherheit einer **Mittelverwendungsprognose** durch den Geschäftspartner beim Verpflichteten selbst. Während viele Anwendungsprobleme beim Straftatbestand der Geldwäsche daraus resultieren, dass kein hinreichender Bezug zur Vortat gezogen werden kann, treten beim Straftatbestand der Terrorismusfinanzierung Probleme in der Rechtsanwendung deshalb auf, weil zum Zeitpunkt des Kontakts mit den Vermögenswerten keine Prognose möglich ist, dass dieselben für terroristische Aktivitäten verwendet werden sollen. 24

Wie auch bei der Geldwäsche sind die gewerberechtlichen Anwendungsbereiche und die strafrechtlichen Definitionen der Terrorismusfinanzierung deckungsgleich. 25

Die im Gesetz genannte **erste Tatalternative** der Terrorismusfinanzierung besteht darin, dass Vermögensgegenstände in dem Wissen oder in der Absicht bereitgestellt oder gesammelt werden, dass diese bei bestimmten „terroristischen Straftaten" Verwendung finden oder finden sollen. 26

Nach dem ausdrücklichen Wortlaut der Vorschrift zählt insbesondere die Bildung einer terroristischen Vereinigung, das Mitwirken in einer terroristischen Vereinigung sowie das Unterstützen einer terroristischen Vereinigung im Sinne der §§ 129a, 129b StGB zu den betroffenen terroristischen Straftaten. 27

---

25 So z. B. die FATF in der Guidance on Terrorist Financing, 24.4.2002, RZ 16: „*The difference between legally and illegally obtained proceeds raises an important legal problem as far as applying anti-money laundering measures to terrorist financing.*"
26 Vgl. Stellungnahme des Parlaments zur 3. EU-Geldwäscherichtlinie, ABl. EU C 117 E/141, P5_TC1-COD(2004)0137, Ziff. 8.
27 In diese Richtung BT-Drs. 14/8739, S. 10.

GwG § 1 Begriffsbestimmungen

28 Darüber hinaus zählen gemäß Art. 1 des EU-Rahmenbeschlusses 2002/475/JI des Rates vom 13.6.2002 zur Terrorismusbekämpfung, zuletzt geändert durch den EU-Rahmenbeschluss 2008/919/JI des Rates vom 28.11.2008, zu den terroristischen Straftaten auch bestimmte andere Taten, die nicht auf eine terroristische Vereinigung bezogen sind. Hierzu gehören insbesondere Straftaten gegen das Leben oder die körperliche Unversehrtheit, Entführung oder Geiselnahme. Angriffe gegen öffentliche Einrichtungen bzw. die öffentliche Grundversorgung mit lebenswichtigen Ressourcen (wie Wasser und Strom) sowie Waffen- und Sprengstoffdelikte. Allerdings müssen diese Taten geeignet sein, ein Land oder eine internationale Organisation ernsthaft zu schädigen und mit der Absicht begangen sein, die Bevölkerung schwerwiegend einzuschüchtern, die staatlichen Stellen zu einem bestimmten Verhalten zu nötigen oder die Grundstrukturen des Landes bzw. der internationalen Organisation ernsthaft zu beeinträchtigen. Schließlich sind nach Art. 3 des EU-Rahmenbeschlusses 2002/475/JI des Rates vom 13.6.2002 zur Terrorismusbekämpfung, zuletzt geändert durch den EU-Rahmenbeschluss 2008/919/JI des Rates vom 28.11.2008, auch das öffentliche Auffordern zur Begehung einer terroristischen Straftat sowie das Anwerben und Ausbilden für terroristische Zwecke vom Begriff der terroristischen Straftat im obigen Sinne erfasst.

29 Die Vermögensgegenstände (siehe dazu § 1 Abs. 7 GwG) müssen entweder „in dem Wissen oder in der Absicht" bereitgestellt oder gesammelt werden, dass diese bei den genannten terroristischen Straftaten Verwendungen finden oder finden sollen. Erforderlich ist also in subjektiver Hinsicht nunmehr entweder dolus directus 1. Grades oder dolus directus 2. Grades. Nach der Definition der Terrorismusfinanzierung in der alten Fassung des GwG wurde hingegen in subjektiver Hinsicht allein auf Wissen, also den dolus directus 2. Grades abgestellt. Im Endeffekt war damit aber auch schon nach der Definition der Terrorismusfinanzierung in der alten Fassung des GwG dolus directus 1. Grades miterfasst. Der Gesetzgeber hat dies dennoch – in Anlehnung an den Wortlaut der 4. EU-Geldwäscherichtlinie – ausdrücklich klargestellt.[28]

30 Die **zweite Tatbestandsalternative** der Terrorismusfinanzierung besteht darin, dass eine Straftat nach § 89c StGB begangen wird. Bei § 89c StGB handelt es sich um den mit Gesetz zur Änderung der Verfolgung der Vorbereitung von schweren staatsgefährdenden Gewalttaten (GVVG-Änderungsgesetz) vom 12.6.2015 geänderten, vorher in § 89b a.F. StGB enthaltenen Tatbestand der „Terrorismusfinanzierung". Dieser Tatbestand ist, nach zahlreichen kritischen Stellungnahmen der FATF im Rahmen verschiedener Länderevaluierungen,[29] das Endprodukt der nationalen Umsetzung derjenigen Anforderungen, die Art. 1

---

28 BT-Drs. 18/11555, S. 101 f.
29 Vgl. zuletzt FATF, 3rd Follow-Up Report Mutual Evaluation of Germany, Juni 2014, S. 13 ff.

des EU-Rahmenbeschlusses 2002/475/JI des Rates vom 13.6.2002 zur Terrorismusbekämpfung, zuletzt geändert durch den EU-Rahmenbeschluss 2008/919/JI des Rates vom 28.11.2008, an den nationalen Gesetzgeber stellt. Danach soll nämlich der nationale Gesetzgeber Maßnahmen dahin treffen, dass die in Art. 1 des EU-Rahmenbeschlusses 2002/475/JI genannten Taten als terroristische Straftaten geahndet werden. Dem ist der Gesetzgeber mit § 89c StGB nachgekommen. § 89c StGB erfasst also inhaltlich lediglich einen Teilausschnitt der Fälle, die ohnehin schon vom ersten Anwendungsfall umfasst sind, nämlich das Bereitstellen oder Sammeln von Vermögenswerten in Bezug auf die oben genannten nicht auf terroristische Vereinigungen bezogenen terroristischen Straftaten nach Art. 1 des EU-Rahmenbeschlusses 2022/475/JI. Der einzige inhaltliche Unterschied besteht darin, dass der erste Anwendungsfall nur das Bereitstellen und Sammeln entsprechender Vermögenswerte erfasst, während § 89c StGB auch die Entgegennahme entsprechender Vermögenswerte in dem Wissen oder in der Absicht, dass diese für eine der genannten terroristischen Straftaten verwendet werden sollen, erfasst.

Die **dritte Tatalternative** der Terrorismusfinanzierung besteht schließlich in entsprechenden Teilnahmehandlungen (Anstiftung oder Beihilfe) zu den soeben dargelegten anderen beiden Tatbeständen der Terrorismusfinanzierung. 31

In der Praxis bestehen – schon aufgrund des oben genannten Dilemmas hinsichtlich der Verwendung legal erlangter Vermögensgegenstände und der zu treffenden Verwendungsprognose erhebliche Unsicherheiten bei den Verpflichteten hinsichtlich der Erkennung risikobehafteter Konstellationen. Selbst die FATF stellte in einer Publikation wörtlich fest, dass „es den Verpflichteten oft nicht möglich sein dürfte, Fälle von Terrorismusfinanzierung zu entdecken".[30] Über die Verwendung von (Sanktions-)Listen und die Berücksichtigung von – wenigen, oft sehr allgemein gehaltenen – Typologien[31] hinaus sind die Verpflichteten nach GwG bis heute tatsächlich kaum in der Lage, vernünftige Sicherungsmaßnahmen im Sinne des § 6 Abs. 2 GwG gegen Terrorismusfinanzierung zu ergreifen. 32

IV. Identifizierung (§ 1 Abs. 3 GwG)

Der Begriff der „Identifizierung" in der Fassung des Gesetzes zur Umsetzung der 4. EU-Geldwäscherichtlinie vom 26.6.2017 entspricht der bisherigen Defini- 33

---

30 „It should be acknowledged as well that financial institutions will probably be unable to detect terrorist financing as such." FATF Guidance Note on Terrorist Financing, 24.4.2002, Rn. 9.
31 Vgl. z. B. FATF Guidance Note on Terrorist Financing, 24.4.2002, FATF Financing of the Terrorist Organisation Islamic State in Iraq and the Levant, Februar 2015.

GwG § 1 Begriffsbestimmungen

tion in § 1 Abs. 1 GwG a. F. Die Identifizierung besteht aus der **Feststellung der Identität durch das Erheben von Angaben und deren Überprüfung.**

34 In Deutschland besteht neben der geldwäscherechtlichen Identifizierungspflicht eine steuerrechtliche Pflicht zur Identifizierung durch Kreditinstitute bei der Konten- und Depoteröffnung. Nach § 154 Abs. 2 der Abgabenordnung ist durch ein Kreditinstitut eine Legitimationsprüfung bei der Konto- oder Schließfacheröffnung oder durch ein Pfandhaus bzw. einen Verwahrer bei der Entgegennahme von Pfandgut bzw. der Verwahrung von Kostbarkeiten durchzuführen.[32] Das Beurkundungsgesetz und die Dienstordnung für Notare enthalten ebenso Vorschriften zur Identifikation von Mandanten und Parteien in verschiedenen Fällen.[33] Die Identifikationspflichten nach den genannten Gesetzen sind hinsichtlich ihres Umfanges ähnlich, aber nicht durchgehend deckungsgleich.[34]

35 Nach der Definition des § 1 Abs. 3 GwG besteht – in Anlehnung an Art. 8 der 3. EU-Geldwäscherichtlinie[35] – die Identifizierung aus zwei Elementen, nämlich einerseits die Feststellung und andererseits die Überprüfung der Identität der zu identifizierenden Person. Die Feststellung der Identität geschieht hierbei durch das „Erheben von Angaben", zum Beispiel in Form einer Befragung der zu identifizierenden Person.[36] Die Überprüfung der Identität der zu identifizierenden Person dient der Verifizierung der erhobenen Angaben und erfolgt durch Vorlage von bestimmten Beweisdokumenten.[37]

36 Die Identifizierung ist Dreh- und Angelpunkt des im GwG verankerten **Know-Your-Customer-Prinzips** für die Erfüllung der Kundensorgfaltspflichten („Customer Due Diligence"). Nach den Vorgaben der FATF beinhaltet Customer Due Diligence die folgenden Elemente:

„The CDD measures to be taken are as follows:

(a) Identifying the customer and verifying that customer's identity using reliable, independent source documents, data or information.

(b) Identifying the beneficial owner, and taking reasonable measures to verify the identity of the beneficial owner, such that the financial institution is satis-

---

32 Vgl. *Klein*, AO, § 154 Rn. 8 ff.
33 Vgl. §§ 10, 40 BeurkG; § 26 DONot.
34 Anders als das GwG sieht z. B. die AO Ausnahmen von der Legitimationsprüfung in besonders niedrig risikobehafteten Konstellationen vor, vgl. AEAO Nr. 7 zu § 154; § 26 DONot lässt eine Ausnahme aufgrund „persönlicher Kenntnis" zu. Auch die Konsequenzen bei unterbliebener Identifizierung sind unterschiedlich, vgl. *Eylmann/Vaasen/Litzenburger*, § 26 DONot Rn. 5.
35 Richtlinie 2005/60/EG des Europäischen Parlaments und des Rates vom 26.10.2005 zur Verhinderung der Nutzung des Finanzsystems zum Zwecke der Geldwäsche und der Terrorismusfinanzierung.
36 *Warius*, in: Herzog, GwG, § 1 Rn. 6.
37 *Warius*, in: Herzog, GwG, § 1 Rn. 6.

IV. Identifizierung (§ 1 Abs. 3 GwG)   § 1 GwG

fied that it knows who the beneficial owner is. For legal persons and arrangements this should include financial institutions understanding the ownership and control structure of the customer.

(c) Understanding and, as appropriate, obtaining information on the purpose and intended nature of the business relationship.

(d) Conducting ongoing due diligence on the business relationship and scrutiny of transactions undertaken throughout the course of that relationship to ensure that the transactions being conducted are consistent with the institution's knowledge of the customer, their business and risk profile, including, where necessary, the source of funds."

Auch nach Ansicht der FATF zerfällt der Kernbegriff also in die „Identifikation" des Kunden und die „Verifikation" seiner Angaben. Dieses Grundprinzip spiegelt sich im deutschen Recht wider: 37

Die Definition des § 1 Abs. 3 GwG bezieht sich insbesondere auf die §§ 10–13 GwG, wo die genaueren Vorgaben zur Identifizierung genannt werden: Dabei schreibt § 10 GwG die allgemeine Identifizierungspflicht in bestimmten Fällen vor. § 11 GwG konkretisiert diese Pflicht und legt die zu erhebenden Angaben dar. § 12 GwG legt fest, welche Arten der Identifizierung genutzt werden dürfen und § 13 GwG, welche Verfahren herangezogen werden können. Speziellere Vorschriften hinsichtlich moderner Formen, insbesondere der Videoidentifikation ergeben sich aus der Verwaltungspraxis.[38] Angesichts der modernen Vertriebs- und Vertragsschlussmöglichkeiten wird nunmehr kein physisches „Gegenübersitzen" mehr verlangt. 38

Zweck der Identifizierung ist es, die Zurückverfolgung von Transaktionen bzw. Geschäftsverbindungen durch die Behörden zu ermöglichen, um so weitere Hintergründe zu der zu identifizierenden Person oder hinsichtlich der verwendeten inkriminierten Vermögensgegenstände ermitteln zu können.[39] 39

Der Umfang der Identifizierung und der Zeitpunkt derselben sind in §§ 10 bis 13 GwG abschließend geregelt; die oben genannten Identifizierungsregeln für Notare oder die Legitimationspflichten nach § 154 AO bestehen neben den Pflichten des GwG und berühren diese sowohl hinsichtlich des Umfangs noch hinsichtlich des Anlasses oder Zeitpunktes nicht. 40

---

38 Vgl. Bafin-Rundschreiben 3/2017 (GW) – Videoidentifizierungsverfahren (GZ: GW 1-GW 2002-2009/0002) vom 10.4.2017; das VideoIdent-Verfahren wurde zum ersten Mal mit BaFin-Rundschreiben 1/2014 (GW) – Verdachtsmeldung nach §§ 11, 14 GwG und anderes (GW 1-GW 2001-2008/0003) vom 5.3.2014, geändert am 10.11.2014, ermöglicht.
39 BT-Drs. 16/9038, S. 29.

V. Geschäftsbeziehung (§ 1 Abs. 4 GwG)

41 Die Definition der Geschäftsbeziehung lehnt sich an Art. 3 Nr. 13 der 4. EU-Geldwäscherichtlinie an. Eine vom Wortlaut her weitgehend gleiche und vom Inhalt her vollständig identische Definition[40] des Begriffs der Geschäftsbeziehung war zuvor bereits in § 1 Abs. 3 GwG a. F. enthalten.

42 „Geschäftsbeziehung" wird in Abs. 4 vom Gesetzgeber legaldefiniert als „jede Beziehung, die unmittelbar in Verbindung mit den gewerblichen oder beruflichen Aktivitäten der Verpflichteten steht und bei der beim Zustandekommen des Kontakts davon ausgegangen wird, dass sie von gewisser Dauer sein wird".

43 Unter die „**gewerblichen Aktivitäten**" des Verpflichteten fallen in Anlehnung an den Gewerbebegriff der GewO[41] all jene geschäftlichen Kontakte, die der Verpflichtete im Rahmen einer nicht sozial unwertigen, auf Dauer angelegten, mit Gewinnerzielungsabsicht ausgeübten, selbstständigen beruflichen Tätigkeit, die weder freier Beruf, Urproduktion oder Verwaltung eigenen Vermögens ist, knüpft. Geschäftliche Kontakte, die im Rahmen eines freien Berufs geknüpft werden, sind jedoch ebenfalls von der Definition der Geschäftsbeziehung erfasst, denn diese zählen zu den „beruflichen Aktivitäten" des Verpflichteten. Demgegenüber sind rein private Kontakte des Verpflichteten nicht erfasst.[42]

44 Jedoch werden von der Definition des Begriffs der Geschäftsbeziehung nicht jegliche gewerblichen oder beruflichen Kontakte des Verpflichteten erfasst, sondern nur solche, die einen Bezug zu den **geschäftstypischen** Leistungen des Verpflichteten aufweisen.[43] Viele ausländische/frühere Geldwäscheregelungen sehen vor, dass lediglich „Kundenbeziehungen" unter den Anwendungsbereich der Gesetze fallen sollen.[44] Auch die Auslegungshinweise der Deutschen Kreditwirtschaft beschränken die „Geschäftsbeziehung" auf die „Gesamtheit der vom Kunden genutzten bzw. dem Kunden zur Verfügung stehenden Leistungen/Produkte"[45] und nimmt z. B. Verträge mit Versorgern oder Beschaffungsvorgänge ausdrücklich aus.

45 Welche Leistungen geschäftstypisch sind, hängt immer von der konkreten geschäftlichen Ausrichtung des Unternehmens ab. Maßgeblicher Anknüpfungspunkt zur Bestimmung der geschäftstypischen Aktivitäten des Verpflichteten kann insbesondere die Satzung oder der Gesellschaftsvertrag des Verpflichteten sein. In diesem wird nämlich der Gegenstand des Unternehmens näher beschrie-

---

40 BT-Drs. 18/11555, S. 102.
41 BVerwG, Beschl. v. 11.3.2008, 6 B 2/08, Rn. 5 m. w. N.
42 *Häberle*, in: Erbs/Kohlhaas, Strafrechtliche Nebengesetze, 213. EL 3/2017, § 1 GwG Rn. 4.
43 *Warius*, in: Herzog, GwG, § 1 Rn. 22.
44 BT-Drs. 18/11555, S. 102.
45 AuA, Ziffer 8.

V. Geschäftsbeziehung (§ 1 Abs. 4 GwG)   § 1 GwG

ben. All jene Tätigkeiten, die unter unmittelbar unter den beschriebenen Unternehmensgegenstand fallen, sind jedenfalls geschäftstypisch. Demgegenüber sind beispielsweise nicht geschäftstypisch solche Geschäfte, die ausschließlich zur Aufrechterhaltung des Geschäftsbetriebs vorgenommen werden,[46] sowie Geschäfte im Rahmen des Beschaffungswesens des Verpflichteten.[47] Beispiele hierfür sind Pachtverträge eines Unternehmens mit Kantinenbetreibern oder Verträge über die Wartung des Fuhrparks.

Schließlich muss beim Abschluss des Geschäfts davon auszugehen sein, dass der gewerbliche oder berufliche Kontakt **von gewisser Dauer** sein wird. „Einmalgeschäfte" sind ausgeschlossen.[48] Es ist somit eine Ex-ante-Prognose darüber zu treffen, ob der gewerbliche oder berufliche Kontakt über einen nicht unerheblichen Zeitraum fortbestehen wird oder zeitnah wieder enden wird. Unproblematisch besteht eine positive Fortbestehensprognose bei Geschäftsbeziehungen, die ihrer Natur nach oder kraft vertraglicher Vereinbarung schon auf Dauer ausgelegt sind, wie z. B. bei Eröffnung eines Kontos bei einem Kreditinstitut, bei Verwendung von AGB's durch ein Kreditinstitut, die die gesamte Geschäftsbeziehung betreffen, sowie bei vertraglichen Beziehungen mit Versicherungen oder Kapitalverwaltungsgesellschaften.[49]

46

Demgegenüber besteht bei bloßen Einmalgeschäften eine positive Fortbestehensprognose unzweifelhaft nicht. Problematisch sind hingegen die Fälle, in denen ein Kunde hinsichtlich einer ganz bestimmten Angelegenheit erstmalig an den Verpflichteten herantritt, es den Umständen nach aber möglich erscheint, dass sich an diese Angelegenheit noch Folgeaufträge anschließen. Fragliche und unsichere Konstellationen können sich hierbei insbesondere bei rechtsberatenden Berufen ergeben.[50] Im Endeffekt kommt es hierbei maßgeblich auf die Umstände des Einzelfalles an. Macht der prospektive Mandant eines Rechtsanwaltes beispielsweise in der Vorbesprechung bereits deutlich, dass er nicht nur eine einfache Beratung in der rechtlichen Angelegenheit wünscht, sondern der Rechtsanwalt den Fall „in die Hand nehmen" soll, ist von einer geschäftlichen Beziehung von gewisser Dauer auszugehen. Gleiches gilt, wenn der Mandant bereits deutlich macht, auch in anderen Angelegenheiten eine rechtliche Beratung zu benötigen, er zunächst aber erst einmal nur diese Angelegenheit angehen möchte. Wendet sich hingegen der Mandant nur mit einer eng umgrenzten Frage an den Rechtsanwalt und bittet diesbezüglich um bloße Beratung, ohne dass er

47

---

46 BT-Drs. 16/9038, S. 29.
47 *Warius*, in: Herzog, GwG, § 1 Rn. 22.
48 Vgl. *Warius*, in: Herzog, GwG, § 1 Rn. 24 mit zahlreichen Beispielen und weiteren Nachweisen.
49 *Warius*, in: Herzog, GwG, § 1 Rn. 23 f.
50 *Häberle*, in: Erbs/Kohlhaas, Strafrechtliche Nebengesetze, 213. EL 3/2017, § 1 GwG Rn. 4.

GwG § 1 Begriffsbestimmungen

deutlich macht, dass der Rechtsanwalt ihm auch bei der Umsetzung eines etwaigen Beratungsergebnisses helfen soll und ergeben sich auch keine Anhaltspunkte dafür, dass der Mandant noch weitere rechtliche Anliegen in der Hinterhand hat, ist noch nicht von einer geschäftlichen Beziehung von gewisser Dauer auszugehen.[51]

VI. Transaktion (§ 1 Abs. 5 GwG)

48 Die Definition der Transaktion wurde im Vergleich zur Vorgängerregelung in § 1 Abs. 4 GwG a. F. vom Gesetzgeber inhaltlich leicht überarbeitet.

49 Im Ausgangspunkt ist sowohl nach der alten Definition als auch nach der neuen Definition unter einer Transaktion jedenfalls eine Handlung zu verstehen, die Geldbewegungen oder andere Vermögensverschiebungen bewirkt oder bezweckt. Dabei kann die Handlung auch außerhalb einer Geschäftsbeziehung stattfinden.[52]

50 Nach dem Willen des Gesetzgebers soll der Begriff der Transaktion **sehr weit zu verstehen** sein. Umfasst sind daher neben Verschiebungen von Bargeld (wie Bareinzahlungen, Barauszahlungen, Geldwechselgeschäfte) z. B. auch Vertragsabschlüsse, Überweisungen, Rückführungen von Krediten, E-Geld-Geschäfte, sachenrechtliche Eigentumswechsel und reine Buchtransaktionen abseits einer Geschäftsbeziehung.[53] Weiterhin sind insbesondere auch entsprechende Vorgänge, die sich auf in einem Depot befindliche übertragbare Wertpapiere i. S. d. § 1 Abs. 1 DepotG beziehen, wie die Annahme, Abgabe, Einlösung oder der Tausch solcher Wertpapiere, erfasst. Ist bei solchen Wertpapieren ein Schwellenwert zu errechnen, dann sind hierfür der Gegenwert des Wertpapieres und dessen Stückzinsen heranzuziehen.[54] Demgegenüber liegt mangels „Vermögensverschiebung" bei der bloßen Deponierung von Wertpapieren in einem Schließfach sowie bei der Einlieferung von Verwahrstücken keine Transaktion im Sinne des § 1 Abs. 5 GwG vor.[55] Schließlich sind auch entsprechende Vorgänge in Bezug auf Edelmetalle – hierzu gehören vor allem Gold, Silber und Platin – erfasst.[56]

51 Der Gesetzgeber hat in der Definition des Begriffs der Transaktion zudem in Anlehnung an Art. 11 lit. b), d) der 4. EU-Geldwäscherichtlinie nunmehr im Vergleich zur Vorgängerregelung in § 1 Abs. 4 GwG a. F. eine Besonderheit vorgesehen. Nach der hergebrachten Definition in § 1 Abs. 4 GwG a. F. wäre nämlich

---

51 *Warius*, in: Herzog, GwG, § 1 Rn. 23 m. w. N.
52 BT-Drs. 18/11555, S. 102.
53 *Warius*, in: Herzog, GwG, § 1 Rn. 29; vgl. BT-Drs. 16/9038, S. 29 f.
54 *Warius*, in: Herzog, GwG, § 1 Rn. 31.
55 *Warius*, in: Herzog, GwG, § 1 Rn. 33.
56 *Warius*, in: Herzog, GwG, § 1 Rn. 32.

jede relevante Handlung, die eine Geldbewegung oder andere Vermögensverschiebung bewirkt und bezweckt, als jeweils eigenständige Transaktion anzusehen.

Die Definition der Transaktion ist nunmehr aber bewusst so umformuliert worden, dass mehrere Handlungen, zwischen denen eine besondere innere Verknüpfung besteht, nicht als jeweils isolierte Transaktionen, sondern als lediglich eine Transaktion anzusehen sind. Hintergrund dessen ist, dass in der Praxis häufig der Versuch unternommen wurde, sich durch künstliche Aufteilung einer Bartransaktion in mehrere kleinere Transaktionen, den Kundensorgfaltspflichten der §§ 10 ff. GwG, die teilweise an bestimmte Schwellenwerte anknüpfen, zu entziehen (sog. **Smurfing**[57]) oder jedenfalls eine Transaktion unauffällig erscheinen zu lassen. Diesen Umgehungsversuchen hat der Gesetzgeber mit der Verbindung solcher künstlich aufgespaltener Transaktionen hin zu einer einzigen Transaktion im Sinne des Gesetzes nunmehr einen Riegel vorgeschoben.[58] 52

In der Praxis stellt sich häufig für die Verpflichteten die Frage, beispielsweise bei der Beachtung von Schwellenwerten etwa des § 4 Abs. 4 GwG bzw. § 10 Abs. 3 Nr. 2b GwG oder im Hinblick auf die Verdachtsschöpfung, wann mehrere Teilakte „eine Transaktion" im Sinne des § 1 Abs. 5 GwG darstellen. Hierzu stellt § 1 Abs. 5 GwG klar, dass es aus Sicht des Verpflichteten weniger auf eine zeitliche Komponente als auf einen tatsächlichen, nach außen tretenden Zusammenhang zwischen einzelnen Teilakten, z. B. Teilzahlungen, ankommt. Zur Berücksichtigung einer Transaktion als einheitlich unter den genannten Vorschriften reicht es daher aus, wenn z. B. ein Warenabnehmer gleichförmige, einzelne Kaufverträge abschließt und Kaufpreise entrichtet, diese aber in nach außen tretender Weise als einheitlich zu betrachten sind, ohne dass ausdrücklich eine auf Dauer angelegte formale Geschäftsbeziehung im Sinne eines Dauerschuldverhältnisses vorliegen muss. Nötig ist lediglich ein von der Verkehrsanschauung logisch als zusammenhängend zu betrachtender Vorgang. 53

VII. Trust (§ 1 Abs. 6 GwG)

Der Begriff des Trusts wurde vom Gesetzgeber neu in das GwG eingefügt. 54

Nach dem Regierungsentwurf zum Geldwäschegesetz war die Definition nötig geworden, um die Transparenzregisterpflicht von Trusts wirksam festlegen und die Adressaten aufgrund der Bestimmtheitserfordernisse genauer abgrenzen zu können: „Die Bestimmung des Begriffs „Trusts" erfolgt im Hinblick darauf, dass deren wirtschaftlich Berechtigte zu ermitteln und ins Transparenzregister 55

---

57 *Warius*, in: Herzog, GwG, § 3 Rn. 75.
58 BT-Drs. 18/11555, S. 102.

GwG § 1 Begriffsbestimmungen

einzutragen sind, auch wenn Trusts nicht nach deutschem Recht errichtet werden können."[59]

56 Der Trust ist eine Gesellschaftsform, die **aus dem Ausland stammt** und die nach deutschem Recht nicht gegründet werden kann. Im Wesentlichen handelt es sich um nach deutschem Recht schuldrechtlich begründete Treuhandverhältnisse, die allerdings mannigfaltige Ausgestaltungsmöglichkeiten bieten. Im Regelfalle ist ohne Einsicht in die der Rechtskonstruktion unterliegende „Trust Deed" kein Verständnis der Gestaltung möglich.[60]

57 Nach der durch das Umsetzungsgesetz zur 4. Geldwäscherichtlinie neu eingefügten Definition richtet sich die Eigenschaft als „Trust" maßgeblich danach, ob die betroffene Organisation nach dem Recht des ausländischen Staates, in dem sie errichtet wurde, unter das Rechtsinstitut des „Trusts" oder ein dem Rechtsinstitut des „Trusts" nachgebildetes Rechtsinstitut fällt. Erfasst sind mithin erstens die ausländischen Organisationen, die ausdrücklich als „Trust" operieren und zweitens die ausländischen Organisationen, die zwar in einer anderen rechtlichen Form errichtet wurden, die aber im Endeffekt dem Rechtsinstitut des Trusts in ihren wesentlichen Elementen entsprechen. Insbesondere letztere Fallkonstellation dürfte im Einzelfall von Verpflichteten kaum zu erkennen sein.

58 Das Rechtsinstitut des Trusts stammt ursprünglich aus dem englischen Common Law. Es wird dadurch gekennzeichnet, dass bestimmte Vermögensinhaber – die sog. Treugeber – ihre Vermögenswerte auf ein von ihrem Privatvermögen getrenntes Sondervermögen – den sog. Trust – übertragen. Dieses Sondervermögen hat – anders als z.B. eine Stiftung nach dem Bürgerlichen Gesetzbuch – keine eigene Rechtspersönlichkeit und wird von einem oder mehreren Verwaltern – den sog. Trustees – im eigenen Namen im wirtschaftlichen Interesse der Treugeber verwaltet. Es handelt sich bei dem Trust mithin um ein besonderes Treuhandverhältnis zwischen den Treugebern und den Trustees. Praktisch häufig anzutreffen ist das Rechtsinstitut des Trusts im Bereich der Nachlassplanung, da auf diese Weise der künftige Erblasser schon zu Lebzeiten die Möglichkeit hat, einen „Quasi-Nachlass" zu bilden, vom übrigen Vermögen zu trennen und diesen verwalten zu lassen.[61]

59 Geldwäscherechtlich relevant werden Trusts insbesondere im Rahmen der Sorgfaltspflichten, da ihre wirtschaftlich Berechtigten – hierzu gehören nach § 3 Abs. 3 Nr. 1 GwG sowohl die Treugeber als auch die Trustees – gem. § 10 Abs. 1 Nr. 2 i.V.m. § 3 Abs. 3 Nr. 1 GwG identifiziert werden müssen. Aufgrund ihrer vielfältigen Anwendungsmöglichkeiten und rechtlichen Ausgestaltungsfa-

---

59 BT-Drs. 18/11555, S. 102.
60 Vgl. AuA, Rn. 38.
61 *Lange*, in: Wegen/Spahlinger/Barth, Gesellschaftsrecht des Auslands, USA – AT, Rn. 26 ff.

cetten sind Trusts geldwäscherechtlich sehr relevant;[62] in vielen Staaten sind angesichts noch bestehender Anonymisierungsmöglichkeiten „totalverschleiernde" Rechtskonstruktionen möglich.[63]

Weiterhin müssen nach § 21 GwG die wirtschaftlich Berechtigten von denjenigen Trustees, die ihren Sitz oder Wohnsitz in Deutschland haben, zur Eintragung in das Transaktionsregister gemeldet werden. Ob und inwieweit die Registerpflicht von Trusts angesichts der rein schuldrechtlichen Ausgestaltungsmöglichkeiten ohne wesentliche Formvorschriften effektiv durchgesetzt werden kann, wird bestenfalls abzuwarten sein. 60

VIII. Vermögensgegenstand (§ 1 Abs. 7 GwG)

Als Vermögensgegenstände bezeichnet das GwG „Vermögenswerte" jeglicher Art sowie jegliche Rechtstitel und Urkunden, die das Eigentumsrecht oder sonstige Rechte an Vermögenswerten verbriefen. Diese Definition entspricht fast wörtlich derjenigen aus Art. 3 Nr. 3 der 4. EU-Geldwäscherichtlinie. Die Gesetzesbegründung fasst die Definition nochmals anschaulicher zusammen als „alle denkbaren Gegenstände von Geldwäsche und Terrorismusfinanzierung".[64] Insofern geht der Anknüpfungsgegenstand der Geldwäsche weiter als der der Hehlerei.[65] 61

Der maßgebliche Begriff des Vermögenswertes erfasst **sämtliche Positionen, die einen wirtschaftlichen Vorteil beinhalten**. Der wirtschaftliche Vorteil muss weder zwingend in einem bestimmten Objekt verkörpert sein (wie zum Beispiel Eigentum und Besitz an einer Sache), noch muss es sich um einen materiellen wirtschaftlichen Vorteil handeln. Erfasst sind daher insbesondere auch nicht verkörperte wirtschaftliche Vorteile wie unverbriefte Forderungen sowie immaterielle wirtschaftliche Vorteile, wie gewerbliche Schutzrechte und andere Immaterialgüterrechte. Der Begriff geht so weit, dass auch z. B. schiere Rechenkapazitäten, die den Gegenwert einer Krypto-Währung bilden, erfasst sind. 62

Von besonderer Bedeutung ist auch, dass der Begriff des Vermögenswertes nicht voraussetzt, dass der wirtschaftliche Vorteil von der Rechtsordnung anerkannt wird. Denn der Gesetzgeber strebt gerade an, alle denkbaren Gegenstände von Geldwäsche und Terrorismusfinanzierung zu erfassen. Hierbei handelt es sich aber oft um inkriminierte Gegenstände, sodass insbesondere auch der unerlaubte Besitz einer Sache (beispielsweise der unerlaubte Besitz von Drogen oder der 63

---

62 *Warius*, in: Herzog, GwG, § 4 Rn. 86 m. w. N.
63 FATF, The Misuse of Corporate Vehicles, including Trusts and Company Service Providers.
64 BT-Drs. 18/11555, S. 102.
65 *Fischer*, StGB, § 259 Rn. 2: Gegenstand der Hehlerei kann z. B. kein „Recht" sein.

GwG § 1 Begriffsbestimmungen

Besitz von gestohlenen Gegenständen) zwingend einen Vermögenswert darstellen muss.

64 Im deutschen Recht ist der Begriff „Vermögenswert" im Zusammenhang mit den Eingriffsmöglichkeiten der Behörden bei Verdacht der Terrorismusfinanzierung in § 6a KWG gewerberechtlich bereits belegt. Auch hinsichtlich § 6a KWG ist von einem weiten Verständnis auszugehen.

IX. Glücksspiel (§ 1 Abs. 8 GwG)

65 In § 1 Abs. 8 GwG hat der Gesetzgeber nunmehr eine umfassende Definition des Glücksspiels aufgenommen. § 1 Abs. 5 GwG a. F. enthielt hingegen lediglich eine Definition des Begriffs des „Glücksspiel im Internet". Vom Anwendungsbereich des GwG a. F. waren daher gemäß § 2 Abs. 1 Nr. 11–12 GwG a. F. nur Spielbanken und solche Glücksspiele erfasst, die im Internet, d. h. mittels Telemedien, veranstaltet oder vermittelt wurden. Der Begriff des Glücksspiels selbst wurde in der Fassung des alten GwG a. F. nicht näher definiert.

66 Der Gesetzgeber hat diese Lücke nunmehr geschlossen. Hintergrund dieser Änderung ist Art. 2 Abs. 1 Nr. 3f in Verbindung mit Art. 3 Nr. 14 der 4. EU-Geldwäscherichtlinie. Danach soll eine Geldwäscheprävention nunmehr nicht mehr nur den Bereich der Spielbanken und des Glücksspiels im Internet, sondern den gesamten Bereich des Glücksspiels erfassen. Infolgedessen ist auch der Kreis der Verpflichteten in Zusammenhang mit Glücksspielen im Vergleich zum GwG a. F. deutlich ausgeweitet worden und umfasst gem. § 2 Abs. 1 Nr. 15 GwG nunmehr nicht nur Spielbanken und Online-Casinos wie § 2 Abs. 1 Nr. 11–12 GwG a. F., sondern alle Veranstalter und Vermittler von Glücksspielen, sofern sie nicht einer Ausnahme aus § 2 Abs. 1 Nr. 15 lit. a)–d) GwG unterfallen. Dabei ist **unerheblich, ob der Verpflichtete im Besitz einer staatlichen Erlaubnis ist oder nicht.**[66]

67 „Glücksspiel" im Sinne der neu eingefügten Definition ist jedes Spiel, bei dem ein Spieler gegen ein Entgelt eine Chance auf einen Gewinn erwirbt und bei dem der Eintritt eines Gewinns oder Verlusts überwiegend zufallsabhängig ist. Darunter sind laut dem Gesetzentwurf[67] und Art. 3 Nr. 14 der 4. EU-Geldwäscherichtlinie auch solche Spiele zu verstehen, die einer gewissen Geschicklichkeit bedürfen oder bei denen der Spieler Entscheidungsmöglichkeiten eingeräumt bekommt. Nicht von entscheidender Bedeutung ist, ob der Spieler eine sofortige Entscheidung treffen muss oder ob der Entscheidungsprozess über mehrere Zwischenschritte erfolgt. Erfasst sind vor allem auch Wetten gegen Entgelt auf den Eintritt oder Ausgang eines künftigen Ereignisses, wie Pferdewetten und Fuß-

---

66 BT-Drs. 18/11555, S. 103.
67 BT-Drs. 18/11555, S. 103.

ballwetten sowie Poker- und Hütchenspiele. In sämtlichen Fällen ist zudem nicht maßgeblich von Bedeutung, auf welchem Kommunikationsweg das Spiel stattfindet. Das Spiel kann somit im Wege einer physischen Präsenz (wie z. B. bei Spielbanken), im Internet (wie z. B. beim Online-Poker), telefonisch (wie z. B. beim Sportquiz) oder auf sonstigem Wege erfolgen.[68]

X. Güterhändler (§ 1 Abs. 9 GwG)

In Umsetzung des Art. 2 Abs. 1 Nr. 3 lit. e) der 4. EU-Geldwäscherichtlinie ist nunmehr eine Definition des Begriffs „Güterhändler" im GwG enthalten. Der Begriff des Güterhändlers ist zwar auch schon aus § 2 Abs. 1 Nr. 13 GwG a. F. („Person, die gewerblich mit Gütern handelt") bekannt. Eine nähere Definition ist dort aber nicht erfolgt. Die nunmehr eingeführte Definition des Begriffs „Güterhändler" gibt aber nicht wesentlich mehr Aufschluss als die ursprüngliche Formulierung. Vielmehr wird der Güterhändler nun schlicht definiert als Person, „die gewerblich Güter veräußert, unabhängig davon, in wessen Namen oder auf wessen Rechnung sie handelt". 68

Erfasst sind vom Begriff des Güterhändlers zunächst also sowohl natürliche als auch juristische Personen.[69] 69

Die betroffene Person muss weiterhin die Veräußerung von Gütern **„gewerblich"** betreiben. In Anlehnung an den Gewerbebegriff der GewO[70] wird die Veräußerung von Gütern dann gewerblich betrieben, wenn die Veräußerung von Gütern im Rahmen einer nicht sozial unwertigen, auf Dauer angelegten, mit Gewinnerzielungsabsicht ausgeübten, selbstständigen beruflichen Tätigkeit, die weder freier Beruf, Urproduktion oder Verwaltung eigenen Vermögens ist, erfolgt. Problematisch ist insoweit allerdings, ob darunter nur solche Gewerbetreibenden fallen, bei denen die Veräußerung von Gütern das hauptsächliche Tätigkeitsfeld bildet oder auch solche Gewerbetreibenden darunter fallen, die die Veräußerung von Gütern im Rahmen ihres Geschäftsbetriebes nur gelegentlich vornehmen. Hierbei muss es maßgeblich auf die Intensität und Nachhaltigkeit der Veräußerung von Gütern durch den Gewerbetreibenden ankommen. 70

Dies bedeutet, dass, wenn die Veräußerung von Gütern planmäßig integraler Bestandteil des Geschäftskonzepts des Gewerbetreibenden ist und im Verhältnis zu den sonstigen geschäftlichen Aktivitäten des Gewerbetreibenden nach Häufigkeit und finanziellem Volumen nicht vollständig in den Hintergrund tritt, der Gewerbetreibende die Veräußerung von Gütern „gewerblich" im Sinne des GwG 71

---
68 BT-Drs. 18/11555, S. 103.
69 *Hauschka/Moosmayer/Lösler/Diergarten*, Corporate Compliance, Rn. 33; RegE GwBekErgG, BT-Drs. 16/9038, S. 32.
70 BVerwG, Beschl. v. 11.3.2008, 6 B 2/08, Rn. 5 m. w. N.

GwG § 1 Begriffsbestimmungen

betreibt. Sollte hingegen die Veräußerung von Gütern im Rahmen einer primär anderen gewerblichen Tätigkeit des Unternehmers nur zufällig in unbedeutenden Einzelfällen erfolgen, geschieht die Veräußerung von Gütern insoweit nicht gewerblich, sondern nur als zu vernachlässigender Annex der eigentlichen gewerblichen Haupttätigkeit. Veräußert ein Hotelier zum Beispiel einen betriebseigenen Vermögensgegenstand, etwa Büromöbel oder veraltete Computer, so fallen diese Geschäfte nicht unter den Anwendungsbereich des GwG.

72 Der Terminus „**Güter**" ist in diesem Rahmen weit zu verstehen, sodass es nicht auf den Aggregatzustand, sondern nur darauf ankommt, ob dem Gegenstand – ob beweglich oder unbeweglich – ein wirtschaftlicher Wert beigemessen werden kann und er damit Bestandteil einer Transaktion sein kann.[71] Unter den Terminus „Güter" fallen insbesondere Waren, d.h. alle beweglichen Sachen, die Gegenstand des Handelsverkehrs sein können.[72] Weiterhin sollen unter den Terminus „Güter" unkörperliche Gegenstände wie Strom, Wasser und Gas fallen.[73] Demgegenüber sollen Wertpapiere und Edelmetalle nicht von dem Terminus erfasst sein.[74] Auch die Erbringung von reinen Dienstleistungen ist von dem Terminus eindeutig nicht erfasst.[75]

73 Eine **Veräußerung von Gütern** liegt vor allem dann vor, wenn die Güter gegen Entgelt an einen Abnehmer vertrieben werden. Der Gesetzgeber stellt diesbezüglich klar, dass nicht nur die Veräußerung von eigenen Gütern im eigenen Namen erfasst ist (Eigenhandel), sondern ebenso die Veräußerung von Gütern im eigenen Namen auf fremde Rechnung (Kommissionsgeschäft), die Veräußerung von Gütern im fremden Namen auf fremde Rechnung (Vermittlergeschäft) sowie die Tätigkeit von Auktionatoren, die für eine Provision fremde Güter im eigenen Namen auf fremde Rechnung anbieten.[76]

74 Neben dem „Händler" im hergebrachten Sinne ist nach Sinn und Zweck des Gesetzes auch der Hersteller eines Gutes, also zum Beispiel der Werkunternehmer, nicht aber der bloße Wartungsmonteur oder Reparateur vom Begriff erfasst. Fällt die Veräußerung von Waren mit anderen Vertragselementen, z.B. beim Bewirtungsvertrag, zusammen, kommt es auf das vertragsprägende Element an.[77]

---

71 BT-Drs. 18/11555, S. 103.
72 BMF, Schreiben v. 24.4.2012 (VII A3 – WK 5023/11/10021) zur Auslegung des Begriffs „Güterhändler" gemäß § 2 Abs. 1 Nr. 12 GwG a.F.
73 BMF, Schreiben v. 24.4.2012 (VII A3 – WK 5023/11/10021) zur Auslegung des Begriffs „Güterhändler" gemäß § 2 Abs. 1 Nr. 12 GwG a.F.
74 *Warius*, in: Herzog, GwG, § 1 Rn. 191.
75 BMF, Schreiben v. 24.4.2012 (VII A3 – WK 5023/11/10021) zur Auslegung des Begriffs „Güterhändler" gemäß § 2 Abs. 1 Nr. 12 GwG a.F.
76 BT-Drs. 18/11555, S. 103.
77 Beim Bewirtungsvertrag als gemischt; beim Einbau von hochwertigen Ersatzteilen, bei denen der Wert des Ersatzteiles den Wert der Arbeitsleistung weit übersteigt, kann

XI. Hochwertige Güter (§ 1 Abs. 10 GwG) **§ 1 GwG**

Der vom Gesetzgeber gewählte Begriff der Veräußerung von Gütern ist allerdings zu eng. Denn nach Art. 2 Abs. 1 Nr. 3 lit. e) der 4. EU-Geldwäscherichtlinie beschäftigt sich ein „Güterhändler" im Sinne der Richtlinie nicht nur mit der „Veräußerung" von Gütern, sondern mit dem „Handeln" von Gütern. Der Prozess des Handelns beschränkt sich jedoch nicht nur auf Veräußerungsvorgänge, sondern erfasst auch für den Handel notwendige Erwerbsvorgänge. Aus ebendiesem Grund knüpft der in Art. 2 Abs. 1 Nr. 3 lit. e) der 4. EU-Geldwäscherichtlinie enthaltene Schwellenwert für Bartransaktionen nicht nur an die Entgegennahme einer Bargeldzahlung (die typischerweise bei der Veräußerung von Gütern stattfindet), sondern auch an die Tätigung einer Bargeldzahlung (die typischerweise bei dem Erwerb von Gütern stattfindet) an. Dementsprechend sind nach der Richtlinie die oben aufgelisteten Konstellationen (Eigenhandel, Kommission, Vermittlung) nicht nur im Hinblick auf die Veräußerseite, sondern auch im Hinblick auf die Erwerberseite des Händlers erfasst. Dies muss entsprechend auch für die sprachlich zu enge nationale Regelung in § 1 Abs. 9 KWG gelten, da aus den Gesetzesmaterialien nicht hervorgeht, dass der nationale Gesetzgeber den Begriff der „Veräußerung" bewusst in Abweichung zur 4. EU-Geldwäscherichtlinie gewählt hat. Darüber spricht auch ein systematischer Vergleich mit der Definition des Begriffs des Immobilienmaklers, bei der sowohl der „Kauf" als auch „Verkauf" von der Definition des Immobilienmaklers erfasst sind, dafür, auch in Bezug auf die Definition des Begriffs des Güterhändlers neben der Veräußererseite auch die Erwerberseite mit einzubeziehen. 75

XI. Hochwertige Güter (§ 1 Abs. 10 GwG)

Güter sind dann hochwertig, wenn sie sich hinsichtlich des Preises, der Beschaffenheit, des Verkehrswerts und ihres bestimmungsgemäßen Gebrauchs von alltäglichen Gebrauchsgegenständen oder Alltagsanschaffungen abheben. Die Definition war bereits im § 9 Abs. 4 Satz 4 GwG a. F. enthalten und wurde nun wortgleich in die Liste der Begriffsbestimmungen in § 1 GwG aufgenommen. 76

Die Legaldefinition gibt dem Rechtsanwender einige Regelbeispiele an die Hand und nennt dabei Edelmetalle und -steine, Schmuck, Uhren, Kunstgegenstände, Antiquitäten, Kraftfahrzeuge, Schiffe, Motorboote und Luftfahrzeuge. Liegt ein solches Regelbeispiel vor, besteht eine widerlegliche Vermutung dafür, dass der betroffene Gegenstand ein hochwertiges Gut ist.[78] Die genannten Regelbeispiele sind jedoch nicht abschließend. Vielmehr können auch dort nicht ge- 77

---

jedoch auch die Reparatur einer Maschine oder eines KFZ unter den Begriff zu subsumieren sein.
78 *Warius*, in: Herzog, GwG, § 9 Rn. 131.

GwG § 1 Begriffsbestimmungen

nannte andere Gegenstände als hochwertiges Gut einzustufen sein.[79] Der Gesetzgeber nennt hierfür als Beispiele Kupfer und seltene Erden.[80]

78 Aufgrund des Gesetzeszwecks, die Verschleierung der Herkunft von Geld insbesondere auf der Ebene des Layering zu bekämpfen, sind als „hochwertige Güter" auch solche Wertträger anzusehen, die sich einerseits nur durch einen relativ hohen Wert, andererseits aber auch durch eine hohe Umschlagfähigkeit, liquide Sekundärmärkte etc. auszeichnen. Es kommt also nicht zwingend auf einen hohen wirtschaftlichen Wert eines einzelnen Gutes an. Ein Beispiel hierfür sind hochwertige elektronische Bauteile.

XII. Immobilienmakler (§ 1 Abs. 11 GwG)

79 Der Begriff des Immobilienmaklers ist bereits aus § 2 Abs. 1 Nr. 10 GwG a. F. bekannt. Nach § 2 Abs. 1 Nr. 14 GwG zählen die Immobilienmakler auch nach neuem Recht zu den geldwäscherechtlich Verpflichteten. § 1 Abs. 11 GwG enthält nun erstmalig eine Definition des Begriffs des Immobilienmaklers.

80 Als Immobilienmakler bezeichnet das GwG jede Person, die gewerblich den Kauf oder Verkauf von Grundstücken oder grundstücksgleichen Rechten vermittelt.

81 Die **Gewerblichkeit** der Vermittlung des Maklers richtet sich nach dem der Gewerbeordnung zugrunde liegenden Gewerbebegriff. Gewerblich in diesem Sinne ist die Vermittlung von Grundstücken oder grundstücksgleichen Rechten dann, wenn die Vermittlungstätigkeit nicht sozial unwertig ist und auf Dauer angelegt ist und im Rahmen einer selbstständigen Tätigkeit mit Gewinnerzielungsabsicht erfolgt.[81]

82 Die Vermittlung von Grundstücken oder grundstücksgleichen Rechten erfasst sowohl die Tätigkeiten eines „**Vermittlungsmaklers**" als auch die Tätigkeiten eines „**Nachweismaklers**".[82] Der Vermittlungsmakler wird dadurch gekennzeichnet, dass er (auf Grundlage eines Auftrages seines Auftraggebers) bewusst und zweckgerichtet unmittelbar oder mittelbar dergestalt auf den oder die potenziellen Vertragspartner des ins Auge gefassten Grundstücksgeschäfts einwirkt, dass er die Bereitschaft der potenziellen Vertragspartner zum Abschluss des Grundstücksgeschäfts mit dem Auftraggeber herbeiführt oder fördert.[83] Demgegenüber ist der Nachweismakler dadurch gekennzeichnet, dass er (auf Grundlage eines Auftrages seines Auftraggebers) demselben einen oder mehrere po-

---

79 *Warius*, in: Herzog, GwG, § 9 Rn. 131.
80 BT-Drs. 18/11555, S. 103.
81 BVerwG, Beschl. v. 11.3.2008, 6 B 2/08, Rn. 5 m. w. N.
82 *Warius*, in: Herzog, GwG, § 2 Rn. 179.
83 *Roth*, in: MüKo-BGB, § 652 Rn. 106.

XII. Immobilienmakler (§ 1 Abs. 11 GwG) § 1 GwG

tenzielle Vertragspartner eines vom Auftraggeber anvisierten Grundstücksgeschäfts dergestalt benennt, dass der Auftraggeber nunmehr selbst in Verhandlungen mit dem potenziellen Vertragspartner über den Abschluss des Grundstücksgeschäfts treten kann.[84]

Die Vermittlung muss sich schließlich auf Grundstücke oder grundstücksgleiche Rechte beziehen. Eine Vermittlung bezieht sich nicht nur dann auf Grundstücke, wenn der Kauf oder Verkauf eines Grundstücks in Rede steht. Vielmehr bezieht sich die Vermittlung auch schon dann auf ein Grundstück, wenn es um die Belastung eines Grundstücks mit einem dinglichen Recht geht.[85] Weiterhin erfasst die Vermittlung eines Grundstücks auch entsprechende Kauf- oder Verkaufsvorgänge bzw. Belastungsvorgänge in Bezug auf Wohnungseigentum.[86] Entsprechendes gilt zudem für sämtliche grundstücksgleichen Rechte, also insbesondere für das Erbbaurecht.[87] 83

Demgegenüber ist eine Vermittlung von Grundstücken oder grundstücksgleichen Rechten **nicht gegeben bei** Vermittlungen, die sich lediglich auf die **Vermietung oder Verpachtung** von Grundstücken oder grundstücksgleichen Rechten beziehen. Nach Erwägungsgrund 8 der 4. EU-Geldwäscherichtlinie merkt der Richtliniengeber zwar an, dass der Begriff des Immobilienmaklers im Sinne der 4. EU-Geldwäscherichtlinie auch so verstanden werden könne, dass darunter auch Vermietungsmakler fallen könnten. Im deutschen Geldwäscherecht war dies lange Zeit umstritten; nach zutreffender Ansicht des Finanzministeriums[88] sprechen neben reiner Praktikabilität vor allem Sinn und Zweck des Gesetzes für eine Beschränkung des Anwendungsbereiches auf den „Kaufmakler". Zwar spräche der Gesetzeszweck „Isolation kriminell erlangten Vermögens" durchaus für eine Erstreckung auf Mietmaklergeschäfte. Der Schwerpunkt des Normzwecks liegt aber eindeutig in der Unterbindung des Handels von mit illegalen Mitteln erlangten Immobilien selbst. Folglich war schon vor Inkrafttreten des Umsetzungsgesetzes zur 4. Geldwäscherichtlinie der reine Mietmakler in der Anwendungspraxis nicht von den Pflichten des GwG erfasst. 84

Der deutsche Gesetzgeber hat sich in seiner Gesetzesbegründung im Jahr 2017 deshalb zu Recht ausdrücklich gegen eine Einbeziehung von Mietmaklergeschäften ausgesprochen.[89] Eine solche autonome Entscheidung durfte der deutsche Gesetzgeber auch treffen, da der Richtliniengeber in Erwägungsgrund 8 der 4. EU-Geldwäscherichtlinie gerade keine Vorgabe dahin gemacht hatte, dass Vermietungsmakler zwingend unter den Begriff des Immobilienmaklers fallen 85

---
84 *Roth*, in: MüKo-BGB, § 652 Rn. 96.
85 *Will*, in: BeckOK-GewO, § 34c Rn. 12.
86 *Will*, in: BeckOK-GewO, § 34c Rn. 12.
87 *Will*, in: BeckOK-GewO, § 34c Rn. 13.
88 Stellungnahme des BMF vom 27.12.2011 (VII A 3 – WK 5023/11/10007).
89 BT-Drs. 18/11555, S. 103.

und damit den geldwäscherechtlichen Pflichten unterliegen müssen. Vielmehr hat er die Entscheidung für oder gegen eine geldwäscherechtliche Erfassung der Vermietungsmakler ausdrücklich dem Ermessen der nationalen Gesetzgeber überlassen.

XIII. Politisch exponierte Person (§ 1 Abs. 12 GwG)

86 Die vom Gesetzgeber verwendete Definition der „politisch exponierten Person" basiert auf Art. 3 Nr. 9 der 4. EU-Geldwäscherichtlinie und wird insbesondere im Rahmen der Sorgfaltspflichten relevant.

87 Die Grundregeln beim Umgang mit politisch exponierten Personen lassen sich als Reaktion der Normgeber, insbesondere der FATF, auf wenige Einzelfälle der schweren Veruntreuung von Staatsvermögen zurückführen.[90] In der Vergangenheit wurden diese aus Einzelfällen hervorgehobenen Regeln in bemerkenswertem Detailierungsgrad weiterentwickelt.[91] Neben der Verhinderung der Veruntreuung von Staatsvermögen wurde später die Isolierung von durch Bestechlichkeit erlangtem Vermögen als Normzweck betont. Nach früherem Verständnis sollten die Sonderregeln daher auf solche Personenkreise begrenzt werden, die tatsächlich in der Lage sind, Einfluss auf die Verwendung von Staatsvermögen zu nehmen und dieses außer Landes zu bringen. In den Folgejahren änderte sich die logische Rechtfertigung dieser Sonderregeln zur Anfälligkeit von „PEPs" für Korruption – und dieses Verständnis führte schließlich zu den ausufernden Regeln und Begrifflichkeiten, deren steter Wuchs in Praxis und Literatur deutlich hinterfragt wird.[92] Auch Bankaufsichtsbehörden sahen diese Entwicklung sehr kritisch.[93] Nach modernem Verständnis ist der Grund für die herausgehobene Nennung von politisch exponierten Personen deren besondere Risikoexposition, in die Veruntreuung von Staatsvermögen verwickelt zu werden.[94]

88 Der Streit um die **Definition der „PEP"** ist fast so alt wie das Gesetz selbst:[95] Nach einigen spektakulären Fällen der Veruntreuung von Staatsvermögen in den 1990er Jahren diskutierte die FATF in deren 13. Gesprächsrunde am 1.2.2000 das Phänomen und etablierte den Begriff der „PEP", der zuvor vom Basler Ban-

---

90 *Achtelik*, in: Herzog, GwG, § 6 Rn. 26 ff. m. w. N.
91 Vgl. z. B. *Höche*, WM 2005, 8, 9 m. w. N.
92 *Achtelik*, in: Herzog, GwG, § 6 Rn. 26 ff. mit zahlreichen Nachweisen.
93 Nach Ansicht des BCBS könne von einem Kreditinstitut nicht erwartet werden, dass es jede „entfernte familiäre, politische oder geschäftliche Verbindung eines ausländischen Kunden" kennt oder untersucht (BCBS, Sorgfaltspflicht der Banken bei Feststellung der Kundenidentität).
94 FATF Guidance: Politically Exposed Persons (Recommendations 12 and 22), Nr. 1.
95 Ein guter historischer Überblick und eine zutreffende Einschätzung der Wirksamkeit der PEP-Regeln befindet sich bei *Achtelik*, in: Herzog, GwG, § 6 Rn. 3–11 und 26–29.

XIII. Politisch exponierte Person (§ 1 Abs. 12 GwG)　**§ 1 GwG**

kenkomittee verwendet worden war. Im gleichen Jahr wies z. B. die Wolfsberg-Gruppe in deren Prinzipien aus dem Jahr 2000 darauf hin, dass öffentliche Amtsträger eine erhöhte Aufmerksamkeit bedürften.[96] Auch die deutsche Bankaufsicht ermahnte die Institute, beim Umgang mit politisch exponierten Personen vorsichtig zu sein.[97] Das Basler Komitee erließ dann im Oktober 2001 Regelungen zur Customer Due Diligence for Banks, in deren Zuge eine erste unter den Bankaufsichtsbehörden abgestimmte Definition von PEPs enthalten war.[98] Allen frühen Definitionen war gemein, dass lediglich der ausländische PEP, nicht der national ansässige, als erhöht risikobehaftet angesehen werden solle. Grund hierfür war die genannte Sorge, dass Staatenlenker veruntreutes Vermögen oder Bestechungsgelder außer Landes bringen und so der Konfiskation vor Ort entziehen können.

Während die zweite EU-Geldwäscherichtlinie[99] zu PEPs noch schwieg, wurde der Begriff des PEP in der dritten Richtlinie auf europäischer Ebene dann eingeführt.[100] Die Richtlinie betrachtete als „politisch exponierte Personen" diejenigen natürlichen Personen, die wichtige öffentliche Ämter ausüben oder ausgeübt haben, und deren unmittelbare Familienmitglieder oder ihnen bekanntermaßen nahestehende Personen. Nachdem schon im Gesetzgebungsverfahren Streit um die Definition der PEP aufgekommen war, wurde im Rahmen einer Durchführungsrichtlinie ein Jahr später der Begriff näher definiert: „Natürliche Personen, die wichtige öffentliche Ämter ausüben oder ausgeübt haben" umfasste **nach der Richtliniendefinition**[101] folgende Personen:

89

a) Staatschefs, Regierungschefs, Minister, stellvertretende Minister und Staatssekretäre;
b) Parlamentsmitglieder;
c) Mitglieder von obersten Gerichten, Verfassungsgerichten oder sonstigen hochrangigen Institutionen der Justiz, gegen deren Entscheidungen, von außergewöhnlichen Umständen abgesehen, kein Rechtsmittel eingelegt werden kann;
d) Mitglieder der Rechnungshöfe oder der Vorstände von Zentralbanken;
e) Botschafter, Geschäftsträger und hochrangige Offiziere der Streitkräfte;
f) Mitglieder der Verwaltungs-, Leitungs- oder Aufsichtsorgane staatlicher Unternehmen.

96　Vgl. *Wolfsberg*, Principles 2000, Ziffer 2.5 „Public Officials".
97　BAKred-Schreiben vom 10.8.2000.
98　Basle Committee for Banking Supervision, „Customer Due Diligence for Banks, Oktober 2001, Ziffer 2.2.5.
99　Richtlinie 2001/97/EG.
100　Richtlinie 2005/60/EG, Erwägungsgrund 25 und 37, Art. 3 Abs. 8.
101　Richtlinie 2006/60/EU, Art. 2.

GwG § 1 Begriffsbestimmungen

90 Die Richtlinie legte auch fest, dass Funktionsträger, die mittlere oder niedrigere Funktionen wahrnehmen, ausdrücklich nicht erfasst sein sollen.

91 In der Folgezeit entwickelte sich in Deutschland das allgemeine Verständnis, dass die Regelungen zur PEP sich nicht auf **inländische PEPs** erstrecken sollten;[102] eine entsprechende Rechts- und Anwendungspraxis entstand.

92 Nach Rüge im Rahmen der Länderevaluierung Deutschlands durch die FATF[103] im Jahr 2009/2010 wurde durch eine Änderung des GwG im Jahre 2011 der Anwendungsbereich der PEP-Regeln allerdings ergänzt, in dem die Formulierung „nicht im Inland ansässig" gestrichen wurde. Ausweislich der Gesetzesbegründung sollte hinsichtlich inländischer PEPs allerdings weiterhin risikobasiert vorgegangen werden,[104] was die Bedenken der FATF formal berücksichtigte. In der FATF-Länderevaluierung 2014 wurde Deutschland aufgrund der Anpassungen zu § 6 GwG a.F. deshalb gelobt, unter anderem die Streichung des Auslandserfordernisses führte zur Hochstufung der deutschen Regeln von „partly compliant" zu „largely compliant".[105] Inhaltlich verblieb es jedoch bei der gestuften Betrachtungsweise für inländische und ausländische PEPs.[106]

93 Im Jahr 2013 erließ die FATF eine „Guidance Note", in welcher Anwendungsbereich und Folgen der PEP-Regeln nach Vorstellung der FATF näher erläutert wurden.[107]

94 Nach dem Umsetzungsgesetz zur 4. EU-Geldwäscherichtlinie wurde dieser **„deutsche Weg" hinsichtlich inländischer PEPs endgültig verworfen**.[108] Die Deutsche Kreditwirtschaft kritisierte dies (und die Umsetzung der Vorschriften in einigen weiteren Punkten) erbittert und wiederholt.[109]

95 Eine Person ist nach der neu gefassten, gegenüber den Vorversionen sehr schlicht gefassten Definition „politisch exponiert", wenn sie ein hochrangiges wichtiges öffentliches Amt ausübt oder ausgeübt hat. Erfasst sind nur natürliche Personen. Die Definition erfasst mithin auch in der Neufassung nicht nur Personen, die aktuell ein hochrangiges wichtiges öffentliches Amt ausüben, sondern

---

102 Vgl. § 6 Abs. 2 Nr. 1 GwG in der Fassung des Geldwäschebekämpfungsergänzungsgesetzes vom 13.8.2008.
103 FATF Mutual Evaluations Report Germany 2010, Rn. 605, 622, 929.
104 Vgl. *Achtelik*, in: Herzog, GwG, § 6 Rn. 9f. m.w.N.; Regierungsbegründung zum Geldwäschepräventionsoptimierungsgesetz vom 22.12.2011, BT-Drs. 17/6804, S. 29f.
105 FATF, 3rd Follow Up Report Mutual Evaluation of Germany, Juni 2014, S. 18.
106 Vgl. z.B. AuA, Rn. 43ff.
107 FATF Guidance Note politically exposed persons (recommendations 12 and 22), Juni 2013.
108 BT-Drs. 18/11555, S. 121, 183.
109 Stellungnahmen der Deutschen Kreditwirtschaft zum Gesetzgebungsverfahren vom 19.4.2017, 22.2.2017 und vom 30.12.2016.

XIII. Politisch exponierte Person (§ 1 Abs. 12 GwG)   § 1 GwG

auch solche, die in der Vergangenheit ein solches Amt ausgeübt haben. Wenn eine Person ein hochrangiges wichtiges öffentliches Amt nicht mehr ausübt, ist diese allerdings nicht unbegrenzt lange weiter als politisch exponierte Person einzustufen. Vielmehr wird der Zeitraum, für den diese Fortwirkung der besonderen Stellung als politisch exponierte Person gilt, von § 15 Abs. 7 GwG auf (mindestens) zwölf Monate nach Ausscheiden aus dem Amt festgelegt.

Das GwG bezieht sich im Hinblick auf das Vorliegen eines hochrangigen wichtigen öffentlichen Amtes primär auf Ämter auf internationaler, europäischer und nationaler Ebene. Als Beispiele hochrangiger wichtiger öffentlicher Ämter auf nationaler Ebene werden insbesondere Staatschefs, Regierungschefs, Minister und stellvertretende Minister, Staatssekretäre, Parlamentsabgeordnete und Mitglieder der Führungsgremien politischer Parteien genannt. Der Gesetzgeber betont im Hinblick auf hochrangige wichtige öffentliche Ämter auf nationaler Ebene ausdrücklich, dass er hierbei prinzipiell nur herausgehobene Funktionen auf Bundesebene im Auge hat.[110] Erfasst davon werden nach der Gesetzesbegründung auch die Landesministerpräsidenten, Landesminister und Staatssekretäre der Länder, sofern diese Mitglied des Bundesrats sind.[111]   96

Soweit hingegen die Landesebene oder die kommunale oder regionale Ebene originär betroffen ist, ist eine Einstufung als politisch exponierte Person im Regelfall ausgeschlossen. Eine Ausnahme gilt für Fälle, in denen die betroffene Person ein öffentliches Amt ausübt oder ausgeübt hat, dessen politische Bedeutung mit den hochrangigen wichtigen öffentlichen Ämtern auf Bundesebene, europäischer Ebene und internationaler Ebene „vergleichbar" ist. Zum gegenwärtigen Stand ist aber kein Amt auf Landesebene oder kommunaler oder regionaler Ebene ersichtlich, das eine vergleichbare politische Bedeutung wie die bezeichneten hochrangigen wichtigen öffentlichen Ämter auf nationaler, europäischer oder internationaler Ebene hat.[112]   97

Schließlich ist noch anzumerken, dass nach der Neufassung der Richtlinie im Hinblick auf hochrangige wichtige öffentliche Ämter auf europäischer und internationaler Ebene nur solche Ämter in Betracht kommen, die in zwischenstaatlichen europäischen Organisationen (z. B. innerhalb der Organe der EU) oder zwischenstaatlichen internationalen Organisationen (z. B. innerhalb der Organe der UNO oder des IWF) ausgeübt werden. Demgegenüber sind entsprechende Ämter in nichtstaatlichen internationalen Organisationen (wie z. B. Amnesty International oder Greenpeace) nicht erfasst.[113]   98

---

110 BT-Drs. 18/11555, S. 104.
111 BT-Drs. 18/11555, S. 104.
112 *Warius*, in: Herzog, GwG, § 6 Rn. 8.
113 BT-Drs. 18/11555, S. 104.

GwG § 1 Begriffsbestimmungen

99 Eng verbunden mit dem Begriff der „politisch exponierten Personen" sind deren „Familienmitglieder" und der „bekanntermaßen nahestehenden Personen" in § 1 Abs. 13 und 14 GwG.

100 Es ist bei deren Vornahme der Kundensorgfaltspflichten nach § 10 Abs. 1 Nr. 4 GwG unter anderem „festzustellen", ob es sich bei dem Vertragspartner oder dem wirtschaftlich Berechtigten um eine politisch exponierte Person, eins ihrer Familienmitglieder oder um eine ihr bekanntermaßen nahestehenden Person handelt. Ist dies der Fall, muss der Verpflichtete gem. § 15 Abs. 3 Nr. 1 lit. a) GwG verstärkten Sorgfaltspflichten nachkommen.

XIV. Familienmitglied (§ 1 Abs. 13 GwG)

101 Aufgrund ihrer Nähe zu den spezifischen Geldwäscherisiken von politisch exponierten Personen besteht auch bei Familienmitgliedern von politisch exponierten Personen ein erhöhtes Geldwäscherisiko, weshalb das GwG – entsprechend den Forderungen der FATF[114] – die Verpflichteten bei ihnen dieselben Maßnahmen ergreifen lässt wie bei politisch exponierten Personen selbst. Der Begriff des Familienmitgliedes wurde ebenso wie der Begriff der politisch exponierten Person in der 3. EU-Geldwäscherichtlinie eingeführt und in der Durchführungsrichtlinie weiter definiert.[115] Nach Letzterer sind „unmittelbare Familienmitglieder" der PEP:

a) der Ehepartner;
b) der Partner, der nach einzelstaatlichem Recht dem Ehepartner gleichgestellt ist;
c) die Kinder und deren Ehepartner oder Partner;
d) die Eltern.

102 Zu den Familienmitgliedern zählt das GwG nach der neu eingefügten – an Art. 3 Nr. 10 der 4. EU-Geldwäscherichtlinie angelehnten – Definition „nahe Angehörige" von politisch exponierten Personen. Als Beispiele eines nahen Angehörigen in diesem Sinne nennt der Gesetzgeber die Eltern, die Ehe- oder eingetragenen Lebenspartner sowie die Kinder und deren Ehepartner oder eingetragene Lebenspartner.

103 Da aber Eltern, Ehepartner und eingetragene Lebenspartner sowie Kinder und deren Ehepartner oder eingetragene Lebenspartner nur beispielhaft vom Gesetzgeber benannt sind („insbesondere"), stellt sich die Frage, welche Personen noch

---

114 FATF, FATF Guidance: Politically Exposed Persons (Recommendations 12 and 22), Nr. 34.
115 Vgl. Art. 3 Abs. 8 Richtlinie 2005/60 EG und Art. 2 Richtlinie 2006/70/EG.

XIV. Familienmitglied (§ 1 Abs. 13 GwG) § 1 GwG

unter den Begriff des nahen Angehörigen und damit des Familienmitgliedes fallen können.

Anhaltspunkt dafür, wer im Übrigen noch als **naher Angehöriger** anzusehen sein könnte, kann insbesondere die Regelung in § 7 Abs. 3 PflegeZeitG sein. Nach § 7 Abs. 3 PflegeZeitG gehören zu den nahen Angehörigen insbesondere auch 104

– Großeltern, Schwiegereltern und Stiefeltern;
– Partner einer eheähnlichen oder lebenspartnerschaftsähnlichen Lebensgemeinschaft;
– Geschwister, Ehegatten bzw. Lebenspartner der Geschwister, Geschwister der Ehegatten bzw. Lebenspartner;
– Adoptiv- oder Pflegekinder, Kinder, Adoptiv- oder Pflegekinder des Ehegatten bzw. Lebenspartners;
– sowie Schwiegerkinder und Enkelkinder.

Die Regelung des § 7 Abs. 3 PflegeZeitG fasst den Kreis der nahen Angehörigen aber sehr weit. Der Schutzzweck des GwG ist aber nicht bei allen diesen Personen im erforderlichen Maße betroffen. Zudem sollte das Pflichtregime der nach dem GwG Verpflichteten aus Gründen der Verhältnismäßigkeit auch nicht auf einen zu weiten Kreis von den politisch exponierten Personen nahestehenden Personen ausgedehnt, sondern auf erkennbare und naheliegende Risikosituationen beschränkt werden. 105

Vielmehr sollen nur die Personen erfasst werden, die typischerweise in einer besonders engen Beziehung zu einer politisch exponierten Person stehen. Im Regelfall ist eine solche besonders enge Beziehung aber – wenn überhaupt – nur bei den Großeltern, Geschwistern, bei Adoptiv- und Pflegekindern, bei Enkelkindern sowie ggf. noch bei Partnern einer eheähnlichen oder lebenspartnerschaftsähnlichen Lebensgemeinschaft gegeben. Darüber hinaus sollten auch Verlobte bzw. Personen, die sich versprochen haben, eine lebenspartnerschaftliche Verbindung einzugehen, erfasst sein. 106

Faktisch kann es aber auch in diesen Fällen an einer besonders engen Beziehung fehlen bzw. die besonders enge Beziehung in anderen Fällen gegeben sein. Diese faktische Unsicherheit macht es für den geldwächerechtlich Verpflichteten dann aber besonders schwierig, den Kreis der nahen Angehörigen konkret zu bestimmen. 107

Aus ebendiesem Grund – und aufgrund der Bestimmtheitserfordernisse im Gewerberecht – kann es bei der Bestimmung der sonstigen nahen Angehörigen nicht auf den Einzelfall ankommen. Eine risikobasierte Ausgestaltung der Sorgfaltspflichten bei den genannten zusätzlichen Personen kann aber selbstverständlich im Einzelfall indiziert sein. 108

GwG § 1 Begriffsbestimmungen

XV. Bekanntermaßen nahestehende Person (§ 1 Abs. 14 GwG)

109 Ebenso wie bei Familienmitgliedern der politisch exponierten Person besteht auch bei der politisch exponierten Person bekanntermaßen nahestehenden Personen ein erhöhtes Geldwäscherisiko, sodass auch hier die Verpflichteten dieselben Maßnahmen ergreifen müssen wie bei politisch exponierten Personen selbst. Die FATF Recommendations definieren den Begriff der „**Close Associates**" extrem weit: „49. For close associates, examples include the following types of relationships: (known) (sexual) partners outside the family unit (e.g. girlfriends, boyfriends, mistresses); prominent members of the same political party, civil organisation, labour or employee union as the PEP; business partners or associates, especially those that share (beneficial) ownership of legal entities with the PEP, or who are otherwise connected (e.g., through joint membership of a company board). In the case of personal relationships, the social, economic and cultural context may also play a role in determining how close those relationships generally are."[116]

110 Der europäische wie auch der deutsche Gesetzgeber griffen diese unhandliche, kaum bestimmbare und stark orbiträr anmutende Begrifflichkeit nicht auf. Die im GwG verwendete, auf wirtschaftliche Verflechtungen beschränkte Definition des Begriffs der bekanntermaßen nahestehenden Person geht auf Art. 3 Nr. 11 der 4. EU-Geldwäscherichtlinie zurück, welche wiederum auf die Durchführungsrichtlinie aus dem Jahr 2006[117] rekurriert: „Bekanntermaßen nahestehende Personen" sind nach der Richtlinie:

a) jede natürliche Person, die bekanntermaßen mit einer PEP gemeinsame wirtschaftliche Eigentümerin von Rechtspersonen und Rechtsvereinbarungen ist oder sonstige enge Geschäftsbeziehungen zu dieser Person unterhält;
b) jede natürliche Person, die alleinige wirtschaftliche Eigentümerin einer Rechtsperson oder Rechtsvereinbarung ist, die bekanntermaßen tatsächlich zum Nutzen der in Abs. 1 genannten Person errichtet wurde.

111 Die nunmehrige Formulierung greift diese drei Fallgruppen (gemeinsame wirtschaftliche Eigentümerin mit PEP, alleinige wirtschaftliche Eigentümerin zum Nutzen für PEP oder „sonstige enge Geschäftsbeziehungen") auf.

112 Bei der bekanntermaßen nahestehenden Person handelt es sich wiederum (nur) um eine **natürliche Person**, bei der der Verpflichtete Grund zu der Annahme haben muss, dass diese Person in einer **besonders engen Geschäftsbeziehung**

---

116 FATF Guidance Note politically exposed persons (Recommendations 12 and 22), S. 18 Rn. 49.
117 Vgl. Richtlinie 2006/70/EG, Art. 2.

XV. Bekanntermaßen nahestehende Person (§ 1 Abs. 14 GwG) § 1 GwG

zu der politisch exponierten Person steht. Juristische Personen sind vom Begriff nicht erfasst.

Der Verpflichtete muss Grund zu der Annahme haben, dass eine solche besonders enge Geschäftsbeziehung zu der politisch exponierten Person vorliegt, wenn ihm konkrete Umstände bekannt sind, die objektiv eine Wahrscheinlichkeit für das Bestehen einer besonders engen Geschäftsbeziehung zu der politisch exponierten Person begründen. Es kommt also in Bezug auf die Beurteilung der Wahrscheinlichkeit für das Bestehen einer besonders engen Geschäftsbeziehung zu der politisch exponierten Person nicht auf die Sicht des konkreten Verpflichteten, sondern auf die Sicht eines objektiven Dritten in der Person des Verpflichteten an.[118] Es stellt sich mithin die Frage, ob ein solcher objektiver Dritter, der in Kenntnis der maßgeblichen konkreten Umstände ist, auf dieser Grundlage das Bestehen einer besonders engen Geschäftsbeziehung zu der politisch exponierten Person für möglich halten wird. 113

Eine besonders enge Geschäftsbeziehung zu der politisch exponierten Person besteht nach dem Gesetzeswortlaut insbesondere bei Personen, die zusammen mit einer politisch exponierten Person wirtschaftlich Berechtigter einer juristischen Person des Privatrechts (z.B. AG, GmbH oder rechtsfähiger Verein), einer eingetragenen Personengesellschaft (z.B. oHG, KG), eines Trusts (siehe dazu die Erläuterungen unter § 1 Rn. 7) oder einer nicht rechtsfähigen Stiftung, deren Stiftungszweck aus Sicht des Stifters eigennützig ist, sind. Entsprechendes gilt für Personen, die zwar alleiniger wirtschaftlicher Berechtigter einer solchen Organisation sind, de facto aber die Errichtung der Organisation im hauptsächlichen wirtschaftlichen Interesse der politisch exponierten Person vorgenommen haben. Der insoweit relevante Begriff des wirtschaftlich Berechtigten wird in § 3 GwG vom Gesetzgeber näher konkretisiert. 114

Die besonders enge Geschäftsbeziehung muss aber – wie der Auffangtatbestand des § 1 Abs. 14 Nr. 2 GwG („sonstige enge Geschäftsbeziehung") zeigt – nicht zwingend auf juristische Personen des Privatrechts, eingetragene Personengesellschaften, Trusts oder Stiftungen bezogen sein. Eine besonders enge Geschäftsbeziehung in diesem Sinne kann beispielsweise auch bei einem kaufmännischen Einzelunternehmen bestehen, das von einer bestimmten natürlichen Person im eigenen Namen, aber im hauptsächlichen wirtschaftlichen Interesse der politisch exponierten Person geführt wird. Denn auch insoweit kann ein erhöhtes Geldwäscherisiko bestehen. 115

In der Praxis sind vor allem „Statthalter", etwa Rechtsanwälte oder Treuhänder, die in die privaten Vermögensgeschäfte von PEPs verwickelt sind, von besonderer Relevanz. Der konkrete Nachweis der Eigenschaft eines „close associate" ist 116

---

118 Vgl. *Rathke*, in: Zipfel/Rathke, Lebensmittelrecht, Art. 19 EG-Lebensmittel-Basisverordnung, Rn. 14.

in der Regel sehr schwierig; die Verpflichteten sind oft auf externe Informationsdienstleister – oder bloße Vermutungen – angewiesen.

XVI. Mitglied der Führungsebene (§ 1 Abs. 15 GwG)

117 Die Einfügung der Definition des Mitglieds der Führungsebene dient der Umsetzung von Art. 3 Nr. 12 der 4. EU-Geldwäscherichtlinie[119] im Hinblick auf die Positionierung des Geldwäschebeauftragten im Unternehmen.

118 Mitglied der Führungsebene ist nach § 1 Abs. 15 GwG eine Führungskraft oder ein leitender Mitarbeiter eines Verpflichteten mit ausreichendem Wissen über die Risiken, denen der Verpflichtete in Bezug auf Geldwäsche und Terrorismusfinanzierung ausgesetzt ist, und mit der Befugnis, insoweit Entscheidungen zu treffen.

119 Diese Formulierung weicht inhaltlich partiell von Art. 3 Nr. 12 der 4. EU-Geldwäscherichtlinie ab. Zunächst erfasst Art. 3 Nr. 12 der 4. EU-Geldwäscherichtlinie nach seinem Wortlaut nicht nur **Führungskräfte und leitende Mitarbeiter**, sondern **sämtliche Mitarbeiter mit ausreichendem Wissen** über die Risiken, denen der Verpflichtete in Bezug auf Geldwäsche und Terrorismusfinanzierung ausgesetzt ist. Andererseits kann man aber auch aus dem Gesamtzusammenhang der Regelung und dem in der Richtlinie verwendeten Grundbegriff „Führungsebene" schließen, dass nur Führungskräfte und leitende Mitarbeiter erfasst sein sollen. So lässt sich ein (einfacher) Mitarbeiter, der auf Fragen der Geldwäsche und Terrorismusfinanzierung spezialisiert ist, schon begrifflich nicht der „Führungsebene" eines Unternehmens zuordnen, sodass die vom nationalen Gesetzgeber gewählte Definition insoweit richtlinienkonform erscheint.

120 Weiterhin knüpft Art. 3 Nr. 12 der 4. EU-Geldwäscherichtlinie die Befugnis, Entscheidungen im Hinblick auf Geldwäsche- und Terrorismusfinanzierungsrisiken zu treffen, nicht nur an ein ausreichendes Wissen, sondern auch an ein ausreichendes **Dienstalter**. Ausreichendes „Dienstalter" in diesem Sinne meint primär nicht das tatsächliche Alter oder die tatsächliche Unternehmenszugehörigkeit, sondern die vorhandene praktische Erfahrung, die ein Mitarbeiter bereits im beruflichen Bereich in Bezug auf Geldwäsche und Terrorismusfinanzierung gesammelt hat. Diese zweite Komponente hat der nationale Gesetzgeber (wohl versehentlich) nicht in seiner Definition des Mitglieds der Führungsebene berücksichtigt. Zwischen dem bloßen Innehaben von ausreichendem Wissen über Geldwäsche und Terrorismusfinanzierung und einer zusätzlich vorhandenen ausreichenden praktischen Erfahrung besteht aber ein bedeutender Unterschied, sodass entsprechend der Richtlinie auch im Rahmen der Definition des Mit-

---

119 BT-Drs. 18/11555, S. 104.

XVI. Mitglied der Führungsebene (§ 1 Abs. 15 GwG)   § 1 GwG

glieds der Führungsebene in § 1 Abs. 15 KWG zusätzlich zum ausreichenden Wissen der Führungskraft bzw. des leitenden Mitarbeiters auch eine ausreichende praktische Erfahrung im Bereich der Geldwäsche und Terrorismusfinanzierung zu fordern ist.

Zu den Führungskräften des Verpflichteten zählen die organschaftlichen Vertreter des Verpflichteten. 121

Zu den leitenden Mitarbeitern des Verpflichteten gehören (in Anlehnung an § 5 Abs. 3 BetrVG) solche Personen, 122

– die nach ihrem Arbeitsvertrag oder ihrer Stellung im Unternehmen oder in einem Betrieb zur selbstständigen Einstellung und Entlassung von Mitarbeitern berechtigt sind,
– Generalvollmacht oder eine nicht unbedeutende Prokura haben oder
– regelmäßig sonstige Aufgaben wahrnehmen, die für den Bestand und die Entwicklung des Unternehmens oder eines Betriebs von Bedeutung sind und deren Erfüllung besondere Erfahrungen und Kenntnisse voraussetzt, wenn er dabei entweder die Entscheidungen im Wesentlichen frei von Weisungen trifft oder sie maßgeblich beeinflusst.

Weiterhin muss die Führungskraft bzw. der leitende Mitarbeiter ein ausreichendes Wissen über die Risiken, denen der Verpflichtete in Bezug auf Geldwäsche und Terrorismusfinanzierung ausgesetzt ist, haben. Dies setzt voraus, dass er sowohl grundlegende Kenntnis von den theoretischen Grundlagen der Geldwäsche- und Terrorfinanzierungsprävention hat, als auch mit den im Unternehmen des Verpflichteten konkret vorhandenen Geldwäsche- und Terrorismusfinanzierungsrisiken im Wesentlichen vertraut ist. Wie oben dargelegt, ist nach Art. 3 Nr. 12 der 4. EU-Geldwäscherichtlinie zusätzlich auch eine hinreichende praktische Erfahrung im Hinblick auf Geldwäsche- und Terrorismusprävention erforderlich. Diese muss nicht zwingend im Unternehmen der Verpflichteten erlangt worden sein, sondern kann sich auch aus einer mehrjährigen Befassung mit Fragen der Geldwäsche- und Terrorismusprävention in vergleichbaren Unternehmen oder Funktionen ergeben. 123

Schließlich muss die Führungskraft bzw. der leitende Mitarbeiter auch die Befugnis innehaben, im Hinblick auf Geldwäsche- und Terrorismusfinanzierungsrisiken **Entscheidungen zu treffen**. Solche Entscheidungen können auch Kollegialentscheidungen sein, sofern nur die Führungskraft bzw. der leitende Mitarbeiter ein Stimmrecht hat. Hingegen fehlt es an einer Entscheidung von leitenden Mitarbeitern, wenn letztlich die konkret zu treffenden Maßnahmen in Bezug auf die Minimierung von Geldwäsche- und Terrorismusfinanzierungsrisiken von den Führungskräften konkret vorgegeben wird und der leitende Mitarbeiter diese ohne eigenen Entscheidungsspielraum lediglich umsetzen muss. 124

GwG § 1 Begriffsbestimmungen

125 Der Begriff des Mitglieds der Führungsebene wird insbesondere im Rahmen der Meldepflicht nach § 43 Abs. 3 GwG relevant. Danach obliegt es dem Mitglied der Führungsebene eines nach dem GwG Verpflichteten, in bestimmten Fällen im Hinblick auf geschäftliche Aktivitäten inländischer Niederlassungen des Verpflichteten eine Meldung nach § 43 Abs. 1 GwG an die Zentralstelle für Finanztransaktionsuntersuchungen abzugeben (Näheres siehe § 43 Rn. 35).

XVII. Gruppe (§ 1 Abs. 16 GwG)

126 Der Begriff „Gruppe" ist mit dem neuen GwG geändert worden. Die Änderung basiert auf Art. 3 Nr. 15 der 4. EU-Geldwäscherichtlinie und wirkt sich besonders bei der Umgrenzung der gruppenweiten Sorgfaltspflichten, der Informationsweitergabe und den gruppenweiten Sicherungsmaßnahmen aus.

127 Besondere Auswirkungen hat die Änderung der Vorschriften im Kredit- und Finanzdienstleistungswesen. **Bisher** war der Begriff „Gruppe" streng an **bank- und wertpapieraufsichtsrechtlichen Kategorien** orientiert gewesen. Die bisherige Vorschrift des § 25h KWG verwies auf die bankaufsichtsrechtlichen Konsolidierungskreise (vgl. z.B. § 10a KWG a.F.). Aufgrund der Neudefinition müssen sich Kreditinstitute heute fragen, ob bisher unter dem Bankaufsichtsrecht bestehende Ausnahmen,[120] etwa für Facility Manager, die vollkonsolidierte Tochtergesellschaften sind, nunmehr geldwäscherechtlich hinfällig sind.

128 Unter einer „Gruppe" versteht das GwG nunmehr einen Zusammenschluss von Mutter- und Tochterunternehmen und den Unternehmen, an denen diese beteiligt sind (sog. vertikale Verbindungen). Zweigstellen und Zweigniederlassungen sind hierbei als Bestandteile des Mutterunternehmens zu bewerten.[121]

129 Weiterhin erfasst der Begriff der Gruppe auch bestimmte, in Art. 22 Abs. 1 der Richtlinie 2013/34/EU bezeichnete „horizontale Verbindungen", mithin also horizontale Konsolidierungskreise oder horizontale Gruppen.

130 Grundvoraussetzung ist stets, dass ein Unternehmen (Mutterunternehmen) aufgrund bestimmter Umstände einen beherrschenden Einfluss auf das andere Unternehmen (Tochterunternehmen) hat.[122]

---

120 Die Auslegungs- und Anwendungshinweise der DK 2014 nannten z.B. ausdrücklich freiwillig in die Konsolidierung einbezogene nachgeordnete Unternehmen, nach § 31 Abs. 3 WpHG befreite nachgeordnete Unternehmen, die z.B. nur Makler-, Warengeschäfte oder Immobilienverwaltung betreiben, oder Minderheitsbeteiligungen, auf die unabhängig von der gesellschaftsrechtlichen Einflussmöglichkeit auch nicht auf andere Weise beherrschender Einfluss ausgeübt werden kann, vgl. Rn. 95.
121 BT-Drs. 18/11555, S. 104.
122 BT-Drs. 18/11555, S. 104.

Ein solcher beherrschender Einfluss besteht im Falle von „vertikalen Verbindungen" dann, wenn ein Unternehmen, das Aktionär oder Gesellschafter eines anderen Unternehmens ist, 131

- die Mehrheit der Stimmrechte der Aktionäre oder Gesellschafter des anderen Unternehmens hält,[123]
- das Recht hat, die Mehrheit der Mitglieder des Verwaltungs-, Leitungs- oder Aufsichtsorgans des anderen Unternehmens zu bestellen oder abzuberufen oder faktisch in den letzten beiden Geschäftsjahren die Mehrheit der Mitglieder des Verwaltungs-, Leitungs- oder Aufsichtsorgans des anderen Unternehmens bestellt hat[124] oder
- das Recht hat, auf das andere Unternehmen einen beherrschenden Einfluss aufgrund eines mit diesem Unternehmen geschlossenen Vertrags (insbesondere eines Beherrschungsvertrages) oder aufgrund einer Satzungsbestimmung des anderen Unternehmens auszuüben.[125]

Im Falle von „horizontalen Unternehmensverbindungen" besteht ein solcher beherrschender Einfluss dann, wenn ein Unternehmen, das Aktionär oder Gesellschafter eines anderen Unternehmens ist, 132

- aufgrund einer Vereinbarung mit anderen Aktionären oder Gesellschaftern des anderen Unternehmens allein über die Mehrheit der Stimmrechte der Aktionäre oder Gesellschafter dieses Unternehmens verfügt.[126]

Die Definition des Begriffs „Gruppe" ist für das GwG in vielen Konstellationen relevant, z. B. im Hinblick auf gruppenweite Risikoanalysen und Sicherungsmaßnahmen (Näheres dazu siehe § 6 Rn. 51 und § 9 Rn. 6). 133

XVIII. Drittstaat (§ 1 Abs. 17 GwG)

„Drittstaat" im Sinne des GwG sind solche Staaten, die weder Teil der Europäischen Union, noch des Europäischen Wirtschaftsraums sind. 134

Nach § 1 Abs. 6 a GwG a. F. waren hingegen noch nicht alle Staaten, die weder Teil der Europäischen Union noch des Europäischen Wirtschaftsraumes sind, im GwG definiert. Vielmehr waren nur „gleichwertige Drittstaaten", d.h. solche Drittstaaten genannt, in denen mit den Anforderungen des GwG gleichwertige Anforderungen gelten und in denen Verpflichtete einer gleichwertigen Aufsicht in Bezug auf diese Anforderungen unterliegen und in denen für diese gleichwertige Marktzulassungsvoraussetzungen bestehen. 135

---

123 BT-Drs. 18/11555, S. 104.
124 Art. 22 Abs. 1 lit. b) und d) i) der Richtlinie 2013/34/EU.
125 Art. 22 Abs. 1 lit. c) der Richtlinie 2013/34/EU.
126 Art. 22 Abs. 1 lit. d) ii) der Richtlinie 2013/34/EU.

136 Diese Begrenzung auf „gleichwertige Drittstaaten" hat der Gesetzgeber nunmehr in Anlehnung an entsprechende Formulierungen in anderen Finanzaufsichtsgesetzen aufgehoben.[127]

XIX. E-Geld (§ 1 Abs. 18 GwG)

137 Die im GwG neu eingefügte Definition von E-Geld stammt aus Art. 3 Nr. 16 der 4. EU-Geldwäscherichtlinie und verweist lediglich auf § 1a Abs. 3 des Zahlungsdiensteaufsichtsgesetzes (ZAG). Aufgrund der Einheit der Rechtsordnung im Gewerberecht ist der Begriff deckungsgleich mit den in den zahlungsdiensterechtlichen enthaltenen Definitionen.

138 § 1a Abs. 3 ZAG bezeichnet E-Geld als „jeder elektronisch, darunter auch magnetisch, gespeicherte monetäre Wert in Form einer Forderung gegenüber einem Emittenten, der gegen Zahlung eines Geldbetrages ausgestellt wird, um damit Zahlungsvorgänge im Sinne des § 675f Abs. 3 Satz 1 des Bürgerlichen Gesetzbuchs durchzuführen, und der auch von anderen natürlichen oder juristischen Personen als dem Emittenten angenommen wird". Die Zahlung des Geldbetrages kann bar oder unbar erfolgen, der Geldbetrag muss allerdings ein gesetzliches Zahlungsmittel oder selbst E-Geld im Sinne der Norm sein.[128]

139 Bei E-Geld handelt es sich einerseits um in Rechnernetzen verwaltete und auf Festplatten von Rechnern gespeicherte **Zahlungseinheiten**, die im Abwicklungsverkehr im Dialog von Rechnern untereinander durch Übermittlung von elektronischen Zugangs- und Abrufberechtigungen abgerufen werden können.[129] Andererseits erfasst der Begriff des E-Geldes auch sämtliche Zahlungseinheiten, die auf portablen Datenträgern – wie Geldkarten und elektronischen Geldbörsen – gespeichert und von diesen abrufbar sind.[130]

140 Erforderlich ist weiterhin, dass die gespeicherten Zahlungseinheiten gegen Vorauszahlung bereitgestellt werden. Dies bedeutet, dass derjenige, der die gespeicherten Zahlungseinheiten zugunsten einer anderen Person, die die Zahlungseinheiten zu Bezahlzwecken einsetzen möchte, ausgestellt hat, zuvor von der anderen Person eine Gegenleistung in Form von Bargeld oder Buchgeld für die Ausstellung der Zahlungseinheiten erhalten hat.[131]

---

127 BT-Drs. 18/11555, S. 104.
128 *Findeisen*, in: Ellenberg/Findeisen/Nobbe, Kommentar zum Zahlungsverkehrsrecht, § 1a ZAG Rn. 49; BaFin-Merkblatt, Hinweise zu dem Gesetz über die Beaufsichtigung von Zahlungsdiensten (Stand: Dezember 2011), 4b.
129 *Schwennicke*, in: Schwennicke/Auerbach, KWG, § 1a ZAG Rn. 17; *Warius*, in: Herzog, GwG, § 2 Rn. 99 m. w. N.
130 *Schwennicke*, in: Schwennicke/Auerbach, KWG, § 1a ZAG Rn. 17 f.
131 *Schwennicke*, in: Schwennicke/Auerbach, KWG, § 1a ZAG Rn. 19 f.

Schließlich ist noch erforderlich, dass die Zahlungseinheiten durch Dritte anstelle gesetzlicher Zahlungsmittel (= Bar- und Buchgeld) als Zahlungsmittel akzeptiert werden.[132]   141

Die Risikoexposition für Geldwäsche wird für E-Geld und moderne Zahlungssysteme gegenüber den gesetzlichen Zahlungsmitteln als höher angesehen.[133]   142

Krypto-Währungen, z. B. Bitcoins oder Etheritum, sind in Deutschland nach derzeitigem Stand als Finanzinstrumente, nicht als E-Geld definiert.[134] Die von Krypto-Währungen ausgehende Risikoexposition dürfte allerdings noch einmal um ein Vielfaches höher sein als die des – regulierten – E-Gelds.   143

XX. Aufsichtsbehörde (§ 1 Abs. 19 GwG)

Als Aufsichtsbehörden bezeichnet § 1 Abs. 19 GwG die Behörden, die nach den Bestimmungen des § 50 GwG für die Verpflichteten zuständig sind.   144

Danach sind für die verschiedenen Verpflichteten des GwG unterschiedliche Aufsichtsbehörden zuständig: Beispielsweise ist die BaFin die zuständige Aufsichtsbehörde für alle Kreditinstitute außer die Bundesbank, während für Güterhändler in Hessen das jeweilige Regierungspräsidium die zuständige Aufsichtsbehörde ist (Näheres dazu § 50 Rn. 3).   145

Dass der Begriff „Aufsichtsbehörde" Eingang in die Definitionen gefunden hat, ist dem Umstand geschuldet, dass er in zahlreichen unterschiedlichen Vorschriften des GwG Verwendung findet und der Gesetzgeber durch Aufnahme einer zusätzlichen Vorschrift in der Verweiskette offenbar eine bessere Lesbarkeit dieser Vorschriften gewährleisten wollte.[135]   146

XXI. Zuverlässigkeit eines Mitarbeiters (§ 1 Abs. 20 GwG)

§ 1 Abs. 20 GwG definiert den Begriff der Zuverlässigkeit eines Mitarbeiters. Eine entsprechende Definition war bereits in § 9 Abs. 2 Nr. 4 GwG a. F. enthalten. Der Begriff lehnt sich an den gleichlautenden unbestimmten Rechtsbegriff des allgemeinen Gewerberechts an.[136]   147

---

132 *Schwennicke*, in: Schwennicke/Auerbach, KWG, § 1a ZAG Rn. 23.
133 Vgl. z. B. FATF, Report on New Payment Methods 2006; FATF, Guidance on Prepaid Cards, Mobile Payments and Internet Based Payment Services, 2013.
134 *Findeisen*, in: Ellenberg/Findeisen/Nobbe, Kommentar zum Zahlungsverkehrsrecht, § 1a ZAG Rn. 55 ff., 58.
135 BT-Drs. 18/11555, S. 104.
136 Vgl. AuA, Rn. 86b.

GwG § 1 Begriffsbestimmungen

148 Nach der gesetzlichen Definition liegt die Zuverlässigkeit eines Mitarbeiters vor, wenn er die Gewähr dafür bietet, dass die im GwG geregelten Pflichten, sonstige geldwäscherechtliche Pflichten und die beim Verpflichteten eingeführten Strategien, Kontrollen und Verfahren zur Verhinderung von Geldwäsche und von Terrorismusfinanzierung sorgfältig beachtet, bestimmte in § 43 Abs. 1 GwG enthaltene Tatsachen seinem Vorgesetzten oder einem vorhandenen Geldwäschebeauftragten meldet und sich weder aktiv noch passiv an zweifelhaften Transaktionen oder Geschäftsbeziehungen beteiligt.

149 Bei dem Begriff der Zuverlässigkeit handelt es sich um einen **unbestimmten Rechtsbegriff**, der gerichtlich nachprüfbar ist.[137]

150 Das Erfordernis der Zuverlässigkeit betrifft sowohl diejenigen Mitarbeiter, die befugt sind, bare oder unbare Transaktionen auszuführen oder die mit der Anbahnung und Begründung von Geschäftsbeziehungen befasst sind, als auch diejenigen Mitarbeiter, die rein interne Verwaltungsaufgaben verrichten, soweit diese ebenfalls der Geldwäsche und der Terrorismusfinanzierung Vorschub leisten können.[138] Demgegenüber erfasst das Erfordernis der Zuverlässigkeit nicht solche Mitarbeiter, deren Tätigkeitsfeld der Geldwäsche und der Terrorismusfinanzierung keinerlei Vorschub leisten kann. Erst recht nicht erfasst vom Erfordernis der Zuverlässigkeit sind zudem solche Mitarbeiter, die überhaupt keiner geschäftsspezifischen Tätigkeit nachgehen, z. B. das Reinigungspersonal des Verpflichteten.[139]

151 Bei der Frage, ob der Mitarbeiter die Gewähr dafür bietet, diesen Verpflichtungen nachzukommen, handelt es sich um eine Prognoseentscheidung. Maßgeblicher Anhaltspunkt, um eine solche Prognoseentscheidung treffen zu können, ist das bisherige Verhalten des betroffenen Mitarbeiters.[140] Negative Prognosefaktoren können insbesondere sein: das Begehen einschlägiger Straftaten durch den Mitarbeiter, die beharrliche Verletzung geldwäscherechtlicher Pflichten, die häufige Missachtung interner Geldwäscherichtlinien oder entsprechender Anweisungen, das Bekanntwerden von Zwangsmaßnahmen gegen den Mitarbeiter sowie bestimmte verdächtige Verhaltensweisen, die nahelegen, dass der Mitarbeiter bei seiner Tätigkeit nicht nur die geschäftlichen Interessen, sondern eine unrechtmäßige eigene Bereicherung oder Bereicherung dritter Personen im Blick hat.[141]

152 Die Frage nach dem Vorliegen der Zuverlässigkeit eines Mitarbeiters ist insbesondere im Hinblick auf die vom Verpflichteten zu treffenden internen Siche-

---

137 *Warius*, in: Herzog, GwG, § 9 Rn. 106.
138 *Warius*, in: Herzog, GwG, § 9 Rn. 104.
139 *Warius*, in: Herzog, GwG, § 9 Rn. 104.
140 *Warius*, in: Herzog, GwG, § 9 Rn. 103.
141 *Warius*, in: Herzog, GwG, § 9 Rn. 109.

XXII. Korrespondenzbeziehung (§ 1 Abs. 21 GwG)   § 1 GwG

rungsmaßnahmen von Bedeutung. Nach § 6 Abs. 2 Nr. 5 GwG müssen nämlich die Verpflichteten im Rahmen der zu treffenden internen Sicherungsmaßnahmen ihre Mitarbeiter auf ihre Zuverlässigkeit überprüfen und hierfür geeignete Maßnahmen – wie Personalkontroll- und Beurteilungssysteme – etablieren (Näheres dazu § 6 Rn. 63).

XXII. Korrespondenzbeziehung (§ 1 Abs. 21 GwG)

Der Begriff der Korrespondenzbeziehung bedarf einer Definition, da ihr Vorliegen nach § 15 Abs. 3 Nr. 3 GwG ein höheres Risiko der Geldwäsche und Terrorismusfinanzierung birgt, weshalb in solchen Fällen von den Verpflichteten verstärkte Sorgfaltspflichten zu erfüllen sind.[142]   153

Die Definition von Korrespondenzbeziehungen im neuen GwG ist dem Art. 3 Nr. 8 der 4. EU-Geldwäscherichtlinie entlehnt und geht sowohl darüber als auch über das bisherige Verständnis von Korrespondenzbeziehungen nach § 25k KWG a. F. hinaus. In Art. 3 Nr. 8 der 4. EU-Geldwäscherichtlinie ist lediglich von Korrespondenzbank-Beziehungen die Rede, das GwG übernimmt und erweitert diese zur „Korrespondenzbeziehung". Die bisherigen Leitfäden sind deshalb nur einschränkt gültig. Hierdurch entstehen nicht unwesentliche praktische Auslegungsschwierigkeiten.   154

Als Korrespondenzbeziehung nennt das GwG zwei Varianten.   155

Danach besteht eine Korrespondenzbeziehung **erstens bei der Erbringung von Bankdienstleistungen durch Verpflichtete** nach § 2 Abs. 1 Nr. 1 GwG, also durch Kreditinstitute im Sinne des § 1 Abs. 1 KWG (Korrespondent), für CRR-Kreditinstitute oder für Unternehmen in einem Drittstaat, die Tätigkeiten ausüben, die einem CRR-Kreditinstitut gleichwertig sind (Respondenten).   156

Als Beispiele für Bankdienstleistungen nennt das GwG und seine Gesetzesbegründung das Führen von Kontokorrent-, Sammel- oder anderen Bezugskonten und die Erbringung damit verbundener Leistungen, wie die Barmittelverwaltung, Scheckverrechnungen, Devisengeschäfte oder internationale Geldtransfers.[143] Dieses Verständnis der Korrespondenzbeziehung ist bereits aus § 25k KWG a. F. bekannt.   157

Darüber hinaus besteht eine Korrespondenzbeziehung nach einem über § 25k KWG a. F. hinausgehendem Verständnis zweitens **nun auch bei anderen Leistungen als Bankdienstleistungen**. Zu solchen anderen Leistungen als Bank-   158

---

[142] Vgl. auch FATF, The FATF Recommendations, 2012–2017, Recommendation 13; Art. 19 der 4. EU-Geldwäscherichtlinie; FATF, Guidance on Corresponding on Banking Services, Oktober 2016.
[143] BT-Drs. 18/11555, S. 105.

GwG § 1 Begriffsbestimmungen

dienstleistungen gehören insbesondere Wertpapiergeschäfte oder Geldtransfers.[144]

159 Jene anderen Leistungen müssen anders als Bankdienstleistungen auch nicht zwingend von einem Kreditinstitut als Korrespondent erbracht werden. Vielmehr kommen insoweit auch Verpflichtete nach § 2 Abs. 1 Nr. 2–3, 6–9 KWG, also Finanzdienstleistungsinstitute im Sinne des § 1 Abs. 1 a KWG,[145] Zahlungsinstitute und E-Geld-Institute, Finanzunternehmen im Sinne des § 1 Abs. 3 KWG, bestimmte Versicherungsunternehmen und entsprechende Versicherungsvermittler sowie Kapitalverwaltungsgesellschaften im Sinne des § 17 Abs. 1 KAGB als Korrespondent in Betracht.

160 Schließlich müssen die anderen Leistungen auch nicht zwingend gegenüber einem CRR-Kreditinstitut oder einem diesem gleichwertigen Institut eines Drittstaates als Respondenten erbracht werden. Vielmehr sind als Respondenten nunmehr auch Finanzinstitute im Sinne des Art. 3 Nr. 2 der 4. EU-Geldwäscherichtlinie und diesen gleichwertige Institute eines Drittstaates erfasst. Finanzinstitute im Sinne des Art. 3 Nr. 2 der 4. EU-Geldwäscherichtlinie sind, insbesondere sämtliche Nichtkreditinstitute, die Darlehensgeschäfte, Finanzierungsleasing, Zahlungsdienste, Bürgschaften und Kreditzusagen tätigen, andere Zahlungsmittel ausgeben und verwalten, mit bestimmten Finanzprodukten handeln, an Wertpapieremissionen teilnehmen und einschlägige Dienstleistungen bereitstellen, die Unternehmen zu bestimmten strategischen Themen beraten, Geldmaklergeschäfte betreiben, Portfolioverwaltung oder Portfolioberatung, Wertpapierverwaltung oder Wertpapieraufbewahrung durchführen, Schließfachverwaltungsdienste anbieten oder E-Geld ausgeben. Weiterhin zählen zu den Finanzinstituten in diesem Sinne auch bestimmte Versicherungsunternehmen und -vermittler, Wertpapierfirmen, sowie Organismen für gemeinsame Anlagen, die ihre Anteilscheine oder Anteile vertreiben. Erfasst vom Begriff des Finanzinstitutes in diesem Sinne werden zudem auch alle Zweigstellen der soeben genannten Finanzinstitute.

161 Nach bisherigem, vom Begriff der „Korrespondenzbankbeziehung" geprägten Verständnis[146] war eine einfache, aber durchgehend sinnvolle Aufteilung von Pflichtenkreisen möglich. Während der „Korrespondent" die Sorgfaltspflichten erfüllte und die Sicherungsmaßnahmen ergriff, konnte sich der „Respondent" zu einem gewissen Grad auf die ordnungsgemäße Durchführung verlassen und war „nur" zur Schaffung entsprechender vertraglicher Vereinbarungen und zu Stichproben verpflichtet. Mit der Abnahme der Relevanz von Korrespondenzbankbe-

---

144 BT-Drs. 18/11555, S. 105.
145 Siehe zu Ausnahmen § 2 Rn. 30 ff. und 47 ff.
146 Vgl. zum typischen Umfang einer „Korrespondenzbankbeziehung" und deren Pflichtenumfang die AuA, Rn. 68.

ziehungen durch die Einführung von Settlementsystemen im Bankverkehr besteht die größte praktische Bedeutung des Korrespondenzbanksystems im Bereich der Akkreditive und weiteren Instrumenten der Exportfinanzierung. Die Erweiterung des Begriffes (und damit des Anwendungsbereiches für die Verstärkten Sorgfaltspflichten, vgl. § 15 Abs. 3 Nr. 3 GwG) und die ausdrückliche Benennung des Wertpapiergeschäfts in der Gesetzesbegründung führt aufgrund der mannigfaltigen Outsourcing- und Kooperationsmöglichkeiten im Wertpapiergeschäft möglicherweise zu **Unklarheiten** hinsichtlich der vom Respondenten und Korrespondenten (falls eine solche Unterscheidung z. B. im Wertpapiergeschäft überhaupt noch sinnvoll ist) einzuhaltenden Pflichtenkreise. Der Gesetzgeber sollte hier eine Klarstellung erwägen.

XXIII. Bank-Mantelgesellschaft (§ 1 Abs. 22 GwG)

Die Definition des Begriffs der Bank-Mantelgesellschaft („Shell Bank") geht auf Art. 3 Nr. 17 der 4. EU-Geldwäscherichtlinie zurück. Der Begriff als solches hat seine Wurzeln in der US-Gesetzgebung[147] und in Veröffentlichungen des Basler Komitees für Bankenaufsicht.[148]

162

Unter den Begriff der Bank-Mantelgesellschaft fallen solche CRR-Kreditinstitute, Finanzinstitute im Sinne des Art. 3 Nr. 2 der 4. EU-Geldwäscherichtlinie (siehe näher dazu § 1 Rn. 22) sowie diesen Instituten in ihrer Tätigkeit gleichwertige Unternehmen, die in einem bestimmten Land zwar im dortigen Handelsregister oder in einem vergleichbaren Register eingetragen sind, in diesem Land aber faktisch keine Verwaltung oder Leitung des Instituts haben und auch keiner regulierten Gruppe von Kredit- oder Finanzinstituten angeschlossen sind. Im Blick hatte der Gesetzgeber vor allem derartige Bank-Mantelgesellschaften aus Drittstaaten.[149]

163

Es handelt sich also um Institute im formellen Sinn, deren Geschäftstätigkeit in dem betroffenen (Dritt-)Staat zwar beim zuständigen Register angemeldet wurde, faktisch dort aber die angemeldete Geschäftstätigkeit gar nicht ausgeübt wird bzw. für die Aufsichtsbehörde keine Ansprechpartner des Instituts greifbar sind. Infolgedessen kann dann von der Aufsichtsbehörde auch keine wirksame Aufsicht des Instituts in dem (Dritt-)Staat gewährleistet werden. Da die betroffenen Institute auch keiner regulierten Gruppe von Kredit- oder Finanzinstituten

164

---

147 Insbesondere Sec. 312, 313, 319 des US Patriot Act.
148 „... Shell banks are banks that have no physical presence (i. e. meaningful mind and management) 2 in the country where they are incorporated and licensed, 3 and are not affiliated to any financial services group that is subject to effective consolidated supervision", vgl. BCBS Shell banks and Booking Offices, 2003.
149 BT-Drs. 18/11555, S. 105.

GwG § 1 Begriffsbestimmungen

angeschlossen sind, kann die wirksame Aufsicht der Institute auch nicht im Wege der Gruppenaufsicht sichergestellt werden.

165 Aufgrund dieses Defizits an wirksamer Aufsicht über die genannten Institute hat der Gesetzgeber diesen eine eigenständige Bedeutung im GwG zugeschrieben. Die Verpflichteten treffen bei grenzüberschreitenden Korrespondenzbeziehungen mit Respondenten in Drittstaaten, bei denen nach § 15 Abs. 3 Nr. 3 GwG ein erhöhtes Risiko der Geldwäsche und Terrorismusfinanzierung besteht, ohnehin schon verstärkte Sorgfaltspflichten. Zu diesen verstärkten Sorgfaltspflichten gehört dann nach § 15 Abs. 6 Nr. 4 GwG unter anderem auch sicherzustellen, dass keine Geschäftsbeziehung mit einem Respondenten begründet oder fortgesetzt wird, von dem bekannt ist, dass seine Konten von einer Bank-Mantelgesellschaft genutzt werden (siehe näher dazu § 15 Rn. 42). Da eine wirksame Aufsicht über die Bank-Mantelgesellschaft nicht gewährleistet ist, besteht ein immenses Geldwäscherisiko, weshalb in vielen Staaten der Erde mittlerweile das Unterhalten von Geschäftsbeziehungen zu „Shell Banks" untersagt ist.

§ 2 Verpflichtete, Verordnungsermächtigung

(1) Verpflichtete im Sinne dieses Gesetzes sind, soweit sie in Ausübung ihres Gewerbes oder Berufs handeln,

1. Kreditinstitute nach § 1 Absatz 1 des Kreditwesengesetzes, mit Ausnahme der in § 2 Absatz 1 Nummer 3 bis 8 des Kreditwesengesetzes genannten Unternehmen, und im Inland gelegene Zweigstellen und Zweigniederlassungen von Kreditinstituten mit Sitz im Ausland,
2. Finanzdienstleistungsinstitute nach § 1 Absatz 1a des Kreditwesengesetzes, mit Ausnahme der in § 2 Absatz 6 Satz 1 Nummer 3 bis 10 und 12 und Absatz 10 des Kreditwesengesetzes genannten Unternehmen, und im Inland gelegene Zweigstellen und Zweigniederlassungen von Finanzdienstleistungsinstituten mit Sitz im Ausland,
3. Zahlungsinstitute und E-Geld-Institute nach § 1 Absatz 2a des Zahlungsdiensteaufsichtsgesetzes und im Inland gelegene Zweigstellen und Zweigniederlassungen von vergleichbaren Instituten mit Sitz im Ausland,
4. Agenten nach § 1 Absatz 7 des Zahlungsdiensteaufsichtsgesetzes und E-Geld-Agenten nach § 1a Absatz 6 des Zahlungsdiensteaufsichtsgesetzes,
5. selbstständige Gewerbetreibende, die E-Geld eines Kreditinstituts nach § 1a Absatz 1 Nummer 1 des Zahlungsdiensteaufsichtsgesetzes vertreiben oder rücktauschen,
6. Finanzunternehmen nach § 1 Absatz 3 des Kreditwesengesetzes, die nicht unter Nummer 1 oder Nummer 4 fallen und deren Haupttätigkeit einer der in § 1 Absatz 3 Satz 1 des Kreditwesengesetzes genannten Haupttätigkeiten oder einer Haupttätigkeit eines durch Rechtsverordnung nach § 1 Absatz 3 Satz 2 des Kreditwesengesetzes bezeichneten Unternehmens entspricht, und im Inland gelegene Zweigstellen und Zweigniederlassungen solcher Unternehmen mit Sitz im Ausland,
7. Versicherungsunternehmen nach Artikel 13 Nummer 1 der Richtlinie 2009/138/EG des Europäischen Parlaments und des Rates vom 25. November 2009 betreffend die Aufnahme und Ausübung der Versicherungs- und der Rückversicherungstätigkeit (Solvabilität II) (ABl. L 335 vom 17.12.2009, S. 1) und im Inland gelegene Niederlassungen solcher Unternehmen mit Sitz im Ausland, soweit sie jeweils

    a) Lebensversicherungstätigkeiten, die unter diese Richtlinie fallen, anbieten,

    b) Unfallversicherungen mit Prämienrückgewähr anbieten oder

c) Darlehen im Sinne von § 1 Absatz 1 Satz 2 Nummer 2 des Kreditwesengesetzes vergeben,

8. Versicherungsvermittler nach § 59 des Versicherungsvertragsgesetzes, soweit sie die unter Nummer 7 fallenden Tätigkeiten, Geschäfte, Produkte oder Dienstleistungen vermitteln, mit Ausnahme der gemäß § 34d Absatz 3 oder Absatz 4 der Gewerbeordnung tätigen Versicherungsvermittler, und im Inland gelegene Niederlassungen entsprechender Versicherungsvermittler mit Sitz im Ausland,

9. Kapitalverwaltungsgesellschaften nach § 17 Absatz 1 des Kapitalanlagegesetzbuchs, im Inland gelegene Zweigniederlassungen von EU-Verwaltungsgesellschaften und ausländischen AIF-Verwaltungsgesellschaften sowie ausländische AIF-Verwaltungsgesellschaften, für die die Bundesrepublik Deutschland Referenzmitgliedstaat ist und die der Aufsicht der Bundesanstalt für Finanzdienstleistungsaufsicht gemäß § 57 Absatz 1 Satz 3 des Kapitalanlagegesetzbuchs unterliegen,

10. Rechtsanwälte, Kammerrechtsbeistände, Patentanwälte sowie Notare, soweit sie

    a) für ihren Mandanten an der Planung oder Durchführung von folgenden Geschäften mitwirken:

        aa) Kauf und Verkauf von Immobilien oder Gewerbebetrieben,

        bb) Verwaltung von Geld, Wertpapieren oder sonstigen Vermögenswerten,

        cc) Eröffnung oder Verwaltung von Bank-, Spar- oder Wertpapierkonten,

        dd) Beschaffung der zur Gründung, zum Betrieb oder zur Verwaltung von Gesellschaften erforderlichen Mittel,

        ee) Gründung, Betrieb oder Verwaltung von Treuhandgesellschaften, Gesellschaften oder ähnlichen Strukturen oder

    b) im Namen und auf Rechnung des Mandanten Finanz- oder Immobilientransaktionen durchführen,

11. Rechtsbeistände, die nicht Mitglied einer Rechtsanwaltskammer sind, und registrierte Personen nach § 10 des Rechtsdienstleistungsgesetzes, soweit sie für ihren Mandanten an der Planung oder Durchführung von Geschäften nach Nummer 10 Buchstabe a mitwirken oder im Namen und auf Rechnung des Mandanten Finanz- oder Immobilientransaktionen durchführen,

12. Wirtschaftsprüfer, vereidigte Buchprüfer, Steuerberater und Steuerbevollmächtigte,

13. Dienstleister für Gesellschaften und für Treuhandvermögen oder Treuhänder, die nicht den unter den Nummern 10 bis 12 genannten Berufen

angehören, wenn sie für Dritte eine der folgenden Dienstleistungen erbringen:

a) Gründung einer juristischen Person oder Personengesellschaft,

b) Ausübung der Leitungs- oder Geschäftsführungsfunktion einer juristischen Person oder einer Personengesellschaft, Ausübung der Funktion eines Gesellschafters einer Personengesellschaft oder Ausübung einer vergleichbaren Funktion,

c) Bereitstellung eines Sitzes, einer Geschäfts-, Verwaltungs- oder Postadresse und anderer damit zusammenhängender Dienstleistungen für eine juristische Person, für eine Personengesellschaft oder für eine Rechtsgestaltung nach § 3 Absatz 3,

d) Ausübung der Funktion eines Treuhänders für eine Rechtsgestaltung nach § 3 Absatz 3,

e) Ausübung der Funktion eines nominellen Anteilseigners für eine andere Person, bei der es sich nicht um eine auf einem organisierten Markt notierte Gesellschaft nach § 2 Absatz 5 des Wertpapierhandelsgesetzes handelt, die den Gemeinschaftsrecht entsprechenden Transparenzanforderungen im Hinblick auf Stimmrechtsanteile oder gleichwertigen internationalen Standards unterliegt,

f) Schaffung der Möglichkeit für eine andere Person, die in den Buchstaben b, d und e genannten Funktionen auszuüben,

14. Immobilienmakler,

15. Veranstalter und Vermittler von Glücksspielen, soweit es sich nicht handelt um

a) Betreiber von Geldspielgeräten nach § 33c der Gewerbeordnung,

b) Vereine, die das Unternehmen eines Totalisatoren nach § 1 des Rennwett- und Lotteriegesetzes betreiben,

c) Lotterien, die nicht im Internet veranstaltet werden und für die die Veranstalter und Vermittler über eine staatliche Erlaubnis der in Deutschland jeweils zuständigen Behörde verfügen,

d) Soziallotterien und

16. Güterhändler.

(2) Das Bundesministerium der Finanzen kann durch Rechtsverordnung ohne Zustimmung des Bundesrates Verpflichtete gemäß Absatz 1 Nummer 1 bis 9 und 16, die Finanztätigkeiten, die keinen Finanztransfer im Sinne von § 1 Absatz 2 Nummer 6 des Zahlungsdiensteaufsichtsgesetzes darstellen, nur gelegentlich oder in sehr begrenztem Umfang ausüben und bei denen ein geringes Risiko der Geldwäsche oder der Terrorismusfinanzierung besteht, vom Anwendungsbereich dieses Gesetzes ausnehmen, wenn

GwG § 2 Verpflichtete, Verordnungsermächtigung

1. die Finanztätigkeit auf einzelne Transaktionen beschränkt ist, die in absoluter Hinsicht je Kunde und einzelne Transaktion den Betrag von 1 000 Euro nicht überschreitet,
2. der Umsatz der Finanztätigkeit insgesamt nicht über 5 Prozent des jährlichen Gesamtumsatzes der betroffenen Verpflichteten hinausgeht,
3. die Finanztätigkeit lediglich eine mit der ausgeübten Haupttätigkeit zusammenhängende Nebentätigkeit darstellt und
4. die Finanztätigkeit nur für Kunden der Haupttätigkeit und nicht für die allgemeine Öffentlichkeit erbracht wird.

Schrifttum: *Boos/Fischer/Schulte-Mattler*, KWG/CRR-VO, 5. Aufl. 2016; *Casper/Terlau*, ZAG, 2014; *Erbs/Kohlhaas*, Strafrechtliche Nebengesetze, 214. EL Mai 2017; *Fülbier/ Aepfelbach/Langweg/Schröder/Textor*, GwG, 5. Aufl. 2006; *von Galen*, Bekämpfung der Geldwäsche – Ende der Freiheit der Advokatur, NJW 2003, 117; *Grziwotz/Heinemann*, Kommentar zum BeurkG, 2. Aufl. 2015; *Herzog/Achtelik*, Geldwäschegesetz, 2. Aufl. 2014; *Herzog/Mülhausen*, Geldwäschebekämpfung und Gewinnabschöpfung, 2006; *Hingst/Lösing*, Zahlungsdiensteaufsichtsrecht. Praxishandbuch für innovative Karten-, Internet- und mobile Zahlungsdienste, 2015; *Joecks/Miebach* (Hrsg.), Münchener Kommentar zum StGB, Bd. 2, 3. Aufl. 2016; *dies.* (Hrsg.), Münchener Kommentar zum StGB, Bd. 4, 3. Aufl. 2017; *Lochen*, CCZ 2017, 226; *Schmidt* (Hrsg.), Vielfalt des Rechts – Einheit der Rechtsordnung?, 1994; *Schwennicke/Auerbach*, KWG, 3. Aufl. 2016; *Weigell/Görlich*, (Selbst-)Geldwäsche: Strafbarkeitsrisiko für steuerliche Berater?, DStR 2016, 2178; *Weitnauer/Boxberger/Anders*, KAGB, Kommentar zum Kapitalanlagegesetzbuch und zur Verordnung über Europäische Risikokapitalfonds mit Bezügen zum AIFM-StAnpG, 2014; *Weitnauer/Boxberger/Anders*, Kommentar zum Kapitalanlagegesetzbuch, 2. Aufl. 2017; *Winkler*, Kommentar zum BeurkG, 17. Aufl. 2013; *Wohlschlägl-Aschberger*, Geldwäscheprävention: Recht, Produkte, Branchen, 2018; *Zuck*, Die verfassungswidrige Indienstnahme des Rechtsanwaltes für Zwecke der Strafverfolgung, NJW 2002, 1397.

Übersicht

	Rn.		Rn.
I. Allgemeines	1	VII. Finanzunternehmen (§ 2 Abs. 1 Nr. 6 GwG)	81
II. Kreditinstitute (§ 2 Abs. 1 Nr. 1 GwG)	13	VIII. Versicherungsunternehmen (§ 2 Abs. 1 Nr. 7 GwG)	103
III. Finanzdienstleistungsinstitute (§ 2 Abs. 1 Nr. 2 GwG)	39	IX. Versicherungsvermittler (§ 2 Abs. 1 Nr. 8 GwG)	119
IV. Zahlungs- und E-Geld-Institute (§ 2 Abs. 1 Nr. 3 GwG)	52	X. Kapitalverwaltungsgesellschaften (§ 2 Abs. 1 Nr. 9 GwG)	126
V. Agenten und E-Geld-Agenten (§ 2 Abs. 1 Nr. 4 GwG)	67	XI. Rechtsanwälte, Kammerrechtsbeistände, Patentanwälte und Notare (§ 2 Abs. 1 Nr. 10 GwG)	133
VI. Selbstständige Gewerbetreibende, die E-Geld eines Kreditinstituts vertreiben oder rücktauschen (§ 2 Abs. 1 Nr. 5 GwG)	77		

XII. Rechtsbeistände ohne Mitgliedschaft in einer Rechtsanwaltskammer und registrierte Personen nach § 10 RDG (§ 2 Abs. 1 Nr. 11 GwG) 166
XIII. Wirtschaftsprüfer, vereidigte Buchprüfer, Steuerberater und Steuerbevollmächtigte (§ 2 Abs. 1 Nr. 12 GwG)............... 177
XIV. Dienstleister für Gesellschaften und für Treuhandvermögen und Treuhänder (§ 2 Abs. 1 Nr. 13 GwG) 189
XV. Immobilienmakler (§ 2 Abs. 1 Nr. 14 GwG)............... 199
XVI. Glücksspielveranstalter und -betreiber (§ 2 Abs. 1 Nr. 15 GwG) 206
XVII. Güterhändler (§ 2 Abs. 1 Nr. 16 GwG) 218
XVIII. Verordnungsermächtigung (§ 2 Abs. 2 GwG)........... 226
XIX. Ausblick: Erweiterung des Primärverpflichtetenkreises durch die anstehende Änderungsrichtlinie zur 4. EU-Geldwäscherichtlinie..................... 232

I. Allgemeines

Im modernen Geldwäscherecht ist zwischen mehreren Anwendbarkeitsebenen der Gesetze zu unterscheiden. Neben den **primär Verpflichteten** (§ 2) treffen verschiedene Mitwirkungspflichten deren Kunden (zum Beispiel die Pflicht des Vertragspartners eines primär Verpflichteten, Unterlagen beizubringen oder abweichende wirtschaftlich Berechtigte zu nennen, § 10 Abs. 6 GwG). Nicht zu den primär unter dem GwG Verpflichteten gehören auch die zur Eintragung in das Transparenzregister verpflichteten inländischen eingetragenen juristischen Personen und Personengesellschaften sowie die Rechtsgestaltungen und Stiftungen. Angesichts des klar in § 2 definierten Anwendungsbereiches des Gesetzes ist die Transparenzregisterpflicht „systemfremd" in das GwG aufgenommen worden, welches sich primär nur an die in § 2 GwG genannten Gruppen richtet. Es wird abzuwarten bleiben, ob der Gesetzgeber diese rechtssystematischen Unschärfen eines Tages durch ein eigenes Transparenzregistergesetz bereinigt. 1

§ 2 GwG legt fest, welche Institute, Unternehmen und Berufsgruppen dem GwG direkt, als primär Verpflichtete unterfallen und dessen Pflichten erfüllen müssen. Dabei wird jedoch eingangs verdeutlicht, dass für die Pflichten einzig relevant ist, dass die erfassten Gruppen jeweils im Rahmen ihres Gewerbes oder Berufs handeln. Wie oben ausgeführt (vgl. § 1 Rn. 43 ff.), sind die von § 2 GwG genannten Verpflichteten nämlich nur dann vom GwG erfasst, wenn und soweit sie im Rahmen ihrer (gewerblichen/freiberuflichen) Tätigkeit im Kern agieren. 2

Die Geldwäschegesetze der „früheren Generation" richteten sich ausschließlich an Kreditinstitute, Finanzdienstleister und „Finanzinstitute" nach den Begrifflichkeiten des früheren KWG.[1] In der 1. EU-Geldwäscherichtlinie war lediglich 3

---
1 Vgl. § 1 Abs. 1–4 GwG in der Fassung von 1993, BGBl. I 1993, S. 1771.

GwG § 2 Verpflichtete, Verordnungsermächtigung

in Artikel 12 eine Empfehlung ausgesprochen worden, weitere Berufsgruppen in den primären Anwendungsbereich aufzunehmen. Diese Empfehlung wurde mit der 2. EU-Geldwäscherichtlinie aufgegriffen und der **Anwendungsbereich nach und nach in den folgenden Richtlinien erweitert.**

4   Die Erweiterungen des primären Anwendungsbereiches der Geldwäschepflichten orientierten sich an dem 1989 aufgestellten 3-Stufen-Modell der damaligen US-amerikanischen Zollbehörde, dem U.S. Customs Service. Sie waren von dem Bestreben getrieben, möglichst für alle drei „Stufen" der Geldwäsche Verpflichtete zu definieren. Diese Verpflichteten sollten dann für die typischen Geldwäschehandlungen der jeweiligen „Stufe" einem Pflichtenkatalog unterworfen werden:

5   Nach dem „klassischen", auf den Vorstellungsbildern zur organisierten Kriminalität basierenden Modellen verläuft **Geldwäsche in drei Schritten**: dem „Placement", dem „Layering" und der „Integration". In dem ersten Schritt, „Placement" genannt, wird das – nach dem damaligen Vorstellungsbild Ende der Achtziger Jahre aus den in der organisierten Kriminalität damals als „typisch" verstandenen Vortaten wie Waffen- und Drogenhandel, illegaler Prostitution herrührende – (Bar-)Geld in den Finanzkreislauf eingebracht. Das kann auf verschiedenste Weisen geschehen, z. B. indem es bei Banken oder Wechselstuben eingezahlt wird.

6   Aus diesem Grund setzte das Geldwäscherecht ursprünglich vor allem beim Finanzsektor an. Lediglich Edelmetallhändler und Spielbanken waren zu „Internen Sicherungsmaßnahmen" verpflichtet.[2] Da hier jedoch ein immer größeres Bewusstsein für die Geldwäscherisiken bei der Einbringung von (Bar-)Geld in den formalen Wirtschafts- und Finanzkreislauf entstand und die geldwäscherechtlichen Vorgaben vom Finanzsektor immer effektiver verfolgt wurden, wurden die Geldwäschehandlungen komplexer, sodass weitere Verpflichtete hinzugezogen werden mussten.

7   Im „Layering" wird das in den Finanzkreislauf eingebrachte inkriminierte Vermögen mehrfach mit legal erworbenen Mitteln vermischt, abverfügt, ändert seinen Aggregatzustand, wird strukturiert, aufgespalten oder wird übertragen, sodass der Konnex zwischen Vortat und Vermögensgegenstand nicht mehr ohne Weiteres erkennbar ist. Ziel der Geldwäsche ist immerhin, dass die Herkunft eines Vermögensgegenstandes nicht mehr oder wenigstens nicht mehr leicht einer konkreten Straftat zuzuordnen ist.

8   Deshalb zeigt sich auf der Stufe des Layerings die Notwendigkeit, dass auch andere, in dieser Phase der Geldwäsche betroffene Unternehmens- und Berufsgruppen für Geldwäsche sensibilisiert und zu Mitwirkung angehalten werden müssen. Mit dem Gesetz über das Aufspüren von Gewinnen aus schweren Straf-

---

2 Vgl. § 14 Abs. 1 GwG a. F.

I. Allgemeines **§ 2 GwG**

taten Geldwäschegesetz,[3] welches die Richtlinie 2001/97/EG vom 4.12.2001 zur Änderung der Richtlinie 91/308/EWG des Rates zur Verhinderung der Nutzung des Finanzsystems zum Zwecke der Geldwäsche umsetzte, wurden daher vor allem Intermediäre wie Rechtsanwälte, Trust-Service-Provider, Wirtschaftsprüfer, Steuerberater als sog. „gatekeeper"[4] verpflichtet, um deren (mögliche) Mitwirkungshandlungen im Layering zu regulieren.

Im letzten Schritt, der „Integrationsphase", investieren Kriminelle – so das „klassische" Vorstellungsbild – das nunmehr „gewaschene" Vermögen in Luxusgüter bzw. Investitionsgüter. Hierdurch erklärt sich letztlich die Einbeziehung der Güterhändler und des Immobilienmarktes, im Hinblick auf erstere insbesondere die Konzentration der Geldwäschegesetze auf „hochwertige Güter". 9

Die geschilderte Erweiterung des Anwendungsbereiches des Gesetzes auf den Nichtfinanzsektor berücksichtigte jedoch nicht die völlig unterschiedlichen Industriesektoren, deren unterschiedlichen Produkte und Vertriebswege, die nach und nach von der Geldwäscheregulierung erfasst wurden. Die für den Finanzsektor entwickelten Regeln und Instrumente wurden vielmehr vom Gesetzgeber oftmals unreflektiert auf den Nicht-Finanzsektor erstreckt, was zu erheblichen Anwendungsproblemen und Auslegungsunsicherheiten führt.[5] 10

Der **Verpflichtetenkreis** hat sich mit dem neuen GwG gegenüber den Vorversionen **nochmals leicht erweitert**. Gegenüber der 4. EU-Geldwäscherichtlinie wurde der primäre Anwendungsbereich des GwG nochmals, nämlich im Hinblick auf (freie) Gewerbetreibende, die für ein Zahlungsinstitut Dienstleistungen nach dem ZAG erbringen,[6] erweitert umgesetzt. Ferner werden auch Darlehensgeschäfte durch Versicherungen und Versicherungsvermittlern in den Anwendungsbereich des GwG aufgenommen.[7] Die Streichung der Bundesfinanzagentur aus dem Anwendungsbereich des GwG[8] mit dem Umsetzungsgesetz 2017 erklärt sich hingegen damit, dass die Bundesfinanzagentur das Neugeschäft mit Privatkunden eingestellt hat. Dennoch stellt das Bundesministerium der Finanzen im Rahmen seiner Rechts- und Fachaufsicht die auch geldwäschetechnische Angemessenheit der Geschäftsorganisation sicher.[9] 11

---

3 BGBl. I 2002, Nr. 57.
4 Zu den Abgrenzungsproblemen im Zusammenhang mit diesen Berufsgruppen *Herzog/Achtelik*, in: Herzog, GwG, Einl. Rn. 19 ff.
5 *Kaetzler*, in: Wohlschlägl-Aschberger, Geldwäscheprävention: Recht, Produkte, Branchen.
6 § 2 Abs. 4 GwG.
7 Der Gesetzgeber zitiert im Hinblick auf die Verpflichtungen von Kreditinstituten im Kreditgeschäft die plastische Regel „gleiches Geschäft = gleiches Risiko = gleiche Unterstellung unter die Pflichten", vgl. BT-Drs. 18/11555, S. 106.
8 Vgl. § 2 Abs. 1 Nr. 4a GwG a. F.
9 Vgl. BT-Drs. 18/11555, S. 106.

12 Es kann nicht oft genug betont werden, dass die (gewerberechtliche) Nichtanwendbarkeit der geldwäscherechtlichen Pflichten auf Unternehmen außerhalb des Anwendungsbereiches des § 2 GwG **nicht bedeutet, dass diese Unternehmen und Personen überhaupt keine Maßnahmen gegen Geldwäscherisiken ergreifen sollten.** Für alle Teilnehmer am Wirtschaftsleben besteht je nach Risikoausrichtung der Geschäfte nämlich ein unbestreitbares Risiko, mit bemakeltem Vermögen oder intransparenten Finanztransaktionen in Berührung zu kommen. Aufgrund der weiten Fassung des Straftatbestandes des § 261 StGB besteht folglich das reale Risiko eines jeden Teilnehmers am Wirtschaftsleben, sich wegen Geldwäsche strafbar zu machen.[10] Infolgedessen müssen wiederum sämtliche Teilnehmer am Wirtschaftsleben, mitunter sogar Kunden und Privatleute, schon im eigenen Interesse Vorsicht beim Umgang mit möglicherweise bemakelten Vermögensgegenständen walten lassen. Bei Kapitalgesellschaften und den meisten Personengesellschaften und Stiftungen tritt neben diese allgemeine strafrechtliche Vorsorge die Pflicht, illegitimes Verhalten, insbesondere Gesetzesverstöße im Unternehmen, zu unterbinden und Strukturen zu errichten, die kriminalitätsavers wirken („**Legalitätspflicht**").[11] Aus der Legalitätspflicht erwachsen Pflichten, die bei entsprechend hoher Risikoexposition denen des GwG entsprechen oder im Extremfall auch bei nicht von § 2 GwG erfassten Unternehmen oder Berufsgruppen sogar über diese hinausgehen können. Der Rückschluss, dass die nicht im primären Anwendungsbereich nach § 2 GwG genannten Personen und Berufsgruppen also keine Pflichten zur Verhinderung von Geldwäsche treffen, ist daher falsch.

II. Kreditinstitute (§ 2 Abs. 1 Nr. 1 GwG)

13 Die zuerst im Gesetz genannten Verpflichteten sind die „Kreditinstitute". Kreditinstitute sind legaldefiniert in § 1 Abs. 1 KWG. Vom GwG komplett erfasst sind ferner deren Zweigstellen und -niederlassungen, wobei hiervon wiederum diejenigen Kreditinstitute ausgenommen sind, die unter die Ausnahmevorschriften des § 2 Abs. 1 Nr. 3–8 KWG fallen.

14 Aufgrund des klaren Normverweises sind die Anwendungsbereiche von **§ 2 Abs. 1 Nr. 1 GwG und § 1 Abs. 1 KWG deckungsgleich**. Gleiches gilt für die unten weiter erörterten Rückausnahmevorschriften.

15 Wesentlich für die Umgrenzung des Anwendungsbereiches ist auch, dass nach KWG wie auch nach GwG allein das „Betreiben" der genannten Geschäfte aus-

---

10 Vgl. hierzu etwa *Weigell/Görlich*, DStR 2016, 2178, 2180 am Beispiel des Steuerberaters.
11 So z.B. § 93 AktG für die Aktiengesellschaft, vgl. etwa *Hölters*, in: Hölters, AktG, § 93 Rn. 54.

II. Kreditinstitute (§ 2 Abs. 1 Nr. 1 GwG)   § 2 GwG

reicht, wenn dieses in „gewerblichem" oder „in einem Umfang, der einen in kaufmännischer Weise eingerichteten Gewerbebetrieb erfordert" geschieht. Auf die Erlaubnis nach § 32 KWG („Banklizenz") kommt es mithin nicht an.[12] „Betreibt" ein Unternehmen Bank- oder Finanzdienstleistungsgeschäfte ohne Erlaubnis, wird neben den bankaufsichtsrechtlichen Sanktionen auch an die geldwäscherechtlichen Sanktionen zu denken sein, eine „parallele Sanktionierung" nach KWG und GwG jedoch aufgrund Konsumption[13] der Organisationsdelikte zurücktreten, da die Organisationsdelikte des GwG bereits denklogisch in denen des KWG enthalten sind.

Die Verpflichtung von Kreditinstituten zur Vornahme von Kundenidentifikation und zur Errichtung von Sicherungsmaßnahmen waren die „Keimzelle" der Anti-Geldwäsche-Regelungen und -Gesetze. Das wird bereits an dem starken Fokus der Empfehlungen der Financial Action Task Force (FATF)[14] auf die Kreditwirtschaft deutlich: 1990 veröffentlichte die FATF die erste Version der „Forty Recommendations" mit Empfehlungen dazu, wie die Mitgliedstaaten ihre Maßnahmen zur Bekämpfung der Geldwäsche kalibrieren sollten.[15] Die erste Version[16] der „Forty Recommendations" beschränkte sich hinsichtlich der zu ergreifenden Präventionsmaßnahmen der Privatwirtschaft allerdings nur auf den Finanzsektor.   16

In den nachfolgenden Anpassungen der „Forty Recommendations" spielten neben den Kreditinstituten andere „non-bank financial institutions"[17] und schließlich die „designated non-financial businesses and professions"[18] eine immer wichtigere Rolle:[19] Der Fokus der Empfehlungen und Regeln auf den Finanzsektor zieht sich jedoch bis heute durch die FATF-Standards, was zu den oben angesprochenen Anwendungsproblemen außerhalb des Finanzsektors führt.   17

Kurz nach Veröffentlichung der ersten FATF-Empfehlungen begann die Europäische Wirtschaftsgemeinschaft (EWG) als einer der Vorläufer der EU damit, Richtlinien zur Bekämpfung von Geldwäsche zu verfassen, und erließ 1991 die erste der mittlerweile vier wesentlichen Geldwäscherichtlinien auf europäischer   18

---

12 *Fischer/Müller*, in: Boos/Fischer/Schulte-Mattler, KWG/CRR-VO, § 32 KWG Rn. 6.
13 Vgl. zum Begriff *von Heintschel-Heinegg*, in: MüKo-StGB, Vorbem. § 52 Rn. 49 f.
14 FATF, The FATF Recommendations, 2012–2017.
15 FATF, The Forty Recommendations of the Financial Action Task Force on Money Laundering, 1990.
16 FATF, The Forty Recommendations of the Financial Action Task Force on Money Laundering, 1990.
17 FATF, The Forty Recommendations of the Financial Action Task Force on Money Laundering, 1996, S. 3.
18 FATF, The Forty Recommendations of the Financial Action Task Force on Money Laundering, 2003, S. 5.
19 Vgl. FATF, The Forty Recommendations of the Financial Action Task Force on Money Laundering, 1990, Empfehlung 9.

GwG § 2 Verpflichtete, Verordnungsermächtigung

Ebene.[20] Diese Richtlinien griffen und greifen dabei die FATF-Empfehlungen auf[21] und setzen sie somit in europäisches Recht um. Hierbei unterliefen dem Gesetzgeber im Hinblick auf die Anwendbarkeit der Geldwäscheregeln im Finanzsektor jedoch frühe Fehler, von denen rückblickend nur gemutmaßt werden kann, ob es sich um Missverständnisse, Übersetzungsfehler oder gewollte Überumsetzungen der Richtlinie handelte. Einer dieser Fehler wirkt bis heute im Fehlverständnis des Gesetzgebers hinsichtlich der Einbeziehung von **„Finanzinstituten", heute „Finanzunternehmen"** (vgl. unten Rn. 81 ff.) fort.

19 Als früher Unterschied zwischen Richtlinie und FATF-Empfehlungen lässt sich feststellen, dass die EWG schon früh eine ausdrückliche Unterscheidung zwischen Kredit- und Finanzinstitut vornimmt, die von der FATF, die allein von „financial institutions" spricht, nicht vorgesehen war. Aus der weitgehenden Orientierung der Richtlinie an den Empfehlungen resultiert, dass auch die 1. Geldwäscherichtlinie mit Ausnahme eines Programmsatzes in Art. 12 nur Maßnahmen behandelt, die von „Kredit- und Finanzinstituten" vorzunehmen sind. (Dies änderte sich erst durch die 2. Geldwäscherichtlinie.)

20 Zwischenzeitlich wurde zudem durch die Bankenrichtlinie 2006/48/EG der Begriff des „Kreditinstitutes" auch auf E-Geld-Institute ausgeweitet und damit der Kreis der Verpflichteten also mittelbar erweitert.

21 Auf die EWG-Richtlinie hin trat in Deutschland 1993 das Geldwäschegesetz in Kraft,[22] das dieselbe in nationales Recht umsetzte. Das damalige GwG nahm zwar nicht einzig, aber bei den Kundensorgfaltspflichten schwerpunktmäßig auf „Kredit- und Finanzinstitute" Bezug und verpflichtete diese mitunter zu Identifizierungsmaßnahmen. Das damalige GwG ging jedoch über die EWG-Richtlinie hinaus, indem beispielsweise nach § 14 GwG a. F. auch weitere Verpflichtete als Kredit- und Finanzinstitute, namentlich Edelmetallhändler und Spielbanken, explizit zur Einhaltung interner Sicherungsmaßnahmen gehalten waren.

22 Während in den Anfängen des GwG aus 1993 noch der Begriff des „Kreditinstituts" im GwG selbst definiert wurde,[23] ging der Gesetzgeber im GwG 1997 dazu über, ähnlich wie auf europäischer Ebene einen Verweis auf ein anderes Gesetz, hier also das Kreditwesengesetz (KWG), vorzunehmen.[24] Dieser Verweis ist bis heute erhalten geblieben, sodass die Verpflichteten zur Klärung der Definition

---

20 1. Geldwäscherichtlinie: Richtlinie 91/308/EWG; 2. Geldwäscherichtlinie: Richtlinie 2001/97/EG; 3. EU-Geldwäscherichtlinie: Richtlinie 2005/60/EG; 4. EU-Geldwäscherichtlinie: Richtlinie (EU) 2015/849.
21 4. EU-Geldwäscherichtlinie: Richtlinie (EU) 2015/849, Erwägungsgrund 3; *Warius*, in: Herzog, GwG, § 2 Rn. 3 f.; *Häberle*, in: Erbs/Kohlhaas, Strafrechtliche Nebengesetze, § 2 GwG Rn. 10.
22 GwG 1993, BGBl. I 1993, S. 1770 ff.
23 Vgl. § 1 Abs. 1 Satz 1 GwG 1993, BGBl. I 1993, S. 1770.
24 Vgl. BGBl. I, S. 2567, 2578.

II. Kreditinstitute (§ 2 Abs. 1 Nr. 1 GwG) § 2 GwG

„Kreditinstitut" § 1 Abs. 1 KWG zu Rate ziehen müssen. Dennoch gibt es hier, wie zu sehen sein wird (siehe Rn. 30 ff.) immer noch GwG-spezifische Besonderheiten.

Über das GwG hinaus existieren im KWG eine Reihe von **Sonderbestimmungen für Kreditinstitute**, die neben die GwG-Regelungen treten (Näheres dazu siehe § 25g KWG Rn. 1 ff.). Hiervon sind allerdings durch die Neufassung des GwG viele der Sonderregelungen, die sich vorher im KWG befanden, in das GwG zurückverlagert worden. Ein Beispiel hierfür sind die Regelungen zu den gruppenweiten Maßnahmen nach § 25l Abs. 1 KWG a. F., die in § 9 GwG verlagert worden sind (Näheres zur Thematik der gruppenweiten Umsetzung siehe § 9 Rn. 2 ff.).[25]   23

Nach § 1 Abs. 1 KWG sind „Kreditinstitute" Unternehmen, die gewerbsmäßig Bankgeschäfte betreiben oder dies zumindest in einem Umfang tun, der einen in kaufmännischer Weise eingerichteten Geschäftsbetrieb erfordert. „Gewerbsmäßig" bedeutet, dass der Betrieb der Bankgeschäfte auf gewisse Dauer angelegt ist und mit Gewinnerzielungsabsicht erfolgt.[26] Die Alternative zur „Gewerbsmäßigkeit" ist das Erfordernis eines in kaufmännischer Weise eingerichteten Geschäftsbetriebs, wobei ein solcher selbst nicht vorliegen muss. Vielmehr ist lediglich erforderlich, dass die Menge der Bankgeschäfte einen solchen in kaufmännischer Weise eingerichteten Geschäftsbetrieb nötig werden lässt. Ein in kaufmännischer Weise eingerichteter Geschäftsbetrieb liegt vor, wenn nach den §§ 238 ff. HGB Handelsbücher geführt werden und ein Jahresabschluss aufgestellt werden muss.[27] Insofern können geführte Handelsbücher und Jahresabschlüsse Indizien für dessen Erfordernis sein. Eine Gewinnerzielungsabsicht ist hingegen nicht erforderlich.[28]   24

Kreditinstitute sind Unternehmen, die die in § 1 Abs. 1 Satz 2 KWG genannten Bankgeschäfte betreiben. Der Katalog des § 1 Abs. 1 Satz 2 KWG ist abschließend.[29]   25

Aufgrund des eindeutigen Verweises in § 2 Abs. 1 Nr. 1 GwG (und aufgrund des Prinzips der Einheit der Rechtsordnung im Gewerberecht[30]) richten sich die Be-   26

---

25 BT-Drs. 18/11555, S. 177.
26 St. Rspr. des BGH, z. B.: BGH, BKR 2007, 251, 253 m. w. N.
27 *Schäfer*, in: Boos/Fischer/Schulte-Mattler, KWG/CRR-VO, § 1 KWG Rn. 23. Zum Umfang der Erlaubnispflicht und die beiden Begriffe verfasst die BaFin regelmäßig Publikationen, vgl. z. B. das Merkblatt über die Erteilung einer Erlaubnis zum Betreiben von Bankgeschäften gemäß § 32 Abs. 1 KWG (Stand: 31.12.2007).
28 VG Berlin, NJW-RR 1997, 808, 809.
29 *Schwennicke*, in: Schwennicke/Auerbach, KWG, § 1 Rn. 9.
30 Ausführlich zur Einheit der Rechtsordnung *Schmidt*, Vielfalt des Rechts – Einheit der Rechtsordnung?, S. 9, 10 f.

GwG § 2   Verpflichtete, Verordnungsermächtigung

griffe des GwG ausschließlich nach den Definitionen des Kreditwesengesetzes.[31]

27 Allen **Bankgeschäften** im Sinne des Kreditwesengesetzes ist gemein, dass dieselben in gewerblichem Umfang bzw. in einem Umfang, der einen in kaufmännischer Weise eingerichteten Geschäftsbetrieb erfordern, betrieben werden müssen. Wenngleich letzterer Begriff in der jüngeren Vergangenheit immer unerheblicher wird und Gewerblichkeit schon mit dem ersten Geschäft vorliegen kann,[32] sind einzelne Geschäfte unterhalb einer qualitativen oder quantitativen Schwelle teilweise erlaubnisfrei.[33] Ob und inwiefern diese „Gelegenheitsgeschäfte", die unter dem Kreditwesengesetz nicht zu einer Erlaubnispflicht führen, aber technisch Bankgeschäfte darstellen, vom Geldwäschegesetz erfasst sind, ist angesichts der eindeutigen Verweislage geklärt. Allerdings wird – aufgrund der oben beschriebenen (vgl. oben Rn. 12) Organisationspflichten, insbesondere hinsichtlich der Legalitätspflichten – eine immerhin rudimentäre Geldwäschesicherung nach dem Risikoansatz dringend anzuraten sein.

28 Im Einzelnen umfassen die Bankgeschäfte die in § 1 Abs. 1 S. 2 KWG genannten Geschäftsarten:

– Einlagengeschäft: Pfandbriefgeschäfte im Sinne des § 1 Abs. 1 Satz 2 PfandBG
– Kreditgeschäft
– Diskontgeschäft
– Finanzkommissionsgeschäft
– Depotgeschäft
– Investmentgeschäft
– Revolvinggeschäft
– Garantiegeschäft
– Scheck- und Wechseleinzugsgeschäft, Reisescheckgeschäft
– Emissionsgeschäft
– E-Geld-Geschäft
– Tätigkeit als Zentrale Gegenpartei

29 Hinsichtlich der Voraussetzungen, Tatbestandsmerkmale und Einzelfallfragen gelten die Vorschriften des KWG, die durch umfangreiche Verwaltungsvorschriften und durch die Verwaltungspraxis der sachbefassten Aufsichtsbehörden ausgeschaltet werden.[34]

---

31 Vgl. zu den einzelnen Bankgeschäften *Schäfer/Tollmann*, in: Boos/Fischer/Schulte-Mattler, KWG/CRR-VO, § 1 KWG Rn. 35 ff.; *Auerbach*, in: Auerbach, Banken- und Wertpapieraufsicht, Teil B Rn. 51 ff.; *Warius*, in: Herzog, GwG, § 2 Rn. 12 ff.
32 *Schwennicke*, in: Schwennicke/Auerbach, KWG, § 1 Rn. 6.
33 Vgl. § 2 KWG.
34 Von der Darstellung der einzelnen Bankgeschäfte wurde hier mit Blick auf Umfang und Fachlichkeit abgesehen. Vgl. zu den einzelnen Bankgeschäften *Schäfer/Tollmann*,

II. Kreditinstitute (§ 2 Abs. 1 Nr. 1 GwG) § 2 GwG

Einige Unternehmen, die Bankgeschäfte betreiben, werden vom KWG **ausdrücklich nicht als „Kreditinstitut"** bezeichnet. Eine entsprechende Vorschrift findet sich in § 2 KWG. Entgegen dem KWG nimmt das GwG aber nicht alle in § 2 KWG genannten Kreditinstitute vom (geldwäscherechtlichen) Begriff des Kreditinstituts aus, sondern nimmt insofern lediglich die dortigen Nr. 3 bis 8 aus der geldwäscherechtlichen Verantwortung. Das bedeutet, dass die folgenden Institute als „Kreditinstitute" den Regeln des GwG unterfallen, obwohl sie keine „Kreditinstitute" im bankaufsichtsrechtlichen Sinne sind und mithin nicht unter den sachlichen Geltungsbereich des KWG fallen: 30

– die Deutsche Bundesbank;
– die Kreditanstalt für Wiederaufbau (KfW);
– Unternehmen, die Finanzkommissionsgeschäfte nur hinsichtlich Derivaten tätigen (die also Finanzinstrumente im eigenen Namen für fremde Rechnung anschaffen und veräußern), solange (i) auf Ebene der Unternehmensgruppe die Finanzkommissionsgeschäfte und Finanzdienstleistungen bzgl. Derivaten und Eigengeschäfte in Finanzinstrumenten nur eine untergeordnete Bedeutung im Verhältnis zur Haupttätigkeit spielt und (ii) die Finanzkommissionsgeschäfte nur für Kunden ihrer Haupttätigkeit und in einem sachlichen Zusammenhang mit Geschäften der Haupttätigkeit durchgeführt werden. Das gilt ferner auch nur, wenn sie nicht zu einer Unternehmensgruppe gehören, die hauptsächlich Finanzdienstleistungen im Sinne des § 1 Abs. 1a Satz 2 Nr. 1–4 oder Bankgeschäfte nach § 1 Abs. 1 Satz 2 Nr. 1, 2, 8 KWG erbringt;
– Unternehmen, die das Finanzkommissionsgeschäft ausschließlich als Dienstleistung für Anbieter oder Emittenten von Vermögensanlagen im Sinne des § 1 Abs. 2 des Vermögensanlagengesetzes oder von geschlossenen AIF im Sinne des § 1 Abs. 5 des Kapitalanlagegesetzbuchs (KAGB) betreiben;
– Unternehmen, die das Emissionsgeschäft ausschließlich als Übernahme gleichwertiger Garantien im Sinne des § 1 Abs. 1 Satz 2 Nummer 10 für Anbieter oder Emittenten von Vermögensanlagen im Sinne des § 1 Abs. 2 des Vermögensanlagengesetzes oder von geschlossenen AIF im Sinne des § 1 Abs. 5 des KAGB betreiben;
– Unternehmen, die das Depotgeschäft im Sinne des § 1 Abs. 1 Satz 2 Nr. 5 KWG ausschließlich für AIF betreiben und damit das eingeschränkte Verwahrgeschäft im Sinne des § 1 Abs. 1a Satz 2 Nr. 12 KWG erbringen.

Die in § 2 Abs. 1 Nrn. 3 bis 8 KWG genannten Unternehmen werden hingegen vom Anwendungsbereich des GwG ausgenommen: 31

– die Sozialversicherungsträger und die Bundesagentur für Arbeit;

---

in: Boos/Fischer/Schulte-Mattler, KWG/CRR-VO, § 1 KWG Rn. 35 ff.; *Auerbach*, in: Auerbach, Banken- und Wertpapieraufsicht, Teil B Rn. 51 ff.; *Warius*, in: Herzog, GwG, § 2 Rn. 12 ff. mit zahlreichen Nachweisen und Erläuterungen.

GwG § 2 Verpflichtete, Verordnungsermächtigung

- die öffentliche Schuldenverwaltung des Bundes, eines seiner Sondervermögen, eines Landes oder eines anderen Staates des Europäischen Wirtschaftsraums und deren Zentralbanken, sofern diese nicht fremde Gelder als Einlagen oder andere rückzahlbare Gelder des Publikums annimmt oder das Kreditgeschäft betreibt;
- Kapitalverwaltungsgesellschaften und extern verwaltete Investmentgesellschaften, sofern sie als Bankgeschäfte nur die kollektive Vermögensverwaltung, gegebenenfalls einschließlich der Gewährung von Gelddarlehen, oder daneben ausschließlich die in § 20 Absatz 2 und 3 des Kapitalanlagegesetzbuchs aufgeführten Dienstleistungen oder Nebendienstleistungen betreiben;
- EU-Verwaltungsgesellschaften und, unter der Voraussetzung, dass der Vertrieb der betreffenden Investmentvermögen im Inland nach dem Kapitalanlagegesetzbuch auf der Basis einer Vertriebsanzeige zulässig ist, ausländische AIF-Verwaltungsgesellschaften, sofern die EU-Verwaltungsgesellschaft oder die ausländische AIF-Verwaltungsgesellschaft als Bankgeschäfte nur die kollektive Vermögensverwaltung, gegebenenfalls einschließlich der Gewährung von Gelddarlehen, oder daneben ausschließlich die in Artikel 6 Absatz 3 der Richtlinie 2009/65/EG oder die in Artikel 6 Absatz 4 der Richtlinie 2011/61/EU aufgeführten Dienstleistungen oder Nebendienstleistungen betreibt; ein Vertrieb von ausländischen AIF oder EU-AIF an professionelle Anleger nach § 330 des Kapitalanlagegesetzbuchs gilt nicht als zulässiger Vertrieb im Sinne dieser Vorschrift;
- EU-Investmentvermögen und, unter der Voraussetzung, dass der Vertrieb der betreffenden Investmentvermögen im Inland nach dem Kapitalanlagegesetzbuch auf der Basis einer Vertriebsanzeige zulässig ist, ausländische AIF, sofern das EU-Investmentvermögen oder der ausländische AIF als Bankgeschäfte nur die kollektive Vermögensverwaltung, gegebenenfalls einschließlich der Gewährung von Gelddarlehen, oder daneben ausschließlich die in Artikel 6 Absatz 3 der Richtlinie 2009/65/EG oder die in Artikel 6 Absatz 4 der Richtlinie 2011/61/EU aufgeführten Dienstleistungen oder Nebendienstleistungen betreibt; ein Vertrieb von ausländischen AIF oder EU-AIF an professionelle Anleger nach § 330 des Kapitalanlagegesetzbuchs gilt nicht als zulässiger Vertrieb im Sinne dieser Vorschrift;
- private und öffentlich-rechtliche Versicherungsunternehmen;
- Unternehmen des Pfandleihgewerbes, soweit sie dieses durch Gewährung von Darlehen gegen Faustpfand betreiben;
- Unternehmen, die aufgrund des Gesetzes über Unternehmensbeteiligungsgesellschaften als Unternehmensbeteiligungsgesellschaften anerkannt sind;
- Unternehmen, die Bankgeschäfte ausschließlich mit ihrem Mutterunternehmen oder ihren Tochter- oder Schwesterunternehmen betreiben;
- Unternehmen, die, ohne grenzüberschreitend tätig zu werden, als Bankgeschäft ausschließlich das Finanzkommissionsgeschäft an inländischen Bör-

II. Kreditinstitute (§ 2 Abs. 1 Nr. 1 GwG) § 2 GwG

sen oder in inländischen multilateralen Handelssystemen im Sinne des § 1 Absatz 1a Satz 2 Nummer 1b, an oder in denen Derivate gehandelt werden (Derivatemärkte), für andere Mitglieder dieser Märkte oder Handelssysteme betreiben, sofern für die Erfüllung der Verträge, die diese Unternehmen an diesen Märkten oder in diesen Handelssystemen schließen, Clearingmitglieder derselben Märkte oder Handelssysteme haften.

Hinsichtlich der Begrifflichkeiten und Abgrenzungsfragen gelten wiederum **ausschließlich die bankaufsichtsrechtlichen Vorschriften des § 2 KWG**.[35] Grund für die Ausnahme der genannten Unternehmen vom GwG ist deren geringere Risikoexposition, deren staatliche Anbindung bzw. die Tatsache, dass in den von den genannten Unternehmen betriebenen Transaktionen typischerweise bereits eine ganze Reihe von Verpflichteten beteiligt ist und ein Mehrwert einer eigenen GwG-Regulierung nicht ersichtlich ist. Zu beachten ist selbstverständlich, dass auch die Ausnahme aus § 2 KWG nur der Eigenschaft als „Kreditinstitut" entgegensteht; Versicherungsunternehmen sind z. B. keine „Kreditinstitute", vgl. § 2 Abs. 1 Nr. 4 KWG, aber selbstverständlich als „Versicherungsunternehmen" Verpflichtete unter dem GwG, vgl. § 2 Abs. 2 Nr. 7 GwG.

32

Zu dem Kreis der verpflichteten Kreditinstitute zählen laut § 2 Abs. 1 Nr. 1 GwG neben den genannten Kreditinstituten auch alle **im Inland gelegenen Zweigstellen und -niederlassungen** von Kreditinstituten, die ihren Sitz im Ausland haben. Dieser Verweis ist angesichts bankaufsichtsrechtlicher Wertungen konsequent, denn Niederlassungen ausländischer Kreditinstitute gelten bankaufsichtsrechtlich selbst als solche,[36] sofern sie nicht aufgrund eines EWR-Passes nach § 53b KWG in Deutschland tätig sind. Für diese „Institute" sind nicht nur die Verhaltens-, sondern vor allem die Organisationspflichten des GwG anwendbar.

33

Für ausländische Kreditinstitute, die in Deutschland aufgrund eines **europäischen Passes** nach der Banken-[37] oder der Finanzinstrumenterichtlinie[38] nach § 53b KWG tätig sind, gelten jedoch sämtliche inländischen Verhaltensvorschriften. Das Geldwäscherecht als (bank-)gewerberechtliche Vorschrift gilt aufgrund des Territorialprinzips im Gewerberecht für alle Personen und Unternehmen, die im Anwendungsbereich des GwG tätig sind. Nach der stehenden Ver-

34

---

35 Vgl. zu den Details z. B. *Schäfer*, in: Boos/Fischer/Schulte-Mattler, KWG/CRR-VO, § 2 KWG Rn. 3 ff.
36 Vgl. § 53 Abs. 1 Satz 1 KWG.
37 Art. 23 ff. der Richtlinie 2006/48/EG des Europäischen Parlaments und des Rates vom 14.6.2006 über die Aufnahme und Ausübung der Tätigkeit der Kreditinstitute.
38 Art. 31 ff. Richtlinie 2004/39/EG des Europäischen Parlaments und des Rates vom 21.4.2004 über Märkte für Finanzinstrumente, zur Änderung der Richtlinien 85/611/EWG und 93/6/EWG des Rates und der Richtlinie 2000/12/EG des Europäischen Parlaments und des Rates und zur Aufhebung der Richtlinie 93/22/EWG des Rates, ABl. EU L 145/1, vom 30.4.2004 mit Berichtigung.

GwG § 2   Verpflichtete, Verordnungsermächtigung

waltungspraxis der BaFin[39] sind auch „passportende" Kreditinstitute verpflichtet, die Pflichten der §§ 25h ff. KWG in Deutschland vor Ort einzuhalten. Regelmäßig informiert sich die BaFin jedoch auch über die – typischerweise im Ausland gelegenen – zentralen Organisationsstrukturen zur Verhinderung der Geldwäsche und Terrorismusfinanzierung, mithin also die Aufbau- und Ablauforganisation hinsichtlich des Risikomanagements (Abschnitt 2 des GwG).

35   Das GwG enthält eine Reihe von Bestimmungen für Kreditinstitute, die von den Pflichten anderer Verpflichteter abweichen: Nach § 7 Abs. 1 GwG ist die Bestellung eines Geldwäschebeauftragten und seines Stellvertreters für Kreditinstitute zwingend (siehe § 7 Rn. 10). Bei grenzüberschreitenden Korrespondenzbeziehungen liegt ein erhöhtes Risiko vor, sodass verstärkte Sorgfaltspflichten anzuwenden sind. In einem solchen Fall sind hierzu in § 15 Abs. 6 GwG Mindestmaßnahmen vorgeschrieben (siehe § 15 Rn. 33; vgl. auch die Handreichung der FATF zu Korrespondenzbankbeziehungen[40]). Kreditinstitute haben laut § 23 Abs. 2 Satz 4 GwG volles Einsichtsrecht in das Transparenzregister (siehe § 23 Rn. 57). Das Verbot der Informationsweitergabe gilt nach § 47 Abs. 2 Nr. 3 und 5 GwG in bestimmten Konstellationen nicht (siehe § 47 Rn. 10 ff.) und Kreditinstitute dürfen nach Maßgabe des § 47 Abs. 5 GwG mit Verpflichteten aus § 2 Abs. 1 Nr. 1–9 GwG bestimmte Informationen austauschen (siehe § 47 Rn. 26 ff.). Hingegen ist zu beachten, dass die Zentralstelle für Finanztransaktionen (siehe § 27 Rn. 1 ff.) zum einen im sog. automatisierten Verfahren Daten von den Kreditinstituten abrufen dürfen, die sie nach § 24c Abs. 1 KWG führen müssen (§ 31 Abs. 6 GwG; siehe § 31 Rn. 27 ff.), zum anderen kann die Zentralstelle für Finanztransaktionen nach § 40 Abs. 1 Nr. 1 und 2 GwG besondere Sofortmaßnahmen (wie die Zugangsverweigerung des Kunden zu einem Schließfach) anordnen, die die Kreditinstitute sodann zu erfüllen haben (siehe § 40 Rn. 4 ff.).

36   Neben den Regelungen im GwG existieren für Kreditinstitute auch nach der „Rückführung" einzelner Organisationsvorschriften aus dem KWG ins GwG **weitere Bestimmungen im KWG**, die die Regelungen des GwG für diese näher spezifizieren und konkretisieren. Insbesondere betrifft dies den § 24c KWG, die Normen der §§ 25h–25k KWG und § 25m KWG. § 24c KWG regelt den automatisierten Abruf von Kontoinformationen, § 25g KWG die Einhaltung der besonderen organisatorischen Pflichten im bargeldlosen Zahlungsverkehr, § 25h KWG enthält Konkretisierungen zu den internen Sicherungsmaßnahmen (siehe auch § 6 Rn. 16 ff.), § 25i KWG behandelt allgemeine Sorgfaltspflichten bezüglich E-Geld und Befreiungen von den Pflichten bei der Ausgabe von E-Geld und § 25j KWG trifft eine von § 11 GwG abweichende Regelung zum Zeitpunkt der

---

39   *Vahldiek*, in: Boos/Fischer/Schulte-Mattler, KWG/CRR-VO, § 53b KWG Rn. 145 ff.
40   FATF, Guidance: Corresponding Banking Services, 2016.

III. Finanzdienstleistungsinstitute (§ 2 Abs. 1 Nr. 2 GwG) § 2 GwG

Identifizierung (siehe auch § 11 Rn. 3). § 25k KWG legt fest, dass im Rahmen der verstärkten Sorgfaltspflichten für Kreditinstitute Abweichungen von § 10 GwG bestehen. § 25m KWG statuiert das Verbot, Geschäftsbeziehungen mit einer Bank-Mantelgesellschaft (siehe § 1 Rn. 162 ff.) aufzunehmen oder fortzuführen, und das Verbot, Konten auf den Namen des Instituts zu errichten oder zu führen, über die Kunden des Instituts zur Durchführung eigener Transaktionen eigenständig verfügen können. Gleiches gilt für Konten, die für ein drittes Institut errichtet bzw. geführt werden, über die dessen Kunden zu diesem Zwecke verfügen könnten.

Zur Unterstützung dieser Verpflichtetengruppe und der Aufsichtsbehörden bei der Geldwäschebekämpfung hat die FATF eine hilfreiche Handreichung für die Anwendung des risikobasierten Ansatzes (risk-based approach) für den Bankensektor veröffentlicht.[41] Eine weitere FATF-Veröffentlichung existiert als Unterstützung bei der Erkennung von Terrorismusfinanzierung in „Finanzinstituten".[42]   37

Für die Finanzbranche unterstützt die sich aus global agierenden Kreditinstituten zusammengesetzte **Wolfsberg-Gruppe**[43] mit zahlreichen Publikationen zur Geldwäscheprävention die Errichtung internationaler Standards und dokumentiert die fortwährende Weiterentwicklung der Präventionsbemühungen im Finanzsektor.[44]   38

III. Finanzdienstleistungsinstitute (§ 2 Abs. 1 Nr. 2 GwG)

Nach § 2 Abs. 1 Nr. 2 GwG zählen Finanzdienstleistungsinstitute nach § 1 Abs. 1a KWG zu dem Kreis der Verpflichteten, sofern sie nicht unter die Ausnahmevorschriften des § 2 Abs. 6 Satz 1 Nr. 3–10, 12 und § 2 Abs. 10 KWG fallen. Daneben zählen hierzu auch im Inland gelegene Zweigstellen und -niederlassungen von Finanzdienstleistungsinstituten, die ihren Sitz im Ausland haben (für „passportende" Finanzdienstleistungsinstitute vgl. oben Rn. 34). Damit hat sich der Kreis der Verpflichteten mit der Neufassung des GwG im Hinblick auf Finanzdienstleister nicht geändert.   39

---

41 FATF, Guidance for a Risk-Based Approach. The Banking Sector, 2014.
42 FATF, Guidance for Financial Institutions in Detecting Terrorist Financing, 2002. Wie geschildert gingen die früheren Definitionen der „Financial Institution" weiter als der hier diskutierte Begriff des „Kreditinstitutes".
43 Die Wolfsberg-Gruppe ist eine Nichtregierungsorganisation bestehend aus global agierenden Kreditinstituten, die im Jahr 2000 mit dem Ziel, Standards in der Finanzindustrie für Anti-Geldwäsche (AML), Know Your Customer (KYC) und Counter Terrorist Financing (CTF) zu entwickeln, gegründet wurde.
44 Abrufbar auf http://www.wolfsberg-principles.com/standards.html.

GwG § 2   Verpflichtete, Verordnungsermächtigung

40 Finanzdienstleistungsinstitute werden in den FATF-Empfehlungen nicht gesondert benannt, sondern zusammen mit den Kreditinstituten einheitlich als „financial institutions" bezeichnet (Näheres siehe Rn. 82).[45] Die EU-Geldwäscherichtlinien hingegen nehmen in konsequenter Anwendung europäischer bank- und wertpapieraufsichtsrechtlicher Terminologie eine Unterscheidung zwischen den Kredit- („credit institution") und den Finanzinstituten („financial institution") vor.[46] Auf diese terminologischen Unterschiede auf internationaler Ebene (FATF) und europäischer Ebene ist unbedingt zu achten. Die „Finanzdienstleistungsinstitute" im Sinne des GwG entsprechen in der 4. EU-Geldwäscherichtlinie den „Financial Institutions" nach Art. 2 Abs. 1 Nr. 2 i.V.m. Art. 3 Nr. 2 lit. a) i.V.m. Anhang I Nr. 2–12, 14 und 15 der Richtlinie 2013/36/EU. In der Umsetzung der EU-Richtlinien hat der deutsche Gesetzgeber den deutschen Begriff „Finanzdienstleistungsinstitut" angeführt. Diese begriffliche Abweichung von der deutschen Übersetzung der EU-Geldwäscherichtlinie ist zu begrüßen, da sie deutlich macht, dass hiermit nicht der Oberbegriff der „Financial Institutions" im europarechtlichen Sinne gemeint ist.

41 Der international gebräuchliche Oberbegriff der **„Financial Institutions"** und dessen Umsetzung in europäisches wie nationales Recht führte zu weit reichenden **Missverständnissen** hinsichtlich der Einbeziehung von Finanzinstituten bzw. Finanzunternehmen (vgl. hierzu oben Rn. 18 und unten Rn. 82).

42 Finanzdienstleistungsinstitute sind nach § 1 Abs. 1a KWG „Unternehmen, die Finanzdienstleistungen für andere gewerbsmäßig oder in einem Umfang erbringen, der einen in kaufmännischer Weise eingerichteten Geschäftsbetrieb erfordert, und die keine Kreditinstitute sind". Der Aufbau dieser Definition lehnt sich stark an der des Kreditinstituts an, ist jedoch gegenüber der Einordnung als Kreditinstitut subsidiär, sodass ein Institut kein Finanzdienstleistungsinstitut sein kann, wenn es bereits ein Kreditinstitut ist.[47]

43 Zu den Voraussetzungen der Gewerbsmäßigkeit und dem Erfordernis eines Umfangs der Finanzdienstleistungen, die einen in kaufmännischer Weise eingerichteten Geschäftsbetrieb erfordern, gelten die für Kreditinstitute genannten Regeln (siehe oben Rn. 24).

44 **Finanzdienstleistungen** nach KWG sind:
– die Anlagevermittlung,
– die Anlageberatung,
– der Betrieb eines multilateralen Handelssystems,
– Platzierungsgeschäfte,

---

45 Vgl. FATF, The FATF Recommendations, 2012–2017, Glossary, S. 116f.
46 Vgl. schon die Erste EWG-Geldwäscherichtlinie 91/308/EWG, Art. 1 bzw. für die englische Version Council Directive 91/308/EEC.
47 BT-Drs. 13/7142, S. 65.

III. Finanzdienstleistungsinstitute (§ 2 Abs. 1 Nr. 2 GwG)

- die Abschlussvermittlung,
- die Finanzportfolioverwaltung,
- der Eigenhandel,
- die Drittstaateneinlagenvermittlung,
- das Sortengeschäft,
- das Factoring,
- das Finanzierungsleasing,
- die Anlageverwaltung,
- das eingeschränkte Verwahrgeschäft,
- das Eigengeschäft, sofern das Eigengeschäft von einem Unternehmen betrieben wird, das dieses Geschäft, ohne bereits aus anderem Grunde Institut zu sein, gewerbsmäßig oder in einem Umfang betreibt, der einen in kaufmännischer Weise eingerichteten Geschäftsbetrieb erfordert, und einer Instituts-, einer Finanzholding- oder gemischten Finanzholding-Gruppe oder einem Finanzkonglomerat angehört, der oder dem ein CRR-Kreditinstitut angehört.

Wie bei den „Kreditinstituten" im Sinne des § 2 Abs. 1 Nr. 1 GwG ist für den primären Anwendungsbereich des GwG die gesetzliche Definition des Kreditwesengesetzes und das tatsächliche „Betreiben" des Geschäfts ausschlaggebend.[48] Auch gilt das KWG entsprechend der Verwaltungspraxis für Unternehmen, die im Rahmen des Europäischen Passes in Deutschland tätig sind. Die entsprechenden Erwägungen für Kreditinstitute (siehe oben Rn. 34) gelten auch hier.   45

Das GwG schließt wie bei den Kreditinstituten (Rn. 30 ff.) nicht alle in § 2 Abs. 6 KWG genannten Institute von der Definition und damit den Pflichten des GwG aus, sondern lediglich diejenigen in § 2 Abs. 6 Satz 1 Nr. 3–10, 12 und Abs. 10 KWG. Das bedeutet, dass die folgenden Institute dennoch **als Finanzdienstleistungsinstitut gelten** und damit nach dem GwG Verpflichtete sind: 46

- die Deutsche Bundesbank;
- die Kreditanstalt für Wiederaufbau;
- Unternehmen, die Eigengeschäfte in Finanzinstrumenten betreiben oder Finanzdienstleistungen im Sinne des § 1 Abs. 1a Satz 2 Nr. 1 bis 4 Buchstabe a bis c nur in Bezug auf Derivate im Sinne des § 1 Abs. 11 Satz 3 Nummer 2 und 5 erbringen, sofern sie a) nicht Teil einer Unternehmensgruppe sind, deren Haupttätigkeit in der Erbringung von Finanzdienstleistungen im Sinne des § 1 Abs. 1a Satz 2 Nr. 1 bis 4 oder Bankgeschäften im Sinne des § 1 Abs. 1 Satz 2 Nr. 1, 2 oder 8 besteht, b) diese Finanzdienstleistungen auf Ebene der Unternehmensgruppe von untergeordneter Bedeutung im Verhältnis zur Haupttätigkeit sind und c) die Finanzdienstleistungen in Bezug auf De-

---

[48] Wie hinsichtlich der Kreditinstitute wurde daher von einer detaillierten Erörterung der einzelnen Finanzdienstleistungen abgesehen, vgl. stattdessen z.B. *Schäfer*, in: Boos/Fischer/Schulte-Mattler, KWG/CRR-VO, § 1 KWG Rn. 134 ff.

GwG § 2 Verpflichtete, Verordnungsermächtigung

rivate im Sinne des § 1 Abs. 11 Satz 3 Nummer 2 und 5 nur für Kunden ihrer Haupttätigkeit im sachlichen Zusammenhang mit Geschäften der Haupttätigkeit erbracht werden;
- Unternehmen, soweit sie als Haupttätigkeit Eigengeschäfte und Eigenhandel im Sinne des § 1 Abs. 1a Satz 2 Nummer 4 Buchstabe a bis c mit Waren oder Derivaten im Sinne des § 1 Abs. 11 Satz 3 Nummer 2 in Bezug auf Waren betreiben, sofern sie nicht einer Unternehmensgruppe angehören, deren Haupttätigkeit in der Erbringung von Finanzdienstleistungen im Sinne des § 1 Abs. 1a Satz 2 Nr. 1 bis 4 oder dem Betreiben von Bankgeschäften nach § 1 Abs. 1 Satz 2 Nr. 1, 2 oder 8 besteht;
- Unternehmen, die als Finanzdienstleistung im Sinne des § 1 Abs. 1a Satz 2 ausschließlich die Anlageberatung im Rahmen einer anderen beruflichen Tätigkeit erbringen, ohne sich die Anlageberatung besonders vergüten zu lassen;
- Betreiber organisierter Märkte, die neben dem Betrieb eines multilateralen Handelssystems keine anderen Finanzdienstleistungen im Sinne des § 1 Abs. 1a Satz 2 erbringen;
- Unternehmen, die als einzige Finanzdienstleistung im Sinne des § 1 Abs. 1a Satz 2 das Finanzierungsleasing betreiben, falls sie nur als Leasing-Objektgesellschaft für ein einzelnes Leasingobjekt tätig werden, keine eigenen geschäftspolitischen Entscheidungen treffen und von einem Institut mit Sitz im Europäischen Wirtschaftsraum verwaltet werden, das nach dem Recht des Herkunftsmitgliedstaates zum Betrieb des Finanzierungsleasings zugelassen ist;
- Unternehmen, die als Finanzdienstleistung nur die Anlageverwaltung betreiben und deren Mutterunternehmen die Kreditanstalt für Wiederaufbau oder ein Institut im Sinne des Satzes 2 ist. Institut ist in diesem Sinne ein Finanzdienstleistungsinstitut, das die Erlaubnis für die Anlageverwaltung hat, oder ein CRR-Institut mit Sitz in einem anderen Staat des Europäischen Wirtschaftsraums im Sinne des § 53b Abs. 1 Satz 1, das in seinem Herkunftsmitgliedstaat über eine Erlaubnis für mit § 1 Abs. 1a Satz 2 Nr. 11 vergleichbare Geschäfte verfügt, oder ein Institut mit Sitz in einem Drittstaat, das für die in § 1 Abs. 1a Satz 2 Nr. 11 genannten Geschäfte nach Abs. 4 von der Erlaubnispflicht nach § 32 freigestellt ist;
- Unternehmen, die das Platzierungsgeschäft ausschließlich für Anbieter oder für Emittenten von Vermögensanlagen im Sinne des § 1 Abs. 2 des Vermögensanlagengesetzes oder von geschlossenen AIF im Sinne des § 1 Abs. 5 KAGB erbringen;
- Unternehmen, die außer der Finanzportfolioverwaltung und der Anlageverwaltung keine Finanzdienstleistungen erbringen, sofern die Finanzportfolioverwaltung und Anlageverwaltung nur auf Vermögensanlagen im Sinne des § 1 Abs. 2 des Vermögensanlagengesetzes oder von geschlossenen AIF im Sinne des § 1 Abs. 5 KAGB beschränkt erbracht werden.

III. Finanzdienstleistungsinstitute (§ 2 Abs. 1 Nr. 2 GwG) **§ 2 GwG**

Vom Anwendungsbereich des GwG **ausgeschlossen sind hingegen**: 47
– die öffentliche Schuldenverwaltung des Bundes, eines seiner Sondervermögen, eines Landes oder eines anderen Staates des Europäischen Wirtschaftsraums und deren Zentralbanken;
– private und öffentlich-rechtliche Versicherungsunternehmen;
– Unternehmen, die Finanzdienstleistungen im Sinne des § 1 Abs. 1a Satz 2 ausschließlich innerhalb der Unternehmensgruppe erbringen;
– Kapitalverwaltungsgesellschaften und extern verwaltete Investmentgesellschaften, sofern sie nur die kollektive Vermögensverwaltung erbringen oder neben der kollektiven Vermögensverwaltung ausschließlich die in § 20 Absatz 2 und 3 des Kapitalanlagegesetzbuchs aufgeführten Dienstleistungen oder Nebendienstleistungen als Finanzdienstleistungen erbringen;
– EU-Verwaltungsgesellschaften und ausländische AIF-Verwaltungsgesellschaften, sofern sie nur die kollektive Vermögensverwaltung erbringen oder neben der kollektiven Vermögensverwaltung ausschließlich die in Artikel 6 Absatz 3 der Richtlinie 2009/65/EG oder die in Artikel 6 Absatz 4 der Richtlinie 2011/61/EU aufgeführten Dienstleistungen oder Nebendienstleistungen als Finanzdienstleistungen erbringen;
– Unternehmen, deren Finanzdienstleistung für andere ausschließlich in der Verwaltung eines Systems von Arbeitnehmerbeteiligungen an den eigenen oder an mit ihnen verbundenen Unternehmen besteht;
– Unternehmen, die ausschließlich Finanzdienstleistungen im Sinne sowohl der Nummer 5 als auch der Nummer 6 erbringen;
– Unternehmen, die als Finanzdienstleistungen für andere ausschließlich die Anlageberatung und die **Anlagevermittlung** zwischen Kunden und a) inländischen Instituten, b) Instituten oder Finanzunternehmen mit Sitz in einem anderen Staat des Europäischen Wirtschaftsraums, die die Voraussetzungen nach § 53b Abs. 1 Satz 1 oder Abs. 7 erfüllen, c) Unternehmen, die aufgrund einer Rechtsverordnung nach § 53c gleichgestellt oder freigestellt sind, d) Kapitalverwaltungsgesellschaften, extern verwalteten Investmentgesellschaften, EU-Verwaltungsgesellschaften oder ausländischen AIF-Verwaltungsgesellschaften oder e) Anbietern oder Emittenten von Vermögensanlagen im Sinne des § 1 Absatz 2 des Vermögensanlagengesetzes betreiben, sofern sich diese Finanzdienstleistungen auf Anteile oder Aktien an inländischen Investmentvermögen, die von einer Kapitalverwaltungsgesellschaft ausgegeben werden, die eine Erlaubnis nach § 7 oder § 97 Absatz 1 des Investmentgesetzes in der bis zum 21.7.2013 geltenden Fassung erhalten hat, die für den in § 345 Absatz 2 Satz 1, Absatz 3 Satz 2, in Verbindung mit Absatz 2 Satz 1, oder Absatz 4 Satz 1 des Kapitalanlagegesetzbuchs vorgesehenen Zeitraum noch fortbesteht, oder eine Erlaubnis nach den §§ 20, 21 oder §§ 20, 22 des Kapitalanlagegesetzbuchs erhalten hat oder die von einer EU-Verwaltungsgesellschaft ausgegeben werden, die eine Erlaubnis nach Artikel

6 der Richtlinie 2009/65/EG oder der Richtlinie 2011/61/EU erhalten hat, oder auf Anteile oder Aktien an EU-Investmentvermögen oder ausländischen AIF, die nach dem Kapitalanlagegesetzbuch vertrieben werden dürfen, mit Ausnahme solcher AIF, die nach § 330a des Kapitalanlagegesetzbuchs vertrieben werden dürfen, oder auf Vermögensanlagen im Sinne des § 1 Absatz 2 des Vermögensanlagengesetzes, die erstmals öffentlich angeboten werden, beschränken und die Unternehmen nicht befugt sind, sich bei der Erbringung dieser Finanzdienstleistungen Eigentum oder Besitz an Geldern oder Anteilen von Kunden zu verschaffen, es sei denn, das Unternehmen beantragt und erhält eine entsprechende Erlaubnis nach § 32 Abs. 1; Anteile oder Aktien an Hedgefonds im Sinne von § 283 des Kapitalanlagegesetzbuchs gelten nicht als Anteile an Investmentvermögen im Sinne dieser Vorschrift;

– Unternehmen, die, ohne grenzüberschreitend tätig zu werden, **Eigengeschäfte an Derivatemärkten** im Sinne des Absatzes 1 Nr. 8 betreiben und an Kassamärkten nur zur Absicherung dieser Positionen handeln, Eigenhandel im Sinne des § 1 Absatz 1a Satz 2 Nummer 4 Buchstabe a bis c oder Abschlussvermittlung nur für andere Mitglieder dieser Derivatemärkte erbringen oder als Market Maker im Sinne des § 23 Abs. 4 des Wertpapierhandelsgesetzes im Wege des Eigenhandels im Sinne des § 1 Absatz 1a Satz 2 Nummer 4 Buchstabe a Preise für andere Mitglieder dieser Derivatemärkte stellen, sofern für die Erfüllung der Verträge, die diese Unternehmen schließen, Clearingmitglieder derselben Märkte oder Handelssysteme haften;

– Angehörige freier Berufe, die Finanzdienstleistungen im Sinne des § 1 Abs. 1a Satz 2 Nr. 1 bis 4 nur gelegentlich im Rahmen eines Mandatsverhältnisses als Freiberufler erbringen und einer Berufskammer in der Form der Körperschaft des öffentlichen Rechts angehören, deren Berufsrecht die Erbringung von Finanzdienstleistungen nicht ausschließt;

– Unternehmen, deren einzige Finanzdienstleistung im Sinne des § 1 Abs. 1a Satz 2 der Handel mit Sorten ist, sofern ihre Haupttätigkeit nicht im Sortengeschäft besteht;

– „**Tied Agents**" („**Gebundene Vermittler**"): Ein Unternehmen, das keine Bankgeschäfte im Sinne des § 1 Abs. 1 Satz 2 betreibt und als Finanzdienstleistungen nur die Anlagevermittlung, das Platzierungsgeschäft oder die Anlageberatung ausschließlich für Rechnung und unter der Haftung eines CRR-Kreditinstituts oder eines Wertpapierhandelsunternehmens, das seinen Sitz im Inland hat oder nach § 53b Abs. 1 Satz 1 oder Abs. 7 im Inland tätig ist, erbringt (vertraglich gebundener Vermittler). Diese Unternehmen gelten nicht als Finanzdienstleistungsinstitut, sondern als Finanzunternehmen, wenn das CRR-Kreditinstitut oder Wertpapierhandelsunternehmen als das haftende Unternehmen dies der Bundesanstalt anzeigt. Die Tätigkeit des vertraglich gebundenen Vermittlers wird dem haftenden Unternehmen zugerechnet. Ändern sich die von dem haftenden Unternehmen angezeigten Ver-

III. Finanzdienstleistungsinstitute (§ 2 Abs. 1 Nr. 2 GwG)

hältnisse, sind die neuen Verhältnisse unverzüglich der Bundesanstalt anzuzeigen. Für den Inhalt der Anzeigen nach den Sätzen 1 und 3 und die beizufügenden Unterlagen und Nachweise können durch Rechtsverordnung nach § 24 Abs. 4 nähere Bestimmungen getroffen werden. Die Bundesanstalt übermittelt die Anzeigen nach den Sätzen 1 und 3 der Deutschen Bundesbank. Die Bundesanstalt führt über die ihr angezeigten vertraglich gebundenen Vermittler nach diesem Absatz ein öffentliches Register im Internet, das das haftende Unternehmen, die vertraglich gebundenen Vermittler, das Datum des Beginns und des Endes der Tätigkeit nach Satz 1 ausweist. Für die Voraussetzungen zur Aufnahme in das Register, den Inhalt und die Führung des Registers können durch Rechtsverordnung nach § 24 Abs. 4 nähere Bestimmungen getroffen werden, insbesondere kann dem haftenden Unternehmen ein schreibender Zugriff auf die für dieses Unternehmen einzurichtende Seite des Registers eingeräumt und ihm die Verantwortlichkeit für die Richtigkeit und Aktualität dieser Seite übertragen werden. Die Bundesanstalt kann einem haftenden Unternehmen, das die Auswahl oder Überwachung seiner vertraglich gebundenen Vermittler nicht ordnungsgemäß durchgeführt hat oder die ihm im Zusammenhang mit der Führung des Registers übertragenen Pflichten verletzt hat, untersagen, vertraglich gebundene Vermittler im Sinne der Sätze 1 und 2 in das Unternehmen einzubinden.

Außerdem zählen – wie bei den Kreditinstituten auch – als Finanzdienstleistungsinstitute auch solche Zweigstellen und Zweigniederlassungen von Finanzdienstleistungsinstituten, die im Inland gelegen sind, aber ihren Sitz im Ausland haben. Sie gelten selbst als „Institut", § 53 KWG. **48**

Auch bei den Finanzdienstleistungsinstituten kann das Bundesfinanzministerium nach § 2 Abs. 2 GwG mittels Rechtsverordnung bestimmte Institute von den Verpflichtungen des GwG befreien, wenn bestimmte Bedingungen vorliegen (siehe Rn. 226). **49**

Wie für die Kreditinstitute finden sich **im KWG Sonderregelungen** für Finanzdienstleistungsinstitute auch hinsichtlich geldwäscherechtlicher Regelungen. Dies sind der § 24c KWG (automatisierter Abruf von Kundeninformationen), der § 25h KWG (interne Sicherungsmaßnahmen), die §§ 25j–25k KWG (Zeitpunkt der Identitätsüberprüfung und verstärkte Sorgfaltspflichten) und § 25m KWG (verbotene Geschäfte), die die Regelungen des GwG weiter für Finanzdienstleistungsinstitute konkretisieren. **50**

Hinsichtlich des Umfangs, der Sonderregelungen und der Reichweite der Anwendbarkeit der Vorschriften des GwG und den internationalen Industriestandards gelten die Ausführungen zu den Kreditinstituten entsprechend (vgl. oben Rn. 33). **51**

IV. Zahlungs- und E-Geld-Institute (§ 2 Abs. 1 Nr. 3 GwG)

52 § 2 Abs. 1 Nr. 3 GwG verpflichtet auch Zahlungsinstitute und E-Geld-Institute nach § 1 Abs. 2a des Zahlungsdiensteaufsichtsgesetzes (ZAG) und – wie bei den KWG-Instituten – die im Inland gelegenen Zweigstellen und -niederlassungen von vergleichbaren Instituten, die ihren Sitz im Ausland haben. § 1 Abs. 2a ZAG stellt weiter fest: „Institute im Sinne dieses Gesetzes sind die **Zahlungsinstitute** im Sinne des Absatzes 1 Nummer 5 und die E-Geld-Institute im Sinne des § 1a Absatz 1 Nummer 5."

53 Die Ausführungen zu grenzüberschreitend und im Wege des „Europapasses" tätigen Kreditinstituten (vgl. oben Rn. 34) gelten hier entsprechend.

54 Nach § 1 Abs. 1 Nr. 5 ZAG sind Zahlungsinstitute solche „Unternehmen, die gewerbsmäßig oder in einem Umfang, der einen in kaufmännischer Weise eingerichteten Geschäftsbetrieb erfordert, Zahlungsdienste erbringen, ohne unter die Nummern 1 bis 4 zu fallen" (§ 1 Abs. 1 Nr. 5 ZAG). Das Institut darf also weder nach Nr. 1 ein Kreditinstitut im Sinne des Art. 4 der Verordnung (EU) Nr. 575/2013 des Europäischen Parlaments und des Rates vom 26.6.2013 sein, die im Inland zum Geschäftsbetrieb berechtigt sind. Noch darf es nach Nr. 2 ein E-Geld-Institut im Sinne des Art. 1 Abs. 1 lit. b) und des Art. 2 Nr. 1 der Richtlinie 2009/110/EG des Europäischen Parlaments und des Rates vom 16.9.2009 sein. Ebenfalls sind nach Nr. 3 der Bund, die Länder, die Gemeinden und Gemeindeverbände sowie die Träger bundes- oder landesmittelbarer Verwaltung, soweit sie nicht hoheitlich handeln, nicht als Zahlungsinstitute zu bewerten. Das Gleiche gilt nach Nr. 4 für die Europäische Zentralbank, die Deutsche Bundesbank sowie andere Zentralbanken in der Europäischen Union oder den anderen Staaten des Abkommens über den Europäischen Wirtschaftsraum, wenn sie nicht in ihrer Eigenschaft als Währungsbehörde oder andere Behörde handeln. Was **Zahlungsdienste** sind, zählt das ZAG in § 1 Abs. 2 ZAG abschließend auf:

– das Ein- und Auszahlungsgeschäft,
– das Zahlungsgeschäft ohne Kreditgewährung (Lastschrift-, Zahlungskarten und Überweisungsgeschäft),
– das Zahlungsgeschäft mit Kreditgewährung,
– das Zahlungsauthentifizierungsgeschäft,
– das digitalisierte Zahlungsgeschäft,
– das Finanztransfergeschäft.

55 Ausschlaggebend für Reichweite und Abgrenzungsfragen ist allein die zahlungsdiensteaufsichtsrechtliche Qualifikation.[49] Mit dem Inkrafttreten des neuen

---

49 Im Hinblick auf Umfang und Fachlichkeit wurde hier wiederum auf die umfassende Darstellung der einzelnen Zahlungsdienste und des E-Geld-Begriffes verzichtet. Vgl. stattdessen das Merkblatt der BaFin „Hinweise zum Zahlungsdiensteaufsichtsgesetz" vom 29.11.2017.

IV. Zahlungs- und E-Geld-Institute (§ 2 Abs. 1 Nr. 3 GwG) **§ 2 GwG**

Zahlungsdiensteregimes des PSDII-Umsetzungsgesetzes[50] hat sich der Katalog der Zahlungsdienste, und mithin der Anwendungsbereich des GwG hinsichtlich der „Zahlungsinstitute" wieder geändert. Neu hinzugetreten zu den Zahlungsdiensten sind insbesondere:

– das Akquisitionsgeschäft („Acquiring"),
– Zahlungsauslösedienste und
– Kontoinformationsdienste.

Inwieweit z. B. die wenig geldwäscherelevanten **Kontoinformationsdienste**, möglicherweise auch die Zahlungsauslösedienste aus dem Anwendungsbereich des GwG herausgenommen werden können, ist dem Gesetzgeber überlassen. Ein geldwäscherechtliches Bedürfnis der Regulierung solcher Dienstleister besteht angesichts deren geringen Beitrags an der Durchführung von Transaktionen und vor allem deshalb nicht, weil bereits mehrere an den Dienstleistungsketten im Zahlungsverkehr beteiligte Zahlungs- und Kreditinstitute die Vermögensflüsse geldwäschetechnisch überwachen. 56

Auch die **E-Geld-Institute** definieren sich nach § 1a Abs. 1 Nr. 5 ZAG über eine Negativabgrenzung als „Unternehmen, die das E-Geld-Geschäft betreiben, ohne unter die Nummern 1 bis 4 zu fallen". Unter dem Begriff „E-Geld-Geschäft" ist laut § 1a Abs. 2 ZAG die Ausgabe von E-Geld zu verstehen. E-Geld selbst ist „jeder elektronisch, darunter auch magnetisch, gespeicherte monetäre Wert in Form einer Forderung gegenüber dem Emittenten, der gegen Zahlung eines Geldbetrages ausgestellt wird, um damit Zahlungsvorgänge im Sinne des § 675f Absatz 3 Satz 1 des Bürgerlichen Gesetzbuchs durchzuführen, und der auch von anderen natürlichen oder juristischen Personen als dem Emittenten angenommen wird", § 1a Abs. 3 ZAG (siehe dazu näher die Kommentierungen zu § 1 Rn. 137 ff.). 57

Nicht vom Begriff des E-Geld-Instituts erfasst, sind nach der Negativabgrenzung in § 1a Abs. 1 Nr. 5 ZAG: 58

– die in § 1 Absatz 1 Nummer 1 genannten Kreditinstitute im Sinne des Artikels 4 Nummer 1 der Richtlinie 2006/48/EG des Europäischen Parlaments und des Rates vom 14.6.2006 („Bankenrichtlinie"), die im Inland zum Geschäftsbetrieb berechtigt sind;
– der Bund, die Länder, die Gemeinden und Gemeindeverbände sowie die Träger bundes- oder landesmittelbarer Verwaltung, soweit sie als Behörde handeln;
– die Europäische Zentralbank, die Deutsche Bundesbank sowie andere Zentralbanken in der Europäischen Union oder den anderen Staaten des Abkommens über den Europäischen Wirtschaftsraum, wenn sie nicht in ihrer Eigenschaft als Währungsbehörde oder andere Behörde handeln;
– die Kreditanstalt für Wiederaufbau.

---

50 Vgl. BT-Drs. 18/12568, neues ZAG in der Fassung vom 31.5.2017.

GwG § 2 Verpflichtete, Verordnungsermächtigung

59 In § 2 Abs. 1 Nr. 4 GwG fehlt hingegen der hinsichtlich Kreditinstituten und Finanzdienstleistern in § 2 Abs. 1 GwG aufgenommene Verweis auf die Ausnahmevorschriften des § 2 KWG, mithin also § 2 ZAG n. F.

60 Dennoch ist aufgrund der Einheit der Rechtsordnung und aufgrund der systematischen Auslegung der Vorschriften anzunehmen, dass die in § 2 ZAG n. F. aufgeführten Ausnahmen von Zahlungsdiensten einer Einstufung eines Unternehmens als Zahlungs- oder E-Geld-Instituts entgegenstehen. Dies ergibt sich nicht zuletzt aus dem Sinn der Rückausnahmen hinsichtlich der Kredit- und Finanzdienstleistungsinstitute: Der ausdrückliche Verweis auf § 2 KWG soll sicherstellen, dass eben nicht alle Ausnahmevorschriften auf die Ebene des GwG „durchschlagen", sondern nur die genannten. Da eine entsprechende Begrenzung der Ausnahmevorschriften auf nicht geldwäscherelevante Konstellationen hinsichtlich der ZAG-Institute fehlt, ist davon auszugehen, dass die Ausnahmevorschriften auch im GwG-Sinne uneingeschränkt anzuwenden und das GwG auf die in § 2 ZAG n. F. genannten Institute nicht anwendbar ist.

61 Die Geschichte der **Einbeziehung der Zahlungsinstitute** in die Geldwäschebekämpfung ist sehr lang: Allein die Schaffung des ZAG diente vordringlich der Einbeziehung vorher nicht regulierter Zahlungsdienstleister in die Geldwäschebekämpfung.[51] Die FATF geht schon in ihren Recommendations in Empfehlung 14 auf Zahlungs- und E-Geld-Institute („Money or value transfer service (MVTS) providers")[52] ein.[53] Die Empfehlung fordert, dass Zahlungsdienste lizenziert und registriert werden. Daneben findet sich in der Erklärung zu Empfehlung 16 die Aufforderung, dass sich auch Zahlungsdienste bei Banküberweisungen transparent gestalten und die notwendigen Sicherheitsvorkehrungen gegen unberechtigte Kenntnisnahme der Informationen durch Dritte treffen.[54] Bereits im Jahr 1997 waren in § 1 Abs. 1 Satz 1 Nr. 11 und 12 KWG die Vorgänger des heutigen E-Geld-Geschäfts zu finden: das Geldkartengeschäft (Nr. 11) und das Netzgeldgeschäft (Nr. 12).[55] Die erste E-Geld-Richtlinie aus dem Jahre 2000[56] wurde mittels des Vierten Finanzmarktförderungsgesetzes aus 2002[57]

---

51 BT-Drs. 16/11613, S. 1; der Wille des Gesetzgebers zielte neben der Geldwäscheprävention auch auf die Schaffung eines modernen und rechtlich kohärenten Zahlungsverkehrsraums im Binnenmarkt.
52 Vgl. FATF, The FATF Recommendations, 2012–2017, General Glossary, Stichwort: „Money or value transfer service".
53 FATF, The FATF Recommendations, 2012–2017, Recommendation 14.
54 FATF, The FATF Recommendations, 2012–2017, Interpretive Note to Recommendation 16 (Wire Transfers), Ziff. 22.
55 BT-Drs. 13/7142, S. 5.
56 Richtlinie 2000/46/EG des Europäischen Parlaments und des Rates vom 18.9.2000 über die Aufnahme, Ausübung und Beaufsichtigung der Tätigkeit von E-Geld-Instituten.
57 BGBl. I 2002, S. 2010, 2316.

IV. Zahlungs- und E-Geld-Institute (§ 2 Abs. 1 Nr. 3 GwG) § 2 GwG

umgesetzt. Damit erschienen zum ersten Mal die Begriffe „E-Geld-Geschäft" und „E-Geld-Institut" im KWG, wobei der Begriff des „E-Geld-Geschäfts" die Geldkarten- und Netzgeldgeschäfte ersetzte.[58] Nichtsdestotrotz war die Aufsicht auf europarechtlicher Ebene über diese Unternehmen nicht vereinheitlicht,[59] obwohl sie häufig grenzüberschreitend tätig waren. Dies änderte sich erst durch die Richtlinie 2007/64/EG des Europäischen Parlaments und des Rates vom 13.11.2007, die auch Zahlungsdiensterichtlinie genannt wird (kurz: „PSD I" für „Payment Service Directive I"). Die Richtlinie wurde 2009 unter anderem durch das Zahlungsdiensteumsetzungsgesetz in deutsches Recht umgesetzt, wodurch das Zahlungsdiensteaufsichtsgesetz (ZAG) entstand.[60] Daneben wurden darin Zahlungsinstitute dem Verpflichtetenkreis des GwG hinzugefügt.[61] Noch im gleichen Jahr trat die Zweite E-Geld-Richtlinie[62] in Kraft, welche wiederum bis zum 30.4.2011 umzusetzen war. Diesem kam der deutsche Gesetzgeber mit dem Gesetz zur Umsetzung der Zweiten E-Geld-Richtlinie[63] nach. Hiermit wurden die Regelungen zu E-Geld-Instituten aus dem KWG in das ZAG verschoben. 2016 trat mit der PSD II[64] die europäische Nachfolgerichtlinie in Kraft, die die PSD I aufhob.

Das hierauf bezogene deutsche Umsetzungsgesetz (Gesetz zur Umsetzung der Zweiten Zahlungsdiensterichtlinie vom 17.7.2017)[65] ist bzgl. des ZAG am 13.1.2018 in Kraft getreten und hat eine Neufassung des ZAG mit sich gebracht. Diese Neufassung enthält für die Definitionen von „Zahlungsinstituten" und „E-Geld-Instituten" relevante inhaltliche Änderungen. Nunmehr stellen auch die bis dahin erlaubnisfreien Tätigkeiten von Zahlungsauslösediensten und Kontoinformationsdiensten gemäß § 1 Abs. 1 Unterabsatz Nr. 7 und 8 ZAG n. F. Zahlungsdienste dar und fallen damit unter den Begriff des Zahlungsinstituts. Es ändert sich zudem die Verweisstruktur: Fortan wird das GwG auf die Verpflichteten in § 1 Abs. 3 ZAG-neu verweisen müssen, welches seinerseits auf die Zahlungsdienste in § 1 Abs. 1 Satz 1 Nr. 1 ZAG-neu und die E-Geld-Institute in

---

58 *Fülbier*, in: Fülbier/Aepfelbach/Langweg et al., GwG, § 1 Rn. 25.
59 Vgl. Richtlinie 2007/64/EG des Europäischen Parlaments und des Rates vom 13.11.2007, Erwägungsgründe 1 und 2.
60 BGBl. I 2009, S. 1506 ff.
61 BGBl. I 2009, S. 1526.
62 Richtlinie 2009/110/EG des Europäischen Parlaments und des Rates vom 16.9.2009 über die Aufnahme, Ausübung und Beaufsichtigung der Tätigkeit von E-Geld-Instituten, zur Änderung der Richtlinien 2005/60/EG und 2006/48/EG sowie zur Aufhebung der Richtlinie 2000/46/EG.
63 BGBl. I 2011, S. 288.
64 Richtlinie (EU) 2015/2366 des Europäischen Parlaments und des Rates vom 25.11.2015 über Zahlungsdienste im Binnenmarkt, zur Änderung der Richtlinien 2002/65/EG, 2009/110/EG und 2013/36/EU und der Verordnung (EU) Nr. 1093/2010 sowie zur Aufhebung der Richtlinie 2007/64/EG.
65 BGBl. I 2017, S. 2446 ff.

GwG § 2   Verpflichtete, Verordnungsermächtigung

§ 1 Abs. 2 Satz 1 Nr. 1 ZAG-neu Bezug nimmt. In der 4. EU-Geldwäscherichtlinie finden sich die Verpflichtungen in Art. 2 Abs. 1 Nr. 2 i.V.m. Art. 3 Nr. 2 lit. a) i.V.m. Anhang I Nr. 4 bzw. 15 der Richtlinie 2013/36/EU.

63   Im Rahmen der **GwG-Pflichten** müssen Zahlungsinstitute und E-Geld-Institute zwingend einen Geldwäschebeauftragten auf Führungsebene und einen Stellvertreter bestellen (§ 7 Abs. 1 GwG; siehe § 7 Rn. 10). Daneben schreibt § 10 Abs. 4 GwG vor, dass wenn im Rahmen der Erbringung von Zahlungsdiensten Bargeld angenommen wird, diese Verpflichteten den Vertragspartner bzw. seinen Vertreter identifizieren müssen. Nach Abklärung der Frage, ob für einen wirtschaftlich Berechtigten gehandelt wird, muss auch diese festgestellt werden (siehe § 10 Rn. 37, 118 ff.). Ferner sind neben den allgemeinen Sorgfaltspflichten gem. § 10 Abs. 2, 3 GwG i.V.m. § 10 Abs. 6 GwG auch bestimmte vorgeschriebene Mindestmaßnahmen zu ergreifen, wenn es sich um eine grenzüberschreitende Korrespondenzbeziehung handelt und der Respondent seinen Sitz in einem Drittstaat oder (nach erhöhter Risikoeinschätzung) in einem EWR-Staat hat (siehe § 15 Rn. 17; vgl. auch die Handreichung der FATF zu Korrespondenzbankbeziehungen[66]). Hinsichtlich des Transparenzregisters haben diese Institute nach § 23 Abs. 2 Satz 4 GwG unbeschränktes Einsichtsrecht (siehe § 23 Rn. 37, 57). Auch hinsichtlich des Verbots der Informationsweitergabe gibt es in § 47 Abs. 2 Nr. 3 und 5, Abs. 5 GwG für Zahlungs- und E-Geld-Institute spezielle Ausnahmen von der Regel, sodass sie von dem Verbot in bestimmten Fällen befreit sind (siehe § 47 Rn. 10, 16, 26 ff.). Es sei auch darauf hingewiesen, dass die Aufsichtsbehörden berechtigt sind, nach § 31 Abs. 6 GwG bestimmte von den Instituten gesammelte Daten abzurufen und gem. § 40 Abs. 1 Nr. 1 GwG als Sofortmaßnahme beispielsweise den Stopp einer Transaktion anzuordnen (siehe § 31 Rn. 27; § 40 Rn. 4).

64   Zahlungs- und E-Geld-Institute müssen in Bezug auf die ihnen obliegenden geldwäscherechtlichen Pflichten neben dem GwG auch auf § 22 ZAG achten. Dieser stellt in § 22 Abs. 1 Satz 2 Nr. 4 ZAG die Anforderung an die **ordnungsgemäße Geschäftsorganisation**, Datenverarbeitungssysteme und andere Maßnahmen vorzuhalten, die gewährleisten, dass den Regelungen des GwG und der 4. EU-Geldwäscherichtlinie nachgekommen wird. Für diesen Zweck dürfen die Institute auch personenbezogene Daten erheben und verwenden. Für Zahlungsinstitute und E-Geld-Institute gelten nach § 22 Abs. 2 ZAG die Normen des §§ 6a, 24c, 25i, 25m und 60b KWG und § 93 Abs. 7, 8 in Verbindung mit § 93b AO analog (siehe zu den §§ 24c, 25i und 25m KWG § 10 Rn. 121 ff.).

---

[66] FATF, FATF Guidance: Corresponding Banking Services, 2016. Aufgrund der Verschiebung der Begrifflichkeiten kann diese jedoch nur noch eingeschränkt herangezogen werden.

V. Agenten und E-Geld-Agenten (§ 2 Abs. 1 Nr. 4 GwG)   § 2 GwG

Bezüglich des § 25i KWG ist ferner zu beachten, dass die sich momentan im Ge- 65
setzgebungsprozess befindliche 5. EU-Geldwäscherichtlinie[67] weitere Verschärfungen insbesondere zur Höhe der Schwellenwerte für die Befreiung von den Sorgfaltspflichten bzgl. E-Geld vorsieht.[68]

Zur Unterstützung dieser Gruppe und der Aufsichtsbehörden bei der Geld- 66
wäschebekämpfung hat die FATF eine hilfreiche Handreichung für die Anwendung des risikobasierten Ansatzes (risk-based approach) bei der Übertragung von Geld oder gleichartigen monetären Werten veröffentlicht.[69] Eine solche Veröffentlichung existiert auch für bestimmte Arten von E-Geld.[70] Eine weitere für ZAG-Institute relevante FATF-Veröffentlichung existiert zur Unterstützung bei der Erkennung von Terrorismusfinanzierung.[71]

V. Agenten und E-Geld-Agenten (§ 2 Abs. 1 Nr. 4 GwG)

Ziffer 14 der FATF-Empfehlungen geht neben den Zahlungsdiensten auch auf 67
(E-Geld-)Agenten ein und fordert, dass diese registriert und in die geldwäscherechtlichen Pflichten einbezogen werden.[72] Daneben werden auch Agenten dazu angehalten, Banküberweisungen transparent zu gestalten.[73] Auf europarechtlicher Ebene wurden Agenten und E-Geld-Agenten durch die Richtlinie 2007/64/EG[74] reguliert. In deutsches Recht umgesetzt wurde dies erst durch das Gesetz zur Umsetzung der Zweiten E-Geld-Richtlinie,[75] welches am 30.4.2011

---

67 Proposal for a Directive of the European Parliament and of the Council amending Directive (EU) 2015/849 on the prevention of the use of the financial system for the purposes of money laundering or terrorist financing and amending Directive 2009/101/EC, 2016/0208 (COD).
68 Proposal for a Directive of the European Parliament and of the Council amending Directive (EU) 2015/849 on the prevention of the use of the financial system for the purposes of money laundering or terrorist financing and amending Directive 2009/101/EC, 2016/0208 (COD), Art. 1.
69 FATF, Guidance for a Risk-Based Approach. Money or Value Transfer Services, 2016.
70 FATF, Guidance for a Risk-Based Approach. Prepaid Cards, Mobile Payments and Internet-Based Payment Services, 2013.
71 FATF, Guidance for Financial Institutions in Detecting Terrorist Financing, 2002.
72 FATF, FATF Recommendations 2012–2017, Recommendation 14.
73 FATF, FATF Recommendations 2012–2017, Interpretive Note to Recommendation 16 (Wire Transfers), Ziff. 22.
74 Richtlinie 2007/64/EG des Europäischen Parlaments und des Rates vom 13.11.2007 über Zahlungsdienste im Binnenmarkt, zur Änderung der Richtlinien 97/7/EG, 2002/65/EG, 2005/60/EG und 2006/48/EG sowie zur Aufhebung der Richtlinie 97/5/EG.
75 Richtlinie 2009/110/EG des Europäischen Parlaments und des RATES vom 16.9.2009 über die Aufnahme, Ausübung und Beaufsichtigung der Tätigkeit von E-Geld-Instituten, zur Änderung der Richtlinien 2005/60/EG und 2006/48/EG sowie zur Aufhebung der Richtlinie 2000/46/EG.

GwG § 2 Verpflichtete, Verordnungsermächtigung

in Kraft trat.[76] Grund hierfür war die bis dato ungenügende Umsetzung des Art. 17 Abs. 1 lit. b) der Richtlinie 2007/64/EG.[77] Seitdem sind Agenten und E-Geld-Agenten Verpflichtete des GwG.

68 Nach § 2 Abs. 1 Nr. 4 GwG werden auch Agenten nach § 1 Abs. 7 ZAG und E-Geld-Agenten nach § 1a Abs. 6 ZAG zur Einhaltung der geldwäscherechtlichen Vorschriften verpflichtet. § 1 Abs. 7 Satz 1 ZAG bezeichnet als **Agent** „jede juristische oder natürliche Person, die als selbstständiger Gewerbetreibender im Namen eines Zahlungsinstituts oder E-Geld-Instituts Zahlungsdienste ausführt". Zur Definition von „Zahlungs- und E-Geld-Instituten" siehe Rn. 52 ff., zur Definition von „Zahlungsdiensten" siehe Rn. 54. Der Agent ähnelt einem (selbstständigen) Vermittler oder einem Handelsvertreter, jedoch ist der Begriff „Agent" für diese Tätigkeitsbeschreibung international üblich.[78] Er arbeitet überdies in sog. „offener Stellvertretung", legt also erkennbar offen, dass er stellvertretend für das Zahlungsinstitut handelt.[79]

69 **E-Geld-Agent** ist gem. § 1a Abs. 6 ZAG „jede natürliche oder juristische Person, die als selbstständiger Gewerbetreibender im Namen eines E-Geld-Instituts beim Vertrieb und Rücktausch von E-Geld tätig ist".

70 Obwohl es auf den ersten Blick so scheint, dass der E-Geld-Agent eine Unterform des „Agenten" ist und auch zugleich die Stellung als Agent innehat, ist dem nicht so. Tatsächlich schließen sich die Begriffe gegenseitig aus.[80] Zwar sind sowohl Agent als auch E-Geld-Agent selbstständige Gewerbetreibende, doch ist der E-Geld-Agent lediglich beim Vertrieb und dem Rücktausch von E-Geld unterstützend aktiv, was sich von der Tätigkeit des Agenten, der selbst Zahlungsdienstleistungen im fremden Namen ausführt, unterscheidet.[81]

71 Auch der E-Geld-Agent handelt in „offener Stellvertretung" eines Unternehmens.[82] Er darf jedoch nur E-Geld vertreiben oder rücktauschen.

72 Der Begriff „**Vertrieb**" ist von der Ausgabe des E-Gelds abzugrenzen, da den E-Geld-Agenten lediglich der Vertrieb und der Rücktausch gestattet sind. Die Ausgabe von E-Geld ist hingegen vom E-Geld-Emittenten vorzunehmen. „Ausgabe" bedeutet, dass das E-Geld an den E-Geld-Inhaber übertragen wird, sodass die ausgebende Stelle sich gegenüber dem Inhaber zur Leistung verpflichtet.[83]

---

[76] BGBl. I 2011, S. 288, 306 f.
[77] BT-Drs. 17/3023, S. 70.
[78] BT-Drs. 16/11613, S. 37.
[79] BT-Drs. 16/11613, S. 37.
[80] Vgl. *Winkelhaus*, in: Casper/Terlau, ZAG, § 1 Rn. 132 m. w. N.; a. A.: *Schwennicke*, in: Schwennicke/Auerbach, KWG, § 1a ZAG Rn. 39.
[81] *Winkelhaus*, in: Casper/Terlau, ZAG, § 1 Rn. 139.
[82] *Terlau*, in: Casper/Terlau, ZAG, § 1a Rn. 100.
[83] *Terlau*, in: Casper/Terlau, ZAG, § 1a Rn. 42; *Hingst/Lösing*, Zahlungsdiensteaufsichtsrecht, § 7 Rn. 24 f. m. w. N.

V. Agenten und E-Geld-Agenten (§ 2 Abs. 1 Nr. 4 GwG) **§ 2 GwG**

Der Vertrieb ist hingegen das In-Verkehr-Bringen bereits ausgegebenen Geldes.[84] „Rücktausch" meint das Umtauschen des E-Geldes in Bar- oder Buchgeld.[85]

Eine weitere zu treffende Unterscheidung ist die des Agenten zu einem Kommissionär oder einem Handelsvertreter. Das wichtigste Unterscheidungskriterium ist beim Vergleich mit einem Handelsvertreter, dass diese zwar vermittelnd auftreten, aber nicht in einer Art offener Stellvertretung handeln, wie es Agenten tun.[86] 73

Weiterhin muss der Agent zum Kommissionär abgegrenzt werden, denn auch der Kommissionär erbringt eigene Zahlungsdienste.[87] Dabei tätigt dieser aber die Zahlungsdienstleistungen im eigenen Namen für fremde Rechnung. Ein Agent macht dies hingegen im fremden Namen.[88] 74

Spezielle für Agenten und E-Geld-Agenten geltende Vorschriften im GwG sind die folgenden: Gem. § 7 Abs. 3 GwG kann auf Anordnung der Aufsichtsbehörde die Bestellung eines Geldwäschebeauftragten und des Stellvertreters nötig werden. Die Identifizierung des Vertragspartners, des Stellvertreters und ggf. des wirtschaftlich Berechtigten, wird für Agenten und E-Geld-Agenten insbesondere bei der Bargeldannahme bei der Erbringung von Zahlungsdiensten relevant (§ 10 Abs. 4 GwG; siehe § 10 Rn. 118). Laut § 10 Abs. 7 GwG findet für E-Geld-Agenten, die bei der Ausgabe von E-Geld tätig sind, die Regelung zu den allgemeinen Sorgfaltspflichten in Bezug auf E-Geld aus § 25i KWG nur unter der Maßgabe Anwendung, dass nur der Pflicht zur Identifizierung des Vertragspartners bzw. der für den Vertragspartner auftretenden Person (§ 10 Abs. 1 Nr. 1 GwG) sowie der Pflicht zur Etablierung angemessener, risikoorientierter Verfahren zur Feststellung von politisch exponierten Personen bzw. deren Familienmitgliedern oder diesen bekanntermaßen nahestehenden Personen (§ 10 Abs. 1 Nr. 4 GwG) nachgekommen werden muss. 75

Schließlich ist für (E-Geld-)Agenten anzumerken, dass sie nach § 47 Abs. 5 GwG mit den anderen Verpflichteten aus § 2 Abs. 1 Nr. 1–9 GwG untereinander unter gewissen Bedingungen Informationen „über konkrete Sachverhalte, die auf Geldwäsche, eine ihrer Vortaten oder Terrorismusfinanzierung hindeutende Auffälligkeiten oder Ungewöhnlichkeiten enthalten" austauschen dürfen (siehe dazu § 47 Rn. 6 ff.). 76

---

84 *Hingst/Lösing*, Zahlungsdiensteaufsichtsrecht, § 13 Rn. 47.
85 *Terlau*, in: Casper/Terlau, ZAG, § 1a, Rn. 103.
86 *Winkelhaus*, in: Casper/Terlau, ZAG, § 1 Rn. 131, 126.
87 *Schwennicke*, in: Schwennicke/Auerbach, KWG, § 1 ZAG Rn. 103.
88 *Winkelhaus*, in: Casper/Terlau, ZAG, § 1 Rn. 130 m. w. N.

VI. Selbstständige Gewerbetreibende, die E-Geld eines Kreditinstituts vertreiben oder rücktauschen (§ 2 Abs. 1 Nr. 5 GwG)

77   Durch das Gesetz zur Optimierung der Geldwäscheprävention im Jahr 2011[89] wurden auch solche Unternehmen und Personen in den Verpflichtetenkreis des GwG aufgenommen, die **E-Geld für ein Kreditinstitut vertreiben oder rücktauschen**. Der Wortlaut hat sich seitdem geringfügig geändert, sodass es nicht mehr „Unternehmen und Personen" sind, sondern nunmehr „selbstständige Gewerbetreibende". Zur Definition von „E-Geld" siehe § 1 Rn. 137 ff.

78   Sinn und Zweck der Verpflichtung dieser selbstständigen Gewerbetreibenden ist es, eine Lücke zu schließen: Selbstständige Gewerbetreibende, die für Kreditinstitute E-Geld vertreiben oder rücktauschen, gelten nicht als E-Geld-Agenten im Sinne des § 1a Abs. 5 ZAG, da sie nicht für ein E-Geld-Institut tätig sind, sondern für ein Kreditinstitut. Diese zwei Begriffe schließen sich gegenseitig aus, da laut § 1a Abs. 5 ZAG E-Geld-Institute nur solche Unternehmen sind, die nicht unter § 1a Nr. 1–4 ZAG fallen, also keine Kreditinstitute im Sinne des § 1a Abs. 1 ZAG sind. Aus diesem Grunde unterlägen diese genannten Gewerbetreibenden keiner behördlichen Aufsicht zur Vorbeugung der Gefahren von Geldwäsche und Terrorismusfinanzierung, obwohl ihre Tätigkeit und auch ihr Geldwäscherisiko denen von E-Geld-Agenten gleichen. Dies wird durch die vorliegende Norm geändert.[90]

79   Die Norm verweist auf den Begriff des Kreditinstituts aus § 1a Abs. 1 Nr. 1 ZAG, welcher wiederum auf § 1 Abs. 1 Nr. 1 ZAG verweist. Dieser zieht zur Definition Art. 4 Nr. 1 der Verordnung (EU) Nr. 575/2013 („CRR")[91] heran mit der Einschränkung, dass das Institut in Deutschland zum Geschäftsbetrieb berechtigt ist. Die CRR definiert darin Kreditinstitute als „ein Unternehmen, dessen Tätigkeit darin besteht, Einlagen oder andere rückzahlbare Gelder des Publikums entgegenzunehmen und Kredite für eigene Rechnung zu gewähren". Im Unterschied rekurriert der Begriff damit auf Einlagenkreditinstitute, nicht „Kreditinstitute" im Sinne des KWG. Zu den Begriffen „Vertrieb" und „Rückkauf" siehe Rn. 72 ff.

---

89 BGBl. I 2011, S. 2959, 2960.
90 BT-Drs. 18/11555, S. 106.
91 Verordnung (EU) Nr. 575/2013 des Europäischen Parlaments und des Rates vom 26.6.2013 über Aufsichtsanforderungen an Kreditinstitute und Wertpapierfirmen und zur Änderung der Verordnung (EU) Nr. 646/2012. § 1a Abs. 1 Nr. 1 ZAG nimmt Bezug auf die Richtlinie 2006/48/EG des Europäischen Parlaments und des Rates vom 14.6.2006 über die Aufnahme und Ausübung der Tätigkeit der Kreditinstitute; diese ist jedoch durch die erstgenannte Verordnung ersetzt worden, sodass sich inhaltlich keine Unterschiede ergeben.

VII. Finanzunternehmen (§ 2 Abs. 1 Nr. 6 GwG)   § 2 GwG

Das GwG sieht für diese Verpflichteten folgende besondere Regelungen vor: 80
Nach § 7 Abs. 3 GwG kann es nach einer Anordnung der Aufsichtsbehörde nötig
sein, einen Geldwäschebeauftragten und einen Stellvertreter zu bestellen (§ 7
Rn. 21 ff.). Im Rahmen der allgemeinen Sorgfaltspflichten muss nach § 10 Abs. 4
GwG (siehe § 10 Rn. 118) im Falle dessen, dass bei Erbringungen des Zahlungs-
dienstes Bargeld angenommen wird, lediglich die Identifizierung des Vertragspartners bzw. der für den Vertragspartner handelnden Person (§ 10 Abs. 1 Nr. 1
GwG) und die Abklärung, ob der Vertragspartner für einen wirtschaftlich Berechtigten handelt und ggf. die Identifizierung des wirtschaftlich Berechtigten, erfolgen (§ 10 Abs. 1 Nr. 2 GwG). Weiterhin müssen die genannten Verpflichteten
auch im Hinblick auf die nach § 25i KWG geltenden allgemeinen Sorgfaltspflichten in Bezug auf E-Geld nur einen Teil der dort genannten Pflichten erfüllen (§ 10
Abs. 7 GwG; siehe dazu näher § 10 Rn. 121). Schließlich sei darauf hingewiesen,
dass nach § 47 Abs. 5 GwG auch diese Verpflichteten unter bestimmten Voraussetzungen Informationen mit den anderen Verpflichteten nach § 2 Abs. 1 Nr. 1–9
GwG austauschen dürfen (siehe § 47 Rn. 26 ff.).

VII. Finanzunternehmen (§ 2 Abs. 1 Nr. 6 GwG)

Wie auch schon nach § 2 Abs. 1 Nr. 3 GwG a. F. sind Finanzunternehmen i. S. d. 81
§ 1 Abs. 3 KWG, sofern sie nicht bereits unter § 2 Abs. 1 Nr. 1 und Nr. 4 GwG
fallen, vom Kreis der Verpflichteten umfasst, wenn diese Unternehmen eine der
in § 1 Abs. 3 Satz 1 KWG oder eine der in der auf Grundlage des § 1 Abs. 3
Satz 2 KWG erlassenen Rechtsverordnung genannten Tätigkeiten als Haupttätigkeit ausüben. Erfasst sind auch im Inland gelegene Zweigstellen oder Zweigniederlassungen von Finanzunternehmen mit Sitz im Ausland.

Die Einbeziehung von Finanzunternehmen, insbesondere der wenig durchdachte 82
Verweis auf die Vorschriften des Kreditwesengesetzes **führt außerhalb des
Kreditwesens zu erheblichen Anwendungsproblemen**. Grund für eine Reihe
von Missverständnissen hinsichtlich der Einbeziehung von Finanzunternehmen
ist der Begriffswirrwarr, der sich um den verschiedenen Gebrauch der Begriffe
„Financial Institution" schon seit der 1. Europäischen Geldwäscherichtlinie 91/
308/EWG[92] entwickelt hat. Anfänglich waren nämlich „Finanzunternehmen" im

---

[92] Richtlinie 91/308/EWG des Rates vom 10.6.1991 zur Verhinderung der Nutzung des
Finanzsystems zum Zwecke der Geldwäsche. Dort wird das Finanzinstitut wie Artikel
1, zweiter Spiegelstrich, wie folgt definiert: „Finanzinstitut: ein anderes Unternehmen
als ein Kreditinstitut, dessen Haupttätigkeit darin besteht, eines oder mehrere der unter
den Nummern 2 bis 12 und 14 der Liste im Anhang zur Richtlinie 89/646/EWG aufgeführten Geschäfte zu tätigen, oder ein Versicherungsunternehmen, das gemäß der
Richtlinie 79/267/EWG (3), zuletzt geändert durch die Richtlinie 90/619/EWG (4), zugelassen ist, soweit es Tätigkeiten ausübt, die unter die Richtlinie 79/267/EWG fallen;

GwG § 2 Verpflichtete, Verordnungsermächtigung

Sinne der EU-Richtlinien Banken und Finanzdienstleister, nicht Finanzunternehmen im heutigen Sinne.[93] Auslöser der Kette von Missverständnissen war vor allem die Tatsache, dass Finanzdienstleister zu Anbeginn der Geldwäschebekämpfung in vielen Mitgliedstaaten nicht unter die Bankenregulierung fielen. Durch die unreflektierte Übernahme von Begrifflichkeiten entstand eine wohl beispiellose **Kette von Missverständnissen** hinsichtlich des Anwendungsbereiches des GwG. Der deutsche Gesetzgeber saß diesem Missverständnis bei der Aufnahme der „Finanzinstitute" im „Ur-GwG", dem ersten „Gesetz über das Aufspüren von Gewinnen aus schweren Straftaten" vom 25.10.1993 auf. Im Rahmen dieses Gesetzes erlegte der Gesetzgeber sowohl den „Kreditinstituten" als auch den „Finanzinstituten" erstmals eine geldwäscherechtliche Verpflichtung auf.

83 Der Begriff des „Kreditinstitutes" war bereits aus dem KWG bekannt. Demgegenüber war der Begriff des „Finanzinstitutes" noch nicht im KWG enthalten. Dementsprechend lehnte sich der deutsche Gesetzgeber im Hinblick auf die nähere Beschreibung des Begriffs „Finanzinstitut" an Art. 1 Nr. 6 der „2. Bankrechtskoordinierungsrichtlinie"[94] an.[95] Danach waren Finanzinstitute Unternehmen, die kein Kreditinstitut sind und deren Haupttätigkeit darin besteht, Beteiligungen zu erwerben oder eines oder mehrere der Geschäfte zu betreiben, die unter den Ziffern 2 bis 12 der im Anhang enthaltenen Liste aufgeführt sind. Unter den genannten Ziffern der im Anhang zur 2. Bankrechtskoordinierungsrichtlinie enthaltenen Liste sind vor allem jene Geschäftstätigkeiten genannt, an die heute der Begriff des Finanzunternehmens im Sinne des § 1 Abs. 3 KWG und damit auch die geldwäscherechtliche Verpflichtung der Finanzunternehmen nach § 2 Abs. 1 Nr. 6 GwG anknüpft. Hintergrund dieser weiterhin faktisch vorhandenen geldwäscherechtlichen Anknüpfung an den Begriff des „Finanzinstitutes" im Sinne der 2. Bankrechtskoordinierungsrichtlinie ist, dass auch die Geldwäscherichtlinien im Hinblick auf die geldwäscherechtlich verpflichteten „Finanzinstitute" im Endeffekt an die in der einstigen 2. Bankrechtskoordinierungsrichtlinie enthaltene Liste betroffener Geschäftstätigkeiten anknüpfen.[96] Der einzige

---

diese Definition schließt auch in der Gemeinschaft gelegene Zweigniederlassungen von Finanzinstituten mit Sitz außerhalb der Gemeinschaft ein ...".
93 Vgl. die Verweiskette aus 91/308/EWG, Art. 1 auf den Anhang der Richtlinie 89/646/EWG. Es steht zu vermuten, dass es nie in der Absicht des europäischen Gesetzgebers stand, Finanzinstitute nach heutiger Definition überhaupt in die Kreise der Primärverpflichteten zur Geldwäscheprävention einzubeziehen.
94 Richtlinie 89/646/EWG des Rates vom 15.12.1989 zur Koordinierung der Rechts- und Verwaltungsvorschriften über die Aufnahme und Ausübung der Tätigkeit der Kreditinstitute.
95 BT-Drs. 12/2704, S. 11.
96 Siehe zunächst Art. 1 – zweiter Spiegelstrich – der Richtlinie 91/308/EWG des Rates vom 10.6.1991 zur Verhinderung der Nutzung des Finanzsystems zum Zwecke der Geldwäsche („1. EU-Geldwäscherichtlinie"); siehe nunmehr Art. 3 Nr. 2a der Richt-

VII. Finanzunternehmen (§ 2 Abs. 1 Nr. 6 GwG) § 2 GwG

Unterschied zum deutschen Recht ist, dass der deutsche Gesetzgeber im KWG und im GwG im Zuge des Gesetzes zur Umsetzung von EG-Richtlinien zur Harmonisierung bank- und wertpapieraufsichtsrechtlicher Vorschriften vom 22.10.1997 und des entsprechenden Begleitgesetzes – anders als die EG- bzw. EU-Richtlinien – nicht mehr den Begriff „Finanzinstitute", sondern die Begriffe „Finanzdienstleistungsinstitute" und „Finanzunternehmen" verwendet, wobei der Begriff des „Finanzunternehmens" inhaltlich faktisch an die Geschäftstätigkeiten eines „Finanzinstitutes" im Sinne der einstigen 2. Bankrechtskoordinierungsrichtlinie anknüpft.[97]

Nach § 1 Abs. 3 KWG sind Finanzunternehmen solche Unternehmen, die weder ein Kreditinstitut oder Finanzdienstleistungsinstitut, noch eine Kapitalverwaltungsgesellschaft oder extern verwaltete Investmentgesellschaft sind, und deren Haupttätigkeit in einer der folgenden Tätigkeiten besteht: 84

– Erwerb/Halten von Beteiligungen,
– entgeltlicher Erwerb von Geldforderungen,
– Tätigkeit als Leasing-Objektgesellschaft,
– Handeln mit Finanzinstrumenten für eigene Rechnung,
– Beratung anderer bei der Anlage in Finanzinstrumenten,
– Unternehmen über die Kapitalstruktur, die industrielle Strategie und die damit verbundenen Fragen zu beraten sowie bei Zusammenschlüssen und Übernahmen von Unternehmen diese zu beraten und ihnen Dienstleistungen anzubieten,
– Darlehen zwischen Kreditinstituten zu vermitteln.

Bei den genannten Tätigkeiten handelt es sich um solche, die weder vom Katalog der Bankgeschäfte im Sinne des § 1 Abs. 1 KWG, noch vom Katalog der Finanzdienstleistungen im Sinne des § 1 Abs. 1a KWG umfasst sind. Unternehmen, die somit nur diese Tätigkeiten ausüben, sind weder Kreditinstitut, noch Finanzdienstleistungsinstitut, und bedürfen daher für diese Tätigkeiten keiner Erlaubnis nach dem KWG.[98] Demgegenüber werden Kreditinstitute und Finanz- 85

---

linie (EU) 2015/849 des Europäischen Parlaments und des Rates vom 20.5.2015 zur Verhinderung der Nutzung des Finanzsystems zum Zwecke der Geldwäsche und der Terrorismusfinanzierung, zur Änderung der Verordnung (EU) Nr. 648/2012 des Europäischen Parlaments und des Rates und zur Aufhebung der Richtlinie 2005/60/EG des Europäischen Parlaments und des Rates und der Richtlinie 2006/70/EG der Kommission („4. EU-Geldwäscherichtlinie"), wobei insoweit auf die Geschäftstätigkeiten in Anhang I Nr. 2 bis 12, 14 und 15 der Richtlinie 2013/36/EU des Europäischen Parlaments und des Rates verwiesen wird, der aber den im Anhang der 2. Bankrechtskoordinierungsrichtlinie enthaltenen Geschäftstätigkeiten weitgehend entspricht.

97 Vgl. § 1 Abs. 2 Satz 2 GwG in der Fassung des Begleitgesetzes im Zuge des Gesetzes zur Umsetzung von EG-Richtlinien zur Harmonisierung bank- und wertpapieraufsichtsrechtlicher Vorschriften vom 22.10.1997.
98 *Schäfer*, in: Boos/Fischer/Schulte-Mattler, KWG/CRR-VO, § 1 KWG Rn. 223.

GwG § 2 Verpflichtete, Verordnungsermächtigung

dienstleistungsinstitute, die neben ihren Bankgeschäften und Finanzdienstleistungen auch die oben aufgezählten Tätigkeiten ausüben, dadurch nicht zu Finanzunternehmen. Dies hat der Gesetzgeber in § 1 Abs. 3 KWG ausdrücklich klargestellt.

86 Analog zu den Kreditinstituten und den Finanzdienstleistungsinstituten richten sich – aufgrund des eindeutigen Verweises auf die bankaufsichtsrechtlichen Vorschriften des Kreditwesengesetzes – die Definitionen ausschließlich nach den dortigen Vorschriften.[99]

87 An diesen Negativkatalog in § 1 Abs. 3 KWG knüpft auch § 2 Abs. 1 Nr. 6 GwG noch einmal an. Danach sind Verpflichtete im Sinne des GwG zwar sämtliche Finanzunternehmen im Sinne des § 1 Abs. 3 KWG. Ausgeklammert werden nach § 2 Abs. 1 Nr. 6 GwG aber die Verpflichteten nach „Nummer 1 oder Nummer 4".

88 Damit werden zunächst Kreditinstitute und im Inland gelegene Zweigstellen und Zweigniederlassungen von Kreditinstituten mit Sitz im Ausland nach § 2 Abs. 1 Nr. 1 GwG ausgeklammert. Im Hinblick auf die Kreditinstitute selbst ist die Ausklammerung in § 2 Abs. 1 Nr. 6 GwG aber überflüssig, da Kreditinstitute schon nach § 1 Abs. 3 KWG nicht unter den Begriff des Finanzunternehmens fallen. Konsequenterweise hätte der Gesetzgeber zudem in § 2 Abs. 1 Nr. 6 GwG auch die Verpflichteten nach § 2 Abs. 1 Nr. 2 GwG ausklammern müssen, da Finanzdienstleistungsinstitute ebenfalls schon nach § 1 Abs. 3 KWG nicht unter den Begriff des Finanzunternehmens fallen.

89 Jedenfalls teilweisen Sinn ergibt der Verweis auf § 2 Abs. 1 Nr. 1 GwG hingegen in Bezug auf die dort genannten im Inland gelegenen Zweigstellen und Zweigniederlassungen von Kreditinstituten. Denn zumindest die Zweigniederlassungen von Kreditinstituten mit Sitz im EWR-Ausland gelten – anders als Zweigstellen von Kreditinstituten mit Sitz im Nicht-EWR-Ausland (§ 53 Abs. 1 Satz 1 KWG) – nicht gemäß § 53 b Abs. 1 Satz 3 KWG als Kreditinstitute, sodass sie auch nicht schon nach § 1 Abs. 3 KWG vom Begriff des Finanzunternehmens ausgeklammert sind. Entsprechend müssen dann aber auch im Inland gelegene Zweigniederlassungen von Finanzdienstleistungsinstituten mit Sitz im Ausland ausgeklammert sein, sodass der Gesetzgeber in § 2 Abs. 1 Nr. 6 GwG auch auf den § 2 Abs. 1 Nr. 2 GwG hätte verweisen müssen.

90 Schließlich werden nach § 2 Abs. 1 Nr. 4 GwG Agenten und E-Geld-Agenten ausgeklammert. Bei diesem Verweis handelt es sich allerdings um einen aus – unterstellter – Unachtsamkeit unterlaufenen gesetzgeberischen Fehler, der wie-

---

[99] Wiederum wurde hier aufgrund der Fachlichkeit und des Umfangs auf eine detaillierte Darstellung der einzelnen Fallgruppen innerhalb des § 1 Abs. 3 KWG verzichtet. Stattdessen vgl. *Schäfer*, in: Boos/Fischer/Schulte-Mattler, KWG/CRR-VO, § 1 KWG Rn. 223 ff.

VII. Finanzunternehmen (§ 2 Abs. 1 Nr. 6 GwG) § 2 GwG

derum seinen Ursprung in der ursprünglichen Definition des „Finanzunternehmens" in der 1. EU-Geldwäscherichtlinie hatte.[100]

Ein entsprechender Verweis auf „Nummer 4" war nämlich auch schon in § 2 Abs. 1 Nr. 3 GwG a.F. enthalten, wobei damals Versicherungsunternehmen (i. S. d. § 2 Abs. 1 Nr. 7 GwG n.F.) von § 2 Abs. 1 Nr. 4 GwG a.F. erfasst waren. Jene **Ausklammerung von Versicherungsunternehmen** ergab auch inhaltlich Sinn. Denn Versicherungsunternehmen nehmen ebenso wie Kreditinstitute und Finanzdienstleistungsinstitute praktisch häufig einige der in § 1 Abs. 3 Satz 1 KWG genannten Tätigkeiten – vor allem den Erwerb und das Halten von Beteiligungen, die Beratung anderer bei der Anlage in Finanzinstrumenten sowie die Beratung über die Kapitalstruktur – vor. 91

Da sich die aufsichtsrechtlichen Vorschriften für Versicherungen nicht im KWG, sondern im VAG befinden, konnte die Negativabgrenzung in § 1 Abs. 3 KWG notwendigerweise nicht auch Versicherungsunternehmen vom Begriff des Finanzunternehmens ausklammern.[101] Die Interessenlage im Hinblick auf eine Ausklammerung von Versicherungsunternehmen ist aber die gleiche wie bei Kreditinstituten und Finanzdienstleistungsinstituten. Mit dem Begriff des „Finanzunternehmens" wollte der Gesetzgeber nämlich einen Auffangtatbestand für solche Unternehmen schaffen, die nicht erlaubnispflichtige aber dennoch aufsichtsrechtlich relevante Tätigkeiten im Finanzsektor ausüben.[102] Ziel der Einbeziehung der Finanzunternehmen in das KWG war es allerdings primär, solche Unternehmen in konsolidierungstechnischer Hinsicht den Kreditinstituten zurechnen zu können. 92

Von dem Verpflichtetenkreis des § 2 GwG sollte mithin der Finanzsektor, also die Bereiche „Banken", „Finanzdienstleistungen" und „Versicherungen", möglichst vollständig erfasst werden. Da Kreditinstitute, Finanzdienstleistungsinstitute und bestimmte Versicherungsunternehmen aber schon von § 2 Abs. 1, 2 und 7 GwG auch im Hinblick auf die in § 1 Abs. 3 KWG genannten Tätigkeitsbereiche erfasst waren, musste der Negativkatalog in § 2 Abs. 1 Nr. 6 GwG gerade diese Verpflichteten wieder ausgrenzen, um als Auffangtatbestand den noch verbleibenden „Rest" der im Finanzsektor ebenfalls geldwäscherechtlich relevanten Unternehmen erfassen zu können.[103] Der Verweis in § 2 Abs. 1 Nr. 6 GwG auf die „Nummer 4" ist daher tatsächlich als Verweis auf „Nummer 7" zu verstehen. Der Gesetzgeber hat es lediglich versäumt, die im Zuge der Änderung des GwG 93

---

100 „Versicherungsunternehmen" waren in europäischem Sinne nämlich „Finanzunternehmen", vgl. 1. EU-Geldwäscherichtlinie.
101 *Schäfer*, in: Boos/Fischer/Schulte-Mattler, KWG/CRR-VO, § 1 KWG Rn. 226, spricht daher zu Recht vom „Sprachwirrwarr" bei der unterschiedlichen Anwendung des Begriffes.
102 BR-Drs. 182/17, S. 24.
103 *Warius*, in: Herzog, GwG, § 2 Rn. 107.

GwG § 2 Verpflichtete, Verordnungsermächtigung

erfolgte Verschiebung der Nummern in § 2 Abs. 1 GwG im Hinblick auf die Finanzunternehmen anzupassen.

94 Viel wichtiger als das gesetzgeberische Versehen in der Verweiskette ist jedoch die Frage, ob der Verweis des § 2 Abs. 1 Nr. 6 GwG auf sämtliche der in § 1 Abs. 3 Satz 1 KWG genannten Tätigkeiten nicht zu weit geraten ist. Hoch problematisch – und auch unter den Aufsichtsbehörden außerhalb des Finanzsektors uneinheitlich behandelt – ist zum Beispiel die Frage, ob reine **Industrieholdings** als primär Verpflichtete vom Anwendungsbereich des GwG erfasst sein sollen. Hinsichtlich „Finanzunternehmen" sieht das GwG nämlich keine Erleichterungen hinsichtlich der Pflichtenkataloge, z.B. bei der Errichtung von Sicherungsmaßnahmen oder der Bestellung von Geldwäschebeauftragten vor.

95 Im Rahmen des Gesetzgebungsverfahrens zur Umsetzung der Richtlinie zur 4. EU-Geldwäscherichtlinie hat insbesondere der Bundesrat völlig zu Recht Kritik an dem umfassenden Verweis des § 2 Abs. 1 Nr. 6 GwG auf § 1 Abs. 3 Satz 1 KWG geäußert. Nach Ansicht des Bundesrates werde der umfassende Verweis des § 2 Abs. 1 Nr. 6 GwG auf § 1 Abs. 3 Satz 1 KWG den tatsächlich bestehenden Geldwäscherisiken nicht vollends gerecht. Es seien nämlich von dem Verweis bestimmte Tätigkeiten erfasst, bei denen kein hinreichendes Geldwäscherisiko vorhanden sei, sodass es auch **unbillig** wäre, den betroffenen Unternehmen geldwäscherechtliche Verpflichtungen aufzuerlegen. Der Bundesrat nennt hierbei zum einen **reine (Industrie-)Holding-Gesellschaften**, die kein operatives Geschäft betreiben und daher als identifizierungsfähige und -pflichtige „Kunden" für dieselben wohl nur die eigenen Tochtergesellschaften in Betracht kommen.[104] Zum anderen nennt der Bundesrat die Leasing-Objektgesellschaften, weil diese lediglich ein einziges Leasingobjekt im Auftrag und regelmäßig mit dem Personal der führenden, als Finanzdienstleister vom GwG erfassten Leasinggesellschaft verwalten.[105]

96 Die Regierungskoalitionen haben diese Kritik im Rahmen des Gesetzgebungsverfahrens auch prinzipiell anerkannt, allerdings die nähere **Prüfung der vom Bundesrat aufgeworfenen Fragen**, „auf Grund der Komplexität der Angelegenheit" auf das „nächste Gesetzgebungsverfahren" verschoben.[106] Im Endeffekt ist aber dem Bundesrat in seiner Kritik, vor allem in Bezug auf reine Holding-Gesellschaften, bei denen überhaupt kein geldwäscherechtlich relevantes Risiko ersichtlich ist, zuzustimmen. Es bleibt daher zu hoffen, dass der Gesetzgeber im Rahmen des „nächsten Gesetzgebungsverfahrens" diese ausdrücklich aus dem Anwendungsbereich des § 2 Abs. 1 Nr. 6 GwG ausklammert und damit von den insoweit überflüssigen geldwäscherechtlichen Pflichten befreit.

---

104 BR-Drs. 182/17, S. 6; so auch *Lochen*, CCZ 2017, 226, 226 f.
105 BR-Drs. 182/17, S. 6.
106 BT-Drs. 18/12405, S. 155.

VII. Finanzunternehmen (§ 2 Abs. 1 Nr. 6 GwG) **§ 2 GwG**

„Reine" Industrieholdings sind – schon nach Sinn und Zweck des Gesetzes und nach den oben in § 1 dargelegten Auslegungsgrundsätzen des GwG (siehe § 1 Rn. 2 ff.) – nicht vom Anwendungsbereich des Geldwäschegesetzes erfasst. § 1 Abs. 3 KWG, auf den das GwG unglücklicherweise pauschal und ohne Sensibilität für Sachverhalte außerhalb des Finanzsektors verweist, ist eine Norm, deren Hauptanwendungsbereich bei der Umgrenzung bankaufsichtsrechtlicher Konsolidierungskreise liegt.[107] Hinsichtlich bankaufsichtsrechtlicher Konsolidierungsvorschriften, nicht hinsichtlich der Beaufsichtigung von Finanzunternehmen selbst, besteht in der Tat ein Bedürfnis, solche Unternehmen in die Gruppenaufsicht einzubeziehen. 97

Schon in der Kreditwirtschaft waren reine Finanzholdings seit vielen Jahren nicht von § 1 Abs. 3 KWG erfasst. Die deutschen (Bank-)Aufsichtsbehörden haben seit vielen Jahren eine entsprechende Auffassung vertreten und kommuniziert.[108] Auch die EBA[109] vertritt die Auffassung, dass reine **Industrieholdings nicht von den dem § 1 Abs. 3 KWG entsprechenden Vorschriften der CRR**[110] **erfasst** werden. 98

Die gelegentlichen Stellungnahmen deutscher Aufsichtsbehörden in der Realwirtschaft, die teilweise andere Auffassungen zu vertreten scheinen,[111] sind schon vor diesem Hintergrund erstaunlich. Hält man sich zudem vor Augen, dass eine typische Industrieholding über das Halten von Beteiligungen hinaus gar keine Geschäftstätigkeit entfaltet, oftmals außer der Geschäftsführung zudem kein Personal oder gar eigene Räumlichkeiten vorhält, stellt sich zudem die Frage nach der praktischen Erfüllbarkeit der Vorgaben des GwG. 99

Eine Ausnahme von der hier vertretenen Auffassung, dass kein geldwäscherechtliches Bedürfnis zur Unterwerfung von Industrieholdings unter die Vorschriften des GwG besteht, sind Unternehmen, die aktiv mit Beteiligungen handeln, etwa Beteiligungsgesellschaften und Private Equity-Strukturen. Bei Letzteren besteht im Hinblick auf die Finanztransaktionen bei Erwerb und Veräuße- 100

---

107 *Schäfer*, in: Boos/Fischer/Schulte-Mattler, KWG/CRR-VO, § 1 KWG Rn. 223 m. w. N. und der Entstehungsgeschichte der Norm.
108 Vgl. zuletzt: BaFin, Schreiben vom 15.5.2014 an die Deutsche Kreditwirtschaft, BA 53-FR-2161-2014/0006; vgl. auch *Schäfer*, in: Boos/Fischer/Schulte-Mattler, KWG/CRR-VO, § 1 KWG Rn. 233 m. w. N.; a. A. *Schwennicke*, in: Schwennicke/Auerbach, KWG, § 1 Rn. 176, 179.
109 Single Rulebook Q&A 18.7.2014, Question ID: 2014_857, http://www.eba.europa.eu/single-rule-book-qa/-/qna/view/publicId/2014_857.
110 Vgl. Art. 4 (26) der CRR.
111 DIHK, Stellungnahme zum Referentenentwurf eines Gesetzes zur Umsetzung der Vierten EU-Geldwäsche-Richtlinie u. a., S. 5; BDI, Stellungnahme zum Referentenentwurf eines Gesetzes zur Umsetzung der Vierten EU-Geldwäscherichtlinie, zur Ausführung der EU-Geldtransferverordnung und zur Neuorganisation der Zentralstelle für Finanztransaktionsuntersuchungen, S. 5.

rung regelmäßig und eindeutig eine Geldwäsche-Risikoexposition und somit ein Bedürfnis für deren Regulierung.

101 Schließlich muss es sich bei den in § 1 Abs. 3 KWG genannten Tätigkeiten des Unternehmens um deren **Haupttätigkeit** handeln. Entscheidend ist hierbei der Anteil der genannten Tätigkeit am gesamten Geschäftsvolumen des Unternehmens. Erforderlich ist danach, dass die genannte Tätigkeit mehr als „die Hälfte" des gesamten Geschäftsvolumens des Unternehmens ausmacht, mithinüber die anderen Tätigkeiten des Unternehmens dominiert und neben einigen Nebentätigkeiten den Schwerpunkt der gesamten Tätigkeit des Unternehmens bildet.[112] Ausschlaggebend sind hierbei in der Praxis verschiedene Indikatoren wie Umsatz, Erträge, Mitarbeiter etc.

102 Das GwG sieht für diese Verpflichteten folgende besondere Regelungen vor: Nach § 7 Abs. 1 GwG müssen Finanzunternehmen einen Geldwäschebeauftragten und einen Stellvertreter bestellen. Anders als zum Beispiel bei den Güterhändlern besteht somit unglücklicherweise keine Möglichkeit, eine Ausnahme zuzulassen, was in der Praxis z. B. zu der Herausforderung führt, eine „leere" Industrieholding mit Personal zu versehen oder Auslagerungen zu errichten. Auch im Hinblick auf die „gruppenweite" Errichtung von Internen Sicherungsmaßnahmen und der Erstellung der Risikoanalyse führt eine konsequente Anwendung der Vorschriften zur Bildung von im Bankaufsichtsrecht angemessenen, außerhalb aber wenig handhabbaren Konsolidierungskreisen. Weiterhin fallen für sie im Falle von grenzüberschreitenden Korrespondenzbeziehungen nach § 15 Abs. 3 Nr. 3, Abs. 6 GwG verstärkte Sorgfaltspflichten an, sofern Finanzunternehmen in Bankoperationen eingebunden sind. Das Verbot der Informationsweitergabe nach § 47 GwG gilt für Finanzunternehmen hingegen nur eingeschränkt.

VIII. Versicherungsunternehmen (§ 2 Abs. 1 Nr. 7 GwG)

103 In die Geldwäscheprävention einbezogen sind auch Versicherungsgeschäfte, bei denen die Möglichkeit besteht, große Summen einzuzahlen und diese wieder – als Auszahlung beim Erlebensfall, als Prämienrückzahlung oder nach einem Widerruf oder Rücktritt vom Vertrag – ausgezahlt zu bekommen.[113] Grund für die Einbeziehung in das GwG sind die Risikoexposition dieser Versicherungsprodukte in der Layering- und Integrationsphase und die teilweise dezentral organisierten Vertriebskanäle.[114]

---

112 *Schäfer*, in: Boos/Fischer/Schulte-Mattler, KWG/CRR-VO, § 1 KWG Rn. 228.
113 FATF, Money Laundering & Terrorist Financing Typologies 2004–2005, S. 45–49.
114 Vgl. *Warius*, in: Herzog, GwG, § 2 Rn. 117.

VIII. Versicherungsunternehmen (§ 2 Abs. 1 Nr. 7 GwG) § 2 GwG

Auch wenn die ersten Empfehlungen der FATF Versicherungsunternehmen nicht ausdrücklich thematisierten, nimmt bereits die 1. EU-Geldwäscherichtlinie 91/308/EWG[115] in ihrem Art. 1 im Rahmen der Definition von „Finanzinstitut" Bezug auf (Lebens-)Versicherungen und bezieht diese somit in den Kreis der Verpflichteten ein. Diese europäische Regelung behält bis heute ihre Geltung, obgleich die Zuordnung von Versicherungsunternehmen zu Finanzinstituten angesichts des Fortschritts in der EU-weiten Regulierung von Versicherungsunternehmen in der 4. EU-Geldwäscherichtlinie als eigene Kategorie in Art. 2 Abs. 1 Nr. 2 i.V.m. Art. 3 Nr. 2 lit. b) zu finden ist. 104

Auch die heutige Version der FATF-Empfehlungen trägt der den **Lebensversicherungen und anderen Versicherungen, die ein Element der Geldanlage besitzen**, innewohnenden Gefahr Rechnung: Die FATF empfiehlt, zusätzliche Kundensorgfaltspflichten zu befolgen. Insbesondere die Identifikation des Begünstigten der Versicherung spielt hier eine zentrale Rolle.[116] In Deutschland existiert die Verpflichtung zur Identifizierung des Begünstigten beim Abschluss von Lebensversicherungsverträgen seit 1993 im Gesetz.[117] 105

In Deutschland werden die Versicherungsunternehmen in § 2 Abs. 1 Nr. 7 GwG, die qua Gesetz zur Mitwirkung bei der Geldwäscheprävention verpflichtet werden sollen, nach einzelnen Geschäftsarten aufgezählt. Betroffen sind Versicherungen nur, soweit sie die folgenden Produkte anbieten: 106

– Lebensversicherungen, die unter die Richtlinie 2009/138/EG[118] fallen
– Unfallversicherungen mit Prämienrückgewähr
– Darlehen im Sinne von § 1 Abs. 1 Satz 2 Nr. 2 KWG

Die Beschränkung auf die genannten Versicherungsarten wurde gelegentlich diskutiert.[119] Im Hinblick auf eine Layeringexposition wären Sachversicherungen, z.B. Feuerversicherungen sicherlich theoretisch relevant. Zu einer Erweiterung des Produktanwendungsbereiches kam es bis dato jedoch nicht. 107

Dem GwG unterfallen auch im Inland niedergelassene Versicherungsunternehmen mit Sitz im Ausland. Hinsichtlich derjenigen Versicherungsunternehmen, die von dem „Europapass" des § 57 Abs. 1 VAG Gebrauch machen, gilt das 108

---

115 Richtlinie 91/308/EWG des Rates vom 10.6.1991 zur Verhinderung der Nutzung des Finanzsystems zum Zwecke der Geldwäsche.
116 Insb. FATF, FATF Recommendations 2012–2017, Interpretive Note to Recommendation 10 (Customer Due Diligence), Nr. 6–9.
117 BGBl. I 1993, S. 1770, 1771 f.
118 Richtlinie 2009/138/EG des Europäischen Parlaments und des Rates vom 25.11.2009 betreffend die Aufnahme und Ausübung der Versicherungs- und der Rückversicherungstätigkeit (Solvabilität II).
119 Kritisch etwa GDV, Stellungnahme zum Regierungsentwurf eines Gesetzes zur Umsetzung der Vierten EU-Geldwäscherichtlinie, S. 3.

GwG § 2 Verpflichtete, Verordnungsermächtigung

Gleiche wie oben in § 1 Rn. 34 für die „passportenden" Kreditinstitute und Finanzdienstleister Gesagte.

109 Die **Darlehensvergabe** durch Versicherungsunternehmen wurde erst durch die Novelle des GwG im Jahr 2017 neu vom GwG erfasst. [120]

110 Die Lebensversicherungen, die dem GwG aufgrund Verweises auf die Richtlinie 2009/138/EG unterfallen, werden in deren Art. 2 Abs. 3 benannt:
– „folgende Lebensversicherungstätigkeiten, falls sie sich aus einem Vertrag ergeben:
  – die Lebensversicherung, die die Versicherung auf den Erlebensfall, die Versicherung auf den Todesfall, die gemischte Versicherung, die Lebensversicherung mit Prämienrückgewähr sowie die Heirats- und Geburtenversicherung umfasst
  – die Rentenversicherung
  – die zusätzlich zur Lebensversicherung abgeschlossenen Zusatzversicherungen, d. h. insbesondere die Versicherung gegen Körperverletzung einschließlich der Berufsunfähigkeit, die Versicherung gegen Tod infolge Unfalls, die Versicherung gegen Invalidität infolge Unfalls oder Krankheit
  – die in Irland und im Vereinigten Königreich betriebene sogenannte „permanent health insurance" (unwiderrufliche langfristige Krankenversicherung)
– folgende Geschäfte, falls sie sich aus einem Vertrag ergeben und soweit sie der Kontrolle durch die für die Aufsicht über die Privatversicherungen zuständigen Behörden unterliegen:
  – Geschäfte, die die Bildung von Gemeinschaften umfassen, in denen sich Teilhaber vereinigen, um ihre Beiträge gemeinsam zu kapitalisieren und das so gebildete Vermögen entweder auf die Überlebenden oder auf die Rechtsnachfolger der Verstorbenen zu verteilen (Tontinengeschäfte)
  – Kapitalisierungsgeschäfte, denen ein versicherungsmathematisches Verfahren zugrunde liegt, wobei gegen im Voraus festgesetzte einmalige oder regelmäßig wiederkehrende Zahlungen bestimmte Verpflichtungen übernommen werden, deren Dauer und Höhe genau festgelegt sind
  – Geschäfte der Verwaltung von Pensionsfonds von Gruppen, die auch die Verwaltung der Anlagen umfassen, und insbesondere der Vermögenswerte, die die Reserven der Einrichtungen darstellen, welche die Leistungen im Todes- oder Erlebensfall oder bei Arbeitseinstellung oder Minderung der Erwerbstätigkeit erbringen
  – [Die zuletzt genannten] Geschäfte, wenn sie mit einer Versicherungsgarantie für die Erhaltung des Kapitals oder einer Minimalverzinsung verbunden sind;

---

120 Vgl. § 2 Abs. 1 Nr. 4 GwG a. F.

VIII. Versicherungsunternehmen (§ 2 Abs. 1 Nr. 7 GwG) § 2 GwG

– Geschäfte, die von Lebensversicherungsunternehmen im Sinne des Buches IV Titel 4 Kapitel 1 des französischen „Code des assurances" (Versicherungsordnung) durchgeführt werden
– die im Sozialversicherungsrecht bezeichneten oder vorgesehenen Geschäfte, die von der Lebensdauer abhängen, insofern sie nach den Rechtsvorschriften eines Mitgliedstaats von Lebensversicherungsunternehmen auf deren eigenes Risiko betrieben oder verwaltet werden."

Unfallversicherungen mit Prämienrückgewähr sind vergleichbar mit kapitalbildenden Lebensversicherungen. Sie sind zumeist so ausgestaltet, dass nur ein Teil der von dem Versicherungsnehmer gezahlten Beiträge auf die Risikokomponente entfällt. Der andere Teil wird kapitalbildend angelegt. Diesen zweiten Teil wird/kann der Versicherungsnehmer dann anschließend wiedererhalten. Hieran wird die Risikoexposition dieser Produktkategorie deutlich. Insbesondere bei hohem kapitalbildendem Anteil kommen möglicherweise hohe Summen zur Auszahlung.[121] 111

Dass die von den Versicherungsunternehmen vergebenen **Darlehen im Sinne von § 1 Abs. 1 Satz 2 Nr. 2 KWG**, also Gelddarlehen und Akzeptkredite, nun ebenfalls in das GwG Eingang fanden, hat die Bewandtnis, dass durch Versicherungsunternehmen vergebene Darlehen ein ebenso großes Risiko der Geldwäsche und der Terrorismusfinanzierung mit sich bringen, wie solche Darlehen, die durch Kreditinstitute vergeben werden. Daher passte der Gesetzgeber die geldwäscherechtlichen Regelungen konsequenterweise an.[122] 112

Nichtsdestotrotz geht der deutsche Gesetzgeber hiermit über die europäischen Vorgaben hinaus. Wenngleich die Gleichbehandlung von Kreditgeschäften im Banken- und Versicherungssektor letztendlich sachgerecht ist, lässt sich eine derartige Norm in den EU-Richtlinien nicht finden. Zu beachten gilt hierbei, dass die Verpflichtung der darlehensvergebenden Versicherungen einen sehr großen Anwendungsbereich hat, bei Weitem nicht nur Lebensversicherungen, sondern alle Arten von Versicherungen betrifft, die auch der Richtlinie 2009/138/EG unterfallen und welche sich von Lebensversicherungen über diverse Haftpflichtversicherungen bis hin zu reinen Rechtsversicherungen erstrecken.[123] Diese beiden Punkte trafen im Gesetzgebungsverfahren insbesondere in der Versicherungswirtschaft auf Missfallen.[124] 113

---

121 BT-Drs. 13/9661, S. 8.
122 BT-Drs. 18/11555, S. 106.
123 Vgl. Richtlinie 2009/138/EG, Art. 2 Abs. 1, Abs. 2 i.V.m. Anhang 1 Teil A und Art. 2 Abs. 3.
124 Vgl. Gesamtverband der Deutschen Versicherungswirtschaft e. V., Stellungnahme des Gesamtverbandes der Deutschen Versicherungswirtschaft e. V. zum Regierungsentwurf eines Gesetzes zur Umsetzung der Vierten EU-Geldwäscherichtlinie, S. 3 f.

GwG § 2 Verpflichtete, Verordnungsermächtigung

114 Für Versicherungsunternehmen gelten im GwG ebenfalls gewisse, von den die übrigen Verpflichteten treffenden **abweichende Vorschriften**. Nach § 7 Abs. 1 GwG muss das Versicherungsunternehmen einen Geldwäschebeauftragten auf Führungsebene und einen Stellvertreter bestellen (siehe § 7 Rn. 10). Das GwG sieht aber auch vor, dass Versicherungen in bestimmten Fällen von einem geringeren Risiko ausgehen können, sodass hier vereinfachte Sorgfaltspflichten im Sinne von § 14 GwG zur Anwendung kommen können (vgl. § 14 Rn. 64). Diese vormals in § 5 GwG a. F. enthaltenen, nunmehr explizit in Anlage 1 Nr. 2 lit. a) und b) GwG genannten Fälle geringeren Risikos sind:

– Lebensversicherung mit niedriger Prämie (Anlage 1 Nr. 2 lit. a) GwG)
– Versicherungspolicen für Rentenversicherungsverträge, sofern die Verträge weder eine Rückkaufklausel enthalten noch als Sicherheit für Darlehen dienen können (Anlage 1 Nr. 2 lit. b))

115 Versicherungsunternehmen besitzen ein unbeschränktes Einsichtsrecht ins Transparenzregister (§ 23 Abs. 2 Satz 4 GwG; siehe § 23 Rn. 57). Daneben gilt auch für sie das Verbot der Informationsweitergabe in bestimmten Situationen nicht (§ 47 Abs. 2 Nr. 3 und 5 GwG; siehe § 47 Rn. 6 ff.) und sie dürfen sich gem. § 47 Abs. 5 GwG mit anderen Verpflichteten nach § 2 Abs. 1 Nr. 1–9 GwG bestimmte Informationen austauschen (siehe § 47 Rn. 8 ff.).

116 Neben den Regelungen im GwG gelten für die verpflichteten Versicherungsunternehmen in den §§ 52–55 des **Versicherungsaufsichtsgesetzes** (VAG) weitergehende Regelungen, die die internen Sicherungsmaßnahmen, die allgemeinen Sorgfaltspflichten bezüglich des Bezugsberechtigten und die verstärkten Sorgfaltspflichten ergänzen und konkretisieren. Nichtsdestotrotz ist hier festzustellen, dass die GwG-Novelle viele Regelungen aus dem VAG a. F. in das GwG verschoben hat, sodass das VAG die Regelungen des GwG im Vergleich zu zuvor in einem deutlich geringeren Rahmen erweitert.

117 § 53 VAG legt spezifische interne Sicherungsmaßnahmen fest und § 54 VAG regelt die allgemeinen Sorgfaltspflichten bezüglich des Bezugsberechtigten. § 55 VAG bezieht sich auf verstärkte Sorgfaltspflichten. Siehe dazu jeweils die Kommentierung zu §§ 52–55 VAG.

118 Zur Unterstützung dieser Verpflichtetengruppe und der Aufsichtsbehörden bei der Geldwäschebekämpfung hat die FATF eine hilfreiche Handreichung für die Anwendung des risikobasierten Ansatzes (risk-based approach) für den Lebensversicherungssektor veröffentlicht.[125] Eine weitere FATF-Veröffentlichung existiert – wenngleich noch unter der Bezeichnung „Financial Institutions" – für den Versicherungssektor zur Unterstützung bei der Erkennung von Terrorismusfinanzierung.[126]

---
125 FATF, Risk-Based Approach Guidance for the Life Insurance Sector, 2009.
126 FATF, Guidance for Financial Institutions in Detecting Terrorist Financing, 2002.

IX. Versicherungsvermittler (§ 2 Abs. 1 Nr. 8 GwG)

Das GwG verpflichtet neben den Versicherungsunternehmen auch die Versicherungsvermittler im Sinne des § 59 VVG. Darunter sind **sowohl Versicherungsvertreter als auch Versicherungsmakler** zu verstehen (§ 59 Abs. 1 VVG). Nach den § 59 Abs. 2 und 3 VVG sind Versicherungsvertreter von Seiten der Versicherung oder eines Versicherungsvertreters zur gewerbsmäßigen Vermittlung und zum gewerbsmäßigen Abschluss von Versicherungsverträgen beauftragt. Versicherungsmakler erfüllen die gleiche Aufgabe, sind jedoch nicht von einem Versicherungsunternehmen oder -vertreter betraut worden, sondern von einem bestimmten anderen Auftraggeber. Im Unterschied zum Versicherungsvertreter, der allein im Interesse des Versicherungsunternehmens tätig wird, nimmt der Versicherungsmakler seine Tätigkeit nicht allein im Interesse seines Auftraggebers, sondern im Interesse beider potenzieller Parteien des potenziell abzuschließenden Versicherungsvertrages wahr. Als Versicherungsmakler gilt nach § 59 Abs. 3 Satz 2 VVG auch, wer dem Versicherungsnehmer gegenüber den Anschein erweckt, er handle als Versicherungsmakler. Jedoch fällt nicht jeder Versicherungsvermittler unter das Regime des GwG, sondern nur jene, die Versicherungen vermitteln, die unter die in § 2 Abs. 1 Nr. 7 GwG fallen. Zu den verschiedenen Versicherungsprodukten, die erfasst sind, siehe Rn. 105 ff.

119

In den internationalen Regelungen findet sich eine Erwähnung im Hinblick auf eine Verpflichtung der Versicherungsvermittler erst in den Forty Recommendations der FATF aus dem Jahr 2003.[127] Zwei Jahre später wurden diese Empfehlungen dann in die europäischen Normen überführt[128] und sind auch noch in den heutigen Versionen der Regelungen weitgehend unverändert enthalten.[129]

120

Das GwG nahm bereits im August 2002 „Versicherungsmakler" auf und verpflichtete diese geldwäschepräventiven Pflichten.[130] Mit dem GwG 2008 änderte sich die Begrifflichkeit dann zum „Versicherungsvermittler".[131]

121

Mit der neuesten GwG-Novelle zur Umsetzung der 4. EU-Geldwäscherichtlinie erfolgt eine erneute Änderung: Mit der **Ausweitung der verpflichteten Versicherungsunternehmen** (§ 2 Abs. 1 Nr. 7 GwG) erweitert sich durch den Verweis auf § 2 Abs. 1 Nr. 7 GwG auch der Kreis der geldwäscherechtlich verpflichteten Versicherungsvermittler auf solche, die Verträge vermitteln, in denen

122

---

127 FATF, The Forty Recommendations, 2003, S. 13.
128 Art. 3 Nr. 2 lit. e) und Erwägungsgrund 15 der 3. Geldwäscherichtlinie.
129 Vgl. FATF, FATF Recommendations 2012–2017, S. 117; Art. 2 Abs. 1 Nr. 2 i.V.m. Art. 3 Nr. 2 lit. e) der 4. EU-Geldwäscherichtlinie.
130 BGBl. I 2002, S. 3105.
131 BGBl. I 2208, S. 1690, 1691 f.

GwG § 2 Verpflichtete, Verordnungsermächtigung

es um die Vergabe von Darlehen durch Versicherungsunternehmen geht (vgl. Rn. 109). Die Normen decken sich insofern inhaltlich.[132]

123 **Vertreter im Sinne von § 34d Abs. 3 oder Abs. 4 GewO** sind nicht vom Begriff des „Versicherungsvermittlers" im geldwäscherechtlichen Sinne erfasst. Hierbei handelt es sich zum einen um Personen, deren Haupttätigkeit in der Lieferung von Waren oder der Erbringung von Dienstleistungen besteht und die in diesem Zusammenhang Versicherungen nur als Ergänzung ihrer Haupttätigkeit vermitteln und insoweit von einem eine Erlaubnis innehabenden Versicherungsunternehmen oder Versicherungsvermittler beauftragt sind (§ 34d Abs. 3 GewO). Zum anderen handelt es sich um Personen, die als Versicherungsvermittler ausschließlich von einem bestimmten Versicherungsunternehmen oder mehreren Versicherungsunternehmen, deren Produkte nicht in Konkurrenz stehen, beauftragt sind und die auftraggebenden Versicherungsunternehmen für die Vermittlungstätigkeit des Versicherungsvermittlers die uneingeschränkte Haftung übernehmen (§ 34d Abs. 4 GewO).[133] Verpflichtet werden nach dem GwG zusätzlich auch all jene im Inland gelegenen Niederlassungen von Versicherungsvermittlern, die ihren Sitz im Ausland haben.

124 Das GwG sieht einige **Sonderregelungen** für Versicherungsvermittler vor. So müssen Versicherungsvermittler, die für das Versicherungsunternehmen Prämien einziehen, dem Versicherungsunternehmen eine Mitteilung machen, soweit Prämien in bar gezahlt worden sind und die Grenze von 15.000 EUR pro Kalenderjahr überschritten worden ist (§ 10 Abs. 8 GwG). Daneben gibt § 7 Abs. 3 GwG vor, dass auch Versicherungsvermittler (nur) auf Anordnung der Aufsichtsbehörde einen Geldwäschebeauftragten und einen Stellvertreter zu bestellen haben. Daneben gilt nach § 47 Abs. 2 Nr. 3 GwG das Verbot der Informationsweitergabe in bestimmten dort genannten Fällen nicht (siehe § 47 Rn. 10). Vielmehr dürfen die Verpflichteten nach § 2 Abs. 1 Nr. 1–9 GwG miteinander Informationen über bestimmte Sachverhalte austauschen (siehe § 47 Rn. 9). Geldwäscherechtliche Sonderregelungen im VAG oder VVG sind für Versicherungsvermittler nicht vorhanden.

125 Zur Unterstützung dieser Verpflichtetengruppe und der Aufsichtsbehörden bei der Geldwäschebekämpfung im Versicherungssektor hat die FATF eine hilfreiche Handreichung für die Anwendung des risikobasierten Ansatzes (risk-based approach) für den Lebensversicherungssektor veröffentlicht,[134] die sich auch auf die „Vermittler" i. S. d. § 2 Abs. 1 Nr. 8 GwG erstreckt.

---

132 BT-Drs. 18/11555, S. 106.
133 BT-Drs. 16/9038, S. 31.
134 FATF, Risk-Based Approach Guidance for the Life Insurance Sector, 2009.

X. Kapitalverwaltungsgesellschaften (§ 2 Abs. 1 Nr. 9 GwG)

Nach § 2 Abs. 1 Nr. 9 GwG sind auch Kapitalverwaltungsgesellschaften in den Kreis der geldwäscherechtlich Verpflichteten aufgenommen.

126

Die Verpflichtung der Kapitalverwaltungsgesellschaften im GwG setzt Art. 2 Abs. 1 Nr. 2 i.V.m. Art. 3 Nr. 2 lit. a) der 4. EU-Geldwäscherichtlinie i.V.m. Anhang I Nr. 11 der Richtlinie 2013/36/EU[135] und Art. 2 Abs. 1 Nr. 2 i.V.m. Art. 3 Nr. 2 lit. d) und f) der 4. EU-Geldwäscherichtlinie[136] um.

127

Erfasst sind zum einen Kapitalverwaltungsgesellschaften nach § 17 Abs. 1 KAGB, also solche Unternehmen, die ihren satzungsmäßigen Sitz und die Hauptverwaltung in Deutschland haben und deren Geschäftsbetrieb auf die Verwaltung von inländischen Investmentvermögen, EU-Investmentvermögen oder von ausländischen AIF ausgerichtet ist. Dabei ist laut § 17 Abs. 1 Satz 2 KAGB die Verwaltung von Investmentvermögen gegeben, wenn wenigstens Portfolioverwaltung oder Risikomanagement für mindestens ein Investmentvermögen erbracht wird.

128

Unter den Begriff der Kapitalverwaltungsgesellschaft fallen **sowohl externe als auch interne Kapitalverwaltungsgesellschaften** (siehe § 17 Abs. 2 KAGB). „Intern" ist eine Kapitalverwaltungsgesellschaft, wenn die Rechtsform der Gesellschaft eine interne Verwaltung des Investmentvermögens zulässt und im Zuge dessen die Verwaltung des Investmentvermögens durch den Vorstand oder die Geschäftsführung der Gesellschaft, mithin also „intern" erfolgt. Als Rechtsformen, die eine interne Verwaltung des Investmentvermögens zulassen, kommen bei erlaubnispflichtigen Kapitalverwaltungsgesellschaften nur die InvAG und InvKG in Betracht.[137] Bei lediglich registrierungspflichtigen Kapitalverwaltungsgesellschaften ist auch die Rechtsform der InvGmbH möglich.[138] Im Falle einer internen Kapitalverwaltungsgesellschaft stellt das Investmentvermögen selbst die Kapitalverwaltungsgesellschaft dar, sodass die investmentrechtlichen Regeln unmittelbar für das Investmentvermögen gelten. Extern ist eine Kapitalverwaltungsgesellschaft, die vom Investmentvermögen oder im Namen des Investmentvermögens zur Verwaltung des Investmentvermögens bestellt ist und aufgrund dieser Bestellung für die Verwaltung des Investmentvermögens die Verantwortung trägt. Der Akt der Bestellung erfolgt hierbei entweder durch einen Geschäftsbesorgungsvertrag (sog. Fremdverwaltungsvertrag), durch einen

129

---

135 Richtlinie 2004/39/EG des Europäischen Parlaments und des Rates vom 21.4.2004 über Märkte für Finanzinstrumente, zur Änderung der Richtlinien 85/611/EWG und 93/6/EWG des Rates und der Richtlinie 2000/12/EG des Europäischen Parlaments und des Rates und zur Aufhebung der Richtlinie 93/22/EWG des Rates.
136 Vgl. *Warius*, in: Herzog, GwG, § 2 Rn. 142 zur 3. EU-Geldwäscherichtlinie.
137 *Winterhalder*, in: Weitnauer/Boxberger/Anders, KAGB, § 17 Rn. 49.
138 *Winterhalder*, in: Weitnauer/Boxberger/Anders, KAGB, § 17 Rn. 49.

GwG § 2 Verpflichtete, Verordnungsermächtigung

Beschluss des Vorstandes oder der Geschäftsführung oder – was jedoch umstritten ist – durch schlichte Regelung der Befugnisse der externen Verwaltungsgesellschaft im Gesellschaftsvertrag der Investmentgesellschaft.[139]

130 Daneben verpflichtet das GwG auch **im Inland gelegene Zweigniederlassungen** von EU-Verwaltungsgesellschaften und ausländischen AIF-Verwaltungsgesellschaften. Bei EU-Verwaltungsgesellschaften handelt es sich um bestimmte Verwaltungsgesellschaften – namentlich solche Verwaltungsgesellschaften, die Organismen für gemeinsame Anlagen in Wertpapieren oder alternative Investmentfonds verwalten, die in einem EU- oder EWR-Mitgliedstaat ihren Sitz haben (§ 1 Abs. 17 KAGB). Demgegenüber handelt es sich bei ausländischen AIF-Verwaltungsgesellschaften um Verwaltungsgesellschaften alternativer Investmentfonds, die in einem Drittstaat ihren Sitz haben (§ 1 Abs. 18 KAGB).

131 Schließlich sind auch die **ausländischen AIF-Verwaltungsgesellschaften** selbst Verpflichtete, wenn für sie die Bundesrepublik Deutschland Referenzmitgliedstaat ist und die BaFin gem. § 57 Abs. 1 Satz 3 KAGB die Aufsicht über sie ausübt. Betroffen davon sind ausländische AIF-Verwaltungsgesellschaften, deren Tätigkeit in der Verwaltung inländischer Spezial-AIF oder EU-AIF besteht oder die von ihr selbst verwaltete AIF in der EU bzw. im EWR vertreibt (§ 57 Abs. 1 Satz 1 KAGB).[140] Solche ausländischen AIF-Verwaltungsgesellschaften bedürfen im Inland einer Erlaubnis der BaFin bzw. stehen unter der Aufsicht der BaFin, wenn sie die Bundesrepublik Deutschland als Referenzmitgliedstaat angegeben haben und die Bundesrepublik Deutschland auch tatsächlich Referenzmitgliedstaat der ausländischen AIF-Verwaltungsgesellschaft ist (§ 58 Abs. 1 KAGB). Ob die Bundesrepublik Deutschland Referenzmitgliedstaat der ausländischen AIF-Verwaltungsgesellschaft ist, richtet sich nach den umfangreichen Regelungen des § 56 KAGB und des Art. 37 Abs. 4 der Richtlinie 2011/61/EU. Grundgedanke dieser Regelungen ist, dass Referenzmitgliedstaat der ausländischen AIF-Verwaltungsgesellschaft der Mitgliedstaat ist, in dem die ausländische AIF-Verwaltungsgesellschaft die Verwaltung ihrer AIF betreibt bzw. in dem sie den Vertrieb ihrer AIF vornimmt. Schwierige Abgrenzungsfragen bei der Bestimmung des Referenzmitgliedstaates ergeben sich jedoch dann, wenn sich die Verwaltung oder der Vertrieb von AIF durch die ausländische AIF-Verwaltungsgesellschaft auf mehrere Mitgliedstaaten erstreckt. Art. 37 Abs. 4 der Richtlinie 2011/61/EU und § 56 KAGB sehen hierfür ein kompliziertes Abgrenzungsregime vor. Für bestimmte Fallkonstellationen sieht § 56 KAGB ein Einigungsverfahren zwischen den betroffenen Mitgliedstaaten vor. Führt ein solches Einigungsverfahren zwischen den betroffenen Mitgliedstaaten nicht zum Erfolg, kann die AIF-Verwaltungsgesellschaft selbstständig einen der betroffenen Mitgliedstaaten als ihren Referenzmitgliedstaat festlegen (§ 56 Abs. 4 KAGB).

---

139 *Winterhalder*, in: Weitnauer/Boxberger/Anders, KAGB, § 17 Rn. 36.
140 *Klebeck*, in: Weitnauer/Boxberger/Anders, KAGB, § 57 Rn. 1.

XI. Rechtsanwälte, Kammerrechtsbeistände, Patentanwälte   § 2 GwG

Das GwG sieht für diese Gruppe von Verpflichteten **besondere Pflichten** vor. **132** Hierzu gehört zunächst, dass Kapitalverwaltungsgesellschaften einen Geldwäschebeauftragten und einen Stellvertreter bestellen müssen (§ 7 Abs. 1 GwG, siehe § 7 Rn. 10). Weiterhin unterliegen sie nach § 15 Abs. 3 Nr. 3 i.V.m. Abs. 2 GwG bei grenzüberschreitenden Korrespondenzbeziehungen mindestens den in § 15 Abs. 6 GwG genannten verstärkten Sorgfaltspflichten (siehe auch § 15 Rn. 17; vgl. auch die Handreichung der FATF zu Korrespondenzbankbeziehungen[141]). Dass Kapitalverwaltungsgesellschaften im Rahmen der zu erfüllenden Sorgfaltspflichten in § 15 Abs. 6 GwG genannt werden, jedoch nicht in § 15 Abs. 3 Nr. 3 GwG, ist angesichts deren dennoch erfolgenden Aufzählung in der Gesetzesbegründung[142] wohl lediglich ein redaktioneller Fehler, von dessen zeitnaher Korrektur ausgegangen werden kann. Für Kapitalverwaltungsgesellschaften gilt schließlich nach § 47 Abs. 2 Nr. 5 GwG in bestimmten Situationen das Verbot der Informationsweitergabe nicht (siehe § 47 Rn. 16). Daneben gehören diese Verpflichteten auch zu dem Kreis derjenigen Verpflichteten, die sich gem. § 47 Abs. 5 GwG einander bestimmte Informationen über bestimmte Sachverhalte mitteilen dürfen (siehe § 47 Rn. 9 f.).[143]

XI. Rechtsanwälte, Kammerrechtsbeistände, Patentanwälte und Notare (§ 2 Abs. 1 Nr. 10 GwG)

Das GwG bezieht in § 2 Abs. 1 Nr. 10 Rechtsanwälte, Kammerrechtsbeistände, **133** Patentanwälte und Notare in den Verpflichtetenkreis ein, allerdings nur insofern, als sie eine oder mehrere der folgenden **Tätigkeiten** ausüben:
– die Mitwirkung an der Planung oder Durchführung von folgenden Geschäften für ihren Mandanten:
  – Kauf und Verkauf von Immobilien oder Gewerbebetrieben
  – Verwaltung von Geld, Wertpapieren oder sonstigen Vermögenswerten
  – Eröffnung oder Verwaltung von Bank-, Spar- oder Wertpapierkonten
  – Beschaffung der zur Gründung, zum Betrieb oder zur Verwaltung von Gesellschaften erforderlichen Mittel
  – Gründung, Betrieb oder Verwaltung von Treuhandgesellschaften, Gesellschaften oder ähnlichen Strukturen.
– die Durchführung von Finanz- oder Immobilientransaktionen im Namen und auf Rechnung des Mandanten.

Außerhalb dieser Betätigungsbereiche ist das GwG auf die genannten Freiberufler nicht anwendbar. **134**

---

141 FATF, Guidance: Corresponding Banking Services, 2016.
142 Vgl. auch BT-Drs. 18/11555, S. 122.
143 FATF, Guidance for Financial Institutions in Detecting Terrorist Financing, 2002.

GwG § 2 Verpflichtete, Verordnungsermächtigung

135 Die Einbeziehung der rechtsberatenden Berufe war im Hinblick auf die besondere Vertrauensstellung und die Verschwiegenheitspflichten, nicht zuletzt auch aufgrund der Stellung als **Organe der Rechtspflege** sehr umstritten.[144] In strafrechtlicher Hinsicht werden daher Strafverteidiger im Hinblick auf geldwäscherechtlich relevante Vorgänge privilegiert. Nach der Rechtsprechung des BVerfG sind **Strafverteidiger** nämlich unter dem Gesichtspunkt des „Sich-Verschaffens" (§ 261 Abs. 2 Nr. 1 StGB) eines bemakelten Gegenstandes – namentlich des Strafverteidigerhonorars – nicht bereits bei dolus eventualis oder gar Leichtfertigkeit (§ 261 Abs. 5 StGB) strafbar. Vielmehr ist bei Strafverteidigern sichere Kenntnis von der „Bemakelung" des Honorars erforderlich.[145] Nach Auffassung des BVerfG unterliegen Strafverteidiger zwar einer gesteigerten Form der Rechtstreue, andererseits würde ihre Freiheit der Berufsausübung aber allzu stark eingeschränkt, wenn der Strafverteidiger schon bei bloßem Verdacht einer Bemakelung des Verteidigerhonorars einer potenziellen Strafbarkeit wegen Geldwäsche ausgesetzt sein könnte.[146]

136 Diese Rechtsprechung, die sich zunächst lediglich auf das „Sich-Verschaffen" (§ 261 Abs. 2 Nr. 1 StGB) eines bemakelten Gegenstandes – namentlich das Strafverteidigerhonorar – bezog, dehnte das BVerfG de facto auch auf den Vereitelungstatbestand und Gefährdungstatbestand gemäß § 261 Abs. 1 Var. 3 StGB jedenfalls für die Fälle aus, in denen das „Sich-Verschaffen" und das „Vereiteln" oder „Gefährden" ein einheitliches Geschehen darstellt.[147] Damit verfolgte das BVerfG das Ziel, die in den Fällen des „Sich-Verschaffens" nach § 261 Abs. 2 Nr. 1 StGB gewährte Privilegierung nicht leerlaufen zu lassen.[148]

137 Eine strafrechtliche Privilegierung kommt dem Strafverteidiger in den oben genannten Konstellationen allerdings nur zugute, soweit der Strafverteidiger sich in seiner Rolle als Organ der Rechtspflege bewegt. Sobald der Strafverteidiger hingegen aus dieser Rolle ausbricht, kommt ihm eine strafrechtliche Privilegierung nicht mehr zugute.[149] So kann sich ein Strafverteidiger beispielsweise nicht auf eine Privilegierung berufen, wenn er sich „bemakeltes Geld" von seinem Mandanten auf sein Privatkonto überweisen lässt, um dieses dem Zugriff der Gläubiger des Mandanten zu entziehen.[150]

138 Die genannten verfassungsrechtlichen Implikationen schlagen auch auf die die Freiberufe regulierenden Vorschriften des GwG durch und müssen bei der Aus-

---

144 Vergleiche *von Galen*, NJW 2003, 117, 117 f.; *Zuck*, NJW 2002, 1397, 1397 f.
145 BVerfG, NJW 2004, 1305, 1306.
146 BVerfG, NJW 2004, 1305, 1306.
147 BVerfG, NJW 2014, 2949, 2953.
148 BVerfG, NJW 2014, 2949, 2953.
149 *Neuheuser*, in: MüKo-StGB, § 261 Rn. 88.
150 OLG Frankfurt, NJW 2005, 1727, 1733.

XI. Rechtsanwälte, Kammerrechtsbeistände, Patentanwälte § 2 GwG

legung der Vorschriften des GwG für die rechtsberatenden Berufe angemessen berücksichtigt werden.

Historischer Ausgangspunkt der Verpflichtung von Rechtsanwälten, Kammerrechtsbeiständen, Patentanwälten und Notaren im Hinblick auf die genannten Tätigkeiten waren die **FATF-Empfehlungen** Mitte der neunziger Jahre. Insbesondere wurden Anwälte 1996 zum ersten Mal in den FATF-Empfehlungen erwähnt. Dort wird darauf hingewiesen, dass Banken und Finanzinstitute die Identität der Kunden kennen sollten, selbst wenn sie von Anwälten vertreten werden oder ein Anwalt als Vermittler bei Finanzdienstleistungen auftritt.[151] 139

Erst in der 2003-Version der FATF-Empfehlungen wurden Anwälte und Notare dann aber als Verpflichtete aufgeführt.[152] In den aktuellen FATF-Empfehlungen (Stand: Juni 2017) erscheinen die Anwälte und Notare nunmehr in Recommendation 22 lit. d) und Recommendation 23 lit. a). 140

Auf europäischer Ebene traten Rechtsanwälte und andere Rechtsberufe erstmals in Art. 1 Nr. 2 der 2. EU-Geldwäscherichtlinie[153] im Jahr 2001 in Erscheinung. In das GwG fanden diese Verpflichteten hinsichtlich ihrer Tätigkeit als Treuhänder bei Anderkonten bereits im Jahre 1993 Eingang.[154] Im heutigen Umfang wurden sie hingegen erst im Jahre 2002 verpflichtet,[155] obgleich die Verpflichtung auch zu Protest der Anwaltschaft führte.[156] 141

Die heutige Gesetzesfassung in § 2 Abs. 10 Nr. 10 GwG lehnt sich an Recommendation 22 lit. d) und Recommendation 23 lit. a) der aktuellen FATF-Empfehlungen (Stand: Juni 2017) und an die nahezu gleichlautende Vorschrift in Art. 2 Abs. 1 Nr. 3 lit. b) der 4. EU-Geldwäscherichtlinie an. 142

Zu den Rechtsanwälten im Sinne des § 2 Abs. 1 Nr. 10 GwG zählen auch niedergelassene europäische Rechtsanwälte i. S. v. § 2 EuRAG sowie ausländische Rechtsanwälte, die gemäß § 206 BRAO Mitglied der Rechtsanwaltskammer sind. 143

Zu den Patentanwälten zählen auch niedergelassene europäische Patentanwälte.[157] 144

---

151 FATF, The Forty Recommendations, 1996, Interpretive Notes zu Recommendation 11.
152 FATF The Forty Recommendations, 2003, Recommendation 12 lit. d).
153 Richtlinie 2001/97/EG des Europäischen Parlaments und des Rates vom 4.12.2001 zur Änderung der Richtlinie 91/308/EWG des Rates zur Verhinderung der Nutzung des Finanzsystems zum Zwecke der Geldwäsche – Erklärung der Kommission.
154 BGBl. I 1993, S. 1770, 1771; BT-Drs. 12/2704, S. 14.
155 BGBl. I 2002, S. 3105.
156 *Häberle*, in: Erbs/Kohlhaas, Strafrechtliche Nebengesetze, § 2 GwG Rn. 11 m. w. N.
157 BT-Drs. 14/8739, S. 12 i. V. m. BT-Drs. 18/9521, S. 196.

GwG § 2 Verpflichtete, Verordnungsermächtigung

145 Unter den Begriff des „Kammerrechtsbeistandes" fallen natürliche Personen, die zwar nicht als Rechtsanwalt zugelassen sind, die aber im Besitz einer Erlaubnis zur geschäftsmäßigen Rechtsbesorgung nach dem RDG sind und insoweit auf Antrag „als Mitglied der Rechtsanwaltskammer" in die Rechtsanwaltskammer aufgenommen worden sind (§ 209 Abs. 1 BRAO).

146 Schließlich sind vom Verpflichtetenkreis auch **Notare** erfasst. Bei Notaren ist jedoch zu beachten, dass diese im Hinblick auf die Identifizierung von Mandanten speziellen beurkundungsrechtlichen Identifizierungspflichten unterliegen, sodass sich die Frage stellt, in welchem Verhältnis diese Pflichten zu den geldwäscherechtlichen Identifizierungspflichten stehen. Die beurkundungsrechtlichen Identifizierungspflichten stellen geringere Anforderungen an die Identifizierung als die geldwäscherechtlichen Identifizierungspflichten. Nach mittlerweile allgemeiner Ansicht erhalten Notare hierdurch aber keine Privilegierung. Vielmehr müssen sie den geldwäscherechtlichen Identifizierungspflichten – soweit die oben genannten Tätigkeiten betroffen sind – ungeachtet der beurkundungsrechtlichen Identifizierungspflichten vollumfänglich nachkommen.[158] Darüber hinaus ist für die Anwendung der geldwäscherechtlichen Verpflichtungen auf Notare auch nicht erforderlich, dass diese bei den oben genannten Tätigkeiten eine Interessenvertretung wahrnehmen. Vielmehr unterliegen Notare bei den oben genannten Tätigkeiten den Verpflichtungen nach dem GwG auch dann, wenn sie in der Angelegenheit unabhängig und unparteilich agieren.[159]

147 Die **Gründe für die geldwäscherechtliche Verpflichtung** der genannten Berufsgruppen liegen darin, dass die oben genannten Tätigkeiten zu Geldwäsche und Terrorismusfinanzierung missbraucht werden und darüber hinaus Rechtsanwälte und Notare bedauerlicherweise in vielen Fällen bewusst an verschleiernden Finanztransaktionen teilnehmen.[160] Zum einen gehen Kriminelle wohl noch immer davon aus, dass die Schweigepflicht dieser Berufsgruppe die Aufdeckung der Taten verhindern oder zumindest erschweren kann.[161] Zum anderen ist die Beteiligung der Vertreter der Rechtsberufe an den Geschäften teils gesetzlich vorgeschrieben, wie beispielsweise bei der Auflassung, § 925 BGB.[162] Weiterhin

---

158 *Heinemann*, in: Grziwotz/Heinemann, BeurkG, § 10 Rn. 35.
159 *Winkler*, BeurkG, § 10 Rn. 32.
160 Richtlinie 2001/97/EG des Europäischen Parlaments und des Rates vom 4.12.2001 zur Änderung der Richtlinie 91/308/EWG des Rates zur Verhinderung der Nutzung des Finanzsystems zum Zwecke der Geldwäsche – Erklärung der Kommission, Erwägungsgrund 16.
161 FATF, Money Laundering and Terrorist Financing Vulnerabilities of Legal Professionals, 2013, S. 23, 34, 83.
162 FATF, Money Laundering and Terrorist Financing Vulnerabilities of Legal Professionals, 2013, S. 83.

XI. Rechtsanwälte, Kammerrechtsbeistände, Patentanwälte § 2 GwG

verleiht deren Beteiligung von Organen der Rechtspflege den Geschäften den Anschein der Rechtmäßigkeit.[163]

Tatsächlich können die rechtsberatenden Berufe auf verschiedenste Weise mit Geldwäsche und Terrorismusfinanzierung in Berührung kommen und diese – bewusst oder unbewusst – hierbei unterstützen. Die Verwendung von Treuhand- und Anderkonten für Transaktionen ist besonders risikobehaftet. Anderkonten sind geeignet, bei Dritten den besonderen Anschein der Legitimität hervorzurufen. Die Beteiligung der rechtsberatenden Berufe am Kauf und Verkauf von Immobilien ist ähnlich hoch risikobehaftet. Auch etwa im Rahmen von Steuergestaltungen, bei denen Vertreter der Rechtsberufe beratend beteiligt sind, besteht durchweg ein hohes Geldwäscherisiko.[164]

148

Erfasst vom Katalog der geldwäscherechtlich relevanten Tätigkeiten der genannten Berufsträger ist zunächst die Mitwirkung an der Planung oder Durchführung des Kaufs und Verkaufs von Immobilien oder Gewerbebetrieben (§ 2 Abs. 1 Nr. 10 a aa) GwG).

149

Eine **Mitwirkung** an der Planung oder Durchführung liegt bereits bei jeder begleitenden Rechtsberatung vor.[165] Demgegenüber stellt – dies ist für Notare von Bedeutung – die bloße Beglaubigung von den Kauf oder Verkauf von Immobilien oder Gewerbebetrieben betreffenden Verträgen, ohne dass dabei auch eine Beratung oder Belehrung über den Inhalt des zu beglaubigenden Vertrages stattfindet, keine Mitwirkung an der Planung oder Durchführung des Kaufs und Verkaufs von Immobilien oder Gewerbebetrieben dar.[166] Ebenso wenig stellen notariell beglaubigte Vollmachten zur Veräußerung bestimmter Grundstücke oder Gewerbebetriebe eine Mitwirkung an der Planung oder Durchführung solcher Geschäfte dar.[167]

150

Der **Kauf und Verkauf von Immobilien** erfasst nicht nur reine Kauf- und Verkaufsverträge von Grundstücken, sondern auch gemischte Verträge, wie beispielsweise Bauträgerverträge.[168] Der Kauf und Verkauf von Gewerbebetrieben erfasst neben dem klassischen „asset deal" auch den Erwerb von Geschäftsanteilen an dem Gewerbebetrieb, wobei insoweit umstritten ist, ob die veräußerte

151

---

163 FATF, Money Laundering and Terrorist Financing Vulnerabilities of Legal Professionals, 2013, S. 19.
164 Zu diesen und weiteren Varianten und Fallbeispielen siehe FATF, Money Laundering and Terrorist Financing Vulnerabilities of Legal Professionals, 2013.
165 *Johnigk*, in: Herzog/Mülhausen, Geldwäschebekämpfung und Gewinnabschöpfung, § 52 Rn. 30.
166 *Johnigk*, in: Herzog/Mülhausen, Geldwäschebekämpfung und Gewinnabschöpfung, § 52 Rn. 30.
167 *Johnigk*, in: Herzog/Mülhausen, Geldwäschebekämpfung und Gewinnabschöpfung, § 52 Rn. 30.
168 *Heinemann*, in: Grziwotz/Heinemann, BeurkG, § 10 Rn. 37.

GwG § 2   Verpflichtete, Verordnungsermächtigung

bzw. erworbene Beteiligung eine gewisse Mindesthöhe erreichen muss.[169] Nicht erfasst sind hingegen Schenkungen, auf die Begründung, Änderung oder Löschung eines Rechts an einem Grundstück gerichtete Vorgänge (z. B. Grundschulden; nicht aber Auflassungen oder Auflassungsvormerkungen), familien- und erbrechtliche Angelegenheiten, wie auf Grundstücke bezogene Testamente, Erbverträge oder Nachlassauseinandersetzungen.[170]

152   Darüber fällt hinaus unter den Katalog der geldwäscherechtlich relevanten Tätigkeiten die **Verwaltung von Geld, Wertpapieren oder sonstigen Vermögenswerten** des Mandanten (§ 2 Abs. 1 Nr. 10 lit. a) sublit. bb) GwG). Bei Rechtsanwälten fällt hierunter jede längerfristige Verwaltung fremder Gelder oder sonstiger Vermögenswerte auf einem Anderkonto oder in einem Anderdepot.[171] Demgegenüber liegt keine „Verwaltung" in diesem Sinne vor, soweit lediglich durchlaufende Gelder betroffen sind, d. h. Geld eines Dritten zwar auf dem Anderkonto eingeht, dieses aber unverzüglich an den Mandanten weitergeleitet wird.[172] Bei Notaren ist eine Verwaltung von Geld, Wertpapieren oder sonstigen Vermögenswerten insbesondere bei Verwahrungstätigkeiten nach §§ 23, 24 BnotO sowie §§ 57 ff. BeurkG betroffen.[173]

153   Erfasst vom Katalog der geldwäscherechtlich relevanten Tätigkeiten wird zudem die **Eröffnung oder Verwaltung von Bank-, Spar- oder Wertpapierkonten** (§ 2 Abs. 1 Nr. 10 lit. a) sublit. cc) GwG). Dies betrifft lediglich solche Fälle, in denen der Rechtsanwalt oder Notar fremde Konten eröffnet oder verwaltet.[174] Hingegen fällt die Verwaltung fremder Gelder auf eigenen Konten des Rechtsanwaltes oder Notars – insbesondere auf Anderkonten – nicht hierunter (siehe dazu aber § 2 GwG Rn. 148, 152).[175] Ebenfalls nicht umfasst sind Fälle, in denen ein Rechtsanwalt die Verwaltung von fremden Konten für einen Minderjährigen als Vormund bzw. für einen Volljährigen als Betreuer vornimmt, da insoweit die Verwaltungstätigkeit nicht auf einer vertraglichen Grundlage beruht.[176]

---

169 *Warius*, in: Herzog, GwG, § 2 Rn. 157.
170 *Johnigk*, in: Herzog/Mülhausen, Geldwäschebekämpfung und Gewinnabschöpfung, § 52 Rn. 30.
171 *Johnigk*, in: Herzog/Mülhausen, Geldwäschebekämpfung und Gewinnabschöpfung, § 52 Rn. 31.
172 *Johnigk*, in: Herzog/Mülhausen, Geldwäschebekämpfung und Gewinnabschöpfung, § 52 Rn. 31.
173 *Johnigk*, in: Herzog/Mülhausen, Geldwäschebekämpfung und Gewinnabschöpfung, § 52 Rn. 31.
174 *Johnigk*, in: Herzog/Mülhausen, Geldwäschebekämpfung und Gewinnabschöpfung, § 52 Rn. 32.
175 *Johnigk*, in: Herzog/Mülhausen, Geldwäschebekämpfung und Gewinnabschöpfung, § 52 Rn. 32.
176 *Johnigk*, in: Herzog/Mülhausen, Geldwäschebekämpfung und Gewinnabschöpfung, § 52 Rn. 32.

XI. Rechtsanwälte, Kammerrechtsbeistände, Patentanwälte § 2 GwG

Weiterhin vom GwG erfasst ist die Mitwirkung an der oder Durchführung der **Beschaffung der zur Gründung, zum Betrieb oder zur Verwaltung von Gesellschaften erforderlichen Mittel** (§ 2 Abs. 1 Nr. 10 lit. a) sublit. dd) GwG). Dies betrifft vor allem solche Fälle, in denen der Rechtsanwalt oder Notar rechtsberatend oder beurkundend bei Kreditgewährungsverträgen, Schenkungsverträgen und ähnlichen Verträgen zugunsten von Gesellschaften mitwirkt.[177] Darüber hinaus kann auch nur eine mittelbare Mitwirkung an der Mittelbeschaffung genügen, z. B. wenn ein Notar bei der Bestellung von Grundschulden zugunsten einer kreditgebenden Bank mitwirkt.[178]

154

Der Katalog erstreckt sich ferner auf die Mitwirkung an der oder die Durchführung der **Gründung, des Betriebs oder der Verwaltung von Treuhandgesellschaften, Gesellschaften oder ähnlichen Strukturen** (§ 2 Abs. 1 Nr. 10 lit. a) sublit. ee) GwG). Betroffen sind insoweit sämtliche Vorgänge, bei denen der Rechtsanwalt oder Notar an der Gründung, am Betrieb oder an der Verwaltung der Gesellschaft beteiligt ist. Dies betrifft vor allem die Rechtsberatung zum Entwurf eines Gesellschaftsvertrages bzw. dessen Beurkundung im Zusammenhang mit der Gründung einer Gesellschaft sowie die Mitwirkung an jeglichen späteren Änderungen des Gesellschaftsvertrages.[179] Weiterhin fällt darunter auch die Mitwirkung an der erstmaligen Anmeldung der Gesellschaft zum Handelsregister sowie Mitwirkungshandlungen im Zusammenhang mit Umwandlungsvorgängen der Gesellschaft, sofern der Umwandlungsvorgang zum Entstehen eines neuen Rechtsträgers führt.[180]

155

Schließlich fällt unter den Katalog der geldwäscherechtlich relevanten Tätigkeiten noch die Durchführung von **Finanz- oder Immobilientransaktionen** im Namen und auf Rechnung des Mandanten (§ 2 Abs. 1 Nr. 10 lit. b) GwG). Finanz- und Immobilientransaktionen in diesem Sinne sind sämtliche auf eine Geldbewegung oder sonstige Vermögensverschiebungen gerichtete Aktivitäten. Erfasst sind nicht nur die Annahme und Abgabe von Bargeld oder gleichgestellter Zahlungsmittel, sondern auch Vertragsabschlüsse und sonstige in diesem Zusammenhang getätigte Geschäfte wie Überweisungen, die Rückführung eines Kredits oder ein sachenrechtlicher Eigentumswechsel.[181] Erfasst sind insbesondere Tätigkeiten, bei denen Rechtsanwälte in Vollmacht ihres Mandanten Wertpapiere kaufen oder verkaufen, ohne dass sie dabei zugleich ein entsprechendes hierfür vorgesehenes eigenes Wertpapierdepot (dann § 2 Abs. 1 Nr. 10 lit. a)

156

---

177 *Johnigk*, in: Herzog/Mülhausen, Geldwäschebekämpfung und Gewinnabschöpfung, § 52 Rn. 33.
178 *Heinemann*, in: Grziwotz/Heinemann, BeurkG, § 10 Rn. 37.
179 *Johnigk*, in: Herzog/Mülhausen, Geldwäschebekämpfung und Gewinnabschöpfung, § 52 Rn. 34.
180 *Johnigk*, in: Herzog/Mülhausen, Geldwäschebekämpfung und Gewinnabschöpfung, § 52 Rn. 34.
181 BT-Drs. 16/9038, S. 29 f.

sublit. bb) GwG) oder ein Wertpapierdepot des Mandanten (dann § 2 Abs. 1 Nr. 10 lit. a) sublit. cc) GwG) verwalten.[182]

157 Soweit die oben genannten Tätigkeiten betroffen sind und der Verpflichtete daher auf dieser Grundlage bestimmte geldwäscherechtliche Maßnahmen vornehmen muss, ist er von seiner **anwaltlichen Schweigepflicht** befreit.[183] Abseits dieser Tätigkeiten greift hingegen die anwaltliche Schweigepflicht. Nimmt mithin der Verpflichtete auch abseits dieser Tätigkeiten geldwäscherechtliche Maßnahmen vor, kann dies – etwa im Fall einer Offenlegung von Verdachtsfällen oder Verdachtsanzeige – in Konflikt mit der Schweigepflicht geraten, was in Extremfällen für ihn zu einer Strafbarkeit nach § 203 StGB führen kann.[184]

158 In wirtschaftsstrafrechtlicher Hinsicht treffen die rechtsberatenden Berufe seit der Abkehr von der Straflosigkeit der „**Eigengeldwäsche**" nunmehr deutlich erhöhte Geldwäscherisiken als Beteiligter (insbesondere Beihilfe) als früher. Dies spiegelt sich allerdings nicht unbedingt in einer erhöhten Sensibilität der rechtsberatenden Berufsgruppen wider:

159 Soweit die genannten Rechtsberufe von ihrer anwaltlichen Schweigepflicht befreit sind, sind sie insbesondere nach § 43 GwG zur Tätigung von **Verdachtsmeldungen** verpflichtet. Nach dem am 22.6.2017 veröffentlichten Jahresbericht der Financial Intelligence Unit (FIU) für das Kalenderjahr 2016 belief sich die Gesamtzahl der Verdachtsmeldungen im Jahr 2015 auf 29.108 Verdachtsmeldungen, im Jahr 2016 auf 40.690 Verdachtsmeldungen.[185] Der Anteil der Verdachtsmeldungen, die von den rechtsberatenden Berufen vorgenommen worden sind, war jedoch schwindend gering. So erfolgten im Jahr 2015 lediglich 29 Verdachtsmeldungen von Rechtsanwälten, keine Verdachtsmeldung von Kammerrechtsbeiständen, keine Verdachtsmeldung von Patentanwälten und lediglich eine einzige Verdachtsmeldung von Notaren.[186] Im Jahr 2016 erfolgten fünf Verdachtsmeldungen von Rechtsanwälten, zwei Verdachtsmeldungen von Kammerrechtsbeiständen, keine Verdachtsmeldung von Patentanwälten und zwei Verdachtsmeldungen von Notaren.[187]

160 Daraus wird ersichtlich, dass das Meldeverhalten im Bereich der rechtsberatenden Berufe im Verhältnis zum Finanzsektor, auf den im Jahr 2015 von den 29.108 Verdachtsmeldungen 28.834 Verdachtsmeldungen und im Jahr 2016 von

---

182 *Johnigk*, in: Herzog/Mülhausen, Geldwäschebekämpfung und Gewinnabschöpfung, § 52 Rn. 35.
183 *Warius*, in: Herzog, GwG, § 2 Rn. 147.
184 *Warius*, in: Herzog, GwG, § 2 Rn. 147.
185 Jahresbericht Financial Intelligence Unit (FIU) für das Geschäftsjahr 2016, S. 10.
186 Jahresbericht Financial Intelligence Unit (FIU) für das Geschäftsjahr 2016, S. 10.
187 Jahresbericht Financial Intelligence Unit (FIU) für das Geschäftsjahr 2016, S. 10.

XI. Rechtsanwälte, Kammerrechtsbeistände, Patentanwälte § 2 GwG

den 40.690 Verdachtsmeldungen 40.438 Verdachtsmeldungen entfallen sind,[188] nicht den tatsächlichen Risiken zu entsprechen scheint.

Die FATF sieht – wohl auch aufgrund des zurückhaltenden Meldeverhaltens der rechtsberatenden Berufe – in ihrem im Juni 2014 veröffentlichten dritten Evaluationsreport über die aktuelle geldwäscherechtliche Situation in Deutschland an einigen Stellen im Hinblick auf die rechtsberatenden Berufe noch Verbesserungsbedarf. Insgesamt werden weite Teile des Nicht-Finanzsektors nur als „partly compliant" angesehen, unter anderem auch wegen der Verschwiegenheitsregeln der rechtsberatenden Berufe sowie deren mangelnder Sensibilisierung.[189] 161

Für Rechtsanwälte, Kammerrechtsbeistände, Patentanwälte und Notare sieht das GwG aufgrund deren Stellung als Organe der Rechtspflege zudem **einige fundamentale Abweichungen von den üblichen Vorschriften** vor: Arbeitet einer dieser Berufsträger als Angestellter für ein Unternehmen, so sind gem. § 6 Abs. 3 GwG die internen Sicherungsmaßnahmen nicht von ihm, sondern vom Unternehmen vorzunehmen (Näheres siehe § 6 Rn. 113). Nach § 7 Abs. 3 GwG wird die Bestellung eines Geldwäschebeauftragten und eines Stellvertreters nötig, wenn die Aufsichtsbehörde dies anordnet (Näheres siehe § 7 Rn. 21). Grundsätzlich dürfen nach dem GwG Verpflichtete keine Geschäftsbeziehungen eingehen oder Transaktionen durchführen bzw. müssen bereits existierende Geschäftsbeziehungen abbrechen, wenn sie die allgemeinen Sorgfaltspflichten nicht erfüllen können. Dies gilt jedoch nach § 10 Abs. 9 GwG nicht für die Verpflichteten nach § 2 Abs. 1 Nr. 10 GwG, wenn der Mandant eine Rechtsberatung oder Prozessvertretung anstrebt. Eine Rückausnahme besteht jedoch für den Fall, dass der Verpflichtete weiß, dass die Rechtsberatung bewusst der Geldwäsche oder der Terrorismusfinanzierung dienen soll (Näheres siehe § 10 Rn. 130 ff.). 162

Ebenso können diese Verpflichteten gem. § 30 Abs. 3 Satz 3 GwG gegenüber der Zentralstelle für Finanztransaktionsuntersuchungen und gem. § 52 Abs. 5 gegenüber der Aufsichtsbehörde eine **Auskunft verweigern**, wenn sich deren Anfrage auf Informationen erstreckt, die im Rahmen der Rechtsberatung oder Prozessvertretung erlangt wurden. Die eben genannte Rückausnahme gilt auch hier: Die Auskunft darf nach Satz 4 nicht verweigert werden, wenn der Verpflichtete weiß, dass die Rechtsberatung dem Zwecke der Geldwäsche oder Terrorismusfinanzierung diente oder dient (Näheres siehe § 30 Rn. 13 ff. und § 52 Rn. 19). Einen ähnlichen Schutz bietet auch § 43 Abs. 2 GwG, wonach diese Verpflichteten auch keine Verdachtsmeldungen vornehmen müssen, wenn sich die Sachverhalte, die gemeldet werden müssten, auf Informationen beziehen, zu denen sie eigentlich die Schweigepflicht wegen eines Mandatsverhältnisses ein- 163

---

188 Jahresbericht Financial Intelligence Unit (FIU) für das Geschäftsjahr 2016, S. 10.
189 FATF, 3rd Follow up Report to the Country Evaluation, Germany, Juni 2014, S. 28 ff.

GwG § 2 Verpflichtete, Verordnungsermächtigung

halten müssen. Die genannte Rückausnahme gilt auch hier, sodass durchaus eine Meldung abgegeben werden muss, wenn positives Wissen vorliegt, dass das Mandatsverhältnis der Geldwäsche, der Terrorismusfinanzierung oder – und hierin liegt ein Unterschied zu den anderen Rückausnahmen – einer anderen Straftat diente oder dient (Näheres siehe § 43 Rn. 29 ff.). Daneben gilt das Verbot der Informationsweitergabe in bestimmten Konstellationen nach § 47 Abs. 2 Nr. 4 und 5 GwG nicht für diese Verpflichtetengruppe (Näheres siehe § 47 Rn. 14 ff.). Zuletzt besitzen Notare als einzige dieser Verpflichteten ein unbeschränktes Einsichtsrecht in das Transparenzregister (§ 23 Abs. 2 Satz 4 GwG; siehe § 23 Rn. 57).

164 Zur Unterstützung der rechtsberatenden Berufe und der Kammern bei der Geldwäschebekämpfung hat die FATF eine hilfreiche Handreichung für die Anwendung des risikobasierten Ansatzes (risk-based approach) für Berufsträger in Rechtsberufen veröffentlicht.[190]

165 Weiterhin hat die **Bundesrechtsanwaltskammer Verhaltensempfehlungen für Rechtsanwälte** im Hinblick auf die Vorschriften des Geldwäschebekämpfungsgesetzes und die Geldwäsche, § 261 StGB, veröffentlicht.[191] Die lokalen Rechtsanwaltskammern sehen auf ihren Internetpräsenzen entsprechende Verweise auf die genannten Verhaltensempfehlungen der Bundesrechtsanwaltskammer vor. Darüber hinaus hat auch die Bundesnotarkammer im Hinblick auf Notare Anwendungsempfehlungen zum Geldwäschegesetz veröffentlicht.[192]

XII. Rechtsbeistände ohne Mitgliedschaft in einer Rechtsanwaltskammer und registrierte Personen nach § 10 RDG (§ 2 Abs. 1 Nr. 11 GwG)

166 § 2 Abs. 1 Nr. 11 GwG verpflichtet auch Rechtsbeistände, die nicht Mitglied einer Rechtsanwaltskammer sind, und registrierte Personen nach § 10 Rechtsdienstleistungsgesetz (RDG), die geldwäscherechtlichen Pflichten einzuhalten.

---

190 FATF, RBA Guidance for Legal Professionals, 2008.
191 Bundesrechtsanwaltskammer, Verhaltensempfehlungen für Rechtsanwälte im Hinblick auf die Vorschriften des Geldwäschebekämpfungsgesetzes (GwG) und die Geldwäsche, § 261 StGB, abrufbar auf http://www.brak.de/w/files/02_fuer_anwaelte/berufsrecht/verhaltensempfehlung_gwg-c261stgb.pdf.
192 Bundesnotarkammer, Anwendungshinweise zum Gesetz über das Aufspüren von Gewinnen aus schweren Straftaten (Geldwäschegesetz – GwG) vom 13.8.2008, das zuletzt durch Artikel 1 des Gesetzes zur Optimierung der Geldwäscheprävention vom 22.12.2011 sowie durch Artikel 1 des Gesetzes zur Ergänzung des Geldwäschegesetzes vom 18.2.2013 geändert wurde; Stand Juli 2013, abrufbar auf https://www.bnotk.de/_downloads/Anwendungsempfehlungen/130712_Anwendungsempfehlungen_GwG.pdf.

XII. Rechtsbeistände ohne Mitgliedschaft § 2 GwG

Dies gilt wie bei den Verpflichteten nach § 2 Abs. 1 Nr. 10 GwG jedoch wie bei den weiteren rechtsberatenden Berufen auch nur insoweit, als sie regelmäßig[193] die folgenden Tätigkeiten ausüben:

- die Mitwirkung an der Planung oder Durchführung von folgenden Geschäften für ihren Mandanten:
  - Kauf und Verkauf von Immobilien oder Gewerbebetrieben
  - Verwaltung von Geld, Wertpapieren oder sonstigen Vermögenswerten
  - Eröffnung oder Verwaltung von Bank-, Spar- oder Wertpapierkonten
  - Beschaffung der zur Gründung, zum Betrieb oder zur Verwaltung von Gesellschaften erforderlichen Mittel
  - Gründung, Betrieb oder Verwaltung von Treuhandgesellschaften, Gesellschaften oder ähnlichen Strukturen.
- die Durchführung von Finanz- oder Immobilienstrukturen im Namen und auf Rechnung des Mandanten.

Bei anderen Tätigkeiten, unterfallen die Verpflichteten nicht den Bestimmungen des GwG. 167

Weder die FATF-Empfehlungen noch die EU-Richtlinien unterscheiden zwischen **verkammerten und nicht verkammerten Berufsträgern** im Rechtsbereich, sondern fassen alle rechtsberatenden Berufe unter den Begriff „independent legal professionals". Aus diesem Grund liegen die internationalen Rechtsgrundlagen für die Verpflichtung wie bei den Verpflichteten aus Nr. 10 in der Recommendation 22 lit. d) der FATF-Empfehlungen[194] und in Art. 2 Abs. 1 Nr. 3 lit. b) der 4. EU-Geldwäscherichtlinie (vgl. hierzu auch die Ausführungen zu den Rechtsgrundlagen in Rn. 139 ff.). 168

Hintergrund der systematischen Trennung der Rechtsbeistände ohne Mitgliedschaft in einer Rechtsanwaltskammer sowie der registrierten Personen nach § 10 RDG (§ 1 Abs. 1 Nr. 11 GwG) von den Rechtsanwälten, Kammerrechtsbeiständen, Patentanwälten und Notaren (§ 1 Abs. 1 Nr. 10 GwG) in § 2 GwG ist, dass der Gesetzgeber ausdrücklich klarstellen wollte, welche rechtsberatenden Berufsgruppen einer standesrechtlichen Verschwiegenheitsverpflichtung unterliegen (nämlich nur die letztgenannten Verpflichteten) und welche rechtsberatenden Berufsgruppen einer solchen **standesrechtlichen Verschwiegenheitsverpflichtung** nicht unterliegen (nämlich die erstgenannten Verpflichteten).[195] Denn das GwG sieht für solche rechtsberatenden Berufsgruppen, die einer Verschwiegenheitsverpflichtung unterliegen, gewisse Privilegierungen vor (vgl. § 10 Abs. 9, § 30 Abs. 3 Satz 3, § 43 Abs. 2 und § 52 Abs. 5 GwG), sodass eine begriffliche 169

---

193 *Warius*, in: Herzog, GwG, § 2 Rn. 167.
194 FATF, FATF Recommendations 2012–2017.
195 BT-Drs. 17/6804, S. 26.

GwG § 2 Verpflichtete, Verordnungsermächtigung

Trennung durch den Gesetzgeber sinnvollerweise erfolgen musste.[196] Ebendiese Privilegierungen gelten für Rechtsbeistände ohne Mitgliedschaft in einer Rechtsanwaltskammer sowie die registrierten Personen nach § 10 RDG selbst dann nicht, wenn diese mit ihren Mandanten eine vertragliche Verschwiegenheitsverpflichtung vereinbart haben.[197]

170 Registrierte Personen nach § 10 RDG sind natürliche oder juristische Personen oder Gesellschaften ohne Rechtspersönlichkeit, die

– Inkassodienstleistungen,
– Rentenberatungen auf dem Gebiet der gesetzlichen Renten- und Unfallversicherung, dem sozialen Entschädigungsrecht, dem übrigen Sozialversicherungs- und Schwerbehindertenrecht mit Bezug zu einer gesetzlichen Rente oder der betrieblichen und berufsständischen Versorgung oder
– Rechtsdienstleistungen in einem ausländischen Recht oder bzw. im EU- oder EWR-Recht erbringen.

171 Zu den **Rechtsdienstleistungen** im Sinne des RDG zählt jede Tätigkeit, die in einer konkreten fremden Angelegenheit erbracht wird und die eine rechtliche Prüfung des Einzelfalls erfordert (§ 2 Abs. 1 RDG). Allgemeine Rechtsauskünfte oder rechtsbesorgende Bagatelltätigkeiten sowie Geschäftsbesorgungen, die keine besondere rechtliche Prüfung erfordern, stellen demgegenüber keine Rechtsdienstleistung dar.[198] **Keine Rechtsdienstleistungen** sind des Weiteren das Erstatten wissenschaftlicher Gutachten, die Tätigkeit von Einigungs- und Schlichtungsstellen. Die Mediation stellt nur dann eine Rechtsdienstleistung dar, wenn sie durch rechtliche Regelungsvorschläge in die Gespräche der Beteiligten eingreift (§ 2 Abs. 3 RDG).

172 Inkassodienstleistungen definiert § 2 Abs. 2 RDG als die Einziehung fremder oder zum Zweck der Einziehung auf fremde Rechnung abgetretener Forderungen, wenn die Forderungseinziehung als eigenständiges Geschäft betrieben wird. Nicht erfasst vom Begriff der Inkassodienstleistung ist hingegen der Forderungskauf, d.h. der Vollerwerb der Forderungen durch den Dienstleister.[199]

173 Nicht verkammerte Rechtsbeistände und registrierte Personen nach § 10 RDG trifft nach § 6 Abs. 3 GwG die Pflicht zur Errichtung von internen Sicherungsmaßnahmen nicht den nicht verkammerten Rechtsbeistand oder die registrierte Person selbst, sondern das Unternehmen, bei dem er angestellt ist (siehe § 6 Rn. 113). Wenn die Aufsichtsbehörde die entsprechende Anordnung erlässt, muss der nicht verkammerte Rechtsbeistand oder die registrierte Person einen Geldwäschebeauftragten und einen Stellvertreter bestellen (§ 7 Abs. 3 GwG;

---

196 BT-Drs. 17/6804, S. 26.
197 *Warius*, in: Herzog, GwG, § 2 Rn. 166.
198 *Warius*, in: Herzog, GwG, § 2 Rn. 164.
199 *Warius*, in: Herzog, GwG, § 2 Rn. 164.

siehe § 7 Rn. 21). Schließlich gilt das grundsätzliche Verbot der Informationsweitergabe in bestimmten Fällen nicht für diese Verpflichteten (§ 47 Abs. 2 Nr. 4 GwG; siehe § 47 Rn. 14).

Zur Unterstützung dieser Verpflichteten und der (Selbst-)Regulierungskörperschaften bei der Geldwäschebekämpfung hat die FATF eine Handreichung für die Anwendung des risikobasierten Ansatzes (risk-based approach) für solche Berufsträger in Rechtsberufen veröffentlicht.[200] 174

Zudem sehen einige Bundesländer[201] und Industrie- und Handelskammern[202] besondere Empfehlungen bzw. **Merkblätter** zur Unterstützung der genannten Verpflichteten hinsichtlich der Anwendung des Geldwäschegesetzes vor. 175

Schließlich haben auch zahlreiche Regionalstellen des Verbandes „Creditreform" besondere Hinweise zur Verhinderung von Geldwäsche und Terrorismusfinanzierung im Inkassobereich veröffentlicht.[203] 176

XIII. Wirtschaftsprüfer, vereidigte Buchprüfer, Steuerberater und Steuerbevollmächtigte (§ 2 Abs. 1 Nr. 12 GwG)

Auch Wirtschaftsprüfer, vereidigte Buchprüfer, Steuerberater und Steuerbevollmächtigte werden durch § 2 Abs. 1 Nr. 12 GwG in den Kreis der Verpflichteten des GwG aufgenommen. Sie werden vom GwG **pauschal** in den Anwendungsbereich aufgenommen und nicht wie die Verpflichteten in Nr. 10 und Nr. 11 nur bei der Ausführung bestimmter Tätigkeiten angesprochen. Der Grund hierfür ist, dass die Tätigkeiten dieser Berufsgruppen fast immer in Verbindung mit Tätigkeiten stehen, die zur Geldwäsche missbraucht werden können.[204] Eine Gemeinsamkeit zu den Verpflichteten aus Nr. 10 liegt jedoch darin, dass sie im Zusammenhang mit rechtlichen Mandatsverhältnissen einigen Privilegierungen im 177

---

200 FATF, RBA Guidance for Legal Professionals, 2008.
201 Siehe beispielsweise die Empfehlungen des Landesverwaltungsamtes des Freistaates Thüringen für Unternehmen aus dem Nichtbankensektor und Finanzunternehmen, abrufbar unter http://www.thueringen.de/imperia/md/content/tlvwa2/510/merkblatt_f__r_unternehmen_im_nichtbankensektor_und_finanzunternehmen.pdf.
202 Siehe beispielsweise das Merkblatt der Industrie- und Handelskammer Krefeld zur Geldwäscheprävention vom 6.3.2013, abrufbar unter https://www.ihk-krefeld.de/de/media/pdf/existenzgruendung-und-unternehmensfoerderung/existenzgruendung/geldwaeschepraevention-mitwirkungspflichten-fuer-unternehmer.pdf.
203 Siehe beispielsweise die Hinweise der Creditreform Nürnberg zur Verhinderung von Geldwäsche und Terrorismusfinanzierung im Inkasso, abrufbar unter https://www.creditreform-nuernberg.de/nc/news/news/news-list/details/news-detail/verhinderung-von-geldwaesche-und-terrorismusfinanzierung-im-inkasso.html.
204 *Häberle*, in: Erbs/Kohlhaas, Strafrechtliche Nebengesetze, § 2 GwG Rn. 14.

GwG § 2 Verpflichtete, Verordnungsermächtigung

Hinblick auf Steuer- und Geschäftsgeheimnisse unterliegen (siehe unten Rn. 187).

178 Die **FATF-Recommendations** sahen erstmals in den Empfehlungen aus dem Jahre 2003 vor, die genannten Berufsgruppen geldwäscherechtlich zu verpflichten.[205] Diese Empfehlung ist bis heute – auch textlich nahezu unverändert – in den FATF-Empfehlungen geblieben.[206] Die Berufsgruppen werden von den FATF-Empfehlungen gemeinsam mit den Rechtsberufen gelistet und damit einhergehend auch gemeinsam mit dem Katalog an Fallgestaltungen, bei denen die geldwäscherechtlichen Regelungen greifen sollen (siehe Rn. 139). Dem ist auf europäischer Ebene allerdings nicht gefolgt worden. Vielmehr zählt bereits die 2. Europäische Geldwäscherichtlinie im Jahre 2001 in Art. 1 Nr. 2 Nr. 3 insbesondere die Abschlussprüfer, externe Buchprüfer und Steuerberater ohne Einschränkungen als Verpflichtete auf. Dies ist bis zur aktuellen 4. EU-Geldwäscherichtlinie[207] unverändert geblieben.

179 Der Grund für die Nichtumsetzung der Einschränkungen ist in der nahezu umfassenden Exposition dieser Berufsgruppe mit Geldwäsche- und Terrorismusfinanzierungsrisiken bei ihrer täglichen Arbeit zu sehen.[208] In Deutschland sind Wirtschaftsprüfer, vereidigte Buchprüfer, Steuerberater und Steuerbevollmächtigte konsequenterweise im Jahr 2002 uneingeschränkt geldwäscherechtlich verpflichtet worden.[209] Hinter der Einbeziehung der genannten Berufsgruppen steht der sogenannte „**all crimes approach**" (vgl. oben § 1 Rn. 16): Gegenüber den Gegebenheiten in den Jahren 2001 bzw. 2003 hat sich der Vortatenkatalog zur Geldwäsche wie beschrieben erheblich erweitert. Während die steuerberatenden und wirtschaftsprüfenden Berufe unter dem „klassischen Erklärungsmodell" nur beim Kontakt mit organisierten Kriminellen und deren Vermögenstransaktionen überhaupt geldwäscherelevant tätig werden konnten, wurde insbesondere durch die Aufnahme kapitalmarktstrafrechtlicher, steuerstrafrechtlicher und weiterer wirtschaftsstrafrechtlicher Normen die praktische Relevanz der Vorschriften für die steuerberatenden und wirtschaftsprüfenden Berufe deutlich erhöht. Die schon vielerorts festgestellte (vgl. unten Rn. 185) **mangelnde Sensibilisierung** der erfassten Berufsgruppen, welches im Hinblick auf verschiedene Veröffentlichungen in der Presse in den letzten Jahren, z. B. im Hinblick auf die „Panama

---

205 FATF, The Forty Recommendations, 2003, Recommendations 12 lit. d) und Recommendation 16 lit. a).
206 FATF, FATF Recommendations 2012–2017, Recommendation 22 lit. d) und Recommendation 23 lit. a).
207 Art. 2 Abs. 1 Nr. 3 lit. a) der Vierten EU-Geldwäscherichtlinie.
208 Vgl. BT-Drs. 14/8739, S. 12 i. V. m. Richtlinie 2001/97/EG des Europäischen Parlaments und des Rates vom 4.12.2001 zur Änderung der Richtlinie 91/308/EWG des Rates zur Verhinderung der Nutzung des Finanzsystems zum Zwecke der Geldwäsche – Erklärung der Kommission, Erwägungsgründe 16 und 19.
209 BGBl. I 2002, S. 3105.

XIII. Wirtschaftsprüfer, vereidigte Buchprüfer § 2 GwG

Papers" oder die „Paradise Papers", dürfte beim Gesetzgeber zukünftig auf zunehmendes Unbill stoßen.

Hinsichtlich der Teilnahme von Steuerberatern und Wirtschaftsprüfern an den 180
Vortaten und die Auswirkung auf deren eigene strafrechtliche Risikoexposition
gelten besondere Regeln.

Die Verpflichtung der Wirtschaftsprüfer, vereidigten Buchprüfer, Steuerberater 181
und Steuerbevollmächtigten umfassen selbstverständlich die allgemeinen geldwäscherechtlichen Identifizierungspflichten. Hierbei stellt sich im Hinblick auf den Zeitpunkt der vorzunehmenden Identifizierung die praktisch bedeutsame Frage, ab welchem Zeitpunkt eine „**Geschäftsbeziehung**" zwischen dem Verpflichteten und dem Mandanten besteht (vgl. dazu näher § 11 GwG, Rn. 3). Prinzipiell kann von einer Geschäftsbeziehung zwischen dem Verpflichteten und dem Mandanten erst gesprochen werden, wenn das in Rede stehende „Geschäft" abgeschlossen ist. Die bloße Anbahnungsphase ist mithin noch nicht erfasst.[210] Allerdings fordert eine „Geschäftsbeziehung" im Sinne des § 1 Abs. 4 GwG auch eine gewisse Dauerhaftigkeit (vgl. dazu näher § 1 GwG, Rn. 41). Der bloße Abschluss des in Rede stehenden Geschäfts genügt mithin noch nicht. Vielmehr muss davon auszugehen sein, dass die Beziehung zwischen dem Verpflichteten und dem Mandanten von gewisser Dauer sein wird. Hiervon kann jedenfalls dann nicht ausgegangen werden, wenn sich der eingegangene Vertrag in einer einmaligen Erfüllungshandlung erschöpft, wie etwa bei einer Erstberatung, einer Abschlussprüfung oder einem Steuerberatungsvertrag, welche/r lediglich für ein Geschäftsjahr bzw. für ein Veranlagungsjahr in Auftrag gegeben wird, oder bei einem einmaligen Auftrag zur Erstellung der Buchführung, einer Steuererklärung, eines Jahresabschlusses oder eines Gutachtens.[211]

Zeichnet sich hingegen bereits bei einer **Erstbeauftragung zu einer Abschluss-** 182
prüfung ab, dass eine weitere Beauftragung für sich anschließende Geschäftsjahre beabsichtigt ist, liegt bereits im Zeitpunkt dieser Erstbeauftragung eine Geschäftsbeziehung vor.[212] Ist demgegenüber bei der Erstbeauftragung nichts dafür ersichtlich, dass eine weitere Beauftragung für sich anschließende Geschäftsjahre beabsichtigt ist, kommt es später dann aber unerwartet doch noch zu weiteren Beauftragungen, muss die Identifizierung spätestens im Zeitpunkt der Erteilung des Folgeauftrages vorgenommen werden.[213]

Die genannten Verpflichteten sind nach § 43 GwG zur Abgabe von **Verdachts-** 183
meldungen verpflichtet. Nach dem am 22.6.2017 veröffentlichten Jahresbericht

---

210 *Warius*, in Herzog, GwG, § 2 Rn. 171.
211 Wirtschaftsprüferkammer, Auslegungs- und Anwendungshinweise zum Geldwäschegesetz, April 2012, II. 2.
212 *Warius*, in: Herzog, GwG, § 2 Rn. 171.
213 Wirtschaftsprüferkammer, Auslegungs- und Anwendungshinweise zum Geldwäschegesetz, April 2012, II. 2.

GwG § 2 Verpflichtete, Verordnungsermächtigung

der Financial Intelligence Unit (FIU) für das Geschäftsjahr 2016 belief sich die Gesamtzahl der Verdachtsmeldungen im Jahr 2015 auf 29.108 Verdachtsmeldungen, im Jahr 2016 auf 40.690 Verdachtsmeldungen.[214] Der Anteil der Verdachtsmeldungen, die von den genannten Verpflichteten vorgenommen worden sind, war jedoch schwindend gering. So erfolgten im Jahr 2015 lediglich 3 Verdachtsmeldungen von Wirtschaftsprüfern, keine Verdachtsmeldung von vereidigten Buchprüfern, eine Verdachtsmeldung von Steuerberatern und keine Verdachtsmeldung von Steuerbevollmächtigten.[215] Im Jahr 2016 erfolgten zwei Verdachtsmeldungen von Wirtschaftsprüfern, keine Verdachtsmeldungen von vereidigten Buchprüfern, drei Verdachtsmeldungen von Steuerberatern und keine Verdachtsmeldung von Steuerbevollmächtigten.[216]

184 Daraus wird ersichtlich, dass das Meldeverhalten im Bereich der Wirtschafts- und vereidigten Buchprüfer sowie der Steuerberater und Steuerbevollmächtigten im Verhältnis zum Finanzsektor nicht den tatsächlichen Risiken zu entsprechen scheint.

185 Die FATF sieht – wohl auch aufgrund des **zurückhaltenden Meldeverhaltens** der genannten Verpflichteten – in ihrem im Juni 2014 veröffentlichten dritten Evaluationsreport über die aktuelle geldwäscherechtliche Situation in Deutschland an einige Stellen im Hinblick auf die Berufe der Wirtschafts- und vereidigten Buchprüfer sowie der Steuerberater und Steuerbevollmächtigten noch Verbesserungsbedarf. Insgesamt werden weite Teile des Nicht-Finanzsektors nur als „partly compliant" angesehen, unter anderem auch wegen der Verschwiegenheitsregeln der genannten Berufsgruppen, die nach Ansicht der FATF von den genannten Berufsgruppen zu weit ausgedehnt werden.[217]

186 Abweichend von den regulären Bestimmungen sieht das GwG zudem folgende **Sonderregelungen** für Wirtschafts- und vereidigte Buchprüfer sowie für Steuerberater und Steuerbevollmächtigte vor: Zunächst treffen die internen Sicherungsmaßnahmen nicht den einzelnen Verpflichteten dieser Gruppe, wenn dieser bei einem Unternehmen angestellt ist, sondern das Unternehmen (§ 6 Abs. 3 GwG, siehe § 6 Rn. 113). Weiterhin müssen die genannten Verpflichteten auf Anordnung der BaFin einen Geldwäschebeauftragten sowie einen Stellvertreter bestellen (siehe § 7 Rn. 21 ff.). Zudem gilt für diese Verpflichtetengruppe das Verbot der Informationsweitergabe in bestimmten Situationen nicht (§ 47 Abs. 2 Nr. 4 und 5 GwG; siehe § 47 Rn. 10).

187 Da auch Wirtschaftsprüfer, vereidigte Buchprüfer, Steuerberater und Steuerbevollmächtigte der **Verschwiegenheitsverpflichtung** unterliegen (vgl. § 203

---

214 Jahresbericht Financial Intelligence Unit (FIU) für das Geschäftsjahr 2016, S. 10.
215 Jahresbericht Financial Intelligence Unit (FIU) für das Geschäftsjahr 2016, S. 10.
216 Jahresbericht Financial Intelligence Unit (FIU) für das Geschäftsjahr 2016, S. 10.
217 FATF, 3rd Follow up Report to the Country Evaluation, Germany, Juni 2014, S. 33.

XIII. Wirtschaftsprüfer, vereidigte Buchprüfer § 2 GwG

Abs. 1 Nr. 3 StGB), sieht das GwG hier – ähnlich wie beispielsweise bei den Rechtsanwälten – einige Privilegierungen vor. § 10 Abs. 9 GwG sieht vor, dass Geschäftsbeziehungen ausnahmsweise begonnen bzw. nicht abgebrochen werden müssen, wenn ein Mandant eine Rechtsberatung oder Prozessvertretung verlangt, obwohl die allgemeinen Sorgfaltspflichten nicht durchgeführt werden konnten. Eine Ausnahme gilt jedoch, wenn der Verpflichtete weiß, dass der Mandant die Rechtsberatung zum Zweck der Geldwäsche oder der Terrorismusfinanzierung in Anspruch nimmt (siehe § 10 Rn. 130 ff.). Die gleiche Ausnahme gilt bei der Privilegierung dieser Verpflichteten, gegenüber der Zentralstelle für Finanztransaktionsuntersuchungen und gegenüber der Aufsichtsbehörde, Auskünfte zu verweigern, wenn sich die Anfragen auf Informationen aus der Rechtsberatung oder der Prozessvertretung erstrecken. Hier endet die Privilegierung dort, wo der Verpflichtete von der genannten Zwecksetzung der Rechtsberatung weiß (§ 30 Abs. 3 Satz 3 und 4, § 52 Abs. 5 GwG; siehe § 30 Rn. 13 ff. und § 52 Rn. 19). Ähnlich ist auch § 43 Abs. 2 GwG ausgestaltet, wonach von den genannten Verpflichteten keine Verdachtsmeldungen erstattet werden müssen, wenn diese solche Informationen zum Gegenstand haben, die dem Mandantenverhältnis mit Schweigepflicht entstammen. Hingegen ist eine Meldung abzugeben, wenn der Verpflichtete weiß, dass das Mandatsverhältnis der Geldwäsche oder der Terrorismusfinanzierung diente oder dient (siehe § 43 Rn. 30). Zur Unterstützung speziell dieser Verpflichteten und der Aufsichtsbehörden bei der Geldwäschebekämpfung hat die FATF eine hilfreiche Handreichung für die Anwendung des risikobasierten Ansatzes (risk-based approach) veröffentlicht.[218]

188 Zur Unterstützung dieser Verpflichtetengruppe hat die Bundessteuerberaterkammer **Anwendungshinweise** zum Geldwäschegesetz veröffentlicht.[219] Darüber hinaus haben auch einige Landessteuerberaterkammern, beispielsweise die Landessteuerberaterkammer Niedersachsen,[220] eigenständige Anwendungshinweise zum Geldwäschegesetz veröffentlicht. Von der Landessteuerberaterkammer Hessen wurden unlängst, nämlich am 14.9.2017, ebenfalls Auslegungs- und Anwendungshinweise zum Geldwäschegesetz beschlossen und veröffentlicht, die für deren Mitglieder einsehbar sind.

---

218 FATF, RBA Guidance for Accountants, 2008.
219 Bundessteuerberaterkammer, Anwendungshinweise zum Geldwäschegesetz vom 21.4.2009, abrufbar unter https://www.bstbk.de/export/sites/standard/de/ressourcen/Dokumente/04_presse/pressedossiers/03-2009-04-21_Anwendungshinweise_zum_GwG.pdf.
220 Landessteuerberaterkammer Niedersachsen, Auslegungs- und Anwendungshinweise der Steuerberaterkammer Niedersachsen zum Geldwäschegesetz vom 7.6.2012, abrufbar auf https://www.stbk-niedersachsen.de/fileadmin/Mediathek/Dokumente/Downloads/Auslegungs-_und_Anwendungshinweise_der_Steuerberaterkammer_Niedersachsen_zum_Geldwaeschegesetz.pdf.

GwG § 2 Verpflichtete, Verordnungsermächtigung

XIV. Dienstleister für Gesellschaften und für Treuhandvermögen und Treuhänder (§ 2 Abs. 1 Nr. 13 GwG)

189 In § 2 Abs. 1 Nr. 13 GwG werden auch Dienstleister für Gesellschaften und für Treuhandvermögen und Treuhänder verpflichtet, wenn sie für Dritte bestimmte Dienstleistungen erbringen. Diese **Dienstleistungen** sind die Folgenden:

– Gründung einer juristischen Person oder Personengesellschaft
– Ausübung der Leitungs- oder Geschäftsführungsfunktion einer juristischen Person oder einer Personengesellschaft, Ausübung der Funktion eines Gesellschafters einer Personengesellschaft oder Ausübung einer vergleichbaren Funktion
– Bereitstellung eines Sitzes, einer Geschäfts-, Verwaltungs- oder Postadresse und anderer damit zusammenhängender Dienstleistungen für eine juristische Person, für eine Personengesellschaft oder für eine Rechtsgestaltung nach § 3 Abs. 3 GwG
– Ausübung der Funktion eines Treuhänders für eine Rechtsgestaltung nach § 3 Abs. 3 GwG
– Ausübung der Funktion eines nominellen Anteilseigners für eine andere Person, bei der es sich nicht um eine auf einem organisierten Markt notierte Gesellschaft nach § 2 Abs. 5 WpHG handelt, die den Gemeinschaftsrecht entsprechenden Transparenzanforderungen im Hinblick auf Stimmrechtsanteile oder gleichwertigen internationalen Standards unterliegt
– Schaffung der Möglichkeit für eine andere Person, die Funktionen auszuüben, die unter dem zweiten, vierten und fünften Spiegelstrich genannt werden.

190 Seit Einbeziehung der Treuhanddienstleister in den primären Anwendungsbereich hat diese Verpflichtetengruppe aufgrund zahlreicher Aktivitäten von Enthüllungsplattformen und -initiativen erhöhte Aufmerksamkeit erlangt.

191 Die Vorschrift ist **als Auffangtatbestand zu verstehen** und ist nur dann einschlägig, wenn der Dienstleister oder Treuhänder nicht bereits unter die Verpflichtetengruppen aus § 2 Abs. 1 Nr. 10–12 GwG fällt, also weder als Rechts- oder Patentanwalt, Notar, Kammerrechtsbeistand, nicht verkammerter Rechtsbeistand oder als registrierte Person nach § 10 RDG in einem der in Nr. 10 genannten Fälle, noch als Wirtschafts- oder vereidigter Buchprüfer, als Steuerberater oder Steuerbevollmächtigter tätig ist. Vornehmlich werden daher „Trust Service Provider", Treuhandgesellschaften und Treuhänder, Unternehmensberater und ähnliche Berufe unter diese Verpflichtetengruppe fallen.[221] Für die Frage, ob ein Unternehmen oder eine Person von der Norm erfasst ist, ist nicht deren (Berufs-)bezeichnung, sondern die konkrete Tätigkeit von Bedeutung.[222]

---

221 BT-Drs. 16/9038, S. 32; *Warius*, in: Herzog, GwG, 2014, § 2 Rn. 176.
222 BT-Drs. 16/9038, S. 32.

XIV. Dienstleister für Gesellschaften und für Treuhandvermögen § 2 GwG

Die **FATF-Empfehlungen** sehen seit 2003[223] die Verpflichtung dieser Dienstleister vor.[224] Die FATF-Empfehlungen wurden im Rahmen der europäischen Richtlinien im Jahre 2005 in Art. 2 Abs. 1 Nr. 3 lit. c) i.V.m. Art. 3 Nr. 7 der 3. EU-Geldwäscherichtlinie weitgehend identisch übernommen.[225] Ein Unterschied zwischen den FATF-Empfehlungen und der EU-Richtlinie und dem GwG ist jedoch, dass in den FATF-Empfehlungen die Ausnahme der „an einem organisierten Markt notierten Gesellschaften" (vgl. fünfter Spiegelstrich) fehlt. Im deutschen GwG findet sich diese Verpflichtetengruppe (erst) seit dem Jahr 2008.[226]   192

Der Grund für die Einbeziehung von Treuhanddienstleistern in das GwG ist darin zu sehen, dass sich Kriminelle sich zur Verschleierung inkriminierten Vermögens häufig auf Treuhandkonstruktionen oder verschachtelte und komplexe, grenzüberschreitende Beteiligungsverhältnisse, verlassen. Eine Alternative zu dem stark kontrollierten Finanzsektor ist die Inanspruchnahme der Dienstleistungen dieser Berufsgruppen.[227] Die FATF hat zwei Studien bzw. Reports veröffentlicht, die konkrete Beispiele des Missbrauchs der Dienstleistungen von Treuhanddienstleistern und „Corporate Service Providers" beschreibt.[228]   193

Für die verpflichteten Dienstleister bestehen über die allgemeinen Bestimmungen des GwG hinaus einige **Sonderbestimmungen**. Nach § 6 Abs. 3 GwG treffen die internen Sicherungsmaßnahmen nicht die Verpflichteten, sondern das Unternehmen, wenn die Verpflichteten bei einem Unternehmen angestellt sind (vgl. § 6 Rn. 113). Weiterhin muss von den Verpflichteten auf Anordnung der Aufsichtsbehörden ein Geldwäschebeauftragter und ein Stellvertreter bestellt werden (vgl. § 7 Rn. 21).   194

Zur Unterstützung dieser Verpflichtetengruppe und der Aufsichtsbehörden bei der Geldwäschebekämpfung hat die FATF eine Handreichung für die Anwendung des risikobasierten Ansatzes (risk-based approach) für solche Dienstleister und Treuhänder veröffentlicht.[229]   195

---

223 FATF, The Forty Recommendations, 2003, Recommendations 12 lit. e) und Recommendation 16 lit. c) i.V.m. Glossary S. 13.
224 FATF, FATF Recommendations 2012–2017, Recommendation 22 lit. e) und Recommendation 23 lit. c).
225 Richtlinie 2005/60/EG des Europäischen Parlaments und des Rates vom 26.10.2005 zur Verhinderung der Nutzung des Finanzsystems zum Zwecke der Geldwäsche und der Terrorismusfinanzierung.
226 BGBl. I 2008, S. 1690, 1692.
227 Richtlinie 2005/60/EG des Europäischen Parlaments und des Rates vom 26.10.2005 zur Verhinderung der Nutzung des Finanzsystems zum Zwecke der Geldwäsche und der Terrorismusfinanzierung, Erwägungsgrund 15.
228 FATF, Money Laundering Using Trust and Company Service Providers, 2010; FATF, The Misuse of Corporate Vehicles, Including Trust and Company Service Providers, 2006.
229 FATF, RBA Guidance for Trust and Companies Service Providers (TCSPs), 2008.

GwG § 2 Verpflichtete, Verordnungsermächtigung

196 Im internationalen Vergleich hinkt Deutschland nach Ansicht der FATF bei der **Sensibilisierung und Regulierung der Treuhanddienstleister** noch hinterher und erfüllt internationale Standards weitgehend nicht.[230]

197 Auch hinsichtlich der Treuhanddienstleister wirkt sich die Erweiterung des Vortatenkataloges des § 261 StGB (vgl. oben § 1 Rn. 16) und die Einschränkung der Ausnahme vom Privileg der Eigengeldwäsche (s. oben § 1 Rn. 12) stark risikoerhöhend aus.

198 Treuhänder sind ferner unter den Spezialvorschriften zum Transparenzregister zur geldwäscherechtlichen Mitwirkung verpflichtet (vgl. unten §§ 27 ff. GwG).

XV. Immobilienmakler (§ 2 Abs. 1 Nr. 14 GwG)

199 Als Immobilienmakler bezeichnet das GwG in § 1 Abs. 11 GwG „jede Person, die gewerblich den Kauf oder Verkauf von Grundstücken oder grundstücksgleichen Rechten vermittelt" (siehe zu dieser Definition näher § 1 Rn. 79 ff.).

200 Die **FATF-Empfehlungen** greifen die Verpflichtung von Immobilienmaklern erstmals im Jahr 2003 auf. Dies geschah jedoch mit der Einschränkung, dass sich dies lediglich auf diejenigen Makler beziehen solle, die den Kauf bzw. Verkauf von Immobilien makeln.[231] Mithin waren bloße Vermietungsmakler nicht erfasst. Auf europäischer Ebene erfolgte die Verpflichtung der Immobilienmakler im Jahre 2001 mit der 2. Geldwäscherichtlinie.[232] Die Verpflichtung erstreckte sich jedoch zunächst vom Wortlaut her auch auf solche Makler, die lediglich in die Vermietung von Immobilien einbezogen waren.

201 Die 4. EU-Geldwäscherichtlinie betont hingegen, dass „[...] der Begriff Immobilienmakler so verstanden werden [könnte], dass er gegebenenfalls auch **Vermietungsmakler** umfasst,[233] überlässt es mithin dem nationalen Gesetzgeber, ob er auch die Vermietungsmakler geldwäscherechtlich verpflichten will". Der deutsche Gesetzgeber hat dieses Wahlrecht dahin ausgeübt, dass er den Vermietungsmakler nunmehr auch ausdrücklich nicht mehr dem Anwendungsbereich des Geldwäschegesetzes unterstellt hat (siehe dazu näher § 1 Rn. 84).

202 Der **Grund für die Verpflichtung** von Immobilienmaklern liegt zum einen in der Möglichkeit für Kriminelle, große Summen inkriminierten Geldes über Im-

---

230 FATF, 3rd Progress Report on Country Evaluation, Juni 2014, Seite 28 R 12 Deficiency 3.
231 FATF, The Forty Recommendations, 2003, Recommendations 12 lit. b).
232 Art. 1 Nr. 2 Nr. 4 der Richtlinie 2001/97/EG des Europäischen Parlaments und des Rates vom 4.12.2001 zur Änderung der Richtlinie 91/308/EWG des Rates zur Verhinderung der Nutzung des Finanzsystems zum Zwecke der Geldwäsche – Erklärung der Kommission.
233 Art. 2 Abs. 1 Nr. 3 lit. d) und Erwägungsgrund 8 der 4. EU-Geldwäscherichtlinie.

XV. Immobilienmakler (§ 2 Abs. 1 Nr. 14 GwG)   § 2 GwG

mobiliengeschäfte in das Finanzsystem zu schleusen,[234] zum anderen in der Vielfältigkeit der Möglichkeiten, die im Immobiliensektor zur Geldwäsche oder Terrorismusfinanzierung vorhanden sind.[235] Beispiele hierfür sind die Überbewertung von Immobilien, um so an höhere Kredite von Banken zu bekommen und so möglichst hohe Beträge aus dem formellen Finanzsektor abfließen lassen zu können.[236] Auch hinsichtlich der Eigenschaft von Immobilien als stabile Wertträger besteht eine hohe Risikoexposition in der Integrationsphase.

Die Notwendigkeit der Einbeziehung von Immobilienmaklern wurde oft und lange diskutiert. Immerhin stehen mit den Grundbuchämtern und Notaren weitere Instanzen zur Verfügung, die ihrerseits bereits geldwäscherechtlichen Pflichten unterliegen. Insofern stellt sich tatsächlich die Frage nach dem Mehrwert der Einbeziehung einer weiteren Berufsgruppe, die bei Immobilientransaktionen einbezogen ist: Die Verpflichtung der Immobilienmakler kann allerdings nach vorherrschender Ansicht vor allem deshalb bei der Aufklärung von Fällen von Geldwäsche oder Terrorismusfinanzierung einen eigenständigen Beitrag leisten, da dieselben eine zentrale Rolle beim Kauf bzw. Verkauf von Immobilien spielen. Der Immobilienmakler als direkter Vermittler zwischen Käufer und Verkäufer kennt die Vertragsparteien möglicherweise unmittelbarer als ein Notar und kann daher Risikosituationen mitunter am besten bewerten.[237] Es sind zudem einige Fälle bekannt geworden, in denen Immobilienmakler selbst von Kriminellen zum Zwecke der Geldwäsche eingesetzt wurden: So sind Fälle bekannt geworden, in denen Immobilienmakler beispielsweise Bankkonten in Vertretung der Parteien für die Abwicklung von Finanztransaktionen auf ihren eigenen Namen eröffneten. Nach außen hin erlaubt dies eine Verschleierung der tatsächlichen Finanztransaktionen bzw. deren Parteien und verwischt so die Transaktionsketten und erschwert die Aufklärung der Finanzflüsse.[238]

203

Besonderheiten ergeben sich im GwG für Immobilienmakler insbesondere bei der Kundenidentifizierung. Nach § 11 Abs. 2 GwG soll, wenn die Vertragsparteien hinreichend bestimmt sind, die Identifizierung des Kunden bereits bei „ernsthaftem Interesse" des Kunden an der Durchführung des Immobilienkaufvertrags stattfinden (siehe § 11 Rn. 4). Daneben ist es auch möglich, dass die Aufsichtsbehörden der Immobilienmakler (siehe § 50 Rn. 14 ff.) gem. § 7 Abs. 3 GwG die Anordnung treffen, dass die Makler einen Geldwäschebeauf-

204

---

234 *Warius*, in: Herzog, GwG, 2014, § 2 Rn. 178.
235 Hierzu ausführlich FATF, Money Laundering & Terrorist Financing Through the Real Estate Sector, 2007.
236 FATF, Money Laundering & Terrorist Financing Through the Real Estate Sector, 2007, S. 17, 24 f.
237 FATF, Money Laundering & Terrorist Financing Through the Real Estate Sector, 2007, S. 6, 10, 29.
238 Vgl. FATF, Money Laundering & Terrorist Financing Through the Real Estate Sector, 2007, S. 9 f.

tragten zu bestellen haben, wenn sie dies für nötig erachten (siehe § 7 Rn. 21). Ist ein Immobilienmakler Angestellter eines Unternehmens, treffen außerdem nach § 6 Abs. 3 GwG die internen Sicherungsmaßnahmen nicht den angestellten Makler, sondern das Unternehmen (siehe § 6 Rn. 113 ff.).

205 Zur Unterstützung der Immobilienmakler und der Aufsichtsbehörden bei der Geldwäschebekämpfung hat die FATF eine hilfreiche Handreichung für die Anwendung des risikobasierten Ansatzes (risk-based approach) für Immobilienmakler und staatliche Stellen veröffentlicht.[239] In Deutschland wird nachhaltig große Sorge um die **Risikoexposition des Immobiliensektors** im Hinblick auf dessen Geldwäscherisikoexposition geäußert, sodass im Sektor weitere Verschärfungen zu erwarten sind.[240] Die FATF merkt weiterhin die relativ geringe Sensibilisierung des Sektors und die geringe Aussagekraft öffentlicher Register[241] an. Auch die Umgehung von Registerpflichten durch die Zwischenschaltung von gesellschaftsrechtlichen Strukturen ist in Deutschland allgegenwärtig; ob sich dies mit der Einführung des Transparenzregisters nachhaltig ändern wird, muss wohl abgewartet werden. In aller Offenheit muss jedoch auch hinterfragt werden, ob staatliche Überwachungsmöglichkeiten hinsichtlich des Immobiliensektors, insbesondere das Immobilienregisterwesen, möglicherweise vorrangig ausgebaut werden sollten, bevor weitere Verpflichtungen auf die Privatwirtschaft abgewälzt werden.

XVI. Glücksspielveranstalter und -betreiber (§ 2 Abs. 1 Nr. 15 GwG)

206 Die Verpflichtung von Glücksspielveranstaltern und Glücksspielbetreibern auf internationaler Ebene hat ihren Ursprung in den **FATF-Empfehlungen** von 2003,[242] die bis heute Empfehlungen zur Einbeziehung von Casinos in die Geldwäscheprävention enthalten.[243] Die EU verpflichtet Anbieter von Glücksspieldiensten in Art. 2 Abs. 1 Nr. 3 lit. f) der 4. EU-Geldwäscherichtlinie.[244] Diese Verpflichtung besteht auf europäischer Ebene – auf Casinos beschränkt – seit

---

239 FATF, RBA Guidance for Real Estate Agents, 2008.
240 Vgl. Fachstudie des Bundeskriminalamtes „Geldwäsche im Immobiliensektor in Deutschland", 25.10.2012.
241 Vgl. FATF, 3rd. Follow Up Report to the Country Evaluation Germany Juni 2014, S. 29.
242 FATF, The Forty Recommendations, 2003, Recommendation 12 lit. a), Recommendation 24 lit. a), Interpretive Notes: Recommendation 5, 12 und 15.
243 FATF, FATF Recommendations 2012–2017, Recommendation 22 lit. a), 28 lit. a), Interpretive Note to Recommendation 22 und 23 (DNFBPS) Nr. 1, Interpretive Note to Recommendation 22 (DNFBPS – Costumer Due Diligence) Nr. 2.
244 Mit der weiteren Einschränkung des Art. 11 lit. d) der 4. EU-Geldwäscherichtlinie.

XVI. Glücksspielveranstalter und -betreiber § 2 GwG

der 2. Geldwäscherichtlinie in 2001,[245] auf nationaler Ebene erfolgte die Verpflichtung bereits 1993.[246]

Dass der Glücksspielsektor zu geldwäscherechtlichen Maßnahmen verpflichtet wird, hat vielfältige Gründe. Casinos sind für Geldwäscher attraktiv, da sie mitunter Tätigkeiten ausführen, die denen von Finanzinstituten ähneln, indem sie beispielsweise Geld (zu Jetons und wieder zu Geld) wechseln, verschiedene Währungen tauschen oder Geldtransfers durchführen. Darüber hinaus agieren Spielbanken oft bargeldlastig und bieten daneben auch elektronische Transaktionen, teils über Ländergrenzen hinweg, an.[247] Aus diesen Gründen versuchen organisierte kriminelle Gruppen seit langer Zeit, Casinos oder zumindest Beteiligungen hieran zu kontrollieren.[248] 207

Nach dem GwG a. F. waren bisher bereits Casinos (§ 2 Abs. 1 Nr. 10 GwG a. F.) und Veranstalter und Vermittler von Online-Glücksspielen als Verpflichtete erfasst (§ 2 Abs. 1 Nr. 11 GwG a. F.). Dennoch stellt die 4. EU-Geldwäscherichtlinie fest: „Die Nutzung der Dienstleistungen des Glücksspielsektors zum Waschen von Erträgen aus kriminellen Tätigkeiten gibt **Anlass zur Sorge**."[249] 208

Daher halten mit der Neufassung einige Änderungen Einzug in das GwG: Die Unterscheidung zwischen „Veranstalter und Betreiber" wird aufgegeben und der Kreis der geldwäscherechtlich Verpflichteten vergrößert sich hierdurch. Fortan müssen sämtliche Veranstalter und Betreiber von Glücksspielen die geldwäscherechtlichen Pflichten beachten, wenn sie nicht unter eine der im Gesetz genannten Ausnahmen fallen. 209

Der **Begriff des Glücksspiels** wird in § 1 Abs. 8 GwG definiert. Diese Definition umfasst „jedes Spiel, bei dem ein Spieler für den Erwerb einer Gewinnchance ein Entgelt entrichtet und der Eintritt von Gewinn oder Verlust ganz oder überwiegend vom Zufall abhängt" (vgl. oben § 1 Rn. 65). Von diesen Verpflichteten nimmt der Gesetzgeber vier Kategorien von Glücksspielen aus, bei denen aufgrund einer staatlichen Überwachung und dem dadurch bedingten geringen Manipulationsrisiko und geringen Einsatz- und Gewinnmöglichkeiten von einem geringen Geldwäscherisiko ausgegangen wird, sodass der deutsche Gesetzgeber sich dazu befähigt sah, nach Art. 2 Abs. 2 der 4. EU-Geldwäscherichtlinie Ausnahmen von der Verpflichtung zu machen. Zu beachten ist hierbei, dass die Betreiber von Gewinnspar-Lotterien nicht von den Ausnahmen gedeckt 210

---

245 Vgl. Richtlinie 2001/97/EG des Europäischen Parlaments und des Rates vom 4.12.2001 zur Änderung der Richtlinie 91/308/EWG des Rates zur Verhinderung der Nutzung des Finanzsystems zum Zwecke der Geldwäsche – Erklärung der Kommission, Art. 1 Nr. 2 Nr. 7.
246 BGBl. I 1993, S. 1770, 1771.
247 FATF, Vulnerabilities of Casinos and Gaming Sector, 2009, Nr. 86 f.
248 FATF, Vulnerabilities of Casinos and Gaming Sector, 2009, Nr. 94.
249 4. EU-Geldwäscherichtlinie, Erwägungsgrund 21.

GwG § 2 Verpflichtete, Verordnungsermächtigung

sind, da diese als Kreditinstitute bereits nach Abs. 1 Nr. 1 Verpflichtete des GwG sind.[250]

211 Die erste Ausnahme bildet nach § 2 Abs. 1 Nr. 15 lit. a) GwG der Betrieb von **Geldspielgeräten** nach § 33c GewO. Hieran sind enge Voraussetzungen geknüpft, die von den Betreibern eingehalten werden müssen. Zum einen muss der Betreiber eine Erlaubnis zum Betrieb besitzen und die Bauart der Geräte von staatlicher Stelle zugelassen sein, zum anderen kann es viele Auflagen an den Betrieb geben, wie z. B. zum Aufstellungsort, der Menge der an einem Ort aufgestellten Geräte und zu den maximalen Einsätzen und Gewinnen. Aufgrund dieser engen Vorgaben kann von einem geringeren Risiko der Geldwäsche ausgegangen werden, was die Rückausnahme erklärt.[251]

212 Ebenso besteht ein geringes Risiko bei Vereinen, die das Unternehmen eines **Totalisatoren** nach § 1 des Rennwett- und Lotteriegesetzes (RennwLottG) betreiben (§ 2 Abs. 1 Nr. 15 lit. b) GwG). Nach Ansicht des Gesetzgebers sind solche Glücksspiele nicht geldwäscherechtlich relevant. Totalisatoren betreiben eine Art Wette, hier Pferdewetten, bei der lediglich der für ein bestimmtes Rennen gewettete Einsatz an die Gewinner verteilt wird und auch die Wettquote erst nach dem letzten Wetteinsatz feststeht. Mithin ist die Funktion der Totalisatoren eher die eines „Wett-Vermittlers". Hierbei ergeben sich aus den rechnerischen Eigenheiten des Totalisatorengeschäfts verhältnismäßig geringe mögliche Gewinne, da der Spieler regelmäßig nur geringe Einsätze erbringt und bei höheren Einsätzen die Gewinnchance tendenziell abnimmt. Es handelt sich also um eine Art des Glücksspiels, die sich für Geldwäscher in der Tendenz weniger lohnt. Daher sind die Vereine, die die Funktion eines Totalisatoren nach § 1 RennwLottG betreiben, keine Verpflichtete nach dem GwG. Andere Betreiber oder Vermittler von Pferdewetten sind hingegen nicht ausgenommen und vom Anwendungsbereich erfasst.[252]

213 Weiterhin unterfallen nach § 2 Abs. 1 Nr. 15 lit. c) GwG auch **Lotterien** nicht dem GwG, wenn sie eine staatliche Erlaubnis einer in Deutschland zuständigen Behörde besitzen und nicht im Internet abgehalten werden. Hier wird erneut deutlich, dass der Gesetzgeber bei Online-Glücksspielen ein deutlich größeres Geldwäscherisiko sieht als bei vergleichbaren Glücksspielen, die „offline" durchgeführt werden. Auch hier ist das Risiko der Geldwäsche überschaubar, da die Gewinnwahrscheinlichkeit ebenso wie das Manipulationsrisiko recht gering ist. Zu den verpflichtungsfreien Glücksspielen dieser Kategorie gehören die Lotterien der selbstständigen Landeslotterien des Deutschen Lotto- und Totoblocks, die Klassenlotterien der Gemeinsamen Klassenlotterie der Länder und Gewinnsparlotterien im Sinne des dritten Abschnitts des Ersten Glücksspieländerungs-

---

250 BT-Drs. 18/11555, S. 108.
251 BT-Drs. 18/11555, S. 107.
252 BT-Drs. 18/11555, S. 107.

staatsvertrags.²⁵³ Damit sind alle „Offline"-Lotterien und deren Annahmestellen frei von geldwäscherechtlichen Pflichten.²⁵⁴

Zuletzt sind gem. § 2 Abs. 1 Nr. 15 lit. d) GwG auch **Soziallotterien** ausgenommen. Das gilt selbst, wenn sie über das Internet angeboten und abgehalten werden, denn auch sie müssen eine staatliche Erlaubnis besitzen und bieten nur eine vergleichsweise geringe Gewinnausschüttung.²⁵⁵ Die entsprechende staatliche Aufsicht und die wenig attraktiven Gewinnaussichten rechtfertigen die Ausnahme vom Verpflichtetenkreis.

214

Für Veranstalter und Betreiber von Glücksspielen gelten einige **Sonderregelungen** im GwG: Zunächst ist zu beachten, dass die allgemeinen Sorgfaltspflichten nach § 10 Abs. 5 GwG erst dann angewendet werden müssen, wenn ein Spieler mindestens 2.000 EUR einsetzt oder gewinnt. Die Identifizierung kann, wie das Gesetz ausdrücklich vorsieht, auch direkt beim Einlass in das Casino erfolgen, wenn im Nachhinein ein Gewinn, ein Einsatz, der Kauf und Rücktausch von Jetons mit einem Wert von mindestens 2.000 EUR noch dem einzelnen Spieler zugeordnet werden können. Im Rahmen der internen Sicherungsmaßnahmen müssen sie nach § 6 Abs. 4 GwG außerdem über die Einrichtung von Datenverarbeitungssystemen zum Zwecke der Transparenz der Geldströme sicherstellen, dass ihnen zweifelhafte oder ungewöhnliche Geschäftsbeziehungen und Zahlungen auffallen. Unter bestimmten Bedingungen kann jedoch von dieser Pflicht abgewichen werden (Näheres hierzu siehe § 6 Rn. 117 ff.). Darüber hinaus ist zwingend ein Geldwäschebeauftragter auf Führungsebene und ein Stellvertreter zu bestellen (§ 7 Abs. 1 GwG).

215

Zu beachten gilt, dass bei Glücksspielen im Internet bei einem Angebot oder einer Vermittlung eines solchen Glücksspiels die 2.000-EUR-Schwelle und die Möglichkeit der physischen Identifizierung „am Eingang" des Casinos nicht gelten und die Sorgfaltspflichten daher unabhängig von einem Schwellenwert vorzunehmen sind. Weiterhin befinden sich in § 16 GwG **Sondervorschriften** für Internet-Glücksspiele, darunter beispielsweise die Pflicht, für den Spieler vor Spielbeginn ein Spielerkonto anzulegen, anhand dessen er eine vorläufige Identifizierung vornehmen kann, und die Pflicht, z.B. die Aufsichtsbehörde über die eigene Kontoeröffnung bei einer Bank zu informieren, auf dem Gelder von Kunden zur Teilnahme am Glücksspiel eingehen sollen. Zu diesen Konten darf sich die Aufsichtsbehörde nach Maßgabe des § 51 Abs. 7 GwG Informationen einholen (Näheres zu den Sondervorschriften aus § 16 siehe § 16 Rn. 20). Sind einem Anbieter oder Vermittler von Online-Glücksspielen bereits früher nach § 50 Nr. 8 GwG a.F. von der Aufsichtsbehörde Befreiungen gewährt worden, gelten diese nach § 59 Abs. 4 GwG bis zum 30.6.2018 fort.

216

---

253 BT-Drs. 18/11555, S. 107.
254 BT-Drs. 18/11555, S. 108.
255 BT-Drs. 18/11555, S. 108.

GwG § 2 Verpflichtete, Verordnungsermächtigung

217 Zur Unterstützung dieser Verpflichtetengruppe und der Aufsichtsbehörden bei der Geldwäschebekämpfung hat die FATF zum einen eine Handreichung für die Anwendung des risikobasierten Ansatzes (risk-based approach) für Spielbanken[256] und zum anderen einen Report zu den Schwachstellen hinsichtlich Geldwäsche und Terrorismusfinanzierung in Spielbanken und im Glücksspielsektor veröffentlicht.[257]

XVII. Güterhändler (§ 2 Abs. 1 Nr. 16 GwG)

218 Nach § 2 Abs. 1 Nr. 16 GwG zählen auch Güterhändler zu den geldwäscherechtlich Verpflichteten. Güterhändler in diesem Sinne ist „jede Person, die gewerblich Güter veräußert, unabhängig davon, in wessen Namen oder auf wessen Rechnung sie handelt" (siehe zu dieser Definition näher § 1 Rn. 68 ff.). Die geldwäscherechtliche Verpflichtung von Güterhändlern beruht auf Art. 2 Abs. 1 Nr. 3 lit. e) der 4. EU-Geldwäscherichtlinie.[258] Auch die aktuellen FATF-Empfehlungen sehen Güterhändler als geldwäscherechtliche Verpflichtete an, wenngleich mit entsprechend eingeschränktem Anwendungsbereich.[259]

219 Der **Grund für die Verpflichtung der Güterhändler** ist darin zu sehen, dass das Handelssystem einer der Hauptwege ist, den Kriminelle nutzen, um Geld in das Finanzsystem einzuführen und die Herkunft des Geldes zwecks Geldwäsche oder Terrorismusfinanzierung zu verschleiern.[260] „Trade Based Money Laundering" ist zu einem ernst zu nehmenden Phänomen geworden; zahlreiche Studien belegen dies.[261]

220 Der Güterhandel ist vor allem deshalb so zentral für die Bekämpfung von Geldwäsche und Terrorismusfinanzierung, weil dieser Bereich im Sinne des **3-Phasen-Modells** (siehe § 1 Rn. 19) in allen drei Phasen mit inkriminiertem Vermögen in Berührung kommt. Im Rahmen des Placements nehmen Güterhändler möglicherweise bemakeltes Geld an und zahlen es auf ein Konto ein. Die einfache Möglichkeit des Wechsels von Geld zu Waren und wieder zurück hilft in der Phase des Layering bei der Verschleierung der Herkunft des Geldes. Schließlich sehen sich Güterhändler auf der Ebene der Integration, auf der sich Kriminelle

---

256 FATF, RBA Guidance for Casinos, 2008.
257 FATF, Vulnerabilities of Casinos and Gaming Sector, 2009.
258 Hinsichtlich der „Über-Umsetzungen" der internationalen Normen vgl. oben § 4 Rn. 25 ff.
259 FATF, The Recommendations, 2012–2017, Recommendation 22 lit. c), Recommendation 23 lit. b), Interpretive Note to Recommendation 22 and 23 (DNFBPS).
260 FATF, Best Practices on Trade Based Money Laundering, 2008, S. 1.
261 FATF, Trade-Based Money Laundering, 2006; ACAMS, Trade-Based Money Laundering – Capturing the New Frontier through Analytics, 2016; BAFT, Combating Trade Based Money Laundering: Rethinking the Approach, 2017.

XVII. Güterhändler (§ 2 Abs. 1 Nr. 16 GwG) § 2 GwG

Luxusgüter kaufen wollen, der Geldwäsche ausgesetzt. Güterhändler unterliegen mithin einem erhöhten Risiko, dass sie mit geldwäscherechtlich relevanten Gegenständen, insbesondere mit unrechtmäßig erlangten Waren oder Geldern, in Berührung kommen. Wie oben geschildert (vgl. § 1 Rn. 75) „verdanken" die Güterhändler ihre Einbeziehung in die Geldwäscheprävention teilweise recht naiv anmutenden Vorstellungen über das Investitionsverhalten Krimineller. Andererseits ist das Phänomen des „trade based money laundering", bei dem Vermögensgegenstände sicherlich ebenso leicht verfügt, Transaktionen strukturiert und die Herkunft inkriminierten Vermögens verwischt werden können wie bei Finanztransaktionen.

Allerdings besteht ein bedeutsames, über **Alltagsgeschäfte hinausgehendes** **221** **Geldwäscherisiko** im Hinblick auf die Tätigkeiten von Güterhändlern in den drei genannten Phasen nur, wenn die Güterhändler auch mit nicht völlig unbedeutenden Vermögenswerten Handel betreiben. Aus ebendiesem Grund erfasst die 4. EU-Geldwäscherichtlinie Güterhändler auch nur dann als Verpflichtete, wenn sie Zahlungen in Höhe von 10.000 EUR oder mehr in bar tätigen oder entgegennehmen (Art. 2 Abs. 1 Nr. 3e der 4. EU-Geldwäscherichtlinie). Der deutsche Gesetzgeber verfolgt hingegen einen anderen Ansatz. Dieser Ansatz besteht darin, zunächst sämtliche Güterhändler, ohne Rücksicht auf bestimmte Schwellenwerte, als geldwäscherechtlich Verpflichtete einzubeziehen, sodann aber im Rahmen der besonderen geldwäscherechtlichen Vorschriften einige Ausnahmen vorzusehen (vgl. hierzu eingehend § 4 Rn. 25 ff.).

So sieht **§ 4 Abs. 4 GwG eine Befreiung** von der Pflicht vor, über ein wirksames **222** Risikomanagement zu verfügen, sofern Güterhändler bei der Auszahlung oder Annahme von Bargeld unter dem Schwellenwert von 10.000 EUR bleiben. Entsprechendes gilt gem. § 10 Abs. 6 GwG grundsätzlich auch für die Einhaltung der Kundensorgfaltspflichten. Eine Ausnahme davon gilt jedoch im Hinblick auf die Kundensorgfaltspflichten dann, wenn konkrete Tatsachen vorliegen, die darauf hindeuten, dass es bei den betroffenen Vermögensgegenständen um Gegenstände der Geldwäsche handelt oder die Vermögensgegenstände im Zusammenhang mit der Terrorismusfinanzierung stehen. Damit sind Güterhändler, die unter der Bargeldschwelle von 10.000 EUR bleiben, im Endeffekt von den GwG-Pflichten aus den §§ 4–7, 9–17 GwG befreit. Soweit bei den Tätigkeiten des Güterhändlers überhaupt kein Bargeld betroffen ist, also beispielsweise ausschließlich Wertpapiere, Edelsteine oder Edelmetalle vom Güterhändler angenommen oder ausgegeben werden, greifen die Pflichten zur Unterhaltung eines angemessenen Risikomanagements und die Kundensorgfaltspflichten schon ohne Rücksicht auf bestimmte Schwellenwerte nicht.[262] Dies entspricht auch Art. 2 Abs. 1 Nr. 3e der 4. EU-Geldwäscherichtlinie, der eine geldwäscherechtliche Verpflichtung der Güterhändler nur bei Tätigung und Entgegennahme von „Barzahlungen" vorsieht.

---

262 *Warius*, in: Herzog, GwG, § 2 Rn. 191.

GwG § 2   Verpflichtete, Verordnungsermächtigung

223 Problematisch erscheint jedoch, dass auch bei Befreiung des Güterhändlers von den genannten Pflichten des GwG jedenfalls stets ein **faktisches Risiko** fortbesteht, dass das eigene Unternehmen für Geldwäsche und Terrorismusfinanzierung missbraucht wird. Im Zuge dessen kann dem Güterhändler eine Strafbarkeit nach dem StGB oder eine Sanktion nach dem OWiG wegen einer selbst leichtfertig begangenen Geldwäsche oder wegen der Verletzung von Aufsichts- und Organisationspflichten drohen, wenn zum Beispiel leichtfertig Geld angenommen wird, welches aus einer Steuerhinterziehung stammt. Daher werden aus tatsächlichen Gründen für Güterhändler auch bei konstanter Unterschreitung der Bargeldschwelle die Einhaltung von Sicherungsmaßnahmen und von Kundensorgfaltspflichten nötig sein, obgleich die Güterhändler dann aufgrund der Lossagung von den genannten GwG-Pflichten deutlich freier in der Ausgestaltung dieser Pflichtenerfüllung sind.[263]

224 Im Übrigen bleiben die sonstigen Pflichten aus dem GwG für Güterhändler bestehen. Dies sind insbesondere die Meldepflichten nach § 43 Abs. 1 GwG (siehe § 43 Rn. 6 ff.), damit verbundene Aufzeichnungs- und Aufbewahrungspflichten nach § 8 Abs. 1 Satz 1 Nr. 4 und Abs. 4 GwG sowie die Pflichten bezüglich des Transparenzregisters. Schließlich ist ein Güterhändler nach § 7 Abs. 3 GwG verpflichtet, einen Geldwäschebeauftragten zu bestellen, wenn die Aufsichtsbehörde dies anordnet. Eine solche Anordnung durch die Aufsichtsbehörde soll insbesondere erfolgen, wenn es sich um Händler hochwertiger Güter handelt (siehe dazu § 7 Rn. 23).

225 Zur Unterstützung dieser Verpflichtetengruppe und der Aufsichtsbehörden bei der Geldwäschebekämpfung hat die **FATF** eine hilfreiche Handreichung für die Anwendung des risikobasierten Ansatzes (risk-based approach) für Güterhändler veröffentlicht.[264] Speziell für die Aufsichtsbehörden wurde von der FATF ein Best Practices Paper erstellt, welches die Schwachstellen im Güterhandel aufzeigt.[265] Zum Hintergrund und weiteren Aspekten der Verpflichtung von Güterhändlern vgl. oben (§ 1 Rn. 168 ff.) und zum „opt out" und den Sicherungsmaßnahmen unten (§ 4 Rn. 23 ff.).

XVIII. Verordnungsermächtigung (§ 2 Abs. 2 GwG)

226 § 2 Abs. 2 GwG ermöglicht es dem **Bundesfinanzministerium**, ohne Zustimmung des Bundesrates Rechtsverordnungen zu erlassen, in denen es bestimmte Verpflichtete wieder von den Pflichten des GwG entbindet.

---

263 Vgl. auch *Lochen*, CCZ 2017, 226, 227.
264 FATF, RBA Guidance for Dealers in Precious Metal and Stones, 2008.
265 FATF, Best Practices on Trade Based Money Laundering, 2008.

XVIII. Verordnungsermächtigung (§ 2 Abs. 2 GwG) **§ 2 GwG**

Zu diesen potenziell privilegierten Verpflichteten gehören namentlich sämtliche Verpflichtete nach § 2 Abs. 1 Nr. 1–9 und 16 GwG, also insbesondere 227

- Kreditinstitute,
- Finanzdienstleistungsinstitute,
- Zahlungsinstitute und E-Geld-Institute,
- Agenten und E-Geld-Agenten,
- selbstständige Gewerbetreibende, die E-Geld eines Kreditinstituts vertreiben oder zurücktauschen,
- Finanzunternehmen,
- Versicherungsunternehmen,
- Versicherungsvermittler,
- Kapitalverwaltungsgesellschaften,
- sowie Güterhändler.

Eine Entbindung dieser potenziell privilegierten Verpflichteten ist jedoch nur möglich, wenn diese ihre gewerbliche Tätigkeit nur gelegentlich oder in sehr begrenztem Umfang ausüben und bei denen lediglich ein geringes Risiko der Geldwäsche und Terrorismusfinanzierung besteht. Damit wird dem risikobasierten Ansatz Rechnung getragen, wonach es unter Risikoaspekten keinen Sinn macht, solchen Unternehmen das Pflichtenprogramm des GwG aufzuerlegen.[266] 228

Ausgenommen von dieser potenziellen Privilegierung sind lediglich solche Unternehmen, die Finanztransfers im Sinne von § 1 Abs. 2 Nr. 6 des ZAG durchführen. Finanztransfers in diesem Sinne sind „Dienste, bei denen ohne Einrichtung eines Zahlungskontos auf den Namen eines Zahlers oder eines Zahlungsempfängers ein Geldbetrag des Zahlers ausschließlich zur Übermittlung eines entsprechenden Betrags an den Zahlungsempfänger oder an einen anderen, im Namen des Zahlungsempfängers handelnden Zahlungsdienstleister entgegengenommen wird oder bei dem der Geldbetrag im Namen des Zahlungsempfängers entgegengenommen und diesem verfügbar gemacht wird". 229

Die Privilegierung der genannten Unternehmen greift jedoch nur dann, wenn 230

- die Finanztätigkeit auf einzelne Transaktionen von bis zu 1.000 EUR je Kunde und Transaktion beschränkt ist,
- der Umsatz der Finanztätigkeit insgesamt nicht über 5 % des jährlichen Gesamtumsatzes des Verpflichteten hinausgeht,
- die Finanztätigkeit lediglich eine mit der ausgeübten Haupttätigkeit zusammenhängende Nebentätigkeit ist,
- die Finanztätigkeit nur für Kunden der Haupttätigkeit und nicht für die allgemeine Öffentlichkeit erbracht wird.

---

266 BT-Drs. 18/11555, S. 108.

GwG § 2 Verpflichtete, Verordnungsermächtigung

231 Die Verordnungsermächtigung basiert auf Art. 2 Abs. 3–6 der 4. EU-Geldwäscherichtlinie. Im Unterschied zur schon in § 2 Abs. 2 GwG a. F. enthaltenen Verordnungsermächtigung erfasst diese nunmehr auch Güterhändler als potenziell privilegierte Verpflichtete. Weiterhin besteht die Möglichkeit des Bundesministeriums, den Erlass der Verordnung auf die BaFin zu übertragen, nicht mehr.[267]

XIX. Ausblick: Erweiterung des Primärverpflichtetenkreises durch die anstehende Änderungsrichtlinie zur 4. EU-Geldwäscherichtlinie

232 Die **Ausweitung des Kreises der primär Verpflichteten** geht weiter. Insbesondere mit der Entwicklung von sogenannten „Krypto-Währungen" bestehen Risikofelder, die derzeit nicht – jedenfalls nicht überall – von den Geldwäscheregularien erfasst sind. Die Europäische Zentralbank hat in einer eindeutigen Stellungnahme[268] die hohe Risikoexposition von Krypto-Währungen betont und die EU-Kommission sehr bei ihrem Vorschlag unterstützt, den Anwendungsbereich der EU-Richtlinien zu erweitern.

233 Die Änderungsrichtlinie zur 4. EU-Geldwäscherichtlinie setzt an diesem Punkt an. Nach dem derzeitigen Stand der Diskussionen[269] beabsichtigt der Gesetzgeber, jedenfalls Wechselstuben für virtuelle Währungen, mithin als Konversions- und Marktplätze in den Kreis der Verpflichteten aufzunehmen. Ferner sollen „E-Wallet"-Provider, die Lösungen bereitstellen, auf denen **Krypto-Währungen** gespeichert werden können, in den Verpflichtetenkreis einbezogen werden. Ob die Konzentration auf Identifizierungs- und Sicherungsmaßnahmen auf die Schnittstelle zwischen „echtem" und „virtuellem" Geld ausreicht, oder ob weitere Dienstleister, wie etwa die Beteiligten an Clearing und Settlement oder gar Verschlüsselungsstationen und Herausgeber von digitalen Schlüsseln (analog zum zahlungsdiensterechtlichen Zahlungsauthentifizierungsgeschäft) verpflichtet werden müssen, wird abzuwarten bleiben.

234 Angesichts der rasanten Entwicklungen auf dem Gebiet der virtuellen Währungen wird abzuwarten bleiben, ob der Gesetzgeber von der Möglichkeit einer vorzeitigen, nicht auf EU-Recht beruhenden Erweiterung des Anwendungsbereiches des GwG Gebrauch macht, um den Missständen in diesem Sektor vor Umsetzung der kommenden EU-Geldwäscherichtlinie zu begegnen. Die Notwendigkeit besteht jedenfalls dringend.

---

267 BT-Drs. 18/11555, S. 108.
268 Interinstitutional File 2016/0208(COD) vom 14.10.2016.
269 Entwurf einer Richtlinie zur Änderung der Richtlinie (EU) 2015/849 vom 19.12.2017.

§ 3 Wirtschaftlich Berechtigter

(1) Wirtschaftlich Berechtigter im Sinne dieses Gesetzes ist

1. die natürliche Person, in deren Eigentum oder unter deren Kontrolle der Vertragspartner letztlich steht, oder

2. die natürliche Person, auf deren Veranlassung eine Transaktion letztlich durchgeführt oder eine Geschäftsbeziehung letztlich begründet wird.

Zu den wirtschaftlich Berechtigten zählen insbesondere die in den Absätzen 2 bis 4 aufgeführten natürlichen Personen.

(2) Bei juristischen Personen außer rechtsfähigen Stiftungen und bei sonstigen Gesellschaften, die nicht an einem organisierten Markt nach § 2 Absatz 5 des Wertpapierhandelsgesetzes notiert sind und keinen dem Gemeinschaftsrecht entsprechenden Transparenzanforderungen im Hinblick auf Stimmrechtsanteile oder gleichwertigen internationalen Standards unterliegen, zählt zu den wirtschaftlich Berechtigten jede natürliche Person, die unmittelbar oder mittelbar

1. mehr als 25 Prozent der Kapitalanteile hält,

2. mehr als 25 Prozent der Stimmrechte kontrolliert oder

3. auf vergleichbare Weise Kontrolle ausübt.

Mittelbare Kontrolle liegt insbesondere vor, wenn entsprechende Anteile von einer oder mehreren Vereinigungen nach § 20 Absatz 1 gehalten werden, die von einer natürlichen Person kontrolliert werden. Kontrolle liegt insbesondere vor, wenn die natürliche Person unmittelbar oder mittelbar einen beherrschenden Einfluss auf die Vereinigung nach § 20 Absatz 1 ausüben kann. Für das Bestehen eines beherrschenden Einflusses gilt § 290 Absatz 2 bis 4 des Handelsgesetzbuchs entsprechend. Wenn auch nach Durchführung umfassender Prüfungen und, ohne dass Tatsachen nach § 43 Absatz 1 vorliegen, keine natürliche Person ermittelt worden ist oder wenn Zweifel daran bestehen, dass die ermittelte Person wirtschaftlich Berechtigter ist, gilt als wirtschaftlich Berechtigter der gesetzliche Vertreter, geschäftsführende Gesellschafter oder Partner des Vertragspartners.

(3) Bei rechtsfähigen Stiftungen und Rechtsgestaltungen, mit denen treuhänderisch Vermögen verwaltet oder verteilt oder die Verwaltung oder Verteilung durch Dritte beauftragt wird, oder bei diesen vergleichbaren Rechtsformen zählt zu den wirtschaftlich Berechtigten:

1. jede natürliche Person, die als Treugeber, Verwalter von Trusts (Trustee) oder Protektor, sofern vorhanden, handelt,

2. jede natürliche Person, die Mitglied des Vorstands der Stiftung ist,

3. jede natürliche Person, die als Begünstigte bestimmt worden ist,

4. die Gruppe von natürlichen Personen, zu deren Gunsten das Vermögen verwaltet oder verteilt werden soll, sofern die natürliche Person, die Begünstigte des verwalteten Vermögens werden soll, noch nicht bestimmt ist, und
5. jede natürliche Person, die auf sonstige Weise unmittelbar oder mittelbar beherrschenden Einfluss auf die Vermögensverwaltung oder Ertragsverteilung ausübt.

(4) Bei Handeln auf Veranlassung zählt zu den wirtschaftlich Berechtigten derjenige, auf dessen Veranlassung die Transaktion durchgeführt wird. Soweit der Vertragspartner als Treuhänder handelt, handelt er ebenfalls auf Veranlassung.

Schrifttum: *Ackmann/Reder*, Geldwäscheprävention in Kreditinstituten nach Umsetzung der Dritten EG-Geldwäscherichtlinie – Teil 1, WM 2009, 158; *von Campenhausen/Richter*, Stiftungsrechts-Handbuch, 4. Aufl. 2014; *von Drathen/Moelgen*, Das neue Geldwäschegesetz, Wpg 2017, 955; *Fuchs*, Wertpapierhandelsgesetz, Kommentar, 2. Aufl. 2016; *Herzog/Achtelik*, Geldwäschegesetz, Kommentar, 2. Aufl. 2014; *Höche/Rößler*, Das Gesetz zur Optimierung der Geldwäscheprävention und die Kreditwirtschaft, WM 2012, 1505; *Hölters*, Aktiengesetz, Kommentar, 3. Aufl. 2017; *Hennrichs/Kleindiek/Watrin* (Hrsg.), Münchener Kommentar zum Bilanzrecht, 2013; *Schiffer/Schürmann*, Transparenzregister und Stiftungen – Normadressaten der Melde- und Eintragungspflichten, BB 2017, 2626; *Schimansky/Bunte/Lwowski*, Bankrechts-Handbuch, 5. Aufl. 2017.

Übersicht

	Rn.		Rn.
I. Allgemein	1	IV. Wirtschaftlich Berechtigter bei fremdnützigen Rechtsgestaltungen (§ 3 Abs. 3 GwG)	52
II. Begriff des wirtschaftlich Berechtigten (§ 3 Abs. 1 GwG)	16	V. Wirtschaftlich Berechtigter bei Handeln auf Veranlassung (§ 3 Abs. 4 GwG)	64
III. Wirtschaftlich Berechtigter bei Gesellschaften (§ 3 Abs. 2 GwG)	23		

I. Allgemein

1 Wirtschaftlich Berechtigter im Sinne des Geldwäschegesetzes ist die **natürliche Person, in deren Eigentum oder unter deren Kontrolle** der Vertragspartner letztlich steht, oder die natürliche Person, auf deren Veranlassung eine Transaktion letztlich durchgeführt oder eine Geschäftsbeziehung letztlich begründet wird. Der „wirtschaftlich Berechtigte" nimmt in der Geldwäscheprävention eine zentrale Rolle ein und ist seit der „Urfassung des GwG"[1] als Begriff im Gesetz legaldefiniert.

---

1 Gesetz über das Aufspüren von Gewinnen aus schweren Straftaten (Geldwäschegesetz – GwG) vom 25.10.1993, BGBl. I 1993, S. 1770.

I. Allgemein **§ 3 GwG**

Eines der Ziele der modernen Geldwäschebekämpfung ist die Schaffung von „Papierspuren", die auffällige Transaktionen rückwirkend verfolgbar machen. Hierbei spielt die Identifikation des „wirtschaftlich Berechtigten" eine erhebliche Rolle, denn nicht selten bemühen Geldwäscher bei Transaktionen komplexe Firmen- und Beteiligungsstrukturen oder komplexe Kontroll- und Vertragsstrukturen, um das eigene wirtschaftliche Interesse zu verschleiern.

Neben dieses Ziel ist mit der Errichtung des Transparenzregisters nunmehr der weitere Gesetzeszweck getreten, Eigentümer- und Kontrollstrukturen in für Behörden und ausgewählte weitere Personen zugänglicher Form transparent vorzuhalten, um dieselben auch unabhängig von einzelnen Finanztransaktionen nachvollziehbar zu machen.

Der Vorschrift kommt mithin deutlich **höhere Bedeutung zu als bisher**. Durch die Neufassung des GwG im Jahr 2017 wurde die Legaldefinition daher konsequenterweise aus dem Definitionenkatalog des § 1 herausgelöst und hat nunmehr als eigene Vorschrift eine herausgehobene Position im Gesetz.

Die aktuelle Definition des „wirtschaftlich Berechtigten" in § 3 GwG lehnt sich weitgehend an die bereits in **§ 1 Abs. 6 GwG a. F.** enthaltenen Begrifflichkeiten an.[2] Von der Grundkonzeption ist die Definition im Wesentlichen unverändert geblieben. Der Gesetzgeber hat lediglich einige Konkretisierungen vorgenommen sowie die Begriffe den Vorgaben der 4. EU Geldwäscherichtlinie[3] angepasst.

Konkretisierungen hat der Gesetzgeber vor allem in § 3 Abs. 2 GwG im Hinblick auf die wirtschaftlich Berechtigten bei Gesellschaften vorgenommen. Während nach **alter Rechtslage** – abseits der bereits ausdrücklich geregelten Fallgruppen – vor allem in verschachtelten Konzernsituationen unklar war, in welchen Fällen eine natürliche Person die zumindest „mittelbare Kontrolle" über eine Gesellschaft ausübte, hat der Gesetzgeber in § 3 Abs. 2 GwG nunmehr ausdrücklich näher definiert, wann von einer zumindest „mittelbaren" Kontrolle einer natürlichen Person über eine Gesellschaft auszugehen ist. Im Zuge dessen sind die Auslegungs- und Anwendungshinweise der Deutschen Kreditwirtschaft zur Verhinderung von Geldwäsche, Terrorismusfinanzierung und sonstigen strafbaren Handlungen vom 1.2.2014, die die nach der alten Regelung bestehende Unsicherheit hinsichtlich des Bestehens einer „Kontrolle" über eine Gesell-

---

2 BT-Drs. 18/11555, S. 108.
3 Richtlinie (EU) 2015/849 des Europäischen Parlaments und des Rates vom 20.5.2015 zur Verhinderung der Nutzung des Finanzsystems zum Zwecke der Geldwäsche und der Terrorismusfinanzierung, zur Änderung der Verordnung (EU) Nr. 648/2012 des Europäischen Parlaments und des Rates und zur Aufhebung der Richtlinie 2005/60/EG des Europäischen Parlaments und des Rates und der Richtlinie 2006/70/EG der Kommission.

GwG § 3 Wirtschaftlich Berechtigter

schaft auszuräumen versuchten,[4] teilweise obsolet geworden bzw. in der neuen gesetzlichen Regelung in § 3 Abs. 2 GwG aufgegangen.

7 Weiterhin hat der Gesetzgeber die Definition des wirtschaftlich Berechtigten an einigen Stellen auch an die Vorgaben von Art. 3 Nr. 6 der 4. EU-Geldwäscherichtlinie, die wiederum den Empfehlungen der FATF[5] folgen, angepasst.[6] Zu nennen ist hier insbesondere die im Hinblick auf die wirtschaftlich Berechtigten bei Gesellschaften in § 3 Abs. 2 Satz 5 GwG aufgenommene Regelung, wonach bei Nichtvorhandensein oder Zweifeln über die Person des wirtschaftlich Berechtigten, die gesetzlichen Vertreter, geschäftsführenden Gesellschafter oder Partner der Gesellschaft als wirtschaftlich Berechtigte gelten. Darüber hinaus hat der Gesetzgeber in Anlehnung an Art. 3 Nr. 6 b der 4. EU-Geldwäscherichtlinie den Kreis der wirtschaftlich Berechtigten bei fremdnützigen Rechtsgestaltungen deutlich ausgedehnt.

8 Bei den wirtschaftlich Berechtigten handelt es sich vereinfacht gesagt um solche **natürlichen Personen**, die aufgrund gesellschaftsrechtlicher oder faktischer Umstände maßgeblichen Einfluss auf eine Gesellschaft, sonstige Rechtsgestaltung oder eine natürliche Person nehmen können und dementsprechend auch die geschäftlichen Beziehungen zu den Verpflichteten als „Hintermänner" der vordergründig handelnden Organisation oder natürlichen Person massiv beeinflussen können.[7] Es kommt jeweils auf den „letztendlich" wirtschaftlich Berechtigten an; im angloamerikanischen Sprachgebrauch hat sich deshalb der Begriff des „Ultimate Beneficial Owner" („UBO") eingebürgert.

9 Diese „Hintermänner" dürfen im Rahmen von Geschäftsbeziehungen oder Transaktionen für die GwG-Verpflichteten nicht im Verborgenen bleiben. Es besteht vielmehr nach § 10 Abs. 1 Nr. 2 GwG für die vom GwG erfassten Personen und Unternehmen die Verpflichtung „abzuklären", ob der Vertragspartner für einen wirtschaftlich Berechtigten handelt, und, soweit dies der Fall ist, die Identifizierung des wirtschaftlich Berechtigten nach Maßgabe des § 11 Abs. 5 GwG vorzunehmen. In Fällen, in denen der Vertragspartner keine natürliche Person ist, besteht die Pflicht, die Eigentums- und Kontrollstruktur des Vertragspartners mit angemessenen Mitteln in Erfahrung zu bringen.

10 Während ältere Fassungen des Gesetzes sich darauf beschränkten, die GWG-Verpflichteten zur „**Feststellung**" eines abweichenden wirtschaftlich Berech-

---

4 Vgl. AuA zur Verhinderung von Geldwäsche, Terrorismusfinanzierung und „sonstigen strafbaren Handlungen" vom 1.2.2014, Zeile 27.
5 Vgl. FATF, The FATF Recommendations (2012-2017), General Glossary, Stichwort „Beneficial Owner".
6 BT-Drs. 18/11555, S. 109.
7 BT-Drs. 18/11555, S. 108.

tigten anzuhalten,[8] gehen neuere Fassungen des GwG weiter und fordern dessen **„Identifizierung"**. Der Grund für die erweiterte Identifizierungspflicht besteht darin, dass „ultimate beneficiaries" es aufgrund ihres Einflusses in der Hand haben, die vorgeschaltete Organisation oder natürliche Person in Bezug auf geldwäscherechtlich relevante Handlungen zu lenken. Daher müssen sie von den Verpflichteten aus Präventionsgründen schon im Vorfeld ebenso genau erfasst werden wie der Vertragspartner selbst.

Von besonderer Bedeutung ist eine solche Erfassung der „Hintermänner" insbesondere bei hoch risikobehafteten Vertragspartnern, z. B. im Falle von unübersichtlichen verschachtelten Gesellschaftsstrukturen, bei denen sich auf den ersten Blick nicht feststellen lässt, welche natürliche Person wirtschaftlich hinter den vorgeschalteten Gesellschaften steht. Insoweit bestehen daher weitreichende Möglichkeiten der Verschleierung der wahren Hintermänner der Organisationen und damit ein erhöhtes Risiko, die Unübersichtlichkeit der Strukturen für Zwecke der Geldwäsche oder Terrorismusfinanzierung zu missbrauchen.[9]

11

Im Hinblick auf die Feststellung der wirtschaftlich Berechtigten der Vertragspartner der Verpflichteten statuiert daher das GwG für die Verpflichteten zahlreiche besondere Pflichten. So müssen die Verpflichteten – wie oben bereits angerissen – nach § 10 Abs. 1 Nr. 2 GwG im Rahmen ihrer allgemeinen Sorgfaltspflichten grundsätzlich vor Begründung einer Geschäftsbeziehung oder vor Durchführung einer Transaktion **abklären**, ob der Vertragspartner für einen wirtschaftlich Berechtigten handelt, und, soweit dies der Fall ist, die Identifizierung des wirtschaftlich Berechtigten vornehmen. Bei Vertragspartnern, die keine natürlichen Personen sind, müssen die Verpflichteten diesbezüglich insbesondere die Eigentums- und Kontrollstruktur des Vertragspartners mit angemessenen Mitteln in Erfahrung bringen (siehe dazu näher § 10 GwG Rn. 37 ff.).

12

Weiterhin müssen die hierbei eingeholten Angaben und Informationen zum wirtschaftlich Berechtigten sowie die Aufzeichnungen über die Maßnahmen zur Ermittlung des wirtschaftlich Berechtigten nach § 8 Abs. 1 Satz 1 Nr. 1 lit. a) und Abs. 4 Satz 1 GwG fünf Jahre aufbewahrt werden (siehe dazu näher § 8 GwG). Existiert ein wirtschaftlich Berechtigter und ist dieser eine politisch exponierte Person (§ 1 Rn. 86 ff.), so liegt gem. § 15 Abs. 3 Nr. 1 GwG ein höheres Geldwäscherisiko vor, weswegen hier verstärkte Sorgfaltspflichten angewandt werden müssen (siehe dazu näher § 15 Rn. 4 ff.). Schließlich werden sämtliche relevanten Angaben über die wirtschaftlich Berechtigten im Transparenzregister aufgenommen (siehe dazu näher § 18 ff. GwG).

13

Der – abweichende – wirtschaftlich Berechtigte ist in aller Regel nicht der Vertragspartner; entsprechend treffen ihn zivilrechtlich keine Neben- oder Mitwir-

14

---

8 Vgl. z. B. die Herleitung bei *Ackmann/Reder*, WM 2009, 158 ff.
9 BT-Drs. 18/11555, S. 108.

kungspflichten, all diese Informationen gegenüber dem Verpflichteten offenzulegen. Mithin begründet das Gesetz in § 11 Abs. 6 GwG eine eigene geldwäscherechtliche **Mitwirkungspflicht** auch gegenüber den Kunden, also nicht primär Verpflichteten. Die nähere Herleitung und der Umfang dieser Mitwirkungspflicht sind hoch umstritten (vgl. hierzu § 11 Rn. 30 ff.).

15 Hinsichtlich der Änderungen hat der Gesetzgeber schon in der Gesetzesbegründung klargestellt, dass bei Bestandskunden die (Nach-)Erfassung der neu zu identifizierenden abweichenden wirtschaftlich Berechtigten lediglich im Rahmen der Aktualisierung des Datenbestandes nach § 10 Abs. 3 GwG zu erfolgen hat.[10]

II. Begriff des wirtschaftlich Berechtigten (§ 3 Abs. 1 GwG)

16 Nach § 3 Abs. 1 Satz 1 GwG ist wirtschaftlich Berechtigter im Sinne des GwG,
 – eine natürliche Person, in deren Eigentum oder unter deren Kontrolle der Vertragspartner des Verpflichteten steht, oder
 – eine natürliche Person, auf deren Veranlassung eine Transaktion letztlich durchgeführt oder eine Geschäftsbeziehung mit dem Verpflichteten letztlich begründet wird.

17 Nach dieser Definition kann – anders als beispielsweise nach früheren Fassungen des GwG[11] oder im Steuerrecht[12] – **nur eine natürliche Person** wirtschaftlich Berechtigter in diesem Sinne sein. Juristische Personen oder Personengesellschaften scheiden als wirtschaftlich Berechtigte aus.

18 Dies hat zur Konsequenz, dass es bei Vertragspartnern, die juristische Personen oder Personengesellschaften sind, im Hinblick auf die Feststellung des wirtschaftlich Berechtigten nicht auf diese Rechtsträger selbst, sondern ausschließlich auf die hinter diesem Rechtsträger oder den weiteren zwischengeschalteten Rechtsträgern stehenden natürlichen Personen abzustellen ist.[13] Vertragspartner, die juristische Personen oder Personengesellschaften sind, sind jedoch für die Verpflichteten der in der geschäftlichen Praxis anzutreffende Regelfall, sodass vor Begründung einer Geschäftsbeziehung oder vor Durchführung einer Transaktion die Verpflichteten gemäß § 10 Abs. 1 Nr. 2 GwG regelmäßig die Eigentums- und Kontrollstruktur solcher Vertragspartner mit angemessenen Mitteln in

---

10 BT-Drs. 18/11555, S. 109.
11 *Ackmann/Reder*, WM 2009, 158, 162.
12 Vgl. AuA zur Verhinderung von Geldwäsche, Terrorismusfinanzierung und „sonstigen strafbaren Handlungen" vom 1.2.2014, Zeile 24.
13 Vgl. AuA zur Verhinderung von Geldwäsche, Terrorismusfinanzierung und „sonstigen strafbaren Handlungen" vom 1.2.2014, Zeile 24.

II. Begriff des wirtschaftlich Berechtigten (§ 3 Abs. 1 GwG) **§ 3 GwG**

Erfahrung bringen müssen, um die dahinter stehenden natürlichen Personen greifbar machen zu können.

Weiterhin statuiert der Gesetzgeber in § 3 Abs. 1 Satz 1 GwG **drei Fallgruppen**, in denen eine natürliche Person als wirtschaftlich Berechtigter anzusehen ist. Nach § 3 Abs. 1 Satz 2 GwG werden diese Fallgruppen durch Regelbeispiele in § 3 Abs. 2–4 GwG näher konkretisiert. Die in § 3 Abs. 2–4 GwG genannten wirtschaftlich Berechtigten sind somit nicht abschließend, sondern eine Einstufung als wirtschaftlich Berechtigter nach den allgemeinen Grundsätzen des § 3 Abs. 1 Satz 1 GwG bleibt auch im Übrigen möglich.[14]

19

Nach der ersten Fallgruppe ist eine natürliche Person als wirtschaftlich Berechtigter anzusehen, wenn der Vertragspartner des Verpflichteten **im Eigentum** der natürlichen Person steht. Unter diese Fallgruppe fallen beispielsweise Alleingesellschafter einer GmbH. Weiterhin fällt unter diese Fallgruppe ein im Handelsregister eingetragener Einzelkaufmann im Sinne des HGB, wobei insoweit jedoch eine Erfassung des Einzelkaufmanns als wirtschaftlich Berechtigter durch den Verpflichteten entbehrlich ist, wenn er unter seinem bürgerlichen Namen firmiert.[15] Denn in einem solchen Fall wird bereits aus dem Firmennamen hinreichend deutlich, welche natürliche Person hinter dem Unternehmen steht.

20

Nach der zweiten Fallgruppe ist eine natürliche Person als wirtschaftlich Berechtigter anzusehen, wenn der Vertragspartner des Verpflichteten unter der „**Kontrolle**" der natürlichen Person steht. Diese Fallgruppe betrifft maßgeblich alle Gesellschaften, an denen mehrere Gesellschafter beteiligt sind. Nicht entscheidend ist hierbei, um welche Art von Gesellschaft es sich handelt, welche Rechtsform die Gesellschaft aufweist oder ob es sich um eine in- oder ausländische Gesellschaft handelt.[16] Wann ein Gesellschafter „die Kontrolle" über eine Gesellschaft ausübt, hat der Gesetzgeber näher in § 3 Abs. 2 GwG festgelegt (siehe dazu näher, § 3 Rn. 23). Zum anderen betrifft diese Fallgruppe auch fremdnützige Rechtsgestaltungen im Sinne des § 3 Abs. 3 GwG, an denen mehrere natürliche Personen beteiligt sind (siehe dazu näher § 3 Rn. 52). Betroffen sind insoweit beispielsweise die Verwalter von Trusts (Trustees) (§ 3 Abs. 3 Nr. 1 GwG), die Vorstandsmitglieder einer Stiftung (§ 3 Abs. 3 Nr. 2 GwG) sowie die natürlichen Personen, die auf sonstige Weise unmittelbar oder mittelbar beherrschenden Einfluss auf die Vermögensverwaltung oder Ertragsverteilung ausüben (§ 3 Abs. 3 Nr. 3 GwG).

21

Schließlich ist nach der dritten Fallgruppe eine natürliche Person als wirtschaftlich Berechtigter einzustufen, sofern auf deren **Veranlassung** eine Transaktion

22

---

14 *Warius*, in: Herzog, GwG, § 1 Rn. 44.
15 Vgl. AuA zur Verhinderung von Geldwäsche, Terrorismusfinanzierung und „sonstigen strafbaren Handlungen" vom 1.2.2014, Zeile 32 c.
16 *Warius*, in: Herzog, GwG, § 1 Rn. 47.

GwG § 3 Wirtschaftlich Berechtigter

letztlich durchgeführt oder eine Geschäftsbeziehung letztlich begründet wird. Erfasst hiervon sind im Rahmen von fremdnützigen Rechtsgestaltungen beispielsweise die Regelbeispiele der Treugeber (§ 3 Abs. 3 Nr. 1 GwG) und Begünstigten (§ 3 Abs. 3 Nr. 3 GwG) bzw. einer Gruppe von Begünstigten (§ 3 Abs. 3 Nr. 4 GwG) (siehe dazu näher § 3 Rn. 52 ff.). Im Übrigen dient diese Fallgruppe als Auffangtatbestand für all jene Fälle, die nicht bereits von den übrigen Fallgruppen erfasst sind, bei denen aber gleichwohl eine andere Person als der Vertragspartner aufgrund (wirtschaftlicher) Beherrschung der Geschäftsbeziehung als eigentlich Berechtigter anzusehen ist (siehe dazu näher § 3 Rn. 64 ff.).[17]

III. Wirtschaftlich Berechtigter bei Gesellschaften (§ 3 Abs. 2 GwG)

23 Nach § 3 Abs. 2 GwG zählen bei juristischen Personen – mit Ausnahme von rechtsfähigen Stiftungen – sowie bei sonstigen Gesellschaften zu den wirtschaftlich Berechtigten diejenigen natürlichen Person, die unmittelbar oder mittelbar mehr als **25 % der Kapitalanteile** halten, mehr als 25 % der **Stimmrechte** kontrollieren oder **auf vergleichbare Weise** Kontrolle über die Gesellschaft ausüben. Die Kontrolle einer natürlichen Person über eine Gesellschaft im Sinne des § 3 Abs. 1 Nr. 1 GwG und damit die Eigenschaft als wirtschaftlich Berechtigter wird in diesen Fällen unwiderleglich vermutet.[18]

24 **Nicht erfasst** hiervon sind Gesellschaften, die an einem **organisierten Markt** nach § 2 Abs. 5 WpHG notiert sind oder die dem Gemeinschaftsrecht entsprechenden Transparenzanforderungen im Hinblick auf die Stimmrechtsanteile oder gleichwertigen internationalen Standards unterliegen. In diesen Fällen bedarf es nämlich keiner zusätzlichen Maßnahmen durch den Verpflichteten zur Identifizierung der hinter diesen Gesellschaften stehenden natürlichen Personen, da die hinter diesen Gesellschaften stehenden Personen bereits aufgrund der erhöhten Transparenz innerhalb der organisierten Märkte bzw. aufgrund der gleichwertig hohen Transparenzanforderungen in Drittstaaten ohne weitere Maßnahmen sichtbar gemacht werden können.

25 **Organisierter Markt** im Sinne des § 2 Abs. 5 WpHG ist ein im Inland, in einem anderen Mitgliedstaat der Europäischen Union oder einem anderen Vertragsstaat des Abkommens über den Europäischen Wirtschaftsraum betriebenes oder verwaltetes, durch staatliche Stellen genehmigtes, geregeltes und überwachtes multilaterales System, das die Interessen einer Vielzahl von Personen am Kauf und Verkauf von dort zum Handel zugelassenen Finanzinstrumenten innerhalb des Systems und nach festgelegten Bestimmungen in einer Weise zusammenbringt

---

17 BT-Drs. 17/6804, S. 25; *Warius*, in: Herzog, GwG, § 1 Rn. 43.
18 *Warius*, in: Herzog, GwG, § 3 Rn. 47.

III. Wirtschaftlich Berechtigter bei Gesellschaften   § 3 GwG

oder das Zusammenbringen fördert, die zu einem Vertrag über den Kauf dieser Finanzinstrumente führt. In Deutschland fällt unter den Begriff des organsierten Marktes der regulierte Markt der Deutschen Börse bzw. der städtischen Börsenplätze (Börse Berlin, Börse München, Börse Stuttgart usw.).[19] Demgegenüber ist der börsliche Freiverkehr nicht vom Begriff des organisierten Marktes erfasst.[20] Umfasst vom Begriff des organisierten Marktes ist hingegen die für den Handel mit Finanzderivaten geschaffene Terminbörse „EUREX".[21] Welche Märkte der anderen Mitgliedstaaten der Europäischen Union oder der anderen Vertragsstaaten des Abkommens über den Europäischen Wirtschaftsraum unter den Begriff des organisierten Marktes fallen, lässt sich dem von der EU-Kommission im Amtsblatt der Europäischen Union veröffentlichten Verzeichnis aller geregelten Märkte entnehmen.[22] Danach zählen beispielsweise in Frankreich zu den geregelten Märkten und damit zu den organisierten Märkten im Sinne des § 2 Abs. 2 WpHG die Handelsplattformen „Euronext Paris", „MATIF" und „MONEP".[23]

Zu den Gesellschaften, die dem Gemeinschaftsrecht entsprechenden Transparenzanforderungen im Hinblick auf die Stimmrechtsanteile oder gleichwertigen internationalen Standards unterliegen, gehören jedenfalls all jene Gesellschaften, die an einer in der Anlage 1 der Auslegungs- und Anwendungshinweise der Deutschen Kreditwirtschaft genannten Börse notiert sind.[24] Zu den in der Anlage 1 der Auslegungs- und Anwendungshinweise der Deutschen Kreditwirtschaft genannten Börsen gehören insbesondere NYSE Amex, NASDAQ und New York Stock Exchange (USA), Shanghai Stock Exchange und Shenzhen Stock Exchange (China), Tokyo Stock Exchange, TSE-Mothers, JASDAQ, Osaka Securities Exchange, Hercules, Nagoya Stock Exchange und Centrex (Japan) sowie SIX Swiss Exchange (Schweiz). 26

Über diese Fälle hinaus erfasst die Anlage 1 der Auslegungs- und Anwendungshinweise der Deutschen Kreditwirtschaft zudem noch bestimmte Börsen in Australien, Hongkong, Indien, Indonesien, Kanada, Malaysia, Neuseeland, Singapur, Südkorea, Taiwan und Thailand. Die in der Liste der in Anlage 1 der Auslegungs- und Anwendungshinweise der Deutschen Kreditwirtschaft genannten 27

---

19 *Fuchs*, in: Fuchs, WpHG, § 2 Rn. 163.
20 *Fuchs*, in: Fuchs, WpHG, § 2 Rn. 163.
21 *Fuchs*, in: Fuchs, WpHG, § 2 Rn. 163.
22 *Fuchs*, in: Fuchs, WpHG, § 2 Rn. 164.
23 ABl. EU 2010/C 348/09, mit Anmerkungen versehene Übersicht über die geregelten Märkte und einzelstaatlichen Rechtsvorschriften zur Umsetzung der entsprechenden Anforderungen der Richtlinie über Märkte für Finanzinstrumente (MiFID) (Richtlinie 2004/39/EG des Europäischen Parlaments und des Rates).
24 AuA zur Verhinderung von Geldwäsche, Terrorismusfinanzierung und sonstigen strafbaren Handlungen vom 1.2.2014, Zeile 57.

GwG § 3 Wirtschaftlich Berechtigter

Börsen sind jedoch nicht abschließend. Vielmehr kann die geforderte „Gleichwertigkeit" prinzipiell auch bei anderen Börsen gegeben sein.[25]

28 Maßgebendes Merkmal für das Vorliegen einer wirtschaftlichen Berechtigung im Sinne des § 3 Abs. 2 GwG ist die **„Kontrolle"**. „Kontrolle" einer natürlichen Person über eine Gesellschaft wird insbesondere dann unwiderleglich vermutet, wenn die natürliche Person unmittelbar oder mittelbar mehr als 25% der Kapitalanteile der Gesellschaft hält oder mehr als 25% der Stimmrechte der Gesellschaft kontrolliert.

29 Während die Feststellung einer **unmittelbaren Kontrolle** einer natürlichen Person im Falle bloß einstufiger Beteiligungsstrukturen (= Vertragspartnerin des Verpflichteten ist die Gesellschaft B; Gesellschafter A – eine natürliche Person – ist unmittelbar an Gesellschaft B beteiligt) schon nach altem Recht weitgehend unproblematisch war, war die Feststellung einer entsprechenden **mittelbaren Kontrolle** einer natürlichen Person im Falle mehrstufiger Beteiligungsstrukturen (=Vertragspartnerin des Verpflichteten ist die Gesellschaft B; Gesellschafter der Gesellschaft B sind die Gesellschaften C und D; Gesellschafter A – eine natürliche Person – ist unmittelbar nur an Gesellschaft C beteiligt) nach altem Recht – mangels gesetzlicher Vorgaben – zunächst mit erheblichen Unsicherheiten behaftet. Angesichts der bestehenden Unsicherheiten hat daraufhin die Einrichtung „Deutsche Kreditwirtschaft" Auslegungs- und Anwendungshinweise[26] veröffentlicht, im Rahmen derer nähere Anforderungen an das Vorliegen einer „mittelbaren Kontrolle" einer natürlichen Person über eine Gesellschaft konkretisiert worden sind. Grundvoraussetzung war hierbei zunächst, dass die zwischengeschaltete Gesellschaft (Gesellschaft C) mehr als 25% der Kapitalanteile an der Vertragspartnerin des Verpflichteten (Gesellschaft B) hält. Im zweiten Schritt war danach zu fragen, ob die an der zwischengeschalteten Gesellschaft (Gesellschaft C) beteiligte natürliche Person (Gesellschafter A) eine „Kontrolle" über die zwischengeschaltete Gesellschaft hatte. Die „Deutsche Kreditwirtschaft" differenzierte insoweit zwischen einer Kontrolle aufgrund gesellschaftsrechtlichen Einflusses und einer faktischen Kontrolle.[27] Eine Kontrolle kraft gesellschaftsrechtlichen Einflusses war gegeben, wenn die natürliche Person die Mehrheit der Anteile an der zwischengeschalteten Gesellschaft innehatte.[28] Eine faktische Kontrolle war gegeben, wenn die natürliche Person zwar nicht die Mehrheit der Anteile an der zwischengeschalteten Gesellschaft innehatte, aber

---

25 AuA zur Verhinderung von Geldwäsche, Terrorismusfinanzierung und sonstigen strafbaren Handlungen vom 1.2.2014, Zeile 57.
26 AuA zur Verhinderung von Geldwäsche, Terrorismusfinanzierung und sonstigen strafbaren Handlungen vom 1.2.2014.
27 AuA zur Verhinderung von Geldwäsche, Terrorismusfinanzierung und sonstigen strafbaren Handlungen vom 1.2.2014, Zeile 27.
28 AuA zur Verhinderung von Geldwäsche, Terrorismusfinanzierung und sonstigen strafbaren Handlungen vom 1.2.2014, Zeile 27.

III. Wirtschaftlich Berechtigter bei Gesellschaften §3 GwG

aus anderen Gründen – z. B. aufgrund vertraglicher Abreden – faktisch die Kontrolle über die zwischengeschaltete Gesellschaft innehatte.[29] Ein Indiz für eine solche faktische Kontrolle konnte vor allem eine „wesentliche Minderheitsbeteiligung" von mehr als 25 % der Anteile an der zwischengeschalteten Gesellschaft sein, sofern die übrigen Gesellschafter der zwischengeschalteten Gesellschaft lediglich deutlich geringe Anteilsbeteiligungen aufweisen konnten.[30]

Diese nach altem Recht bestehende „**Regelungslücke**" im Hinblick auf das Vorliegen einer **mittelbaren Kontrolle** einer natürlichen Person über eine Gesellschaft hat der Gesetzgeber in § 3 Abs. 2 Satz 2–4 GwG **nunmehr ausdrücklich geschlossen.** Darin legt der Gesetzgeber gemäß § 3 Abs. 2 Satz 2 GwG fest, dass eine mittelbare Kontrolle insbesondere dann vorliegt, wenn entsprechende Anteile von einer oder mehreren Vereinigungen nach § 20 Abs. 1 GwG gehalten werden, die von einer natürlichen Person kontrolliert werden. Grundvoraussetzung ist somit – wie schon nach den Auslegungs- und Anwendungshinweisen der Deutschen Kreditwirtschaft –, dass die zwischengeschaltete Gesellschaft mehr als 25 % der Kapitalanteile an der Vertragspartnerin des Verpflichteten hält. Weitere Voraussetzung ist sodann die Kontrolle der natürlichen Person über die zwischengeschaltete Gesellschaft. Nach § 3 Abs. 2 Satz 3 GwG liegt Kontrolle der natürlichen Person über die zwischengeschaltete Gesellschaft insbesondere vor, wenn die natürliche Person unmittelbar oder mittelbar beherrschenden Einfluss auf die zwischengeschaltete Gesellschaft ausüben kann.

30

Wann ein beherrschender Einfluss auf die zwischengeschaltete Gesellschaft vorliegt, richtet sich gemäß § 3 Abs. 2 Satz 4 GwG nach den Regelungen des **§ 290 Abs. 2 bis 4 HGB**. Maßgebliche Bestimmung hierbei ist § 290 Abs. 2 HGB. § 290 Abs. 3–4 HGB dient hingegen nur der näheren Ausformung der in § 290 Abs. 2 HGB festgelegten Grundsätze.

31

§ 290 Abs. 2 HGB erfasst vier beispielhaft genannte[31] Fallkonstellationen, in denen „stets" (d.h. unwiderlegbar[32]) von einem beherrschenden Einfluss auf die zwischengeschaltete Gesellschaft auszugehen ist:

32

– Mehrheit der Stimmrechte an der zwischengeschalteten Gesellschaft;
– Recht, die Mehrheit der Mitglieder des die Finanz- und Geschäftspolitik bestimmenden Verwaltungs-, Leitungs- oder Aufsichtsorgans der zwischengeschalteten Gesellschaft zu bestellen oder abzuberufen;

---

29 AuA zur Verhinderung von Geldwäsche, Terrorismusfinanzierung und sonstigen strafbaren Handlungen vom 1.2.2014, Zeile 27.
30 AuA zur Verhinderung von Geldwäsche, Terrorismusfinanzierung und sonstigen strafbaren Handlungen vom 1.2.2014, Zeile 27.
31 *Senger/Hoehne*, in: MüKo-BilR, § 290 HGB Rn. 58.
32 *Senger/Hoehne*, in: MüKo-BilR, § 290 HGB Rn. 57.

GwG § 3 Wirtschaftlich Berechtigter

- Recht, die Finanz- und Geschäftspolitik der zwischengeschalteten Gesellschaft aufgrund eines geschlossenen Beherrschungsvertrags oder aufgrund einer Bestimmung in der Satzung der zwischengeschalteten Gesellschaft zu bestimmen;
- bei wirtschaftlicher Betrachtung Tragung der Mehrheit der Risiken und Chancen der zwischengeschalteten Gesellschaft, wenn die zwischengeschaltete Gesellschaft nur zur Erreichung eines eng begrenzten und genau definierten Ziels dient (Zweckgesellschaft).

33 Der Verweis des Gesetzgebers auf § 290 Abs. 2 HGB ist allerdings **nur teilweise geglückt**.

34 Eine wertvolle Erkenntnis bietet der Verweis insofern, als nun ausdrücklich festgeschrieben ist, dass von einem beherrschenden Einfluss und damit einer Kontrolle der zwischengeschalteten Gesellschaft jedenfalls dann auszugehen ist, wenn die natürliche Person die Mehrheit der Stimmrechte an der zwischengeschalteten Gesellschaft innehat. Dies entspricht auch den bis dahin bestehenden Auslegungs- und Anwendungshinweisen der Deutschen Kreditwirtschaft, wobei diese für eine „Kontrolle kraft gesellschaftsrechtlichen Einflusses" nicht auf die Mehrheit der Stimmrechte, sondern die Mehrheit der Anteile an der zwischengeschalteten Gesellschaft abgestellt hat. Im Endeffekt sollte aber – wie ein systematischer Vergleich zu § 3 Abs. 2 Satz 1 Nr. 1 und 2 GwG zeigt – bei beiden genannten Konstellationen von einem beherrschenden Einfluss und somit einer Kontrolle der zwischengeschalteten Gesellschaft durch die natürliche Person ausgegangen werden.[33] In der Praxis fallen die beiden Konstellationen ohnehin regelmäßig zusammen.[34]

35 Weiterhin bietet der Verweis auch insofern – im Verhältnis zu den Auslegungs- und Anwendungshinweisen der Deutschen Kreditwirtschaft – eine neue Erkenntnis, dass richtigerweise von einem beherrschenden Einfluss und damit einer Kontrolle der zwischengeschalteten Gesellschaft durch die natürliche Person auch dann auszugehen ist, wenn die natürliche Person das Recht hat, die Mehrheit der Mitglieder des die Finanz- und Geschäftspolitik bestimmenden Verwaltungs-, Leitungs- oder Aufsichtsorgans der zwischengeschalteten Gesellschaft zu bestellen oder abzuberufen. Denn mit einem solchen Recht kann die natürliche Person mittelbar über die Bestellung hierfür „geeigneter Mitglieder" entscheidenden Einfluss auf die Unternehmenspolitik der zwischengeschalteten Gesellschaft nehmen.

36 Demgegenüber bietet der Verweis auf einen **beherrschenden Einfluss kraft Beherrschungsvertrags oder Satzungsbestimmung** der zwischengeschalteten Gesellschaft nur teilweise neue Erkenntnisse. Denn ein Beherrschungsvertrag

---
33 *Warius*, in: Herzog, GwG, § 1 Rn. 49.
34 *Senger/Hoehne*, in: MüKo-BilR, § 290 HGB Rn. 71.

III. Wirtschaftlich Berechtigter bei Gesellschaften § 3 GwG

mit der zwischengeschalteten Gesellschaft kann von einer natürlichen Person nicht abgeschlossen werden, sondern wird zwischen einem Mutter- und Tochterunternehmen abgeschlossen.[35] An dem Mutterunternehmen ist die natürliche Person aber in der hier gemeinten Konstellation gerade nicht unmittelbar beteiligt.

Soweit hingegen auch ein beherrschender Einfluss der natürlichen Person aus einer Satzungsbestimmung bzw. gesellschaftsvertraglichen Bestimmung der zwischengeschalteten Gesellschaft hergeleitet werden kann, ist der Verweis zielführend. Praktisch relevant kann diese Fallgruppe aber nur bei Gesellschaften werden, bei denen die Gesellschafter kraft Vereinbarung auch entscheidenden Einfluss auf die Geschäftsführung der Gesellschaft nehmen können. Folglich ist eine entsprechende Bestimmung bei einer GmbH denkbar, hingegen bei einer AG wegen des Grundsatzes der Eigenverantwortlichkeit der Leitung der Gesellschaft durch den Vorstand nicht denkbar.[36] 37

Schließlich ist der Verweis insoweit obsolet, wie auf eine Beherrschung im Rahmen einer Zweckgesellschaft hingewiesen wird. Denn auch insoweit handelt es sich um eine Konstellation, die sich ausschließlich zwischen einem Mutter- und Tochterunternehmen abspielen kann.[37] 38

Der Verweis auf die in § 290 Abs. 2 HGB geregelten Fallgruppen ist jedoch ohnehin nicht abschließend. Denn nach § 3 Abs. 2 Satz 3, Satz 4 GwG liegt eine Kontrolle **„insbesondere"** dann vor, wenn unmittelbar oder mittelbar ein beherrschender Einfluss im Sinne des § 290 Abs. 2–4 HGB besteht. 39

Dementsprechend kann ein beherrschender Einfluss sich auch aus anderen Umständen ergeben. Insoweit kann wieder auf die Auslegungs- und Anwendungshinweise der Deutschen Kreditwirtschaft zurückgegriffen werden, nach denen ein beherrschender Einfluss und damit eine Kontrolle der zwischengeschalteten Gesellschaft sich auch aus faktischen Gesichtspunkten ergeben kann (faktische Kontrolle). Indiz für eine solche faktische Kontrolle kann nach den Auslegungs- und Anwendungshinweisen der Deutschen Kreditwirtschaft eine „wesentliche Minderheitsbeteiligung" von mehr als 25 % der Anteile an der zwischengeschalteten Gesellschaft sein, sofern die übrigen Gesellschafter der zwischengeschalteten Gesellschaft lediglich deutlich geringere Anteilsbeteiligungen haben.[38] Entsprechendes muss aus Gründen der Systematik (vgl. § 3 Abs. 2 Satz 1 Nr. 1 und 2 GwG) und nach dem Sinn und Zweck der Norm auch in solchen Fällen gelten, in denen die natürliche Person mehr als 25 % der Stimmrechte der zwi- 40

---

35 *Deilmann*, in: Hölters, AktG, § 291 Rn. 4.
36 *Senger/Hoehne*, in: MüKo-BilR, § 290 HGB Rn. 98.
37 Vgl. *Senger/Hoehne*, in: MüKo-BilR, § 290 HGB Rn. 107.
38 AuA zur Verhinderung von Geldwäsche, Terrorismusfinanzierung und sonstigen strafbaren Handlungen vom 1.2.2014, Zeile 27.

GwG § 3 Wirtschaftlich Berechtigter

schengeschalteten Gesellschaft kontrolliert, sofern die übrigen Gesellschafter der zwischengeschalteten Gesellschaft im Vergleich dazu jeweils deutlich geringere Stimmrechtsanteile innehaben.

41 **„Kontrolle" einer natürlichen Person** über eine Gesellschaft setzt zudem nicht einmal zwingend voraus, dass die natürliche Person unmittelbar oder mittelbar über eine zwischengeschaltete Gesellschaft mehr als 25 % der Kapitalanteile der Gesellschaft hält oder mehr als 25 % der Stimmrechte der Gesellschaft kontrolliert (vgl. § 3 Abs. 2 Satz 1 Nr. 1 und 2 GwG). Vielmehr kann eine Kontrolle einer natürlichen Person über eine Gesellschaft auch unterhalb dieser Schwellenwerte bestehen. Dies war bereits nach der alten Rechtslage zu § 1 Abs. 6 GwG a. F. anerkannt[39] und hat der Gesetzgeber in dem neu eingefügten § 3 Abs. 2 Satz 1 Nr. 3 GwG nochmals ausdrücklich klargestellt. Nach § 3 Abs. 2 Satz 1 Nr. 3 GwG zählt zu den wirtschaftlich Berechtigten nämlich auch jede natürliche Person, die unmittelbar oder mittelbar auf vergleichbare Weise Kontrolle über eine Gesellschaft ausübt.

42 Im Blick hatte der Gesetzgeber hierbei vor allem die **Gesellschaft bürgerlichen Rechts**, die aufgrund ihrer fehlenden Registereintragung, des fehlenden besonderen Formerfordernisses und der Dispositivität hinsichtlich gesetzlich vorgesehener innerorganisatorischer Regelungen für Außenstehende intransparent und daher besonders anfällig für Geldwäsche und Terrorismusfinanzierung sei.[40] Dementsprechend könne bei einer GbR nicht schematisch auf die in § 3 Abs. 2 Satz 1 Nr. 1 und 2 GwG festgelegten Schwellenwerte abgestellt werden, sondern es müsse von den Verpflichteten in besonderem Maße das konkrete Risiko der Geschäftsbeziehung oder Transaktion mit der GbR eingeschätzt und in risikoangemessener Weise entschieden werden, welche einzelnen Gesellschafter als wirtschaftlich Berechtigte zu identifizieren sind.[41]

43 Gefordert wird von den Verpflichteten mithin eine Einzelfallprüfung, welche der an der GbR beteiligten Gesellschafter die maßgebliche Entscheidungsgewalt über die geschäftlichen Beziehungen innehaben. Sind beispielsweise an einer GbR zwei Gesellschafter mit Kapitalanteilen von 90 % und 10 % beteiligt, liegt die maßgebliche Entscheidungsgewalt und damit die Kontrolle über die Gesellschaft (auch) und trotz eines Kapitalanteils von nur 10 % bei letzterem Gesellschafter, wenn dieser unter Ausschluss des anderen Gesellschafters zur alleinigen Führung der Geschäfte der GbR berechtigt ist.

44 Eine weitere im Rahmen des § 3 Abs. 2 Satz 1 Nr. 3 GwG relevante Gesellschaftsform ist die **GmbH & Co KG**. Insoweit ist nämlich die wirtschaftlich

---

39 *Warius*, in: Herzog, GwG, § 1 Rn. 45.
40 BT-Drs. 16/9038, S. 30.
41 BT-Drs. 16/9038, S. 30; AuA zur Verhinderung von Geldwäsche, Terrorismusfinanzierung und sonstigen strafbaren Handlungen vom 1.2.2014, Zeile 33.

III. Wirtschaftlich Berechtigter bei Gesellschaften § 3 GwG

hinter der Komplementär-GmbH stehende natürliche Person auch dann unter dem Gesichtspunkt der mittelbaren Ausübung von Kontrolle über die GmbH & Co KG als wirtschaftlich Berechtigter anzusehen. Dies gilt jedenfalls dann, wenn die Komplementär-GmbH den Schwellenwert des § 3 Abs. 2 Satz 1 Nr. 1 und 2 GwG von 25 % nicht erreicht, da die Komplementär-GmbH bereits aufgrund ihrer gesellschaftsrechtlich dominanten Stellung als „Vollhafter" unmittelbare Kontrolle über die GmbH & Co KG ausüben kann. Dann liegt die mittelbare Kontrolle über die GmbH & Co KG bei den wirtschaftlich hinter der Komplementär-GmbH stehenden natürlichen Personen.[42]

Sofern hingegen die unmittelbar oder mittelbar an einer Gesellschaft beteiligten natürlichen Personen weder die Schwellenwerte des § 3 Abs. 2 Satz 1 Nr. 1 und Nr. 2 GwG überschreiten, noch gemäß § 3 Abs. 2 Satz 1 Nr. 3 GwG in vergleichbarer Weise Kontrolle über die Gesellschaft ausüben, gibt es insoweit bei der betroffenen Gesellschaft an sich überhaupt keinen „wirtschaftlich Berechtigten" im geldwäscherechtlichen Sinn.[43] **45**

In Umsetzung von Art. 3 Nr. 6 a) ii) der 4. EU-Geldwäscherichtlinie hat der deutsche Gesetzgeber aber nunmehr in § 3 Abs. 2 Satz 5 GwG eine Regelung dahingehend aufgenommen, dass im Falle dessen, dass sich auch nach Durchführung umfassender Prüfungen durch den Verpflichteten **keine natürliche Person als wirtschaftlich Berechtigter der Gesellschaft feststellen lässt oder Zweifel daran verbleiben**, ob die festgestellte natürliche Person wirtschaftlich Berechtigter ist, die gesetzlichen Vertreter, geschäftsführenden Gesellschafter oder Partner der Gesellschaft als die wirtschaftlich Berechtigten anzusehen sind. Es handelt sich hierbei um eine gesetzliche Fiktion der Eigenschaft als wirtschaftlich Berechtigter.[44] Die Verpflichteten müssen daher in einem solchen Fall die gesetzlichen Vertreter, geschäftsführenden Gesellschafter oder Partner ihres Vertragspartners als wirtschaftlich Berechtigte erfassen. Eine darüber hinausgehende Erfassung auch der gesetzlichen Vertreter, der geschäftsführenden Gesellschafter oder Partner der wirtschaftlich hinter dem Vertragspartner stehenden (Mutter-) Gesellschaft ist hingegen nicht erforderlich.[45] **46**

In der Praxis wird sich vielfach die Frage stellen, welche konkreten **Nachforschungspflichten** den Verpflichteten treffen, bzw. wie weit diese gehen. Vom Wortlaut des Gesetzes her („umfassende" Prüfungen) werden vom Verpflichteten durchaus erhebliche Anstrengungen erwartet, die geforderten Informationen einzuholen. Auch nach dem Gesetzeszweck wird wohl davon auszugehen sein, **47**

---

42 AuA zur Verhinderung von Geldwäsche, Terrorismusfinanzierung und sonstigen strafbaren Handlungen vom 1.2.2014, Zeile 27.
43 So *Warius*, in: Herzog, GwG, § 3 Rn. 52 zur alten Rechtslage in § 1 Abs. 6 GwG a. F.
44 BT-Drs. 18/11555, S. 109.
45 BT-Drs. 18/11555, S. 109.

GwG § 3 Wirtschaftlich Berechtigter

dass eine bloße einmalige Anfrage zur Erfüllung der „umfassenden" Prüfpflicht wohl nicht ausreichen dürfte. Die bloße Einsichtnahme in das Transparenzregister reicht ohnehin im Regelfalle nicht zur Identifizierung des abweichenden wirtschaftlich Berechtigten aus.

48 Wie oben ausgeführt besteht mangels Geschäftsbeziehung zu einem abweichenden wirtschaftlichen Dritten kein eigener zivilrechtlicher Anspruch (z.B. aus einer zivilrechtlichen Nebenpflicht) auf Erteilung der notwendigen Angaben gegen diesen selbst. Auch die in § 11 Abs. 6 GwG postulierte Mitwirkungspflicht begründet lediglich eine Mitwirkungspflicht des Vertragspartners des Verpflichteten, nicht aber des abweichenden wirtschaftlich Berechtigten. In der Praxis wird ein Verpflichteter deshalb unter Umständen auf die „natürliche Grenze" stoßen, dass der abweichende wirtschaftlich Berechtigte nicht kooperiert.

49 Hält man sich vor Augen, dass wie schon nach § 11 Abs. 1 Satz 2 GwG a. F. heute gemäß § 43 Abs. 1 Nr. 3 GwG die Weigerung eines Vertragspartners bei der Mitwirkung zur Feststellung des wirtschaftlich Berechtigten **Anlass genug für eine Verdachtsmeldung ist**,[46] ergibt sich hieraus ein „Erkenntniskorridor" zwischen voller Kooperation und Totalverweigerung des Geschäftspartners, in welchem die Erfüllung der Untersuchungspflicht ernsthaft, nachhaltig und mit Blick auf den Gesetzeszweck nachvollziehbar dokumentiert erfüllt werden muss. Erst dann greift die Möglichkeit der gesetzlichen Fiktion des § 3 Abs. 2 Satz 5 GwG.

50 Führen die Nachforschungen zu keinem Ergebnis, darf die Geschäftsbeziehung nicht begründet werden oder muss – bei laufenden Geschäftsbeziehungen – beendet werden, vgl. § 10 Abs. 9 GwG. Bei entsprechendem Verdacht hinsichtlich der Gründe mangelnder Kooperation muss eine Verdachtsanzeige erwogen werden, vgl. § 43 Abs. 1 Nr. 3 GwG.

51 Im Hinblick auf die zu erwartende Meldepraxis zum Transparenzregister bleibt abzuwarten, inwieweit die Meldepflichtigen vorschnell von der Möglichkeit Gebrauch machen werden, einfach die Geschäftsleiter einer Gesellschaft ins Transparenzregister einzutragen.

IV. Wirtschaftlich Berechtigter bei fremdnützigen Rechtsgestaltungen (§ 3 Abs. 3 GwG)

52 Nach § 3 Abs. 3 GwG zählen bei **rechtsfähigen Stiftungen und Rechtsgestaltungen**, mit denen treuhänderisch Vermögen verwaltet oder verteilt oder die Verwaltung oder Verteilung des Vermögens durch Dritte beauftragt wird, oder bei diesen vergleichbaren Rechtsformen zu den wirtschaftlich Berechtigten:

---

46 Vgl. hierzu *Herzog/Achtelik*, in: Herzog, GwG, § 11 Rn. 23 m. w. N.

IV. Wirtschaftlich Berechtigter   § 3 GwG

- jede natürliche Person, die als Treugeber, Verwalter von Trusts (Trustee) oder Protektor, sofern vorhanden, handelt (Nr. 1),
- jede natürliche Person, die Mitglied des Vorstandes der Stiftung ist (Nr. 2),
- jede natürliche Person, die als Begünstigte bestimmt worden ist (Nr. 3),
- eine Gruppe von natürlichen Personen, zu deren Gunsten das Vermögen verwaltet oder verteilt werden soll, sofern die natürliche Person, die Begünstigte des verwalteten Vermögens werden soll, noch nicht bestimmt ist (Nr. 4),
- jede natürliche Person, die in sonstiger Weise unmittelbar oder mittelbar beherrschenden Einfluss auf die Vermögensverwaltung oder Ertragsverteilung ausübt (Nr. 5).

Es handelt sich hierbei um eine **unwiderlegliche gesetzliche Vermutung**, dass die genannten Personengruppen wirtschaftlich Berechtigte der fremdnützigen Rechtsgestaltung sind.[47]   53

§ 3 Abs. 3 GwG dient der Umsetzung von Art. 3 Nr. 6 b, c der 4. EU-Geldwäscherichtlinie. Art. 3 Nr. 6 b der 4. EU-Geldwäscherichtlinie legt ausdrücklich fest, welche natürlichen Personen bei einem Trust (siehe dazu näher § 1 Rn. 54) als wirtschaftlich Berechtigte anzusehen sind. Demgegenüber enthält Art. 3 Nr. 6 c der 4. EU-Geldwäscherichtlinie im Hinblick auf juristische Personen, wie Stiftungen, und bei Rechtsvereinbarungen, die einem Trust ähneln, lediglich einen Verweis darauf, dass insoweit diejenigen natürlichen Personen als wirtschaftlich Berechtigte anzusehen sind, die gleichwertige oder ähnliche Personen wie die im Rahmen eines Trusts wirtschaftlich Berechtigten bekleiden.   54

Wesentlicher Unterschied zur alten Rechtslage in § 1 Abs. 6 GwG a. F. ist, dass die Einstufung als wirtschaftlich Berechtigter generell nicht mehr davon abhängt, dass die betroffene natürliche Person 25% oder mehr des Vermögens der fremdnützigen Rechtsgestaltung kontrolliert (§ 1 Abs. 6 Nr. 2 a GwG a. F.) bzw. als Begünstigte von 25% oder mehr des verwalteten Vermögens bestimmt worden ist (§ 1 Abs. 6 Nr. 2 b GwG a. F.), sondern eine Einstufung als wirtschaftlich Berechtigter nun insgesamt pauschal ohne Rücksicht auf bestimmte Schwellenwerte vorgenommen wird.[48]   55

„**Fremdnützige Rechtsgestaltung**" im Sinne des § 3 Abs. 3 GwG ist neben dem in Art. 3 Nr. 6 der 4. EU-Geldwäscherichtlinie genannten ausländischen Rechtsinstitut des Trusts und der in § 3 Abs. 3 GwG genannten rechtsfähigen Stiftung (§§ 80 ff. BGB) insbesondere auch die nicht rechtsfähige „fiduziarische Stiftung". Die nicht rechtsfähige „fiduziarische Stiftung" ähnelt dem ausländischen Rechtsinstitut des Trusts sehr stark, da bei der nicht rechtsfähigen „fiduziarischen Stiftung" wie bei einem Trust und anders als bei einer rechtsfähigen Stif-   56

---

47 AuA zur Verhinderung von Geldwäsche, Terrorismusfinanzierung und sonstigen strafbaren Handlungen vom 1.2.2014, Zeile 28.
48 *Von Drathen/Moelgen*, WPg 2017, 955, 958.

GwG § 3 Wirtschaftlich Berechtigter

tung das gebildete Sondervermögen keine eigene Rechtspersönlichkeit besitzt, sondern lediglich von einem Stifter Vermögenswerte an eine natürliche oder juristische Person (den sog. Stiftungsträger) mit der Maßgabe zu Eigentum übertragen werden, dass die Vermögenswerte von dem Stiftungsträger dauerhaft zur Verfolgung eines vom Stifter festgelegten Zwecks eingesetzt werden.[49] Die vom Stifter an den Stiftungsträger übertragenen Vermögenswerte bilden bei dem Stiftungsträger ein Sondervermögen und im Außenverhältnis zu Dritten tritt allein der Stiftungsträger im eigenen Namen auf.[50] Ein Unterschied zum Trust besteht hingegen darin, dass den Begünstigten beim Trust (den sog. „beneficiaries") ein quasi-dingliches Recht am Trustvermögen zukommt,[51] während den Begünstigten bei einer nicht rechtsfähigen „fiduziarischen Stiftung" ein solches Recht nicht ohne Weiteres zusteht.[52]

57 **Bei rechtsfähigen Stiftungen** zählen zu den wirtschaftlich Berechtigten zunächst sämtliche natürlichen Personen, die Mitglied des Stiftungsvorstands im Sinne der §§ 86, 26 BGB sind (§ 3 Abs. 3 Nr. 2 GwG). Nicht entscheidend ist hierbei, ob sie ihre Vorstandstätigkeit gegen Entgelt oder ehrenamtlich ausüben.[53] Darüber hinaus gehört auch jede natürliche Person zu den wirtschaftlich Berechtigten, die als Destinär der rechtsfähigen Stiftung bestimmt worden ist (§ 3 Abs. 3 Nr. 3 GwG). Voraussetzung ist hierbei jedoch, dass sich die Bestimmung als Destinär aus der Satzung bzw. dem Stiftungsgeschäft ergibt und dem Destinär in der Satzung bzw. dem Stiftungsgeschäft ein unmittelbarer Anspruch auf die dort näher bezeichnete Leistung eingeräumt wird.[54]

58 Weiterhin zählt zu den wirtschaftlich Berechtigten einer rechtsfähigen Stiftung auch eine Gruppe **potenzieller Destinäre**, aus deren Mitte der tatsächliche Destinär oder die tatsächlichen Destinäre noch nicht bestimmt worden sind (§ 3 Abs. 3 Nr. 4 GwG). Erforderlich ist insoweit aber, dass der in der Satzung bzw. im Stiftungsgeschäft genannte Kreis der potenziellen Destinäre überschaubar ist und die in den Kreis der potenziellen Destinäre fallenden einzelnen natürlichen Personen zumindest bestimmbar sind.[55] Daran fehlt es beispielsweise, wenn in

---

49 *Von Campenhausen/Stumpf*, in: von Campenhausen/Richter, Stiftungsrechts-Handbuch, § 2 Rn. 4.
50 *Von Campenhausen/Stumpf*, in: von Campenhausen/Richter, Stiftungsrechts-Handbuch, § 2 Rn. 4 f.
51 *Richter*, in: von Campenhausen/Richter, Stiftungsrechts-Handbuch, § 39 Rn. 20.
52 Vgl. Bundesverband deutscher Stiftungen, Anwendungshilfe zum Transparenzregister, S. 2 f.
53 Bundesverband deutscher Stiftungen, Anwendungshilfe zum Transparenzregister, S. 2.
54 Bundesverband deutscher Stiftungen, Anwendungshilfe zum Transparenzregister, S. 2 f.
55 *Warius*, in: Herzog, GwG, § 1 Rn. 57.

IV. Wirtschaftlich Berechtigter § 3 GwG

der Satzung bzw. im Stiftungsgeschäft „die Hilfsbedürftigen" oder „ die Jugend" als potenzielle Destinäre bezeichnet worden sind.[56] Anders sieht es hingegen aus, wenn in der Satzung bzw. im Stiftungsgeschäft „die Hilfsbedürftigen des Frauenhauses X in Frankfurt" bezeichnet worden sind.

Schließlich zählen zu den wirtschaftlich Berechtigten der rechtsfähigen Stiftungen unter dem Gesichtspunkt der Ausübung eines beherrschenden Einflusses auf die Vermögensverwaltung oder Ertragsverteilung in sonstiger Weise (§ 3 Abs. 3 Nr. 5 GwG) insbesondere die **Stifter**[57] einer rechtsfähigen Stiftung, wenn diese sich in der Satzung weitreichende Befugnisse für die Vermögensverwaltung oder Ertragsverwendung vorbehalten haben.[58] Demgegenüber fallen Mitglieder weiterer – neben dem Vorstand – bestehender Organe, wie Kuratorien oder Beiräte, prinzipiell nicht unter diesem Gesichtspunkt unter den Begriff des wirtschaftlich Berechtigten. Etwas anderes gilt nur dann, soweit das Organ nicht nur beratend tätig ist, sondern in Bezug auf die Vermögensverwaltung und Ertragsverwendung auch mit weitreichenden Entscheidungsbefugnissen – insbesondere einem Zustimmungsvorbehalt – ausgestattet und zudem größenmäßig so überschaubar ist, dass schon das Stimmrecht einer einzelnen natürlichen Person des Organs für die Entscheidung des Organs ausschlaggebend sein kann (z. B. zweiköpfiges Kuratorium).[59]

59

Bei den nicht rechtsfähigen „**fiduziarischen Stiftungen**" ist umstritten, ob die „Treuhandstifter" unter den Begriff des Treugebers im Sinne des § 3 Abs. 3 Nr. 1 GwG fallen und daher bereits unter diesem Gesichtspunkt wirtschaftlich Berechtigter sind. Teilweise wird dies unter Hinweis darauf, dass der Gesetzgeber die Stifter bewusst nicht in der gesetzlichen Regelung des § 3 Abs. 3 GwG aufgenommen hat und zudem eine nicht rechtsfähige Stiftung ohnehin keine „echte Treuhand" darstelle, verneint.[60] Nach anderer Ansicht nehme hingegen der „Treuhandstifter" eine dem „Settlor" eines Trusts vergleichbare Stellung ein, da er dem Stiftungsträger das nötige Vermögen zur Verfügung stelle. Dementsprechend müsse der „Treuhandstifter" bereits unter dem Gesichtspunkt des Treugebers nach § 3 Abs. 3 Nr. 1 GwG als wirtschaftlich Berechtigter erfasst

60

---

56 Bundesverband deutscher Stiftungen, Anwendungshilfe zum Transparenzregister, S. 3.
57 Diese fallen unstreitig nicht unter den Begriff des Treugebers im Sinne des § 3 Abs. 3 Nr. 1 GwG.
58 Bundesverband deutscher Stiftungen, Anwendungshilfe zum Transparenzregister, S. 3.
59 Bundesverband deutscher Stiftungen, Anwendungshilfe zum Transparenzregister, S. 3.
60 Bundesverband deutscher Stiftungen, Anwendungshilfe zum Transparenzregister, S. 4.

sein.[61] Letzterer Ansicht ist zuzustimmen. Der Wortlaut des § 3 Abs. 3 GwG, der maßgeblich auf rechtsfähige Stiftungen abstellt, zeigt, dass der Gesetzgeber bei der Schaffung des § 3 Abs. 3 GwG hauptsächlich die rechtsfähigen Stiftungen im Blick hatte. Die nicht rechtsfähige „fiduziarische Stiftung" steht aber angesichts der fehlenden rechtlichen Verselbstständigung der im Rahmen des Stiftungszwecks einzusetzenden Vermögenswerte dem ausländischen Institut des Trusts deutlich näher als der in §§ 80 ff. BGB geregelten rechtsfähigen Stiftung.[62] Darüber hinaus wollte der Richtliniengeber nach Art. 3 Nr. 6 c der 4. EU-Geldwäscherechtlinie bei Stiftungen, die Trusts ähneln, die natürlichen Personen erfassen, die gleichwertige oder ähnliche Funktionen wie ein Settlor (usw.) bekleiden. Die nicht rechtsfähige „fiduziarische Stiftung" ähnelt – anders als die rechtsfähige Stiftung – einem Trust sehr stark und die „Treuhandstifter" bekleiden insoweit ähnliche Funktionen wie ein Settlor[63] eines Trusts.[64] Dementsprechend muss der „Treuhandstifter" ebenso wie der Settlor eines Trusts Treugeber im Sinne des § 3 Abs. 3 Nr. 1 GwG und damit wirtschaftlich Berechtigter sein.

61 Weiterhin ist bei den nicht rechtsfähigen „fiduziarischen Stiftungen" umstritten, ob der **Stiftungsträger** als wirtschaftlich Berechtigter im Sinne des § 3 Abs. 3 GwG anzusehen ist. Teilweise wird dies mit dem Argument verneint, dass der Stiftungsträger Eigentümer der im Rahmen des Stiftungszwecks zur Verfügung gestellten Vermögenswerte ist.[65] Die Gegenansicht verweist demgegenüber darauf, dass der Stiftungsträger eine ähnliche Stellung wie ein Verwalter eines Trusts (Trustee) im Sinne des § 3 Abs. 3 Nr. 1 GwG innehabe.[66] Wie bereits dargelegt, ähnelt die rechtsfähige „fiduziarische Stiftung" einem Trust sehr stark.[67] In beiden Fällen geht das Eigentum an den „anvertrauten" Vermögenswerten in das Eigentum des Trustees bzw. Stiftungsträgers über und in beiden Fällen handelt der Trustee bzw. Stiftungsträger im Außenverhältnis im eigenen Namen.[68] Aus ebendiesem Grund muss daher auch der Stiftungsträger ebenso wie der Trustee im Lichte des Art. 6 Nr. 6c der 4. EU-Geldwäscherichtlinie als wirtschaftlich Berechtigter im Sinne des § 3 Abs. 3 GwG angesehen werden.

---

61 *Schiffer/Schürmann*, BB 2017, 2626, 2628.
62 Vgl. *Höche/Rößler*, WM 2012, 1505, 1506.
63 Vgl. zum Begriff des Settlors Art. 3 Nr. 6 b) i) der 4. EU-Geldwäscherichtlinie.
64 *Richter*, in: von Campenhausen/Richter, Stiftungsrechts-Handbuch, § 39 Rn. 20 (dort Fn. 64).
65 Bundesverband deutscher Stiftungen, Anwendungshilfe zum Transparenzregister, S. 4.
66 *Schiffer/Schürmann*, BB 2017, 2626, 2628.
67 *Richter*, in: von Campenhausen/Richter, Stiftungsrechts-Handbuch, § 39 Rn. 20 (dort Fn. 64).
68 *Von Campenhausen/Stump* in: von Campenhausen/Richter, Stiftungsrechts-Handbuch, § 2 Rn. 5; *Richter*, in: von Campenhausen/Richter, Stiftungsrechts-Handbuch, § 39 Rn. 28.

IV. Wirtschaftlich Berechtigter **§ 3 GwG**

Ein Vorstand im Sinne des § 3 Abs. 3 Nr. 2 GwG existiert bei nichtrechtsfähigen 62
„fiduziarischen Stiftungen" nicht.[69] Zwar werden bei solchen Stiftungen in der
Praxis auch häufig interne **Entscheidungsgremien** geschaffen, die als „Vorstand" bezeichnet werden. Diese Gremien sind jedoch keine „echten Organe",
sodass deren Mitglieder jedenfalls nicht gemäß § 3 Abs. 3 Nr. 2 GwG als wirtschaftlich Berechtigte einzustufen sind.[70] In Bezug auf Destinäre (§ 3 Abs. 3
Nr. 3 GwG) und eine Gruppe potenzieller Destinäre (§ 3 Abs. 3 Nr. 4 GwG)
einer nichtrechtsfähigen „fiduziarischen Stiftung" gilt das zur rechtsfähigen
Stiftung Gesagte entsprechend.[71] Zu den wirtschaftlich Berechtigten einer nicht
rechtsfähigen „fiduziarischen Stiftung" können zudem unter dem Gesichtspunkt
der Ausübung eines beherrschenden Einflusses auf die Vermögensverwaltung
oder Ertragsverteilung in sonstiger Weise (§ 3 Abs. 3 Nr. 5 GwG) – wenn der
oben vertretenen Auffassung zur Einstufung der Treuhandstifter als Treugeber
im Sinne des § 3 Abs. 3 Nr. 1 GwG nicht gefolgt wird – die Treuhandstifter einer
nicht rechtsfähigen „fiduziarischen Stiftung" fallen, wenn diese sich gegenüber
dem Stiftungsträger weitreichende Befugnisse für die Vermögensverwaltung
oder Ertragsverwendung vorbehalten haben. Schließlich kann – wenn der oben
vertretenen Auffassung zur Gleichstellung des Stiftungsträger mit dem Trustee
im Sinne des § 3 Abs. 3 Nr. 1 GwG nicht gefolgt wird – auch der Stiftungsträger
bzw., wenn der Stiftungsträger eine juristische Person ist, die vertretungsberechtigten Organmitglieder des Stiftungsträgers – wirtschaftlich Berechtigter im Sinne des § 3 Abs. 3 Nr. 5 GwG sein.[72]

Bei dem ausländischen Rechtsinstitut des Trusts zählt zu den wirtschaftlich Be- 63
rechtigten zunächst der **Settlor**[73] des Trusts, d. h. diejenige natürliche Person, die
dem Trust Vermögen zur Verfügung stellt.[74] Diese ist „Treugeber" im Sinne des
§ 3 Abs. 3 Nr. 1 GwG.[75] Weiterhin zählen die natürlichen Personen, die den
Trust verwalten (Trustees), sowie ggf. die Protektoren zu den wirtschaftlich Berechtigten des Trusts (§ 3 Abs. 3 Nr. 1 GwG). Protektoren in diesem Sinne sind
solche Personen, die im Auftrag des Settlors die Verwaltung des Trusts durch
den Trustee oder die Trustees überwachen. Ein „Vorstand" im Sinne des § 3
Abs. 3 Nr. 2 GwG existiert beim Trust ebenso wenig wie bei einer nicht rechtsfähigen „fiduziarischen Stiftung", sodass etwaige Mitglieder intern geschaffener

---

69 Bundesverband deutscher Stiftungen, Anwendungshilfe zum Transparenzregister, S. 4.
70 *Schiffer/Schürmann*, BB 2017, 2626, 2628 f.
71 Bundesverband deutscher Stiftungen, Anwendungshilfe zum Transparenzregister, S. 4 f.
72 Bundesverband deutscher Stiftungen, Anwendungshilfe zum Transparenzregister, S. 5.
73 Vgl. zum Begriff des Settlors Art. 3 Nr. 6 b) i) der 4. EU-Geldwäscherichtlinie.
74 *Schiffer/Schürmann*, BB 2017, 2626, 2628.
75 *Schiffer/Schürmann*, BB 2017, 2626, 2628.

Gremien unter diesem Gesichtspunkt keine wirtschaftlich Berechtigten sind. Die „beneficiaries" des Trusts fallen angesichts ihres quasi-dinglichen Rechts am Trustvermögen[76] ohne Weiteres unter die wirtschaftlich Berechtigten im Sinne des § 3 Abs. 3 Nr. 3 GwG. Entsprechendes gilt für eine Gruppe potenzieller „beneficiaries" im Sinne des § 3 Abs. 3 Nr. 4 GwG, wobei auch insoweit der Kreis der potenziellen „beneficiaries" überschaubar sein und die in den Kreis der potenziellen „beneficiaries" fallenden einzelnen natürlichen Personen zumindest bestimmbar sein müssen.[77]

V. Wirtschaftlich Berechtigter bei Handeln auf Veranlassung (§ 3 Abs. 4 GwG)

64 Nach § 3 Abs. 4 Satz 1 GwG zählt zu den wirtschaftlich Berechtigten schließlich derjenige, auf dessen **„Veranlassung"** eine Transaktion durchgeführt wird.

65 Dabei muss – in Übereinstimmung mit dem eingangs für den wirtschaftlich Berechtigten Gesagten – „derjenige", auf dessen Veranlassung eine Transaktion durchgeführt wird, zwingend eine natürliche Person sein.[78] Dies hat zur Folge, dass wenn auf Veranlassung einer Gesellschaft eine Transaktion durchgeführt wird, nicht auf die Gesellschaft selbst, sondern auf die hinter der Gesellschaft stehenden natürlichen Personen als wirtschaftlich Berechtigte abgestellt werden muss. Welche natürlichen Personen „hinter der Gesellschaft" stehen, richtet sich nach den Wertungen des § 3 Abs. 2 GwG (siehe dazu näher § 3 Rn. 23 ff.).[79]

66 § 3 Abs. 4 Satz 1 GwG dient als Auffangtatbestand für all jene Konstellationen, die nicht bereits von den übrigen Fallgruppen erfasst sind, bei denen aber gleichfalls eine andere Person als der Vertragspartner aufgrund wirtschaftlicher Beherrschung der Geschäftsbeziehung als eigentlicher wirtschaftlich Berechtigter anzusehen ist.[80] Es handelt sich hierbei um Konstellationen, in denen der Vertragspartner des Verpflichteten zwar im eigenen Namen eine Geschäftsbeziehung zu dem Verpflichteten eingeht, der Vertragspartner aber nicht im eigenen wirtschaftlichen Interesse, sondern im wirtschaftlichen Interesse eines hinter ihm stehenden Dritten handelt (Handeln im eigenen Namen für fremde Rechnung).[81] Demgegenüber fallen hierunter nicht die Fälle der **Stellvertretung**,

---

76 *Richter*, in: von Campenhausen/Richter, Stiftungsrechts-Handbuch, § 39 Rn. 20.
77 Siehe § 3 Rn. 58 f. m. w. N.
78 Vgl. hierzu auch die AuA 2011, Rn. 26.
79 *Walther*, in: Schimansky/Bunte/Lwowski, Bankrechts-Handbuch, § 42 Rn. 293.
80 BT-Drs. 17/6804, S. 25; *Warius*, in: Herzog, GwG, § 1 Rn. 43.
81 *Walther*, in: Schimansky/Bunte/Lwowski, Bankrechts-Handbuch, § 42 Rn. 292.

V. Wirtschaftlich Berechtigter bei Handeln auf Veranlassung § 3 GwG

wenn also der „Hintermann" selbst die Geschäftsbeziehung zu dem Verpflichteten eingeht, er diesbezüglich aber einen Vertreter einschaltet.[82]

Wie in § 3 Abs. 4 Satz 2 GwG deutlich wird, hat der Gesetzgeber im Rahmen des § 3 Abs. 4 GwG vor allem **Treuhandverhältnisse** im Blick. Nach § 3 Abs. 4 Satz 2 GwG liegt nämlich ein Handeln auf Veranlassung stets dann vor, wenn ein Vertragspartner des Verpflichteten als Treuhänder handelt. In einem solchen Fall ist der Treugeber der wirtschaftlich Berechtigte. Da ein Großteil der Treuhandverhältnisse – namentlich Treuhandverhältnisse im Rahmen eines Trusts, einer rechtsfähigen Stiftung sowie einer nicht rechtsfähigen Stiftung – aber bereits in § 3 Abs. 3 GwG geregelt sind, verbleibt für § 3 Abs. 4 Satz 2 GwG nur ein kleiner Anwendungsbereich. Erfasst sind von dieser Vorschrift daher vor allem solche Treuhandverhältnisse, die nicht – wie im Rahmen eines Trusts, einer rechtsfähigen Stiftung sowie einer nicht rechtsfähigen Stiftung – auf Dauerhaftigkeit angelegt sind, sondern sich nur auf die gelegentliche Durchführung von Transaktionen eines Treuhänders im wirtschaftlichen Interesse eines Treugebers beschränken.[83] Der Auffangtatbestand des § 3 Abs. 4 GwG ist jedoch nicht auf derartige Treuhandkonstellationen beschränkt. Vielmehr kann ein Handeln auf Veranlassung auch außerhalb einer Treuhandkonstellation vorliegen. 67

Hauptanwendungsfall des § 3 Abs. 4 GwG sind Treuhandkonten. Praktisch bedeutsam sind hierbei zum einen **Mietkautionskonten**, bei denen der Vermieter im eigenen Namen für Rechnung seines Mieters bei einem Kreditinstitut ein Kautionskonto eröffnet.[84] Zum anderen sind von besonderer praktischer Bedeutung die **Anderkonten** der rechtsberatenden Berufe, bei denen der Inhaber eines rechtsberatenden Berufes im eigenen Namen, aber für Rechnung seines Mandanten, bei einem Kreditinstitut ein Anderkonto eröffnet.[85] Nach § 5 Abs. 2 Nr. 3 GwG a.F. bestanden im letztgenannten Fall für die geldwäscherechtlich Verpflichteten jedoch nur vereinfachte Sorgfaltspflichten im Hinblick auf die Feststellung des wirtschaftlich Berechtigten. Hintergrund dieser Privilegierung war die bestehende Verschwiegenheitspflicht der rechtsberatenden Berufe.[86] § 14 GwG n.F. sieht eine solche Privilegierung im Hinblick auf die Sorgfaltspflichten der geldwäscherechtlich Verpflichteten in Bezug auf Anderkonten der rechtsberatenden Berufe nunmehr nicht mehr ausdrücklich vor. Die Privilegierung soll aber – auch wenn sie nicht mehr ausdrücklich im Wortlaut des § 14 GwG n.F. verankert ist – nach dem Willen des Gesetzgebers weiterhin fortbeste- 68

---

82 *Walther*, in: Schimansky/Bunte/Lwowski, Bankrechts-Handbuch, § 42 Rn. 292.
83 AuA zur Verhinderung von Geldwäsche, Terrorismusfinanzierung und sonstigen strafbaren Handlungen vom 1.2.2014, Zeile 26; *Warius*, in: Herzog, GwG, § 1 Rn. 60.
84 *Walther*, in: Schimansky/Bunte/Lwowski, Bankrechts-Handbuch, § 42 Rn. 291.
85 *Walther*, in: Schimansky/Bunte/Lwowski, Bankrechts-Handbuch, § 42 Rn. 292.
86 *Walther*, in: Schimansky/Bunte/Lwowski, Bankrechts-Handbuch, § 42 Rn. 362.

GwG § 3 Wirtschaftlich Berechtigter

hen, da der Gesetzgeber mit der Schaffung des § 14 GwG n. F. die Möglichkeit des Eingreifens vereinfachter Sorgfaltspflichten gerade nicht mehr – wie noch in § 5 Abs. 2 GwG a. F. vorgesehen – auf bestimmte Fallgruppen beschränken, sondern stattdessen den Anwendungsbereich der Norm erweitern wollte (siehe dazu näher § 14 Rn. 50).[87]

---

87 BT-Drs. 18/11555, S. 119.

Abschnitt 2
Risikomanagement

§ 4 Risikomanagement

(1) Die Verpflichteten müssen zur Verhinderung von Geldwäsche und von Terrorismusfinanzierung über ein wirksames Risikomanagement verfügen, das im Hinblick auf Art und Umfang ihrer Geschäftstätigkeit angemessen ist.

(2) Das Risikomanagement umfasst eine Risikoanalyse nach § 5 sowie interne Sicherungsmaßnahmen nach § 6.

(3) Verantwortlich für das Risikomanagement sowie für die Einhaltung der geldwäscherechtlichen Bestimmungen in diesem und anderen Gesetzen sowie in den aufgrund dieses und anderer Gesetze ergangenen Rechtsverordnungen ist ein zu benennendes Mitglied der Leitungsebene. Die Risikoanalyse und interne Sicherungsmaßnahmen bedürfen der Genehmigung dieses Mitglieds.

(4) Verpflichtete nach § 2 Absatz 1 Nummer 16 müssen über ein wirksames Risikomanagement verfügen, soweit sie im Rahmen einer Transaktion Barzahlungen über mindestens 10 000 Euro tätigen oder entgegennehmen.

Schrifttum: *Baums*, Recht der Unternehmensfinanzierung, 2017; *Boos/Fischer/Schulte-Mattler*, Kommentar zum KWG/CRR-VO, 5. Aufl. 2016; *Henke/von Busekist*, Das neue Geldwäscherecht in der Nichtfinanzindustrie, DB 2017, 1567; *Herzog/Achtelik*, Geldwäschegesetz, 2. Aufl. 2014; *Herzog/Mülhausen*, Geldwäschebekämpfung und Gewinnabschöpfung, 2006; *Schwennicke/Auerbach*, Kommentar zum KWG, 3. Aufl. 2016; *Spoerr/Roberts*, Die Umsetzung der Vierten Geldwäscherichtlinie: Totale Transparenz, Geldwäschebekämpfung auf Abwegen?, WM 2017, 1142; *Wohlschlägl-Aschberger* (Hrsg.), Geldwäscheprävention, 2017.

Übersicht

	Rn.		Rn.
I. Überblick	1	IV. Verantwortlichkeit für das Risikomanagement (§ 4 Abs. 3 GwG)	16
II. Verpflichtung zum wirksamen und angemessenen Risikomanagement (§ 4 Abs. 1 GwG)	4	V. Partielle Befreiung von Güterhändlern (§ 4 Abs. 4 GwG)	23
III. Elemente des Risikomanagements (§ 4 Abs. 2 GwG)	12		

GwG § 4 Risikomanagement

I. Überblick

1 § 4 GwG legt den Grundstein für den 2. Abschnitt des GwG zum **„Risikomanagement"** und gibt damit zugleich einen Überblick darüber, was „Risikomanagement" im geldwäscherechtlichen Sinne bedeutet. Die Begrifflichkeit des „Risikomanagements" ist 2017 neu in das GwG eingeführt worden. Während ältere Versionen des GwG systematisch nach „Sorgfaltspflichten", „Internen Sicherungsmaßnahmen" und den „Sonstigen Pflichten" (insbesondere zur Abgabe einer Verdachtsmeldung) unterschieden, wird der Begriff des Risikomanagements als neuer Oberbegriff über die (bisherigen) „Internen Sicherungsmaßnahmen" und die „Risikoanalyse" gestellt. Letztere war bisher Teil der „Internen Sicherungsmaßnahmen". Die Risikoanalyse erhält dadurch eine systematische Aufwertung, die die Wichtigkeit der Risikoanalyse widerspiegelt.

2 Der **„risk-based approach"** als modernes Grundprinzip der Bekämpfung von Geldwäsche und Terrorismusfinanzierung zieht sich durch das gesamte GwG ebenso wie durch die 4. EU-Geldwäscherichtlinie[1] und die FATF-Empfehlungen neueren Ursprungs.[2] Konsequenterweise ändert der Gesetzgeber die Perspektive von (regelbasierten) „Sicherungsmaßnahmen" zu „Risikomanagement" und bezeichnet die Risikoanalyse als „Kern des risikobasierten Vorgehens".[3]

3 Die Klarstellung, dass ein wirksames risikobasiertes Management von Geldwäscherisiken nur auf der Basis einer robusten Risikoanalyse geschehen kann, ist alles andere als neu.[4] Neu ist allerdings, dass nunmehr eine ausdrückliche gesetzliche Pflicht zur Erstellung einer Risikoanalyse geschaffen wurde, die dieselbe mit den internen Sicherungsmaßnahmen verbindet.

II. Verpflichtung zum wirksamen und angemessenen Risikomanagement (§ 4 Abs. 1 GwG)

4 Nach § 4 Abs. 1 GwG müssen die Verpflichteten zur Verhinderung von Geldwäsche und von Terrorismusfinanzierung über ein **wirksames Risikomanagement** verfügen, das im Hinblick auf Art und Umfang ihrer Geschäftstätigkeit „angemessen" ist.

---

1 Vgl. Art. 8 Abs. 1 Satz 2, Abs. 4 lit. a) und b) und Art. 46 Abs. 1 der 4. EU-Geldwäscherichtlinie.
2 Vgl. FATF, The FATF Recommendations, 2012–2017, 2017, Recommendation 1.
3 BT-Drs. 18/11555, S. 109.
4 Vgl. z.B. *Warius*, in: Herzog, GwG, § 9 Rn. 47 ff. mit zahlreichen Erläuterungen und Nachweisen.

II. Verpflichtung   § 4 GwG

Diese Verpflichtung zur Errichtung eines wirksamen und angemessenen Risikomanagements beruht auf Art. 8 der 4. EU-Geldwäscherichtlinie.[5] Danach sollen die Mitgliedstaaten angemessene Schritte unternehmen, um Risiken im Hinblick auf Geldwäsche und Terrorismusfinanzierung zu identifizieren und zu bewerten. Weiterhin sollen in den Mitgliedsstaaten Strategien, Kontrollen und Verfahren zur wirksamen Minderung und Steuerung von Geldwäsche- und Terrorismusfinanzierungsrisiken etabliert werden.

5

Darüber hinaus sehen auch die FATF-Recommendations für den überwiegenden Teil der in § 2 Abs. 1 GwG genannten Verpflichteten die Pflicht zur Unterhaltung eines Risikomanagements vor. Dieses soll Prozesse und Verfahren enthalten, die eine effektive Verwaltung und Milderung zu identifizierender Geldwäscherisiken ermöglicht. Weiterhin sollen die etablierten Prozesse und Verfahren laufend auf ihre Wirksamkeit überprüft werden und bei Feststellung von „Mängeln" die notwendigen Anpassungsmaßnahmen vorgenommen werden.[6]

6

Der deutsche Gesetzgeber stellt an das zu etablierende Risikomanagement zwei grundlegende Anforderungen, nämlich einerseits dessen Wirksamkeit und andererseits dessen Angemessenheit.

7

Die **Wirksamkeit** des Risikomanagements erfordert, dass das etablierte Risikomanagement des Verpflichteten im praktischen Geschäftsleben tatsächlich hinreichende Durchschlagskraft entfaltet.[7] Es genügt mithin nicht, dass der Verpflichtete zwar ein „auf dem Papier" taugliches Risikomanagementkonzept entwickelt hat, er dieses aber im praktischen Geschäftsalltag – gewollt oder ungewollt – nicht oder nur unzureichend umsetzt oder umsetzen kann. Dem Verpflichteten obliegt es daher zur Gewährleistung der hinreichenden Durchschlagskraft des Risikomanagements, das Risikomanagement so auszugestalten, dass es auch praktisch umsetzbar ist. Insbesondere muss daher der Verpflichtete die notwendigen organisatorischen Vorkehrungen schaffen, die eine effektive Umsetzung seines entwickelten Risikomanagementsystems durch ihn selbst oder die hierfür eingeschalteten Mitarbeiter sicherstellen.[8] Darüber hinaus obliegt dem Verpflichteten eine laufende Kontrolle darüber, ob sein entwickeltes Risikomanagementkonzept von den eingebundenen Mitarbeitern auch tatsäch-

8

---

5 Richtlinie (EU) 2015/849 des Europäischen Parlaments und des Rates vom 20.5.2015 zur Verhinderung der Nutzung des Finanzsystems zum Zwecke der Geldwäsche und der Terrorismusfinanzierung, zur Änderung der Verordnung (EU) Nr. 648/2012 des Europäischen Parlaments und des Rates und zur Aufhebung der Richtlinie 2005/60/EG des Europäischen Parlaments und des Rates und der Richtlinie 2006/70/EG der Kommission.
6 FATF, The FATF Recommendations, 2012–2017, Interpretive Note to Recommendation 1, Nr. 9, S. 31.
7 Vgl. BT-Drs. 16/4028, S. 95.
8 *Auerbach/Hentschel*, in: Schwennicke/Auerbach, KWG/CRR-VO, § 25h KWG Rn. 26c; *Baums*, Recht der Unternehmensfinanzierung, § 52 Rn. 12.

lich hinreichend umgesetzt werden kann oder ob der Umsetzung praktische Hindernisse entgegenstehen.[9]

9 Darüber hinaus muss das Risikomanagement **angemessen** sein. Die Angemessenheit des Risikomanagements hängt von Art und Umfang der Geschäftstätigkeit des Verpflichteten ab (Proportionalitätsprinzip). Die Angemessenheit des Risikomanagements in diesem Sinne fordert, dass das Risikomanagement in Abhängigkeit von Art und Umfang der Geschäftstätigkeiten der bei dem Verpflichteten bestehenden Risikosituation in Bezug auf Geldwäsche und Terrorismusfinanzierung entspricht und diese hinreichend abdeckt.[10] Das Risikomanagement muss mithin die wesentlichen Geldwäsche- und Terrorismusfinanzierungsrisiken im Unternehmen des Verpflichteten identifizieren und deren Verwirklichung mittels geeigneter Prozesse und Verfahren ausschließen oder minimieren.

10 Die **Art der Geschäftstätigkeit** fordert dem Verpflichteten dann höhere Anforderungen an ein angemessenes Risikomanagement ab, wenn der Geschäftstätigkeit in hohem Maße das Risiko ihrer Ausnutzung zur Geldwäsche oder Terrorismusfinanzierung innewohnt.[11] Von besonderer Bedeutung sind hierbei zum Beispiel die Geschäftsstruktur, Absatzmärkte, Produkte, Vertriebswege oder die Kundenstruktur des Verpflichteten.[12] Infolgedessen gelten für die Verpflichteten des Finanzsektors, vor allem also für Kreditinstitute und Finanzdienstleistungsinstitute, strengere Anforderungen an ein angemessenes Risikomanagement als für die Verpflichteten des Nichtfinanzsektors. Denn das faktische Geldwäscherisiko ist im Finanzsektor – insbesondere im Hinblick auf die dort geldwäscheanfälligeren Geschäftsstrukturen – deutlich höher zu veranschlagen als im Nichtfinanzsektor.[13] Aus ebendiesem Grund sieht auch das KWG für Kreditinstitute und Finanzdienstleistungsinstitute in § 25h KWG weitergehende besondere Anforderungen an ein angemessenes Risikomanagement vor.[14]

11 Der **Umfang der Geschäftstätigkeit** stellt höhere Anforderungen an ein angemessenes Risikomanagement, wenn die Geschäftstätigkeiten des Verpflichteten besonders weit gestreut sind, insbesondere der Verpflichtete eine große Unternehmensorganisation aufweist, sodass sich eine umfassende Überwachung der

---

9 *Achtelik*, in: Herzog, GwG, § 25g KWG Rn. 6; *Baums*, Recht der Unternehmensfinanzierung, § 52 Rn. 12.
10 *Mülhausen*, in: Herzog/Mülhausen, Geldwäschebekämpfung und Gewinnabschöpfung, § 43 Rn. 34.
11 *Spoerr/Roberts*, WM 2017, 1142, 1143.
12 BaFin, Rundschreiben 8/2005 (GW) – Implementierung angemessener Risikomanagementsysteme zur Verhinderung von Geldwäsche, Terrorismusfinanzierung und Betrug, Nr. 1.
13 Vgl. Jahresbericht der Financial Intelligence Unit (FIU) zum Geschäftsjahr 2016, S. 10.
14 Vgl. *Achtelik*, in: Boos/Fischer/Schulte-Mattler, KWG/CRR-VO, § 25h KWG Rn. 5 ff.

geschäftlichen Einzelaktivitäten im Hinblick auf Geldwäsche- und Terrorismusfinanzierungsrisiken als schwierig erweist.[15] Dementsprechend treffen beispielsweise große Kreditinstitute, große Anwaltssozietäten oder große Handelsunternehmen strengere Anforderungen an ein angemessenes Risikomanagement als einen Einzelanwalt oder einen Einzelkaufmann. Je größer daher die geschäftliche Organisation ist, desto höher sind auch die organisatorischen Anforderungen an ein angemessenes Risikomanagement. Ein maßgebliches Einfallstor für Geldwäscher ist nämlich die Anonymität.[16] Diese lässt sich aber in unübersichtlichen großen Organisationen leichter herstellen als in überschaubaren kleineren Einheiten, sodass dementsprechend das Mehr an Anonymität durch ein Mehr an Kontrolle ausgeglichen werden muss.

III. Elemente des Risikomanagements (§ 4 Abs. 2 GwG)

§ 4 Abs. 2 GwG legt die Eckpfeiler des von den Verpflichteten zu errichtenden Risikomanagements konkret fest. Danach umfasst das Risikomanagement zum einen eine Risikoanalyse nach § 5 GwG und zum anderen interne Sicherungsmaßnahmen nach § 6 GwG. **12**

Europarechtliche Grundlage dieses dualen Konzepts des Risikomanagements ist Art. 8 der 4. EU-Geldwäscherichtlinie. Nach Art. 8 Abs. 1, Abs. 2 Satz 1 der 4. EU-Geldwäscherichtlinie sollen die Verpflichteten angemessene Schritte unternehmen, um die für sie bestehenden Risiken der Geldwäsche und Terrorismusfinanzierung unter Berücksichtigung von Risikofaktoren zu ermitteln und zu bewerten sowie die vorgenommenen Risikobewertungen aufzuzeichnen, auf aktuellem Stand zu halten und den jeweiligen zuständigen Behörden und den betroffenen Selbstverwaltungseinrichtungen zur Verfügung zu stellen (**Risikoanalyse**).[17] Weiterhin sollen die Verpflichteten nach Art. 8 Abs. 3, Abs. 4 über Strategien, Kontrollen und Verfahren zur wirksamen Minderung und Steuerung der ermittelten Risiken von Geldwäsche und Terrorismusfinanzierung verfügen, wobei insoweit zunächst eine Ausarbeitung entsprechender Strategien, Kontrollen und Verfahren und sodann eine Kontrolle ihrer Funktionalität erforderlich ist (**interne Sicherungsmaßnahmen**).[18] **13**

Die ausdrückliche gesetzliche Vorgabe zur Vornahme einer Risikoanalyse durch die Verpflichteten ist teilweise ein geldwäscherechtliches Novum. Nach alter Rechtslage wurde nämlich lediglich von bestimmten Verpflichteten des Finanzsektors, namentlich von Kreditinstituten und Finanzdienstleistungsinstituten, **14**

---

15 *Achtelik*, in: Boos/Fischer/Schulte-Mattler, KWG/CRR-VO, § 25h KWG Rn. 9.
16 *Achtelik*, in: Herzog, GwG, § 25g KWG Rn. 6.
17 BT-Drs. 18/11555, S. 109.
18 BT-Drs. 18/11555, S. 110.

GwG § 4 Risikomanagement

auf Grundlage des § 25h Abs. 1 KWG, nach der Verwaltungspraxis der BaFin schon früh und explizit die Vornahme einer sog. „Gefährderanalyse" gefordert.[19] Diese „**Gefährderanalyse**" hatte vor allem eine vollständige Bestandsaufnahme der institutsspezifischen Situation, eine Erfassung und Identifizierung der kunden-, produkt- und transaktionsbezogenen Risiken sowie eine Kategorisierung und Gewichtung dieser Risiken zu enthalten.[20] Die in §§ 4 Abs. 2, 5 GwG nunmehr für das Risikomanagement der Verpflichteten erforderliche Risikoanalyse trifft aber nicht mehr nur noch die bezeichneten Verpflichteten des Finanzsektors, sondern prinzipiell sämtliche Verpflichtete im Sinne des § 2 Abs. 1 GwG.[21] Der Gesetzgeber verfolgte damit das Ziel, insbesondere auch im Nichtfinanzsektor die spezifischen Risiken in Bezug auf Geldwäsche und Terrorismusfinanzierung von den Verpflichteten umfassend und vollständig erfassen, identifizieren, kategorisieren und gewichten zu lassen, um auf dieser Grundlage geeignete Geldwäsche-Präventionsmaßnahmen, insbesondere interne Sicherungsmaßnahmen, durch die Verpflichteten gewährleisten zu können.[22]

15 Demgegenüber war die Verpflichtung zur Vornahme **interner Sicherungsmaßnahmen** auch schon in der alten Gesetzesfassung des GwG enthalten (vgl. § 9 GwG a. F.). Allerdings wurde die Vorschrift nunmehr in inhaltlicher Hinsicht an einigen Stellen umgestaltet. Hervorzuheben ist hierbei insbesondere, dass nach alter Gesetzeslage einige Verpflichtete im Hinblick auf die Anforderungen an die vorzunehmenden internen Sicherungsmaßnahmen teilweise privilegiert waren. So waren beispielsweise Agenten und E-Geld-Agenten, Finanzunternehmen, Wirtschaftsprüfer, vereidigte Buchprüfer, Steuerberater und Steuerbevollmächtigte sowie Immobilienmakler und Glücksspielbetreiber von der Pflicht zur Entwicklung und Aktualisierung angemessener geschäfts- und kundenbezogener Sicherungssysteme und Kontrollen, die der Verhinderung von Geldwäsche und der Terrorismusfinanzierung dienten, befreit (vgl. § 9 Abs. 2 Nr. 2 GwG a. F.). Diese Privilegierung der genannten Verpflichteten besteht nach dem Willen des Gesetzgebers nach neuem Recht nicht mehr.[23] Vielmehr treffen die internen Sicherungsmaßnahmen die geldwäscherechtlich Verpflichteten nunmehr prinzipiell umfassend (siehe näher dazu § 6 GwG Rn. 16).[24]

---

19 BaFin, Rundschreiben 8/2005 (GW) – Implementierung angemessener Risikomanagementsysteme zur Verhinderung von Geldwäsche, Terrorismusfinanzierung und Betrug.
20 BaFin, Rundschreiben 8/2005 (GW) – Implementierung angemessener Risikomanagementsysteme zur Verhinderung von Geldwäsche, Terrorismusfinanzierung und Betrug, Nr. 3.
21 *Spoerr/Roberts*, WM 2017, 1142, 1145.
22 BT-Drs. 18/11555, S. 109.
23 BT-Drs. 18/11555, S. 111.
24 *Spoerr/Roberts*, WM 2017, 1142, 1144.

IV. Verantwortlichkeit für das Risikomanagement (§ 4 Abs. 3 GwG)

Nach § 4 Abs. 3 GwG müssen die Verpflichteten einen Verantwortlichen für das Risikomanagement sowie die Einhaltung der geldwäscherechtlichen Bestimmungen in diesem und anderen Gesetzen sowie in den aufgrund dieses und anderer Gesetze ergangenen Rechtsverordnungen benennen. Hierbei muss der Verantwortliche zwingend ein **Mitglied der Leitungsebene** sein. Zudem bedürfen die Risikoanalyse und die internen Sicherungsmaßnahmen stets der Genehmigung des benannten Verantwortlichen. 16

§ 4 Abs. 3 GwG dient der Umsetzung von Art. 8 Abs. 4 und 5 sowie Art. 46 Abs. 4 der 4. EU-Geldwäscherichtlinie. Danach gehört zu den von den Verpflichteten zu etablierenden Strategien, Kontrollen und Verfahren unter anderem die Benennung eines für die Einhaltung der einschlägigen Vorschriften zuständigen und verantwortlichen Beauftragten, wenn dies angesichts der Art und des Umfangs der Geschäftstätigkeit erforderlich ist. Weiterhin sollen die Verpflichteten bei ihrer Führungsebene bzw. dem verantwortlichen Beauftragten stets eine Genehmigung für die von ihnen eingerichteten Strategien und Verfahren einholen. 17

Die deutsche Gesetzesfassung in § 4 Abs. 3 GwG weicht von diesen Richtlinienvorgaben teilweise ab. Die Richtlinie fordert nämlich die Benennung eines für die Einhaltung der einschlägigen Vorschriften Beauftragten nur dann, wenn dies angesichts des Umfangs und der Art der Geschäftstätigkeit angemessen ist. Der Richtliniengeber geht mithin davon aus, dass nicht bei sämtlichen Verpflichteten zwingend ein Verantwortlicher zu bestellen ist, sondern ein solcher nur nötig ist, wenn Art und Umfang der Geschäftstätigkeit dies erforderlich erscheinen lassen. Demgegenüber fordert der deutsche Gesetzgeber bei sämtlichen Verpflichteten, ohne Rücksicht auf Art und Umfang der Geschäftstätigkeit, die Bestellung eines Verantwortlichen.[25] Diese „überschüssige Umsetzung" der 4. EU-Geldwäscherichtlinie stellt jedoch keinen Richtlinienverstoß dar, da die 4. EU-Geldwäscherichtlinie lediglich eine Mindestharmonisierung anstrebt, mithin die nationalen Gesetzgeber auch strengere Regelungen erlassen dürfen.[26] 18

Der Verpflichtete muss den für das Risikomanagement sowie die Einhaltung der geldwäscherechtlichen Bestimmungen Verantwortlichen „**benennen**". „Benennen" in diesem Sinne fordert keine förmliche Anzeige des Verantwortlichen gegenüber der für den Verpflichteten zuständigen Aufsichtsbehörde. Vielmehr ge- 19

---

25 BT-Drs. 18/11555, S. 109.
26 *Lang/Noll*, BaFin Fachartikel vom 15.6.2015, Vierte Europäische Geldwäscherichtlinie und neue Geldtransferverordnung verabschiedet, abrufbar unter https://www.bafin.de/SharedDocs/Veroeffentlichungen/DE/Fachartikel/2015/fa_bj_1506_geldwaesche.html.

GwG § 4 Risikomanagement

nügt es bereits, wenn die verantwortliche Person im Leitungsgremium des Verpflichteten bestimmt wird und diese Bestimmung in einem Protokoll dokumentiert ist.[27] Demgegenüber genügt die bloße mündliche Bestimmung des Verantwortlichen nicht den Anforderungen an „ein Benennen". Denn das „Benennen" ist nicht bloßer Selbstzweck des Verpflichteten, sondern soll den zuständigen Aufsichtsbehörden eine Überprüfung ermöglichen, welche konkrete Person für das Risikomanagement des Verpflichteten die Verantwortung trägt. Aus ebendiesem Grund muss die Bestimmung des Verpflichteten in irgendeiner Form nachweisbar dokumentiert werden, sodass die zuständige Aufsichtsbehörde anhand dieser Dokumentation den für das Risikomanagement und die Einhaltung der geldwäscherechtlichen Bestimmungen Verantwortlichen ohne weitere Nachforschungen identifizieren und gegebenenfalls in Anspruch nehmen kann. Kommt der Verpflichtete der Benennung des für das Risikomanagement und die Einhaltung der geldwäscherechtlichen Bestimmungen Verantwortlichen nicht nach, kann dies gemäß § 56 Abs. 1 Nr. 1 GwG ein Bußgeld zur Folge haben.

20 Der für das Risikomanagement und die Einhaltung der geldwäscherechtlichen Bestimmungen Verantwortliche muss zudem „**Mitglied der Leitungsebene**" des Verpflichteten sein. Der Begriff des „Mitglieds der Leitungsebene" darf nicht verwechselt werden mit dem in § 1 Abs. 15 GwG definierten Begriff des „Mitglieds der Führungsebene". Beide Begriffe gehen auf die 4. EU-Geldwäscherichtlinie zurück, wobei der Richtliniengeber ganz bewusst zwischen „Leitungsebene" und „Führungsebene" differenziert[28] und im Hinblick auf das Risikomanagement die Verantwortlichkeit eines „Mitglieds der Leitungsebene" gefordert hat.[29] Während zu den „Mitgliedern der Führungsebene" neben den organschaftlichen Vertretern des Verpflichteten auch bestimmte rechtsgeschäftlich bevollmächtigte Entscheidungsträger, wie zum Beispiel Generalbevollmächtigte oder bestimmte Prokuristen oder Handlungsbevollmächtigte gehören können (siehe dazu näher § 1 Rn. 117), zählen zu den „Mitgliedern der Leitungsebene"

---

27 *Henke/von Busekist*, DB 2017, 1567, 1568.
28 Vgl. Art. 3 Nr. 12 der Richtlinie (EU) 2015/849 des Europäischen Parlaments und des Rates vom 20.5.2015 zur Verhinderung der Nutzung des Finanzsystems zum Zwecke der Geldwäsche und der Terrorismusfinanzierung, zur Änderung der Verordnung (EU) Nr. 648/2012 des Europäischen Parlaments und des Rates und zur Aufhebung der Richtlinie 2005/60/EG des Europäischen Parlaments und des Rates und der Richtlinie 2006/70/EG der Kommission.
29 Art. 8 Abs. 4a der Richtlinie (EU) 2015/849 des Europäischen Parlaments und des Rates vom 20.5.2015 zur Verhinderung der Nutzung des Finanzsystems zum Zwecke der Geldwäsche und der Terrorismusfinanzierung, zur Änderung der Verordnung (EU) Nr. 648/2012 des Europäischen Parlaments und des Rates und zur Aufhebung der Richtlinie 2005/60/EG des Europäischen Parlaments und des Rates und der Richtlinie 2006/70/EG der Kommission.

nur die organschaftlichen Vertreter des Verpflichteten.[30] Die Verantwortung für das Risikomanagement sowie die Einhaltung der geldwäscherechtlichen Bestimmungen kann daher nicht auf einen rechtsgeschäftlichen Vertreter des Verpflichteten delegiert werden, sondern muss in der alleinigen Verantwortung eines organschaftlichen Vertreters des Verpflichteten liegen.[31]

Um **Interessenkollisionen** zu vermeiden, darf das für das Risikomanagement und die Einhaltung der geldwäscherechtlichen Bestimmungen verantwortliche Mitglied der Leitungsebene grundsätzlich nicht zugleich Geldwäschebeauftragter im Sinne des § 7 GwG sein (siehe dazu näher § 7 Rn. 41 ff.). Lediglich bei sehr kleinen Unternehmen gestattet der Gesetzgeber von diesem Grundsatz Ausnahmen.[32] Schließlich bedürfen die Risikoanalyse und interne Sicherungsmaßnahmen des Verpflichteten stets der Genehmigung des für das Risikomanagement und die Einhaltung der geldwäscherechtlichen Bestimmungen verantwortlichen Mitglieds der Leitungsebene. Genehmigung in diesem Sinne erfasst sowohl die vorherige als auch die nachträgliche Zustimmung zu Maßnahmen der Risikoanalyse oder zu internen Sicherungsmaßnahmen. Damit soll sichergestellt werden, dass Entscheidungsgewalt und Verantwortung für das Risikomanagement nicht auseinanderfallen, sondern das verantwortliche Mitglied der Leitungsebene bei allen seine Verantwortung betreffenden Angelegenheiten zumindest im Wege der Zustimmung zu etwaigen Maßnahmen tatsächlich mitwirkt und seiner festgelegten Verantwortung daher auch faktisch gerecht wird. 21

§ 4 Abs. 3 GwG konkretisiert mithin die **residuale, gemeinsame Verantwortlichkeit** von Organen im Hinblick auf die Verantwortung zur Einhaltung der geldwäscherechtlichen Vorschriften und fordert die Verpflichteten auf, eine Verantwortungsdelegation aus Leitungskollektiven auf ein Individuum vorzunehmen. Besteht die Leitungsebene nur aus einer Person, so ist die ausdrückliche Delegation („Benennung") nicht nötig.[33] Unterbleibt sie bei mehrköpfigen Organen, lebt die gemeinschaftliche Residualverantwortung aller Organmitglieder wieder auf. Das Unterlassen der „Benennung" ist bußgeldbewehrt, vgl. § 56 Abs. 1 Nr. 1 GwG. 22

V. Partielle Befreiung von Güterhändlern (§ 4 Abs. 4 GwG)

Nach § 4 Abs. 4 GwG müssen Verpflichtete nach § 2 Abs. 1 Nr. 16 GwG, d.h. Güterhändler (siehe dazu näher § 1 Rn. 68 ff.), über ein wirksames Risikomanagement nur dann verfügen, wenn sie im Rahmen einer Transaktion Barzahlun- 23

---

30 *Henke/von Busekist*, DB 2017, 1567, 1568.
31 *Henke/von Busekist*, DB 2017, 1567, 1568.
32 BT-Drs. 18/11555, S. 109.
33 Die Sanktionsnorm des § 56 Abs. 1 Nr. 1 GwG läuft in diesem Fall praktisch leer.

GwG § 4 Risikomanagement

gen über mindestens 10.000 EUR[34] tätigen oder entgegennehmen. Soweit Güterhändler hingegen lediglich Transaktionen tätigen, die kein Bargeld betreffen oder der Bargeldwert 10.000 EUR nicht erreicht, sind sie sowohl von der Pflicht zur Risikoanalyse nach § 5 GwG, als auch von der Pflicht zur Etablierung interner **Sicherungsmaßnahmen nach § 6 GwG befreit.**

24 § 4 Abs. 4 GwG wird als Rückausnahme zu § 1 Abs. 9 GwG und § 2 Abs. 1 Nr. 16 GwG nötig, um eine weitreichende Überumsetzung der FATF-Richtlinien und der 4. EU-Geldwäscherichtlinie zu korrigieren.

25 In den 40 Recommendations der **FATF** sind Güterhändler nämlich nur dann Verpflichtete, „wenn" sie in „Edelmetallen und Edelsteinen" handeln – und zudem nur dann, wenn sie Bargeldgeschäfte oberhalb des jeweiligen lokalen Schwellenbetrages zum KYC tätigen.[35]

26 Art. 2a Nr. 6 1. EU-Geldwäscherichtlinie (in der Fassung der 2. Geldwäscherichtlinie (2001/97/EG)) vom 4.12.2001 hingegen sah einen erweiterten Anwendungsbereich der Richtlinie in Bezug auf Güterhändler vor: „Personen, die mit hochwertigen Gütern wie Edelsteinen und Edelmetallen oder mit Kunstwerken handeln, und Versteigerern, wenn eine Zahlung in bar erfolgt und sich der Betrag auf mindestens 15.000 EUR beläuft". Die 3. EU-Geldwäscherichtlinie erweiterte den Anwendungsbereich dann auf „andere natürliche oder juristische Personen, die mit Gütern handeln, soweit Zahlungen in bar in Höhe von 15.000 EUR oder mehr erfolgen [...]", wovon wiederum die Schwelle durch die 4. EU-Geldwäscherichtlinie von 15.000 EUR auf 10.000 EUR herabgesetzt wurde.

27 Im Zuge der Umsetzung der 3. EU-Geldwäscherichtlinie erweiterte das GwG in § 2 Abs. 1 Nr. 13 GwG a.F. den Anwendungsbereich pauschal auf alle „Personen, die gewerblich mit Gütern handeln". Als Rückausnahme sah das GwG bis zum 26.6.2017 vor, dass Kundensorgfaltspflichten zur Identifikation und Verifikation der Kundenidentität lediglich bei Verdacht, bei „Begründung einer Geschäftsbeziehung" oder bei Bargeldgeschäften ab 15.000 EUR anwendbar sein sollten. Hinsichtlich der Sicherungsmaßnahmen schwieg das GwG bisher. In Übereinstimmung mit der Gesetzessystematik forderten Verwaltungsbehörden in der Folgezeit die Errichtung von Sicherungsmaßnahmen ein.

28 Die hierdurch entstandene **Inkongruenz zwischen Anwendungsbereich von Kundenidentifikationspflichten und Pflichten zur Vornahme von Sicherungsmaßnahmen** führte zu einigen praktischen Schwierigkeiten: Wie sollte ein Güterhändler, der einen Großteil seiner Kunden mangels Bargeldtransaktion überhaupt nicht identifizieren muss, beispielsweise die PEP-Eigenschaft oder

---

34 Zur Kritik an der Höhe der Bargeldschwelle von 10.000 EUR siehe *Spoerr/Roberts*, WM 2017, 1142, 1144.
35 Vgl. FATF 40 Recommendations Nr. 22 (c) und 23.

V. Partielle Befreiung von Güterhändlern (§ 4 Abs. 4 GwG) § 4 GwG

den kriminellen Hintergrund eines Geschäftspartners eigentlich kontrollieren, wenn er dessen Namen nicht kennt?[36]

Im **Gesetzgebungsverfahren** wurde dieser Punkt von verschiedenster Seite aufgegriffen und die Einbeziehung von Güterhändlern schließlich insgesamt hoch kontrovers diskutiert. Im Referentenentwurf vom 24.11.2016 sollte „jede Person, die gewerblich Gegenstände veräußert, soweit sie im Rahmen einer Transaktion Barzahlungen über mindestens 10.000 EUR tätigt oder entgegennimmt, unabhängig davon, in wessen Namen oder auf wessen Rechnung sie handelt"[37] unter das GwG fallen. Die „Freude" des Handels über die Beschränkung des Anwendungsbereichs des GwG insgesamt auf bargeldaffine Unternehmen währte jedoch nur kurz: Im Regierungsentwurf vom 17.2.2017 wurde diese Beschränkung wieder aufgegeben. Nach § 2 Abs. 1 Nr. 16 des Regierungsentwurfs sollten, wie zuvor, wieder von vornherein alle „Güterhändler" in den Kreis der Verpflichteten einbezogen werden, um dann jedoch einzelne Ausnahmen von den geldwäscherechtlichen Pflichten zu erleben. Auf Anmerkung des Bundesrates im Gesetzgebungsverfahren stellte die Bundesregierung erneut klar, dass Güterhändler per se in den Anwendungsbereich des GwG einbezogen werden sollen, jedoch unter gewissen Voraussetzungen (Bargeldschwelle) von der Verpflichtung zur Vornahme von Risikomanagement- und Sicherungsmaßnahmen ausgenommen sein sollen.[38] 29

Das Ergebnis der vorgenannten Diskussion wurde schließlich in § 4 Abs. 4 GwG Gesetz. 30

Der deutsche Gesetzgeber hat sich somit zwar im Laufe des Gesetzgebungsverfahrens dagegen entschieden, Güterhändler umfassend von den Pflichten des GwG zu befreien. Eine Befreiungsmöglichkeit im Hinblick auf die organisatorisch anspruchsvolle Aufgabe der Etablierung eines wirksamen und angemessenen Risikomanagements hat der deutsche Gesetzgeber jedoch aus Gründen der **Verhältnismäßigkeit** für nicht bargeldaffine Unternehmen vorgesehen.[39] Es sei unverhältnismäßig, Güterhändlern eine Pflicht zum Betrieb eines wirksamen und angemessenen Risikomanagements auch insoweit aufzuerlegen, wie in deren Unternehmen nur unbedeutende Vermögenswerte betroffen sind und daher die Risiken von Geldwäsche und Terrorismusfinanzierung als gering einzustufen sind.[40] 31

Nach dem Gesetzeswortlaut müssen mithin nur noch solche Güterhändler über ein wirksames Risikomanagement verfügen, „soweit" Zahlungen in Höhe von 32

---

36 Hierzu: *Kaetzler*, in: Wohlschlägl-Aschberger, Geldwäscheprävention, S. 486.
37 § 1 Abs. 8 des Referentenentwurfs zum GwG mit Bearbeitungsstand vom 24.11.2016.
38 BT-Drs. 18/11928, S. 2 Nr. 3, S. 32 Nr. 3; schon im Gesetzgebungsverfahren wurde dies klargestellt, vgl. Regierungsentwurf, S. 102.
39 BT-Drs. 18/11555, S. 109.
40 *Spoerr/Roberts*, WM 2017, 1142, 1143.

10.000 EUR oder mehr in bar getätigt oder entgegengenommen werden. Damit wollte der Gesetzgeber das schon in § 4 Abs. 1 GwG enthaltene **Proportionalitätsprinzip**, nach welchem die Anforderungen an das Risikomanagement von Art und Umfang der Geschäftstätigkeit des Verpflichteten abhängen, nochmals ausdrücklich herausstellen.[41] Im Hinblick auf die in der Öffentlichkeit emotional geführte Diskussion um die Bargeldverwendung in Deutschland wird die gewählte Ausgestaltung des Anwendungsbereiches des GwG für Güterhändler ein weiteres Incentive für die Beschränkung der Verwendung größerer Bargeldvolumina im Handel sein.

33   Im Unterschied zu den Vorversionen des GwG ist das pflichtauslösende Ereignis **nicht mehr nur auf die „Annahme" von Bargeld, sondern auch die Zahlung** von Bargeldbeträgen. Angesichts des eindeutigen Wortlautes des Gesetzes löst zudem bereits die Vornahme „einer" Transaktion oberhalb des Schwellenwertes die Notwendigkeit aus, die in Abschnitt 2 des GwG genannten Risikomanagement-Maßnahmen zu ergreifen.

34   In der Praxis stellt sich vor allem die Frage, was unter der vom Gesetzgeber gewählten Begrifflichkeit „**im Rahmen einer Transaktion eine Barzahlung** von 10.000 EUR" zu verstehen ist. Im Hinblick auf die Legaldefinition des § 1 Abs. 5 GwG und das Phänomen des „Smurfing" wird deutlich, dass auch Zahlungen von weniger als 10.000 EUR, die allerdings im Rahmen „einer Transaktion" zusammenhängend geleistet werden, die Pflichten des 2. Abschnitts für Güterhändler auslöst. Auf zeitliche Zusammenhänge kann hierbei richtigerweise nicht abgestellt werden; ausschlaggebend ist allein, inwieweit Zahlungen wirtschaftlich betrachtet in engem Zusammenhang stehen und von der Verkehrsanschauung als zusammenhängend betrachtet werden; zu den näheren Spezifikationen vgl. § 1 Abs. 5 GwG, in dem der Begriff der „Transaktion" legaldefiniert wird.[42]

35   Im Umkehrschluss kann ein Unternehmen sich aus dem Anwendungsbereich der Vorschriften über das Risikomanagement „hinausdefinieren", z.B. indem die Verwendung von Bargeld beschränkt wird. **Bargeldverwendungssperren** müssen, um den vom Gesetzgeber gewünschten Zweck zu erreichen, die Annahme und Ausreichung von Bargeldbeträgen betreffen und gruppenweit wirken. Zum anderen muss – um den oben genannten Implikationen des „Smurfing" zu begegnen – die Bargeldschwelle schon aus Gründen der Vorsicht deutlich unter 10.000 EUR angesetzt werden.

36   Wie weitreichend das **Risikomanagement von Güterhändlern** sein muss, hängt maßgeblich davon ab, in welcher Häufigkeit Bargeldtransaktionen von 10.000 EUR oder mehr getätigt werden und in welcher Größenordnung sich die

---

41 BT-Drs. 18/11555, S. 109.
42 Vgl. oben § 1 Rn. 48.

V. Partielle Befreiung von Güterhändlern (§ 4 Abs. 4 GwG) § 4 GwG

Bargeldtransaktionen konkret bewegen. Dementsprechend obliegen einem Güterhändler, der regelmäßig Bargeldtransaktionen in größerem Umfang vornimmt, höhere Anforderungen an die Gestaltung seines Risikomanagements als einem Güterhändler, der nur vereinzelt Bargeldtransaktionen von 10.000 EUR oder mehr tätigt bzw. diese die Schwelle von 10.000 EUR nur geringfügig überschreiten.

Die Häufigkeit der Bargeldtransaktionen von 10.000 EUR oder mehr sowie die konkrete Größenordnung solcher Bargeldtransaktionen, sind aber nicht die einzigen Kriterien zur Festlegung der Reichweite des von dem Güterhändler zu betreibenden Risikomanagements. Vielmehr kommt es – nach den allgemeinen Grundsätzen des § 4 Abs. 1 GwG – auch darauf an, ob der konkreten Geschäftstätigkeit des Güterhändlers in hohem Maße das Risiko ihrer Ausnutzung zur Geldwäsche oder Terrorismusfinanzierung anhaftet[43] und wie komplex die Geschäftsorganisation des Güterhändlers ist.[44] Auch der Vertrieb „hochwertiger Güter" im Sinne des § 1 Abs. 10 GwG (vgl. oben § 1 Rn. 76 ff.) ist ein verlässlicher Indikator für eine höhere Risikoexposition, der schärfere Sicherungsmaßnahmen nahelegt, ebenso wie komplexe Vertriebsstrukturen, risikobehaftete Kundenkreise oder geografische Risiken. Nach ihrer konkreten Geschäftstätigkeit wesentlich anfälliger für Geldwäsche und Terrorismusfinanzierung sind insbesondere solche Güterhändler, die mit Gütern in Berührung kommen, die praktisch häufig Gegenstand einer Straftat sind oder in der Integrationsphase als beliebtes Investment gelten (z. B. Autohändler oder Juweliere[45]). 37

Wie bereits eingangs beschrieben ist praktische Konsequenz der Ausnahme nach § 4 Abs. 4 GwG jedoch nicht, dass Güterhändler auf sämtliche Maßnahmen des Risikomanagements verzichten können. Aufgrund der tatsächlichen Risikoexposition von Güterhändlern, zur Geldwäsche missbraucht zu werden, müssen insbesondere in hoch risikobehafteten Bereichen weiterhin Sicherungsmaßnahmen ergriffen werden. Durch die eindeutige Formulierung in der Gesetzesbegründung ist auch klar, dass lediglich die **Vorschriften zum Risikomanagement des 2. Abschnitts nicht anwendbar** sind. Die Vorschriften und Pflichten zur Kundensorgfaltspflicht und zur Abgabe von Verdachtsmeldungen bleiben somit ohnehin anwendbar. Darüber hinaus bestehen schon aufgrund von Legalitätspflichten selbstverständliche Pflichten von Unternehmen, Straftaten wie Geldwäsche im Unternehmen zu verhindern. 38

---

43 Vgl. *Spoerr/Roberts*, WM 2017, 1142, 1143.
44 Vgl. *Achtelik*, in: Boos/Fischer/Schulte-Mattler, KWG/CRR-VO, § 25h KWG Rn. 9.
45 *Warius*, in: Herzog, GwG, § 2 Rn. 192.

§ 5 Risikoanalyse

(1) Die Verpflichteten haben diejenigen Risiken der Geldwäsche und der Terrorismusfinanzierung zu ermitteln und zu bewerten, die für Geschäfte bestehen, die von ihnen betrieben werden. Dabei haben sie insbesondere die in den Anlagen 1 und 2 genannten Risikofaktoren sowie die Informationen, die auf Grundlage der nationalen Risikoanalyse zur Verfügung gestellt werden, zu berücksichtigen. Der Umfang der Risikoanalyse richtet sich nach Art und Umfang der Geschäftstätigkeit der Verpflichteten.

(2) Die Verpflichteten haben

1. die Risikoanalyse zu dokumentieren,
2. die Risikoanalyse regelmäßig zu überprüfen und gegebenenfalls zu aktualisieren und
3. der Aufsichtsbehörde auf Verlangen die jeweils aktuelle Fassung der Risikoanalyse zur Verfügung zu stellen.

(3) Für Verpflichtete als Mutterunternehmen einer Gruppe gelten die Absätze 1 und 2 in Bezug auf die gesamte Gruppe.

(4) Die Aufsichtsbehörde kann einen Verpflichteten auf dessen Antrag von der Dokumentation der Risikoanalyse befreien, wenn der Verpflichtete darlegen kann, dass die in dem jeweiligen Bereich bestehenden konkreten Risiken klar erkennbar sind und sie verstanden werden.

Schrifttum: *Hauschka/Moosmayer/Lösler*, Corporate Compliance, 3. Aufl. 2016; *Herzog*, GwG, 2. Aufl. 2014; *Lochen*, Risikoanalyse, CCZ 2017, 92; *Lochen*, Geldwäsche-Compliance im Industrieunternehmen, CCZ 2017, 226.

Übersicht

	Rn.		Rn.
I. Allgemeines	1	IV. Anforderungen an die Risikoanalyse (§ 5 Abs. 2 GwG)	21
II. Ziel der Risikoanalyse	7	1. Dokumentation (§ 5 Abs. 2 Nr. 1 GwG)	22
III. Umfang der Risikoanalyse (§ 5 Abs. 1 GwG)	9	2. Überprüfung und Aktualisierung (§ 5 Abs. 2 Nr. 2 GwG)	24
1. Verpflichtetenkreis	10	a) Umfang der Überprüfung	24
2. Ausnahmevorschrift für Güterhändler	11	b) Pflicht zur Aktualisierung	25
3. Einzubeziehende Informationen	12	3. Zurverfügungstellung an die Aufsichtsbehörde (§ 5 Abs. 2 Nr. 3 GwG)	26
a) Nationale Risikoanalyse	16	4. Genehmigung durch die Leitungsebene	27
b) Supranationale Risikoanalyse	18		
4. Bestimmung des Umfangs	19		

5. Besonderheit für Institute: Überprüfung durch den Jahresabschlussprüfer............ 28
V. Erstellung der Risikoanalyse ... 30
 1. Bestandsaufnahme......... 33
 2. Identifizierung und Kategorisierung der Risiken......... 35
    a) Identifizierung.......... 36
    b) Kategorisierung......... 39
    c) Einzubeziehende Informationen................. 40
 3. Besonderheit für Institute: Entwicklung von Monitoring-Parametern............... 42
 4. Ableitung von Maßnahmen und Kontrollen............ 46
    a) Vorgehensweise......... 46
    b) Brutto- und Nettorisiko ... 49
    c) Ableitung von Kontrollhandlungen............. 51
 5. Aktualisierung von bestehenden Sicherungsmaßnahmen .. 52
VI. Gruppenweite Umsetzung (§ 5 Abs. 3 GwG)................ 53
VII. Befreiungsmöglichkeit (§ 5 Abs. 4 GwG)................ 55
VIII. Besonderheit für Institute: Verhältnis zu § 25h KWG 56

I. Allgemeines

Die Vorgaben zur Risikoanalyse (vormals: **Gefährdungsanalyse**) wurden durch das Gesetz zur Umsetzung der Vierten EU-Geldwäscherichtlinie, zur Ausführung der EU-Geldtransferverordnung und zur Neuorganisation der Zentralstelle für Finanztransaktionsuntersuchungen vom 23.6.2017[1] vollständig überarbeitet und neu gefasst. § 5 GwG dient zur Umsetzung von Art. 8 Abs. 1 und 2 Satz 1 Vierte Geldwäscherichtlinie.[2] 1

Durch die **GwG-Novelle 2017** wurde die Risikoanalyse in der Struktur des GwG n. F. zunächst neu eingeordnet. Gem. § 4 Abs. 2 GwG dient die Risikoanalyse jetzt neben den internen Sicherungsmaßnahmen als zweiter zentraler **Bestandteil des Risikomanagements** eines Verpflichteten nach dem GwG. Eine Ausnahme gilt nach § 4 Abs. 4 GwG nur für **Güterhändler**, die nur dann über ein wirksames Risikomanagement verfügen müssen, wenn sie im Rahmen einer Transaktion Barzahlungen über mindestens 10.000 EUR tätigen oder entgegennehmen. Die vormals bereits bestehende, besondere fachliche und inhaltliche Bedeutung der Risikoanalyse für die Compliance-Funktion wird nunmehr auch durch die Platzierung und Einordnung der Risikoanalyse in der Struktur des GwG n. F. deutlich. 2

Die Risikoanalyse wurde im GwG a. F. nicht explizit erwähnt. Die Risikoanalyse gilt als **Kernelement des risikobasierten Ansatzes**.[3] Die Pflicht zur Erstellung 3

---

1 BGBl. I, S. 1822 ff. (nachfolgend auch bezeichnet als „GwG-Novelle 2017").
2 BT-Drs. 18/11555, S. 109.
3 Vgl. anknüpfend an § 3 Abs. 4 GwG a. F. dazu: AuA, Rn. 80, abrufbar unter: https://bankenverband.de/media/uploads/2017/09/13/files-dk-hinweisestand_februar2014.pdf

GwG § 5   Risikoanalyse

einer Risikoanalyse wurde insbesondere abgeleitet aus den Vorgaben zur Implementierung angemessener interner Sicherungsmaßnahmen zum Schutz gegen den Missbrauch zur Geldwäsche und Terrorismusfinanzierung in Form der Entwicklung und Aktualisierung **angemessener geschäfts- und kundenbezogener Sicherungssysteme und Kontrollen** nach § 9 Abs. 2 Nr. 2 GwG a. F. und den **spezialgesetzlich in § 25h KWG a. F.** für bestimmte Institute normierten Regelungen.

4   Gem. § 25h Abs. 1 Satz 2 KWG a. F. mussten bestimmte **Institute und als übergeordnete Unternehmen geltende Finanzholding-Gesellschaften sowie gemischte Finanzholding-Gesellschaften** neben den in § 9 Abs. 1 und 2 GwG a. F. genannten Pflichten über ein angemessenes Risikomanagement sowie über Verfahren und Grundsätze verfügen, die der Verhinderung von Geldwäsche, Terrorismusfinanzierung oder sonstiger strafbarer Handlungen, die zu einer Gefährdung des Vermögens des Institutes führen können, dienen. Durch die Regelung in § 5 GwG n. F. dient **§ 25h Abs. 1 Satz 1 KWG n. F.** im Hinblick auf die Risikoanalyse für die insofern Verpflichteten als Grundlage für die Durchführung einer Risikoanalyse im Hinblick auf **sonstige strafbare Handlungen** (siehe dazu § 25h KWG Rn. 1 ff.).

5   Durch die GwG-Novelle wurde schließlich auch der vormals nach GwG a. F. verwendete Begriff der Gefährdungsanalyse durch den **Begriff der Risikoanalyse** in § 5 GwG ersetzt. Hierbei handelt es sich jedoch um eine reine namentliche Umbenennung. Hierdurch wird in der Praxis der anwendenden Unternehmen auch eine einfachere und zielgerichtete Übersetzung des Instruments der Risikoanalyse in die englische Sprache ermöglicht. Dies reduziert einerseits den Erklärungsbedarf bspw. innerhalb der konzerninternen Kommunikation von verpflichteten Unternehmen und verdeutlicht andererseits die Vergleichbarkeit und Verwandtschaft der Risikoanalyse nach deutschem GwG mit entsprechenden Maßnahmen in ausländischen Rechtsvorgaben. Zudem wird durch die neuen Bezeichnungen die inhaltliche Nähe der Risikoanalyse sowie auch des Risikomanagements nach GwG zu den Maßnahmen im **Risikomanagement operationeller Risiken** hergestellt und transparent gemacht.

6   Aus der neuen Begrifflichkeit allein ergeben sich jedoch keine inhaltlichen Änderungen hinsichtlich des Vorgehens bei der Erstellung der Risikoanalyse. Hinsichtlich der nunmehr teilweise neu einzubeziehenden Informationen wird auf die Ausführungen unter Rn. 12 ff. verwiesen. Vielmehr wurden die Vorgaben für die Risikoanalyse in § 5 GwG zentral gebündelt, während sich diese zuvor aus GwG, § 25h KWG a. F. sowie für den **Finanzsektor** aus den DK Auslegungs-

---

(letzter Abruf am: 28.1.2018); § 10 Abs. 2 GwG n. F. stellt insoweit die Nachfolgenorm zu § 3 Abs. 4 GwG a. F. dar und ist auch vor dem Hintergrund der inhaltlichen Konkretisierung vergleichbar.

und Anwendungshinweisen[4] und aus der Verwaltungspraxis der BaFin (dort insbesondere aus BaFin-Rs. 8/2005 (GW) vom 23.3.2005[5]) ergaben.[6] Für den **Nicht-Finanzsektor** werden Vorgaben zur Anfertigung der Risikoanalyse durch die bei den Regierungspräsidien angesiedelten Aufsichtsbehörden getroffen.[7]

II. Ziel der Risikoanalyse

Nach dem Willen des Gesetzgebers ist das Ziel der Risikoanalyse, „die spezifischen Risiken in Bezug auf Geldwäsche und Terrorismusfinanzierung im Geschäftsbetrieb des Verpflichteten **umfassend und vollständig zu erfassen, zu identifizieren, zu kategorisieren, zu gewichten** sowie darauf aufbauend geeignete Geldwäsche-Präventionsmaßnahmen, insbesondere interne Sicherungsmaßnahmen zu treffen. Diese müssen sich **aus der Risikoanalyse ableiten** lassen und dieser entsprechen."[8] Diese Zieldefinition entspricht weitgehend derjenigen aus BaFin-Rs. 8/2005 (GW).[9] Allerdings erläutert der Gesetzgeber nun expliziter das Erfordernis der Maßnahmenableitung aus der Risikoanalyse und die notwendige Schlussfolgerung von der Risikoanalyse auf die internen Sicherungsmaßnahmen. Zudem wird das Ziel der Risikoanalyse einheitlich für alle Verpflichteten formuliert. Zusammenfassend ist zu sagen, dass die Risikoanalyse die **Grundlage für sämtliche risikobasierten Maßnahmen der Bekämpfung der Geldwäsche und Terrorismusfinanzierung** ist.

7

---

4 Es ist zu beachten, dass für bestimmte Unternehmen der Finanzbranche besondere Auslegungs- und Anwendungshinweise für die Fassung des GwG a. F. existieren, so bspw. für Leasingunternehmen, Factoring-Unternehmen, Bausparkassen und Versicherungsunternehmen. Diese sind insbes. auf den jeweiligen Homepages der Verbände verfügbar. Es bleibt abzuwarten, inwiefern die Verbände der Mitgliedunternehmen und -institute des (Nicht-)Finanzsektors künftig in die Erstellung der Auslegungs- und Anwendungshinweise nach GwG n. F. eingebunden sein werden, wenn diese nach § 51 Abs. 8 GwG durch die Aufsichtsbehörden selbst erstellt werden.
5 Rundschreiben 8/2005 (GW), Geschäftszeichen GW 1 – E 100 vom 23.3.2005, Implementierung angemessener Risikomanagementsysteme zur Verhinderung von Geldwäsche, Terrorismusfinanzierung und Betrug, Anfertigung der institutsinternen Gefährdungsanalyse (nachfolgend auch bezeichnet als „BaFin-Rs. 8/2005 (GW)"), abrufbar unter: https://www.bafin.de/SharedDocs/Veroeffentlichungen/DE/Rundschreiben/rs_0508_gw_implementierung_risikosysteme.html (letzter Abruf am 14.12.2017).
6 BT-Drs. 18/11555, S. 109.
7 Vgl. exemplarisch für andere: RP Darmstadt, Merkblatt Basisinformation Geldwäschegesetz (GwG), abrufbar unter: https://rp-darmstadt.hessen.de/sites/rp-darmstadt.hessen.de/files/content-downloads/Merkblatt%20Basisinformationen%20Geldw%C3%A4sche.pdf (letzter Abruf am 28.1.2018).
8 BT-Drs. 18/11555, S. 110.
9 BaFin-Rs. 8/2005 (GW), Rn. 2, wobei sich die Zieldefinition auf die Gefährdungsanalyse nach GwG a. F. bezog.

GwG § 5 Risikoanalyse

8 Überdies eignet sich das Ergebnis der Risikoanalyse auch dazu, die **Compliance-Ziele** eines Unternehmens festzulegen.[10]

III. Umfang der Risikoanalyse (§ 5 Abs. 1 GwG)

9 Nach § 5 Abs. 1 GwG haben die Verpflichteten diejenigen Risiken der Geldwäsche und Terrorismusfinanzierung zu ermitteln und zu bewerten, die für Geschäfte bestehen, die von ihnen betrieben werden.

1. Verpflichtetenkreis

10 Die Erstellung einer Risikoanalyse ist nunmehr einheitlich für fast alle Verpflichteten vorgeschrieben, ausgenommen sind jedoch **Güterhändler** (siehe unten Rn. 11). Zur generellen **Befreiungsmöglichkeit** für Verpflichtete siehe unten Rn. 55.

2. Ausnahmevorschrift für Güterhändler

11 Von der Pflicht zur Einrichtung eines wirksamen Risikomanagements befreit sind nach § 4 Abs. 4 GwG Güterhändler (Verpflichtete nach § 2 Abs. 1 Nr. 16 GwG), soweit sie im Rahmen einer Transaktion Barzahlungen über mindestens 10.000 EUR tätigen oder entgegennehmen (siehe auch § 4 Rn. 1 ff.).[11] Da die Risikoanalyse einen Bestandteil des Risikomanagements darstellt, wird diese von der Ausnahmevorschrift mitumfasst. Die Schwelle von 10.000 EUR ist erreicht

– ab dem ersten Bargeschäft in Höhe von mindestens 10.000 EUR oder
– wenn eine Transaktion in Höhe von mindestens 10.000 EUR in mehrere Bargeschäfte aufgesplittet wird.[12]

3. Einzubeziehende Informationen

12 Bei der Ermittlung und Bewertung der unternehmensspezifischen Risiken müssen gem. § 5 Abs. 1 Satz 2 GwG „insbesondere" die folgenden Informationen berücksichtigt werden:

---

10 *Schorn*, in: Hauschka/Moosmayer/Lösler, Corporate Compliance, Rn. 33 f.
11 Vgl. *Lochen*, CCZ 2017, 226.
12 Zuständige Aufsichtsbehörde für Güterhändler sind die Regierungspräsidien (RP). Vgl. dazu beispielhaft „Basisinformationen Geldwäschegesetz (GwG)" des RP Darmstadt, abrufbar unter: https://rp-darmstadt.hessen.de/sites/rp-darmstadt.hessen.de/files/content-downloads/Merkblatt%20Basisinformationen%20Geldw%C3%A4sche.pdf (letzter Abruf am 15.12.2017) sowie der RP Baden-Württemberg, abrufbar unter: https://rp.baden-wuerttemberg.de/Themen/Sicherheit/Seiten/Geldwaesche.aspx (letzter Abruf am 15.12.2017).

III. Umfang der Risikoanalyse (§ 5 Abs. 1 GwG) § 5 GwG

- Risikofaktoren aus den Anlagen 1 und 2 des GwG (siehe dazu § 14 Rn. 7 ff.) und die
- Informationen aus der nationalen Risikoanalyse (siehe dazu Rn. 16 f.).

Die Formulierung des Gesetzeswortlauts, dass „insbesondere" die oben genannten Informationen hinzuziehen sind, lässt den Schluss zu, dass daneben weitere Materialien relevant sein können. Diese muss der Verpflichtete zunächst risikobasiert anhand der bestehenden, unternehmensspezifischen Risiken identifizieren und schließlich ebenfalls heranziehen. Hierzu können bspw. auch die folgenden Daten und Informationen zählen: 13

- Leitlinien zu Risikofaktoren der europäischen Aufsichtsbehörden,[13]
- Informationen der zuständigen Aufsichtsbehörde(n) (z. B. Rundschreiben),
- (Jahres-)Berichte, Typologienpapiere etc. des Bundeskriminalamts,
- (Jahres-)Berichte, Typologienpapiere etc. des zuständigen Landeskriminalamts,
- Informationen der lokalen Polizei,
- Informationen der Verbände,
- Informationen, Typologienpapiere etc. der FATF (und ggf. weiterer internationaler Organisationen),
- Gemeinsame EU-Liste von Drittstaaten für Steuerzwecke („Schwarze Liste der EU"),[14]
- Auslegungshilfen des Basler Ausschusses für Bankenaufsicht,[15]

---

13 Gemeinsame Leitlinien nach Artikel 17 und Artikel 18 Absatz 4 der Richtlinie (EU) 2015/849 über vereinfachte und verstärkte Sorgfaltspflichten und die Faktoren, die Kredit- und Finanzinstitute bei der Bewertung des mit einzelnen Geschäftsbeziehungen und gelegentlichen Transaktionen verknüpften Risikos für Geldwäsche und Terrorismusfinanzierung berücksichtigen sollten vom 4.1.2018 (nachfolgend bezeichnet als „Leitlinien zu Risikofaktoren"), abrufbar unter: https://esas-joint-committee.europa.eu/Publications/Guidelines/Guidelines%20on%20Risk%20Factors_DE_04-01-2018.pdf (letzter Abruf am 27.1.2018).
14 Rat der EU, EU-List of non-cooperative tax jurisdictions (Gemeinsame EU-Liste von Drittstaaten für Steuerzwecke) vom 5.12.2017. Sie listet die folgenden 17 Länder auf: Amerikanisch-Samoa, Bahrein, Barbados, Granate, Guam, Korea (Republik), Macao SAR, Marshallinseln, Mongolei, Namibia, Palau, Panama, St. Lucia, Samoa, Trinidad und Tobago, Tunesien und Vereinigte Arabische Emirats, abrufbar unter: https://ec.europa.eu/taxation_customs/tax-common-eu-list_en (letzter Abruf am 15.12.2017).
15 Vgl. BaFin-Rs. 8/2005 (GW), Rn. 3, das speziell auf das Dokument „Sorgfaltspflicht der Banken bei der Feststellung der Kundenidentität" verweist. Es sollte zudem, neben weiteren Dokumenten zu spezifischen Risiken der Geldwäsche und Terrorismusfinanzierung wie etwa im Korrespondenzbankgeschäft, u. a. das folgende Dokument herangezogen werden: „Guidelines, Sound management of risks related to money laundering and financing of terrorism", Juni 2017, abrufbar unter: https://www.bis.org/bcbs/publ/d405.pdf (letzter Abruf am 15.12.2017).

GwG § 5 Risikoanalyse

- Erkenntnisse aus dem Erfahrungsaustausch mit anderen Geldwäschebeauftragten,[16]
- Erkenntnisse aus früheren Verdachtsfällen bzw. Verdachtsmeldungen.[17]

14 Verpflichtete sollten darüber hinaus risikobasiert entscheiden, inwieweit die folgenden Daten für ihre Risikoanalyse relevant sind:
- Informationen aus der supranationalen Risikoanalyse der EU Kommission[18] (siehe dazu Rn. 18).

15 Nachfolgend soll näher auf zwei Dokumentationen eingegangen werden, die durch die Umsetzung der Vierten Geldwäscherichtlinie neu geschaffen wurden.

a) Nationale Risikoanalyse

16 Durch die Umsetzung von Art. 7 Abs. 1 Vierte Geldwäscherichtlinie ist die Bundesregierung – so wie auch die Regierungen der übrigen EU-Mitgliedstaaten – verpflichtet, eine nationale Risikoanalyse zu erstellen. Die Aufgabe zur Erstellung der nationalen Risikoanalyse nach Art. 7 Abs. 2 Vierte Geldwäscherichtlinie liegt in Deutschland bei dem Bundesministerium der Finanzen. Die erste deutsche Risikoanalyse lag bis zum Redaktionsschluss nicht vor. Vielmehr dürfte diese erstmals ab Mitte 2018 zu erwarten sein.

17 Die nationale Risikoanalyse bezieht sich auf die Risiken der Geldwäsche und Terrorismusfinanzierung sowie die in diesem Zusammenhang bestehenden „Datenschutzprobleme" (Art. 7 Abs. 1 Satz 1 Vierte Geldwäscherichtlinie). Zu berücksichtigen sind auch die Ergebnisse der supranationalen Risikoanalyse (Art. 7 Abs. 3 Vierte Geldwäscherichtlinie) (siehe dazu unten Rn. 18). Die nationale Risikoanalyse muss aktuell gehalten werden, wobei keine konkreten zeitlichen Vorgaben für die Aktualisierung bestehen (Art. 7 Abs. 1 Satz 2 Vierte Geldwäscherichtlinie). Schließlich muss die nationale Risikoanalyse der Kommission, den Europäischen Aufsichtsbehörden und den anderen Mitgliedstaaten zur Verfügung gestellt werden (Art. 7 Abs. 5 Vierte Geldwäscherichtlinie).

b) Supranationale Risikoanalyse

18 Die supranationale Risikoanalyse wird gem. Art. 6 Abs. 1 Vierte Geldwäscherichtlinie durch die EU Kommission erstellt. Hierbei werden die Risiken der

---

16 Vgl. BaFin-Rs. 8/2005 (GW), Rn. 3.
17 Vgl. BaFin-Rs. 8/2005 (GW), Rn. 3.
18 Bericht der Kommission an das Europäische Parlament und den Rat über die Bewertung der mit grenzüberschreitenden Tätigkeiten im Zusammenhang stehenden Risiken der Geldwäsche und der Terrorismusfinanzierung für den Binnenmarkt (nachfolgend auch bezeichnet als „Supranationale Risikoanalyse"), abrufbar unter: http://ec.europa.eu/transparency/regdoc/rep/1/2017/DE/COM-2017-340-F1-DE-MAIN-PART-1.PDF (letzter Abruf am 15.12.2017).

Geldwäsche und Terrorismusfinanzierung für den Binnenmarkt betrachtet, die im Zusammenhang mit grenzüberschreitenden Tätigkeiten stehen. Die erste supranationale Risikoanalyse wurde gemäß Art. 7 Abs. 1 Satz 2 Vierte Geldwäscherichtlinie zum 26. Juni 2017 verabschiedet. Diese wird richtliniengemäß alle zwei Jahre oder bei Bedarf in kürzeren Abständen aktualisiert.

4. Bestimmung des Umfangs

Der Umfang der Risikoanalyse richtet sich nach **Art und Umfang der Geschäftstätigkeit** der Verpflichteten (§ 5 Abs. 1 Satz 3 GwG). Hierbei sind insbesondere die Risiken der Geldwäsche und Terrorismusfinanzierung in Bezug auf folgende Kriterien zu ermitteln und zu bewerten:[19]   19

– Kunden,
– Länder oder geografische Gebiete,
– Produkte,
– Dienstleistungen,
– Transaktionen oder
– Vertriebskanäle.

In der Gesetzesbegründung wird zudem darauf hingewiesen, dass die Risikoanalyse in einem insofern „**angemessenen Umfang**" zu erstellen sei.[20] Ob die Risikoanalyse angemessen ist, richtet sich dabei nach **Art und Größe eines Verpflichteten** (Art. 8 Abs. 1 Vierte Geldwäscherichtlinie). Zur Beurteilung der Angemessenheit könnte schließlich auf die Grundsätze aus dem BaFin-Rs. 8/2005 (GW) zurückgegriffen werden. **Angemessen** sind demnach „solche Maßnahmen und Systeme, die der jeweiligen Risikosituation des einzelnen Institutes entsprechen und diese hinreichend abdecken. Die Sicherungssysteme haben sich insbesondere an der Größe, Organisation und Gefährdungssituation des einzelnen Institutes, insbesondere dessen Geschäfts- und Kundenstruktur, auszurichten."[21] Was angemessen ist, beurteilt sich gem. BaFin-Rs. 8/2005 (GW) auf der Grundlage der eigenen Risikoanalyse des Institutes bezüglich der „Risikostruktur der von dem Institut angebotenen Dienstleistungen".[22] Es empfiehlt sich, die Angemessenheits-Definition analog auf **andere Branchen von Verpflichteten** anzuwenden.   20

IV. Anforderungen an die Risikoanalyse (§ 5 Abs. 2 GwG)

Nachfolgend werden die Anforderungen an die Erstellung der Risikoanalyse dargestellt. Diese ergeben sich aus § 5 Abs. 2 GwG, aufsichtlichen Vorgaben sowie Markstandards des (Nicht-)Finanzsektors.   21

---

19 Vgl. Art. 8 Abs. 1 Vierte Geldwäscherichtlinie, der zur Auslegung herangezogen werden sollte, auch wenn die Kriterien nicht 1:1 in das GwG übernommen wurden.
20 BT-Drs. 18/11555, S. 109.
21 BaFin-Rs. 8/2005 (GW), Rn. 1.
22 BaFin-Rs. 8/2005 (GW), Rn. 1.

GwG § 5 Risikoanalyse

1. Dokumentation (§ 5 Abs. 2 Nr. 1 GwG)

22 Die Risikoanalyse muss durch die Verpflichteten dokumentiert werden (§ 5 Abs. 2 Nr. 1 GwG). Eine Dokumentation muss **nachvollziehbar und schriftlich** erfolgen.[23] Die Nachvollziehbarkeit einer Dokumentation ist aus der Perspektive eines **objektiven sachverständigen Dritten** zu beurteilen. In dem BaFin-Rs. 8/2005 (GW) wurde insofern auf die Sphäre des internen oder externen **Revisors** abgestellt.[24] Dies ist auch sinngemäß für Verpflichtete des Nicht-Finanzsektors übertragbar. Es geht hierbei letztlich um eine Person, die den nötigen generellen Fach- und Sachverstand mitbringt, um das Dokument beurteilen zu können.

23 Daher ist die **Qualität der Verbalisierung** der Risikoanalyse von besonderer Bedeutung. Die **Nachvollziehbarkeit** der Risikoanalyse ergibt sich darüber hinaus insbesondere aus der Strukturierung des Dokuments. Wichtig sind insofern **klare und verständliche** Beschreibungen sowie die Erläuterung von Herleitungen. Ein besonders wichtiges Element für die Nachvollziehbarkeit der Risikoanalyse stellen die Erläuterung der gewählten **Methodologie** sowie deren Umsetzung und Erkennbarkeit in der Darstellung der Risikoanalyse dar.

2. Überprüfung und Aktualisierung (§ 5 Abs. 2 Nr. 2 GwG)

a) Umfang der Überprüfung

24 Weiter muss die Risikoanalyse regelmäßig von dem Verpflichteten überprüft und bei Bedarf aktualisiert werden (§ 5 Abs. 2 Nr. 2 GwG). Die Aktualisierung muss **mindestens einmal jährlich** erfolgen.[25] Bei der Aktualisierung muss eine vollständige Überprüfung des gesamten Werkes erfolgen, angefangen von der Risikosituation des Unternehmens, der geltenden Rechtslage, bspw. neuen Produkten und Märkten bis hin zur Ableitung der getroffenen Maßnahmen. Um eine vollständige Aktualisierung sicherzustellen empfiehlt es sich, bereits unterjährig die für die Risikoanalyse relevanten Themen zu sammeln bzw. nachvollziehbar einzuarbeiten.

b) Pflicht zur Aktualisierung

25 Die Risikoanalyse muss „zumindest" einmal jährlich aktualisiert werden, soweit dies erforderlich ist.[26] Hierdurch soll sichergestellt werden, dass technische Neuerungen, neue Dienstleistungen des jeweils Verpflichteten und neue Methoden und Erkenntnisse über die Geldwäsche und Terrorismusfinanzierung berück-

---

23 BaFin-Rs. 8/2005 (GW), Rn. 5.
24 BaFin-Rs. 8/2005 (GW), Rn. 5.
25 BT-Drs. 18/11555, S. 109; so auch schon für Institute: BaFin-Rs. 8/2005 (GW), Rn. 6.
26 BT-Drs. 18/11555, S. 109.

IV. Anforderungen an die Risikoanalyse (§ 5 Abs. 2 GwG) § 5 GwG

sichtigt werden.[27] Gemäß der Gesetzesbegründung muss die Risikoanalyse also mindestens **einmal jährlich** im Hinblick auf ihre Aktualität überprüft werden. Dies bedeutet einerseits, dass in einigen Fällen – je nach Entwicklung der Risikosituation im Unternehmen – auch die (ggf. mehrmalige) unterjährige Anpassung der Risikoanalyse erforderlich werden kann. Andererseits erlaubt der Wortlaut der Gesetzesbegründung („soweit möglich") dem Verpflichteten, nur die ausgewählten Inhalte der Risikoanalyse zu überarbeiten, die nicht mehr dem aktuellen Stand entsprechen.

3. Zurverfügungstellung an die Aufsichtsbehörde (§ 5 Abs. 2 Nr. 3 GwG)

Nach § 5 Abs. 2 Nr. 3 GwG müssen die Verpflichteten der jeweils zuständigen Aufsichtsbehörde die jeweils aktuelle Fassung der Risikoanalyse „auf Verlangen" zur Verfügung stellen. Dies bedeutet, dass die **zuständige Aufsichtsbehörde** jederzeit die Risikoanalyse anfordern kann und diese durch den Verpflichteten zur Verfügung gestellt werden muss. Es empfiehlt sich daher, einen besonderen Wert auf die Qualität der Dokumentation (siehe oben unter Rn. 22 f.) zu legen. Die noch im Referentenentwurf des § 4 Abs. 2 Nr. 3 GwG n. F. vom 15.12.2016 vorgesehene obligatorische Übersendung der jeweils aktuellen Risikoanalysen sämtlicher Verpflichteter an die zuständige Aufsichtsbehörde wurde nicht in das GwG n. F. übernommen.[28]

26

4. Genehmigung durch die Leitungsebene

Die Risikoanalyse dient neben den internen Sicherungsmaßnahmen jetzt gem. § 4 Abs. 2 GwG als zweiter zentraler **Bestandteil des Risikomanagements** eines Verpflichteten nach dem GwG. Nach § 4 Abs. 3 Satz 2 GwG muss die Risikoanalyse daher auch – genauso wie die internen Sicherungsmaßnahmen – durch ein zu benennendes Mitglied der Leitungsebene eines Verpflichteten **genehmigt** werden. Ein entsprechender Nachweis über die erteilte Genehmigung ist durch den Geldwäschebeauftragten zu dokumentieren.

27

---

27 BT-Drs. 18/11555, S. 109.
28 Vgl. RefE des Bundesministeriums der Finanzen, Entwurf eines Gesetzes zur Umsetzung der Vierten EU-Geldwäscherichtlinie, zur Ausführung der EU-Geldtransferverordnung und zur Neuorganisation der Zentralstelle für Finanztransaktionsuntersuchungen vom 15.12.2016, Bearbeitungsstand 13:37 Uhr, abrufbar unter: http://www.bundesgerichtshof.de/SharedDocs/Downloads/DE/Bibliothek/Gesetzesmaterialien/18_wp/EU_GeldwaescheRL_4/refe.pdf?__blob=publicationFile (letzter Abruf am 28.1.2018).

GwG § 5 Risikoanalyse

5. Besonderheit für Institute: Überprüfung durch den Jahresabschlussprüfer

28 Nach § 1 Nr. 1 Prüfungsberichtsverordnung (PrüfbV) wird für bestimmte, dort näher bezeichnete **Institute** eine Jahresabschlussprüfung durchgeführt. In der Jahresabschlussprüfung gehört es nach § 27 Abs. 1 Satz 1 PrüfbV zur Aufgabe des externen Abschlussprüfers, die **Vorkehrungen darzustellen**, die das verpflichtete Institut im Berichtszeitraum zur Verhinderung von Geldwäsche und von Terrorismusfinanzierung sowie von sonstigen strafbaren Handlungen getroffen hat. Im Prüfungsbericht muss der Abschlussprüfer nach § 27 Abs. 2 PrüfbV die **Angemessenheit und ggf. die Wirksamkeit** der getroffenen Vorkehrungen beurteilen. § 25 Abs. 8 PrüfbV listet auf, welche Angaben der Prüfer bei der Darstellung der Risikosituation des Instituts anhand der aktuellen und vollständigen Risikoanalyse des Instituts in die Anlage 5 PrüfbV[29] aufzunehmen hat.

29 Der Prüfer hat nach § 27 Abs. 4 PrüfbV auch darauf einzugehen, ob die Risikoanalyse, die das Institut im Rahmen des Risikomanagements zur Verhinderung von **Geldwäsche und Terrorismusfinanzierung** gemäß § 5 GwG erstellt hat, der tatsächlichen Risikosituation des Instituts entspricht, und ob die Risikoanalyse, die im Rahmen des Risikomanagements zur Verhinderung von **sonstigen strafbaren Handlungen** gemäß § 25h Absatz 1 KWG erforderlich ist, der tatsächlichen Risikosituation des Instituts entspricht (siehe dazu auch § 6 Rn. 40).

V. Erstellung der Risikoanalyse

30 Bei der Erstellung der Risikoanalyse sind bestimmte Schritte und Vorgaben zu beachten. Insbesondere müssen die Sicherungsmaßnahmen zur Mitigierung der identifizierten Risiken anschließend aus der Risikosituation des Unternehmens abgeleitet werden. Für **Institute des Finanzsektors** werden die verbindlich bei der Erstellung der Risikoanalyse zu beachtenden Vorgaben durch **BaFin-Rs. 8/2005 (GW)** festgelegt.

31 Für Verpflichtete des **Nicht-Finanzsektors** existieren bislang keine spezifischen gesetzlichen, und nur eingeschränkte aufsichtliche Vorgaben zur Erstellung der Risikoanalyse. Grundsätzlich ist es für Verpflichtete des Nicht-Finanzsektors möglich, analog auf die bereits bestehenden Vorgaben für den Finanzsektor zurückzugreifen, sofern dies in Teilen fachlich sinnvoll und möglich ist. Zudem sind von den Verpflichteten des Nicht-Finanzsektors die **speziellen und**

---

29 Anlage 5 PrüfbV enthält den sog. „Erfassungsbogen gemäß § 27 PrüfbV" mit der Auflistung der F-Feststellungen zum Prüfungsergebnis, der dem Jahresabschlussprüfungsbericht für die Themenbereiche Geldwäsche, Terrorismusfinanzierung und sonstige strafbare Handlungen beigefügt wird.

V. Erstellung der Risikoanalyse   § 5 GwG

ggf. verbindlichen Vorgaben der zuständigen Aufsichtsbehörden zu beachten.

Nachfolgend werden die einzelnen Schritte zur Erstellung der Risikoanalyse dargestellt. 32

1. Bestandsaufnahme

Für Institute des Finanzsektors muss eine vollständige Bestandsaufnahme der **institutsspezifischen Risikosituation** vorgenommen werden.[30] Hierbei ist die jeweilige Geschäftsstruktur des Institutes zu berücksichtigen. Zur institutsspezifischen Situation gehören gem. BaFin-Rs. 8/2005 (GW) die folgenden Bereiche:[31] 33

– grundlegende Kundenstruktur,
– Geschäftsbereiche und -abläufe,
– Produkte, einschl. Volumen und Struktur des nationalen und internationalen Zahlungsverkehrs,
– Vertriebswege sowie
– Organisationssituation des Institutes (z. B. Organigramm des Unternehmens).

Eine Bestandsaufnahme ist wichtig, da den für ein Unternehmen in Bezug auf Geldwäsche und Terrorismusfinanzierung bestehenden Risiken nur dann wirksam begegnet werden kann, wenn diese Risiken zuvor identifiziert wurden.[32] 34

2. Identifizierung und Kategorisierung der Risiken

Die vorhandenen Risiken müssen von Instituten zunächst identifiziert und anschließend kategorisiert werden. Beide Schritte werden nachfolgend im Detail beschrieben. 35

a) Identifizierung

Sämtliche **kunden-, produkt- und transaktionsbezogenen Risiken** müssen zunächst erfasst und identifiziert werden.[33] Hierbei sind insbesondere auch die in den **Anlagen 1 und 2 GwG** beschriebenen Faktoren für ein potenziell geringeres oder höheres Risiko zu berücksichtigen. Zudem können sich Kriterien zur Einordnung aus der **supranationalen sowie der nationalen Risikoanalyse** ergeben. 36

---

30 Vgl. BaFin-Rs. 8/2005 (GW), Rn. 3.
31 Vgl. BaFin-Rs. 8/2005 (GW), Rn. 3.
32 Vgl. *Lochen*, CCZ 2017, 92.
33 Vgl. BaFin-Rs. 8/2005 (GW), Rn. 3; vgl. für Beispiele von geringen und höheren Risiken im Finanzsektor nach GwG a. F.: *Herzog/Warius*, in: Herzog, GwG, § 9 Rn. 56 ff.

GwG § 5 Risikoanalyse

37 Sämtliche erfassten und identifizierten Risiken sollten für einen sachverständigen Dritten nachvollziehbar beschrieben werden.

38 Zur Identifizierung der relevanten Risiken sind verschiedene **Vorgehensweisen** denkbar. Es können bspw. anhand von Fragebögen strukturierte **Interviews** mit betroffenen Geschäfts- oder Marktbereichen geführt werden.[34] Alternativ oder ergänzend können die benötigten Informationen durch sog. **Self Assessments** eingeholt werden, deren Ergebnisse vor einer weiteren Verwendung jedoch fachlich validiert und plausibilisiert werden müssen.

b) Kategorisierung

39 Weiterhin müssen die zuvor identifizierten Risiken kategorisiert werden.[35] Dies bedeutet, dass die identifizierten Risiken in Risikogruppen eingeteilt und ggf. zusätzlich gewichtet (d. h. bewertet) werden müssen.[36] Demnach müssen sämtliche Risiken von Instituten **zunächst** mindestens den drei vorgenannten Kategorien Kunde, Produkt und Transaktion zugeordnet werden. Es ist denkbar, dass darüber hinaus von Instituten weitere Kategorien gebildet werden können. Für Verpflichtete des Nicht-Finanzsektors können auch andere und abweichende Risiken definiert werden. **Anschließend** ist von Instituten je nach Risikosituation eine zusätzliche Gewichtung der drei Kategorien Kunde, Produkt und Transaktion vorzunehmen. Für Verpflichtete des Nicht-Finanzsektors besteht keine Notwendigkeit, die Kategorisierung als Zwei-Schritt vorzunehmen.

c) Einzubeziehende Informationen

40 Die Identifizierung und Kategorisierung der Risiken muss für **Institute** anhand des sog. Erfahrungswissens über Geldwäsche und Terrorismusfinanzierung erfolgen.[37] Dieses Erfahrungswissen setzt sich gem. BaFin-Rs. 8/2005 (GW) zusammen aus den folgenden Faktoren:

– nationale und internationale Typologienpapiere und Verdachtskataloge,
– Auslegungshilfen des Basler Ausschusses für Bankenaufsicht,[38]

---

34 Vgl. *Dittrich/Matthey*, in: Hauschka/Moosmayer/Lösler, Corporate Compliance, Rn. 60.
35 Vgl. BaFin-Rs. 8/2005 (GW), Rn. 3.
36 Vgl. BaFin-Rs. 8/2005 (GW), Rn. 3.
37 Vgl. BaFin-Rs. 8/2005 (GW), Rn. 3.
38 Vgl. BaFin-Rs. 8/2005 (GW), Rn. 3, das speziell auf das Dokument „Sorgfaltspflicht der Banken bei der Feststellung der Kundenidentität" verweist. Es sollte zudem, neben weiteren Dokumenten zu spezifischen Risiken der Geldwäsche und Terrorismusfinanzierung wie etwa im Korrespondenzbankgeschäft, u.a. das folgende Dokument herangezogen werden: „Guidelines, Sound management of risks related to money laundering and financing of terrorism", Juni 2017, abrufbar unter: https://www.bis.org/bcbs/publ/d405.pdf (letzter Abruf am 15.12.2017).

- im Institut vorhandenes bzw. zu gewinnendes Wissen (etwa aus lokalen Presseauswertungen),
- allgemeine Analyse von Verdachtsfällen, die das Institut in der Vergangenheit tangierten sowie
- Erfahrungsaustausch mit Geldwäschebeauftragten anderer Institute im Rahmen der gesetzlich zulässigen Möglichkeiten.

Verpflichtete des Nicht-Finanzsektors sollten insbesondere folgende Informationen heranziehen: 41

- nationale und internationale Typologienpapiere und Verdachtskataloge, ggf. auch branchenspezifische Informationen (soweit verfügbar),
- Informationen der zuständigen Aufsichtsbehörde,
- im Unternehmen vorhandenes bzw. zu gewinnendes Wissen (etwa aus lokalen Presseauswertungen),
- Analyse von früheren Verdachtsfällen sowie
- Erfahrungsaustausch mit Geldwäscheansprechpartnern und -beauftragten anderer Unternehmen im Rahmen der gesetzlich zulässigen Möglichkeiten.

3. Besonderheit für Institute: Entwicklung von Monitoring-Parametern

Weiter müssen Institute aufgrund des Ergebnisses der institutsinternen Risikoanalyse „geeignete Parameter" für die **„erforderlichen Research-Maßnahmen** (vor allem für EDV-Researchsysteme)" entwickeln.[39] Diese Parameter müssen also aus dem Ergebnis der Risikoanalyse **abgeleitet** werden. Unter den sog. „geeigneten Parametern" sind **sämtliche Indizien und Kriterien** zu verstehen, die für das Transaktionsmonitoring verwendet werden. Daraus folgt auch, dass die bloße Nutzung der „Werkseinstellungen" (also der von dem Tool-Anbieter vorprogrammierten Parameter) des Monitoring-Systems nicht ausreicht, um eine risikobasierte Ableitung aus der Risikoanalyse zu begründen. 42

Aus dem Ergebnis der Risikoanalyse sind bspw. auch solche Parameter abzuleiten, die dazu führen, dass bestimmte Transaktionen oder Geschäftsbeziehungen temporär aus dem laufenden Monitoring ausgeschlossen werden. Auch derartige Ausschlüsse sind nachvollziehbar, abgeleitet aus der Risikoanalyse zu dokumentieren. 43

Das Transaktionsmonitoring kann als eine Maßnahme genutzt werden, um die Anforderungen an die kontinuierliche Überwachung einer Geschäftsbeziehung einschließlich der in ihrem Verlauf durchgeführten Transaktionen nach § 10 Abs. 1 Nr. 5 GwG umzusetzen. 44

Das Transaktionsmonitoring erfolgt bei fast allen Instituten des Finanzsektors IT-basiert. Unter bestimmten Voraussetzungen können insbesondere **kleinere** 45

---

39 Vgl. BaFin-Rs. 8/2005 (GW), Rn. 3.

GwG § 5 Risikoanalyse

Institute oder Spezialinstitute des Finanzsektors von einem IT-basierten System absehen, das auch als Datenverarbeitungssystem des § 25h Abs. 2 KWG anzusehen ist. Maßgeblich ist dafür, dass sie die bestehenden Risiken der Geldwäsche und Terrorismusfinanzierung (sowie die sonstigen strafbaren Handlungen) auch durch eine manuelle Überwachung ausreichend beherrschen können. Vgl. zu den Anhaltspunkten für diese Beherrschbarkeit § 25h Rn. 38.

4. Ableitung von Maßnahmen und Kontrollen

a) Vorgehensweise

46 Aus der Risikosituation eines Unternehmens müssen von **allen Verpflichteten die erforderlichen Sicherungs- bzw. Präventionsmaßnahmen abgeleitet** werden.[40] Sicherungs- bzw. Präventionsmaßnahmen dienen dazu, die in der Risikoanalyse identifizierten Risiken bzw. Gefährdungen für das Unternehmen zu mitigieren. Das heißt, dass bestimmte Maßnahmen dazu dienen sollen, Risiken bspw. auszuschalten oder deren Eintritt zu verringern. Welche Maßnahmen hierunter für den Finanzsektor im Detail zu verstehen sein können, wird in § 25h KWG Rn. 17ff. bzgl. der sonstigen strafbaren Handlungen dargestellt. Viele der dort genannten Maßnahmen können auch auf die Risikobereiche Geldwäsche und Terrorismusfinanzierung sowie auf Verpflichtete des Nicht-Finanzsektors übertragen werden. Unter Sicherungsmaßnahmen zur Bekämpfung von Geldwäsche und Terrorismusfinanzierung sind insbes. sämtliche **laufenden oder temporären Maßnahmen** mit Kunden- oder Geschäftsbezug (z.B. im Zusammenhang mit dem Know-Your-Customer (KYC) Prozess) sowie mit Mitarbeiterbezug (z.B. Schulungen, Informationen, Zuverlässigkeitsprüfung) zu verstehen. Letztlich sind unter Sicherungsmaßnahmen sämtliche Instrumente des **Compliance Management Systems** (CMS) eines Unternehmens zu fassen.[41] Die gewählten Maßnahmen sollten im Sinne eines integrierten und konsistenten CMS mit verwandten Maßnahmen in Bezug auf weitere Compliance-Risikotypen verknüpft werden. **Weitere Compliance-Risikotypen** können bei Instituten des **Finanzsektors** insbes. sonstige strafbare Handlungen, Finanzsanktionen/Embargos und Kapitalmarkt-Compliance sein. Bei Unternehmen des **Nicht-Finanzsektors** sind z.B. Kartellrecht und Korruption häufige weitere Compliance-Risikotypen.

47 Die Maßnahmenableitung sollte **sprachlich und inhaltlich für einen sachverständigen Dritten nachvollziehbar** sein. Dies erleichtert auch die Tätigkeit des Jahresabschussprüfers, der Aufsichtsbehörde und die Genehmigung durch das zuständige Mitglied der Leitungsebene.

---

40 BT-Drs. 18/11555, S. 110.
41 Vgl. *Lochen*, CCZ 2017, 93.

V. Erstellung der Risikoanalyse § 5 GwG

Für Institute ist bei der Umsetzung der einzelnen Präventionsmaßnahmen im jeweiligen Einzelfall umso sorgfältiger vorzugehen, je höher das Risikopotenzial ist.[42] Zudem sind in Abhängigkeit von dem Risikopotenzial auch die Entscheidungsbefugnisse innerhalb des Institutes zu staffeln.[43] Dieser Grundsatz empfiehlt sich auch für Verpflichtete des Nicht-Finanzsektors.   48

b) Brutto- und Nettorisiko

Für die Ableitung von Maßnahmen empfiehlt es sich, eine Darstellung nach **Brutto- und Nettorisiken** bezogen auf eine spezifische Sicherungs- bzw. Präventionsmaßnahme zu wählen. Zunächst wird hierzu eine Sicherungs- bzw. Präventionsmaßnahme A aus dem Risiko X abgeleitet. Dazu muss nachvollziehbar sein, aus welchem Grund die Maßnahme A aus Risiko X abgeleitet wurde. Weiter ist dann das Brutto-Risiko von X ohne Einleitung von Maßnahme A zu beschreiben. Schließlich wird das Netto-Risiko von X nach Implementierung von Maßnahme A dargestellt. Zudem muss beschrieben werden, welche weiteren Maßnahmen zum Umgang mit dem verbleibendem Nettorisiko getroffen werden.   49

Gegenstand der Beschreibung in der Risikoanalyse sollte ebenfalls der Status der darstellten Maßnahmen sein, damit nachvollziehbar wird, ob diese z. B. bereits implementiert oder erst geplant sind. Ergänzt werden sollte eine Zeitplanung zur Umsetzung von geplanten Maßnahmen.   50

c) Ableitung von Kontrollhandlungen

Ebenfalls aus der Risikoanalyse abzuleiten sind die **Kontrollhandlungen** des Geldwäschebeauftragten.[44] Diese sollten in einem **Kontrollplan** dargestellt und dokumentiert werden.   51

5. Aktualisierung von bestehenden Sicherungsmaßnahmen

Institute müssen zudem die bisher getroffenen Präventionsmaßnahmen unter Berücksichtigung des Ergebnisses der Gefährdungsanalyse **überprüfen und weiterentwickeln**.[45] Dies ergibt sich auch aus § 5 Abs. 2 Nr. 2 GwG, wonach die Risikoanalyse bei Bedarf aktualisiert werden muss. Da sich aus der Überarbeitung der Risikoanalyse neue Erkenntnisse für Sicherungsmaßnahmen ergeben können, hängt deren Aktualisierung voneinander ab. Somit müssen auch **Verpflichtete des Nicht-Finanzsektors** ab der erstmaligen Aktualisierung der Risi-   52

---

42 Vgl. BaFin-Rs. 8/2005 (GW), Rn. 3.
43 Vgl. BaFin-Rs. 8/2005 (GW), Rn. 3.
44 *Herzog/Warius*, in: Herzog, GwG, 2. Aufl. 2014, Rn. 116.
45 Vgl. BaFin-Rs. 8/2005 (GW), Rn. 3.

GwG § 5   Risikoanalyse

koanalyse, über den Umgang mit bestehenden Sicherungsmaßnahmen entscheiden und ggf. zusätzliche, neue Sicherungsmaßnahmen definieren.

VI. Gruppenweite Umsetzung (§ 5 Abs. 3 GwG)

53   Verpflichtete, die Mutterunternehmen einer Gruppe sind, müssen die Risikoanalyse entsprechend der Vorgaben aus § 5 Abs. 1 und 2 GwG für die gesamte Gruppe umsetzen (§ 5 Abs. 3 GwG). Der **Begriff der Gruppe** wird in § 1 Abs. 16 GwG definiert. Hintergrund für die Regelung ist die Verpflichtung zur gruppenweiten Umsetzung der internen Sicherungsmaßnahmen und Verfahren für den Informationsaustausch innerhalb der Gruppe für die Zwecke der Bekämpfung der Geldwäsche und Terrorismusfinanzierung nach § 9 GwG.[46] Denn die risikoangemessene Ausgestaltung dieser Maßnahmen und Verfahren kann gemäß der Gesetzesbegründung nur auf Grundlage einer Risikoanalyse erfolgen.[47]

54   Für **Institute des Finanzsektors** wurde diese Vorgabe bereits durch BaFin-Rs. 8/2005 (GW) konkretisiert.[48] Danach sind auch solche gruppenangehörigen Unternehmen in die Risikoanalyse aufzunehmen, „die selbst keine Finanztransaktionen durchführen oder sich an deren Durchführung direkt beteiligen, jedoch Geschäfte oder Dienstleistungen anbieten, die das Risiko in sich bergen, für die Nutzung zur Geldwäsche geeignet zu sein (wie z.B. die reine Vermögensberatung oder Vermögensbetreuung)."[49]

VII. Befreiungsmöglichkeit (§ 5 Abs. 4 GwG)

55   Nach § 5 Abs. 4 GwG kann die zuständige Aufsichtsbehörde den Verpflichteten auf dessen Antrag unter bestimmten Voraussetzungen von der Dokumentation der Risikoanalyse befreien. Hierzu muss der Verpflichtete darlegen, dass die in dem jeweiligen Bereich bestehenden konkreten Risiken klar erkennbar sind und sie verstanden werden. Die Regelung dient der Umsetzung von Art. 8 Abs. 2 Satz 2 Vierte Geldwäscherichtlinie.[50] Einen Antrag auf Befreiung kann damit nach dem Willen des Gesetzgebers **grundsätzlich jeder Verpflichtete** stellen.[51] Es sei danach **unerheblich, ob es sich dabei um einen Einzelunternehmer oder ein größeres Unternehmen** handelt.[52] Es ist zu beachten, dass sich die **Be-**

---

46   BT-Drs. 18/11555, S. 110.
47   BT-Drs. 18/11555, S. 110.
48   Vgl. BaFin-Rs. 8/2005 (GW), Rn. 4.
49   Vgl. BaFin-Rs. 8/2005 (GW), Rn. 4.
50   BT-Drs. 18/11555, S. 110.
51   BT-Drs. 18/11555, S. 110.
52   BT-Drs. 18/11555, S. 110.

freiung ausschließlich auf die **Dokumentation bzw. Aufzeichnung**[53] der Risikoanalyse bezieht. Dies könnte bedeuten, dass **nicht vollständig von einer Risikoanalyse abgesehen** werden kann. Die Gesetzesbegründung legt vielmehr nahe, dass von dem Verpflichteten weitere Vorkehrungen für die Risikoanalyse zu treffen sein könnten. Welche Tätigkeiten bzgl. der Risikoanalyse für den Fall einer Befreiung dennoch von dem Verpflichteten vorzunehmen sein könnten und ggf. von der zuständigen Aufsichtsbehörde gefordert werden, bleibt im Rahmen der Verwaltungspraxis der Aufsichtsbehörden nach dem neuen GwG abzuwarten.

VIII. Besonderheit für Institute: Verhältnis zu § 25h KWG

Gemäß § 25h Abs. 1 Satz 1 KWG besteht für Institute sowie Finanzholding-Gesellschaften und gemischte Finanzholding-Gesellschaften nach § 25l KWG die Verpflichtung, neben der Risikoanalyse zu Geldwäsche und Terrorismusfinanzierung **zusätzlich eine Risikoanalyse durchzuführen zu sonstigen strafbaren Handlungen, die zu einer Gefährdung des Vermögens des Instituts** führen können. Diese Vorgabe ist ergänzend zu beachten. Es ist nach BaFin-Rs. 8/2005 (GW) möglich, die Risikoanalysen für die unterschiedlichen Risikobereiche **miteinander zu verbinden** (siehe dazu auch § 25h KWG Rn. 57). In einigen Instituten wird daneben mittlerweile auch eine Risikoanalyse zu dem Themenbereich **Finanzsanktionen/Embargos** erstellt, ohne dass hierfür eine gesetzliche oder aufsichtliche Verpflichtung besteht. Für diese Institute empfiehlt es sich, die Möglichkeit zur Verbindung sämtlicher Risikoanalysen zu analysieren. Unter bestimmten Voraussetzungen können so insbesondere bei der allgemeinen Darstellung des Unternehmens, der Risikobereiche sowie der Kunden, Produkte und Transaktionen Redundanzen vermieden werden.

---

53 BT-Drs. 18/11555, S. 110.

§ 6 Interne Sicherungsmaßnahmen

(1) Verpflichtete haben angemessene geschäfts- und kundenbezogene interne Sicherungsmaßnahmen zu schaffen, um die Risiken von Geldwäsche und von Terrorismusfinanzierung in Form von Grundsätzen, Verfahren und Kontrollen zu steuern und zu mindern. Angemessen sind solche Maßnahmen, die der jeweiligen Risikosituation des einzelnen Verpflichteten entsprechen und diese hinreichend abdecken. Die Verpflichteten haben die Funktionsfähigkeit der internen Sicherungsmaßnahmen zu überwachen und sie bei Bedarf zu aktualisieren.

(2) Interne Sicherungsmaßnahmen sind insbesondere:

1. die Ausarbeitung von internen Grundsätzen, Verfahren und Kontrollen in Bezug auf
   a) den Umgang mit Risiken nach Absatz 1,
   b) die Kundensorgfaltspflichten nach den §§ 10 bis 17,
   c) die Erfüllung der Meldepflicht nach § 43 Absatz 1,
   d) die Aufzeichnung von Informationen und die Aufbewahrung von Dokumenten nach § 8 und
   e) die Einhaltung der sonstigen geldwächerechtlichen Vorschriften,
2. die Bestellung eines Geldwäschebeauftragten und seines Stellvertreters gemäß § 7,
3. für Verpflichtete, die Mutterunternehmen einer Gruppe sind, die Schaffung von gruppenweiten Verfahren gemäß § 9,
4. die Schaffung und Fortentwicklung geeigneter Maßnahmen zur Verhinderung des Missbrauchs von neuen Produkten und Technologien zur Begehung von Geldwäsche und von Terrorismusfinanzierung oder für Zwecke der Begünstigung der Anonymität von Geschäftsbeziehungen oder von Transaktionen,
5. die Überprüfung der Mitarbeiter auf ihre Zuverlässigkeit durch geeignete Maßnahmen, insbesondere durch Personalkontroll- und Beurteilungssysteme der Verpflichteten,
6. die erstmalige und laufende Unterrichtung der Mitarbeiter in Bezug auf Typologien und aktuelle Methoden der Geldwäsche und der Terrorismusfinanzierung sowie die insoweit einschlägigen Vorschriften und Pflichten, einschließlich Datenschutzbestimmungen, und
7. die Überprüfung der zuvor genannten Grundsätze und Verfahren durch eine unabhängige Prüfung, soweit diese Überprüfung angesichts der Art und des Umfangs der Geschäftstätigkeit angemessen ist.

(3) Soweit ein Verpflichteter nach § 2 Absatz 1 Nummer 10 bis 14 und 16 seine berufliche Tätigkeit als Angestellter eines Unternehmens ausübt, obliegen die Verpflichtungen nach den Absätzen 1 und 2 diesem Unternehmen.

(4) Verpflichtete nach § 2 Absatz 1 Nummer 15 haben über die in Absatz 2 genannten Maßnahmen hinaus Datenverarbeitungssysteme zu betreiben, mittels derer sie in der Lage sind, sowohl Geschäftsbeziehungen als auch einzelne Transaktionen im Spielbetrieb und über ein Spielerkonto nach § 16 zu erkennen, die als zweifelhaft oder ungewöhnlich anzusehen sind aufgrund des öffentlich verfügbaren oder im Unternehmen verfügbaren Erfahrungswissens über die Methoden der Geldwäsche und der Terrorismusfinanzierung. Sie haben diese Datenverarbeitungssysteme zu aktualisieren. Die Aufsichtsbehörde kann Kriterien bestimmen, bei deren Erfüllung Verpflichtete nach § 2 Absatz 1 Nummer 15 vom Einsatz von Datenverarbeitungssystemen nach Satz 1 absehen können.

(5) Die Verpflichteten haben im Hinblick auf ihre Art und Größe angemessene Vorkehrungen zu treffen, damit es ihren Mitarbeitern und Personen in einer vergleichbaren Position unter Wahrung der Vertraulichkeit ihrer Identität möglich ist, Verstöße gegen geldwäscherechtliche Vorschriften geeigneten Stellen zu berichten.

(6) Die Verpflichteten treffen Vorkehrungen, um auf Anfrage der Zentralstelle für Finanztransaktionsuntersuchungen oder auf Anfrage anderer zuständiger Behörden Auskunft darüber zu geben, ob sie während eines Zeitraums von fünf Jahren vor der Anfrage mit bestimmten Personen eine Geschäftsbeziehung unterhalten haben und welcher Art diese Geschäftsbeziehung war. Sie haben sicherzustellen, dass die Informationen sicher und vertraulich an die anfragende Stelle übermittelt werden. Verpflichtete nach § 2 Absatz 1 Nummer 10 und 12 können die Auskunft verweigern, wenn sich die Anfrage auf Informationen bezieht, die sie im Rahmen eines der Schweigepflicht unterliegenden Mandatsverhältnisses erhalten haben. Die Pflicht zur Auskunft bleibt bestehen, wenn der Verpflichtete weiß, dass sein Mandant das Mandatsverhältnis für den Zweck der Geldwäsche oder der Terrorismusfinanzierung genutzt hat oder nutzt.

(7) Die Verpflichteten dürfen die internen Sicherungsmaßnahmen im Rahmen von vertraglichen Vereinbarungen durch einen Dritten durchführen lassen, wenn sie dies vorher der Aufsichtsbehörde angezeigt haben. Die Aufsichtsbehörde kann die Übertragung dann untersagen, wenn

1. der Dritte nicht die Gewähr dafür bietet, dass die Sicherungsmaßnahmen ordnungsgemäß durchgeführt werden,
2. die Steuerungsmöglichkeiten der Verpflichteten beeinträchtigt werden oder

GwG § 6 Interne Sicherungsmaßnahmen

3. die Aufsicht durch die Aufsichtsbehörde beeinträchtigt wird.

Die Verpflichteten haben in ihrer Anzeige darzulegen, dass die Voraussetzungen für eine Untersagung der Übertragung nach Satz 2 nicht vorliegen. Die Verantwortung für die Erfüllung der Sicherungsmaßnahmen bleibt bei den Verpflichteten.

(8) Die Aufsichtsbehörde kann im Einzelfall Anordnungen erteilen, die geeignet und erforderlich sind, damit der Verpflichtete die erforderlichen internen Sicherungsmaßnahmen schafft.

(9) Die Aufsichtsbehörde kann anordnen, dass auf einzelne Verpflichtete oder Gruppen von Verpflichteten wegen der Art der von diesen betriebenen Geschäfte und wegen der Größe des Geschäftsbetriebs unter Berücksichtigung der Risiken in Bezug auf Geldwäsche oder Terrorismusfinanzierung die Vorschriften der Absätze 1 bis 6 risikoangemessen anzuwenden sind.

Schrifttum: *Auerbach/Schmid*, Geldwäschebekämpfung bei Kreditinstituten – Anforderungen an Research- und Monitoringsysteme aus Sicht des Wirtschaftsprüfers, WPg 2003, 1243; *Boos/Fischer/Schulte-Mattler*, Kommentar zum KWG, 5. Aufl. 2016; *Bürkle*, Compliance in Versicherungsunternehmen, 2. Aufl. 2015; *Diepold/Loof*, Konzernweite Implementierung von Hinweisgebersystemen, CB 2017, 25; *Erbs/Kohlhaas*, Strafrechtliche Nebengesetze, 216. EL 2017; *Findeisen*, „Underground-Banking" in Deutschland – Schnittstellen zwischen illegalen „Remittance Services" i. S. v. 1 Abs. 1a Nr. 6 KWG und dem legalen Bankgeschäft, WM 2000, 2125; *Fülbier/Aepfelbach*, GwG, 4. Aufl. 1999; *Glos/Hildner/Glasow*, Der Regierungsentwurf zur Umsetzung der Vierten EU-Geldwäscherichtlinie – Ausweitung der geldwäscherechtlichen Pflichten außerhalb des Finanzsektors, CCZ 2017, 83; *Herzog*, Geldwäschegesetz, 2. Aufl. 2014; *Herzog/Mülhausen*, Geldwäschebekämpfung und Gewinnabschöpfung, 2006; *Klugmann*, Das Gesetz zur Optimierung der Geldwäscheprävention und seine Auswirkungen auf die anwaltliche Praxis, NJW 2012, 641; *Renz/Rhode-Liebenau*, Die Hinweisgeber-Regelung des § 25a KWG, BB 2014, 692; *Schimansky/Bunte/Lwowski*, Bankrechts-Handbuch, 5. Aufl. 2017; *Schwennicke/Auerbach*, Kommentar zum KWG, 3. Aufl. 2016; *Spoerr/Roberts*, Die Umsetzung der Vierten Geldwäscherichtlinie: Totale Transparenz, Geldwäschebekämpfung auf Abwegen?, WM 2017, 1142; *Wohlschlägl-Aschberger*, Geldwäscheprävention Recht, Produkte, Branchen, 2018.

Übersicht

	Rn.		Rn.
I. Überblick	1	IV. Regelbeispiele interner Sicherungsmaßnahmen	28
II. Verhältnis zu §§ 25a und 25h KWG, §§ 52 ff. VAG und § 22 ZAG	11	1. Interne Grundsätze, Verfahren und Kontrollen	29
		a) Überblick	29
III. Allgemeine Verpflichtung zur Errichtung interner Sicherungsmaßnahmen	16	b) Dokumentation: Richtlinien und schriftlich fixierte Ordnung	33

    c) Überwachungssysteme,
       "Monitoring" 40
    d) "Sicherungsmaßnahmen
       im eigentlichen Sinne".... 43
    e) Kontrollen 48
 2. Bestellung eines Geldwäsche-
    beauftragten 50
 3. Gruppenweite Sicherungsmaß-
    nahmen 51
 4. Sicherungsmaßnahmen im
    Hinblick auf neue Produkte
    und Technologien 54
 5. Überprüfung der Mitarbeiterzu-
    verlässigkeit 63
    a) "Know your employee" und
       Zuverlässigkeitsprüfung .. 65
    b) Anhaltspunkte für und Fol-
       gen von Unzuverlässigkeit. 78
 6. Mitarbeiterschulungen 81
 7. "Unabhängige" Überprüfung
    der Verfahren und Grundsätze 90
    a) Innenrevision 92
    b) Jahresabschlussprüfer 98
    c) Sonderprüfungen nach
       § 44 KWG 111
V. Pflichten des Unternehmens,
    nicht des Angestellten 113
VI. Besondere interne Sicherungs-
    maßnahmen für Glücksspiel-
    veranstalter und -vermittler ... 117
 1. Überblick 117

 2. Datenverarbeitungssysteme . 120
 3. Härtefallregelung und Anord-
    nungsbefugnis............ 128
VII. Pflicht zur Einrichtung eines
    Whistleblowing-Systems 135
 1. Überblick 135
 2. Einrichtung und ablauforgani-
    satorische Ausgestaltung des
    Hinweisgebersystems...... 139
 3. "Wahrung der Vertraulich-
    keit" 153
VIII. Pflicht zur Auskunft über Ge-
    schäftsbeziehungen gegenüber
    Behörden 156
IX. Auslagerung interner Sicherungs-
    maßnahmen 162
 1. Überblick 162
 2. Anforderungen an den Drit-
    ten..................... 172
 3. Steuerung und Aufsichts-
    durchgriff 179
 4. Darlegungspflicht......... 186
X. Anordnungsbefugnis der Behör-
    de zur Schaffung interner Siche-
    rungsmaßnahmen (§ 6 Abs. 8
    GwG) 188
XI. Anordnungsbefugnis der Behörde
    zur risikoangemessenen Anwen-
    dung interner Sicherungsmaßnah-
    men (§ 6 Abs. 9 GwG) 196

I. Überblick

§ 6 GwG enthält eine ausführliche Regelung bezüglich der von den geldwäsche-   **1**
rechtlich Verpflichteten zu errichten internen Sicherungsmaßnahmen. Nach § 4
Abs. 2 GwG gehören diese internen Sicherungsmaßnahmen – zusammen mit
der Risikoanalyse im Sinne des § 5 GwG – nach der neuen Diktion des GwG
zum "**Risikomanagement**" der Verpflichteten. Die Risikoanalyse ist der "Nu-
kleus" der Sicherungsmaßnahmen; Letztere bauen auf den Ergebnissen der Risikoanalyse auf. In der Risikoanalyse bewertet der Verpflichtete seine relevanten
Geldwäsche- und Terrorismusfinanzierungsrisiken. Auf Grundlage der Ergebnisse dieser Risikoanalyse müssen schließlich mit deren Ergebnissen korrespondierende interne Maßnahmen errichtet werden. Die Maßnahmen sollen ihrerseits
bezwecken, dass sich die im Rahmen der Risikoanalyse ermittelten Geldwäsche-
und Terrorismusfinanzierungsrisiken beim Verpflichteten nicht verwirklichen.

GwG § 6 Interne Sicherungsmaßnahmen

2   Zu betonen ist erneut, dass die Art und der Umfang der zu ergreifenden Sicherungsmaßnahmen stark von der Größe, der Geschäftstätigkeit, der betroffenen Industrie und selbstverständlich der Risikoexposition des Verpflichteten abhängt. Die bisherige Ausgestaltung von Sicherungsmaßnahmen orientierte sich sehr stark an den Gegebenheiten der Finanzindustrie. In der Praxis werden nunmehr allerdings „eigene" Regeln z. B. für Industrie und Handel, die rechts- und steuerberatenden Berufe und beim Glücksspiel errichtet.[1]

3   Die in § 6 GwG enthaltene Regelung der internen Sicherungsmaßnahmen entspricht inhaltlich weitgehend der bereits in § 9 GwG a. F. enthaltenen Regelung. An einigen Stellen geht § 6 GwG jedoch – in Umsetzung der 4. EU-Geldwäscherichtlinie[2] – deutlich über den Regelungsgehalt des bisherigen § 9 GwG a. F. hinaus.

4   Während nach § 9 GwG a. F. die Pflicht zur Vornahme interner Sicherungsmaßnahmen – in Abhängigkeit von der konkreten internen Sicherungsmaßnahme – nur bestimmten geldwäscherechtlich Verpflichteten oblag, sind nunmehr prinzipiell alle geldwäscherechtlich Verpflichtete gehalten, interne Sicherungsmaßnahmen zu treffen.[3] Güterhändler können über die Errichtung einer Bargeldsperre[4] die Errichtung von förmlichen Sicherungsmaßnahmen vermeiden, § 4 Abs. 4.

5   Darüber hinaus ist der **Katalog der internen Sicherungsmaßnahmen** nach neuer Rechtslage nicht mehr abschließend. Der Gesetzgeber greift vielmehr Regelbeispiele („... insbesondere ...") möglicher interner Sicherungsmaßnahmen auf. Diese Regelbeispiele entsprechen aber im Wesentlichen den bereits nach alter Rechtslage abschließend aufgeführten, vom Verpflichteten zu ergreifenden internen Sicherungsmaßnahmen.[5]

6   Die Ausdehnung der Pflicht zur Vornahme interner Sicherungsmaßnahmen auf alle geldwäscherechtlich Verpflichtete sowie die Öffnung des Kreises möglicher interner Sicherungsmaßnahmen wird vor allem bei Verpflichteten außerhalb des Finanzsektors, die mit dem Erfordernis interner Sicherungsmaßnahmen bis jetzt nicht oder zumindest nicht in diesem Maße konfrontiert waren, mit einem erheb-

---

1 Einen instruktiven Überblick bietet insofern *Wohlschlägl-Aschberger*, Geldwäscheprävention, S. 409 ff.
2 Richtlinie (EU) 2015/849 des Europäischen Parlaments und des Rates vom 20.5.2015 zur Verhinderung der Nutzung des Finanzsystems zum Zwecke der Geldwäsche und der Terrorismusfinanzierung, zur Änderung der Verordnung (EU) Nr. 648/2012 des Europäischen Parlaments und des Rates und zur Aufhebung der Richtlinie 2005/60/EG des Europäischen Parlaments und des Rates und der Richtlinie 2006/70/EG der Kommission.
3 BT-Drs. 18/11555, S. 111.
4 Vgl. oben § 4 Rn. 35.
5 *Glos/Hildner/Glasow*, CCZ 2017, 83, 85.

I. Überblick § 6 GwG

lichen organisatorischen Aufwand im Hinblick auf die Etablierung und Umsetzung der für die spezifischen internen Sicherungsmaßnahmen verbunden sein.[6]

Immerhin besteht die schon nach alter Rechtslage bestehende Befugnis der für die Verpflichteten jeweils zuständigen Aufsichtsbehörde zur **Anordnung einer „risikoangemessenen Anwendung"** der Pflicht zur Vornahme interner Sicherungsmaßnahmen fort (vgl. § 6 Abs. 9 GwG). Auf diesem Wege können daher etwaige Härten und Unbilligkeiten für die weniger geldwäscheanfälligen Verpflichteten ausgeglichen werden. Inwieweit die zuständigen Aufsichtsbehörden aber in der Praxis von dieser Befugnis Gebrauch machen, bleibt angesichts des damit verbundenen Prüfungsaufwandes der Behörde fraglich, sodass zunächst einmal prinzipiell sämtliche Verpflichteten in der Pflicht stehen, „angemessene" interne Sicherungsmaßnahmen zu etablieren, die sich am Katalog des § 6 GwG orientieren. 7

Im Zuge der Umsetzung von Art. 61 Abs. 3 der 4. EU-Geldwäscherichtlinie neu geschaffen wurde die in § 6 Abs. 5 GwG enthaltene Regelung des **„Whistleblowing-Verfahrens"**. Das „Whistleblowing-Verfahren" ist bereits aus § 25a Abs. 1 Satz 6 Nr. 3 KWG und § 23 Abs. 6 VAG bekannt. Das für Kreditinstitute, Finanzdienstleistungsinstitute und Versicherungsunternehmen nach § 25a Abs. 1 Satz 6 Nr. 3 KWG und § 23 Abs. 6 VAG a. F. vorgeschriebene „Whistleblowing-Verfahren" betrifft jedoch nicht lediglich Verstöße gegen geldwäscherechtliche Vorschriften, sondern sämtliche Verstöße gegen die aufsichtsrechtlichen Bestimmungen des KWG und des VAG. Mit § 6 Abs. 5 GwG wurde nunmehr ein geldwäschespezifisches „Whistleblowing-Verfahren" für sämtliche geldwäscherechtlich Verpflichteten geschaffen, welches sich auf Sachverhalte mit Bezug zur Geldwäsche und Terrorismusfinanzierung beschränkt.[7] 8

Darüber hinaus enthält § 6 Abs. 6 GwG im Zuge der Umsetzung von Art. 42 der 4. EU-Geldwäscherichtlinie eine Neuregelung im Hinblick auf **Auskunftsanfragen** der zuständigen Aufsichtsbehörde bzw. der Zentralstelle für Finanztransaktionsuntersuchungen (früher Zentralstelle für Verdachtsmeldungen). Nach § 6 Abs. 6 GwG müssen die Verpflichteten in Bezug auf solche Auskunftsanfragen der zuständigen Aufsichtsbehörde bzw. der Zentralstelle für Finanztransaktionsuntersuchungen besondere Vorkehrungen treffen, um der anfragenden Stelle Auskunft darüber geben zu können, ob sie während eines Zeitraumes von fünf Jahren vor der Anfrage mit bestimmten Personen eine Geschäftsbeziehung unterhalten haben und welcher Art diese Geschäftsbeziehung war (dazu näher § 6 GwG Rn. 156 ff.). 9

Schließlich hat die schon nach alter Rechtslage bestehende Regelung zur Zulässigkeit der **Auslagerung** von internen Sicherungsmaßnahmen auf Dritte durch 10

---
6 *Glos/Hildner/Glasow*, CCZ 2017, 83, 86.
7 BT-Drs. 18/11555, S. 111.

vertragliche Vereinbarungen eine bedeutende Änderung erfahren. Während nach § 9 Abs. 3 Satz 2 und 3 GwG a. F. eine Auslagerung der internen Sicherungsmaßnahmen nur mit Zustimmung der zuständigen Aufsichtsbehörde zulässig war, ist nunmehr nach § 6 Abs. 7 GwG lediglich eine vorherige Anzeige der geplanten Auslagerung der internen Sicherungsmaßnahmen bei der zuständigen Behörde erforderlich. Der zuständigen Behörde steht hierbei jedoch unter bestimmten Voraussetzungen ein Untersagungsrecht zu (dazu näher § 6 GwG, Rn. 179 ff.).

II. Verhältnis zu §§ 25a und 25h KWG, §§ 52 ff. VAG und § 22 ZAG

11 Das Kreditwesengesetz enthält für die Kredit- und Finanzdienstleistungsinstitute weitere, an § 6 GwG anknüpfende Sondervorschriften. In **§ 25a KWG** ist das Erfordernis der Errichtung einer „ordnungsgemäßen Geschäftsorganisation"[8] niedergelegt. Dieses Erfordernis „ragt" teilweise auch in die Organisationspflichten des Geldwäschegesetzes hinein, so z. B. im Hinblick auf die Errichtung eines „Whistleblower-Systems" (vgl. hierzu unten Rn. 135 ff.). Auch der Risikoansatz („... Art, Umfang, Komplexität und Risikogehalt der Geschäftstätigkeit ...") findet sich in § 25a Abs. 1 KWG wieder. Die risikoangemessene und ordnungsgemäße Geschäftsorganisation ist mithin gewissermaßen das „Fundament" der nach § 6 GwG zu errichtenden Sicherungsmaßnahmen und bestimmt den organisatorischen Aufbau als übergeordnetes Prinzip.

12 In **§ 25h KWG** werden schließlich – nachdem zahlreiche geldwäscherechtliche Vorschriften mit der Umsetzung der 4. EU-Geldwäscherichtlinie aus dem KWG herausgelöst und (zurück) in das GwG überführt wurden[9] – noch einige weitere, nur für den Finanzsektor geltende Organisationspflichten aufgeführt. § 25h KWG erstreckt im Wesentlichen die Organisationspflichten des GwG auf das Risikomanagement im Hinblick auf „sonstige strafbare Handlungen, die zu einer Gefährdung des Vermögens des Instituts führen können". Ferner wird eine besondere Pflicht zur Einrichtung elektronischer Datenverarbeitungssysteme zur Überwachung des Zahlungsverkehrs und zur Kontrollpflicht hinsichtlich auffälliger Transaktionen getroffen. Schließlich wird in der Vorschrift der nach § 6 Abs. 2 Nr. 2 i.V.m. § 7 GwG zu ernennende Geldwäschebeauftragte jedenfalls in der Regel an die sogenannte „Zentrale Stelle" angebunden. Hinsichtlich der Details vgl. § 25h KWG Rn. 53 ff.

---

8 Vgl. zum Begriff *Langen*, in: Schwennicke/Auerbach, KWG, § 25a Rn. 30 ff.
9 Vgl. zu den Einzelheiten BT-Drs. 18/11555, S. 175 f.

III. Allgemeine Verpflichtung zur Errichtung   § 6 GwG

§ 6 GwG ist jedoch – sofern und soweit es um Geldwäsche und Terrorismusfinanzierung geht, nicht aber hinsichtlich der in § 25h KWG genannten „sonstigen Straftaten" – lex specialis zu beiden Normen. 13

Gleiches gilt für die Vorschriften der §§ 52 ff. des **Versicherungsaufsichtsgesetzes**, die im Hinblick auf interne Sicherungsmaßnahmen bis auf die Vorlagepflicht des Revisionsberichtes in Geldwäscheangelegenheiten an die Behörden und eine datenschutzrechtliche Rechtfertigungsnorm keine spezielleren Vorschriften zur Errichtung von Sicherungsmaßnahmen bei Versicherungen enthalten. 14

Dies gilt ebenso für § 22 Abs. 1 Nr. 7 des Zahlungsdiensteaufsichtsgesetzes. 15

III. Allgemeine Verpflichtung zur Errichtung interner Sicherungsmaßnahmen

Nach § 6 Abs. 1 GwG haben Verpflichtete angemessene geschäfts- und kundenbezogene Sicherungsmaßnahmen zu schaffen, um die Risiken von Geldwäsche und Terrorismusfinanzierung in Form von Grundsätzen, Verfahren und Kontrollen zu steuern und zu mindern. Angemessen sind dabei solche Maßnahmen, die der jeweiligen **Risikosituation** des einzelnen Verpflichteten entsprechen und diese hinreichend abdecken. Darüber hinaus müssen die Verpflichteten die Funktionsfähigkeit der geschaffenen internen Sicherungsmaßnahmen überwachen und diese bei Bedarf aktualisieren. 16

Die Vorschrift des § 6 Abs. 1 GwG wurzelt auf der FATF-Recommendation Nr. 18[10] und dient der Umsetzung von Art. 8 Abs. 3 und 4 lit. b) der 4. EU-Geldwäscherichtlinie.[11] Danach müssen die Verpflichteten über Strategien, Kontrollen und Verfahren zur wirksamen Minderung und Steuerung der bei sich selbst ermittelten Risiken von Geldwäsche und Terrorismusfinanzierung verfügen. Die Strategien, Kontrollen und Verfahren müssen dabei in einem angemessenen Verhältnis zu Art und Größe des Verpflichteten stehen. Weiterhin müssen die Verpflichteten die geschaffenen Strategien, Kontrollen und Verfahren einer Prüfung unterziehen, sofern dies mit Blick auf Art und Umfang der Geschäftstätigkeit angemessen sein sollte. 17

§ 9 Abs. 2 Nr. 2 GwG a. F. enthielt bereits eine ähnliche Organisationspflicht, die aber lediglich auf bestimmte Verpflichtete begrenzt war. Danach mussten die in § 9 Abs. 2 Nr. 2 GwG genannten Verpflichteten angemessene geschäfts- und 18

---

10 Vgl. FATF Recommendations 2012–2017, Rec. 18, sowie die „Interpretative Note for Recommendation 18". Hinsichtlich der Auslagerung von Sicherungsmaßnahmen vgl. Recommendation 17.
11 BT-Drs. 18/11555, S. 110.

GwG § 6   Interne Sicherungsmaßnahmen

kundenbezogene Sicherungssysteme und Kontrollen, die der Verhinderung der Geldwäsche und der Terrorismusfinanzierung dienen, entwickeln und aktualisieren.

19   In einem ersten Schritt müssen die Verpflichteten zunächst **angemessene geschäfts- und kundenbezogene Sicherungsmaßnahmen** bereitstellen. Welche Sicherungsmaßnahmen dabei konkret von den Verpflichteten zu schaffen sind, lässt sich unter anderem dem Katalog des § 6 Abs. 2 GwG entnehmen. Der Katalog des § 6 Abs. 2 GwG enthält allerdings lediglich Regelbeispiele, listet also die nach § 6 Abs. 1 GwG von den Verpflichteten zu schaffenden angemessenen geschäfts- und kundenbezogenen Sicherungsmaßnahmen nicht (mehr) abschließend auf.[12]

20   Grundlegendes Erfordernis der von den Verpflichteten zu schaffenden Sicherungsmaßnahmen ist die **Geschäfts- und Kundenbezogenheit der Sicherungsmaßnahmen**. Hintergrund dieser dualen Ausgestaltung der von den Verpflichteten zu etablierenden Sicherungsmaßnahmen ist, dass Risiken der Geldwäsche und der Terrorismusfinanzierung sowohl von außen, d.h. über die Kunden des Verpflichteten, an den Verpflichteten herangetragen werden können, als auch sich im reinen Innenverhältnis, insbesondere im Hinblick auf die Mitarbeiter des Verpflichteten, entwickeln und realisieren können. Darüber hinaus können auch Mischformen dieser beiden genannten Konstellationen auftreten, wenn beispielsweise ein noch nicht vom Verpflichteten geldwäscherechtlich erfasster krimineller Kunde auf einen in Bezug auf Geldwäsche und Terrorismusfinanzierung nicht hinreichend geschulten Mitarbeiter des Verpflichteten trifft.

21   Zu den **kundenbezogenen Sicherungsmaßnahmen** zählen insbesondere **EDV-Maßnahmen** wie der Abgleich von Kundennamen mit Warndateien, die Berücksichtigung von Länderrisiken in Bezug auf den Sitz bzw. Wohnsitz des Kunden, die Durchführung von SCHUFA-Anfragen, die Information der Kunden über Schutzmaßnahmen zur Prävention gegen Geldwäsche, die Klassifizierung von Kunden in bestimmte Risikogruppen, die Kundensorgfaltspflichten nach §§ 10–17 GwG (vgl. § 6 Abs. 2 Nr. 1b GwG) sowie das Monitoring von Geschäftsbeziehungen und Transaktionen (siehe zu den einzelnen kundenbezogenen Sicherungsmaßnahmen näher § 6 GwG Rn. 28 ff.).[13] Zu den geschäftsbezogenen Sicherungsmaßnahmen zählen insbesondere sämtliche mitarbeiterbezogenen Sicherungsmaßnahmen, wie die Überprüfung der Mitarbeiter auf ihre Zuverlässigkeit (vgl. § 6 Abs. 2 Nr. 5 GwG), die laufende Unterrichtung der Mitarbeiter in Bezug auf Typologien und aktuelle Methoden der Geldwäsche und Terrorismusfinanzierung (vgl. § 6 Abs. 2 Nr. 6 GwG) sowie die Etablierung einer integritätsfördernden Unternehmenskultur bzw. die Vorgabe entsprechen-

---

12   BT-Drs. 18/11555, S. 111.
13   AuA, Zeile 89.

III. Allgemeine Verpflichtung zur Errichtung   § 6 GwG

der Verhaltensrichtlinien an die Mitarbeiter (siehe zu den einzelnen geschäftsbezogenen Sicherungsmaßnahmen näher § 6 GwG Rn. 28 ff.).[14]

Darüber hinaus müssen die von den Verpflichteten zu schaffenden Sicherungsmaßnahmen „**angemessen**" sein, mithin der jeweiligen Risikosituation des einzelnen Verpflichteten entsprechen und diese hinreichend abdecken. Die Angemessenheit der internen Sicherungsmaßnahmen hängt maßgeblich von Art und Umfang der Geschäftstätigkeit des Verpflichteten ab (vgl. Art. 8 Abs. 3 und 4b der 4. EU-Geldwäscherichtlinie). Die Art der Geschäftstätigkeit fordert dem Verpflichteten dann höhere Anforderungen an die Schaffung angemessener interner Sicherungsmaßnahmen ab, wenn der Geschäftstätigkeit in hohem Maße das Risiko ihrer Ausnutzung zur Geldwäsche oder Terrorismusfinanzierung innewohnt.[15] Von besonderer Bedeutung sind hierbei zum Beispiel die Geschäftsstruktur, Absatzmärkte, Produkte, Vertriebswege oder die Kundenstruktur des Verpflichteten.[16]   22

Infolgedessen gelten für die **Verpflichteten des Finanzsektors**, vor allem also für Kreditinstitute und Finanzdienstleistungsinstitute, strengere Anforderungen bei der Schaffung interner Sicherungsmaßnahmen als für die Verpflichteten des Nichtfinanzsektors. Denn das faktische Geldwäscherisiko ist im Finanzsektor – insbesondere im Hinblick auf die dort geldwäscheanfälligeren Geschäftsstrukturen – meist deutlich höher zu veranschlagen als im Nichtfinanzsektor.[17] Aus ebendiesem Grund sieht auch das KWG für Kreditinstitute und Finanzdienstleistungsinstitute in § 25h KWG weitergehende besondere Anforderungen im Hinblick auf die Etablierung interner Sicherungsmaßnahmen vor.[18]   23

In einem zweiten Schritt müssen die Verpflichteten sodann die **Funktionsfähigkeit der geschaffenen internen Sicherungsmaßnahmen** überwachen und diese bei Bedarf aktualisieren. In Abgrenzung zu § 6 Abs. 2 Nr. 7 GwG, der inhaltlich ebenfalls eine Überprüfung der internen Sicherungsmaßnahmen vorsieht (siehe dazu näher § 6 GwG Rn. 90), trifft die Überwachungspflicht im Sinne des § 6 Abs. 1 Satz 3 GwG den Verpflichteten selbst bzw. dessen gesetzliche Vertreter, während die Überprüfungspflicht nach § 6 Abs. 2 Nr. 7 GwG von einer von dem Verpflichteten unabhängigen Stelle, wie beispielsweise einer Innenrevision,[19] durchzuführen ist. Besondere Anforderungen für die Überwachung gelten   24

---

14 AuA, Zeile 89.
15 *Spoerr/Roberts*, WM 2017, 1142, 1143.
16 BaFin, Rundschreiben 8/2005 (GW) – Implementierung angemessener Risikomanagementsysteme zur Verhinderung von Geldwäsche, Terrorismusfinanzierung und Betrug, Nr. 1; AuA, Zeile 89.
17 Vgl. Jahresbericht der Financial Intelligence Unit (FIU) zum Geschäftsjahr 2016, S. 10.
18 Vgl. *Achtelik*, in: Boos/Fischer/Schulte-Mattler, KWG/CRR-VO, § 25h KWG Rn. 5 ff.
19 BT-Drs. 18/11555, S. 111.

GwG § 6 Interne Sicherungsmaßnahmen

zudem für Kreditinstitute und Finanzdienstleistungsinstitute (vgl. § 25a Abs. 1 Satz 3 KWG).

25 In welcher Art und in welcher Häufigkeit die Verpflichteten eine Überwachung der Funktionsfähigkeit der geschaffen internen Sicherungsmaßnahmen vornehmen müssen, hängt von unterschiedlichen Kriterien ab. Den Verpflichteten kommt hierbei **ein Beurteilungs- und Ermessensspielraum** zu.[20] Nach dem Leitfaden der FATF zum risikoorientierten Ansatz zählen zu den maßgeblichen Kriterien insbesondere Art, Umfang und Komplexität der Geschäftätigkeit des Verpflichteten, das Kunden-, Produkt- und Tätigkeitsprofil des Verpflichteten, das Volumen und die Größe der Transaktionen des Verpflichteten, die Höhe des Risikos der jeweiligen Geschäftsfelder des Verpflichteten, das Ausmaß des unmittelbaren Kundenkontakts des Verpflichteten sowie die vom Verpflichteten eingesetzten Vertriebskanäle.[21] Stellen die Verpflichteten bei der Überwachung der Funktionsfähigkeit der internen Sicherungsmaßnahmen Defizite fest, müssen sie das Konzept ihrer internen Sicherungsmaßnahmen überdenken und – soweit möglich – notwendig werdende Anpassungen vornehmen.

26 Kommt der Verpflichtete seiner Pflicht zur Schaffung angemessener geschäfts- und kundenbezogener interner Sicherungsmaßnahmen oder zur Überwachung der Funktionsfähigkeit und Aktualisierung der internen Sicherungsmaßnahmen vorsätzlich oder leichtfertig nicht nach, kann dies nach § 56 Abs. 1 Nr. 4 GwG ein **Bußgeld** zur Folge haben (siehe dazu näher § 56 Rn. 26). In der Kreditwirtschaft drohen im Falle nachhaltiger Verstöße selbstverständlich schwerwiegendere Folgen, vgl. §§ 44, 45b, 54a und im Extremfall § 33 KWG.

27 Auch außerhalb der Finanzbranche kommen Sanktionen in Betracht, etwa der Widerruf der Gewerbeerlaubnis (§ 51 GewO), bzw. der Zulassung als Rechtsanwalt, Steuerberater oder Wirtschaftsprüfer. Die entsprechenden Fachgesetze sehen dort auch Eingriffs- und Kontrollmöglichkeiten der jeweiligen Aufsichtsbehörde vor.

IV. Regelbeispiele interner Sicherungsmaßnahmen

28 § 6 Abs. 2 GwG enthält einige Regelbeispiele interner Sicherungsmaßnahmen. Der Katalog der internen Sicherungsmaßnahmen ist – anders als noch in § 9 GwG a. F. – **nicht mehr abschließend**.[22] Größtenteils entsprechen die Regelbeispiele in § 6 Abs. 2 GwG jedoch denen in § 9 GwG a. F. Der Art nach sind die Sicherungsmaßnahmen wie folgt vordefiniert:

---

20 *Warius*, in: Herzog, GwG, § 9 Rn. 72.
21 FATF, Leitfaden zum risikoorientierten Ansatz, Nr. 3.21.
22 BT-Drs. 18/11555, S. 111.

IV. Regelbeispiele interner Sicherungsmaßnahmen § 6 GwG

1. Interne Grundsätze, Verfahren und Kontrollen

a) Überblick

Nach § 6 Abs. 2 Nr. 1 GwG gehört zu den internen Sicherungsmaßnahmen insbesondere die Ausarbeitung von internen Grundsätzen, Verfahren und Kontrollen in Bezug auf den Umgang mit Risiken von Geldwäsche und Terrorismusfinanzierung, die Kundensorgfaltspflichten nach §§ 10–17 GwG, die Erfüllung der Pflicht zur Vornahme von Verdachtsmeldungen nach § 43 Abs. 1 GwG, die Aufzeichnung von Informationen und die Aufbewahrung von Dokumenten nach § 8 GwG sowie die Einhaltung der sonstigen geldwäscherechtlichen Vorschriften. Die Vorschrift wurde teilweise als „**Generalklausel**" des Geldwäscherechts bezeichnet.[23]   29

Die Verpflichteten sind somit gehalten, eine Aufbau- und Ablauforganisation, mithin also Stellenbeschreibungen und Organigramme, Berichtslinien, Geldwäscherichtlinien und ähnliche schriftliche Grundsätze zu entwickeln und revisionsfest niederzulegen.   30

Die eigentlichen geldwäscherechtlichen Sicherungsmaßnahmen, nämlich die Überwachungs- und Kontrollsysteme, stellen das „Herzstück" eines jeden Präventionssystems dar; sie schützen nicht zuletzt den Verpflichteten und seine Mitarbeiter selbst vor strafrechtlicher Verantwortung, sondern verwirklichen den Gesetzesauftrag, dass Verpflichtete selbst in quasi-hoheitlichem Auftrag Kriminalität bekämpfen.   31

Jedes System von internen Sicherungsmaßnahmen und die tatsächliche Einhaltung von Regeln müssen ständig beobachtet, geprüft und ggf. rekalibriert werden. Diese betriebswirtschaftliche Selbstverständlichkeit wurde für die Verpflichteten nunmehr in § 6 Abs. 2 Nr. 1 GwG Gesetz.   32

b) Dokumentation: Richtlinien und schriftlich fixierte Ordnung

Zu den nach § 6 Abs. 2 Nr. 1 GwG auszuarbeitenden internen Grundsätzen und Verfahren gehören zunächst Grundsätze und Verfahrensweisen zur Etablierung einer Aufbauorganisation, die in Abhängigkeit von der spezifischen Geschäfts- und Kundenstruktur sowie von Größe, Art und Gefährdungssituation des Verpflichteten die Erfüllung der von § 6 Abs. 1 Nr. 1 GwG in Bezug genommenen Pflichten gewährleisten.[24] Mindestens erforderlich hierfür ist die Ausarbeitung – schriftlich festzulegender[25] – konkreter Arbeitsablaufbeschreibungen und Verhaltensrichtlinien, in denen auszuführen ist, welche geldwäscherechtlichen   33

---

23 *Häberle*, in: Erbs/Kohlhaas, Strafrechtliche Nebengesetze, § 9 GwG Rn. 1.
24 *Mülhausen*, in: Herzog/Mülhausen, Geldwäschebekämpfung und Gewinnabschöpfung, § 43 Rn. 139.
25 *Warius*, in: Herzog, GwG, § 9 Rn. 30.

GwG § 6 Interne Sicherungsmaßnahmen

Pflichten die Mitarbeiter des Verpflichteten einzuhalten haben.[26] Dies kann entweder durch Verhaltensbezogene Richtlinien geschehen oder durch genaue (Ablauf-)Beschreibungen einzelner Arbeitsplätze.

34 In der Praxis kommt den hausinternen „**Geldwäscherichtlinien**" besondere Relevanz zu, die sich gegenüber den Stellenbeschreibungen weitgehend als Standard durchgesetzt haben. Diese regeln – im Kontext des jeweiligen Verpflichteten – mindestens die folgenden Knotenpunkte:

35 **Anwendungsbereich**: Die Richtlinien müssen klar festlegen, welche Personen, Unternehmen, Gesellschaften von ihnen erfasst sind. In Konzernverhältnissen müssen die Richtlinien im Hinblick auf eine gruppenweite Wahrnehmung von Sicherungsmaßnahmen (§ 9 GwG) klarstellen, welcher Anwendungsbereich für sie in geografischer wie unternehmensgegenständlicher Sicht gilt.

36 Ferner muss jeder Verpflichtete konkrete Regeln zur Wahrnehmung der **Kundensorgfaltspflichten** niederlegen. Je nach Verpflichtetengruppe, Branche, Produkten unterscheiden sich die tatsächlichen Abläufe hinsichtlich des Vertragsabschlusses und somit auch zur Erfüllung der Kundensorgfaltspflichten immens. Die Richtlinien legen ferner fest, welche Abläufe zur Erfassung und Speicherung der **Kundendokumentation** einzuhalten sind, u. a. **Formularwesen und Speicherorte, Zugriffsrechte** etc., integrieren die **Risikoanalyse** in die innerbetrieblichen Abläufe und legen die **Sicherungsmaßnahmen i. e. S.** fest. Die in den Geldwäscherichtlinien enthaltenen Regeln enthalten typischerweise auch **Verhaltenspflichten** der Mitarbeiter, regeln das interne wie externe **Verdachtsmeldewesen**, die Einbindung der Geschäftsleitung in die **Prozesse und Weisungsbefugnisse sowie die Berichtswege**.

37 Die Richtlinien müssen den Mitarbeitern in angemessener Form zur Kenntnis gegeben werden; über die Kenntnisnahme ist eine hinreichende Dokumentation zu führen.

38 Die Arbeitsablaufbeschreibungen und Richtlinien müssen den Besonderheiten der jeweils bei dem Verpflichteten vorhandenen Geschäftsbereiche hinreichend Rechnung tragen.[27] Dementsprechend sind beispielsweise umso höhere Anforderungen an die Arbeitsablaufbeschreibungen und Richtlinien des Verpflichteten zu stellen, je mehr Anonymität in dem betroffenen Geschäftsbereich vorherrscht und je größer daher auch das Risiko des Missbrauchs dieser Anonymität für Zwecke der Geldwäsche- und Terrorismusfinanzierung ist.[28] Bei einem Kreditinstitut gelten daher vor allem im Bereich des Online-Bankings, des Zah-

---

26 *Mülhausen*, in: Herzog/Mülhausen, Geldwäschebekämpfung und Gewinnabschöpfung, § 43 Rn. 140.
27 *Mülhausen*, in: Herzog/Mülhausen, Geldwäschebekämpfung und Gewinnabschöpfung, § 43 Rn. 140.
28 *Warius*, in: Herzog, GwG, § 9 Rn. 59.

lungsverkehrs, des Private Banking und bei der Vermögensverwaltung höhere Anforderungen an die Arbeitsablaufbeschreibungen und Richtlinien des Verpflichteten als z. B. im Bereich des Schaltergeschäfts. Bei einem Güterhändler, der mit hochwertigen Gütern im Sinne des § 1 Abs. 10 GwG handelt, sind ebenso deutlich höhere Anforderungen an die Binnenorganisation zu stellen.

Darüber hinaus zählen zu den nach § 6 Abs. 2 Nr. 1 GwG auszuarbeitenden internen Grundsätzen und Verfahren zudem jene Grundsätze und Verfahrensweisen, die eine **ordnungsgemäße Durchführung der Risikoanalyse** nach § 5 GwG ermöglichen.[29] Hierzu gehört namentlich die Aufstellung von Grundsätzen und Verfahrensweisen zur vollständigen Bestandsaufnahme der spezifischen Risikosituation des Verpflichteten, zur Erfassung und Identifizierung von kunden-, produkt- und transaktionsbezogenen Risiken des Verpflichteten, zur Kategorisierung der erfassten Risiken in Risikogruppen, zur Entwicklung geeigneter Parameter für erforderliche Risiko-Researchmaßnahmen sowie zur Überprüfung und Weiterentwicklung im Hinblick auf die Risikoanalyse bereits aufgestellter Grundsätze und Verfahrensweisen (siehe dazu näher § 5 GwG Rn. 46 ff.).[30] Weiterhin müssen die aufgestellten Grundsätze und Verfahrensweisen gewährleisten, dass sämtliche im Rahmen der Risikoanalyse wesentlichen Erkenntnisse nachvollziehbar und schriftlich für die interne oder externe Revision in einem Analysebericht dokumentiert werden.[31]

39

c) Überwachungssysteme, „Monitoring"

Schließlich gehören zu den nach § 6 Abs. 2 Nr. 1 GwG auszuarbeitenden internen Grundsätzen und Verfahren solche Grundsätze und Verfahrensweisen, die aufbauend auf der Risikoanalyse nach § 5 GwG ein „funktionsfähiges Monitoring" der Geschäftsbeziehungen des Verpflichteten ermöglichen. Zu unterscheiden ist dabei zwischen allgemeinen, nicht anlassbezogenen Untersuchungsmaßnahmen sämtlicher Geschäftsbeziehungen (**Research**) sowie der sich daran anschließenden eingehenderen Überwachung von im Rahmen der allgemeinen Untersuchung auffällig gewordenen Geschäftsbeziehungen (**Monitoring im engeren Sinne**).[32] Jene Maßnahmen des Monitoring sind für die Verpflichteten insbesondere im Hinblick auf ihre nach § 43 Abs. 1 GwG bestehende Pflicht zur Erstattung von Verdachtsanzeigen von besonderer Bedeutung. Denn ohne ein funktionsfähiges Monitoring der Geschäftsbeziehungen können die Verpflichte-

40

---

29 Vgl. *Warius*, in: Herzog, GwG, § 9 Rn. 48 ff.
30 BaFin, Rundschreiben 8/2005 (GW) – Implementierung angemessener Risikomanagementsysteme zur Verhinderung von Geldwäsche, Terrorismusfinanzierung und Betrug, Nr. 2.
31 *Warius*, in: Herzog, GwG, § 9 Rn. 62.
32 *Mülhausen*, in: Herzog/Mülhausen, Geldwäschebekämpfung und Gewinnabschöpfung, § 43 Rn. 63.

GwG § 6 Interne Sicherungsmaßnahmen

ten nur schwerlich feststellen, ob Tatsachen vorliegen, die eine Verdachtsmeldung nach § 43 Abs. 1 GwG an die Zentralstelle für Finanztransaktionsuntersuchungen rechtfertigen.

41 Inhaltlich knüpft die Vorschrift an § 10 Abs. 1 Nr. 5 GwG an, wonach die Verpflichteten ihre Geschäftsbeziehungen kontinuierlich zu überwachen und auf Kongruenz mit den ihnen vorliegenden Informationen über Zweck und Hintergrund der Beziehung zu überprüfen haben (vgl. § 10 Rn. 62 ff.).

42 Praktisch bewährt haben sich im Hinblick auf das Monitoring von Geschäftsbeziehungen insbesondere **EDV-gestützte Monitoring-Systeme**. Im Rahmen eines solchen EDV-gestützten Monitoring-Systems kann der Verpflichtete geeignete Verdachtsparameter angeben, anhand derer das System die Geschäftsbeziehungen der Verpflichteten auf geldwäscherechtliche Auffälligkeiten durchsucht und diese Auffälligkeiten nach ihrer geldwäscherechtlichen Bedeutung gewichtet.[33] Auf Grundlage jener Durchsuchung und Gewichtung kann der Verpflichtete sodann zunächst eine Entscheidung darüber treffen, ob weitere Überwachungsmaßnahmen zur Verifizierung oder Entkräftung der aufgekommenen Verdachtsmomente erforderlich sind, um im Anschluss daran eine Entscheidung darüber treffen zu können, ob eine Verdachtsmeldung nach § 43 Abs. 1 GwG gerechtfertigt erscheint oder ob die Überwachung der Geschäftsbeziehung zu beenden ist.[34] Eine Pflicht zur Etablierung eines EDV-gestützten Monitoring-Systems besteht für die geldwäscherechtlich Verpflichteten jedoch grundsätzlich nicht. Vielmehr können die Verpflichteten prinzipiell frei bestimmen, welche Systeme sie im Rahmen ihres Monitorings zum Einsatz bringen.[35] Eine Ausnahme von diesem Grundsatz gilt jedoch nach § 6 Abs. 4 GwG für Glücksspielbetreiber und Glücksspielvermittler (siehe dazu näher § 6 GwG Rn. 117 ff.) sowie nach § 25h Abs. 2 KWG für Kreditinstitute, die jeweils ein EDV-gestütztes Monitoring-System benötigen.

d) „Sicherungsmaßnahmen im eigentlichen Sinne"

43 Während § 6 GwG einen Regelkatalog zu den „allgemeinen Sicherungsmaßnahmen" vorgibt, verpflichtet das Gesetz in Abs. 2 Nr. 1 die betroffenen Unternehmen, konkrete Maßnahmen zum Umgang mit Geldwäscherisiken niederzulegen. Diese „konkreten Sicherungsmaßnahmen" können im Finanzsektor zum Beispiel EDV-Maßnahmen sein (Abgleich von Kunden und Gegenparteien mit Warndateien), die Durchführung von SCHUFA-Anfragen, Kundeninformationen, Risikoraster und anknüpfende Verhaltenspflichten, Verschärfung von Kundensorgfaltspflichten und das EDV-technische Monitoring von Kunden- und

---

33 *Auerbach/Schmid*, WPg 2003, 1243, 1246 f.
34 *Warius*, in: Herzog, GwG, § 9 Rn. 69.
35 *Warius*, in: Herzog, GwG, § 9 Rn. 67.

IV. Regelbeispiele interner Sicherungsmaßnahmen § 6 GwG

Geschäftsbeziehungen.[36] Auch Maßnahmen wie Mittelverwendungskontrolle (z. B. bei Projektfinanzierungen), Background-Check von Intermediären und beteiligten Parteien an Transaktionen, die nicht „Kunden" im geldwäscherechtlichen Sinne sind, können Sicherungsmaßnahmen gegen Geldwäsche darstellen.

Allgemeingültige Regeln für die Ausgestaltung von „Sicherungsmaßnahmen im eigentlichen Sinne" **lassen sich kaum treffen.** Wesentlich ist jedoch, dass die Sicherungsmaßnahmen auf den Feststellungen der Risikoanalyse aufsetzen und deren Ergebnisse in angemessene, risikobasierte Abläufe im Unternehmen umsetzen. 44

Außerhalb des Finanzsektors sind je nach Verpflichtetengruppen völlig andere Sicherungsmaßnahmen indiziert. In **Industrie und Handel** kommt zum Beispiel der Überwachung von Debitorenverhalten besondere Relevanz zu.[37] Die **rechtsberatenden Berufe** setzen flächendeckend IT-basierte Rechercheinstrumente ein; auch Mandantenannahmeprozesse sind im Licht der Sicherungsmaßnahmen besonders auszugestalten.[38] Zusätzlich sind bei den Katalogmandaten erhöhte Anforderungen an die Plausibilitätskontrolle im Rahmen der Mandatsannahme, u. U. auch Verpflichtungen zur Mittelherkunftskontrolle von erheblicher Bedeutung. 45

Auch nach **Industrien** sind die Anforderungen an konkrete Sicherungsmaßnahmen sehr divers. Während in hoch risikobehafteten Segmenten wie z. B. dem Goldhandel besonders strikte Anforderungen an die Identifikation bei Verwahrungen gestellt werden und auch besondere risikobasierte Maßnahmen hinsichtlich der Ermittlung der Herkunft eingelieferten Goldes oder Edelmetalls vonnöten sind,[39] sind die Sicherungsanforderungen an Supermärkte deutlich geringer. Sind Intermediäre eingeschaltet, wie z. B. im Immobilien- oder Kunstsektor sind besondere Sicherungsmaßnahmen gegen Geldwäsche auch hinsichtlich des Intermediärs zu treffen und durchzusetzen. 46

Alles in allem ist daher eine allgemeingültige Handreichung, welche konkreten Sicherungssysteme vom Verpflichteten zu ergreifen sind, vom Gesetzgeber nicht beabsichtigt.[40] Eine pauschale Bestimmung, welche konkreten Sicherungsmaßnahmen im Einzelfall zu ergreifen sind, ist, wie dargelegt, schlichtweg unmöglich. Dem Verpflichteten kommt bei der Ausgestaltung konkreter Sicherungsmaßnahmen ein erheblicher Ermessensspielraum zu. 47

---

36 AuA, Rn. 89, S. 88.
37 *Kaetzler*, in: Wohlschlägl-Aschberger, Geldwäscheprävention, S. 507.
38 Vgl. hierzu *Klugmann*, NJW 2012, 641, 645.
39 Vgl. *Wohlschlägl-Aschberger*, in: ibid., Geldwäscheprävention, S. 123.
40 Schon die Vorgaben der FATF sind eindeutig, vgl. den FATF-Leitfaden zum Risikoansatz, 2007.

GwG § 6   Interne Sicherungsmaßnahmen

e) Kontrollen

48 Das Geldwäschegesetz spricht in § 6 Abs. 2 GwG an zwei Stellen von „Kontrollen" (Nr. 1) bzw. „Überprüfung" (Nr. 7). Während mit „Überprüfung" in Nr. 7 die Prüfung der Geldwäschepräventionssysteme durch „unabhängige", bzw. „externe" Stellen gemeint ist (Innenrevision, Jahresabschlussprüfer, vgl. unten Rn. 90 ff.), legt § 6 Abs. 2 Nr. 1 GwG fest, dass schon **„systemimmanent"** ein Prüfungszyklus implementiert werden soll. Dieser systemimmanente Prüfprozess besteht unabhängig von den Überprüfungspflichten durch Innenrevision oder externem Prüfer.[41] Schließlich ist der interne Kontrollprozess nicht darauf ausgerichtet, Redundanzen zu schaffen. Er hat vielmehr zum Ziel, die tatsächliche Einhaltung auch interner Regeln und Bestimmungen zu überprüfen. Die Prüfungen sollen – dem risikobasierten Ansatz entsprechend – insbesondere in solchen Feldern durchgeführt werden, in denen ein erhöhtes Geldwäscherisiko liegt.[42]

49 Mit anderen Worten: Dem Geldwäschebeauftragten selbst kommt die Pflicht zu, auf die Einhaltung der selbstgesetzten Regeln, insbesondere der Prozesse zu den Kundensorgfaltspflichten und Sicherungsmaßnahmen des Unternehmens zu achten. Dies passiert zum einen im Hinblick auf die tatsächliche Einhaltung von Regeln durch **Stichproben** in das eigene System.[43] Zum anderen ist der Geldwäschebeauftragte (oder eine andere Stelle im Unternehmen, das die zentralen Präventionsprozesse steuert) gehalten, das System selbst zu überprüfen, Schwachstellen zu verbessern und vor allem aktuell zu halten. Durch die zahlreichen Herausforderungen überbordender Regulierung können hier in der Praxis durchaus erhebliche Aufgaben für den Geldwäschebeauftragten entstehen.

2. Bestellung eines Geldwäschebeauftragten

50 Weiterhin gehört nach § 6 Abs. 2 Nr. 2 GwG zu den internen Sicherungsmaßnahmen der Verpflichteten die Bestellung eines Geldwäschebeauftragten sowie eines Stellvertreters gemäß § 7 GwG. Die Pflicht zur Bestellung eines Geldwäschebeauftragten obliegt jedoch – wie schon nach § 9 Abs. 2 Nr. 1 GwG a. F. – nicht sämtlichen, sondern nur bestimmten Verpflichteten. Namentlich sind nach § 7 Abs. 1 Satz 1 GwG Kreditinstitute, Finanzdienstleistungsinstitute, Zahlungsinstitute und E-Geld-Institute, Finanzunternehmen, Versicherungsunternehmen, Kapitalverwaltungsgesellschaften und Veranstalter und Vermittler von Glücksspielen zur Bestellung eines Geldwäschebeauftragten verpflichtet (vgl. aber einschränkend den Befreiungsvorbehalt des § 7 Abs. 2 GwG). Der Geld-

---

41 BAKred, Verlautbarung vom 30.3.1998, Nr. 34.
42 *Warius*, in: Herzog, GwG, § 9 Rn. 74.
43 Zu einer „flächendeckenden" Prüfung ist der Geldwäschebeauftragte in der Regel nicht verpflichtet, vgl. *Warius*, in: Herzog, GwG, § 9 Rn. 74.

wäschebeauftragte ist nach § 7 Abs. 1 Satz 2 GwG für die **Implementierung und Überwachung** der Einhaltung der geldwäscherechtlichen Vorschriften **zuständig**.[44] Er ist der Geschäftsleitung des Verpflichteten unmittelbar nachgeordnet (§ 7 Abs. 1 Satz 3 GwG), jedoch bei der Wahrnehmung der ihm obliegenden Aufgaben in geldwäscherechtlichen Fragen weisungsunabhängig[45] (für nähere Informationen hierzu wird auf die Kommentierung zu § 7 GwG verwiesen).

3. Gruppenweite Sicherungsmaßnahmen

Nach § 6 Abs. 2 Nr. 3 GwG müssen Verpflichtete, die Mutterunternehmen einer Gruppe sind, im Rahmen der internen Sicherungsmaßnahmen **gruppenweite Verfahren nach § 9 GwG** schaffen. Bei der ausdrücklichen Pflicht zur Schaffung von gruppenweiten Verfahren nach § 9 GwG unabhängig von der Verpflichtetengruppe handelt es sich um eine neue Regelung im GwG. Die Regelung dient der Umsetzung von Art. 45 der 4. EU-Geldwäscherichtlinie.[46] 51

Während nach alter Rechtslage lediglich als Mutterunternehmen agierende Kreditinstitute, Finanzdienstleistungsinstitute, Finanzholding-Gesellschaften und gemischte Finanzholding-Gesellschaften zur Etablierung gruppenweiter Verfahren verpflichtet waren (vgl. § 25l KWG a. F.), haben nunmehr sämtliche Verpflichteten, die Mutterunternehmen einer Gruppe sind, eine eigene Risikoanalyse für alle gruppenangehörigen Unternehmen, Zweigstellen und Zweigniederlassungen, die geldwäscherechtlichen Pflichten unterliegen, durchzuführen. 52

Auf Grundlage dieser gruppenweiten Risikoanalyse haben sie sodann gruppenweit einheitliche interne Sicherungsmaßnahmen durchzuführen, einen Gruppengeldwäschebeauftragten zu bestellen, Verfahren für den Informationsaustausch innerhalb der Gruppe zur Verhinderung von Geldwäsche und Terrorismusfinanzierung zu etablieren sowie Vorkehrungen zum Schutz von personenbezogenen Daten zu treffen. Für nähere Informationen hierzu wird auf die Kommentierung zu § 9 GwG verwiesen. Zum Begriff der „Gruppe" vgl. § 1 Abs. 16 GwG. 53

4. Sicherungsmaßnahmen im Hinblick auf neue Produkte und Technologien

Auch müssen Verpflichtete nach § 6 Abs. 2 Nr. 4 GwG im Rahmen der internen Sicherungsmaßnahmen geeignete Maßnahmen zur Verhinderung des Missbrauchs von neuen Produkten und Technologien zur Begehung von Geldwäsche und Terrorismusfinanzierung oder für Zwecke der Begünstigung der Anonymität von Geschäftsbeziehungen oder von Transaktionen schaffen und fortentwi- 54

---

44 *Warius*, in: Herzog, GwG, § 9 Rn. 13.
45 *Warius*, in: Herzog, GwG, § 9 Rn. 17 f.
46 BT-Drs. 18/11555, S. 111.

GwG § 6 Interne Sicherungsmaßnahmen

ckeln. Die Regelung in § 6 Abs. 2 Nr. 4 GwG entspricht im Wesentlichen der in § 9 Abs. 2 Nr. 2 Satz 2 GwG a. F. enthaltenen Regelung.

55 Dem Kern nach legt die Norm im Hinblick auf Geldwäscherisiken eine Pflicht fest, die im Finanzsektor schon seit vielen Jahren Bestand (und sich als Prozess bis auf einige Ausnahmen dort auch bewährt) hat, nämlich der in AT 8.1. der MaRisk[47] niedergelegte **„Neu-Produkt-Prozess"**. Die MaRisk sind ein auf der Verwaltungspraxis der BaFin zu § 25a KWG (Anforderungen an die ordnungsgemäße Geschäftsorganisation der Institute) wurzelnder „Kodex" zu den Anforderungen an eine risikoangemessene Aufbau- und Ablauforganisation von Instituten.[48] Die MaRisk haben normausfüllenden Charakter und entfalten daher keine Bindungswirkung gegenüber den Instituten. Die BaFin gibt vielmehr in den MaRisk lediglich ihre Rechtsauffassung kund.[49]

56 Nach der Verwaltungspraxis der BaFin muss ein jedes Institut die von ihm betriebenen Geschäftsaktivitäten, vor allem in Risikohinsicht, verstehen, erfassen, bei entsprechender Risikoexposition managen und – vor allem – ein Konzept (genaugenommen eine Ablauforganisation) für neue Produkte vorhalten, das sicherstellt, ob der Verpflichtete die Risiken effektiv managen kann.[50]

57 Für die **Verpflichteten des Finanzsektors**, die in den Anwendungsbereich der MaRisk fallen,[51] bedeutet die Aufnahme § 6 Abs. 2 Nr. 4 lediglich, dass a) nunmehr nicht nur nach der Verwaltungspraxis ein entsprechendes Erfordernis besteht (wenngleich auf Geldwäschefragen begrenzt) und b) in die Neuproduktprozesse zwingend und ausdrücklich neben der Einbindung der Compliance-Funktion auch die Geldwäschefunktionen einzubinden sind. Ansonsten ändert sich für die Institute nichts.

58 Hinsichtlich der Verpflichteten des **Nichtfinanzsektors** hingegen ist das Erfordernis eines Neuproduktprozesses (und seiner sachgerechten Dokumentation) sicherlich ein Novum:

59 Hierfür sind in einem ersten Schritt neue und bestehende Produkte, Märkte und Vertriebswege auf Missbrauchsmöglichkeiten für Zwecke der Geldwäsche und

---

47 Rundschreiben 09/2017 (BA) – Mindestanforderungen an das Risikomanagement – MaRisk; Gz. BA 54-FR 2210-2017/0002 vom 27.10.2017.
48 Vgl. *Langen*, in: Schwennicke/Auerbach, KWG, § 25a Rn. 3 ff.
49 Vgl. *Langen*, in: Schwennicke/Auerbach, KWG, § 25a Rn. 6; VGH Kassel, WM 2007, 392, 393.
50 Vgl. *Braun*, in: Boos/Fischer/Schulte-Mattler, KWG/CRR-VO, § 25a KWG Rn. 417 ff. mit zahlreichen Hinweisen.
51 Die MaRisk sind anwendbar auf Kredit- und Finanzdienstleistungsinstitute mit Sitz im Inland sowie auf inländische Zweigstellen von Instituten mit Sitz in Drittstaaten, vgl. A.T. 2.1; *Braun*, in: Boos/Fischer/Schulte-Mattler, KWG/CRR-VO, § 25a KWG Rn. 48 ff. mit zahlreichen Nachweisen.

IV. Regelbeispiele interner Sicherungsmaßnahmen § 6 GwG

Terrorismusfinanzierung hin zu untersuchen.[52] Im besonderen Fokus stehen hierbei vor allem solche Produkte, Märkte und Vertriebswege, bei denen z. B. ein hohes Maß an Anonymität vorherrscht und daher geldwäscherechtlich relevante Vorgänge leicht verschleiert werden können. Zu nennen sind insbesondere sämtliche Geschäftsbeziehungen und Transaktionen, die über die neuen Medien, insbesondere über das Internet und mobil, initiiert und abgewickelt werden. Das Risiko der Verschleierung geldwäscherechtlich relevanter Vorgänge ist insoweit besonders hoch, da die Technisierung der Geschäftswelt immer weiter voranschreitet und sich daher auch im Hinblick auf Geldwäsche und Terrorismusfinanzierung stetig neue „Sicherheitslücken" auftun, die von den Verpflichteten möglichst schnell erkannt und geschlossen werden müssen. Auch „neue Märkte", beispielsweise die Erschließung neuer geografischer Absatzmärkte können erhebliche geografische Risiken bergen, die sich auf die geldwäschetechnische Risikoexposition eines Verpflichteten auswirken. Ferner können beispielsweise neue Kundensegmente Geldwäscherisiken bergen.

Wenngleich **außerhalb des Finanzsektors also kein förmlicher „Neu-Produkt-Prozess"** im Sinne der MaRisk durchzuführen ist, müssen die Verpflichteten immerhin sicherstellen, dass bei jeder Entscheidung der Geschäftsleitung für die Erschließung neuer Märkte oder neuer Produkte für den Verpflichteten jedenfalls eine Art „ergänzende Risikoanalyse" durchgeführt und nötige Sicherungsmaßnahmen ergriffen werden. Anders als bei den MaRisk ist hierbei von den Verpflichteten – jedenfalls aus Sicht des GwG – nur die Gefährdungslage wegen Geldwäsche und Terrorismusfinanzierung zu analysieren. Die Ergebnisse der Analyse sind schriftlich niederzulegen. 60

Sofern die Verpflichteten bei der Analyse eines neuen Produktes oder eines neuen Marktes eine entsprechende „Sicherheitslücke" erkannt haben und sich im Hinblick auf die identifizierte „Sicherheitslücke" ein Missbrauchsrisiko für Geldwäsche und Terrorismusfinanzierung ergibt oder ein solches zumindest nicht von vornherein ausgeschlossen werden kann, müssen die Verpflichteten wirksame und angemessene Sicherungsmaßnahmen nach § 6 Abs. 2 Nr. 1 treffen, um dem tatsächlichen bzw. potenziellen Missbrauchsrisiko schon im Vorfeld – unter möglichst frühzeitiger Einbindung des Geldwäschebeauftragten – zu begegnen.[53] Die bloße Schaffung entsprechender Sicherheitsvorkehrungen ist aber noch nicht ausreichend. Vielmehr müssen die Verpflichteten die Produkte, Märkte und Vertriebswege weiterhin **fortlaufend** in Bezug auf die Entstehung neuer Missbrauchsmöglichkeiten **überwachen** und bei Feststellung neuer Missbrauchsmöglichkeiten die bereits getroffenen Sicherheitsvorkehrungen anpassen, fortentwickeln und notfalls durch neue Konzepte ersetzen. Neue Produkte 61

---

52 *Auerbach/Hentschel*, in: Schwennicke/Auerbach, KWG, § 25h Rn. 62.
53 *Auerbach/Hentschel*, in: Schwennicke/Auerbach, KWG, § 25h Rn. 62.

GwG § 6 Interne Sicherungsmaßnahmen

oder neue Märkte unterliegen einer – risikoangemessenen – erhöhten Beobachtungspflicht durch den Geldwäschebeauftragten.

62 Die konkreten Anforderungen, die die Verpflichteten im Rahmen ihrer Pflicht zur Identifikation neuartiger Missbrauchsmöglichkeiten und zur Etablierung entsprechender Sicherungsvorkehrungen treffen müssen, hängen maßgeblich von der **konkreten Risikosituation** des Verpflichteten ab. Je anfälliger die Geschäftstätigkeit des Verpflichteten in Ansehung seiner Geschäftsstruktur, Absatzmärkte, Produkte, Vertriebswege und Kundenstruktur für Geldwäsche und Terrorismusfinanzierung ist, desto größere Anstrengungen sind dem Verpflichteten im Hinblick auf die Prävention gegen neuartige Missbrauchsmöglichkeiten zuzumuten.

5. Überprüfung der Mitarbeiterzuverlässigkeit

63 Nach § 6 Abs. 2 Nr. 5 GwG müssen die Verpflichteten zudem im Rahmen ihrer internen Sicherungsmaßnahmen ihre Mitarbeiter durch **geeignete Maßnahmen, insbesondere durch Personal- und Beurteilungssysteme**, auf ihre Zuverlässigkeit hin überprüfen. Die Regelung des § 6 Abs. 2 Nr. 5 GwG entspricht § 9 Abs. 2 Nummer 4 GwG a. F., ist allerdings kürzer gefasst. Inhaltlich ändert sich für die Verpflichteten hingegen wenig. Zum Begriff der Zuverlässigkeit eines Mitarbeiters, der sich an den gewerberechtlichen Begriff der Zuverlässigkeit anlehnt,[54] siehe § 1 Abs. 20 GwG (dazu näher § 1 GwG Rn. 147 ff.).

64 In der Finanzindustrie bestehen neben der genannten Vorschrift noch einige weitere Pflichten und Anforderungen an besondere Mitarbeiter und Geschäftsleiter hinsichtlich deren Zuverlässigkeit.[55] Einer jeweils separaten Überprüfung bedarf es nicht; eine einheitliche Prüfung und Dokumentation ist ausreichend.

a) „Know your employee" und Zuverlässigkeitsprüfung

65 Der Zweck der Überprüfungspflicht besteht darin, das Eindringen von „Mittelsmännern" in die für Geldwäsche und Terrorismusfinanzierung bedeutsamen Berufs- und Unternehmensgruppen zu verhindern.[56] Hinsichtlich der Maßnahmen zur Überprüfung der Zuverlässigkeit von Mitarbeitern ist zu unterscheiden zwischen der Überprüfung der Zuverlässigkeit **bei Begründung** des Dienst- oder Arbeitsverhältnisses und der Überprüfung der Zuverlässigkeit **während** eines laufenden Dienst- oder Arbeitsverhältnisses. Im Falle eines Dienst- oder Ar-

---

54 Vgl. AuA, Rn. 86b.
55 Vgl. z. B. die besonderen Anforderungen an Geschäftsleiter, § 25c Abs. 1 KWG oder Mitglieder von Aufsichtsorganen, vgl. § 25d Abs. 1 KWG.
56 BT-Drs. 17/6804, S. 34; *Warius*, in: Schwennicke/Auerbach, KWG, § 9 Rn. 102, spricht von „Brückenköpfen".

beitsverhältnisses müssen die Verpflichteten regelmäßig bei Begründung desselben eine Zuverlässigkeitsprüfung vornehmen,[57] während im bestehenden Dienst- oder Arbeitsverhältnis eine Zuverlässigkeitsprüfung nur vorzunehmen ist, wenn sich tatsächliche Anhaltspunkte dafür ergeben, dass der Mitarbeiter nicht mehr die erforderliche Zuverlässigkeit für die von ihm begleitete Stelle aufweist.[58] Diese Unterscheidung ist folgerichtig, da der Verpflichtete aufgrund der bereits bei Begründung des Dienst- oder Arbeitsverhältnisses vorgenommenen und vom Mitarbeiter erfolgreich absolvierten Zuverlässigkeitsprüfung davon ausgehen kann, dass dieser die erforderliche Zuverlässigkeit weiterhin aufweist. Treten jedoch tatsächliche Anhaltspunkte auf, die gegen den Fortbestand der erforderlichen Zuverlässigkeit sprechen, muss der Verpflichtete eine erneute Zuverlässigkeitsprüfung vornehmen. Nicht entscheidend ist hierbei, ob der Mangel an Zuverlässigkeit schon von Anfang an bestanden hat oder erst nachträglich eingetreten ist.

Hinsichtlich der **Kontrolldichte und der einzusetzenden Kontrollinstrumente** steht dem Verpflichteten bei der Überprüfung der Zuverlässigkeit eines Mitarbeiters ein risikoangemessener Beurteilungsspielraum zu.[59] Die Grenzen des risikoangemessenen Beurteilungsspielraums sind jedoch dann überschritten, wenn Art und Umfang der vom Verpflichteten vorzunehmenden Kontrollmaßnahmen unter dem Gesichtspunkt der insoweit bestehenden Geldwäsche- und Terrorismusfinanzierungsrisiken nicht mehr in einem angemessenen Verhältnis zur Position und zum Tätigkeitsfeld des betroffenen Mitarbeiters stehen oder gesetzlichen Vorschriften zuwiderlaufen.[60] 66

Dies bedeutet insbesondere, dass der Verpflichtete hinsichtlich eines Mitarbeiters, der mit besonders geldwäscheanfälligen Tätigkeiten betraut ist (z.B. die Entgegennahme oder Aushändigung von Geldern, Freigabe größerer Finanztransaktionen, Geschäftsanbahnung und Begründung von Geschäftsbeziehungen etc.), **erhöhten Kontrollpflichten** unterliegt, während der Verpflichtete bei einem Mitarbeiter, der weniger geldwäscheanfällige Tätigkeiten vornimmt (z.B. reine Verwaltungstätigkeiten), nur ein geringeres Maß an Kontrolle entfalten darf.[61] Hinsichtlich reiner Support-Tätigkeiten (Reinigungspersonal, Facility-Management) sind auch in der Finanzwirtschaft Überprüfungen durchzuführen. Wenngleich auf die Vorlage eines polizeilichen Führungszeugnisses in besonderen Einzelfällen verzichtet werden kann, ist eine flächendeckende Praxis in der Kreditwirtschaft zu beobachten, grundsätzlich von jedem Mitarbeiter polizeiliche Führungszeugnisse einzuholen. 67

---

57 BT-Drs. 17/6804, S. 34.
58 *Warius*, in: Herzog, GwG, § 9 Rn. 109.
59 BT-Drs. 17/6804, S. 34.
60 Vgl. *Warius*, in: Herzog, GwG, § 9 Rn. 107, 109.
61 *Walther*, in: Schimansky/Bunte/Lwowski, Bankrechts-Handbuch, § 42 Rn. 489.

GwG § 6 Interne Sicherungsmaßnahmen

68 Grundsätzlich bleibt jedoch ein Ermessensspielraum hinsichtlich der zu ergreifenden Kontrollmaßnahmen. Auch unterscheidet sich die Intensität der erforderlichen Kontrollmaßnahmen im Hinblick darauf, ob es sich um eine Zuverlässigkeitsüberprüfung im Rahmen der Begründung eines Beschäftigungsverhältnisses oder um eine im Rahmen eines laufenden Beschäftigungsverhältnisses stattfindende Zuverlässigkeitsüberprüfung handelt.

69 Bei **Begründung des Beschäftigungsverhältnisses** müssen – aufgrund der noch fehlenden Kenntnis der Persönlichkeit des Bewerbers – weitreichendere Maßnahmen, wie beispielsweise die angesprochene Einholung eines **polizeilichen Führungszeugnisses** oder von SCHUFA-Auskünften möglich und in der Kreditwirtschaft auch flächendeckend ergriffen werden.[62] Typischerweise werden auch die Daten der Lebensläufe auf Schlüssigkeit überprüft, Stichproben eingeholt und Zeugnisse vorheriger Arbeitgeber nach Indikatoren für unzuverlässiges Vorverhalten durchsucht werden. Im persönlichen Bewerbungsgespräch werden in der Kreditwirtschaft bei allen Bewerbern gezielte Fragen gestellt, die auf die Rechtstreue und die Einstellung des Bewerbers zu kritischen Fragen der Compliance ausgerichtet sind.

70 Hingegen beschränken sich die Kontrollmaßnahmen **im laufenden Beschäftigungsverhältnis** hauptsächlich auf Personalkontroll- und -beurteilungssysteme.[63] In regelmäßigen Personalgesprächen sind Faktoren wie Lebenswandel, Pflichtbewusstsein, Loyalität zum Arbeitgeber und Gesetzestreue zu hinterfragen.

71 Führt der Verpflichtete eine Zuverlässigkeitsprüfung von Mitarbeitern durch, muss er deren Ergebnisse dokumentieren und insbesondere dem Geldwäschebeauftragten, der internen Revision und ggf. dem Jahresabschlussprüfer zugänglich machen.[64]

72 **Außerhalb des Finanzsektors** besteht kaum eine einheitliche Praxis. Dies war auch der Grund für die Erstreckung des Know-Your-Employee-Grundsatzes auf Verpflichtete außerhalb des Finanzsektors.[65] Hier verbleibt es – in Ermangelung besonderer Anwendungshinweise durch die Aufsichtsbehörden – bei den oben genannten Grundsätzen und einem betrieblichen Ermessen des Verpflichteten, im Rahmen dessen er jedoch seine Risikoexposition berücksichtigen muss.

73 In der Praxis kontrovers diskutiert wird die Überprüfung von **Zeitarbeitern und im Rahmen der Arbeitnehmerüberlassung** überlassenen Mitarbeitern. Weil diese in der Regel in den Betriebsablauf eingebunden und mit entsprechenden

---

62 *Walther*, in: Schimansky/Bunte/Lwowski, Bankrechts-Handbuch, § 42 Rn. 488.
63 BT-Drs. 17/6804, S. 34.
64 *Warius*, in: Herzog, GwG, § 9 Rn. 110 f.
65 Vgl. *Warius*, in: Herzog, GwG, § 9 Rn. 101, mit Verweis auf die FATF-Länderevaluation für Deutschland in den Jahren 2009 und 2010.

IV. Regelbeispiele interner Sicherungsmaßnahmen § 6 GwG

Kompetenzen versehen sind, ist in der Finanzindustrie ein einheitlicher Trend zu beobachten, Zuverlässigkeitsprüfungen auch bei diesen vorzunehmen.

In Bezug auf **externe Berater** wird in der Literatur gelegentlich vertreten, dass eine Zuverlässigkeitsprüfung hier unterbleiben könne.[66] Ausnahmen sind jedoch denkbar, sofern ein Berater an wesentlichen Finanztransaktionen mitwirkt. 74

Im Bereich der **rechts- und steuerberatenden Berufe** besteht teilweise die Ansicht, dass die Vorschrift hier nur teilweise anwendbar sei. Grund hierfür sei, dass eine Kollision mit dem Grundsatz eigenverantwortlicher Berufsausübung vorliege.[67] Die Ansicht ist hingegen mittlerweile abzulehnen. Die Rolle von Rechtsanwälten, Steuerberatern, Notaren und Wirtschaftsprüfern bei vielen Geldwäscheskandalen einerseits und die wichtige Rolle derselben in der Geldwäscheprävention erfordert ein Zurücktreten standesbezogener Anwendungsdefizite; die Rechtsnormen des GwG ist bloßen standesrechtlichen Verhaltensnormen ebenso übergeordnet wie weitere Vorschriften zur Gefahrenabwehr. Ihre Anwendung und Durchsetzung stellt jedenfalls nicht per se einen Eingriff in die Unabhängigkeit der rechtsberatenden Berufe dar. 75

Richtig im Zusammenhang ist allerdings, dass auch § 2 Abs. 6 BORA eine eigene Mitarbeiterüberwachungspflicht für Rechtsanwälte – wenngleich auf Verschwiegenheitspflichten kalibriert – vorsieht. 76

Wenngleich § 6 Abs. 2 Nr. 5 GwG die Verpflichteten anhält, zu Beginn eines Beschäftigungsverhältnisses und dann laufend während des Beschäftigungsverhältnisses die Zuverlässigkeit des Mitarbeiters im Hinblick auf geldwäschepräventive Sachverhalte und Eigenschaften zu kontrollieren, enthält die Norm **keine Eingriffsbefugnis für eine anlassunabhängige** Untersuchung von Mitarbeitern oder Geschäftsvorgängen. Hierfür bleiben die Normen des Beschäftigtendatenschutzes[68] vorrangig. 77

b) Anhaltspunkte für und Folgen von Unzuverlässigkeit

Die Unzuverlässigkeit eines Mitarbeiters kann sich aus verschiedenen **Anhaltspunkten** ergeben. Zu den evidenten Anhaltspunkten gehören Vorverurteilungen hinsichtlich Geldwäsche oder einer Straftat aus dem Vortatenkatalog des § 261 StGB. Auch nachhaltige Verstöße gegen Vorschriften des GwG selbst, ggf. Bußgelder nach § 56 GwG oder weitere Steuer- und Finanzvergehen, die nicht im Vortatenkatalog zur Geldwäsche enthalten sind, stellen Anhaltspunkte dar, die jedenfalls in der Kreditwirtschaft dazu führen dürften, dass von einer Unzu- 78

---

66 Vgl. *Warius*, in: Herzog, GwG, § 9 Rn. 104.
67 Vgl. z. B. Bundessteuerberaterkammer, Anwendungshinweise zum Geldwäschegesetz vom 21.4.2009, S. 17 ff.
68 Vgl. z. B. §§ 28, 32 BDSG.

GwG § 6 Interne Sicherungsmaßnahmen

verlässigkeit eines Mitarbeiters für eine geldwäschesensible Tätigkeit auszugehen ist.

79 Weitere Anhaltspunkte sind die nachhaltige Verletzung von internen Geldwäscheregeln, die Beteiligung an zweifelhaften Transaktionen oder Zwangsmaßnahmen gegen Mitarbeiter. Auch die „üblichen", nicht geldwäschebezogenen Verdachtsmomente wie etwa Vermeidung von Vertretungszugriff, Meidung von Abwesenheiten und Urlaub, Schaffung von unsachgerechten „Informationsinseln" oder eine nicht angemessene Verwischung von privaten und dienstlichen Daten- und Informationssystemen.[69]

80 Stellt sich bei der Zuverlässigkeitsprüfung im Rahmen der Begründung eines Beschäftigungsverhältnisses die Unzuverlässigkeit des Bewerbers heraus, darf die Stelle nicht an den Bewerber vergeben werden. Stellt sich hingegen bei der Zuverlässigkeitsprüfung im Rahmen eines laufenden Beschäftigungsverhältnisses erstmals oder aufgrund neu eingetretener Umstände die Unzuverlässigkeit eines Mitarbeiters heraus, muss diesem im Rahmen der dienst- bzw. arbeitsrechtlich zulässigen Möglichkeiten – insbesondere im Wege der **Versetzung, Änderungskündigung oder Kündigung – die Weiterbeschäftigung** in dem geldwäschesensiblen Bereich untersagt werden.[70] Nachhaltige Verstöße gegen geldwäscherechtliche Pflichten können im Finanzsektor relativ leicht eine **außerordentliche Kündigung** rechtfertigen; im Falle einer aktiven Beteiligung – auch außerdienstlich – an Geldwäscheaktivitäten wird eine außerordentliche Kündigung bei einem Mitarbeiter eines Kreditinstituts in der Regel geboten und begründet sein.[71]

6. Mitarbeiterschulungen

81 Weiterhin müssen nach § 6 Abs. 2 Nr. 6 GwG die Verpflichteten im Rahmen der internen Sicherungsmaßnahmen ihre Mitarbeiter erstmalig und laufend in Bezug auf Typologien und aktuelle Methoden der Geldwäsche und der Terrorismusfinanzierung sowie die insoweit einschlägigen Vorschriften und Pflichten, einschließlich der Datenschutzbestimmungen, unterrichten. Die Vorschrift entspricht im Wesentlichen § 9 Abs. 2 Nr. 3 GwG a. F.[72]

82 Die Pflicht der Verpflichteten zur Unterrichtung ihrer Mitarbeiter ist **von grundlegender Bedeutung** dafür, dass die Mitarbeiter auf den Gebieten der Geldwäsche und Terrorismusfinanzierung das notwendige Problembewusstsein entwickeln, um auf dieser Grundlage in der Praxis geldwäscherechtlich bedeutsame

---

69 Vgl. zu einzelnen Merkmalen auch die AuA, Rn. 86b.
70 *Warius*, in: Herzog, GwG, § 9 Rn. 112.
71 Vgl. LAG Berlin-Brandenburg, NZA-RR 2015, 241.
72 BT-Drs. 18/11555, S. 111.

IV. Regelbeispiele interner Sicherungsmaßnahmen   § 6 GwG

Vorgänge leichter erkennen und die insoweit notwendig werdenden Maßnahmen ergreifen zu können.[73]

Die Unterrichtungspflicht betrifft hierbei all jene Mitarbeiter, die im Rahmen ihrer Beschäftigung zumindest **potenziell mit geldwäscherechtlich relevanten Vorgängen in Berührung kommen können**.[74] Die Art und Intensität der Unterrichtung hängt von der individuellen Risikosituation des Verpflichteten, den konkreten Berührungspunkten der jeweiligen Mitarbeiter mit geldwäscherechtlich relevanten Vorgängen sowie anlassbezogenen Umständen, wie gesetzlichen Neuregelungen oder das Bekanntwerden neuer einschlägiger Risikosituationen, ab.[75]   83

Praktisch umsetzen lässt sich die Unterrichtungspflicht vor allem durch interne Schulungen der Mitarbeiter des Verpflichteten. Hierbei kann unterschieden werden zwischen Erstschulungen und Folgeschulungen. Im Rahmen der Erstschulungen, die bestenfalls unmittelbar im Zusammenhang mit dem Neuantritt einer Beschäftigung der Mitarbeiter beim Verpflichteten vorzunehmen sind, sollte zunächst sämtlichen neuen Mitarbeitern, die mit geldwäscherechtlich relevanten Vorgängen in irgendeiner Form in Berührung kommen können, die Grundlagen der Geldwäscheprävention, insbesondere grundlegende Typologien und Methoden der Geldwäsche und Terrorismusfinanzierung, die allgemeinen und besonderen Sorgfaltspflichten sowie das Verfahren der Verdachtsmeldung nähergebracht werden.[76] In einem zweiten Schritt können sodann Folgeschulungen vorgesehen werden.[77] Insoweit können einerseits Schulungen etabliert werden, die der Auffrischung der bereits im Rahmen der Erstschulung vermittelten Lehrinhalte sowie der weiteren Sensibilisierung für aktuelle geldwäscherechtliche Typologien, Methoden und Risikosituationen dienen.[78]   84

Zum anderen können – bei entsprechender Risikoexposition und/oder hohem Spezialisierungsgrad – in der Ablauforganisation eines Verpflichteten auch besondere Aufbauschulungen eingeführt werden, die spezifisch auf bestimmte Geschäftsbereiche oder Mitarbeitergruppen, die mit geldwäscherechtlich relevanten Vorgängen besonders stark in Berührung kommen und insoweit daher auch **ein höheres Maß an fachlicher und praktischer Expertise** benötigen, zugeschnitten sind.[79] Solche besonderen Aufbauschulungen bieten sich insbesondere für jene Mitarbeiter an, die unmittelbar mit der Durchführung von Transaktionen befasst sind.   85

---

73 *Walther*, in: Schimansky/Bunte/Lwowski, Bankrechts-Handbuch, § 42 Rn. 481.
74 BT-Drs. 17/6804, S. 34.
75 BT-Drs. 17/6804, S. 34.
76 *Walther*, in: Schimansky/Bunte/Lwowski, Bankrechts-Handbuch, § 42 Rn. 483.
77 *Warius*, in: Herzog, GwG, § 9 Rn. 96.
78 *Warius*, in: Herzog, GwG, § 9 Rn. 96.
79 *Walther*, in: Schimansky/Bunte/Lwowski, Bankrechts-Handbuch, § 42 Rn. 483.

86 Die Durchführung der internen Schulung muss nicht zwingend in Form einer Präsenzschulung, sondern kann auch im Wege einer elektronischen Schulung erfolgen.[80] In jedem Fall ist sicherzustellen, dass den teilnehmenden Mitarbeitern im Zuge der internen Schulung auch schriftliche oder elektronische **Begleitunterlagen** (wie z. B. Typologiepapiere[81]) ausgehändigt werden.[82] Denn naturgemäß verblasst der Inhalt der durchgeführten Schulung im Gedächtnis der Teilnehmer oft relativ schnell und steht daher bei einem geldwäscherelevanten Praxisfall nicht mehr oder nicht mehr in ausreichender Form zur Verfügung. Mittels der ausgehändigten Begleitunterlagen kann der Mitarbeiter aber die verblassten Erinnerungen zügig wieder auffrischen. Es ist hierbei – um eine Überforderung der Mitarbeiter zu vermeiden – zu gewährleisten, dass die Begleitunterlagen übersichtlich gestaltet sind und sich auf die für die praktische Anwendung wesentlichen Punkte beschränken. Schließlich sind der Schulungsinhalt, Schulungsablauf, Schulungsumfang und die Schulungsteilnahme in angemessener Form und revisionssicher zu dokumentieren.[83]

87 Der Gesetzgeber hat ausdrücklich davon abgesehen, einen zeitlichen Turnus zur Wiederholung von Schulungen bzw. zu Auffrischungskursen festzulegen; auch die die Schulungspflicht einführende 3. EU-Geldwäscherichtlinie enthielt in Art. 35 Abs. 1 Satz 2 keine Hinweise hinsichtlich deren Frequenz. Die zeitlichen Rahmen sind vielmehr von den Verpflichteten selbst und zwar risikobasiert festzulegen.[84]

88 **Außerhalb des Finanzsektors** divergieren Schulungspraxis und -inhalte unter den Verpflichteten erheblich. Während einzelne private Anbieter mittlerweile branchenspezifische Schulungssysteme anbieten, verhalten sich die Aufsichtsbehörden trotz gesetzlicher Verpflichtung zum Erlass von Hinweisen an die Verpflichteten (§ 51 Abs. 8 GwG) hierzu kaum.

89 Weigert sich ein Mitarbeiter nachhaltig, Schulungsmaßnahmen zu besuchen, ist in der Regel von einer **Unzuverlässigkeit des Mitarbeiters** auszugehen. Bei hoher Risikoexposition kann eine außerordentliche Kündigung des Beschäftigungsverhältnisses indiziert und zulässig sein.

---

80 *Warius*, in: Herzog, GwG, § 9 Rn. 98.
81 Vgl. beispielsweise Newsletter 3/2006 der FIU Deutschland, Punkt B: Anhaltspunkte Geldwäsche, Punkt C: Anhaltspunkte Terrorismusfinanzierung.
82 *Walther*, in: Schimansky/Bunte/Lwowski, Bankrechts-Handbuch, § 42 Rn. 481.
83 *Warius*, in: Herzog, GwG, § 9 Rn. 100.
84 *Häberle*, in: Erbs/Kohlhaas, Strafrechtliche Nebengesetze, § 9 GwG Rn. 9; *Bürkle*, Compliance in Versicherungsunternehmen, § 12 Rn. 198.

7. „Unabhängige" Überprüfung der Verfahren und Grundsätze

Schlussendlich sind nach § 6 Abs. 2 Nr. 7 GwG die Verpflichteten im Rahmen der internen Sicherungsmaßnahmen verpflichtet, die Überprüfung der etablierten Grundsätze und Verfahren durch eine unabhängige Prüfung vorzunehmen, soweit eine solche Überprüfung angesichts der Art und des Umfangs der Geschäftstätigkeit angemessen ist. § 6 Abs. 2 Nr. 7 GwG dient der Umsetzung von Art. 8 Abs. 4 lit. b) der 4. EU-Geldwäscherichtlinie.[85]

90

Während § 6 Abs. 1 Satz 3 GwG dem Verpflichteten lediglich die Pflicht auferlegt, die internen Sicherungsmaßnahmen auf ihre Funktionsfähigkeit hin im Sinne einer Risikozyklusanalyse *selbst* laufend zu überprüfen und ggf. zu aktualisieren, ist nach § 6 Abs. 2 Nr. 7 GwG eine zusätzliche Prüfung durch eine **vom Verpflichteten „unabhängige" Stelle** erforderlich, soweit Art und Umfang der Geschäftstätigkeit des Verpflichteten eine solche zusätzliche Prüfung erfordern.

91

a) Innenrevision

Der Gesetzgeber hat als vom Verpflichteten „unabhängige" Stelle maßgeblich die **Innenrevision** im Auge.[86] Die Prüfungskompetenz der Innenrevision erstreckt sich gewöhnlich auf den gesamten Pflichtenkatalog des GwG.[87] Insbesondere hat die Innenrevision im Hinblick auf die vom Verpflichteten etablierten Grundsätze und Verfahren mindestens einmal jährlich[88] zu prüfen, ob die vom Verpflichteten zur Bekämpfung der Geldwäsche und Terrorismusfinanzierung getroffenen Sicherungsmaßnahmen zweckmäßig und ausreichend sind, ob der Geldwäschebeauftragte den ihm zugewiesenen Aufgaben ordnungsgemäß nachkommt, ob das Verdachtsmeldesystem des Verpflichteten funktionsfähig ist, ob der Verpflichtete ordnungsgemäße Zuverlässigkeitsüberprüfungen seiner Mitarbeiter vornimmt und ob der Verpflichtete seine Mitarbeiter ausreichend über die Typologien und aktuellen Methoden der Geldwäsche und der Terrorismusfinanzierung sowie die geldwäscherechtlich für die Mitarbeiter einschlägigen Vorschriften unterrichtet.[89] Die Prüfung hat sämtliche geldwäscherechtlichen Pflichten zu umfassen; die Durchführung von Stichproben hinsichtlich der Erfüllung von Kundensorgfaltspflichten, der Funktionsfähigkeit von Sicherungsmaßnahmen und des Verdachtsmeldewesens ist zulässig und entspricht langjähriger Praxis.[90]

92

---

85 BT-Drs. 18/11555, S. 111.
86 BT-Drs. 18/11555, S. 111.
87 *Warius*, in: Herzog, GwG, § 9 Rn. 76.
88 *Walther*, in: Schimansky/Bunte/Lwowski, Bankrechts-Handbuch, § 42 Rn. 466.
89 *Warius*, in: Herzog, GwG, § 9 Rn. 76.
90 BAKred, Verlautbarung für Kreditinstitute vom 30.3.1998, Nr. 40.

GwG § 6 Interne Sicherungsmaßnahmen

93 Der **Prüfbericht** ist in der Kreditwirtschaft sodann einschließlich etwaiger Feststellungen und Anmerkungen der Geschäftsleitung und – soweit Geldwäschesachverhalte geprüft und berichtet werden – auch dem Geldwäschebeauftragten zur Verfügung zu stellen.

94 Über jede vorgenommene Prüfung hat die Innenrevision einen schriftlichen Bericht anzufertigen, der eine Darstellung des Prüfungsgegenstandes und der Prüfungsfeststellungen einschließlich der vorgesehenen Maßnahmen enthalten und der Geschäftsleitung sowie dem Geldwäschebeauftragten zugeleitet werden muss.[91] Analog § 8 Abs. 4 GwG hat die Innenrevision sodann die schriftlichen Prüfungsberichte für einen Zeitraum von 5 Jahren aufzubewahren.[92]

95 Die Einrichtung einer Innenrevision ist allerdings nicht für sämtliche Verpflichteten obligatorisch. Gesetzlich vorgeschrieben ist die Einrichtung einer Innenrevision nur bei Kreditinstituten und Finanzdienstleistungsinstituten (vgl. § 25a Abs. 1 Satz 3 Nr. 3 KWG). Im Übrigen kann die Einrichtung einer Innenrevision nur nach Art und Umfang der Geschäftstätigkeit des Verpflichteten erforderlich sein.

96 Ist hingegen die **Einrichtung einer Innenrevision für Verpflichtete nach Art und Umfang ihrer Geschäftstätigkeit nicht erforderlich**, können diese – wiederum in Abhängigkeit von Art und Umfang ihrer Geschäftstätigkeit – auf eine zusätzliche Prüfung der internen Sicherungsmaßnahmen durch eine unabhängige Stelle entweder komplett verzichten oder die unabhängige Prüfung durch sonstige interne oder externe Prüfungen (z.B. im Rahmen der Jahresabschlussprüfung[93]) sicherstellen.[94]

97 Hinsichtlich der Prüfungen durch die Innenrevision kann gut auf die unten dargestellten Grundsätze für den Jahresabschlussprüfer abgestellt werden, der – für die Finanzwirtschaft verbindlich und verschärft bei Kreditinstituten – jährlich die Einhaltung der geldwäscherechtlichen Vorschriften prüft. In der Praxis hat sich durchgesetzt, dass die Innenrevisionen größerer Häuser rollierend einzelne Elemente aus dem Pflichtenkatalog des GwG und des KWG vertieft prüft.

b) Jahresabschlussprüfer

98 Der Jahresabschlussprüfer (vgl. §§ 340 ff. HGB) prüft bei Instituten regelmäßig und bei Kreditinstituten im Sinne des § 1 Abs. 1 KWG vertieft die Angemessenheit der Aufbau- und Ablauforganisation einschließlich der internen Sicherungsmaßnahmen und der Risikoanalyse. Der Jahresabschlussprüfer ist nach § 29 Abs. 2 Satz 1 KWG **verpflichtet**, bei Instituten auch die Einhaltung der geld-

---

91 *Warius*, in: Herzog, GwG, § 9 Rn. 76.
92 *Warius*, in: Herzog, GwG, § 9 Rn. 76.
93 Vgl. *Warius*, in: Herzog, GwG, § 9 Rn. 77 ff.
94 BT-Drs. 18/11555, S. 111.

IV. Regelbeispiele interner Sicherungsmaßnahmen § 6 GwG

wäscherechtlichen und den korrespondierenden bankaufsichtsrechtlichen Pflichten zu überprüfen. In der auf § 29 Abs. 4 KWG fußenden Prüfberichtsverordnung muss der Jahresabschlussprüfer im Kreditwesen nach §§ 26 ff. Prüfbv neben der Prüfung anderer geldwäschenaher Themenkreise wie Zahlungskontengesetz, Verordnung (EG) Nr. 924/2009, Verordnung (EU) Nr. 260/2012, Verordnung (EU) 2015/751 vor allem auf die in § 27 Prüfbv genannten Themen eingehen. (Die folgende Darstellung orientiert sich weitgehend wörtlich an § 27 der Prüfbv.)

Der Prüfer hat zunächst zu beurteilen, ob die von dem Institut erstellte Gefährdungsanalyse zur Verhinderung der Geldwäsche, Terrorismusfinanzierung sowie des Betruges zulasten des Instituts der tatsächlichen Risikosituation des Instituts entspricht, § 27 Abs. 1 Satz 1 Prüfbv. Mit dieser Vorgabe ist der Jahresabschlussprüfer in der Kreditwirtschaft angehalten, die Risikoanalyse nach § 5 GwG nicht nur im Hinblick auf die Form, sondern auch teilweise inhaltlich, wenngleich in beschränktem Umfang, nachzuvollziehen. Obwohl dem Verpflichteten zweifelsohne eine Einschätzungsprärogative bei der Erstellung der Risikoanalyse und der darauf basierenden Frage nach der Notwendigkeit und Angemessenheit einzelner Sicherungsmaßnahmen zusteht, kann diese vom Jahresabschlussprüfer inhaltlich jedenfalls auf Unschlüssigkeiten, offene Fehler oder Fehleinschätzungen und auf groben Ermessensfehlgebrauch kontrolliert werden. **99**

Darüber hinaus hat der Jahresabschlussprüfer die vom Institut getroffenen internen Sicherungsmaßnahmen zur Verhinderung von Geldwäsche und Terrorismusfinanzierung (sowie von sonstigen strafbaren Handlungen im Sinne des § 25h Abs. 1 KWG) **im Prüfbericht darzustellen und deren Angemessenheit zu beurteilen**. Dabei ist einzugehen **100**

1. auf die vom Institut entwickelten und aktualisierten internen Grundsätze und die Angemessenheit geschäfts- und kundenbezogener **Sicherungssysteme und Kontrollen** zur Verhinderung von Geldwäsche und Terrorismusfinanzierung sowie von strafbaren Handlungen im Sinne des § 25h Absatz 1 des Kreditwesengesetzes,
2. auf die Stellung und Tätigkeit des **Geldwäschebeauftragten** und seines Stellvertreters, einschließlich ihrer Kompetenzen, sowie die für eine ordnungsgemäße Durchführung ihrer Aufgaben notwendigen Mittel und Verfahren; für Institute, die selbst nicht Tochterunternehmen im Sinne des Kreditwesengesetzes eines Instituts oder eines nach dem Geldwäschegesetz verpflichteten Versicherungsunternehmens sind, gilt dies auch in Bezug auf ihre Tochterunternehmen sowie ihre ausländischen Zweigstellen und Zweigniederlassungen sowie
3. darauf, ob die Beschäftigten, die mit der Durchführung von Transaktionen und mit der Anbahnung und Begründung von Geschäftsbeziehungen befasst sind, angemessen über die Methoden der Geldwäsche und der Terrorismusfi-

GwG § 6 Interne Sicherungsmaßnahmen

nanzierung sowie von strafbaren Handlungen im Sinne des § 25h Abs. 1 KWG und die insofern bestehenden Pflichten **unterrichtet** werden.

101 Hierbei setzt der Jahresabschlussprüfer teilweise auf den unterjährig durchgeführten Prüfungen der Innenrevision auf: Bei der Darstellung und Beurteilung der geldwäschepräventiven Gegebenheiten sind die von dem Institut erstellte Gefährdungsanalyse sowie die von der Innenrevision im Berichtszeitraum durchgeführte Prüfung und deren Ergebnis zu berücksichtigen.

102 Des Weiteren hat der Prüfer darzustellen und zu beurteilen, inwieweit das Institut den kundenbezogenen Sorgfaltspflichten, insbesondere auch den verstärkten Sorgfaltspflichten in Fällen eines erhöhten Risikos, nachgekommen ist.

103 Zu berichten ist ferner über die Erfüllung der Aufzeichnungs- und Aufbewahrungspflichten sowie die Erfüllung der Pflicht zur institutsinternen **Erfassung gemäß § 8 GwG**, wobei sich die Informationen auch auf Unternehmen oder Tochterunternehmen im Sinne des § 25 Abs. 3 Satz 2 KWG beziehen können, und Meldung von Verdachtsfällen gemäß § 11 GwG.

104 Sofern das Institut die Durchführung von internen Sicherungsmaßnahmen oder die Wahrnehmung von kundenbezogenen Sorgfaltspflichten vertraglich auf eine dritte Person oder ein anderes Unternehmen ausgelagert hat, ist hierüber zu berichten. In der Regel beschränkt sich die Prüfung auf die Auslagerungsarchitektur, den Auslagerungsumfang, das Auslagerungscontrolling und die Geeignetheit der Auslagerungsunternehmen.

105 In Bezug auf ein Institut, das ein übergeordnetes Unternehmen im Sinne des Kreditwesengesetzes ist, hat der Prüfer darzustellen und zu beurteilen, inwieweit das Institut angemessene Maßnahmen getroffen hat, um in seinen nachgeordneten Unternehmen, Zweigstellen und Zweigniederlassungen die gruppeneinheitliche Schaffung der internen Sicherungsmaßnahmen sowie die Erfüllung der dort zusätzlich genannten Pflichten und gegebenenfalls die Erfüllung von am ausländischen Sitz geltenden strengeren Pflichten sicherzustellen.

106 (Sofern und) soweit die zu treffenden Maßnahmen in einem **Drittstaat** nicht zulässig oder tatsächlich nicht durchführbar sind, hat der Prüfer ferner darzustellen und zu beurteilen, inwieweit das Institut angemessene Maßnahmen getroffen hat, um sicherzustellen, dass seine nachgeordneten Unternehmen, Zweigstellen und Zweigniederlassungen dort Geschäftsbeziehungen nicht begründen oder fortsetzen, keine Transaktionen durchführen und bestehende Geschäftsbeziehungen beenden.

107 (Nur) bei Kreditinstituten ist zu beurteilen, inwieweit diese im bargeldlosen Zahlungsverkehr ihren Pflichten zur Feststellung, Überprüfung und Übermittlung von vollständigen Auftraggeberdaten nachgekommen sind. Gleiches gilt in Bezug auf die von den vorgenannten Instituten getroffenen Maßnahmen zur Erkennung und Behandlung von eingehenden Zahlungsaufträgen mit unvollständigen

Auftraggeberdaten. Bei Kreditinstituten ist vom Prüfer ferner darzustellen, inwieweit diese ihre Verpflichtungen nach § 24c Abs. 1 KWG (Kontenabfrageverfahren) erfüllt haben. Insbesondere ist zu beurteilen, ob die hierzu eingesetzten Verfahren eine zutreffende Erfassung der aufgenommenen Identifizierungsdaten mit richtiger Zuordnung zum Konto oder Depot im Abrufsystem gewährleisten. Gegebenenfalls ist über die ordnungsgemäße Erfüllung der Anordnungen der Bundesanstalt gemäß § 6a KWG (Anordnungen im Einzelfall; von besonderer Bewandtnis sind in der Prüfpraxis Anordnungen zur Kontensperre im Zusammenhang mit Terrorismusfinanzierung) zu berichten.

Die wesentlichen Prüfergebnisse des Jahresabschlussprüfers sind nach § 27 Abs. 8 PrüfbV in einer Checkliste nach **Anlage 5 zur Prüfbv** festzuhalten und dem Prüfbericht beizulegen. **108**

Wie oben angemerkt, bestehen die genannten Verpflichtungen nur im Rahmen der Abschlussprüfungen und nur bei „Instituten" im Sinne des Kreditwesengesetzes. Sie können jedoch durchaus als Anhaltspunkt für Prüfungen der Innenrevision und bei Prüfungen außerhalb des Finanzsektors dienen. **109**

Außerhalb des Finanzsektors haben sich leider noch keine allgemein gültigen Prüfstandards durchgesetzt. In der Praxis ist ein uneinheitliches Verhalten der Abschlussprüfer zu beobachten. Ein Tätigwerden der entsprechenden Verbände ist daher indiziert. **110**

c) Sonderprüfungen nach § 44 KWG

Nach § 44 KWG hat die BaFin die Möglichkeit, bei Instituten **Sonderprüfungen** durchzuführen. Solche Prüfungen können, müssen aber nicht anlassbezogen sein. Geldwäsche-Sonderprüfungen werden in der Praxis durch die Aufsicht regelmäßig bei Instituten mit höherer Risikoexposition angeordnet. Die Aufsicht hat nach § 4 Abs. 3 FinDAG die Möglichkeit, Wirtschaftsprüfer, Prüfverbände oder Rechtsanwaltskanzleien mit der Durchführung der Prüfung zu beauftragen. **111**

Sonderprüfungen nach § 44 KWG richten sich in der Praxis auf eine vertiefte Prüfung der internen Sicherungsmaßnahmen, des Verdachtsmeldewesens und die unterliegende Aufbauorganisation. Umfang und Rahmen der Sonderprüfungen können von der Aufsicht nach eigenem Ermessen durchgeführt werden; Voraussetzung ist der Erlass einer Prüfungsanordnung gegenüber dem betroffenen Institut. **112**

V. Pflichten des Unternehmens, nicht des Angestellten

Nach § 6 Abs. 3 GwG obliegen die Verpflichtungen zur Vornahme interner Sicherungsmaßnahmen nach § 6 Abs. 1, 2 GwG bei Verpflichteten im Sinne des **113**

GwG § 6 Interne Sicherungsmaßnahmen

§ 2 Abs. 1 Nr. 10 bis 14 und 16 GwG, die ihre berufliche Tätigkeit als Angestellte eines Unternehmens ausüben, nicht den Verpflichteten (als Personen) selbst, sondern dem Unternehmen, bei dem die Verpflichteten angestellt sind. § 6 Abs. 3 GwG entspricht dem bisherigen § 9 Abs. 3 Satz 1 GwG und dient der Umsetzung von Art. 46 Abs. 1 Satz 3 der 4. EU-Geldwäscherichtlinie.[95]

114 Begünstigte jener Ausnahme vom Grundsatz der geldwäscherechtlichen Verpflichtung des einzelnen **Berufsträgers** sind namentlich Rechtsanwälte, Kammerrechtsbeistände, Patentanwälte und Notare (§ 2 Abs. 1 Nr. 10 GwG), Rechtsbeistände, die nicht Mitglied einer Rechtsanwaltskammer sind und registrierte Personen nach § 10 des Rechtsdienstleistungsgesetzes (§ 2 Abs. 1 Nr. 11 GwG), Wirtschaftsprüfer, vereidigte Buchprüfer, Steuerberater und Steuerbevollmächtigte (§ 2 Abs. 1 Nr. 12 GwG), Dienstleister für Gesellschaften und für Treuhandvermögen und Treuhänder (§ 2 Abs. 1 Nr. 13 GwG), Immobilienmakler (§ 2 Abs. 1 Nr. 14 GwG) sowie Güterhändler (§ 2 Abs. 1 Nr. 16 GwG), die ihre berufliche Tätigkeit als „Angestellte eines Unternehmens" ausüben. Hinsichtlich aller Betroffenen ist festzustellen, dass die Berufsträger zwar vom Wortlaut des Gesetzes als Normadressat bezeichnet werden, jedoch nach Sinn und Zweck des Gesetzes selbstverständlich standes- und gewerberechtliche Organisationspflichten des dahinterstehenden Unternehmens ausgelöst werden sollten.

115 Privilegiert sind jedoch lediglich die Verpflichteten, die bei dem Unternehmen angestellt sind. Maßgebliches Kriterium dafür, ob ein Angestelltenverhältnis vorliegt, ist die Weisungsabhängigkeit des Berufsträgers gegenüber dem Inhaber des Unternehmens.[96] Dies wurde in Bezug auf Großkanzleien, aber z. B. auch im Hinblick auf **Syndikusanwälte**, immer wieder diskutiert. Um dieser Diskussion jedenfalls in geldwäscherechtlicher Hinsicht ein Ende zu bereiten, hat sich der Gesetzgeber zum Erlass dieser – klarstellenden – Norm entschlossen.

116 Der **Zweck der Vorschrift** des § 6 Abs. 3 GwG besteht darin, die angestellten Berufsträger von ihrer Pflicht zur Vornahme interner Sicherungsmaßnahmen zu befreien und stattdessen die Pflicht zur Vornahme interner Sicherungsmaßnahmen einheitlich bei dem anstellenden Unternehmen zu bündeln. Bei den betroffenen Unternehmen handelt es sich zumeist um größere Handelsgesellschaften oder um freiberufliche Berufungsausübungsgesellschaften (beispielsweise Rechtsanwaltssozietäten).[97] Diese haben daher regelmäßig mehrere geldwäscherechtlich Verpflichtete im Sinne des § 2 Abs. 1 Nr. 10 bis 14 und 16 GwG angestellt, sodass sich aus Gründen einer einheitlichen „Policy" des Unternehmens im Hinblick auf interne Sicherungsmaßnahmen und in Anbetracht der dem Unternehmensinhaber gegenüber den Angestellten bestehenden Weisungsbefugnis-

---

95 BT-Drs. 18/11555, S. 111.
96 *Walther*, in: Schimansky/Bunte/Lwowski, Bankrechts-Handbuch, § 42 Rn. 551.
97 Vgl. BT-Drs. 14/8739, S. 17.

se eine Bündelung der internen Sicherungsmaßnahmen bei dem Unternehmen als sinnvoll erweist.

VI. Besondere interne Sicherungsmaßnahmen für Glücksspielveranstalter und -vermittler

1. Überblick

Nach § 6 Abs. 4 GwG müssen Verpflichtete nach § 2 Abs. 1 Nr. 15 GwG – d. h. **Veranstalter und Vermittler von Glücksspielen** – über die in § 6 Abs. 2 GwG genannten Maßnahmen hinaus Datenverarbeitungssysteme betreiben, mittels derer sie in der Lage sind, sowohl Geschäftsbeziehungen als auch einzelne Transaktionen im Spielbetrieb oder über ein Spielerkonto nach § 16 GwG zu erkennen, die aufgrund des öffentlich verfügbaren oder im Unternehmen verfügbaren Erfahrungswissens über die Methoden der Geldwäsche und der Terrorismusfinanzierung als zweifelhaft oder ungewöhnlich anzusehen sind. Weiterhin haben sie diese Datenverarbeitungssysteme zu aktualisieren. Die zuständige Aufsichtsbehörde kann allerdings Kriterien bestimmen, nach denen die genannten Verpflichteten von der Erfüllung dieser Pflichten absehen können. 117

Mit der Neustrukturierung des GwG, insbesondere mit der Erstreckung der allgemeinen Sicherungsmaßnahmen auf alle Verpflichteten, sind die Sondernormen der §§ 9a, 9b und 9c des GwG a. F. hinfällig geworden. Glücksspielveranstalter und Vermittler müssen daher wie alle anderen Verpflichteten auch einen Geldwäschebeauftragten nebst Stellvertreter bestellen, Mitarbeiter schulen, die Zuverlässigkeit der Beschäftigten überprüfen etc. Hinsichtlich der Identifikation gilt nunmehr – der Systematik des Gesetzes folgend – mit § 10 Abs. 4 GwG eine Sondervorschrift. 118

Die im GwG genannten **Sonderregelungen** für Glücksspielveranstalter sind deshalb erforderlich, weil schon die Geschäftsbeziehung (Anbahnung, Abschluss und Durchführung des Glücksspielvertrags) typischerweise ohne physischen Kontakt abläuft.[98] 119

2. Datenverarbeitungssysteme

§ 6 Abs. 4 GwG entspricht § 9a Abs. 3 Satz 1 und Satz 5 GwG a. F.[99] Nach § 9a Abs. 3 Satz 1 GwG war die Pflicht zum Betrieb und zur Aktualisierung von Datenverarbeitungssystemen jedoch lediglich auf Veranstalter und Vermittler von Glücksspielen im Internet begrenzt, während nunmehr prinzipiell sämtliche Ver- 120

---

98 Vgl. Hinweise des BMF zum Umgang mit den Sondervorschriften, 11.6.2014, S. 16.
99 BT-Drs. 18/11555, S. 111.

GwG § 6 Interne Sicherungsmaßnahmen

anstalter und Vermittler von Glücksspielen ein solches **Datenverarbeitungssystem betreiben und aktualisieren** müssen. Weiterhin enthielt § 9a Abs. 3 Satz 2–4 GwG a. F. im Hinblick auf das zu betreibende Datenverarbeitungssystem der Verpflichteten besondere datenschutzrechtliche Vorschriften, die nunmehr entfallen sind. In der Sache führt diese Streichung aber zu keiner Veränderung. Denn die besondere Ermächtigung des § 9a Abs. 3 Satz 2 GwG a. F. zur Erhebung, Verarbeitung und Nutzung personenbezogener Daten ist nunmehr in der allgemeinen datenschutzrechtlichen Ermächtigung der Verpflichteten in § 58 GwG aufgegangen (siehe dazu näher § 58 GwG Rn. 3 ff.). Darüber hinaus hatte die in § 9a Abs. 3 Satz 3 GwG a. F. vorgesehene Pflicht zur Vornahme besonderer technischer oder organisatorischer Maßnahmen nach § 9 Satz 1 BDSG ohnehin nur klarstellende Bedeutung, da § 9 Satz 1 BDSG für die Verpflichteten sowieso bereits unmittelbar geltendes Recht darstellte.[100] Schließlich ist die in § 9a Abs. 3 Satz 4 GwG a. F. vorgesehene Pflicht zur **Löschung der personenbezogenen Daten** binnen fünf Jahren nach Beendigung der Geschäftsbeziehung in der Regelung des § 8 Abs. 4 GwG aufgegangen (siehe dazu näher § 8 GwG Rn. 38).

121 Gesetzgeberischer **Zweck** der Pflicht der Glücksspielveranstalter und Glücksspielvermittler zum Betrieb und zur Aktualisierung von Datenverarbeitungssystemen ist die Sicherstellung der Transparenz der Zahlungsströme.[101] Spielerkonten weisen zwar eine gewisse Ähnlichkeit mit Zahlungskonten im Sinne des Zahlungsdiensteaufsichtsgesetzes dar. Sie bilden aber dennoch Soll- und Habenpositionen ab und können – je nach Ausgestaltung – auch zu Zwecken der „Überweisung" von einem auf ein anderes Spielerkonto verwendet werden.[102]

122 Entsprechend reicht es nach Ansicht des Gesetzgebers nicht aus, die tatsächlichen Geldflüsse etwa bei den Zahlungsinstituten oder den Kreditinstituten zu erfassen und geldwäschetechnisch zu analysieren; die Sicherungsmaßnahmen müssen vielmehr innerhalb des Spielerkonten-Systems ergriffen werden. Da die Spielerkonten oftmals tagesgleich sehr zahlreiche Transaktionen abwickeln, reicht eine rein manuelle Kontrolle nach Ansicht des BMF nicht mehr aus.[103]

123 Das zur Gewährleistung einer solchen Transparenz zu betreibende und zu aktualisierende Datenverarbeitungssystem soll eine **strukturierte und systematische Überwachung** der Zahlungsströme anhand im Vorfeld festzulegender konkreter Umstände und Kriterien ermöglichen.[104] Auf dieser Grundlage sollen auffällige

---

100 *Warius*, in: Herzog, GwG, § 9a Rn. 6.
101 BT-Drs. 18/11555, S. 111.
102 Vgl. Hinweise des BMF zum Umgang mit den Sondervorschriften, 11.6.2014, S. 17.
103 Vgl. Hinweise des BMF zum Umgang mit den Sondervorschriften, 11.6.2014, S. 19.
104 BT-Drs. 18/11555, S. 111 f.; *Warius*, in: Herzog, GwG, § 9a Rn. 6.

Transaktionen möglichst schnell erfasst und bewertet und daran anschließend die notwendigen Reaktionen vorgenommen werden.[105]

Im Hinblick auf Geldwäscherisiken sind insbesondere solche Glücksspiele als hoch risikobehaftet anzusehen, die zum einen eine schnelle Umschlaggeschwindigkeit garantieren, zum anderen durch ein geringes Risikopotenzial für die eingesetzten Vermögenswerte geprägt sind.[106] Der Hauptanwendungsfall risikobasierter Datenverarbeitungsmechanismen, die ungewöhnliches Wettverhalten ermitteln (Systemwetten, ungewöhnlich hohe Wetteinsätze)[107] richtet sich in der Praxis hingegen oft gegen die Vortat des Wettbetruges und nicht gegen die hieraus resultierende Geldwäsche. 124

Geldwäschespezifische **Gefährdungssachverhalte** im Nachgang von Wettbetrug sind naturgemäß schwer zu erkennen. Beim Einsatz von Glücksspiel insbesondere in der „Layering"-Phase (vgl. hierzu oben § 1 Rn. 20) sind z. B. Systeme im Sinne des § 6 Abs. 4 GwG dahingehend auszurichten, dass sie typische „Aufbuchungssituationen ohne Risiko", „widersprechende Wetten" zur Risikominimierung oder ähnliche Konstellationen entdecken. Zu besonderen Risikotreibern im Bereich der Online-Lotterien, Online-Sportwetten oder Online-Pferdewetten hat das BMF zahlreiche Typologien zusammengefasst.[108] Zu dem zur Errichtung solcher industriespezifischer Sicherungsmaßnahmen heranzuziehenden öffentlich verfügbaren Erfahrungswissen über die Methoden der Geldwäsche und Terrorismusfinanzierung im Glücksspielsektor gehören ferner die einschlägigen Veröffentlichungen der FATF,[109] der FIU und des Bundeskriminalamtes.[110] Im Zusammenhang mit Online-Glücksspiel existieren zudem spezifische Veröffentlichungen der European Sports Security Association sowie der European Gaming und Betting Association.[111] 125

Die zu errichtenden elektronischen Datenverarbeitungssysteme sind darauf ausgerichtet, derartige Typologien mittels einer Zuordnung von Transaktionen oder Transaktionsgruppen zu Regeln bzw. zu Algorithmen zu erkennen. Sie ähneln daher den Datenverarbeitungssystemen der Kreditwirtschaft zur Erkennung **auffälliger Transaktionen** im Zahlungsverkehr. 126

---

105 *Warius*, in: Herzog, GwG, § 9a Rn. 6.
106 *Veverka*, in: Wohlschlägl-Aschberger, Geldwäscheprävention, S. 616 ff. m. w. N.
107 Hinsichtlich einschlägiger Verdachtsmomente vgl. *Veverka*, in: Wohlschlägl-Aschberger, Geldwäscheprävention, S. 607 m. w. N.
108 Vgl. Hinweise des BMF zum Umgang mit den Sondervorschriften, 11.6.2014, S. 39 ff.
109 Vgl. z. B. die Publikation „Vulnerabilities of Casinos and Gaming Sector", März 2009.
110 *Warius*, in: Herzog, GwG, § 9a Rn. 6.
111 *Warius*, in: Herzog, GwG, § 9a Rn. 6.

GwG § 6 Interne Sicherungsmaßnahmen

127 Kommt der Glücksspielveranstalter oder Glücksspielvermittler seiner Pflicht zum Betrieb und zur Aktualisierung von Datenverarbeitungssystemen vorsätzlich oder leichtfertig nicht nach, kann dies für ihn nach § 56 Abs. 1 Nr. 5 GwG ein Bußgeld zur Folge haben (siehe dazu näher § 56 GwG).

3. Härtefallregelung und Anordnungsbefugnis

128 Da die Pflicht zum Betrieb und zur Aktualisierung von Datenverarbeitungssystemen für einige Glücksspielveranstalter und Glücksspielvermittler mit unverhältnismäßig großen wirtschaftlichen und organisatorischen Aufwendungen verbunden sein kann, sieht § 6 Abs. 4 Satz 3 GwG wie schon die Vorgängerregelung des § 16 Abs. 7 GwG a. F. eine Härtefallregelung vor, nach der die zuständige Aufsichtsbehörde Kriterien bestimmen kann, nach denen Glücksspielveranstalter und Glücksspielvermittler von der Erfüllung der Pflicht zum Betrieb und zur Aktualisierung von Datenverarbeitungssystemen absehen können. Anders als nach der bisherigen Rechtslage ist allerdings nicht zwingend ein Antrag zur Befreiung erforderlich; es reicht aus, wenn die durch die Verwaltungsbehörden festgelegten Kriterien vorliegen.

129 Ein solcher Härtefall ist allerdings **nur bei atypischen Strukturen** in Betracht zu ziehen, sofern das konkrete Gefährdungspotenzial des Verpflichteten, etwa im Hinblick auf einen nur geringen Umfang von angebotenen oder vermittelten Glücksspielen, einem geringen Spielerkreis oder einer nachweisbaren objektiv geringen Gefährlichkeit in Bezug auf Geldwäsche und Terrorismusfinanzierung, als besonders gering anzusehen ist.[112] Allein ausschlaggebendes Kriterium ist die Risikoexposition des betreffenden Unternehmens.

130 Im Hinblick auf die bisherige Rechtslage, die allerdings durch das wegfallende Antragserfordernis geändert werden wird, waren zum Beispiel die folgenden Erwägungen Grundvoraussetzungen für einen erfolgreichen Antrag:[113]

131 Ein Antrag hatte nach bisheriger Ausrichtung der Norm nur dann Aussicht auf Erfolg, wenn er auf einer „eingehenden Zweckmäßigkeitsprüfung" beruhte. Unter Verweis auf die erhöhte Gefährdungslage insbesondere von Online-Glücksspielen seien Ausnahmen nur in besonderen Ausnahmesituationen denkbar. Hinsichtlich eines möglichen Dispenses von KYC und Sicherungsmaßnahmen allgemein und von datenverarbeitungsbasierten Analysesystemen im Besonderen äußerte sich das **BMF bisher mit dem Argument sehr kritisch**, dass schließlich bei online betriebenen Glücksspielen ohnehin bereits wesentliche IT-Infrastruktur vorzuhalten sei und eine IT-mäßige Erfassung und Überprüfung kaum ins Gewicht falle. Lediglich hinsichtlich der Feststellung eines wirtschaftlich

---

112 *Warius*, in: Herzog, GwG, § 9a Rn. 6.
113 Vgl. Hinweise des BMF zum Umgang mit den Sondervorschriften, 11.6.2014, S. 46 ff.

Berechtigten und hinsichtlich der Frage, ob Ausweiskopien zugelassen werden sollten, äußert das BMF sich zu den Möglichkeiten einer Befreiung.[114]

Bei alledem ist zu beachten, dass die allgemeinen glücksspielrechtlichen Vorschriften nach dem GlüStV zur Identifikation, **ordnungsgemäßen Geschäftsorganisation** und die Legalitätspflichten **selbstverständlich fortgelten**; sie können nicht nach § 6 Abs. 4 GwG von der für Geldwäscheprävention zuständigen Behörde „gewaived" werden. Die Abdingbarkeit der Führung eines Spielerkontos sei insgesamt zu verneinen. 132

Nach der Gesetzesänderung ist kaum zu erwarten, dass die zuständigen Aufsichtsbehörden großvolumige Dispense erlassen werden. Dennoch ist darauf hinzuweisen, dass die bisherige Verwaltungspraxis angesichts der veränderten Gesetzessystematik nicht mehr ohne Weiteres auf die heutige Situation der Verpflichteten übertragbar sein dürfte; eine neue Verwaltungspraxis muss folglich entwickelt werden. 133

Liegen die von der zuständigen Aufsichtsbehörde festgelegten Kriterien für einen Härtefall tatsächlich vor, ist der betroffene Verpflichtete wie beschrieben **ipso iure** von seiner Pflicht zum Betrieb und zur Aktualisierung von Datenverarbeitungssystemen befreit. Der Verpflichtete muss mithin bei der zuständigen Aufsichtsbehörde keinen besonderen Befreiungsantrag stellen. Ihm bleibt es aber unbenommen, seine Befreiung von der Pflicht zum Betrieb und zur Aktualisierung von Datenverarbeitungssystemen im Wege eines Feststellungsantrages individuell feststellen zu lassen, sofern ein besonderes Bedürfnis hierfür nachgewiesen werden kann. 134

VII. Pflicht zur Einrichtung eines Whistleblowing-Systems

1. Überblick

Nach § 6 Abs. 5 GwG haben Verpflichtete im Hinblick auf ihre Art und Größe angemessene Vorkehrungen zu treffen, damit es ihren Mitarbeitern und Personen in einer vergleichbaren Position unter der Wahrung der Vertraulichkeit ihrer Identität möglich ist, Verstöße gegen geldwäscherechtliche Vorschriften geeigneten Stellen zu berichten. 135

Mit der Regelung des § 6 Abs. 5 GwG wird **erstmals für alle geldwäscherechtlich Verpflichteten** das sog. „**Whistleblowing-System**" gesetzlich vorgeschrieben. Einige der Verpflichteten – namentlich Kreditinstitute und Finanzdienstleistungsinstitute sowie Versicherungsunternehmen – waren schon bisher auf spezialgesetzlicher Grundlage (§ 25a Abs. 1 Satz 6 Nr. 3 KWG; § 23 Abs. 6 136

---

114 Vgl. Hinweise des BMF zum Umgang mit den Sondervorschriften, 11.6.2014, S. 50 f.

GwG § 6 Interne Sicherungsmaßnahmen

VAG) zur Einrichtung eines allgemeinen Whistleblowing-Systems verpflichtet. Die Einrichtung eines solchen Hinweisgebersystems für alle Verpflichteten folgt europarechtlichen Vorgaben: Das nunmehr für alle Verpflichteten eingeführte geldwäscherechtliche Whistleblowing-System in § 6 Abs. 5 GwG dient der Umsetzung von Art. 42 der 4. EU-Geldwäscherichtlinie.[115]

137 Das bei den Verpflichteten einzurichtende System soll nach dem Willen des Gesetzgebers die auf Behördenebene einzurichtende Stelle für Hinweisgeber nach § 53 GwG ergänzen.[116] Den Mitarbeitern des Verpflichteten soll es mithin nicht nur möglich sein, Verstöße gegen geldwäscherechtliche Vorschriften an die zuständigen Behörden zu melden, sondern eine solche Meldung soll auch intern bei dem Verpflichteten selbst – unter Wahrung der Vertraulichkeit der Mitarbeiter – möglich sein.

138 Die Errichtung von Hinweisgebersystemen in Unternehmen ist **datenschutzrechtlich sehr kompliziert zu rechtfertigen**;[117] § 6 Abs. 5 GwG dient den Verpflichteten als datenschutzrechtliche Ermächtigungsgrundlage. Auch ohne Zustimmung aller Betroffenen kann mithin ein entsprechendes System errichtet und betrieben werden. Angesichts der in Compliance-Angelegenheiten teilweise recht unzuverlässigen Rechtslage, insbesondere mit Blick auf die hohen Hürden des Beschäftigtendatenschutzes in § 32 BDSG, ist der Schritt des Gesetzgebers sehr zu begrüßen.

2. Einrichtung und ablauforganisatorische Ausgestaltung des Hinweisgebersystems

139 Die Errichtung eines Whistleblower-Systems kann **mitbestimmungsrechtlich relevant** sein.[118] Grund hierfür ist, dass die Errichtung eines solchen Systems eine Maßnahme der Leistungs- und Verhaltenskontrolle sein kann. Nach der Ansicht des BAG kann die Errichtung eines Whistleblowing-Systems mitbestimmungspflichtig sein, sofern die Einrichtung und der Betrieb desselben nicht nur arbeitsvertragliche Pflichten widerspiegelt oder die Einrichtung über den bloßen „Gesetzesvollzug hinausgeht".[119] Mit der Einführung einer gesetzlichen Pflicht zur Einrichtung kann das Mitbestimmungsrecht des Betriebsrates wegfallen; jedenfalls bei der Entscheidung über das „Ob" kann nicht mehr von Mitbestimmungspflicht ausgegangen werden.[120] Hinsichtlich der konkreten Ausgestaltung

---

115 BT-Drs. 18/11555, S. 112.
116 BT-Drs. 18/11555, S. 112.
117 Vgl. zum Datenschutzrechtlichen Hintergrund eines Whistleblowing-Systems *Diepold/Loof*, CB 2017, 25, 27 ff. mit zahlreichen Nachweisen.
118 Vgl. *Diepold/Loof*, CB 2017, 25 ff.
119 BAG, BB 2008, 2520.
120 Vgl. – schon zur „alten" Rechtslage – *Diepold/Loof*, CB 2017, 25, 26 f. m. w. N.

VII. Pflicht zur Einrichtung eines Whistleblowing-Systems § 6 GwG

des Systems kann jedoch nach dem Einzelfall eine Mitbestimmungspflicht bestehen. Dies gilt insbesondere dann, wenn das System hinsichtlich des Anwendungsbereiches (Geldwäsche bzw. in der Kreditwirtschaft „sonstige strafbare Handlungen") über die gesetzliche Vorschrift hinausgeht.

In Bezug auf die Einrichtung eines Whistleblowing-Systems bleibt es den Verpflichteten überlassen, **welche interne Stelle** für den Empfang der jeweiligen Meldungen der Mitarbeiter zuständig sein soll und wie die Vertraulichkeit der Identität der betroffenen Mitarbeiter sichergestellt werden soll.[121] Die konkreten Anforderungen an die Ausgestaltung der unternehmensinternen Anlaufstellen hängen jedoch maßgeblich von Art und Größe des Verpflichteten ab. Dementsprechend sind Verpflichtete, die nach ihrer Geschäftsstruktur und Kundenstruktur besonders anfällig für Geldwäsche und Terrorismusfinanzierung, zu weitreichenderen Maßnahmen verpflichtet als Verpflichtete, die eine geringere Anfälligkeit hierfür aufweisen. Dies gilt auch für die Anforderungen an die Ausgestaltung und Professionalität der Hinweisgeberstelle selbst. 140

Die von Kreditinstituten schon seit 2013 zwingend zu betreibenden Whistleblowing-Systeme können den weiteren Verpflichteten von der Art der Anforderungen möglicherweise als Beispiel dienen: 141

Nach Artikel 71 CRD IV muss ein Whistleblowing-System insbesondere die folgenden Verfahren darstellen können:[122] 142

Empfangskanal: Zunächst sind nach CRD IV spezielle Verfahren für den Empfang von Whistleblowing-Meldungen einzurichten. Diese Verfahren können verschiedene oder auch nur einen Kommunikationskanal enthalten. Je nach Ausrichtung des Unternehmens und Geeignetheit der Maßnahmen kommen anonyme E-Mail-Dienste in Betracht (bei denen allerdings eine nachlaufende Kommunikation mit dem Meldenden möglich sein sollte), Briefkästen, Sprechstunden eines Ombudsmannes oder einer anderen mit der „Meldestelle" beauftragten Person etc. 143

Verfahren zur **Weiterverfolgung von Meldungen**: Ferner muss der Verpflichtete in seiner Ablauforganisation ein Verfahren festlegen, welches es dem Unternehmen ermöglicht, unter Wahrung der Vertraulichkeit des Meldenden der gemeldeten Angelegenheit nachzugehen. In der Regel werden „Informationstreuhänder" zwischengeschaltet, um weiteren Stellen im Unternehmen (HR, Compliance, Recht, Innenrevision) die Weiterverfolgung zu ermöglichen. 144

Benachteiligungsschutz: Das Whistleblower-System muss vorsehen, dass dem Meldenden keine Nachteile aufgrund der Meldung entstehen. Der Begriff ist weit auszulegen und betrifft sämtliche Nachteile, Diskriminierungen und als 145

---

121 BT-Drs. 18/11555, S. 112.
122 *Braun*, in: Boos/Fischer/Schulte-Mattler, KWG/CRR-VO, § 25a KWG Rn. 687 ff.

Kaetzler

GwG § 6 Interne Sicherungsmaßnahmen

„Vergeltung" zu verstehenden Maßnahmen seitens des Unternehmens, Vorgesetzter oder weiterer Personen, die mit der Meldung in Verbindung stehen.

146 **Schutz personenbezogener Daten**: Die Verpflichteten müssen ferner den Schutz der personenbezogenen Daten im Whistleblowing-System sicherstellen. Hiervon erfasst sind nicht nur die Daten des Anzeigenden, sondern auch diejenigen des durch die Meldung betroffenen Mitarbeiters, Organs oder Dritten.[123]

147 Garantierte **Vertraulichkeit**: Das Whistleblowing-System ist so auszugestalten, dass die Vertraulichkeit der Betroffenen wie auch der meldenden Personen weitestgehend gewahrt wird.

148 Die konkrete Umsetzung dieser Vorgaben bleibt den Verpflichteten selbst überlassen.

149 Ungeschriebenes Merkmal, aber selbstverständlich, ist **die sachgerechte Kommunikation** des Whistleblowing-Systems in das Unternehmen selbst.

150 In der Praxis bestehen sowohl „**interne**", also durch einen Mitarbeiter des Unternehmens oder des Konzerns als „Hinweisnehmer" besetzte, als auch „externe" Systeme. Externe Kanäle bieten ein höheres Maß an Unabhängigkeit und – wenn berufsverschwiegen besetzt – ein höheres Maß an Schutz der preisgegebenen Informationen. Interne Systeme ermöglichen in der Regel eine schnittstellenfreie, einfachere Weiterbearbeitung, werden bei Arbeitnehmern aber oftmals als „im Arbeitgeberlager stehend" verortet.

151 Bei **externen** Systemen werden die Informationsentgegennahme und -verarbeitung durch einen Dritten vorgenommen; in der Regel ist diese Konstellation als Auslagerung im Sinne des § 6 Abs. 7 GwG zu betrachten und bedarf der Anzeige an die zuständige Behörde. Die – mögliche – Wesentlichkeit der Auslagerung hat allerdings zur Folge, dass hinsichtlich der Durchreichung von Eingriffs- und Kontrollrechten der Aufsichtsbehörden (vgl. unten Rn. 162 ff.) mögliche, vom System nicht gewollte Durchbrechungen der Verschwiegenheits- und Vertraulichkeitspflichten entstehen könnten, sodass genau auf die Frage der „Wesentlichkeit" bei der Kalibrierung der Auslagerung zu achten ist.[124]

152 Das GwG fordert keine „Erreichbarkeit 24/24"; je nach Größe und Professionalität des Unternehmens kann eine solche aber angemessen und bei entsprechender Risikoexposition sogar indiziert sein. Wesentlich ist, dass die Abgabe einer Erklärung gegenüber dem System praktisch „ermöglicht" wird und nicht nur „theoretisch" besteht.[125]

---

123 Vgl. *Braun*, in: Boos/Fischer/Schulte-Mattler, KWG/CRR-VO, § 25a KWG Rn. 688.
124 Vgl. *Renz/Rhode-Liebenau*, BB 2014, 692, 696.
125 *Renz/Rhode-Liebenau*, BB 2014, 692, 694.

3. „Wahrung der Vertraulichkeit"

Die Verpflichteten müssen in Bezug auf die einzurichtende interne Anlaufstelle zudem in jedem Fall die Vertraulichkeit der Mitteilungen der jeweiligen Mitarbeiter gewährleisten und sicherstellen, dass den Mitarbeitern aus ihrer Mitteilung keine Nachteile – wie beispielsweise Vergeltungsmaßnahmen, Diskriminierungen, arbeitsvertragliche Ahndungen[126] sowie andere Arten ungerechtfertigter Behandlung[127] – erwachsen.[128] Mit der gefundenen Lösung wendet sich der Gesetzgeber von der **ursprünglichen Idee des Referentenentwurfs**[129] ab, einen „anonymen" Hinweisgeberkanal bei den Verpflichteten errichten zu lassen.

153

Voraussetzung für ein Hinweisgebersystem, welches die Vertraulichkeit des Hinweisgebers wahrt, ist, dass die Mitteilungen des meldenden Mitarbeiters prinzipiell weder den anderen Mitarbeitern des Unternehmens, noch etwaigen Dritten bekannt gemacht werden.[130] Sollte **ausnahmsweise eine Mitteilung an Dritte**, beispielsweise im Rahmen gerichtlicher Verfahren (vgl. § 53 Abs. 3 GwG) oder staatsanwaltschaftlicher Ermittlungsverfahren,[131] notwendig sein, ist – wenn möglich – lediglich der Inhalt des Hinweises, nicht aber die Identität des Hinweisgebers gegenüber der anfragenden Stelle offenzulegen.

154

Bei – auch **konzerninternen – Auslagerungen in Drittstaaten**, insbesondere in ein Land, für das kein datenschutzrechtlicher „Angemessenheitsbeschluss" der Europäischen Kommission vorliegt, sind besondere datenschutzrechtliche Vorkehrungen zu treffen.[132]

155

VIII. Pflicht zur Auskunft über Geschäftsbeziehungen gegenüber Behörden

Verpflichtete müssen gemäß § 6 Abs. 6 GwG Vorkehrungen treffen, um auf **Anfrage der Zentralstelle für Finanztransaktionsuntersuchungen oder auf Anfrage anderer zuständiger Behörden** Auskunft darüber geben zu können, ob sie während eines Zeitraums von fünf Jahren vor der Anfrage mit bestimmten Personen eine Geschäftsbeziehung unterhalten haben und welcher Art diese Geschäftsbeziehung war.[133] Weitere Details, etwa über einzelne Transaktionen in-

156

---

126 BT-Drs. 18/11555, S. 162.
127 *Braun*, in: Boos/Fischer/Schulte-Mattler, KWG/CRR-VO, § 25a KWG Rn. 688.
128 BT-Drs. 18/11555, S. 161.
129 Referentenentwurf zum Umsetzungsgesetz vom 15.12.2016, S. 17.
130 *Braun*, in: Boos/Fischer/Schulte-Mattler, KWG/CRR-VO, § 25a KWG Rn. 688.
131 BT-Drs. 18/11555, S. 161.
132 Vgl. *Diepold/Loof*, CB 2017 25, 29.
133 Vgl. BT-Drs. 18/11555, S. 112.

GwG § 6 Interne Sicherungsmaßnahmen

nerhalb einer Geschäftsbeziehung, dürfen nach dem eindeutigen Willen des Gesetzgebers über die genannte Norm nicht abgefragt werden.

157 Bei § 6 Abs. 6 GwG handelt es sich um eine **neu in das GwG aufgenommene Regelung**. Sie dient der Umsetzung von Art. 42 der 4. EU-Geldwäscherichtlinie.[134] Der Zweck der Vorschrift besteht darin, die Kooperation zwischen den Verpflichteten und der jeweils zuständigen Behörde zu sichern.[135] Es soll gewährleistet werden, dass die zuständige Behörde ihrer Aufgabe der Prävention und Bekämpfung von Geldwäsche und Terrorismusfinanzierung zeitnah und effektiv nachkommen kann.[136] Grundvoraussetzung hierfür ist, dass die zuständige Behörde auf die hierzu notwendigen Informationen bei den Verpflichteten zugreifen kann.

158 Die Verpflichteten haben hierbei sicherzustellen, dass die Informationen **sicher und vertraulich behandelt** werden. Verpflichtete im Sinne des § 2 Abs. 1 Nr. 10 und 12 – namentlich Rechtsanwälte, Kammerrechtsbeistände, Patentanwälte und Notare sowie Wirtschaftsprüfer, vereidigte Buchprüfer, Steuerberater und Steuerbevollmächtigte – können die Auskunft verweigern, wenn sich die Anfrage auf Informationen bezieht, die sie im Rahmen eines der Schweigepflicht unterliegenden Mandatsverhältnisses erhalten haben. Die Pflicht zur Auskunft bleibt jedoch dann bestehen, wenn der aufgrund seiner Schweigepflicht privilegierte Verpflichtete weiß, dass sein Mandant das Mandatsverhältnis für den Zweck der Geldwäsche oder Terrorismusfinanzierung genutzt hat oder nutzt.

159 Dementsprechend obliegt es den Verpflichteten nunmehr, geeignete Vorkehrungen zu treffen, um den Behörden die für deren Aufgabenwahrnehmung in Bezug auf die Bekämpfung von Geldwäsche und Terrorismusfinanzierung notwendigen Informationen zeitnah übermitteln zu können. Nach dem Willen des Gesetzgebers muss es sich bei ebendiesen Vorkehrungen **nicht zwingend um IT-Verfahren** handeln. Vielmehr können auch sonstige Verfahren benutzt werden, solange nur im Rahmen der verwendeten Verfahren organisatorisch und logistisch gewährleistet ist, dass den anfragenden Behörden vollständig und zutreffend über die in Rede stehenden Geschäftsbeziehungen zu bestimmten Personen Auskunft gegeben werden kann.[137] In der Praxis wird sich aber jedenfalls bei Verpflichteten mit einer großen Geschäftsorganisation die Verwendung von IT-Verfahren anbieten, da auf diese Weise die zu sichernden Informationen am effizientesten verwaltet werden können.

---

134 BT-Drs. 18/11555, S. 112.
135 BT-Drs. 18/11555, S. 112.
136 BT-Drs. 18/11555, S. 112.
137 BT-Drs. 18/11555, S. 112.

VIII. Pflicht zur Auskunft über Geschäftsbeziehungen   § 6 GwG

Die **Aufbewahrungsfrist** der notwendigen Informationen hat der Gesetzgeber aus datenschutzrechtlichen Gründen auf 5 Jahre, vom Zeitpunkt der Anfrage der zuständigen Behörde aus gerechnet, begrenzt.[138] Im Rahmen der Übermittlung an die anfragende Behörde müssen die Verpflichteten zudem sicherstellen, dass die betroffenen Informationen sicher und vertraulich behandelt werden. Eine sichere und vertrauliche Behandlung liegt jedenfalls bei postalischer Übermittlung vor.[139] Bei Übermittlung der Informationen per E-Mail sind hingegen stets Verschlüsselungstechniken zu verwenden, die dem jeweiligen Stand der Technik entsprechen.[140]

160

Privilegiert sind hingegen in Anbetracht ihrer **gesetzlichen Verschwiegenheitspflichten** grundsätzlich Rechtsanwälte, Kammerrechtsbeistände, Patentanwälte und Notare sowie Wirtschaftsprüfer, vereidigte Buchprüfer, Steuerberater und Steuerbevollmächtigte, soweit diese im Rahmen ihres Mandatsverhältnisses tätig sind. Diese Privilegierung bezieht sich jedoch lediglich auf das Recht zur Auskunftsverweigerung gegenüber den anfragenden Behörden. Die Pflicht zur Aufbewahrung und sicheren und vertraulichen Behandlung der betroffenen Informationen bleibt davon unberührt. Allerdings besteht für die genannten Verpflichteten dann auch kein Recht zur Auskunftsverweigerung, wenn diese wissen, dass der Mandant das Mandatsverhältnis für den Zweck der Geldwäsche oder Terrorismusfinanzierung genutzt hat oder nutzt. Denn ein Verpflichteter, der sehenden Auges eine Geschäftsbeziehung zu einem Mandanten eingeht, der diese Geschäftsbeziehung für Zwecke der Geldwäsche oder Terrorismusfinanzierung nutzen will, oder eine solche Geschäftsbeziehung durchführt, bewegt sich selbst außerhalb der Rechtsordnung und darf daher insoweit nicht durch seine gesetzlichen Verschwiegenheitspflichten geschützt werden. Wissen in diesem Sinne fordert neben der positiven Kenntnis der Tatsachen, aus denen sich die Nutzung des Mandatsverhältnisses für den Zweck der Geldwäsche und Terrorismusfinanzierung ergibt, auch, dass der Verpflichtete aus diesen Tatsachen die Schlussfolgerung zieht, dass sein Mandant das Mandatsverhältnis für den Zweck der Geldwäsche oder Terrorismusfinanzierung nutzt. Die insoweit erforderliche Kenntnis muss noch nicht zwingend bei Begründung der Geschäftsbeziehung vorliegen, sondern kann auch erst im Rahmen der Durchführung einer bereits laufenden Geschäftsbeziehung eintreten.

161

---

138 BT-Drs. 18/11555, S. 112.
139 BT-Drs. 18/11555, S. 112.
140 BT-Drs. 18/11555, S. 112.

GwG § 6 Interne Sicherungsmaßnahmen

IX. Auslagerung interner Sicherungsmaßnahmen

1. Überblick

162 Nach § 6 Abs. 7 GwG dürfen die Verpflichteten die internen Sicherungsmaßnahmen im Rahmen von **vertraglichen Vereinbarungen durch einen Dritten durchführen lassen**, wenn sie dies vorher der zuständigen Aufsichtsbehörde angezeigt haben. Die Aufsichtsbehörde kann jedoch die Übertragung untersagen, wenn der Dritte nicht die Gewähr dafür bietet, dass die internen Sicherungsmaßnahmen ordnungsgemäß durchgeführt werden, die Steuerungsmöglichkeiten der Verpflichteten beeinträchtigt werden oder die Aufsicht durch die Aufsichtsbehörde beeinträchtigt wird. Die Verpflichteten haben in ihrer Anzeige darzulegen, dass die genannten Voraussetzungen für eine Untersagung nicht vorliegen. Die Verantwortung für die Erfüllung der internen Sicherungsmaßnahmen verbleibt auch bei zulässiger Auslagerung der internen Sicherungsmaßnahmen auf Dritte nach dem Wortlaut (§ 6 Abs. 7 Satz 4 GwG) und dem Willen des Gesetzgebers in jedem Fall bei den Verpflichteten selbst; die Residualverantwortung des Verpflichteten für das Geldwäsche-Risikomanagement kann nicht durch Auslagerung delegiert werden.[141]

163 Die Voraussetzungen des § 6 Abs. 7 GwG sowie der Spezialnormen (§§ 25h KWG; 32 VAG) gelten sowohl für gruppen-/konzerninterne Auslagerungen wie auch für Auslagerungen auf externe Dritte. Gesetz und Verwaltungspraxis machen zwischen beiden Konstellationen keinen Unterschied.

164 Die Regelung des § 6 Abs. 7 GwG bezieht sich **lediglich auf die internen Sicherungsmaßnahmen nach § 6 GwG**, nicht hingegen auf die besonderen internen Sicherungsmaßnahmen der Kreditinstitute und Finanzdienstleistungsinstitute nach § 25h KWG. Letztere Norm ist wohl lex specialis zu § 6 Abs. 7 GwG. Nach § 25h Abs. 4 KWG ist aber auch im Hinblick auf die besonderen internen Sicherungsmaßnahmen der Kreditinstitute und Finanzdienstleister eine Übertragung durch vertragliche Vereinbarung auf Dritte nach vorheriger Anzeige an die BaFin möglich. Die BaFin hat insoweit – wie auch im Rahmen des § 6 Abs. 7 GwG – die Möglichkeit, die Rückübertragung der internen Sicherungsmaßnahmen an das Kreditinstitut bzw. Finanzdienstleistungsinstitut zu verlangen, wenn der Dritte nicht die Gewähr dafür bietet, dass die Sicherungsmaßnahmen ordnungsgemäß durchgeführt werden oder die Steuerungsmöglichkeiten der Institute und die Kontrollmöglichkeiten der BaFin beeinträchtigt werden könnten. Eine einheitliche Anzeige, die auf beide Normen rekurriert, reicht daher aus. Gleiches gilt für die Auslagerungen in der Versicherungswirtschaft angesichts der Spezialnorm in § 32 VAG.

---

141 Bekräftigt in der Gesetzesbegründung, BT-Drs. 18/11555, S. 112.

IX. Auslagerung interner Sicherungsmaßnahmen § 6 GwG

Anders als nach § 6 Abs. 7 GwG müssen Kreditinstitute und Finanzdienstleistungsinstitute nach dem Wortlaut des § 25h Abs. 4 KWG im Anwendungsbereich der internen Sicherungsmaßnahmen nach § 25h KWG jedoch **nicht in ihrer Anzeige an die BaFin darlegen**, dass die Voraussetzungen an eine Rückübertragung der internen Sicherungsmaßnahmen nicht vorliegen. Nach dem Willen des Gesetzgebers sollte sich die Regelung des § 25h Abs. 4 KWG aber an die neu gefasste Vorschrift des § 6 Abs. 7 GwG anlehnen,[142] sodass davon auszugehen ist, dass entgegen dem Wortlaut des § 25h Abs. 4 KWG auch im Rahmen des § 25h Abs. 4 KWG eine entsprechende Darlegung des Nichtvorliegens der Voraussetzungen einer Rückübertragung der internen Sicherungsmaßnahmen an die BaFin ebenso erforderlich ist. 165

Die Regelung des § 6 Abs. 7 GwG entspricht inhaltlich im Wesentlichen § 9 Abs. 3 Satz 2 und 3 GwG a. F.[143] Der wesentliche Unterschied besteht allerdings darin, dass nach § 9 Abs. 3 Satz 2 und 3 GwG a. F. die Ausführung der internen Sicherungsmaßnahmen durch Dritte stets der vorherigen Zustimmung der zuständigen Aufsichtsbehörde bedurfte, während nunmehr die Verpflichteten die Ausführung der internen Sicherungsmaßnahmen durch Dritte der zuständigen Aufsichtsbehörde – unter Darlegung, dass die Voraussetzungen für eine Untersagung nicht vorliegen – nur noch im Vorfeld anzeigen müssen.[144] Der Gesetzgeber wollte damit sowohl die Verpflichteten als auch die zuständigen Aufsichtsbehörden von **der Durchführung der zeitaufwendigen Zustimmungsverfahren entlasten**.[145] Neben den zuständigen Aufsichtsbehörden profitieren von dieser Entlastung vor allem Verpflichtete, die ein kleines oder mittelgroßes Unternehmen betreiben und die daher regelmäßig aus Wirtschaftlichkeitserwägungen und Kapazitätsgründen auf eine Auslagerung ihrer internen Sicherungsmaßnahmen angewiesen sind.[146] 166

In der Kreditwirtschaft sind neben den Bestimmungen des GwG zur Auslagerung vor allem die Vorschriften des Kreditwesengesetzes (vgl. dort § 25b KWG) und die Anforderungen an die Auslagerungen nach den Vorschriften der MaRisk zum Auslagerungsrisikomanagement (vgl. dort AT 9) anwendbar. 167

Grundsätzlich können kleine Teilakte von Sicherungsmaßnahmen ebenso ausgelagert werden wie die **kompletten Sicherungsmaßnahmen**; das GwG beschränkt dies nicht. Auch die Aufsichtsbehörden haben weitreichende Auslagerungen bisher toleriert, sofern die Auslagerungsunternehmen gut ausgewählt 168

---

142 BT-Drs. 18/11555, S. 176.
143 BT-Drs. 18/11555, S. 112.
144 Entsprechendes gilt auch für die internen Sicherungsmaßnahmen der Kreditinstitute und Finanzdienstleistungsinstitute nach § 25h KWG; vgl. hierzu § 25h KWG Rn. 47 ff.
145 BT-Drs. 18/11555, S. 112.
146 *Achtelik*, in: Boos/Fischer/Schulte-Mattler, KWG/CRR-VO, § 25h KWG Rn. 33.

GwG § 6 Interne Sicherungsmaßnahmen

und die Durchgriffssicherung (siehe zu beidem unten) und das Risikomanagement angemessen ausgestaltet waren.[147] Es gibt keine Indikation, dass sich an dieser Rechtsanwendung durch die Neufassung des Gesetzes etwas ändern könnte. Für eine weitreichende Auslagerungsmöglichkeit von Sicherungsmaßnahmen sprechen schließlich die 3. EU-Geldwäscherichtlinie[148] und die 4. EU-Geldwäscherichtlinie[149] selbst.

169 Insbesondere bei „kleinen" Verpflichteten und in Konzernstrukturen darf die Relevanz der Auslagerung von Sicherungsmaßnahmen in der Tat nicht unterschätzt werden.[150]

170 Mit jeder Auslagerung gehen allerdings verschiedene Risiken einher. Zum einen wird zum Betrieb des Geschäfts des Verpflichteten nötiges Know-how aus der Hand gegeben. Zum anderen können Abhängigkeiten zum Auslagerungsunternehmen entstehen, die zum Beispiel bei dessen Ausfall oder durch eine Kündigung schlagend werden können. Schnittstellen bergen die Gefahr von Delegationslücken oder Informationsverlust. Aus diesen Gründen hat sich in der Finanzindustrie ein elaboriertes System von Auslagerungsregeln, teils in Gesetzesrang (vgl. § 25b KWG, § 32 VAG) herausgebildet, um diese Risiken abzufedern. Wenngleich diese Regeln ausdrücklich nur im Finanzsektor gelten, sollten sie jedenfalls dem Grunde nach durch die übrigen Verpflichteten außerhalb des Finanzsektors gleichwohl und schon im eigenen Interesse berücksichtigt werden.

171 Von der Auslagerung von Sicherungsmaßnahmen zu unterscheiden sind **reine Beratungsaufträge** des Verpflichteten an Rechtsanwaltskanzleien, externe Berater o. Ä., sofern keine Delegation ganzer Maßnahmen erfolgt (Erstellung der Risikoanalyse durch den Berater, Übernahme der Whistleblower-Funktion) o. Ä., sondern nur eine Beratung zur reinen Unterstützung des Unternehmens erfolgt. Die Wahrnehmung der Unternehmensinteressen bei der rechtlichen Prüfung, Erstellung und Ausleitung von Verdachtsmeldungen im Sinne des § 43 ist ebenfalls keine Auslagerung im Sinne des § 6 Abs. 7 GwG, da keine Sicherungsmaßnahme im Sinne des 2. Abschnitts des GwG. Eine Anzeigepflicht von Rechtsberatung wäre des Weiteren mit dem Grundgesetz nicht vereinbar.

2. Anforderungen an den Dritten

172 Da jedoch die zuständige Aufsichtsbehörde die Übertragung der internen Sicherungsmaßnahmen auf Dritte untersagen darf, wenn der Dritte nicht die Gewähr dafür bietet, dass die internen Sicherungsmaßnahmen ordnungsgemäß durchgeführt werden, die Steuerungsmöglichkeiten der Verpflichteten beeinträchtigt

---
147 Vgl. z. B. BaFin, Jahresbericht 2003, S. 69.
148 Vgl. 3. EU-Geldwäscherichtlinie, Erwägungsgrund 28.
149 Vgl. Art. 25 ff. 4. EU-Geldwäscherichtlinie.
150 *Warius*, in: Herzog, GwG, § 9 Rn. 118.

werden oder die Aufsicht durch die Aufsichtsbehörde beeinträchtigt wird, muss der Verpflichtete den Dritten, an den er die internen Sicherungsmaßnahmen übertragen möchte, mit der notwendigen Sorgfalt auswählen.[151]

Anders als bei den Kundensorgfaltspflichten unterscheidet das Gesetz somit nicht zwischen „geborenen" und „gekorenen" zuverlässigen Dritten. Der Dritte muss vielmehr **in jedem Einzelfall über die Mittel und Verfahren verfügen**, um die ihm übertragenen Leistungen in angemessener Form zu erbringen und auch über das erforderliche Fachwissen verfügen.[152]

173

Die Auslagerungsvereinbarung ist ausnahmslos schriftlich möglich. Im Vertrag sind zudem die Leistungen des Auslagerungsunternehmens sowie die Pflichten des auslagernden Verpflichteten, z. B. bezüglich der Zugriffsrechte auf IT-Systeme und Daten bzw. Unterlagen, aber auch bezüglich beim auslagernden Verpflichteten möglicherweise verbleibende Aufgaben, zu definieren.[153] Besondere praktische Bedeutung kommt hierbei der genauen Definition des Auslagerungsumfanges zu, da mit ihm die Primärverantwortlichkeit (nicht die Residualverantwortlichkeit, vgl. § 6 Abs. 7 Satz 4 GwG) auf das Auslagerungsunternehmen übergeht.

174

In der **Finanzbranche gelten erheblich erhöhte Anforderungen** an Auslagerungen, die gesetzlich in § 25b KWG niedergelegt sind. Ein Institut muss abhängig von Art, Umfang, Komplexität und Risikogehalt einer Auslagerung von Aktivitäten und Prozessen auf ein anderes Unternehmen, die für die Durchführung von Bankgeschäften, Finanzdienstleistungen oder sonstigen institutstypischen Dienstleistungen wesentlich sind, angemessene Vorkehrungen treffen, um übermäßige zusätzliche Risiken zu vermeiden, § 25b Abs. 1 KWG. Eine Auslagerung darf weder die Ordnungsmäßigkeit dieser Geschäfte und Dienstleistungen noch die Geschäftsorganisation im Sinne des § 25a Abs. 1 GwG beeinträchtigen. Insbesondere muss ein angemessenes und wirksames Risikomanagement durch das Institut gewährleistet bleiben, das die ausgelagerten Aktivitäten und Prozesse einbezieht. Das Risikomanagement richtet sich nach den Anforderungen von AT 9 MaRisk; im Wesentlichen ist eine Risikoanalyse durchzuführen und ein angemessenes Auslagerungscontrolling einzurichten.

175

Auslagerungen betreffend interne Sicherungsmaßnahmen im Geldwäschebereich sind in der Regel „**wesentlich**" im Sinne des MaRisk. Dies führt dazu, dass das auslagernde Institut die folgenden Anforderungen der MaRisk an die Auslagerung zu erfüllen hat (die nachfolgende Darstellung gibt den Text der MaRisk AT9 Ziffern 6 und 7 wörtlich wieder):

176

---

151 *Warius*, in: Herzog, GwG, § 9 Rn. 119.
152 *Auerbach/Hentschel*, in: Schwennicke/Auerbach, KWG, § 25h Rn. 106.
153 *Auerbach/Hentschel*, in: Schwennicke/Auerbach, KWG, § 25h Rn. 106.

GwG § 6 Interne Sicherungsmaßnahmen

177 „Das Institut hat bei wesentlichen Auslagerungen im Fall der beabsichtigten oder erwarteten Beendigung der Auslagerungsvereinbarung Vorkehrungen zu treffen, um die Kontinuität und Qualität der ausgelagerten Aktivitäten und Prozesse auch nach Beendigung zu gewährleisten. Für Fälle unbeabsichtigter oder unerwarteter Beendigung dieser Auslagerungen, die mit einer erheblichen Beeinträchtigung der Geschäftstätigkeit verbunden sein können, hat das Institut etwaige Handlungsoptionen auf ihre Durchführbarkeit zu prüfen und zu verabschieden. Dies beinhaltet auch, soweit sinnvoll und möglich, die Festlegung entsprechender Ausstiegsprozesse. Die Handlungsoptionen sind regelmäßig und anlassbezogen zu überprüfen. Bei wesentlichen Auslagerungen ist **im Auslagerungsvertrag insbesondere Folgendes zu vereinbaren**:

a) Spezifizierung und ggf. Abgrenzung der vom Auslagerungsunternehmen zu erbringenden Leistung,

b) Festlegung angemessener Informations- und Prüfungsrechte der Internen Revision sowie externer Prüfer,

c) Sicherstellung der uneingeschränkten Informations- und Prüfungsrechte sowie der Kontrollmöglichkeiten der gemäß § 25b Abs. 3 KWG zuständigen Behörden bezüglich der ausgelagerten Aktivitäten und Prozesse,

d) soweit erforderlich Weisungsrechte,

e) Regelungen, die sicherstellen, dass datenschutzrechtliche Bestimmungen und sonstige Sicherheitsanforderungen beachtet werden,

f) Kündigungsrechte und angemessene Kündigungsfristen,

g) Regelungen über die Möglichkeit und über die Modalitäten einer Weiterverlagerung, die sicherstellen, dass das Institut die bankaufsichtsrechtlichen Anforderungen weiterhin einhält,

h) Verpflichtung des Auslagerungsunternehmens, das Institut über Entwicklungen zu informieren, die die ordnungsgemäße Erledigung der ausgelagerten Aktivitäten und Prozesse beeinträchtigen können."

178 Verschärfte Anforderungen gelten zudem bei Auslagerungen im Bereich der **rechtsberatenden, steuerberatenden und wirtschaftsprüfenden Berufe**.[154] Diese dürfen in Anbetracht ihrer gesetzlichen Verschwiegenheitspflichten die internen Sicherungsmaßnahmen nur unter Einschränkungen auslagern. Erforderlich ist hier, dass die Entscheidung über die Art und Weise der konkret durchzuführenden internen Sicherungsmaßnahmen dem Verpflichteten vorbehalten bleibt. Lediglich die Umsetzung dieser Pflichten darf auf einen Dritten ausgelagert werden, wobei eine durchgängige Kontrolle des Dritten zu erfolgen hat.[155]

---

154 *Warius*, in: Herzog, GwG, § 9 Rn. 120.
155 Vgl. Anwendungshinweise der Bundessteuerberaterkammer zum Geldwäschegesetz vom 21.4.2009, S. 19.

3. Steuerung und Aufsichtsdurchgriff

Das GwG lässt die Auslagerung sämtlicher Sicherungsmaßnahmen zu, stellt 179
dies jedoch unter den Vorbehalt, dass „die Steuerungsmöglichkeiten der Verpflichteten nicht beeinträchtigt werden", § 6 Abs. 7 Satz 2 Nr. 2 GwG und auch die effektive Beaufsichtigung durch die jeweilige Aufsichtsbehörde nicht beeinträchtigt wird, § 6 Abs. 7 Satz 2 Nr. 3 GwG.

Soweit die Funktion des Geldwäschebeauftragten ausgelagert wird, sind die 180
Weisungs- und Vertretungsbefugnisse für das Innen- und das Außenverhältnis sowie allgemeine **Zugriffsrechte explizit im Vertrag zu regeln**. Schließlich muss der Verpflichtete, soweit z.B. die Funktion des Geldwäschebeauftragten ausgelagert wird, auch einen sog. „Auslagerungsbeauftragten" bestellen, der als „Schnittstelle" zwischen dem Verpflichteten und dem Dritten, an den die Funktion des Geldwäschebeauftragten ausgelagert wurde, dienen soll.

Da die meisten Auslagerungen im Bereich der Internen Sicherungsmaßnahmen 181
nach GwG „wesentlich" im Sinne der MaRisk sind, sind die oben bereits abgesprochenen Vorkehrungen zu treffen.

In der Kreditwirtschaft – und diese Regelungen dürften sinngemäß jedenfalls in- 182
haltlich auch außerhalb des Finanzsektors Relevanz haben – regelt § 25b KWG den „Durchgriffserhalt":

„Durch die Auslagerung darf die Bundesanstalt **an der Wahrnehmung ihrer** 183
Aufgaben nicht gehindert werden; ihre Auskunfts- und Prüfungsrechte sowie Kontrollmöglichkeiten müssen in Bezug auf die ausgelagerten Aktivitäten und Prozesse auch bei einer Auslagerung auf ein Unternehmen mit Sitz in einem Staat des Europäischen Wirtschaftsraums oder einem Drittstaat durch geeignete Vorkehrungen gewährleistet werden. Entsprechendes gilt für die Wahrnehmung der Aufgaben der Prüfer des Instituts. Eine Auslagerung bedarf einer schriftlichen Vereinbarung, die die zur Einhaltung der vorstehenden Voraussetzungen erforderlichen Rechte des Instituts, einschließlich Weisungs- und Kündigungsrechten, sowie die korrespondierenden Pflichten des Auslagerungsunternehmens festlegt."

In der Kreditwirtschaft haben sich hierzu „**Standardklauseln**" in den zu treffen- 184
den Auslagerungsvereinbarungen herausgebildet, nach denen entsprechende Auditierungsrechte und Prüfrechte auf das Auslagerungsunternehmen erstreckt werden. Entsprechende Vereinbarungen müssen auch außerhalb des Finanzsektors geschlossen werden.

In der Praxis relevant ist vor allem eine hinreichende Sensibilisierung des Ausla- 185
gerungsunternehmens hinsichtlich der praktischen Auswirkungen der Durchgriffserstreckung. Bei kurzfristig angekündigten Prüfterminen vor Ort sollten die Auslagerungsunternehmen z.B. die Kompetenzen der Aufsichtsbehörden

kennen, was bei grenzüberschreitenden Prüfungen im Ausland ggf. problematisch sein kann.

4. Darlegungspflicht

186 In Anbetracht dessen, dass die Verpflichteten die soeben genannten Umstände, in ihrer Auslagerungsanzeige gegenüber der zuständigen Aufsichtsbehörde auch **konkret darlegen müssen und ggf. hierfür Nachweise erbringen** müssen, erscheint es fraglich, ob die Umstellung des Zustimmungsverfahrens zu einem bloßen Anzeigeverfahren für die Verpflichteten tatsächlich zu einer zeitlichen Entlastung führt. Denn der „Verwaltungsaufwand" der Verpflichteten wird faktisch derselbe bleiben. Der maßgebliche Vorteil liegt allerdings darin, dass die Verpflichteten nicht mehr die Zustimmung der zuständigen Aufsichtsbehörde abwarten müssen, sondern bereits im unmittelbaren Anschluss an ihre Anzeige die Auslagerung der internen Sicherungsmaßnahmen auf einen Dritten vornehmen dürfen, sodass jedenfalls insoweit eine tatsächliche zeitliche Entlastung zugunsten der Verpflichteten eintritt.

187 Die **Verantwortung** für die ordnungsgemäße Durchführung der internen Sicherungsmaßnahmen verbleibt auch bei Auslagerung der internen Sicherungsmaßnahmen auf einen Dritten in jedem Fall bei dem Verpflichteten. Die sorgfältige Auswahl des Dritten sowie die umfassende Regelung der vertraglichen Beziehung zu dem Dritten – insbesondere der Vorbehalt umfassender Kontroll- und Zugriffsrechte – dient daher nicht nur der Information der zuständigen Aufsichtsbehörde darüber, dass die Voraussetzungen einer Untersagung nicht vorliegen, sondern liegt auch im eigenen Interesse des Verpflichteten. Denn der Verpflichtete ist letztlich derjenige, der nach § 56 Abs. 1 Nr. 4 GwG mit Bußgeldern (siehe dazu näher § 56) und nach § 6 Abs. 8 GwG mit Zwangsmaßnahmen (siehe dazu näher § 6 Rn. 195) der zuständigen Aufsichtsbehörden zu rechnen hat, wenn er die ordnungsgemäße Durchführung der internen Sicherungsmaßnahmen nicht gewährleisten kann.

X. Anordnungsbefugnis der Behörde zur Schaffung interner Sicherungsmaßnahmen (§ 6 Abs. 8 GwG)

188 Nach § 6 Abs. 8 GwG kann die zuständige Aufsichtsbehörde im Einzelfall Anordnungen erteilen, die geeignet und erforderlich sind, dass der Verpflichtete die erforderlichen internen Sicherungsmaßnahmen schafft.

189 § 6 Abs. 8 GwG entspricht im Wesentlichen § 9 Abs. 5 Satz 1 GwG a. F.[156] Der maßgebliche Unterschied zu § 9 Abs. 5 Satz 1 GwG a. F. besteht allerdings darin,

---

156 BT-Drs. 18/11555, S. 112.

X. Anordnungsbefugnis der Behörde zur Schaffung § 6 GwG

dass die Anordnungsbefugnis der zuständigen Aufsichtsbehörde nicht mehr lediglich auf die Entwicklung und Aktualisierung angemessener geschäfts- und kundenbezogener Sicherungssysteme und Kontrollen im Sinne des § 9 Abs. 2 Nr. 2 GwG a. F. begrenzt ist, sondern nunmehr prinzipiell sämtliche internen Sicherungsmaßnahmen erfassen kann.

Bei der Anordnungsbefugnis der zuständigen Aufsichtsbehörde nach § 6 Abs. 8 GwG handelt es sich um ein **lex specialis zu § 51 Abs. 2 GwG**. Nach § 51 Abs. 2 Satz 1 GwG können die Aufsichtsbehörden im Rahmen der ihnen gesetzlich zugewiesenen Aufgaben die geeigneten und erforderlichen Maßnahmen und Anordnungen treffen, um die Einhaltung der in diesem Gesetz und der in aufgrund dieses Gesetzes ergangenen Rechtsverordnungen festgelegten Anforderungen sicherzustellen. Die nach § 51 GwG allgemein für Anordnungen der Aufsichtsbehörde geltenden Anforderungen und Folgen (vgl. dazu näher § 51 GwG Rn. 5 ff.) gelten daher auch im Rahmen der speziellen Anordnungsbefugnis nach § 6 Abs. 8 GwG. Insbesondere hat daher gemäß § 51 Abs. 2 Satz 3 GwG der Widerspruch und die Anfechtungsklage des Verpflichteten gegen eine Anordnung der Aufsichtsbehörde nach § 6 Abs. 8 GwG keine aufschiebende Wirkung, d.h. der Verpflichtete muss die Anordnung der Aufsichtsbehörde zunächst umsetzen. 190

Grundvoraussetzung einer Anordnung nach § 6 Abs. 8 GwG ist, dass der Verpflichtete die nach § 6 GwG erforderlichen internen Sicherungsmaßnahmen nicht oder nicht ordnungsgemäß geschaffen hat. Der Begriff „**nicht ordnungsgemäß**" ist auszulegen; dem Verpflichteten ist ein weites Gestaltungsermessen einzuräumen. Unterstellend, dass der Verpflichtete Sicherungsmaßnahmen ergriffen hat, muss eine Behörde mithin zunächst gegen die Hypothese argumentieren, dass der Verpflichtete seine Geschäfte und Kunden, somit seine Risiken selbst besser kennt als eine Behörde und die Sicherungsmaßnahmen „ordnungsgemäß" kalibriert sind. Entsprechend hoch sind die sachlichen Voraussetzungen für die Anordnung bestimmter Sicherungsmaßnahmen bei bestehender Aufbau- und Ablauforganisation. Hat der Verpflichtete hingegen einzelne Sicherungsmaßnahmen überhaupt nicht errichtet, also z.B. keinen Geldwäschebeauftragten bestellt oder keine Unterrichtung der Mitarbeiter durchgeführt, kann die Aufsichtsbehörde dies relativ einfach anordnen. 191

Nur unter der tatbestandlichen Voraussetzung „nicht" oder „nicht ordnungsgemäß" kann die zuständige Aufsichtsbehörde die geeigneten und erforderlichen Anordnungen vornehmen. Die Aufsichtsbehörde muss nicht nur das Gestaltungsermessen des Verpflichteten selbst beachten. Sie ist dabei – wie auch sonst bei hoheitlichen Maßnahmen – dem Grundsatz der **Verhältnismäßigkeit** unterworfen. Die Anordnung muss folglich den Zweck der Schaffung der notwendigen internen Sicherungsmaßnahmen beim Verpflichteten fördern („Eignung"), bei gleicher Wirksamkeit das mildeste Mittel zur Förderung des Zwecks sein 192

Kaetzler 253

GwG § 6 Interne Sicherungsmaßnahmen

("Erforderlichkeit") sowie in einem angemessenen Verhältnis zu den mit der Anordnung für den Verpflichteten verbundenen Folgen ("Angemessenheit") stehen.

193 Der Wortlaut ("**im Einzelfall**") erlaubt den Erlass von Allgemeinverfügungen grundsätzlich nicht. Allenfalls in schweren Gefährdungslagen, die eine "flächendeckende" Anordnung bestimmter Sicherungsmaßnahmen rechtfertigen, kommt eine solche überhaupt nur in Betracht. Die Anordnungskompetenz in § 6 Abs. 8 ist vom Zweck her auf einzelne Verpflichtete ausgelegt.

194 In der Praxis relevant ist die Anordnung der Bestellung von Geldwäschebeauftragten außerhalb des Finanzsektors, vgl. § 7 Abs. 3 GwG, der gegenüber § 6 GwG eine Spezialnorm darstelllt.

195 Kommt der Verpflichtete seiner Pflicht zur Umsetzung der Anordnung nicht nach, kann dies unterschiedliche Konsequenzen für den Verpflichteten nach sich ziehen. So kann die zuständige Aufsichtsbehörde – da der Widerspruch und die Anfechtungsklage gegen die Anordnung keine aufschiebende Wirkung hat – ihre Anordnung unmittelbar im Wege des Verwaltungszwanges,[157] d. h. durch Ersatzvornahme bzw. durch Anordnung eines Zwangsgeldes, umsetzen und ggf. dem Verpflichteten die hierfür anfallenden Kosten in Rechnung stellen (vgl. § 51 Abs. 4 GwG). Darüber hinaus ist fraglich, ob die zuständige Aufsichtsbehörde dem Verpflichteten auch **ein Bußgeld** auferlegen kann, wenn er der Anordnung der Aufsichtsbehörde nicht oder nicht ordnungsgemäß nachkommt. Nach dem Wortlaut des § 56 Abs. 1 Nr. 6 GwG handelt ordnungswidrig nur derjenige, der vorsätzlich oder leichtfertig einer vollziehbaren Anordnung nach § 6 Abs. 9 GwG – d. h. einer Anordnung zur risikoangemessenen Anwendung der internen Sicherungsmaßnahmen – nicht nachkommt. Im Umkehrschluss daraus würde sich ergeben, dass eine Ordnungswidrigkeit nicht vorliegt, wenn der Verpflichtete vorsätzlich oder leichtfertig der Anordnung einer internen Sicherungsmaßnahme nach § 6 Abs. 8 GwG nicht nachkommt. Warum aber nur das Zuwiderhandeln gegen eine vollziehbare Anordnung zum risikoangemessenen Vorgehen nach § 6 Abs. 9 GwG, nicht aber das Zuwiderhandeln gegen die Anordnung einer internen Sicherungsmaßnahme nach § 6 Abs. 8 GwG bußgeldbewehrt sein soll, ist nicht einsichtig. Denn die Anordnung der Schaffung interner Sicherungsmaßnahmen reicht regelmäßig weiter als die bloße Anordnung eines risikoangemessenen Vorgehens, sodass die Zuwiderhandlung gegen erstere Anordnung erst recht bußgeldbewehrt sein müsste.

---

157 *Achtelik*, in: Boos/Fischer/Schulte-Mattler, KWG/CRR-VO, § 25h KWG Rn. 35.

XI. Anordnungsbefugnis der Behörde zur risikoangemessenen Anwendung interner Sicherungsmaßnahmen (§ 6 Abs. 9 GwG)

Nach § 6 Abs. 9 GwG kann die zuständige Aufsichtsbehörde anordnen, dass auf einzelne Verpflichtete oder Gruppen von Verpflichteten wegen der Art der von diesen betriebenen Geschäfte und wegen der Größe des Geschäftsbetriebes unter Berücksichtigung der Risiken in Bezug auf Geldwäsche und Terrorismusfinanzierung die Vorschriften zu den internen Sicherungsmaßnahmen nach § 6 Abs. 1 bis Abs. 6 GwG „**risikoangemessen**" anzuwenden sind. Die Vorschrift ist an die Stelle des „alten" § 14 Abs. 3 GwG getreten, in welchem Aufsichtsbehörden noch die Möglichkeit hatten, per Verwaltungsakt anzuerkennen, dass die Sicherungsmaßnahmen „**ganz oder teilweise nicht anzuwenden** sind".[158]

196

§ 6 Abs. 9 GwG entspricht im Wesentlichen § 9 Abs. 5 Satz 2 GwG a. F. Die vormals in § 9 Abs. 5 Satz 3 GwG a. F. geregelte Möglichkeit von der Bestellung eines Geldwäschebeauftragten abzusehen, ist nunmehr in § 7 Abs. 2 GwG geregelt (siehe § 7 Rn. 13 ff.).[159]

197

§ 6 Abs. 9 GwG schafft im Hinblick auf die Verpflichtung zur Schaffung interner Sicherungsmaßnahmen eine Öffnungsklausel und ermöglicht so eine flexible, auf das konkrete Risikoprofil eines Verpflichteten oder einer Gruppe von Verpflichteten zugeschnittene Anwendung der internen Sicherungsmaßnahmen.[160] Die „risikoangemessene Anwendung" der internen Sicherungsmaßnahmen kann hierbei in verschiedene Richtungen verlaufen. Einerseits kann bestimmten Verpflichteten oder bestimmten Gruppen von Verpflichteten die Möglichkeit gegeben werden, von der Einhaltung der Bestimmungen des § 6 GwG ganz oder teilweise freigestellt zu werden, wenn sie nach Art und Umfang ihres Geschäftsbetriebes unter Berücksichtigung der Anfälligkeit ihrer Geschäfte oder ihres Geschäftsbetriebes für Geldwäsche oder Terrorismusfinanzierung **nur ein geringes Risikopotenzial** aufweisen.[161] Andererseits können bestimmte Verpflichtete oder bestimmte Gruppen von Verpflichteten besondere Verpflichtungen im Hinblick auf die Etablierung von internen Sicherungsmaßnahmen auferlegt werden, wenn sie nach Art und Umfang ihres Geschäftsbetriebes unter Berücksichtigung der Anfälligkeit ihrer Geschäfte oder ihres Geschäftsbetriebes für Geldwäsche oder Terrorismusfinanzierung ein besonders hohes Risikopotenzial aufweisen.

198

Maßgebliche Kriterien bei der Entscheidung, ob die internen Sicherungsmaßnahmen auf bestimmte Verpflichtete oder bestimmte Gruppen von Verpflichteten risikoangemessen anzuwenden sind, sind die Art ihrer Geschäfte, der Um-

199

---

158 Vgl. z. B. *Fülbier/Aepfelbach*, GwG, 4. Aufl. 1999, § 14 Rn. 157.
159 BT-Drs. 18/11555, S. 113.
160 *Warius*, in: Herzog, GwG, § 9 Rn. 137.
161 *Warius*, in: Herzog, GwG, § 9 Rn. 134.

GwG § 6 Interne Sicherungsmaßnahmen

fang ihres Geschäftsbetriebes sowie die damit einhergehende Anfälligkeit ihrer Geschäfte und ihres Geschäftsbetriebes für Geldwäsche und Terrorismusfinanzierung. Von Bedeutung sind hierbei im Hinblick auf die Art der betriebenen Geschäfte vor allem die Geschäftsstruktur, Absatzmärkte, Produkte, Vertriebswege sowie die Kundenstruktur des betroffenen Verpflichteten bzw. der betroffenen Gruppe von Verpflichteten.[162] Im Hinblick auf den Umfang des Geschäftsbetriebes kommt es maßgeblich auf die Größe der Unternehmensorganisation bzw. darauf an, inwieweit der Geschäftsbetrieb des betroffenen Verpflichteten oder der betroffenen Gruppe von Verpflichteten Anonymität begünstigt und daher als Einfallstor für Geldwäsche und Terrorismusfinanzierung dienen kann.

200 Nach § 50 GwG sind für die verschiedenen Gruppen von Verpflichteten jeweils unterschiedliche Aufsichtsbehörden zuständig. Es obliegt daher der jeweils zuständigen Aufsichtsbehörde, innerhalb der ihr zugewiesenen Gruppe oder Gruppen von Verpflichteten anhand der soeben dargelegten Kriterien weitere Abstufungen vorzunehmen, um schließlich das konkrete Risikoprofil der dort vertretenen Untergruppen von Verpflichteten oder von einzelnen Verpflichteten greifbar zu machen und – soweit erforderlich – die Anforderungen an die internen Sicherungsmaßnahmen im Hinblick auf das identifizierte Risikoprofil maßschneidern zu können.

201 **Im Finanzsektor** sind verschiedene „risikoangemessene" Anwendungen der Vorschriften, insbesondere hinsichtlich der Sicherungsmaßnahmen, möglich. In der Praxis kommt die Norm dann zur Anwendung, wenn z. B. Sicherungsmaßnahmen bei völlig untergeordneten Tochterunternehmen, die aus verschiedenen Gründen beispielsweise „Institut" im Sinne des KWG sind, aber kaum organisatorische Ressourcen vorhalten, oder inländische Niederlassungen von Instituten, die im Wesentlichen als „booking entity" keine eigene Geschäftstätigkeit entwickeln, nach dem Wortlaut des Gesetzes aber Sicherungsmaßnahmen vorhalten müssten.

202 Von der Möglichkeit zur Anordnung einer „risikoangemessenen Anwendung" der internen Sicherungsmaßnahmen haben in der Vergangenheit **außerhalb des Finanzsektors** namentlich die Bundesrechtsanwaltskammer, die Bundessteuerberaterkammer und die Wirtschaftsprüferkammer Gebrauch gemacht. Nach den maßgeblichen Anordnungen der Bundesrechtsanwaltskammer,[163] Bundessteuerberaterkammer[164] und Wirtschaftsprüferkammer[165] sind Rechtsanwälte, Steuer-

---

162 BaFin, Rundschreiben 8/2005 (GW) – Implementierung angemessener Risikomanagementsysteme zur Verhinderung von Geldwäsche, Terrorismusfinanzierung und Betrug, Nr. 1; AuA, Zeile 89.
163 Anordnung der Bundesrechtsanwaltskammer nach § 9 Abs. 4 Satz 2 GwG a. F., BRAK-Mitteilungen 1/2009, S. 22.
164 Anwendungshinweise der Bundessteuerberaterkammer zum Geldwäschegesetz vom 21.4.2009, S. 19 f.
165 Anordnung der Wirtschaftsprüferkammer nach § 9 Abs. 5 Satz 2 GwG a. F., WPK Magazin 2/2012, S. 30 ff.

berater und Wirtschaftsprüfer von der Vornahme eines Großteils der internen Sicherungsmaßnahmen befreit, sofern in deren Unternehmen nicht mehr als insgesamt zehn Angehörige des in Rede stehenden Berufes oder eines sozietätsfähigen Berufes im Sinne des § 59a BRAO, § 56 StBerG oder § 44b Abs. 1 WPO tätig sind. Der Hintergrund der angeordneten Befreiung lag darin, dass die genannten Kammern in solch kleinen unternehmerischen Einheiten das Risiko des Verlustes geldwäscherechtlich relevanter Informationen als sehr gering erachteten und daher die Aufbürdung der Aufwendungen für die Etablierung interner Sicherungsmaßnahmen als unverhältnismäßig empfanden.[166] Angesichts der geänderten Zuständigkeiten wird abzuwarten bleiben, ob die genannte Praxis fortbestehen wird; jedenfalls wäre dies sachgerecht.

Hinsichtlich des **Glücksspielsektors** besteht eine langjährige Verwaltungspraxis hinsichtlich der risikoangemessenen Anwendung der Sicherungsmaßnahmen.[167]

203

Im Hinblick auf die oben genannten **Finanzunternehmen**, insbesondere hinsichtlich der Problematik der in den Anwendungsbereich des GwG nach dem Wortlaut des Gesetzes einbezogenen Industrieholdings (vgl. hierzu oben § 2 Rn. 82), stellt die in § 7 Abs. 9 GwG genannte Möglichkeit zur sachgerechten und risikoangemessenen Reduktion von Sicherungsmaßnahmen möglicherweise eine sachgerechte Lösung dar.

204

Handelt es sich bei der Anordnung der zuständigen Aufsichtsbehörde zur „risikoangemessenen Anwendung" der internen Sicherungsmaßnahmen nicht um eine Befreiung von, sondern um eine Vorgabe bestimmter interner Sicherungsmaßnahmen durch die Behörde, müssen die Verpflichteten diese umsetzen. Ein Widerspruch oder eine Anfechtungsklage gegen die Anordnung entfaltet nach § 51 Abs. 2 Satz 3 GwG keine aufschiebende Wirkung.

205

Kommt der Verpflichtete seiner Pflicht zur Umsetzung der Anordnung nicht nach, kann dies unterschiedliche Konsequenzen für den Verpflichteten nach sich ziehen. So kann die zuständige Aufsichtsbehörde – da der Widerspruch und die Anfechtungsklage gegen die Anordnung keine aufschiebende Wirkung hat – ihre Anordnung unmittelbar im Wege des Verwaltungszwanges,[168] d. h. durch **Ersatzvornahme bzw. durch Anordnung eines Zwangsgeldes**, umsetzen und ggf. dem Verpflichteten die hierfür anfallenden Kosten in Rechnung stellen (vgl. § 51 Abs. 4 GwG). Schließlich kann die vorsätzliche oder leichtfertige Nichtumsetzung einer Anordnung nach § 6 Abs. 9 GwG ein **Bußgeld** nach sich ziehen (vgl. § 56 Abs. 1 Nr. 6 GwG).

206

---

166 Vgl. Anordnung der Bundesrechtsanwaltskammer nach § 9 Abs. 4 Satz 2 GwG a. F., BRAK-Mitteilungen 1/2009, S. 22.
167 Vgl. Hinweise des BMF zum Umgang mit den Sondervorschriften, 11.6.2014, S. 46 ff.
168 *Achtelik*, in: Boos/Fischer/Schulte-Mattler, KWG/CRR-VO, § 25h KWG Rn. 35.

§ 7 Geldwäschebeauftragter

(1) Verpflichtete nach § 2 Absatz 1 Nummer 1 bis 3, 6, 7, 9 und 15 haben einen Geldwäschebeauftragten auf Führungsebene sowie einen Stellvertreter zu bestellen. Der Geldwäschebeauftragte ist für die Einhaltung der geldwäscherechtlichen Vorschriften zuständig. Er ist der Geschäftsleitung unmittelbar nachgeordnet.

(2) Die Aufsichtsbehörde kann einen Verpflichteten von der Pflicht, einen Geldwäschebeauftragten zu bestellen, befreien, wenn sichergestellt ist, dass

1. die Gefahr von Informationsverlusten und -defiziten aufgrund arbeitsteiliger Unternehmensstruktur nicht besteht und

2. nach risikobasierter Bewertung anderweitige Vorkehrungen getroffen werden, um Geschäftsbeziehungen und Transaktionen zu verhindern, die mit Geldwäsche oder Terrorismusfinanzierung zusammenhängen.

(3) Die Aufsichtsbehörde kann anordnen, dass Verpflichtete nach § 2 Absatz 1 Nummer 4, 5, 8, 10 bis 14 und 16 einen Geldwäschebeauftragten zu bestellen haben, wenn sie dies für angemessen erachtet. Bei Verpflichteten nach § 2 Absatz 1 Nummer 16 soll die Anordnung erfolgen, wenn die Haupttätigkeit des Verpflichteten im Handel mit hochwertigen Gütern besteht.

(4) Die Verpflichteten haben der Aufsichtsbehörde die Bestellung des Geldwäschebeauftragten und seines Stellvertreters oder ihre Entpflichtung vorab anzuzeigen. Die Bestellung einer Person zum Geldwäschebeauftragten oder zu seinem Stellvertreter muss auf Verlangen der Aufsichtsbehörde widerrufen werden, wenn die Person nicht die erforderliche Qualifikation oder Zuverlässigkeit aufweist.

(5) Der Geldwäschebeauftragte muss seine Tätigkeit im Inland ausüben. Er muss Ansprechpartner sein für die Strafverfolgungsbehörden, für die für Aufklärung, Verhütung und Beseitigung von Gefahren zuständigen Behörden, für die Zentralstelle für Finanztransaktionsuntersuchungen und für die Aufsichtsbehörde in Bezug auf die Einhaltung der einschlägigen Vorschriften. Ihm sind ausreichende Befugnisse und die für eine ordnungsgemäße Durchführung seiner Funktion notwendigen Mittel einzuräumen. Insbesondere ist ihm ungehinderter Zugang zu sämtlichen Informationen, Daten, Aufzeichnungen und Systemen zu gewähren oder zu verschaffen, die im Rahmen der Erfüllung seiner Aufgaben von Bedeutung sein können. Der Geldwäschebeauftragte hat der Geschäftsleitung unmittelbar zu berichten. Soweit der Geldwäschebeauftragte die Erstattung einer Meldung nach § 43 Absatz 1 beabsichtigt oder ein Auskunftsersuchen der Zentralstelle für Finanztransaktionsuntersuchungen nach § 30 Absatz 3 beantwortet, unterliegt er nicht dem Direktionsrecht durch die Geschäftsleitung.

Geldwäschebeauftragter § 7 GwG

(6) Der Geldwäschebeauftragte darf Daten und Informationen ausschließlich zur Erfüllung seiner Aufgaben verwenden.

(7) Dem Geldwäschebeauftragten und dem Stellvertreter darf wegen der Erfüllung ihrer Aufgaben keine Benachteiligung im Beschäftigungsverhältnis entstehen. Die Kündigung des Arbeitsverhältnisses ist unzulässig, es sei denn, dass Tatsachen vorliegen, welche die verantwortliche Stelle zur Kündigung aus wichtigem Grund ohne Einhaltung einer Kündigungsfrist berechtigen. Nach der Abberufung als Geldwäschebeauftragter oder als Stellvertreter ist die Kündigung innerhalb eines Jahres nach der Beendigung der Bestellung unzulässig, es sei denn, dass die verantwortliche Stelle zur Kündigung aus wichtigem Grund ohne Einhaltung einer Kündigungsfrist berechtigt ist.

Schrifttum: *Boos/Fischer/Schulte-Mattler*, KWG/CRR-VO, 5. Aufl. 2016; *Dannecker/ Leitner*, Handbuch der Geldwäschebekämpfung für die Rechtsberatenden und steuerberatenden Berufe, 2010; *Müller-Glöge/Preis/Schmidt* (Hrsg.), Erfurter Kommentar zum Arbeitsrecht, 17. Aufl. 2017; *Findeisen*, Outsourcing der Funktion der Geldwäschebeauftragten und anderer wesentlicher Pflichten des Geldwäschegesetzes, WM 2000, 1217; *Glos/ Hildner/Glasow*, Der Regierungsentwurf zur Umsetzung der Vierten Eu-Geldwäscherichtlinie – Ausweitung der geldwäscherechtlichen Pflichten außerhalb des Finanzsektors, CCZ 2017, 83; *Gola/Schomerus*, Bundesdatenschutzgesetz, 12. Aufl. 2015; *Haug*, Strategische und aufbauorganisatorische Ausrichtung des Beauftragtenwesens im Sparkassen-Sektor: Umfängliches Compliance-Verständnis, 2016; *Kaetzler*, Anforderungen an die Organisation der Geldwäscheprävention bei Bankinstituten – ausgewählte Einzelfragen, CCZ 2008, 174; *Kopp/Ramsauer*, Verwaltungsverfahrensgesetz, Kommentar, 18. Aufl. 2017; *Neuheuser*, Die Strafbarkeit des Geldwäschebeauftragten wegen Geldwäsche durch Unterlassen bei Nichtmelden eines Verdachtsfalles gem. § 11 I GwG, NZWiSt 2015, 241; *Roberts/Spoerr*, Die Umsetzung der Vierten Geldwäscherichtlinie: Totale Transparenz, Geldwäschebekämpfung auf Abwegen, WM 2017, 1142; *Rütters/Wagner*, Der Geldwäschebeauftragte als Bezugstäter im Rahmen des § 30 OWiG, NZWiSt 2015, 282; *Schönke/Schröder*, Strafgesetzbuch, Kommentar, 29. Aufl. 2014; *Schwennicke/Auerbach*, KWG, 3. Aufl. 2016; *Simitis*, Bundesdatenschutzgesetz, 8. Aufl. 2014; *Wohlschlägl-Aschberger*, Geldwäscheprävention: Recht, Produkte, Branchen, 2018.

Übersicht

	Rn.		Rn.
I. Hintergrund	1	III. Anordnungsbefugnis zur Bestellung eines Geldwäschebeauftragten	21
II. Pflicht zur Bestellung eines Geldwäschebeauftragten qua Gesetz und Befreiungsmöglichkeiten	10	IV. Pflichten, Befugnisse, Stellung und Anforderungen	26
1. Pflicht zur Bestellung für Kernverpflichtete	10	1. Übersicht	26
2. Befreiungsmöglichkeit (§ 7 Abs. 2 GwG)	13	2. Erforderliche Qualifikation und Zuverlässigkeit	31

GwG § 7 Geldwäschebeauftragter

- 3. Position im Unternehmen und Ausstattung 41
- 4. Verantwortungskreis des Geldwäschebeauftragten und mögliche Garantenstellung 52
- 5. Befugnisse und Kompetenzen; Informationszugang und Beschränkung der Informationsverwendung durch den Geldwäschebeauftragten 59
- 6. Gruppen-Geldwäschebeauftragter 67
- 7. Outsourcing 71
- V. Aufgaben 72
  - 1. Überblick 72
  - 2. Erstellung der Risikoanalyse . 77
  - 3. Errichtung und Anpassung der internen Sicherungsmaßnahmen/Aufbau- und Ablauforganisation 78
  - 4. „Radarstation" für geldwäscherechtlich relevante Gesetze und Vorschriften 83
  - 5. Laufende Überwachung, Wirksamkeitskontrolle und interne Prüfungen 85
- 6. Untersuchung von Verdachtsfällen und Abgabe von Verdachtsmeldungen, ggf. Kündigung von Geschäftsbeziehungen 89
- 7. Kommunikation; Berichte an Geschäftsleitung und Aufsichtsorgan 92
- 8. Schulung und Betreuung von Mitarbeitern 95
- 9. Ansprechpartner für Behörden 98
- 10. Besonderheiten außerhalb des Finanzsektors 99
- VI. Arbeitsrechtliche Stellung und Haftung.................. 101
  - 1. Überblick 101
  - 2. Ausnahme vom Direktionsrecht 104
  - 3. Benachteiligungsverbot 111
  - 4. Sonderkündigungsschutz ... 117
  - 5. Einzelne Haftungsfragen ... 125
- VII. Anzeigepflicht und -verfahren, Abberufung................ 130

I. Hintergrund

1 „§ 7 konkretisiert die in § 6 Absatz 2 Nummer 2 statuierte Pflicht zur Bestellung eines Geldwäschebeauftragten und eines Stellvertreters."[1]

2 Der Gesetzgeber greift durch die Bestimmung, dass ein Geldwäschebeauftragter in den gesetzlich genannten Fällen erfolgen muss, in die **Organisationsfreiheit** der Verpflichteten ein. Der Eingriff erfolgt im Wege der gesetzlichen Anordnung der Errichtung einer Funktion für die innerbetriebliche Selbstkontrolle, wie dies zum Beispiel auch im Hinblick auf den Immissionsschutzbeauftragten, den Gewässerschutz- oder Abfallbeauftragten oder den Gleichstellungsbeauftragten erfolgt.

3 Der Geldwäschebeauftragte ist die **zentrale Figur** zur Umsetzung der Geldwäschepräventionsmaßnahmen im Unternehmen. Seine Tätigkeit basiert zwar auf privatwirtschaftlichen Verträgen, sie ist jedoch stark mit hoheitlichen Tätigkeiten und Funktionen durchsetzt. Im Gesetzgebungsverfahren wurde auch des-

---

1 Vgl. Gesetzesbegründung, BT-Drs. 18/11555, S. 113.

I. Hintergrund § 7 GwG

halb an einigen Stellen[2] auf Parallelitäten zwischen Geldwäsche- und Datenschutzbeauftragten im Sinne des § 4f BDSG verwiesen.

Die zunehmende „**Privatisierung der Gefahrenabwehr**" im Rahmen der Geldwäscheprävention[3] wirft in der Tat die Frage auf, in welchem Interesse der Geldwäschebeauftragte eigentlich tätig ist – im öffentlichen oder im privaten Interesse des Verpflichteten? Zwar ist der Geldwäschebeauftragte kein öffentlich „Beliehener" im Sinne des Verwaltungsrechts.[4] Hierfür fehlt es an dem ausdrücklichen Beleihungsakt durch das GwG bzw. die Behörden. Jedoch ist er in besonderem Maße im hoheitlichen Interesse und gewissermaßen als „verlängerter Arm der Staatsgewalt in die Unternehmen hinein" tätig. Dennoch ist er auch kein „Verwaltungshelfer" im technischen Sinne, da er eindeutig im Namen des jeweiligen Verpflichteten, nicht im Namen der Strafverfolgungs- oder Polizeibehörden auftritt.[5] In der Konsequenz der „funktionalen Privatisierung"[6] der Geldwäschebekämpfung ist allerdings zu konstatieren, dass der Geldwäschebeauftragte nach der Neufassung des Gesetzes weitaus mehr tut, als bloß gewerberechtliche Pflichten seines Arbeitgebers zu erfüllen. Der Geldwäschebeauftragte ist nämlich jedenfalls hinsichtlich der Erstellung der Verdachtsmeldungen im Sinne des § 43 GwG eigenverantwortlich, nicht unter dem Weisungsrecht der Organe des Verpflichteten tätig und erfüllt – unzweifelhaft – hoheitliche Aufgaben. Ob und inwieweit sich die Gerichte im Falle von Haftungsfragen jedenfalls der Auffassung anschließen werden, dass ein hoheitliches Tätigwerden im Einzelfall bei dem Geldwäschebeauftragten in Betracht kommt, wird abzuwarten bleiben. 4

Die Funktion des Geldwäschebeauftragten ist – anders als in den Vorgängerversionen des GwG, die für die Kreditwirtschaft und die Versicherungswirtschaft Sonderregelungen nur in den jeweiligen Fachgesetzen vorhielten[7] – im GwG wieder abschließend gesetzlich geregelt. 5

Die **40 Empfehlungen der FATF** sehen die Bestellung eines Geldwäschebeauftragten nur indirekt vor, nämlich über die „Interpretative Note" zur Empfehlung 18. Nach den aktuellen Vorgaben der FATF sollen die Mitgliedstaaten angehalten werden, die Verpflichteten anzuhalten, einen (Geldwäsche-)Compliance-Of- 6

---

2 Vgl. Gesetzesbegründung, BT-Drs. 18/11555, S. 114.
3 Besonders kritisch zu diesem Sujet: *Dannecker/Leitner*, Handbuch der Geldwäschebekämpfung für die Rechtsberatenden und steuerberatenden Berufe, S. 48 ff.
4 Vgl. zum Begriff des Beliehenen: *Ramsauer*, in: Kopp/Ramsauer, VwVfG, § 1 Rn. 58 ff.
5 Die Abgrenzung vom Verwaltungshelfer und die Qualifikation einzelner Tätigkeiten des Geldwäschebeauftragten als „hoheitlich motiviert" ist bedeutsam, da hiermit Haftungsfragen (subsidiäre Staatshaftung und Freistellungsanspruch) kritisch beleuchtet werden müssen, vgl. hierzu unten Rn. 125 ff.
6 Vgl. zu Begriff und Reichweite: *Ramsauer*, in: Kopp/Ramsauer, VwVfG, § 1 Rn. 64a mit zahlreichen Nachweisen.
7 Vgl. § 25h Abs. 4 Satz 1 KWG a. F.; § 80d Abs. 3 VAG a. F.

GwG § 7 Geldwäschebeauftragter

ficer auf „Management"-Ebene zu bestellen.[8] Während die FATF-Empfehlungen demnach nicht ausdrücklich von der Bestellung eines besonderen, auf Geldwäscheprävention beschränkten „Geldwäschebeauftragten" sprechen, hat sich jedoch in internationaler Hinsicht ein hoher Spezialisierungsgrad des entsprechenden „Compliance-Officers" herausgebildet, der als „Geldwäschebeauftragter" in vielen Gesetzen niedergelegt ist.

7 In Art. 8 Abs. 4 lit. a) der 4. EU-Geldwäscherichtlinie werden die Mitgliedstaaten in Umsetzung dieser Regel verpflichtet, auf die Bestellung eines „für die Einhaltung der einschlägigen Vorschriften zuständigen Beauftragten auf Leitungsebene, wenn dies angesichts des Umfangs und der Art der Geschäftstätigkeit angemessen ist", hinzuwirken. Nach der Auffassung des Europäischen Gesetzgebers ist die Bestellung eines Geldwäschebeauftragten – wie auch im deutschen GwG umgesetzt – eine der von der Richtlinie vorgesehenen „Strategien, Kontrollen und Verfahren zur Minderung und Steuerung der [...] ermittelten Risiken von Geldwäsche und Terrorismus", über die die Verpflichteten verfügen sollen.

8 Bei der Umsetzung der europäischen Vorgaben nimmt der deutsche Gesetzgeber die Einstufung, ob und wann nach Umfang und Art der Geschäftstätigkeit ein Geldwäschebeauftragter nötig ist, selbst vor, indem er für gewisse Verpflichtete die Bestellung eines solchen zwingend vorsieht bzw. indem er die Entscheidung darüber den Aufsichtsbehörden als Ermessensfrage überträgt (siehe § 7 Abs. 1 und 3 GwG).

9 Mit dem Umsetzungsgesetz zur 4. EU-Geldwäscherichtlinie wird die Position des Geldwäschebeauftragten durch umfassenderen arbeitsrechtlichen Schutz, konkretere Anforderungen an die Positionierung als Leitungsfunktion und die Ausnahme vom Weisungsrecht der Geschäftsleitung **gegenüber der bisherigen gesetzlichen Situation gestärkt**, vgl. § 7 Abs. 7 GwG. Einher geht diese Stärkung jedoch mit einer nunmehr klar im Gesetz verankerten Pflichtenstellung im Unternehmen einher, die möglicherweise sogar eine gesetzliche Garantenstellung des Geldwäschebeauftragten begründen könnte, vgl. § 7 Abs. 1 Satz 2 GwG.

II. Pflicht zur Bestellung eines Geldwäschebeauftragten qua Gesetz und Befreiungsmöglichkeiten

1. Pflicht zur Bestellung für Kernverpflichtete

10 § 7 Abs. 1 GwG regelt, **welche Verpflichteten** von Gesetzes wegen einen Geldwäschebeauftragten nebst Stellvertreter zu bestellen haben. Dieses sind neben

---

8 FATF, The FATF Recommendations, 2012–2017, Recommendation 18 i.V.m. „Interpretive Note to Recommendation 18 (Internal Controls and Foreign Branches and Subsidiaries)", dort Rn. 3.

II. Pflicht zur Bestellung eines Geldwäschebeauftragten § 7 GwG

den Kredit- und Finanzdienstleistungsinstituten, Finanzunternehmen nach § 1 Abs. 3 KWG, Versicherungsunternehmen, soweit sie unter das GwG fallen, Kapitalverwaltungsgesellschaften nach dem KAGG, sowie die Veranstalter von Glücksspielen im Sinne des § 1 Nr. 15 GwG. Hinsichtlich Einzelfragen und Umfang der Verpflichtung vgl. oben § 2. Sollte das Bundesministerium der Finanzen von der Verordnungsermächtigung in § 2 Abs. 2 GwG Gebrauch machen und weitere Verpflichtete unter dem GwG benennen, unterfallen solche neu hinzutretenden Verpflichteten nicht ohne Weiteres der Verpflichtung, einen Geldwäschebeauftragten qua Gesetz zu bestellen; hierzu wäre dann ggf. eine Änderung des § 7 Abs. 1 GwG nötig.

Das Versäumnis, einen Geldwäschebeauftragten zu bestellen, ist bußgeldbewehrt, vgl. § 56 Abs. 1 Nr. 7 GwG. 11

Die genannten Verpflichteten **„haben"** einen Geldwäschebeauftragten zu bestellen. Die gewerberechtliche Pflicht zur Bestellung besteht also schon qua Gesetz; eine Befreiung ist nur auf entsprechenden Antrag und folgenden begünstigenden Verwaltungsakt möglich, vgl. § 7 Abs. 2 GwG. 12

2. Befreiungsmöglichkeit (§ 7 Abs. 2 GwG)

Im Unterschied zu vorangegangenen Normen[9] sind Freistellungsbewilligungen nur noch bei niedriger Risikoexposition des Unternehmens, nicht mehr allein aufgrund dessen geringer Größe möglich.[10] Grund hierfür ist der Risikoansatz des GwG. 13

Die Befreiungsmöglichkeit von der Pflicht, einen Geldwäschebeauftragten zu bestellen, basierte bis dato auf § 9 Abs. 5 Satz 2 GwG a. F. Durch die Neufassung des Gesetzes sind aus der Anordnungsbefugnis im Einzelfall nunmehr **zwei systematisch voneinander zu trennende** Befugnisse entstanden. Die in § 6 Abs. 9 GwG niedergelegte behördliche Befugnis, „risikoangemessene" Anwendung der internen Sicherungsmaßnahmen, tritt im Hinblick auf die Befreiungsmöglichkeiten von der Verpflichtung zur Bestellung eines Geldwäschebeauftragten zurück. § 7 Abs. 2 GwG ist mithin gegenüber § 6 Abs. 9 GwG „lex specialis". Eine Befreiung nach § 7 Abs. 2 GwG ist mithin nur noch im Hinblick auf die in § 7 Abs. 1 GwG genannten Verpflichteten möglich. Die systematische Änderung ist konsequent, da hinsichtlich der weiteren Verpflichteten ja gerade erst per Anordnung ein Geldwäschebeauftragter eingesetzt werden muss, vgl. § 7 Abs. 3 GwG. 14

---

9 Vgl. § 9 Abs. 4 GwG in der Fassung des Geldwäschebekämpfungsergänzungsgesetzes vom 13.8.2008.
10 Vgl. zu den Hintergründen *Warius*, in: Herzog, GwG, § 9 Rn. 135 mit zahlreichen Nachweisen.

GwG § 7 Geldwäschebeauftragter

15 Sinn und Zweck der Norm ist es, unangemessene **„Härtefälle" zu vermeiden**, sofern die Risikolage des Verpflichteten dies indiziert. Eine entsprechende Ausnahmemöglichkeit ist auch in den FATF-Recommendations immanent angelegt, sofern Größe und Risikoexposition des Verpflichteten dies rechtfertigen.[11]

16 Nach § 7 Abs. 2 GwG kann die Aufsichtsbehörde Ausnahmen bewilligen, sofern die folgenden Voraussetzungen kumulativ vorliegen:

– Es muss sichergestellt sein, dass „die Gefahr von Informationsverlusten und -defiziten aufgrund arbeitsteiliger Unternehmensstruktur nicht besteht", und
– es muss sichergestellt sein, dass „nach risikobasierter Bewertung anderweitige Vorkehrungen getroffen werden, um Geschäftsbeziehungen und Transaktionen zu verhindern, die mit Geldwäsche oder Terrorismusfinanzierung zusammenhängen".

17 Hinsichtlich der ersten Voraussetzung werden **Antragsteller darzulegen haben**, dass die maßgeblichen Informationen zur Geldwäschebekämpfung an anderer Stelle als bei einem Geldwäschebeauftragten zusammengeführt werden können, so z. B. bei einem Compliance-Officer, bei der Buchhaltung, einem Betriebsleiter oder bei einem Geschäftsführer eines kleinen Unternehmens. Antragsteller werden in diesen Fällen aber wohl nachweisen müssen, dass die fachliche Kompetenz, z. B. zur Abgabe einer Verdachtsmeldung nach § 43 GwG, bei einem Mitarbeiter vorliegt.

18 Die zweite Voraussetzung ist vom Wortlaut her misslungen: Verpflichtete, auf die Abschnitt 2 des GwG anwendbar ist, müssen ohnehin risikoangemessene interne Sicherungsmaßnahmen errichten, vgl. § 6 Abs. 2 Nr. 1 GwG. Gemeint ist mit der Formulierung allein, dass die Bewertung der Tätigkeit des Unternehmens es aus Risikosicht rechtfertigt, keinen Geldwäschebeauftragten zu bestellen. Ob dies der Fall ist, ist risikobasiert zu ermitteln und ist Gegenstand behördlichen Ermessens.

19 Von besonderer praktischer Relevanz ist die Norm hinsichtlich der oben erörterten (vgl. § 2 Rn. 82) **Industrieholdings**. Aufgrund der geschilderten Missverständnisse in vielen Gesetzgebungsverfahren fallen Industrieholdings als Finanzunternehmen jedenfalls dem Wortlaut, nicht aber dem Gesetzeszweck nach unter das GwG (vgl. zur Diskussion um die Einbeziehung reiner „Industrieholdings" § 2 Rn. 82 ff.). Sicherungsmaßnahmen sind in der Folge – anders als z. B. für Güterhändler – durchgehend und ohne Ausnahmemöglichkeit anzuwenden. Im Falle „leerer" Industrieholdings, die z. B. nur Organe, aber weder Angestellte haben noch eine eigene Geschäftstätigkeit entwickeln, ist die Bestellung eines Geldwäschebeauftragten in vielen Fällen untunlich, wenn nicht aufgrund des Gebotes der Funktionentrennung, § 7 Abs. 1 Satz 3 GwG, gar praktisch unmöglich, weil es keinen der Organ- bzw. Geschäftsleitungsebene

---

11 Vgl. FATF, Interpretative Note to Recommendation 18, Rn. 3.

nachgeordneten Mitarbeiter gibt. In vielen Konstellationen wird eine Verwaltungsbehörde daher kaum auf der Bestellung eines Geldwäschebeauftragten bestehen können, zumal die Geldwäscherisiken oftmals durch einen Beauftragten in den nachgeordneten operativ tätigen Unternehmen abgedeckt werden können.

Hinsichtlich der Verpflichteten aus dem **Finanz- und Versicherungssektor** hingegen hat die Vorschrift **kaum praktische Relevanz**. Allenfalls für kleine und kleinste Finanzdienstleister, die z. B. ausschließlich die Anlageberatung oder Anlage- und Abschlussvermittlung erbringen (vgl. § 1 Abs. 1a KWG), kommen Ausnahmen in Betracht. In diesen Fällen ist vom (Einzel-)Unternehmer jedoch nachzuweisen, dass er selbst über die in § 7 Abs. 4 GwG niedergelegten fachlichen Qualifikationen verfügt. 20

III. Anordnungsbefugnis zur Bestellung eines Geldwäschebeauftragten

Außerhalb des Finanz- und Glücksspielsektors können nach behördlichem Ermessen die zuständigen Aufsichtsbehörden die Bestellung eines Geldwäschebeauftragten und eines Stellvertreters anordnen. Sofern eine entsprechende **behördliche Anordnung** erfolgt, hat der Geldwäschebeauftragte die **gleiche Stellung und die gleichen Pflichten** wie sie § 7 GwG anordnet. Etwas anderes gilt nur, wenn und insoweit die zuständige Aufsichtsbehörde konkretisierende Anordnungen trifft, wozu die Behörde jederzeit ermächtigt ist, vgl. § 51. Anlässlich der Ergänzung zur Umsetzung der 3. EU-Geldwäscherichtlinie war noch diskutiert worden, bei sämtlichen Verpflichteten mit mehr als neun Mitarbeitern die Bestellung des Geldwäschebeauftragten gesetzlich vorzuschreiben,[12] was natürlich nicht in jedem Fall risikoangemessen gewesen wäre. 21

Die Anordnung steht im ordnungsgemäßen **Ermessen** der zuständigen Aufsichtsbehörde und muss begründet werden. Kriterien, die eine Bestellung eines Geldwäschebeauftragten außerhalb der Verpflichteten des § 7 Abs. 1 GwG indizieren können, sind vor allem die erhöhte Risikoexposition des betreffenden Verpflichteten, die sich aus Produkten, geographischen Risiken, Vertriebswegen, Kundenstruktur, aufgekommenen Verdachtsfällen sowie aus den in Anlage 2 zum GwG genannten Kriterien ergeben kann. Die bloße Größe des Unternehmens kann ein Indiz sein, ist als alleiniges Ermessenskriterium allerdings nicht ausreichend. 22

Nach Satz 2 „soll" die zuständige Behörde bei den **Güterhändlern** im Sinne des § 1 Abs. 9 GwG die Bestellung eines Geldwäschebeauftragten anordnen, wenn dieser mit hochwertigen Gütern im Sinne des § 1 Abs. 10 GwG handelt. Insoweit 23

---

12 Vgl. den Gesetzesentwurf in BT-Drs. 11/317, S. 8.

ist das Ermessen der Aufsichtsbehörde reduziert.[13] Hintergrund dieser Vorschrift ist die oben unter § 1 Abs. 10 GwG dargelegte (vgl. oben § 1 Rn. 76) erhöhte Risikoexposition hochwertiger Güter, die vom Gesetzgeber in konsequenter Anwendung des auf Vorstellungsbildern der organisierten Kriminalität beruhenden „Drei-Phasen-Modells" unterstellt wird. Durch die Ermessensreduktion ist mit dem erneuten Erlass der unter den Aufsichtsbehörden abgestimmten Allgemeinverfügung zu den Güterhändlern[14] zu rechnen, die inhaltlich der bisherigen Verwaltungspraxis entsprechen dürfte. In der Praxis ändert sich für die betroffenen Güterhändler voraussichtlich wohl nichts.

24 Die Anordnung nach § 7 Abs. 3 GwG wird gegenüber dem Verpflichteten erlassen und ist ein belastender **Verwaltungsakt**. In der Vergangenheit haben Aufsichtsbehörden oft von der Möglichkeit Gebrauch gemacht, statt einzelner Verwaltungsakte **Allgemeinverfügungen** im Sinne des § 41 Abs. 3 Satz 2 VwGO an ganze Verpflichtetengruppen im jeweiligen Zuständigkeitsbereich der Aufsichtsbehörde zu richten.[15] Gegen den Bescheid oder die Allgemeinverfügung sind Widerspruch (§ 70 VwGO) und Anfechtungsklage (§ 42 Abs. 1 Alt. 1 VwGO) des betroffenen Verpflichteten möglich. Rechtsmittel haben keine aufschiebende Wirkung, vgl. § 51 Abs. 2 Satz 3; gegen die sofortige Vollziehbarkeit können ggf. separate Rechtsmittel ergriffen werden.

25 Das Widersetzen gegen eine Anordnung ist bußgeldbewehrt, sofern dieselbe vollziehbar ist, vgl. § 56 Abs. 1 Nr. 8 GwG.

IV. Pflichten, Befugnisse, Stellung und Anforderungen

1. Übersicht

26 Der Geldwäschebeauftragte ist aufgrund des ihm von Gesetz und Verwaltungspraxis zugewiesenen Pflichtenkreises gleichzeitig **Beschützer- und** zu einem kleineren Anteil auch **Überwachungsgarant**.[16] Er schützt den Verpflichteten vor Geldwäscherisiken, die durch Kunden und Mitarbeiter drohen. Der Geldwäschebeauftragte ist, wie oben dargelegt, im Interesse des Unternehmens, aber auch in hoheitlichem Interesse tätig. Zum anderen ist er Überwachungsgarant, denn aus der Perspektive der Volkswirtschaft können Kreditinstitute, die zur Geldwäsche durch Dritte missbraucht werden, selbst eine Gefahrenquelle dar-

---

13 Vgl. zur Ermessensreduktion *Ramsauer/Kopp*, VwVfG, § 40 Rn. 49 f.
14 Eine Übersicht derjenigen Behörden, die eine entsprechende Allgemeinverfügung erlassen haben, befindet sich bei *Kaetzler*, in: Wohlschlägl-Aschberger, Geldwäscheprävention, S. 508 und 509.
15 Zur Allgemeinverfügung vgl. *Ramsauer/Kopp*, VwVfG, § 35 Rn. 157, zur Begründungspflicht insbesondere § 39 Rn. 54 ff.
16 Zu den Begriffen vgl. Schönke/Schröder/*Stree/Bosch*, StGB, § 13 Rn. 14 ff.

IV. Pflichten, Befugnisse, Stellung und Anforderungen § 7 GwG

stellen. Durch die Gesetzesänderung 2017 wurde eine möglicherweise als ausdrückliche gesetzliche Garantenstellung für den Geldwäschebeauftragten zu verstehende Norm eingeführt, vgl. unten Rn. 52 ff. Die Garantenstellung bestand in vielen Konstellationen allerdings auch schon vor der Gesetzesänderung und aufgrund vertraglicher Vereinbarungen und delegierter Verantwortlichkeit.

Die Anforderungen, die Gesetz und Verwaltungspraxis an den Geldwäschebeauftragten stellen, sind in den letzten Jahren deutlich gestiegen. Neben den fachlich erforderlichen Kenntnissen wird nunmehr gesetzlich für alle Verpflichteten eine fachlich wie organisatorisch herausgehobene Stellung des Geldwäschebeauftragten im Unternehmen vorgeschrieben. 27

Neben einem Geldwäschebeauftragten haben die Verpflichteten einen **Stellvertreter** zu bestellen. In der Regel ist der Stellvertreter bei den meisten Unternehmen als reiner Verhinderungsvertreter benannt. Für den Stellvertreter gelten zwar fachlich und organisatorisch die gleichen Voraussetzungen wie für den Geldwäschebeauftragten. Lediglich hinsichtlich der Hierarchieebenen besteht für den Stellvertreter aber etwas mehr Flexibilität, weil er nicht zwingend auf Führungsebene zu bestellen ist.[17] 28

Die **Hauptpflichten des Geldwäschebeauftragten** bestehen in der Erstellung der Risikoanalysen, der Errichtung und Aktualisierung der gebotenen Aufbau- und Ablauforganisation und bei der Verdachtsfallbearbeitung einschließlich der Abgabe von Verdachtsmeldungen. Der Geldwäschebeauftragte verantwortet das Richtlinienwesen, soweit Geldwäsche betroffen ist, verantwortet die nötigen Schulungen und Trainings, führt im Rahmen seiner Tätigkeit angemessene Kontrollmaßnahmen durch und dient den Behörden als Ansprechpartner im Unternehmen. Hierfür muss der Geldwäschebeauftragte vom Unternehmen mit angemessenen Mitteln und Kompetenzen ausgestattet werden. 29

Wenngleich das Gesetz an vielen Stellen mit auslegungsbedürftigen Rechtsbegriffen arbeitet, hat sich hinsichtlich der Finanzindustrie eine Reihe von untergesetzlichen Standards und Normkatalogen entwickelt, die Rolle und Funktion des Geldwäschebeauftragten näher beschreiben.[18] Wenngleich die genannten Stan- 30

---

17 Dieser Punkt war im Rahmen des Gesetzgebungsverfahrens noch umstritten, vgl. Bericht des Finanzausschusses v. 17.5.2017, BT-Drs. 18/12405.
18 Vgl. z. B. AuA GwG, Ziffern 82 ff.; unter den zahlreichen Schreiben der BaFin an die Kreditinstitute und Finanzdienstleister ist vor allem das Rundschreiben 1/2014 (GW) GW 1-GW 2001-2008/0003 vom 5.3.2014, geändert am 10.11.2014, zu erwähnen. Das Rundschreiben adaptiert die Auslegungs- und Anwendungshinweise als „eigene" Verwaltungspraxis der BaFin. In vielerlei Hinsicht für Geldwäschebeauftragte und die Organisation der Geldwäschefunktionen instruktiv, wenngleich auf den Compliance-Beauftragten zugeschnitten, sind die „MaComp", Rundschreiben 4/2010 (WA) – MaComp WA 31-Wp 2002-2009/0010 vom 7.6.2010, geändert am 8.3.2017, „Mindestanforderungen an die Compliance-Funktion und die weiteren Verhaltens-, Organisations-

dards für die Kreditwirtschaft entwickelt wurden, dürften viele der Grundsätze auch außerhalb des Finanzsektors anwendbar sein oder zumindest dem Verpflichteten eine robuste Hilfestellung bei der Ausgestaltung der Funktion des Geldwäschebeauftragten bieten.

2. Erforderliche Qualifikation und Zuverlässigkeit

31 Das Gesetz spricht an markanter Stelle von der „erforderlichen Qualifikation und Zuverlässigkeit". Ist sie nicht vorhanden, darf die zuständige Aufsichtsbehörde durch Verwaltungsakt gegenüber dem Verpflichteten die Abberufung (und auch nur die Abberufung, nicht die Kündigung des Arbeitsverhältnisses) verlangen, § 7 Abs. 4 Satz 2 GwG.

32 Das Begriffspaar **„fit and proper"** oder „Fachliche Eignung und Zuverlässigkeit" besteht im Geldwäscherecht seit vielen Jahren,[19] ist den bankaufsichtsrechtlichen Vorschriften entlehnt, existiert aber auch z.B. im Datenschutzrecht für den Datenschutzbeauftragten.[20]

33 Die **„Fachliche Eignung"** des Geldwäschebeauftragten muss denselben in die Position versetzen, seinen fachlich anspruchsvollen Aufgaben angemessen nachkommen zu können. Hierzu ist es nötig, dass der Geldwäschebeauftragte und sein Stellvertreter die notwendigen theoretischen Kenntnisse sowie praktische Erfahrung aufweisen können. Die erforderlichen Kenntnisse unterscheiden sich sehr zwischen den einzelnen Verpflichtetengruppen. Während insbesondere in der Finanzindustrie ein hoher Professionalisierungsgrad für Geldwäschebeauftragte bis hin zu industrieorientierten Zertifizierungen vorherrscht, sind die Verpflichteten des Nichtfinanzsektors oftmals wenig sensibilisiert und halten kaum die nötigen Kenntnisse vor, die zu einer effektiven Geldwäscheprävention nötig wären. Entsprechend schwierig gestaltet es sich für die Verpflichteten des Nichtfinanzsektors, eine angemessene Befähigung des Geldwäschebeauftragten abzubilden. Hier werden in zunehmendem Maße die jeweiligen Aufsichtsbehörden durch entsprechende Auslegungs- und Anwendungshinweise (vgl. § 51 Abs. 8 GwG) und die jeweiligen (Branchen- und Industrie-)Verbände gefragt sein.

---

und Transparenzpflichten nach §§ 31 ff. WpHG für Wertpapierdienstleistungsunternehmen". Zahlreiche der dort für die Funktion und Position des Compliance-Beauftragten genannten Grundsätze lassen sich ohne Weiteres auf den Geldwäschebeauftragten übertragen.
19 Vgl. z.B. Verlautbarung des BAKred vom 30.3.1998, Ziff. 34.
20 Zu ebensolchen Voraussetzungen an Compliance-Officer z.B. MaComp, BT 1.3.1.3 ff. Zu den Anforderungen bei Datenschutzbeauftragten vgl. § 4f Abs. 2 BDSG. Die Vorschrift wird sich in der DSGVO teilweise wiederfinden, vgl. Art 37 Abs. 5 DSGVO, wenngleich hier auf die ausdrückliche Nennung des Zuverlässigkeitskriteriums verzichtet wird.

IV. Pflichten, Befugnisse, Stellung und Anforderungen § 7 GwG

Um Geldwäscherisiken richtig erfassen und einschätzen zu können, zur Erstel- 34
lung der Risikoanalyse und zur Begutachtung von Verdachtsfällen ist zum einen
erforderlich, dass der Geldwäschebeauftragte ein gewisses Maß an „Industrieer-
fahrung" mitbringt. Berufsanfänger werden diese Kenntnisse beispielsweise
nicht haben. In der Finanzindustrie werden erhebliche Industriekenntnisse auf
Markt- wie Marktfolgeseite bei größeren Instituten vorausgesetzt.

Hinsichtlich der **erforderlichen theoretischen Kenntnisse** ist bis heute kein 35
Hochschulabschluss erforderlich. In materieller Hinsicht muss der Geldwäschebeauftragte jedoch nachweisen, dass er (industriespezifisch) die notwendigen
rechtlichen und rechtspraktischen Grundlagen in strafrechtlich relevanter Hinsicht (im Hinblick auf etwaige Vortaten), in gewerberechtlicher Hinsicht (in
Bezug auf die gewerberechtlichen Verpflichtungen des GwG und der Spezialge-
setze), sowie hinreichende Kenntnisse zur Beurteilung von Verdachtsfällen hat.
Mit Blick auf die in § 7 Abs. 5 Satz 2 GwG festgeschriebene Stellung als Ansprechpartner der Strafverfolgungs- und Aufsichtsbehörden sowie des FIU sind
ferner Kenntnisse von Behördenabläufen sowie Grundkenntnisse des Verwal-
tungs- und Strafprozessrechts nötig. In betriebswirtschaftlicher Hinsicht benötigt der Geldwäschebeauftragte jedenfalls ein Grundverständnis über betriebliche Fragen der Aufbau- und Ablauforganisation sowie der Prozesssteuerung.

Wie eingangs erwähnt unterscheiden sich die Anforderungen zwischen den ein- 36
zelnen Verpflichtetengruppen erheblich.

Neben den rein theoretischen Fachkenntnissen ist aufgrund der hohen Fachlich- 37
keitsanforderungen für den Geldwäschebeauftragten jedenfalls bei größeren
Einheiten ein angemessenes Maß an **praktischer Leitungserfahrung** vorauszu-
setzen. Schließlich muss der Geldwäschebeauftragte im Unternehmen die Gewähr bieten, Maßnahmen mit Nachdruck u. U. gegen andere unternehmerische
Interessen durchzusetzen. Bei größeren Kreditinstituten kann eine einschlägige
Vorerfahrung einschließlich Leitungserfahrung von mindestens zwei Jahren erforderlich sein.

Der Geldwäschebeauftragte und sein Stellvertreter sind angehalten, sich in ange- 38
messener Form laufend **weiterzubilden**. Hierzu bestehen in Deutschland zahlreiche Zertifizierungs- und Weiterbildungsprogramme privater und öffentlicher
Träger sowie der Verbände. Die Weiterbildung ist zu dokumentieren und nach-
zuhalten. In Anlehnung an die entsprechenden datenschutzrechtlichen Grundsätze muss das verpflichtete Unternehmen dem Geldwäschebeauftragten die
Teilnahme sogar ausdrücklich ermöglichen und muss die Kosten übernehmen.[21]

Unter „**Zuverlässigkeit**" ist vor allem zu verstehen, dass der Geldwäschebeauf- 39
tragte oder sein Stellvertreter keine relevanten strafrechtlichen Verstöße began-

---

21 § 4f Abs. 3 Satz 7 BDSG gilt – aufgrund des vom Gesetzgeber betonten „Gleichlaufs"
der Vorschrift des § 7 GwG mit § 4f BDSG – wohl entsprechend.

GwG § 7 Geldwäschebeauftragter

gen haben. In Übereinstimmung mit den Standards der MaComp wird die hinreichende Zuverlässigkeit spätestens dann zu verneinen sein, wenn der Betroffene innerhalb der letzten fünf Jahre vor Bestellung wegen eines Verbrechens oder wegen Diebstahls, Unterschlagung, Erpressung, Betrugs, Untreue, Geldwäsche, Urkundenfälschung, Hehlerei, Wuchers, einer Insolvenzstraftat oder einer Steuerhinterziehung[22] rechtskräftig verurteilt worden ist. Gleiches dürfte im Falle der Vorverurteilung wegen einer Straftat der Fall sein, sofern diese im Vortatenkatalog des § 261 StGB enthalten ist.

40 Zur „Zuverlässigkeit" gehört auch, dass der Geldwäschebeauftragte seine Tätigkeit ohne Interessenkollisionen ausüben kann. In der Regel wird dem durch eine angemessene organisatorische Anbindung (hierzu sogleich unten) Rechnung getragen. In der Person des Geldwäschebeauftragten liegende Interessenkollisionen müssen hingegen effektiv ausgeschlossen sein.

3. Position im Unternehmen und Ausstattung

41 Der Geldwäschebeauftragte ist **auf Führungsebene** zu bestellen und hat der Geschäftsleitung unmittelbar zu berichten, § 7 Abs. 1 Satz 1 und Abs. 5 Satz 5 GwG. Er ist der Geschäftsleitung unmittelbar nachgeordnet, § 7 Abs. 1 Satz 3 GwG. Über diese Rahmenbedingungen hinaus schweigt das Gesetz zwar zur Position des Geldwäschebeauftragten im Unternehmen; hierzu hat sich jedoch im Finanzsektor eine lange Verwaltungs- und Rechtsanwendungspraxis herausgebildet, die weitgehend auch im Nichtfinanzsektor Anwendung finden dürfte. Ausschlaggebend ist selbstverständlich die konkrete Ausgestaltung der Position im Arbeitsvertrag oder aufgrund einer Stellenbeschreibung. Beide müssen sich bei den Verpflichteten aus gewerberechtlichen Gründen am GwG orientieren.

42 Die „Führungsebene" ist legaldefiniert, vgl. § 1 Abs. 15 GwG, als „Führungskraft oder leitender Mitarbeiter" mit ausreichenden Qualifikationen und Befugnissen. Der Stellvertreter muss ausweislich der Gesetzessystematik und ausweislich des Gesetzgebungsganges[23] nicht „auf Führungsebene" bestellt werden.

43 Schon früh war dem Geldwäschebeauftragten eine exponierte Position im Unternehmen zugeordnet; die BaFin beschreibt schon in ihrer Verlautbarung aus dem Jahr 1998 die Anforderungen an den Geldwäschebeauftragten als „leitende Person".[24] Die Legaldefinition stellt nunmehr klar, dass die Begriffe zwar nicht

---

22 Vgl. MaComp, BT 1.3.1.4 Rn. 1.
23 Der Referentenentwurf zum Umsetzungsgesetz sah dies noch anders vor, vgl. Referentenentwurf des BMF vom 15.12.2016, S. 17. Auf Intervention der Kreditwirtschaft wurde das Erfordernis dann zurückgenommen.
24 Vgl. BAKred, Verlautbarung vom 30.3.1998, Rn. 36.

IV. Pflichten, Befugnisse, Stellung und Anforderungen § 7 GwG

deckungsgleich mit den „Leitenden Angestellten" im arbeitsrechtlichen Sinn[25] sind, der Geldwäschebeauftragte anders gewendet aber zumeist ein leitender Angestellter ist. Der Geldwäschebeauftragte darf selbstverständlich weitere Tätigkeiten ausüben und insofern auch hierarchisch an beliebiger Stelle verortet werden (sofern er noch „leitend" ist). In Angelegenheiten der Geldwäsche- und Terrorismusfinanzierungsprävention darf zwischen ihm und dem zuständigen Geschäftsleiter jedoch keine weitere Person verortet sein. Er muss seiner in § 7 Abs. 1 Satz 3 GwG festgelegten Berichtspflicht an die Geschäftsleitung unmittelbar gerecht werden können. Dem steht eine „Zwischenstufe", z.B. ein Chief Compliance Officer, als fachlichem direct report zwischen dem Geldwäschebeauftragten und dem Mitglied der Geschäftsleitung entgegen.

Eine Eingliederung hinsichtlich der weiteren Tätigkeiten in die „normalen" **44** **Hierarchieebenen eines Unternehmens außerhalb des Finanzsektors** ist zulässig, solange sich dies nicht auf die fachliche Reportingline in Geldwäscheangelegenheiten auswirkt. Eine rein disziplinarische oder **organisatorische Anbindung des Geldwäschebeauftragten** an andere Unternehmenseinheiten als die Geschäftsleitung ist ebenso möglich, sofern sich diese nicht auf die fachliche Berichtsmöglichkeit unmittelbar an die Geschäftsleitung auswirkt (und keine Interessenkollisionen, etwa im Hinblick auf die Unabhängigkeit des Geldwäschebeauftragten von marktseitig operierenden Abteilungen begründet). Eine auch disziplinarische Unterstellung unter den betreffenden Geschäftsleiter soll in der Kreditwirtschaft jedenfalls dann vorgenommen werden, wenn die Funktion des Geldwäschebeauftragten mindestens 50% seiner Tätigkeit ausmacht.[26] In der Kreditwirtschaft hingegen soll grundsätzlich keine Anbindung des Geldwäschebeauftragten an andere Organisations- oder Stabsstellen erfolgen, mit Ausnahme von Compliance und Risikocontrolling. Soweit dennoch eine Anbindung an andere Einheiten, beispielsweise die Rechtsabteilung oder eine weitere Stabseinheit erfolgt, muss dies in der Kreditwirtschaft angemessen begründet und dokumentiert werden.[27] Entsprechende Dokumentationspflichten bestehen außerhalb der Kreditwirtschaft aufgrund der hohen Diversität in der Aufbauorganisation unter den Verpflichteten zwar nicht, im Falle der Zuordnung des Geldwäschebeauftragten zu einer der genannten Abteilungen müssen aber wiederum Interessenkollisionen ausgeschlossen und eine Effektive Ausübung der Kontrollpflichten möglich sein.

---

25 Vgl. zum Begriff des „Leitenden Angestellten" *Koch*, Erfurter Kommentar zum Arbeitsrecht, § 5 BetrVG Rn. 17.
26 *Achtelik*, in: Boos/Fischer/Schulte-Mattler, KWG/CRR-VO, § 25h KWG Rn. 28.
27 AuA, Ziff. 85 a. E.; teilweise wird eine Anbindung an die Rechtsabteilung im Finanzsektor kategorisch abgelehnt, vgl. *Haug*, in: Wohlschlägl-Aschberger, Geldwäscheprävention, S. 416.

GwG § 7 Geldwäschebeauftragter

45 Der **Geschäftsleiter** eines Instituts selbst konnte lange Zeit die Funktion des Geldwäschebeauftragten nur in begründeten Einzelfällen und in kleinen Instituten wahrnehmen. Hierzu hatte sich eine sehr ausgeprägte Verwaltungspraxis etabliert.[28] Außerhalb der Kreditwirtschaft bestand wiederum hierzu keine veröffentlichte Verwaltungspraxis; ausschlaggebend war dort lediglich, dass der Geschäftsleiter in angemessenem Umfang und interessenkollisionsfrei seine Aufgaben wahrnehmen kann. Durch die Neufassung des Gesetzes ändert sich dies nunmehr: Geldwäschebeauftragter kann nicht mehr sein, wer das für das Risikomanagement nach § 4 Abs. 3 GwG zu benennende Mitglied der Leitungsebene ist. Ausweislich der Gesetzesbegründung[29] kann die Wahrnehmung der Funktion jedenfalls durch das nach § 4 Abs. 3 GwG zu benennende Geschäftsleitungsmitglied „nur bei sehr kleinen Unternehmen" zulässig sein. Die Beauftragung eines anderen Geschäftsleiters, der eben nicht für das Risikomanagement vorgemerkt ist, ist dadurch zwar theoretisch möglich, scheitert in der Regel aber wohl an der Möglichkeit von Interessenkollisionen innerhalb des Organs.

46 Der Geldwäschebeauftragte muss seine Tätigkeit **frei von kollidierenden Interessen** wahrnehmen. Seit langem wird daher zurecht vertreten, dass der Geldwäschebeauftragte nicht gleichzeitig in der Innenrevision eines Verpflichteten tätig sein darf.[30] Die für die Finanzindustrie entwickelte Verwaltungspraxis dürfte in aller Regel auch außerhalb des Finanzsektors anwendbar sein. Letztlich kann ein Mitarbeiter der Innenrevision die Tätigkeit des Geldwäschebeauftragten nicht konfliktfrei überprüfen, wenn er selbst Geldwäschebeauftragter ist. Ausnahmen mögen allenfalls bei kleinen Verpflichteten außerhalb des Finanzsektors zulässig sein; auch dort wird in aller Regel aber durch Vertreterlösungen der immanente Interessenkonflikt zwischen Geldwäschebeauftragtem und Innenrevision gelöst werden müssen.

47 Aufgrund des Zielkonfliktes zwischen **Datenschutz** und Geldwäscheprävention ist auch die gleichzeitige Wahrnehmung der Funktion des **Datenschutzbeauftragten** und des Geldwäschebeauftragten **untunlich**. Während die h.M. in der Kreditwirtschaft[31] noch davon ausgeht, dass in begründeten Einzelfällen eine Doppelfunktion zulässig sein kann,[32] ist dies mit fortschreitender Entwicklung des Datenschutzrechts und den technischen Ausstattungen moderner Geldwäschepräventionssysteme nicht mehr, allenfalls in höchst seltenen Ausnahmefällen hinnehmbar. Die Gefahren hinsichtlich Interessenkollisionen insbesonde-

---

28 AuA, Ziff. 85.
29 BT-Drs. 18/11555, S. 113.
30 Vgl. schon BAKred, Verlautbarung vom 30.3.1998, Rn. 36; vgl. auch *Warius*, in: Herzog, GwG, § 9 Rn. 25.
31 Vgl. z.B. AuA, Ziff. 85.
32 *Fülbier/Aepfelbach*, GwG, 4. Aufl. 1999, vertraten noch die Ansicht, dass die Doppelfunktion noch zulässig sein soll, weil der Interessenkonflikt „hinnehmbar" sei, vgl. dort § 14 Rn. 54.

IV. Pflichten, Befugnisse, Stellung und Anforderungen § 7 GwG

re auf Seiten der Datenschutzfunktionen werden in zunehmendem Maße kritisiert und – zu Recht – in Zeiten von „Big Data" und immer weiter reichenden Eingriffen in die informatorische Selbstbestimmung durch hoheitlich motivierte Eingriffe als hoch brisant angesehen.[33] Ausgerechnet den Datenschutzbeauftragten, der ausweislich der Vorschrift des § 4f Abs. 5 Satz 2 BDSG eigentlich als „Anwalt der Betroffenen" agieren soll,[34] als Geldwäschebeauftragten zu bestellen, ist mit der Verpflichtung des Geldwäschebeauftragten, schwerste datenschutzrechtliche Eingriffe etwa bei der Abgabe von Verdachtsmeldungen zu initiieren, richtigerweise nicht vereinbar. Teilweise wird dies in der Finanzwirtschaft mittlerweile auch so resolut vertreten.[35]

Gleichzeitige Tätigkeiten auf **„Marktseite"**, also mit Kundenkontakt z. B. im Vertrieb, können ebenfalls zu relevanten Interessenkollisionen führen. Ist der Geldwäschebeauftragte vertrieblich tätig, müssen entsprechende Interessenkollisionen angemessen ausgeschlossen werden (Vergütung, Weisungsabhängigkeit etc.). Eine Positionierung des Geldwäschebeauftragten in Vertriebseinheiten kann sich hingegen positiv auf die effektive Durchsetzung von Präventionsmaßnahmen im Vertrieb auswirken. Außerhalb der Finanzindustrie ist daher in der Praxis durchaus zu beobachten, dass Geldwäschebeauftragte gleichzeitig auf der „Marktseite", gewissermaßen also in der „First line of Defence", tätig sind. **48**

Das Gesetz sieht nunmehr ausdrücklich in § 7 Abs. 5 Satz 3 GwG vor, dass dem Geldwäschebeauftragten die „für die ordnungsgemäße Durchführung seiner Funktion **notwendigen Mittel**" einzuräumen sind. In Anlehnung an die Grundsätze für den Datenschutzbeauftragten[36] und die Mindestanforderungen an die Complianceorganisation[37] muss die Geschäftsleitung bei der Ausstattung des Geldwäschebeauftragten demselben nicht nur an „Notwendigkeiten", wie dies im Gesetz steht, orientierte, sondern eine effektive und risikoangemessene Durchführung seiner Aufgaben ermöglichen. Im Hinblick auf die sachliche und personelle Ausstattung sind Größe, Geschäftsmodell und Risikosituation zu berücksichtigen.[38] **49**

In der Kreditwirtschaft hat sich hierzu ein einheitliches Verständnis zwischen Aufsichtsbehörde und Verpflichteten durchgesetzt, wonach zum Beispiel bei **50**

---

33 Vgl. *Gola/Schomerus*, BDSG, § 4f Rn. 26 mit zahlreichen weiteren Nachweisen.
34 Vgl. *Gola/Schomerus*, BDSG, § 4f Rn. 57.
35 *Haug*, Strategische Ausrichtung, S. 161 f.; *Haug*, in: Wohlschlägl-Aschberger, Geldwäscheprävention, S. 416.
36 Vgl. *Gola/Schomerus*, BDSG, § 4f Rn. 54 f.
37 BaFin, Rundschreiben 4/2010: Mindestanforderungen an die Compliance-Funktion und die weiteren Verhaltens-, Organisations-und Transparenzpflichten nach §§ 31 ff. WpHG für Wertpapierdienstleistungsunternehmen (MaComp) 2017, BT 1.3.1.1.
38 AuA, Ziff. 83; *Achtelik*, in: Boos/Fischer/Schulte-Mattler, KWG/CRR-VO, § 25h KWG Rn. 27.

einer **Kürzung der dem Geldwäschebeauftragten** zustehenden Mittel beabsichtigt ist, dies schriftlich durch die Geschäftsleitung zu begründen und dem Aufsichtsorgan zur Kenntnis zu geben ist.[39] Wenngleich diese auf den Finanzsektor zugeschnittene Verwaltungspraxis nicht ohne Weiteres auf den Nicht-Finanzsektor übertragbar sein dürfte, wird man dennoch eine „Ausstattungspflicht" des Verpflichteten analog der Situation beim Datenschutzbeauftragten[40] anerkennen müssen. Die Unterstützung bezieht sich nicht nur auf Mittel zur angemessenen Fortbildung wie in § 4f Abs. 4 BDSG genannt, sondern auf eine hinreichende personelle, sachliche und finanzielle Ausstattung des Beauftragten und ggf. seiner Abteilung. Zur Ausstattung gehört auch eine angemessene zeitliche Verfügbarkeit zur Effektiven Wahrnehmung seiner Tätigkeit. Bei höher risikobehafteten Verpflichteten werden deutlich höhere Anforderungen auch an letztere gestellt werden müssen.

51 In der Finanzwirtschaft muss der Geldwäschebeauftragte in der Regel ferner die Funktion der „**Zentralen Stelle**" bei sich vereinigen, d.h. er ist in aller Regel auch für die Abwehr von „sonstigen strafbaren Handlungen, die zu einer Gefährdung des Vermögens des Instituts führen können", zuständig, vgl. § 25h Abs. 7 Satz 1 KWG in Verbindung mit § 25h Abs. 1 KWG. Mit Zustimmung der BaFin kann eine andere Stelle hiermit betraut werden, § 25h Abs. 7 Satz 2 KWG (zu den Einzelheiten siehe § 25h KWG Rn. 59).

4. Verantwortungskreis des Geldwäschebeauftragten und mögliche Garantenstellung

52 „Der Geldwäschebeauftragte ist für die Einhaltung der geldwäscherechtlichen Vorschriften zuständig", § 7 Abs. 1 Satz 2 GwG.

53 Mit Ausnahme der Geschäftsleiterverantwortlichkeit für Geldwäscheprävention nach § 4 Abs. 3 GwG, die nicht an den Geldwäschebeauftragten delegiert werden kann, findet somit eine faktische operationelle **Totaldelegation** auf den Geldwäschebeauftragten **qua Gesetz** statt. Ausschlaggebend ist wiederum sicherlich der konkrete in Arbeitsvertrag und/oder Stellenbeschreibung niedergelegte Pflichtenumfang des Geldwäschebeauftragten.

54 Hinter der leichtfüßig anmutenden Formulierung des Gesetzgebers in § 7 Abs. 1 Satz 2 GwG steht ein rechtsdogmatisch erheblicher Bruch, der unmittelbare Konsequenzen für die Haftung des Geldwäschebeauftragten haben dürfte. Bisher war der Geldwäschebeauftragte für die „Durchführung" des Geldwäschegesetzes zuständig.[41] Mit der Umsetzung der 4. EU-Geldwäscherichtlinie änder-

---

39 AuA, Rn. 83.
40 Vgl. hierzu *Gola/Schomerus*, BDSG, § 4f Rn. 54 f.
41 AuA, Rn. 84.

IV. Pflichten, Befugnisse, Stellung und Anforderungen § 7 GwG

te sich die Diktion dahingehend, dass nicht mehr von der „Durchführung", sondern von „Einhaltung" gesprochen wird.[42] Mithin besteht schon nach dem Wortlaut des Gesetzes eine (erfolgsbezogen ausgestaltete) Garantenstellung unterhalb der in § 4 Abs. 3 GwG niedergelegten Residualverantwortung des benannten Geschäftsleiters.

Schon bisher lag eine **Garantenstellung des Geldwäschebeauftragten** in vielen Konstellationen nahe. Teilweise wurde diese in der Literatur schon als gegeben angesehen.[43] Während sich diese allerdings im Einzelfall anhand der (straf-)rechtlichen Maßstäbe von Ingerenz, rechtsgeschäftlichen Pflichten, oder der weiteren Anforderungen an Garantenstellungen[44] orientierte und im Einzelfall nachgewiesen werden musste, hat der Gesetzgeber nunmehr mit § 7 Abs. 1 Satz 2 GwG eine Norm geschaffen, die als gesetzlich verankerte Garantenstellung verstanden werden kann und die viel weiter geht als z. B. beim Datenschutzbeauftragten. Es wird abzuwarten bleiben, wie die Gerichte hiermit umgehen. Nähme man eine „Garantenstellung qua Gesetz" an, so wird sich allerdings in einem Atemzuge wiederum die Frage stellen, ob der Geldwäschebeauftragte dann nicht auch im haftungsrechtlichen Sinne „hoheitlich" tätig ist. 55

Der Geldwäschebeauftragte kann sich zur Wahrnehmung seiner Aufgaben der Zuarbeit von Mitarbeitern bedienen, auf die er einzelne Teile der Verantwortung **delegieren** darf. Der Geldwäschebeauftragte muss sich aufgrund seiner gesetzlich zugewiesenen Pflicht lediglich ein Weisungsrecht zurückbehalten. Die **ordnungsgemäße Delegation** führt in der Regel zu seiner Enthaftung. In der älteren Verwaltungspraxis wird allerdings noch eine regelmäßige Berichtspflicht des Mitarbeiters an den Geldwäschebeauftragten gefordert, um die Verantwortung wirklich wirksam zu delegieren.[45] Insbesondere bei größeren Kreditinstituten wird angesichts der Vielfalt der Aufgaben und der Größe einiger Geldwäscheabteilungen die „Delegationskette nach unten" jedoch in der Regel unumgänglich sein. 56

Während der normalen Geschäftszeiten hat der Geldwäschebeauftragte seine durchgehende Erreichbarkeit sicherzustellen und nötigenfalls für angemessene Vertretung zu sorgen.[46] 57

Zum Verhältnis zwischen Zuständigkeiten als Geldwäschebeauftragter und der sog. „zentralen Stelle" in der Finanzwirtschaft vgl. § 25h KWG. 58

---

42 Auch die Auslegungs- und Anwendungshinweise der DK sprechen bisher ausdrücklich lediglich von der „Durchführung" der Vorschriften zur Verhinderung der Geldwäsche- und Terrorismusfinanzierung, vgl. dort Rn. 84, S. 58.
43 Vgl. z. B. – jedenfalls für die unterlassene Verdachtsanzeige – *Neuheuser*, NZWiSt 2015, 241.
44 Vgl. Schönke/Schröder/*Stree/Bosch*, StGB, § 13 Rn. 17ff.
45 BaKred, Verlautbarung vom 30.3.1998, Nr. 34.
46 *Achtelik*, in: Boos/Fischer/Schulte-Mattler, KWG/CRR-VO, § 25h KWG Rn. 29.

5. Befugnisse und Kompetenzen; Informationszugang und Beschränkung der Informationsverwendung durch den Geldwäschebeauftragten

59 Dem Geldwäschebeauftragten „sind **ausreichende Befugnisse** einzuräumen und insbesondere **Zugang zu allen Informationen** einzuräumen, die zur Wahrnehmung seiner Aufgabe notwendig sind", § 7 Abs. 5 Satz 3 und 4 GwG. Da der Geldwäschebeauftragte nach § 1 Abs. 15 GwG ein „Mitglied der Führungsebene" sein muss, kommen weitere Anforderungen hinzu: Neben hinreichenden Kenntnissen muss der Geldwäschebeauftragte auch mit der Befugnis ausgestattet werden, „insoweit", also wohl in Bezug auf Maßnahmen zur Verhinderung von Geldwäsche und Terrorismusfinanzierung, im Unternehmen „Entscheidungen zu treffen". Hierin unterscheidet sich – entgegen der Gesetzesbegründung, die lapidar anmerkt, die Vorschrift entspreche „im Wesentlichen § 9 Absatz 2 Nummer 1 Satz 4 bis 6 GwG bisherige Fassung"[47] – die bisherige Rechtslage von der neuen. Bisher waren dem Beauftragten „Befugnisse" einzuräumen, nunmehr spricht das Gesetz von Befugnis zu „Entscheidungen".

60 Es versteht sich von selbst, dass der Geldwäschebeauftragte als Mitglied der Führungsebene eine Position im Unternehmen wahrnimmt, die es ihm erlauben muss, die Belange der Geldwäsche- und Terrorismusfinanzierung gegenüber den Mitarbeitern und auch gegenüber der Geschäftsleitung „mit Nachdruck" vertreten zu können.[48]

61 Während die Einräumung hinreichender **Entscheidungsbefugnisse** wenig kritisch zu sehen ist, treten in der Praxis häufig schwierige Konstellationen hinsichtlich der dem Geldwäschebeauftragten einzuräumenden Weisungsbefugnisse auf. Nach älterem Recht waren dem Geldwäschebeauftragten Weisungsrechte gegenüber sämtlichen Mitarbeitern des Verpflichteten einzuräumen; der Geldwäschebeauftragte selbst war nur den Geschäftsleitern weisungsunterworfen.[49] Mit der Einfügung der Freiheit von der Weisungsgebundenheit hinsichtlich Verdachtsmeldungen (siehe hierzu sogleich unten Rn. 104 ff.) ist dieses Prinzip nicht aufgehoben worden. Gegenüber jedem Mitarbeiter des Verpflichteten besteht daher in der Regel eine entsprechende Weisungsbefugnis. Unkompliziert und in jedem Falle einzuräumen sind Befugnisse, Informationen anzufordern und Auskünfte von den weiteren Mitarbeitern einholen zu dürfen.

62 In der Praxis besonders umkämpft ist die Frage, ob dem Geldwäschebeauftragten insbesondere die **Befugnis** eingeräumt werden muss, **eigenmächtig** z. B. die Kündigung von Geschäftsbeziehungen zu erklären oder die Neuaufnahme von ebensolchen zu untersagen. Nach – mittlerweile aufgehobener und nicht erneuerter – Verwaltungspraxis in der Finanzindustrie sollten Geldwäschebeauftragte

---

47 BT-Drs. 18/11555, S. 113.
48 AuA, Rn. 85.
49 Vgl. *Warius*, in: Herzog, GwG, § 9 Rn. 20; AuA, Rn. 85.

IV. Pflichten, Befugnisse, Stellung und Anforderungen § 7 GwG

mit entsprechenden Kündigungsrechten ausgestattet sein.[50] Nach überwiegender Praxis werden Geldwäschebeauftragte mit solchen, über das eigene Tätigkeitsfeld hinausgehenden Kompetenzen aber **nicht mehr ohne spezifische Weisung** ausgestattet sein.[51] Außerhalb des Finanzsektors ist eine entsprechende Kompetenz in der Praxis kaum vorzufinden. Von Gesetzes wegen ist dies auch nicht nötig, sofern der Geldwäschebeauftragte ggf. dann seinen Hinweispflichten an die Geschäftsleitung nachkommen kann und dann diese entsprechende Anweisungen erlässt. Insofern ist eine Delegation entsprechender Rechte möglich, aber nicht zwingend notwendig. Bei einigen Verpflichteten bestehen jedoch unmittelbare Weisungsrechte des Geldwäschebeauftragten gegenüber der „Marktseite", was zum einen zwar zu vom Gesetz möglicherweise gewollten höheren Einfluss des Geldwäschebeauftragten im Unternehmen führen kann, im Hinblick auf die persönliche Haftung des Geldwäschebeauftragten aber durchweg kritisch beobachtet wird.

In Übereinstimmung mit der h.M. ist daher zu fordern, dass dem Geldwäschebeauftragten **hinreichende Weisungsbefugnisse** jedenfalls zur Erfüllung seiner Aufgaben (siehe hierzu gleich unten Rn. 72 ff.) zu gewähren sind. Darüber hinausgehende Kompetenzen zum Eingreifen in innerbetriebliche Abläufe und/oder Vertragsbeziehungen mit Dritten können dem Geldwäschebeauftragten eingeräumt/von der Geschäftsleitung auf diesen delegiert werden. Ein **ausdrückliches gewerberechtliches Erfordernis** hierzu ergibt sich aus § 7 Abs. 5 Satz 3 GwG **nicht**. 63

In der Kreditwirtschaft ist der Geldwäschebeauftragte bei Ermangelung genauerer Vereinbarungen oder Stellenbeschreibungen bzw. anderer Vorgaben in der Ablauforganisation berechtigt, die Entscheidung über den Abbruch der Geschäftsbeziehung (nur) „unter Einbeziehung der Geschäftsleitung zu treffen".[52] 64

Dem Geldwäschebeauftragten ist **hinreichender Informationszugang** zu gewähren. Er ist in sämtliche Informationsflüsse, die für die Erfüllung seiner Aufgaben von Bedeutung sein können, einzubinden. Ihm ist Zugang zu allen für seine Tätigkeit relevanten Informationen nebst Auskunfts-, Einsichts- und Zugangsrecht zu gewähren. Dem Geldwäschebeauftragten ist nach stehender Verwaltungspraxis im Finanzsektor ferner Zugang zu Prüfberichten der Internen Revision und von externen Prüfern zu gewähren.[53] Die genannten Grundsätze gelten auch außerhalb des Finanzsektors. 65

---

50 Vgl. BAKred-Verlautbarung vom 30.3.1998, Tz. 35, mittlerweile aufgehoben, vgl. BaFin- Rundschreiben 2/2009 vom 13.1.2009.
51 Anders – wenngleich nur für die Finanzindustrie – z.B. *Auerbach/Hentschel*, in: Schwennicke/Auerbach, KWG, § 25h Rn. 93.
52 AuA, Rn. 85 (S. 60).
53 AuA, Rn. 85.

GwG § 7 Geldwäschebeauftragter

66 Nach § 7 Abs. 6 GwG darf der Geldwäschebeauftragte Daten und Informationen ausschließlich zur Erfüllung seiner Aufgaben verwenden. Im Hinblick auf eine praxisnahe, funktionale Anwendung dieser beschränkten Nutzungsgestattung durch das Gesetz ist die Verwendung der Daten selbstverständlich auch bei der Durchsetzung der Tätigkeiten des Geldwäschebeauftragten im Unternehmen oder bei Folgetätigkeiten zulässig, z.B. im Rahmen des Erstellens von Beschlussvorlagen an oder Entscheidungen durch Organe oder im Rahmen von Rechtstreitigkeiten, die beispielsweise mit der Beendigung von Geschäftsbeziehungen aufgrund Geldwäscheverdachts entstehen. Für allgemeine betriebliche Zwecke, zum Beispiel im Hinblick auf „Market Intelligence" oder Kundenkommunikations- und -informationssysteme dürfen die Informationen, die der Geldwäschebeauftragte im Rahmen seiner Tätigkeit einholt, selbstverständlich nicht verwendet werden. Angemessene Vertraulichkeitsbereiche sind hierzu vom Geldwäschebeauftragten selbst einzurichten.

6. Gruppen-Geldwäschebeauftragter

67 In der Kreditwirtschaft besteht eine ausgefeilte Verwaltungspraxis zum Verhältnis von **Gruppen-Geldwäschebeauftragten** zu den Geldwäschebeauftragten von nachgeordneten Unternehmen.[54] Als Regel gilt, dass die Organisation und das Verhältnis der einzelnen Geldwäschebeauftragten im Konzern der Struktur der gruppenweiten Sicherungsmaßnahmen nach § 9 GwG folgt. Sofern ein Verpflichteter an der Spitze einer „Gruppe" steht, hat dieser einen Gruppen-Geldwäschebeauftragten zu bestellen.

68 In der **Kreditwirtschaft** ist der Gruppen-Geldwäschebeauftragte nämlich regelmäßig der Geldwäschebeauftragte des übergeordneten Instituts.[55] Er verantwortet die gruppenweiten Grundsätze und Verfahren in den Zweigstellen und Tochtergesellschaften und soll hierzu gegenüber den nachgeordneten Unternehmen jedenfalls im Hinblick auf gruppenrelevante Prozesse und Einzelfragen weisungsbefugt sein sowie berechtigt, alle für seine Funktion notwendigen Informationen einzuholen.[56] Letzteres ist in grenzüberschreitendem Kontext teilweise schwierig, wenn lokales Datenschutzrecht einer Informationsweitergabe entgegensteht.

69 In der Praxis ist der Geldwäschebeauftragte in einer Gruppenfunktion auch **außerhalb des Finanzsektors** oft mit einer gewissen „Rahmenrichtlinienkompetenz" ausgestattet, die es den „lokalen" Geldwäschebeauftragten ermöglicht, eigenverantwortlich zu agieren, jedoch innerhalb des Gruppenkorsetts. Fachlich bestehen in der Regel Berichtslinien („dotted lines") zum übergeordneten Grup-

---

54 Vgl. AuA, Rn. 86.
55 Vgl. *Auerbach/Hentschel*, in: Schwennicke/Auerbach, KWG, § 25h Rn. 100.
56 AuA, Rn. 86.

pen-Geldwäschebeauftragten. Hinsichtlich des Pflichtenkreises ist der (reine) Gruppen-Geldwäschebeauftragte auf die Organisation der gruppenbezogenen Abläufe beschränkt, sofern er nicht zeitgleich eine unmittelbare „lokale" Rolle, etwa als Geldwäschebeauftragter einer Hauptniederlassung, innehat.

Hinsichtlich der Maßgaben an Finanzholding-Gesellschaften vgl. § 25h und § 25l KWG. **70**

7. Outsourcing

Die Funktion des Geldwäschebeauftragten **kann ausgelagert werden**, vgl. § 6 Abs. 7 GwG.[57] Hinsichtlich der fachlichen Anforderungen und der Zuverlässigkeit gilt das oben (Rn. 31 ff.) Gesagte entsprechend. Generell ist eine Auslagerung der Funktion nach den allgemeinen Maßgaben für die Auslagerung von Sicherungsmaßnahmen zulässig; allerdings muss den Anforderungen des § 7 Abs. 5 Satz 1 GwG Rechnung getragen werden: Der Geldwäschebeauftragte muss seine Tätigkeit nämlich „im Inland ausüben". Hierdurch sind viele Auslagerungen cross-border beschränkt.[58] Während im Laufe des Gesetzgebungsverfahrens noch von einer Residenzpflicht des Geldwäschebeauftragten die Rede war,[59] wurde die vorgeschlagene Regelung schließlich auf Drängen der Verbände wieder gelockert. Hierdurch werden grenzüberschreitende Auslagerungen theoretisch zwar wieder möglich; in der Praxis wird aufgrund der Notwendigkeit von Kommunikation mit lokalen Aufsichtsbehörden typischerweise ein im Inland ansässiger Geldwäschebeauftragter bestellt werden müssen, der die Sprache beherrscht. Ausnahmen müssen funktional im Einzelfall überprüft werden; während eine – tägliche – physische Anwesenheit des Geldwäschebeauftragten „im Inland" angesichts moderner Kommunikationsmittel wohl nicht nötig sein wird, ist allerdings in jedem Falle eine überwiegende Anwesenheit des Geldwäschebeauftragten in Deutschland, seine durchgehende Erreichbarkeit und eine Vertretungsregelung für den Fall der Abwesenheit tunlich und erforderlich. **71**

V. Aufgaben

1. Überblick

Die Aufgaben des Geldwäschebeauftragten fasst das Gesetz in dem schlichten Obersatz „Der Geldwäschebeauftragte ist für die Einhaltung der geldwäscherechtlichen Vorschriften zuständig" zusammen, § 7 Abs. 1 Satz 2 GwG. Der **72**

---

57 Instruktiv: *Findeisen*, WM 2000, 1217.
58 Vgl. *Kunz*, in: Wohlschlägl-Aschberger, Geldwäscheprävention, S. 47; *Glos/Hildner/Gasow*, CCZ 2017, 83, 86.
59 Vgl. den Referentenentwurf des BMF vom 15.12.2016, S. 18 („im Inland ansässig").

GwG § 7 Geldwäschebeauftragter

Geldwäschebeauftragte ist mithin für die Implementierung und Überwachung sämtlicher Vorschriften im Unternehmen zuständig, die die Bekämpfung der Geldwäsche und der Terrorismusfinanzierung betreffen.[60] Genauere Vorgaben zur Tätigkeit macht das Gesetz nicht.

73 Der Geldwäschebeauftragte ist **zentraler Ansprechpartner** innerhalb des Unternehmens für sämtliche Fragen der Geldwäscheprävention. Er ist gleichzeitig alleiniger Ansprechpartner für die Strafverfolgungs- und Aufsichtsbehörden in Geldwäscheangelegenheiten. Bei der Erfüllung seiner Aufgaben kann sich der Geldwäschebeauftragte auch anderer Bereiche des Unternehmens und eigener Mitarbeiter bedienen.

74 Während das Gesetz schon vom Wortlaut eine Stellung als „Beauftragter" für die Einhaltung von formalen Gesetzen nahelegt, arbeitet der Geldwäschebeauftragte in der täglichen Praxis eher als „**Risikomanager**". Aufgrund seiner Weisungsabhängigkeit vom Geschäftsleiter (mit der im Gesetz genannten Ausnahme bei Erstellung und Abgabe von Verdachtsmeldungen) ist er „trusted advisor" der Geschäftsleitung.

75 Für die Finanzindustrie hat die Deutsche Kreditwirtschaft gemeinsam mit der BaFin folgende typische „**Tätigkeitskataloge**" festgelegt:[61] Für die konkreten Aufgabenkreise kommt es zwar auf die konkreten Vereinbarungen in Arbeitsvertrag bzw. Stellenbeschreibung an. In Ermangelung derselben kann die stehende Verwaltungspraxis als Leitfaden dienen. In jedem Falle ist der konkrete Zuständigkeits- und Aufgabenbereich des Geldwäschebeauftragten – schon im Interesse des Beauftragten selbst – hinreichend genau schriftlich zu fixieren.[62]

76 Die nachstehend genannten typischen Aufgaben und Tätigkeiten des Geldwäschebeauftragten lassen sich **weitestgehend auf die Unternehmen außerhalb des Finanzsektors übertragen**; dort gelten jedoch teilweise Besonderheiten (vgl. hierzu unten Rn. 99).

2. Erstellung der Risikoanalyse

77 Der Geldwäschebeauftragte verantwortet typischerweise die „Schaffung und Fortentwicklung einer einheitlichen oder von aufeinander abgestimmten institutsspezifischen Risikoanalyse(n), die eine vollständige Bestandsaufnahme aller Risiken im Zusammenhang mit Geldwäsche und Terrorismusfinanzierung umfasst und Ausrichtung sämtlicher weiteren Handlungsschritte, Monitoring- und Kontrollmaßnahmen an das Ergebnis dieser Gefährdungsanalyse. Die instituts-

---

60 Vgl. *Warius*, in: Herzog, GwG, § 9 Rn. 13.
61 Die folgende Darstellung orientiert sich an den in den AuA, Rn. 84, dargelegten typischen Aufgabengebieten.
62 Vgl. *Auerbach/Hentschel*, in: Schwennicke/Auerbach, KWG, § 25h Rn. 98.

V. Aufgaben § 7 GwG

spezifische(n) Gefährdungsanalyse(n) muss/müssen für die interne und externe Revision schriftlich fixiert werden." Der Geldwäschebeauftragte „orchestriert" mithin die Erstellung der Risikoanalyse im Sinne des § 5 GwG und zeichnet für deren sachgerechte Erstellung und die regelmäßige Aktualisierung persönlich verantwortlich.

3. Errichtung und Anpassung der internen Sicherungsmaßnahmen/ Aufbau- und Ablauforganisation

Ferner ist er in der Praxis zuständig für **Entwicklung und Aktualisierung interner Grundsätze und Verfahren** zur Verhinderung von Geldwäsche und Terrorismusfinanzierung, insbesondere von Arbeits- und Organisationsanweisungen und angemessenen geschäfts- und kundenbezogenen Sicherungssystemen. Der Geldwäschebeauftragte ist mithin zentraler Risikomanager bei der Erstellung der internen Sicherungsmaßnahmen nach § 6 GwG. Der Geldwäschebeauftragte ist für die sachgerechte, risikoangemessene Ausgestaltung der internen Aufbau- und Ablauforganisation, soweit sie Geldwäscheangelegenheiten betrifft, verantwortlich und arbeitet mit entsprechenden Organisationseinheiten des Verpflichteten eng zusammen. 78

Der Geldwäschebeauftragte ist bei der **Erstellung und Aktualisierung** sonstiger interner Organisations- und Arbeitsanweisungen für den Verpflichteten, also zum Beispiel Geldwäscherichtlinien, und deren Weiterentwicklung zuständig. Für weitere Richtlinien und Organisationsanweisungen ist er einzubeziehen, soweit diese eine Relevanz im Hinblick auf die Durchführung der Vorschriften zur Verhinderung von Geldwäsche oder Terrorismusfinanzierung aufweisen. Der Geldwäschebeauftragte verantwortet in der Kreditwirtschaft die Errichtung und Anpassung der schriftlich fixierten Ordnung in Geldwäscheangelegenheiten. 79

Einer besonderen Stellung kommt dem Geldwäschebeauftragten bei Kreditinstituten im Rahmen sogenannter „Neuproduktprozesse", also bei der ablauforganisatorischen Prüfung der Erschließung neuer Geschäftsfelder, zu.[63] Neben der in TZ5 von AT 8.1 der MaRisk genannten Einbeziehung der Compliance-Funktion ist in vielen Fällen die Einbeziehung des Geldwäschebeauftragten tunlich. 80

Auch außerhalb der Finanzindustrie ist der Geldwäschebeauftragte vor allem dann gefragt, wenn es um die Schaffung von geldwäscheaversen Abläufen im Unternehmen, etwa bei der Debitorenbuchhaltung, bei Kundenkontakten oder der Stammdatenverwaltung geht. 81

Hinsichtlich der Selbstorganisation ist der Geldwäschebeauftragte verantwortlich für die Schaffung einheitlicher Berichtswege innerhalb der Abteilung und – 82

---

[63] Vgl. Rundschreiben 09/2017 (BA) – Mindestanforderungen an das Risikomanagement – „MaRisk", Geschäftszeichen BA 54-FR 2210-2017/0002 vom 27.10.2017, AT 8.1.

da er Fachvorgesetzter und weisungsbefugt gegenüber den Mitarbeitern des Verpflichteten ist (vgl. oben 62 f.) – an ihn selbst.

4. „Radarstation" für geldwäscherechtlich relevante Gesetze und Vorschriften

83 Durch die Neufassung des Gesetzes („...für die Einhaltung der geldwäscherechtlichen Vorschriften zuständig", § 7 Abs. 1 Satz 2 GwG) obliegt dem Geldwäschebeauftragten, sofern keine andere Funktion beim Verpflichteten dies zentral übernimmt, die **Beobachtung der** sich teilweise rasant verändernden **Gesetzeslage** mit Blick auf die gewerberechtlichen Verpflichtungen sowie benachbarte Rechtsgebiete. Hierbei ist der Geldwäschebeauftragte verpflichtet, sich selbst ein Bild über anstehende Änderungen von Gesetzen oder der Verwaltungspraxis informiert zu halten und diese im Interesse des Verpflichteten zu antizipieren.

84 Soweit durch eine Änderung des geldwäscherechtlichen Umfeldes eine Anpassung der internen Aufbau- oder Ablauforganisation notwendig ist, ist der Geldwäschebeauftragte auch hierfür zuständig.

5. Laufende Überwachung, Wirksamkeitskontrolle und interne Prüfungen

85 Wie vom Gesetz vorgeschrieben, ist der Geldwäschebeauftragte zur Durchführung **laufender Überwachungshandlungen** in Bezug nicht nur auf die Anpassung von Regeln, sondern auf die Einhaltung der geldwäscherechtlich relevanten Vorschriften verpflichtet.

86 Der Geldwäschebeauftragte hat hierzu durch risikobasierte Überwachungshandlungen im Rahmen eines strukturierten Vorgehens die Angemessenheit und Wirksamkeit der eingerichteten Organisations- und Arbeitsanweisungen und der geschäfts- und kundenbezogenen Sicherungssysteme des Unternehmens zu gewährleisten. In die Überwachung sind grundsätzlich alle wesentlichen Bereiche des Verpflichteten unter Berücksichtigung der Risiken der einzelnen Geschäftsbereiche einzubeziehen. Die Überwachung („**Monitoring**") von Geschäftsbeziehungen kann durch Sichtung elektronischer Akten oder von Unterlagen, durch Befragung von Mitarbeitern mit Kundenkontakt, durch Hintergrundrecherchen oder anhand elektronischer Auswertungen erfolgen. Besonders hoch risikobehaftete Geschäftsbeziehungen überwacht der Geldwäschebeauftragte enger („**Close Monitoring**"). Art und Umfang der laufenden Überwachung der Geschäfte des Verpflichteten richten sich eng nach den individuellen Anforderungen und Sicherungsmaßnahmen.

87 Der Geldwäschebeauftragte nimmt die Überwachung auch durch eigene risikobasierte Prüfungshandlungen oder durch die **Adaption von Prüfungshandlun-**

gen Dritter bzw. der Auswertung deren Ergebnisse vor. Überwachungshandlungen beziehen sich auch auf Transaktionen und Geschäftsbeziehungen, die aufgrund des Erfahrungswissens des Verpflichteten mit Geldwäsche- oder Terrorismusfinanzierungsrisiken behaftet sein können. Diese Überwachungshandlungen bestehen unabhängig von den retrospektiven Prüfungspflichten der Internen Revision.

Im Gegensatz zu den Prüfungen der **Internen Revision** führt der Geldwäschebeauftragte seine Überwachungshandlungen im Zusammenhang mit der Verhinderung von Geldwäsche und Terrorismusfinanzierung erforderlichenfalls prozessbegleitend oder zumindest zeitnah durch. Zur Wahrnehmung seiner Aufgaben hat der Geldwäschebeauftragte ferner das Recht, uneingeschränkt Stichproben durchzuführen. In der Praxis ist hierzu allerdings eine Abstimmung mit benachbarten Abteilungen zur Koordination von Prüfungshandlungen indiziert. 88

6. Untersuchung von Verdachtsfällen und Abgabe von Verdachtsmeldungen, ggf. Kündigung von Geschäftsbeziehungen

Die wesentliche „öffentliche" Funktion des Geldwäschebeauftragten liegt indes in der tatsächlichen Verhinderung von Geldwäscheaktivitäten bei dem Verpflichteten bzw. zu Lasten des Verpflichteten. **Zweifelhafte oder ungewöhnliche Sachverhalte** schon im Vorfeld einer Verdachtsmeldung im Sinne des § 43 Abs. 1 GwG sind vom Geldwäschebeauftragten zu untersuchen. 89

Der Geldwäschebeauftragte ist ferner typischerweise mit der **Bearbeitung von Verdachtsfällen und Strafanzeigen** sowie der **Bearbeitung und ggf. Weiterleitung von institutsinternen Verdachtsfällen** betraut. Der Geldwäschebeauftragte hat die Verdachtsfälle zu bearbeiten, die Voraussetzungen einer Meldung nach § 43 GwG zu prüfen und ggf. Verdachtsmeldungen an die zuständigen Behörden auszuleiten. In diesem Zusammenhang hat er auch die Entscheidung über den Abbruch der Geschäftsbeziehung „unter Einbeziehung der Geschäftsleitung" zu treffen (vgl. hierzu oben Rn. 61). Der Geldwäschebeauftragte schuldet hierbei eine sachgerechte Dokumentation und angemessene Information der Geschäftsleitung. 90

Sofern Weisungsrechte zur Kündigung von Geschäftsbeziehungen bestehen, wird der Geldwäschebeauftragte jedenfalls im Finanzsektor mit der Wahrnehmung der Institutsinteressen zur Beendigung von Geschäftsbeziehungen betraut.[64] 91

---

64 Vgl. *Auerbach/Hentschel*, in: Schwennicke/Auerbach, KWG, § 25h Rn. 93.

GwG § 7 Geldwäschebeauftragter

7. Kommunikation; Berichte an Geschäftsleitung und Aufsichtsorgan

92 Der Geldwäschebeauftragte ist in der Regel mit einer **regelmäßigen und außerordentlichen Information der Geschäftsleitung und des Aufsichtsorgans** in Geldwäschedingen betraut.

93 Soweit Defizite in den Grundsätzen und Verfahren zur Verhinderung von Geldwäsche und Terrorismusfinanzierung durch den Geldwäschebeauftragten selbst oder durch Dritte festgestellt werden, hat der Geldwäschebeauftragte die Maßnahmen, die zur Behebung von Defiziten im Bereich der bestehenden internen Sicherungssystemen notwendig sind, zu ermitteln und die Geschäftsleitung darüber zu informieren. Soweit die – insoweit gesamtverantwortliche – Geschäftsleitung von den Vorschlägen des Geldwäschebeauftragten abweicht, ist dies durch den Geldwäschebeauftragten schon im eigenen Interesse angemessen zu dokumentieren.

94 Der Geldwäschebeauftragte hat der Geschäftsleitung periodisch, mindestens einmal jährlich, einen Bericht über seine Tätigkeit, insbesondere über die Gefährdungssituation des Instituts und die erfolgten und beabsichtigten Maßnahmen zur Umsetzung der geldwäscherechtlichen Pflichten, zu übermitteln. Dies kann auch im Rahmen einer entsprechend ausgestalteten, jeweils aktualisierten Gefährdungsanalyse geschehen. Weitere ad-hoc Berichte sind beim Vorliegen eines besonderen Anlasses zu erstellen. Die Berichte sind vom Vorstand auch dem Vorsitzenden des Aufsichtsorgans weiterzuleiten. Durch die Geschäftsleitung veranlasste Änderungen wesentlicher Bewertungen oder Empfehlungen des Geldwäschebeauftragten sind im Jahresbericht gesondert zu dokumentieren. Über diese Änderungen ist auch der Vorsitzende des Aufsichtsorgans zu informieren.

8. Schulung und Betreuung von Mitarbeitern

95 Der Geldwäschebeauftragte ist ferner zuständig für die Unterrichtung der relevanten Beschäftigten über die Pflichten zur Verhinderung von Geldwäsche und Terrorismusfinanzierung im Sinne des § 6 Abs. 2 Nr. 6 GwG.

96 Der Geldwäschebeauftragte hat **die relevanten Geschäftsbereiche und Mitarbeiter** des Unternehmens im Hinblick auf die Einhaltung der gesetzlichen Bestimmungen und Pflichten zur Verhinderung von Geldwäsche und Terrorismusfinanzierung zu beraten und zu unterstützen. Dies beinhaltet die Unterstützung der operativen Bereiche bei der Durchführung oder die eigene Unterrichtung, insbesondere im Hinblick auf gesetzliche Neuerungen, Änderungen der Verwaltungspraxis der BaFin oder andere Änderungen der aufsichtsrechtlichen Anforderungen und die daraus resultierenden Verhaltensregeln für Mitarbeiter.

V. Aufgaben **§ 7 GwG**

Der Geldwäschebeauftragte kann Schulungen selbst vornehmen oder diese Tätigkeit delegieren. Charakteristisch für die Stellung des Geldwäschebeauftragten ist jedoch, dass dieser sich bei Mitarbeitern einen Status erarbeitet, der ihn zu einem vertrauten Ansprechpartner für die Mitarbeiter macht. Aus diesem Grunde schulen viele Geldwäschebeauftragte die Mitarbeiter der Verpflichteten zumindest teilweise auch selbst.

9. Ansprechpartner für Behörden

Der Geldwäschebeauftragte ist Ansprechpartner für die BaFin, die Strafverfolgungsbehörden und für das FIU. Er ist typischerweise durch angemessene Vertreterbestellung zur Abgabe rechtsverbindlicher Erklärungen gegenüber den Behörden selbst befähigt. Neben einer Einzelvollmacht kommen auch Gesamtvertretungsberechtigungen in Betracht (Einzel- oder Gesamtprokura).[65]

10. Besonderheiten außerhalb des Finanzsektors

Während Rolle und typischer Aufgabenkatalog des Geldwäschebeauftragten in der Finanzindustrie durch langjährige Verwaltungspraxis ausgeprägt und zahlreiche Literaturstimmen sehr genau ausgeprägt ist, existieren für den Nichtfinanzsektor kaum stehende Verwaltungspraxen. Kurz gesagt ist die Rolle des Geldwäschebeauftragten außerhalb des Finanzsektors stark von den jeweiligen Verpflichtetengruppen und deren Geschäftsfeldern geprägt. Bei vielen Verpflichteten aus Industrie und Handel wird der Geldwäschebeauftragte z.B. bei der Errichtung von Geschäftsbeziehungen ex ante hinzugezogen, so etwa bei der Eingehung von Geschäftsbeziehungen in risikobehafteten Regionen. Auch ist in einigen Branchen die Rekonstruktion oder Überprüfung von Beteiligungsketten zur Identifikation des wirtschaftlich Berechtigten mangels hinreichender Spezialkenntnisse auf „Marktseite" oder aufgrund vom Finanzmarkt **stark abweichender Abläufe beim Vertragsschluss** durch den Geldwäschebeauftragten durchaus üblich.

Im Kunst- und Antiquitätensektor,[66] im Gold- und Edelsteinhandel, aber auch bei Luxusgüterhändlern ist es darüber hinaus z.B. typische Aufgabe des Geldwäschebeauftragten, nicht nur Zahlungsflüsse, sondern auch die Herkunft eingehender (gebrauchter) Ware zu überprüfen.

---

65 *Achtelik*, in: Boos/Fischer/Schulte-Mattler, KWG/CRR-VO, § 25h KWG Rn. 28.
66 Vgl. hierzu sehr instruktiv *Boll*, Geldwäsche im Kunsthandel, in: Wohlschlägl-Aschberger, Geldwäscheprävention, S. 517ff.

VI. Arbeitsrechtliche Stellung und Haftung

1. Überblick

101 Mit dem Umsetzungsgesetz zur 4. EU-Geldwäscherichtlinie hat sich der Status des Geldwäschebeauftragten **merklich geändert**. Während in den vergangenen Jahren lediglich ein gewisser faktischer Schutz des Geldwäschebeauftragten durch die Verwaltungspraxis dargestellt worden war (immerhin musste die Abberufung des Geldwäschebeauftragten in jedem Falle gegenüber der Aufsicht begründet werden[67]), stellte Artikel 38 der 4. EU-Geldwäscherichtlinie (in Zusammenschau mit Erwägungsgrund 41) den Benachteiligungsschutz auf ein solideres Fundament. Schon über viele Jahre war in der Praxis bemängelt worden, dass im Vergleich zu den anderen „Beauftragten" ein niedrigeres arbeitsrechtliches Schutzniveau herrschte – bei ähnlich gelagerten Interessen.[68] Auch der Gesetzgeber hatte beim Erlass des Geldwäschebekämpfungsergänzungsgesetzes angemerkt, dass der Geldwäschebeauftragte bei Auftreten von Interessenkonflikten zwischen der Erfüllung seiner Aufgaben und den Unternehmensinteressen in seinen Arbeitnehmerrechten nicht beeinträchtigt werden dürfe.[69]

102 Spätestens mit der Verschärfung der Pflichten des Geldwäschebeauftragten im Hinblick auf § 7 Abs. 1 Satz 2 GwG war es nunmehr an der Zeit, dem Geldwäschebeauftragten einen gleichwertigen **Schutz** zu gewähren wie anderen Beauftragten. Vom Gesetzgeber ausdrücklich als Vorbild für die entsprechenden Normen des GwG genannt[70] soll der Geldwäschebeauftragte in arbeitsrechtlicher Hinsicht **dem Datenschutzbeauftragten gleichgestellt** werden. Die getroffenen Regelungen sollen nach dem Willen des Gesetzgebers gewährleisten, dass dem Geldwäschebeauftragten keine Nachteile wegen der von ihm ausgeübten Funktion drohen.

103 Die **Ausnahme vom Direktionsrecht** der Geschäftsleitung hingegen greift bestehende Verwaltungspraxis auf und erhöht diese in Gesetzesrang. Die Regelung bezweckt, dem Geldwäschebeauftragten als Spezialisten eine interessenkollisionsfreie Abwägung zur Abgabe von Verdachtsmeldungen anzugedeihen und ihn vor möglicher interessengeleiteter Einflussnahme zu schützen.

---

67 Vgl. AuA, Rn. 83.
68 Vgl. z. B. *Achtelik* in Boos/Fischer/Schulte-Mattler, KWG/CRR-VO, § 25h KWG Rn. 28.
69 Vgl. *Auerbach/Hentschel*, in: Schwennicke/Auerbach, KWG, § 25h Rn. 94 mit Verweis auf BT-Drs. 16/90389, S. 43.
70 BT-Drs. 18/11555.

2. Ausnahme vom Direktionsrecht

Anders als der Datenschutzbeauftragte ist der Geldwäschebeauftragte nicht „in Ausübung seiner Fachkunde auf dem Gebiet... weisungsfrei", vgl. § 4f Abs3 Satz 2 BDSG, sondern lediglich „soweit er die Erstattung einer Verdachtsmeldung beabsichtigt oder ein Auskunftsersuchen der Zentralstelle für Finanztransaktionsuntersuchungen nach § 30 Abs. 3 beantwortet", § 7 Abs. 5 Satz 6 GwG.

104

Der Grund hierfür liegt in der **besonderen öffentlich-rechtlichen Stellung** des Datenschutzbeauftragten, dessen Zuständigkeitsgebiet intensiver als beim Geldwäschebeauftragten mit hoheitlichen Funktionen durchsetzt ist. Während der Geldwäschebeauftragte insbesondere bei der „Datensammlung" für Strafverfolgungsbehörden[71] originär hoheitliche Tätigkeiten ausübt, ist die Funktion des Datenschutzbeauftragten in fast seinem gesamten Tätigkeitsfeld als jedenfalls öffentlich motiviert, wenn nicht gar hoheitlich einzustufen. Daher fordert schon die bisherige EG-Datenschutzrichtlinie für den Datenschutzbeauftragten „völlige Unabhängigkeit".[72]

105

Wie für den Datenschutzbeauftragten ist die Weisungsfreiheit für den Geldwäschebeauftragten nur auf die Funktion bezogen.[73] Hinsichtlich etwaiger weiterer Tätigkeiten ist er der Weisung der Geschäftsleitung unterworfen. Hinsichtlich der Budget- und Personalgewalt untersteht er weiter seinen Vorgesetzten.

106

Nach dem Gesetzeswortlaut ist der Geldwäschebeauftragte nur dann vom Direktionsrecht der Geschäftsleitung ausgenommen, **„soweit [er]** die Erstattung einer Meldung nach § 43 Absatz 1 beabsichtigt oder ein Auskunftsersuchen der Zentralstelle für Finanztransaktionsuntersuchungen nach § 30 Abs. 3 beantwortet". Aufgrund des Bestimmtheitsgebotes im Gewerberecht und aufgrund der mit der Norm einhergehenden Beschränkung der Gewerbefreiheit der Verpflichteten, zuletzt auch aufgrund des Regel- (Weisungsabhängigkeit)/Ausnahmeverhältnisses (Beschränkung der Weisungsabhängigkeit) liegt eine sehr restriktive Auslegung der Norm nahe.

107

Die Weisungsausnahme „Erstattung der Meldung beabsichtigt" ist allerdings nach dem Sinn und Zweck des Gesetzes dahin auszulegen, dass sie sämtliche **Vorbereitungshandlungen** des Geldwäschebeauftragten, insbesondere Untersuchungshandlungen und Informationsbeschaffung ebenso von der Weisungsunabhängigkeit mit umfasst wie die Entscheidungsfindung über die Abgabe oder Zurückstellung einer Verdachtsmeldung und deren Abgabe selbst. Anderenfalls liefe der Sinn des Gesetzes leer, wenn z. B. ein Mitglied der Geschäftsleitung dem Geldwäschebeauftragten die konkrete Untersuchung in einen konkreten

108

---

71 Kritisch hierzu *Roberts/Spoerr*, WM 2017, 1142 mit zahlreichen weiteren Nachweisen.
72 Art. 18 Abs. 2 EG-DatSchRL, vgl. auch *Gola/Schomerus*, BDSG, § 4f Rn. 4.
73 Vgl. *Gola/Schomerus*, BDSG, 12. Aufl., § 4f Rn. 48.

Verdachtsfall verbieten oder beschränken könnte. Wie oben unter § 1 GwG beschrieben (vgl. § 1 Rn. 4) ist das GwG nach seinem Zweck funktional auszulegen. Diese funktionale Auslegung überlagert den – zudem etwas ungenau gefassten – Wortlaut des Gesetzes.

109 Die Bereichsausnahme „Auskunftsersuchen" ist hingegen auf **förmliche Auskunftsersuchen** nach § 30 Abs. 3 GwG beschränkt. „Informelle Auskunftsersuchen" und Auskunftsersuchen anderer Behörden als des FIU sind nicht umfasst. Vom Zweck der Norm her ist die Aushändigung von Unterlagen, die im Wege der förmlichen Beschlagnahme durch Strafverfolgungs- oder Steuerbehörden erzwungen wird, ebenfalls umfasst.

110 Die Weisungsfreiheit erstreckt sich nach dem Zweck des Gesetzes, wie auch beim Datenschutzbeauftragten, auch auf den Stellvertreter und die Mitarbeiter des Geldwäschebeauftragten,[74] diese wiederum selbstverständlich ebenso nur sofern und soweit sie im Rahmen ihrer Geldwäsche-Funktion tätig sind. In Konzernstrukturen erfasst die Weisungsfreiheit auch sogenannte „Geldwäsche-Manager", die – oftmals ohne ausdrücklich nach lokalem Recht als Geldwäschebeauftragter bestellt zu sein – als „Statthalter" des Geldwäschebeauftragten in lokalen Einheiten tätig sind. Die Weisungsfreiheit gilt in solchen Fällen grenzüberschreitend im Rahmen der gruppenweiten Geldwäscheorganisation aber wiederum nur bezogen auf die Funktion.

3. Benachteiligungsverbot

111 „Dem Geldwäschebeauftragten und dem Stellvertreter darf wegen der Erfüllung ihrer Aufgaben **keine Benachteiligung im Beschäftigungsverhältnis** entstehen." Das Benachteiligungsverbot in § 7 Abs. 7 Satz 1 GwG ist Ausprägung der Absicht des Gesetzgebers, dass die unabhängige Tätigkeit des Geldwäschebeauftragten möglich sein muss, „ohne dass ihm wegen der von ihm ausgeübten Tätigkeiten Nachteile drohen".[75] Anders als die Ausnahme von der Weisungsabhängigkeit ist das Benachteiligungsverbot nicht an die Abgabe von Verdachtsmeldungen oder die Beantwortung von Auskunftsersuchen gekoppelt; es erstreckt sich auf das gesamte Tätigkeitsfeld des Geldwäschebeauftragten. Das Benachteiligungsverbot gilt für den Geldwäschebeauftragten und den Stellvertreter wiederum im Rahmen des Tätigwerdens in ihrer Funktion, nicht hinsichtlich weiterer Tätigkeiten. Hinsichtlich letzterer – und hinsichtlich der Mitarbeiter des Geldwäschebeauftragten – bleibt es bei den allgemeinen arbeitsrechtlichen Grundsätzen. Sofern ein Mitarbeiter des Geldwäschebeauftragten allerdings benachteiligt wird, so ist die vom Gesetzgeber besonders genannte schützenswerte Konfliktlage des Geldwäschebeauftragten in die erforderlichen

---

74 Vgl. *Simitis*, in: Simitis, BDSG, § 4f Rn. 123.
75 BT-Drs. 18/11555, S. 114.

Abwägungen seitens der Arbeitgeber und durch die Gerichte angemessen zu berücksichtigen.

Die Vorschrift privilegiert den Geldwäschebeauftragten im Hinblick auf seine Funktion, ist lex specialis zu § 7 AGG und erweitert den Anwendungsbereich des Benachteiligungsschutzes um ein weiteres mögliches Konfliktkriterium. Der Geldwäschebeauftragte ist naturgemäß mit einer Funktion betraut, die viel innerbetriebliches **Konfliktpotenzial** birgt. Als Beispiele seien im Hinblick auf Konflikt mit der „Marktseite" eines Verpflichteten die Kündigung einer Geschäftsbeziehung oder die Abgabe einer Verdachtsmeldung über einen Kunden genannt. 112

Zur Auslegung des Begriffs der „**Benachteiligung**" im Sinne des § 7 GwG können die allgemeinen arbeitsrechtlichen Grundsätze herangezogen werden. Er umfasst sowohl die unmittelbare als auch die mittelbare Benachteiligung sowie Belästigungen, die eine Beeinträchtigung des Geldwäschebeauftragten in seiner Funktion bezwecken sollen.[76] 113

Abzugrenzen von einer (unzulässigen) Benachteiligung ist die (zulässige) unterschiedliche Behandlung aufgrund beruflicher oder betrieblicher Anforderungen, vgl. hierzu auf § 8 AGG. 114

Im Übrigen kann hinsichtlich des Benachteiligungsverbotes auf die Rechtslage hinsichtlich des AGG, des betrieblichen Gleichbehandlungsgrundsatzes und der weiteren arbeitsrechtlichen Bestimmungen verwiesen werden. 115

In Extremfällen haben die Aufsichtsbehörden – bei Bekanntwerden etwaiger Missstände – die in § 51 GwG genannten Möglichkeiten und die Pflicht, ihrerseits auf die Verpflichteten einzuwirken. Das Gesetz erlaubt dem Geldwäschebeauftragten allerdings nicht, ohne vorheriges Einverständnis und spontan auf die Verwaltungsbehörden zuzugehen. Im Rahmen von Prüfgesprächen müssen allerdings auf Nachfragen von Prüfern oder der Aufsichtsbehörden zutreffende Angaben gemacht werden, welche sich auf tatsächliche oder drohende Benachteiligungen beziehen. 116

4. Sonderkündigungsschutz

Der Sonderkündigungsschutz des Geldwäschebeauftragten wurde über **lange Zeit diskutiert**, von den Vorgängerversionen des GwG aber nicht in das Gesetz aufgenommen.[77] Es ist wiederum dem Datenschutzbeauftragten nachempfunden und beschränkt sich ebenso wie das Benachteiligungsverbot auf diejenigen Gründe, die aus der Funktion herrühren. 117

---

76 Vgl. zur mannigfaltigen Ausprägung der Begriffe und für zahlreiche einzelne Nachweise *Schlachter*, in: Erfurter Kommentar zum Arbeitsrecht, § 40 AGG Rn. 2 ff.
77 *Achtelik*, in: Boos/Fischer/Schulte-Mattler, KWG/CRR-VO, § 25h KWG Rn. 28.

GwG § 7 Geldwäschebeauftragter

118 Er besteht nicht für Fälle, in denen eine außerordentliche Kündigung des Geldwäschebeauftragten aus wichtigem Grund ohne Einhaltung einer Kündigungsfrist (§ 626 BGB) möglich wäre und erstreckt sich auf einen Zeitraum von einem (weiteren) Jahr nach Abberufung von der Funktion. Der Sonderkündigungsschutz betrifft ausschließlich den Geldwäschebeauftragten und den Stellvertreter; anders als die Vorschriften zur Ausnahme von der Weisungsabhängigkeit gilt er nicht für die Mitarbeiter des Geldwäschebeauftragten.

119 Gegenüber ausgelagerten Funktionen bedeutet § 7 Abs. 7 Satz 2 und 3 GwG nicht, dass auch ein Kündigungsschutz hinsichtlich der zwischen dem Verpflichteten und dem ausgelagerten Geldwäschebeauftragten bestehenden Geschäftsbesorgungsverträge besteht. Diese sind ohnehin mit angemessener Kündigungsfrist auszustatten, sodass der Dienstleister angemessen geschützt wird. Die Norm ist hingegen als rein arbeitsrechtliche Kündigungsschutznorm zu verstehen.

120 Der Sonderkündigungsschutz gilt auch während der Probezeit.[78]

121 Nicht vom Sonderkündigungsschutz erfasst ist der **„freiwillig" bestellte Geldwäschebeauftragte**, der nicht aufgrund Gesetzes oder Verwaltungsanordnung bestellt werden muss. Dies ist für den Datenschutzbeauftragten geklärt[79] und dürfte aufgrund des Verweises in der Gesetzesbegründung auch für den Geldwäschebeauftragten und seinen Stellvertreter gelten.

122 Analog dem Datenschutzbeauftragten ist auch beim Geldwäschebeauftragten davon auszugehen, dass **Beschäftigungsverhältnis und Funktion getrennt betrachtet** werden müssen. In der Praxis bedeutsam ist deshalb die Kündigung, die gegenüber einem Geldwäschebeauftragten ausgesprochen wird und die sich nicht auf die Funktion als Geldwäschebeauftragter, sondern auf Kündigungsgründe außerhalb der Funktion bezieht. Wie auch im Hinblick auf den Datenschutzbeauftragten kommt in diesen Fällen wohl eine Teilkündigung in Betracht, die das Arbeitsverhältnis im Hinblick auf die Aufgabenwahrnehmung als Geldwäschebeauftragter zu teilen noch bestehen lässt.[80] In einer Folgeentscheidung hat das BAG weiter ausgeführt, dass im Regelfall auch eine Teilkündigung unzulässig sei, die mit dem Widerruf der Bestellung als Beauftragter zeitlich verknüpft sei.[81] Wesentlich für die Beurteilung der Rechtmäßigkeit der Kündigung in solchen „Mischfällen" ist, ob die Stellung des Geldwäschebeauftragten der Tätigkeit des Arbeitnehmers „das Gepräge gibt".[82]

---

78 Vgl. (für den Datenschutzbeauftragten) ArbG Dortmund, RDV 2013, 319.
79 Vgl. *Franzen*, in: Erfurter Kommentar zum Arbeitsrecht, § 4f BDSG Rn. 9.
80 Vgl. für den Datenschutzbeauftragten BAG, DB 2007, 1198; *Gola/Schomerus*, BDSG, § 4f Rn. 40a m. w. N.
81 BAG, RDV 2011, 237.
82 Vgl. *Gola/Schomerus*, BDSG, § 4f Rn. 42; *Franzen*, in: Erfurter Kommentar, § 4f BDSG Rn. 8, 9.

VI. Arbeitsrechtliche Stellung und Haftung § 7 GwG

Bei Wegfall der Funktion, etwa im Falle von gesellschaftsrechtlichen Umwandlungen, ist die Rechtslage uneinheitlich; ausschlaggebend sind wohl die Umstände des Einzelfalles. 123

Hinsichtlich der weiteren Aspekte des Sonderkündigungsschutzes gelten die allgemeinen arbeitsrechtlichen Regeln. 124

5. Einzelne Haftungsfragen

Die Haftung des Geldwäschebeauftragten orientiert sich in einigen Fragen an der Haftung des Compliance Officers. In vielerlei Hinsicht (mögliche[83] gesetzliche Garantenstellung, gesetzlich umrissener Pflichtenkatalog, besondere persönliche Merkmale im Sinne des § 14 StGB[84] etc.) unterscheidet sie sich allerdings von ihr allerdings in einigen Punkten. 125

Geldwäschevermeidung ist ein Teil der **Legalitätspflichten der Geschäftsleitung** bei jedem Verpflichteten. Während beim Compliance Officer die Delegation der hiermit einhergehenden Pflichten (außer der typischen Geschäftsleiterverantwortlichkeit, die auch im Falle einer Delegation als Residualpflicht weiter bestehen bleibt) durch Arbeitsvertrag und Stellenbeschreibung erfolgt, treten beim Geldwäschebeauftragten die mögliche Garantenstellung aufgrund § 7 Abs. 1 Satz 2 GwG, die teilweise im Gesetz niedergelegten Handlungspflichten und bei regulierten Unternehmen die Verwaltungspraxis ergänzend hinzu. Der Umfang der Delegation – und somit der für Haftungsfragen ausschlaggebende Pflichtenkreis – ist beim Geldwäschebeauftragten damit nicht nur zivilrechtlich definiert. Insbesondere sofern ausdrücklich Weisungsrechte bestehen, z. B. zur Kündigung von bemakelten Geschäftsbeziehungen, kommen Pflichtverletzungen bei pflichtwidrigem Unterlassen der Wahrnehmung solcher Kündigungsrechte in Betracht. 126

Ob die Zivil- und Strafgerichte eine **Garantenstellung** des Geldwäschebeauftragten aus Gesetz (wie oben in Rn. 26 dargelegt, kommt ganz grundsätzlich eine Haftung sowohl als Beschützer- als auch als Überwachergarant in Frage) annehmen werden, bleibt abzuwarten. Hinsichtlich einzelner Pflichten kommt eine unmittelbare Haftung des Geldwäschebeauftragten in straf- und ordnungswidrigkeitenrechtlicher Hinsicht in Betracht, zumal der Geldwäschebeauftragte hinsichtlich besonderer persönlicher Merkmale im Sinne des § 14 StGB eine besondere Haftungsexposition innehat. Hinsichtlich der ordnungswidrigkeitenrechtlichen Behandlung von Fehlern des Geldwäschebeauftragten kommt eine Zurechnung als Bezugstäter im Rahmen des § 30 OWiG in Betracht; der Geldwäschebeauftragte ist immerhin „sonstige Leitungsperson" nach § 30 Abs. 1 127

---

83 Von einigen Teilen der Literatur wurde eine Garantenstellung schon vor der Gesetzesänderung angenommen, vgl. z. B. *Neuheuser*, NZWiSt 2015, 241.
84 Vgl. *Kaetzler*, CCZ 2008, 174, 180.

Nr. 5 OWiG und rückt deshalb nach § 9 Abs. 2 Satz 1 Nr. 2 OWiG in die Normadressatenstellung des zugehörigen Verbandes ein.[85]

128 In arbeitsrechtlicher Hinsicht gelten die **allgemeinen Haftungsregeln für Arbeitnehmer**.[86] In der Rolle des Geldwäschebeauftragten wird die besondere Haftungsexposition der Funktion im Rahmen des sogenannten innerbetrieblichen Schadensausgleichs[87] in besonderem Maße zu berücksichtigen sein.

129 Hinsichtlich der Abgabe von Verdachtsmeldungen oder der Erstattung von Strafanzeigen sowie der internen Meldung von Verdachtsfällen, sowie der Weitergabe von Informationen im Rahmen (formeller) Auskunftsersuchen des FIU, hat der Geldwäschebeauftragte einen eigenen Haftungsfreistellungsgrund auf seiner Seite, § 48 GwG.

VII. Anzeigepflicht und -verfahren, Abberufung

130 § 7 Abs. 4 GwG begründet die Pflicht, den jeweils zuständigen Aufsichtsbehörden (vgl. §§ 1 Abs. 9, 50 GwG) sowohl die Bestellung als auch die Entpflichtung des Geldwäschebeauftragten und seines Stellvertreters anzuzeigen. Die Anzeige muss „vorab" geschehen. Die bisherigen Normen sahen die „Vorabanzeige" nicht vor; nach h. M. war lediglich eine „unverzügliche" Anzeige nach Bestellung oder Abberufung, somit eine Ex-post-Kontrolle durch die Aufsichtsbehörden vorgesehen.[88]

131 Die Norm regelt hingegen nicht, welcher **Zeitraum** zur Anwendung kommen soll. Die Norm ist also so zu verstehen, dass die „Vorabanzeige" durchaus sehr kurzfristig erfolgen kann. Denn anders als bei einem Genehmigungsverfahren, bei dem den zuständigen Behörden eine angemessene Frist zur Prüfung „ex ante" zugestanden werden muss, handelt es sich nach dem Gesetzeswortlaut und der Systematik eindeutig nur um ein „Anzeige"verfahren.

132 Das Anzeigeverfahren dient dazu, der Behörde die Möglichkeit zu geben, die erforderliche Qualifikation und Zuverlässigkeit des neu ernannten Geldwäschebeauftragten oder des Stellvertreters zu überprüfen und gegebenenfalls der Bestellung zeitnah zu widersprechen. Im Falle mangelnder Qualifikation oder Zuverlässigkeit (zum Begriffspaar vgl. oben Rn. 31 ff.) kann die Aufsichtsbehörde vom Verpflichteten verlangen, dass er die Bestellung widerruft. Daher obliege es nach Ansicht des Gesetzgebers dem Verpflichteten selbst, die praktische

---

85 Vgl. hierzu *Rütters/Wagner*, NZWiSt 2015, 282.
86 Vgl. *Preis*, in: Erfurter Kommentar zum Arbeitsrecht, § 619a BGB Rn. 6 ff.
87 Vgl. *Preis*, in: Erfurter Kommentar zum Arbeitsrecht, § 619a BGB Rn. 9 ff.
88 Vgl. § 9 Abs. 2 Nr. 1 Satz 3 GwG a. F.; vgl. hierzu und zur „Unverzüglichkeit" *Warius*, in: Herzog, GwG, § 9 Rn. 21.

VII. Anzeigepflicht und -verfahren, Abberufung § 7 GwG

Möglichkeit zum Widerruf zu schaffen.[89] Andererseits soll der Aufsichtsbehörde die Möglichkeit gegeben werden, bei interessengeleiteten, dem Zweck des Gesetzes widersprechenden Abberufungen ebenso gegen den Verpflichteten einzuschreiten.

Aus dem Gesetzeszweck ergibt sich, dass sowohl die Bestellung des Geldwäschebeauftragten oder des Stellvertreters als auch deren Abberufung angemessen zu moderieren bzw. zu **begründen** ist. Im Falle einer Bestellung eines Geldwäschebeauftragten oder eines Stellvertreters sind somit solche **Unterlagen** der Anzeige beizufügen, die zur Beurteilung der Zuverlässigkeit und fachlichen Eignung des Geldwäschebeauftragten oder des Stellvertreters nötig sind. In der Regel ist dies der Nachweis der hinreichenden fachlichen Kenntnisse anhand eines Lebenslaufes oder einer Übersicht über den beruflichen Werdegang nebst Ausbildungs- und Fortbildungsnachweisen.[90] Im Fall größerer Institute oder Verpflichteter ist ein geeigneter Nachweis über hinreichende Leitungserfahrung beizufügen. Angesichts der risikobasierten Anforderungen an die Person des Geldwäschebeauftragten empfiehlt es sich, bei der Bestellungsanzeige Angaben über wesentliche Rahmendaten des Verpflichteten hinsichtlich dessen Risikoexposition und Größe zu machen. Der Nachweis hinreichender Zuverlässigkeit kann in einer Straffreiheitserklärung (wie z. B. bei den Geschäftsleitern nach dem Kreditwesengesetz üblich) oder in der Übersendung eines Auszugs aus dem Strafregister erfolgen.

133

Der Wortlaut des Gesetzes gibt den Aufsichtsbehörden nur die Möglichkeit, der „Bestellung" entgegenzutreten und die Abberufung zu verlangen, vgl. § 7 Abs. 4 Satz 2 GwG. Von einem etwaigen Widerruf einer Abberufung spricht das Gesetz nicht. Bei allem Bestreben, den Geldwäschebeauftragten auch arbeitsrechtlich in eine unabhängigere Position gegenüber dem Verpflichteten zu bringen, kann die Verwaltungsbehörde kaum derart in die innerbetrieblichen Entscheidungen eines Verpflichteten eingreifen, diesen zum Widerruf der Abberufung anzuhalten. Der Behörde steht es jedoch selbstverständlich frei, dem Unternehmen oder dem Geldwäschebeauftragten selbst mitzuteilen, dass die Abberufung aus Sicht der Behörde nicht sachgerecht gewesen war. Der Behörde steht es naturgemäß ferner frei, im Falle einer sachwidrigen Abberufung von den in § 51 GwG, insbesondere § 51 Abs. 2 GwG genannten behördlichen Kompetenzen Gebrauch zu machen.

134

Im Fall des **Verlangens einer Abberufung** muss die zuständige Aufsichtsbehörde einen entsprechenden Verwaltungsakt erlassen, der begründet werden muss. Der Verwaltungsakt richtet sich an den Verpflichteten. Ein entsprechender Bescheid kann mit Widerspruch und Anfechtungs- oder Feststellungsklage vom

135

---

89 Gesetzesbegründung, BT-Drs. 18/11555, S. 113.
90 Vgl. *Auerbach/Hentschel*, in: Schwennicke/Auerbach, KWG, § 25h Rn. 92.

GwG § 7 Geldwäschebeauftragter

Verpflichteten angegriffen werden. Da eine Beschwer durch den Verwaltungsakt in aller Regel auch bei dem Betroffenen, also dem mittelbar angegriffenen Geldwäschebeauftragten oder dem Stellvertreter, vorliegt, sind diese regelmäßig auch im eigenen Namen zu Rechtsmitteln befugt.

136 Nach der Gesetzesbegründung habe der Verpflichtete „sicherzustellen, dass bei mangelnder Qualifikation oder Zuverlässigkeit die Bestellung widerrufen werden kann".[91] Hierunter kann nur zu verstehen sein, dass der Verpflichtete arbeitsvertragliche Vorkehrungen hierfür treffen muss.

137 Für den Fall der Abberufung durch den Verpflichteten muss derselbe die Entpflichtung ebenso „vorab" der Aufsichtsbehörde anzeigen. Bei der Abberufung aus besonders dringendem wichtigen Grund dürfte hierzu eine zeitgleiche Anzeige ausreichen; anders kann § 7 Abs. 4 GwG aus Perspektiven der Praktikabilität und der Verhältnismäßigkeit nicht verstanden werden. Steht zum Beispiel die Zuverlässigkeit des Geldwäschebeauftragten aufgrund Fehlverhaltens in Frage, muss dem Verpflichteten eine Abberufung schon nach dem Zweck des Gesetzes möglich sein, ohne vorab die Aufsichtsbehörde hierüber informiert zu haben. In derartigen Sonderfällen ist die Anzeige jedoch zeitgleich, zumindest unverzüglich nach Abberufung abzugeben. Die Abberufungsanzeige ist formlos;[92] die Gründe sind zutreffend, vollständig und für die Aufsichtsbehörde nachvollziehbar darzulegen.

---

91 BT-Drs. 18/11555, S. 113.
92 Vgl. *Auerbach/Hentschel*, in: Schwennicke/Auerbach, KWG, § 25h Rn. 92.

§ 8 Aufzeichnungs- und Aufbewahrungspflicht

(1) Vom Verpflichteten aufzuzeichnen und aufzubewahren sind
1. die im Rahmen der Erfüllung der Sorgfaltspflichten erhobenen Angaben und eingeholten Informationen
   a) über Vertragspartner, gegebenenfalls über die für die Vertragspartner auftretenden Personen und wirtschaftlich Berechtigten,
   b) über Geschäftsbeziehungen und Transaktionen, insbesondere Transaktionsbelege, soweit sie für die Untersuchung von Transaktionen erforderlich sein können,
2. hinreichende Informationen über die Durchführung und über die Ergebnisse der Risikobewertung nach § 10 Absatz 2, § 14 Absatz 1 und § 15 Absatz 2 und über die Angemessenheit der auf Grundlage dieser Ergebnisse ergriffenen Maßnahmen,
3. die Ergebnisse der Untersuchung nach § 15 Absatz 5 Nummer 1 und
4. die Erwägungsgründe und eine nachvollziehbare Begründung des Bewertungsergebnisses eines Sachverhalts hinsichtlich der Meldepflicht nach § 43 Absatz 1.

Die Aufzeichnungen nach Satz 1 Nummer 1 Buchstabe a schließen Aufzeichnungen über die getroffenen Maßnahmen zur Ermittlung des wirtschaftlich Berechtigten bei juristischen Personen im Sinne von § 3 Absatz 2 Satz 1 ein.

(2) Zur Erfüllung der Pflicht nach Absatz 1 Satz 1 Nummer 1 Buchstabe a sind in den Fällen des § 12 Absatz 1 Satz 1 Nummer 1 auch die Art, die Nummer und die Behörde, die das zur Überprüfung der Identität vorgelegte Dokument ausgestellt hat, aufzuzeichnen. Soweit zur Überprüfung der Identität einer natürlichen Person Dokumente nach § 12 Absatz 1 Satz 1 Nummer 1 oder 4 vorgelegt oder zur Überprüfung der Identität einer juristischen Person Unterlagen nach § 12 Absatz 2 vorgelegt oder soweit Dokumente, die aufgrund einer Rechtsverordnung nach § 12 Absatz 3 bestimmt sind, vorgelegt oder herangezogen werden, haben die Verpflichteten das Recht und die Pflicht, vollständige Kopien dieser Dokumente oder Unterlagen anzufertigen oder sie vollständig optisch digitalisiert zu erfassen. Diese gelten als Aufzeichnung im Sinne des Satzes 1. Wird nach § 11 Absatz 3 Satz 1 von einer erneuten Identifizierung abgesehen, so sind der Name des zu Identifizierenden und der Umstand, dass er bei früherer Gelegenheit identifiziert worden ist, aufzuzeichnen. Im Fall des § 12 Absatz 1 Satz 1 Nummer 2 ist anstelle der Art, der Nummer und der Behörde, die das zur Überprüfung der Identität vorgelegte Dokument ausgestellt hat, das dienste- und kartenspezifische Kennzeichen und die Tatsache, dass die Prüfung anhand eines elektronischen Identitätsnachweises erfolgt ist, aufzuzeich-

nen. Bei der Überprüfung der Identität anhand einer qualifizierten Signatur nach § 12 Absatz 1 Satz 1 Nummer 3 ist auch deren Validierung aufzuzeichnen. Bei Einholung von Angaben und Informationen durch Einsichtnahme in elektronisch geführte Register oder Verzeichnisse gemäß § 12 Absatz 2 gilt die Anfertigung eines Ausdrucks als Aufzeichnung der darin enthaltenen Angaben oder Informationen.

(3) Die Aufzeichnungen können auch digital auf einem Datenträger gespeichert werden. Die Verpflichteten müssen sicherstellen, dass die gespeicherten Daten

1. mit den festgestellten Angaben und Informationen übereinstimmen,
2. während der Dauer der Aufbewahrungsfrist verfügbar sind und
3. jederzeit innerhalb einer angemessenen Frist lesbar gemacht werden können.

(4) Die Aufzeichnungen und sonstige Belege nach den Absätzen 1 bis 3 sind fünf Jahre aufzubewahren und danach unverzüglich zu vernichten. Andere gesetzliche Bestimmungen über Aufzeichnungs- und Aufbewahrungspflichten bleiben hiervon unberührt. Die Aufbewahrungsfrist im Fall des § 10 Absatz 3 Satz 1 Nummer 1 beginnt mit dem Schluss des Kalenderjahres, in dem die Geschäftsbeziehung endet. In den übrigen Fällen beginnt sie mit dem Schluss des Kalenderjahres, in dem die jeweilige Angabe festgestellt worden ist.

(5) Soweit aufzubewahrende Unterlagen einer öffentlichen Stelle vorzulegen sind, gilt für die Lesbarmachung der Unterlagen § 147 Absatz 5 der Abgabenordnung entsprechend.

Schrifttum: *Herzog,* GwG, 2. Aufl. 2014.

Übersicht

	Rn.		Rn.
I. Allgemeines	1	V. Digitale Speicherung (§ 8 Abs. 3 GwG)	29
II. Aufzeichnungs- und Aufbewahrungspflicht (§ 8 Abs. 1, Abs. 2 Satz 1 GwG)	3	VI. Dauer der Aufbewahrung und Löschung (§ 8 Abs. 4 GwG)	31
1. Zeitpunkt und Anwendungsbereich	3	1. Beginn und Dauer der Aufbewahrung	31
2. Umfang der Aufzeichnungs- und Aufbewahrungspflicht	8	2. Löschungsvorgaben	38
III. Anfertigung von Kopien (§ 8 Abs. 2 Satz 2, 3 GwG)	19	VII. Lesbarmachung (§ 8 Abs. 5 GwG)	41
IV. Vorliegen einer früheren Identifizierung (§ 8 Abs. 2 Satz 4 GwG)	25	VIII. Bußgeldbewehrung (§ 56 Abs. 1 Nr. 9, 10 GwG)	43

I. Allgemeines

§ 8 GwG regelt die Pflicht zur Aufzeichnung und Aufbewahrung von Angaben, Informationen und Unterlagen. Die Norm entspricht in weiten Teilen § 8 GwG a. F. in der vor dem 26.6.2017 geltenden Fassung. Neben redaktionellen Anpassungen wurden auch einige Neuerungen zur Aufzeichnung und Aufbewahrung durch das Gesetz zur Umsetzung der Vierten EU-Geldwäscherichtlinie, zur Ausführung der EU-Geldtransferverordnung und zur Neuorganisation der Zentralstelle für Finanztransaktionsuntersuchungen vom 23.6.2017[1] eingeführt.[2] § 8 GwG dient der Umsetzung von Art. 40 der Vierten Geldwäscherichtlinie.[3] Art. 40 der Vierten Geldwäscherichtlinie fordert u. a. explizit die Aufbewahrung einer Kopie der zur Erfüllung der Sorgfaltspflichten gegenüber Kunden erhaltenen Dokumente und Informationen, was zu einer entsprechenden Anpassung des bisherigen Gesetzeswortlauts geführt hat.

Die wesentlichen **Änderungen durch die GwG-Novelle 2017** betreffen die neuerdings bestehende Pflicht und Berechtigung zur Einholung vollständiger Kopien bestimmter Dokumente und Unterlagen sowie die Pflicht zur unverzüglichen Löschung der aufbewahrten Daten nach Ablauf der Aufbewahrungsfrist. Durch die neu eingeführte Vorgabe zur Datenlöschung soll den Anforderungen zum Schutz personenbezogener Daten im Rahmen des Datenschutzes stärker Rechnung getragen werden.

II. Aufzeichnungs- und Aufbewahrungspflicht (§ 8 Abs. 1, Abs. 2 Satz 1 GwG)

1. Zeitpunkt und Anwendungsbereich

Die Pflicht zur Aufzeichnung von Daten knüpft gem. § 8 Abs. 1 Nr. 1 GwG an den Zeitpunkt an, in dem auch die Pflicht zur Erfüllung der allgemeinen Sorgfaltspflichten nach § 10 Abs. 3 GwG entsteht.

Die allgemeinen Sorgfaltspflichten sind in folgenden Fällen zu erfüllen (§ 10 Abs. 3 GwG, vgl. dazu ausführlich § 10 Rn. 89 ff.):
- bei Begründung einer Geschäftsbeziehung,
- bei Transaktionen außerhalb bestehender Geschäftsbeziehungen, die Geldtransfers in Höhe von 1.000 EUR oder mehr oder eine sonstige Transaktion in Höhe von 15.000 EUR oder mehr darstellen,
- bei einem Verdacht der Geldwäsche oder Terrorismusfinanzierung.

---
1 BGBl. I Nr. 39, 1822 ff. (nachfolgend auch bezeichnet als „GwG-Novelle 2017").
2 BT-Drs. 18/11555, S. 114.
3 BT-Drs. 18/11555, S. 114.

GwG § 8 Aufzeichnungs- und Aufbewahrungspflicht

5   Die allgemeinen Sorgfaltspflichten müssen bei Neukunden erfüllt werden. Bei Bestandskunden müssen die allgemeinen Sorgfaltspflichten gem. § 10 Abs. 3 Satz 2 GwG zu geeigneter Zeit erfüllt werden, insbesondere dann, wenn sich bei einem Kunden maßgebliche Umstände ändern.

6   Überdies gelten gem. § 10 Abs. 4 bis 8 GwG besondere Vorschriften für die Erfüllung der allgemeinen Sorgfaltspflichten für bestimmte Verpflichtete und bestimmte Tätigkeiten wie die Erbringung von Zahlungsdienstleistungen (§ 2 Abs. 1 Nr. 3–5 GwG), Veranstalter und Vermittler von Glücksspielen (§ 2 Abs. 1 Nr. 15 GwG), Güterhändler (§ 2 Abs. 1 Nr. 16 GwG), bei der Ausgabe von E-Geld (§ 2 Abs. 1 Nr. 4, 5 GwG) sowie für Versicherungsvermittler (§ 2 Abs. 1 Nr. 8 GwG).

7   Die Pflicht zur Aufzeichnung und Aufbewahrung nach § 8 GwG hingegen gilt uneingeschränkt für alle Verpflichteten des GwG.[4]

2. Umfang der Aufzeichnungs- und Aufbewahrungspflicht

8   Die Aufzeichnungs- und Aufbewahrungspflicht bezieht sich auf bestimmte Angaben, Informationen und Ergebnisse, die durch den Gesetzgeber in § 8 Abs. 1 GwG festgelegt werden:

– die im Rahmen der Erfüllung der Sorgfaltspflichten erhobenen Angaben und eingeholten Informationen
  – über Vertragspartner, gegebenenfalls über die für die Vertragspartner auftretenden Personen und wirtschaftlich Berechtigten sowie die zur Ermittlung des wirtschaftlich Berechtigten getroffenen Maßnahmen i. S. v. § 3 Abs. 2 Satz 1 GwG (§ 8 Abs. 1 Nr. 1 a, Abs. 1 Satz 2 GwG),
  – über Geschäftsbeziehungen und Transaktionen, insbesondere Transaktionsbelege, soweit sie für die Untersuchung von Transaktionen erforderlich sein können (§ 8 Abs. 1 Nr. 1 b GwG),
– hinreichende Informationen über die Durchführung und über die Ergebnisse der Risikobewertung nach §§ 10 Abs. 2, 14 Abs. 1 und 15 Abs. 2 GwG und über die Angemessenheit der auf Grundlage dieser Ergebnisse ergriffenen Maßnahmen (§ 8 Abs. 1 Nr. 2 GwG),
– die Ergebnisse der Untersuchung nach § 15 Abs. 5 Nr. 1 GwG (§ 8 Abs. 1 Nr. 3 GwG) und
– die Erwägungsgründe und eine nachvollziehbare Begründung des Bewertungsergebnisses eines Sachverhalts hinsichtlich der Meldepflicht nach § 43 Abs. 1 GwG (§ 8 Abs. 1 Nr. 4 GwG).

---

[4] So auch *Warius*, in: Herzog, GwG, § 8 Rn. 2, der sich auf § 8 GwG a. F. vor der GwG-Novelle 2017 bezieht.

II. Aufzeichnungs- und Aufbewahrungspflicht § 8 GwG

Zur Erfüllung der Pflicht nach § 8 Abs. 1 Nr. 1 a GwG, also der Pflicht zur Erfüllung der Sorgfaltspflichten gegenüber dem Vertragspartner und der für diesen ggf. auftretenden Personen und wirtschaftlich Berechtigten, sind gem. § 8 Abs. 2 Satz 1 GwG zusätzlich die **Art, die Nummer und die Behörde**, die das zur Überprüfung der Identität vorgelegte Dokument ausgestellt hat, aufzuzeichnen. Dies gilt jedoch nur dann, wenn die Identitätsüberprüfung für natürliche Personen gemäß § 12 Abs. 1 Nr. 1 GwG anhand eines gültigen amtlichen Ausweises erfolgt ist, der die dort näher beschriebenen Merkmale aufweist. 9

Im Fall des § 12 Abs. 1 Satz 1 Nr. 2 GwG (d. h. Identitätsprüfung i. R. d. allgemeinen Sorgfaltspflichten bei natürlichen Personen anhand eines **elektronischen Identitätsnachweises** nach § 18 Personalausweisgesetz oder nach § 78 Abs. 5 Aufenthaltsgesetz) ist anstelle der Art, der Nummer und der Behörde, die das zur Überprüfung der Identität vorgelegte Dokument ausgestellt hat, das dienste- und kartenspezifische Kennzeichen und die Tatsache, dass die Prüfung anhand eines elektronischen Identitätsnachweises erfolgt ist, aufzuzeichnen (§ 8 Abs. 2 Satz 5 GwG). 10

Bei der Überprüfung der Identität anhand einer **qualifizierten Signatur** nach § 12 Abs. 1 Satz 1 Nr. 3 GwG ist auch deren Validierung aufzuzeichnen (§ 8 Abs. 2 Satz 6 GwG). 11

Bei Einholung von Angaben und Informationen durch **Einsichtnahme** in elektronisch geführte Register oder Verzeichnisse gemäß § 12 Abs. 2 GwG (d. h. bei Identitätsprüfung i. R. d. allgemeinen Sorgfaltspflichten bei juristischen Personen) gilt die Anfertigung eines Ausdrucks als Aufzeichnung der darin enthaltenen Angaben oder Informationen (§ 8 Abs. 2 Satz 7 GwG). 12

Nachfolgend werden bestimmte Begrifflichkeiten des § 8 Abs. 1 GwG näher betrachtet: 13

Transaktionsbelege i. S. v. § 8 Abs. 1 Nr. 1 b GwG können insbes. alle Arten von Belegen und Nachweisen sein, die ein Kunde im Zusammenhang mit einer Transaktion bzw. zu deren Nachweis und Erläuterung gegenüber der Bank eingereicht hat, wie z. B. Überweisungsbelege, Erbschein, Kaufverträge. 14

Hinreichende Informationen über die Durchführung und über die Ergebnisse der **Risikobewertung** nach § 10 Abs. 2, § 14 Abs. 1 und § 15 Abs. 2 GwG und über die Angemessenheit der auf Grundlage dieser Ergebnisse ergriffenen Maßnahmen nach § 8 Abs. 1 Nr. 2 GwG betreffen die relevanten Informationen zu den risikobasierten Maßnahmen, die ein Verpflichteter für eine Geschäftsbeziehung getroffen hat. Die Informationen sind **hinreichend**, wenn aus diesen nachvollziehbar hervorgeht, dass der Umfang der für die jeweilige Geschäftsbeziehung risikobasiert gewählten allgemeinen, vereinfachten bzw. verstärkten Sorgfaltspflichten im Hinblick auf die Risiken der Geldwäsche und Terrorismusfinanzierung angemessen ist. Dies ergibt sich daraus, dass Verpflichtete bei der Anwen- 15

Zentes

dung der allgemeinen, vereinfachten und verstärkten Sorgfaltspflichten jeweils gegenüber den Aufsichtsbehörden auf Verlangen darlegen können müssen, dass der Umfang der von ihnen getroffenen Maßnahmen im Hinblick auf die Risiken der Geldwäsche und der Terrorismusfinanzierung angemessen ist (§ 10 Abs. 2 Satz 4 GwG für allgemeine Sorgfaltspflichten, § 14 Abs. 1 Satz 3 GwG für vereinfachte Sorgfaltspflichten, § 15 Abs. 2 Satz 3 GwG für verstärkte Sorgfaltspflichten). Mithin ist die nachvollziehbare Darlegung der Angemessenheit der Maßnahmen der Maßstab für die Bewertung der risikobasiert definierten Maßnahmen. Dieser kann auch für die Qualität der hinreichenden Informationen nach § 8 Abs. 1 Nr. 2 GwG angelegt werden.

16 Gem. § 8 Abs. 1 Nr. 3 GwG sind die **Ergebnisse der Untersuchung** nach § 15 Abs. 5 Nr. 1 GwG i. R. d. der Anwendung der verstärkten Sorgfaltspflichten bei bestimmten Transaktionen, die besonders komplex, groß, ungewöhnlich oder ohne offensichtlichen wirtschaftlichen oder rechtmäßigen Zweck erfolgen, aufzuzeichnen und aufzubewahren (vgl. dazu ausführlich § 15).

17 Nach § 8 Abs. 1 Nr. 4 GwG sind neu mit der GwG-Novelle 2017 die Erwägungsgründe und eine nachvollziehbare Begründung des Bewertungsergebnisses eines Sachverhalts hinsichtlich der Meldepflicht nach § 43 Abs. 1 GwG aufzuzeichnen und aufzubewahren. Die Meldepflicht des § 43 Abs. 1 GwG betrifft die Pflicht zur Erstattung einer **Verdachtsmeldung** an die Zentralstelle für Finanztransaktionsuntersuchungen. Die Pflicht zur Dokumentation von Erwägungsgründen und nachvollziehbarer Begründung des Bewertungsergebnisses nach § 8 Abs. 1 Nr. 4 GwG betrifft demnach beide Fallkonstellationen: die Abgabe sowie auch die Nichtabgabe einer Verdachtsmeldung.[5]

18 Nicht von der gesetzlichen Pflicht zur Aufzeichnung und Aufbewahrung nach § 8 Abs. 1 Nr. 4 GwG umfasst ist mithin jedoch die eigentliche Verdachtsmeldung, sofern eine solche abgegeben wurde. Allerdings ist hier für interne sowie für externe **Verdachtsmeldungen** die spezielle Aufbewahrungspflicht gem. Verwaltungspraxis der BaFin nach BaFin-Rs. 1/2014 (GW)[6] zu beachten (vgl. dazu ausführlich unten Rn. 34).

III. Anfertigung von Kopien (§ 8 Abs. 2 Satz 2, 3 GwG)

19 Soweit zur Überprüfung der Identität einer natürlichen Person Dokumente nach § 12 Abs. 1 Satz 1 Nr. 1 oder 4 GwG vorgelegt oder zur Überprüfung der Identität einer juristischen Person Unterlagen nach § 12 Abs. 2 GwG vorgelegt oder

---

5 BT-Drs. 18/11555, S. 114.
6 Es ist zu beachten, dass BaFin-Rs. 1/2014 (GW) basierend auf der vormals geltenden Rechtslage erlassen wurde. Es bleibt daher abzuwarten, ob die BaFin ihre dahingehende Verwaltungspraxis auch nach der GwG-Novelle 2017 aufrechterhält.

III. Anfertigung von Kopien (§ 8 Abs. 2 Satz 2, 3 GwG)   § 8 GwG

soweit Dokumente, die aufgrund einer Rechtsverordnung nach § 12 Abs. 3 GwG bestimmt sind, vorgelegt oder herangezogen werden, haben die Verpflichteten das Recht und die Pflicht, vollständige Kopien dieser Dokumente oder Unterlagen anzufertigen oder sie vollständig optisch digitalisiert zu erfassen (§ 8 Abs. 2 Satz 2 GwG). Diese gelten als Aufzeichnung im Sinne des § 8 Abs. 1 Satz 1 GwG (§ 8 Abs. 2 Satz 3 GwG).

Die Berechtigung und Verpflichtung zur Anfertigung **vollständiger Kopien** der zur Identitätsüberprüfung vorgelegten Dokumente und Unterlagen wurde durch die GwG-Novelle 2017 in den Gesetzeswortlaut aufgenommen und stellt für Verpflichtete eine wesentliche Veränderung der Rechtslage dar. Die Neuregelung trägt der jahrelangen Diskussion um das gesetzliche Konkurrenzverhältnis zwischen der Aufzeichnungspflicht nach dem GwG und den datenschutzrechtlichen Vorschriften der Pass- und Ausweisgesetze Rechnung. Laut Gesetzgeber entspricht der nun gewählte Gesetzeswortlaut der ständigen Verwaltungspraxis der BaFin, wonach die geldwäscherechtliche Aufzeichnungspflicht als gesetzliche Sondervorschrift den Vorgaben der Pass- und Ausweisgesetze vorgeht.[7]   20

Alternativ zur Anfertigung einer vollständigen Kopie wird den Verpflichteten nach § 8 Abs. 2 Satz 3 GwG die Möglichkeit eingeräumt, die oben bezeichneten Dokumente und Unterlagen vollständig optisch digitalisiert zu erfassen. Um diese Vorgaben erfüllen zu können, müssen von allen Verpflichteten technische und organisatorische Vorkehrungen geschaffen werden, die eine Anfertigung vollständiger Kopien bei der Erfüllung der Sorgfaltspflichten ermöglichen. Zudem müssen entsprechende Aufbewahrungskapazitäten geschaffen werden bzw. vorhanden sein.   21

Die Möglichkeit zur vollständigen **optisch digitalisierten** Erfassung anstelle der Anfertigung einer Kopie entspricht den Vorgaben der **BaFin-Rs. 7/2014 (GW)**[8] – **Einscannen erfüllt Aufzeichnungspflicht gemäß Geldwäschegesetz** vom 26.9.2014, wonach das Einscannen von Dokumenten die Aufzeichnungspflicht des § 8 Abs. 1 Satz 3 GwG a. F. erfüllt. Diese Verwaltungspraxis der BaFin wurde durch die GwG-Novelle 2017 in den Gesetzeswortlaut überführt.[9]   22

Für **Bestandskunden** werden aufgrund der durch die GwG-Novelle 2017 geänderten Rechtslage in den meisten Fällen bislang keine vollständigen Kopien vor-   23

---

7 BT-Drs. 18/11555, S. 115.
8 BaFin-Rs. 7/2014 (GW) – Einscannen erfüllt Aufzeichnungspflicht gemäß Geldwäschegesetz, vom 26.9.2014, GZ: GW 1-GW 2002-2009/0002, abrufbar unter: https://www.bafin.de/SharedDocs/Veroeffentlichungen/DE/Rundschreiben/rs_1407_gw_scanning.html, zuletzt abgerufen am 19.9.2017. Es ist zu beachten, dass BaFin-Rs. 7/2014 (GW) basierend auf der vormals geltenden Rechtslage erlassen wurde. Es bleibt daher abzuwarten, ob die BaFin ihre dahingehende Verwaltungspraxis auch nach der GwG-Novelle 2017 aufrechterhält.
9 BT-Drs. 18/11555, S. 115.

GwG § 8 Aufzeichnungs- und Aufbewahrungspflicht

liegen. Nach dem Willen des Gesetzgebers sollen die vollständigen Kopien für Bestandskunden lediglich im Rahmen der risikobasierten Aktualisierung nach § 10 Abs. 3 GwG zu erstellen sein.[10] Diese Vorgabe – und damit das ausdrückliche Absehen von einer allein durch das neue GwG ausgelösten Aktualisierungsaktion – stellt eine wichtige Erleichterung für die Verpflichteten insbesondere des Finanzsektors dar.

24 Von der **Verordnungsermächtigung** nach § 12 Abs. 3 GwG, wonach das BMF im Einvernehmen mit dem BMI durch Rechtsverordnung ohne Zustimmung des Bundesrates weitere Dokumente bestimmen kann, die zur Überprüfung der Identität geeignet sind, wurde bislang kein Gebrauch gemacht.

IV. Vorliegen einer früheren Identifizierung (§ 8 Abs. 2 Satz 4 GwG)

25 Wird nach § 11 Abs. 3 Satz 1 GwG von einer erneuten Identifizierung abgesehen, so sind nach § 8 Abs. 2 Satz 4 GwG der Name des zu Identifizierenden und der Umstand, dass er bei früherer Gelegenheit identifiziert worden ist, aufzuzeichnen.

26 Die Regelung greift auf den bekannten Grundsatz im Geldwäscherecht zurück, dass eine einmal durch den Verpflichteten identifizierte Person grundsätzlich nicht erneut identifiziert werden muss („**einmal identifiziert, immer identifiziert**"). Hintergrund ist das Prinzip, dass sich die Identifizierungsmerkmale einer Person nicht ändern.

27 Sofern der Verpflichtete jedoch aufgrund der äußeren Umstände Zweifel hegen muss, ob die bei der früheren Identifizierung erhobenen Angaben weiterhin zutreffend sind, hat er eine erneute Identifizierung durchzuführen (§ 11 Abs. 3 Satz 2 GwG, vgl. dazu ausführlich § 11 Rn. 6 ff.).

28 Es sei zudem darauf hingewiesen, dass sich auch aus weiteren risikobasierten Gründen bei der Erfüllung der kundenbezogenen allgemeinen, vereinfachten oder verstärkten Sorgfaltspflichten die Einschätzung des Verpflichteten ergeben kann, eine erneute Identifizierung vornehmen zu wollen (vgl. dazu ausführlich § 11 Rn. 6. ff.).

---

10 BT-Drs. 18/11555, S. 114.

V. Digitale Speicherung (§ 8 Abs. 3 GwG)

Die Aufzeichnungen können auch digital auf einem Datenträger gespeichert werden. Die Verpflichteten müssen gem. § 8 Abs. 3 GwG sicherstellen, dass die gespeicherten Daten 29

– mit den festgestellten Angaben und Informationen übereinstimmen,
– während der Dauer der Aufbewahrungsfrist verfügbar sind und
– jederzeit innerhalb einer angemessenen Frist lesbar gemacht werden können.

Von den Verpflichteten müssen Sicherheitsvorkehrungen gegen unbefugte Zugriffe auf digitale Aufzeichnungen getroffen werden.[11] 30

VI. Dauer der Aufbewahrung und Löschung (§ 8 Abs. 4 GwG)

1. Beginn und Dauer der Aufbewahrung

Die Aufzeichnungen und sonstige Belege nach § 8 Abs. 1 bis 3 GwG sind fünf Jahre aufzubewahren und danach unverzüglich zu vernichten. Andere gesetzliche Bestimmungen und Aufbewahrungspflichten bleiben hiervon unberührt. Für alle Angaben und Informationen, die nach § 10 Abs. 1 Satz 1 Nr. 1 GwG zwecks Erfüllung der allgemeinen Sorgfaltspflichten bei Begründung einer Geschäftsbeziehung erhoben wurden, beginnt die Aufbewahrungsfrist mit dem Schluss des Kalenderjahres, in dem die Geschäftsbeziehung endet (§ 8 Abs. 4 Satz 2 GwG). In den übrigen Fällen beginnt sie mit dem Schluss des Kalenderjahres, in dem die jeweilige Angabe festgestellt worden ist (§ 8 Abs. 4 Satz 3 GwG). 31

Die **vollständigen Kopien** bzw. optisch digitalisiert erfassten Dokumente und Unterlagen, die zur Identitätsüberprüfung vorgelegt wurden, gelten gem. § 8 Abs. 2 Satz 3 GwG als Aufzeichnungen i. S. d. § 8 Abs. 1 Satz 1 GwG. Zudem sind sie Bestandteil der Unterlagen, die zur Erfüllung der Sorgfaltspflichten bei Begründung einer Geschäftsbeziehung eingeholt werden. Sie unterfallen damit der Aufbewahrungspflicht für die Dauer von fünf Jahren ab dem Schluss des Kalenderjahres, in dem die Geschäftsbeziehung endet (§ 8 Abs. 4 Satz 1 und 3 GwG). 32

Zur Erfüllung der allgemeinen Sorgfaltspflichten dient gem. **BaFin-Rs. 3/2017 (GW)**[12] – **Videoidentifizierungsverfahren** vom 10.4.2017 auch das **Video-** 33

---

11 BT-Drs. 18/11555, S. 115.
12 BaFin-Rs. 3/2017 (GW) – Videoidentifizierungsverfahren vom 10.4.2017, GZ: GW 1-GW 2002-2009/0002, lit. A, B. X., abrufbar unter: https://www.bafin.de/SharedDocs/Veroeffentlichungen/DE/Rundschreiben/2017/rs_1703_gw_videoident.html?nn=9450904#doc9143870bodyText12, zuletzt abgerufen am 18.9.2017.

GwG § 8 Aufzeichnungs- und Aufbewahrungspflicht

identifizierungsverfahren.[13] Mithin gilt gem. BaFin-Rs. 3/2017 (GW) für die Aufzeichnungen aus einem Videoidentifizierungsverfahren ebenfalls die fünfjährige Aufbewahrungsfrist des § 8 Abs. 4 Satz 2 GwG, die mit dem Schluss des Kalenderjahres beginnt, in dem die Geschäftsbeziehung endet.

34 Interne sowie externe **Verdachtsmeldungen** sind entsprechend der Verwaltungspraxis der BaFin gem. **BaFin-Rs. 1/2014 (GW)**[14] – **Verdachtsmeldung nach §§ 11, 14 GwG und anderes** vom 5.3.2014 ebenfalls fünf Jahre lang aufzubewahren.[15] Gemäß der Verwaltungspraxis der BaFin müssen diese für die Innenrevision, den (Konzern-)Geldwäschebeauftragten (soweit gesetzlich vorgesehen oder faktisch vorhanden) und die zuständigen Behörden sowie die von ihnen beauftragten Personen ungehindert verfügbar sein. Dies gilt laut BaFin-Rs. 1/2014 (GW) auch für die Angaben und Informationen über Transaktionen und Geschäftsbeziehungen, soweit sie der Meldung bzw. einer internen Meldung zugrunde liegen. BaFin-Rs. 1/2014 (GW) trifft jedoch keine Aussage zum Beginn der Aufbewahrungsfrist. Da die Erstellung und Abgabe von Verdachtsmeldungen nicht als Bestandteil der Erfüllung der allgemeinen Sorgfaltspflichten einzustufen sind, dürfte davon auszugehen sein, dass die Aufbewahrungsfrist für interne sowie externe Verdachtsmeldungen nach § 8 Abs. 4 Satz 3 GwG mit dem Schluss des Kalenderjahres beginnt, in dem die jeweilige Angabe festgestellt wurde.

35 Von den geldwäscherechtlichen Aufbewahrungspflichten bleiben gem. § 8 Abs. 4 Satz 2 GwG andere gesetzliche Bestimmungen und Aufbewahrungspflichten unberührt.

36 Hierunter fallen insbesondere die Aufbewahrungsfristen des **Handelsgesetzbuchs** (HGB) nach § 257 Abs. 4 HGB. Danach gilt für Handelsbücher (sowie für die weiteren in § 257 Abs. 1 Nr. 1 HGB aufgeführten Dokumente und Unterlagen) und Buchungsbelege eine Aufbewahrungsfrist von zehn Jahren (§ 257 Abs. 4 Hs. 1 HGB). Für empfangene Handelsbriefe und Wiedergaben der abgesandten Handelsbriefe gilt wiederum eine Aufbewahrungsfrist von sechs Jahren (§ 257 Abs. 4 Hs. 2 HGB). Die unterschiedlichen Aufbewahrungsfristen zwischen GwG und HGB können dazu führen, dass die Unterlagen und sonstigen Belege innerhalb einer Kundenakte unterschiedlich lange aufbewahrt werden

---

13 Es ist zu beachten, dass BaFin-Rs. 3/2014 (GW) basierend auf der vormals geltenden Rechtslage erlassen wurde. Es bleibt daher abzuwarten, ob die BaFin ihre dahingehende Verwaltungspraxis auch nach der GwG-Novelle 2017 aufrechterhält.

14 Es ist zu beachten, dass BaFin-Rs. 1/2014 (GW) basierend auf der vormals geltenden Rechtslage erlassen wurde. Es bleibt daher abzuwarten, ob die BaFin ihre dahingehende Verwaltungspraxis auch nach der GwG-Novelle 2017 aufrechterhält.

15 BaFin-Rs. 1/2014 (GW) – Verdachtsmeldung nach §§ 11, 14 GwG und anderes, vom 5.3.2014, geändert am 10.11.2014, GZ: GW 1-GW 2001-2008/0003, abrufbar unter: https://www.bafin.de/SharedDocs/Veroeffentlichungen/DE/Rundschreiben/rs_1401_gw_verwaltungspraxis_vm.html, zuletzt abgerufen am 18.9.2017.

dürfen. Dies ist bei der Definition der Löschungsvorgaben nach § 8 Abs. 4 Satz 1 GwG zu beachten.

Umstritten ist derzeit noch das Verhältnis der Löschungspflicht des § 8 Abs. 4 GwG zu der Löschungsvorgabe aus **Art. 17 EU-Datenschutz-Grundverordnung (DSGVO)**, die zum 18.5.2018 in Kraft tritt. Nach Art. 17 DSGVO hat eine betroffene Person das Recht, zu verlangen, dass sie betreffende personenbezogene Daten unverzüglich gelöscht werden, wenn bestimmte normierte Voraussetzungen vorliegen („**Recht auf Vergessenwerden**"). Zum Zeitpunkt des Redaktionsschlusses bestand jedoch noch keine Einigkeit insbes. zwischen Gesetzgeber, BaFin und Verbänden über das Verhältnis der Löschungsvorgaben aus GwG und DSGVO. Es bleibt daher abzuwarten, welche Sichtweise hierzu vertreten wird. 37

2. Löschungsvorgaben

Die durch die GwG-Novelle 2017 eingeführte Pflicht gem. § 8 Abs. 4 Satz 1 GwG zur unverzüglichen Löschung von Aufzeichnungen und sonstigen Belegen i. S. d. § 8 Abs. 1 bis 3 GwG nach Ablauf der Aufbewahrungsfrist soll dem stärkeren Schutz personenbezogener Daten dienen. Die Einführung einer geldwäscherechtlichen Löschungspflicht stellt ein weiteres Novum für die Verpflichteten dar. 38

Aufzeichnungen und sonstige Belege nach § 8 Abs. 1 bis 3 GwG sind unverzüglich nach Ablauf der Aufbewahrungsfrist zu löschen. **Unverzüglich** bedeutet gem. § 121 BGB „ohne schuldhaftes Zögern". Es bleibt abzuwarten, welche Fristen und Handlungserfordernisse zur Erfüllung des Merkmals sich aus der Aufsichtspraxis entwickeln. 39

Um die Löschungspflicht erfüllen zu können, sollten insbes. technische und organisatorische Vorgaben in den Archivierungssystemen geschaffen bzw. genutzt werden. 40

VII. Lesbarmachung (§ 8 Abs. 5 GwG)

Soweit aufzubewahrende Unterlagen einer öffentlichen Stelle vorzulegen sind, gilt nach § 8 Abs. 5 GwG für die Lesbarmachung der Unterlagen § 147 Abs. 5 AO entsprechend. Die Vorschrift entspricht dem bisherigen § 8 Abs. 4 GwG a. F.[16] 41

§ 147 AO regelt die Ordnungsvorschriften für die Aufbewahrung von Unterlagen. Wer aufzubewahrende Unterlagen in der Form einer Wiedergabe auf einem 42

---

16 BT-Drs. 18/11555, S. 115.

GwG § 8   Aufzeichnungs- und Aufbewahrungspflicht

Bildträger oder auf anderen Datenträgern vorlegt, ist gem. § 147 Abs. 5 AO verpflichtet, auf seine Kosten diejenigen Hilfsmittel zur Verfügung zu stellen, die erforderlich sind, um die Unterlagen lesbar zu machen; auf Verlangen der Finanzbehörde hat er auf seine Kosten die Unterlagen unverzüglich ganz oder teilweise auszudrucken oder ohne Hilfsmittel lesbare Reproduktionen beizubringen.

VIII. Bußgeldbewehrung (§ 56 Abs. 1 Nr. 9, 10 GwG)

43   Bestimmte Verstöße gegen die Aufzeichnungs- und Aufbewahrungspflicht sind nach § 56 Abs. 1 Nr. 9 und 10 GwG bußgeldbewehrt.

§ 9 Gruppenweite Einhaltung von Pflichten

(1) Verpflichtete, die Mutterunternehmen einer Gruppe sind, haben eine Risikoanalyse für alle gruppenangehörigen Unternehmen, Zweigstellen und Zweigniederlassungen, die geldwäscherechtlichen Pflichten unterliegen, durchzuführen.

Auf der Grundlage dieser Risikoanalyse haben sie gruppenweit folgende Maßnahmen zu ergreifen:

1. gruppenweit einheitliche interne Sicherungsmaßnahmen gemäß § 6 Absatz 1 und 2,
2. die Bestellung eines Geldwäschebeauftragten, der für die Erstellung einer gruppenweiten Strategie zur Verhinderung von Geldwäsche und Terrorismusfinanzierung sowie für die Koordinierung und Überwachung ihrer Umsetzung zuständig ist,
3. Verfahren für den Informationsaustausch innerhalb der Gruppe zur Verhinderung von Geldwäsche und von Terrorismusfinanzierung sowie
4. Vorkehrungen zum Schutz von personenbezogenen Daten.

Sie haben sicherzustellen, dass die Pflichten und Maßnahmen nach den Sätzen 1 und 2 von ihren nachgeordneten Unternehmen, Zweigstellen oder Zweigniederlassungen, soweit diese geldwäscherechtlichen Pflichten unterliegen, wirksam umgesetzt werden.

(2) Soweit sich gruppenangehörige Unternehmen in einem anderen Mitgliedstaat der Europäischen Union befinden, haben die Mutterunternehmen sicherzustellen, dass diese gruppenangehörigen Unternehmen die dort geltenden nationalen Rechtsvorschriften zur Umsetzung der Richtlinie (EU) 2015/849 einhalten.

(3) Soweit sich gruppenangehörige Unternehmen in einem Drittstaat befinden, in dem weniger strenge Anforderungen an Maßnahmen zur Verhinderung von Geldwäsche oder von Terrorismusfinanzierung gelten, gilt Absatz 1, soweit das Recht des Drittstaats dies zulässt. Soweit die in Absatz 1 genannten Maßnahmen nach dem Recht des Drittstaats nicht durchgeführt werden dürfen, sind die Mutterunternehmen verpflichtet,

1. sicherzustellen, dass ihre dort ansässigen gruppenangehörigen Unternehmen zusätzliche Maßnahmen ergreifen, um dem Risiko der Geldwäsche und der Terrorismusfinanzierung wirksam zu begegnen, und
2. die Aufsichtsbehörde über die getroffenen Maßnahmen zu informieren.

Reichen die getroffenen Maßnahmen nicht aus, so ordnet die Aufsichtsbehörde an, dass die Mutterunternehmen sicherstellen, dass ihre nachgeordneten Unternehmen, Zweigstellen oder Zweigniederlassungen in diesem

GwG § 9 Gruppenweite Einhaltung von Pflichten

Drittstaat keine Geschäftsbeziehung begründen oder fortsetzen und keine Transaktionen durchführen. Soweit eine Geschäftsbeziehung bereits besteht, hat das Mutterunternehmen sicherzustellen, dass diese Geschäftsbeziehung ungeachtet anderer gesetzlicher oder vertraglicher Bestimmungen durch Kündigung oder auf andere Weise beendet wird.

Übersicht

	Rn.		Rn.
I. Allgemeines	1	VI. Pflichten im Hinblick auf gruppenangehörige Unternehmen in Drittstaaten mit geringeren Anforderungen bei der Verhinderung von Geldwäsche und Terrorismusfinanzierung (§ 9 Abs. 3 GwG)	12
II. Adressaten der Regelung	4		
III. Risikoanalyse auf Gruppenebene (§ 9 Abs. 1 Satz 1 GwG)	5		
IV. Gruppenweite Maßnahmen (§ 9 Abs. 1 Satz 2 GwG)	6		
1. Einheitliche Sicherungsmaßnahmen gemäß § 6 Abs. 1 und 2 GwG (§ 9 Abs. 1 Satz 2 Nr. 1 GwG)	7	1. Vorgaben vor Umsetzung der 4. EU-Geldwäscherichtlinie	13
		2. Vorgaben nach Umsetzung der 4. EU-Geldwäscherichtlinie	14
2. Bestellung eines Gruppen-Geldwäschebeauftragten (§ 9 Abs. 1 Satz 2 Nr. 2 GwG)	8	a) Zusätzliche Maßnahmen (§ 9 Abs. 3 Satz 2 Nr. 1 GwG)	15
3. Informationsaustausch innerhalb der Gruppe (§ 9 Abs. 1 Satz 2 Nr. 3 GwG)	9	b) Pflicht zur Unterrichtung der Aufsichtsbehörde (§ 9 Abs. 3 Satz 2 Nr. 2 GwG)	26
4. Schutz personenbezogener Daten (§ 9 Abs. 1 Satz 2 Nr. 4 GwG)	10		
V. Pflichten im Hinblick auf gruppenangehörige Unternehmen in anderen EU-Mitgliedstaaten (§ 9 Abs. 2 GwG)	11		

I. Allgemeines

1 In der Vorschrift ist die **Pflicht zur gruppenweiten Einhaltung der geldwäscherechtlichen Pflichten** verankert.

Die Regelung basiert auf der ursprünglich im Rahmen der Umsetzung der 3. EU-Geldwäscherichtlinie[1] (hier insbesondere: Erwägungsgrund 35, Art. 31 Abs. 1 und Art. 34 Abs. 2) für **Kredit- und Finanzinstitutsgruppen** (ein-

---

1 Richtlinie 2005/60/EG des Europäischen Rates und des Parlaments vom 26.10.2005 zur Verhinderung der Nutzung des Finanzsystems zum Zwecke der Geldwäsche und der Terrorismusfinanzierung, ABl. L 309/15 vom 25.11.2005.

I. Allgemeines **§ 9 GwG**

schließlich Versicherungsgruppen) eingeführten Pflicht zur Implementierung einheitlicher Standards zur Prävention von Geldwäsche und Terrorismusfinanzierung. Durch die gruppenweite Einhaltung einheitlicher Präventionsstandards sollte verhindert werden, dass Täter für die Zwecke der Geldwäsche und Finanzierung terroristischer Aktivitäten auf Niederlassungen oder auf mehrheitlich im Eigentum von EU-Instituten befindliche Unternehmen in **Drittstaaten mit niedrigeren Präventionsstandards** ausweichen, ohne dass die Standards der Europäischen Union dort Richtschnur für die Präventionsmaßnahmen sind.

Schon im Jahr 2003 hatte die Financial Action Task Force on Money Laundering (FATF) in ihren Empfehlungen zur Geldwäscheprävention die grundlegende Notwendigkeit der gruppenweiten Ausdehnung der geldwäscherechtlichen Sorgfaltspflichten herausgestellt (vgl. Empfehlung 22 der FATF-Empfehlungen von 2003, siehe auch Empfehlung 18 der FATF-Empfehlungen von 2012). Auch der Basler Ausschuss für Bankenaufsicht (englisch: Basel Committee on Banking Supervision – BCBS) verlangte bereits seit 2001 von Bankkonzernen, u.a. in seinen Papieren „Sorgfaltspflicht der Banken bei der Feststellung der Kundenidentität" (Oktober 2001) und „Konsolidiertes KYC-Risikomanagement" (Oktober 2004), die Anwendung einheitlicher anerkannter KYC-Mindeststandards sowohl im inländischen als auch im internationalen Geschäft.

Die Vorgaben der 3. EU-Geldwäscherichtlinie bzgl. der gruppenweiten Einhaltung von Sorgfaltspflichten wurden für Kreditinstitute und Finanzdienstleistungsinstitute in **§ 25g KWG a. F.** umgesetzt,[2] für Versicherungsunternehmen in **§ 80d Abs. 3 VAG a. F.**[3]

Beide Vorschriften wurden durch verschiedene Gesetzesinitiativen weiterentwickelt: So ergaben sich für die Regelung des **§ 25g KWG a. F.** inhaltliche Änderungen durch das Gesetz zur Fortentwicklung des Pfandbriefrechts vom 20.3.2009[4] und das Gesetz zur Optimierung der Geldwäscheprävention (GwOptG) vom 22.12.2011.[5] Mit Inkrafttreten des CRD-IV-Umsetzungsgesetzes[6] und des Gesetzes zur Abschirmung von Risiken und zur Planung der Sa-

---

2 Vgl. Art. 3 des Gesetzes zur Ergänzung der Bekämpfung der Geldwäsche und der Terrorismusfinanzierung (Geldwäschebekämpfungsergänzungsgesetz – GwBekErgG) vom 13.8.2008, BGBl. I 2008, S. 1690.
3 Vgl. Art. 4 des Gesetzes zur Ergänzung der Bekämpfung der Geldwäsche und der Terrorismusfinanzierung (Geldwäschebekämpfungsergänzungsgesetz – GwBekErgG) vom 13.8.2008, BGBl. I 2008, S. 1690.
4 BGBl. I 2009, S. 607.
5 BGBl. I 2011, S. 2959.
6 Gesetz zur Umsetzung der Richtlinie 2013/36/EU über den Zugang zur Tätigkeit von Kreditinstituten und die Beaufsichtigung von Kreditinstituten und Wertpapierfirmen und zur Anpassung des Aufsichtsrechts an die Verordnung (EU) Nr. 575/2013 über Aufsichtsanforderungen an Kreditinstitute und Wertpapierfirmen (CRD IV-Umsetzungsgesetz) vom 28.8.2013, BGBl. I 2013, S. 3395.

GwG § 9 Gruppenweite Einhaltung von Pflichten

nierung und Abwicklung von Kreditinstituten und Finanzgruppen[7] wurde § 25g zunächst zu § 25k und schließlich zu **§ 25l KWG a.F.** Die Regelung des **§ 80d Abs. 3 VAG a.F.** wurde durch das Zahlungsdiensteumsetzungsgesetz vom 25.6.2009[8] und das Gesetz zur Umsetzung der Zweiten E-Geld-Richtlinie (2. EGeldRLUG) vom 1.3.2011[9] modifiziert und in § 80d Abs. 5 VAG a.F. verschoben. Durch das Gesetz zur Modernisierung der Finanzaufsicht über Versicherungen vom 1.4.2015[10] wurden die Vorgaben des § 80d VAG zu den internen Sicherungsmaßnahmen insgesamt unverändert in den neuen § 53 VAG a.F. übernommen. Die Pflicht von Versicherungsunternehmen zur Einrichtung gruppenweiter Standards fand sich seither in **§ 53 Abs. 5 VAG a.F.**

2 In Umsetzung der 4. EU-Geldwäscherichtlinie[11] (hier: Art. 45) wurden die Regelungen zur gruppenweiten Umsetzung von Sorgfaltspflichten aus dem KWG bzw. dem VAG herausgenommen und in das Geldwäschegesetz eingefügt. Durch die Verortung der Regelungen in § 9 GwG werden die bestehenden Pflichten in Bezug auf Gruppen (im Sinne des § 1 Abs. 16 GWG) auf den **gesamten Verpflichtetenkreis des § 2 Abs. 1 GwG** ausgedehnt. Hierdurch soll der großen Anzahl grenzüberschreitender Geschäfte durch alle Verpflichtete des GwG Rechnung getragen werden.

3 Zur Erläuterung der in § 25g KWG a.F. enthaltenen Anforderungen an die gruppenweite Umsetzung der geldwäscherechtlichen Pflichten hat die BaFin in 2009 ein **Rundschreiben**[12] veröffentlicht. Auch die Deutsche Kreditwirtschaft (DK) hat die gruppenweite Einhaltung von Sorgfaltspflichten in ihren **Auslegungs- und Anwendungshinweise zur Verhinderung von Geldwäsche, Terrorismusfinanzierung und „sonstigen strafbaren Handlungen"** berücksichtigt (siehe dort Ziffer 90 ff.). Zur Umsetzung der Pflichten des § 80d Abs. 3 VAG a.F. in der Versicherungspraxis finden sich Hinweise in den **„Auslegungs- und Anwen-**

---

7 Gesetz zur Abschirmung von Risiken und zur Planung der Sanierung und Abwicklung von Kreditinstituten und Finanzgruppen vom 13.8.2013, BGBl. I 2013, 3090.
8 Gesetz zur Umsetzung der aufsichtsrechtlichen Vorschriften der Zahlungsdiensterichtlinie (Zahlungsdiensteumsetzungsgesetz – ZUmsG) vom 25.6.2009, BGBl. I 2009, S. 1506.
9 Gesetz zur Umsetzung der Zweiten E-Geld-Richtlinie (2. EGeldRLUG) vom 1.3.2011, BGBl. I 2011, S. 288.
10 Gesetz zur Modernisierung der Finanzaufsicht über Versicherungen vom 1.4.2015, BGBl. I 2015, S. 4343.
11 Richtlinie (EU) 2015/849 des Europäischen Rates und des Parlaments vom 20.5.2015 zur Verhinderung der Nutzung des Finanzsystems zum Zwecke der Geldwäsche und der Terrorismusfinanzierung, zur Änderung der Verordnung (EU) Nr. 648/2012 des Europäischen Parlaments und des Rates und zur Aufhebung der Richtlinie 2005/60/EG des Europäischen Parlaments und des Rates und der Richtlinie 2006/70/EG der Kommission, ABl. L 141/73 vom 5.6.2015.
12 Rundschreiben 17/2009 – Gruppenweite Umsetzung von Präventionsmaßnahmen vom 23.9.2009.

dungshinweise des Gesamtverband der Deutschen Versicherungswirtschaft e. V. (GDV) zum Geldwäschegesetz sowie zu den geldwäscherechtlichen Bestimmungen im VAG" (3. Aufl., Stand: Dezember 2012). Schließlich wird auch in den „Gemeinsamen Auslegungs- und Anwendungshinweise des Deutscher Factoring Verband e. V. (DFV) und des Bundesverband Factoring für den Mittelstand (BFM) für Factoringunternehmen zur Prävention von Geldwäsche, Terrorismusfinanzierung und sonstiger institutsvermögensgefährdender strafbarer Handlungen" (Stand: Oktober 2012) auf die Vorgaben des § 25g KWG a. F. und das oben bereits genannte Rundschreiben 17/2009 der BaFin hingewiesen.

II. Adressaten der Regelung

Sämtliche Verpflichtete im Sinne des § 2 Abs. 1 GwG, die **Mutterunternehmen einer Gruppe** (§ 1 Abs. 16 GWG) sind, sind den Pflichten des § 9 GwG unterworfen. In § 1 Abs. 16 GWG wird eine **Gruppe** als ein Zusammenschluss von Unternehmen definiert, der aus einem **Mutterunternehmen**, den **Tochterunternehmen** des Mutterunternehmens und Unternehmen, an denen das Mutterunternehmen oder seine Tochterunternehmen eine **Beteiligung** halten, besteht sowie Unternehmen, die durch eine **Beziehung im Sinne des Art. 22 Abs. 1 der EU-Bilanzrichtlinie**[13] untereinander verbunden sind. Die Definition der Gruppe in § 1 Abs. 16 GwG wurde in Umsetzung des Art. 3 Nr. 15 der 4. EU-Geldwäscherichtlinie in das Geldwäschegesetz eingeführt und weicht von der zuvor verwendeten Definition der Gruppe in den geldwäscherechtlichen Vorschriften (§ 25l KWG a. F., § 53 Abs. 5 VAG a. F.) ab. Soweit dort noch ausdrücklich Zweigstellen und Zweigniederlassungen erwähnt wurden, sind diese als Bestandteile des Mutterunternehmens im Sinne des § 1 Abs. 16 GwG anzusehen. Damit es sich um eine Gruppe handelt, ist es erforderlich, dass das Mutterunternehmen einen **beherrschenden Einfluss** auf die Tochterunternehmen und die Unternehmen, an denen es eine Beteiligung hält, ausübt.[14] Dies ist jedenfalls bei einer Mehrheitsbeteiligung der Fall. Neben einem Zusammenschluss durch vertikale Beteiligungen bezieht die Definition durch Verweis auf die **EU-Bilanzrichtlinie** auch eine im Rahmen erfolgender Konsolidierung bestehende hori- 4

---

13 Richtlinie 2013/34/EU des Europäischen Parlaments und des Rates vom 26.6.2013 über den Jahresabschluss, den konsolidierten Abschluss und damit verbundene Berichte von Unternehmen bestimmter Rechtsformen und zur Änderung der Richtlinie 2006/43/EG des Europäischen Parlaments und des Rates und zur Aufhebung der Richtlinien 78/660/EWG und 83/349/EWG des Rates.
14 Begründung zum Entwurf der Bundesregierung eines Gesetzes zur Umsetzung der Vierten EU-Geldwäscherichtlinie, zur Ausführung der EU-Geldtransferverordnung und zur Neuorganisation der Zentralstelle für Finanztransaktionsuntersuchungen, BR-Drs. 182/17 vom 23.2.2017, S. 118.

GwG § 9 Gruppenweite Einhaltung von Pflichten

zontale Verbindung ein. **Verpflichtete** im Sinne des § 2 Abs. 1 GwG, die **Mutterunternehmen einer Gruppe** sind, müssen die gruppenweite Einhaltung von Sorgfaltspflichten **nur** in solchen **gruppenangehörigen Unternehmen, Zweigstellen und Zweigniederlassungen** sicherstellen, **die selbst geldwäscherechtlichen Pflichten unterliegen**.

III. Risikoanalyse auf Gruppenebene (§ 9 Abs. 1 Satz 1 GwG)

5   Um die Risiken der Geldwäsche und Terrorismusfinanzierung auf Gruppenebene vollumfänglich berücksichtigen und adressieren zu können, hat das **Mutterunternehmen** eine **Risikoanalyse** gemäß § 5 GwG zu erstellen, die alle **gruppenangehörigen Unternehmen, Zweigstellen und Zweigniederlassungen** umfasst, **soweit diese jeweils selbst geldwäscherechtlichen Pflichten unterliegen**. Die Analyse der tatsächlichen Risikosituation stellt die Grundlage für die Erstellung und Aktualisierung von **internen Grundsätzen** und **angemessenen geschäfts- und kundenbezogenen Sicherungssystemen** sowie die **Durchführung von Kontrollen** dar.[15] Bezüglich des Inhalts, des Aufbaus und der regelmäßigen Überprüfung der Gefährdungsanalyse wird auf die Kommentierung zu § 5 GwG verwiesen.

IV. Gruppenweite Maßnahmen (§ 9 Abs. 1 Satz 2 GwG)

6   Auf Basis der Risikoanalyse hat das Mutterunternehmen die erforderlichen Maßnahmen für alle gruppenangehörigen und geldwäscherechtlichen Verpflichtungen unterliegenden Unternehmen sicherzustellen, auf die es aufgrund Mehrheitsbeteiligung Einfluss nehmen kann. Folgende gruppenweite Maßnahmen sind von dem Mutterunternehmen zu ergreifen:

- **gruppenweit einheitliche interne Sicherungsmaßnahmen** gemäß § 6 Abs. 1 und 2 GwG (§ 9 Abs. 1 Satz 2 Nr. 1 GwG),
- Bestellung eines **Gruppen-Geldwäschebeauftragten** (§ 9 Abs. 1 Satz 2 Nr. 2 GwG),
- Verfahren für den **Informationsaustausch** innerhalb der Gruppe (§ 9 Abs. 1 Satz 2 Nr. 3 GwG) sowie
- Vorkehrungen zum **Schutz von personenbezogenen Daten** (§ 9 Abs. 1 Satz 2 Nr. 4 GwG).

---

15 AuA, Stand: 1.2.2014, Zeile 89.

IV. Gruppenweite Maßnahmen (§ 9 Abs. 1 Satz 2 GwG) **§ 9 GwG**

1. Einheitliche Sicherungsmaßnahmen gemäß § 6 Abs. 1 und 2 GwG (§ 9 Abs. 1 Satz 2 Nr. 1 GwG)

Nach § 9 Abs. 1 Satz 2 Nr. 1 GwG muss das Mutterunternehmen gruppenweit einheitliche, angemessene geschäfts- und kundenbezogene interne Sicherungsmaßnahmen zur Steuerung und Minderung der Risiken von Geldwäsche und Terrorismusfinanzierung in Form von Grundsätzen, Verfahren und Kontrollen schaffen, ihre Funktionsfähigkeit überwachen und bei Bedarf – wenn die Risikoanalyse nach Abs. 1 Satz 1 i.V.m. § 5 GwG dies erfordert – aktualisieren. Bezüglich der einzelnen zu ergreifenden Sicherungsmaßnahmen wird auf die Kommentierung zu § 6 GwG verwiesen. 7

2. Bestellung eines Gruppen-Geldwäschebeauftragten (§ 9 Abs. 1 Satz 2 Nr. 2 GwG)

Aufgabe des gemäß § 9 Abs. 1 Satz 2 Nr. 2 GwG beim Mutterunternehmen zu bestellenden Gruppen-Geldwäschebeauftragten ist es insbesondere, eine **gruppenweit einheitliche Strategie** zur Verhinderung der Geldwäsche und der Finanzierung des Terrorismus zu entwickeln, **unternehmensübergreifende verbindliche Standards zur Umsetzung der geldwäscherechtlichen Pflichten** festzulegen und sich regelmäßig mit den Geldwäsche-Beauftragten der gruppenangehörigen Unternehmen **auszutauschen**. Darüber hinaus ist der Gruppen-Geldwäschebeauftragte für die **Überwachung** – auch durch Besuche vor Ort – der Umsetzung der gruppenweiten Standards und der Einhaltung der selbigen verantwortlich. Das Mutterunternehmen hat dafür Sorge zu tragen, dass der Gruppen-Geldwäschebeauftragte bzw. die von ihm eingesetzten Mitarbeiter die Befugnis erhalten, sich in Bezug auf alle gruppenangehörigen Unternehmen die **Prüfberichte** sowohl der internen Revision als auch von externen Prüfern, soweit in diesen Aussagen zur Einhaltung geldwäscherechtlicher Pflichten getroffen werden, übermitteln zu lassen. Ferner ist dem Gruppen-Geldwäschebeauftragten bzw. den von ihm eingesetzten Mitarbeitern ein **gruppenweiter Zugang zu allen für die Erfüllung der geldwäscherechtlichen Pflichten relevanten Informationen, Dokumenten und Dateien** über alle Kunden, Verfügungsberechtigte, wirtschaftlich Berechtigte sowie über alle Kundenkonten und -transaktionen einzuräumen. Der Gruppen-Geldwäschebeauftragte ist verpflichtet, die **Geschäftsführung** des Mutterunternehmens **regelmäßig und schriftlich** über die gruppenweite Umsetzung und Einhaltung der geldwäscherechtlichen Pflichten zu **informieren**. 8

GwG § 9 Gruppenweite Einhaltung von Pflichten

3. Informationsaustausch innerhalb der Gruppe (§ 9 Abs. 1 Satz 2 Nr. 3 GwG)

9   Das Mutterunternehmen hat Prozesse zu implementieren, die gruppenangehörige Unternehmen verpflichten, dem Gruppen-Geldwäschebeauftragten und gegebenenfalls der internen Revision die für die Erfüllung der Pflichten gem. § 6 Abs. 1 und 2 GwG notwendigen **Informationen** zugänglich zu machen und **Nachfragen** – insbesondere des Gruppen-Geldwäschebeauftragten und gegebenenfalls der internen Revision – hierzu zeitnah zu beantworten. Zu diesen Informationen zählen auch Kundendaten, Verdachtsmeldungen (siehe hierzu auch § 47 Abs. 1 Satz 1 Nr. 3 GwG) oder Informationen über Kontakte zu Aufsichts-, Strafverfolgungs- und Ermittlungsbehörden sowie Steuer- und Zollbehörden. Die entsprechenden Regelungen und Verfahren müssen auch die Feststellung ermöglichen, ob ein Kunde **Geschäftsbeziehungen zu einem gruppenangehörigen Unternehmen** pflegt.

4. Schutz personenbezogener Daten (§ 9 Abs. 1 Satz 2 Nr. 4 GwG)

10   Zwecks Sicherstellung des Schutzes personenbezogener Daten hat sich das Mutterunternehmen bei der Implementierung gruppenweit einheitlicher Sicherungsmaßnahmen auch mit den **jeweils lokal geltenden Datenschutzvorschriften** auseinanderzusetzen und diese zu berücksichtigen.

V. Pflichten im Hinblick auf gruppenangehörige Unternehmen in anderen EU-Mitgliedstaaten (§ 9 Abs. 2 GwG)

11   Soweit sich gruppenangehörige Unternehmen in einem anderen Mitgliedstaat der Europäischen Union befinden, haben die Mutterunternehmen sicherzustellen, dass diese gruppenangehörigen Unternehmen die dort jeweils geltenden nationalen Rechtsvorschriften zur Umsetzung der 4. EU-Geldwäscherichtlinie einhalten.

VI. Pflichten im Hinblick auf gruppenangehörige Unternehmen in Drittstaaten mit geringeren Anforderungen bei der Verhinderung von Geldwäsche und Terrorismusfinanzierung (§ 9 Abs. 3 GwG)

12   Gemäß § 9 Abs. 3 Satz 1 GwG ist das Mutterunternehmen, soweit sich gruppenangehörige Unternehmen in einem Drittstaat im Sinne des § 1 Abs. 17 GwG befinden, in dem weniger strenge Anforderungen an Maßnahmen zur Verhinde-

VI. Pflichten im Hinblick auf gruppenangehörige Unternehmen § 9 GwG

rung von Geldwäsche oder von Terrorismusfinanzierung gelten, verpflichtet, die **gruppenweit einheitlichen Maßnahmen** gemäß § 9 Abs. 1 GwG umzusetzen, **soweit das Recht des Drittstaats dies zulässt.** § 9 Abs. 3 Satz 2 ff. GwG regeln die Pflichten von Mutterunternehmen für den Fall, dass die gruppenweit einheitlichen Maßnahmen gemäß § 9 Abs. 1 GwG nach dem Recht des Drittstaats **nicht** durchgeführt werden dürfen.

1. Vorgaben vor Umsetzung der 4. EU-Geldwäscherichtlinie

Die in Umsetzung der 3. EU-Geldwäscherichtlinie[16] durch das GwBekErgG[17] eingeführten Regelungen bzgl. der gruppenweiten Einhaltung von Sorgfaltspflichten sahen für **Kreditinstitute und Finanzdienstleistungsinstitute** in § 25g KWG a. F. Folgendes vor: Soweit die gruppenweit einheitlich bestimmten Maßnahmen in einem Drittstaat, in dem das Unternehmen ansässig war, nach dem Recht des betroffenen Staates nicht zulässig waren, hatte das übergeordnete Unternehmen oder Mutterunternehmen die **BaFin** hiervon unverzüglich zu **unterrichten (Informationspflicht)** und **zusätzliche Maßnahmen** zu ergreifen, um einem erhöhten Risiko der Geldwäsche und Terrorismusfinanzierung wirksam zu begegnen. Die Regelung des § 25g KWG i. d. F. GwBekErgG ging allerdings nicht darauf ein, welche Konsequenzen die Unterrichtung der BaFin haben solle. Mit Inkrafttreten des Gesetzes zur Fortentwicklung des Pfandbriefrechts vom 20.3.2009[18] wurde § 25g KWG a. F. dahingehend abgeändert, dass, soweit die gruppenweit einheitlich bestimmten Maßnahmen in einem Drittstaat, in dem das Unternehmen ansässig war, nach dem Recht des betroffenen Staates nicht zulässig oder tatsächlich nicht durchführbar waren, das übergeordnete Unternehmen oder Mutterunternehmen sicherzustellen hatte, dass ein nachgeordnetes Unternehmen, eine Zweigstelle oder Zweigniederlassung in diesem Drittstaat **keine Geschäftsbeziehung begründete oder fortsetzte** und **keine Transaktionen durchführte (Beendigungspflicht).** Soweit eine Geschäftsbeziehung bereits bestand, hatte das übergeordnete Unternehmen oder Mutterunternehmen sicherzustellen, dass diese von dem nachgeordneten Unternehmen, der Zweigstelle oder der Zweigniederlassung ungeachtet anderer gesetzlicher oder vertraglicher Bestimmungen durch Kündigung oder auf andere Weise beendet wurde. Bei der Verpflichtung zur Nicht-Durchführung einer Transaktion, zur Kündigung einer be-

13

---

16 Richtlinie 2005/60/EG des Europäischen Rates und des Parlaments vom 26.10.2005 zur Verhinderung der Nutzung des Finanzsystems zum Zwecke der Geldwäsche und der Terrorismusfinanzierung, ABl. L 309/15 vom 25.11.2005.
17 Gesetz zur Ergänzung der Bekämpfung der Geldwäsche und der Terrorismusfinanzierung (Geldwäschebekämpfungsergänzungsgesetz – GwBekErgG) vom 13.8.2008, BGBl. I 2008, S. 1690.
18 BGBl. I 2009, S. 607.

GwG § 9   Gruppenweite Einhaltung von Pflichten

stehenden Geschäftsbeziehung oder Beendigung auf andere Weise war nach aufsichtsrechtlicher Auslegung der **Grundsatz der Verhältnismäßigkeit** zu beachten. Die an die Erfüllung der Sorgfaltspflichten zu stellenden Anforderungen im Rahmen der Entscheidung zur Nicht-Durchführung einer Transaktion oder zur Beendigung einer Geschäftsbeziehung waren nicht aufgrund formal-schematisch vorgegebener Kriterien, sondern im Licht des Gesetzeszwecks auszulegen. Die Verpflichtung zur Nicht-Durchführung einer Transaktion oder zur Beendigung einer Geschäftsbeziehung bestand allerdings immer, wenn sich die gruppenweiten, im betreffenden Drittstaat aus rechtlichen oder tatsächlichen Gründen nicht durchführbaren Maßnahmen als **wesentlich** darstellten. Für Versicherungsunternehmen wurde die oben dargestellte Beendigungsverpflichtung durch das Gesetz zur Umsetzung der Zweiten E-Geld-Richtlinie (2. EGeldRLUG) vom 1.3.2011[19] in § 80d Abs. 5 VAG a. F. (später: § 53 Abs. 5 VAG) verankert.

2. Vorgaben nach Umsetzung der 4. EU-Geldwäscherichtlinie

14   In Umsetzung der 4. EU-Geldwäscherichtlinie[20] (hier: Art. 45) wurden die Regelungen zur gruppenweiten Umsetzung von Sorgfaltspflichten aus dem KWG bzw. dem VAG herausgenommen und in das Geldwäschegesetz eingefügt. Im Unterschied zu den für **Kreditinstitute/Finanzdienstleistungsinstitute** bzw. **Versicherungsunternehmen geltenden** Vorgängerregelungen des **§ 25l KWG a. F.** bzw. **§ 53 Abs. 5 VAG a. F.** bestimmt **§ 9 Abs. 3 Satz 2 GwG** – nunmehr für alle Verpflichtete nach dem GwG, die Mutterunternehmen einer Gruppe sind – wieder, dass diese, soweit die gruppenweit einheitlich bestimmten Maßnahmen in einem Drittstaat, in dem das Unternehmen ansässig ist, nach dem Recht des betroffenen Staates nicht zulässig oder tatsächlich nicht durchführbar sind, zunächst **zusätzliche Maßnahmen** zu ergreifen haben, um den besonderen Risiken zu begegnen (§ 9 Abs. 3 Satz 2 Nr. 1 GwG). Über die getroffenen zusätzlichen Maßnahmen hat der jeweilige Verpflichtete die **zuständige Aufsichtsbehörde** zu informieren (§ 9 Abs. 3 Satz 2 Nr. 2 GwG).

---

19 Gesetz zur Umsetzung der Zweiten E-Geld-Richtlinie (2. EGeldRLUG) vom 1.3.2011, BGBl. I 2011, S. 288.
20 Richtlinie (EU) 2015/849 des Europäischen Rates und des Parlaments vom 20.5.2015 zur Verhinderung der Nutzung des Finanzsystems zum Zwecke der Geldwäsche und der Terrorismusfinanzierung, zur Änderung der Verordnung (EU) Nr. 648/2012 des Europäischen Parlaments und des Rates und zur Aufhebung der Richtlinie 2005/60/EG des Europäischen Parlaments und des Rates und der Richtlinie 2006/70/EG der Kommission, ABl. L 141/73 vom 5.6.2015.

VI. Pflichten im Hinblick auf gruppenangehörige Unternehmen § 9 GwG

a) Zusätzliche Maßnahmen (§ 9 Abs. 3 Satz 2 Nr. 1 GwG)

Gemäß Art. 56 Abs. 5 der 4. EU-Geldwäscherichtlinie[21] wurde der **Gemeinsame Ausschuss der Europäischen Aufsichtsbehörden** beauftragt, **technische Regulierungsstandards** zur Spezifizierung der **zusätzlichen Maßnahmen**, die Kreditinstitute und Finanzinstitute treffen sollen, wenn die Anwendung gruppenweit einheitlichen Maßnahmen nach dem Recht des Drittlands nicht zulässig ist, zu entwerfen und der EU-Kommission bis zum 26.12.2016 zu übermitteln. Die Standards wurden am 31.5.2017 in Form des **Entwurfs einer Delegierten Verordnung** zur Konsultation gestellt.[22] Die Konsultationsfrist endete am 11.7.2017. Am 23.6.2017 fand eine öffentliche Anhörung zu dem Konsultationsentwurf in den Räumlichkeiten der EBA in London statt. Am 6.12.2017 veröffentlichte der Gemeinsame Ausschuss der Europäischen Aufsichtsbehörden schließlich seinen endgültigen Vorschlag für eine Delegierte Verordnung.[23]

15

Hinsichtlich der zusätzlich zu ergreifenden Maßnahmen unterscheidet der Verordnungsentwurf zunächst danach, welcher gruppenweit umzusetzenden Maßnahme die Vorschriften eines Drittstaats entgegenstehen. So enthält Art. 4 des Entwurfs Vorgaben für den Fall, dass das in einem Drittstaat geltende Recht Informationszugangs- oder -verwertungsbeschränkungen vorsieht, die einer individuellen **Analyse des Risikos einer Geschäftsbeziehung oder einer Transaktion** entgegenstehen. Art. 5 regelt den Fall, dass das Recht des Drittstaates einen **Austausch von Kundendaten zu Zwecken der Prävention von Geldwäsche und Terrorfinanzierung** einschränkt oder verbietet. Art. 6 definiert die zusätzlichen Maßnahmen für den Fall, dass die Gesetzgebung des Drittlands einen **Austausch von Informationen über verdächtige Transaktionen** erschwert oder nicht zulässt. Art. 7 bestimmt die entsprechenden Maßnahmen bei bestehenden Einschränkungen/Verboten der **Übermittlung von Kundendaten an**

16

---

21 Richtlinie (EU) 2015/849 des Europäischen Rates und des Parlaments vom 20.5.2015 zur Verhinderung der Nutzung des Finanzsystems zum Zwecke der Geldwäsche und der Terrorismusfinanzierung, zur Änderung der Verordnung (EU) Nr. 648/2012 des Europäischen Parlaments und des Rates und zur Aufhebung der Richtlinie 2005/60/EG des Europäischen Parlaments und des Rates und der Richtlinie 2006/70/EG der Kommission, ABl. L 141/73 vom 5.6.2015.
22 Konsultationspapier „Draft Joint Regulatory Technical Standards on the measures credit institutions and financial institutions shall take to mitigate the risk of money laundering and terrorist financing where a third country's law does not permit the application of group-wide policies and procedures" vom 31.5.2017, JC 2017, 25.
23 Finaler Bericht „Draft Joint Regulatory Technical Standards on the measures credit institutions and financial institutions shall take to mitigate the risk of money laundering and terrorist financing where a third country's law does not permit the application of group-wide policies and procedures" vom 6.12.2017 (nachfolgend „EBA/ESMA, EIOPA, Draft RTS"), JC 2017 25.

GwG § 9 Gruppenweite Einhaltung von Pflichten

einen Mitgliedstaat zu Aufsichtszwecken und Art. 8 regelt den Umgang mit Einschränkungen von **Aufbewahrungsmaßnahmen**.

17 Unabhängig davon, welcher gruppenweit umzusetzenden Maßnahme die Vorschriften eines Drittstaats entgegenstehen, bestimmt die Verordnung im Einklang mit der 4. EU-Geldwäscherichtlinie zunächst, dass Kredit- und Finanzinstitute ihre **Heimataufsichtsbehörde** unverzüglich[24] über die bestehenden Beschränkungen oder Verbote zu **informieren** haben.[25]

18 Bei Vorliegen von Informationszugangs- oder -verwertungsbeschränkungen, die einer individuellen **Analyse des Risikos einer Geschäftsbeziehung oder einer Transaktion** entgegenstehen (Art. 4 des Verordnungsentwurfs), bei Beschränkungen oder Verboten des **Austausches von Kundendaten zu Zwecken der Prävention von Geldwäsche und Terrorfinanzierung** (Art. 5) sowie bei bestehenden Einschränkungen von **Aufbewahrungsmaßnahmen** (Art. 8) haben die Kreditinstitute und Finanzinstitute des Weiteren zu prüfen, ob die bestehenden Beschränkungen oder Verbote gegebenenfalls unter einem **Erlaubnisvorbehalt** stehen und die jeweiligen gruppenweit umzusetzenden Maßnahme somit bei Vorliegen einer entsprechenden **Einwilligung des Kunden und, soweit vorhanden, des wirtschaftlich Berechtigten** gesetzlich zulässig wären. Sofern ein solcher Erlaubnisvorbehalt besteht, haben sich die gruppenangehörigen Unternehmen um die Einholung entsprechender Einwilligungen des Kunden und, soweit vorhanden, des wirtschaftlich Berechtigten durch ihre Zweigniederlassungen und im Mehrheitsbesitz befindlichen Tochtergesellschaften zu bemühen.

19 Sofern die jeweilige gruppenweit umzusetzende Maßnahme nicht (auch nicht aufgrund einer Einwilligung des Kunden und, soweit vorhanden, des wirtschaftlich Berechtigten) in gesetzlich zulässiger Weise durchgeführt werden kann, verpflichtet der Verordnungsentwurf die Kredit-/Finanzinstitute **zusätzliche risikobasierte Maßnahmen** zu ergreifen. Ein **Katalog von möglichen zusätzlichen Maßnahmen** ist in Art. 9 des Verordnungsentwurfs enthalten. Hierbei handelt es sich um die Folgenden:

– Sicherstellung, dass die Zweigniederlassungen oder im Mehrheitsbesitz befindlichen Tochtergesellschaften ihr **Produkt-/Dienstleistungsangebot** in dem betreffenden Drittstaat auf Produkte und Dienstleistungen beschränken, bei denen nur ein geringes Risiko der Geldwäsche und Terrorismusfinanzierung gegeben ist und die nur geringe Auswirkungen auf die Risikosituation (Risk Exposure) des Kredit-/Finanzinstituts haben (**Art. 9 lit. a)**),

---

24 Die Information an die Heimataufsichtsbehörde hat ohne schuldhaftes Zögern und in jedem Fall nicht später als 28 Kalendertage nach Identifizierung des Drittstaats durch den Verpflichteten zu erfolgen.
25 Vgl. EBA/ESMA, EIOPA, Draft RTS, JC 2017 25, Art. 4 Abs. 1 lit. a), Art. 5 Abs. 1 lit. a), Art. 6 Abs. 1 lit. a), Art. 7 Abs. 1 lit. a), Art. 8 Abs. 1 lit. a).

VI. Pflichten im Hinblick auf gruppenangehörige Unternehmen § 9 GwG

- Sicherstellung, dass sich andere Einheiten derselben Gruppe nicht auf **KYC-Maßnahmen**, die von Zweigniederlassungen oder im Mehrheitsbesitz befindlichen Tochtergesellschaften in dem betreffenden Drittstaat durchgeführt wurden, verlassen, sondern selbst entsprechende KYC-Maßnahmen für jeden Kunden einer solchen Zweigniederlassung oder Tochtergesellschaft durchführen, der Produkte oder Dienstleistungen anderer Einheiten der Gruppe nachfragt (**Art. 9 lit. b)**),
- Durchführung **verstärkter Kontrollen** der Zweigniederlassungen oder im Mehrheitsbesitz befindlichen Tochtergesellschaften, einschließlich Vorortprüfungen und unabhängiger Audits, zwecks Überprüfung, ob die Zweigniederlassungen oder im Mehrheitsbesitz befindlichen Tochtergesellschaften Geldwäsche- und Terrorismusfinanzierungsrisiken wirksam identifizieren, bewerten und managen (**Art. 9 lit. c)**),
- Sicherstellung, dass die Zweigniederlassungen oder im Mehrheitsbesitz befindlichen Tochtergesellschaften in dem betreffenden Drittstaat für die Aufnahme/Fortführung von Geschäftsbeziehungen bzw. die Ausführung von Gelegenheitstransaktionen mit höherem Risiko eine **Genehmigung** des Senior Managements des Kredit-/Finanzinstituts einholen (**Art. 9 lit. d)**),
- Sicherstellung, dass die Zweigniederlassungen oder im Mehrheitsbesitz befindlichen Tochtergesellschaften in dem betreffenden Drittstaat die **Herkunft und, soweit relevant, die Bestimmung von Vermögenswerten** abklären, die im Rahmen von Geschäftsbeziehungen/Gelegenheitstransaktionen eingesetzt werden (**Art. 9 lit. e)**),
- Sicherstellung, dass die Zweigniederlassungen oder im Mehrheitsbesitz befindlichen Tochtergesellschaften in dem betreffenden Drittstaat Geschäftsbeziehungen und Transaktionen solange verstärkt überwachen, bis sie das mit den jeweiligen Geschäftsbeziehungen und Transaktionen verbundene Risiko der Geldwäsche und Terrorismusfinanzierung vollumfassend verstehen (**Art. 9 lit. f)**),
- Sicherstellung, dass sich die Zweigniederlassungen oder im Mehrheitsbesitz befindlichen Tochtergesellschaften in dem betreffenden Drittstaat mit dem Kredit-/Finanzinstitut über die einer Verdachtsmeldung zugrunde liegenden **Informationen** im weitestmöglichen, nach dem Recht des Drittstaates noch zulässigen Umfang austauschen (**Art. 9 lit. g)**),
- **Verstärkte Überwachung** von Kunden und, soweit relevant, wirtschaftlich Berechtigten von Kunden der Zweigniederlassungen oder im Mehrheitsbesitz befindlichen Tochtergesellschaften in dem betreffenden Drittstaat, die bekanntermaßen Gegenstand von Verdachtsmeldungen anderer Einheiten derselben Gruppe sind (**Art. 9 lit. h)**),
- Sicherstellung, dass die Zweigniederlassungen oder im Mehrheitsbesitz befindlichen Tochtergesellschaften in dem betreffenden Drittstaat **wirksame Systeme und Kontrollen** zur **Erkennung und Meldung verdächtiger**

GwG § 9 Gruppenweite Einhaltung von Pflichten

Transaktionen an die zuständigen Behörden implementiert haben (**Art. 9 lit. i)**),

– Sicherstellung, dass die Zweigniederlassungen oder im Mehrheitsbesitz befindlichen Tochtergesellschaften in dem betreffenden Drittstaat **Kundenprofile und KYC-Informationen** für den längst möglichen zulässigen Zeitraum, wenigstens für die Dauer der jeweiligen Geschäftsbeziehung, **aufbewahren und jeweils auf dem aktuellen Stand halten** (**Art. 9 lit. j)**).

20 Wenn das in einem Drittstaat geltende Recht Informationszugangs- oder -verwertungsbeschränkungen vorsieht, die einer individuellen **Analyse des Risikos einer Geschäftsbeziehung oder einer Transaktion** entgegenstehen, sollen Kredit-/Finanzinstitute nach dem Verordnungsentwurf neben ihren allgemeinen Maßnahmen risikobasiert zusätzliche Maßnahmen ergreifen, die die zusätzliche Maßnahme gemäß **Art. 9 lit. c)** (siehe Rn. 19) und eine oder mehrere der Maßnahmen gemäß **Art. 9 lit. a), b), d), e) und f)** (siehe Rn. 19) beinhalten müssen.[26]

21 Für den Fall, dass das in einem Drittstaat geltende Recht den **Austausch von Kundendaten zu Zwecken der Prävention von Geldwäsche und Terrorfinanzierung** einschränkt oder verbietet, sollen Kredit-/Finanzinstitute nach dem Verordnungsentwurf risikobasiert zusätzliche Maßnahmen umsetzen, die die zusätzliche Maßnahme gemäß **Art. 9 lit. a)** (siehe Rn. 19) oder die zusätzliche Maßnahme gemäß **Art. 9 lit. b)** (Rn. 19) umfassen müssen. Sofern das Geldwäsche-/Terrorfinanzierungsrisiko weitere zusätzliche Maßnahmen erforderlich macht, sollen eine oder mehrere der verbleibenden Maßnahmen gemäß **Art. 9 lit. a) – c)** (siehe Rn. 19) umgesetzt werden.[27]

22 In Konstellationen, in denen die Gesetzgebung des Drittlands einen **Austausch von Informationen über verdächtige Transaktionen** erschwert oder nicht zulässt, sollen Kredit-/Finanzinstitute zum einen von ihren Zweigniederlassungen oder im Mehrheitsbesitz befindlichen Tochtergesellschaften in dem betreffenden Drittstaat verlangen, dass diese dem **Senior Management des Kredit-/Finanzinstituts** relevante **Informationen** zur Verfügung stellen, damit dieses in der Lage ist, das mit dem Betrieb der jeweiligen Zweigniederlassung/der jeweiligen Tochtergesellschaft verbundene Geldwäsche- und Terrorfinanzierungsrisiko und die Auswirkungen dieses Risikos auf die Gruppe bewerten.[28] Zum anderen sollen die Kredit-/Finanzinstitute neben ihren allgemeinen Maßnahmen risikobasiert zusätzliche Maßnahmen ergreifen, die eine oder mehrere der Maßnahmen gemäß **Art. 9 lit. a), b), c), g), h) und i)** (siehe Rn. 19) beinhalten müssen.[29]

---

26 Vgl. EBA/ESMA, EIOPA, Draft RTS, JC 2017 25, Art. 4 Abs. 2.
27 Vgl. EBA/ESMA, EIOPA, Draft RTS, JC 2017 25, Art. 5 Abs. 2.
28 Vgl. EBA/ESMA, EIOPA, Draft RTS, JC 2017 25, Art. 6 Abs. 1 lit. b)
29 Vgl. EBA/ESMA, EIOPA, Draft RTS, JC 2017 25, Art. 6 Abs. 2

VI. Pflichten im Hinblick auf gruppenangehörige Unternehmen § 9 GwG

Bei bestehenden Einschränkungen/Verboten der **Übermittlung von Kundendaten an einen Mitgliedstaat zu Aufsichtszwecken** sollen Kredit-/Finanzinstitute nach dem Verordnungsentwurf risikobasiert eine oder mehrere der folgenden Maßnahmen treffen:[30]   23

– Durchführung **verstärkter Kontrollen** der Zweigniederlassungen oder im Mehrheitsbesitz befindlichen Tochtergesellschaften in dem betreffenden Drittstaat, einschließlich Vorortprüfungen und unabhängiger Audits, zwecks Überprüfung, ob Zweigniederlassungen oder im Mehrheitsbesitz befindlichen Tochtergesellschaften die gruppenweiten Richtlinien wirksam umsetzen/anwenden und das Risiko der Geldwäsche und Terrorismusfinanzierung angemessen bewerten,
– Übermittlung von **Feststellungen** aus den o.g. Kontrollen an die zuständige Heimataufsichtsbehörde (auf Anforderung),
– Verpflichtung der Zweigniederlassungen oder im Mehrheitsbesitz befindlichen Tochtergesellschaften in dem betreffenden Drittstaat zur **regelmäßigen Übermittlung von Informationen** (insbesondere zur Anzahl der Hochrisiko-Kunden, verdächtiger und gemeldeter Transaktionen, zur Begründung der Hochrisiko-Einstufung von Kunden (Statistiken)) an das Senior Management des Kredit-/Finanzinstituts,
– Übermittlung der vorstehend genannten **Informationen** an die zuständige Heimataufsichtsbehörde (auf Anforderung).

Im Falle bestehender Einschränkungen/Verbote hinsichtlich **Aufbewahrungs-/Archivierungsmaßnahmen** sollen Kredit-/Finanzinstitute nach dem Verordnungsentwurf neben ihren allgemeinen Maßnahmen risikobasiert zusätzliche Maßnahmen ergreifen, die eine oder mehrere der Maßnahmen gemäß **Art. 9 lit. a), b), c) und j)** (Rn. 19) beinhalten müssen.[31]   24

Für den Fall, dass sich den Risiken von Geldwäsche und Terrorfinanzierung mit den getroffenen Maßnahmen nicht wirksam begegnen lässt, sind Kredit-/Finanzinstitute nach dem Verordnungsentwurf verpflichtet, **risikobasiert zu entscheiden**, betreffende **Geschäftsbeziehungen** ihrer Zweigniederlassungen oder im Mehrheitsbesitz befindlichen Tochtergesellschaften in dem betreffenden Drittstaat zu **beenden** bzw. betreffende **Gelegenheitstransaktionen nicht auszuführen** (so im Fall von Informationszugangs- oder -verwertungsbeschränkungen, die einer individuellen **Analyse des Risikos einer Geschäftsbeziehung oder einer Transaktion entgegenstehen**[32]) oder gegebenenfalls sogar ihre **Geschäftstätigkeit** in dem jeweiligen Drittstaat teilweise oder ganz **einzustellen**.[33]   25

---

30 Vgl. EBA/ESMA, EIOPA, Draft RTS, JC 2017 25, Art. 7 Abs. 1.
31 Vgl. EBA/ESMA, EIOPA, Draft RTS, JC 2017 25, Art. 8 Abs. 2
32 Vgl. EBA/ESMA, EIOPA, Draft RTS, JC 2017 25, Art. 4 Abs. 3.
33 Vgl. EBA/ESMA, EIOPA, Draft RTS, JC 2017 25, Art. 4 Abs. 3, Art. 5 Abs. 3, Art. 6 Abs. 3.

GwG § 9 Gruppenweite Einhaltung von Pflichten

b) Pflicht zur Unterrichtung der Aufsichtsbehörde (§ 9 Abs. 3 Satz 2 Nr. 2 GwG)

26 Gemäß § 9 Abs. 3 Satz 2 Nr. 2 GwG haben die Verpflichteten die **zuständige Aufsichtsbehörde** über die von ihnen getroffenen zusätzlichen Maßnahmen zu informieren. Nach Unterrichtung durch das Mutterunternehmen führt die zuständige Aufsichtsbehörde eine **Prüfung der getroffenen Maßnahmen** durch. Sofern sie im Rahmen ihrer Prüfung zu dem Ergebnis kommt, dass die Maßnahmen **nicht ausreichend** sind, **ordnet die zuständige Aufsichtsbehörde gemäß § 9 Abs. 3 Satz 3 GwG an**, dass in dem betreffenden Drittstaat **keine Geschäftsbeziehungen** begründet, fortgesetzt oder **Transaktion** durchgeführt werden bzw. bestehende Geschäftsbeziehungen ungeachtet anderer gesetzlicher oder vertraglicher Bestimmungen durch Kündigung oder auf andere Weise beendet werden.

27 Mit der **im Rahmen der Umsetzung der 4. EU-Geldwäscherichtlinie wieder eingeführten Unterrichtungspflicht** gegenüber der zuständigen Aufsichtsbehörde und der damit einhergehenden **Stärkung der Rolle der Aufsichtsbehörde** in Sachverhalten mit Drittstaatenbezug folgte der deutsche Gesetzgeber auch einer **Empfehlung der FATF**.[34] Im Unterschied zur deutschen Umsetzung in § 9 Abs. 3 Satz 3 GwG sehen allerdings sowohl die **Empfehlung der FATF**, als auch die **4. EU-Geldwäscherichtlinie** vor, dass die zuständige Aufsichtsbehörde gegebenenfalls auch **andere angemessene Maßnahmen** als eine Beendigung der Geschäftsbeziehung/Nichtausführung von Transaktionen in dem Drittstaat anordnen kann (z. B. zusätzliche Kontrollen). Sowohl in den internationalen als auch in den europäischen Vorgaben wird die Anordnung der Einstellung der Geschäfte in einem Drittstaat als „**Ultima ratio**" der Aufsichtsbehörde angesehen. § 9 Abs. 3 Satz 3 GwG steht damit in einem **Wertungswiderspruch** zu diesen Vorgaben und es bleibt die Handhabung der Vorschrift in der Praxis abzuwarten.

---

34 Vgl. Empfehlung 18 der 40 Empfehlungen der FATF von 2012 und Auslegungshinweis (Interpretive note) zu Empfehlung 18, Nr. 5.

Abschnitt 3
Sorgfaltspflichten in Bezug auf Kunden

§ 10 Allgemeine Sorgfaltspflichten

(1) Die allgemeinen Sorgfaltspflichten sind:

1. die Identifizierung des Vertragspartners und gegebenenfalls der für ihn auftretenden Person nach Maßgabe des § 11 Absatz 4 und des § 12 Absatz 1 und 2 sowie die Prüfung, ob die für den Vertragspartner auftretende Person hierzu berechtigt ist,
2. die Abklärung, ob der Vertragspartner für einen wirtschaftlich Berechtigten handelt, und, soweit dies der Fall ist, die Identifizierung des wirtschaftlich Berechtigten nach Maßgabe des § 11 Absatz 5; dies umfasst in Fällen, in denen der Vertragspartner keine natürliche Person ist, die Pflicht, die Eigentums- und Kontrollstruktur des Vertragspartners mit angemessenen Mitteln in Erfahrung zu bringen,
3. die Einholung und Bewertung von Informationen über den Zweck und über die angestrebte Art der Geschäftsbeziehung, soweit sich diese Informationen im Einzelfall nicht bereits zweifelsfrei aus der Geschäftsbeziehung ergeben,
4. die Feststellung mit angemessenen, risikoorientierten Verfahren, ob es sich bei dem Vertragspartner oder dem wirtschaftlich Berechtigten um eine politisch exponierte Person, um ein Familienmitglied oder um eine bekanntermaßen nahestehende Person handelt, und
5. die kontinuierliche Überwachung der Geschäftsbeziehung einschließlich der Transaktionen, die in ihrem Verlauf durchgeführt werden, zur Sicherstellung, dass diese Transaktionen übereinstimmen

    a) mit den beim Verpflichteten vorhandenen Dokumenten und Informationen über den Vertragspartner und gegebenenfalls über den wirtschaftlich Berechtigten, über deren Geschäftstätigkeit und Kundenprofil und

    b) soweit erforderlich mit den beim Verpflichteten vorhandenen Informationen über die Herkunft der Vermögenswerte;

    im Rahmen der kontinuierlichen Überwachung haben die Verpflichteten sicherzustellen, dass die jeweiligen Dokumente, Daten oder Informationen unter Berücksichtigung des jeweiligen Risikos im angemessenen zeitlichen Abstand aktualisiert werden.

(2) Der konkrete Umfang der Maßnahmen nach Absatz 1 Nummer 2 bis 5 muss dem jeweiligen Risiko der Geldwäsche oder Terrorismusfinanzierung,

GwG § 10 Allgemeine Sorgfaltspflichten

insbesondere in Bezug auf den Vertragspartner, die Geschäftsbeziehung oder Transaktion entsprechen. Die Verpflichteten berücksichtigen dabei insbesondere die in den Anlagen 1 und 2 genannten Risikofaktoren. Darüber hinaus zu berücksichtigen haben sie bei der Bewertung der Risiken zumindest

1. den Zweck des Kontos oder der Geschäftsbeziehung,
2. die Höhe der von Kunden eingezahlten Vermögenswerte oder den Umfang der ausgeführten Transaktionen sowie
3. die Regelmäßigkeit oder die Dauer der Geschäftsbeziehung.

Verpflichtete müssen gegenüber den Aufsichtsbehörden auf deren Verlangen darlegen, dass der Umfang der von ihnen getroffenen Maßnahmen im Hinblick auf die Risiken der Geldwäsche und der Terrorismusfinanzierung angemessen ist.

(3) Die allgemeinen Sorgfaltspflichten sind von Verpflichteten zu erfüllen:

1. bei der Begründung einer Geschäftsbeziehung,
2. bei Transaktionen, die außerhalb einer Geschäftsbeziehung durchgeführt werden, wenn es sich handelt um
    a) Geldtransfers nach Artikel 3 Nummer 9 der Verordnung (EU) 2015/847 des Europäischen Parlaments und des Rates vom 20. Mai 2015 über die Übermittlung von Angaben bei Geldtransfers und zur Aufhebung der Verordnung (EU) Nr. 1781/2006 (ABl. L 141 vom 5.6.2015, S. 1) und dieser Geldtransfer einen Betrag von 1 000 Euro oder mehr ausmacht,
    b) die Durchführung einer sonstigen Transaktion im Wert von 15 000 Euro oder mehr,
3. ungeachtet etwaiger nach diesem Gesetz oder anderen Gesetzen bestehenden Ausnahmeregelungen, Befreiungen oder Schwellenbeträge beim Vorliegen von Tatsachen, die darauf hindeuten, dass
    a) es sich bei Vermögensgegenständen, die mit einer Transaktion oder Geschäftsbeziehung im Zusammenhang stehen, um den Gegenstand von Geldwäsche handelt oder
    b) die Vermögensgegenstände im Zusammenhang mit Terrorismusfinanzierung stehen,
4. bei Zweifeln, ob die auf Grund von Bestimmungen dieses Gesetzes erhobenen Angaben zu der Identität des Vertragspartners, zu der Identität einer für den Vertragspartner auftretenden Person oder zu der Identität des wirtschaftlich Berechtigten zutreffend sind.

Die Verpflichteten müssen die allgemeinen Sorgfaltspflichten bei allen neuen Kunden erfüllen. Bei bereits bestehenden Geschäftsbeziehungen müssen

Allgemeine Sorgfaltspflichten **§ 10 GwG**

sie die allgemeinen Sorgfaltspflichten zu geeigneter Zeit auf risikobasierter Grundlage erfüllen, insbesondere dann, wenn sich bei einem Kunden maßgebliche Umstände ändern.

(4) Nehmen Verpflichtete nach § 2 Absatz 1 Nummer 3 bis 5 Bargeld bei der Erbringung von Zahlungsdiensten nach § 1 Absatz 2 des Zahlungsdiensteaufsichtsgesetzes an, so haben sie die allgemeinen Sorgfaltspflichten nach Absatz 1 Nummer 1 und 2 zu erfüllen.

(5) Verpflichtete nach § 2 Absatz 1 Nummer 15 haben die allgemeinen Sorgfaltspflichten bei Gewinnen oder Einsätzen eines Spielers in Höhe von 2 000 Euro oder mehr zu erfüllen, es sei denn, das Glücksspiel wird im Internet angeboten oder vermittelt. Der Identifizierungspflicht kann auch dadurch nachgekommen werden, dass der Spieler bereits beim Betreten der Spielbank oder der sonstigen örtlichen Glücksspielstätte identifiziert wird, wenn vom Verpflichteten zusätzlich sichergestellt wird, dass Transaktionen im Wert von 2 000 Euro oder mehr einschließlich des Kaufs oder Rücktauschs von Spielmarken dem jeweiligen Spieler zugeordnet werden können.

(6) Verpflichtete nach § 2 Absatz 1 Nummer 16 haben Sorgfaltspflichten in den Fällen des Absatzes 3 Satz 1 Nummer 3 sowie bei Transaktionen, bei welchen sie Barzahlungen über mindestens 10 000 Euro tätigen oder entgegennehmen, zu erfüllen.

(7) Für Verpflichtete nach § 2 Absatz 1 Nummer 4 und 5, die bei der Ausgabe von E-Geld tätig sind, gilt § 25i Absatz 1 des Kreditwesengesetzes mit der Maßgabe, dass lediglich die Pflichten nach Absatz 1 Nummer 1 und 4 zu erfüllen sind. § 25i Absatz 2 und 4 des Kreditwesengesetzes gilt entsprechend.

(8) Versicherungsvermittler nach § 2 Absatz 1 Nummer 8, die für ein Versicherungsunternehmen nach § 2 Absatz 1 Nummer 7 Prämien einziehen, haben diesem Versicherungsunternehmen mitzuteilen, wenn Prämienzahlungen in bar erfolgen und den Betrag von 15 000 Euro innerhalb eines Kalenderjahres übersteigen.

(9) Ist der Verpflichtete nicht in der Lage, die allgemeinen Sorgfaltspflichten nach Absatz 1 Nummer 1 bis 4 zu erfüllen, so darf die Geschäftsbeziehung nicht begründet oder nicht fortgesetzt werden und darf keine Transaktion durchgeführt werden. Soweit eine Geschäftsbeziehung bereits besteht, ist sie vom Verpflichteten ungeachtet anderer gesetzlicher oder vertraglicher Bestimmungen durch Kündigung oder auf andere Weise zu beenden. Die Sätze 1 und 2 gelten nicht für Verpflichtete nach § 2 Absatz 1 Nummer 10 und 12, wenn der Mandant eine Rechtsberatung oder Prozessvertretung erstrebt, es sei denn, der Verpflichtete weiß, dass der Mandant die Rechtsberatung bewusst für den Zweck der Geldwäsche oder der Terrorismusfinanzierung in Anspruch nimmt.

GwG § 10 Allgemeine Sorgfaltspflichten

Schrifttum: *Erbs/Kohlhaas*, Strafrechtliche Nebengesetze, 208. EL Mai 2016; *Fülbier/Aepfelbach/Langweg*, GwG, 5. Aufl. 2006; *Hauschka/Moosmayer/Lösler*, Corporate Compliance, 3. Aufl. 2016; *Herzog*, Geldwäschegesetz, 2. Aufl. 2014; *Höche/Rößler*, Das Gesetz zur Optimierung der Geldwäscheprävention und die Kreditwirtschaft, WM 2012, 1505; *Krais*, Zu den Neuregelungen der 4. EU-Geldwäscherichtlinie, CCZ 2015, 251; *Krais*, Die geldwäscherechtliche Identifizierung von Personen, die für den Vertragspartner auftreten, CCZ 2016, 185; *Palandt*, Bürgerliches Gesetzbuch, 76. Aufl. 2017; *Quedenfeld*, Handbuch Bekämpfung der Geldwäsche und Wirtschaftskriminalität, 4. Aufl. 2017; *Rößler*, Auswirkungen der vierten EU-Anti-Geldwäsche-Richtlinie auf die Kreditwirtschaft, WM 2015, 1406; *Ruppert*, Vierte Geldwäscherichtlinie verabschiedet – Was ändert sich für Steuerberater?, DStR 2015, 1708; *Tischbein/Langweg*, Die Legitimationsprüfung/Identifizierung bei der Kontoeröffnung, 5. Aufl. 2015; *Zentes/Glaab*, Regulatorische Auswirkungen des Vorschlags der 4. EU-Geldwäscherichtlinie, BB 2013, 707.

Übersicht

	Rn.		Rn.
I. Allgemeines	1	5. Einholung und Bewertung der Informationen zur Geschäftsbeziehung (§ 10 Abs. 1 Nr. 3 GwG)	51
1. Änderungen durch die GwG-Novelle 2017	2	a) Allgemein	51
2. Methodik der Sorgfaltspflichten	6	b) Vorgehensweise	55
3. Systematik der Sorgfaltspflichten	7	6. Feststellung der PEP-Eigenschaft (§ 10 Abs. 1 Nr. 4 GwG)	61
II. Inhalt der allgemeinen Sorgfaltspflichten (§ 10 Abs. 1 GwG)	9	7. Kontinuierliche Überwachung der Geschäftsbeziehung (§ 10 Abs. 1 Nr. 5 GwG)	62
1. Identifizierung des Vertragspartners (§ 10 Abs. 1 Nr. 1 GwG)	12	a) Überwachung der Geschäftsbeziehung	63
2. Identifizierung der für den Vertragspartner ggf. auftretenden Person (§ 10 Abs. 1 Nr. 1 GwG)	20	b) Pflicht zur Aktualisierung der Kundendaten	68
3. Berechtigungsprüfung der für den Vertragspartner ggf. auftretenden Person (§ 10 Abs. 1 Nr. 1 GwG)	31	III. Risikoorientierte Bestimmung des Maßnahmenumfangs und Risikofaktoren (§ 10 Abs. 2 GwG und Anlage 1 und 2)	73
4. Abklärung und ggf. Identifizierung des wirtschaftlich Berechtigten (§ 10 Abs. 1 Nr. 2 GwG)	37	1. Allgemein	73
		2. Angemessenheit des konkreten Maßnahmenumfangs	76
a) Abfrage beim Vertragspartner (= natürliche Person)	43	3. Listen (Anlagen) für potenziell geringere/höhere Risiken	85
b) Abfrage beim Vertragspartner (= nicht-natürliche Person)	44	IV. Anlässe für Sorgfaltspflichten (§ 10 Abs. 3 GwG)	89
c) Einzelfälle (nicht abschließend)	49	1. Begründung einer Geschäftsbeziehung (§ 10 Abs. 3 Nr. 1 GwG)	90

2. Transaktionen außerhalb einer Geschäftsbeziehung (§ 10 Abs. 3 Nr. 2 GwG) 93
   a) Geldtransfer im Wert von 1.000 EUR oder mehr (§ 10 Abs. 3 Nr. 2a GwG) . 97
   b) Transaktionen im Wert von 15.000 EUR oder mehr (§ 10 Abs. 3 Nr. 2b GwG) 102
3. Verdachtsfall (§ 10 Abs. 3 Nr. 3 GwG) 110
4. Zweifelsfall bzgl. der Identitätsangaben (§ 10 Abs. 3 Nr. 4 GwG) 114
5. Sorgfaltspflichten auch bei Bestandskunden (§ 10 Abs. 3 Satz 3 GwG) 117

V. Zahlungsverkehrsdienstleister bei Bargeldannahme (§ 10 Abs. 4 GwG). 118
VI. Glücksspielveranstalter und -vermittler (§ 10 Abs. 5 GwG). 119
VII. Allgemeine Sorgfaltspflichten der Güterhändler (§ 10 Abs. 6 GwG) 120
VIII. E-Geld (§ 10 Abs. 7 GwG). ... 121
IX. Versicherungsvermittler (§ 10 Abs. 8 GwG). 126
X. Beendigungsverpflichtung (§ 10 Abs. 9 GwG). 130

I. Allgemeines

Die Vorschrift des § 10 GwG bestimmt die allgemeinen Kundensorgfaltspflichten, die von den Verpflichteten i. S. d. § 2 GwG auszuführen sind, sofern die in § 10 Abs. 3 genannten pflichtauslösenden Ereignisse vorliegen. Die Regelung entspricht im Wesentlichen § 3 GwG a. F. und wurde durch die GwG-Novelle 2017 an die Vorgaben des Art. 13 Abs. 1 der 4. Geldwäscherichtlinie angepasst. Eine grundlegende Neustrukturierung hatte § 10 GwG zuvor i.R.d. des „Gesetzes zur Ergänzung der Bekämpfung der Geldwäsche und der Terrorismusfinanzierung" der Bundesregierung in der Fassung vom 13.8.2008 erfahren, welche aus den Anforderungen der 3. Geldwäscherichtlinie resultierte.[1]

1

1. Änderungen durch die GwG-Novelle 2017

Inhaltliche Änderungen der Vorschriften zu den Sorgfaltspflichten durch die GwG-Novelle 2017 sind zum einen die Pflicht zur **Überprüfung der Berechtigung** einer für den Vertragspartner auftretenden Person in § 10 Abs. 1 Nr. 1 GwG. Zum anderen findet sich nun in § 10 Abs. 1 Nr. 4 GwG die Pflicht zur Abklärung, ob es sich bei dem Vertragspartner oder dem wirtschaftlich Berechtigten um eine Person im Sinne von § 1 Abs. 12 bis 14 GwG (PEPs, deren Familienmitglieder und „bekanntermaßen nahestehende Personen") handelt (siehe unten Rn. 61). Neu ist auch die Bezugnahme auf **typische Risikofaktoren**, die in den **Anhängen 1 und 2** des Gesetzes aufgelistet sind (siehe unten Rn. 73 ff.).

2

---

1 BGBl. I 2008, S. 1690; siehe ausführlich zu diesen Änderungen *Warius*, in: Herzog, GwG, § 3 Rn. 1 ff.

GwG § 10   Allgemeine Sorgfaltspflichten

Diese Listen entsprechen den Anhängen II und III der 4. Geldwäscherichtlinie. Die in Anhang I der 4. Geldwäscherichtlinie aufgeführten und von den Verpflichteten zu beachtenden Risikovariablen waren schon zuvor im Gesetz enthalten (§ 3 Abs. 4 Satz 2 GwG a. F.) und finden sich nun im § 10 Abs. 2 Satz 4 GwG. § 10 Abs. 3 Satz 3 GwG statuiert die Pflicht, bei bereits bestehenden Geschäftsbeziehungen die **allgemeinen Sorgfaltspflichten in angemessenem Zeitrahmen auf risikobasierter Grundlage zu erfüllen**, was insbesondere bei Änderung der maßgeblichen Umstände des Kunden der Fall ist.

3   Neben den inhaltlichen Änderungen erfuhr die Regelung der allgemeinen Sorgfaltspflichten auch vereinzelte systematische Anpassungen und Modifikationen am Wortlaut. So ist bspw. die Feststellung der PEP-Eigenschaft nun in § 10 Abs. 1 GwG verortet, statt wie bisher bei der Regelung der verstärkten Sorgfaltspflichten.

4   Die allgemeine Sorgfaltspflicht zur Identifizierung der ggf. für den Vertragspartner auftretenden Person nach § 10 Abs. 1 Nr. 1 GwG wurde bereits durch das Gesetz zur Umsetzung der Richtlinie über die Vergleichbarkeit von Zahlungskontoentgelten, den Wechsel von Zahlungskonten sowie den Zugang zu Zahlungskonten mit grundlegenden Funktionen vom 11.4.2016 mit Wirkung zum 18.6.2016 eingeführt.[2]

5   Bei der Anwendung der Sorgfaltspflichten spielten bis zur GwG-Novelle 2017 die **Auslegungs- und Anwendungshinweise** der verschiedenen Branchenverbände in der Praxis eine große Rolle. Seit der Geltung des neuen GwG können diese nun nicht mehr selbstverständlich bei der Anwendung und Auslegung dieser Pflichten herangezogen werden. Bei Vergleichbarkeit der Rechtslage spricht jedoch nichts dagegen, dass der Inhalt der AuA als Verwaltungspraxis weiterhin fortgilt. Dies haben zumindest das BMF und die BaFin im Hinblick auf die AuA der Deutschen Kreditwirtschaft (DK) verlautbaren lassen.

2. Methodik der Sorgfaltspflichten

6   Wesentliches Element bei der Erfüllung aller Sorgfaltspflichten ist der sog. risikobasierte Ansatz („risk based approach"), der den Verpflichteten ein gewisses Ermessen u. a. bei der Bestimmung des Umfangs der Sorgfaltsmaßnahmen einräumt. Seinen Niederschlag hat er u. a. in § 10 Abs. 2 Satz 1 GwG gefunden (siehe unten Rn. 73). Daneben steht das Know-Your-Customer-Prinzip („KYC-Prinzip"), welches u. a. in § 10 Abs. 1 GwG normiert ist. Das KYC-Prinzip fordert die Abklärung des Hintergrunds der Geschäftsbeziehung, um den Ver-

---

2   BGBl. I, 2016, S. 720 ff.; siehe unten Rn. 20.

II. Inhalt der allgemeinen Sorgfaltspflichten (§ 10 Abs. 1 GwG) § 10 GwG

pflichteten besser in die Lage zu versetzen, ein Risikoprofil über den jeweiligen Vertragspartner zu erstellen.[3]

3. Systematik der Sorgfaltspflichten

Im GwG finden sich drei unterschiedliche Arten von Sorgfaltspflichten: 7
– Allgemeine Sorgfaltspflichten nach § 10 GwG
– Vereinfachte Sorgfaltspflichten nach § 14 GwG
– Verstärkte Sorgfaltspflichten nach § 15 GwG

Allgemeine Sorgfaltspflichten sind immer dann vom Verpflichteten auszuführen, wenn nicht die spezielleren Maßstäbe der vereinfachten Sorgfaltspflichten in § 14 GwG oder der verstärkten Sorgfaltspflichten in § 15 GwG anzulegen sind. Für Verpflichtete, die nicht nur den Bestimmungen des GwG, sondern darüber hinaus auch denen des KWG unterliegen, enthalten die §§ 25g ff. KWG weitere Verpflichtungen bzw. Erleichterungen bzgl. der Sorgfaltspflichten. So gilt u. a. der § 25i KWG ergänzend bzgl. der Sorgfaltspflichten bei E-Geld-Geschäften sowie § 25k KWG und § 55 VAG ergänzend bzgl. der verstärkten Sorgfaltspflichten. 8

II. Inhalt der allgemeinen Sorgfaltspflichten (§ 10 Abs. 1 GwG)

Die Anforderungen der allgemeinen Sorgfaltspflichten sind maßgeblich geprägt von den Vorgaben des Kapitels II der 3. Geldwäscherichtlinie. § 10 Abs. 1 GwG ist eine Ausformung des Customer Due Diligence Ansatzes (CDD) und fordert weit mehr als eine rein formale Identitätsfeststellung.[4] In § 10 Abs. 1 GwG werden die Kundensorgfaltspflichten aufgezählt, die zu den in § 10 Abs. 3 GwG genannten pflichtauslösenden Ereignissen auszuführen sind. 9

Folgende Maßnahmen sind im Rahmen des § 10 Abs. 1 GwG durchzuführen: 10
– Identifizierung des Vertragspartners, Abs. 1 Nr. 1,
– Identifizierung der für den Vertragspartner ggf. auftretenden Person, Abs. 1 Nr. 1,
– Berechtigungsprüfung der für den Vertragspartner ggf. auftretenden Person, Abs. 1 Nr. 1,
– Abklärung und ggf. Identifizierung des wirtschaftlich Berechtigten, Abs. 1 Nr. 2,

---

3 Siehe ausführlich *Diergarten*, in: Hauschka/Moosmayer/Lösler, Corporate Compliance, § 34 Rn. 69 ff.
4 BT-Drs. 16/9038, S. 33.

GwG § 10 Allgemeine Sorgfaltspflichten

- Einholung und Bewertung der Informationen zur Geschäftsbeziehung, Abs. 1 Nr. 3,
- Feststellung der PEP-Eigenschaft, Abs. 1 Nr. 4,
- Kontinuierliche Überwachung der Geschäftsbeziehung, Abs. 1 Nr. 5.

11 Bei der Vornahme der allgemeinen Sorgfaltspflichten sind insbesondere im Finanzsektor die Vorgaben der GTVO sowie die Verpflichtung zur Erfassung der Verfügungsberechtigten zur Gewährleistung der Kontenwahrheit gemäß § 154 AO zu beachten.

1. Identifizierung des Vertragspartners (§ 10 Abs. 1 Nr. 1 GwG)

12 Zentraler Ansatz bei der Bekämpfung der Geldwäsche und der Terrorismusfinanzierung ist die in § 10 GwG normierte Verpflichtung, die Identität des jeweiligen Vertragspartners kennen zu müssen. Zweck ist zum einen der Wegfall der Anonymität. Der Gesetzgeber wollte durch die Vorschrift im Interesse des Verpflichteten verhindern, dass Transaktionen zu Zwecken der Geldwäsche und Terrorismusfinanzierung missbraucht werden. Zum anderen soll die Verpflichtung sicherstellen, dass die Ermittlungsbehörden im Falle von Anhaltspunkten für Geldwäsche- oder Terrorismusfinanzierungsaktivitäten anhand der Identität der betreffenden Person der so genannten „Papierspur" folgen und dadurch ggf. Täter überführen können.[5] Die Durchführung der Identifizierung (= **wie** ist zu identifizieren?) regeln im Einzelnen die §§ 11 bis 13 GwG.

13 § 1 Abs. 3 GwG enthält eine Legaldefinition des Begriffs der Identifizierung. In einem Zweierschritt ist zunächst die Identität durch das Erheben von Angaben festzustellen (Nr. 1 **Feststellung**) und dann in der Folge zu überprüfen (Nr. 2 **Überprüfung**) (siehe oben bei § 1 Abs. 3 Rn. 12 ff.).

14 Als Vertragspartner des Verpflichteten ist dabei jede natürliche oder juristische Person zu verstehen, mit der eine (dauerhafte) Geschäftsbeziehung im Sinne des § 1 Abs. 4 GwG geschlossen wird (= **wer** ist zu identifizieren?).[6] Im Falle einer einzelnen Transaktion außerhalb einer bestehenden Geschäftsbeziehung (Transaktion eines Gelegenheitskunden) ist der Vertragspartner ebenfalls zu identifizieren, sofern die Voraussetzungen für die Vornahme von Sorgfaltspflichten im Einzelfall gegeben sind, insb. ab Erreichen der jeweiligen Schwellenwerte (§ 10 Abs. 3 Nr. 2 GwG, siehe unten Rn. 93 ff.).

15 Bei der Bestimmung der Person des Vertragspartners kommt es auf die **zivilrechtliche (schuldrechtliche) Einordnung** an. Entscheidend ist daher die jeweilige Vertragsbeziehung, die der Geschäftsverbindung bzw. Gelegenheits-

---
5 BT-Drs. 16/9038, S. 33.
6 BT-Drs. 16/9038, S. 33.

II. Inhalt der allgemeinen Sorgfaltspflichten (§ 10 Abs. 1 GwG) § 10 GwG

transaktion zugrunde liegt. Vertragspartner ist allein der Vertragspartner der Geschäftsbeziehung bzw. Auftraggeber der außerhalb einer Geschäftsbeziehung durchgeführten Transaktion (Gelegenheitskunde), nicht zwingend der Empfänger der Leistung.[7]

So ist bspw. **als Vertragspartner zu identifizieren**: die Vertragspartei eines Giro-, Depot- oder Kontovertrags, der Auftraggeber im Rahmen eines Akkreditivgeschäfts, der Auftraggeber eines Avalkredits. 16

Nicht als Vertragspartner zu identifizieren: ein persönlich Auftretender, der als Bote/Vertreter handelt (hier ist zu prüfen, ob es sich um eine für den Vertragspartner auftretende Person handelt, die dann als solche zu identifizieren wäre, siehe unten Rn. 20), Empfänger (Begünstigter) einer Überweisung, Begünstigter im Rahmen eines Akkreditivgeschäfts oder Avalkredits.[8] 17

Ist die auftretende Person nicht zugleich Vertragspartner, so ist zu prüfen, ob sie für den Vertragspartner handelt und die Handlungen diesem auch zugerechnet werden können. Um dies festzustellen, ist eine Abgrenzung zwischen Vertreter- und Eigengeschäft vorzunehmen. Dabei ist von entscheidender Bedeutung, wie die Geschäftsparteien das Verhalten des Handelnden verstehen durften. Um dies feststellen zu können, müssen alle Umstände des Einzelfalls berücksichtigt werden. Hierzu gehören u.a. das frühere Verhalten der Person, Zeit und Ort der Erklärung, die berufliche Stellung der Beteiligten und die erkennbare Interessenlage.[9] Ist eine Einordnung trotz alledem nicht zweifelsfrei möglich, ist ein Eigengeschäft anzunehmen, vgl. § 164 Abs. 2 BGB. Dies hat zur Folge, dass der persönlich Auftretende selbst als Vertragspartner des Verpflichteten zu identifizieren ist. In dem Fall liegt i.d.R. eine Einzeltransaktion außerhalb einer bestehenden Geschäftsbeziehung vor. 18

Tritt die Person jedoch offenkundig als Bote bzw. Vertreter eines Vertragspartners auf, so sind die in Auftrag gegebenen Transaktionen dem Vertragspartner zuzurechnen.[10] Zur Beurteilung der Offenkundigkeit des Auftretens sind wiederum die äußeren Umstände des Geschäfts maßgeblich.[11] Es trifft den Verpflichteten daher auch nicht die Pflicht, aktiv nachzuforschen, soweit das Interesse des persönlich Auftretenden, als Bote oder Vertreter des Vertragspartners zu handeln, aufgrund äußerer Umstände erkennbar ist.[12] 19

---

7 AuA, Tz. 5.
8 Weitere Beispiele: AuA, Tz. 5.
9 *Ellenberger*, in: Palandt, BGB, § 164 Rn. 4.
10 AuA, Tz. 9.
11 AuA, Tz. 9.
12 *Warius*, in: Herzog, GwG, § 3 Rn. 9.

GwG § 10 Allgemeine Sorgfaltspflichten

2. Identifizierung der für den Vertragspartner ggf. auftretenden Person (§ 10 Abs. 1 Nr. 1 GwG)

20 Die Identifizierungspflicht des GwG erfuhr durch das Gesetz zur Umsetzung der Richtlinie über die Vergleichbarkeit von Zahlungskontoentgelten, den Wechsel von Zahlungskonten sowie den Zugang zu Zahlungskonten mit grundlegenden Funktionen vom 11.4.2016 eine Erweiterung auf für den Vertragspartner ggf. auftretende Personen.[13] Die Neuregelung trat zum 18.6.2016 in Kraft. Sie war nötig geworden, da nach Art. 13 Abs. 1 letzter Satz der 4. Geldwäscherichtlinie nicht nur der Vertragspartner, sondern auch die Person, „die vorgibt, im Namen des Kunden zu handeln" („any person purporting to act on behalf of the customer") zu identifizieren ist und deren Angaben zu verifizieren sind.[14]

21 Bis zum Inkrafttreten des GwBekErgG am 21.8.2008[15] bestand diese Verpflichtung bereits in ähnlicher Form. Bis dahin musste – neben dem Vertragspartner – zusätzlich die Person, die dem Mitarbeiter des Instituts gegenüber erschien und sich z. B. als Bote oder Bevollmächtigter des Vertragspartners zu erkennen gab, identifiziert werden.

22 Der Gesetzgeber hatte es bei Wiedereinführung der Identifizierungspflicht bzgl. der für den Vertragspartner auftretenden Personen versäumt, den betreffenden Bußgeldtatbestand des § 17 Abs. 1 Nr. 1 GwG a. F. zu erweitern. Diese Lücke wurde nun mit der GwG-Novelle 2017 geschlossen, sodass nun auch ordnungswidrig handelt, wer eine Identifizierung der für den Vertragspartner auftretenden Person nicht, nicht richtig, nicht vollständig oder nicht in der vorgeschriebenen Weise vornimmt (vgl. § 52 Abs. 1 Nr. 18 GwG). Zwischen dem 18.6.2016 und dem 26.6.2017 (= Inkrafttreten der GwG-Novelle 2017) waren Verstöße hiergegen nicht nach GwG bußgeldbewehrt.

23 Die zusätzliche Identifizierungspflicht betrifft somit in erster Linie **Boten** sowie **gesetzliche Vertreter** und **Verfügungsberechtigte**, die für den Vertragspartner auftreten.

24 Die Identifizierung erfolgt in derselben Weise wie die des Vertragspartners nach Maßgabe des § 11 Abs. 4 und des § 12 GwG.

25 Eine Identifizierung der „auftretenden Person" ist daher in folgenden Fällen vorzunehmen:
  – im Falle der Begründung einer Geschäftsbeziehung für den Vertretenen gem. § 10 Abs. 3 Nr. 1 i.V.m. § 10 Abs. 1 Nr. 1 GwG,

---

13 BGBl. I 2016, S. 720 ff.
14 BT-Drs. 18/7204, S. 99.
15 BGBl. I 2008, S. 1690 ff., und Berichtigung vom 15.4.2009, BGBl. I 2009, S. 816 ff.

II. Inhalt der allgemeinen Sorgfaltspflichten (§ 10 Abs. 1 GwG)   § 10 GwG

- außerhalb von bestehenden Geschäftsbeziehungen gem. § 10 Abs. 3 Nr. 2 i.V.m. § 10 Abs. 1 Nr. 1 GwG. Dies betrifft insbesondere folgende Geschäftsvorfälle:
  - kontoungebundene Zahlungsaufträge ab 1.000 EUR, bei denen der Veranlasser der Zahlung für einen Dritten agiert,
  - Boten/Bevollmächtigte, die sonstige schwellenbetragsbezogene Einzeltransaktionen durchführen (z.B. Kauf von Edelmetallen).

Von der grundsätzlichen Identifizierungspflicht dieser „auftretenden Personen" gibt es jedoch **Ausnahmen**: 26

Hierzu gehören insb. Vertreter und Boten, die für einen Kunden auf dessen Konto beim kontoführenden Institut Geld bar einzahlen (regelmäßige Einzahler, Personen mit einer für eine bestimmte Verfügung innerhalb einer Kontobeziehung erteilten Vollmacht, Mitarbeiter von Unternehmenskunden, die vom Kunden als Boten benannt wurden). Da es sich um eine Einzahlung für den Kunden bei dessen Bank auf ein dort für ihn geführtes Konto handelt, handelt es sich um eine Transaktion **innerhalb einer bestehenden Geschäftsbeziehung**. „Bestehende Geschäftsbeziehung" bezieht sich auf eine Geschäftsbeziehung zwischen Vertragspartner und Verpflichtetem. Der Grund dafür, dass für den Vertragspartner auftretende Personen in diesen Fällen nicht identifiziert werden müssen, liegt im Wortlaut des § 10 Abs. 3 GwG. Hier ist festgeschrieben, wann, also zu welchen Anlässen identifiziert werden muss. § 10 Abs. 3 Nr. 1 GwG bestimmt, dass im Falle der Begründung einer Geschäftsbeziehung zu identifizieren ist. § 10 Abs. 3 Nr. 2 GwG regelt die Fälle, in denen bei der Durchführung einer außerhalb einer bestehenden Geschäftsbeziehung anfallenden Transaktion zu identifizieren ist. Somit besteht keine Identifizierungspflicht bzgl. der für den Vertragspartner auftretenden Person im Rahmen einer zwischen dem Vertragspartner und dem Verpflichteten bestehenden Geschäftsbeziehung. Dies gilt unbeschadet eines besonderen Geldwäscherisikos im Sinne des § 10 Abs. 3 Nr. 3 GwG oder eines Zweifelsfalls im Sinne des § 10 Abs. 3 Nr. 4 GwG. 27

Hiervon ist jedoch die Pflicht zur Prüfung der Berechtigung gem. § 10 Abs. 1 Nr. 1 GwG zu unterscheiden. Auch bei Einzahlungen für den Kontoinhaber durch eine für ihn auftretende Person ist stets die Vollmacht/Beauftragung zu prüfen (siehe unten Rn. 31 ff.). 28

Nicht zusätzlich zu erfassen sind die gesetzlichen Vertreter oder Verfügungsberechtigten einer juristischen Person oder Personenhandelsgesellschaft, die ohnehin schon nach § 11 Abs. 4 Nr. 2 GwG bzw. § 154 Abs. 2 AO zu identifizieren sind. Andere gesetzliche Vertreter, wie bspw. Eltern, fallen jedoch nicht unter die Ausnahme.[16] 29

---

16 *Krais*, CCZ 2016, 185, 186f.

GwG § 10 Allgemeine Sorgfaltspflichten

30 Nach der Gesetzesbegründung sollen auch Personen von der Verpflichtung ausgenommen sein, die Verpflichtete im Sinne von § 2 Abs. 1 GwG a. F. (vgl. § 2 Abs. 1 GwG n. F.) sind.[17] Das BMF vertritt jedoch die Auffassung, dass es sich hierbei um einen redaktionellen Fehler des Gesetzgebers handelt.[18] Demnach sollen Personen, die Verpflichtete im Sinne des § 2 Abs. 1 GwG a. F. (vgl. § 2 Abs. 1 GwG n. F.) sind, nicht in den Anwendungsbereich der Bestimmung fallen, sondern lediglich Verpflichtete, soweit es sich um Notare im Sinne des § 2 Abs. 1 Nr. 10 GwG handelt. Diese Ausnahme für Notare ergibt sich aber schon aus der Besonderheit der notariellen Praxis, dass der Begriff des „Vertragspartners" und der „auftretenden Person" zusammenfallen und diese Pflichten sich nur auf den Erschienenen beziehen. Schon allein aus diesem Umstand heraus hat die Identifizierungspflicht für „auftretende Personen" für Geschäftsbeziehungen mit Notaren grundsätzlich keine Auswirkungen.[19]

3. Berechtigungsprüfung der für den Vertragspartner ggf. auftretenden Person (§ 10 Abs. 1 Nr. 1 GwG)

31 Die neu aufgenommene Prüfung der Berechtigung von für den Vertragspartner auftretenden Personen dient der Umsetzung einer Vorgabe der FATF-Empfehlungen sowie des Artikel 13 Abs. 1 der 4. Geldwäscherichtlinie. Die Pflicht zur Prüfung, ob die für den Vertragspartner auftretende Person hierzu berechtigt ist, betrifft die zivilrechtliche Berechtigung, also die Verfügungsbefugnis der Person.

32 Die Pflicht zur Prüfung, ob die für den Vertragspartner auftretende Person hierzu berechtigt ist, wird im Falle von **Auszahlungen** von bei Kreditinstituten geführten Konten bereits durch die zivilrechtliche Berechtigungsprüfung erfüllt, da Auszahlungen ohne entsprechende Verfügungsbefugnis nicht mit befreiender Wirkung erfolgen.

33 Auch bei **Einzahlungen** für den Kontoinhaber innerhalb einer bestehenden Geschäftsbeziehung ist stets die Vollmacht bzw. Beauftragung zu prüfen. Nur bei Vorliegen einer solchen Berechtigung liegt eine Transaktion des Kunden (= im Rahmen einer bestehenden Geschäftsbeziehung) und keine Bareinzahlung von Nichtkunden auf ein Kundenkonto bei der Bank (= außerhalb einer bestehenden Geschäftsbeziehung) vor. Im zuletzt genannten Fall ist der Nichtkunde selbst (Gelegenheits-)Kunde und somit Vertragspartner der Bank, die das Geld entge-

---

17 BT-Drs. 18/7204, S. 99.
18 Regierungspräsidium Darmstadt, Geldwäscheprävention – Newsletter Nr. 11 vom 16.6.2016, S. 2, https://rp-darmstadt.hessen.de/sites/rp-darmstadt.hessen.de/files/content-downloads/Newsletter%20Nr.%2011%20vom%2016.%20Juni%202016.pdf, zuletzt abgerufen am 10.11.2017.
19 BT-Drs. 18/7204, S. 99.

II. Inhalt der allgemeinen Sorgfaltspflichten (§ 10 Abs. 1 GwG) **§ 10 GwG**

gennimmt und verbucht. § 10 Abs. 1 Nr. 1 GwG stellt dagegen auf eine Person ab, die für den Vertragspartner berechtigt auftritt. Handelt es sich um einen solchen Fall, bei dem der einzahlende Nichtkunde selbst als Vertragspartner der Bank anzusehen ist, so sind die entsprechenden Sorgfaltspflichten (schwellenwertabhängig) zu beachten.

Die **Art und Weise der Berechtigungsüberprüfung** ist gesetzlich nicht geregelt. Es bleibt daher dem einzelnen Verpflichteten überlassen, hierzu (risikoorientiert) ein wirksames Verfahren zu schaffen. 34

Ein berechtigtes Auftreten für den Vertragspartner kann sich insbesondere ergeben aus: 35

– Bevollmächtigung,
– Benennung durch den Vertragspartner, für ihn als Boten zu handeln,
– Vorlage einer dem Vertragspartner für diese Zwecke ausgehändigten Botenkarte.

Das Verfahren für die Berechtigungsprüfung ist in der entsprechenden unternehmensinternen Arbeitsanweisung/Policy festzuhalten. Die einzeln vorgenommene Berechtigungsprüfung ist nachvollziehbar zu dokumentieren. 36

4. Abklärung und ggf. Identifizierung des wirtschaftlich Berechtigten (§ 10 Abs. 1 Nr. 2 GwG)

Nach § 10 Abs. 1 Nr. 2 GwG besteht die Pflicht, das Vorhandensein eines wirtschaftlich Berechtigten abzuklären. Hierbei geht es darum, die im Hintergrund stehende natürliche Person zu ermitteln, auf deren **Veranlassung** tatsächlich gehandelt wird, die letztlich den Vertragspartner kontrolliert **(Kontrolle)** oder eine eigentümergleiche Stellung einnimmt **(Eigentum)** oder die hauptsächlich **Begünstigter** einer fremdnützigen Gestaltung ist.[20] Der Begriff des wirtschaftlich Berechtigten wird in § 3 GwG bestimmt. 37

Es kann vorkommen, dass trotz umfassender Prüfungen nicht festgestellt werden kann, ob eine natürliche Person Eigentümer einer juristischen Person ist oder auf sonstige Weise Kontrolle über diese ausübt. In diesem Fall gelten qua Fiktion die gesetzlichen Vertreter, geschäftsführenden Gesellschafter oder Partner als wirtschaftlich Berechtigte, § 3 Abs. 2 Satz 5 GwG (sog. „**fiktiver wirtschaftlich Berechtigter**"). Das Gleiche gilt, wenn Zweifel daran bestehen, dass es sich bei einer als wirtschaftlich Berechtigter festgestellten Person tatsächlich um einen solchen handelt. Die Ausnahme wurde durch die GwG-Novelle 2017 eingefügt. Die Fiktionsregelung kann jedoch nur angewandt werden, sofern keine Verdachtsmomente bestehen. Zwischen „realem" und „fiktivem" wirtschaftlich Berechtigten macht der Gesetzgeber in der Folgewirkung keinen Unterschied. Al- 38

---

20 AuA, Tz. 23.

GwG § 10 Allgemeine Sorgfaltspflichten

lerdings bietet es sich an, eine Unterscheidung dieser beiden Typen im Rahmen der Dokumentation vorzunehmen, um zu belegen, warum hier kein „tatsächlicher" wirtschaftlich Berechtigter ermittelt werden konnte bzw. warum an der Person des ermittelten wirtschaftlich Berechtigten Zweifel bestehen.

39 Der Vorgang der Abklärung, **ob** ein vom Vertragspartner abweichender wirtschaftlich Berechtigter handelt, fällt in der Praxis regelmäßig mit der Feststellung der Identität des wirtschaftlich Berechtigten gemäß § 11 Abs. 5 GwG zusammen. § 11 Abs. 5 Satz 3 GwG bestimmt die Vornahme risikoangemessener Maßnahmen zur Vergewisserung, dass die zur Identifizierung erhobenen Angaben zutreffend sind. Hierbei darf sich der Verpflichtete gem. § 11 Abs. 5 Satz 3 Hs. 2 GwG nicht ausschließlich auf die Angaben im Transparenzregister (siehe § 19 GwG) verlassen.

40 Die Würdigung möglicher Umstände, die auf einen abweichenden wirtschaftlich Berechtigten hinweisen, erfolgt risikobasiert nach den Vorgaben des § 10 Abs. 2 GwG (siehe § 10 Rn. 73 ff.). Hierzu gehört auch bei Vertragspartnern, die keine natürlichen Personen sind, gemäß § 10 Abs. 1 Nr. 2 Hs. 2 GwG die Klärung der Eigentums- und Kontrollstruktur mit angemessenen Mitteln. Die Angemessenheit bemisst sich an der Intensität und Bedeutung der Geschäftsbeziehung bzw. Transaktion. Gleichzeitig ist zu berücksichtigen, welche Erkenntnismöglichkeiten dem Verpflichteten zur Klärung des Sachverhalts zur Verfügung stehen.[21] Anhaltspunkte für einen vom Vertragspartner abweichenden wirtschaftlich Berechtigten kann beispielsweise im kreditwirtschaftlichen Bereich die Art des Kontos liefern, so wie bspw. das Bestehen eines abweichenden wirtschaftlich Berechtigten bei Treuhand-, Sammel- oder Anderkonten (siehe § 10 Rn. 49 ff.).

41 Die Durchführung der Identifizierung des abweichenden wirtschaftlich Berechtigten (= **wie** ist zu identifizieren?) regelt im Einzelnen § 11 Abs. 5 GwG (siehe § 11 Rn. 18 ff.).

42 Zur Abklärung des wirtschaftlich Berechtigten empfiehlt sich grundsätzlich folgende Vorgehensweise:[22]

a) Abfrage beim Vertragspartner (= natürliche Person)

43 Zunächst ist vom Kunden (Vertragspartner) die Bestätigung einzuholen, dass die Geschäftsbeziehung bzw. die Transaktion außerhalb einer Geschäftsbeziehung nicht auf Veranlassung eines Dritten (d.h. im Interesse eines Dritten), insbesondere nicht als Treuhänder begründet bzw. durchgeführt wird. Wird die Bestätigung abgegeben und liegen keine Auffälligkeiten vor, so ist i.d.R. nichts weiter zu veranlassen. Wird die Bestätigung nicht abgegeben, so ist die Identität des

---

21 BT-Drs. 16/9038, S. 38.
22 Angelehnt an AuA, Tz. 31.

II. Inhalt der allgemeinen Sorgfaltspflichten (§ 10 Abs. 1 GwG)

wirtschaftlich Berechtigten anhand der Angaben des Kunden nach Maßgabe des § 11 Abs. 5 GwG zu erfragen. Weitere Nachforschungen oder Prüfmaßnahmen sind erforderlich, wenn die Angaben des Kunden zu den Gesamtumständen des Geschäftsvorfalles widersprüchlich, nicht plausibel oder erkennbar unzutreffend sind bzw. ein erhöhtes Risiko feststellbar ist.[23] Die Art der getroffenen Verifizierungsmaßnahme ist **nachvollziehbar** und **dauerhaft** zu **dokumentieren**. Kopien oder Ausdrucke evtl. eingesehener Quellen müssen nach Maßgabe des § 8 GwG dokumentiert und aufbewahrt werden.[24]

b) Abfrage beim Vertragspartner (= nicht-natürliche Person)

Ist der Kunde keine natürliche Person, so wird häufig die Bestätigung des Handelns im eigenen wirtschaftlichen Interesse und nicht auf fremde Veranlassung nicht gegeben werden. In diesem Fall ist die Identität des wirtschaftlich Berechtigten anhand der Angaben des Kunden nach Maßgabe des § 11 Abs. 5 GwG zu klären. 44

Die Ermittlung der Eigentums- und Kontrollstrukturen wird zunächst durch **Befragung des Kunden** über diese Strukturen erfolgen. Die gemachten Angaben sind zu erfassen und im nächsten Schritt risikobasiert zu verifizieren. 45

Die **Überprüfung der Angaben** erfolgt grundsätzlich anhand vorliegender bzw. öffentlich zugänglicher Informationsquellen (siehe ausführlich § 11 Rn. 26 ff.). Die Angaben sind auf ihre Plausibilität zu überprüfen. Dies kann insb. anhand von Einsichtnahmen in Register, Kopien von Registerauszügen, Telefonbücher, Kopien von relevanten Dokumenten, Internetrecherchen oder aufgrund eigener Kenntnis vorgenommen werden.[25] Soweit Angaben unvollständig, nicht erhältlich, erkennbar unzutreffend bzw. widersprüchlich sind, ist der Grund hierfür zu ermitteln und ggf. zur Überprüfung der Angaben auf weitere Quellen zurückzugreifen. 46

Anhand der vorliegenden Angaben zu Eigentums- und Kontrollstrukturen ist der **wirtschaftlich Berechtigte zu ermitteln**. Dabei ist zwischen einfach gelagerten Fällen (Gesellschaft mit natürlichen Personen als Gesellschafter) und **komplexen Beteiligungsstrukturen** mit zwischengeschalteten Gesellschaften zu unterscheiden. Gerade bei Letzteren besteht häufig ein hoher Rechercheaufwand, bei dem Beteiligungsstrukturen abgeklärt und indirekt beteiligte Personen mit wesentlicher Beteiligung festgestellt und überprüft werden müssen. Gelingt es trotz umfassender Prüfung nicht, den Namen eines Inhabers einer wesentlichen Beteiligung auf höherer Beteiligungsebene zu ermitteln oder bestehen an der Person 47

---
23 AuA, Tz. 30 a. E.
24 Insoweit überholt: AuA, Tz. 30 a. E.
25 Zur Inanspruchnahme von Auskunfteien in diesem Zusammenhang siehe AuA, Tz. 31 a. E.

GwG § 10   Allgemeine Sorgfaltspflichten

des wirtschaftlich Berechtigten Zweifel, so ist nach Maßgabe des § 3 Abs. 2 Satz 5 der sog. „fiktive wirtschaftlich Berechtigte" zu erfassen und dieser Umstand nachvollziehbar zu dokumentieren (siehe § 10 Rn. 38).[26] Im Übrigen gilt grundsätzlich die Ablehnungs- und Beendigungsverpflichtung nach § 10 Abs. 9 GwG (siehe § 10 Rn. 130).

48   Die für die Abklärung erhobenen Angaben zu den Eigentums-/Kontrollstrukturen sind **dauerhaft** und **nachvollziehbar aufzuzeichnen**. Kopien oder Ausdrucke der eingesehenen Quellen müssen nach Maßgabe des § 8 GwG hereingenommen und aufbewahrt werden (siehe § 8 Rn. 19 ff. und 29 ff.).[27] Abgesehen von den Anforderungen des § 8 GwG ist die Form der Dokumentation nicht festgelegt. Neben schriftlichen (Text-)Aufzeichnungen bieten sich auch schematische Darstellungen an, wie z. B. ein Konzerndiagramm. Zum Umfang und zur Überprüfung der Identifizierung des wirtschaftlich Berechtigten siehe § 11 Rn. 18 ff.

c) Einzelfälle (nicht abschließend)

49   In der Praxis haben sich eine Vielzahl an Fällen herausgebildet, bei denen nach Meinung der Aufsichtsbehörden (insb. der BaFin) eine abweichende Abklärung des wirtschaftlich Berechtigten erfolgen kann. Die Behandlung dieser Fallgruppen wurde größtenteils in den AuA der verschiedenen Branchen niedergelegt. Seit der **Neufassung des GwG** durch die GwG-Novelle 2017 kann aber **nicht mehr an allen Ausführungen in den AuA uneingeschränkt festgehalten werden**. Die BaFin hat in einem Schreiben vom Juli 2017 an die von ihr beaufsichtigten Verpflichteten u. a. betont, dass sie in Zukunft wieder zur bereits bis 2008 praktizierten Vorgehensweise zurückkehren wird, einheitliche Leitlinien zu den geldwäscherechtlichen Vorschriften zu erlassen. Diese Leitlinien sollen dann in Zukunft die geltenden Auslegungs- und Anwendungshinweise der DK ersetzen. Bis es soweit ist, finden die AuA laut BaFin weiter Anwendung, sofern sie nicht im Widerspruch zu den neuen gesetzlichen Regelungen stehen.

50   Unter Berücksichtigung dieser Umstände ergeben sich folgende Einzelfälle:

– **Anderkonten:** Bei rechtsberatenden Berufen i. S. d. § 2 Abs. 1 Nr. 7 GwG a. F. (§ 2 Abs. 1 Nr. 10 GwG n. F.) bestand vor der GwG-Novelle 2007 die Besonderheit des § 5 Abs. 2 Nr. 3 GwG a. F., dass die wirtschaftlich Berechtigten von Anderkonten regelmäßig nicht festgestellt werden müssen, sofern das kontoführende Institut vom Inhaber des Anderkontos die Angaben über die Identität des wirtschaftlich Berechtigten auf Anfrage erhalten kann. Diese ausdrücklich im Gesetz vorgesehene Möglichkeit der Vornahme vereinfachter Sorgfaltspflichten findet sich jedoch im aktuellen GwG nicht wieder.

---

26   Insoweit überholt: AuA, Tz. 31.
27   Insoweit überholt: AuA, Tz. 30 a. E.

II. Inhalt der allgemeinen Sorgfaltspflichten (§ 10 Abs. 1 GwG) **§ 10 GwG**

Dennoch kann auch weiterhin von dieser Erleichterung Gebrauch gemacht werden, da sich die Risikobeurteilung im Ergebnis nicht verändert hat (siehe § 14 Rn. 4f.). Die hier in Frage stehenden Angehörigen rechtsberatender Berufe sind selbst Verpflichtete des GwG und können daher ein geringes Risiko darstellen.[28] Soweit Kreditinstitute gem. § 14 Abs. 1 GwG nachvollziehbar feststellen, dass im Hinblick auf bestimmte Treuhand- oder Anderkonten nur ein geringes Risiko der Geldwäsche oder der Terrorismusfinanzierung besteht, ist es im Rahmen der vereinfachten Sorgfaltspflichten ausreichend, wenn sichergestellt ist, dass das Kreditinstitut die Angaben zum wirtschaftlich Berechtigten (etwa in Form einer Liste) auf Nachfrage unverzüglich erhält (analog Zeile 57 Nr. 5 der DK-Hinweise). Sofern dies nicht sichergestellt werden kann, können vereinfachte Sorgfaltspflichten nicht angewandt werden.[29]

- **Börsennotierte Gesellschaften:** Gem. § 3 Abs. 2 GwG entfällt die Erfassung des wirtschaftlich Berechtigten bei juristischen Personen und sonstigen Gesellschaften (außer rechtsfähigen Stiftungen), die an einem organisierten Markt nach § 2 Abs. 5 WpHG notiert sind und dem Gemeinschaftsrecht entsprechenden Transparenzanforderungen im Hinblick auf Stimmrechtsanteile oder gleichwertigen internationalen Standards unterliegen. Auch Anlage 1 Nr. 1 a) nennt als Faktor für ein potenziell geringes Risiko öffentliche, an einer Börse notierte Unternehmen, die zu einer angemessenen Transparenz hinsichtlich ihres wirtschaftlichen Eigentümers verpflichtet sind.
- **Eingetragene Genossenschaft (eG):** Da Genossenschaften nicht nach Eigentumsanteilen unterteilt werden, ist ausschließlich auf die Stimmrechtsanteile abzustellen. Kontrolle liegt vor bei den natürlichen Personen, die mehr als 25% der Stimmrechte innehaben.[30] Ggf. ist gemäß § 3 Abs. 2 Satz 5 GwG der fiktive wirtschaftlich Berechtigte zu erfassen.
- **Eingetragener Kaufmann (e.K.):** Wirtschaftlich Berechtigter wird in der Regel der Inhaber sein. Er muss jedoch nicht zwingend als solcher erfasst werden, wenn der eingetragene Kaufmann unter seinem bürgerlichen Namen firmiert (ggfs. mit dem Zusatz „e.K."").[31]
- **Eingetragener Verein (e.V.):** Abzustellen ist ausschließlich auf Stimmrechtsanteile, da beim e.V. keine Eigentumsanteile ersichtlich sind. Kontrolle liegt vor bei den natürlichen Personen, die mehr als 25% der Stimmrechte innehaben. Im Regelfall wird sich aufgrund der hohen Mitgliederzahlen kein

---

28 AuA, Tz. 26; Stellungnahme der DK zum GwG-Regierungsentwurf vom 22.2.2017, S. 5, Stand: 13.3.2017, https://die-dk.de/media/files/170313_DK-Stellungnahme_Um setzungsG_4._Gw-RL.pdf, zuletzt abgerufen am 3.8.2017.
29 AuA, Tz. 26, 57.
30 AuA, Tz. 32b; siehe ausführlich *Tischbein/Langweg*, Die Legitimationsprüfung/Identifizierung bei der Kontoeröffnung, Rn. 162.
31 AuA, Tz. 32c.

GwG § 10   Allgemeine Sorgfaltspflichten

derart hoher Stimmrechtsanteil ergeben, sodass regelmäßig gemäß § 3 Abs. 2 Satz 5 GwG der Vorstand als (fiktiver) wirtschaftlich Berechtigter zu erfassen sein wird.[32]

– **Gesellschaft bürgerlichen Rechts (GbR):** Nach Auffassung des Gesetzgebers besteht bei Geschäftsbeziehungen i.V.m. einer GbR grundsätzlich ein **erhöhtes Geldwäscherisiko**.[33] Als problematisch gilt zum einen das Fehlen eines besonderen Formerfordernisses. Es besteht keine Verpflichtung, eine GbR in ein öffentliches Register einzutragen. Auch eine Eintragung in das neue Transparenzregister (§§ 18ff. GwG) ist nicht vorgeschrieben. Zum anderen ist aufgrund der vielseitigen GbR-Varianten für Außenstehende häufig nicht ersichtlich, wie sich die Eigentums- und Kontrollstruktur gestaltet. Aus diesen Gründen ist bei der Abklärung des wirtschaftlich Berechtigten die GbR jeweils individuell und risikoangemessen zu betrachten.[34] Insb. kann nicht ausschließlich auf den für andere Gesellschaftsformen geltenden Schwellenwert von mehr als 25 % abgestellt werden.[35] Kommt der Verpflichtete jedoch nach eigener Risikobewertung zu dem Ergebnis, dass im Einzelfall kein besonderes Risiko feststellbar ist, kann grundsätzlich an der Schwellenwertregelung festgehalten werden.[36] Alternativ kann es auch ausreichend sein, statt der Erfassung und Abklärung des wirtschaftlich Berechtigten sich die Gesellschafterliste vorlegen zu lassen.
In jedem Fall empfiehlt es sich, die gewählte Vorgehensweise nachprüfbar und anhand von Belegen dauerhaft zu dokumentieren.
Ein Beispiel für eine GbR mit einem geringen Geldwäsche- bzw. Terrorismusfinanzierungsrisiko ist die **Anwalts-GbR**, da Rechtsanwälte gem. § 2 Abs. 1 Nr. 10 GwG selbst zu den Verpflichteten des GwG zählen.[37]

– **Nicht rechtsfähiger Verein:** Bei nicht rechtsfähigen deutschen Vereinen (z.B. Gewerkschaften oder Parteien) kann – anders als beim e.V. – aufgrund der Organisationsstruktur noch nicht einmal auf die Stimmrechtsanteile abgestellt werden. Die Feststellung eines (tatsächlichen) wirtschaftlich Berechtigten wird deswegen regelmäßig nicht möglich sein.[38] Anders wäre es, wenn der nicht rechtsfähige Verein auf Veranlassung eines Dritten, sprich im Drittinteresse, handelt (insb. als Treuhänder).[39] Im Übrigen ist auch hier unter

---

32 Insoweit überholt: AuA, Tz. 32a; siehe auch *Tischbein/Langweg*, Die Legitimationsprüfung/Identifizierung bei der Kontoeröffnung, Rn. 157.
33 BT-Drs. 16/9038, S. 30.
34 AuA, Tz. 33.
35 BT-Drs. 16/9038, S. 30.
36 AuA, Tz. 33.
37 *Warius*, in: Herzog, GwG, § 4 Rn. 72.
38 AuA, Tz. 36.
39 *Tischbein/Langweg*, Die Legitimationsprüfung/Identifizierung bei der Kontoeröffnung, Rn. 143.

den Voraussetzungen des § 3 Abs. 2 Satz 5 GwG der (fiktive) wirtschaftlich Berechtigte zu erfassen.
- **Publikumsfonds:** Eigentum bzw. Kontrolle liegt hier regelmäßig bei der fondsauflegenden bzw. verwaltenden (Kapitalanlage-)Gesellschaft, die hier i. d. R. zugleich auch Vertragspartner sein wird.[40] Zwar kämen bei Publikumsfonds die Fondsanteilsinhaber als Begünstigte ebenfalls in Betracht, ein Publikumsfonds zeichnet sich jedoch gerade dadurch aus, dass weder die Anzahl der Anteile noch der Anlegerkreis festgelegt sind. Für gewöhnlich ist deren Anzahl so hoch, dass die maßgeblichen Schwellenwerte nicht erreicht werden. Bei entsprechenden gegenteiligen Anhaltspunkten ist das Vorhandensein eines wirtschaftlich Berechtigten jedoch genauer zu untersuchen.
- **Stiftung:** Bei Stiftungen erfolgt die Abklärung des wirtschaftlich Berechtigten unter Beachtung der Unterschiede von Stiftungsmodellen und der daraus resultierenden Risiken im jeweiligen nationalen Recht. Hierbei empfiehlt sich u. a. die Einholung von Bestätigungen und Auskünften über Begünstigte bzw. Stifter.[41]
- **Treuhandkonten:** Grundsätzlich gilt, dass die Erfassung des Treugebers als wirtschaftlich Berechtigter ausreichend ist. Bei Treuhandkonten sind u. a. zu unterscheiden:
  - **Insolvenzverwalterkonten:** Die Erfassung erübrigt sich, da kein wirtschaftlich Berechtigter existiert. Dem Insolvenzschuldner ist es während des Insolvenzverfahrens nicht möglich, das von der Insolvenz betroffene Vermögen zu verwalten und zu verwerten. Somit kann keine Veranlassung i. S. d. § 3 Abs. 1 Nr. 2 GwG an Insolvenzverwalterkonten vorliegen.[42]
  - **Mietkautionskonten (analog bei Grabpflege- und Bestattungs-Treuhandkonten[43]):** Bei **Einzelmietkautionskonten** auf den Namen des Vermieters oder der Hausverwaltung ist die Feststellung des Mieters als des wirtschaftlich Berechtigten ausreichend.[44] Eine PEP-Überprüfung sowie eine Einstellung in die Datei zum automatisierten Kontoabruf gemäß § 24c KWG sind entbehrlich. Ist der Mieter keine natürliche Person, so genügt die Aufzeichnung des Namens (z. B. der Firma) des Mieters. Bei **Sammelmietkautionskonten** kann aufgrund des geringen Risikos auf die Abklärung des wirtschaftlich Berechtigten verzichtet werden.[45] Das Kreditinstitut sollte jedoch darauf achten, dass die Anzahl der Mieter bzw.

---

40 AuA, Tz. 35.
41 Siehe ausführlich hierzu AuA, Tz. 37 und 28.
42 AuA, Tz. 39b.
43 AuA, Tz. 39c.
44 AuA, Tz. 39a.
45 AuA, Tz. 39a.

der Wohneinheiten bekannt ist, um Missbrauch auszuschließen.[46] Eine Einstellung in die Datei zum automatisierten Kontoabruf gemäß § 24c KWG ist ebenfalls entbehrlich.
– **Sammeltreuhandkonten:** Sammeltreuhandkonten können verschiedenen Geschäftszwecken dienen (z. B. für Inkassounternehmen oder als Taschengeldkonten für Heimbewohner nach dem Sozialgesetzbuch). Der Geschäftszweck des Kontos ist zu dokumentieren. Vor dem Inkrafttreten der GwG-Novelle 2017 war anerkannt, dass bei Sammeltreuhandkonten auf eine Abklärung des wirtschaftlich Berechtigten aus Gründen der Praktikabilität verzichtet werden konnte.[47] Ob dies weiterhin möglich ist, kann durchaus bezweifelt werden. § 14 Abs. 2 Nr. 1 GwG bestimmt, dass lediglich „der **Umfang der Maßnahmen**, die zur Erfüllung der allgemeinen Sorgfaltspflichten zu treffen sind" angemessen reduziert werden kann (siehe § 14 Rn. 48). § 5 Abs. 1 GwG a. F. erlaubte noch explizit den Verzicht auf die Abklärung des wirtschaftlich Berechtigten auf risikobasierter Grundlage. Allerdings hat sich an der tatsächlichen Risikoeinteilung von Sammeltreuhandkonten durch die GwG-Novelle 2017 nichts verändert. § 10 Abs. 2 GwG fordert lediglich, dass der Umfang der Maßnahmen zur Abklärung des wirtschaftlich Berechtigten dem jeweiligen Risiko entsprechen muss. Wird das Risiko im Einzelfall als gering eingestuft, kann es durchaus auch angemessen sein, einzelne Sorgfaltspflichten, wie die Abklärung des wirtschaftlich Berechtigten, „auf Null" zu reduzieren. Dies entspricht auch dem instituts- bzw. unternehmensinternen risikobasierten Ansatz (siehe § 10 Rn. 73 ff.).[48] Hier sollte jedoch auf die dokumentierte und nachvollziehbare Begründung der Entscheidung ein besonderes Augenmerk gelegt werden.

Verzichtet der Verpflichtete risikobasiert auf die Abklärung des wirtschaftlich Berechtigten bei Sammeltreuhandkonten, so ist zu empfehlen, das Konto einer erhöhten Risikokategorie zuzuordnen. Dies gilt nicht bei Sammeltreuhandkonten, auf denen „Taschengelder" nach dem Sozialgesetzbuch für **Heimbewohner** verwaltet werden. Aufgrund des geringen Geldwäscherisikos ist es ausreichend, wenn der Treuhänder über die wirtschaftlich berechtigten Heimbewohner eine Liste führt und diese jährlich aktualisiert.[49] Das Kreditinstitut muss die Liste nicht hereinnehmen. Sie muss jedoch bei Bedarf unverzüglich zugänglich gemacht werden.
– **Tankstellenkonten:** Bei Treuhandkonten eines Tankstellenpächters für die jeweilige Mineralölfirma ist von einem geringen Geldwäscherisiko

---

46 *Tischbein/Langweg*, Die Legitimationsprüfung/Identifizierung bei der Kontoeröffnung, Rn. 74.
47 AuA, Tz. 39 f.
48 Vgl. AuA, Tz. 80.
49 AuA, Tz. 39i.

II. Inhalt der allgemeinen Sorgfaltspflichten (§ 10 Abs. 1 GwG) **§ 10 GwG**

auszugehen. Die Sorgfaltspflicht der Abklärung des wirtschaftlich Berechtigten kann daher „auf Null" reduziert und somit auf die Abklärung des wirtschaftlich Berechtigten hinsichtlich der treugebenden Mineralölfirma verzichtet werden (siehe zur Begründung oben Sammeltreuhandkonten).[50] Sanktionsrechtliche Bestimmungen berührt dies jedoch nicht.
- **Treuhandkonten für Erbengemeinschaften:** Hier erübrigt sich die Abklärung. Aufgrund der Struktur der Erbengemeinschaft wird es regelmäßig an den Voraussetzungen für wirtschaftlich Berechtigte fehlen.[51]
- **Treuhandkonten für „lose Personenzusammenschlüsse":** Hierzu zählen nicht rechtsfähige Personenmehrheiten oder Gemeinschaften sowie Personenvereinigungen. Beispiele für solche Fälle sind die Klassenkasse oder der Kegelclub. Aufgrund der Struktur solcher Personenzusammenschlüsse wird es regelmäßig an den Voraussetzungen für wirtschaftlich Berechtigte fehlen.
- **Zwangsverwalterkonten:** Ähnlich wie bei Insolvenzverwalterkonten ist auch hier dem Schuldner aufgrund der Zwangsverwaltung jegliche Einflussmöglichkeit auf die Verwaltung und Verwertung des betroffenen Vermögens entzogen. Ohne die Möglichkeit einer Veranlassung i. S. d. § 3 Abs. 1 Nr. 2 GwG kann kein wirtschaftlich Berechtigter vorliegen.[52]
- **Trust:** Die Vorgehensweise zur Abklärung des wirtschaftlich Berechtigten bei Trusts i. S. d. § 1 Abs. 6 GwG richtet sich nach den jeweiligen Trustkonstruktionen und den daraus resultierenden Risiken im jeweiligen nationalen Recht, vgl. § 3 Abs. 3 Nr. 1 GwG. Die Ermittlung kann bspw. durch Einsichtnahme in den Trust Deed (Treuhandvertrag bzw. -urkunde) und/oder Einholung von Bestätigungen oder Auskünften über die Begünstigten, Gründer bzw. Art des Trusts erfolgen.[53] Hierbei ist insb. das neue Transparenzregister (§§ 18 ff. GwG) von Bedeutung. Nach § 21 Abs. 1 GwG trifft die Verwalter bestimmter Trusts die Pflicht, die Angaben zum wirtschaftlich Berechtigten nach § 19 Abs. 1 GwG zur Eintragung in das Transparenzregister mitzuteilen (siehe hierzu § 21 Rn. 8 ff.).
- **Unterkonten:** Die Abklärung des wirtschaftlich Berechtigten hat grundsätzlich auch bei der Eröffnung von Unterkonten zu erfolgen. Eine Ausnahme besteht jedoch bei so genannten unselbstständigen Unterkonten, sofern sichergestellt ist, dass das Geld auch wieder auf das ursprüngliche Konto zurückfließt.[54]

---

50 AuA, Tz. 39h.
51 AuA, Tz. 39e.
52 AuA, Tz. 39g.
53 AuA, Tz. 38.
54 *Warius*, in: Herzog, GwG, § 4 Rn. 81.

GwG § 10 Allgemeine Sorgfaltspflichten

– **WEG:** Bei der „WEG" fehlt es aufgrund der Struktur regelmäßig an den Voraussetzungen für den wirtschaftlich Berechtigten.[55]

5. Einholung und Bewertung der Informationen zur Geschäftsbeziehung (§ 10 Abs. 1 Nr. 3 GwG)

a) Allgemein

51 Die Pflicht, sich Informationen über den Zweck und die angestrebte Art der Geschäftsbeziehung zu beschaffen und diese zu bewerten, ergänzt das Know-Your-Customer-Prinzip und geht somit über die formale Identitätsfeststellung hinaus. Die Abklärung des Hintergrunds der Geschäftsbeziehung ist Kernstück von unternehmensinternen Customer Due Diligence-Maßnahmen. Sie soll Verpflichtete besser in die Lage versetzen, ein Risikoprofil über ihre jeweiligen Vertragspartner zu entwickeln.[56] Hierdurch wird der Verpflichtete auch in die Lage versetzt, besser zu beurteilen, ob die tatsächlichen geschäftlichen Aktivitäten, insb. Transaktionen, mit der festgestellten Geschäftstätigkeit im Einklang stehen oder ob sie hiervon abweichen und ggf. verstärkter Überwachung (Monitoring) bedürfen.[57] Dass diese Vorgehensweise zwingend ist, wurde durch die Einfügung der Pflicht zur „Bewertung" der Informationen durch die GwG-Novelle 2017 noch einmal betont.

52 Der Verpflichtete braucht Informationen über Zweck und angestrebte Art der Geschäftsbeziehung nicht aktiv einzuholen oder zu bewerten, sofern sich die Informationen aus dem Geschäft selbst direkt und zweifelsfrei ergeben. Der Zweck lässt sich in vielen Fällen bereits aus der Natur der jeweiligen Geschäftsverbindung herleiten, insb. aus dem Produkt, das dem Geschäft zugrunde liegt. Hierzu zählen in erster Linie Produkte aus dem sog. Massengeschäft, wie bspw. private wie geschäftliche Kontokorrentkonten zur Abwicklung des Zahlungsverkehrs, klassische Anlageprodukte zur Vermögenssicherung und -bildung, Depotkonten sowie Kredite bzw. Kreditkonten.[58]

53 Für **notarielle Urkunden** oder Unterschriftsbeglaubigungen mit Entwurf ergeben sich Zweck und Art der Geschäftsbeziehung in der Regel aus dem Dokument selbst. Hier sollten im Regelfall keine zusätzlichen Ermittlungen erforderlich sein.[59] Anderkonten, die im Rahmen des Urkundenvollzugs geführt werden, sind ähnlich einzustufen, abgesehen davon, dass der Notar vor der Einrichtung

---

55 BT-Drs. 16/9038, S. 30; AuA, Tz. 34.
56 BR-Drs. 168/08, S. 71.
57 AuA, Tz. 16.
58 AuA, Tz. 16.
59 Anwendungsempfehlungen der Bundesnotarkammer zum GwG, S. 17, Stand: Juli 2013, http://www.bnotk.de/_downloads/Anwendungsempfehlungen/130712_Anwendungsempfehlungen_GwG.pdf, zuletzt abgerufen am 1.3.2017.

II. Inhalt der allgemeinen Sorgfaltspflichten (§ 10 Abs. 1 GwG)   **§ 10 GwG**

eines Anderkontos ohnehin den Zweck der Geschäftsbeziehung ermitteln muss.[60] Dies ergibt sich aus § 54a Abs. 2 Nr. 1 BeurkG, da ein Verwahrungsgeschäft nur bei Bestehen eines berechtigten Sicherungsinteresses durchgeführt werden darf.

Im Übrigen ist die Einholung und Bewertung der Informationen abhängig vom jeweiligen Risiko vorzunehmen. Ein höheres Risiko kann vom Kunden selbst resultieren oder sich aus der Komplexität der ausgewählten Produkte bzw. Leistungen ergeben, sodass ggf. weitere Informationen beschafft und bewertet werden müssen.[61] 54

b) Vorgehensweise

Aus Gründen der Effizienz empfiehlt es sich, die Zweckklärung bereits bei Vornahme der Identifizierung vorzunehmen. Rechtlich zwingend ist dies jedoch nicht. Die Abklärung des Hintergrundes der Geschäftsbeziehung kann grundsätzlich auch noch während der laufenden Geschäftsbeziehung erfolgen.[62] 55

Ergeben sich die nötigen Informationen bereits zweifelsfrei aus dem der Geschäftsbeziehung zugrundeliegenden Produkt oder der Dienstleistung (z. B. Privatgirokonto), so ist lediglich bei ungewöhnlichen Umständen, die z. B. in der Person des Kunden begründet sind, ein weitergehendes Abklären von Zweck und angestrebter Art der Geschäftsbeziehung notwendig. Bei einem Massengeschäft, wie dem Abschluss eines Girokontovertrags oder der Eröffnung eines Wertpapierdepots im Bankbereich, ist die Informationseinholung und -bewertung regelmäßig unproblematisch. Das Konto dient der Teilnahme am Zahlungsverkehr und das Wertpapierdepot der Wertpapierverwahrung. 56

Kein weiterer Bedarf an Informationseinholung und -bewertung besteht gewöhnlicherweise bei **Geschäftsbeziehungen mit natürlichen Personen**, bei denen kein gewerblicher Hintergrund vorliegt. Hier kann regelmäßig davon ausgegangen werden, dass das Produkt bzw. die Dienstleistung für rein private Zwecke genutzt wird.[63] Diese Einschätzung kann sich aber auch im Laufe der Geschäftsbeziehung aufgrund der Ergebnisse der laufenden Überwachung (Monitoring) wieder ändern und eine Neubewertung erforderlich machen. 57

Handelt es sich nicht um ein Massen- bzw. Standardgeschäft oder bestehen Zweifel am Zweck und der Art der angestrebten Geschäftsbeziehung, so sollten bestehende Fragen mit dem Kunden schon bei Begründung der Geschäftsbezie- 58

---

60 Anwendungsempfehlungen der Bundesnotarkammer zum GwG, S. 17, Stand: Juli 2013, http://www.bnotk.de/_downloads/Anwendungsempfehlungen/130712_Anwendungsempfehlungen_GwG.pdf, zuletzt abgerufen am 1.3.2017.
61 AuA, Tz. 16.
62 *Warius*, in: Herzog, GwG, § 3 Rn. 14.
63 AuA, Tz. 17.

Sonnenberg 345

hung geklärt werden. Erfahrungsgemäß entsteht weiterer Klärungsbedarf insb. bei **Geschäften mit Gewerbetreibenden**, da der Hintergrund der geschäftlichen Aktivitäten nicht immer auf den ersten Blick ersichtlich ist.[64] Bei Zweifeln können Informationen zur Tätigkeit des Kunden (Branche, Geschäftsfelder, nationale oder internationale Ausrichtung, typische Vertragspartner des Kunden etc.) näheren Aufschluss zur schwerpunktmäßigen Geschäftstätigkeit geben. Einige Erkenntnisse hierzu wird der Verpflichtete auch schon aus der Abklärung des wirtschaftlich Berechtigten gewinnen können.

59 In den allermeisten Fällen werden Zweck und Art jedoch auf der Hand liegen, sodass der Aufwand zur Erfüllung der Verpflichtung nicht übertrieben werden sollte.[65]

60 Im Rahmen der Kundenbefragung sollte stets auch auf die **Dokumentation** der Ergebnisse geachtet werden. Je nach Risikoeinschätzung kann bspw. eine verstärkte Überwachung, aber auch die Nichtvornahme des Geschäfts bzw. die Beendigung der Geschäftsbeziehung angezeigt sein. Letzteres empfiehlt sich insb. bei erwiesen unrichtigen Angaben des Vertragspartners über den Geschäftszweck, ganz gleich, ob es sich um einen Privat- oder Geschäftskunden handelt.

6. Feststellung der PEP-Eigenschaft (§ 10 Abs. 1 Nr. 4 GwG)

61 Die Pflicht zur Abklärung, ob es sich bei dem Vertragspartner oder dem wirtschaftlich Berechtigten um eine Person im Sinne von § 1 Abs. 12 bis 14 GwG handelt, ist ebenfalls Bestandteil der allgemeinen Sorgfaltspflichten. Die Maßnahme ist neu eingefügt worden, war aber bereits indirekt durch § 6 Abs. 1 Nr. 2 GwG a. F. (jetzt: § 15 Abs. 3 Nr. 1 a) GwG) geregelt. Die Verortung der PEP-Feststellung in § 10 GwG trägt nach Auffassung des Gesetzgebers dem Umstand Rechnung, dass diese Abklärung in der Praxis regelmäßig zusammen mit der Erfüllung der Pflichten nach § 10 Abs. 1 Nr. 1 und 2 GwG in Bezug auf alle Kunden (also nicht nur in Fällen von erhöhtem Risiko) durchgeführt werde.[66] Dies ist zwar systematisch sinnvoll, da ohne vorherige Abklärung des „PEP-Status" nicht klar ist, ob auf einen Kunden allgemeine oder verstärkte Kundensorgfaltspflichten Anwendung finden. In der Praxis fand die PEP-Prüfung jedoch bislang meist nachgelagert statt (i. d. R. +1 Tag). Diese Verfahrensweise ist mit der jetzigen Gesetzessystematik aber nicht mehr vertretbar.

---

64 AuA, Tz. 17.
65 *Studer*, in: Quedenfeld, Handbuch Bekämpfung der Geldwäsche und Wirtschaftskriminalität, Rn. 183.
66 BT-Drs. 18/11555, S. 116.

II. Inhalt der allgemeinen Sorgfaltspflichten (§ 10 Abs. 1 GwG) **§ 10 GwG**

7. Kontinuierliche Überwachung der Geschäftsbeziehung (§ 10 Abs. 1 Nr. 5 GwG)

In § 10 Abs. 1 Nr. 5 GwG werden zwei Pflichten festgeschrieben. Zum einen soll die Geschäftsbeziehung kontinuierlich überwacht werden und zum anderen sollen zusätzlich die Dokumente, Daten und Informationen des Kunden regelmäßig auf ihre Aktualität überprüft werden.

62

a) Überwachung der Geschäftsbeziehung

Die **Überwachung der Geschäftsbeziehung** bzw. der im Rahmen dieser durchgeführten Transaktionen erfolgt mit dem Ziel, Diskrepanzen zwischen vorhandenen Informationen über Kunden, wirtschaftlich Berechtigtem, Geschäftstätigkeit, Kundenprofil und vorliegenden Erkenntnissen über die Vermögensherkunft zu erkennen.[67] Hintergrund ist der Umstand, dass den Risiken der Geldwäsche und der Terrorismusfinanzierung mit einer einmaligen Abklärung der Identität und der Information über Zweck und Art der Geschäftsbeziehung bei Aufnahme der Geschäftsbeziehung nicht wirksam begegnen werden kann. Erst die kontinuierliche Überwachung ermöglicht wirksame Sicherungsmaßnahmen. Nur hierdurch können während einer laufenden Geschäftsbeziehung bei der Abwicklung von einzelnen Transaktionen Auffälligkeiten oder Abweichungen vom gewöhnlichen Geschäftsverhalten festgestellt werden. Insbesondere versteckte Risikoindikatoren, die zum Zeitpunkt der Eingehung der Geschäftsbeziehung noch gar nicht existierten oder erkennbar waren, lassen sich erst mit Hilfe einer kontinuierlichen Überwachung während der laufenden Geschäftsbeziehung erkennen. Die Geschäftsbeziehung muss daher einem dauerhaften und dynamischen Monitoring unterliegen. Nur so wird die Erstellung eines Kundenprofils unter Berücksichtigung des Geschäftsverhaltens sowie der Abgleich dieses Profils mit den durchgeführten Transaktionen ermöglicht.[68] Dynamische Überwachung meint, dass die Erkenntnisse aus dem Verlauf der Geschäftsbeziehung angemessen zu berücksichtigen sind.[69]

63

Die Pflicht gilt ausdrücklich nur für Geschäftsbeziehungen (zum Begriff siehe § 1 Abs. 4 GwG) und somit **nicht** für **Gelegenheitstransaktionen**. Es besteht eine sachliche Verknüpfung zwischen der Pflicht zur Überwachung der Geschäftsbeziehung und den Überwachungspflichten nach § 6 GwG und § 25h KWG. Nicht zuletzt deswegen empfiehlt sich eine **Einbindung in die allgemeinen EDV-Überwachungsmaßnahmen** (Abgleich mit Parametern/Typologien etc.).[70]

64

---

67 AuA, Tz. 20.
68 BT-Drs. 16/9038, S. 34.
69 AuA, Tz. 20.
70 AuA, Tz. 21.

GwG § 10 Allgemeine Sorgfaltspflichten

65 Die Überwachungsmaßnahmen sollen Abweichungen vom prognostizierten bzw. üblichen Verhalten aufzeigen. Bei Beginn der Geschäftsbeziehung ist der Kunde in eine Risikoklasse einzustufen (bspw. normales, hohes oder sehr hohes Risiko) bzw. ihm ist ein bestimmtes Risikoprofil zuzuordnen. Auf Grundlage der bekannten Informationen sollte dann ein auf den einzelnen Kunden zugeschnittener Handlungsrahmen definiert werden, in dem der Kunde wahrscheinlich tätig sein wird. Risikoklasse bzw. -profil und Handlungsrahmen sind während der Kundenbeziehung laufend zu überprüfen und ggf. anzupassen.[71]

66 Der Verpflichtete muss nach § 10 Abs. 1 Nr. 5 b) GwG sicherstellen, dass vorgenommene Transaktionen auch im Hinblick auf die vorhandenen Informationen über die **Vermögensherkunft** übereinstimmen. Die Abklärung der Vermögensherkunft sollte risikobasiert erfolgen, insb. in Abhängigkeit von der Person des Vertragspartners und der Art der Geschäftsbeziehung. Dies ist nicht als Verpflichtung zu verstehen, die Vermögensherkunft routinemäßig abzuklären. Zu berücksichtigen sind allein tatsächlich vorliegende Erkenntnisse über die Herkunft der Vermögenswerte.[72] Eine Ausnahme besteht jedoch bei politisch exponierten Personen und bei Ansässigkeit in einem Risikodrittstaat i. S. d. § 15 Abs. 3 Nr. 1 GwG. Für diese Personengruppen besteht gem. § 15 Abs. 4 Nr. 2 GwG eine eigenständige Pflicht zur Abklärung der Vermögensherkunft. Darüber hinaus ist die Geschäftsbeziehung zu Personen i. S. d. § 15 Abs. 3 Nr. 1 GwG einer verstärkten kontinuierlichen Überwachung zu unterziehen, § 15 Abs. 4 Nr. 3 GwG.

67 Die Pflicht zur Überwachung gilt für die **gesamte Dauer der Geschäftsbeziehung**. Sie beginnt mit Aufnahme der Geschäftsbeziehung bzw. ersten Nutzung der Leistungen oder der Produkte und endet mit Beendigung der Geschäftsbeziehung. Betroffen sind nicht nur Daten von Neukunden seit Inkrafttreten dieser gesetzlichen Regelung am 21.8.2008, sondern auch von bestehenden Kunden. Letztere müssen seitdem „sukzessive" in die laufende Überwachung einbezogen werden.[73]

b) Pflicht zur Aktualisierung der Kundendaten

68 Die **Pflicht zur Aktualisierung der Kundendaten** in angemessenen zeitlichen Abständen soll die Effektivität und Aussagekraft der laufenden Überwachung des Vertragspartners gewährleisten.[74] Gegenstand der Aktualisierung sind die Kundendaten gemäß § 11 Abs. 4 und 5 GwG. Hierbei sind mindestens der

---

71 AuA, Tz. 21.
72 AuA, Tz. 20.
73 BT-Drs. 16/9038, S. 34; siehe ausführlich AuA, Tz. 61.
74 BT-Drs. 16/9038, S. 34.

II. Inhalt der allgemeinen Sorgfaltspflichten (§ 10 Abs. 1 GwG) § 10 GwG

Name, die Adresse und, sofern vorhanden, die Angaben zum wirtschaftlich Berechtigten betroffen.

Die Aktualisierung hat **risikobasiert** zu erfolgen. Es besteht daher keine Pflicht zur starren, periodischen Aktualisierung des gesamten Datenbestandes. Ansatzpunkte für Aktualisierungsmaßnahmen sind u.a. Auffälligkeiten und Erkenntnisse aus der laufenden Geschäftsbeziehung, insb. im Rahmen der EDV-Überwachung; allgemeine Korrespondenz (Saldenmitteilungen, Rechnungsabschlüsse); Auffälligkeiten und Erkenntnisse durch allgemeine Kontakte im Verlauf der weiteren Geschäftsbeziehung, bspw. im Zusammenhang mit Beratungsgesprächen sowie sonstige Anlässe zur Erfassung/Prüfung von Kundendaten, z.B. Bonitätsabfragen. 69

Die risikobasierte Erfüllung der Aktualisierungsverpflichtung kann **anlassbezogen** oder **periodisch** erfolgen.[75] Die anlassbezogene Option bietet sich insbesondere für Verpflichtete an, die durch entsprechende organisatorische Vorkehrungen bzw. Aktualisierungsroutinen die wesentlichen Kundendaten stets aktuell vorhalten. Die periodische Vorgehensweise ist insb. dann von Vorteil, wenn unterschiedliche Periodenlängen mit den jeweiligen Risiken des einzelnen Kunden verknüpft werden, was u.a. zur Folge hat, dass Kunden mit einer hohen Risikoeinstufung regelmäßig geprüft werden. Für welche Vorgehensweise sich der Verpflichtete entscheidet, liegt in seinem eigenen Ermessen. Wichtig ist, dass die Methode angemessen ist und dies auch prüfungssicher nachgewiesen werden kann, was ab einer bestimmten Quote veralteter Daten jedoch zweifelhaft sein wird.[76] 70

Um die Aktualisierung vornehmen zu können, muss nicht zwingend der Kontakt mit dem Kunden gesucht werden. Vielmehr kann auch auf anderweitig erhältliche Informationen zurückgegriffen werden, sofern diese aus einer zuverlässigen Quelle stammen.[77] Hiervon abgesehen ist zu berücksichtigen, dass spiegelbildlich der Kunde auch verpflichtet ist, Änderungen seiner Daten dem Verpflichteten aktiv mitzuteilen. Zum einen ergibt sich diese Verpflichtung des Vertragspartners (Kunde) aus § 11 Abs. 6 GwG. Danach muss der Kunde wesentliche Änderungen der Kundendaten unverzüglich, also ohne schuldhaftes Zögern, dem Verpflichteten anzeigen. Zum anderen hat der Kunde ggü. dem Verpflichteten bei Geschäftsbeziehungen zu Kreditinstituten bereits aus den AGB-Banken/Sparkassen eine ähnliche Mitwirkungspflicht. Die Mitwirkungspflicht hat eine hohe praktische Bedeutung, da die Impulse für die Aktualisierung der Daten zumeist von Mitteilungen der Kunden selbst gegeben werden. 71

---

75 Siehe hierzu ausführlich AuA, Tz. 61.
76 *Studer*, in: Quedenfeld, Handbuch Bekämpfung der Geldwäsche und Wirtschaftskriminalität, Rn. 201.
77 AuA, Tz. 61.

GwG § 10 Allgemeine Sorgfaltspflichten

72 Im Zusammenhang mit der Datenverarbeitung sind die **datenschutzrechtlichen Grenzen** für die Erfassung von Kundendaten zu beachten.[78]

III. Risikoorientierte Bestimmung des Maßnahmenumfangs und Risikofaktoren (§ 10 Abs. 2 GwG und Anlage 1 und 2)

1. Allgemein

73 Nach § 10 Abs. 2 GwG ist der Umfang der Sorgfaltspflichten gemäß § 10 Abs. 1 (mit Ausnahme der Identifizierungspflicht nach § 10 Abs. 1 Nr. 1 GwG) nach dem **risikoorientierten Ansatz** („risk based approach") auszurichten. Die Vorschrift gilt insoweit als **Generalklausel** und primäre gesetzliche Basis für die risikobasierte Vorgehensweise in der Geldwäschebekämpfung.[79] Ausprägungen dieses Ansatzes finden sich u. a. in § 5 GwG; § 10 Abs. 1 Nr. 2 und 5 GwG; § 11 Abs. 3 und 5 GwG; § 14 Abs. 1 und 2 GwG; § 15 Abs. 2, 3 und 7 GwG; Anlage 1 und 2 zu §§ 5, 10, 14, 15 GwG sowie in den §§ 25h, 25i, 25k KWG.

74 Bei der Bemessung des Maßnahmenumfangs kommt es stets auf das Risiko der Geldwäsche oder der Terrorismusfinanzierung im Einzelfall an.[80] Der risikobasierte Ansatz soll den Verpflichteten eine effektive und gleichzeitig effiziente Compliance ermöglichen.[81] Dies trägt u. a. der Tatsache Rechnung, dass die Vorgehensweisen im Bereich Geldwäsche und Terrorismusfinanzierung zwar gewissen Typologien und Methoden folgt, diese aber einem ständigen Wandel unterliegen und somit gesetzlich kaum konkret geregelt werden können. Es bleibt daher den Verpflichteten überlassen, den Umfang der Maßnahmen in diesen Bereichen einzelfallbezogen selbst zu bestimmen (**instituts- bzw. unternehmensinterner risikobasierter Ansatz**).[82] Dies erlaubt eine gewisse Flexibilität in der Vorgehensweise, bürdet den Verpflichteten im Gegenzug aber auch eine große Verantwortung für das richtige Maß der Sorgfaltspflichten im Einzelfall auf.

75 Dass sie dieser Verantwortung auch **in angemessener Weise** gerecht werden, müssen die Verpflichteten den Aufsichtsbehörden gegenüber auf Verlangen darlegen, § 10 Abs. 2 Satz 4 GwG. Hierbei ist auch die Pflicht zur Aufzeichnung nach § 8 Abs. 1 Nr. 2 GwG zu beachten, nach der hinreichende Informationen über die Durchführung und über die Ergebnisse der Risikobewertung und über die Angemessenheit der auf Grundlage dieser Ergebnisse ergriffenen Maßnah-

---

78 Siehe zur datenschutzrechtlichen Einordung *Achtelik*, in: Herzog, GwG, § 25g KWG Rn. 16.
79 *Warius*, in: Herzog, GwG, § 3 Rn. 103.
80 BT-Drs. 16/9038, S. 35.
81 BT-Drs. 16/9038, S. 35.
82 AuA, Tz. 80.

III. Risikoorientierte Bestimmung des Maßnahmenumfangs   § 10 GwG

men aufzuzeichnen und aufzubewahren sind. Die Darlegungsregel des § 10 Abs. 2 Satz 4 GwG birgt ein gewisses Maß an Rechtsunsicherheit zu Lasten der Verpflichteten.

2. Angemessenheit des konkreten Maßnahmenumfangs

Als „angemessen" werden solche Maßnahmen und Systeme angesehen, die der jeweiligen Risikosituation des einzelnen Instituts entsprechen und diese hinreichend abdecken.[83] Was angemessen ist, beurteilt sich – wie sonst auch im Rahmen der Schaffung von Risiko-Management-Systemen – auf der Grundlage der Risikoanalyse (Gefährdungsanalyse) des Verpflichteten bzgl. der Risikostruktur der von dem Verpflichteten angebotenen Dienstleistungen und Produkte. D. h., dass die Sicherungssysteme insb. an der Größe, Organisation und Gefährdungssituation des Verpflichteten, insbesondere dessen Geschäfts- und Kundenstruktur, auszurichten sind.[84] Die Vorschrift des § 10 Abs. 2 GwG stellt ebenfalls den Ausgangspunkt für die Bewertung von Vertragspartner-, Transaktions- und Produktrisiken durch die Verpflichteten dar. 76

In den Auslegungs- und Anwendungshinweisen der DK sind Möglichkeiten der Einteilung der jeweiligen Maßnahmen beschrieben.[85] Grundsätzlich empfohlen wird die Berücksichtigung von drei (hoch, mittel, niedrig) Risikostufen i.R.d. risikobasierten Ansatzes. Denkbar ist sowohl eine weitere Spreizung oder Abstufung mit mehr Risikostufen bzw. -kategorien, aber auch eine Reduzierung auf weniger Stufen bzw. Kategorien (z.B. ausschließlich mittlere und erhöhte). Die Risikoeinteilung hat sich insb. an den Risikofaktoren in den Anlagen 1 bzw. 2 zu orientieren. 77

Weitere Hinweise zur Umsetzung des risikobasierten Ansatzes speziell für Kreditinstitute finden sich insb. auch in einem **Leitfaden der Financial Action Task Force on Money Laundering (FATF)** zum risikoorientierten Ansatz zur Bekämpfung von Geldwäsche und Terrorismusfinanzierung vom Oktober 2014.[86] 78

Aufgrund der Darlegungslast des § 10 Abs. 2 Satz 4 GwG sind die risikobasierten Abweichungen bzw. Ausnahmen im Rahmen des risikobasierten Ansatzes nachvollziehbar zu begründen und zu dokumentieren. 79

---

83 BaFin, Rundschreiben Nr. 2/2009 (GW) vom 13.1.2009, S. 2.
84 BaFin, Rundschreiben Nr. 2/2009 (GW) vom 13.1.2009, S. 2.
85 Ausführlich hierzu AuA, Tz. 80.
86 FATF, Risk-Based Approach Guidance for the Banking Sector, Stand: Oktober 2014, http://www.fatf-gafi.org/media/fatf/documents/reports/Risk-Based-Approach-Banking-Sector.pdf, zuletzt abgerufen am 4.3.2017.

GwG § 10 Allgemeine Sorgfaltspflichten

80 Zentrales Element des risikobasierten Ansatzes ist die auf den Verpflichteten zugeschnittene **Risikoanalyse (Gefährdungsanalyse)**.[87] Die Bestimmung des konkreten Umfangs der Maßnahmen nach § 10 Abs. 2 GwG wird insoweit auch als Grundlage für die Erstellung der Risikoanalyse (Gefährdungsanalyse) nach § 5 GwG angesehen.[88]

81 Der risikobasierte Ansatz findet u. a. auch Ausdruck in den vereinfachten Sorgfaltspflichten nach § 14 GwG bzw. in den verstärkten Sorgfaltspflichten nach § 15 GwG. Etwaige Reduzierungen der Sorgfaltspflichten haben auf die Pflicht zur Kontenwahrheit nach § 154 AO jedoch keine Auswirkungen.[89]

82 Die Vorschrift hat durch die GwG-Novelle 2017 Änderungen erfahren. Im Wesentlichen entspricht die Regelung dem § 3 Abs. 4 GwG a. F. und setzt Art. 13 Abs. 2 bis 5 der 4. Geldwäscherichtlinie um. Nach § 10 Abs. 2 Satz 3 GwG sind der Zweck des Kontos oder der Geschäftsbeziehung (Nr. 1), die Höhe der eingezahlten Vermögenswerte oder der Umfang ausgeführter Transaktionen (Nr. 2) sowie die Regelmäßigkeit oder die Dauer der Geschäftsbeziehung (Nr. 3) bei der Risikobewertung zu berücksichtigen. Für die weitere Bestimmung des Risikos durch die Verpflichteten nimmt § 10 Abs. 2 Satz 2 GwG Bezug auf typische Risikofaktoren, die in den Anlagen 1 und 2 des GwG[90] aufgelistet sind. Die Faktoren für potenziell geringe (Anlage 1) und höhere Risiken (Anlage 2) sind u. a. auch in der Risikoanalyse zu berücksichtigen, § 5 Abs. 1 Satz 2 GwG.

83 Die Miteinbeziehung all dieser Faktoren in die Risikobewertung ist größtenteils selbstverständlich und war schon vor dem Inkrafttreten der GwG-Novelle 2017 gängige Praxis, handelt es sich doch gerade bei den Kriterien des § 10 Abs. 2 Satz 3 GwG um grundlegende Merkmale.[91] Die Ausweitung des Wortlauts der Vorschrift hat in erster Linie einen gesteigerten Dokumentationsaufwand zur Folge, da die Verpflichteten im Zweifel nachweisen müssen, dass sie im konkreten Fall auch wirklich alle Faktoren berücksichtigt haben.[92]

84 Die 4. Geldwäscherichtlinie sieht vor, dass die europäischen Aufsichtsbehörden (ESAs) gemeinsame **Leitlinien zu vereinfachten und verstärkten Kundensorgfaltspflichten sowie** zu den hierbei zu berücksichtigenden **Risikofaktoren** entwickeln sowie dazu, welche angemessenen Maßnahmen in diesen Fällen zu treffen sind. Solche Leitlinien zur besseren Einschätzung der Risikofaktoren der

---

87 AuA, Tz. 80; BaFin, Rundschreiben Nr. 2/2009 (GW) vom 13.1.2009.
88 *Warius*, in: Herzog, GwG, § 3 Rn. 119; vgl. zur Risikoanalyse (Gefährdungsanalyse): BaFin, Rundschreiben 8/2005, S. 2.
89 BR-Drs. 168/08, S. 75.
90 Die Anlagen 1 und 2 entsprechend den Anhängen II und III der 4. Geldwäscherichtlinie.
91 *Ruppert*, DStR 2015, 1708, 1709; *Krais*, CCZ 2015, 251, 253; *Rößler*, WM 2015, 1406, 1410 f.
92 So auch *Krais*, CCZ 2015, 251, 253.

III. Risikoorientierte Bestimmung des Maßnahmenumfangs § 10 GwG

Anhänge 1 und 2 wurden Ende Juni 2017 erstmals veröffentlicht.[93] Es handelt sich dabei um ein Kernstück bei der Implementierung eines risikobasierten Ansatzes durch die nach den geldwäscherechtlichen Vorschriften verpflichteten Unternehmen, insbesondere Kredit- und Finanzinstitute.[94] Die Leitlinien enthalten Beispiele für Risikofaktoren, welche bei der Prüfung und Bewertung von Geldwäsche- und Terrorismusfinanzierungsrisiken berücksichtigt werden sollten.[95] Ziel ist es dabei auch, ein europaweit einheitliches Verständnis dafür zu entwickeln, was der risikobasierte Ansatz in Bezug auf die Verhinderung von Geldwäsche und Terrorismusfinanzierung bedeutet und wie er anzuwenden ist. Bevor die Leitlinien für die Verpflichteten tatsächliche Geltung erlangen, müssen sie von der zuständigen Aufsichtsbehörde für verbindlich erklärt werden. Die BaFin hat angekündigt, dass sie die Leitlinien spätestens bis zum 26.6.2018 in ihre Verwaltungspraxis integrieren wird.[96] Die Leitlinien sollen zukünftig alle zwei Jahre aktualisiert und ggf. ergänzt werden.[97]

3. Listen (Anlagen) für potenziell geringere/höhere Risiken

Die Listen in den Anlagen 1 und 2 sind eine nicht abschließende Aufzählung von Faktoren und möglichen Anzeichen für ein potenziell geringeres Risiko nach § 14 GwG (Anlage 1) bzw. für ein potenziell höheres Risiko nach § 15 GwG (Anlage 2). Die Faktoren sind gemäß § 10 Abs. 2 Satz 2 GwG u. a. auch im Rahmen der Bestimmung des konkreten Umfangs der Maßnahmen nach § 10 Abs. 1 Nr. 2–5 GwG zu berücksichtigen. 85

Die Anlagen sind jeweils nach Faktoren bezüglich 86

– des Kundenrisikos (Nr. 1),
– des Produkt-, Dienstleistungs-, Transaktions- oder Vertriebskanalrisikos (Nr. 2) und
– des geografischen Risikos (Nr. 3)

---

93 ESAs, Final Guidelines on Risk Factors (JC 2017 37), Stand: 26.6.2017, https://www.eba.europa.eu/documents/10180/1890686/Final+Guidelines+on+Risk+Factors+%28JC+2017+37%29.pdf, zuletzt abgerufen am 29.7.2017.
94 BaFin-Journal Juli 2017, S. 10, https://www.bafin.de/SharedDocs/Downloads/DE/BaFinJournal/2017/bj_1707.pdf?__blob=publicationFile&v=4, zuletzt abgerufen am 29.7.2017.
95 BaFin-Journal Juli 2017, S. 10, https://www.bafin.de/SharedDocs/Downloads/DE/BaFinJournal/2017/bj_1707.pdf?__blob=publicationFile&v=4, zuletzt abgerufen am 29.7.2017.
96 BaFin-Journal Juli 2017, S. 10, https://www.bafin.de/SharedDocs/Downloads/DE/BaFinJournal/2017/bj_1707.pdf?__blob=publicationFile&v=4, zuletzt abgerufen am 29.7.2017.
97 *Zentes/Glaab*, BB 2013, 707, 711.

GwG § 10 Allgemeine Sorgfaltspflichten

87 gegliedert. Bei der Risikobewertung verbietet sich jedoch jeder Automatismus.[98] Einzelne Faktoren können nur als Indikator dienen und sagen für sich genommen noch nichts darüber aus, ob es sich im Einzelfall um ein niedriges oder erhöhtes Risiko handelt. Die einschlägigen Faktoren müssen vielmehr in einer Gesamtschau gewürdigt werden.[99] Auch können andere als die in den Listen aufgeführten Merkmale eine Rolle spielen, da die Aufzählung in den Anlagen 1 und 2 nicht abschließend ist.

88 Zu den einzelnen Faktoren siehe ausführlich die Kommentierung zu § 14 und § 15 GwG.

IV. Anlässe für Sorgfaltspflichten (§ 10 Abs. 3 GwG)

89 In § 10 Abs. 3 GwG wird bestimmt, wann die allgemeinen Sorgfaltspflichten von den Verpflichteten zu erfüllen sind (pflichtauslösende Ereignisse). Die Vorschrift hat durch die GwG-Novelle 2017 kaum Änderungen erfahren und entspricht weitgehend § 3 Abs. 2 GwG a. F.

1. Begründung einer Geschäftsbeziehung (§ 10 Abs. 3 Nr. 1 GwG)

90 Der häufigste Fall der Erfüllung allgemeiner Sorgfaltspflichten ist die Begründung einer Geschäftsbeziehung.[100] Spätestens mit Abschluss eines Vertrages dürfte eine solche Begründung angenommen werden. Ursprünglich diente die Bestimmung insbesondere der Einbeziehung der Fälle des § 154 Abs. 2 AO in das GwG. Mittlerweile ist der Regelungsumfang erweitert und spezifiziert worden, was insb. das Know-Your-Customer-Prinzip im GwG betonen sollte.[101] Die in der Praxis bedeutsamsten Anwendungsfälle sind Konto- und Depoteröffnungen i. S. v. § 154 AO.

91 Unter einer Geschäftsbeziehung ist jede Beziehung zu verstehen, die unmittelbar in Verbindung mit den gewerblichen oder beruflichen Aktivitäten der Verpflichteten steht und bei der beim Zustandekommen des Kontakts davon ausgegangen wird, dass sie von gewisser Dauer sein wird, § 1 Abs. 4 GwG (siehe ausführlich § 1 Rn. 16). Nicht erfasst sind Geschäftsbeziehungen, die nur mittelbar den geschäftlichen und beruflichen Aktivitäten dienen. Hierzu zählen z. B. Stromlieferverträge, der Kauf von Büromaterial, Verträge mit Gebäudereinigungsunternehmen etc. Das Merkmal der Geschäftsbeziehung ist auch bei den in § 2 Abs. 1 Nr. 10 a), 11 und 13 GwG aufgelisteten Geschäften (betreffend u. a.

---

98 *Rößler*, WM 2015, 1406, 1410.
99 So auch *Krais*, CCZ 2015, 251, 253.
100 Vgl. BT-Drs. 16/9038, S. 34.
101 BT-Drs. 14/8739, S. 12.

IV. Anlässe für Sorgfaltspflichten (§ 10 Abs. 3 GwG) **§ 10 GwG**

Rechts- und Patentanwälte, Notare) gegeben.[102] Es ist daher auch dann von einer Dauerhaftigkeit dieser Geschäfte auszugehen, wenn es sich um eine Mitwirkung an den in § 2 Abs. 1 Nr. 10 a), 11 und 13 GwG genannten Geschäften handelt. Diese Geschäfte sind somit nicht als Transaktion i. S. d. § 1 Abs. 5 GwG einzustufen. Es sind daher (schwellenwertunabhängig) grundsätzlich die allgemeinen Sorgfaltspflichten zu erfüllen.[103]

Im Versicherungsbereich beginnt die Geschäftsbeziehung schon mit der Vermittlung des Vertrages durch den Versicherungsvermittler.[104] 92

2. Transaktionen außerhalb einer Geschäftsbeziehung (§ 10 Abs. 3 Nr. 2 GwG)

In Fällen, in denen keine Geschäftsbeziehung i. S. d. § 1 Abs. 4 GwG vorliegt, treffen den Verpflichteten dennoch unter bestimmten Voraussetzungen die allgemeinen Sorgfaltspflichten. Dies gilt in erster Linie für die Durchführung von Transaktionen im Wert von 15.000 EUR oder mehr. Eine Sonderregelung sieht § 10 Abs. 3 Nr. 2 a) GwG für Geldtransfers nach Art. 3 Nr. 9 GTVO i. H. v. 1.000 EUR oder mehr vor. 93

Transaktionen, die außerhalb einer Geschäftsbeziehung durchgeführt werden, betreffen nur **Gelegenheitskunden**. Hierunter sind solche Kunden zu verstehen, zu denen der Verpflichtete lediglich ein Vertragsverhältnis über die Durchführung der Transaktion unterhält und keine sonstige dauerhafte Geschäftsbeziehung. Nicht erfasst sind demnach alle Transaktionen, die innerhalb einer bestehenden Geschäftsbeziehung abgewickelt werden, bspw. über ein bei einem Kreditinstitut bestehendes Girokonto. Diese Unterscheidung gilt auch für die Erfüllung der Identifizierungspflicht bzgl. der **ggf. für den Vertragspartner auftretenden Personen** (Bote, Stellvertreter) nach § 10 Abs. 1 Nr. 1 GwG (siehe § 10 Rn. 27). Handelt es sich um einen Gelegenheitskunden, so ist sowohl dieser als auch ein für ihn auftretender Dritter nur zu identifizieren, wenn 94

– die Schwellenwerte des § 10 Abs. 3 Nr. 2 GwG erreicht oder überschritten werden,
– ein Verdachtsfall nach § 10 Abs. 3 Nr. 3 GwG oder
– ein Zweifelsfall nach § 10 Abs. 3 Nr. 4 GwG vorliegt.

Beispiele für Gelegenheitstransaktionen im Bankensektor sind die Durchführung des **Zahlscheingeschäfts** sowie das nicht über ein Girogeschäft abgewickelte Sortengeschäft, jeweils ab Erreichen des Schwellenwerts. **Beispiele für Transaktionen innerhalb einer Geschäftsbeziehung** sind der unbare Zah- 95

---

102 BT-Drs. 16/9038, S. 34.
103 BT-Drs. 16/9038, S. 34.
104 AuA (GDV), S. 13.

GwG § 10 Allgemeine Sorgfaltspflichten

lungsverkehr über ein bei einem Kreditinstitut bestehendes Konto; kontobezogene Barein- und -auszahlungen, es sei denn diese werden von einem Dritten aufgrund eines eigenständigen Auftrags- oder Geschäftsbesorgungsverhältnisses vorgenommen;[105] das kontobezogene Sortengeschäft im Auftrag des Kunden;[106] die Inanspruchnahme einer neuen Kreditlinie innerhalb eines zuvor gewährten Kreditrahmens und die Vereinnahmung und Verwertung von Kreditsicherheiten.[107]

96 In bestimmten **Ausnahmefällen** wird die Erfüllung der Sorgfaltspflichten aufgrund der Natur der Transaktion bzw. der besonderen Umstände nicht in der gleichen Weise möglich sein wie bei der Begründung einer Geschäftsbeziehung. Die Prozesse zur Erfüllung der Sorgfaltspflichten sind in diesen Ausnahmefällen **risikoorientiert** an die Besonderheiten anzupassen.[108] Dies betrifft gemäß § 10 Abs. 2 Satz 4 GwG jedoch nicht die Identifizierungspflicht nach § 10 Abs. 1 Nr. 1 GwG. In jedem Fall ist die Begründung der Vorgehensweise nachvollziehbar zu dokumentieren (Darlegungspflicht gemäß § 10 Abs. 2 Satz 4 GwG).

a) Geldtransfer im Wert von 1.000 EUR oder mehr (§ 10 Abs. 3 Nr. 2a GwG)[109]

97 Die Schwellenbetragsregelung gilt nur für Geldtransfers nach Art. 3 Nr. 9 GTVO, die **mindestens 1.000 EUR** betragen. Die Bestimmung soll nach Auffassung des Gesetzgebers den Zahlungsdienstleistern gegenüber lediglich klarstellen, dass sie die Vorgaben der GTVO zu beachten haben.[110] Eine solche rein deklaratorische Wirkung liegt jedoch tatsächlich nicht vor. Durch die Regelung erfährt der Anwendungsbereich der allgemeinen Sorgfaltspflichten vielmehr eine deutliche Ausweitung.[111] § 10 Abs. 3 Nr. 2 a) GwG weist nicht bloß auf die Verpflichtungen gemäß GTVO hin, sondern bestimmt zusätzlich, dass die allgemeinen Sorgfaltspflichten zu beachten sind. Zwar scheiden die Pflichten nach § 10 Abs. 1 Nr. 3 und 5 GwG aus, da es sich nicht um eine bestehende Geschäftsbeziehung handelt, es verbleiben jedoch sowohl die Pflicht zur Identifizierung des Vertragspartners und ggf. der für ihn auftretenden Person (§ 10 Abs. 1 Nr. 1 GwG), die Abklärung und Identifizierung des wirtschaftlich Berechtigten (§ 10 Abs. 1 Nr. 2 GwG) sowie die Feststellung des PEP-Status (§ 10 Abs. 1 Nr. 4

---

105 AuA, Tz. 9.
106 AuA, Tz. 9.
107 AuA, Tz. 9.
108 AuA, Tz. 9.
109 Zur Einordnung der Annahme von Geldern im Rahmen der Erbringung von Zahlungsdiensten i. S. v. § 1 Abs. 2 ZAG sowie der Ausgabe von E-Geld i. S. d. ZAG siehe *Warius*, in: Herzog, GwG, § 3 Rn. 46.
110 BR-Drs. 317/11, S. 34.
111 *Höche/Rößler*, WM 2012, 1505, 1507; *Warius*, in: Herzog, GwG, § 3 Rn. 45; *Häberle*, in: Erbs/Kohlhaas, Strafrechtliche Nebengesetze, § 3 GwG Rn. 12.

IV. Anlässe für Sorgfaltspflichten (§ 10 Abs. 3 GwG)   **§ 10 GwG**

GwG). Die GTVO hingegen fordert u. a. keine Abklärung und Identifizierung des wirtschaftlich Berechtigten.

Von der Pflicht betroffen sind insb. Bareinzahlungen von Nichtkunden zur Überweisung auf ein Konto (sog. **Zahlscheingeschäfte**). Der relativ niedrige Schwellenwert von 1.000 EUR hat die Bedeutung des Zahlscheins in der Praxis schwinden lassen. Der mit solchen Geschäften verbundene hohe Prüf- und Dokumentationsaufwand ist mit verhältnismäßig hohen Kosten verbunden, die Kreditinstitute nicht immer an Kunden weitergeben (wollen). 98

Die Pflichten aus der GTVO zur Übermittlung bestimmter Angaben bei Geldtransfers bleiben von der Regelung des § 10 Abs. 3 Nr. 2 a) GwG unberührt und sind neben den geldwäscherechtlichen Pflichten ergänzend zu beachten.[112] 99

Losgelöst von Schwellenwerten bestehen diverse Embargo- und Sanktionsbestimmungen, die bei Geldtransfers zu beachten sind. So sind u. a. nach den „EG-Antiterrorverordnungen"[113] anhand von amtlichen Identifizierungsdokumenten Angaben zum Auftraggeber betragsunabhängig zu erheben und mit der Namensliste von Personen, gegen die Finanzsanktionen verhängt wurden, abzugleichen. 100

Im Rahmen der Pflicht zur Bestimmung der Vermögensherkunft gemäß § 15 Abs. 4 Nr. 2 GwG gilt bei Einzeltransaktionen ein abweichender Schwellenwert von 15.000 EUR.[114] 101

b) Transaktionen im Wert von 15.000 EUR oder mehr (§ 10 Abs. 3 Nr. 2b GwG)

Bei sonstigen Transaktionen außerhalb einer bestehenden Geschäftsbeziehung müssen die allgemeinen Sorgfaltspflichten erst ab einem Schwellenwert **von 15.000 EUR oder mehr** erfüllt werden. Eine **Transaktion i. S. d. § 1 Abs. 5 GwG** ist eine oder, soweit zwischen ihnen eine Verbindung zu bestehen scheint, mehrere Handlungen, die eine Geldbewegung oder eine sonstige Vermögensverschiebung bezwecken oder bewirken. Erfasst sind sowohl bare als auch unbare Vermögensverschiebungen. Neben der Annahme wird auch die Abgabe von Bargeld in entsprechender Höhe umfasst.[115] Die Pflicht besteht unabhängig davon, ob Hinweise oder Anhaltspunkte für Geldwäsche oder Terrorismusfinanzierung mit der Transaktion im Zusammenhang stehen. Beispiele von Transaktionen i. S. d. Vorschrift sind die Annahme und Abgabe von Bargeld, Wertpapieren und 102

---

112 Vgl. BT-Drs. 16/9038, S. 34.
113 U. a. die VO (EG) Nr. 2580/2001 des Rates vom 27.12.2001 über spezifische, gegen bestimmte Personen und Organisationen gerichtete restriktive Maßnahmen zur Bekämpfung des Terrorismus, zul. geändert durch den Beschluss 2009/62/EG des Rates vom 26.1.2009.
114 BaFin, Rundschreiben Nr. 2/2012 (GW) vom 21.3.2012, Punkt V.
115 BR-Drs. 168/08 S. 73; BT-Drs. 16/9038, S. 34.

GwG § 10 Allgemeine Sorgfaltspflichten

Edelmetallen, die Überweisung (außerhalb einer bestehenden Geschäftsbeziehung), die Kreditrückführung und der sachenrechtliche Eigentümerwechsel.[116]

103 Für **Güterhändler** (§ 2 Abs. 1 Nr. 16 GwG) gelten nach § 10 Abs. 6 GwG spezielle Regeln. Allgemeine Sorgfaltspflichten sind in Abweichung zu § 10 Abs. 3 GwG nur in den Fällen des § 10 Abs. 3 Nr. 3 GwG (Geldwäscheverdacht) sowie bei Transaktionen, bei welchen sie Barzahlungen über **mindestens 10.000 EUR** tätigen oder entgegennehmen, zu erfüllen.

104 Je nach Gegenstand der Transaktion kann die Bestimmung des Schwellenwerts unterschiedlich sein. Bei **Wertpapieren**[117] und **Edelmetallen** ist der aktuelle (Kurs-)Wert maßgeblich.[118] D.h., dass bspw. bei Schuldverschreibungen mit einem Nennwert von 15.000 EUR dann keine allgemeinen Sorgfaltspflichten ausgelöst werden, wenn der Kurs unter 100% liegt. Bei der Bestimmung des Schwellenwerts nicht zu beachten sind: Stückzinsen im Zusammenhang mit dem Erwerb von Wertpapieren sowie seitens der Kreditinstitute ggf. erhobene Gebühren und Provisionen.[119]

105 Der Schwellenwert von 15.000 EUR soll auch in den Fällen gelten, in denen mehrere Transaktionen zusammengenommen diesen Schwellenwert erreichen oder übersteigen (sog. **Smurfing oder Structuring**).[120] Damit soll verhindert werden, dass die Regelung durch das künstliche Aufteilen einer größeren Transaktion in mehrere kleinere Transaktionen unterhalb des Schwellenbetrags umgangen wird.[121] Die allgemeinen Sorgfaltspflichten sind somit auch dann zu erfüllen, wenn mehrere Transaktionen durchführt werden, die zusammen einen Betrag im Wert von 15.000 EUR oder mehr ausmachen, sofern „Anhaltspunkte dafür vorliegen, dass zwischen ihnen eine Verbindung besteht".[122] Die Arten der Verbindung zwischen den Transaktionen können vielgestaltig sein, sodass eine abschließende Auflistung der in Frage kommenden Verbindungsformen nicht möglich ist. Letzteres verbietet sich auch deshalb, weil Geldwäscher ansonsten dem Gesetz sichere Anhaltspunkte dafür entnehmen könnten, wie sie sich der

---

116 AuA, Tz. 9.
117 Zum Begriff siehe § 1 Abs. 1 DepotG.
118 *Häberle*, in: Erbs/Kohlhaas, Strafrechtliche Nebengesetze, § 3 GwG Rn. 9.
119 *Häberle*, in: Erbs/Kohlhaas, Strafrechtliche Nebengesetze, § 3 GwG Rn. 9.
120 Bezogen auf E-Geld findet sich das Smurfing in § 25i Abs. 2 Satz 2 KWG: *„Beim Schwellenwert nach Satz 1 Nummer 1 ist es unerheblich, ob der E-Geld-Inhaber das E-Geld über einen Vorgang oder über verschiedene Vorgänge erwirbt, sofern Anhaltspunkte dafür vorliegen, dass zwischen den verschiedenen Vorgängen eine Verbindung besteht."*
121 Siehe auch zum Transaktionsbegriff § 1 Abs. 5 GwG: *„Transaktion im Sinne dieses Gesetzes ist eine oder, soweit zwischen ihnen eine Verbindung zu bestehen scheint, mehrere Handlungen, die eine Geldbewegung oder eine sonstige Vermögensverschiebung bezwecken oder bewirken."*
122 So § 3 Abs. 2 Nr. 2 Satz 1 Hs. 2 GwG a. F.

IV. Anlässe für Sorgfaltspflichten (§ 10 Abs. 3 GwG) **§ 10 GwG**

gesetzlich vorgeschriebenen Identifizierung entziehen können. Dies gilt auch für den Zeitraum, in dem eine Verbindung festzustellen ist. Das Bestehen einer Verbindung zwischen Transaktionen kann deshalb immer nur im Wege einer **Gesamtschau aller Einzelfallumstände** festgestellt werden.[123]

In der Regel wird eine Verbindung zwischen Transaktionen zu bejahen sein, wenn sich eine signifikante Anzahl von Transaktionen innerhalb eines begrenzten Zeitraums durch ihre **Gleichartigkeit** im Hinblick auf den **Geschäftsabschluss**, den **Geschäftsgegenstand** oder die **Geschäftsabwicklung** auszeichnet.[124] **106**

Das Bestehen der Verbindung muss **offenkundig** sein, d. h. die Verbindung muss sich den mit den Transaktionen befassten Mitarbeitern aufdrängen.[125] **107**

Für Kreditinstitute bestehen bei der Annahme von Bargeld, soweit ein **Sortengeschäft** mit einem Wert von 2.500 EUR oder mehr nicht über ein Kundenkonto abgewickelt wird, abweichend lediglich die Sorgfaltspflichten nach § 10 Abs. 1 Nr. 1, 2 und 4 GwG, § 25k Abs. 1 KWG. **108**

Bei der Ausgabe von **E-Geld** haben Kreditinstitute nach § 25i Abs. 1 KWG die Pflichten nach § 10 Abs. 1 GwG zu erfüllen, auch wenn die Schwellenwerte nach § 10 Abs. 3 Nr. 2 GwG nicht erreicht werden. Hiervon bestimmt § 25i Abs. 2 KWG Ausnahmen, wie bspw. in Fällen, in denen der elektronisch gespeicherte Betrag 100 EUR nicht übersteigt. **109**

3. Verdachtsfall (§ 10 Abs. 3 Nr. 3 GwG)

§ 10 Abs. 3 Nr. 3 GwG bestimmt, dass die allgemeinen Sorgfaltspflichten auch dann zu erfüllen sind, wenn Tatsachen darauf hindeuten, dass betroffene Vermögenswerte Gegenstand einer Geldwäsche sind oder im Zusammenhang mit Terrorismusfinanzierung stehen. Durch die GwG-Novelle 2017 erfuhr die Vorschrift lediglich eine Klarstellung: Bei der Bewertung, ob Tatsachen vorliegen, die auf einen Zusammenhang mit Geldwäsche oder Terrorismusfinanzierung hindeuten, sind Ausnahmeregelungen, Befreiungen und Schwellenbeträge sowohl des GwG als auch anderer Gesetze nicht zu beachten. Die Verpflichtung aus § 10 Abs. 3 Nr. 3 GwG steht neben der Pflicht zur Meldung von Verdachtsfällen nach § 43 GwG. Sie dient in erster Linie dazu, den Strafverfolgungsbehörden **Ermittlungsansätze** zu verschaffen.[126] **110**

Der Gesetzgeber stellt ausdrücklich klar, dass die Schwelle für die Auslösung der allgemeinen Sorgfaltspflichten nicht einen Anfangsverdacht im Sinne des **111**

---
123 BT-Drs. 12/2704, S. 12.
124 BT-Drs. 12/2704, S. 12.
125 BT-Drs. 12/2704, S. 12.
126 *Warius*, in: Herzog, GwG, § 3 Rn. 79.

GwG § 10 Allgemeine Sorgfaltspflichten

§ 152 Abs. 2 StPO erfordert. Es soll vielmehr ausreichend sein, wenn der Verpflichtete Grund zu der Annahme hat, dass es sich bei den Vermögenswerten um Erträge krimineller Aktivitäten handelt oder die Vermögenswerte im Zusammenhang mit der Terrorismusfinanzierung stehen.[127]

112   Bei der Abklärung, ob es sich um einen Verdachtsfall handelt, darf der Verpflichtete sich nur auf **Tatsachen** stützen und darf sich nicht allein auf Gerüchte oder Mutmaßungen berufen. Dabei soll der Verpflichtete nicht die rechtlichen Voraussetzungen einer Geldwäschetat oder eines Falls von Terrorismusfinanzierung prüfen. Die Liste der in § 261 StGB aufgeführten tauglichen Vortaten ist lang und die mit der Prüfung betrauten (regelmäßig nicht rechtsgelehrten) Mitarbeiter sind mit einer solchen Prüfung schnell überfordert. Vielmehr kommt es darauf an, einen Sachverhalt nach allgemeinen Erfahrungen und eigenem beruflichen Erfahrungswissen unter dem Blickwinkel seiner Ungewöhnlichkeit und Auffälligkeit im jeweiligen geschäftlichen Kontext zu würdigen.[128] Wenn eine Geldwäschetat oder ein Fall von Terrorismusfinanzierung aufgrund dieser Erfahrungen naheliegt oder ein Sachverhalt darauf schließen lässt, so ist von einem Verdachtsfall auszugehen. Es ist also ausreichend, wenn der Verpflichtete eine konkrete Vorstellung zur Art der kriminellen Herkunft der Vermögenswerte entwickelt. Gleichwohl muss der Verpflichtete über hinreichend aussagekräftige Anhaltspunkte verfügen, eine Meldung „ins Blaue" ist unzulässig.[129] Die Tatsachen müssen jedoch nur auf die Taten „hindeuten". Allgemeine Sorgfaltspflichten werden daher bereits bei einer niedrigen „Verdachtsschwelle" ausgelöst. Erscheint ein Fall der Geldwäsche oder Terrorismusfinanzierung möglich, so ist dies grundsätzlich ausreichend.

113   Zur Beurteilung des Sachverhalts ist das gesamte aus einer Geschäftsbeziehung vorhandene Wissen heranzuziehen. Hinreichende Anhaltspunkte können Verpflichtete insb. durch Hinzuziehung von Typologien und aktuellen Methoden der Geldwäsche und der Terrorismusfinanzierung gewinnen. Zur Unterrichtungspflicht der Zentralstelle für Finanztransaktionsuntersuchungen bzgl. der Typologien und Methoden von Geldwäsche und Terrorismusfinanzierung siehe § 28 Rn. 18 ff. Zur korrespondierenden Pflicht der Verpflichteten, die eigenen Beschäftigten über die Methoden der Geldwäsche und der Terrorismusfinanzierung zu unterrichten, siehe § 6 Rn. 81 ff.

4. Zweifelsfall bzgl. der Identitätsangaben (§ 10 Abs. 3 Nr. 4 GwG)

114   Bei Zweifeln, ob die erhobenen Identitätsangaben bzgl. des Vertragspartners, der für den Vertragspartner auftretenden Person oder des wirtschaftlich Berech-

---
127 BT-Drs. 17/6804, S. 35.
128 BT-Drs. 12/2704, S. 15.
129 BR-Drs. 317/11, S. 49.

IV. Anlässe für Sorgfaltspflichten (§ 10 Abs. 3 GwG) **§ 10 GwG**

tigten zutreffend sind, hat der Verpflichtete ebenfalls die allgemeinen Sorgfaltspflichten zu erfüllen. Dies gilt insbesondere für Konten, die sich für Strohmanngeschäfte besonders eignen (Treuhand-, Sammel- oder Anderkonten).[130]

Art und Umfang der Maßnahmen richten sich zunächst nach der Intensität und Bedeutung der Geschäftsbeziehung bzw. Transaktion, bei deren Abwicklung diese Zweifel aufgekommen sind. Von Bedeutung ist aber gleichzeitig, welche Erkenntnismöglichkeiten dem Verpflichteten zur Sachverhaltsklärung zur Verfügung stehen. In manchen Fällen kann es schon ausreichen, den Kunden mit diesen Zweifeln zu konfrontieren und ihn um Klärung der offenen Fragen zu bitten. Hier ist jedoch ggf. das Verbot der Informationsweitergabe zu beachten (siehe § 47 Rn. 3 ff.). Bei anderen Sachverhalten kann es aber durchaus auch erforderlich sein, sich über die Angaben des Kunden hinaus im eigenen Unternehmen bzw. bei Dritten (etwa bei einer Drittbank, bei der eine weitere Kontobeziehung besteht) weitergehende Informationen zu beschaffen und auf ihre Plausibilität zu überprüfen.[131] Hierbei sind jedoch neben den §§ 47, 49 GwG stets die Bestimmungen des Datenschutzrechts und ggf. des Bankgeheimnisses zu beachten. 115

Häufig stoßen Verpflichtete bei dem Versuch, die bestehenden Zweifel auszuräumen, an ihre Grenzen. Gerade bei Zweifeln über die Identität des wirtschaftlich Berechtigten kommt es vor, dass Kunden auf die Aufforderung, den wirtschaftlich Berechtigten zu benennen, nicht oder nur unzureichend reagieren. Bestehen die Zweifel trotz der ergriffenen Maßnahmen fort, so ist die Geschäftsbeziehung nach § 10 Abs. 9 GwG zu beenden (zur Beendigungsverpflichtung siehe § 10 Rn. 130 ff.). Ggf. ist zusätzlich eine Verdachtsmeldung gemäß § 43 GwG zu machen. Im Falle der Nichtfeststellbarkeit oder bei Zweifeln an der Eigenschaft der Person des wirtschaftlich Berechtigten ist ggf. § 3 Abs. 2 Satz 5 GwG zu beachten („fiktiver wirtschaftlich Berechtigter"). 116

5. Sorgfaltspflichten auch bei Bestandskunden (§ 10 Abs. 3 Satz 3 GwG)

Die allgemeinen Sorgfaltspflichten sollen nicht nur bei Neukunden, sondern auch im Bestandsgeschäft Anwendung finden. Bei bereits bestehenden Geschäftsbeziehungen müssen die Maßnahmen zu geeigneter Zeit auf risikobasierter Grundlage erfüllt werden. Das soll insb. dann gelten, wenn sich maßgebliche Umstände beim Kunden ändern. Der Unterabsatz wurde durch die GwG-Novelle 2017 eingefügt und setzt die Regelung des Art. 14 Abs. 5 der 4. Geldwächerichtlinie um. Die Regelung soll klarstellen, dass z.B. die Identifizierung des Vertragspartners zu Beginn einer Geschäftsbeziehung mit Blick auf den Rege- 117

---
130 BT-Drs. 14/8739, S. 14.
131 BT-Drs. 14/8739, S. 14; zur Möglichkeit des Informationsaustauschs siehe auch § 47 Abs. 2 und 5 GwG.

GwG § 10 Allgemeine Sorgfaltspflichten

lungszweck der Sorgfaltspflichten nicht ausreichend ist.[132] Vgl. zur Aktualisierungspflicht auch § 10 Rn. 68 ff.).

V. Zahlungsverkehrsdienstleister bei Bargeldannahme (§ 10 Abs. 4 GwG)

118 Nehmen Verpflichtete nach § 2 Abs. 1 Nr. 3–5 GwG (Zahlungsinstitute, E-Geld-Institute, Agenten eines Zahlungs- oder E-Geld-Instituts sowie selbstständige Gewerbetreibende, die E-Geld eines Kreditinstituts vertreiben oder rücktauschen) Bargeld bei der Erbringung von Zahlungsdiensten an, so treffen sie die allgemeinen Sorgfaltspflichten nach § 10 Abs. 1 Nr. 1 und 2 GwG. § 10 Abs. 4 GwG bestimmt den Null-Schwellenwert bei der Annahme von Bargeld durch Zahlungsverkehrsdienstleister und ihr selbstständiges Hilfspersonal. Die Regelung fand sich vor der GwG-Novelle 2017 in ähnlicher Form in § 22 Abs. 3 des ZAG a. F.[133]

VI. Glücksspielveranstalter und -vermittler (§ 10 Abs. 5 GwG)

119 Für die allgemeinen Sorgfaltspflichten bei Spielbanken sieht § 10 Abs. 5 GwG teils speziellere Regelungen vor. Die Bestimmung ist durch die GwG-Novelle 2017 nur leicht angepasst worden und entspricht im Wesentlichen § 3 Abs. 3 GwG a. F. § 10 Abs. 5 GwG setzt die Vorgaben von Art. 11 d) der 4. Geldwäscherichtlinie um. Danach sollen Veranstalter und Vermittler von Glücksspielen i. S. d. § 2 Abs. 1 Nr. 15 GwG die allgemeinen Sorgfaltspflichten bei Gewinnen oder Einsätzen eines Spielers über 2.000 EUR erfüllen, wobei unerheblich ist, ob dieser Schwellenwert bei einer Transaktion erreicht wird oder durch mehrere Vorgänge, zwischen denen eine Verbindung zu bestehen scheint (sog. Smurfing). Ausgenommen ist Glücksspiel, das im Internet angeboten oder vermittelt wird. Hierbei ist jedoch § 16 GwG zu beachten. Die Identifizierung des Spielers kann bei physischen Einrichtungen, wie bspw. Spielbanken, auch beim Betreten erfolgen. In diesem Fall hat der Glücksspielveranstalter oder -vermittler zu gewährleisten, dass er die einzelnen Transaktionen des jeweiligen Spielers nachverfolgen kann. Unberührt bleiben die in § 10 Abs. 3 GwG geregelten Anlässe für die Erfüllung der Sorgfaltspflichten, die auch bei physischem Glücksspiel Anwendung finden.

---

132 BT-Drs. 18/11555, S. 116.
133 Zahlungsdiensteaufsichtsgesetz vom 25.6.2009 (BGBl. I, S. 1506): § 22 Abs. 3 ZAG aufgehoben durch Art. 18 der GwG-Novelle 2017 vom 23.6.2017 (BGBl. I, S. 1822).

VII. Allgemeine Sorgfaltspflichten der Güterhändler (§ 10 Abs. 6 GwG)

Für Güterhändler i. S. d. § 2 Abs. 1 Nr. 16 GwG gelten gemäß § 10 Abs. 6 GwG abweichende Anlässe für die Erfüllung der allgemeinen Sorgfaltspflichten. Diese müssen nur bei Verdachtsfällen nach § 10 Abs. 3 Satz 1 Nr. 3 GwG sowie bei Transaktionen, bei welchen sie Barzahlungen über mindestens 10.000 EUR tätigen oder entgegennehmen, erfüllt werden. Auch die sonstigen Regelungen des Abschnitts 3 (§§ 10–17 GwG) sollen nur dann Anwendung finden, wenn einer der in § 10 Abs. 6 GwG genannten Fälle eintritt.[134]

120

VIII. E-Geld (§ 10 Abs. 7 GwG)

Allgemeine Sorgfaltspflichten in Bezug auf E-Geld werden primär durch § 25i KWG geregelt. Hierbei ist festgelegt, dass auch bei E-Geld-Geschäften die Verpflichteten die allgemeinen Sorgfaltspflichten nach § 10 Abs. 1 GwG zu beachten haben, mit der Besonderheit, dass dies schwellenwertunabhängig zu geschehen hat (**Nullschwellenwert**). Bei der Ausgabe von E-Geld (zum Begriff siehe § 1 Rn. 32) gelten jedoch für bestimmte Verpflichtete abweichend von § 25i Abs. 1 KWG eingeschränkte Sorgfaltspflichten. Erfasst sind

121

– Verpflichtete nach § 2 Abs. 1 Nr. 4 GwG (Agenten nach § 1 Abs. 7 ZAG und E-Geld-Agenten nach § 1a Abs. 6 des ZAG) und
– Verpflichtete nach § 2 Abs. 1 Nr. 5 GwG (selbstständige Gewerbetreibende, die im Namen eines Zahlungsdienstleisters nach § 1 Abs. 1 Nr. 1 ZAG Zahlungsdienste nach § 1 Abs. 2 ZAG ausführen oder E-Geld eines Kreditinstituts nach § 1a Abs. 1 Nr. 1 ZAG vertreiben oder rücktauschen).

In diesen Fällen sind, auch wenn die Schwellenwerte nach § 10 Abs. 3 Nr. 2 GwG nicht erreicht werden, lediglich die Identifizierungspflichten nach § 10 Abs. 1 Nr. 1 GwG und die Pflichten nach § 10 Abs. 1 Nr. 4 GwG zu beachten.

122

Unter „**Ausgabe von E-Geld**" versteht der Gesetzgeber in diesem Zusammenhang nur Vertriebsaktivitäten, die unmittelbar zum Ausgabeprozess des E-Geld-Produkts gehören. Hierzu gehört insbesondere die Übergabe des E-Geld-Trägers oder Codes und die bare oder unbare Annahme des Ausgabebetrages für den E-Geld-Emittenten.[135]

123

§ 10 Abs. 7 GwG hat sich durch die GwG-Novelle 2017 kaum verändert und entspricht im Wesentlichen dem bisherigen § 3 Abs. 2 Satz 3 und 4 GwG a. F. Die Vorschrift soll der Vorbeugung von Geldwäscherisiken dienen, die bei Ausgabe, Vertrieb und Rücktausch von E-Geld bestehen. Dies mag auf den ersten Blick

124

---

134 BT-Drs. 18/11555, S. 117.
135 BT-Drs. 18/11555, S. 117.

GwG § 10 Allgemeine Sorgfaltspflichten

verwundern, da Transaktionen, die Verpflichtete nach § 2 Abs. 1 Nr. 4 und 5 GwG vornehmen, regelmäßig unter 15.000 EUR liegen. Dennoch handelt es sich in aller Regel um Massengeschäfte, bei denen der E-Geld-Inhaber regelmäßig auch mehrere Instrumente besitzt, auf denen E-Geld gespeichert ist. Dies erleichtert die Umgehung der Schwellenwerte, sodass große Beträge von erheblicher geldwäscherechtlicher Relevanz bei der Ausgabe und dem Rücktausch von E-Geld anonym bewegt werden können.[136]

125 Bei der Ausgabe von E-Geld durch die genannten Verpflichteten können bei Vorliegen der in § 25i Abs. 2 KWG aufgeführten Fälle **vereinfachte Sorgfaltspflichten** angewandt werden. Auf der anderen Seite ist auch die Verschärfungsregel des § 25i Abs. 4 KWG entsprechend anwendbar, die es der BaFin erlaubt, unter gewissen Voraussetzungen wie insb. einem erhöhten Risiko der Geldwäsche oder der Terrorismusfinanzierung Einschränkungen bis hin zur Untersagung der E-Geld-Ausgabe auszusprechen.

IX. Versicherungsvermittler (§ 10 Abs. 8 GwG)

126 § 10 Abs. 8 GwG normiert eine spezielle Mitteilungspflicht bei Versicherungsgeschäften. Adressaten sind Versicherungsvermittler nach § 2 Abs. 1 Nr. 8 GwG, die für ein Versicherungsunternehmen nach § 2 Abs. 1 Nr. 7 GwG Prämien einziehen. Diese Vermittler sind verpflichtet, es dem Versicherungsunternehmen mitzuteilen, wenn Barprämien den Betrag von 15.000 EUR innerhalb eines Kalenderjahres übersteigen. Hintergrund ist das gesteigerte Risiko von Geldwäsche oder Terrorismusfinanzierung bei hohen Barzahlungen auf Versicherungsverträge.[137] Die Mitteilungspflicht des § 10 Abs. 8 GwG soll sicherstellen, dass das Versicherungsunternehmen die erforderliche Prüfung des Sachverhalts auf Geldwäsche- oder Terrorismusfinanzierungsverdacht angemessen durchführen kann.[138] Ein Beispiel für ein erhöhtes Risiko sind Versicherungspolicen mit hohen Einmalzahlungen in bar, die mit den sonstigen Angaben des Versicherungsnehmers (Einkommen, Beruf, Lebenssituation etc.) nicht in Einklang zu bringen sind.[139] Auch der plötzlich erklärte Rücktritt von einem erst kurz zu-

---

136 BT-Drs. 17/6804, S. 27.
137 FATF, FATF Report on Money Laundering Typologies 2003–2004, S. 15, http://www.fatf-gafi.org/media/fatf/documents/reports/2003_2004_ML_Typologies_ENG.pdf, zuletzt abgerufen am 29.7.2017; ESAs, Final Guidelines on Risk Factors (JC 2017 37), Stand: 26.6.2017, S. 66 ff., https://www.eba.europa.eu/documents/10180/1890686/Final+ Guidelines+on+Risk+Factors+%28JC+2017+37%29.pdf, zuletzt abgerufen am 29.7.2017.
138 BT-Drs. 16/9038, S. 35.
139 Vgl. ESAs, Final Guidelines on Risk Factors (JC 2017 37), Stand: 26.6.2017, S. 66, https://www.eba.europa.eu/documents/10180/1890686/Final+Guidelines+on+Risk+Factors +%28JC+2017+37%29.pdf, zuletzt abgerufen am 29.7.2017.

vor abgeschlossenen Versicherungsvertrag ist als verdächtig einzustufen, wenn sowohl Geschäft als auch Rückzahlung in bar abgewickelt werden.

Zu der Prämienzahlung zählen neben der Versicherungsprämie auch die Versicherungssteuer in der jeweiligen gesetzlichen Höhe und gegebenenfalls ein Ratenzahlungszuschlag.[140]

Vom Regelungsinhalt des § 10 Abs. 8 GwG zu unterscheiden ist die eigentliche Vermittlung von Versicherungsverträgen. Sie ist als Begründung einer Geschäftsbeziehung i. S. d. § 10 Abs. 3 Nr. 1 GwG zu verstehen, sodass der Versicherungsvermittler den allgemeinen Sorgfaltspflichten unterliegt.[141]

Zu den allgemeinen Sorgfaltspflichten der Versicherungsunternehmen und anderer Verpflichteter i. S. d. VAG siehe die Kommentierung zu §§ 52 ff. VAG.

X. Beendigungsverpflichtung (§ 10 Abs. 9 GwG)

Nach § 10 Abs. 9 GwG darf in bestimmten Fällen die Geschäftsbeziehung nicht begründet oder fortgesetzt bzw. keine Transaktion durchgeführt werden. Eine bestehende Geschäftsbeziehung mit dem Vertragspartner ist zu beenden. Diese Verpflichtungen gelten immer dann, wenn die allgemeinen Sorgfaltspflichten nach § 10 Abs. 1 Nr. 1–4 GwG nicht erfüllt werden können. Über die Verweisungen in § 14 Abs. 3 und in § 15 Abs. 9 GwG gelten diese Verpflichtungen auch für vereinfachte und verstärkte Sorgfaltspflichten. Es ist ausreichend, wenn nur einer Sorgfaltspflicht (z. B. der Pflicht zur Identifizierung des Vertragspartners oder der für ihn auftretenden Person) nicht entsprochen werden kann.

Diese Beendigungsverpflichtung enthält zwar einen Eingriff in die durch Art. 2 Abs. 1 GG grundrechtlich geschützte Vertragsfreiheit, die Vorschrift dient jedoch der effektiven Geldwäschebekämpfung und der Bekämpfung der Terrorismusfinanzierung. In diesem Zusammenhang gehört es zur ordnungsgemäßen Geschäftspolitik eines Unternehmens, sich von Transaktionen mit kriminellem Hintergrund, und dabei insbesondere von Geldwäschevorgängen, fernzuhalten und zu ihrer Verhinderung, Aufdeckung und Bekämpfung beizutragen. Angesichts der Bedeutung des mit dieser Bestimmung beförderten Ziels wird die vorgesehene Regelung als allgemein erforderlich und angemessen angesehen.[142]

Bei der Entscheidung, ob eine bestehende Geschäftsbeziehung zu kündigen oder auf andere Weise zu beenden ist, ist jedoch auch der **Grundsatz der Verhältnismäßigkeit** zu beachten.[143] Dies kann durchaus dazu führen, dass die Verpflich-

---

140 *Langweg*, in: Fülbier/Aepfelbach/Langweg, GwG, § 4 Rn. 4.
141 BT-Drs. 16/9038, S. 35.
142 BT-Drs. 16/9038, S. 35.
143 BT-Drs. 16/9038, S. 35; BT-Drs. 18/11555, S. 117.

GwG § 10 Allgemeine Sorgfaltspflichten

tung im Einzelfall entfällt. Hierbei ist das wirtschaftliche Interesse des Verpflichteten an der Fortsetzung der Geschäftsbeziehung mit dem Geldwäsche- oder Terrorismusfinanzierungsrisiko des jeweiligen Vertragspartners und der jeweiligen Transaktion gegeneinander abzuwägen. Überwiegt das Interesse des Verpflichteten, so ist eine Beendigung unangemessen und kann daher unterbleiben. Die Verpflichtung zur Kündigung einer bestehenden Geschäftsbeziehung tritt jedoch auch in diesen Fällen ein, wenn die **Sorgfaltspflichtverletzungen nachhaltig und andauernd** sind. Danach ist der Ausschluss der Beendigungsverpflichtung im Umkehrschluss auf die Fälle beschränkt, bei denen die Sorgfaltspflichtverletzung entweder kurzfristig behoben werden kann oder nur von sehr geringem Umfang ist.[144]

133 Entscheidet sich der Verpflichtete aufgrund von Verhältnismäßigkeitserwägungen, im Einzelfall von der Beendigung abzusehen, so hat er die Entscheidung **zu begründen** und die Begründung nachvollziehbar **zu dokumentieren**. Darüber hinaus sind geeignete risikobasierte Maßnahmen zu treffen, um dem ggf. erhöhten Risiko wegen Fortsetzung der Geschäftsbeziehung angemessen zu begegnen und ebenfalls nachvollziehbar zu dokumentieren.

134 Die Bedingungen, die zur Beendigung einer Geschäftsbeziehung führen sollen, basieren nicht auf formal-schematisch vorgegebenen Kriterien, sondern sind bezogen auf den Einzelfall **risikoorientiert** festzulegen. Dies resultiert aus der Tatsache, dass der Umfang der allgemeinen Sorgfaltspflichten selbst gemäß § 10 Abs. 2 GwG dem jeweiligen Risiko des Einzelfalls entsprechen muss. Erst wenn ein Verpflichteter mindestens eine der allgemeinen Sorgfaltspflichten nicht risikogerecht erfüllen kann, greift die Rechtsfolge des § 10 Abs. 9 GwG.[145]

135 Kann ein Verpflichteter die ihm obliegenden (risikobasierten) allgemeinen Sorgfaltspflichten nicht erfüllen, so muss der Verpflichtete risikobasiert die Geschäftsbeziehung **ordentlich oder außerordentlich kündigen**. Die gesetzliche Verpflichtung, eine bestehende Geschäftsbeziehung mit dem Vertragspartner zu beenden, ist **im Zweifel** im Sinne eines **außerordentlichen Kündigungsrechts** zu verstehen.

136 Bei der Ablehnung bzw. Kündigung von **Basiskontoverträgen** ist gemäß § 34 Abs. 3 Satz 1 ZKG[146] bzw. § 43 Abs. 2 Satz 1 ZKG der Grund für die Ablehnung bzw. Kündigung mitzuteilen. Hiervon macht § 34 Abs. 3 Satz 2 ZKG bzw. § 43 Abs. 2 Satz 2 ZKG eine Ausnahme, sofern durch die Mitteilung die öffentliche Sicherheit, insbesondere die gesetzlichen Regelungen zur Verhinderung der Nutzung

---

144 AuA, Tz. 63; siehe auch die Beispiele in den AuA (GDV), S. 11 f.
145 BT-Drs. 16/9038, S. 35.
146 Gesetz über die Vergleichbarkeit von Zahlungskontoentgelten, den Wechsel von Zahlungskonten sowie den Zugang zu Zahlungskonten mit grundlegenden Funktionen (Zahlungskontengesetz – ZKG).

X. Beendigungsverpflichtung (§ 10 Abs. 9 GwG) § 10 GwG

des Finanzsystems zum Zweck der Geldwäsche oder der Terrorismusfinanzierung, gefährdet oder gegen ein Verbot der Informationsweitergabe verstoßen würde.

Der Vertragspartner kann wegen der gesetzlich vorgeschriebenen Beendigung vom Verpflichteten keinen Schadenersatzanspruch geltend machen.[147]

137

Eine **Ausnahme** von der Beendigungsverpflichtung besteht nach § 10 Abs. 9 Satz 3 GwG für **rechtsberatende Berufe** (Rechtsanwälte, Kammerrechtsbeistände, Patentanwälte und Notare) sowie für **Wirtschaftsprüfer, vereidigte Buchprüfer, Steuerberater und Steuerbevollmächtigte** (§ 2 Abs. 1 Nr. 10 und 12 GwG). Dies gilt immer dann, wenn der Vertragspartner eine Rechtsberatung oder Prozessvertretung anstrebt. Wenn die Verpflichteten jedoch wissen, dass der Mandant ihre Rechtsberatung bewusst für den Zweck der Geldwäsche oder der Terrorismusfinanzierung in Anspruch nimmt, so greift nach § 10 Abs. 9 Satz 3 GwG die Beendigungsverpflichtung nach § 10 Abs. 9 Satz 1 und 2 GwG. Es ist von einem umfassenden Begriff der Rechtsberatung auszugehen.[148] Daher ist auch die gesamte **notarielle Amtstätigkeit** (§§ 20–24 BNotO) erfasst.[149] Dementsprechend kann der Notar seiner Amtsgewährungspflicht grundsätzlich auch bei einer Verweigerung der Erfüllung geldwäscherechtlicher Mitwirkungspflichten durch die Beteiligten nachkommen bzw. auch in diesem Fall Amtshandlungen vornehmen. Der Notar sollte aber jedenfalls auf die nachträgliche Erfüllung der allgemeinen Sorgfaltspflichten hinwirken.[150]

138

Unabhängig von dem Vorliegen der Beendigungsverpflichtung nach § 10 Abs. 9 GwG hat der Verpflichtete zu klären, ob die Nichterfüllung der allgemeinen Sorgfaltspflichten eine **Verdachtsmeldung** nach § 43 GwG notwendig macht. In Fällen, in denen der Vertragspartner seiner **Offenlegungs- und Mitwirkungspflicht** gemäß § 11 Abs. 6 GwG zuwidergehandelt hat, steht es dem Verpflichteten frei, eine Verdachtsmeldung nach § 43 GwG abzugeben. Es besteht jedoch keine automatische Pflicht zur Meldung. Vielmehr hat der Verpflichtete hier das Recht, eine Bewertung des Sachverhalts durchzuführen.[151] Eine solche Bewertung empfiehlt sich ohnehin, um festzustellen, ob weiterer Handlungsbedarf besteht. Die Sachverhaltsbewertung und die Entscheidung zur Abgabe oder Nichtabgabe einer Verdachtsmeldung sollte nachvollziehbar dokumentiert werden.

139

---

147 BT-Drs. 16/9038, S. 35 f.
148 *Warius*, in: Herzog, GwG, § 3 Rn. 129.
149 Bundesnotarkammer, Anwendungsempfehlungen der Bundesnotarkammer zum GwG, S. 24, Stand: Juli 2013, http://www.bnotk.de/_downloads/Anwendungsempfehlungen/130712_Anwendungsempfehlungen_GwG.pdf, zuletzt abgerufen am 25.3.2017.
150 Zu den Einzelheiten siehe Bundesnotarkammer, Anwendungsempfehlungen der Bundesnotarkammer zum GwG, S. 25, Stand: Juli 2013, http://www.bnotk.de/_downloads/Anwendungsempfehlungen/130712_Anwendungsempfehlungen_GwG.pdf, zuletzt abgerufen am 25.3.2017.
151 AuA, Tz. 86j.

§ 11 Identifizierung

(1) Verpflichtete haben Vertragspartner, gegebenenfalls für diese auftretende Personen und wirtschaftlich Berechtigte vor Begründung der Geschäftsbeziehung oder vor Durchführung der Transaktion zu identifizieren. Die Identifizierung kann auch noch während der Begründung der Geschäftsbeziehung abgeschlossen werden, wenn dies erforderlich ist, um den normalen Geschäftsablauf nicht zu unterbrechen, und wenn ein geringes Risiko der Geldwäsche und der Terrorismusfinanzierung besteht.

(2) Abweichend von Absatz 1 hat ein Verpflichteter nach § 2 Absatz 1 Nummer 14 die Vertragsparteien des Kaufgegenstandes zu identifizieren, sobald der Vertragspartner des Maklervertrages ein ernsthaftes Interesse an der Durchführung des Immobilienkaufvertrages äußert und die Kaufvertragsparteien hinreichend bestimmt sind.

(3) Von einer Identifizierung kann abgesehen werden, wenn der Verpflichtete die zu identifizierende Person bereits bei früherer Gelegenheit im Rahmen der Erfüllung seiner Sorgfaltspflichten identifiziert hat und die dabei erhobenen Angaben aufgezeichnet hat. Muss der Verpflichtete auf Grund der äußeren Umstände Zweifel hegen, ob die bei der früheren Identifizierung erhobenen Angaben weiterhin zutreffend sind, hat er eine erneute Identifizierung durchzuführen.

(4) Bei der Identifizierung hat der Verpflichtete folgende Angaben zu erheben:
1. bei einer natürlichen Person:
   a) Vorname und Nachname,
   b) Geburtsort,
   c) Geburtsdatum,
   d) Staatsangehörigkeit und
   e) eine Wohnanschrift oder, sofern kein fester Wohnsitz mit rechtmäßigem Aufenthalt in der Europäischen Union besteht und die Überprüfung der Identität im Rahmen des Abschlusses eines Basiskontovertrags im Sinne von § 38 des Zahlungskontengesetzes erfolgt, die postalische Anschrift, unter der der Vertragspartner sowie die gegenüber dem Verpflichteten auftretende Person erreichbar ist;
2. bei einer juristischen Person oder bei einer Personengesellschaft:
   a) Firma, Name oder Bezeichnung,
   b) Rechtsform,
   c) Registernummer, falls vorhanden,
   d) Anschrift des Sitzes oder der Hauptniederlassung und

e) die Namen der Mitglieder des Vertretungsorgans oder die Namen der gesetzlichen Vertreter und, sofern ein Mitglied des Vertretungsorgans oder der gesetzliche Vertreter eine juristische Person ist, von dieser juristischen Person die Daten nach Buchstabe a bis d.

(5) Bei einem wirtschaftlich Berechtigten hat der Verpflichtete abweichend von Absatz 4 zur Feststellung der Identität zumindest dessen Name und, soweit dies in Ansehung des im Einzelfall bestehenden Risikos der Geldwäsche oder der Terrorismusfinanzierung angemessen ist, weitere Identifizierungsmerkmale zu erheben. Geburtsdatum, Geburtsort und Anschrift des wirtschaftlich Berechtigten dürfen unabhängig vom festgestellten Risiko erhoben werden. Der Verpflichtete hat sich durch risikoangemessene Maßnahmen zu vergewissern, dass die zur Identifizierung erhobenen Angaben zutreffend sind; dabei darf sich der Verpflichtete nicht ausschließlich auf die Angaben im Transparenzregister verlassen.

(6) Der Vertragspartner eines Verpflichteten hat dem Verpflichteten die Informationen und Unterlagen zur Verfügung zu stellen, die zur Identifizierung erforderlich sind. Ergeben sich im Laufe der Geschäftsbeziehung Änderungen, hat er diese Änderungen unverzüglich dem Verpflichteten anzuzeigen. Der Vertragspartner hat gegenüber dem Verpflichteten offenzulegen, ob er die Geschäftsbeziehung oder die Transaktion für einen wirtschaftlich Berechtigten begründen, fortsetzen oder durchführen will. Mit der Offenlegung hat er dem Verpflichteten auch die Identität des wirtschaftlich Berechtigten nachzuweisen.

Schrifttum: *Erbs/Kohlhaas*, Strafrechtliche Nebengesetze, 208. EL Mai 2016; *Herzog*, Geldwäschegesetz, 2. Aufl. 2014; *Kaetzler*, Anforderungen an die Organisation der Geldwäscheprävention bei Bankinstituten – ausgewählte Einzelfragen, CCZ 2008, 174; *Palandt*, Bürgerliches Gesetzbuch, 76. Aufl. 2017; *Quedenfeld*, Handbuch Bekämpfung der Geldwäsche und Wirtschaftskriminalität, 4. Aufl. 2017.

Übersicht

	Rn.		Rn.
I. Allgemeines	1	1. Bei natürlichen Personen (§ 11 Abs. 4 Nr. 1 GwG)	12
II. Zeitpunkt der Identifizierung (§ 11 Abs. 1 und 2 GwG)	3	2. Bei juristischen Personen (§ 11 Abs. 4 Nr. 2 GwG)	15
III. Absehen von der Identifizierung (§ 11 Abs. 3 GwG)	6	V. Identifizierung des wirtschaftlich Berechtigten (§ 11 Abs. 5 GwG)	18
IV. Feststellung der Identität (§ 11 Abs. 4 GwG)	9	VI. Mitwirkungs- und Offenlegungspflicht (§ 11 Abs. 6 GwG)	30

GwG § 11 Identifizierung

I. Allgemeines

1   Die Pflicht zur Feststellung der Identität nach § 11 GwG ist eine der zentralen Normen innerhalb der Kundensorgfaltspflichten. Durch sie wird festgelegt, dass durch die Erhebung der Angaben nach § 11 Abs. 4 und 5 GwG die Identität des Vertragspartners, der ggf. für diesen auftretenden Personen und des wirtschaftlich Berechtigten zu bestimmen ist. Die Bestimmung regelt den Zeitpunkt und die Art und Weise der Durchführung der Identifizierung. Die **Identifizierung** ist in **§ 1 Abs. 3 GwG** legaldefiniert. Danach besteht die Identifizierung aus der **Feststellung** der Identität durch das Erheben von Angaben und der **Überprüfung** der Identität. Vor dem Inkrafttreten der GwG-Novelle 2017 waren sowohl die Feststellung als auch die Überprüfung der Identität in § 4 GwG a. F. geregelt. Die Bestimmungen finden sich nun in § 11 GwG (bzgl. der Identitäts*feststellung*) und in §§ 12 und 13 GwG (bzgl. der Identitäts*überprüfung*). Diese Aufteilung ändert inhaltlich nichts Entscheidendes an den schon vorher bestehenden Verpflichtungen. Allerdings ist die Struktur der Identifizierungsanforderungen nun klarer gegliedert und somit übersichtlicher. Neu eingefügt wurden in § 11 Abs. 2 GwG die Regelungen zur Identifizierung bei Immobiliengeschäften (siehe § 11 Rn. 4).

2   In § 11 GwG werden insb. die Pflichten aus § 10 Abs. 1 Nr. 1 und 2 GwG genauer festgelegt. § 11 Abs. 1 GwG konkretisiert den Zeitpunkt der Identifizierung. In § 11 Abs. 2 GwG finden sich Bestimmungen zur Identifizierung bei Immobiliengeschäften. Wann von einer Identifizierung abgesehen werden kann, ist in § 11 Abs. 3 GwG geregelt. In den Absätzen 4 und 5 wird die Art und Weise der Identifizierung festgelegt. § 11 Abs. 6 GwG bestimmt schließlich, welche Unterstützungs- und Offenlegungspflichten den Vertragspartner treffen.

II. Zeitpunkt der Identifizierung (§ 11 Abs. 1 und 2 GwG)

3   Der Verpflichtete muss nach § 11 Abs. 1 Satz 1 GwG die Identifizierung grundsätzlich **vor Begründung der Geschäftsbeziehung** bzw. **vor Durchführung der Transaktion** vornehmen. Nach § 11 Abs. 1 Satz 2 GwG kann hiervon im Einzelfall abgewichen werden. So ist es möglich, die Identifizierung auch noch während der Begründung der Geschäftsbeziehung abzuschließen, wenn ansonsten der normale Geschäftsablauf unterbrochen werden müsste. Dies gilt aber nur dann, wenn im jeweiligen Einzelfall ein geringes Risiko für Geldwäsche oder Terrorismusfinanzierung besteht. Diese Ausnahmeregelung bezieht sich nicht auf Transaktionen, sondern nur auf Geschäftsbeziehungen. Bei Transaktionen muss die Identifizierung (schwellenwertabhängig) grundsätzlich vor der Durchführung erfolgen. Für Institute i. S. d. KWG normiert **§ 25j KWG** eine spezielle **Erleichterung** für die Durchführung der Identifizierung nach § 11 Abs. 1 GwG. Die Regelung erlaubt das Nachholen der Identitätsüberprüfung, sofern diese un-

II. Zeitpunkt der Identifizierung (§ 11 Abs. 1 und 2 GwG)   **§ 11 GwG**

verzüglich nach der Eröffnung eines Kontos oder Depots abgeschlossen wird. Für Versicherungsunternehmen enthält § 54 Abs. 1 VAG eine Spezialnorm. Danach besteht – unbeschadet des § 10 Abs. 1 Nr. 2 GwG – die Verpflichtung, bei Begründung der Geschäftsbeziehung die Identität eines vom Versicherungsnehmer abweichenden Bezugsberechtigten aus dem Versicherungsvertrag nach Maßgabe des § 11 Abs. 5 GwG festzustellen (siehe § 54 VAG Rn. 19 ff.).

§ 11 Abs. 2 GwG wurde durch die GwG-Novelle 2017 neu eingefügt und regelt den Identifizierungszeitpunkt für **Immobilienmakler**. Danach haben Immobilienmakler i. S. d. § 2 Abs. 14 GwG ihren eigenen Vertragspartner und den weiteren Vertragspartner der vermakelten Immobilie abweichend von § 11 Abs. 1 GwG dann geldwäscherechtliche zu identifizieren, wenn ein **ernsthaftes Interesse** an der Durchführung des Kaufvertrags besteht. Auch müssen die Vertragsparteien des Immobilienkaufs bereits hinreichend bestimmt sein. Von einem ernsthaften Kaufinteresse ist spätestens dann auszugehen, wenn eine der Kaufvertragsparteien von der anderen Kaufvertragspartei (gegebenenfalls über Dritte) den **Kaufvertrag erhalten** hat. Der Gesetzgeber ist der Auffassung, dass sich zumindest zu diesem Zeitpunkt der Wille zum Abschluss des Kaufvertrags ausreichend stark manifestiert hat, sodass von da an der Kaufvertrag mit hinreichender Wahrscheinlichkeit durchgeführt wird.[1] Hiervon abgesehen kann auch dann von einem ernsthaften Kaufinteresse ausgegangen werden, wenn der (voraussichtliche) Käufer mit dem (möglichen) Verkäufer oder dem Makler eine **Reservierungsvereinbarung** oder einen **Vorvertrag** abgeschlossen oder eine **Reservierungsgebühr** an den Makler entrichtet hat. Ist mindestens eine Kaufvertragspartei noch nicht bestimmt oder sind die Vorverhandlungen noch in einem solch frühen Stadium, dass der Abschluss ungewiss ist, so ist der Makler (noch) nicht zur Identifizierung verpflichtet.[2]   4

Die Formulierung des § 11 Abs. 2 GwG wirft die Frage auf, ob hier ein Redaktionsversehen vorliegt.[3] Der Wortlaut spricht nämlich gerade **nicht** davon, dass der Immobilienmakler seine **Sorgfaltspflichten insgesamt** zu dem beschriebenen Zeitpunkt auszuführen hat. Eine für die Identifizierung der Vertragsparteien einerseits und die Abklärung wirtschaftlich Berechtigter andererseits abweichende Regelung zum Erfüllungszeitpunkt dürfte aber weder gewollt noch praktikabel sein. Sinn und Zweck des § 11 Abs. 1 GwG sprechen eher dafür, dass die   5

---

1 BT-Drs. 18/11555, S. 118.
2 BT-Drs. 18/11555, S. 118.
3 So die Stellungnahme der DK zum GwG-Regierungsentwurf vom 22.2.2017, S. 15, Stand: 13.3.2017, https://die-dk.de/media/files/170313_DK-Stellungnahme_Umsetzungsg_4._Gw-RL.pdf, zuletzt abgerufen am 3.8.2017.

GwG § 11 Identifizierung

Identifizierungspflichten des Immobilienmaklers den allgemeinen Vorgaben des GwG folgen sollten.[4]

III. Absehen von der Identifizierung (§ 11 Abs. 3 GwG)

6   Nach § 11 Abs. 3 Satz 1 GwG kann der Verpflichtete von einer Identifizierung absehen, wenn der zu Identifizierende bereits bei früherer Gelegenheit durch den Verpflichteten identifiziert und die dabei erhobenen Angaben aufgezeichnet wurden. Die erhobenen Angaben müssen auch weiterhin zutreffend sein. Hegt der Verpflichtete jedoch aufgrund äußerer Umstände Zweifel daran, dass die bei der früheren Identifizierung erhobenen Angaben weiterhin zutreffend sind, so hat er nach § 11 Abs. 3 Satz 2 GwG die Identifizierung erneut vorzunehmen. Diese risikoorientierte Ausnahmebestimmung soll es den Verpflichteten ermöglichen, den mit der Identifizierung verbundenen Verwaltungsaufwand zu reduzieren. Eine frühere Fassung des GwG enthielt noch das Erfordernis, dass die zu identifizierende Person dem Verpflichteten auch persönlich bekannt war. Diese Voraussetzung wurde jedoch mit Inkrafttreten des Geldwäschebekämpfungsergänzungsgesetzes am 21.8.2008 wieder gestrichen. Hiervon abgesehen verlor dieses Merkmal bereits zuvor aufgrund der zunehmenden Fernkommunikation (insb. online) an Bedeutung.

7   Verzichtet der Verpflichtete nach § 11 Abs. 3 Satz 1 GwG auf eine erneute Identifizierung, so sind der Name der zu identifizierenden Person sowie der Umstand, dass er bei früherer Gelegenheit identifiziert wurde, nach § 8 Abs. 2 Satz 4 GwG aufzuzeichnen. Dies setzt zusätzlich voraus, dass die seinerzeit erhobenen Angaben ihrerseits nach den Voraussetzungen des § 8 GwG aufgezeichnet wurden (**Dokumentationserfordernis**).

8   Problematisch könnten **Altfälle** angesehen werden, bei denen die zu identifizierenden Personen ursprünglich nach den damaligen geldwäscherechtlichen Regelungen ordnungsgemäß identifiziert wurden, die heutigen Anforderungen an die Identifizierung (z. B. die Erhebung zusätzlicher Angaben) jedoch nicht erfüllen. Dies betrifft insb. Fälle vor Inkrafttreten des Geldwäschebekämpfungsergänzungsgesetzes am 21.8.2008, da erst mit dieser Reform die zur Feststellung der Identität bei juristischen Personen oder Personengesellschaften zu erhebenden Angaben gesetzlich festgelegt wurden. Der Wortlaut des § 11 Abs. 3 GwG spricht nicht gegen eine Anwendbarkeit des Absehens von der erneuten Identifizierung. § 11 Abs. 3 Satz 2 GwG fordert eine Neuvornahme der Identifizierung nur bei Abweichen von den *bei der früheren Identifizierung* erhobenen Angaben.

---

4 Stellungnahme der DK zum GwG-Regierungsentwurf vom 22.2.2017, S. 15, Stand: 13.3.2017, https://die-dk.de/media/files/170313_DK-Stellungnahme_UmsetzungsG_4._Gw-RL.pdf, zuletzt abgerufen am 3.8.2017.

Fraglich ist, ob sich dies durch die Neufassung des GwG durch die GwG-Novelle 2017 geändert hat. § 10 Abs. 3 Satz 3 GwG fordert mittlerweile die Erfüllung der allgemeinen Sorgfaltspflichten (also gerade auch der Identifizierungspflicht) zu „geeigneter Zeit auf risikobasierter Grundlage". Die Gesetzesbegründung stellt hierzu klar, dass z. B. die Identifizierung des Vertragspartners zu Beginn einer Geschäftsbeziehung mit Blick auf den Regelungszweck der Sorgfaltspflichten nicht ausreichend ist. Dies bedeute jedoch nicht, dass anlasslos z. B. eine Neuidentifizierung durchzuführen sei.[5] Als Beispiel für die erneute Vornahme der Sorgfaltspflichten führt § 10 Abs. 3 Satz 3 GwG den Fall an, dass „sich beim Kunden maßgebliche Umstände ändern". Dies ist mit Sicherheit die wichtigste und häufigste Fallgruppe der erneuten Identifizierung. Dennoch können gestiegene gesetzliche Anforderungen an die allgemeinen Sorgfaltspflichten ebenfalls eine Neuvornahme der Identifizierungspflichten auslösen.[6] Der Verpflichtete hat hier jedoch einen gewissen Spielraum, welche Identifizierungsmaßnahmen er erneut durchführt und zu welchem Zeitpunkt er tätig wird. Fehlen gemessen an der heutigen Gesetzeslage Angaben von Bestandskunden, die ordnungsgemäß noch vor Inkrafttreten des Geldwäschebekämpfungsergänzungsgesetzes am 21.8.2008 identifiziert wurden, so erscheint es vertretbar, diese Angaben bei Gelegenheit („zu geeigneter Zeit", z. B. beim nächsten anstehenden Geschäftskontakt mit dem Kunden) nachträglich zu erheben. Dieses Vorgehen gestattet es dem Verpflichteten, risikogerecht und mit verhältnismäßigem Aufwand die allgemeinen Sorgfaltspflichten zu erfüllen.

IV. Feststellung der Identität (§ 11 Abs. 4 GwG)

In § 11 Abs. 4 GwG erfolgt die Konkretisierung der in § 11 Abs. 1 GwG geforderten Identifizierung durch Auflistung der zu erhebenden Angaben bei natürlichen Personen (§ 11 Abs. 4 **Nr. 1** GwG) und bei juristischen Personen und Personengesellschaften (§ 11 Abs. 4 **Nr. 2** GwG). Der Absatz erfüllt das Merkmal der „Feststellung der Identität" gem. § 1 Abs. 3 Nr. 1 GwG. Die Voraussetzungen der „Überprüfung der Identität" gem. § 1 Abs. 3 Nr. 2 GwG werden in den §§ 12 und 13 GwG geregelt. Für die Feststellung der Identität des wirtschaftlich Berechtigten enthält § 11 Abs. 5 GwG spezielle Anforderungen.

9

Grundsätzlich ist die Übernahme der Angaben aus dem verwendeten Legitimationsdokumenten ausreichend (siehe ausführlich zu den zulässigen Legitimationsdokumenten § 12 Rn. 3 ff.). Die Art der Erfassung ist dem Verpflichteten jedoch seit Inkrafttreten der GwG-Novelle 2017 nicht mehr freigestellt. Gemäß

10

---

5 BT-Drs. 18/11555, S. 116.
6 A. A. (noch zur Rechtslage vor Inkrafttreten der GwG-Novelle 2017) *Warius*, in: Herzog, GwG, § 4 GwG Rn. 13; *Häberle*, in: Erbs/Kohlhaas, Strafrechtliche Nebengesetze, § 4 GwG Rn. 5.

GwG § 11   Identifizierung

§ 8 Abs. 2 Satz 2 GwG müssen vollständige Kopien der Identifizierungsunterlagen angefertigt werden. Alternativ können diese auch vollständig optisch digitalisiert erfasst werden (siehe § 8 Rn. 29 ff.).

1. Bei natürlichen Personen (§ 11 Abs. 4 Nr. 1 GwG)

11 Handelt es sich bei dem Vertragspartner oder bei der ggf. für diesen auftretenden Person um eine natürliche Person, so sind deren Vorname und Nachname, der Geburtsort, das Geburtsdatum, die Staatsangehörigkeit und die Wohnanschrift zu erheben. Wird die Identifizierung anhand eines **gültigen amtlichen Ausweises** i. S. d. § 12 Abs. 1 Satz 1 Nr. 1 GwG vorgenommen, so sind nach § 8 Abs. 2 Satz 1 GwG zusätzlich die **Art**, die **Nummer** und **ausstellende Behörde** aufzuzeichnen.

12 Durch das Zahlungskontenumsetzungsgesetz[7] wurde klarstellend die Angabe „Anschrift" durch „Wohnanschrift" (so wie sie bei der Meldestelle erfasst wird) ersetzt. Für Wohnsitzlose, die sich rechtmäßig in der EU aufhalten, wurde gleichzeitig speziell geregelt, dass bei Abschluss eines **Basiskonto**vertrags i. S. d. § 38 ZKG die postalische Anschrift, unter der die Person erreichbar ist, ausreichend ist. Diese Ausnahme beruht auf dem subjektiven Recht eines jeden (auch wohnsitzlosen) EU-Bürgers auf ein Basiskonto nach Art. 16 Abs. 2 PAD.[8]

13 Dieses Recht soll auch Flüchtlingen zustehen, die nach der Erstaufnahme und der Zuweisung noch keinen festen Wohnsitz haben. Hierzu zählen insb. Asylsuchende, aber auch Ausländer, die über keinen festen Wohnsitz verfügen und keinen Aufenthaltstitel besitzen, aber aus rechtlichen oder tatsächlichen Gründen nicht abgeschoben werden können (sog. „geduldete Ausländer"). Nach Auffassung des Gesetzgebers führt die Aufnahme der postalischen Anschrift als Angabensurrogat für Wohnsitzlose nicht zu einer Schwächung der geldwächerechtlichen Sorgfaltspflichten, namentlich der Customer-Due-Diligence, weil diese Angabe nur für Wohnsitzlose, mithin für einen beschränkten Personenkreis erhoben wird.[9] Für alle übrigen zu identifizierenden Personen ist die Erhebung der Angabe „Wohnanschrift" auch weiterhin zwingend.

14 Fehlt die Wohnanschrift der zu identifizierenden Person, wie insb. im (deutschen) Reisepass, kann zur Feststellung und Überprüfung auch auf eine **Melde-**

---

7 Gesetz zur Umsetzung der Richtlinie über die Vergleichbarkeit von Zahlungskontoentgelten, den Wechsel von Zahlungskonten sowie den Zugang zu Zahlungskonten mit grundlegenden Funktionen vom 11.4.2016 (Zahlungskontenumsetzungsgesetz).
8 Payment Account Directive = Richtlinie 2014/92/EU des Europäischen Parlaments und des Rates vom 23.7.2014 über die Vergleichbarkeit von Zahlungskontoentgelten, den Wechsel von Zahlungskonten und den Zugang zu Zahlungskonten mit grundlegenden Funktionen, ABl. Nr. L 257 vom 28.8.2014, S. 214.
9 BT-Drs. 18/7204, S. 100.

IV. Feststellung der Identität (§ 11 Abs. 4 GwG)   **§ 11 GwG**

bestätigung des zuständigen Einwohnermeldeamts zurückgegriffen werden. Die Angabe einer **Postfachanschrift** anstelle der Wohnanschrift ist jedoch unzureichend.[10] Bei Namensabweichungen zwischen **Personenstandsdokument** und Ausweispapier ist der im Personenstandsdokument vermerkte Name maßgeblich.[11] Bei **Einzelkaufleuten** kann statt der Privatanschrift auch die Geschäftsanschrift erfasst werden.[12] Bei unter **Betreuung** stehenden Personen ist nach § 1 Abs. 1 Nr. 2 ZIdPrüfV[13] die Vorlage der Bestellungsurkunde des Betreuers nach § 290 FamFG[14] ausreichend. Zusätzlich ist auch hier der Betreuer als gesetzlicher Vertreter des Betreuten anhand eines Dokuments nach § 12 Abs. 1 Satz 1 Nr. 1 GwG zu identifizieren (siehe hierzu § 12 Rn. 34).

2. Bei juristischen Personen (§ 11 Abs. 4 Nr. 2 GwG)

Ist die zu identifizierende Person eine juristische Person oder Personengesellschaft, hat der Verpflichtete zum einen deren Firma, Name oder Bezeichnung und zum anderen deren Rechtsform, Registernummer (falls vorhanden), Anschrift des Sitzes bzw. der Hauptniederlassung sowie die Namen der Mitglieder des Vertretungsorgans oder der gesetzlichen Vertreter zu erfassen. Ist ein Mitglied des Vertretungsorgans oder der gesetzliche Vertreter eine juristische Person, sind deren Firma, Name oder Bezeichnung, Rechtsform, Registernummer (falls vorhanden) und Anschrift des Sitzes bzw. der Hauptniederlassung zu erheben, § 11 Abs. 4 Nr. 2 e) GwG.   15

Der Verpflichtete kann auf die Ausnahmebestimmungen der Nr. 7 h) bis k) des AEAO zu § 154 AO zurückgreifen. Dementsprechend kann bei   16

– der Vertretung juristischer Personen des öffentlichen Rechts,
– der Vertretung von Kreditinstituten und Versicherungsunternehmen,
– den als Vertretern eingetragenen Personen, die in öffentlichen Registern (Handelsregister, Vereinsregister) eingetragene Firmen oder Personen vertreten, sowie
– Fällen, in denen bereits mindestens fünf Vertreter im Sinne des § 154 AO als Verfügungsberechtigte legitimiert oder in öffentlichen Registern eingetragen worden sind,

---

10 So auch *Warius*, in: Herzog, GwG, § 4 GwG Rn. 23; Ausnahme beim Basiskonto für Wohnsitzlose, siehe BaFin-Journal 12/2017, S. 21.
11 AuA, Tz. 11.
12 AuA, Tz. 11.
13 Verordnung über die Bestimmung von Dokumenten, die zur Überprüfung der Identität einer nach dem Geldwäschegesetz zu identifizierenden Person zum Zwecke des Abschlusses eines Zahlungskontovertrags zugelassen werden (Zahlungskonto-Identitätsprüfungsverordnung – ZIdPrüfV), veröffentlicht am 6.7.2016, BAnz AT 6.7.2016, V1).
14 Gesetz über das Verfahren in Familiensachen und in den Angelegenheiten der freiwilligen Gerichtsbarkeit (FamFG) vom 17.12.2008, BGBl. I, S. 2586, 2587.

GwG § 11 Identifizierung

von einer Erfassung der gesetzlichen Vertreter/Organmitglieder abgesehen werden.[15]

17 U. a. bei den folgenden Personen ist auf Besonderheiten zu achten:
– Bei einer Gesellschaft bürgerlichen Rechts **(GbR)** ist es ausreichend, die Identifizierung anhand des Gesellschaftsvertrags vorzunehmen.[16] Zwar ist für das rechtlich wirksame Bestehen der GbR kein schriftlicher Gesellschaftsvertrag notwendig, aus Gründen der Überprüfbarkeit der Angaben und aus Dokumentationsgründen empfiehlt es sich jedoch, auf eine schriftliche Form zu bestehen. Zunächst ist die Person, die das Konto eröffnet, zu identifizieren. Weiter sind die hinsichtlich der Geschäftsverbindung verfügungsberechtigten Personen zu erfassen. Soweit der tatsächliche Gesellschaftszweck in Bezug auf Geldwäsche oder Terrorismusfinanzierung kein erhöhtes Risiko erkennen lässt, ist deren Identifizierung ausreichend. D. h. die Erfassung sämtlicher Mitglieder oder die Vorlage von Mitgliederlisten ist in diesen Fällen nicht erforderlich.[17]
– Bei einer Wohnungseigentümergemeinschaft **(WEG)** ist es ausreichend, die Identifizierung anhand eines Protokolls der Eigentümerversammlung vorzunehmen. Die hinsichtlich der Geschäftsverbindung verfügungsberechtigten Personen sind zu erfassen. Eine Erfassung sämtlicher Miteigentümer oder Vorlage von Miteigentümerlisten und Einstellung in die Datei zum automatisierten Kontoabruf nach § 24c KWG ist nicht erforderlich.[18]
– Der **nicht rechtsfähige Verein** (Gewerkschaft, Partei oder andere vergleichbare nicht rechtsfähige deutsche Vereine) kann anhand der Satzung sowie des Protokolls über die Mitgliederversammlung, in der die Satzung beschlossen wurde, identifiziert werden.[19] Soweit der tatsächliche Vereinszweck in Bezug auf Geldwäsche oder Terrorismusfinanzierung kein erhöhtes Risiko erkennen lässt, sind die hinsichtlich der Geschäftsverbindung verfügungsberechtigten Personen zu identifizieren. In diesen Fällen ist eine Erfassung sämtlicher Mitglieder oder die Vorlage von Mitgliederlisten entbehrlich.[20]

V. Identifizierung des wirtschaftlich Berechtigten (§ 11 Abs. 5 GwG)

18 Hat die Abklärung des Verpflichteten nach § 10 Abs. 1 Nr. 2 GwG ergeben, dass ein wirtschaftlich Berechtigter (zum Begriff siehe § 3 GwG) für den Vertrags-

---

15 AuA, Tz. 12; BT-Drs. 16/9038, S. 36 f.
16 AuA, Tz. 12a.
17 AuA, Tz. 12a.
18 AuA, Tz. 12b.
19 AuA, Tz. 12c.
20 AuA, Tz. 12c.

V. Identifizierung des wirtschaftlich Berechtigten § 11 GwG

partner handelt, so ist dieser nach § 11 Abs. 5 GwG zu identifizieren. Der Vorgang der Abklärung gem. § 10 Abs. 1 Nr. 2 GwG, **ob** ein vom Vertragspartner abweichender wirtschaftlich Berechtigter handelt, fällt in der Praxis regelmäßig mit der **Feststellung und Überprüfung** der Identität des wirtschaftlichen Berechtigten gemäß § 11 Abs. 5 GwG zusammen. Daher wird in diesem Zusammenhang auch auf die Ausführungen unter § 10 Rn. 37 ff. verwiesen.

Die Identitätsfeststellung des wirtschaftlich Berechtigten erfordert „zumindest" die Erhebung des Namens, wozu sowohl der Vor- als auch Nachname zählt. Die Erhebung weiterer Identifizierungsmerkmale ist gemäß § 11 Abs. 5 Satz 1 GwG vom Verpflichteten risikoabhängig durchzuführen. Je nachdem, ob und inwieweit ein Risiko der Geldwäsche oder der Terrorismusfinanzierung im Einzelfall vorliegt, können weitere Maßnahmen angezeigt sein. Kommt der Verpflichtete zu dem Schluss, dass im Einzelfall ein hohes Risiko vorliegt, so hat er je nach Art des Vertragspartners (natürliche oder juristische Person bzw. Personengesellschaft) die jeweils einschlägigen in § 11 Abs. 4 GwG aufgeführten weiteren Angaben zu erheben. 19

Zu den Gesellschaften mit grundsätzlich **erhöhtem Risikopotenzial** gehört die Gesellschaft bürgerlichen Rechts (**GbR**).[21] Die GbR gilt aufgrund ihrer fehlenden Registereintragung, des fehlenden besonderen Formerfordernisses und der großen Flexibilität hinsichtlich ihrer innerorganisatorischen Regelungen für Außenstehende als intransparent. Der Verpflichtete sollte sich daher bei der Frage, welche der GbR-Gesellschafter als wirtschaftlich Berechtigte zu behandeln sind, nicht ausschließlich von den in § 3 Abs. 2 GwG genannten Schwellenwerten für die Beteiligung bzw. Kontrolle von mehr als 25% leiten lassen. Für die Beurteilung sollte insb. das konkrete Risiko der Geschäftsbeziehung oder Transaktion mit der jeweiligen GbR von den Verpflichteten eingeschätzt werden (siehe ausführlich § 10 Rn. 49 ff.). Zu der Gruppe von Gesellschaften mit grundsätzlich **geringerem Risikopotenzial** gehört hingegen die Wohnungseigentümergemeinschaft (**WEG**).[22] 20

Es sollte darauf geachtet werden, die Beweg- und Entscheidungsgründe für ein Abweichen vom Schwellenwert nachvollziehbar und anhand von ausreichenden Belegen (schriftlich) zu dokumentieren. Dies gilt sowohl bei einer niedrigen als auch bei einer höheren Risikoeinstufung. Die Dokumentation muss es der jeweiligen zuständigen Aufsichtsbehörde ermöglichen, bei einer Überprüfung beurteilen zu können, ob der Verpflichtete eine angemessene risikoorientierte Bewertung vorgenommen hat. 21

§ 58 GwG bestimmt, dass personenbezogene Daten von Verpflichteten auf der Grundlage dieses Gesetzes ausschließlich für die Verhinderung von Geldwäsche 22

---
21 BT-Drs. 16/9038, S. 30; siehe ausführlich auch § 10 Rn. 49 ff.
22 BT-Drs. 16/9038, S. 30.

und von Terrorismusfinanzierung verarbeitet werden dürfen. Dies ist eine spezialgesetzliche Ausformung des **Grundsatzes der Datenminimierung** (Art. 5 Abs. 1 c) Datenschutz-Grundverordnung), der den Umfang der Datenerhebung festlegt. Danach darf die Verarbeitung (also auch die Erhebung) personenbezogener Daten (zum Begriff siehe Art. 4 Nr. 1 Datenschutz-Grundverordnung) nur dann und nur in dem Maß erfolgen, wenn dies und soweit dies für die Erreichung des Verarbeitungszwecks notwendig ist. Als Verarbeitungszweck kann vorliegend die risikoorientierte Erfüllung der allgemeinen Sorgfaltspflichten in Form der Identifizierung des wirtschaftlich Berechtigten angesehen werden. Somit wäre die Erhebung weiterer Angaben neben dem Namen des wirtschaftlich Berechtigten bei einem nur geringen Risiko für Geldwäsche oder Terrorismusfinanzierung ein Verstoß gegen diesen datenschutzrechtlichen (und bußgeldbewehrten) Grundsatz. Hiervon macht § 11 Abs. 5 Satz 2 GwG eine **Ausnahme**. Danach dürfen das **Geburtsdatum**, der **Geburtsort** und die **Anschrift** des wirtschaftlich Berechtigten auch unabhängig vom festgestellten Risiko erhoben werden, ohne dass dies gegen datenschutzrechtliche Bestimmungen verstößt. Dies ist auch insoweit sachgerecht, da die Erhebung des Namens ohne die Erhebung weiterer Merkmale nur selten eine eindeutige Zuordnung zu einer bestimmten Person ermöglichen wird.[23]

23 Die Überprüfung der Identität des wirtschaftlich Berechtigten muss – anders als bei der Identifizierung des Vertragspartners bzw. der ggf. für diesen auftretenden Person – nicht zwingend anhand von qualifizierten Dokumenten erfolgen. Dennoch kann sich der Verpflichtete aus Risikogesichtspunkten nicht immer allein auf die Angaben des Vertragspartners beschränken. Die Richtigkeit der zur Identifizierung erhobenen Angaben sind vom ihm nach § 11 Abs. 5 Satz 3 GwG mit Hilfe risikoangemessener Maßnahmen zu überprüfen. Hierbei besteht ein dem Einzelfallrisiko angemessener **Ermessensspielraum des Verpflichteten**.[24] Bei einem geringen Risiko kann eine Plausibilitätsprüfung bereits ausreichend sein, während bei einem hohen Risiko eine umfassende dokumentationsbasierte Überprüfung der Identität anhand der jeweils einschlägigen, in § 11 Abs. 4 GwG aufgeführten Angaben erfolgen sollte.[25] Bei der Entscheidung sind insb. auch die Faktoren für ein potenziell geringeres bzw. höheres Risiko gemäß der Anlagen 1 und 2 GwG zu berücksichtigen.[26] Handelt es sich bei dem wirtschaftlich Berechtigten um eine **PEP**, so ist gem. § 15 Abs. 3 Nr. 1 a) GwG von einem erhöhten Risiko auszugehen, was die Pflicht zur Erfüllung verstärkter Sorgfalts-

---

23 *Häberle*, in: Erbs/Kohlhaas, Strafrechtliche Nebengesetze, § 4 GwG Rn. 16.
24 BT-Drs. 17/6804, S. 28.
25 *Studer*, in: Quedenfeld, Handbuch Bekämpfung der Geldwäsche und Wirtschaftskriminalität, Rn. 255.
26 § 10 Abs. 2 Satz 1 und 2 GwG bestimmt die Pflicht zur Berücksichtigung der Risikofaktoren (Anlagen 1 und 2) und verweist auf § 10 Abs. 1 Nr. 2 und somit auf § 11 Abs. 5 GwG.

V. Identifizierung des wirtschaftlich Berechtigten § 11 GwG

pflichten zur Folge hat. Das gleiche gilt gem. § 15 Abs. 3 Nr. 1 b) GwG für einen wirtschaftlich Berechtigten, der sich in einem Hochrisikostaat niedergelassen hat.

Bei **natürlichen Personen** reicht es in der Praxis häufig aus, die Bestätigung einzuholen, dass der Vertragspartner nicht im wirtschaftlichen Drittinteresse tätig ist. 24

Besondere Bedeutung kommt der Überprüfung der Identität des wirtschaftlich Berechtigten bei **juristischen Personen**, Personengesellschaften und Personenmehrheiten zu. Hier sind neben den Verfügungsberechtigten (z. B. Vorstand oder Geschäftsführer) auch die wesentlichen Anteilseigner (Schwelle von mehr als 25 % der Kapitalanteile oder Stimmrechte) zu identifizieren.[27] Gelingt es dem Verpflichteten jedoch trotz umfassender Prüfung nicht, eine natürliche Person als wirtschaftlich Berechtigten zu ermitteln, oder bestehen Zweifel an der Stellung als wirtschaftlich Berechtigter, so sieht § 3 Abs. 2 Satz 5 GwG eine **Fiktionswirkung** vor. In diesen Fällen ist der gesetzliche Vertreter, geschäftsführende Gesellschafter oder der Partner des Vertragspartners als wirtschaftlich Berechtigter zu erfassen (sog. fiktiver wirtschaftlich Berechtigter). Dies gilt jedoch nur, wenn keine Tatsachen vorliegen, die eine Meldepflicht nach § 43 Abs. 1 GwG auslösen. 25

Die **Verifizierung der Angaben** erfolgt insb. anhand von Einsichtnahmen in Register, Kopien von Registerauszügen, Telefonbücher, Kopien von relevanten Dokumenten, Internetrecherchen oder aufgrund eigener Erkenntnisse. Die für die Abklärung erhobenen Angaben zu den Eigentums-/Kontrollstrukturen sind **dauerhaft** und **nachvollziehbar aufzuzeichnen**. In diesem Zusammenhang sind auch die Aufzeichnungspflichten des § 8 GwG zu beachten (siehe § 8 Rn. 8 ff.). Abgesehen von diesen Erfordernissen ist die Form der Dokumentation nicht festgelegt. Neben schriftlichen (Text-)Aufzeichnungen bieten sich auch schematische Darstellungen an, wie z. B. ein Konzerndiagramm. Können Angaben über die Eigentums- und Kontrollstrukturen tatsächlich nicht hinreichend ermittelt werden oder ist eine Ermittlung der nötigen Angaben faktisch nicht möglich, hat der Verpflichtete dies hinreichend zu begründen. In diesem Zusammenhang ist auch die Beendigungsverpflichtung nach § 10 Abs. 9 GwG zu beachten (siehe hierzu § 10 Rn. 130 ff.). 26

Die Verifizierung der Angaben zum wirtschaftlich Berechtigten bei **Trusts** kann, je nach Trustkonstruktion und dem jeweiligen Risiko, bspw. durch Einsichtnahme in den Trust Deed (Treuhandvertrag bzw. -urkunde) und/oder Einholung von Bestätigungen oder Auskünften über die Begünstigten, Gründer bzw. 27

---

[27] Zu den praktischen Problemen im Zusammenhang mit der Ermittlung der Eigentümer- bzw. Aktionärsstruktur siehe *Kaetzler*, CCZ 2008, 174, 177.

GwG § 11 Identifizierung

Art des Trusts erfolgen (siehe auch § 10 Rn. 50).[28] Zu weiteren **Sonderfällen** im Zusammenhang mit der Identifizierung des wirtschaftlich Berechtigten siehe ausführlich § 10 Rn. 50).

28 Werden zur Ermittlung (also auch Identifizierung) der wirtschaftlich Berechtigten Dienstleistungen von **Auskunfteien** im Rahmen des § 17 Abs. 5 GwG in Anspruch genommen, so sind einige Besonderheiten zu beachten. Die Auskunfteien werden dabei als Erfüllungsgehilfen des Verpflichteten (i. d. R. ein Kreditinstitut) tätig. D. h., dass deren Handlungen dem Verpflichteten als eigene zugerechnet werden und der Verpflichtete auch in diesem Fall für die Erfüllung der Sorgfaltspflicht selbst verantwortlich bleibt. Die Inanspruchnahme dieser Dienstleistung stellt dabei keine Auslagerung im Sinne des § 25b KWG dar. Dennoch ist regelmäßig davon auszugehen, dass die Dienstleistung der Auskunfteien auch die Verifizierung gem. § 11 Abs. 5 Satz 2 GwG umfasst. Eine zusätzliche Überprüfung der durch die Auskunftei zur Verfügung gestellten Daten ist daher nicht erforderlich.[29]

29 Das durch die GwG-Novelle 2017 eingeführte neue **Transparenzregister** bietet den Verpflichteten eine weitere Möglichkeit zur Ermittlung des wirtschaftlich Berechtigten. Je nach Risikoeinstufung kann es angezeigt sein, eine (zusätzliche) Überprüfung der zur Identifizierung erhobenen Angaben anhand der Informationen im Transparenzregister vorzunehmen. Jedoch stellt § 11 Abs. 5 Satz 3 Hs. 2 GwG klar, dass sich der Verpflichtete hierbei nicht allein auf die Angaben im Transparenzregister verlassen darf.

VI. Mitwirkungs- und Offenlegungspflicht (§ 11 Abs. 6 GwG)

30 § 11 Abs. 6 GwG enthält die Verpflichtung des Vertragspartners, die erforderlichen Informationen und Unterlagen für die Identifizierung und Abklärung des wirtschaftlich Berechtigten zur Verfügung zu stellen und Änderungen unverzüglich (= ohne schuldhaftes Zögern, vgl. § 121 Abs. 1 Satz 1 BGB) anzuzeigen. Insbesondere in Fällen, in denen öffentliche Aufzeichnungen nicht vorliegen, kann der Verpflichtete die ihm obliegenden Sorgfaltspflichten in der Praxis oftmals nur unter Mitwirkung des Vertragspartners ordnungsgemäß erfüllen. Der Verpflichtete ist daher regelmäßig auf Informationen seines Vertragspartners angewiesen.[30]

31 Die Pflicht trifft **ausschließlich** den **Vertragspartner**, nicht den wirtschaftlich Berechtigten oder sonstige Dritte (zum Begriff des Vertragspartners siehe § 10

---
28 AuA, Tz. 38.
29 AuA, Tz. 31.
30 BT-Drs. 16/9038, S. 38; BT-Drs. 17/6804, S. 28.

VI. Mitwirkungs- und Offenlegungspflicht (§ 11 Abs. 6 GwG) § 11 GwG

Rn. 14 ff.). Da es sich um eine gesetzliche Pflicht handelt, kann darauf verzichtet werden, mit dem Vertragspartner eine Mitwirkungspflicht zusätzlich vertraglich zu vereinbaren. Dennoch kann ein Hinweis auf die bestehende Verpflichtung hilfreich sein, damit der Vertragspartner von seiner Pflicht auch tatsächlich Kenntnis erlangt und dieser ansonsten unaufgefordert nachkommt. Um diese Hinweisfunktion zu erfüllen, bietet es sich an, den Hinweis im unmittelbaren Zusammenhang mit Erfassung der betreffenden Daten zu erteilen.[31]

Kreditinstitute vereinbaren mit ihren Kunden für gewöhnlich bestimmte (weitergehende) Mitwirkungs- und Sorgfaltspflichten des Kunden gegenüber der Bank bzw. der Sparkasse. In den jeweiligen Muster-AGB finden sich entsprechende Klauseln.

So bestimmt **Nr. 11 Abs. 1 AGB Banken**[32], dass es zur ordnungsgemäßen Abwicklung des Geschäftsverkehrs erforderlich ist, dass der Kunde der Bank Änderungen seines Namens und seiner Anschrift sowie das Erlöschen oder die Änderung einer gegenüber der Bank erteilten Vertretungsmacht (insbesondere einer Vollmacht) unverzüglich mitteilt. Diese Mitteilungspflicht besteht auch dann, wenn die Vertretungsmacht in ein öffentliches Register (zum Beispiel in das Handelsregister) eingetragen ist und ihr Erlöschen oder ihre Änderung in dieses Register eingetragen wird.

Nr. 20 Abs. 1 a) der AGB Sparkassen[33] bestimmt etwas weitergehend, dass der Sparkasse unverzüglich alle für die Geschäftsbeziehung wesentlichen Tatsachen anzuzeigen sind, insbesondere

– Änderungen des Namens, der Anschrift, des Personenstands,
– der Verfügungs- oder Verpflichtungsfähigkeit des Kunden (z.B. Eheschließung, Eingehung einer Lebenspartnerschaft, Änderung des Güterstandes) oder der für ihn zeichnungsberechtigten Personen (z.B. nachträglich eingetretene Geschäftsunfähigkeit eines Vertreters oder Bevollmächtigten) sowie
– Änderungen des wirtschaftlich Berechtigten oder der der Sparkasse bekannt gegebenen Vertretungs- oder Verfügungsbefugnisse (z.B. Vollmachten, Prokura).

Die Anzeigepflicht besteht auch dann, wenn die Tatsachen in öffentlichen Registern eingetragen und veröffentlicht werden. Außerdem sind die Namen der für den Kunden vertretungs- oder verfügungsbefugten Personen der Sparkasse mit

---

31 AuA, Tz. 66.
32 Bankenverband, Muster der Allgemeinen Geschäftsbedingungen (AGB) der privaten Banken zwischen Kunde und Bank, Stand: März 2016, https://bankenverband.de/media/uploads/2016/07/14/40000_0316_muster.pdf, zuletzt abgerufen am 22.4.2017.
33 Deutscher Sparkassen- und Giroverband, Muster Allgemeinen Geschäftsbedingungen (AGB) – Grundlagen der Geschäftsbeziehung zwischen Kunde und Sparkasse, Stand: 21.3.2016.

GwG § 11 Identifizierung

eigenhändigen Unterschriftsproben auf den Vordrucken der Sparkasse bekannt zu geben.

36 Es findet sich sowohl in Nr. 11 Abs. 1 AGB Banken als auch in Nr. 20 Abs. 1 a) AGB Sparkassen der Hinweis, dass sich weitergehende gesetzliche Mitteilungspflichten, insbesondere aus dem Geldwäschegesetz, ergeben können.

37 Die Mitwirkungspflicht erstreckt sich auch auf die **Feststellung des PEP-Status** nach § 10 Abs. 1 Nr. 4 GwG. Zwar ist der entsprechende Verweis des § 6 Abs. 2 Nr. 1 Satz 6 GwG a. F. nach der GwG-Novelle 2017 entfallen, sodass diese Mitwirkungspflicht sich (zumindest nicht mehr unmittelbar) aus dem GwG ergibt, viele Verpflichtete sehen jedoch eine entsprechende Mitwirkungspflicht des Kunden in ihren Vertragsvordrucken oder AGB vor.

38 Nach § 11 Abs. 6 Satz 3 GwG hat der Vertragspartner gegenüber dem Verpflichteten offenzulegen, ob er die Geschäftsbeziehung oder Transaktion für einen wirtschaftlich Berechtigten begründen, fortsetzen oder durchführen will. Nach § 11 Abs. 6 Satz 4 GwG hat er mit der Offenlegung dem Verpflichteten auch die Identität des wirtschaftlich Berechtigten nachzuweisen. Handelt der Vertragspartner dieser Pflicht zuwider, so kann dies einen Sachverhalt darstellen, der eine Meldepflicht des Verpflichteten nach § 43 Abs. 1 Nr. 3 GwG zur Folge hat (siehe § 43 Rn. 24).

39 Weigert sich der Vertragspartner, seinen Mitwirkungs- oder Offenlegungspflichten nachzukommen, so begeht er keine Ordnungswidrigkeit nach § 56 GwG. Vielmehr ist die Beendigungsverpflichtung nach § 10 Abs. 9 GwG zu beachten (siehe § 10 Rn. 130 ff.). Verletzt der Vertragspartner seine Mitwirkungspflicht, so stellt dies eine vertragliche Nebenpflichtverletzung nach § 280 Abs. 1 BGB dar.[34]

---

34 *Grüneberg*, in: Palandt, BGB, § 280 Rn. 29.

§ 12 Identitätsüberprüfung, Verordnungsermächtigung

(1) Die Identitätsüberprüfung hat in den Fällen des § 10 Absatz 1 Nummer 1 bei natürlichen Personen zu erfolgen anhand

1. eines gültigen amtlichen Ausweises, der ein Lichtbild des Inhabers enthält und mit dem die Pass- und Ausweispflicht im Inland erfüllt wird, insbesondere anhand eines inländischen oder nach ausländerrechtlichen Bestimmungen anerkannten oder zugelassenen Passes, Personalausweises oder Pass- oder Ausweisersatzes,
2. eines elektronischen Identitätsnachweises nach § 18 des Personalausweisgesetzes oder nach § 78 Absatz 5 des Aufenthaltsgesetzes,
3. einer qualifizierten elektronischen Signatur nach Artikel 3 Nummer 12 der Verordnung (EU) Nr. 910/2014 des Europäischen Parlaments und des Rates vom 23. Juli 2014 über elektronische Identifizierung und Vertrauensdienste für elektronische Transaktionen im Binnenmarkt und zur Aufhebung der Richtlinie 1999/93/EG (ABl. L 257 vom 28.8.2014, S. 73),
4. eines nach Artikel 8 Absatz 2 Buchstabe c in Verbindung mit Artikel 9 der Verordnung (EU) Nr. 910/2014 notifizierten elektronischen Identifizierungssystems oder
5. von Dokumenten nach § 1 Absatz 1 der Verordnung über die Bestimmung von Dokumenten, die zur Identifizierung einer nach dem Geldwäschegesetz zu identifizierenden Person zum Zwecke des Abschlusses eines Zahlungskontovertrags zugelassen werden.

Im Falle der Identitätsüberprüfung anhand einer qualifizierten elektronischen Signatur gemäß Satz 1 Nummer 3 hat der Verpflichtete eine Validierung der qualifizierten elektronischen Signatur nach Artikel 32 Absatz 1 der Verordnung (EU) Nr. 910/2014 vorzunehmen. Er hat in diesem Falle auch sicherzustellen, dass eine Transaktion unmittelbar von einem Zahlungskonto im Sinne des § 1 Absatz 3 des Zahlungsdiensteaufsichtsgesetzes erfolgt, das auf den Namen des Vertragspartners lautet bei einem Verpflichteten nach § 2 Absatz 1 Satz 1 Nummer 1 oder Nummer 3 oder bei einem Kreditinstitut, das ansässig ist in einem

1. anderen Mitgliedstaat der Europäischen Union,
2. Vertragsstaat des Abkommens über den Europäischen Wirtschaftsraum oder
3. Drittstaat, in dem das Kreditinstitut Sorgfalts- und Aufbewahrungspflichten unterliegt, die den in der Richtlinie (EU) 2015/849 festgelegten

§ 12 Identitätsüberprüfung, Verordnungsermächtigung

Sorgfalts- und Aufbewahrungspflichten entsprechen und deren Einhaltung in einer mit Kapitel IV Abschnitt 2 der Richtlinie (EU) 2015/849 im Einklang stehende Weise beaufsichtigt wird.

(2) Die Identitätsüberprüfung hat in den Fällen des § 10 Absatz 1 Nummer 1 bei juristischen Personen zu erfolgen anhand

1. eines Auszuges aus dem Handels- oder Genossenschaftsregister oder aus einem vergleichbaren amtlichen Register oder Verzeichnis,
2. von Gründungsdokumenten oder von gleichwertigen beweiskräftigen Dokumenten oder
3. einer eigenen dokumentierten Einsichtnahme des Verpflichteten in die Register- oder Verzeichnisdaten.

(3) Das Bundesministerium der Finanzen kann im Einvernehmen mit dem Bundesministerium des Innern durch Rechtsverordnung ohne Zustimmung des Bundesrates weitere Dokumente bestimmen, die zur Überprüfung der Identität geeignet sind.

Schrifttum: *Fülbier/Aepfelbach/Langweg*, GwG – Kommentar zum Geldwäschegesetz, 5. Aufl. 2006; *Göres*, Einrichtung von Flüchtlingskonten – Humanitäre Nächstenliebe oder unkalkulierbarer Risikofaktor?, CCZ 2016, 97; *Herzog*, Geldwäschegesetz, 2. Aufl. 2014; *Quedenfeld*, Handbuch Bekämpfung der Geldwäsche und Wirtschaftskriminalität, 4. Aufl. 2017; *Schmid*, Flüchtlingskonten: Aufsichtsrechtliche Risiken bei der Umsetzung, CRP 2016, 154.

Übersicht

	Rn.		Rn.
I. Allgemeines	1	4. Elektronisches Identifizierungssystem (§ 12 Abs. 1 Satz 1 Nr. 4 GwG)	26
II. Identitätsüberprüfung bei natürlichen Personen (§ 12 Abs. 1 GwG)	2	5. Dokumente nach § 1 Abs. 1 ZIdPrüfV (§ 12 Abs. 1 Satz 1 Nr. 5 GwG)	30
1. Gültiger amtlicher Ausweis (§ 12 Abs. 1 Satz 1 Nr. 1 GwG)	3	III. Identitätsüberprüfung bei juristischen Personen (§ 12 Abs. 2 GwG)	37
a) Deutsche Staatsbürger	11	IV. Verordnungsermächtigung (§ 12 Abs. 3 GwG)	43
b) EU-Bürger/EWR-Bürger	12	1. Allgemeines	43
c) Schweizer Staatsbürger	13	2. Zahlungskonto-Identitätsprüfungsverordnung (ZIdPrüfV)	44
d) Drittstaatsangehörige	14	a) „Einfache Duldung" als Identifizierungsdokument (§ 1 Abs. 2 Nr. 1 ZIdPrüfV)	48
e) Ungeeignete Dokumente	15		
f) Besonderheiten bei Ausländern	16		
2. Elektronischer Identitätsnachweis (§ 12 Abs. 1 Satz 1 Nr. 2 GwG)	18		
3. Qualifizierte elektronische Signatur (§ 12 Abs. 1 Satz 1 Nr. 3 GwG)	21		

b) Ankunftsnachweis als Identifizierungsdokument (§ 1 Abs. 2 Nr. 2 ZIdPrüfV) ... 51

c) Risikobewertung i.Z.m. Basiskonten nach § 1 Abs. 2 ZIdPrüfV 53

I. Allgemeines

Um die Identität des Vertragspartners und ggf. der für ihn auftretenden Person überprüfen zu können, listet § 12 GwG die Dokumente auf, die der Verpflichtete zu diesem Zweck heranziehen darf. Hierbei unterscheidet die Regelung zwischen der Identitätsüberprüfung von natürlichen Personen (§ 12 Abs. 1 GwG) und juristischen Personen (§ 12 Abs. 2 GwG). Vor Inkrafttreten der GwG-Novelle 2017 fand sich die Regelung nahezu inhaltsgleich in § 4 Abs. 4 GwG a. F. Über § 12 GwG hinaus listet die Gesetzesbegründung weitere Ausweisdokumente auf, die für eine Identitätsüberprüfung geeignet sind.[1] Es gilt jeweils die Regelung, dass nur solche Angaben zu überprüfen sind, die in dem jeweiligen Dokument auch enthalten sind.[2] Des Weiteren kann das zuständige Bundesministerium der Finanzen durch Rechtsverordnung weitere Dokumente zur Identitätsüberprüfung bestimmen (§ 12 Abs. 3 GwG).

1

II. Identitätsüberprüfung bei natürlichen Personen (§ 12 Abs. 1 GwG)

§ 12 Abs. 1 GwG nennt eine Reihe von Dokumenten und Quellen, anhand derer die Identitätsüberprüfung bei natürlichen Personen vorgenommen werden darf. In § 12 Abs. 1 Satz 1 GwG wird klargestellt, dass es bei der Überprüfungspflicht nicht um eine Überprüfung der Angaben im jeweiligen Dokument geht, sondern um die Überprüfung der Identität der betreffenden Person anhand der Angaben im jeweiligen Dokument. Hierdurch wird auch dem Umstand Rechnung getragen, dass manche der in § 12 Abs. 1 GwG zur Überprüfung geeigneten und anerkannten Mittel zur Identitätsüberprüfung nicht alle in § 11 Abs. 4 Nr. 1 GwG genannten Angaben enthalten.[3] So lässt sich bspw. aus dem deutschen Reisepass, im Gegensatz zum deutschen Personalausweis, die Anschrift des zu Identifizierenden nicht entnehmen. Hier empfiehlt es sich, je nach Risikoeinstufung, die Verifizierung dieser Angabe anhand eines anderen zugelassenen Identifizierungsdokuments oder, sofern ein solches nicht vorliegt, anhand einer amtlichen Meldebescheinigung vorzunehmen. Bei einem geringen Risiko für Geldwäsche und Terrorismusfinanzierung kann sich der Verpflichtete auch auf die Angabe

2

---

1 Siehe BT-Drs. 16/9038, S. 37 f.
2 BT-Drs. 16/9038, S. 37.
3 BT-Drs. 18/11555, S. 118.

GwG § 12 Identitätsüberprüfung, Verordnungsermächtigung

der zu identifizierenden Person stützen, sofern an der Richtigkeit der angegebenen Wohnanschrift keine Zweifel bestehen.[4]

1. Gültiger amtlicher Ausweis (§ 12 Abs. 1 Satz 1 Nr. 1 GwG)

3   Die häufigsten zur Identitätsüberprüfung vorgelegten Dokumente sind amtliche Ausweise. § 12 Abs. 1 Nr. 1 GwG enthält keine abschließende Aufzählung aller zugelassenen Ausweisdokumente, sondern nennt die Voraussetzungen für deren Zulässigkeit. Bis zum Inkrafttreten der GwG-Novelle 2017 bestand nach § 6 Abs. 2 Nr. 2 b) GwG a. F. unter bestimmten Voraussetzungen die Möglichkeit, den Vertragspartner (sofern es sich um eine natürliche Person handelte) per Fernidentifizierung mittels einer beglaubigten Kopie eines Ausweisdokumentes nach § 4 Abs. 4 Satz 1 Nr. 1 GwG a. F. (jetzt § 12 Abs. 1 Nr. 1 GwG) zu identifizieren. Das (in der Praxis kaum relevante) Verfahren galt jedoch als geldwäscherechtlich unsicher und findet sich wohl daher nicht mehr im aktuellen GwG wieder.

4   Der Ausweis darf nicht zeitlich abgelaufen oder aus einem anderen Grund ungültig sein (**Gültigkeit**).[5] Eine Ausnahme kann einzelfallabhängig bei Älteren bzw. in ihrer Beweglichkeit eingeschränkten Personen gemacht werden. Hier können aufgrund der Verhältnismäßigkeit und des regelmäßig niedrigen Risikos der Geldwäsche und Terrorismusfinanzierung auch abgelaufene Ausweispapiere akzeptiert werden.[6] Es empfiehlt sich, die Entscheidung und deren Begründung nachvollziehbar schriftlich zu dokumentieren und sich zusätzlich auf andere Weise Gewissheit über die Person des Vertragspartners zu verschaffen (insb. erhöhte Sorgfalt beim Lichtbild- und Unterschriftsabgleich).[7]

5   Ansonsten kommt es gem. § 10 Abs. 3 GwG auf den Zeitpunkt der Begründung der Geschäftsbeziehung bzw. der Durchführung der Transaktion an, d. h. zu diesem Zeitpunkt muss das Dokument noch gültig sein. Es ist daher grundsätzlich unschädlich, wenn das bei der Erstidentifizierung vorgelegte Dokument im Laufe der Geschäftsbeziehung z. B. durch den Ablauf des Gültigkeitszeitraums ungültig wird. Dafür spricht, dass es gesetzlich nicht vorgeschrieben ist, das Ablaufdatum von Ausweispapieren zu erfassen. Auch tritt durch die Ungültigkeit des Dokuments allein keine Veränderung der Sachlage ein, da sich die Identität der zu identifizierenden Person hierdurch nicht ändert.[8] Allerdings trifft den Verpflichteten nach § 10 Abs. 3 Satz 3 GwG eine **Aktualisierungspflicht**. Seit der Neufassung des GwG durch die GwG-Novelle 2017 sind die allgemeinen Sorg-

---

4 *Warius*, in: Herzog, GwG, § 4 Rn. 45.
5 BT-Drs. 18/11555, S. 118.
6 AuA, Tz. 11.
7 *Warius*, in: Herzog, GwG, § 4 Rn. 44.
8 So auch *Langweg*, in: Fülbier/Aepfelbach/Langweg, GwG, § 7 Rn. 4; *Warius*, in: Herzog, GwG, § 4 Rn. 12 und 43.

II. Identitätsüberprüfung bei natürlichen Personen § 12 GwG

faltspflichten bei Bestandskunden zu „geeigneter Zeit auf risikobasierter Grundlage" zu erfüllen. Die Identifizierung des Vertragspartners zu Beginn einer Geschäftsbeziehung ist mit Blick auf den Regelungszweck der Sorgfaltspflichten nicht ausreichend.[9] Dies bedeutet jedoch nicht, dass anlasslos z. B. eine Neuidentifizierung durchzuführen ist. Vielmehr sollte für den Fall, dass sich beim Kunden „maßgebliche Umstände" ändern, eine Überprüfung der Identifizierung vorgenommen werden. Bei einem abgelaufenen Ausweispapier erscheint es vertretbar, bei nächster Gelegenheit (z. B. nächster Kundenkontakt) die Identität anhand eines gültigen Dokuments zu überprüfen (siehe auch § 10 Rn. 68 ff.).

Des Weiteren fordert § 12 Abs. 1 Nr. 1 GwG, dass der Ausweis ein Lichtbild des Inhabers enthält (**Lichtbilderfordernis**). 6

Schließlich muss mit dem Ausweis die Pass- und Ausweispflicht im Inland erfüllt werden (**Pass- und Ausweispflicht im Inland**). Hierzu zählen insb. Pässe, Personalausweise oder Pass- und Ausweisersatzpapiere. 7

§ 8 Abs. 1 Nr. 1 a) GwG bestimmt, dass die im Rahmen der Erfüllung der Sorgfaltspflichten erhobenen Angaben und eingeholten Informationen über den Vertragspartner, die gegebenenfalls für den Vertragspartner auftretenden Personen und den wirtschaftlich Berechtigten vom Verpflichteten **aufzuzeichnen und aufzubewahren** sind. Zur Erfüllung dieser Verpflichtung sind in den Fällen des § 12 Abs. 1 Satz 1 Nr. 1 GWG auch die **Art, die Nummer und die Behörde**, die das zur Überprüfung der Identität vorgelegte Dokument ausgestellt hat, aufzuzeichnen, § 8 Abs. 2 Satz 1 GwG. Der Verpflichtete hat nach § 8 Abs. 2 Satz 2 GwG das Recht und die Pflicht, **vollständige Kopien** dieser Dokumente oder Unterlagen anzufertigen oder sie vollständig optisch digitalisiert zu erfassen. Diese gelten als Aufzeichnung im Sinne des § 8 Abs. 2 Satz 1 GwG. 8

Ausländische Staatsangehörige können auf der Grundlage gültiger und anerkannter Reisepässe bzw. Personalausweise eines anderen Staates identifiziert werden, sofern diese zur Erfüllung ihrer in Deutschland bestehenden Ausweispflicht geeignet sind. Fehlen im ausländischen Identifizierungsdokument Angaben zu Doktorgrad, Größe oder Augenfarbe, so ist dies grundsätzlich unbeachtlich.[10] Für deutsche Ausweispapiere sind diese jedoch vorgeschrieben, siehe § 4 Abs. 1 Satz 2 Nr. 3, 7 und 8 Passgesetz (PassG) bzw. § 5 Abs. 2 Nr. 3, 7 und 8 Gesetzes über Personalausweise (PAuswG). Soweit akademische Bezeichnungen wie Titel oder Grade („Dr.", „Prof." etc.) im Identifizierungsdokument enthalten sind, sind sie auch in der Kontoabrufdatei gem. § 24c KWG zu erfassen.[11] 9

---

9 BT-Drs. 18/11555, S. 116.
10 BT-Drs. 16/9038, S. 38.
11 BaFin, Schnittstellenspezifikation 3.2.2, S. 32, siehe BaFin, Rundschreiben 5/2012 (GW) vom 27.9.2012, Anlage 1.

GwG § 12 Identitätsüberprüfung, Verordnungsermächtigung

10 Je nach Nationalität der zu identifizierenden Person sind unterschiedliche Dokumente zur Identitätsüberprüfung geeignet:

a) Deutsche Staatsbürger

11 Zulässige Ausweisdokumente für Deutsche sind in erster Line solche nach § 1 Abs. 2 und § 4 Abs. 1 des Passgesetzes (PassG) (u.a. Reisepass, Kinderreisepass, vorläufiger Reisepass, Diplomatenpass) und der Personalausweis, einschließlich des vorläufigen Personalausweises nach § 1 des Gesetzes über Personalausweise (PAuswG).[12]

b) EU-Bürger/EWR-Bürger

12 Als Ausweise für nichtdeutsche Unionsbürger und ihre Familienangehörigen sowie für Bürger der anderen Vertragsstaaten des Abkommens über den Europäischen Wirtschaftsraum und ihre Familienangehörigen können folgende Ausweise zur Überprüfung der Identität herangezogen werden:[13]

– anerkannte Pässe oder Passersatzpapiere, bei Unionsbürgern insbesondere der Personalausweis nach § 8 Abs. 1 des Freizügigkeitsgesetzes EU (FreizügG/EU),

– durch deutsche Behörden ausgestellte Passersatzpapiere gem. § 4 Abs. 1 Nr. 1 bis 4 Aufenthaltsverordnung (AufenthV) i.V.m. § 79 AufenthV (Reiseausweis für Ausländer, Notreiseausweis, Reiseausweis für Flüchtlinge, Reiseausweis für Staatenlose).

c) Schweizer Staatsbürger

13 Schweizer erfüllen ihre Ausweispflicht nach dem Freizügigkeitsabkommen EU-Schweiz mit ihrem Pass oder ihrem Schweizer Personalausweis (Identitätskarte). Zudem genügen sie der Ausweispflicht mit durch deutsche Behörden ausgestellten Passersatzpapieren (§ 4 Abs. 1 Nr. 1 bis 4 AufenthV).

d) Drittstaatsangehörige

14 Als Ausweise für nicht freizügigkeitsberechtigte Drittstaatsangehörige sind folgende Ausweise zur Überprüfung der Identität geeignet:[14]

– vom Bundesministerium des Innern durch im Bundesanzeiger bekannt gegebene Allgemeinverfügungen anerkannte Pässe oder Passersatzpapiere (§ 3 Abs. 1, § 71 Abs. 6 AufenthG),

---

12 BT-Drs. 16/9038, S. 37.
13 BT-Drs. 16/9038, S. 37.
14 BT-Drs. 16/9038, S. 37.

II. Identitätsüberprüfung bei natürlichen Personen § 12 GwG

- nach § 3 AufenthV allgemein zugelassene Pässe oder Passersatzpapiere (insb. Reiseausweise für Flüchtlinge und Reiseausweise für Staatenlose),
- für Ausländer eingeführte deutsche Passersatzpapiere nach § 4 Abs. 1 Nr. 1 bis 4 AufenthV (Reiseausweis für Ausländer, Notreiseausweis, Reiseausweis für Flüchtlinge, Reiseausweis für Staatenlose),
- als Ausweisersatz erteilte und mit Angaben zur Person und einem Lichtbild versehene Bescheinigungen über einen Aufenthaltstitel oder über die Aussetzung der Abschiebung gemäß § 48 Abs. 2 AufenthG i.V.m. § 78 Abs. 1 Satz 4 AufenthG und § 55 AufenthV,
- Aufenthaltsgestattungen nach § 63 des Asylgesetzes (AsylG).

e) Ungeeignete Dokumente

Die Vielzahl an möglichen, aber nicht immer geldwäscherechtlich zulässigen Ausweisdokumenten ist groß, ebenso die häufig bestehende Unsicherheit der Praxis bei der Vorlage solcher Papiere zur Verifizierung der Personenangaben. Nicht zulässig zur Identitätsüberprüfung sind u.a. 15

- Dienstausweise von öffentlich Bediensteten,
- ausländische Aufenthaltstitel, wie z.B. „Carte de sejour" oder „Carte de résident" in Frankreich,
- British Visitor Passport,
- Registrierscheine für Aussiedler, sofern ein gültiger Reisepass vorliegt,
- Führerscheine, auch wenn deren Vorlage im Ursprungsland zu Identifizierungszwecken im Geschäftsverkehr teilweise üblich ist (z.B. österreichischer Führerschein) oder
- Türkiye Cumhuriyeti Nüfus Cüzdani (türkische Identitätskarte).

f) Besonderheiten bei Ausländern

Im Hinblick auf ausländische Staatsbürger sieht das Aufenthaltsrecht differenzierte Regelungen für die Eignung von Ausweisen zur Erfüllung der Ausweispflicht vor. Diese Regelungen berücksichtigen zum einen die Tatsache, dass das Dokumentenwesen in den verschiedenen Staaten weltweit unterschiedlich ausgestaltet ist, und zum anderen den Umstand, dass das Ausweiswesen einiger Staaten nicht das in der BRD geltende Qualitätsniveau aufweist. Die Identifizierungsprüfung im Rahmen der Geldwäschebekämpfung soll nicht unterhalb desjenigen Standards erfolgen, der auch sonst an die Ausweispflicht geknüpft wird. Auch im Interesse der Wahrung der Rechtseinheit und -sicherheit müssen daher die Regelungen zur Geldwäschebekämpfung an die bestehenden Regelungen zur Ausweispflicht anknüpfen.[15] 16

---

15 BT-Drs. 16/9038, S. 37.

GwG § 12 Identitätsüberprüfung, Verordnungsermächtigung

17 Bei Passersatzpapieren kann es unter Umständen vorkommen, dass die dort enthaltenen Personenangaben (teilweise oder ausschließlich) auf den **eigenen Angaben des ausländischen Inhabers** beruhen. In diesen Fällen ist in dem Dokument in der Regel ein entsprechender Vermerk angebracht. Der Aussagegehalt der Personenangaben besteht in diesen Fällen lediglich darin, dass die betreffende Person unter diesen Personalien in der Bundesrepublik Deutschland auftritt und behördlich erfasst ist, nicht aber, dass ihre Richtigkeit in irgendeiner Form überprüft wäre. Dieser Umstand führt allein aber nicht dazu, dass das Dokument zur Identitätsüberprüfung nicht herangezogen werden kann.[16] Der Verpflichtete ist grundsätzlich (vorbehaltlich anderer Risikogesichtspunkte) nicht gezwungen, weitergehende Maßnahmen zur Überprüfung der in dem Passersatzpapier enthaltenen Angaben zu ergreifen, als sie die Behörde bei der Ausstellung des Papiers ergreifen konnte. Er hat jedoch zumindest beim Lichtbildabgleich eine erhöhte Sorgfalt an den Tag zu legen.[17]

2. Elektronischer Identitätsnachweis (§ 12 Abs. 1 Satz 1 Nr. 2 GwG)

18 Die Überprüfung der Identität kann nach § 12 Abs. 1 Nr. 2 GwG auch anhand eines elektronischen Identitätsnachweises erfolgen. Bei dem Identifizierungsverfahren über einen elektronischen Identitätsnachweis des Personalausweises handelt es sich um ein der qualifizierten elektronischen Signatur gleichwertiges Verfahren. Der elektronische Identitätsnachweis erfolgt durch Übermittlung von Daten aus dem elektronischen Speicher- und Verarbeitungsmedium des Personalausweises nach § 18 Abs. 2 Satz 1 PAuswG. Die Daten werden nur übermittelt, wenn der Diensteanbieter ein gültiges Berechtigungszertifikat an den Personalausweisinhaber übermittelt und dieser in der Folge seine Geheimnummer eingibt. Vor Eingabe der Geheimnummer durch den Personalausweisinhaber müssen nach § 18 Abs. 4 PAuswG spezielle Angaben aus dem Berechtigungszertifikat zur Anzeige übermittelt werden.

19 Bei Ausländern findet die Regelung des § 18 PAuswG über den Verweis in § 78 Abs. 5 AufenthG Anwendung.

20 Wird ein elektronischer Identitätsnachweis nach § 12 Abs. 1 Satz 1 Nr. 2 GwG zur Identitätsüberprüfung herangezogen, so ist gem. § 8 Abs. 2 Satz 5 GwG anstelle der Art, der Nummer und der Behörde, die das zur Überprüfung der Identität vorgelegte Dokument ausgestellt hat, das dienste- und kartenspezifische Kennzeichen und die Tatsache, dass die Prüfung anhand eines elektronischen Identitätsnachweises erfolgt ist, **aufzuzeichnen.**

---

16 Vgl. BT-Drs. 16/9038, S. 38.
17 BT-Drs. 16/9038, S. 38.

3. Qualifizierte elektronische Signatur (§ 12 Abs. 1 Satz 1 Nr. 3 GwG)

Eine weitere Form der elektronischen Identitätsüberprüfung ist die qualifizierte elektronische Signatur nach § 12 Abs. 1 Satz 1 Nr. 3 sowie Satz 2 und 3 GwG. Diese Möglichkeit bestand auch schon nach § 6 Abs. 2 Satz 1 Nr. 2 d) sowie Satz 2 und 3 GwG a. F. Wie nach bisheriger Rechtslage sind die Validierung der Signatur und eine Referenzüberweisung erforderlich.[18] Nach neuer Rechtslage sind jedoch die Voraussetzungen zur Überprüfung der Signatur weiter präzisiert worden.

21

Eine elektronische Signatur besteht nach Art. 3 Nr. 10 eIDAS-Verordnung aus Daten in elektronischer Form, die anderen elektronischen Daten beigefügt oder logisch mit ihnen verbunden werden und die der Unterzeichner zum Unterzeichnen verwendet. Eine **qualifizierte** elektronische Signatur ist nach Art. 3 Nr. 12 eIDAS-Verordnung eine fortgeschrittene elektronische Signatur, die von einer qualifizierten elektronischen Signaturerstellungseinheit erstellt wurde und auf einem qualifizierten Zertifikat für elektronische Signaturen beruht.

22

§ 12 Abs. 1 Satz 2 und 3 GwG geben detaillierte Regelungen zu dieser elektronischen Form der Identitätsüberprüfung vor. Zunächst hat der Verpflichtete eine Validierung der qualifizierten elektronischen Signatur nach Art. 32 Abs. 1 eIDAS-Verordnung vorzunehmen. Hierbei wird die Gültigkeit einer qualifizierten elektronischen Signatur u. a. dadurch bestätigt, dass das der Signatur zugrunde liegende Zertifikat gewisse formale Anforderungen erfüllt und das qualifizierte Zertifikat von einem qualifizierten Vertrauensdiensteanbieter ausgestellt wurde und zum Zeitpunkt des Signierens gültig war. Des Weiteren müssen die Signaturvalidierungsdaten den Daten entsprechen, die dem vertrauenden Beteiligten bereitgestellt werden. Der eindeutige Datensatz, der den Unterzeichner im Zertifikat repräsentiert, muss dem vertrauenden Beteiligten korrekt bereitgestellt werden. Auch muss die etwaige Benutzung eines Pseudonyms dem vertrauenden Beteiligten eindeutig angegeben werden, wenn zum Zeitpunkt des Signierens ein Pseudonym benutzt wurde. Die elektronische Signatur muss von einer qualifizierten elektronischen Signaturerstellungseinheit erstellt worden sein. Die Unversehrtheit der unterzeichneten Daten darf nicht beeinträchtigt sein. Schließlich müssen die Anforderungen an fortgeschrittene elektronische Signaturen nach Art. 26 eIDAS-Verordnung zum Zeitpunkt des Signierens erfüllt sein.

23

Darüber hinaus hat der Verpflichtete sicherzustellen, dass eine Transaktion unmittelbar von einem Zahlungskonto im Sinne des § 1 Abs. 3 ZAG erfolgt, das auf den Namen des Vertragspartners lautet. Dieses Erfordernis soll dabei helfen, eine Kontoeröffnung unter falschen Identitätsangaben, etwa mit einem gefälschten oder gestohlenen Ausweispapier, zumindest zu erschweren. Dabei kann jedoch nicht ausgeschlossen werden, dass auch das andere bereits bestehende

24

---

18 BT-Drs. 18/11555, S. 118.

GwG § 12   Identitätsüberprüfung, Verordnungsermächtigung

Konto, welches die Identität des Vertragspartners mit belegen soll, selbst mit Hilfe von Falschangaben eröffnet wurde. Das Ursprungskonto muss bei einem Verpflichteten nach § 2 Abs. 1 Satz 1 Nr. 1 oder Nr. 3 GwG geführt werden. Alternativ kann es sich hierbei auch um ein Kreditinstitut handeln, das in einem anderen Mitgliedstaat der EU oder einem EWR-Staat ansässig ist, § 12 Abs. 1 Satz 3 Nr. 1 und 2 GwG. Zulässig ist es nach § 12 Abs. 1 Satz 3 Nr. 3 GwG auch, wenn das Kreditinstitut in einem Drittstaat ansässig ist, in dem das Kreditinstitut Sorgfalts- und Aufbewahrungspflichten unterliegt, die den in der 4. Geldwäscherichtlinie festgelegten Sorgfalts- und Aufbewahrungspflichten (siehe insb. Art. 10 ff. und Art. 40 4. Geldwäscherichtlinie) entsprechen und deren Einhaltung in einer mit Kapitel IV Abschnitt 2 der 4. Geldwäscherichtlinie im Einklang stehenden Weise beaufsichtigt wird. Davon abgesehen ist grundsätzlich davon auszugehen, dass die Gleichwertigkeit lediglich einen Indikator gleichwertiger Standards darstellt und es immer auf den Einzelfall ankommt.[19]

25   Bei der Überprüfung der Identität anhand einer qualifizierten Signatur nach § 12 Abs. 1 Satz 1 Nr. 3 GwG ist gem. § 8 Abs. 2 Satz 6 GwG auch deren Validierung **aufzuzeichnen**.

4. Elektronisches Identifizierungssystem (§ 12 Abs. 1 Satz 1 Nr. 4 GwG)

26   Nach § 12 Abs. 1 Satz 1 Nr. 4 GwG kann die Überprüfung der Identität auch anhand eines elektronischen Identifizierungssystems erfolgen, das nach Art. 8 Abs. 2 c) i.V.m. Art. 9 eIDAS-Verordnung auf Sicherheitsniveau „hoch" notifiziert ist.[20]

27   Ein elektronisches Identifizierungssystem ist nach Art. 3 Nr. 4 eIDAS-Verordnung ein System für die elektronische Identifizierung, in dessen Rahmen natürlichen oder juristischen Personen oder natürlichen Personen, die juristische Personen vertreten, elektronische Identifizierungsmittel ausgestellt werden. Ein elektronisches Identifizierungsmittel ist nach Art. 3 Nr. 2 eIDAS-Verordnung eine materielle und/oder immaterielle Einheit, die Personenidentifizierungsdaten enthält und zur Authentifizierung bei Online-Diensten verwendet wird. Nach Art. 3 Nr. 3 eIDAS-Verordnung sind Personenidentifizierungsdaten ein Datensatz, der es ermöglicht, die Identität einer natürlichen oder juristischen Person oder einer natürlichen Person, die eine juristische Person vertritt, festzustellen.

28   Das elektronische Identifizierungsmittel, das im Rahmen eines elektronischen Identifizierungssystems ausgestellt und nach Art. 9 eIDAS-Verordnung notifiziert wird, muss das **Sicherheitsniveau „hoch"** erfüllen. Das Sicherheitsniveau

---

19 Vgl. BaFin, Rundschreiben 14/2009 vom 29.7.2009, Punkt I. a).
20 BT-Drs. 18/11555, S. 118.

„hoch" bezieht sich nach Art. 8 Abs. 2 c) eIDAS-Verordnung auf ein elektronisches Identifizierungsmittel, das ein höheres Maß an Vertrauen in die beanspruchte oder behauptete Identität einer Person vermittelt als ein Identifizierungsmittel mit dem Sicherheitsniveau „substanziell" und durch die Bezugnahme auf die diesbezüglichen technischen Spezifikationen, Normen und Verfahren einschließlich technischer Überprüfungen – deren Zweck in der Verhinderung des Identitätsmissbrauchs oder der Identitätsveränderung besteht – gekennzeichnet ist.

Der Verpflichtete hat nach § 8 Abs. 2 Satz 2 GwG das Recht und die Pflicht, **vollständige Kopien** der hierbei eingesetzten Dokumente oder Unterlagen anzufertigen oder sie vollständig digitalisiert zu erfassen. Diese gelten als Aufzeichnung im Sinne des § 8 Abs. 2 Satz 1 GwG. 29

5. Dokumente nach § 1 Abs. 1 ZIdPrüfV (§ 12 Abs. 1 Satz 1 Nr. 5 GwG)

§ 12 Abs. 1 Satz 1 Nr. 5 GwG verweist auf den Inhalt des § 1 Abs. 1 ZIdPrüfV. 30

Nach § 1 Abs. 1 ZIdPrüfV kann für die Eröffnung eines Zahlungskontos i. S. v. § 1 Abs. 3 ZAG unter bestimmten Voraussetzungen nach § 1 Abs. 1 ZIdPrüfV bei Minderjährigen unter 16 Jahren und betreuten Personen auf alternative Dokumente zur Überprüfung der Identität zurückgegriffen werden. Zur abschließenden Regelung der Verfahrensweise bei der Identifizierung von Flüchtlingen und Asylsuchenden nach § 1 Abs. 2 ZIdPrüfV siehe § 12 Rn. 44 ff.). 31

Die ZIdPrüfV wurde vom Bundesministerium des Inneren (BMI) erlassen und ist am 7.7.2016 in Kraft getreten. Sie beruht auf der Möglichkeit, nach § 4 Abs. 4 Satz 2 GwG a. F. (jetzt § 12 Abs. 3 GwG) weitere Identifizierungsdokumente durch Rechtsverordnung zu bestimmen. 32

§ 1 Abs. 1 Nr. 1 ZIdPrüfV bestimmt, dass bei **Minderjährigen unter 16 Jahren**, die selbst nicht im Besitz eines Dokuments nach § 12 Abs. 1 Satz 1 GwG sind, die Vorlage der Geburtsurkunde ausreichend sein kann. Dies gilt jedoch nur in Verbindung mit der Identitätsüberprüfung des gesetzlichen Vertreters (in der Regel die Eltern) anhand eines Dokuments nach § 12 Abs. 1 Satz 1 GwG. Das entspricht im Kern der gängigen Praxis bei der Kontoeröffnung, da in manchen Fällen aus nachvollziehbaren Gründen keine geeigneten Identifizierungsdokumente des Minderjährigen vorliegen.[21] Die Normierung dieser Praxis bei Minderjährigen war auch das erklärte Ziel des Verordnungsgebers.[22] Gleichzeitig soll diese Erleichterung aber nicht zu einem höheren Missbrauchsrisiko führen.[23] Minderjährige sind als beschränkt geschäftsfähige Personen durch das 33

---

21 AuA, Tz. 11.
22 Begründung zur ZIdPrüfV vom 5.6.2016, BAnz AT 6.7.2016 B1, S. 2.
23 Begründung zur ZIdPrüfV vom 5.6.2016, BAnz AT 6.7.2016 B1, S. 2.

GwG § 12 Identitätsüberprüfung, Verordnungsermächtigung

deutsche Zivilrecht besonders geschützt. Für nicht lediglich rechtlich vorteilhafte Geschäfte, zu denen auch die Kontoeröffnung zählt, bedarf es nach §§ 106, 107 BGB ohnehin der Zustimmung der Eltern als gesetzliche Vertreter. Die Identifizierung der Eltern ist somit entscheidend. Die Vorlage der Geburtsurkunde dokumentiert hinreichend das Vorhandensein der Person des Minderjährigen.

34 Ähnlich verhält es sich mit **unter Betreuung stehenden Personen**. Nach § 1 Abs. 1 Nr. 2 ZIdPrüfV ist nun die Vorlage der Bestellungsurkunde des Betreuers nach § 290 FamFG[24] ausreichend. Zusätzlich ist auch hier der Betreuer als gesetzlicher Vertreter des Betreuten anhand eines Dokuments nach § 12 Abs. 1 Satz 1 GwG zu identifizieren. Diese Erleichterungsregel war schon bisher risikoangemessen.[25] Im Regelfall hat der Betreuer sowieso die Verfügungsmacht über das Konto, sodass es auf die Identifizierung seiner Person ankommt.[26]

35 Die Ausnahmebestimmung des § 1 Abs. 1 ZIdPrüfV gilt nur für die Eröffnung von **Zahlungskonten** i.S.d. § 1 Abs. 3 ZAG. Danach ist ein Zahlungskonto ein auf den Namen eines oder mehrerer Zahlungsdienstnutzer lautendes und der Ausführung von Zahlungsvorgängen dienendes Konto, das die Forderungen und Verbindlichkeiten zwischen dem Zahlungsdienstnutzer und dem Zahlungsdienstleister innerhalb der Geschäftsbeziehung buch- und rechnungsmäßig darstellt und für den Zahlungsdienstnutzer dessen jeweilige Forderung gegenüber dem Zahlungsdienstleister bestimmt. Die Einschränkung auf Zahlungskonten hat in der Praxis unweigerlich die Frage aufgeworfen, ob von der weitergehenden **Ausnahme in Tz. 11 der AuA** auch zukünftig Gebrauch gemacht werden kann. Danach kann „ausnahmsweise" von den gesetzlichen Vorgaben zu den heranzuziehenden Dokumenten bei Minderjährigen und Betreuten abgewichen werden. So ist für die „Kontoeröffnung für Minderjährige" „grundsätzlich" die Geburtsurkunde ausreichend. Damit sind nicht nur Zahlungskonten nach § 1 Abs. 3 ZAG umfasst, sondern bspw. auch Sparkonten oder andere Kontoarten. Auch eine Altersbeschränkung auf unter 16 Jahre bei Minderjährigen sehen die Auslegungs- und Anwendungshinweise nicht vor. Steht die zu identifizierende Person unter gesetzlicher Betreuung, kann statt des Betreuten auch der Betreuer i.V.m. dem Betreuungsbeschluss identifiziert werden. Hier findet sich nicht einmal eine Beschränkung auf Kontoprodukte.

36 Das Verhältnis von § 1 Abs. 1 ZIdPrüfV und Tz. 11 AuA ist durch die Einführung des § 12 Abs. 1 Satz 1 Nr. 5 GwG i.R.d. GwG-Novelle 2017 geregelt worden. Nach der Gesetzessystematik erstrecken sich die Ausnahmeregelungen des § 1 Abs. 1 ZIdPrüfV nicht nur auf Zahlungskonten i.S.d. § 1 Abs. 3 ZAG, sondern auf **alle nach dem GwG identifizierungspflichtigen Vorgänge**, bei denen

---

24 Gesetz über das Verfahren in Familiensachen und in den Angelegenheiten der freiwilligen Gerichtsbarkeit (FamFG) vom 17.12.2008, BGBl. I, S. 2586, 2587.
25 AuA, Tz. 11.
26 Begründung zur ZIdPrüfV vom 5.7.2016, BAnz AT 6.7.2016 B1, S. 4.

natürliche Personen nach § 10 Abs. 1 Nr. 1 GwG zu identifizieren sind. Warum es dieser komplizierten Verweisung bedurfte, lässt sich nur mit der ungeschickten Fassung der ZIdPrüfV erklären. Dem Verordnungsgeber ging es schlicht darum, die Erleichterungen für die Identifizierung von Minderjährigen und Betreuten, die bereits Teil der tatsächlichen Verwaltungspraxis der Bundesanstalt für Finanzdienstleistungsaufsicht (BaFin) sind, zu regeln.[27] Die Regelungen in § 1 Abs. 1 ZIdPrüfV waren somit als **Klarstellung** beabsichtigt, gingen mit der Beschränkung auf Zahlungskonten i. S. d. § 1 Abs. 3 ZAG jedoch nicht weit genug. Anstatt die Regelung des § 1 Abs. 1 ZIdPrüfV mit dem Inhalt der Tz. 11 AuA zu erweitern, entschloss sich der Gesetzgeber, mit der Regelung des § 12 Abs. 1 Satz 1 Nr. 5 GwG eine Brücke in das GwG zu bauen.

III. Identitätsüberprüfung bei juristischen Personen (§ 12 Abs. 2 GwG)

§ 12 Abs. 2 GwG regelt die Überprüfung der Identität bei juristischen Personen. 37
Die Vorschrift hat durch die GwG-Novelle 2017 kaum Veränderungen erfahren und entspricht im Wesentlichen § 4 Abs. 4 Nr. 2 GwG a. F. Neu ist lediglich die Klarstellung, dass bei Einsichtnahme in Register- oder Verzeichnisdaten der Verpflichtete bzw. sein Personal selbst Einsicht nehmen müssen und diese Einsichtnahme zu dokumentieren haben.[28] Zudem kommt neben den im Gesetz ausdrücklich genannten Handels- oder Genossenschaftsregister nun auch das Transparenzregister nach den §§ 18 ff. GwG bei der Identitätsüberprüfung in Betracht, wobei entsprechend der Regelung in § 11 Abs. 5 GwG zu beachten ist, dass sich der Verpflichtete nicht ausschließlich auf das Transparenzregister als einzige Quelle bei der Erfüllung seiner Sorgfaltspflichten verlassen darf.

Weitere „vergleichbare amtliche Register oder Verzeichnisse" sind das Partnerschaftsregister, das Vereinsregister, die Stiftungsverzeichnisse sowie vergleichbare ausländische Register und Verzeichnisse.[29] 38

Zwar sieht § 12 Abs. 2 GwG einen Ermessensspielraum des Verpflichteten vor, 39
welcher der dort aufgeführten Dokumente er sich bei der Identitätsüberprüfung bedient, die Auswahl hat jedoch risikoorientiert zu erfolgen. Daher hat der Verpflichtete, soweit ihm möglich und zumutbar, hierbei grundsätzlich auf Registerauszüge bzw. eigene dokumentierte Einsichtnahmen in qualifizierte bzw. gleichwertige in- und ausländische Register zurückzugreifen.[30] Dennoch sind die Überprüfungsdokumente nach § 12 Abs. 2 Nr. 1–3 GwG grundsätzlich als

---
27 Begründung zur ZIdPrüfV vom 5.7.2016, BAnz AT 6.7.2016 B1, S. 2 und 3.
28 BT-Drs. 18/11555, S. 118.
29 BT-Drs. 16/9038, S. 38.
30 AuA, Tz. 12.

GwG § 12 Identitätsüberprüfung, Verordnungsermächtigung

gleich ausreichend anzusehen.[31] Beispiele für Dokumentationen der Identitätsüberprüfung sind eine Kopie des Registerauszuges, bei Einsichtnahme ein Ausdruck des elektronischen Auszugs und hilfsweise andere gleichwertige beweiskräftige Unterlagen. Die Überprüfung hat sich am lokalen Standard zu orientieren und kann bspw. durch Einsichtnahme in Informationen der lokalen Aufsichtsbehörde über beaufsichtigte Unternehmen erfolgen.[32]

40 U. a. bei den folgenden Personen ist auf Besonderheiten zu achten:
- Bei einer Gesellschaft bürgerlichen Rechts (**GbR**) ist es ausreichend, die Identifizierung anhand des Gesellschaftsvertrags vorzunehmen. Zwar ist für das rechtlich wirksame Bestehen der GbR kein schriftlicher Gesellschaftsvertrag notwendig, aus Gründen der Überprüfbarkeit der Angaben und aus Dokumentationsgründen empfiehlt es sich jedoch, auf eine schriftliche Form zu bestehen. Zunächst ist die Person, die das Konto eröffnet, zu identifizieren. Weiter sind die hinsichtlich der Geschäftsverbindung verfügungsberechtigten Personen zu erfassen. Soweit der tatsächliche Gesellschaftszweck in Bezug auf Geldwäsche oder Terrorismusfinanzierung kein erhöhtes Risiko erkennen lässt, ist deren Identifizierung ausreichend. D. h., dass die Erfassung sämtlicher Mitglieder oder vorherige Vorlage von Mitgliederlisten in diesen Fällen nicht erforderlich ist.[33]
- Bei einer Wohnungseigentümergemeinschaft (**WEG**) ist es ausreichend, die Identifizierung anhand eines Protokolls der Eigentümerversammlung vorzunehmen. Die hinsichtlich der Geschäftsverbindung verfügungsberechtigten Personen sind zu erfassen. Eine Erfassung sämtlicher Miteigentümer oder Vorlage von Miteigentümerlisten und Einstellung in die Datei zum automatisierten Kontoabruf nach § 24c KWG ist nicht erforderlich.[34]
- Der **nicht rechtsfähige Verein** (Gewerkschaft, Partei oder andere vergleichbare nicht rechtsfähige deutsche Vereine) kann anhand der Satzung sowie des Protokolls über die Mitgliederversammlung, in der die Satzung beschlossen wurde, identifiziert werden. Soweit der tatsächliche Vereinszweck in Bezug auf Geldwäsche oder Terrorismusfinanzierung kein erhöhtes Risiko erkennen lässt, sind die hinsichtlich der Geschäftsverbindung verfügungsberechtigten Personen zu identifizieren. In diesen Fällen ist eine Erfassung sämtlicher Mitglieder oder die Vorlage von Mitgliederlisten entbehrlich.[35]

41 Bei der Vornahme der Identitätsüberprüfung ist auch immer die Mitwirkungspflicht des Vertragspartners nach § 11 Abs. 6 GwG zu beachten. Dies gilt auch für **Vertragspartner mit Auslandsbezug**. Der Vertragspartner hat hier die nach

---
31 BT-Drs. 16/9038, S. 38.
32 AuA, Tz. 12.
33 AuA, Tz. 12a.
34 AuA, Tz. 12b.
35 AuA, Tz. 12c.

IV. Verordnungsermächtigung (§ 12 Abs. 3 GwG) **§ 12 GwG**

dem Recht des jeweiligen Sitzlandes vorgeschriebenen Unterlagen dem Verpflichteten zur Verfügung zu stellen. Er ist allerdings nicht verpflichtet, diese auch in der jeweiligen Amtssprache des Sitzlandes des Verpflichteten beizubringen. Sofern der Verpflichtete nicht in der Lage ist, den Inhalt der Originaldokumente zu verstehen, empfiehlt es sich, dass dieser die hierfür nötigen Maßnahmen (insb. Übersetzungen) selbst vornimmt.[36]

Der Verpflichtete hat nach § 8 Abs. 2 Satz 2 GwG das Recht und die Pflicht, **vollständige Kopien** der vorgelegten oder herangezogenen Dokumente oder Unterlagen nach § 12 Abs. 2 GwG anzufertigen oder sie vollständig optisch digitalisiert zu erfassen. Diese gelten als Aufzeichnung im Sinne des § 8 Abs. 2 Satz 1 GwG. Bei Einholung von Angaben und Informationen durch Einsichtnahme in elektronisch geführte Register oder Verzeichnisse gilt gem. § 8 Abs. 2 Satz 7 GwG die Anfertigung eines **Ausdrucks als Aufzeichnung** der darin enthaltenen Angaben oder Informationen. 42

IV. Verordnungsermächtigung (§ 12 Abs. 3 GwG)

1. Allgemeines

Nach § 12 Abs. 3 GwG kann das Bundesministerium der Finanzen (BMF) im Einvernehmen mit dem Bundesministerium des Innern (BMI) durch Rechtsverordnung ohne Zustimmung des Bundesrats weitere Dokumente bestimmen, die zur Überprüfung der Identität geeignet sind. Dies soll es ermöglichen, flexibel auf ggf. erforderliche nachträgliche Anpassungen zu reagieren, insbesondere für den Fall, dass auf EU-Ebene einheitliche Mindeststandards für anerkennungswürdige Papiere festgelegt werden.[37] 43

2. Zahlungskonto-Identitätsprüfungsverordnung (ZIdPrüfV)

Auf Grundlage von § 4 Abs. 4 Satz 2 GwG a. F. (jetzt § 12 Abs. 3 GwG) trat am 7.7.2016 die **ZIdPrüfV** in Kraft. Neben Klarstellungen zur Identifizierung von Minderjährigen und Betreuten (siehe hierzu § 12 Rn. 33 ff.) trifft die ZIdPrüfV auch ergänzende Regelungen zu **Kontoeröffnungen** von bestimmten **Ausländern und Asylsuchenden**. Unter anderem dürfen beim Abschluss von Basiskontoverträgen auch der sog. Ankunftsnachweis[38] und die Bescheinigung über die Aussetzung der Abschiebung nach § 60a Abs. 4 AufenthG, die nicht zu- 44

---

36 *Studer*, in: Quedenfeld, Handbuch Bekämpfung der Geldwäsche und Wirtschaftskriminalität, Rn. 249.
37 Vgl. BT-Drs. 16/9038, S. 38.
38 Siehe Verordnung über die Bescheinigung über die Meldung als Asylsuchender (Ankunftsnachweisverordnung – AKNV), BGBl. I 2016, S. 162 ff.

GwG § 12 Identitätsüberprüfung, Verordnungsermächtigung

gleich als Ausweisersatz bezeichnet ist (sog. „einfache Duldung"),[39] als Identifizierungspapiere akzeptiert werden. Dies gilt jedoch nur für den Fall, dass die Person nicht im Besitz regulärer Identifizierungsdokumente im Sinne des § 12 Abs. 1 Satz 1 GwG und der dazugehörigen Gesetzesbegründung[40] ist. Eine seit dem 21.8.2015 ausgesprochene Ausnahmeregelung der Bundesanstalt für Finanzdienstleistungsaufsicht (BaFin) ist durch das Inkrafttreten der ZIdPrüfV am 7.7.2016 entfallen. Nach dieser Ausnahmeregelung wurde die Überprüfung der Identität bei der Kontoeröffnung anhand ausländerrechtlicher Dokumente geldwäscherechtlich nicht beanstandet, soweit diese gewisse Mindestmerkmale erfüllten.[41]

45 Die ZIdPrüfV dient auch der Umsetzung der Vorgaben der EU-Zahlungskontenrichtlinie und des ZKG. Ziel dieser Bestimmungen ist es, jedem Verbraucher einen Anspruch auf ein sog. **Basiskonto** einzuräumen, sofern die sachlichen Voraussetzungen gegeben sind.[42] Auch Asylsuchende und geduldete Ausländer sollen, sofern sie sich rechtmäßig in der EU aufhalten, zumindest Zugang zu einem Basiskonto haben. Hierzu zählen auch solche Personen, die über keinen festen Wohnsitz verfügen, und solche, die keinen Aufenthaltstitel besitzen, aber aus rechtlichen oder tatsächlichen Gründen nicht abgeschoben werden können, vgl. Art. 16 Abs. 2 PAD.

46 Abweichend von den Regelungen zu Minderjährigen und Betreuten in § 1 Abs. 1 ZIdPrüfV, die für die Eröffnung von Zahlungskonten i.S.d. § 1 Abs. 3 ZAG gelten, sind die Erleichterungen im Hinblick auf geduldete Ausländer und Asylsuchende nach § 1 Abs. 2 ZIdPrüfV nur für die Eröffnung von Basiskonten einschlägig. Welche Kontovariante unter den Begriff eines Basiskontos fällt, regeln die §§ 31, 38 ZKG. Der Anwendungsbereich der ZIdPrüfV ist für geduldete Ausländer und Asylsuchende somit eng gefasst. Grund hierfür ist, dass ausländerrechtliche Bescheinigungen nicht selten auf den Angaben der Inhaber selbst beruhen und keinen Ausweisersatz darstellen. Hierdurch besteht nach Meinung des Verordnungsgebers eine nur eingeschränkte Identifikationsfunktion dieser Papiere.[43]

47 Der Verpflichtete hat nach § 8 Abs. 2 Satz 2 GwG das Recht und die Pflicht, **vollständige Kopien** der vorgelegten oder herangezogenen Dokumente, die aufgrund einer Rechtsverordnung nach § 12 Abs. 3 GwG bestimmt sind, anzufertigen oder sie vollständig optisch digitalisiert zu erfassen. Diese gelten als Aufzeichnung im Sinne des § 8 Abs. 2 Satz 1 GwG. Somit sind auch Kopien bzw.

---

39 BGBl. I 2004, S. 2972.
40 BT-Drs. 16/9038, S. 37 f.
41 Siehe hierzu *Göres*, CCZ 2016, 97.
42 Zu den sachlichen Voraussetzungen siehe § 33 ZKG.
43 Siehe Begründung zur ZIdPrüfV vom 5.7.2016, BAnz AT 6.7.2016 B1, S. 4.

Scans der einfachen Duldung bzw. des Ankunftsnachweises anzufertigen und zu archivieren.

a) „Einfache Duldung" als Identifizierungsdokument (§ 1 Abs. 2 Nr. 1 ZIdPrüfV)

§ 1 Abs. 2 Nr. 1 ZIdPrüfV erlaubt die Überprüfung der Identifizierung geduldeter Ausländer anhand der Bescheinigung über die Aussetzung der Abschiebung nach § 60a Abs. 4 AufenthG, die nicht zugleich als Ausweisersatz bezeichnet ist (sog. „einfache Duldung").[44]   48

Bei geduldeten Ausländern ist die Abschiebung nach § 60a AufenthG ausgesetzt. Jeder geduldete Ausländer erhält nach § 60a Abs. 4 AufenthG eine Bescheinigung über die Aussetzung der Abschiebung, die sog. Duldungsbescheinigung. Ob diese als Ausweisersatz ausgestellt wird oder nicht, hängt davon ab, ob der Ausländer in zumutbarer Weise in der Lage ist, sich einen gültigen und anerkannten Pass oder Passersatz ausstellen zu lassen. Ist ihm das nicht möglich, so muss er nachweisen, dass er sich um die Ausstellung eines eigenen Nationalpasses vergeblich bemüht hat. Nur dann erhält die Bescheinigung den Zusatz „Ausweisersatz".   49

Wird die Bescheinigung vorgelegt, so muss (bei Vorliegen der Voraussetzungen des ZKG für den Abschluss von Basiskontoverträgen) für die Person zumindest ein Basiskonto eröffnet werden. Duldungsbescheinigungen, die als Ausweisersatz gekennzeichnet sind, konnten bereits vor der ZIdPrüfV regulär auch für andere Vertragsabschlüsse und nicht nur für Basiskontoverträge herangezogen werden.[45]   50

b) Ankunftsnachweis als Identifizierungsdokument (§ 1 Abs. 2 Nr. 2 ZIdPrüfV)

Nach § 1 Abs. 2 Nr. 2 ZIdPrüfV kann ein Basiskonto bei einem Asylsuchenden auch anhand des sog. Ankunftsnachweises nach § 63a des Asylgesetzes entsprechend dem Muster in Anlage 4 der Ankunftsnachweisverordnung[46] eröffnet werden. Dieses neue Dokument wurde im Februar 2016 eingeführt und zielt darauf ab, Asyl- und Schutzsuchende, die nach Deutschland einreisen, früher als bisher zu registrieren und die erfassten Informationen öffentlichen Stellen einfacher zur Verfügung zu stellen. Der Ankunftsnachweis wird von den Aufnahmeeinrichtungen und Außenstellen des Bundesamtes für Migration und Flüchtlinge (BAMF) unverzüglich nach der erkennungsdienstlichen Behandlung ausgestellt.   51

---

44 BGBl. I 2004, S. 2972.
45 BT-Drs. 16/9038, S. 37 f.
46 Verordnung über die Bescheinigung über die Meldung als Asylsuchender (Ankunftsnachweisverordnung – AKNV), BGBl. I 2016, S. 162 ff.

GwG § 12 Identitätsüberprüfung, Verordnungsermächtigung

52 Da der Ankunftsnachweis keine Ausweisfunktion hat, gilt er nicht schon als Identifizierungsdokument gemäß § 12 Abs. 1 S. 1 Nr. 1 GwG. Dies liegt u. a. darin, dass die Angaben zur Identität des Inhabers regelmäßig auf seinen eigenen Angaben beruhen. Eine genaue Prüfung der Identität findet erst im förmlichen Asylverfahren statt. Der Ankunftsnachweis verliert seine Gültigkeit spätestens bei Ausstellung einer Aufenthaltsgestattung nach § 63 AsylG. Diese Gestattung erhält die Person nach Stellung des förmlichen Asylantrags. Die Aufenthaltsgestattung nach § 63 AsylG ist ein nach § 12 Abs. 1 S. 1 Nr. 1 GwG anerkanntes Identifizierungspapier.[47]

c) Risikobewertung i.Z.m. Basiskonten nach § 1 Abs. 2 ZIdPrüfV

53 Das Bundesministerium des Innern (BMI) betont in der Verordnungsbegründung zur ZIdPrüfV ausdrücklich die Wichtigkeit des Monitorings durch die Kreditinstitute bei der Führung von Basiskonten, die mit einer „einfachen Duldung" oder einem Ankunftsnachweis eröffnet wurden.[48] Da dem Ankunftsnachweis und der „einfachen Duldung" kein Ausweisersatzcharakter zukommt, besteht nach Meinung des BMI nur eine eingeschränkte Identifizierungsfunktion. Dass diese Papiere trotzdem zur Eröffnung von Basiskonten akzeptiert werden können, ist nach Auffassung des BMI dadurch gerechtfertigt, dass die Monitoringmaßnahmen der kontoführenden Institute die verringerte Identifizierungswirkung dieser Dokumente ausgleichen und das Geldwäscherisiko sowie das Risiko der Terrorismusfinanzierung im erforderlichen Umfang minimieren sollen.[49]

54 Hieraus lässt sich eine gewisse Anforderungshaltung des Verordnungsgebers ablesen. Es erscheint jedoch zwiespältig, die Kontoeröffnung anhand von Dokumenten mit ausdrücklich „eingeschränkter Identifikationsfunktion" zuzulassen und gleichzeitig den Verpflichteten entsprechende Monitoringpflichten aufzuerlegen, um diesen Mangel wieder auszugleichen. Wäre dies der Wille des Verordnungsgebers gewesen, so hätte er die Maßnahmen zur Anwendung solcher verstärkten Sorgfaltspflichten in der Verordnung ausdrücklich normieren müssen.

55 Somit ist festzuhalten, dass bei der Bewertung des Risikos von Basiskonten nach § 1 Abs. 2 ZIdPrüfV für Geldwäsche und Terrorismusfinanzierung **nicht schon per se verstärkte Sorgfaltspflichten** anzuwenden sind. Vielmehr sollte das Kreditinstitut bei dieser Kundengruppe risikoangemessen vorgehen, bspw. durch Unterrichtung der betroffenen Abteilungen und Mitarbeiter, der Analysierung und Dokumentation von potenziellen Gefahren sowie der Anpassung bestehender Sicherungssysteme um bekannte Typologien in diesem Zusammenhang.[50] Anlasslose verstärkte Monitoringmaßnahmen sind nicht notwendig.

---
47 BT-Drs. 16/9038, S. 37f.
48 Begründung zur ZIdPrüfV vom 5.7.2016, BAnz AT 6.7.2016 B1, S. 4.
49 Begründung zur ZIdPrüfV vom 5.7.2016, BAnz AT 6.7.2016 B1, S. 4.
50 *Schmid*, CRP 2016, 154.

§ 13 Verfahren zur Identitätsüberprüfung, Verordnungsermächtigung

(1) Verpflichtete überprüfen die Identität der natürlichen Personen mit einem der folgenden Verfahren:
1. durch angemessene Prüfung des vor Ort vorgelegten Dokuments oder
2. mittels eines sonstigen Verfahrens, das zur geldwäscherechtlichen Überprüfung der Identität geeignet ist und ein Sicherheitsniveau aufweist, das dem in Nummer 1 genannten Verfahren gleichwertig ist.

(2) Das Bundesministerium der Finanzen kann im Einvernehmen mit dem Bundesministerium des Innern durch Rechtsverordnung, die nicht der Zustimmung des Bundesrates bedarf,
1. Konkretisierungen oder weitere Anforderungen an das in Absatz 1 genannte Verfahren sowie an die sich dieses bedienenden Verpflichteten festlegen und
2. Verfahren bestimmen, die zur geldwäscherechtlichen Identifizierung nach Absatz 1 Nummer 2 geeignet sind.

Übersicht

	Rn.		Rn.
I. Allgemeines	1	c) Abbruch des Videoidentifizierungsvorgangs	19
II. Verfahren zur Identitätsüberprüfung (§ 13 Abs. 1 GwG)	2	d) Abschluss des Videoidentifizierungsvorgangs	20
1. Vor-Ort-Prüfung (§ 13 Abs. 1 Nr. 1 GwG)	2	e) Aufbewahrung und Aufzeichnung des Videoidentifizierungsvorgangs	21
2. Sonstige gleichwertige Verfahren, insb. Videoidentifizierung (§ 13 Abs. 1 Nr. 2 GwG)	3	III. Verordnungsermächtigung (§ 13 Abs. 2 GwG)	23
a) Allgemeines	4		
b) Anforderungen an die Durchführung einer Videoidentifizierung	9		

I. Allgemeines

Die Vorschrift des § 13 GwG legt die Verfahren fest, mit deren Hilfe eine Identitätsüberprüfung bei natürlichen Personen erfolgen kann. Die Regelung wurde durch die GwG-Novelle 2017 neu eingefügt. 1

II. Verfahren zur Identitätsüberprüfung (§ 13 Abs. 1 GwG)

1. Vor-Ort-Prüfung (§ 13 Abs. 1 Nr. 1 GwG)

2 § 13 Abs. 1 Nr. 1 GwG erfasst die Überprüfung der Identität unter Anwesenden durch angemessene Prüfung des vor Ort vorgelegten Dokuments, das heißt durch Inaugenscheinnahme und gegebenenfalls haptische Prüfung.[1] Die Regelung stellt klar, dass Fernidentifizierungen (= Überprüfung der Identität nicht persönlich anwesender Personen), wie sie bis zum Inkrafttreten der GwG-Novelle 2017 unter bestimmten Voraussetzungen möglich waren (siehe § 6 Abs. 2 Nr. 2 GwG a. F.), grundsätzlich unzulässig sind, es sei denn das Verfahren erfüllt die Anforderungen des § 13 Abs. 1 Nr. 2 GwG.

2. Sonstige gleichwertige Verfahren, insb. Videoidentifizierung (§ 13 Abs. 1 Nr. 2 GwG)

3 Nach dieser Vorschrift sind im Hinblick auf den technischen Fortschritt auch andere geeignete Verfahren zur Identitätsüberprüfung, die ein gleichwertiges Sicherheitsniveau aufweisen, zulässig. Hierunter fallen neben dem nach der eI-DAS-Verordnung notifizierten elektronischen Identifizierungssystem gem. § 12 Abs. 1 Satz 1 Nr. 4 GwG auch die bereits vor Inkrafttreten der GwG-Novelle 2017 zulässigen Verfahren nach § 12 Abs. 1 Satz 1 Nr. 2 und 3 GwG, sofern jeweils die einschlägigen Voraussetzungen des § 12 Abs. 1 Satz 2 und 3 GwG vorliegen.

a) Allgemeines

4 Des Weiteren fällt hierunter auch die Überprüfung durch **Videoidentifizierungsverfahren**, soweit sie die Voraussetzungen erfüllen, die die BaFin in ihrem Rundschreiben 3/2017 hierzu formuliert hat.[2] Dieses Rundschreiben trat am 15.6.2017 in Kraft und regelt ausschließlich die Anforderungen an die Nutzung von Videoidentifizierungsverfahren. Es ersetzt die Regelung der Videoidentifizierung in Ziffer III des BaFin-Rundschreibens 1/2014 vom 5.3.2014.

5 Die meisten Verpflichteten nach dem GwG können das Videoidentifizierungsverfahren nutzen, so u. a. Kreditinstitute, Finanzdienstleistungsinstitute, Zahlungsinstitute, E-Geld-Institute, Kapitalverwaltungsgesellschaften und Versicherungsunternehmen, die Lebensversicherungsverträge bzw. Unfallversicherungsverträge mit Prämienrückgewähr anbieten.

---

1 BT-Drs. 18/11555, S. 119.
2 BT-Drs. 18/11555, S. 119; zu den Voraussetzungen im Einzelnen siehe BaFin, Rundschreiben Nr. 3/2017 (GW) vom 10.4.2017.

II. Verfahren zur Identitätsüberprüfung (§ 13 Abs. 1 GwG) **§ 13 GwG**

Ungeachtet der räumlichen Trennung wird nach Meinung des BMF in den Fällen einer Videoidentifizierung eine sinnliche Wahrnehmung der am Identifizierungsprozess beteiligten (natürlichen) Personen ermöglicht, da sich die zu identifizierende Person und der Mitarbeiter im Rahmen der Videoübertragung „von Angesicht zu Angesicht" gegenübersitzen und kommunizieren. Bei diesem Verfahren soll es sich daher um eine Form der Identifizierung natürlicher Personen unter Anwesenden handeln.[3] Die Unterscheidung zwischen einer Identifizierung unter Anwesenden und einer solchen unter Abwesenden hat jedoch nach dem Inkrafttreten der GwG-Novelle 2017 an Bedeutung verloren. 6

Die Identifizierung richtet sich daher in diesen Fällen nach den allgemeinen Identifizierungspflichten in Bezug auf natürliche Personen in § 10 Abs. 1 Nr. 1 i.V.m. § 11 Abs. 1, Abs. 4 Nr. 1 und § 12 Abs. 1 Nr. 1 GwG. Eine Identifizierung juristischer Personen oder Personengesellschaften im Wege einer Videoidentifizierung ist dagegen nicht möglich. Allerdings kann das Videoidentifizierungsverfahren für den ggf. notwendigen Identitätsnachweis eines gesetzlichen Vertreters oder Bevollmächtigten genutzt werden. 7

Die Anforderungen an das Verfahren der Videoidentifizierung sollen spätestens drei Jahre nach Inkrafttreten des BaFin-Rundschreibens 3/2017 im Hinblick auf Sicherheit und technische Aktualität überprüft und ggf. angepasst werden. 8

b) Anforderungen an die Durchführung einer Videoidentifizierung

Der Verpflichtete kann die Videoidentifizierung selbst oder **durch einen Dritten i.S.d. § 17 GwG** vornehmen, wobei eine weitere (Sub-)Auslagerung bzw. ein Zurückgreifen eines Dritten i.S.v. § 17 Abs. 1 GwG auf einen weiteren Dritten nicht zulässig ist. 9

Das Verfahren der Videoidentifizierung darf in jedem Fall nur von entsprechend **geschulten und hierfür ausgebildeten Mitarbeitern** durchgeführt werden. Diese müssen dabei mindestens über die Kenntnis der mittels Videoidentifizierung prüfbaren Merkmale einschließlich der anzuwendenden Prüfverfahren derjenigen Dokumente, die i.R.d. Videoidentifizierungsverfahrens akzeptiert werden, verfügen. Darüber hinaus müssen die Mitarbeiter Kenntnis der maßgeblichen geldwäscherechtlichen und datenschutzrechtlichen Vorschriften und der in diesem Rundschreiben gestellten Anforderungen haben. 10

Während der Identifizierung müssen sich die Mitarbeiter **in abgetrennten und mit einer Zugangskontrolle ausgestatteten Räumlichkeiten** befinden. 11

Die zu identifizierende Person muss zu Beginn der Videoidentifizierung ausdrücklich erklären, dass sie mit der Vornahme des gesamten Identifizierungsprozesses sowie der Aufzeichnung von Fotos bzw. Screenshots ihrer Person und ih- 12

---

3 BaFin, Rundschreiben Nr. 3/2017 (GW) vom 10.4.2017, Punkt A.

GwG § 13   Verfahren zur Identitätsüberprüfung, Verordnungsermächtigung

res Ausweisdokuments einverstanden ist **(Einwilligung)**. Das Einverständnis ist explizit zu protokollieren bzw. aufzuzeichnen.

13   Des Weiteren sind spezielle **technische und organisatorische Anforderungen** zu beachten, die der Manipulation des Videoidentifizierungsvorgangs entgegen wirken sollen.[4] Hierzu gehört u.a eine Ende-zu-Ende-Verschlüsslung der Videochats, eine eingehende Prüfung der Sicherheitsmerkmale der vorgelegten Ausweisdokumente und das Anfertigen von Fotos bzw. Screenshots, auf denen die zu identifizierende Person sowie Vorder- und Rückseite des Ausweisdokuments und die darauf jeweils enthaltenen Angaben deutlich erkennbar sind.

14   Das **Interview** mit der zu identifizierenden Person muss mindestens im Hinblick auf dessen Ablauf **variationsreich in Bezug auf Reihenfolge und/oder Art der vom Mitarbeiter gestellten Fragen** gestaltet sein. Ein besonderes Augenmerk hat der Verpflichtete auch auf eine **mögliche Substitution bzw. Manipulation** von Teilen oder Elementen **des Ausweisdokumentes** zu richten. Gerade aufgrund der weitreichenden Möglichkeiten der elektronischen Bild- und Videobearbeitung muss der Verpflichtete durch geeignete Maßnahmen sicherstellen, dass es sich in allen Einzelheiten um das echte und unverfälschte Ausweisdokument handelt. Hierbei ist u. a. die zu identifizierende Person aufzufordern, an geeigneter (variabler, systemseitig zufällig bestimmter) Stelle z. B. einen Finger vor sicherheitsrelevante Teile des Ausweisdokumentes zu halten und etwa eine Hand vor ihrem Gesicht zu bewegen.

15   Im Rahmen des Videoidentifizierungsverfahrens ist eine **Gültigkeits- und Plausibilitätsprüfung** der auf dem Ausweis enthaltenen Daten und Angaben vorzunehmen. Ferner darf die Gültigkeitsdauer des vorgelegten Ausweisdokumentes nicht gegen die für Ausweisdokumente dieser Art geltende Norm verstoßen.

16   Zwingender Bestandteil der Überprüfung ist zudem eine **automatisierte Berechnung** der in der maschinenlesbaren Zone enthaltenen **Prüfziffern sowie** ein **Kreuzvergleich** der in ihr enthaltenen Angaben mit den Angaben im Sichtfeld des Ausweisdokumentes. Außerdem ist die Korrektheit von Ziffernorthographie, Behördenkennziffer und der verwendeten Schriftarten zu überprüfen. Die zu identifizierende Person hat während der Videoübertragung ferner die **vollständige Seriennummer** ihres Ausweisdokumentes **mitzuteilen**.

17   Der Mitarbeiter muss sich durch **psychologische Fragestellungen und Beobachtungen** während der Durchführung des Identifizierungsvorgangs von der Plausibilität der Angaben im Ausweisdokument, der Angaben der zu identifizierenden Person im Gespräch sowie der vorgegebenen Absicht der zu identifizierenden Person überzeugen. Dies soll auch helfen, Fälle aufzudecken, bei denen die zu identifizierende Person durch Drohung oder Vorspiegelung falscher Tat-

---

[4] BaFin, Rundschreiben Nr. 3/2017 (GW) vom 10.4.2017, Punkt B. IV.

II. Verfahren zur Identitätsüberprüfung (§ 13 Abs. 1 GwG) **§ 13 GwG**

sachen zur Identifizierung veranlasst wurde. Daher ist u. a. **der Anlass für die Identifikation durch die zu identifizierende Person zu bestätigen**, damit für diese klar ersichtlich ist, wofür sie sich identifiziert. Die Mitarbeiter sind dahingehend zu schulen, dass sie zweifelsfrei feststellen, dass die zu identifizierende Person nach eigenem Willen das jeweilige Produkt beim entsprechenden Anbieter erwirbt (Gefährdung durch Phishing, Social Engineering, Verhalten unter Druck durch zweite Person etc.).

Etwaige datenschutzrechtliche Bestimmungen bleiben unberührt. 18

c) Abbruch des Videoidentifizierungsvorgangs

Ist die vorstehend beschriebene visuelle Überprüfung (etwa aufgrund von schlechten Lichtverhältnissen oder einer schlechten Bildqualität/-übertragung) und/oder eine sprachliche Kommunikation mit der zu identifizierenden Person nicht möglich, ist **der Identifizierungsprozess abzubrechen**. Gleiches gilt bei sonstigen vorliegenden Unstimmigkeiten oder Unsicherheiten. Dies setzt jedoch nicht zwingend voraus, dass es sich um einen Fall von Täuschung oder Manipulation handelt. Die Identifizierung mittels eines anderen nach dem Geldwäschegesetz zulässigen Verfahrens bleibt grundsätzlich weiterhin möglich. 19

d) Abschluss des Videoidentifizierungsvorgangs

Mit **Eingabe einer speziellen TAN** durch die zu identifizierende Person ist das Identifizierungsverfahren abgeschlossen. Die eigens für diesen Zweck gültige, zentral generierte und von dem Mitarbeiter an die zu identifizierende Person (per E-Mail oder SMS) übermittelte Ziffernfolge (TAN) muss während der Videoübertragung unmittelbar online eingegeben und an den Mitarbeiter elektronisch zurückgesendet werden. Die TAN muss dann noch erfolgreich systemseitig abgeglichen werden. 20

e) Aufbewahrung und Aufzeichnung des Videoidentifizierungsvorgangs

Der gesamte Prozess der Videoidentifizierung ist von dem Verpflichteten oder einem Dritten i. S. d. § 17 GwG nachprüfbar **in allen Einzelschritten aufzuzeichnen und aufzubewahren**. Die Dokumentationspflicht erfordert somit eine **visuelle und akustische Aufzeichnung und Aufbewahrung** des erfolgten Verfahrensablaufs, auf die sich die o.g. Einwilligung der zu identifizierenden Person beziehen muss. Aus den Aufzeichnungen muss neben der Einhaltung der an geldwäscherechtliche Identifizierungen allgemein gestellten Anforderungen insbesondere die Einhaltung der im BaFin-Rundschreiben Nr. 3/2017 genannten Mindestanforderungen für Videoidentifizierungen ersichtlich sein.[5] 21

---

5 BaFin, Rundschreiben Nr. 3/2017 (GW) vom 10.4.2017.

GwG § 13 Verfahren zur Identitätsüberprüfung, Verordnungsermächtigung

22 Die Aufbewahrungsdauer richtet sich nach § 8 Abs. 4 GwG (fünf Jahre, beginnend mit dem Schluss des Kalenderjahres, in dem die Geschäftsbeziehung endet).

III. Verordnungsermächtigung (§ 13 Abs. 2 GwG)

23 Mit der Ermächtigung zum Erlass einer Rechtsverordnung in § 13 Abs. 2 GwG soll dem Bundesministerium der Finanzen (BMF) in Einvernehmen mit dem Bundesministerium des Innern (BMI) zum einen in Nr. 1 die Möglichkeit eröffnet werden, im Falle von sich neu ergebenden Bedrohungsszenarien in Bezug auf Fälschungs- oder Täuschungsversuche i.R.d. in § 13 Abs. 1 GwG genannten Verfahren zügig zu reagieren und nachsteuern zu können. Der Verordnungsgeber kann insoweit Konkretisierungen und zusätzliche Anforderungen, sowohl an die Verfahren als auch an die sich dieser bedienenden Verpflichteten, festlegen.[6]

24 Neben den möglichen geeigneten Verfahren nach § 13 Abs. 1 GwG können weitere Verfahren zur Identitätsüberprüfung gemäß § 13 Abs. 2 Nr. 2 GwG durch Rechtsverordnung bestimmt werden. Dies ermöglicht es dem Verordnungsgeber, kurzfristig auf sich am Markt abzeichnende Entwicklungen neuer Identifizierungsverfahren zu reagieren und solche Vorgehensweisen als sichere und zur Überprüfung der Identität geeignete Verfahren i. S. d. § 13 Abs. 1 Nr. 2 GwG zu bestimmen.[7]

---

6 BT-Drs. 18/11555, S. 119.
7 BT-Drs. 18/11555, S. 119.

§ 14 Vereinfachte Sorgfaltspflichten, Verordnungsermächtigung

(1) Verpflichtete müssen nur vereinfachte Sorgfaltspflichten erfüllen, soweit sie unter Berücksichtigung der in den Anlagen 1 und 2 genannten Risikofaktoren feststellen, dass in bestimmten Bereichen, insbesondere im Hinblick auf Kunden, Produkte, Dienstleistungen oder Transaktionen, nur ein geringes Risiko der Geldwäsche oder der Terrorismusfinanzierung besteht. Vor der Anwendung vereinfachter Sorgfaltspflichten haben sich die Verpflichteten zu vergewissern, dass die Geschäftsbeziehung oder Transaktion tatsächlich mit einem geringeren Risiko der Geldwäsche oder Terrorismusfinanzierung verbunden ist. Für die Darlegung der Angemessenheit gilt § 10 Absatz 2 Satz 4 entsprechend.

(2) Bei Anwendbarkeit der vereinfachten Sorgfaltspflichten können Verpflichtete

1. den Umfang der Maßnahmen, die zur Erfüllung der allgemeinen Sorgfaltspflichten zu treffen sind, angemessen reduzieren und
2. insbesondere die Überprüfung der Identität abweichend von den §§ 12 und 13 auf der Grundlage von sonstigen Dokumenten, Daten oder Informationen durchführen, die von einer glaubwürdigen und unabhängigen Quelle stammen und für die Überprüfung geeignet sind.

Die Verpflichteten müssen in jedem Fall die Überprüfung von Transaktionen und die Überwachung von Geschäftsbeziehungen in einem Umfang sicherstellen, der es ihnen ermöglicht, ungewöhnliche oder verdächtige Transaktionen zu erkennen und zu melden.

(3) Ist der Verpflichtete nicht in der Lage, die vereinfachten Sorgfaltspflichten zu erfüllen, so gilt § 10 Absatz 9 entsprechend.

(4) Das Bundesministerium der Finanzen kann im Einvernehmen mit dem Bundesministerium des Innern durch Rechtsverordnung ohne Zustimmung des Bundesrates Fallkonstellationen festlegen, in denen insbesondere im Hinblick auf Kunden, Produkte, Dienstleistungen, Transaktionen oder Vertriebskanäle ein geringeres Risiko der Geldwäsche oder der Terrorismusfinanzierung bestehen kann und die Verpflichteten unter den Voraussetzungen von Absatz 1 nur vereinfachte Sorgfaltspflichten in Bezug auf Kunden erfüllen müssen. Bei der Festlegung sind die in den Anlagen 1 und 2 genannten Risikofaktoren zu berücksichtigen.

(5) Die Verordnung (EU) 2015/847 findet keine Anwendung auf Inlandsgeldtransfers auf ein Zahlungskonto eines Begünstigten, auf das ausschließlich

GwG § 14 Vereinfachte Sorgfaltspflichten, Verordnungsermächtigung

Zahlungen für die Lieferung von Gütern oder Dienstleistungen vorgenommen werden können, wenn

1. der Zahlungsdienstleister des Begünstigten den Verpflichtungen dieses Gesetzes unterliegt,
2. der Zahlungsdienstleister des Begünstigten in der Lage ist, anhand einer individuellen Transaktionskennziffer über den Begünstigten den Geldtransfer bis zu der Person zurückzuverfolgen, die mit dem Begünstigten eine Vereinbarung über die Lieferung von Gütern und Dienstleistungen getroffen hat, und
3. der überwiesene Betrag höchstens 1.000 Euro beträgt.

Schrifttum: *Bader/Ronellenfitsch*, VwVfG, 2. Aufl. 2016.

Übersicht

	Rn.		Rn.
I. Allgemeines	1	2. Risikoverringernde Faktoren gemäß den Risikofaktor-Leitlinien der europäischen Aufsichtsbehörden	17
II. Risikobewertung als Voraussetzung für die Anwendung vereinfachter Sorgfaltspflichten (§ 14 Abs. 1 GwG)	6	a) Korrespondenzbanken	18
1. Risikoverringernde Faktoren gemäß der Anlage 1 zum GwG	7	aa) Faktoren für potenziell geringere Produkt-, Dienstleistungs- und Transaktionsrisiken	19
a) Faktoren für ein potenziell geringeres Kundenrisiko (Anlage 1 Nr. 1)	9	bb) Faktoren für ein potenziell geringeres Kundenrisiko	20
aa) Börsennotierte Gesellschaften (Anlage 1 Nr. 1 a))	9	cc) Faktoren für potenziell geringere Länderrisiken oder geografische Risiken	21
bb) Öffentliche Verwaltungen oder Unternehmen (Anlage 1 Nr. 1 b))	11	b) Privatkundenbanken	22
cc) Kunden mit Wohnsitz in geografischen Gebieten mit geringerem Risiko nach Nr. 3 der Anlage 1 (Anlage 1 Nr. 1 c))	13	aa) Faktoren für potenziell geringere Produkt-, Dienstleistungs- und Transaktionsrisiken	23
b) Faktoren für ein potenziell geringeres Produkt-, Dienstleistungs-, Transaktions- oder Vertriebskanalrisiko (Anlage 1 Nr. 2)	14	bb) Faktoren für potenziell geringere Kundenrisiken	24
c) Faktoren für ein potenziell geringeres geografisches Risiko (Anlage 1 Nr. 3)	16	cc) Faktoren für potenziell geringere Länderrisiken oder geografische Risiken	25

Vereinfachte Sorgfaltspflichten, Verordnungsermächtigung § 14 GwG

dd) Faktoren für potenziell geringere Vertriebswegerisiken 26
c) E-Geld-Emittenten 27
    aa) Faktoren für potenziell geringere Produktrisiken 28
    bb) Faktoren für potenziell geringere Kundenrisiken (Ziffer 118–119) .. 29
d) Finanztransferdienstleister. 30
    aa) Faktoren für potenziell geringere Produktrisiken 31
    bb) Faktoren für potenziell geringere Kundenrisiken 32
    cc) Faktoren für potenziell geringere Vertriebswegerisiken 33
e) Handelsfinanzierungsanbieter 34
    aa) Faktoren für potenziell geringere Transaktionsrisiken 35
    bb) Faktoren für potenziell geringere Kundenrisiken 36
    cc) Faktoren für potenziell geringere Länderrisiken oder geografische Risiken 37
f) Lebensversicherungsunternehmen 38
    aa) Faktoren für potenziell geringere Produkt-, Dienstleistungs- und Transaktionsrisiken ... 39
    bb) Faktoren für potenziell geringere Kunden- und Begünstigtenrisiken... 40
    cc) Faktoren für potenziell geringere Vertriebswegerisiken 41
    dd) Faktoren für potenziell geringere Länderrisiken oder geografische Risiken 42

g) Wertpapierfirmen 43
h) Anbieter von Investmentfonds 44
    aa) Faktoren für potenziell geringere Produkt-, Dienstleistungs- und Transaktionsrisiken ... 45
    bb) Faktoren für potenziell geringere Kundenrisiken 46
    cc) Faktoren für potenziell geringere Vertriebswegerisiken 47
III. Vereinfachte Sorgfaltspflichten (§ 14 Abs. 2 GwG) 48
  1. Allgemein 48
  2. Vereinfachte Sorgfaltspflichten im Rahmen des E-Geld-Geschäfts (§ 25i Abs. 2 KwG) .. 49
  3. Vereinfachte Sorgfaltspflichten gemäß den Risikofaktor-Leitlinien der europäischen Aufsichtsbehörden 50
    a) Branchenübergreifende vereinfachte Sorgfaltspflichten 51
      aa) Anpassung des Zeitpunkts der Durchführung allgemeiner Sorgfaltspflichten 53
      bb) Anpassung des Umfangs der einzuholenden Informationen 55
      cc) Anpassung der Qualität bzw. Quelle der einzuholenden Informationen . 56
      dd) Anpassung der Häufigkeit von Kundendatenaktualitätsprüfungen .. 57
      ee) Anpassung der Häufigkeit und Intensität des Transaktionsmonitoring 58
    b) Branchenspezifische vereinfachte Sorgfaltspflichten .. 59
      aa) Privatkundenbanken .. 60
      bb) E-Geld-Emittenten.... 61
      cc) Vermögensverwaltung. 62

Lang

GwG § 14 Vereinfachte Sorgfaltspflichten, Verordnungsermächtigung

    dd) Handelsfinanzierungs-
        anbieter............ 63
    ee) Lebensversicherungs-
        unternehmen......... 64
IV. Folgen der Nichterfüllbarkeit der
    vereinfachten Sorgfaltspflichten
    (§ 14 Abs. 3 GwG)........... 65

V. Verordnungsermächtigung
    (§ 14 Abs. 4 GwG)........... 66
VI. Ausnahmeregelung zur EU-Geld-
    transferverordnung (§ 14 Abs. 5
    GwG).................... 67

I. Allgemeines

1 § 14 GwG regelt die Voraussetzungen für die **Anwendung vereinfachter Sorgfaltspflichten** durch die Verpflichteten des GwG. Die Regelung basiert auf dem ursprünglich im Rahmen der Umsetzung der 3. EU-Geldwäscherichtlinie[1] eingeführten § 5 GwG a. F.

2 Mit Umsetzung der **3. EU-Geldwäscherichtlinie** in Deutschland durch das **GwBekErgG**[2] wurde ein risikobasierter Ansatz bei der Erfüllung von Kundensorgfaltspflichten in das Geldwäschegesetz eingeführt. Kern dieses Ansatzes war die Festlegung des konkreten Umfangs der gegenüber einem Vertragspartner zu beachtenden geldwäscherechtlichen Sorgfaltspflichten entsprechend der von dem jeweiligen Vertragspartner ausgehenden Risiken der Geldwäsche und Terrorismusfinanzierung. § 5 Abs. 1 GwG i. d. F. GwBekErgG, der auf Art. 11 der 3. EU-Geldwäscherichtlinie beruhte, sah vor, dass die Verpflichteten des GwG in bestimmten Fällen, in denen das Risiko der Geldwäsche und Terrorismusfinanzierung als gering anzusehen war, von der Erfüllung der allgemeinen Sorgfaltspflichten des § 3 GwG i. d. F. GwBekErgG absehen konnten. Eine abschließende Aufzählung der Fallkonstellationen, in denen von einem geringen Risiko der Geldwäsche und Terrorismusfinanzierung ausgegangen werden konnte, fand sich in Art. 5 Abs. 2 GwG i. d. F. GwBekErgG. Hierbei handelte es sich um:

– Geschäftsbeziehungen zu und Transaktionen von/zugunsten von Verpflichteten im Sinne von § 2 Abs. 1 Nr. 1 bis 6 GwG i. d. F. GwBekErgG (auch Kredit- oder Finanzinstitute i. S.d 3. EU-Geldwäscherichtlinie mit Sitz in anderen EU-Mitgliedstaaten oder gleichwertigen Drittstaaten) (Art. 5 Abs. 2 Satz 1 Nr. 1 GwG i. d. F. GwBekErgG),
– Geschäftsbeziehungen zu und Transaktionen von/zugunsten börsennotierten Gesellschaften (auch börsennotierte Gesellschaften aus Drittstaaten mit

---

1 Richtlinie 2005/60/EG des Europäischen Rates und des Parlaments vom 26.10.2005 zur Verhinderung der Nutzung des Finanzsystems zum Zwecke der Geldwäsche und der Terrorismusfinanzierung, ABl. L 309/15 vom 25.11.2005.
2 Gesetz zur Ergänzung der Bekämpfung der Geldwäsche und der Terrorismusfinanzierung (Geldwäschebekämpfungsergänzungsgesetz – GwBekErgG) vom 13.8.2008, BGBl. I 2008, S. 1690.

gleichwertigen Transparenzanforderungen) (Art. 5 Abs. 2 Satz 1 Nr. 2 GwG i. d. F. GwBekErgG),
- Feststellung der Identität des wirtschaftlich Berechtigten bei Anderkonten von Verpflichteten im Sinne von § 2 Abs. 1 Nr. 7 GwG i. d. F. GwBekErgG (auch bei Sitz des Verpflichteten in einem anderen EU-Mitgliedstaat oder gleichwertigen Drittstaat) (Art. 5 Abs. 2 Satz 1 Nr. 3 GwG i. d. F. GwBekErgG),
- Geschäftsbeziehungen zu und Transaktionen von/zugunsten von inländischen Behörden, ausländischen Behörden oder ausländischen öffentlichen Einrichtungen[3] (Art. 5 Abs. 2 Satz 1 Nr. 4 GwG i. d. F. GwBekErgG).

Im Rahmen der Änderungen des Geldwäschegesetzes durch das **GwOptG**[4] im Jahr 2011 wurden die Möglichkeiten zur Anwendung der vereinfachten Sorgfaltspflichten dahingehend eingeschränkt, dass die Umstände des Einzelfalls und eine Risikobewertung durch den Verpflichteten in den Tatbestand einbezogen wurden und das Vorliegen einer der oben aufgeführten Fallgestaltungen des § 5 Abs. 2 GwG i. d. F. GwOptG nicht mehr automatisch ein geringes Risiko indizierte. Die Änderungen des § 5 GwG i. d. F. GwOptG korrespondierten mit den Ergebnissen der FATF-Deutschlandprüfung vom 19. Februar 2010.[5] Dort wurde festgestellt, dass zur Erfüllung der FATF-Empfehlung 5 bei den in Art. 5 Abs. 2 GwG i. d. F. GewBekErgG genannten Fallkonstellationen, bei denen gewöhnlich nur vereinfachte Sorgfaltspflichten erfüllt werden müssen, eine Risikobewertung im Einzelfall zu erfolgen habe.[6]

3

Mit der **4. EU-Geldwäscherichtlinie**[7] wurden die Bestimmungen der 3. EU-Geldwäscherichtlinie zur Anwendung vereinfachter Sorgfaltspflichten, die wegen ihrer schematischen Anwendung ohne Berücksichtigung des Einzelfallrisi-

4

---

3 Bei den ausländischen Behörden oder ausländischen öffentlichen Einrichtungen musste es sich gemäß Art. 5 Abs. 2 Satz 1 Nr. 4 GwG i. d. F. GwBekErgG um Behörden oder Einrichtungen handeln, die auf der Grundlage des Vertrags über die Europäische Union, der Verträge zur Gründung der Europäischen Gemeinschaften oder des Sekundärrechts der Gemeinschaften mit öffentlichen Aufgaben betraut waren, deren Identität öffentlich nachprüfbar/transparent war und zweifelsfrei feststand, deren Tätigkeiten und Rechnungslegung transparent waren und die einer Rechenschaftspflicht gegenüber einem Organ der Gemeinschaft oder gegenüber den Behörden eines Mitgliedstaats der Europäischen Union oder anderweitige Kontroll- und Überwachungsmaßnahmen zur Überprüfung der Tätigkeit unterlagen.
4 Gesetz zur Optimierung der Geldwäscheprävention vom 22.12.2011, BGBl. I 2011, S. 2959.
5 FATF, Mutual Evaluation Report of Germany vom 19.2.2010.
6 FATF, Mutual Evaluation Report of Germany vom 19.2.2010, Textziffer 589 und 622.
7 Richtlinie (EU) 2015/849 des Europäischen Rates und des Parlaments vom 20.5.2015 zur Verhinderung der Nutzung des Finanzsystems zum Zwecke der Geldwäsche und der Terrorismusfinanzierung, zur Änderung der Verordnung (EU) Nr. 648/2012 des Europäischen Parlaments und des Rates und zur Aufhebung der Richtlinie 2005/60/EG des

GwG § 14 Vereinfachte Sorgfaltspflichten, Verordnungsermächtigung

kos kritisiert wurden, überarbeitet. Während die 3. EU-Geldwäscherichtlinie noch eine Liste vordefinierter Situationen mit geringerem Geldwäscherisiko enthielt, verlangt die Novelle von den Verpflichteten, jede individuelle Geschäftsbeziehung und Transaktion vor Anwendung vereinfachter Sorgfaltspflichten auf ihr jeweiliges tatsächliches Geldwäscherisiko zu prüfen (Art. 15 Abs. 2). Umstände, die nach der 3. EU-Geldwäscherichtlinie automatisch zu einer Einstufung als geringeres Risiko führten (siehe oben Rn. 2), sind künftig lediglich als Indikatoren für ein geringes Risiko anzusehen. Ziel der Richtlinien-Novelle ist es insbesondere, den risikoorientierten Ansatz weiter zu stärken und Automatismen bei der Risikobewertung zu verhindern. Gemäß Art. 16 der Richtlinie haben sowohl die Mitgliedstaaten als auch die Verpflichteten bei der Bewertung der Risiken von Geldwäsche und Terrorismusfinanzierung, die von bestimmten Arten von Kunden, geografischen Gebieten, bestimmten Produkten, Dienstleistungen, Transaktionen oder Vertriebskanälen ausgehen, die in Anhang II der Richtlinie aufgeführten Faktoren und Anzeichen für ein potenziell geringeres Geldwäsche- und Terrorismusfinanzierungsrisiko zu berücksichtigen. Gemäß Art. 17 der Richtlinie wurden die europäischen Aufsichtsbehörden beauftragt, für die Verpflichteten nach § 2 Abs. 1 Nr. 1 bis 3 und 6 bis 9 GwG Leitlinien zu erstellen, welche Risikofaktoren zu berücksichtigen sind oder welche Maßnahmen in Fällen, in denen vereinfachte Sorgfaltspflichten gegenüber Kunden angemessen sind, zu treffen sind. Diese Leitlinien (nachfolgend auch die „Risikofaktor-Leitlinien" genannt) wurden in ihrer finalen Fassung am 26.6.2017 veröffentlicht.[8]

5 Da in Deutschland die Anwendung der vereinfachten Sorgfaltspflichten bereits im Rahmen der Änderungen des GwG im Jahr 2011 durch das GwOptG unter den Vorbehalt einer Risikobewertung im Einzelfall gestellt wurde, bringen die Anpassungen des **GwG** im Rahmen der Umsetzung der 4. EU-Geldwäscherichtlinie in diesem Bereich keine wesentlichen Änderungen mit sich. Anstelle der

---

Europäischen Parlaments und des Rates und der Richtlinie 2006/70/EG der Kommission, ABl. L 141/73 vom 5.6.2015.

[8] European Banking Authority (EBA)/European Securities and Markets Authority (ESMA)/European Insurance and Occupational Pensions Authority (EIOPA), Joint Guidelines under Articles 17 and 18(4) of Directive (EU) 2015/849 on simplified and enhanced customer due diligence and the factors credit and financial institutions should consider when assessing the money laundering and terrorist financing risk associated with individual business relationships and occasional transactions (The Risk Factor Guidelines) (Gemeinsame Leitlinien nach den Art. 17 und 18 Abs. 4 der Richtlinie (EU) 2015/849 zu den vereinfachten und verstärkten Sorgfaltspflichten und den Risikofaktoren, die Kredit- und Finanzinstitute bei der Bewertung von Geldwäsche und Terrorismusfinanzierungsrisiken, die mit individuellen Geschäftsbeziehungen und gelegentlichen Transaktionen verbunden sind, berücksichtigten sollten (Leitlinien zu Risikofaktoren)) (nachfolgend „EBA/ESMA/EIOPA, Risikofaktor-Leitlinien"), JC 2017 37 vom 26.6.2017.

früheren abschließenden Aufzählung von Fallkonstellationen in § 5 Abs. 2 GwG a. F. sind künftig im Rahmen der vor Anwendung vereinfachter Sorgfaltspflichten vorzunehmenden Risikobewertung die in der **Anlage 1 und 2** des GwG nicht abschließend aufgeführten Faktoren und möglichen Anzeichen für ein potenziell geringeres oder höheres Risiko nach §§ 14, 15 GwG zu berücksichtigen. Den sich aus den Leitlinien der europäischen Aufsichtsbehörden zu den Risikofaktoren ergebenden Handlungsbedarf für die Verpflichteten wird die BaFin für den Finanzsektor auskunftsgemäß noch in einem von ihr gegenüber den Verbänden bereits angekündigten Auslegungsschreiben zum neuen Geldwäschegesetz konkretisieren. Das Schreiben soll noch in 2017 zur Konsultation gestellt werden.

II. Risikobewertung als Voraussetzung für die Anwendung vereinfachter Sorgfaltspflichten (§ 14 Abs. 1 GwG)

In Umsetzung des Art. 15 der 4. EU-Geldwäscherichtlinie bestimmt § 14 Abs. 1 GwG, dass es Verpflichteten gestattet ist, nur vereinfachte Sorgfaltspflichten gemäß § 14 Abs. 2 GwG zu erfüllen, soweit sie unter Berücksichtigung der in den Anlagen 1 und 2 des GwG genannten Risikofaktoren feststellen, dass in bestimmten Bereichen, insbesondere im Hinblick auf Kunden, Transaktionen und Dienstleistungen oder Produkte, nur ein geringes Risiko der Geldwäsche oder der Terrorismusfinanzierung besteht. Vor der Anwendung vereinfachter Sorgfaltspflichten im Rahmen einer Geschäftsbeziehung oder Transaktion haben sich die Verpflichteten in jedem Einzelfall zu vergewissern, dass die Geschäftsbeziehung oder Transaktion tatsächlich mit einem geringeren Risiko der Geldwäsche oder Terrorismusfinanzierung verbunden ist. Durch den Verweis in § 14 Abs. 1 Satz 3 GwG auf § 10 Abs. 2 Satz 4 GwG wird klargestellt, dass die Verpflichteten in der Lage sein müssen, ihren Aufsichtsbehörden auf Verlangen die Angemessenheit ihrer Maßnahmen im Hinblick auf die Risiken der Geldwäsche und der Terrorismusfinanzierung darzulegen.

6

1. Risikoverringernde Faktoren gemäß der Anlage 1 zum GwG

Die vor der Anwendung vereinfachter Sorgfaltspflichten vorzunehmende Risikobewertung hat unter Berücksichtigung der in **Anlage 1 und 2** des GwG aufgeführten **Risikofaktoren** zu erfolgen, wobei

7

- **Anlage 1** (basierend auf Anhang II der 4. EU-Geldwäscherichtlinie) eine nicht abschließende Aufzählung von Faktoren und möglichen Anzeichen für ein **potenziell geringeres Risiko** nach § 14 GwG und
- **Anlage 2** (basierend auf Anhang III der 4. EU-Geldwäscherichtlinie) eine entsprechende nicht abschließende Aufzählung von Faktoren und möglichen Anzeichen für ein **potenziell höheres Risiko** nach § 15 GwG

GwG § 14   Vereinfachte Sorgfaltspflichten, Verordnungsermächtigung

enthält. Der Verweis auf beide Anlagen macht deutlich, dass im Rahmen der Risikobewertung sowohl die Faktoren zu berücksichtigen sind, die für ein niedrigeres Risiko sprechen, als auch die Faktoren, bei deren Vorliegen unter Umständen ein erhöhtes Risiko gegeben ist.

8   Anlage 1 des GwG unterscheidet in risikoverringernde Faktoren bezüglich des **Kundenrisikos**, des **Produkt-, Dienstleistungs-, Transaktions- oder Vertriebskanalrisikos** und des **geografischen Risikos**. Unter den in Anlage 1 aufgeführten Faktoren finden sich einige, jedoch nicht alle Sachverhalte wieder, in denen bereits aufgrund der bisherigen Regelungen des GwG (§ 5 GwG a. F.), VAG (§ 54 VAG a. F.) etc. die Anwendung vereinfachter Sorgfaltspflichten vorbehaltlich einer Risikobewertung im Einzelfall möglich war.

a) Faktoren für ein potenziell geringeres Kundenrisiko (Anlage 1 Nr. 1)

aa) Börsennotierte Gesellschaften (Anlage 1 Nr. 1 a))

9   Gemäß Nr. 1 a) der Anlage 1 zum GwG kann als Indikator für ein geringeres Risiko angesehen werden, dass es sich bei dem Kunden um ein öffentliches, an einer Börse notiertes Unternehmen handelt, welches (aufgrund von Börsenordnungen oder von Gesetzes wegen oder aufgrund durchsetzbarer Instrumente) solchen Offenlegungspflichten unterliegt, die Anforderungen an die Gewährleistung einer angemessenen Transparenz hinsichtlich des wirtschaftlichen Eigentümers auferlegen. Die Regelung entspricht § 5 Abs. 2 Satz 1 Nr. 2 GwG a. F., der für die Anwendung vereinfachter Sorgfaltspflichten gegenüber börsennotierten Gesellschaften verlangte, dass deren Wertpapiere zum Handel auf einem organisierten Markt im Sinne des § 2 Abs. 5 des Wertpapierhandelsgesetzes in einem oder mehreren Mitgliedstaaten der Europäischen Union zugelassen waren. Im Fall von börsennotierten Gesellschaften aus Drittstaaten mussten diese Transparenzanforderungen im Hinblick auf Stimmrechtsanteile unterliegen, die denjenigen des Gemeinschaftsrechts gleichwertig sind.

10   Als **börsennotierte Gesellschaften** im Sinne von Nr. 1 a) der Anlage 1 zum GwG sind damit börsennotierte Unternehmen, einschließlich ihrer konzernangehörigen (und damit im Konzernabschluss erfassten) Tochtergesellschaften anzusehen, sofern deren Wertpapiere zum Handel

– auf einem geregelten Markt im Sinne der europäischen Finanzmarktrichtlinie MiFID[9] zugelassen sind; die „geregelten Märkte" im Sinne der Richtlinie

---

9 Richtlinie 2004/39/EG des Europäischen Parlaments und des Rates vom 21.4.2004 über Märkte für Finanzinstrumente, zur Änderung der Richtlinien 85/611/EWG und 93/6/EWG des Rates und der Richtlinie 2000/12/EG des Europäischen Parlaments und des Rates und zur Aufhebung der Richtlinie 93/22/EWG des Rates, ABl. L 145/ 1 vom 30.4.2004.

2004/39/EG sind in der „Übersicht über die geregelten Märkte und einzelstaatliche Rechtsvorschriften zur Umsetzung der entsprechenden Anforderungen der Wertpapierdienstleistungsrichtlinie (2008/C 57/11)" aufgeführt[10] oder
- an einem organisierten Markt in einem Drittland zugelassen sind, der Transparenzanforderungen im Hinblick auf Stimmrechtsanteile unterliegt, die denjenigen des Gemeinschaftsrechts gleichwertig sind.

Gleichwertigen Transparenzanforderungen unterliegen derzeit jedenfalls alle im Anhang 1 der „Auslegungs- und Anwendungshinweise der DK zur Verhinderung von Geldwäsche, Terrorismusfinanzierung und ‚sonstigen strafbaren Handlungen'" (Stand: 1. Februar 2014) aufgeführten organisierten Märkte aus Drittländern. Weitere Märkte sind anhand der oben genannten Kriterien zu bewerten.

bb) Öffentliche Verwaltungen oder Unternehmen (Anlage 1 Nr. 1 b))

Gemäß Nr. 1 b) der Anlage 1 zum GwG kann auch die Tatsache, dass es sich bei dem Kunden um eine öffentliche Verwaltung bzw. ein öffentliches Unternehmen handelt, als Indikator für ein geringeres Risiko betrachtet werden. Die Regelung entspricht § 5 Abs. 2 Satz 1 Nr. 4 GwG a. F.   11

Für die Anwendung vereinfachter Sorgfaltspflichten gegenüber öffentlichen Stellen im Inland ist es erforderlich, dass es sich um Behörden im Sinne des § 1 Abs. 4 des Verwaltungsverfahrensgesetzes und der entsprechenden Regelungen der Verwaltungsverfahrensgesetze der Länder handelt. Die Anwendung vereinfachter Sorgfaltspflichten gegenüber öffentlichen Stellen im Ausland setzt voraus, dass es sich um ausländische Behörden oder ausländische öffentliche Einrichtungen handelt,   12

- die auf der Grundlage des Vertrags über die Europäische Union, der Verträge zur Gründung der Europäischen Gemeinschaften oder des Sekundärrechts der Gemeinschaften mit öffentlichen Aufgaben betraut sind,
- deren Identität öffentlich nachprüfbar und transparent ist und zweifelsfrei feststeht,
- deren Tätigkeiten und Rechnungslegung transparent ist und
- die einer Rechenschaftsverpflichtung gegenüber einem Organ der Gemeinschaft oder gegenüber den Behörden eines Mitgliedstaats der Europäischen Union oder anderweitigen Kontroll- und Überwachungsmaßnahmen zur Überprüfung der Tätigkeit unterliegen.

---

10 ABl. C 57 vom 1.3.2008, S. 21 ff.

GwG § 14 Vereinfachte Sorgfaltspflichten, Verordnungsermächtigung

cc) Kunden mit Wohnsitz in geografischen Gebieten mit geringerem Risiko nach Nr. 3 der Anlage 1 (Anlage 1 Nr. 1 c))

13 Bezüglich der geografischen Gebiete mit geringerem Risiko wird auf die Kommentierung zu Nr. 3 der Anlage 1 verwiesen (Rn. 16).

b) Faktoren für ein potenziell geringeres Produkt-, Dienstleistungs-, Transaktions- oder Vertriebskanalrisiko (Anlage 1 Nr. 2)

14 Zu den Faktoren für ein potenziell geringeres Produkt-, Dienstleistungs-, Transaktions- oder Vertriebskanalrisiko zählen gemäß Nr. 2 der Anlage 1:
– Lebensversicherungspolicen mit niedriger Prämie (Anlage 1 Nr. 2 a)),
– Versicherungspolicen für Rentenversicherungsverträge, sofern die Verträge weder eine Rückkaufklausel enthalten noch als Sicherheit für Darlehen dienen können (Anlage 1 Nr. 2 b)),
– Rentensysteme und Pensionspläne oder vergleichbare Systeme, die den Arbeitnehmern Altersversorgungsleistungen bieten, wobei die Beiträge vom Gehalt abgezogen werden und die Regeln des Systems es den Begünstigten nicht gestatten, ihre Rechte zu übertragen (Anlage 1 Nr. 2 c)),
– Finanzprodukte oder -dienste, die bestimmten Kunden angemessen definierte und begrenzte Dienstleistungen mit dem Ziel der Einbindung in das Finanzsystem („financial inclusion") anbieten (Anlage 1 Nr. 2 d)),
– Produkte, bei denen die Risiken der Geldwäsche und der Terrorismusfinanzierung durch andere Faktoren wie etwa Beschränkungen der elektronischen Geldbörse oder die Transparenz der Eigentumsverhältnisse gesteuert werden (z. B. bestimmte Arten von E-Geld) (Anlage 1 Nr. 2 e)).

15 Die in **Nr. 2 a)–2c)** der Anlage 1 aufgeführten Faktoren für ein potenziell geringeres Risiko entsprechen den vormals in § 54 Nr. 1–3 VAG a. F. (zuvor: § 80e VAG a. F.) speziell für Versicherungsunternehmen geregelten Fallgruppen der Anwendbarkeit vereinfachter Sorgfaltspflichten, die im Rahmen der Umsetzung der 4. EU-Geldwäscherichtlinie aus dem VAG gestrichen wurden. Ziel der Streichung war es – wie auch im Fall der Streichung der vormals in § 5 GwG aufgeführten Fallgruppen – den risikoorientierten Ansatz weiter zu stärken und Automatismen bei der Risikobewertung zu verhindern. § 54 Nr. 1 VAG a. F., der auf Art. 11 Abs. 5 Buchst. a der 3. EU-Geldwäscherichtlinie basierte, legte als Schwellenwert für eine niedrige Prämie einen Betrag von maximal 1.000,– EUR p.a. im Fall von periodischen Prämienzahlungen und einen Betrag von maximal 2.500,– EUR bei einmaligen Prämienzahlungen fest. **Nr. 2 d)** der Anlage 1 steht im Einklang mit den von der **FATF** im Juni 2011 erstmals veröffentlichten und im Februar 2013 aktualisierten **Leitlinien „Anti-Money Laundering and Terrorist Financing Measures and Financial Inclusion".**

II. Risikobewertung als Voraussetzung   § 14 GwG

c) Faktoren für ein potenziell geringeres geografisches Risiko (Anlage 1 Nr. 3)

Zu den Faktoren für ein potenziell geringeres geografisches Risiko zählen gemäß Nr. 3 der Anlage 1: **16**

- Mitgliedstaaten (Anlage 1 Nr. 3 a)),
- Drittstaaten mit gut funktionierenden Systemen zur Verhinderung, Aufdeckung und Bekämpfung von Geldwäsche und von Terrorismusfinanzierung (Anlage 1 Nr. 3 b)),
- Drittstaaten, in denen Korruption und andere kriminelle Tätigkeiten laut glaubwürdigen Quellen schwach ausgeprägt sind (Anlage 1 Nr. 3 c)),
- Drittstaaten, deren Anforderungen an die Verhinderung, Aufdeckung und Bekämpfung von Geldwäsche und von Terrorismusfinanzierung laut glaubwürdigen Quellen (z. B. gegenseitige Evaluierungen, detaillierte Bewertungsberichte oder veröffentlichte Follow-up-Berichte) den überarbeiteten FATF (Financial Action Task Force)-Empfehlungen entsprechen und die diese Anforderungen wirksam umsetzen (Anlage 1 Nr. 3 d)).

2. Risikoverringernde Faktoren gemäß den Risikofaktor-Leitlinien der europäischen Aufsichtsbehörden

Gemäß Art. 17 der 4. EU-Geldwäscherichtlinie wurden die europäischen Aufsichtsbehörden beauftragt, für die Verpflichteten nach § 2 Abs. 1 Nr. 1 bis 3 und 6 bis 9 GwG Leitlinien zu erstellen, welche Risikofaktoren zu berücksichtigen sind oder welche Maßnahmen in Fällen, in denen vereinfachte Sorgfaltspflichten gegenüber Kunden angemessen sind, zu treffen sind. Diese Leitlinien (nachfolgend auch die „**Risikofaktor-Leitlinien**" genannt) wurden in ihrer finalen Fassung am 26.6.2017 veröffentlicht.[11] Den sich aus den Risikofaktor-Leitlinien ergebenden Handlungsbedarf für die Verpflichteten wird die BaFin für den Finanzsektor auskunftsgemäß noch in einem von ihr gegenüber den Verbänden bereits angekündigten Auslegungsschreiben zum neuen Geldwäschegesetz konkretisieren. Das Schreiben wurde am 15.3.2018 zur Konsultation gestellt. Die Konsultationsfrist läuft bis zum 11.5.2018. **17**

a) Korrespondenzbanken

Nach den Risikofaktor-Leitlinien[12] tragen folgenden Faktoren zu einer Reduzierung der Risiken im Korrespondenzbankenbereich bei: **18**

---

11 EBA/ESMA/EIOPA, Risikofaktor-Leitlinien.
12 Vgl. EBA/ESMA/EIOPA, Risikofaktor-Leitlinien, Ziffer 78–83.

Lang   417

GwG § 14   Vereinfachte Sorgfaltspflichten, Verordnungsermächtigung

aa) Faktoren für potenziell geringere Produkt-, Dienstleistungs- und Transaktionsrisiken

19 – Die Geschäftsverbindung zwischen den Banken beschränkt sich auf eine SWIFT RMA (Relationship Management Application)-Beziehung.
 – Die Korrespondenzbanken handeln für eigene Rechnung.
 – Die Transaktion bezieht sich auf den Verkauf, den Kauf oder die Verpfändung von Wertpapieren auf geregelten Märkten.

bb) Faktoren für ein potenziell geringeres Kundenrisiko

20 – Die Kontrollhandlungen der anderen Bank (nachfolgend der „Respondent") zur Prävention von Geldwäsche und Terrorismusfinanzierung sind nicht weniger streng als die nach der 4. EU-Geldwäscherichtlinie vorgeschriebenen Kontrollen.
 – Der Respondent ist Teil der gleichen Gruppe wie die Korrespondenzbank (nachfolgend der „Korrespondent"), hat seinen Sitz nicht in einem Staat mit einem höheren Risiko der Geldwäsche oder Terrorismusfinanzierung und wendet die Standards der Gruppe an, die nicht weniger streng sind als die nach der 4. EU-Geldwäscherichtlinie vorgeschriebenen Standards.

cc) Faktoren für potenziell geringere Länderrisiken oder geografische Risiken

21 – Der Respondent hat seinen Sitz im EWR.
 – Der Respondent hat seinen Sitz in einem Drittstaat, dessen Vorschriften zur Prävention von Geldwäsche und Terrorismusfinanzierung nicht weniger streng sind als die der 4. EU-Geldwäscherichtlinie und von dem Respondenten wirksam umgesetzt wurden.[13]

b) Privatkundenbanken

22 Folgende Faktoren bewirken gemäß den Risikofaktor-Leitlinien[14] eine Reduzierung der Risiken im Privatkundenbereich:

aa) Faktoren für potenziell geringere Produkt-, Dienstleistungs- und Transaktionsrisiken

23 – Das Produkt hat nur eine begrenzte Funktionalität, kann nur von bestimmten Kundengruppen erworben bzw. gehalten werden.

---

13 In diesem Fall müssen Korrespondenzbanken allerdings dennoch verstärkte Sorgfaltspflichten anwenden, vgl. die Kommentierung zu § 15.
14 Vgl. EBA/ESMA/EIOPA, Risikofaktor-Leitlinien, Ziffer 98–105.

II. Risikobewertung als Voraussetzung § 14 GwG

- Transaktionen können nur von einem auf den Namen des Kunden lautenden Konto bei einem Kredit- oder Finanzinstitut ausgeführt werden, welches Vorschriften zur Prävention von Geldwäsche und Terrorismusfinanzierung unterliegt, die nicht weniger streng sind als die der 4. EU-Geldwäscherichtlinie.
- Bei dem Produkt gibt es keine Überziehungsmöglichkeit.

bb) Faktoren für potenziell geringere Kundenrisiken

- Zu dem Kunden besteht schon eine langjährige Geschäftsbeziehung, seine bisherigen Transaktionen haben zu keinem Zeitpunkt Anlass zu Verdachtsmomenten oder Bedenken gegeben und das Produkt oder die Dienstleistung passt zu seinem Kundenprofil. 24

cc) Faktoren für potenziell geringere Länderrisiken oder geografische Risiken

- Die im Zusammenhang mit der Transaktion stehenden Länder verfügen über Vorschriften zur Prävention von Geldwäsche und Terrorismusfinanzierung, die nicht weniger streng sind als die der 4. EU-Geldwäscherichtlinie, und eine niedrige Rate an relevanten Vortaten. 25

dd) Faktoren für potenziell geringere Vertriebswegerisiken

- Das Produkt kann nur von Kunden erworben werden, die bestimmte, von nationalen öffentlichen Stellen festgelegte Eignungskriterien erfüllen. 26

c) E-Geld-Emittenten

Nach den Risikofaktor-Leitlinien[15] führen folgende Faktoren zu einer Absenkung der Risiken im E-Geld-Geschäft: 27

aa) Faktoren für potenziell geringere Produktrisiken

- Die festgelegten Höchstbeträge für Zahlungen, Aufladungen und Erstattungen (inkl. Bargeldabhebungen) sind niedrig. 28
- Das Produkt erlaubt nur eine begrenzte Anzahl an Zahlungen, Aufladungen und Erstattungen (inkl. Bargeldabhebungen) in einem bestimmten Zeitraum.
- Es existieren Betragsgrenzen für das maximal mögliche Guthaben.
- Der Kauf oder das Aufladen des E-Geld-Instruments ist nur von einem auf den Namen des Kunden (mit-)lautenden Konto bei einem Kredit- oder Finanzinstitut im EWR möglich.
- Das Produkt weist folgende Eigenschaften auf:

---

15 Vgl. EBA/ESMA/EIOPA, Risikofaktor-Leitlinien, Ziffer 115–121.

GwG § 14   Vereinfachte Sorgfaltspflichten, Verordnungsermächtigung

- Es erlaubt keine Bargeldabhebungen oder begrenzt diese streng.
- Es kann nur im Inland verwendet werden.
- Es wird nur von einer begrenzten Anzahl an Händlern und Verkaufsstellen, mit deren Geschäft der Emittent vertraut ist, akzeptiert.
- Aufgrund seiner besonderen Ausgestaltung schränkt das Produkt eine Nutzung durch Händler ein, die mit Gütern oder Dienstleistungen mit einem hohen Risiko der Geldwäsche oder Terrorismusfinanzierung in Verbindung gebracht werden.
- Das Produkt wird nur als Zahlungsmittel für bestimmte Arten von Dienstleistungen oder Produkten mit geringem Risiko verwendet.

bb) Faktoren für potenziell geringere Kundenrisiken (Ziffer 118–119)

29   – Das Produkt kann nur von bestimmten Kundenkategorien erworben werden.

d) Finanztransferdienstleister

30   Nach den Risikofaktor-Leitlinien[16] tragen folgenden Faktoren zu einer Reduzierung der Risiken im Finanztransferdienstleister-Bereich bei:

aa) Faktoren für potenziell geringere Produktrisiken

31   – Die eingesetzten Finanzmittel stammen von einem auf den Namen des Kunden lautenden Konto bei einem Kredit-/Finanzinstitut im EWR.

bb) Faktoren für potenziell geringere Kundenrisiken

32   – Zu dem Kunden besteht eine langjährige Geschäftsbeziehung, seine bisherigen Transaktionen haben zu keinem Zeitpunkt Anlass zu Verdachtsmomenten oder Bedenken gegeben und es gibt keine Anhaltspunkte für ein erhöhtes Risiko.
- Der transferierte Betrag ist gering (als alleiniges Kriterium zur Reduzierung des Risiko nicht ausreichend).

cc) Faktoren für potenziell geringere Vertriebswegerisiken

33   – Die Agenten sind selbst regulierte Finanzinstitute.
- Die Dienstleistung kann nur von einem auf den Namen des Kunden lautenden Konto bei einem Kredit-/Finanzinstitut im EWR oder von einem Konto, über das der Kunde nachweislich Kontrolle hat, ausgeführt werden.

---

16   Vgl. EBA/ESMA/EIOPA, Risikofaktor-Leitlinien, Ziffer 132–138.

e) Handelsfinanzierungsanbieter

Folgende Faktoren bewirken gemäß den Risikofaktor-Leitlinien[17] eine Reduzierung der Risiken im Handelsfinanzierungsbereich: 34

aa) Faktoren für potenziell geringere Transaktionsrisiken

- Die Qualität und Quantität der Güter wurde von unabhängigen Kontrolleuren geprüft. 35
- Bei den Transaktionsbeteiligten handelt es sich um etablierte Geschäftspartner, die nachweislich schon zahlreiche Transaktionen miteinander abgewickelt haben, wobei jeweils zuvor eine Due Diligence-Prüfung vorgenommen wurde.

bb) Faktoren für potenziell geringere Kundenrisiken

- Der Kunde ist bekannt und die Transaktion passt zum Kundenprofil. 36
- Der Kunde ist an einer Börse mit den EU-Vorschriften vergleichbaren Transparenzanforderungen notiert.

cc) Faktoren für potenziell geringere Länderrisiken oder geografische Risiken

- Das Handelsgeschäft findet innerhalb der EU/des EWR statt. 37
- Die im Zusammenhang mit der Transaktion stehenden Länder verfügen über Vorschriften zur Prävention von Geldwäsche und Terrorismusfinanzierung, die nicht weniger streng sind als die der 4. EU-Geldwäscherichtlinie, und eine niedrige Rate an relevanten Vortaten.

f) Lebensversicherungsunternehmen

Im Lebensversicherungsbereich tragen nach den Risikofaktor-Leitlinien[18] folgende Faktoren zu einer Reduzierung der Risiken bei: 38

aa) Faktoren für potenziell geringere Produkt-, Dienstleistungs- und Transaktionsrisiken

Das Produkt weist folgende Eigenschaften auf: 39

- Eine Auszahlung erfolgt nur im Fall des Eintritts vertraglich festgelegter Ereignisse.
- Das Produkt hat keinen Rückkaufswert.
- Das Produkt beinhaltet kein Anlageelement.

---

17 Vgl. EBA/ESMA/EIOPA, Risikofaktor-Leitlinien, Ziffer 158–166.
18 Vgl. EBA/ESMA/EIOPA, Risikofaktor-Leitlinien, Ziffer 180–187.

GwG § 14 Vereinfachte Sorgfaltspflichten, Verordnungsermächtigung

- Es gibt keine Möglichkeit zur Zahlung durch Dritte.
- Bei dem Produkt handelt es sich um eine Lebensversicherung mit geringer Prämie.
- Das Produkt erlaubt nur betragsmäßig geringe regelmäßige Einzahlungen und keine Sonderzahlungen.
- Das Produkt steht nur Angestellten zur Verfügung.
- Das Produkt sieht keine kurz-/mittelfristige Auszahlungsmöglichkeit vor.
- Das Produkt kann nicht als Sicherheit eingesetzt werden.
- Das Produkt erlaubt keine Bareinzahlungen.
- Das Produkt steht unter Bedingungen, die eingehalten werden müssen, um Steuervergünstigungen zu erhalten.

bb) Faktoren für potenziell geringere Kunden- und Begünstigtenrisiken

40 Bei dem Kunden einer betrieblichen Lebensversicherung handelt es sich um:
- ein Kredit- oder Finanzinstitut, welches Vorschriften zur Prävention von Geldwäsche und Terrorismusfinanzierung unterliegt und bezüglich der Einhaltung dieser Vorschriften in einer Weise überwacht wird, die im Einklang mit den entsprechenden Anforderungen der 4. EU-Geldwäscherichtlinie steht,
- eine an einer Börse notierte Gesellschaft, welche entweder aufgrund von Börsenregeln oder aufgrund von Gesetzen zur Sicherstellung einer angemessenen Transparenz des wirtschaftlich Berechtigten verpflichtet ist, oder ein mehrheitlich im Besitz einer solchen Gesellschaft stehendes Tochterunternehmen,
- eine öffentliche Verwaltung oder ein öffentliches Unternehmen aus einem EWR-Staat.

cc) Faktoren für potenziell geringere Vertriebswegerisiken

41 – Die Vermittler sind dem Versicherer wohlbekannt und dieser hat sich davon überzeugt, dass die Vermittler Kundensorgfaltsmaßnahmen anwenden, die dem mit der Geschäftsbeziehung verbundenen Risiko entsprechen und im Einklang mit den im Rahmen der 4. EU-Geldwäscherichtlinie geforderten Maßnahmen stehen.
- Das Produkt steht nur Mitarbeitern bestimmter Unternehmen zur Verfügung, die einen Vertrag mit dem Versicherer haben, um ihren Mitarbeitern Lebensversicherungen, beispielsweise im Rahmen eines Mitarbeitervorteilspakets, anzubieten.

II. Risikobewertung als Voraussetzung § 14 GwG

dd) Faktoren für potenziell geringere Länderrisiken oder geografische Risiken

- Die Länder verfügen laut glaubwürdigen Quellen (z. B. gegenseitigen Evaluierungen, detaillierten Bewertungsberichten oder veröffentlichten Follow-up-Berichten) über wirksame Systeme zur Bekämpfung von Geldwäsche und Terrorismus. 42
- In den Ländern sind Korruption und andere kriminelle Tätigkeiten laut glaubwürdigen Quellen schwach ausgeprägt.

g) Wertpapierfirmen

Nach den Risikofaktor-Leitlinien[19] tragen folgende Faktoren zur einer Reduzierung der Kundenrisiken im Wertpapierdienstleistungsbereich bei: 43

- Der Kunde ist ein institutioneller Anleger, dessen Status von einer EWR-Regierungsbehörde überprüft wurde, zum Beispiel ein staatlich anerkanntes Rentenprogramm.
- Der Kunde ist eine Regierungsbehörde aus einem EWR-Staat.
- Der Kunde ist ein Finanzinstitut mit Sitz im EWR.

h) Anbieter von Investmentfonds

Nach den Risikofaktor-Leitlinien[20] tragen folgenden Faktoren zu einer Reduzierung der Risiken von Anbietern von Investmentfonds bei: 44

aa) Faktoren für potenziell geringere Produkt-, Dienstleistungs- und Transaktionsrisiken

- Zahlungen Dritter sind nicht zulässig. 45
- Der Fonds steht nur Kleinanlegern offen, wobei die Investitionsmöglichkeiten betragsmäßig gedeckelt sind.

bb) Faktoren für potenziell geringere Kundenrisiken

- Der Kunde ist ein institutioneller Anleger, dessen Status von einer EWR-Regierungsbehörde geprüft wurde, zum Beispiel ein staatlich anerkanntes Rentenprogramm. 46
- Der Kunde ist ein Unternehmen in einem EWR-Land oder einem Drittland mit Vorschriften zur Prävention von Geldwäsche und Terrorismusfinanzierung, die nicht weniger streng sind als die der 4. EU-Geldwäscherichtlinie.

---

19 Vgl. EBA/ESMA/EIOPA, Risikofaktor-Leitlinien, Ziffer 199–200.
20 Vgl. EBA/ESMA/EIOPA, Risikofaktor-Leitlinien, Ziffer 199–200.

GwG § 14 Vereinfachte Sorgfaltspflichten, Verordnungsermächtigung

cc) Faktoren für potenziell geringere Vertriebswegerisiken

47 – Der Fonds lässt nur einen Anlegertyp mit geringem Risiko zu, beispielsweise regulierte Unternehmen (z. B. Lebensversicherungen) oder betriebliche Altersversorgungssysteme.
– Der Fonds kann nur über ein Unternehmen, zum Beispiel einen Vermittler, in einem EWR-Staat oder einem Drittstaat, dessen Vorschriften zur Prävention von Geldwäsche und Terrorismusfinanzierung nicht weniger streng sind als die der 4. EU-Geldwäscherichtlinie, erworben oder veräußert werden.

III. Vereinfachte Sorgfaltspflichten (§ 14 Abs. 2 GwG)

1. Allgemein

48 Entsprechend der Vorgaben der 4. EU-Geldwäscherichtlinie bedeutet die Anwendung vereinfachter Kundensorgfaltspflichten nicht mehr, dass bestimmte der in § 10 Abs. 1 GwG genannten allgemeinen Sorgfaltsmaßnahmen vollständig ausgenommen werden können. Vielmehr sind alle dort genannten allgemeinen Kundensorgfaltspflichten zu erfüllen. In Umsetzung des risikobasierten Ansatzes kann aber der Umfang der zu ergreifenden Maßnahmen angemessen reduziert werden (§ 14 Abs. 2 Satz 1 Nr. 1 GwG). Dies gilt nach § 14 Abs. 2 Satz 1 Nr. 2 GwG abweichend von den §§ 12 und 13 GwG auch in Bezug auf die dort normierten Anforderungen an die Identitätsprüfung. So kann im Fall der Anwendbarkeit vereinfachter Sorgfaltspflichten eine Überprüfung der Identität auch auf der Grundlage von sonstigen Dokumenten, Daten oder Informationen durchgeführt werden, die von einer glaubwürdigen und unabhängigen Quelle stammen und für die Überprüfung geeignet sind. Diese Regelung entspricht § 5 Abs. 1 Satz 2 Hs. 2 Alt. 1 GwG a. F. Auch bei Anwendung vereinfachter Sorgfaltspflichten müssen die Verpflichteten gem. § 14 Abs. 2 Satz 2 GwG in jedem Fall die Überprüfung von Transaktionen und die Überwachung von Geschäftsbeziehungen in einem Umfang sicherstellen, der es ihnen ermöglicht, ungewöhnliche oder verdächtige Transaktionen zu erkennen und an die zentrale Stelle für Finanztransaktionsuntersuchungen zu melden.

2. Vereinfachte Sorgfaltspflichten im Rahmen des E-Geld-Geschäfts (§ 25i Abs. 2 KwG)

49 Eine Sonderregelung für die Anwendung vereinfachter Sorgfaltspflichten im E-Geld-Geschäft durch Kreditinstitute findet sich § 25i Abs. 2 KWG. Die Regelung des § 25i KWG basiert auf den vormals in § 25n KWG geregelten Sorgfaltspflichten für elektronisches Geld (E-Geld), welche mit Umsetzung der 4. EU-Geldwäscherichtlinie in § 25i KWG verschoben und im Hinblick auf die

III. Vereinfachte Sorgfaltspflichten (§ 14 Abs. 2 GwG) § 14 GwG

Umsetzung des Artikel 12 der 4. EU-Geldwäscherichtlinie inhaltlich angepasst wurden. Bezüglich der Einzelheiten wird auf die Kommentierung zu § 25i KWG verwiesen.

3. Vereinfachte Sorgfaltspflichten gemäß den Risikofaktor-Leitlinien der europäischen Aufsichtsbehörden

Gemäß Art. 17 der 4. EU-Geldwäscherichtlinie wurden die europäischen Aufsichtsbehörden beauftragt, für die Verpflichteten nach § 2 Abs. 1 Nr. 1 bis 3 und 6 bis 9 GwG Leitlinien zu erstellen, welche Risikofaktoren zu berücksichtigen sind oder welche Maßnahmen in Fällen, in denen vereinfachte Sorgfaltspflichten gegenüber Kunden angemessen sind, zu treffen sind. Diese Risikofaktor-Leitlinien wurden in ihrer finalen Fassung am 26.6.2017 veröffentlicht.[21] Den sich aus den Risikofaktor-Leitlinien ergebenden Handlungsbedarf für die Verpflichteten wird die BaFin für den Finanzsektor auskunftsgemäß noch in einem von ihr gegenüber den Verbänden bereits angekündigten Auslegungsschreiben zum neuen Geldwäschegesetz konkretisieren. Das Schreiben wurde am 15.3.2018 zur Konsultation gestellt. Die Konsultationsfrist läuft bis zum 11.5.2018. 50

a) Branchenübergreifende vereinfachte Sorgfaltspflichten

Entsprechend den Risikofaktor-Leitlinien[22] können Verpflichtete, soweit dies nach den einzelstaatlichen Rechtsvorschriften zulässig ist, in Situationen, in denen das mit einer Geschäftsbeziehung verbundene Risiko der Geldwäsche oder Terrorismusfinanzierung als gering eingeschätzt wird, vereinfachte Sorgfaltspflichten anwenden. Die Anwendung vereinfachter Sorgfaltspflichten bedeutet keine gänzliche Befreiung von einer oder allen der zu beachtenden allgemeinen Sorgfaltspflichten. Im Einklang mit den Empfehlungen der FATF sehen die Leitlinien jedoch vor, dass Verpflichtete 51

– den Zeitpunkt der Durchführung allgemeiner Sorgfaltspflichten,
– den Umfang der im Rahmen der Durchführung allgemeiner Sorgfaltspflichten einzuholenden Informationen,
– die Qualität bzw. Quelle der im Rahmen der Durchführung allgemeiner Sorgfaltspflichten einzuholenden Informationen,
– die Häufigkeit von Kundendatenaktualitätsprüfungen oder
– die Häufigkeit und Intensität des Transaktionsmonitorings

in einer Weise anpassen können, welche dem von ihnen als gering identifizierten Risiko entspricht.

---

21 EBA/ESMA/EIOPA, Risikofaktor-Leitlinien.
22 Vgl. EBA/ESMA/EIOPA, Risikofaktor-Leitlinien, Ziffer 44–48.

GwG § 14   Vereinfachte Sorgfaltspflichten, Verordnungsermächtigung

52 Die Informationen, die ein Verpflichteter bei der Anwendung vereinfachter Sorgfaltsmaßnahmen einholt, müssen es dem Verpflichteten ermöglichen, sich mit großer Wahrscheinlichkeit davon zu überzeugen, dass seine Einschätzung, dass das mit der Geschäftsbeziehung verbundene Risiko gering ist, gerechtfertigt ist. Sie müssen auch ausreichen, um dem Unternehmen genügend Informationen über die Art der Geschäftsbeziehung an die Hand zu geben, um ungewöhnliche oder verdächtige Transaktionen erkennen zu können. Die Anwendung vereinfachter Sorgfaltsmaßnahmen befreit ein Institut nicht von der Pflicht zur Meldung verdächtiger Transaktionen an die Zentrale Stelle für Finanztransaktionsuntersuchungen. Wenn Anhaltspunkte dafür vorliegen, dass das Risiko nicht gering ist, z. B. wenn es Anhaltspunkte dafür gibt, dass eine Geldwäsche oder Terrorismusfinanzierung versucht wird, oder wenn das Unternehmen Zweifel an der Richtigkeit der erhaltenen Informationen hat, darf es keine vereinfachten Sorgfaltspflichten anwenden. Gleiches gilt im Fall des Vorliegens eines Hochrisiko-Szenarios, bei dem eine Verpflichtung zur Durchführung verstärkter Sorgfaltsmaßnahmen besteht.[23]

aa) Anpassung des Zeitpunkts der Durchführung allgemeiner Sorgfaltspflichten

53 Gemäß den Risikofaktor-Leitlinien[24] kann ein Verpflichteter beispielsweise, wenn ein Produkt oder eine Transaktion Eigenschaften aufweist, die eine Verwendung zu Zwecken der Geldwäsche oder Terrorismusfinanzierung einschränkt, den Zeitpunkt der Durchführung allgemeiner Sorgfaltsmaßnahmen anpassen. So könne die Überprüfung der Identität des Kunden oder des wirtschaftlichen Berechtigten auch erst

– während der Begründung der Geschäftsbeziehung oder
– sobald die im Rahmen der Geschäftsbeziehung vorgenommenen Transaktionen einen bestimmten Schwellenbetrag überschreiten, oder
– nach Ablauf einer angemessenen Frist

vorgenommen werden.

54 Nach den Leitlinien müssen die Verpflichteten jedoch sicherstellen, dass

– die Anwendung vereinfachter Sorgfaltspflichten nicht zu einer faktischen Befreiung von den allgemeinen Sorgfaltspflichten führt; d. h. die Verpflichteten müssen dafür Sorge tragen, dass die Identität des Kunden oder des wirtschaftlichen Berechtigten letzten Endes doch überprüft wird;
– die festgelegten Schwellenbeträge hinreichend niedrig bzw. oder die Fristen hinreichend kurz bemessen sind (wobei die Verpflichteten im Hinblick auf

---

23 Vgl. EBA/ESMA/EIOPA, Risikofaktor-Leitlinien, Ziffer 44.
24 Vgl. EBA/ESMA/EIOPA, Risikofaktor-Leitlinien, Ziffer 45.

III. Vereinfachte Sorgfaltspflichten (§ 14 Abs. 2 GwG) **§ 14 GwG**

das Risiko der Terrorismusfinanzierung beachten sollten, dass niedrige Schwellenbeträge allein nicht ausreichend sind, um das Risiko zu reduzieren);
- sie über Systeme verfügen, die es ihnen ermöglichen, festzustellen, wenn die festgelegten Schwellenbeträge überschritten bzw. die Fristen abgelaufen sind; und
- sie die Erfüllung allgemeiner Sorgfaltspflichten oder die Erlangung bestimmter relevanter Informationen über den Kunden nicht in Fallkonstellationen hinausschieben, in denen geltende Gesetze, wie z. B. die EU-Geldtransferverordnung oder nationale Rechtsbestimmungen, vorschreiben, dass diese Informationen von Anfang an vorliegen müssen.

bb) Anpassung des Umfangs der einzuholenden Informationen

Nach den Risikofaktor-Leitlinien[25] soll es Verpflichteten in Fällen mit geringem Risiko auch gestattet sein, den Umfang an Informationen, die zu Zwecken der Identitätsfeststellung/-überprüfung oder der Überwachung eingeholt werden, anzupassen. So soll es den Verpflichteten möglich sein, 55
- Identitätsprüfungen auf Grundlage von Informationen, die von nur einer zuverlässigen, glaubwürdigen und unabhängigen Dokumenten- oder Datenquelle stammen, vorzunehmen,
- die Art und den Zweck der Geschäftsbeziehung zu unterstellen, wenn ein Produkt nur für einen bestimmten Zweck konzipiert wurde, wie z. B. ein betriebliches Rentensystem oder eine Geschenkkarte für ein Einkaufszentrum.

cc) Anpassung der Qualität bzw. Quelle der einzuholenden Informationen

Den Verpflichteten soll es in Fällen mit geringem Risiko auch erlaubt sein, die Qualität oder Quelle von Informationen, die zu Zwecken der Identitätsfeststellung/-überprüfung oder der Überwachung eingeholt werden, anzupassen,[26] indem sie beispielsweise: 56
- zum Zweck der Überprüfung der Identität des wirtschaftlich Berechtigten Informationen, die vom Kunden und nicht von einer unabhängigen Quelle stammen, akzeptieren (zu beachten ist, dass dies in Bezug auf die Überprüfung der Identität des Kunden nicht zulässig ist); oder
- sich in Fällen, in denen das Risiko der Geschäftsbeziehung in jeder Hinsicht sehr gering ist, auf die Mittelherkunft verlassen, um einige der allgemeinen Sorgfaltspflichten zu erfüllen, zum Beispiel, wenn es sich bei den eingesetzten Mitteln um staatliche Leistungen handelt oder wenn die Mittel von einem

---

25 Vgl. EBA/ESMA/EIOPA, Risikofaktor-Leitlinien, Ziffer 45.
26 Vgl. EBA/ESMA/EIOPA, Risikofaktor-Leitlinien, Ziffer 45.

GwG § 14   Vereinfachte Sorgfaltspflichten, Verordnungsermächtigung

auf den Namen des Kunden lautenden Konto bei einem anderen Unternehmen im EWR stammen.

dd) Anpassung der Häufigkeit von Kundendatenaktualitätsprüfungen

57   In Fällen mit geringem Risiko soll es den Verpflichteten auch erlaubt sein, die Häufigkeit von Kundendatenaktualitätsprüfungen anzupassen und solche Prüfungen beispielsweise erst dann vorzunehmen, wenn **bestimmte Ereignisse** eintreten, z. B. erst dann, wenn der Kunde ein neues Produkt oder eine neue Dienstleistung nachfragt oder wenn eine **bestimmte Betragsschwelle** erreicht wird. Die Verpflichteten müssen jedoch sicherstellen, dass die Änderung der Prüfungshäufigkeit nicht zu einer faktischen Befreiung von der allgemeinen Sorgfaltspflicht, Kundendaten auf dem aktuellen Stand zu halten, führt.[27]

ee) Anpassung der Häufigkeit und Intensität des Transaktionsmonitoring

58   Schließlich sollen Verpflichtete in Fällen mit geringem Risiko auch die Häufigkeit und Intensität des Transaktionsmonitoring ändern dürfen und z. B. nur solche Transaktionen überwachen, die einen **bestimmten Schwellenwert** überschreiten. Wenn sich ein Verpflichteter entscheidet, so vorzugehen, muss er aber sicherstellen, dass für die Schwelle ein angemessener Betrag festgelegt wird und dass er über Systeme verfügt, um miteinander im Zusammenhang stehende Transaktionen, die **kumuliert** den bestimmten Schwellenbetrag überschreiten (sog. „**Smurfing**"), zu erkennen.[28]

b) Branchenspezifische vereinfachte Sorgfaltspflichten

59   Abschnitt III der Risikofaktor-Leitlinien der europäischen Aufsichtsbehörden enthält zusätzliche Beispiele für die Anwendung vereinfachter Sorgfaltspflichten in verschiedenen Branchen.

aa) Privatkundenbanken

60   Nach den Risikofaktor-Leitlinien[29] können Privatkundenbanken in Situationen mit geringem Risiko, soweit dies nach den einzelstaatlichen Rechtsvorschriften zulässig ist, vereinfachte Sorgfaltsmaßnahmen anwenden und beispielsweise im Fall von Kunden, die einer **gesetzlichen Erlaubnispflicht** und einem **entsprechenden Aufsichtsregime** unterliegen, die Überprüfung der Identität des Kunden anhand eines Nachweises, dass der Kunde dem entsprechenden Regime unterliegt, vornehmen (z. B. mittels einer Kundenrecherche in einem öffentlichen

---

27   Vgl. EBA/ESMA/EIOPA, Risikofaktor-Leitlinien, Ziffer 45.
28   Vgl. EBA/ESMA/EIOPA, Risikofaktor-Leitlinien, Ziffer 45.
29   Vgl. EBA/ESMA/EIOPA, Risikofaktor-Leitlinien, Ziffer 108.

III. Vereinfachte Sorgfaltspflichten (§ 14 Abs. 2 GwG)   § 14 GwG

Register der zuständigen Aufsichtsbehörde). In Fällen mit geringem Risiko sollen Privatkundenbanken die **Überprüfung der Identität des Kunden** und gegebenenfalls des wirtschaftlich Berechtigten auch noch **während der Begründung der Geschäftsbeziehung** vornehmen dürfen. Gemäß den Leitlinien sollen Privatkunden in Sachverhalten mit geringem Risiko ferner davon ausgehen dürfen, dass eine **Zahlung von einem auf den Namen des Kunden (mit-)lautenden Konto bei einem regulierten Kredit- oder Finanzinstitut in einem EWR-Land** die Anforderungen an die Feststellung und Überprüfung der Identität des Kunden und des wirtschaftlich Berechtigten erfüllt. Wenn nachvollziehbare Gründe dafür vorliegen, dass der Kunde nicht in der Lage ist, einen herkömmlichen Identitätsnachweis vorzulegen, und keine Verdachtsmomente bestehen, sollen Banken in Fällen mit geringem Risiko **andere Formen von Identitätsnachweisen**, die das Kriterium einer unabhängigen und zuverlässigen Quelle erfüllen, akzeptieren dürfen (wie z. B. ein Schreiben einer Behörde oder einer anderen zuverlässigen öffentlichen Stelle). Schließlich soll es Privatkundenbanken in Fällen mit geringem Risiko auch erlaubt sein, die **Häufigkeit von Kundendatenaktualitätsprüfungen** anzupassen und solche Prüfungen beispielsweise erst dann vorzunehmen, wenn bestimmte Ereignisse eintreten, z. B. erst dann, wenn der Kunde ein neues Produkt oder eine neue Dienstleistung nachfragt oder wenn Veränderungen im Verhalten des Kunden oder seinem Transaktionsprofil zu beobachten sind, die darauf schließen lassen, dass das mit der Geschäftsbeziehung verbundene Risiko nicht mehr gering ist.

bb) E-Geld-Emittenten

Gemäß den Risikofaktor-Leitlinien[30] können E-Geld-Emittenten, die nicht von der Freistellung nach Artikel 12 der Richtlinie (EU) 2015/849 profitieren, in Fällen mit geringem Risiko, soweit dies nach den einzelstaatlichen Rechtsvorschriften zulässig ist, vereinfachte Sorgfaltsmaßnahmen anwenden und beispielsweise die Überprüfung der Identität des Kunden oder des wirtschaftlichen Berechtigten erst zu einem **bestimmten Zeitpunkt** nach Begründung der Geschäftsbeziehung oder erst, wenn die im Rahmen der Geschäftsbeziehung ausgeführten Transaktionen einen **festgelegten Schwellenbetrag** überschreiten, vornehmen. Die Betragsgrenze darf allerdings, wenn das Produkt nicht wieder aufladbar ist oder in anderen Ländern oder für grenzüberschreitende Transaktionen verwendet werden kann, nicht höher als 250,– EUR bzw., sofern dies nach nationalem Recht zulässig ist, nicht höher als 500,– EUR sein, wobei in diesem Fall das Produkt nur im Inland verwendet werden darf. E-Geld-Emittenten soll es in Fällen mit geringem Risiko auch gestattet sein, die Identität des Kunden mittels einer **Zahlung** von einem **auf den Namen des Kunden (mit-)lautenden Konto** oder von einem **Konto, über welches der Kunden nachweislich Kontrolle hat**, bei

---

30 Vgl. EBA/ESMA/EIOPA, Risikofaktor-Leitlinien, Ziffer 126 f.

GwG § 14 Vereinfachte Sorgfaltspflichten, Verordnungsermächtigung

einem Kredit- oder Finanzinstitut im EWR zu überprüfen. Ferner sollen sie die Identitätsprüfung mittels einer **geringeren Anzahl an Quellen**, mittels **weniger zuverlässiger Quellen** und unter **Verwendung alternativer Methoden** durchführen dürfen. E-Geld-Emittenten sollen in Fällen mit geringem Risiko ferner berechtigt sein, die Art und den beabsichtigten Zweck der Geschäftsbeziehung in Fällen, in denen diese offensichtlich sind, zu unterstellen. Schließlich sollen E-Geld-Emittenten in Fällen mit geringem Risiko auch die Intensität des Transaktionsmonitoring verringern dürfen, solange ein bestimmter Schwellenbetrag nicht erreicht wird. Da die laufende Überwachung ein wichtiges Mittel ist, um im Rahmen einer Kundenbeziehung mehr Informationen über mögliche Risikofaktoren zu erhalten, sollte die Betragsgrenze sowohl für Einzeltransaktionen als auch miteinander im Zusammenhang stehende Transaktionen, die innerhalb eines 12-Monats-Zeitraums durchgeführt werden, bestimmt werden, wobei jeweils Werte angesetzt werden sollten, bei welchen das Unternehmen nach eigener Einschätzung von einem geringen Risiko der Geldwäsche und Terrorfinanzierung ausgeht.

cc) Vermögensverwaltung

62 Nach den Risikofaktor-Leitlinien[31] ist die Anwendung vereinfachter Sorgfaltsmaßnahmen im Rahmen einer Vermögensverwaltungstätigkeit **nicht angemessen**.

dd) Handelsfinanzierungsanbieter

63 Nach den Risikofaktor-Leitlinien[32] führen die **Kontrollen**, die an Handelsfinanzierungen beteiligte Banken in der Praxis standardmäßig durchführen, um betrügerische Aktivitäten zu erkennen und sicherzustellen, dass die Transaktionen den von der Internationalen Handelskammer (ICC) festgelegten Standards entsprechen, dazu, dass sie auch in Sachverhalten mit geringem Risiko **keine vereinfachten Sorgfaltspflichten** anwenden.

ee) Lebensversicherungsunternehmen

64 Nach den Risikofaktor-Leitlinien[33] sollen Lebensversicherungsunternehmen in Sachverhalten mit geringem Risiko davon ausgehen dürfen, dass eine **Zahlung von einem auf den Namen des Kunden (mit-)lautenden Konto bei einem regulierten Kredit- oder Finanzinstitut in einem EWR-Land** die Anforderun-

---

31 Vgl. EBA/ESMA/EIOPA, Risikofaktor-Leitlinien, Ziffer 151.
32 Vgl. EBA/ESMA/EIOPA, Risikofaktor-Leitlinien, Ziffer 174.
33 Vgl. EBA/ESMA/EIOPA, Risikofaktor-Leitlinien, Ziffer 194.

VI. Ausnahmeregelung zur EU-Geldtransferverordnung   § 14 GwG

gen an die Feststellung und Überprüfung der Identität des Kunden erfüllt. Ferner sollen Lebensversicherungsunternehmen in Sachverhalten mit geringem Risiko davon ausgehen dürfen, dass eine Zahlung auf ein auf den Namen des Begünstigten (mit-)lautendes Konto bei einem regulierten Kredit- oder Finanzinstitut in einem EWR-Land die Anforderungen an die Feststellung und Überprüfung der Identität des Begünstigten erfüllt.

IV. Folgen der Nichterfüllbarkeit der vereinfachten Sorgfaltspflichten (§ 14 Abs. 3 GwG)

Der Verweis in § 14 Abs. 3 GwG auf § 10 Abs. 9 GwG stellt sicher, dass in Fällen der Undurchführbarkeit von vereinfachten Kundensorgfaltsmaßnahmen ebenfalls die dort enthaltene Beendigungsverpflichtung zur Anwendung kommt. Bezüglich der Einzelheiten wird auf die Kommentierung zu § 10 Abs. 9 GwG verwiesen.   65

V. Verordnungsermächtigung (§ 14 Abs. 4 GwG)

§ 14 Abs. 4 GwG bestimmt, dass das Bundesministerium der Finanzen im Einvernehmen mit dem Bundesministerium des Innern im Rahmen einer Rechtsverordnung Fallgruppen bestimmen kann, in denen vorbehaltlich einer Prüfung durch die Verpflichteten im Einzelfall von der Möglichkeit vereinfachter Sorgfaltspflichten Gebrauch gemacht werden kann. Voraussetzung hierfür ist eine entsprechende Risikobewertung unter Berücksichtigung der nationalen und branchenspezifischen Risikolage. Von der Verordnungsermächtigung ist bislang kein Gebrauch gemacht worden.   66

VI. Ausnahmeregelung zur EU-Geldtransferverordnung (§ 14 Abs. 5 GwG)

§ 14 Abs. 5 GwG dient der Umsetzung von Art. 2 Abs. 5 der EU-Geldtransferverordnung,[34] der es den Mitgliedstaaten ermöglicht, bei bestimmten Inlandsgeldtransfers von einer Anwendung der Regelungen der Verordnung abzusehen. Von dieser Möglichkeit wurde in § 14 Abs. 5 GwG Gebrauch gemacht, um einen   67

---

34 Verordnung (EU) 2015/847 des Europäischen Parlaments und des Rates vom 20.5.2015 über die Übermittlung von Angaben bei Geldtransfers und zur Aufhebung der Verordnung (EU) Nr. 1781/2006, ABl. L 141/1 vom 5.6.2015.

GwG § 14   Vereinfachte Sorgfaltspflichten, Verordnungsermächtigung

Gleichlauf mit den geldwäscherechtlichen Vorschriften herzustellen.[35] Zahlungen **bis höchstens 1.000,– EUR** auf ein Zahlungskonto eines Begünstigten, auf das **ausschließlich Zahlungen für die Lieferung von Gütern oder Dienstleistungen** vorgenommen werden können, unterfallen damit, soweit auch die übrigen **Bedingungen des § 14 Abs. 5 GwG** erfüllt sind, nicht der EU-Geldtransferverordnung. Es werden also insbesondere keine Meldepflichten über die Identität des Auftraggebers „an der Ladenkasse" ausgelöst, auch wenn der Zahlungsdienst in einer Weise ausgestaltet sein sollte, dass der zugrunde liegende Zahlungsauftrag an der Ladenkasse erteilt wird. Hintergrund ist insbesondere, dass derartige Meldepflichten mangels Identifikationsmöglichkeiten an der Ladenkasse in der Praxis nicht erfüllbar wären.

---

35 Beschlussempfehlung und Bericht des Finanzausschusses (7. Ausschuss) zu dem Gesetzentwurf der Bundesregierung zur Umsetzung der Vierten EU-Geldwäscherichtlinie, zur Ausführung der EU-Geldtransferverordnung und zur Neuorganisation der Zentralstelle für Finanztransaktionsuntersuchungen, BT-Drs. 18/12405 vom 17.5.2017, S. 167.

§ 15 Verstärkte Sorgfaltspflichten, Verordnungsermächtigung

(1) Die verstärkten Sorgfaltspflichten sind zusätzlich zu den allgemeinen Sorgfaltspflichten zu erfüllen.

(2) Verpflichtete haben verstärkte Sorgfaltspflichten zu erfüllen, wenn sie im Rahmen der Risikoanalyse oder im Einzelfall unter Berücksichtigung der in den Anlagen 1 und 2 genannten Risikofaktoren feststellen, dass ein höheres Risiko der Geldwäsche oder Terrorismusfinanzierung bestehen kann. Die Verpflichteten bestimmen den konkreten Umfang der zu ergreifenden Maßnahmen entsprechend dem jeweiligen höheren Risiko der Geldwäsche oder der Terrorismusfinanzierung. Für die Darlegung der Angemessenheit gilt § 10 Absatz 2 Satz 4 entsprechend.

(3) Ein höheres Risiko liegt insbesondere vor, wenn

1. es sich bei einem Vertragspartner des Verpflichteten oder bei einem wirtschaftlich Berechtigten handelt um

    a) eine politisch exponierte Person, ein Familienmitglied oder um eine bekanntermaßen nahestehende Person oder

    b) eine natürliche oder juristische Person, die in einem von der Europäischen Kommission nach Artikel 9 der Richtlinie (EU) 2015/849 ermittelten Drittstaat mit hohem Risiko niedergelassen ist; dies gilt nicht für Zweigstellen von in der Europäischen Union niedergelassenen Verpflichteten gemäß Artikel 2 Absatz 1 der Richtlinie (EU) 2015/849 und für mehrheitlich im Besitz dieser Verpflichteten befindliche Tochterunternehmen, die ihren Standort in einem Drittstaat mit hohem Risiko haben, sofern sie sich uneingeschränkt an die von ihnen anzuwendenden gruppenweiten Strategien und Verfahren nach Artikel 45 Absatz 1 der Richtlinie (EU) 2015/849 halten,

2. es sich um eine Transaktion handelt, die im Verhältnis zu vergleichbaren Fällen

    a) besonders komplex oder groß ist,

    b) ungewöhnlich abläuft oder

    c) ohne offensichtlichen wirtschaftlichen oder rechtmäßigen Zweck erfolgt, oder

3. es sich für Verpflichtete nach § 2 Absatz 1 Nummer 1 bis 3 und 6 bis 8 um eine grenzüberschreitende Korrespondenzbeziehung mit Respondenten mit Sitz in einem Drittstaat oder, vorbehaltlich einer Beurteilung durch die Verpflichteten als erhöhtes Risiko, in einem Staat des Europäischen Wirtschaftsraums handelt.

(4) In den Absätzen 2 und 3 Nummer 1 genannten Fällen sind mindestens folgende verstärkte Sorgfaltspflichten zu erfüllen:

1. die Begründung oder Fortführung einer Geschäftsbeziehung bedarf der Zustimmung eines Mitglieds der Führungsebene,
2. es sind angemessene Maßnahmen zu ergreifen, mit denen die Herkunft der Vermögenswerte bestimmt werden kann, die im Rahmen der Geschäftsbeziehung oder der Transaktion eingesetzt werden, und
3. die Geschäftsbeziehung ist einer verstärkten kontinuierlichen Überwachung zu unterziehen.

Wenn im Fall des Absatzes 3 Nummer 1 Buchstabe a der Vertragspartner oder der wirtschaftlich Berechtigte erst im Laufe der Geschäftsbeziehung ein wichtiges öffentliches Amt auszuüben begonnen hat oder der Verpflichtete erst nach Begründung der Geschäftsbeziehung von der Ausübung eines wichtigen öffentlichen Amts durch den Vertragspartner oder den wirtschaftlich Berechtigten Kenntnis erlangt, so hat der Verpflichtete sicherzustellen, dass die Fortführung der Geschäftsbeziehung nur mit Zustimmung eines Mitglieds der Führungsebene erfolgt.

(5) In dem in Absatz 3 Nummer 2 genannten Fall sind mindestens folgende verstärkte Sorgfaltspflichten zu erfüllen:

1. die Transaktion ist zu untersuchen, um das Risiko der jeweiligen Geschäftsbeziehung oder Transaktionen in Bezug auf Geldwäsche oder auf Terrorismusfinanzierung überwachen und einschätzen zu können und um gegebenenfalls prüfen zu können, ob die Pflicht zu einer Meldung nach § 43 Absatz 1 vorliegt, und
2. die der Transaktion zugrunde liegende Geschäftsbeziehung, soweit vorhanden, ist einer verstärkten kontinuierlichen Überwachung zu unterziehen, um das mit der Geschäftsbeziehung verbundene Risiko in Bezug auf Geldwäsche oder auf Terrorismusfinanzierung einschätzen und bei höherem Risiko überwachen zu können.

(6) In dem in Absatz 3 Nummer 3 genannten Fall haben Verpflichtete nach § 2 Absatz 1 Nummer 1 bis 3 und 6 bis 9 mindestens folgende verstärkte Sorgfaltspflichten zu erfüllen:

1. es sind ausreichende Informationen über den Respondenten einzuholen, um die Art seiner Geschäftstätigkeit in vollem Umfang verstehen und seine Reputation, seine Kontrollen zur Verhinderung der Geldwäsche und Terrorismusfinanzierung sowie die Qualität der Aufsicht bewerten zu können,
2. es ist vor Begründung einer Geschäftsbeziehung mit dem Respondenten die Zustimmung eines Mitglieds der Führungsebene einzuholen,

3. es sind vor Begründung einer solchen Geschäftsbeziehung die jeweiligen Verantwortlichkeiten der Beteiligten in Bezug auf die Erfüllung der Sorgfaltspflichten festzulegen und nach Maßgabe des § 8 zu dokumentieren,
4. es sind Maßnahmen zu ergreifen, um sicherzustellen, dass sie keine Geschäftsbeziehung mit einem Respondenten begründen oder fortsetzen, von dem bekannt ist, dass seine Konten von einer Bank-Mantelgesellschaft genutzt werden, und
5. es sind Maßnahmen zu ergreifen, um sicherzustellen, dass der Respondent keine Transaktionen über Durchlaufkonten zulässt.

(7) Bei einer ehemaligen politisch exponierten Person haben die Verpflichteten für mindestens zwölf Monate nach Ausscheiden aus dem öffentlichen Amt das Risiko zu berücksichtigen, das spezifisch für politisch exponierte Personen ist, und so lange angemessene und risikoorientierte Maßnahmen zu treffen, bis anzunehmen ist, dass dieses Risiko nicht mehr besteht.

(8) Liegen Tatsachen oder Bewertungen nationaler oder internationaler für die Verhinderung oder Bekämpfung der Geldwäsche oder der Terrorismusfinanzierung zuständiger Stellen vor, die die Annahme rechtfertigen, dass über die in Absatz 3 genannten Fälle hinaus ein höheres Risiko besteht, so kann die Aufsichtsbehörde anordnen, dass die Verpflichteten die Transaktionen oder Geschäftsbeziehungen einer verstärkten Überwachung unterziehen und zusätzliche, dem Risiko angemessene Sorgfaltspflichten zu erfüllen haben.

(9) Ist der Verpflichtete nicht in der Lage, die verstärkten Sorgfaltspflichten zu erfüllen, so gilt § 10 Absatz 9 entsprechend.

(10) Das Bundesministerium der Finanzen kann durch Rechtsverordnung ohne Zustimmung des Bundesrates Fallkonstellationen bestimmen, in denen insbesondere im Hinblick auf Kunden, Produkte, Dienstleistungen, Transaktionen oder Vertriebskanäle ein potenziell höheres Risiko der Geldwäsche oder der Terrorismusfinanzierung besteht und die Verpflichteten bestimmte verstärkte Sorgfaltspflichten zu erfüllen haben. Bei der Bestimmung sind die in den Anlagen 1 und 2 genannten Risikofaktoren zu berücksichtigen.

Schrifttum: *Schwennicke/Auerbach*, Kreditwesengesetz, 2. Aufl. 2013; *Zentes/Glaab*, Novellierung des Geldwäschegesetzes (GwG): Ausblick auf das Gesetz zur Optimierung der Geldwäscheprävention, BB 2011, 1475.

GwG § 15 Verstärkte Sorgfaltspflichten, Verordnungsermächtigung

Übersicht

	Rn.
I. Einleitung und risikobasierter Ansatz (§ 15 Abs. 1 und Abs. 2 GwG)	1
II. Pflicht zur Anwendung von verstärkten Sorgfaltspflichten – Gesetzlich normierte Fälle (§ 15 Abs. 3 GwG)	3
1. Politisch exponierte Personen (§ 15 Abs. 3 Nr. 1 a) GwG)	4
2. Geschäftsbeziehungen zu Personen in Risikoländern (§ 15 Abs. 3 Nr. 1 b) GwG)	12
3. Ungewöhnliche Transaktionen (§ 15 Abs. 3 Nr. 2 GwG)	14
4. Korrespondenzbeziehung (§ 15 Abs. 3 Nr. 3 GwG)	17
III. Sicherungsmaßnahmen (§ 15 Abs. 4 GwG)	23
1. Einholung der Zustimmung eines Mitglieds der Führungsebene (§ 15 Abs. 4 Nr. 1 GwG)	25
2. Bestimmung der Herkunft der Vermögenswerte (§ 15 Abs. 4 Nr. 2 GwG)	27
3. Verstärkte kontinuierliche Überwachung der Geschäftsbeziehung (§ 15 Abs. 4 Nr. 3 GwG)	29
IV. Sicherungsmaßnahmen (§ 15 Abs. 5 GwG)	30
1. Pflicht zur Untersuchung (§ 15 Abs. 5 Nr. 1 GwG)	31
2. Verstärkte kontinuierliche Überwachung der Geschäftsbeziehung (§ 15 Abs. 5 Nr. 2 GwG)	32
V. Sicherungsmaßnahmen (§ 15 Abs. 6 GwG)	33
1. Überblick über die Geschäftstätigkeit des Kunden sowie über dessen Geldwäschepräventionsmaßnahmen (§ 15 Abs. 6 Nr. 1 GwG)	34
2. Einholung der Zustimmung eines Mitglieds der Führungsebene (§ 15 Abs. 6 Nr. 2 GwG)	40
3. Festlegung der Verantwortlichkeiten vor Begründung der Geschäftsbeziehung und Dokumentation (§ 15 Abs. 6 Nr. 3 GwG)	41
4. Keine Geschäftsbeziehung zu einer Bank-Mantelgesellschaft (§ 15 Abs. 6 Nr. 4 GwG)	42
5. Keine Durchlaufkonten (§ 15 Abs. 6 Nr. 5 GwG)	45
6. Ausgestaltung der individuellen Sicherungsmaßnahmen	46
VI. Verlust des PEP-Status (§ 15 Abs. 7 GwG)	47
VII. Anordnungsbefugnis bei erhöhtem Risiko (§ 15 Abs. 8 GwG)	49
VIII. Beendigungspflicht (§ 15 Abs. 9 GwG)	50
IX. Rechtsverordnung (§ 15 Abs. 10 GwG)	51

I. Einleitung und risikobasierter Ansatz (§ 15 Abs. 1 und Abs. 2 GwG)

1 Gemäß § 15 Abs. 1 und Abs. 2 GwG haben Verpflichtete über die allgemeinen Sorgfaltspflichten hinaus zusätzliche Maßnahmen zu ergreifen, wenn ein **erhöhtes Geldwäscherisiko** besteht. § 15 GwG beinhaltet bewusst keine Aufzählung von Sachverhalten, sondern statuiert vielmehr ein allgemeines Erfordernis zur

II. Pflicht zur Anwendung von verstärkten Sorgfaltspflichten § 15 GwG

Anpassung der Sicherungsmaßnahmen bei erhöhtem Risiko. Es handelt sich hierbei um eine rechtliche Festlegung des risikoorientierten Ansatzes, der eine eigene institutsspezifische Risikoeinschätzung des Vertragspartners durch die Verpflichteten erwartet.

Im Rahmen der Risikoanalyse einschließlich der Bewertung, ob verstärkte Sorgfaltspflichten (über die gesetzlich normierten Fälle hinaus) zu beachten sind, haben die Verpflichteten die in **Anlagen 1 und 2** zum GwG aufgeführten Sachverhalte zu berücksichtigen. In diesen Anlagen sind Sachverhalte aufgeführt, die ein potenziell geringeres bzw. potenziell höheres Geldwäscherisiko darstellen. 2

II. Pflicht zur Anwendung von verstärkten Sorgfaltspflichten – Gesetzlich normierte Fälle (§ 15 Abs. 3 GwG)

§ 15 Abs. 3 GwG regelt – wie auch bereits § 6 Abs. 2 GwG bisherige Fassung – Sachverhalte, in denen grundsätzlich von einem erhöhten Geldwäscherisiko auszugehen ist und mithin verstärkte Sorgfaltspflichten pflichtweise zu beachten sind. 3

1. Politisch exponierte Personen (§ 15 Abs. 3 Nr. 1 a) GwG)

Bei **politisch exponierten Personen** (PEP), ihren Familienmitgliedern oder ihren bekanntermaßen nahestehenden Personen besteht die Notwendigkeit, Geschäftsbeziehungen zu diesen Personen einer besonderen Überwachung zu unterziehen. Die Notwendigkeit zur Anwendung der verstärkten Sorgfaltspflichten basiert insbesondere auf dem Gedanken, dass von diesen Personen aufgrund ihres persönlichen Netzwerkes ein erhöhtes Korruptionsrisiko ausgeht. Es besteht die Gefahr, dass diese Personen ihr Netzwerk auch zur Begehung von Unregelmäßigkeiten nutzen und für diese Tätigkeiten Leistungen entgegennehmen, die ihnen nicht zustehen. 4

Im Hinblick auf den erfassten Personenkreis ist vorab zu erwähnen, dass es sich bei politisch exponierten Personen ausschließlich um **natürliche Personen** handelt. Juristische Personen sind von der Regelung mithin nicht erfasst. 5

Der Begriff der **politisch exponierten Person** ist in § 1 Abs. 12 GwG legaldefiniert und setzt Art. 3 Nr. 9 der Vierten Geldwäscherichtlinie um. Wesentliche Unterschiede zum bisherig maßgeblichen Begriff, geregelt in den Durchführungsbestimmungen für die Richtlinie 2005/60/EG des Europäischen Parlaments und des Rates vom 4.8.2006, ergeben sich nicht. Neu in den Personenkreis der politisch exponierten Personen aufgenommen wurden Parteifunktionäre und Spitzenbeamte internationaler und europäischer Organisationen (§ 1 Abs. 12 Nr. 3 und 9 GwG). 6

GwG § 15 Verstärkte Sorgfaltspflichten, Verordnungsermächtigung

7   In Bezug auf die Hierarchie-Ebene der ausgeübten Ämter ist zu beachten, dass ausschließlich hochrangige Funktionen erfasst sind. Das öffentliche Amt muss auf **internationaler, europäischer oder nationaler Ebene** ausgeübt werden oder worden sein. Ein öffentliches Amt unterhalb der nationalen Ebene ist nur dann von § 1 Abs. 12 GwG erfasst, sofern dieses Amt in Bezug auf die politische Bedeutung mit einem Amt auf internationaler, europäischer oder nationaler Ebene vergleichbar ist. Nicht erfasst sind hingegen Funktionsträger mit mittleren oder niedrigeren Funktionen.

8   Im Rahmen der Umsetzung der Vierten Geldwäscherichtlinie wurden auch die Begrifflichkeiten „**Familienmitglieder**" (§ 1 Abs. 13 GwG) und „**Bekanntermaßen nahestehende Person**" (§ 1 Abs. 14 GwG) legaldefiniert. Die beiden Begrifflichkeiten entsprechen im Wesentlichen der bisherigen Definitionen aus den Durchführungsbestimmungen für die Richtlinie 2005/60/EG des Europäischen Parlaments und des Rates vom 4.8.2006.

9   Unverändert zu § 6 GwG bisherige Fassung besteht neben der Pflicht zur Überprüfung des Geschäftspartners auch die Pflicht, den wirtschaftlich Berechtigten in Bezug auf den sog. PEP-Status zu überprüfen. Diese Pflicht wurde durch das GwOptG[1] eingeführt.[2]

10 Im Gegensatz zu § 6 Abs. 2 Nr. 1 Satz 7 GwG bisherige Fassung wurde die Sonderregelung in Bezug auf in Deutschland gewählte Abgeordnete des Europäischen Parlaments nicht weitergeführt.[3] Es entfällt die Möglichkeit, bei inländischen PEPs mit deutscher Staatsangehörigkeit die allgemeinen Sorgfaltspflichten anwenden. Nach alter Rechtslage war eine Anwendung der allgemeinen Sorgfaltspflichten bei inländischen PEPs, es sei denn aus der Risikobewertung im Einzelfall ergibt sich ein höheres Risiko,[4] grundsätzlich zulässig.

11 Die konkrete Ausgestaltung der zu beachtenden Sorgfaltspflichten ist in § 15 Abs. 4 GwG geregelt.

2. Geschäftsbeziehungen zu Personen in Risikoländern (§ 15 Abs. 3 Nr. 1 b) GwG)

12 Gemäß § 15 Abs. 3 Nr. 1 b) GwG haben Verpflichtete bei Geschäftsbeziehungen bzw. wirtschaftlich Berechtigten, die in einem von der EU-Kommission ermittelten Drittstaat mit hohem Risiko niedergelassen sind, verstärkte Sorgfalts-

---

1 Gesetz zur Optimierung der Geldwäscheprävention vom 22.12.2011, BGBl. I 2011, S. 2959.
2 Vgl. *Zentes/Glaab*, BB 2011, 1477.
3 BT-Drs. 18/11555 v. 17.3.2017, Begr. zu § 15 Abs. 3 Nr. 1 a) GwG, S. 121.
4 Vgl. Entwurf eines Gesetzes zur Optimierung der Geldwäscheprävention in der Fassung vom 17.8.2011, BT-Drs. 17/6804, S. 29.

II. Pflicht zur Anwendung von verstärkten Sorgfaltspflichten   § 15 GwG

pflichten zu beachten. Die EU-Kommission ist gemäß Art. 9 der Vierten Geldwäscherichtlinie zur Benennung von Mitgliedstaaten mit Mängeln in der Prävention in Sachen Geldwäsche und Terrorismusfinanzierung befugt.[5]

Die konkrete Ausgestaltung der zu beachtenden Sorgfaltspflichten ist in § 15 Abs. 4 GwG geregelt. 13

3. Ungewöhnliche Transaktionen (§ 15 Abs. 3 Nr. 2 GwG)

Die Verpflichteten haben bei Transaktionen, die **besonders komplex oder groß** sind (§ 15 Abs. 3 Nr. 2 a) GwG), **ungewöhnlich ablaufen** (§ 15 Abs. 3 Nr. 2 b) GwG) oder ohne **offensichtlich wirtschaftlichen** oder **rechtmäßigen Zweck** erfolgen, verstärkte Sorgfaltspflichten zu beachten. 14

§ 15 Abs. 3 Nr. 2 GwG setzt Art. 2 Abs. 2 Satz 1 der Vierten Geldwäscherichtlinie um und entspricht im Wesentlichen dem bisherigen § 6 Abs. 2 Nr. 3 GwG.[6] Inhaltlich begründet § 15 Abs. 3 Nr. 2 GwG keine neue Pflicht für die Verpflichteten. Vielmehr handelt es sich hierbei um eine Verpflichtung grundsätzlicher Art, Transaktionen, die zum Profil des Kunden oder Geschäftsbeziehung zumindest auf den ersten Blick nicht passen, einer intensiveren Untersuchung bzw. Überwachung zu unterziehen. 15

Die konkrete Ausgestaltung der zu beachtenden Sorgfaltspflichten ist in § 15 Abs. 5 GwG geregelt. 16

4. Korrespondenzbeziehung (§ 15 Abs. 3 Nr. 3 GwG)

Nach § 15 Abs. 3 Nr. 3 GwG haben Verpflichtete nach § 2 Abs. 1 Nr. 1 bis 3 und 6 bis 8 GwG bei **grenzüberschreitenden Korrespondenzbeziehungen** mit Respondenten mit Sitz in einem Drittstaat oder, vorbehaltlich einer Beurteilung durch die Verpflichteten als erhöhtes Risiko, in einem Staat des Europäischen Wirtschaftsraumes verstärkte Sorgfaltspflichten zu beachten. 17

Die in § 15 Abs. 3 Nr. 3 GwG vorgenommene Klassifizierung der Korrespondenzbeziehungen als Geschäftsfeld mit erhöhten Risiken dient der Umsetzung von Art. 19 der Vierten Geldwäscherichtlinie. Die bisher für Institute in § 25k KWG beinhaltete Pflicht zur Beachtung der verstärkten Sorgfaltspflichten im Bereich des Korrespondenzbankgeschäftes wurde im Rahmen der Umsetzung 18

---

5 Von diesem Recht hat die EU-Kommission Gebrauch gemacht und Drittländer mit Defiziten in der Präventionsarbeit namentlich benannt (vgl. Delegierte Verordnung (EU) 2016/1675 der Kommission vom 14.7.2016 und Verordnung 2018/105 vom 27.10.2017).
6 BT-Drs. 18/11555 v. 17.3.2017, Begr. zu § 15 Abs. 3 Nr. 2 GwG, S. 122.

GwG § 15 Verstärkte Sorgfaltspflichten, Verordnungsermächtigung

der Vierten Geldwäscherichtlinie in das GwG übertragen und der Adressatenkreis der Norm ausgeweitet.

19 Der Begriff der Korrespondenzbeziehung ist in § 1 Abs. 21 GwG legaldefiniert und dient der Umsetzung von Art. 3 Nr. 8 der Vierten Geldwäscherichtlinie. Abweichend zum bisherigen Verständnis einer Korrespondenzbankbeziehung (§ 25k KWG bisherige Fassung) fallen seit der Umsetzung der Vierten Geldwäscherichtlinie nicht nur Geschäftsbeziehungen, die der Erbringung von Bankdienstleistungen durch die Verpflichteten nach § 2 Abs. 1 Nr. 1 (Korrespondenten) für eine andere Bank (Respondenten) dienen unter den Begriff, sondern auch Geschäftsbeziehungen durch und für andere Finanzinstitute. Zu diesen Finanzinstituten zählen Verpflichtete i. S. d. § 2 Abs. 1 Nr. 2 bis 3 und 6 bis 9 GwG.[7]

20 Die Statuierung von Pflichten, die über die allgemeinen Sorgfaltspflichten hinausgehen, ist erforderlich, da bei grenzüberschreitenden Korrespondenzbeziehungen das **KYC-Prinzip** nicht zur Anwendung kommt. Denn bei grenzüberschreitenden Korrespondenzbeziehungen ist weder der Auftraggeber noch der Begünstigte der Transaktion der Person, die die Zahlungen ausschließlich weiter- oder durchleitet, als Kunde bekannt.

21 Wie bereits nach alter Rechtslage besteht auch bei grenzüberschreitenden Korrespondenzbeziehungen mit Respondenten einem Staat des Europäischen Wirtschaftsraumes die Pflicht zur Beachtung verstärkter Sorgfaltspflichten, sofern die individuelle Risikoanalyse in Bezug auf diesen Respondenten, ein entsprechend erhöhtes Risiko ergibt. Diese Vorgehensweise dient der **Stärkung des risikoorientierten Ansatzes** und stellt sicher, dass jede Korrespondenzbeziehung einer individuellen Risikobewertung unterzogen wird. Auch wenn es nahe liegt, dass die im europäischen Wirtschaftsraum ansässigen Respondenten grundsätzlich über qualitativ vergleichbare Sicherungsmaßnahmen verfügen, bedarf es einer Risikobewertung des Respondenten einschließlich des regulatorischen Umfelds sowie einer dauerhaften Überwachung der Geschäftsbeziehung.

22 Die konkrete Ausgestaltung der zu beachtenden Sorgfaltspflichten ist in § 15 Abs. 6 GwG geregelt.

III. Sicherungsmaßnahmen (§ 15 Abs. 4 GwG)

23 Ergänzend zu § 15 Abs. 3 Nr. 1 GwG führt § 15 Abs. 4 GwG die pflichtweise zu ergreifenden Sicherheitsmaßnahmen auf.

24 Grundsätzlich haben Verpflichtete angemessene, risikoorientierte Verfahren zu implementieren, um feststellen zu können, ob es sich bei dem Vertragspartner

---

7 BT-Drs. 18/11555 v. 17.3.2017, Begr. zu § 1 Abs. 21 GwG, S. 105.

oder dem wirtschaftlich Berechtigten um eine politisch exponierte Person handelt. Zur Umsetzung dieser Anforderungen haben die Verpflichteten einen standardisierten Prozess einzuführen, mit Hilfe dessen sie die Vertragspartner (Kunden) und den wirtschaftlich Berechtigten in Bezug auf den PEP-Status überprüfen. Die Pflicht zur Überprüfung ist jedoch nicht auf ein Kundenverhältnis beschränkt, sondern gilt auch bei **Transaktionen außerhalb einer bestehenden Geschäftsbeziehung**. Die Überprüfung erfolgt in der Regel mit Hilfe von sog. PEP-Datenbanken. Hierbei handelt es sich um Listen, die von privaten Anbietern angeboten werden und zum Abgleich des PEP-Status genutzt werden können. Die Nutzung dieser Listen erscheint insofern zielführend, da weder der Gesetzgeber noch der Regulator eine offiziell verbindliche Liste mit politisch exponierten Personen veröffentlicht. Die Nutzung von PEP-Datenbanken ist als „best practise" anzusehen. Eine manuelle Überprüfung des Vertragspartners und des wirtschaftlich Berechtigten dürfte zeitintensiv und fehleranfällig sein.

1. Einholung der Zustimmung eines Mitglieds der Führungsebene (§ 15 Abs. 4 Nr. 1 GwG)

Nach § 15 Abs. 4 Nr. 1 GwG wird die Begründung oder Fortführung einer Geschäftsbeziehung zu in § 15 Abs. 3 Nr. 1 GwG aufgeführten Sachverhalten von der **Zustimmung eines Mitglieds der Führungsebene** abhängig gemacht. Gemäß § 1 Abs. 15 GwG gilt als Mitglied der Führungsebene eine Führungskraft oder ein leitender Mitarbeiter des Verpflichteten mit ausreichendem Wissen über die Risiken, denen der Verpflichtete in Bezug auf Geldwäsche und Terrorismusfinanzierung ausgesetzt ist, und mit der Befugnis, insoweit Entscheidungen zu treffen. Es dürften zumindest Personen der ersten und zweiten Führungsebene zu diesem Personenkreis zählen.[8]

25

Es ist intern zu klären, ob eine risikoorientierte Ausgestaltung des Genehmigungsprozesses zielführend ist. Dies bedeutet, dass sich das Zustimmungserfordernis am Geldwäscherisiko ausrichtet.

26

2. Bestimmung der Herkunft der Vermögenswerte (§ 15 Abs. 4 Nr. 2 GwG)

Der Gesetzgeber verlangt gemäß § 15 Abs. 4 Nr. 2 GwG, dass die Verpflichteten angemessene Maßnahmen ergreifen, mit denen die **Herkunft der Vermögenswerte** bestimmt werden kann, die im Rahmen der Geschäftsbeziehung oder der Transaktion eingesetzt werden. Diese Regelung dient wie auch die übrigen Vorgaben des § 15 Abs. 4 GwG der Umsetzung von Art. 20 lit. b) der Vierten Geldwäscherichtlinie und ist im Wesentlichen inhaltsgleich zu den Vorgaben von Art. 13 Abs. 4c der Dritten EU-Geldwäscherichtlinie. Welche Maßnahmen zur

27

---

8 Vgl. *Zentes/Glaab*, BB 2011, 1475.

GwG § 15 Verstärkte Sorgfaltspflichten, Verordnungsermächtigung

Bestimmung der Herkunft der Vermögenswerte angemessen sind, dürfte entsprechend dem individuellen Risiko des Vertragspartners bzw. des wirtschaftlich Berechtigten variieren. Die Verpflichteten haben insofern selbst zu entscheiden, welche Maßnahmen zur Bestimmung der Herkunft der Vermögenswerte zielführend sind. Ein probates Mittel zur Bestimmung der Herkunft der Vermögenswerte dürfte in erster Linie die direkte Befragung des Kunden sein. Im Rahmen einer Kundenbefragung kann eruiert werden, welche Geschäfte der Kunde betreibt und ob aus diesen Geschäften die Vermögenswerte entstammen. Um hinreichende Kenntnis über die Herkunft der Vermögenswerte zu erhalten, dürften auch Fragen zu Geschäftspartnern probat sein. Im Hinblick auf die Kundenbefragung ist jedoch zu beachten, dass ein „blindes Vertrauen" auf die Aussagen des Kunden nicht als „angemessen" anzusehen ist. Es ist erforderlich, dass die Antworten des Kunden mit den bereits gesammelten Kunden-Informationen, beispielsweise aus öffentlichen Quellen, plausibilisiert werden. Sofern Widersprüche zwischen den Antworten des Kunden im Rahmen der Kundenbefragung und den bereits gesammelten Kunden-Informationen bestehen, sind weitere Maßnahmen zu ergreifen. Unter Umständen kann ein **Vor-Ort-Besuch** des Kunden Aufschluss über die Herkunft der Vermögenswerte geben. Lässt sich die Herkunft der Vermögenswerte trotz der ergriffenen Maßnahmen nicht bestimmen, ist die Geschäftsbeziehung nicht zu begründen.

28 Die Pflicht zur Bestimmung der Herkunft der Vermögenswerte ist nicht auf die Geschäftsbeziehung beschränkt, sondern erstreckt sich auch auf Transaktionen außerhalb einer Geschäftsbeziehung. Dies hat die BaFin bereits mit Rundschreiben 14/2009 klargestellt.[9]

3. Verstärkte kontinuierliche Überwachung der Geschäftsbeziehung (§ 15 Abs. 4 Nr. 3 GwG)

29 Gemäß § 15 Abs. 4 Nr. 2 GwG haben die Verpflichteten bei Geschäftsbeziehung zu einer in § 15 Abs. 3 Nr. 1 GwG genannten Person eine **verstärkte kontinuierliche Überwachung** der Geschäftsbeziehung sicherzustellen. Die Verpflichteten haben hierbei selbst festzulegen, wie die Überwachung dieser risikobehafteten Geschäftsbeziehung ausgestaltet wird. Sofern es sich bei den Verpflichteten um Kreditinstitute handelt, bietet sich die Nutzung der EDV-Systeme, die von Kreditinstituten grundsätzlich zu betreiben sind, an. Hier können spezielle Indizien/Typologien eingepflegt werden, die eine regelmäßige und im Vergleich zu anderen Kunden häufigere Begutachtung der Geschäftsbeziehung

---

9 Auszug aus BaFin-Rs. 14/2009 (GW): „Die Sorgfaltspflicht im Zusammenhang mit „PEPs" gemäß § 6 Abs. 2 Nr. 1 b) GwG findet nicht nur bei Begründung einer Geschäftsbeziehung Anwendung, sondern nach dem Wortlaut des § 6 Abs. 2 Nr. 1 b) GwG auch auf Transaktionen außerhalb einer bestehenden Geschäftsbeziehung i. S. v. § 3 Abs. 2 Nr. 2 GwG."

einschließlich der Transaktionen erfordern. Sofern es die Anzahl der Kunden, die nach den verstärkten Sorgfaltspflichten zu behandeln sind, zulässt, kann auch eine manuelle Bearbeitung der Transaktionen dieser Kundengruppe adäquat sein. Im Hinblick auf die Aktualisierung der KYC-Informationen sind vergleichsweise kurze Aktualisierungsintervalle festzulegen. Entscheidend für die Ausgestaltung der Überwachungsmaßnahmen ist die Risikolage des Kunden. Eine allgemein verbindliche Vorgehensweise existiert demzufolge nicht.

IV. Sicherungsmaßnahmen (§ 15 Abs. 5 GwG)

Die für die in § 15 Abs. 3 Nr. 2 GwG genannten Sachverhalte zu ergreifenden Sicherungsmaßnahmen sind in § 15 Abs. 5 GwG geregelt.[10] Wie auch bei den Sicherungsmaßnahmen nach § 15 Abs. 4 GwG bzw. § 15 Abs. 6 GwG handelt es sich hierbei lediglich um **gesetzlich statuierte Mindeststandards**. Sofern es die Risikolage erfordert, haben Verpflichtete ggf. auch über § 15 Abs. 5 GwG hinausgehende Maßnahmen zu ergreifen. 30

1. Pflicht zur Untersuchung (§ 15 Abs. 5 Nr. 1 GwG)

Gemäß § Abs. 5 Nr. 1 GwG haben Verpflichtete bei Transaktionen nach § 15 Abs. 3 Nr. 2 GwG eine umfangreiche Analyse durchzuführen. Die Analyse hat den Hintergrund und die Intention, die Transaktion in Bezug auf die Risiken aus Geldwäsche und Terrorismusfinanzierung zu beleuchten. Ausgehend von dieser Analyse hat der Verpflichtete angemessene Maßnahmen zur Minimierung des Risikos zu ergreifen und zu entscheiden, ob eine **Meldung nach § 43 Abs. 1 GwG** erforderlich ist. 31

2. Verstärkte kontinuierliche Überwachung der Geschäftsbeziehung (§ 15 Abs. 5 Nr. 2 GwG)

Im Rahmen der Umsetzung der Vierten Geldwäscherichtlinie wurde die Pflicht zur ggf. erforderlichen verstärkten Überwachung von Geschäftsbeziehungen, im Rahmen derer Transaktionen nach § 15 Abs. 3 Nr. 2 GwG getätigt werden, eingefügt. Die Pflicht zur besonderen, verstärkten Überwachung solcher Geschäftsbeziehung ist erforderlich, sofern die Analyse der Transaktionen ein erhöhtes Risiko festgestellt hat. Denn nur durch eine intensivere Beobachtung/Monitoring der Geschäftsbeziehung lässt sich das erhöhte Gefährdungspotenzial der Geschäftsbeziehung zielführend minimieren. 32

---

10 § 15 Abs. 5 GwG setzt Art. 18 Abs. 2 Satz 2 der Vierten Geldwäscherichtlinie um.

GwG § 15 Verstärkte Sorgfaltspflichten, Verordnungsermächtigung

V. Sicherungsmaßnahmen (§ 15 Abs. 6 GwG)

33 § 15 Abs. 6 GwG statuiert die Pflichten, die von Verpflichteten nach § 2 Abs. 1 Nr. 1 bis 3 und 6 bis 9 GwG bei grenzüberschreitenden Korrespondenzbeziehungen i. S. d. § 15 Abs. 3 Nr. 3 GwG einzuhalten sind. Die Pflichten entsprechen im Wesentlichen den Anforderungen aus § 25k KWG bisherige Fassung. Nachfolgend sind die einzelnen regulatorischen Anforderungen an grenzüberschreitenden Korrespondenzbeziehungen dargestellt.

1. Überblick über die Geschäftstätigkeit des Kunden sowie über dessen Geldwäschepräventionsmaßnahmen (§ 15 Abs. 6 Nr. 1 GwG)

34 Wie bereits zuvor erwähnt gilt das KYC-Prinzip bei grenzüberschreitenden Korrespondenzbeziehungen nur eingeschränkt. Aus diesem Grund bedarf es umfangreicher **Informationen über den Respondenten**, die über die allgemeinen für den KYC-Prozess erforderlichen Informationen im Rahmen des Identifizierungsprozesses hinausgehen.

35 Es ist insbesondere erforderlich, sich eine angemessene Kenntnis über die Geschäftstätigkeit und die Präventionsmaßnahmen des Respondenten im Bereich der Geldwäsche zu verschaffen. Um sich einen Überblick über die Präventionsmaßnahmen des Respondenten zu verschaffen, sind Informationen aus öffentlich zugänglichen Quellen über die Geschäftstätigkeit und die Leitungsstruktur der entsprechenden Bank einzuholen und zu analysieren. Für die qualifizierte Risikoeinstufung der Respondenten bedarf es sowohl Kenntnisse über **die regulatorische Beaufsichtigung** als auch der damit verbundenen Gerichtsbarkeit sowie der gesellschaftsrechtlichen Zusammensetzung des Respondenten einschließlich der Beteiligung von politisch exponierten Personen im Management. Zudem ist eine Auseinandersetzung mit der Kunden- und Produktstruktur des Respondenten erforderlich.

36 Zur Erfüllung der Pflichten des § 15 Abs. 6 Nr. 1 GwG bedienen sich Verpflichtete in der Regel sog. „**AML-Questionnaires**".[11] Es handelt sich hierbei um ein Dokument mit unterschiedlichen Fragen zur Geldwäscheprävention, das zwischen den Beteiligten ausgetauscht wird. Die Ausführungen des Respondenten zu den Fragen im Questionnaire sind zu analysieren und zu bewerten.

37 Zur Validierung der im Questionnaire getätigten Angaben kann ein Besuch des Respondenten – unter Berücksichtigung der Geschäftstätigkeit mit dem Respondenten und der Risikolage – zielführend sein. Ein Besuch des Respondenten sollte jedoch nicht auf den Anlass der Begründung einer neuen Geschäftsbeziehung beschränkt sein, sondern vielmehr regelmäßig und risikoorientiert vorge-

---

11 Siehe unter http://www.wolfsberg-principles.com.

V. Sicherungsmaßnahmen (§ 15 Abs. 6 GwG) **§ 15 GwG**

nommen werden. Nur ein Vorort-Besuch ermöglicht es den Verpflichteten, die verantwortlichen Personen (Compliance-Officer/Geldwäschebeauftragter) kennenzulernen und Prozessabläufe zu besprechen. Bestandteil des Vorort-Besuchs sollte die Eruierung der Vorgehensweise des Respondenten bei der Kundenannahme im Hinblick auf die Einhaltung des KYC-Prinzips sein.

Als weitere Pflicht verlangt § 15 Abs. 6 Nr. 1 GwG von den Verpflichteten, sich mit der Beaufsichtigung des Respondenten durch die lokalen Aufsichtsbehörden auseinanderzusetzen. Die Verpflichteten haben in diesem Zusammenhang zu bewerten, ob die für den Respondenten zuständige lokale Aufsicht europäischen bzw. deutschen Standards entspricht. Obgleich die Beurteilung der lokalen Aufsicht und der lokalen Präventionsregularien nicht immer einfach vorzunehmen sein dürfte, ist das wesentliche Kriterium für eine sachgerechte Bewertung die Nachvollziehbarkeit der Einschätzung. Die Beurteilung der Risikolage des Respondenten einschließlich der **Qualität der Beaufsichtigung** durch die lokalen Behörden sind ausschließlich vom Verpflichteten selbst vorzunehmen. Es ist nicht auszuschließen, dass ein Respondent hinsichtlich der Risikolage unterschiedlich bewertet wird. Innerhalb der EU/europäischem Wirtschaftsraum ist grundsätzlich von einer vergleichbaren Beaufsichtigung auszugehen. Dies bedeutet jedoch nicht, dass die europäischen Respondenten mit einem einheitlichen Risiko zu versehen und zu bewerten sind. Vielmehr können bekannte Mängel in der Geldwäscheprävention eine Risikoanpassung erfordern. Es ist somit festzuhalten, dass sich ein Korrespondent auch detailliert mit der Geschäftsbeziehung zu einem Respondenten im Europäischen Wirtschaftsraum auseinanderzusetzen hat. Die Risikoeinstufung von Respondenten in Drittstaaten bzw. die Qualität der Aufsicht in diesen Drittstaaten gestaltet sich noch schwieriger. Obgleich der Begriff des Drittstaates nun in § 1 Abs. 17 GwG definiert ist, dürften auch innerhalb dieser Gruppe von Staaten unterschiedliche Qualitäten in Bezug auf die Verhinderung von Geldwäsche und Terrorismusfinanzierung existieren. 38

Zur Risikobeurteilung der lokalen Aufsichten einschließlich der Bestimmung des Länderrisikos dürften sich u. a. folgende Informationsquellen eignen: Transparency International Corruption Perception Index, Länder Reports der FATF, Embargolisten und Aufstellung der non-cooperative Tax Havens der OECD. 39

2. Einholung der Zustimmung eines Mitglieds der Führungsebene (§ 15 Abs. 6 Nr. 2 GwG)

Es ist sicherzustellen, dass vor Begründung Geschäftsbeziehung die Zustimmung eines Mitglieds der Führungsebene eingeholt wird. Das Zustimmungserfordernis nach § 15 Abs. 6 Nr. 2 GwG entspricht in Bezug auf die regulatorischen Anforderungen § 15 Abs. 4 Nr. 1 GwG. 40

GwG § 15   Verstärkte Sorgfaltspflichten, Verordnungsermächtigung

3. Festlegung der Verantwortlichkeiten vor Begründung der Geschäftsbeziehung und Dokumentation (§ 15 Abs. 6 Nr. 3 GwG)

41   Neben der Einholung hinreichender Informationen und der Durchführung einer entsprechenden Analyse statuiert § 15 Abs. 6 GwG die Pflicht, die **Verantwortlichkeiten** vor Begründung der Geschäftsbeziehungen im Hinblick auf die Erfüllung der Sorgfaltspflichten festzulegen und zu dokumentieren. Diese Regelung soll sicherstellen, dass die Sorgfaltspflichten beachtet und umgesetzt werden. Insofern haben sich bei der Begründung der Geschäftsbeziehung die involvierten Parteien gegenseitig zu bestätigen, dass sie die vereinbarten Pflichten zur Verhinderung der Geldwäsche dauerhaft erfüllen werden. Die Dokumentation hat revisionssicher zu erfolgen.

4. Keine Geschäftsbeziehung zu einer Bank-Mantelgesellschaft (§ 15 Abs. 6 Nr. 4 GwG)

42   Gemäß § 15 Abs. 6 Nr. 4 GwG sind Maßnahmen zu ergreifen, um zu verhindern, dass eine Geschäftsbeziehung zu einem Respondenten begründet wird, deren Konten von einer **Bank-Mantelgesellschaft** genutzt werden. Der Begriff der Bank-Mantelgesellschaft wurde im Rahmen der Umsetzung der Vierten Geldwäscherichtlinie in § 1 Abs. 22 GwG legaldefiniert. Eine inhaltliche Anpassung erfolgt jedoch nicht. § 1 Abs. 22 GwG orientiert sich vielmehr unverändert am „shell bank"-Begriff von Art. 3 Nr. 10 der Richtlinie 2005/60/EG.

43   In der Praxis bedeutet diese Anforderung, dass die vom Respondenten zugeleiteten Zahlungen mittels eines **EDV-Research-Systems** analysiert werden sollten. Durch diese Analyse lassen sich Unregelmäßigkeiten identifizieren. Ein ausschließliches Abstellen auf eine vertragliche Verpflichtung mit dem Respondenten, in der dieser versichert, keine Zahlungen von Bank-Mantelgesellschaften weiterzuleiten, dürfte nicht ausreichend sein. Insbesondere beim grenzüberschreitenden Korrespondenzgeschäft, das als besonders gefährdet in Sachen Geldwäsche anzusehen ist, ist ein ausschließliches Vertrauen auf die Funktionsfähigkeit der Präventionsmaßnahmen des Respondenten nicht mehr angemessen.

44   Eine Möglichkeit zur Identifizierung von Bank-Mantelgesellschaften ist der Abgleich der Transaktionen mit den Listen „OECD Uncooperative Tax Heavens" und „IMF Offshore Financial Centers".[12] Die im Korrespondenzgeschäft zugeleiteten Transaktionen und die im Zahlungsauftrag aufgeführten Beteiligten sind mit den zuvor genannten Informationsquellen abzugleichen. Es bietet sich zudem an, „Sperren" im Zahlungsverkehr einzupflegen, um zu verhindern, dass

---

12   Vgl. *Auerbach/Spies*, in: Schwennicke/Auerbach, KWG, § 25f Rn. 24.

Zahlungen im Auftrag oder zu Gunsten von bereits bekannten Bank-Mantelgesellschaften weitergeleitet werden.

5. Keine Durchlaufkonten (§ 15 Abs. 6 Nr. 5 GwG)

§ 15 Abs. 6 Nr. 5 GwG setzt das Verbot von **Durchlaufkonten** des § 25m Nr. 2 KWG im Bereich des grenzüberschreitenden Korrespondenzgeschäfts um. Bei der Anbahnung der Geschäftsbeziehung muss schriftlich fixiert werden, dass der Respondent keine Durchlaufkonten unterhält. Die Sicherstellung, dass der Respondent keine Transaktionen über Durchlaufkonten zulässt, dürfte – analog zu den vorherigen Ausführungen – nur mit Hilfe eines stringenten EDV-Researchs sowie der Einpflege entsprechender Sperren im Zahlungsverkehr erfüllt werden können.

45

6. Ausgestaltung der individuellen Sicherungsmaßnahmen

Die Verpflichteten haben die in § 15 Abs. 6 GwG aufgezählten regulatorischen Anforderungen zu erfüllen und ihre individuellen Sicherungsmaßnahmen daran auszurichten. Dies bedeutet, dass die Überwachung umso stärker ausgeprägt sein muss, je schlechter die Bewertung der Sicherungsmaßnahmen des Respondenten einschließlich deren Beaufsichtigung durch die lokalen Behörden ausgefallen ist. Auch im Bereich der grenzüberschreitenden Korrespondenzbeziehungen ist der **risikoorientierte Ansatz** zwingend zu beachten. Die Bewertung der institutsspezifischen Risikosituation des Respondenten hat anhand festzulegender Parameter in einem standardisierten Prozess zu erfolgen. Ein abschließender Katalog, welche Parameter für die Risikobewertung heranzuziehen sind, existiert nicht. Unstreitig dürften neben dem Länderrisiko auch die Gesellschaftsstruktur, die Geschäftsausrichtung und die Produkte der Korrespondenzbank in der Risikobewertung zu berücksichtigen sein. Die Risiken sind unterschiedlich zu gewichten. Beispielsweise ist in Bezug auf die Produktrisiken eines Respondenten in Form eines Kreditinstituts zwischen Universalbank mit einer breiten Produktpalette und Spezialbank mit eingeschränkter Geschäftstätigkeit zu unterscheiden. Im Hinblick auf den Kundenstamm des Respondenten (bspw. Kreditinstitut) ist zu eruieren, ob von bestimmten Kundengruppen ein besonderes Risiko ausgeht und in welchem Maße diese Kundengruppen vertreten sind. Aber auch die Besetzung der Geschäftsleitung eines Respondenten kann eine besondere Beobachtung erfordern. Beispielsweise dürfte das Geldwäscherisiko bei Respondenten vergleichsweise hoch sein, wenn „PEPs" im „senior management" oder als „wirtschaftlich Berechtigter" identifiziert wurden. Zur Sicherstellung einer standardisierten Vorgehensweise bei der Risikobewertung bietet sich die Implementierung eines **Risikoscorings** an.

46

GwG § 15 Verstärkte Sorgfaltspflichten, Verordnungsermächtigung

VI. Verlust des PEP-Status (§ 15 Abs. 7 GwG)

47 In Bezug auf den PEP-Status entfällt die Pflicht zur Erfüllung der verstärkten Sorgfaltspflichten grundsätzlich immer dann, wenn der Vertragspartner und der wirtschaftlich Berechtigte das wichtige politische Amt seit **mindestens einem Jahr nicht mehr** ausgeübt haben.[13] Der PEP-Status an sich bleibt bestehen.

48 In der Praxis haben die Verpflichteten zu überlegen, ob sich der Aufwand, eine Person nach Wegfall des „direkten" PEP-Status nach den allgemeinen Sorgfaltspflichten zu behandeln, tatsächlich lohnt. Unter Umständen verursacht die Begründung und Dokumentation, die für die Anwendung der allgemeinen Sorgfaltspflichten erforderlich ist, mehr Aufwand als die unveränderte Anwendung der verstärkten Sorgfaltspflichten.

VII. Anordnungsbefugnis bei erhöhtem Risiko (§ 15 Abs. 8 GwG)

49 Über die in § 15 Abs. 3 GwG aufgeführten Fällen besteht für die zuständige Aufsichtsbehörde die Möglichkeit, gegenüber den Verpflichteten anzuordnen, dass diese eine Geschäftsbeziehung oder Transaktion einer verstärkten Überwachung unterziehen. Ferner kann die Aufsichtsbehörde die Erfüllung zusätzlicher, dem Risiko angemessener Sorgfaltspflichten anordnen.[14]

VIII. Beendigungspflicht (§ 15 Abs. 9 GwG)

50 Sofern Verpflichtete die Erfüllung der verstärkten Sorgfaltspflichten des § 15 GwG nicht sicherstellen können, ist analog § 10 Abs. 9 GwG die Geschäftsbeziehung nicht zu begründen, nicht fortzusetzen und es darf keine Transaktion durchgeführt werden. Die Regelung des § 10 Abs. 9 GwG hat durch die Vierte Geldwäscherichtlinie keine wesentlichen Neuerungen erfahren und ist insofern inhaltsgleich zu § 6 Abs. 1 Satz 2 GwG bisherige Fassung.[15]

---

13 Abs. 7 dient der Umsetzung von Art. 22 der Vierten Geldwäscherichtlinie und entspricht im Wesentlichen § 6 Abs. 3 Nr. 1 Satz 7 GwG bisherige Fassung.
14 Die in § 15 Abs. 9 GwG statuierte Anordnungskompetenz der zuständigen Aufsichtsbehörde entspricht inhaltlich im Wesentlichen § 6 Abs. 2 Nr. 4 GwG bisheriger Fassung.
15 BT-Drs. 18/11555 v. 17.3.2017, Begr. zu § 15 Abs. 9 GwG, S. 123.

IX. Rechtsverordnung (§ 15 Abs. 10 GwG)

§ 15 Abs. 10 GwG ermächtigt das Bundesministerium der Finanzen, in einer **Rechtsverordnung** besondere Fallkonstellationen zu bestimmen, in denen ein vergleichsweise erhöhtes Risiko in Sachen Geldwäsche und Terrorismusfinanzierung besteht. Das Bundesministerium der Finanzen ist ermächtigt, von den Verpflichteten zu verlangen, dass diese zusätzliche Sorgfaltspflichten – aufgrund des erhöhten Gefährdungspotenzials – erfüllen.

51

§ 16 Besondere Vorschriften für das Glücksspiel im Internet

(1) Für Verpflichtete nach § 2 Absatz 1 Nummer 15 gelten, soweit sie das Glücksspiel im Internet anbieten oder vermitteln, die besonderen Vorschriften der Absätze 2 bis 8.

(2) Der Verpflichtete darf einen Spieler erst zu einem Glücksspiel im Internet zulassen, wenn er zuvor für den Spieler auf dessen Namen ein Spielerkonto eingerichtet hat.

(3) Der Verpflichtete darf auf dem Spielerkonto weder Einlagen noch andere rückzahlbare Gelder vom Spieler entgegennehmen. Das Guthaben auf dem Spielerkonto darf nicht verzinst werden. Für die entgegengenommenen Geldbeträge gilt § 2 Absatz 2 Satz 3 des Zahlungsdiensteaufsichtsgesetzes entsprechend.

(4) Der Verpflichtete muss sicherstellen, dass Transaktionen des Spielers auf das Spielerkonto nur erfolgen

1. durch die Ausführung eines Zahlungsvorgangs

    a) mittels einer Lastschrift nach § 1 Absatz 2 Nummer 2a des Zahlungsdiensteaufsichtsgesetzes,

    b) mittels einer Überweisung nach § 1 Absatz 2 Nummer 2b des Zahlungsdiensteaufsichtsgesetzes oder

    c) mittels einer auf den Namen des Spielers ausgegebenen Zahlungskarte nach § 1 Absatz 2 Nummer 2c oder 3 des Zahlungsdiensteaufsichtsgesetzes und

2. von einem Zahlungskonto nach § 1 Absatz 3 des Zahlungsdiensteaufsichtsgesetzes, das auf den Namen des Spielers bei einem Verpflichteten nach § 2 Absatz 1 Nummer 1 oder 3 errichtet worden ist.

(5) Der Verpflichtete hat die Aufsichtsbehörde unverzüglich zu informieren über die Eröffnung und Schließung eines Zahlungskontos nach § 1 Absatz 3 des Zahlungsdiensteaufsichtsgesetzes, das auf seinen eigenen Namen bei einem Verpflichteten nach § 2 Absatz 1 Nummer 1 oder 3 eingerichtet ist und auf dem Gelder eines Spielers zur Teilnahme an Glücksspielen im Internet entgegengenommen werden.

(6) Wenn der Verpflichtete oder ein anderer Emittent einem Spieler für Transaktionen auf einem Spielerkonto monetäre Werte ausstellt, die auf einem Instrument nach § 1 Absatz 10 Nummer 10 des Zahlungsdiensteaufsichtsgesetzes gespeichert sind, hat der Verpflichtete oder der andere Emittent sicherzustellen, dass der Inhaber des monetären Werts mit dem Inhaber des Spielerkontos identisch ist.

Besondere Vorschriften für das Glücksspiel im Internet § 16 GwG

(7) Der Verpflichtete darf Transaktionen an den Spieler nur vornehmen
1. durch die Ausführung eines Zahlungsvorgangs nach Absatz 4 und
2. auf ein Zahlungskonto, das auf den Namen des Spielers bei einem Verpflichteten nach § 2 Absatz 1 Nummer 1 oder 3 eingerichtet worden ist.

Bei der Transaktion hat der Verpflichtete den Verwendungszweck dahingehend zu spezifizieren, dass für einen Außenstehenden erkennbar ist, aus welchem Grund der Zahlungsvorgang erfolgt ist. Für diesen Verwendungszweck können die Aufsichtsbehörden Standardformulierungen festlegen, die vom Verpflichteten zu verwenden sind.

(8) Abweichend von § 11 kann der Verpflichtete bei einem Spieler, für den er ein Spielerkonto einrichtet, eine vorläufige Identifizierung durchführen. Die vorläufige Identifizierung kann anhand einer elektronisch oder auf dem Postweg übersandten Kopie eines Dokuments nach § 12 Absatz 1 Satz 1 Nummer 1 erfolgen. Eine vollständige Identifizierung ist unverzüglich nachzuholen. Sowohl die vorläufige als auch die vollständige Identifizierung kann auch anhand der glücksspielrechtlichen Anforderungen an Identifizierung und Authentifizierung erfolgen.

Übersicht

	Rn.
I. Allgemeines	1
1. Einbeziehung des Glücksspiels im Internet in das internationale und europäische Regime der Geldwäscheprävention	2
2. Einbeziehung des Glücksspiels im Internet in das deutsche Regime der Geldwäscheprävention	3
3. Glücksspielrechtliche Vorgaben zum Glücksspiel im Internet	6
II. Adressaten (§ 16 Abs. 1 GwG)	8
III. Spielerkonto (§ 16 Abs. 2 und 3 GwG)	9
IV. Zahlungsvorgänge des Spielers an den Verpflichteten (§ 16 Abs. 4 GwG)	12
1. Zulässige Zahlungsvorgänge (§ 16 Abs. 4 Satz 1 Nr. 1 GwG)	13
2. Referenzkonto (§ 16 Abs. 4 Satz 1 Nr. 2 GwG)	14
3. Erleichterungsregel bei Nutzung von Zahlungskarten (§ 16 Abs. 4 Satz 2 GwG)	15
V. Informationspflichten gegenüber der Aufsichtsbehörde (§ 16 Abs. 5 GwG)	16
VI. Einsatz von Verbundzahlungssystemen (§ 16 Abs. 6 GwG)	17
VII. Zahlungsvorgänge des Verpflichteten an den Spieler (§ 16 Abs. 7 GwG)	18
VIII. Besondere Identifizierungsmöglichkeiten beim Online-Glücksspiel (§ 16 Abs. 8 GwG)	20

GwG § 16 Besondere Vorschriften für das Glücksspiel im Internet

I. Allgemeines

1 § 16 GwG, der im Rahmen der Umsetzung der 4. EU-Geldwäscherichtlinie[1] in das GwG eingefügt wurde, richtet sich an **Veranstalter und Vermittler von Glücksspielen** (Verpflichtete nach § 2 Abs. 1 Nr. 15 GwG), soweit das Glücksspiel im **Internet** ausgerichtet wird. Die Vorschrift entspricht in weiten Teilen § 9c GwG a. F., der als Teil der zum damaligen Zeitpunkt neuen Vorgaben für das Glücksspiel im Internet (§§ 9a–d GwG bisherige Fassung) durch das GwGErgG[2] vom 18.2.2013 Eingang in das GwG fand (siehe hierzu auch Rn. 3).

1. Einbeziehung des Glücksspiels im Internet in das internationale und europäische Regime der Geldwäscheprävention

2 Die Einbeziehung des Glücksspiels im Internet in das System zur Prävention von Geldwäsche und Terrorismusfinanzierung wurde von der Financial Action Task Force (FATF) ansatzweise bereits anlässlich der Überarbeitung ihrer **40 Empfehlungen** im Jahr **2003** empfohlen. Gemäß Empfehlung 12 der 40 Empfehlungen von 2003 (Empfehlung 22 der 40 Empfehlungen von 2012) sollten die von der FATF ausgearbeiteten Sorgfaltspflichten auch von **terrestrischen Kasinos und Internetkasinos** beachtet werden. In die europäische Gesetzgebung fand der Glücksspielsektor mit Verabschiedung der **2. Geldwäscherichtlinie**[3] Eingang, wobei die Richtlinie den Verpflichtetenkreis der 1. Geldwäsche-Richtlinie[4] nur um terrestrische Kasinos erweiterte. Mit der **3. EU-Geldwäscherichtlinie**[5] wurden auch Online-Spielbanken in den Anwendungsbereich der europäischen Vorschriften zur Prävention von Geldwäsche und Terrorismusfinanzierung einbezogen.[6] Erst im Rahmen der **4. EU-Geld-**

---

1 Richtlinie (EU) 2015/849 des Europäischen Rates und des Parlaments vom 20.5.2015 zur Verhinderung der Nutzung des Finanzsystems zum Zwecke der Geldwäsche und der Terrorismusfinanzierung, zur Änderung der Verordnung (EU) Nr. 648/2012 des Europäischen Parlaments und des Rates und zur Aufhebung der Richtlinie 2005/60/EG des Europäischen Parlaments und des Rates und der Richtlinie 2006/70/EG der Kommission, ABl. L 141/73 vom 5.6.2015.
2 Gesetz zur Ergänzung des Geldwäschegesetzes (GwGErgG) vom 18.2.2013 (BGBl. 2013 I, S. 268 ff.).
3 Richtlinie 2001/97/EG des Europäischen Rates und des Parlaments vom 4.12.2001 zur Änderung der Richtlinie 91/308/EWG des Rates zur Verhinderung der Nutzung des Finanzsystems zum Zwecke der Geldwäsche, ABl. L 344/76 vom 28.12.2001.
4 Richtlinie 91/308/EWG des Rates vom 10.6.1991 zur Verhinderung der Nutzung des Finanzsystems zum Zwecke der Geldwäsche, ABl. Nr. L 166/77 vom 28.6.1991.
5 Richtlinie 2005/60/EG des Europäischen Rates und des Parlaments vom 26.10.2005 zur Verhinderung der Nutzung des Finanzsystems zum Zwecke der Geldwäsche und der Terrorismusfinanzierung, ABl. L 309/15 vom 25.11.2005.
6 Eine Einbeziehung des Online-Glücksspiels ergab sich lediglich indirekt aus Erwägungsgrund 14 der Richtlinie: „Diese Richtlinie sollte auch für die Tätigkeiten der die-

I. Allgemeines § 16 GwG

wäscherichtlinie[7] wurde der Tatbestand des Glücksspiels über den Bereich der (Online-)Kasinos hinaus auf alle Anbieter von Glücksspieldiensten einschließlich Online-Glücksspielen ausgeweitet. Der **risikobasierte Ansatz**, der bereits der 3. EU-Geldwäscherichtlinie zugrunde lag, gestattet es den Mitgliedstaaten allerdings, bestimmte Glücksspielangebote – mit Ausnahme von (Online-)Spielbanken – von den nationalen Vorgaben zur Umsetzung der 4. EU-Geldwäscherichtlinie auszunehmen, vorausgesetzt, dass bei diesen das Geldwäsche-Risiko nachgewiesenermaßen gering ist (vgl. Art. 2 Abs. 2 der 4. EU-Geldwäscherichtlinie).

2. Einbeziehung des Glücksspiels im Internet in das deutsche Regime der Geldwäscheprävention

Obgleich weder die Empfehlungen der FATF noch die 3. EU-Geldwäscherichtlinie zum damaligen Zeitpunkt entsprechende konkrete Verpflichtungen vorsahen, hielt es der deutsche Gesetzgeber bereits im Jahr 2013 für geboten, den aus seiner Sicht bei Glücksspielen im Internet bestehenden Risiken der Geldwäsche, Terrorismusfinanzierung und sonstiger strafbarer Handlungen entgegenzuwirken. Mit den **§§ 9a–d GwG a.F.**, die mit dem GwGErgG[8] vom 18.2.2013 Eingang in das GwG fanden, wurden **besondere Anforderungen an die Transparenz von Zahlungsströmen im Online-Glücksspielbereich** gesetzlich verankert, um die Geldwäscherisiken beim Glücksspiel im Internet zu minimieren. Gem. § 16 Abs. 7 GwG a.F. konnte die zuständige Behörde im Einzelfall bestimmen, dass auf Veranstalter oder Vermittler von Glücksspielen im Internet die Sondervorschriften der §§ 9a ff. GwG insgesamt oder teilweise nicht anzuwenden waren, wenn das Risiko der Geldwäsche oder der Terrorismusfinanzierung gering war und die glücksspielrechtlichen Anforderungen erfüllt waren. Die Erteilung einer Befreiung setzte einen entsprechenden **Antrag** des Verpflichteten voraus.

3

Im Jahr 2014 verabschiedete das Kollegium der Obersten Glücksspielaufsichtsbehörden der Länder die in Abstimmung mit dem Bundesministerium der Finanzen erarbeiteten **Hinweise zur Auslegung und Anwendung** des Sonderregimes

4

---

ser Richtlinie unterliegenden Institute und Personen gelten, die über das Internet ausgeübt werden."
7 Richtlinie (EU) 2015/849 des Europäischen Rates und des Parlaments vom 20.5.2015 zur Verhinderung der Nutzung des Finanzsystems zum Zwecke der Geldwäsche und der Terrorismusfinanzierung, zur Änderung der Verordnung (EU) Nr. 648/2012 des Europäischen Parlaments und des Rates und zur Aufhebung der Richtlinie 2005/60/EG des Europäischen Parlaments und des Rates und der Richtlinie 2006/70/EG der Kommission, ABl. L 141/73 vom 5.6.2015.
8 Gesetz zur Ergänzung des Geldwäschegesetzes (GwGErgG) vom 18.2.2013 (BGBl. 2013 I, S. 268 ff.).

GwG § 16 Besondere Vorschriften für das Glücksspiel im Internet

zur Geldwäschebekämpfung im Bereich des Online-Glücksspiels (§§ 9a, 9b, 9c GwG a. F.)) sowie die Verfahrensgrundsätze für die Gewährung von Befreiungen (§ 16 Abs. 7 GwG a. F.).

5   Mit der Umsetzung der **4. EU-Geldwäscherichtlinie**[9] durch das Gesetz zur Umsetzung der Vierten EU-Geldwäscherichtlinie, zur Ausführung der EU-Geldtransferverordnung und zur Neuorganisation der Zentralstelle für Finanztransaktionsuntersuchungen vom 23.6.2017[10] wurden einige der Sondervorschriften der §§ 9a–c GwG a. F. für Veranstalter und Vermittler von Glücksspielen im Internet obsolet bzw. gingen in den für alle Verpflichteten nach dem GwG geltenden Vorschriften auf (so insbesondere die Vorgaben des § 9a und § 9b Abs. 1 GwG a. F.). Soweit die bestehenden Sondervorschriften für die Veranstalter und Vermittler von Glücksspielen als weiterhin erforderlich erachtet wurden (insbesondere die Regelungen des § 9b Abs. 2 und 3, § 9c GwG a. F.), wurden diese in den neuen § 16 GwG übernommen. Die Möglichkeit zur Erteilung einer Befreiung von den Sondervorschriften im Einzelfall durch die zuständige Aufsichtsbehörde (§ 16 Abs. 7 GwG a. F.) wurde gänzlich gestrichen, da diese nach den Vorgaben der 4. EU-Geldwäscherichtlinie nicht mehr zulässig ist. Nach der Übergangsregelung in § 59 GwG bleiben gemäß § 16 Abs. 7 GwG a. F. gewährte Befreiungen der Aufsichtsbehörden nach § 50 Nr. 8 GwG gegenüber Verpflichteten nach § 2 Abs. 1 Nr. 15 GwG, soweit sie Glücksspiele im Internet veranstalten oder vermitteln, in Abweichung zu § 16 GwG noch bis zum 30.6.2018 wirksam.

3. Glücksspielrechtliche Vorgaben zum Glücksspiel im Internet

6   In Deutschland war das Glücksspiel im Internet bis vor 5 Jahren grundsätzlich verboten. Erst seit einer zum 1. Juli 2012 in Kraft getretenen Änderung des Staatsvertrags zum Glücksspielwesen in Deutschland (Glücksspielstaatsvertrag – GlüStV)[11] ist das Veranstalten und das Vermitteln von **Glücksspielen im Internet** unter bestimmten Voraussetzungen wieder zulässig. So ist zwar die Veranstaltung und Vermittlung **öffentlicher Glücksspiele** im Internet weiterhin **verboten**, jedoch können die Länder abweichend davon zur besseren Erreichung der Ziele des GlüStV den Eigenvertrieb und die Vermittlung von **Lotterien** sowie die Veranstaltung und Vermittlung von **Sportwetten** im Internet erlauben,

---

9   Richtlinie (EU) 2015/849 des Europäischen Rates und des Parlaments vom 20.5.2015 zur Verhinderung der Nutzung des Finanzsystems zum Zwecke der Geldwäsche und der Terrorismusfinanzierung, zur Änderung der Verordnung (EU) Nr. 648/2012 des Europäischen Parlaments und des Rates und zur Aufhebung der Richtlinie 2005/60/EG des Europäischen Parlaments und des Rates und der Richtlinie 2006/70/EG der Kommission, ABl. L 141/73 vom 5.6.2015.
10 BGBl. I 2017, S. 1822.
11 GVBl. 2012, S. 318, 319, 392, BayRS 02-30-I.

III. Spielerkonto (§ 16 Abs. 2 und 3 GwG) **§ 16 GwG**

wenn keine Versagungsgründe nach § 4 Abs. 2 GlüStV vorliegen und **folgende Voraussetzungen** gemäß § 4 Abs. 5 GlüStV erfüllt sind:

- Der **Ausschluss minderjähriger oder gesperrter Spieler** wird durch **Identifizierung und Authentifizierung** gewährleistet.
- Der **Höchsteinsatz** je Spieler darf **grundsätzlich** einen **Betrag von 1.000 EUR pro Monat** nicht übersteigen.
- Besondere Suchtanreize durch **schnelle Wiederholung** sind ausgeschlossen.
- Ein an die besonderen Bedingungen des Internets angepasstes **Sozialkonzept** nach § 6 GlüStV ist zu entwickeln und einzusetzen.
- Wetten und Lotterien werden weder über **dieselbe Internetdomain** angeboten noch wird auf andere Glücksspiele verwiesen oder verlinkt.

In den Erläuterungen zum Glücksspieländerungsstaatsvertrag[12] wird bezüglich der Identifizierung und Authentifizierung als Voraussetzung für den Ausschluss Minderjähriger oder gesperrter Spieler auf die Richtlinien der Kommission für Jugendmedienschutz (KJM)[13] verwiesen. Zudem wurden vom Glücksspielkollegium der Länder **Eckpunkte zu den Internetanforderungen nach § 4 Abs. 5 GlüStV** beschlossen, die ebenfalls eine Orientierung an den Eckwerten und Anforderungen der KJM und an den von ihr positiv bewerteten Konzepten bzw. an so genannten „gleichwertigen Verfahren" vorsehen.

7

II. Adressaten (§ 16 Abs. 1 GwG)

Gemäß § 16 Abs. 1 GwG finden die Vorschriften des § 16 GwG Anwendung auf **Veranstalter und Vermittler von Glücksspielen im Sinne des § 2 Abs. 1 Nr. 15 GwG**, soweit sie das Glücksspiel im **Internet** anbieten oder vermitteln. Bezüglich der Definition von Glücksspiel, Glücksspielveranstaltern und Glücksspielvermittlern wird auf die Kommentierung zu § 1 Abs. 8 GwG und § 2 Abs. 1 Nr. 15 GwG verwiesen.

8

III. Spielerkonto (§ 16 Abs. 2 und 3 GwG)

Bevor ein Verpflichteter nach § 2 Abs. 1 Nr. 15 GwG einen Spieler zum Glücksspiel im Internet zulässt, muss er für diesen zunächst ein **Spielerkonto** einrichten. § 16 Abs. 2 GwG entspricht § 9c Abs. 1 GwG a. F. Ein Spielerkonto im Sinne des § 16 Abs. 2 GwG ist kein Zahlungskonto im Sinne des Gesetzes über die

9

---

12 Erläuterungen zum Glücksspieländerungsstaatsvertrag (Stand: 7.12.2011).
13 Die KJM ist die zentrale Aufsichtsstelle für den Jugendschutz im privaten Rundfunk und den Telemedien. Als Organ der Landesmedienanstalten ist es ihre Aufgabe, für die Einhaltung der Jugendschutzbestimmungen zu sorgen, die im Jugendmedienschutz-Staatsvertrag (JMStV) verankert sind.

GwG § 16   Besondere Vorschriften für das Glücksspiel im Internet

Beaufsichtigung von Zahlungsdiensten (ZAG), sondern ein **internes kaufmännisches Verrechnungskonto**, auf dem Soll- und Habenpositionen ausgewiesen werden.[14] Einen formalen Kontoinhaber gibt es beim Spielerkonto nicht. Das Konto bezweckt lediglich die transparente Dokumentation der Zahlungsströme zwischen Spieler und Glücksspielveranstalter oder -vermittler. In diesem Zusammenhang können Spielerkontobewegungen, Tag und Höhe des eingezahlten Guthabens, gesetzte Spieleinsätze, Verluste und Gewinne ausgewertet werden. Damit wird hinreichende Transparenz geschaffen, um die verschiedenen Transaktionen auch jeweils einer konkreten Spieleraktivität zuordnen zu können. Das Spielerkonto wird nicht bei einem Zahlungsdienstleister, sondern unmittelbar bei dem **Verpflichteten** geführt. Aus dem Wortlaut der Norm folgt, dass für **jeden Spieler** nur jeweils **ein einziges Spielerkonto** vom Verpflichteten geführt werden darf.[15] Der Verpflichtete hat durch entsprechende interne Datenabläufe sicherzustellen, dass eine Person nicht mehrere Spielerkonten mit unterschiedlichen Kontobewegungen hat. Des Weiteren hat der Verpflichtete auch auszuschließen, dass es zu Überweisungen von einem Spielerkonto auf das Konto eines anderen Spielers kommt.

10   Da Spieler aufgrund der Vorgaben des § 4 des Staatsvertrags zum Glücksspielwesen in Deutschland (GlüStV) vom 15.12.2011 nur eine Person über 18 Jahre sein darf, darf das Konto nur für **volljährige Personen** eingerichtet werden. Dies wiederum setzt die ordnungsgemäße Identifizierung des Spielers oder dessen wirtschaftlich Berechtigten durch den Verpflichteten, die grundsätzlich nach den allgemeinen Vorschriften der §§ 10 ff. GwG zu erfolgen hat, voraus. Zu den besonderen Identifizierungsmöglichkeiten beim Online-Glücksspiel siehe § 16 Abs. 8 GwG.

11   Das Spielerkonto dient dem registrierten Spieler zur Ausführung einzelner Transaktionen. Die auf das Spielerkonto eingezahlten Gelder dürfen nur für **Spielzwecke** entgegengenommen werden. Wer eine glücksspielrechtliche Erlaubnis besitzt, ist zwar nach § 16 Abs. 2 GwG befugt, solche Spielerkonten zu errichten und aufgrund der auch hier zur Anwendung kommenden Fiktionswirkung des § 1 Abs. 3 und § 2 Abs. 2 Satz 2 ZAG darauf Zahlungsvorgänge für das Glücksspiel abzuwickeln. Der Verpflichtete nach § 2 Abs. 1 Nr. 15 GwG darf aber nach § 16 Abs. 3 Satz 1 GwG (entspricht § 9c Abs. 2 Satz 1 GwG a. F.) auf dem Spielerkonto **keine Einlagen oder andere rückzahlbare Beträge** entgegennehmen und verbuchen; andernfalls würde er sich im Regelfall wegen des unerlaubten Betreibens des Einlagengeschäfts nach § 1 Abs. 1 Satz 1 Nr. 1

---

14 Hinweise des Bundesministeriums der Finanzen und der zuständigen Aufsichtsbehörden der Länder zum Umgang mit den Sondervorschriften zum Glücksspiel im Internet gem. § 9a, § 9b und § 9c GwG sowie den Befreiungsanträgen nach § 16 Abs. 7 GwG vom 11.6.2014, S. 29.
15 Siehe bereits RegBegr. zum GwGErgG, BT-Drs. 17/10745, S. 16.

IV. Zahlungsvorgänge des Spielers an den Verpflichteten § 16 GwG

KWG in Verbindung mit § 54 KWG oder nach § 31 Abs. 1 Nr. 1 ZAG strafbar machen. Der Verweis in § 16 Abs. 3 Satz 3 GwG auf § 2 Abs. 2 Satz 3 ZAG stellt entsprechend klar, dass die Geldbeträge, die ein Verpflichteter nach § 2 Abs. 1 Nr. 15 GwG von einem Spieler auf dem Spielerkonto entgegennimmt, nicht als Einlagen oder andere unbedingt rückzahlbare Gelder des Publikums im Sinne des § 1 Abs. 1 Satz 2 Nr. 1 KWG oder als E-Geld gelten. Dem Glücksspielveranstalter ist es somit auch möglich, die Rückerstattung von nicht genutztem Spielgeld durch eine entsprechende Klausel in seinen Spielteilnahmebedingungen an bestimmte Voraussetzungen zu knüpfen oder z. B. auch nur ein „Abspielen" des Guthabens auf dem Spielerkonto zuzulassen.[16]

IV. Zahlungsvorgänge des Spielers an den Verpflichteten (§ 16 Abs. 4 GwG)

§ 16 Abs. 4 GwG entspricht § 9c Abs. 3 GwG bisherige Fassung und regelt die Einzahlung des Spieleinsatzes oder des Spielerkredits beim Glücksspielveranstalter oder -vermittler. Entsprechende Transaktionen vom Spieler auf das bei dem Verpflichteten gem. § 2 Abs. 1 Nr. 15 GwG geführte Spielerkonto dürfen gemäß § 16 Abs. 4 GwG **ausschließlich** mittels der in § 16 Abs. 4 Satz Nr. 1 GwG aufgeführten Zahlungsvorgänge von einem **auf den Namen des Spielers bei einem Verpflichteten nach § 2 Abs. 1 Nr. 1 oder 3 GwG errichteten Zahlungskonto** nach § 1 Abs. 3 ZAG erfolgen. 12

1. Zulässige Zahlungsvorgänge (§ 16 Abs. 4 Satz 1 Nr. 1 GwG)

Transaktionen vom Spieler auf das bei dem Verpflichteten gem. § 2 Abs. 1 Nr. 15 GwG geführte Spielerkonto dürfen gemäß § 16 Abs. 4 GwG **ausschließlich** mittels **Lastschrift** gemäß § 1 Abs. 2 Nr. 2a ZAG (§ 16 Abs. 4 Satz 1 Nr. 1a GwG), mittels **Überweisung** gemäß § 1 Abs. 2 Nr. 2b ZAG (§ 16 Abs. 4 Satz 1 Nr. 1b GwG) oder mittels einer **auf den Namen des Spielers ausgegebenen Zahlungskarte** gemäß § 1 Abs. 2 Nr. 2c ZAG (§ 16 Abs. 4 Satz 1 Nr. 1c GwG) erfolgen. Andere Zahlungsmethoden wie anonyme Gutscheine, Barzahlung oder sonstige Geldtransfers sind ausgeschlossen.[17] 13

---

16 Hinweise des Bundesministeriums der Finanzen und der zuständigen Aufsichtsbehörden der Länder zum Umgang mit den Sondervorschriften zum Glücksspiel im Internet gem. § 9a, § 9b und § 9c GwG sowie den Befreiungsanträgen nach § 16 Abs. 7 GwG vom 11.6.2014, S. 30.
17 Siehe bereits Gesetzesbegründung zum GwGErgG, BT-Drs. 17/10745, S. 16, sowie die Hinweise des Bundesministeriums der Finanzen und der zuständigen Aufsichtsbehörden der Länder zum Umgang mit den Sondervorschriften zum Glücksspiel im Internet gem. § 9a, § 9b und § 9c GwG sowie den Befreiungsanträgen nach § 16 Abs. 7 GwG vom 11.6.2014, S. 31.

GwG § 16   Besondere Vorschriften für das Glücksspiel im Internet

2. Referenzkonto (§ 16 Abs. 4 Satz 1 Nr. 2 GwG)

14   Die Zahlungsvorgänge dürfen nur von einem **auf den Namen des Spielers bei einem Verpflichteten nach § 2 Abs. 1 Nr. 1 oder 3 GwG errichteten Zahlungskonto** nach § 1 Abs. 3 ZAG (nachfolgend „Referenzkonto" genannt) vorgenommen werden. Der Spieler muss **(Mit-)Inhaber** des Referenzkontos sein. Eine bloße Verfügungsbefugnis über das Konto ist zur Erfüllung der Transparenzanforderungen des § 16 Abs. 4 Satz 1 Nr. 2 GwG nicht ausreichend. § 16 Abs. 4 Satz 1 Nr. 2 GwG will sicherstellen, dass die auf ein Spielerkonto i. S. d. § 16 Abs. 2 GwG transferierten Gelder tatsächlich vom Spieler stammen. Die Verpflichteten müssen daher auch einen Prozess implementieren, der es ihnen ermöglicht, einen **Identitätsabgleich** von Zahler und Spieler vorzunehmen. Ändert der Spieler das Referenzkonto, muss der Prozess erneut durchlaufen werden. Sofern der Verpflichtete **keine Identität** zwischen dem (Mit-)Inhaber des Zahlungskontos und dem Inhaber des Spielerkontos kann, ist die Transaktion abzubrechen, der bereits geleistete Einsatz zurückzuerstatten und der Spieler von der weiteren Spielteilnahme auszuschließen.

3. Erleichterungsregel bei Nutzung von Zahlungskarten (§ 16 Abs. 4 Satz 2 GwG)

15   § 16 Abs. 4 Satz 2 GwG enthält eine Erleichterungsregel bzgl. der von Veranstaltern und Vermittlern von Glücksspielen im Internet anzuwendenden Sorgfaltspflichten, wenn bei bestehender Möglichkeit zur Bezahlung des Spieleinsatzes mittels einer **Zahlungskarte** nach § 1 Abs. 2 Nr. 2c ZAG (Kredit-, Debit- oder andere Zahlungskarte) sichergestellt wird, dass die **maximale Höhe der möglichen Einzahlungen** des Spielers unterhalb eines gesetzlich festgelegten **Schwellenbetrages** liegt (bei einer einzelnen Transaktion max. 25 EUR und bei mehreren Transaktionen innerhalb eines Kalendermonats max. 100 EUR). Sofern gewährleistet ist, dass Einzahlungen des Spielers nur unterhalb des Schwellenbetrags erfolgen können, muss der Verpflichtete nicht prüfen und sicherstellen, dass die jeweilige Zahlungskarte auf den Namen des Spielers ausgegeben sowie das zugehörige Zahlungskonto gemäß Satz 1 Nummer 2 auf den Namen des Spielers errichtet worden ist. Die Erleichterungsregel für kleine Spieleinsätze wurde vor dem Hintergrund, dass eine behördliche Befreiung von der Pflicht, die Identität von Zahlungskarte und Spielerkonto zu prüfen, nach den Vorgaben der 4. EU-Geldwäscherichtlinie nicht mehr zulässig ist, in das GwG eingefügt, um weiterhin eine praxisgerechte Möglichkeit zu eröffnen, insbesondere Kreditkarten zur Zahlung des Spieleinsatzes im Internet einzusetzen. Die Begrenzung auf kleine Spieleinsätze dürfte diese Methode für Geldwäsche weitgehend unattraktiv machen. Sofern Veranstalter oder Vermittler von Glücksspiel im Internet auch die Zahlung von **über den o.g. Schwellenbetrag hinausgehenden** Einsät-

VI. Einsatz von Verbundzahlungssystemen § 16 GwG

zen mittels Zahlungskarten zulassen, müssen sie vertraglich mit den Kreditinstituten regeln, dass ihnen der volle Datensatz zwecks Identitätsabgleich übermittelt wird bzw. das Kreditinstitut den vorgeschriebenen Identitätsabgleich im Auftrag des verpflichteten Veranstalters oder Vermittlers von Glücksspielen im Internet vornimmt.

V. Informationspflichten gegenüber der Aufsichtsbehörde (§ 16 Abs. 5 GwG)

§ 16 Abs. 5 GwG entspricht § 9b Abs. 3 GwG bisherige Fassung, der wegen des Sachzusammenhangs in § 16 GwG übernommen wurde. Online-Glücksspielanbieter oder -vermittler sind verpflichtet, die gemäß § 50 Nr. 8 GwG zuständige Aufsichtsbehörde unverzüglich (also ohne schuldhaftes Zögern, § 121 Abs. 1 Satz 1 BGB) zu benachrichtigen, wenn sie **Zahlungskonten nach § 1 Abs. 3 ZAG, auf denen Gelder von Spielern entgegengenommen werden**, die in einem zweiten Schritt dem jeweiligen Spielerkonto gutgeschrieben werden, bei einem Verpflichteten nach § 2 Abs. 1 Nr. 1 oder 3 GwG auf ihren Namen eröffnen oder schließen. Die Informationspflicht soll der zuständigen Behörde die Überwachung der glücksspielbezogenen (legalen und illegalen) Finanzströme erleichtern.[18]   16

VI. Einsatz von Verbundzahlungssystemen (§ 16 Abs. 6 GwG)

§ 16 Abs. 6 GwG entspricht § 9c Abs. 5 GwG bisherige Fassung und findet auf Verpflichtete im Sinne des § 2 Abs. 1 Nr. 15 GWG oder andere Emittenten Anwendung, die Spielern für Transaktionen auf einem Spielerkonto monetäre Werte ausstellen, die auf **Instrumenten im Sinne des § 1 Abs. 10 Nr. 10 ZAG (sog. Verbundzahlungssystemen)** gespeichert sind, also Instrumenten, die die Voraussetzungen der Definition des E-Gelds nach § 1a Abs. 3 ZAG durch Vorliegen des Ausnahmetatbestands des § 1a Abs. 5 Nr. 1 ZAG nicht erfüllen. In der Regel handelt es sich hierbei um zweiseitige Kundenkarten, z.B. Prepaid-Karten, die der Spieler nur gegenüber einem bestimmten Spielveranstalter oder -vermittler (Akzeptanzstelle) als Zahlungsmittel einsetzen kann und die je nach Umfang des Spieleangebots auch einem bestimmten Spielsegment (geschlossenem Netz) zugeordnet sein müssen. Um einer Umgehung bei der konsequenten Einhaltung des Transparenzgebots von Zahlungsströmen beim Online-Glücksspiel   17

---

18 Siehe bereits Gesetzesbegründung zum GwGErgG, BT-Drs. 17/10745, S. 16.

Lang   459

entgegenzuwirken, sieht § 16 Abs. 6 GwG vor, dass Verpflichtete oder andere Emittenten, die Spielern solche monetären Werte ausstellen, mit angemessenen technischen oder organisatorischen Maßnahmen sicherstellen müssen, dass der **Erwerber** des monetären Werts mit dem **Inhaber des Spielerkontos identisch** ist. Dies setzt beispielsweise voraus, dass der Emittent einer Prepaid-Karte, die ausschließlich in einem zweiseitigen System für das Glücksspiel im Betrieb des Verpflichteten genutzt werden kann, diese nur an den Spieler gegen Zahlung eines Geldbetrages vertreiben darf. Hierbei ist dafür Sorge zu tragen, dass durch die Verwendung von Kundenkarten nicht das Verbot von Bareinzahlungen des § 16 Abs. 4 Satz 1 Nr. 1 GwG umgangen wird. Als unproblematisch sind insoweit die Fälle anzusehen, in denen die Kundenkarte bargeldlos erworben wird, da in diesem Fall eine systemseitige Prüfung der Identität des Inhabers des Zahlungskontos, welches zum Erwerber der Karte dient, mit dem Inhaber des Spielerkontos möglich ist. Sofern ein Erwerb von Kundenkarten auch mittels Barzahlung, z. B. im Supermarkt oder an anderen Verkaufsstellen, möglich ist, müssen hier entsprechende Prozesse zum Identitätsabgleich eingerichtet werden. Bei Nichtübereinstimmung von Erwerber der Kundenkarte und Inhaber des Spielerkontos, ist der Kauf abzulehnen bzw. die Gutschrift des Ladebetrags abzubrechen und rückabzuwickeln. Die Karte darf schließlich auch **nicht auf Dritte übertragbar** sein. Kundenkarten in Form von **Geschenkkarten** sind damit **ausgeschlossen**.

VII. Zahlungsvorgänge des Verpflichteten an den Spieler (§ 16 Abs. 7 GwG)

18 § 16 Abs. 7 Satz 1 GwG ist die **spiegelbildliche Ergänzung zu § 16 Abs. 4 GwG** und entspricht § 9c Abs. 6 GwG bisherige Fassung. Die Vorschrift bestimmt, dass Zahlungsvorgänge des Verpflichteten an den Spieler als Begünstigten – in aller Regel Spielgewinne oder Rückzahlungen des Restbetrages bei Auflösung des Spielerkontos – von seinem Zahlungskonto bei einem Kredit- oder Zahlungsinstitut nur über die in § 16 Abs. 4 GwG geregelten Zahlungsvorgänge auf ein Konto, das bei einem Zahlungsdienstleister auf den Namen des Spielers errichtet worden ist, erfolgen dürfen.

19 § 16 Abs. 7 Satz 2 GwG dient der erleichterten Feststellung der Mittelherkunft durch die Zahlungsinstitute. So ist der **Verwendungszweck** bei Auszahlungen von einem Spielerkonto so zu spezifizieren, dass die Herkunft des Geldes erkennbar ist. Als hinreichende Kennzeichnung wird von den obersten Glücksspielaufsichtsbehörden der Länder beispielsweise die Angabe „Gewinnausschüttung" oder „Rückzahlung ungenutzter Spielguthaben" im Verwendungszweck der

Überweisung angesehen.[19] Sofern der Verpflichtete sich bei der Ausführung der Transaktion eines Geldtransferinstituts bedient, welches dann in der Regel als Absender der Zahlung in den Überweisungsdaten erscheint, hat der Verpflichtete auch den Namen seines Unternehmens im Verwendungszweck anzugeben.

VIII. Besondere Identifizierungsmöglichkeiten beim Online-Glücksspiel (§ 16 Abs. 8 GwG)

§ 16 Abs. 8 GwG beruht auf § 9b Abs. 2 GwG bisherige Fassung. Die Vorschrift trägt der Tatsache Rechnung, dass Geschäftsbeziehungen in den letzten Jahren zunehmend nicht mehr bei physischer Präsenz der Vertragspartner, sondern über das Internet begründet werden. Bei der Teilnahme am Glücksspiel im Internet und der Einrichtung von Spielerkonten, die Voraussetzung für die Teilnahme am Glücksspiel im Internet sind, ist dies sogar fast immer der Fall. § 16 Abs. 8 GwG stellt insoweit eine **Spezialregelung gegenüber den allgemeinen Vorschriften zur Identifizierung der §§ 11ff.** GwG dar, mit welcher den Besonderheiten des Zustandekommens einer Geschäftsbeziehung im Online-Glücksspielbereich Rechnung getragen und eine Zulassung zur Spielteilnahme ohne Medienbrüche ermöglicht werden soll. Abweichend von § 11 GwG kann der Verpflichtete bei einem Spieler, für den er ein Spielerkonto einrichtet, eine **vorläufige Identifizierung** durchführen. Für diese wird die elektronische oder postalische Übersendung einer einfachen Ausweis- oder Passkopie als ausreichend erachtet. Neben der Übermittlung per Mail kann ein Verpflichteter Spielinteressenten auch die technische Möglichkeit einräumen, Scan-Dateien oder Fotos ihrer Ausweise direkt im Internetportal des Verpflichteten hochzuladen und auf diesem Weg an den Verpflichteten zu übermitteln. Die Ausweiskopien sind in digitaler Form so im System des Verpflichteten zu hinterlegen, dass sie dem Spielerdatensatz ohne Weiteres zugeordnet werden können. Nach Vornahme der vorläufigen Identifizierung ist es den Veranstaltern und Vermittlern von Glücksspielen im Internet gestattet, den Spieler – vorbehaltlich der Internetanforderungen nach § 4 Abs. 5 GlüStV[20] – zu einem sogenannten „**Spiel auf Probe**" ohne einen wirksamen Anspruch auf Gewinnausschüttung bzw. Erstattung von eingezahlten Guthaben zuzulassen. Eine **endgültige Identifizierung** entsprechend den Regelungen der §§ 11ff. GwG ist **unverzüglich** nachzuholen. Statt einer Identifizierung nach

20

---

19 Hinweise des Bundesministeriums der Finanzen und der zuständigen Aufsichtsbehörden der Länder zum Umgang mit den Sondervorschriften zum Glücksspiel im Internet gem. § 9a, § 9b und § 9c GwG sowie den Befreiungsanträgen nach § 16 Abs. 7 GwG vom 11.6.2014, S. 36.
20 Vgl. Eckpunktepapier zu den Internetanforderungen nach § 4 Abs. 5 GlüStV (Stand: 28.4.2016).

den Vorgaben des GwG (§§ 11 ff.) können die Veranstalter und Vermittler von Glücksspielen im Internet die vorläufige Identifizierung nach § 16 Abs. 8 Satz 1 und 2 GwG sowie die endgültige Identifizierung nach § 16 Abs. 8 Satz 3 GwG auch anhand der **glücksspielrechtlichen Vorgaben** durchführen (§ 16 Abs. 8 Satz 4 GwG). Diese sind dem Glücksspielstaatsvertrag und dem Eckpunktepapier zu den Internetanforderungen nach § 4 Abs. 5 GlüStVzu entnehmen.

§ 17 Ausführung der Sorgfaltspflichten durch Dritte, vertragliche Auslagerung

(1) Zur Erfüllung der allgemeinen Sorgfaltspflichten nach § 10 Absatz 1 Nummer 1 bis 4 kann ein Verpflichteter auf Dritte zurückgreifen. Dritte dürfen nur sein

1. Verpflichtete nach § 2 Absatz 1,
2. Verpflichtete gemäß Artikel 2 Absatz 1 der Richtlinie (EU) 2015/849 in einem anderen Mitgliedstaat der Europäischen Union,
3. Mitgliedsorganisationen oder Verbände von Verpflichteten nach Nummer 2 oder in einem Drittstaat ansässige Institute und Personen, sofern diese Sorgfalts- und Aufbewahrungspflichten unterliegen,

   a) die den in der Richtlinie (EU) 2015/849 festgelegten Sorgfalts- und Aufbewahrungspflichten entsprechen und

   b) deren Einhaltung in einer mit Kapitel IV Abschnitt 2 der Richtlinie (EU) 2015/849 im Einklang stehenden Weise beaufsichtigt wird.

Die Verantwortung für die Erfüllung der allgemeinen Sorgfaltspflichten bleibt bei dem Verpflichteten.

(2) Verpflichtete dürfen nicht auf einen Dritten zurückgreifen, der in einem Drittstaat mit hohem Risiko niedergelassen ist. Ausgenommen hiervon sind

1. Zweigstellen von in der Europäischen Union niedergelassenen Verpflichteten nach Artikel 2 Absatz 1 der Richtlinie (EU) 2015/849, wenn die Zweigstelle sich uneingeschränkt an die gruppenweit anzuwendenden Strategien und Verfahren gemäß Artikel 45 der Richtlinie (EU) 2015/849 hält, und
2. Tochterunternehmen, die sich im Mehrheitsbesitz von in der Europäischen Union niedergelassenen Verpflichteten nach Artikel 2 Absatz 1 der Richtlinie (EU) 2015/849 befinden, wenn das Tochterunternehmen sich uneingeschränkt an die gruppenweit anzuwendenden Strategien und Verfahren gemäß Artikel 45 der Richtlinie (EU) 2015/849 hält.

(3) Wenn ein Verpflichteter auf Dritte zurückgreift, so muss er sicherstellen, dass die Dritten

1. die Informationen einholen, die für die Durchführung der Sorgfaltspflichten nach § 10 Absatz 1 Nummer 1 bis 3 notwendig sind, und
2. ihm diese Informationen unverzüglich und unmittelbar übermitteln.

Er hat zudem angemessene Schritte zu unternehmen, um zu gewährleisten, dass die Dritten ihm auf seine Anforderung hin unverzüglich Kopien derjenigen Dokumente, die maßgeblich zur Feststellung und Überprüfung der

Identität des Vertragspartners und eines etwaigen wirtschaftlich Berechtigten sind, sowie andere maßgebliche Unterlagen vorlegen. Die Dritten sind befugt, zu diesem Zweck Kopien von Ausweisdokumenten zu erstellen und weiterzuleiten.

(4) Die Voraussetzungen der Absätze 1 und 3 gelten als erfüllt, wenn

1. der Verpflichtete auf Dritte zurückgreift, die derselben Gruppe angehören wie er selbst,
2. die in dieser Gruppe angewandten Sorgfaltspflichten, Aufbewahrungsvorschriften, Strategien und Verfahren zur Verhinderung von Geldwäsche und von Terrorismusfinanzierung mit den Vorschriften der Richtlinie (EU) 2015/849 oder gleichwertigen Vorschriften im Einklang stehen und
3. die effektive Umsetzung dieser Anforderungen auf Gruppenebene von einer Behörde beaufsichtigt wird.

(5) Ein Verpflichteter kann die Durchführung der Maßnahmen, die zur Erfüllung der Sorgfaltspflichten nach § 10 Absatz 1 Nummer 1 bis 4 erforderlich sind, auf andere geeignete Personen und Unternehmen als die in Absatz 1 genannten Dritten übertragen. Die Übertragung bedarf einer vertraglichen Vereinbarung. Die Maßnahmen der Personen oder der Unternehmen werden dem Verpflichteten als eigene Maßnahmen zugerechnet. Absatz 3 gilt entsprechend.

(6) Durch die Übertragung nach Absatz 5 dürfen nicht beeinträchtigt werden

1. die Erfüllung der Pflichten nach diesem Gesetz durch den Verpflichteten,
2. die Steuerungs- oder Kontrollmöglichkeiten der Geschäftsleitung des Verpflichteten und
3. die Aufsicht der Aufsichtsbehörde über den Verpflichteten.

(7) Vor der Übertragung nach Absatz 5 hat sich der Verpflichtete von der Zuverlässigkeit der Personen oder der Unternehmen, denen er Maßnahmen übertragen will, zu überzeugen. Während der Zusammenarbeit muss er sich durch Stichproben von der Angemessenheit und Ordnungsmäßigkeit der Maßnahmen überzeugen, die diese Personen oder Unternehmen getroffen haben.

(8) Soweit eine vertragliche Vereinbarung nach Absatz 5 mit deutschen Botschaften, Auslandshandelskammern oder Konsulaten geschlossen wird, gelten diese kraft Vereinbarung als geeignet. Absatz 7 findet keine Anwendung.

I. Allgemeines § 17 GwG

(9) Bei der Übertragung nach Absatz 5 bleiben die Vorschriften über die Auslagerung von Aktivitäten und Prozessen nach § 25b des Kreditwesengesetzes unberührt.

Übersicht

	Rn.
I. Allgemeines	1
II. Übertragbare Sorgfaltspflichten	8
III. Ausführung durch kraft Gesetz geeignete Dritte	10
1. Definition der kraft Gesetz geeigneten Dritten (§ 17 Abs. 1 GwG)	10
a) Im Inland ansässige Institute und Personen (§ 17 Abs. 1 Satz 2 Nr. 1 GwG)	11
b) In einem anderen EU-Mitgliedstaat ansässige Institute und Personen (§ 17 Abs. 1 Satz 2 Nr. 2 GwG)	16
c) Mitgliedsorganisationen oder Verbände von Verpflichteten nach § 17 Abs. 1 Satz 2 Nr. 2 GwG (§ 17 Abs. 1 Satz 2 Nr. 3 GwG)	18
d) In einem Drittstaat ansässige Unternehmen und Personen (§ 17 Abs. 1 Satz 2 Nr. 3, Abs. 2 GwG)	19
2. Einholung/Übermittlung von Informationen und Dokumenten durch die kraft Gesetz geeigneten Dritten (§ 17 Abs. 3 GwG)	22
IV. Ausführung durch Dritte innerhalb der Unternehmensgruppe (§ 17 Abs. 4 GwG)	24
V. Ausführung durch andere kraft vertraglicher Vereinbarung eingesetzte Dritte (§ 17 Abs. 5–9 GwG)	25
1. Andere Dritte (§ 17 Abs. 5 Satz 1 GwG)	26
2. Erfordernis einer vertraglichen Vereinbarung (§ 17 Abs. 5 Satz 2, Abs. 6 GwG)	27
3. Einholung/Übermittlung von Informationen und Dokumenten durch die kraft vertraglicher Vereinbarung eingesetzten Dritten (§ 17 Abs. 5 Satz 4 GwG)	28
4. Pflicht zur Prüfung der Zuverlässigkeit des Dritten (§ 17 Abs. 7 GwG)	29
a) Prüfungspflichten vor Beginn der Zusammenarbeit (§ 17 Abs. 7 Satz 1 GwG)	30
b) Prüfungspflichten während der Zusammenarbeit (§ 17 Abs. 7 Satz 2 GwG)	31
c) Ausnahme von den Prüfungspflichten im Fall deutscher Botschaften, Auslandshandelskammern oder Konsulate (§ 17 Abs. 8 GwG)	32
5. Zu berücksichtigende KWG-rechtliche Auslagerungsanforderungen (§ 17 Abs. 9 GwG)	36

I. Allgemeines

§ 17 GwG, der im Rahmen der Umsetzung der 4. EU-Geldwäscherichtlinie[1] 1 durch das Gesetz zur Umsetzung der 4. EU-Geldwäscherichtlinie, zur Ausfüh-

---

[1] Richtlinie (EU) 2015/849 des Europäischen Rates und des Parlaments vom 20. Mai 2015 zur Verhinderung der Nutzung des Finanzsystems zum Zwecke der Geldwäsche und der Terrorismusfinanzierung, zur Änderung der Verordnung (EU) Nr. 648/2012 des Europäischen Parlaments und des Rates und zur Aufhebung der Richtlinie 2005/60/EG

GwG § 17 Ausführung der Sorgfaltspflichten durch Dritte

rung der EU-Geldtransferverordnung und zur Neuorganisation der Zentralstelle für Finanztransaktionsuntersuchungen vom 23.6.2017[2] in das GwG eingefügt wurde, regelt die **Ausführung von Kundensorgfaltspflichten durch Dritte.** Die Vorschrift baut auf der Vorgängerregelung des § 7 GwG a. F. auf, der im Zuge der Umsetzung der 3. EU-Geldwäscherichtlinie[3] durch das GwBekErgG[4] in das Geldwäschegesetz eingefügt wurde.

2 Bereits vor Inkrafttreten der Änderungen des GwG durch das GwBekErgG entsprach es der **ständigen Verwaltungspraxis** der BaFin (vormals: BaKred), dass Kredit- oder Finanzdienstleistungsinstitute die Feststellung und Überprüfung der Identität eines Kunden durch einen sog. **zuverlässigen Dritten** in ihrem Auftrag durchführen lassen konnten, sofern sie aus wichtigem Anlass nicht in der Lage waren, die Identifizierung selbst durch ihre Beschäftigten vorzunehmen.[5]

3 Die Aufsichtspraxis unterteilte die **zuverlässigen Dritten** dabei in **zwei Fallgruppen**:
   – **per se zuverlässige Dritte**, zu welchen andere Finanzdienstleistungsinstitute, Kreditinstitute, Versicherungsunternehmen, die Lebensversicherungen anbieten, Notare, die Deutsche Post AG (PostIdent Service) oder Botschaften/Konsulate der EU-Staaten zählten, und
   – **sonstige zuverlässige Dritte**.

4 Für die **per se zuverlässigen Dritten** bestand eine aufsichtsrechtliche Vermutung der Zuverlässigkeit, die damit begründet wurde, dass diese Dritten selbst den Pflichten des GwG oder vergleichbaren Pflichten unterlagen und daher davon ausgegangen werden konnte, dass sie die für sie geltenden Pflichten befolgen. Ein Rückgriff auf per se zuverlässige Dritte zur Erfüllung von Sorgfaltspflichten war den Verpflichteten daher ohne weitere Maßnahmen möglich. **Sonstige Dritte** konnte von einem Verpflichteten nach den aufsichtsrechtlichen Vorgaben dagegen nur aufgrund einer entsprechenden vertraglichen Vereinbarung

---

 des Europäischen Parlaments und des Rates und der Richtlinie 2006/70/EG der Kommission, ABl. L 141/73 vom 5.6.2015.
2 BGBl. I 2017, S. 1822 ff.
3 Richtlinie 2005/60/EG des Europäischen Rates und des Parlaments vom 26.10.2005 zur Verhinderung der Nutzung des Finanzsystems zum Zwecke der Geldwäsche und der Terrorismusfinanzierung, ABl. L 309/15 vom 25.11.2005.
4 Gesetz zur Ergänzung der Bekämpfung der Geldwäsche und der Terrorismusfinanzierung (Geldwäschebekämpfungsergänzungsgesetz – GwBekErgG) vom 13.8.2008, BGBl. I 2008, S. 1690 ff.
5 Vgl. Rundschreiben 1/1998 vom 15.1.1998 – Verlautbarung über Maßnahmen der Finanzdienstleistungsinstitute zur Bekämpfung und Verhinderung der Geldwäsche vom 30.12.1997; Rundschreiben 5/1998 vom 24.4.1998 – Verlautbarung über Maßnahmen der Kreditinstitute zur Bekämpfung und Verhinderung der Geldwäsche vom 30.3.1998 (aufgehoben durch Rundschreiben 2/2009 vom 13.1.2009 – Aufhebung/Gegenstandsloserklärung von Verlautbarungen, Rundschreiben und Einzelschreiben).

mit dem Dritten eingesetzt werden, welche den Dritten bezüglich der Durchführung der Sorgfaltspflichten den gleichen Anforderungen wie den Verpflichteten selbst unterwarf. Gemäß der Aufsichtspraxis musste sich der Verpflichtete vor einer Übertragung von Sorgfaltspflichten an einen sonstigen Dritten von der **Zuverlässigkeit** dieses Dritten und des von diesem geschaffenen **Systems der Mitarbeiterinformation (Schulung)** bzw. **der Überprüfung der Mitarbeiterzuverlässigkeit** für interne und externe Prüfer nachvollziehbar überzeugen. Des Weiteren musste der Verpflichtete auch während der Zusammenarbeit mit dem Dritten anhand der übermittelten Unterlagen kontrollieren, ob die Maßnahmen zur Erfüllung der Sorgfaltspflichten durch den Dritten ordnungsgemäß vorgenommen wurden.

§ 7 GwG a. F., der durch das **GwBekErgG** in das Geldwäschegesetz eingefügt wurde, unterschied in Anlehnung an die gelebte Aufsichtspraxis zwei Fallkonstellationen: 5

– **Dritte**, die **kraft Gesetz** zur Ausführung von Sorgfaltspflichten eingesetzt werden können (§ 7 Abs. 1 GwG a. F.) und
– **Dritte**, die nur **auf Grundlage einer entsprechenden vertraglichen Vereinbarung** zur Ausführung der Sorgfaltspflichten herangezogen werden dürfen (§ 7 Abs. 2 GwG a. F.).

Während für die in § 7 Abs. 1 GwG a. F. abschließend aufgezählten Dritten eine nunmehr gesetzliche Zuverlässigkeitsvermutung bestand,[6] schrieb § 7 Abs. 2 GwG für die Einschaltung sonstiger Dritter in Übereinstimmung mit der bisherigen Praxis eine entsprechende vertragliche Vereinbarung zwischen Verpflichtetem und Dritten sowie initiale und regelmäßige Kontrollhandlungen des Verpflichteten vor. 6

Mit Umsetzung der **4. EU-Geldwäscherichtlinie**[7] durch das Gesetz zur Umsetzung der 4. EU-Geldwäscherichtlinie, zur Ausführung der EU-Geldtransferverordnung und zur Neuorganisation der Zentralstelle für Finanztransaktionsuntersuchungen vom 23. Juni 2017 wurden die Regelungen des § 7 GwG a. F. in § 17 GwG übernommen. 7

---

6 Entgegen der Aufsichtspraxis wurden die Deutsche Post AG (PostIdent Service) sowie Botschaften/Konsulate der EU-Staaten nicht in den Kreis der kraft Gesetz geeigneten Dritten des § 7 Abs. 1 GwG a. F. aufgenommen.
7 Richtlinie (EU) 2015/849 des Europäischen Rates und des Parlaments vom 20.5.2015 zur Verhinderung der Nutzung des Finanzsystems zum Zwecke der Geldwäsche und der Terrorismusfinanzierung, zur Änderung der Verordnung (EU) Nr. 648/2012 des Europäischen Parlaments und des Rates und zur Aufhebung der Richtlinie 2005/60/EG des Europäischen Parlaments und des Rates und der Richtlinie 2006/70/EG der Kommission, ABl. L 141/73 vom 5.6.2015.

GwG § 17 Ausführung der Sorgfaltspflichten durch Dritte

II. Übertragbare Sorgfaltspflichten

8   Gem. § 17 Abs. 1 Satz 1 bzw. Abs. 5 Satz 1 GwG darf ein Verpflichteter auf einen Dritten nur zur Erfüllung der **allgemeinen Sorgfaltspflichten nach § 10 Abs. 1 Nr. 1, 2, 3** und **4 GwG** zurückgreifen. Er darf den Dritten also zur Identifizierung eines Vertragspartners und gegebenenfalls der für ihn auftretenden Person(en) (einschließlich der Prüfung der Vertretungsberechtigung) einsetzen (§ 10 Abs. 1 Nr. 1 GwG). Er kann von dem Dritten abklären lassen, ob ein Vertragspartner für einen wirtschaftlich Berechtigten handelt und diesen, sofern vorhanden, von dem Dritten identifizieren lassen (§ 10 Abs. 1 Nr. 2 Hs. 1 GwG). Sofern es sich bei dem Vertragspartner des Verpflichteten um keine natürliche Person handelt, kann der Verpflichtete dem Dritten auch die ihm obliegende Ermittlung der Eigentums- und Kontrollstruktur des Vertragspartners übertragen (§ 10 Abs. 1 Nr. 2 Hs. 1 GwG). Schließlich darf der Verpflichtete den Dritten auch mit der Einholung von Informationen über den Zweck und die angestrebte Art der Geschäftsbeziehung sowie mit der Durchführung von Maßnahmen zur Feststellung, ob es sich bei dem Vertragspartner oder den wirtschaftlich Berechtigten um eine politisch exponierte Person (PEP), um ein Familienmitglied eines PEP oder um eine einer PEP bekanntermaßen nahestehende Person handelt, betrauen (§ 10 Abs. 1 Nr. 3 und 4 GwG).

9   **Nicht** an einen Dritten nach § 17 GwG übertragen werden darf dagegen – in Übereinstimmung mit den Vorgaben der 3. und 4. EU-Geldwäscherichtlinie – die **kontinuierliche Überwachung der Geschäftsbeziehung zu einem Vertragspartner (§ 10 Abs. 1 Nr. 5 GwG)**. Eine Übertragung von **Maßnahmen zur kontinuierlichen Überwachung** an einen Dritten ist nur nach den **Vorgaben des § 6 Abs. 7 GwG** zur Auslagerung von Sicherungsmaßnahmen möglich und bedarf insbesondere auch einer **Zustimmung** der zuständigen Aufsichtsbehörde.

III. Ausführung durch kraft Gesetz geeignete Dritte

1. Definition der kraft Gesetz geeigneten Dritten (§ 17 Abs. 1 GwG)

10 Der Kreis der **kraft Gesetz** zur Ausführung der allgemeinen Sorgfaltspflichten nach § 10 Abs. 1 Nr. 1 bis 4 GwG geeigneten Dritten ist in § 17 Abs. 1 GwG geregelt.

III. Ausführung durch kraft Gesetz geeignete Dritte § 17 GwG

a) Im Inland ansässige Institute und Personen (§ 17 Abs. 1 Satz 2 Nr. 1 GwG)

Mit der Umsetzung der 4. EU-Geldwäscherichtlinie[8] durch das Gesetz zur Umsetzung der 4. EU-Geldwäscherichtlinie, zur Ausführung der EU-Geldtransferverordnung und zur Neuorganisation der Zentralstelle für Finanztransaktionsuntersuchungen vom 23. Juni 2017[9] wurde der Kreis der **kraft Gesetz** zur Ausführung von Sorgfaltspflichten geeigneten Dritten **erheblich ausgeweitet**. 11

Gemäß § 7 GwG a.F. waren nur **bestimmte Unternehmen und Personen** aus dem Kreis der Verpflichteten nach § 2 Abs. 1 GwG als **kraft Gesetz** geeignete Dritte anzusehen, nämlich 12

- **Kreditinstitute** (vgl. § 2 Abs. 1 Nr. 1 GwG a.F.),
- **Finanzdienstleistungsinstitute** i.S.v. § 1 Abs. 1a Satz 2 Nr. 1, 2–5 und 8 KWG (vgl. §§ 7 Abs. 1 i.V.m. 2 Abs. 1 Nr. 2 GwG a.F.),
- **Institute i.S.d. § 1 Abs. 2a ZAG** und im Inland gelegene **Zweigstellen und Zweigniederlassungen** von Instituten i.S.d. § 1 Abs. 2a ZAG mit Sitz im Ausland (vgl. § 2 Abs. 1 Nr. 2a GwG a.F.),
- **Versicherungsunternehmen**, die Lebensversicherungen oder Unfallversicherungen mit Prämienrückgewähr anbieten (vgl. § 2 Abs. 1 Nr. 4 GwG a.F.),
- **Versicherungsvermittler** i.S.d. § 59 VVG, soweit sie Lebensversicherungen oder Dienstleistungen mit Anlagezweck vermitteln, mit Ausnahme der gem. § 34d Abs. 3 oder 4 GewO tätigen Versicherungsvermittler (vgl. § 2 Abs. 1 Nr. 5 GwG a.F.),
- **Kapitalverwaltungsgesellschaften** im Sinne des § 17 Abs. 1 KAGB, im Inland gelegene **Zweigniederlassungen von EU-Verwaltungsgesellschaften und ausländischen AIF-Verwaltungsgesellschaften** sowie **ausländische AIF-Verwaltungsgesellschaften**, für die die Bundesrepublik Deutschland Referenzmitgliedstaat ist und die der Aufsicht der BaFin gemäß § 57 Abs. 1 Satz 3 KaGB unterliegen (vgl. § 2 Abs. 1 Nr. 6 GwG a.F.),
- **Rechtsanwälte, Kammerrechtsbeistände, Patentanwälte** und **Notare** (vgl. § 2 Abs. 1 Nr. 7 GwG a.F.), sowie
- **Wirtschaftsprüfer, vereidigte Buchprüfer, Steuerberater** und **Steuerbevollmächtigte** (vgl. § 2 Abs. 1 Nr. 8 GwG a.F.).

---

8 Richtlinie (EU) 2015/849 des Europäischen Rates und des Parlaments vom 20.5.2015 zur Verhinderung der Nutzung des Finanzsystems zum Zwecke der Geldwäsche und der Terrorismusfinanzierung, zur Änderung der Verordnung (EU) Nr. 648/2012 des Europäischen Parlaments und des Rates und zur Aufhebung der Richtlinie 2005/60/EG des Europäischen Parlaments und des Rates und der Richtlinie 2006/70/EG der Kommission, ABl. L 141/73 vom 5.6.2015.
9 BGBl. I 2017, S. 1822ff.

GwG § 17 Ausführung der Sorgfaltspflichten durch Dritte

13 Gemäß § 17 Abs. 1 Nr. 1 GwG sind nunmehr **sämtliche Verpflichtete** nach § 2 Abs. 1 GwG, **sofern sie in Deutschland ansässig sind**, als **kraft Gesetz** geeignete Dritte anzusehen.

14 Damit zählen **über die oben aufgeführten Verpflichteten hinaus** künftig auch
– **Agenten** nach § 1 Abs. 7 ZAG und **E-Geld-Agenten** nach § 1a Abs. 6 ZAG (vgl. § 2 Abs. 1 Nr. 4 GwG),
– **selbstständige Gewerbetreibende**, die E-Geld eines Kreditinstituts nach § 1a Abs. 1 Nr. 1 des ZAG **vertreiben oder rücktauschen** (vgl. § 2 Abs. 1 Nr. 5 GwG),
– **Finanzunternehmen nach § 1 Absatz 3 KWG**, die nicht unter § 2 Abs. 1 Nr. 1 oder Nr. 4 GwG fallen, und im Inland gelegene **Zweigstellen und Zweigniederlassungen** solcher Unternehmen mit Sitz im Ausland (vgl. § 2 Abs. 1 Nr. 6 GwG),
– **Rechtsbeistände, die nicht Mitglied einer Rechtsanwaltskammer sind**, und **registrierte Personen nach § 10 RDG** (vgl. § 2 Abs. 1 Nr. 11 GwG),
– **Dienstleister für Gesellschaften und für Treuhandvermögen** oder **Treuhänder**, die nicht den in § 2 Abs. 1 Nr. 10 bis 12 genannten Berufen angehören (vgl. § 2 Abs. 1 Nr. 13 GwG),
– **Immobilienmakler** (vgl. § 2 Abs. 1 Nr. 14 GwG),
– **Veranstalter und Vermittler von Glücksspielen** (vgl. § 2 Abs. 1 Nr. 15 GwG) und
– **Güterhändler** (vgl. § 2 Abs. 1 Nr. 16 GwG)

zu den **kraft Gesetz** geeigneten Dritten.

15 Trotz ihrer nicht unerheblichen Bedeutung im Kapitalanlagebereich unterliegen **Finanzanlagenvermittler** und **Honorar-Finanzanlagenberater** nach § 34f bzw. h GewO auch nach Umsetzung der 4. EU-Geldwäscherichtlinie[10] nicht den Bestimmungen des Geldwäschegesetzes.[11] Sie können daher nur kraft vertraglicher Vereinbarung (siehe hierzu Rn. 21 ff.) zur Ausführung von Sorgfaltspflichten herangezogen werden.

---

10 Richtlinie (EU) 2015/849 des Europäischen Rates und des Parlaments vom 20.5.2015 zur Verhinderung der Nutzung des Finanzsystems zum Zwecke der Geldwäsche und der Terrorismusfinanzierung, zur Änderung der Verordnung (EU) Nr. 648/2012 des Europäischen Parlaments und des Rates und zur Aufhebung der Richtlinie 2005/60/EG des Europäischen Parlaments und des Rates und der Richtlinie 2006/70/EG der Kommission, ABl. L 141/73 vom 5.6.2015.

11 Vgl. auch Stellungnahme des Bundesrats zum Entwurf eines Gesetzes zur Umsetzung der Vierten EU-Geldwäscherichtlinie und Gegenäußerung der Bundesregierung, Drs. 18/11928, S. 22.

III. Ausführung durch kraft Gesetz geeignete Dritte   § 17 GwG

b) In einem anderen EU-Mitgliedstaat ansässige Institute und Personen (§ 17 Abs. 1 Satz 2 Nr. 2 GwG)

Was die Heranziehung von in einem anderen EU-Mitgliedstaat ansässigen Instituten und Personen zur Ausführung von Sorgfaltspflichten anging, machte § 7 Abs. 1 GwG a.F. bei der Festlegung des Kreises der kraft Gesetz geeigneten Dritten **keine Unterscheidung** zwischen im Inland oder in einem anderen EU-Mitgliedstaat ansässigen Instituten und Personen. So bestimmte § 7 Abs. 1 GwG a. F., dass auch in anderen Mitgliedstaaten der Europäischen Union ansässige Verpflichtete im Sinne des § 2 Abs. 1 Nr. 1, 2, 2a, 4, 5, 6, 7 und 8 GwG a.F. (siehe Rn. 9) als kraft Gesetz geeignete Dritte gelten.

16

Um den sich aus dem Verweis auf das deutsche KWG möglicherweise ergebenden Auslegungsproblemen entgegenzuwirken, verweist § 17 Abs. 1 Nr. 2 GwG bei der Bestimmung von in einem anderen **EU-Mitgliedstaat** ansässige **Institute und Personen** als kraft Gesetz geeignete Dritte nunmehr nicht mehr auf § 2 Abs. 1 GwG, sondern auf die entsprechende Regelung in der **4. EU-Geldwäscherichtlinie**.[12] Gemäß **§ 17 Abs. 1 Nr. 2 GwG** i.V.m. **Art. 2 Abs. 1 der 4. EU-Geldwäscherichtlinie** sind folgende in einem anderen EU-Mitgliedstaat ansässige Institute und Personen als kraft Gesetz geeignete Dritte anzusehen:

17

– Kreditinstitute (gemäß Art. 3 Nr. 1 der Richtlinie),
– Finanzinstitute (gemäß Art. 3 Nr. 2 der Richtlinie),
– folgende natürliche oder juristische Personen bei der Ausübung ihrer beruflichen Tätigkeit:
    – Abschlussprüfer, externe Buchprüfer und Steuerberater,
    – Notare und andere selbstständige Angehörige von rechtsberatenden Berufen, wenn sie im Namen und auf Rechnung ihres Klienten Finanz- oder Immobilientransaktionen durchführen oder für ihren Klienten an der Planung oder Durchführung von Transaktionen mitwirken, die Folgendes betreffen:
        – den Kauf und Verkauf von Immobilien oder Gewerbebetrieben,
        – die Verwaltung von Geld, Wertpapieren oder sonstigen Vermögenswerten ihres Klienten,
        – die Eröffnung oder Verwaltung von Bank-, Spar- oder Wertpapierkonten,
        – die Beschaffung der zur Gründung, zum Betrieb oder zur Verwaltung von Gesellschaften erforderlichen Mittel,

---

12 Richtlinie (EU) 2015/849 des Europäischen Rates und des Parlaments vom 20.5.2015 zur Verhinderung der Nutzung des Finanzsystems zum Zwecke der Geldwäsche und der Terrorismusfinanzierung, zur Änderung der Verordnung (EU) Nr. 648/2012 des Europäischen Parlaments und des Rates und zur Aufhebung der Richtlinie 2005/60/EG des Europäischen Parlaments und des Rates und der Richtlinie 2006/70/EG der Kommission, ABl. L 141/73 vom 5.6.2015.

GwG § 17 Ausführung der Sorgfaltspflichten durch Dritte

- die Gründung, den Betrieb oder die Verwaltung von Trusts, Gesellschaften, Stiftungen oder ähnlichen Strukturen,
- Dienstleister für Trusts oder Gesellschaften (gemäß Art. 3 Nr. 7 der Richtlinie), die nicht unter die Buchstaben a oder b fallen,
- Immobilienmakler,
- andere Personen, die mit Gütern handeln, soweit sie Zahlungen in Höhe von 10.000 EUR oder mehr in bar tätigen oder entgegennehmen, unabhängig davon, ob die Transaktion in einem einzigen Vorgang oder in mehreren Vorgängen, zwischen denen eine Verbindung zu bestehen scheint, getätigt wird,
- Anbieter von Glücksspieldiensten (im Sinne von Art. 3 Nr. 14 der Richtlinie).

c) Mitgliedsorganisationen oder Verbände von Verpflichteten nach § 17 Abs. 1 Satz 2 Nr. 2 GwG (§ 17 Abs. 1 Satz 2 Nr. 3 GwG)

18 Auch **Mitgliedsorganisationen oder Verbände** von Verpflichteten nach § 17 Abs. 1 Satz 2 Nr. 2 GwG können gemäß § 17 Abs. 1 Satz 2 Nr. 3 GwG zur Ausführung von allgemeinen Sorgfaltspflichten herangezogen werden, wenn sie **Sorgfalts- und Aufbewahrungspflichten** unterliegen, die den in der 4. EU Geldwäscherichtlinie[13] festgelegten Sorgfalts- und Aufbewahrungspflichten entsprechen und deren Einhaltung in einer mit den Vorschriften der 4. EU-Geldwäscherichtlinie (Kapitel IV Abschnitt 2) im Einklang stehenden Weise beaufsichtigt wird.

d) In einem Drittstaat ansässige Unternehmen und Personen (§ 17 Abs. 1 Satz 2 Nr. 3, Abs. 2 GwG)

19 In einem **Drittstaat** ansässige Institute und Personen gelten gem. § 17 Abs. 1 Nr. 3 GwG nur dann als kraft Gesetz geeignete Dritte, wenn sie Sorgfalts- und Aufbewahrungspflichten unterliegen, die den in der 4. EU-Geldwäscherichtlinie[14] festgelegten Sorgfalts- und Aufbewahrungspflichten entsprechen und de-

---

13 Richtlinie (EU) 2015/849 des Europäischen Rates und des Parlaments vom 20.5.2015 zur Verhinderung der Nutzung des Finanzsystems zum Zwecke der Geldwäsche und der Terrorismusfinanzierung, zur Änderung der Verordnung (EU) Nr. 648/2012 des Europäischen Parlaments und des Rates und zur Aufhebung der Richtlinie 2005/60/EG des Europäischen Parlaments und des Rates und der Richtlinie 2006/70/EG der Kommission, ABl. L 141/73 vom 5.6.2015.
14 Richtlinie (EU) 2015/849 des Europäischen Rates und des Parlaments vom 20.5.2015 zur Verhinderung der Nutzung des Finanzsystems zum Zwecke der Geldwäsche und der Terrorismusfinanzierung, zur Änderung der Verordnung (EU) Nr. 648/2012 des Europäischen Parlaments und des Rates und zur Aufhebung der Richtlinie 2005/60/EG des Europäischen Parlaments und des Rates und der Richtlinie 2006/70/EG der Kommission, ABl. L 141/73 vom 5.6.2015.

III. Ausführung durch kraft Gesetz geeignete Dritte § 17 GwG

ren Einhaltung in einer mit den Vorschriften der 4. EU-Geldwäscherichtlinie (Kapitel IV Abschnitt 2) im Einklang stehenden Weise beaufsichtigt wird.

Entsprechend den Vorgaben des Art. 26 Abs. 2 der 4. EU-Geldwäscherichtlinie **verbietet** es § 17 Abs. 2 GwG, auf Personen oder Unternehmen zurückzugreifen, die in **Drittstaaten mit hohem Risiko** niedergelassen sind. **Ausgenommen** von diesem Verbot sind Zweigstellen oder im Mehrheitsbesitz von Verpflichteten nach der 4. EU-Geldwäscherichtlinie stehende Tochterunternehmen, wenn sich diese uneingeschränkt an die für sie geltenden gruppenweiten Pflichten (vgl. insoweit auch § 9 GwG) halten. Begründet wird die Ausnahme von dem Verbot damit, dass in diesem Fall – unabhängig von dem bestehenden Länderrisiko – von der Einhaltung der nach der 4. EU-Geldwäscherichtlinie geltenden Sorgfaltspflichten ausgegangen werden kann. 20

Nach § 7 Abs. 1 Satz 4 GwG a. F. musste – in Übereinstimmung mit den Vorgaben der 3. EU-Geldwäscherichtlinie – beim Rückgriff auf Institute und Personen in Drittländer bislang geprüft werden, ob diese über Systeme zur Geldwäschebekämpfung bzw. Terrorismusfinanzierung verfügen, die den in der EU bestehenden Systemen „gleichwertig" sind. Die Bestimmungen zur Feststellung einer positiven „Gleichwertigkeit" von Systemen zur Geldwäschebekämpfung bzw. Terrorismusfinanzierung in Drittstaaten wurden in der 4. EU-Geldwäscherichtlinie gestrichen. In Art. 9 Abs. 2 der Richtlinie wurde der Europäischen Kommission die Befugnis übertragen, delegierte Rechtsakte zu erlassen, um unter Berücksichtigung in der Richtlinie vorgegebener Kriterien Drittländer mit hohem Risiko[15] zu ermitteln. Ein entsprechender delegierter Rechtsakt wurde von der Europäischen Kommission am 14.7.2016 in Gestalt einer delegierten Verordnung erlassen.[16] Bezüglich weiterer Erläuterung zu den Drittstaaten mit hohem Risiko wird auf die Kommentierung zu § 15 GwG verwiesen. 21

2. Einholung/Übermittlung von Informationen und Dokumenten durch die kraft Gesetz geeigneten Dritten (§ 17 Abs. 3 GwG)

Sofern ein Verpflichteter zur Ausführung der allgemeinen Sorgfaltspflichten nach § 10 Abs. 1 Nr. 1 bis 4 GwG auf einen kraft Gesetz geeigneten Dritten zurückgreift, muss er gemäß **§ 17 Abs. 3 Satz 1 Nr. 1 GwG** sicherstellen, dass dieser die **Informationen** einholt, die für die Durchführung der Sorgfaltspflichten 22

---

15 Als Drittländer mit hohem Risiko sind gem. Abs. 9 Abs. 1 der Richtlinie solche Länder anzusehen, die in ihren nationalen Systemen zur Bekämpfung von Geldwäsche und Terrorismusfinanzierung strategische Mängel aufweisen, die wesentliche Risiken für das Finanzsystem der Union darstellen.
16 Delegierte Verordnung (EU) 2016/1675 der Kommission vom 14.7.2016 zur Ergänzung der Richtlinie (EU) 2015/849 des Europäischen Parlaments und des Rates durch Ermittlung von Drittländern mit hohem Risiko, die strategische Mängel aufweisen, ABl. L 254/1 vom 20.9.2016.

Lang 473

GwG § 17 Ausführung der Sorgfaltspflichten durch Dritte

nach § 10 Abs. 1 Nr. 1 bis 4 GwG[17] notwendig sind. Während § 7 Abs. 1 Satz 5 GwG a. F. – entsprechend der Vorgaben in Art. 15 Abs. 3 der 3. EU-Geldwäscherichtlinie[18] – noch die Erleichterungsregel enthielt, dass es bei Erfüllung von Sorgfaltspflichten durch einen kraft Gesetz geeigneten Dritten in einem anderen EU-Mitgliedstaat ausreiche, die Vorgaben und Standards dieses Staates zu den Anforderungen an die erhobenen Angaben, Informationen und überprüften Dokumente zu erfüllen, wurde diese Erleichterungsregel nicht in die 4. EU-Geldwäscherichtlinie[19] übernommen und findet sich auch in § 17 GwG nicht mehr. Allerdings wird in der Begründung zum Regierungsentwurf des Gesetzes zur Umsetzung der 4. EU-Geldwäscherichtlinie ausgeführt, dass sich der Umfang der von den kraft Gesetz geeigneten Dritten durchzuführenden Sorgfaltspflichten nach dem auf sie anwendbaren Recht bestimme.[20] Dies kann als Indiz dafür gesehen werden, dass der deutsche Gesetzgeber an der bisherigen Handhabung festhalten möchte.

23 Gemäß § 17 Abs. 3 Satz 1 Nr. 2 GwG muss der Verpflichtete auch dafür Sorge tragen, dass ihm der kraft Gesetz geeignete Dritte die Informationen **unverzüglich** (d. h. also ohne schuldhaftes Verzögern, vgl. § 121 BGB) und **unmittelbar übermittelt**. Schließlich muss der Verpflichtete auch sicherstellen, dass ihm auf seine Anforderung hin alle von dem kraft Gesetz geeigneten Dritten bei der Feststellung und Überprüfung der Identität des Vertragspartners oder eines wirtschaftlich Berechtigten erlangten Unterlagen, Daten und Kopien übermittelt werden (§ 17 Abs. 3 Satz 2 GwG). § 17 Abs. 3 Satz 3 GwG stellt insoweit klar, dass die Dritten zu diesem Zweck befugt sind, Kopien von Ausweisdokumenten zu erstellen und dem Verpflichteten weiterzuleiten. Im Unterschied zur Regelung des § 17 Abs. 3 GwG enthielt § 7 Abs. 1 S. 6 GwG a. F. noch – in Übereinstimmung mit den Vorgaben des Artikel 18 der 3. EU-Geldwäscherichtlinie – eine direkte Verpflichtung der kraft Gesetz geeigneten Dritten zur unverzüglichen und unmittelbaren Übermittlung der bei Durchführung der Sorgfaltspflichten erlangten Informationen an den Verpflichteten sowie zur Zurverfügungstellung (auf Anfrage) der von ihnen aufbewahrten Kopien und Unterlagen

---

17 Bei der Nichteinbeziehung des § 10 Abs. 1 Nr. 4 in den Gesetzeswortlaut des Abs. 3 („§ 10 Absatz 1 Nummer 1 bis 3") dürfte es sich um ein redaktionelles Versehen des Gesetzgebers handeln.
18 Richtlinie 2005/60/EG des Europäischen Rates und des Parlaments vom 26.10.2005 zur Verhinderung der Nutzung des Finanzsystems zum Zwecke der Geldwäsche und der Terrorismusfinanzierung, ABl. L 309/15 vom 25.11.2005.
19 Richtlinie (EU) 2015/849 des Europäischen Rates und des Parlaments vom 20.5.2015 zur Verhinderung der Nutzung des Finanzsystems zum Zwecke der Geldwäsche und der Terrorismusfinanzierung, zur Änderung der Verordnung (EU) Nr. 648/2012 des Europäischen Parlaments und des Rates und zur Aufhebung der Richtlinie 2005/60/EG des Europäischen Parlaments und des Rates und der Richtlinie 2006/70/EG der Kommission, ABl. L 141/73 vom 5.6.2015.
20 BT-Drs. 18/11555, S. 124.

zur Identifizierung eines Vertragspartners und eines etwaigen wirtschaftlich Berechtigten. Die Streichung der direkten gesetzlichen Verpflichtung der kraft Gesetz geeigneten Dritten zur Übermittlung von Informationen und Unterlagen wirft die Frage auf, ob es künftig erforderlich ist, dass Verpflichtete bei Hinzuziehung kraft Gesetz geeigneter Dritter zur Ausführung von Sorgfaltspflichten zusätzliche Maßnahmen ergreifen und insbesondere vertragliche Vereinbarungen bzgl. der Durchführung von Sorgfaltspflichten mit jedem eingeschalteten kraft Gesetz geeigneten Dritten schließen müssen. Da jedoch die Hinzuziehung Dritter aufgrund vertraglicher Vereinbarung nicht Gegenstand der EU-Vorgaben zur Ausführung von Sorgfaltspflichten durch Dritte ist (vgl. Art. 29 der 4. EU-Geldwäscherichtlinie) und auch in der deutschen Aufsichtspraxis und Gesetzgebung der Einsatz Dritter kraft vertraglicher Vereinbarung schon immer gesondert geregelt war/ist, ist nicht davon auszugehen, dass bisher gelebte Prozesse aufgrund der neuen Formulierung geändert werden müssen.

IV. Ausführung durch Dritte innerhalb der Unternehmensgruppe (§ 17 Abs. 4 GwG)

Entsprechend der Vorgaben der 4. EU-Geldwäscherichtlinie (Art. 28) enthält 24
§ 17 Abs. 4 GwG eine **Erleichterungsregel** bei Rückgriff auf **Dritte, die derselben Gruppe** (im Sinne des § 1 Abs. 16 GwG) wie der Verpflichtete selbst angehören. So gelten die Anforderungen, die die § 17 Abs. 1 bis 3 GwG an die Ausführung von Sorgfaltspflichten durch Dritte stellen, als erfüllt, wenn die in der Gruppe angewandten Sorgfaltspflichten, Aufbewahrungsvorschriften, Strategien und Verfahren zur Verhinderung von Geldwäsche und von Terrorismusfinanzierung mit den **Vorschriften der 4. EU-Geldwäscherichtlinie** oder gleichwertigen Vorschriften im Einklang stehen und die **effektive Umsetzung** dieser Anforderungen auf **Gruppenebene** von einer **Behörde** beaufsichtigt wird.

V. Ausführung durch andere kraft vertraglicher Vereinbarung eingesetzte Dritte (§ 17 Abs. 5–9 GwG)

Gemäß § 17 Abs. 5 Satz 1 GwG können Verpflichtete zur Erfüllung der allgemeinen Sorgfaltspflichten nach § 10 Abs. 1 Nr. 1 bis 4 GwG auch auf andere, als die in § 17 Abs. 1 GwG genannten Dritten zurückgreifen. Während die Hinzuziehung von kraft Gesetz zuverlässigen Dritten im Sinne des § 17 Abs. 1 GwG ohne weitere Maßnahmen möglich ist, bedarf der Einsatz anderer Dritter jedoch einer entsprechenden **vertraglichen Vereinbarung** zwischen Verpflichtetem und Drittem (§ 17 Abs. 5 Satz 2, Abs. 6 GwG), welche den Dritten bezüglich der Durchführung der Sorgfaltspflichten den gleichen Anforderungen wie den Verpflichteten selbst unterwirft. Gemäß § 17 Abs. 7 GwG muss sich der Ver-

GwG § 17 Ausführung der Sorgfaltspflichten durch Dritte

pflichtete ferner **vor einer Übertragung von Sorgfaltspflichten** an einen sonstigen Dritten von der **Zuverlässigkeit** dieses Dritten für interne und externe Prüfer nachvollziehbar überzeugen. Des Weiteren muss sich der Verpflichtete auch **während der Zusammenarbeit** mit dem Dritten anhand der übermittelten Unterlagen **kontrollieren**, ob die Maßnahmen zur Erfüllung der Sorgfaltspflichten durch den Dritten ordnungsgemäß vorgenommen werden. § 17 Abs. 5 bis 9 GwG entsprechen § 7 Abs. 2 GwG a.F., der im Rahmen der Umsetzung von Art. 19 der 3. EU-Geldwäscherichtlinie durch das GwBekErG in das GwG aufgenommen wurde.[21]

1. Andere Dritte (§ 17 Abs. 5 Satz 1 GwG)

26   Als andere Dritte im Sinne des § 17 Abs. 5 Satz 1 GwG sind alle nicht in § 17 Abs. 1 GwG genannten Unternehmen und Personen anzusehen. Auch die **Deutsche Post (PostIdent-Verfahren)** sowie **deutsche Botschaften, Außenhandelskammern (AHK)** und **Konsulate** zählen mangels Erwähnung in § 17 Abs. 1 GwG nicht zu den kraft Gesetz zuverlässigen Dritten und könnten daher grundsätzlich nur unter Erfüllung der Anforderungen der § 17 Abs. 5 ff. GwG (vertragliche Vereinbarung, Kontrollen) zur Ausführung von Sorgfaltspflichten eingesetzt werden. Da das **PostIdent-Verfahren** jedoch in der Vergangenheit stets als geeignet anerkannt wurde und für den Einsatz des Verfahrens kein gesonderter Vertrag bzw. keine gesonderte Zuverlässigkeitsprüfung für erforderlich gehalten wurde,[22] kann davon ausgegangen werden, dass insoweit auch nach Umsetzung der 4. EU-Geldwäscherichtlinie keine neuen Anforderungen gelten. Für **deutsche Botschaften, AHK und Konsulate** regelte bereits § 7 Abs. 2 Satz 6 f. GwG a.F., der durch das GwOptG[23] im Jahr 2011 in das GwG eingefügt wurden, dass diese, soweit mit ihnen eine **vertragliche Vereinbarung** geschlossen wird, kraft Vereinbarung als **geeignete** Personen gelten, und, dass Verpflichtete bei einem Rückgriff auf deutsche Auslandsvertretungen und AHK aufgrund einer vertraglichen Vereinbarung keinen Prüfungspflichten nach Abs. 7 (weder vor noch während der Zusammenarbeit) unterlagen. Die Regelungen der § 7 Abs. 2 Satz 6 und 7 GwG a.F. wurden im Rahmen der Umsetzung der 4. EU-Geldwäscherichtlinie in § 17 Abs. 8 GwG übernommen (siehe Rn 28).

---

21 Siehe hierzu die Ausführungen in Rn. 1 ff.
22 Siehe AuA zur Verhinderung von Geldwäsche, Terrorismusfinanzierung und „sonstigen strafbaren Handlungen" (DK-Hinweise), Stand: 1.2.2014, Ziffer 52.
23 Gesetz zur Optimierung der Geldwäscheprävention vom 22.12.2011, BGBl. I 2011, S. 2959 ff.

V. Ausführung durch andere kraft vertraglicher Vereinbarung § 17 GwG

2. Erfordernis einer vertraglichen Vereinbarung (§ 17 Abs. 5 Satz 2, Abs. 6 GwG)

Die Übertragung der Ausführung allgemeiner Sorgfaltspflichten an andere als die in § 17 Abs. 1 GwG genannten Dritten ist gem. § 17 Abs. 5 Satz 2 GwG nur aufgrund einer entsprechenden **vertraglichen Vereinbarung** möglich. Auch wenn § 17 GwG – wie schon seine Vorgängerregelung § 7 GwG a. F. – keine direkten Vorgaben zur **inhaltlichen Ausgestaltung** der Vereinbarung macht, ergeben sich diese doch zumindest indirekt aus dem Gesetz: So regelt § 17 Abs. 5 Satz 3 GwG, dass die Maßnahmen des Dritten dem Verpflichteten als eigene Maßnahmen zugerechnet werden und der Dritte damit insoweit als Erfüllungsgehilfe (§ 278 BGB) des Verpflichteten anzusehen ist. § 17 Abs. 5 Satz 4 GwG erklärt die Vorgaben des § 17 Abs. 3 GwG zur Einholung/Übermittlung von Informationen und Dokumenten durch kraft Gesetz geeignete Dritte auch auf die kraft vertraglicher Vereinbarung eingesetzten Dritten für entsprechend anwendbar. Diese müssen daher auch in der vertraglichen Vereinbarung mit dem Dritten berücksichtigt werden. Schließlich bestimmt § 17 Abs. 6 GwG, dass durch die Übertragung von Sorgfaltspflichten an den Dritten die Erfüllung der GwG-Pflichten durch den Verpflichteten, die Steuerungs- oder Kontrollmöglichkeiten der Geschäftsleitung des Verpflichteten und die Aufsicht der zuständigen Aufsichtsbehörde über den Verpflichteten nicht beeinträchtigt werden dürfen. Auch dies ist durch entsprechende vertragliche Regelungen mit dem Dritten sicherzustellen. Insbesondere sollten in der vertraglichen Vereinbarung auch entsprechende Informations-, Prüfungs- und Zugangsrechte für sämtliche Kontrollfunktionen des Verpflichteten sowie für externe Prüfer und Aufsichtsbehörden geregelt werden. Schließlich sollten auch Informationspflichten des Dritten hinsichtlich Entwicklungen in seinem Verantwortungsbereich, die einer ordnungsgemäßen Aufgabenerfüllung entgegenstehen könnten, sowie Kündigungsrechte des Verpflichteten bei nicht ordnungsgemäßer Pflichtenwahrnehmung durch den Dritten aufgenommen werden.

3. Einholung/Übermittlung von Informationen und Dokumenten durch die kraft vertraglicher Vereinbarung eingesetzten Dritten (§ 17 Abs. 5 Satz 4 GwG)

Bezüglich der Einholung/Übermittlung von Informationen und Dokumenten durch die kraft vertraglicher Vereinbarung eingesetzten Dritten verweist § 17 Abs. 5 Satz 4 GwG auf die entsprechenden Regelungen für kraft Gesetz geeignete Dritte in § 17 Abs. 3 GwG. Insoweit wird auf die dortigen Kommentierungen verwiesen.

GwG § 17   Ausführung der Sorgfaltspflichten durch Dritte

4. Pflicht zur Prüfung der Zuverlässigkeit des Dritten (§ 17 Abs. 7 GwG)

29 Gemäß § 17 Abs. 7 GwG muss sich ein Verpflichteter **vor einer Übertragung von Sorgfaltspflichten** an einen anderen, nicht in § 17 Abs. 1 GwG genannten Dritten von der **Zuverlässigkeit** dieses Dritten überzeugen. Des Weiteren muss der Verpflichtete auch **während der Zusammenarbeit** mit dem Dritten zumindest stichprobenhaft anhand der übermittelten Unterlagen prüfen, ob die Maßnahmen zur Erfüllung der Sorgfaltspflichten durch den Dritten ordnungsgemäß vorgenommen werden. Eine Ausnahme von den Prüfpflichten besteht gemäß § 17 Abs. 8 GwG bei Ausführung von Sorgfaltspflichten durch deutsche Botschaften, Auslandshandelskammern oder Konsulate aufgrund einer vertraglichen Vereinbarung im Sinne des § 17 Abs. 5 Satz 2 GwG.

a) Prüfungspflichten vor Beginn der Zusammenarbeit (§ 17 Abs. 7 Satz 1 GwG)

30 Sofern sonstige Dritte zur Erfüllung der allgemeinen Sorgfaltspflichten nach § 10 Abs. 1 Nr. 1 bis 4 GwG herangezogen werden, hat sich der Verpflichtete **vor Beginn der Zusammenarbeit** von dessen **Zuverlässigkeit** für interne und externe Prüfer nachvollziehbar zu überzeugen. Die Verpflichtung zur Prüfung der Zuverlässigkeit des Dritten erstreckt sich auch auf das von dem jeweiligen Dritten geschaffene **System zur Information (Schulung)** und **Überprüfung der Zuverlässigkeit seiner Mitarbeiter**.[24] Für die Umsetzung der Verpflichtung zur Zuverlässigkeitsprüfung in der Praxis empfiehlt sich die Implementierung eines **Annahmeprozesses** für Dritte (analog einem Kundenannahmeprozess), in welchem die Zuverlässigkeit jedes Dritten anhand einer standardisierten **Checkliste** unter Einholung entsprechender Informationen und Unterlagen von dem Dritten überprüft wird und an dessen Ende die Entscheidung über die Aufnahme der Zusammenarbeit steht. Unerlässlich im Rahmen der Zuverlässigkeitsprüfung erscheinen die Einholung von Angaben und Unterlagen von dem Dritten analog § 11 GwG sowie das Vorhandensein einer ggf. erforderlichen Geschäftserlaubnis. Auch die Einholung von Führungszeugnissen und/oder die Abfrage einschlägiger Datenbanken im Hinblick auf das Vorliegen negativer Informationen zu Dritten sollten als Bestandteile des Annahmeprozesses in Erwägung gezogen werden. Zur Prüfung des von dem Dritten geschaffenen Systems zur Information (Schulung) und Überprüfung der Zuverlässigkeit seiner Mitarbeiter

---

24 Vgl. BaKred-Rundschreiben 1/1998 vom 15.1.1998 – Verlautbarung über Maßnahmen der Finanzdienstleistungsinstitute zur Bekämpfung und Verhinderung der Geldwäsche vom 30.12.1997; BaKred-Rundschreiben 5/1998 vom 24.4.1998 – Verlautbarung über Maßnahmen der Kreditinstitute zur Bekämpfung und Verhinderung der Geldwäsche vom 30.3.1998 (aufgehoben durch BaFin-Rundschreiben 2/2009 vom 13.1.2009 – Aufhebung/Gegenstandsloserklärung von Verlautbarungen, Rundschreiben und Einzelschreiben).

V. Ausführung durch andere kraft vertraglicher Vereinbarung § 17 GwG

bietet sich die Einholung einer entsprechenden Bestätigung durch den Dritten sowie die Einsichtnahme in Prozessbeschreibungen, Schulungsunterlagen und -nachweise an. Sofern der Dritte kein System zur Mitarbeiterinformation (Schulung) implementiert hat oder das vorhandene System aus Sicht des Verpflichteten nicht ausreichend ist, um die von dem Dritten eingesetzten Mitarbeiter angemessen über die **Anforderungen**, die an die Durchführung von Maßnahmen zur Erfüllung der allgemeinen Sorgfaltspflichten nach § 10 Abs. 1 Nr. 1 bis 4 GwG zu stellen sind, zu unterrichten, muss der Verpflichtete selbst für eine angemessene Schulung des Dritten und von dessen Mitarbeitern Sorge tragen. Denkbar diesem Zusammenhang ist Verpflichtung des Dritten zur regelmäßigen Teilnahme an von dem Verpflichteten angebotenen Pflichtschulungen (in Form von Präsenzveranstaltungen, Webinaren oder web-based Trainings).

b) Prüfungspflichten während der Zusammenarbeit (§ 17 Abs. 7 Satz 2 GwG)

Im Laufe der Zusammenarbeit hat der Verpflichtete zumindest anhand von Stichprobenprüfungen der übermittelten Unterlagen zu kontrollieren, ob die Maßnahmen zur Erfüllung der allgemeinen Sorgfaltspflichten nach § 10 Abs. 1 Nr. 1 bis 4 GwG durch den Dritten ordnungsgemäß vorgenommen wurden. Insbesondere die nicht ordnungsgemäße Vornahme von Kundenidentifizierungen kann Zweifel an der Zuverlässigkeit des Dritten begründen.[25] Über die Stichprobenprüfung von eingereichten Unterlagen hinaus sollte die oben dargestellte initiale Zuverlässigkeitsprüfung (vgl. Rn. 26) insgesamt in turnusmäßigen, ggf. risikobasiert festgelegten Abständen wiederholt und dokumentiert werden. Im Rahmen der turnusmäßigen Zuverlässigkeitsprüfung sind die initial von dem Dritten eingeholten Informationen und Unterlagen auf ihre Aktualität zu prüfen. Über die fortlaufende Überwachung der Zuverlässigkeit seiner Mitarbeiter sowie die Durchführung regelmäßiger Schulungen derselben – soweit die Schulungen nicht von dem Verpflichteten selbst durchgeführt werden – sollte zumindest eine turnusmäßige Bestätigung des Dritten eingeholt werden. 31

c) Ausnahme von den Prüfungspflichten im Fall deutscher Botschaften, Auslandshandelskammern oder Konsulate (§ 17 Abs. 8 GwG)

Deutsche Botschaften, Auslandshandelskammern (AHK) und Konsulate zählen mangels Erwähnung in § 17 Abs. 1 GwG nicht zu den kraft Gesetz zuverlässigen 32

---

25 Vgl. BaKred-Rundschreiben 1/1998 vom 15.1.1998 – Verlautbarung über Maßnahmen der Finanzdienstleistungsinstitute zur Bekämpfung und Verhinderung der Geldwäsche vom 30.12.1997; BaKred-Rundschreiben 5/1998 vom 24.4.1998 – Verlautbarung über Maßnahmen der Kreditinstitute zur Bekämpfung und Verhinderung der Geldwäsche vom 30.3.1998 (aufgehoben durch BaFin-Rundschreiben 2/2009 vom 13.1.2009 – Aufhebung/Gegenstandsloserklärung von Verlautbarungen, Rundschreiben und Einzelschreiben).

GwG § 17 Ausführung der Sorgfaltspflichten durch Dritte

Dritten und könnten daher grundsätzlich nur unter Erfüllung der Anforderungen der § 17 Abs. 5 ff. GwG (vertragliche Vereinbarung, Kontrollen) zur Ausführung von Sorgfaltspflichten eingesetzt werden. Als **Ausnahme-/Erleichterungsregel** zu § 17 Abs. 7 GwG bestimmt § 17 Abs. 8 GwG allerdings, dass Verpflichtete, sofern sie sich deutschen Auslandsvertretungen oder AHK aufgrund einer **vertraglichen Vereinbarung** zur Erfüllung ihrer Sorgfaltspflichten bedienen, von den grundsätzlich vor und während der Zusammenarbeit zu erfüllenden **Prüfpflichten** gemäß § 17 Abs. 7 GwG befreit sind.

33 Bereits seit einigen Jahren bemühen sich die Deutsche Kreditwirtschaft (DK) und die Bundesanstalt für Finanzdienstleistungsaufsicht (BaFin) darum, Absprachen mit dem Auswärtigen Amt und dem Deutschen Industrie- und Handelskammertag e.V. (DIHK) zu treffen, auf deren Grundlage deutsche Auslandsvertretungen und Auslandshandelskammern als kraft vertraglicher Vereinbarung geeignete Dritte in die Erfüllung der kundenbezogenen Sorgfaltspflichten eingebunden werden können. Während im Hinblick auf deutsche **Botschaften** und **Konsulate** bisher noch keine Einigung erzielt werden konnte, haben sich die Spitzenverbände der DK und der DIHK in 2015 – nach intensiven Verhandlungen und in Abstimmung mit dem Bundesministerium der Finanzen – auf eine **Vereinbarung über die Identifizierung und Legitimationsprüfung von Kunden durch deutsche AHK** verständigen können.[26] Seit September 2015 besteht für die den einzelnen Spitzenverbänden der DK angehörenden Kreditinstitute die Möglichkeit, Kunden im Ausland mit Hilfe teilnehmender AHK zu identifizieren. Nach der Vereinbarung zwischen DK und DIHK können AHK folgende Aufgaben im Rahmen der Identifizierung von Kunden übernehmen:

- Identifizierung von Vertragspartnern (gemäß § 10 Abs. 1 Nr. 1 bis 3 i.V.m. §§ 11, 12 und 8 GwG),
- Abklärung des wirtschaftlich Berechtigten und – soweit vorhanden – risikoangemessene Überprüfung seiner Identität gemäß § 11 Abs. 5 GwG sowie Aufzeichnung der Gesellschafter-/Konzernstruktur gemäß § 10 Abs. 1 Nr. 2 GwG.

34 Auf Anfrage des jeweiligen Instituts oder der zu identifizierenden oder zu legitimierenden Person:

- Legitimationsprüfung von Verfügungsberechtigten gemäß § 154 AO.
- Übermittlung der im Zusammenhang mit den vorgenannten Aufgaben erstellten Unterlagen und beglaubigten Kopien an das jeweilige Institut.
- Hereinnahme von bestätigten Unterlagen ohne Identifizierung.

35 Die teilnehmenden AHK bieten die Dienstleistung unter der Bezeichnung **GwG-Ident** an. Es besteht allerdings kein Anspruch, dass eine AHK die genann-

---

26 Zu den weiteren Einzelheiten siehe die BdB-Info 2016/00164 vom 24.5.2016.

V. Ausführung durch andere kraft vertraglicher Vereinbarung § 17 GwG

ten Aufgaben übernimmt. Ebenso wenig besteht für Kreditinstitute eine Verpflichtung, Kunden diese Möglichkeit der Identifizierung anzubieten.

5. Zu berücksichtigende KWG-rechtliche Auslagerungsanforderungen (§ 17 Abs. 9 GwG)

Die Übertragung von Sorgfaltspflichten auf einen Dritten aufgrund vertraglicher Vereinbarung gemäß Abs. 5 stellt eine Auslagerung dar.[27] Wie schon § 7 GwG a. F., ist auch die Vorschrift des § 17 GwG als Spezialregelung gegenüber § 25b KWG anzusehen, sodass es sich bei der Ausführung durch Dritte um keine Auslagerung im Sinne des § 25b KWG handelt. Durch den Verweis in Abs. 9 auf die Vorschriften über die Auslagerung von Aktivitäten und Prozessen nach § 25b KWG wird jedoch klargestellt, dass auch im Fall der Ausführung von Sorgfaltspflichten durch Dritte nach § 17 Abs. 5 GwG u. a. ein angemessenes und wirksames Risikomanagement durch das Institut gewährleistet bleiben muss, welches die ausgelagerten Aktivitäten und Prozesse miteinbezieht. Absicht und Vollzug der Auslagerung von Sorgfaltspflichten an einen Dritten gemäß § 17 Abs. 5 GwG müssen der BaFin jedoch grundsätzlich nicht angezeigt werden.

36

---

27 Vgl. auch die amtliche Überschrift des § 17 GwG: „Ausführung der Sorgfaltspflichten durch Dritte, vertragliche Auslagerung".

Abschnitt 4
Transparenzregister

§ 18 Einrichtung des Transparenzregisters und registerführende Stelle

(1) Es wird ein Register zur Erfassung und Zugänglichmachung von Angaben über den wirtschaftlich Berechtigten (Transparenzregister) eingerichtet.

(2) Das Transparenzregister wird als hoheitliche Aufgabe des Bundes von der registerführenden Stelle elektronisch geführt. Daten, die im Transparenzregister gespeichert sind, werden als chronologische Datensammlung angelegt.

(3) Ist eine Mitteilung nach § 20 unklar oder bestehen Zweifel, welcher Vereinigung nach § 20 Absatz 1 die in der Mitteilung enthaltenen Angaben zum wirtschaftlich Berechtigten zuzuordnen sind, kann die registerführende Stelle von der in der Mitteilung genannten Vereinigung verlangen, dass diese die für eine Eintragung in das Transparenzregister erforderlichen Informationen innerhalb einer angemessenen Zeit übermittelt. Dies gilt entsprechend für Mitteilungen von Rechtsgestaltungen nach § 21.

(4) Die registerführende Stelle erstellt auf Antrag Ausdrucke von Daten, die im Transparenzregister gespeichert sind, und Bestätigungen, dass im Transparenzregister keine aktuelle Eintragung aufgrund einer Mitteilung nach § 20 Absatz 1 oder § 21 vorliegt. Sie beglaubigt auf Antrag, dass die übermittelten Daten mit dem Inhalt des Transparenzregisters übereinstimmen. Mit der Beglaubigung ist keine Gewähr für die Richtigkeit und Vollständigkeit der Angaben zum wirtschaftlich Berechtigten verbunden. Ein Antrag auf Ausdruck von Daten, die lediglich über das Transparenzregister gemäß § 22 Absatz 1 Satz 1 Nummer 4 bis 8 zugänglich gemacht werden, kann auch über das Transparenzregister an das Gericht vermittelt werden. Dies gilt entsprechend für die Vermittlung eines Antrags auf Ausdruck von Daten, die gemäß § 22 Absatz 1 Satz 1 Nummer 2 und 3 zugänglich gemacht werden, an den Betreiber des Unternehmensregisters.

(5) Die registerführende Stelle erstellt ein Informationssicherheitskonzept für das Transparenzregister, aus dem sich die getroffenen technischen und organisatorischen Maßnahmen zum Datenschutz ergeben.

(6) Das Bundesministerium der Finanzen wird ermächtigt, durch Rechtsverordnung, die nicht der Zustimmung des Bundesrates bedarf, die technischen Einzelheiten zu Einrichtung und Führung des Transparenzregisters einschließlich der Speicherung historischer Datensätze sowie die Einhal-

§ 18 GwG Einrichtung des Transparenzregisters und registerführende Stelle

tung von Löschungsfristen für die im Transparenzregister gespeicherten Daten zu regeln.

Schrifttum: *Baumbach/Hueck*, GmbHG, 21. Aufl. 2017; *Bielefeld/Wengenroth*, Neue Risiken für Unternehmen: Was auf Güterhändler nach der (geänderten) 4. EU-Geldwäsche-Richtlinie zukommt, BB 2016, 2499; *Bochmann*, Zweifelsfragen des neuen Transparenzregisters, DB 2017, 1310; *Demharter*, Grundbuchordnung: GBO, 30. Aufl. 2016; *Elsing*, Überblick über das Transparenzregister, notar 2/2018, 71; *Erbs/Kohlhaas*, Strafrechtliche Nebengesetze, 214. EL Mai 2017; *FATF/OECD* (Hrsg.), FATF Guidance – Transparency and Beneficial Ownership, October 2014; *Fleischer/Goette*, Münchener Kommentar zum GmbHG, Bd. 2, 2. Aufl. 2016; *Kaetzler/Kordys*, Fourth Money Laundering Directive: increased risk management requirements, Comp. & Risk 2015, 4 (5), 2; *Kirchhof*, Stellungnahme zum Entwurf eines „Geldwäschegesetzes" (BT-Drs. 18/11555), Öffentliche Anhörung des Finanzausschusses des Deutschen Bundestages am 24.4.2017; *Kirchhof*, Transparenzregisterdaten für jedermann?, ZRP 2017, 127; *Krais*, Die Pläne der Errichtung eines zentralen Transparenzregisters, CCZ 2017, 98; *Meinzer*, Transparenzregisterdaten für jedermann?, ZRP 2017, 127; *Michalski/Heidinger/Leible/Schmidt*, Kommentar zum Gesetz betreffend die Gesellschaft mit beschränkter Haftung (GmbH-Gesetz), 3. Aufl. 2017; *Rößler*, Auswirkungen der vierten EU-Anti-Geldwäsche-Richtlinie auf die Kreditwirtschaft, WM 2015, 1406; *Schaub*, Das neue Transparenzregister naht – Überblick über die Regelungen und praktische Auswirkungen für Personenvereinigungen, DStR 2017, 1438; *Schöner/Stöber*, Grundbuchrecht, 16. Aufl. 2018; *Seibert*, Die GmbH und das Transparenzregister, GmbHR 2017, R97; *Seibert/Wedemann*, Der Schutz der Privatanschrift im elektronischen Handels- und Unternehmensregister, GmbHR 2007, 17; *Tipke/Lang*, Steuerrecht, 22. Aufl. 2015; *Ziemons/Jäger*, Beck'scher Online-Kommentar GmbHG, 31. Edition, Stand: 1.5.2017; *Zillmer*, Das UBO-Register – Bye Bye Steuergeheimnis?, DB 2016, 2509.

Übersicht

	Rn.		Rn.
I. Einleitung	1	V. Weitere Aufgaben der registerführenden Stelle (§ 18 Abs. 4 GwG)	15
1. Systematik des § 18 GwG	3	1. Auskunft aus dem Transparenzregister (§ 18 Abs. 4 Satz 1 GwG)	15
2. § 18 GwG im Gesetzgebungsverfahren	4	2. Beglaubigung der Übereinstimmung von übermittelten Daten mit dem Inhalt des Transparenzregisters (§ 18 Abs. 4 Satz 2 und 3 GwG)	16
II. Statuierung des Transparenzregisters (§ 18 Abs. 1 GwG)	8		
III. Führung des Transparenzregisters (§ 18 Abs. 2 GwG)	10		
1. Verwaltung des Transparenzregisters als hoheitliche Aufgabe des Bundes (§ 18 Abs. 2 Satz 1 GwG)	10	3. Antrag auf Ausdruck von Daten aus dem Transparenzregister (§ 18 Abs. 4 Satz 4 und 5 GwG)	18
2. Chronologische Datensammlung (§ 18 Abs. 2 Satz 2 GwG)	11	VI. Erstellung eines Informationssicherheitskonzepts durch die registerführende Stelle (§ 18 Abs. 5 GwG)	19
IV. Aufklärungsersuche durch die registerführende Stelle bei unklaren Mitteilungen (§ 18 Abs. 3 GwG)	12	VII. Verordnungsermächtigung für das BMF (§ 18 Abs. 6 GwG)	20

v. Schweinitz/Pichler

GwG § 18   Einrichtung des Transparenzregisters und registerführende Stelle

I. Einleitung

1   Eine der wesentlichen Neuerungen, die das Geldwäschegesetz durch die Umsetzung der 4. EU-Geldwäscherichtlinie[1] erfährt, ist die Einrichtung eines zentralen elektronischen Transparenzregisters (vgl. Geschichte der Geldwäschebekämpfung Rn. 23 und 46). Über das Transparenzregister werden gesetzlich vorgeschriebene Angaben zu den wirtschaftlich Berechtigten[2] zugänglich. Erfasst werden natürliche Personen, die mittelbar und unmittelbar einen bestimmenden Einfluss auf die jeweilige Gesellschaft ausüben – von juristischen Personen des Privatrechts, eingetragenen Personengesellschaften,[3] Trusts und Rechtsgestaltungen, die in ihrer Struktur und Funktion Trusts ähneln. Die angestrebte Transparenzsteigerung soll ein Beitrag sein, den Missbrauch der genannten Vereinigungen und Rechtsgestaltungen zum **Zweck** der **Geldwäsche** und **Terrorismusfinanzierung** zu **verhindern**. Die wirtschaftlich Berechtigten sollen sich nicht länger hinter Briefkastenfirmen, die sie zur systematischen Steuerhinterziehung und Terrorismusfinanzierung betreiben, verstecken können. Politischer Anlass für die Einführung eines solchen Registers ist die Panama-Papers-Diskussion sowie mehrere Studien und empirische Untersuchungen, wie beispielsweise der Weltbank und der Vereinten Nationen, für Drogen- und Verbrechensbekämpfung (s. „The Puppet Masters – How the Corrupt Use Legal Structures to Hide Stolen Assets and What to Do About It") und der Financial Action Task Force (FATF)[4] (s. „The Misuse of Corporate Vehicles, Including Trust and Company Service Providers"). Diese zeigen, dass bewusst und gezielt intransparente Gesellschaftsstrukturen genutzt werden, um aus Straftaten erlangte Vermögenswerte

---

1   Richtlinie (EU) 2015/849 des Europäischen Parlaments und des Rates vom 20.5.2015 zur Verhinderung der Nutzung des Finanzsystems zum Zwecke der Geldwäsche und der Terrorismusfinanzierung, zur Änderung der Verordnung (EU) Nr. 648/2012 des Europäischen Parlaments und des Rates und zur Aufhebung der Richtlinie 2005/60 EG des Europäischen Parlaments und des Rates und der Richtlinie 2006/70/EG der Kommission, ABl. L 141 v. 5.6.2015 (nachfolgend bezeichnet als 4. EU-Geldwäscherichtlinie).
2   Die deutsche Fassung der 4. EU-Geldwäscherichtlinie verwendet wie bereits auch die 3. EU-Geldwäscherichtlinie die Terminologie des „wirtschaftlichen Eigentümers". Im Einklang mit dem deutschen Geldwäscherecht (vgl. § 1 Abs. 6 GwG a. F.) bedient sich die Kommentierung im Folgenden der Terminologie von § 18 GwG des „wirtschaftlich Berechtigten", ohne dass damit eine Abweichung verbunden wäre.
3   Die BGB-Gesellschaft fällt **nicht** in den Anwendungsbereich der §§ 18 GwG ff., was der Referentenentwurf des BMF jedoch noch nicht vorsah (vgl. Regierungsentwurf vom 22.2.2017, Begründung zu § 20 Abs. 1 GwG, S. 150).
4   Die Financial Action Task Force (FATF) ist ein zwischenstaatliches Gremium, das der OECD in Paris angegliedert ist und sich zum Ziel gemacht hat, Geldwäsche und Terrorismusfinanzierung auf internationaler Ebene zu bekämpfen. Hierzu setzt sie Standards – insbesondere die sog. 40+9-Empfehlungen – zu deren Umsetzung sich die EU-Mitgliedstaaten verpflichtet haben (http://www.fatf-gafi.org/about/, zuletzt aufgerufen am 22.3.2017).

zu verschleiern und in den Wirtschafts- und Finanzkreislauf einzuschleusen. Nach den Empfehlungen der FATF könne ein Transparenzregister dieser Problematik entgegenwirken.[5]

In der deutschen Umsetzungssystematik wird das Transparenzregister von bereits vorhandenen Informationen zur Beteiligungstransparenz unterstützt, die sich aus dem Handels-, Partnerschafts-, Genossenschafts- und Vereinsregister ergeben. Für das Transparenzregister bedeutet dies eine Zugriffsmöglichkeit auf bestehende nationale Systeme – es findet insofern eine „Informationsweitergabe" durch andere Register statt. Erst wenn sich der wirtschaftlich Berechtigte aus den anderen öffentlich zugänglichen elektronischen Registern nicht ermitteln lässt, hat eine Mitteilung an die registerführende Stelle zur Eintragung in das Transparenzregister zu erfolgen, § 20 Abs. 2 GwG. Die Meldung an das Transparenzregister erfolgt folglich subsidiär. Im Transparenzregister werden ausschließlich Daten gespeichert, die nicht über die oben genannten Register verfügbar sind. Die Bundesregierung hat sich im Rahmen der Umsetzung der 4. EU-Geldwäscherichtlinie bewusst für ein eigenständiges elektronisches Register entschieden. Weder das Handels- noch das Unternehmensregister werden um eine weitere Kategorie zum wirtschaftlich Berechtigten ergänzt. Nach der Gesetzesbegründung der Bundesregierung soll somit deutlich gemacht werden, dass dem Transparenzregister **kein spezifischer „öffentlicher Glaube"** beigemessen wird, wie es beim Handelsregister der Fall ist.[6]

1. Systematik des § 18 GwG

§ 18 GwG fungiert als Einleitung des Transparenzregisters und der registerführenden Stelle. Wie sich aus der amtlichen Überschrift des § 18 GwG ergibt, dient sie der Einrichtung des Transparenzregisters und der registerführenden Stelle. Innerhalb der einzelnen Absätze wird geregelt, welche Daten durch das Register erfasst und zugänglich gemacht werden, wer registerführende Stelle ist, wie die Daten im elektronischen Register verwaltet bzw. angelegt werden, wie im Falle einer unklaren oder zweifelhaften Mitteilung verfahren werden kann, wer und in welchem Umfang Daten aus dem Register bereitstellt, wie der Datenschutz sicherzustellen ist und dass das BMF ermächtigt wird, durch Rechtsverordnung die technischen Einzelheiten zu Einrichtung und Führung des Transparenzregisters einschließlich der Speicherung historischer Datensätze sowie die Einhaltung von Löschungsfristen für die im Transparenzregister gespeicherten Daten zu regeln. § 18 GwG bildet sozusagen die **„Mantelregelung"** für das elektroni-

---

5 Vgl. RL (EU) 2015/849, Erwägungsgrund 14; FATF Guidance – Transparency and Beneficial Ownership, October 2014, p. 17; BT-Drs. 18/11555 v. 17.3.2017, Begr. zu Abschnitt 4 (Transparenzregister), S. 124 f.
6 BT-Drs. 18/11555 v. 17.3.2017, Begr. zu Abschnitt 4 (Transparenzregister), S. 124 f.

sche Register, das durch die folgenden Paragraphen des vierten Abschnitts konkretisiert wird.

2. § 18 GwG im Gesetzgebungsverfahren

4 § 18 GwG taucht das erste Mal in dem Gesetzesentwurf der Bundesregierung zur Umsetzung der 4. EU-Geldwäscherichtlinie vom 22.2.2017 auf. Der dem Regierungsentwurf vorausgehende Referentenentwurf des BMF vom 15.12. 2016 beinhaltet eine vergleichbare Regelung nicht. Insofern kann angenommen werden, dass § 18 GwG eine **rein deklaratorische Stellung** im Normengefüge der §§ 18 ff. GwG zuzusprechen ist.

5 Im weiteren Verlauf des Gesetzgebungsverfahrens forderte der Bundesrat in seiner Stellungnahme[7] dazu auf, zu prüfen, ob ein Vertrauen in die Richtigkeit der in dem Transparenzregister gespeicherten Daten gesetzlich normiert werden kann. In seiner Begründung führt der Bundesrat dazu aus, dass das Transparenzregister nur zur effektiven Verhinderung des Missbrauchs von Rechtsgestaltungen zum Zwecke der Geldwäsche und Terrorismusfinanzierung beitragen kann, wenn die Verpflichteten auf die Richtigkeit der im Transparenzregister hinterlegten Daten und Informationen vertrauen können. Zudem sollte das Register für die Verpflichteten auch administrative Vorteile im Kundenkontakt bieten. Zumindest für die Fälle, in denen für die Verpflichteten keine Anhaltspunkte für die Unrichtigkeit der Angaben und keine erhöhten Sorgfaltspflichten bestehen, sollte ein Vertrauen auf die Richtigkeit der Daten gesetzlich geregelt werden, so der Bundesrat in seiner Stellungnahme zum Gesetzesentwurf.[8]

6 Die Bundesregierung lehnte eine solche Normierung jedoch ab: Eine solche Regelung wäre nicht europarechtskonform und verweist auf Artikel 30 Abs. 8 der 4. EU-Geldwäscherichtlinie. Demnach dürfen sich die geldwäscherechtlich Verpflichteten nicht alleine auf das Transparenzregister verlassen, um ihren Sorgfaltspflichten im Umgang mit Kunden nachzukommen. Die Begründung der Bundesregierung verweist insofern auf § 11 Abs. 5 letzter Satz GwG, wonach Verpflichtete sich durch risikoangemessene Maßnahmen zu vergewissern haben, ob die zur Identifizierung erhobenen Angaben ihrer Kunden zutreffend sind, wobei sich der Verpflichtete nicht ausschließlich auf die Angaben im Transparenzregister verlassen darf. Ergibt sich nach dem risikobasierten Ansatz also ein niedriges Risiko, so ist jedoch nicht ausgeschlossen, dass der Umfang der zu ergreifenden Maßnahmen überschaubar bleiben kann.[9]

---

7 BT-Drs. 18/11928 v. 12.4.2017, S. 15 Nr. 22 zu Art. 1 (§ 18 GwG).
8 BT-Drs. 18/11928 v. 12.4.2017, S. 15 Nr. 22 zu Art. 1 (§ 18 GwG).
9 Vgl. BT-Drs. 18/11928 v. 12.4.2017, S. 37 Nr. 22 zu Art. 1 (§ 18 GwG).

Nach den Vorgaben des Art. 30 Abs. 3 der 4. EU-Geldwäscherichtlinie wäre eine Umsetzung auch durch die Bereitstellung der Angaben zum wirtschaftlich Berechtigten einer eingetragenen Gesellschaft oder sonstigen juristischen Person im Handelsregister möglich gewesen. Der deutsche Gesetzgeber hat sich jedoch bewusst für die **Einführung eines eigenständigen Transparenzregisters** entschieden, welches sich vorrangig mit Informationen aus anderen öffentlichen Registern speist. Dies ist nach dem letzten Satz von Art. 30 Abs. 3 der 4. EU-Geldwäscherichtlinie zulässig. Ferner hat man sich auch gegen eine Erweiterung des Handels- oder Unternehmensregister um eine Kategorie zum wirtschaftlich Berechtigten entschieden. Der Gesetzgeber möchte damit zum Ausdruck bringen, dass dem Transparenzregister, anders als dem Handelsregister, **kein spezifischer „öffentliche Glaube"** (vgl. § 15 HGB) beigemessen wird.

II. Statuierung des Transparenzregisters (§ 18 Abs. 1 GwG)

Mit § 18 Abs. 1 GwG wird das Transparenzregister statuiert.[10] Es wird ein Register zur Erfassung und Zugänglichmachung von Angaben über den wirtschaftlich Berechtigten eines Unternehmens eingeführt. Damit wird dem Ziel der 4. EU-Geldwäscherichtlinie Rechnung getragen, mehr Transparenz zu schaffen, indem die betroffenen Gesellschaften nach dem wirtschaftlich Berechtigten „durchleuchtet" werden.[11]

§ 18 Abs. 1 GwG schafft mithin die **rechtliche Grundlage für die Einführung eines Transparenzregisters**, wobei die weiteren Vorschriften des 4. Abschnitts das Transparenzregister konkretisieren. Gem. § 59 Abs. 1 GwG haben Mitteilungen nach § 20 Abs. 1 und § 21 erstmals bis zum 1.10.2017 an das Transparenzregister zu erfolgen. Einsichtnahmen und Beschränkungen sind ab dem 27.12.2017 möglich (§ 59 Abs. 3 GwG).

III. Führung des Transparenzregisters (§ 18 Abs. 2 GwG)

1. Verwaltung des Transparenzregisters als hoheitliche Aufgabe des Bundes (§ 18 Abs. 2 Satz 1 GwG)

§ 18 Abs. 2 Satz 1 GwG bestimmt, wer für die Führung des Registers verantwortlich ist. Demnach wird das Transparenzregister von der **registerführenden Stelle (beliehenen Stelle)** als hoheitliche Aufgabe des Bundes betrieben. Die registerführende Stelle hat sicherzustellen, dass alle nach diesem Gesetz zu erhe-

---

10 BT-Drs. 18/11555 v. 17.3.2017, Begr. zu § 18 Abs. 1 GwG, S. 125.
11 Vgl. *Zillmer*, DB 2016, 2509.

benden Daten zentral an einer Stelle zur Verfügung stehen.[12] In der Praxis hat eine Auslagerung durch Beleihung an eine privatrechtliche Stelle stattgegeben (vgl. § 25 GwG), nämlich an die Bundesanzeiger Verlags GmbH, die das Unternehmensregister betreibt und zur DuMont Medien-Gruppe gehört.

2. Chronologische Datensammlung (§ 18 Abs. 2 Satz 2 GwG)

11   Darüber hinaus legt § 18 Abs. 2 Satz 2 GwG fest, wie die Daten im Transparenzregister anzulegen sind, also diejenigen Daten, die dem Register von den Mitteilungspflichtigen nach § 20 Abs. 1 und § 21 GwG gemeldet werden. Mit dem Handelsregister als Vorbild sollen die Informationen als „chronologische Datensammlung" (vgl. hierzu die verschiedenen abrufbaren Handelsregisterauszüge) hinterlegt werden. Zwar verwendet die Begründung zum Gesetzesentwurf der Bundesregierung die Formulierung: „[…]die im Transparenzregister gespeicherten Daten […] in historischer Abfolge aufgenommen werden, […]",[13] doch wird damit wohl keinesfalls der „historische Abdruck" gemeint sein, der Kopien der von den Registergerichten in elektronische Bilddateien umgewandelten früheren Handelsregisterblätter in Papierform darstellt. Vielmehr ist anzunehmen, dass die Daten in zeitlicher Abfolge, also chronologisch, zu hinterlegen sind. Dadurch wird es insbesondere möglich, Veränderungen im Bestand der wirtschaftlich Berechtigten nachzuverfolgen.

IV. Aufklärungsersuchen durch die registerführende Stelle bei unklaren Mitteilungen (§ 18 Abs. 3 GwG)

12   § 18 Abs. 3 GwG räumt der registerführenden Stelle die Möglichkeit ein, bei unklaren Mitteilungen oder bestehenden Zweifeln, welcher Vereinigung nach § 20 Abs. 1 GwG die in der Mitteilung enthaltenen Angaben zum wirtschaftlich Berechtigten zuzuordnen sind, die mitteilende Vereinigung nach § 20 Abs. 1 Satz 1 GwG bzw. Rechtsgestaltungen nach § 21 GwG zu kontaktieren und um Aufklärung zu bitten. Unklare Mitteilungen bzw. bestehende Zweifel sind insbesondere dann anzunehmen, wenn Bestandteile des Firmennamens von mehreren Gesellschaften identisch sind und die Zuordnung der Mitteilung zu einer der betroffenen Gesellschaften sich nicht eindeutig aus der Mitteilung selbst ergibt.[14] Es bleibt abzuwarten, ob sich in der praktischen Handhabung des Registers noch weitere Fallgruppen herausbilden, die als unklare Mitteilungen bzw. bestehende Zweifel zu klassifizieren sind.

---

12 BT-Drs. 18/11555 v. 17.3.2017, Begr. zu § 18 Abs. 2 GwG, S. 125.
13 BT-Drs. 18/11555 v. 17.3.2017, Begr. zu § 18 Abs. 2 GwG, S. 125.
14 BT-Drs. 18/11555 v. 17.3.2017, Begr. zu § 18 Abs. 3 GwG, S. 125.

Liegt eine unklare Mitteilung vor oder bestehen Zweifel an der konkreten Zuordnung der Mitteilung zu einer Gesellschaft, soll die registerführende Stelle die Eintragung nicht direkt ablehnen müssen, sondern durch Mitwirkung des Betroffenen den **Sachverhalt aufklären** können. Bei erfolgloser Nachfrage durch die registerführende Stelle oder bei ausbleibender Mitwirkung ist die Eintragung nach der Gesetzesbegründung der Bundesregierung abzulehnen.[15] An dieser Stelle stellt sich jedoch die Frage, inwiefern die Ablehnung einer beim Transparenzregister eingereichten Mitteilung aus den in § 18 Abs. 3 GwG genannten Gründen mit dem Telos der 4. EU-Geldwäscherichtlinie vereinbar ist. Die Regelungen über das Transparenzregister haben die Aufnahme in das Geldwäschegesetz gerade deshalb erfahren, um Gesellschafterstrukturen aufzudecken, die tendenziell anfällig für systematische Steuerhinterziehung oder Terrorismusfinanzierung sind. Eintragungen von Mitteilungen in das Register abzulehnen, erscheint in diesem Kontext jedoch eher den Zweck zu verfehlen. Mit anderen Worten wäre es denkbar, für unklare oder zweifelhafte Mitteilungen eine Zwischenablage zu schaffen, die dazu dient, Daten zu sammeln, die noch einer Klarstellung/Aufklärung bzw. Mitwirkung durch den Betroffenen bedürfen. Schon beim Handelsregister fehlt allerdings ein „Sicherungsverfahren".

13

Wird dem Informationsersuchen der registerführenden Stelle innerhalb einer angemessenen Frist nicht nachgekommen, kann dies durch **Verhängung eines Bußgeldes** geahndet werden.[16] Anscheinend soll die Abschreckungswirkung der Verhängung einer Geldbuße dazu führen, dass die oben beschriebene Zwischenablage für unklare oder zweifelhafte Mitteilungen entbehrlich ist. Die Entwicklung in der Praxis bleibt hier jedoch abzuwarten, genauso wie – mit Blick auf die Rechtsprechung – die Bestimmung der „angemessenen Frist", dem Informationsersuchen der registerführenden Stelle nachzukommen.

14

V. Weitere Aufgaben der registerführenden Stelle (§ 18 Abs. 4 GwG)

1. Auskunft aus dem Transparenzregister (§ 18 Abs. 4 Satz 1 GwG)

In § 18 Abs. 4 Satz 1 GwG werden die weiteren der registerführenden Stelle zugeteilten Aufgaben präzisiert. Hierzu gehören das Erstellen von Ausdrucken von Daten, die im Transparenzregister gespeichert sind, das Erteilen von Negativattesten sowie deren Beglaubigung. Die Erteilung der Informationen aus dem Register erfolgt auf Antrag bei der registerführenden Stelle.[17] Dem Gesetz ist für

15

---

15 BT-Drs. 18/11555 v. 17.3.2017, Begr. zu § 18 Abs. 3 GwG, S. 125.
16 BT-Drs. 18/11555 v. 17.3.2017, Begr. zu § 18 Abs. 3 GwG, S. 125.
17 BT-Drs. 18/11555 v. 17.3.2017, Begr. zu § 18 Abs. 4 GwG, S. 126.

GwG § 18 Einrichtung des Transparenzregisters und registerführende Stelle

den Antrag keine besondere Form zu entnehmen; insofern wäre es rechtlich zweifelhaft, dass erst die nach § 18 Abs. 6 GwG zu erstellende Rechtsverordnung solche Formerfordernisse anstellen würde.

2. Beglaubigung der Übereinstimmung von übermittelten Daten mit dem Inhalt des Transparenzregisters (§ 18 Abs. 4 Satz 2 und 3 GwG)

16 Nach § 18 Abs. 4 Satz 2 GwG beglaubigt die registerführende Stelle **auf Antrag**, dass die übermittelten Daten mit dem Inhalt des Transparenzregisters übereinstimmen. Es erfolgt jedoch keine Überprüfung, ob die im Transparenzregister hinterlegten Daten zum wirtschaftlich Berechtigten einer Gesellschaft den Tatsachen entsprechen.[18]

17 Die registerführende Stelle übernimmt mit der **Beglaubigung** keine Gewähr für die Richtigkeit und Vollständigkeit der Angaben zum wirtschaftlich Berechtigten, § 18 Abs. 4 Satz 3 GwG. Eine Haftung seitens der registerführenden Stelle wird ausgeschlossen. Vielmehr liegt es in der Verantwortung der mitteilungspflichtigen Gesellschaften, die bereitgestellten Daten zu überprüfen.[19] Somit ist eine Exkulpation der mitteilungspflichtigen Stelle dahingehend ausgeschlossen, dass sie auf die Richtig- bzw. Vollständigkeit der in dem Transparenzregister gespeicherten Daten vertraut hat. Der Bitte des Bundesrates, ein Vertrauen in die Richtigkeit der im Register gespeicherten Daten zu normieren, wurde jedoch seitens der Bundesregierung nicht nachgekommen (vgl. hierzu die Ausführungen „§ 18 GwG im Gesetzgebungsverfahren").

3. Antrag auf Ausdruck von Daten aus dem Transparenzregister (§ 18 Abs. 4 Satz 4 und 5 GwG)

18 Die Regelung in § 18 Abs. 4 Satz 4 und 5 GwG stellt sicher, dass die in § 22 Abs. 1 Satz 1 Nr. 2 bis 8 GwG vorgesehenen Dokumente und Eintragungen auch über das Transparenzregister erhältlich sind, indem **Ausdrucke** dieser Daten im Fall des § 22 Abs. 1 Satz 1 Nr. 4 bis 8 GwG von den Gerichten und im Fall des § 22 Abs. 1 Satz 1 Nr. 2 und 3 GwG vom Betreiber des Unternehmensregisters auch über das insoweit als Portal fungierende Transparenzregister verlangt werden können.[20]

---

18 BT-Drs. 18/11555 v. 17.3.2017, Begr. zu § 18 Abs. 4 GwG, S. 126.
19 Vgl. *Kaetzler/Kordys*, Comp. & Risk 2015, 4 (5), 2, 4.
20 BT-Drs. 18/11555 v. 17.3.2017, Begr. zu § 18 Abs. 4 GwG, S. 126.

VI. Erstellung eines Informationssicherheitskonzepts durch die registerführende Stelle (§ 18 Abs. 5 GwG)

Mit § 18 Abs. 5 GwG möchte der Gesetzgeber den **datenschutzrechtlichen Anforderungen** gerecht werden, die über die Datenschutzgrundverordnung jüngst europarechtlich vereinheitlicht wurden. Die registerführende Stelle hat ein Sicherheitskonzept für das Transparenzregister zu erstellen, in dem die entsprechenden Maßnahmen zur Sicherstellung von Datenschutz und Datensicherheit festgelegt werden.[21]

19

VII. Verordnungsermächtigung für das BMF (§ 18 Abs. 6 GwG)

§ 18 Abs. 6 GwG enthält eine Regelung zur Verordnungsermächtigung zugunsten des BMF. Einzelheiten zum technischen Aufbau und Betrieb des Transparenzregisters brauchen im Gesetz nicht näher geregelt zu werden. Stattdessen wird das BMF dazu ermächtigt, eine Verordnung mit Detailregelungen zu erlassen, wobei hierzu auch gehört, wie die registerführende Stelle neue Datensätze anlegt und wie lange historische Datensätze gespeichert werden dürfen.[22]

20

---

[21] BT-Drs. 18/11555 v. 17.3.2017, Begr. zu § 18 Abs. 5 GwG, S. 126.
[22] BT-Drs. 18/11555 v. 17.3.2017, Begr. zu § 18 Abs. 6 GwG, S. 126.

§ 19 Angaben zum wirtschaftlich Berechtigten

(1) Über das Transparenzregister sind im Hinblick auf Vereinigungen nach § 20 Absatz 1 Satz 1 und Rechtsgestaltungen nach § 21 folgende Angaben zum wirtschaftlich Berechtigten nach Maßgabe des § 23 zugänglich:

1. Vor- und Nachname,
2 Geburtsdatum,
3. Wohnort und
4. Art und Umfang des wirtschaftlichen Interesses.

(2) Für die Bestimmung des wirtschaftlich Berechtigten von Vereinigungen im Sinne des § 20 Absatz 1 Satz 1 mit Ausnahme der rechtsfähigen Stiftungen gilt § 3 Absatz 1 und 2 entsprechend. Für die Bestimmung des wirtschaftlich Berechtigten von Rechtsgestaltungen nach § 21 und rechtsfähigen Stiftungen gilt § 3 Absatz 1 und 3 entsprechend.

(3) Die Angaben zu Art und Umfang des wirtschaftlichen Interesses nach Absatz 1 Nummer 4 zeigen, woraus die Stellung als wirtschaftlich Berechtigter folgt, und zwar

1. bei Vereinigungen nach § 20 Absatz 1 Satz 1 mit Ausnahme der rechtsfähigen Stiftungen aus

    a) der Beteiligung an der Vereinigung selbst, insbesondere der Höhe der Kapitalanteile oder der Stimmrechte,

    b) der Ausübung von Kontrolle auf sonstige Weise, insbesondere aufgrund von Absprachen zwischen einem Dritten und einem Anteilseigner oder zwischen mehreren Anteilseignern untereinander, oder aufgrund der einem Dritten eingeräumten Befugnis zur Ernennung von gesetzlichen Vertretern oder anderen Organmitgliedern oder

    c) der Funktion des gesetzlichen Vertreters, geschäftsführenden Gesellschafters oder Partners,

2. bei Rechtsgestaltungen nach § 21 und rechtsfähigen Stiftungen aus einer der in § 3 Absatz 3 aufgeführten Funktionen.

Schrifttum: *Bielefeld/Wengenroth*, Neue Risiken für Unternehmen: Was auf Güterhändler nach der (geänderten) 4. EU-Geldwäsche-Richtlinie zukommt, BB 2016, 2499; *Rößler*, Auswirkungen der vierten EU-Anti-Geldwäsche-Richtlinie auf die Kreditwirtschaft, WM 2015, 1406; *Zillmer*, Das UBO-Register – Bye Bye Steuergeheimnis?, DB 2016, 2509.

I. Einleitung § 19 GwG

Übersicht

	Rn.		Rn.
I. Einleitung	1	1. Für Vereinigungen nach § 20 Abs. 1 Satz 1 GwG mit Ausnahme von rechtsfähigen Stiftungen (§ 19 Abs. 3 Nr. 1 GwG)	25
1. Systematik des § 19 GwG	5		
2. § 19 GwG im Gesetzgebungsverfahren	8		
II. Angaben zum wirtschaftlich Berechtigten (§ 19 Abs. 1 GwG)	15	2. Für Rechtsgestaltungen nach § 21 und rechtsfähige Stiftungen (§ 19 Abs. 3 Nr. 2 GwG)	27
III. Bestimmung des wirtschaftlich Berechtigten (§ 19 Abs. 2 GwG)	21		
IV. Art und Umfang des wirtschaftlichen Interesses (§ 19 Abs. 3 GwG)	24		

I. Einleitung

§ 19 GwG enthält eine gesetzliche Konkretisierung zum „transparenzregisterrechtlichen Objekt" – dem **wirtschaftlichen Berechtigten**, welcher die **zentrale Figur** im Transparenzregister darstellt. Aus politischer und geldwäscherechtlicher Sicht ist die Erfassung wirtschaftlich Berechtigter von juristischen Personen, eingetragenen Personengesellschaften (jedoch nicht der rechtsfähigen BGB-Außengesellschaft), Trusts oder Rechtsgestaltungen, welche in ihrer Struktur und Funktion Trusts ähneln, der entscheidende Schritt in Richtung Geldwäschebekämpfung sowohl in Deutschland als auch auf internationaler Ebene. 1

Der Gesetzgeber erhofft sich von den eingeführten **Transparenzpflichten** nach §§ 20 Abs. 1 und 21 Abs. 1 GwG, dass intransparente Beteiligungsverhältnisse aufgedeckt und der Missbrauch der im GwG genannten Gesellschaften zum Zwecke der Geldwäsche, Terrorismusfinanzierung oder auch systematischen Steuerhinterziehung verhindert werden. Denn oftmals mag es in der Praxis schwierig sein, die Ketten von Beteiligungsverhältnissen nachzuvollziehen, um letztendlich zu einer natürlichen Person zu gelangen, die als wirtschaftlich Berechtigter hinter der Beteiligungskette steht. Der „Missbrauchsverdacht" aus den **Panama Papers** wird hierüber allerdings verallgemeinert. Um dies zu erreichen, sollen die wirtschaftlich Berechtigten von inländischen Unternehmen im Register aufgeführt werden. Damit ist jedoch nicht der wirtschaftliche Eigentümer im Sinne des § 39 AO gemeint, sondern die natürlichen Personen, die mittelbar oder unmittelbar bestimmenden Einfluss auf eine Vereinigung/Rechtsgestaltung im Sinne der §§ 20, 21 GwG ausüben (vgl. § 3 Abs. 1 bis 3 GwG). 2

Die FATF hat bereits im Oktober 2014 eine Empfehlung herausgegeben, wie der „wirtschaftlich Berechtigte" (Beneficial Owner) zu definieren bzw. bestimmen 3

GwG § 19   Angaben zum wirtschaftlich Berechtigten

ist.[1] Das Geldwäschegesetz hat diesen Vorschlag angenommen und ihn an das deutsche Recht angepasst. § 3 Abs. 1 und 2 GwG enthält eine Legaldefinition für die Bestimmung des wirtschaftlich Berechtigten von Vereinigungen im Sinne des § 20 Abs. 1 Satz 1 GwG mit Ausnahme von rechtsfähigen Stiftungen. Für die Bestimmung des wirtschaftlich Berechtigten von Rechtsgestaltungen nach § 21 GwG und rechtsfähigen Stiftungen gilt § 3 Abs. 1 und 3 GwG.

4   Die praktische Herausforderung der mitteilungspflichtigen Gesellschaften wird darin bestehen, sämtliche Beteiligungsstrukturen, Verflechtungen und Absprachen zu ermitteln, um die wirtschaftlich Berechtigten identifizieren zu können und anschließend die benötigten persönlichen Angaben einzuholen.[2] Die Mitteilung der Daten[3] an das Transparenzregister dürfte sich im Vergleich dazu als weitgehend unproblematisch darstellen und bedarf lediglich der technischen Umsetzung.

1. Systematik des § 19 GwG

5   § 19 GwG ist mit der amtlichen Überschrift „Angaben zum wirtschaftlich Berechtigten" bezeichnet. § 19 Abs. 1 GwG enthält eine **Aufzählung sämtlicher Angaben zum wirtschaftlich Berechtigten**, die nach Maßgabe des § 23 GwG über das Transparenzregister zugänglich sein sollen. Daraus folgt für die Transparenzverpflichteten nach §§ 20 und 21 GwG, welche Angaben sie von den wirtschaftlich Berechtigten einzuholen haben. Für bestimmte Rechtsgestaltungen nach § 21 GwG ist zusätzlich zu den in § 19 Abs. 1 GwG bezeichneten Angaben die Staatsangehörigkeit des wirtschaftlich Berechtigten „einzuholen, aufzubewahren, auf aktuellem Stand zu halten und der registerführenden Stelle unverzüglich zur Eintragung in das Transparenzregister mitzuteilen", § 21 Abs. 1 Satz 2 GwG. Somit wird in einzelnen Fällen auch die Staatsangehörigkeit des wirtschaftlich Berechtigten über das Register zugänglich sein.

6   § 19 Abs. 2 GwG soll klarstellen, dass die Definition des wirtschaftlich Berechtigten sich auch im Zusammenhang mit dem Transparenzregister aus § 3 GwG ergibt. Eine solche Anordnung soll nach der Regierungsbegründung gesetzes-

---

1   FATF Guidance – Transparency and Beneficial Ownership, October 2014, p. 8: „Beneficial owner refers to the natural person(s) who ultimately owns or controls a customer and/or the natural person on whose behalf a transaction is being conducted. It also includes those persons who exercise ultimate effective control over a legal person or arrangement."
2   Vgl. *Zillmer*, DB 2016, 2509.
3   Nach § 19 Abs. 1 Nr. 1–4 GwG müssen mindestens Vor- und Nachname, Geburtsdatum, Wohnort und Art und Umfang des wirtschaftlichen Interesses an die transparenzregisterführende Stelle übermittelt werden. Für Rechtsgestaltungen nach § 21 GwG wird auch die Mitteilung der Staatsangehörigkeit des wirtschaftlich Berechtigten an das Transparenzregister verlangt, § 21 Abs. 1 Satz 1 GwG.

I. Einleitung   § 19 GwG

systematisch erforderlich sein, da der Wortlaut des § 3 GwG auf die Kontrolle des Vertragspartners bzw. auf die Veranlassung einer Transaktion abstelle.[4] Wir halten die z. T. komplexe Verweiskette für deklaratorisch; sie täuscht darüber hinweg, dass im Kernbereich des § 3 GwG erhebliche **Auslegungsschwierigkeiten** bestehen.

In § 19 Abs. 3 GwG wird näher bestimmt, wie „Art und Umfang des wirtschaftlichen Interesses" im Sinne des § 19 Abs. 1 Nr. 4 GwG zu verstehen ist, woraus die Stellung als wirtschaftlich Berechtigter also folgt, und unterteilt die „Festlegungskriterien" zum einen für Vereinigungen nach § 20 Abs. 1 S. 1 GwG mit Ausnahme der rechtsfähigen Stiftungen (Nr. 1) und zum anderen für Rechtsgestaltungen nach § 21 GwG und rechtsfähige Stiftungen. Diese Systematik folgt den EU- und FATF-Vorgaben.   7

2. § 19 GwG im Gesetzgebungsverfahren

§ 19 GwG in der derzeit geltenden Fassung entspricht seinem Regelungszweck und Wortlaut nach weitestgehend § 17 GwG in der Fassung des Referentenentwurfs des BMF vom 15.12.2016. Im Gesetzgebungsverfahren zur Umsetzung der 4. EU-Geldwäscherichtlinie wurde der regelungsreiche § 17 GwG-RefE „entschlackt". Die bisherigen 6 Absätze des § 17 GwG-RefE wurden auf die §§ 18–26 GwG in der aktuell geltenden Fassung aufgeteilt bzw. einzelne Passagen gestrichen.   8

§ 19 Abs. 1 GwG entspricht überwiegend der Fassung des Referentenentwurfs, wurde jedoch um einen Verweis auf § 23 GwG ergänzt. Insofern fand im Gesetzgebungsprozess eine Anpassung an Art. 30 Abs. 5 und Art. 31 Abs. 4 der 4. EU-Geldwäscherichtlinie statt, welche einen gestaffelten Zugang zum Transparenzregister vorsieht. Die hinterlegten Daten sind mithin nur zugänglich, sofern die Einsichtnahme nach § 23 GwG gestattet ist und auch nicht beschränkt ist. Nach dem Wortlaut des § 17 Abs. 1 GwG-RefE hätte es allerdings nahegelegen, dass der Zugang zum Transparenzregister jedermann möglich ist, wie es im Gesetzgebungsverfahren mehrmals gefordert wurde. In der Kommentierung zu § 23 GwG wird auf die gesetzgeberische Debatte zu einem öffentlich zugänglichen Register (Einsichtnahme für Jedermann) näher eingegangen.   9

§ 19 Abs. 2 GwG enthält einen unnötigen Verweis auf die Definition des wirtschaftlich Berechtigten nach § 3 GwG – jeweils je nach Art der Gesellschaft/Vereinigung zzgl. Abs. 2 oder 3. Den Hinweis, § 3 GwG gelte „entsprechend", kann man wohl nur so verstehen, dass eben die Festlegung des Transparenzregisters nicht von der Suche nach dem „wahren" wirtschaftlich Berechtigten entbinden soll.   10

---

4 BT-Drs. 18/11555 v. 17.3.2017, Begr. zu § 19 Abs. 2 GwG, S. 126.

GwG § 19 Angaben zum wirtschaftlich Berechtigten

11 Nach Art. 3 Nr. 6a) i) der 4. EU-Geldwäscherichtlinie gelten als wirtschaftliche Eigentümer bei Gesellschaften natürliche Personen, die Aktien oder andere Gesellschaftsanteile **von mehr als 25 %** halten.[5] Die EU-Kommission versucht, die 25 %-Grenze abzusenken. Der Änderungsvorschlag der Kommission[6] sieht für bestimmte Arten von Unternehmen (passive Nicht-Finanzinstitute (NFE) im Sinne der RL 2011/16/EU) eine Absenkung auf 10 % vor,[7] sodass insbesondere Holding-Gesellschaften/Strukturen[8] betroffen wären. Nach den Einschätzungen der Kommission bergen gerade solche Gesellschaften ein hohes Risiko für Geldwäsche und Steuerflucht.[9] Der Fokus des Änderungsvorschlages liegt dabei deutlich auf zwischengeschalteten Unternehmen ohne eigenständige wirtschaftliche Tätigkeit und eigenes Einkommen, die regelmäßig dazu dienen, den tatsächlichen Eigentümer einer juristischen Person zu verschleiern, um so die Vermögenszuordnung erheblich zu erschweren oder unmöglich zu machen. Mittels derartiger Gestaltungen könne die Schwelle von 25 % umgangen werden. Die Einführung eines niedrigeren Schwellenwertes würde die zusätzliche Informationserhebung der Verpflichteten auf Unternehmen beschränken, die ein hohes Risiko der Nutzung für illegale Zwecke aufweisen. Insofern wäre die Erfassung von wirtschaftlich Berechtigten vereinfacht.[10]

12 Im Hinblick auf Fälle, in denen keine natürliche Person als wirtschaftlich Berechtigter identifiziert werden kann, decken sich Richtlinie und der Gesetzesentwurf der Bundesregierung. Die im Gesetzesentwurf enthaltene Definition passt sich den Vorgaben des Art. 3 Nr. 6 a) ii) der 4. EU-Geldwäscherichtlinie an, die wiederum ihren Ursprung in den FATF-Empfehlungen[11] hat. Demnach ist in einem ersten Schritt ausführlich zu prüfen, ob eine natürliche Person Eigentümer einer juristischen Person ist oder auf sonstige Weise Kontrolle ausüben kann. Ist allerdings keine natürliche Person als wirtschaftlich Berechtigter ermittelbar, weil es beispielsweise einen solchen nicht gibt oder die Struktur eine Identifikation nicht erlaubt, werden die **gesetzlichen Vertreter, geschäftsführenden Gesellschafter oder Partner** als wirtschaftlich Berechtigte fingiert. In diesem Fall sind die gesetzlichen Vertreter, geschäftsführenden Gesellschafter bzw. Partner des Vertragspartners sowohl für die Erfüllung der Kundensorgfaltspflichten als auch für die Datei zum automatisierten Abruf von Kontoinformationen zu erfas-

---

5 Siehe Kommentierung zu § 3 GwG für die genaue Bestimmung des wirtschaftlich Berechtigten bei juristischen Personen, rechtsfähigen Stiftungen und bestimmten Rechtsgestaltungen.
6 COM(2016) 450.
7 COM(2016) 450, S. 35.
8 *Bielefeld/Wengenroth*, BB 2016, 2499, 2503.
9 COM(2016) 450, S. 20.
10 Vgl. COM(2016) 450, S. 20.
11 FATF Guidance – Transparency and Beneficial Ownership, October 2014, p. 14; BT-Drs. 18/11555 v. 17.3.2017, Begr. zu § 3 GwG, S. 108.

sen. Diese **„Default"-Klassifikation** ist eine der wesentlichen Neuerungen der 4. EU-Geldwäscherichtlinie. Sie führt im Ergebnis dazu, dass es keine Gesellschaften/Vereinigungen ohne wirtschaftlich Berechtigten geben kann/darf. Für Bestandskunden hat die Erfassung lediglich im Rahmen der Aktualisierung nach § 10 Abs. 3 GwG zu erfolgen. Die gleiche Vorgehensweise ist auch dann anzuwenden, wenn keine Verdachtsmomente vorliegen oder Zweifel an der Richtigkeit des festgestellten wirtschaftlich Berechtigten bestehen.[12]

Auf europäischer und nationaler Ebene ist die Regelung jedoch kritisch zu hinterfragen. Fraglich ist, ob es einer Vorschrift, die natürliche Personen, die der Führungsebene angehören, als wirtschaftlich Berechtigte fingiert, im EU-Recht oder deutschen Geldwäscherecht bedarf. In einem Großteil der EU-Staaten sind Geschäftsführer oder Vertretungsberechtigte bereits aus dem Unternehmens-/Handelsregister ersichtlich, sodass die Regelung überflüssig erscheint.

Zudem birgt die beschriebene Fiktion von Personen der Führungsebene als wirtschaftlich Berechtigte das Risiko, dass es zu einer Vermengung zwischen Eigentümern und Gesellschaftern sowie Vorständen und Geschäftsführung in Register- und Kontoabrufverfahren nach § 24c KWG kommt. Die bislang klare Abgrenzung der Verfügungsberechtigten von den wirtschaftlich Berechtigten könnte dadurch verschwimmen. Zudem wird von Teilen der Literatur für die Bestimmung des wirtschaftlich Berechtigten ein erheblicher Mehraufwand erwartet, wenn dieselbe Person (sei es gesetzlicher Vertreter, geschäftsführender Gesellschafter oder Partner des Vertragspartners) zweimal in unterschiedlichen Stellungen zu erfassen ist.[13] Jedoch heißt dies u. E. nicht, dass im Hinblick auf die Transparenzpflicht ein Mehraufwand durch eine erhöhte Anzahl an Meldungen an die registerführende Stelle zu erwarten ist. Denn regelmäßig dürften sich die gesetzlichen Vertreter, geschäftsführenden Gesellschafter oder Partner des Vertragspartners bereits aus dem Handels-, Partnerschafts-, Genossenschafts-, Vereins- oder Unternehmensregister ergeben. Ist dies der Fall, so gilt die Transparenzpflicht nach § 20 Abs. 2 GwG bereits als „abgegolten", sodass keine Doppelmeldungen für ein und dieselbe Person nötig sein dürften.

II. Angaben zum wirtschaftlich Berechtigten (§ 19 Abs. 1 GwG)

§ 19 Abs. 1 GwG enthält eine Aufzählung der Daten zum wirtschaftlich Berechtigten, die im Hinblick auf Vereinigungen nach § 20 Abs. 1 Satz 1 GwG und

---

12 BT-Drs. 18/11555 v. 17.3.2017, Begr. zu § 3 GwG, S. 108; vgl. dazu auch RL (EU) 2015/849, Art. 3 Nr. 6 lit. a) sublit. ii); FATF Guidance – Transparency and Beneficial Ownership, October 2014, S. 14.
13 Vgl. *Rößler*, WM 2015, 1406, 1408.

GwG § 19 Angaben zum wirtschaftlich Berechtigten

Rechtsgestaltungen nach § 21 GwG zu erheben sind und über das Transparenzregister nach Maßgabe des § 23 GwG eingesehen werden können. Die Vorschrift dient insofern der Umsetzung des Art. 30 Abs. 5 Unterabs. 2 der 4. EU-Geldwäscherichtlinie.

16 Folgende Angaben zum wirtschaftlich Berechtigten werden demnach über das Transparenzregister zugänglich sein: **Vor- und Nachname** (§ 19 Abs. 1 Nr. 1 GwG), **Geburtsdatum** (§ 19 Abs. 1 Nr. 2 GwG), **Wohnort** (§ 19 Abs. 1 Nr. 3 GwG) und **Art und Umfang des wirtschaftlichen Interesses** (§ 19 Abs. 1 Nr. 4 GwG).

17 Rechtsgestaltungen nach § 21 GwG haben zusätzlich zu den in § 19 Abs. 1 Nr. 1 bis 4 GwG genannten Angaben die **Staatsangehörigkeit** der wirtschaftlich Berechtigten zu erheben, § 21 Abs. 1 Satz 1 GwG. Der Anwendungsbereich des § 21 GwG dient der Erfassung von wirtschaftlich Berechtigten eines Trusts, insofern unterliegt der Verwalter des Trusts (Trustee) den Transparenzpflichten nach § 21 GwG. Nach deutschem Recht können Trusts aus rechtsdogmatischen Gründen nicht errichtet werden (siehe hierzu § 21 Rn. 10).[14] Zudem hat Deutschland das Haager Übereinkommen über das auf Trusts anzuwendende Recht bislang nicht unterzeichnet und somit die zivilrechtliche/öffentlich-rechtliche Anerkennung der angloamerikanischen Rechtsfigur versagt.[15] Insofern wird dem § 21 GwG und der daraus erwachsenen Pflicht des Trustees, die Staatsangehörigkeit der wirtschaftlich Berechtigten zu erfassen, eine geringe praktische Bedeutung beizumessen sein. Mit der Erfassung im Transparenzregister ist insbesondere keine rechtliche Anerkennung der Rechtsfigur verbunden. In der Praxis dürfte es sich ausschließlich um ausländische Trusts handeln, denn nach deutschem Recht können diese nicht errichtet werden (**Numerus clausus** des Gesellschaftsrechts). Anderes dürfte jedoch für nichtrechtsfähige Stiftungen und andere Rechtsgestaltungen gelten.

18 Die Formulierung von § 19 Abs. 1 GwG „sind […] zugänglich" soll deutlich machen, dass die Angaben zum wirtschaftlich Berechtigten nicht zwingend im Transparenzregister selbst abgespeichert sein müssen; vielmehr ist es ausreichend, wenn sich die in § 19 Abs. 1 Nr. 1 bis 4 GwG aufgeführten Angaben aus den Originaldatenbeständen der Handels-, Partnerschafts-, Genossenschafts-, Vereins- und Unternehmensregister ergeben.[16] Dies scheint mit Blick auf § 20 Abs. 2 GwG nur konsequent.

19 Für die Zugänglichkeit der im Transparenzregister hinterlegten Angaben zum wirtschaftlich Berechtigten sind die Begrenzungen für die Einsichtnahme in das Register zu beachten – „[…] nach Maßgabe des § 23 GwG zugänglich: […]".

---

14 BT-Drs. 18/11555 v. 17.3.2017, Begr. zu § 21 Abs. 1 GwG, S. 130.
15 BT-Drs. 18/11555 v. 17.3.2017, Begr. zu § 21 Abs. 1 GwG, S. 130.
16 BT-Drs. 18/11555 v. 17.3.2017, Begr. zu § 19 Abs. 1 GwG, S. 126.

Dem Verweis auf § 23 GwG ist demnach lediglich eine klarstellende Bedeutung beizumessen.

Bis das BMF von seiner Verordnungsermächtigung (s. § 18 Abs. 6 GwG) Gebrauch gemacht hat und technische Einzelheiten zu Einrichtung und Führung sowie weiteren Detailregelungen im Umgang mit den Datensätzen für die im Transparenzregister gespeicherten Angaben näher geregelt hat, ist die Zugänglichmachung Theorie. Es ist zu erwarten, dass die Datensätze mit den Angaben über den wirtschaftlich Berechtigten, ähnlich wie im Handelsregister, in historischer bzw. chronologischer Darstellung bereitliegen und gegen eine Gebühr abgerufen werden können. Im Hinblick auf die kompatiblen Dokumentenformate für den Datenaustausch mit dem Transparenzregister werden wohl ähnliche Anzeigeprogramme wie für das Handelsregister (Gemeinsames Registerportal der Länder) definiert sein. Hierzu gehören die Produkte zip, tif (Tagged Image Files), tiff (Tagged Image File Format), pkcs7, p7m, p7s (Dateiformate mit eingebetteter Signatur), odt (Open Document-Text), pdf (Portable Document Format), rtf (Rich Text Format), asc (Textdatei mit ASCII-Zeichensatz), txt (Textdatei), doc (document) oder xml (Extensible Markup Language).[17]   20

III. Bestimmung des wirtschaftlich Berechtigten (§ 19 Abs. 2 GwG)

§ 19 Abs. 2 GwG enthält eine **klarstellende gesetzliche Regelung** zur Bestimmung des wirtschaftlich Berechtigten von „Vereinigungen" im Sinne des § 20 Abs. 1 Satz 1 GwG mit Ausnahme der rechtsfähigen Stiftungen und Rechtsgestaltungen nach § 21 GwG. Der Verweis auf § 3 Abs. 1 und 2 GwG impliziert, dass die Definition des wirtschaftlich Berechtigten für Zwecke des Transparenzregisters „entsprechend" gilt. Es handelt sich um einen **überflüssigen Rechtsgrundverweis**. Als Begründung für die nur „entsprechende" Anwendung führt die Regierungsbegründung an: Während § 3 Abs. 1 GwG auf die Kontrolle des Vertragspartners bzw. den Veranlasser einer Transaktion abstelle, würden die wirtschaftlich Berechtigten für das Transparenzregister nicht im Zusammenhang mit konkreten Geschäftsbeziehungen oder Transaktionen mit Verpflichteten ermittelt, sondern vielmehr zur grundsätzlichen Identifizierung der Person, sodass die entsprechende Anwendung des § 3 Abs. 1 und 2 GwG erforderlich ist.[18] Dass die „konkrete" bzw. „abstrakte" Sichtweise zu unterschiedlichen Personen (als wirtschaftlich Berechtigte einer Vereinigung) führt, wird wohl trotzdem nicht beabsichtigt sein.   21

---

17 https://www.handelsregister.de/rp_web/help.do?Thema=dateiformate (zuletzt aufgerufen am 23.5.2017).
18 BT-Drs. 18/11555 v. 17.3.2017, Begr. zu § 19 Abs. 2 GwG, S. 126.

22 Für Rechtsgestaltungen nach § 21 und rechtsfähige Stiftungen gilt § 3 Abs. 1 und 3 GwG entsprechend.[19]

23 Weitere Abweichungen (d. h. außerhalb der abstrakten Sichtweise) von der Definition des § 3 GwG bestehen nicht. Dies gilt auch für sonstige Gesellschaften, die an einem organisierten Markt nach § 2 Abs. 5 WpHG notiert sind (**börsennotierte Gesellschaften**), die anderweitigen Offenlegungspflichten für börsennotierte Gesellschaften unterliegen und bereits eine umfassende Transparenz von Eigentumsverhältnissen solcher Gesellschaften gewährleisten.[20] Diese anderweitige Transparenz rechtfertige es nach Ansicht der Bundesregierung jedoch nicht, börsennotierte Gesellschaften von der Transparenzpflicht zu befreien. Deren Einbeziehung würde die Bündelung von Daten für das Transparenzregister fördern und dazu beitragen, die Nutzerfreundlichkeit des Registers zu steigern.[21] Anders hingegen noch der Referentenentwurf des BMF vom 15.12.2016, nach dem börsennotierte Gesellschaften schon nicht den transparenzregisterrechtlichen Mitteilungspflichten unterliegen sollten, da die für sie bereits geltenden Offenlegungspflichten eine angemessene Transparenz der Eigentumsverhältnisse an der Gesellschaft sicherstellen.[22]

IV. Art und Umfang des wirtschaftlichen Interesses (§ 19 Abs. 3 GwG)

24 § 19 Abs. 3 GwG regelt näher, was unter **Art und Umfang des wirtschaftlichen Interesses** im Sinne des § 19 Abs. 1 Nr. 4 GwG zu verstehen ist. Dabei wird zwischen Vereinigungen nach § 20 Abs. 1 Satz 1 GwG (§ 19 Abs. 3 Nr. 1 GwG) und Rechtsgestaltungen nach § 21 GwG und rechtsfähigen Stiftungen (§ 19 Abs. 3 Nr. 2 GwG) unterschieden. Mit anderen Worten, soll neben den in § 19 Abs. 1 Nr. 1 bis 4 GwG genannten Angaben zum wirtschaftlich Berechtigten hinterlegt sein, woraus die Stellung als wirtschaftlich Berechtigter folgt, also in welcher Beziehung die wirtschaftlich Berechtigten zu der Gesellschaft stehen. Diese Angabe (type of controlling person) ist bei bestimmten Gesellschaften auch für Meldungen nach dem **Common Reporting Standard** erforderlich.

1. Für Vereinigungen nach § 20 Abs. 1 Satz 1 GwG mit Ausnahme von rechtsfähigen Stiftungen (§ 19 Abs. 3 Nr. 1 GwG)

25 Für Vereinigungen nach § 20 Abs. 1 Satz 1 GwG mit Ausnahme von rechtsfähigen Stiftungen bestimmt die Art und der Umfang des wirtschaftlichen Interes-

---

19 Für die Bestimmung des wirtschaftlich Berechtigten siehe Kommentierung zu § 3 GwG.
20 BT-Drs. 18/11555 v. 17.3.2017, Begr. zu § 19 Abs. 2 GwG, S. 126.
21 BT-Drs. 18/11555 v. 17.3.2017, Begr. zu § 20 Abs. 2 GwG, S. 128.
22 Referentenentwurf v. 15.12.2016, Begr. zu § 17 Abs. 2 GwG, S. 131 f.

IV. Art und Umfang des wirtschaftlichen Interesses § 19 GwG

ses, woraus die Stellung als wirtschaftlich Berechtigter folgt, § 19 Abs. 3 Nr. 1 lit. a) bis c) GwG.

So sind für die Beurteilung zu Art und Umfang des wirtschaftlichen Interesses folgende Kriterien maßgeblich: 26

a) die **Beteiligung** an der Vereinigung selbst, insbesondere die **Höhe der Kapitalanteile** oder der **Stimmrechte** (§ 19 Abs. 3 Nr. 1 lit. a) GwG),
b) die **Ausübung von Kontrolle** auf sonstige Weise, insbesondere aufgrund von Absprachen zwischen einem Dritten und einem Anteilseigner oder zwischen mehreren Anteilseignern untereinander, oder aufgrund der einem Dritten eingeräumten Befugnis zur Ernennung von gesetzlichen Vertretern oder anderen Organmitgliedern (§ 19 Abs. 3 Nr. 1 lit. b) GwG)[23] oder
c) die Funktion des gesetzlichen Vertreters, geschäftsführenden Gesellschafters oder Partners (§ 19 Abs. 3 Nr. 1 lit. c) GwG).

2. Für Rechtsgestaltungen nach § 21 GwG und rechtsfähige Stiftungen (§ 19 Abs. 3 Nr. 2 GwG)

Für Rechtsgestaltungen nach § 21 GwG und rechtsfähige Stiftungen bestimmen Art und Umfang des wirtschaftlichen Interesses, woraus die Stellung als wirtschaftlich Berechtigter folgt, § 19 Abs. 3 Nr. 2 GwG. 27

§ 19 Abs. 3 Nr. 2 GwG enthält für Rechtsgestaltungen nach § 21 GwG und rechtsfähige Stiftungen einen die Definition erweiternden Verweis auf § 3 Abs. 3 GwG. Nach dieser Vorschrift zählt zu den wirtschaftlich Berechtigten: 28

– jede natürliche Person, die als **Treugeber**, Verwalter von Trusts (**Trustee**) oder **Protektor**, sofern vorhanden, handelt (§ 3 Abs. 3 Nr. 1 GwG),
– jede natürliche Person, die **Mitglied des Vorstands** der Stiftung ist (§ 3 Abs. 3 Nr. 2 GwG),
– jede natürliche Person, die als **Begünstigte** bestimmt worden ist (§ 3 Abs. 3 Nr. 3 GwG),
– die Gruppe von natürlichen Personen, zu deren Gunsten das Vermögen verwaltet oder verteilt werden soll, sofern die natürliche Person, die Begünstigte des verwalteten Vermögens werden soll, noch nicht bestimmt ist (§ 3 Abs. 3 Nr. 4 GwG), und
– jede natürliche Person, die auf sonstige Weise unmittelbar oder mittelbar beherrschenden Einfluss auf die Vermögensverwaltung oder Ertragsverteilung ausübt (§ 3 Abs. 3 Nr. 5 GwG).

---

23 Unter § 19 Abs. 3 Nr. 1 lit. b) GwG dürfte insbesondere ein Beherrschungsverhältnis oder eine Stimmbindungsvereinbarung gehören; die Kreditinstituten in sog. Covenants eingeräumten Mitbestimmungsrechte sind beispielsweise zu beschränkt, um eine „Zurechnung der Kontrolle" zu rechtfertigen. Insbesondere im Kreditfall kann das anders zu sehen sein.

§ 20 Transparenzpflichten im Hinblick auf bestimmte Vereinigungen

(1) Juristische Personen des Privatrechts und eingetragene Personengesellschaften haben die in § 19 Absatz 1 aufgeführten Angaben zu den wirtschaftlich Berechtigten dieser Vereinigungen einzuholen, aufzubewahren, auf aktuellem Stand zu halten und der registerführenden Stelle unverzüglich zur Eintragung in das Transparenzregister mitzuteilen. Die Mitteilung hat elektronisch in einer Form zu erfolgen, die ihre elektronische Zugänglichmachung ermöglicht. Bei den Angaben zu Art und Umfang des wirtschaftlichen Interesses nach § 19 Absatz 1 Nummer 4 ist anzugeben, woraus nach § 19 Absatz 3 die Stellung als wirtschaftlich Berechtigter folgt, sofern nicht Absatz 2 Satz 2 einschlägig ist.

(2) Die Pflicht zur Mitteilung an das Transparenzregister nach Absatz 1 Satz 1 gilt als erfüllt, wenn sich die in § 19 Absatz 1 aufgeführten Angaben zum wirtschaftlich Berechtigten bereits aus den in § 22 Absatz 1 aufgeführten Dokumenten und Eintragungen ergeben, die elektronisch abrufbar sind aus:

1. dem Handelsregister (§ 8 des Handelsgesetzbuchs),
2. dem Partnerschaftsregister (§ 5 des Partnerschaftsgesellschaftsgesetzes),
3. dem Genossenschaftsregister (§ 10 des Genossenschaftsgesetzes),
4. dem Vereinsregister (§ 55 des Bürgerlichen Gesetzbuchs) oder
5. dem Unternehmensregister (§ 8b Absatz 2 des Handelsgesetzbuchs).

Bei Gesellschaften, die an einem organisierten Markt nach § 2 Absatz 5 des Wertpapierhandelsgesetzes notiert sind oder dem Gemeinschaftsrecht entsprechenden Transparenzanforderungen im Hinblick auf Stimmrechtsanteile oder gleichwertigen internationalen Standards unterliegen, gilt die Pflicht zur Mitteilung an das Transparenzregister stets als erfüllt. Eine gesonderte Angabe im Hinblick auf Art und Umfang des wirtschaftlichen Interesses nach § 19 Absatz 1 Nummer 4 ist nicht erforderlich, wenn sich aus den in § 22 Absatz 1 aufgeführten Dokumenten und Eintragungen ergibt, woraus nach § 19 Absatz 3 die Stellung als wirtschaftlich Berechtigter folgt. Ist eine Mitteilung nach Absatz 1 Satz 1 an das Transparenzregister erfolgt und ändert sich danach der wirtschaftlich Berechtigte, sodass sich die Angaben zu ihm nun aus den in Satz 1 aufgeführten Registern ergeben, ist dies der registerführenden Stelle nach Absatz 1 Satz 1 unverzüglich zur Berücksichtigung im Transparenzregister mitzuteilen.

(3) Anteilseigner, die wirtschaftlich Berechtigte sind oder von dem wirtschaftlich Berechtigten unmittelbar kontrolliert werden, haben den Vereini-

gungen nach Absatz 1 die zur Erfüllung der in Absatz 1 statuierten Pflichten notwendigen Angaben und jede Änderung dieser Angaben unverzüglich mitzuteilen. Kontrolliert ein Mitglied eines Vereins oder einer Genossenschaft mehr als 25 Prozent der Stimmrechte, so trifft die Pflicht nach Satz 1 diese Mitglieder. Bei Stiftungen trifft die Pflicht die Personen nach § 3 Absatz 3. Dasselbe gilt für Angabepflichtige im Sinne der Sätze 2 und 3, die unter der unmittelbaren Kontrolle eines wirtschaftlich Berechtigten stehen. Stehen Angabepflichtige im Sinne der Sätze 1 bis 3 unter der mittelbaren Kontrolle eines wirtschaftlich Berechtigten, so trifft die Pflicht nach Satz 1 den wirtschaftlich Berechtigten.

(4) Die Angabepflicht nach Absatz 3 entfällt, wenn die Meldepflicht nach Absatz 1 gemäß Absatz 2 als erfüllt gilt oder wenn die Anteilseigner, Mitglieder und wirtschaftlich Berechtigten die erforderlichen Angaben bereits in anderer Form mitgeteilt haben.

(5) Die Zentralstelle für Finanztransaktionsuntersuchungen und die Aufsichtsbehörden können im Rahmen ihrer Aufgaben und Befugnisse die nach Absatz 1 aufbewahrten Angaben einsehen oder sich vorlegen lassen.

Schrifttum: *Baumbach/Hueck*, GmbHG, 21. Aufl. 2017; *Bochmann*, Zweifelsfragen des neuen Transparenzregisters, DB 2017, 1310; *Erbs/Kohlhaas*, Strafrechtliche Nebengesetze, 214. EL Mai 2017; *Fleischer/Goette*, Münchener Kommentar zum GmbHG, Bd. 2, 2. Aufl. 2016; *Fisch*, Das neue Transparenzregister und seine Auswirkungen auf die Praxis, NZG 2017, 408; *Krais*, Die Pläne der Errichtung eines zentralen Transparenzregisters, CCZ 2017, 98, 100; *Rieg*, Prüfungs- und Handlungsbedarf aufgrund der Einführung des Transparenzregisters, BB 2017, 2310; *Schaub*, Das neue Transparenzregister naht – Überblick über die Regelungen und praktische Auswirkungen für Personenvereinigungen, DStR 2017, 1438; *Seibert*, Die GmbH und das Transparenzregister, GmbHR 2017, R97; *Seibert/Wedemann*, Der Schutz der Privatanschrift im elektronischen Handels- und Unternehmensregister, GmbHR 2007, 17; *Ziemons/Jäger*, Beck'scher Online-Kommentar GmbHG, 31. Edition, Stand: 1.5.2017.

Übersicht

	Rn.		Rn.
I. Einleitung	1	2. Transparenzpflichten i. S. d. § 20 Abs. 1 Satz 1 GwG	37
1. Gesetzessystematik des § 20 GwG	5	a) Einholen der Angaben zu den wirtschaftlich Berechtigten	38
2. § 20 GwG im Gesetzgebungsverfahren	15	b) Aufbewahrung der eingeholten Angaben zu den wirtschaftlich Berechtigten	42
II. Transparenzpflicht (§ 20 Abs. 1 GwG)	26		
1. Transparenzpflichtige Vereinigungen i. S. d. § 20 Abs. 1 GwG	32		

c) Aktualisierung der Angaben zu den wirtschaftlich Berechtigten 48
d) Mitteilung der Angaben zu wirtschaftlich Berechtigten 51
   aa) Registrierung im Transparenzregister nach der Transparenzregisterdatenübermittlungsverordnung – TrDüV 54
   bb) Übermittlung der Angaben zu den wirtschaftlich Berechtigten nach der Transparenzregisterdatenübermittlungsverordnung – TrDüV 58
3. Angaben über die Stellung als wirtschaftlich Berechtigter nach § 19 Abs. 3 (§ 20 Abs. 1 Satz 3 GwG) 62

III. Verhinderung von Mehrfachmeldungen (§ 20 Abs. 2 GwG). 63
1. Mitteilungsfiktion im Hinblick auf einzelne Vereinigungen . . 67
   a) Kapitalgesellschaften. 67
      aa) Gesellschaft mit beschränkter Haftung (GmbH/gGmbH) und Unternehmergesellschaft (UG). 67
      bb) Aktiengesellschaft (AG) 69
   b) Personengesellschaften ... 71
      aa) Gesellschaft bürgerlichen Rechts (GbR) .. 71
      bb) Offene Handelsgesellschaft (oHG). 72
      cc) Kommanditgesellschaft (KG) 73

   dd) Partnerschaftsgesellschaften (ggf. mbB) ... 74
   c) Vereine, Stiftungen und Genossenschaften 75
2. Besonderheiten bei Beteiligungsketten. 78
3. Besonderheiten bei börsennotierten Gesellschaften (§ 20 Abs. 2 Satz 2 GwG) 81
4. Erfüllungsaufwand der Wirtschaft 84
5. Mitteilung nach § 20 Abs. 2 Satz 4 GwG 86

IV. Angabepflicht nach § 20 Abs. 3 GwG 87
1. Anteilseigner, die wirtschaftlich Berechtigte i. S. d. § 20 Abs. 3 Satz 1 GwG sind. 90
2. Vereins- oder Genossenschaftsmitglieder mit mehr als 25 % der Stimmrechte (§ 20 Abs. 3 Satz 2 GwG) 96
3. Stiftungen (§ 20 Abs. 3 Satz 3 GwG) 98
4. Weitere Besonderheiten der Angabepflicht (§ 20 Abs. 3 Satz 4 GwG) 101
5. Auskunftspflicht bei mittelbarer Kontrolle (§ 20 Abs. 3 Satz 5 GwG) 102

V. Entbehrlichkeit der Angabepflicht (§ 20 Abs. 4 GwG) 104

VI. Einsichtsbefugnis der Zentralstelle für Finanztransaktionsuntersuchungen und Aufsichtsbehörden (§ 20 Abs. 5 GwG). 106

I. Einleitung

1 Mit Einführung des Transparenzregisters sind alle juristischen Personen des Privatrechts sowie eingetragene Personengesellschaften (im Gesetzeswortlaut zusammengefasst als „Vereinigungen") künftig verpflichtet, Vor- und Nachname, Geburtsdatum, Wohnort und Art und Umfang des wirtschaftlichen Interesses ihrer wirtschaftlich Berechtigten an die registerführende Stelle zu melden. Die Mittei-

I. Einleitung **§ 20 GwG**

lungen haben elektronisch zu erfolgen, sodass ihre **elektronische Zugänglichmachung** über das Transparenzregisterportal ermöglicht wird. Wie die Übermittlung der Angaben an das Transparenzregister zu erfolgen hat, bestimmt die Transparenzregisterdatenübermittlungsverordnung (TrDüV).[1] Es ist dabei unklar, ob die mitgeteilten Angaben mittels Dokumenten oder Unterlagen belegt werden müssen. U.E. gibt der Wortlaut eine solche Authentifizierungspflicht schlichtweg nicht her; ohnehin erfolgt durch die Vereinigungen im Sinne des § 20 Abs. 1 Satz 1 GwG keine „Überprüfung" der nach § 19 Abs. 1 Nr. 1 bis 4 GwG erforderlichen Angaben ihrer wirtschaftlich Berechtigten, denn für Vereinigungen besteht lediglich die Pflicht zur Einholung der Angaben. Anteilseigner unterliegen einer Pflicht, entsprechende Angaben der Vereinigung mitzuteilen, § 20 Abs. 1 Satz 1 GwG. Den mitgeteilten Angaben kann daher höchstens ein allgemeiner Informationsgehalt zugesprochen werden. Ein Vertrauen in die Richtigkeit der Daten des Transparenzregisters ist nach § 18 Abs. 4 Satz 3 GwG ausgeschlossen.

Das Transparenzregister ist kein Anhang eines bereits bestehenden öffentlichen Registers, wie es nach den Vorgaben der 4. EU-Geldwäscherichtlinie durchaus zulässig wäre, sondern ein **gänzlich eigenständiges Register**. Das Transparenzregister „speist" sich allerdings aus den schon vorhandenen Informationen über die wirtschaftlich Berechtigten aus öffentlichen Registern, wie dem Handels-, Partnerschafts-, Genossenschafts-, Vereins- und Unternehmensregister. Ergeben sich die nach § 19 Abs. 1 Nr. 1 bis 4 GwG erforderlichen Angaben zum wirtschaftliche Berechtigten aus den in § 22 Abs. 1 aufgeführten Dokumenten und Eintragungen, muss keine Mitteilung der Vereinigungen an das Transparenzregister erfolgen.

2

Verletzt eine transparenzpflichtige Vereinigung ihre Mitteilungspflicht nach § 20 Abs. 1 Satz 1 GwG vorsätzlich oder leichtfertig, so handelt sie ordnungswidrig. Ein Verstoß kann als **Ordnungswidrigkeit** mit einer Geldbuße bis zu 100.000 EUR geahndet werden, § 56 Abs. 3 GwG, in Fällen besonders schwerwiegender Verstöße sogar mit einer Geldbuße von bis zu 1.000.000 EUR oder mit einer Geldbuße bis zum Zweifachen des aus dem Verstoß gezogenen wirtschaftlichen Vorteils § 56 Abs. 2 Satz 1 Nr. 1 und 2 GwG. Für bestimmte Verpflichtete im Sinne des § 2 Abs. 1 GwG, wie Kreditinstitute, Finanzdienstleistungsinstitute oder Zahlungsinstitute, kann sogar eine Geldstrafe bis zu 5.000.000 EUR oder 10% des Gesamtumsatzes, der innerhalb eines Geschäftsjahres erzielt wurde, verhängt werden, § 56 Abs. 2 Satz 3 und 4 Nr. 1 und 2 GwG. Insofern empfiehlt es sich, regelmäßig unter **Compliance**-Gesichtspunkten zu überprüfen und zu dokumentieren, wohl mindestens einmal jährlich,[2] ob

3

---

1 Verordnung zur Datenübermittlung durch Mitteilungsverpflichtete und durch den Betreiber des Unternehmensregisters an das Transparenzregister (Transparenzregisterdatenübermittlungsverordnung – TrDüV) vom 30.6.2017 (BGBl. I 2017, S. 2090).
2 BT-Drs. 18/11555 v. 17.3.2017, Begr. zu § 20 Abs. 1 GwG, S. 127.

GwG § 20 Transparenzpflichten im Hinblick auf bestimmte Vereinigungen

Mitteilungspflichten hinsichtlich wirtschaftlich Berechtigter bzw. mitteilungspflichtige Änderungen bestehen. Zwar besteht für Vereinigungen keine aktive Nachforschungspflicht, doch sollten zumindest zwecks Einholung der Angaben über ihre wirtschaftlich Berechtigten die Vereinigungen intern entsprechend organisiert sein, um die Angaben auf ihre Vollständigkeit überprüfen und an das Transparenzregister weiterleiten zu können.

4 Vereinigungen sind zum Einholen der Daten über die wirtschaftlich Berechtigten verpflichtet. Dabei sind sie aber nicht auf sich allein gestellt. Vielmehr haben die Anteilseigner, die wirtschaftlich Berechtigte sind oder von einem wirtschaftlich Berechtigten kontrolliert werden, den Vereinigungen nach § 20 Abs. 1 Satz 1 GwG die zur Erfüllung ihrer Transparenzpflichten notwendigen Angaben und jede Änderung ihrer Angaben unverzüglich mitzuteilen. Weitere Sanktionsmöglichkeiten im Innenverhältnis zum Anteilseigner bestehen jedoch nicht. Damit die wirtschaftlich Berechtigten nicht mit unnötigen Angabepflichten belastet werden, können auch diese Pflichten kraft Fiktion entfallen, wenn die Mitteilungspflicht der Vereinigung bereits aufgrund der Mitteilungsfiktion des § 20 Abs. 2 GwG entfällt oder die Angaben bereits in anderer Form den Vereinigungen mitgeteilt wurden, beispielsweise durch die Meldung eines Inhaberaktionärs nach § 20 AktG.[3] Entscheidend ist, dass die Vereinigung mit den ihr bekannten Angaben ihre Transparenzpflichten erfüllen kann. Ein Rückfall der Meldepflicht auf die wirtschaftlich Berechtigten selbst, wenn der Vereinigung ihrerseits bei der Transparenzregisteranmeldung Fehler unterlaufen, besteht nicht.

1. Gesetzessystematik des § 20 GwG

5 Nachdem in § 18 GwG die Rahmenbedingungen für das Transparenzregister festlegt und § 19 GwG diejenigen Angaben aufführt, die von den jeweiligen wirtschaftlich Berechtigten zu erheben sind, stellt § 20 GwG sicher, dass die Angaben über die wirtschaftlich Berechtigten auch tatsächlich dem Transparenzregister zur Verfügung stehen.

6 Die Vorschrift betrifft die Sphäre der **Informationsbeschaffung bzw. -weiterleitung.**

7 § 20 Abs. 1 GwG statuiert die sog. **Transparenzpflichten**, die von den Vereinigungen künftig zu erfüllen sind. In direktem Kontakt mit der registerführenden Stelle stehen daher die in § 20 Abs. 1 GwG genannten **Vereinigungen** – juristische Personen des Privatrechts und eingetragene Personengesellschaften. Dazu gehört wohl auch die rechtsfähige Stiftung, selbst wenn für diese kein Register nach § 20 Abs. 2 GwG zur Verfügung steht. § 21 Abs. 2 Nr. 1 GwG regelt die nichtrechtsfähigen Stiftungen separat. Die rechtsfähige Stiftung hat allerdings vergleichbar der nichtrechtsfähigen Stiftung § 3 Abs. 3 GwG bei der Bestim-

---

3 BT-Drs. 18/11555 v. 17.3.2017, Begr. zu § 20 Abs. 4 GwG, S. 130.

I. Einleitung **§ 20 GwG**

mung des wirtschaftlichen Berechtigten anzuwenden (§ 19 Abs. 3 Nr. 2 GwG). Die Vereinigungen stellen die Verknüpfung zwischen den wirtschaftlich Berechtigten, die es mit Inkrafttreten der 4. EU-Geldwäscherichtlinie zu erfassen gilt, und dem Transparenzregister dar, welches als Informationsmedium und „Sammelbecken" der Angaben über die wirtschaftlich Berechtigten dient.

Gleichzeitig wird durch die Verpflichtung der Vereinigungen eine Entlastung der staatlichen Stellen dahingehend erreicht, dass diese selbst nicht auf die eigenständige Erhebung der Informationen von den wirtschaftlich Berechtigten angewiesen sind, sondern die Angaben bereits elektronisch verarbeitet weitergeleitet bekommen. Die transparenzpflichtigen Unternehmen sind schließlich diejenigen, die für einen Informationsausfall haften, vgl. § 56 Abs. 1 Nr. 53 i.V.m. Abs. 2 GwG. 8

§ 20 Abs. 2 GwG enthält die sog. **Mitteilungsfiktion**, die einen wesentlichen Beitrag zur Entlastung der transparenzpflichtigen Unternehmen leistet. Die Mitteilung an das Transparenzregister ist entbehrlich, wenn alle erforderlichen Angaben zu den wirtschaftlich Berechtigten aus den in § 20 Abs. 2 GwG genannten öffentlichen Registern in elektronischer Form[4] abrufbar sind. In § 22 Abs. 1 GwG werden die Register aufgeführt, aus denen sich die Angaben ergeben können. Hat eine Gesellschaft die Angaben ihrer wirtschaftlich Berechtigten nach § 19 Abs. 1 GwG bereits in elektronischer Weise über die öffentlichen Register zugänglich gemacht, greift die Mitteilungsfiktion. Die Pflichten des § 20 Abs. 1 GwG leben dann erst wieder im Rahmen einer jährlichen Überprüfung oder Änderung der Angaben eines oder mehrerer wirtschaftlich Berechtigter auf.[5] Die Regelung soll zugunsten der Unternehmen sicherstellen, dass **keine Doppelbelastung** durch Mehrfachmeldungen (Register und Transparenzregister) eintritt.[6] Nicht erfasst von der Erleichterung ist insbesondere die rechtsfähige Stiftung, die als juristische Person des Privatrechts zwar betroffen ist, aber nicht von einem öffentlich zugänglichen Register profitiert. Das oft beim Innenministerium der Länder angesiedelte Stiftungsregister bringt also keine Erleichterung. 9

Die in § 20 Abs. 3 GwG definierte Angabepflicht der Anteilseigner, die wirtschaftlich Berechtigte sind, bildet das Gegenstück zu den in § 20 Abs. 1 GwG statuierten Verpflichtungen auf Seiten der Unternehmen. Die Angabepflicht der wirtschaftlich Berechtigten ist der Ausgangspunkt der „Informationskette" und sorgt dafür, dass die verpflichteten Vereinigungen die Angaben, welche Gegenstand ihrer persönlichen Mitteilungspflicht an das Transparenzregister sind, auch tatsächlich erhalten. Gleichzeitig birgt die Vorschrift **erhebliches Konfliktpotenzial** für das Verhältnis der Unternehmen zu ihren Anteilseignern, die 10

---

4 Im Regelfall handelt es sich um den Download einer Bilddatei über die Internetplattform des jeweiligen öffentlichen Registers.
5 Vgl. BT-Drs. 18/11555 v. 17.3.2017, Begr. zu § 20 Abs. 1 GwG, S. 127.
6 BT-Drs. 18/11555 v. 17.3.2017, Begr. zu § 20 Abs. 2 GwG, S. 128.

GwG § 20 Transparenzpflichten im Hinblick auf bestimmte Vereinigungen

wirtschaftlich Berechtigte sind, wenn diese unwillig sind, ihre Angaben oder Angaben über die anderweitigen wirtschaftlich Berechtigten preiszugeben.

11 Auch die Anteilseigner, die von der Angabepflicht erfasst sind, können über § 20 Abs. 4 Alt. 1 GwG eine Entlastung erfahren. Sind die Angaben jeweils derart verfügbar, dass sich die Stellung als wirtschaftlich Berechtigter bereits aus öffentlichen Registern ergibt und die Pflicht der Vereinigungen bereits als erfüllt gilt, hat eine Meldung nach § 20 Abs. 3 GwG nicht zu erfolgen.

12 Wie aus der Systematik von § 20 Abs. 1 bis 4 GwG ersichtlich ist, versucht der Gesetzgeber die gesamte Informationskette vom wirtschaftlich Berechtigten über die transparenzpflichtigen Vereinigungen bis hin zum Transparenzregister möglichst effizient und umfänglich zu gestalten. Die in ihrer Regelungswirkung ineinander verzahnten § 20 Abs. 1 bis 4 GwG sorgen für einen Informationsfluss zum Transparenzregister sowie zwischen den Vereinigungen und ihren Anteilseignern, die wirtschaftlich Berechtigte sind, ohne dass Angaben überflüssig oder doppelt gemeldet werden müssten. Zudem wird der **Erfüllungsaufwand** der Privatwirtschaft auf ein Minimum **reduziert**. Die gesetzessystematischen Überlegungen erscheinen konsistent und sind dem Grunde nach zu begrüßen.

13 Die nach § 20 Abs. 1 bzw. 3 GwG ermittelten und nach § 20 Abs. 1 GwG aufbewahrten Angaben sind entsprechend den Vorgaben des Art. 30 Abs. 2 der 4. EU-Geldwäscherichtlinie u.a. für die Zentralstelle für Finanztransaktionsuntersuchungen, für das BZSt, die örtlichen Finanz- und die Aufsichtsbehörden zugänglich. Sie können gem. § 20 Abs. 5 GwG die Angaben einsehen oder sich diese vorlegen lassen. § 20 Abs. 5 GwG darf jedoch keineswegs mit der Vorschrift zur Einsichtnahme in das Transparenzregister selbst verwechselt werden, denn § 23 Abs. 1 Nr. 1 lit. a) und b) GwG bestimmen schon, dass das Einsehen zu Gunsten der Zentralstelle für Finanztransaktionsuntersuchungen und den Aufsichtsbehörden gestattet ist. Das mag z.B. für die Beurteilung des Vorsatzes einer möglichen Steuerhinterziehung von Bedeutung sein. Die beiden staatlichen Stellen können die aufbewahrten Angaben einsehen oder sich vorlegen lassen, unabhängig von der Einsichtnahme in das Register selbst. Ein Anhörungsrecht der beteiligten Vereinigungen besteht nach dem Wortlaut der Regelung nicht.

14 Aus § 20 Abs. 5 GwG lässt sich auch eine Mitwirkungspflicht im Sinne einer **Duldungspflicht** für Vereinigungen ableiten, die Einsicht in die von ihr selbst aufbewahrten Dokumente zu dulden oder eben diese auf Verlangen einer der berechtigten Stellen vorzulegen. Diese Duldungspflicht kann mittels **Verwaltungsvollstreckungsmaßnahmen** durchgesetzt werden.

2. § 20 GwG im Gesetzgebungsverfahren

15 § 20 GwG und die darin normierten „Transparenzpflichten im Hinblick auf bestimmte Vereinigungen" sind zunächst auf die europarechtlichen Vorgaben des

I. Einleitung § 20 GwG

Art. 30 Abs. 1 der 4. EU-Geldwäscherichtlinie zurückzuführen. Dort heißt es: „Die Mitgliedstaaten sorgen dafür, dass die in ihrem Gebiet eingetragenen Gesellschaften oder sonstigen juristischen Personen angemessene, präzise und aktuelle Angaben zu ihren wirtschaftlichen Eigentümern, einschließlich genauer Angaben zum wirtschaftlichen Interesse, einholen und aufbewahren müssen." So gibt die Richtlinie bereits vor, dass zu den Verpflichteten die im Gebiet eines Mitgliedstaates „eingetragenen Gesellschaften" zählen. In dem deutschen Umsetzungsgesetz, § 20 GwG, stellt der Wortlaut hingegen nicht ausdrücklich auf die Eintragung der Gesellschaft ab, jedoch knüpft die Gesetzesbegründung, wie auch die 4. EU-Geldwäscherichtlinie, für die Eröffnung des Anwendungsbereichs der Vorschrift an die Eintragung der Gesellschaften in Gesellschafts-, oder Handelsregister oder anderen öffentlichen Registern als Gründungsvoraussetzung an.[7] § 18 GwG in der Fassung des Referentenentwurfs des BMF vom 15.12.2016 erfasste dem Wortlaut nach „die gesetzlichen Vertreter von juristischen Personen des Privatrechts und von rechtsfähigen Personengesellschaften". Der Referentenentwurf unterscheidet sich also deutlich von der im Juni 2017 in Kraft getretenen Fassung sowie dem vorgelagerten Regierungsentwurf (BT-Drs. 18/11555). Nach diesem Referentenentwurf sollten also nicht die Gesellschaften selbst den Transparenzpflichten unterliegen, sondern deren gesetzliche Vertreter. Der Ansatz des Referentenentwurfs konnte sich im folgenden Gesetzgebungsverfahren nicht behaupten. Bereits die weiteren Gesetzesentwurfsfassungen zu den Transparenzpflichten distanzierten sich von dieser Formulierung, sodass künftig „juristische Personen des Privatrechts und eingetragene Personengesellschaften" von den Transparenzpflichten erfasst sind. Dies ermöglicht nun auch eine **dezentralisierte Aufgabenverteilung**.

Im Hinblick auf die einzelnen Transparenzpflichten bestand im deutschen Gesetzgebungsverfahren durchgehend Einigkeit. Sowohl der Referentenentwurf als auch der Regierungsentwurf (BT-Drs. 18/11555) statuierten die Pflicht, die Angaben zu den wirtschaftlich Berechtigten einzuholen, aufzubewahren, auf dem aktuellen Stand zu halten und der registerführenden Stelle unverzüglich mitzuteilen. So haben dieselben Pflichten im Umsetzungsgesetz der 4. EU-Geldwäscherichtlinie mit § 20 Abs. 1 GwG Eingang gefunden. Die Vorschrift dient mithin der nationalen Umsetzung der Vorgaben des Art. 30 Abs. 1 und 3 der 4. EU-Geldwäscherichtlinie. Die Pflicht zur Einholung und Aufbewahrung wurde eins zu eins aus der Richtlinie übernommen wie auch die Pflicht zur stetigen Führung aktueller Angaben über die wirtschaftlich Berechtigten (**kontinuierliche Aktualisierungspflicht**). Aus der Vorgabe des Art. 30 Abs. 3 der 4. EU-Geldwäscherichtlinie, wonach die Mitgliedstaaten dafür zu sorgen haben, dass die Angaben zu den wirtschaftlichen Eigentümern in einem zentralen Register in jedem Mitgliedstaat aufbewahrt werden, z. B. in einem Handels- oder Gesell-

16

---

7 BT-Drs. 18/11555 v. 17.3.2017, Begr. zu § 20 Abs. 1 GwG, S. 127.

GwG § 20 Transparenzpflichten im Hinblick auf bestimmte Vereinigungen

schaftsregister oder in einem öffentlichen Register, folgte für die Umsetzung in deutsches Recht die wohl präzisere Formulierung, dass die in § 20 Abs. 1 GwG genannten Vereinigungen der Pflicht unterliegen, die Angaben zu den wirtschaftlich Berechtigten der registerführenden Stelle unverzüglich zur Eintragung in das Transparenzregister mitzuteilen. Dadurch soll gewährleistet sein, dass die erforderlichen Angaben in einem **zentralen Register** „aufbewahrt" sind. „Aufbewahrt" im Sinne der Richtlinie meint keine „physische" Verwahrung, sondern die dauerhafte Bereitstellung der Angaben in einem dem Handels- oder Gesellschaftsregister (öffentliche Register) vergleichbaren Registerportal. Die deutsche Umsetzung wählt dahingehend die Option der Sammlung der Angaben zu den wirtschaftlich Berechtigten in einem eigenständigen öffentlichen Register – dem Transparenzregister.

17 Im Laufe des Gesetzgebungsverfahrens hat die Vorschrift zu den Transparenzpflichten im Hinblick auf bestimmte Vereinigungen, § 20 GwG, weitere Wortlautänderungen und sonstige Umstellungen erfahren. § 18 Abs. 1 Satz 1 GwG in der Fassung des Referentenentwurfs sah bereits vor, dass die Zentralstelle für Finanztransaktionsuntersuchungen und die Aufsichtsbehörden im Rahmen ihrer Aufgaben und Befugnisse die von den Vereinigungen aufbewahrten Informationen einsehen und/oder sich vorlegen lassen können. Nun findet sich die Berechtigung zugunsten der beiden genannten Behörden im geltenden § 20 Abs. 5 GwG wieder.

18 Des Weiteren wurde die Vorschrift zu den Transparenzpflichten um die Form der Mitteilung an das Transparenzregister im Laufe des Gesetzgebungsverfahrens explizit niedergeschrieben und präzisiert. Nach § 20 Abs. 1 Satz 2 GwG hat die Mitteilung „in elektronischer Form" zu erfolgen. Im Referentenentwurf wäre die Mitteilungsform lediglich anhand diverser Formulierungen zu vermuten gewesen, vgl. § 17 Abs. 4 Satz 1 GwG-RefE.[8] Wie die Mitteilung an das Transparenzregister zu erfolgen hat, konkretisiert nunmehr § 3 der am 5.7.2017 in Kraft getretenen Transparenzregisterdatenübermittlungsverordnung (TrDüV).[9]

19 Die Pflicht nach § 20 Abs. 1 Satz 3 GwG, bei den Angaben zu Art und Umfang des wirtschaftlichen Interesses nach § 19 Abs. 1 Nr. 4 GwG anzugeben, woraus nach § 19 Abs. 3 GwG die Stellung als wirtschaftlich Berechtigter folgt, war bereits im Referentenentwurf vorgesehen, § 18 Abs. 3 GwG-RefE. Hier fehlte es

---

8 § 17 Abs. 4 Satz 1 GwG-RefE: „Das Transparenzregister [...] wird von der registerführenden Stelle elektronisch als zeitlich geschichtete Datensammlung geführt."
Hieraus ergibt sich, dass das Transparenzregister in elektronischer Weise geführt wird. Wie die Mitteilungen zu erfolgen haben, lässt sich daher nur ableiten, wobei die Papierform dadurch keineswegs ausgeschlossen ist.
9 Verordnung zur Datenübermittlung durch Mitteilungsverpflichtete und durch den Betreiber des Unternehmensregisters an das Transparenzregister (Transparenzregisterdatenübermittlungsverordnung – TrDüV) vom 30.6.2017 (BGBl. I 2017, S. 2090).

I. Einleitung § 20 GwG

jedoch, im Gegensatz zu dem späteren Regierungsentwurf und der in Kraft getretenen Gesetzesfassung, an der Ausklammerung von Gesellschaften, welche an einem organisierten Markt gemäß den Anforderungen des WpHG notiert sind oder dem Gemeinschaftsrecht entsprechenden Transparenzanforderungen im Hinblick auf Stimmrechtsanteile oder gleichwertigen internationalen Standards unterliegen. Man konnte sich im Gesetzgebungsverfahren nur dazu durchringen, Unternehmen, die bereits aufgrund anderer gesetzlicher Regelungen ein gewisses Maß an Transparenz aufweisen, zusätzlich zu entlasten.

Die Entlastung nach § 20 Abs. 2 Satz 2 GwG bedeutet nicht, dass börsennotierte Gesellschaften vom Anwendungsbereich der Transparenzpflichten ausgeschlossen wären; vielmehr steht deren Einbeziehung für eine nutzerfreundliche und **allumfassende Bündelung** der Informationen im Transparenzregister.[10] Im Referentenentwurf waren börsennotierte Gesellschaften vom Anwendungsbereich des Transparenzregisters gänzlich ausgeschlossen.[11] Dies macht die Schwierigkeiten rund um die transparenzregisterrechtliche Erfassung der an einem geregelten Markt notierten Gesellschaften deutlich. Im Zeichen der Bündelung der Daten hat man sich im Gesetzgebungsverfahren auf einen weiten persönlichen Anwendungsbereich festgelegt und korrespondierend die Mitteilungsfiktion in § 20 Abs. 2 GwG verstärkt, um eine redundante Belastung für Unternehmen zu vermeiden. 20

Nach § 18 Abs. 2 Satz 1 GwG-RefE galt die Pflicht zur Mitteilung für Angaben über die wirtschaftlich Berechtigten bereits als erfüllt, wenn sich diese aus den abschließend aufgelisteten elektronischen öffentlichen Registern (Handels-, Partnerschafts-, Genossenschafts-, Vereins- und Unternehmensregister) ergab. Die geltende Fassung des § 20 Abs. 2 Satz 1 GwG ist im Vergleich zur Referentenentwurfsfassung allerdings dahingehend ergänzt worden, dass sich die Angaben „aus den in § 22 Abs. 1 GwG aufgeführten Registern" ergeben müssen. Durch den Verweis auf § 22 GwG ist klar, dass nicht jede noch so obskure Angabe in den Registerinformationen ausreicht. Auch im Hinblick auf bereits erfolgte Mitteilungen an das Transparenzregister, bei denen sich der wirtschaftlich Berechtigte im Nachhinein ändert und dessen Angaben sich schließlich aus den öffentlichen Registern ergeben, war man sich hinsichtlich der daraus resultierenden Mitteilungspflicht einig, vgl. § 18 Abs. 2 Satz 2 GwG-RefE und § 20 Abs. 2 Satz 3 GwG. 21

Eine Änderung der Regelung wurde lediglich bezüglich der Offenlegungsfrist vorgenommen. Sah der Referentenentwurf keine Fristigkeit vor, hat die Mitteilung einer Änderung des wirtschaftlich Berechtigten zur Berücksichtigung im Transparenzregister „unverzüglich" zu erfolgen. Es drängt sich folglich die Vermutung auf, dass es dem Gesetzgeber besonders darauf ankam, wie Art. 30 22

---

10 Vgl. BT-Drs. 18/11555 v. 17.3.2017, Begr. zu § 20 Abs. 2 GwG, S. 128.
11 Referentenentwurf vom 15.12.2016, Begr. zu § 17 Abs. 2, S. 131 f.

Abs. 1 der 4. EU-Geldwäscherichtlinie bereits zum Ausdruck bringt, im Transparenzregister stets „**präzise und aktuelle Angaben**" zu den wirtschaftlich Berechtigten abrufbar zu halten. Ferner wurde die Mitteilungsfiktion zur Vermeidung einer unnötigen Belastung der Privatwirtschaft mit dem Einschub des § 20 Abs. 2 Satz 1 GwG in der geltenden Fassung gestärkt. Seither soll eine gesonderte Angabe der Art und des Umfangs des wirtschaftlichen Interesses nicht erforderlich sein, wenn bereits aus den in § 22 Abs. 1 GwG aufgeführten Dokumenten und Eintragungen (z. B. Gesellschafterliste, Eintragungen in anderen öffentlichen Registern) ersichtlich ist, woraus nach § 19 Abs. 3 GwG die Stellung als wirtschaftlich Berechtigter folgt. Vergleichbares sah der Referentenentwurf des BMF noch nicht vor. Zu erkennen ist, dass der Gesetzgeber regelmäßig bestrebt war, ein Gleichgewicht zwischen vollständigen, richtigen und aktuellen Angaben über die wirtschaftlich Berechtigten und einem gleichzeitig möglichst geringen Erfüllungsaufwand zu schaffen. In der Gegenüberstellung mit der „ersten" Entwurfsfassung, dem Referentenentwurf, sind ihm merkliche Fortschritte gelungen.

23 Die in § 20 Abs. 3 GwG normierte Angabepflicht für Anteilseigner, die wirtschaftlich Berechtigte sind oder von einem wirtschaftlich Berechtigten unmittelbar kontrolliert werden, entspricht im Wesentlichen § 18 Abs. 4 GwG-RefE. Im Gesetzgebungsverfahren sind hauptsächlich verschiedene Formulierungsänderungen erfolgt. So wird mit der nun geltenden Formulierung „Anteilseigner, die wirtschaftlich Berechtigte sind" lediglich auf die Begriffsbestimmung des wirtschaftlich Berechtigten in § 3 GwG verwiesen. Dies führt zu einer leichteren Lektüre der Vorschrift. Für Vereins- oder Genossenschaftsmitglieder wird auf eine 25%-Schwelle der Stimmrechte abgestellt, wohingegen der Referentenentwurf von der „Kontrolle" der Gesellschaft ausging. Der Wortlaut wurde mithin konkretisiert. Hinsichtlich der Angabepflicht in Bezug auf Stiftungen und Angabepflichtige, die unter der unmittelbaren Kontrolle eines wirtschaftlich Berechtigten stehen, wurden keine nennenswerten Änderungen vorgenommen.

24 Gänzlich neu ist § 20 Abs. 3 Satz 5 GwG, der die Angabepflicht für die Fälle einer Beteiligungskette regeln soll. Mit § 20 Abs. 4 GwG hat die Entbehrlichkeit der Angabepflicht bei Mitteilungsfiktion nach § 20 Abs. 2 GwG einen eigenen Absatz bekommen. Der Referentenentwurf sah dies noch in § 18 Abs. 4 Satz 5 GwG vor.

25 Die in § 20 Abs. 5 GwG normierte Einsichts- und Vorlageberechtigung der Zentralstelle für Finanztransaktionsuntersuchungen und der Aufsichtsbehörden war schon in der Fassung des Referentenentwurfs in § 18 Abs. 1 Satz 2 GwG-RefE enthalten.

II. Transparenzpflicht (§ 20 Abs. 1 GwG)

26 Mit § 20 Abs. 1 GwG wird Art. 30 Abs. 1 Unterabs. 1 der 4. EU-Geldwäscherichtlinie in nationales Recht umgesetzt. Künftig unterliegen juristische Perso-

II. Transparenzpflicht (§ 20 Abs. 1 GwG) § 20 GwG

nen des Privatrechts und eingetragene Personengesellschaften (Vereinigungen) den sog. **Transparenzpflichten**. Nach § 20 Abs. 1 GwG besteht für juristische Personen des Privatrechts und eingetragene Personengesellschaften die Pflicht, die in § 19 Abs. 1 GwG aufgeführten Angaben zu den wirtschaftlich Berechtigten[12] der juristischen Personen oder eingetragene Personengesellschaften einzuholen, aufzubewahren, auf aktuellem Stand zu halten und der registerführenden Stelle unverzüglich zur Eintragung in das Transparenzregister mitzuteilen.

Die Mitteilungspflicht nach § 20 Abs. 1 GwG erstreckt sich dabei auf Informationen, die den **juristischen Personen und eingetragenen Personengesellschaften** (das Gesetz fasst diese als „Vereinigungen" zusammen) bereits bekannt sind oder die ihnen von den jeweiligen Anteilseignern mitgeteilt werden.[13] 27

Für die Vereinigungen besteht nicht die Pflicht, die zu meldenden Angaben über den wirtschaftlich Berechtigten i. S. d. § 19 Abs. 1 GwG eigenständig zu ermitteln. Insbesondere besteht kein Erfordernis, Beteiligungsstrukturen nachzuvollziehen.[14] Das Gesetz spricht nämlich nur von „einholen", was jedoch eher die tatsächliche Entgegennahme der Angaben vom wirtschaftlich Berechtigten in Gestalt einer „Empfangseinrichtung" bezeichnen soll. Nach § 20 Abs. 3 GwG ist es die **Pflicht des Anteilseigners**, den Vereinigungen sämtliche relevanten Angaben für deren Mitteilung an das Transparenzregister unverzüglich mitzuteilen. Nach der Gesetzesbegründung sollen die Anteilseigner selbst am besten einschätzen können, ob sie wirtschaftlich Berechtigte sind oder ob eine Kontrolle ihrerseits durch einen anderen wirtschaftlich Berechtigten gegeben ist. Doch sind, wie der Skandal der Panama Papers zeigt, gerade die Anteilseigner diejenigen, die mittels undurchsichtiger Gesellschaftsstrukturen ihre Beteiligungen verschleiert haben. Warum soll dann gerade diesen Personen das Vertrauen zugesprochen werden, in Zukunft ehrlich und pflichtbewusst ihre Beteiligungen offenzulegen (?). Dem soll die **Bußgeldvorschrift** des § 56 Abs. 1 Nr. 54 GwG entgegenwirken und einen Anreiz schaffen, damit Anteilseigner, die wirtschaftlich Berechtigte sind, ihrer Mitteilungspflicht nach § 20 Abs. 3 GwG ordnungsgemäß nachkommen. Immerhin kann eine solche Ordnungswidrigkeit gem. § 56 Abs. 2 Nr. 1 und 2 GwG mit einer Geldbuße bis zu einer Million Euro oder bis zum Zweifachen des aus dem Verstoß gezogenen wirtschaftlichen Vorteils, wenn es sich um einen schwerwiegenden, wiederholten oder systematischen Verstoß handelt, geahndet werden. Hinzu kommt die Vorlagepflicht nach § 20 Abs. 5 GwG, sodass falsche oder unvollständige Angaben von der jeweils zuständigen Aufsichtsbehörde (§ 50 GwG) geahndet werden. 28

---

12 Vor- und Nachname, Geburtsdatum, Wohnort und Art und Umfang des wirtschaftlichen Interesses.
13 BT-Drs. 18/11555 v. 17.3.2017, Begr. zu § 20 Abs. 1 GwG, S. 127.
14 BT-Drs. 18/11555 v. 17.3.2017, Begr. zu § 20 Abs. 1 GwG, S. 127.

GwG § 20 Transparenzpflichten im Hinblick auf bestimmte Vereinigungen

29 Bei der Mitteilungspflicht nach § 20 Abs. 1 GwG handelt es sich nicht um eine einmalige Mitteilungspflicht. Trotz der Mitteilung der Angaben durch den wirtschaftlich Berechtigten selbst haben juristische Personen des Privatrechts oder die eingetragenen Personengesellschaften über die Aufbewahrungs- und Mitteilungspflicht hinaus die Angaben zumindest jährlich dahingehend zu überprüfen, ob ihnen auf sonstige Weise Informationen bekannt geworden sind, aus denen sich eine Änderung der wirtschaftlich Berechtigten ergibt, die der registerführenden Stelle mitzuteilen ist.[15] Die **Transparenzpflichten** nach § 20 Abs. 1 GwG stellen folglich **periodisch wiederkehrende Pflichten** dar. Die bloße Mitteilung zur Kenntnisnahme reicht nicht aus. Änderungen müssen ergänzend an das Transparenzregister gemeldet werden. Hinsichtlich der Änderungen des wirtschaftlich Berechtigten wird für die Vereinigungen keine Nachforschungspflicht begründet.[16] Die zentrale Aufgabe der Vereinigungen nach § 20 Abs. 1 GwG besteht mithin darin, die Angaben i. S. d. § 19 Abs. 1 GwG einzuholen, aufzubewahren, auf dem aktuellen Stand zu halten und der registerführenden Stelle – in elektronischer Form – zur Eintragung in das Transparenzregister mitzuteilen.

30 Die in § 20 Abs. 1 GwG normierten Transparenzpflichten der Vereinigungen stellen eine neue „**Compliance-Pflicht**" dar.[17] Dabei unterliegen nicht nur die klassischen „Geldwäsche-Compliance-Verpflichteten" i. S. d. § 2 Abs. 1 GwG den Transparenzpflichten, sondern auch alle sonstigen Vereinigungen i. S. d. § 20 Abs. 1 sowie bestimmte Rechtsgestaltungen nach § 21 GwG.[18] Bei Vereinigungen sind in erster Linie die **gesetzlichen Vertreter** für die Erfüllung der Transparenzpflichten verantwortlich, wobei die Erfüllung der Pflichten delegiert werden kann.[19] Die Beauftragung von Dritten als Dienstleister scheint somit nicht ausgeschlossen.

31 Die neuen „Compliance-Pflichten" verlangen von den Vereinigungen, ein „effektives internes Überwachungs- und Meldewesen" einzurichten, welches sicherstellen muss, „dass die eingeholten Informationen umgehend archiviert und dem Transparenzregister mitgeteilt werden".[20] Angesichts der bei Verletzung der Transparenzpflichten nach § 56 Abs. 1 Nr. 53 i. V. m. Abs. 2 GwG drohenden Bußgelder ist ein vorsorgliches Compliance-System für die Vereinigungen unverzichtbar. Wie ein solches System im Detail ausgestaltet sein muss, damit es als „effektiv" im Sinne der Gesetzesbegründung gilt, kann nur im Einzelfall beantwortet werden. Die Ausgestaltung der Maßnahmen im Einzelnen kann von Unternehmen zu Unternehmen unterschiedlich sein. Zumindest scheint es gebo-

---

15 BT-Drs. 18/11555 v. 17.3.2017, Begr. zu § 20 Abs. 1 GwG, S. 127.
16 BT-Drs. 18/11555 v. 17.3.2017, Begr. zu § 20 Abs. 1 GwG, S. 127.
17 BT-Drs. 18/11555 v. 17.3.2017, Begr. zu § 20 Abs. 1 GwG, S. 127.
18 *Krais*, CCZ 2017, 98.
19 *Krais*, CCZ 2017, 98, 101.
20 BT-Drs. 18/11555 v. 17.3.2017, Begr. zu § 20 Abs. 1 GwG, S. 127.

1. Transparenzpflichtige Vereinigungen i. S. d. § 20 Abs. 1 GwG

Den Transparenzpflichten des § 20 Abs. 1 GwG unterliegen juristische Personen des Privatrechts sowie eingetragene Personengesellschaften (Vereinigungen). Die Formulierung „eingetragene Personengesellschaften" erfasst gemäß den Vorgaben der 4. EU-Geldwäscherichtlinie Gesellschaften, die in Gesellschafts-, Handels- oder vergleichbaren öffentlichen Registern eingetragen sind. Insofern unterliegen BGB-Gesellschaften mangels Eintragung nicht den Transparenzpflichten des § 20 Abs. 1 GwG.[22] Als Vereinigungen i. S. d. § 20 Abs. 1 GwG sind **Aktiengesellschaften, GmbHs** (inkl. gGmbH und UG haftungsbeschränkt), **KGaAs, eingetragene Vereine** (Idealverein und wirtschaftlicher Verein), **eingetragene Genossenschaften, europäische Gesellschaften, Stiftungen des bürgerlichen Rechts, offene Handelsgesellschaften, Kommanditgesellschaften** (auch GmbH & Co. KG), **Partnerschaftsgesellschaften** (PartGG) und **Partnerschaftsgesellschaften mit beschränkter Berufshaftung** (PartGmbB) sowie **stille Gesellschaften** (typische und atypische), **Partenreedereien**, „**deutsche" Societas Europaea** (Europäische Aktiengesellschaft) und **europäische wirtschaftliche Interessenvereinigungen** (EWIV) erfasst und unterliegen somit den transparenzregisterrechtlichen Pflichten des Absatzes 1, sofern sie in einem deutschen Register eingetragen sind und zumindest ihren Satzungssitz[23] in Deutschland haben.[24]

32

Gesellschaften, die nach ausländischem Recht gegründet sind und lediglich ihren Verwaltungssitz in Deutschland haben, sind von den Transparenzpflichten des § 20 Abs. 1 GwG nicht erfasst. Dies ergibt sich im Umkehrschluss aus den wenigen ausdrücklichen Anordnungen des GwG, nach welchen Gesellschaften mit Sitz im Ausland ausnahmsweise von den Vorschriften des GwG erfasst sein können (vgl. § 2 Abs. 1 GwG, wonach im Inland gelegene Zweigstellen und Zweigniederlassungen bestimmter geldwäscherechtlich Verpflichteter mit Sitz im Ausland ausdrücklich in den Anwendungsbereich der „Verpflichteten" i. S. d. § 2 GwG fallen).[25] Sollten Gesellschaften mit Sitz im Ausland auch von den Archivierungs- und Weitergabepflichten erfasst sein, so dürfte anzunehmen sein,

33

---

21 Vgl. *Schaub*, DStR 2017, 1438, 1440.
22 BT-Drs. 18/11555, Begr. zu § 20 Abs. 1 GwG, S. 126.
23 *Seibert*, GmbHR 2017, R97. Vgl. auch III. „Transparenzpflichtige Einheiten", FAQ des BVA unter www.bva.bund.de/SharedDocs/Downloads/DE/BVA/Zuwendungen/Transparenzregister_FAQ.html?nn=9969310, zuletzt aufgerufen am 23.1.2018.
24 *Bochmann*, DB 2017, 1310, 1312.
25 *Bochmann*, DB 2017, 1310, 1312.

GwG § 20 Transparenzpflichten im Hinblick auf bestimmte Vereinigungen

dass § 20 GwG auch dies ausdrücklich – wie in § 2 GwG – angeordnet hätte. Zudem kann keine Vergleichbarkeit zu der Regelung des § 21 Abs. 1 GwG angenommen werden. § 21 Abs. 1 GwG beschränkt die Transparenzpflichten auf Verwalter von Trusts „mit Wohnsitz oder Sitz in Deutschland". Dieses Alternativverhältnis kann jedoch nicht auf Vereinigungen nach § 20 Abs. 1 GwG übertragen werden. Zum einen verbietet es der Wortlaut der Vorschrift und zum anderen will der Gesetzgeber mit dem ausdrücklichen Anknüpfungsmerkmal „Wohnsitz oder Sitz in Deutschland" den europarechtlichen Vorgaben der 4. EU-Geldwäscherichtlinie zur Anwendung auf Trusts gerecht werden,[26] die nach deutschem Recht allerdings nicht errichtet werden können.[27]

34 **Deutsche Vereinigungen mit einem ausländischen Verwaltungssitz** unterliegen im Fall der Eintragung im deutschen Register als juristische Person oder Personengesellschaft den Pflichten des § 20 Abs. 1 GwG, wobei die Eintragung einer Zweigniederlassung nach § 13d HGB nicht genügt.[28] Mithin ist der Anwendungsbereich des § 20 Abs. 1 GwG dann eröffnet, wenn die Vereinigung in Deutschland in einem öffentlichen Register eingetragen ist. Der Gesetzgeber hat mit dieser Anforderung ein klares, wenn auch ungeschriebenes, Tatbestandsmerkmal für die Eröffnung des Anwendungsbereichs der Transparenzpflichten des § 20 Abs. 1 GwG eingeführt.[29] Hiermit wird dem Umsetzungserfordernis des Art. 30 Abs. 1 Unterabs. 1 der 4. EU-Geldwäscherichtlinie Rechnung getragen,[30] wonach die Mitgliedsstaaten dafür zu sorgen haben, „dass die in ihrem Gebiet eingetragenen Gesellschaften oder sonstige juristische Personen angemessene, präzise und aktuelle Angaben zu ihren wirtschaftlichen Eigentümern, einschließlich genauer Angaben zum wirtschaftlichen Interesse, einholen und aufbewahren müssen".

35 Im Umkehrschluss unterliegen Gesellschaften, die nicht in deutschen öffentlichen Registern eingetragen sind, nicht den Archivierungs- und Mitteilungspflichten des § 20 Abs. 1 GwG; jedoch können entsprechende Transparenzpflichten in einem anderen Mitgliedstaat bestehen.

36 Im Allgemeinen ist der **Erfüllungsaufwand der Wirtschaft** als gering einzuschätzen. Die Angaben zu den wirtschaftlich Berechtigten einzuholen, aufzubewahren, auf dem aktuellen Stand zu halten und an das Transparenzregister weiterzuleiten, wird für die jeweiligen Vereinigungen eine überschaubare Anzahl an mitteilungspflichtigen Fällen darstellen oder gar kein zusätzliches Mitteilungser-

---

26 *Bochmann*, DB 2017, 1310, 1312.
27 BT-Drs. 18/11555 v. 17.3.2017, Begr. zu § 21 GwG, S. 130.
28 *Bochmann*, DB 2017, 1310, 1312.
29 *Bochmann*, DB 2017, 1310, 1312.
30 Vgl. BT-Drs. 18/11555 v. 17.3.2017, Begr. zu § 20 Abs. 1 GwG, S. 126; *Bochmann*, DB 2017, 1310, 1312.

II. Transparenzpflicht (§ 20 Abs. 1 GwG) **§ 20 GwG**

fordernis gegenüber dem Transparenzregister auslösen.[31] Nach der Definition des wirtschaftlich Berechtigten in § 3 GwG, welche auf eine Anteils- oder Stimmrechtsschwelle von mehr als 25% abstellt, werden nur wenige Personen seitens der Vereinigungen zu melden sein, vor allem, weil der Begriff des wirtschaftlich Berechtigten nur natürliche Personen erfasst. Zudem ergeben sich für die meisten in Deutschland ansässigen Vereinigungen die Angaben über deren wirtschaftlich Berechtigte bereits aus den Datenbeständen der öffentlichen Register, wie Stimmrechtsmitteilungen von börsennotierten Aktiengesellschaften, Gesellschafterlisten (bei der GmbH) oder der gesellschaftsrechtlichen Stellung bspw. als Kommanditist,[32] sodass die Pflicht zur Mitteilung an das Transparenzregister gem. § 20 Abs. 2 GwG als erfüllt gilt. Gleiches gilt für die durch das MoMiG eingeführte Gesellschafterliste für GmbHs, die ausschließlich natürliche Personen als Gesellschafter haben. Ca. 70–80% dieser Gesellschaften werden einen oder mehrere Gesellschafter haben, die als wirtschaftlich Berechtigte nach § 3 GwG gelten.[33] Hier dürfte in der Regel die „Erfüllungsfiktion" des § 20 Abs. 2 GwG gelten. Die Meldepflicht ist allerdings anzunehmen, wenn hinter einer Vereinigung ein Treuhänder steht und sich dieser nicht aus öffentlich zugänglichen Registern ergibt, was für Treuhandgesellschaften den praktischen Regelfall darstellt. Sind die gesetzlichen Vertreter einer den Transparenzpflichten unterliegenden Vereinigung nicht sicher, ob ihre Pflichten bereits nach § 20 Abs. 2 GwG als erfüllt gelten, können sie ohne Bedenken die Angaben über ihre wirtschaftlich Berechtigten dem Transparenzregister mitteilen. Eine „Übererfüllung ist unschädlich".[34] Nach der hier vertretenen Auffassung ist auch eine Mitteilung an das Transparenzregister nach **Art. 6 DSGVO** (anwendbar ab 25.5.2018[35]) zulässig, wenn sie erfolgt, um eine – zweifelhafte – Mitteilungspflicht zu erfüllen.

2. Transparenzpflichten i.S.d. § 20 Abs. 1 Satz 1 GwG

Juristische Personen des Privatrechts und eingetragene Personengesellschaften haben gem. § 20 Abs. 1 Satz 2 GwG die in § 19 Abs. 1 GwG aufgeführten Angaben zu ihren wirtschaftlich Berechtigten einzuholen, aufzubewahren, auf dem aktuellen Stand zu halten und der registerführenden Stelle unverzüglich zur Eintragung in das Transparenzregister mitzuteilen. Die **transparenzpflichtigen Vereinigungen** nehmen insofern die Stellung als **Mittler** der erforderlichen Angaben zwischen den wirtschaftlich Berechtigten und dem Transparenzregister ein.[36] Nach § 3 Abs. 1 TrDüV ist die Übermittlung der Angaben nach § 20

37

---

31 *Krais*, CCZ 2017, 98, 101.
32 *Krais*, CCZ 2017, 98, 101.
33 BT-Drs. 18/11555 v. 17.3.2017, Begr. zu § 20 Abs. 1 GwG, S. 127.
34 BT-Drs. 18/11555 v. 17.3.2017, Begr. zu § 20 Abs. 1 GwG, S. 127.
35 Bis dahin gelten die §§ 27 ff. BDSG.
36 *Krais*, CCZ 2017, 98, 100.

GwG § 20 Transparenzpflichten im Hinblick auf bestimmte Vereinigungen

Abs. 1 Satz 1 und Abs. 2 Satz 4 GwG auf der Internetseite des Transparenzregisters www.transparenzregister.de vorzunehmen. Für die Übermittlung sind die auf der Internetseite von der registerführenden Stelle zur Verfügung gestellten Formulare zu verwenden.

a) Einholen der Angaben zu den wirtschaftlich Berechtigten

38 Gem. § 20 Abs. 1 Satz 1 GwG haben die Vereinigungen die in § 19 Abs. 1 GwG aufgeführten Angaben zu den wirtschaftlich Berechtigten dieser Vereinigung „einzuholen". Hierbei handelt es sich um die erste von insgesamt vier Transparenzpflichten.

39 Mit dem Begriff „einholen" wird zunächst ein aktives Tun assoziiert. Das Verb trägt aber auch die Begriffsbedeutung „sich geben lassen", „erbitten" sowie „einziehen und verwahren".[37] Die Begriffsbestimmung scheint jedoch mit der Gesetzesbegründung zu kollidieren, denn dort heißt es, dass hinsichtlich der Angaben zu den wirtschaftlich Berechtigten **„keine Nachforschungspflicht"** besteht, sondern lediglich die Angaben zu erfassen seien, die von den Anteilseignern entsprechend ihrer Angabepflicht nach § 20 Abs. 3 GwG mitgeteilt worden sind oder die den Vereinigungen bereits bekannt sind.[38]

40 Eine Gegenüberstellung mit den Transparenzpflichten gem. § 20 Abs. 6 AktG und § 26 Abs. 1 WpHG bestärkt die Vermutung, dass die Einholungspflicht nicht mit der bloßen Entgegennahme der Angaben von ihren wirtschaftlich Berechtigten erfüllt ist.[39] Ein vorsätzlicher oder leichtfertiger Verstoß gegen die Einholungspflicht nach § 56 Abs. 1 Nr. 53 lit. a) GwG kann eine Ordnungswidrigkeit begründen, sodass bei Annahme einer passiven Pflicht ein Verstoß nur dann denkbar ist, wenn die Vereinigung es unterlässt, für eine geeignete Empfangseinrichtung[40] zu sorgen, die erhaltenen Informationen verlegt, unterdrückt oder zurückweist.

41 Vor diesem Hintergrund kann nicht davon ausgegangen werden, dass die Vereinigungen bloß die Rolle als Informationsübermittler übernehmen und immer nur dann tätig werden, wenn sie die mitteilungspflichtigen Angaben von ihren wirtschaftlich Berechtigten übermittelt bekommen. Es ist daher unklar, wie weit die Pflicht zur Einholung der Angaben über den wirtschaftlich Berechtigten reicht. Ausweislich der Gesetzesbegründung handelt es sich bei den Transparenzpflichten um „Compliance-Pflichten, die zur **Ergreifung geeigneter interner Organisationsmaßnahmen** zur Beachtung der gesetzlichen Pflichten verpflichten". Daher ist es Aufgabe der gesetzlichen Vertreter der Vereinigungen,

---

37 Vgl. *Schaub*, DStR 2017, 1438, 1439.
38 BT-Drs. 18/11555, Begr. zu § 20 Abs. 1 GwG, S. 127.
39 Vgl. *Bochmann*, DB 2017, 1310, 1313.
40 Vgl. *Bochmann*, DB 2017, 1310, 1313.

„solche Organisationsmaßnahmen zu etablieren, insbesondere ein effektives internes Überwachungs- und Meldewesen" aufzusetzen, welches sicherstellt, „dass die eingeholten Informationen umgehend archiviert und dem Transparenzregister mitgeteilt werden".[41] Des Weiteren haben die Vereinigungen „zumindest jährlich zu überprüfen, ob diesen auf sonstige Weise Informationen bekannt geworden sind, aus denen sich eine Änderung der wirtschaftlich Berechtigten ergibt, die in den Unterlagen zu reflektieren und dem Transparenzregister mitzuteilen ist", wobei ein **„Kennenmüssen"** der Informationen nicht ausreichend ist.[42] Dies macht vor allem deutlich, dass die Pflicht zur Einholung der Angaben keine bloße Informationsübermittlungspflicht wie im Falle des § 20 Abs. 6 AktG und § 26 Abs. 1 WpHG ist. Jedoch steht auch fest, dass es sich hierbei um ein „Weniger" handelt, als eine aktive Nachforschung bei den Anteilseignern zu betreiben.[43] Demzufolge kann sich die Einholungspflicht nur auf den „vereinigungsinternen" Umgang mit den Angaben beziehen, d. h. die im Rahmen eines internen Überwachungswesens ausgeführte Sammlung und Auswertung der für die Mitteilung an das Transparenzregister relevanten Informationen. Folglich ist die in § 20 Abs. 1 Satz 1 GwG normierte Transparenzpflicht der Vereinigungen, die Angaben zu den wirtschaftlich Berechtigten „einzuholen", wohl eher als ein „Entgegennehmen"[44] zu lesen, wobei die ungeschriebene Transparenzpflicht darin besteht, die entgegengenommenen Angaben dahingehend „auszuwerten", ob sie tatsächlich für die Mitteilung an das Transparenzregister relevant und ausreichend sind. Um die Verwirklichung des Ordnungswidrigkeitatbestands des § 56 Abs. 1 Nr. 53 lit. a) GwG zu vermeiden, kann nur empfohlen werden, der Einholungspflicht korrespondierend mit einem etablierten internen Überwachungsmechanismus **aktiv** entgegenzutreten.[45] Feststehen dürfte, dass die Begrifflichkeit des „Einholens" keinerlei Pflichten für Vereinigungen begründet, außerhalb deren Informationssphäre nach den Angaben der wirtschaftlich Berechtigten aktiv zu forschen, geschweige denn eine Erkundigung bei den Anteilseignern oder eine Abfrage in öffentlichen Registern vorzunehmen.[46] Doch auch die Pflicht zur bloßen Entgegennahme der Informationen durch die Vereinigungen von ihren wirtschaftlich Berechtigten darf im kumulativen Zusammenwirken mit den drei weiteren Transparenzpflichten keineswegs unterschätzt werden. Es wird bürokratischer Aufwand erforderlich sein, die eingehenden Angaben compliance-konform zu behandeln und insbesondere hinsichtlich ihrer Relevanz zu bewerten bzw. auszuwerten.

---

41 BT-Drs. 18/11555 v. 17.3.2017, Begr. zu § 20 Abs. 1 GwG, S. 127.
42 BT-Drs. 18/11555 v. 17.3.2017, Begr. zu § 20 Abs. 1 GwG, S. 127.
43 *Bochmann*, DB 2017, 1310, 1313.
44 Nach *Bochmann*, DB 2017, 1310, 1313, würde die Transparenzpflicht, Angaben „einzuholen", so viel bedeuten wie die Angaben „anzunehmen".
45 Vgl. *Schaub*, DStR 2017, 1438, 1440.
46 *Bochmann*, DB 2017, 1310, 1313.

GwG § 20   Transparenzpflichten im Hinblick auf bestimmte Vereinigungen

b) Aufbewahrung der eingeholten Angaben zu den wirtschaftlich Berechtigten

42   Nach § 20 Abs. 1 Satz 1 GwG haben die Vereinigungen die ihnen aufgrund § 20 Abs. 3 GwG zugespielten Angaben der wirtschaftlich Berechtigten „aufzubewahren". Mangels Konkretisierung der **Archivierungspflicht** nach § 20 Abs. 1 Satz 1 GwG in der Gesetzesbegründung empfiehlt es sich, zur Harmonisierung der Vorschriften des Geldwäscherechts eine Parallele zu den Aufzeichnungs- und Aufbewahrungspflichten des § 8 GwG zu ziehen.

43   Die Aufbewahrungspflicht nach § 20 GwG knüpft wie § 8 GwG an die Pflicht zur Einholung der Angaben zu den wirtschaftlich Berechtigten an. Sie bezieht sich hier wie dort auf „Informationen", die zur Erfüllung der Mitteilungspflicht erforderlich sind. Nur vereinzelt verlangt das neue Geldwäscherecht dabei das Vorhalten einer Kopie, im Regelfall geht es um die „abstrakte" Information, die von den Vereinigungen „aufzubewahren" bzw. zu archivieren ist (Archivierungspflicht). Im Einzelnen sind daher die in § 19 Abs. 1 GwG genannten Angaben wie Vor- und Nachname, Geburtsdatum, Wohnort und Art und Umfang des wirtschaftlichen Interesses des wirtschaftlich Berechtigten festzuhalten.

44   Ausreichend dürfte sein, die Informationen mittels **moderner Datenspeicherungstechniken** aufzubewahren, d. h. die Aufbewahrung muss nicht zwingend im Original und überhaupt in physischer Papierform erfolgen. Vielmehr haben die „Verpflichteten das Recht und die Pflicht, vollständige Kopien dieser Dokumente und Unterlagen anzufertigen oder sie vollständig optisch digitalisiert zu erfassen, vgl. § 8 Abs. 2 Satz 2 GwG. Vor allem die digitale Speicherung auf Datenträgern oder auch Bildträgern wäre demnach in gleicher Weise, aus praktischer Sicht sogar prioritär geeignet, der Aufbewahrungspflicht gerecht zu werden.[47] Wählen die Vereinigungen die Aufbewahrungsform der digitalen Speicherung, muss sichergestellt sein, dass die gespeicherten Daten (i) mit den ursprünglich festgestellten Angaben und Informationen übereinstimmen, (ii) sie während der Dauer der Aufbewahrungsfrist verfügbar sind und (iii) sie jederzeit innerhalb einer angemessenen Frist lesbar gemacht werden können, z. B. wenn die Zentralstelle für Finanztransaktionsuntersuchungen oder die Aufsichtsbehörde nach § 20 Abs. 5 GwG die aufbewahrten Angaben einsehen möchten oder sich diese vorlegen lassen wollen, vgl. § 8 Abs. 3 Nr. 1 bis 3 GwG. Gleiches gilt für eine Aufbewahrung der Informationen in physischer Form. Die aufbewahrten Aufzeichnungen müssen für behördliche Stellen innerhalb einer angemessenen Frist zugänglich gemacht werden können. Es empfiehlt sich für die Verpflichteten insofern, ein Ablagesystem zu verwenden, welches es ermöglicht, die angefragten Informationen innerhalb kurzer Zeit vorlegen zu können.[48]

---

47   Vgl. *Häberle*, in: Erbs/Kohlhaas, 198. EL April 2014, § 8 GwG Rn. 4.
48   Vgl. *Häberle*, in: Erbs/Kohlhaas, 198. EL April 2014, § 8 GwG Rn. 4.

II. Transparenzpflicht (§ 20 Abs. 1 GwG)   **§ 20 GwG**

Auch für die **Aufbewahrungsfrist** der Angaben über die wirtschaftlich Berechtigten bietet es sich zwecks einer einheitlichen Behandlung an, auf die Vorgaben des § 8 Abs. 4 GwG abzustellen, bis die Frage gegebenenfalls durch eine Rechtsverordnung geklärt wird. Nach den Änderungen des GwG durch die 4. EU-Geldwäscherichtlinie beträgt die **Aufbewahrungsfrist fünf Jahre**, vgl. § 8 Abs. 4 Satz 1 GwG. Nach dem GwG aus dem Jahre 1993 galt eine Frist von sechs Jahren, die auf die Orientierung an § 257 Abs. 4 HGB zurückzuführen war, wodurch vermieden werden sollte, dass für Aufzeichnungen im Sinne des GwG und für handelsrechtliche Unterlagen unterschiedliche gesetzliche Fristigkeiten gelten.[49]

45

Für die Besonderheiten rund um die Angaben über die wirtschaftlich Berechtigten einer Vereinigung ist der Beginn der Frist zu beachten. Überträgt man den Gedanken des § 8 Abs. 4 Satz 2 GwG auf die Aufbewahrungsfrist von Angaben zu den wirtschaftlich Berechtigten, beginnt diese mit Schluss des Kalenderjahres, in dem der wirtschaftlich Berechtigte seine Stellung als solcher nicht mehr innehat.

46

Ein leichtfertiger oder vorsätzlicher **Verstoß** gegen die Aufbewahrungspflicht verwirklicht den Ordnungswidrigkeitentatbestand des § 56 Abs. 1 Nr. 53 lit. b) GwG und kann mit einem Bußgeld geahndet werden (§ 56 Abs. 2 GwG). Nach der Vorschrift handelt ordnungswidrig, wer entgegen § 20 Abs. 1 GwG Angaben zu den wirtschaftlich Berechtigten nicht, nicht richtig oder nicht vollständig aufbewahrt. Die Angaben sind **nicht aufbewahrt**, wenn keinerlei Dokumentation der Informationen vorgenommen wurde – sie also weder physisch noch digital aufbewahrt werden. **Nicht richtig** aufbewahrt sind die Angaben, wenn sie nicht innerhalb einer angemessenen Frist zugänglich gemacht werden können, wenn z. B. die Befugnis der Zentralstelle für Finanztransaktionsuntersuchungen und der Aufsichtsbehörden zur Einsichtnahme und Vorlage der aufbewahrten Angaben nach § 20 Abs. 5 GwG ins Leere laufen würde. **Nicht vollständig** aufbewahrt sind die Angaben, wenn einzelne Angaben, die im Sinne des § 19 Abs. 1 Nr. 1 bis 4 GwG erforderlich sind, aus den archivierten Informationen nicht ersichtlich sind. Nicht gesetzlich geregelt ist dabei der Fall, dass es der Vereinigung trotz gehöriger Anstrengungen nicht gelingt, die Informationen einzuholen. § 10 Abs. 9 GwG, der die Beendigung der Geschäftsbeziehungen verlangt, ist nicht analog anwendbar. Ob die Vereinigung (z. B. im Wege eines Zurückbehaltungsrechts nach § 273 BGB) Gesellschaftsrechte vorbehalten darf, wenn die Kooperation des wirtschaftlich Berechtigten unzureichend ist, wird die Praxis zu klären haben. Es spricht u. E. mehr dafür, dass die Vereinigung auch Maßnahmen androhen kann, um **aufsichtsrechtliche Sanktionen** zu vermeiden, wenn der Gesellschafter (typischerweise dürfte die wirtschaftliche Berechtigung aus der Gesellschafterstellung herrühren) seine Treue-Kooperationspflichten verletzt.

47

---

49 Vgl. *Häberle*, in: Erbs/Kohlhaas, 198. EL April 2014, § 8 GwG Rn. 4.

GwG § 20 Transparenzpflichten im Hinblick auf bestimmte Vereinigungen

c) Aktualisierung der Angaben zu den wirtschaftlich Berechtigten

48 Die nach § 20 Abs. 1 GwG verpflichteten Vereinigungen haben die in § 19 Abs. 1 GwG aufgeführten Angaben der wirtschaftlich Berechtigten auf dem aktuellen Stand zu halten. Dies erfordert ein **aktives Tätigwerden**, wenn sich die Stellung eines wirtschaftlich Berechtigten einer Gesellschaft ändert, dieser mithin nicht mehr von der Definition des § 3 GwG erfasst ist oder Angaben nach § 19 Abs. 1 GwG eine Änderung erfahren, sei es der Nachname bei einer **Heirat**, der Wohnort oder bei einer Änderung von Art und Umfang des wirtschaftlichen Interesses. Im Falle einer gesellschaftsrechtlichen Vinkulierung sollte die Umstellung der Gesellschafterstellung von der Kooperation des Gesellschafters abhängig gemacht werden; es wirkt jedenfalls unglaubwürdig, die Umstellung der Gesellschafter zuzulassen, ohne ausreichende Informationen eingeholt zu haben.

49 Die Aktualisierungspflicht erfasst dabei zum einen die intern aufbewahrten Angaben, zum anderen die gegenüber der registerführenden Stelle zur Eintragung in das Transparenzregister mitgeteilten Angaben i.V.m. § 20 Abs. 2 Satz 4 GwG. Nicht erkennbar ist, ob auch der Schriftverkehr zur Einholung der Angaben der Archivierungspflicht unterliegt. Nach der hier vertretenen Auffassung ist dies vor dem Hintergrund der „Abstraktheit" der Archivierungspflicht nicht der Fall. Soweit allerdings derartige Unterlagen bestehen, unterliegen sie der Herausgabepflicht nach § 20 Abs. 5 GwG. Tritt eine Änderung der Angaben zu einem wirtschaftlich Berechtigten ein, sind (i) die bisher aufbewahrten Angaben entsprechend anzupassen bzw. zu aktualisieren und (ii) die Änderung der Angaben der registerführenden Stelle zur Eintragung in das Transparenzregister mitzuteilen, § 20 Abs. 2 Satz 4 GwG. Die **Mitteilung der Änderung** hat **unverzüglich**, also ohne schuldhaftes Zögern zu erfolgen. Unter Beachtung der internen Prozesse und Abläufe der Vereinigungen zur Identifizierung und Berücksichtigung der eingetretenen Änderung(en) der Angaben scheint eine mindestens **zweiwöchige Frist** zur Erfüllung der Aktualisierungspflicht als angemessen. Der Beginn der Frist tritt mit Kenntnis der Änderung(en) ein.

50 Ist eine Mitteilung an das Transparenzregister erfolgt und ändert sich danach der wirtschaftlich Berechtigte, sodass sich die Angaben zu ihm nun aus einem der in § 20 Abs. 2 Satz 1 GwG genannten öffentlichen Register ergeben, ist dies der registerführenden Stelle unverzüglich zur Berücksichtigung im Transparenzregister mitzuteilen. Hierbei handelt es sich um eine „erweiterte Mitteilungspflicht" im Sinne des § 20 Abs. 1 Satz 1 GwG, sodass auch in diesem Fall ein Verstoß gegen die Pflicht eine bußgeldpflichtige Ordnungswidrigkeit nach § 56 Abs. 1 Nr. 53 lit. d) GwG darstellt.

II. Transparenzpflicht (§ 20 Abs. 1 GwG)   § 20 GwG

d) Mitteilung der Angaben zu wirtschaftlich Berechtigten

Eine weitere Transparenzpflicht nach § 20 Abs. 1 Satz 1 GwG ist die Pflicht der Vereinigungen zur unverzüglichen Mitteilung der in § 19 Abs. 1 Nr. 1 bis 4 GwG genannten Angaben zu den wirtschaftlich Berechtigten dieser Vereinigung. Die Mitteilungspflicht stellt offensichtlich die Transparenzpflicht mit der wichtigsten Bedeutung für das Transparenzregister dar. Ohne diese Pflicht würde kein Informationsfluss an die registerführende Stelle stattfinden können und der mit dem Transparenzregister beabsichtigte Zweck würde nicht erreicht. Vereinigungen übernehmen hier die Rolle des **Informationsmittlers**. Nachdem ihnen die Angaben von ihren wirtschaftlich Berechtigten gemeldet wurden (Angabepflicht nach § 20 Abs. 3 GwG), ist es Aufgabe und Pflicht der Vereinigungen, die erhaltenen Angaben wiederum zur Erfüllung der eigenen Mitteilungspflicht an die registerführende Stelle zur Eintragung weiterzuleiten. Die Mitteilungspflicht kann daher auch als **Weitergabepflicht**[50] bezeichnet werden, was diesen Teil der Pflicht präziser umschreibt. Mitzuteilen bzw. weiterzuleiten sind Vor- und Nachname, Geburtsdatum, Wohnort und Art und Umfang des wirtschaftlichen Interesses des wirtschaftlich Berechtigten (§ 19 Abs. 1 Nr. 1 bis 4 GwG). 51

Ungeachtet der Aufbewahrungs- bzw. Archivierungspflicht und Weitergabepflicht unterliegen die transparenzpflichtigen Vereinigungen zumindest einer **jährlichen Überprüfungspflicht** (Compliance-Pflicht) dahingehend, ob ihnen auf sonstige Weise Informationen bekannt geworden sind, aus denen sich eine Änderung der wirtschaftlich Berechtigten ergibt, die zu dokumentieren und dem Transparenzregister mitzuteilen ist.[51] Dies zeigt, dass die einzelnen Transparenzpflichten gegenseitige Wirkung entfalten. Die Aktualisierungspflicht kann sich beispielsweise gleichzeitig auf die Aufbewahrungs- und Mitteilungspflicht auswirken. 52

Die Mitteilung an das Transparenzregister hat über die Internetseite des Transparenzregisters (www.transparenzregister.de)[52] zu erfolgen. Hierbei handelt es sich um die **offizielle Plattform der Bundesrepublik Deutschland** für Daten zu wirtschaftlich Berechtigten. Die Grundlage für das seit dem 26.6.2017 im Internet verfügbaren Transparenzregister[53] schafft das Gesetz zur Umsetzung der 4. EU-Geldwäscherichtlinie, zur Ausführung der EU-Geldtransferverordnung und zur Neuorganisation der Zentralstelle für Finanztransaktionsuntersuchungen. Geführt wird das Register vom Bundesanzeiger Verlag, der vom BMF zur Führung des Transparenzregisters durch die Transparenzregisterbeleihungsver- 53

---

50 BT-Drs. 18/11555 v. 17.3.2017, Begr. zu § 20 Abs. 1 GwG, S. 127.
51 BT-Drs. 18/11555 v. 17.3.2017, Begr. zu § 20 Abs. 1 GwG, S. 127.
52 https://www.transparenzregister.de/treg/de/start?4 (zuletzt aufgerufen am 4.8.2017).
53 https://www.transparenzregister.de/treg/de/aktuell?1#N1, Meldung vom 5.7.2017 (zuletzt aufgerufen am 4.8.2017).

GwG § 20 Transparenzpflichten im Hinblick auf bestimmte Vereinigungen

ordnung (TBelV),[54] wie in § 25 Abs. 1 GwG vorgesehen, als registerführende Stelle beliehen wurde. „Mit Inkrafttreten der Verordnung über die Übertragung der Führung des Transparenzregisters [...] und der Verordnung zur Datenübermittlung durch Mitteilungsverpflichtete und durch den Betreiber des Unternehmensregisters an das Transparenzregister (Transparenzregisterdatenübermittlungsverordnung TrDüV)[55] sind zum Termin 5.7.2017 alle mit Registrierung und Einreichung verbundenen Funktionalitäten des Transparenzregisters [...] für Daten zu wirtschaftlich Berechtigten zugänglich."[56]

aa) Registrierung im Transparenzregister nach der Transparenzregisterdatenübermittlungsverordnung – TrDüV

54 Damit Vereinigungen nach § 20 Abs. 1 Satz 1 GwG die Angaben über ihre wirtschaftlich Berechtigten an die registerführende Stelle übermitteln können, ist eine vorherige Registrierung im Transparenzregister erforderlich. Das Registrierungsverfahren für die Mitteilungsverpflichteten nach den §§ 20, 21 GwG wird aufgrund der nach § 22 Abs. 4 GwG erlassenen „Verordnung zur Datenübermittlung durch Mitteilungsverpflichtete und durch den Betreiber des Unternehmensregisters an das Transparenzregister (Transparenzregisterdatenübermittlungsverordnung – TrDüV)" näher geregelt. Diese trat am 5.7.2017 in Kraft.[57] Damit Vereinigungen die erforderlichen Angaben dem Transparenzregister übermitteln können, haben die mitteilungspflichtigen Vereinigungen zunächst eine Basis-Registrierung vorzunehmen; anschließend erfolgt die erweiterte Registrierung. Mit der Basis-Registrierung können die Vereinigungen sich im Transparenzregister anmelden und die Zugangsdaten verwalten. Wird die Basis-Registrierung erweitert, besteht die Möglichkeit, die Angaben der wirtschaftlich Berechtigten im Transparenzregister einzutragen.[58] Auf der Internetseite ist eine „Kurzanleitung für die Beauftragung von Mitteilungen wirtschaftlich Berechtigter im Transparenzregister"[59] verfügbar; hierin werden die vorzunehmenden Schritte erläutert. Die gesetzliche Grundlage der Registrierung im Transparenz-

---

54 Verordnung über die Übertragung der Führung des Transparenzregisters (Transparenzregisterbeleihungsverordnung – TBelV) vom 27.6.2017 (BGBl. I 2017, S. 1938).
55 Verordnung zur Datenübermittlung durch Mitteilungsverpflichtete und durch den Betreiber des Unternehmensregisters an das Transparenzregister (Transparenzregisterdatenübermittlungsverordnung – TrDüV) vom 30.6.2017 (BGBl. I 2017, S. 2090).
56 https://www.transparenzregister.de/treg/de/aktuell?1#N1, Meldung vom 5.7.2017 (zuletzt aufgerufen am 4.8.2017).
57 § 7 TrDüV.
58 https://www.transparenzregister.de/treg/de/hilfe?4#faq1 (zuletzt aufgerufen am 4.8.2017).
59 „Kurzanleitung für die Beauftragung von Mitteilungen wirtschaftlich Berechtigter im Transparenzregister", Stand: Juli 2017, https://www.transparenzregister.de/treg/de/aktuell?6#N1 (zuletzt aufgerufen am 4.8.2017).

II. Transparenzpflicht (§ 20 Abs. 1 GwG) § 20 GwG

register und welche Mindestangaben dafür zu übermitteln sind, bestimmt § 1 TrDüV. Die Vorschrift findet sowohl Anwendung auf Vereinigungen nach § 20 Abs. 1 Satz 1 GwG als auch auf Rechtsgestaltungen nach § 21 Abs. 1 Satz 1 GwG. Beide Gruppen haben nach § 1 Abs. 1 Satz 1 und 2 TrDüV die Pflicht, sich auf der Internetseite des Transparenzregisters www.transparenzregister.de zu registrieren.

In einem ersten Schritt erfolgt die **Basis-Registrierung**. Um die Registrierung zu starten, muss auf der Startseite des Transparenzregisters (www.transparenzregister.de) im oberen Bereich die Schaltfläche „Jetzt registrieren" oder noch weiter oben rechts „Registrieren" angewählt werden. Für die Registrierung muss die registrierende Vereinigung oder Rechtsgestaltung (Registrierender) oder eine Person im Auftrag des Registrierenden eine elektronische Kennung in Form einer gültigen E-Mail-Adresse angeben und ein Passwort benennen, § 1 Abs. 2 Satz 1 TrDüV. Eine Übernahme dieser Verwaltungsaufgabe durch Dritte (Rechtsanwälte, Notare etc.) dürfte also zulässig sein. Dritte – insbesondere Notare sind nicht Verpflichtete des Transparenzregisters. Der Notar ist nicht verpflichtet, beratend tätig zu werden. Wegen der bestehenden Unklarheiten und Haftungsrisiken rät z. B. *Elsing* Notaren davon ab, tätig zu werden, aber ihre Hinweise (insbesondere die Treuhandvereinigungen) zu ergänzen.[60] Der Registrierende kann hierbei eine gültige E-Mail-Adresse und Passwort seiner Wahl verwenden, die später als Zugangsdaten für das Transparenzregister genutzt werden.[61] Nachdem die Angaben gespeichert, eine Sicherheitsabfrage gelöst und eine Checkbox zur Bestätigung der Kenntnisnahme der AGB angewählt wurde, übermittelt das Transparenzregister dem Registrierenden oder einer Person im Auftrag des Registrierenden eine E-Mail zur Eröffnung des Benutzerkontos, § 1 Abs. 2 Satz 2 TrDüV. Die E-Mail enthält einen Link, der zur Bestätigung der Registrierung anzuklicken ist, woraufhin sich ein Webbrowser öffnet und die Bestätigung der Registrierung anzeigt.[62] Die Basis-Registrierung wird mit diesem Vorgang abgeschlossen, das Benutzerkonto ist dann vollständig eröffnet, vgl. § 1 Abs. 2 Satz 3 TrDüV. Der Mitteilungspflichtige kann sich nun mit der angegebenen E-Mail-Adresse und dem gewählten Passwort im Transparenzregister anmelden.[63] Das Übermitteln von Angaben zu den

55

---

60 *Elsing*, Überblick über das Transparenzregister, notar, 2/2018, S. 71, 72.
61 „Kurzanleitung für die Beauftragung von Mitteilungen wirtschaftlich Berechtigter im Transparenzregister", Stand: Juli 2017, S. 1, https://www.transparenzregister.de/treg/de/aktuell?6#N1 (zuletzt aufgerufen am 4.8.2017).
62 „Kurzanleitung für die Beauftragung von Mitteilungen wirtschaftlich Berechtigter im Transparenzregister", Stand: Juli 2017, S. 1, https://www.transparenzregister.de/treg/de/aktuell?6#N1 (zuletzt aufgerufen am 4.8.2017).
63 „Kurzanleitung für die Beauftragung von Mitteilungen wirtschaftlich Berechtigter im Transparenzregister", Stand: Juli 2017, S. 1, https://www.transparenzregister.de/treg/de/aktuell?6#N1 (zuletzt aufgerufen am 4.8.2017).

GwG § 20   Transparenzpflichten im Hinblick auf bestimmte Vereinigungen

wirtschaftlich Berechtigten zur Eintragung in das Register ist zu diesem Zeitpunkt noch nicht möglich.

56   In einem zweiten Schritt ist die **erweiterte Registrierung** vorzunehmen. § 1 Abs. 3 TrDüV bestimmt, wie die erweiterte Registrierung vorzunehmen ist und welche Mindestangaben zu übermitteln sind. Zur erweiterten Registrierung ist ein freigeschaltetes Benutzerkonto erforderlich. Der Registrierende bzw. Benutzer schaltet das Konto über den per Email erhaltenen Bestätigungslink frei. Wenn das Benutzerkonto freigeschaltet ist, kann sich der mitteilungspflichtige Benutzer mit seinen Zugangsdaten aus der Basis-Registrierung anmelden und in dem Bereich „Meine Daten" die erweiterte Registrierung aufrufen. Ist der Benutzer mit seinem Konto angemeldet, besteht ferner die Möglichkeit, über die Startseite des Transparenzregisters im oberen Bereich die Schaltfläche „Erweiterte Registrierung aufrufen" zu wählen.[64]

57   Anschließend ist vom Mitteilungspflichtigen anzugeben, ob die erweiterte Registrierung für eine Firma/Institution oder Privatperson vorgenommen wird. Auch Privatpersonen können die erweiterte Registrierung vornehmen, weil nach § 21 Abs. 1 Satz 1 GwG auch Verwalter von Trusts (Trustees) den Transparenzpflichten, daher auch der Mitteilungspflicht, unterliegen. Schließlich sind in einem **vorgegebenen Formular** die in § 1 Abs. 3 Nr. 1 bis 5 TrDüV genannten Mindestangaben zu machen, § 1 Abs. 4 Satz 3 TrDüV. Gem. § 1 Abs. 4 Satz 2 TrDüV ist die Übermittlung der Mindestangaben auf der Internetseite des Transparenzregisters vorzunehmen. Hierzu gehören (i) Firma oder Name des Registrierenden, (ii) Vor- und Nachname der mit der Registrierung beauftragten oder innerhalb des Registrierenden für die Registrierung zuständigen Person, (iii) Anschrift der vom Registrierenden beauftragten Person oder des Sitzes des Registrierenden, (iv) E-Mail-Adresse der mit der Registrierung beauftragten oder innerhalb des Registrierenden für die Registrierung zuständigen Person und (v) Telefonnummer des mit der Registrierung beauftragten oder innerhalb des Registrierenden für die Registrierung zuständigen Person (Mindestangaben). Die Daten sind unter Verwendung einer von der registerführenden Stelle bestimmten, nach dem Stand der Technik gesicherten Verbindung der Datenfernübertragung zu übermitteln, § 1 Abs. 4 Satz 1 TrDüV. Die eingepflegten Angaben werden dem Registrierenden in einer Übersicht zu Kontrollzwecken angezeigt.[65] Sofern noch Änderungen vorgenommen werden sollen, kann dies durch Anwählen des „Bearbeiten"-Links erfolgen. Erachtet der Registrierende die an-

---

64   „Kurzanleitung für die Beauftragung von Mitteilungen wirtschaftlich Berechtigter im Transparenzregister", Stand: Juli 2017, S. 1, https://www.transparenzregister.de/treg/de/aktuell?6#N1 (zuletzt aufgerufen am 4.8.2017).

65   „Kurzanleitung für die Beauftragung von Mitteilungen wirtschaftlich Berechtigter im Transparenzregister", Stand: Juli 2017, S. 1, https://www.transparenzregister.de/treg/de/aktuell?6#N1 (zuletzt aufgerufen am 4.8.2017).

II. Transparenzpflicht (§ 20 Abs. 1 GwG)

gegebenen Daten als korrekt, müssen sie gespeichert werden. Die erweiterte Registrierung ist damit abgeschlossen.[66] Die übermittelten Mindestangaben werden dem Registrierenden auf der Internetseite des Transparenzregisters angezeigt, § 1 Abs. 3 TrDüV. Über die Schaltfläche „Meine Daten" kann auf die Verwaltung transparenzpflichtiger Rechtseinheiten, die Auftragsübermittlung und Auftragsverwaltung sowie die Rechnungsdaten zugegriffen werden.[67] Zudem besteht nach § 2 TrDüV die Pflicht zur Mitteilung der Änderung von Registrierungsdaten. Kommt es zu einer Änderung der Mindestangaben nach § 1 Abs. 3 Nr. 1 bis 5 TrDüV, so ist der Registrierende verpflichtet, im Transparenzregister die entsprechenden Angaben selbst oder durch eine beauftragte Person unverzüglich zu ändern.

bb) Übermittlung der Angaben zu den wirtschaftlich Berechtigten nach der Transparenzregisterdatenübermittlungsverordnung – TrDüV

Nachdem die mitteilungspflichtige Vereinigung ihre Registrierung vollständig abgeschlossen hat, müssen vor der Übermittlung der Angaben zu den wirtschaftlich Berechtigten noch eine oder mehrere transparenzpflichtige Rechtseinheiten (Vereinigungen i. S. d. § 20 Abs. 1 Satz 1 GwG oder Rechtsgestaltungen i. S. d. § 21 Abs. 1 GwG) angelegt werden. Der Mitteilungsverpflichtete muss sich hierfür zunächst mit seinem Benutzerkonto anmelden und in den Bereich „Meine Daten" wechseln und dort den Link „Verwaltung transparenzpflichtiger Rechtseinheiten und Auftragsübermittlung aufrufen" wählen. Alternativ kann auch, sofern der Mitteilungsverpflichtete angemeldet ist, im oberen Bereich die Schaltfläche „Auftrag einrichten" ausgewählt werden.[68] Dort können zunächst eine oder mehrere transparenzpflichtige Rechtseinheiten angelegt werden, für die Mitteilungen zu den wirtschaftlich Berechtigten erfolgen sollen. Zum Anlegen einer transparenzpflichtigen Rechtseinheit ist die Schaltfläche „Neue transparenzpflichtige Rechtseinheit hinzufügen" auszuwählen. Über ein vorgegebenes Formular werden dann Angaben zu den Rechtseinheiten abgefragt, diese müssen anschließend gespeichert werden. Die angelegten transparenzpflichtigen Rechtseinheiten werden im Benutzerkonto aufgelistet und können angesehen, bearbeitet (auch die Rechnungsdaten) oder gelöscht werden. Zudem besteht die

58

---

66 „Kurzanleitung für die Beauftragung von Mitteilungen wirtschaftlich Berechtigter im Transparenzregister", Stand: Juli 2017, S. 2, https://www.transparenzregister.de/treg/de/aktuell?6#N1 (zuletzt aufgerufen am 4.8.2017).
67 „Kurzanleitung für die Beauftragung von Mitteilungen wirtschaftlich Berechtigter im Transparenzregister", Stand: Juli 2017, S. 2, https://www.transparenzregister.de/treg/de/aktuell?6#N1 (zuletzt aufgerufen am 4.8.2017).
68 „Kurzanleitung für die Beauftragung von Mitteilungen wirtschaftlich Berechtigter im Transparenzregister", Stand: Juli 2017, S. 2, https://www.transparenzregister.de/treg/de/aktuell?6#N1 (zuletzt aufgerufen am 4.8.2017).

59 Für die Übermittlung der Angaben zu wirtschaftlich Berechtigten nach § 20 Abs. 1 Satz 1 GwG und Abs. 2 Satz 4 sowie § 21 Abs. 1 Satz 1 GwG ist ein von der registerführenden Stelle auf der Seite des Transparenzregisters zur Verfügung gestelltes **Formular** zu verwenden, § 3 Abs 1 TrDüV. Nach § 3 Abs. 2 TrDüV ist hierfür eine von der registerführenden Stelle bestimmte, nach dem Stand der Technik gesicherte Internetverbindung zu verwenden. Der Eingang der übermittelten Angaben zu den wirtschaftlich Berechtigten ist mit einer Zeitangabe von der registerführenden Stelle zu dokumentieren. Die erfolgte Übermittlung wird elektronisch im Benutzerkonto durch eine Auftragsbestätigung mit elektronischem Sicherheitsmerkmal angezeigt. Es können andere Verfahren zur Anzeige der erfolgten Übermittlung verwendet werden, soweit diese nach dem Stand der Technik eine gleichwertige Nachweiseigenschaft bei vergleichbarem Aufwand gewährleisten.[70]

60 Um einen Auftrag für die Übermittlung der Angaben zu den wirtschaftlich Berechtigten zu erstellen, muss im Benutzerkonto im Bereich „Meine Daten" der Link „Verwaltung transparenzpflichtiger Rechtseinheiten und Auftragsübermittlung" ausgewählt werden. Alternativ kann die Übermittlung auch über die Startseite unter „Auftrag einrichten" (s. o.) erfolgen. Es erscheint die Liste der angelegten transparenzpflichtigen Rechtseinheiten. Der Mitteilungsverpflichtete hat dann die Möglichkeit, die transparenzpflichtige Rechtseinheit auszuwählen, für welche die Mitteilung der Angaben zu den wirtschaftlich Berechtigten erfolgen soll. Hierzu ist die Aktion „Auftrag erteilen" (rotes Plus-Symbol in der letzten Spalte) vorzunehmen. Dem Formular ist entsprechend den darin enthaltenen Anweisungen zu folgen und die Daten zu einem oder mehreren wirtschaftlich Berechtigten können angegeben werden. Die grünen Info-Zeichen im Formular beinhalten Informationen und können beim Ausfüllen helfen.[71]

61 Darüber hinaus können über das **Online-Formular** optional Dateien hochgeladen werden. Macht der Mitteilungspflichtige hiervon Gebrauch, ist zu beachten, dass der Inhalt dieser Dateien nicht Bestandteil der Eintragung im Transparenzregister ist und auch nicht die Eintragung eines wirtschaftlich Berechtigten darstellt. Die Mitteilungspflicht nach § 20 Abs. 1 Satz 1 und Abs. 2 Satz 4 GwG bzw. § 21 Abs. 1 Satz 1 GwG wird also nur erfüllt, wenn die Angaben zu den

---

69 „Kurzanleitung für die Beauftragung von Mitteilungen wirtschaftlich Berechtigter im Transparenzregister", Stand: Juli 2017, S. 2, https://www.transparenzregister.de/treg/de/aktuell?6#N1 (zuletzt aufgerufen am 4.8.2017).

70 § 3 Abs. 3 Satz 1 bis 3 TrDüV.

71 „Kurzanleitung für die Beauftragung von Mitteilungen wirtschaftlich Berechtigter im Transparenzregister", Stand: Juli 2017, S. 2, https://www.transparenzregister.de/treg/de/aktuell?6#N1 (zuletzt aufgerufen am 4.8.2017).

II. Transparenzpflicht (§ 20 Abs. 1 GwG)   § 20 GwG

wirtschaftlich Berechtigten im vorgesehenen Eingabeformular eingepflegt werden. Hiervon gelten jedoch Ausnahmen, z. B. können Angaben zu Art und Umfang des wirtschaftlichen Interesses eines wirtschaftlich Berechtigten durch das Hochladen von Dateien gemacht werden.[72] Die Mitteilungspflicht wäre damit erfüllt. Für die Angaben nach § 19 Abs. 1 Nr. 1 bis 3 GwG kann ausschließlich das Ausfüllen des vorgegebenen Formulars eine erfüllende Wirkung haben. Wurden alle erforderlichen Angaben gemacht, erscheint eine Übersicht, die einer Überprüfung durch den Mitteilungsverpflichteten dient. Sofern noch Änderungen vorzunehmen sind, kann der betreffende „Bearbeiten"-Link genutzt werden. Nach erfolgter Korrektur sind unten auf der Übersichtsseite die Checkboxen zu markieren, die als Pflichtangaben gekennzeichnet sind. Durch das Auswählen einer zusätzlichen Checkbox kann eine **Auftragsbestätigung im PDF-Format per E-Mail** angefordert werden.[73] Aus Compliance-Sicht empfiehlt es sich, diese aufzubewahren, damit eine lückenlose Dokumentation im Umgang mit dem Transparenzregister nachgewiesen werden kann. Der Auftrag für die Mitteilung der Angaben zu den wirtschaftlich Berechtigten wird durch Klicken auf „Auftrag erteilen" abgeschlossen, die Informationen sind dann erst übermittelt. Sofern die Mitteilung richtig, vollständig und rechtzeitig erfolgt ist, wurde die Mitteilungspflicht gem. § 20 Abs. 1 Satz 1 und Abs. 2 Satz 4 GwG bzw. § 21 Abs. 1 Satz 1 GwG erfüllt.

3. Angaben über die Stellung als wirtschaftlich Berechtigter nach § 19 Abs. 3 (§ 20 Abs. 1 Satz 3 GwG)

Das **Mitteilungserfordernis** i. S. d. § 19 Abs. 3 GwG entfällt hingegen, wenn diese Informationen sich bereits nach § 20 Abs. 2 GwG aus elektronisch abrufbaren Dokumenten eines öffentlichen Registers ergeben. Ergeben sich also Art und Umfang des wirtschaftlichen Interesses eines Anteilseigners, der wirtschaftlich Berechtigter ist, aus den gesetzlichen Beteiligungsrechten, ist eine Mitteilung an das Register entbehrlich. Gleiches gilt, wenn sich eine über Stimmrechte vermittelte Kontrolle über wertpapierhandelsrechtliche Meldungen aus dem Unternehmensregister ergibt. Auch für Partnerschaftsgesellschaften ist es nicht erforderlich anzugeben, woraus die Stellung als wirtschaftlich Berechtigter folgt, denn das Partnerschaftsregister erfasst die Stellung als Partner und somit dessen Einfluss auf die Abstimmungen der Partnerschaftsgesellschaft.[74] Eine Begrün-

62

---

72 „Kurzanleitung für die Beauftragung von Mitteilungen wirtschaftlich Berechtigter im Transparenzregister", Stand: Juli 2017, S. 2, https://www.transparenzregister.de/treg/de/aktuell?6#N1 (zuletzt aufgerufen am 4.8.2017).
73 „Kurzanleitung für die Beauftragung von Mitteilungen wirtschaftlich Berechtigter im Transparenzregister", Stand: Juli 2017, S. 3, https://www.transparenzregister.de/treg/de/aktuell?6#N1 (zuletzt aufgerufen am 4.8.2017).
74 BT-Drs. 18/11555 v. 17.3.2017, Begr. zu § 20 Abs. 1 GwG, S. 127.

dung der Art und des Umfangs wäre mithin obsolet. Anders verhält es sich in Fällen, in denen die Stellung des wirtschaftlich Berechtigten nicht aus elektronisch verfügbaren Dokumenten und Eintragungen in öffentlichen Registern erschlossen werden kann. Dann bedarf es einer selbstständigen oder konkretisierenden Mitteilung durch die Vereinigungen. Dies wäre z. B. der Fall, wenn zwei Anteilseigner (oder mehrere Anteilseigner) an einer Gesellschaft beteiligt sind und wegen einer Absprache, wie beispielsweise einer Stimmbindungsvereinbarung, Kontrolle über die Gesellschaft ausüben.[75] Hier wäre die Mitteilung der Art und des Umfangs des wirtschaftlichen Interesses dahingehend zu konkretisieren, dass die Stellung als wirtschaftlich Berechtigter aus der Stimmbindungsvereinbarung folgt. Für börsennotierte Aktiengesellschaften wiederum greift bei (handelsregisterpflichtigen) WpHG-Stimmrechtsmitteilungen die Fiktion des § 20 Abs. 2 GwG, sodass keine konkretisierenden Angaben erforderlich werden. Aus den Stimmrechtsmitteilungen ergibt sich nämlich die kontrollierende Stellung zweier oder mehrerer zusammengeschlossener Anteilseigner.[76]

III. Verhinderung von Mehrfachmeldungen (§ 20 Abs. 2 GwG)

63   Nach der Regelung des § 20 Abs. 2 GwG gilt die Pflicht zur Mitteilung der Angaben über den wirtschaftlich Berechtigten an das Transparenzregister nach § 20 Abs. 1 Satz 1 GwG als erfüllt, wenn sich die Angaben über den wirtschaftlich Berechtigten (siehe § 19 Abs. 1 GwG) bereits aus in **öffentlichen Registern** elektronisch verfügbaren Daten ergeben. Damit die Pflicht der Mitteilung als erfüllt gilt, müssen die Angaben im Handelsregister (Nr. 1), dem Partnerschaftsregister (Nr. 2), dem Genossenschaftsregister (Nr. 3), dem Vereinsregister (Nr. 4) oder dem Unternehmensregister (Nr. 5) elektronisch abrufbar sein. Nicht zu den öffentlichen Registern im Sinne des § 20 Abs. 2 GwG gehört das Aktienregister (§ 67 AktG). Ergeben sich die Angaben zum wirtschaftlich Berechtigten ausschließlich aus dem Aktienregister, so hat deshalb eine Mitteilung des jeweiligen Verpflichteten an das Transparenzregister zu erfolgen.[77] Aus welchen öffentlich zugänglichen Dokumenten bzw. Eintragungen sich die Angaben zum wirtschaft-

---

75 BT-Drs. 18/11555 v. 17.3.2017, Begr. zu § 20 Abs. 1 GwG, S. 127.
76 BT-Drs. 18/11555 v. 17.3.2017, Begr. zu § 20 Abs. 1 GwG, S. 127.
77 Es sei denn, die Aktiengesellschaft ist börsennotiert, vgl. § 20 Abs. 2 Satz 2 GwG. Der Eintrag im Aktienregister kann aber zum Entfallen der Angabepflicht des Aktionärs gegenüber der Aktiengesellschaft als mitteilungspflichtiger Stelle nach § 20 Abs. 3 GwG führen, wenn alle relevanten Daten sich aus dem Eintrag ergeben. Dies gilt aber nicht, wenn die Stellung als wirtschaftlich Berechtigter sich nicht aus der Eintragung im Aktienregister ergibt, sondern etwa ein Treugeber über mehrere Anteilseigner als Treuhänder die Stellung erlangt.

III. Verhinderung von Mehrfachmeldungen (§ 20 Abs. 2 GwG)   **§ 20 GwG**

lich Berechtigten ergeben können, bestimmt § 22 Abs. 1 in den Nr. 2 bis 8 GwG. Ergeben sich die Angaben aus den anderen Registern, ist eine nochmalige separate Mitteilung an das Transparenzregister nicht notwendig, denn es wird die Erfüllung der Mitteilungspflicht fingiert.[78] Das Transparenzregister versteht sich folglich nicht nur als Datensammlung der Angaben zu wirtschaftlich Berechtigten, denn mit der Inbezugnahme der Dokumente und Eintragungen nach Maßgabe des § 22 Abs. 1 GwG erfolgt eine Weiterleitung zu verschiedenen Originaldatenbeständen der anderen o. g. öffentlichen Register.[79]

Mit der Normierung der Mitteilungsfiktion in § 20 Abs. 2 GwG soll vermieden werden, dass Vereinigungen eine Doppelbelastung durch Mehrfachmeldungen erfahren und gleichzeitig nicht erforderlichen Mitteilungspflichten unterliegen. Die Regelung dient somit der Wahrung des **Verhältnismäßigkeitsgrundsatzes**. Grundsätzlich kann die Mitteilungsfiktion nur einschlägig sein, wenn sich die Angaben zum wirtschaftlich Berechtigten aus elektronischen abrufbaren Dokumenten und Eintragungen ergeben, da andernfalls eine benutzerfreundliche Verlinkung und Verwendung der Daten über das Transparenzregister nicht möglich wäre.[80] Ergibt sich die Stellung als wirtschaftlich Berechtigter hingegen aus Dokumenten und Eintragungen, die wiederum nicht elektronisch abrufbar sind, gilt die Mitteilungspflicht nicht als erfüllt. Ein praktisches Beispiel hierfür sind Gesellschafterlisten, die noch nicht digitalisiert wurden und auch nicht mehr digitalisiert werden, sodass dann keine über das Handelsregisterportal der Länder elektronische Zugänglichmachung besteht. Ergibt sich die Stellung eines wirtschaftlich Berechtigten lediglich aus Dokumenten, die der Handelsregisterstelle in physischer Form vorliegen, so hat die betroffene Vereinigung eine erneute Mitteilung an die registerführende Stelle zu erbringen. Faktisch führt dies zu einer Einschränkung der Praktikabilität für Alt-Daten des Handelsregisters vor deren elektronischer Erfassung. Eine Ausnahme von diesem Grundsatz besteht jedoch im Hinblick auf die Angabe der prozentualen Beteiligung am Stammkapital gem. § 40 GmbHG. Dieser erst seit dem 26.6.2017 bestehenden Angabepflicht ist vielfach noch nicht nachgekommen worden. Die Anmeldung zum Transparenzregister soll in diesen Fällen gem. § 20 Abs. 2 GwG entbehrlich sein, wenn bei der Gesellschafterliste **nur die Angabe der prozentualen Beteiligung am Stammkapital fehlt**.[81]

64

---

78 BT-Drs. 18/11555 v. 17.3.2017, Begr. zu § 20 Abs. 2 GwG, S. 128; *Krais*, CCZ 2017, 98, 101; *Bochmann*, DB 2017, 1310, 1311.
79 *Bochmann*, DB 2017, 1310, 1311.
80 BT-Drs. 18/11555 v. 17.3.2017, Begr. zu § 20 Abs. 2 GwG, S. 128.
81 Vgl. auch II. „Angaben zum wirtschaftlichen Berechtigten", FAQ-Liste des BVA unter www.bva.bund.de/SharedDocs/Downloads/DE/BVA/Zuwendungen/Transparenzregister_FAQ.html?nn=9969310, zuletzt aufgerufen am 23.1.2018.

GwG § 20 Transparenzpflichten im Hinblick auf bestimmte Vereinigungen

65 Aus den in Nummer 1 bis 4 genannten öffentlichen Registern ergeben sich die Gesellschafter und/oder die gesetzlichen Vertreter, welche aufgrund § 3 Abs. 2 Satz 5 GwG hilfsweise als wirtschaftlich Berechtigte gelten.

66 Einen großen weiteren Datenbestand enthält außerdem das Unternehmensregister (Nr. 5), insbesondere die Daten nach §§ 21, 26 WpHG sowie bestimmte aktienrechtliche Bekanntmachungen.

1. Mitteilungsfiktion im Hinblick auf einzelne Vereinigungen

a) Kapitalgesellschaften

aa) Gesellschaft mit beschränkter Haftung (GmbH/gGmbH) und Unternehmergesellschaft (UG)

67 Für Gesellschaften mit beschränkter Haftung und Unternehmergesellschaften (haftungsbeschränkt) sind die Gesellschafter bereits der **Gesellschafterliste** zu entnehmen, die über das Handelsregister (§ 5 HGB) in der Regel elektronisch abrufbar ist. Die Geschäftsführer ergeben sich wiederum aus dem **Handelsregisterauszug**. Insofern erspart die nach § 22 Abs. 1 Nr. 4 GwG zugängliche Liste der Gesellschafter den Gesellschaften mit beschränkter Haftung und Unternehmergesellschaften einen enormen Mitteilungsaufwand.

68 Nach dem Gesetzeswortlaut der §§ 8 Abs. 1 Nr. 3, 40 GmbHG muss die Gesellschafterliste die Gesellschafter mit Namen, Vornamen, Geburtsdatum, Wohnort (bei juristischen Personen Firma und Sitz), die Nennbeträge jedes einzelnen Gesellschafters sowie die durch den jeweiligen Nennbetrag eines Geschäftsanteils vermittelte prozentuale Beteiligung am Stammkapital aufführen. Irrelevant für die Meldefiktion des § 20 Abs. 2 GwG ist die laufende Nummerierung eines jeden übernommenen Geschäftsanteils. Der Wohnort ist um die genaue Angabe der Adresse zu ergänzen, wenn die Wohnortangabe nicht zur Identifizierung ausreicht, wie es in größeren Städten der Fall sein kann.[82] Dies dürfte jedoch wegen der vollständigen Angabe des Geburtsdatums eher selten vorkommen. Zudem soll in der Regel vermieden werden, dass die Privatadresse der Gesellschafter wegen der Möglichkeit zur Einsicht für jedermann in der Gesellschafterliste hinterlegt wird. So können weitere Identifikationsmerkmale zur Unterscheidung der Gesellschafter wie etwa der Geburtsort, der Beruf, die Postleitzahl oder auch die Geschäftsanschrift herangezogen werden.[83] Gleiches dürfte auch für die Wohnortangabe des wirtschaftlich Berechtigten nach § 19 Abs. 1 Nr. 3 GwG

---

82 *Heidinger*, in: MüKo-GmbHG, § 40 Rn. 12; *Noack*, in: Baumbach/Hueck, GmbHG, § 40 Rn. 12.
83 *Heidinger*, in: MüKo-GmbHG, § 40 Rn. 12; *Noack*, in: Baumbach/Hueck, GmbHG, § 40 Rn. 12; *Seibert/Wedemann*, GmbHR 2007, 17, 19; a. A. *Heilmeier*, in: BeckOK-GmbHG, § 40 Rn. 23.

gelten. Folglich ergeben sich aus der Gesellschafterliste alle in § 19 Abs. 1 Nr. 1 bis 4 GwG aufgeführten und somit notwendigen Angaben.[84] Die Art und der Umfang des wirtschaftlichen Interesses ergeben sich aus dem jeweiligen Nennbetrag der Geschäftsanteile. Für **Geschäftsführer**, die wegen der Regelung des § 3 Abs. 2 Satz 5 GwG als wirtschaftlich Berechtigte mitzuteilen wären, gilt die Fiktion ebenfalls. Folglich sind es andere Formen der Kontrollausübung, wie Treuhandkonstruktionen, die nicht durch die Anteilsinhaberschaft vermittelt sind. Solche Konstellationen werden ausweislich der Gesetzesbegründung der Bundesregierung für ca. 10 % der Gesellschaften erwartet.[85] Hier hilft die Mitteilungsfiktion des § 20 Abs. 2 GwG nicht.

bb) Aktiengesellschaft (AG)

Vergibt eine Aktiengesellschaft Aktien in Form von **Namensaktien**, so sind die Aktionäre mit Namen, Geburtsdatum und Adresse sowie Stückzahl im Aktienregister zu führen, § 67 Abs. 1 AktG. Dieses Register ist allerdings kein öffentliches Register im Sinne des § 20 Abs. 2 GwG, sodass die Meldefiktion des § 20 Abs. 2 GwG nicht eingreift und die Meldepflicht für die Aktiengesellschaft besteht. Die Angabepflicht des Aktionärs, der wirtschaftlich Berechtigter ist, entfällt allerdings gegenüber „seiner" Aktiengesellschaft gemäß § 20 Abs. 4, 2. Var. GwG, da es sich bei den Angaben aus dem Aktienregister um sog. „Angaben in anderer Form" handelt.[86]

69

Bei **Inhaberaktien** entfällt die Angabepflicht von wirtschaftlich Berechtigten allerdings nicht. Anders zu beurteilen kann die Lage aber sein, sofern ein Aktionär der Gesellschaft eine Mitteilung gemäß § 20 Abs. 1 bzw. Abs. 4 AktG gemacht hat. Denn diese Mitteilung ist durch die Gesellschaft nach § 20 Abs. 6 AktG im Bundesanzeiger bekannt zu machen und somit gemäß § 8b Abs. 2 Nr. 5 HGB im Unternehmensregister elektronisch abrufbar. Enthält diese Mitteilung also alle nach § 19 Abs. 1 Nr. 1 bis 4 GwG erforderlichen Angaben, so greift die Mitteilungsfiktion des § 20 Abs. 2 GwG ein. Dies wird in der Praxis allerdings nur selten der Fall sein, da die Angabe nach § 20 AktG nicht die Präzision erreicht,[87] die § 19 Abs. 1 GwG verlangt. So muss der Mitteilende nach § 20 AktG nur die Überschreitung gewisser Beteiligungsschwellen (25 %, 50 %) mitteilen, nicht aber die genaue Höhe der Beteiligung.[88] Dies mag im Lichte des § 19 Abs. 3 Nr. 1 lit. a) GwG noch als ausreichende Mitteilung empfunden werden, da die 25 %-Schwelle als sicher überschritten anzusehen ist. Allerdings enthält

70

---

84 § 19 Abs. 1 GwG: Vor- und Nachname (Nr. 1), Geburtsdatum (Nr. 2), Wohnort (Nr. 3) und Art und Umfang des wirtschaftlichen Interesses (Nr. 4).
85 BT-Drs. 18/11555 v. 17.3.2017, Begr., S. 91.
86 *Rieg*, BB 2017, 2310, 2314.
87 Vgl. *Koch*, in: Hüffer/Koch, AktG, § 20, Rn. 8.
88 *Bayer*, in: MüKo-AktG, § 20, Rn. 31.

GwG § 20 Transparenzpflichten im Hinblick auf bestimmte Vereinigungen

die Mitteilung nicht zwingend das Geburtsdatum des Aktionärs, was nach § 19 Abs. 1 Nr. 2 GwG aber erforderlich wäre. Hinzu kommt, dass § 20 AktG sich nur an „Unternehmen" richtet. Da wirtschaftlich Berechtigte im Sinne des § 20 Abs. 2 GwG aber immer nur natürliche Personen sind, kann die Mitteilungsfiktion durch die Meldung nach § 20 AktG nur für Einzelkaufleute greifen, die sowohl als natürliche Person als auch als Unternehmen[89] im Sinne des § 20 AktG anzusehen sind. Somit lassen sich Fälle, in denen die Mitteilungsfiktion für Aktiengesellschaften nützlich ist, auf eine Konstellation beschränken: Ein Kaufmann erwirbt mehr als 25% der Anteile einer Aktiengesellschaft, teilt dies gemäß § 20 AktG mit und gibt dabei, obwohl nicht erforderlich, noch sein Geburtsdatum an. Es empfiehlt sich wegen der fehlenden praktischen Tragweite dieser Ausnahme daher als mitteilungspflichtige Aktiengesellschaft, stets alle Mitteilungen an das Transparenzregister aktiv vorzunehmen. Zu Besonderheiten bei Beteiligungsketten vgl. § 20 Abs. 3 Satz 5 GwG. Zu Besonderheiten bei börsennotierten Gesellschaften siehe § 20 Abs. 2 Satz 2 GwG.

b) Personengesellschaften

aa) Gesellschaft bürgerlichen Rechts (GbR)

71 Die Gesellschaft bürgerlichen Rechts ist schon keine mitteilungspflichtige Stelle im Sinne des § 20 Abs. 1 GwG, da es sich nicht um eine eingetragene Personengesellschaft handelt. Die Mitteilungsfiktion ist daher für sie nicht von Belang. Sie kann aber selbst angabepflichtig sein, wenn sie Anteilseigner einer mitteilungspflichtigen Vereinigung ist. Dann muss sie die hinter ihr stehenden wirtschaftlich Berechtigten mitteilen.

bb) Offene Handelsgesellschaft (oHG)

72 Auch für offene Handelsgesellschaften sind die Gesellschafter sowie deren Vertretungsmacht aus den **Handelsregisterauszügen** ersichtlich. Für vertretungsberechtigte Gesellschafter kann regelmäßig davon ausgegangen werden, dass diese wegen ihrer starken Stellung in der Gesellschaft Kontrolle i. S. d. § 3 GwG auf diese ausüben können. Hier greift die Mitteilungsfiktion des § 20 Abs. 2 GwG also zugunsten der Gesellschaft ein.

cc) Kommanditgesellschaft (KG)

73 Komplex ist die Situation bei Kommanditgesellschaften. Die **Hafteinlage** eines Kommanditisten ergibt sich aus dem Handelsregisterauszug. Davon weicht die **Pflichteinlage**, die im Innenverhältnis festgelegt wird, aber regelmäßig ab.[90] Ob

---

89 Vgl. *Koch*, in: Hüffer/Koch, AktG, § 15, Rn. 8.
90 *Rieg*, BB 2017, 2310, 2315.

III. Verhinderung von Mehrfachmeldungen (§ 20 Abs. 2 GwG) **§ 20 GwG**

ein Kommanditist als wirtschaftlich Berechtigter anzusehen ist, dürfte aber allein an der Pflichteinlage festzumachen sein.[91] Weicht der im Gesellschaftsvertrag vereinbarte Kapitalanteil also von der Eintragung der Einlage im Handelsregisterauszug ab und ergibt sich daraus eine Stellung als wirtschaftlich Berechtigter, ist die Publizität des Transparenzregisters nicht mehr gewahrt.[92] Insofern hat, in den praktisch wohl meisten Fällen, eine Mitteilung an das Transparenzregister zu erfolgen, wenn der Kommanditist die Schwelle zum wirtschaftlich Berechtigten überschreitet. Gleiches gilt für andere Formen der Kontrolle über die Gesellschaft, die sich nicht bereits aus der Gesellschafterstellung ergeben,[93] wie etwa bei wesentlichen Kommanditbeteiligungen an einem geschlossenen Fonds, die über eine Treuhand-GmbH vermittelt werden. Dann wird man entsprechend der steuerlichen Zuordnung beim wirtschaftlichen Eigentümer auf die Treugeber abstellen müssen. Insofern wird von der Bundesregierung angenommen, dass etwa 10% der offenen Handelsgesellschaften, Kommanditgesellschaften und europäischen wirtschaftlichen Interessenvereinigungen nicht von der Meldefiktion des § 20 Abs. 2 GwG entlastet werden.[94]

dd) Partnerschaftsgesellschaften (ggf. mbB)

Aus dem Partnerschaftsgesellschaftsregister (§ 5 PartGG) sind Angaben der Partner einer Partnerschaftsgesellschaft ersichtlich. Auch hier sind Treuhandverhältnisse denkbar, z.B. wenn ein Partner für eine hinter ihm stehende Person handelt, die wiederum faktisch die Kontrolle ausübt. Für 5% der eingetragenen Partnerschaftsgesellschaften geht die Bundesregierung davon aus, dass ein eingetragener Partner für eine andere Person handelt, welche schließlich die Kontrolle ausübt, sodass die Meldefiktion nicht greift.[95]

74

c) Vereine, Stiftungen und Genossenschaften

Im Hinblick auf eingetragene Vereine und Versicherungsvereine auf Gegenseitigkeit schätzt die Bundesregierung die Mitgliederzahl so hoch ein, dass weder die 25%-Schwelle noch die Kontrolle aus der Mitgliedschaft erreicht wird, sodass die Geschäftsleitung bzw. der Vorstand als wirtschaftlich Berechtigte heran-

75

---

91 *Rieg*, BB 2017, 2310, 2315.
92 *Fisch*, NGZ 2017, 408, 410 geht sogar soweit, dass bei Kommanditisten, die zu mehr als 25% am Kapital beteiligt sind, immer eine Mitteilungspflicht bestünde, auch wenn sich die Quote aus der Hafteinlage ergibt. Dies wird allein mit der Möglichkeit der Abweichung von Hafteinlage und Pflichteinlage begründet. Diese Konsequenz scheint allerdings sehr weitgehend, hält man sich den Sinn der bürokratischen Entlastung des § 20 Abs. 2 GwG vor Augen.
93 BT-Drs. 18/11555 v. 17.3.2017, Begr., S. 91.
94 BT-Drs. 18/11555 v. 17.3.2017, Begr., S. 91.
95 BT-Drs. 18/11555 v. 17.3.2017, Begr., S. 92.

GwG § 20 Transparenzpflichten im Hinblick auf bestimmte Vereinigungen

zuziehen sind, § 3 Abs. 2 Satz 5 GwG. Hier soll in 5% der Fälle die Mitteilungsfiktion nicht greifen.[96] In der Praxis wird wegen der Überforderung mit den Registeranforderungen allerdings bei Idealvereinen z. B. von *Elsing* erwartet, dass wegen der Risiken den Vereinen die Vorstände ausgehen, bzw. erhebliche bürokratische Hürden entstehen.[97]

76   Für rechtsfähige Stiftungen des bürgerlichen Rechts wird die Mitteilungsfiktion des § 20 Abs. 2 GwG zu keiner bürokratischen Entlastung führen. Für Stiftungen gibt es kein dem Vereins- oder Handelsregister entsprechendes „Stiftungsregister". Die Stiftungsbehörde des jeweiligen Bundeslandes, in dem die Stiftung ihren Sitz hat, führt zwar ein Stiftungsverzeichnis, doch wird dieses nicht in § 20 Abs. 1 Nr. 1 bis 5 GwG genannt. Zudem können den Verzeichnissen der Länder weder die Angaben zum Stifter noch zum Vorstand entnommen werden. Eine Mitteilungsfiktion scheidet mithin aus, weshalb sämtliche Stiftungen die Angaben zu ihren wirtschaftlich Berechtigten dem Transparenzregister mitteilen werden müssen.[98]

77   Für eingetragene Genossenschaften sowie europäische Genossenschaften wird wegen der hohen Anzahl an Mitgliedern davon ausgegangen, dass eine Kontrolle aus der Mitgliedschaft ausscheidet und nach der Regelung des § 3 Abs. 2 Satz 5 GwG die Geschäftsleitung bzw. der Vorstand hilfsweise als wirtschaftlich Berechtigter heranzuziehen ist. Die Mitglieder ergeben sich aus dem Genossenschaftsregister, § 10 Abs. 1 GenG. Die eingetragenen Genossenschaften, die ihre wirtschaftlich Berechtigten dem Transparenzregister mitzuteilen haben, werden von der Bundesregierung auf ca. 3% der Fälle geschätzt.[99]

2. Besonderheiten bei Beteiligungsketten

78   Unklar ist, wie weit die Meldefiktion des § 20 Abs. 2 GwG bei Beteiligungsketten reicht. Zur Verdeutlichung der Problematik soll folgendes Beispiel dienen: Die A-GmbH wird zu 100% von der B-GmbH gehalten. Die B-GmbH wird zu 100% von der natürlichen Person X gehalten. Aus der im Handelsregister verfügbaren Gesellschafterliste der A-GmbH ist unmittelbar nur die B-GmbH als Gesellschafterin ersichtlich. Aus der Gesellschafterliste der B-GmbH allerdings ist der X als natürliche Person ersichtlich. Mittelbar kann also der X als wirtschaftlich Berechtigter der A-GmbH ermittelt werden, nicht jedoch unmittelbar. Überwiegend wird vertreten, dass ein solches „**Durchhangeln**" zum wirtschaftlich Berechtigten ausreichend sei, um die Meldefiktion des § 20 Abs. 2 GwG

---

96 BT-Drs. 18/11555 v. 17.3.2017, Begr., S. 92.
97 *Elsing*, Überblick über das Transparenzregister, notar, 2/2018, S. 71, 73.
98 BT-Drs. 18/11555 v. 17.3.2017, Begr., S. 92.
99 BT-Drs. 18/11555 v. 17.3.2017, Begr., S. 92.

III. Verhinderung von Mehrfachmeldungen (§ 20 Abs. 2 GwG)   § 20 GwG

auszulösen.[100] Dies wird vor allem damit begründet, dass andernfalls ein enormer bürokratischer Aufwand entstünde, den der Gesetzgeber wohl nicht vor Augen hatte.[101]

Würdigt man aber **Sinn und Zweck des Transparenzregisters**, wirtschaftlich Berechtigte leicht ermitteln zu können, so überzeugt dies u. E. nicht in allen Fällen. Adressaten des Transparenzregisters sind neben den in § 23 Abs. 1 Nr. 1 GwG bezeichneten Behörden vor allem auch die Verpflichteten selbst (§ 23 Abs. 1 Nr. 2 GwG) sowie diejenigen, die ein berechtigtes Interesse an den Informationen des Transparenzregisters vorbringen können (§ 23 Abs. 1 Nr. 3 GwG). Abgesehen von den staatlichen Behörden kann von diesem Adressatenkreis aber regelmäßig kein juristisches Vorwissen vorausgesetzt werden, das ausreicht, bei komplexen Gesellschaftsstrukturen die wirtschaftlich Berechtigten aus diversen Registern/Dokumenten zu deduzieren. Je mehr Glieder in einer Kette von Gesellschaften zu durchdringen sind, desto komplizierter wird die Ermittlung des wirtschaftlich Berechtigten.[102] Um einer derartigen Verschleierung vorzubeugen, sollte die Meldefiktion des § 20 Abs. 2 GwG u. E. diesbezüglich restriktiv verstanden werden, sodass eine Meldepflicht nur entfällt, wenn der wirtschaftlich Berechtigte sich **unmittelbar** oder mittelbar aus den öffentlichen Registern nach § 20 Abs. 2 GwG ergibt.

79

Jedenfalls entfällt die Mitteilungspflicht dann nicht, wenn in der Beteiligungskette **ausländische** Gesellschaften zwischengeschaltet sind und die relevanten Informationen sich erst aus ausländischen Registern ergeben. Da § 20 Abs. 2 GwG nur auf deutsche Register verweist, kann dies nicht ausreichen.[103] Gleichwohl vertritt das Bundesverwaltungsamt (BVA) im Rahmen einer FAQ-Liste die Auffassung, dass die Mitteilungspflicht bereits dann entfällt, wenn sich die Angaben zum wirtschaftlichen Berechtigten infolge einer Zusammenschau verschiedener Dokumente und Eintragungen ergebe.[104]

80

---

100 *Rieg*, BB 2017, 2310, 2312; *Elsing*, Überblick über das Transparenzregister, notar 2/2018, S. 71, 73.
101 *Rieg*, BB 2017, 2310, 2312.
102 Dabei sei darauf hingewiesen, dass zur Ermittlung auf jeder Ebene etwa das Handelsregister und das Transparenzregister selbst eingesehen werden müssten.
103 So auch: *Rieg*, BB 2017, 2310, 2314. Eine Ausnahme davon mag gegeben sein, wenn eine deutsche Tochtergesellschaft von einer ausländischen börsennotierten Muttergesellschaft gehalten wird, soweit die Voraussetzungen des § 20 Abs. S. 2 GwG erfüllt sind.
104 Vgl. auch II. „Angaben zum wirtschaftlichen Berechtigten", FAQ-Liste des BVA unter www.bva.bund.de/SharedDocs/Downloads/DE/BVA/Zuwendungen/Transparenzregister_FAQ.html?nn=9969310, zuletzt aufgerufen am 23.1.2018.

3. Besonderheiten bei börsennotierten Gesellschaften (§ 20 Abs. 2 Satz 2 GwG)

81 Bei börsennotierten Gesellschaften ergeben sich Besonderheiten aus § 20 Abs. 1 Satz 1 Nr. 5 GwG, also dem Unternehmensregister, sowie aus § 20 Abs. 2 Satz 2 GwG, der eine Sonderregelung vorsieht. Im Unternehmensregister finden sich insbesondere Angaben nach §§ 21, 26 WpHG sowie weitere aktienrechtliche Bekanntmachungen. Dieser Umstand zusammen mit dem Wortlaut des § 20 Abs. 2 Satz 2, wonach die Meldepflicht bei börsennotierten Gesellschaften stets als erfüllt gilt, könnte zu der Annahme verleiten, dass börsennotierte Gesellschaften ohnehin nicht Adressat der Meldepflicht sind. Die Gesetzesbegründung verhält sich dazu allerdings wie folgt: „Im Unternehmensregister (Nummer 5) sind ebenfalls viele Daten verfügbar, insbesondere die Daten nach §§ 21, 26 des Wertpapierhandelsgesetzes und bestimmte aktienrechtliche Bekanntmachungen. Dies rechtfertigt es, börsennotierte Gesellschaften nicht vom Kreis der den Transparenzpflichten nach § 20 unterliegenden Gesellschaften auszuschließen (...). Die Einbeziehung auch börsennotierter Gesellschaften steht jedoch im Zeichen der **Bündelung der Daten im Transparenzregister** und damit der Steigerung seiner Nutzerfreundlichkeit. Durch die in Absatz 2 vorgesehene Inbezugnahme bereits vorhandener Daten in anderen öffentlichen Registern, hier den Stimmrechtsmitteilungen börsennotierter Gesellschaften, wird in aller Regel gerade für börsennotierte Aktiengesellschaften die Meldefiktion des Absatz 2 eingreifen, sodass keine Mehrbelastung zu erwarten steht."[105]

82 Wegen der im Unternehmensregister vorhandenen Informationen und der diesbezüglichen Klarstellung des § 20 Abs. 2 Satz 2 GwG gilt die Mitteilungspflicht bei börsennotierten Unternehmen also stets als erfüllt; dennoch sind die Gesellschaften aber weiterhin Adressaten der Meldepflicht, sodass eine der Nutzerfreundlichkeit dienende Bündelung aller Daten[106] zu allen Gesellschaften im Transparenzregister erfolgt.

83 Die Angaben nach §§ 21, 26 WpHG die von den Mitteilungspflichtigen zu leisten sind, sind in der Verordnung zur Konkretisierung von Anzeige-, Mitteilungs- und Veröffentlichungspflichten sowie der Pflicht zur Führung von Insiderverzeichnissen nach dem Wertpapierhandelsgesetz (Wertpapierhandelsanzeige- und Insiderverzeichnisverordnung – WpAIV) geregelt. Diese setzt in § 2 WpAIV den Umfang der zu leistenden Angaben fest, die alle Angaben des § 19 GwG enthalten. Auch ohne die Klarstellung des § 20 Abs. 2 Satz 2 GwG würde die Mitteilungspflicht mithin als erfüllt gelten. Satz 2 scheint daher so zu verstehen zu sein, dass börsennotierte Gesellschaften kein zusätzliches Compliance-System für das Transparenzregister etablieren müssen. Faktisch verdrängt die

---

105 BT-Drs. 18/11555 v. 17.3.2017, Begr. zu § 20 Abs. 2 GwG, S. 128.
106 Das genaue Verfahren des Zusammentragens der Daten richtet sich nach § 22 GwG.

III. Verhinderung von Mehrfachmeldungen (§ 20 Abs. 2 GwG) **§ 20 GwG**

Aufsicht der BaFin nach WpHG im Wege der Subsidiarität die Pflichten im Zusammenhang mit dem Transparenzregister. Dies gilt u. E. auch für den Fall der Ahndung bei fehlender Meldung nach dem WpHG; die Fiktion ist u. E. abschließend.

4. Erfüllungsaufwand der Wirtschaft

Insgesamt soll sich der Erfüllungsaufwand der Wirtschaft für die Mitteilung der Angaben über den wirtschaftlich Berechtigten an das Transparenzregister gem. § 20 Abs. 1, 3, 4, § 21 i. V. m. § 19 Abs. 1 GwG nach der Aufstellung der Bundesregierung auf eine Summe von **741.060,00 EUR** belaufen.[107] Dabei sollen 634.800,00 EUR (bei 230.000 mitteilungspflichtigen Fällen) des Erfüllungsaufwands auf die einmalige bzw. erstmalige Mitteilung der Angaben über den wirtschaftlich Berechtigten und 106.260,00 EUR (bei 38.500 mitteilungspflichtigen Fällen jährlich) auf die wiederkehrenden Mitteilungspflichten bei Änderung entfallen.[108] Die Gesetzesbegründung geht für die Mitteilung der Angaben über den wirtschaftlich Berechtigten von einem einfachen Komplexitätsgrad aus. Die Meldung eines wirtschaftlich Berechtigten solle eine **Zeit von 6 Minuten** in Anspruch nehmen, unabhängig davon, ob die Mitteilung erstmalig oder wiederkehrend erfolgt.[109] Gerechnet auf die Mitteilung der Angaben eines einzigen wirtschaftlich Berechtigten beträgt der anfallende Erfüllungsaufwand einer mitteilungspflichtigen Vereinigung **2,76 EUR**. Diese Schätzungen sind **absurd**. Schon die zweistufige Registrierung ist eine erhebliche Hürde. Problematisch wird es u. E. zudem, überhaupt zu ermitteln, ob und wenn ja, welche Angaben zusätzlich zu den übrigen Registern erhebungs-, archivierungs- und mitteilungspflichtig sind.

84

Ferner wird in der Gesetzesbegründung lediglich der anfallende Erfüllungsaufwand im Hinblick auf die Informationspflichten berücksichtigt. Nicht zu unterschätzen sind im Weiteren die Kosten für die laufende geldwächerechtliche Compliance, also der materiell-rechtlichen Identifizierung von wirtschaftlich Berechtigten eines Unternehmens. Diese dürfte aufgrund der hohen Komplexität der Bestimmung von wirtschaftlich Berechtigten den Großteil der Mehrkosten darstellen. Zudem werden Schulungen der Angestellten und IT-Kosten erforderlich sein. Als kostensparend dürfte es sich dabei erweisen, die Erfüllung der Organisationspflichten der zentralen Beteiligungsverwaltung (im Konzern) zuzuweisen oder diese vollständig auszugliedern.

85

---

107 BT-Drs. 18/11555 v. 17.3.2017, Begr., S. 96.
108 BT-Drs. 18/11555 v. 17.3.2017, Begr., S. 96.
109 BT-Drs. 18/11555 v. 17.3.2017, Begr., S. 96.

GwG § 20 Transparenzpflichten im Hinblick auf bestimmte Vereinigungen

5. Mitteilung nach § 20 Abs. 2 Satz 4 GwG

86 Hat die mitteilungspflichtige Vereinigung eine Mitteilung nach § 20 Abs. 1 Satz 1 GwG an das Transparenzregister erbracht und hat sich danach der wirtschaftlich Berechtigte geändert, sodass sich die Angaben zu ihm nun aus den in § 20 Abs. 2 Satz 1 GwG aufgeführten Registern ergeben, ist dies der registerführenden Stelle nach § 20 Abs. 1 Satz 1 GwG **unverzüglich** zur Berücksichtigung im Transparenzregister mitzuteilen, § 20 Abs. 2 Satz 4 GwG. Unverzüglich bedeutet eine Mitteilung ohne schuldhaftes Zögern, d. h. es bietet sich hier eine Frist von **zwei Wochen** an, in der die Mitteilung zu erfolgen hat (vgl. § 121 BGB). Hier bleibt abzuwarten, wie sich das BMF oder die Rechtsprechung dazu äußern werden. Die Mitteilung nach § 20 Abs. 2 Satz 4 GwG ist gem. § 3 Abs. 1 TrDüV über die Internetseite des Transparenzregisters (www.transparenzregister.de) und unter Verwendung der für die Übermittlung vorgesehenen Formulare vorzunehmen. Es gelten die oben ausgeführten Schritte zur Basis-Registrierung und der erweiterten Registrierung sowie die Einzelheiten zur Auftragserstellung von Mitteilungen zu den Angaben der wirtschaftlich Berechtigten (vgl. Rn. 54–61).

IV. Angabepflicht nach § 20 Abs. 3 GwG

87 § 20 Abs. 3 GwG begründet die Pflicht für Anteilseigner, die wirtschaftlich Berechtigte sind oder von einem wirtschaftlich Berechtigten unmittelbar kontrolliert werden, den Vereinigungen nach § 20 Abs. 1 GwG die zur Erfüllung der in Abs. 1 normierten Pflichten notwendigen Angaben und jede Änderung dieser Angaben unverzüglich mitzuteilen (Satz 1). Mit der Regelung soll dafür gesorgt werden, dass die transparenzpflichtigen Vereinigungen die zur Erfüllung ihrer Pflichten erforderlichen Angaben zu ihren wirtschaftlich Berechtigten auch tatsächlich erhalten,[110] denn eine Nachforschungspflicht[111] besteht für diese nicht. Die Angabepflicht des § 20 Abs. 3 GwG bildet mithin das **Gegenstück zu den Einholungs-, Aufbewahrungs-, Aktualisierungs- und Weiterleitungspflichten der juristischen Personen des Privatrechts und eingetragenen Personengesellschaften**.[112] Bei den Anteilseignern findet sich nämlich am ehesten die Kenntnis, ob sie selbst wirtschaftlich Berechtigte sind oder von einem wirtschaftlich Berechtigten kontrolliert werden.[113] Mitglieder eines Vereins oder einer Genossenschaft, die mehr als 25 % der Stimmrechte kontrollieren, unterliegen ebenfalls der Mitteilungspflicht (Satz 2). Bei Stiftungen trifft die Pflicht die Personen nach § 3 Abs. 3 GwG, also natürliche Personen, die als Treugeber, Ver-

---

110 BT-Drs. 18/11555 v. 17.3.2017, Begr. zu § 20 Abs. 1 GwG, S. 126 f.
111 BT-Drs. 18/11555 v. 17.3.2017, Begr. zu § 20 Abs. 3 GwG, S. 129.
112 BT-Drs. 18/11555 v. 17.3.2017, Begr. zu § 20 Abs. 1 GwG, S. 126.
113 Vgl. BT-Drs. 18/11555 v. 17.3.2017, Begr. zu § 20 Abs. 1 GwG, S. 127.

IV. Angabepflicht nach § 20 Abs. 3 GwG **§ 20 GwG**

walter von Trusts (Trustee) oder Protektor handeln, sowie Mitglieder des Vorstands der Stiftung. Darüber hinaus trifft die Pflicht natürliche Personen, die als Begünstigte bestimmt worden sind, bzw. die Gruppe von natürlichen Personen, zu deren Gunsten das Vermögen verwaltet oder verteilt werden soll, sofern die Begünstigten des Vermögens noch nicht bestimmt sind und jede natürliche Person, die auf sonstige Weise unmittelbar oder mittelbar beherrschenden Einfluss auf die Vermögensverwaltung oder Ertragsverteilung ausübt (Satz 3). Damit ist gerade bei Stiftungen eine sehr große Gruppe mitteilungspflichtig, wobei die (zutreffende) Mitteilung durch eine Person für alle Personen ausreichen sollte. Dasselbe gilt für Angabepflichtige im Sinne der Sätze 2 und 3, die der unmittelbaren Kontrolle eines wirtschaftlich Berechtigten unterstehen (Satz 4). Stehen Angabepflichtige im Sinne der Sätze 1–3 jedoch unter der mittelbaren Kontrolle eines wirtschaftlich Berechtigten, so trifft die Pflicht nach Satz 1 den wirtschaftlich Berechtigten (Satz 5).

Die Pflicht zur Mitteilung der Angaben an Vereinigungen nach § 20 Abs. 1 GwG zur Erfüllung der in Abs. 1 statuierten Pflichten kann entsprechend der Definition des wirtschaftlich Berechtigten **ausschließlich natürliche Personen** treffen. Juristische Personen oder Personengesellschaften müssen die von ihren wirtschaftlich Berechtigten erhaltenen Angaben archivieren, jährlich auf ihre Aktualität überprüfen und der registerführenden Stelle zur Eintragung in das Transparenzregister mitteilen – sie bilden folglich das Bindeglied[114] zwischen ihren wirtschaftlich Berechtigten und der registerführenden Stelle. **88**

Gem. § 20 Abs. 3 Satz 1 GwG haben die Angabepflichtigen alle Angaben zu melden, die in § 19 Abs. 1 Nr. 1 bis 4 GwG abschließend aufgezählten sind.[115] **89**

1. Anteilseigner, die wirtschaftlich Berechtigte i. S. d. § 20 Abs. 3 Satz 1 GwG sind

Die Angabepflicht besteht gem. § 20 Abs. 3 Satz 1 GwG für Anteilseigner, die wirtschaftlich Berechtigte sind (Var. 1) oder von einem wirtschaftlich Berechtigten unmittelbar kontrolliert werden (Var. 2). Daher ist auch an dieser Stelle die Definition des § 3 Abs. 1 und 2 GwG zur Bestimmung des wirtschaftlich Berechtigten relevant und wirkt sich auf die Angabepflicht des § 20 Abs. 3 GwG aus. Anteilseigner, die definitionsgemäß nicht als wirtschaftlich Berechtigte einzuordnen sind, unterliegen daher auch nicht der Pflicht, den Vereinigungen nach § 20 Abs. 1 GwG die zur Erfüllung der in Abs. 1 statuierten Pflichten notwendigen Angaben und jede Änderung dieser Angaben (unverzüglich) mitzuteilen. **90**

---

114 § 19 Abs. 1 GwG: Vor- und Nachname (Nr. 1), Geburtsdatum (Nr. 2), Wohnort (Nr. 3) und Art und Umfang des wirtschaftlichen Interesses (Nr. 4).
115 BT-Drs. 18/11555 v. 17.3.2017, Begr. zu § 20 Abs. 3 GwG, S. 129.

GwG § 20 Transparenzpflichten im Hinblick auf bestimmte Vereinigungen

91 Anknüpfungspunkt der Angabepflicht sind die Anteilseigner der jeweiligen Vereinigung im Sinne des § 20 Abs. 1 GwG, die über ihre eigene wirtschaftliche Berechtigung (Var. 1) oder über wirtschaftlich Berechtigte, unter deren unmittelbaren Kontrolle sie stehen (Var. 2), alle Angaben gemäß § 19 Abs. 1 GwG zu machen haben. Nicht von Bedeutung ist dabei, ob die Anteilseigner selbst unmittelbar oder mittelbar Kontrolle über die jeweilige Vereinigung ausüben.[116] Der Angabepflicht des § 20 Abs. 1 Satz 1 GwG unterliegen neben den unmittelbar beteiligten wirtschaftlich Berechtigten also auch Anteilseigner, hinter denen wiederum ein natürlicher Dritter steht, der die Kriterien eines wirtschaftlich Berechtigten an der Gesellschaft erfüllt. Eine solche Konstellation ergibt sich z. B. dann, wenn der Anteilseigner mehr als 25 % an der Vereinigung hält und von dem Dritten beherrscht wird. Denkbar wäre auch eine Konstellation, in der die 25%-Schwelle durch eine Kumulation von unmittelbaren und/oder mittelbaren Anteilen überschritten wird.[117]

92 Um den Aufwand für einen von einem Dritten beherrschten Anteilseigner zu begrenzen, hat der Anteilseigner bei Beteiligungsketten nur Angaben über diejenige(n) natürliche(n) Person(en) an die Vereinigung weiterzuleiten, von der/denen er unmittelbar beherrscht wird.[118] Von der Angabepflicht sind alle Angaben nach § 19 Abs. 1 GwG erfasst. Die Angabepflicht besteht auch, wenn der Anteilseigner selbst keine Kontrolle ausübt, sondern ein wirtschaftlich Berechtigter, der die Kontrolle über zwei oder mehrere Anteilseigner hat. Mit dieser Regelungswirkung soll die Vermeidung von Angabepflichten durch den bewussten Einsatz von **Treuhandstrukturen** vermieden werden.[119] Dies ergibt sich aus § 20 Abs. 3 Satz 1 GwG, wonach die Angabepflicht auch für Anteilseigner besteht, die unmittelbar von einem wirtschaftlich Berechtigten kontrolliert werden. Jedoch besteht die berechtigte Befürchtung, dass „zwischengeschaltete" Anteilseigner die Strukturen nicht überblicken, keine Angaben zum wirtschaftlich Berechtigten machen können und **allgemeine Unklarheit** aufkommen wird, wie die Meldung in Fällen von Beteiligungs- und Kontrollketten korrekterweise zu erfolgen hat. So besteht das Risiko von vermehrten unrichtigen Angaben und Falscheintragungen in das Transparenzregister.[120] Überspitzt formuliert lässt sich vermuten, warum der deutsche Gesetzgeber bewusst auf die Normierung des Vertrauens in die Richtigkeit der im Transparenzregister hinterlegten Angaben verzichtet hat. Hilfreich für die Erfüllung der geldwäscherechtlichen Sorgfaltspflichten erscheint dies nicht. Somit sind **Rechtsunsicherheiten** sowie **Anwendungsschwierigkeiten** vorprogrammiert.

---

116 BT-Drs. 18/11555 v. 17.3.2017, Begr. zu § 20 Abs. 3 GwG, S. 129.
117 BT-Drs. 18/11555 v. 17.3.2017, Begr. zu § 20 Abs. 3 GwG, S. 129.
118 BT-Drs. 18/11555 v. 17.3.2017, Begr. zu § 20 Abs. 3 GwG, S. 129.
119 BT-Drs. 18/11555 v. 17.3.2017, Begr. zu § 20 Abs. 3 GwG, S. 129.
120 *Krais*, CCZ 2017, 98, 102.

IV. Angabepflicht nach § 20 Abs. 3 GwG

Die Angabepflicht nach § 20 Abs. 3 GwG ist auf Beteiligungs- oder Kontrollketten begrenzt, denn die Pflicht zur Mitteilung an die Vereinigung durch den Anteilseigner, der nicht selbst wirtschaftlich Berechtigter ist, besteht nur für die „nächste" Beteiligungsstufe. Wirtschaftlich Berechtigte, die in der Beteiligungskette weiter hinten stehen, sind nicht durch den beherrschten Rechtsträger zu melden. Zum einen, weil die Beteiligungskette nach unten für den Anteilseigner kaum nachzuvollziehen sein wird, und zum anderen, weil eine Nachforschungspflicht bei Beteiligungsketten für Angabepflichtige i. S. d. § 20 Abs. 3 GwG ebenso wenig bestehen soll wie für einholungs- und mitteilungspflichtige Vereinigungen nach § 20 Abs. 1 GwG.[121]

93

Vereinigungen im Sinne des § 20 Abs. 1 Satz 1 GwG, die als Anteilseigner Teil einer Beteiligungskette sind, unterliegen selbst der Angabepflicht gegenüber dem Transparenzregister und haben die Angaben der an ihr beteiligten wirtschaftlich Berechtigten, die ebenfalls angabepflichtig sind, ihrerseits einzuholen, aufzubewahren, auf dem aktuellen Stand zu halten und an die registerführende Stelle weiterzuleiten. Dadurch wird eine Mehrfachmeldung desselben wirtschaftlich Berechtigten bei Beteiligungsketten vermieden.[122] Etwas anderes gilt hingegen, wenn die angabepflichtige Vereinigung in einer anderen Form als durch Mitteilung von ihrem Anteilseigner **Kenntnis** von den Angaben über den wirtschaftlich Berechtigten erlangt, der wiederum wirtschaftlich Berechtigter auch dieser Vereinigung ist. In solchen Konstellationen müssen auch Vereinigungen auf der unteren Beteiligungsebene die Angaben über den wirtschaftlich Berechtigten dem Transparenzregister mitteilen.[123]

94

Die Pflichten des § 20 Abs. 1 Satz 1 GwG sind auf „nationale" Vereinigungen im Sinne des § 20 Abs. 1 GwG begrenzt, wohingegen eine solche Inlandsbeschränkung nicht für die Angabepflicht der Anteilseigner gem. § 20 Abs. 3 GwG gilt. Weder der Wortlaut der 4. EU-Geldwäscherichtlinie selbst noch der Gesetzeswortlaut des § 20 Abs. 3 GwG sehen eine Angabepflicht **ausschließlich für in Deutschland ansässige Anteilseigner** vor. Gem. § 20 Abs. 3 GwG unterliegen der Angabepflicht gegenüber Vereinigungen nach § 20 Abs. 1 GwG „Anteilseigner, die wirtschaftlich Berechtigte sind oder von dem wirtschaftlich Berechtigten unmittelbar kontrolliert werden". Eine Begrenzung der Pflicht auf Anteilseigner mit Wohnsitz in Deutschland oder solche mit deutscher Staatsangehörigkeit gibt der Wortlaut nicht her, sodass die Angabepflicht aus § 20 Abs. 3 GwG auch für Anteilseigner mit Wohnsitz im Ausland und/oder nicht deutscher Staatsangehörigkeit gilt. § 23 Abs. 1 Satz 2 GwG bestimmt, dass für die Einsichtnahme in das Transparenzregister bei berechtigtem Interesse neben den Angaben nach § 19 Abs. 1 Nr. 1 und 4 GwG „nur Monat und Jahr der Geburt des

95

---

121 BT-Drs. 18/11555 v. 17.3.2017, Begr. zu § 20 Abs. 3 GwG, S. 129.
122 BT-Drs. 18/11555 v. 17.3.2017, Begr. zu § 20 Abs. 3 GwG, S. 129.
123 BT-Drs. 18/11555 v. 17.3.2017, Begr. zu § 20 Abs. 3 GwG, S. 129.

GwG § 20 Transparenzpflichten im Hinblick auf bestimmte Vereinigungen

wirtschaftlich Berechtigten und sein Wohnsitzland der Einsicht zugänglich" sind. Daraus lässt sich schließen, dass auch Anteilseigner mit ausländischem Wohnsitz im nationalen Transparenzregister erfasst sind und ihre Angaben dort hinterlegt sind.[124] Die Regelung des § 20 Abs. 3 GwG verfolgt den Zweck, Vereinigungen nach § 20 Abs. 1 GwG bei ihrer Informations- und Mitteilungspflicht gem. § 20 Abs. 1 Satz 1 GwG zu unterstützen, indem der wirtschaftlich Berechtigte der Vereinigung gegenüber verpflichtet wird, die in § 19 Abs. 1 GwG genannten Angaben über seine Person tatsächlich der entsprechenden Vereinigung mitzuteilen. Es handelt sich mithin um einen zivilrechtlichen Anspruch, der öffentlich-rechtlich sanktioniert wird. Damit eine vollumfängliche und lückenlose Transparenz der Beteiligungsverhältnisse entsprechend den europäischen und nationalen Vorgaben verwirklicht wird, hat die Erfassung der wirtschaftlich Berechtigten losgelöst von deren Nationalität und Ansässigkeit zu erfolgen.

2. Vereins- oder Genossenschaftsmitglieder mit mehr als 25 % der Stimmrechte (§ 20 Abs. 3 Satz 2 GwG)

96 § 20 Abs. 3 Satz 2 GwG enthält eine Sonderregelung für die Angabepflicht gegenüber Vereinen und Genossenschaften. So besteht gem. Satz 2 die Angabepflicht nach § 20 Abs. 3 Satz 1 GwG für Mitglieder eines Vereins oder einer Genossenschaft, die mehr als 25 % der Stimmrechte kontrollieren. Diese Ergänzung für Vereine und Genossenschaften wäre überflüssig, wären derartige Personen doch wohl schon nach Satz 1 in Verbindung mit § 3 GwG wirtschaftlich Berechtigte. Vereine und Genossenschaften haben keine Anteilseigner, sondern Mitglieder, die einer Beitragspflicht unterliegen. Vermutlich wollte man mit der Ergänzung um eine Sonderregel dem „Argument" vorbeugen, die Mitgliedschaft sei nicht wie ein Gesellschaftsanteil auf eine wirtschaftliche Berechtigung ausgelegt. Wird eine der beiden Vereinigungen von einem oder mehreren wirtschaftlich Berechtigten kontrolliert, besteht für diejenigen Mitglieder die Angabepflicht nach § 20 Abs. 3 Satz 1 GwG, die den Verein oder die Genossenschaft allein oder gemeinsam kontrollieren, § 20 Abs. 3 Satz 2 GwG. Eine **Kontrolle des Vereins oder der Genossenschaft** kann angenommen werden, wenn ein Mitglied bzw. Genosse mehr als 25 % der Stimmrechte in der Mitgliederversammlung kontrolliert. Dies ist normalerweise nur möglich, wenn die Anzahl der Mitglieder oder Genossen nicht mehr als drei beträgt, hat doch jeder Genosse/jedes Vereinsmitglied grundsätzlich eine Stimme (vgl. § 43 Abs. 3 Satz 1 Genossenschaftsgesetz). Gleiches gilt nach § 20 Abs. 3 Satz 4 GWG, wenn der Angabepflichtige unter der unmittelbaren Kontrolle eines wirtschaftlich Berechtigten steht. Hiermit sollen Gestaltungen erfasst werden, bei denen das Mitglied

---

124 *Bochmann*, DB 2017, 1310, 1312.

oder der Genosse eine Vereinigung nach § 20 Abs. 1 Satz 1 GwG oder Rechtsgestaltung nach § 21 Abs. 1 Satz 1 GwG ist und als Mitglied bzw. Genosse ein Strohmann eingesetzt ist, der zwar im eigenen Namen, aber auf Rechnung des „tatsächlich" wirtschaftlich Berechtigten handelt. Insofern unterliegt auch das „zwischengeschaltete" Mitglied oder der Genosse der Angabepflicht bezüglich des unmittelbar wirtschaftlich Berechtigten im Sinne der Definition des § 3 GwG.[125]

In allen Fällen der Angabepflicht geht es um die in § 19 Abs. 1 Nr. 1–4 GwG abschließend aufgezählten Angaben über den wirtschaftlich Berechtigten. 97

3. Stiftungen (§ 20 Abs. 3 Satz 3 GwG)

Für Stiftungen besteht gem. § 20 Abs. 3 Satz 3 GwG die Angabepflicht für (natürliche) Personen nach § 3 Abs. 3 GwG. Aus dem Verweis auf § 3 GwG lässt sich schließen, dass die Regelung zumindest für rechtsfähige Stiftungen gilt. **Nicht rechtsfähige Stiftungen** sind insofern unter § 21 GwG zu subsumieren, der keine der Angabepflicht des § 20 Abs. 3 GwG entsprechende Regelung enthält.[126] 98

Von der Angabepflicht sind nach § 20 Abs. 3 Satz 3 i.V.m. § 3 Abs. 3 GwG **ausschließlich natürliche Personen** erfasst, die als Treugeber, Verwalter von Trusts (Trustee) oder Protektor, sofern vorhanden, handeln, Mitglieder des Vorstands der Stiftung, Personen, die als Begünstigte bestimmt worden sind, Personengruppen, zu deren Gunsten das Vermögen verwaltet oder verteilt werden soll, sofern die natürliche Person, zu deren Gunsten das Vermögen verwaltet werden soll, noch nicht bestimmt ist, und Personen, die auf sonstige Weise unmittelbar oder mittelbar beherrschenden Einfluss auf die Vermögensverwaltung oder Ertragsverteilung ausüben (§ 3 Abs. 3 Nr. 1 bis 5 GwG). 99

Die Angabepflichtigen aus § 3 Abs. 3 GwG haben alle Angaben, die auch die Vereinigungen nach § 20 Abs. 1 GwG erfassen und dem Transparenzregister mitteilen müssen, zu melden, mithin die in § 19 Abs. 1 Nr. 1 bis 4 GwG abschließend aufgezählten Angaben über den wirtschaftlich Berechtigten. 100

4. Weitere Besonderheiten der Angabepflicht (§ 20 Abs. 3 Satz 4 GwG)

Satz 4 stellt eine **Sonderregelung** für Angabepflichtige im Sinne der Sätze 2 (Vereine und Genossenschaften) und 3 (Stiftungen) dar. Diese unterliegen auch dann der Angabepflicht, wenn sie unter der unmittelbaren Kontrolle eines wirtschaftlich Berechtigten stehen, also selbst keine Kontrolle ausüben können. Die 101

---

125 *Krais*, CCZ 2017, 98, 103.
126 BT-Drs. 18/11555 v. 17.3.2017, Begr. zu § 20 Abs. 3 GwG, S. 129; *Krais*, CCZ 2017, 98, 103.

GwG § 20 Transparenzpflichten im Hinblick auf bestimmte Vereinigungen

Regelung soll dazu dienen, die Umgehung der Angabepflicht mittels Treuhandstrukturen zu verhindern.[127]

5. Auskunftspflicht bei mittelbarer Kontrolle (§ 20 Abs. 3 Satz 5 GwG)

102 § 20 Abs. 3 Satz 5 GwG enthält eine Sonderregelung für Personen in nachgelagerten Positionen einer Beteiligungskette. Ein wirtschaftlich Berechtigter, der einen Angabepflichtigen im Sinne der Sätze 1 bis 3 mittelbar kontrolliert, ist selbst von der Angabepflicht betroffen. Für Sachverhalte, die sich ausschließlich im Inland bewegen, scheint die Regelung praktisch keine Auswirkung zu haben, denn Vereinigungen wissen in der Regel, wer wirtschaftlich Berechtigter ist. Des Weiteren ist nicht jeder wirtschaftlich Berechtigte eines Anteilseigners auch zwangsweise wirtschaftlich Berechtigter der Vereinigung.[128] Der Vereinigung wird es jedoch gerade bei internationalen Sachverhalten oft an Informationen fehlen, um zu beurteilen, wer wirtschaftlich Berechtigter im Sinne des § 3 GwG ist. Mangels bestehender Nachforschungspflicht wird die Vereinigung bei Unklarheiten wohl dazu tendieren, die gesetzlichen Vertreter der Vereinigung als **fiktive wirtschaftlich Berechtigte** an das Transparenzregister zu melden.

103 In Fällen der Beteiligungsketten haben auch die Vereinigungen auf „der unteren Beteiligungsebene" die Angaben über den wirtschaftlich Berechtigten, der in der Kette weiter hinten angesiedelt ist, zu melden.[129]

V. Entbehrlichkeit der Angabepflicht (§ 20 Abs. 4 GwG)

104 Gem. § 20 Abs. 4 Var. 1 GwG entfällt die Angabepflicht des Anteilseigners nach Absatz 3, wenn bereits die **Meldefiktion** des § 20 Abs. 2 GwG zugunsten der Vereinigung greift und für diese daher keine Mitteilungspflicht im Sinne des § 20 Abs. 1 GwG gegenüber dem Transparenzregister besteht. Des Weiteren besteht die Angabepflicht nach § 20 Abs. 4 Var. 2 GwG nicht, wenn die erforderlichen Angaben des § 19 Abs. 1 Nr. 1 bis 4 GwG bereits in anderer Form mitgeteilt wurden. § 20 Abs. 4 GwG regelt mithin die Entbehrlichkeit der Angabepflicht aus § 20 Abs. 3 GwG, wenn sich die Angaben zum wirtschaftlich Berechtigten bereits aus öffentlichen Registern ergeben. Die Regelung dürfte für die meisten Sachverhalte mit Inlandsbezug einschlägig sein. Anteilseigner, die wirtschaftlich Berechtigte sind, erfahren so eine Entlastung, denn gelten bereits die

---

127 Vgl. BT-Drs. 18/11555 v. 17.3.2017, Begr. zu § 20 Abs. 3 GwG, S. 129 (a. E.).
128 *Krais*, CCZ 2017, 98, 102.
129 BT-Drs. 18/11555 v. 17.3.2017, Begr. zu § 20 Abs. 3, S. 129; *Krais*, CCZ 2017, 98, 102.

Mitteilungspflichten der Vereinigungen als erfüllt, wäre eine zusätzliche Angabepflicht überflüssig und liefe ins Leere.[130]

Haben die Anteilseigner, Mitglieder oder wirtschaftlich Berechtigten die erforderlichen Angaben bereits in anderer Form mitgeteilt, so entfällt deren Angabepflicht nach Satz 3. Typisch hierfür ist die Eintragung eines Aktionärs in das Aktienregister. Zwar gehört das Aktienregister nicht zu den in Absatz 2 genannten öffentlichen Registern. Hat jedoch ein Inhaberaktionär eine Mitteilung nach § 20 AktG an die Gesellschaft gemacht, so gilt seine Angabepflicht nach § 20 Abs. 4 GwG als erfüllt, sofern die Gesellschaft mit den gemachten Angaben ihre Pflichten aus § 20 Abs. 1 Satz 1 GwG erfüllen kann. Ergeben sich die erforderlichen Angaben aus Mitgliederlisten von Vereinen oder Genossenschaften, gilt die Pflicht ebenfalls als erfüllt. Tritt beispielsweise bei einer Genossenschaft ein Genosse aus, sodass drei Mitglieder verbleiben und sich bei einem Stimmrecht nach Köpfen ein Stimmrecht von je einem Drittel ergibt, muss seitens der verbleibenden Mitglieder keine Mitteilung an die Genossenschaft erfolgen, solange sie ihre Transparenzpflichten aus § 20 Abs. 1 Satz 1 GwG mit den aus der Mitgliederliste zur Verfügung stehenden Informationen erfüllen kann.[131]

VI. Einsichtsbefugnis der Zentralstelle für Finanztransaktionsuntersuchungen und Aufsichtsbehörden (§ 20 Abs. 5 GwG)

Nach § 20 Abs. 5 GwG sind die Zentralstelle für Finanztransaktionsuntersuchungen und die Aufsichtsbehörde dazu berechtigt, im Rahmen ihrer Aufgaben und Befugnisse die nach § 20 Abs. 1 GwG aufbewahrten Angaben einzusehen und sich vorlegen zu lassen. Damit werden die europarechtlichen Vorgaben des Art. 30 Abs. 2 der 4. EU-Geldwäscherichtlinie umgesetzt. Die Führung des Transparenzregisters sowie die Einsichtnahme in die hinterlegten Datensätze zu den wirtschaftlich Berechtigten werden für beide staatlichen Stellen **kostenfrei** sein. Die registerführende Stelle wird hier keine Gebühren erheben. Entsprechend der Vorschrift des § 24 Abs. 1 und 2 GwG werden Gebühren für die Führung des Transparenzregisters und die Einsichtnahme von Vereinigungen nach § 20 Abs. 1 Satz 1 GwG und Rechtsgestaltungen nach § 21 GwG anfallen. Für die Einsichtnahme ordnet § 24 Abs. 2 Satz 3 GwG ausdrücklich die **persönliche Gebührenfreiheit** nach § 8 BGebG an.

Die Vorschrift dient der Unterstützung der Zentralstelle für Finanztransaktionsuntersuchungen bei ihrer Tätigkeit der Aufklärung und Analyse von verdächtigen Sachverhalten und somit auch der Verhinderung, Aufdeckung und Unter-

---
130 Vgl. BT-Drs. 18/11555 v. 17.3.2017, Begr. zu § 20 Abs. 4 GwG, S. 129.
131 BT-Drs. 18/11555 v. 17.3.2017, Begr. zu § 20 Abs. 4 GwG, S. 129 f.

GwG § 20 Transparenzpflichten im Hinblick auf bestimmte Vereinigungen

stützung bei der Bekämpfung von Geldwäsche und Terrorismusfinanzierung. Somit soll sichergestellt sein, dass die in § 20 Abs. 5 GwG genannten Behörden zeitnah auf die in § 20 Abs. 1 GwG genannten Angaben zugreifen können. Zudem hilft die Einsichtsbefugnis in die Angaben über wirtschaftlich Berechtigte den Aufsichtsbehörden, eine wirksame Überwachung durchzuführen und die erforderlichen Maßnahmen zur Sicherstellung der Einhaltung der 4. EU-Geldwäscherichtlinie und der Vorschriften des Geldwäschegesetzes zu treffen. § 21 Abs. 3 GwG bildet zu dieser Regelung das Gegenstück für Trustees nach § 21 Abs. 1 GwG und Treuhänder nach § 21 Abs. 2 GwG.

§ 21 Transparenzpflichten im Hinblick auf bestimmte Rechtsgestaltungen

(1) Verwalter von Trusts (Trustees) mit Wohnsitz oder Sitz in Deutschland haben die in § 19 Absatz 1 aufgeführten Angaben zu den wirtschaftlich Berechtigten des Trusts, den sie verwalten, und die Staatsangehörigkeit der wirtschaftlich Berechtigten einzuholen, aufzubewahren, auf aktuellem Stand zu halten und der registerführenden Stelle unverzüglich zur Eintragung in das Transparenzregister mitzuteilen. Die Mitteilung hat elektronisch in einer Form zu erfolgen, die ihre elektronische Zugänglichmachung ermöglicht. Der Trust ist in der Mitteilung eindeutig zu bezeichnen. Bei den Angaben zu Art und Umfang des wirtschaftlichen Interesses nach § 19 Absatz 1 Nummer 4 ist anzugeben, woraus nach § 19 Absatz 3 Nummer 2 die Stellung als wirtschaftlich Berechtigter folgt.

(2) Die Pflichten des Absatzes 1 gelten entsprechend auch für Treuhänder mit Wohnsitz oder Sitz in Deutschland folgender Rechtsgestaltungen:
1. nichtrechtsfähige Stiftungen, wenn der Stiftungszweck aus Sicht des Stifters eigennützig ist, und
2. Rechtsgestaltungen, die solchen Stiftungen in ihrer Struktur und Funktion entsprechen.

(3) Die Zentralstelle für Finanztransaktionsuntersuchungen und die Aufsichtsbehörden können im Rahmen ihrer Aufgaben und Befugnisse die von Trustees nach Absatz 1 und von Treuhändern nach Absatz 2 aufbewahrten Angaben einsehen oder sich vorlegen lassen.

Übersicht

	Rn.		Rn.
I. Einleitung	1	III. Weitere transparenzpflichtige Rechtsgestaltungen (§ 21 Abs. 2 GwG)	13
1. Gesetzessystematik des § 21 GwG	5		
2. § 21 GwG im Gesetzgebungsverfahren	6	IV. Einsichtsbefugnis der Zentralstelle für Finanztransaktionsuntersuchungen und Aufsichtsbehörden (§ 21 Abs. 3 GwG)	17
II. Transparenzpflicht für Verwalter von Trusts (Trustees) (§ 21 Abs. 1 GwG)	8		

I. Einleitung

§ 21 GwG ist die **Spezialvorschrift** zur Normierung der transparenzregisterrechtlichen Pflichten **bei Trusts und nichtrechtsfähigen Stiftungen** und setzt die Vorgaben des Art. 31 der 4. EU-Geldwäscherichtlinie in innerstaatliches

1

GwG § 21 Transparenzpflichten im Hinblick auf best. Rechtsgestaltungen

Recht um. Diese Zweiteilung entspricht schon der entsprechenden FATF-Empfehlung. § 21 Abs. 1 und 2 GwG normieren die Transparenzpflichten im Hinblick auf bestimmte Rechtsgestaltungen und sind nach der Grundvorschrift des § 20 Abs. 1 GwG, welche die Transparenzpflichten von Vereinigungen im Allgemeinen vorgibt, zumindest in Bezug auf die Transparenzpflichten im Wortlaut identisch. Hinsichtlich des Anwendungsbereichs der transparenzpflichtigen Gesellschaften bestehen jedoch Unterschiede. Trusts und nichtrechtsfähige Stiftungen bergen aus Sicht der FATF und des Gesetzgebers **besondere Gefahren**. Um einen lückenlosen Informationsbestand zu den wirtschaftlich Berechtigten auch in diesen Fällen zu schaffen, werden von § 21 GwG zusätzlich auch die Verwalter von Trusts (Trustees) und Treuhänder von nichtrechtsfähigen Stiftungen sowie von Rechtsgestaltungen, die solchen Stiftungen ähneln, erfasst. Die Angaben, die über den wirtschaftlich Berechtigten zur Erfüllung der Transparenzpflichten erforderlich sind, sind aber inhaltlich dieselben Angaben, die auch zur Erfüllung der Pflichten nach § 20 Abs. 1 Satz 1 GwG erforderlich sind. Beide Vorschriften verweisen hierfür auf die in § 19 Abs. 1 Nr. 1 bis 4 GwG genannten Daten. Jedoch kommt für § 21 Abs. 1 Satz 1 GwG angesichts der Sondergefährdungssituation bei Trusts/nichtrechtsfähigen Stiftungen **zusätzlich** die **Staatsangehörigkeit** der wirtschaftlich Berechtigten hinzu, die zur Erfüllung der Transparenzpflichten anzugeben ist.

2 Die deutsch-rechtliche Treuhandschaft, die zur Verlagerung der wirtschaftlichen Zurechnung (vgl. § 39 AO/§ 246 HGB) führen kann, verlagert auch die wirtschaftliche Berechtigung im Sinne einer Verlängerung der Beteiligungskette. Sie ist aber anders als ein (angelsächsischer) Trust selbst nicht Zurechnungsobjekt.

3 Vor allem sind es danach die nichtrechtsfähigen, privatnützigen (vgl. § 21 Abs. 2 Nr. 1) Stiftungen, die mit der Einführung des Transparenzregisters den bürokratischen Mehraufwand wesentlich stärker als die anderen transparenzpflichtigen Unternehmen spüren werden. Schließlich ist hier davon auszugehen, dass grundsätzlich eine Mitteilung an das Transparenzregister erfolgen muss, da sich weder die erforderlichen Angaben zum Stifter noch zum Vorstand aus den Stiftungsverzeichnissen der Länder ergeben. Aus diesem Grunde werden wohl alle Stiftungen Mitteilung gegenüber dem Transparenzregister erbringen.[1]

4 Gem. § 59 Abs. 1 GwG hatten Mitteilungen nach § 21 GwG erstmals bis zum 1.10.2017 an das Transparenzregister zu erfolgen.

---

1 BT-Drs. 18/11555 v. 17.3.2017, Begr., S. 92.

I. Einleitung § 21 GwG

1. Gesetzessystematik des § 21 GwG

Unter gesetzessystematischen Gesichtspunkten bestehen im Vergleich zu den 5
Vorgaben des § 20 Abs. 1 GwG keine nennenswerten Abweichungen, bis auf die
Staatsangehörigkeit der wirtschaftlich Berechtigten, die ausdrücklich zusätzlich
Bestandteil der Transparenzpflichten ist. § 21 GwG dient der Erfassung anderer
Transparenzpflichtiger, und zwar der Erfassung von Verwaltern von Trusts mit
Wohnsitz oder Sitz in Deutschland und von Treuhändern mit Wohnsitz oder Sitz
in Deutschland sowie von ähnlichen Rechtsgestaltungen. Der persönliche Anwendungsbereich der Transparenzpflichten teilt sich mithin auf die § 21 Abs. 1
und 2 GwG auf. Regelungen, welche der Mitteilungsfiktion des § 20 Abs. 2
GwG oder der Angabepflicht von wirtschaftlich Berechtigten nach § 20 Abs. 3
GwG entsprechen, sind dem § 21 GwG gänzlich fremd. Auch nach angelsächsischem Recht gibt es nämlich bislang keine Register für Trusts. Hintergrund ist,
dass der **Trust** auf einer Aufspaltung des Eigentums in „title" und „ownership in
equity" beruht, die **dem deutschen Recht fremd** ist (Numerus clausus des Sachenrechts). Mangels korrespondierender Angabepflicht haben die nach § 21
GwG Verpflichteten die zur Erfüllung ihrer Pflichten erforderlichen Angaben
selbst zu ermitteln, sofern diese nicht schon bekannt sind. Entsprechend § 20
Abs. 5 GwG können die Zentralstelle für Finanztransaktionsuntersuchungen
und die Aufsichtsbehörden im Rahmen ihrer Aufgaben und Befugnisse von den
Trustees nach § 21 Abs. 1 GwG und den Treuhändern nach § 21 Abs. 2 GwG die
aufbewahrten Angaben einsehen oder sich vorlegen lassen, § 21 Abs. 3 GwG.
§ 21 Abs. 3 GwG normiert insofern die bereits aus § 20 Abs. 5 GwG bekannte
sog. Duldungspflicht zur Gewährung der Einsichtnahme sowie die Vorlagepflicht. Diesbezüglich wird auf die Ausführungen zur Gesetzessystematik des
§ 20 (Abs. 5) GwG verwiesen, vgl. dort Rn. 106.

2. § 21 GwG im Gesetzgebungsverfahren

Die Vorschrift des § 21 GwG entspricht § 19 GwG in der Fassung des Referen- 6
tentenentwurfs vom 15.12.2016. Hier haben sich im Vergleich zur geltenden Norm
einzelne Sätze verschoben bzw. wurden zur besseren Lesbarkeit auf eigenständige Absätze verteilt.

§ 19 Abs. 1 Satz 3 und 4 GwG-RefE wurden hingegen gestrichen; zum Verständ- 7
nis sollen sie hier noch wiedergegeben werden: „Trusts im Sinne dieses Gesetzes
sind Rechtsgestaltungen, die als Trust errichtet wurden, wenn das für die Errichtung anwendbare Recht das Rechtsinstitut des Trusts vorsieht. Sieht das für die
Errichtung anwendbare Recht ein Rechtsinstitut vor, das dem Trust nachgebildet
ist, so gelten auch Rechtsgestaltungen, die unter Verwendung dieses Rechtsinstituts errichtet wurden, als Trusts." Ausweislich der Gesetzesbegründung werden

nach deutschem Recht Trusts aus dogmatischen Gründen nicht anerkannt.[2] Trusts gibt es in Deutschland nicht, sondern ausschließlich Rechtsgestaltungen wie z. B. nichtrechtsfähige Stiftungen, die trustähnliche Züge aufweisen. Die Regelungen des § 21 Abs. 1 Satz 4 GwG, wonach bei den Angaben zu Art und Umfang des wirtschaftlichen Interesses anzugeben ist, woraus die Stellung als wirtschaftlich Berechtigter folgt, entspricht bis auf redaktionelle Änderungen § 18 Abs. 3 GwG-RefE. § 21 Abs. 1 Satz 2 und 3 GwG sind gänzlich neu aufgenommen worden. § 21 Abs. 2 GwG hat im Laufe des Gesetzgebungsverfahrens lediglich die auswirkungslose Konjunktion „und" zwischen Nr. 1 und 2 hinzubekommen.

II. Transparenzpflicht für Verwalter von Trusts (Trustees) (§ 21 Abs. 1 GwG)

8 § 21 Abs. 1 GwG normiert die Transparenzpflichten für Verwalter von Trusts (Trustees) und dient somit der Umsetzung von Art. 30 Abs. 1 der 4. EU-Geldwäscherichtlinie. Die Legaldefinition täuscht darüber hinweg, dass die **„Verwaltungsbefugnis"** sich aus dem jeweiligen ausländischen Recht ableitet und damit die Qualifikation ohne „deutsche Brille" unmittelbar aus der ausländischen Rechtssituation folgt. Faktisch haben es „Trusts" damit durch die jeweilige Benennung in der Hand, den „Trustee" zu bestimmen. Denkbar sind dabei auch mehrere „Trustees". Nach Satz 1 werden den Trustees als Verwaltern von Trusts mit Wohnsitz oder Sitz in Deutschland Einholungs-, Aufbewahrungs-, Aktualisierungs- und Mitteilungspflichten in Bezug auf die Angaben der wirtschaftlich Berechtigten von Trusts auferlegt. Die Transparenzpflichten stimmen dabei mit denen des § 20 Abs. 1 Satz 1 GwG überein,[3] sodass auf die dortigen Ausführungen zu den einzelnen Pflichten verwiesen wird. Zur Erfüllung der Transparenzpflichten nach § 21 Abs. 1 Satz 1 GwG ist neben den Angaben aus § 19 Abs. 1 Nr. 1 bis 4 GwG zusätzlich noch die **Staatsangehörigkeit** erforderlich. Dies sieht § 20 Abs. 1 Satz 1 GwG nicht vor. Die Mitteilung an das Transparenzregister muss ebenfalls elektronisch erfolgen, § 21 Abs. 1 Satz 2 GwG. Zur Ausführung des Auftrags wird auf der Internetseite des Transparenzregisters ein entsprechendes Formular vorgegeben, welches auszufüllen und dem Transparenzregister anschließend über die Auswahl einer Schaltfläche („Auftrag erteilen") zu übermitteln ist.[4] § 21 Abs. 1 Satz 3 GwG schreibt vor, dass der Trust in der Mitteilung ausdrücklich zu bezeichnen ist, damit keinerlei

---
2 BT-Drs. 18/11555 v. 17.3.2017, Begr. zu § 21 Abs. 2 GwG, S. 131.
3 BT-Drs. 18/11555 v. 17.3.2017, Begr. zu § 21 Abs. 1 GwG, S. 130.
4 „Kurzanleitung für die Beauftragung von Mitteilungen wirtschaftlich Berechtigter im Transparenzregister", Stand: Juli 2017, S. 1, https://www.transparenzregister.de/treg/de/aktuell?6#N1 (zuletzt aufgerufen am 4.8.2017).

II. Transparenzpflicht für Verwalter von Trusts (Trustees) § 21 GwG

Verwechslung oder sonstige Unklarheiten hinsichtlich der korrekten Zuordnung auftreten können. Gleiches gilt, wenn für den Trust eine Rechtsträger-Kennung (Legal Entity Identifier) vergeben wurde. Ist dies nicht der Fall, kann der Trust den Vor- und Nachnamen des Treugebers (Settlor) mit der Nachstellung der Bezeichnung „Trust" verwenden.[5]

Im Unterschied zu Vereinigungen nach § 20 Abs. 1 Satz 1 GwG existiert bei Rechtsgestaltungen nach § 21 Abs. 1 GwG keine Angabepflicht der „Hinterleute" (vgl. § 20 Abs. 3 GwG) an den Trustee. Zu begründen sei dies damit, dass der Trustee die wirtschaftlich Berechtigten nach § 3 Abs. 3 GwG wegen seiner Stellung als Verwalter des Trusts kennen müsse.[6] Diese sind immerhin seine „Auftraggeber". Kennt der Trustee diese Personen nicht oder fehlen ihm die Angaben nach § 19 Abs. 1 Nr. 1 bis 4 GwG bzw. die Staatsangehörigkeit, hat er die erforderlichen Informationen zu ermitteln. Insofern werden **Trusts schlechter gestellt** als Vereinigungen im Sinne des § 20 GwG. In diesem Fall kann also, anders als bei § 20 Abs. 1 GwG, eine Nachforschungspflicht[7] für den Trustee bestehen. 9

Der Begriff „Trust" dürfte den deutschen Rechtsanwender zunächst stutzen und sich fragen lassen, warum die angelsächsische Begrifflichkeit im deutschen Recht Eingang gefunden hat. Dieses Problem sieht auch die Gesetzesbegründung: 10

„Nach deutschem Recht können Trusts nicht errichtet werden; die Rechtsfigur des Trusts existiert im deutschen Recht nicht. Ferner hat Deutschland das Haager Übereinkommen über das auf Trusts anzuwendende Recht und über ihre Anerkennung vom 1.7.1985 nicht unterzeichnet. Dies wurde mit der dogmatischen Unvereinbarkeit des Trusts mit dem auf Drittschutz bedachten deutschen (Sachen-)Recht begründet. Daran ändert sich auch nichts durch die in Absatz 1 vorgesehene Regelung, die allein durch Artikel 31 der 4. EU-Geldwäscherichtlinie bedingt ist."[8] 11

Zusammengefasst ergibt sich daraus Folgendes: Trusts existieren im deutschen Recht nicht und können demnach auch nicht errichtet werden; auch die Normierung der Transparenzpflichten für „Trustees" in § 21 Abs. 1 Satz 1 GwG wird daran nichts ändern. Zivilrechtlich ist der „Trust" den deutschen Rechtsinstitutionen entsprechend zu behandeln; das kann z. B. beim „hereditary trust" (Trust auf Grundlage eines Testaments) die Behandlung als Erbverwaltung bedeuten, auch wenn der Begriff des „Trusts" eigentlich eine „körperschaftliche" Verfassung nahelegt. Nach US-Steuerrecht werden „grantor trusts"/„simple trusts" 12

---

5 BT-Drs. 18/11555 v. 17.3.2017, Begr. zu § 21 Abs. 1 GwG, S. 130.
6 BT-Drs. 18/11555 v. 17.3.2017, Begr. zu § 21 Abs. 1 GwG, S. 130.
7 BT-Drs. 18/11555 v. 17.3.2017, Begr. zu § 20 Abs. 1 GwG, S. 127.
8 BT-Drs. 18/11555 v. 17.3.2017, Begr. zu § 21 Abs. 1 GwG, S. 131.

übrigens normalerweise als Personengesellschaft, „complex trusts" als Kapitalgesellschaft besteuert, **je nach Situation** ist der Trust also in eine **deutsch-analoge Rechtsform** zu überführen. Mangels Anerkennung ist er haftungsrechtlich dabei aber wie eine OHG zu behandeln. Mit der Aufnahme dieser Rechtsfigur wollte der Gesetzgeber trotz dogmatischer Bauchschmerzen „auf Nummer sicher gehen" und keine europarechtlichen Verstöße riskieren. Dementsprechend ist die Formulierung „Verwalter von Trusts (Trustee)" aus deutscher Sicht irrelevant. Zumindest ist § 21 Abs. 1 GwG nicht gänzlich überflüssig, da § 21 Abs. 2 GwG auf die (Transparenz-)Pflichten aus § 21 Abs. 1 GwG verweist.

III. Weitere transparenzpflichtige Rechtsgestaltungen (§ 21 Abs. 2 GwG)

13   Mit § 21 Abs. 2 GwG werden die Vorgaben des Art. 30 Abs. 8 der 4. EU-Geldwäscherichtlinie umgesetzt, er erweitert damit den persönlichen Anwendungsbereich der Transparenzpflichten nach § 21 Abs. 1 GwG auf solche Rechtsgestaltungen, die in ihrer Struktur und Funktion Trusts ähneln.[9] Zu diesen Rechtsgestaltungen gehören zum einen nichtrechtsfähige Stiftungen, wenn der Stiftungszweck aus Sicht des Stifters eigennützig ist (Nr. 1), und Rechtsgestaltungen, die solchen Stiftungen in ihrer Struktur und Funktion entsprechen (Nr. 2). Hierbei handelt es sich um Rechtsvereinbarungen die im übertragenen Sinne keine Trusts sind, aber diesen in Funktion und Struktur zumindest am nächsten kommen. Die deutsch-rechtliche Regelung lässt offen, welche Sachverhalte hier gemeint sein könnten. Nießbrauch und Treuhandschaft verlagern ggf. die wirtschaftliche Zurechnung, verlängern die Beteiligungskette, kommen aber selbst nicht als Zurechnungsobjekt in Betracht. U. E. ist diese **Auffangregelung** der Nr. 2 ohne jeden praktischen Anwendungsbereich.

14   Der Trust ist insbesondere nicht mit einem Treuhandverhältnis nach deutschem Recht zu vergleichen. Der BGH hat sich zu dieser Frage in seinem Urteil vom 13.6.1984[10] auseinandergesetzt und Folgendes ausgeführt:

15   „Mit den dogmatischen Grundlagen des deutschen Rechts ist die Rechtsfigur des Trusts unvereinbar. Der Trust ist nicht mit einem Treuhandverhältnis nach deutschem Recht zu vergleichen. Im angelsächsischen Rechtskreis ist zwischen zwei Rechtssystemen, dem strengen Recht (Law) und dem Billigkeitsrecht (Equity), zu unterscheiden. Das Wesen eines Trusts besteht darin, dass die Berechtigung nach strengem Recht von der Berechtigung nach Billigkeitsrecht getrennt wird. Der Trustee ist nach strengem Recht Eigentümer der zum Trust gehörenden Sachen und Vollinhaber der zu ihm gehörenden Rechte. Nach Billig-

---

9 BT-Drs. 18/11555 v. 17.3.2017, Begr. zu § 21 Abs. 2 GwG, S. 131.
10 BGH, Urt. v. 13.6.1984, IVa ZR 196/82, Ziff. IV lit. c).

keitsrecht sind jedoch seine Befugnisse in der Weise beschränkt, dass er von ihnen nur zu bestimmten Zwecken im Interesse von Dritten Gebrauch machen darf. Diese Beschränkungen sind nicht, wie etwa bei der Treuhandbestellung nach deutschem Recht, rein schuldrechtlicher Art."

In Deutschland übernehmen grundsätzlich Stiftungen bürgerlichen Rechts die Funktion eines Trusts, Vermögen des Begründers durch einen Treuhänder auf Dauer zugunsten von Dritten zu verwalten. Stiftungen bürgerlichen Rechts sind jedoch selbst schon juristische Personen und daher bereits von § 20 Abs. 1 Satz 1 GwG erfasst. Für Treuhänder von nichtrechtsfähigen Stiftungen, deren Zweck aus Sicht des Stifters eigennützig ist oder Rechtsgestaltungen, deren Struktur und Funktion solcher Stiftungen entsprechen, gelten die Transparenzpflichten nach § 21 Abs. 1 GwG (einholen, aufbewahren, auf dem aktuellen Stand halten und mitteilen der Angaben zu den wirtschaftlich Berechtigten) allerdings doch, denn solche Rechtsgestaltungen weisen die hinreichende Parallele zu Trusts auf.[11] Ob es hier tatsächlich „ähnliche Rechtsgestaltungen" gibt, ist, wie erwähnt, zweifelhaft.   16

IV. Einsichtsbefugnis der Zentralstelle für Finanztransaktionsuntersuchungen und Aufsichtsbehörden (§ 21 Abs. 3 GwG)

§ 21 Abs. 3 GwG dient der Umsetzung der Vorgaben des Art. 31 Abs. 3 der 4. EU-Geldwäscherichtlinie. Die Regelung ist dabei das auf Trustees nach § 21 Abs. 1 GwG und Treuhänder nach § 21 Abs. 2 GwG zugeschnittene **Pendant zu § 20 Abs. 5 GwG**. Mit der Regelung soll sichergestellt sein, dass die genannten Behörden zeitnah auf die in § 21 Abs. 1 GwG genannten Angaben zu den wirtschaftlich Berechtigten zugreifen können. Des Weiteren kann auf die Ausführung zu § 20 Abs. 5 GwG verwiesen werden, vgl. dort Rn. 106.   17

---

11 BT-Drs. 18/11555 v. 17.3.2017, Begr. zu § 21 Abs. 2 GwG, S. 131.

§ 22 Zugängliche Dokumente und Datenübermittlung an das Transparenzregister, Verordnungsermächtigung

(1) Über die Internetseite des Transparenzregisters sind nach Maßgabe des § 23 zugänglich:

1. Eintragungen im Transparenzregister zu Meldungen nach § 20 Absatz 1 Satz 1, Absatz 2 Satz 4 und nach § 21,
2. Bekanntmachungen des Bestehens einer Beteiligung nach § 20 Absatz 6 des Aktiengesetzes,
3. Stimmrechtsmitteilungen nach den §§ 26, 26a des Wertpapierhandelsgesetzes,
4. Listen der Gesellschafter von Gesellschaften mit beschränkter Haftung und Unternehmergesellschaften nach § 8 Absatz 1 Nummer 3, § 40 des Gesetzes betreffend die Gesellschaften mit beschränkter Haftung sowie Gesellschafterverträge gemäß § 8 Absatz 1 Nummer 1 in Verbindung mit § 2 Absatz 1a Satz 2 des Gesetzes betreffend die Gesellschaften mit beschränkter Haftung, sofern diese als Gesellschafterliste gelten, nach § 2 Absatz 1a Satz 4 des Gesetzes betreffend die Gesellschaften mit beschränkter Haftung,
5. Eintragungen im Handelsregister,
6. Eintragungen im Partnerschaftsregister,
7. Eintragungen im Genossenschaftsregister,
8. Eintragungen im Vereinsregister.

Zugänglich in dem nach den besonderen registerrechtlichen Vorschriften für die Einsicht geregelten Umfang sind nur solche Dokumente und Eintragungen nach Satz 1 Nummer 2 bis 8, die aus den in § 20 Absatz 2 Satz 1 genannten öffentlichen Registern elektronisch abrufbar sind.

(2) Um die Eröffnung des Zugangs zu den Originaldaten nach Absatz 1 Satz 1 Nummer 2 bis 8 über die Internetseite des Transparenzregisters zu ermöglichen, sind dem Transparenzregister die dafür erforderlichen Daten (Indexdaten) zu übermitteln. Der Betreiber des Unternehmensregisters übermittelt die Indexdaten zu den Originaldaten nach Absatz 1 Satz 1 Nummer 2 und 3 dem Transparenzregister. Die Landesjustizverwaltungen übermitteln die Indexdaten zu den Originaldaten nach Absatz 1 Satz 1 Nummer 4 bis 8 dem Transparenzregister. Die Indexdaten dienen nur der Zugangsvermittlung und dürfen nicht zugänglich gemacht werden.

I. Einleitung § 22 GwG

(3) Das Bundesministerium der Finanzen wird ermächtigt, im Benehmen mit dem Bundesministerium der Justiz und für Verbraucherschutz für die Datenübermittlung nach Absatz 2 Satz 3 durch Rechtsverordnung, die der Zustimmung des Bundesrates bedarf, technische Einzelheiten der Datenübermittlung zwischen den Behörden der Länder und dem Transparenzregister einschließlich der Vorgaben für die zu verwendenden Datenformate und zur Sicherstellung von Datenschutz und Datensicherheit zu regeln. Abweichungen von den Verfahrensregelungen durch Landesrecht sind ausgeschlossen.

(4) Das Bundesministerium der Finanzen wird ermächtigt, im Benehmen mit dem Bundesministerium der Justiz und für Verbraucherschutz durch Rechtsverordnung, die nicht der Zustimmung des Bundesrates bedarf, Registrierungsverfahren für die Mitteilungsverpflichteten nach den §§ 20 und 21 sowie technische Einzelheiten der Datenübermittlung nach Absatz 2 Satz 2 sowie nach den §§ 20 und 21 einschließlich der Vorgaben für die zu verwendenden Datenformate und Formulare sowie zur Sicherstellung von Datenschutz und Datensicherheit zu regeln.

Übersicht

	Rn.		Rn.
I. Einleitung	1	IV. Verordnungsermächtigung bezüglich der Datenübermittlung zwischen den Behörden der Länder und dem Transparenzregister (§ 22 Abs. 3 GwG)	16
II. Zugängliche Daten des Transparenzregisters (§ 22 Abs. 1 GwG)	4		
III. Übermittlung von Indexdaten (Originaldatenbestand) (§ 22 Abs. 2 GwG)	9	V. Verordnungsermächtigung bezüglich der Datenübermittlung zwischen Unternehmensregister und Transparenzregister (§ 22 Abs. 4 GwG)	18
1. Allgemeines	9		
2. Das Verfahren nach der TrDüV	12		

I. Einleitung

Die Vorschrift des § 22 GwG enthält im Kern eine **Auflistung der Dokumente und Eintragungen**, die nach Maßgaben des gestaffelten Registerzugangs ab dem 27.12.2017[1] zugänglich sein werden, die Regelung zur **Indexdatenüber-** 1

---

[1] Der Zugang zu Eintragungen im Vereinsregister erfolgt hingegen erst ab dem 26.6.2018. Bis zum 25.6.2018 werden die technischen Voraussetzungen geschaffen, um diejenigen Indexdaten nach § 22 Abs. 2 GwG zu übermitteln, welche für die Eröffnung des Zugangs zu den Originaldaten nach § 22 Abs. 1 S. 1 Nr. 8 GwG erforderlich sind. Für den Übergangszeitraum vom 26.6.2017 bis zum 25.6.2018 enthält das Transparenzregister stattdessen einen Link auf das gemeinsame Registerportal der Länder. Dies ergibt sich aus der Übergangsregelung des § 59 Abs. 2 GwG.

GwG § 22 Zugängliche Dokumente und Datenübermittlung

mittlung an das Transparenzregister sowie zwei Verordnungsermächtigungen (Abs. 3/Abs. 4) zur Klärung (technischer) Einzelheiten der unterschiedlichen Indexdatenübermittlungsvorgänge, der zu verwendenden Datenformate und Formularen, des Registrierungsverfahrens und der Sicherstellung von Datenschutz und Datensicherheit. Das Transparenzregister erhält sämtliche in den öffentlichen Registern verfügbaren Informationen, die für die Angaben zu wirtschaftlich Berechtigten von Bedeutung sind, per Datenübermittlung. Wie die Übermittlung der Daten im Detail zu vollziehen ist, wird in zwei Verordnungen – der Transparenzregisterdatenübermittlungsverordnung (TrDüV)[2] und der Indexdatenübermittlungsverordnung (IDÜV)[3] näher bestimmt. „Gefüttert" wird das Transparenzregister demnach mit Datensätzen von Mitteilungsverpflichteten nach §§ 20 und 21 GwG, Hinweisen des Betreibers des Unternehmensregisters sowie von den Landesjustizverwaltungen. Ein besonderes Augenmerk gilt in diesem Fall den sogenannten „Indexdaten", die dem Transparenzregister übermittelt werden. Bei Indexdaten handelt es sich um Originaldaten, die den Dokumenten und Eintragungen nach § 22 Abs. 1 Nr. 2 bis 8 GwG entsprechen, aus öffentlichen Registern (Handels-, Partnerschafts-, Genossenschafts-, Vereins- und Unternehmensregister) stammen und dem Transparenzregister zwecks Eröffnung des zentralen Zugriffs von dem Betreiber des Unternehmensregisters oder den Landesjustizverwaltungen übermittelt werden.

2 Ferner dient § 22 Abs. 1 GwG dem § 20 Abs. 2 Satz 1 GwG als **Verweisnorm** und ist für die **Mitteilungsfiktion** entscheidend. Ergeben sich die nach § 19 Abs. 1 GwG erforderlichen Angaben nämlich nicht aus den in § 22 Abs. 1 Satz 1 Nr. 2 bis 8 GwG aufgeführten Dokumenten und Eintragungen, wobei diese über die öffentlichen Register elektronisch abrufbar sein müssen, so sind die Vereinigungen bzw. Rechtsgestaltungen nach §§ 20 Abs. 1 bzw. 21 Abs. 1 GwG verpflichtet, die nicht vorhandenen Angaben zu dem jeweiligen wirtschaftlich Berechtigten der registerführenden Stelle zur Eintragung mitzuteilen. § 22 Abs. 1 GwG listet folglich diejenigen Informationsquellen auf, die eine Mitteilung an das Transparenzregister entbehrlich machen.

3 Eine dem § 22 GwG vergleichbare Vorschrift war dem Referentenentwurf vom 15.12.2016 fremd; erst der wesentlich strukturierter gestaltete Regierungsentwurf führte die Norm ein und leistet damit einen erheblichen Beitrag zur **Steigerung der Gesetzessystematik** der §§ 18 ff. GwG.

---

2 Verordnung zur Datenübermittlung durch Mitteilungsverpflichtete und durch den Betreiber des Unternehmensregisters an das Transparenzregister (Transparenzregisterdatenübermittlungsverordnung – TrDüV) vom 30.6.2017 (BGBl. I 2017, S. 2090).
3 Verordnung über die Übermittlung von Indexdaten der Landesjustizverwaltungen an das Transparenzregister (Indexdatenübermittlungsverordnung – IDÜV) vom 12.7.2017 (BGBl. I 2017, 2372).

II. Zugängliche Daten des Transparenzregisters (§ 22 Abs. 1 GwG)

§ 22 Abs. 1 GwG enthält eine abschließende gesetzliche Aufzählung von Daten bzw. Informationen, die über die Internetseite des Transparenzregisters (www.transparenzregister.de) nach Maßgabe des § 23 GwG zugänglich sein werden. Gem. § 59 Abs. 3 GwG kann die Einsichtnahme in das Transparenzregister selbst frühestens ab dem 27.12.2017 erfolgen. Aus der Formulierung „sind zugänglich" ergibt sich, dass die in § 22 Abs. 1 Satz 1 Nr. 1 bis 8 GwG genannten Daten nicht im Transparenzregister selbst gespeichert werden, sondern über eine Vernetzung mit den Originaldatenbeständen.[4] Dies bedeutet, dass über die Internetseite des Transparenzregisters für bestimmte Daten eine Verlinkung bzw. Weiterleitung zu einem der anderen öffentlichen Register erfolgt.

Dies wirft vor allem die Frage nach dem **Vertrauen in die Richtigkeit des Transparenzregisters** auf. Eine Gewähr für die Richtigkeit und Vollständigkeit soll es ausweislich der Gesetzesbegründung nicht geben.[5] Dies widerspricht jedoch dem Grundgedanken z. B. des Handelsregisters, dem selbst ein öffentlicher Glaube beigemessen wird (vgl. § 15 HGB). Dritte dürfen sich auf die Richtigkeit des Handelsregisters verlassen, soweit es um eintragungspflichtige Tatsachen geht. Erfolgt eine Vernetzung des Transparenzregisters mit den Originalbeständen des Handelsregisters, so dürfte auf die Richtigkeit dieser Angaben konsequenterweise weiter vertraut werden. Dies setzt zumindest voraus, dass der Einsichtnehmende Kenntnis von der Weiterleitung zu den Originalbeständen des Handelsregisters hat. Ist das der Fall, so dürfte auf die Richtigkeit dieser Angaben weiter vertraut werden dürfen, auch wenn sonst kein Vertrauen in die Richtigkeit der im Transparenzregister hinterlegten Angaben zu den wirtschaftlich Berechtigten anzunehmen ist. Kein Vertrauen in die Richtigkeit ist also nur hinsichtlich solcher Angaben angebracht, für die nicht bereits die Mitteilungsfiktion des § 20 Abs. 2 GwG greift und eine Mitteilung an das Transparenzregister gem. § 20 Abs. 1 Satz 1 GwG zu erfolgen hat.

Hinsichtlich der in den Nr. 2 bis 8 aufgeführten Daten ist eine Vernetzung mit den Originaldatenbeständen vorgesehen.[6] Hierzu gehören Bekanntmachungen/Offenlegungen des Bestehens einer wesentlichen Beteiligung an der Aktiengesellschaft nach § 20 Abs. 6 AktG (Nr. 2) und von Stimmrechtsmitteilungen nach §§ 26, 26a WpHG, aus denen sich die von den Aktionären gehaltenen Stimmrechtsanteile an einer Aktiengesellschaft entnehmen lassen, wenn bestimmte Schwellenwerte überschritten werden (Nr. 3).[7] Ferner werden die Listen der Ge-

---

4 BT-Drs. 18/11555 v. 17.3.2017, Begr. zu § 22 Abs. 1 GwG, S. 131.
5 BT-Drs. 18/11555 v. 17.3.2017, Begr. zu § 18 Abs. 4 GwG, S. 125.
6 BT-Drs. 18/11555 v. 17.3.2017, Begr. zu § 22 Abs. 1 GwG, S. 131.
7 BT-Drs. 18/11555 v. 17.3.2017, Begr. zu § 22 Abs. 1 GwG, S. 131.

GwG § 22 Zugängliche Dokumente und Datenübermittlung

sellschafter von Gesellschaften mit beschränkter Haftung und Unternehmensgesellschaften nach § 8 Abs. 1 Nr. 3, § 40 GmbHG sowie Gesellschaftsverträge gem. § 8 Abs. 1 Nr. 1 i.V.m. § 2 Abs. 1a Satz 2 GmbHG zugänglich sein, sofern diese als Gesellschafterliste gelten (Nr. 4), aus denen sich die Geschäftsanteile der einzelnen Gesellschafter ergeben.[8] Auch die Eintragungen im Handels-, Partnerschafts-, Genossenschafts- und Vereinsregister (Nr. 5 bis 8), d.h. die Angaben über gesetzliche Vertreter sowie (geschäftsführende) Gesellschafter bzw. Partner der Vereinigungen nach § 20 Abs. 1 Satz 1 GwG, die Rückschlüsse auf deren Stellung als wirtschaftlich Berechtigte zulassen, sind über eine Vernetzung des Transparenzregisters zugänglich. Die **Zugänglichmachung** von aktuellen und chronologischen Ausdrucken aus dem Handels-, Partnerschafts-, Genossenschafts- und Vereinsregister soll ermöglicht werden, weil diese ohnehin schon für jedermann einsehbar sind, eine hohe Datenqualität aufweisen und gleichzeitig der bürokratische Aufwand für die transparenzpflichtigen Vereinigungen eingedämmt wird. Müsste regelmäßig ein spezieller Ausdruck für die Daten zu den wirtschaftlich Berechtigten erstellt werden, würden die Vereinigungen unangemessen belastet.[9] Ergeben sich die erforderlichen Angaben zu wirtschaftlich Berechtigten aus den in Nr. 2 bis 8 genannten Dokumenten und Eintragungen, greift die Mitteilungsfiktion des § 20 Abs. 2 GwG. Die Regelung verweist nämlich gerade auf § 22 Abs. 1 GwG. Ist dies nicht der Fall, hat eine Mitteilung der Angaben an das Transparenzregister nach § 20 Abs. 1 Satz 1 GwG bzw. § 21 Abs. 1 GwG zu erfolgen. Die zur Erfüllung der Mitteilungspflicht nach § 20 Abs. 1 Satz 1, Abs. 2 Satz 4 und § 21 GwG übermittelten Daten sind als Eintragungen im Transparenzregister zugänglich (Nr. 1).

7   Die Daten „sind nach Maßgabe des § 23 GwG zugänglich", d.h. es sind für eine tatsächliche Einsichtnahme der gestaffelte Registerzugang und dessen Voraussetzungen zu beachten.

8   Nach § 22 Abs. 1 Satz 2 GwG sind in dem nach den besonderen registerrechtlichen Vorschriften für die Einsicht geregelten Umfang auch nur solche Dokumente und Eintragungen nach Satz 1 Nr. 2 bis 8 zugänglich, die aus den in § 20 Abs. 2 Satz 1 GwG genannten öffentlichen Registern elektronisch abrufbar sind. Dokumente und Eintragungen, die noch nicht digitalisiert worden sind, sind demnach nicht „zugänglich". Dokumente und Eintragungen, die dem jeweiligen öffentlichen Register zwar vorliegen, aber nur über eine persönliche Anfrage erhältlich sind, können keine Mitteilungsfiktion begründen. Die meisten Dokumente und Eintragungen dürften mittlerweile jedoch elektronisch verfügbar sein.

---

8 BT-Drs. 18/11555 v. 17.3.2017, Begr. zu § 22 Abs. 1 GwG, S. 131.
9 BT-Drs. 18/11555 v. 17.3.2017, Begr. zu § 22 Abs. 1 GwG, S. 131.

III. Übermittlung von Indexdaten (Originaldatenbestand) (§ 22 Abs. 2 GwG)

1. Allgemeines

Damit der Zugang zu den Originaldaten nach § 22 Abs. 1 S. 1 Nr. 2 bis 8 GwG über die Internetseite des Transparenzregisters ermöglicht wird, sind dem Transparenzregister die dafür erforderlichen Daten (sog. **Indexdaten**) zu übermitteln (Satz 1). Unter Indexdaten sind die aus den öffentlichen Registern (Handels-, Partnerschafts-, Genossenschafts-, Vereins- und Unternehmensregister) verfügbaren Originaldaten zu verstehen, welche für das Transparenzregister und für die Zugänglichmachung von Daten zu den wirtschaftlich Berechtigten relevant sind. Der Betreiber des Unternehmensregisters[10] übermittelt die Indexdaten zu den Originaldaten nach § 22 Abs. 1 Satz 1 Nr. 2 und 3 GwG dem Transparenzregister (§ 22 Abs. 2 Satz 2 GwG). Die Landesjustizverwaltungen übermitteln die Indexdaten zu den bereits vorhandenen Originaldaten nach § 22 Abs. 1 Satz 1 Nr. 4 bis 8 GwG dem Transparenzregister (§ 22 Abs. 1 Satz 3 GwG). § 22 Abs. 2 GwG stellt mithin die **Verknüpfung** des Transparenzregisters mit den **Originaldatenbeständen** des Handels-, Partnerschafts-, Genossenschafts-, Vereins- und Unternehmensregisters und deren Zugänglichmachung über die Internetseite des Transparenzregisters sicher. Dadurch wird von vornherein eine große Datenmenge mit Angaben zu den wirtschaftlich Berechtigten bereitstehen.

9

Ohne die Übermittlung der Originaldatenbestände und deren elektronischen Zugänglichmachung über das Transparenzregister würde die Mitteilungsfiktion des § 20 Abs. 2 GwG ins Leere laufen. Der Aufwand für die Wirtschaft wäre enorm.

10

Zur Zulieferung der Indexdaten der Handels-, Partnerschafts-, Genossenschafts- und Vereinsregisterdaten sind die **Registergerichte** verpflichtet, soweit dies für den Aufbau eines zentralisierten Zugangs zu den entsprechenden Daten über das Transparenzregister erforderlich ist.[11] Hierbei handelt es sich um die **Amtsgerichte** in den jeweiligen Bundesländern. Das Gleiche gilt für den Betreiber des Unternehmensregisters und die im Unternehmensregister vorhandenen Datenbestände.[12] Die jeweiligen Betreiber der Register haben die von der Eintragung in das Register Betroffenen darauf hinzuweisen, dass ihre Daten auch im Rahmen des Transparenzregisters verwendet werden und einsehbar sind. Dies hat in geeigneter Weise zu erfolgen.[13] Um sicherzugehen, dass tatsächlich jeder Betroffene informiert wird, empfiehlt es sich, die Betroffenen postalisch, alternativ per E-Mail zu kontaktieren.

11

---

10 Wie auch das Transparenzregister wird das Unternehmensregister von der Bundesanzeiger Verlag GmbH mit Sitz in Köln geführt.
11 BT-Drs. 18/11555 v. 17.3.2017, Begr. zu § 22 Abs. 2 GwG, S. 131.
12 BT-Drs. 18/11555 v. 17.3.2017, Begr. zu § 22 Abs. 2 GwG, S. 131.
13 BT-Drs. 18/11555 v. 17.3.2017, Begr. zu § 22 Abs. 2 GwG, S. 131.

GwG § 22 Zugängliche Dokumente und Datenübermittlung

2. Das Verfahren nach der TrDüV

12 Für die **Übermittlung der Indexdaten** durch den Betreiber des Unternehmensregisters enthält die Transparenzregisterdatenübermittlungsverordnung (**TrDüV**)[14] konkretisierende Vorschriften in den §§ 4 bis 6 TrDüV. Gem. § 3 Abs. 1 TrDüV sind zur Ermöglichung des Zugangs zu Bekanntmachungen nach § 22 Abs. 1 S. 1 Nr. 2 GwG und Stimmrechtsmitteilungen nach § 22 Abs. 1 Satz 1 Nr. 3 GwG der registerführenden Stelle folgende Indexdaten zu übermitteln: Registerart, Registergericht und Registernummer sowie Ortskennzeichen, soweit vorhanden (Nr. 1), Firma oder Name des Unternehmens, bei Zweigniederlassungen die betreffenden Daten der Zweigniederlassung (Nr. 2), Rechtsform des Unternehmens (Nr. 3), Sitz und, soweit vorhanden, Anschrift des Unternehmens, bei Zweigniederlassungen die betreffenden Daten der Zweigniederlassung (Nr. 4) sowie die Verfügbarkeit der Bekanntmachungen des Bestehens einer Beteiligung nach § 20 Abs. 6 AktG und die Verfügbarkeit der Stimmrechtsmitteilungen nach den §§ 26 und 26a WpHG zu den jeweiligen Unternehmen (Nr. 5). Nach § 4 Abs. 1 Satz 2 TrDüV hat der Betreiber des Unternehmensregisters die Befugnis, die Indexdaten, die ihm nach den §§ 5 bis 7 der Unternehmensregisterverordnung[15] von den Landesjustizverwaltungen übermittelt worden sind, zur Übermittlung nach Satz 1 an die registerführende Stelle zu verwenden. Die Übermittlung der Indexdaten hat dabei in einem strukturierten Format zu erfolgen, das zwischen dem Betreiber des Transparenzregisters und dem Betreiber des Unternehmensregisters vereinbart worden ist, § 4 Abs. 2 TrDüV.

13 Aufgrund der Identität der beiden Registerbetreiber wird die Datenübermittlung wohl kaum Schwierigkeiten bereiten. Gleiches gilt für die Vorgabe des § 4 Abs. 4 TrDüV, nach der der Betreiber des Unternehmensregisters sicherzustellen hat, dass die von ihm übermittelten Indexdaten den Zugang zu Originaldaten nach § 22 Abs. 1 Satz 1 Nr. 2 und 3 GwG im Transparenzregister ermöglichen, ohne dass der Betreiber des Transparenzregisters die Indexdaten aufbereiten oder verändern muss. Betreiber der beiden Register ist die Bundesanzeiger Verlag GmbH. Zudem muss der Betreiber des Unternehmensregisters **Änderungen der Indexdaten** nach § 4 TrDüV unverzüglich der registerführenden Stelle übermitteln, § 5 Abs. 1 TrDüV. Was eine unverzügliche Übermittlung bedeutet, bestimmt § 5 Abs. 2 Satz 1 TrDüV, wonach die Änderung mindestens innerhalb von vierundzwanzig Stunden zu übermitteln ist.

14 Nach § 5 Abs. 2 Satz 1 TrDüV können beide Register in Absprache eine vollständige Neuübermittlung vornehmen, wenn dadurch der Betrieb des Transpa-

---

14 Verordnung zur Datenübermittlung durch Mitteilungsverpflichtete und durch den Betreiber des Unternehmensregisters an das Transparenzregister (Transparenzregisterdatenübermittlungsverordnung – TrDüV) vom 30.6.2017 (BGBl. I 2017, S. 2090).
15 Verordnung über das Unternehmensregister (Unternehmensregisterverordnung – UVR) vom 26.2.2007 (BGBl. I 2007, 217).

renzregisters nicht beeinträchtigt wird. Kommt es während der Übermittlung der Indexdaten nach § 4 TrDüV zu Störungen oder Unterbrechungen, soll dies dem Übermittler der Daten mitgeteilt werden und eine neue Datenübermittlung stattfinden, § 6 Abs. 1 TrDüV. Nach § 6 Abs. 2 TrDüV erstellt der Betreiber im Einvernehmen mit dem Bundesamt für Sicherheit in der Informationstechnik ein Sicherheitskonzept für das Transparenzregister. Wie aus den Vorschriften der TrDüV zur Übermittlung der Daten durch den Betreiber des Unternehmensregisters ersichtlich, erleichtert der Umstand, dass beide Register von der Bundesanzeiger Verlag GmbH geführt werden, den Austausch von Indexdaten zwischen den Registern erheblich. Zudem hat man mit dem Bundesanzeiger einen erfahrenen Partner im Umgang mit der Errichtung und Führung einer zentralen Plattform für die Speicherung von Unternehmensdaten gefunden und mit der Führung des Transparenzregisters „beliehen".

Die Indexdaten dienen nur der Zugangsvermittlung und dürfen nicht zugänglich gemacht werden (Satz 4). Das bedeutet, die Indexdaten sind ausschließlich zur bloßen Verknüpfung des Transparenzregisters mit den öffentlichen Registern gedacht, sind selbst aber nicht zur eigenen Zugänglichmachung vorgesehen. 15

IV. Verordnungsermächtigung bezüglich der Datenübermittlung zwischen den Behörden der Länder und dem Transparenzregister (§ 22 Abs. 3 GwG)

In § 22 Abs. 3 GwG wird das **BMF** ermächtigt, im Benehmen mit dem **BMJV** für die **Datenübermittlung** nach § 22 Absatz 2 Satz 3 (Indexdatenübermittlung durch die Landesjustizverwaltungen) durch Rechtsverordnung, die der Zustimmung des Bundesrates bedarf, technische Einzelheiten der Datenübermittlung zwischen den Behörden der Länder und dem Transparenzregister einschließlich der Vorgaben für die verwendeten Datenformate und die Sicherstellung von Datenschutz und Datensicherheit zu regeln (Satz 1). Abweichungen von den Verfahrensregelungen sind ausgeschlossen (Satz 2). Die Verordnungsermächtigung begründet einen gesetzlichen Anknüpfungspunkt betreffend die Datenübermittlung zwischen den Behörden der Länder und dem Transparenzregister, die zu verwendenden Datenformate für die Übermittlung zu vereinheitlichen sowie datenschutzrechtliche Aspekte in praktikabler Weise zu normieren. Die auf Grundlage der Ermächtigung erlassene Verordnung wird im Hinblick auf Art. 84 Abs. 1 GG abweichungsfest ausgestaltet.[16] Die Normierung einer einheitlichen Datenzulieferung durch die Behörden der Länder an das Transparenzregister ist 16

---

16 BT-Drs. 18/11555 v. 17.3.2017, Begr. zu § 22 Abs. 3 GwG, S. 132.

GwG § 22 Zugängliche Dokumente und Datenübermittlung

erforderlich, um sicherzustellen, dass über dieses tatsächlich ein zentraler elektronischer Zugang zu den Originaldaten der Länder ermöglicht wird.[17]

17 Das BMF hat von der Verordnungsermächtigung bereits Gebrauch gemacht und die Indexdatenübermittlungsverordnung (**IDÜV**)[18] erlassen. Gem. § 8 IDÜV ist die Verordnung am 20.7.2017 in Kraft getreten. § 7 IDÜV normiert eine **Übergangsregelung**, nach der die Vorschriften für die Übermittlung der Indexdaten zu Eintragungen aus dem Vereinsregister inhaltlich erst **ab dem 26.6.2018** anzuwenden sind (§ 1 Abs. 2 auch i.V.m. § 2 Satz 2 und § 5 Abs. 1 Satz 2 IDÜV). Die IDÜV ist der TrDüV ähnlich, wobei Landesjustizverwaltungen, die zur Indexdatenübermittlung verpflichtet sind, keine Registrierung auf der Internetseite des Transparenzregisters vornehmen müssen. Freilich sind mit den Indexdaten zu Eintragungen im Handels-, Partnerschafts-, Genossenschafts- und Vereinsregister gem. § 1 Abs. 1 IDÜV i.V.m. § 22 Abs. 1 Satz 1 Nr. 4 bis 8 GwG andere Daten als vom Betreiber des Unternehmensregisters zu übermitteln. Nach § 1 Abs. 1 Nr. 1 bis 6 IDÜV sind dem Transparenzregister folgende Indexdaten zu übermitteln: (i) Registerart, Registergericht und Registernummer sowie ein Ortskennzeichen, soweit vorhanden, (ii) Firma oder Name des Unternehmens, bei Zweigniederlassungen die betreffenden Daten der Zweigniederlassung, (iii) Rechtsform des Unternehmens, (iv) Sitz und Anschrift des Unternehmens, bei Zweigniederlassungen die betreffenden Daten der Zweigniederlassung – bis hierhin stimmen die zu übermittelnden Daten mit denen überein, die nach der TrDüV vom Betreiber des Unternehmensregisters zu übermitteln sind –, (v) Kennzeichnung, ob es sich um eine Neueintragung, eine Veränderung oder Löschung handelt, (vi) Verfügbarkeit der Dokumentarten „Aktueller Ausdruck (AD)", „Chronologischer Ausdruck (CD)", „Historischer Ausdruck (HD)", „Unternehmensträgerdaten (UT)" und „Dokumentenansicht (DK)" zu den jeweiligen Unternehmen. Nach § 1 Abs. 2 IDÜV gilt für Eintragungen im Vereinsregister die Pflicht zur Übermittlung der erforderlichen Indexdaten, soweit vorhanden, entsprechend. Zusätzlich zu den Indexdaten nach § 1 Abs. 1 und 2 IDÜV sind die von den Landesjustizverwaltungen für das länderübergreifende, zentrale elektronische Informations- und Kommunikationssystem (§ 9 Abs. 1 Satz 4 HGB) bereitgestellten weiteren Indexdaten ebenfalls dem Transparenzregister zu übermitteln, § 1 Abs. 3 IDÜV. Darüber hinaus sind die Landesjustizverwaltungen gem. § 2 Satz 1 IDÜV gegenüber dem Transparenzregister zur Übermittlung folgender Indexdaten zu Bekanntmachungen aus dem Handels-, Partnerschafts- und Genossenschaftsregister verpflichtet: (i) Registerart, Registergericht und Registernummer sowie ein Ortkennzeichen, soweit vorhanden, (ii) Firma oder Name des Unternehmens, (iii) Rechtsform des Unterneh-

---

17 BT-Drs. 18/11555 v. 17.3.2017, Begr. zu § 22 Abs. 3 GwG, S. 132.
18 Verordnung über die Übermittlung von Indexdaten der Landesjustizverwaltungen an das Transparenzregister (Indexdatenübermittlungsverordnung – IDÜV) vom 12.7.2017 (BGBl. I 2017, 2372).

mens, (iv) Sitz des Unternehmens, (v) Gegenstand der Bekanntmachung, (vi) Elektronische Verknüpfung zu der Bekanntmachung, (vii) Tag der Bekanntmachung, (viii) Tag der Eintragung oder Anordnung. Nach § 2 Satz 2 IDÜV gelten § 1 Abs. 2 und 3 IDÜV entsprechend, sodass auch die Indexdaten zu Bekanntmachung aus dem Vereinsregister und Indexdaten, welche über die Daten nach § 1 Abs. 1 und 2 IDÜV hinausgehen, an das Transparenzregister zu übermitteln sind. Anders als § 4 Abs. 4 TrDüV sieht § 4 IDÜV vor, dass auch eine Suche nach § 23 Abs. 4 GwG (nach eingestellten Daten von Vereinigungen nach § 20 Abs. 1 Satz 1 GwG und Rechtsgestaltungen nach § 21 GwG sowie sämtlichen Indexdaten) möglich sein wird. Hinsichtlich der Änderung und Aktualisierung von Daten weicht § 5 IDÜV von § 5 TrDüV sachbezogen ab. Nach § 5 Abs. 2 Satz 1, § 2 IDÜV sind auch die übermittelten Bekanntmachungen täglich zu aktualisieren. Eine häufigere Aktualisierung oder eine vollständige Neuübermittlung ist wie nach der TrDüV auch nach der IDÜV möglich, § 5 Abs. 2 Satz 2 IDÜV. Hinsichtlich der Änderungen der übermittelten Indexdaten besteht die Pflicht, diese unverzüglich zu übermitteln, § 5 Abs. 1 IDÜV. Bezüglich der Vorgaben zum Datenschutz und zur Datensicherheit bestehen keine Differenzen zwischen den beiden Verordnungen.

V. Verordnungsermächtigung bezüglich der Datenübermittlung zwischen Unternehmensregister und Transparenzregister (§ 22 Abs. 4 GwG)

In § 22 Abs. 4 GwG wird das BMF ermächtigt, im Benehmen mit dem BMJV durch Rechtsverordnung, die nicht der Zustimmung des Bundesrates bedarf, **Registrierungsverfahren** für die Mitteilungsverpflichteten nach den §§ 20 und 21 GwG sowie **technische Einzelheiten der Datenübermittlung** nach § 22 Abs. 2 Satz 2 GwG sowie nach den §§ 20 und 21 GwG einschließlich der Vorgaben für die zu verwendeten Datenformate und Formulare sowie die Sicherstellung von Datenschutz und Datensicherheit zu regeln. **18**

Von der Ermächtigung wurde mit der Transparenzregisterdatenübermittlungsverordnung (TrDüV)[19] Gebrauch gemacht, welche am 5.7.2017 in Kraft getreten ist. Die Verordnung konkretisiert, wie die Datenübermittlung durch den Betreiber des Unternehmensregisters an das Transparenzregister sowie die Datenübermittlung durch Mitteilungsverpflichtete erfolgen soll, und normiert das Registrierungsverfahren, welches von den transparenzpflichtigen Vereinigungen und Rechtsgestaltungen vor der Übermittlung der Angaben durchzuführen ist. Für weitere Einzelheiten siehe § 20 Rn. 54–61. **19**

---

19 Verordnung zur Datenübermittlung durch Mitteilungsverpflichtete und durch den Betreiber des Unternehmensregisters an das Transparenzregister (Transparenzregisterdatenübermittlungsverordnung – TrDüV) vom 30.6.2017 (BGBl. I 2017, S. 2090).

§ 23 Einsichtnahme in das Transparenzregister, Verordnungsermächtigung

(1) Bei Vereinigungen nach § 20 Absatz 1 Satz 1 und Rechtsgestaltungen nach § 21 ist die Einsichtnahme gestattet

1. den folgenden Behörden, soweit es zur Erfüllung ihrer gesetzlichen Aufgaben erforderlich ist:
   a) den Aufsichtsbehörden,
   b) der Zentrale für Finanztransaktionsuntersuchungen,
   c) den gemäß § 13 des Außenwirtschaftsgesetzes zuständigen Behörden,
   d) den Strafverfolgungsbehörden,
   e) dem Bundeszentralamt für Steuern sowie den örtlichen Finanzbehörden nach § 6 Absatz 2 Nummer 5 der Abgabenordnung und
   f) den für Aufklärung, Verhütung und Beseitigung von Gefahren zuständigen Behörden,
2. den Verpflichteten, sofern sie der registerführenden Stelle darlegen, dass die Einsichtnahme zur Erfüllung ihrer Sorgfaltspflichten in einem der in § 10 Absatz 3 genannten Fälle erfolgt, und
3. jedem, der der registerführenden Stelle darlegt, dass er ein berechtigtes Interesse an der Einsichtnahme hat.

Im Fall des Satzes 1 Nummer 3 sind neben den Angaben nach § 19 Absatz 1 Nummer 1 und 4 nur Monat und Jahr der Geburt des wirtschaftlich Berechtigten und sein Wohnsitzland der Einsicht zugänglich, sofern sich nicht alle Angaben nach § 19 Absatz 1 bereits aus anderen öffentlichen Registern ergeben.

(2) Auf Antrag des wirtschaftlich Berechtigten beschränkt die registerführende Stelle die Einsichtnahme in das Transparenzregister vollständig oder teilweise, wenn ihr der wirtschaftlich Berechtigte darlegt, dass der Einsichtnahme unter Berücksichtigung aller Umstände des Einzelfalls überwiegende schutzwürdige Interessen des wirtschaftlich Berechtigten entgegenstehen. Schutzwürdige Interessen liegen vor, wenn

1. Tatsachen die Annahme rechtfertigen, dass die Einsichtnahme den wirtschaftlich Berechtigten der Gefahr aussetzen würde, Opfer einer der folgenden Straftaten zu werden:
   a) eines Betrugs (§ 263 des Strafgesetzbuchs),
   b) eines erpresserischen Menschenraubs (§ 239a des Strafgesetzbuchs),

c) einer Geiselnahme (§ 239b des Strafgesetzbuchs),

d) einer Erpressung oder räuberischen Erpressung (§§ 253, 255 des Strafgesetzbuchs),

e) einer strafbaren Handlung gegen Leib oder Leben (§§ 211, 212, 223, 224, 226, 227 des Strafgesetzbuchs),

f) einer Nötigung (§ 240 des Strafgesetzbuchs),

g) einer Bedrohung (§ 241 des Strafgesetzbuchs) oder

2. der wirtschaftlich Berechtigte minderjährig oder geschäftsunfähig ist.

Schutzwürdige Interessen des wirtschaftlich Berechtigten liegen nicht vor, wenn sich die Daten bereits aus anderen öffentlichen Registern ergeben. Die Beschränkung der Einsichtnahme nach Satz 1 ist nicht möglich gegenüber den in Absatz 1 Satz 1 Nummer 1 aufgeführten Behörden und gegenüber Verpflichteten nach § 2 Absatz 1 Nummer 1 bis 3 und 7 sowie gegenüber Notaren.

(3) Die Einsichtnahme ist nur nach vorheriger Online-Registrierung des Nutzers möglich und kann zum Zweck der Kontrolle, wer Einsicht genommen hat, protokolliert werden.

(4) Das Transparenzregister erlaubt die Suche nach Vereinigungen nach § 20 Absatz 1 Satz 1 und Rechtsgestaltungen nach § 21 über alle eingestellten Daten sowie über sämtliche Indexdaten.

(5) Das Bundesministerium der Finanzen wird ermächtigt, durch Rechtsverordnung, die nicht der Zustimmung des Bundesrates bedarf, die Einzelheiten der Einsichtnahme, insbesondere der Online-Registrierung und der Protokollierung wie die zu protokollierenden Daten und die Löschungsfrist für die protokollierten Daten nach Absatz 3, der Darlegungsanforderungen für die Einsichtnahme nach Absatz 1 Satz 1 Nummer 2 und 3 und der Darlegungsanforderungen für die Beschränkung der Einsichtnahme nach Absatz 2 zu bestimmen.

Schrifttum: *Demharter*, Grundbuchordnung: GBO, 30. Aufl. 2016; *Kirchhof*, Transparenzregister für jedermann?, ZRP 2017, 127; *Krais*, Die Pläne der Errichtung eines zentralen Transparenzregisters, CCZ 2017, 98; *Meinzer*, Transparenzregisterdaten für jedermann?, ZRP 2017, 127; *Schöner/Stöber*, Grundbuchrecht, 16. Aufl. 2018; *Zillmer*, Das UBO-Register – Bye Bye Steuergeheimnis?, DB 2016, 2509.

GwG § 23 Einsichtnahme in das Transparenzregister

Übersicht

	Rn.		Rn.
I. Einleitung	1	b) Reichweite des berechtigten Interesses im geldwäscherechtlichen Sinne	36
1. Gesetzessystematik des § 23 GwG	5	c) Reichweite der Darlegungspflicht	37
2. § 23 GwG in der Gesetzgebung	7	d) Rechtsschutz bei Versagung	39
a) Gegenstand der Diskussion: öffentlicher Zugang	7	III. Beschränkung der Einsichtnahme in das Transparenzregister – Schutz des wirtschaftlich Berechtigten (§ 23 Abs. 2 Satz 1 GwG)	41
b) Stellungnahme gegen einen öffentlichen Zugang	9	1. Schutzwürdiges Interesse begründende Straftaten (§ 23 Abs. 2 Satz 2 Nr. 1 lit. a) bis g) GwG)	47
c) Stellungnahme für einen öffentlichen Zugang	12	2. Minderjährigkeit oder Geschäftsunfähigkeit als schutzwürdiges Interesse (§ 23 Abs. 2 Satz 2 Nr. 2 GwG)	49
d) Stellungnahme des Bundesrats	13	3. Ausschluss des schutzwürdigen Interesses (§ 23 Abs. 2 Satz 3 GwG)	52
e) Einschätzung der (alten) Bundesregierung (s. Wahlperiode des Bundestags)	14	4. Ausschluss der Beschränkung der Einsichtnahme (§ 23 Abs. 2 Satz 4 GwG)	53
f) Ergebnis im Parlament	16	IV. Online-Registrierung (§ 23 Abs. 3 GwG)	55
g) Europäische Entwicklung	19	V. Keine Suche nach natürlichen Personen (§ 23 Abs. 4 GwG)	59
II. Zur Einsichtnahme in das Transparenzregister Berechtigte (§ 23 Abs. 1 Satz 1 GwG)	23	VI. Verordnungsermächtigung bezüglich der Einzelheiten der Einsichtnahme (§ 23 Abs. 5 GwG)	60
1. Zur Einsichtnahme berechtigte Behörden (§ 23 Abs. 1 Satz 1 Nr. 1 GwG)	24		
2. Verpflichtete zur Erfüllung ihrer Sorgfaltspflichten in einem der in § 10 Abs. 3 GwG genannten Fälle (§ 23 Abs. 1 Satz 1 Nr. 2 GwG)	31		
3. Zur Einsichtnahme berechtigendes Interesse (§ 23 Abs. 1 Satz 1 Nr. 3 GwG)	34		
a) Konflikt mit dem Datenschutz der wirtschaftlich Berechtigten	35		

I. Einleitung

1 § 23 GwG regelt die **Einsichtnahme in das Transparenzregister** und dient der Umsetzung von Art. 30 Abs. 5 und 9 und Art. 31 Abs. 4 der 4. EU-Geldwäscherichtlinie. Die Vorschrift normiert in abschließender Aufzählung, wem die Einsichtnahme in die im Register gespeicherten Daten gestattet ist und zählt hierzu drei Gruppen auf. Zu den wohl gewichtigsten Normadressaten gehören die „**Behörden**", für die die Einsichtnahme in das Register zur Erfüllung ihrer gesetzlichen Aufgaben erforderlich ist. Zu den privilegierten Behörden gehören

I. Einleitung § 23 GwG

die in § 23 Abs. 1 Nr. 1 GwG bezeichneten Bundes- und Landesbehörden, also solche, die mit der Prävention und Bekämpfung von Geldwäsche und Terrorismusfinanzierung befasst sind. Dazu gehören insbesondere die in § 50 GwG definierten jeweiligen Aufsichtsbehörden (vgl. § 23 Abs. 1 Nr. 1a) GwG), die neu gegründete Zentralstelle für Finanztransaktionsuntersuchungen (§ 23 Abs. 1 Nr. 1b) GwG), die Strafverfolgungsbehörden (§ 23 Abs. 1 Nr. 1c) GwG) und das BZSt sowie die örtlichen Finanzbehörden (§ 23 Abs. 1 Nr. 1d) GwG). Für Letztere dürften die Daten u. a. für den Abgleich mit Beteiligungsdaten nach § 138b AO in der Fassung des Steuerumgehungsbekämpfungsgesetzes von Interesse sein. Zu den weiteren „**Einsichtsberechtigten**" zählen die **Verpflichteten selbst**, die ihre geldwäscherechtlichen Sorgfaltspflichten zu erfüllen haben, sowie **jede andere Person**, die ein **berechtigtes Interesse** darlegt, allerdings nur mit inhaltlicher Beschränkung.

Ferner sieht § 23 GwG die Möglichkeit vor, dass das Einsichtnahmerecht in das Transparenzregister vollständig oder teilweise beschränkt wird. Hierzu bedarf es eines Antrags des wirtschaftlich Berechtigten. 2

Einzelheiten der Einsichtnahme, der Online-Registrierung und zur Handhabung der protokollierten Daten hat das BMF durch Rechtsverordnung bestimmt.[1] 3

Nach § 59 Abs. 3 GwG findet § 23 Abs. 1 bis 3 GwG ab dem 27.12.2017 Anwendung, sodass die Einsichtnahme in das Transparenzregister frühestens ab diesem Zeitpunkt möglich sein wird. 4

1. Gesetzessystematik des § 23 GwG

Die Vorschrift des § 23 GwG normiert die Einsichtnahme in das Transparenzregister. § 23 Abs. 1 GwG bestimmt, wem die Einsichtnahme gestattet ist, insofern erfolgen Verweise auf andere Vorschriften des Geldwäschegesetzes. Innerhalb der drei einsichtsberechtigten Personengruppen des § 23 Abs. 1 GwG erfolgt eine **Staffelung der Bedingungen**, die an die Einsichtnahme zu stellen sind. § 23 Abs. 2 GwG wiederum bietet die Möglichkeit, das unter § 23 Abs. 1 GwG gewährte „Einsichtnahmerecht" auf Antrag des wirtschaftlich Berechtigten von der registerführenden Stelle beschränken zu lassen. Dies hängt jedoch von der Geltendmachung eines schutzwürdigen Interesses durch den betroffenen wirtschaftlich Berechtigten ab, sodass innerhalb des zweiten Absatzes eine Konkretisierung des schutzwürdigen Interesses erfolgt. Zudem sieht § 23 Abs. 3 GwG eine Online-Registrierung vor, ohne die eine Einsichtnahme nicht gestattet wird. 5

§ 23 Abs. 4 GwG hat lediglich einen klarstellenden Charakter zur Suchfunktion; insbesondere ist keine Suche nach wirtschaftlich Berechtigten möglich (Such- 6

---

1 Vgl. Verordnung des Bundesministeriums der Finanzen über die Einsichtnahme in das Transparenzregister (Transparenzregistereinsichtnahmeverordnung – TrEinV) vom 19.12.2017, BGBl. I, S. 3984 ff.

richtung). Abschließend enthält § 23 Abs. 5 GwG eine Verordnungsermächtigung zugunsten des BMF, weitere Einzelheiten bezüglich der Einsichtnahme, der Online-Registrierung sowie des Umgangs mit den protokollierten Daten zu bestimmen.

2. § 23 GwG in der Gesetzgebung

a) Gegenstand der Diskussion: öffentlicher Zugang

7   § 23 GwG setzt die Vorgaben des Art. 30 Abs. 5 und Art. 31 Abs. 4 der 4. EU-Geldwäscherichtlinie um und regelt die Einsichtnahme in das Transparenzregister. Entsprechend den europäischen Vorgaben sieht § 23 GwG einen gestaffelten Zugang vor. Der Referentenentwurf vom 15.12.2016 orientierte sich am ergänzenden Kommissionsvorschlag vom 5.7.2016 zur Änderung der 4. EU-Geldwäscherichtlinie (COM(2016) 450),[2] der einen **öffentlichen Zugang** – also für jedermann, ohne Nachweispflicht des berechtigten Interesses, forderte. Hiermit wäre eine bereits erwartete Änderung der 4. EU-Geldwäscherichtlinie für die Ausgestaltung des Registers vorweggenommen worden.[3] Im weiteren Verlauf des EU-Gesetzgebungsverfahrens wurden die Pläne der EU-Kommission zu einem freien Registerzugang jedoch verworfen. Der Gesetzesentwurf der Bundesregierung reagiert auf diesen Umstand, indem er in § 23 Abs. 1 GwG, der im Kern § 20 GwG-RefE entspricht, das Einsichtnahmerecht für „jeden zu Informationszwecken" auf einen **gestaffelten Zugang** begrenzt. So ist nach dem Regierungsentwurf die Einsicht nur gesetzlich festgelegten Gruppen, wie Behörden, Verpflichteten im Sinne des § 2 GwG und Personen mit berechtigtem Interesse gestattet, wobei inhaltliche Unterscheidungen bei den Voraussetzungen, die an die Einsichtnahme geknüpft sind, und beim Umfang der Einsichtnahme vorgenommen werden.

8   Auch in Deutschland wurde über ein öffentliches und frei zugängliches Register debattiert. Der Finanzausschuss des Deutschen **Bundestags** hat in einer **Öffentlichen Anhörung** am 24.4.2017 um Stellungnahme zum Entwurf des „Geldwäschegesetzes" (BT-Drs. 18/11555) gebeten.

b) Stellungnahme gegen einen öffentlichen Zugang

9   *Kirchhof* führte hierzu in seiner Stellungnahme[4] aus, dass ein **öffentlicher Zugang** zum Transparenzregister das **Grundgesetz verletze**. Würde der deutsche

---
2 COM(2016) 450, Erwägungsgründe 22 ff.
3 Referentenentwurf vom 15.12.2016, Begr. zu § 20 Abs. 1 GwG-RefE, S. 137.
4 *Kirchhof*, Stellungnahme zum Entwurf eines „Geldwäschegesetzes" (BT-Drs. 18/11555), Öffentliche Anhörung des Finanzausschusses des Deutschen Bundestages am 24.4.2017.

Gesetzgeber in Erwägung ziehen, die Vorgaben der EU überschießend, entsprechend dem Vorschlag des Bundesrates,[5] umzusetzen und den Registerzugang für jedermann öffentlich zu gestalten, würde das Grundgesetz missachtet. *Kirchhof* begründet seine Einschätzung mit dem sich stets weiterentwickelnden technischen Umgang mit Daten, wodurch der grundrechtliche Datenschutz erheblich an Bedeutung gewonnen habe. Das **Grundrecht auf informationelle Selbstbestimmung** aus Art. 2 Abs. 1 i.V.m. Art. 1 Abs. 1 GG leiste dabei einen entscheidenden Beitrag, Grundrechtsträger in Zeiten dynamischen und technischen Fortschrittes vor Gefährdungen zu schützen. Das Recht auf informationelle Selbstbestimmung gebe dem „Einzelnen die Befugnis, grundsätzlich selbst über die Preisgabe und Verwendung seiner personenbezogenen Daten zu bestimmen".[6] Die Vertraulichkeit der Daten stelle dabei die Regel dar, die Weitergabe der Daten an Dritte bzw. die Öffentlichkeit ohne Einwilligung der Betroffenen nur die Ausnahme. Es bestehe demnach erhöhte Anforderungen an eine Rechtfertigung der Grundrechtsbeeinträchtigung. Ein öffentliches Register werde „dieses Regel-Ausnahme-Verhältnis verfassungswidrig verkehren".[7] Die Einführung des Transparenzregisters führe zu einer eigenen „grundrechtlichen Betroffenheit, weil es neue Verarbeitungen und Verknüpfungen der Daten ermögliche".[8]

Die Öffnung des Registerzugangs für die Allgemeinheit werde den Grundrechtseingriff erheblich verschärfen, denn jeder könne auf die gespeicherten Daten zugreifen und erhalte somit Zugriff auf sensible Angaben zu wirtschaftlich Berechtigten, wie Vermögens- und Beteiligungsverhältnisse sowie Geschäftsmodelle. Diese Daten könnten erheblichen Einfluss auf den Wettbewerb nehmen.[9] **10**

Der mit dem öffentlichen Zugang zum Transparenzregister verfolgte gesetzgeberische Zweck könne die steigende Eingriffsintensität nicht rechtfertigen. Zudem scheint für *Kirchhof* zweifelhaft, ob ein frei zugängliches Register die Bekämpfung von Geldwäsche, Terrorismusfinanzierung und illegalen Steuer- **11**

---

5 Stellungnahme des Bundesrates, 31.3.2017, BR-Drs. 182/17, S. 19; Empfehlungen der Ausschüsse, 20.3.2017, BR-Drs. 182/1/17, S. 19; Antrag der Abgeordneten *Dr. Sahra Wagenknecht, Dr. Dietmar Bartsch, Dr. Petra Sitte* und der Fraktion DIE LINKE, BT-Drs. 18/8133, 15.4.2017, S. 1.
6 *Kirchhof*, Stellungnahme zum Entwurf eines „Geldwäschegesetzes" (BT-Drs. 18/11555), Öffentliche Anhörung des Finanzausschusses des Deutschen Bundestages am 24.4.2017, S. 5.
7 *Kirchhof*, Stellungnahme zum Entwurf eines „Geldwäschegesetzes" (BT-Drs. 18/11555), Öffentliche Anhörung des Finanzausschusses des Deutschen Bundestages am 24.4.2017, S. 5.
8 *Kirchhof*, ZRP 2017, 127.
9 *Kirchhof*, Stellungnahme zum Entwurf eines „Geldwäschegesetzes" (BT-Drs. 18/11555), Öffentliche Anhörung des Finanzausschusses des Deutschen Bundestages am 24.4.2017, S. 6.

praktiken – auch unter präventiven Gesichtspunkten – vorantreiben würde. Vielmehr sei die Gefahr für den wirtschaftlich Berechtigten erhöht, Opfer einer der in § 23 Abs. 2 GwG genannten Straftaten zu werden;[10] ein Mehrwert gegenüber einem beschränkt zugänglichen Register sei nicht zu erkennen.

c) Stellungnahme für einen öffentlichen Zugang

12 *Meinzer* vertritt in seiner Stellungnahme[11] hingegen eine andere Auffassung. Er lehnt den im Regierungsentwurf vorgesehenen gestaffelten Registerzugang ab. Für ihn ist die Beschränkung des Zugriffs schädlich für Wirtschaft und Wettbewerb, weil diese den Wettbewerb zum Vorteil intransparenter Unternehmen mit komplizierten Gesellschaftsstrukturen „verzerren" würde. Dies geschehe „zum Nachteil inländischer, ehrbarer Kaufleute". Bereits nach der geltenden Rechtslage seien über das Handelsregister Daten über wirtschaftlich Berechtigte – beispielsweise über den Geschäftsführer einer GmbH – veröffentlicht. Die Handelsregisterpraxis sehe sogar die Preisgabe von mehr Informationen vor als das Transparenzregister, sodass *Meinzer* eine **Unverhältnismäßigkeit eines öffentlich zugänglichen Transparenzregisters verneint**.[12] Nach seiner Auffassung sorge erst ein öffentliches („echtes") Transparenzregister für gleiche Wettbewerbsbedingungen zwischen den transparenten und bisher intransparenten Gesellschaften (mit ausländischen Anteilseignern).[13]

d) Stellungnahme des Bundesrats

13 Der **Bundesrat** forderte in seiner Stellungnahme vom 31.3.2017[14] einen uneingeschränkten **Zugang** zum Transparenzregister für **jedermann**. Zur Begründung wurde aufgeführt, die Aufdeckung von Briefkastenfirmen zur Verschleie-

---

10 *Kirchhof*, Stellungnahme zum Entwurf eines „Geldwäschegesetzes" (BT-Drs. 18/11555), Öffentliche Anhörung des Finanzausschusses des Deutschen Bundestages am 24.4.2017, S. 2–3.
11 *Meinzer*, Stellungnahme von Netzwerk Steuergerechtigkeit Deutschland und Tax Justice Network für die öffentliche Anhörung des Finanzausschusses des Deutschen Bundestages am 24.4.2017. Zu dem „Entwurf eines Gesetzes zur Umsetzung der Vierten EU-Geldwäscherichtlinie, zur Ausführung der EU-Geldtransferverordnung und zur Neuorganisation der Zentralstelle für Finanztransaktionsuntersuchungen" BT-Drs. 18/11555.
12 Vgl. *Meinzer*, ZRP 2017, 127.
13 *Meinzer*, Stellungnahme von Netzwerk Steuergerechtigkeit Deutschland und Tax Justice Network für die öffentliche Anhörung des Finanzausschusses des Deutschen Bundestages am 24.4.2017, Zu dem „Entwurf eines Gesetzes zur Umsetzung der Vierten EU-Geldwäscherichtlinie, zur Ausführung der EU-Geldtransferverordnung und zur Neuorganisation der Zentralstelle für Finanztransaktionsuntersuchungen", BT-Drs. 18/11555, S. 17.
14 BR-Drs. 182/17 v. 31.3.2017.

rung von Vermögen oder der Geldwäsche sei nicht alleine das Verdienst der Behörden. Ein großer Personenkreis, wie z. B. Journalisten habe sich an der Aufklärung dieser Missstände beteiligt (vgl. „Panama Papers"), sodass das Transparenzregister von Anfang an der Öffentlichkeit zugänglich sein solle. Um den datenschutzrechtlichen Aspekten gerecht zu werden, solle die Suche ausschließlich nach Vereinigungen im Sinne des § 20 Abs. 1 Satz 1 und § 21 GwG (d. h. nicht nach den wirtschaftlich Berechtigten) erfolgen können. Eine Suche nach natürlichen Personen solle nicht vorgesehen sein.[15] Zudem solle das Transparenzregister auf geplante Änderungen der 4. EU-Geldwäscherichtlinie nach dem Kommissionsvorschlag vom 5.6.2016 (COM(2016) 450) reagieren und grundsätzlich öffentlich zugänglich sein.

e) Einschätzung der (alten) Bundesregierung (s. Wahlperiode des Bundestags)

Die **Bundesregierung** lehnte im weiteren Verlauf des Gesetzgebungsverfahrens die Forderungen nach einem uneingeschränkten Zugang zum Transparenzregister ab und hielt somit an einem **gestaffelten Registerzugang** fest. Die Bundesregierung führte hierzu aus, der Gesetzesentwurf entspreche den Vorgaben der 4. EU-Geldwäscherichtlinie, und nehme Bezug auf Art. 30 Abs. 5 der Richtlinie, welcher ausdrücklich einen Zugang für Behörden ohne Einschränkung, für Verpflichtete im Rahmen der Erfüllung der Sorgfaltspflichten und alle anderen Personen oder Organisationen, die ein berechtigtes Interesse nachweisen können, vorsehe. Ein allgemein-öffentlicher Zugang sei nach Auffassung der Bundesregierung „überschießend".[16]

Ferner solle vorerst abgewartet werden, wie der Registerzugang nach der Änderungsrichtlinie ausgestaltet werde, denn auf EU-Ebene ließen die Verhandlungen dies zunächst offen.

f) Ergebnis im Parlament

Das Parlament hat sich auf einen gestaffelten Zugang geeinigt. Inwiefern sich das Vorbringen beider „Lager" bewahrheitet, wird sich zeigen. Zumindest war die Gestaltung der Einsicht in das Transparenzregister einer der zentralen **Diskussionsgegenstände** des Gesetzgebungsverfahrens.

§ 23 GwG entspricht – zumindest dem Regelungsgehalt nach – im Wesentlichen § 20 GwG-RefE. § 20 Abs. 1 GwG-RefE hat im Laufe des Gesetzgebungsverfahren mit Blick auf die nun geltende Vorschrift zur Einsichtnahme in das Transparenzregister eine „Umstrukturierung" erfahren. Neben der Streichung des Einsichtnahmerechts für jedermann wurde die Klarstellung aufgenommen, dass die

---
15 BR-Drs. 182/17 v. 31.3.2017, S. 19.
16 BT-Drs. 18/11928 v. 12.4.2017, S. 38.

GwG § 23 Einsichtnahme in das Transparenzregister

Suche lediglich nach den Vereinigungen des § 20 Abs. 1 Satz 1 und § 21 GwG möglich sei – eine gezielte Suche nach natürlichen Personen bzw. wirtschaftlich Berechtigten scheidet mithin aus. Die Pflicht zur vorherigen Online-Registrierung und die Protokollierung der einsichtnehmenden Personen wurden, einem Missbrauch vorbeugend, zudem in § 23 Abs. 3 GwG normiert. Gem. § 20 Abs. 1 Satz 2 GwG-RefE konnte die Einsichtnahme „für Zwecke der Datenschutzkontrolle protokolliert werden", um den datenschutzrechtlichen Regelungen, insbesondere den Vorgaben des Art. 30 Abs. 5 UAbs. 2 der 4. EU-Geldwäscherichtlinie gerecht zu werden und das Gebührenaufkommen zu sichern.[17] § 23 Abs. 3 GwG lässt ebenfalls die Protokollierung der Einsichtnahme zu, dies erfolgt nunmehr jedoch nicht ausdrücklich nur zur „Datenschutzkontrolle", sondern primär zur Sicherung des Gebührenaufkommens. So kann die Protokollierung für den Fall, dass eine Gebührenforderung bestritten wird, als Beweismittel dienen.[18] Darüber hinaus erhielt § 20 Abs. 1 Satz 3 GwG-RefE, der die Regelung für die Erhebung von Gebühren und Auslagen bei Einsichtnahme in das Register enthielt, mit § 24 GwG eine eigenständige Vorschrift.

18 Eine bedeutsame Änderung dürfte die Wortlautänderung im Hinblick auf die Anforderung an die Nachweiserbringung für Verpflichtete und sonstige Personen, die Einsicht in das Transparenzregister begehren, sein. So sah der Referentenentwurf vor, den Verpflichteten im Sinne des Geldwäschegesetzes die Einsichtnahme nur zu gestatten, wenn sie der registerführenden Stelle nachweisen, dass die Einsichtnahme zur Erfüllung der allgemeinen Sorgfaltspflichten in den vom Gesetz genannten Fällen (beispielsweise bei der Begründung einer Geschäftsbeziehung) erfolgt.[19] Sonstige Personen sollten nach dem Referentenentwurf ein „**berechtigtes Interesse**" nachweisen, damit ihnen die Einsicht in das Transparenzregister gestattet wird.[20] Ob ein berechtigtes Interesse vorliegt, richte sich insbesondere nach den in § 20 Abs. 2 Nr. 3 GwG-RefE hervorgehobenen Fällen („Ein berechtigtes Interesse kann insbesondere vorliegen, wenn […]"). Die nun geltende Fassung enthält hingegen keine nähere Begriffsbestimmung des „berechtigten Interesses". Sowohl § 23 Abs. 1 Nr. 2 GwG als auch § 23 Abs. 1 Nr. 3 GwG verlangen von den Einsichtbegehrenden eine „**Darlegung**" des berechtigten Interesses gegenüber der registerführenden Stelle. Die Anforderungen an ein derartiges Interesse hängen davon ab, wer einen Antrag auf Ein-

---

17 Referentenentwurf v. 15.12.2016, Begr. zu § 20 Abs. 1 GwG-RefE, S. 137.
18 BT-Drs. 18/11555 v. 17.3.2017, Begr. zu § 23 Abs. 3 GwG, S. 133.
19 Nach dem Referentenentwurf wäre die Einsichtnahme den geldwäscherechtlich Verpflichteten zur Erfüllung ihrer Sorgfaltspflichten gem. § 20 Abs. 2 Nr. 2 GwG-RefE gestattet, „sofern sie gegenüber der registerführenden Stelle nachweisen," dass die Einsichtnahme in einem der […] genannten Fälle erfolgt.
20 Nach dem Referentenentwurf wäre die Einsichtnahme gem. § 20 Abs. 2 Nr. 3 GwG-RefE jedem gestattet, „der gegenüber der registerführenden Stelle ein berechtigtes Interesse nachweist".

sichtnahme stellt. Für **Behörden** im Sinne des § 23 Abs. 1 Satz 1 Nr. 1 GwG ist es ausreichend darzulegen, dass die Einsichtnahme zur Erfüllung ihrer gesetzlichen Aufgaben erforderlich ist, vgl. § 23 Abs. 1 Nr. 1 GwG i.V.m. § 6 Transparenzregistereinsichtnahmeverordnung (TrEinV).

g) Europäische Entwicklung

Die Verhandlungen zur Änderung der 4. EU-Geldwäscherichtlinie zeichnen nach einem längeren Austausch zwischen dem EU-Rat und EU-Parlament mit dem Kompromissvorschlag der EU-Kommission vom 19.12.2017 einen Konsens für den öffentlichen Zugang zum Transparenzregister ab.   19

Art. 30 Abs. 5 (c) der Richtlinie sieht einen uneingeschränkten öffentlichen Zugang zu (mindestens) dem Geburtsdatum oder den Kontaktdaten des wirtschaftlichen Eigentümers entsprechend der nationalen Datenschutzvorschriften vor. Der neu eingefügte Absatz 5a enthält die Möglichkeit, die Bereitstellung der Informationen des Transparenzregisters von einer Online-Registrierung und der Zahlung einer Gebühr abhängig zu machen.   20

Es ist zu hoffen, dass Deutschland wenigstens von dieser Einschränkung Gebrauch machen wird, um die o. g. verfassungsrechtlichen Bedenken wenigstens teilweise zu berücksichtigen.   21

II. Zur Einsichtnahme in das Transparenzregister Berechtigte (§ 23 Abs. 1 Satz 1 GwG)

§ 23 Abs. 1 GwG normiert das **transparenzregisterrechtliche Einsichtnahmerecht** für die im Transparenzregister gespeicherten Angaben zu den wirtschaftlich Berechtigten von Vereinigungen nach § 20 Abs. 1 Satz 1 GwG und Rechtsgestaltungen nach § 21 GwG. Der § 23 Abs. 1 GwG unterteilt die Normadressaten in drei Gruppen, welche bei Vorliegen der „gruppenspezifischen Voraussetzungen" zur Einsichtnahme befugt sind. Dabei sind die Anforderungen des § 23 GwG, die an die potenziellen Einsichtsberechtigten zu stellen sind, entsprechend den Vorgaben der 4. EU-Geldwäscherichtlinie (Art. 30 Abs. 5) gestaffelt, d. h. es sind je nach betroffenem Normadressat strengere oder weniger strenge Voraussetzungen an das Einsichtnahmerecht geknüpft. Dementsprechend sind unterschiedliche Anforderungen an die Einsichtnahme und den Umfang der Einsichtnahme zu stellen.[21]   22

Zu den drei Normadressaten gehören die in § 23 Abs. 1 Satz 1 Nr. 1 GwG bezeichneten Behörden, die Verpflichteten im Sinne des Geldwäschegesetzes zur Erfüllung ihrer Sorgfaltspflichten (§ 23 Abs. 1 Satz 1 Nr. 2 GwG) und jeder, der   23

---

21 *Krais*, CCZ 2017, 98, 104.

ein berechtigtes Interesse gegenüber der registerführenden Stelle darlegen kann (§ 23 Abs. 1 Satz 1 Nr. 3 GwG).

1. Zur Einsichtnahme berechtigte Behörden (§ 23 Abs. 1 Satz 1 Nr. 1 GwG)

24 Zu der ersten Gruppe, der eine Einsichtnahme in das Transparenzregister gestattet sein kann, gehören die in § 23 Abs. 1 Satz 1 Nr. 1 lit. a) bis f) GwG aufgeführten Behörden:

- die Aufsichtsbehörden im Sinne des § 50 GwG (§ 23 Abs. 1 Satz 1 Nr. 1 lit. a) GwG),
- die Zentralstelle für Finanztransaktionsuntersuchungen im Sinne des § 27 GwG (§ 23 Abs. 1 Satz 1 Nr. 1 lit. b) GwG),
- die gemäß § 13 Außenwirtschaftsgesetz zuständigen Behörden (§ 23 Abs. 1 Satz 1 Nr. 1 lit. c) GwG),
- die Strafverfolgungsbehörden (§ 23 Abs. 1 Satz 1 Nr. 1 lit. d) GwG),
- das Bundeszentralamt für Steuern sowie die örtlichen Finanzbehörden nach § 6 Abs. 2 Nr. 5 AO (§ 23 Abs. 1 Satz 1 Nr. 1 lit. e) GwG) und
- die für Aufklärung, Verhütung und Beseitigung von Gefahren zuständigen (Bundes- oder Landes-)Behörden (§ 23 Abs. 1 Satz 1 Nr. 1 lit. f) GwG).

25 Den genannten Behörden ist die Einsichtnahme jedoch nur gestattet, „soweit dies zur Erfüllung ihrer gesetzlichen Aufgaben erforderlich ist". Bei den einsichtsberechtigten Behörden kann u. E. im Regelfall davon ausgegangen werden, dass diese eine Einsichtnahme in das Register zur Erfüllung gesetzlichen Aufgaben vornehmen, da sie alle im Bereich der Prävention und Bekämpfung von Geldwäsche sowie Terrorismusfinanzierung, von deren Vortaten und von Steuervermeidung tätig sind.[22] Des Weiteren gehört das Bundesamt für Verfassungsschutz ausdrücklich zu den Behörden für Gefahrenabwehr,[23] wohl auch der Bundesnachrichtendienst,[24] der zur Aufklärung von die Sicherheit Deutschlands betreffenden Sachverhalten im Ausland beiträgt.

26 Nach der Gesetzesbegründung der Bundesregierung kann bei Behörden von einem sorgsamen Umgang mit den eingesehenen Angaben ausgegangen werden.[25]

27 Handeln die in § 23 Abs. 1 Satz 1 Nr. 1 GwG genannten Behörden im Rahmen der Erfüllung ihrer gesetzlichen Aufgaben, so erhalten sie **uneingeschränkten und gebührenfreien Zugang** zu den im Transparenzregister hinterlegten Informationen. Uneingeschränkter Zugang meint, dass keine Beschränkung der einsehbaren Angaben über den wirtschaftlich Berechtigten erfolgt (anders als bei

---

22 *Krais*, CCZ 2017, 98, 104.
23 BT-Drs. 18/11555 v. 17.3.2017, Begr. zu § 23 Abs. 1 GwG, S. 132.
24 *Krais*, CZZ 2017, 98, 105.
25 BT-Drs. 18/11555 v. 17.3.2017, Begr. zu § 23 Abs. 1 GwG, S. 132.

II. Zur Einsichtnahme in das Transparenzregister Berechtigte § 23 GwG

Personen mit berechtigtem Interesse, welchen gem. § 23 Abs. 1 Satz 2 GwG nur Geburtsmonat/-jahr und Wohnsitzland des wirtschaftlich Berechtigten zugänglich sind) und dass eine auf Antrag des wirtschaftlich Berechtigten beschränkte Einsichtnahme gegenüber den in § 23 Abs. 1 Satz 1 Nr. 1 GwG genannten Behörden nicht gilt, § 23 Abs. 2 Satz 4 GwG; gegenüber Verpflichteten nach § 2 Abs. 1 Nr. 1 bis 3 und 7 GwG sowie Notaren ist die Beschränkung der Einsichtnahme ebenfalls nicht möglich. Für die Behörden ist der Zugang zudem gebührenfrei. Dies folgt aus dem in § 24 Abs. 2 Satz 4 GwG klarstellenden Verweis auf § 8 BGebG, wonach für Behörden die persönliche Gebührenfreiheit gilt, sofern die Ausgaben auf gesetzlichen Verpflichtungen beruhen.

Die Einsichtnahme in das Transparenzregister unter der Voraussetzung der Erfüllung von gesetzlichen Aufgaben soll unter teleologischen Gesichtspunkten wohl dazu dienen, willkürliche Einsichtnahmen „ins Blaue hinein" zu vermeiden. Bestärkt wird diese Annahme durch die verwendete Formulierung: „[...] soweit dies zur Erfüllung der gesetzlichen Aufgaben erforderlich ist." **Erforderlichkeit** in diesem Zusammenhang setzt voraus, dass die Einsichtnahme einer Behörde geeignet, also zumindest zweckförderlich, sein muss, die gesetzliche Aufgabe zu erfüllen. Die Behörde wird sich jedoch vorher anderen Mittel, wie z. B. allgemein öffentlichen Registern oder eigenen Aufzeichnungen, bedienen müssen. 28

In der praktischen Registerführung wird die Formulierungseinschränkung wohl keine Beachtung finden, geschweige denn als „echte" Tatbestandsvoraussetzung behandelt werden. Sofern sich eine Behörde im Sinne des § 23 Abs. 1 Satz 1 Nr. 1 GwG bei der registerführenden Stelle online als Nutzer registriert hat (§ 23 Abs. 3 GwG), wäre immerhin denkbar, dass der Behörde lediglich ein zeitlich begrenzter Zugang gestattet wird. Allerdings scheint eine Überprüfung einzelner Einsichtsbegehren aus „register-ökonomischer" Sicht unwahrscheinlich. Es wird der registerführenden Stelle für die Gestattung der Einsichtnahme wohl generell reichen, wenn die sich registrierende Behörde eine solche im Sinne des § 23 Abs. 1 GwG ist. Prüfungen von Einzelfällen, ob die Einsichtnahme einer Behörde zur Erfüllung ihrer gesetzlichen Aufgaben erforderlich ist und ob die Behörde damit überhaupt der Erfüllung einer ihr obliegenden gesetzlichen Pflicht nachgeht, werden in der Praxis der Registerführung nicht zu erwarten sein. 29

Für die Zentralstelle für Transaktionsuntersuchungen (§ 27 GwG) und die zur Durchführung des Geldwäschegesetzes zuständigen Aufsichtsbehörden (§ 50 GwG) gibt es neben der Einsichtnahme in das Transparenzregister eine weitere Möglichkeit, die nach § 19 Abs. 1 GwG zugänglichen Informationen über den wirtschaftlich Berechtigten einer Gesellschaft zu erhalten. Nach § 20 Abs. 5 bzw. § 21 Abs. 3 GwG können die „privilegierten" Behörden im Rahmen ihrer Aufgaben und Befugnisse die aufbewahrten Angaben auch direkt beim Transparenzverpflichteten nach § 20 Abs. 1 Satz 1 bzw. § 21 GwG einsehen oder sich vorlegen lassen. 30

2. Verpflichtete zur Erfüllung ihrer Sorgfaltspflichten in einem der in § 10 Abs. 3 GwG genannten Fälle (§ 23 Abs. 1 Satz 1 Nr. 2 GwG)

31 Zu der zweiten Gruppe, für die das Transparenzregister zugänglich ist, gehören die nach § 2 Abs. 1 GwG Verpflichteten. Diesen ist eine Einsichtnahme gestattet, sofern sie der registerführenden Stelle darlegen, dass die Einsichtnahme zur Erfüllung ihrer Sorgfaltspflichten in einem der in § 10 Abs. 3 GwG genannten Fälle erfolgt (sog. **Kundensorgfaltspflichten**). Die Verpflichteten erhalten also Zugang zu den in § 19 Abs. 1 GwG genannten Angaben über wirtschaftlich Berechtigte von Vereinigungen im Sinne des § 20 Abs. 1 Satz 1 GwG bzw. Rechtsgestaltungen nach § 21 GwG. Im Vergleich zu Behörden kann für bestimmte Verpflichtete nach § 2 Abs. 1 GwG der Umfang der Einsichtnahme durch eine „**Einsichtssperre**" gem. § 23 Abs. 2 Satz 1 GwG beschränkt werden. Eine Beschränkung der Einsichtnahme gilt allerdings gem. § 23 Abs. 2 Satz 4 GwG nicht gegenüber Verpflichteten nach § 2 Abs. 1 Nr. 1 bis 3 GwG (also insbesondere nicht gegenüber Kreditinstituten und Versicherern) sowie gegenüber Notaren.

32 Unter „darlegen" des Verpflichteten versteht man die **Glaubhaftmachung**, die Einsichtnahme bspw. im Zusammenhang mit der Begründung bzw. kontinuierlichen Überwachung einer Geschäftsbeziehung oder der Durchführung einer Transaktion, also zur Erfüllung der Pflichten aus § 10 Abs. 3 GwG vorzunehmen.[26] Die Einsichtnahme für die nach § 2 Abs. 1 GwG Verpflichteten erfolgt also nur fallbezogen und nicht in das gesamte Register.[27] **Verpflichtete** im Sinne von § 23 Abs. 1 Satz 1 Nr. 2 GwG müssen darlegen, dass sie Verpflichtete nach § 2 GwG sind und die Einsichtnahme zur Erfüllung der Sorgfaltspflichten in einem der in § 10 Abs. 3 GwG genannten Fälle erfolgt, wobei die Darlegung auf Verlangen der registerführenden Stelle auch durch eidesstattliche Versicherung erfolgen kann, vgl. § 7 Abs. 1 und 3 TrEinV. Die Darlegung, Verpflichteter im Sinne von § 2 GwG zu sein, muss lediglich bei der ersten Einsichtnahme erfolgen, § 7 Abs. 2 TrEinV. Die Darlegung kann z.B. für Kreditinstitute anhand einer Kopie der Erlaubnis gemäß § 32 des Kreditwesengesetzes oder für Rechtsanwälte anhand einer Kopie der Zulassungsurkunde gem. § 12 der Bundesrechtsanwaltsordnung erfolgen.[28]

33 Die Befugnis zur Einsichtnahme in das Transparenzregister befreit die Verpflichteten jedoch nicht davon, ihren Kundensorgfaltspflichten des dritten Abschnitts weiterhin ordnungsgemäß nachzugehen. Die Möglichkeit zur Einsicht-

---

26 BT-Drs. 18/11555 v. 17.3.2017, Begr. zu § 23 Abs. 1 GwG, S. 132.
27 BT-Drs. 18/11555 v. 17.3.2017, Begr. zu § 23 Abs. 1 GwG, S. 132.
28 Vgl. Begründung des Bundesministeriums der Finanzen zur Transparenzregistereinsichtnahmeverordnung vom 19.12.2017, abrufbar unter http://www.bva.bund.de/SharedDocs/Downloads/DE/BVA/Verwaltungsdienstleistungen/Transparenzregister/begruenden_verordnung_TrEinV.pdf?_blob=publicationFile&v=2, zuletzt aufgerufen am 25.1.2018, zu § 7 TrEinV auf Seite 4 der Begründung.

II. Zur Einsichtnahme in das Transparenzregister Berechtigte § 23 GwG

nahme soll lediglich der Entlastung und der erleichterten Informationsbeschaffung der Verpflichteten dienen,[29] diese aber nicht von ihren geldwäscherechtlichen Pflichten entbinden, da es ein **Vertrauen in die Richtig- und Vollständigkeit des Transparenzregisters nicht gibt** (vgl. § 18 Abs. 4 Satz 3 GwG; Art. 30 Abs. 8 der 4. EU-Geldwäscherichtlinie). Die Darlegungspflicht sollte auch **Rechtfertigungstatbestand** im Sinne von Art. 6 DSGVO sein, d. h. insbesondere auch, dass in der Geschäftsanbahnungsphase schon ein Abruf ohne Einverständnis des potenziellen Kunden möglich sein sollte. Dass der Verpflichtete sich nach § 11 Abs. 5 Satz 3, 2. Halbsatz GWG „nicht ausschließlich auf die Angaben im Transparenzregister verlassen darf", spricht u. E. dafür, dass es im Normalfall keine („faktische") Pflicht zur Einsichtnahme in das Transparenzregister gibt; im Einzelfall kann sich u. E. aus dem Gebot der risikoorientierten Geldwäschekontrolle eine Ermessensreduktion ergeben.

3. Zur Einsichtnahme berechtigendes Interesse (§ 23 Abs. 1 Satz 1 Nr. 3 GwG)

Nach § 23 Abs. 1 Satz 1 Nr. 3 GwG ist die Einsichtnahme jedem gestattet, der der registerführenden Stelle darlegt, ein **berechtigtes Interesse** an der Einsichtnahme zu haben. Hierbei handelt es sich um die letzte einsichtsberechtigte Gruppe im Sinne des § 23 Abs. 1 GwG, für die jedoch gerade wegen des gestaffelten Registerzugangs die engsten Voraussetzungen gelten und die Einsichtnahme am weitreichendsten „zensiert" wird.   34

a) Konflikt mit dem Datenschutz der wirtschaftlich Berechtigten

Anders als die Einsicht in das Handelsregister, die grundsätzlich jedem gestattet ist, sind die im Transparenzregister hinterlegten Informationen nach § 23 Abs. 1 Nr. 3 GwG nur zugänglich, wenn ein berechtigtes Interesse dargelegt wird. Zielsetzung dieser Vorschrift ist nicht der Geheimnisschutz, eine derartige Absicht würde der rechtspolitischen Funktion des Transparenzregisters zuwider laufen, sondern den **schutzwürdigen Interessen** eingetragener **wirtschaftlich Berechtigter** Rechnung zu tragen und Unbefugten keine Einsichtnahme in die Beteiligungsverhältnisse (und damit Vermögensverhältnisse) von wirtschaftlich Berechtigten zu gewähren.[30] Die Vermögensverhältnisse natürlicher Personen sind   35

---

29 *Zillmer*, DB 2016, 2509.
30 Die Bundesregierung lässt in ihrer Gesetzesbegründung eine entsprechende Auslegung des in § 12 GBO verwendeten Begriffs „berechtigtes Interesse" zu, insofern dürfte die gesetzgeberische Zielsetzung der in § 12 GBO normierten Voraussetzung des „berechtigten Interesses" und „darlegen" auf § 23 Abs. 1 Satz 1Nr. 3 GwG sinngemäß übertragen werden; vgl. *Demharter*, in: Demharter, GBO, § 12 Rn. 6; *Schöner/Stöber*, Grundbuchrecht, Rn. 525.

personenbezogene Daten im Sinne des **Datenschutz**rechts. Mithin kann die Darlegungspflicht des berechtigten Interesses als gesetzliche Ausprägung des Datenschutzrechts verstanden werden. Der Gesetzgeber hat damit auf die umfangreichen Diskussionen im Gesetzgebungsverfahren zur Einsichtnahme reagiert (s. Rn. 7–25 zum Gesetzgebungsverfahren).

b) Reichweite des berechtigten Interesses im geldwäscherechtlichen Sinne

36 Der geldwäscherechtliche Begriff des „berechtigten Interesses" orientiert sich an der Auslegung des in § 12 GBO ebenfalls verwendeten Begriffs des „berechtigten Interesses". Folglich bietet es sich an, das für § 12 GBO zum „berechtigten Interesse" Geltende auf § 23 Abs. 1 Satz 1 Nr. 3 GwG sinngemäß zu übertragen. Demnach genügt, dass der Einsichtbegehrende ein **verständiges, durch die Sachlage gerechtfertigtes Interesse** verfolgt. Ausreichend ist das Vortragen sachlicher Gründe, die eine Einsichtnahme zur Verfolgung unbefugter Zwecke oder bloßer Neugier ausschließen lassen.[31] Folglich ist die Einsicht zu versagen, wenn sie aus bloßer Neugier oder zu unbefugten Zwecken erfolgt.[32] Somit sollen Einsichtnahmen zu Missbrauchszwecken verhindert werden. Insofern dient die Beschränkung der Einsicht dem **Persönlichkeitsschutz** der eingetragenen wirtschaftlich Berechtigten. Ein Interesse von wissenschaftlicher, historischer oder ähnlicher Natur dürfte entsprechend dem Verständnis der Grundbuchordnung kein „Einsichtnahmerecht" bzw. keinen Anspruch begründen.[33] Für die Einsichtnahme bedarf es daher zwingend eines nachvollziehbaren, durch die Sachlage gerechtfertigten Interesses mit Bezug zu geldwäscherechtlich relevanten Sachverhalten.[34]

c) Reichweite der Darlegungspflicht

37 Wie für die nach § 2 GwG Verpflichteten gilt für die Nachweiserbringung der Normadressaten des § 23 Abs. 1 Satz 1 Nr. 3 GwG die „**Darlegung**" als Voraussetzung für die Einsichtnahme in das Transparenzregister. Ein berechtigtes Interesse wäre also beispielsweise mittels Dokumenten wie etwa der Satzung oder dem Mandat von Nichtregierungsorganisationen, deren Zweck der Einsatz gegen Geldwäsche, deren Vortaten oder Terrorismusfinanzierung ist, zu belegen. Aus dem Nachweis muss insbesondere eine ernsthafte und sachbezogene Auseinandersetzung hervorgehen. Wohl wird die Beurteilung der Ernsthaftigkeit der Tätigkeit vom Einzelfall und von der Ansicht der registerführenden Stelle ab-

---

31 *Demharter*, in: Demharter, GBO, § 12 Rn. 7; *Schöner/Stöber*, Grundbuchrecht, Rn. 525.
32 Vgl. *Demharter*, in: Demharter, GBO, § 12 Rn. 12.
33 Vgl. *Demharter*, in: Demharter, GBO, § 12 Rn. 12.
34 BT-Drs. 18/11555 v. 17.3.2017, Begr. zu § 23 Abs. 1 GwG, S. 132.

hängig zu machen sein.[35] Tatsachen im Sinne des § 43 Abs. 1 GwG, die eine Meldepflicht an die Zentralstelle für Finanztransaktionsuntersuchungen begründen können, müssen nicht vorliegen.[36]

Sonstige Personen im Sinne des § 23 Abs. 1 Satz 1 Nr. 3 GwG können ein berechtigtes Interesse **insbesondere** belegen anhand (1) der Satzung einer Nichtregierungsorganisation, aus der sich ein Einsatz gegen Geldwäsche, damit zusammenhängenden Vortaten wie Korruption und gegen Terrorismusfinanzierung ergibt, (2) eines Journalistenausweises und einer Darstellung von bereits getätigten oder geplanten Recherchen im Bereich der Geldwäsche und Terrorismusfinanzierung und (3) im Übrigen anhand einer Darstellung der bereits getätigten oder geplanten Aktivitäten im Zusammenhang mit der Bekämpfung der Geldwäsche, der damit zusammenhängenden Vortaten wie Korruption und der Terrorismusfinanzierung, vgl. § 8 Abs. 1 TrEinV. Die Darlegung kann auch in diesem Fall auf Verlangen der registerführenden Stelle durch eine eidesstattliche Versicherung erfolgen. Im Übrigen verweist die Gesetzesbegründung zur Beurteilung, ob ein berechtigtes Interesse vorliegt, an dieser Stelle auf § 12 der Grundbuchordnung und die dort entwickelte Definition eines berechtigten Interesses.[37]

38

d) Rechtsschutz bei Versagung

Für den Fall der Versagung der Einsicht steht den Betroffenen die **verwaltungsgerichtliche Kontrolle** offen. Bei der Versagung der Einsicht durch die registerführende Stelle handelt es sich um einen **Verwaltungsakt** im Sinne des § 35 VwVfG. Zwar ist die registerführende Stelle ein privatrechtsförmiger Träger, doch erlaubt die **Beleihung** eine weitreichende Eingliederung in die öffentliche Verwaltung, sodass der Beliehene im Rahmen der ihm übertragenen hoheitlichen Aufgaben die gleichen Befugnisse wie eine staatliche Behörde hat.[38] Hierzu gehört auch der Erlass von aufgabenbezogenen Verwaltungsakten.

39

Anders als in den Fällen des § 23 Abs. 1 Satz 1 Nr. 1 und 2 GwG erhalten Personen mit berechtigtem Interesse keinen unbegrenzten Zugriff auf die im Transparenzregister gespeicherten Angaben. Vielmehr gilt die **Einsichtsbeschränkung** des § 23 Abs. 1 Satz 2 GwG, wonach neben den Angaben nach § 19 Abs. 1 Nr. 1 und 4 (Vor- und Nachname, Art und Umfang des wirtschaftlichen Interesses) nur Monat und Jahr der Geburt des wirtschaftlich Berechtigten und sein Wohnsitzland der Einsicht zugänglich sind. Der Tag der Geburt sowie der Wohnort sind in diesem Fall also nicht einsehbar. Die Beschränkung der Einsicht gilt jedoch

40

---

35 *Krais*, CCZ 2017, 98, 105.
36 Vgl. Drs. 18/11555 v. 17.3.2017, Begr. zu § 23 Abs. 1 GwG, S. 132.
37 Vgl. BT-Drs. 18/11555 v. 17.3.2017, Begr. zu § 23 Abs. 1 GwG, S. 133.
38 BT-Drs. 18/11555 v. 17.3.2017, Begr. zu § 25 Abs. 4 GwG, S. 134.

GwG § 23 Einsichtnahme in das Transparenzregister

nicht, wenn sich bereits alle Angaben nach § 19 Abs. 1 GwG aus anderen öffentlichen Registern ergeben.

III. Beschränkung der Einsichtnahme in das Transparenzregister – Schutz des wirtschaftlich Berechtigten (§ 23 Abs. 2 Satz 1 GwG)

41 § 23 Abs. 2 GwG normiert die sog. „**Einsichtssperre**"[39] und setzt damit Art. 30 Abs. 9 der 4. EU-Geldwäscherichtlinie um. Gem. § 23 Abs. 2 Satz 1 GwG beschränkt die registerführende Stelle die Einsichtnahme in das Transparenzregister vollständig oder teilweise, wenn ihr der wirtschaftlich Berechtigte darlegt, dass der Einsichtnahme unter Berücksichtigung aller Umstände des Einzelfalls überwiegende schutzwürdige Interessen des wirtschaftlich Berechtigten entgegenstehen. Wann schutzwürdige Interessen zugunsten des wirtschaftlich Berechtigten vorliegen, bestimmt § 23 Abs. 2 Satz 2 Nr. 1 und 2 GwG. Je nachdem zu welcher Einschätzung die registerführende Stelle bei ihrer **Einzelfallabwägung** gelangt, kann die Einsichtnahme in das Register vollständig oder teilweise beschränkt werden.

42 Die Einsichtnahme ist **vollständig beschränkt**, wenn zu einem bestimmten wirtschaftlich Berechtigten keine der in § 19 Abs. 1 GwG genannten Angaben einsehbar ist. Sucht beispielsweise ein Journalist im Rahmen seiner Recherchen im Transparenzregister nach der A-GmbH, so würden ohne Einsichtssperre zunächst alle wirtschaftlich Berechtigten sowie deren Angaben (für den Journalisten der unter § 23 Abs. 1 Nr. 3 GwG fällt, Monat und Jahr der Geburt und Wohnsitzland, vorausgesetzt es ergeben sich nicht alle Angaben aus § 19 Abs. 1 GwG bereits aus anderen öffentlichen Registern) einsehbar sein. Hat die registerführende Stelle die Einsichtnahme in das Register aufgrund des Antrags eines wirtschaftlich Berechtigten vollständig beschränkt, so sind keine der in § 19 Abs. 1 GwG aufgeführten Angaben über eben diesen wirtschaftlich Berechtigten einsehbar. Der Journalist erhält mithin lediglich „geschwärzte" Informationen, d.h. er weiß, dass ein wirtschaftlich Berechtigter der A-GmbH zwar existiert, für diesen aber eine „Einsichtssperre" gilt.

43 Hingegen ist die Einsichtnahme **teilweise beschränkt**, wenn die Angaben eines wirtschaftlich Berechtigten nach § 19 Abs. 1 GwG grundsätzlich eingesehen werden können, jedoch nur in selektierter Form. Welche Informationen in einem solchen Fall nicht eingesehen werden können, gibt das Gesetz nicht vor. Vielmehr obliegt dies der Einzelfallentscheidung der registerführenden Stelle. Um einen effektiven Schutz der wirtschaftlich Berechtigten zu erreichen, würde sich

---

39 *Krais* verwendet in seinen Ausführungen zum Transparenzregister den Terminus „Zugangssperre", CCZ 2017, 98.

III. Beschränkung der Einsichtnahme in das Transparenzregister § 23 GwG

anbieten, die Einsichtnahme jedenfalls auf Vor- und Nachname, Geburtsdatum sowie Wohnort zu beschränken.

Die Beschränkung der Einsichtnahme gem. § 23 Abs. 2 GwG wird in § 12 TrEinV präzisiert. Erforderlich ist ein schriftlicher Antrag mit Begründung unter Berücksichtigung der Angaben aus § 12 Abs. 2 TrEinV. Zudem muss sich der wirtschaftlich Berechtigte, der die Beschränkung der Einsichtnahme beantragt, gem. § 13 TrEinV gegenüber der registerführenden Stelle anhand geeigneter Nachweise nach § 3 TrEinV identifizieren. 44

Sofern der Antrag nicht offensichtlich unzulässig oder unbegründet ist, entfaltet er umgehend eine vorläufige Sperrwirkung. Dies soll jedoch dann nicht gelten, wenn nach der erstmaligen Ablehnung der Beschränkung weitere Anträge ohne weitere sachliche Begründung gestellt werden.[40] 45

Die Beschränkung der Einsichtnahme ist gem. § 14 Abs. 3 TrEinV auf drei Jahre beschränkt, wobei der Zeitraum der vorläufigen Beschränkung einbezogen wird. Einzig im Falle einer Beschränkung wegen Minderjährigkeit ist die Beschränkung in der Regel bis zur Vollendung des 18. Lebensjahres zu befristen. 46

Entfällt das schutzwürdige Interesse, so hat der wirtschaftlich Berechtigte dies der registerführenden Stelle unverzüglich mitzuteilen. Verfassungsrechtlich kann es u. E. geboten sein, neben den aufgezählten Gründen (Nr. 1 und 2) auch weitere zuzulassen, insbes. Wettbewerbsinteressen, wenn erhebliche Nachteile konkret drohen (vgl. § 286 Abs. 2 HGB).

1. Schutzwürdiges Interesse begründende Straftaten (§ 23 Abs. 2 Satz 2 Nr. 1 lit. a) bis g) GwG)

Nach § 23 Abs. 2 Satz 2 Nr. 1 GwG liegt ein schutzwürdiges Interesse vor, wenn Tatsachen die Annahme rechtfertigen, dass die Einsichtnahme den wirtschaftlich Berechtigten der Gefahr aussetzen würde, Opfer einer der sieben im Gesetz abschließend bestimmten **Straftaten** zu werden. Zu den ein schutzwürdiges Interesse begründenden Straftaten gehören gem. § 23 Abs. 2 Satz 1 Nr. 1 lit. a) bis g) GwG Betrug (§ 263 StGB), Erpresserischer Menschenraub (§ 239a StGB), Geiselnahme (§ 239b StGB), Erpressung oder räuberische Erpressung (§§ 253, 255 StGB), strafbare Handlungen gegen Leib oder Leben (§§ 211, 212, 223, 224, 226, 227 StGB), Nötigung (§ 240 StGB) oder Bedrohung (§ 241 StGB). 47

Für die Entscheidung über den Antrag auf Einsichtssperre hat die registerführende Stelle alle Umstände des Einzelfalls zu berücksichtigen. Insofern wird der Beschränkung der Einsichtnahme immer eine **Einzelfallentscheidung** zugrunde liegen. Macht der Antragsteller geltend, der Gefahr ausgesetzt zu sein, Opfer 48

---

40 Vgl. Begründung des Bundesministeriums der Finanzen zur TrEinV zu § 12 Abs. 2 TrEinV auf Seite 6 der Begründung.

einer der in § 23 Abs. 2 Satz 2 Nr. 1 a–g GwG abschließend aufgeführten Straftaten zu werden, ist darzulegen, dass das schutzwürdige Interesse unter Berücksichtigung aller Umstände des Einzelfalls überwiegt und damit der Einsichtnahme entgegensteht. Hierzu muss sich aufgrund hinreichend dichter Tatsachenfeststellungen nach allgemeiner Lebenserfahrung eine **abstrakte Gefahr** für alle Personen in vergleichbarer Situation ergeben. Die Begründung zur TrEinV[41] führt an dieser Stelle aus, das Bestehen einer solchen Gefahr könne, im Rahmen einer stets erforderlichen Gesamtschau, begründet sein durch (1) den Umfang des Vermögens, (2) die Tatsache, dass der wirtschaftlich Berechtigte bereits in der Vergangenheit Opfer derartiger Straftaten geworden ist bzw. es Anhaltspunkte für solche Planungen gab oder (3) die Ansässigkeit in einem Staat, der aufgrund der allgemeinen Sicherheitslage für vermögende wirtschaftlich Berechtigte ein besonderes Risiko darstellt.

2. Minderjährigkeit oder Geschäftsunfähigkeit als schutzwürdiges Interesse (§ 23 Abs. 2 Satz 2 Nr. 2 GwG)

49 Die Beschränkung der Einsichtnahme kann ferner auch zum **Schutz eines minderjährigen oder geschäftsunfähigen wirtschaftlich Berechtigten** erfolgen. Dies gilt jedoch nur solange, wie die Eigenschaft der Minderjährig- oder Geschäftsunfähigkeit besteht.

50 Wird Minderjährigkeit als schutzwürdiges Interesse geltend gemacht, so ist dem Antrag eine Kopie der Geburtsurkunde oder eines gültigen amtlichen Ausweises im Sinne von § 3 Abs. 2 Nr. 1a TrEinV, der das Geburtsdatum erkennen lässt, beizufügen. Im Rahmen der auch in diesem Fall erforderlichen Güterabwägung wird berücksichtigt, ob der Minderjähre selbst am Geschäftsverkehr des Unternehmens aktiv beteiligt ist oder das Unternehmen selbst gegründet hat.[42]

51 Wird der Antrag mit Geschäftsunfähigkeit begründet, so bedarf es ebenfalls eines entsprechenden Nachweises. Entscheidend soll dann sein, ob die Geschäftsunfähigkeit vollständig oder partiell besteht und die Vermögensfürsorge betrifft.[43]

---

41 Vgl. Begründung des Bundesministeriums der Finanzen zur TrEinV zu § 12 Abs. 2 TrEinV auf Seite 6 der Begründung.
42 Vgl. Begründung des Bundesministeriums der Finanzen zur TrEinV zu § 12 Abs. 2 TrEinV auf Seite 6 der Begründung.
43 Vgl. Begründung des Bundesministeriums der Finanzen zur TrEinV zu § 12 Abs. 2 TrEinV auf Seite 6 der Begründung.

III. Beschränkung der Einsichtnahme in das Transparenzregister § 23 GwG

3. Ausschluss des schutzwürdigen Interesses (§ 23 Abs. 2 Satz 3 GwG)

§ 23 Abs. 2 Satz 3 GwG bestimmt, wann kein schutzwürdiges Interesse eines wirtschaftlich Berechtigten vorliegt. Dies ist immer dann der Fall, wenn sich die Angaben (gemeint sind die Angaben über den wirtschaftliche Berechtigten gem. § 19 Abs. 1 Nr. 1–4 GwG) bereits aus anderen öffentlichen Registern ergeben. 52

4. Ausschluss der Beschränkung der Einsichtnahme (§ 23 Abs. 2 Satz 4 GwG)

Zwar können wirtschaftlich Berechtigte eine Beschränkung der Einsichtnahme in das Transparenzregister bei der registerführenden Stelle beantragen, doch wirkt eine „Einsichtssperre" nicht gegenüber jedermann. So kann die Einsichtnahme nicht gegenüber den in § 23 Abs. 1 Satz 1 Nr. 1 GwG aufgeführten Behörden, Verpflichteten nach § 2 Abs. 1 Nr. 1 bis 3 (Finanzinstitute und Kreditinstitute im Sinne des § 1 Abs. 1 bzw. 1a KWG mit diversen Ausnahmen sowie Zahlungsinstitute) und gegenüber Notaren beschränkt werden. Im Hinblick auf Finanz-/Kreditinstitute und Notare gehen Gesetzesbegründung und Richtlinie davon aus, dass diese mit den eingesehenen Daten verantwortungsvoll umgehen.[44] 53

In der bisherigen Literatur zur „Einsichtssperre" nach neuem Recht ist man nachvollziehbarer Weise der Auffassung, dass § 23 Abs. 2 Satz 4 GwG unter teleologischen Gesichtspunkten nur auf **Notare** verweisen soll, die Verpflichtete im Sinne des § 2 Abs. 1 Nr. 10 GwG sind, also einer der dort genannten **berufsspezifischen Tätigkeiten** nachgehen und die die Einsichtnahme in das Register grundsätzlich im Rahmen ihrer geldwäscherechtlichen Sorgfaltspflichten nach § 10 GwG vornehmen.[45] Gesetzessystematisch ist dieser Ansatz überzeugend. Nicht umsonst sind in § 2 Abs. 1 Nr. 10 GwG die für Notare geldwäscherechtlich relevanten Geschäftstätigkeiten aufgezählt. Es scheint wohl kaum beabsichtigt, Notaren zwecks allgemeiner Berufsausübung die uneingeschränkte Einsichtnahme in die gespeicherten Angaben zu gewähren, ohne dass sie überhaupt mit geldwäscherechtlich relevanten Mandaten betraut sind. Ein Notar, der regelmäßig Eheverträge aufsetzt, sollte aus geldwäscherechtlichen Aspekten heraus keinen Einblick in das Transparenzregister benötigen. Das Beispiel zeigt aber, dass schon für die inhaltliche Gestaltung ein Zugriff auf das Register nützlich sein könnte. Dafür ist das Transparenzregister aber nicht konzipiert. Folglich wäre eine Begrenzung auf Notare im Sinne des § 2 Abs. 1 Nr. 10 GwG nach der systematischen Auslegung denkbar. Gleichwohl sind jedoch auch Notare, die nicht primär geldwäschespezifischen Tätigkeiten nachgehen, selbstverständlich 54

---

44 BR-Drs. 18/11555 v. 17.3.2017, Begr. zu § 23 Abs. GwG, S. 133.
45 *Krais*, CCZ 2017, 98, 106.

zu einem verantwortlichen Umgang mit den eingesehenen Daten in der Lage, sodass den wirtschaftlich Berechtigten ein ausreichender Schutz zukommt. Angesichts des Wortlauts der Vorschrift, die den Notar in allgemeiner Tätigkeit nennt und nicht auf Notare beschränkt, die an den in § 2 Abs. 1 Nr. 10 GwG bezeichneten Geschäften mitwirken, wäre ein weites Verständnis des Notarbegriffes u. E. vertretbar. Um datenschutzrechtliche Bedenken auszuräumen, sollte der Notar sich in nicht-geldwäscherechtlich verankerten Zugriffen das vorherige Einverständnis der datenschutzrechtlich Betroffenen geben lassen.

IV. Online-Registrierung (§ 23 Abs. 3 GwG)

55 Mit § 23 Abs. 3 GwG hat der deutsche Gesetzgeber von der Möglichkeit in Art. 30 Abs. 5 letzter Unterabs. der 4. EU-Geldwäscherichtlinie Gebrauch gemacht. Die Einsichtnahme in das Transparenzregister ist nur nach vorheriger Online-Registrierung des Nutzers vorgesehen und kann zum Zwecke der Kontrolle, wer Einsicht genommen hat, protokolliert werden.

56 Die Voraussetzung zur Online-Registrierung soll dazu dienen, Personen leichter zu ermitteln, die das Transparenzregister nutzen. Der Grund für die **Identifizierung der Registernutzer** liegt in den unterschiedlichen Bedingungen, die an die Einsichtnahme der jeweiligen Personengruppen zu stellen sind (gestaffelter Registerzugang). Gleichzeitig ist die Nutzerregistrierung geeignet, missbräuchlichen Einsichtnahmen oder missbräuchlicher Verwendung der Daten entgegenzuwirken. Zudem wird mit der Online-Registrierung sichergestellt, dass die Gebühren für die Einsichtnahme vollständig erhoben werden können. Die Protokollierung der Einsichtnahmen kann bei Bestreiten der Gebührenforderung gleichzeitig als Beweismittel herangezogen werden,[46] vgl. auch § 11 TrEinV. Die Sicherung des Gebührenaufkommens scheint wohl der Hauptzweck des § 23 Abs. 3 GwG zu sein.[47]

57 Die Einzelheiten der Registrierung ergeben sich aus §§ 2–4 TrEinV. Erforderlich sind zunächst eine gültige E-Mail-Adresse sowie die Vergabe eines Passwortes. Im Anschluss erfolgt eine Identifizierung, typischerweise anhand amtlicher Ausweise oder anderer amtlicher Dokumente. Die übermittelten Daten werden von der registerführenden Stelle zwei Jahre nach deren Übermittlung gelöscht. Etwaige Änderungen der Registrierungsdaten sind vom Nutzer unverzüglich anzugeben.

58 Einzelheiten zur Protokollierung der Einsichtnahme ergeben sich aus § 10 TrEinV. Gespeichert werden demnach die Nutzerkennung sowie die abgerufenen

---

46 BT-Drs. 18/11555 v. 17.3.2017, Begr. zu § 23 Abs. 3 GwG, S. 133.
47 *Krais*, CCZ 2017, 98, 105.

Informationen mit Datum und Uhrzeit des Abrufs. Diese Daten werden ebenfalls nach zwei Jahren gelöscht.

V. Keine Suche nach natürlichen Personen (§ 23 Abs. 4 GwG)

§ 23 Abs. 4 GwG kommt eine klarstellende Funktion zu, denn das Transparenzregister erlaubt die Suche nach Vereinigungen nach § 20 Abs. 1 Satz 1 GwG und Rechtsgestaltungen nach § 21 GwG über alle eingestellten Daten sowie sämtliche Indexdaten. Eine gezielte Suche nach wirtschaftlich Berechtigten (d. h. nach natürlichen Personen) ist ausgeschlossen. 59

VI. Verordnungsermächtigung bezüglich der Einzelheiten der Einsichtnahme (§ 23 Abs. 5 GwG)

Gem. § 23 Abs. 5 GwG wird das BMF ermächtigt, mittels Rechtsverordnung die Einzelheiten der Einsichtnahme, der vorherigen Online-Registrierung, der Zugriffsprotokollierung und der Löschungsfrist für die protokollierten Daten zu bestimmen. Zudem können durch die Rechtsverordnung die Darlegungslasten für die Verpflichteten (§ 23 Abs. 1 Nr. 2 GwG) und für Personen mit berechtigtem Interesse (§ 23 Abs. 1 Nr. 3 GwG) in den Fällen des § 23 Abs. 1 GwG sowie für den Antrag auf Beschränkung der Einsichtnahme gem. § 23 Abs. 2 GwG geregelt werden. Einer Zustimmung des Bundesrates bedarf es nicht. Das BMF hat mit der Transparenzregistereinsichtnahmeverordnung vom 19.12.2017 (BGBl. I, S. 3984) von der Ermächtigung Gebrauch gemacht. 60

§ 24 Gebühren und Auslagen, Verordnungsermächtigung

(1) Für die Führung des Transparenzregisters erhebt die registerführende Stelle von Vereinigungen nach § 20 und von Rechtsgestaltungen nach § 21 Gebühren.

(2) Für die Einsichtnahme in die dem Transparenzregister nach § 20 Absatz 1 und § 21 mitgeteilten Daten erhebt die registerführende Stelle zur Deckung des Verwaltungsaufwands Gebühren und Auslagen. Dasselbe gilt für die Erstellung von Ausdrucken, Bestätigungen und Beglaubigungen nach § 18 Absatz 4. § 7 Nummer 2 und 3 des Bundesgebührengesetzes ist nicht anwendbar. Für Behörden gilt § 8 des Bundesgebührengesetzes.

(3) Das Bundesministerium der Finanzen wird ermächtigt, durch Rechtsverordnung, die nicht der Zustimmung des Bundesrates bedarf, Einzelheiten zu Folgendem näher zu regeln:
1. die gebührenpflichtigen Tatbestände,
2. die Gebührenschuldner,
3. die Gebührensätze nach festen Sätzen oder als Rahmengebühren und
4. die Auslagenerstattung.

Schrifttum: *Tipke/Lang*, Steuerrecht, 22. Aufl. 2015.

Übersicht

	Rn.		Rn.
I. Einleitung	1	1. Gebühren und Auslagen für die Einsichtnahme in das Transparenzregister (§ 24 Abs. 2 Satz 1 GwG)	15
1. Gesetzessystematik des § 24 GwG	2		
2. § 24 GwG im Gesetzgebungsverfahren	5	2. „Deckung des Verwaltungsaufwands" (§ 24 Abs. 2 Satz 1 GwG)	16
II. Gebührenerhebung für die Führung des Transparenzregisters (§ 24 Abs. 1 GwG)	8		
III. Gebühren und Auslagen (§ 24 Abs. 2 GwG)	15	IV. Verordnungsermächtigung bezüglich weiterer Einzelheiten (§ 24 Abs. 3 Nr. 1–4 GwG)	18

I. Einleitung

1 § 24 GwG ist mit „Gebühren und Auslagen" überschrieben und bildet die Grundlage für die **„Finanzierung des Transparenzregisters"**. Adressaten der Gebührenpflicht sind demnach Vereinigungen nach § 20 Abs. 1 Satz 1 GwG (ju-

I. Einleitung **§ 24 GwG**

ristische Personen des Privatrechts und eingetragene Personengesellschaften) und Rechtsgestaltungen nach § 21 Abs. 1 Satz 1 GwG sowie jene, die das Register einsehen, § 24 Abs. 2 GwG i. V. m. § 23 Abs. 1 Nr. 1–3 GwG. § 24 GwG unterscheidet in seinem sachlichen Anwendungsbereich zwischen der Führung des Transparenzregisters und der Einsichtnahme in das Transparenzregister. Neben der Ausformung der Gebührentatbestände sind weitere Einzelheiten durch eine Rechtsverordnung des BMF geregelt, vgl. Rn. 4 zur Transparenzregistergebührenverordnung (TrGebV). Die Vorschrift stellt die **Rechtsgrundlage für die Erhebung von Gebühren** und Auslagen im Hinblick auf die Nutzung des Transparenzregisters dar. Grundsätzlich sind diese gem. Art. 30 Abs. 5 a. E. der 4. EU-Geldwäscherichtlinie auf den tatsächlich anfallenden Verwaltungsaufwand der registerführenden Stelle begrenzt.[1]

1. Gesetzessystematik des § 24 GwG

Die Vorschrift gliedert sich in drei Absätze. § 24 Abs. 1 i.V.m. § 25 Abs. 5 GwG erlaubt die Gebührenerhebung durch die registerführende Stelle für die bloße Führung des Transparenzregisters. 2

§ 24 Abs. 2 GwG regelt die Gebühren- und Auslagenerhebung für die Bereitstellung der Daten, also die Kosten, die bei der Einsichtnahme in die im Transparenzregister verfügbaren Angaben entstehen. Dies umfasst neben der bloßen Einsichtnahme in das Transparenzregister, die Erstellung von Ausdrucken, die Bestätigung und die Beglaubigung im Sinne des § 18 Abs. 4 GwG. Es findet insofern eine Unterscheidung zwischen der Gebührenerhebung zu Zwecken der Führung des Registers (Abs. 1) und der tatsächlichen Inanspruchnahme (Abs. 2) der hinterlegten Datensätze statt. Behörden sind hinsichtlich der Inanspruchnahme des Registers aufgrund des § 24 Abs. 2 Satz 4 GwG, der auf § 8 BGebG (Bundesgebührengesetz) verweist, von der Gebührenpflicht befreit. 3

§ 24 Abs. 3 GwG stellt eine Ermächtigungsgrundlage für den Erlass einer Rechtsverordnung durch das BMF dar, die nicht der Zustimmung des Bundesrates bedarf. Diese regelt Einzelheiten hinsichtlich der gebührenpflichtigen Tatbestände, der Gebührenschuldner, der Gebührensätze und der Auslagenerstattung. In dieser Hinsicht besteht eine Parallele zu anderen elektronisch geführten Registern, wie dem Handelsregister, Unternehmensregister, Genossenschaftsregister und Vereinsregister. Die Gebühren- und Auslagentatbestände sowie deren Höhe sind ebenfalls im Nachgang konkretisiert worden, allerdings dort durch 4

---

[1] Vgl. Art. 30 Abs. 5 a. E. 4. EU-Geldwäscherichtlinie: „Die für den Erhalt der Angaben erhobenen Gebühren dürfen nicht über die dadurch verursachten Verwaltungskosten hinausgehen."

GwG § 24   Gebühren und Auslagen, Verordnungsermächtigung

ein Bundesgesetz.[2] Von der Verordnungsermächtigung des § 24 Abs. 3 GwG hat das BMF am 19.12.2017 Gebrauch gemacht.[3]

2. § 24 GwG im Gesetzgebungsverfahren

5   § 24 des Gesetzentwurfs zum GwG vom 17.3.2017 enthielt bereits wie § 24 GwG n. F. eine eigenständige Vorschrift zur Regelung der Gebühren- und Auslagenlast für die Führung des Transparenzregisters und die Nutzung mitgeteilter/übermittelter Daten sowie die Inanspruchnahme weiterer Leistungen der registerführenden Stelle. Der vorausgegangene Referentenentwurf des BMF vom 15.12.2016 hingegen enthielt in § 20 Abs. 1 Satz 3 GwG-RefE lediglich eine Regelung zur Gebühren- und Auslagenpflicht für die Einsichtnahme in das Register.

6   Mit der jetzt vorliegenden Fassung des § 24 GwG wurde schließlich eine umfassende Vorschrift aufgenommen, welche sich ausschließlich den Gebühren und Auslagen annimmt. Insofern werden die gebühren- und auslagepflichtigen Tatbestände, Gebühren- und Auslagensätze und das „**Finanzierungsziel**" differenzierter dargestellt als zuvor im Referentenentwurf des BMF.

7   Hinzugekommen sind Gebührentatbestände für die Erstellung von Ausdrucken, Bestätigungen und Beglaubigungen nach § 18 Abs. 4 GwG, § 24 Abs. 2 Satz 2 GwG. Hierdurch bringt der Gesetzgeber seinen Willen zum Ausdruck, das Transparenzregister für den Staat „kostenneutral" zu errichten und zu unterhalten; die Gebühren und Auslagen sollen dazu dienen, eine „**Deckung des Verwaltungsaufwands**" zu sichern.

II. Gebührenerhebung für die Führung des Transparenzregisters (§ 24 Abs. 1 GwG)

8   Nach § 24 Abs. 1 GwG erhebt die registerführende Stelle von Vereinigungen nach § 20 Abs. 1 GwG und von Rechtsgestaltungen nach § 21 GwG für **die Führung des Transparenzregisters** Gebühren. Die Gebühren sind demnach zu zahlen von juristischen Personen des Privatrechts, eingetragenen Personengesell-

---

2 Vgl. Gesetz über Kosten in Angelegenheiten der Justizverwaltung (Justizverwaltungskostengesetz – JVKostG) vom 23.7.2013, BGBl. I, S. 2586, 2655, insbesondere die Anlage: Kostenverzeichnis Nr. 1120-1124 für das Unternehmensregister und Nr. 1140–1141 für den Abruf von Daten in Handels-, Partnerschafts-, Genossenschafts- und Vereinsregisterangelegenheiten.
3 Besondere Gebührenverordnung des Bundesministeriums der Finanzen zum Transpaenzregister (Transparenzregistergebührenverordnung – TrGebV) vom 19.12.2017, BGBl. I, S. 3982, 3983.

II. Gebührenerhebung für die Führung des Transparenzregisters § 24 GwG

schaften, Verwaltern von Trusts und Treuhändern nicht rechtsfähiger, eigennütziger Stiftungen sowie ähnlichen Rechtsgestaltungen.

Die europarechtlichen Vorgaben der 4. EU-Geldwäscherichtlinie sehen keine Gebühr für das bloße Führen des Transparenzregisters vor, schließen eine solche aber auch nicht explizit aus. Das „Wie" einer Richtlinienumsetzung steht den Mitgliedstaaten frei, weshalb die Erhebung einer Gebühr für das Führen des Registers grundsätzlich nicht zu beanstanden ist. **9**

Gleichwohl erscheint der Begriff einer „**Gebühr**" recht weitgehend. Eine Gebühr wird gem. § 1 Bundesgebührengesetz (BGebG) als Gegenleistung für eine „individuell zurechenbare öffentliche Leistung" erhoben. Eine solche öffentliche Leistung liegt gem. § 3 Abs. 1 BGebG u.a. in der „Ermöglichung der Inanspruchnahme von vom Bund oder von bundesunmittelbaren Körperschaften [...] unterhaltenen Einrichtungen und Anlagen, soweit die Ermöglichung der Inanspruchnahme öffentlich-rechtlich geregelt ist." Zwar soll das Transparenzregister vgl. § 25 Abs. 1 GwG von einer juristischen Person des Privatrechts unterhalten werden, jedoch aufgrund vorheriger Beleihung durch das BMF. Fraglich bleibt allerdings, inwiefern diese öffentliche Leistung auch individuell zurechenbar im Sinne von § 3 Abs. 2 BGebG ist. Insbesondere im Falle einer „Nichtmeldung" im Sinne von § 20 Abs. 2 GwG ist die Leistung nicht beantragt oder sonst willentlich in Anspruch genommen, nicht durch den von der Leistung Betroffenen veranlasst und es ist auch kein Anknüpfungspunkt im Pflichtenkreis des von der Leistung Betroffenen rechtlich begründet, vgl. § 3 Abs. 2 Nr. 1, 3, 4 BGebG. **10**

Die Gesetzesbegründung lautet an dieser Stelle, das Führen des Transparenzregisters sei eine individuell zurechenbare öffentliche Leistung, und zwar selbst dann, wenn die Meldepflicht für Vereinigungen gem. § 20 Abs. 2 GwG als bereits erfüllt gilt.[4] Denn auch in solchen Fällen gewährleiste das Transparenzregister den Zugang zu Informationen über wirtschaftlich Berechtigte, trage daher zur Erhöhung der Transparenz bei und mindere das Missbrauchsrisiko der Gesellschaft. Gerade die Tatsache, dass keine separate Eintragung im Transparenzregister aufgrund einer Mitteilung erfolgt sei, zeige, dass sich im konkreten Fall die Stellung des wirtschaftlich Berechtigten aus der Gesellschafter- oder Geschäftsführerstellung ergebe.[5] Die Leistung werde demnach im Sinne von § 3 Abs. 2 Nr. 2 BGebG „zugunsten des von der Leistung Betroffenen erbracht". Dies ist nachvollziehbar für jene Vereinigungen, die tatsächlich eine Eintragung **11**

---
[4] BT-Drs. 18/11555 v. 17.3.2017, Begr. zu § 24 Abs. 1 GwG, S. 134. Die Jahresgebühr von zur Zeit 2,5 EUR soll nach der Website des Bundesverwaltungsamts auch geschuldet sein, wenn keine „originäre" Transparenzregisterbekanntmachung erfolgt, www.bva.bund.de unter Transparenzregister, FAQ, Gebühren, zuletzt abgerufen am 19.2.2018.
[5] BT-Drs. 18/11555 v. 17.3.2017, Begr. zu § 24 Abs. 1 GwG, S. 134.

GwG § 24 Gebühren und Auslagen, Verordnungsermächtigung

vornehmen lassen; das Transparenzregister dürfte für diese den Rechtsverkehr erleichtern, weshalb eine Gebühr für dessen Führung in diesem Fall gerechtfertigt sein sollte.

12 Demnach überzeugt die Gesetzesbegründung nicht, die **pauschale Erhebung von Gebühren** unabhängig vom tatsächlich anfallenden Aufwand zu rechtfertigen: In den Fällen, in denen die erforderlichen Daten zu den wirtschaftlich Berechtigten bereits im Sinne des § 20 Abs. 2 GwG erfasst sind, wird die Gebührenpauschale eine zusätzliche Kostenbelastung für die betroffenen Vereinigungen darstellen, weil für die (inhaltsgleiche) Eintragung in andere Register bereits eine Gebühr erhoben wurde.[6]

13 Für die Gebührenpflicht aller transparenzregisterpflichtigen Gesellschaften spricht der Aspekt des Transparenzregisters. Beabsichtigt ist gem. § 26 GwG die Vernetzung der einzelnen nationalen EU-Transparenzregister zu einem einheitlichen „europäischen Transparenzregister". Die Teilnahme an einem derartigen (umfänglichen) Register erfordert zunächst einmal zwingend die Zusammenführung aller auf nationaler Ebene bereits bestehenden Register, ggf. wie im vorliegenden Fall dadurch verwirklicht, dass ein Register auf bestehende Register zugreift. Sodann ergibt sich durch das beabsichtigte europäische Transparenzregister, auch für Vereinigungen i. S. d. § 20 Abs. 2 GwG, ein deutlicher Mehrwert, der geeignet ist, das bloße Führen des Transparenzregisters als individuell zurechenbare öffentliche Leistung zu qualifizieren: Hierdurch werden die betroffenen Vereinigungen für etwaige Geschäftspartner europaweit geldwäscherechtlich „erfassbar", weshalb diese möglicherweise eher bereit sein werden, eine Geschäftsbeziehung mit ihnen zu begründen.

14 Wolle man dieser Argumentation nicht folgen und in dem bloßen Führen des Transparenzregisters keine individuell zurechenbare öffentliche Leistung erkennen, so stellt sich die Frage, ob es sich bei der vermeintlichen Gebühr nicht womöglich um eine Steuer handelt. Steuern sind Geldleistungen, die **nicht eine Gegenleistung für eine besondere Leistung** darstellen und von einem öffentlich-rechtlichen Gemeinwesen zur Erzielung von Einnahmen allen auferlegt werden, bei denen der Tatbestand zutrifft, an den das Gesetz die Leistungspflicht knüpft; die Erzielung von Einnahmen kann Nebenzweck sein, vgl. § 3 Abs. 1 AO. Von der Gebühr unterscheidet sich die Steuer somit gerade durch die fehlende Verknüpfung mit einer individuell zurechenbaren Gegenleistung des öffentlich-rechtlichen Gemeinwesens.[7] Einer Steuer hingegen würde es im vorliegenden Fall an einer entsprechenden Rechtsgrundlage fehlen.

---

[6] DK-Stellungnahme zum Regierungsentwurf vom 22.2.2017 für ein Umsetzungsgesetz zur 4. EU-Geldwäscherichtlinie, S. 18.
[7] Vgl. *Seer*, in: Tipke/Lange, Steuerrecht, S. 42, Rn. 20.

III. Gebühren und Auslagen (§ 24 Abs. 2 GwG)

1. Gebühren und Auslagen für die Einsichtnahme in das Transparenzregister (§ 24 Abs. 2 Satz 1 GwG)

Mit § 24 Abs. 2 GwG macht der deutsche Gesetzgeber von der durch die 4. EU-Geldwäscherichtlinie ausdrücklich eingeräumten Möglichkeit Gebrauch, Gebühr und Auslagen für den Erhalt der Angabe zu den wirtschaftlich Berechtigten zu erheben.[8] Hierzu nennt § 24 Abs. 2 Satz 1 und 2 GwG vier Tatbestände, die eine Gebührenpflicht begründen. Die registerführende Stelle erhebt Gebühren für die Einsichtnahme in das Transparenzregister, die Erstellung von Ausdrucken, Bestätigungen und Beglaubigungen nach § 18 Abs. 4 GwG. Die sachliche Gebührenfreiheit gem. § 7 Nr. 2a und Nr. 3 BGebG (Bundesgebührengesetz), derzufolge für „einfache Auskünfte" aus Registern und Dateien (Nr. 2) und für einfache elektronische Kopien (Nr. 3) keine Gebühren erhoben werden, ist gem. § 24 Abs. 2 Satz 3 GwG ausgeschlossen. Diese Aufzählung muss jedoch nicht zwingend als abschließend betrachtet werden, vgl. § 24 Abs. 3 Nr. 1 GwG.

15

2. „Deckung des Verwaltungsaufwands" (§ 24 Abs. 2 Satz 1 GwG)

Nach § 24 Abs. 2 Satz 1 GwG sind die Gebühren „zur Deckung des Verwaltungsaufwands" zu erheben. Die Norm ist mithin Ausdruck des Bestrebens, das Transparenzregister für den Staat bzw. der nach § 25 GwG beliehenen registerführenden Stelle **kostenneutral** zu gestalten. Damit wird der in der 4. EU-Geldwäscherichtlinie vorgegebenen Begrenzung der zu erhebenden Gebühren, die nicht über die verursachten Verwaltungskosten hinausgehen dürfen, entsprochen.[9] Die Formulierung „Deckung des Verwaltungsaufwands" legt somit zugleich das Minimum und Maximum der Gebührenerhebung fest.

16

Behörden hingegen sind gem. § 24 Abs. 2 Satz 4 GwG i.V.m. § 8 BGebG von der Zahlung einer Gebühr für die Einsichtnahme befreit.

17

IV. Verordnungsermächtigung bezüglich weiterer Einzelheiten (§ 24 Abs. 3 Nr. 1–4 GwG)

Nach § 24 Abs. 3 Nr. 1 bis 4 GwG wird das BMF ermächtigt, durch Rechtsverordnung, die nicht der Zustimmung des Bundesrates bedarf, Einzelheiten bezüglich der Gebühren und Auslagen näher zu regeln. Von der Verordnungsermächtigung erfasst sind die gebührenpflichtigen Tatbestände (Nr. 1), die Gebühren-

18

---

8 Art. 30 Abs. 5 4. EU-Geldwäscherichtlinie: „[...] der Zugang zu den Angaben zu den wirtschaftlichen Eigentümern [...] kann der Zahlung einer Gebühr unterliegen."
9 Vgl. Art. 30 Abs. 5 4. EU-Geldwäscherichtlinie.

GwG § 24 Gebühren und Auslagen, Verordnungsermächtigung

schuldner (Nr. 2), die Gebührensätze nach festen Sätzen oder als Rahmengebühren (Nr. 3) und die Auslagenerstattung (Nr. 4). Von der Verordnungsermächtigung des § 24 Abs. 3 GwG hat das BMF am 19.12.2017 Gebrauch gemacht.[10] Aus der Anlage der TrGebV ergibt eine jährliche Gebühr i. H. v. 2,50 EUR für das **Führen** des Transparenzregisters,[11] eine Gebühr für die **Einsichtnahme** i. H. v. 4,50 EUR pro abgerufenem Dokument und eine **zusätzliche** Gebühr i. H. v. 7,50 EUR für jeden durch die registerführende Stelle erstellten und postalisch verschickten Ausdruck. Soll dieser zudem beglaubigt werden, so fällt **zusätzlich** zur Einsichtnahmegebühr (4,50 EUR) lediglich die Beglaubigungsgebühr nach § 12 Abs. 1 der Allgemeinen Gebührenordnung i. H. v. 10,30 EUR je Beglaubigungsvermerk an. Verweist das Transparenzregister auf andere Register, so fällt für die Einsichtnahme in das andere Register keine weitere Gebühr an. Bestehen keine Eintragungen, so erhält der Einsichtnehmende eine entsprechende elektronische Bestätigung i. S. d. § 18 Abs. 4 Satz 1 GwG.

---

10 Vgl. Besondere Gebührenverordnung des Bundesministeriums der Finanzen zum Transparenzregister (Transparenzregistergebührenverordnung (TrGebV) vom 19.12.2017, BGBl. I, S. 3982, 3983.
11 Für 2017 fällt nur eine halbe Gebühr an.

§ 25 Übertragung der Führung des Transparenzregisters, Verordnungsermächtigung

(1) Das Bundesministerium der Finanzen wird ermächtigt, durch Rechtsverordnung, die nicht der Zustimmung des Bundesrates bedarf, eine juristische Person des Privatrechts mit den Aufgaben der registerführenden Stelle und mit den hierfür erforderlichen Befugnissen zu beleihen.

(2) Eine juristische Person des Privatrechts darf nur beliehen werden, wenn sie die Gewähr für die ordnungsgemäße Erfüllung der ihr übertragenen Aufgaben, insbesondere für den langfristigen und sicheren Betrieb des Transparenzregisters, bietet. Sie bietet die notwendige Gewähr, wenn
1. die natürlichen Personen, die nach Gesetz, dem Gesellschaftsvertrag oder der Satzung die Geschäftsführung und Vertretung ausüben, zuverlässig und fachlich geeignet sind,
2. sie grundlegende Erfahrungen mit der Zugänglichmachung von registerrechtlichen Informationen, insbesondere von Handelsregisterdaten, Gesellschaftsbekanntmachungen und kapitalmarktrechtlichen Informationen, hat,
3. sie die zur Erfüllung ihrer Aufgaben notwendige Organisation sowie technische und finanzielle Ausstattung hat und
4. sie sicherstellt, dass sie die Vorschriften zum Schutz personenbezogener Daten einhält.

(3) Die Dauer der Beleihung ist zu befristen. Sie soll fünf Jahre nicht unterschreiten. Die Möglichkeit, bei Vorliegen eines wichtigen Grundes die Beleihung vor Ablauf der Frist zu beenden, ist vorzusehen. Haben die Voraussetzungen für die Beleihung nicht vorgelegen oder sind sie nachträglich entfallen, soll die Beleihung jederzeit beendet werden können. Es ist sicherzustellen, dass mit Beendigung der Beleihung dem Bundesministerium der Finanzen oder einer von ihm bestimmten Stelle alle für den ordnungsgemäßen Weiterbetrieb des Transparenzregisters erforderlichen Softwareprogramme und Daten unverzüglich zur Verfügung gestellt werden und die Rechte an diesen Softwareprogrammen und an der für das Transparenzregister genutzten Internetadresse übertragen werden.

(4) Der Beliehene ist berechtigt, das kleine Bundessiegel zu führen. Es wird vom Bundesministerium der Finanzen zur Verfügung gestellt. Das kleine Bundessiegel darf ausschließlich zur Beglaubigung von Ausdrucken aus dem Transparenzregister und Bestätigungen nach § 18 Absatz 4 genutzt werden.

(5) Der Beliehene ist befugt, die Gebühren nach § 24 zu erheben. Das Gebührenaufkommen steht ihm zu. In der Rechtsverordnung kann das Bun-

desministerium der Finanzen die Vollstreckung der Gebührenbescheide dem Beliehenen übertragen.

(6) Der Beliehene untersteht der Rechts- und Fachaufsicht durch das Bundesverwaltungsamt. Das Bundesverwaltungsamt kann sich zur Wahrnehmung seiner Aufsichtstätigkeit jederzeit über die Angelegenheiten des Beliehenen unterrichten, insbesondere durch Einholung von Auskünften und Berichten sowie durch das Verlangen nach Vorlage von Aufzeichnungen aller Art, rechtswidrige Maßnahmen beanstanden sowie entsprechende Abhilfe verlangen. Der Beliehene ist verpflichtet, den Weisungen des Bundesverwaltungsamts nachzukommen. Dieses kann, wenn der Beliehene den Weisungen nicht oder nicht fristgerecht nachkommt, die erforderlichen Maßnahmen an Stelle und auf Kosten des Beliehenen selbst durchführen oder durch einen anderen durchführen lassen. Die Bediensteten und sonstigen Beauftragten des Bundesverwaltungsamts sind befugt, zu den Betriebs- und Geschäftszeiten Betriebsstätten, Geschäfts- und Betriebsräume des Beliehenen zu betreten, zu besichtigen und zu prüfen, soweit dies zur Erfüllung ihrer Aufgaben erforderlich ist. Gegenstände oder geschäftliche Unterlagen können im erforderlichen Umfang eingesehen und in Verwahrung genommen werden.

(7) Für den Fall, dass keine juristische Person des Privatrechts beliehen wird, oder für den Fall, dass die Beleihung beendet wird, kann das Bundesministerium der Finanzen die Führung des Transparenzregisters auf eine Bundesoberbehörde in seinem Geschäftsbereich oder im Einvernehmen mit dem zuständigen Bundesministerium auf eine Bundesoberbehörde in dessen Geschäftsbereich übertragen.

Übersicht

	Rn.		Rn.
I. Einleitung	1	V. Kleines Bundessiegel (§ 25 Abs. 4 GwG)	14
1. § 25 GwG im Gesetzgebungsverfahren	2	VI. Gebührenaufkommen und Vollstreckung der Gebührenbescheide (§ 25 Abs. 5 GwG)	16
II. Verordnungsermächtigung – Beleihung einer juristischen Person des Privatrechts (§ 25 Abs. 1 GwG)	4	VII. Rechts- und Fachaufsicht durch das Bundesverwaltungsamt (§ 25 Abs. 6 GwG)	18
III. Personen- und sachbezogene Voraussetzungen für die Auswahl des zu Beleihenden (§ 25 Abs. 2 Nr. 1–4 GwG)	5	VIII. Übertragung der Registerführung auf eine Bundesoberbehörde (§ 25 Abs. 7 GwG)	23
IV. Dauer und Beendigung der Beleihung (§ 25 Abs. 3 GwG)	11		

I. Einleitung

§ 25 GwG bildet die gesetzliche Grundlage für die Übertragung der Führung des Transparenzregisters auf einen privatrechtsförmigen Träger als Beliehenen. Das BMF wird ermächtigt, die hoheitliche Aufgabe zur Registerführung durch eine Rechtsverordnung auf eine juristische Person des Privatrechts zu übertragen. Dies umfasst die Befugnis des Beliehenen zum Aufbau und Betrieb des Registers.[1] Davon hat das BMF durch die Verordnung über die Übertragung der Führung des Transparenzregisters (Transparenzregisterbeleihungsverordnung – TBelV) vom 27.6.2017 (BGBl. I, S. 1938) Gebrauch gemacht und die Bundesanzeiger Verlag GmbH beliehen.

1. § 25 GwG im Gesetzgebungsverfahren

Die gesetzlichen Regelungen zur Übertragung der Führung des Transparenzregisters durch das BMF auf einen privatrechtsförmigen Träger waren bereits im Referentenentwurf des BMF vom 15.12.2016 vorgesehen.

Die Beleihung einer juristischen Person des Privatrechts mit der Führung des Transparenzregisters ist in der 4. EU-Geldwäscherichtlinie selbst nicht vorgesehen. Nach deutschen Verwaltungsrecht ist dies jedenfalls zulässig, sofern die Beleihung durch oder aufgrund eines Gesetzes erfolgt, welches die Befugnisse und Pflichten des Beliehenen festlegt, der Beleihende mindestens die Rechtsaufsicht über den Beliehenen ausübt und es sich nicht um die Erfüllung staatlicher Kernaufgaben handelt. Diese Kriterien sind vorliegend eingehalten.

II. Verordnungsermächtigung – Beleihung einer juristischen Person des Privatrechts (§ 25 Abs. 1 GwG)

§ 25 Abs. 1 GwG sieht eine Verordnungsermächtigung i. S. d. Art. 80 Abs. 1 GG vor. Nach der Gesetzesbegründung der Bundesregierung soll dadurch **privatwirtschaftlicher Sachverstand**, insbesondere im Hinblick auf die erforderlichen elektronischen Informations- und Datenverarbeitungsverfahren sowie eine optisch ansprechende nutzerfreundliche Präsentation und Ausgestaltung der Registersuche, gewährleistet werden.[2] Ferner kommt der Rückgriff auf private Kapazitäten der Bundesverwaltung entlastend zugute.

---

1 BT-Drs. 18/11555 v. 17.3.2017, Begr. zu § 25 Abs. 1 GwG, S. 134; Referentenentwurf des BMF vom 15.12.2016, Begründung zu § 21 Abs. 1 GwG-RefE, S. 139.
2 BT-Drs. 18/11555 v. 17.3.2017, Begr. zu § 25 Abs. 1 GwG, S. 134; so bereits auch: Referentenentwurf des BMF vom 15.12.2016, Begründung zu § 21 Abs. 1 GwG-RefE, S. 139.

III. Personen- und sachbezogene Voraussetzungen für die Auswahl des zu Beleihenden (§ 25 Abs. 2 Nr. 1–4 GwG)

5 § 25 Abs. 2 GwG normiert die Anforderungen und Voraussetzungen, die eine juristische Person des Privatrechts erfüllen muss, um als Beliehener für die Führung des Transparenzregisters in Frage zu kommen. Damit soll sichergestellt sein, dass der Beliehene dazu in der Lage ist, die ihm übertragenen Aufgaben zu bewältigen und insbesondere den notwendigen Anforderungen, wie einer **ausreichenden Organisationsstruktur**, **fachlichen Expertise**, **Erfahrung mit der Zugänglichmachung von registerrechtlichen Informationen** sowie technischen und finanziellen **Ausstattung**, gerecht zu werden. § 25 Abs. 2 Satz 1 GwG sieht hierfür vor, dass eine juristische Person des Privatrechts nur beliehen werden darf, „wenn sie die Gewähr für die ordnungsgemäße Erfüllung der ihr übertragenen Aufgaben, insbesondere für den langfristigen und sicheren Betrieb des Transparenzregisters, bietet". Der zu Beleihende bietet dann die notwendige Gewähr für die ordnungsgemäße Aufgabenerfüllung, wenn die in § 25 Abs. 2 Satz 2 Nr. 1 bis 4 GwG normierten personen- und sachbezogenen Voraussetzungen kumulativ erfüllt sind. Die Anwendung des § 25 Abs. 2 GwG wird sich in der Praxis aufgrund der Vielzahl **unbestimmter Rechtsbegriffe** jedoch äußerst schwierig gestalten. Die Vielzahl unbestimmter Rechtsbegriffe wirkt insofern ermessenserweiternd beim Vergabeverfahren. Vermutlich war von vornherein klar, dass hier an die Bundesanzeiger Verlag GmbH gedacht wurde. Nr. 1 fordert die Zuverlässigkeit und fachliche Eignung der natürlichen Personen, die nach Gesetz, dem Gesellschaftsvertrag oder der Satzung die Geschäftsführung und Vertretung ausüben.

6 § 25 Abs. 2 Satz 2 Nr. 1 GwG sowie sämtliche Vorschriften des Geldwäschegesetzes enthalten allerdings keine Definition des Tatbestandsmerkmals der **Zuverlässigkeit**. In der Rechtsanwendung empfiehlt es sich insofern, an die ständige Rechtsprechung zum § 35 GewO anzuknüpfen. Im gewerberechtlichen Sinne ist demnach unzuverlässig, wer nach dem Gesamteindruck seines Verhaltens keine Gewähr dafür bietet, dass er sein Gewerbe in Zukunft ordnungsgemäß, d. h. entsprechend der gesetzlichen Vorschriften und unter Beachtung der guten Sitten, ausüben wird.[3] Nicht ordnungsgemäß ist die Gewerbeausübung durch eine Person, die nicht willens oder nicht in der Lage ist, die im öffentlichen Interesse zu fordernde einwandfreie Führung des Gewerbes zu gewährleisten. Erforderlich ist weder ein Verschulden im Sinne eines moralischen oder ethischen Vorwurfs, noch ein Charaktermangel.[4]

---

3 BVerwG, 19.3.1970, I C 6.69, GewArch 1971, 200, 201.
4 BVerwG, 27.6.1961, I C 34.60, GewArch 1961, 166; BVerwG, 27.4.1971, I B 7.71, GewArch 1972, 150.

Trotz der von der Rechtsprechung herausgebildeten Definition richtet sich die Bestimmung der Zuverlässigkeit einer natürlichen Person i. S. d. § 25 Abs. 2 Nr. 1 GwG stets nach dem **Einzelfall** und bedarf einer sorgfältigen Überprüfung durch den Rechtsanwender.

Nach Nr. 2 werden von der natürlichen Person grundlegende Erfahrungen mit der Zugänglichmachung von registerrechtlichen Informationen verlangt. Hierzu zählt insbesondere der Umgang mit Handelsregisterdaten, Gesellschaftsbekanntmachungen und kapitalmarktrechtlichen Informationen. Wann jedoch „grundlegende Erfahrungen" angenommen werden können, lässt das Gesetz offen.

Nr. 3 verlangt, dass der zu Beleihende über die zur Erfüllung der übertragenen Aufgaben notwendige Organisation sowie technische und finanzielle Ausstattung verfügt. Der Gesetzgeber verfolgt an dieser Stelle das Ziel, Gesellschaften von der Führung des Transparenzregisters auszuklammern, deren betriebliche Strukturen nicht ausreichend sind, um das Transparenzregister langfristig und sicher zu betreiben.

Nr. 4 erfordert, dass der zu Beleihende sicherstellt, die Vorschriften des Datenschutzgesetzes einzuhalten.

IV. Dauer und Beendigung der Beleihung (§ 25 Abs. 3 GwG)

Nach § 25 Abs. 3 Satz 1 und 2 GwG ist die Dauer der Beleihung zu befristen, wobei fünf Jahre nicht unterschritten werden sollen. Die Wortwahl „[…] soll **fünf Jahre** nicht unterschreiten. […]" eröffnet dem BMF jedoch einen **Ermessensspielraum**. Von diesem hat das BMF Gebrauch gemacht und die Beleihung der Bundesanzeiger Verlag GmbH auf den 31.12.2024 befristet.[5] Nach der Gesetzesbegründung der Bundesregierung soll die vorzusehende Befristung dem BMF den nötigen Handlungsfreiraum geben, um auf eine „effiziente und sichere Registerführung auf hohem Niveau" hinwirken zu können. Der Mindestzeitraum von fünf Jahren soll dem Beliehenen eine ausreichende Sicherheit geben, um die für den Aufbau und Führung des Registers notwendigen Investitionen zu tätigen. Zudem soll so die Kontinuität der Registerführung gewährleistet werden. Im Falle der Beendigung der Beleihung sind sämtliche Registerdaten sowie die für das Transparenzregister genutzten Internetadressen und Softwareprogramme auf das BMF bzw. den nachfolgenden Träger für den ordnungsgemäßen Weiterbetrieb zu übertragen (Satz 4).[6]

---

[5] Vgl. § 1 Satz 2 TBelV vom 27.6.2017.
[6] BT-Drs. 18/11555 v. 17.3.2017, Begr. zu § 25 Abs. 3 GwG, S. 135; Referentenentwurf des BMF vom 15.12.2016, Begr. zu § 21 Abs. 1 GwG-RefE, S. 139.

12 § 25 Abs. 3 Satz 2 GwG stellt klar, dass die Verordnungsermächtigung die Möglichkeit vorsehen soll, die Beleihung bei Vorliegen eines wichtigen Grundes vor Ablauf der Frist beenden zu können. Eine nicht abschließende Aufzählung wichtiger Gründe erfolgt in § 3 Abs. 2 Transparenzregisterbeleihungsverordnung (TBelV) und umfasst z. B. die Überschuldung oder die Eröffnung des Insolvenzverfahrens. Sofern die Voraussetzungen für die Beleihung nicht vorgelegen haben oder nachträglich weggefallen sind, soll die Beleihung jederzeit beendet werden können. Die Beendigung ist in diesen Fällen jedoch nur mit **ex-nunc-Wirkung** möglich.[7]

13 Ob ein bereits Beliehener nach Ende der vorgesehenen Beleihungsfrist erneut mit der Registerführung befasst werden kann oder darf, lässt § 25 GwG – insbesondere dessen Abs. 3 – offen. Die TBelV enthält hierzu ebenfalls keine Angaben.

V. Kleines Bundessiegel (§ 25 Abs. 4 GwG)

14 Gem. § 25 Abs. 4 GwG ist der Beliehene berechtigt, das kleine Bundessiegel zu führen. Das Dienstsiegel wird vom BMF zur Verfügung gestellt und darf ausschließlich zur Beglaubigung von Ausdrucken aus dem Transparenzregister und Bestätigungen nach § 18 Abs. 4 GwG genutzt werden.

15 § 25 Abs. 4 GwG erlaubt eine weitgehende Eingliederung des privaten Rechtsträgers in die öffentliche Verwaltung. Im Hinblick auf die hoheitliche Aufgabenübertragung stehen dem Beliehenen die **gleichen Befugnisse wie** einer **staatlichen Behörde** zu.[8]

VI. Gebührenaufkommen und Vollstreckung der Gebührenbescheide (§ 25 Abs. 5 GwG)

16 Nach § 25 Abs. 5 GwG ist der Beliehene befugt, die Gebühren nach § 24 GwG zu erheben; das Gebührenaufkommen steht dem Beliehenen zur Deckung seines Verwaltungsaufwands zu. Die Gebühren sind folglich nicht an eine staatliche Stelle weiterzuleiten.

17 § 25 Abs. 5 Satz 3 GwG sieht vor, dass das BMF den Beliehenen durch Rechtsverordnung legitimieren kann, Gebührenbescheide zu vollstrecken. Dem BMF wird an dieser Stelle Ermessen eingeräumt, von welchem das BMF in § 2 Abs. 2

---

7 BT-Drs. 18/11555 v. 17.3.2017, Begr. zu § 25 Abs. 3 GwG, S. 135; Referentenentwurf des BMF vom 15.12.2016, Begr. zu § 21 Abs. 1 GwG-E, S. 139.
8 BT-Drs. 18/11555 v. 17.3.2017, Begr. zu § 25 Abs. 4 GwG, S. 135; Referentenentwurf des BMF vom 15.12.2016, Begr. zu § 21 Abs. 2 GwG-RefE, S. 140.

TBelV Gebrauch gemacht, indem es dem Beliehenen die **Vollstreckung der Gebührenbescheide** überträgt.

VII. Rechts- und Fachaufsicht durch das Bundesverwaltungsamt (§ 25 Abs. 6 GwG)

Nach § 25 Abs. 6 GwG untersteht der Beliehene der Rechts- und Fachaufsicht durch das Bundesverwaltungsamt. Zur Wahrnehmung seiner Aufsichtstätigkeit kann das Bundesverwaltungsamt sich zu einem unbestimmten Zeitpunkt über Angelegenheiten des Beliehenen unterrichten, insbesondere durch Einholung von Auskünften und Berichten sowie durch das Verlangen nach Vorlage von Aufzeichnungen aller Art, rechtswidrige Maßnahmen beanstanden sowie entsprechende Abhilfe verlangen. 18

Der Beliehene hat wiederum die Pflicht, den **Weisungen des Bundesverwaltungsamts** nachzukommen. Kommt der Beliehene den ihm auferlegten Weisungen nicht oder nicht fristgerecht nach, können die erforderlichen Maßnahmen an Stelle und auf Kosten des Beliehenen selbst oder durch einen anderen durchgeführt werden. Soweit es zur Erfüllung der Aufgaben erforderlich ist, sind die Bediensteten und sonstigen Beauftragte des Bundesverwaltungsamts befugt, zu den Betriebs- und Geschäftszeiten Betriebsstätten, Geschäfts- und Betriebsräume des Beliehenen zu betreten, zu besichtigen und zu prüfen. Dabei könne Gegenstände und geschäftliche Unterlagen im erforderlichen Umfang eingesehen und in Verwahrung genommen werden. 19

Die Kontrolle des Beliehenen durch den Bund dient der Kompensation der Übertragung von hoheitlichen Aufgaben auf private Rechtsträger. Dementsprechend wird die registerführende Gesellschaft der Rechts- und Fachaufsicht unterstellt. Die Aufsicht dient der **Kontrolle der Recht- und Zweckmäßigkeit** der Handlungen durch den Beliehenen. Zur Ausübung der Aufsichtstätigkeit kann das Bundesverwaltungsamt Informationsrechte, Beanstandungen, Anweisungen und Ersatzvornahmen als Instrumente der Aufsicht heranziehen.[9] 20

Die Berechtigung des Bundesverwaltungsamts, die Geschäftsräume des Beliehenen zu betreten und Gegenstände sowie geschäftliche Unterlagen einzusehen und in Verwahrung zu nehmen, ist erforderlich, weil nur so eine hinreichende Überprüfung der Handlungen des Beliehenen vorgenommen werden kann.[10] 21

---

9 BT-Drs. 18/11555 v. 17.3.2017, Begr. zu § 25 Abs. 6 GwG, S. 135; Referentenentwurf des BMF vom 15.12.2016, Begr. zu § 21 Abs. 3 GwG-E, S. 140.
10 BT-Drs. 18/11555 v. 17.3.2017, Begr. zu § 25 Abs. 6 GwG, S. 135; Referentenentwurf des BMF vom 15.12.2016, Begr. zu § 21 Abs. 3 GwG-E, S. 140.

GwG § 25 Übertragung der Führung des Transparenzregisters

22 Das Bundesverwaltungsamt wird mit der Rechts- und Fachaufsicht betraut, weil es als zentraler Dienstleister des Bundes Verwaltungsaufgaben übernimmt und auf dem Gebiet der Registeraufsicht bereits Erfahrung hat, so etwa mit dem Nationalen Waffenregister und dem Ausländerzentralregister. Gleichzeitig ist das Bundesverwaltungsamt als Aufsichtsbehörde über den Beliehenen die nächsthöhere Behörde im Sinne des § 73 Abs. 1 Satz 2 Nr. 1 VwGO und damit Widerspruchsbehörde gegen Verwaltungsakte des Beliehenen, wie die Ablehnung eines Antrags nach § 23 Abs. 2 GwG.[11]

VIII. Übertragung der Registerführung auf eine Bundesoberbehörde (§ 25 Abs. 7 GwG)

23 § 26 Abs. 7 GwG regelt den Fall, dass keine juristische Person des Privatrechts beliehen wird oder eine bestehende Beleihung (vorzeitig) beendet wird. Das BMF hat die Möglichkeit, die Führung des Transparenzregisters auf eine Bundesoberbehörde in seinem Geschäftsbereich oder im Einvernehmen mit dem zuständigen Bundesministerium auf eine Bundesoberbehörde in dessen Geschäftsbereich zu übertragen. Insofern dient die Vorschrift der „lückenlosen" Registerführung und hat **Auffangcharakter**.

24 Zu den Bundesoberbehörden, die in den Geschäftsbereich des BMF fallen, gehört u. a. die Generalzolldirektion. Diese ist jedoch wegen der Umsetzung der 4. EU-Geldwäscherichtlinie schon für die Errichtung und Leitung der Zentralstelle für Finanztransaktionsuntersuchungen verantwortlich, sodass es ihr an den notwendigen Kapazitäten fehlen dürfte, zusätzlich das Transparenzregister zu führen, nicht zuletzt weil die Zahl abgegebener Verdachtsmeldungen seit zehn Jahren ohne Ausnahme gestiegen ist.[12]

25 Außerdem hat das BMF nach § 25 Abs. 7 GwG die Möglichkeit, die Führung des Registers im Einvernehmen mit dem zuständigen Bundesministerium auf eine Bundesoberbehörde in **dessen** Geschäftsbereich zu übertragen. Unklar ist in diesem Kontext, wer hier das „zuständige" Ministerium sein soll. Gemeint ist wohl, dass die Übertragung auf eine Bundesoberbehörde, die nicht in den Geschäftsbereich des BMF fällt, der Zustimmung des jeweils zuständigen (anderen) Ministeriums erfordert.

---

11 BT-Drs. 18/11555 v. 17.3.2017, Begr. zu § 25 Abs. 6 GwG, S. 135; Referentenentwurf des BMF vom 15.12.2016, Begr. zu § 21 Abs. 3 GwG-E, S. 140.
12 Vgl. http://www.zoll.de/SharedDocs/Aktuelle_Einzelmeldungen/DE/Fachmeldungen/zentralstelle_finanztransaktion.html (zuletzt aufgerufen am: 25.4.2017), 2015 ca. 30.000, 2014 ca. 25.000, 2013 ca. 20.000 abgegebene Verdachtsmeldungen von nach dem Geldwäschegesetz Verpflichteten (unter anderem Banken, andere Finanzdienstleister, Immobilienmakler, Güterhändler).

§ 26 Europäisches System der Registervernetzung, Verordnungsermächtigung

(1) Die in § 22 Absatz 1 Satz 1 aufgeführten Daten sind, soweit sie juristische Personen des Privatrechts, eingetragene Personengesellschaften oder Rechtsgestaltungen nach § 21 betreffen, auch über das Europäische Justizportal zugänglich; § 23 Absatz 1 bis 3 gilt entsprechend. Zur Zugänglichmachung über das Europäische Justizportal übermittelt die registerführende Stelle die dem Transparenzregister nach § 20 Absatz 1 und § 21 mitgeteilten Daten sowie die Indexdaten nach § 22 Absatz 2 an die zentrale Europäische Plattform nach Artikel 4a Absatz 1 der Richtlinie 2009/101/EG des Europäischen Parlaments und des Rates vom 16. September 2009 zur Koordinierung der Schutzbestimmungen, die in den Mitgliedstaaten den Gesellschaften im Sinne des Artikels 48 Absatz 2 des Vertrags im Interesse der Gesellschafter sowie Dritter vorgeschrieben sind, um diese Bestimmungen gleichwertig zu gestalten (ABl. L 258 vom 1.10.2009, S. 11), die zuletzt durch die Richtlinie 2013/24/EU (ABl. L 158 vom 10.6.2013, S. 365) geändert worden ist, soweit die Übermittlung für die Eröffnung eines Zugangs zu den Originaldaten über den Suchdienst auf der Internetseite des Europäischen Justizportals erforderlich ist.

(2) Das Bundesministerium der Finanzen wird im Benehmen mit dem Bundesministerium der Justiz und für Verbraucherschutz ermächtigt, durch Rechtsverordnung, die der Zustimmung des Bundesrates bedarf, die erforderlichen Bestimmungen über die Einzelheiten des elektronischen Datenverkehrs und seiner Abwicklung nach Absatz 1 einschließlich Vorgaben über Datenformate und Zahlungsmodalitäten zu treffen, soweit keine Regelungen in den von der Europäischen Kommission gemäß Artikel 4c der Richtlinie 2009/101/EG erlassenen Durchführungsrechtsakten enthalten sind.

Übersicht

	Rn.		Rn.
I. Einleitung	1	III. Verordnungsermächtigung bezüglich der Einzelheiten für den Datenabruf über das Europäische Justizportal (§ 26 Abs. 2 GwG)	4
II. Vernetzung der Transparenzregister auf europäischer Ebene (§ 26 Abs. 1 GwG)	2		

I. Einleitung

§ 26 GwG führt das **europäische System der Registervernetzung** ein. Damit setzt der deutsche Gesetzgeber Art. 30 Abs. 10 der 4. EU-Geldwäscherichtlinie

1

um. Ziel der Vorschrift ist es, eine europaweite Vernetzung der Transparenzregister der jeweiligen Mitgliedstaaten zu gewährleisten. Den wirtschaftlich Berechtigten soll so die Möglichkeit entzogen werden, ihren Einfluss auf Gesellschaften zu verschleiern, indem sie weitere Gesellschaften oder Trusts in anderen Mitgliedstaaten „zwischenschalten".[1] Dabei soll zwischen den zuständigen Behörden der Mitgliedstaaten ein kontinuierlicher Informationsaustausch bzw. ein gegenseitiges Zurverfügungstellen von benötigten, in den nationalen Registern hinterlegten Daten stattfinden. Dies bietet einerseits einen umfangreicheren „Informationspool" und dient andererseits der Entlastung der Behörden, die zuerst die gespeicherten Daten der anderen Register abfragen können, bevor ein aufwendiges Informationsersuchen oder weitere Nachforschungen angestellt werden. Das europäische System der Registervernetzung hat somit das Potenzial, als Vorbild für eine globale Einführung solcher Register zu dienen.[2]

II. Vernetzung der Transparenzregister auf europäischer Ebene (§ 26 Abs. 1 GwG)

2   § 26 Abs. 1 GwG soll die Vernetzung der Transparenzregister auf europäischer Ebene regeln. So sieht die Europäische Kommission vor, dass eine Vernetzung der Transparenzregister über die zentrale **Europäische Plattform** (hiermit ist das Europäische Justizportal gemeint) erfolgen soll. Die gleiche Plattform wird auch für die Vernetzung der Unternehmensregister genutzt. Die registerführende Stelle soll für den Informationszugang bei der Vernetzung der Transparenzregister die ihr vorliegenden Daten und, soweit die übermittelten Informationen ihr selbst nicht im Original vorliegen, die ihr zur Verfügung gestellten Indexdaten liefern, um über das Transparenzregister den Abruf der Originaldaten gem. § 22 Abs. 1 Satz 1 Nr. 2 bis 8 GwG z. B. aus dem Handels-, Partnerschafts-, Genossenschafts-, Vereins- und Unternehmensregister zu ermöglichen.[3]

3   Auch auf europäischer Seite ist eine technische Lösung, die sich am Vorbild der Indexdatenlieferung zum Transparenzregister orientiert, rechtlich umzusetzen. Dies wird durch die Formulierung „soweit [...] für die Eröffnung eines Zugangs zu den Originaldaten [...] erforderlich" deutlich.[4]

---

1 BT-Drs. 18/11555 v. 17.3.2017, Begr. zu § 26 GwG, S. 135; vgl. 4. EU-Geldwäscherichtlinie, Art. 30 Abs. 10; vgl. FATF Guidance – Transparency and Beneficial Ownership, October 2014, S. 40.
2 Vgl. http://www.bundesfinanzministerium.de/Content/DE/Monatsberichte/2016/04/Inhalte/Kapitel-3-Analysen/3-1-Steuerbetrug-trickreiche-Steuervermeidung-Geldwaesche-bekaempfen.html (zuletzt aufgerufen am 28.3.2017).
3 BT-Drs. 18/11555 v. 17.3.2017, Begr. zu § 26 Abs. 1 GwG, S. 135 f.
4 BT-Drs. 18/11555 v. 17.3.2017, Begr. zu § 26 Abs. 1 GwG, S. 135 f.

III. Verordnungsermächtigung bezüglich der Einzelheiten für den Datenabruf über das Europäische Justizportal (§ 26 Abs. 2 GwG)

Die in § 26 Abs. 2 GwG enthaltene Verordnungsermächtigung zugunsten des BMF ermöglicht es, weitere Detailregelungen für den in § 26 Abs. 1 GwG geregelten Datenabruf für das Europäische Justizportal zu treffen. Hierzu zählen die Einzelheiten des elektronischen Datenverkehrs sowie seiner Abwicklung einschließlich Vorgaben über Datenformate und Zahlungsmodalitäten. Die Rechtsverordnung ist dabei im Benehmen mit dem BMJV zu erlassen, welches für die Vernetzung der Unternehmensregister zuständig ist.[5]

4

---

5 BT-Drs. 18/11555 v. 17.3.2017, Begr. zu § 26 Abs. 2 GwG, S. 136.

Abschnitt 5
Zentralstelle für Finanztransaktionsuntersuchungen

§ 27 Zentrale Meldestelle

(1) Zentrale Meldestelle zur Verhinderung, Aufdeckung und Unterstützung bei der Bekämpfung von Geldwäsche und Terrorismusfinanzierung nach Artikel 32 Absatz 1 der Richtlinie (EU) 2015/849 ist die Zentralstelle für Finanztransaktionsuntersuchungen.

(2) Die Zentralstelle für Finanztransaktionsuntersuchungen ist organisatorisch eigenständig und arbeitet im Rahmen ihrer Aufgaben und Befugnisse fachlich unabhängig.

Übersicht

	Rn.		Rn.
I. Allgemeines	1	III. Organisation und Kompetenzen (§ 27 Abs. 2 GwG)	9
II. Zuständigkeit (§ 27 Abs. 1 GwG)	4	IV. Verpflichtung der Mitgliedstaaten	11

I. Allgemeines

1 Die Regelungen zur Zentralstelle für Finanztransaktionsuntersuchungen in Abschnitt 5 des GwG wurden durch das Gesetz zur Umsetzung der Vierten EU-Geldwäscherichtlinie, zur Ausführung der EU-Geldtransferverordnung und zur Neuorganisation der Zentralstelle für Finanztransaktionsuntersuchungen[1] vom 23.6.2017[2] vollständig überarbeitet.[3] Hintergrund ist, dass die frühere Institution der Zentralstelle für Verdachtsmeldungen gem. § 10 GwG a. F. im Rahmen der Umsetzung der Vierten EU-Geldwäscherichtlinie in die Zentralstelle für Finanztransaktionsuntersuchungen umbenannt, neu organisiert und strukturiert und mit neuen Kompetenzen ausgestattet wurde. Während die Zentralstelle nach § 10 GwG a. F. vormals bei dem Bundeskriminalamt (BKA), und damit dem Geschäftsbereich des Bundesministeriums des Innern unterstellt war, ist die neue Zentralstelle für Finanztransaktionsuntersuchungen nunmehr bei der **Generalzolldirektion** und damit innerhalb der Zuständigkeit des Bundesministeriums

---

1 Nachfolgend auch als „Zentralstelle", „zentrale Meldestelle" oder „FIU" bezeichnet.
2 BGBl. I Nr. 39, S. 1822 ff. (nachfolgend auch bezeichnet als „GwG-Novelle 2017").
3 BT-Drs. 18/11555, S. 114.

I. Allgemeines **§ 27 GwG**

der Finanzen angesiedelt.[4] Die Zentralstelle für Finanztransaktionsuntersuchungen wird auch als FIU (*Financial Intelligence Unit*) bezeichnet. Die vormals bei dem BKA angesiedelte FIU wurde zum 26.6.2017 durch die neue FIU bei der Generalzolldirektion abgelöst.

Überdies haben sich die **Aufgaben und Kompetenzen** der zentralen Meldestelle geändert: Die bislang polizeilich ausgerichtete zentrale Meldestelle wurde als eine administrativ, präventiv handelnde Behörde neu eingerichtet.[5] Ihre Kompetenzen werden durch detaillierte Bestimmungen in §§ 27 ff. GwG geregelt.[6] Vormals waren die Aufgaben der Zentralstelle für Verdachtsmeldungen in § 10 GwG a.F. normiert. Die Schwerpunkte der Tätigkeit der Zentralstelle werden nach dem Willen des Gesetzgebers künftig in der Analyse von verdächtigen Sachverhalten mit Bezug zu Geldwäsche und Terrorismusfinanzierung, der Kommunikation mit den Verpflichteten sowie in der nationalen und internationalen Zusammenarbeit mit anderen Behörden bzw. FIUs liegen.[7] 2

Im GwG werden dazu die Vorgaben der Art. 32 ff. Vierte Geldwäscherichtlinie umgesetzt. Denen liegt insbesondere die **FATF-Empfehlung 29 sowie die ergänzende „Interpretative Note"** (Auslegungshinweis) zur Ausstattung der FIUs zugrunde.[8] Danach sollen die FIUs der Mitgliedstaaten jeweils als nationales Zentrum für den Erhalt und die Analyse von Verdachtsmeldungen und andere, für die Bekämpfung von Geldwäsche und Terrorismusfinanzierung, relevante Informationen eingerichtet werden. Zudem sollen sie in die Lage versetzt werden, bei Bedarf weitere Informationen von Verpflichteten anfordern zu können und zeitnahen Zugang zu Informationen von Finanz-, Verwaltungs- und Strafverfolgungsbehörden zu erhalten. Zudem betont die FATF die Bedeutung der **internationalen und grenzüberschreitenden Kooperation** zwischen den FIUs der Mitgliedstaaten.[9] Überdies hebt die FATF die betriebliche Unabhängigkeit und Autonomie der FIU hervor.[10] Danach soll eine FIU ihre Aufgaben frei ausüben und autonom über die Analyse und ggf. benötigten zusätzlichen Informationen entscheiden. Bestandteil ihrer Unabhängigkeit soll auch sein, dass keine unzulässige Einflussnahme durch Politik, Regierung oder die Industrie genom- 3

---

4 BT-Drs. 18/11555, S. 136.
5 BT-Drs. 18/11555, S. 136.
6 BT-Drs. 18/11555, S. 136.
7 BT-Drs. 18/11555, S. 136.
8 The FATF Recommendations 2012, Updated November 2017, S. 22, 95 ff., http://www.fatf-gafi.org/media/fatf/documents/recommendations/pdfs/FATF%20Recommendations%202012.pdf (zuletzt abgerufen am 25.11.2017) (nachfolgend auch bezeichnet als „FATF-Empfehlungen").
9 FATF-Empfehlungen, S. 22, Rn. 29.
10 FATF-Empfehlungen, S. 97, Rn. 8.

GwG § 27   Zentrale Meldestelle

men werden kann und die FIU selbst über die benötigten Ressourcen und Mittel entscheiden und verfügen kann.[11]

II. Zuständigkeit (§ 27 Abs. 1 GwG)

4   Gem. § 27 Abs. 1 GwG ist die Zentralstelle für Finanztransaktionsuntersuchungen die zentrale Meldestelle zur Verhinderung, Aufdeckung und Unterstützung bei der Bekämpfung von Geldwäsche und Terrorismusfinanzierung nach Ar. 32 Abs. 1 der Richtlinie (EU) 2015/849. Der direkte Verweis des Gesetzeswortlauts auf die Vierte Geldwäscherichtlinie wurde gewählt, da die Zentralstelle für Finanztransaktionsuntersuchungen für Deutschland die Aufgaben der zentralen Meldestelle i. S. d. der Vierten Geldwäscherichtlinie wahrnimmt.[12] Aus diesem Grund ist die Zentralstelle nunmehr **alleiniger Empfänger von Verdachtsmeldungen aller Verpflichteten**. Daher bezeichnet sich die FIU auch selbst als „echte Zentralstelle" im Sinne des neuen GwG.[13] Hiermit soll zum Ausdruck gebracht werden, dass nunmehr sämtliche Verdachtsmeldungen zentral und originär bei der FIU gesammelt werden.

5   Überdies legt § 27 Abs. 1 GwG die Zuständigkeit der zentralen Meldestelle fest. Diese liegt demnach in der **„Verhinderung, Aufdeckung und Unterstützung bei der Bekämpfung von Geldwäsche und Terrorismusfinanzierung"**. Bislang lautete die Zweckbestimmung der Zentralstelle nach § 10 Abs. 1 GwG a. F. auf die „Verhütung und Verfolgung von Geldwäsche und Terrorismusfinanzierung". Der Gesetzgeber wollte durch die Neuformulierung die weitgehende Angleichung der Formulierung an den Wortlaut von Art. 32 Abs. 1 Vierte Geldwäscherichtlinie (EU) 2015/849 erreichen.[14] Eine Änderung in der Sache sei nach dem Willen des Gesetzgebers damit jedoch nicht bezweckt worden.[15]

6   Gemäß Formulierung auf der Homepage Zentralstelle für Finanztransaktionsuntersuchungen ist diese „die nationale Zentralstelle für die **Entgegennahme, Sammlung und Auswertung** von Meldungen über verdächtige Finanztransaktionen, die im Zusammenhang mit Geldwäsche oder Terrorismusfinanzierung stehen könnten".[16] Überdies wird „die neue FIU nunmehr mit verstärkten Befugnissen als „**Intelligence-Einrichtung**" Geldwäsche und Terrorismusfinanzierung mittels gezielter Analyse verhindern und hierdurch insbesondere die Straf-

---

11 FATF-Empfehlungen, S. 97, Rn. 12.
12 BT-Drs. 18/11555, S. 136.
13 Vgl. http://www.zoll.de/DE/Der-Zoll/FIU/Aktuelles-FIU-Meldungen/2017/fiu_start. html (zuletzt abgerufen am 15.10.2017).
14 BT-Drs. 18/11555, S. 136.
15 BT-Drs. 18/11555, S. 136.
16 Vgl. http://www.zoll.de/DE/Der-Zoll/FIU/fiu_node.html (zuletzt abgerufen am 15.10. 2017).

II. Zuständigkeit (§ 27 Abs. 1 GwG) **§ 27 GwG**

verfolgungsbehörden entlasten".[17] Die Entlastung der Strafverfolgungsbehörden soll durch die Vermeidung des früheren „doppelten Meldewegs" sowie durch eine neu geschaffene Filterfunktion der FIU erreicht werden. Der „doppelte Meldeweg" bestand nach § 11 Abs. 1 GwG a. F. in der gleichzeitigen Einreichung einer Verdachtsmeldung an die FIU sowie die zuständige Strafverfolgungsbehörde.

Die **Filterfunktion** der FIU besteht künftig darin, dass nunmehr alle Verdachtsmeldungen zentral an die FIU gesendet werden, die nach eingehender Analyse ausschließlich „werthaltige"[18] Meldungen an die Strafverfolgungsbehörden weiterleitet. Ziel der Neuausrichtung ist gemäß den Informationen auf der Homepage der Zentralstelle insbesondere, dass mehr Ressourcen für komplexe, grenzüberschreitende Ermittlungen zur Verfügung stehen sollen, die regelmäßig aufwendiger sind.[19] 7

Auf der Homepage der FIU ist die nachfolgende **Zusammenfassung zu den Eckpunkten der Umorganisation und Neustrukturierung der FIU** zu finden:[20] 8

– Einrichtung als „echte Zentralstelle" beim Zoll und zentrale Ansprechpartnerin,
– erweiterter Aufgabenkatalog: umfassende Analysearbeit und Befugnis zur Untersagung auffälliger Transaktionen,
– erweiterte Datenbasis: Auskunfts- und Datenabrufrechte gegenüber Strafverfolgungs-, Finanz- und Verwaltungsbehörden,
– Wahrnehmung einer Filterfunktion: nur „werthaltige" Sachverhalte werden unverzüglich zur Strafverfolgung weitergeleitet,
– Entlastung der Strafverfolgungsbehörden mit Ressourcenfreisetzung zur Fallermittlung und -verfolgung,
– Stärkung und Ausbau der Zusammenarbeit mit allen für die Aufklärung, Verhütung und, oder Verfolgung von Geldwäsche und Terrorismusfinanzierung zuständigen Behörden sowie
– Koordinierungsfunktion gegenüber Länderaufsichtsbehörden zur Sicherstellung flächendeckender Information über Methoden der Geldwäsche und Terrorismusfinanzierung.

---

17 Vgl. http://www.zoll.de/DE/Der-Zoll/FIU/Aktuelles-FIU-Meldungen/2017/fiu_start.html (zuletzt abgerufen am 15.10.2017).
18 Vgl. http://www.zoll.de/DE/Der-Zoll/FIU/Aktuelles-FIU-Meldungen/2017/fiu_start.html (zuletzt abgerufen am 15.10.2017).
19 Vgl. http://www.zoll.de/DE/Der-Zoll/FIU/Aktuelles-FIU-Meldungen/2017/fiu_start.html (zuletzt abgerufen am 15.10.2017).
20 Vgl. http://www.zoll.de/DE/Der-Zoll/FIU/Aktuelles-FIU-Meldungen/2017/fiu_start.html (zuletzt abgerufen am 15.10.2017).

III. Organisation und Kompetenzen (§ 27 Abs. 2 GwG)

9 Die Zentralstelle für Finanztransaktionsuntersuchungen ist organisatorisch eigenständig und arbeitet im Rahmen ihrer Aufgaben und Befugnisse **fachlich unabhängig** (§ 27 Abs. 2 GwG). Hierdurch werden die Vorgaben aus Art. 32 Abs. 3 Satz 1 der Vierten Geldwäscherichtlinie umgesetzt.[21] Die Aufgaben der Zentralstelle werden in §§ 28 ff. GwG normiert.

10 Die Zentralstelle für Finanztransaktionsuntersuchungen untersteht nach § 28 Abs. 2 GwG der Aufsicht durch das Bundesministerium der Finanzen (vgl. dazu auch § 28 Rn. 33 ff.).[22]

IV. Verpflichtung der Mitgliedstaaten

11 Nach Art. 32 Abs. 2 Vierte Geldwäscherichtlinie (EU) 2015/849 müssen die Mitgliedstaaten der Kommission Name und Anschrift der zentralen Meldestellen schriftlich mitteilen. Hierdurch besteht auf europäischer Ebene Transparenz über die Zentralstellen und die Zusammenarbeit innerhalb des rechtlich vorgesehenen Rahmens kann sichergestellt werden.

---

21 BT-Drs. 18/11555, S. 136.
22 BT-Drs. 18/11555, S. 136.

§ 28 Aufgaben, Aufsicht und Zusammenarbeit

(1) Die Zentralstelle für Finanztransaktionsuntersuchungen hat die Aufgabe der Erhebung und Analyse von Informationen im Zusammenhang mit Geldwäsche oder Terrorismusfinanzierung und der Weitergabe dieser Informationen an die zuständigen inländischen öffentlichen Stellen zum Zwecke der Aufklärung, Verhinderung oder Verfolgung solcher Taten. Ihr obliegen in diesem Zusammenhang:

1. die Entgegennahme und Sammlung von Meldungen nach diesem Gesetz,
2. die Durchführung von operativen Analysen einschließlich der Bewertung von Meldungen und sonstigen Informationen,
3. der Informationsaustausch und die Koordinierung mit inländischen Aufsichtsbehörden,
4. die Zusammenarbeit und der Informationsaustausch mit zentralen Meldestellen anderer Staaten,
5. die Untersagung von Transaktionen und die Anordnung von sonstigen Sofortmaßnahmen,
6. die Übermittlung der sie betreffenden Ergebnisse der operativen Analyse nach Nummer 2 und zusätzlicher relevanter Informationen an die zuständigen inländischen öffentlichen Stellen,
7. die Rückmeldung an den Verpflichteten, der eine Meldung nach § 43 Absatz 1 abgegeben hat,
8. die Durchführung von strategischen Analysen und Erstellung von Berichten aufgrund dieser Analysen,
9. der Austausch mit den Verpflichteten sowie mit den inländischen Aufsichtsbehörden und für die Aufklärung, Verhinderung oder Verfolgung der Geldwäsche und der Terrorismusfinanzierung zuständigen inländischen öffentlichen Stellen insbesondere über entsprechende Typologien und Methoden,
10. die Erstellung von Statistiken zu den in Artikel 44 Absatz 2 der Richtlinie (EU) 2015/849 genannten Zahlen und Angaben,
11. die Veröffentlichung eines Jahresberichts über die erfolgten operativen Analysen,
12. die Teilnahme an Treffen nationaler und internationaler Arbeitsgruppen und
13. die Wahrnehmung der Aufgaben, die ihr darüber hinaus nach anderen Bestimmungen übertragen worden sind.

§ 28 Aufgaben, Aufsicht und Zusammenarbeit

(2) Die Zentralstelle für Finanztransaktionsuntersuchungen untersteht der Aufsicht des Bundesministeriums der Finanzen, die sich in den Fällen des Absatzes 1 Nummer 1, 2, 5 und 6 auf die Rechtsaufsicht beschränkt.

(3) Die Zentralstelle für Finanztransaktionsuntersuchungen sowie die sonstigen für die Aufklärung, Verhütung und Verfolgung der Geldwäsche, Terrorismusfinanzierung und sonstiger Straftaten sowie die zur Gefahrenabwehr zuständigen inländischen öffentlichen Stellen und die inländischen Aufsichtsbehörden arbeiten zur Durchführung dieses Gesetzes zusammen und unterstützen sich gegenseitig.

(4) Die Zentralstelle für Finanztransaktionsuntersuchungen informiert, soweit erforderlich, die für das Besteuerungsverfahren oder den Schutz der sozialen Sicherungssysteme zuständigen Behörden über Sachverhalte, die ihr bei der Wahrnehmung ihrer Aufgaben bekannt werden und die sie nicht an eine andere zuständige staatliche Stelle übermittelt hat.

Schrifttum: *Herzog*, GwG, 2. Aufl. 2014.

Übersicht

	Rn.
I. Allgemeines	1
II. Aufgaben der FIU (§ 28 Abs. 1 GwG)	3
1. Entgegennahme und Sammlung von Meldungen nach dem GwG (§ 28 Abs. 1 Nr. 1 GwG)	5
2. Durchführung von operativen Analysen einschließlich der Bewertung von Meldungen und sonstigen Informationen (§ 28 Abs. 1 Nr. 2 GwG)	7
3. Informationsaustausch und Koordinierung mit inländischen Aufsichtsbehörden (§ 28 Abs. 1 Nr. 3 GwG)	10
4. Zusammenarbeit und Informationsaustausch mit zentralen Meldestellen anderer Staaten (§ 28 Abs. 1 Nr. 4 GwG)	11
5. Untersagung von Transaktionen und Anordnung von sonstigen Sofortmaßnahmen (§ 28 Abs. 1 Nr. 5 GwG)	12
6. Übermittlung der Ergebnisse der operativen Analyse nach Nr. 2 und zusätzlicher relevanter Informationen an die zuständigen inländischen öffentlichen Stellen (§ 28 Abs. 1 Nr. 6 GwG)	13
7. Rückmeldung an den Verpflichteten, der eine Meldung nach § 43 Abs. 1 GwG abgegeben hat (§ 28 Abs. 1 Nr. 7 GwG)	14
8. Durchführung von strategischen Analysen und Erstellung von Berichten aufgrund dieser Analysen (§ 28 Abs. 1 Nr. 8 GwG)	18
9. Austausch mit Verpflichteten, inländischen Aufsichtsbehörden und zuständigen inländischen öffentlichen Stellen insbesondere über entsprechende Typologien und Methoden (§ 28 Abs. 1 Nr. 9 GwG)	22

10. Erstellung von Statistiken zu den in Art. 44 Abs. 2 der Richtlinie (EU) 2015/849 genannten Zahlen und Angaben (§ 28 Abs. 1 Nr. 10 GwG) 25
11. Veröffentlichung eines Jahresberichts über die erfolgten operativen Analysen (§ 28 Abs. 1 Nr. 11 GwG) 28
12. Teilnahme an Treffen nationaler und internationaler Arbeitsgruppen (§ 28 Abs. 1 Nr. 12 GwG) 30
13. Wahrnehmung der Aufgaben, die ihr darüber hinaus nach anderen Bestimmungen übertragen worden sind (§ 28 Abs. 1 Nr. 13 GwG) . . . 31
III. Aufsicht durch das BMF (§ 28 Abs. 2 GwG). 33
IV. Zusammenarbeit mit öffentlichen Stellen und Aufsichtsbehörden (§ 28 Abs. 3 GwG) 36
V. Informationsweitergabe an Steuer- und Sozialbehörden (§ 28 Abs. 4 GwG) 38

I. Allgemeines

Die Regelungen zur Zentralstelle für Finanztransaktionsuntersuchungen in Abschnitt 5 des GwG wurden durch das Gesetz zur Umsetzung der Vierten EU-Geldwäscherichtlinie, zur Ausführung der EU-Geldtransferverordnung und zur Neuorganisation der Zentralstelle für Finanztransaktionsuntersuchungen[1] vom 23.6.2017[2] vollständig überarbeitet (vgl. zu den Neuerungen durch die GwG-Novelle ausführlich unter § 27 Rn. 1 ff.).[3] 1

§ 28 GwG normiert detailliert die Aufgaben der FIU und legt die Aufsicht durch das Bundesministerium der Finanzen (BMF) fest. Überdies werden Vorgaben für die Zusammenarbeit der Zentralstelle mit inländischen Stellen, Behörden und Aufsichtsbehörden geregelt. Die einzelnen Aufgaben werden in den §§ 29 ff. GwG anschließend weiter konkretisiert. 2

II. Aufgaben der FIU (§ 28 Abs. 1 GwG)

Kernaufgabe der Zentralstelle für Finanztransaktionsuntersuchungen ist nach § 28 Abs. 1 GwG die Erhebung und Analyse von Informationen im Zusammenhang mit Geldwäsche oder Terrorismusfinanzierung und der Weitergabe dieser Informationen an die zuständigen inländischen öffentlichen Stellen zum Zwecke der Aufklärung, Verhinderung oder Verfolgung solcher Taten. Die der FIU zu diesem Zweck obliegenden Aufgaben werden in § 28 Abs. 1 GwG normiert. Die **Befugnisse und Verpflichtungen** der Zentralstelle im Rahmen ihrer Aufgaben- 3

---
1 Nachfolgend auch als „Zentralstelle", „zentrale Meldestelle" oder „FIU" bezeichnet.
2 BGBl. I Nr. 39, S. 1822 ff. (nachfolgend auch bezeichnet als „GwG-Novelle 2017").
3 BT-Drs. 18/11555, S. 136.

GwG § 28   Aufgaben, Aufsicht und Zusammenarbeit

wahrnehmung werden im Detail in den §§ 29–42 GwG ausgestaltet und festgelegt.[4]

4   Nachfolgend werden die der FIU nach § 28 Abs. 1 GwG im Einzelnen obliegenden Aufgaben erläutert.

1. Entgegennahme und Sammlung von Meldungen nach dem GwG (§ 28 Abs. 1 Nr. 1 GwG)

5   Hierin wird die Grundlage für die Tätigkeit der Zentralstelle beschrieben.[5] Die Regelung war hinsichtlich der Sammlung der Meldungen bereits in § 10 Abs. 1 Satz 2 Nr. 1 GwG a. F. enthalten.[6] Allerdings hatte das Tätigwerden der FIU nach dem GwG a. F. noch eine andere Zielrichtung.

6   Die **Entgegennahme** beschreibt das Annehmen der Meldungen. Begriff des **Sammelns** bezieht sich auf das Zusammentragen und archivieren sämtlicher Verdachtsmeldungen, die von Verpflichteten in Deutschland abgegeben werden.[7] Hierdurch wird die Einrichtung der FIU als sog. „echte" Zentralstelle zum Ausdruck gebracht (vgl. § 27 Rn. 4 f.).

2. Durchführung von operativen Analysen einschließlich der Bewertung von Meldungen und sonstigen Informationen (§ 28 Abs. 1 Nr. 2 GwG)

7   Die Regelung bezieht sich auf die **Analyse und Bewertung** der nach Nr. 1 enthaltenen Informationen.[8] Gerade in der Analysetätigkeit ist eine der zentralen, neuen Aufgaben und Kompetenzen der FIU zu sehen.

8   Unter **sonstigen Informationen** sind diejenigen zu verstehen, die der FIU von Amts wegen von anderen inländischen oder ausländischen Stellen zugegangen sind.[9]

9   Die **operative Analyse** soll zur Einzelfallprüfung dienen.[10] Sie wird als eine von zwei Analysetätigkeiten[11] der FIU in Art. 32 Abs. 8 lit. a) Vierte Geldwäscherichtlinie statuiert.[12] Zur Bewertung von Sachverhalten werden bei Bedarf ergänzende Informationen von anderen Behörden oder Verpflichteten eingeholt.[13]

---

4   BT-Drs. 18/11555, S. 136.
5   BT-Drs. 18/11555, S. 137.
6   BT-Drs. 18/11555, S. 137.
7   Vgl. zum Begriff des Sammelns: *Herzog/Achtelik*, in: Herzog, GwG, § 10 Rn. 9.
8   BT-Drs. 18/11555, S. 137.
9   BT-Drs. 18/11555, S. 137.
10 BT-Drs. 18/11555, S. 137.
11 Siehe zur zweiten Analysetätigkeit: § 28 Abs. 1 Nr. 6 GwG.
12 BT-Drs. 18/11555, S. 137.
13 BT-Drs. 18/11555, S. 137.

II. Aufgaben der FIU (§ 28 Abs. 1 GwG) **§ 28 GwG**

Die Analyse dient dazu zu erkennen, ob ein Sachverhalt tatsächlich im Zusammenhang mit Geldwäsche oder Terrorismusfinanzierung steht.[14]

3. Informationsaustausch und Koordinierung mit inländischen Aufsichtsbehörden (§ 28 Abs. 1 Nr. 3 GwG)

Die Regelung betrifft die Zusammenarbeit mit inländischen Aufsichtsbehörden. 10
Nach Art. 32 Abs. 4 Satz 2 Vierte Geldwäscherichtlinie ist die FIU **von Amts wegen** verpflichtet, den inländischen Aufsichtsbehörden Informationen zu übermitteln, die diese zur besseren Umsetzung des risikobasierten Ansatzes bei der Aufsicht sowie zum Erkennen von neuen Trends und Methoden bei der Begehung von Geldwäsche und Terrorismusfinanzierung benötigen.[15] Überdies besteht für die Zentralstelle die Verpflichtung, den Behörden auf Anfrage **Auskunft zu erteilen**.[16] Die Zentralstelle soll insofern bei Bedarf auch „**koordinierend**" tätig werden und die Tätigkeit der übrigen Behörden „**unterstützen**".[17] Eine **Erweiterung** dieser Regelung enthält § 28 Abs. 1 Nr. 9 GwG zum Austausch insbes. zu Typologien und Methoden der Geldwäsche und Terrorismusfinanzierung (siehe dazu unten Nr. 9 sowie § 28 Rn. 22 ff.).

4. Zusammenarbeit und Informationsaustausch mit zentralen Meldestellen anderer Staaten (§ 28 Abs. 1 Nr. 4 GwG)

Die Regelung bezieht sich auf den Austausch mit Zentralstellen bzw. den ent- 11
sprechenden Behörden anderer Länder.[18] Diese Vorgabe war bereits in § 10 Abs. 2 Satz 1 GwG a. F. normiert. „Spezifische Regelungen finden sich in den §§ 33 und 36 GwG für den **innereuropäischen Datenaustausch** sowie in §§ 34 und 35 GwG für den **internationalen Datenaustausch**".[19] Hierdurch soll die internationale und lückenlose Zusammenarbeit für **grenzüberschreitende Fälle** der Geldwäsche und Terrorismusfinanzierung sichergestellt werden.

5. Untersagung von Transaktionen und Anordnung von sonstigen Sofortmaßnahmen (§ 28 Abs. 1 Nr. 5 GwG)

Die Regelung stellt eine **mögliche Sofortmaßnahme** der Zentralstelle dar, die 12
Art. 32 Abs. 7 Satz 2 Vierte Geldwäscherichtlinie umsetzt. Hiernach soll die FIU „die Möglichkeit haben, eine Transaktion auszusetzen oder sofort zu unter-

---

14 BT-Drs. 18/11555, S. 137.
15 BT-Drs. 18/11555, S. 137.
16 BT-Drs. 18/11555, S. 137.
17 BT-Drs. 18/11555, S. 137.
18 BT-Drs. 18/11555, S. 137.
19 BT-Drs. 18/11555, S. 137.

GwG § 28   Aufgaben, Aufsicht und Zusammenarbeit

sagen".[20] Die Voraussetzungen für eine Untersagung werden in § 40 GwG näher beschrieben. Durch die Sofortmaßnahmen soll verhindert werden, dass die „inkriminierten Gelder dem staatlichen Einflussbereich durch Barabhebungen oder Überweisungen ins Ausland entzogen werden".[21] Die Untersagung ermöglicht der Zentralstelle, dass sie „die operative Analyse zu Ende führen und ihre Ergebnisse einschließlich der betroffenen Vermögensgegenstände den Strafverfolgungsbehörden zur weiteren Behandlung übergeben" kann.[22] Als weitere Sofortmaßnahme sind überdies z. B. der Erlass eines „Verfügungsverbotes über ein Konto oder Depot" vorgesehen.[23]

6. Übermittlung der Ergebnisse der operativen Analyse nach Nr. 2 und zusätzlicher relevanter Informationen an die zuständigen inländischen öffentlichen Stellen (§ 28 Abs. 1 Nr. 6 GwG)

13   Die Regelung dient zur Umsetzung von Art. 32 Abs. 2 Satz 3 Vierte Geldwäscherichtlinie. Durch Nr. 6 wird die bereits nach § 10 Abs. 1 Satz 2 Nr. 2 GwG a. F. bestehende Pflicht der Zentralstelle normiert, die Strafverfolgungsbehörden des Bundes und der Länder über die sie betreffenden Informationen und die in Erfahrung gebrachten Zusammenhänge von Straftaten zu unterrichten. Durch § 28 Abs. 1 Nr. 6 GwG wird diese Aufgabe in das neue Gesetz überführt und gleichzeitig auf alle zuständigen inländischen öffentlichen Stellen erweitert. Als Beispiele für zuständige inländische öffentliche Stellen nennt die Gesetzesbegründung Finanzbehörden, die eine Information zur Durchführung eines Besteuerungs- oder Steuerstrafverfahrens benötigen.

7. Rückmeldung an den Verpflichteten, der eine Meldung nach § 43 Abs. 1 GwG abgegeben hat (§ 28 Abs. 1 Nr. 7 GwG)

14   Die Rückmeldeverpflichtung dient dazu, den Verpflichteten ein Feedback zur Relevanz und Verwertbarkeit von Meldungen zu geben. Der konkrete Umfang der Rückmeldepflicht wird in § 41 GwG normiert.

15   Hierdurch soll nach dem Willen des Gesetzgebers erreicht werden, dass Verpflichtete bei Bedarf die internen Maßnahmen zum „Erkennen" und Bewerten von Verdachtsmomenten der Geldwäsche oder Terrorismusfinanzierung „anpassen und verbessern". Die Intention des Gesetzgebers zielt auf eine stetige Verbesserung und Schärfung der Analysearbeit der Verpflichteten bei der Aufdeckung von Straftaten ab. Hiervon ist ein weites Feld von Maßnahmen umfasst:

---

20   BT-Drs. 18/11555, S. 138.
21   BT-Drs. 18/11555, S. 138.
22   BT-Drs. 18/11555, S. 138.
23   BT-Drs. 18/11555, S. 138.

II. Aufgaben der FIU (§ 28 Abs. 1 GwG) § 28 GwG

Die Tätigkeiten zur Aufdeckung krimineller Handlungen werden aus der Risikoanalyse des Verpflichteten abgeleitet und betreffen bspw. Sicherungsmaßnahmen in Know-Your-Customer-Prozessen sowie den Einsatz von IT-Monitoringsystemen.

Verpflichtete sollten daher die **risikobasierte Nutzung und Umsetzung von Erkenntnissen** aus der Rückmeldung der Behörden angemessen dokumentieren. Hierzu dürfte sich in vielen Fällen insbes. die Risikoanalyse eignen. 16

Insgesamt wird durch diese Regelung eine seit vielen Jahren bestehende Lücke im Austausch zwischen den Verpflichteten und derjenigen Stelle geschlossen, die für die Analyse und Bewertung der eingereichten Verdachtsmeldungen zuständig ist. Hierdurch wird eine wichtige und langjährige Petition der Verpflichtetenverbände an die Ermittlungs- und Strafverfolgungsbehörden umgesetzt. 17

8. Durchführung von strategischen Analysen und Erstellung von Berichten aufgrund dieser Analysen (§ 28 Abs. 1 Nr. 8 GwG)

Die Regelung dient zur Umsetzung von Art. 32 Abs. 8 lit. b) Vierte Geldwäscherichtlinie. Durch die hier beschriebene zweite von zwei Analysetätigkeiten der Zentralstelle sollen Entwicklungstrends und neue Fallmuster im Bereich der Geldwäsche und Terrorismusfinanzierung festgestellt werden. Die Inhalte der durch die Zentralstelle anzufertigenden Berichte werden nicht eingeschränkt. Beispielhaft wird in der Gesetzesbegründung aufgezählt, dass die Berichte sich „allgemein mit Geldwäsche oder Terrorismusfinanzierung beschäftigen oder sich auf bestimmte Produkte, Wirtschaftssektoren oder geographische Risiken konzentrieren" können. Als mögliche Adressaten werden in der Gesetzesbegründung – ebenfalls ohne Beschränkung auf diese – das „BMF, Verbände, einzelne Verpflichtetengruppen oder auch Aufsichtsbehörden" genannt. 18

Die von der FIU **anzufertigenden Berichte** entsprechen der regelmäßigen Informationsverbreitung über Typologien und Methoden der Geldwäsche und Terrorismusfinanzierung nach § 10 Abs. 1 Satz 2 Nr. 5 GwG a. F. Die Pflicht zur regelmäßigen Informationsverbreitung findet sich im Gegensatz zur Fassung im GwG a. F. jedoch nicht mehr explizit im Gesetzeswortlaut. Vom Sinn und Zweck der Vorschrift her ist allerdings davon auszugehen, dass nur eine **regelmäßige und zugleich zeitnahe Berichterstattung** an die laut Gesetzesbegründung vorgesehenen Adressaten den gewünschten Erfolg erzielen kann. Ziel der Vorschrift dürfte insofern die Unterrichtung und Sensibilisierung der Berichtsempfänger für aktuelle Risikokonstellationen der Geldwäsche und Terrorismusfinanzierung sein. Hierdurch kann seitens der Verpflichteten insbes. eine Verbesserung der Zielrichtung sowie der Qualität und Aussagekraft von Verdachtsmeldungen erreicht werden. 19

GwG § 28 Aufgaben, Aufsicht und Zusammenarbeit

20 Das BMF kann die Erkenntnisse zur Ausübung seiner Rechts- und Fachaufsicht nutzen, insbes. für Änderungen in der Gesetzgebung und den Erlass von Rechtsverordnungen (z. B. gem. §§ 2 Abs. 2, 12 Abs. 3, 13 Abs. 2 GwG etc.).

21 Innerhalb seiner Fachaufsicht kann das BMF die Zentralstelle zudem zur Erstellung von Berichten i. S. d. § 28 Abs. 1 Nr. 8 GwG auffordern (siehe dazu unten § 28 Rn. 33 ff.).

9. Austausch mit Verpflichteten, inländischen Aufsichtsbehörden und zuständigen inländischen öffentlichen Stellen insbesondere über entsprechende Typologien und Methoden (§ 28 Abs. 1 Nr. 9 GwG)

22 Die Regelung stellt eine Erweiterung zu Informationsaustausch und Koordination nach § 28 Abs. 1 Nr. 3 GwG dar und soll die **verbesserte Kommunikation** zwischen allen Beteiligten sicherstellen (siehe dazu § 28 Abs. 1 Nr. 3 GwG). Überdies werden auch die Strafverfolgungsbehörden in den Kreis der Informationsempfänger über Typologien und Methoden der Geldwäsche und Terrorismusfinanzierung aufgenommen. Hierdurch werden die **übergreifende Kommunikation sowie der Erfahrungsaustausch** zwischen allen relevanten Stellen sichergestellt. Dies ermöglicht auch die Konkretisierung und Abstimmung bestimmter präventiver Vorgehensweisen.

23 Typologien zeichnen sich nach Vorstellung des Gesetzgebers dadurch aus, dass sie „die tatsächlichen Erscheinungsformen von Geldwäsche und Terrorismusfinanzierung nach gemeinsamen Merkmalen geordnet und überschaubar" aufzeigen.

24 Unter Methoden dürften die genutzten und zur Verfügung stehenden Vorgehensweisen und Aktivitäten zur Geldwäsche und Terrorismusfinanzierung zu verstehen sein.

10. Erstellung von Statistiken zu den in Art. 44 Abs. 2 der Richtlinie (EU) 2015/849 genannten Zahlen und Angaben (§ 28 Abs. 1 Nr. 10 GwG)

25 Die Regelung entspricht § 10 Abs. 1 Satz 2 Nr. 3 GwG a. F. Allerdings wurde der Umfang der durch die FIU bereitzustellenden Daten durch die Vierte Geldwäscherichtlinie geändert und erweitert. Hintergrund für die neu definierten Angaben ist, dass sich der **Verwendungszweck der Zahlen und Angaben** verändert hat: Durch Art. 7 Abs. 1 der Vierten Geldwäscherichtlinie 2015/849 (EU) wurde die Verpflichtung der Mitgliedstaaten zur Erstellung einer nationalen Risikoanalyse geschaffen. Zu deren Vorbereitung müssen die in Art. 44 Abs. 2 Vierte Geldwäscherichtlinie genannten Daten erhoben und in Statistiken erfasst werden. Die Erstellung umfassender Statistiken dient dazu, dass Mitgliedstaaten die Wirksamkeit ihrer Systeme zur Bekämpfung von Geldwäsche und Terroris-

II. Aufgaben der FIU (§ 28 Abs. 1 GwG)   **§ 28 GwG**

musfinanzierung nachweisen können (Art. 44 Abs. 1 Vierte Geldwäscherichtlinie).

Zahlen und Angaben für die Statistiken sind gem. Art. 44 Abs. 2 der Richtlinie (EU) 2015/849 zusammenfassend dargestellt: 26

- Daten zu Sektoren (Größe, Bedeutung auch wirtschaftlich),
- Daten zu Verdachtsmeldungen, Untersuchungen und Gerichtsverfahren mit Bezug zu Geldwäsche und Terrorismusfinanzierung,
- Daten zur Anzahl von Verdachtsmeldungen und deren Nutzung für weitere Untersuchungen, einschl. des Jahresberichts für die Verpflichteten,
- Daten zur Anzahl von grenzüberschreitenden Informationsersuchen.

Die Statistiken dienen im Bedarfsfall der Information des Parlaments und können auch gegenüber internationalen Organisationen (wie z.B. der Financial Action Task Force (FATF)) auch zur Dokumentation der Tätigkeit der Zentralstelle genutzt werden. Diese Dokumentation dürfte auch anlässlich einer FATF-Länderprüfung in Deutschland von Bedeutung sein. 27

11. Veröffentlichung eines Jahresberichts über die erfolgten operativen Analysen (§ 28 Abs. 1 Nr. 11 GwG)

Die Regelung entspricht § 10 Abs. 1 Satz 2 Nr. 4 GwG a. F.[24] und wurde durch die GwG-Novelle nicht verändert. Sie dient zur Information der Öffentlichkeit (einschließlich Verpflichteten, Aufsichts- und Strafverfolgungsbehörden) über die Erkenntnisse der FIU. 28

Der Jahresbericht enthält eine **generelle Rückmeldung** an die Verpflichteten zu den Methoden der Geldwäsche[25] sowie den Erkenntnissen aus den eingereichten Verdachtsmeldungen. Der Jahresbericht **ergänzt** dadurch das ggf. in bestimmten Fällen nach § 41 Abs. 2 GwG abgegebene **individuelle Feedback** an einzelne Verpflichtete zu konkreten Fällen. 29

12. Teilnahme an Treffen nationaler und internationaler Arbeitsgruppen (§ 28 Abs. 1 Nr. 12 GwG)

Die Regelung dient zum **Informationsaustausch zwischen internationalen Behörden**. Als Beispiele für Arbeitsgruppen, an denen die FIU teilnimmt, werden in der Gesetzesbegründung die Egmont-Gruppe sowie die FATF genannt.[26] 30

---

24 BT-Drs. 18/11555, S. 139.
25 Vgl. *Herzog/Achtelik*, in: Herzog, GwG, § 10 Rn. 15.
26 BT-Drs. 18/11555, S. 139.

GwG § 28 Aufgaben, Aufsicht und Zusammenarbeit

Die Mitgliedschaft der FIU in der Egmont-Gruppe wird auch in den FATF-Empfehlungen festgeschrieben.[27]

13. Wahrnehmung der Aufgaben, die ihr darüber hinaus nach anderen Bestimmungen übertragen worden sind (§ 28 Abs. 1 Nr. 13 GwG)

31 Die Regelung übernimmt eine **Auffangfunktion** für sämtliche Aufgaben, die sich im Laufe der Tätigkeit der Zentralstelle sowie durch andere Entwicklungen neu ergeben und nicht bereits durch die § 28 Abs. 1 Nr. 1–12 GwG normiert sind.[28]

32 Zusätzliche Aufgaben können allerdings nur nach Absprache mit dem BMF als zuständiger Aufsichtsbehörde übernommen werden.[29] Als Beispiele für mögliche zusätzliche Aufgaben werden in der Gesetzesbegründung die folgenden genannt: „Lehrveranstaltungen und Schulungen sowohl intern als auch mit Verpflichteten oder Aufsichtsbehörden, die Mitwirkung an wissenschaftlichen Studien oder die Unterstützung bei der Umsetzung europarechtlicher Vorgaben."[30]

III. Aufsicht durch das BMF (§ 28 Abs. 2 GwG)

33 Das BMF ist nach § 28 Abs. 2 GwG die für die FIU zuständige Aufsichtsbehörde. Sie übt die Rechts- sowie die Fachaufsicht im Sinne des Verwaltungsrechts aus.[31]

34 Da die Zentralstelle nach § 27 Abs. 2 GwG organisatorisch eigenständig ist und fachlich unabhängig arbeitet, wird die Aufsicht durch das BMF für die Wahrnehmung der als **wesentlich einzustufenden Aufgaben auf eine reine Rechtsaufsicht** beschränkt.[32] Für die folgenden wesentlichen Aufgaben der FIU nach § 28 Abs. 1 GwG beschränkt sich die Aufsicht demnach ausschließlich auf eine reine Rechtsaufsicht:

– Entgegennahme und Sammlung von Meldungen nach dem GwG (Nr. 1),
– Durchführung von operativen Analysen einschließlich der Bewertung von Meldungen und sonstigen Informationen (Nr. 2),
– Untersagung von Transaktionen und die Anordnung von sonstigen Sofortmaßnahmen (Nr. 5) und

---

27 FATF-Empfehlungen, S. 97, Rn. 13.
28 BT-Drs. 18/11555, S. 139.
29 BT-Drs. 18/11555, S. 139.
30 BT-Drs. 18/11555, S. 139.
31 BT-Drs. 18/11555, S. 139.
32 BT-Drs. 18/11555, S. 136.

V. Informationsweitergabe an Steuer- und Sozialbehörden § 28 GwG

– Übermittlung der sie betreffenden Ergebnisse der operativen Analyse nach Nummer 2 und zusätzlicher relevanter Informationen an die zuständigen inländischen öffentlichen Stellen (Nr. 6).

Innerhalb seiner **Fachaufsicht** hat das BMF u. a. die Möglichkeit, die Zentralstelle zur Erstellung von Berichten i. S. d. § 28 Abs. 1 Nr. 8 GwG aufzufordern (siehe dazu oben § 28 Rn. 18 ff.).[33]

35

IV. Zusammenarbeit mit öffentlichen Stellen und Aufsichtsbehörden (§ 28 Abs. 3 GwG)

Die Zentralstelle für Finanztransaktionsuntersuchungen sowie die sonstigen für die Aufklärung, Verhütung und Verfolgung der Geldwäsche, Terrorismusfinanzierung und sonstiger Straftaten sowie die zur Gefahrenabwehr zuständigen inländischen öffentlichen Stellen und die inländischen Aufsichtsbehörden arbeiten zur Durchführung dieses Gesetzes zusammen und unterstützen sich gegenseitig (§ 28 Abs. 3 GwG).

36

Hierdurch wird die **besondere Bedeutung der Zusammenarbeit zwischen den Behörden** hervorgehoben und entsprechend Art. 49 Vierte Geldwäscherichtlinie normiert.[34] Insbesondere sollen nach dem Willen des Gesetzgebers „wirksame Mechanismen" aufgebaut werden, damit „ein **reibungsloser Austausch von Informationen und eine effektive Zusammenarbeit** erfolgen können".[35]

37

V. Informationsweitergabe an Steuer- und Sozialbehörden (§ 28 Abs. 4 GwG)

Gem. § 28 Abs. 4 GwG informiert die Zentralstelle, soweit erforderlich, die für das Besteuerungsverfahren oder den Schutz der sozialen Sicherungssysteme zuständigen Behörden über Sachverhalte, die ihr bei der Wahrnehmung ihrer Aufgaben bekannt werden und die sie nicht an eine andere zuständige staatliche Stelle übermittelt hat.

38

Die Vorschrift betrifft Informationen der FIU, die **nicht im Zusammenhang mit Geldwäsche oder Terrorismusfinanzierung** stehen.[36] Indem die FIU Informationen, die sie zwar erhält bzw. erkennt, jedoch nicht für ihre Zwecke nutzen kann und diese direkt an die zuständigen Behörden weitergibt, wird die **Effizienz** der Verwaltung weiter gesteigert.

39

---

33 BT-Drs. 18/11555, S. 138.
34 BT-Drs. 18/11555, S. 139.
35 BT-Drs. 18/11555, S. 139.
36 BT-Drs. 18/11555, S. 139.

GwG § 28   Aufgaben, Aufsicht und Zusammenarbeit

40   Zudem werden Informationen nur dann an Finanz- und Sozialämter weitergegeben, sofern **keine andere zuständige staatliche Stelle bereits in diesem Sachverhalt tätig wird**.[37] Hierdurch soll sichergestellt werden, dass nicht mehrere Behörden parallel zu demselben Sachverhalt aktiv werden. Auch die Vermeidung von redundantem Tätigwerden dient zur **Effizienzsteigerung** in der Verwaltung.

---

37 BT-Drs. 18/11555, S. 139.

§ 29 Datenverarbeitung und weitere Verwendung

(1) Die Zentralstelle für Finanztransaktionsuntersuchungen darf personenbezogene Daten verarbeiten, soweit dies zur Erfüllung ihrer Aufgaben erforderlich ist.

(2) Die Zentralstelle für Finanztransaktionsuntersuchungen darf personenbezogene Daten, die sie zur Erfüllung ihrer Aufgaben gespeichert hat, mit anderen Daten abgleichen, wenn dies nach diesem Gesetz oder nach einem anderen Gesetz zulässig ist.

(3) Die Zentralstelle für Finanztransaktionsuntersuchungen darf personenbezogene Daten, die bei ihr vorhanden sind, zu Fortbildungszwecken oder zu statistischen Zwecken verarbeiten, soweit eine Verarbeitung anonymisierter Daten zu diesen Zwecken nicht möglich ist.

Übersicht

	Rn.		Rn.
I. Allgemeines	1	IV. Datenverarbeitung zu Fortbildungszwecken oder statistischen Zwecken (§ 29 Abs. 3 GwG)	9
II. Verarbeitung von personenbezogenen Daten (§ 29 Abs. 1 GwG)	3		
III. Speicherung und Abgleich von personenbezogenen Daten (§ 29 Abs. 2 GwG)	7		

I. Allgemeines

Die Regelungen zur Zentralstelle für Finanztransaktionsuntersuchungen in Abschnitt 5 des GwG wurden durch das Gesetz zur Umsetzung der Vierten EU-Geldwäscherichtlinie, zur Ausführung der EU-Geldtransferverordnung und zur Neuorganisation der Zentralstelle für Finanztransaktionsuntersuchungen[1] vom 23.6.2017[2] vollständig überarbeitet (vgl. zu den Neuerungen durch die GwG-Novelle ausführlich unter § 27 Rn. 1 ff.).[3] 1

§ 29 GwG regelt den Umgang mit personenbezogenen Daten durch die Zentralstelle. Es werden die Anforderungen an die Datenverarbeitung für die Aufgabenerfüllung der FIU, zu Fortbildungszwecken, statistischen Zwecken sowie zu Speicherung und Abgleich von Daten normiert. 2

---

1 Nachfolgend auch als „Zentralstelle", „zentrale Meldestelle" oder „FIU" bezeichnet.
2 BGBl. I Nr. 39, 1822 ff. (nachfolgend auch bezeichnet als „GwG-Novelle 2017").
3 BT-Drs. 18/11555, S. 136.

GwG § 29 Datenverarbeitung und weitere Verwendung

II. Verarbeitung von personenbezogenen Daten (§ 29 Abs. 1 GwG)

3   Die Zentralstelle darf gem. § 29 Abs. 1 GwG personenbezogene Daten verarbeiten, soweit dies zur Erfüllung ihrer Aufgaben erforderlich ist. Die Regelung entspricht den Vorgaben von Art. 41 und 43 Vierte Geldwäscherichtlinie.[4]

4   Die Begriffe der personenbezogenen Daten sowie des Verarbeitens von Daten sind im Zusammenhang mit den Anpassungen im Bundesdatenschutzgesetz zu lesen, die durch die Umsetzung der **EU-Datenschutz-Grundverordnung** und zur Umsetzung der Richtlinie (EU) 2016/680[5] in das **deutsche Datenschutzrecht** erwartet werden.[6] Der Begriff „**Verarbeiten**" i. S. v. § 29 Abs. 1 GwG ist nach dem Willen des Gesetzgebers daher umfassend i. S. d. der EU-Datenschutz-Grundverordnung auszulegen und erfasst **sämtliche Tätigkeiten im Zusammenhang mit personenbezogenen Daten**.[7]

5   Zur detaillierten Erläuterung der Begriffe der personenbezogenen Daten sowie des Verarbeitens von Daten wird auf die vollständige **Gesetzesbegründung** verwiesen:

6   „Gemäß § 3 Abs. 1 des Bundesdatenschutzgesetzes sind personenbezogene Daten „Einzelangaben über persönliche oder sachliche Verhältnisse einer bestimmten oder bestimmbaren natürlichen Person". Dies entspricht dem Umfang von Art. 3 Nr. 1 der am 28. Mai 2016 in Kraft getretenen Richtlinie (EU) 2016/680 (…) vom 27. April 2016 zum Schutz natürlicher Personen bei der Verarbeitung personenbezogener Daten durch die zuständigen Behörden zum Zwecke der Verhütung, Ermittlung, Aufdeckung oder Verfolgung von Straftaten oder der Strafvollstreckung sowie zum freien Datenverkehr und zur Aufhebung des Rahmenbeschlusses 2008/977/JI des Rates, der personenbezogene Daten als sämtliche Informationen, die sich auf eine identifizierte oder identifizierbare natürliche Person beziehen, definiert. Das Bundesdatenschutzgesetz wird aufgrund der Verordnung (EU) 2016/679 und der Richtlinie (EU) 2016/680 umfangreich überarbeitet. Ungeachtet dessen wird der Begriff „personenbezogene Daten" weiterhin gleichbedeutend sein. Der Begriff „Verarbeiten" ist in § 3 Abs. 4 des Bundesdatenschutzgesetzes definiert. Verarbeiten ist danach „das Speichern, Verändern, Übermitteln, Sperren und Löschen personenbezogener Daten". Diese einzelnen Begriffe werden in § 3 Abs. 4 Satz 2 Nr. 1 bis 5 des Bundesdatenschutzgesetzes noch einmal gesondert definiert. Die Begriffe „Erheben" und „Nutzen" werden in § 3 Abs. 3 respektive Abs. 5 des Bundesdatenschutzgeset-

---

[4] BT-Drs. 18/11555, S. 139.
[5] Abrufbar unter: http://eur-lex.europa.eu/legal-content/DE/TXT/?uri=uriserv%3AOJ.L_.2016.119.01.0089.01.DEU (letzter Abruf am 21.10.2017).
[6] BT-Drs. 18/11555, S. 140.
[7] BT-Drs. 18/11555, S. 140.

zes gesondert und losgelöst von der Verarbeitung definiert. Im Rahmen der Umsetzung der Richtlinie (EU) 2016/680 wird der Begriff „Verarbeiten" ausgeweitet. Nach Artikel 3 Nummer 2 der Richtlinie (EU) 2016/680 bezeichnet Verarbeiten „jeden mit oder ohne Hilfe automatisierter Verfahren ausgeführten Vorgang oder jede solche Vorgangsreihe im Zusammenhang mit personenbezogenen Daten wie das Erheben, das Erfassen, die Organisation, das Ordnen, die Speicherung, die Anpassung oder Veränderung, das Auslesen, das Abfragen, die Verwendung, die Offenlegung durch Übermittlung, Verbreitung oder eine andere Form der Bereitstellung, den Abgleich oder die Verknüpfung, die Einschränkung, das Löschen oder die Vernichtung". Die Richtlinie (EU) 2016/680 kennt nur noch den Begriff des „Verarbeitens", die in ihrer Umsetzung den aktuellen bundesdatenschutzrechtlichen Dreiklang von „Erheben, Verarbeiten und Nutzen" konsumieren wird. Verarbeiten i. S. v. Abs. 1 ist umfassend im Sinne der Richtlinie (EU) 2016/680 auszulegen und erfasst sämtliche Tätigkeiten im Zusammenhang mit personenbezogenen Daten."[8]

III. Speicherung und Abgleich von personenbezogenen Daten (§ 29 Abs. 2 GwG)

Nach § 29 Abs. 2 GwG darf die Zentralstelle personenbezogene Daten, die sie zur Erfüllung ihrer Aufgaben gespeichert hat, mit anderen Daten abgleichen, wenn dies nach diesem Gesetz oder nach einem anderen Gesetz zulässig ist. 7

Gemäß der Gesetzesbegründung handelt es sich hierbei um eine rein **deklaratorische**, also klarstellende Regelung.[9] Demnach darf die Zentralstelle bestimmte Daten nutzen, soweit sie dazu nach dem GwG oder einem anderen Gesetz befugt ist.[10] 8

IV. Datenverarbeitung zu Fortbildungszwecken oder statistischen Zwecken (§ 29 Abs. 3 GwG)

Die Zentralstelle darf nach § 29 Abs. 3 GwG personenbezogene Daten, die bei ihr vorhanden sind, zu Fortbildungszwecken oder zu statistischen Zwecken verarbeiten, soweit eine Verarbeitung anonymisierter Daten zu diesen Zwecken nicht möglich ist. 9

---

8 BT-Drs. 18/11555, S. 140; Formulierungen wurden im Vergleich zum Originalwortlaut teilweise gekürzt.
9 BT-Drs. 18/11555, S. 140.
10 BT-Drs. 18/11555, S. 140.

GwG § 29 Datenverarbeitung und weitere Verwendung

10 Zum Begriff der Verarbeitung wird auf die Ausführungen oben unter Rn. 6 verwiesen.

11 In der Gesetzesbegründung wird hervorgehoben, dass eine **„schrankenlose" Verarbeitung** von personenbezogenen Daten nicht zulässig ist.[11] Demnach muss bei der Datenverarbeitung das **Recht auf informationelle Selbstbestimmung** nach Art. 2 Abs. 1 i.V.m. Art. 1 Abs. 1 GG gewahrt werden.[12] Die zu Fortbildungsmaßnahmen oder statistischen Zwecken genutzten Daten müssen daher zum Schutz des Betroffenen „in der Regel" anonymisiert werden.[13]

---

11 BT-Drs. 18/11555, S. 140.
12 BT-Drs. 18/11555, S. 140.
13 BT-Drs. 18/11555, S. 140.

§ 30 Entgegennahme und Analyse von Meldungen

(1) Die Zentralstelle für Finanztransaktionsuntersuchungen hat zur Erfüllung ihrer Aufgaben folgende Meldungen und Informationen entgegenzunehmen und zu verarbeiten:

1. Meldungen von Verpflichteten nach § 43 sowie Meldungen von Aufsichtsbehörden nach § 44,
2. Mitteilungen von Finanzbehörden nach § 31b der Abgabenordnung,
3. Informationen, die ihr übermittelt werden
    a) nach Artikel 5 Absatz 1 der Verordnung (EG) Nr. 1889/2005 des Europäischen Parlaments und des Rates vom 26. Oktober 2005 über die Überwachung von Barmitteln, die in die Gemeinschaft oder aus der Gemeinschaft verbracht werden (ABl. L 309 vom 25.11.2005, S. 9), und
    b) nach § 12a des Zollverwaltungsgesetzes, und
4. sonstige Informationen aus öffentlichen und nicht öffentlichen Quellen im Rahmen ihres Aufgabenbereiches.

(2) Die Zentralstelle für Finanztransaktionsuntersuchungen analysiert die Meldungen nach den §§ 43 und 44 sowie die Mitteilungen nach § 31b der Abgabenordnung, um zu prüfen, ob der gemeldete Sachverhalt im Zusammenhang mit Geldwäsche, mit Terrorismusfinanzierung oder mit einer sonstigen Straftat steht.

(3) Die Zentralstelle für Finanztransaktionsuntersuchungen kann unabhängig vom Vorliegen einer Meldung Informationen von Verpflichteten einholen, soweit dies zur Erfüllung ihrer Aufgaben erforderlich ist. Zur Beantwortung ihres Auskunftsverlangens gewährt sie dem Verpflichteten eine angemessene Frist. Verpflichtete nach § 2 Absatz 1 Nummer 10 und 12 können die Auskunft verweigern, soweit sich das Auskunftsverlangen auf Informationen bezieht, die sie im Rahmen der Rechtsberatung oder der Prozessvertretung des Vertragspartners erhalten haben. Die Auskunftspflicht bleibt jedoch bestehen, wenn der Verpflichtete weiß, dass der Vertragspartner die Rechtsberatung für den Zweck der Geldwäsche oder der Terrorismusfinanzierung in Anspruch genommen hat oder nimmt.

GwG § 30 Entgegennahme und Analyse von Meldungen

Übersicht

	Rn.		Rn.
I. Allgemeines	1	III. Analyse und Prüfung (§ 30 Abs. 2 GwG)	8
II. Relevante Meldungen und Informationen (§ 30 Abs. 1 GwG)	3	IV. Auskunftsverlangen und Auskunftsverweigerung (§ 30 Abs. 3 GwG)	13
1. Sonstige Informationen aus öffentlichen Quellen	6		
2. Sonstige Informationen aus nicht öffentlichen Quellen	7		

I. Allgemeines

1 Die Regelungen zur Zentralstelle für Finanztransaktionsuntersuchungen in Abschnitt 5 des GwG wurden durch das Gesetz zur Umsetzung der Vierten EU-Geldwäscherichtlinie, zur Ausführung der EU-Geldtransferverordnung und zur Neuorganisation der Zentralstelle für Finanztransaktionsuntersuchungen[1] vom 23.6.2017[2] vollständig überarbeitet (vgl. zu den Neuerungen durch die GwG-Novelle ausführlich unter § 27 Rn. 1 ff.).[3]

2 § 30 GwG regelt mit der Entgegennahme und Analyse von Meldungen eine **zentrale Aufgabe der FIU**. § 30 Abs. 1 GwG normiert die unterschiedlichen Arten von Meldungen, die von der Zentralstelle entgegenzunehmen und im Rahmen der operativen Analyse zu verarbeiten sind. Weiterhin werden in § 30 Abs. 2 GwG **Vorgaben für die Analysetätigkeit** der FIU geschaffen und in § 30 Abs. 3 GwG die Vorgaben für **Auskunftsverlangen** gegenüber Verpflichteten normiert. Zudem wird in § 30 Abs. 3 GwG analog zu § 43 Abs. 2 GwG unter bestimmten Voraussetzungen ein **Auskunftsverweigerungsrecht** in Verdachtsfällen für bestimmte Berufsträger normiert, deren Mandatsverhältnis grundsätzlich der Schweigepflicht unterliegt.

II. Relevante Meldungen und Informationen (§ 30 Abs. 1 GwG)

3 Nach § 30 Abs. 1 GwG hat die Zentralstelle zur Erfüllung ihrer Aufgaben die nachfolgenden **Meldungen und Informationen entgegenzunehmen und zu verarbeiten**:
– Verdachtsmeldungen von Verpflichteten nach § 43 GwG,
– Verdachtsmeldungen von Aufsichtsbehörden nach § 44 GwG,

---

1 Nachfolgend auch als „Zentralstelle", „zentrale Meldestelle" oder „FIU" bezeichnet.
2 BGBl. I Nr. 39, 1822 ff. (nachfolgend auch bezeichnet als „GwG-Novelle 2017").
3 BT-Drs. 18/11555, S. 136.

III. Analyse und Prüfung (§ 30 Abs. 2 GwG) § 30 GwG

– Mitteilungen von Finanzbehörden im Zusammenhang mit Geldwäsche oder Terrorismusfinanzierung nach § 31b AO sowie
– weitere Informationen, die ihr übermittelt werden.

Diese **weiteren Informationen** können sich gem. § 30 Abs. 1 Nr. 3 GwG ergeben aus: 4

– Mitteilungen der zuständigen Behörden – dies dürfte i.d.R. der Zoll sein – gem. Art. 5 Abs. 1 der Verordnung (EG) Nr. 1889/2005 vom 26.10.2005 über die Überwachung von Barmitteln, die in die Gemeinschaft oder aus der Gemeinschaft verbracht werden,[4]
– Mitteilungen des Zolls nach § 12a ZollVG zur Überwachung des grenzüberschreitenden Verkehrs mit Barmitteln und gleichgestellten Zahlungsmitteln sowie
– sonstigen Informationen aus öffentlichen und nicht öffentlichen Quellen im Rahmen ihres Aufgabenbereichs.

Der Begriff der **sonstigen Informationen** aus § 30 Abs. 1 Nr. 3 GwG wird in 5 der Gesetzesbegründung nicht näher erläutert. Der Begriff dürfte jedoch weit zu verstehen sein und als **Auffangtatbestand** für alle für die Tätigkeit der Zentralstelle relevanten Informationen dienen, die nicht bereits explizit durch die in § 30 Abs. 1 GwG genannten Tatbestände umfasst sind.

1. Sonstige Informationen aus öffentlichen Quellen

Sonstige Informationen aus öffentlichen Quellen mit Bezug zum Aufgabenbereich der FIU könnten daher bspw. auch Nachrichten und Pressemitteilungen im Zusammenhang mit Geldwäsche und Terrorismusfinanzierung sein. 6

2. Sonstige Informationen aus nicht öffentlichen Quellen

Als sonstige Informationen aus nicht öffentlichen Quellen sind demgegenüber 7 solche Informationen anderer inländischer und ausländischer Behörden im Zusammenhang mit Geldwäsche und Terrorismusfinanzierung denkbar.

III. Analyse und Prüfung (§ 30 Abs. 2 GwG)

Nach § 30 Abs. 2 GwG **analysiert** die Zentralstelle die **Meldungen** nach den 8 §§ 43 und 44 GwG (d.h. Verdachtsmeldungen) sowie die **Mitteilungen** nach § 31b AO (d.h. Wegfall des Steuergeheimnisses bei Mitteilungen zur Bekämpfung der Geldwäsche und der Terrorismusfinanzierung), um zu prüfen, ob der

---
4 ABl. L 309 vom 25.11.2005, S. 9 (letzter Abruf am 21.10.2017).

GwG § 30 Entgegennahme und Analyse von Meldungen

gemeldete Sachverhalt im Zusammenhang mit Geldwäsche, Terrorismusfinanzierung oder einer sonstigen Straftat steht.

9   Die Analysetätigkeit bezieht sich auf die gesetzlich in § 28 Abs. 1 Nr. 2 GwG normierte „**einzelfallbezogene**" operative Analyse, die eine zentrale Tätigkeit der FIU darstellt.[5]

10 Zur Erläuterung des Vorgehens bei der operativen Analyse verweist der Gesetzgeber direkt auf den Wortlaut der Richtlinie: Gemäß der Gesetzesbegründung erfolgt die operative Analyse der FIU unter Beachtung der Vorgaben des Art. 32 Abs. 8 i.V.m. Abs. 3 Satz 2 und 3 Vierte Geldwäscherichtlinie.[6] Demnach muss „die operative Analyse" insbesondere „mit **Schwerpunkt auf Einzelfälle und Einzelziele** oder auf geeignete ausgewählte Informationen, je nach Art und Umfang der empfangenen Informationen und der voraussichtlichen Verwendung der Informationen nach ihrer Weitergabe" erfolgen (Art. 32 Abs. 8 lit. a) Vierte Geldwäscherichtlinie).

11 Überdies sind nach Art. 32 Abs. 3 Satz 2 und 3 Vierte Geldwäscherichtlinie alle Informationen „**von Belang**" zu analysieren und bei Bedarf an zuständige Behörden weiterzugeben. Der Verweis auf den Richtlinientext verdeutlicht die **originäre Intention** des Richtliniengebers, die vom deutschen Gesetzgeber übernommen wurde: Die Zentralstelle soll eine **analytische und eigenverantwortliche Einzelfallprüfung** vornehmen, wobei sie alle relevanten Informationen einbezieht, bewertet und eigene Schlussfolgerungen und Konsequenzen (wie bspw. die Übermittlung von Informationen an andere zuständige Behörden) ableitet.

12 Hingegen erfolgt die operative Analyse der in § 30 Abs. 1 Nr. 3 und 4 GwG aufgeführten Informationen nach dem Willen des Gesetzgebers in „**pflichtgemäßem Ermessen**" und diese „können in jedem Fall bei der Bewertung der Meldungen nach §§ 43 und 44 GwG sowie der Mitteilungen nach § 31b AO ergänzend herangezogen werden".[7] Dies betrifft die der Zentralstelle durch den Zoll übermittelten Informationen insbes. zum Bargeldverkehr (Nr. 3) sowie die sonstigen Informationen aus öffentlichen und nicht öffentlichen Quellen im Rahmen ihres Aufgabenbereichs (Nr. 4).

IV. Auskunftsverlangen und Auskunftsverweigerung (§ 30 Abs. 3 GwG)

13 Nach § 30 Abs. 3 GwG kann die Zentralstelle unabhängig vom Vorliegen einer Meldung **Informationen** von Verpflichteten einholen, soweit dies zur Erfüllung

---

5 BT-Drs. 18/11555, S. 140.
6 BT-Drs. 18/11555, S. 140.
7 BT-Drs. 18/11555, S. 140.

IV. Auskunftsverlangen und Auskunftsverweigerung § 30 GwG

ihrer Aufgaben erforderlich ist. Zur Beantwortung ihres Auskunftsverlangens gewährt sie dem Verpflichteten eine **angemessene Frist**. Verpflichtete nach § 2 Abs. 1 Nr. 10 (d.h. bzgl. bestimmter Geschäfte Rechtsanwälte, Patentanwälte, Notare etc.) und 12 GwG (z. B. Wirtschaftsprüfer, Steuerberater etc.) können die **Auskunft verweigern**, soweit sich das Auskunftsverlangen auf Informationen bezieht, die sie im Rahmen der Rechtsberatung oder der Prozessvertretung des Vertragspartners erhalten haben. Die **Auskunftspflicht bleibt jedoch bestehen**, wenn der Verpflichtete weiß, dass der Vertragspartner die Rechtsberatung für den Zweck der Geldwäsche oder der Terrorismusfinanzierung in Anspruch genommen hat oder nimmt (§ 30 Abs. 3 Satz 4 GwG). Dies entspricht dem **Regelungsgehalt des § 43 Abs. 2 GwG**, wonach die Pflicht zur Erstattung einer Verdachtsmeldung in einem, von der Schweigepflicht umfassten, Mandatsverhältnis besteht, wenn der Berufsträger positiv wusste, dass das Mandatsverhältnis für den Zweck der Geldwäsche, Terrorismusfinanzierung oder einer anderen Straftat genutzt wird oder wurde (vgl. dazu auch § 43 Rn. 26 ff.).

Die **Auskunftsverpflichtung** von Verpflichteten dient zur Umsetzung von Art. 32 Abs. 3 Satz 4 Vierte Geldwäscherichtlinie,[8] wonach die Zentralstelle zur erfolgreichen Durchführung ihrer Analysetätigkeit ermächtigt sein muss, Informationen von den Verpflichteten einzuholen. 14

Die Möglichkeit zur **Auskunftsverweigerung** für bestimmte Verpflichtete entspricht wiederum den Vorgaben von Art. 34 Abs. 2 i.V.m. Art. 33 Abs. 1 lit. b) Vierte Geldwäscherichtlinie.[9] 15

---

8 BT-Drs. 18/11555, S. 141.
9 BT-Drs. 18/11555, S. 141.

§ 31 Auskunftsrecht gegenüber inländischen öffentlichen Stellen, Datenzugriffsrecht

(1) Die Zentralstelle für Finanztransaktionsuntersuchungen kann, soweit es zur Erfüllung ihrer Aufgaben erforderlich ist, bei inländischen öffentlichen Stellen Daten erheben. Die inländischen öffentlichen Stellen erteilen der Zentralstelle für Finanztransaktionsuntersuchungen zur Erfüllung von deren Aufgaben auf deren Ersuchen Auskunft, soweit der Auskunft keine Übermittlungsbeschränkungen entgegenstehen.

(2) Die Anfragen sind von der inländischen öffentlichen Stelle unverzüglich zu beantworten. Daten, die mit der Anfrage im Zusammenhang stehen, sind zur Verfügung zu stellen.

(3) Die Zentralstelle für Finanztransaktionsuntersuchungen soll ein automatisiertes Verfahren für die Übermittlung personenbezogener Daten, die bei anderen inländischen öffentlichen Stellen gespeichert sind und zu deren Erhalt die Zentralstelle für Finanztransaktionsuntersuchungen gesetzlich berechtigt ist, durch Abruf einrichten, soweit gesetzlich nichts anderes bestimmt ist und diese Form der Datenübermittlung unter Berücksichtigung der schutzwürdigen Interessen der betroffenen Personen wegen der Vielzahl der Übermittlungen oder wegen ihrer besonderen Eilbedürftigkeit angemessen ist. Zur Kontrolle der Zulässigkeit des automatisierten Abrufverfahrens hat die Zentralstelle für Finanztransaktionsuntersuchungen schriftlich festzulegen:

1. den Anlass und den Zweck des Abgleich- oder Abrufverfahrens,
2. die Dritten, an die übermittelt wird,
3. die Art der zu übermittelnden Daten und
4. die technischen und organisatorischen Maßnahmen zur Gewährleistung des Datenschutzes.

(4) Die Zentralstelle für Finanztransaktionsuntersuchungen ist berechtigt, soweit dies zur Erfüllung ihrer Aufgaben nach § 28 Absatz 1 Satz 2 Nummer 2 erforderlich ist, die in ihrem Informationssystem gespeicherten, personenbezogenen Daten mit den im polizeilichen Informationssystem nach § 11 Absatz 1 und 2 in Verbindung mit § 13 Absatz 1 und 3 des Bundeskriminalamtgesetzes enthaltenen, personenbezogenen Daten automatisiert abzugleichen. Wird im Zuge des Abgleichs nach Satz 1 eine Übereinstimmung übermittelter Daten mit im polizeilichen Informationssystem gespeicherten Daten festgestellt, so erhält die Zentralstelle für Finanztransaktionsuntersuchungen automatisiert die Information über das Vorliegen eines Treffers und ist berechtigt, die dazu im polizeilichen Informationssystem vorhande-

nen Daten automatisiert abzurufen. Haben die Teilnehmer am polizeilichen Informationssystem Daten als besonders schutzwürdig eingestuft und aus diesem Grund einen Datenabruf der Zentralstelle für Finanztransaktionsuntersuchungen nach Satz 2 ausgeschlossen, erhält der datenbesitzende Teilnehmer am polizeilichen Informationssystem automatisiert die Information über das Vorliegen eines Treffers. In diesem Fall obliegt es dem jeweiligen datenbesitzenden Teilnehmer des polizeilichen Informationssystems, mit der Zentralstelle für Finanztransaktionsuntersuchungen unverzüglich Kontakt aufzunehmen und ihr die Daten zu übermitteln, soweit dem keine Übermittlungsbeschränkungen entgegenstehen. Die Regelungen der Sätze 1 bis 4 gehen der Regelung des § 11 Absatz 5 des Bundeskriminalamtgesetzes vor. Die Einrichtung eines weitergehenden automatisierten Abrufverfahrens für die Zentralstelle für Finanztransaktionsuntersuchungen ist mit Zustimmung des Bundesministeriums des Innern, des Bundesministeriums der Finanzen und der Innenministerien und Senatsinnenverwaltungen der Länder zulässig, soweit diese Form der Datenübermittlung unter Berücksichtigung der schutzwürdigen Interessen der Betroffenen wegen der Vielzahl der Übermittlungen oder wegen der besonderen Eilbedürftigkeit angemessen ist.

(5) Finanzbehörden erteilen der Zentralstelle für Finanztransaktionsuntersuchungen nach Maßgabe des § 31b Absatz 1 Nummer 5 der Abgabenordnung Auskunft und teilen ihr nach § 31b Absatz 2 der Abgabenordnung die dort genannten Informationen mit. Die Zentralstelle für Finanztransaktionsuntersuchungen darf zur Vorbereitung von Auskunftsersuchen gegenüber Finanzämtern unter Angabe des Vornamens, des Nachnamens und der Anschrift oder des Geburtsdatums einer natürlichen Person aus der Datenbank nach § 139b der Abgabenordnung automatisiert abrufen, bei welchem Finanzamt und unter welcher Steuernummer diese natürliche Person geführt wird. Ein automatisierter Abruf anderer Daten, die bei den Finanzbehörden gespeichert sind und die nach § 30 der Abgabenordnung dem Steuergeheimnis unterliegen, durch die Zentralstelle für Finanztransaktionsuntersuchungen ist nur möglich, soweit dies nach der Abgabenordnung oder den Steuergesetzen zugelassen ist. Abweichend von Satz 3 findet für den automatisierten Abruf von Daten, die bei den Finanzbehörden der Zollverwaltung gespeichert sind und für deren Erhalt die Zentralstelle für Finanztransaktionsuntersuchungen die gesetzliche Berechtigung hat, Absatz 3 Anwendung.

(6) Die Zentralstelle für Finanztransaktionsuntersuchungen darf zur Erfüllung ihrer Aufgaben bei den Kreditinstituten nach § 2 Absatz 1 Nummer 1 und bei den Instituten nach § 2 Absatz 1 Nummer 3 Daten aus den von ihnen nach § 24c Absatz 1 des Kreditwesengesetzes zu führenden Dateien im auto-

GwG § 31   Auskunftsrecht gegenüber inländischen öffentlichen Stellen

matisierten Verfahren abrufen. Für die Datenübermittlung gilt § 24c Absatz 4 bis 8 des Kreditwesengesetzes entsprechend.

(7) Soweit zur Überprüfung der Personalien des Betroffenen erforderlich, darf die Zentralstelle für Finanztransaktionsuntersuchungen im automatisierten Abrufverfahren nach § 38 des Bundesmeldegesetzes über die in § 38 Absatz 1 des Bundesmeldegesetzes aufgeführten Daten hinaus folgende Daten abrufen:

1. derzeitige Staatsangehörigkeiten,
2. frühere Anschriften, gekennzeichnet nach Haupt- und Nebenwohnung, und
3. Ausstellungsbehörde, Ausstellungsdatum, Gültigkeitsdauer, Seriennummer des Personalausweises, vorläufigen Personalausweises oder Ersatzpersonalausweises, des anerkannten und gültigen Passes oder Passersatzpapiers.

Übersicht

	Rn.		Rn.
I. Allgemeines	1	V. Datenabruf von Finanzbehörden (§ 31 Abs. 5 GwG)	23
II. Auskunftsrecht und Auskunftsverpflichtung (§ 31 Abs. 1, 2 GwG)	3	VI. Kontenabrufverfahren nach § 24c KWG (§ 31 Abs. 6 GwG)	27
III. Automatisiertes Abrufverfahren (§ 31 Abs. 3 GwG)	7	VII. Abruf von Meldedaten (§ 31 Abs. 7 GwG)	29
IV. Datenabruf aus polizeilichem Informationssystem (§ 31 Abs. 4 GwG)	15		

I. Allgemeines

1   Die Regelungen zur Zentralstelle für Finanztransaktionsuntersuchungen in Abschnitt 5 des GwG wurden durch das Gesetz zur Umsetzung der Vierten EU-Geldwäscherichtlinie, zur Ausführung der EU-Geldtransferverordnung und zur Neuorganisation der Zentralstelle für Finanztransaktionsuntersuchungen[1] vom 23.6.2017[2] vollständig überarbeitet (vgl. zu den Neuerungen durch die GwG-Novelle ausführlich unter § 27 Rn. 1 ff.).[3]

2   Durch § 31 GwG wird Art. 32 Abs. 4 Satz 1 der Vierten Geldwäscherichtlinie umgesetzt.[4] § 31 GwG regelt das Auskunftsrecht gegenüber inländischen öffent-

---

1   Nachfolgend auch als „Zentralstelle", „zentrale Meldestelle" oder „FIU" bezeichnet.
2   BGBl. I Nr. 39, S. 1822 ff. (nachfolgend auch bezeichnet als „GwG-Novelle 2017").
3   BT-Drs. 18/11555, S. 136.
4   BT-Drs. 18/11555, S. 141.

lichen Stellen sowie die Datenzugriffsrechte der Zentralstelle. Kern der Datenzugriffsrechte sind die in § 31 GwG normierten, **verschiedenen automatisierten Datenabrufverfahren**: bei anderen inländischen öffentlichen Stellen (Abs. 3), dem polizeilichen Informationssystem (Abs. 4) sowie der Möglichkeit zur Einrichtung eines darüber hinausgehenden automatisierten Abrufverfahrens (Abs. 4 Satz 6), Finanzbehörden (Abs. 5), Kreditinstituten sowie bestimmten Instituten (Abs. 6) durch das Kontoabrufverfahren nach § 24c KWG und dem Abruf von Meldedaten (Abs. 7).

II. Auskunftsrecht und Auskunftsverpflichtung (§ 31 Abs. 1, 2 GwG)

Die Zentralstelle kann zur Erfüllung ihrer Aufgaben bei inländischen öffentlichen Stellen Daten **erheben** (§ 31 Abs. 1 Satz 1 GwG). Sie ist ebenfalls befugt, diese Daten zu **verarbeiten**.[5] Gem. Art. 43 Vierte Geldwäscherichtlinie ist die Verarbeitung personenbezogener Daten auf der Grundlage der Geldwäscherichtlinie zu Zwecken der Verhinderung von Geldwäsche und Terrorismusfinanzierung als Angelegenheit von öffentlichem Interesse gemäß der Richtlinie 95/46/EG vom 24.10.1995 zum Schutz natürlicher Personen bei der Verarbeitung personenbezogener Daten und zum freien Datenverkehr[6] anzusehen.

3

Die inländischen öffentlichen Stellen erteilen der Zentralstelle zur Erfüllung von deren Aufgaben auf deren Ersuchen Auskunft, soweit der Auskunft keine Übermittlungsbeschränkungen entgegenstehen (§ 31 Abs. 1 Satz 2 GwG). Durch die Auskunftsverpflichtung der inländischen öffentlichen Stellen wird Art. 32 Abs. 4 Satz 1 Vierte Geldwäscherichtlinie umgesetzt.[7] Das Auskunftsrecht der Zentralstelle in § 31 Abs. 1 GwG korrespondiert mit der Auskunftsverpflichtung der inländischen öffentlichen Stellen in § 31 Abs. 2 GwG.[8]

4

Es darf jedoch keine Beschränkung der Auskunftsverpflichtung durch **Übermittlungsbeschränkungen** bestehen. Übermittlungsbeschränkungen können sich bspw. ergeben aus:[9] **§ 23 BVerfSchG** (Bundesverfassungsschutzgesetz) für die Verwendung unrichtiger personenbezogener Daten in Akten oder aus **§ 27 BKAG** (Bundeskriminalamtgesetz) bei Verletzung von schutzwürdigen Interessen des Betroffenen bzw. besonderen bundesgesetzlichen Verwendungsregelungen.

5

---

5 BT-Drs. 18/11555, S. 141.
6 Abrufbar unter: http://eur-lex.europa.eu/legal-content/DE/TXT/?uri=celex%3A31995L0046 (letzter Abruf am 22.10.2017).
7 BT-Drs. 18/11555, S. 141.
8 BT-Drs. 18/11555, S. 141.
9 BT-Drs. 18/11555, S. 141.

GwG § 31   Auskunftsrecht gegenüber inländischen öffentlichen Stellen

6   Schließlich muss die angefragte Stelle nach § 31 Abs. 2 GwG **unverzüglich** antworten und die mit der Anfrage in Zusammenhang stehenden Daten zur Verfügung stellen.

III. Automatisiertes Abrufverfahren (§ 31 Abs. 3 GwG)

7   Nach § 31 Abs. 3 Satz 1 GwG soll die Zentralstelle ein automatisiertes Verfahren für die Übermittlung personenbezogener Daten, zu deren Erhalt sie gesetzlich berechtigt ist und die bei anderen inländischen öffentlichen Stellen gespeichert sind, durch Abruf einrichten. Ziel der Schaffung einer Möglichkeit zur Einrichtung eines automatisierten Datenabrufverfahrens nach § 31 Abs. 3 GwG ist die Reduzierung von personellen Aufwänden bei FIU und inländischen öffentlichen Stellen.[10]

8   Die Norm ist als **Sollvorschrift** ausgestaltet, es besteht also keine Verpflichtung für die FIU, diese Anforderung umzusetzen. Insbesondere können **technische, zeitliche und finanzielle** Aspekte gegen die Einrichtung des automatisierten Abrufverfahrens angeführt werden.[11]

9   **Eingeschränkt** wird die Vorgabe überdies in § 31 Abs. 3 Satz 1 GwG durch das Kriterium der **Angemessenheit**. Der automatisierte Datenabruf muss demnach im Hinblick auf die **schutzwürdigen Interessen** der betroffenen Personen bei einer Vielzahl von Übermittlungen sowie aufgrund **besonderer Eilbedürftigkeit** angemessen sein.

10   Es werden zudem bestimmte Kriterien für die **Zulässigkeit** in § 31 Abs. 3 Satz 2 GwG definiert (insbes. Anlass und Zweck des Abgleich- oder Abrufverfahrens, Übermittlungsempfänger, Art der übermittelten Daten und technische und organisatorische Maßnahmen zur Gewährleistung des Datenschutzes), die im Falle der Einrichtung eines automatisierten Abrufverfahrens durch die Zentralstelle festzulegen sind.

11   Gemäß der Gesetzesbegründung beinhaltet das automatisierte Abrufverfahren nach § 31 GwG ein **zweistufiges Verfahren** der Zentralstelle:[12]

– Im **ersten Schritt** erfolgt **immer** ein Datenabgleich und
– im **zweiten Schritt** wird, sofern möglich, ein Datenabruf vorgenommen.

12   Sofern der Datenabruf im **zweiten Schritt** nicht möglich ist, kann der Datenabgleich auch „eigenständig Bestand haben".[13] Bei einem erfolgreichen Datenabgleich, also sofern die Informationen bei der „datenbesitzenden Behörde" vor-

---

10   BT-Drs. 18/11555, S. 142.
11   BT-Drs. 18/11555, S. 142.
12   BT-Drs. 18/11555, S. 142.
13   BT-Drs. 18/11555, S. 142.

liegen, erfolgt anschließend die automatisierte Datenübermittlung (d.h. der Datenabruf). Dann fallen Datenabgleich und Datenabruf zusammen.[14]

Datenabgleich meint „die automatisierte Übermittlung von Fundstellendatensätzen durch die Zentralstelle (...) an eine datenbesitzende Behörde zum Zwecke der Überprüfung auf Übereinstimmung mit dort vorhandenen Daten, worüber die Zentralstelle für Finanztransaktionsuntersuchungen eine automatisierte Information erhält."[15]

13

Letztlich wird der Zentralstelle durch das automatisierte Abrufverfahren nach § 31 GwG „das Recht eingeräumt", über die bei der jeweiligen Stelle vorhandenen personenbezogenen Daten „**eigenständig zu verfügen**".[16]

14

IV. Datenabruf aus polizeilichem Informationssystem (§ 31 Abs. 4 GwG)

§ 31 Abs. 4 GwG stellt eine **lex specialis** für den automatisierten Datenabgleich hinsichtlich Daten aus dem polizeilichen Informationssystem dar.[17] Die Ermächtigung zum Datenabgleich bezieht sich auf Daten, die von der Zentralstelle zur operativen Analyse nach § 28 Abs. 1 Satz 2 Nr. 2 GwG benötigt werden.[18]

15

Die Aufgabe wurde bislang von den bei den Landeskriminalämtern eingerichteten Gemeinsamen Finanzermittlungsgruppen Zoll/Polizei (GFG) im Rahmen der dort erfolgten „Vorabklärung" einer Geldwäscheverdachtsmeldung wahrgenommen.[19] Durch die GwG-Novelle ist diese Aufgabe auf die neue FIU übergegangen.

16

Nach § 31 Abs. 4 GwG ist die Zentralstelle zum automatisierten Datenabgleich der bei ihr gespeicherten personenbezogenen Daten mit den Daten aus dem **polizeilichen Informationssystem** nach § 13 Abs. 1 und 3 BKAG befugt. Voraussetzung hierfür ist nach § 31 Abs. 4 Satz 2 GwG, dass bei dem Datenabgleich eine Übereinstimmung mit den übermittelten Daten festgestellt wird. Besondere Vorkehrungen gelten nach § 31 Abs. 4 Satz 3 GwG für den Fall von Daten, die von einem Teilnehmer am polizeilichen Informationssystem als **besonders schutzwürdig** eingestuft wurden und daher für den Datenabruf nicht verfügbar sind. Die Zentralstelle wird dann automatisiert über einen Treffer informiert (§ 31 Abs. 4 Satz 3 GwG). Dieses Vorgehen nach § 31 Abs. 4 Satz 3 GwG wird

17

---

14 BT-Drs. 18/11555, S. 142.
15 BT-Drs. 18/11555, S. 142.
16 BT-Drs. 18/11555, S. 142.
17 BT-Drs. 18/11555, S. 142.
18 BT-Drs. 18/11555, S. 142.
19 BT-Drs. 18/11555, S. 142.

als sog. „**Hit-/No-hit-Verfahren (Treffer-/Nicht-Treffer-Verfahren)**" bezeichnet.[20]

18 Anschließend muss die datenbesitzende Stelle **unverzüglich** (vgl. zur Definition § 8 Rn. 39) Kontakt zur Zentralstelle aufnehmen und die angefragten Daten an diese übermitteln, sofern keine Übermittlungsbeschränkungen bestehen (§ 31 Abs. 4 Satz 4 GwG).

19 Allerdings steht es der datenbesitzenden Stelle nach dem Willen des Gesetzgebers zu, in Einzelfällen von der Kontaktaufnahme zur Zentralstelle **abzusehen** und diese nicht über die Datenübereinstimmung zu informieren.[21] Von dieser **Ausnahme** kann nach der Gesetzesbegründung Gebrauch gemacht werden, wenn die „Tatsache, dass ein Ermittlungsverfahren gegen eine oder mehrere bestimmte Personen geführt wird, als **besonders schutzbedürftig** eingestuft wird und damit die bloße Offenbarung dieser Tatsache zu einer Gefährdung des Ermittlungserfolges führen könnte".

20 **Übermittlungsbeschränkungen** können nach der Meinung des Gesetzgebers bspw. vorliegen, wenn sich die Bereitstellung der Daten negativ auf den Erfolg laufender Ermittlungen auswirken könnte, Maßnahmen im Bereich der Gefahrenabwehr beeinträchtigt werden könnten oder Bedingungen ausländischer Stellen zur Verwendung der Daten dem entgegenstehen könnten.[22] Der datenbesitzenden Stelle steht ein **Ermessensspielraum** bei der Entscheidung über das Vorliegen von **Übermittlungsbeschränkungen** zu.[23]

21 Nach § 31 Abs. 4 Satz 5 GwG gehen die Regelungen des § 31 Abs. 1 bis 4 GwG den Vorgaben zum automatisierten Datenabruf im polizeilichen Informationssystem nach § 11 Abs. 5 BKAG vor.

22 Nach § 31 Abs. 4 Satz 6 GwG kann mit Zustimmung des Bundesministeriums des Innern, des Bundesministeriums der Finanzen sowie der Innenministerien und Senatsinnenverwaltungen der Länder ein **weitergehendes automatisiertes Abrufverfahren** für die Zentralstelle eingerichtet werden, sofern dieses unter Berücksichtigung der schutzwürdigen Interessen der Betroffenen aufgrund der Vielzahl der Übermittlungen oder der besonderen Eilbedürftigkeit angemessen ist. Hiervon wurde bislang kein Gebrauch gemacht.

---

20 BT-Drs. 18/11555, S. 142.
21 BT-Drs. 18/11555, S. 143.
22 BT-Drs. 18/11555, S. 143.
23 BT-Drs. 18/11555, S. 143.

V. Datenabruf von Finanzbehörden (§ 31 Abs. 5 GwG)

§ 31 Abs. 5 GwG stellt eine **lex specialis** für den automatisierten Datenabruf im Hinblick auf Finanzbehörden dar.[24]

23

Nach § 31 Abs. 5 GwG kann die Zentralstelle Auskunftsersuchen an die Finanzbehörden richten. Die Finanzbehörden beantworten Auskunftsersuchen nach § 31b Abs. 1 Nr. 5 AO und teilen die angefragten Informationen nach § 31b Abs. 2 AO mit (§ 31 Abs. 5 Satz 1 GwG). Der Verweis auf die Vorgaben des § 31b AO hat lediglich klarstellenden Charakter.[25] Hierdurch soll deutlich gemacht werden, dass der Auskunft der Finanzbehörden nicht das **Steuergeheimnis** nach § 30 AO entgegensteht.[26]

24

Auskunftsersuchen der Zentralstelle sollen nach dem Willen des Gesetzgebers ausschließlich **zielgerichtet** an das jeweils zuständige Finanzamt gestellt werden.[27] Aus diesem Grund darf die Zentralstelle zur Vorbereitung des Auskunftsersuchens nach § 31 Abs. 5 Satz 2 GwG unter Angabe von Vorname, Nachname, Anschrift oder des Geburtsdatums einer natürlichen Person im Wege des automatisierten Abrufverfahrens (§ 139b AO) ermitteln, „ob und ggf. bei welchem Finanzamt und unter welcher Steuernummer die betreffende Person steuerlich geführt wird".[28] Durch die Möglichkeit zielgerichteter Anfragen soll eine „**Effizienzsteigerung**" bei der Tätigkeit von Zentralstelle und Finanzbehörden erreicht und vermieden werden, dass sich insbes. ein Finanzamt mit Anfragen beschäftigt, für das es nicht zuständig ist.[29]

25

Die **Grenzen des automatisierten Datenabrufs** legt § 31 Abs. 5 Satz 3 GwG fest: Danach ist ein automatisierter Datenabruf nach § 30 AO nur möglich, soweit dieser nach der AO bzw. den Steuergesetzen zulässig ist. Hiervon abweichend dürfen die bei den Finanzbehörden der Zollverwaltung gespeicherten Daten wiederum nach § 31 Abs. 3 GwG im Wege des automatisierten Verfahrens abgerufen werden (§ 31 Abs. 5 Satz 4 GwG). Hierzu wird auf die Ausführungen oben unter Rn. 15 ff. verwiesen.

26

---

24 BT-Drs. 18/11555, S. 143.
25 BT-Drs. 18/11555, S. 143.
26 BT-Drs. 18/11555, S. 143.
27 BT-Drs. 18/11555, S. 143.
28 Vgl. dazu auch BT-Drs. 18/11555, S. 143.
29 Vgl. dazu auch BT-Drs. 18/11555, S. 143.

GwG § 31   Auskunftsrecht gegenüber inländischen öffentlichen Stellen

VI. Kontenabrufverfahren nach § 24c KWG (§ 31 Abs. 6 GwG)

27   Nach § 31 Abs. 6 GwG ist die Zentralstelle befugt, bei Kreditinstituten nach § 2 Abs. 1 Nr. 1 GwG und bei Instituten nach § 2 Abs. 1 Nr. 3 GwG (insbes. Zahlungsinstitute, E-Geld-Institute etc.) Daten über das Kontenabrufverfahren nach § 24c Abs. 1 KWG im automatisierten Verfahren zu erhalten. Die Datenübermittlung erfolgt gem. § 24c Abs. 4 bis 8 KWG.

28   Eine ähnliche Regelung war bereits in § 10 Abs. 3 Satz 4 GwG a.F. enthalten und ist im Zuge der Neuorganisation der Zentralstelle für Finanztransaktionsuntersuchungen vom Bundeskriminalamt (BKA) auf die neue FIU übergegangen. Nach § 10 Abs. 3 Satz 4 GwG a.F. war das BKA – Zentralstelle für Verdachtsmeldungen – ermächtigt, die Bundesanstalt für Finanzdienstleistungsaufsicht um Auskünfte nach § 24c Abs. 3 Satz 1 Nr. 2 KWG zu ersuchen, sofern sie diese zur Erfüllung ihrer Aufgaben benötigt hat. Die neue FIU ist demgegenüber berechtigt, das Kontenabrufverfahren selbst und direkt zu nutzen.

VII. Abruf von Meldedaten (§ 31 Abs. 7 GwG)

29   Die Zentralstelle ist nach § 31 Abs. 7 GwG befugt, **Meldedaten** i.S.v. § 38 Abs. 1 Bundesmeldegesetz (BMG) (d.h. insbes. Name, Anschrift etc.) über das automatisierte Abrufverfahren nach § 38 BMG abzurufen. Meldedaten nach § 38 Abs. 1 BMG werden dort als **„einfache Behördenauskunft"** legaldefiniert. **Darüber hinaus** darf sie die in § 31 Abs. 7 GwG aufgelisteten Daten (insbes. derzeitige Staatsangehörigkeiten, frühere Anschriften zu Haupt- und Nebenwohnung, Daten zum Ausweispapier etc.) ebenfalls automatisiert abrufen. Die genannten Meldedaten gehen gerade in Nr. 2 (frühere Anschriften) über die Daten hinaus, die durch den Verpflichteten zur Erfüllung der Sorgfaltspflichten nach dem GwG erhoben werden müssen. Die Daten nach Nr. 1 (derzeitige Staatsangehörigkeiten) und Nr. 3 (Angaben zu den Ausweispapieren) werden in weiten Teilen auch bereits durch die Verpflichteten erhoben.

30   Hintergrund für die Ermächtigung der Zentralstelle zum Abruf der Meldedaten ist gem. Gesetzesbegründung, dass die von Verpflichteten bspw. durch **Know-Your-Customer-Abfragen** erhobenen und an die Zentralstelle übermittelten Daten **meist nicht für eine Überprüfung durch die Zentralstelle ausreichen**.[30] Die von den Verpflichteten erhobenen Daten würden demnach nicht genügen, um mögliche **Anhaltspunkte für Geldwäsche** zu erkennen.[31] Solche Anhaltspunkte können bspw. in der „Verschleierung der Identität des Veranlas-

---

30   BT-Drs. 18/11555, S. 144.
31   BT-Drs. 18/11555, S. 144.

VII. Abruf von Meldedaten (§ 31 Abs. 7 GwG)   **§ 31 GwG**

sers einer Transaktion, des Vertragspartners oder eines wirtschaftlich Berechtigten" liegen.[32]

Die abgerufenen Meldedaten können daher einerseits gegen die von dem Verpflichteten mit der Verdachtsmeldung eingereichten Daten **abgeglichen und somit plausibilisiert** werden. Andererseits können die Meldedaten **neue Erkenntnisse** für die Einzelfallprüfung im Rahmen der **operativen Analyse** nach § 28 Abs. 1 Nr. 2 GwG liefern.   31

---

[32] BT-Drs. 18/11555, S. 144.

§ 32 Datenübermittlungsverpflichtung an inländische öffentliche Stellen

(1) Meldungen nach § 43 Absatz 1, § 44 sind von der Zentralstelle für Finanztransaktionsuntersuchungen unverzüglich an das Bundesamt für Verfassungsschutz zu übermitteln, soweit tatsächliche Anhaltspunkte dafür bestehen, dass die Übermittlung dieser Informationen für die Erfüllung der Aufgaben des Bundesamtes für Verfassungsschutz erforderlich ist.

(2) Stellt die Zentralstelle für Finanztransaktionsuntersuchungen bei der operativen Analyse fest, dass ein Vermögensgegenstand mit Geldwäsche, mit Terrorismusfinanzierung oder mit einer sonstigen Straftat im Zusammenhang steht, übermittelt sie das Ergebnis ihrer Analyse sowie alle sachdienlichen Informationen unverzüglich an die zuständigen Strafverfolgungsbehörden. Die in Satz 1 genannten Informationen sind außerdem an den Bundesnachrichtendienst zu übermitteln, soweit tatsächliche Anhaltspunkte vorliegen, dass diese Übermittlung für die Erfüllung der Aufgaben des Bundesnachrichtendienstes erforderlich ist. Im Fall von Absatz 1 übermittelt die Zentralstelle für Finanztransaktionsuntersuchungen außerdem dem Bundesamt für Verfassungsschutz zu der zuvor übermittelten Meldung auch das entsprechende Ergebnis ihrer operativen Analyse sowie alle sachdienlichen Informationen.

(3) Die Zentralstelle für Finanztransaktionsuntersuchungen übermittelt auf Ersuchen personenbezogene Daten an die Strafverfolgungsbehörden, das Bundesamt für Verfassungsschutz, den Bundesnachrichtendienst oder den Militärischen Abschirmdienst des Bundesministeriums der Verteidigung, soweit dies erforderlich ist für

1. die Aufklärung von Geldwäsche und Terrorismusfinanzierung oder die Durchführung von diesbezüglichen Strafverfahren oder
2. die Aufklärung sonstiger Gefahren und die Durchführung von anderen, nicht von Nummer 1 erfassten Strafverfahren.

Die Zentralstelle für Finanztransaktionsuntersuchungen übermittelt von Amts wegen oder auf Ersuchen personenbezogene Daten an andere als in Satz 1 benannte, zuständige inländische öffentliche Stellen, soweit dies erforderlich ist für

1. Besteuerungsverfahren,
2. Verfahren zum Schutz der sozialen Sicherungssysteme oder
3. die Aufgabenwahrnehmung der Aufsichtsbehörden.

(4) In den Fällen des Absatzes 3 Satz 1 Nummer 1 und 2 sind die Strafverfolgungsbehörden und das Bundesamt für Verfassungsschutz berechtigt, die

Daten zur Erfüllung ihrer Aufgaben automatisiert bei der Zentralstelle für Finanztransaktionsuntersuchungen abzurufen, soweit dem keine Übermittlungsbeschränkungen entgegenstehen. Zur Kontrolle der Zulässigkeit des automatisierten Abrufverfahrens haben die jeweiligen Strafverfolgungsbehörden und das Bundesamt für Verfassungsschutz schriftlich festzulegen:

1. den Anlass und den Zweck des Abrufverfahrens,
2. die Dritten, an die übermittelt wird,
3. die Art der zu übermittelnden Daten und
4. die technischen und organisatorischen Maßnahmen zur Gewährleistung des Datenschutzes.

(5) Die Übermittlung personenbezogener Daten nach Absatz 3 unterbleibt, soweit

1. sich die Bereitstellung der Daten negativ auf den Erfolg laufender Ermittlungen der zuständigen inländischen öffentlichen Stellen auswirken könnte oder
2. die Weitergabe der Daten unverhältnismäßig wäre.

Soweit ein Abruf nach Absatz 4 zu Daten erfolgt, zu denen Übermittlungsbeschränkungen dem automatisierten Abruf grundsätzlich entgegenstehen, wird die Zentralstelle für Finanztransaktionsuntersuchungen automatisiert durch Übermittlung aller Anfragedaten über die Abfrage unterrichtet. Ihr obliegt es in diesem Fall, unverzüglich mit der anfragenden Behörde Kontakt aufzunehmen, um im Einzelfall zu klären, ob Erkenntnisse nach Absatz 3 übermittelt werden können.

(6) Falls die Strafverfolgungsbehörde ein Strafverfahren aufgrund eines nach Absatz 2 übermittelten Sachverhalts eingeleitet hat, teilt sie den Sachverhalt zusammen mit den zugrunde liegenden Tatsachen der zuständigen Finanzbehörde mit, wenn eine Transaktion festgestellt wird, die für die Finanzverwaltung für die Einleitung oder Durchführung von Besteuerungs- oder Steuerstrafverfahren Bedeutung haben könnte. Zieht die Strafverfolgungsbehörde im Strafverfahren Aufzeichnungen nach § 11 Absatz 1 heran, dürfen auch diese der Finanzbehörde übermittelt werden. Die Mitteilungen und Aufzeichnungen dürfen für Besteuerungsverfahren und für Strafverfahren wegen Steuerstraftaten verwendet werden.

(7) Der Empfänger darf die ihm übermittelten personenbezogenen Daten nur zu dem Zweck verwenden, zu dem sie ihm übermittelt worden sind. Eine Verwendung für andere Zwecke ist zulässig, soweit die Daten auch dafür hätten übermittelt werden dürfen.

GwG § 32 Datenübermittlungsverpflichtung

Übersicht

	Rn.		Rn.
I. Allgemeines	1	VI. Grenzen der Übermittlungspflicht (§ 32 Abs. 5 GwG)	20
II. Übermittlungspflicht an den Verfassungsschutz (§ 32 Abs. 1 GwG)	3	1. Auswirkungen auf den Erfolg laufender Ermittlungen	22
III. Übermittlungspflicht an Strafverfolgungsbehörden, Bundesnachrichtendienst und Verfassungsschutz (§ 32 Abs. 2 GwG)	8	2. Unverhältnismäßigkeit	23
		VII. Mitteilungspflicht der Strafverfolgungsbehörden (§ 32 Abs. 6 GwG)	25
IV. Übermittlungspflicht (§ 32 Abs. 3 GwG)	14	VIII. Datenschutzrechtliche Zweckbindung (§ 32 Abs. 7 GwG)	28
V. Automatisierter Datenabruf durch Behörden (§ 32 Abs. 4 GwG)	17		

I. Allgemeines

1 Die Regelungen zur Zentralstelle für Finanztransaktionsuntersuchungen in Abschnitt 5 des GwG wurden durch das Gesetz zur Umsetzung der Vierten EU-Geldwäscherichtlinie, zur Ausführung der EU-Geldtransferverordnung und zur Neuorganisation der Zentralstelle für Finanztransaktionsuntersuchungen[1] vom 23.6.2017[2] vollständig überarbeitet (vgl. zu den Neuerungen durch die GwG-Novelle ausführlich unter § 27 Rn. 1 ff.).[3]

2 § 32 GwG regelt in diesem Zusammenhang für bestimmte Sachverhalte die **Datenübermittlungsverpflichtung** der Zentralstelle an inländische Behörden, wie insbesondere Strafverfolgungsbehörden, Bundesamt für Verfassungsschutz, Bundesnachrichtendienst sowie den Militärischen Abschirmdienst des Bundesministeriums der Verteidigung. Zudem werden die **Voraussetzungen und Grenzen für den Austausch und Abruf** von personenbezogenen Daten zwischen den Behörden festgelegt. Schließlich enthält § 32 Abs. 7 GwG eine **datenschutzrechtliche Zweckbestimmung** für die Verwendung der übermittelten Daten.

II. Übermittlungspflicht an den Verfassungsschutz (§ 32 Abs. 1 GwG)

3 Nach § 32 Abs. 1 GwG ist die Zentralstelle verpflichtet, Verdachtsmeldungen nach §§ 43 Abs. 1, 44 GwG unverzüglich an das **Bundesamt für Verfassungsschutz** zu übermitteln, soweit **tatsächliche Anhaltspunkte** dafür bestehen, dass

---

1 Nachfolgend auch als „Zentralstelle", „zentrale Meldestelle" oder „FIU" bezeichnet.
2 BGBl. I Nr. 39, 1822 ff. (nachfolgend auch bezeichnet als „GwG-Novelle 2017").
3 BT-Drs. 18/11555, S. 136.

III. Übermittlungspflicht an Strafverfolgungsbehörden § 32 GwG

die Übermittlung dieser Informationen für die Erfüllung der Aufgaben des Bundesamtes für Verfassungsschutz erforderlich ist. **Unverzüglich** bedeutet auch für § 32 GwG „ohne schuldhaftes Zögern" gem. der Legaldefinition des § 121 BGB (siehe dazu auch § 8 Rn. 39).

Die Übermittlung an das Bundesamt für Verfassungsschutz ist erforderlich, „wenn der Verpflichtete oder die öffentliche Stelle in der Meldung den **Verdacht der Terrorismusfinanzierung** geäußert hat oder sobald dieser Verdacht im Rahmen der Analyse durch die Zentralstelle für Finanztransaktionsuntersuchungen offenkundig wird".[4] Dies ergibt sich aus der Aufgabe des Verfassungsschutzes nach § 3 Abs. 1 Nr. 1 und 2 Bundesverfassungsschutzgesetz.   4

§ 32 Abs. 1 GwG stellt insofern „eine **spezialgesetzliche Ausprägung**" von § 18 Abs. 1b Bundesverfassungsschutzgesetz dar.[5] Danach muss der Verfassungsschutz in den dort gesetzlich normierten Fällen durch andere Behörden informiert werden, wenn bestimmte Gefährdungslagen oder Gesetzesverstöße vorliegen. Er wird dann „im Rahmen seines pflichtgemäßen Ermessens eine **Weiterleitung** an gegebenenfalls inhaltlich betroffene **Landesämter** für Verfassungsschutz vornehmen".[6]   5

Durch die Übermittlungspflicht des § 32 Abs. 1 GwG soll sichergestellt werden, dass relevante Informationen aus Erkenntnissen der Zentralstelle an den Verfassungsschutz adressiert werden. Durch die zielgerichtete Verwertung bereits vorhandener Erkenntnisse und Informationen wird einerseits eine **höhere Effizienz** bei der Tätigkeit der Ermittlungsbehörden erreicht. Andererseits kann die lückenlose Nutzung der Daten der **Aufklärungs- und Ermittlungsquote** von Zentralstelle und Verfassungsschutz zugutekommen.   6

Insgesamt dient der Informationsaustausch mit dem Verfassungsschutz auch zur **zielgerichteten und schnellstmöglichen Gefahrenabwehr**, bspw. bei Anhaltspunkten für geplante terroristische Aktivitäten. Dies ist wiederum auch der Grund für die oben bereits erwähnte Notwendigkeit zur unverzüglichen Einschaltung des Verfassungsschutzes.   7

III. Übermittlungspflicht an Strafverfolgungsbehörden, Bundesnachrichtendienst und Verfassungsschutz (§ 32 Abs. 2 GwG)

Nachfolgend wird dargestellt, welche Maßnahmen die Zentralstelle nach § 32 Abs. 2 GwG, abhängig von dem Ergebnis ihrer operativen Analyse, treffen muss.   8

---

4 BT-Drs. 18/11555, S. 144.
5 BT-Drs. 18/11555, S. 144.
6 BT-Drs. 18/11555, S. 144.

GwG § 32 Datenübermittlungsverpflichtung

9   Nach § 32 Abs. 2 Satz 1 GwG ist die Zentralstelle zunächst verpflichtet, das **Ergebnis** ihrer Analyse sowie **alle sachdienlichen Informationen** unverzüglich an die zuständigen Strafverfolgungsbehörden zu übermitteln, wenn sie bei ihrer operativen Analyse feststellt, dass ein Vermögensgegenstand mit Geldwäsche, Terrorismusfinanzierung oder einer sonstigen Straftat im Zusammenhang steht. Der Begriff der sachdienlichen Informationen ist ausgehend von der Gesetzesbegründung sehr weit zu verstehen und bezieht sich danach auf „**alle relevanten Informationen**",[7] die der Zentralstelle im Zusammenhang mit einem Sachverhalt vorliegen. Als Ergebnis der Analyse ist u.a. der „**Ergebnisbericht**"[8] der FIU anzusehen.

10 Ein Zusammenhang mit Geldwäsche, Terrorismusfinanzierung oder einer sonstigen Straftat liegt vor, „wenn unter Würdigung des Einzelfalles und aller im Rahmen der Analyse hinzugezogenen Informationen **zureichende tatsächliche Anhaltspunkte für die Begehung einer Straftat** vorliegen könnten".[9] Nach dem Willen des Gesetzgebers liegt „dieser Verdachtsgrad damit noch **unterhalb des strafprozessualen Anfangsverdachtes** nach § 152 Abs. 2 i.V.m. § 160 StPO, da die Bewertung, ob ein strafprozessualer Anfangsverdacht vorliegt, weiterhin ausschließlich der zuständigen Strafverfolgungsbehörde obliegt".[10]

11 Die in § 32 Abs. 2 Satz 1 GwG genannten Informationen über den Zusammenhang mit Geldwäsche, mit Terrorismusfinanzierung oder mit einer sonstigen Straftat sind außerdem an den **Bundesnachrichtendienst** zu übermitteln, soweit tatsächliche Anhaltspunkte vorliegen, dass diese Übermittlung für die Erfüllung der Aufgaben des Bundesnachrichtendienstes erforderlich ist (§ 32 Abs. 2 Satz 2 GwG). Die Norm stellt „eine **spezialgesetzliche Ausprägung**" von § 23 Abs. 1 Nr. 2 BND-Gesetz dar.[11]

12 Konnte bei der operativen Analyse hingegen **kein Zusammenhang** mit Geldwäsche, Terrorismusfinanzierung oder einer sonstigen Straftat festgestellt werden, wird der **Fall abgeschlossen**, ohne dass weitere Maßnahmen durch die Zentralstelle ergriffen werden müssen.[12]

13 Sofern die Zentralstelle nach § 32 Abs. 1 GwG Meldungen auch an das **Bundesamt für Verfassungsschutz** übermittelt hatte, muss sie diesem auch das Ergebnis ihrer operativen Analyse sowie alle sachdienlichen Informationen übermitteln (§ 32 Abs. 2 Satz 3 GwG). Hiervon umfasst sind auch Sachverhalte, bei denen ein „Zusammenhang mit einer strafbaren Tat" **nicht festgestellt** werden konnte.[13]

---

7   BT-Drs. 18/11555, S. 144.
8   BT-Drs. 18/11555, S. 144.
9   BT-Drs. 18/11555, S. 144.
10 BT-Drs. 18/11555, S. 144.
11 BT-Drs. 18/11555, S. 145.
12 BT-Drs. 18/11555, S. 145.
13 BT-Drs. 18/11555, S. 145.

IV. Übermittlungspflicht (§ 32 Abs. 3 GwG)

Nach § 32 Abs. 3 GwG übermittelt die Zentralstelle personenbezogene Daten **auf Ersuchen** von Strafverfolgungsbehörden, Bundesamt für Verfassungsschutz, Bundesnachrichtendienst oder Militärischem Abschirmdienst des Bundesministeriums der Verteidigung. Dies dient zur Aufklärung von Geldwäsche, Terrorismusfinanzierung und sonstigen Gefahren sowie zur Durchführung von diesbezüglichen und anderen Strafverfahren (§ 32 Abs. 3 Satz 1 Nr. 1 und 2 GwG). Zu diesem Zweck sollen die bei der Zentralstelle vorhandenen Informationen genutzt werden können.[14]

14

§ 32 Abs. 3 Satz 2 GwG enthält zudem eine **Ermächtigung** der Zentralstelle, die genannten personenbezogenen Daten **von Amts wegen oder auf Ersuchen** auch an andere als die o.g. Behörden zu übermitteln, sofern dies für **Besteuerungsverfahren, Verfahren zum Schutz der sozialen Sicherungssysteme oder die Aufgabenwahrnehmung der Aufsichtsbehörden** erforderlich ist.

15

Durch § 32 Abs. 3 Satz 1 und 2 GwG wird **Art. 32 Abs. 4 Satz 2 Vierte Geldwäscherichtlinie** umgesetzt, wonach die Zentralstellen Auskunftsersuchen im Zusammenhang mit Geldwäsche und Terrorismusfinanzierung anderer inländischer Behörden beantworten können müssen.[15]

16

V. Automatisierter Datenabruf durch Behörden (§ 32 Abs. 4 GwG)

Strafverfolgungsbehörden und das Bundesamt für Verfassungsschutz sind berechtigt, die personenbezogenen Daten für die Fälle des § 32 Abs. 3 Satz 1 Nr. 1 und 2 GwG (siehe dazu oben unter Rn. 14 f.) **automatisiert** abzurufen, sofern keine Übermittlungsbeschränkungen bestehen (§ 32 Abs. 4 Satz 1 GwG). Um den automatisierten Datenabruf kontrollieren zu können, müssen nach § 32 Abs. 4 Satz 2 GwG von den Behörden die **folgenden Kriterien** zur **Sicherstellung des Datenschutzes** festgelegt werden: (1) Anlass und den Zweck des Abrufverfahrens, (2) die Dritten, an die übermittelt wird, (3) die Art der zu übermittelnden Daten und (4) die technischen und organisatorischen Maßnahmen zur Gewährleistung des Datenschutzes.

17

Durch den automatisierten Datenabruf soll der Datenaustausch **beschleunigt** werden.[16] Dies trägt einerseits der häufigen **Eilbedürftigkeit** bei Verfahren zur Verfolgung und Aufklärung von organisierter Kriminalität oder Terrorismusfi-

18

---

14 BT-Drs. 18/11555, S. 145.
15 BT-Drs. 18/11555, S. 145.
16 BT-Drs. 18/11555, S. 145.

GwG § 32 Datenübermittlungsverpflichtung

nanzierung Rechnung.[17] Überdies sollen der „**zeitliche und personelle Aufwand**" der anfragenden Stelle „minimiert" werden.[18]

19   Inhaltlich spiegelt § 32 Abs. 4 GwG, begrenzt auf seinen spezifischen Anwendungsfall, den Regelungsgehalt zu § 31 Abs. 4 GwG zum automatisierten Datenabgleich wider.[19]

VI. Grenzen der Übermittlungspflicht (§ 32 Abs. 5 GwG)

20   § 32 Abs. 5 GwG legt die **Grenzen** für die Übermittlung personenbezogener Daten an inländische Behörden fest. Hierdurch wird Art. 32 Abs. 5 Vierte Geldwäscherichtlinie umgesetzt.

21   Die Übermittlung personenbezogener Daten nach § 32 Abs. 3 GwG ist in den folgenden zwei Fällen gem. § 32 Abs. 5 GwG nicht zulässig:

– soweit sich die Bereitstellung der Daten **negativ auf den Erfolg laufender Ermittlungen** der zuständigen inländischen öffentlichen Stellen auswirken könnte oder
– die Weitergabe der Daten **unverhältnismäßig** wäre.

1. Auswirkungen auf den Erfolg laufender Ermittlungen

22   Die Beschränkung bzgl. der negativen Auswirkungen auf den Erfolg laufender Ermittlungen bezieht sich ausschließlich auf Ermittlungsverfahren von **Strafverfolgungsbehörden**.[20] Ermittlungen anderer Behörden (z. B. Finanzbehörden) muss die Zentralstelle nur berücksichtigen, sofern sie hiervon Kenntnis hat.[21]

2. Unverhältnismäßigkeit

23   Die Übermittlung ist auch unzulässig, wenn die Weitergabe der Daten unverhältnismäßig wäre. Zur Erläuterung des Begriffs der Unverhältnismäßigkeit ist der Wortlaut von **Art. 32 Abs. 5 Vierte Geldwäscherichtlinie** heranzuziehen.[22] Danach ist die zentrale Meldestelle nicht verpflichtet, dem Auskunftsersuchen nachzukommen, wenn die „Weitergabe der Informationen eindeutig im **Missverhältnis zu den rechtmäßigen Interessen** einer natürlichen oder juristischen Person stünde oder die Informationen für die Zwecke, zu denen sie angefordert

---

17 BT-Drs. 18/11555, S. 145.
18 BT-Drs. 18/11555, S. 145.
19 BT-Drs. 18/11555, S. 145.
20 BT-Drs. 18/11555, S. 145.
21 BT-Drs. 18/11555, S. 145.
22 BT-Drs. 18/11555, S. 145.

wurden, **irrelevant** sind". Nach Einschätzung des Gesetzgebers wird die erste Alternative des „Missverhältnisses zu den rechtmäßigen Interessen einer natürlichen Person" nur in sehr **eng begrenzten Fällen** einschlägig sein, z. B. wenn sich aufgrund weitergehender Informationen herausstellt, dass sich die Meldung der Zentralstelle auf eine andere Person bezieht, als das Auskunftsersuchen einer anderen Behörde.[23]

§ 32 Abs. 5 Satz 2 GwG regelt weiter, dass, soweit ein Abruf nach Absatz 4 zu Daten erfolgt, zu denen **Übermittlungsbeschränkungen** dem automatisierten Abruf grundsätzlich entgegenstehen, die Zentralstelle automatisiert durch Übermittlung aller Anfragedaten über die Abfrage unterrichtet wird. Übermittlungsbeschränkungen nach § 32 Abs. 5 Satz 2 GwG können sich zum Beispiel aus dem „**Steuer- oder Sozialgeheimnis**" ergeben.[24] Der Zentralstelle obliegt es in diesem Fall, unverzüglich mit der anfragenden Behörde Kontakt aufzunehmen, um im Einzelfall zu klären, ob Erkenntnisse nach § 32 Abs. 3 GwG (d. h. zur Aufklärung von Geldwäsche und Terrorismusfinanzierung, diesbezüglichen Strafverfahren bzw. anderen Taten) übermittelt werden können. Die letztliche Entscheidung über die Zulässigkeit der Datenübermittlung liegt in diesen Fällen bei der FIU. 24

VII. Mitteilungspflicht der Strafverfolgungsbehörden (§ 32 Abs. 6 GwG)

Nach § 32 Abs. 6 GwG besteht eine Mitteilungspflicht der Strafverfolgungsbehörde an die zuständige **Finanzbehörde**, wenn sie aufgrund der Mitteilung der Zentralstelle nach § 32 Abs. 2 GwG ein Strafverfahren eingeleitet hat und wenn dadurch eine Transaktion festgestellt wird, die für die Finanzverwaltung für die Einleitung oder Durchführung von **Besteuerungs- oder Steuerstrafverfahren** Bedeutung haben könnte. 25

Die Mitteilungspflicht der Strafverfolgungsbehörden bezieht sich auf eigene **Erkenntnisse** sowie auf diejenigen der Zentralstelle.[25] 26

Zieht die Strafverfolgungsbehörde im Strafverfahren **Aufzeichnungen** nach § 11 Abs. 1 GwG heran, dürfen auch diese der Finanzbehörde übermittelt werden. Die Mitteilungen und Aufzeichnungen dürfen nach § 32 Abs. 6 Satz 3 GwG für Besteuerungsverfahren und für Strafverfahren wegen Steuerstraftaten 27

---

23 BT-Drs. 18/11555, S. 147.
24 BT-Drs. 18/11555, S. 147.
25 BT-Drs. 18/11555, S. 147.

GwG § 32 Datenübermittlungsverpflichtung

verwendet werden. Durch § 32 Abs. 6 Satz 3 GwG wird der Datenverarbeitungszweck erweitert.[26]

VIII. Datenschutzrechtliche Zweckbindung (§ 32 Abs. 7 GwG)

28 Nach § 32 Abs. 7 GwG dürfen die übermittelten personenbezogenen Daten von dem Empfänger nur zu dem Zweck verwendet werden, zu dem sie ihm übermittelt worden sind. Eine Verwendung für andere Zwecke ist zulässig, soweit die Daten auch dafür hätten übermittelt werden dürfen.

---

26 BT-Drs. 18/11555, S. 147.

§ 33 Datenaustausch mit Mitgliedstaaten der Europäischen Union

(1) Der Datenaustausch mit den für die Verhinderung, Aufdeckung und Bekämpfung von Geldwäsche und von Terrorismusfinanzierung zuständigen zentralen Meldestellen anderer Mitgliedstaaten der Europäischen Union ist unabhängig von der Art der Vortat der Geldwäsche und auch dann, wenn die Art der Vortat nicht feststeht, zu gewährleisten. Insbesondere steht eine im Einzelfall abweichende Definition der Steuerstraftaten, die nach nationalem Recht eine taugliche Vortat zur Geldwäsche sein können, einem Informationsaustausch mit zentralen Meldestellen anderer Mitgliedstaaten der Europäischen Union nicht entgegen. Geht bei der Zentralstelle für Finanztransaktionsuntersuchungen eine Meldung nach § 43 Absatz 1 ein, die die Zuständigkeit eines anderen Mitgliedstaates betrifft, so leitet sie diese Meldung umgehend an die zentrale Meldestelle des betreffenden Mitgliedstaates weiter.

(2) Für die Übermittlung der Daten gelten die Vorschriften über die Datenübermittlung im internationalen Bereich nach § 35 Absatz 2 bis 6 entsprechend. Die Verantwortung für die Zulässigkeit der Datenübermittlung trägt die Zentralstelle für Finanztransaktionsuntersuchungen.

(3) Sind zusätzliche Informationen über einen in Deutschland tätigen Verpflichteten, der in einem anderen Mitgliedstaat der Europäischen Union in einem öffentlichen Register eingetragen ist, erforderlich, richtet die Zentralstelle für Finanztransaktionsuntersuchungen ihr Ersuchen an die zentrale Meldestelle dieses anderen Mitgliedstaates der Europäischen Union.

(4) Die Zentralstelle für Finanztransaktionsuntersuchungen darf ein Ersuchen um Informationsübermittlung, das eine zentrale Meldestelle eines Mitgliedstaates der Europäischen Union im Rahmen ihrer Aufgabenerfüllung an sie gerichtet hat, nur ablehnen, wenn

1. durch die Informationsübermittlung die innere oder äußere Sicherheit oder andere wesentliche Interessen der Bundesrepublik Deutschland gefährdet werden könnten,
2. im Einzelfall, auch unter Berücksichtigung des öffentlichen Interesses an der Datenübermittlung, aufgrund wesentlicher Grundprinzipien deutschen Rechts die schutzwürdigen Interessen der betroffenen Person überwiegen,
3. durch die Informationsübermittlung strafrechtliche Ermittlungen oder die Durchführung eines Gerichtsverfahrens behindert oder gefährdet werden könnten oder

4. rechtshilferechtliche Bedingungen ausländischer Stellen entgegenstehen, die von den zuständigen Behörden zu beachten sind.

Die Gründe für die Ablehnung des Informationsersuchens legt die Zentralstelle für Finanztransaktionsuntersuchungen der ersuchenden zentralen Meldestelle angemessen schriftlich dar, außer wenn die operative Analyse noch nicht abgeschlossen ist oder soweit die Ermittlungen hierdurch gefährdet werden könnten.

(5) Übermittelt die Zentralstelle für Finanztransaktionsuntersuchungen einer zentralen Meldestelle eines Mitgliedstaates der Europäischen Union auf deren Ersuchen Informationen, so soll sie in der Regel umgehend ihre Einwilligung dazu erklären, dass diese Informationen an andere Behörden dieses Mitgliedstaates weitergeleitet werden dürfen. Die Einwilligung darf von ihr verweigert werden, wenn der im Ersuchen dargelegte Sachverhalt nach deutschem Recht nicht den Straftatbestand der Geldwäsche oder der Terrorismusfinanzierung erfüllen würde. Die Gründe für die Verweigerung der Einwilligung legt die Zentralstelle für Finanztransaktionsuntersuchungen angemessen dar. Die Verwendung der Informationen zu anderen Zwecken bedarf der vorherigen Zustimmung der Zentralstelle für Finanztransaktionsuntersuchungen.

Schrifttum: *FATF*, 40 Empfehlungen, 1989, 2003 und 2012; *Hornung/Möller*, Passgesetz – Personalausweisgesetz, 2011; *Kugelmann*, BKA-Gesetz, 2014; *Schoch*, Informationsfreiheitsgesetz: IFG, 2. Aufl. 2016.

Übersicht

	Rn.		Rn.
I. Allgemeines	1	V. Verantwortung für die Zulässigkeit der Datenübermittlung (§ 33 Abs. 2 Satz 2 GwG)	10
II. Pflicht zur Sicherstellung des Datenaustausches mit den zentralen Meldestellen anderer EU-Mitgliedstaaten (§ 33 Abs. 1 Satz 1 und 2 GwG)	5	VI. Generalzuständigkeit der zentralen Meldestelle des ersuchten EU-Mitgliedstaates (§ 33 Abs. 3 GwG)	11
III. Verpflichtung zur Weiterleitung von Meldungen gemäß § 43 Abs. 1 GwG (§ 33 Abs. 1 Satz 3 GwG)	6	VII. Ablehnung eines Informationsersuchens (§ 33 Abs. 4 GwG)	12
1. Pflicht zur Weiterleitung	7	1. Ablehnungstatbestände (§ 33 Abs. 4 Satz 1 GwG)	13
2. Betroffenheit eines anderen EU-Mitgliedstaates	8	a) Mögliche Gefährdung der inneren oder äußeren Sicherheit oder anderer wesentlicher Interessen der Bundesrepublik Deutschland (§ 33 Abs. 4 Satz 1 Nr. 1 GwG)	14
IV. Entsprechende Anwendung der Vorschriften zur Datenübermittlung im Rahmen der internationalen Zusammenarbeit (§ 33 Abs. 2 Satz 1 GwG)	9		

b) Überwiegen der schutz-
würdigen Interessen der
betroffenen Person
(§ 33 Abs. 4 Satz 1
Nr. 2 GwG) 16
c) Mögliche Behinderung/
Gefährdung strafrechtlicher
Ermittlungen oder der
Durchführung eines Ge-
richtsverfahrens (§ 33 Abs. 4
Satz 1 Nr. 3 GwG) 17
aa) Strafrechtliche Ermittlungen 18
bb) Durchführung eines
Gerichtsverfahrens. . . . 19
cc) Gefährdung oder
Behinderung......... 20
dd) Dauer der Ablehnung. . 21

d) Entgegenstehende rechtshilferechtliche Bedin-
gungen (§ 33 Abs. 4
Satz 1 Nr. 4 GwG) 22
2. Pflicht zur angemessenen
Darlegung der Ablehnungs-
gründe (§ 33 Abs. 2
Satz 2 GwG).............. 23
VIII. Einwilligung in die Datenweiterleitung an andere Behörden des
ersuchenden EU-Mitgliedstaates
(§ 33 Abs. 5 Satz 1–3 GwG) ... 24
IX. Zweckbindung und Zustimmungsvorbehalt der Zentralstelle
bei Verwendung von Daten zu
anderen Zwecken (§ 33 Abs. 5
Satz 4 GwG)................ 26

I. Allgemeines

§ 33 GwG regelt den **Datenaustausch** mit den **zentralen Meldestellen** in ande- 1
ren **EU-Mitgliedstaaten**. Die Vorschrift stellt eine **Spezialregelung (lex specialis)** zu den in den §§ 34, 35 GwG normierten Regelungen für die internationale
Zusammenarbeit mit den zentralen Meldestellen anderer Staaten dar. Den Vorgaben der 4. EU-Geldwäscherichtlinie (Art. 52–57) entsprechend dient die Vorschrift dem Zweck, die Kooperation mit den zentralen Meldestellen in anderen
EU-Mitgliedstaaten im Vergleich zur Zusammenarbeit mit Meldestellen in
Drittstaaten besonders zu fördern.[1] Soweit in § 33 GwG keine besonderen Regelungen getroffen werden, sind im Rahmen der Kooperation mit Meldestellen anderer EU-Staaten auch die Regelungen zur internationalen Zusammenarbeit in
§§ 34, 35 GwG zu beachten.

Angesichts des internationalen Charakters von Geldwäsche und Terrorismusfi- 2
nanzierung wurde die Zusammenarbeit zwischen den zentralen Meldestellen
beim Austausch von Informationen schon immer als außerordentlich wichtig angesehen. Auf **internationaler Ebene** ist die Einrichtung von Zentralstellen zur
Entgegennahme und Auswertung von Geldwäschemeldungen und die Koordination deren Zusammenarbeit primär auf die Nr. 23 der **40 Empfehlungen der
FATF** aus dem Jahr 1989 (= Nr. 26 der überarbeiteten FATF-Empfehlungen aus
2003 bzw. Nr. 29 der Empfehlungen aus 2012) zurückzuführen. Auf **europäischer Ebene** verpflichtete der **Beschluss 2000/642/JI des Rates der Europäi-

---

1 Vgl. auch Gesetzesbegründung, BT-Drs. 18/11555, S. 146.

GwG § 33 Datenaustausch mit Mitgliedstaaten der Europäischen Union

schen Union vom 17.10.2000[2] alle Mitgliedstaaten, sicherzustellen, dass die zentralen Meldestellen bei der Zusammenstellung, Analyse und Prüfung einschlägiger Informationen innerhalb der zentralen Meldestellen über alle Tatsachen, die ein Indiz für eine Geldwäsche sein könnten, entsprechend ihren nationalen Befugnissen zusammenarbeiten.

3 Als Zentralstelle für Deutschland wurde in Umsetzung von Art. 3 Abs. 2 des oben genannten EU-Ratsbeschlusses die zum damaligen Zeitpunkt schon im Bundeskriminalamt (BKA) bestehende Gemeinsame Finanzermittlungsgruppe mit dem Zollkriminalamt (ZKA) (GFG BKA/ZKA) benannt. Im Rahmen der Implementierung der **2. EG-Geldwäscherichtlinie**[3] durch das **GwBekG**[4] wurde die Rolle des BKA als Zentralstelle im Sinnes des Ratsbeschlusses auch gesetzlich verankert (Art. 5 Abs. 2 GwG in der Fassung des GwBekG). § 5 Abs. 3 Satz 3 GwG in der Fassung des GwBekG erklärte die Anwendung von § 14 BKAG auf die Zentralstelle und übertrug dem BKA so die zur Aufgabe der internationalen Zusammenarbeit korrespondierende Befugnis zur Übermittlung personenbezogener Daten an die Zentralstellen anderer Staaten. § 5 Abs. 4 GwG in der Fassung des GwBekG verpflichtete in Übereinstimmung mit Art. 5 Abs. 2 des EU-Ratsbeschlusses vom 17.10.2000 das BKA als Informationen entgegennehmende Stelle zur Beachtung von etwaigen Verwendungsbeschränkungen der übermittelnden Stelle und räumte dem BKA die entsprechende Befugnis ein, seinerseits bei der Übermittlung von Daten an die Zentralstelle eines anderen Staates Einschränkungen und Auflagen für die Verwendung der übermittelten Daten festzulegen. Mit dem **GwBekErgG**[5] von 2008 wurden die Regelungen des § 5 GwG in § 10 GwG überführt. Weitere Änderungen der Vorschrift, überwiegend redaktioneller Art, erfolgten durch das **GwOptG**[6] im Jahr 2011.

4 Um die Zusammenarbeit zwischen den zentralen Meldestellen weiter auszuweiten und zu verstärken, wurden mit der **4. EU-Geldwäscherichtlinie**[7] gegenüber

---

2 Beschluss des Rates vom 17.10.2000 über Vereinbarungen für eine Zusammenarbeit zwischen den zentralen Meldestellen der Mitgliedstaaten beim Austausch von Informationen (ABl. L 271 vom 24.10.2000, S. 4).
3 Richtlinie 2001/97/EG des Europäischen Rates und des Parlaments vom 4.12.2001 zur Änderung der Richtlinie 91/308/EWG des Rates zur Verhinderung der Nutzung des Finanzsystems zum Zwecke der Geldwäsche, ABl. L 344/76 vom 28.12.2001.
4 Gesetz zur Verbesserung der Bekämpfung der Geldwäsche und der Bekämpfung der Finanzierung des Terrorismus vom 8.8.2002, BGBl. I 2002, S. 3105.
5 Gesetz zur Ergänzung der Bekämpfung der Geldwäsche und der Terrorismusfinanzierung vom 13.8.2008, BGBl. I 2008, S. 1690.
6 Gesetz zur Optimierung der Geldwäscheprävention vom 22.12.2011, BGBl. I 2011, S. 2959.
7 Richtlinie (EU) 2015/849 des Europäischen Rates und des Parlaments vom 20.5.2015 zur Verhinderung der Nutzung des Finanzsystems zum Zwecke der Geldwäsche und der Terrorismusfinanzierung, zur Änderung der Verordnung (EU) Nr. 648/2012 des Europäischen Parlaments und des Rates und zur Aufhebung der Richtlinie 2005/60/EG des

III. Verpflichtung zur Weiterleitung von Meldungen   § 33 GwG

dem Ratsbeschluss von 2000 stärker detaillierte, weiter reichende und aktualisierte Bestimmungen (vgl. Art. 52–57) beschlossen. Im Rahmen der Umsetzung der Richtlinie in Deutschland[8] wurde die bis dato beim BKA angesiedelte zentrale Meldestelle neu bei der Generalzolldirektion errichtet und trägt seither den Namen „Zentralstelle für Finanztransaktionsuntersuchungen". Im Unterschied zur bisherigen Gesetzessystematik (Verweis des GwG auf das BKAG) wurden die Aufgaben und Befugnisse der Zentralstelle erstmals umfassend im Geldwäschegesetz selbst (§§ 27 ff. GwG) geregelt.

II. Pflicht zur Sicherstellung des Datenaustausches mit den zentralen Meldestellen anderer EU-Mitgliedstaaten (§ 33 Abs. 1 Satz 1 und 2 GwG)

§ 33 Abs. 1 Satz 1 GwG statuiert die **grundsätzliche Verpflichtung**, den Datenaustausch mit den zentralen Meldestellen anderer EU-Mitgliedstaaten sicherzustellen. Entsprechend der Vorgaben der 4. EU-Geldwäscherichtlinie (Art. 53 Abs. 1 Satz 1) ist der Datenaustausch **unabhängig von der Geldwäschevortat** zu gewährleisten. In diesem Zusammenhang sollen insbesondere **unterschiedliche nationale Definitionen von Steuerstraftatbeständen**, die taugliche Vortaten einer Geldwäsche sein können, einem Austausch von Informationen nicht entgegenstehen (§ 33 Abs. 2 Satz 2 GwG) (siehe auch Art. 57 der 4. EU-Geldwäscherichtlinie).

5

III. Verpflichtung zur Weiterleitung von Meldungen gemäß § 43 Abs. 1 GwG (§ 33 Abs. 1 Satz 3 GwG)

Sofern ein Verpflichteter der Zentralstelle für Finanztransaktionsuntersuchungen gemäß § 43 Abs. 1 GwG einen Sachverhalt meldet, der einen **anderen EU-Mitgliedstaat** betrifft, hat die Zentralstelle diese Meldung gemäß § 33 Abs. 1 Satz 3 GwG, der auf Art. 53 Abs. 1 Unterabs. 3 der 4. EU-Geldwäscherichtlinie, beruht, umgehend an die zentrale Meldestelle des betreffenden Mitgliedstaats weiterzuleiten.

6

Europäischen Parlaments und des Rates und der Richtlinie 2006/70/EG der Kommission, ABl. L 141/73 vom 5.6.2015.

8 Die Umsetzung erfolgte durch das Gesetz zur Umsetzung der Vierten EU-Geldwäscherichtlinie, zur Ausführung der EU-Geldtransferverordnung und zur Neuorganisation der Zentralstelle für Finanztransaktionsuntersuchungen, BGBl. I 2017, S. 1822.

GwG § 33 Datenaustausch mit Mitgliedstaaten der Europäischen Union

1. Pflicht zur Weiterleitung

7   Anders als im Fall gemeldeter Sachverhalte, die einen **Drittstaat** betreffen (siehe die diesbezüglichen Kommentierungen zu § 35), kommt der Zentralstelle bei Sachverhalten, die einen anderen **EU-Mitgliedstaat** betreffen, **kein Ermessen** bezüglich der Weiterleitung an die zentrale Meldestelle des betreffenden Staates zu. Sobald die Zentralstelle im Rahmen der Prüfung einer ihr vorliegenden Meldung zu der Erkenntnis gelangt, dass der zugrunde liegende Sachverhalt einen anderen EU-Mitgliedstaat betrifft, **muss** sie die Meldung umgehend weiterleiten.

2. Betroffenheit eines anderen EU-Mitgliedstaates

8   Von der Betroffenheit eines anderen Staates ist laut Gesetzesbegründung insbesondere dann auszugehen, wenn der gemeldete Sachverhalt nicht nur einen bloßen Auslandsbezug hat, sondern der Schwerpunkt des Sachverhalts im ausländischen Staat liegt, also die zu prüfenden Geschäftsvorfälle oder deren Auswirkungen dort auftreten.[9]

IV. Entsprechende Anwendung der Vorschriften zur Datenübermittlung im Rahmen der internationalen Zusammenarbeit (§ 33 Abs. 2 Satz 1 GwG)

9   Bei der Übermittlung von Daten an die zentrale Meldestelle eines anderen EU-Mitgliedstaates, sind die entsprechenden **Regelungen für die Datenübermittlung im Rahmen der internationalen Zusammenarbeit** in den **§ 35 Abs. 2 bis Abs. 6 GwG** zu beachten (siehe die diesbezüglichen Kommentierungen zu § 35). Die in den **Abs. 7 bis 9** des **§ 35 GwG** normierten **obligatorischen** und **fakultativen Übermittlungsverbote** finden auf die Übermittlung von Daten an die zentrale Meldestelle eines anderen EU-Mitgliedstaates keine Anwendung. Insbesondere darf ein Informationsersuchen der zentralen Meldestelle eines anderen EU-Mitgliedstaates nur aus den in § 33 Abs. 4 GwG abschließend aufgezählten Gründen abgelehnt werden. Weshalb die in § 35 Abs. 10 GwG fixierten Aufzeichnungs- und Aufbewahrungspflichten nicht von dem Verweis in § 33 Abs. 2 Satz 1 GwG umfasst sind, ist nicht nachvollziehbar. Es ist davon auszugehen, dass es sich insoweit um ein redaktionelles Versehen des Gesetzgebers handelt.

---

9 Vgl. auch Gesetzesbegründung, BT-Drs. 18/11555, S. 146.

V. Verantwortung für die Zulässigkeit der Datenübermittlung (§ 33 Abs. 2 Satz 2 GwG)

Wenn die Zentralstelle für Finanztransaktionsuntersuchungen Daten an die zentralen Meldestellen anderer Mitgliedstaaten übermittelt, ist sie selbst für die Zulässigkeit der Datenübermittlung verantwortlich. Die Regelung ist identisch mit § 15 Abs. 2 Satz 1 BDSG, der generell festlegt, dass die übermittelnde Stelle die Verantwortung für die Zulässigkeit der Datenübermittlung trägt. Die Zentralstelle muss in vollem Umfang überprüfen und verantwortlich darüber entscheiden, ob die Tatbestandsvoraussetzungen der Übermittlungsermächtigung vorliegen und ob es der Übermittlung entgegenstehende Ausschluss- oder Einschränkungsnormen gibt. Darüber hinaus hat die Zentralstelle insbesondere sicherzustellen, dass sämtliche Verwendungseinschränkungen oder -bedingungen beachtet werden. In diesem Zusammenhang kann sie der auskunftsersuchenden zentralen Meldestelle auch Auflagen hinsichtlich der Datenverwendung erteilen.[10]

10

Vor der Weiterübermittlung personenbezogener Daten, die ihr von einer anderen Stelle zur Verfügung gestellt werden, hat die zentrale Meldestelle dafür Sorge zu tragen, dass die notwendigen Einverständniserklärungen vorliegen. Sofern erforderlich hat sie eine Einverständniserklärung einzuholen (siehe hierzu auch § 33 Abs. 5 GwG).

VI. Generalzuständigkeit der zentralen Meldestelle des ersuchten EU-Mitgliedstaates (§ 33 Abs. 3 GwG)

Benötigt die Zentralstelle für Finanztransaktionsuntersuchungen zusätzliche Informationen betreffend einen in Deutschland tätigen Verpflichteten, der in einem anderen Mitgliedstaat in ein dem Handelsregister vergleichbares Register[11] eingetragen oder sonst registriert ist, hat sie gemäß § 33 Abs. 3 GwG ihr Informationsersuchen an die zentrale Meldestelle des Mitgliedstaats zu richten, in dessen Hoheitsgebiet der Verpflichtete niedergelassen ist. Die Vorschrift beruht auf Art. 53 Abs. 2 Unterabs. 2 Satz 1 der 4. EU-Geldwäscherichtlinie und stellt klar, dass alle Auskunftsersuchen der zentralen Stelle für Finanztransaktionsuntersuchungen an Behörden in anderen EU-Mitgliedstaaten nicht direkt an diese, sondern stets an die zentrale Meldestelle des jeweiligen Mitgliedstaates zu erfolgen haben.[12]

11

---

10 Vgl. auch Gesetzesbegründung, BT-Drs. 18/11555, S. 147.
11 Gesetzesbegründung, BT-Drs. 18/11555, S. 147.
12 Vgl. auch Gesetzesbegründung, BT-Drs. 18/11555, S. 147.

VII. Ablehnung eines Informationsersuchens (§ 33 Abs. 4 GwG)

12 § 33 Abs. 4 GwG dient der Umsetzung von Art. 53 Abs. 3 der 4. EU-Geldwäscherichtlinie. Die Zentralstelle für Finanztransaktionsuntersuchungen darf ein Informationsersuchen der zentralen Meldestelle eines anderen EU-Mitgliedstaats nur bei Vorliegen eines der in den Nr. 1 bis 4 abschließend bestimmten Ausnahmetatbestände ablehnen.

1. Ablehnungstatbestände (§ 33 Abs. 4 Satz 1 GwG)

13 Die Ablehnung eines Informationsersuchens der zentralen Meldestelle eines anderen EU-Mitgliedstaates ist nur bei besonders hohen Schutzgütern[13] zulässig.

a) Mögliche Gefährdung der inneren oder äußeren Sicherheit oder anderer wesentlicher Interessen der Bundesrepublik Deutschland (§ 33 Abs. 4 Satz 1 Nr. 1 GwG)

14 Bei der Bestimmung der Begriffe „innere oder äußere Sicherheit" kann die fachgesetzliche Verwendung des Begriffspaars „innere oder äußere Sicherheit der Bundesrepublik Deutschland" (vgl. z. B. § 4 Abs. 1 Satz 1 Nr. 5 lit. a) BKAG, § 7 Abs. 1 Nr. 1 PassG, § 92 Abs. 3 Nr. 2 StGB, § 3 Nr. 1 lit. c) IFG) als Orientierungshilfe herangezogen werden.[14] Danach umfasst der Schutzbereich nur **erhebliche Belange** der Bundesrepublik Deutschland. Zwecks Unterscheidung der Gefährdungstatbestände ist davon auszugehen, dass eine Gefährdung der **äußeren Sicherheit** bei einer Bedrohung der freiheitlich demokratischen Grundordnung der Bundesrepublik, ihres Bestandes und ihrer Funktionsfähigkeit durch ausländische Staaten und Kräfte gegeben ist. Eine Gefährdung der **inneren Sicherheit** ist dagegen anzunehmen, wenn die Grundordnung, der Bestand und die Funktionsfähigkeit der Bundesrepublik durch Einzelpersonen oder Gruppierungen von Personen im Inland bedroht werden.

15 Was die anderen „**Interessen der Bundesrepublik Deutschland**" angeht, lässt die Verwendung des Begriffs „**wesentlich**" darauf schließen, dass die Datenübermittlung nur dann abgelehnt werden darf, wenn eine Beeinträchtigung von **grundlegenden Interessen** der Bundesrepublik Deutschland zu befürchten ist. Um überhaupt in die Erwägungen einbezogen werden zu können, müssen die Interessen den ersten beiden Alternativen („innere oder äußere Sicherheit") sehr nahekommen.[15]

---

13 Vgl. auch Gesetzesbegründung, BT-Drs. 18/11555, S. 147.
14 Siehe hierzu auch *Schoch*, in: Schoch, IFG, § 3 Rn. 56.
15 Siehe hierzu auch *Hornung*, in: Hornung/Möller, PassG/PauswG, § 7 PassG Rn. 11.

VII. Ablehnung eines Informationsersuchens (§ 33 Abs. 4 GwG) § 33 GwG

b) Überwiegen der schutzwürdigen Interessen der betroffenen Person (§ 33 Abs. 4 Satz 1 Nr. 2 GwG)

Nach § 33 Abs. 4 Satz 1 Nr. 2 GwG darf ein Informationsersuchen auch dann abgelehnt werden, wenn im Einzelfall, auch unter Berücksichtigung des öffentlichen Interesses an der Datenübermittlung, aufgrund wesentlicher Grundprinzipien deutschen Rechts die schutzwürdigen Interessen der betroffenen Person überwiegen. Der Ablehnungstatbestand eröffnet **kein Ermessen**, sondern erfordert eine der Ablehnung vorausgehende **gerichtlich voll überprüfbare Interessenabwägung**. Als **schutzwürdige Interessen des Betroffenen** sind in diese Abwägung insbesondere die Wahrung seines Grundrechts auf informationelle Selbstbestimmung gem. Art. 2 Abs. 1 i.V.m. 1 Abs. 1 GG, das allgemeine Persönlichkeitsrecht oder Berufs- und Geschäftsgeheimnisse einzustellen.[16] **Öffentliche Interessen an einer Datenübermittlung** könnten vor allem im Interesse der ersuchenden Stelle an einer ordnungsgemäßen und effektiven Aufgabenwahrnehmung, im Interesse an einer Funktionsfähigkeit des Staates und seiner Einrichtungen sowie im Interesse am Schutz der Rechtsgüter Dritter selbst begründet sein.[17] Das öffentliche Interesse an der Übermittlung muss umso eher hintenanstehen, je gewichtiger die schutzwürdigen Interessen des Betroffenen sind. Umgekehrt müssen die Interessen des Betroffenen, umso eher weichen, je gewichtiger das Rechtsgut ist, zu dessen Schutz die Übermittlung erfolgen soll. Ein Informationsersuchen muss auf jeden Fall abgelehnt werden, wenn die Daten, auf die es sich bezieht, aufgrund eines bestehenden ausdrücklichen Verbots der Datenerhebung schon nicht hätten erhoben werden dürfen.[18]

16

c) Mögliche Behinderung/Gefährdung strafrechtlicher Ermittlungen oder der Durchführung eines Gerichtsverfahrens (§ 33 Abs. 4 Satz 1 Nr. 3 GwG)

§ 33 Abs. 4 Satz 1 Nr. 3 GwG erlaubt die Ablehnung eines Informationsersuchens der zentralen Stelle eines anderen EU-Mitgliedstaates, wenn es durch die Informationsübermittlung zu einer Behinderung oder Gefährdung **strafrechtlicher Ermittlungen** oder der **Durchführung eines Gerichtsverfahrens** kommen könnte.

17

aa) Strafrechtliche Ermittlungen

Das strafrechtliche Ermittlungsverfahren beginnt mit der **Aufnahme von Ermittlungen** durch die Staatsanwaltschaft aufgrund eines sog. Anfangsverdachts (§ 152 Abs. 2 i.V.m. § 160 StPO). Die Aufnahme der Ermittlungen erfolgt in der Praxis regelmäßig zunächst durch Polizeibeamte als Ermittlungspersonen der

18

---

16 *Kugelmann*, in: Kugelmann, BKA-Gesetz, § 27 Rn. 3.
17 *Kugelmann*, in: Kugelmann, BKA-Gesetz, § 27 Rn. 3.
18 Ausführlich hierzu: *Kugelmann*, in: Kugelmann, BKA-Gesetz, § 27 Rn. 4.

GwG § 33 Datenaustausch mit Mitgliedstaaten der Europäischen Union

Staatsanwaltschaft (§ 152 GVG). Das Ermittlungsverfahren endet mit der **Erhebung der öffentlichen Klage** (§ 170 Abs. 1 StPO) oder mit der **Einstellung des Verfahrens** (§§ 153 ff., § 170 Abs. 2 StPO).

bb) Durchführung eines Gerichtsverfahrens

19 Im Gegensatz zum Begriff der „Ermittlungen" wurde der Begriff „**Gerichtsverfahren**" in § 33 Abs. 4 Satz 1 Nr. 3 GwG nicht eingeschränkt. Der Begriff erfasst damit zum einen Verfahren in allen deutschen Gerichtszweigen. Zum anderen sind als „Gerichtsverfahren" auch Verfahren der supranationalen und internationalen Gerichtsbarkeit (z. B. EuG, EuGH, EGMR, IGH, Internationaler Strafgerichtshof) anzusehen.[19] Die potenzielle Behinderung oder Gefährdung, die die Ablehnung eines Informationsersuchens zu rechtfertigen vermag, muss die **Durchführung** des Gerichtsverfahrens betreffen. Geschützt ist damit **nur** der ordnungsgemäße **Verfahrensablauf** nach den Vorgaben der einschlägigen Prozessordnung und des Gerichtsverfassungsgesetzes, nicht aber ein bestimmtes Verfahrensergebnis.[20]

cc) Gefährdung oder Behinderung

20 § 33 Abs. 4 Satz 1 Nr. 3 GwG verlangt eine mögliche Gefährdung oder Behinderung der Schutzgüter (strafrechtliche Ermittlungen oder die Durchführung eines Gerichtsverfahrens), falls die ersuchte Informationsübermittlung stattfindet. Eine Gefährdung oder Behinderung ist im Rechtssinne anzunehmen, wenn sich das Bekanntwerden der Information ungünstig auf die Schutzgüter (Gerichtsverfahren, strafrechtliches Ermittlungsverfahren) niederschlagen kann.[21]

dd) Dauer der Ablehnung

21 Nach Abschluss des **Gerichtsverfahrens** muss dem Informationsersuchen stattgegeben werden. Der Ablehnungsgrund erstreckt sich nur auf die „Durchführung" eines Verfahrens, erfasst also lediglich dessen Dauer. Gleiches gilt für die **strafrechtlichen Ermittlungen**. Wird das Ermittlungsverfahren eingestellt, ist dem Informationsersuchen zu entsprechen. Endet das Verfahren mit der Erhebung der öffentlichen Klage, ist erneut zu prüfen, ob die Informationsübermittlung ggf. die Durchführung des Strafprozesses gefährden oder behindern könnte.

---

19 Siehe hierzu auch *Schoch*, in: Schoch, IFG, § 3 Rn. 126.
20 *Schoch*, in: Schoch, IFG, § 3 Rn. 130.
21 Siehe hierzu auch *Schoch*, in: Schoch, IFG, § 3 Rn. 140.

d) Entgegenstehende rechtshilferechtliche Bedingungen (§ 33 Abs. 4 Satz 1 Nr. 4 GwG)

Die Zentralstelle für Finanztransaktionsuntersuchungen kann schließlich auch die Weitergabe von Informationen ablehnen, die ihr von anderen Staaten im Rahmen der grenzüberschreitenden Zusammenarbeit in Strafsachen unter Bedingungen übermittelt wurden, die von den zuständigen Stellen zu beachten sind.

22

2. Pflicht zur angemessenen Darlegung der Ablehnungsgründe (§ 33 Abs. 2 Satz 2 GwG)

Im Fall der Ablehnung eines Informationsersuchens hat die Zentralstelle für Finanztransaktionsuntersuchungen der ersuchenden zentralen Meldestelle die Ablehnungsgründe grundsätzlich in angemessener Weise schriftlich darzulegen. Eine Begründung der Ablehnung darf nur dann unterbleiben, wenn die Zentralstelle ihre operative Analyse nach § 28 Abs. 1 Satz 2 Nr. 2 GwG noch nicht abgeschlossen hat oder soweit Ermittlungen hierdurch gefährdet (siehe hierzu die Ausführungen zu den Ablehnungsgründen oben) werden könnten.

23

VIII. Einwilligung in die Datenweiterleitung an andere Behörden des ersuchenden EU-Mitgliedstaates (§ 33 Abs. 5 Satz 1–3 GwG)

Zur Sicherstellung einer effizienten Arbeitsweise zwischen den zentralen Meldestellen der Mitgliedstaaten sieht § 33 Abs. 5 Satz 1 GwG vor, dass die Zentralstelle für Finanztransaktionsuntersuchungen im Rahmen der Datenübermittlung an die ersuchende zentrale Meldestelle umgehend ihre **Zustimmung zur weiteren Verwendung und Verteilung der Daten an andere Behörden** des betreffenden Mitgliedstaates geben soll. Entsprechend der Vorgaben der 4. EU-Geldwäscherichtlinie (Art. 55 Abs. 2) soll die Zustimmung möglichst weitgehend erteilt werden. Sie kann aber auch nur begrenzt auf bestimmte Daten erteilt werden.[22]

24

Die Zustimmung zur weiteren Verwendung der Informationen durch andere Behörden innerhalb eines Mitgliedstaates kann gemäß § 33 Abs. 5 Satz 2 GwG verweigert werden, wenn der in dem Informationsersuchen dargelegte Sachverhalt nach deutschem Recht nicht den Straftatbestand der Geldwäsche oder der Terrorismusfinanzierung erfüllen würde. Die Bestimmungen des § 33 Abs. 1 Satz 1

25

---

22 Vgl. auch Gesetzesbegründung, BT-Drs. 18/11555, S. 147.

GwG § 33 Datenaustausch mit Mitgliedstaaten der Europäischen Union

und 2 GwG bleiben von § 33 Abs. 5 Satz 2 GwG unberührt.[23] Gemäß der Gesetzesbegründung zu § 33 Abs. 5 Satz 2 GwG kann die Zentralstelle für Finanztransaktionsuntersuchungen ihre Ablehnung der Datenweiterleitung an andere Behörden darüber hinaus auch auf die in § 33 Abs. 4 Satz 1 GwG benannten Gründe stützen. Es bleibt zu hoffen, dass der im Hinblick auf die Vorgaben des Art. 55 Abs. 2 der 4. EU-Geldwäscherichtlinie korrekte Verweis auf die Ablehnungsgründe in § 33 Abs. 4 Satz 1 GwG mit der nächsten Gesetzesänderung auch direkt in § 33 Abs. 5 Satz 2 GwG aufgenommen wird. Verweigert die Zentralstelle für Finanztransaktionsuntersuchungen ihre Zustimmung zur weiteren Verwendung der Informationen, so hat sie dies angemessen zu begründen (§ 33 Abs. 5 Satz 3 GwG).

IX. Zweckbindung und Zustimmungsvorbehalt der Zentralstelle bei Verwendung von Daten zu anderen Zwecken (§ 33 Abs. 5 Satz 4 GwG)

26 Abs. 5 Satz 4 stellt klar, dass, sofern die Informationen der Zentralstelle für Finanztransaktionsuntersuchungen in dem ersuchenden Staat zu anderen als den angegebenen Zwecken verwendet werden sollen, zuvor die Zustimmung der Zentralstelle für Finanztransaktionsuntersuchungen einzuholen ist.

---

23 Vgl. auch Gesetzesbegründung, BT-Drs. 18/11555, S. 147.

§ 34 Informationsersuchen im Rahmen der internationalen Zusammenarbeit

(1) Die Zentralstelle für Finanztransaktionsuntersuchungen kann die zentralen Meldestellen anderer Staaten, die mit der Verhinderung, Aufdeckung und Bekämpfung von Geldwäsche, von Vortaten der Geldwäsche sowie von Terrorismusfinanzierung befasst sind, um die Erteilung von Auskünften einschließlich der personenbezogenen Daten oder der Übermittlung von Unterlagen ersuchen, wenn diese Informationen und Unterlagen erforderlich sind zur Erfüllung ihrer Aufgaben.

(2) Für ein Ersuchen kann die Zentralstelle für Finanztransaktionsuntersuchungen personenbezogene Daten übermitteln, soweit dies erforderlich ist, um ein berechtigtes Interesse an der begehrten Information glaubhaft zu machen und wenn überwiegende berechtigte Interessen des Betroffenen nicht entgegenstehen.

(3) In dem Ersuchen muss die Zentralstelle für Finanztransaktionsuntersuchungen den Zweck der Datenerhebung offenlegen und die beabsichtigte Weitergabe der Daten an andere inländische öffentliche Stellen mitteilen. Die Zentralstelle für Finanztransaktionsuntersuchungen darf die von einer zentralen Meldestelle eines anderen Staates übermittelten Daten nur verwenden

1. zu den Zwecken, zu denen um die Daten ersucht wurde, und
2. zu den Bedingungen, unter denen die Daten zur Verfügung gestellt wurden.

Sollen die übermittelten Daten nachträglich an eine andere öffentliche Stelle weitergegeben werden oder für einen Zweck genutzt werden, der über die ursprünglichen Zwecke hinausgeht, so ist vorher die Zustimmung der übermittelnden zentralen Meldestelle einzuholen.

Übersicht

	Rn.		Rn.
I. Allgemeines	1	IV. Bindung an den Zweck der Datenerhebung und die Bedingungen der ersuchten Meldestelle (§ 34 Abs. 3 Satz 1 und 2 GwG)	4
II. Befugnis zur Einholung von Informationen von ausländischen zentralen Meldestellen (§ 34 Abs. 1 GwG)	2	V. Zustimmungserfordernis der ersuchten Meldestelle (§ 34 Abs. 3 Satz 3 GwG)	5
III. Ermächtigung zur Übermittlung personenbezogener Daten im Rahmen von Inforationsersuchen (§ 34 Abs. 2 GwG)	3		

GwG § 34 Informationsersuchen

I. Allgemeines

1 § 34 GwG regelt die Stellung von Informationsersuchen an die zentralen Meldestellen anderer Staaten im Rahmen der **internationalen Zusammenarbeit**. Soweit in § 33 (Datenaustausch mit Mitgliedstaaten der Europäischen Union) keine besonderen Regelungen getroffen werden, sind die Vorgaben der §§ 34 und 35 GwG auch im Rahmen der Zusammenarbeit mit den zentralen Meldestellen anderer EU-Staaten zu beachten.

II. Befugnis zur Einholung von Informationen von ausländischen zentralen Meldestellen (§ 34 Abs. 1 GwG)

2 In § 34 Abs. 1 GwG ist die Befugnis der deutschen Zentralstelle für Finanztransaktionsuntersuchungen zur Stellung von Informationsersuchen gegenüber ausländischen zentralen Meldestellen, die mit der Verhinderung, Aufdeckung und Bekämpfung von Geldwäsche, von Vortaten der Geldwäsche sowie von Terrorismusfinanzierung befasst sind, gesetzlich verankert. Die ersuchten Informationen und Unterlagen müssen zur Erfüllung der Aufgaben der Zentralstelle gemäß § 28 Abs. 1 Satz 2 GwG erforderlich sein.

III. Ermächtigung zur Übermittlung personenbezogener Daten im Rahmen von Informationsersuchen (§ 34 Abs. 2 GwG)

3 Da jede Übermittlung personenbezogener Daten an andere öffentliche Stellen einen neuen Eingriff in das Recht des Betroffenen auf informationelle Selbstbestimmung (Art. 1 Abs. 1 i.V.m. Art. 2 Abs. 1 GG) darstellt, bedarf es für die Übermittlung eine entsprechende gesetzliche Ermächtigungsgrundlage. § 34 Abs. 2 GwG stellt eine solche Ermächtigungsgrundlage dar und befugt die Zentralstelle für Finanztransaktionsuntersuchungen, in ihren Informationsersuchen nach § 34 Abs. 1 GwG personenbezogene Daten zu übermitteln, um ihr berechtigtes Interesse an den begehrten Informationen glaubhaft zu machen. Vor einer Übermittlung personenbezogener Daten hat die Zentralstelle jedoch zunächst zu prüfen, ob der Übermittlung nicht vorrangig zu berücksichtigende, berechtigte Interessen des Betroffenen entgegenstehen. Zu der vorzunehmenden Interessenabwägung vgl. die Kommentierung zu § 33 Abs. 4 Satz 1 Nr. 2 GwG.

IV. Bindung an den Zweck der Datenerhebung und die Bedingungen der ersuchten Meldestelle (§ 34 Abs. 3 Satz 1 und 2 GwG)

Wie sich auch aus § 35 Abs. 3 GwG ergibt, der in Anlehnung an Art. 53 Abs. 1 Unterabs. 2 der 4. EU-Geldwäscherichtlinie die Mindestinhalte eines Auskunftsersuchens regelt, muss die Zentralstelle für Finanztransaktionsuntersuchungen in einem Auskunftsersuchen nach § 34 Abs. 1 GwG den beabsichtigten Zweck der Datenerhebung angeben (§ 34 Abs. 3 Satz 1 GwG). Für den Fall, dass die Zentralstelle für Finanztransaktionsuntersuchungen das Informationsersuchen für eine andere Behörde gestellt hat oder sie beabsichtigt, die Daten an eine weitere inländische öffentliche Stelle weiterzugeben, hat sie auch dies in ihrem Ersuchen mitzuteilen. § 34 Abs. 3 Satz 2 GwG stellt klar, dass die Zentralstelle für Finanztransaktionsuntersuchungen auch nach Erhalt der ersuchten Daten diese nur zu dem Zweck, den sie der ersuchten Stelle mitgeteilt hat, verwenden darf. Die ersuchte und Auskunft gebende zentrale Meldestelle kann die Bereitstellung der Daten darüber hinaus auch mit bestimmten Einschränkungen oder Zweckbeschränkungen verbinden, welche dann ebenfalls von der Zentralstelle für Finanztransaktionsuntersuchungen zu berücksichtigen sind.

V. Zustimmungserfordernis der ersuchten Meldestelle (§ 34 Abs. 3 Satz 3 GwG)

Sofern die Zentralstelle für Finanztransaktionsuntersuchungen die erhaltenen Daten zu einem späteren Zeitpunkt an eine andere inländische öffentliche Stelle weiterleiten möchte, ist von ihr hierfür zunächst die Zustimmung der ersuchten zentralen Meldestelle einzuholen. Gleiches gilt, wenn die Zentralstelle für Finanztransaktionsuntersuchungen die ihr übermittelten Daten zu anderen Zwecken als den in ihrem Ersuchen mitgeteilten Zwecken heranziehen möchte.

§ 35 Datenübermittlung im Rahmen der internationalen Zusammenarbeit

(1) Geht bei der Zentralstelle für Finanztransaktionsuntersuchungen eine Meldung nach § 43 Absatz 1 ein, die die Zuständigkeit eines anderen Staates betrifft, so kann sie diese Meldung umgehend an die zentrale Meldestelle des betreffenden Staates weiterleiten. Sie weist die zentrale Meldestelle des betreffenden Staates darauf hin, dass die personenbezogenen Daten nur zu dem Zweck genutzt werden dürfen, zu dem sie übermittelt worden sind.

(2) Die Zentralstelle für Finanztransaktionsuntersuchungen kann einer zentralen Meldestelle eines anderen Staates auf deren Ersuchen personenbezogene Daten übermitteln

1. für eine von der zentralen Meldestelle des anderen Staates durchzuführende operative Analyse,
2. im Rahmen einer beabsichtigten Sofortmaßnahme nach § 40, soweit Tatsachen darauf hindeuten, dass der Vermögensgegenstand
   a) sich in Deutschland befindet und
   b) im Zusammenhang steht mit einem Sachverhalt, der der zentralen Meldestelle des anderen Staates vorliegt, oder
3. zur Erfüllung der Aufgaben einer anderen ausländischen öffentlichen Stelle, die der Verhinderung, Aufdeckung und Bekämpfung von Geldwäsche oder von Vortaten der Geldwäsche oder von Terrorismusfinanzierung dient.

Sie kann zur Beantwortung des Ersuchens auf ihr vorliegende Informationen zurückgreifen. Enthalten diese Informationen auch Daten, die von anderen in- oder ausländischen Behörden erhoben oder von diesen übermittelt wurden, so ist eine Weitergabe dieser Daten nur mit Zustimmung dieser Behörden zulässig, es sei denn, die Informationen stammen aus öffentlich zugänglichen Quellen. Zur Beantwortung des Ersuchens kann die Zentralstelle für Finanztransaktionsuntersuchungen nach Maßgabe der §§ 28, 30 und 31 andere inländische öffentliche Stellen um Auskunft ersuchen oder von Verpflichteten Auskunft verlangen. Ersuchen um Auskunft und Verlangen nach Auskunft sind zeitnah zu beantworten.

(3) Die Übermittlung personenbezogener Daten an eine zentrale Meldestelle eines anderen Staates ist nur zulässig, wenn das Ersuchen mindestens folgende Angaben enthält:

1. die Bezeichnung, die Anschrift und sonstige Kontaktdaten der ersuchenden Behörde,
2. die Gründe des Ersuchens und die Benennung des Zwecks, zu dem die Daten verwendet werden sollen nach Absatz 2,

3. erforderliche Einzelheiten zur Identität der betroffenen Person, sofern sich das Ersuchen auf eine bekannte Person bezieht,
4. die Beschreibung des Sachverhalts, der dem Ersuchen zugrunde liegt, sowie die Behörde, an die die Daten gegebenenfalls weitergeleitet werden sollen, und
5. die Angabe, inwieweit der Sachverhalt mit Geldwäsche oder mit Terrorismusfinanzierung im Zusammenhang steht, und die Angabe der mutmaßlich begangenen Vortat.

(4) Die Zentralstelle für Finanztransaktionsuntersuchungen kann auch ohne Ersuchen personenbezogene Daten an eine zentrale Meldestelle eines anderen Staates übermitteln, wenn Tatsachen darauf hindeuten, dass natürliche oder juristische Personen auf dem Hoheitsgebiet dieses Staates Handlungen, die wegen Geldwäsche oder Terrorismusfinanzierung strafbar sind, begangen haben.

(5) Die Verantwortung für die Zulässigkeit der Übermittlung trägt die Zentralstelle für Finanztransaktionsuntersuchungen. Sie kann bei der Übermittlung von Daten an eine ausländische zentrale Meldestelle Einschränkungen und Auflagen für die Verwendung der übermittelten Daten festlegen.

(6) Der Empfänger personenbezogener Daten ist darauf hinzuweisen, dass die personenbezogenen Daten nur zu dem Zweck genutzt werden dürfen, zu dem sie übermittelt worden sind. Sollen die Daten von der ersuchenden ausländischen zentralen Meldestelle an eine andere Behörde in dem Staat weitergeleitet werden, muss die Zentralstelle für Finanztransaktionsuntersuchungen dem unter Berücksichtigung des Zwecks und der schutzwürdigen Interessen des Betroffenen an den Daten zuvor zustimmen. Soweit die Informationen als Beweismittel in einem Strafverfahren verwendet werden sollen, gelten die Regeln der grenzüberschreitenden Zusammenarbeit in Strafsachen.

(7) Die Übermittlung personenbezogener Daten an eine ausländische zentrale Meldestelle unterbleibt, soweit

1. durch die Übermittlung die innere oder äußere Sicherheit oder andere wesentliche Interessen der Bundesrepublik Deutschland verletzt werden könnten,
2. einer Übermittlung besondere bundesgesetzliche Übermittlungsvorschriften entgegenstehen oder
3. im Einzelfall, auch unter Berücksichtigung des besonderen öffentlichen Interesses an der Datenübermittlung, die schutzwürdigen Interessen der betroffenen Person überwiegen.

GwG § 35 Datenübermittlung

Zu den schutzwürdigen Interessen der betroffenen Person gehört auch das Vorhandensein eines angemessenen Datenschutzniveaus im Empfängerstaat. Die schutzwürdigen Interessen der betroffenen Person können auch dadurch gewahrt werden, dass der Empfängerstaat oder die empfangende zwischen- oder überstaatliche Stelle im Einzelfall einen angemessenen Schutz der übermittelten Daten garantiert.

(8) Die Übermittlung personenbezogener Daten soll unterbleiben, wenn
1. strafrechtliche Ermittlungen oder die Durchführung eines Gerichtsverfahrens durch die Übermittlung behindert oder gefährdet werden könnten oder
2. nicht gewährleistet ist, dass die ersuchende ausländische zentrale Meldestelle einem gleichartigen deutschen Ersuchen entsprechen würde.

(9) Die Gründe für die Ablehnung eines Informationsersuchens sollen der ersuchenden zentralen Meldestelle angemessen dargelegt werden.

(10) Die Zentralstelle für Finanztransaktionsuntersuchungen hat den Zeitpunkt, die übermittelten Daten sowie die empfangende zentrale Meldestelle aufzuzeichnen. Unterbleibt die Datenübermittlung, so ist dies entsprechend aufzuzeichnen. Sie hat diese Daten drei Jahre aufzubewahren und danach zu löschen.

Schrifttum: *Schenke/Graulich/Ruthig*, Sicherheitsrecht des Bundes, 2014.

Übersicht

	Rn.
I. Allgemeines	1
II. Befugnis zur Weiterleitung von Meldungen nach § 43 Abs. 1 GwG (§ 35 Abs. 1 GwG)	2
1. Ermessensentscheidung der Zentralstelle (§ 35 Abs. 1 Satz 1 GwG)	3
2. Betroffenheit eines anderen Staates	4
3. Hinweispflicht der Zentralstelle bzgl. Zweckbindung (§ 35 Abs. 1 Satz 2 GwG)	5
III. Ermächtigung zur Übermittlung personenbezogener Daten (§ 35 Abs. 2 und 3 GwG)	6
1. Aufgrund eines Informationsersuchens der zentralen Meldestelle eines anderen Staates (Anlassbezogene Übermittlung) (§ 35 Abs. 2, 3 GwG)	7
a) Zulässige Zwecke des Informationsersuchens (§ 35 Abs. 2 Satz 1 GwG)	8
aa) Durchführung einer operativen Analyse (§ 35 Abs. 2 Satz 1 Nr. 1 GwG)	9
bb) Beabsichtigte Sofortmaßnahmen nach § 40 GwG (§ 35 Abs. 2 Satz 1 Nr. 2 GwG)	10
cc) Aufgabenerfüllung einer anderen ausländischen öffentlichen Stelle (§ 35 Abs. 2 Satz 1 Nr. 3 GwG)	11
b) Zustimmungserfordernis bei Weitergabe relevanter Daten und Informationen anderer Behörden (§ 35 Abs. 2 Satz 3 GwG)	12

c) Befugnis zur Einholung von Informationen bei inländischen öffentlichen Stellen und Verpflichteten des GwG (§ 35 Abs. 2 Satz 4 GwG) . 14
d) Verpflichtung zur zeitnahen Beantwortung (§ 35 Abs. 2 Satz 5 GwG) 15
e) Mindestinhalte des Informationsersuchens (§ 35 Abs. 3 GwG) 16
   aa) Behördenbezeichnung, Anschrift und Kontaktdaten (§ 35 Abs. 3 Nr. 1 GwG) 17
   bb) Gründe und Zweck des Informationsersuchens (§ 35 Abs. 3 Nr. 2 GwG) 18
   cc) Angaben zur betroffenen Person (§ 35 Abs. 3 Nr. 3 GwG) 19
   dd) Sachverhalt (§ 35 Abs. 3 Nr. 4 GwG) 20
   ee) Beabsichtigte Weiterleitung an andere Behörde (§ 35 Abs. 3 Nr. 4 GwG) 21
   ff) Zusammenhang des Sachverhalts mit Geldwäsche oder Terrorismusfinanzierung (§ 35 Abs. 3 Nr. 5 GwG). . . . 22
f) Ermessensentscheidung . . . 23
2. Übermittlung von Amts wegen (Spontanübermittlung) (§ 35 Abs. 4 GwG) 24
IV. Verantwortung für die datenschutzrechtliche Zulässigkeit der Datenübermittlung (§ 35 Abs. 5 GwG). 25
V. Hinweispflichten gegenüber dem Empfänger der Daten (§ 35 Abs. 6 Satz 1 GwG) 26

VI. Zustimmungsvorbehalt der Zentralstelle (§ 35 Abs. 6 Satz 2 GwG) 27
VII. Ausschluss der Übermittlung personenbezogener Daten (§ 35 Abs. 7, 8 GwG). 28
   1. Obligatorische Ausschlussgründe (§ 35 Abs. 7 GwG) . . . 29
      a) Mögliche Gefährdung der inneren oder äußeren Sicherheit oder anderer wesentlicher Interessen der Bundesrepublik Deutschland (§ 35 Abs. 7 Satz 1 Nr. 1 GwG) 30
      b) Entgegenstehende besondere bundesgesetzliche Übermittlungsvorschriften (§ 35 Abs. 7 Satz 1 Nr. 2 GwG) . 31
      c) Überwiegen der schutzwürdigen Interessen der betroffenen Person (§ 35 Abs. 7 Satz 1 Nr. 3, Sätze 2 und 3 GwG) 32
   2. Fakultative Ausschlussgründe (§ 35 Abs. 8 GwG) 34
      a) Mögliche Behinderung/Gefährdung strafrechtlicher Ermittlungen oder der Durchführung eines Gerichtsverfahrens (§ 35 Abs. 8 Nr. 1 GwG) 35
      b) Keine Gewährleistung des Gegenseitigkeitsprinzips (§ 35 Abs. 8 Nr. 2 GwG) . . 36
VIII. Pflicht zur angemessenen Darlegung der Ablehnungsgründe (§ 35 Abs. 9 GwG) 37
IX. Aufzeichnungs- und Aufbewahrungspflichten (§ 35 Abs. 10 GwG) 38

GwG § 35 Datenübermittlung

I. Allgemeines

1 § 35 GwG, der mit Umsetzung der Vierten EU-Geldwäscherichtlinie[1] neu in das GwG eingefügt wurde, bildet den rechtlichen Rahmen für die **Datenübermittlung der Zentralstelle für Finanztransaktionsuntersuchungen an eine ausländische zentrale Meldestelle**.

II. Befugnis zur Weiterleitung von Meldungen nach § 43 Abs. 1 GwG (§ 35 Abs. 1 GwG)

2 § 35 Abs. 1 GwG basiert auf Art. 53 Abs. 1 Unterabs. 3 der 4. EU-Geldwäscherichtlinie, der die Weiterleitung von Verdachtsmeldungen an zentrale Meldestellen anderer EU-Mitgliedstaaten regelt, und weitet die Vorschrift auf die **internationale Zusammenarbeit** mit Drittstaaten aus.

1. Ermessensentscheidung der Zentralstelle (§ 35 Abs. 1 Satz 1 GwG)

3 Anders als im Fall gemeldeter Sachverhalte, die einen **EU-Mitgliedstaat** betreffen (siehe die diesbezügliche Kommentierung zu § 33 Abs. 1 Satz 3 GwG, welcher der Regelung des § 35 Abs. 1 GwG als lex specialis vorgeht), ist die Zentralstelle bei Sachverhalten, die einen Drittstaat betreffen, **nicht verpflichtet**, die Meldung umgehend an die zentrale Meldestelle des betreffenden Staates weiterzuleiten. Sofern der Zentralstelle für Finanztransaktionsuntersuchungen von einem Verpflichteten ein Sachverhalt, der einen Drittstaat betrifft, nach § 43 Abs. 1 GwG gemeldet wird, entscheidet sie **nach pflichtgemäßem Ermessen** über eine umgehende Weiterleitung der Meldung an die zuständige zentrale Meldestelle des betreffenden Staates.

2. Betroffenheit eines anderen Staates

4 Von der Betroffenheit eines anderen Staates ist laut Gesetzesbegründung insbesondere dann auszugehen, wenn der gemeldete Sachverhalt nicht nur einen bloßen Auslandsbezug hat, sondern der **Schwerpunkt des Sachverhalts** im ausländischen Staat liegt, also die zu prüfenden **Geschäftsvorfälle** oder deren **Auswirkungen** dort auftreten.[2]

---

[1] Die Umsetzung erfolgte durch das Gesetz zur Umsetzung der Vierten EU-Geldwäscherichtlinie, zur Ausführung der EU-Geldtransferverordnung und zur Neuorganisation der Zentralstelle für Finanztransaktionsuntersuchungen vom 23.6.2017 (BGBl. I 2017, S. 1822).

[2] Vgl. auch Gesetzesbegründung, BT-Drs. 18/11555, S. 146.

3. Hinweispflicht der Zentralstelle bzgl. Zweckbindung (§ 35 Abs. 1 Satz 2 GwG)

Gemäß § 35 Abs. 1 Satz 2 GwG hat die Zentralstelle die zentrale Meldestelle des betreffenden Staates darauf **hinzuweisen**, dass die personenbezogenen Daten nur zu dem Zweck genutzt werden dürfen, zu dem sie übermittelt worden sind. Laut Gesetzesbegründung sollte der Hinweis auf fortbestehende Zweckbindung mittels **Bedingungen**, unter denen die Übermittlung der Informationen erfolgt, sichergestellt werden.[3]

III. Ermächtigung zur Übermittlung personenbezogener Daten (§ 35 Abs. 2 und 3 GwG)

Die Übermittlung[4] von personenbezogenen Daten[5] an die zentrale Meldestelle eines anderen Staates ist zum einen bei Vorliegen eines entsprechend begründeten **Informationsersuchens** der zentralen Meldestelle des anderen Staates zulässig (**Anlassbezogene Übermittlung**) (§ 35 Abs. 2 und 3 GwG). Zum anderen darf die Zentralstelle für Finanztransaktionsuntersuchungen unter bestimmten Voraussetzungen auch **von Amts wegen** personenbezogene Daten an die zentrale Meldestelle eines anderen Staates weitergeben (**Spontanübermittlung**) (§ 35 Abs. 4 GwG).

1. Aufgrund eines Informationsersuchens der zentralen Meldestelle eines anderen Staates (Anlassbezogene Übermittlung) (§ 35 Abs. 2, 3 GwG)

Die Voraussetzungen für eine Übermittlung von personenbezogenen Daten aufgrund eines **Informationsersuchens** der zentralen Meldestelle eines anderen Staates sind in den Abs. 2 und 3 des § 35 GwG geregelt.

---

3 BT-Drs. 18/11555, S. 148.
4 Unter Übermittlung ist das Bekanntgeben gespeicherter oder durch Datenverarbeitung gewonnener personenbezogener Daten an einen Dritten in der Weise, dass a) die Daten an den Dritten weitergegeben werden oder b) der Dritte zur Einsicht oder zum Abruf bereitgehaltene Daten einsieht oder abruft, zu verstehen (§ 3 Abs. 4 Satz 2 Nr. 3 BDSG). Diese Weitergabe erfasst alle Handlungen, durch die die Daten in die Hände eines neuen Adressaten gelangen. Dritter ist hierbei gemäß § 2 Abs. 8 Satz 2 BDSG jede Person oder Stelle außerhalb der verantwortlichen Stelle, in diesem Fall also konkret jede Person oder Stelle außerhalb der Zentralstelle für Finanztransaktionsuntersuchungen.
5 Personenbezogene Daten sind gemäß § 3 Abs. 1 BDSG Einzelangaben über persönliche oder sachliche Verhältnisse einer bestimmten oder bestimmbaren natürlichen Person (Betroffener).

GwG § 35 Datenübermittlung

a) Zulässige Zwecke des Informationsersuchens (§ 35 Abs. 2 Satz 1 GwG)

8   Die zulässigen Zwecke des Informationsersuchens sind in § 35 Abs. 2 Satz 1 GwG aufgeführt.

aa) Durchführung einer operativen Analyse (§ 35 Abs. 2 Satz 1 Nr. 1 GwG)

9   Die Zentralstelle darf einer ausländischen zentralen Meldestelle personenbezogene Daten zum einen dann übermitteln, wenn die ersuchende Meldestelle die Daten für eigene **operative Analysen** im Sinn von § 28 Abs. 1 Satz 2 Nr. 2 GwG benötigt.

bb) Beabsichtigte Sofortmaßnahmen nach § 40 GwG (§ 35 Abs. 2 Satz 1 Nr. 2 GwG)

10   Zum anderen kann die Zentralstelle für Finanztransaktionsuntersuchungen einer ersuchenden zentralen Meldestelle Daten zur Verfügung stellen, wenn diese die Durchführung einer **Sofortmaßnahme nach § 40 GwG** beabsichtigt und die Daten hierfür erforderlich sind. Die ersuchende zentrale Meldestelle hat der Zentralstelle darzulegen, dass sich der relevante Vermögensgegenstand in Deutschland befindet und mit einem der ersuchenden zentralen Meldestelle vorliegenden Sachverhalt in Verbindung steht.

cc) Aufgabenerfüllung einer anderen ausländischen öffentlichen Stelle (§ 35 Abs. 2 Satz 1 Nr. 3 GwG)

11   Schließlich kann die Zentralstelle einer ausländischen zentralen Meldestelle auch dann personenbezogene Daten übermitteln, wenn die ausländische zentrale Meldestelle das Informationsersuchen für eine **eigene öffentliche Stelle, die der Verhinderung, Aufdeckung und Bekämpfung von Geldwäsche, ihrer Vortaten oder Terrorismusfinanzierung dient**, gestellt hat und diese Stelle die Daten zur Erfüllung ihrer Aufgaben benötigt. Die öffentliche Stelle ist in dem Informationsersuchen genau zu bezeichnen (vgl. § 35 Abs. 3 Nr. 4 GwG). Die **Weiterleitung der übermittelten personenbezogenen Daten** von der ausländischen zentralen Meldestelle an die andere ausländische öffentliche Stelle bedarf der **vorherigen Zustimmung der Zentralstelle für Finanztransaktionsuntersuchungen** (vgl. § 35 Abs. 6 GwG).

b) Zustimmungserfordernis bei Weitergabe relevanter Daten und Informationen anderer Behörden (§ 35 Abs. 2 Satz 3 GwG)

12   Bei der Beantwortung eines Informationsersuchens kann die Zentralstelle für Finanztransaktionsuntersuchungen zunächst einmal **sämtliche ihr vorliegenden Informationen** heranziehen. Sofern diese Informationen auch **Daten** beinhal-

III. Ermächtigung zur Übermittlung personenbezogener Daten § 35 GwG

ten, die der Zentralstelle zu einem früheren Zeitpunkt von **anderen in- oder ausländischen Behörden** übermittelt wurden, muss die Zentralstelle für Finanztransaktionsuntersuchungen vor einer Weitergabe dieser Daten die **Zustimmung der betroffenen Behörde** einholen.

Einer Zustimmung der betroffenen Behörde bedarf es dann **nicht**, wenn die Informationen aus **öffentlich zugänglichen Quellen** herrühren oder wenn die jeweilige Behörde schon bei Übermittlung der Daten an die Zentralstelle oder zu einem späteren Zeitpunkt in eine **weitere Verwendung** der Daten zu Zwecken der Verhinderung, Aufdeckung und Bekämpfung der Geldwäsche und Terrorismusbekämpfung **eingewilligt** hat. 13

c) Befugnis zur Einholung von Informationen bei inländischen öffentlichen Stellen und Verpflichteten des GwG (§ 35 Abs. 2 Satz 4 GwG)

Reichen die der Zentralstelle vorliegenden Informationen für eine Beantwortung des Informationsersuchens nicht aus oder sind die benötigten Daten bei der Zentralstelle nicht vorhanden, kann sie zur Beantwortung eines Auskunftsversuchens auch andere **inländische öffentliche Stellen** gemäß §§ 28, 31 GwG um Auskünfte ersuchen. Ebenso kann sie auch von **Verpflichteten** Auskünfte nach Maßgabe der §§ 28, 30 Abs. 3 GwG verlangen. 14

d) Verpflichtung zur zeitnahen Beantwortung (§ 35 Abs. 2 Satz 5 GwG)

Die Zentralstelle für Finanztransaktionsuntersuchungen hat ausländischen Informationsersuchen in **angemessener Zeit** nachzukommen. Ein von der ersuchenden zentralen Meldestelle ausgewiesenes begründetes **Eilbedürfnis** ist zu beachten.[6] Ebenso haben auch andere inländische Behörden und Verpflichtete, von denen die Zentralstelle Auskünfte zur Beantwortung eines ihr vorliegenden Informationsersuchens einholt, den Auskunftsersuchen bzw. Verlangen **zeitnah** zu entsprechen. 15

e) Mindestinhalte des Informationsersuchens (§ 35 Abs. 3 GwG)

§ 35 Abs. 3 GwG basiert auf Art. 53 Abs. 1 Unterabs. 2 Satz 1 der 4. EU-Geldwäscherichtlinie, der die Inhalte von Informationsersuchen der zentralen Meldestellen innerhalb der Europäischen Union regelt. § 35 Abs. 3 GwG dehnt die Vorschrift auf die **internationale Zusammenarbeit** aus. Um der Zentralstelle für Finanztransaktionsuntersuchungen die Prüfung zu ermöglichen, ob eigene Interessen oder datenschutzrechtliche Erwägungen einer positiven Beantwortung des Ersuchens entgegenstehen,[7] muss das Informationsersuchen der zentra- 16

---
6 Gesetzesbegründung, BT-Drs. 18/11555, S. 148.
7 Gesetzesbegründung, BT-Drs. 18/11555, S. 149.

GwG § 35   Datenübermittlung

len Meldestelle eines anderen Staates **mindestens** die **in § 35 Abs. 3 Nr. 1 bis 5 GwG genannten Angaben** beinhalten.

aa) Behördenbezeichnung, Anschrift und Kontaktdaten (§ 35 Abs. 3 Nr. 1 GwG)

17   Die ausländische zentrale Meldestelle hat in ihrem Informationsersuchen ihre **offizielle Bezeichnung, ihre Anschrift** und die **Kontaktdaten**, die auch weiterverwendet werden sollen, anzugeben. Aufgrund dieser Angaben kann die Zentralstelle für Finanztransaktionsuntersuchungen überprüfen, ob die ersuchende Stelle mit der von dem jeweiligen Staat bestimmten zentralen Meldestelle übereinstimmt und somit **informationsberechtigt** ist.

bb) Gründe und Zweck des Informationsersuchens (§ 35 Abs. 3 Nr. 2 GwG)

18   Die ausländische zentrale Meldestelle hat ihr Informationsersuchen zu **begründen** und den **Zweck** zu benennen, für den sie die Informationen benötigt. Zu den zulässigen Zwecken vgl. § 35 Abs. 2 Satz 1 GwG und die entsprechende Kommentierung.

cc) Angaben zur betroffenen Person (§ 35 Abs. 3 Nr. 3 GwG)

19   Die **Detailangaben zur Identität** der betroffenen Person (sofern bekannt) erleichtern der Zentralstelle das Auffinden der ersuchten Informationen und reduzieren das Risiko von Verwechslungen. Ferner kann die Zentralstelle aufgrund der Angaben auch prüfen, ob gegen die betroffene Person aktuell strafrechtliche Ermittlungen oder Gerichtsverfahren durchgeführt werden. Diese könnten durch eine Datenübermittlung möglicherweise behindert oder gefährdet werden und damit einer Datenübermittlung entgegenstehen (vgl. § 35 Abs. 8 GwG).

dd) Sachverhalt (§ 35 Abs. 3 Nr. 4 GwG)

20   Die ersuchende Stelle hat den zugrunde liegenden **Sachverhalt** zu beschreiben.

ee) Beabsichtigte Weiterleitung an andere Behörde (§ 35 Abs. 3 Nr. 4 GwG)

21   Sofern die ausländische zentrale Meldestelle beabsichtigt, die ersuchten Informationen an eine **andere Behörde** weiterzugeben, hat sie auch dies unter genauer Bezeichnung der anderen Behörde bereits in ihrem Informationsersuchen anzugeben. Die Zentralstelle für Finanztransaktionsuntersuchungen kann ihre **erforderliche Zustimmung zur Datenweitergabe** (vgl. § 35 Abs. 6 GwG) dann gegebenenfalls schon unmittelbar mit Übermittlung der personenbezogenen Daten an die ausländische zentrale Meldestelle erteilen.

ff) Zusammenhang des Sachverhalts mit Geldwäsche oder Terrorismusfinanzierung (§ 35 Abs. 3 Nr. 5 GwG)

Zwecks Verdeutlichung der Relevanz für die Zentralstelle für Finanztransaktionsuntersuchungen hat die ausländische zentrale Meldestelle den **Zusammenhang** des Sachverhalts zu Geldwäsche oder Terrorismusfinanzierung aufzuzeigen und die **mutmaßlich begangene Vortat** anzugeben.

22

f) Ermessensentscheidung

Bei der Entscheidung über die Übermittlung personenbezogener Daten aufgrund eines Informationsersuchens einer ausländischen zentralen Meldestelle hat der deutsche Gesetzgeber der Zentralstelle für Finanztransaktionsuntersuchungen einen **Ermessensspielraum** („kann (...) übermitteln") eingeräumt, wobei bei Ausübung des Ermessens die Zielsetzung der europäischen und internationalen Bemühungen um eine größtmögliche Zusammenarbeit der zentralen Meldestellen zu berücksichtigen ist.

23

2. Übermittlung von Amts wegen (Spontanübermittlung) (§ 35 Abs. 4 GwG)

§ 35 Abs. 4 GwG regelt die Übermittlung personenbezogener Daten an ausländische zentrale Meldestellen **ohne Vorliegen eines entsprechenden Ersuchens**. Eine solche Übermittlung auf Eigeninitiative der Zentralstelle (**Spontanübermittlung**) setzt voraus, dass die Zentralstelle aufgrund ihr vorliegender Tatsachen die **Vermutung** hat, dass auf dem Hoheitsgebiet der ausländischen zentralen Meldestelle **Handlungen** begangen wurden, **die wegen Geldwäsche oder Terrorismusfinanzierung strafbar sind**. Über den in § 35 Abs. 1 GwG geregelten Fall des Vorliegens einer Meldung nach § 43 Abs. 1 GwG mit Auslandsbezug hinaus erfasst § 35 Abs. 4 GwG die Fälle, in denen der Zentralstelle im Rahmen ihrer **eigenen operativen Analysen** Tatsachen bekannt werden, aus denen sich der Verdacht einer Geldwäsche oder Terrorismusfinanzierung in einem ausländischen Staat ergibt.

24

IV. Verantwortung für die datenschutzrechtliche Zulässigkeit der Datenübermittlung (§ 35 Abs. 5 GwG)

Wenn die Zentralstelle für Finanztransaktionsuntersuchungen Daten an die zentralen Meldestellen anderer Staaten übermittelt, ist sie selbst für die Zulässigkeit der Datenübermittlung verantwortlich. Die Regelung ist identisch mit § 15 Abs. 2 Satz 1 BDSG, der generell festlegt, dass die übermittelnde Stelle die Verantwortung für die Zulässigkeit der Datenübermittlung trägt. Die Zentralstelle

25

muss in vollem Umfang überprüfen und verantwortlich darüber entscheiden, ob die Tatbestandsvoraussetzungen der Übermittlungsermächtigung vorliegen und ob es der Übermittlung entgegenstehende Ausschluss- oder Einschränkungsnormen gibt. Darüber hinaus hat die Zentralstelle insbesondere sicherzustellen, dass sämtliche Verwendungseinschränkungen oder -bedingungen beachtet werden. In diesem Zusammenhang kann sie der auskunftsersuchenden zentralen Meldestelle auch Auflagen hinsichtlich der Datenverwendung erteilen.[8] Vor der Weiterübermittlung personenbezogener Daten, die ihr von einer anderen in- oder ausländischen Stelle zur Verfügung gestellt werden, hat die zentrale Meldestelle dafür Sorge zu tragen, dass die notwendigen Einverständniserklärungen vorliegen. Sofern erforderlich, hat sie eine Einverständniserklärung einzuholen (siehe hierzu auch Rn. 12 zu § 35 Abs. 2 Satz 3 GwG).

V. Hinweispflichten gegenüber dem Empfänger der Daten (§ 35 Abs. 6 Satz 1 GwG)

26   Die Zentralstelle für Finanztransaktionsuntersuchungen hat nach § 35 Abs. 6 GwG die empfangende zentrale Meldestelle darauf **hinzuweisen**, dass diese die ersuchten Daten auch nach Erhalt nur zu dem Zweck, den sie der Zentralstelle in ihrem Informationsersuchen gemäß § 35 Abs. 3 Nr. 2 GwG mitgeteilt hat, verwenden darf. Laut Gesetzesbegründung sollte der Hinweis auf fortbestehende Zweckbindung mittels **Bedingungen**, unter denen die Übermittlung der Informationen erfolgt, sichergestellt werden.[9]

VI. Zustimmungsvorbehalt der Zentralstelle (§ 35 Abs. 6 Satz 2 GwG)

27   Sofern die ausländische zentrale Meldestelle die erhaltenen Daten an eine andere öffentliche Stelle weiterleiten möchte, ist von ihr hierfür zunächst die Zustimmung der Zentralstelle für Finanztransaktionsuntersuchungen einzuholen. Die Zentralstelle kann ihre Einwilligung schon mit Übermittlung der personenbezogenen Daten geben. Bei der Entscheidung bzgl. der Einwilligung sind der Zweck der Datenverwendung sowie die schutzwürdigen Interessen des Betroffenen zu beachten.

---

8   Vgl. auch Gesetzesbegründung, BT-Drs. 18/11555, S. 147.
9   BT-Drs. 18/11555, S. 148.

VII. Ausschluss der Übermittlung personenbezogener Daten (§ 35 Abs. 7, 8 GwG)

§ 35 Abs. 7 und 8 GwG begrenzen die der Zentralstelle für Finanztransaktions- 28
untersuchungen gewährten Befugnisse zur Übermittlung personenbezogener
Daten an ausländische zentrale Meldestellen in bestimmten Fällen.

1. Obligatorische Ausschlussgründe (§ 35 Abs. 7 GwG)

In § 35 Abs. 7 Satz 1 GwG werden von der Zentralstelle **zwingend zu beachten-** 29
de Übermittlungsversagensgründe aufgeführt, wobei es der Zentralstelle für
Finanztransaktionsuntersuchungen obliegt, zu beurteilen, ob die Versagensgründe im Einzelfall vorliegen.

a) Mögliche Gefährdung der inneren oder äußeren Sicherheit oder anderer wesentlicher Interessen der Bundesrepublik Deutschland (§ 35 Abs. 7 Satz 1 Nr. 1 GwG)

Es wird auf die Kommentierung zu § 33 Abs. 4 Nr. 1 GwG verwiesen. 30

b) Entgegenstehende besondere bundesgesetzliche Übermittlungsvorschriften (§ 35 Abs. 7 Satz 1 Nr. 2 GwG)

Als besondere bundesgesetzliche Übermittlungsvorschriften, die einer Über- 31
mittlung entgegenstehen, sind zum einen Vorschriften anzusehen, die ein **ausdrückliches Verbot** der Datenübermittlung enthalten. Zum anderen können sich zu beachtende Übermittlungsverbote auch im **Umkehrschluss** aus den **Zulässigkeitsvoraussetzungen einer Datenübermittlung**, die in bundesgesetzlichen Vorschriften enthalten sind und einen gesteigerten Schutz personenbezogener Daten bewirken sollen, ergeben (vgl. z. B. § 72 SGB X, § 100 BBG).

c) Überwiegen der schutzwürdigen Interessen der betroffenen Person (§ 35 Abs. 7 Satz 1 Nr. 3, Sätze 2 und 3 GwG)

Bezüglich der im Rahmen der Prüfung dieses Versagensgrunds vorzunehmen- 32
den Interessenabwägung wird auf die Kommentierung zu § 33 Abs. 4 Nr. 2
GwG verwiesen.

§ 35 Abs. 4 Satz 2 GwG stellt klar, dass zu den im Rahmen der Interessen- 33
abwägung zu berücksichtigenden schutzwürdigen Interessen des Betroffenen
auch das **Vorhandensein eines angemessenen Datenschutzniveaus** im Empfängerstaat der Daten gehört. Bei der Bewertung der Angemessenheit des
Schutzniveaus im Empfängerstaat sind gemäß § 4b Abs. 3 BDSG alle Umstände

einzubeziehen, die bei einer Datenübermittlung von Bedeutung sind; insbesondere sind die Datenart, die Zweckbestimmung, die geplante Verarbeitungsdauer, das Herkunfts- und das Endbestimmungsland, die für den betreffenden Empfänger geltenden Rechtsnormen sowie die für ihn geltenden Standesregeln und Sicherheitsmaßnahmen zu berücksichtigen. Die schutzwürdigen Interessen der betroffenen Person können nach § 35 Abs. 4 Satz 3 GwG auch dadurch gewahrt werden, dass der Empfängerstaat oder die empfangende zwischen- oder überstaatliche Stelle im Einzelfall einen **angemessenen Schutz** der übermittelten Daten **garantiert**. Das Rechtsinstitut der Garantieerklärung ist verfassungskonform und verstößt nicht gegen die Schutzpflicht des Staates auf Gewährleistung eines ausnahmslosen, abstrakt-generellen Grundrechtsschutzes.[10]

2. Fakultative Ausschlussgründe (§ 35 Abs. 8 GwG)

34   Neben den obligatorischen Ausschlussgründen in § 35 Abs. 7 GwG enthält § 35 Abs. 8 GwG eine Auflistung **sonstiger Ausschlussgründe**, bei denen die Übermittlung personenbezogener Daten durch die Zentralstelle verweigert werden **soll**. Trotz Vorliegens eines der in § 35 Abs. 8 GwG genannten Ausschlussgründe kann die Zentralstelle **nach pflichtgemäßem Ermessen** entscheiden, die Daten dennoch an die ausländische zentrale Meldestelle zu übermitteln.

a) Mögliche Behinderung/Gefährdung strafrechtlicher Ermittlungen oder der Durchführung eines Gerichtsverfahrens (§ 35 Abs. 8 Nr. 1 GwG)

35   Es wird auf die Kommentierung zu § 33 Abs. 4 Nr. 3 GwG verwiesen.

b) Keine Gewährleistung des Gegenseitigkeitsprinzips (§ 35 Abs. 8 Nr. 2 GwG)

36   § 35 Abs. 8 Nr. 2 GwG ist Ausfluss des **Prinzips der Gegenseitigkeit oder Reziprozität (lat.: do ut des)**. So soll die Zentralstelle dem Informationsersuchen einer ausländischen zentralen Meldestelle nicht entsprechen, wenn davon auszugehen ist, dass die ersuchende zentrale Meldestelle im umgekehrten Fall einem entsprechenden deutschen Informationsersuchen nicht nachkommen würde.

VIII. Pflicht zur angemessenen Darlegung der Ablehnungsgründe (§ 35 Abs. 9 GwG)

37   Lehnt die Zentralstelle ein Informationsersuchen ab, **soll** sie ihre Entscheidung gegenüber der ersuchenden zentralen Meldestelle angemessen begründen (§ 35

---

10 *Graulich*, in: Schenke/Graulich/Ruthig/Graulich, Sicherheitsrecht des Bundes, § 14 BKAG Rn. 51.

IX. Aufzeichnungs- und Aufbewahrungspflichten § 35 GwG

Abs. 9 GwG). Anders als im Fall der Ablehnung von Informationsersuchen, die von der zentralen Meldestelle eines anderen **EU-Mitgliedstaates** an die Zentralstelle gerichtet werden (siehe die diesbezügliche Kommentierung zu § 33 Abs. 1 Satz 3 GwG, welcher der Regelung des § 35 Abs. 1 GwG als lex specialis vorgeht), ist die Zentralstelle bei der Ablehnung der Informationsersuchen eines Drittstaats **nicht verpflichtet**, die Ablehnung angemessen zu begründen. Gemäß der Gesetzesbegründung soll eine Ablehnung aber nur in Ausnahmefällen ohne Begründung erfolgen. Die in § 33 Abs. 2 Satz 2 GwG geregelten Ausnahmen im Fall von Informationsersuchen aus EU-Mitgliedstaaten (noch laufende operative Analyse der Zentralstelle oder mögliche Gefährdung von Ermittlungen) rechtfertigen auch das Unterbleiben einer Begründung im Fall der Ablehnung von Informationsersuchen aus Drittstaaten.

IX. Aufzeichnungs- und Aufbewahrungspflichten (§ 35 Abs. 10 GwG)

Leitet die Zentralstelle eine Meldung nach § 43 Abs. 1 GwG weiter oder übermittelt sie personenbezogene Daten an eine ausländische zentrale Meldestelle, so ist sie gemäß § 35 Abs. 10 GwG verpflichtet, den **Zeitpunkt** der Übermittlung, den **Umfang** der übermittelten Daten (einschließlich etwaiger der ausländischen zentralen Meldestelle auferlegten Einschränkungen/Bedingungen) sowie die **empfangende ausländische zentrale Meldestelle** aufzuzeichnen. Eine entsprechende Aufzeichnung hat laut Gesetzesbegründung[11] auch zu erfolgen, wenn die Zentralstelle einem Auskunftsersuchen nicht nachkommt. Die Aufzeichnung ist **drei Jahre** aufzubewahren und dann zu löschen. Die Aufbewahrungsfrist beginnt mit dem Datum, an welchem die Daten übermittelt wurden und welches grundsätzlich mit dem Aufzeichnungsdatum identisch sein sollte.

38

---

11 Gesetzesbegründung, BT-Drs. 18/11555, S. 151.

§ 36 Automatisierter Datenabgleich im europäischen Verbund

Die Zentralstelle für Finanztransaktionsuntersuchungen kann im Verbund mit zentralen Meldestellen anderer Mitgliedstaaten der Europäischen Union ein System zum verschlüsselten automatisierten Abgleich von dazu geeigneten Daten, die die nationalen zentralen Meldestellen im Rahmen ihrer Aufgabenerfüllung erhoben haben, einrichten und betreiben. Zweck dieses Systems ist es, Kenntnis davon zu erlangen, ob zu einer betreffenden Person bereits durch zentrale Meldestellen anderer Mitgliedstaaten der Europäischen Union eine Analyse nach § 30 durchgeführt wurde oder anderweitige Informationen zu dieser Person dort vorliegen.

I. Allgemeines

1 § 36 GwG wurde mit dem Gesetz zur Umsetzung der Vierten EU-Geldwäscherichtlinie, zur Ausführung der EU-Geldtransferverordnung und zur Neuorganisation der Zentralstelle für Finanztransaktionsuntersuchungen vom 23.6.2017[1] in das GwG eingefügt und dient der Umsetzung von **Art. 56 der 4. EU-Geldwäscherichtlinie**. Die Vorschrift ermächtigt die Zentralstelle zur Einrichtung und zum Betrieb eines **Systems zum verschlüsselten automatisierten Abgleich von Daten**, die die zentralen Meldestellen innerhalb der Europäischen Union im Rahmen ihrer Aufgabenerfüllung erhoben haben. Durch das System soll jede zentrale Meldestelle in die Lage versetzt werden, sich darüber zu informieren, ob zu einer betreffenden Person bereits durch zentrale Meldestellen anderer EU-Mitgliedstaaten eine operative Analyse vorgenommen wurde oder anderweitige Informationen zu dieser Person dort vorliegen. Als System für den gesicherten Informationsaustausch zwischen den zentralen Meldestellen der EU-Mitgliedstaaten empfiehlt die 4. EU-Geldwäscherichtlinie die Verwendung von FIU.net oder eines Nachfolgers dieses Systems.

II. FIU.net und SIENA

2 Das **FIU.net** ist eine bereits seit dem Jahr 2002 existierende, dezentral organisierte IT-Anwendung, mit welcher Daten zwischen den FIU ausgetauscht werden können, und welche sich auf das **s-TESTA-Netzwerk** der Europäischen Kommission stützt. Seit einigen Jahren wird darüber diskutiert, **SIENA**,[2] die sichere

---

1 BGBl. I 2017, S. 1822.
2 SIENA steht für „Secure Information Exchange Network Application".

II. FIU.net und SIENA § 36 GwG

Anwendung von Europol, als Grundlage für das FIU.net zu verwenden.[3] Am 1.1.2016 wurde das Netzwerk FIU.net an das System von Europol angebunden und am 19.10.2016 wurde eine Leistungsvereinbarung zwischen Europol und allen 28 FIU abgeschlossen. Derzeit wird die Plattform zwar von Europol betrieben, aber sie ist nicht mit den Europol-Datenbanken vernetzt (der Status von Europol ist der eines 29. Nutzers von FIU.net, der personenbezogene Daten zur Bearbeitung von Anfragen senden und empfangen kann). Die FIU und Europol arbeiten derzeit gemeinsam daran, herauszufinden, über welche Merkmale von FIU.net SIENA verfügen müsste, um die Integration von FIU.net in SIENA zu ermöglichen.[4]

Da Fälle von Geldwäsche oder Terrorismusfinanzierung häufig grenzüberschreitende Bezüge aufweisen, soll dieses System den Datenaustausch zwischen den beteiligten zentralen Meldestellen erleichtern. Um dennoch den Datenschutzinteressen gerecht zu werden, erfolgt allerdings nur ein verschlüsselter automatisierter Abgleich der von den einzelnen zentralen Meldestellen jeweils vorgehaltenen Daten. Dazu werden unter Verwendung des Vor- und Nachnamens sowie des Geburtsdatums von den zentralen Meldestellen Fundstellendatensätze eingerichtet. Die Fundstellendatensätze werden verschlüsselt, sodass keine direkte Identifizierung eines Betroffenen möglich ist. Die Teilnehmer am FIU.net gestatten sich gegenseitig zur Durchführung ihrer Analyse den Zugriff auf diese verschlüsselten Fundstellendatensätze mit dem Recht, diese automatisiert mittels eines Vergleichs der Datensätze abzurufen. Wird im Zuge eines automatisierten Abrufs eine Übereinstimmung eines übermittelten Fundstellendatensatzes mit einem in der Datei des empfangenden Teilnehmers am FIU.net gespeicherten Fundstellendatensatz festgestellt, so erhält die anfragende zentrale Meldestelle automatisiert die Information über das Vorliegen eines Treffers und das Land, in dem die Übereinstimmung festgestellt wurde. Damit kann sich die anfragende zentrale Meldestelle im Rahmen eines Ersuchens an die betreffende ausländische Meldestelle wenden und um Übermittlung von zu dem Betroffenen vorgehaltenen Informationen bitten.

---

3 „Mitteilung der Kommission an das Europäische Parlament und den Rat – Überblick über das Informationsmanagement im Bereich Freiheit, Sicherheit und Recht" vom 20.7.2010, KOM(2010)385, S. 16.
4 Vermerk „Detaillierte Beschreibung jüngster und geplanter Maßnahmen zur Bekämpfung von Terrorismus und gewalttätigem Extremismus" des EU-Koordinators für die Terrorismusbekämpfung vom 11.11.2016 (Empfänger: Rat der Europäischen Union), 14260/16, S. 26.

§ 37 Berichtigung, Einschränkung der Verarbeitung und Löschung personenbezogener Daten aus automatisierter Verarbeitung und bei Speicherung in automatisierten Dateien

(1) Die Zentralstelle für Finanztransaktionsuntersuchungen berichtigt unrichtig gespeicherte personenbezogene Daten, die sie automatisiert verarbeitet.

(2) Die Zentralstelle für Finanztransaktionsuntersuchungen löscht gespeicherte personenbezogene Daten, wenn die Speicherung dieser Daten unzulässig ist oder die Kenntnis dieser Daten für die Aufgabenerfüllung nicht mehr erforderlich ist.

(3) An die Stelle einer Löschung tritt eine Einschränkung der Verarbeitung der gespeicherten personenbezogenen Daten, wenn

1. Anhaltspunkte vorliegen, dass durch die Löschung schutzwürdige Interessen eines Betroffenen beeinträchtigt würden,
2. die Daten für laufende Forschungsarbeiten benötigt werden oder
3. eine Löschung wegen der besonderen Art der Speicherung nur mit unverhältnismäßigem Aufwand möglich ist.

Der eingeschränkten Verarbeitung unterliegende Daten dürfen nur für den Zweck verarbeitet werden, für den die Löschung unterblieben ist. Sie dürfen auch verarbeitet werden, soweit dies zur Durchführung eines laufenden Strafverfahrens unerlässlich ist oder der Betroffene einer Verarbeitung zustimmt.

(4) Die Zentralstelle für Finanztransaktionsuntersuchungen prüft bei der Einzelfallbearbeitung und nach festgesetzten Fristen, ob gespeicherte personenbezogene Daten zu berichtigen, zu löschen oder in der Verarbeitung einzuschränken sind.

(5) Die Fristen beginnen mit dem Tag, an dem die Zentralstelle für Finanztransaktionsuntersuchungen die operative Analyse nach § 30 abgeschlossen hat.

(6) Die Zentralstelle für Finanztransaktionsuntersuchungen ergreift angemessene Maßnahmen, um zu gewährleisten, dass personenbezogene Daten, die unrichtig, unvollständig oder in der Verarbeitung eingeschränkt sind, nicht übermittelt werden. Zu diesem Zweck überprüft sie, soweit durchführbar, die Qualität der Daten vor ihrer Übermittlung. Bei jeder Übermittlung von personenbezogenen Daten fügt sie nach Möglichkeit Informatio-

nen bei, die es dem Empfänger gestatten, die Richtigkeit, die Vollständigkeit und die Zuverlässigkeit der personenbezogenen Daten zu beurteilen.

(7) Stellt die Zentralstelle für Finanztransaktionsuntersuchungen fest, dass sie unrichtige, zu löschende oder in der Verarbeitung einzuschränkende personenbezogene Daten übermittelt hat, so teilt sie dem Empfänger dieser Daten die Berichtigung, Löschung oder Einschränkung der Verarbeitung mit, wenn eine Mitteilung erforderlich ist, um schutzwürdige Interessen des Betroffenen zu wahren.

Schrifttum: *Schenke/Graulich/Ruthig*, Sicherheitsrecht des Bundes, 2014.

Übersicht

	Rn.		Rn.
I. Allgemeines	1	3. Unverhältnismäßiger Löschungsaufwand (§ 37 Abs. 3 Satz 1 Nr. 3 GwG)	11
II. Pflicht zur Berichtigung personenbezogener Daten (§ 37 Abs. 1 GwG)	4	4. Bestreiten der Richtigkeit automatisiert verarbeiteter personenbezogener Daten (§ 20 Abs. 4 BDSG)	12
III. Pflicht zur Löschung personenbezogener Daten (§ 37 Abs. 2 GwG)	5		
1. Unzulässige Datenspeicherung	6	V. Zulässige Verarbeitung gesperrter Daten (§ 37 Abs. 3 Satz 2 und 3 GwG)	13
2. Wegfall der Erforderlichkeit der Datenspeicherung	7		
IV. Pflicht zur Sperrung personenbezogener Daten (§ 37 Abs. 3 Satz 1 GwG)	8	VI. Pflicht zur Prüfung des Datenbestands, Prüffristen und Fristbeginn (§ 37 Abs. 4 und 5 GwG)	14
1. Mögliche Beeinträchtigung schutzwürdiger Interessen des Betroffenen (§ 37 Abs. 3 Satz 1 Nr. 1 GwG)	9	VII. Überprüfung der Qualität personenbezogener Daten vor Übermittlung (§ 37 Abs. 6 GwG)	15
2. Erforderlichkeit der Daten für laufende Forschungsarbeiten (§ 37 Abs. 3 Satz 1 Nr. 2 GwG)	10	VIII. Benachrichtigungspflicht gegenüber dem Empfänger (§ 37 Abs. 7 GwG)	16

I. Allgemeines

§§ 37 und 38 GwG, die in Umsetzung der Vierten EU-Geldwäscherichtlinie[1] neu in das GwG eingefügt wurden, tragen den vom Bundesverfassungsgericht[2] aufgestellten **Vorgaben zur verfahrensrechtlichen Absicherung des Grund-**

---

1 Die Umsetzung erfolgte durch das Gesetz zur Umsetzung der Vierten EU-Geldwäscherichtlinie, zur Ausführung der EU-Geldtransferverordnung und zur Neuorganisation der Zentralstelle für Finanztransaktionsuntersuchungen vom 23.6.2017 (BGBl. I 2017, S. 1822).
2 BVerfGE 65, 1, 43.

GwG § 37   Berichtigung, Einschränkung der Verarbeitung

rechts auf informationelle Selbstbestimmung Rechnung. Die Vorschriften, die als Spezialvorschriften gegenüber den allgemeinen datenschutzrechtlichen Vorschriften (insbesondere § 20 BDSG) anzusehen sind, enthalten Regelungen zur Sicherung der grundlegenden Rechte des Betroffenen auf **Berichtigung, Löschung und Verarbeitungsbeschränkung personenbezogener Daten**, die von der Zentralstelle als Normadressatin verarbeitet oder gespeichert werden.[3] Sowohl § 37 wie auch § 38 GwG statuieren jeweils Amtspflichten der Zentralstelle zur **Berichtigung, Löschung und Verarbeitungsbeschränkung personenbezogener Daten**, die mit entsprechenden Ansprüchen des Betroffenen einhergehen.

2   Während § 37 GwG die Berichtigung, Sperrung oder Vernichtung personenbezogener Daten, die von der Zentralstelle entweder **automatisiert verarbeitet** oder in einer **automatisierten Datei** gespeichert sind, regelt, sind in § 38 GwG die Verfahrensvorschriften für personenbezogene Daten, die von der Zentralstelle **weder automatisiert verarbeitet noch in einer automatisierten Datei gespeichert sind**, niedergelegt.

3   Gemäß der gesetzlichen Definition in § 3 Abs. 2 Satz 1 BDSG, ist unter **automatisierter Verarbeitung** die Erhebung, Verarbeitung oder Nutzung personenbezogener Daten unter Einsatz von Datenverarbeitungsanlagen zu verstehen. Der Begriff der **Datei** umfasst jede strukturierte Sammlung personenbezogener Daten. Für das Vorliegen einer **automatisierten Datei** ist ausschließlich das Merkmal der automatisierten Verarbeitung von Relevanz. Dies wird – wie oben ausgeführt – als Verarbeitung **unter Einsatz von Datenverarbeitungsanlagen** definiert. Eine automatisierte Datei liegt damit bereits dann vor, wenn eine Sammlung personenbezogener Daten automatisch nach bestimmten Merkmalen auswertbar ist.

II. Pflicht zur Berichtigung personenbezogener Daten (§ 37 Abs. 1 GwG)

4   In Einklang mit der Regelung des § 20 Abs. 1 BDSG regelt § 37 Abs. 1 GwG die Pflicht der Zentralstelle zur **Berichtigung personenbezogener Daten**. Die Berichtigungspflicht besteht dann, wenn die Daten unrichtig sind. **Unrichtig** im Sinne der Norm sind Daten, wenn sie entweder falsch oder unvollständig sind. Irrelevant für das Entstehen des Berichtigungsanspruches sind hierbei Zeitpunkt und Anlass der Unrichtigkeit.[4] Der Berichtigungsanspruch erstreckt sich auch auf **in ihrer Verwendung eingeschränkte Daten (§ 37 Abs. 3 GwG)**.

---

3   Siehe auch Gesetzesbegründung BT-Drs. 18/11555, S. 151.
4   Gesetzesbegründung, BT-Drs. 18/11555, S. 152.

III. Pflicht zur Löschung personenbezogener Daten (§ 37 Abs. 2 GwG)

In der Vorschrift ist die Löschungspflicht der Zentralstelle bei unzulässiger Datenspeicherung oder dem Wegfall der Erforderlichkeit der Datenspeicherung geregelt. 5

1. Unzulässige Datenspeicherung

Von einer **unzulässigen Datenspeicherung** ist dann auszugehen, wenn die Speicherung nicht durch eine entsprechende Rechtsnorm oder eine Einwilligung des Betroffenen gedeckt sind. 6

2. Wegfall der Erforderlichkeit der Datenspeicherung

Der Wegfall der **Erforderlichkeit** umfasst nicht nur die Situation, dass sich die Aufgabe, zu deren Erfüllung sie gespeichert wurden, endgültig erledigt hat, sondern auch den Fall, dass es keinerlei Anhaltspunkte dafür gibt, dass die Daten in Zukunft noch praktische Bedeutung für die Arbeit der Zentralstelle haben werden.[5] **Vor einer endgültigen Löschung** ist zu prüfen, ob nicht aus den in § 37 Abs. 3 GwG aufgezählten Gründen statt einer Löschung eine **Verarbeitungseinschränkung** gemäß § 37 Abs. 3 GwG in Betracht zu ziehen ist. 7

IV. Pflicht zur Sperrung personenbezogener Daten (§ 37 Abs. 3 Satz 1 GwG)

Die in Abs. 3 niedergelegten löschungsähnlichen Einschränkungspflichten beziehen sich auf solche personenbezogenen Daten, die grundsätzlich nach § 37 Abs. 2 GwG **gelöscht** werden müssten, bei denen aber die **in Abs. 3 Nr. 1–3 aufgeführten Gründe** einer Löschung **entgegenstehen**. Der Katalog der Tatbestände, bei deren Vorliegen eine Verarbeitungseinschränkung an die Stelle einer Löschung treten kann, setzt hierbei die Vorgaben von Art. 16 Abs. 3 der Richtlinie (EU) 2016/680 um.[6] 8

---

5 BVerwG, NJW 1994, 2499.
6 Gesetzesbegründung, BT-Drs. 18/11555, S. 152.

GwG § 37 Berichtigung, Einschränkung der Verarbeitung

1. Mögliche Beeinträchtigung schutzwürdiger Interessen des Betroffenen (§ 37 Abs. 3 Satz 1 Nr. 1 GwG)

9 Vor einer Löschung ist stets zu prüfen, ob **schutzwürdige Interessen des Betroffenen** durch die Löschung beeinträchtigt werden könnten (beispielsweise, weil der Betroffene die Angaben später noch zu **Beweiszwecken** benötigen könnte[7]).

2. Erforderlichkeit der Daten für laufende Forschungsarbeiten (§ 37 Abs. 3 Satz 1 Nr. 2 GwG)

10 § 37 Abs. 3 Satz 1 Nr. 2 GwG gibt vor, dass statt einer Löschung eine Verarbeitungseinschränkung der Daten erfolgen soll, wenn die Daten noch für **laufende Forschungsarbeiten** gebraucht werden. Die Vorschrift soll verhindern, dass bereits laufende Untersuchungen der Zentralstelle wegen einer eigentlich vorzunehmenden Datenlöschung eingestellt werden müssen.

3. Unverhältnismäßiger Löschungsaufwand (§ 37 Abs. 3 Satz 1 Nr. 3 GwG)

11 Auch wenn dieser Ausnahmetatbestand bei einer automatisierten Verarbeitung und Speicherung von Daten eher selten einschlägig sein wird, kann eine Löschung von Daten auch dann unterbleiben, wenn diese wegen der besonderen Art der Speicherung nur mit **unverhältnismäßigem Aufwand** möglich wäre.

4. Bestreiten der Richtigkeit automatisiert verarbeiteter personenbezogener Daten (§ 20 Abs. 4 BDSG)

12 Gemäß den allgemeinen datenschutzrechtlichen Bestimmungen des § 20 BDSG, die neben den speziellen Regelungen der §§ 37 und 38 GwG Anwendung finden, sind personenbezogene Daten, die automatisiert verarbeitet werden, ferner zu sperren, soweit ihre Richtigkeit vom Betroffenen **bestritten** wird und sich **weder die Richtigkeit noch die Unrichtigkeit** feststellen lässt (§ 20 Abs. 4 BDSG).[8]

---

[7] Entsprechend zur vergleichbaren Regelung des § 32 BKAG: *Ruthig*, in: Schenke/Graulich/Ruthig, Sicherheitsrecht des Bundes, § 32 BKAG Rn. 11.

[8] Entsprechend zur vergleichbaren Regelung des § 32 BKAG: *Ruthig*, in: Schenke/Graulich/Ruthig, Sicherheitsrecht des Bundes, § 32 BKAG Rn. 14.

V. Zulässige Verarbeitung gesperrter Daten (§ 37 Abs. 3 Satz 2 und 3 GwG)

Daten, die aufgrund § 37 Abs. 2 Satz 1 GwG nicht gelöscht, sondern nur gesperrt wurden, dürfen nur für den Zweck verarbeitet werden, für den die Löschung unterblieben ist. Darüber hinaus dürfen sie auch dann verarbeitet werden, soweit dies zur Durchführung eines laufenden Strafverfahrens unerlässlich ist oder der Betroffene in eine Verarbeitung eingewilligt (§§ 4 Abs. 1, 4a BDSG) hat. 13

VI. Pflicht zur Prüfung des Datenbestands, Prüffristen und Fristbeginn (§ 37 Abs. 4 und 5 GwG)

§ 37 GwG schreibt der Zentralstelle **keine fortlaufende Überprüfung** ihres Datenbestands auf eine mögliche Verpflichtung zur Berichtigung, Löschung oder Sperrung von Daten hin vor. Die Zentralstelle ist vielmehr nur im Rahmen der **Einzelfallbearbeitung** und **nach Ablauf der in der jeweiligen Errichtungsanordnung gemäß § 39 GwG festgesetzten Fristen** (vgl. § 39 Abs. 1 Satz 1 Nr. 8 GwG) verpflichtet, zu prüfen, ob gespeicherte personenbezogene Daten zu berichtigen, zu löschen oder in der Verarbeitung einzuschränken sind. Die **Maximalfrist** für die Überprüfung der gespeicherten Daten beträgt gemäß § 39 Abs. 1 Satz 2 GwG **fünf Jahre**. Die Frist **beginnt** gemäß Abs. 5 mit dem Tag, an dem die Zentralstelle für Finanztransaktionsuntersuchungen die **operative Analyse** nach § 30 GwG **abgeschlossen** hat. Die Berechnung der Frist richtet sich nach den allgemeinen Vorgaben des § 31 VwVfG und § 188 BGB. 14

VII. Überprüfung der Qualität personenbezogener Daten vor Übermittlung (§ 37 Abs. 6 GwG)

§ 37 Abs. 6 GwG dient der Umsetzung von Art. 7 Abs. 2 der Richtlinie (EU) 2016/680.[9] Die Zentralstelle hat alle **angemessenen Maßnahmen** zu ergreifen, um zu gewährleisten, dass personenbezogene Daten, die unrichtig, unvollständig oder in der Verarbeitung eingeschränkt sind, **nicht übermittelt oder bereitgestellt werden**. Zu diesem Zweck überprüft die Zentralstelle, soweit durchführbar, die Qualität der personenbezogenen Daten vor ihrer Übermittlung oder Bereitstellung. Bei jeder Übermittlung personenbezogener Daten werden nach Möglichkeit die erforderlichen **Informationen** beigefügt, die es dem Empfänger gestatten, die Richtigkeit, die Vollständigkeit und die Zuverlässigkeit der personenbezogenen Daten sowie deren Aktualitätsgrad zu beurteilen. 15

---

9 Gesetzesbegründung, BT-Drs. 18/11555, S. 152.

GwG § 37 Berichtigung, Einschränkung der Verarbeitung

VIII. Benachrichtigungspflicht gegenüber dem Empfänger (§ 37 Abs. 7 GwG)

16 § 37 Abs. 7 GwG statuiert eine **Benachrichtigungspflicht** der Zentralstelle gegenüber dem Empfänger personenbezogener Daten, wenn sie feststellt, dass unrichtige, zu löschende oder in der Verarbeitung einzuschränkende personenbezogene Daten übermittelt worden sind. Bei der Benachrichtigungspflicht handelt es sich um einen wesentlichen Bestandteil der **verfahrensrechtlichen Absicherung des Grundrechts des Betroffenen auf informationelle Selbstbestimmung.**[10] Die Benachrichtigung kann zum einen nach dem Gesetzeswortlaut unterbleiben, wenn **keine Anhaltspunkte** vorliegen, dass die Benachrichtigung zur **Wahrung schutzwürdiger Interessen des Betroffenen** erforderlich ist. Ferner kann eine Information des Empfängers in entsprechender Anwendung des § 20 Abs. 8 BDSG auch dann unterbleiben, wenn die Benachrichtigung aufgrund des von der Zentralstelle zu betreibenden Aufwands **unverhältnismäßig** wäre.

---

10 Entsprechend zur vergleichbaren Regelung des § 32 BKAG: *Ruthig*, in: Schenke/Graulich/Ruthig, Sicherheitsrecht des Bundes, § 32 BKAG Rn. 28.

§ 38 Berichtigung, Einschränkung der Verarbeitung und Vernichtung personenbezogener Daten, die weder automatisiert verarbeitet werden noch in einer automatisierten Datei gespeichert sind

(1) Die Zentralstelle für Finanztransaktionsuntersuchungen hält in geeigneter Weise fest, wenn

1. sie feststellt, dass personenbezogene Daten, die weder automatisiert verarbeitet werden noch in einer automatisierten Datei gespeichert sind, unrichtig sind, oder
2. die Richtigkeit der personenbezogenen Daten, die weder automatisiert verarbeitet werden noch in einer automatisierten Datei gespeichert sind, von dem Betroffenen bestritten wird.

(2) Die Zentralstelle für Finanztransaktionsuntersuchungen schränkt die Verarbeitung personenbezogener Daten, die weder automatisiert verarbeitet werden noch in einer automatisierten Datei gespeichert sind, ein, wenn sie im Einzelfall feststellt, dass

1. ohne die Einschränkung der Verarbeitung schutzwürdige Interessen des Betroffenen beeinträchtigt würden und
2. die Daten für die Aufgabenerfüllung nicht mehr erforderlich sind.

Die personenbezogenen Daten sind auch dann in der Verarbeitung einzuschränken, wenn für sie eine Löschungsverpflichtung nach § 37 Absatz 2 besteht.

(3) Die Zentralstelle für Finanztransaktionsuntersuchungen vernichtet die Unterlagen mit personenbezogenen Daten entsprechend den Bestimmungen über die Aufbewahrung von Akten, wenn diese Unterlagen insgesamt zur Erfüllung der Aufgaben der Zentralstelle für Finanztransaktionsuntersuchungen nicht mehr erforderlich sind.

(4) Die Vernichtung unterbleibt, wenn

1. Anhaltspunkte vorliegen, dass anderenfalls schutzwürdige Interessen des Betroffenen beeinträchtigt würden, oder
2. die Daten für laufende Forschungsarbeiten benötigt werden.

In diesen Fällen schränkt die Zentralstelle für Finanztransaktionsuntersuchungen die Verarbeitung der Daten ein und versieht die Unterlagen mit einem Einschränkungsvermerk. Für die Einschränkung gilt § 37 Absatz 3 Satz 2 und 3 entsprechend.

GwG § 38 Berichtigung, Einschränkung der Verarbeitung

(5) Anstelle der Vernichtung nach Absatz 3 Satz 1 sind die Unterlagen an das zuständige Archiv abzugeben, sofern diesen Unterlagen ein bleibender Wert nach § 3 des Bundesarchivgesetzes in der Fassung der Bekanntmachung vom 6. Januar 1988 (BGBl. I S. 62), das zuletzt durch das Gesetz vom 13. März 1992 (BGBl. I S. 506) geändert worden ist, in der jeweils geltenden Fassung zukommt.

(6) Für den Fall, dass unrichtige, zu löschende oder in der Verarbeitung einzuschränkende personenbezogene Daten übermittelt worden sind, gilt § 37 Absatz 7 entsprechend.

Schrifttum: *Schenke/Graulich/Ruthig*, Sicherheitsrecht des Bundes, 2014.

Übersicht

	Rn.		Rn.
I. Allgemeines	1	V. Ausnahmen von der Vernichtungspflicht nach § 38 Abs. 3 Satz 1 GwG (§ 38 Abs. 4 Satz 1 und 2 GwG)	8
II. Pflicht zur Berichtigung von personenbezogenen Daten außerhalb von Dateien (§ 38 Abs. 1 GwG)	2	1. Beeinträchtigung schutzwürdiger Interessen des Betroffenen (§ 38 Abs. 4 Satz 1 Nr. 1 GwG)	9
III. Pflicht zur Sperrung von personenbezogenen Daten außerhalb von Dateien (§ 38 Abs. 2 GwG)	3	2. Erforderlichkeit der Daten für laufende Forschungsarbeiten (§ 38 Abs. 4 Satz 1 Nr. 2 GwG)	10
1. Beeinträchtigung schutzwürdiger Interessen des Betroffenen (§ 38 Abs. 2 Satz 1 Nr. 1 GwG)	4	VI. Zulässige Verarbeitung gemäß § 38 Abs. 3 Satz 1 GwG gesperrter Daten (§ 38 Abs. 4 Satz 3 i.V.m. § 37 Abs. 3 Satz 2 und 3 GwG)	11
2. Wegfall der Erforderlichkeit der Datenspeicherung (§ 38 Abs. 2 Satz 1 Nr. 2 GwG)	5	VII. Unterlagen mit bleibendem Wert (§ 38 Abs. 5 GwG)	12
3. Unzulässige Datenspeicherung (§ 38 Abs. 2 Satz 2 i.V.m. § 37 Abs. 2 GwG)	6	VIII. Benachrichtigungspflicht gegenüber dem Empfänger (§ 38 Abs. 6 i.V.m. § 37 Abs. 7 GwG)	13
IV. Pflicht zur Vernichtung von Unterlagen mit personenbezogenen Daten (§ 38 Abs. 3 GwG)	7		

I. Allgemeines

1 Während § 37 GwG die Berichtigung, Sperrung oder Vernichtung personenbezogener Daten, die von der Zentralstelle entweder **automatisiert verarbeitet** oder in einer **automatisierten Datei** gespeichert sind, regelt, sind in § 38 GwG die Verfahrensvorschriften für personenbezogene Daten, die von der Zentralstelle **weder automatisiert verarbeitet noch in einer automatisierten Datei** ge-

III. Pflicht zur Sperrung von personenbezogenen Daten   § 38 GwG

speichert sind, niedergelegt.[1] Hierzu zählen **Akten** und **Aktensammlungen**, die nicht dem Begriff der automatisierten Datei[2] unterfallen, das heißt, die weder der Form nach gleichartig aufgebaute Sammlungen darstellen, noch nach bestimmten Merkmalen zugänglich und auswertbar sind.[3] Aufgrund der in der heutigen Zeit überwiegenden digitalen Verarbeitung von Daten dürfte die **Bedeutung** der Vorschrift in der Praxis gering sein.

II. Pflicht zur Berichtigung von personenbezogenen Daten außerhalb von Dateien (§ 38 Abs. 1 GwG)

§ 38 Abs. 1 GwG knüpft an die Regelung des § 20 Abs. 1 Satz 2 BDSG an. Da eine Akte dem Zweck dient, den Verfahrensablauf vom Anfang bis zum Ende zu dokumentieren, verbietet es der Grundsatz der Aktenvollständigkeit und Aktenklarheit, Angaben darin zu löschen oder so zu berichtigen, dass der ursprüngliche Text nicht mehr zu erkennen ist. Vor diesem Hintergrund verpflichtet § 38 Abs. 1 Satz 1 Nr. 1 GwG die Zentralstelle bei positiv festgestellter Unrichtigkeit einer Akte, die Unrichtigkeit in der Akte zu vermerken oder in sonstiger geeigneter Weise festzuhalten. Auch im Fall des Bestreitens der Richtigkeit der personenbezogenen Daten durch den Betroffenen ist dies in der Akte entsprechend zu vermerken (§ 38 Abs. 1 Satz 1 Nr. 2 GwG).

2

III. Pflicht zur Sperrung von personenbezogenen Daten außerhalb von Dateien (§ 38 Abs. 2 GwG)

Entsprechend dem Rechtsgedanken des § 20 Abs. 6 BDSG regelt § 38 Abs. 2 GwG die Pflicht der Zentralstelle zur Verarbeitungseinschränkung personenbezogener Daten in Akten.

3

1. Beeinträchtigung schutzwürdiger Interessen des Betroffenen (§ 38 Abs. 2 Satz 1 Nr. 1 GwG)

Die Zentralstelle hat die Akten zu sperren, wenn ohne eine Einschränkung der Verarbeitung **schutzwürdige Interessen des Betroffenen** beeinträchtigt würden (beispielsweise, weil der Betroffene die Angaben später noch zu **Beweiszwecken** benötigen könnte[4]).

4

---

1 Zum Hintergrund der Vorschriften der §§ 37, 38 vgl. § 37 Rn. 1 ff.
2 Siehe die Kommentierung zu § 37 Rn. 3.
3 Gesetzesbegründung, BT-Drs. 18/11555, S. 153 f.
4 Entsprechend zur vergleichbaren Regelung des § 32 BKAG: *Ruthig*, in: Schenke/Graulich/Ruthig, Sicherheitsrecht des Bundes, § 32 BKAG Rn. 11.

GwG § 38 Berichtigung, Einschränkung der Verarbeitung

2. Wegfall der Erforderlichkeit der Datenspeicherung (§ 38 Abs. 2 Satz 1 Nr. 2 GwG)

5 Der Wegfall der **Erforderlichkeit** umfasst nicht nur die Situation, dass sich die Aufgabe, zu deren Erfüllung sie gespeichert wurden, endgültig erledigt hat, sondern auch den Fall, dass es keinerlei Anhaltspunkte dafür gibt, dass die Daten in Zukunft noch praktische Bedeutung für die Arbeit der Zentralstelle haben werden.[5]

3. Unzulässige Datenspeicherung (§ 38 Abs. 2 Satz 2 i.V.m. § 37 Abs. 2 GwG)

6 Gem. § 38 Abs. 2 Satz 2 GwG sind die in Akten gespeicherten personenbezogenen Daten auch dann in der Verarbeitung einzuschränken, wenn für sie eine Löschungsverpflichtung nach § 37 Abs. 2 GwG besteht. Mit dem Verweis auf § 37 Abs. 2 ist über die in § 38 Abs. 2 Satz Nr. 1 und 2 GwG geregelten Fälle der Fall abgedeckt, dass die Daten **unzulässigerweise** gespeichert wurden. Hiervon ist dann auszugehen, wenn die Speicherung nicht durch eine entsprechende Rechtsnorm oder eine Einwilligung des Betroffenen gedeckt ist.

IV. Pflicht zur Vernichtung von Unterlagen mit personenbezogenen Daten (§ 38 Abs. 3 GwG)

7 Gemäß § 38 Abs. 3 GwG sind die personenbezogenen Daten von der Zentralstelle entsprechend den Bestimmungen über die Aufbewahrung von Akten zu vernichten, wenn diese Unterlagen insgesamt zur Erfüllung der Aufgaben der Zentralstelle nicht mehr erforderlich sind. Mit Bestimmungen über die Aufbewahrung von Akten sind laut Gesetzesbegründung die diesbezüglichen Bestimmungen der Bundesfinanzverwaltung[6] gemeint. Eine Akte ist erst dann zur Erfüllung der Aufgaben der Zentralstelle insgesamt nicht mehr erforderlich, wenn sie nicht einmal mehr für eine Dokumentation beispielsweise von Angaben zur Tat, der beteiligten Instanzen, getroffener Entscheidungen etc. benötigt wird.[7] **Vor einer endgültigen Vernichtung** ist zu prüfen, ob nicht aus den in § 38 Abs. 4 GwG aufgezählten Gründen statt einer Vernichtung eine **Verarbeitungseinschränkung** gemäß § 38 Abs. 4 GwG in Betracht zu ziehen ist oder die Unterlagen gemäß § 38 Abs. 5 GwG **an das zuständige Archiv abzugeben sind.**

---

5 BVerwG, NJW 1994, 2499.
6 „Bestimmungen über Aufbewahren und Aussondern von Unterlagen der Finanzverwaltung (AufbewBest-FV)", BMF v. 1.6.2011, BStBl. I 2011, S. 632.
7 Entsprechend zur vergleichbaren Regelung des § 33 BKAG: *Ruthig*, in: Schenke/Graulich/Ruthig, Sicherheitsrecht des Bundes, § 33 BKAG Rn. 10.

V. Ausnahmen von der Vernichtungspflicht nach § 38 Abs. 3 Satz 1 GwG (§ 38 Abs. 4 Satz 1 und 2 GwG)

§ 38 Abs. 4 Satz 1 GwG bestimmt zwei Ausnahmetatbestände von der grundsätzlichen Vernichtungspflicht. Nach § 38 Abs. 4 Satz 2 GwG sind Daten, die den Ausnahmetatbeständen unterliegen, mit einem Einschränkungsvermerk zu versehen.

1. Beeinträchtigung schutzwürdiger Interessen des Betroffenen (§ 38 Abs. 4 Satz 1 Nr. 1 GwG)

Vor einer Vernichtung ist stets zu prüfen, ob **schutzwürdige Interessen des Betroffenen** durch die Vernichtung beeinträchtigt werden könnten (beispielsweise, weil der Betroffene die Angaben später noch zu **Beweiszwecken** benötigen könnte[8]).

2. Erforderlichkeit der Daten für laufende Forschungsarbeiten (§ 38 Abs. 4 Satz 1 Nr. 2 GwG)

§ 38 Abs. 4 Satz 1 Nr. 2 GwG gibt vor, dass statt einer Löschung eine Verarbeitungseinschränkung der Daten erfolgen soll, wenn die Daten noch für **laufende Forschungsarbeiten** gebraucht werden. Die Vorschrift soll verhindern, dass bereits laufende Untersuchungen der Zentralstelle wegen einer eigentlich vorzunehmenden Datenvernichtung eingestellt werden müssen.

VI. Zulässige Verarbeitung gemäß § 38 Abs. 3 Satz 1 GwG gesperrter Daten (§ 38 Abs. 4 Satz 3 i.V.m. § 37 Abs. 3 Satz 2 und 3 GwG)

Daten, die aufgrund § 38 Abs. 4 Satz 1 GwG nicht vernichtet, sondern nur in ihrer Verarbeitung eingeschränkt wurden, dürfen gemäß § 38 Abs. 4 Satz 3 i.V.m. § 37 Abs. 3 Satz 2 und 3 GwG nur für den **Zweck** verarbeitet werden, für den die Vernichtung unterblieben ist. Darüber hinaus dürfen sie auch dann verarbeitet werden, soweit dies zur **Durchführung eines laufenden Strafverfahrens** unerlässlich ist oder der Betroffene in eine Verarbeitung **eingewilligt** (§§ 4 Abs. 1, 4a BDSG) hat.

---

8 Entsprechend zur vergleichbaren Regelung des § 32 BKAG: *Ruthig*, in: Schenke/Graulich/Ruthig, Sicherheitsrecht des Bundes, § 32 BKAG Rn. 11.

VII. Unterlagen mit bleibendem Wert (§ 38 Abs. 5 GwG)

12 Gemäß § 38 Abs. 5 GwG sind Unterlagen anstelle der Vernichtung nach § 38 Abs. 3 Satz 1 GwG an das zuständige Archiv abzugeben, sofern diesen Unterlagen ein bleibender Wert nach § 3 des Bundesarchivgesetzes (BArchG) in der jeweils geltenden Fassung zukommt. Als **Unterlagen von bleibendem Wert** sind gemäß § 1 Nr. 10 BArchG Unterlagen anzusehen, denen a) insbesondere wegen ihrer politischen, rechtlichen, wirtschaftlichen, sozialen oder kulturellen Inhalte besondere Bedeutung zukommt aa) für die Erforschung und das Verständnis von Geschichte und Gegenwart, auch im Hinblick auf künftige Entwicklungen, bb) für die Sicherung berechtigter Interessen der Bürger und Bürgerinnen oder cc) für die Gesetzgebung, vollziehende Gewalt oder Rechtsprechung, oder die b) die nach einer Rechtsvorschrift oder Vereinbarung dauerhaft aufzubewahren sind. Mit der Regelung in § 38 Abs. 5 GwG wird der Zweck verfolgt, dass Unterlagen mit bleibendem Wert erhalten bleiben. Die Unterlagen sind dem Bundesarchiv anzubieten, welches die Entscheidung, ob ein solcher bleibender Wert vorliegt, im Benehmen mit der anbietenden Zentralstelle trifft (§ 3 Abs. 2 Satz 2 BArchG).

VIII. Benachrichtigungspflicht gegenüber dem Empfänger (§ 38 Abs. 6 i.V.m. § 37 Abs. 7 GwG)

13 § 38 Abs. 6 GwG bestimmt die entsprechende Geltung von § 37 Abs. 7 GwG und statuiert damit eine **Benachrichtigungspflicht** der Zentralstelle gegenüber dem Empfänger personenbezogener Daten in Akten, wenn sie feststellt, dass unrichtige, zu vernichtende oder in der Verarbeitung einzuschränkende personenbezogene Daten übermittelt worden sind. Bei der Benachrichtigungspflicht handelt es sich um einen wesentlichen Bestandteil der **verfahrensrechtlichen Absicherung des Grundrechts des Betroffenen auf informationelle Selbstbestimmung**.[9] Die Benachrichtigung kann zum einen nach dem Gesetzeswortlaut unterbleiben, wenn **keine Anhaltspunkte** vorliegen, dass die Benachrichtigung zur **Wahrung schutzwürdiger Interessen des Betroffenen** erforderlich ist. Ferner kann eine Information des Empfängers in entsprechender Anwendung des § 20 Abs. 8 BDSG auch dann unterbleiben, wenn die Benachrichtigung aufgrund des von der Zentralstelle zu betreibenden Aufwands **unverhältnismäßig** wäre.

---

9 Entsprechend zur vergleichbaren Regelung des § 32 BKAG: *Ruthig*, in: Schenke/Graulich/Ruthig, Sicherheitsrecht des Bundes, § 32 BKAG Rn. 28.

§ 39 Errichtungsanordnung

(1) Die Zentralstelle für Finanztransaktionsuntersuchungen erlässt für jede automatisierte Datei mit personenbezogenen Daten, die sie zur Erfüllung ihrer Aufgaben führt, eine Errichtungsanordnung. Die Errichtungsanordnung bedarf der Zustimmung des Bundesministeriums der Finanzen. Vor Erlass einer Errichtungsanordnung ist die oder der Bundesbeauftragte für den Datenschutz und die Informationsfreiheit anzuhören.

(2) In der Errichtungsanordnung sind festzulegen:
1. die Bezeichnung der Datei,
2. die Rechtsgrundlage und Zweck der Verarbeitung,
3. der Personenkreis, über den Daten gespeichert werden,
4. die Art der zu speichernden personenbezogenen Daten,
5. die Arten der personenbezogenen Daten, die der Erschließung der Datei dienen,
6. die Anlieferung oder Eingabe der zu speichernden Daten,
7. die Voraussetzungen, unter denen in der Datei gespeicherte personenbezogene Daten an welche Empfänger und in welchem Verfahren übermittelt werden,
8. die Fristen für die Überprüfung der gespeicherten Daten und die Dauer der Speicherung,
9. die Protokollierung.

Die Fristen für die Überprüfung der gespeicherten Daten dürfen fünf Jahre nicht überschreiten. Diese richten sich nach dem Zweck der Speicherung sowie nach Art und Bedeutung des Sachverhalts, wobei nach dem Zweck der Speicherung sowie nach Art und Bedeutung des Sachverhalts zu unterscheiden ist.

(3) Ist im Hinblick auf die Dringlichkeit der Aufgabenerfüllung der Zentralstelle für Finanztransaktionsuntersuchungen eine Mitwirkung der in den Absatz 1 genannten Stellen nicht möglich, so kann die Generalzolldirektion eine Sofortanordnung treffen. Gleichzeitig unterrichtet die Generalzolldirektion das Bundesministerium der Finanzen und legt ihm die Sofortanordnung vor. Das Verfahren nach Absatz 1 ist unverzüglich nachzuholen.

(4) In angemessenen Abständen ist die Notwendigkeit der Weiterführung oder der Änderung der Errichtungsanordnung zu überprüfen.

GwG § 39 Errichtungsanordnung

Übersicht

	Rn.		Rn.
I. Allgemeines	1	IV. Inhalt der Errichtungsanordnung (§ 39 Abs. 2 GwG)	4
II. Verpflichtung zum Erlass der Errichtungsanordnung (§ 39 Abs. 1 Satz 1 GwG)	2	V. Sonderregelung zu § 39 Abs. 1 GwG für eilbedürftige Fälle (§ 39 Abs. 3 GwG)	5
III. Beim Erlass zu beteiligende Stellen (§ 39 Abs. 1 Satz 2 und 3 GwG)	3	VI. Überprüfungspflichten (§ 39 Abs. 4 GwG)	6

I. Allgemeines

1 § 39 GwG regelt die Errichtungsanordnung. Die Errichtungsanordnung dient zum einen der **Eigenkontrolle** der Zentralstelle bezüglich des Vorliegens der gesetzlichen Voraussetzungen der Errichtung einer automatisierten Datei. Zum anderen soll die Errichtungsanordnung auch eine **Kontrolle** durch das **Bundesministerium der Finanzen (BMF)** als Fachaufsichtsbehörde (vgl. § 28 Abs. 2 GwG) und die/den **Bundesbeauftragte/n für den Datenschutz und die Informationssicherheit (BfDI)** ermöglichen.

II. Verpflichtung zum Erlass der Errichtungsanordnung (§ 39 Abs. 1 Satz 1 GwG)

2 Nach § 39 Abs. 1 Satz 1 GwG ist die Zentralstelle für Finanztransaktionsuntersuchungen verpflichtet, für jede automatisierte Datei mit personenbezogenen Daten, die sie zur Erfüllung ihrer Aufgaben führt, eine Errichtungsanordnung zu erlassen. Die Errichtungsanordnung ist als **Verwaltungsvorschrift** einzuordnen.

III. Beim Erlass zu beteiligende Stellen (§ 39 Abs. 1 Satz 2 und 3 GwG)

3 Die Errichtungsanordnung bedarf der **Zustimmung des BMF** (§ 39 Abs. 1 Satz 2 GwG). Durch das Zustimmungserfordernis wird die Kontrolle durch die **Fachaufsichtsbehörde** (vgl. § 28 Abs. 2 GwG) sichergestellt. Die Errichtungsanordnung als Voraussetzung für die Einrichtung einer automatisierten Datei kann nicht erlassen werden, wenn die Zustimmung des BMF nicht vorliegt (zum ausnahmsweisen Erlass einer Sofortanordnung durch die Generalzolldirektion in Eilfällen: siehe unten Rn. 5 und § 39 Abs. 3 GwG). Neben dem BMF ist auch der/die **BfDI** vor Erlass einer Errichtungsanordnung anzuhören (zum ausnahmsweisen Erlass einer Sofortanordnung durch die Generalzolldirektion in Eilfällen:

V. Sonderregelung zu § 39 Abs. 1 GwG für eilbedürftige Fälle § 39 GwG

siehe unten Rn. 5 und § 39 Abs. 3 GwG). Die Zentralstelle ist jedoch nicht verpflichtet, die Stellungnahme der/des BfDI beim Erlass der Errichtungsanordnung zu berücksichtigen. Sofern wegen der **Dringlichkeit** der Aufgabenerfüllung die Zustimmung des BMF nicht vor Erlass der Errichtungsanordnung eingeholt bzw. die/der BfDI nicht vor Erlass der Anordnung gehört werden kann, kann von der Generalzolldirektion eine **Sofortanordnung** erlassen werden (siehe hierzu § 39 Abs. 3 GwG).

IV. Inhalt der Errichtungsanordnung (§ 39 Abs. 2 GwG)

§ 39 Abs. 2 GwG regelt die **zwingend zu beachtenden Mindestanforderungen** 4
an den Inhalt der Errichtungsanordnung. Gemäß § 39 Abs. 2 Satz 1 Nr. 1 GwG muss eine eindeutige und vollständige **Dateibezeichnung** angegeben werden. Ebenso muss die **Rechtsgrundlage und der Zweck der Datenverarbeitung** ausgeführt werden (Nr. 2), um eine Überprüfung zu ermöglichen, ob die vorgesehene Speicherung und Verwendung der Daten überhaupt zulässig ist. Auch der Prüfung der Zulässigkeit mit Blick auf die Rechtsgrundlage gilt die **Angabe des Personenkreises, über den Daten gespeichert werden** (Nr. 3). Von entscheidender Bedeutung für die Prüfung der Zulässigkeit der Datenspeicherung ist auch die genaue **Angabe der personenbezogenen Daten, die in der Datei gespeichert werden sollen**, und der **personenbezogenen Daten, die der Auswertung der Datei dienen** (Nr. 4 und 5). Ferner muss in der Errichtungsanordnung auch angegeben werden, **welche Stellen Daten für die Datei anliefern und in die Datei eingeben dürfen** (Nr. 6). Auch ist zu regeln, an welche **Empfänger**, in welchem **Verfahren** und unter welchen **Voraussetzungen** in der Datei gespeicherte personenbezogene Daten **übermittelt** werden dürfen (Nr. 7). Schließlich sind auch die **Prüffristen** für die Daten, die **zulässige Speicherdauer** und die Maßnahmen zur **Protokollierung** festzulegen (Nr. 8 und 9).

V. Sonderregelung zu § 39 Abs. 1 GwG für eilbedürftige Fälle (§ 39 Abs. 3 GwG)

§ 39 Abs. 3 GwG beinhaltet eine Ausnahmeregelung für besonders dringliche 5
Fälle. Sofern die für den Erlass einer Errichtungsanordnung gemäß § 39 Abs. 1 GwG vorgeschriebene Zustimmung des BMF oder die Stellungnahme des/der BfDI wegen der Dringlichkeit der Aufgabenerfüllung der Zentralstelle nicht vor Erlass der Errichtungsanordnung eingeholt werden kann, kann die Generalzolldirektion eine Sofortanordnung treffen. Das Bundesministerium der Finanzen ist hierüber von der Generalzolldirektion zu informieren. Das Verfahren nach § 39 Abs. 1 GwG ist ohne schuldhaftes Zögern nachzuholen.

VI. Überprüfungspflichten (§ 39 Abs. 4 GwG)

6   Dem zeitlichen Übermaßverbot Rechnung tragend dehnt § 39 Abs. 4 GwG die für einzelne, in einer automatisierten Datei gespeicherten personenbezogenen Daten bereits normierte **Pflicht zur Prüfung auf Berichtigung oder Löschung** auf die **automatisierte Datei** selbst aus. Die Angemessenheit der zeitlichen Abstände bestimmt sich dabei insbesondere aus dem **Zweck** der Verarbeitung und der **Art** der gespeicherten personenbezogenen Daten.

§ 40 Sofortmaßnahmen

(1) Liegen der Zentralstelle für Finanztransaktionsuntersuchungen Anhaltspunkte dafür vor, dass eine Transaktion im Zusammenhang mit Geldwäsche steht oder der Terrorismusfinanzierung dient, so kann sie die Durchführung der Transaktion untersagen, um den Anhaltspunkten nachzugehen und die Transaktion zu analysieren. Außerdem kann sie unter den Voraussetzungen des Satzes 1

1. einem Verpflichteten nach § 2 Absatz 1 Nummer 1 bis 3 untersagen,
    a) Verfügungen von einem bei ihm geführten Konto oder Depot auszuführen und
    b) sonstige Finanztransaktionen durchzuführen,
2. einen Verpflichteten nach § 2 Absatz 1 Nummer 1 anweisen, dem Vertragspartner und allen sonstigen Verfügungsberechtigten den Zugang zu einem Schließfach zu verweigern, oder
3. gegenüber einem Verpflichteten anderweitige Anordnungen in Bezug auf eine Transaktion treffen.

(2) Maßnahmen nach Absatz 1 können von der Zentralstelle für Finanztransaktionsuntersuchungen aufgrund des Ersuchens einer zentralen Meldestelle eines anderen Staates getroffen werden. Ein Ersuchen hat die Angaben entsprechend § 35 Absatz 3 zu enthalten. Die Zentralstelle für Finanztransaktionsuntersuchungen soll die Gründe für die Ablehnung eines Ersuchens angemessen darlegen.

(3) Maßnahmen nach Absatz 1 werden von der Zentralstelle für Finanztransaktionsuntersuchungen aufgehoben, sobald oder soweit die Voraussetzungen für die Maßnahmen nicht mehr vorliegen.

(4) Maßnahmen nach Absatz 1 enden

1. spätestens mit Ablauf eines Monats nach Anordnung der Maßnahmen durch die Zentralstelle für Finanztransaktionsuntersuchungen,
2. mit Ablauf des fünften Werktages nach Abgabe des Sachverhalts an die zuständige Strafverfolgungsbehörde, wobei der Samstag nicht als Werktag gilt, oder
3. zu einem früheren Zeitpunkt, wenn ein solcher von der Zentralstelle für Finanztransaktionsuntersuchungen festgelegt wurde.

(5) Die Zentralstelle für Finanztransaktionsuntersuchungen kann Vermögensgegenstände, die einer Maßnahme nach Absatz 1 Satz 2 unterliegen, auf Antrag der betroffenen Person oder einer nichtrechtsfähigen Personenvereinigung freigeben, soweit diese Vermögensgegenstände einem der folgenden Zwecke dienen:

GwG § 40 Sofortmaßnahmen

1. der Deckung des notwendigen Lebensunterhalts der Person oder ihrer Familienmitglieder,
2. der Bezahlung von Versorgungsleistungen oder Unterhaltsleistungen oder
3. vergleichbaren Zwecken.

(6) Gegen Maßnahmen nach Absatz 1 kann der Verpflichtete oder ein anderer Beschwerter Widerspruch erheben. Der Widerspruch hat keine aufschiebende Wirkung.

Übersicht

	Rn.		Rn.
I. Allgemeines	1	IV. Aufhebung von Maßnahmen (§ 40 Abs. 3 GwG)	14
II. Mögliche Maßnahmen (§ 40 Abs. 1 GwG)	4	V. Ende der Maßnahmen (§ 40 Abs. 4 GwG)	15
1. Anwendungsbereich	4	VI. Freigabe von Vermögensgegenständen (§ 40 Abs. 5 GwG)	17
2. Begrifflichkeiten	9	VII. Widerspruch gegen Maßnahmen (§ 40 Abs. 6 GwG)	18
a) Sonstige Finanztransaktionen	10		
b) Anderweitige Anordnungen in Bezug auf eine Transaktion	11		
III. Maßnahmen aufgrund des Ersuchens einer ausländischen Zentralstelle (§ 40 Abs. 2 GwG)	12		

I. Allgemeines

1 Die Regelungen zur Zentralstelle für Finanztransaktionsuntersuchungen in Abschnitt 5 des GwG wurden durch das Gesetz zur Umsetzung der Vierten EU-Geldwäscherichtlinie, zur Ausführung der EU-Geldtransferverordnung und zur Neuorganisation der Zentralstelle für Finanztransaktionsuntersuchungen[1] vom 23.6.2017[2] **vollständig überarbeitet** (vgl. zu den Neuerungen durch die GwG-Novelle ausführlich unter § 27 Rn. 1 ff.).[3]

2 § 40 GwG legt fest, welche **Sofortmaßnahmen** die Zentralstelle anordnen und treffen darf, wenn eine Transaktion im Zusammenhang mit Geldwäsche oder Terrorismusfinanzierung steht. Überdies werden insbes. die Voraussetzungen für die Aufhebung (§ 40 Abs. 3 GwG) und das Ende (§ 40 Abs. 4 GwG) von Sofortmaßnahmen normiert. Schließlich werden die Freigabe von Vermögensge-

---

1 Nachfolgend auch als „Zentralstelle", „zentrale Meldestelle" oder „FIU" bezeichnet.
2 BGBl. I Nr. 39, S. 1822 ff. (nachfolgend auch bezeichnet als „GwG-Novelle 2017").
3 BT-Drs. 18/11555, S. 136.

genständen (§ 40 Abs. 5 GwG) sowie die Möglichkeit zur Einlegung eines Widerspruchs durch Verpflichtete (§ 40 Abs. 6 GwG) geregelt.

Durch § 40 GwG wird **Art. 32 Abs. 7 Vierte Geldwäscherichtlinie** umgesetzt, wonach die Zentralstelle zur Verhängung von Sofortmaßnahmen befugt ist.[4]

II. Mögliche Maßnahmen (§ 40 Abs. 1 GwG)

1. Anwendungsbereich

Nach § 40 Abs. 1 GwG kann die FIU dann bestimmte Sofortmaßnahmen zum Anhalten bzw. Untersagen einer Transaktion veranlassen, wenn ihr Anhaltspunkte dafür vorliegen, dass ein Zusammenhang mit Geldwäsche oder Terrorismusfinanzierung besteht. Es ist demnach von Fällen auszugehen, wo **konkrete „Indizien"**[5] für das Vorliegen einer Straftat vorhanden sind.

Richtlinien- und Gesetzgeber behandeln diese Konstellation daher als einen **Eilfall**, bei dem **möglichst schnell weitere Maßnahmen** eingeleitet werden müssen. Die Eilbedürftigkeit ergibt sich daraus, dass Anhaltspunkte für einen akuten Fall der Geldwäsche bzw. Terrorismusfinanzierung gegeben sind, die einen umgehenden und ggf. sofortigen Handlungsbedarf der Behörden und betroffenen Verpflichteten auslösen. Hierdurch soll einerseits sichergestellt werden, dass der Ermittlungserfolg nicht gefährdet und andererseits, durch weitergehende Befugnisse der FIU, ein Ermittlungserfolg überhaupt erst ermöglicht wird. Weitere Maßnahmen, die von der Zentralstelle in einem solchen Eilfall eingeleitet werden, können bspw. die Einschaltung von zusätzlichen Ermittlungsbehörden oder die Mitteilung des Sachverhalts an Strafverfolgungsbehörden sein.

Die Sofortmaßnahmen nach § 40 Abs. 1 GwG dienen in diesen Fällen dazu, die Arbeit der Behörden zu flankieren und zu unterstützen. Welche Sofortmaßnahmen im jeweiligen Fall angemessen sind, entscheidet die Zentralstelle selbstständig. Die FIU ist für den Fall, dass Sofortmaßnahmen veranlasst werden, nicht verpflichtet, eine operative Analyse nach § 30 Abs. 2 GwG durchzuführen, sondern kann aufgrund der Eilbedürftigkeit bereits auf Grundlage „**einer ersten Bewertung der bekannten Tatsachen handeln**".[6] Sie ist jedoch auch weiterhin befugt, ebenfalls eine operative Analyse vorzunehmen und kann darüber selbstständig entscheiden.

Die Anwendung der Sofortmaßnahmen erfolgt nach dem **Verwaltungsverfahrensgesetz** (VwVfG).[7] Daher hat grundsätzlich auch eine **Anhörung** des Betrof-

---

4 BT-Drs. 18/11555, S. 154.
5 BT-Drs. 18/11555, S. 154.
6 BT-Drs. 18/11555, S. 154.
7 BT-Drs. 18/11555, S. 154.

fenen zu erfolgen. Allerdings prüft die Zentralstelle in jedem Fall, ob nach § 28 Abs. 2 und 3 VwVfG von einer **Anhörung abgesehen** werden kann, um das Verfahren nicht zu gefährden. Durch eine Anhörung würde der Betroffene auf das Verfahren aufmerksam und hätte dann die Möglichkeit, z. B. während der Anhörungsfrist sämtliche Gelder von seinem Konto abzuheben oder das Schließfach zu leeren.[8]

8 **Sofortmaßnahmen gem. § 40 Abs. 1 GwG sind:**
– einem Verpflichteten nach § 2 Abs. 1 Nr. 1 bis 3 GwG (d. h. insbes. Kreditinstitute, Finanzdienstleistungsinstitute, Zahlungsinstitute, E-Geldinstitute) zu **untersagen**,
  – **Verfügungen** von einem bei ihm geführten Konto oder Depot auszuführen und
  – **sonstige Finanztransaktionen** (siehe unten Rn. 10) durchzuführen,
– einen Verpflichteten nach § 2 Abs. 1 Nr. 1 GwG (d. h. Kreditinstitute) **anzuweisen**, dem Vertragspartner und allen sonstigen Verfügungsberechtigten den **Zugang zu einem Schließfach zu verweigern**, oder
– gegenüber einem Verpflichteten anderweitige **Anordnungen in Bezug auf eine Transaktion** (siehe unten Rn. 11) treffen.

2. Begrifflichkeiten

9 Nachfolgend werden die in § 40 Abs. 1 GwG verwendeten, unbestimmten Rechtsbegriffe erläutert. Die in der Gesetzesbegründung genannten Beispiele zur Ausgestaltung der Begrifflichkeiten zeigen, dass die unbestimmten Rechtsbegriffe bewusst gewählt wurden, um einen weiten Anwendungsbereich für Sofortmaßnahmen durch die FIU zu eröffnen.

a) Sonstige Finanztransaktionen

10 Als Beispiel für sog. **sonstige Finanztransaktionen** nennt der Gesetzgeber die „Vornahme einer Überweisung nach Bareinzahlung durch den Betroffenen".[9]

b) Anderweitige Anordnungen in Bezug auf eine Transaktion

11 Anwendungsfälle für sog. **anderweitige Anordnungen in Bezug auf eine Transaktion** können demnach z. B. auch darin liegen, „einen Gegenstand (z. B. Auto) nicht zu übertragen oder die Auszahlung einer Lebensversicherung durch das Versicherungsunternehmen zu untersagen".[10]

---

8 BT-Drs. 18/11555, S. 154.
9 BT-Drs. 18/11555, S. 154.
10 BT-Drs. 18/11555, S. 154.

III. Maßnahmen aufgrund des Ersuchens einer ausländischen Zentralstelle (§ 40 Abs. 2 GwG)

Nach § 40 Abs. 2 GwG können Sofortmaßnahmen auch aufgrund des Ersuchens einer Zentralstelle eines anderen Staates getroffen werden. Das Ersuchen muss die Angaben nach § 35 Abs. 2 GwG enthalten (siehe dazu auch § 35 Rn. 6 f.). Die Regelung bezieht sich auf Zentralstellen von **Nicht-EU-Mitgliedstaaten**. Dies wird auch durch den Verweis von § 40 Abs. 2 GwG auf die Vorgaben zur internationalen Zusammenarbeit nach § 35 GwG deutlich. Durch diese Regelung wird **Empfehlung 38 der FATF** umgesetzt, wonach durch internationale Zusammenarbeit der zuständigen Behörden die Sicherstellung und das Einfrieren von inkriminierten Vermögenswerten gewährleistet werden soll.[11]

Allerdings ist die FIU nicht verpflichtet, einem Ersuchen der ausländischen FIU nachzukommen. Ihr obliegt ein dahingehender „Einschätzungsspielraum".[12] Das Tätigwerden liegt also in ihrem Ermessen. Entscheidet die deutsche FIU jedoch, nicht aufgrund des ausländischen Ersuchens tätig zu werden, „soll" sie dies „in angemessener Weise" begründen.[13] Eine Begründung an die ausländische FIU für das Nichttätigwerden kann zielführend sein, wenn sich daraus – sofern im Einzelfall möglich – bspw. Anhaltspunkte ergeben, die wichtig sind, um künftige Ermittlungserfolge im grenzüberschreitenden Umfeld zu fördern. Zudem kann die Bereitstellung von Begründungen als Mittel zur Kommunikation zur Stärkung einer kooperativen Zusammenarbeit der FIUs untereinander beitragen.

IV. Aufhebung von Maßnahmen (§ 40 Abs. 3 GwG)

Nach § 40 Abs. 3 GwG werden die Maßnahmen nach § 40 Abs. 1 GwG durch die FIU aufgehoben, sobald oder soweit die Voraussetzungen für die Maßnahmen nicht mehr vorliegen. Demnach orientiert sich die Zulässigkeit von Sofortmaßnahmen zum einen an dem **Zeitpunkt**, in dem diese verhängt werden und zum anderen an dem **Umfang**, in dem diese erforderlich sind. Es ist davon auszugehen, dass der FIU im Hinblick auf die Aufhebung der Maßnahmen ebenfalls ein Ermessensspielraum zusteht. Laut der Gesetzesbegründung ist ein typischer Anwendungsfall für die Aufhebung von Maßnahmen, wenn die Analysetätigkeit der FIU abgeschlossen ist und keine Anhaltspunkte für Geldwäsche oder Terrorismusfinanzierung gesehen werden.[14]

---

11 BT-Drs. 18/11555, S. 154.
12 BT-Drs. 18/11555, S. 155.
13 BT-Drs. 18/11555, S. 155.
14 BT-Drs. 18/11555, S. 155.

GwG § 40 Sofortmaßnahmen

V. Ende der Maßnahmen (§ 40 Abs. 4 GwG)

15 In § 40 Abs. 4 GwG ist normiert, zu welchen Terminen Sofortmaßnahmen automatisch enden, d. h. also ohne, dass weitere Maßnahmen von FIU oder Verpflichtetem vorgenommen werden müssen. Hierzu werden vom Gesetzgeber nach § 40 Abs. 4 GwG **drei mögliche Endtermine** festgelegt:

1. spätestens mit Ablauf eines Monats nach Anordnung der Maßnahmen durch die Zentralstelle für Finanztransaktionsuntersuchungen,

2. mit Ablauf des fünften Werktages nach Abgabe des Sachverhalts an die zuständige Strafverfolgungsbehörde, wobei der Samstag nicht als Werktag gilt, oder

3. zu einem früheren Zeitpunkt, wenn ein solcher von der Zentralstelle für Finanztransaktionsuntersuchungen festgelegt wurde.

16 Es ist davon auszugehen, dass die drei gesetzlich normierten Fälle als abschließend zu verstehen sind.

VI. Freigabe von Vermögensgegenständen (§ 40 Abs. 5 GwG)

17 Nach § 40 Abs. 5 GwG kann die FIU Vermögensgegenstände, die Gegenstand von Sofortmaßnahmen nach § 40 Abs. 1 Satz 2 GwG sind (z.B. **Gelder auf einem Konto oder Depot, Wertsachen in einem Schließfach, bestimmte Einzeltransaktionen**), unter bestimmten, im Gesetz genannten, Voraussetzungen freigeben. Die Zweckgebundenheit der Vermögensgegenstände an die **drei normierten Anwendungsfälle** (d.h. Deckung des notwendigen Lebensunterhalts, Bezahlung von Versorgungs- oder Unterhaltsleistungen oder vergleichbare Zwecke etc.) dürfte durch den Betroffenen nachzuweisen sein. Durch die weite Formulierung der „vergleichbaren Zwecke" nach § 40 Abs. 5 Nr. 3 GwG wird der **Anwendungsbereich der Vorschrift geöffnet**. Es ist davon auszugehen, dass der FIU durch diese Kann-Vorschrift ein **Ermessen** eingeräumt wird, über das Vorliegen der Voraussetzungen für eine Freigabe von Vermögensgegenständen im konkreten Einzelfall zu entscheiden.

VII. Widerspruch gegen Maßnahmen (§ 40 Abs. 6 GwG)

18 Gegen Maßnahmen nach § 40 Abs. 1 GwG kann der Verpflichtete oder ein anderer Beschwerter Widerspruch erheben (§ 40 Abs. 6 GwG). Der Rechtsbehelf des Widerspruchs richtet sich nach § 80 VwGO. Gem. § 40 Abs. 6 Satz 2 GwG hat der Widerspruch gegen Sofortmaßnahmen jedoch nach § 80 Abs. 2 Nr. 3

VII. Widerspruch gegen Maßnahmen (§ 40 Abs. 6 GwG) **§ 40 GwG**

VwGO keine aufschiebende Wirkung.[15] Hierdurch soll verwaltungsrechtlich die Möglichkeit zur **sofortigen Vollziehung der Maßnahmen** nach § 40 Abs. 1 GwG sichergestellt werden. Eine aufschiebende Wirkung würde insbes. den Ermittlungs- und einen möglichen Aufklärungserfolg verringern oder gefährden. Aufschiebende Wirkung des Widerspruchs könnte bspw. dazu führen, dass Täter mehr Zeit hätten, um eine Straftat zu beenden bzw. damit in Zusammenhang stehende Vermögenswerte beiseite zu schaffen.

---

15 BT-Drs. 18/11555, S. 155.

§ 41 Rückmeldung an den meldenden Verpflichteten

(1) Die Zentralstelle für Finanztransaktionsuntersuchungen bestätigt dem Verpflichteten, der eine Meldung nach § 43 Absatz 1 durch elektronische Datenübermittlung abgegeben hat, unverzüglich den Eingang seiner Meldung.

(2) Die Zentralstelle für Finanztransaktionsuntersuchungen gibt dem Verpflichteten in angemessener Zeit Rückmeldung zur Relevanz seiner Meldung. Der Verpflichtete darf hierdurch erlangte personenbezogene Daten nur zur Verbesserung seines Risikomanagements, der Erfüllung seiner Sorgfaltspflichten und seines Meldeverhaltens nutzen. Er hat diese Daten zu löschen, wenn sie für den jeweiligen Zweck nicht mehr erforderlich sind, spätestens jedoch nach einem Jahr.

Übersicht

	Rn.		Rn.
I. Allgemeines	1	III. Rückmeldung der FIU (§ 41 Abs. 2 GwG)	7
II. Eingangsbestätigung der Meldung (§ 41 Abs. 1 GwG)	5		

I. Allgemeines

1 Die Regelungen zur Zentralstelle für Finanztransaktionsuntersuchungen in Abschnitt 5 des GwG wurden durch das Gesetz zur Umsetzung der Vierten EU-Geldwäscherichtlinie, zur Ausführung der EU-Geldtransferverordnung und zur Neuorganisation der Zentralstelle für Finanztransaktionsuntersuchungen[1] vom 23.6.2017[2] vollständig überarbeitet (vgl. zu den Neuerungen durch die GwG-Novelle ausführlich unter § 27 Rn. 1 ff.).[3]

2 Ebenfalls durch die GwG-Novelle neu eingeführt wurde die Verpflichtung der Zentralstelle, den Verpflichteten ein bestimmtes **inhaltliches Feedback** zu seinen Verdachtsmeldungen zu geben. Diese wurde in § 41 GwG normiert und regelt die Pflicht der FIU, dem Verpflichteten zunächst den Eingang seiner Meldung zu **bestätigen** (§ 41 Abs. 1 GwG) und diesem eine **Rückmeldung zur Relevanz** der abgegebenen Verdachtsmeldung zu geben (§ 41 Abs. 2 GwG).

---
1 Nachfolgend auch als „Zentralstelle", „zentrale Meldestelle" oder „FIU" bezeichnet.
2 BGBl. I Nr. 39, S. 1822 ff. (nachfolgend auch bezeichnet als „GwG-Novelle 2017").
3 BT-Drs. 18/11555, S. 136.

II. Eingangsbestätigung der Meldung (§ 41 Abs. 1 GwG)   § 41 GwG

Mit der Feedback-Verpflichtung wird eine wichtige **Petition der Verpflichteten** umgesetzt, die in den vergangenen Jahren immer wieder an die Interessenverbände, Behörden sowie die Gesetz- und Richtliniengeber selbst herangetragen wurde. Zahlreiche Gruppen von Verpflichteten, insbesondere aus dem mit Verdachtsmeldungen traditionell stark beschäftigten Finanzsektor, hatten immer wieder darauf hingewiesen, dass eine Rückmeldung zu Verständnis und Nutzbarkeit sowie ggf. auch dem Ermittlungserfolg einer Verdachtsmeldung die Qualität künftiger Meldungen steigern könnte. Insbesondere könnten die Verpflichteten aus einem inhaltlichen Feedback Anhaltspunkte für die zielorientierte Analyse- und Auswertungsarbeit bei der Prüfung von Sachverhalten und der Erstellung von Verdachtsmeldungen ziehen. Überdies kann das Feedback der FIU, je nach Ausgestaltung, auch für die Dokumentation der Erfahrungswerte eines Instituts zu bestimmten Sachverhalten genutzt werden. Diese Erkenntnisse können u. a. als Typologien in die Risikoanalyse einfließen. Abgeleitet aus den Typologien der Risikoanalyse können wiederum Indizienmodelle z. B. für das Transaktionsmonitoring konzipiert werden.   3

Die Feedback-Verpflichtung der FIU wurde schließlich in der Vierten Geldwäscherichtlinie statuiert. Nach Art. 46 Abs. 3 Vierte Geldwäscherichtlinie müssen die Zentralstellen dem Verpflichteten eine „zeitnahe" Rückmeldung hinsichtlich der „Wirksamkeit" von Verdachtsmeldungen im Zusammenhang mit Geldwäsche oder Terrorismusfinanzierung geben, „soweit dies praktikabel ist".   4

II. Eingangsbestätigung der Meldung (§ 41 Abs. 1 GwG)

Nach § 41 Abs. 1 GwG muss die Zentralstelle dem Verpflichteten unverzüglich den Eingang seiner elektronisch nach § 43 Abs. 1 GwG abgegebenen Verdachtsmeldung bestätigen. Hierdurch erhält der Verpflichtete Gewissheit, dass die Meldung eingegangen ist. Die Eingangsbestätigung stellt einen wichtigen **Bestandteil der Dokumentation** des Verpflichteten im Zusammenhang mit einer Verdachtsmeldung dar. Die Aufsichtsbehörde kann u. a. anhand der Eingangsbestätigung später die **Rechtzeitigkeit der Abgabe** einer Verdachtsmeldung überprüfen.[4] Die Dokumentation wird daher insbes. auch zur Vorlage bei dem Prüfer in der Jahresabschlussprüfung relevant.   5

Dies ist von großer Bedeutung, da die nicht rechtzeitige Abgabe einer Verdachtsmeldung nach § 56 Abs. 1 Nr. 59 Alt. 4 GwG eine **Ordnungswidrigkeit** darstellen und zur Einleitung eines Bußgeldverfahrens führen kann.   6

---

[4] BT-Drs. 18/11555, S. 155.

GwG § 41   Rückmeldung an den meldenden Verpflichteten

III. Rückmeldung der FIU (§ 41 Abs. 2 GwG)

7   Nach § 41 Abs. 2 Satz 1 GwG muss die Zentralstelle dem Verpflichteten in angemessener Zeit eine Rückmeldung zur Relevanz seiner Meldung geben. Die hierdurch erlangten personenbezogenen Daten darf der Verpflichtete nur zur Verbesserung seines Risikomanagements, der Erfüllung seiner Sorgfaltspflichten und seines Meldeverhaltens nutzen (§ 41 Abs. 2 Satz 2 GwG). Diese Vorgabe dient zur Einhaltung der **datenschutzrechtlichen Vorgaben**. Die Daten müssen gelöscht werden, wenn sie für den jeweiligen Zweck nicht mehr erforderlich sind, spätestens jedoch nach einem Jahr (§ 41 Abs. 2 Satz 3 GwG).

8   Den Verpflichteten soll durch die Rückmeldung ein „Eindruck von **Wirksamkeit und Nutzen ihrer Meldungen**" vermittelt werden.[5] Zudem soll die Rückmeldung zur „Sensibilisierung" des Verpflichteten für die Themen „Geldwäscheprävention und Bekämpfung der Terrorismusfinanzierung" beitragen.[6] Der Verpflichtete soll in die Lage versetzt werden, sein „**Meldeverhalten kritisch zu prüfen**" und bei Bedarf „Anpassungen an internen Abläufen bei **Erfüllung der Sorgfaltspflichten** vornehmen zu können".[7] Insbesondere könnten die Verpflichteten aus einem inhaltlichen Feedback Anhaltspunkte für die **zielorientierte Analyse- und Auswertungsarbeit** bei der Prüfung von Sachverhalten und der Erstellung von Verdachtsmeldungen ziehen. Hierdurch kann die Qualität von künftigen Verdachtsmeldungen gesteigert und deren Zielrichtung konkretisiert werden. Zudem kann das Feedback der FIU, je nach Ausgestaltung, auch für die Dokumentation der **Erfahrungswerte** eines Instituts zu bestimmten Sachverhalten genutzt werden. Diese Erkenntnisse können u.a. als **Typologien in die Risikoanalyse** einfließen. Abgeleitet aus den Typologien der Risikoanalyse können wiederum Indizienmodelle z.B. für das Transaktionsmonitoring konzipiert werden.

9   Allerdings ist es nach Ansicht des Gesetzgebers „offensichtlich, dass es nicht praktikabel sein kann, die Zentralstelle für Finanztransaktionsuntersuchungen zu einem **qualitativen Feedback** zu jeder einzelnen Meldung zu verpflichten".[8] Die Zentralstelle hat deshalb „insoweit einen **Beurteilungsspielraum**", wie umfangreich und mit welchen Details „eine Rückmeldung im konkreten Einzelfall" ausgestaltet wird.[9] Demnach haben Verpflichtete jedoch keinen generellen Anspruch auf ein „qualitatives" und damit – bezogen auf die Verwertbarkeit für dokumentationsfähige Erfahrungswerte des Verpflichteten – aussagekräftiges Feedback.

---

5 BT-Drs. 18/11555, S. 155.
6 BT-Drs. 18/11555, S. 155.
7 BT-Drs. 18/11555, S. 155.
8 BT-Drs. 18/11555, S. 155.
9 BT-Drs. 18/11555, S. 155.

III. Rückmeldung der FIU (§ 41 Abs. 2 GwG) **§ 41 GwG**

Neben einer individuellen, „einzelfallbezogenen Rückmeldung kann auch eine **generell-abstrakte Rückmeldung** zu bestimmten Sachverhaltskonstellationen oder an bestimmte Gruppen von Verpflichteten sinnvoll sein, um zur Optimierung des internen Risikomanagements und des Meldeverhaltens beizutragen."[10] Hiermit könnten bspw. Sachverhalte gemeint sein, die sich auf **Typologien** beziehen, die eine Vielzahl von Verpflichteten betreffen. Eine „generell-abstrakte Rückmeldung" an mehrere Verpflichtete kann für den einzelnen Verpflichteten jedoch auch bedeuten, dass er, bezogen auf den von ihm gemeldeten Einzelfall, kein individuelles Feedback erhält.

10

---

10 BT-Drs. 18/11555, S. 155.

§ 42 Benachrichtigung von inländischen öffentlichen Stellen an die Zentralstelle für Finanztransaktionsuntersuchungen

(1) In Strafverfahren, in denen die Zentralstelle für Finanztransaktionsuntersuchungen Informationen weitergeleitet hat, teilt die zuständige Staatsanwaltschaft der Zentralstelle für Finanztransaktionsuntersuchungen die Erhebung der öffentlichen Klage und den Ausgang des Verfahrens einschließlich aller Einstellungsentscheidungen mit. Die Mitteilung erfolgt durch Übersendung einer Kopie der Anklageschrift, der begründeten Einstellungsentscheidung oder des Urteils.

(2) Leitet die Zentralstelle für Finanztransaktionsuntersuchungen Informationen an sonstige inländische öffentliche Stellen weiter, so benachrichtigt die empfangende Stelle die Zentralstelle für Finanztransaktionsuntersuchungen über die abschließende Verwendung der bereitgestellten Informationen und über die Ergebnisse der auf Grundlage der bereitgestellten Informationen durchgeführten Maßnahmen, soweit andere Rechtsvorschriften der Benachrichtigung nicht entgegenstehen.

Übersicht

	Rn.		Rn.
I. Allgemeines	1	III. Benachrichtigungspflicht sonstiger inländischer öffentlicher Stellen (§ 42 Abs. 2 GwG)	3
II. Benachrichtigungspflicht der Staatsanwaltschaften (§ 42 Abs. 1 GwG)	2		

I. Allgemeines

1 § 42 GwG wurde in Umsetzung des Art. 32 Abs. 6 der 4. EU-Geldwäscherichtlinie in das GwG eingefügt. Die Vorschrift regelt **Rückmeldpflichten** der Staatsanwaltschaften und sonstiger inländischer Behörden an die Zentralstelle. Mit den Rückmeldungen soll der Umfang der bei der Zentralstelle eingehenden Informationen erweitert und die Rolle und Bedeutung der Zentralstelle hervorgehoben werden.

II. Benachrichtigungspflicht der Staatsanwaltschaften (§ 42 Abs. 1 GwG)

In § 42 Abs. 1 GwG ist die bereits im früheren § 11 Abs. 8 GwG enthaltene Benachrichtigungsverpflichtung der **Staatsanwaltschaften** geregelt. Hat die Staatsanwaltschaft aufgrund oder im Zusammenhang mit ihr durch die Zentralstelle für Finanztransaktionsuntersuchungen gemäß § 32 GwG weitergeleiteten Informationen ein Strafverfahren eröffnet, hat sie die Zentralstelle für Finanztransaktionsuntersuchungen darüber zu informieren, ob die öffentliche Klage nach § 170 Abs. 1 StPO erhoben wurde und wie das Strafverfahren letztlich ausgegangen ist. Die Staatsanwaltschaft hat der Zentralstelle auch alle Einstellungsentscheidungen mitzuteilen, unabhängig davon, nach welcher Norm das Verfahren eingestellt wurde. Die Benachrichtigungspflicht erfüllt die Staatsanwaltschaft dadurch, dass sie der Zentralstelle eine Abschrift der Anklageschrift, die begründete Einstellungsentscheidung, den Strafbefehl oder das Urteil des Hauptverfahrens weiterleitet.

2

III. Benachrichtigungspflicht sonstiger inländischer öffentlicher Stellen (§ 42 Abs. 2 GwG)

§ 42 Abs. 2 GwG verpflichtet **sonstige inländische Behörden**, der Zentralstelle Nachricht über die Verwendung der von ihr gemäß § 28 Abs. 4 oder § 32 GwG bereitgestellten Informationen und die Ergebnisse der auf Grundlage der bereitgestellten Informationen durchgeführten Ermittlungen oder Prüfungen zu geben. Die Benachrichtigungspflicht umfasst die abschließende Verwendung und den Ausgang der eigenen Verfahren aufgrund der weitergeleiteten Sachverhalte. Mögliche zur Benachrichtigung verpflichtete Empfänger sind Polizeibehörden, die Finanzbehörden oder die für den Schutz der sozialen Sicherungssysteme zuständigen Behörden. Die Rückmeldepflicht steht unter dem Vorbehalt, dass spezialgesetzliche Übermittlungsverbote (wie z.B. § 23 BVerfSchG oder § 27 BKAG) einer Benachrichtigung der Zentralstelle nicht entgegenstehen.

3

Abschnitt 6
Pflichten im Zusammenhang mit Meldungen von Sachverhalten

§ 43 Meldepflicht von Verpflichteten

(1) Liegen Tatsachen vor, die darauf hindeuten, dass
1. ein Vermögensgegenstand, der mit einer Geschäftsbeziehung, einem Maklergeschäft oder einer Transaktion im Zusammenhang steht, aus einer strafbaren Handlung stammt, die eine Vortat der Geldwäsche darstellen könnte,
2. ein Geschäftsvorfall, eine Transaktion oder ein Vermögensgegenstand im Zusammenhang mit Terrorismusfinanzierung steht oder
3. der Vertragspartner seine Pflicht nach § 11 Absatz 6 Satz 3, gegenüber dem Verpflichteten offenzulegen, ob er die Geschäftsbeziehung oder die Transaktion für einen wirtschaftlich Berechtigten begründen, fortsetzen oder durchführen will, nicht erfüllt hat,

so hat der Verpflichtete diesen Sachverhalt unabhängig vom Wert des betroffenen Vermögensgegenstandes oder der Transaktionshöhe unverzüglich der Zentralstelle für Finanztransaktionsuntersuchungen zu melden.

(2) Abweichend von Absatz 1 sind Verpflichtete nach § 2 Absatz 1 Nummer 10 und 12 nicht zur Meldung verpflichtet, wenn sich der meldepflichtige Sachverhalt auf Informationen bezieht, die sie im Rahmen eines der Schweigepflicht unterliegenden Mandatsverhältnisses erhalten haben. Die Meldepflicht bleibt jedoch bestehen, wenn der Verpflichtete weiß, dass der Vertragspartner das Mandatsverhältnis für den Zweck der Geldwäsche, der Terrorismusfinanzierung oder einer anderen Straftat genutzt hat oder nutzt.

(3) Ein Mitglied der Führungsebene eines Verpflichteten hat eine Meldung nach Absatz 1 an die Zentralstelle für Finanztransaktionsuntersuchungen abzugeben, wenn
1. der Verpflichtete über eine Niederlassung in Deutschland verfügt und
2. der zu meldende Sachverhalt im Zusammenhang mit einer Tätigkeit der deutschen Niederlassung steht.

(4) Die Pflicht zur Meldung nach Absatz 1 schließt die Freiwilligkeit der Meldung nach § 261 Absatz 9 des Strafgesetzbuchs nicht aus.

(5) Die Zentralstelle für Finanztransaktionsuntersuchungen kann im Benehmen mit den Aufsichtsbehörden typisierte Transaktionen bestimmen, die stets nach Absatz 1 zu melden sind.

Schrifttum: *Bohnert/Szesny,* Geldwäscheverdachtsanzeige bei Kenntnisnahme von der Selbstanzeige eines Bankkunden? – Zum Umgang mit dem Rundschreiben der BaFin 01/2014 (GW), BKR 2015, 265; Bundeskriminalamt Zentralstelle für Verdachtsmeldungen, FIU Deutschland, Newsletter Nr. 11/August 2014; Bundeskriminalamt Zentralstelle für Verdachtsmeldungen, FIU Deutschland, Newsletter Nr. 12/September 2015; Bundeskriminalamt Zentralstelle für Verdachtsmeldungen, FIU Deutschland, Jahresbericht 2016; *Bürkle,* Compliance in Versicherungsunternehmen, 2. Aufl. 2015; *Dölling/Duttge/König/Rössner,* Gesamtes Strafrecht, 4. Aufl. 2017; *Erbs/Kohlhaas,* Strafrechtliche Nebengesetze, 214. EL Mai 2017; *Fischer,* Strafgesetzbuch, 64. Aufl. 2017; *Grabenwarter/Pabel,* Europäische Menschenrechtskonvention, 6. Aufl. 2016; *Hamminger,* Geldwäschegesetz – Weitere Verschärfungen und Vorlage des Referentenentwurfs, NWB 2017, 666; *Heintschel-Heinegg,* Beck'scher Online-Kommentar StGB, 34. Edition, Stand: 1.5.2017; *Herzog/Achtelik,* Geldwäschegesetz, 2. Aufl. 2014; *Herzog/Mühlhausen,* Geldwäschebekämpfung und Gewinnabschöpfung, Handbuch der straf- und wirtschaftsrechtlichen Regelungen, 2006; *Joecks/Miebach,* Münchener Kommentar zum StGB, 2. Aufl. 2012; *Kindhäuser/Neumann/Paeffgen,* Strafgesetzbuch, 5. Aufl. 2017; *Klein,* Abgabenordnung, 13. Aufl. 2016; *Klugmann,* Das Gesetz zur Optimierung der Geldwäscheprävention und seine Auswirkungen auf die anwaltliche Praxis, NJW 2012, 641; *Leitner/Rosenau,* Wirtschafts- und Steuerstrafrecht, 2017; *Neuheuser,* Die Strafbarkeit des Geldwäschebeauftragten wegen Geldwäsche durch Unterlassen bei Nichtmelden eines Verdachtsfalles gemäß § 11 Abs. 1 GwG, NZWiSt 2015, 241; *Park,* Geldwäscheverdachtsanzeigepflicht von Banken bei Kunden-Selbstanzeigen gem. § 371 AO aufgrund des Geldwäsche-Rundschreibens der BaFin vom 5.3.2014?, NZWiSt 2015, 59; *Rotsch,* Criminal Compliance, 2015; *Ruppert,* Gesetz zur Optimierung der Geldwäscheprävention: Neue Pflichten für Steuerberater, DStR 2012, 100; *Schimansky/Bunte/Lwowski,* Bankrechts-Handbuch, 5. Aufl. 2017; *Schönke/Schroeder,* Strafgesetzbuch, 29. Aufl. 2014.

Übersicht

	Rn.
I. Allgemeines	1
II. Pflicht zur Meldung von Verdachtsfällen (§ 43 Abs. 1 GwG)	4
1. Einführung	4
2. Unverzügliche Meldung an die Zentralstelle für Transaktionsuntersuchungen	6
3. Verdachtsmeldeschwelle bei § 43 Abs. 1 Nr. 1 und Nr. 2 GwG	10
4. Sonstige Tatbestandsvoraussetzungen von § 43 Abs. 1 Nr. 1 GwG	15
5. Sonstige Tatbestandsvoraussetzungen von § 43 Abs. 1 Nr. 2 GwG	21
6. Tatbestandsvoraussetzungen von § 43 Abs. 1 Nr. 3 GwG	24
III. Ausnahme von der Meldepflicht (§ 43 Abs. 2 GwG)	26
1. Einführung	26
2. Privilegierung der Verpflichteten nach § 2 Abs. 1 Nr. 10 und 12 GwG	29
3. Rücknahme von der Privilegierung	30
4. Mögliche Einschränkung der Privilegierung durch Informationseinholung	33
IV. Meldung durch Mitglied der Führungsebene	35
V. Freiwilligkeit der Anzeige	41
VI. Verordnungsermächtigung	46

GwG § 43 Meldepflicht von Verpflichteten

I. Allgemeines

1 § 43 GwG regelt die **Meldepflicht von Verpflichteten** im Sinne des § 2 Abs. 1 GwG. Die Norm beruht in weiten Teilen auf § 11 Abs. 1, Abs. 3, Abs. 5 und Abs. 7 GwG a. F. in der vor dem 26.6.2017 geltenden Fassung, jedoch ist es auch zu gravierenden Änderungen und Neuerungen durch das Gesetz zur Umsetzung der Vierten EU-Geldwäscherichtlinie, zur Ausführung der EU-Geldtransferverordnung und zur Neuorganisation der Zentralstelle für Finanztransaktionsuntersuchungen vom 23.6.2017[1] gekommen. Ursprünglich wurde das Verdachtsmeldewesen bereits mit dem Gesetz über das Aufspüren von Gewinnen aus schweren Straftaten vom 25.10.1993[2] – damals noch mit der Pflicht zur Anzeige von Verdachtsfällen – eingeführt. Mittels des Gesetzes zur Ergänzung der Bekämpfung der Geldwäsche und Terrorismusfinanzierung vom 13.8.2008[3] wurde das Verdachtsmeldewesen von Grund auf reformiert. Dieses Gesetz diente der Umsetzung der 3. EG-Geldwäscherichtlinie[4] und der Durchführungsverordnung.[5] Mittels des Gesetzes zur Optimierung der Geldwäscheprävention vom 22.12.2011[6] erfolgten dann weitere Anpassungen an die **Standards der Financal Action Task Force on Money Laundering (FATF)** durch Konkretisierung der Schwelle bezüglich der Meldeverpflichtung sowie Harmonisierung und Effektivierung der Meldewege.[7] Der Grund, weshalb die FATF trotz Umsetzung der 3. EG-Geldwäscherichtlinie[8] im Deutschlandprüfbericht vom 19.2.2010[9] Abweichungen zu den Standards festgestellt hat, liegt darin, dass sich die Prüfung an den eigenen internationalen Standards orientiert, die wiederum teilweise

---

1 BGBl. I Nr. 39, S. 1822 ff.
2 BGBl. I Nr. 56, S. 1770 ff.
3 BGBl. I Nr. 37, S. 1690 ff.
4 Richtlinie 2005/60/EG des Europäischen Parlaments und des Rates vom 26.10.2005 zur Verhinderung der Nutzung des Finanzsystems zum Zwecke der Geldwäsche und der Terrorismusfinanzierung (ABl. L 309 vom 25.11.2005, 15 ff.).
5 Richtlinie 2006/70/EG der Kommission vom 1.8.2006 mit Durchführungsbestimmungen für die Richtlinie 2005/60/EG des Europäischen Parlaments und des Rates hinsichtlich der Begriffsbestimmungen von „politisch exponierten Personen" und der Festlegung der technischen Kriterien für vereinfachte Sorgfaltspflichten sowie für die Befreiung in Fällen, in denen nur gelegentlich oder in sehr eingeschränktem Umfang Finanzgeschäfte getätigt werden (ABl. L 214 vom 4.8.2006, 29 ff.).
6 BGBl. I Nr. 70, S. 2959 ff.
7 RegBegr., BT-Drs. 17/6804, S. 2.
8 Richtlinie 2005/60/EG des Europäischen Parlaments und des Rates vom 26.10.2005 zur Verhinderung der Nutzung des Finanzsystems zum Zwecke der Geldwäsche und der Terrorismusfinanzierung (ABl. L 309 vom 25.11.2005, 15 ff.).
9 FATF, Mutual Evaluation Report, 19.2.2010, abrufbar unter: http://www.fatf-gafi.org/media/fatf/documents/reports/mer/MER%20Germany%20ES.pdf, zuletzt abgerufen am 30.9.2017.

I. Allgemeines § 43 GwG

über die Regelungen der Dritten EG-Geldwäscherichtlinie[10] hinausgegangen sind.[11]

Das Verdachtsmeldewesen ist nach wie vor eines der Kernelemente im Rahmen der Bekämpfung der Geldwäsche. Welcher ständig wachsende **Stellenwert und Umfang dem Verdachtsmeldewesen** in der täglichen Praxis der Verpflichteten zukommt, zeigt auch der Blick in den Jahresbericht 2016 des Bundeskriminalamtes, Zentralstelle für Verdachtsmeldungen, FIU Deutschland. Im Jahr 2016 wurden insgesamt 40.690 Verdachtsmeldungen gemäß §§ 11 und 14 GwG a. F. an die FIU übermittelt.[12] Im Verhältnis zu den im Jahr 2015 erstatteten 29.108 Verdachtsmeldungen ist damit eine Steigerung gegenüber dem Vorjahreszeitraum von 40 % zu verzeichnen.[13] Neben der Anzahl der Verdachtsmeldungen sind auch die Nachmeldungen rapide angestiegen, so wurden im Berichtszeitraum insgesamt 4.907 Nachmeldungen an die FIU übermittelt, was im Verhältnis zu 2015 mit 2.900 Nachmeldungen einer Steigerung von 69 % entspricht.[14] Dabei ergibt die Differenzierung der Verdachtsmeldungen nach den Verpflichteten ein deutliches Bild. Insgesamt 35.038 Verdachtsmeldungen im Jahr 2016 – und damit ein Großteil – entfallen auf den Kreis der Kreditinstitute wie Kreditbanken, Sparkassen, Landesbanken, Kreditgenossenschaften, genossenschaftlichen Zentralstellen, sonstigen Kreditinstituten sowie der Deutschen Bundesbank und deren Hauptverwaltungen.[15] Bei den Kreditinstituten ist es 2016 somit zu einer Steigerung von 38 % gegenüber dem Vorjahreszeitraum gekommen, beim gesamten „Finanzsektor" sogar zu einer Steigerung von 43 %.[16] Zu einer geringen Steigerung der Verdachtsmeldungen von 5 % ist es im Jahr 2016 auch im Nicht-Finanzsektor gekommen.[17] So haben Verpflichtete aus dem Nicht-Finanzsektor in dem Berichtszeitraum insgesamt 249 Verdachtsmeldungen abgegeben.[18] Betrachtet man die vergangenen 10 Jahre, nimmt das Instrument der Verdachtsmeldung insbesondere im Bereich der Bekämpfung der Organisierten Kriminalität eine entscheidende Rolle ein, so wurden insgesamt 107 Verfahren in diesem Bereich eingeleitet, denen eine GW-Verdachtsmeldung zugrunde lag.[19]

2

---

10 Richtlinie 2005/60/EG des Europäischen Parlaments und des Rates vom 26.10.2005 zur Verhinderung der Nutzung des Finanzsystems zum Zwecke der Geldwäsche und der Terrorismusfinanzierung (ABl. L 309 vom 25.11.2005, 15 ff.).
11 *Ruppert*, DStR 2012, 100, 100.
12 FIU, Jahresbericht 2016, S. 8, abrufbar unter: https://www.bka.de/SharedDocs/Downloads/DE/Publikationen/JahresberichteUndLagebilder/FIU/Jahresberichte/fiuJahresbericht2016.pdf?__blob=publicationFile&v=4, zuletzt abgerufen am 7.10.2017.
13 FIU, Jahresbericht 2016 (Fn. 12), S. 8.
14 FIU, Jahresbericht 2016 (Fn. 12), S. 8.
15 FIU, Jahresbericht 2016 (Fn. 12), S. 8.
16 FIU, Jahresbericht 2016 (Fn. 12), S. 8.
17 FIU, Jahresbericht 2016 (Fn. 12), S. 8.
18 FIU, Jahresbericht 2016 (Fn. 12), S. 8.
19 FIU, Jahresbericht 2016 (Fn. 12), S. 8.

GwG § 43 Meldepflicht von Verpflichteten

Durchschnittlich ca. 5 % aller in Deutschland geführten Verfahren im Bereich der Organisierten Kriminalität lag mithin eine Verdachtsmeldung zugrunde, welche den Sicherheitsbehörden zur Kenntnis gebracht wurde.[20]

3   Ein Verstoß gegen die in § 43 Abs. 1 GwG normierte Pflicht zur Verdachtsmeldung kann mitunter **schwerwiegende Folgen** haben. Wer vorsätzlich oder leichtfertig entgegen seiner Verdachtsmeldepflicht nach § 43 Abs. 1 GwG eine Meldung nicht, nicht richtig, nicht vollständig oder nicht rechtzeitig abgibt, handelt gem. **§ 56 Abs. 1 Nr. 59 GwG** *ordnungswidrig*. Siehe hierzu im Einzelnen unter § 56 GwG Rn. 41. Daneben besteht auch die Möglichkeit der *Strafbarkeit* des für die Abgabe der Verdachtsmeldung verantwortlichen Mitarbeiters der Führungsebene wie z. B. des Geldwäschebeauftragten *wegen Geldwäsche durch Unterlassen*. Voraussetzung für eine Strafbarkeit wegen Geldwäsche durch Unterlassen gem. §§ 261, 13 StGB ist die bestehende Pflicht zur Verhinderung des tatbestandlichen Erfolges, der Täter muss mithin eine Garantenstellung innehaben. Die Garantenstellung wird in dem Zusammenhang im Wesentlichen mit zwei unterschiedlichen Begründungen bejaht. Zum einen wird der *Grundsatz der Geschäftsherrenhaftung* herangezogen, nach der leitende Angestellte oder Betriebsinhaber ebenfalls für die Verhinderung von Straftaten, die Ausdruck der dem konkreten Betrieb spezifisch anhaftenden Gefahren sind, verantwortlich sind.[21] So hat der BGH in dem sog. „Berliner Stadtreinigungsfall" zu Compliance-Officern ausgeführt, dass diese Beauftragten regelmäßig strafrechtlich eine Garantenpflicht im Sinne des § 13 Abs. 1 StGB trifft, solche im Zusammenhang mit der Tätigkeit des Unternehmens stehende Straftaten von Unternehmensangehörigen zu verhindern.[22] Zum anderen wird angenommen, dass sich eine **Garantenstellung unmittelbar aus § 43 GwG** für den in § 43 Abs. 1 GwG in Verbindung mit § 2 GwG bezeichneten Kreis, beispielsweise für den Leiter eines Instituts oder eines Unternehmens sowie in Verbindung mit § 7 GwG für den Geldwäschebeauftragten, ergibt.[23]

---

20 FIU, Jahresbericht 2016 (Fn. 12), S. 28.
21 *Walther*, in: Schimansky/Bunte/Lwowski, Bankrechts-Handbuch, § 42 Rn. 152; *Altenhain*, in: Kindhäuser/Neumann/Paeffgen, StGB, § 261 Rn. 93; BGH, 17.7.2009, 5 StR 394/08, NJW 2009, 3173, 3174 f.; weitere Nachweise bei *Fischer*, StGB, § 13 Rn. 68.
22 BGH, 17.7.2009, 5 StR 394/08, NJW 2009, 3173, 3174 f.
23 *Neuheuser*, in: MüKo-StGB, § 261 Rn. 93; *Neuheuser*, NZWiSt 2015, 241, 243 f.; *Walther*, in: Schimansky/Bunte/Lwowski, Bankrechts-Handbuch, § 42 Rn. 151; *Ruhmannseder*, in: Heintschel-Heinegg, BeckOK-StGB, § 261 Rn. 50; a. A. *Nestler*, in: Herzog, GwG, § 261 StGB Rn. 109.

II. Pflicht zur Meldung von Verdachtsfällen

1. Einführung

§ 43 Abs. 1 GwG normiert, in welchen Fällen seitens der Verpflichteten eine Pflicht zur Abgabe einer Verdachtsmeldung besteht und entspricht in weiten Teilen § 11 Abs. 1 GwG a. F. in der vor dem 26.6.2017 geltenden Fassung. Mittels des Gesetzes zur Optimierung der Geldwäscheprävention vom 22.12.2011[24] wurden in Bezug auf diese Regelung die Monita des FATF-Deutschlandprüfberichts vom 19.2.2010 hinsichtlich der Umsetzung der FATF-Empfehlung 13 aufgegriffen.[25] Die **FATF-Empfehlung 13** gibt vor, dass, soweit ein Finanzinstitut vermutet oder einen nachvollziehbaren Grund hat, dass finanzielle Mittel aus einer kriminellen Tätigkeit herrühren oder mit der Terrorismusfinanzierung zusammenhängen, dieses unmittelbar nach dem Gesetz oder etwaigen Regularien verpflichtet ist, unverzüglich eine Verdachtsmeldung an die zentrale Meldestelle (FIU) abzugeben.[26] Mithin soll der Verpflichtete alle aus seiner Sicht geldwäscherelevanten Transaktionen und Geschäftsbeziehungen melden, ohne zuvor eine detaillierte rechtliche Prüfung des Sachverhaltes vornehmen zu müssen.[27] Siehe zu der Verdachtsmeldeschwelle im Detail unter § 43 GwG Rn. 10 ff.

4

Die in der Gesetzesbegründung angesprochene FATF-Empfehlung 13 geht heute in der quasi wortgleichen **FATF-Empfehlung 20**[28] auf. Neben dieser Empfehlung gibt es auch noch eine weitere, die im Zusammenhang mit der Abgabe einer Verdachtsmeldung von Relevanz ist. In der FATF-Empfehlung 21 ist die Freistellung von der Verantwortlichkeit des Meldenden und das Verbot der Informationsweitergabe geregelt.[29] Diese zentralen Elemente des Verdachtsmeldewesens finden sich in den §§ 47 f. GwG. Siehe daher hierzu im Einzelnen die Kommentierungen zu §§ 47 f. GwG.

5

---

24 BGBl. I Nr. 70, S. 2959 ff.
25 RegBegr., BT-Drs. 17/6804, S. 35.
26 FATF, The Forty Recommendations, 2003, abrufbar unter: http://www.oecd.org/newsroom/2789371.pdf, zuletzt abgerufen am 30.9.2017, S. 5.
27 RegBegr., BT-Drs. 17/6804, S. 35; FATF, Mutual Evaluation Report, 19.2.2010, abrufbar unter: http://www.fatf-gafi.org/media/fatf/documents/reports/mer/MER%20Germany%20ES.pdf, zuletzt abgerufen am 30.9.2017, S. 164 ff.
28 FATF, The Forty Recommendations, Stand: Juni 2017, abrufbar unter: http://www.fatf-gafi.org/media/fatf/documents/recommendations/pdfs/FATF%20Recommendations%202012.pdf, zuletzt abgerufen am 30.9.2017, S. 17.
29 FATF, The Forty Recommendations, Stand: Juni 2017 (Fn. 28), S. 17.

GwG § 43   Meldepflicht von Verpflichteten

2. Unverzügliche Meldung an die Zentralstelle für Transaktionsuntersuchungen

6   Eine Pflicht zur Abgabe einer Verdachtsmeldung kann durch drei, im Folgenden näher beschriebenen, alternativen Sachverhaltsvarianten ausgelöst werden. Soweit Tatsachen vorliegen, die darauf hindeuten, dass ein Vermögensgegenstand, der mit einer Geschäftsbeziehung, einem Maklergeschäft oder einer Transaktion im Zusammenhang steht, aus einer strafbaren Handlung stammt, die eine Vortat der Geldwäsche darstellen könnte, oder ein Geschäftsvorfall, eine Transaktion oder ein Vermögensgegenstand im Zusammenhang mit Terrorismusfinanzierung steht oder der Vertragspartner seine Pflicht nach § 11 Abs. 6 Satz 3 GwG, gegenüber dem Verpflichteten offenzulegen, ob er die Geschäftsbeziehung oder die Transaktion für einen wirtschaftlich Berechtigten begründen, fortsetzen oder durchführen will, nicht erfüllt hat, so hat der Verpflichtete diesen Sachverhalt unabhängig vom Wert des betroffenen Vermögensgegenstandes oder der Transaktionshöhe unverzüglich der Zentralstelle für Finanztransaktionsuntersuchungen zu melden gem. § 43 Abs. 1 GwG.

7   Mit dem Inkrafttreten des Gesetzes zur Umsetzung der Vierten EU-Geldwäscherichtlinie, zur Ausführung der EU-Geldtransferverordnung und zur Neuorganisation der Zentralstelle für Finanztransaktionsuntersuchungen vom 23.6.2017[30] wurde die **Zentralstelle für Finanztransaktionsuntersuchungen (FIU) vom Bundeskriminalamt in die Generalzolldirektion** verlagert und neu ausgerichtet. Siehe zu der Zentralstelle für Finanztransaktionsuntersuchungen auch unter den §§ 27 ff. GwG. Insofern sind die Verdachtsmeldungen seither nur noch an diese Stelle zu richten. Soweit der Verpflichtete die zu meldende Transaktion **bereits bei einer Strafverfolgungsbehörde zur Anzeige** gebracht hat, muss dieser Umstand der FIU unter Angabe der mit der Strafanzeige befassten Strafverfolgungsbehörde und deren Anschrift mitgeteilt werden.[31] An die FIU können auch **Nichtverpflichtete** möglicherweise relevante Informationen im Zusammenhang mit Geldwäsche und Terrorismusfinanzierung übermitteln[32] und damit eine „quasi" externe Verdachtsmeldung abgeben.

8   Die Pflicht zur Abgabe von Verdachtsmeldungen an die FIU gilt im Übrigen durch die ersatzlose Streichung von § 11 Abs. 4 GwG a.F. in der vor dem 26.6.2017 geltenden Fassung auch für **Mitglieder einer Berufskammer** wie Rechtsanwälte, Wirtschaftsprüfer, Notare und Steuerberater. Die Mitglieder

---

30   BGBl. I Nr. 39, S. 1822 ff.
31   Vgl. http://www.zoll.de/DE/Der-Zoll/FIU/Fragen-Antworten/fragen-antworten_node.ht, zuletzt abgerufen am 14.10.2017.
32   Vgl. http://www.zoll.de/DE/Der-Zoll/FIU/Fragen-Antworten/fragen-antworten_node.html, zuletzt abgerufen am 14.10.2017; das Kontaktformular ist zu finden unter https://www.zoll.de/DE/Service_II/Kontakt/FIU/fiu_kontakt_node.html, zuletzt abgerufen am 14.10.2017.

II. Pflicht zur Meldung von Verdachtsfällen   § 43 GwG

einer Berufskammer hatten vormals gem. § 11 Abs. 4 GwG a.F. eine Verdachtsmeldung an die für sie zuständige Berufskammer zu übermitteln. Diese Regelung wurde mit dem Gesetz zur Ergänzung der Bekämpfung der Geldwäsche und Terrorismusfinanzierung vom 13.8.2008[33] eingeführt. Ziel der Einbindung der Berufskammern war die Verbesserung der Verdachtsmeldungen, indem die Berufskammern bedingt durch gebündeltes Erfahrungswissen – auch im Bereich der präventiven Geldwäschebekämpfung – ihre Mitglieder besser unterstützen können.[34] Letztlich ist diese Zielsetzung auch aus heutiger Sicht sinnvoll und plausibel. Zudem wäre auch aus europarechtlicher Sicht eine ersatzlose Streichung der Meldung an die Berufskammern nicht von Nöten gewesen. Nach Art. 34 Abs. 1 der 4. EU-Geldwäscherichtlinie[35] können Mitgliedstaaten abweichend von Art. 33 Abs. 1 im Falle der in Art. 2 Abs. 1 Nr. 3 lit. a), b) und der genannten Verpflichteten eine geeignete Selbstverwaltung der betreffenden Berufsgruppen als Stelle benennen, die die in Art. 33 Abs. 1 genannten Informationen entgegennimmt. Eine unmittelbare Übermittlung an die Zentralstelle für Finanztransaktionen ist demnach gerade nicht vorgegeben.[36] Mithin wird die weitere Entwicklung in der Praxis zeigen, ob Verdachtsmeldungen von Mitgliedern von Berufskammern zukünftig an Qualität verlieren werden und es möglicherweise negative Auswirkungen haben könnte, dass die Berufskammern keinen Einblick mehr in das Meldeverhalten ihrer Mitglieder haben und folglich

---

33 BGBl. I Nr. 37, S. 1690 ff.
34 *Häberle*, in: Erbs/Kohlhaas, Strafrechtliche Nebengesetze, § 11 GwG Rn. 12; Bundesrechtsanwaltskammer, Stellungnahme Nr. 24/2017 zum Gesetzentwurf der Bundesregierung zur Umsetzung der Vierten EU-Geldwäscherichtlinie, zur Ausführung der EU-Geldtransferverordnung und zur Neuorganisation der Zentrale für Finanztransaktionsuntersuchungen (BT-Drs. 18/11555), vom Mai 2017, abrufbar unter: http://www.brak.de/zur-rechtspolitik/stellungnahmen-pdf/stellungnahmen-deutschland/2017/mai/stellungnahme-der-brak-2017-24.pdf, zuletzt abgerufen am 10.9.2017, S. 7 f.; Bundessteuerberaterkammer, Stellungnahme der Bundessteuerberaterkammer zum Entwurf eines Gesetzes zur Umsetzung der Vierten EU-Geldwäscherichtlinie, zur Ausführung der EU-Geldtransferverordnung und zur Neuorganisation der Zentralstelle für Finanztransaktionsuntersuchungen (BT-Drs. 18/11555), vom 24.3.2017, abrufbar unter: https://www.bstbk.de/de/presse/stellungnahmen/archiv/20170324_stellungnahme_bstbk/index.html, zuletzt abgerufen am 10.9.2017, S. 9.
35 Richtlinie (EU) 2015/849 des Europäischen Parlaments und des Rates vom 20.5.2015 zur Verhinderung der Nutzung des Finanzsystems zum Zwecke der Geldwäsche und Terrorismusfinanzierung, zur Änderung der Verordnung (EU) Nr. 648/2012 des Europäischen Parlaments und des Rates und zur Aufhebung der Richtlinie 2005/60/EG des Europäischen Parlaments und des Rates und der Richtlinie 2006/70 der Kommission (ABl. L 141 vom 5.6.2015, 73 ff.).
36 Bundessteuerberaterkammer, Stellungnahme der Bundessteuerberaterkammer zum Entwurf eines Gesetzes zur Umsetzung der Vierten EU-Geldwäscherichtlinie (Fn. 34), S. 10.

auch nicht wissen, welche aktuellen Entwicklungen im Bereich der Geldwäsche bestehen.[37]

9 Die Meldung an die Zentralstelle für Transaktionsuntersuchungen hat unverzüglich zu erfolgen. In Anlehnung an § 121 Abs. 1 Satz 1 BGB ist eine Meldung dann **unverzüglich** erfolgt, wenn sie ohne schuldhaftes Zögern von dem Verpflichteten abgegeben wird.

3. Verdachtsmeldeschwelle bei § 43 Abs. 1 Nr. 1 und Nr. 2 GwG

10 Im Zentrum der meldepflichtauslösenden Alternativen von § 43 Abs. 1 Nr. 1 und Nr. 2 GwG steht die Frage nach der Verdachtsmeldeschwelle. Mittels des Gesetzes zur Optimierung der Geldwäscheprävention vom 22.12.2011[38] erfolgte **im Zusammenhang mit Anpassungen an die FATF-Standards eine Konkretisierung der Schwelle** bezüglich der Meldeverpflichtung.[39] In der Praxis bestand eine große Unsicherheit, ab wann Verdachtsmeldungen zu erfolgen haben. Diese Unsicherheit spiegelte sich auch in der geringen Anzahl an Verdachtsmeldungen wider. In Literatur und Rechtsprechung war äußerst umstritten, ob es sich um einen „Verdachtsbegriff sui generis" oder vielmehr um einen Verdacht im Sinne der aus der StPO bekannten Verdachtsgrade handele und infolgedessen eine Pflicht zur Erstattung einer Verdachtsanzeige erst durch einen Anfangsverdacht entsprechend des § 152 Abs. 2 StPO ausgelöst werde.[40] Es wurde daher in der Gesetzesbegründung klargestellt, dass die Verdachtsmeldepflicht nicht mit einer Strafanzeige im Sinne des § 158 StPO gleichzusetzen ist.[41] Es ist gerade nicht erforderlich, dass die Verpflichteten die Vorstellung haben, eine Straftat wird begangen.[42] Vielmehr genügt das **Vorliegen der nach dem GwG erforderlichen Tatsachen**.[43]

11 Die Ausführungen zur Verdachtsmeldeschwelle durch den Gesetzgeber wurden sehr unterschiedlich bewertet. Zum Teil wurde die Meinung vertreten, der Gesetzgeber unterlaufe hierdurch die für staatliche Stellen geltende und verfassungsrechtlich verankerte Eingriffsschwelle unter Zuhilfenahme von Privaten,

---

37 Bundessteuerberaterkammer, Stellungnahme der Bundessteuerberaterkammer zum Entwurf eines Gesetzes zur Umsetzung der Vierten EU-Geldwäscherichtlinie (Fn. 34), S. 10.
38 BGBl. I Nr. 70, S. 2959 ff.
39 RegBegr., BT-Drs. 17/6804, S. 2.
40 *Klugmann*, NJW 2012, 641, 643 f.; *Walther*, in: Schimansky/Bunte/Lwowski, Bankrechts-Handbuch, § 42 Rn. 497; für die Annahme des Anfangsverdachts im Sinne der StPO z. B. LG Frankfurt, 13.7.2012, 2-21 O 319/11, BeckRS 2013, 8012, *Klugmann*, NJW 2012, 641, 644; vormals *Herzog/Achterlik*, in: Herzog, GwG, § 11 Rn. 16.
41 RegBegr., BT-Drs. 17/6804, S. 21.
42 RegBegr., BT-Drs. 17/6804, S. 21.
43 RegBegr., BT-Drs. 17/6804, S. 21.

II. Pflicht zur Meldung von Verdachtsfällen § 43 GwG

um schlichtweg eine Erhöhung der Anzahl von Verdachtsmeldungen zu erreichen; als Motto galt „Masse statt Klasse".[44] Zum Teil wurde hierin keine Absenkung der Verdachtsmeldeschwelle, sondern vielmehr eine bloße Klarstellung und Konkretisierung der ohnehin zuvor geltenden Schwelle gesehen, nach der kein strafprozessualer Anfangsverdacht maßgeblich ist, sondern es genügt, wenn das Kundenverhalten nach dem bisherigen Erfahrungswissen ungewöhnlich ist.[45] Letztlich lassen sich die unterschiedlichen Auffassungen bis zu einem gewissen Punkt hören. Es sollte an dieser Stelle jedoch auch nicht der Blick auf die Verpflichteten ausbleiben. Zunächst, losgelöst von der Bewertung der Konkretisierung bzw. den Ausführungen zur Verdachtsschwelle lässt sich festhalten, dass es keine Unsicherheiten mehr hinsichtlich des erforderlichen Verdachtsgrades seitens der Verpflichteten geben dürfte. Insofern ist jedenfalls mehr an Rechtssicherheit gewonnen. Soweit man durch die Ausführungen ein Absenken der Verdachtsmeldeschwelle sehen mag, trifft die Verpflichteten ein Mehraufwand durch die steigende Anzahl an zu stellenden Verdachtsmeldungen. Allerdings sollte nicht in Vergessenheit geraten, dass die Verpflichteten zur unverzüglichen Abgabe der Verdachtsmeldung verpflichtet sind. Siehe zum Begriff der Unverzüglichkeit unter § 43 GwG Rn. 9. Würde der Auffassung gefolgt werden, dass der Verpflichtete das Vorliegen eines Verdachtes gemessen an den Anforderungen eines strafprozessualen Anfangsverdachts im Sinne von § 152 Abs. 2 StPO prüfen müsste, so träfe ihn ein größerer Umfang an Überprüfungspflichten. Die Verpflichteten stünden dann mithin in einem immer stärker wachsenden Spannungsverhältnis zwischen der Vorgabe der unverzüglich abzugebenden Verdachtsmeldung und der umfangreicheren Prüfung des Verdachtsgrades. Damit verbunden wäre auch eine drohende Haftungsproblematik der Verpflichteten bzw. der für diese die Verdachtsmeldung abgebenden Mitarbeiter auf Führungsebene wegen einer „falschen" Verdachtsmeldung, wenn diese den Anfangsverdacht nicht richtig festgestellt haben.

Die Konkretisierung der Verdachtsmeldeschwelle fand auch Niederschlag in den Auslegungshinweisen des **Bundesministeriums der Finanzen zur Handhabung des Verdachtsmeldewesens vom 6.11.2014** die, bis auf Weiteres, auch nach Inkrafttreten des Gesetzes zur Umsetzung der Vierten EU-Geldwäscherichtlinie, zur Ausführung der EU-Geldtransferverordnung und zur Neuorganisation der Zentralstelle für Finanztransaktionsuntersuchungen vom 23.6.2017[46] zur Bestimmung der Verdachtsmeldeschwelle anzuwenden sind.[47] Selbiges gilt auch für das **Rundschreiben 1/2014 (GW) – Verdachtsmeldungen nach §§ 11, 14 GwG und anderes der Bundesanstalt für Finanzdienstleistungs- 12

---

44 *Herzog/Achterlik*, in: Herzog, GwG, § 11 Rn. 16; *Walther*, in: Schimansky/Bunte/Lwowski, Bankrechts-Handbuch, § 42 Rn. 501.
45 *Ruppert*, DStR 2012, 100, 103.
46 BGBl. I Nr. 39, S. 1822 ff.
47 RegBegr., BT-Drs. 18/11555, S. 156.

GwG § 43 Meldepflicht von Verpflichteten

aufsicht vom 5.3.2014 geändert am 10.11.2014[48], welches in Ziffer I die o.g. Auslegungsweise des Bundesministeriums für Finanzen übernimmt. Im Rahmen der Auslegungshinweise wird hinsichtlich der Verdachtsmeldeschwelle folgendes ausgeführt. Für den Verpflichteten und die für ihn handelnden Mitarbeiter bedarf es keiner Gewissheit über den Bezug einer Transaktion oder Geschäftsbeziehung zu einer Geldwäsche, einer entsprechenden konkreten Vortat oder zu einer Terrorismusfinanzierung.[49] Es ist vielmehr ausreichend, dass Tatsachen auf das Vorliegen einer Geschäftsbeziehung oder Transaktion **hindeuten**, die der Terrorismusfinanzierung dienen oder mit der illegale Gelder dem Zugriff der Strafverfolgungsbehörden entzogen oder mit der die Herkunft illegaler Vermögenswerte verdeckt werden sollen.[50] Dann ist ein krimineller Hintergrund einer Terrorismusfinanzierung oder einer Geldwäsche gemäß § 261 StGB nicht auszuschließen.[51] Dabei wird verdeutlicht, dass der Verpflichtete bzw. die für ihn handelnden Mitarbeiter bei der Frage des Verdachtsmomentes einen **gewissen Beurteilungsspielraum** hat bzw. haben, da es auch auf die subjektive Einschätzung aus der konkreten Situation heraus ankommt.[52] Verpflichtete oder deren Mitarbeiter müssen ausdrücklich **nicht sämtliche Tatbestandsmerkmale des § 261 StGB** einschließlich der bei der Geldwäsche zugrunde liegenden Vortat – welche nach der neuen Regelung des § 43 Abs. 1 Nr. 1 GwG ohnehin „nur noch" erforderlich ist – oder einer Terrorismusfinanzierung **prüfen**, vielmehr muss lediglich der Sachverhalt nach allgemeinen Erfahrungen und dem bei seinen Mitarbeitern vorhandenen beruflichen Erfahrungswissen unter dem Blick-

---

48 Siehe zur entsprechenden Anwendung des BaFin-Rundschreibens auch auf der Homepage der FIU: http://www.zoll.de/DE/Der-Zoll/FIU/Fachliche-Informationen/Verdachtsmeldungen/verdachtsmeldungen_node.html, zuletzt abgerufen am 10.9.2017.

49 BMF, Auslegungshinweise des Bundesministeriums der Finanzen zur Handhabung des Verdachtsmeldewesens (§ 11 GwG), 6.11.2014, Gz.: WK 5023/10/10011, S. 2, abrufbar unter: http://www.bundesfinanzministerium.de/Content/DE/Standardartikel/Themen/Internationales_Finanzmarkt/Finanzmarktpolitik/Finanzmarktregulierung/2014-01-29-11-GwG.html, zuletzt abgerufen am 10.9.2017; BaFin, Rundschreiben 1/2014 (GW) – Verdachtsmeldungen nach §§ 11, 14 GwG und anderes, Stand: 10.11.2014, Gz.: GW 1-GW 2001-2008/0003, S. 2, abrufbar unter: https://www.bafin.de/SharedDocs/Veroeffentlichungen/DE/Rundschreiben/rs_1401_gw_verwaltungspraxis_vm.html, zuletzt abgerufen am 7.10.2017.

50 BMF, Auslegungshinweise des Bundesministeriums der Finanzen zur Handhabung des Verdachtsmeldewesens (§ 11 GwG) (Fn. 49), S. 2; BaFin, Rundschreiben 1/2014 (GW) – Verdachtsmeldungen nach §§ 11, 14 GwG und anderes (Fn. 49), S. 2; Reg-Begr., BT-Drs. 17/6804, S. 35.

51 BMF, Auslegungshinweise des Bundesministeriums der Finanzen zur Handhabung des Verdachtsmeldewesens (§ 11 GwG) (Fn. 49), S. 2; BaFin, Rundschreiben 1/2014 (GW) – Verdachtsmeldungen nach §§ 11, 14 GwG und anderes (Fn. 49), S. 2.

52 BMF, Auslegungshinweise des Bundesministeriums der Finanzen zur Handhabung des Verdachtsmeldewesens (§ 11 GwG) (Fn. 49), S. 2 f.; BaFin, Rundschreiben 1/2014 (GW) – Verdachtsmeldungen nach §§ 11, 14 GwG und anderes (Fn. 49), S. 2.

II. Pflicht zur Meldung von Verdachtsfällen   § 43 GwG

winkel seiner Ungewöhnlichkeit und Auffälligkeit im jeweiligen geschäftlichen Kontext gewürdigt werden.[53] Die Meldung soll allerdings über hinreichende Anhaltspunkte verfügen, mithin **nicht „ins Blaue" hinein** erfolgen.[54] Bei der Würdigung sind insbesondere der Zweck und die Art der Transaktion, die Besonderheiten in der Person des Kunden oder des wirtschaftlich Berechtigten und der finanzielle und geschäftliche Hintergrund des Kunden sowie die Herkunft der eingebrachten oder einzubringenden Vermögenswerte zu berücksichtigen.[55]

Gewisse **Verdachtsmomente** entstehen insbesondere, wenn die Geschäftsbeziehung, das Maklergeschäft, die Transaktion oder der Geschäftsvorfall keinen wirtschaftlichen Hintergrund erkennen lassen oder die im Zusammenhang mit diesen auftretenden Umstände oder die gemachten Angaben undurchsichtig erscheinen oder schwer überprüfbar sind.[56] Darüber hinaus sollte größere Aufmerksamkeit an den Tag gelegt werden, wenn die Art, die Höhe oder die Herkunft der Vermögenswerte oder der Empfänger an sich nicht mit den bekannten Lebensumständen bzw. der Geschäftätigkeit des Kunden bzw. Vertragspartners vereinbar sind.[57] Verdächtig ist zudem, wenn die Abwicklung über Umwege erfolgen soll, die eventuell auch noch kostenintensiv sind, oder wirtschaftlich sinnlos erscheinen.[58] In der Vergangenheit wurden zahlreiche **Verdachtsmerkmale-, Anhaltspunkte- oder Typologiepapiere** insbesondere bezüglich Geldwäsche, aber auch hinsichtlich Terrorismusfinanzierung erstellt, die allesamt keinen Anspruch auf Vollständigkeit haben und nicht von der Einzelfallprüfung entbinden, aber wichtige Indizien enthalten können.[59] Besonders empfehlenswert scheinen in diesem Zusammenhang der Bericht über Geldwäsche-Typologien und Typo-

13

---

53 BMF, Auslegungshinweise des Bundesministeriums der Finanzen zur Handhabung des Verdachtsmeldewesens (§ 11 GwG) (Fn. 49), S. 3; BaFin, Rundschreiben 1/2014 (GW) – Verdachtsmeldungen nach §§ 11, 14 GwG und anderes (Fn. 49), S. 2; Reg-Begr., BT-Drs. 17/6804, 35.
54 BMF, Auslegungshinweise des Bundesministeriums der Finanzen zur Handhabung des Verdachtsmeldewesens (§ 11 GwG) (Fn. 49), S. 3; BaFin, Rundschreiben 1/2014 (GW) – Verdachtsmeldungen nach §§ 11, 14 GwG und anderes (Fn. 49), S. 2; Reg-Begr., BT-Drs. 17/6804, 35 f.
55 BMF, Auslegungshinweise des Bundesministeriums der Finanzen zur Handhabung des Verdachtsmeldewesens (§ 11 GwG) (Fn. 49), S. 3; BaFin, Rundschreiben 1/2014 (GW) – Verdachtsmeldungen nach §§ 11, 14 GwG und anderes (Fn. 49), S. 3.
56 BMF, Auslegungshinweise des Bundesministeriums der Finanzen zur Handhabung des Verdachtsmeldewesens (§ 11 GwG) (Fn. 49), S. 4; BaFin, Rundschreiben 1/2014 (GW) – Verdachtsmeldungen nach §§ 11, 14 GwG und anderes (Fn. 49), S. 3.
57 BMF, Auslegungshinweise des Bundesministeriums der Finanzen zur Handhabung des Verdachtsmeldewesens (§ 11 GwG) (Fn. 49), S. 4; BaFin, Rundschreiben 1/2014 (GW) – Verdachtsmeldungen nach §§ 11, 14 GwG und anderes (Fn. 49), S. 3.
58 BMF, Auslegungshinweise des Bundesministeriums der Finanzen zur Handhabung des Verdachtsmeldewesens (§ 11 GwG) (Fn. 49), S. 4; BaFin, Rundschreiben 1/2014 (GW) – Verdachtsmeldungen nach §§ 11, 14 GwG und anderes (Fn. 49), S. 3.
59 *Walther*, in: Schimansky/Bunte/Lwowski, Bankrechts-Handbuch, § 42 Rn. 505.

GwG § 43 Meldepflicht von Verpflichteten

logien der Finanzierung des Terrorismus 2003–2004 der FATF vom 1.3.2004[60] und die Newsletter Ausgabe Nr. 11/August 2014[61] und Ausgabe Nr. 12/September 2015[62] der BKA Financial Intelligence Unit (FIU) Deutschland, Zentralstelle für Verdachtsmeldungen zu sein. Darüber hinaus existieren hierzu auch Veröffentlichungen von den Regierungspräsidien,[63] mit einem besonderen Fokus auf den Nicht-Finanzsektor, sowie zahlreiche Fachpublikationen.[64]

14 Im **Rundschreiben 1/2014 (GW) – Verdachtsmeldungen nach §§ 11, 14 GwG und anderes vom 5.3.2014**, geändert am 10.11.2014, weist die Bundesanstalt für Finanzdienstleistungsaufsicht unter Ziffer II ausdrücklich darauf hin, dass soweit ein Verpflichteter Kenntnis davon erlangt, dass ein Kunde eine **Selbstanzeige gem. § 371 AO** abgegeben hat oder die Abgabe einer solchen beabsichtigt und nicht auszuschließen ist, dass eine entsprechende Steuerhinterziehung im Zusammenhang mit der mit dem Kunden bestehenden Geschäftsbeziehung oder Vermögenswerten des Kunden steht, der Verpflichtete im Falle des Vorliegens der Voraussetzungen des § 43 Abs. 1 GwG eine Verdachtsmeldung abzugeben hat.[65] Dem liegt zugrunde, dass der Verpflichtete nicht zu beurteilen vermag, ob die Selbstanzeige überhaupt wirksam ist und er auch nicht dazu verpflichtet ist, sämtliche Tatbestandsmerkmale der Vortat inklusive der persönlichen Strafausschließungsgründe zu überprüfen.[66] Die Ausführungen der Bundesanstalt für Finanzdienstleistungsaufsicht haben zu erheblichen Verunsicherungen auf Seiten der Kreditwirtschaft beigetragen.[67] Sie sind an vielen Stellen

---

60 FATF, Bericht über Geldwäsche-Typologien und Typologien der Finanzierung des Terrorismus 2003–2004, vom 1.3.2004, abrufbar in der deutschen Fassung unter https://www.bafin.de/SharedDocs/Downloads/DE/Bericht/dl_rs_0402_gw_anlage_typologiebericht.html, zuletzt abgerufen am 30.9.2017.
61 FIU, Newsletter Nr. 11/August 2014, abrufbar unter: https://www.bka.de/DE/Service/FIU2015/Newsletter/newsletter_node.html, zuletzt abgerufen am 10.9.2017.
62 FIU, Newsletter Nr. 12/September 2015, abrufbar unter: https://www.bka.de/DE/Service/FIU2015/Newsletter/newsletter_node.html, zuletzt abgerufen am 10.9.2017.
63 Exemplarisch: Regierung von Niederbayern, Verdachtsmerkmale bei der Vermittlung von Versicherungen, abrufbar unter: http://www.regierung.niederbayern.bayern.de/aufgabenbereiche/1/sicherheit_ordnung/geldwaeschepraevention/formulare/index.php; Regierung von Niederbayern, Anhaltspunkte für Geldwäsche bei Immobilientransaktionen, abrufbar unter: http://www.regierung.niederbayern.bayern.de/aufgabenbereiche/1/sicherheit_ordnung/geldwaeschepraevention/formulare/index.php.
64 Exemplarisch: *Gehrke*, in: Bürkle, Compliance in Versicherungsunternehmen, § 12 Rn. 151 ff.
65 BaFin, Rundschreiben 1/2014 (GW) – Verdachtsmeldungen nach §§ 11, 14 GwG und anderes (Fn. 49), S. 5.
66 BaFin, Rundschreiben 1/2014 (GW) – Verdachtsmeldungen nach §§ 11, 14 GwG und anderes (Fn. 49), S. 5.
67 *Bohnert/Szesny*, BKR 2015, 265, 265.

II. Pflicht zur Meldung von Verdachtsfällen § 43 GwG

sogar auf deutliche Kritik gestoßen.[68] Inwiefern die Bundesanstalt für Finanzdienstleistungsaufsicht im Zuge einer von ihr im Nachgang zum Inkrafttreten des Gesetzes zur Umsetzung der Vierten EU-Geldwäscherichtlinie, zur Ausführung der EU-Geldtransferverordnung und zur Neuorganisation der Zentralstelle für Finanztransaktionsuntersuchungen vom 23.6.2017[69] geplanten neuen Verlautbarung an diesen Ausführungen festhalten wird oder Änderungen oder Ergänzungen im Bereich der Verdachtsmeldeschwelle vornehmen wird, bleibt abzuwarten. Bis zum Redaktionsschluss lag keine neue Verlautbarung vor.

4. Sonstige Tatbestandsvoraussetzungen von § 43 Abs. 1 Nr. 1 GwG

Nach § 43 Abs. 1 Nr. 1 GwG ist ein Überschreiten der Verdachtsmeldeschwelle in Bezug auf Tatsachen, die darauf hindeuten, dass ein Vermögensgegenstand, der mit der Geschäftsbeziehung, einem Maklergeschäft oder einer Transaktion im Zusammenhang steht, aus einer strafbaren Handlung stammt, die eine Vortat der Geldwäsche darstellen könnte, maßgeblich. **15**

In § 1 Abs. 7 GwG ist der Begriff des **Vermögensgegenstandes** nunmehr legaldefiniert. Vermögensgegenstand im Sinne des GwG ist jeder Vermögenswert, ob körperlich oder nichtkörperlich, beweglich oder unbeweglich, materiell oder immateriell, sowie Rechtstitel und Urkunden in jeder Form, einschließlich der elektronischen und digitalen Form, die das Eigentumsrecht oder sonstige Rechte an Vermögenswerten nach Nr. 1 verbriefen. Siehe zum Begriff des Vermögensgegenstandes auch unter § 1 GwG Rn. 61 ff. **16**

Der Begriff der **Geschäftsbeziehung** hat in § 1 Abs. 4 GwG leichte Änderungen im Verhältnis zu der Geschäftsbeziehung im Sinne von § 1 Abs. 3 GwG a.F. in der vor dem 26.6.2017 geltenden Fassung erfahren. Gem. § 1 Abs. 4 GwG ist eine Geschäftsbeziehung im Sinne des GwG jede Beziehung, die unmittelbar in Verbindung mit den gewerblichen oder beruflichen Aktivitäten der Verpflichteten steht und bei der beim Zustandekommen des Kontakts davon ausgegangen wird, dass sie von gewisser Dauer sein wird. Insbesondere ist die Einschränkung auf „geschäftliche oder berufliche" entfallen. Ausreichend ist dabei bereits die Anbahnung einer Geschäftsbeziehung.[70] Siehe zum Begriff der Geschäftsbeziehung auch unter § 1 GwG Rn. 41 ff. **17**

Im Verhältnis zu § 11 Abs. 1 Satz 1 Alt. 1 GwG a.F. in der vor dem 26.6.2017 geltenden Fassung wurde das Tatbestandsmerkmal des **Maklergeschäftes** durch **18**

---

68 Im Einzelnen hierzu: *Bülte*, in: Rotsch, Criminal Compliance, § 29 Rn. 119; *Park*, NZWiSt 2015, 59.
69 BGBl. I Nr. 39, S. 1822 ff.
70 BMF, Auslegungshinweise des Bundesministeriums der Finanzen zur Handhabung des Verdachtsmeldewesens (§ 11 GwG) (Fn. 49), S. 4; BaFin, Rundschreiben 1/2014 (GW) – Verdachtsmeldungen nach §§ 11, 14 GwG und anderes (Fn. 49), S. 2.

GwG § 43 Meldepflicht von Verpflichteten

das Gesetz zur Umsetzung der Vierten EU-Geldwäscherichtlinie, zur Ausführung der EU-Geldtransferverordnung und zur Neuorganisation der Zentralstelle für Finanztransaktionsuntersuchungen vom 23.6.2017[71] neu eingeführt. Grund hierfür war der Umstand, dass sich sowohl ein Immobilienmaklergeschäft als auch ein Versicherungsmaklergeschäft auf eine Geschäftsbeziehung oder eine Transaktion beziehen, ihnen aber nicht unterfallen.[72] Insofern dient die Einfügung damit als Klarstellung.[73]

19 Der Begriff der **Transaktion** hat in § 1 Abs. 5 GwG Ergänzungen im Verhältnis zu der Transaktion im Sinne von § 1 Abs. 4 GwG a. F. in der vor dem 26.6.2017 geltenden Fassung erfahren. Gem. § 1 Abs. 5 GwG besteht eine Transaktion im Sinne des GwG aus einer oder, soweit zwischen ihnen eine Verbindung zu bestehen scheint, mehreren Handlungen, die eine Geldbewegung oder eine sonstige Vermögensverschiebung bezweckt oder bezwecken oder bewirkt oder bewirken. Nunmehr kann also auch auf mehrere Handlungen abgestellt werden. Insofern handelt es sich nicht ausschließlich um Finanztransaktionen, sondern vielmehr sind auch unbare Transaktionen einschließlich elektronischer durchgeführter Transaktionen, Bartransaktionen losgelöst von der Höhe und sonstige Vermögensverschiebungen wie etwa Inzahlungnahme von Wertgegenständen, Sicherungsübereignungen sowie Schenkungen einbezogen.[74] Siehe zum Begriff der Transaktion auch unter § 1 GwG Rn. 48 ff. Bei der Transaktion kann es sich um eine versuchte, bevorstehende, laufende oder bereits durchgeführte Transaktion handeln.[75] Selbst bei bereits durchgeführten Transaktionen, bei denen der Verpflichtete erst im Nachhinein im Rahmen einer eigenen oder von Aufsichts- oder Strafverfolgungsbehörden initiierten Recherchen des Kundenbestands oder der durchgeführten Transaktionen Kenntnis erlangt, müssen diese unverzüglich gemeldet werden.[76]

20 Die wohl gravierendste Änderung im Verhältnis zwischen § 43 Abs. 1 Nr. 1 GwG und § 11 Abs. 1 Satz 1 Alt. 1 GwG a. F. in der vor dem 26.6.2017 geltenden Fassung ist die Abkehr von der Tatbestandsvoraussetzung „einer Straftat nach § 261 StGB" hin zu „**einer Vortat der Geldwäsche**". Im Rahmen der Gesetzesbegründung finden sich keine weiteren Ausführungen, welche Begründung die-

---

71 BGBl. I Nr. 39, S. 1822 ff.
72 RegBegr., BT-Drs. 18/11555, S. 157.
73 RegBegr., BT-Drs. 18/11555, S. 157.
74 BMF, Auslegungshinweise des Bundesministeriums der Finanzen zur Handhabung des Verdachtsmeldewesens (§ 11 GwG) (Fn. 49), S. 2; BaFin, Rundschreiben 1/2014 (GW) – Verdachtsmeldungen nach §§ 11, 14 GwG und anderes (Fn. 49), S. 2.
75 RegBegr., BT-Drs. 18/11555, S. 157; BMF, Auslegungshinweise des Bundesministeriums der Finanzen zur Handhabung des Verdachtsmeldewesens (§ 11 GwG) (Fn. 49), S. 2.
76 BaFin, Rundschreiben 1/2014 (GW) – Verdachtsmeldungen nach §§ 11, 14 GwG und anderes (Fn. 49), S. 2.

ser Änderung zugrunde liegt. Vielmehr erfolgt lediglich der pauschale und nicht zutreffende Hinweis, dass § 43 Abs. 1 GwG im Grundsatz § 11 GwG a. F. entspricht und im Übrigen nur redaktionell angepasst worden ist.[77] Der Begriff der Geldwäsche ist nunmehr in § 1 Abs. 1 GwG legaldefiniert. Geldwäsche im Sinne des GwG ist eine Straftat nach § 261 des StGB. Siehe zum Begriff der Geldwäsche auch unter § 1 GwG Rn. 11 ff. Jedoch reicht bereits die Vortat einer Geldwäsche aus. Hierin ist eine starke Anlehnung an ein Tatbestandsmerkmal des § 261 StGB zu sehen. So erfordert § 261 StGB die Begehung der Tathandlung hinsichtlich eines inkriminierten Gegenstandes, der aus einer der in § 261 Abs. 1 S. 2 StGB abschließend aufgelisteten Vortaten herrührt.[78] Taugliche Vortaten sind zunächst alle Verbrechen (§ 12 StGB); ferner ist eine Reihe von Vergehen erfasst, wie u. a. bestimmte Betäubungsmittelstraftaten, gewerbsmäßiger Schmuggel, Steuerhehlerei, Straftaten gegen das Aufenthaltsgesetz oder die Bildung krimineller oder terroristischer Vereinigungen.[79] Ob die erhebliche Erweiterung der Meldepflicht auch auf Vortaten der Geldwäsche zukünftig zu einem weiteren spürbaren Anstieg der Verdachtsmeldungen führen wird, ohne dass damit eine Qualitätsverbesserung des Kampfes gegen die organisierte Kriminalität einhergehen wird, sondern vielmehr die Verpflichteten für die Bekämpfung von Alltagskriminalität in die Pflicht genommen werden, bleibt abzuwarten.[80]

5. Sonstige Tatbestandsvoraussetzungen von § 43 Abs. 1 Nr. 2 GwG

Nach § 43 Abs. 1 Nr. 2 GwG ist ein Überschreiten der Verdachtsmeldeschwelle in Bezug auf Tatsachen, die darauf hindeuten, dass ein Geschäftsvorfall, eine Transaktion oder ein Vermögensgegenstand im Zusammenhang mit Terrorismusfinanzierung steht, maßgeblich. Siehe zu dem Begriff der **Transaktion** § 43 GwG Rn. 19 und zu dem Begriff des **Vermögensgegenstandes** § 43 GwG Rn. 16. 21

An einer Legaldefinition des Begriffes **Geschäftsvorfall** fehlt es derzeit im GwG. Der Begriff des Geschäftsvorfalles wird jedoch auch in zahlreichen anderen Normen verwendet wie z. B. in § 145 Abs. 1 Satz 1 AO oder § 238 Abs. 1 Satz 2 HGB. Insofern können die zu diesen Normen entwickelten Grundsätze Anhaltspunkte bieten. Unter einem Geschäftsvorfall im Sinne von § 145 Abs. 1 Satz 1 AO ist ein Sachverhalt zu verstehen, der einen Einfluss auf den Gewinn 22

---

77 RegBegr., BT-Drs. 18/11555, S. 157.
78 *Bülte*, in: Rotsch, Criminal Compliance, § 29 Rn. 21.
79 *Bülte*, in: Rotsch, Criminal Compliance, § 29 Rn. 25.
80 DK, Stellungnahme zum Regierungsentwurf vom 22.2.2017 für ein Umsetzungsgesetz zur 4. Geldwäsche-Richtlinie (EU) 2015/849, vom 13.3.2017, 27, abrufbar unter: https://die-dk.de/media/files/170313_DK-Stellungnahme_UmsetzungsG_4._Gw-RL.pdf, zuletzt abgerufen am 30.9.2017.

oder die Zusammensetzung des Vermögens des Steuerpflichtigen hat; hierzu zählen auch Einlagen und Entnahmen.[81] Letztlich ist der Begriff des Geschäftsvorfalls demnach sehr weit zu verstehen und umfasst nahezu alle Sachverhalte im geschäftlichen Verkehr, die die finanzielle Situation von Wirtschaftssubjekten beeinflussen.

23 Der Begriff der **Terrorismusfinanzierung** in § 1 Abs. 2 GwG entspricht mit wenigen Modifikationen in weiten Teilen § 1 Abs. 2 GwG a. F. in der vor dem 26.6.2017 geltenden Fassung. Gem. § 1 Abs. 2 GwG ist Terrorismusfinanzierung im Sinne des GwG die Bereitstellung oder Sammlung von Vermögensgegenständen mit dem Wissen oder in der Absicht, dass diese Vermögensgegenstände ganz oder teilweise dazu verwendet werden oder verwendet werden sollen, eine oder mehrere der folgenden Straftaten zu begehen: eine Tat nach § 129a StGB, auch in Verbindung mit § 129b StGB, oder eine andere der Straftaten, die in den Artikeln 1 bis 3 des Rahmenbeschlusses 2002/475/JI des Rates vom 13.6.2002 zur Terrorismusbekämpfung (ABl. L 164 vom 22.6.2002, S. 3), zuletzt geändert durch den Rahmenbeschluss 2008/919/JI des Rates vom 28.11.2008 (ABl. L 330 vom 9.12.2008, S. 21), umschrieben sind, die Begehung einer Tat nach § 89c StGB oder die Anstiftung oder Beihilfe zu einer Tat nach § 1 Abs. 2 Nr. 1 und Nr. 2 GwG. Insofern wurde insbesondere das Tatbestandsmerkmal der Absicht mit aufgenommen. Siehe zum Begriff der Terrorismusfinanzierung auch unter § 1 GwG Rn. 22 ff.

6. Tatbestandsvoraussetzungen von § 43 Abs. 1 Nr. 3 GwG

24 Nach § 43 Abs. 1 Nr. 3 GwG ist maßgeblich, ob Tatsachen vorliegen, die darauf hindeuten, dass der Vertragspartner seine Pflicht nach § 11 Abs. 6 Satz 3 GwG gegenüber dem Verpflichteten offenzulegen, ob er die Geschäftsbeziehung oder die Transaktion für einen wirtschaftlich Berechtigten begründen, fortsetzen oder durchführen will, nicht erfüllt hat. Die Regelung entspricht inhaltlich großteils den Regelungen des § 11 Abs. 1 Satz 2 GwG a. F. in der vor dem 26.6.2017 geltenden Fassung. Eingeführt wurde die Regelung über die Meldepflicht bei **Verletzung der Offenbarungspflicht** des Vertragspartners mittels des Gesetzes zur Optimierung der Geldwäscheprävention vom 22.12.2011.[82] Grund für die Einführung waren die Monita der FATF zu der mangelnden Transparenz von Geschäftsbeziehungen, bei denen ein wirtschaftlich Berechtigter eine tatsächliche Rolle spielt.[83] Aufgrund der „Verschleierungsmöglichkeiten und der damit verbundenen, gesteigerten Risiken des Missbrauchs zu Geldwäsche und Terrorismusfinanzierung", müssen Verpflichtete, auch ohne weitere Anhaltspunkte für

---

81 *Rätke*, in: Klein, AO, § 145 Rn. 3.
82 BGBl. I Nr. 70, S. 2959 ff.
83 RegBegr., BT-Drs. 17/6804, S. 36.

das Vorliegen einer strafbaren Handlung nach § 261 StGB und unabhängig von der Beendigungsverpflichtung in Bezug auf eine Geschäftsbeziehung oder Transaktion, eine Verdachtsmeldung an die Zentralstelle für Finanztransaktionen erstatten, wenn der Vertragspartner gegenüber dem Verpflichteten nicht offenlegt, ob er die Geschäftsbeziehung oder die Transaktion für einen wirtschaftlich Berechtigten begründen, fortsetzen oder durchführen will oder mit der Offenlegung dem Verpflichteten auch die Identität des wirtschaftlich Berechtigten nicht nachweist.[84] Im Verhältnis zur bisher geltenden Regelung wurde in § 43 Abs. 1 Nr. 3 GwG das Tatbestandsmerkmal, dass der Vertragspartner seiner **Offenbarungspflicht „zuwidergehandelt hat"** in **„nicht erfüllt hat"** geändert. Hierdurch entstehen jedoch nach hiesiger Ansicht keine inhaltlichen Änderungen. Siehe zu dem Begriff der **Geschäftsbeziehung** unter § 43 Rn. 17 GwG und der **Transaktion** unter § 43 GwG Rn. 19.

Der Begriff des **wirtschaftlich Berechtigten** ist in § 3 GwG definiert. Die Definition beruht auf § 1 Abs. 6 GwG a. F. in der vor dem 26.6.2017 geltenden Fassung, wurde jedoch hinsichtlich der Definition des wirtschaftlich Berechtigten bei jur. Personen, Stiftungen und Vermögensverwaltungen erweitert. Siehe zum Begriff des wirtschaftlich Berechtigten unter § 3 GwG.

III. Ausnahme von der Meldepflicht (Abs. 2)

1. Einführung

§ 43 Abs. 2 GwG entspricht weitestgehend der Regelung des § 11 Abs. 3 GwG a. F. in der vor dem 26.6.2017 geltenden Fassung und regelt die Ausnahme von der nach § 43 Abs. 1 GwG bestehenden Meldepflicht für bestimmte Verpflichtete. Zudem berücksichtigt die Regelung die Vorgaben von Art. 34 Abs. 2 der 4. EU-Geldwäscherichtlinie.[85]

Im **Entwurf des Gesetzes** zur Umsetzung der 4. EU-Geldwäscherichtlinie, zur Ausführung der EU-Geldtransferverordnung und zur Neuorganisation der Zentralstelle für Finanztransaktionsuntersuchungen vom 17.3.2017[86] entsprach § 43

---

84 RegBegr., BT-Drs. 17/6804, S. 36; BMF, Auslegungshinweise des Bundesministeriums der Finanzen zur Handhabung des Verdachtsmeldewesens (§ 11 GwG) (Fn. 49), S. 5; BaFin, Rundschreiben 1/2014 (GW) – Verdachtsmeldungen nach §§ 11, 14 GwG und anderes (Fn. 49), S. 3.
85 Richtlinie (EU) 2015/849 des Europäischen Parlaments und des Rates vom 20.5.2015 zur Verhinderung der Nutzung des Finanzsystems zum Zwecke der Geldwäsche und Terrorismusfinanzierung, zur Änderung der Verordnung (EU) Nr. 648/2012 des Europäischen Parlaments und des Rates und zur Aufhebung der Richtlinie 2005/60/EG des Europäischen Parlaments und des Rates und der Richtlinie 2006/70 der Kommission (ABl. L 141 vom 5.6.2015, 73 ff.).
86 RegBegr., BT-Drs. 18/11555, S. 157.

GwG § 43   Meldepflicht von Verpflichteten

Abs. 2 GwG bis auf die Aufnahme von anderen Straftaten in § 43 Abs. 2 Satz 2 GwG im Wortlaut § 11 Abs. 4 Satz 1 GwG a. F. der vor dem 26.6.2017 geltenden Fassung. Hierauf wurde – ohne Erläuterung der Änderung in § 43 Abs. 2 Satz 2 GwG – in der Gesetzesbegründung ausdrücklich hingewiesen,[87] wenngleich es bei dem Hinweis zu einem redaktionellen Versehen gekommen ist, da anstatt auf den § 11 Abs. 3 GwG a. F. auf den § 11 Abs. 4 GwG a. F. verwiesen wurde.

28   Im Rahmen der **Beschlussempfehlung und dem Bericht des Finanzausschusses (7. Ausschuss)** zu dem Gesetzentwurf der Bundesregierung – Drucksachen 18/11555, 18/11928, 18/12181 Nr. 1.8 – wurde neben der bereits im Gesetzesentwurf angestrebten Anwendung auch auf Fälle im Zusammenhang mit anderen Straftaten in § 43 Abs. 2 Satz 2 GwG eine Änderung in § 43 Abs. 1 Satz 1 GwG und zwei weitere in § 43 Abs. 1 Satz 2 GwG hingewirkt,[88] die sich in der aktuellen Fassung des § 43 Abs. 2 GwG widerspiegeln.

2. Privilegierung der Verpflichteten nach § 2 Abs. 1 Nr. 10 und 12 GwG

29   Abweichend von § 43 Abs. 1 Satz 1 GwG sind Verpflichtete nach § 2 Abs. 1 Nr. 10 und 12 GwG nach § 43 Abs. 2 Satz 1 GwG nicht zur Meldung verpflichtet, wenn sich der meldepflichtige Sachverhalt auf Informationen bezieht, die sie im Rahmen eines der Schweigepflicht unterliegenden Mandatsverhältnisses erhalten haben. Insofern wird nicht mehr auf die Rechtsberatung oder die Prozessvertretung wie in § 11 Abs. 3 GwG a. F. in der vor dem 26.6.2017 geltenden Fassung abgestellt, sondern auf die der Schweigepflicht unterliegenden Mandatsverhältnisse. Die Änderung will umfassend **alle Tätigkeiten, die einer Schweigepflicht unterliegen**, wie beispielsweise die gesamte Steuerberatung berücksichtigen.[89] Bei den privilegierten Verpflichteten nach § 2 Abs. 1 Nr. 10 und 12 GwG handelt es sich um Rechtsanwälte, Kammerrechtsbeistände, Patentanwälte, Notare, Wirtschaftsprüfer, vereidigte Buchprüfer, Steuerberater und Steuerbevollmächtigte. Siehe zum Begriff der betroffenen **Verpflichteten** unter § 2 Rn. 133 ff., 177 ff., der **Geldwäsche** unter § 43 GwG Rn. 20 und der **Terrorismusfinanzierung** unter § 43 GwG Rn. 23.

3. Rückausnahme von der Privilegierung

30   Die Meldepflicht bleibt jedoch nach § 43 Abs. 2 GwG bestehen, wenn der Verpflichtete weiß, dass der Vertragspartner das Mandatsverhältnis für den Zweck der Geldwäsche, der Terrorismusfinanzierung oder einer anderen Straftat genutzt hat oder nutzt. Insofern findet auch an dieser Stelle, das allgemeine **Abstellen auf ein Mandatsverhältnis** im Gegensatz zur Rechtsberatung an sich

---

87 RegBegr., BT-Drs. 18/11555, S. 49.
88 FABegr. BT-Drs. 18/12405, S. 82 f.
89 FABegr. BT-Drs. 18/12405, S. 166.

III. Ausnahme von der Meldepflicht (Abs. 2) § 43 GwG

entsprechend der Änderungen in § 43 Abs. 2 Satz 2 GwG seinen Niederschlag. Auch das Abstellen auf die „**Nutzung**" im Gegensatz zur „Inanspruchnahme" für den Zweck der Geldwäsche, der Terrorismusfinanzierung oder einer anderen Straftat scheint wenig erörterungsbedürftig, da es keine inhaltliche Änderung mit sich bringt.

Hingegen scheint die bereits mit dem Regierungsentwurf vom 17.3.2017 beabsichtigte Erweiterung der Regelung des § 11 Abs. 3 Satz 2 GwG a.F. in der bis zum 26.6.2017 geltenden Fassung hinsichtlich der **Nutzung für den Zweck einer „anderen Straftat"** erhebliche Auswirkungen auf die Praxis zu haben. Insofern lässt es sich nicht nachvollziehen, weshalb hierzu keinerlei nähere Ausführungen in der Gesetzesbegründung vorhanden sind. Vielmehr wird in der Gesetzesbegründung ausdrücklich darauf hingewiesen, dass § 43 Abs. 2 GwG der alten **Regelung im Wortlaut entspricht**.[90] Siehe hierzu § 43 GwG Rn. 27. Insofern befinden sich die Gesetzesbegründung und der Wortlaut im Widerspruch. **31**

Der Wegfall der Privilegierung im Zusammenhang mit der Begehung „einer anderen Straftat" war bereits im Rahmen des Gesetzgebungsverfahrens deutlicher Kritik ausgesetzt. Zum einen beruht diese Verschärfung nicht auf den Vorgaben der 4. EU-Geldwäscherichtlinie.[91] Zum anderen **weicht die Erweiterung auf andere Straftaten von den entsprechenden Ausnahmeregelungen für Berufsgeheimnisträger an anderen Stellen des GwG ab**.[92] Im Rahmen des Auskunftsverweigerungsrechts gegenüber der Zentralstelle für Finanztransaktionsuntersuchungen bleibt gem. § 6 Abs. 6 Satz 4 GwG die Auskunftspflicht bestehen, wenn der Verpflichtete weiß, dass sein Mandant das Mandatsverhältnis für den Zweck der Geldwäsche oder der Terrorismusfinanzierung genutzt hat oder nutzt.[93] **32**

---

90 RegBegr., BT-Drs. 18/11555, S. 49.
91 Wirtschaftsprüferkammer, Stellungnahme der Wirtschaftsprüferkammer zum Regierungsentwurf eines Gesetzes zur Umsetzung der Vierten EU-Geldwäscherichtlinie, zur Ausführung der EU-Geldtransferverordnung und zur Neuorganisation der Zentralstelle für Finanztransaktionsuntersuchungen (BT-Drs. 18/11555), vom 27.3.2017, abrufbar unter: http://www.wpk.de/uploads/tx_news/WPK-Stellungnahme_27-03-2017.pdf, zuletzt abgerufen am 10.9.2017, S. 4; Bundessteuerberaterkammer, Stellungnahme der Bundessteuerberaterkammer zum Entwurf eines Gesetzes zur Umsetzung der Vierten EU-Geldwäscherichtlinie (Fn. 34), S. 11.
92 Bundessteuerberaterkammer, Stellungnahme der Bundessteuerberaterkammer zum Entwurf eines Gesetzes zur Umsetzung der Vierten EU-Geldwäscherichtlinie (Fn. 34), S. 11; Bundesrechtsanwaltskammer, Stellungnahme Nr. 24/2017 zum Gesetzentwurf der Bundesregierung zur Umsetzung der Vierten EU-Geldwäscherichtlinie (Fn. 34), S. 2.
93 Bundessteuerberaterkammer, Stellungnahme der Bundessteuerberaterkammer zum Entwurf eines Gesetzes zur Umsetzung der Vierten EU-Geldwäscherichtlinie (Fn. 34), S. 11; Bundesrechtsanwaltskammer, Stellungnahme Nr. 24/2017 zum Gesetzentwurf der Bundesregierung zur Umsetzung der Vierten EU-Geldwäscherichtlinie (Fn. 34), S. 2.

GwG § 43 Meldepflicht von Verpflichteten

Gleiches gilt für die Ausnahmeregelungen in §§ 10 Abs. 9 Satz 3, 30 Abs. 3 Satz 4 GwG.[94] Insofern ist nicht nachvollziehbar, warum für den Fall der Erstattung einer Verdachtsmeldung etwas anderes gilt.[95] Zudem erscheint die Erstreckung auf andere Straftaten auch nicht sinnvoll, da sich die **Verdachtsmeldepflicht gem. § 43 Abs. 1 GwG** neben der fehlenden Pflichterfüllung nach § 11 Abs. 6 Satz 3 GwG ausschließlich auf die **Geldwäschevortat** und die **Terrorismusfinanzierung** bezieht und die „Wiederanordnung" oder „Rückausnahme" der Meldepflicht aus gesetzessystematischen Gründen nur die Fälle erfassen kann, in denen nach § 43 Abs. 1 GwG auch eine Pflicht zur Verdachtsmeldepflicht besteht.[96] Ferner **kollidiert** die Erweiterung auf andere Straftaten mit den ausdifferenzierten **Anzeigepflichten der §§ 138, 139 StGB** und erschwert den Beruf des Rechtsanwalts oder Strafverteidigers erheblich, denn nahezu jeder Rechtsrat kann zur Umgehung genutzt werden.[97] Insbesondere der Blick auf das Verhältnis zwischen § 43 Abs. 2 Satz 2 GwG und der strafrechtlich geschützten **Verschwiegenheitspflicht der Berufsgeheimnisträger nach § 203 StGB** bietet großes Konfliktpotenzial.[98] Letztlich bleibt abzuwarten, welche Auswirkungen die Erweiterung der „Rückausnahme" in der Praxis auf das Verdachtsmeldewesen haben wird und ob eine Korrektur der Norm von Nöten sein wird.

---

94 Bundessteuerberaterkammer, Stellungnahme der Bundessteuerberaterkammer zum Entwurf eines Gesetzes zur Umsetzung der Vierten EU-Geldwäscherichtlinie (Fn. 34), S. 11; Bundesrechtsanwaltskammer, Stellungnahme Nr. 24/2017 zum Gesetzentwurf der Bundesregierung zur Umsetzung der Vierten EU-Geldwäscherichtlinie (Fn. 34), S. 2.
95 Bundessteuerberaterkammer, Stellungnahme der Bundessteuerberaterkammer zum Entwurf eines Gesetzes zur Umsetzung der Vierten EU-Geldwäscherichtlinie (Fn. 34), S. 11; Bundesrechtsanwaltskammer, Stellungnahme Nr. 24/2017 zum Gesetzentwurf der Bundesregierung zur Umsetzung der Vierten EU-Geldwäscherichtlinie (Fn. 34), S. 2.
96 Bundessteuerberaterkammer, Stellungnahme der Bundessteuerberaterkammer zum Entwurf eines Gesetzes zur Umsetzung der Vierten EU-Geldwäscherichtlinie (Fn. 34), S. 11; Bundesrechtsanwaltskammer, Stellungnahme Nr. 24/2017 zum Gesetzentwurf der Bundesregierung zur Umsetzung der Vierten EU-Geldwäscherichtlinie (Fn. 34), S. 2.
97 Bundesrechtsanwaltskammer, Stellungnahme Nr. 24/2017 zum Gesetzentwurf der Bundesregierung zur Umsetzung der Vierten EU-Geldwäscherichtlinie (Fn. 34), S. 3.
98 Bundesrechtsanwaltskammer, Stellungnahme Nr. 24/2017 zum Gesetzentwurf der Bundesregierung zur Umsetzung der Vierten EU-Geldwäscherichtlinie (Fn. 34), S. 3.

III. Ausnahme von der Meldepflicht (Abs. 2) § 43 GwG

4. Mögliche Einschränkung der Privilegierung durch Informationseinholung

Im Vorschlag der Europäischen Kommission zur Änderung der 4. EU-Geldwäscherichtlinie[99] vom 5.7.2016, der von dem EU-Ministerrat am 8.11.2016 beschlossen wurde, wurde eine Regelung gefordert, die durch Ausweitung der Befugnisse der zentralen Meldestelle auch erheblichen Einfluss auf die Privilegierung der Verpflichtete nach § 2 Abs. 1 Nr. 10 und 12 GwG haben könnte. In **Art. 32 der 4. EU-Geldwäscherichtlinie**[100] **soll ein Abs. 9 eingefügt werden,** wonach die **zentrale Meldestelle im Rahmen ihrer Aufgaben von jedem Verpflichteten Informationen** für den in Art. 32 Abs. 1 genannten Zweck **einholen kann,** selbst wenn der betreffende Verpflichtete der Zentralen Meldestelle **keine vorherige Meldung** nach Art. 33 Abs. 1 lit. b) der Richtlinie (EU) 2015/849 erstattet hat. Eine Ausnahmeregelung für die bisher privilegierten Verpflichteten war im Vorschlag nicht ersichtlich. Dies hätte wiederum dazu geführt, dass die derzeit bestehende Befreiung der rechts- und steuerberatenden Berufe von ihrer Meldepflicht hinfällig wäre, wenn die zentrale Meldestelle auch losgelöst von einer zuvor erfolgten Verdachtsmeldung Informationen und Auskünfte von der Verpflichteten einholen könnte.[101] Gerade im Hinblick auf das zwingend erforderliche und zu schützende **Vertrauensverhältnis** zwischen Mandant und beispielsweise Rechtsanwalt auf Basis der Verschwiegenheitspflicht nach § 43a Abs. 2 BRAO und § 2 BORA ist diese Regelung ohne Ausnahmecharakter sehr bedenklich.[102] Aus anwaltlicher Sicht ist die hohe Schutzwürdigkeit des Vertrauensverhältnisses eine unverzichtbare Bedingung für die anwaltliche Berufsaus-

33

---

99 Vorschlag der Europäischen Kommission COM(2016) 450 vom 5.7.2016 zur Änderung der Richtlinie (EU) 2015/849 zur Verhinderung der Nutzung des Finanzsystems zum Zwecke der Geldwäsche und der Terrorismusfinanzierung und zur Änderung der Richtlinie 2009/101/EG.
100 Richtlinie (EU) 2015/849 des Europäischen Parlaments und des Rates vom 20.5.2015 zur Verhinderung der Nutzung des Finanzsystems zum Zwecke der Geldwäsche und Terrorismusfinanzierung, zur Änderung der Verordnung (EU) Nr. 648/2012 des Europäischen Parlaments und des Rates und zur Aufhebung der Richtlinie 2005/60/EG des Europäischen Parlaments und des Rates und der Richtlinie 2006/70 der Kommission (ABl. L 141 vom 5.6.2015, 73 ff.).
101 Deutscher Anwaltverein, Stellungnahme zum Vorschlag der Europäischen Kommission COM(2016) 450 vom 5.7.2016 zur Änderung der Richtlinie (EU) 2015/849 zur Verhinderung der Nutzung des Finanzsystems zum Zwecke der Geldwäsche und der Terrorismusfinanzierung und zur Änderung der Richtlinie 2009/101/EG, von 11.2016, Stellungnahme Nr. 72/2016, abrufbar unter: https://anwaltverein.de/de/newsroom/sn-72-16-dav-zur-erneuten-aenderung-der-eu-geldwaescheregelungen, zuletzt abgerufen am 10.9.2017, S. 5.
102 Deutscher Anwaltverein, Stellungnahme zum Vorschlag der Europäischen Kommission COM(2016) 450 vom 5.7.2016 zur Änderung der Richtlinie (EU) 2015/849 (Fn. 100), S. 5.

GwG § 43 Meldepflicht von Verpflichteten

übung und dem Zugang zum Recht.[103] Insofern erscheint eine Beschränkung der Regelung und damit eine angemessene Eingrenzung der Informationsbefugnisse der Zentralen Meldestelle im Hinblick auf die berufsrechtliche Verschwiegenheit geboten.[104] Darüber hinaus ist die neue **Regelung auch zu unbestimmt**, da es an der zwingend erforderlichen klaren Definition der zu erteilenden Informationen für Rechtsanwälte als Verpflichtete nach Art. 2 Abs. 1 Nr. 3 lit. b) der Richtlinie (EU) 2015/849 und Wirtschaftsprüfer/vereidigte Buchprüfer als Verpflichtete gemäß Art. 2 Abs. 1 Nr. 3 lit. a) der Richtlinie (EU) 2015/849 fehlt, obwohl die umfassende gesetzliche Schweigepflicht, der diese Berufsgruppen unterliegen, nur durch gesetzliche Regelungen durchbrochen werden kann.[105] Der bloße Verweis auf den Zweck des Abs. 1 reicht nicht aus.[106]

34   Die **Möglichkeit, auch ohne Verdachtsmeldung Informationen einholen zu können**, wird der Zentralstelle für Finanztransaktionen nunmehr durch § 30 Abs. 3 Satz 1 GwG eingeräumt. Die Vorschrift nimmt die Umsetzung der noch nicht erfolgten Ergänzung des Art. 32 der Vierten Geldwäscherichtlinie um

---

103 Deutscher Anwaltverein, Stellungnahme zum Vorschlag der Europäischen Kommission COM(2016) 450 vom 5.7.2016 zur Änderung der Richtlinie (EU) 2015/849 (Fn. 100), S. 5.
104 Bundesrechtsanwaltskammer, Stellungnahme Nr. 36/2016 zum Vorschlag für eine Richtlinie des Europäischen Parlaments und des Rates zur Änderung der Richtlinie (EU) 2015/849 zur Verhinderung der Nutzung des Finanzsystems zum Zwecke der Geldwäsche und der Terrorismusfinanzierung und zur Änderung der Richtlinie 2009/101/EG COM(2016) 450 final vom 5.7.2016, Oktober 2016, abrufbar unter: http://www.brak.de/zur-rechtspolitik/stellungnahmen-pdf/stellungnahmen-europa/2016/oktober/stellungnahme-der-brak-2016-36.pdf, zuletzt abgerufen am 10.9.2017, S. 4; Wirtschaftsprüferkammer, Stellungnahme der Wirtschaftsprüferkammer zum Vorschlag für eine Richtlinie des Europäischen Parlaments und des Rates zur Änderung der Richtlinie (EU) 2015/849 zur Verhinderung der Nutzung des Finanzsystems zum Zwecke der Geldwäsche und der Terrorismusfinanzierung und zur Änderung der Richtlinie 2009/101/EG COM(2016) 450 final, S. 6, 27.9.2016, abrufbar unter: http://www.wpk.de/uploads/tx_news/WPK-Stellungnahme_27-09-2016.pdf, zuletzt abgerufen am 10.9.2017; *Hamminger*, NWB 2017, 666, 672.
105 Bundesrechtsanwaltskammer, Stellungnahme Nr. 36/2016 zum Vorschlag für eine Richtlinie des Europäischen Parlaments und des Rates zur Änderung der Richtlinie (EU) 2015/849 (Fn. 103), S. 4; Wirtschaftsprüferkammer, Stellungnahme der Wirtschaftsprüferkammer zum Vorschlag für eine Richtlinie des Europäischen Parlaments und des Rates zur Änderung der Richtlinie (EU) 2015/849 (Fn. 103), S. 5; *Hamminger*, NWB 2017, 666, 672.
106 Bundesrechtsanwaltskammer, Stellungnahme Nr. 36/2016 zum Vorschlag für eine Richtlinie des Europäischen Parlaments und des Rates zur Änderung der Richtlinie (EU) 2015/849 (Fn. 103), S. 4; Wirtschaftsprüferkammer, Stellungnahme der Wirtschaftsprüferkammer zum Vorschlag für eine Richtlinie des Europäischen Parlaments und des Rates zur Änderung der Richtlinie (EU) 2015/849 (Fn. 103), S. 6.

einen neuen Abs. 9 vorweg.[107] Allerdings hat der nationale Gesetzgeber in § 30 Abs. 3 Satz 3 GwG die notwendige **Ausnahmeregelung für Verpflichtete nach § 2 Abs. 1 Nr. 10 und 12 GwG** getroffen, die insofern die Auskunft verweigern können, soweit sich das Auskunftsverlangen auf Informationen bezieht, die sie im Rahmen der Rechtsberatung oder der Prozessvertretung des Vertragspartners erhalten haben. Die Intention des Gesetzgebers war der Schutz des Vertrauensverhältnisses.[108] Zu einem Wiederaufleben der Pflicht kommt es nach § 30 Abs. 3 Satz 4 GwG, wenn der Verpflichtete weiß, dass der Vertragspartner die Rechtsberatung für den Zweck der Geldwäsche oder der Terrorismusfinanzierung in Anspruch genommen hat oder nimmt. Erfreulicherweise hat der Gesetzgeber bis dato darauf verzichtet, eine **„Rückausnahme" für „andere Straftaten"** zu machen wie in § 43 Abs. 2 Satz 2 GwG. Siehe hierzu unter § 43 GwG Rn. 31 f.

IV. Meldung durch Mitglied der Führungsebene

§ 45 Abs. 3 GwG wurde mittels des Gesetzes zur Umsetzung der Vierten EU- 35 Geldwäscherichtlinie, zur Ausführung der EU-Geldtransferverordnung und zur Neuorganisation der Zentralstelle für Finanztransaktionsuntersuchungen vom 23.6.2017[109] neu eingeführt. Die Vorschrift dient der Umsetzung von Art. 33 Abs. 2 der 4. EU-Geldwäscherichtlinie.[110]

Soweit der Verpflichtete im Sinne des § 2 Abs. 1 GwG über eine Niederlassung 36 in Deutschland verfügt und der zu meldende Sachverhalt im Zusammenhang mit einer Tätigkeit der deutschen Niederlassung steht, obliegt einem Mitglied der Führungsebene eines Verpflichteten die Pflicht, eine Verdachtsmeldung nach § 43 Abs. 1 GwG an die Zentralstelle für Finanztransaktionsuntersuchungen abzugeben. Die Meldepflicht kann sich demnach auch auf ausländische Unternehmen erstrecken, soweit diese eine Niederlassung in Deutschland haben. Ein **Mitglied der Führungsebene** im Sinne des GwG ist gem. § 1 Abs. 15 GwG eine Führungskraft oder ein leitender Mitarbeiter eines Verpflichteten mit ausrei-

---

107 Wirtschaftsprüferkammer, Stellungnahme der Wirtschaftsprüferkammer zum Regierungsentwurf eines Gesetzes zur Umsetzung der Vierten EU-Geldwäscherichtlinie (Fn. 91), S. 3; Bundessteuerberaterkammer, Stellungnahme der Bundessteuerberaterkammer zum Entwurf eines Gesetzes zur Umsetzung der Vierten EU-Geldwäscherichtlinie (Fn. 34), S. 7.
108 RegBegr., BT-Drs. 18/11555, S. 141.
109 BGBl. I Nr. 39, S. 1822 ff.
110 Richtlinie (EU) 2015/849 des Europäischen Parlaments und des Rates vom 20.5.2015 zur Verhinderung der Nutzung des Finanzsystems zum Zwecke der Geldwäsche und Terrorismusfinanzierung, zur Änderung der Verordnung (EU) Nr. 648/2012 des Europäischen Parlaments und des Rates und zur Aufhebung der Richtlinie 2005/60/EG des Europäischen Parlaments und des Rates und der Richtlinie 2006/70 der Kommission (ABl. L 141 vom 5.6.2015, 73 ff.).

GwG § 43 Meldepflicht von Verpflichteten

chendem Wissen über die Risiken, denen der Verpflichtete in Bezug auf Geldwäsche und Terrorismusfinanzierung ausgesetzt ist, und mit der Befugnis, insoweit Entscheidungen zu treffen. Siehe zu der **Zentralstelle für Finanztransaktionsuntersuchungen** auch unter den §§ 27 ff. GwG.

37 Die Meldepflicht durch ein Mitglied der Führungsebene war im Rahmen des Gesetzgebungsverfahrens **Kritik** ausgesetzt. Es wurde verlangt, dass die Formulierung dahingehend abgeändert wird, dass ein Verpflichteter diese Obliegenheit hat.[111] Als Begründung hierfür wurde angeführt, dass insbesondere mit Rücksicht auf größere Institute eine unmittelbare Meldung durch die Führungsebene nicht erfolgen kann und insofern eine Delegation der Meldepflicht möglich sein muss.[112]

38 Eine weitere Delegation der Meldepflicht scheint jedoch weder sachgemäß noch sinnvoll. Nach § 7 Abs. 1 GwG haben Verpflichtete nach § 2 Abs. 1 Nr. 1 bis 3, 6, 7, 9 und 15 GwG einen Geldwäschebeauftragten auf Führungsebene zu bestellen. Losgelöst von der Bestellung des Geldwäschebeauftragten auf Führungsebene ist die Benennung eines Mitglieds der Leitungsebene nach § 4 Abs. 3 GwG vorzunehmen. Um Interessenkollisionen zu vermeiden, sollte zwischen dem Geldwäschebeauftragten und dem auf Leitungsebene benannten Mitglied, welches für das Risikomanagement im Sinne der §§ 4 ff. GwG verantwortlich ist, grundsätzlich keine Personenidentität bestehen.[113] Ausnahmen hiervon können nur bei sehr kleinen Unternehmen gemacht werden.[114] Siehe zur Bestellung des Geldwäschebeauftragten auf Führungsebene im Detail unter § 7 GwG Rn. 41 ff. und zur davon unabhängigen Benennung eines Mitglieds der Leitungsebene unter § 4 GwG Rn. 19 f. Eine Abgabe der Verdachtsmeldung wird jedenfalls bei den Verpflichteten, die einen Geldwäschebeauftragten zu bestellen haben, durch den auf Führungsebene bestellten Geldwäschebeauftragten – so wie es auch bisher in der Praxis üblich war – erfolgen. § 7 Abs. 5 Satz 6 GwG normiert ausdrücklich, dass der Geldwäschebeauftragte, soweit er die Erstattung einer Meldung nach § 43 Abs. 1 GwG beabsichtigt oder ein Auskunftsersuchen der Zentralstelle für Finanztransaktionsuntersuchungen nach § 30 Abs. 3 GwG beantwortet, nicht dem Direktionsrecht durch die Geschäftsleitung unterliegt. Darüber hinaus muss der Geldwäschebeauftragte ohnehin nach § 7 Abs. 5 Satz 2 GwG Ansprechpartner für die Strafverfolgungsbehörden, für die für Aufklärung, Verhütung und Beseitigung von Gefahren zuständigen Behörden, für die Zentralstelle für Finanztransaktionsuntersuchungen und für die Aufsichtsbe-

---

111 DK, Stellungnahme zum Regierungsentwurf vom 22.2.2017 für ein Umsetzungsgesetz zur 4. Geldwäsche-Richtlinie (EU) 2015/849, 13.3.2017 (Fn. 80), S. 27.
112 DK, Stellungnahme zum Regierungsentwurf vom 22.2.2017 für ein Umsetzungsgesetz zur 4. Geldwäsche-Richtlinie (EU) 2015/849 (Fn. 80), S. 27.
113 RegBegr., BT-Drs. 18/11555, S. 113.
114 RegBegr., BT-Drs. 18/11555, S. 113.

IV. Meldung durch Mitglied der Führungsebene § 43 GwG

hörde in Bezug auf die Einhaltung der einschlägigen Vorschriften sein. Darüber hinaus nennt auch die FIU im Rahmen des Registrierungsverfahrens, welches für die Abgabe der Verdachtsmeldung über das Meldeportal goAML erforderlich ist, nach wie vor explizit exemplarisch den Geldwäschebeauftragten als für die Organisation in Sachen Geldwäsche verantwortlich handelnde Person.[115]

Um einen möglichst reibungslosen Ablauf bei der Abgabe der Verdachtsmeldung gewährleisten zu können, sollten bereits im Vorfeld durch die Verpflichteten einige organisatorische Maßnahmen ergriffen werden. Allen voran steht die Erstellung von Arbeits- und Organisationsanweisungen,[116] die das Folgende enthalten sollen: Den vollständigen Ablauf und den dazugehörigen Handlungsbedarf aller im Institut oder Unternehmen beteiligten Akteure von dem Erkennen gewisser typisierter Anhaltspunkte für Geldwäsche oder Terrorismusfinanzierung und dem damit verbundenen Aufkommen eines Verdachtsmomentes, über die interne Meldung an den Vorgesetzten oder einer Stelle, die unternehmensintern für die Entgegennahme einer solchen Meldung zuständig ist, bis hin zur Abgabe der externen Verdachtsmeldung an die Zentralstelle für Finanztransaktionsuntersuchungen durch den Geldwäschebeauftragten oder, soweit keiner bestellt worden ist, durch die in Sachen Geldwäsche verantwortlich handelnde Person. Wichtiger Regelungsinhalt ist darüber hinaus die Art und Weise der erforderlichen Dokumentation der Beurteilung und Entscheidung über einen Verdachtsfall.[117] Es muss mittels der Anweisungen sichergestellt werden, dass die Aufzeichnungspflicht nach § 8 Abs. 1 Satz 1 Nr. 4 GwG und die fünfjährige Aufbewahrungsfrist nach § 8 Abs. 4 Satz 1 GwG eingehalten werden. Siehe zu der Aufzeichnungs- und Aufbewahrungspflicht im Einzelnen unter § 8 GwG Rn. 17, 31 ff. Sinnvoll erscheint auch die Erstellung eines Formblattes, welches allen Mitarbeitern zur Verfügung gestellt wird, damit diese alle den Verdachtsfall stützenden Tatsachen und Anhaltspunkte für die unmittelbare interne Meldung an den Geldwäschebeauftragten oder dem sonst für die Abgabe der Verdachtsmeldung zuständigen Mitglied der Führungsebene erfassen können.[118]

Dem Geldwäschebeauftragten oder soweit kein Geldwäschebeauftragter gesetzlich vorgesehen oder faktisch vorhanden ist, dem Mitglied der Führungsebene

39

40

---

115 http://www.zoll.de/DE/Der-Zoll/FIU/Fachliche-Informationen/Registrierung/registrierung_node.html, zuletzt abgerufen am 10.9.2017.
116 BMF, Auslegungshinweise des Bundesministeriums der Finanzen zur Handhabung des Verdachtsmeldewesens (§ 11 GwG) (Fn. 49), S. 5; BaFin, Rundschreiben 1/2014 (GW) – Verdachtsmeldungen nach §§ 11, 14 GwG und anderes (Fn. 49), S. 4.
117 BMF, Auslegungshinweise des Bundesministeriums der Finanzen zur Handhabung des Verdachtsmeldewesens (§ 11 GwG) (Fn. 49), S. 5; BaFin, Rundschreiben 1/2014 (GW) – Verdachtsmeldungen nach §§ 11, 14 GwG und anderes (Fn. 49), S. 4.
118 BMF, Auslegungshinweise des Bundesministeriums der Finanzen zur Handhabung des Verdachtsmeldewesens (§ 11 GwG) (Fn. 49), S. 5; BaFin, Rundschreiben 1/2014 (GW) – Verdachtsmeldungen nach §§ 11, 14 GwG und anderes (Fn. 49), S. 4.

obliegt es dann, eine **Beurteilung hinsichtlich des Vorliegens der Voraussetzungen des § 43 Abs. 1 GwG** schnellstmöglich zu erstellen und im Bedarfsfall unverzüglich den Verdachtsfall an die Zentralstelle für Finanztransaktionen gemäß der in § 45 GwG vorgegebenen Formalia zu übermitteln.[119] Soweit keine externe Verdachtsmeldung abgegeben wird, sind die **Gründe dem intern meldenden Mitarbeiter des Verpflichteten bekanntzugeben**.[120] Inwiefern sich die Pflicht zur Abgabe der Verdachtsmeldung durch ein Mitglied der Führungsebene auf die bisher bestehende **Möglichkeit eines jeden Mitarbeiters**, insbesondere bei Unterlassen der Abgabe der Verdachtsmeldung durch den Verpflichteten, eine **externe Verdachtsmeldung abgeben zu können**, auswirkt, bleibt abzuwarten. In diesem Zusammenhang wird im Speziellen auf die von der Bundesanstalt für Finanzdienstleistungsaufsicht im Zuge einer von ihr im Nachgang zum Inkrafttreten des Gesetzes zur Umsetzung der Vierten EU-Geldwäscherichtlinie, zur Ausführung der EU-Geldtransferverordnung und zur Neuorganisation der Zentralstelle für Finanztransaktionsuntersuchungen vom 23.6.2017[121] geplante neue Verlautbarung mit Spannung gewartet. Bis zum Redaktionsschluss lag eine solche neue Verlautbarung nicht vor. In jedem Fall können die Hinweisgebersysteme der jeweiligen Aufsichtsbehörden gem. § 53 Abs. 1 Satz 1 GwG zur Abgabe von Hinweisen zu potenziellen oder tatsächlichen Verstößen gegen das GwG und gegen auf Grundlage des GwG erlassene Rechtsverordnungen und gegen andere Bestimmungen zur Verhinderung von Geldwäsche und von Terrorismusfinanzierung, bei denen es die Aufgabe der jeweiligen Aufsichtsbehörde ist, die Einhaltung der genannten Rechtsvorschriften sicherzustellen oder Verstöße gegen die genannten Rechtsvorschriften zu ahnden, genutzt werden. Siehe hierzu im Einzelnen die Kommentierung zu § 53 GwG.

V. Freiwilligkeit der Anzeige

41 § 43 Abs. 4 GwG entspricht im Wortlaut § 11 Abs. 4 GwG a. F. in der vor dem 26.6.2017 geltenden Fassung. Die klarstellende Regelung, dass die Pflicht zur Meldung nach § 43 Abs. 1 GwG die Freiwilligkeit der Meldung nach § 261 Abs. 9 StGB nicht ausschließt, wurde bereits mit dem Gesetz über das Aufspüren von Gewinnen aus schweren Straftaten vom 25.10.1993[122] – damals noch mit Bezug zur Pflicht zur Anzeige – eingeführt.

---

119 BMF, Auslegungshinweise des Bundesministeriums der Finanzen zur Handhabung des Verdachtsmeldewesens (§ 11 GwG) (Fn. 49), S. 6; BaFin, Rundschreiben 1/2014 (GW) – Verdachtsmeldungen nach §§ 11, 14 GwG und anderes (Fn. 49), S. 4.
120 BMF, Auslegungshinweise des Bundesministeriums der Finanzen zur Handhabung des Verdachtsmeldewesens (§ 11 GwG) (Fn. 49), S. 6; BaFin, Rundschreiben 1/2014 (GW) – Verdachtsmeldungen nach §§ 11, 14 GwG und anderes (Fn. 49), S. 4.
121 BGBl. I Nr. 39, S. 1822 ff.
122 BGBl. I Nr. 56, S. 1690 ff.

V. Freiwilligkeit der Anzeige **§ 43 GwG**

Hintergrund für die Klarstellung ist der in § 261 Abs. 9 Satz 1 StGB normierte, persönliche Strafaufhebungsgrund für die Fälle der tätigen Reue. Dieser verlangt, als eine der zentralen Voraussetzungen, die **freiwillige Anzeige der Tat** bei der zuständigen Behörde oder die freiwillige Veranlassung einer solchen Anzeige. Die Freiwilligkeit ist dabei an denselben Maßstäben wie bei § 24 StGB zu messen.[123] Von einer Freiwilligkeit der Anzeige ist somit auszugehen, wenn der Täter aus autonomen Motiven heraus handelt.[124]

42

Im Rahmen des Gesetzgebungsverfahrens zu dem Gesetz über das Aufspüren von Gewinnen aus schweren Straftaten und der mit diesem geplanten Einführung einer Pflicht zur Meldung von Verdachtsfällen sah sich der Gesetzgeber infolgedessen mit der Problematik konfrontiert, ob die **Pflicht zur Meldung der geforderten Freiwilligkeit im Sinne des § 261 Abs. 9 Satz 1 StGB entgegensteht**.[125] Es bestanden Bedenken, dass es sich negativ auf das Meldeverhalten auswirken würde, wenn der Strafaufhebungsgrund durch die Normierung der Verdachtsmeldepflicht entfallen würde.[126] Mithin könnten Mitarbeiter von Verpflichteten, als von dieser Pflicht Betroffene, von der Strafaufhebung nicht profitieren.[127] Insbesondere der Mitarbeiter, der nach Durchführung einer oder mehrerer Finanztransaktionen den Verdacht der Geldwäsche melden würde, würde sich damit selbst der Gefahr einer Bestrafung wegen Geldwäsche aussetzen und in der Hoffnung darauf, selbst unentdeckt zu bleiben, vermutlich deshalb von einer Meldung absehen.[128] Letztlich wurde hierin zugleich ein Verstoß gegen das „nemo tenetur"-Prinzip gesehen.[129] Unter dem „nemo-tenetur"-Prinzip ist das Recht zu schweigen und sich nicht selber zu beschuldigen zu verstehen, welches insbesondere seinen Niederschlag in § 136 Abs. 1 Satz 2 StPO gefunden hat und in der Menschenwürde gemäß Art. 1 Abs. 1 GG wurzelt.[130] Insofern hat sich der Gesetzgeber für die ausdrückliche Klarstellung entschieden, dass die Pflicht zur Verdachtsmeldung nicht der Freiwilligkeit im Sinne des § 261 Abs. 9 StGB entgegensteht.

43

---

123 *Neuheuser*, in: MüKo-StGB, § 261 Rn. 105; *Hartmann*, in: Dölling/Duttge/König/Rössner, Gesamtes Strafrecht, § 261 StGB Rn. 36; *Ruhmannseder*, in: Heintschel-Heinegg, BeckOK-StGB, § 261 Rn. 66.
124 *Reichling*, in: Leitner/Rosenau, Wirtschafts- und Steuerstrafrecht, § 261 StGB Rn. 89; *Eser/Bosch*, in: Schönke/Schröder, StGB, § 24 Rn. 43.
125 RegBegr., BT-Drs. 12/2704, S. 18.
126 RegBegr., BT-Drs. 12/2704, S. 18.
127 RegBegr., BT-Drs. 12/2704, S. 18.
128 RegBegr., BT-Drs. 12/2704, S. 18.
129 RegBegr., BT-Drs. 12/2704, S. 18.
130 *Grabenwarter/Pabel*, in: Grabenwarter/Pabel, Europäische Menschenrechtskonvention, § 24 Rn. 138.

GwG § 43 Meldepflicht von Verpflichteten

44 Mittels des Gesetzes zur Optimierung der Geldwäscheprävention vom 22.12.2011[131] erfolgte eine Umbenennung der bisherigen „**Verdachtsanzeigen**" in „**Verdachtsmeldungen**". Damit sollte keine inhaltliche Änderung, sondern lediglich eine Klarstellung in Bezug auf die Verdachtsschwelle, die in der praktischen Anwendung in vielen Fällen zu hoch angesetzt wurde, bewirkt werden.[132] Jedoch wurde in § 11 Abs. 5 GwG a. F. in der bis zum 26.6.2017 geltenden Fassung nicht nur die Änderung der Begrifflichkeit der „Verdachtsmeldung" vorgenommen, sondern vielmehr auch die der Freiwilligkeit der „Meldung" im Sinne des § 261 Abs. 9 StGB. § 11 Abs. 5 GwG a. F. in der bis zum 26.6.2017 geltenden Fassung war insofern redaktionell fehlerhaft, als dass in § 261 Abs. 9 StGB, anders als in dem Verweis auf § 261 Abs. 9 StGB in § 11 Abs. 5 GwG a. F., weiterhin von „Anzeigen" und nicht von „Meldungen" die Rede war.[133] Dieses **redaktionelle Versehen** wurde auch nicht durch das Gesetz zur Umsetzung der Vierten EU-Geldwäscherichtlinie, zur Ausführung der EU-Geldtransferverordnung und zur Neuorganisation der Zentralstelle für Finanztransaktionsuntersuchungen vom 23.6.2017 durch eine Harmonisierung der in § 43 Abs. 5 GwG und in § 261 Abs. 9 StGB verwendeten Begrifflichkeiten behoben. Vor diesem Hintergrund wird zum Teil in der Praxis empfohlen, eine Verdachtsmeldung gleichzeitig als Anzeige nach § 261 Abs. 9 StGB zu bezeichnen.[134]

45 Wer Sachverhalte nach § 43 Abs. 1 GwG meldet oder eine Strafanzeige nach § 158 StPO erstattet, darf gem. § 48 Abs. 1 GwG wegen dieser (externen) Meldung oder Strafanzeige nicht verantwortlich gemacht werden, es sei denn, die (externe) Meldung oder Strafanzeige ist vorsätzlich oder grob fahrlässig unwahr erstattet worden. Nach § 48 Abs. 2 GwG gilt dies auch, wenn ein Beschäftigter (intern) einen Sachverhalt nach § 43 Abs. 1 GwG seinem Vorgesetzten meldet oder einer Stelle meldet, die unternehmensintern für die Entgegennahme einer solchen Meldung zuständig ist und ein Verpflichteter oder einer seiner Beschäftigten einem Auskunftsverlangen der Zentralstelle für Finanztransaktionsuntersuchungen nach § 30 Abs. 3 Satz 1 GwG nachkommt. Siehe im Einzelnen zur **Freistellung von der Verantwortlichkeit in der Kommentierung** zu § 49 GwG. Soweit die Person, die eine (externe) Meldung nach § 43 Abs. 1 GwG abgegeben hat oder die dem Verpflichteten intern einen solchen Sachverhalt gemeldet hat, in einem Beschäftigungsverhältnis zum Verpflichteten steht, darf ihr ferner gem. § 49 Abs. 4 GwG weder aus der externen Verdachtsmeldung noch der internen Meldung eine Benachteiligung im Beschäftigungsverhältnis entstehen. Siehe zum **Schutz des meldenden Beschäftigten** unter § 49 GwG Rn. 25 f.

---

131 BGBl. I Nr. 70, S. 2959 ff.
132 RegBegr., BT-Drs. 17/6804, S. 21.
133 *Herzog/Achtelik*, in: Herzog, GwG, § 11 Rn. 39.
134 *Herzog/Achtelik*, in: Herzog, GwG, § 11 Rn. 39.

VI. Verordnungsermächtigung

§ 43 Abs. 5 GwG lehnt sich hinsichtlich der Bestimmung von typisierten Transaktionen an § 11 Abs. 7 GwG a. F. in der vor dem 26.6.2017 geltenden Fassung an. Diese Vorschrift wurde mit dem Gesetz zur Ergänzung der Bekämpfung der Geldwäsche und Terrorismusfinanzierung vom 13.8.2008[135] eingeführt. **46**

Der Zentralstelle für Finanztransaktionsuntersuchungen gem. § 27 GwG wird im Benehmen mit den Aufsichtsbehörden im Sinne des § 50 GwG die Möglichkeit eingeräumt, **typisierte Transaktionen** zu bestimmen, die stets eine Meldung nach § 43 Abs. 1 GwG erforderlich machen. Nach § 1 Abs. 5 GwG handelt es sich bei Transaktion im Sinne des GwG um eine oder, soweit zwischen ihnen eine Verbindung zu bestehen scheint, mehrere Handlungen, die eine Geldbewegung oder eine sonstige Vermögensverschiebung bezweckt oder bezwecken oder bewirkt oder bewirken. Siehe zum Begriff der **Transaktion** unter § 43 GwG Rn. 19. **47**

Sinn und Zweck der Vorschrift ist die Vereinfachung der **Zusammenarbeit zwischen der Zentralstelle für Finanztransaktionsuntersuchungen, den Aufsichtsbehörden und den Verpflichteten**.[136] Bestimmte Typisierungen von Transaktionen sollen den Verpflichteten im Sinne des § 2 Abs. 1 GwG helfen, geldwäscherechtliche Anhaltspunkte zu sehen, die eine unverzügliche Meldepflicht auslösen.[137] **48**

Ob tatsächlich von der Möglichkeit der Bestimmung typisierter Transaktionen durch die Zentralstelle für Finanztransaktionen im Einvernehmen mit den Aufsichtsbehörden Gebrauch gemacht wird, bleibt abzuwarten. Letztlich birgt die Bekanntgabe von typisierten Transaktionen auch nicht zu vernachlässigende Risiken. Zum einen würden die beschriebenen Transaktionstypen binnen kürzester Zeit von den Tätern aus Angst vor einer zu einfachen Entdeckung nicht mehr genutzt werden.[138] Zum anderen könnte es dazu führen, dass Verdachtsmeldungen aufgrund von typisierten Transaktionen mit geringerer Erkenntnistiefe abgesetzt werden.[139] **49**

---

135 BGBl. I Nr. 37, S. 1690 ff.
136 RegBegr., BT-Drs. 18/11555, S. 157.
137 RegBegr., BT-Drs. 18/11555, S. 157.
138 *Herzog/Achtelik*, in: Herzog, GwG, § 11 Rn. 46; *Teichmann/Achsnich*, in: Herzog/Mühlhausen, Geldwäsche und Gewinnabschöpfung, § 31 Rn. 84 f.
139 *Herzog/Achtelik*, in: Herzog, GwG, § 11 Rn. 46; *Teichmann/Achsnich*, in: Herzog/Mühlhausen, § 31 Rn. 84 f.

§ 44 Meldepflicht von Aufsichtsbehörden

(1) Liegen Tatsachen vor, die darauf hindeuten, dass ein Vermögensgegenstand mit Geldwäsche oder mit Terrorismusfinanzierung im Zusammenhang steht, meldet die Aufsichtsbehörde diese Tatsachen unverzüglich der Zentralstelle für Finanztransaktionsuntersuchungen.

(2) Absatz 1 gilt entsprechend für Behörden, die für die Überwachung der Aktien-, Devisen- und Finanzderivatemärkte zuständig sind.

Schrifttum: *Erbs/Kohlhaas*, Strafrechtliche Nebengesetze, 214. EL Mai 2017; *Herzog/Achtelik*, Geldwäschegesetz, 2. Aufl. 2014.

Übersicht

	Rn.		Rn.
I. Einführung	1	III. Meldepflicht von anderen Behörden	6
II. Meldepflicht der Aufsichtsbehörde	3		

I. Einführung

1 § 44 GwG regelt die Meldepflicht der Aufsichtsbehörden und weiterer Behörden. Die Norm entspricht in weiten Teilen § 14 GwG a. F. in der vor dem 26.6.2017 geltenden Fassung und hat weitestgehend nur redaktionelle Änderungen durch das Gesetz zur Umsetzung der 4. EU-Geldwäscherichtlinie, zur Ausführung der EU-Geldtransferverordnung und zur Neuorganisation der Zentralstelle für Finanztransaktionsuntersuchungen vom 23.6.2017[1] erfahren. Die Norm dient ferner der Umsetzung von Art. 36 der 4. EU-Geldwäscherichtlinie.[2] § 14 GwG a. F. wurde letztmalig durch das Gesetz zur Optimierung der Geldwäscheprävention vom 22.12.2011[3] angepasst.

2 Inhaltliche Änderungen finden sich in § 44 Abs. 1 GwG insbesondere hinsichtlich der entfallenen Meldepflicht gegenüber der zuständigen Strafverfolgungsbehörde und der bis dato normierten Ausnahmeregelung von der Meldepflicht für die Aufsichtsbehörden der rechtsberatenden Berufe und in § 44 Abs. 2 GwG

---

[1] BGBl. I Nr. 39, S. 1822 ff.
[2] Richtlinie (EU) 2015/849 des Europäischen Parlaments und des Rates vom 20.5.2015 zur Verhinderung der Nutzung des Finanzsystems zum Zwecke der Geldwäsche und Terrorismusfinanzierung, zur Änderung der Verordnung (EU) Nr. 648/2012 des Europäischen Parlaments und des Rates und zur Aufhebung der Richtlinie 2005/60/EG des Europäischen Parlaments und des Rates und der Richtlinie 2006/70 der Kommission (ABl. L 141 vom 5.6.2015, 73 ff.).
[3] BGBl. I Nr. 70, S. 2959 ff.

hinsichtlich des Wegfalls der Meldepflicht von der mit der Kontrolle des grenzüberschreitenden Verkehrs betrauten Behörde.

II. Meldepflicht der Aufsichtsbehörde

Gem. § 44 Abs. 1 GwG obliegt den Aufsichtsbehörden gem. § 50 GwG eine Pflicht zur unverzüglichen Erstattung einer Meldung an die Zentralstelle für Finanztransaktionsuntersuchungen, soweit Tatsachen vorliegen, die darauf hindeuten, dass ein Vermögensgegenstand mit Geldwäsche oder mit Terrorismusfinanzierung im Zusammenhang steht. 3

In Anlehnung an Art. 36 Abs. 1 der 4. EU-Geldwäscherichtlinie[4] kann es insbesondere bei Aufsichtsbehörden zu einer Aufdeckung der Tatsachen im Rahmen der von ihnen **durchgeführten Kontrollen** von Verpflichteten oder bei **anderen Gelegenheiten** kommen. 4

Im Grundsatz gilt für Verdachtsmeldungen der zuständigen Behörden nach § 44 Abs. 1 GwG das gleiche Verfahren, unter den gleichen Voraussetzungen, wie für die Verdachtsmeldungen durch die Verpflichteten **nach § 43 Abs. 1 GwG**.[5] Mit der Ausnahme, dass sich der Wortlaut (noch) unmittelbar auf die Geldwäsche und nicht wie mittlerweile § 43 Abs. 1 Nr. 1 GwG auf die Vortat einer Geldwäsche bezieht und der Zusammenhang mit Geldwäsche oder mit Terrorismusfinanzierung, abweichend von § 43 Abs. 1 Nr. 1 und Nr. 2 GwG, nur mit einem Vermögensgenstand angesprochen wird. Siehe daher im Einzelnen zu dem Begriff des **Vermögensgegenstandes** unter § 43 GwG Rn. 16, zu dem Begriff der **Geldwäsche** unter § 43 GwG Rn. 20, zu dem Begriff der **Terrorismusfinanzierung** unter § 43 GwG Rn. 23, zum Erfordernis der **unverzüglichen Meldung** § 43 GwG Rn. 6 ff. und zu der **Verdachtsmeldeschwelle** § 43 GwG Rn. 10 ff. 5

III. Meldepflicht von anderen Behörden

§ 44 Abs. 2 GwG regelt entsprechend § 44 Abs. 1 GwG die Meldepflicht von Behörden, die für die Überwachung der Aktien-, Devisen- und Finanzderivate zuständig sind. Siehe daher zu den **Tatbestandsvoraussetzungen** unter § 44 GwG Rn. 5 mit den Verweisungen auf § 43 GwG. Grundsätzlich übt gem. § 3 6

---

[4] Richtlinie (EU) 2015/849 des Europäischen Parlaments und des Rates vom 20.5.2015 zur Verhinderung der Nutzung des Finanzsystems zum Zwecke der Geldwäsche und Terrorismusfinanzierung, zur Änderung der Verordnung (EU) Nr. 648/2012 des Europäischen Parlaments und des Rates und zur Aufhebung der Richtlinie 2005/60/EG des Europäischen Parlaments und des Rates und der Richtlinie 2006/70 der Kommission (ABl. L 141 vom 5.6.2015, 73 ff.).
[5] *Herzog/Achtelik*, in: Herzog, GwG, § 14 Rn. 2.

GwG § 44 Meldepflicht von Aufsichtsbehörden

Abs. 1 BörsG die **zuständige oberste Landesbehörde (Börsenaufsichtsbehörde)** die Aufsicht über die Börse nach den Vorschriften des BörsG aus. Daneben ist die **Bundesanstalt für Finanzdienstleistungsaufsicht** unbeschadet des § 6 KWG gem. § 18 WpHG zuständig für die Einhaltung der Vorschriften nach den Artikeln 4, 5 und 7 bis 13 der Verordnung (EU) Nr. 648/2012 des Europäischen Parlaments und des Rates vom 4.7.2012 über OTC-Derivate, zentrale Gegenparteien und Transaktionsregister (ABl. L 201 vom 27.7.2012, S. 1), soweit sich nicht aus § 3 Abs. 5 oder § 5 Abs. 6 des BörsG etwas anderes ergibt.

7 Die den Behörden, die für die Überwachung der Aktien-, Devisen- und Finanzderivate zuständig sind, obliegende Meldepflicht hätte letztlich **keiner gesonderten Normierung** im GwG bedurft, da diese bereits aufgrund von Art. 1 Nr. 9 der Richtlinie 2001/97/EG des Europäischen Parlaments und des Rates vom 4.12.2001 zur Änderung der Richtlinie 91/308/EWG des Rates zur Verhinderung der Nutzung des Finanzsystems zum Zwecke der Geldwäsche bestand.[6]

8 Die **Finanzbehörden** trifft eine ähnlich ausgestaltete **Pflicht zur Meldung von Verdachtsfällen** gem. § 31b Abs. 2 AO.[7] § 31b Abs. 2 AO wurde mittels des Gesetzes zur Umsetzung der Vierten EU-Geldwäscherichtlinie, zur Ausführung der EU-Geldtransferverordnung und zur Neuorganisation der Zentralstelle für Finanztransaktionsuntersuchungen vom 23.6.2017[8] neu gefasst. Die Neufassung wurde infolge der zahlreichen Anpassungen des GwG und wegen der Neuorganisation der Zentralstelle für Finanztransaktionsuntersuchungen innerhalb der Generalzolldirektion erforderlich.[9] § 31b Abs. 2 AO ist als Spezialnorm zu § 44 GwG zu sehen.[10] Eine entsprechende Anwendung von § 45 Abs. 3 und Abs. 4 GwG sieht § 31b Abs. 2 Satz 4 AO vor.

9 Gem. § 31b Abs. 2 Satz 1 AO haben die Finanzbehörden der Zentralstelle für Finanztransaktionsuntersuchungen unverzüglich Sachverhalte unabhängig von deren Höhe mitzuteilen, wenn Tatsachen vorliegen, die darauf hindeuten, dass es sich bei Vermögensgegenständen, die mit dem mitzuteilenden Sachverhalt im Zusammenhang stehen, um den Gegenstand einer Straftat nach § 261 StGB handelt oder die Vermögensgegenstände im Zusammenhang mit Terrorismusfinanzierung stehen. Die maßgeblichen Fakten sollen grundsätzlich in der Verdachtsmeldung selbst wiedergegeben werden.[11]

---

6 RegBegr., BT-Drs. 16/9038, S. 47.
7 *Häberle*, in: Erbs/Kohlhaas, Strafrechtliche Nebengesetze, § 14 GwG Rn. 5.
8 BGBl. I Nr. 39, S. 1822 ff.
9 RegBegr., BT-Drs. 18/11555, S. 169.
10 RegBegr., BT-Drs. 18/11555, S. 170.
11 BMF, Anwendungserlass zur Abgabenordnung (AEAO); Neubekanntmachung des AEAO, zu § 31b Nr. 1, 31.1.2014, Gz.: IV A 3 – S 0062/14/10002, DOK 2014/0108334, abrufbar unter: http://www.bundesfinanzministerium.de/Content/DE/Downloads/BMF_Schreiben/Weitere_Steuerthemen/Abgabenordnung/AO-Anwendungser

III. Meldepflicht von anderen Behörden   § 44 GwG

Im Jahr 2016 wurden von den Finanzbehörden insgesamt 302 Meldungen nach § 31b AO an die FIU übermittelt.[12] Daraus ergibt sich im Verhältnis von den 248 Meldungen im Jahr 2015 eine Steigerung von 22 % gegenüber dem Vorjahreszeitraum.[13]

10

---

lass/2014-01-31-Neubekanntmachung-AEAO.pdf?__blob=publicationFile&v=2, zuletzt abgerufen am 7.10.2017.
12 FIU, Jahresbericht 2016, 11, abrufbar unter: https://www.bka.de/SharedDocs/Downloads/DE/Publikationen/Jahres berichteUndLagebilder/FIU/Jahresberichte/fiuJahresbericht2016.pdf?__blob=publicationFile&v=4, zuletzt abgerufen am 7.10.2017.
13 FIU, Jahresbericht 2016 (vorherige Fn.), S. 11.

§ 45 Form der Meldung, Verordnungsermächtigung

(1) Die Meldung nach § 43 Absatz 1 oder § 44 hat elektronisch zu erfolgen. Bei einer Störung der elektronischen Datenübermittlung ist die Übermittlung auf dem Postweg zulässig. Meldungen nach § 44 sind aufgrund des besonderen Bedürfnisses nach einem einheitlichen Datenübermittlungsverfahren auch für die aufsichtsführenden Landesbehörden bindend.

(2) Auf Antrag kann die Zentralstelle für Finanztransaktionsuntersuchungen zur Vermeidung von unbilligen Härten auf die elektronische Übermittlung einer Meldung eines Verpflichteten verzichten und die Übermittlung auf dem Postweg genehmigen. Die Ausnahmegenehmigung kann befristet werden.

(3) Für die Übermittlung auf dem Postweg ist der amtliche Vordruck zu verwenden.

(4) Das Bundesministerium der Finanzen kann durch Rechtsverordnung ohne Zustimmung des Bundesrates nähere Bestimmungen über die Form der Meldung nach § 43 Absatz 1 oder § 44 erlassen. Von Absatz 1 und den Regelungen einer Rechtsverordnung nach Satz 1 kann durch Landesrecht nicht abgewichen werden.

Schrifttum: *Heintschel-Heinegg* (Hrsg.), Beck'scher Online-Kommentar StGB, 34. Edition Stand: 1.5.2017; *Kindhäuser/Neumann/Paeffgen*, Strafgesetzbuch, 5. Aufl. 2017.

Übersicht

	Rn.		Rn.
I. Einführung	1	IV. Verwendung von amtlichen Vordrucken	15
II. Form der Verdachtsmeldung	2	V. Verordnungsermächtigung	16
III. Ausnahmeregelung wegen unbilliger Härte	12		

I. Einführung

1 Die Vorschrift erfasst die **erforderliche Form der Meldung** nach § 43 Abs. 1 oder § 44 GwG und **mögliche Ausnahmen** hiervon. Ferner beinhaltet die Vorschrift die **Verordnungsermächtigung** für das Bundesministerium für Finanzen. Die Vorgabe der – bis auf in Ausnahmefällen – ausschließlich elektronischen Form der Verdachtsmeldung wird mittels des Gesetzes zur Umsetzung der Vierten EU-Geldwäscherichtlinie, zur Ausführung der EU-Geldtransferverord-

nung und zur Neuorganisation der Zentralstelle für Finanztransaktionsuntersuchungen vom 23.6.2017[1] neu eingeführt.

II. Form der Verdachtsmeldung

Grundsätzlich hat gem. § 45 Abs. 1 Satz 1 und Satz 2 GwG die Meldung nach § 43 Abs. 1 GwG oder § 44 GwG an die Zentralstelle für Finanztransaktionsuntersuchungen (FIU), die bei der Generalzolldirektion angesiedelt ist, **elektronisch** zu erfolgen, wobei bei einer **Störung der elektronischen Datenübermittlung auch die Übermittlung auf dem Postweg** zulässig ist. Nach § 11 Abs. 1 Satz 1 GwG a. F. i. V. m. § 11 Abs. 2 Satz 1 GwG a. F. in der bis zum 26.6.2017 geltenden Fassung war hingegen die Abgabe der Verdachtsmeldung mündlich, schriftlich, telefonisch, fernschriftlich oder durch elektronische Datenübermittlung möglich und musste, soweit sie mündlich oder telefonisch gestellt wurde, schriftlich, fernschriftlich oder durch elektronische Datenübermittlung wiederholt werden. Siehe zu der Zentralstelle für Finanztransaktionsuntersuchungen auch unter den §§ 27 ff. GwG.

2

Dem Wortlaut nach hätte Abgabe der Verdachtsmeldung seit dem 26.6.2017 nunmehr ausschließlich, bis auf in Ausnahmefällen, **elektronisch** erfolgen müssen. Hierzu war angedacht, dass die Zentralstelle für Finanztransaktionen eine Benutzeroberfläche im Internet zur Verfügung stellt.[2] Durch die Vorgaben der Eingabemaske sollte das Verfahren möglichst nutzerfreundlich gestaltet und zugleich eine effiziente Datenverarbeitung durch die Zentralstelle für Finanztransaktionsuntersuchungen ermöglicht werden.[3]

3

Allerdings kam es zum Stichtag zu keiner Bereitstellung der Benutzeroberfläche durch die Zentralstelle für Finanztransaktionen und infolgedessen auch zu keiner Ad-hoc-Umstellung auf ein elektronisches Verfahren zur Abgabe von Verdachtsmeldungen. Vielmehr wurde seitens der Zentralstelle für Finanztransaktionen zu diesem Zeitpunkt bekannt gegeben, dass die **Umstellung auf ein elektronisches Meldewesen in drei zeitlich konkret bestimmten Phasen** erfolgen soll. Am 31.8.2017 und damit am Ende der ursprünglich geplanten ersten Phase hat die FIU auf ihrer Homepage allerdings bekannt gegeben, dass die von ihr **beabsichtigte Zeitplanung nicht eingehalten werden kann**, vielmehr sollte das Meldeportal an die zwischenzeitlich festgestellten weiteren technischen Erfordernisse sowohl der Verpflichteten als auch der FIU angepasst werden.[4] Nach ei-

4

---

1 BGBl. I Nr. 39, S. 1822 ff.
2 RegBegr., BT-Drs. 18/11555, S. 157.
3 RegBegr., BT-Drs. 18/11555, S. 157.
4 Vgl. http://www.zoll.de/DE/Der-Zoll/FIU/Aktuelles-FIU-Meldungen/2017/fiu_verlaengerung_uebergangshase.html, zuletzt abgerufen am 11.2.2017.

GwG § 45 Form der Meldung, Verordnungsermächtigung

nigen Verzögerungen konnte das Meldeportal zum 13.11.2017 in Betrieb genommen werden, wenngleich trotz Inbetriebnahme in einer **Übergangsphase** bis zum 1.2.2018 die Möglichkeit bestand, eine Verdachtsmeldung elektronisch via goAML oder per Fax zu übermitteln.[5]

5   Seit dem **1.2.2018** sind Verdachtsmeldungen **grundsätzlich elektronisch via goAML** zu übermitteln.[6] Soweit es zu einer über zweistündigen Störung der elektronischen Übermittlung kommt oder eine Erstmeldung vorgenommen werden soll, ist allerdings weiterhin – entgegen der im Gesetz vorgesehenen Möglichkeit zur Übermittlung auf dem Postweg bei einer Störung der elektronischen Datenübermittlung – die Übermittlung per Fax zulässig.[7]

6   Die Übermittlungsmöglichkeit per Fax ist begrüßenswert, so kann auf diesem Weg einerseits eine schnelle Übermittlung gewährleistet werden und andererseits hat der Verpflichtete einen Nachweis über den Zeitpunkt der abgegebenen Verdachtsmeldung.[8] Letztlich dient nach Abstimmung der FIU mit der Bundesanstalt für Finanzdienstleistungsaufsicht bei der Übermittlung per Fax, der **Fax-Sendebericht offiziell als „Übermittlungsquittung".**[9] Eine darüber hinausgehende separate Bestätigung des Eingangs wird es in der Regel bei nicht elektronischer Abgabe der Verdachtsmeldung durch die FIU nicht geben.[10] Hierzu besteht auch keine Veranlassung, da die FIU nach § 43 Abs. 1 GwG lediglich bei durch elektronischer Datenübermittlung abgegebenen Verdachtsmeldungen dem Verpflichteten unverzüglich den Eingang seiner Meldung zu bestätigen hat. Siehe zum Begriff der Unverzüglichkeit unter § 43 GwG Rn. 9. Bei der Übermittlung der Verdachtsmeldung mittels goAML geschieht dies durch Übermittlung einer automatisierten Eingangsbestätigung durch das System.[11]

7   Hinsichtlich der Meldung von Verdachtsfällen stehen den Verpflichteten zwei Möglichkeiten zur Verfügung. Zum einen kann das Webformular des Meldepor-

---

5 Vgl. http://www.zoll.de/DE/Der-Zoll/FIU/Aktuelles-FIU-Meldungen/2017/fiu_ende_uebergangsphase.html, zuletzt abgerufen am 11.2.2018.
6 Vgl. http://www.zoll.de/DE/Der-Zoll/FIU/Aktuelles-FIU-Meldungen/2018/fiu_abgabe_verdachtsmeldungen.html, zuletzt abgerufen am 11.2.2018.
7 Vgl. http://www.zoll.de/DE/Der-Zoll/FIU/Fachliche-Informationen/Verdachtsmeldungen/verdachtsmeldungen_node.html.
8 Zu den Vorteilen der Übermittlung per Fax siehe DK, Stellungnahme zum Regierungsentwurf vom 22.2.2017 für ein Umsetzungsgesetz zur 4. Geldwäsche-Richtlinie (EU) 2015/849, 13.3.2017, S. 28, abrufbar unter: https://die-dk.de/media/files/170313_DK-Stellungnahme_UmsetzungsG_4._Gw-RL.pdf, zuletzt abgerufen am 30.9.2017.
9 Vgl. http://www.zoll.de/DE/Der-Zoll/FIU/Aktuelles-FIU-Meldungen/2017/fiu_eingangsbestaetigung.html, zuletzt abgerufen am 11.2.2018.
10 Vgl. http://www.zoll.de/DE/Der-Zoll/FIU/Aktuelles-FIU-Meldungen/2017/fiu_eingangsbestaetigung.html, zuletzt abgerufen am 11.2.2018.
11 Vgl. http://www.zoll.de/DE/Der-Zoll/FIU/Aktuelles-FIU-Meldungen/2017/fiu_eingangsbestaetigung.html, zuletzt abgerufen am 11.2.2018.

II. Form der Verdachtsmeldung § 45 GwG

tals von goAML an die FIU übermittelt werden, wobei sämtliche relevanten Informationen zum Sachverhalt und den betreffenden Transaktionen übersichtlich und klar gegliedert eingetragen werden können.[12] Insbesondere Angaben zur betreffenden Transaktion, und zu den im Zusammenhang mit dieser stehenden Personen, Organisationen, Konten usw. sind zu machen.[13] Zum anderen besteht die Möglichkeit, die Daten der Verdachtsmeldungen via XML-Upload über goAML an die FIU zu übermitteln.[14] Um die Nutzung des Meldeportals zu erleichtern, sind viele Felder mit sogenannten „Tooltips" hinterlegt, welche einen kurzen Hilfetext zu dem jeweiligen Feld anzeigen.[15] Nähere Informationen zum Meldeprozess können Verpflichtete dem auf der Internetseite der FIU bereitgestellten „Handbuch goAML Web Portal" entnehmen.[16]

Bevor die Abgabe einer Verdachtsmeldung durch Verpflichtete oder zur Abgabe von Verdachtsmeldungen verpflichtete Aufsichtsbehörden oder andere Behörden über das von der Zentralstelle für Finanztransaktionsuntersuchungen auf ihrer Homepage eingerichtete Meldeportal goAML möglich ist, hat zwingend zuvor eine **einmalige Registrierung** stattzufinden.[17] Im Rahmen des Registrierungsprozesses müssen neben Angaben des Meldepflichtigen auch die Daten der für die Organisation in Sachen Geldwäsche verantwortlich handelnden Person wie beispielsweise des Geldwäschebeauftragten gemacht werden, um diesen als „Administrator" festlegen zu können.[18] Zur **Verifizierung** sind dem Antrag eine Kopie des Personalausweises oder Reisepasses und – soweit vorhanden – eine Kopie des Bestellungsschreibens beizufügen.[19] Soweit kein Geldwäschebeauftragter bestellt wurde, muss der jeweilige Hauptverantwortliche durch das

8

---

12 Vgl. http://www.zoll.de/DE/Der-Zoll/FIU/Fachliche-Informationen/Verdachtsmeldungen/verdachtsmeldungen_node.html, zuletzt abgerufen am 11.2.2018.
13 Vgl. http://www.zoll.de/DE/Der-Zoll/FIU/Fachliche-Informationen/Verdachtsmeldungen/verdachtsmeldungen_node.html, zuletzt abgerufen am 11.2.2018.
14 Vgl. http://www.zoll.de/DE/Der-Zoll/FIU/Fachliche-Informationen/Verdachtsmeldungen/verdachtsmeldungen_node.html, zuletzt abgerufen am 11.2.2018.
15 Vgl. http://www.zoll.de/DE/Der-Zoll/FIU/Fachliche-Informationen/Verdachtsmeldungen/verdachtsmeldungen_node.html, zuletzt abgerufen am 11.2.2018.
16 Vgl. http://www.zoll.de/DE/Der-Zoll/FIU/Fachliche-Informationen/Verdachsmeldungen/verdachtsmeldungen_node.html.
17 Vgl. http://www.zoll.de/DE/Der-Zoll/FIU/Fachliche-Informationen/Registrierung/registrierung_node.html, zuletzt abgerufen am 10.9.2017; FIU, Merkblatt zum Vordruck 033570 – Antrag auf Registrierung in goAML – hier: Erläuterungen für meldepflichtige Behörden (Fn. 8), S. 2; FIU, Merkblatt zum Vordruck 033570 – Antrag auf Registrierung in goAML – Stand 11.7.2017, S. 2, abrufbar unter: https://www.formulare-bfinv.de/ffw/resources/F275F918F8ACFB902936/form/merkblatt_verpflichtete.pdf, zuletzt abgerufen am 30.9.2017.
18 Vgl. http://www.zoll.de/DE/Der-Zoll/FIU/Fachliche-Informationen/Registrierung/registrierung_node.html, zuletzt abgerufen am 10.9.2017.
19 Vgl. http://www.zoll.de/DE/Der-Zoll/FIU/Fachliche-Informationen/Registrierung/registrierung_node.html, zuletzt abgerufen am 10.9.2017.

GwG § 45 Form der Meldung, Verordnungsermächtigung

Formular 033571 „Anlage zum Antrag auf Registrierung für das IT-Verfahren goAML; Beauftragung - FIU -" die Bestätigung vorlegen, dass er zur Abgabe von Meldungen im Auftrag der angegebenen Organisation berechtigt ist.[20] Das Formular 033571 steht im Formular-Management-System der Bundesfinanzverwaltung (FMS) unter der Rubrik „FIU" zur Verfügung.[21] Soweit die **Möglichkeit zur Nutzung des Meldeportals goAML auch für weitere Personen** geschaffen werden soll, müssen sich diese über den Punkt „Registrieren als Person für eine bereits registrierte Organisation" als neue Nutzer anmelden und der Administrator muss die Registrierung abschließen.[22] Soweit der Verpflichtete die **Funktion des Geldwäschebeauftragten auf einen Dienstleister gem. § 6 Abs. 7 GwG** ausgelagert hat, ist es erforderlich, dass sich sowohl der Verpflichtete als auch der Bevollmächtigte als Organisation in goAML registrieren; erst nach erfolgreicher Freischaltung durch die FIU und Zuweisung der eindeutigen Organisationsnummer kann der Verpflichtete entweder selbst über den eigenen Zugang in goAML Web oder mittels Angabe der betroffenen Organisationsnummern die Bevollmächtigung durch die FIU auf eine andere Organisation übertragen.[23]

9   Losgelöst von der Abgabe einer Verdachtsmeldung an die FIU über goAML können Mitarbeiter und Dritte jederzeit einen Hinweis nach § 53 GwG bei der zuständigen Aufsichtsbehörde abgeben. Siehe hierzu im Einzelnen unter § 53 GwG.

10 Soweit **Nichtverpflichtete** der FIU möglicherweise relevante Informationen im Zusammenhang mit Geldwäsche und Terrorismusfinanzierung übermitteln möchten, können sie dies auch mittels des auf der Homepage der FIU zur Verfügung gestellten **Kontaktformulars** tun.[24]

11 Nach § 45 Abs. 1 Satz 3 GwG sind Meldungen nach § 44 GwG aufgrund des besonderen Bedürfnisses nach einem einheitlichen Datenübermittlungsverfahren auch für die **aufsichtsführenden Landesbehörden** bindend. Dem liegt zugrun-

---

20 Vgl. http://www.zoll.de/DE/Der-Zoll/FIU/Fachliche-Informationen/Registrierung/registrierung_node.html, zuletzt abgerufen am 10.9.2017.
21 Vgl. http://www.zoll.de/DE/Der-Zoll/FIU/Fachliche-Informationen/Registrierung/registrierung_node.html, zuletzt abgerufen am 10.9.2017.
22 Vgl. http://www.zoll.de/DE/Der-Zoll/FIU/Fachliche-Informationen/Registrierung/registrierung_node.html, zuletzt abgerufen am 10.9.2017.
23 FIU-Merkblatt zum Vordruck 033573 – Verdachtsmeldungen ohne Transaktion – Stand 9.6.2017, S. 2, abrufbar unter: https://www.formulare-bfinv.de/ffw/content.do, zuletzt abgerufen am 11.2.2018; FIU, Merkblatt zum Vordruck 033572 – Verdachtsmeldungen mit Transaktion – Stand 10.6.2017, S. 2, abrufbar unter: https://www.formulare-bfinv.de/ffw/content.do, zuletzt abgerufen am 11.2.2018.
24 Vgl. http://www.zoll.de/DE/Der-Zoll/FIU/Fragen-Antworten/fragen-antworten_node.html, zuletzt abgerufen am 14.10.2017; das Kontaktformular ist zu finden unter https://www.zoll.de/DE/Service_II/Kontakt/FIU/fiu_kontakt_node.html, zuletzt abgerufen am 14.10.2017.

de, dass es sich bei den Behörden, die nach § 44 GwG zur Abgabe von Verdachtsmeldungen verpflichtet sind, auch um Landesbehörden handeln kann.[25] Mit der Verpflichtung zur elektronischen Meldung wird das Verwaltungsverfahren ohne Abweichungen auch für die Länder geregelt.[26] Gem. Art. 84 Abs. 1 Satz 5 GG besteht ein besonderes Bedürfnis zur bundeseinheitlichen Regelung, was daraus resultiert, dass ein einheitliches Datenübermittlungsverfahren nur durch Bundesgesetz möglich ist.[27] Ein einheitliches Vollzugsniveau ist wiederum ausschließlich durch die bundesgesetzliche Normierung der elektronischen Form erreichbar.[28]

III. Ausnahmeregelung wegen unbilliger Härte

Gem. § 45 Abs. 2 GwG kann die Zentralstelle für Finanztransaktionsuntersuchungen gem. § 27 GwG zur Vermeidung von unbilligen Härten **auf Antrag** auf die elektronische Übermittlung einer Meldung eines Verpflichteten verzichten und die **Übermittlung auf dem Postweg** genehmigen. Ferner steht es der Zentralstelle für Finanztransaktionsuntersuchungen frei, die ausgegebene **Ausnahmegenehmigung zu befristen**. 12

Bei dem Begriff der **unbilligen Härte** handelt es sich um einen unbestimmten Rechtsbegriff. An einer entsprechenden Definition für den Maßstab der unbilligen Härte im Zusammenhang mit der elektronischen Übermittlung fehlt es bislang noch. Bei der Ausfüllung des unbestimmten Rechtsbegriffs der unbilligen Härte können jedoch auch die zu § 459f StPO und §§ 319 Abs. 1, 556a BGB sowie §765a Abs. 1 ZPO entwickelten Grundsätze Anhaltspunkte bieten.[29] Insofern scheint eine unbillige Härte dann vorzuliegen, wenn auch unter Abwägung des Interesses an einer einheitlich elektronischen Übermittlung von Verdachtsmeldung eben diese Art der Übermittlung dem Verpflichteten nicht zuzumuten ist. 13

Hinsichtlich der Möglichkeit der Antragstellung wegen unbilliger Härte finden sich derzeit keine Angaben auf der Homepage der FIU. Entgegen des konkreten Wortlauts des Gesetzes ist derzeit, losgelöst von dem Fall der unbilligen Härte, grundsätzlich eine Übermittlung auf dem Postweg nur angedacht, in Fällen, in denen weder eine elektronische noch eine Übermittlung per Fax möglich ist.[30] 14

---

25 RegBegr., BT-Drs. 18/11555, S. 157.
26 RegBegr., BT-Drs. 18/11555, S. 157.
27 RegBegr., BT-Drs. 18/11555, S. 157.
28 RegBegr., BT-Drs. 18/11555, S. 157.
29 *Saliger*, in: Kindhäuser/Neumann/Paeffgen, StGB § 73c Rn. 3; *Heuchemer*, in: Heintschel-Heinegg, BeckOK-StGB, § 73c Rn. 4.
30 Vgl. http://www.zoll.de/DE/Der-Zoll/FIU/Fachliche-Informationen/Verdachtsmeldungen/verdachtsmeldungen_node.html, zuletzt abgerufen am 10.9.2017.

GwG § 45 Form der Meldung, Verordnungsermächtigung

IV. Verwendung von amtlichen Vordrucken

15 Soweit es in den Fällen des § 45 Abs. 1 Satz 2 GwG (Systemstörung) oder § 45 Abs. 2 Satz 1 GwG (unbillige Härte) zu einer Übermittlung der Meldung auf dem Postweg kommt, ist hierfür gem. § 45 Abs. 3 GwG von den Verpflichteten der **amtliche Vordruck zu verwenden**. Der Vordruck hierzu sollte sich auf der Internetseite der Zentralstelle für Finanztransaktionsuntersuchungen zum Herunterladen befinden.[31] Derzeit liegt allerdings kein expliziter Vordruck für die Übermittlung auf dem Postweg von der Zentralstelle für Finanztransaktionen vor. Vielmehr führt die FIU in den Merkblättern zur Abgabe einer Verdachtsmeldung mit und ohne Transaktion aus, dass bei Störungen der elektronischen Datenübermittlung über goAML sowie in den Fällen des § 45 Abs. 2 GwG die Meldungen unter Verwendung der amtlichen Vordrucke 033572 und 033573 zu erfolgen haben.[32] Diese Formulare, nebst Merkblättern, stehen im Formular-Management-System der Bundesfinanzverwaltung (FMS) unter der Rubrik „FIU" zur Verfügung, wobei eine ausdrückliche Aufforderung seitens der FIU zur Übermittlung per Fax besteht.[33] Ob noch ein separater amtlicher Vordruck explizit zur Übermittlung auf dem Postweg zur Verfügung gestellt wird, bleibt daher fraglich. Insbesondere da die FIU beabsichtigt, die Übermittlung der Verdachtsmeldung auch bei Systemstörungen oder Erstmeldungen nur per Fax zuzulassen.[34] Erst wenn eine Übermittlung auch per Fax nicht möglich sein sollte, ist die Übermittlung auf dem Postweg angedacht.[35]

V. Verordnungsermächtigung

16 Die Regelung über die **Verordnungsermächtigung** in § 45 Abs. 4 Satz 1 GwG entspricht weitestgehend der Regelung des § 11 Abs. 2 Satz 2 GwG a. F. in der vor dem 26.6.2017 geltenden Fassung mit der Modifikation, dass die Ermächtigung zum Erlass einer Verordnung, welche näheren Bestimmungen über die Form der Meldung nach § 43 Abs. 1 GwG oder § 44 GwG beinhalten kann, ausschließlich beim Bundesministerium für Finanzen ohne Zustimmung des Bundesrates liegt. Der mittels des Gesetzes zur Optimierung der Geldwäschepräven-

---

31 RegBegr., BT-Drs. 18/11555, S. 158.
32 FIU, Merkblatt zum Vordruck 033573 – Verdachtsmeldungen ohne Transaktion (Fn. 29), S. 2; FIU, Merkblatt zum Vordruck 033572 – Verdachtsmeldungen mit Transaktion (Fn. 29), S. 2.
33 Vgl. http://www.zoll.de/DE/Der-Zoll/FIU/Fachliche-Informationen/Verdachtsmeldungen/verdachtsmeldungen_node.html, zuletzt abgerufen am 10.9.2017.
34 Vgl. http://www.zoll.de/DE/Der-Zoll/FIU/Fachliche-Informationen/Verdachtsmeldungen/verdachtsmeldungen_node.html, zuletzt abgerufen am 10.9.2017.
35 Vgl. http://www.zoll.de/DE/Der-Zoll/FIU/Fachliche-Informationen/Verdachtsmeldungen/verdachtsmeldungen_node.html, zuletzt abgerufen am 10.9.2017.

V. Verordnungsermächtigung   § 45 GwG

tion vom 22.12.2011 neu eingefügte § 11 Abs. 2 Satz 2 GwG a. F. sah vor, dass das Bundesministerium des Inneren im Einvernehmen mit dem Bundesministerium der Finanzen und dem Bundesministerium für Wirtschaft und Technologie ohne Zustimmung des Bundes nähere Bestimmungen in einer Verordnung ausgestalten kann. Durch die Regelung wird die Möglichkeit eröffnet, auf etwaigen Anpassungsbedarf, der sich aus den Erfahrungen der Praxis oder mit Blick auf technische Entwicklungen ergeben kann, flexibel zu reagieren.[36]

§ 45 Abs. 4 Satz 2 GwG wurde mittels des Gesetzes zur Umsetzung der Vierten EU-Geldwäscherichtlinie, zur Ausführung der EU-Geldtransferverordnung und zur Neuorganisation der Zentralstelle für Finanztransaktionsuntersuchungen vom 23.6.2017[37] neu eingeführt. Die Regelung **dient der Klarstellung**, dass eine **Abweichung** von § 45 Abs. 1 GwG oder einer nach § 45 Abs. 4 S. 1 GwG erlassenen Rechtsverordnung **durch Landesrecht nicht zulässig** ist.[38]   17

---

36 RegBegr., BT-Drs. 18/11555, S. 158.
37 BGBl. I Nr. 39, S. 1822 ff.
38 RegBegr., BT-Drs. 18/11555, S. 158.

§ 46 Durchführung von Transaktionen

(1) ¹Eine Transaktion, wegen der eine Meldung nach § 43 Absatz 1 erfolgt ist, darf frühestens durchgeführt werden, wenn

1. dem Verpflichteten die Zustimmung der Zentralstelle für Finanztransaktionsuntersuchungen oder der Staatsanwaltschaft zur Durchführung übermittelt wurde oder
2. der dritte Werktag nach dem Abgangstag der Meldung verstrichen ist, ohne dass die Durchführung der Transaktion durch die Zentralstelle für Finanztransaktionsuntersuchungen oder die Staatsanwaltschaft untersagt worden ist.

²Für die Berechnung der Frist gilt der Samstag nicht als Werktag.

(2) ¹Ist ein Aufschub der Transaktion, bei der Tatsachen vorliegen, die auf einen Sachverhalt nach § 43 Absatz 1 hindeuten, nicht möglich oder könnte durch den Aufschub die Verfolgung einer mutmaßlichen strafbaren Handlung behindert werden, so darf die Transaktion durchgeführt werden. ²Die Meldung nach § 43 Absatz 1 ist vom Verpflichteten unverzüglich nachzuholen.

Schrifttum: *Fülbier/Aepfelbach/Langweg*, Geldwäschegesetz, 5. Aufl. 2006; *Herzog/Achtelik*, Geldwäschegesetz, 2. Aufl. 2014; *Plaumann-Ewerdwalbesloh/Zemke*, Bankenkommentar zum Geldwäscherecht, 2013.

Übersicht

	Rn.		Rn.
I. Allgemeines	1	2. Durchführung von Transaktionen	4
II. Durchführungspflicht	3	3. Ausnahmen von der Stillhaltepflicht	8
1. Einführung	3		

I. Allgemeines

1 § 46 GwG regelt die vom Vertragspartner dem Verpflichteten im Sinne des § 2 Abs. 1 GwG angetragene **Durchführung von Transaktionen** im Sinne des § 1 Abs. 5 GwG. Die Norm entspricht dem § 11 Abs. 1a GwG a. F. in der vor dem 26.6.2017 geltenden Fassung und hat weitestgehend nur redaktionelle Änderungen durch das Gesetz zur Umsetzung der Vierten EU-Geldwäscherichtlinie, zur Ausführung der EU-Geldtransferverordnung und zur Neuorganisation der Zentralstelle für Finanztransaktionsuntersuchungen vom 23.6.2017[1] erfahren. Die Norm dient ferner der Umsetzung von Art. 35 der 4. EU-Geldwäscherricht-

---

1 BGBl. I Nr. 39, S. 1822 ff.

linie.[2] § 11 Abs. 1a GwG a. F. wurde letztmalig durch das Gesetz zur Optimierung der Geldwäscheprävention vom 22.12.2011[3] angepasst.

Inhaltliche Änderungen finden sich in § 46 Abs. 2 GwG hinsichtlich der **Vorgaben für die Anzahl der Werktage, welche von zwei auf drei Werktagen erhöht wurde**. Des Weiteren erfolgt eine Erweiterung der Zuständigkeit für die Genehmigung zusätzlich zur Staatsanwaltschaft auf die **Zentralstelle für Finanztransaktionsuntersuchungen**.

II. Durchführungspflicht

1. Einführung

§ 46 Abs. 1 GwG normiert die Vorgaben, unter denen die Verpflichteten im Sinne des § 2 Abs. 1 GwG bei Vorliegen einer Verdachtsmeldung eine angetragene Transaktion (siehe zum Begriff der Transaktion § 43 GwG Rn. 19) durchführen können.

2. Durchführung der Transaktion

Eine vom Vertragspartner dem Verpflichteten angetragene Transaktion, die zu einer Meldepflicht nach § 43 GwG geführt hat, darf grundsätzlich erst bei Vorliegen der nachfolgenden zwei Sachverhalte ausgeführt werden:

– **Zustimmung der Zentralstelle für Finanztransaktionsuntersuchungen oder der Staatsanwaltschaft**

  Die Zustimmung der Zentralstelle für Finanztransaktionsuntersuchungen oder der Staatsanwaltschaft zur Durchführung der Transaktion muss innerhalb der folgenden drei Werktage nach Abgabe der Verdachtsmeldung dem Verpflichteten übermittelt worden sein.

– **Verstreichen der Frist**

  Die Transaktion darf erst durchgeführt werden, wenn der dritte Werktag nach dem Abgangstag der Meldung verstrichen ist, ohne dass die Durchführung der Transaktion durch die Zentralstelle für Finanztransaktionsuntersuchungen oder die Staatsanwaltschaft untersagt worden ist.

Als maßgeblicher Zeitpunkt für den **Beginn der Fristberechnung** gilt der Eingang der Verdachtsmeldung bei der Zentralstelle für Finanztransaktionsuntersu-

---

2 Richtlinie (EU) 2015/849 des Europäischen Parlaments und des Rates vom 20.5.2015 zur Verhinderung der Nutzung des Finanzsystems zum Zwecke der Geldwäsche und Terrorismusfinanzierung, zur Änderung der Verordnung (EU) Nr. 648/2012 des Europäischen Parlaments und des Rates und zur Aufhebung der Richtlinie 2005/60/EG des Europäischen Parlaments und des Rates und der Richtlinie 2006/70 der Kommission, ABl. L 141 vom 5.6.2015, 73 ff.
3 BGBl. I Nr. 70, S. 2959 ff.

chungen oder bei der Staatsanwaltschaft. Gemäß § 46 Abs. 1 Satz 2 GwG gilt hinsichtlich der Stillhaltefrist der Samstag nicht als Werktag.

6 Für die konkrete Anwendung bedeutet dies, dass, wenn einem Verpflichteten eine verdächtige Transaktion am Mittwochnachmittag angetragen wird und dieser die Transaktion am Donnerstag an die Zentralstelle für Finanztransaktionsuntersuchungen oder an die Staatsanwaltschaft in Form einer Verdachtsmeldung übermittelt, die Transaktion ohne vorherige Zustimmung erst am darauffolgenden Dienstag durchgeführt werden darf. Liegt innerhalb der Frist zusätzlich ein Feiertag, verlängert sich die Frist entsprechend um diesen Zeitraum.

7 Die bereits in der Vergangenheit aufgetretenen rechtlichen Fragen bezüglich der genaueren **Betrachtung der Stillhaltepflicht**, sind auch im Rahmen der nahezu unveränderten Normierung der Vorgaben zur Durchführung einer Transaktion im neuen GwG nicht behoben worden. Die Stillhaltepflicht ist nach wie vor zivilrechtlich als höchst problematisch zu betrachten.[4] So erscheint es durchaus als nicht abwegig, das Anhalten der Transaktion mit der Beschlagnahme zu vergleichen und insofern ein entsprechendes Verfahren der Eilzuordnung durch einen Richter oder bei Gefahr in Verzug durch die Staatsanwaltschaft zu fordern.[5] Die Verzögerung der Durchführung der Transaktionen kann zu erheblichen Verzögerungen bei der Ausführung von Geschäften führen, die Vermögensschäden für den Kunden zur Folge haben können.[6] Die Verlängerung der ursprünglichen Frist von zwei Tagen, vgl. § 11 Abs. 1a GwG a. F., auf drei Werktage bedeutet zwar für die Staatsanwaltschaft und die Zentralstelle für Finanztransaktionsuntersuchungen einen Tag mehr zur Sachverhaltsaufklärung, jedoch verschärft dies auf der anderen Seite die Problematik für den Kunden erheblich. Die Verpflichteten im Sinne des § 2 Abs. 1 GwG sind nach § 47 GwG von jeder Haftung freigestellt. Hieraus folgt, dass der Kunde seinen Schaden, den er durch die Nichtdurchführung der Transaktion erleidet, nach wie vor nicht gegenüber den Verpflichteten geltend machen kann.

3. Ausnahmen von der Stillhaltepflicht

8 § 43 Abs. 2 GwG normiert **zwei Ausnahmen vom Grundsatz zur Einhaltung der Stillhaltpflicht**, bei deren Vorliegen eine Durchführung der Transaktionen erlaubt ist.

– **Eilgeschäfte**

9 Eine Transaktion ist durchzuführen, wenn ein Aufschub nicht möglich ist. Eine Definition für **unaufschiebbare Transaktionen (Eilgeschäfte)** findet sich bis

---

4 Vgl. *Fülbier*, in: Fülbier/Aepfelbach/Langweg, GwG, § 11 Rn. 171.
5 Vgl. *Herzog/Achtelik*, in: Herzog, GwG, § 11 Rn. 27, vgl. *Fülbier*, in: Fülbier/Aepfelbach/Langweg, GwG, § 11 Rn. 159.
6 Vgl. *Fülbier*, in: Fülbier/Aepfelbach/Langweg, GwG, § 11 Rn. 171.

II. Durchführungspflicht § 46 GwG

heute nicht im Gesetz. Unter Berücksichtigung der Regelungen in der Vierten Geldwäscherichtlinie und vergleichbaren Bestimmungen in anderen EU-Mitgliedstaaten, sind unter unaufschiebbaren Transaktionen solche zu verstehen, die sich für den Kunden wahrnehmbar verzögern, wenn eine Anzeige vor Durchführung der Transaktion vorgenommen werden würde.[7] Sollte gleichwohl ein Kunde bzw. Vertragspartner eine Transaktion für eilbedürftig erklären und mit Nachdruck die Einhaltung des Termins fordern, sollte der Verpflichtete nach herrschender Meinung, auch aus Gründen der Absicherung vor eventuellen aufsichtsrechtlichen oder strafrechtlichen Konsequenzen gegenüber dem Verpflichteten, eine verdächtigte Transaktion i. S. d. § 43 GwG möglichst nicht ausführen.[8]

– **Behinderung der Verfolgung einer mutmaßlichen strafbaren Handlung**

Des Weiteren ist eine Transaktion als Ausnahme zur Stillhaltepflicht dann durchzuführen, wenn deren Anhalten zu einer **Behinderung der Verfolgung einer mutmaßlichen strafbaren Handlung** führen würde. Aus dem Gesetzeswortlaut könnte man ableiten, dass ein Verpflichteter in solch einem Fall eine eigene Bewertung des Sachverhaltes dahingehend vornehmen könnte, ob die Transaktion gleichwohl durchzuführen sei, um so bei dem Auftraggeber die Entstehung eines Verdachtes, also dass dieser Verdächtigter einer strafbaren Handlung sei, zu vermeiden. In solch einem Fall wird allgemein dringend empfohlen, sich mit den Strafverfolgungsbehörden vorab dahingehend abzustimmen, ob die Geschäftsbeziehung mit dem Kunden fortzusetzen sei, um weitere Anhaltspunkte für das Bejahen einer Straftat zu erhalten.[9] Die Durchführung solcher kontrollierten Transaktionen sollten jedoch vorab unter aufsichtsrechtlichen, strafrechtlichen und zivilrechtlichen Aspekten umfassend geprüft werden.[10]

10

Die Abgabe der Verdachtsmeldung muss bei Vorliegen der zwei Ausnahmen unverzüglich erfolgen, d. h. in Anlehnung an § 121 BGB ohne schuldhaftes Verzögern. Die unverzügliche Erstattung von Verdachtsmeldungen ist ein gesetzliches Gebot für alle Verpflichteten im Sinne von § 2 Abs. 1 GwG und kann bei der Nichtbefolgung, d. h. bei einer Nichtabgabe einer Verdachtsmeldung gemäß § 56 GwG, mit einem Bußgeld geahndet werden.

11

---

7 Vgl. *Fülbier*, in: Fülbier/Aepfelbach/Langweg, GwG, § 11 Rn. 173.
8 Vgl. *Herzog/Achtelik*, in: Herzog, GwG, § 11 Rn. 28; *von Drahten*, in: Plaumann-Ewerdwalbesloh/Zemke, Bankenkommentar zum Geldwäscherecht, § 11 GwG Rn. 12.
9 Vgl. *Herzog/Achtelik*, in: Herzog, GwG, § 11 Rn. 29; vgl. *Fülbier*, in: Fülbier/Aepfelbach/Langweg, GwG, § 11 Rn. 187 ff.
10 Vgl. *Fülbier*, in: Fülbier/Aepfelbach/Langweg, GwG, § 11 Rn. 187 ff.

Jachinke

§ 47 Verbot der Informationsweitergabe, Verordnungsermächtigung

(1) Ein Verpflichteter darf den Vertragspartner, den Auftraggeber der Transaktion und sonstige Dritte nicht in Kenntnis setzen von

1. einer beabsichtigten oder erstatteten Meldung nach § 43 Absatz 1,
2. einem Ermittlungsverfahren, das aufgrund einer Meldung nach § 43 Absatz 1 eingeleitet worden ist, und
3. einem Auskunftsverlangen nach § 30 Absatz 3 Satz 1.

(2) Das Verbot gilt nicht für eine Informationsweitergabe

1. an staatliche Stellen,
2. zwischen Verpflichteten, die derselben Gruppe angehören,
3. zwischen Verpflichteten nach § 2 Absatz 1 Nummer 1 bis 3 und 6 bis 8 und ihren nachgeordneten Gruppenunternehmen in Drittstaaten, sofern die Gruppe einem Gruppenprogramm nach § 9 unterliegt,
4. zwischen Verpflichteten nach § 2 Absatz 1 Nummer 10 bis 12 aus Mitgliedstaaten der Europäischen Union oder aus Drittstaaten, in denen die Anforderungen an ein System zur Verhinderung von Geldwäsche und von Terrorismusfinanzierung denen der Richtlinie (EU) 2015/849 entsprechen, sofern die betreffenden Personen ihre berufliche Tätigkeit

    a) selbstständig ausüben,

    b) angestellt in derselben juristischen Person ausüben oder

    c) angestellt in einer Struktur ausüben, die einen gemeinsamen Eigentümer oder eine gemeinsame Leitung hat oder über eine gemeinsame Kontrolle in Bezug auf die Einhaltung der Vorschriften zur Verhinderung der Geldwäsche oder der Terrorismusfinanzierung verfügt,

5. zwischen Verpflichteten nach § 2 Absatz 1 Nummer 1 bis 3, 6, 7, 9, 10 und 12 in Fällen, die sich auf denselben Vertragspartner und auf dieselbe Transaktion beziehen, an der zwei oder mehr Verpflichtete beteiligt sind, wenn

    a) die Verpflichteten ihren Sitz in einem Mitgliedstaat der Europäischen Union oder in einem Drittstaat haben, in dem die Anforderungen an ein System zur Verhinderung von Geldwäsche und Terrorismusfinanzierung den Anforderungen der Richtlinie (EU) 2015/849 entsprechen,

    b) die Verpflichteten derselben Berufskategorie angehören und

    c) für die Verpflichteten vergleichbare Verpflichtungen in Bezug auf das Berufsgeheimnis und auf den Schutz personenbezogener Daten gelten.

Verbot der Informationsweitergabe, Verordnungsermächtigung **§ 47 GwG**

Nach Satz 1 Nummer 2 bis 5 weitergegebene Informationen dürfen ausschließlich zum Zweck der Verhinderung der Geldwäsche oder der Terrorismusfinanzierung verwendet werden.

(3) Soweit in diesem oder anderen Gesetzen nicht etwas anderes geregelt ist, dürfen andere staatliche Stellen als die Zentralstelle für Finanztransaktionsuntersuchungen, die Kenntnis von einer nach § 43 Absatz 1 abgegebenen Meldung erlangt haben, diese Informationen nicht weitergeben an

1. den Vertragspartner des Verpflichteten,
2. den Auftraggeber der Transaktion,
3. den wirtschaftlich Berechtigten,
4. eine Person, die von einer der in den Nummern 1 bis 3 genannten Personen als Vertreter oder Bote eingesetzt worden ist, und
5. den Rechtsbeistand, der von einer der in den Nummern 1 bis 4 genannten Personen mandatiert worden ist.

Eine Weitergabe dieser Informationen an diese Personen ist nur zulässig, wenn die Zentralstelle für Finanztransaktionsuntersuchungen vorher ihr Einverständnis erklärt hat.

(4) Nicht als Informationsweitergabe gilt, wenn sich Verpflichtete nach § 2 Absatz 1 Nummer 10 bis 12 bemühen, einen Mandanten davon abzuhalten, eine rechtswidrige Handlung zu begehen.

(5) Verpflichtete nach § 2 Absatz 1 Nummer 1 bis 9 dürfen einander andere als die in Absatz 1 genannten Informationen über konkrete Sachverhalte, die auf Geldwäsche, eine ihrer Vortaten oder Terrorismusfinanzierung hindeutende Auffälligkeiten oder Ungewöhnlichkeiten enthalten, zur Kenntnis geben, wenn sie davon ausgehen können, dass andere Verpflichtete diese Informationen benötigen für

1. die Risikobeurteilung einer entsprechenden oder ähnlichen Transaktion oder Geschäftsbeziehung oder
2. die Beurteilung, ob eine Meldung nach § 43 Absatz 1 oder eine Strafanzeige nach § 158 der Strafprozessordnung erstattet werden sollte.

Die Informationen dürfen auch unter Verwendung von Datenbanken zur Kenntnis gegeben werden, unabhängig davon, ob diese Datenbanken von den Verpflichteten nach § 2 Absatz 1 Nummer 1 bis 9 selbst oder von Dritten betrieben werden. Die weitergegebenen Informationen dürfen ausschließlich zum Zweck der Verhinderung der Geldwäsche, ihrer Vortaten oder der Terrorismusfinanzierung und nur unter den durch den übermittelnden Verpflichteten vorgegebenen Bedingungen verwendet werden.

(6) Das Bundesministerium der Finanzen kann im Einvernehmen mit dem Bundesministerium des Innern, dem Bundesministerium der Justiz und für

Jachinke

GwG § 47 Verbot der Informationsweitergabe, Verordnungsermächtigung

Verbraucherschutz und dem Bundesministerium für Wirtschaft und Energie durch Rechtsverordnung ohne Zustimmung des Bundesrates weitere Regelungen treffen, nach denen in Bezug auf Verpflichtete aus Drittstaaten mit erhöhtem Risiko nach Artikel 9 der Richtlinie (EU) 2015/849 keine Informationen weitergegeben werden dürfen.

Schrifttum: *Fülbier/Aepfelbach/Langweg*, Geldwäschegesetz, 5. Aufl. 2006; *Herzog/Achtelik*, Geldwäschegesetz, 2. Aufl. 2014.

Übersicht

	Rn.		Rn.
I. Allgemeines	1	6. Informationsweitergabe zwischen Verpflichteten bzgl. desselben Vertragspartners (§ 47 Abs. 2 Satz 1 Nr. 5 GwG)	21
II. Verbot der Informationsweitergabe (§ 47 Abs. 1 GwG)	3	7. Verwendungsvorbehalt (§ 47 Abs. 2 Satz 2 GwG)	22
III. Ausnahme „Personenkreis" vom Verbot der Informationsweitergabe (§ 47 Abs. 2 Satz 1 GwG)	7	IV. Verschwiegenheitspflicht der staatlichen Stellen (§ 47 Abs. 3 GwG)	23
1. Einführung	7	V. Sonderregelung für rechts- und wirtschaftsberatende Berufe (§ 47 Abs. 4 GwG)	28
2. Informationsweitergabe an staatliche Stellen (§ 47 Abs. 2 Satz 1 Nr. 1 GwG)	9	VI. Sonderregelung für Verpflichtete i. S. v. § 2 Abs. 1 Nr. 1 bis Nr. 9 GwG (§ 47 Abs. 5 GwG)	31
3. Informationsweitergabe zwischen Verpflichteten, die derselben Gruppe angehören (§ 47 Abs. 2 Satz 1 Nr. 2 GwG)	12	VII. Rechtsverordnungsermächtigung (§ 47 Abs. 6 GwG)	37
4. Informationsweitergabe zwischen den derselben Gruppe angehörenden Instituten (§ 47 Abs. 2 Satz 1 Nr. 3 GwG)	15		
5. Informationsweitergabe zwischen rechtsberatenden Berufen und Wirtschaftsprüfern (§ 47 Abs. 2 Satz 1 Nr. 4 GwG)	19		

I. Allgemeines

1 § 47 GwG regelt **das Verbot der Informationsweitergabe** sowie die Verordnungsermächtigung: Die Norm entspricht in weiten Teilen § 12 GwG a. F. in der vor dem 26.6.2017 geltenden Fassung und hat weitestgehend redaktionelle Änderungen durch das Gesetz zur Umsetzung der 4. EU-Geldwäscherichtlinie, zur Ausführung der EU-Geldtransferverordnung und zur Neuorganisation der Zentralstelle für Finanztransaktionsuntersuchungen vom 23.6.2017[1] erfahren. Die

---
1 BGBl. I Nr. 39, S. 1822 ff.

II. Verbot der Informationsweitergabe (§ 47 Abs. 1 GwG)   § 47 GwG

Norm dient ferner der Umsetzung von Art. 39 der 4. EU-Geldwäscherichtlinie.[2] § 12 GwG a. F. wurde letztmalig durch das Gesetz zur Optimierung der Geldwäscheprävention vom 22.12.2011[3] angepasst.

§ 47 GwG normiert unverändert den Grundsatz des Verbotes der Informationsweitergabe bezüglich einer beabsichtigten oder erstatteten Verdachtsmeldung, einem Ermittlungsverfahren, das aufgrund einer Verdachtsmeldung eingeleitet worden ist sowie hinsichtlich Auskunftsverlangen, um anschließend Ausnahmen von diesem vorzunehmen. 2

II. Verbot der Informationsweitergabe (§ 47 Abs. 1 GwG)

Gemäß § 47 Abs. 1 GwG darf ein Verpflichteter den Vertragspartner, den Auftraggeber der Transaktion und sonstige Dritte nicht von einer beabsichtigten oder erstatteten Meldung nach § 43 Abs. 1 GwG oder einem Ermittlungsverfahren, das aufgrund einer Meldung nach § 43 Abs. 1 GwG eingeleitet worden ist, in Kenntnis setzen. Des Weiteren wurde in § 47 Abs. 1 GwG **neu mit aufgenommen, dass der Verpflichtete nicht über ein Auskunftsverlangen nach § 30 Abs. 3 Satz 1 GwG**, das die Zentralstelle für Finanztransaktionsuntersuchungen an ihn richtet, den Vertragspartner, den Auftraggeber einer Transaktion oder sonstige beteiligte Dritte **in Kenntnis setzen darf**. 3

Das Verbot der Informationsweitergabe bezieht sich auf Informationen an den Vertragspartner, den Auftraggeber der Transaktionen oder sonstige Dritte. Der Adressatenkreis „sonstige Dritte" ist nicht auf einen bestimmten Personenkreis beschränkt, sondern im weitesten Sinne zu verstehen und umfasst jegliche Person.[4] Das Verbot der Informationsweitergabe gilt auch entsprechend für leitendes Personal und ihre Angestellte.[5] 4

---

2 Richtlinie (EU) 2015/849 des Europäischen Parlaments und des Rates vom 20.5.2015 zur Verhinderung der Nutzung des Finanzsystems zum Zwecke der Geldwäsche und Terrorismusfinanzierung, zur Änderung der Verordnung (EU) Nr. 648/2012 des Europäischen Parlaments und des Rates und zur Aufhebung der Richtlinie 2005/60/EG des Europäischen Parlaments und des Rates und der Richtlinie 2006/70 der Kommission, ABl. L 141 vom 5.6.2015, 73 ff.
3 BGBl. I Nr. 70, S. 2959 ff.
4 Vgl. *Herzog/Achtelik*, in: Herzog, GwG, § 12 Rn. 4.
5 Vgl. BT-Drs. 16/9038, S. 46; Richtlinie (EU) 2015/849 des Europäischen Parlaments und des Rates vom 20.5.2015 zur Verhinderung der Nutzung des Finanzsystems zum Zwecke der Geldwäsche und Terrorismusfinanzierung, zur Änderung der Verordnung (EU) Nr. 648/2012 des Europäischen Parlaments und des Rates und zur Aufhebung der Richtlinie 2005/60/EG des Europäischen Parlaments und des Rates und der Richtlinie 2006/70 der Kommission, ABl. L 141 vom 5.6.2015, 100.

GwG § 47 Verbot der Informationsweitergabe, Verordnungsermächtigung

5 Gemäß Art. 39 Abs. 1 der 4. EU-Geldwäscherichtlinie dürfen die Verpflichteten weder dem betroffenen Kunden noch Dritte davon in Kenntnis setzen, dass eine Übermittlung von Informationen gerade erfolgt, erfolgen wird oder erfolgt ist oder das eine Analyse wegen Geldwäsche und Terrorismusfinanzierung gerade stattfindet oder stattfinden könnte.

6 Das Verbot der Informationsweitergabe hat zum Ziel, dass die Personen, die Gegenstand der Verdachtsmeldung oder der Strafanzeige sind, nicht über die Verdachtsmeldung oder laufende Ermittlungsverfahren vorab informiert werden.[6] Hierdurch soll verhindert werden, dass die betroffenen Personen Maßnahmen ergreifen können, um sich oder etwaige Gewinne aus einschlägigen Straftaten einem Zugriff durch die Strafverfolgungsbehörden zu entziehen bzw. die vorzeitige Kenntnisnahme vom Betroffenen selbst oder durch Dritte die strafrechtlichen Ermittlungen gefährden könnten.[7] Des Weiteren wird der Adressatenkreis des Verbots der Informationsweitergabe durch den Kreis der Personen, an die eine Übermittlung zulässig ist, durch die enumerative Aufzählung in § 47 Abs. 1 Satz 2 Nr. 1 bis Nr. 4 GwG abschließend bestimmt, sodass auch der dort genannte Personenkreis unter die sonstigen Dritten fällt, jedoch aus juristischer Sicht erst sodann wieder vom Verbot ausgenommen wird.[8]

III. Ausnahme „Personenkreis" vom Verbot der Informationsweitergabe (§ 47 Abs. 2 Satz 1 GwG)

1. Einführung

7 Die in § 47 Abs. 2 GwG aufgeführten Ausnahmen setzen die in Art. 39 der 4. EU-Geldwäscherichtlinie gemachten Vorgaben um.[9] Eine **sanktionslose Informationsweitergabe** kann damit insbesondere zwischen staatlichen Stellen oder zwischen Verpflichteten einer Gruppe erfolgen.[10] Des Weiteren kann darüber hinaus eine Informationsweitergabe zwischen den in Nr. 3 und Nr. 4 genannten Verpflichteten, wie z. B. Rechtsanwälten, Notaren und Wirtschaftsprüfern erfolgen.[11] Der in § 47 Abs. 2 GwG aufgeführte Adressatenkreis, an den

---

6 Vgl. BT-Drs. 16/9038, S. 45 f.
7 Vgl. *Herzog/Achtelik*, in: Herzog, GwG, § 12 Rn. 2.
8 Vgl. *Herzog/Achtelik*, in: Herzog, GwG, § 12 Rn. 4.
9 Richtlinie (EU) 2015/849 des Europäischen Parlaments und des Rates vom 20.5.2015 zur Verhinderung der Nutzung des Finanzsystems zum Zwecke der Geldwäsche und Terrorismusfinanzierung, zur Änderung der Verordnung (EU) Nr. 648/2012 des Europäischen Parlaments und des Rates und zur Aufhebung der Richtlinie 2005/60/EG des Europäischen Parlaments und des Rates und der Richtlinie 2006/70 der Kommission, ABl. L 141 vom 5.6.2015, 73 ff.
10 BT-Drs. 182/17, S. 188.
11 BT-Drs. 182/17, S. 188.

III. Ausnahme „Personenkreis" § 47 GwG

eine Information von einer beabsichtigten oder erstatteten Verdachtsmeldung, eines eingeleiteten Ermittlungsverfahrens oder eines angetragenen Auskunftsersuchens erfolgen darf, umfasst ausschließlich solche Personen, die ein legitimes Interesse daran haben, von meldepflichtigen Vorgängen oder Informationen, die zur Sachverhaltsaufklärung beitragen können, zu erfahren.[12]

§ 47 Abs. 2 Satz 2 GwG stellt klar, dass die im Rahmen der genannten Ausnahmeregelungen des § 47 Abs. 2 Satz 1 Nr. 1 bis Nr. 5 GwG weitergegebene Informationen ausschließlich zum Zweck der Verhinderung der Geldwäsche oder der Terrorismusfinanzierung verwendet werden dürfen.

8

2. Informationsweitergabe an staatliche Stellen (§ 47 Abs. 2 Satz 1 Nr. 1 GwG)

Die **Weitergabe von Informationen an staatliche Stellen** ist nach § 47 Abs. 2 Satz 1 Nr. 1 GwG **zulässig**.

9

Die neben den staatlichen Stellen in § 13 Abs. 1 Satz 2 Nr. 1 GwG a.F. bisher mit aufgeführte zuständige Behörde i.S.d. § 16 Abs. 2 GwG a.F. wurde im Rahmen der Umsetzung der 4. EU-Geldwäscherichtlinie gestrichen.

10

Unter staatlichen Stellen sind in Abgrenzung zum Adressatenkreis in § 51 ff. GwG Strafverfolgungsbehörden, staatliche Gerichte sowie Selbstverwaltungseinrichtungen (Art. 28 Abs. 2, 3. EU-Geldwäscherichtlinie) zu verstehen.[13] Die Ausnahmeregelung dient zur Umsetzung einer wirksamen Überwachung durch die Verpflichteten, wie sie Art. 37 der 3. Geldwäscherichtlinie bereits als Ziel formuliert hatte, die ohne eine Übermittlung an die zuständigen Stellen nicht erfolgen könnte.[14] Ohne die Ausnahmeregelung dürften Daten und sonstige Informationen, die Gegenstand der Sachverhaltsdarstellung einer Verdachtsmeldung an die FIU sowie einer Strafanzeige an die entsprechenden Strafverfolgungsbehörden sind, nicht weitergegeben werden. Dies hätte zur Folge, dass die weitere Sachverhaltsaufklärung durch die FIU oder im Rahmen eines Ermittlungsverfahrens grundsätzlich sehr erschwert werden würde. Von einem sorgfältigen Umgang mit den übermittelten Daten und Informationen durch die staatlichen Stellen und damit einer Vermeidung der Verhinderung von einem Ermittlungserfolg kann grundsätzlich ausgegangen werden.[15]

11

---

12 Vgl. *Herzog/Achtelik*, in: Herzog, GwG, § 12 Rn. 5.
13 Vgl. *Herzog/Achtelik*, in: Herzog, GwG, § 12 Rn. 6; vgl. *Fülbier*, in: Fülbier/Aepfelbach/Langweg, GwG, § 11 Rn. 219 ff.
14 Vgl. *Herzog/Achtelik*, in: Herzog, GwG, § 12 Rn. 6.
15 Vgl. *Herzog/Achtelik*, in: Herzog, GwG, § 12 Rn. 6.

GwG § 47 Verbot der Informationsweitergabe, Verordnungsermächtigung

3. Informationsweitergabe zwischen Verpflichteten, die derselben Gruppe angehören (§ 47 Abs. 2 Satz 1 Nr. 2 GwG)

12 § 47 Abs. 2 Satz 1 Nr. 2 GwG entspricht im Wesentlichen dem § 12 Abs. 1 Satz 2 Nr. 2 GwG a. F. und erlaubt die Übermittlung von Informationen zwischen Unternehmen, die derselben Gruppe angehören.

13 Eine **Gruppe im Sinne des § 1 Abs. 16 GwG** ist ein Zusammenschluss von Unternehmen, der aus einem Mutterunternehmen, den Tochterunternehmen des Mutterunternehmens, den Unternehmen, an denen das Mutterunternehmen oder seine Tochterunternehmen eine Beteiligung halten, und Unternehmen, die untereinander verbunden sind durch eine Beziehung im Sinne des Art. 22 Abs. 1 der Richtlinie 2013/34/EU des Europäischen Parlaments und des Rates vom 26.6.2013 über den Jahresabschluss, den konsolidierten Abschluss und damit verbundene Berichte von Unternehmen bestimmter Rechtsformen und zur Änderung der Richtlinie 2006/43/EG des Europäischen Parlaments und des Rates und zur Aufhebung der Richtlinien 78/660/EWG und 83/349/EWG des Rates (ABl. L 182 vom 29.6.2013, S. 19) besteht. Ausschlaggebend für die Bejahung der Gruppe ist, dass das Mutterunternehmen eine Mehrheitsbeteiligung an dem Tochterunternehmen hält.

14 Es ist nicht ungewöhnlich, dass ein Vertragspartner Geschäftsbeziehungen zu mehreren Unternehmen einer Gruppe unterhält. Mittels der Ausnahmeregelung ist es möglich, unternehmensübergreifende Maßnahmen zur Verhinderung von Geldwäsche und Terrorismusfinanzierung zu ergreifen.

4. Informationsweitergabe zwischen den derselben Gruppe angehörenden Instituten (§ 47 Abs. 2 Satz 1 Nr. 3 GwG)

15 Gemäß § 47 Abs. 2 Satz 1 Nr. 3 GwG darf eine Informationsweitergabe zudem auch zwischen solchen Instituten nach § 2 Abs. 1 Nr. 1 bis Nr. 3, Nr. 6 bis Nr. 8 GwG und ihren nachgeordneten Gruppenunternehmen in Drittstaaten, sofern die Gruppe einem Gruppenprogramm nach § 9 GwG unterliegt, erfolgen.

16 Eine **Ausnahme vom Verbot des Informationsaustausches besteht für folgende Institute** i. S. v. § 47 Abs. 2 Satz 1 Nr. 3 GwG:
– **Kreditinstitute** nach § 1 Abs. 1 des Kreditwesengesetzes, mit Ausnahme der in § 2 Abs. 1 Nr. 3 bis 8 des Kreditwesengesetzes genannten Unternehmen, und im Inland gelegene Zweigstellen und Zweigniederlassungen von Kreditinstituten mit Sitz im Ausland,
– **Finanzdienstleistungsinstitute** nach § 1 Abs. 1a des Kreditwesengesetzes, mit Ausnahme der in § 2 Abs. 6 Satz 1 Nr. 3 bis 10 und 12 und Abs. 10 des Kreditwesengesetzes genannten Unternehmen, und im Inland gelegene

III. Ausnahme „Personenkreis" § 47 GwG

Zweigstellen und Zweigniederlassungen von Finanzdienstleistungsinstituten mit Sitz im Ausland,
- **Zahlungsinstitute** und E-Geld-Institute nach § 1 Abs. 2a des Zahlungsdiensteaufsichtsgesetzes und im Inland gelegene Zweigstellen und Zweigniederlassungen von vergleichbaren Instituten mit Sitz im Ausland,
- **Finanzunternehmen** nach § 1 Abs. 3 des Kreditwesengesetzes, die nicht unter Nr. 1 oder Nr. 4 fallen und deren Haupttätigkeit einer der in § 1 Abs. 3 Satz 1 des Kreditwesengesetzes genannten Haupttätigkeiten oder einer Haupttätigkeit eines durch Rechtsverordnung nach § 1 Abs. 3 Satz 2 des Kreditwesengesetzes bezeichneten Unternehmens entspricht, und im Inland gelegene Zweigstellen und Zweigniederlassungen solcher Unternehmen mit Sitz im Ausland,
- **Versicherungsunternehmen** nach Art. 13 Nr. 1 der Richtlinie 2009/138/EG des Europäischen Parlaments und des Rates vom 25.11.2009 betreffend die Aufnahme und Ausübung der Versicherungs- und der Rückversicherungstätigkeit (Solvabilität II) (ABl. L 335 vom 17.12.2009, S. 1) und im Inland gelegene Niederlassungen solcher Unternehmen mit Sitz im Ausland, soweit sie jeweils Lebensversicherungstätigkeiten, die unter diese Richtlinie fallen, anbieten, Unfallversicherungen mit Prämienrückgewähr anbieten oder Darlehen im Sinne von § 1 Abs. 1 Satz 2 Nr. 2 des Kreditwesengesetzes vergeben,
- **Versicherungsvermittler** nach § 59 des Versicherungsvertragsgesetzes, soweit sie die unter Nr. 7 fallenden Tätigkeiten, Geschäfte, Produkte oder Dienstleistungen vermitteln, mit Ausnahme der gemäß § 34d Abs. 3 oder Abs. 4 der Gewerbeordnung tätigen Versicherungsvermittler, und im Inland gelegene Niederlassungen entsprechender Versicherungsvermittler mit Sitz im Ausland.

Das Verbot der Informationsweitergabe steht einer Übermittlung von Informationen zwischen den oben aufgeführten Instituten, ihren Zweigstellen und mehrheitlich in ihrem Besitz befindlichen Tochterunternehmen in Drittländern nicht entgegen, sofern sich diese Zweigstellen und Tochterunternehmen uneingeschränkt an die gruppenweit anzuwendenden Strategien und Verfahren gemäß § 9 GwG, darunter auch Verfahren für den Informationsaustausch innerhalb der Gruppe, halten. **17**

Durch die Ausnahmeregelung wird die Möglichkeit geschaffen, dass Verpflichtete, die derselben Gruppe i. S. d. § 1 Abs. 16 GwG angehören, sich gegenseitig mit Informationen bzgl. Kunden versorgen, unter Berücksichtigung, dass es sich hierbei nur um Informationen handelt, die ausschließlich zum Zweck der Verhinderung der Geldwäsche, ihrer Vortaten oder der Terrorismusfinanzierung und nur unter den durch den übermittelnden Verpflichteten vorgegebenen Bedingungen verwendet werden. **18**

GwG § 47 Verbot der Informationsweitergabe, Verordnungsermächtigung

5. Informationsweitergabe zwischen rechtsberatenden Berufen und Wirtschaftsprüfern (§ 47 Abs. 2 Satz 1 Nr. 4 GwG)

19 Eine Informationsweitergabe ist gemäß § 47 Abs. 2 GwG zwischen Verpflichteten nach § 2 Abs. 1 Nr. 10 bis 12 GwG, d. h. zwischen Rechtsanwälten, Patentanwälten, Kammerbeiständen sowie Notaren (Nr. 10), Rechtsbeiständen, die nicht Mitglied einer Rechtsanwaltskammer sind, und registrierten Personen nach § 10 des Rechtsdienstleistungsgesetzes (Nr. 11) sowie Wirtschaftsprüfern, vereidigten Buchprüfern, Steuerberatern und Steuerbevollmächtigten (Nr. 12) aus Mitgliedstaaten der Europäischen Union oder aus Drittstaaten, in denen die Anforderungen an ein System zur Verhinderung von Geldwäsche und von Terrorismusfinanzierung denen der Richtlinie (EU) 2015/849 entsprechen, zulässig, wenn die betreffenden Personen ihre berufliche Tätigkeit selbstständig ausüben, angestellt in derselben juristischen Person ausüben oder angestellt in einer Struktur ausüben, die einen gemeinsamen Eigentümer oder eine gemeinsame Leitung hat oder über eine gemeinsame Kontrolle in Bezug auf die Einhaltung der Vorschriften zur Verhinderung der Geldwäsche oder der Terrorismusfinanzierung verfügt.

20 Die **Ausnahme vom Verbot des Informationsaustausches beruht auf der Annahme, dass auch rechts- und wirtschaftsberatende Berufe ein Interesse daran haben, bei Sachverhalten, die einen Bezug zur Geldwäsche oder Terrorismusfinanzierung aufweisen, sich untereinander auszutauschen**, da sowohl der gemeldete Sachverhalt als auch die involvierte Person mehrere Zweige eines Unternehmens, innerhalb derer die Verpflichtenden im Sinne des § 2 Abs. 1 Nr. 10 bis Nr. 12 GwG beraten, betreffen können.[16] Voraussetzung ist jedoch, dass die Verpflichteten ihre berufliche Tätigkeit selbstständig, angestellt in derselben juristischen Person oder angestellt in einer Struktur ausüben, die einen gemeinsamen Eigentümer oder eine gemeinsame Leitung hat oder über eine gemeinsame Kontrolle in Bezug auf die Einhaltung der Vorschriften zur Verhinderung der Geldwäsche oder der Terrorismusfinanzierung verfügt.

Dies gilt auch für die gemeinsame Berufsausübung nach § 59a Bundesrechtsanwaltsordnung (BRAO).[17]

6. Informationsweitergabe zwischen Verpflichteten bzgl. desselben Vertragspartners (§ 47 Abs. 2 Satz 1 Nr. 5 GwG)

21 Abschließend besteht **eine Ausnahme vom Verbot der Informationsweitergabe** auch zwischen den in § 47 Abs. 2 Satz 1 Nr. 5 GwG genannten Verpflichteten nach § 2 Abs. 1 Nr. 1 bis Nr. 3, 6, 7, 9, 10 und 12 GwG **für solche Fälle, die sich**

---

16 Vgl. *Herzog/Achtelik*, in: Herzog, GwG, § 12 Rn. 14 ff.
17 Vgl. BT-Drs. 16/9038, S. 46.

auf denselben Vertragspartner und auf dieselbe Transaktion beziehen, an der zwei oder mehr Verpflichtete beteiligt sind. Die Verpflichteten müssen zudem **ihren Sitz in einem Mitgliedstaat der Europäischen Union** oder in einem Drittstaat haben, in dem die Anforderungen an ein System zur Verhinderung von Geldwäsche und Terrorismusfinanzierung den Anforderungen der Richtlinie (EU) 2015/849 entsprechen. Abschließend müssen die Verpflichteten, unter denen der Informationsaustausch stattfinden soll, **derselben Berufskategorie angehören** und für die Verpflichteten müssen **vergleichbare Verpflichtungen in Bezug auf das Berufsgeheimnis und auf den Schutz personenbezogener Daten gelten**. Aufgrund der Voraussetzung, dass ein Informationsaustauch nur innerhalb ein und derselben Berufsgruppe erfolgen darf, sind die unterschiedlichen Anforderungen in Bezug auf das Berufsgeheimnis und den Schutz personenbezogener Daten in der Regel nicht gegeben. Gleichwohl kann es zu Ausnahmen kommen, wenn Verpflichtete in einem gleichwertigen Drittstaat ansässig sind, in welchem keine gleichwertigen Datenschutzregelungen gesetzlich normiert sind, wie z.B. etwa für in den USA ansässige Verpflichtete, die auch in Deutschland tätig sind.[18]

7. Verwendungsvorbehalt (§ 47 Abs. 2 Satz 2 GwG)

Die ausgetauschten Informationen gemäß Nr. 5 zwischen Verpflichteten bzw. ihnen nachgeordneten Gruppenunternehmen nach Nr. 2 bis Nr. 4 dürfen **ausschließlich zum Zweck der Verhinderung der Geldwäsche, ihrer Vortaten oder der Terrorismusfinanzierung und nur unter den durch den übermittelnden Verpflichteten vorgegebenen Bedingungen verwendet werden**. Eine anderweitige Verwendung der Informationen, wie z.B. zu kommerziellen Zwecken, ist verboten und kann zu entsprechenden Sanktionen bei dem Verpflichteten führen.[19]

22

IV. Verschwiegenheitspflicht der staatlichen Stellen (§ 47 Abs. 3 GwG)

§ 47 Abs. 3 GwG normiert **eine Verschwiegenheitsverpflichtung für andere staatliche Behörden** als die Zentralstelle für Finanztransaktionsuntersuchungen, die Kenntnis von einer nach § 43 Abs. 1 GwG abgegebenen Meldung erlangt haben.

23

Die **Verschwiegenheitspflicht umfasst ein Verbot der Informationsweitergabe an den Vertragspartner** des Verpflichteten, **den Auftraggeber der Transaktion**, den **wirtschaftlich Berechtigten, eine Person, die von einer der vorab**

24

---

18 Vgl. *Herzog/Achtelik*, in: Herzog, GwG, § 12 Rn. 15.
19 Vgl. BT-Drs. 18/11555, S. 158.

GwG § 47 Verbot der Informationsweitergabe, Verordnungsermächtigung

aufgeführten drei Personen als Vertreter oder Bote eingesetzt worden ist und **den Rechtsbeistand**, der von einer der vorab vier genannten Personen mandatiert worden ist.

25 Die Verschwiegenheitsverpflichtung besteht neben Meldungen nach § 43 Abs. 1 GwG und § 44 GwG auch für Mitteilungen nach § 31 der Abgabenordnung.[20] Sie besteht gleichermaßen, wenn die Meldung oder Mitteilung von der Behörde selbst abgegeben wurde.[21]

26 Eine Verschwiegenheitsverpflichtung besteht für die Finanzbehörden hinsichtlich solcher Sachverhalte, die sie nach § 31b der Abgabenordnung der Zentralstelle für Finanztransaktionsuntersuchungen mitgeteilt haben.[22]

27 Eine Weitergabe ist nur dann zulässig, wenn die Zentralstelle für Finanztransaktionsuntersuchungen vorher ihr Einverständnis erklärt hat. Ein nachträglich erteiltes Einverständnis ist nicht möglich.

V. Sonderregelung für rechts- und wirtschaftsberatende Berufe (§ 47 Abs. 4 GwG)

28 Gemäß § 47 Abs. 4 GwG ist eine Informationsweitergabe dann nicht zu bejahen, wenn die Verpflichteten i. S. d. § 2 Abs. 1 Nr. 10 bis 12 GwG (rechts- und wirtschaftsberatende Berufe) bemüht sind, ihren Mandanten vor der Begehung einer rechtswidrigen Handlung abzuhalten.

29 Unter den **Begriff der rechtswidrigen Handlung** i. S. d. § 47 Abs. 4 GwG sind ausschließlich Taten nach § 261 StGB (Geldwäsche) oder nach § 89c StGB (Terrorismusfinanzierung) zu verstehen.

30 **Ein „Bemühen" durch den Verpflichteten ist dann anzunehmen**, wenn dieser im Rahmen seiner Beratungstätigkeit aus subjektiver Sicht all dasjenige unternommen hat, was geeignet ist, den Mandanten ernsthaft von der Begehung einer rechtswidrigen Tat abzuhalten. Auf den tatsächlichen Erfolg der Einflussnahme kommt es nicht an.[23]

VI. Sonderregelung für Verpflichtete i. S. v. § 2 Abs. 1 Nr. 1 bis Nr. 9 GwG (§ 47 Abs. 5 GwG)

31 Die Verpflichteten nach § 2 Abs. 1 Nr. 1 bis Nr. 9 GwG dürfen einander andere als die in Abs. 1 genannten Informationen über konkrete Sachverhalte, die auf

---

20 BT-Drs. 18/11555, S. 158.
21 BT-Drs. 18/11555, S. 158.
22 Vgl. BT-Drs. 18/11555, S. 158.
23 Vgl. *Herzog/Achtelik*, in: Herzog, GwG, § 12 Rn. 17.

VI. Sonderregelung für Verpflichtete § 47 GwG

Geldwäsche, eine ihrer Vortaten oder Terrorismusfinanzierung hindeutende Auffälligkeiten oder Ungewöhnlichkeiten enthalten, zur Kenntnis geben, wenn sie davon ausgehen können, dass andere Verpflichtete diese Informationen für die Risikobeurteilung einer entsprechenden oder ähnlichen Transaktion oder Geschäftsbeziehung oder die Beurteilung benötigen, ob eine Meldung nach § 43 Abs. 1 GwG oder eine Strafanzeige nach § 158 StPO erstattet werden sollte.

Diese Sonderregelung stellt die zweite Ausnahme zum Verbot der Informationsweitergabe dar und soll den Verpflichteten die Möglichkeit geben, bereits im Vorfeld der Abgabe einer Verdachtsmeldung nach § 43 Abs. 1 GwG, einen präventiven Informationsaustausch miteinander durchzuführen.[24] Bereits vor der Abgabe einer Verdachtsmeldung soll es den Verpflichteten möglich sein, Informationen mit dem Ziel auszutauschen, durch das Zusammentragen konkreter Informationen von mehreren Verpflichteten frühzeitig einen Verdachtsmoment, der erst nach Vorliegen der Gesamtinformationen zu einer Verdachtsmeldung oder zur Erstattung einer Strafanzeige führt, zu erkennen.[25] 32

Ein Austausch von Informationen über konkrete Sachverhalte ist jedoch nur dann erlaubt, wenn die Informationen auf Auffälligkeiten bzw. Ungewöhnlichkeiten mit Bezug zur Geldwäsche bzw. zu einer ihrer Vortaten oder Terrorismusfinanzierung hindeuten und von den anderen Verpflichteten benötigt werden, damit diese eine Risikobeurteilung einer entsprechenden oder ähnlichen Transaktion oder Geschäftsbeziehung vornehmen können oder eine abschließende Beurteilung, ob eine Meldung nach § 43 Abs. 1 GwG oder eine Strafanzeige nach § 158 StPO erstattet werden sollte. 33

Auch wenn das Kriterium „Vorliegen tatsächlicher Anhaltspunkte" gemäß § 12 Abs. 3 GwG a. F. in § 47 Abs. 2 Satz 1 Nr. 5 GwG nicht übernommen wurde, müssen gleichwohl im Vorfeld des Informationsaustausches tatsächliche Anhaltspunkte vorliegen, dass der Empfänger die übermittelten Informationen tatsächlich für seine Risikobeurteilung einer entsprechenden oder ähnlichen Transaktion oder Geschäftsbeziehung oder für eine abschließende Beurteilung seiner Beurteilung benötigt. 34

Die Informationen dürfen auch unter Verwendung von Datenbanken zur Kenntnis gegeben werden, unabhängig davon, ob diese Datenbanken von den Verpflichteten nach § 2 Abs. 1 Nr. 1 bis Nr. 9 GwG selbst oder von Dritten betrieben werden. 35

Die Informationen dürfen ausschließlich zum Zweck der Verhinderung der Geldwäsche, ihrer Vortaten oder der Terrorismusfinanzierung und nur unter den durch den übermittelnden Verpflichteten vorgegebenen Bedingungen verwendet werden. 36

---

24 Vgl. *Herzog/Achtelik*, in: Herzog, GwG, § 12 Rn. 19.
25 Vgl. *Herzog/Achtelik*, in: Herzog, GwG, § 12 Rn. 19; BT-Drs. 16/9038, S. 46.

Jachinke

VII. Rechtsverordnungsermächtigung (§ 47 Abs. 6 GwG)

37 § 47 Abs. 6 GwG ermächtigt das Bundesministerium der Finanzen, durch Rechtsverordnung ohne Zustimmung des Bundesrates weitere Regelungen zu treffen, nach denen in Bezug auf Verpflichtete aus Drittstaaten[26] mit erhöhtem Risiko nach Art. 9 der Richtlinie (EU) 2015/849 keine Informationen weitergegeben werden dürfen. Die konkrete Ausgestaltung dieser Rechtsverordnungen sollte im Einvernehmen mit dem Bundesministerium des Innern, dem Bundesministerium der Justiz und für Verbraucherschutz und dem Bundesministerium für Wirtschaft und Energie definiert und festgelegt werden.

---

[26] Als Drittstaat im Sinne dieses Gesetzes ist ein Staat zu verstehen, der nicht Mitglied der Europäischen Union ist und der nicht Vertragsstaat des Abkommens über den Europäischen Wirtschaftsraum ist, § 2 Abs. 17 Nr. 1 und Nr. 2 GwG.

§ 48 Freistellung von der Verantwortlichkeit

(1) Wer Sachverhalte nach § 43 Absatz 1 meldet oder eine Strafanzeige nach § 158 der Strafprozessordnung erstattet, darf wegen dieser Meldung oder Strafanzeige nicht verantwortlich gemacht werden, es sei denn, die Meldung oder Strafanzeige ist vorsätzlich oder grob fahrlässig unwahr erstattet worden.

(2) Absatz 1 gilt auch, wenn

1. ein Beschäftigter einen Sachverhalt nach § 43 Absatz 1 seinem Vorgesetzten meldet oder einer Stelle meldet, die unternehmensintern für die Entgegennahme einer solchen Meldung zuständig ist, und
2. ein Verpflichteter oder einer seiner Beschäftigten einem Auskunftsverlangen der Zentralstelle für Finanztransaktionsuntersuchungen nach § 30 Absatz 3 Satz 1 nachkommt.

Schrifttum: *Fülbier/Aepfelbach/Langweg*, Geldwäschegesetz, 5. Aufl. 2006; *Herzog/Achtelik*, Geldwäschegesetz, 2. Aufl. 2014; *Schimansky/Bunte/Lwowski*, Bankrechts-Handbuch, Bd. 1, 4. Aufl. 2011.

Übersicht

	Rn.		Rn.
I. Allgemeines	1	III. Freistellung von der Verantwortlichkeit für Beschäftigte (§ 48 Abs. 2 Nr. 1 GwG)	9
II. Freistellung von der Verantwortlichkeit (§ 48 Abs. 1 GwG)	2	IV. Freistellung im Rahmen des Auskunftsverlangens der Zentralstelle für Finanztransaktionsuntersuchungen (§ 48 Abs. 2 Nr. 2 GwG)	11
1. Einführung	2		
2. Umfang der Freistellung	3		
3. Adressatenkreis der Freistellung	7		
4. Anforderung an den Verdachtsgrad	8		

I. Allgemeines

§ 48 GwG entspricht in Abs. 1 und Abs. 2 Nr. 1 dem bisherigen § 13 GwG a. F. in der vor dem 26.6.2017 geltenden Fassung und diente der Umsetzung von Art. 37 der 4. EU-Geldwäscherichtlinie.[1] § 48 Abs. 2 Nr. 2 GwG, welcher die

---

[1] Richtlinie (EU) 2015/849 des Europäischen Parlaments und des Rates vom 20.5.2015 zur Verhinderung der Nutzung des Finanzsystems zum Zwecke der Geldwäsche und Terrorismusfinanzierung, zur Änderung der Verordnung (EU) Nr. 648/2012 des Europäischen Parlaments und des Rates und zur Aufhebung der Richtlinie 2005/60/EG des Europäischen Parlaments und des Rates und der Richtlinie 2006/70 der Kommission, ABl. L 141 vom 5.6.2015, 73 ff.

GwG § 48 Freistellung von der Verantwortlichkeit

Freistellung im Rahmen der Auskunftsersuchen der Zentralstelle für Finanztransaktionen normiert, wurde neu eingefügt.

II. Freistellung von der Verantwortlichkeit (§ 48 Abs. 1 GwG)

1. Einführung

2 Grundlage des § 48 Abs. 1 GwG ist **die unverzügliche Meldepflicht des Verpflichteten** i. S. d. § 2 Abs. 1 GwG an die Zentralstelle für Finanztransaktionsuntersuchungen gem. § 43 Abs. 1 GwG. Die unverzügliche Meldepflicht besteht unabhängig vom Wert des betroffenen Vermögensgegenstandes oder der Transaktionshöhe, soweit Tatsachen vorliegen, die darauf hindeuten, dass ein Vermögensgegenstand, der mit einer Geschäftsbeziehung, einem Maklergeschäft oder einer Transaktion im Zusammenhang steht, aus einer strafbaren Handlung stammt, die eine Vortat der Geldwäsche darstellen könnte, ein Geschäftsvorfall, eine Transaktion oder ein Vermögensgegenstand, im Zusammenhang mit Terrorismusfinanzierung stehen. Des Weiteren haben Verpflichtete eine unverzügliche Meldung abzugeben, wenn der Vertragspartner seine Pflicht nach § 11 Abs. 6 Satz 3 GwG nicht erfüllt hat, d. h. gegenüber dem Verpflichteten offenzulegen, ob er die Geschäftsbeziehung oder die Transaktion für einen wirtschaftlich Berechtigten begründen, fortsetzen oder durchführen will, nicht erfüllt hat.

2. Umfang der Freistellung

3 Aus der Natur der Sachverhaltsaufklärung ergibt sich, dass aufgrund von anschließenden weiteren Untersuchungshandlungen durch die Strafverfolgungsbehörden oder durch das Institut selbst, der ursprüngliche Anfangsverdacht, dass eine Transaktion oder Geschäftsbeziehung im Zusammenhang mit Geldwäsche oder Terrorismusfinanzierung steht, sich nicht bestätigt hat. Aufgrund einer Verdachtsmeldung oder Strafanzeige können der betroffenen Person grundsätzlich diverse Unannehmlichkeiten bis hin zu Verzögerungsschäden entstehen. Diese Personen sind in einer potenziell folgenreichen Weise zu Unrecht verdächtigt worden und können hierdurch veranlasst werden, entsprechende Regressansprüche gegen den meldenden Verpflichteten rechtlich geltend zu machen.

4 Durch die **Regelung der Freistellung von der Verantwortlichkeit in § 48 Abs. 1 GwG schützt der Gesetzgeber die Verpflichteten nach § 2 Abs. 1 GwG vor der Inanspruchnahme hinsichtlich etwaiger Regressansprüche**.[2] Der Sinn und Zweck der Norm ist der Schutz des Meldenden bzw. Anzeigenden, um so eine Erhöhung der Melde- und Anzeigebereitschaft zu erreichen.[3]

---

2 Vgl. *Herzog/Achtelik*, in: Herzog, GwG, § 13 Rn. 2; BT-Drs. 12/2704, S. 18.
3 Vgl. *Herzog/Achtelik*, in: Herzog, GwG, § 13 Rn. 2; BT-Drs. 12/2704, S. 18.

II. Freistellung von der Verantwortlichkeit (§ 48 Abs. 1 GwG) **§ 48 GwG**

Die **normierte Freistellung von der Verantwortlichkeit ist umfassend**, denn 5
sie erstreckt sich auf alle vorstellbaren zivilrechtlichen Ansprüche, einschließlich dienst- und arbeitsrechtlicher Schadensersatz-, Unterlassungs- oder sonstiger Ansprüche sowie Disziplinartatbestände.[4] Dadurch wird klargestellt, dass weder das Bankgeheimnis noch ähnliche Verschwiegenheitspflichten einer Meldung oder einer Strafanzeige entgegenstehen.[5] Mögliche Regressansprüche hinsichtlich betreffender Verzögerungsschäden aufgrund von nicht oder nicht zeitnah durchgeführten Transaktionen hätten folglich keine Aussicht auf Erfolg.

Ein **Anspruch nach dem Strafentschädigungsgesetz (StrEG) kommt** hier 6
mangels Vorliegens eines Schadens i. S. d. § 2 Abs. 1 StrEG ebenfalls **nicht in Betracht**. Der Schaden müsste infolge einer Strafverfolgungsmaßnahme verursacht worden sein, was jedoch bei der Erstattung einer Verdachtsmeldung nicht der Fall ist. Hierbei handelt es sich um eine Maßnahme eines Verpflichteten i. S. d. § 2 Abs. 1 GwG und folglich nicht um eine Maßnahme der Strafverfolgungsbehörden, wie sie das StrEG fordert.

3. Adressatenkreis der Freistellung

§ 48 Abs. 1 GwG regelt, dass denjenigen, der („wer") eine Meldung erstattet 7
oder eine Strafanzeige stellt, ein Anspruch auf Freistellung von der rechtlichen Verantwortung zusteht. Der unbestimmte, normierte Adressatenkreis hat zur Folge, dass die Haftungsfreistellung nicht nur auf den Verpflichteten i. S. d. § 2 Abs. 1 GwG, sondern auch auf jeden anderen, der den Verdacht einer Straftat nach § 261 StGB anzeigt, Anwendung findet.[6]

4. Anforderung an den Verdachtsgrad

Die **Freistellung von der Verantwortlichkeit kommt nur bei solchen Mel-** 8
dungen oder Strafanzeigen zur Anwendung, die weder vorsätzlich noch
grob fahrlässig unwahr erstattet worden sind. Der Verpflichtete hat seiner Entscheidung zur Abgabe einer Meldung oder Strafanzeige objektive Tatsachen zugrunde zu legen. Eine Meldung „ins Blaue" wird auch weiterhin unzulässig sein, sodass der Verpflichtete über hinreichende aussagekräftige Anhaltspunkte verfügen muss.[7] Sollte sich die Meldung oder Strafanzeige als nicht begründet

---

4 Vgl. *Fülbier*, in: Fülbier/Aepfelbach/Langweg, GwG, § 13 Rn. 3; BT-Drs. 12/2074, S. 19.
5 BT-Drs. 12/2074, S. 19.
6 BT-Drs. 12/2074, S. 19; vgl. zum Ganzen *Fülbier*, in: Fülbier/Aepfelbach/Langweg, GwG, § 12 Rn. 2 ff.; *Bruchner/Fischeck*, in: Schimansky/Bunte/Lwowski, Bankrechts-Handbuch, Bd. 1, § 42 Rn. 286.
7 RegBegr., BT-Drs. 17/6804; *Fülbier*, in: Fülbier/Aepfelbach/Langweg, GwG, § 13 Rn. 6.

GwG § 48 Freistellung von der Verantwortlichkeit

herausstellen, kommt eine Freistellung von der rechtlichen Verantwortlichkeit des Meldenden bzw. Anzeigenerstatters dann nicht zur Anwendung, wenn die Meldung bzw. Strafanzeige vorsätzlich oder grob fahrlässig unwahr erstattet wurde. Diese Restriktion dient zur Vorbeugung missbräuchlicher oder unbegründeter Erstattungen sachlich nicht begründeter Meldungen oder Strafanzeigen.[8]

III. Freistellung von der Verantwortlichkeit für Beschäftigte (§ 48 Abs. 2 Nr. 1 GwG)

9 § 48 Abs. 2 Nr. 1 GwG entspricht dem bisherigen § 13 Abs. 2 GwG a. F. und weitet die Freistellung von der Verantwortlichkeit auf die Beschäftigten eines nach § 2 Abs. 1 GwG Verpflichteten aus. Meldet ein Beschäftigter einen Sachverhalt nach § 43 Abs. 1 GwG seinem Vorgesetzten oder einer Stelle (z. B. Geldwäschebeauftragter, Zentrale Stelle, Interne Revision etc.), die unternehmensintern für die Entgegennahme einer solchen Meldung zuständig ist, so darf diese Person wegen dieser Meldung oder Strafanzeige nicht verantwortlich gemacht werden.

10 Der **Verpflichtete sollte im Rahmen von Schulungen oder sonstigen Kommunikationsmaßnahmen darauf hinwirken, dass den Beschäftigten ausdrücklich bewusst gemacht wird, dass die Vorgaben des § 48 Abs. 1 GwG** auch für sie entsprechend gelten, d. h. die Freistellung nicht greift, wenn die Meldung oder **Strafanzeige** vorsätzlich oder grob fahrlässig unwahr erstattet worden ist.

IV. Freistellung im Rahmen des Auskunftsverlangens der Zentralstelle für Finanztransaktionen (§ 48 Abs. 2 Nr. 2 GwG)

11 § 48 Abs. 2 Nr. 2 GwG wurde **neu eingefügt** und umfasst **die Freistellung im Rahmen des Auskunftsverlangens der Zentralstelle für Finanztransaktionsuntersuchungen**. Die Erweiterung bedeutet, dass Personen von der Verantwortlichkeit nach Maßgabe des § 48 Abs. 1 und 2 GwG befreit sind, wenn sie Auskunftsersuchen der Zentralstelle für Finanztransaktionenuntersuchungen beantworten. Dies betrifft die Verpflichteten i. S. d. § 2 Abs. 1 GwG, die um Auskunft und Informationen von der Zentralstelle für Finanztransaktionsuntersuchungen ersucht werden. Das Auskunftsersuchen basiert weder auf einer Meldung noch auf einer erstatteten Strafanzeige. Mit einem solchen Auskunftsersuchen wird das Ziel verfolgt, grundsätzliche Informationen oder auch solche Informationen

---

8 Vgl. BT-Drs. 12/2704, S. 19.

IV. Freistellung im Rahmen des Auskunftsverlangens § 48 GwG

zu erhalten, die auch von einem meldenden Verpflichteten im Rahmen seiner Sorgfaltspflichten verlangt werden.[9]

Des Weiteren **erfasst die Freistellung auch die Beantwortung von Auskunftsersuchen bzw. Informationsbegehren seitens der Zentralstelle für Finanztransaktionsuntersuchungen, welche auf einer vorherigen Meldung basieren.**[10]   12

Beide Formen des Auskunftsersuchens dienen der weiteren Analyse von Sachverhalten und können sachdienliche Hinweise für die Zentralstelle für Finanztransaktionsuntersuchungen liefern. Entsprechend soll ein Beschäftigter auch durch ergänzende oder erstmalige Informationsübermittlung nicht verantwortlich gemacht werden können, soweit die gemachten Angaben wahr oder nicht vorsätzlich unwahr sind.[11] Der Beschäftigte sollte seine Angaben daher entsprechend den Anforderungen an den Verdachtsgrad prüfen. Zudem sollten seine Informationen auf objektiven Tatsachen beruhen und nicht einer unzulässigen Aussage „ins Blaue" entsprechen.   13

---

9 Vgl. BT-Drs. 182/17, S. 189.
10 Vgl. BT-Drs. 182/17, S. 189.
11 Vgl. BT-Drs. 182/17, S. 189.

Jachinke

§ 49 Informationszugang und Schutz der meldenden Beschäftigten

(1) Ist die Analyse aufgrund eines nach § 43 gemeldeten Sachverhalts noch nicht abgeschlossen, so kann die Zentralstelle für Finanztransaktionsuntersuchungen dem Betroffenen auf Anfrage Auskunft über die zu ihm vorliegenden Informationen geben, wenn dadurch der Analysezweck nicht beeinträchtigt wird. Gibt sie dem Betroffenen Auskunft, so macht sie die personenbezogenen Daten der Einzelperson, die die Meldung nach § 43 Absatz 1 abgegeben hat, unkenntlich.

(2) Ist die Analyse aufgrund eines nach § 43 gemeldeten Sachverhalts abgeschlossen, aber nicht an die Strafverfolgungsbehörde übermittelt worden, so kann die Zentralstelle für Finanztransaktionsuntersuchungen auf Anfrage des Betroffenen über die zu ihm vorliegenden Informationen Auskunft geben. Sie verweigert die Auskunft, wenn ein Bekanntwerden dieser Informationen negative Auswirkungen hätte auf

1. internationale Beziehungen,
2. Belange der inneren oder äußeren Sicherheit der Bundesrepublik Deutschland,
3. die Durchführung eines anderen strafrechtlichen Ermittlungsverfahrens oder
4. die Durchführung eines laufenden Gerichtsverfahrens.

In der Auskunft macht sie personenbezogene Daten der Einzelperson, die eine Meldung nach § 43 Absatz 1 abgegeben hat oder die einem Auskunftsverlangen der Zentralstelle für Finanztransaktionsuntersuchungen nachgekommen ist, unkenntlich. Auf Antrag des Betroffenen kann sie Ausnahmen von Satz 3 zulassen, wenn schutzwürdige Interessen des Betroffenen überwiegen.

(3) Die Zentralstelle für Finanztransaktionsuntersuchungen ist nicht mehr befugt, dem Betroffenen Auskunft zu geben, nachdem sie den jeweiligen Sachverhalt an die Strafverfolgungsbehörde übermittelt hat. Ist das Verfahren durch die Staatsanwaltschaft oder das Gericht abgeschlossen worden, ist die Zentralstelle für Finanztransaktionsuntersuchungen wieder befugt, dem Betroffenen Auskunft zu erteilen. In diesem Fall gilt Absatz 2 entsprechend.

(4) Steht die Person, die eine Meldung nach § 43 Absatz 1 abgegeben hat oder die dem Verpflichteten intern einen solchen Sachverhalt gemeldet hat, in einem Beschäftigungsverhältnis zum Verpflichteten, so darf ihr aus der Meldung keine Benachteiligung im Beschäftigungsverhältnis entstehen.

I. Allgemeines § 49 GwG

Übersicht

	Rn.		Rn.
I. Allgemeines	1	IV. Informationsrecht des Betroffenen im Rahmen der Weitergabe an die Strafverfolgungsbehörde (§ 49 Abs. 3 GwG)	22
II. Informationsrecht des Betroffenen im Rahmen eines laufenden Verfahrens (§ 49 Abs. 1 GwG)	11		
III. Informationsrecht des Betroffenen im Rahmen eines abgeschlossenen Verfahrens (§ 49 Abs. 2 GwG)	15	V. Schutz der meldenden Person (§ 49 Abs. 4 GwG)	25

I. Allgemeines

§ 49 GwG dient der Umsetzung von Art. 38 der 4. EU-Geldwäscherichtlinie[1] und berücksichtigt den Erwägungsgrund 41 der 4. EU-Geldwäscherichtlinie. **1**

Dem Erwägungsgrund für die Normierung des Rechts auf Informationszugang für den Betroffenen und dem damit einhergehenden **Schutz des meldenden Beschäftigten** liegt der Gedanke zugrunde, dass es in der Vergangenheit bereits eine Reihe von Fällen gegeben hat, in denen Angestellte, nachdem sie einen Verdacht auf Geldwäsche gemeldet hatten, bedroht oder angefeindet worden sind. Wenngleich mit der 4. EU-Geldwäscherichtlinie nicht in die Justizverfahren der Mitgliedstaaten eingegriffen werden kann, ist es jedoch von erheblicher Bedeutung, dass der Aspekt der Bedrohung und Anfeindung mitberücksichtigt wird, um die Wirksamkeit des Systems zur Bekämpfung von Geldwäsche und Terrorismusfinanzierung zu gewährleisten und insbesondere dafür Sorge zu tragen, dass die Beschäftigten aufgrund der Gefahr von möglichen Anfeindungen sich nicht gegen eine Meldung entscheiden.[2] **2**

Der deutsche Gesetzgeber ist sich dieses Problems bewusst gewesen und hat neben der Normierung des Schutzgedankens für den Geldwäschebeauftragten und seinen Stellvertreter in § 7 Abs. 7 GwG („... keine Benachteiligung wegen der Erfüllung ihrer Aufgaben im Beschäftigungsverhältnis ..."), auch den Schutz der meldenden Personen, soweit es sich nicht um den Geldwäschebeauftragten oder seinen Stellvertreter handelt, in § 49 GwG mitberücksichtigt. **3**

---

1 Richtlinie (EU) 2015/849 des Europäischen Parlaments und des Rates vom 20.5.2015 zur Verhinderung der Nutzung des Finanzsystems zum Zwecke der Geldwäsche und Terrorismusfinanzierung, zur Änderung der Verordnung (EU) Nr. 648/2012 des Europäischen Parlaments und des Rates und zur Aufhebung der Richtlinie 2005/60/EG des Europäischen Parlaments und des Rates und der Richtlinie 2006/70 der Kommission, ABl. L 141/73 vom 5.6.2015, S. 100.
2 Vgl. BT-Drs. 18/11555, S. 159.

GwG § 49 Informationszugang und Schutz der meldenden Beschäftigten

4 Jegliche angestellten Personen und Vertreter der Verpflichteten i. S. d. § 2 Abs. 1 GwG sollen durch § 49 GwG vor Bedrohungen oder Anfeindungen sowohl innerhalb des Unternehmens als auch durch die Betroffenen einer Verdachtsmeldung geschützt werden, insbesondere hinsichtlich ihres Rechts auf Schutz ihrer personenbezogenen Daten und auf wirksamen Rechtsschutz sowie wirksame Rechtsvertretung.[3]

5 Auf der anderen Seite muss jedoch auch dem Rechtsanspruch des Betroffenen auf Zugang zu ihn betreffenden Informationen begegnet werden.

6 Ein Anspruch auf Informationserteilung durch Bundesbehörden kann sich für den Betroffenen aus dem Informationsfreiheitsgesetz ergeben. Ein Anspruch auf Auskunft nach dem Informationsfreiheitsgesetz wäre gegen die Zentralstelle für Finanztransaktionsuntersuchungen als eigenständige Behörde im Sinne des Verwaltungsverfahrensgesetzes zu richten.[4] Gegenstand des Auskunftsersuchens wären „amtliche Informationen", d. h. jede dem amtlichen Zweck dienende Aufzeichnung, unabhängig von der Art ihrer Speicherung, also beispielsweise Schriftstücke in herkömmlichen Akten, elektronisch gespeicherte Informationen, Zeichnungen, Grafiken, Pläne, Ton- und Videoaufzeichnungen.[5]

7 Ein Rechtsanspruch des Betroffenen auf Auskunft nach dem Informationsfreiheitsgesetz findet jedoch keine Anwendung, soweit die Zentralstelle für Finanztransaktionsuntersuchungen Aufgaben nach § 1 der Sicherheitsüberprüfungsfeststellungsverordnung (SÜVF)[6] wahrnimmt.[7] Gemäß § 1 Abs. 6 SÜFV nimmt die Zentralstelle für Finanztransaktionsuntersuchungen vergleichbare Aufgaben von vergleichbarer Sicherheitsempfindlichkeit wie die der Nachrichtendienste des Bundes wahr, soweit sie bei ihrer Aufgabe der Verhinderung, Aufdeckung und Unterstützung bei der Bekämpfung von Geldwäsche und Terrorismusfinanzierung Erscheinungsformen der organisierten Kriminalität oder des Terrorismus wahrnimmt und eine dauerhafte Zusammenarbeit mit den Nachrichtendiensten des Bundes erfolgt.

8 Gemäß § 27 GwG ist die Zentralstelle für Finanztransaktionsuntersuchungen die zentrale Meldestelle zur Verhinderung, Aufdeckung und Unterstützung bei

---

3 Vgl. BT-Drs. 18/11555, S. 159.
4 Vgl. Internetseite: https://de.wikipedia.org/wiki/Informationsfreiheitsgesetz, aufgerufen am 19.10.2017.
5 Vgl. Internetseite: https://de.wikipedia.org/wiki/Informationsfreiheitsgesetz, aufgerufen am 19.10.2017.
6 Verordnung zur Feststellung der Behörden des Bundes mit Aufgaben von vergleichbarer Sicherheitsempfindlichkeit wie die der Nachrichtendienste des Bundes und zur Feststellung der öffentlichen Stellen des Bundes und der nichtöffentlichen Stellen mit lebens- oder verteidigungswichtigen Einrichtungen (Sicherheitsüberprüfungsfeststellungsverordnung – SÜFV, zuletzt geändert durch Art. 2 G v. 23.6.2017).
7 Vgl. BT-Drs. 18/11555, S. 159.

der Bekämpfung von Geldwäsche und Terrorismusfinanzierung nach Art. 32 Abs. 1 der 4. EU-Geldwäscherichtlinie. Zentrale Aufgabe ist die der Verhinderung, Aufdeckung und Unterstützung bei der Bekämpfung von Geldwäsche und Terrorismusfinanzierung, sodass hier § 1 SÜFV zur Anwendung kommt und ein Informationsanspruch auf Informationsauskunft nach dem Informationsfreiheitsgesetz ausscheidet.

Es besteht somit ein Anspruch auf Informationszugang, dessen Beantwortung im Ermessen der Zentralstelle für Finanztransaktionsuntersuchungen steht und nur unter bestimmten Voraussetzungen erfolgen kann. 9

§ 49 GwG normiert in den ersten drei Absätzen den Informationszugang von Betroffenen unter Nennung der entsprechenden Voraussetzungen. 10

II. Informationsrecht des Betroffenen im Rahmen eines laufenden Verfahrens (§ 49 Abs. 1 GwG)

Gemäß § 49 Abs. 1 GwG soll der Betroffene von der Zentralstelle für Finanztransaktionsuntersuchungen auf sein Begehren hin während der laufenden Analyse Auskunft über die zu ihm vorliegenden Informationen bekommen können, soweit hierdurch nicht die operative Analyse der Zentralstelle für Finanztransaktionsuntersuchungen gefährdet wird. 11

Betroffener ist jede Person, die an einem nach § 43 GwG gemeldeten Sachverhalt unmittelbar beteiligt ist. Dies ist insbesondere jeder Vertragspartner oder Begünstigter einer Transaktion oder Geschäftsbeziehung.[8] 12

Die Entscheidung, ob einem Auskunftsbegehren entsprochen und welche Informationen mitgeteilt werden, liegt im Ermessen der Zentralstelle für Finanztransaktionsuntersuchungen, d. h., dass diese beim Vorliegen der Voraussetzungen der Rechtsgrundlage einen Entscheidungsspielraum hinsichtlich der Bejahung oder Ablehnung eines Auskunftsbegehrens sowie des Informationsgehaltes besitzt.[9] Das Ermessen ist bei jedem Einzelfall anzuwenden. Die Zentralstelle für Finanztransaktionsuntersuchungen kann die Auskunft verweigern, insbesondere soweit und solange durch die vorzeitige Bekanntgabe der Informationen der Erfolg der Entscheidung oder bevorstehender behördlicher Maßnahmen vereitelt würde.[10] Das heißt, dass die betroffenen Personen nicht in die Lage versetzt werden, aufgrund der erteilten Informationen Maßnahmen zu ergreifen, um sich oder etwaige Gewinne aus einschlägigen Straftaten einem Zugriff durch die Strafverfolgungsbehörden noch zu entziehen bzw. die vorzeitige Kenntnis- 13

---

8 Vgl. BT-Drs. 18/11555, S. 159.
9 Vgl. BT-Drs. 18/11555, S. 159.
10 Vgl. BT-Drs. 18/11555, S. 159.

GwG § 49   Informationszugang und Schutz der meldenden Beschäftigten

nahme durch den Betroffenen selbst oder durch Dritte die strafrechtlichen Ermittlungen gefährden könnten.[11]

14   Kommt die Zentralstelle für Finanztransaktionsuntersuchungen dem Auskunftsersuchen eines Betroffenen innerhalb eines laufenden Verfahrens nach, so sind die personenbezogenen Daten der meldenden Einzelperson, einschließlich des Angestellten oder Vertreters des Verpflichteten, unkenntlich zu machen.[12]

III. Informationsrecht des Betroffenen im Rahmen eines abgeschlossenen Verfahrens (§ 49 Abs. 2 GwG)

15   **§ 49 Abs. 2 GwG regelt das Auskunftsersuchen eines Betroffenen, wenn die Zentralstelle für Finanztransaktionsuntersuchungen ihren Analyseprozess abgeschlossen hat** und den Sachverhalt nicht zur weiteren Ermittlung und Behandlung an die zuständige Strafverfolgungsbehörde weitergegeben hat. Danach hat die Zentralstelle für Finanztransaktionsuntersuchungen nach eigenem Ermessen einem Auskunftsersuchen eines Betroffenen nachzukommen, soweit dieses keine negativen Auswirkungen auf die in § 49 Abs. 2 Satz 2 Nr. 1 bis Nr. 4 GwG genannten Beziehungen oder Verfahren hat.

16   Durch die Informationsweitergabe darf gemäß § 49 Abs. 2 Satz 2 Nr. 1 GwG **keine Beeinträchtigung internationaler Beziehungen erfolgen**. Eine Beeinträchtigung wäre dann anzunehmen, wenn der Inhalt der Informationsweitergabe in all seinen konkreten Merkmalen und ggf. aus ihr resultierenden Maßnahmen, im Rahmen einer Beurteilung zu einer Bejahung einer erheblichen Geeignetheit zur Friedensstörung, d. h. zu einer schwerwiegenden, ernsten und nachhaltigen Beeinträchtigung zwischenstaatlicher Beziehungen führen könnte.[13]

17   Des Weiteren darf eine Informationsauskunft **keine negative Auswirkung auf die innere oder äußere Sicherheit der Bundesrepublik Deutschland haben** (§ 49 Abs. 2 Satz 2 Nr. 2 GwG). Dies wäre unter anderem dann anzunehmen, wenn die Informationsauskunft die Durchführung von terroristischen Aktivitäten begünstigen und nicht verhindern würde.

18   Gemäß § 49 Abs. 2 Satz 2 Nr. 3 und Nr. 4 GwG ist abschließend einer Erteilung eines Auskunftsersuchens dann nicht nachzukommen, wenn diese **zu einer negativen Beeinträchtigung der Durchführung eines anderen strafrechtlichen Ermittlungsverfahrens oder eines laufenden Gerichtsverfahrens führen würde**. Dies wäre insbesondere dann anzunehmen, wenn aufgrund der Informa-

---

11 Vgl. BT-Drs. 18/11555, S. 159.
12 Vgl. BT-Drs. 18/11555, S. 159.
13 BVerwG, Urt. v. 23.6.1981, BVerwG 1 C 62.76.

tionserteilung der Betroffene in die Lage versetzt werden würde, Beweismittel zu beseitigen.

Liegt keiner der vier Ausschlussgründe vor und kommt die Zentralstelle für Finanztransaktionsuntersuchungen im Rahmen ihres Ermessens zur Entscheidung, dem Auskunftsbegehren eines Betroffenen nachzugeben, so hat sie auch in diesem Fall die personenbezogenen Daten der Einzelperson, einschließlich des Angestellten oder Vertreters des Verpflichteten, die eine Meldung abgegeben hat oder einem Auskunftsverlangen der Zentralstelle für Finanztransaktionsuntersuchungen nachgekommen ist, unkenntlich zu machen (Satz 3). 19

Gemäß § 49 Abs. 2 Satz 4 GwG kann die Zentralstelle für Finanztransaktionsuntersuchungen auf Antrag des Betroffenen eine Ausnahme von Satz 3 zulassen, d. h. von einer Unkenntlichmachung der personenbezogenen Daten der meldenden Einzelperson, einschließlich des Angestellten oder Vertreters des Verpflichteten, absehen, wenn schutzwürdige Interessen des Betroffenen überwiegen. 20

Die **Unkenntlichmachung der Daten steht damit unter dem Vorbehalt einer Interessenabwägung** zwischen den „berechtigten Interessen" der verantwortlichen Zentralstelle für Finanztransaktionsuntersuchungen bzw. dem Meldenden einerseits und dem schutzwürdigen Interesse des Betroffenen andererseits. Diese Abwägung ist an den Umständen des Einzelfalls auszurichten. Je stärker die Interessen des Betroffenen durch die Folgen des Umgangs mit den personenbezogenen Daten des Meldenden beeinträchtigt werden, desto schutzwürdiger sind seine Interessen. 21

IV. Informationsrecht des Betroffenen im Rahmen der Weitergabe an die Strafverfolgungsbehörde (§ 49 Abs. 3 GwG)

In § 49 Abs. 3 GwG ist **das Recht auf Auskunft des Betroffenen gegenüber der Zentralstelle für Finanztransaktionsuntersuchungen für den Fall geregelt**, wenn der Analyseprozess abgeschlossen und der Sachverhalt an die zuständige Strafverfolgungsbehörde weitergegeben wurde. 22

Mit Weitergabe des Sachverhalts an die zuständige Strafverfolgungsbehörde ist die Zentralstelle für Finanztransaktionsuntersuchungen nicht mehr Herrin über die Daten und deren Verwendung. Nach Abschluss des Verfahrens durch die Staatsanwaltschaft oder das Gericht geht die Datenhoheit wieder auf die Zentralstelle für Finanztransaktionsuntersuchungen über. 23

Für diesen Fall kann sie unter Beachtung von § 49 Abs. 2 GwG auf das Auskunftsersuchen des Betroffenen entsprechend unter Beachtung der Voraussetzungen nach Abs. 2 sowie der Anwendung des Ermessensspielraums reagieren. 24

V. Schutz der meldenden Person (§ 49 Abs. 4 GwG)

25 § 49 Abs. 4 GwG normiert den Schutz der Personen, die in einem Beschäftigungsverhältnis zum Verpflichteten i. S. d. § 2 Abs. 1 GwG stehen und die eine Meldung nach § 43 Abs. 1 GwG erstatten oder intern einen geldwäscherechtlich relevanten Sachverhalt an den Geldwäschebeauftragten melden.

26 Der Schutzgedanke zielt darauf ab, dass meldende Mitarbeiter aus diesem Anlass im Unternehmen nicht benachteiligt werden, etwa durch ungerechtfertigte Kündigung, berufliche Schlechterstellung oder Anfeindungen innerhalb des Unternehmens.[14]

---

14 Vgl. BT-Drs. 18/11555, S. 159.

Abschnitt 7
Aufsicht, Zusammenarbeit, Bußgeldvorschriften, Datenschutz

§ 50 Zuständige Aufsichtsbehörde

Zuständige Aufsichtsbehörde für die Durchführung dieses Gesetzes ist
1. die Bundesanstalt für Finanzdienstleistungsaufsicht für
   a) Kreditinstitute mit Ausnahme der Deutschen Bundesbank,
   b) Finanzdienstleistungsinstitute sowie Zahlungsinstitute und E-Geld-Institute nach § 1 Absatz 2a des Zahlungsdiensteaufsichtsgesetzes,
   c) im Inland gelegene Zweigstellen und Zweigniederlassungen von Kreditinstituten mit Sitz im Ausland, von Finanzdienstleistungsinstituten mit Sitz im Ausland und Zahlungsinstituten mit Sitz im Ausland,
   d) Kapitalverwaltungsgesellschaften nach § 17 Absatz 1 des Kapitalanlagegesetzbuchs,
   e) im Inland gelegene Zweigniederlassungen von EU-Verwaltungsgesellschaften nach § 1 Absatz 17 des Kapitalanlagegesetzbuchs sowie von ausländischen AIF-Verwaltungsgesellschaften nach § 1 Absatz 18 des Kapitalanlagegesetzbuchs,
   f) ausländische AIF-Verwaltungsgesellschaften, für die die Bundesrepublik Deutschland Referenzmitgliedstaat ist und die der Aufsicht der Bundesanstalt für Finanzdienstleistungsaufsicht nach § 57 Absatz 1 Satz 3 des Kapitalanlagegesetzbuchs unterliegen,
   g) Agenten und E-Geld-Agenten nach § 2 Absatz 1 Nummer 4,
   h) Unternehmen und Personen nach § 2 Absatz 1 Nummer 5 und
   i) die Kreditanstalt für Wiederaufbau,
2. für Versicherungsunternehmen nach § 2 Absatz 1 Nummer 7 die jeweils zuständige Aufsichtsbehörde für das Versicherungswesen,
3. für Rechtsanwälte und Kammerrechtsbeistände nach § 2 Absatz 1 Nummer 10 die jeweils örtlich zuständige Rechtsanwaltskammer (§§ 60, 61 der Bundesrechtsanwaltsordnung),
4. für Patentanwälte nach § 2 Absatz 1 Nummer 10 die Patentanwaltskammer (§ 53 der Patentanwaltsordnung),
5. für Notare nach § 2 Absatz 1 Nummer 10 der jeweilige Präsident des Landgerichts, in dessen Bezirk der Notar seinen Sitz hat (§ 92 Nummer 1 der Bundesnotarordnung),

GwG § 50   Zuständige Aufsichtsbehörde

6. für Wirtschaftsprüfer und vereidigte Buchprüfer nach § 2 Absatz 1 Nummer 12 die Wirtschaftsprüferkammer (§ 57 Absatz 2 Nummer 17 der Wirtschaftsprüferordnung),
7. für Steuerberater und Steuerbevollmächtigte nach § 2 Absatz 1 Nummer 12 die jeweils örtlich zuständige Steuerberaterkammer (§ 76 des Steuerberatungsgesetzes),
8. für die Veranstalter und Vermittler von Glücksspielen nach § 2 Absatz 1 Nummer 15, soweit das Landesrecht nichts anderes bestimmt, die für die Erteilung der glücksspielrechtlichen Erlaubnis zuständige Behörde und
9. im Übrigen die jeweils nach Bundes- oder Landesrecht zuständige Stelle.

Schrifttum: *Diekmann/Dragon/Schulze*, Geldwäschebekämpfung im Nichtbankensektor, GewA 2012, 431.

Übersicht

	Rn.		Rn.
I. Allgemeines	1	VIII. Wirtschaftsprüferkammer für Wirtschaftsprüfer und vereidigte Buchprüfer (§ 50 Nr. 6 GwG)	11
II. Übersicht	3		
III. BaFin für Verpflichtete aus dem Finanzsektor (§ 50 Nr. 1 GwG)	4	IX. Steuerberaterkammer für Steuerberater und Steuerbevollmächtigte (§ 50 Nr. 7 GwG)	12
IV. BaFin und Landesbehörden für Versicherungsunternehmen (§ 50 Nr. 2 GwG)	6	X. Zuständige Behörde für Veranstalter und Vermittler von Glücksspielen (§ 50 Nr. 8 GwG)	13
V. Rechtsanwaltskammer für Rechtsanwälte und Kammerrechtsbeistände (§ 50 Nr. 3 GwG)	8	XI. Zuständige Stelle nach Bundes- oder Landesrecht für übrige Verpflichtete (§ 50 Nr. 9 GwG)	14
VI. Patentanwaltskammer für Patentanwälte (§ 50 Nr. 4 GwG)	9		
VII. Präsident des Landgerichts für Notare (§ 50 Nr. 5 GwG)	10		

I. Allgemeines

1   Die Vorschrift legt fest, welche Aufsichtsbehörde für den jeweils nach § 2 GwG Verpflichteten bei der Durchführung des Geldwäschegesetzes zuständig ist. Die Norm besteht aus den Sonderregeln der Nr. 1 bis 8. Sofern das Geldwäschegesetz keine Sonderregelung enthält, liegt die Zuständigkeit nach dem Auffangtatbestand des § 50 Nr. 9 GwG bei der jeweils nach Bundes- oder Landesrecht zuständigen Stelle.[1]

---

1 BT-Drs. 16/9038, S. 48.

I. Allgemeines § 50 GwG

Die Zuständigkeitsregelung der Aufsichtsbehörden wurde immer wieder korrespondierend mit dem Kreis der Verpflichteten im Geldwäschegesetz angepasst und erweitert. In der ursprünglichen Fassung vom Gesetz über das Aufspüren von Gewinnen aus schweren Straftaten aus dem Jahr 1993 wurden bereits die Zuständigkeiten für die Kreditanstalt für Wiederaufbau (zuständig das Bundesministerium der Finanzen), für die übrigen Kreditinstitute mit Ausnahme der Deutschen Bundesbank (zuständig das Bundesaufsichtsamt für das Kreditwesen),[2] für Versicherungsunternehmen (*zuständig* die jeweils *zuständige* Behörde für das Versicherungswesen) sowie für die übrigen Verpflichteten (die jeweils nach dem Bundes- oder Landesrecht zuständige Stelle) geregelt.[3] Im Jahr 2008 folgte eine wesentliche Erweiterung mit der Neufassung des Geldwäschegesetzes durch das Geldwäschebekämpfungsergänzungsgesetz,[4] da zu den bereits bestehenden Zuständigkeitsregelungen die Sonderregelungen der freien Berufe (z.B. die jeweiligen Kammern für die Rechtsanwälte, Patentanwälte, Wirtschaftsprüfer, Steuerberater) hinzukamen.[5] In den folgenden Jahren kam es immer wieder zu Anpassungen und redaktionellen Folgeänderungen wie mit dem Zahlungsdiensteumsetzungsgesetz vom 25.6.2009,[6] mit dem Gesetz zur Umsetzung der Zweiten E-Geld-Richtlinie vom 1.3.2011,[7] mit dem OGAW-IV-Umsetzungsgesetz vom 22.6.2011[8] sowie mit dem Gesetz zur Optimierung der Geldwäscheprävention vom 22.12.2011.[9] Mit dem Gesetz zur Ergänzung des Geldwäschegesetzes vom 18.2.2013 wurde die Zuständigkeit für Veranstalter und Vermittler von Glücksspielen im Internet neu in das Geldwäschegesetz aufgenommen, wonach die für die Erteilung der glücksspielrechtlichen Erlaubnis die zuständige Behörde ist, soweit das Landesrecht nichts anderes bestimmt.[10] Noch im selben Jahr folgten zwei weitere Änderungen. Zum einen ging die Zuständigkeit der Kreditanstalt für Wiederaufbau vom Bundesfinanzministerium auf die BaFin mit dem Gesetz zur Änderung des Gesetzes über die Kreditanstalt für Wiederaufbau und weiterer Gesetze vom 4.7.2013 über.[11] Zum anderen erfolgte eine Anpassung wegen der neuen Terminologie des Kapitalanlagegesetzbuches

2

---

2 Bei dem Bundesaufsichtsamt für das Kreditwesen (BAKred) handelt es sich um die Vorgängerbehörde der Bundesanstalt für Finanzdienstleistungsaufsicht (BaFin).
3 Vgl. § 16 in der Fassung der Bekanntmachung des Geldwäschegesetzes vom 25.10.1993 (BGBl. I, S. 1770).
4 BGBl. 2008 I, S. 1690.
5 BT-Drs. 16/9038, S. 48.
6 BGBl. 2009 I, S. 1506.
7 BGBl. 2011 I, S. 288.
8 BGBl. 2011 I, S. 1126.
9 BGBl. 2011 I, S. 2959.
10 BGBl. 2013 I, S. 268.
11 BGBl. 2013 I, S. 2178.

GwG § 50 Zuständige Aufsichtsbehörde

mit dem AIFM-Steuer-Anpassungsgesetz vom 18.12.2013.[12] Mit dem Gesetz zur Umsetzung der Vierten Geldwäscherichtlinie, bei dem es zu einer vollständigen Neuordnung und deutlichen Erweiterung des Geldwäschegesetzes kam, wurde die Regelung der zuständigen Aufsichtsbehörden in den § 50 GwG übertragen, wobei die Norm weitestgehend der vorherigen Zuständigkeitsregelung des § 16 Abs. 2 GwG a. F. entspricht.[13]

II. Übersicht

3

Verpflichtete nach § 2 Abs. 1 Nr. 1–16 GwG		Zuständige Aufsichtsbehörde nach § 50 Nr. 1–9 GwG
Nr. 1	Kreditinstitute nach § 1 Abs. 1 des Kreditwesengesetzes, mit Ausnahme der in § 2 Abs. 1 Nr. 3 bis 8 des Kreditwesengesetzes genannten Unternehmen, und im Inland gelegene Zweigstellen und Zweigniederlassungen von Kreditinstituten mit Sitz im Ausland	BaFin mit Ausnahme der Deutschen Bundesbank (§ 50 Nr. 1 lit. a) GwG)
Nr. 2	Finanzdienstleistungsinstitute nach § 1 Abs. 1a des Kreditwesengesetzes, mit Ausnahme der in § 2 Abs. 6 Satz 1 Nr. 3 bis 10 und 12 und Abs. 10 des Kreditwesengesetzes genannten Unternehmen, und im Inland gelegene Zweigstellen und Zweigniederlassungen von Finanzdienstleistungsinstituten mit Sitz im Ausland	BaFin (§ 50 Nr. 1 lit. b) GwG)
Nr. 3	Zahlungsinstitute und E-Geld-Institute nach § 1 Abs. 2a des Zahlungsdiensteaufsichtsgesetzes und im Inland gelegene Zweigstellen und Zweigniederlassungen von vergleichbaren Instituten mit Sitz im Ausland	BaFin (§ 50 Nr. 1 lit. b) GwG)
Nr. 4	Agenten nach § 1 Abs. 7 des Zahlungsdiensteaufsichtsgesetzes und E-Geld-Agenten nach § 1a Abs. 6 des Zahlungsdiensteaufsichtsgesetzes	BaFin (§ 50 Nr. 1 lit. g) GwG)

---

12 BGBl. 2013 I, S. 4318; BT-Drs. 18/68, S. 72.
13 BT-Drs. 18/11555, S. 160.

Nr. 5	selbstständige Gewerbetreibende, die E-Geld eines Kreditinstituts nach § 1a Abs. 1 Nr. 1 des Zahlungsdiensteaufsichtsgesetzes vertreiben oder rücktauschen	BaFin (§ 50 Nr. 1 lit. h) GwG)
Nr. 6	Finanzunternehmen nach § 1 Abs. 3 des Kreditwesengesetzes, die nicht unter Nr. 1 oder Nr. 4 fallen und deren Haupttätigkeit einer der in § 1 Abs. 3 Satz 1 des Kreditwesengesetzes genannten Haupttätigkeiten oder einer Haupttätigkeit eines durch Rechtsverordnung nach § 1 Abs. 3 Satz 2 des Kreditwesengesetzes bezeichneten Unternehmens entspricht, und im Inland gelegene Zweigstellen und Zweigniederlassungen solcher Unternehmen mit Sitz im Ausland	die jeweils nach Bundes- oder Landesrecht zuständige Stelle (§ 50 Nr. 9 GwG)
Nr. 7	Versicherungsunternehmen nach Art. 13 Nr. 1 der Richtlinie 2009/138/EG des Europäischen Parlaments und des Rates vom 25. November 2009 betreffend die Aufnahme und Ausübung der Versicherungs- und der Rückversicherungstätigkeit (Solvabilität II) (ABl. L 335 vom 17.12.2009, S. 1) und im Inland gelegene Niederlassungen solcher Unternehmen mit Sitz im Ausland, soweit sie jeweils a) Lebensversicherungstätigkeiten, die unter diese Richtlinie fallen, anbieten, b) Unfallversicherungen mit Prämienrückgewähr anbieten oder c) Darlehen im Sinne von § 1 Abs. 1 Satz 2 Nr. 2 des Kreditwesengesetzes vergeben	die jeweils zuständige Aufsichtsbehörde für das Versicherungswesen (nach § 50 Nr. 2 GwG)
Nr. 8	Versicherungsvermittler nach § 59 des Versicherungsvertragsgesetzes, soweit sie die unter Nr. 7 fallenden Tätigkeiten, Geschäfte, Produkte oder Dienstleistungen vermitteln, mit Ausnahme der gemäß § 34d Abs. 3 oder Abs. 4 der Gewerbeordnung tätigen Versicherungsvermittler, und im Inland gelegene Niederlassungen entsprechender Versicherungsvermittler mit Sitz im Ausland	die jeweils nach Bundes- oder Landesrecht zuständige Stelle (§ 50 Nr. 9 GwG)

GwG § 50 Zuständige Aufsichtsbehörde

Nr. 9	Kapitalverwaltungsgesellschaften nach § 17 Abs. 1 des Kapitalanlagegesetzbuchs, im Inland gelegene Zweigniederlassungen von EU-Verwaltungsgesellschaften und ausländischen AIF-Verwaltungsgesellschaften sowie ausländische AIF-Verwaltungsgesellschaften, für die die Bundesrepublik Deutschland Referenzmitgliedstaat ist und die der Aufsicht der Bundesanstalt für Finanzdienstleistungsaufsicht gemäß § 57 Abs. 1 Satz 3 des Kapitalanlagegesetzbuchs unterliegen	BaFin (§ 50 Nr. 1 lit. d), e) und f) GwG)
Nr. 10	Rechtsanwälte, Kammerrechtsbeistände, Patentanwälte sowie Notare, soweit sie a) für ihren Mandanten an der Planung oder Durchführung von folgenden Geschäften mitwirken: aa) Kauf und Verkauf von Immobilien oder Gewerbebetrieben, bb) Verwaltung von Geld, Wertpapieren oder sonstigen Vermögenswerten, cc) Eröffnung oder Verwaltung von Bank-, Spar- oder Wertpapierkonten, dd) Beschaffung der zur Gründung, zum Betrieb oder zur Verwaltung von Gesellschaften erforderlichen Mittel, ee) Gründung, Betrieb oder Verwaltung von Treuhandgesellschaften, Gesellschaften oder ähnlichen Strukturen oder b) im Namen und auf Rechnung des Mandanten Finanz- oder Immobilientransaktionen durchführen	für Rechtsanwälte und Kammerrechtsbeistände nach § 2 Abs. 1 Nr. 10 GwG die jeweils örtlich zuständige Rechtsanwaltskammer (§§ 60, 61 der Bundesrechtsanwaltsordnung) (§ 50 Nr. 3 GwG) für Patentanwälte nach § 2 Abs. 1 Nr. 10 die Patentanwaltskammer (§ 53 der Patentanwaltsordnung) (§ 50 Nr. 4 GwG) für Notare nach § 2 Abs. 1 Nr. 10 GwG der jeweilige Präsident des Landgerichts, in dessen Bezirk der Notar seinen Sitz hat (§ 92 Nr. 1 der Bundesnotarordnung) (§ 50 Nr. 5 GwG)
Nr. 11	Rechtsbeistände, die nicht Mitglied einer Rechtsanwaltskammer sind, und registrierte Personen nach § 10 des Rechtsdienstleistungsgesetzes, soweit sie für ihren Mandanten an der Planung oder Durchführung von Geschäften nach Nr. 10 Buchstabe a mitwirken oder im Namen und auf Rechnung des Mandanten Finanz- oder Immobilientransaktionen durchführen	die jeweils nach Bundes- oder Landesrecht zuständige Stelle (§ 50 Nr. 9 GwG)

Nr. 12	Wirtschaftsprüfer, vereidigte Buchprüfer, Steuerberater und Steuerbevollmächtigte	für Wirtschaftsprüfer und vereidigte Buchprüfer nach § 2 Abs. 1 Nr. 12 GwG die Wirtschaftsprüferkammer (§ 57 Abs. 2 Nr. 17 der Wirtschaftsprüferordnung) (§ 50 Nr. 6 GwG)
		für Steuerberater und Steuerbevollmächtigte nach § 2 Abs. 1 Nr. 12 GwG die jeweils örtlich zuständige Steuerberaterkammer (§ 76 des Steuerberatungsgesetzes) (§ 50 Nr. 7 GwG)
Nr. 13	Dienstleister für Gesellschaften und für Treuhandvermögen oder Treuhänder, die nicht den unter den Nr. 10 bis 12 genannten Berufen angehören, wenn sie für Dritte eine der folgenden Dienstleistungen erbringen: a) Gründung einer juristischen Person oder Personengesellschaft, b) Ausübung der Leitungs- oder Geschäftsführungsfunktion einer juristischen Person oder einer Personengesellschaft, Ausübung der Funktion eines Gesellschafters einer Personengesellschaft oder Ausübung einer vergleichbaren Funktion, c) Bereitstellung eines Sitzes, einer Geschäfts-, Verwaltungs- oder Postadresse und anderer damit zusammenhängender Dienstleistungen für eine juristische Person, für eine Personengesellschaft oder für eine Rechtsgestaltung nach § 3 Abs. 3 GwG, d) Ausübung der Funktion eines Treuhänders für eine Rechtsgestaltung nach § 3 Abs. 3 GwG,	die jeweils nach Bundes- oder Landesrecht zuständige Stelle nach (§ 50 Nr. 9 GwG)

GwG § 50   Zuständige Aufsichtsbehörde

	e) Ausübung der Funktion eines nominellen Anteilseigners für eine andere Person, bei der es sich nicht um eine auf einem organisierten Markt notierte Gesellschaft nach § 2 Abs. 5 des Wertpapierhandelsgesetzes handelt, die den Gemeinschaftsrecht entsprechenden Transparenzanforderungen im Hinblick auf Stimmrechtsanteile oder gleichwertigen internationalen Standards unterliegt, f) Schaffung der Möglichkeit für eine andere Person, die in den Buchstaben b, d und e genannten Funktionen auszuüben	
Nr. 14	Immobilienmakler	die jeweils nach Bundes- oder Landesrecht zuständige Stelle (§ 50 Nr. 9 GwG)
Nr. 15	Veranstalter und Vermittler von Glücksspielen, soweit es sich nicht handelt um a) Betreiber von Geldspielgeräten nach § 33c der Gewerbeordnung, b) Vereine, die das Unternehmen eines Totalisatoren nach § 1 des Rennwett- und Lotteriegesetzes betreiben, c) Lotterien, die nicht im Internet veranstaltet werden und für die die Veranstalter und Vermittler über eine staatliche Erlaubnis der in Deutschland jeweils zuständigen Behörde verfügen, d) Soziallotterien	für die Veranstalter und Vermittler von Glücksspielen nach § 2 Abs. 1 Nr. 15 GwG, soweit das Landesrecht nichts anderes bestimmt, die für die Erteilung der glücksspielrechtlichen Erlaubnis zuständige Behörde (§ 50 Nr. 8 GwG)
Nr. 16	Güterhändler	die jeweils nach Bundes- oder Landesrecht zuständige Stelle (§ 50 Nr. 9 GwG)

III. BaFin für Verpflichtete aus dem Finanzsektor (§ 50 Nr. 1 GwG)

4   Die **Bundesanstalt für Finanzdienstleistungsaufsicht (BaFin)** ist eine selbstständige Anstalt des öffentlichen Rechts. Als solche übernimmt sie die Aufsicht über nahezu alle Verpflichteten aus dem Bereich des **Finanzsektors** (z.B. Kreditinstitute, Finanzdienstleistungsinstitute sowie Zahlungsinstitute und E-Geld-Institute). Lediglich einzelne Finanzakteure sind von der Aufsicht der BaFin ausgenommen. Aufgrund der fehlenden Sonderzuständigkeit ergibt sich

IV. BaFin und Landesbehörden für Versicherungsunternehmen   § 50 GwG

für Finanzunternehmen nach § 1 Abs. 3 KWG, dass sie nicht der BaFin, sondern der Aufsicht der nach dem jeweiligen Bundes- oder Landesrecht zuständigen Stelle unterliegen (siehe dazu Rn. 15).

Im Geldwäschegesetz ergeben sich Besonderheiten, da die Begrifflichkeit des 5
Kreditinstituts im Sinne des Geldwäschegesetzes teilweise weiter ist als nach dem Kreditwesengesetz. Demnach sind auch solche Institute vom Geldwäschegesetz erfasst, welche nach § 2 KWG nicht als Kreditinstitute gelten.[14] In der Folge musste der Gesetzgeber im Geldwäschegesetz eine diesbezügliche zuständige Aufsichtsbehörde regeln. Dabei sind insbesondere die Kreditanstalt für Wiederaufbau sowie die Deutsche Bundesbank herauszuheben. Für die **Kreditanstalt für Wiederaufbau** besteht eine Sonderregelung im § 50 Nr. 1 lit. i) GwG, wonach diese der Aufsicht der BaFin unterliegt. Sie hat als nationale Förderbank und als Anstalt des öffentlichen Rechts ein besonderes Geschäftsmodell und verfolgt einen gesetzlich festgelegten staatlichen Auftrag. Daher ist sie grundsätzlich nicht mit Kreditinstituten des privatrechtlichen, genossenschaftlichen oder öffentlich-rechtlichen Sektors zu vergleichen. Trotzdem sollen bestimmte aufsichtsrechtliche Vorschriften wie das Geldwäschegesetz auch für sie gelten.[15] Vor der Änderung des Gesetzes über die Kreditanstalt für Wiederaufbau und weiterer Gesetze vom 4.7.2013 war noch das Bundesministerium der Finanzen die zuständige Aufsichtsbehörde.[16] Des Weiteren zählt auch die **Deutsche Bundesbank** als bundesunmittelbare juristische Person des öffentlichen Rechts zu den Verpflichteten des Geldwäschegesetzes. Sie unterliegt aber nach § 50 Nr. 1 lit. a) GwG weder der Aufsicht der BaFin noch einer anderen Aufsichtsbehörde. Vielmehr agiert sie aufsichtslos.[17]

IV. BaFin und Landesbehörden für Versicherungsunternehmen (§ 50 Nr. 2 GwG)

Aus § 50 Nr. 2 GwG ergibt sich, dass für Versicherungsunternehmen nach § 2   6
Abs. 1 Nr. 7 GwG die jeweils zuständige Aufsichtsbehörde für das Versicherungswesen die Durchführung des Geldwäschegesetzes übernimmt. Die Zuständigkeit der Versicherungsunternehmen wird in den §§ 320 bis 325 VAG geregelt. Dabei ergibt sich eine Aufteilung der Zuständigkeiten zwischen der BaFin und den zuständigen Landesaufsichtsbehörden.

---

14 Siehe näher dazu § 2 Rn. 30.
15 BR-Drs. 215/13.
16 BGBl. 2013 I, S. 2178.
17 Vgl. FATF, Mutual Evaluation Report (Germany) Anti-Money Laundering and Combating the Financing of Terrorism vom 19.2.2010, Rn. 762, abrufbar auf der Internetseite der FATF www.fatf-gafi.org.

GwG § 50   Zuständige Aufsichtsbehörde

Nach § 320 Abs. 1 VAG beaufsichtigt die **BaFin**:

1. die privaten Versicherungsunternehmen und Pensionsfonds, die im Inland ihren Sitz oder eine Niederlassung haben oder auf andere Weise das Versicherungs- oder das Pensionsfondsgeschäft betreiben,
2. die Versicherungs-Holdinggesellschaften im Sinne des § 7 Nr. 31 VAG, die Versicherungs-Zweckgesellschaften im Sinne des § 168 VAG und die Sicherungsfonds im Sinne des § 223 VAG sowie
3. die öffentlich-rechtlichen Wettbewerbs-Versicherungsunternehmen, die über das Gebiet eines Landes hinaus tätig sind.

7 Die Aufsicht durch eine **Landesbehörde** besteht unter anderem dann, wenn das Bundesministerium der Finanzen auf Antrag der Bundesanstalt die Aufsicht über private Versicherungsunternehmen von geringerer wirtschaftlicher Bedeutung, über Pensionsfonds und über öffentlich-rechtliche Wettbewerbs-Versicherungsunternehmen mit Zustimmung der zuständigen Landesaufsichtsbehörde auf diese übertragen hat.[18] Die zuständige Aufsichtsbehörde für Versicherungsvermittler nach § 59 des Versicherungsvertragsgesetzes (VVG) ergibt sich hingegen aus der nach § 50 Nr. 9 GwG jeweils nach dem Bundes- oder Landesrecht zuständigen Stelle (siehe näher Rn. 14).

V. Rechtsanwaltskammer für Rechtsanwälte und Kammerrechtsbeistände (§ 50 Nr. 3 GwG)

8 Nach § 50 Nr. 3 GwG ist die Aufsichtsbehörde für die in Deutschland tätigen Rechtsanwälte und Kammerrechtsbeistände, die Mitglied einer Rechtsanwaltskammer sind, gemäß den §§ 60, 61 der Bundesrechtsanwaltsordnung (BRAO) die jeweils örtlich zuständige Rechtsanwaltskammer. Der Vorstand der Rechtsanwaltskammer übernimmt die Aufsichtsfunktion durch die Überwachung der den Mitgliedern obliegenden Pflichten nach § 73 Abs. 2 Nr. 4 BRAO.[19] Nicht von der Sonderzuständigkeit nach § 50 Nr. 3 GwG sind hingegen die nichtverkammerten Rechtsbeistände und registrierte Personen nach § 10 des Rechtsdienstleistungsgesetzes erfasst.[20] Deren zuständige Aufsichtsbehörde richtet sich nach § 50 Nr. 9 GwG (siehe Rn. 14).

---

18 § 321 Abs. 1 VAG.
19 BT-Drs. 16/9038, S. 48.
20 Siehe § 2 Abs. 1 Nr. 11 GwG.

VI. Patentanwaltskammer für Patentanwälte (§ 50 Nr. 4 GwG)

Für den Bereich der Patentanwälte ist nach § 50 Nr. 4 GwG die zuständige Aufsichtsbehörde die Patentanwaltskammer nach § 53 der Patentanwaltsordnung. Die einzig bestehende Patentanwaltskammer im gesamten Bundesgebiet hat ihren Sitz in München (www.patentanwalt.de).

9

VII. Präsident des Landgerichts für Notare (§ 50 Nr. 5 GwG)

Auch Notare unterliegen als Träger eines öffentlichen Amtes der staatlichen Aufsicht.[21] Die Aufsicht über das Geldwäschegesetz übernimmt nach § 50 Nr. 5 GwG der jeweilige Präsident des Landgerichts, in dessen Bezirk der Notar seinen Sitz hat.[22]

10

VIII. Wirtschaftsprüferkammer für Wirtschaftsprüfer und vereidigte Buchprüfer (§ 50 Nr. 6 GwG)

Für Wirtschaftsprüfer und vereidigte Buchprüfer ist nach § 50 Nr. 6 GwG die Wirtschaftsprüferkammer die zuständige Aufsichtsbehörde. Ihr obliegt nach § 57 Abs. 2 Nr. 17 der Wirtschaftsprüferordnung (WiPrO), die ihr als Bundesberufskammer gesetzlich eingeräumten Befugnisse im Rahmen der Geldwäschebekämpfung wahrzunehmen. Vereidigte Buchprüfer sind nach § 128 Abs. 3 WiPrO Mitglied der Wirtschaftsprüferkammer und damit deren Aufsicht unterstellt.[23]

11

IX. Steuerberaterkammer für Steuerberater und Steuerbevollmächtigte (§ 50 Nr. 7 GwG)

Für Steuerberater und Steuerbevollmächtigte hat nach § 76 Abs. 1 des Steuerberatungsgesetzes die jeweils örtlich zuständige Steuerberaterkammer die Aufgabe, die Erfüllung der beruflichen Pflichten ihrer Mitglieder zu überwachen. Zur Überwachung gehören gem. § 50 Nr. 7 GwG auch die Pflichten nach dem Geldwäschegesetz.[24]

12

---

21 BT-Drs. 16/9038, S. 48.
22 Vgl. § 92 Nr. 1 der Bundesnotarordnung.
23 BT-Drs. 16/9038, S. 48.
24 Vgl. BT-Drs. 16/9038, S. 48.

GwG § 50 Zuständige Aufsichtsbehörde

X. Zuständige Behörde für Veranstalter und Vermittler von Glücksspielen (§ 50 Nr. 8 GwG)

13   Für die Veranstalter und Vermittler von Glücksspielen übernimmt nach § 50 Nr. 8 GwG die für die Erteilung der glücksspielrechtlichen Erlaubnis zuständige Behörde auch die Aufsicht über das Geldwäschegesetz. Damit soll die geldwäscherechtliche Zuständigkeit der glücksspielrechtlichen Zuständigkeit folgen.[25] Von diesem Grundsatz können die Länder abweichende Regelungen treffen.

XI. Zuständige Stelle nach Bundes- oder Landesrecht für übrige Verpflichtete (§ 50 Nr. 9 GwG)

14   Bei § 50 Nr. 9 GwG handelt es sich um eine Auffangregelung.[26] Demnach ergibt sich für alle übrigen Verpflichteten nach § 2 GwG, bei denen keine Sonderregelung nach § 50 Nr. 1–8 GwG besteht, die zuständige Aufsichtsbehörde aus dem Bundes- oder Landesrecht.

Im Einzelnen sind davon folgende **Verpflichtete** betroffen:
- Finanzunternehmen (nach § 2 Nr. 6 GwG)
- Versicherungsvermittler (nach § 2 Nr. 8 GwG)
- nichtverkammerte Rechtsbeistände und registrierte Personen nach § 10 des Rechtsdienstleistungsgesetzes (nach § 2 Nr. 11 GwG)
- Dienstleister für Gesellschaften und für Treuhandvermögen oder Treuhänder (nach § 2 Nr. 13 GwG)
- Immobilienmakler (nach § 2 Nr. 14 GwG)
- Güterhändler (nach § 2 Nr. 16 GwG)

15   Diese Verpflichteten sind im Wesentlichen dem Nichtfinanzsektor zuzuordnen. Eine Ausnahme bildet dabei das **Finanzunternehmen** nach § 2 Abs. 1 Nr. 6 GwG. Im Gesetzgebungsverfahren zur Umsetzung der Vierten Geldwäscherichtlinie wurde vom Bundesrat wegen des starken Bezuges zum Finanzsektor gefordert, dass auch Finanzunternehmen der Aufsicht der BaFin unterliegen sollen.[27] Dies wurde von der Bundesregierung abgelehnt, da es sich dabei um eine zu große Zahl an Aufsichtsobjekten handelt, die besser regional in der Fläche beaufsichtigt werden sollten. Auch würde eine Übertragung auf die BaFin dem Grundsatz zuwiderlaufen, dass diese nur die Geldwäscheaufsicht über Verpflichtete ausübt, bei denen sie zugleich Fachaufsichtsbehörde ist.[28]

16   Die Umsetzung der Aufsichtszuständigkeit in den einzelnen Bundesländern wurde teilweise erheblich **kritisiert**. Die Europäische Kommission hat ein Ver-

---

25 BT-Drs. 17/11416, S. 10.
26 BT-Drs. 18/11555, S. 160.
27 BT-Drs. 18/11928, S. 13.
28 BT-Drs. 18/11928, S. 27.

XI. Zuständige Stelle nach Bundes- oder Landesrecht § 50 GwG

tragsverletzungsverfahren gegen Deutschland angedroht, da zwei Bundesländer nicht für alle Einrichtungen zuständige Aufsichtsbehörden benannt haben.[29] Betrachtet man die zuständigen Aufsichtsstellen, dann lässt sich eine bemerkenswerte Vielfalt feststellen. Je nach Bundesland wurden als zuständige Aufsichtsbehörden z. B. Ministerien, Mittelbehörden bis hin zur Ortspolizei bestimmt.[30] Die Länder diskutierten zudem, welchem Ressort das Geldwäscherecht zuzuordnen ist. Die Wirtschaftsminister waren der Ansicht, dass die Aufgaben des Geldwäschegesetzes weit über die Zuständigkeiten der Gewerbeordnung hinausgehen und eigentlich Tätigkeiten mit einer polizeilichen bzw. kriminalpräventiven Natur entsprechen und damit die Zuständigkeit der Innenminister betreffen.[31] Die Innenminister der Länder lehnten dies ab, da trotz des kriminalpräventiven Charakters des Geldwäschegesetzes eine Zuständigkeit der Innenressorts vom Gesetzgeber nicht beabsichtigt war.[32]

Die mannigfachen Zuständigkeitsregelungen in den Bundesländern führen auch zu Problemen bei dem **Vollzug des Geldwäschegesetzes**.[33] Zum einen besteht die Gefahr, dass die Verpflichteten nicht erreicht werden und von wesentlichen Informationen keine Kenntnis erhalten. Zum anderen ist das Entdeckungsrisiko einer unzureichenden Geldwäsche-Compliance relativ gering. Nach einer Dunkelfeldstudie der Universität Halle wurde festgestellt, dass nur etwa jeder zehnte Immobilienmakler, Güterhändler, Versicherungsvermittler/-makler und Befragte aus den rechtsberatenden und vermögensverwaltenden Berufen über eine Prüfung durch eine Aufsichtsbehörde berichtet.[34] Daher wird für den Nichtfinanzsektor auch ein zentrales Kontrollorgan gefordert.[35] Damit diese die Aufgaben besser bewältigt werden können, haben sich bisher Vertreter der Aufsichtsbehör-

17

---

29 Europäische Kommission, Pressemitteilung IP/11/75, „Kommission drängt Deutschland zur Durchsetzung der Anti-Geldwäsche-Vorschriften" vom 27.1.2011; BT-Drs. 17/1917, Nr. 6, 7, und BT-Plenarprotokoll 17/45, S. 4529B – 4530D. Bei den zwei Bundesländern handelte es sich um Mecklenburg-Vorpommern und Sachsen-Anhalt.
30 Siehe näher Rn. 18.
31 Wirtschaftsministerkonferenz, Beschluss-Sammlung der Wirtschaftsministerkonferenz am 14./15.12.2009 in Lübeck, Beschluss Punkt 19.4 der Tagesordnung, abrufbar unter www.wirtschaftsministerkonferenz.de/WMK/DE/termine/Sitzungen/09-12-14-15-WMK/09-12-14-15-beschluesse.pdf?__blob=publicationFile&v=1, zuletzt abgerufen am 29.8.2017.
32 Ständige Konferenz der Innenminister und -senatoren der Länder, Umlaufbeschluss der Innenministerkonferenz vom 1.3.2010, Aktenzeichen VI D 2.2/2a.
33 Siehe hierzu auch *Diekmann/Dragon/Schulze*, GewA 2012, 431, 433.
34 *Kai Bussmann*, Dunkelfeldstudie über den Umfang der Geldwäsche in Deutschland und über die Geldwäscherisiken in einzelnen Wirtschaftssektoren vom August 2015, S. 17.
35 *Kai Bussmann*, Dunkelfeldstudie über den Umfang der Geldwäsche in Deutschland und über die Geldwäscherisiken in einzelnen Wirtschaftssektoren vom August 2015, S. 24.

GwG § 50 Zuständige Aufsichtsbehörde

den bundesweit zu Arbeitsgruppen zusammengeschlossen (z. B. „Darmstädter Arbeitskreis Geldwäscheprävention"). Zudem werden bundeseinheitliche Merkblätter zu unterschiedlichen Themen (z. B. über die Pflichten für Immobilienmakler oder Güterhändler) veröffentlicht, die sich auf den Internetseiten der Aufsichtsbehörden finden lassen.

18 Für die Länder ergeben sich folgende zuständige Aufsichtsbehörden im Einzelnen:

Bundesland	Zuständige Aufsichtsbehörde
Baden-Württemberg	**Regierungspräsidium Stuttgart** Kontakt: geldwaesche@rps.bwl.de **Regierungspräsidium Karlsruhe** Kontakt: geldwaesche@rpk.bwl.de **Regierungspräsidium Freiburg** Kontakt: geldwaesche@rpf.bwl.de **Regierungspräsidium Tübingen** Kontakt: geldwaesche@rpt.bwl.de
Bayern	**Regierung von Niederbayern** Kontakt: geldwaeschepraevention@reg-nb.bayern.de **Regierung von Mittelfranken** Kontakt: geldwaeschepraevention@reg-mfr.bayern.de
Berlin	**Senatsverwaltung für Wirtschaft, Energie und Betriebe** Kontakt: geldwaesche@senweb.berlin.de
Brandenburg	**Ministerium für Wirtschaft und Energie** Kontakt: geldwaesche@mwe.brandenburg.de
Bremen	Für Finanzunternehmen, Versicherungsvermittler, Dienstleister für Gesellschaften und Treuhandvermögen oder Treuhänder, Immobilienmakler, Güterhändler: **Stadtgemeinde Bremen der Senator für Wirtschaft, Arbeit und Häfen (Abteilung 5 – Gewerbe- und Marktangelegenheiten)** Kontakt: Über das Kontaktformular auf der Internetseite[36] **Stadtgemeinde Bremerhaven die Ortspolizeibehörde** Kontakt: Über die Ortspolizeibehörde Für nichtverkammerte Rechtsbeistände und registrierte Personen nach § 10 des Rechtsdienstleistungsgesetzes: **Präsident des Landgerichts** Kontakt: office@landgericht.bremen.de

---

36 Abrufbar unter dem Suchbegriff „Geldwäschegesetz" auf der Internetseite www.wirtschaft.bremen.de.

XI. Zuständige Stelle nach Bundes- oder Landesrecht § 50 GwG

Bundesland	Zuständige Aufsichtsbehörde
Hamburg	**Behörde für Wirtschaft, Verkehr und Innovation** Kontakt: geldwaeschepraevention@bwvi.hamburg.de
Hessen	**Regierungspräsidium Darmstadt** Kontakt: geldwaeschepraevention@rpda.hessen.de **Regierungspräsidium Gießen** Kontakt: geldwaesche@rpgi.hessen.de **Regierungspräsidium Kassel** Kontakt: geldwaeschepraevention@rpks.hessen.de
Mecklenburg-Vorpommern	**Ministerium für Wirtschaft, Arbeit und Gesundheit** Kontakt: geldwaeschepraevention@wm.mv-regierung.de
Niedersachsen	**Landeshauptstadt Hannover, die Stadt Göttingen, die Region Hannover, die Landkreise sowie die kreisfreien Städte** Kontakt: Über das Kontaktformular auf der jeweiligen Internetseite der Aufsichtsbehörde[37]
Nordrhein-Westfalen	**Bezirksregierung Arnsberg** Kontakt: geldwaeschepraevention@bezreg-arnsberg.nrw.de **Bezirksregierung Detmold** Kontakt: Über Kontaktformular auf der Internetseite[38] **Bezirksregierung Düsseldorf** Kontakt: geldwaeschepraevention@brd.nrw.de. **Bezirksregierung Köln** Kontakt: geldwaesche@bezreg-koeln.nrw.de **Bezirksregierung Münster** Kontakt: Über das Kontaktformular auf der Internetseite[39]
Rheinland-Pfalz	Für Finanzunternehmen, Dienstleister für Gesellschaften und Treuhandvermögen oder Treuhänder: **Aufsichts- und Dienstleistungsdirektion als Landesordnungsbehörde** Kontakt: geldwaeschepraevention@add.rlp.de Für Versicherungsvermittler, Immobilienmakler, Güterhändler:

---

[37] Abrufbar unter dem Suchbegriff „Geldwäscheprävention" auf der jeweiligen Internetseite der regionalen Aufsichtsbehörden z. B. www.goettingen.de oder www.hannover.de.

[38] Abrufbar unter dem Suchbegriff „Geldwäscheprävention" auf der Internetseite www.bezreg-detmold.nrw.de.

[39] Abrufbar unter dem Suchbegriff „Geldwäscheprävention" auf der Internetseite www.bezreg-muenster.nrw.de.

Wende

GwG § 50 Zuständige Aufsichtsbehörde

Bundesland	Zuständige Aufsichtsbehörde
Fort. Rheinland-Pfalz	**Kreis- bzw. Stadtverwaltungen als Kreisordnungsbehörden** Kontakt: Übersicht auf der Internetseite[40]
Saarland	**Landesverwaltungsamt** Kontakt: gwg@lava.saarland.de
Sachsen	**Landesdirektion Sachsen** Kontakt: geldwaesche@lds.sachsen.de
Sachsen-Anhalt	**Landesverwaltungsamt** Kontakt: geldwaeschepraevention@lvwa.sachsen-anhalt.de
Schleswig-Holstein	**Ministerium für Wirtschaft, Arbeit, Verkehr und Technologie und Tourismus** Kontakt: geldwaeschepraevention@wimi.landsh.de
Thüringen	**Landesverwaltungsamt Weimar** Kontakt: geldwaeschepraevention@tlvwa.thueringen.de

---

40 Eine Übersicht der Kontaktdaten der Kreisordnungsbehörden ist abrufbar unter dem Suchbegriff „Geldwäschegesetz" auf der Internetseite www.add.rlp.de.

§ 51 Aufsicht

(1) Die Aufsichtsbehörden üben die Aufsicht über die Verpflichteten aus.

(2) Die Aufsichtsbehörden können im Rahmen der ihnen gesetzlich zugewiesenen Aufgaben die geeigneten und erforderlichen Maßnahmen und Anordnungen treffen, um die Einhaltung der in diesem Gesetz und der in aufgrund dieses Gesetzes ergangenen Rechtsverordnungen festgelegten Anforderungen sicherzustellen. Sie können hierzu auch die ihnen für sonstige Aufsichtsaufgaben eingeräumten Befugnisse ausüben. Widerspruch und Anfechtungsklage gegen diese Maßnahmen haben keine aufschiebende Wirkung.

(3) Die Aufsichtsbehörde nach § 50 Nummer 1, soweit sich die Aufsichtstätigkeit auf die in § 50 Nummer 1 Buchstabe g und h genannten Verpflichteten bezieht, und die Aufsichtsbehörden nach § 50 Nummer 3 bis 9 können bei den Verpflichteten Prüfungen zur Einhaltung der in diesem Gesetz festgelegten Anforderungen durchführen. Die Prüfungen können ohne besonderen Anlass erfolgen. Die Aufsichtsbehörden können die Durchführung der Prüfungen vertraglich auf sonstige Personen und Einrichtungen übertragen. Häufigkeit und Intensität der Prüfungen haben sich am Risikoprofil der Verpflichteten im Hinblick auf Geldwäsche und Terrorismusfinanzierung zu orientieren, das in regelmäßigen Abständen und bei Eintritt wichtiger Ereignisse oder Entwicklungen in deren Geschäftsleitung und Geschäftstätigkeit neu zu bewerten ist.

(4) Für Maßnahmen und Anordnungen nach dieser Vorschrift kann die Aufsichtsbehörde nach § 50 Nummer 8 und 9 zur Deckung des Verwaltungsaufwands Kosten erheben.

(5) Die Aufsichtsbehörde nach § 50 Nummer 1, soweit sich die Aufsichtstätigkeit auf die in § 50 Nummer 1 Buchstabe g und h genannten Verpflichteten bezieht, und die Aufsichtsbehörden nach § 50 Nummer 3 bis 9 können einem Verpflichteten, dessen Tätigkeit einer Zulassung bedarf und durch die Aufsichtsbehörde zugelassen wurde, die Ausübung des Geschäfts oder Berufs vorübergehend untersagen oder ihm gegenüber die Zulassung widerrufen, wenn der Verpflichtete vorsätzlich oder fahrlässig

1. gegen die Bestimmungen dieses Gesetzes, gegen die zur Durchführung dieses Gesetzes erlassenen Verordnungen oder gegen Anordnungen der zuständigen Aufsichtsbehörde verstoßen hat,
2. trotz Verwarnung durch die zuständige Aufsichtsbehörde dieses Verhalten fortsetzt und
3. der Verstoß nachhaltig ist.

GwG § 51 Aufsicht

Hat ein Mitglied der Führungsebene oder ein anderer Beschäftigter eines Verpflichteten vorsätzlich oder fahrlässig einen Verstoß nach Satz 1 begangen, kann die Aufsichtsbehörde nach § 50 Nummer 1, soweit sich die Aufsichtstätigkeit auf die in § 50 Nummer 1 Buchstabe g und h genannten Verpflichteten bezieht, und können die Aufsichtsbehörden nach § 50 Nummer 3 bis 9 dem Verstoßenden gegenüber ein vorübergehendes Verbot zur Ausübung einer Leitungsposition bei Verpflichteten nach § 2 Absatz 1 aussprechen. Handelt es sich bei der Aufsichtsbehörde nicht um die Behörde, die dem Verpflichteten für die Ausübung seiner Tätigkeit die Zulassung erteilt hat, führt die Zulassungsbehörde auf Verlangen derjenigen Aufsichtsbehörde, die einen Verstoß nach Satz 1 festgestellt hat, das Verfahren entsprechend Satz 1 oder 2 durch.

(6) Die nach § 50 Nummer 9 zuständige Aufsichtsbehörde übt zudem die Aufsicht aus, die ihr übertragen ist nach Artikel 55 Absatz 1 der Verordnung (EU) Nr. 1031/2010 der Kommission vom 12. November 2010 über den zeitlichen und administrativen Ablauf sowie sonstige Aspekte der Versteigerung von Treibhausgasemissionszertifikaten gemäß der Richtlinie 2003/87/EG des Europäischen Parlaments und des Rates über ein System für den Handel mit Treibhausgasemissionszertifikaten in der Gemeinschaft (ABl. L 302 vom 18.11.2010, S. 1).

(7) Die nach § 50 Nummer 8 und 9 zuständige Aufsichtsbehörde für Verpflichtete nach § 2 Absatz 1 Nummer 15 kann zur Erfüllung ihrer Aufgaben im Einzelfall bei einem Verpflichteten nach § 2 Absatz 1 Nummer 1 oder Nummer 3 Auskünfte einholen zu Zahlungskonten nach § 1 Absatz 3 des Zahlungsdiensteaufsichtsgesetzes und zu darüber ausgeführten Zahlungsvorgängen

1. eines Veranstalters oder Vermittlers von Glücksspielen im Internet, unabhängig davon, ob er im Besitz einer glücksspielrechtlichen Erlaubnis ist, sowie
2. eines Spielers.

(8) Die Aufsichtsbehörde stellt den Verpflichteten regelmäßig aktualisierte Auslegungs- und Anwendungshinweise für die Umsetzung der Sorgfaltspflichten und der internen Sicherungsmaßnahmen nach den gesetzlichen Bestimmungen zur Verhinderung von Geldwäsche und von Terrorismusfinanzierung zur Verfügung. Sie kann diese Pflicht auch dadurch erfüllen, dass sie solche Hinweise, die durch Verbände der Verpflichteten erstellt worden sind, genehmigt.

(9) Die Aufsichtsbehörden haben zur Dokumentation ihrer Aufsichtstätigkeit folgende Daten in Form einer Statistik vorzuhalten:

1. Daten zur Aufsichtstätigkeit pro Kalenderjahr, insbesondere:

a) die Anzahl der in der Aufsichtsbehörde beschäftigten Personen, gemessen in Vollzeitäquivalenten, die mit der Aufsicht über die Verpflichteten nach § 2 Absatz 1 betraut sind;

b) die Anzahl der durchgeführten Vor-Ort-Prüfungen und der sonstigen ergriffenen Prüfungsmaßnahmen, differenziert nach den betroffenen Verpflichteten nach § 2 Absatz 1;

c) die Anzahl der Maßnahmen nach Buchstabe b, bei denen die Aufsichtsbehörde eine Pflichtverletzung nach diesem Gesetz oder nach einer auf der Grundlage dieses Gesetzes erlassenen Rechtsverordnung festgestellt hat, sowie die Anzahl der Fälle, in denen die Aufsichtsbehörde anderweitig Kenntnis von einer solchen Pflichtverletzung erlangt hat, und

d) Art und Umfang der daraufhin von der Aufsichtsbehörde rechtskräftig ergriffenen Maßnahmen; dazu gehören die Anzahl

aa) der erteilten Verwarnungen,

bb) der festgesetzten Bußgelder einschließlich der jeweiligen Höhe, differenziert danach, ob und inwieweit eine Bekanntmachung nach § 57 erfolgte,

cc) der angeordneten Abberufungen von Geldwäschebeauftragten oder Mitgliedern der Geschäftsführung,

dd) der angeordneten Erlaubnisentziehungen,

ee) der sonstigen ergriffenen Maßnahmen;

e) Art und Umfang der Maßnahmen, um die Verpflichteten nach § 2 Absatz 1 über die von ihnen einzuhaltenden Sorgfaltspflichten und internen Sicherungsmaßnahmen zu informieren;

2. die Anzahl der von der Aufsichtsbehörde nach § 44 abgegebenen Verdachtsmeldungen pro Kalenderjahr, differenziert nach den betroffenen Verpflichteten nach § 2 Absatz 1.

Die Aufsichtsbehörden haben dem Bundesministerium der Finanzen die Daten nach Satz 1 mit Stand zum 31. Dezember des Berichtsjahres bis zum 31. März des Folgejahres in elektronischer Form zu übermitteln. Das Bundesministerium der Finanzen kann dazu einen Vordruck vorsehen.

Schrifttum: *Bentele/Schirmer*, Im Geldwäscherecht viel Neues – Das Gesetz zur Optimierung der Geldwäscheprävention, ZBB 2012, 303; *Herzog/Achtelik*, Geldwäschegesetz, 2. Aufl. 2014; *Hölters*, Aktiengesetz, 3. Aufl. 2017; *Spindler/Stilz*, Aktiengesetz, 3. Aufl. 2015.

GwG § 51 Aufsicht

Übersicht

	Rn.		Rn.
I. Allgemeines	1	VI. Sonderregelung für Treibhausgasemissionszertifikate (§ 51 Abs. 6 GwG)	29
II. Maßnahmen und Anordnungen der zuständigen Aufsichtsbehörden (§ 51 Abs. 1 und 2 GwG)	5	VII. Sonderregelung für Aufsichtsbehörden für Veranstalter und Vermittler von Glücksspielen im Internet (§ 51 Abs. 7 GwG)	30
III. Prüfungsrechte (§ 51 Abs. 3 GwG)	10	VIII. Auslegungs- und Anwendungshinweise sowie Unterrichtungspflichten (§ 51 Abs. 8 GwG)	32
1. Kreis der berechtigten Aufsichtsbehörden	12	1. Auslegungs- und Anwendungshinweise im Finanzsektor	34
2. Routine- und Sonderprüfung	14	2. Auslegungs- und Anwendungshinweise im Nichtfinanzsektor	36
IV. Kostenersatz für Verwaltungsaufwand (§ 51 Abs. 4 GwG)	17	IX. Dokumentationspflicht der Aufsichtsbehörden (§ 51 Abs. 9 GwG)	37
V. Untersagungsbefugnis (§ 51 Abs. 5 GwG)	19		
1. Bezüglich des Verpflichteten	22		
2. Bezüglich Mitgliedern der Führungsebene oder anderen Beschäftigten	26		
3. Auseinanderfallen von Aufsichts- und Zulassungsbehörde	28		

I. Allgemeines

1 Im Zuge der Überarbeitungen des Geldwäschegesetzes zur Umsetzung der Vierten Geldwäscherichtlinie,[1] hat auch die Aufsicht in § 51 GwG eine neue Regelung erfahren. Mit der Neufassung der Norm wurden Art. 48 und 59 Abs. 2 lit. c) und d) der Vierten Geldwäscherichtlinie sowie Art. 55 Abs. 1 der Verordnung (EU) Nr. 1031/2010 umgesetzt. § 51 GwG entspricht in wesentlichen Teilen § 16 GwG a.F.

2 In § 16 GwG a.F. wurde die Regelung der Aufsicht mit Inkrafttreten des Geldwäschebekämpfungsgesetzes vom 13.8.2008 aufgenommen. Nach kleineren Modifikationen[2] wurden die Befugnisse der Aufsichtsbehörden mit dem OGAW-IV-Umsetzungsgesetz vom 22.6.2011 wesentlich erweitert.[3] Zuvor hatte die Financial Action Task Force on Money Laundering (FATF) in ihrem Deutschlandbericht vom 19.2.2010[4] moniert, dass den Aufsichtsbehörden kei-

---

1 BGBl. 2017 I, S. 1822.
2 Vgl. hierzu das Gesetz zur Umsetzung der aufsichtsrechtlichen Vorschriften der Zahlungsdienstrichtlinie vom 26.6.2009 (BGBl. I, S. 1506 ff.) und das Gesetz zur Umsetzung der Zweiten E-Geld-Richtlinie vom 1.3.2011 (BGBl. I, S. 288 ff.).
3 BGBl. 2011 I, S. 1126.
4 BT-Drs. 17/8043, S. 15.

I. Allgemeines § 51 GwG

ne hinreichenden Instrumentarien zur Verfügung stünden, um eine ordnungsgemäße Durchführung der Aufsicht sicherzustellen.[5] Daraufhin wurde § 16 Abs. 3 GwG a. F. eingeführt, der die erforderlichen gewerberechtlichen Befugnisse der Aufsichtsbehörde konkretisierte.[6] Zudem wurde ein Zeugnisverweigerungsrecht in Abs. 4 aufgenommen,[7] das mittlerweile in § 52 Abs. 4 und 5 GwG zu verorten ist. Die mit diesem Gesetz eingeführte Pflicht der zuständigen Behörde zur Verfassung regelmäßig aktualisierter Auslegungs- und Anwendungshinweise[8] wurde durch die 4. GwG-Novelle in Abs. 8 des aktuellen § 51 GwG verschoben.

Parallel zum OGAW-IV-Umsetzungsgesetz wurde im gleichen Jahr das Gesetz 3
zur Optimierung der Geldwäscheprävention[9] umgesetzt, sodass es im Gesetzgebungsverfahren zu mehreren Überschneidungen mit dem OGAW-IV-Umsetzungsgesetz[10] kam. Letztendlich wurde daher aufgrund des Gesetzes zur Optimierung der Geldwäscheprävention nur die Möglichkeit der Behörden geschaffen, Gebühren zu erheben (§ 16 Abs. 1 Satz 4 GwG a. F., heute § 51 Abs. 4 GwG) sowie bestimmten Behörden das Recht eingeräumt, die Ausübung eines Geschäfts oder Berufs zu untersagen, § 16 Abs. 1 Satz 5 GwG a. F. Eine Neuregelung hierzu findet sich nun in § 51 Abs. 5 GwG. Zudem wurden neue Verpflichtete aufgenommen, § 16 Abs. 2 Nr. 2 lit. g) und h) GwG a. F. (entspricht der heutigen Regelung des § 50 Abs. 1 Nr. 1 lit. g) und h) GwG).[11] In der Folge wurde durch das Gesetz zur Ergänzung des Geldwäschegesetzes vom 18.2.2013[12] die aufschiebende Wirkung von Widerspruch und Anfechtungsklage gegen Anordnungen und Maßnahmen der Aufsichtsbehörde (§ 16 Abs. 1 Satz 5 GwG) aufgehoben; diese Regelung der sofortigen Vollziehung findet sich nun in § 51 Abs. 2 Satz 3 GwG wieder.

Nach weiteren geringfügigen Überarbeitungen – so wurde die BaFin 2013 als 4
Aufsichtsbehörde für die Kreditanstalt für Wiederaufbau festgelegt[13] – wurde § 16 GwG a. F. nun mit der Umsetzung der Vierten Geldwäscherichtlinie vollständig neu geordnet und angepasst. Die einzelnen Absätze wurden neu strukturiert, Teile des ehemaligen § 16 GwG a. F. in andere Paragraphen ausgelagert und die bisherigen Regelungen ergänzt. Abs. 1 des § 16 GwG a. F. wurde we-

---

5 FATF, Mutual Evaluation Report (Germany) Anti-Money Laundering and Combating the Financing of Terrorism vom 19.2.2010, Rn. 938, 983, 985, 995, 1005 und Bewertung zu Empfehlung 24, abrufbar auf der Internetseite der FATF www.fatf-gafi.org.
6 BT-Drs. 17/6804, S. 38.
7 BGBl. 2011 I, S. 1126.
8 BGBl. 2011 I, S. 1126.
9 BGBl. 2011 I, S. 2966.
10 Vgl. hierzu BT-Drs. 17/7950, S. 21 f.; BT-Drs. 17/8043, S. 15.
11 BT-Drs. 17/8043, S. 15.
12 BGBl. 2013 I, S. 268.
13 Vgl. hierzu BGBl. 2013 I, S. 2178 ff.

GwG § 51 Aufsicht

sentlich verschlankt, der ursprüngliche Regelungsgehalt aufgespalten und in andere Absätze verteilt. Die Regelung zur zuständigen Behörde, § 16 Abs. 2 GwG a. F., findet sich nun ausgegliedert in § 50 GwG. Die Befugnisse der Aufsichtsbehörden aus dem § 16 Abs. 3 GwG a. F. wurden im Wesentlichen in den § 51 Abs. 3 GwG übertragen und in der Umsetzung des Art. 48 der Vierten Geldwäscherichtlinie erweitert. Auch die Mitwirkungspflichten wurden, nicht zuletzt der Übersichtlichkeit geschuldet, ausgeklammert und in § 52 GwG geregelt. Im Zuge der Novellierung wanderte § 16 Abs. 5 GwG a. F. in § 51 Abs. 8 GwG. Im neuen § 51 Abs. 7 GwG wurden weitgehend die Regelungen des § 9a Abs. 7 GwG übernommen.

II. Maßnahmen und Anordnungen der zuständigen Aufsichtsbehörden (§ 51 Abs. 1 und 2 GwG)

5   Die ersten beiden Absätze entsprechen in weiten Teilen § 16 Abs. 1 Satz 1–3 sowie Abs. 6 GwG a. F. Sie garantieren im Sinne des Art. 48 der Vierten Geldwäscherichtlinie, dass die zuständigen Behörden eine wirksame Überwachung durchführen und die erforderlichen Maßnahmen zur Einhaltung des Geldwäschegesetzes treffen können.[14] Nach § 51 Abs. 1 GwG, der die **generelle geldwäscherechtliche Aufsichtspflicht** der gemäß § 50 GwG zuständigen Aufsichtsbehörden über die Verpflichteten im Sinne des § 2 Abs. 1 GwG statuiert, folgt in § 51 Abs. 2 GwG eine Konkretisierung.

6   Adressaten der Regelung sind zunächst alle zuständigen Aufsichtsbehörden nach § 50 GwG (vgl. hierzu § 50 Rn. 3 ff.). Diese können im Rahmen ihrer gesetzlich zugewiesenen Aufgaben die geeigneten und erforderlichen Maßnahmen und Anordnungen treffen, um die Einhaltung der im GwG und der aufgrund des GwG ergangenen Rechtsverordnungen festgelegten Anforderungen sicherzustellen. Die genannten Maßnahmen und Anordnungen sollen damit eingesetzt werden, wenn Abweichungen vom gesetzlichen Rechtsrahmen festgestellt werden.[15]

§ 51 Abs. 2 Satz 1 GwG stellt eine Generalklausel dar, während dann in den folgenden Absätzen mögliche Maßnahmen und Anordnungen konkretisiert werden. Hierzu gehören die für einen bestimmten Kreis von Aufsichtsbehörden (§ 50 Nr. 1 lit. g) und h), sowie den in § 50 Nr. 3 bis 9 GwG, siehe näher dazu Rn. 12) bestehenden Prüfungsrechte nach § 51 Abs. 3 GwG, die vorübergehende Geschäfts- oder Berufsuntersagung nach § 51 Abs. 5 GwG, der Widerruf der Zulassung nach § 51 Abs. 5 GwG sowie die gemäß § 52 Abs. 1 GwG bestehenden Auskunfts- und Unterlagenvorlagerechte.

---

14 BT-Drs. 18/11555, S. 160.
15 BT-Drs. 17/10745, S. 18.

II. Maßnahmen und Anordnungen   § 51 GwG

Gemäß § 51 Abs. 2 Satz 2 GwG können die Aufsichtsbehörden zur Verfolgung des in § 51 Abs. 2 Satz 1 GwG genannten Ziels auch die ihnen für sonstige Aufsichtsmaßnahmen zur Verfügung stehenden Befugnisse nutzen. Besondere Regelungen finden sich beispielsweise zu den Versicherungsunternehmen in § 303 Abs. 2 VAG. Nach § 15 Abs. 3 ZAG ist für die erfassten Zahlungsinstitute die Abberufung des Geschäftsleiters möglich, Gleiches gilt auch für die dem KWG unterfallenden Institute nach § 36 Abs. 2 KWG.   7

Bei der Wahl des Aufsichtsmittels muss der **Grundsatz der Verhältnismäßigkeit** gewahrt werden, wobei der im Geldwäscherecht bestehende risikobasierte Ansatz zu berücksichtigen ist.[16] Stehen mehrere Mittel zur Wahl, so ist das angemessene, das zur Erreichung des Aufsichtsziels geeignete, aber auch erforderliche, also mildeste Mittel zu wählen. Auch die Anwendung des einzelnen Mittels an sich muss verhältnismäßig sein. Eine Normierung dieses Gebots findet sich für das Prüfungsrecht in § 51 Abs. 3 Satz 4 GwG (siehe dazu Rn. 15).   8

Widerspruch und Anfechtungsklagen gegen Maßnahmen und Anordnungen haben nach § 51 Abs. 2 Satz 3 GwG keine aufschiebende Wirkung. Durch die **Anordnung der sofortigen Vollziehbarkeit** wird von § 80 Abs. 2 Nr. 3 VwGO Gebrauch gemacht. Die auf § 16 Abs. 1 Satz 6 GWG a. F. zurückgehende Regelung schloss mit ihrer damaligen Einführung eine Lücke, die sich daraus ergab, dass die Normen des ZAG (§ 23 i.V.m. § 14 ZAG) sowie des KWG (§ 49 i.V. m. den §§ 36, 44 KWG) eine solche sofortige Vollziehbarkeit bereits vorsahen. Die Regelung der sofortigen Vollziehung soll einerseits eine allgemein vergleichbare und übereinstimmende Ausgangs- und Interessenlage schaffen und andererseits dem Regelfall im Geldwäscherecht, in dem das staatliche Interesse am Vollzug der Anordnungsverfügung dem Aussetzungsinteresse des Beaufsichtigten überwiegt, Rechnung tragen.[17] Insbesondere vor dem Sinn und Zweck der geldwäschepräventiven Regelungen, Taten der Terrorismusfinanzierung und der Geldwäsche zu verhindern, erscheint eine Vollzugshemmung als unangebrachtes Aufklärungshindernis.[18] Auch im Fall der Untersagung des Geschäfts des Verpflichteten (§ 51 Abs. 5 GwG) soll die Abwägung i.d.R. zugunsten des öffentlichen Interesses an der sofortigen Vollziehbarkeit ausfallen.[19]   9

---

16 Vgl. Art. 48 Abs. 1, 2 und 6 der Richtlinie (EU) 2015/849.
17 BT-Drs. 17/10745, S. 18.
18 BT-Drs. 17/10745, S. 18.
19 BT-Drs. 17/10745, S. 18, so auch *Herzog/Achtelik*, in: Herzog, GwG, § 16 Rn. 19.

GwG § 51 Aufsicht

III. Prüfungsrechte (§ 51 Abs. 3 GwG)

10 Nach § 51 Abs. 3 GwG werden gewerberechtliche Befugnisse insbesondere für die Aufsichtsbehörden der Länder konkretisiert. Diese Regelung wurde erst im Jahr 2011 in das Geldwäschegesetz aufgenommen und entspricht bis auf Satz 4 im Wesentlichen dem § 16 Abs. 3 Satz 2 GwG a. F.[20] Die Einführung der Norm war damals notwendig geworden, weil die nach Landesrecht zuständigen Stellen trotz der europäischen Vorgaben aus der Geldwäscherichtlinie den Aufsichtsbehörden keine ausreichenden gewerberechtlichen Befugnisse für die Überwachung der Verpflichteten zur Verfügung gestellt hatten.[21] Die FATF monierte in ihrem Deutschlandbericht vom 19.2.2010 die fehlenden Kompetenzen der Aufsichtsbehörden (z. B. bei einer anlasslosen Routineprüfung).[22] Auch die Europäische Kommission hatte bereits ein Vertragsverletzungsverfahren gegen die Bundesrepublik Deutschland angedroht, da es die Länder bisher versäumt hatten, hinreichende Befugnisse für die Zuständigkeiten der Aufsichtsbehörden zu regeln.[23] Daher hat der Gesetzgeber eine bundesgesetzliche Regelung geschaffen, welche sicherstellen soll, dass die Verpflichteten ihren gesetzlichen Verpflichtungen fortlaufend und umfassend nachkommen.[24]

11 Neben dem Prüfungsrecht wurde den zuständigen Aufsichtsbehörden als mögliches aufsichtsrechtliches Instrument ein Auskunfts- und Unterlagenvorlagerecht im § 52 Abs. 1 GwG eingeräumt (siehe dazu § 52 GwG Rn. 3 ff.). Nicht von den Regelungen umfasst ist ein Durchsuchungs- oder Selbsteintrittsrecht der Aufsichtsbehörde oder sonstiges, repressiven Zwecken dienendes Handeln.[25]

1. Kreis der berechtigten Aufsichtsbehörden

12 Der Gesetzgeber nennt nur einen bestimmten Kreis von Aufsichtsbehörden, die berechtigt sind, eine Prüfung nach § 51 Abs. 3 GwG vorzunehmen. Für die übrigen Aufsichtsbehörden bestehen bereits Regelungen in spezialgesetzlichen

---

20 Der Satz 4 wurde mit dem Gesetz zur Umsetzung der Vierten Geldwäscherichtlinie (BGBl. 2017 I, S. 1822) ergänzt und setzt die Vorgaben der Art. 48 Abs. 6 bzw. 7 der Vierten Geldwäscherichtlinie um.
21 BT-Drs. 17/5417, S. 14.
22 FATF, Mutual Evaluation Report (Germany) Anti-Money Laundering and Combating the Financing of Terrorism vom 19.2.2010, Rn. 938, 983, 985, 995, 1005 und Bewertung zu Empfehlung 24, abrufbar auf der Internetseite der FATF www.fatf-gafi.org.
23 Europäische Kommission, Pressemitteilung IP/11/75, „Kommission drängt Deutschland zur Durchsetzung der Anti-Geldwäsche-Vorschriften" vom 27.1.2011.
24 BT-Drs. 17/5417, S. 14; BT-Drs. 17/6804, S. 38.
25 BT-Drs. 17/5417, S. 14; BT-Drs. 17/6804, S. 38.

III. Prüfungsrechte (§ 51 Abs. 3 GwG)

Vorschriften (z. B. § 44 Abs. 1 Satz 2 KWG, § 306 VAG, § 14 ZAG).[26] Betroffen sind im Wesentlichen die Aufsichtsbehörden für den Nichtfinanzsektor. Lediglich die Ermächtigung für die BaFin nach § 50 Nr. 1 lit. g) und h) GwG ist auf eine Regelungslücke zurückzuführen.[27] Derselbe Kreis von berechtigten Aufsichtsbehörden findet sich ebenso im § 51 Abs. 5 GwG sowie im § 52 GwG wieder.

Erfasst sind folgende Aufsichtsbehörden:

– BaFin (nach § 50 Nr. 1 lit. g) und h) GwG)
– Rechtsanwaltskammer (nach § 50 Nr. 3 GwG)
– Patentanwaltskammer (nach § 50 Nr. 4 GwG)
– Präsidenten des Landgerichts (nach § 50 Nr. 5 GwG)
– Wirtschaftsprüferkammer (nach § 50 Nr. 6 GwG)
– Steuerberaterkammer (nach § 50 Nr. 7 GwG)
– zuständige Behörde für die Erteilung der glücksspielrechtlichen Erlaubnis (nach § 50 Nr. 8 GwG)
– zuständige Stellen nach dem Bundes- oder Landesrecht (nach § 50 Nr. 9 GwG)

Zur Durchführung der Prüfung sind die **eigenen Mitarbeiter** der zuständigen Aufsichtsbehörde berechtigt. Darüber hinaus können die zuständigen Aufsichtsbehörden nach Satz 3 die Durchführung der Prüfungen vertraglich auf **sonstige Personen und Einrichtungen** übertragen. Soweit die Prüfungsrechte auf Dritte übertragen werden, sind hierunter solche Unternehmen und Personen zu verstehen, die kraft ihrer beruflichen Erfahrungen und Kenntnisse sowie ihrer Integrität hierfür geeignet sind (z. B. Wirtschaftsprüfer).[28] Bei der Auswahl des Dritten muss die Aufsichtsbehörde berücksichtigen, dass dieser die Gewähr dafür bietet, dass die Rechte und sonstigen berechtigten Belange des Verpflichteten hinreichend gewahrt werden.[29]

2. Routine- und Sonderprüfung

Eine Prüfung durch die Aufsichtsbehörden kann sowohl aufgrund eines besonderen Grundes (**Sonderprüfung**) sowie nach Satz 2 ohne einen besonderen Anlass (**Routineprüfung**) erfolgen. Insbesondere durch Routinekontrollen in den Geschäftsräumen des Verpflichteten, in deren Rahmen sich die Aufsichtsbehörden geeignete Auskünfte und Nachweise über die Einhaltung der Sorgfalts-, Aufzeichnungs- und Meldepflichten vorlegen lassen können, kann si-

---

26 BT-Drs. 17/8043, S. 15; BT-Drs. 17/5417, S. 14; BT Drs. 17/6804, S. 38.
27 BT-Drs. 17/8043, S. 15.
28 BT-Drs. 17/6804, S. 38.
29 BT-Drs. 17/6804, S. 38.

GwG § 51 Aufsicht

chergestellt werden, dass die Verpflichteten ihren gesetzlichen Verpflichtungen fortlaufend und umfassend nachkommen.[30]

15 Die Aufsichtsbehörden haben bei der Prüfung nach dem **risikobasierten Ansatz** vorzugehen. Die Häufigkeit und Intensität der Prüfungen haben sich nach Satz 4 am Risikoprofil der Verpflichteten im Hinblick auf Geldwäsche und Terrorismusfinanzierung zu orientieren, das in regelmäßigen Abständen und bei Eintritt wichtiger Ereignisse oder Entwicklungen in deren Geschäftsleitung und Geschäftstätigkeit neu zu bewerten ist.

16 Eine Prüfung kann innerhalb der üblichen Betriebs- und Geschäftszeiten stattfinden und ist von Betroffenen gem. § 52 Abs. 3 GwG **zu dulden** (siehe dazu § 52 GwG Rn. 12 ff.).

IV. Kostenersatz für Verwaltungsaufwand (§ 51 Abs. 4 GwG)

17 Gemäß § 51 Abs. 4 GwG können die Aufsichtsbehörden nach § 50 Nr. 8 und Nr. 9 GwG die zur Deckung des Verwaltungsaufwands erforderlichen Kosten für Maßnahmen und Anordnungen nach dieser Vorschrift erheben. Zur Kostenerhebung berechtigt sind damit sowohl die zur Erteilung der glücksspielrechtlichen Erlaubnis zuständige Behörde (§ 50 Nr. 8 GwG), sofern das Landesrecht nichts Gegenteiliges bestimmt, als auch die als Auffangzuständigkeit geregelte nach dem Bundes- oder Landesrecht zuständige Stelle (§ 50 Nr. 9 GwG, vgl. zu den Anwendungsfällen § 50 Rn. 14 ff.). Auch für den Fall, dass die Durchführung der Prüfungen vertraglich auf sonstige Personen und Einrichtungen nach § 51 Abs. 3 Satz 4 GwG übertragen wurde, trifft die Kostentragungspflicht insoweit den Verpflichteten.[31]

18 Nach Auffassung des Gesetzgebers erfolgt die Aufsicht auch im Interesse des Verpflichteten selbst, der daher auch finanziell zur Verantwortung gezogen werden kann.[32] Gerade bei den benannten besonders missbrauchsgefährdeten, auf Vertrauen der übrigen Marktteilnehmer beruhenden Unternehmen und Berufszweigen, ist die Integrität der Branche eine elementare Grundvoraussetzung. Mit diesem subjektiven Interesse korreliert das Interesse der Öffentlichkeit an der Bekämpfung der Geldwäsche und Terrorismusgefährdung als Allgemeininteresse, sodass die **Kostenerhebung nur im Einzelfall** gerechtfertigt erscheint. Mit seiner Ausgestaltung als Kann-Vorschrift stellt § 51 Abs. 4 GwG klar, dass die Regelaufsicht für den Verpflichteten grundsätzlich kostenfrei bleiben soll.

---

30 BT-Drs. 17/5417, S. 14.
31 BT-Drs. 17/6804, S. 38.
32 BT-Drs. 17/6804, S. 37.

V. Untersagungsbefugnis (§ 51 Abs. 5 GwG)

Mit dem neu formulierten § 51 Abs. 5 GwG setzt der Gesetzgeber Art. 59 Abs. 2 lit. c) und d) der Vierten Geldwäscherichtlinie um. Vor der GwG-Novelle fand sich die Regelung zur Untersagungsbefugnis in § 16 Abs. 1 Satz 5 GwG a.F. Der Adressatenkreis der Aufsichtsbehörden für die Untersagungsbefugnis entspricht dem des § 51 Abs. 3 GwG (siehe Rn. 12). Im Übrigen bestehen spezialgesetzliche Regelungen insbesondere für BaFin (z.B. §§ 36 Abs. 2 i.V.m. 33 Abs. 1 Nr. 2, 4 KWG).

19

Die Untersagungsbefugnis des § 51 Abs. 5 GwG differenziert zwischen den **Verstößen des Verpflichteten** selbst (**Satz 1**) und solchen eines **Mitglieds der Führungsebene oder eines anderen Beschäftigten des Verpflichteten (Satz 2)**. Gemäß Satz 1 können die vorbezeichneten Aufsichtsbehörden einem Verpflichteten, dessen Tätigkeit einer Zulassung bedarf, die Ausübung des Geschäfts oder Berufs vorübergehend untersagen oder ihm gegenüber ebendiese Zulassung widerrufen (siehe dazu Rn. 21). § 51 Abs. 5 Satz 2 GwG trifft für Mitglieder der Führungsebene oder andere Beschäftigte des Verpflichteten eine vergleichbare Regelung, die ein vorübergehendes Verbot zur Ausübung einer Leitungsposition beim Verpflichteten vorsieht (siehe dazu Rn. 25).

20

Der Verstoß gegen die Untersagung durch die Aufsichtsbehörde nach § 51 Abs. 5 GwG stellt eine Ordnungswidrigkeit im Sinne des § 56 Abs. 1 Nr. 61 GwG dar.

21

1. Bezüglich des Verpflichteten

Der Wortlaut des § 51 Abs. 5 Satz 1 GwG berechtigt die Aufsichtsbehörde nur zur Untersagung gegenüber solchen Verpflichteten, deren Tätigkeit einer Zulassung bedarf und deren Zulassung durch die Aufsichtsbehörde erteilt wurde. War in einer vorherigen Fassung des Gesetzentwurfs[33] noch vorgesehen, dass die nach dem GwG zuständige Aufsichtsbehörde neben der mit gleicher Kompetenz ausgestatteten Fachbehörde steht, die für Zulassung zuständig ist, wurde dies auf Empfehlung der Ausschüsse des Bundesrats[34] korrigiert. Um Kompetenzstreitigkeiten und eine für den einzelnen Verpflichteten sachgerechte Behandlung und Umsetzung zu gewährleisten, ist dies angebracht.

22

Aufgrund der besonderen **Grundrechtsrelevanz** der Untersagung des Geschäfts oder Berufs und des Zulassungswiderrufs werden bereits auf Tatbestandsebene Voraussetzungen vorgegeben, um eine verhältnismäßige Nutzung dieser Regelung zu gewährleisten. Dabei ist aber zu beachten, dass diese im

23

---

33 BR-Drs. 182/17, S. 58.
34 BR-Drs. 182/1/17, S. 25.

GwG § 51 Aufsicht

Hinblick auf das übrige Gewerberecht vom Gesetzgeber bewusst niedrig angesetzt wurden, um den mit der Geldwäsche einhergehenden Risiken für das Vertrauen in den Wirtschaftsstandort und der internationalen Ächtung der Geldwäsche Rechnung zu tragen.[35]

24 Die vorübergehende Untersagung der Berufsausübung oder der Zulassungswiderruf verlangen, dass der **Verpflichtete vorsätzlich oder fahrlässig** gegen die **Bestimmungen des Geldwäschegesetzes, gegen die zur Durchführung einer aufgrund des Geldwäschegesetzes erlassenen Verordnung oder gegen Anordnungen der zuständigen Aufsichtsbehörde verstoßen hat (Nr. 1)**, trotz **einer Verwarnung** durch die zuständige Behörde dieses Verhalten **fortgesetzt hat (Nr. 2) und der Verstoß nachhaltig ist (Nr. 3)**. Alle drei Voraussetzungen müssen kumulativ vorliegen, subjektiv ist ein vorsätzlicher oder fahrlässiger Verstoß erforderlich. Durch die normierten Anforderungen soll die vorübergehende Untersagung oder der Widerruf der Zulassung nur bei schwerwiegenden, wiederholten und systematischen Verstößen möglich sein.[36] Insbesondere die Anforderung des nachhaltigen Verstoßes soll gewährleisten, dass nicht schon bei Bagatellverstößen das besonders einschneidende Mittel des § 51 Abs. 5 GwG gewählt wird.[37] Als nachhaltige Verstöße wird man wohl solche zu begreifen haben, die sich als ein Dauerzustand darstellen. Nur einmalige und kurzweilige, wieder behobene Verstöße dürften nicht genügen.

25 Die einzelnen Voraussetzungen machen deutlich, dass die vorübergehende Untersagung des Geschäfts oder des Berufs und der, in seiner Eingriffsintensität noch größere, **Zulassungswiderruf als letztes Mittel** zur Einhaltung der Pflichten nach dem Geldwäschegesetz gelten dürfen. Insbesondere unter dem Gesichtspunkt, dass Widerspruch und Anfechtungsklage gegen diese Entscheidungen keine aufschiebende Wirkung zukommt und damit durch die Anordnung der Untersagung für den von der Ausübung seines Geschäfts oder Berufs abhängigen Verpflichteten zwangsläufig ein wirtschaftlicher Nachteil eintritt, erscheint eine **restriktive Handhabung** dieses Aufsichtsmittels geboten.[38] Auch der Gesetzeswortlaut verlangt nichts Gegenteiliges, sodass in jedem Einzelfall die Schwere des Verstoßes und der Grad der Vorwerfbarkeit zu berücksichtigen und in Ausgleich zu bringen sind.[39]

---

35 BT-Drs. 17/6804, S. 37.
36 BR-Drs. 182/1/17, S. 25.
37 BT-Drs. 17/6804, S. 37.
38 So auch *Herzog/Achtelik*, in: Herzog, GwG, § 16 Rn. 7; *Bentele/Schirmer*, ZBB 2012, 303, 313.
39 BT-Drs. 17/6804, S. 37.

V. Untersagungsbefugnis (§ 51 Abs. 5 GwG) **§ 51 GwG**

2. Bezüglich Mitgliedern der Führungsebene oder anderen Beschäftigten

In § 51 Abs. 5 Satz 2 GwG wird eine Regelung dafür getroffen, dass nicht der Verpflichtete selbst, sondern ein Mitglied der Führungsebene oder ein anderer Beschäftigter des Verpflichteten vorsätzlich oder fahrlässig einen Verstoß gegen Satz 1 begangen hat. Liegen Verstöße dieser Personen vor, kann die Aufsichtsbehörde nach § 50 Nr. 1 GwG, soweit sich die Aufsichtstätigkeit auf einen Verpflichteten nach lit. g) und h) bezieht oder die zuständige Behörde nach § 50 Nr. 3 bis 9 GwG (vgl. hierzu Rn. 12) ein vorübergehendes **Verbot zur Ausübung einer Leitungsposition** bei dem Verpflichteten aussprechen, sofern sie diesem auch die Zulassung erteilt hat. Damit ist der Verstoß inhaltlich wie in Satz 1 zu bestimmen, erforderlich ist aber eine besondere Pflichtenstellung der natürlichen Person.

26

Der Verstoßende muss Mitglied der Führungsebene oder ein anderer Beschäftigter sein. Die Begrifflichkeit der **Führungsebene**, die mit der Einführung der Frauenquote etwa in § 76 Abs. 4 AktG und § 36 GmbHG[40] diskutiert wurde, ist nun in § 1 Abs. 15 GwG gesetzlich definiert und konkretisiert. Mitglied der Führungsebene im Sinne des Gesetzes ist demnach eine Führungskraft oder ein leitender Mitarbeiter eines Verpflichteten mit ausreichendem Wissen über die Risiken, denen der Verpflichtete in Bezug auf Geldwäsche und Terrorismusfinanzierung ausgesetzt ist, und mit der Befugnis, insoweit Entscheidungen zu treffen (vgl. hierzu § 1 Rn. 17 ff.). Aufgrund der Vielgestaltigkeit der Unternehmenswirklichkeit ist für die Bestimmung wohl auf die bei dem konkreten Verpflichteten vorliegenden Hierarchieebenen abzustellen und anhand dieser die Führungskraft bzw. der leitende Mitarbeiter zu bestimmen.[41] Daneben sollen gemäß § 51 Abs. 5 Satz 2 GwG alle Beschäftigten, also jeder Angestellte, Arbeiter oder Auszubildende, erfasst sein. Die zuständige Aufsichtsbehörde kann diesen Personen bei einem vorsätzlichen oder fahrlässigen Verstoß im Sinne des Satz 1 die Wahrnehmung einer Leitungsposition, also einer Position mit Verantwortung für bestimmte Tätigkeiten, verbieten.

27

3. Auseinanderfallen von Aufsichts- und Zulassungsbehörde

Ist eine Kongruenz von Aufsichtsbehörde und Zulassungsbehörde nicht gegeben und liegt ein Verstoß im Sinne des Satz 1 vor, so regelt § 51 Abs. 5 Satz 3 GwG, dass die Zulassungsbehörde auf Verlangen der Aufsichtsbehörde das Verfahren entsprechend der Sätze 1 und 2 durchführt. Dadurch soll verhindert werden, dass die nach dem GwG zuständige Aufsichtsbehörde unabhängig ne-

28

---

40 *Weber*, in: Hölters, AktG, § 76 Rn. 86; *Fleischer*, in: Spindler/Stilz, AktG, § 76 Rn. 144 f.
41 So auch im Zusammenhang mit der Frauenquote *Weber*, in: Hölters, AktG, § 76 Rn. 86; *Fleischer*, in: Spindler/Stilz, AktG, § 76 Rn. 144 f.

ben der mit gleicher Kompetenz ausgestatteten Fachbehörde steht.[42] Durch die **Kompetenzkonzentration** bei der Fachbehörde soll zum einen der Grundsatz der Verhältnismäßigkeit gewahrt werden und zum anderen berücksichtigt werden, dass der Verpflichtete die Zulassung mit dem primären Ziel erhält, wirtschaftlich tätig zu werden. Die Einhaltungen der Verpflichtungen aus dem GwG bilden nicht seine Haupttätigkeit ab. Ebenso wie die Pflicht zur Gewerbeanmeldung, zur Umsatzsteuervorauszahlung oder die zur fristgerechten Abgabe der Steuererklärung sowie zahlreiche weitere, sind die Pflichten des GwG mit der Ausübung der zugelassenen Tätigkeit zwangsläufig verbunden.[43] Mit einer Kompetenzzuweisung an die auch mit der Zulassung betraute Behörde kann diese Interessensituation angemessen berücksichtigt und eine im Einzelfall angemessene Entscheidung erreicht werden.

VI. Sonderregelung für Treibhausgasemissionszertifikate (§ 51 Abs. 6 GwG)

29 § 51 Abs. 6 GwG betrifft eine Sonderregelung über die Aufsicht von Auktionsplattformen, welche den Handel von Treibhausgasemissionszertifikaten innerhalb der europäischen Union betreiben. Nach Art. 55 Abs. 1 der Verordnung (EU) Nr. 1031/2010 über den zeitlichen und administrativen Ablauf sowie sonstige Aspekte der Versteigerung von Treibhausgasemissionszertifikaten gemäß der Richtlinie 2003/87/EG des Europäischen Parlaments und des Rates über ein System für den Handel mit Treibhausgasemissionszertifikaten in der Gemeinschaft[44] (**EU-Auktionsverordnung**) müssen die genannten Auktionsplattformen bestimmte Anforderungen an die Geldwäscheregelungen einhalten (z.B. Sorgfaltspflicht gegenüber Kunden, Überwachungs- und Aufzeichnungsanforderungen). Diese Sonderregelung in der EU-Auktionsverordnung ist notwendig, da die Auktionsplattformen nicht nur Wertpapierfirmen und Kreditinstituten, sondern auch Anlagenbetreibern und Luftfahrzeugbetreibern sowie anderen Personen Zugang gewähren müssen, die auf eigene Rechnung und im Namen von Dritten bieten dürfen, selbst aber nicht unter die europäische Geldwäscherichtlinie fallen.[45] Als europäische Verordnung sind die Vorgaben der EU-Aktionsverordnung für die Adressaten unmittelbar anwendbar und bedürfen grundsätzlich keiner weiteren Umsetzung. Nur wenige Gesetzesanpassungen waren durch den deutschen Gesetzgeber erforderlich.[46] Hierzu gehört die Regelung im hiesigen § 51 Abs. 6 GwG über die Bestimmung der zuständigen

---

42 BR-Drs. 182/1/17, S. 26.
43 BR-Drs. 182/1/17, S. 26.
44 ABl. EU Nr. L 302, S. 1 vom 18.11.2010.
45 Erwägungsgrund 23 der Verordnung (EU) Nr. 1031/2010.
46 BT-Drs. 17/8043, S. 11 f.

Aufsichtsbehörde, welche sich nach dem deutschen Gesetzgeber aus § 50 Nr. 9 GwG ergibt und mit der die Bundesanstalt für Finanzdienstleistungsaufsicht (BaFin) beauftragt wurde.[47]

VII. Sonderregelung für Aufsichtsbehörden für Veranstalter und Vermittler von Glücksspielen im Internet (§ 51 Abs. 7 GwG)

§ 51 Abs. 7 GwG erlaubt es den zuständigen Aufsichtsbehörden für die Veranstalter und Vermittler von Glücksspielen nach § 2 Abs. 1 Nr. 15 GwG unter bestimmten Bedingungen, **Auskünfte beim Zahlungsdienstleister** (Kreditinstitute oder Zahlungsinstitute) des Glücksspielanbieters, soweit er Glücksspiele im Internet veranstaltet oder vermittelt, sowie des Spielers einzuholen. Somit wird es auch diesen Aufsichtsbehörden ermöglicht, im Rahmen ihrer Aufsichtstätigkeit die Zahlungsströme effektiv nachzuverfolgen.[48] Gibt der Verpflichtete Auskünfte nicht, nicht richtig, nicht vollständig oder nicht rechtzeitig, stellt dies eine Ordnungswidrigkeit nach § 56 Abs. 1 Nr. 62 GwG dar.

30

Das Auskunftsersuchen kann sich auf die Zahlungskonten und über diese Konten abgewickelte Transaktionen sowie Buchungsvorgänge des Veranstalters oder Vermittlers von Glücksspielen im Internet sowie eines Spielers beziehen. Ebenfalls können zum Zwecke der zweifelsfreien Identifizierung des Spielers die ihn betreffenden und vom Zahlungsdienstleister erhobenen und dokumentierten Identifikationsdaten nach § 11 Abs. 4 GwG über den Weg des Auskunftsverlangens abgefragt werden.[49]

31

Das Auskunftsersuchen besteht ausdrücklich des Wortlautes unabhängig davon, ob der Veranstalter oder Vermittler von Glücksspielen im Internet im Besitz einer glücksspielrechtlichen Erlaubnis ist. In der alten Fassung des Geldwäschegesetzes bestand noch eine Befugnis für die Aufsichtsbehörden, damit auch gegen Glücksspielanbieter ohne glücksspielrechtliche Erlaubnis vorgegangen werden könnte.[50] Einer solchen Regelung bedarf es nun nicht mehr, da die Glücksspielanbieter unabhängig von einer Erlaubnis dem Verpflichtetenkreis nach § 2 Abs. 1 GwG gleichermaßen unterfallen.[51]

---

47 BT-Drs. 17/8043, S. 15.
48 BT-Drs. 18/11555, S. 161.
49 BT-Drs. 17/10745, S. 15.
50 Siehe § 9a Abs. 7 Nr. 2 GwG in der Fassung vom 18.2.2013 (BGBl. I, S. 268).
51 BT-Drs. 18/11555, S. 161.

VIII. Auslegungs- und Anwendungshinweise sowie Unterrichtungspflichten (§ 51 Abs. 8 GwG)

32 Nach § 51 Abs. 8 GwG stellen die Aufsichtsbehörden den Verpflichteten regelmäßig aktualisierte **Auslegungs- und Anwendungshinweise** für die Umsetzung der Sorgfaltspflichten und der internen Sicherungsmaßnahmen nach den gesetzlichen Bestimmungen zur Verhinderung von Geldwäsche und von Terrorismusfinanzierung zur Verfügung. Mit den Auslegungs- und Anwendungshinweisen besteht die Möglichkeit für die Aufsichtsbehörden, die teilweise weitgefassten Normen des Geldwäschegesetzes zu präzisieren sowie auf aktuelle Entwicklungen schnell zu reagieren. Eine solche flexible Handhabung ist für den Bereich der Geldwäschebekämpfung von besonderer Bedeutung, da sich die Methoden der Geldwäscher und Terrorismusfinanzierer ständig ändern können. Darüber hinaus soll der Informationsaustausch zwischen den Verpflichteten und den zuständigen Behörden verbessert werden, um so ein ausgeprägteres Bewusstsein hinsichtlich der Risiken von Geldwäsche und Terrorismusfinanzierung zu schaffen.[52]

33 Der Verpflichtete hat keinen Anspruch gegen die zuständige Behörde auf aktualisierte Auslegungs- und Anwendungshinweise. Der Gesetzgeber stellt klar, dass ein subjektives öffentliches Recht der einzelnen Verpflichteten mit dieser Regelung nicht verbunden ist.[53]

1. Auslegungs- und Anwendungshinweise im Finanzsektor

34 Im **Finanzsektor** hatten bisher die sogenannten Auslegungs- und Anwendungshinweise der Deutsche Kreditwirtschaft zur Verhinderung von Geldwäsche, Terrorismusfinanzierung und „sonstigen strafbaren Handlungen" vom 1.2.2014 (**DK-Hinweise**) erhebliche Bedeutung und stellten den Marktstandard dar. Die DK-Hinweise wurden in Absprache mit dem Bundesministerium der Finanzen und der BaFin von der Deutsche Kreditwirtschaft erstellt.[54] Mit dem Rundschreiben 1/2014 (GW) hat die BaFin die DK-Hinweise als Verwaltungspraxis anerkannt.[55]

---

52 BT-Drs. 17/6804, S. 38.
53 BT-Drs. 17/6804, S. 38.
54 Die Deutsche Kreditwirtschaft ist die Interessenvertretung der kreditwirtschaftlichen Spitzenverbände und ein Zusammenschluss aus dem Bundesverband der Deutschen Volksbanken und Raiffeisenbanken, dem Bundesverband deutscher Banken, dem Bundesverband Öffentlicher Banken Deutschlands, dem Deutschen Sparkassen- und Giroverband und dem Verband deutscher Pfandbriefbanken.
55 BaFin Rundschreiben 1/2014 (GW), Abs. IV.

IX. Dokumentationspflicht der Aufsichtsbehörden § 51 GwG

Des Weiteren veröffentlicht die BaFin auf ihrer Internetseite unter dem Themenbereich „Geldwäschebekämpfung" eine Vielzahl von Hinweisen.[56] Diese werden mit „Auslegungsentscheidungen" (z. B. Auslegungs- und Anwendungshinweise der Bausparkassen), „Rundschreiben" (z. B. Rundschreiben 3/2017 (GW) – Videoidentifizierungsverfahren; Rundschreiben 02/2016 (GW) – Erklärung und Informationsbericht der FATF), „Leitfäden" (z. B. Leitfaden zu Korrespondensbank-Dienstleistungen) sowie „Merkblätter" (z. B. Merkblatt zur Einführung des § 25i KWG) bezeichnet.

35

2. Auslegungs- und Anwendungshinweise im Nichtfinanzsektor

Auch im Bereich des **Nichtfinanzsektors** werden den Verpflichteten Auslegungs- und Anwendungshinweise zur Verfügung gestellt, welche sich auf den Internetseiten der zuständigen Aufsichtsbehörden finden lassen. Beispielsweise veröffentlichen die Aufsichtsbehörden ein gemeinsames Merkblatt der Länder der Bundesrepublik Deutschland mit dem Titel „Basisinformation Geldwäschegesetz (GwG)" für Güterhändler, Immobilienmakler und andere Nichtfinanzunternehmen.[57]

36

IX. Dokumentationspflicht der Aufsichtsbehörden (§ 51 Abs. 9 GwG)

Nach § 51 Abs. 9 GwG haben die Aufsichtsbehörden Daten ihrer Aufsichtstätigkeit sowie die Anzahl der nach § 44 GwG abgegebenen Verdachtsmeldungen in Form einer Statistik vorzuhalten und dem Bundesministerium der Finanzen in regelmäßigen Abständen in elektronischer Form zu übermitteln. Die Angaben sollen insbesondere der Durchführung der nationalen Risikoanalyse zur Bewertung der nationalen Risiken der Geldwäsche und Terrorismusfinanzierung dienen. Zudem sind sie erforderlich als Grundlage für die Dokumentation der Wirksamkeit der Aufsichtstätigkeit gegenüber der Öffentlichkeit und dem Parlament.[58]

37

---

56 Die Internetseite der BaFin ist unter www.bafin.de zu erreichen.
57 Siehe z. B. auf der Internetseite der Regierungspräsidien in Baden-Württemberg, abrufbar unter https://rp.baden-wuerttemberg.de/Themen/Sicherheit/Documents/Geldwae scheBasisinfo.pdf, zuletzt abgerufen am 28.11.2017.
58 BT-Drs. 18/12405, S. 168 f.

§ 52 Mitwirkungspflichten

(1) Ein Verpflichteter, die Mitglieder seiner Organe und seine Beschäftigten haben der nach § 50 Nummer 1 zuständigen Aufsichtsbehörde, soweit sich die Aufsichtstätigkeit auf die in § 50 Nummer 1 Buchstabe g und h genannten Verpflichteten bezieht, der nach § 50 Nummer 3 bis 9 zuständigen Aufsichtsbehörde sowie den Personen und Einrichtungen, derer sich diese Aufsichtsbehörden zur Durchführung ihrer Aufgaben bedienen, auf Verlangen unentgeltlich

1. Auskunft über alle Geschäftsangelegenheiten und Transaktionen zu erteilen und
2. Unterlagen vorzulegen,

die für die Einhaltung der in diesem Gesetz festgelegten Anforderungen von Bedeutung sind.

(2) Bei den Prüfungen nach § 51 Absatz 3 ist es den Bediensteten der Aufsichtsbehörde und den sonstigen Personen, derer sich die zuständige Aufsichtsbehörde bei der Durchführung der Prüfungen bedient, gestattet, die Geschäftsräume des Verpflichteten innerhalb der üblichen Betriebs- und Geschäftszeiten zu betreten und zu besichtigen.

(3) Die Betroffenen haben Maßnahmen nach Absatz 2 zu dulden.

(4) Der zur Erteilung einer Auskunft Verpflichtete kann die Auskunft auf solche Fragen verweigern, deren Beantwortung ihn selbst oder einen der in § 383 Absatz 1 Nummer 1 bis 3 der Zivilprozessordnung bezeichneten Angehörigen der Gefahr strafrechtlicher Verfolgung oder eines Verfahrens nach dem Gesetz über Ordnungswidrigkeiten aussetzen würde.

(5) Verpflichtete nach § 2 Absatz 1 Nummer 10 und 12 können die Auskunft auch auf Fragen verweigern, wenn sich diese Fragen auf Informationen beziehen, die sie im Rahmen der Rechtsberatung oder der Prozessvertretung des Vertragspartners erhalten haben. Die Pflicht zur Auskunft bleibt bestehen, wenn der Verpflichtete weiß, dass sein Mandant seine Rechtsberatung für den Zweck der Geldwäsche oder der Terrorismusfinanzierung in Anspruch genommen hat oder nimmt.

Schrifttum: *Bödecker*, Prüfungen nach § 44 Abs. 1 Kreditwesengesetz, 1987; *Boos/Fischer/Schulte-Mattler*, KWG/CRR-VO, 5. Aufl. 2016; *Hartung*, Zum Umfang des Auskunftsverweigerungsrechts nach § 44 IV KWG, NJW 1988, 1070; *Kopp/Ramsauer*, VwVfG, 17. Aufl. 2016; *Luz/Neus/Schaber/Scharpf/Schneider/Weber*, Kreditwesengesetz, 2. Aufl. 2011; *Reischauer/Kleinhans*, Kreditwesengesetz, Stand: EL 5/17 2017; *Schwennicke/Auerbach*, KWG, 3. Aufl. 2016.

II. Auskunftsersuchen und Unterlagenvorlage (§ 52 Abs. 1 GwG)   **§ 52 GwG**

Übersicht

	Rn.		Rn.
I. Allgemeines	1	IV. Grenzen der aufsichtsrechtlichen Befugnisse	14
II. Auskunftsersuchen und Unterlagenvorlage (§ 52 Abs. 1 GwG)	3	V. Allgemeines Auskunftsverweigerungsrecht (§ 52 Abs. 4 GwG)	16
1. Kreis der Berechtigten	4	VI. Besonderes Auskunftsverweigerungsrecht (§ 52 Abs. 5 GwG)	19
2. Kreis der Betroffenen	5		
3. Auskunftsrecht und Unterlagenvorlage	9		
III. Duldungspflichten beim Betreten der Geschäftsräume des Verpflichteten (§ 52 Abs. 2 und 3 GwG)	11		

I. Allgemeines

Die Vorschrift ergänzt die Befugnisse der Aufsichtsbehörden nach § 51 GwG und bestimmt die Mitwirkungspflichten der betroffenen Verpflichteten. Diese müssen nach § 52 Abs. 1 GwG Auskunft über alle Geschäftsangelegenheiten und Transaktionen erteilen und Unterlagen vorlegen, die für die Einhaltung des Geldwäschegesetzes von Bedeutung sind. Des Weiteren haben die Aufsichtsbehörden nach § 52 Abs. 1 GwG ein Betretungs- und Nachschaurecht, welches von den Verpflichteten nach § 52 Abs. 3 GwG geduldet werden muss. In den Abs. 2 und 5 des § 52 GwG wird für bestimmte Fälle ein Auskunftsverweigerungsrecht geregelt. 1

Zum geschichtlichen Hintergrund der Vorschrift siehe die Kommentierung zum § 51 GwG Rn. 1. 2

II. Auskunftsersuchen und Unterlagenvorlage (§ 52 Abs. 1 GwG)

Nach § 52 Abs. 1 GwG hat der Verpflichtete, die Mitglieder seiner Organe und seine Beschäftigten den Aufsichtsbehörden Auskunft über alle Geschäftsangelegenheiten und Transaktionen zu erteilen sowie Unterlagen vorzulegen. Gibt der Verpflichtete Auskünfte nicht, nicht richtig, nicht vollständig oder nicht rechtzeitig, stellt dies eine Ordnungswidrigkeit nach § 56 Abs. 1 Nr. 63 GwG dar. 3

1. Kreis der Berechtigten

Die Vorschrift berechtigt nur einen bestimmten Kreis von Aufsichtsbehörden, der sich ebenso aus § 51 Abs. 3 GwG ergibt (zur Übersicht siehe § 51 Rn. 12). 4

GwG § 52 Mitwirkungspflichten

Für die übrigen Aufsichtsbehörden wird das Auskunfts- und Unterlagenvorlagerecht bereits in Spezialvorschriften geregelt (z. B. § 44 Abs. 1 Satz 1 KWG, §§ 305 VAG, 14 ZAG).

2. Kreis der Betroffenen

5   Die Mitwirkungspflichten richten sich an
- den Verpflichteten (Rn. 6)
- die Mitglieder seiner Organe (Rn. 7)
- seine Beschäftigten (Rn. 8)

6   Nach der ersten Variante richten sich die Pflichten zur Auskunftserteilung und zur Vorlage von Unterlagen direkt an die **Verpflichteten**. Korrespondierend zu den ermächtigten Aufsichtsbehörden sind hiervon auch nur diejenigen Verpflichteten nach § 2 GwG betroffen, für die die genannten Aufsichtsbehörden zuständig sind. Für die übrigen Verpflichteten ergeben sich die Pflichten aus Spezialvorschriften.[1] Die Auskunftserteilung und die Vorlage von Unterlagen wird grundsätzlich durch die gesetzlichen Vertreter sowie andere vertretungsberechtigte Personen des Verpflichteten vorgenommen.[2] Darüber hinaus können auch beauftragte Mitarbeiter oder Dritte (z. B. Rechtsanwälte) ermächtigt werden, für den Verpflichteten eine Auskunft zu erteilen oder Unterlagen vorzulegen. Hierfür ist es regelmäßig notwendig, dass der Beauftragte durch den Verpflichteten gesondert bevollmächtigt und diesbezüglich von seiner Verschwiegenheitsverpflichtung entbunden wird.[3]

7   Weiterhin sind nach dem Wortlaut auch die **Mitglieder der Organe** von den Verpflichteten betroffen. Demnach können sich die Aufsichtsbehörden mit dem Begehren nach Auskunftserteilung oder Vorlage von Unterlagen auch unmittelbar an die Organmitglieder des Verpflichteten richten. Wesentlich ist hierbei die rechtliche Stellung und nicht die Bezeichnung als Organ.[4] Erfasst sind somit die Vorstandsmitglieder oder die Mitglieder der Geschäftsführung des Verpflichteten und, soweit eingerichtet, die Aufsichtsrats- bzw. Verwaltungsratsmitglieder oder ein mit dem Aufsichtsratsmitglied einer Aktiengesellschaft vergleichbares Beiratsmitglied einer GmbH. Werden hingegen rein beratende Funktionen ausgeübt, ohne dass eine Überwachungs- oder Entschei-

---

1   Siehe z. B. §§ 44 Abs. 1 Satz 1 KWG, 305 VAG, 14 ZAG.
2   Vgl. *Braun*, in: Boos/Fischer/Schulte-Mattler, KWG/CRR-VO, § 44 KWG Rn. 28; *Reischauer/Kleinhans*, KWG, § 44 Rn. 5; *Schmitz*, in: Luz/Neus/Schaber et al., KWG, § 44 Rn. 24.
3   Vgl. *Braun*, in: Boos/Fischer/Schulte-Mattler, KWG/CRR-VO, § 44 KWG Rn. 28; *Reischauer/Kleinhans*, KWG, § 44 Rn. 5.
4   Vgl. *Braun*, in: Boos/Fischer/Schulte-Mattler, KWG/CRR-VO, § 44 KWG Rn. 31.

II. Auskunftsersuchen und Unterlagenvorlage (§ 52 Abs. 1 GwG)   § 52 GwG

dungsbefugnis besteht, fehlt es an der Eigenschaft als Organ.[5] Nicht als Organmitglied zählen Teilnehmer bei einer Haupt- oder Gesellschafterversammlung.[6] Ausgeschiedene Mitglieder eines Organes können auch Adressat sein, wenn sich das Auskunftsersuchen oder die Vorlage von Unterlagen der Aufsichtsbehörden auf die aktive Zeit der Mitgliedschaft bezieht.[7]

Als dritte Variante können zudem die **Beschäftigten** der Verpflichteten unmittelbar Adressat der Aufsichtsbehörden sein, eine Auskunft zu erteilen oder Unterlagen vorzulegen. Hiervon ist eine mögliche Ermächtigung als Bevollmächtigter durch den Verpflichteten nach der ersten Variante zu unterscheiden. Es gibt sich keinen sachlichen Grund, warum die Beschäftigten eines Verpflichteten als Wissensträger gegenüber den Aufsichtsbehörden nicht zur Auskunft verpflichtet sein sollten.[8]   8

3. Auskunftsrecht und Unterlagenvorlage

Der Begriff der **Auskunft** ist dem Normzweck nach weit zu verstehen.[9] Darunter   9
fallen nicht nur Mitteilungen von Tatsachen, sondern auch Beurteilungen und sonstige subjektive Einschätzungen (z. B. Zuverlässigkeit eines Mitarbeiters).[10] Es muss allerdings ein Bezug zu Geschäftsangelegenheiten und Transaktionen bei dem Verpflichteten vorliegen, die für die festgelegten Anforderungen des Geldwäschegesetzes von Bedeutung sind. Hierbei kann sich die Auskunft auf allgemeine Vorgänge (z. B. Umsetzung der internen Sicherungsmaßnahmen) genauso wie auf spezielle Angelegenheiten (z. B. konkreter Verdachtsfall) beziehen.[11]

Auch der Begriff der **Unterlagen** ist weit auszulegen und bezieht sich auf alle   10
Unterlagen mit einer Relevanz zu den Anforderungen des Geldwäschegesetzes. Es sind nicht nur Bücher und Schriften, sondern darüber hinaus auch magnetische oder elektronische Datenträger erfasst (z. B. Buchführungsunterlagen, Sit-

---

5 Vgl. *Braun*, in: Boos/Fischer/Schulte-Mattler, KWG/CRR-VO, § 44 KWG Rn. 31; *Schmitz*, in: Luz/Neus/Schaber et al., KWG, § 44 Rn. 27.
6 Vgl. *Braun*, in: Boos/Fischer/Schulte-Mattler, KWG/CRR-VO, § 44 KWG Rn. 32; *Schmitz*, in: Luz/Neus/Schaber et al., KWG, § 44 Rn. 27.
7 Vgl. *Braun*, in: Boos/Fischer/Schulte-Mattler, KWG/CRR-VO, § 44 KWG Rn. 31; *Schmitz*, in: Luz/Neus/Schaber et al., KWG, § 44 Rn. 27; *Reischauer/Kleinhans*, KWG, § 44 Rn. 6.
8 Vgl. BT-Drs. 14/8017, S. 127.
9 Vgl. *Braun*, in: Boos/Fischer/Schulte-Mattler, KWG/CRR-VO, § 44 KWG Rn. 34; *Schmitz*, in: Luz/Neus/Schaber et al., KWG, § 44 Rn. 5; *Reischauer/Kleinhans*, KWG, § 44 Rn. 8.
10 *Braun*, in: Boos/Fischer/Schulte-Mattler, KWG/CRR-VO, § 44 KWG Rn. 34; *Schmitz*, in: Luz/Neus/Schaber et al., KWG, § 44 Rn. 5.
11 BT-Drs. 17/5417, S. 14.

Wende

zungsunterlagen, E-Mails).[12] Aus dem Wort **vorzulegen** lässt sich entnehmen, dass die Unterlagen den Aufsichtsbehörden so zur Verfügung zu stellen sind, dass sie diese einsehen und prüfen können. Nicht aus dem Wortlaut lässt sich hingegen die Aushändigung von Unterlagen ableiten. Allerdings ergibt sich aus dem Gesetzeszweck, dass die Abschrift, die Ablichtung und der Ausdruck durch die Aufsichtsbehörden vorgenommen werden kann.[13] An welchem Ort die Unterlagen vorgelegt werden müssen, lässt sich nicht aus dem Wortlaut von § 52 Abs. 1 GwG entnehmen. Da sich die Unterlagen wohl vornehmlich bei dem Verpflichteten befinden, muss auch dort die Unterlagenvorlage stattfinden. Aus dem Rechtsgedanken des § 811 Abs. 1 BGB kann allerdings aus einem wichtigen Grund die Vorlage in den Räumen der Aufsichtsbehörden verlangt werden.[14]

III. Duldungspflichten beim Betreten der Geschäftsräume des Verpflichteten (§ 52 Abs. 2 und 3 GwG)

11 Für die Prüfungen nach § 51 Abs. 3 GwG ist es den Bediensteten der Aufsichtsbehörde und den sonstigen Personen, derer sich die zuständige Aufsichtsbehörde bei der Durchführung der Prüfungen bedient, gestattet, die Geschäftsräume des Verpflichteten innerhalb der üblichen Betriebs- und Geschäftszeiten zu betreten und zu besichtigen (**Betretungs- und Nachschaurecht**). Ein Betretungsrecht ist nach dem Gesetzgeber erforderlich und angemessen, da nur eine Vor-Ort-Prüfung den Aufsichtsbehörden einen hinreichend aussagekräftigen Eindruck von den internen Sicherungsmaßnahmen, die die Verpflichteten einzuhalten haben, und den entsprechenden internen Sicherungsstrukturen geben kann.[15] Nicht umfasst von der Regelung ist hingegen ein Durchsuchungs- oder Selbsteintrittsrecht der Aufsichtsbehörde oder sonstiges, repressiven Zwecken dienendes Handeln.[16] Entsprechende Vorschriften lassen sich auch in anderen gewerbe-, bankaufsichts-, umwelt- und steuerrechtlichen Gesetzen finden (z. B. § 22 Abs. 2 GastG, § 44 Abs. 1 Satz 3 KWG, § 306 Abs. 5 Satz 1 VAG, § 14 Abs. 1 Satz 3 ZAG, § 52 Abs. 2 BImSchG, § 99 AO).

---

12 Vgl. *Schmitz*, in: Luz/Neus/Schaber et al., KWG, § 44 Rn. 11; *Reischauer/Kleinhans*, KWG, § 44 Rn. 10.
13 Vgl. *Braun*, in: Boos/Fischer/Schulte-Mattler, KWG/CRR-VO, § 44 KWG Rn. 37; *Schmitz*, in: Luz/Neus/Schaber/Scharpf/Schneider/Weber, KWG, § 44 Rn. 12; *Reischauer/Kleinhans*, KWG, § 44 Rn. 11.
14 Vgl. *Schmitz*, in: Luz/Neus/Schaber et al., KWG, § 44 Rn. 12; *Reischauer/Kleinhans*, KWG, § 44 Rn. 11.
15 BT-Drs. 17/5417, S. 14.
16 BT-Drs. 17/5417, S. 14.

III. Duldungspflichten beim Betreten der Geschäftsräume § 52 GwG

Das Betretungs- und Nachschaurecht beschränkt sich grundsätzlich auf die Geschäftsräume. Allerdings können auch private Räumlichkeiten erfasst sein, wenn dort die Geschäftstätigkeiten oder Dienstleistungen des Verpflichteten stattfinden, es sich um die Geschäftsadresse handelt oder die Geschäftsunterlagen dort aufbewahrt werden.[17] Dabei ist der verfassungsrechtliche Schutz des Art. 13 GG (**Unverletzlichkeit der Wohnung**) zu beachten. Büro- und Geschäftsräume zählen ebenso wie die „Wohnung" grundsätzlich zum geschützten Bereich der Verfassungsnorm, wobei ein geringerer Schutz als bei einer privat genutzten Wohnung besteht.[18] Das Bundesverfassungsgericht hat in einem grundlegenden Beschluss aus dem Jahr 1971 verfahrensrechtliche und materielle Anforderungen an die Zulässigkeit von einem Grundrechtseingriff bei Geschäfts- und Betriebsräumen definiert. Demnach stellt es dann keine Beeinträchtigung des Rechts auf die Unverletzlichkeit der Wohnung dar, wenn (a) eine besondere gesetzliche Vorschrift zum Betreten der Räume ermächtigt, (b) das Betreten und die Prüfung einem erlaubten Zweck dient und für dessen Erreichung erforderlich ist, (c) das Gesetz den Zweck, den Gegenstand und den Umfang der zugelassenen Besichtigung und Prüfung erkennen lässt und (d) die Prüfung in den Zeiten stattfindet, in denen die Räume normalerweise für die jeweilige geschäftliche oder betriebliche Nutzung zur Verfügung stehen.[19] An diesen Maßstäben müssen sich die Prüfungen der Aufsichtsbehörden im Einzelfall messen lassen. In einem weiteren Urteil bestimmte das Bundesverwaltungsgericht zudem, dass der Betriebsinhaber grundsätzlich vorher informiert werden muss, wenn die Aufsichtsbehörden einen dem Publikum nicht eröffneten Geschäfts- und Betriebsraum betreten wollen.[20] Ausreichend ist dabei die Aussage der Aufsichtsbehörden, dass die Prüfung zu Kontrollzwecken stattfindet.[21] Sollte der Betriebsinhaber nicht sofort erreichbar sein oder würde eine Verzögerung den Zweck der Kontrolle beeinträchtigen (z. B. bei überraschenden Kontrollen), ist es auch ausreichend, dass ein sonstiger Mitarbeiter des Verpflichteten informiert wird.[22]

12

Nach § 52 Abs. 3 GwG haben die Betroffenen die Maßnahmen der Prüfung **zu dulden**. Wird dagegen verstoßen, handelt es sich gem. § 56 Abs. 1 Nr. 64 GwG um eine bußgeldbewehrte Ordnungswidrigkeit. Zudem können nachhalti-

13

---

17 Vgl. *Braun*, in: Boos/Fischer/Schulte-Mattler, KWG/CRR-VO, § 44 KWG Rn. 58 m. w. N.
18 BVerfGE 32, 54, 69 ff.; 44, 353, 371; 76, 83, 88; 96, 44, 51; 120, 274, 309; BVerwGE 121, 345, 348.
19 Grundlegend dazu BVerfGE 32, 54, 76 f.
20 BVerwGE 78, 251, 255 f.
21 BVerwGE 78, 251, 256.
22 BVerwGE 78, 251, 256 f.

ge Verstöße Maßnahmen nach § 51 Abs. 5 GwG gegen ein Mitglied der Führungsebene oder ein anderer Beschäftigter eines Verpflichteten begründen.[23]

IV. Grenzen der aufsichtsrechtlichen Befugnisse

14 Die zuständigen Aufsichtsbehörden entscheiden nach pflichtgemäßem Ermessen, ob und welche aufsichtsrechtlichen Maßnahmen sie ergreifen. Sie haben dabei die allgemeinen **Grenzen des Verwaltungshandels** nach § 40 VwVfG zu beachten. Sollten bei einem Auskunftsverlangen, einer Unterlagenvorlage oder einer Prüfung Ermessensfehler vorliegen, steht den Verpflichteten der Verwaltungsrechtsweg gegen diese Maßnahme offen.

15 Eine Maßnahme ist insbesondere dann als ermessensfehlerhaft anzusehen, wenn sie unverhältnismäßig oder gleichheitswidrig ist.[24] Dabei setzen die rechtsstaatlichen Grundsätze der Verhältnismäßigkeit voraus, dass die Aufsichtsbehörden bei der Aufklärung von relevanten Sachverhalten die Erforderlichkeit und Geeignetheit beachten. Zwar bedürfen die Aufsichtsmaßnahmen keinen besonderen Grund,[25] allerdings müssen sie zur Einhaltung der von Geldwäschegesetz festgelegten Anforderungen von Bedeutung sein. Hierzu zählen insbesondere die Kontrolle der Einhaltung von den Sorgfalts-, Aufzeichnungs- und Meldepflichten.[26] Zudem muss die Maßnahme angemessen sein, d. h. sie darf keine Belastung für den Verpflichteten darstellen, die außer Verhältnis zum Überwachungszweck steht (Übermaßverbot).[27] Im Geldwäscherecht ist dabei insbesondere der **risikobasierte Ansatz** von den zuständigen Aufsichtsbehörden zu beachten.[28] Die Häufigkeit und Intensität der Prüfungen haben sich demnach am Risikoprofil der Verpflichteten im Hinblick auf Geldwäsche und Terrorismusfinanzierung zu orientieren.[29] Gleichheitswidrig ist eine Maßnahme, wenn das Gleichheitsgebot des Art. 3 GG verkannt wird. Danach darf die Aufsichtsbehörde nicht von einer etablierten Verwaltungspraxis im Einzelfall abweichen, ohne das hierfür hinreichende Gründe bestehen (Selbstbindung der Verwaltung).[30]

---

23 Vgl. VGH Kassel, Urt. v. 31.5.2006, 6 UE 3256/05, WM 2007, 392.
24 Siehe ausführlich zu Ermessensfehlern *Ramsauer*, in: Kopp/Ramsauer, VwVfG, § 40 Rn. 88 ff.
25 Vgl. *Braun*, in: Boos/Fischer/Schulte-Mattler, KWG/CRR-VO, § 44 KWG Rn. 70.
26 BT-Drs. 17/6804, S. 38; BT-Drs. 17/5417, S. 14.
27 Vgl. *Braun*, in: Boos/Fischer/Schulte-Mattler, KWG/CRR-VO, § 44 KWG Rn. 67; *Reischauer/Kleinhans*, KWG, § 44 Rn. 20; ausführlich zu den Ermessensschranken *Bödecker*, Prüfungen nach § 44 Abs. 1 Kreditwesengesetz, S. 37 ff.
28 Art. 48 Abs. 6 bis 8 der Richtlinie (Eu) 2015/849.
29 Vgl. § 51 Abs. 3 Satz 4 GwG sowie die europäischen Grundlagen nach Art. 48 Abs. 6 und 7 der Richtlinie (EU) 2015/849.
30 *Ramsauer*, in: Kopp/Ramsauer, VwVfG, § 40 Rn. 93.

V. Allgemeines Auskunftsverweigerungsrecht (§ 52 Abs. 4 GwG)

Nach § 52 Abs. 4 GwG kann der zur Erteilung einer Auskunft Verpflichtete die Auskunft auf solche Fragen verweigern, deren Beantwortung ihn selbst oder einen der in § 383 Abs. 1 Nr. 1 bis 3 der Zivilprozessordnung (ZPO) bezeichneten Angehörigen der Gefahr strafrechtlicher Verfolgung oder eines Verfahrens nach dem Gesetz über Ordnungswidrigkeiten aussetzen würde. Damit wird im Geldwäscherecht dem rechtsstaatlichen Grundsatz Rechnung getragen, dass das Zeugnisverweigerungsrecht aus persönlichen Gründen zur umfassenden Aussageverweigerung berechtigt.[31]

16

Der **Schutzumfang** erstreckt sich nur auf das Recht zur Auskunftsverweigerung. Die Verpflichteten sind daher nicht berechtigt, die Vorlage von Unterlagen oder eine Prüfung zu verweigern. Selbst wenn strafrechtliche Folgen als möglich erscheinen, muss eine Prüfung geduldet werden.[32] Eine weite Auslegung zugunsten der Verpflichteten würde schon gegen den Wortlaut der Norm sprechen.[33] Des Weiteren kann bei mehreren Fragen das Recht auch nur für solche Fragen gelten, bei denen die Voraussetzungen der Auskunftsverweigerung erfüllt sind.[34] Stellt sich heraus, dass Fragen zu Unrecht nicht beantwortet wurden, kann dagegen nach § 56 Abs. 1 Nr. 63 GwG bußgeldrechtlich vorgegangen werden, da die Auskunft nicht oder zumindest nicht rechtzeitig abgegeben wurde.

17

Angehörige im Sinne des § 383 Abs. 1 Nr. 1 bis 3 der ZPO sind:

18

1. der Verlobte einer Partei oder derjenige, mit dem die Partei ein Versprechen eingegangen ist, eine Lebenspartnerschaft zu begründen;
2. der Ehegatte einer Partei, auch wenn die Ehe nicht mehr besteht;
3. der Lebenspartner einer Partei, auch wenn die Lebenspartnerschaft nicht mehr besteht;
4. diejenigen, die mit einer Partei in gerader Linie verwandt oder verschwägert, in der Seitenlinie bis zum dritten Grad verwandt oder bis zum zweiten Grad verschwägert sind oder waren.

---

31 BT-Drs. 17/5417, S. 14.
32 Vgl. VG Berlin, NJW 1988, 1105, 1106 f.; *Reischauer/Kleinhans*, KWG, § 44 Rn. 39; *Schwennicke*, in: Schwennicke/Auerbach, KWG, § 44 Rn. 31; *Schmitz*, in: Luz/Neus/Schaber et al., KWG, § 44 Rn. 63; *Braun*, in: Boos/Fischer/Schulte-Mattler, KWG/CRR-VO, § 44 KWG Rn. 94; *Hartung*, NJW 1988, 1070, 1071.
33 Vgl. vertiefend auch *Hartung*, NJW 1988, 1070, 1071.
34 *Reischauer/Kleinhans*, KWG, § 44 Rn. 39; *Schmitz*, in: Luz/Neus/Schaber et al., KWG, § 44 Rn. 63.

GwG § 52 Mitwirkungspflichten

VI. Besonderes Auskunftsverweigerungsrecht (§ 52 Abs. 5 GwG)

19 Neben dem allgemeinen Auskunftsverweigerungsrecht trägt das Geldwäschegesetz der besonderen Vertrauensstellung bei einer Rechtsberatung und Prozessvertretung Rechnung, indem ein **besonderes Auskunftsverweigerungsrecht** geregelt wird. Demnach können

- Rechtsanwälte, Kammerrechtsbeistände und Patentanwälte sowie Notare (§ 2 Abs. 1 Nr. 10 GwG) und
- Wirtschaftsprüfer, vereidigte Buchprüfer, Steuerberater und Steuerbevollmächtigte (§ 2 Abs. 1 Nr. 12 GwG)

die Auskunft auf Fragen verweigern, wenn sich diese Fragen auf Informationen beziehen, die sie im Rahmen der Rechtsberatung oder der Prozessvertretung des Vertragspartners erhalten haben.

20 Das besondere Auskunftsverweigerungsrecht **besteht nicht**, wenn der Verpflichtete weiß, dass sein Mandant seine Rechtsberatung für den Zweck der Geldwäsche oder der Terrorismusfinanzierung in Anspruch genommen hat oder nimmt. In diesen Fällen bleibt die Pflicht zur Auskunft bestehen.

§ 53 Hinweise auf Verstöße

(1) Die Aufsichtsbehörden errichten ein System zur Annahme von Hinweisen zu potenziellen oder tatsächlichen Verstößen gegen dieses Gesetz und gegen auf Grundlage dieses Gesetzes erlassene Rechtsverordnungen und gegen andere Bestimmungen zur Verhinderung von Geldwäsche und von Terrorismusfinanzierung, bei denen es die Aufgabe der Aufsichtsbehörde ist, die Einhaltung der genannten Rechtsvorschriften sicherzustellen oder Verstöße gegen die genannten Rechtsvorschriften zu ahnden. Die Hinweise können auch anonym abgegeben werden.

(2) Die Aufsichtsbehörden sind zu diesem Zweck befugt, personenbezogene Daten zu verarbeiten, soweit dies zur Erfüllung ihrer Aufgaben erforderlich ist.

(3) Die Aufsichtsbehörden machen die Identität einer Person, die einen Hinweis abgegeben hat, nur bekannt, wenn sie zuvor die ausdrückliche Zustimmung dieser Person eingeholt haben. Sie geben die Identität einer Person, die Gegenstand eines Hinweises ist, nicht bekannt. Die Sätze 1 und 2 gelten nicht, wenn

1. eine Weitergabe der Information im Kontext weiterer Ermittlungen oder nachfolgender Verwaltungs- oder Gerichtsverfahren aufgrund eines Gesetzes erforderlich ist oder
2. die Offenlegung durch einen Gerichtsbeschluss oder in einem Gerichtsverfahren angeordnet wird.

(4) Das Informationsfreiheitsgesetz findet auf die Vorgänge nach dieser Vorschrift keine Anwendung.

(5) Mitarbeiter, die bei Unternehmen und Personen beschäftigt sind, die von den zuständigen Aufsichtsbehörden nach Absatz 1 beaufsichtigt werden, oder bei anderen Unternehmen oder Personen beschäftigt sind, auf die Tätigkeiten von beaufsichtigten Unternehmen oder Personen ausgelagert wurden, und die einen Hinweis nach Absatz 1 abgeben, dürfen wegen dieses Hinweises weder nach arbeitsrechtlichen oder nach strafrechtlichen Vorschriften verantwortlich gemacht noch zum Ersatz von Schäden herangezogen werden. Satz 1 gilt nicht, wenn der Hinweis vorsätzlich unwahr oder grob fahrlässig unwahr abgegeben worden ist.

(6) Nicht vertraglich eingeschränkt werden darf die Berechtigung zur Abgabe von Hinweisen nach Absatz 1 durch Mitarbeiter, die beschäftigt sind bei

1. Unternehmen und Personen, die von den Aufsichtsbehörden nach Absatz 1 beaufsichtigt werden, oder

2. **anderen Unternehmen oder Personen, auf die Tätigkeiten von beaufsichtigten Unternehmen oder Personen ausgelagert wurden.**

Dem entgegenstehende Vereinbarungen sind unwirksam.

(7) Durch die Einrichtung und Führung des Systems zur Abgabe von Hinweisen zu Verstößen werden die Rechte einer Person, die Gegenstand eines Hinweises ist, nicht eingeschränkt, insbesondere nicht die Rechte nach den

1. **§§ 28 und 29 des Verwaltungsverfahrensgesetzes,**
2. **§§ 68 bis 71 der Verwaltungsgerichtsordnung und**
3. **§§ 137, 140, 141 und 147 der Strafprozessordnung.**

Schrifttum: *Al-Souliman*, CB-Insight: BaFin-Hinweisgeberstelle für Verstöße gegen Aufsichtsrecht, CB 2017, 75; *Eufinger*, Arbeits- und strafrechtlicher Schutz von Whistleblowern im Kapitalmarktrecht, WM 2016, 2336; *Johnson*, Die Einführung des § 4d FinDAG: Beginn einer neuen Ära für Whistleblowing?, CB 2016, 468.

Übersicht

	Rn.		Rn.
I. Allgemeines	1	IV. Ausschluss des Informationsfreiheitsgesetzes (§ 53 Abs. 4 GwG)	15
II. Einrichtung eines Hinweisgebersystems (§ 53 Abs. 1 und 2 GwG)	4	V. Schutz der Mitarbeiter (§ 53 Abs. 5 und 6 GwG)	16
1. Einrichtung einer Hinweisgeberstelle	5	1. Geschützter Personenkreis	17
2. Prüfung der Hinweise	8	2. Arbeitsrechtlicher und strafrechtlicher Schutzumfang	18
3. Übertragungsmöglichkeiten der Hinweise	10	VI. Keine Einschränkungen von Rechten (§ 53 Abs. 7 GwG)	21
4. Rechtsgrundlage für den Datenschutz	11		
III. Schutz der beteiligten Personen (§ 53 Abs. 3 GwG)	12		

I. Allgemeines

1 Die Regelung bildet die Grundlage dafür, dass die Aufsichtsbehörden zur Einrichtung einer zentralen Stelle zur Entgegennahme von Hinweisen verpflichtet sind. Die Hinweisgeber werden aus dem Anglo-amerikanischen kommend auch als „Whistleblower" bezeichnet. Unter Hinweisgeber im Sinne dieser Vorschrift sind Personen mit einem besonderen Wissen über innere Angelegenheiten eines Verpflichteten nach § 2 GwG zu verstehen, die potenzielle oder tatsächliche Verstöße gegen Geldwäscheregelungen melden (**z. B. Angestellte des Verpflichteten**). Die Hinweisgeber sind eine wichtige Quelle für die Aufklärung und Prä-

vention von Fehlverhalten einzelner Personen oder ganzer Unternehmen.[1] Whistleblower haben wesentlich dazu beitragen können, dass prominente Fälle von Steuervermeidung und -hinterziehung aufgedeckt worden sind (z. B. der Fall „Panama Papers").[2]

Die Vorschrift regelt zudem den Schutz von Whistleblowern. Bisherige Gesetzesvorhaben mit dem Ziel, den Schutz von Arbeitnehmern festzulegen, hatten keinen Erfolg. Das Gesetz zum Schutz von Hinweisgebern – Whistleblower (Hinweisgeberschutzgesetz) ist im Entwurfsstadium abgelehnt worden.[3] Auch das sogenannte „Whistleblower-Schutzgesetz" konnte sich nicht durchsetzen.[4]

2

Die Norm wurde mit dem Gesetz zur Umsetzung der Vierten Geldwäscherichtlinie neu in das Geldwäschegesetz aufgenommen und dient der Umsetzung von Art. 61 Abs. 1 und 2 der Vierten Geldwäscherichtlinie sowie den Anforderungen von Art. 21 der Geldtransferverordnung.[5] Die Vorschrift entspricht in wesentlichen Teilen dem bereits bestehenden § 4d des Gesetzes über die Bundesanstalt für Finanzdienstleistungsaufsicht (FinDAG), welche mit dem Ersten Finanzmarktnovellierungsgesetz im Jahr 2016 eingeführt worden ist.[6]

3

II. Einrichtung eines Hinweisgebersystems (§ 53 Abs. 1 und 2 GwG)

§ 53 Abs. 1 GwG verpflichtet die Aufsichtsbehörden dazu, ein System zur Annahme von Hinweisen zu potenziellen oder tatsächlichen Verstößen gegen geldwäscherechtliche Regelungen zu errichten. Adressat sind somit die Aufsichtsbehörden nach § 50 GwG. Unberührt bleibt davon die Pflicht zur Einrichtung von unternehmensinternen Hinweisgeberstellen nach § 6 Abs. 5 GwG, die sich unmittelbar an die Verpflichteten des Geldwäschegesetzes richtet.

4

---

1 BT-Drs. 18/11555, S. 161.
2 Europäische Kommission – Factsheet, Fragen und Antworten: Geldwäscherichtlinie vom 5.7.2016, abrufbar unter http://europa.eu/rapid/press-release_MEMO-16-2381_de.htm, zuletzt abgerufen am 12.8.2017.
3 Der Gesetzesentwurf ergibt sich aus BT-Drs. 17/8567 und die Beschlussempfehlung aus BT-Drs. 17/12577.
4 Der Gesetzesentwurf ergibt sich aus BT-Drs. 18/3039 und die Ablehnung aus BT-Plenarprotokoll 18/112, S. 10819D – 10827A.
5 BT-Drs. 18/11555, S. 161.
6 Art. 9 des ersten Gesetzes zur Novellierung von Finanzmarktvorschriften aufgrund europäischer Rechtsakte (Erstes Finanzmarktnovellierungsgesetz – 1. FiMaNoG) in der Fassung vom 30.6.2016 (BGBl. I, S. 1514).

Wende

GwG § 53 Hinweise auf Verstöße

1. Einrichtung einer Hinweisgeberstelle

5 Für den Finanzsektor hat die BaFin bereits seit Juli 2016 eine zentrale Hinweisstelle aufgrund der Vorgaben nach § 4d FinDAG errichtet.[7] Für die übrigen Aufsichtsbehörden des Geldwäschegesetzes hat es der Gesetzgeber freigestellt, ob jeweils in den Bundesländern einzeln oder ein gemeinsames bundesweites Hinweisgebersystem errichtet wird.[8]

6 Innerhalb des Gesetzgebungsverfahrens zur Umsetzung der Vierten Geldwäscherichtlinie wurde vom Bundesrat angeregt zu prüfen, ob das Hinweisgebersystem nicht effektiver bei der **Zentralstelle für Finanztransaktionsuntersuchungen (FIU)** anzusiedeln sei. Damit könnte die Arbeit der FIU deutlich verbessert werden. Zudem sei davon auszugehen, dass die Einrichtung für bestimmte Aufsichtsbehörden anders als bei der zentralen FIU einen erheblichen personellen und finanziellen Aufwand bedeuten würde.[9] Die Bundesregierung lehnte diesen Vorschlag aus mehreren Gründen ab. Zunächst würde die Einrichtung bei der FIU gegen die europäischen Vorgaben nach Art. 61 der Vierten Geldwäscherichtlinie sprechen, wonach mit den „zuständigen Behörden" die jeweiligen Aufsichtsbehörden und nicht die FIU gemeint sind. Des Weiteren sind die Aufsichtsbehörden sachnäher und können die Informationen der Hinweisgeber unmittelbar bewerten und weiterverarbeiten. Nicht zuletzt könnte das Vertrauen der Hinweisgeber in den vertraulichen Umgang der Daten in Frage gestellt werden, wenn die FIU nur als „Briefkasten" agieren würde, da die Hinweise ohnehin an die jeweiligen Aufsichtsbehörden weitergeleitet werden müssten.[10]

7 Das Geldwäschegesetz bestimmt nicht, ob die **Mitarbeiter** der Hinweisgeberstelle eine bestimmte **Qualifikation** aufweisen müssen. Aus dem Aufgabenbereich ergibt sich aber, dass es sich um Mitarbeiter handeln sollte, die insbesondere zu datenschutzrechtlichen Aspekten geschult sind.[11] Nicht erforderlich ist es hingegen, dass „spezielle Beschäftigte" eingesetzt werden, wie es beispielsweise der § 1 der Marktmanipulations-Verstoßmeldeverordnung verlangt.

2. Prüfung der Hinweise

8 Die Hauptfunktion der Hinweisgeberstelle besteht darin, eine Kommunikation mit den Whistleblowern zu ermöglichen. Zudem haben die Hinweisgeberstellen eine Filterfunktion und müssen die Hinweise auf ihre Relevanz überprüfen.[12]

---

7 Abrufbar auf der Internetseite der BaFin www.bafin.de unter dem Stichwort „Hinweisgeberstelle".
8 BT-Drs. 18/11555, S. 161.
9 BT-Drs. 18/11928, S. 15.
10 BT-Drs. 18/11928, S. 28.
11 Vgl. *Al-Souliman*, CB 2017, 75.
12 Vgl. *Al-Souliman*, CB 2017, 75.

II. Einrichtung eines Hinweisgebersystems § 53 GwG

Die Hinweise sind relevant, wenn sie einen **persönlichen und sachlichen Bezug** zu den Aufgaben der Aufsichtsbehörden haben. In persönlicher Hinsicht muss der Hinweis einen Bezug zu einem Verpflichteten nach § 2 GwG aufzeigen, welcher von der Aufsichtsbehörde beaufsichtigt wird. In sachlicher Hinsicht ist zu prüfen, ob der Hinweis einen Verstoß gegen Geldwäscheregelungen aufzeigt. Umfasst sind damit alle Verstöße gegen das Geldwäschegesetz, gegen eine auf Grundlage des Geldwäschegesetzes erlassene Rechtsverordnung oder gegen andere Bestimmungen zur Verhinderung von Geldwäsche und von Terrorismusfinanzierung, bei denen es die Aufgabe der Aufsichtsbehörde ist, die Einhaltung der genannten Rechtsvorschriften sicherzustellen oder Verstöße gegen die genannten Rechtsvorschriften zu ahnden. Um keinen relevanten Hinweis in diesem Sinne handelt es sich, wenn beispielsweise allgemeine Anfragen oder Beschwerden von Verbrauchern abgegeben werden.[13]

9

3. Übertragungsmöglichkeiten der Hinweise

Soweit die zuständige Aufsichtsbehörde dies auf ihrer Internetseite zur Verfügung stellt, können Whistleblower ihren Hinweis auf elektronischem Wege über eine Eingabemaske melden. Alternativ stehen die sonstigen Kommunikationswege zur Verfügung (z. B. Telefon, E-Mail, Brief). Der Hinweis kann nach § 53 Abs. 1 Satz 2 GwG auch anonym abgegeben werden, wobei der Whistleblower dann insbesondere bei den alternativen Kommunikationswegen darauf achten sollte, dass keine übermittelten Informationen Rückschlüsse auf seine Person zulassen. Bei den elektronischen Hinweisgebersystemen wird regelmäßig eine technische Funktion eingerichtet, durch die eine Rückverfolgung der gemeldeten Hinweise nicht möglich ist. Zudem verfügen die elektronischen Systeme über die Einrichtung eines sogenannten „geschützten Postkastens", mit dem Rückfragen gestellt und Unklarheiten beseitigt werden können, während der Whistleblower weiterhin anonym bleibt.[14]

10

4. Rechtsgrundlage für den Datenschutz

§ 53 Abs. 2 GwG bildet die notwendige Rechtsgrundlage für das Bundesdatenschutzgesetz (BDSG). Nach § 4 Abs. 1 BDSG ist die Erhebung, Verarbeitung und Nutzung personenbezogener Daten nur zulässig, soweit das Bundesdatenschutzgesetz oder eine andere Rechtsvorschrift dies erlaubt oder anordnet oder der Betroffene eingewilligt hat. Der Gesetzgeber macht deutlich, dass der Wort-

11

---

13 Vgl. *Al-Souliman*, CB 2017, 75, 76. Hinweise in diesem Zusammenhang sind an die zuständigen Verbraucherstellen zu richten.
14 Vgl. *Al-Souliman*, CB 2017, 75.

GwG § 53 Hinweise auf Verstöße

laut bereits den weiten Begriff der Verarbeitung nach Art. 3 Nr. 2 der Richtlinie (EU) 2016/680 antizipiert.[15]

III. Schutz der beteiligten Personen (§ 53 Abs. 3 GwG)

12 Mit § 53 Abs. 3 GwG wird der Schutz der beteiligten Personen eines Hinweises festgelegt. Die Aufsichtsbehörden müssen nach dem Grundsatz verfahren, keinerlei Daten des geschützten Personenkreises herauszugeben. Dem Hinweisgeber sollen unabhängig davon, ob er bekannt oder anonym geblieben ist, keine Nachteile entstehen.[16]

13 Zum gesetzlich **geschützten Personenkreis** gehört der Whistleblower selbst. Zudem sind nach Satz 2 auch die Personen vom Schutzkreis umfasst, die Gegenstand eines Hinweises sind. Auch deren Identität darf nicht bekannt gegeben werden.

14 Das Verbot der Weitergabe gilt indes nicht grenzenlos. Zunächst darf die Identität durch die Aufsichtsbehörde immer dann preisgegeben werden, wenn eine vorherige ausdrückliche Zustimmung des Hinweisgebers vorliegt. Im Satz 3 werden zudem abschließend gesetzliche **Ausnahmen** von dem Grundsatz der Anonymität bestimmt. Damit soll erreicht werden, dass im Rahmen einer Strafverfolgung die zuständige Staatsanwaltschaft auf vorhandene Daten der Aufsichtsbehörden zugreifen kann.[17] Die Aufsichtsbehörden können die Daten des Hinweisgebers und der belasteten Person herausgeben, wenn eine Weitergabe der Information im Kontext weiterer Ermittlungen oder nachfolgender Verwaltungs- oder Gerichtsverfahren aufgrund eines Gesetzes erforderlich ist (Nr. 1) oder die Offenlegung durch einen Gerichtsbeschluss oder in einem Gerichtsverfahren angeordnet wird (Nr. 2). Teilweise wird kritisiert, dass durch diese Ausnahmen der Anreiz, einen Hinweis zu melden, erheblich entwertet wird.[18] Der Whistleblower wird selten einschätzen können, wann sich eine strafrechtliche oder verwaltungsrechtliche Ermittlung anschließen wird und damit seine Anonymität gefährdet ist. Bisher treten allerdings die Whistleblower mehrheitlich ohnehin nicht vollständig anonymisiert der zuständigen Aufsichtsbehörde gegenüber.[19]

---

15 BT-Drs. 18/11555, S. 161.
16 BT-Drs. 18/11555, S. 161.
17 BT-Drs. 18/11555, S. 161.
18 Vgl. *Johnson*, CB 2016, 468, 470.
19 Die ersten Erfahrungen der BaFin haben gezeigt, dass von dem geschützten Postkasten etwa zwei Drittel Gebrauch gemacht haben. Siehe hierzu BaFin Journal vom Juli 2017, Whistleblower – Knapp 400 Hinweise im ersten Jahr, S. 26, 28.

IV. Ausschluss des Informationsfreiheitsgesetzes (§ 53 Abs. 4 GwG)

In § 53 Abs. 4 GwG wird die Anwendung des Informationsfreiheitsgesetzes auf die Vorgänge der Hinweisgeberstelle ausgeschlossen. Damit wird vom Gesetzgeber im Rahmen einer Abwägung das Bedürfnis des Schutzes des Hinweisgebers vor der Preisgabe seiner Daten höher bewertet, als der Anspruch auf Zugang zu öffentlichen Informationen, den jedermann nach dem Informationsfreiheitsgesetz hat.[20]

15

V. Schutz der Mitarbeiter (§ 53 Abs. 5 und 6 GwG)

§ 53 Abs. 5 und 6 GwG konkretisieren den Schutz von Arbeitnehmern oder sonstigen Beschäftigten der beaufsichtigten Verpflichteten nach § 2 GwG. Dieser besondere Schutz ist notwendig, da es bereits einige Fälle gegeben hat, in denen Angestellte Opfer von Bedrohungen und Anfeindungen geworden sind, nachdem sie einen Verdacht auf Geldwäsche gemeldet hatten.[21] Ein Hinweisgebersystem ist indes dann nur effektiv, wenn Whistleblower nicht abgeschreckt werden und diese keine Sanktionen fürchten müssen.[22] Daher wird ein umfangreicher gesetzlicher, strafrechtlicher und arbeitsrechtlicher Schutz gewährt.

16

1. Geschützter Personenkreis

Zum geschützten Personenkreis gehören Mitarbeiter, die bei Unternehmen und Personen beschäftigt sind, die von der zuständigen Aufsichtsbehörde beaufsichtigt werden. Darüber hinaus sind auch Mitarbeiter geschützt, die bei anderen Unternehmen oder Personen beschäftigt sind, auf die Tätigkeiten von beaufsichtigten Unternehmen oder Personen ausgelagert wurden. Eine Auslagerung umfasst typische Dienstleistungen, welche sonst von den Verpflichteten selbst erbracht würden. Aufgrund des eindeutigen Wortlautes zählen hingegen Wirtschaftsprüfer oder Mitarbeiter von Wirtschaftsprüfungsgesellschaften im Rahmen einer Jahresabschlussprüfung nicht zum geschützten Personenkreis, da eine solche Prüfung nur von externen und unabhängigen Wirtschaftsprüfern oder Wirtschaftsprüfungsgesellschaften durchgeführt werden darf.[23]

17

---

20 BT-Drs. 18/11555, S. 162.
21 Erwägungsgrund 41 der Richtlinie (EU) 2015/849.
22 BT-Drs. 18/11555, S. 161.
23 Vgl. Wissenschaftliche Dienste des Deutschen Bundestags zum Schutzbereich von § 4d Abs. 6 Finanzdienstleistungsaufsichtsgesetz vom 2.6.2016, Az. WD 4 – 3000 – 064/16, S. 4 ff.; kritisch *Johnson*, CB 2016, 468, 469.

2. Arbeitsrechtlicher und strafrechtlicher Schutzumfang

18 Der geschützte Personenkreis wird strafrechtlich oder arbeitsrechtlich nur dann privilegiert, wenn der Hinweis nicht vorsätzlich unwahr oder grob fahrlässig unwahr an die Aufsichtsbehörden gemeldet wurde (§ 53 Abs. 5 Satz 2 GwG).

19 Vom **arbeitsrechtlichen Schutz** sind unmittelbare Maßnahmen (z. B. Kündigung, Abmahnung, Versetzung) sowie mittelbare Maßnahmen (z. B. ungerechtfertigte Kürzung von Bonuszahlungen) erfasst.[24] Im Abs. 6 Satz 2 wird klargestellt, dass Vereinbarungen im Arbeitsvertrag unwirksam sind, wenn sie die Mitarbeiter in ihrem Recht auf Abgaben von Hinweisen einschränken. Eine arbeitsvertragliche Ahndung (z. B. durch eine Betriebsbuße) ist daher nicht möglich.[25] Da es sich um ein zwingendes Recht handelt, sind entsprechende Klauseln nach § 134 BGB i.V. m. § 53 Abs. 6 GwG nichtig.

20 Der Whistleblower darf auch nicht **strafrechtlich** verantwortlich gemacht werden. Relevant ist insbesondere der Verrat von Geschäfts- und Betriebsgeheimnissen als ein strafrechtliches Verhalten nach § 17 UWG.

VI. Keine Einschränkungen von Rechten (§ 53 Abs. 7 GwG)

21 § 53 Abs. 7 GwG dient der Klarstellung, wonach die durch einen Hinweis betroffenen Personen nicht in ihren Rechten eingeschränkt werden dürfen. Insbesondere betrifft dies diejenigen Rechte, die sich aus dem Verwaltungsrecht ergeben, wie Anhörung (§ 28 VwVfG), Akteneinsicht (§ 29 VwVfG) und dem verwaltungsrechtlichen Vorverfahren (§§ 68 VwGO ff.) sowie Rechte aus der Strafprozessordnung, wie das Recht des Beschuldigten auf Hinzuziehung eines Verteidigers (§ 137 StPO), notwendige Verteidigung (§ 140 StPO), Bestellung eines Pflichtverteidigers (§ 141 StPO) sowie Akteneinsichtsrecht, Besichtigungsrecht und Auskunftsrecht des Beschuldigten (§ 147 StPO).

---

24 *Eufinger*, WM 2016, 2336, 2339.
25 BT-Drs. 18/11555, S. 162.

§ 54 Verschwiegenheitspflicht

(1) Soweit Personen, die bei den Aufsichtsbehörden beschäftigt sind oder für die Aufsichtsbehörden tätig sind, Aufgaben nach § 51 Absatz 1 erfüllen, dürfen sie die ihnen bei ihrer Tätigkeit bekannt gewordenen Tatsachen nicht unbefugt offenbaren oder verwerten, wenn die Geheimhaltung dieser Tatsachen, insbesondere Geschäfts- und Betriebsgeheimnisse, im Interesse eines von ihnen beaufsichtigten Verpflichteten oder eines Dritten liegt. Satz 1 gilt auch, wenn sie nicht mehr im Dienst sind oder ihre Tätigkeit beendet ist. Die datenschutzrechtlichen Bestimmungen, die von den beaufsichtigten Verpflichteten zu beachten sind, bleiben unberührt.

(2) Absatz 1 gilt auch für andere Personen, die durch dienstliche Berichterstattung Kenntnis von den in Absatz 1 Satz 1 bezeichneten Tatsachen erhalten.

(3) Ein unbefugtes Offenbaren oder Verwerten liegt insbesondere nicht vor, wenn Tatsachen an eine der folgenden Stellen weitergegeben werden, soweit diese Stellen die Informationen zur Erfüllung ihrer Aufgaben benötigen und soweit der Weitergabe keine anderen Rechtsvorschriften entgegenstehen:

1. an Strafverfolgungsbehörden, Behörden nach § 56 Absatz 5 oder an für Straf- und Bußgeldsachen zuständige Gerichte,
2. an andere Stellen, die kraft Gesetzes oder im öffentlichen Auftrag mit der Aufklärung und Verhinderung von Geldwäsche oder von Terrorismusfinanzierung betraut sind, sowie an Personen, die von diesen Stellen beauftragt sind,
3. an die Zentralstelle für Finanztransaktionsuntersuchungen,
4. an andere Stellen, die kraft Gesetzes oder im öffentlichen Auftrag mit der Aufsicht über das allgemeine Risikomanagement oder über die Compliance von Verpflichteten betraut sind, sowie an Personen, die von diesen Stellen beauftragt sind.

(4) Befindet sich eine Stelle in einem anderen Staat oder handelt es sich um eine supranationale Stelle, so dürfen die Tatsachen nur weitergegeben werden, wenn die bei dieser Stelle beschäftigten Personen oder die von dieser Stelle beauftragten Personen einer Verschwiegenheitspflicht unterliegen, die der Verschwiegenheitspflicht nach den Absätzen 1 bis 3 weitgehend entspricht. Die ausländische oder supranationale Stelle ist darauf hinzuweisen, dass sie Informationen nur zu dem Zweck verwenden darf, zu dessen Erfüllung ihr die Informationen übermittelt werden. Informationen, die aus einem anderen Staat stammen, dürfen weitergegeben werden

GwG § 54 Verschwiegenheitspflicht

1. **nur mit ausdrücklicher Zustimmung der zuständigen Stellen, die diese Informationen mitgeteilt haben, und**
2. **nur für solche Zwecke, denen die zuständigen Stellen zugestimmt haben.**

Schrifttum: *Assmann/Schneider*, Wertpapierhandelsgesetz, 6. Aufl. 2012; *Boos/Fischer/ Schulte-Mattler*, KWG/CRR-VO, 5. Aufl. 2016; *Gurlit*, Informationsfreiheit und Verschwiegenheitspflichten der BaFin, NZG 2014, 1161; *Luz/Neus/Schaber/Scharpf/Schneider/Weber*, Kreditwesengesetz, 2. Aufl. 2011; *Möllers/Pregler*, Zivilrechtliche Rechtsdurchsetzung und kollektiver Rechtsschutz im Wirtschaftsrecht, ZHR 176 (2012), 144; *Park*, Kapitalmarktstrafrecht, 4. Aufl. 2017; *Reischauer/Kleinhans*, Kreditwesengesetz, EL 5/17 2017; *Schwark/Zimmer*, Kapitalmarktrechts-Kommentar, 4. Aufl. 2010; *Schwennicke/Auerbach*, KWG, 3. Aufl. 2016; *Spindler*, Gesellschaftsrecht im System der Europäischen Niederlassungsfreiheit, ZGR 2011, 690.

Übersicht

	Rn.		Rn.
I. Allgemeines	1	1. Ausdrücklich genannte Ausnahmen	16
II. Verschwiegenheitspflicht (§ 54 Abs. 1 und 2 GwG)	3	2. Weitere Ausnahmen von der Verschwiegenheitspflicht	19
1. Adressaten der Norm	4	3. Weitergabe an ausländische oder supranationale Stellen	22
2. Inhalt und Umfang der Verschwiegenheitspflicht	9	IV. Folgen der Verletzung der Verschwiegenheitspflicht	23
III. Ausnahmen von der Verschwiegenheitspflicht (§ 54 Abs. 3 und 4 GwG)	15		

I. Allgemeines

1 Die Verschwiegenheitspflicht dient dem Schutz der Verpflichteten des Geldwäschegesetzes nach § 2 GwG sowie ihrer Kunden. Mit § 54 GwG soll sichergestellt werden, dass im Rahmen der Aufsichtstätigkeit bekannt gewordene Kenntnisse nicht unbefugt weitergegeben werden. Trotz dieser umfangreichen Verschwiegenheitspflicht soll eine Weitergabe in Ausnahmefällen möglich sein. Daher weist die Norm einen Katalog von detaillierten Ausnahmeregelungen als Regelbeispiele auf. Nach § 54 Abs. 1 Satz 3 GwG bleiben die datenschutzrechtlichen Bestimmungen unberührt, die von den beaufsichtigten Verpflichteten zu beachten sind. Weitere Geheimnisschutzvorschriften für den öffentlichen Dienst lassen sich darüber hinaus in anderen Gesetzen finden (z.B. § 67 BBG, § 9 BAT, § 16 BStatG).

2 Diese Vorschrift wurde mit dem Gesetz zur Umsetzung der Vierten Geldwäscherichtlinie eingeführt. Eine entsprechende Rechtsgrundlage im Geldwäschege-

II. Verschwiegenheitspflicht (§ 54 Abs. 1 und 2 GwG) **§ 54 GwG**

setz war notwendig geworden, da bislang die zuständigen Aufsichtsbehörden auf Regelungen in anderen für sie anwendbaren Gesetzen abstellen mussten.[1] Nicht ausreichend für den Bereich des Aufsichtsrechts ist die allgemeine Geheimhaltungspflicht für Behörden nach § 30 VwVfG. Aufgrund der vielfältigen und tiefgehenden Aufsichtsbefugnisse ist eine besondere gesetzliche Verschwiegenheitspflicht erforderlich, um das notwendige Vertrauen in die Integrität der Aufsichtspraxis und eine entsprechende Kooperationsbereitschaft sicherzustellen.[2] Auch aus europäischen Vorgaben lässt sich die Notwendigkeit einer Verschwiegenheitsregelung feststellen. Nach Art. 48 Abs. 2 der Vierten Geldwäscherichtlinie hat das Personal der Behörden in Fragen der Vertraulichkeit und des Datenschutzes auf einem hohen professionellen Standard zu arbeiten und muss in Bezug auf seine Integrität hohen Maßstäben genügen. Der § 54 GwG ist im Wesentlichen den bereits bestehenden Vorschriften über die Verschwiegenheitspflicht von Aufsichtsbehörden (z. B. § 9 KWG) nachgebildet worden.[3]

II. Verschwiegenheitspflicht (§ 54 Abs. 1 und 2 GwG)

Im Rahmen ihrer Aufsichtstätigkeit erhalten Behörden einen umfangreichen Einblick in die Geschäftstätigkeiten und somit auch in Geschäfts- oder Betriebsgeheimnisse der von ihnen beaufsichtigten Verpflichteten nach § 2 GwG.[4] Der Gesetzgeber ordnet daher einen strengen Maßstab an die Verschwiegenheitspflicht bei dem Umgang mit dienstlich erlangten Tatsachen an. 3

1. Adressaten der Norm

Die Schweigepflicht richtet sich an den folgenden Adressatenkreis: 4

– bei den Aufsichtsbehörden beschäftigte Personen (siehe Rn. 5)
– für die Aufsichtsbehörden tätige Personen (siehe Rn. 6)
– Personen, die durch dienstliche Berichterstattung Kenntnis erhalten (siehe Rn. 7)
– die Aufsichtsbehörde selbst (siehe Rn. 8)

Die Verschwiegenheitspflicht richtet sich nach § 54 Abs. 1 Satz 1 Alt. 1 GwG an die **bei den Aufsichtsbehörden beschäftigten Personen**. Dabei kommt es nicht auf die rechtliche Ausgestaltung des Dienst- oder Beschäftigungsverhältnisses an. Betroffen sind u. a. Beamte und Angestellte sowie Arbeiter. 5

---

1 BT-Drs. 18/11555, S. 162.
2 Vgl. die Gesetzesbegründung zum § 8 des Wertpapierhandelsgesetzes (Verschwiegenheitspflicht), mit dem eine dem Geldwäscherecht entsprechende Zielrichtung verfolgt wird, BT-Drs. 12/6679, S. 42; Döhmel, in: Assmann/Schneider, WpHG, § 8 Rn. 4.
3 BT-Drs. 18/11555, S. 162.
4 BT-Drs. 18/11555, S. 162.

GwG § 54 Verschwiegenheitspflicht

6 Darüber hinaus werden nach § 54 Abs. 1 Satz 1 Alt. 2 GwG Personen erfasst, die **für die Aufsichtsbehörden** tätig werden (z.B. beauftragte Wirtschaftsprüfer). Die zuständigen Aufsichtsbehörden sollten in diesem Fall auf die Verpflichtung der Verschwiegenheit nach § 54 GwG hinweisen, damit diese nicht von den Beauftragten übersehen wird.[5]

7 § 54 Abs. 2 GwG erfasst zudem Personen, die **durch dienstliche Berichterstattung Kenntnis** von den von der Verschwiegenheitspflicht erfassten Tatsachen erhalten. Hierbei handelt es sich beispielsweise um übergeordnete Behörden, welche die Rechts- und Fachaufsicht über die Aufsichtsbehörden ausüben.

8 Weiterhin ergibt sich aus dem Sinn und Zweck der Vorschrift, dass nicht nur die vom Gesetz ausdrücklich erfassten natürlichen Personen, sondern auch **die Aufsichtsbehörden selbst** zur Geheimhaltung verpflichtet sind. Die Norm würde ins Leere führen, wenn zwar ein Beamter der Schweigepflicht unterliegt, aber die Aufsichtsbehörden selbst die Informationen veröffentlichen könnten.[6]

2. Inhalt und Umfang der Verschwiegenheitspflicht

9 Die Pflicht zur Verschwiegenheit umfasst alle im Rahmen der Aufsichtstätigkeit bekannt gewordenen Tatsachen, deren Geheimhaltung im Interesse eines Verpflichteten oder eines Dritten sowie dem „aufsichtsrechtlichen Geheimnis" liegt.

10 Unter dem Begriff der **Tatsachen** versteht man im Straf- und Zivilrecht etwas Geschehenes oder Bestehendes, das zur Erscheinung gelangt und in die Wirklichkeit getreten und daher dem Beweis zugänglich ist.[7] Keine Tatsachenaussagen sind hingegen bloße Werturteile und reine Meinungsäußerung als Mitteilung subjektiver persönlicher Wertungen.[8] Für das Geldwäschegesetz ist ebenso wie in anderen aufsichtsrechtlichen Gesetzen (z.B. WpHG, KWG) von einem weiten Tatsachenbegriff auszugehen, wonach im Einzelfall auch geäußerte Werturteile oder Meinungsäußerungen der Schweigepflicht unterliegen, wenn aus ihnen auf eine geheimhaltungspflichtige Tatsache geschlossen werden kann.[9] Die Norm verfolgt den Schutz vor Veröffentlichung geheimer Informationen, welche gege-

---

5 Vgl. BT-Drs. 17/6804, S. 38; *Döhmel*, in: Assmann/Schneider, WpHG, § 8 Rn. 6.
6 Vgl. VG Frankfurt a.M., Urt. v. 23.1.2008, 7 E 3280/06 (V), NVwZ 2008, 1384, 1386; *Brocker*, in: Schwennicke/Auerbach, KWG, § 9 Rn. 6; *Döhmel*, in: Assmann/Schneider, WpHG, § 8 Rn. 5; *Lindemann*, in: Boos/Fischer/Schulte-Mattler, KWG/CRR-VO, § 9 KWG Rn. 6; *Gurlit*, NZG 2014, 1161, 1164.
7 RGSt 55, 129, 131.
8 Siehe näher BGH, Urt. v. 24.1.2006 – IX ZR 384/03, NJW 2006, 830, 836 m.w.N.
9 Vgl. VGH Kassel, Urt. v. 11.3.2015, 6 A 1071/13, WM 2015, 1750, 1758; *Beck*, in: Schwark/Zimmer, Kapitalmarktrechts-Kommentar, § 8 WpHG Rn. 6 m.w.N.; *Döhmel*, in: Assmann/Schneider, WpHG, § 8 Rn. 7; *Brocker*, in: Schwennicke/Auerbach, KWG, § 9 Rn. 9; *Müller-Feyen/Müller-Feyen*, in: Luz/Neus/Scharpf et al., KWG, § 9 Rn. 4.

II. Verschwiegenheitspflicht (§ 54 Abs. 1 und 2 GwG) **§ 54 GwG**

benenfalls auch in einem Werturteil mitgeteilt werden können. Die Integrität und das Vertrauensverhältnis zu den Aufsichtsbehörden könnte anderweitig erheblichen Schaden erleiden. Zudem lässt sich ein weites Verständnis mithilfe einer europarechtskonformen Auslegung feststellen, da in der Geldwäscherichtlinie in diesem Zusammenhang vielfach von „Informationen" gesprochen wird.[10]

Dem Wortlaut der Norm nach sind nur Tatsachen erfasst, welche bei der Aufsichtstätigkeit bekannt geworden sind. Es ergibt sich aber aus dem Sinn und Zweck der Norm, dass von einem weiten Verständnis auszugehen ist und demnach auch **Erkenntnisse außerhalb der dienstlichen Tätigkeit** erfasst sind, soweit sie einen Bezug zur Aufsichtstätigkeit aufweisen.[11] 11

Die Tatsachen müssen einer Geheimhaltung unterliegen. Um ein **Geheimnis** handelt es sich, wenn Tatsachen nur einem beschränkten Personenkreis bekannt sind und an der Geheimhaltung ein berechtigtes Interesse besteht.[12] Nicht mehr die Eigenschaften eines Geheimnisses erfüllen Tatsachen, die allgemein bekannt oder jedermann zugänglich sind (z. B. Presseberichte, Handels- oder Vereinsregister).[13] 12

In Bezug auf die Begründung der Verschwiegenheitspflicht ist der Tatbestand offen formuliert.[14] Aus dem Wortlaut lässt sich entnehmen, dass es sich um Tatsachen handeln soll, die im Interesse eines beaufsichtigten Verpflichteten oder eines Dritten liegen. Als Regelbeispiel werden die Geschäfts- und Betriebsgeheimnisse aufgezählt, wobei die Aufzählung nicht abschließend ist („insbesondere"). Unter **Betriebs- und Geschäftsgeheimnissen** sind alle auf ein Unternehmen bezogenen Tatsachen, Umstände und Vorgänge zu verstehen, die nicht offenkundig, sondern nur einem begrenzten Personenkreis zugänglich sind und an deren Nichtverbreitung der Rechtsträger ein berechtigtes Interesse hat. Während Betriebsgeheimnisse im Wesentlichen technisches Wissen im weitesten Sinne umfassen, betreffen Geschäftsgeheimnisse vornehmlich kaufmännisches Wissen.[15] Geschützt sind zudem alle geheimen Tatsachen im Interesse eines Dritten, also insbesondere Informationen zwischen dem Verpflichteten und seinen Kunden.[16] Des Weiteren gehört auch die Arbeit der Aufsichtsbehörden (z. B. angewendete Überwachungsmethoden, Korrespondenz und Informationsaustausch verschiedener Behörden untereinander und zu deren beaufsichtigten Ver- 13

---

10 Vgl. z. B. Erwägungsgrund 44, 58, Art. 48 Abs. 6 der Richtlinie (EU) 2015/849.
11 Vgl. *Lindemann*, in: Boos/Fischer/Schulte-Mattler, KWG/CRR-VO, § 9 Rn. 9.
12 Vgl. VGH Kassel, Urt. v. 11.3.2015, 6 A 1071/13, WM 2015, 1750, 1758; *Brocker*, in: Schwennicke/Auerbach, KWG, § 9 Rn. 11.
13 Vgl. VGH Kassel, Urt. v. 11.3.2015, 6 A 1071/13, WM 2015, 1750, 1758.
14 Vgl. VGH Kassel, Urt. v. 11.3.2015, 6 A 1071/13, WM 2015, 1750, 1758.
15 BVerfGE 115, 205, 230 f.; BVerwG, NVwZ 2011, 1012, 1014.
16 Vgl. VGH Kassel, Urt. v. 11.3.2015, 6 A 1071/13, WM 2015, 1750, 1757.

GwG § 54 Verschwiegenheitspflicht

pflichteten) zu den geschützten Geheimnissen.[17] Dies lässt sich aus den Erwägungen der § 8 WpHG und § 9 KWG ableiten, nach denen die Verschwiegenheitspflichten im Interesse der Funktionsfähigkeit der Aufsicht auch die Geheimnisse schützt, die originär nur bei den Behörden vorhanden sind oder den Aufsichtsbereich selbst betreffen.[18] Der Gesetzgeber wollte mit der Verschwiegenheitspflicht im Geldwäscherecht eine Regelung schaffen, die insbesondere jener Vorschrift des § 9 KWG entspricht.[19] Für ein solches Verständnis spricht ferner auch der Umstand, dass es sich um empfindliche und deswegen schützenswerte Informationen im Zusammenhang mit Geldwäsche und Terrorismusfinanzierung handelt.

14 Gegen die Pflicht zur Verschwiegenheit wird verstoßen, wenn geheime Tatsachen unbefugt **offenbart oder verwertet** werden. Auch bei diesen Tatbestandsmerkmalen ist von einem weiten Verständnis auszugehen. Demnach ist mit Offenbaren oder Verwerten jede Form der Datenweitergabe an Personen erfasst, unabhängig in welcher Form (schriftlich, mündlich, Einsicht in Akten, per E-Mail usw.) oder zu welchem Zweck (dienstlich, privat, wissenschaftlich) diese erfolgt.[20] Ausweislich des Gesetzestextes ist nicht nur der Zeitraum während, sondern auch nach der Beendigung des Dienst- oder Beschäftigungsverhältnisses betroffen (§ 54 Abs. 1 Satz 2 GwG). Ein **unbefugtes** Offenbaren oder Verwerten liegt vor, wenn keine Ausnahmen von der Verschwiegenheitspflicht vorliegen.

III. Ausnahmen von der Verschwiegenheitspflicht (§ 54 Abs. 3 und 4 GwG)

15 Von dem Grundsatz der Verschwiegenheitspflicht können Ausnahmen gemacht werden, welche der Gesetzgeber in den § 54 Abs. 3 und 4 GwG nennt. Da es sich bei dem § 54 Abs. 3 GwG nur um Regelbeispiele handelt („insbesondere"), sind weitere Ausnahmen von der Verschwiegenheitspflicht möglich.

1. Ausdrücklich genannte Ausnahmen

16 Eine Datenweitergabe stellt **kein unbefugtes Offenbaren oder Verwerten** dar, wenn ein Fall des § 54 Abs. 3 Nr. 1 bis 4 GwG vorliegt. Damit wird dem Interes-

---

17 Vgl. VGH Kassel, Urt. v. 11.3.2015, 6 A 1071/13, WM 2015, 1750, 1757 f.
18 Siehe näher hierzu VGH Kassel, Urt. v. 11.3.2015, 6 A 1071/13, WM 2015, 1750, 1758; *Köhler*, in: Park, Kapitalmarktstrafrecht, § 8 Rn. 99; *Brocker*, in: Schwennicke/Auerbach, KWG, § 9 Rn. 1.
19 BT-Drs. 18/11555, S. 162.
20 Vgl. *Brocker*, in: Schwennicke/Auerbach, KWG, § 9 Rn. 12; *Müller-Feyen/Müller-Feyen*, in: Luz/Neus/Scharpf et al., KWG, § 9 Rn. 9.

III. Ausnahmen von der Verschwiegenheitspflicht § 54 GwG

se einer effektiven Aufsichtsarbeit Rechnung getragen, da bei der Verhinderung und Bekämpfung von Geldwäsche und Terrorismusfinanzierung ein Austausch mit anderen öffentlichen Stellen notwendig ist.[21] Voraussetzung für die Möglichkeit einer Weitergabe ist, dass diese Stellen die Informationen zur Erfüllung ihrer Aufgaben benötigen und der Weitergabe keine anderen Rechtsvorschriften entgegenstehen.

Zunächst ist der Austausch mit den Strafverfolgungsbehörden, den Behörden nach § 56 Abs. 5 GwG oder mit den für Straf- und Bußgeldsachen zuständigen Gerichten (Nr. 1) notwendig. Hingegen besteht bei zivilrechtlichen Verfahren keine grundsätzliche Ausnahme der Verschwiegenheitspflicht, was sich schon daraus ergibt, dass Zivilgerichte nicht ausdrücklich erwähnt werden.[22] 17

Weiterhin ist der Austausch mit allen Stellen möglich, die kraft Gesetz oder im öffentlichen Auftrag mit der Aufklärung und Verhinderung von Geldwäsche oder von Terrorismusfinanzierung betraut sind, sowie mit Personen, die von diesen Stellen beauftragt sind (Nr. 2). Als im Mittelpunkt stehende Behörde im Bereich der Bekämpfung der Geldwäsche und Terrorismusfinanzierung ist ein Austausch mit der Zentralstelle für Finanztransaktionsuntersuchungen notwendig (Nr. 3). Auch ist die Weitergabe von Daten an andere Stellen möglich, die kraft Gesetz oder im öffentlichen Auftrag mit der Aufsicht über das allgemeine Risikomanagement oder über die Compliance von Verpflichteten betraut sind, sowie an Personen, die von diesen Stellen beauftragt sind (Nr. 4). 18

2. Weitere Ausnahmen von der Verschwiegenheitspflicht

Bei der gesetzlichen Aufzählung im § 54 Abs. 3 Nr. 1 bis 4 GwG handelt es sich lediglich um Regelbeispiele („insbesondere"). Daher kommen weitere Ausnahmen von der Verschwiegenheitspflicht in Betracht, die ebenso kein unbefugtes Offenbaren oder Verwerten darstellen. 19

Zunächst handelt es sich um keine unbefugte Datenweitergabe, wenn eine Einwilligung des Betroffenen vorliegt.[23] Hingegen kann eine Rechts- und Amtshilfe nach Art. 35 GG nur ausnahmsweise gerechtfertigt sein und zwar nur dann, wenn sie durch höherwertige Interessen gerechtfertigt ist, sie im öffentlichen In- 20

---

21 BT-Drs. 18/11555, S. 162.
22 Vgl. VGH Kassel, Beschl. v. 2.3.2010, 6 A 1684/08, NVwZ 2010, 1036, 1044; VG Minden, Beschl. v. 17.12.2010, 10 L 690/10, WM 2011, 1130, 1132; *Brocker*, in: Schwennicke/Auerbach, KWG, § 9 Rn. 18; *Gurlit*, NZG 2014, 1161, 1165; *Möllers/Pregler*, ZHR 176 (2012), 144, 156ff.; *Spindler*, ZGR 2011, 690, 719f.; *Lindemann*, in: Boos/Fischer/Schulte-Mattler, KWG/CRR-VO, § 9 KWG Rn. 29.
23 Vgl. *Lindemann*, in: Boos/Fischer/Schulte-Mattler, KWG/CRR-VO, § 9 KWG Rn. 28.

GwG § 54 Verschwiegenheitspflicht

teresse steht und die empfangende Stelle selbst einer entsprechenden Verschwiegenheitsverpflichtung unterliegt.[24]

21 Weiterhin können sich im Einzelfall Ausnahmen von der Verschwiegenheitspflicht ergeben, wenn ein Auskunftsanspruch nach dem **Informationsfreiheitsgesetz (IFG)** besteht. Aufgrund des IFG ist jeder dazu berechtigt, gegenüber den Behörden des Bundes einen Anspruch auf Zugang zu amtlichen Informationen geltend zu machen.[25] In den meisten Bundesländern bestehen entsprechende Informationsfreiheitsgesetze, die auf die Landesbehörden Anwendung finden.[26] Dieser Informationszugangsanspruch steht mit den gesetzlichen Verschwiegenheitspflichten im grundsätzlichen Konflikt. Im Finanzsektor wurden die BaFin und die Gerichte bereits in vergangener Zeit häufig mit der Frage konfrontiert, ob sich ein Auskunftsanspruch aus dem IFG in Abwägung mit den Verschwiegenheitspflichten ergibt.[27] Im Fokus standen dabei die gesetzlichen Gründe im IFG, die den Anspruch auf einen Informationszugang ausschließen. Diese wurden bisher von den Gerichten nur sehr restriktiv ausgelegt. Demnach können als Ausschlussgründe nicht die allgemeinen Schutzbestimmungen von Betriebs- und Geschäftsgeheimnissen und personenbezogenen Daten in §§ 5 und 6 Satz 2 IFG herangezogen werden, da sie von den spezielleren Verschwiegenheitsverpflichtungen in den Fachgesetzen verdrängt werden.[28] Auch die Ausschlussgründe nach § 3 IFG mit dem Bezug zum Schutz von besonderen öffentlichen Belangen ließen die Gerichte teilweise nur unter erheblichen Anforderungen zu.[29] Gegen eine solche restriktive Anwendung hat sich der EuGH im Jahr 2014 im Rahmen eines Vorabentscheidungsverfahrens gewendet.[30] Demnach sind die gesetzlichen Verschwiegenheitspflichten europarechtskonform auszulegen, wobei die

---

24 Vgl. *Becker*, in: Reischauer/Kleinhans, KWG, § 9 Rn. 21; *Döhmel*, in: Assmann/Schneider, WpHG, § 8 Rn. 37; *Lindemann*, in: Boos/Fischer/Schulte-Mattler, KWG/CRR-VO, § 9 KWG Rn. 22.
25 § 1 Abs. 1 IFG.
26 Siehe z. B. das Berliner Informationsfreiheitsgesetz, Saarländisches Informationsfreiheitsgesetz.
27 Vgl. VGH Kassel, Beschl. v. 2.3.2010, 6 A 1684/08, NVwZ 2010, 1036, 1044; VG Frankfurt, Beschl. v. 28.7.2009, 7 L 1553/09.F (juris); VG Frankfurt a. M., Beschl. v. 7.5.2009, 7 L 676/09, WM 2009, 1843 = NVwZ 2009, 1182; eingehend *Gurlit*, NZG 2014, 1161 m. w. N.
28 Vgl. BVerwG, NVwZ 2011, 1012, 1013; VGH Kassel, NVwZ 2010, 1036, 1044; *Gurlit*, NZG 2014, 1161, 1164.
29 Vgl. BVerwG, Urt. v. 27.11.2014, 7 C 18.12, ZIP 2015, 496 = WM 2015, 713; Hess. VGH, Beschl. v. 24.3.2010, 6 A 1832/09, DÖV 2010, 568 = NVwZ 2010, 1112; VG Frankfurt a. M., Urt. v. 19.3.2008, 7 E 4067/06 (juris); VG Berlin, Urt. v. 23.10.2013, 2 K 294.12 (juris).
30 Das VG Frankfurt a. M. hatte den EuGH um Vorabentscheidung gem. Art. 267 AEUV ersucht, EuGH (2. Kammer), Urt. v. 12.11.2014, C-140/13, NVwZ 2015, 46 = ZIP 2014, 2307 – Annett Altmann u. a./BaFin.

besondere Pflicht zur Verschwiegenheit hervorzuheben ist.[31] Ein fehlendes Vertrauen in die Überwachungstätigkeit der Behörden würde die reibungslose Übermittlung von vertraulichen Informationen gefährden.[32] Bei der Abwägung der Verschwiegenheitspflicht im Geldwäschegesetz mit dem IFG sind diese Erwägungen des EuGH im Rahmen einer europarechtskonformen Auslegung zu berücksichtigen. Die Vierte Geldwäscherichtlinie hält im Art. 48 Abs. 2 fest, dass das Personal der zuständigen Aufsichtsbehörden in Fragen der Vertraulichkeit und des Datenschutzes mit hohem professionellem Standard arbeiten muss und in Bezug auf seine Integrität hohen Maßstäben zu genügen hat.

3. Weitergabe an ausländische oder supranationale Stellen

Schon bei der näheren Betrachtung der Entstehungsgeschichte wird die Notwendigkeit der internationalen Zusammenarbeit im Bereich der Bekämpfung der Geldwäsche und der Terrorismusfinanzierung ersichtlich. Daher sieht der Gesetzgeber im § 54 Abs. 4 GwG einen Austausch mit grenzüberschreitenden Stellen vor, um eine effektive Aufsichtsarbeit zu ermöglichen.[33] Es stellt daher keine unbefugte Datenweitergabe dar, wenn ein **Austausch mit ausländischen oder supranationalen Stellen** stattfindet. Die Aufsichtsbehörden müssen allerdings sicherstellen, dass die Stelle in einem anderen Staat oder die supranationale Stelle einer vergleichbaren Schweigepflicht wie im Geldwäschegesetz unterliegen. Mit der Formulierung des Gesetzgebers („weitgehend entspricht") ist keine identische Regelung über die Verschwiegenheit erforderlich. Eine zu formale Vergleichbarkeit wäre ohnehin aufgrund der unterschiedlichen Rechtsordnungen kaum möglich.[34] Die Aufsichtsbehörden müssen zudem darauf hinweisen, dass die Informationen nur zu dem Zweck verwendet werden dürfen, zu dessen Erfüllung die Informationen übermittelt worden sind. Die Anforderungen müssen von den Aufsichtsbehörden besorgt werden, da der deutsche Gesetzgeber keine rechtlichen Grundlagen hat, die ausländischen Stellen zu einer vergleichbaren Verschwiegenheit zu verpflichten.[35]

22

IV. Folgen bei Verletzung der Verschwiegenheitspflicht

Die Verletzung von der Verschwiegenheitspflicht kann **zivilrechtliche Haftungsansprüche** auslösen. Der § 54 GwG weist einen Individualschutzcharakter

23

---

31 Relevant war insbesondere die Auslegung des Art. 54 der Richtlinie 2004/39/EG, vgl. EuGH, NVwZ 2015, 46 f.
32 EuGH, NVwZ 2015, 46, 47.
33 BT-Drs. 18/11555, S. 162.
34 Vgl. *Lindemann*, in: Boos/Fischer/Schulte-Mattler, KWG/CRR-VO, § 9 KWG Rn. 25.
35 Vgl. *Lindemann*, in: Boos/Fischer/Schulte-Mattler, KWG/CRR-VO, § 9 KWG Rn. 24.

GwG § 54 Verschwiegenheitspflicht

auf und stellt daher ein Schutzgesetz im Sinne des § 823 Abs. 2 BGB dar. Kann eine Amtspflichtverletzung nach § 839 BGB festgestellt werden, so bestehen Ansprüche nach § 839 BGB i.V.m. Art. 34 GG gegen die Körperschaft. Der Amtsträger kann von der Körperschaft gem. Art. 34 Satz 2 GG in Regress genommen werden, wenn er grob fahrlässig oder vorsätzlich gehandelt hat. Darüber hinaus können dem Schädiger disziplinar- und arbeitsrechtliche Konsequenzen drohen.

24 **Strafrechtliche Sanktionen** können sich aus §§ 203 Abs. 2 und 204 StGB ergeben, wenn vorsätzlich ein Privat-, Betriebs- oder Geschäftsgeheimnis unbefugt offenbart oder verwertet wurde. Es handelt sich dabei um eine Straftat, die auf Antrag des Verletzten nach § 205 StGB verfolgt wird und mit Freiheitsstrafe bis zu zwei Jahren oder Geldstrafe geahndet werden kann. Daneben ist auch eine Strafbarkeit wegen Verletzung des Dienstgeheimnisses nach § 353b StGB denkbar.

§ 55 Zusammenarbeit mit anderen Behörden

(1) Die Aufsichtsbehörden arbeiten zur Verhinderung und zur Bekämpfung von Geldwäsche und von Terrorismusfinanzierung bei der Wahrnehmung ihrer Aufgaben nach § 51 untereinander sowie mit den in § 54 Absatz 3 genannten Stellen umfassend zusammen. Im Rahmen dieser Zusammenarbeit sind die Aufsichtsbehörden verpflichtet, einander von Amts wegen und auf Ersuchen Informationen einschließlich personenbezogener Daten und die Ergebnisse der Prüfungen zu übermitteln, soweit deren Kenntnis für die Erfüllung der Aufgaben der Aufsichtsbehörden nach § 51 erforderlich ist.

(2) Die nach § 155 Absatz 2 der Gewerbeordnung in Verbindung mit dem jeweiligen Landesrecht nach § 14 Absatz 1 der Gewerbeordnung zuständigen Behörden übermitteln auf Ersuchen den nach § 50 Nummer 9 zuständigen Aufsichtsbehörden kostenfrei die Daten aus der Gewerbeanzeige gemäß den Anlagen 1 bis 3 der Gewerbeanzeigenverordnung über Verpflichtete nach § 2 Absatz 1, soweit die Kenntnis dieser Daten zur Wahrnehmung der Aufgaben der Aufsichtsbehörden nach § 51 erforderlich ist.

(3) Die Registerbehörde nach § 11a Absatz 1 der Gewerbeordnung übermittelt auf Ersuchen den nach § 50 Nummer 9 zuständigen Aufsichtsbehörden kostenfrei die in § 6 der Finanzanlagenvermittlungsverordnung und die in § 5 der Versicherungsvermittlungsverordnung genannten Daten, soweit die Kenntnis dieser Daten zur Wahrnehmung der Aufgaben der Aufsichtsbehörden nach § 51 erforderlich ist.

(4) Weitergehende Befugnisse der Aufsichtsbehörden zur Verarbeitung von personenbezogenen Daten nach anderen Rechtsvorschriften bleiben unberührt.

(5) In grenzüberschreitenden Fällen koordinieren die zusammenarbeitenden Aufsichtsbehörden und die in § 54 Absatz 3 genannten Stellen ihre Maßnahmen.

(6) Soweit die Aufsichtsbehörden die Aufsicht über die Verpflichteten nach § 2 Absatz 1 Nummer 1 bis 3 und 6 bis 9 ausüben, stellen sie den folgenden Behörden auf deren Verlangen alle Informationen zur Verfügung, die erforderlich sind zur Durchführung von deren Aufgaben aufgrund der Richtlinie (EU) 2015/849 sowie der Verordnung (EU) Nr. 1093/2010 des Europäischen Parlaments und des Rates vom 24. November 2010 zur Errichtung einer Europäischen Aufsichtsbehörde (Europäische Bankenaufsichtsbehörde), zur Änderung des Beschlusses Nr. 716/2009/EG und zur Aufhebung des Beschlusses 2009/78/EG der Kommission, der Verordnung (EU) Nr. 1094/2010 des Europäischen Parlaments und des Rates vom 24. November 2010 zur Errichtung einer Europäischen Aufsichtsbehörde (Europäische Aufsichtsbehörde für

GwG § 55 Zusammenarbeit mit anderen Behörden

das Versicherungswesen und die betriebliche Altersversorgung), zur Änderung des Beschlusses Nr. 716/2009/EG und zur Aufhebung des Beschlusses 2009/79/EG der Kommission und der Verordnung (EU) Nr. 1095/2010 des Europäischen Parlaments und des Rates vom 24. November 2010 zur Errichtung einer Europäischen Aufsichtsbehörde (Europäische Wertpapier- und Marktaufsichtsbehörde), zur Änderung des Beschlusses Nr. 716/2009/EG und zur Aufhebung des Beschlusses 2009/77/EG der Kommission:

1. der Europäischen Bankenaufsichtsbehörde,
2. der Europäischen Aufsichtsbehörde für das Versicherungswesen und die betriebliche Altersversorgung sowie
3. der Europäischen Wertpapier- und Marktaufsichtsbehörde.

Die Informationen sind zur Verfügung zu stellen nach Maßgabe des Artikels 35 der Verordnung (EU) Nr. 1093/2010, des Artikels 35 der Verordnung (EU) Nr. 1094/2010 und des Artikels 35 der Verordnung (EU) Nr. 1095/2010.

Schrifttum: *Stelkens/Bonk/Sachs* (Hrsg.), Verwaltungsverfahrensgesetz, 9. Aufl. 2018; *Boos/Fischer/Schulte-Mattler* (Hrsg.), Kreditwesengesetz, 5. Aufl. 2016; *Simitis* (Hrsg.), Kommentar zum Bundesdatenschutzgesetz, 8. Aufl. 2014; *Eßer/Kramer/v. Lewinski* (Hrsg.), Kommentar Bundesdatenschutzgesetz und Nebengesetze, 4. Aufl. 2014

Übersicht

	Rn.		Rn.
I. Einführung	1	V. Zusammenarbeit in grenzüberschreitenden Fällen (§ 55 Abs. 5 GwG)	9
II. Zusammenarbeit und Informationsaustausch der Aufsichtsbehörden (§ 55 Abs. 1)	3	VI. Informationsweitergabe an die Europäischen Aufsichtsbehörden (§ 55 Abs. 6 GwG)	10
III. Kostenfreie Registerauskunft (§ 55 Abs. 2 und 3 GwG)	6		
IV. Weitergehende Befugnisse (§ 55 Abs. 4 GwG)	7		

I. Einführung

1 Dieser Paragraf setzt die Art. 49 ff. der Vierten Geldwäscherichtlinie[1] um (wobei teilweise Regelungen des § 16a Abs. 2 GwG a. F. übernommen werden) und trifft

---

1 Richtlinie 2015/849/EU des Europäischen Parlaments und des Rates v. 20.5.2015 zur Verhinderung der Nutzung des Finanzsystems zum Zwecke der Geldwäsche und der Terrorismusfinanzierung, zur Änderung der Verordnung (EU) Nr. 648/2012 des Europäischen Parlaments und des Rates und zur Aufhebung der Richtlinie 2005/60/EG des Europäischen Parlaments und des Rates und der Richtlinie 2006/70/EG der Kommission (Vierte Geldwäscherichtlinie).

für die nationale, europäische sowie grenzüberschreitende Zusammenarbeit der Aufsichtsbehörden Regelungen.[2] So regeln die Absätze 1 bis 4 die Zusammenarbeit, den Informationsaustausch und die Datenübermittlung der Aufsichtsbehörden in Deutschland untereinander und mit den in § 54 Abs. 3 GwG genannten Stellen bei der Verhinderung und Bekämpfung von Geldwäsche und Terrorismusfinanzierung.[3]

Geldwäsche und Terrorismusfinanzierung finden jedoch häufig in internationalem Kontext statt. Maßnahmen, die nur auf nationaler oder selbst auf Unionsebene erlassen würden, ohne eine grenzübergreifende Koordinierung und Zusammenarbeit mit einzubeziehen, hätten nur sehr begrenzte Wirkung.[4] Die Absätze 5 und 6 widmen sich daher der grenzüberschreitenden Zusammenarbeit der deutschen Aufsichtsbehörden sowie der Informationsweitergabe an die Europäischen Aufsichtsbehörden.

II. Zusammenarbeit und Informationsaustausch der Aufsichtsbehörden (§ 55 Abs. 1)

Die Vierte Geldwäscherichtlinie regelt in Art. 49, dass Mitgliedstaaten die nationale Zusammenarbeit der Aufsichtsbehörden sicherstellen müssen. Dazu sollen wirksame Mechanismen eingerichtet werden, die bei der Entwicklung und Umsetzung von Strategien und Maßnahmen zur Bekämpfung von Geldwäsche und Terrorismusfinanzierung die Zusammenarbeit und Koordinierung im Inland ermöglichen. § 55 Abs. 1 GwG normiert in Satz 1 daher die grundsätzliche Pflicht der Aufsichtsbehörden sowohl untereinander, als auch mit den in § 54 Abs. 3 GwG genannten Stellen, d. h. insbesondere mit den Strafverfolgungsbehörden sowie der Zentralstelle für Finanztransaktionsuntersuchungen **umfassend zusammenzuarbeiten** (vgl. auch zu den zuständigen Gerichten sowie Behörden für Ordnungswidrigkeiten § 54 Rn. 16). Dies sei für eine effektive Aufsicht unerlässlich.[5] Damit enthält die Vierte Geldwäscherichtlinie nun Bestimmungen, um diese Koordinierung und Zusammenarbeit zu verbessern und insbesondere sicherzustellen, dass Meldungen verdächtiger Transaktionen die zentrale Melde-

---

2 Vgl. BT-Drs. 18/11555 v. 17.3.2017, Begr. zu § 55 Abs. 1 GwG, S. 163.
3 Entwurf eines Gesetzes zur Umsetzung der Richtlinie (EU) 2015/849 (Vierte Geldwäscherichtlinie) sowie zur Ausführung der Verordnung (EU) 2015/847 (Geldtransferverordnung) und zur Neuorganisation der Zentralstelle für Finanztransaktionsuntersuchungen (Referentenentwurf), Bundesministerium der Finanzen v. 15.12.2016, S. 170.
4 Vierte Geldwäscherichtlinie, Erwägungsgrund 4.
5 Referentenentwurf der Umsetzung der Vierten EU-Geldwäscherichtlinie, zur Ausführung der EU-Geldtransferverordnung und zur Neuorganisation der Zentralstelle für Finanztransaktionsuntersuchungen (Referentenentwurf), Bundesministerium der Finanzen v. 15.12.2016, S. 170.

GwG § 55 Zusammenarbeit mit anderen Behörden

stelle des Mitgliedstaats, für den sie besonders relevant sind, tatsächlich erreichen (vgl. dazu § 28 Rn. 11 ff.).[6]

4 Satz 2 regelt dabei ausdrücklich, dass insbesondere die aus Vor-Ort-Prüfungen und anderen Maßnahmen der Aufsichtsbehörden gewonnenen Erkenntnisse auf Ersuchen oder von Amts wegen anderen Aufsichtsbehörden zur Verfügung zu stellen sind, soweit die Kenntnis dieser Informationen zur Erfüllung ihrer Aufsichtsaufgaben erforderlich erscheinen.[7] Der in der Gesetzesbegründung gewählte Wortlaut „erscheinen" deutet dabei darauf hin, dass für die **Erforderlichkeit** ein ähnlicher Maßstab wie in § 7 KWG gelten so. Demnach muss die Erforderlichkeit nicht feststehen, sondern es kann grundsätzlich genügen, wenn die Aufsichtsbehörde von der Notwendigkeit nach eigener Erfahrung und Einschätzung überzeugt ist.[8] Vor dem Hintergrund, dass auch personenbezogene Daten übermittelt werden können, müssen an das Merkmal der Erforderlichkeit jedoch enge Voraussetzungen (analog zu der Übermittlung personenbezogener Daten durch öffentliche Stellen nach § 15 Bundesdatenschutzgesetz (BDSG), siehe unten Rn. 5) geknüpft werden. Insbesondere darf die Übermittlung der Daten nicht lediglich geeignet oder zweckmäßig sein. Vielmehr muss es der Aufsichtsbehörde ohne die Übermittlung unmöglich sein, ihre gesetzlichen Aufgaben zu erfüllen bzw. muss sie davon nach eigener Erfahrung und Einschätzung überzeugt sein.[9]

5 Auf **personenbezogene Daten** erstreckt sich der Informationsaustausch nur, soweit deren Kenntnis für die Erfüllung der Aufgaben der Aufsichtsbehörden nach § 51 GwG (s. § 51 Rn. 5 ff.) erforderlich ist. Damit lehnt sich der Wortlaut teilweise an die Anforderungen (subsidiären) der §§ 14, 15 BDSG an, wonach Daten von öffentlichen Stellen des Bundes nur dann übermittelt werden dürfen, wenn es für die den Behörden obliegenden Aufgaben erforderlich ist. Dagegen wird die im § 15 Abs. 1 Nr. 2 BDSG i.V.m. § 14 BDSG zweite normierte Voraussetzung, dass die Übermittlung nur für die Zwecke erfolgt, für die die Daten erhoben wurden, hier nicht explizit genannt (siehe auch § 58 Rn. 9 zur Übermittlung von personenbezogenen Daten durch Verpflichtete).

III. Kostenfreie Registerauskunft (§ 55 Abs. 2 und 3 GwG)

6 Damit die Aufsichtsbehörden für den Nichtfinanzsektor, d.h. die jeweils nach Bundes- oder Landesrecht zuständigen Stellen nach § 50 Nr. 9 GwG für z.B. Versicherungsvermittler, Immobilienmakler, Güterhändler oder Finanzunter-

---

6 Vierte Geldwäscherichtlinie, Erwägungsgrund 54.
7 Vgl. BT-Drs. 18/11555 v. 17.3.2017, Begr. zu § 55 Abs. 1 GwG, S. 163.
8 *Lindemann*, in: Boos/Fischer/Schulte-Mattler, KWG/CRR-VO, § 7 KWG Rn. 8.
9 *Dammann*, in: Simitis, § 15 Rn. 11; *Eßer*, in: Eßer/Kramer/v. Lewinski, § 15 Rn. 13.

IV. Weitergehende Befugnisse (§ 55 Abs. 4 GwG) § 55 GwG

nehmen[10] (s. § 50 Rn. 14), eine wirksame und risikoorientierte Aufsicht ausüben können, benötigen sie zunächst Kenntnis über alle in ihrem örtlichen Bereich ansässigen Verpflichteten. Entsprechend § 14 Abs. 9 Gewerbeordnung (GewO) wird nun mit § 55 Abs. 2 GwG eine „andere Rechtsvorschrift" geschaffen, die den jeweiligen Aufsichtsbehörden die Befugnis einräumt, auf Ersuchen **kostenfrei Auskunft aus dem kommunalen Gewerberegister** zu erhalten.[11] Ebenso statuiert § 55 Abs. 3 GwG das Recht, z.B. unter Angabe einer Postleitzahl, Auskunft aus dem **Vermittlerregister** über die in dem jeweiligen Bezirk tätigen Finanzanlagen- oder Versicherungsvermittler zu erhalten.[12] Ersuche auf kostenfreie Auskunft der Aufsichtsbehörden für den Nichtfinanzsektor können dabei auch als Sammelabfragen bei den Gewerberegistern bezogen auf bestimmte Branchen oder Regionen ausgestaltet sein. Hintergrund dafür ist, dass bei der Wahrnehmung einer risikobasierten Aufsicht im Sinne des § 47 GewO die Aufsichtsbehörden nach § 50 Nr. 9 GwG Schwerpunkte zu setzen haben, die sich am Risikoprofil der Verpflichteten, an besonderen Risiken in gewissen Branchen oder auch Regionen und an aktuellen Entwicklungen orientieren[13] – wofür Sammelabfragen notwendig sind.

IV. Weitergehende Befugnisse (§ 55 Abs. 4 GwG)

§ 55 Abs. 4 GwG stellt ferner noch einmal klar, dass weitergehende Befugnisse der Aufsichtsbehörden zur Verarbeitung personenbezogener Daten nach anderen Rechtsvorschriften von § 55 GwG unberührt bleiben, der § 55 GwG mithin die Zusammenarbeit mit anderen Behörden nicht abschließend normiert.[14] Daher kann grundsätzlich neben der spezialgesetzlichen Regelung des § 55 GwG auch auf die **allgemeinen Instrumente der Amts- und Rechtshilfe** nach dem VwVfG bzw. der entsprechenden landesrechtlichen Vorschrift zurückgegriffen werden. Zu beachten ist in diesem Zusammenhang die Rechtsprechung zur gesetzesinkongruenten[15] Amtshilfe, wonach sich etwaige Amtshilfeverbote oder -beschränkungen bei der Zusammenarbeit von Behörden innerhalb Deutschlands, auf welche (formal) jeweils anderes Verfahrensrecht anwendbar ist, nach dem auf die ersuchte Behörde anwendbaren Recht bestimmen.[16]

7

---

10 Wobei Finanzunternehmen insoweit eine Ausnahme darstellen, da sie dem Finanzsektor zuzurechnen sind.
11 Vgl. BT-Drs. 18/11555 v. 17.3.2017, Begr. zu § 55 Abs. 1 GwG, S. 163.
12 Vgl. BT-Drs. 18/11555 v. 17.3.2017, Begr. zu § 55 Abs. 1 GwG, S. 163.
13 Vgl. BT-Drs. 18/11555 v. 17.3.2017, Begr. zu § 55 Abs. 1 GwG, S. 163.
14 Vgl. BT-Drs. 18/11555 v. 17.3.2017, Begr. zu § 55 Abs. 1 GwG, S. 163.
15 *Schmitz*, in: Stelkens/Bonk/Sachs, VwVfG, § 4 Rn. 21.
16 BVerwG, NVwZ 1986, 467.

GwG § 55 Zusammenarbeit mit anderen Behörden

8 Werden andere Vorschriften zur Koordination und zum Informationsaustausch von den Aufsichtsbehörden als Ermächtigungsgrundlage bemüht, so ist für die Übermittlung von personenbezogenen Daten insbesondere die in nationales Recht umgesetzte Datenschutzrichtlinie[17] (und in diesem Zusammenhang insbesondere die §§ 14, 15 BDSG) zu beachten.[18]

V. Zusammenarbeit in grenzüberschreitenden Fällen (§ 55 Abs. 5 GwG)

9 Während die Dritte Geldwäscherichtlinie die Geldwäscheaufsicht in grenzüberschreitenden Fällen noch nicht ausdrücklich regelte, enthält die Vierte Geldwäscherichtlinie hierzu explizite Vorgaben. Niederlassungen von Verpflichteten haben demnach die Geldwäschevorschriften des jeweiligen Gastmitgliedstaates einzuhalten.[19] Für die Geldwäscheaufsicht über diese Niederlassungen ist dann auch die Aufsichtsbehörde des Gastmitgliedstaates zuständig, wobei sie gegebenenfalls auch Prüfungen vor Ort und externe Überwachungen durchführen und bei schweren Verstößen gegen das Geldwäschegesetz des Gastmitgliedstaates auch geeignete und verhältnismäßige Maßnahmen ergreifen darf, siehe auch Art. 48 Abs. 4 Vierte Geldwäscherichtlinie.[20] Die zuständige Behörde des Gastmitgliedstaates sollte daher eng mit der zuständigen Behörde des Herkunftsmitgliedstaates zusammenarbeiten. Dies umfasst auch die Informationsweitergabe über alle Sachverhalte, die die Bewertung der Aufsichtsbehörde des Herkunftsmitgliedstaates in Bezug auf die Befolgung der gruppenweiten Strategien und Verfahren zur Bekämpfung von Geldwäsche und Terrorismusfinanzierung beeinflussen könnten.[21] § 55 GwG statuiert damit eine **enge grenzüberschreitende Zusammenarbeit zwischen Gastland- und Herkunftslandaufsicht**, wobei die zusammenarbeitenden Aufsichtsbehörden und Strafverfolgungsbehörden ihre Maßnahmen in allen grenzüberschreitenden Fällen untereinander abstimmen müssen.[22] So fordern auch die Europäischen Aufsichtsbehörden in ihrer gemeinsamen Leitlinie,[23] dass die zuständigen Aufsichtsbehörden kooperieren und alle relevanten Informationen unverzüglich austauschen, um eine effiziente

---

17 Richtlinie 95/46/EG.
18 Vierte Geldwäscherichtlinie, Erwägungsgrund 42.
19 *Lang/Noll*, Vierte europäische Geldwäsche-Richtlinie und neue Geldtransfer-Verordnung verabschiedet, BaFin Journal v. 15.6.2015, S. 3.
20 Vierte Geldwäscherichtlinie, Erwägungsgrund 53.
21 Vierte Geldwäscherichtlinie, Erwägungsgrund 53.
22 Referentenentwurf, Bundesministerium der Finanzen v. 15.12.2016, S. 170.
23 Joint Guidelines on the characteristics of a risk-based approach to anti-money laundering and terrorist financing supervision, and the steps to be taken when conducting supervision on a risk-sensitive basis (The Risk-Based Supervision Guidelines), ESAs, v. 16.11.2016, S. 12.

Geldwäscheaufsicht der Verpflichteten gewährleisten zu können. Die justizielle Zusammenarbeit in Strafsachen sollte dabei rasch, konstruktiv und wirksam eine möglichst weitreichende grenzüberschreitenden Zusammenarbeit sicherstellen; es sollte ebenfalls gewährleistet sein, dass die Aufsichtsbehörden Informationen mit den zentralen Meldestellen von Drittländern frei, spontan oder auf Antrag austauschen.[24] In diesem Zusammenhang haben die zuständigen deutschen Aufsichtsbehörden und die für die Strafverfolgung zuständigen Stellen zu beachten, dass sie sich **zunächst innerhalb von Deutschland koordinieren** müssen, bevor Behörden anderer Staaten kontaktiert werden sollen.[25]

VI. Informationsweitergabe an die Europäischen Aufsichtsbehörden (§ 55 Abs. 6 GwG)

In Anlehnung an § 55 Abs. 1 GwG, der eine Informationsweitergabe innerhalb der nationalen Behörden zur Wahrnehmung ihrer Aufgaben nach § 51 GwG vorsieht, ordnet § 55 Abs. 6 GwG an, dass die Aufsichtsbehörden den Europäischen Aufsichtsbehörden alle Informationen zur Verfügung zu stellen haben, die zur Durchführung von deren Aufgaben aufgrund der Vierten Geldwäscherichtlinie erforderlich sind. Dabei entspricht § 55 Abs. 6 GwG weitgehend dem § 16a Abs. 2 GwG a. F. und dient der Umsetzung von Art. 50 der Vierten Geldwäscherichtlinie.[26] Der Anwendungsbereich der Informationsweitergabe an die drei Europäischen Aufsichtsbehörden (EBA, EIOPA und ESMA)[27] wird jedoch speziell auf die für die Aufsicht des Finanzsektors, d.h. der Verpflichteten nach § 2 Abs. 1 Nr. 1–3 und 6–9 GwG zuständigen Aufsichtsbehörden beschränkt.[28] In Deutschland richtet sich § 55 GwG demnach primär an die Bundesanstalt für Finanzdienstleistungsaufsicht (BaFin). Daneben fallen jedoch auch andere Aufsichtsbehörden in den Anwendungsbereich, so etwa die (insbesondere für den Nichtfinanzsektor) nach Landesrecht berufenen zuständigen Stellen (s. § 50 Rn. 18).

10

Die Informationsweitergabe erstreckt sich dabei auf alle Daten, die erforderlich sind, damit die Europäischen Aufsichtsbehörden ihre Aufgaben nach den sie jeweils errichtenden und mit Aufgaben betrauenden Verordnungen (EU) Nr. 1093/2010 (Errichtung EBA), (EU) Nr. 1094/2010 (Errichtung EIOPA) und (EU) Nr. 1095/2010 (Errichtung ESMA) erfüllen können (wie etwa Ermittlung und

11

---

24 Vierte Geldwäscherichtlinie, Erwägungsgrund 58.
25 Vgl. BT-Drs. 18/11555 v. 17.3.2017, Begr. zu § 55 Abs. 1 GwG, S. 163.
26 Vgl. BT-Drs. 18/11555 v. 17.3.2017, Begr. zu § 55 Abs. 1 GwG, S. 163.
27 EBA: Europäische Bankenaufsichtsbehörde, EIOPA: Europäische Aufsichtsbehörde für das Versicherungswesen und die betriebliche Altersvorsorge und ESMA: Europäische Wertpapier- und Marktaufsichtsbehörde.
28 Vgl. BT-Drs. 18/11555 v. 17.3.2017, Begr. zu § 55 Abs. 1 GwG, S. 163.

GwG § 55 Zusammenarbeit mit anderen Behörden

Messung des Systemrisikos, Bewertung von Marktentwicklungen oder vergleichende Analysen der zuständigen Behörden). Die Art und Weise wie die Informationen den Europäischen Aufsichtsbehörden zur Verfügung gestellt werden sollen, wird in dem jeweiligen Art. 35 der vorgenannten Verordnungen festgelegt. Demnach können die Europäischen Aufsichtsbehörden verlangen, dass ihr die Informationen in regelmäßigen Abständen und in vorgegebenen Formaten zur Verfügung gestellt werden. Für diese Gesuche verwenden die Europäischen Aufsichtsbehörden soweit möglich gemeinsame Berichtsformate.

§ 56 Bußgeldvorschriften

(1) Ordnungswidrig handelt, wer vorsätzlich oder leichtfertig
1. entgegen § 4 Absatz 3 Satz 1 kein Mitglied der Leitungsebene benennt,
2. entgegen § 5 Absatz 1 Satz 1 Risiken nicht ermittelt oder nicht bewertet,
3. entgegen § 5 Absatz 2 die Risikoanalyse nicht dokumentiert oder regelmäßig überprüft und gegebenenfalls aktualisiert,
4. entgegen § 6 Absatz 1 keine angemessenen geschäfts- und kundenbezogenen internen Sicherungsmaßnahmen schafft oder entgegen § 6 Absatz 1 Satz 3 die Funktionsfähigkeit der Sicherungsmaßnahmen nicht überwacht oder wer geschäfts- und kundenbezogene interne Sicherungsmaßnahmen nicht regelmäßig oder nicht bei Bedarf aktualisiert,
5. entgegen § 6 Absatz 4 keine Datenverarbeitungssysteme betreibt oder sie nicht aktualisiert,
6. einer vollziehbaren Anordnung nach § 6 Absatz 9 nicht nachkommt,
7. entgegen § 7 Absatz 1 keinen Geldwäschebeauftragten oder keinen Stellvertreter bestellt,
8. einer vollziehbaren Anordnung nach § 7 Absatz 3 nicht oder nicht rechtzeitig nachkommt,
9. entgegen § 8 Absatz 1 und 2 eine Angabe, eine Information, Ergebnisse der Untersuchung, Erwägungsgründe oder eine nachvollziehbare Begründung des Bewertungsergebnisses nicht, nicht richtig oder nicht vollständig aufzeichnet oder aufbewahrt,
10. entgegen § 8 Absatz 4 Satz 1 eine Aufzeichnung oder einen sonstigen Beleg nicht fünf Jahre aufbewahrt,
11. entgegen § 9 Absatz 1 Satz 2 keine gruppenweit einheitlichen Vorkehrungen, Verfahren und Maßnahmen schafft,
12. entgegen § 9 Absatz 1 Satz 3 nicht die wirksame Umsetzung der gruppenweit einheitlichen Pflichten und Maßnahmen sicherstellt,
13. entgegen § 9 Absatz 2 nicht sicherstellt, dass die gruppenangehörigen Unternehmen die geltenden Rechtsvorschriften einhalten,
14. entgegen § 9 Absatz 3 Satz 2 nicht sicherstellt, dass die in einem Drittstaat ansässigen gruppenangehörigen Unternehmen zusätzliche Maßnahmen ergreifen, um dem Risiko der Geldwäsche oder der Terrorismusfinanzierung wirksam zu begegnen,
15. einer vollziehbaren Anordnung nach § 9 Absatz 3 Satz 3 zuwiderhandelt,

16. entgegen § 10 Absatz 1 Nummer 1 eine Identifizierung des Vertragspartners oder einer für den Vertragspartner auftretenden Person nicht, nicht richtig, nicht vollständig oder nicht in der vorgeschriebenen Weise vornimmt,
17. entgegen § 10 Absatz 1 Nummer 2 nicht prüft, ob der Vertragspartner für einen wirtschaftlich Berechtigten handelt,
18. entgegen § 10 Absatz 1 Nummer 2 den wirtschaftlich Berechtigten nicht identifiziert,
19. entgegen § 10 Absatz 1 Nummer 3 keine Informationen über den Zweck und die angestrebte Art der Geschäftsbeziehung einholt oder diese Informationen nicht bewertet,
20. entgegen § 10 Absatz 1 Nummer 4 nicht oder nicht richtig feststellt, ob es sich bei dem Vertragspartner oder bei dem wirtschaftlich Berechtigten um eine politisch exponierte Person, um ein Familienmitglied oder um eine bekanntermaßen nahestehende Person handelt,
21. entgegen § 10 Absatz 1 Nummer 5 die Geschäftsbeziehung, einschließlich der in ihrem Verlauf durchgeführten Transaktionen, nicht oder nicht richtig kontinuierlich überwacht,
22. entgegen § 10 Absatz 2 Satz 1 den konkreten Umfang der allgemeinen Sorgfaltspflichten nicht entsprechend dem jeweiligen Risiko der Geldwäsche oder der Terrorismusfinanzierung bestimmt,
23. entgegen § 10 Absatz 2 Satz 4 oder entgegen § 14 Absatz 1 Satz 2 nicht darlegt, dass der Umfang der von ihm getroffenen Maßnahmen im Hinblick auf die Risiken der Geldwäsche und der Terrorismusfinanzierung als angemessen anzusehen ist,
24. entgegen § 10 Absatz 6 den Sorgfaltspflichten nicht nachkommt,
25. entgegen § 10 Absatz 8 keine Mitteilung macht,
26. entgegen § 10 Absatz 9, § 14 Absatz 3 oder § 15 Absatz 9 die Geschäftsbeziehung begründet, fortsetzt, sie nicht kündigt oder nicht auf andere Weise beendet oder die Transaktion durchführt,
27. entgegen § 11 Absatz 1 Vertragspartner, für diese auftretende Personen oder wirtschaftlich Berechtigte nicht rechtzeitig identifiziert,
28. entgegen § 11 Absatz 2 die Vertragsparteien nicht rechtzeitig identifiziert,
29. entgegen § 11 Absatz 3 Satz 2 keine erneute Identifizierung durchführt,
30. entgegen § 11 Absatz 4 Nummer 1 oder 2 die Angaben nicht oder nicht vollständig erhebt,
31. entgegen § 11 Absatz 5 Satz 1 zur Feststellung der Identität des wirtschaftlich Berechtigten dessen Namen nicht erhebt,

32. entgegen § 14 Absatz 2 Satz 2 nicht die Überprüfung von Transaktionen und die Überwachung von Geschäftsbeziehungen in einem Umfang sicherstellt, der es ermöglicht, ungewöhnliche oder verdächtige Transaktionen zu erkennen und zu melden,
33. entgegen § 15 Absatz 2 keine verstärkten Sorgfaltspflichten erfüllt,
34. entgegen § 15 Absatz 4 Satz 1 Nummer 1 in Verbindung mit Absatz 2 oder Absatz 3 Nummer 1 vor der Begründung oder Fortführung einer Geschäftsbeziehung nicht die Zustimmung eines Mitglieds der Führungsebene einholt,
35. entgegen § 15 Absatz 4 Satz 1 Nummer 2 in Verbindung mit Absatz 2 oder Absatz 3 Nummer 1 keine Maßnahmen ergreift,
36. entgegen § 15 Absatz 4 Satz 1 Nummer 3 in Verbindung mit Absatz 2 oder Absatz 3 Nummer 1 die Geschäftsbeziehung keiner verstärkten kontinuierlichen Überwachung unterzieht,
37. entgegen § 15 Absatz 5 Nummer 1 in Verbindung mit Absatz 3 Nummer 2 die Transaktion nicht untersucht,
38. entgegen § 15 Absatz 5 Nummer 2 in Verbindung mit Absatz 3 Nummer 2 die zugrunde liegende Geschäftsbeziehung keiner verstärkten kontinuierlichen Überwachung unterzieht,
39. entgegen § 15 Absatz 6 Nummer 1 in Verbindung mit Absatz 3 Nummer 3 keine ausreichenden Informationen einholt,
40. entgegen § 15 Absatz 6 Nummer 2 in Verbindung mit Absatz 3 Nummer 3 nicht die Zustimmung eines Mitglieds der Führungsebene einholt,
41. entgegen § 15 Absatz 6 Nummer 3 in Verbindung mit Absatz 3 Nummer 3 die Verantwortlichkeiten nicht festlegt oder nicht dokumentiert,
42. entgegen § 15 Absatz 6 Nummer 4 oder Nummer 5 in Verbindung mit Absatz 3 Nummer 3 keine Maßnahmen ergreift,
43. entgegen § 15 Absatz 8 einer vollziehbaren Anordnung der Aufsichtsbehörde zuwiderhandelt,
44. entgegen § 16 Absatz 2 einen Spieler zum Glücksspiel zulässt,
45. entgegen § 16 Absatz 3 Einlagen oder andere rückzahlbare Gelder entgegennimmt,
46. entgegen § 16 Absatz 4 Transaktionen des Spielers an den Verpflichteten auf anderen als den in § 16 Absatz 4 Nummer 1 und 2 genannten Wegen zulässt,
47. entgegen § 16 Absatz 5 seinen Informationspflichten nicht nachkommt,
48. entgegen § 16 Absatz 7 Satz 1 Nummer 2 Transaktionen auf ein Zahlungskonto vornimmt,

49. entgegen § 16 Absatz 7 Satz 2 trotz Aufforderung durch die Aufsichtsbehörde den Verwendungszweck nicht hinreichend spezifiziert,
50. entgegen § 16 Absatz 8 Satz 3 die vollständige Identifizierung nicht oder nicht rechtzeitig durchführt,
51. entgegen § 17 Absatz 2 die Erfüllung der Sorgfaltspflichten durch einen Dritten ausführen lässt, der in einem Drittstaat mit hohem Risiko ansässig ist,
52. entgegen § 18 Absatz 3 Informationen nicht oder nicht rechtzeitig zur Verfügung stellt,
53. entgegen § 20 Absatz 1 Angaben zu den wirtschaftlich Berechtigten
    a) nicht einholt,
    b) nicht, nicht richtig oder nicht vollständig aufbewahrt,
    c) nicht auf aktuellem Stand hält oder
    d) nicht, nicht richtig, nicht vollständig oder nicht rechtzeitig der registerführenden Stelle mitteilt,
54. entgegen § 20 Absatz 3 seine Mitteilungspflicht nicht, nicht richtig, nicht vollständig oder nicht rechtzeitig erfüllt,
55. entgegen § 21 Absatz 1 oder 2 Angaben zu den wirtschaftlich Berechtigten
    a) nicht einholt,
    b) nicht, nicht richtig oder nicht vollständig aufbewahrt,
    c) nicht auf aktuellem Stand hält oder
    d) nicht, nicht richtig, nicht vollständig oder nicht rechtzeitig der registerführenden Stelle mitteilt,
56. die Einsichtnahme in das Transparenzregister nach § 23 Absatz 1 Satz 1 Nummer 2 oder Nummer 3 unter Vorspiegelung falscher Tatsachen erschleicht oder sich auf sonstige Weise widerrechtlich Zugriff auf das Transparenzregister verschafft,
57. entgegen § 30 Absatz 3 einem Auskunftsverlangen nicht, nicht richtig, nicht vollständig oder nicht rechtzeitig nachkommt,
58. entgegen § 40 Absatz 1 Satz 1 oder 2 einer Anordnung oder Weisung nicht, nicht rechtzeitig oder nicht vollständig nachkommt,
59. entgegen § 43 Absatz 1 eine Meldung nicht, nicht richtig, nicht vollständig oder nicht rechtzeitig abgibt,
60. entgegen § 47 Absatz 1 in Verbindung mit Absatz 2 den Vertragspartner, den Auftraggeber oder einen Dritten in Kenntnis setzt,
61. eine Untersagung nach § 51 Absatz 5 nicht beachtet,
62. Auskünfte nach § 51 Absatz 7 nicht, nicht richtig, nicht vollständig oder nicht rechtzeitig gibt,

63. entgegen § 52 Absatz 1 Auskünfte nicht, nicht richtig, nicht vollständig oder nicht rechtzeitig gibt oder
64. entgegen § 52 Absatz 3 eine Prüfung nicht duldet.

(2) Die Ordnungswidrigkeit kann geahndet werden mit einer
1. Geldbuße bis zu einer Million Euro oder
2. Geldbuße bis zum Zweifachen des aus dem Verstoß gezogenen wirtschaftlichen Vorteils,

wenn es sich um einen schwerwiegenden, wiederholten oder systematischen Verstoß handelt. Der wirtschaftliche Vorteil umfasst erzielte Gewinne und vermiedene Verluste und kann geschätzt werden. Gegenüber Verpflichteten gemäß § 2 Absatz 1 Nummer 1 bis 3 und 6 bis 9, die juristische Personen oder Personenvereinigungen sind, kann über Satz 1 hinaus eine höhere Geldbuße verhängt werden. In diesen Fällen darf die Geldbuße den höheren der folgenden Beträge nicht übersteigen:
1. fünf Millionen Euro oder
2. 10 Prozent des Gesamtumsatzes, den die juristische Person oder die Personenvereinigung im Geschäftsjahr, das der Behördenentscheidung vorausgegangen ist, erzielt hat.

Gegenüber Verpflichteten gemäß § 2 Absatz 1 Nummer 1 bis 3 und 6 bis 9, die natürliche Personen sind, kann über Satz 1 hinaus eine Geldbuße bis zu fünf Millionen Euro verhängt werden.

(3) In den übrigen Fällen kann die Ordnungswidrigkeit mit einer Geldbuße bis zu einhunderttausend Euro geahndet werden.

(4) Gesamtumsatz im Sinne des Absatzes 2 Satz 4 Nummer 2 ist
1. bei Kreditinstituten, Zahlungsinstituten und Finanzdienstleistungsinstituten nach § 340 des Handelsgesetzbuchs der Gesamtbetrag, der sich ergibt aus dem auf das Institut anwendbaren nationalen Recht im Einklang mit Artikel 27 Nummer 1, 3, 4, 6 und 7 oder Artikel 28 Abschnitt B Nummer 1 bis 4 und 7 der Richtlinie 86/635/EWG des Rates vom 8. Dezember 1986 über den Jahresabschluss und den konsolidierten Abschluss von Banken und anderen Finanzinstituten (ABl. L 372 vom 31.12.1986, S. 1), abzüglich der Umsatzsteuer und sonstiger direkt auf diese Erträge erhobener Steuern,
2. bei Versicherungsunternehmen der Gesamtbetrag, der sich ergibt aus dem auf das Versicherungsunternehmen anwendbaren nationalen Recht im Einklang mit Artikel 63 der Richtlinie 91/674/EWG des Rates vom 19. Dezember 1991 über den Jahresabschluss und den konsolidierten Abschluss von Versicherungsunternehmen (ABl. L 374 vom 31.12.1991, S. 7), abzüglich der Umsatzsteuer und sonstiger direkt auf diese Erträge erhobener Steuern,

3. im Übrigen der Betrag der Nettoumsatzerlöse nach Maßgabe des auf das Unternehmen anwendbaren nationalen Rechts im Einklang mit Artikel 2 Nummer 5 der Richtlinie 2013/34/EU.

Handelt es sich bei der juristischen Person oder Personenvereinigung um ein Mutterunternehmen oder um ein Tochterunternehmen, so ist anstelle des Gesamtumsatzes der juristischen Person oder Personenvereinigung der jeweilige Gesamtbetrag in demjenigen Konzernabschluss des Mutterunternehmens maßgeblich, der für den größten Kreis von Unternehmen aufgestellt wird. Wird der Konzernabschluss für den größten Kreis von Unternehmen nicht nach den in Satz 1 genannten Vorschriften aufgestellt, ist der Gesamtumsatz nach Maßgabe der den in Satz 1 Nummer 1 bis 3 vergleichbaren Posten des Konzernabschlusses zu ermitteln. Ist ein Jahresabschluss oder Konzernabschluss für das maßgebliche Geschäftsjahr nicht verfügbar, so ist der Jahresabschluss oder Konzernabschluss für das unmittelbar vorausgehende Geschäftsjahr maßgeblich. Ist auch der Jahresabschluss oder Konzernabschluss für das unmittelbar vorausgehende Geschäftsjahr nicht verfügbar, so kann der Gesamtumsatz geschätzt werden.

(5) Die in § 50 Nummer 1 genannte Aufsichtsbehörde ist auch Verwaltungsbehörde nach § 36 Absatz 1 Nummer 1 des Gesetzes über Ordnungswidrigkeiten. Für Ordnungswidrigkeiten nach Absatz 1 Nummer 52 bis 56 ist Verwaltungsbehörde nach § 36 Absatz 1 Nummer 1 des Gesetzes über Ordnungswidrigkeiten das Bundesverwaltungsamt. Für Steuerberater und Steuerbevollmächtigte ist Verwaltungsbehörde nach § 36 Absatz 1 Nummer 1 des Gesetzes über Ordnungswidrigkeiten das Finanzamt. Die nach § 50 Nummer 8 und 9 zuständige Aufsichtsbehörde ist auch Verwaltungsbehörde nach § 36 Absatz 1 Nummer 1 des Gesetzes über Ordnungswidrigkeiten.

(6) Soweit nach Absatz 5 Satz 3 das Finanzamt Verwaltungsbehörde ist, gelten § 387 Absatz 2, § 410 Absatz 1 Nummer 1, 2, 6 bis 11, Absatz 2 und § 412 der Abgabenordnung sinngemäß.

(7) Die Aufsichtsbehörden überprüfen im Bundeszentralregister, ob eine einschlägige Verurteilung der betreffenden Person vorliegt.

(8) Die zuständigen Aufsichtsbehörden nach § 50 Nummer 1, 2 und 9 informieren die jeweils zuständige Europäische Aufsichtsbehörde hinsichtlich der Verpflichteten nach § 2 Absatz 1 Nummer 1 bis 3 und 6 bis 9 über

1. die gegen diese Verpflichteten verhängten Geldbußen,
2. sonstige Maßnahmen aufgrund von Verstößen gegen Vorschriften dieses Gesetzes oder anderer Gesetze zur Verhinderung von Geldwäsche oder von Terrorismusfinanzierung und
3. diesbezügliche Rechtsmittelverfahren und deren Ergebnisse.

Bußgeldvorschriften   **§ 56 GwG**

Schrifttum: *Achenbach,* Haftung und Ahndung, ZIS 2012, 178; *Bohnert/Krenberger/ Krumm,* Ordnungswidrigkeitengesetz, Kommentar, 4. Aufl. 2016; *Erbs/Kohlhaas,* Strafrechtliche Nebengesetze, Stand: August 2017; *Fischer,* Strafgesetzbuch mit Nebengesetzen, 64. Aufl. 2017; *Graf,* BeckOK OWiG, 16. Edition 2017; *Gerlach,* Sanktionierung von Bankmitarbeitern nach dem Geldwäschegesetz-Entwurf, CCZ 2017, 176; *Hüls/Reichling,* Heidelberger Kommentar zum Steuerstrafrecht, 2016; *Laufhütte/Rissing-van Saan/Tiedemann,* Strafgesetzbuch, Leipziger Kommentar, Bd. 1, 12. Aufl. 2007; *Mitsch,* Karlsruher Kommentar zum Gesetz über Ordnungswidrigkeiten, 5. Aufl. 2018; *Roxin,* Strafrecht Allgemeiner Teil, Bd. I, 4. Aufl. 2006; *Schimansky/Bunte/Lwowski,* Bankrechts-Handbuch, 5. Aufl. 2017; *Schönke/Schröder,* Strafgesetzbuch, Kommentar, 29. Aufl. 2014; *Többens,* Die Bekämpfung der Wirtschaftskriminalität durch die Troika der §§ 9, 130 und 30 des Gesetzes über Ordnungswidrigkeiten, NStZ 1999, 1; *Wegscheider,* Zum Begriff der Leichtfertigkeit, ZStW 98 (1986), 624; *Wessels/Beulke/Satzger,* Strafrecht Allgemeiner Teil, 47. Aufl. 2017.

Übersicht

	Rn.		Rn.
I. Einleitung	1	6. Verstöße gegen die Untersagung der Berufsausübung und Mitwirkungspflichten (§ 56 Abs. 1 Nr. 61–64 GwG)	42
II. Allgemeines	4		
1. Begriff der Ordnungswidrigkeit	4		
2. Verfahren	6	IV. Geldbuße	43
3. Täter	8	1. Geldbußen bis zu 100.000 EUR (§ 56 Abs. 3 GwG)	49
a) Allgemeines zum Täterbegriff im OWiG	9	2. Geldbußen bis zu 1 Mio. EUR oder Geldbußen bis zum Zweifachen des aus dem Verstoß gezogenen wirtschaftlichen Vorteils (§ 56 Abs. 2 Satz 1 GwG)	50
b) Ahndbarkeit des Vertreters oder Beauftragten	14		
4. Tatbestandsmäßige Handlung	19		
5. Vorsatz und Leichtfertigkeit	20		
6. Rechtswidrigkeit	23	3. Geldbußen bis zu 5 Mio. EUR bzw. 10 % des Gesamtumsatzes (§ 56 Abs. 2 Satz 4 und 5 GwG)	52
7. Verjährung	24		
III. Tatbestände im Einzelnen	25		
1. Verstöße im Bereich Risikomanagement (§ 56 Abs. 1 Nr. 1–15 GwG)	26	V. Sachliche Zuständigkeit der Verwaltungsbehörden (§ 56 Abs. 5 GwG)	56
2. Verstöße gegen Sorgfaltspflichten im Bezug auf Kunden (§ 56 Abs. 1 Nr. 16–51 GwG)	30	VI. Besonderheiten bei der Zuständigkeit des Finanzamtes (§ 56 Abs. 6 GwG)	59
3. Verstöße im Zusammenhang mit dem Transparenzregister (§ 56 Abs. 1 Nr. 52–56 GwG)	38	VII. Bundeszentralregisterabfrage (§ 56 Abs. 7 GwG)	60
4. Verstöße im Zusammenhang mit Finanztransaktionsuntersuchungen (§ 56 Abs. 1 Nr. 57, 58 GwG)	40	VIII. Information an die Europäischen Aufsichtsbehörden (§ 56 Abs. 8 GwG)	61
5. Verstöße im Zusammenhang mit Meldungen von Sachverhalten (§ 56 Abs. 1 Nr. 59, 60 GwG)	41		

Weber

GwG § 56 Bußgeldvorschriften

I. Einleitung

1 Im Zuge der Umsetzung der Vierten Geldwäscherichtlinie[1] wurden auch die Bußgeldvorschriften im GwG neu gefasst und in ihrer Zahl erhöht. Gab es vorher nur 17 als Ordnungswidrigkeit geahndete Tatbestände, sind nun 64 ahndbare Verstöße in § 56 GwG erfasst.

2 Der ehemalige Tatbestand des § 17 GwG a. F., auf den der heutige § 56 GwG zurückgeht, wurde mit dem Geldwäschebekämpfungsgesetz 2008[2] grundlegend überarbeitet und danach mehrfach modifiziert. So wurde durch das Gesetz zur Optimierung der Geldwäscheprävention[3] die Zahl der Bußgeldtatbestände erhöht und subjektiv das Erfordernis der Leichtfertigkeit festgeschrieben.

3 Sollte mit der Formulierung der Bußgeldtatbestände zunächst der Umsetzung des Art. 39 der Dritten Geldwäscherichtlinie Rechnung getragen werden, werden mit der Neufassung des § 56 GwG Art. 58 und 59 der Vierten Geldwäscherichtlinie umgesetzt und so versucht, eine effiziente Aufsicht zu gewährleisten. Zu diesem Zweck wurde § 56 Abs. 1 GwG erweitert und die bestehenden Bußgeldtatbestände angepasst. Es wurden Verstöße gegen die Sorgfaltspflichten gegenüber Kunden, Verstöße gegen Pflichten zur Verdachtsmeldung oder die Aufbewahrung von Aufzeichnungen sowie solche gegen die Regelungen interner Kontrollen in den Sanktionenkatalog aufgenommen. Im Zuge der Neufassung wurden auch die Bußgeldrahmen angehoben und eine Definition des Gesamtumsatzes zur Berechnung der Bußgeldhöhe in Fällen des § 56 Abs. 2 Satz 4 Nr. 2 GwG aufgenommen. Der jetzige § 56 Abs. 5 GwG baut auf § 17 Abs. 3 GwG a. F. auf, § 56 Abs. 6 GwG entspricht § 17 Abs. 4 GwG. Um Art. 62 Abs. 2 der Vierten Geldwäscherichtlinie zutreffend umzusetzen, wurde § 56 Abs. 7 GwG eingeführt, der die Überprüfung im Bundeszentralregister regelt. § 56 Abs. 8 GwG setzt Art. 62 Abs. 1 der Vierten Geldwäscherichtlinie um, wonach die Aufsichtsbehörden die Europäischen Aufsichtsbehörden über Sanktionen und Maßnahmen sowie über diesbezügliche Rechtsmittelverfahren und deren Ergebnisse informieren.

II. Allgemeines

1. Begriff der Ordnungswidrigkeit

4 Ordnungswidrigkeiten sind Verstöße, für deren Begehung nach der Auffassung des Gesetzgebers keine Verfolgung mit der ultima ratio des Strafrechts erforder-

---

[1] BGBl. I 2017, S. 1822.
[2] BGBl. I 2008, S. 1690 ff.
[3] BGBl. I 2011, 2959 ff.

II. Allgemeines § 56 GwG

lich ist.⁴ Das mit Ordnungswidrigkeiten verwirklichte sozialethisch zu missbilligende Verhalten ist in seiner Intensität so gering, dass eine Strafe nicht geboten erscheint.⁵ Das Recht der Ordnungswidrigkeiten ist grundsätzlich im OWiG geregelt, es finden sich aber in zahlreichen Spezialgesetzen weitere Verstöße, die ebenfalls als ahndbare Ordnungswidrigkeiten ausgestaltet sind.

Gemäß § 1 OWiG ist eine Ordnungswidrigkeit eine rechtswidrige und vorwerfbare Handlung, die den Tatbestand eines Gesetzes verwirklicht, das die Ahndung mit einer Geldbuße zulässt. Nach dieser formalen, an der Rechtsfolge orientierten Definition ist ein dreistufiger Aufbau – Tatbestand, Rechtswidrigkeit und Vorwerfbarkeit – zugrunde zu legen. 5

2. Verfahren

Für das Ordnungswidrigkeitenverfahren findet das OWiG Anwendung. Die als Ordnungswidrigkeiten gefassten Zuwiderhandlungen werden grundsätzlich von den **Verwaltungsbehörden verfolgt** und bebußt. Erst in einem weiteren Schritt ist die gerichtliche Kontrolle möglich: Hat der Betroffene gegen den Bußgeldbescheid innerhalb von zwei Wochen nach Zustellung Einspruch eingelegt (§ 67 Abs. 1 Satz 1 OWiG), die Ausgangsbehörde diesem nicht abgeholfen (§ 69 Abs. 2 OWiG) und das Gericht diesen nicht als unzulässig verworfen (§ 70 OWiG), schließt sich ein Verfahren nach den Vorschriften der Strafprozessordnung, die nach zulässigem Einspruch gegen einen Strafbefehl gelten, an (§ 71 OWiG). 6

Als wesentlichste Abweichung des Ordnungswidrigkeitenverfahrens zum Strafverfahren ist wohl das in § 47 OWiG normierte **Opportunitätsprinzip** zu begreifen. Im Unterschied zu dem im Strafverfahren geltenden Legalitätsprinzip (§ 152 Abs. 2 StPO) kann damit die Verfolgungsbehörde im Rahmen ihres pflichtgemäßen Ermessens entscheiden, ob die Tat geahndet wird. Im Rahmen der Ermessensentscheidung müssen die Umstände des Einzelfalls berücksichtigt werden, Grenze des Ermessens bildet das Willkürverbot.⁶ 7

3. Täter

Täter der in § 56 GwG genannten Ordnungswidrigkeiten können grundsätzlich die Verpflichteten des GwG (§ 2 GwG) sein. Nur wer aufgrund der besonderen Pflichtenstellung überhaupt in der Lage ist, sanktionierbare Handlungen vorzu- 8

---

4 *Bohnert/Krenberger/Krumm*, in: Bohnert/Krenberger/Krumm, OWiG, § 1 Rn. 1.
5 Wie eine solche Abgrenzung im Einzelnen vorzunehmen ist, ist umstritten, vgl. zu einem Überblick *Gerhold*, in: BeckOK-OWiG, § 1 Rn. 7 ff.; *Rogall*, in: KK-OWiG, Allg. Vorbem. Rn. 2.
6 *Bücherl*, in: BeckOK-OWiG, § 47 Rn. 11.

GwG § 56 Bußgeldvorschriften

nehmen oder gebotene zu unterlassen, kann ordnungswidrig handeln. Zwar ist die überwiegende Zahl der Pflichten an Institute gerichtet, Anknüpfungspunkt des Bußgeldtatbestandes muss aber auch im Ordnungswidrigkeitenrecht stets das Handeln einer natürlichen Person sein, da auch insoweit der Grundsatz gilt, dass persönliche Schuld die Voraussetzung der Ahndbarkeit ist.[7]

a) Allgemeines zum Täterbegriff im OWiG

9   Im Ordnungswidrigkeitenrecht gilt, anders als im Strafrecht mit seinem dualistischen Täterbegriff, der **Einheitstäterbegriff**, der nicht zwischen Täterschaft und Teilnahme differenziert. Eine Unterscheidung zwischen den verschiedenen Beteiligungsformen ist damit weitestgehend obsolet, Art und Umfang der konkreten Beteiligung können nur auf Zumessungsebene Berücksichtigung finden.

10 Ahndbar ist nur die **vorsätzliche Beteiligung an vorsätzlichem Handeln**.[8] Eine Beteiligung an einer fahrlässigen Tat ist nicht möglich.[9] Durch dieses auf dem Gedanken der limitierten Akzessorietät fußende und durch den BGH bestätigte[10] Erfordernis sollen aus dem Einheitstäterbegriff resultierende Wertungswidersprüche zum Strafrecht vermieden werden, welches keine Teilnahme am fahrlässigen Delikt kennt. Problematisch ist dies aber in Konstellationen der mittelbaren Täterschaft, in denen der Vordermann etwa über einen im Vorsatzbereich zu verortenden Defekt verfügt oder aber bei der fahrlässigen Nebentäterschaft. Diese Fälle werden von dem Anwendungsbereich des § 14 OWiG nicht erfasst.[11]

11 Die **mittelbare Täterschaft** als solche ist aber im Ordnungswidrigkeitenrecht von der Rechtsprechung als Zurechnungsfigur anerkannt,[12] ihre Behandlung richtet sich nach den aus dem StGB bekannten Grundsätzen.[13] Bei Sonderdelikten wird die Anwendbarkeit der mittelbaren Täterschaft diskutiert, wenn entweder beide Beteiligten oder wenigstens der Hintermann die Sondereigenschaft aufweist.[14]

12 Die ebenfalls nicht von § 14 OWiG erfasste **fahrlässige Nebentäterschaft** setzt voraus, dass der Nebentäter über die erforderliche Täterqualität verfügt, also bei

---

7   BGHSt 20, 333, 337.
8   *Coen*, in: BeckOK-OWiG, § 14.
9   BGHSt 31, 309, 311.
10 BGHSt 31, 309, 311 ff.
11 *Coen*, in: BeckOK-OWiG, § 14 Rn. 63 ff.; *Rengier*, in: KK-OWiG, § 14 Rn. 87 ff.
12 BGHSt 31, 309, 311 ff.
13 So auch: *Rengier*, in: KK-OWiG, § 14 Rn. 87 ff.; *Coen*, in: BeckOK-OWiG, § 14 Rn. 63 ff.
14 Vgl. hierzu *Bohnert/Krenberger/Krumm*, in: Bohnert/Krenberger/Krumm, OWiG, § 14 Rn. 15; angedacht auch von *Groß*, in: Hüls/Reichling, Steuerstrafrecht, § 377 AO Rn. 37; a. A.: *Rengier*, in: KK-OWiG, § 14 Rn. 95 ff.; *Coen*, in: BeckOK-OWiG, § 14 Rn. 64.

II. Allgemeines § 56 GwG

Sonderdelikten, dass es sich bei ihm um einen Normadressaten handelt.[15] Die grundsätzliche Anerkennung der fahrlässigen Nebentäterschaft[16] ergibt sich daraus, dass es für die Verwirklichung des Tatbestandes unabhängig voneinander mehrere Verantwortliche geben kann.[17]

In § 14 Abs. 1 Satz 2 OWiG wird der Gedanke des § 28 Abs. 1 StGB entsprechend an den Einheitstäterbegriff angepasst und eine Regelung für **besondere persönliche Merkmale** getroffen, die die Ahndbarkeit begründen. Diese müssen nur bei einem der Beteiligten vorliegen, um auch eine Ahndbarkeit der übrigen Beteiligten zu begründen. Dies gilt allerdings gemäß § 14 Abs. 3 Satz 2 OWiG nicht für solche Merkmale, die eine Ahndung ausschließen. Diese müssen bei dem jeweiligen Beteiligten in persona vorliegen. 13

b) Ahndbarkeit des Vertreters oder Beauftragten

Zur Überbrückung der Divergenz zwischen den juristischen Personen als häufige Normadressaten und Verpflichtete im GwG und den handelnden natürlichen Personen dient zum einen die Zurechnungsnorm des **§ 9 OWiG**, welche eine Zurechnung der Täterqualität vom Normadressaten zur handelnden nicht selbst verpflichteten Person ermöglicht, sowie zum anderen die **§§ 130, 30 OWiG**. **§ 130 OWiG** regelt die Verantwortlichkeit des Betriebsinhabers bei einer Verletzung seiner Aufsichtspflichten und daraus resultierender Zuwiderhandlungen. Über **§ 30 OWiG** kann bei zugrundeliegendem schuldhaften Handeln der natürlichen Person die Geldbuße auch gegen die juristische Person oder Personenhandelsgesellschaft verhängt werden. § 30 OWiG setzt dafür voraus, dass von einem bestimmten Personenkreis (sog. Leitungspersonen) schuldhaft eine Straftat oder vorwerfbar eine Ordnungswidrigkeit begangen wurde, die verfolgbar ist und die in einem Zurechnungszusammenhang zum Unternehmen steht.[18] 14

Über § 9 OWiG erfolgt eine Übertragung ahndbarkeitsbegründender besonderer persönlicher Merkmale vom Normadressaten auf den handelnden Vertreter (Abs. 1) oder Beauftragten (Abs. 2). Mit § 9 Abs. 2 OWiG sind auch gewillkürte Vertreter erfasst, die mit eigener Entscheidungskompetenz Aufgaben erfüllen. Diese müssen zur selbstständigen und eigenverantwortlichen Wahrnehmung übertragen werden.[19] § 9 Abs. 2 Satz 1 Nr. 1 OWiG verlangt, dass der Beauftragte ganz oder zum Teil mit der Leitung des Betriebes betraut wurde, während mit Nr. 2 solche Personen erfasst sind, die in eigener Verantwortung 15

---

15 *Coen*, in: BeckOK-OWiG, § 14 Rn. 69.
16 OLG Hamm, LRE 32, 387, 389; 33, 58, 60.
17 *Rengier*, in: KK-OWiG, § 14 Rn. 104.
18 Zu den Voraussetzungen im Einzelnen vgl. etwa *Meyberg*, in: BeckOK-OWiG, § 30; *Rogall*, in: KK-OWiG, § 30.
19 *Valerius*, in: BeckOK-OWiG, § 9 Rn. 37; *Rogall*, in: KK-OWiG, § 9 Rn. 82.

einzelne Aufgaben wahrnehmen. Die zivilrechtliche Wirksamkeit des Bestellungsaktes ist unerheblich, gemäß § 9 Abs. 3 OWiG genügt ein **unwirksames Vertretungs- oder Auftragsverhältnis**. Die Norm hat zur Folge, dass der Handelnde den objektiven Tatbestand einer Bußgeldvorschrift vollständig erfüllt und beim Vorliegen der subjektiven Voraussetzungen auch mit einer Geldbuße belegt werden kann.[20]

16 In Betracht kommt daher auch eine Geldbuße gegen den **Geldwäschebeauftragten**. Dieser ist als Leitungsperson im Sinne des § 9 Abs. 2 Satz 1 Nr. 2 OWiG zu begreifen,[21] er ist der Geschäftsleitung unmittelbar nachgeordnet (§ 7 GWG) und besitzt eine besonders hervorgehobene Stellung korrespondierend mit entsprechenden Pflichten und Verantwortlichkeiten (vgl. hierzu § 7 GwG Rn. 26 ff.). Bereits durch die gesetzliche Regelung des § 7 Abs. 5 Satz 6 als auch durch Abs. 7 Satz 2 GwG wird ein autonomer Entscheidungsspielraum abgegrenzt und eine gewisse Eigenständigkeit des Geldwäschebeauftragten verankert, welche eine Subsumtion unter den § 9 Abs. 2 Satz 2 Nr. 2 OWiG rechtfertigen.

17 Mit der Neufassung der Norm wurde diskutiert, inwiefern darüber hinaus auch gegen den **einzelnen Mitarbeiter** ein Bußgeld verhängt werden kann, da insbesondere die Bußgeldtatbestände der Nr. 16 – 21 den Adressatenkreis nicht ausreichend bestimmen würden.[22] Im Hinblick auf den gleichgebliebenen Wortlaut, die Systematik der Verweisungsnorm und die massive Erhöhung der Bußgelder scheint dies aber vom Gesetzgeber nicht gewollt zu sein.[23] Für die Mitarbeiter des Verpflichteten, die nicht unter die Regelung des § 9 OWiG fallen, ist daher keine Ahndung mit einer Geldbuße möglich. Ob § 9 OWiG für bestimmte Mitarbeiter anwendbar ist, ist stets im Einzelfall anhand der im OWiG anerkannten Kriterien zu bestimmen.

18 Die Ahndbarkeit des Vertreters oder Beauftragten bedeutet indes nicht, dass der vertretene Merkmalsträger selbst entlastet wird. Dies wird mit der Verwendung des Wortes „auch" in § 9 Abs. 1 OWiG klargestellt. Es erfolgt damit ein kumulativer und **kein befreiender Pflichtenübergang**.[24] Der Normadressat bleibt neben der handelnden natürlichen Person mit der Geldbuße ahndbar. Ist allerdings der Vertreter oder Beauftragte zugleich Mitglied oder Gesellschafter der vertretenen juristischen Person oder Personengesellschaft, gegen die wegen der Zuwiderhandlung des Vertreters bereits eine Geldbuße verhängt wurde, ist diese bei

---

20 *Többens*, NStZ 1999, 1 f.
21 *Walther*, in: Schimansky/Bunte/Lwowski, Bankrechts-Handbuch, § 42 Rn. 573.
22 So etwa *Gerlach*, CCZ 2017, 176; Stellungnahme der deutschen Kreditwirtschaft zum Regierungsentwurf für ein Umsetzungsgesetz zur 4. Geldwäsche-Richtlinie (EU) 2015/849 (BT-Drs. 18/11555).
23 Vgl. hierzu *Gerlach*, CCZ 2017, 176.
24 *Többens*, NStZ 1999, 3.

der Bemessung des Bußgeldes gegen den Vertreter zu berücksichtigen, um eine doppelte Ahndung zu verhindern.[25]

4. Tatbestandsmäßige Handlung

Die einzelnen Bußgeldtatbestände enthalten, wie im Nebenstrafrecht typisch, keine konkrete Beschreibung des tatbestandsmäßigen Verhaltens, sondern verweisen hierfür auf die in den vorhergehenden Paragraphen genannten Pflichten. Erst aus der Zusammenschau der Sanktionsnorm mit der in dieser genannten Ausfüllungsnorm ergibt sich das ahndbare Verhalten. Diese Verweisung auf sachlich rechtliche Normen innerhalb desselben Gesetzes wird in Abgrenzung zu sogenannten echten Blanketttatbeständen – solche enthalten Verweisungen auf Ausfüllungsnormen einer anderen Instanz außerhalb des Gesetzestextes – als **uneigentliches oder unechtes Blankett** bezeichnet.[26] 19

5. Vorsatz und Leichtfertigkeit

Die Ordnungswidrigkeiten können vorsätzlich oder leichtfertig begangen werden. Eine bloß fahrlässige Pflichtverletzung ist demgegenüber nicht bußgeldbewehrt. Diese subjektiven Anforderungen entsprechen den zuvor in § 17 Abs. 1 GwG a. F. verankerten und mit dem Gesetz zur Optimierung der Geldwäscheprävention[27] einheitlich für sämtliche Tathandlungen eingeführten Voraussetzungen. Zuvor wurde hier zwischen den einzelnen Tathandlungen differenziert.[28] 20

Vorsätzliches Handeln setzt in jeder seiner Ausprägungen eine kognitive Komponente, die Kenntnis der Tatumstände, voraus.[29] Darüber hinaus erfordert der Vorsatz zumindest nach der sog. Billigungstheorie der Rechtsprechung[30] auch ein voluntatives Element in Form eines billigenden Inkaufnehmens der Tatbestandsverwirklichung.[31] Nach der Ausprägung und Dominanz der jeweiligen Elemente wird vorsätzliches Verhalten in drei unterschiedliche Vorsatzarten qualifiziert. Die Absicht, dolus directus 1. Grades, setzt ein dominierendes Wol- 21

---

25 *Rogall*, in: KK-OWiG, § 9 Rn. 100; *Valerius*; in: BeckOK-OWiG, § 9 Rn. 54 f.
26 *Dannecker*, in: LK-StGB, § 1 Rn. 148; s. auch BGHSt 6, 31, 41; a. A.: *Rogall*, in: KK-OWiG, Allg. Vorbem. Rn. 16.
27 BGBl. I 2011, S. 2959 ff.
28 Vgl. zu den Gründen für eine nun einheitliche Gestaltung der subjektiven Anforderungen BT-Drs. 317/11, S. 55 f.
29 *Fischer*, StGB, § 15 Rn. 4.
30 BGHSt 7, 363, 369.
31 Zu dem Streitstand um das Erfordernis und die Ausprägung des voluntativen Elements vgl. *Kudlich*, in: BeckOK-StGB, § 15 Rn. 20 ff.; *Schuster/Sternberg-Lieben*, in: Schönke/Schröder, StGB, § 15 Rn. 72 ff.

lenselement voraus, welches gegeben ist, wenn der Handlungswille des Täters final auf den vom Gesetz bezeichneten Handlungserfolg gerichtet ist, ihm es auf dessen Verwirklichung gerade ankommt.[32] Direkter Vorsatz in Form des dolus directus 2. Grades liegt vor, wenn der Täter die Verwirklichung des Tatbestandes als sichere Folge seines Handelns erkennt.[33] Die schwächste, aber praktisch relevanteste Form des Vorsatzes, der sog. Eventualvorsatz, setzt die Erkenntnis des Erfolgseintritts als möglich unter billigender Inkaufnahme desselben voraus.[34]

22 Neben der vorsätzlichen Verwirklichung können die Ordnungswidrigkeiten auch leichtfertig begangen sein. Die **Leichtfertigkeit (luxuria)** setzt einen gesteigerten Grad fahrlässigen Handelns,[35] eine grobe Fahrlässigkeit,[36] voraus. Leichtfertig handelt, wer die Sorgfalt außer Acht lässt, zu der er nach den besonderen Umständen des Falles und seinen persönlichen Fähigkeiten verpflichtet und imstande ist, obwohl sich ihm hätte aufdrängen müssen, dass dadurch eine Rechtsgutsverletzung eintreten wird.[37] Der Sorgfaltsverstoß und die Vorhersehbarkeit als Elemente der Fahrlässigkeit heben sich von der einfachen Fahrlässigkeit insofern ab, als es um die Verletzung einer besonders ernst zu nehmenden Pflicht geht, die zu erkennen oder zu verfolgen für den Verpflichteten ohne Weiteres möglich wäre, sowie durch die hohe Wahrscheinlichkeit des Erfolgseintritts.[38] Leichtfertigkeit bedeutet demnach entweder Nichterkennen der Tatbestandsverwirklichung in grober Achtlosigkeit oder Hinwegsetzen über die erkannte Möglichkeit in frivoler Rücksichtslosigkeit oder Verletzung einer besonders ernst zu nehmenden Pflicht.[39]

6. Rechtswidrigkeit

23 Parallel zu den Regelungen der Notwehr (§ 32 StGB) und des Notstandes (§ 34 StGB) finden sich auch im OWiG entsprechende Normierungen in den § 15 und § 16 OWiG. Für die vorliegenden Ordnungswidrigkeiten hat die Notwehr allerdings keine Relevanz, alleine der **Notstand** könnte zumindest denkbar sein, wenn die Vernachlässigung der Pflichten dem Erhalt des Betriebes dient.

---

32 BGHSt 18, 246, 248; *Roxin*, Strafrecht AT, § 12 Rn. 7; *Wessels/Beulke/Satzger*, Strafrecht AT, Rn. 211.
33 BGHSt 18, 246, 248.
34 BGHSt 7, 363, 396; BGHSt 21, 283, 289; BGH, JZ 1981, 35; BGH, NStZ 1984, 19; BGH, NStZ 1988, 175; BGH, NStZ 1998, 616 m. Anm. *Roxin*.
35 BT-Drs. IV/650, S. 132.
36 RGSt 71, 176; BGHSt 14, 255; BGHSt 33, 66, 67.
37 BGHSt 33, 66, 67; BGH, NJW 2001, 1802, 1804; BGH, NStZ 2012, 160, 161; OLG Bremen, StV 1985, 282, 284.
38 *Wegscheider*, ZStW 98 (1986), 624, 653.
39 OLG Nürnberg, NStZ 1986, 556.

III. Tatbestände im Einzelnen (§ 56 Abs. 1 GwG) § 56 GwG

7. Verjährung

Ordnungswidrigkeiten verjähren in **drei Jahren** (§ 31 Abs. 2 Nr. 1 OWiG). § 31 OWiG behandelt die Grundzüge der Verfolgungsverjährung im Ordnungswidrigkeitenrecht, so werden ihre Wirkung (§ 31 Abs. 1 OWiG), ihre Fristen (§ 31 Abs. 2 OWiG) und deren Beginn (§ 31 Abs. 3 OWiG) geregelt. Die folgenden Normen regeln das Ruhen der Verfolgungsverjährung (§ 32 OWiG) und die Unterbrechung der Verfolgungsverjährung (§ 33 OWiG). 24

Die Vollstreckungsverjährung richtet sich nach § 34 Abs. 2 Nr. 1 OWiG. Wie auch die Verfolgungsverjährung soll die zeitliche Begrenzung der Vollstreckung dem Rechtsfrieden dienen. Zudem soll damit einer Untätigkeit der Vollstreckungsbehörden entgegengewirkt werden.[40]

III. Tatbestände im Einzelnen (§ 56 Abs. 1 GwG)

Durch die Neufassung der Bußgeldtatbestände wurden zahlreiche Verstöße gegen die nach dem GwG bestehenden Pflichten als Ordnungswidrigkeiten ausgestaltet. Mit den nun 64 Bußgeldtatbeständen ist nahezu das gesamte Tagesgeschäft der Verpflichteten abgedeckt. 25

1. Verstöße im Bereich Risikomanagement (§ 56 Abs. 1 Nr. 1–15 GwG)

Die Normierung der Ordnungswidrigkeiten zeigt die zunehmende Bedeutung des sog. **risikobasierten Ansatzes** (vgl. § 4 Rn. 2). So werden im Zuge dessen die mit Umsetzung der Vierten Geldwäscherichtlinie eingeführten Pflichten zur Ermittlung und Bewertung von Risiken gemäß § 5 Abs. 1 Satz 1 (§ 56 Abs. 1 Nr. 2 GwG) und die Dokumentation und Prüfung der Risikoanalyse gemäß § 5 Abs. 2 GwG (§ 56 Abs. 1 Nr. 3 GwG) bußgeldbewehrt. Auch die fehlende Benennung eines Mitglieds der Leitungsebene, welches für das Risikomanagement zuständig ist und die Einhaltung der geldwäscherechtlichen Bestimmungen überwacht, ist bußgeldbewehrt (§ 56 Abs. 1 Nr. 1 GwG). Zudem soll durch die Ordnungswidrigkeitentatbestände der § 56 Abs. 1 Nr. 4–6 GwG die Schaffung einer angemessenen geschäfts- und kundenbezogenen internen Sicherungsmaßnahme zur Steuerung und Minderung der Risiken von Geldwäsche und Terrorismusfinanzierung gewährleistet werden. Für Verpflichtete gemäß § 2 Abs. 1 Nr. 15 GwG ist auch der Betrieb eines Datenverarbeitungssystems und dessen Aktualisierung bußgeldbewehrt (§ 56 Abs. 1 Nr. 5 GwG). 26

Die Stellung des **Geldwäschebeauftragten** wird gestärkt, indem eine nicht erfolgte Benennung eines solchen trotz entsprechender Verpflichtung (§ 56 Abs. 1 27

---

40 BGHSt 11, 393, 396; BGHSt 12, 335, 337 f.

GwG § 56 Bußgeldvorschriften

Nr. 7 GwG) oder entsprechender Anordnung (§ 56 Abs. 1 Nr. 8 GwG) als Ordnungswidrigkeit ahndbar ist.

28 Durch die § 56 Abs. 1 Nr. 9 und Nr. 10 GwG werden **Verstöße gegen Auszeichnungs- und Aufbewahrungspflichten** gemäß der § 8 Abs. 1 und 2 sowie § 8 Abs. 4 Satz 1 GwG sanktioniert. Im Gegensatz zum bisherigen § 17 Abs. 1 Nr. 5 GwG a. F. umreißt § 56 Abs. 1 Nr. 9 GwG in seiner jetzigen Fassung genauer, welche Informationen aufzuzeichnen und aufzubewahren sind, was auch an der konkretisierten Fassung des in Bezug genommenen § 8 GwG liegt. Die gebotene Handlung wird unterlassen, wenn die Aufzeichnung und Aufbewahrung gar nicht, fehlerhaft oder aber unvollständig erfolgt. Maßgeblich zur Beurteilung ist der Zeitpunkt, zu dem der Täter die erforderliche Handlung hätte vornehmen müssen.[41] Dies muss nach allgemeiner Meinung unmittelbar im Anschluss an die getroffenen Feststellungen erfolgen,[42] ansonsten gilt die Aufzeichnung als nicht getätigt.[43] Bei Unterschreitung der Aufbewahrungsfrist von 5 Jahren für diese Dokumente liegt eine Ordnungswidrigkeit im Sinne der § 56 Abs. 1 Nr. 10 GwG vor.

29 § 56 Abs. 1 Nr. 11–15 GwG sanktionieren **Verstöße gegen die gruppenweite Einhaltung von Pflichten**. Durch die Regelung des § 9 GwG wird sichergestellt, dass die bestehenden Regelungen auf sämtliche Verpflichtete des § 2 Abs. 1 GwG erstreckt werden, um der großen Zahl von grenzüberschreitenden Geschäften und der Bedeutung von einheitlichen Standards Rechnung zu tragen.[44] Dies soll durch die Bußgeldtatbestände abgesichert werden.

2. Verstöße gegen Sorgfaltspflichten im Bezug auf Kunden (§ 56 Abs. 1 Nr. 16–51 GwG)

30 Erfasst sind hier Verstöße gegen die **allgemeinen Sorgfaltspflichten** aus § 10 GwG (§ 56 Abs. 1 Nr. 16–26 GwG), **vereinfachte Sorgfaltspflichten** des § 14 GwG (§ 56 Abs. 1 Nr. 32 GwG), **verstärkte Sorgfaltspflichten** des § 15 GwG (§ 56 Abs. 1 Nr. 33–43 GwG) sowie **Verstöße bei der Ausführung der Sorgfaltspflichten durch Dritte** gem. § 17 GwG, namentlich, wenn der Dritte, durch den die Sorgfaltspflicht ausgeführt wird, in einem Drittstaat mit hohem Risiko ansässig ist (§ 56 Abs. 1 Nr. 51 GwG). Verstöße sowohl gegen Pflichten zur Identifizierung gemäß § 11 GwG (§ 56 Abs. 1 Nr. 27–31 GwG) als auch gegen die besonderen Regelungen für das Glücksspiel im Internet sind ebenfalls erfasst (Nr. § 56 Abs. 1 Nr. 44–50 GwG).

---

41 *Valerius*, in: BeckOK-OWiG, § 6 Rn. 4.
42 BayObLG, NStZ 1997, 550; *Häberle*, in: Erbs/Kohlhaas, Strafrechtliche Nebengesetze, § 17 GwG Rn. 11.
43 *Häberle*, in: Erbs/Kohlhaas, Strafrechtliche Nebengesetze, § 17 GwG Rn. 11.
44 BT-Drs. 18/11155, S. 115.

III. Tatbestände im Einzelnen (§ 56 Abs. 1 GwG) **§ 56 GwG**

Mit den in den § 56 Abs. 1 Nr. 16–21 GwG genannten Verstößen wird zunächst die Einhaltung der in § 10 Abs. 1 Nr. 1–5 GwG genannten **Identifizierungs-, Prüfungs- und Informationspflichten** sowie der **Bewertungs- und Überwachungspflichten** gestärkt. Im Sinne der Stärkung des sog. risikobasierten Ansatzes wird mit § 56 Abs. 1 Nr. 22 GwG ein Bußgeldtatbestand für die fehlerhafte Bemessung des konkreten Umfangs der Sorgfaltspflichten gemäß § 10 Abs. 2 GwG eingeführt. Bei der Bemessung müssen die in den Anlagen 1 und 2 zum GwG genannten Risikofaktoren sowie die im Gesetzestext selbst genannten Faktoren Berücksichtigung finden. Genannt sind hier der Zweck des Kontos oder der Geschäftsbeziehung, die Höhe der von Kunden eingezahlten Vermögenswerte und der Umfang der ausgeführten Transaktion sowie die Regelmäßigkeit und Dauer der Geschäftsbeziehung.

31

Da die Verpflichteten den Sorgfaltsmaßstab risikoorientiert bestimmen, kommt ihnen stets ein Ermessen bei der Gewichtung der Relevanz der einzelnen Punkte zu. Die Beurteilung ist damit stets eine **Einzelfallentscheidung**. Die Justiziabilität der im konkreten Fall ausgeübten Sorgfaltspflichten nach § 10 Abs. 1 GwG wird sich daher schwierig gestalten. Diese Einzelfallbeurteilung wird dadurch erschwert, dass sie bei einem Bußgeldverfahren dann von zwei verschiedenen Positionen erfolgt. So wird die Bußgeldbehörde eine oder mehrere spezifische Maßnahmen, die tatsächlich durchgeführt wurden, im Nachhinein auf ein ggf. bereits verwirklichtes Risiko bewerten. Der Verpflichtete hat aber im Vorhinein eine Prognose zu tätigen und trägt das Risiko einer Fehleinschätzung. Nicht angemessen eingehalten werden die allgemeinen Sorgfaltspflichten aber jedenfalls dann, wenn der Verpflichtete die in den Anlagen zum GwG genannten und im Gesetz aufgeführten Kriterien vernachlässigt und diese nicht in seine Bewertung aufgenommen hat. Fehlt eine Darlegung der Angemessenheit der getroffenen Maßnahmen im Hinblick auf die Risiken der Geldwäsche und der Terrorismusfinanzierung gegenüber der Aufsichtsbehörde (vgl. § 50 GwG) trotz deren Verlangens nach einer solchen, ist dies über § 56 Abs. 1 Nr. 23 GwG sanktionierbar.

32

Für besondere Verpflichtete, also diejenigen gemäß § 2 Abs. 1 Nr. 16 GwG, die ihren Sorgfaltspflichten nicht nachkommen und solchen, die gemäß § 2 Abs. 1 Nr. 8 GwG für ein Versicherungsunternehmen nach § 2 Abs. 1 Nr. 7 GwG Prämien einziehen und keine Mitteilung machen, regeln § 56 Abs. 1 Nr. 24 und Nr. 25 GwG Ordnungswidrigkeiten.

33

Ist der Verpflichtete nicht in der Lage die ihm obliegenden Sorgfaltspflichten aus §§ 10, 14 oder 15 GwG zu erfüllen und begründet er dennoch die Geschäftsbeziehung, setzt sie fort, kündigt sie nicht oder beendet sie nicht in anderer Weise oder führt eine Transaktion durch, macht er sich gemäß § 56 Abs. 1 Nr. 26 GwG ahndbar.

34

GwG § 56 Bußgeldvorschriften

35 § 56 Abs. 1 Nr. 27–31 GwG regeln **Verstöße gegen die Identifizierungspflichten** aus § 11 GwG. Hier ist zu beachten, dass die Identifizierung grundsätzlich vor Begründung der Geschäftsbeziehung oder der Durchführung der Transaktion erfolgen muss, um als rechtzeitig im Sinne des § 56 Abs. 1 Nr. 27 GwG zu gelten. Nur wenn eine solche Prüfung den normalen Geschäftsablauf unterbrechen würde und ein geringes Risiko der Geldwäsche und Terrorismusbekämpfung besteht, kann die Identifizierung noch während der Begründung der Geschäftsbeziehung abgeschlossen werden. Abweichend hiervon wird die Rechtzeitigkeit bei dem Verpflichteten im Sinne des § 2 Abs. 1 Nr. 14 GwG gem. § 11 Abs. 2 GwG nach dem Zeitpunkt bestimmt, in dem der Vertragspartner des Maklervertrages ein ernsthaftes Interesse an der Durchführung des Immobilienkaufvertrages äußert und die Kaufvertragsparteien hinreichend bestimmt sind (§ 56 Abs. 1 Nr. 28 GwG).

36 § 56 Abs. 1 Nr. 32 GwG normiert einen Bußgeldtatbestand für die Fälle, in denen die **Überprüfung und Überwachung von Geschäftsbeziehungen** entgegen § 14 Abs. 2 GwG nicht in einem Umfang sichergestellt wird, der es ermöglicht, ungewöhnliche oder verdächtige Transaktionen zu erkennen oder zu melden. Auch bei diesem Bußgeldtatbestand stellt sich das unter Rn. 32 beschriebene Problem des Verpflichteten, eine richtige Prognose zu treffen.

37 Die in § 56 Abs. 1 Nr. 33–43 GwG genannten Normen betreffen Verstöße gegen die **verstärkten Sorgfaltspflichten** des § 15 GwG. Verstöße gegen die besonderen Vorschriften das Glücksspiel betreffend, § 16 GwG, werden in den § 56 Abs. 1 Nr. 44–50 GwG sanktioniert. Diese Bußgeldtatbestände richten sich damit an die Verpflichteten gemäß § 2 Abs. 1 Nr. 15 GwG.

3. Verstöße im Zusammenhang mit dem Transparenzregister (§ 56 Abs. 1 Nr. 52–56 GwG)

38 Mit der Umsetzung der Anforderungen der Vierten EU-Geldwäscherichtlinie durch das neue Geldwäschegesetz[45] in das deutsches Recht wurden für alle juristische Personen des Privatrechts, eingetragene Personengesellschaften, Trusts und vergleichbare Rechtsgestaltungen Pflichten im Zusammenhang mit dem neu eingeführten Transparenzregister, §§ 18–26 GWG, begründet. Durch das Transparenzregister sollen Angaben zum wirtschaftlich Berechtigten (§ 3 GwG) zugänglich sein (§ 18 Abs. 1 GwG). Mitteilungen an das Transparenzregister müssen seit dem 1.10.2017 erfolgen (§ 59 Abs. 1 GwG). Sanktioniert werden in diesem Zusammenhang sowohl **Verstöße gegen die Angabepflicht des Verpflichteten** gemäß § 18 Abs. 3 GwG (§ 56 Abs. 1 Nr. 52 GwG), die **Informationssammlungspflichten** gemäß § 20 Abs. 1 GwG sowie § 21 Abs. 1 oder 2 GwG (§ 56 Abs. 1 Nr. 53, 55 GwG) und die **Mitteilungspflicht** (§ 56 Abs. 1

---

45 BGBl. I 2017, S. 1822 ff.

Nr. 54 GwG). Durch die Sanktionierung sollen wirkungsvolle Anreize dafür gesetzt werden, dass die Anteilseigner ihren Angabepflichten ordnungsgemäß nachkommen.[46]

Zugang zum Transparenzregister haben neben einigen ausgewählten Behörden (§ 23 Abs. 1 Satz 1 Nr. 1 GwG) auch die Verpflichteten selbst, sofern sie darlegen, dass die Einsicht zur Erfüllung ihrer Sorgfaltspflicht in einem der in § 10 Abs. 3 GwG genannten Fälle erfolgt (§ 23 Abs. 1 Satz 1 Nr. 2 GwG). Darüber hinaus kann aber auch jedermann die Einsicht gestattet werden, wenn er ein berechtigtes Interesse darlegt, § 23 Abs. 1 Satz 1 Nr. 3 GwG. Um die im Transparenzregister enthaltenen sensiblen Daten – Angaben zum Vor- und Nachnamen, Geburtsdatum, Wohnort sowie zu Art und Umfang des wirtschaftlichen Interesses der wirtschaftlich Berechtigten der Vereinigungen und Rechtsgestaltungen (§ 19 Abs. 1 GwG) – zu schützen, ist der **widerrechtliche Zugriff** bußgeldbewehrt (§ 56 Abs. 1 Nr. 56 GwG). Dieser kann durch Vorspiegelung falscher Tatsachen erschlichen oder aber auf sonstige Weise erlangt werden, womit wohl jede nicht unter die genannten Varianten subsumierbare Einsichtnahme erfasst ist.

4. Verstöße im Zusammenhang mit Finanztransaktionsuntersuchungen (§ 56 Abs. 1 Nr. 57, 58 GwG)

Die Bußgeldtatbestände der § 56 Abs. 1 Nr. 57 und 58 GwG sanktionieren Verstöße der Verpflichteten im Zusammenhang mit **Pflichten gegenüber der Zentralstelle für Finanztransaktionsuntersuchungen** (Financial Intelligence Unit – FIU). Diese hat die Aufgabe der Erhebung und Analyse von Informationen im Zusammenhang mit Geldwäsche oder Terrorismusfinanzierung und der Weitergabe dieser Informationen an die zuständige inländische Stelle. Zur Erfüllung dieser Aufgaben steht der FIU die Möglichkeit zu, Informationen bei dem Verpflichteten einzuholen, der zur Auskunft gemäß § 30 Abs. 3 GwG verpflichtet ist. Kommt er dieser Pflicht nicht, nicht vollständig oder nicht rechtzeitig nach, verwirklicht er die Ordnungswidrigkeit des § 56 Abs. 1 Nr. 57 GwG. Der FIU steht auch die Befugnis zu, Sofortmaßnahmen zu treffen, wenn sie Anhaltspunkte dafür hat, dass eine Transaktion im Zusammenhang mit Geldwäsche steht oder der Terrorismusfinanzierung dient. Die Pflicht des Verpflichteten zur Befolgung der Anordnungen oder Weisungen ist mit § 56 Abs. 1 Nr. 57 GwG bußgeldbewehrt.

---

46 BT-Drs. 182/17, S. 146.

5. Verstöße im Zusammenhang mit Meldungen von Sachverhalten (§ 56 Abs. 1 Nr. 59, 60 GwG)

41 § 56 Abs. 1 Nr. 59 und 60 GwG normieren Bußgeldtatbestände für Verstöße gegen **Meldepflichten**. Nach § 56 Abs. 1 Nr. 59 GwG handelt ordnungswidrig, wer trotz Tatsachen, die darauf hindeuten, dass ein Vermögensgegenstand, der mit einer Geschäftsbeziehung, einem Maklergeschäft oder einer Transaktion im Zusammenhang steht, aus einer strafbaren Handlung stammt, die eine Vortat der Geldwäsche darstellen könnte, sowie bei Tatsachen, die einen Geschäftsvorfall, eine Transaktion oder einen Vermögensgegenstand im Zusammenhang mit Terrorismusfinanzierung bringen, seiner Pflicht zur Meldung an die FIU nicht, nicht richtig, nicht vollständig oder nicht rechtzeitig nachkommt. Gleiches gilt, wenn tatsächliche Anhaltspunkte dafür bestehen, dass der Vertragspartner seine Pflicht nach § 11 Abs. 6 Satz 3 GwG, gegenüber dem Verpflichteten offenzulegen, ob er die Geschäftsbeziehung oder die Transaktion für einen wirtschaftlich Berechtigten begründen, fortsetzen oder durchführen will, nicht erfüllt hat (vgl. § 43 Rn. 4ff.). Dies gilt auch für meldepflichtige Sachverhalte, wenn diese dem Mandatsverhältnis unterliegen, der Verpflichtete aber weiß, dass der Vertragspartner das Mandatsverhältnis für den Zweck der Geldwäsche, der Terrorismusfinanzierung oder einer anderen Straftat genutzt hat oder nutzt (§ 43 Abs. 2 GwG). Bezüglich dieser erstatteten Meldungen im Sinne des § 43 Abs. 1 GwG trifft den Verpflichteten gemäß § 47 Abs. 1 GwG ein nach § 56 Abs. 1 Nr. 60 GwG bußgeldbewehrtes Verbot der Informationsweitergabe an den Vertragspartner, den Auftraggeber oder einen sonstigen Dritten. Von diesem sind auch die Information bezüglich eines aufgrund von § 43 Abs. 1 GwG eingeleiteten Ermittlungsverfahrens, sowie das Auskunftsverlangen nach § 30 Abs. 3 Satz 1 GwG erfasst.

6. Verstöße gegen die Untersagung der Berufsausübung und Mitwirkungspflichten (§ 56 Abs. 1 Nr. 61–64 GwG)

42 Die in den § 56 Abs. 1 Nr. 61–64 GwG gelisteten Ordnungswidrigkeiten sanktionieren **Verstöße im Verhältnis zur Aufsichtsbehörde**. So erfasst § 56 Abs. 1 Nr. 61 GwG den Verstoß gegen die Untersagung der Berufsausübung (§ 51 Abs. 5 GwG), § 56 Abs. 1 Nr. 62 GwG sanktioniert, dass Auskünfte im Sinne des § 51 Abs. 7 GwG (vgl. § 51 Rn. 30f.) nicht, nicht richtig, nicht vollständig oder nicht rechtzeitig abgegeben werden. In den folgenden Nummern werden Verstöße gegen die Mitwirkungspflichten des § 53 Abs. 1 GwG (§ 56 Abs. 1 Nr. 63 GwG) sowie des § 53 Abs. 3 GWG (§ 56 Abs. 1 Nr. 64 GwG) erfasst. Nach § 53 Abs. 1 GwG haben Verpflichtete, deren Mitglieder der Organe und deren Beschäftigte den Aufsichtsbehörden Auskunft über alle Geschäftsangelegenheiten und Transaktionen zu erteilen sowie Unterlagen vorzulegen. Auch die

IV. Geldbuße (§ 56 Abs. 2–4 GwG) **§ 56 GwG**

Prüfungen nach § 51 Abs. 3 GwG durch die Bediensteten der Aufsichtsbehörde und sonstige Personen, derer sich die zuständige Aufsichtsbehörde bei der Durchführung der Prüfungen bedient, hat der Verpflichtete damit in seinen Geschäftsräumen innerhalb der üblichen Betriebs- und Geschäftszeiten zu dulden (vgl. § 51 Rn. 16).

IV. Geldbuße (§ 56 Abs. 2–4 GwG)

Die Geldbuße beinhaltet keinen Strafcharakter, sie kann als solche deshalb auch gegen juristische Personen und Personenvereinigungen verhängt werden. Sie wird nicht ins Bundeszentralregister eingetragen und soll weder diskriminieren noch stigmatisieren.[47] Neben ihrer repressiven und auch präventiven Sanktionsfunktion soll die Geldbuße nachrangig auch die Abschöpfung des durch die Tat erlangten Vorteils ermöglichen.[48] 43

Die **Bemessung der Geldbuße** ist in § 17 Abs. 3 OWiG geregelt. Zumessungskriterien sind hiernach die Bedeutung der Ordnungswidrigkeit und der Vorwurf, der den Täter trifft. Darüber hinaus gelten die aus der Strafzumessung (§ 46 StGB) bekannten Grundsätze, also auch das sog. Doppelverwertungsverbot (§ 46 Abs. 3 StGB).[49] 44

Mit der Bedeutung der Ordnungswidrigkeit als primär genanntes Zumessungskriterium zeigt der Gesetzgeber, dass im OWiG objektive Bemessungskriterien und nicht die individuelle Schuld im Vordergrund stehen.[50] Es sind daher die **objektiven, die Tat prägenden Kriterien** zugrunde zu legen und Grad und Ausmaß der Gefährdung bzw. Beeinträchtigung der geschützten Rechtsgüter oder Interessen zu bestimmen.[51] Zu berücksichtigen sind hierbei Art und Intensität der jeweiligen Tatausführung, Häufigkeit und Dauer der Verstöße sowie die objektive Pflichtwidrigkeit ebendieser.[52] 45

Erst an zweiter Stelle ist der Vorwurf zu berücksichtigen, der den Täter trifft. Um diese individuelle Vorwerfbarkeit zu ermitteln, sind die **subjektiven Umstände des Einzelfalls**, also u. a. die jeweilige Beteiligungsform, die Gesinnung des Täters und sein Nachtatverhalten einzubeziehen.[53] Es können aber auch Ein- 46

---

47 *Achenbach*, ZIS 2012, 178, 180.
48 *Mitsch*, in: KK-OWiG, § 17 Rn. 7 ff.; *Achenbach*, ZIS 2012, 178, 180.
49 BayObLGSt 1994, 25, 28.
50 OLG Hamm, GewArch 1998, 299; BayObLG, VRS 59, 356.
51 *Mitsch*, in: KK-OWiG, § 17 Rn. 39, 40; *Sackreuther*, in: BeckOK-OWiG, § 17 Rn. 40 ff.
52 Zu einem Katalog an Zumessungskriterien vergleiche *Mitsch*, in: KK-OWiG, § 17 Rn. 38–50.
53 Zu einem Katalog an Einzelkriterien vergleiche *Mitsch*, in: KK-OWiG, § 17 Rn. 54–83.

GwG § 56 Bußgeldvorschriften

arbeitungsschwierigkeiten[54] sowie die Größe des Unternehmens[55] Berücksichtigung finden.

47 Darüber hinaus kommen auch die **wirtschaftlichen Verhältnisse** des Täters in Betracht; bei geringfügigen Ordnungswidrigkeiten bleiben diese jedoch in der Regel unberücksichtigt, § 17 Abs. 3 Satz 2 OWiG. Der wirtschaftlichen Leistungsfähigkeit kommt daher nur nachrangige Bedeutung zu.[56] Unter Berücksichtigung der spezialpräventiven Funktion der Geldbuße ist diese so zu bemessen, dass sie den Täter spürbar trifft.[57] Nur bei geringfügigen Ordnungswidrigkeiten rechtfertigen Art, Gleichheit und Häufigkeit der Taten eine gleiche Behandlung und eine Vereinfachung, sodass die Geldbuße in der Regel ohne Berücksichtigung der wirtschaftlichen Lage zu bemessen ist.[58] Die Geringfügigkeit soll bei 250 EUR überschritten sein.[59]

48 § 17 Abs. 2 OWiG bestimmt, dass bei einem Gesetz, welches für vorsätzliches und **fahrlässiges Handeln** Geldbuße androht, ohne im Höchstmaß zu unterscheiden, fahrlässiges, also auch leichtfertiges Handeln[60] nur mit der Hälfte des angedrohten Höchstbetrages der Geldbuße geahndet werden kann.

1. Geldbußen bis zu 100.000 EUR (§ 56 Abs. 3 GwG)

49 War die Höhe der Geldbuße in § 17 Abs. 2 GWG auf maximal 100.000 EUR limitiert, wurde diese durch die GWG-Novelle erheblich angehoben und ein **dreistufiges System** eingeführt. Auf der ersten Stufe bleibt es bei dem bisherigen Betrag von 100.000 EUR (§ 56 Abs. 3 GwG). Liegen schwerwiegende, wiederholte oder systematische Verstöße vor, so sind auf zweiter Stufe Geldbußen bis zu 1 Mio. EUR oder bis zum Zweifachen des durch den Verstoß gezogenen wirtschaftlichen Vorteils möglich (§ 56 Abs. 2 Satz 1 GwG). Auf dritter Stufe sind Geldbußen bis zu 5 Mio. EUR bzw. 10 % des Gesamtumsatzes (bei juristischen Personen oder Personenvereinigungen) bzw. Geldbußen bis zu 5 Mio. EUR bei natürlichen Personen möglich (§ 56 Abs. 2 Satz 3 GwG).

---

54 BayObLGSt 1981, 131, 133.
55 KG, wistra 1999, 196, 198.
56 OLG Hamm, NZV 2015, 459, 460; OLG Celle, VRS 127, 303, 306.
57 *Sackreuther*, in: BeckOK-OWiG, § 17 Rn. 83.
58 *Sackreuther*, in: BeckOK-OWiG, § 17 Rn. 83.
59 OLG Hamm, NZV 2015, 459, 460; OLG Bremen, NZV 2014, 140; KG, VRS 126, 103, 105; KG, DAR 2012, 395, 396.
60 BayObLG, wistra 1999, 70, 71.

IV. Geldbuße (§ 56 Abs. 2–4 GwG)   § 56 GwG

2. Geldbußen bis zu 1 Mio. EUR oder Geldbußen bis zum Zweifachen des aus dem Verstoß gezogenen wirtschaftlichen Vorteils (§ 56 Abs. 2 Satz 1 GwG)

Handelt es sich um einen **schwerwiegenden, wiederholten oder systematischen Verstoß**, dann kann die Ordnungswidrigkeit mit einer Geldbuße bis zu 1 Mio. EUR oder mit einer Geldbuße bis zum Zweifachen des aus dem Verstoß gezogenen wirtschaftlichen Vorteils geahndet werden. Als schwerwiegender Verstoß ist ein solcher zu begreifen, der nach der Gesamtabwägung als gravierend einzustufen ist.[61] Ein wiederholter Verstoß setzt eine mehr als nur einmalige Begehung voraus.[62] Systematisch ist dieser, wenn er einem bestimmten Schema folgt,[63] der Verpflichtete also planmäßig gegen seine Pflichten verstößt und dadurch seine generelle Missachtung dieser deutlich wird.

50

Die Bemessung der Geldbuße an dem durch die Tat erlangten wirtschaftlichen Vorteil zeigt, wie auch § 17 Abs. 4 Satz 2 OWiG, dass diese nicht nur der Sanktionierung, sondern auch der Abschöpfung des wirtschaftlichen Gewinns dienen soll. Der wirtschaftliche Vorteil umfasst erzielte Gewinne und vermiedene Verluste. Können diese nicht berechnet werden, ist eine Schätzung möglich (§ 56 Abs. 2 Satz 2 GwG).

51

3. Geldbußen bis zu 5 Mio. EUR bzw. 10 % des Gesamtumsatzes (§ 56 Abs. 2 Satz 4 und 5 GwG)

Die sog. dritte Stufe der Geldbußen ist auf **Ordnungswidrigkeiten im Finanzsektor** beschränkt. Gegenüber Verpflichteten des § 2 Abs. 1 Nr. 1–3 und 6–9 GwG, die juristische Personen oder Personenvereinigungen sind, kann über § 56 Abs. 2 Satz 1 GwG hinaus eine Geldbuße verhängt werden, die 5 Mio. EUR oder 10 % des Gesamtumsatzes, den die juristische Person oder die Personenvereinigung im Geschäftsjahr, das der Behördenentscheidung vorausgegangen ist, erzielt hat, nicht überschreiten. Gegenüber Verpflichteten der gleichen Nummern, die natürliche Personen sind, kann eine Geldbuße bis zu 5 Mio. EUR verhängt werden. Die Wahlmöglichkeit setzt Art. 59 Abs. 3a der Vierten Geldwäscherichtlinie um und soll die Fähigkeit der Aufsichtsbehörden verbessern, eine im Einzelfall angemessene, effektive und gleichzeitig verhältnismäßige Sanktion festzulegen.[64] Unter Berücksichtigung der wirtschaftlichen und gesellschaftspolitischen Bedeutung der Einhaltung von geldwäscherechtlichen Pflichten im Finanzsektor sowie unter dem besonderen Bedürfnis nach Schutz vor wiederhol-

52

---

61 BT-Drs. 18/11555, S. 164.
62 BT-Drs. 18/11555, S. 164.
63 BT-Drs. 18/11555, S. 164.
64 BT-Drs. 18/11555, S. 164.

tem, gravierendem oder systematischem schuldhaften Verhalten scheint in diesem Fall die höhere Geldbuße angemessen.[65]

53 Anknüpfungspunkt für die Bußgeldbemessung kann damit der **Gesamtumsatz** des Jahres- oder Konzernabschlusses des der letzten Behördenentscheidung vorausgehenden Geschäftsjahres sein. Zur Konkretisierung dieser Bemessungsgrundlage enthält § 56 Abs. 4 GwG eine Legaldefinition des Gesamtumsatzes. Dieser wird unter Bezugnahme auf die zum Umsatz zählenden Posten ermittelt. Maßgeblich sind die Nettoumsatzerlöse nach den nationalen Vorschriften im Einklang mit Art. 2 Nr. 5 der Richtlinie 2013/34/EU. Bei Kreditinstituten, Zahlungsinstituten und Finanzdienstleistungsinstituten ist dies der Gesamtbetrag, der sich nach den nationalen Vorschriften im Einklang mit Art. 27 Nr. 1, 3, 4, 6 und 7 (bei Anwendung der Staffelform) oder Art. 28 Abschnitt B Nr. 1–4 und 7 (bei Anwendung der Kontoform) der Richtlinie 86/635/EWG abzüglich der Umsatzsteuer und sonstiger direkt auf diese Erträge erhobener Steuern ergibt. Bei Versicherungsunternehmen ist der Gesamtbetrag, der sich nach den nationalen Vorschriften im Einklang mit Art. 63 der Richtlinie 91/674/EWG abzüglich der Umsatzsteuer und sonstiger direkt auf diese Erträge erhobener Steuern ergibt, entscheidend.

54 Bei **konzernangehörigen Unternehmen** wird gemäß Art. 59 Abs. 3a der Vierten Geldwäscherichtlinie der Gesamtumsatz auf den gesamten Konzern erweitert (§ 56 Abs. 4 Satz 2 GwG). Begründet wird dies damit, dass der gesamte Konzern eine größere Wirtschaftskraft besitzt und damit auch höhere Geldbußen möglich sein müssten.[66] Grundlage der Berechnung ist der Konzern mit dem größten Konsolidierungskreis.[67] Stellt das Mutterunternehmen dieses Konzerns seinen Abschluss nicht nach dem nationalen Recht in Verbindung mit den EU-Rechnungslegungsrichtlinien auf, treten vergleichbare Posten an die Stelle der Ertragsposten. Diese sind zur Ermittlung des Gesamtumsatzes anzusetzen. Primär gilt dies für Konzernabschlüsse von Unternehmen mit Sitz in Drittstaaten, kann aber auch auf IFRS-Konzernabschlüsse zutreffen. Durch diese Methode wird eine Gleichbehandlung von auf den europäischen Binnenmarkt beschränkten und weltweit agierenden Konzernen garantiert.[68]

55 Ist der Jahres- oder Konzernabschluss des der Behördenentscheidung **unmittelbar vorausgehenden Geschäftsjahres** nicht verfügbar, ist der Jahres- oder Konzernabschluss des Vorjahres maßgeblich (§ 56 Abs. 2 Satz 4 GwG). Diese Regelung ist insbesondere für Fälle gedacht, in denen die Aufsichtsbehörden kurz nach Ablauf eines Geschäftsjahres und damit während der Aufstellungs- oder Prüfungsphase des Jahres- oder Konzernabschlusses eine Geldbuße verhän-

---

65 BT-Drs. 18/11555, S. 164.
66 BT-Drs. 18/11555, S. 164.
67 BT-Drs. 18/11555, S. 164.
68 BT-Drs. 18/11555, S. 164.

gen möchten. Steht der vorhergehende Jahres- oder Konzernabschluss nicht zur Verfügung, kann der Gesamtumsatz des unmittelbar vorausgehenden Geschäftsjahres geschätzt werden (§ 56 Abs. 2 Satz 5 GwG).

V. Sachliche Zuständigkeit der Verwaltungsbehörden (§ 56 Abs. 5 GwG)

Die Regelung der sachlichen **Zuständigkeit der Verwaltungsbehörden** in § 56 Abs. 5 GwG geht im Wesentlichen auf § 17 Abs. 3 GwG a.F. zurück, so entspricht Satz 1 n.F. § 17 Abs. 3 Satz 1 GwG a.F. Demnach ist die in § 50 Nr. 1 GwG genannte Aufsichtsbehörde auch die zuständige Verwaltungsbehörde nach § 36 Abs. 1 Nr. 1 OWiG.

56

Für Ordnungswidrigkeiten nach § 56 Abs. 1 Nr. 55–59 GwG, mithin Verstöße gegen in Abschnitt 4, den Regelungen zum Transparenzregister, normierte Pflichten, ist Verwaltungsbehörde in diesem Sinne das Bundesverwaltungsamt.

57

Für Steuerberater und Steuerbevollmächtigte obliegt die sachliche Zuständigkeit gemäß § 36 Abs. 1 Nr. 1 OWiG dem Finanzamt (§ 56 Abs. 5 Satz 3 GwG). Für Veranstalter und Vermittler von Glücksspielen nach § 2 Abs. 1 Nr. 15 GwG ist, soweit das Landesrecht nichts anderes bestimmt, die zuständige Verwaltungsbehörde die für die Erteilung der glücksspielrechtlichen Erlaubnis zuständige Behörde. Auch im Falle des § 50 Nr. 9 GwG ist die zuständige Aufsichtsbehörde ebenfalls die Ordnungswidrigkeitenbehörde (§ 56 Abs. 5 Satz 4 GwG).

58

VI. Besonderheiten bei der Zuständigkeit des Finanzamtes (§ 56 Abs. 6 GwG)

§ 56 Abs. 6 GwG übernimmt prozessuale Regelungen der **Abgabenordnung**, soweit das Finanzamt sachlich zuständige Verwaltungsbehörde ist (§ 56 Abs. 5 Satz 3 GwG). Es gelten § 387 Abs. 2, § 410 Abs. 1 Nr. 1, 2, 6–11, Abs. 2 und § 412 der Abgabenordnung entsprechend im Bußgeldverfahren nach dem Geldwäschegesetz.

59

VII. Bundeszentralregisterabfrage (§ 56 Abs. 7 GwG)

Nach § 56 Abs. 7 GwG haben die zuständigen Aufsichtsbehörden (vgl. § 50 GwG) zu überprüfen, ob im Bundeszentralregister einschlägige Verurteilungen der betreffenden Person vorliegen. Dies kann allerdings nur gelten, soweit die zuständige Aufsichtsbehörde auch die Verwaltungsbehörde im Sinne des § 36

60

GwG § 56 Bußgeldvorschriften

Abs. 1 Nr. 1 OWiG ist[69] und diese im Rahmen des Ordnungswidrigkeitenverfahrens einschlägige Vorstrafen berücksichtigen möchte. Zuvor begangene Ordnungswidrigkeiten werden nicht ins Bundeszentralregister eingetragen, sodass mit den einschlägigen Verurteilungen wohl Verurteilungen wegen § 261 StGB (Geldwäsche) gemeint sind.[70]

VIII. Information an die Europäischen Aufsichtsbehörden (§ 56 Abs. 8 GwG)

61 § 56 Abs. 8 GwG dient der Umsetzung des Art. 62 Abs. 1 der Vierten Geldwäscherichtlinie. Demnach hat die jeweilige Aufsichtsbehörde (vgl. § 50 GwG) die europäische Aufsichtsbehörde über Sanktionen und Maßnahmen sowie die Rechtsmittelverfahren und deren Ergebnisse zu informieren.

---

69 BR-Drs. 182/1/15, S. 32.
70 BR-Drs. 182/1/15, S. 32.

§ 57 Bekanntmachung von bestandskräftigen Maßnahmen und von unanfechtbaren Bußgeldentscheidungen

(1) Die Aufsichtsbehörden haben bestandskräftige Maßnahmen und unanfechtbare Bußgeldentscheidungen, die sie wegen eines Verstoßes gegen dieses Gesetz oder die auf seiner Grundlage erlassenen Rechtsverordnungen verhängt haben, nach Unterrichtung des Adressaten der Maßnahme oder Bußgeldentscheidung auf ihrer Internetseite bekannt zu machen. In der Bekanntmachung sind Art und Charakter des Verstoßes und die für den Verstoß verantwortlichen natürlichen Personen und juristischen Personen oder Personenvereinigungen zu benennen.

(2) Die Bekanntmachung nach Absatz 1 ist aufzuschieben, solange die Bekanntmachung

1. das Persönlichkeitsrecht natürlicher Personen verletzen würde oder eine Bekanntmachung personenbezogener Daten aus sonstigen Gründen unverhältnismäßig wäre,
2. die Stabilität der Finanzmärkte der Bundesrepublik Deutschland oder eines oder mehrerer Vertragsstaaten des Abkommens über den Europäischen Wirtschaftsraum gefährden würde oder
3. laufende Ermittlungen gefährden würde.

Anstelle einer Aufschiebung kann die Bekanntmachung auf anonymisierter Basis erfolgen, wenn hierdurch ein wirksamer Schutz nach Satz 1 Nummer 1 gewährleistet ist. Ist vorhersehbar, dass die Gründe der anonymisierten Bekanntmachung innerhalb eines überschaubaren Zeitraums wegfallen werden, so kann die Bekanntmachung der Informationen nach Satz 1 Nummer 1 entsprechend aufgeschoben werden. Die Bekanntmachung erfolgt, wenn die Gründe für den Aufschub entfallen sind.

(3) Eine Bekanntmachung darf nicht erfolgen, wenn die Maßnahmen nach Absatz 2 nicht ausreichend sind, um eine Gefährdung der Finanzmarktstabilität auszuschließen oder die Verhältnismäßigkeit der Bekanntmachung sicherzustellen.

(4) Eine Bekanntmachung muss fünf Jahre auf der Internetseite der Aufsichtsbehörde veröffentlicht bleiben. Abweichend von Satz 1 sind personenbezogene Daten zu löschen, sobald die Bekanntmachung nicht mehr erforderlich ist.

Schrifttum: *Bader/Ronellenfitsch* (Hrsg.), BeckOK-VwVfG, 37. Edition 2017; *Boos/Fischer/Schulte-Mattler* (Hrsg.), Kreditwesengesetz, 5. Aufl. 2016; *Fuchs* (Hrsg.), Wertpa-

GwG § 57 Bekanntmachung von bestandskräftigen Maßnahmen

pierhandelsgesetz, 2. Aufl. 2016; *Gerlach*, Sanktionierung von Bankmitarbeitern nach dem Geldwäschegesetz-Entwurf, CCZ 2017, 176; *Klöhn/Schmolke*, Unternehmensreputation (Corporate Reputation) – Ökonomische Erkenntnisse und ihre Bedeutung im Gesellschafts- und Kapitalmarktrecht, NZG 2015, 689; *Nartowska/Knierbein*, Ausgewählte Aspekte des „Naming and Shaming" nach § 40c WpHG, NZG 2016, 256; *Stelkens/Bonk/Sachs* (Hrsg.), Verwaltungsverfahrensgesetz, 8. Aufl. 2014; *Uwer/Rademacher*, Das verfassungsrechtliche Rückwirkungsverbot bei der Bekanntmachung bankaufsichtlicher Maßnahmen nach § 60b KWG, BKR 2015, 145.

Übersicht

	Rn.		Rn.
I. Einführung	1	5. Rechtsschutz	13
II. Bekanntmachung von Bußgeldentscheidungen (§ 57 Abs. 1 GwG)	3	III. Ausnahmen und Einschränkungen der Bekanntmachung (§ 57 Abs. 2 und 3 GwG)	14
1. Aufsichtsbehörden	3	1. Aufschiebung	15
2. Bestandskräftige Maßnahmen und unanfechtbare Bußgeldentscheidungen	4	2. Keine Bekanntmachung	16
3. Verstoß	6	IV. Dauer der Bekanntmachung (§ 57 Abs. 4 GwG)	17
4. Bekanntmachung	9		

I. Einführung

1 In § 57 GwG wird die Pflicht der Aufsichtsbehörden statuiert, bestandskräftige Maßnahmen und unanfechtbare Bußgeldentscheidungen, die sie wegen Verstoßes gegen dieses Gesetz verhängt haben, nach vorheriger Unterrichtung des jeweiligen Adressaten auf ihrer Internetseite für fünf Jahre bekannt zu machen. Damit wird das Instrument des **„Naming and Shaming"** nach dessen Einführung in § 123 WpHG und § 60b KWG nun auch im Geldwäschegesetz verankert und flankiert die Regelungen aus dem Bußgeldkatalog (siehe § 56 Rn. 25).

2 § 57 GwG beruht auf der Umsetzung von Art. 60 Vierte GWRL. Erklärtes Ziel des europäischen Gesetzgebers war es dabei, neben den als nicht ausreichend streng und abschreckend angesehenen finanziellen Sanktionen, nunmehr die Reputation der Verpflichteten als empfindliches wirtschaftliches Gut zu erfassen[1] (sogenannte **„Prangerwirkung"**). Vor diesem Hintergrund soll durch die öffentliche Bekanntgabe der Art und des Charakters des Verstoßes gegen das Geldwäschegesetz sowie der Identität der Person die öffentliche Wahrnehmung der Verpflichteten getroffen werden, um dadurch verstärkt **Compliance durch Abschreckung** bei den verpflichteten Unternehmen und verantwortlichen Personen zu erwirken.[2]

---

1 EU KOM (2010) 716 final v. 8.12.2010, S. 7, 12.
2 *Klöhn/Schmolke*, NZG 2015, 689.

II. Bekanntmachung von bestandskräftigen Maßnahmen und unanfechtbaren Bußgeldentscheidungen (§ 57 Abs. 1 GwG)

1. Aufsichtsbehörden

Da es sich bei den nach dem Geldwäschegesetz Verpflichteten (siehe § 2 Rn. 13 ff.) um eine Vielzahl teils sehr unterschiedlich regulierter Unternehmen und Personen handelt, unterliegen sie keiner einheitlichen Aufsicht. Das Geldwäschegesetz folgt diesem Ansatz und weist den **bereits existierenden Aufsichtsbehörden** für die jeweils Verpflichteten auch die Aufsicht über Geldwäschefragen zu (siehe § 50 Rn. 3). Erlassen die dort aufgezählten Aufsichtsbehörden Maßnahmen gegen die Verpflichteten, haben sie diese (nachdem die Maßnahmen bestandskräftig sind und der Adressat darüber in Kenntnis gesetzt wurde) auf ihrer jeweiligen Internetseite zu veröffentlichen.

3

2. Bestandskräftige Maßnahmen und unanfechtbare Bußgeldentscheidungen

Eine Veröffentlichung kann nur stattfinden, soweit die getroffene Maßnahme bestandskräftig bzw. die Bußgeldentscheidung unanfechtbar ist. Sowohl die formelle Bestandskraft[3] als auch die Unanfechtbarkeit treten ein, wenn die Maßnahme oder die Bußgeldentscheidung **nicht mehr mit regulären Rechtsbehelfen** wie dem Widerspruch bzw. Einspruch oder der Klage **angefochten** werden können,[4] d. h. wenn entweder ein Rechtsmittelverzicht erklärt wurde, die Fristen zur Einlegung von Rechtsbehelfen verstrichen sind oder alle ordentlichen Rechtsbehelfe erfolglos eingelegt wurden.[5] Diese Wirkung tritt ungeachtet der Rechtmäßigkeit des Verwaltungsaktes ein, es sei denn, der Verwaltungsakt ist nichtig.[6] Die formelle Bestandskraft und Unanfechtbarkeit unterscheiden sich insofern inhaltlich nicht.[7] Die formelle Bestandskraft bzw. Unanfechtbarkeit markieren den Zeitpunkt, an dem die Existenz und Wirksamkeit des Verwaltungsaktes rechtlich gesichert sind. Damit hat die Bestandskraft herausragende

4

---

3 Einer Auslegung des Begriffes der Bestandskraft als „materielle Bestandskraft", d. h. als verfestigte materielle Bindung der Beteiligten an die getroffene Regelung, welche nach der formellen Bestandskraft eintritt, steht bereits entgegen, dass dieser Zeitpunkt nicht messbar ist und damit zu Rechtsunsicherheit führen würde.
4 *Sachs*, in: Stelkens/Bonk/Sachs, VwVfG, § 43 Rn. 20.
5 *Waßmer*, in: Fuchs, WpHG, § 40b Rn. 11.
6 *Schemmer*, in: Bader/Ronellenfitsch, BeckOK-VwVfG, § 43 Rn. 20–20.1.
7 Der Begriff „Unanfechtbarkeit" wird verwendet, wenn ein Einspruch statthaft ist (so etwa bei Bußgeldbescheiden für eine Ordnungswidrigkeit nach § 67 OWiG) und der Begriff der „Bestandskraft" im Falle eines Widerspruchs.

Bedeutung für die Rechtssicherheit.[8] Vor dem Hintergrund des möglichen Reputationsschadens für den Verpflichteten soll dieser Zusatz somit sicherstellen, dass ausschließlich wirksame und nicht mehr anfechtbare Maßnahmen oder Bußgeldentscheidungen von den Aufsichtsbehörden veröffentlicht werden.

5 Der Begriff der Maßnahme wird – ähnlich wie auch in § 123 WpHG und § 60b KWG – gesetzlich nicht näher definiert. Es muss sich jedenfalls um eine Maßnahme einer der zuständigen Aufsichtsbehörden der Verpflichteten handeln, die aufgrund eines Verstoßes gegen das Geldwäschegesetz oder der darauf beruhenden Rechtsverordnungen erlassen wurde. Von der Bestandskraft oder Unanfechtbarkeit wird nicht förmliches Verwaltungshandeln nicht erfasst, sodass es sich bei der Maßnahme grundsätzlich auch um einen **Verwaltungsakt** der jeweiligen Aufsichtsbehörde handeln muss.[9] Bloße Ermittlungsmaßnahmen und sonstiges nicht förmliches Verwaltungshandeln (wie zum Beispiel nicht förmliche Rügen) sind damit nicht erfasst.

3. Verstoß

6 Grundsätzlich werden alle Verstöße gegen das Geldwäschegesetz sowie die auf seiner Grundlage erlassenen Rechtsordnungen veröffentlicht. Um einen Verstoß handelt es sich jedenfalls dann, wenn einer der im **Bußgeldkatalog des § 56 GwG** (siehe § 56 Rn. 26 ff.) aufgeführten Tatbestände erfüllt ist. Für Verstöße gegen die Vorschriften des Geldwäschegesetzes, die nicht im Katalog des § 56 GwG aufgeführt sind, ist im Rahmen der Veröffentlichung der Grundsatz der Verhältnismäßigkeit nach § 57 Abs. 3 GwG zu berücksichtigen. Vor diesem Hintergrund dürfte für Verstöße, die schon nicht bußgeldbewehrt sind, eine (nicht anonymisierte) öffentliche Bekanntmachung mit einem potenziell wesentlich größeren Reputationsschaden nur in wenigen Fällen angemessen sein.

7 Die auf Grundlage des Geldwäschegesetzes bis dato (Stand November 2017) erlassenen Rechtsverordnungen umfassen die **Indexdatenübermittlungsverordnung**[10] basierend auf § 22 Abs. 3 GwG (siehe § 22 Rn. 16), die **Transparenzregisterdatenübermittlungsverordnung**,[11] erlassen auf Grundlage des § 22

---

8 *Schemmer*, in: Bader/Ronellenfitsch, BeckOK-VwVfG, § 43 Rn. 20–20.1.
9 Siehe auch zur Parallelvorschrift im KWG: *Lindemann*, in: Boos/Fischer/Schulte-Mattler, KWG, § 60b Rn. 8 f.
10 Verordnung über die Übermittlung von Indexdaten der Landesjustizverwaltungen an das Transparenzregister (Indexdatenübermittlungsverordnung – IDÜV), BGBl. I vom 19.7.2017, S. 2372.
11 Verordnung zur Datenübermittlung durch Mitteilungsverpflichtete und durch den Betreiber des Unternehmensregisters an das Transparenzregister (Transparenzregisterdatenübermittlungsverordnung – TrDüV), BGBl. I vom 4.7.2017, S. 2090.

II. Bekanntmachung von bestandskräftigen Maßnahmen § 57 GwG

Abs. 4 GwG (siehe § 22 Rn. 18) und die **Transparenzregisterbeleihungsverordnung**,[12] welche auf § 25 Abs. 1 GwG (siehe § 25 Rn. 7) beruht.

Weitere Rechtsverordnungen, die in Zukunft aufgrund dieses Gesetzes erlassen werden können, beschäftigen sich mit den folgenden Themenkreisen: 8

(i) Verpflichtete, § 2 Abs. 2 GwG (siehe § 2 Rn. 226),

(ii) Sorgfaltspflichten, § 12 Abs. 3 GwG (§ 12 Rn. 43), § 13 Abs. 2 GwG (§ 13 Rn. 23), § 14 Abs. 4 GwG (§ 14 Rn. 66) und § 15 Abs. 10 GwG (§ 15 Rn. 51),

(iii) Transparenzregister, § 18 Abs. 6 GwG (§ 18 Rn. 22), § 23 Abs. 5 GwG (§ 23 Rn. 63), § 24 Abs. 3 GwG (§ 24 Rn. 19 f.), § 25 Abs. 5 GwG (§ 25 Rn. 20) und § 26 Abs. 2 GwG (§ 26 Rn. 6), und

(iv) Meldung von Sachverhalten, § 45 Abs. 4 GwG (§ 45 Rn. 16) und § 47 Abs. 6 GwG (§ 47 Rn. 32).

4. Bekanntmachung

Die Aufsichtsbehörden haben Verstöße auf ihrer jeweiligen Internetseite unter 9 Berücksichtigung der Einschränkungen in § 57 Abs. 2 und 3 GwG bekannt zu machen. Dabei sind neben der **Identität** der verantwortlichen natürlichen oder juristischen Person, die Adressat der Maßnahme bzw. des Bußgeldbescheides ist, auch Art und Charakter des Verstoßes zu nennen. In der Praxis verstand die BaFin (als eine der nach dem Geldwäschegesetz zuständigen Aufsichtsbehörden) bei Veröffentlichungen nach § 123 WpHG und § 60b KWG unter „Art und Charakter" **Informationen über die Vorschrift**, gegen welche verstoßen wurde, sowie die entsprechende **Begründung** für ihr Verwaltungshandeln.[13] Einzelnen Mitarbeitern von juristischen Personen droht keine Nennung auf der Internetseite (außer gegen diese wurden ebenfalls entsprechende Maßnahmen verhängt).[14]

Mangels gesetzlicher Übergangsregelung ist unklar, ob auch Rechtsverstöße, die 10 zeitlich vor dem Inkrafttreten des Geldwäschegesetzes (d.h. Verstöße vor dem 26.6.2017) begangen wurden, von der Veröffentlichungspflicht erfasst werden (sogenannte „Altfälle"). Insbesondere könnte einer Veröffentlichung von Altfällen das **Rückwirkungsverbot aus Art. 103 Abs. 2 GG** entgegenstehen, wenn es sich bei der Bekanntmachung um eine Strafnorm handelt. Strafe ist die miss-

---

12 Verordnung über die Übertragung der Führung des Transparenzregisters (Transparenzregisterbeleihungsverordnung – TBelV), BGBl. I vom 30.6.2017, S. 1938.
13 Vgl. die Veröffentlichungen der BaFin zu § 60b KWG unter http://www.bafin.de/DE/Aufsicht/BankenFinanzdienstleister/Massnahmen/Mitteilungen/mitteilungen_node.html.
14 *Gerlach*, CCZ 2017, 176.

billigende hoheitliche Reaktion auf ein schuldhaftes Verhalten, wobei ein wesentliches Merkmal die Repressionsabsicht ist.[15]

11 Für eine Einordnung der Rechtsnatur des § 57 GwG als Strafnorm (und damit einer Anwendbarkeit des Rückwirkungsverbotes) spricht zunächst dessen systematische Stellung direkt hinter dem Bußgeldkatalog des § 56 GwG. Auch die mit der Bekanntmachung für den Betroffenen direkt einhergehende Sanktion, nämlich der mit der „Prangerwirkung" einhergehende Reputationsschaden (welcher schwerwiegender als ein Bußgeld ausfallen kann), lassen einen repressiven Charakter erkennen, der über eine generalpräventive Abschreckung hinausgeht. Die Gesetzesbegründung schweigt zu dem Zweck des § 57 GwG[16] und verweist auf die Vierte GWRL, die wirksame, verhältnismäßige und abschreckende Sanktionen und Maßnahmen fordert.[17] Zwar entfaltet der Abschreckungseffekt auch eine generalpräventive Wirkung, jedoch steht dies nach der strafrechtlichen Vereinigungslehre einer Einordnung des § 57 GwG als Strafe nicht entgegen.[18] Zudem würde der generalpräventive Abschreckungseffekt auch durch eine anonymisierte Veröffentlichung erreicht werden können.[19] § 57 GwG sollte demnach verfassungskonform ausgelegt werden, sodass sogenannte Altfälle wegen des Rückwirkungsverbotes nicht von der Veröffentlichungspflicht erfasst werden.

12 Schließlich müssen die Aufsichtsbehörden die von der Veröffentlichung betroffenen Verpflichteten **im Voraus** über die anstehende Bekanntmachung **unterrichten**. Den Verpflichteten wird somit die Möglichkeit gewährt, frühzeitig Rechtsschutz im Wege der einstweiligen Verfügung gegen die bevorstehende Veröffentlichung zu suchen.

5. Rechtsschutz

13 Gegen die Bekanntmachung von Verstößen ist der Rechtsweg eröffnet. Zum Teil wird die Ansicht bei den Parallelvorschriften in WpHG und KWG vertreten, dass die Personen, deren Daten veröffentlicht werden sollen, eine Unterlassungsklage und einstweiligen Rechtsschutz nach § 123 VwGO erheben können. Nach der wohl h.M. sind dagegen **Widerspruch** bzw. die **Anfechtungsklage** zulässig.[20]

---

15 Vgl. BVerfGE 26, 186, 204, und BVerfGE 109, 133, 167.
16 Vgl. BT-Drs. 18/11555 v. 17.3.2017, Begr. zu § 57 GwG, S. 165.
17 Vierte GWRL, Erwägungsgrund 59.
18 *Uwer/Rademacher*, BKR 2015, 145, 147.
19 *Nartowska/Knierbein*, NZG 2016, 256, 260.
20 Vgl. zu den Parallelvorschriften im Wertpapierhandelsgesetz und Kreditwesengesetz: *Waßmer*, in: Fuchs, WpHG, § 40b Rn. 7, und *Lindemann*, in: Boos/Fischer/Schulte-Mattler, KWG, § 60b Rn. 19.

III. Ausnahmen und Einschränkungen der Bekanntmachung (§ 57 Abs. 2 und 3 GwG)

Die Veröffentlichung von Verstößen unterliegt verschiedenen Ausnahmen und Einschränkungen, die in § 57 Abs. 2 und 3 GwG statuiert sind. Zweck dieser Regelung ist, dass die Aufsichtsbehörden bei der Entscheidung über das Ob und Wie einer Bekanntmachung den Grundsatz der Verhältnismäßigkeit beachten.[21]   14

1. Aufschiebung

§ 57 Abs. 2 GwG sieht vor, dass eine Veröffentlichung zeitlich aufgeschoben   15
oder auf anonymisierter Basis erfolgen kann, wenn dies aus Gründen der Verhältnismäßigkeit erforderlich ist oder die Stabilität der Finanzmärkte der Bundesrepublik Deutschland oder eines oder mehrerer Mitgliedstaaten des Europäischen Wirtschaftsraumes oder den Fortgang laufender Ermittlungen gefährden würde. Dabei greift insbesondere die Veröffentlichung personenbezogener Daten ganz massiv in die Persönlichkeitsrechte des Betroffenen ein.[22] § 57 Abs. 2 GwG schränkt die Bekanntmachung von Verstößen daher ein, sodass die Aufsichtsbehörden als Ausdruck des Grundsatzes der Verhältnismäßigkeit zeitlich aufgeschobene oder anonymisierte Veröffentlichungen vornehmen können.

2. Keine Bekanntmachung

§ 57 Abs. 3 GwG ermöglicht die Unterlassung der Bekanntmachung, wenn ein   16
zeitlicher Aufschub oder eine Anonymisierung nicht genügen, um eine Gefährdung der Finanzmarktstabilität auszuschließen oder dem Grundsatz der Verhältnismäßigkeit zu genügen.[23]

IV. Dauer der Bekanntmachung (§ 57 Abs. 4 GwG)

Laut Regierungsbegründung, die sich auf die Vorgaben des Art. 61 Abs. 3 der   17
Vierte GWRL bezieht, muss die Bekanntmachung **fünf Jahre** nach dem Zeitpunkt ihrer Veröffentlichung auf der Internetseite zugänglich bleiben. Der jeweiligen Aufsichtsbehörde steht bei der Entscheidung über die **Mindestdauer** der Veröffentlichung mithin **kein Ermessen** zu („muss"); mangels ausdrücklicher gesetzlicher Regelung kann sie jedoch nach diesem Zeitraum grundsätzlich entscheiden, die Bekanntmachung zu löschen. Der Gesetzgeber geht laut Gesetzesbegründung davon aus, dass die Bekanntmachung nach fünf Jahren gelöscht

---

21 Vgl. BT-Drs. 18/11555 v. 17.3.2017, Begr. zu § 57 GwG, S. 165.
22 *Gerlach*, CCZ 2017, 176.
23 Vgl. BT-Drs. 18/11555 v. 17.3.2017, Begr. zu § 57 GwG, S. 165.

wird.[24] Für eine Löschung sprechen daneben der bei der Entscheidung zu berücksichtigende Verhältnismäßigkeitsgrundsatz und dabei insbesondere der Umstand, dass eine Tilgung von Straftaten im Bundeszentralregister bereits nach fünf Jahren erfolgen kann.[25]

18 Personenbezogene Daten können demgegenüber, so sie denn überhaupt veröffentlicht wurden, bereits gelöscht werden, wenn ihre Bekanntmachung nicht mehr erforderlich ist. Dies kommt insbesondere dann in Betracht, wenn die Bekanntmachung nicht mehr das unter mehreren in gleicher Weise geeigneten Maßnahmen mildere Mittel darstellt.[26] Ein Ermessen der BaFin ist insoweit eröffnet.

---

24 Vgl. BT-Drs. 18/11555 v. 17.3.2017, Begr. zu § 57 GwG, S. 166.
25 *Nartowska/Knierbein*, NZG 2016, 256.
26 OVG Bremen, NVwZ-RR 2005, 314.

§ 58 Datenschutz

Personenbezogene Daten dürfen von Verpflichteten auf Grundlage dieses Gesetzes ausschließlich für die Verhinderung von Geldwäsche und von Terrorismusfinanzierung verarbeitet werden.

Schrifttum: *Erbs/Kohlhaas* (Hrsg.), Strafrechtliche Nebengesetze, 215. EL Juni 2017; *Wolff/Brink* (Hrsg.), BeckOK-Datenschutzrecht, 21. Edition, Stand: 1.8.2017; *Sydow* (Hrsg.), Europäische Datenschutzgrundverordnung (Handkommentar, Nomos), Stand: 2017; *Däubler/Klebe/Wedde/Weichert* (Hrsg.), Bundesdatenschutzgesetz (Kompaktkommentar zum BDSG), Stand: 2016; *Ehmann/Selmayr* (Hrsg.), Datenschutz-Grundverordnung (Beck'sche Kurzkommentare), Stand: 2017.

Übersicht

	Rn.		Rn.
I. Einführung	1	2. Personenbezogene Daten	3
II. Tatbestandsmerkmale	2	3. Verarbeitung	7
1. Adressatenkreis	2	III. Rechtsfolgen bei Verletzung der Norm	10

I. Einführung

Die Norm hat eine Klarstellungsfunktion und ist auf Art. 41 Abs. 2 der Vierten Geldwäscherichtlinie[1] zurückzuführen. Demnach dürfen personenbezogene Daten von Verpflichteten auf Grundlage des Geldwäschegesetzes ausschließlich für die Verhinderung von Geldwäsche und von Terrorismusfinanzierung verarbeitet werden. Damit soll sichergestellt werden, dass personenbezogene Daten nur in dem Umfang erhoben und weiterverarbeitet werden, wie dies zur Erfüllung der Anforderungen des Geldwäschegesetzes notwendig ist. Insbesondere sollen Daten nicht für kommerzielle Zwecke verarbeitet werden.

1

---

1 Richtlinie 2015/849/EU des Europäischen Parlaments und des Rates v. 20.5.2015 zur Verhinderung der Nutzung des Finanzsystems zum Zwecke der Geldwäsche und der Terrorismusfinanzierung, zur Änderung der Verordnung (EU) Nr. 648/2012 des Europäischen Parlaments und des Rates und zur Aufhebung der Richtlinie 2005/60/EG des Europäischen Parlaments und des Rates und der Richtlinie 2006/70/EG der Kommission (Vierte Geldwäscherichtlinie).

GwG § 58 Datenschutz

II. Tatbestandsmerkmale

1. Adressatenkreis

2 Die Norm wendet sich nach ihrem Wortlaut ausdrücklich an alle nach § 2 Abs. 1 GwG „Verpflichteten" (s. § 2 Rn. 13 ff.) und umfasst damit keine öffentlichen Stellen (siehe dazu § 55 Rn. 5, der sich demgegenüber an öffentliche Stellen wendet). Hintergrund der Regelung ist laut Gesetzesbegründung der Ausschluss der Verarbeitung personenbezogener Daten für kommerzielle Zwecke[2] (ebenso Art. 41 Abs. 2 Vierte Geldwäscherichtlinie). Da die Gefahr einer kommerziellen Verwendung von Daten grundsätzlich bei nichtstaatlichen Akteuren, d.h. den Verpflichteten in Betracht kommt, wendet sich die Norm ausdrücklich an diese. Daneben unterliegen sowohl öffentliche wie auch nicht-öffentliche Stellen subsidiär den besonderen Anforderungen des Bundesdatenschutzgesetzes (BDSG), wobei auf nicht-öffentliche Stellen ausschließlich die allgemeinen Regelungen des BDSG anwendbar sind (vgl. § 1 Abs. 2 Nr. 3 BDSG).[3]

2. Personenbezogene Daten

3 Da eine spezialgesetzliche Definition des Tatbestandsmerkmals der „personenbezogenen Daten" im Geldwäschegesetz nicht existiert, ist auf § 3 Abs. 1 BDSG zurückzugreifen, welcher auf der in nationales Recht umgesetzten[4] Datenschutzrichtlinie[5] beruht. Ab 25.5.2018 wird § 3 Abs. 1 BDSG durch die am 4.5.2016 im Amtsblatt der Europäischen Union veröffentlichten und direkt anwendbaren Datenschutz-Grundverordnung (EU-DSGVO)[6] abgelöst.

4 **Personenbezogene Daten** definiert § 3 Abs. 1 BDSG demnach als „Einzelangaben über persönliche oder sachliche Verhältnisse einer bestimmten oder bestimmbaren natürlichen Person (Betroffener)". Betroffene können damit sowohl Deutsche als auch Ausländer sein.[7] Erfasst werden neben Angaben über private Tätigkeiten auch Daten über das Vermögen oder geschäftliche bzw. berufliche Tätigkeiten (z.B. bezüglich des Einkommens aus Erwerbstätigkeit und Kapi-

---

2 Vgl. BT-Drs. 18/11555 v. 17.3.2017, Begr. zu § 58 GwG, S. 166.
3 *Weichert*, in: Däubler/Klebe/Wedde/Weichert, Bundesdatenschutzgesetz, § 1 Rn. 9.
4 Umsetzung durch das Gesetz zur Änderung des Bundesdatenschutzgesetzes und anderer Gesetze vom 18.5.2001, BGBl. I 2001, S. 904.
5 Richtlinie 95/46/EG des Europäischen Parlaments und des Rates vom 24.10.1995 zum Schutz natürlicher Personen bei der Verarbeitung personenbezogener Daten und zum freien Datenverkehr in ihrer konsolidierten Fassung (Datenschutzrichtlinie).
6 Verordnung (EU) 2016/679 des Europäischen Parlaments und des Rates vom 27.4.2016 zum Schutz natürlicher Personen bei der Verarbeitung personenbezogener Daten, zum freien Datenverkehr und zur Aufhebung der Richtlinie 95/46/EG.
7 *Weichert*, in: Däubler/Klebe/Wedde/Weichert, Bundesdatenschutzgesetz, § 3 Rn. 2.

tal).⁸ Art. 2 lit. a) der Datenschutzrichtlinie, auf der § 3 BDSG beruht, definiert eine Person dabei als bestimmbar, wenn sie direkt oder indirekt identifiziert werden kann. Dies soll insbesondere der Fall sein, wenn sie durch Zuordnung zu einer Kennnummer oder zu einem oder mehreren spezifischen Elementen, die Ausdruck ihrer physischen, physiologischen, psychischen, wirtschaftlichen, kulturellen oder sozialen Identität sind, identifizierbar ist. Die Bestimmbarkeit ist damit weit auszulegen, sodass ein Personenbezug auch erst mithilfe mehrerer Zwischenschritte hergestellt werden kann.⁹

In der ab 25.5.2018 geltenden **EU-DSGVO** werden personenbezogene Daten in Art. 4 Abs. 1 definiert, der hinsichtlich der Bestimmbarkeit einer Person zusätzlich deren Standortdaten und Online-Kennung betont und somit den neuen technischen Identifizierungsmöglichkeiten Rechnung trägt. Trotz der Tatsache, dass sich der Wortlaut von „Einzelangaben über die persönlichen und sachlichen Verhältnisse" einer Person zu „allen Informationen, die sich auf eine identifizierte oder identifizierbare Person beziehen" ändert, dürfte sich der Umfang des Anwendungsbereiches nicht grundlegend ändern, da der Wortlaut bereits zuvor weit ausgelegt wurde, indem die sachlichen und persönlichen Verhältnisse „alle Informationen, unabhängig davon, welcher Aspekt einer Person angesprochen wird"¹⁰ umfassten.¹¹ Persönliche Verhältnisse können damit z.B. Tonaufzeichnungen von einer Person, Bilder, biometrische Daten, Standortdaten sowie Angaben über finanzielle oder gesundheitliche Umstände sein. Sachliche Verhältnisse benötigen demgegenüber einen direkten Bezug zum Betroffenen, wie etwa Angaben zu dessen Kfz oder Grundstück.¹² 5

Zu beachten ist, dass Daten von **juristischen Personen** weder von dem bisherigen § 3 Abs. 1 BDSG noch durch Art. 4 Abs. 1 EU-DSGVO geschützt werden.¹³ Daten juristischer Personen können jedoch dann von § 3 Abs. 1 BDSG oder Art. 4 Abs. 1 EU-DSGVO erfasst werden, wenn ein unmittelbar auf eine juristische Person bezogenes Datum zugleich eine natürliche Person betrifft (z.B. Gesellschafter bei Personengesellschaften).¹⁴ 6

---

8 EuGH, RDV 2009, 113.
9 *Weichert*, in: Däubler/Klebe/Wedde/Weichert, Bundesdatenschutzgesetz, § 3 Rn. 13.
10 VGH Baden-Württemberg, Beschl. v. 23.7.2010, 1 S 501/10, MMR 2011, 277, 278.
11 *Schild*, in: Wolff/Brink, BeckOK-Datenschutzrecht, § 3 Rn. 9.
12 *Weichert*, in: Däubler/Klebe/Wedde/Weichert, Bundesdatenschutzgesetz, § 3 Rn. 19.
13 Vgl. BVerfG, NJW 1984, 419, wonach das Recht auf informationelle Selbstbestimmung nach Art. 1 Abs. 1 i.V.m. Art. 2 Abs. 1 GG nur auf natürliche Personen abstellt.
14 Vgl. *Ambs*, in: Erbs/Kohlhaas, Strafrechtliche Nebengesetze, § 3 Rn. 1; *Ziebarth*, in: Sydow, Europäische Datenschutzgrundverordnung, Art. 4 Rn. 13.

3. Verarbeitung

7 Die **Verarbeitung** personenbezogener Daten beschreibt nach § 3 Abs. 4 Satz 1 BDSG[15] das Speichern, Verändern, Übermitteln, Sperren und Löschen personenbezogener Daten, wobei jedoch die Erhebung und Nutzung der Daten von dem Begriff nicht erfasst werden, sodass das BDSG zumeist die Begriffstrias des „Erhebens, Verarbeitens und Nutzens" von Daten verwendet.[16] Das Speichern von Daten stellt das Erfassen, Aufnehmen oder Aufbewahren personenbezogener Daten auf einem Datenträger zum Zweck ihrer weiteren Verarbeitung oder Nutzung dar. Verändern wird als die inhaltliche Umgestaltung gespeicherter personenbezogener Daten definiert und das Übermitteln als das Bekanntgeben gespeicherter oder durch Datenverarbeitung gewonnener personenbezogener Daten an einen Dritten, sodass die Daten an den Dritten weitergegeben werden oder der Dritte zur Einsicht oder zum Abruf bereitgehaltene Daten einsehen oder abrufen kann. Sperren bezeichnet das Kennzeichnen gespeicherter personenbezogener Daten, um ihre weitere Verarbeitung oder Nutzung einzuschränken und Löschen das Unkenntlichmachen gespeicherter personenbezogener Daten (vgl. § 3 Abs. 4 BDSG).

8 Art. 4 Abs. 2 EU-DSGVO führt demgegenüber den zentralen Begriff der Verarbeitung für den Umgang mit Daten ein. Dieser beschränkt sich nicht auf bestimmte Modalitäten, sondern wird durch verschiedene (nicht abschließende) Beispiele näher veranschaulicht, sodass der sachliche Anwendungsbereich ausgedehnt wird.[17] Mithin ist jeder Vorgang darunter zu verstehen, bei dem ein Zustand in einen anderen Zustand überführt wird, unabhängig davon, ob dies manuell oder automatisiert geschieht.[18] Insofern muss auch der Begriff des „Verarbeitens" im GwG weit ausgelegt werden, wobei der Art. 4 Abs. 2 EU-DSGVO beispielhaft ausführt, dass dies „jeden mit oder ohne Hilfe automatisierter Verfahren ausgeführten Vorgang oder jede solche Vorgangsreihe im Zusammenhang mit personenbezogenen Daten wie das Erheben, das Erfassen, die Organisation, das Ordnen, die Speicherung, die Anpassung oder Veränderung, das Auslesen, das Abfragen, die Verwendung, die Offenlegung durch Übermittlung, Verbreitung oder eine andere Form der Bereitstellung, den Abgleich oder die Verknüpfung, die Einschränkung, das Löschen oder die Vernichtung" erfasst.

9 Darüber hinaus sollten personenbezogene Daten von den Verpflichteten ausschließlich verarbeitet werden, wie dies zur Erfüllung der Anforderungen des

---

15 Siehe auch Art. 2 lit. b) der Datenschutzrichtlinie, die durch § 3 Abs. 4 BDSG umgesetzt wurde.
16 *Weichert*, in: Däubler/Klebe/Wedde/Weichert, Bundesdatenschutzgesetz, § 3 Rn. 29.
17 Vgl. *Reimer*, in: Sydow, Europäische Datenschutzgrundverordnung, Art. 4 Rn. 42 f. m.w.N.
18 *Reimer*, in: Sydow, Europäische Datenschutzgrundverordnung, Art. 4 Rn. 47; *Klabunde*, in: Ehmann/Selmayr, Datenschutz-Grundverordnung, Art. 4 Rn. 19.

Geldwäschegesetzes notwendig ist. Zulässig soll die Verarbeitung personenbezogener Daten daher nur unter vollständiger Wahrung der Grundrechte zu Zwecken der Bekämpfung der Geldwäsche und Terrorismusfinanzierung (was dabei von allen Mitgliedstaaten als wichtiges öffentliches Interesse anerkannt wird[19]) und der in diesem Rahmen erforderlichen Tätigkeiten sein:[20] So etwa zur Erfüllung der Sorgfaltspflichten gegenüber Kunden, laufender Überwachung, Untersuchung und Meldung außergewöhnlicher und verdächtiger Transaktionen, Identifizierung des wirtschaftlich Berechtigten einer juristischen Person oder Rechtsvereinigung, Identifizierung einer politisch exponierten Person sowie zum Informationsaustausch durch zuständige Behörden und zum Informationsaustausch durch Kreditinstitute und Finanzinstitute und andere Verpflichtete.[21] Dies untersagt insbesondere die Weiterverarbeitung personenbezogener Daten zu gewerblichen Zwecken,[22] was auch in der Regierungsbegründung wortwörtlich so noch einmal klargestellt wird.[23]

III. Rechtsfolgen bei Verletzung der Norm

Mangels eigenständiger Aufzählung des § 58 GwG im Bußgeldkatalog des § 56 GwG (siehe § 56 Rn. 25), richtet sich eine potenzielle Verletzung der Norm nicht nach Geldwäschegesetz, sondern nach dem allgemeinen **Bußgeld- und Strafkatalog der §§ 43 und 44 BDSG**.   10

Wer demnach gemäß § 43 Abs. 2 BDSG vorsätzlich oder fahrlässig unbefugt[24] personenbezogene Daten, die nicht allgemein zugänglich sind,   11

(i) erhebt oder verarbeitet (Nr. 1),

(ii) zum Abruf mittels automatisierten Verfahrens bereithält (Nr. 2),

(iii) abruft oder sich oder einem anderen aus automatisierten Verarbeitungen oder nicht automatisierten Dateien verschafft (Nr. 3), oder

(iv) deren Übermittlung durch unrichtige Angaben erschleicht (Nr. 4),

begeht eine Ordnungswidrigkeit, die mit bis zu 300.000 EUR geahndet werden kann (§ 43 Abs. 3 Satz 1 Alt. 2 BDSG). Übersteigt die Geldbuße nicht den wirtschaftlichen Vorteil, den der Täter aus der Ordnungswidrigkeit gezogen hat, so kann sie überschritten werden (§ 43 Abs. 3 Satz 2 und 3 BDSG).

---

19 Vierte Geldwäscherichtlinie, Erwägungsgrund 42.
20 Vierte Geldwäscherichtlinie, Erwägungsgrund 43.
21 Vierte Geldwäscherichtlinie, Erwägungsgrund 43.
22 Vierte Geldwäscherichtlinie, Erwägungsgrund 43.
23 Vgl. BT-Drs. 18/11555 v. 17.3.2017, Begr. zu § 58 GwG, S. 166.
24 Unbefugt sind dabei alle Handlungen, die weder nach dem BDSG noch nach anderen Rechtsvorschriften (z. B. GwG) erlaubt sind, vgl. BGH v. 4.6.2013 – 1 StR 32/13, NJW 13, 2530 (2534 ff.).

GwG § 58 Datenschutz

12 Wird eine der in § 43 Abs. 2 BDSG bezeichneten vorsätzlichen Handlungen gegen Entgelt oder in der Absicht, sich oder einen anderen zu bereichern oder einen anderen zu schädigen, begangen, so ist dies strafbewehrt und wird mit Freiheitsstrafe bis zu zwei Jahren oder mit Geldstrafe bestraft (§ 44 Abs. 1 BDSG). Es handelt sich um ein Antragsdelikt (§ 44 Abs. 2 BDSG).

13 Die neue Europäische Datenschutzgrundverordnung legt demgegenüber in Art. 83 EU-DSGVO nur die Verhängung von Geldbußen für Verstöße gegen die EU-DSGVO als aufsichtsbehördliches Sanktionsinstrument fest[25] und regelt insofern kein Bußgeld- und Strafverfahren.[26] Mit der Öffnungsklausel nach Art. 84 EU-DSGVO ist es den Mitgliedstaaten daher überlassen, (weitere) Sanktionsvorschriften zu schaffen. Die Bundesregierung hat davon Gebrauch gemacht und einen Gesetzesentwurf vorbereitet,[27] der auch entsprechende Regelungen zum Bußgeld- und Strafverfahren in seinen §§ 41–43 BDSG-neu enthält.

---

25 Vgl. zur rechtlichen Einordnung des Art. 83 EU-DSGVO, *Popp*, in: Sydow, Europäische Datenschutzgrundverordnung, Art. 84 Rn. 3.
26 So auch BR-Drs. 110/17 v. 2.2.2017, Begr. zu § 41, S. 110.
27 Vgl. BR-Drs. 110/17 v. 2.2.2017.

§ 59 Übergangsregelung

(1) Die Mitteilungen nach § 20 Absatz 1 und § 21 haben erstmals bis zum 1. Oktober 2017 an das Transparenzregister zu erfolgen.

(2) Die Eröffnung des Zugangs zu Eintragungen im Vereinsregister, welche § 22 Absatz 1 Satz 1 Nummer 8 vorsieht, erfolgt ab dem 26. Juni 2018. Bis zum 25. Juni 2018 werden die technischen Voraussetzungen geschaffen, um diejenigen Indexdaten nach § 22 Absatz 2 zu übermitteln, welche für die Eröffnung des Zugangs zu den Originaldaten nach § 22 Absatz 1 Satz 1 Nummer 8 erforderlich sind. Für den Übergangszeitraum vom 26. Juni 2017 bis zum 25. Juni 2018 enthält das Transparenzregister stattdessen einen Link auf das gemeinsame Registerportal der Länder.

(3) § 23 Absatz 1 bis 3 findet ab dem 27. Dezember 2017 Anwendung.

(4) Gewährte Befreiungen der Aufsichtsbehörden nach § 50 Nummer 8 gegenüber Verpflichteten nach § 2 Absatz 1 Nummer 15, soweit sie Glücksspiele im Internet veranstalten oder vermitteln, bleiben in Abweichung zu § 16 bis zum 30. Juni 2018 wirksam.

(5) Ist am 25. Juni 2015 ein Gerichtsverfahren betreffend die Verhinderung, Aufdeckung, Ermittlung oder Verfolgung von mutmaßlicher Geldwäsche oder Terrorismusfinanzierung anhängig gewesen und besitzt ein Verpflichteter Informationen oder Unterlagen im Zusammenhang mit diesem anhängigen Verfahren, so darf der Verpflichtete diese Informationen oder Unterlagen bis zum 25. Juni 2020 aufbewahren.

Übersicht

	Rn.		Rn.
I. Einführung	1	V. Gewährte Befreiungen bei Glücksspielen im Internet (§ 59 Abs. 4 GwG)	6
II. Mitteilungen an das Transparenzregister (§ 59 Abs. 1 GwG)	2	VI. Aufbewahrung von Unterlagen bei Gerichtsverfahren (§ 59 Abs. 5 GwG)	7
III. Eröffnung des Zugangs zu Eintragungen im Vereinsregister (§ 59 Abs. 2 GwG)	3		
IV. Einsichtnahme (§ 59 Abs. 3 GwG)	5		

I. Einführung

Die Norm bestimmt Übergangsregelungen für unterschiedliche Regelungsbereiche des GwG. Dies umfasst insbesondere Erleichterungen im Zusammenhang 1

GwG § 59 Übergangsregelung

mit dem Transparenzregister, der Veranstaltung von Glücksspielen im Internet sowie der Aufbewahrung von Informationen und Unterlagen.

II. Mitteilungen an das Transparenzregister (§ 59 Abs. 1 GwG)

2 Damit

(i) juristische Personen des Privatrechts und eingetragene Personengesellschaften nach § 20 Abs. 1 GwG (siehe § 20 Rn. 32 ff.),

(ii) Verwalter von Trusts (Trustees) mit Wohnsitz oder Sitz in Deutschland nach § 21 Abs. 1 GwG (siehe § 21 Rn. 8 ff.), und

(iii) Treuhänder mit Wohnsitz oder Sitz in Deutschland von nichtrechtsfähigen Stiftungen, wenn der Stiftungszweck aus Sicht des Stifters eigennützig ist nach § 21 Abs. 2 Nr. 1 GwG sowie Treuhänder mit Wohnsitz oder Sitz in Deutschland von Rechtsgestaltungen, die solchen Stiftungen in ihrer Struktur und Funktion entsprechen nach § 21 Abs. 2 Nr. 2 GwG (siehe § 21 Rn. 13 ff.)

über eine angemessene Frist zur Erfüllung ihrer Transparenzpflichten verfügen und eine geordnete Entgegennahme der Mitteilungen durch die registerführenden Stellen gewährleistet werden kann,[1] verschiebt § 59 Abs. 1 GwG den Zeitpunkt der **erstmaligen Mitteilung** der Angaben zu den wirtschaftlich Berechtigten (vgl. § 19 Rn. 16 ff.) an das Transparenzregister auf den **1.10.2017**.

III. Eröffnung des Zugangs zu Eintragungen im Vereinsregister (§ 59 Abs. 2 GwG)

3 Nach § 22 Abs. 1 Satz 1 Nr. 8 GwG sollen über die Internetseite des Transparenzregisters (www.transparenzregister.de) Eintragungen im Vereinsregister zur Einsichtnahme zugänglich sein. Der Zeitpunkt für die **Eröffnung** dieses **Zugangs** wird nach § 59 Abs. 2 GwG auf den **26.6.2018** verlegt. Bis zum 25.6.2018 sollen die technischen Voraussetzungen für diesen Zugang geschaffen werden. Hintergrund dafür ist, dass es ausreichend Zeit bedarf, um eine Schnittstelle zu den Vereinsregistern der Länder technisch einzurichten, d. h. die entsprechende Weiterleitung auf das öffentliche Register zu programmieren. Erst wenn eine solche Schnittstelle existiert, wird es möglich sein, über das Transparenzregister

---

1 Vgl. BT-Drs. 18/11555 v. 17.3.2017, Begr. zu § 59 Abs. 1 GwG, S. 166.

direkt Ausdrucke aus den Vereinsregistern der Länder zugänglich zu machen.² Das Transparenzregister fungiert mithin als Weiterleitungs- und Informationssammelplattform, sodass keine Gewähr für die Richtigkeit und Vollständigkeit der Daten gegeben werden kann (vgl. § 22 Rn. 5).

In dem Übergangszeitraum vom 26.6.2017 bis zum 25.6.2018 wird statt des Zugangs zu den Eintragungen im Vereinsregister ein Link auf die Startseite des Gemeinsamen Registerportals der Länder unter www.handelsregister.de gesetzt, wo sich mithilfe der dort angebotenen Suche dann Angaben zu den eingetragenen Vereinen finden lassen.³ 4

IV. Einsichtnahme (§ 59 Abs. 3 GwG)

§ 59 Abs. 3 GwG bestimmt, dass ab dem 27.12.2017 Einsichtnahme in das Transparenzregister (nach vorheriger Online-Registrierung des Nutzers) gemäß § 23 Abs. 1 bis 3 GwG gestattet werden kann (siehe § 23 Rn. 7 ff. zu der Frage der Zugangsbeschränkungen bei der Einsichtnahme). Damit soll ausreichend Zeit für die registerführende Stelle verbleiben, um die nach § 20 Abs. 1 und § 21 GwG erhaltenen Mitteilungen einzutragen und das Transparenzregister zu operationalisieren.⁴ 5

V. Gewährte Befreiungen bei Glücksspielen im Internet (§ 59 Abs. 4 GwG)

Nach § 16 Abs. 8 GwG a. F. bereits gewährte **Befreiungen** der Aufsichtsbehörden, die für die Erteilung der glücksspielrechtlichen Erlaubnis nach § 50 Nr. 8 GwG zuständig sind, bleiben entgegen § 16 GwG **bis zum 30.6.2018** für Verpflichtete nach § 2 Abs. 1 Nr. 15 GwG (siehe § 2 Rn. 206) **wirksam**, soweit diese Glücksspiele im Internet veranstalten oder vermitteln.⁵ Damit bekommen Veranstalter oder Vermittler von Glücksspielen im Internet zeitlichen Aufschub, eine entsprechende Lizenz bei der zuständigen Aufsichtsbehörde im Übergangszeitraum zu beantragen. 6

---

2 Vgl. BT-Drs. 18/11555 v. 17.3.2017, Begr. zu § 59 Abs. 2 GwG, S. 166.
3 Vgl. BT-Drs. 18/11555 v. 17.3.2017, Begr. zu § 59 Abs. 2 GwG, S. 166.
4 Vgl. BT-Drs. 18/11555 v. 17.3.2017, Begr. zu § 59 Abs. 3 GwG, S. 166.
5 Vgl. BT-Drs. 18/11555 v. 17.3.2017, Begr. zu § 59 Abs. 4 GwG, S. 166.

GwG § 59 Übergangsregelung

VI. Aufbewahrung von Unterlagen bei Gerichtsverfahren (§ 59 Abs. 5 GwG)

7 Entgegen der Pflicht, die erlangten personenbezogenen Daten nach den Aufbewahrungsfristen löschen zu müssen (siehe u. a. § 41 Rn. 7), dürfen Verpflichtete nach § 59 Abs. 5 GwG Informationen und Unterlagen **bis zum 25.6.2020 aufbewahren**, wenn diese im Zusammenhang mit Gerichtsverfahren betreffend die Verhinderung, Aufdeckung, Ermittlung oder Verfolgung von mutmaßlicher Geldwäsche oder Terrorismusfinanzierung stehen und das Gerichtsverfahren bereits am 25.6.2015 anhängig war.[6] Damit wird von der Option des Art. 40 Abs. 2 der Vierten Geldwäscherichtlinie Gebrauch gemacht, der die Aufbewahrung von Informationen und Unterlagen für weitere fünf Jahre vorsieht.

---

6 Vgl. BT-Drs. 18/11555 v. 17.3.2017, Begr. zu § 59 Abs. 5 GwG, S. 166.

Anlage 1 (zu den §§ 5, 10, 14, 15)
Faktoren für ein potenziell geringeres Risiko

(Fundstelle: BGBl. I 2017, 1858)

Die Liste ist eine nicht abschließende Aufzählung von Faktoren und möglichen Anzeichen für ein potenziell geringeres Risiko nach § 14:

1. Faktoren bezüglich des Kundenrisikos:
   a) öffentliche, an einer Börse notierte Unternehmen, die (aufgrund von Börsenordnungen oder von Gesetzes wegen oder aufgrund durchsetzbarer Instrumente) solchen Offenlegungspflichten unterliegen, die Anforderungen an die Gewährleistung einer angemessenen Transparenz hinsichtlich des wirtschaftlichen Eigentümers auferlegen,
   b) öffentliche Verwaltungen oder Unternehmen,
   c) Kunden mit Wohnsitz in geografischen Gebieten mit geringerem Risiko nach Nummer 3.
2. Faktoren bezüglich des Produkt-, Dienstleistungs-, Transaktions- oder Vertriebskanalrisikos:
   a) Lebensversicherungspolicen mit niedriger Prämie,
   b) Versicherungspolicen für Rentenversicherungsverträge, sofern die Verträge weder eine Rückkaufklausel enthalten noch als Sicherheit für Darlehen dienen können,
   c) Rentensysteme und Pensionspläne oder vergleichbare Systeme, die den Arbeitnehmern Altersversorgungsleistungen bieten, wobei die Beiträge vom Gehalt abgezogen werden und die Regeln des Systems den Begünstigten nicht gestatten, ihre Rechte zu übertragen,
   d) Finanzprodukte oder -dienste, die bestimmten Kunden angemessen definierte und begrenzte Dienstleistungen mit dem Ziel der Einbindung in das Finanzsystem („financial inclusion") anbieten,
   e) Produkte, bei denen die Risiken der Geldwäsche und der Terrorismusfinanzierung durch andere Faktoren wie etwa Beschränkungen der elektronischen Geldbörse oder die Transparenz der Eigentumsverhältnisse gesteuert werden (z. B. bestimmte Arten von E-Geld).
3. Faktoren bezüglich des geografischen Risikos:
   a) Mitgliedstaaten,
   b) Drittstaaten mit gut funktionierenden Systemen zur Verhinderung, Aufdeckung und Bekämpfung von Geldwäsche und von Terrorismusfinanzierung,

Anlage 1 (zu den §§ 5, 10, 14, 15)

    c) Drittstaaten, in denen Korruption und andere kriminelle Tätigkeiten laut glaubwürdigen Quellen schwach ausgeprägt sind,

    d) Drittstaaten, deren Anforderungen an die Verhinderung, Aufdeckung und Bekämpfung von Geldwäsche und von Terrorismusfinanzierung laut glaubwürdigen Quellen (z. B. gegenseitige Evaluierungen, detaillierte Bewertungsberichte oder veröffentlichte Follow-up-Berichte) den überarbeiteten FATF (Financial Action Task Force)-Empfehlungen entsprechen und die diese Anforderungen wirksam umsetzen.

Anlage 2 (zu den §§ 5, 10, 14, 15)
Faktoren für ein potenziell höheres Risiko

(Fundstelle: BGBl. I 2017, 1859)

Die Liste ist eine nicht erschöpfende Aufzählung von Faktoren und möglichen Anzeichen für ein potenziell höheres Risiko nach § 15:

1. Faktoren bezüglich des Kundenrisikos:
   a) außergewöhnliche Umstände der Geschäftsbeziehung,
   b) Kunden, die in geografischen Gebieten mit hohem Risiko gemäß Nummer 3 ansässig sind,
   c) juristische Personen oder Rechtsvereinbarungen, die als Instrumente für die private Vermögensverwaltung dienen,
   d) Unternehmen mit nominellen Anteilseignern oder als Inhaberpapiere emittierten Aktien,
   e) bargeldintensive Unternehmen,
   f) angesichts der Art der Geschäftstätigkeit als ungewöhnlich oder übermäßig kompliziert erscheinende Eigentumsstruktur des Unternehmens;
2. Faktoren bezüglich des Produkt-, Dienstleistungs-, Transaktions- oder Vertriebskanalrisikos:
   a) Betreuung vermögender Privatkunden,
   b) Produkte oder Transaktionen, die Anonymität begünstigen könnten,
   c) Geschäftsbeziehungen oder Transaktionen ohne persönliche Kontakte und ohne bestimmte Sicherungsmaßnahmen wie z. B. elektronische Unterschriften,
   d) Eingang von Zahlungen unbekannter oder nicht verbundener Dritter,
   e) neue Produkte und neue Geschäftsmodelle einschließlich neuer Vertriebsmechanismen sowie Nutzung neuer oder in der Entwicklung begriffener Technologien für neue oder bereits bestehende Produkte;
3. Faktoren bezüglich des geografischen Risikos:
   a) unbeschadet des Artikels 9 der Richtlinie (EU) 2015/849 ermittelte Länder, deren Finanzsysteme laut glaubwürdigen Quellen (z. B. gegenseitige Evaluierungen, detaillierte Bewertungsberichte oder veröffentlichte Follow-up-Berichte) nicht über hinreichende Systeme zur Verhinderung, Aufdeckung und Bekämpfung von Geldwäsche und Terrorismusfinanzierung verfügen,

Anlage 2 (zu den §§ 5, 10, 14, 15)

    b) Drittstaaten, in denen Korruption oder andere kriminelle Tätigkeiten laut glaubwürdigen Quellen signifikant stark ausgeprägt sind,

    c) Staaten, gegen die beispielsweise die Europäische Union oder die Vereinten Nationen Sanktionen, Embargos oder ähnliche Maßnahmen verhängt hat oder haben,

    d) Staaten, die terroristische Aktivitäten finanziell oder anderweitig unterstützen oder in denen bekannte terroristische Organisationen aktiv sind.

EU-Geldtransferverordnung (GTVO)

Einleitung

Die EU-Geldtransferverordnung (GTVO) (EU) 2015/847 vom 20.5.2015 stellt die **zweite GTVO** dar. Diese gilt seit dem 26.6.2017. Damit fallen der Tag der Geltung der neuen GTVO und das Inkrafttreten des Gesetzes zur Umsetzung der Vierten EU-Geldwäscherichtlinie, zur Ausführung der EU-Geldtransferverordnung und zur Neuorganisation der Zentralstelle für Finanztransaktionsuntersuchungen vom 23.6.2017[1] zusammen. Die GTVO ist als europäisches Gesetz direkt wirksam, ohne dass es eines weiteren Umsetzungsaktes bedurfte. Die GTVO (EU) 2015/847 dient zur Umsetzung der **FATF-Empfehlung Nr. 16** „Wire Transfers".[2] Mithilfe der Schaffung von Transparenz über die Informationen zu Geldtransfers soll die lückenlose Nachverfolgbarkeit von Transaktionen auf Unionsebene möglich sein.[3] Durch die so geschaffene Papierspur sollen Geldwäsche und Terrorismusfinanzierung weiter bekämpft werden.

Die **erste GTVO (EU) 1781/2006** war am 15.11.2006 verabschiedet worden und trat zwei Jahre später in Kraft.[4] Die neue GTVO EU/2015/847 hebt die erste GTVO (EU) 1781/2006 auf und novelliert die Vorgaben zum Umgang mit Geldtransfers.

Mit der GTVO (EU) 1781/2006 wurde festgelegt, welche **Informationen zum Auftraggeber** eines Geldtransfers in den Zahlungsdaten enthalten sein müssen. Zudem wurden Zahlungsverkehrsdienstleister, also insbesondere Kreditinstitute, verpflichtet, Geldtransfers dahingehend zu prüfen, ob die vorgeschriebenen Angaben zum Auftraggeber ordnungsgemäß enthalten waren. Hierzu mussten die Verpflichteten Überwachungsmaßnahmen in Echtzeit bzw. nachträglich zu einer Transaktion einführen, um die Vollständigkeit der eingehenden und ausgehenden Datensätze sicherzustellen. Zudem mussten risikobasierte Verfahren zum Umgang mit eingehenden unvollständigen Datensätzen eingeführt werden.

---

1 BGBl. I, S. 1822 ff. (nachfolgend auch bezeichnet als „GwG-Novelle 2017").
2 Verordnung (EU) 2015/847 des Europäischen Parlaments und des Rates vom 20.5.2015 über die Übermittlung von Angaben bei Geldtransfers und zur Aufhebung der Verordnung (EU) Nr. 1781/2006 (nachfolgend bezeichnet als „GTVO (EU) 2015/847"), Erwägungsgrund 3, abrufbar unter: http://eur-lex.europa.eu/legal-content/DE/TXT/PDF/?uri=CELEX:32015R0847&from=DE (letzter Abruf am 10.2.2018).
3 GTVO (EU) 2015/847, Erwägungsgrund 1.
4 Verordnung (EU) 1781/2006 des Europäischen Parlaments und des Rates vom 15.11.2006 über die Übermittlung von Angaben zum Auftraggeber bei Geldtransfers (nachfolgend bezeichnet als „GTVO (EU) 1781/2006"), abrufbar unter: http://eur-lex.europa.eu/legal-content/DE/TXT/PDF/?uri=CELEX:32006R1781&from=DE (letzter Abruf am 10.2.2018).

GTVO Einleitung

Im Zuge der so geschaffenen Eskalationsmechanismen werden die Absender unvollständiger Datensätze entsprechend der risikobasierten Maßnahmen an die BaFin gemeldet.

4 Die seit dem 26.6.2017 geltende GTVO (EU) 2015/847 hat zusätzliche Prüfvorgaben neu eingeführt: Einerseits wurde der Kreis der Verpflichteten um **zwischengeschaltete Zahlungsdienstleister** erweitert. Überdies wurde der Umfang der zu prüfenden Daten vergrößert, sodass nunmehr neben den Informationen zum Auftraggeber auch die **Angaben zum Begünstigten** von Geldtransfers geprüft werden müssen. Entsprechend der Vorgaben im neuen Geldwäschegesetz wurden auch in der neuen GTVO die Sanktionen bei Verstößen verschärft.

5 Wesentliche Herausforderung für die Zahlungsdienstleister ist die Einführung eines risiko-basierten Prozesses, der sowohl in der Lage ist, unvollständige Datensätze zu erkennen, als auch standardisierte Maßnahmen vorsieht, wie bei unvollständigen Datensätzen zu verfahren ist. In Bezug auf das Erkennen von unvollständigen Datensätzen hat der Zahlungsdienstleister zwischen „**Echtzeit-Monitoring**" und „**nachgelagertem Monitoring**" zu wählen bzw. diese Monitoring-Arten zu kombinieren. Hinsichtlich der standardisierten Maßnahmen ist schriftlich zu fixieren, wann Zahlungsdienstleister, die unvollständige Daten weiterleiten, kontaktiert bzw. ermahnt oder – sofern dies erforderlich ist – Geschäftsverbindungen beendet werden.

6 Aufgrund der engen Verknüpfung zwischen regulatorischen Vorgaben in Sachen Geldwäscheprävention und der GTVO dürfte auch eine Berücksichtigung von Sachverhalten, die aus der Anwendung und Einhaltung der GTVO herrühren, im Rahmen der **Risikoanalyse** nach § 5 GwG zu berücksichtigen sein. Auch die im Bereich Geldwäscheprävention zu implementierenden Sicherungsmaßnahmen sollten die GTVO umfassen. Eine isolierte Betrachtung der beiden Regelwerke (GwG und GTVO) erscheint weder zielführend noch zeitgemäß.

Kapitel I
Gegenstand, Geltungsbereich und Begriffsbestimmungen

Art. 1 Gegenstand

In dieser Verordnung werden Vorschriften zu den Angaben zu Auftraggebern und Begünstigten festgelegt, die für die Zwecke der Verhinderung, Aufdeckung und Ermittlung von Geldwäsche und Terrorismusfinanzierung bei Geldtransfers gleich welcher Währung zu übermitteln sind, wenn mindestens einer der am Geldtransfer beteiligten Zahlungsdienstleister seinen Sitz in der Union hat.

I. Allgemeines

Die vorliegende Verordnung löst die vormalige Verordnung (EG) Nr. 1781/2006 über die Übermittlung von Angaben zum Auftraggeber bei Geldtransfers ab. Vergleichend dazu enthält die vorliegende Verordnung weitergehende Regelungen für zwischengeschaltete Zahlungsdienstleister (Art. 10–13 GTVO). Die Zielrichtung hat sich jedoch nicht verändert. Es sollen illegale Geldströme verhindert werden sowie die Terrorismusfinanzierung zumindest erschwert werden, ohne dabei zu riskieren, dass eben diese Geldströme nicht in unregulierte Transfers künftig ausgeführt werden. Daher war die Intension des Verordnungsgebers, ähnlich wie bei der 4. EU-Geldwäscherichtlinie die Stärkung des risikobasierten Ansatzes. Dazu soll mit den in der Verordnung, vorgesehenen Maßnahmen eine lückenlose Rückverfolgbarkeit von Geldtransfers zur Bekämpfung des Risikos anonymer Geldtransfers sichergestellt werden. 1

II. Regelungsgegenstand

Die Verordnung regelt detailliert, welche Angaben zu den an einem Geldtransfer Beteiligten einem Geldtransfer durch einen Zahlungsdienstleister mit Sitz innerhalb der Europäischen Union, der innerhalb der Europäischen Union, durch die Europäische Union oder Ziel oder Anfang in der Europäischen Union hat, beizufügen sind. Dabei ist es unerheblich, welche Währung der Geldtransfer hat. 2

GTVO Art. 2 Geltungsbereich

III. Wirkung der Verordnung

3   Als europäische Verordnung ist die vorliegende Verordnung **direkt und unmittelbar** in allen Mitgliedstaaten anwendbar. Es ist seitens der Mitgliedstaaten kein Umsetzungsrechtsakt in nationales Recht erforderlich. Allerdings lässt die vorliegende Verordnung an zahlreichen Stellen den Mitgliedstaaten Spielraum zur Ausgestaltung der Verordnung. Ein Indiz hierfür ist beispielsweise die Formulierung „die Mitgliedstaaten gewährleisten/richten wirksame Verfahren ein/schreiben vor". Entsprechend finden sich im nationalen Recht zahlreiche Regelungen, die im Kontext zur Verordnung stehen und mit dieser gelesen werden müssen. In Deutschland finden sich Regelungen zur Verordnung beispielsweise im GwG, ZAG und KWG.

Art. 2 Geltungsbereich

(1) Diese Verordnung gilt für Geldtransfers gleich welcher Währung von oder an Zahlungsdienstleister(n) oder zwischengeschaltete(n) Zahlungsdienstleister(n) mit Sitz in der Union.

(2) Vom Geltungsbereich dieser Verordnung ausgenommen sind die in Artikel 3 Buchstaben a bis m und o der Richtlinie 2007/64/EG aufgeführten Dienste.

(3) Diese Verordnung gilt nicht für Geldtransfers, die mit einer Zahlungskarte, einem E-Geld-Instrument oder einem Mobiltelefon oder anderen im Voraus oder im Nachhinein bezahlten digitalen oder IT-Geräten mit ähnlichen Merkmalen durchgeführt werden, sofern die folgenden Bedingungen erfüllt sind:

a) Die Karte, das Instrument oder das Gerät wird ausschließlich zur Bezahlung von Waren oder Dienstleistungen verwendet; und

b) bei allen im Zuge der Transaktion durchgeführten Transfers wird die Nummer der Karte, des Instruments oder des Geräts übermittelt.

Diese Verordnung findet jedoch Anwendung, wenn eine Zahlungskarte, ein E-Geld-Instrument oder ein Mobiltelefon oder andere im Voraus oder im Nachhinein bezahlte digitale oder IT-Geräte mit ähnlichen Merkmalen verwendet werden, um einen Geldtransfer von Person zu Person durchzuführen.

(4) Diese Verordnung gilt nicht für Personen, die lediglich Papierdokumente in elektronische Daten umwandeln und im Rahmen eines Vertrags mit einem Zahlungsdienstleister tätig sind, oder Personen, die Zahlungsdienst-

I. Geltungsbereich **Art. 2 GTVO**

leistern lediglich ein System zur Übermittlung von Nachrichten oder sonstige Systeme zur Unterstützung der Übermittlung von Finanzmitteln oder ein Clearing- und Abwicklungssystem zur Verfügung stellen.

Diese Verordnung gilt nicht für Geldtransfers,

a) bei denen der Auftraggeber Bargeld von seinem eigenen Zahlungskonto abhebt;
b) die zur Begleichung von Steuern, Bußgeldern oder anderen Abgaben innerhalb eines Mitgliedstaats an Behörden erfolgen;
c) bei denen sowohl der Auftraggeber als auch der Begünstigte in eigenem Namen handelnde Zahlungsdienstleister sind;
d) die mittels eines Austauschs von eingelesenen Schecks, einschließlich beleglosem Scheckeinzug, durchgeführt werden.

(5) Ein Mitgliedstaat kann entscheiden, diese Verordnung nicht auf Inlandsgeldtransfers auf ein Zahlungskonto eines Begünstigten anzuwenden, auf das ausschließlich Zahlungen für die Lieferung von Gütern oder Dienstleistungen vorgenommen werden können, wenn alle folgenden Bedingungen erfüllt sind:

a) Der Zahlungsdienstleister des Begünstigten unterliegt der Richtlinie (EU) 2015/849,
b) der Zahlungsdienstleister des Begünstigten ist in der Lage, anhand einer individuellen Transaktionskennziffer über den Begünstigten den Geldtransfer bis zu der Person zurückzuverfolgen, die mit dem Begünstigten eine Vereinbarung über die Lieferung von Gütern oder Dienstleistungen getroffen hat,
c) der überwiesene Betrag beträgt höchstens 1 000 EUR.

Übersicht

	Rn.		Rn.
I. Geltungsbereich	1	3. Ausgenommene Personen (Art. 2 Abs. 4 GTVO)	5
II. Ausgenommene Transfers, Dienste und Personen	2	III. Art. 2 Abs. 5 GTVO, § 14 Abs. 5 GwG	7
1. Ausgenommene Dienste (Art. 2 Abs. 2 GTVO)	3		
2. Ausgenommene Transfers (Art. 2 Abs. 3 GTVO)	4		

I. Geltungsbereich

Der Geltungsbereich der Geldtransferverordnung umfasst alle Transaktionen von oder an Zahlungsdienstleister mit Sitz in der Europäischen Union. Dies gilt 1

GTVO Art. 2 Geltungsbereich

währungsunabhängig und ist auch dann der Fall, wenn lediglich ein zwischengeschalteter Zahlungsdienstleister seinen Sitz in der Europäischen Union hat. Es muss folglich einer der an einem Transfer beteiligten Zahlungsdienstleister in der Union sitzen.[1] Es ist zu beachten, dass der örtliche Anwendungsbereich nicht mit dem SEPA-Raum identisch ist. Überdies ist es unerheblich, ob Auftraggeber und Begünstigter oder der Zahlungsdienstleister des Auftraggebers und der Zahlungsdienstleister des Begünstigten jeweils identisch sind, Art. 3 Nr. 9 GTVO, um als Geldtransfer im Sinne der Verordnung zu qualifizieren. Im Übrigen wird zur Definition von „Geldtransfer" auf die Kommentierung zu Art. 3 Nr. 9 GTVO verwiesen. Im EWR wird die Verordnung ebenfalls angewandt.[2]

II. Ausgenommene Transfers, Dienste und Personen

2 Es sind zahlreiche Transfers vom Geltungsbereich ausgenommen, Art. 2 Abs. 2, 3 Satz 2, 4 GTVO.

1. Ausgenommene Dienste (Art. 2 Abs. 2 GTVO)

3 Dienste, die ausgenommen sind, ergeben sich aus der Zahlungsverkehrsrichtlinie (PSD I), weshalb auf die einschlägige Kommentierung hierzu verwiesen wird. Grundsätzlich ausgenommen sind folgende Dienste:

a) Zahlungsvorgänge, die ohne zwischengeschaltete Stellen ausschließlich als direkte Bargeldzahlung vom Zahler an den Zahlungsempfänger erfolgen;

b) Zahlungsvorgänge zwischen Zahler und Zahlungsempfänger über einen Handelsagenten, der befugt ist, den Verkauf oder Kauf von Waren oder Dienstleistungen im Namen des Zahlers oder des Zahlungsempfängers auszuhandeln oder abzuschließen;

c) der gewerbsmäßige Transport von Banknoten und Münzen einschließlich Entgegennahme, Bearbeitung und Übergabe;

d) die nicht gewerbsmäßige Entgegennahme und Übergabe von Bargeld im Rahmen einer gemeinnützigen Tätigkeit oder einer Tätigkeit ohne Erwerbszweck;

e) Dienste, bei denen der Zahlungsempfänger dem Zahler Bargeld im Rahmen eines Zahlungsvorgangs aushändigt, nachdem ihn der Zahlungsdienstnutzer

---

[1] Gemeint sind hier die Mitglieder der Europäischen Union. Inwieweit dies auch für Großbritannien bei einer möglichen Übergangsphase nach Austritt aus der Europäischen Union gilt, bleibt abzuwarten.

[2] Zum EWR gehören den EU-Mitgliedstaaten auch die Staaten Liechtenstein, Island und Norwegen.

II. Ausgenommene Transfers, Dienste und Personen **Art. 2 GTVO**

kurz vor der Ausführung eines Zahlungsvorgangs zum Erwerb von Waren oder Dienstleistungen ausdrücklich hierum gebeten hat;
f) Geldwechselgeschäfte, d. h. Bargeschäfte, sofern die betreffenden Beträge nicht auf einem Zahlungskonto liegen;
g) Zahlungsvorgänge, denen eines der folgenden Dokumente zugrunde liegt, das auf den Zahlungsdienstleister gezogen ist und die Bereitstellung eines Geldbetrags an einen Zahlungsempfänger vorsieht:
   i) ein Papierscheck im Sinne des Genfer Abkommens vom 19. März 1931 über das einheitliche Scheckgesetz;
   ii) ein dem unter Ziffer i genannten Scheck vergleichbarer Papierscheck nach dem Recht der Mitgliedstaaten, die nicht Vertragspartei des Genfer Abkommens vom 19. März 1931 über das einheitliche Scheckgesetz sind;
   iii) ein Wechsel in Papierform im Sinne des Genfer Abkommens vom 7. Juni 1930 über das einheitliche Wechselgesetz;
   iv) Wechsel in Papierform, die den in Ziffer iii Genannten ähnlich sind und dem Recht von Mitgliedstaaten unterliegen, die nicht Mitglied des Genfer Abkommens vom 7. Juni 1930 über das einheitliche Wechselgesetz sind;
   v) ein Gutschein in Papierform;
   vi) ein Reisescheck in Papierform; oder
   vii) eine Postanweisung in Papierform im Sinne der Definition des Weltpostvereins;
h) Zahlungsvorgänge, die innerhalb eines Zahlungs- oder Wertpapierabwicklungssystems zwischen Zahlungsausgleichsagenten, zentralen Gegenparteien, Clearingstellen und/oder Zentralbanken und anderen Teilnehmern des Systems und Zahlungsdienstleistern abgewickelt werden; Artikel 28 bleibt hiervon unberührt;
i) Zahlungsvorgänge im Zusammenhang mit der Bedienung von Wertpapieranlagen, wie z. B. Dividenden, Erträge oder sonstige Ausschüttungen oder deren Einlösung oder Veräußerung, die von den unter Buchstabe h genannten Personen oder von Wertpapierdienstleistungen erbringenden Wertpapierfirmen, Kreditinstituten, Organismen für gemeinsame Anlagen oder Vermögensverwaltungsgesellschaften und jeder anderen Einrichtung, die für die Verwahrung von Finanzinstrumenten zugelassen ist, durchgeführt werden;
j) Dienste, die von technischen Dienstleistern erbracht werden, die zwar zur Erbringung der Zahlungsdienste beitragen, jedoch zu keiner Zeit in den Besitz der zu transferierenden Geldbeträge gelangen, wie die Verarbeitung und Speicherung von Daten, vertrauensbildende Maßnahmen und Dienste zum Schutz der Privatsphäre, Nachrichten- und Instanzenauthentisierung, Bereit-

GTVO Art. 2 Geltungsbereich

stellung von Informationstechnologie-(IT-) und Kommunikationsnetzen sowie Bereitstellung und Wartung der für Zahlungsdienste genutzten Endgeräte und Einrichtungen;

k) Dienste, die auf Instrumenten beruhen, die für den Erwerb von Waren oder Dienstleistungen nur in den Geschäftsräumen des Ausstellers oder im Rahmen einer Geschäftsvereinbarung mit dem Aussteller entweder für den Erwerb innerhalb eines begrenzten Netzes von Dienstleistern oder für den Erwerb einer begrenzten Auswahl von Waren oder Dienstleistungen verwendet werden können;

l) Zahlungsvorgänge, die über ein Telekommunikations-, ein Digital- oder IT-Gerät ausgeführt werden, wenn die Waren oder Dienstleistungen an ein Telekommunikations-, ein Digital- oder ein IT-Gerät geliefert werden und mittels eines solchen genutzt werden sollen, vorausgesetzt, dass der Betreiber des Telekommunikations-, Digital- oder IT-Systems oder -Netzes nicht ausschließlich als zwischengeschaltete Stelle zwischen dem Zahlungsdienstnutzer und dem Lieferanten der Waren und Dienstleistungen fungiert;

m) Zahlungsvorgänge, die von Zahlungsdienstleistern untereinander auf eigene Rechnung oder von ihren Agenten oder Zweigniederlassungen untereinander auf eigene Rechnung ausgeführt werden;

n) Zahlungsvorgänge zwischen einem Mutterunternehmen und seinem Tochterunternehmen oder zwischen Tochterunternehmen desselben Mutterunternehmens ohne Mitwirkung eines Zahlungsdienstleisters, sofern es sich bei diesem um ein Unternehmen der gleichen Gruppe handelt, oder

o) Dienste von Dienstleistern, der bzw. die keinen Rahmenvertrag mit dem Geld von einem Zahlungskonto abhebenden Kunden geschlossen hat bzw. haben, bei denen für einen oder mehrere Kartenemittenten an multifunktionalen Bankautomaten Bargeld abgehoben wird, vorausgesetzt, dass diese Dienstleister keine anderen der im Anhang genannten Zahlungsdienste erbringen.

2. Ausgenommene Transfers (Art. 2 Abs. 3 GTVO)

4 Dieser Absatz nimmt Transfers vom Anwendungsbereich der Verordnung aus, die mit einer Zahlungskarte, einem E-Geld-Instrument oder einem Mobiltelefon durchgeführt werden. Das Tatbestandsmerkmal des „anderen im Voraus oder im Nachhinein bezahlten digitalen oder IT-Geräten mit ähnlichen Merkmalen", Art. 3 Nr. 9 lit. d) GTVO, zur Transferdurchführung genutzten Möglichkeit ist als technologieneutrale Erweiterung, um auch zukünftige neue Transfermethoden zu erfassen, anzusehen. Wird ein Transfer mit diesen Methoden durchgeführt, so hat der Transfer drei weitere Voraussetzungen des Ausnahmetatbestandes zu erfüllen. Es ist zu prüfen, ob die Karte, das Instrument oder das Gerät **aus-**

III. Art. 2 Abs. 5 GTVO, § 14 Abs. 5 GwG **Art. 2 GTVO**

schließlich zur Bezahlung von Waren und Dienstleistungen verwendet wird **und** bei allen im Zuge der Transaktion durchgeführten Transfers die Nummer der Karte, des Instruments oder des Geräts übermittelt wird. Entscheidend ist, dass ein Transfer mittels der genannten Module nicht von Person zu Person, Art. 3 Nr. 12 GTVO, durchgeführt werden, also zwischen natürlichen Personen, die als Verbraucher zu Zwecken, die weder mit einem Gewerbe, Geschäft noch mit einem Beruf zu tun haben, handeln.

3. Ausgenommene Personen (Art. 2 Abs. 4 GTVO)

Neben bestimmten Transfermethoden sind gemäß Art. 2 Abs. 4 Satz 1 GTVO auch bestimmte Personen vom Anwendungsbereich der Verordnung ausgenommen. Dazu gehören Personen, die bei Zahlungsdienstleistern für die Umwandlung von papierhaften Informationen in elektronische Daten zuständig sind, beispielsweise einen papierhaften Transferbeleg in das elektronische Transfersystem übertragen. Auch ausgenommen sind Personen, die den Zahlungstransfer unterstützende Systeme zur Verfügung stellen. Hierunter sind die Soft- und Hardwaredienstleister zu fassen, die ebendiese Systeme bereitstellen. Entscheidend ist die Nutzung dieser Systeme durch den Zahlungsdienstleister, nicht die Erstellung oder Programmierung dieser Unterstützungsprogramme. 5

Weitere Ausnahmen sind in Art. 2 Abs. 4 Satz 2 GTVO erfasst. Gemäß lit. b) muss eine Begleichung von Abgaben, Steuern oder Bußgeldern innerhalb eines EU-Mitgliedstaats an eine Behörde vorgenommen werden, um von der Verordnung ausgenommen zu sein. Bereits die Begleichung grenzüberschreitend an einen anderen EU-Mitgliedstaat fällt wieder in den Geltungsbereich der Verordnung. Es erscheint fraglich, ob es praktikabel ist, die von Satz 2 erfassten Ausnahmen im Zahlungssystem herauszufiltern und von den nach der Verordnung angeordneten Prüfungen auszunehmen. 6

III. Art. 2 Abs. 5 GTVO, § 14 Abs. 5 GwG

Deutschland hat von der Möglichkeit in § 14 Abs. 5 GwG, die Geldtransferverordnung nicht auf Inlandstransfers auf ein Zahlungskonto eines Begünstigten anzuwenden, auf das ausschließlich Zahlungen für die Lieferung von Gütern oder Dienstleistungen vorgenommen werden können, wenn die drei genannten Bedingungen kumulativ erfüllt sind, Gebrauch gemacht. 7

- Der Zahlungsdienstleister des Begünstigten unterliegt der Richtlinie (EU) 2015/849 und wendet damit dieselben Maßnahmen zur Prävention von Geldwäsche und Terrorismusfinanzierung wie der Zahlungsdienstleister des Auftraggebers. Anhand der systematischen Einordnung des deutschen Gesetz-

gebers in § 14 Abs. 5 GwG wird deutlich, dass auf diese Transfers sodann auch die vereinfachten Sorgfaltspflichten angewandt werden können.
- Der Zahlungsdienstleister des Begünstigten kann anhand einer individuellen Transaktionskennziffer des Begünstigten feststellen, mit welcher Person der Begünstigte eine Vereinbarung über die Lieferung von Gütern oder Dienstleistungen getroffen hat. Hierzu ist erforderlich, dass die individuelle Transaktionskennziffer, eine Kennzifferkombination, sowohl klar dem Begünstigten als auch eindeutig dem Zahlenden zuordenbar ist.
- Der überwiesene Betrag darf maximal 1.000 EUR betragen. Die Grenze von 1.000 EUR findet sich in der Verordnung mehrmals, da das Verhältnis von Geldwäscherisiko und dem erforderlichen Aufwand zu Präventionsmaßnahmen unterhalb dieser Grenze in den ausgewiesenen Fällen außer Verhältnis stünden.[3]

8 Das Zahlungskonto muss ausschließlich für Transfer mit den oben genannten Eigenschaften genutzt werden. Inwieweit diese Ausnahme praktische Relevanz hat, wird sich künftig zeigen.

Art. 3 Begriffsbestimmungen

Im Sinne dieser Verordnung bezeichnet der Ausdruck

1. **„Terrorismusfinanzierung" die Terrorismusfinanzierung im Sinne des Artikels 1 Absatz 5 der Richtlinie (EU) 2015/849;**
2. **„Geldwäsche" die in Artikel 1 Absätze 3 und 4 der Richtlinie (EU) 2015/849 genannten Geldwäscheaktivitäten;**
3. **„Auftraggeber" eine Person, die als Zahlungskontoinhaber den Geldtransfer von diesem Zahlungskonto gestattet, oder, wenn kein Zahlungskonto vorhanden ist, die den Auftrag zu einem Geldtransfer erteilt;**
4. **„Begünstigter" eine Person, die den Geldtransfer als Empfänger erhalten soll;**
5. **„Zahlungsdienstleister" die Kategorien von Zahlungsdienstleistern nach Artikel 1 Absatz 1 der Richtlinie 2007/64/EG, natürliche oder juristische Personen, für die eine Ausnahmeregelung gemäß Artikel 26 jener Richtlinie gilt, und juristische Personen, für die eine Ausnahmeregelung gemäß Artikel 9 der Richtlinie 2009/110/EG des Europäischen Parlaments und des Rates gilt, die Geldtransferdienstleistungen erbringen;**

---

3 Erwägungsgrund 6.

6. „zwischengeschalteter Zahlungsdienstleister" einen Zahlungsdienstleister, der nicht Zahlungsdienstleister des Auftraggebers oder des Begünstigten ist und der im Auftrag des Zahlungsdienstleisters des Auftraggebers oder des Begünstigten oder eines anderen zwischengeschalteten Zahlungsdienstleisters einen Geldtransfer entgegennimmt und übermittelt;
7. „Zahlungskonto" ein Zahlungskonto im Sinne des Artikels 4 Nummer 14 der Richtlinie 2007/64/EG;
8. „Geldbetrag" einen Geldbetrag im Sinne des Artikels 4 Nummer 15 der Richtlinie 2007/64/EG;
9. „Geldtransfer" jede Transaktion, die im Auftrag eines Auftraggebers zumindest teilweise auf elektronischem Wege über einen Zahlungsdienstleister mit dem Ziel durchgeführt wird, einem Begünstigten über einen Zahlungsdienstleister einen Geldbetrag zur Verfügung zu stellen, unabhängig davon, ob es sich bei Auftraggeber und Begünstigtem um dieselbe Person handelt, und unabhängig davon, ob es sich beim Zahlungsdienstleister des Auftraggebers und dem Zahlungsdienstleister des Begünstigen um ein und denselben handelt, einschließlich
    a) Überweisungen im Sinne des Artikels 2 Nummer 1 der Verordnung (EU) Nr. 260/2012;
    b) Lastschriften im Sinne des Artikels 2 Nummer 2 der Verordnung (EU) Nr. 260/2012;
    c) nationale oder grenzüberschreitende Finanztransfers im Sinne des Artikels 4 Nummer 13 der Richtlinie 2007/64/EG;
    d) Transfers, die mit einer Zahlungskarte, einem E-Geld-Instrument, einem Mobiltelefon oder einem anderen im Voraus oder im Nachhinein bezahlten digitalen oder IT-Gerät mit ähnlichen Merkmalen durchgeführt werden;
10. „Sammelüberweisung" eine Reihe von Einzelgeldtransfers, die für die Übermittlung gebündelt werden;
11. „individuelle Transaktionskennziffer" eine Buchstaben-, Zahlen- oder Zeichenkombination, die vom Zahlungsdienstleister gemäß den Protokollen der zur Ausführung des Geldtransfers verwendeten Zahlungs- und Abwicklungs- oder Nachrichtensysteme festgelegt wird und die Rückverfolgung der Transaktion bis zum Auftraggeber und zum Begünstigten ermöglicht;
12. „Geldtransfer von Person zu Person" einen Geldtransfer zwischen natürlichen Personen, die als Verbraucher handeln, und zwar zu Zwecken, die nichts mit einem Gewerbe, Geschäft oder Beruf zu tun haben.

GTVO Art. 3 Begriffsbestimmungen

Übersicht

	Rn.		Rn.
I. Definition der Begrifflichkeiten..	1	II. Auftraggeber und Begünstigter .	11

I. Definition der Begrifflichkeiten

1 Zahlreiche Begriffe sind entsprechend weiterer europäischer Rechtsakte definiert. Insoweit wird auf die entsprechenden Kommentierungen verwiesen. Soweit Begriffe der 4. EU-Geldwäscherichtlinie, der Richtlinie (EU) 2015/849, verwendet werden, sei auf die entsprechende Kommentierung verwiesen.

2 Ein **Auftraggeber** (Art. 3 Nr. 3 GTVO) ist eine Person, natürlich oder juristisch, die den Transfer von seinem Zahlungskonto gestattet oder, sofern der Transfer ohne ein Konto durchgeführt wird, den Transferauftrag erteilt.

3 Ein **Begünstigter** (Art. 3 Nr. 4 GTVO) ist eine Person, natürlich oder juristisch, die einen Geldtransfer erhalten soll. Hier stellt sich die grundsätzliche Frage, ob sich hier eine Abweichung zwischen Kontoinhaber, auf den der Transfer gebucht wird und dem tatsächlich Letztbegünstigten ergeben soll, oder ob es auf denjenigen ankommt, der als Begünstigter von der den Transfer auslösenden Person, dem Auftraggeber, genannt wird. Zieht man die englischsprachige Fassung (payee) heran, so kann mit dem Begünstigten nur derjenige gemeint sein, der von der zahlenden Person als erhaltende Person angegeben wird.

4 Es gibt drei Arten von **Zahlungsdienstleistern** (Art. 3 Nr. 5 GTVO) nach der Verordnung:

Zunächst solche nach der Zahlungsdiensterichtlinie (PSD I):

– *Kreditinstitute im Sinne von Art. 4 Nr. 1 lit. a) der Richtlinie 2006/48/EG;*
– *E-Geld-Institute im Sinne von Art. 1 Abs. 3 lit. a) der Richtlinie 2000/46/EG;*
– *Postscheckämter, die nach einzelstaatlichem Recht zur Erbringung von Zahlungsdiensten berechtigt sind;*
– *Zahlungsinstitute im Sinne dieser Richtlinie;*
– *die Europäische Zentralbank und die nationalen Zentralbanken, wenn sie nicht in ihrer Eigenschaft als Währungsbehörden oder andere Behörden handeln;*
– *die Mitgliedstaaten oder ihre regionalen oder lokalen Gebietskörperschaften, wenn sie nicht in ihrer Eigenschaft als Behörden handeln;*

sowie natürliche oder juristische Personen, die nach der PSD I gemäß der Ausnahmeregelung in Art. 26 Geldtransfers ausführen dürfen, soweit

– *der Gesamtbetrag der Zahlungsvorgänge, die von der betreffenden Person, einschließlich der Agenten, für die sie unbeschränkt haftet, ausgeführt werden, im Monatsdurchschnitt der vorangegangenen 12 Monate höchstens*

I. Definition der Begrifflichkeiten   **Art. 3 GTVO**

3 Mio. EUR beträgt. Diese Anforderung wird unter Zugrundelegung des im Geschäftsplan vorgesehenen Gesamtbetrags der Zahlungsvorgänge geschätzt, sofern nicht die zuständigen Behörden eine Anpassung dieses Plans verlangen; und
- *keine der für die Leitung oder den Betrieb des Unternehmens verantwortlichen natürlichen Personen wegen Verstößen gegen Geldwäschevorschriften oder wegen Terrorismusfinanzierung oder anderen Finanzstraftaten verurteilt wurde.*

Von dieser Ausnahme gemäß Art. 26 PSD I hat Deutschland bei der Richtlinienumsetzung in 2009 jedoch keinen Gebrauch gemacht.

Ein **zwischengeschalteter Zahlungsdienstleister** (Nr. 6) steht zwischen den Zahlungsdienstleistern des Auftraggebers und Begünstigten, nimmt den Geldtransfer entgegen und leitet ihn weiter. Klassischerweise sind Korrespondenzbanken solche zwischengeschaltete Zahlungsdienstleister. 5

Der Geldtransfer (Art. 3 Nr. 9 GTVO) ist der zentrale Begriff der Verordnung. Bartransaktionen sind durch die Einschränkung auf den zumindest teilweise elektronischen Weg nicht von der Definition erfasst. Ebenso muss zwingend ein Zahlungsdienstleister (Art. 3 Nr. 5 GTVO) in den Transfer involviert sein, sodass sich hier bereits zeigt, dass ein Geldtransfer von Person zu Person (Art. 3 Nr. 12 GTVO) nicht umfasst sein soll. Die Möglichkeit, dass ein und derselbe Zahlungsdienstleister den Transfer ausführt, macht deutlich, dass auch Transfers innerhalb eines Zahlungsdienstleisters erfasst sind und die Zahlung „das Haus nicht verlassen muss", um als Geldtransfer zu qualifizieren. Ähnliches gilt bei Personenidentität des Auftraggebers und Begünstigten. 6

Eine Sammelüberweisung (Art. 3 Nr. 10 GTVO) ist eine Überweisung eines Auftraggebers, die mehrere Einzelgeldtransfers bündelt und als ein Transfer an mehrere Begünstigte mit unter Umständen unterschiedlichen Zahlungsdienstleistern transferiert wird.[1] 7

Eine individuelle Transaktionskennziffer (Art. 3 Nr. 11 GTVO) dient als Ersatz für eine Zahlungskontonummer, die einen Transfer rückverfolgbar macht. Die individuelle Transaktionskennziffer entbindet jedoch nicht davon, die anderen in Art. 4 genannten Angaben einem Geldtransfer beizufügen. Die individuelle Transaktionskennziffer ist anhand eines Kombinationskonzepts von Seiten des Zahlungsdienstleisters entsprechend den Protokollen der Zahlungs-, Abwicklungs- oder Nachrichtensysteme für jeden Geldtransfer einzeln festzulegen. Die Nutzung von Kennziffern, die sich aus Kundendokumenten ergeben, z. B. Passnummern, ist aufgrund der nicht sichergestellten Rückverfolgbarkeit und Individualität nicht von der Definition erfasst. 8

---

1 Erwägungsgrund 21.

GTVO Art. 3 Begriffsbestimmungen

9   Eine **Wiederverwendung** einer individuellen Transaktionskennziffer ist aufgrund des Erfordernisses der Rückverfolgbarkeit und Speicherdauer von mindestens fünf Jahren, Art. 16 GTVO, nicht ohne Weiteres möglich.

10 Ein Geldtransfer von Person zu Person (Art. 3 Nr. 12 GTVO) ist lediglich Verbrauchern vorbehalten und auch dann nur zu den vordefinierten, ausschließlich privaten Zwecken. Ein solcher Geldtransfer findet bei der Verwendung einer Zahlungskarte, eines E-Geld-Instruments, eines Mobiltelefons oder eines anderen im Voraus oder im Nachhinein bezahlten digitalen oder IT-Geräts mit ähnlichen Merkmalen statt.[2] Diese Art von Transfer von Person zu Person fällt nicht in den Anwendungsbereich dieser Verordnung, Art. 2 Abs. 3 GTVO.

II. Auftraggeber und Begünstigter

11 Die originär in der Verordnung definierten Begriffe weisen in der deutschen Fassung teilweise Ungenauigkeiten gegenüber der englischsprachigen Verordnungsfassung auf. Es ist daher ratsam, beide Fassungen zur Klärung von Auslegungsfragen heranzuziehen.

12 Dies gilt insbesondere für das Begriffspaar Auftraggeber und Begünstigter. Als Auftraggeber ist nicht der tatsächliche, gegebenenfalls hinter dem Zahlungskontoinhaber stehende wirtschaftliche Auftraggeber gemeint, sondern derjenige, von dessen Zahlungskonto der Transfer ausgeführt wird. Hierfür spricht insbesondere die englischsprachige Fassung, in der der Auftraggeber eindeutiger als Zahlender (payer) benannt wird. Der Begünstigte kann folglich nur derjenige sein, auf dessen Zahlungskonto der transferierte Betrag letztlich gutgeschrieben werden soll, der Zahlungsempfänger (payee). Ob dahinter ein wirtschaftlich Berechtigter steht, dem der Betrag letztendlich zugutekommt, ist keine Frage der Geldtransferverordnung, sondern vielmehr eine Frage des Know-Your-Customer-Prinzips nach den Vorgaben der Richtlinie (EU) 2015/849.

13 Im Falle, dass ein Transfer ohne Zahlungskonto stattfindet, kann als Auftraggeber nur derjenige gelten, der den Geldtransfer anweist, ohne dabei lediglich Vertreter oder Bote zu sein. Dasselbe gilt für die Person, an die der Transferbetrag ausgezahlt wird.

---

2 Erwägungsgrund 13, Art. 2 Abs. 3 GTVO.

Kapitel II
Pflichten der Zahlungsdienstleister

Abschnitt 1
Pflichten des Zahlungsdienstleisters des Auftraggebers

Art. 4 Bei Geldtransfers zu übermittelnde Angaben

(1) Der Zahlungsdienstleister des Auftraggebers stellt sicher, dass bei Geldtransfers folgende Angaben zum Auftraggeber übermittelt werden:

a) der Name des Auftraggebers,
b) die Nummer des Zahlungskontos des Auftraggebers und
c) die Anschrift des Auftraggebers, die Nummer eines amtlichen persönlichen Dokuments des Auftraggebers, die Kundennummer oder das Geburtsdatum und der Geburtsort des Auftraggebers.

(2) Der Zahlungsdienstleister des Auftraggebers stellt sicher, dass bei Geldtransfers folgende Angaben zum Begünstigten übermittelt werden:

a) der Name des Begünstigten und
b) die Nummer des Zahlungskontos des Begünstigten.

(3) Abweichend von Absatz 1 Buchstabe b und Absatz 2 Buchstabe b stellt der Zahlungsdienstleister des Auftraggebers im Falle, dass ein Geldtransfer nicht von einem Zahlungskonto oder auf ein Zahlungskonto erfolgt sicher, dass anstelle der Nummer(n) des Zahlungskontos bzw. der Zahlungskonten eine individuelle Transaktionskennziffer übermittelt wird.

(4) Vor Durchführung von Geldtransfers überprüft der Zahlungsdienstleister des Auftraggebers die Richtigkeit der in Absatz 1 genannten Angaben anhand von Dokumenten, Daten oder Informationen aus einer verlässlichen und unabhängigen Quelle.

(5) Die in Absatz 4 genannte Überprüfung gilt als ausgeführt, wenn:

a) die Identität des Auftraggebers gemäß Artikel 13 der Richtlinie (EU) 2015/849 überprüft wurde und die bei dieser Überprüfung ermittelten Daten gemäß Artikel 40 der genannten Richtlinie gespeichert wurden oder

GTVO Art. 4 Bei Geldtransfers zu übermittelnde Angaben

b) **Artikel 14 Absatz 5 der Richtlinie (EU) 2015/849 auf den Auftraggeber Anwendung findet.**

(6) Unbeschadet der in den Artikeln 5 und 6 vorgesehenen Ausnahmen führt der Zahlungsdienstleister des Auftraggebers keine Geldtransfers durch, bevor die uneingeschränkte Einhaltung dieses Artikels sichergestellt wurde.

Übersicht

	Rn.		Rn.
I. Allgemeines	1	IV. Überprüfung der Angaben (Art. 4 Abs. 4, 5 GTVO)	10
II. Angaben zum Auftraggeber (Art. 4 Abs. 1 GTVO)	3	V. Keine Transaktion ohne Angaben (Art. 4 Abs. 6 GTVO)	14
III. Angaben zum Begünstigten (Art. 4 Abs. 2 GTVO)	9		

I. Allgemeines

1 Art. 4 bis einschließlich Art. 6 GTVO befassen sich mit den Pflichten des Zahlungsdienstleisters des Auftraggebers. Grundsätzlich kann ein Zahlungsdienstleister jedoch alle drei Rollen einnehmen, die des Zahlungsdienstleisters des Auftraggebers, des Begünstigten (Art. 7 bis Art. 9 GTVO) oder als zwischengeschalteter Zahlungsdienstleister (Art. 10 bis 13 GTVO). Je nach Rolle hat der Zahlungsdienstleister Informationen zum Auftraggeber und Begünstigten zu übermitteln.

2 Art. 4 GTVO unterscheidet grundsätzlich mehrere Arten von Geldtransfers: zunächst von einem Zahlungskonto auf ein Zahlungskonto, von einem Zahlungskonto nicht auf ein Zahlungskonto, nicht von einem Zahlungskonto auf ein Zahlungskonto und schließlich Transfers, die unabhängig von einem Zahlungskonto stattfinden. Je nach dem, ob ein Zahlungskonto in den Transfer eingebunden ist, sind unterschiedliche Angaben dem Transfer beizufügen.

II. Angaben zum Auftraggeber (Art. 4 Abs. 1 GTVO)

3 Die Verordnung legt explizit fest, welche Informationen jedem Transfer, sei es nun von einem Zahlungskonto oder ohne Zahlungskonto, grundsätzlich beigefügt werden müssen. Ausnahmen hierzu sind für Transfers innerhalb der Europäischen Union (Art. 5 GTVO) vorgesehen (siehe Art. 5 Rn. 2 ff.).

4 Neben dem Namen, d.h. Vor- und Nachname, des Auftraggebers, ist die Zahlungskontonummer des Auftraggebers zu nennen. Die Zahlungskontonummer kann auch eine IBAN sein.

III. Angaben zum Begünstigten (Art. 4 Abs. 2 GTVO) **Art. 4 GTVO**

Die in Art. 4 Abs. 1 lit. c) GTVO genannten Angaben sind wie folgt anzugeben: 5
Anschrift des Auftraggebers oder die Nummer eines amtlichen persönlichen Dokuments des Auftraggebers oder die Kundennummer oder das Geburtsdatum und der Geburtsort des Auftraggebers. Etwaige Unklarheiten, ob die Angaben kumulativ vorliegen müssen oder nicht, können mit Blick in den Verordnungsentwurf beseitigt werden, der deutlich die Angaben mit einem „oder" trennt.[1]

Die Verordnung lässt es offen, welche Angaben für eine vollständige **Adresse** 6 vorliegen müssen. Auch die insoweit ergangenen Leitlinien der europäischen Aufsichtsbehörden geben keine weitergehenden konkreten Hinweise. Allerdings ist davon auszugehen, dass Straße, Hausnummer, Postleitzahl und Wohnort Mindestangaben zur Adresse sind. Ob die Angabe des Landes ebenfalls erforderlich ist, wird unterschiedlich beurteilt. Diese Diskussion ist entbehrlich, soweit ein IBAN als Zahlungskontonummer dem Transfer beigefügt ist, da der IBAN am Ländercode bereits Auskunft über das Land, in dem sich das Zielzahlungskonto befindet, gibt. In anderen Fällen ist das Land jedenfalls dann erforderlich, soweit es sich um eine grenzüberschreitende Transaktion handelt.

Soweit kein Zahlungskonto in den Transfer eingebunden ist, muss mit der Trans- 7 aktion eine individuelle **Transaktionskennziffer** übermittelt werden, die anstelle der Zahlungskontonummer tritt, Art. 4 Abs. 3 GTVO. Dies kann sowohl bei den Auftraggeberinformationen als auch bei den Begünstigteninformationen der Fall sein.

Auftraggeber kann nur der Kontoinhaber beziehungsweise derjenige sein, der 8 die Transaktion in Auftrag gibt, soweit diese nicht von einem Zahlungskonto veranlasst wird. Nicht gemeint ist hier ein potenzieller „wirtschaftlicher" Auftraggeber oder die Person, die das Geld für den Transfer zur Verfügung stellt. Deutlicher kommt dies in der englischen Fassung der Verordnung zum Ausdruck, in der vom „payer", also dem Zahler gesprochen wird.[2]

III. Angaben zum Begünstigten (Art. 4 Abs. 2 GTVO)

Der Zahlungsdienstleister des Auftraggebers hat neben den Angaben zum Auf- 9 traggeber auch Angaben zum Begünstigten dem Transfer beizufügen. Dazu gehören der Name sowie die Zahlungskontonummer des Begünstigten. Der Name des Begünstigten muss zumindest aus einem Vor- und Familiennamen bestehen.

---

1 Vorschlag für eine Verordnung des Europäischen Parlaments und des Rates über die Übermittlung von Angaben bei Geldtransfers, COM/2013/044 final – 2013/0024 (COD).
2 „Obligations on the payment service provider of the payer".

GTVO Art. 4 Bei Geldtransfers zu übermittelnde Angaben

IV. Überprüfung der Angaben (Art. 4 Abs. 4, 5 GTVO)

10 Vor Ausführung des Transfers hat der Zahlungsdienstleister des Auftraggebers die Richtigkeit der erforderlichen Daten zu prüfen. Diese Prüfung soll anhand von Dokumenten, Daten oder Informationen aus einer verlässlichen und unabhängigen Quelle stammen. Verlässliche und unabhängige Quellen sind dabei sicherlich die allgemein zur geldwäscherechtlichen Identifizierung heranzuziehenden Unterlagen. Hierfür spricht bereits die Ausnahmeregelung in Absatz 5.

11 Die Überprüfung gilt als ausgeführt, Art. 4 Abs. 5 GTVO, wenn die Identität des Auftraggebers entsprechend der allgemeinen Sorgfaltspflichten, § 10 GwG, erfüllt und die erhobenen Informationen gespeichert sind. Da § 10 GwG Art. 13 der Richtlinie (EU) 2015/849 umsetzt, sind hier dessen Vorgaben zu erfüllen. Dies gilt auch, wenn die Daten im Rahmen der regelmäßigen Aktualisierungspflicht erhoben wurden, Art. 14 Abs. 5 der Richtlinie (EU) 2015/849, umgesetzt in § 10 Abs. 3 Satz 3 GwG. Insoweit kann auf die dortige Kommentierung verwiesen werden (§ 10 Rn. 89 ff.).

12 Der Verordnungsgeber versteht die Überprüfungsfiktion als Erleichterung für die Zahlungsdienstleister. Diese sollen nicht bei jedem Geldtransfer die Angaben zum Auftraggeber oder zum Begünstigten überprüfen müssen, sofern sie bereits die in der Richtlinie (EU) 2015/849 niedergelegten Verpflichtungen erfüllen.

13 Abgesehen von der vorgenannten Überprüfungspflicht und der Überprüfungsfiktion sieht Art. 5 Abs. 3 GTVO Erleichterungen für Geldtransfers innerhalb der Europäischen Union vor (siehe Art. 5) und in Art. 6 Abs. 2 Satz 2 GTVO für Geldtransfers nach außerhalb der Europäischen Union (Art. 6) vor.

V. Keine Transaktion ohne Angaben (Art. 4 Abs. 6 GTVO)

14 Art. 4 Abs. 6 GTVO manifestiert den Grundsatz, dass kein Transfer ohne die in Art. 4 GTVO genannten Mindestangaben ausgeführt werden soll. Ausnahmen hierzu finden sich in Art. 5 und Art. 6 GTVO. Dieser Grundsatz ist konsequent angesichts der in der Transaktionskette vorgesehenen Verpflichtungen für nachgelagerte Zahlungsdienstleister, unvollständige Transfers zu erkennen und Maßnahmen zu ergreifen, wie dies in den Art. 7, 8, 11, 12 GTVO vorgesehen ist. Entsprechend sind die systemseitigen Einstellungen so zu konfigurieren, dass ein Transfer mit unvollständigen Angaben nicht möglich ist und Kontrollen zur Vollständigkeit vor Ausführung des Transfers implementiert sind. Ebenso sind entsprechende Anweisungen an Mitarbeiter hilfreich, die gemäß Art. 4 GTVO erforderlichen Daten vom Kunden korrekt und vollständig zu erfassen, um Verzögerungen zu vermeiden und Rückfragen und Zurückweisungen von nachfolgenden Zahlungsdienstleistern zu unterbinden.

Art. 5 Geldtransfers innerhalb der Union

(1) Abweichend von Artikel 4 Absätze 1 und 2 werden bei Geldtransfers, bei denen alle am Zahlungsvorgang beteiligten Zahlungsdienstleister ihren Sitz in der Union haben, zumindest die Nummern der Zahlungskonten des Auftraggebers und des Begünstigten oder, wenn Artikel 4 Absatz 3 zur Anwendung kommt, die individuelle Transaktionskennziffer übermittelt; dies gilt gegebenenfalls unbeschadet der in der Verordnung (EU) Nr. 260/2012 enthaltenen Informationspflichten.

(2) Ungeachtet des Absatzes 1 stellt der Zahlungsdienstleister des Auftraggebers dem Zahlungsdienstleister des Begünstigten oder dem zwischengeschalteten Zahlungsdienstleister auf dessen Antrag auf Übermittlung von Angaben innerhalb von drei Arbeitstagen nach Erhalt des Antrags Folgendes zur Verfügung:

a) bei Geldtransfers von mehr als 1 000 EUR, unabhängig davon, ob diese Transfers in einem einzigen Transfer oder in mehreren Transfers, die verbunden zu sein scheinen, erfolgen, Angaben zum Auftraggeber oder zum Begünstigten gemäß Artikel 4;

b) bei Geldtransfers von bis zu 1 000 EUR, bei denen es keine Anhaltspunkte dafür gibt, dass eine Verbindung zu anderen Geldtransfers besteht, die zusammen mit dem fraglichen Geldtransfer 1 000 EUR übersteigen, zumindest:

   i) die Namen des Auftraggebers und des Begünstigten und

   ii) die Nummern der Zahlungskonten des Auftraggebers und des Begünstigten oder, wenn Artikel 4 Absatz 3 zur Anwendung kommt, die individuelle Transaktionskennziffer.

(3) Abweichend von Artikel 4 Absatz 4 braucht der Zahlungsdienstleister des Auftraggebers bei Geldtransfers nach Absatz 2 Buchstabe b dieses Artikels die Angaben zum Auftraggeber nicht zu überprüfen, es sei denn, der Zahlungsdienstleister des Auftraggebers hat

a) die zu transferierenden Gelder in Form von Bargeld oder anonymem E-Geld entgegengenommen oder

b) hinreichende Gründe für einen Verdacht auf Geldwäsche oder Terrorismusfinanzierung.

GTVO Art. 5 Geldtransfers innerhalb der Union

Übersicht

	Rn.		Rn.
I. Allgemeines	1	1. Transfers über 1.000 EUR (Art. 5 Abs. 2 lit. a) GTVO)	9
II. Erleichterungen für Zahlungsdienstleister mit Sitz in der Europäischen Union	2	2. Geldtransfer von bis zu 1.000 EUR (Art. 5 Abs. 2 lit. b) GTVO)	11
III. Antrag auf Übermittlung von Angaben (Art. 5 Abs. 2 GTVO)	7		

I. Allgemeines

1 Die Geldtransfers innerhalb der Europäischen Union unterliegen in bestimmten Konstellationen gewissen Erleichterungen. Vor dem Hintergrund, dass bereits Rechtsakte über Zahlungsdienste, insbesondere die Verordnung (EG) Nr. 924/2009 und die Verordnung (EU) 260/2012 und die Richtlinie 2007/64/EG in der Europäischen Union existieren, reicht es aus Sicht des Verordnungsgebers aus, für Geldtransfers innerhalb der Europäischen Union lediglich vereinfachte Datensätze, wie die Nummer(n) von Zahlungskonten oder eine individuelle Transaktionskennziffer, zu übermitteln.[1]

II. Erleichterungen für Zahlungsdienstleister mit Sitz in der Europäischen Union

2 Damit von den Erleichterungen des Art. 5 GTVO profitiert werden kann, müssen **alle** am Zahlungsvorgang beteiligten Zahlungsdienstleister ihren Sitz in der Union haben. Dies kann bereits dann nicht gegeben sein, wenn ein Clearing für die genutzte Währung erforderlich ist, z. B. U.S.-Dollar.

3 Um die Effizienz der Zahlungssysteme nicht zu beeinträchtigen und um zwischen dem Risiko, dass Zahlungen aufgrund zu strenger Identifikationspflichten außerhalb des regulären Zahlungsverkehrs getätigt werden, sowie um das Terrorismusrisikopotenzial kleiner Geldtransfers abwägen zu können, besteht bei Geldtransfers, bei denen die Überprüfung der Angaben noch nicht ausgeführt worden ist, die Pflicht zur Überprüfung der Richtigkeit der Angaben zum Auftraggeber und zum Begünstigten nur bei Einzelgeldtransfers, die 1.000 EUR übersteigen. Dies gilt nicht, soweit es Anhaltspunkte dafür gibt, dass eine Verbindung zu anderen Geldtransfers besteht, die zusammen 1.000 EUR übersteigen würden, oder dass das Geld als Bargeld oder anonymes E-Geld entgegengenommen oder ausgezahlt wurde, oder dass hinreichende Gründe für einen Verdacht auf Geldwäsche oder Terrorismusfinanzierung vorliegen.

---

1 Siehe auch EG (18).

III. Antrag auf Übermittlung von Angaben **Art. 5 GTVO**

Entsprechend sieht Art. 5 Abs. 3 GTVO vor, dass eine Überprüfung der Auftrag- 4
geberdaten gemäß Art. 4 Abs. 4 GTVO nicht vorgenommen werden muss, soweit es sich um einen Geldtransfer handelt, der 1.000 EUR nicht übersteigt. Dies ist auch dann nicht erforderlich, wenn zwischen mehreren Geldtransfers eine Verbindung besteht und mindestens der Auftraggebername und Begünstigtenname bekannt ist sowie die Zahlungskontonummer des Auftraggebers und des Begünstigten vorhanden sind. In Fällen des Art. 4 Abs. 3 GTVO, also dass es sich um eine Transaktion ohne Einbindung eines Zahlungskontos handelt, muss mindestens eine individuelle Transaktionskennziffer vorliegen.

Die in Art. 5 GTVO gewährte Erleichterung entfällt für Transfers, bei denen der 5
Transferbetrag als Bargeld oder anonymes E-Geld von Zahlungsdienstleistern angenommen wurde, Art. 5 Abs. 3 lit. a) GTVO. Gleichfalls entfällt diese Erleichterung bei Transfers, bei denen **hinreichende Gründe** für einen Verdacht auf Geldwäsche oder Terrorismusfinanzierung vorliegen. Hinreichende Gründe müssen hier bereits vor Ausführung des Transfers vorliegen. Dazu können beispielsweise die einschlägigen Verdachtsmomente wie sie in den Typologiepapieren der FIU oder FATF beschrieben werden, vorliegen. Vor Ausführung eines Transfers sind folglich **Kontrollen** anhand der ermittelten Parameter durchzuführen, um solche Transfers herauszufiltern, bei denen hinreichende Gründe vorliegen können. Im Rahmen einer Einzelfallbetrachtung kann anhand eines risikobasierten Vorgehens die Überprüfung der Angaben vorgenommen werden. Die Schwelle für hinreichende Gründe ist jedenfalls in solchen Fällen überschritten, in denen eine Verdachtsmeldung abzugeben wäre.

Die Voraussetzung, dass mindestens Name und Zahlungskontonummer jeweils 6
des Auftraggebers und des Begünstigten dem Transfer beigefügt werden muss, gilt unbeschadet der SEPA-Regulierung, Art. 5 Abs. 1 Hs. 2 GTVO. Hieraus lässt sich leicht erkennen, dass die IBAN als Zahlungskontonummer gelten kann, da sie in der Zahlen-Buchstaben-Kombination unter anderem die Zahlungskontonummer enthält.

III. Antrag auf Übermittlung von Angaben (Art. 5 Abs. 2 GTVO)

Abgesehen von der Erleichterung in Art. 5 Abs. 1 GTVO, nur die Zahlungskon- 7
tonummern von Auftraggeber und Begünstigten zur Verfügung stellen zu müssen, können die dem Zahlungsdienstleister des Auftraggebers nachgelagerten Zahlungsdienstleister (zwischengeschaltete Zahlungsdienstleister, Zahlungsdienstleister des Begünstigten) zusätzliche Informationen im Sinne des Art. 4 GTVO anfordern.

Weppner

GTVO Art. 5 Geldtransfers innerhalb der Union

8   Die Übermittlung der von einem nachgelagerten Zahlungsdienstleister angefragten Daten sind innerhalb von drei Arbeitstagen dem Antragsteller zu liefern. Die Verordnung definiert Arbeitstage nicht. Üblicherweise dürfte hier von Bankarbeitstagen auszugehen sein.[2] Bei grenzüberschreitenden Anfragen innerhalb der Union sind ggf. regionale Besonderheiten zu beachten. Für grenzüberschreitende Transfers, die Drittstaaten involvieren, gilt Art. 5 nicht, Art. 5 Abs. 1 Satz 1 GTVO.

1. Transfers über 1.000 EUR (Art. 5 Abs. 2 lit. a) GTVO)

9   Bei Transfers, die einen Betrag von 1.000 EUR übersteigen, können die oben erwähnten Zahlungsdienstleister vom Zahlungsdienstleister des Auftraggebers neben der grundsätzlich mitzuliefernden Zahlungskontonummern von Auftraggeber und Begünstigtem, noch die übrigen Angaben des Art. 4 Abs. 1 lit. a), c), Abs. 2 lit. a) bzw. Art. 4 Abs. 3 GTVO anfordern. Sollten auch Zahlungskontonummern fehlen, so ist diese ebenfalls anzufordern.

10 Der Betrag von 1.000 EUR kann in einem Einzeltransfer oder mehreren Transfers, die miteinander verbunden zu sein scheinen, überschritten werden. Der Anschein, dass Transfers miteinander verbunden zu sein scheinen, kann beispielsweise dann entstehen, wenn sie kurz hintereinander mit denselben Auftraggebern und Begünstigten versehen sind. Nicht zu verwechseln sind diese **verbundenen Transfers** mit der in Art. 3 Nr. 10 GTVO definierten Sammelüberweisung.

2. Geldtransfer von bis zu 1.000 EUR (Art. 5 Abs. 2 lit. b) GTVO)

11 Ein Geldtransfer von bis zu 1.000 EUR liegt vor, wenn auch nach Prüfung, ob es sich möglicherweise bei einer Anzahl von Geldtransfers um verbundene Transfers (Rn. 10) handelt, der Betrag von 1.000 EUR nicht überschritten wird.

12 Als Mindestangaben sind vom Zahlungsdienstleister des Auftraggebers die Namen von Auftraggeber bzw. Begünstigtem, Art. 4 Abs. 1 lit. a) bzw. Art. 4 Abs. 2 lit. a) GTVO, und die Zahlungskontennummern, Art. 4 Abs. 1 lit. b), Abs. 2 lit. b) bzw. der individuellen Transaktionskennziffer, Art. 4 Abs. 3 GTVO, anzufordern. Dass hier die Zahlungskontonummer nochmals explizit erwähnt wird, liegt dem Umstand zugrunde, dass diese nach Abs. 1 eine absolut erforderliche Mindestangabe zu einem Geldtransfer darstellt.

---

2 Samstage, Sonn- und Feiertage sowie Tage, an denen Banken ihre Schalter nicht öffnen (wie an Heiligabend und Silvester), sind keine Geschäftstage.

Art. 6 Geldtransfers nach außerhalb der Union

(1) Bei einer Sammelüberweisung eines einzigen Auftraggebers an Begünstigte, deren Zahlungsdienstleister ihren Sitz außerhalb der Union haben, findet Artikel 4 Absatz 1 keine Anwendung auf die in dieser Sammelüberweisung gebündelten Einzelaufträge, sofern die Sammelüberweisung die in Artikel 4 Absätze 1, 2 und 3 enthaltenen Angaben enthält, diese Angaben gemäß Artikel 4 Absätze 4 und 5 überprüft wurden und die Einzelaufträge mit der Nummer des Zahlungskontos des Auftraggebers oder, wenn Artikel 4 Absatz 3 zur Anwendung kommt, der individuellen Transaktionskennziffer versehen sind.

(2) Abweichend von Artikel 4 Absatz 1 und gegebenenfalls unbeschadet der gemäß der Verordnung (EU) Nr. 260/2012 erforderlichen Angaben, werden in Fällen, in denen der Zahlungsdienstleister des Begünstigten seinen Sitz außerhalb der Union hat, bei Geldtransfers von bis zu 1 000 EUR, bei denen es keine Anhaltspunkte dafür gibt, dass eine Verbindung zu anderen Geldtransfers besteht, die zusammen mit dem fraglichen Geldtransfer 1 000 EUR übersteigen, zumindest folgende Angaben übermittelt:

a) die Namen des Auftraggebers und des Begünstigten und

b) die Nummern der Zahlungskonten des Auftraggebers und des Begünstigten oder, wenn Artikel 4 Absatz 3 zur Anwendung kommt, die individuelle Transaktionskennziffer.

Abweichend von Artikel 4 Absatz 4 braucht der Zahlungsdienstleister des Auftraggebers die in diesem Absatz genannten Angaben zum Auftraggeber nicht auf ihre Richtigkeit zu überprüfen, es sei denn, der Zahlungsdienstleister des Auftraggebers hat

a) die zu transferierenden Gelder in Form von Bargeld oder anonymem E-Geld entgegengenommen oder

b) hinreichende Gründe für einen Verdacht auf Geldwäsche oder Terrorismusfinanzierung.

Übersicht

	Rn.		Rn.
I. Allgemeines	1	III. Transfers von bis zu 1.000 EUR (Art. 6 Abs. 2 GTVO)	4
II. Sammelüberweisungen (Art. 6 Abs. 1 GTVO)	2		

GTVO Art. 6 Geldtransfers nach außerhalb der Union

I. Allgemeines

1 Art. 6 GTVO erfasst grundsätzlich nur Transfers, die an **Begünstigte** gehen, deren **Zahlungsdienstleister ihren Sitz außerhalb der Union** haben. Damit sind von Art. 6 Transfers, die in der Union ihren Ausgangspunkt haben, aber beispielsweise aufgrund von Währungsclearing den Weg über ein Drittland wieder zurück in die Union nehmen, erfasst. Solche Transfers gelten folglich nicht als Transfers innerhalb der Union.

II. Sammelüberweisungen (Art. 6 Abs. 1 GTVO)

2 Die Sammelüberweisung ist legaldefiniert in Art. 3 Nr. 10 GTVO. Die Sammelüberweisung muss von einem Auftraggeber stammen. Die erforderlichen Angaben für die Sammelüberweisung sind sodann die in Art. 4 Abs. 1, 2, 3 GTVO erforderlichen Angaben. Diese müssen sich auf die Sammelüberweisung, nicht jedoch auf die in der Sammelüberweisung gebündelten Einzeltransfers beziehen. Jeder Einzeltransfer muss dennoch mit der Zahlungskontonummer (individuellen Transaktionskennziffer) des Auftraggebers versehen sein, um die Rückverfolgbarkeit jedes Einzeltransfers zu gewährleisten.

3 Die Angaben sind gemäß Art. 4 Abs. 4 und 5 GTVO vom Zahlungsdienstleister des Auftraggebers zu prüfen (siehe hierzu Art. 4).

III. Transfers von bis zu 1.000 EUR (Art. 6 Abs. 2 GTVO)

4 Sollte es sich um einen Geldtransfer von bis zu 1.000 EUR handeln, gewährt der Verordnungsgeber auch bei Transfers nach außerhalb der Union dem Zahlungsdienstleister des Auftraggebers Erleichterungen.

Voraussetzung hierfür ist, dass bereits **vor Anwendung** dieser Erleichterungsregelung geprüft wurde, ob es sich um einen Einzeltransfer oder um einen Transfer, der mit anderen vom Auftraggeber angewiesenen Geldtansfers verbunden ist und diese verbundenen Transfers die Grenze von 1.000 EUR überschreiten würden, ohne dabei eine Sammelüberweisung zu sein. Es soll verhindert werden, dass sog. „smurfing" betrieben wird, also mehrere Geldtransfers mit Beträgen unter 1.000 EUR die Tatsache verschleiern, dass an für sich ein sehr viel höherer Betrag transferiert werden soll, um so das Erfordernis von zusätzlichen Angaben zu Auftraggeber/Begünstigten zu umgehen und in den Prüfungssystemen der Zahlungsdienstleister keine Aufmerksamkeit zu erregen. Dementsprechend ist diese Prüfung mit der gebotenen Sorgfalt vorzunehmen und die Kontrollsysteme entsprechend zu konzipieren.

Die Angaben gemäß Art. 6 Abs. 2 Satz 1 lit. a) und lit. b) GTVO sind als Mindestangaben zu verstehen und verstehen sich unabhängig von ggf. erforderlichen Angaben gemäß der sog. SEPA-Verordnung.[1] Die SEPA-Verordnung gilt lediglich für auf Euro lautende Überweisungen und Lastschriften innerhalb der Union, wenn die beteiligten Zahlungsdienstleister ihren Sitz im Unionsgebiet haben.

Bezüglich der Überprüfungspflicht gemäß Art. 6 Abs. 2 Satz 2 GTVO siehe Kommentierung zu Art. 5 Abs. 3 GTVO. 5

Abschnitt 2
Pflichten des Zahlungsdienstleisters des Begünstigten

Art. 7 Feststellung fehlender Angaben zum Auftraggeber oder zum Begünstigten

(1) Der Zahlungsdienstleister des Begünstigten richtet wirksame Verfahren ein, mit deren Hilfe er feststellen kann, ob die Felder für Angaben zum Auftraggeber und zum Begünstigten in dem zur Ausführung des Geldtransfers verwendeten Nachrichten- oder Zahlungs- und Abwicklungssystem unter Verwendung der im Einklang mit den Übereinkünften über das betreffende System zulässigen Buchstaben oder Einträge ausgefüllt wurden.

(2) Der Zahlungsdienstleister des Begünstigten richtet wirksame Verfahren ein, einschließlich – soweit angebracht – einer nachträglichen Überwachung oder einer Echtzeitüberwachung, mit deren Hilfe er feststellen kann, ob folgende Angaben zum Auftraggeber oder zum Begünstigten fehlen:

a) im Falle von Geldtransfers, bei denen der Zahlungsdienstleister des Auftraggebers seinen Sitz in der Union hat, die in Artikel 5 genannten Angaben;

b) im Falle von Geldtransfers, bei denen der Zahlungsdienstleister des Auftraggebers seinen Sitz außerhalb der Union hat, die in Artikel 4 Absätze 1 und 2 genannten Angaben;

---

[1] Verordnung (EU) Nr. 260/2012.

GTVO Art. 7 Feststellung fehlender Angaben zum Auftraggeber

c) im Falle von Sammelüberweisungen, bei denen der Zahlungsdienstleister des Auftraggebers seinen Sitz außerhalb der Union hat, die in Artikel 4 Absätze 1 und 2 genannten Angaben in Bezug auf die Sammelüberweisung.

(3) Im Falle von Geldtransfers von mehr als 1 000 EUR, unabhängig davon, ob diese Transfers in einem einzigen Transfer oder in mehreren Transfers, die verbunden zu sein scheinen, erfolgen, überprüft der Zahlungsdienstleister des Begünstigten vor Ausführung der Gutschrift auf dem Zahlungskonto des Begünstigten oder Bereitstellung des Geldbetrags an den Begünstigten die Richtigkeit der in Absatz 2 dieses Artikels genannten Angaben zum Begünstigten anhand von Dokumenten, Daten oder Informationen aus einer verlässlichen und unabhängigen Quelle, unbeschadet der in den Artikeln 69 und 70 der Richtlinie 2007/64/EG festgelegten Anforderungen.

(4) Im Falle von Geldtransfers von bis zu 1 000 EUR, bei denen es keine Anhaltspunkte dafür gibt, dass eine Verbindung zu anderen Geldtransfers besteht, die zusammen mit dem fraglichen Geldtransfer 1 000 EUR übersteigen, braucht der Zahlungsdienstleister des Begünstigten die Richtigkeit der Angaben zum Begünstigten nicht zu überprüfen, es sei denn, der Zahlungsdienstleister des Begünstigten

a) zahlt den Geldbetrag in Form von Bargeld oder anonymem E-Geld aus oder

b) hat hinreichende Gründe für einen Verdacht auf Geldwäsche oder Terrorismusfinanzierung.

(5) Die in den Absätzen 3 und 4 genannte Überprüfung gilt als ausgeführt, wenn:

a) die Identität des Begünstigten gemäß Artikel 13 der Richtlinie (EU) 2015/849 überprüft wurde und die bei dieser Überprüfung ermittelten Daten gemäß Artikel 40 der genannten Richtlinie gespeichert wurden oder

b) Artikel 14 Absatz 5 der Richtlinie (EU) 2015/849 auf den Begünstigten Anwendung findet.

Übersicht

	Rn.		Rn.
I. Einführung	1	III. Überprüfung der Begünstigtenangaben (Art. 7 Abs. 3, 4 und 5 GTVO)	10
II. Feststellung, ob Angaben fehlen oder unvollständig sind (Art. 7 Abs. 1 und 2 GTVO)	2		

I. Einführung

In Art. 7 ff. GTVO liegt das Herzstück der neuen Verordnung. Während bereits unter der Vorgängerverordnung grundsätzlich fehlende Angaben zum Auftraggeber bzw. zum Begünstigten festzustellen und zu eskalieren waren, geben die vorliegende Verordnung und die zugehörigen ESA-Leitlinien (JC/GL/2017/16) weitreichendere Vorgehensweisen vor. Dies betrifft insbesondere die neue Verpflichtung für zwischengeschaltete Zahlungsdienstleister, die mit dieser Verordnung nun gemäß Art. 11, 12 GTVO ebenfalls Prüfungen zur Vollständigkeit der Angaben zum Auftraggeber und Begünstigten vorzunehmen haben. Im Folgenden ergeben sich insbesondere für zwischengeschaltete Zahlungsdienstleister neu zu implementierende Prüfschritte, die Entwicklung einer Vorgehensweise zum Umgang mit solchen unvollständigen oder fehlerhaften Transfers sowie der Errichtung eines Deeskalationssystems. Während die Verordnung nur allgemeine, zum Teil nur rudimentäre, Vorgaben hierzu bereithält, befasst sich die erwähnte Leitlinie intensiv mit den Möglichkeiten. Auch wenn zum Zeitpunkt des Redaktionsschlusses noch nicht entschieden war, ob die Leitlinien der Europäischen Aufsichtsbehörden von der BaFin in deren Verwaltungspraxis im Rahmen des sog. Comply-Or-Explain-Verfahrens aufgenommen werden, so empfiehlt sich dennoch ein Blick in die Leitlinien, um ein Gespür für die Intention des Verordnungsgebers zu erhalten.

1

II. Feststellung, ob Angaben fehlen oder unvollständig sind (Art. 7 Abs. 1 und 2 GTVO)

Um die Effizienz der Zahlungssysteme nicht zu beeinträchtigen und um zwischen dem Risiko, dass Zahlungen aufgrund zu strenger Identifikationspflichten außerhalb des regulären Zahlungsverkehrs getätigt werden, sowie um das Terrorismusrisikopotenzial kleiner Geldtransfers abwägen zu können, besteht bei Geldtransfers, bei denen die Überprüfung der Angaben noch nicht ausgeführt worden ist, die Pflicht zur Überprüfung der Richtigkeit der Angaben zum Auftraggeber und zum Begünstigten nur bei Einzelgeldtransfers, die 1.000 EUR übersteigen. Dies gilt nicht, soweit es Anhaltspunkte dafür gibt, dass eine Verbindung zu anderen Geldtransfers besteht, die zusammen 1.000 EUR übersteigen würden, oder dass das Geld als Bargeld oder anonymes E-Geld entgegengenommen oder ausgezahlt wurde, oder dass hinreichende Gründe für einen Verdacht auf Geldwäsche oder Terrorismusfinanzierung vorliegen. Entsprechend sieht Art. 7 Abs. 3 GTVO vor, dass eine Überprüfung der Auftraggeberdaten gemäß Art. 4 Abs. 4 GTVO nicht vorgenommen werden muss, soweit es sich um einen Geldtransfer handelt, der 1.000 EUR nicht übersteigt. Dies ist auch dann nicht erforderlich, wenn zwischen mehreren Geldtransfers eine Verbindung be-

2

GTVO Art. 7 Feststellung fehlender Angaben zum Auftraggeber

steht und mindestens der Auftraggebername und Begünstigtenname bekannt ist sowie die Zahlungskontonummer des Auftraggebers und Begünstigten vorhanden sind. In Fällen des Art. 4 Abs. 3 GTVO, dass es sich um eine Transaktion ohne Einbindung eines Zahlungskontos handelt, muss mindestens eine individuelle Transaktionskennziffer vorliegen.

3   Um überprüfen zu können, ob bei Geldtransfers die vorgeschriebenen Angaben zum Auftraggeber und zum Begünstigten übermittelt werden, und um verdächtige Transaktionen leichter ermitteln zu können, wird seitens des Verordnungsgebers erwartet, dass der Zahlungsdienstleister des Begünstigten und der zwischengeschaltete Zahlungsdienstleister über wirksame Verfahren verfügen, mit deren Hilfe sie das Fehlen oder die Unvollständigkeit von Angaben zum Auftraggeber und zum Begünstigten feststellen können. Diese Verfahren sollten eine nachträgliche Überwachung oder eine Echtzeitüberwachung umfassen, soweit dies angemessen ist. Details zur Erwartungshaltung der Aufsichtsbehörden bezüglich dieser Verfahren wird in den ESA-Leitlinien (JC/GL/2017/16) kundgetan. Zum Zeitpunkt des Redaktionsschlusses stand noch nicht fest, ob und wie die deutsche Aufsichtsbehörde, die Bundesanstalt für Finanzdienstleistungsaufsicht, diese ESA-Leitlinien in ihre Verwaltungspraxis übernehmen wird (sog. Comply-Or-Explain-Verfahren). Unabhängig davon sind die veröffentlichten Leitlinien hilfreich, um die mit der Umsetzung der Verordnung bestehenden Unsicherheiten in Bezug auf Art. 7, 8, 11 und 12 GTVO zu erleichtern. Sollten die Leitlinien in Deutschland vollumfänglich zur Anwendung kommen, so wären sie ab dem 16. Juli 2018 anwendbar.

4   Es wird erwartet, dass Zahlungsdienstleister die vorgeschriebenen Transaktionsangaben dem elektronischen Zahlungsverkehr oder einer damit in Zusammenhang stehenden Nachricht während der gesamten Zahlungskette beifügen. Damit korrespondiert die Pflicht der Zahlungsdienstleister, bei unvollständigen Angaben oder fehlenden Angaben Maßnahmen zu ergreifen, um einen vollständigen Datensatz zum Geldtransfer zu erhalten (siehe Art. 8 und 12 GTVO). Es soll verhindert werden, dass ein Geldtransfer mit einem unvollständigen Datensatz von den Zahlungsdienstleistern ausgeführt und letztlich dem Begünstigten gutgeschrieben wird.

5   Es fehlen Angaben in einem Geldtransfer, wenn die Mindestangaben gemäß Art. 4 ff. GTVO nicht vorliegen. Im Zusammenhang mit SEPA-Lastschriften darf bei der Verwendung der vollständigen IBAN des Auftraggebers und Begünstigten durch den Zahlungsdienstleister des Zahlers von Seiten der Zahlungsdienstleister des Begünstigten oder des zwischengeschalteten Zahlungsdienstleisters davon ausgegangen werden, dass die Anforderungen des Art. 4 Abs. 2, 4 bzw. Art. 5 Abs. 1, 2 GTVO erfüllt sind, also sowohl die Begünstigtenangaben übermittelt wurden und die Angaben zum Auftraggeber überprüft wurden. Inso-

II. Feststellung, ob Angaben fehlen oder unvollständig sind   **Art. 7 GTVO**

weit sind keine weiteren Angaben zum Transfer erforderlich und der Transfer gilt als vollständig.

Fehlende Angaben werden in den Leitlinien definiert, ebenso die unvollständigen Angaben.[1] Davon zu unterscheiden sind die unzulässigen Angaben innerhalb eines Zahlungs-, Nachrichten- oder Abwicklungssystems, Art. 7 Abs. 1 GTVO. In allen drei Fällen sind jedoch die gemäß Art. 8 GTVO vorgesehenen Verfahren anzuwenden.[2]

6

Die Transfer- und Überwachungssysteme sind so auszugestalten, dass die eingehenden Transfers auf die Vollständigkeit der Informationen geprüft werden können, unabhängig vom genutzten Zahlungssystem oder Zahlungsmittel, **Art. 7 Abs. 1 GTVO**. Diese Überwachung sollte in **Echtzeit** durchgeführt werden, denn es darf in der Praxis keinen Unterschied machen, ob ein Transfer mit einer IBAN zu prüfen ist oder der mit einer Zahlungskarte ausgeführte Transfer und die Nummer der Zahlungskarte als Zahlungskontonummer genutzt wird. Entscheidend für die Überprüfung muss immer sein, dass der Transfer zum Zahler und Begünstigten zurückverfolgt werden kann. Ein System muss unmittelbar feststellen können, ob der eingegangene Transfer unvollständige Angaben oder unzulässige Angaben enthält. Dasselbe gilt für ausgehende Transfers. Ziel ist es gerade zu verhindern, dass Transfers ausgeführt werden, die nicht über die in der Verordnung vorgegebenen Informationen verfügen. Folglich müssen solche Transfers unmittelbar erkennbar und filterbar sein. Die Zahlungsdienstleister haben dafür Sorge zu tragen, dass die von ihnen eingesetzten Systeme hierzu in der Lage sind.

7

Davon zu unterscheiden sind die Überprüfungen, die gemäß **Art. 7 Abs. 2 GTVO** gefordert werden. Hier ist im Gegensatz zu der Überprüfung gemäß Art. 7 Abs. 1 GTVO festzustellen, ob die besetzten Felder der Zahlungstransfersysteme mit verwertbaren Angaben befüllt sind. Die Frage, ob diese **Kontrollen in Echtzeit oder ex-post** durchzuführen sind, soll nach den ESA-Leitlinien davon abhängen, wie der Zahlungsdienstleister unter Anwendung von Risikofaktoren das Geldwäsche-/Terrorismusfinanzierungsrisiko bei bestimmten Transfers einschätzt. Folglich hat der Zahlungsdienstleister, wie auch der zwischengeschaltete Zahlungsdienstleister zunächst zu ermitteln, welcher Gefährdungslage bestimmte Transfergruppen für gewöhnlich entsprechen. Hierbei sind die Risikofaktoren-Leitlinien (JC 2017 37) für die Risikobewertung hilfreich. Auch für diese Leitlinien gilt, dass zum Zeitpunkt des Redaktionsschlusses noch nicht bekannt war, ob die deutsche Aufsichtsbehörde die Leitlinien in ihre Verwaltungspraxis übernehmen wird (sog. Comply-or-explain-Verfahren). Sollten die Leitlinien künftig in die dt. Verwaltungspraxis integriert werden, so wären die Leitli-

8

---

1 JC/GL/2017/16, Rn. 7 lit. e) und f).
2 JC/GL/2017/16, Rn. 31 ff., 60.

GTVO Art. 7 Feststellung fehlender Angaben zum Auftraggeber

nien ab dem 26.6.2018 von den Verpflichteten anzuwenden.[3] Soweit das Risiko erhöht ist, verlangen die Leitlinien eine Echtzeitprüfung, während in anderen Fällen auch eine Ex-post-Prüfung ausreichend sein kann. Indikatoren, unter welchen Umständen ein Transfer als mit hohem Risiko einzustufen ist, können beispielsweise an die Höhe des Transferbetrags anknüpfen oder an das Herkunftsland des Auftraggebers.[4]

9 In der Praxis wird eine Kombination aus Echtzeit- und Ex-post-Prüfung deutlich schwerer darstellbar sein, sodass sich eine Echtzeitprüfung, jedenfalls bei hohen Transferzahlen, wohl für alle Transfers durchsetzen wird. Berücksichtigt werden muss zudem, dass diese Überprüfungen ihrerseits regelmäßigen Stichproben zu unterwerfen sind.[5]

III. Überprüfung der Begünstigtenangaben (Art. 7 Abs. 3, 4 und 5 GTVO)

10 Art. 7 Abs. 3 GTVO betrifft alle Transfers von mehr als 1.000 EUR. Vor der Gutschrift des transferierten Geldbetrags sind vom Zahlungsdienstleister des Begünstigten die mitgelieferten Angaben anhand von Dokumenten, Daten oder Informationen aus einer verlässlichen und unabhängigen Quelle zu prüfen. Diese Prüfung hat unbeschadet der Vorgaben zu den Wertstellungsfristen gemäß der Richtlinie 2007/64/EG zu erfolgen. Hier stellt sich die Frage, ob mit dieser Anforderung ein Kontonummern-Namen-Abgleich gefordert wird, wie er früher bereits einmal verlangt worden war. Ein solcher Abgleich kommt jedoch überhaupt erst dann in Frage, wenn die Überprüfung nicht als ausgeführt gilt, Art. 7 Abs. 5 GTVO. Dies dürfte in der Praxis lediglich eine kleine Zahl von Transfers betreffen.

11 Bei Transfers von unter 1.000 EUR (Art. 7 Abs. 4 GTVO) gilt der Grundsatz, dass keine Begünstigtenangaben überprüft werden müssen, soweit keine der genannten beiden Ausnahmen einschlägig ist.

12 Eine Überprüfung kann entfallen, wenn der Begünstigte einen dem GwG entsprechenden Kundenannahmeprozess durchlaufen hat, also seine Identität überprüft wurde und die Informationen hierzu verfügbar sind, Art. 7 Abs. 5 lit. a) GTVO. Dies bedeutet, dass lediglich geprüft werden muss, ob der Begünstigte als Kunde geführt wird und seine Stammdaten dem GwG entsprechend erfasst wurden und aktuell sind, also bei Bestandskunden die regelmäßige Überprüfung der Stammdaten stattgefunden hat.

---

3 JC 2017 37, Rn. 227.
4 Weitere Indikatoren siehe JC/GL/2017/16 Rn. 30.
5 JC/GL/2017/16 Rn. 29.

Art. 8 Geldtransfers mit fehlenden oder unvollständigen Angaben zum Auftraggeber oder zum Begünstigten

(1) Der Zahlungsdienstleister des Begünstigten richtet wirksame risikobasierte Verfahren ein, einschließlich Verfahren, die sich auf die in Artikel 13 der Richtlinie (EU) 2015/849 genannte risikoorientierte Grundlage stützen, mit deren Hilfe festgestellt werden kann, ob ein Geldtransfer, bei dem die vorgeschriebenen vollständigen Angaben zum Auftraggeber und zum Begünstigten fehlen, auszuführen, zurückzuweisen oder auszusetzen ist, und welche Folgemaßnahmen angemessenerweise zu treffen sind.

Stellt der Zahlungsdienstleister des Begünstigten bei Erhalt von Geldtransfers fest, dass die in Artikel 4 Absatz 1 oder Absatz 2, Artikel 5 Absatz 1 oder Artikel 6 genannten Angaben fehlen oder unvollständig sind oder nicht, wie in Artikel 7 Absatz 1 vorgegeben, unter Verwendung der im Einklang mit den Übereinkünften über das Nachrichten- oder Zahlungs- und Abwicklungssystem zulässigen Buchstaben oder Einträge ausgefüllt wurden, so weist der Zahlungsdienstleister des Begünstigten auf risikoorientierter Grundlage den Transferauftrag zurück oder fordert die vorgeschriebenen Angaben zum Auftraggeber und zum Begünstigten an, bevor oder nachdem er die Gutschrift zugunsten des Zahlungskontos des Begünstigten ausführt oder dem Begünstigten den Geldbetrag zur Verfügung stellt.

(2) Versäumt es ein Zahlungsdienstleister wiederholt, die vorgeschriebenen Angaben zum Auftraggeber oder zum Begünstigten vorzulegen, so ergreift der Zahlungsdienstleister des Begünstigten Maßnahmen, die anfänglich Verwarnungen und Fristsetzungen umfassen können, bevor er entweder alle künftigen Transferaufträge dieses Zahlungsdienstleisters zurückweist oder die Geschäftsbeziehungen zu diesem Zahlungsdienstleister beschränkt oder beendet.

Der Zahlungsdienstleister des Begünstigten meldet dieses Versäumnis sowie die ergriffenen Maßnahmen der für die Überwachung der Einhaltung der Vorschriften über die Bekämpfung von Geldwäsche und Terrorismusfinanzierung zuständigen Behörde.

GTVO Art. 8 Geldtransfers mit fehlenden oder unvollständigen Angaben

Übersicht

	Rn.		Rn.
I. Einführung	1	4. Dokumentation des Vorgehens	11
II. Risikobasiertes Verfahren bei Echtzeitprüfung	2	III. Verfahren bei Ex-post-Prüfung	12
1. Zurückweisung des Transfers	4	IV. Wiederholtes Fehlverhalten eines Zahlungsdienstleisters (Art. 8 Abs. 2 GTVO)	14
2. Aussetzung des Transfers	5		
3. Ausführung des Transfers	9		

I. Einführung

1 Art. 8 GTVO und die Leitlinien der Europäischen Aufsichtsbehörden (JC/GL/2017/16)[1] machen detaillierte Vorgaben, wie mit den Transfers, die nach den Kontrollen gemäß Art. 7 GTVO als unvollständig oder mit fehlenden Angaben herausgefiltert wurden, vom Zahlungsdienstleister des Begünstigten umzugehen ist. Bereits die Vorgängerverordnung (EG) 1781/2006 sah ein Deeskalationsverfahren für diese Fälle vor. Im Vergleich hierzu wurden die möglichen Maßnahmen in der vorliegenden Verordnung erweitert und der risikobasierte Ansatz weiter gestärkt. Unvollständige oder fehlende Angaben können auch dann vorliegen, wenn in dem Zahlungs-, Nachrichten- oder Abwicklungssystem nicht zugelassene Buchstaben oder Zeichen verwendet werden.[2] Ein mögliches Deeskalationsverfahren umfasst mindestens folgende Schritte:

- Entscheidung über Ausführung, Aussetzung oder Zurückweisung des Transfers,
- Fristsetzung zur Nachlieferung der fehlenden/unvollständigen Angaben,
- Aufnahme des unzuverlässigen Zahlungsdienstleisters in eine Liste, die alle Zahlungsdienstleister enthält, die wiederholt fehlende/unvollständige Transfers liefern,
- Meldung des unzuverlässigen Zahlungsdienstleisters an die Aufsichtsbehörde,
- Beendigung/Einschränkung der Geschäftsbeziehung mit dem unzuverlässigen Zahlungsdienstleister.

II. Risikobasiertes Verfahren bei Echtzeitprüfung

2 Grundsätzlich stehen dem Zahlungsdienstleister des Begünstigten drei Möglichkeiten zur Verfügung, die fraglichen Transfers zu verarbeiten, soweit er Echtzeitprüfungen durchführt:

---

1 Bei Redaktionsschluss stand deren Übernahme in die deutsche Verwaltungspraxis noch nicht fest. Im Falle der Übernahme sind die Leitlinien ab dem 16.7.2018 anzuwenden.
2 Art. 7 Abs. 1 GTVO.

II. Risikobasiertes Verfahren bei Echtzeitprüfung **Art. 8 GTVO**

– Ausführung
– Zurückweisung
– Aussetzung.

Die Entscheidung ist je nach Risikolage des betroffenen Transfers zu fällen. Mögliche Kriterien können die Art der fehlenden/unvollständigen Informationen oder die Risikofaktoren sein, die bereits im Rahmen der Überwachungssysteme genutzt werden,[3] um zu entscheiden, ob Transfers einer Echtzeit- oder Ex-post-Kontrolle zu unterziehen sind. 3

1. Zurückweisung des Transfers

Im Falle, dass der Zahlungsdienstleister den Transfer aufgrund der fehlenden/ unvollständigen Angaben zurückweist, hat er keine weiteren Pflichten bezüglich des Transfers. Um einen reibungslosen Zahlungsverkehr zu gewährleisten, sollte er jedoch dem Zahlungsdienstleister des Auftraggebers oder dem zwischengeschalteten Zahlungsdienstleister mitteilen, dass er den Transfer aufgrund fehlender/unvollständiger Angaben zurückweist. 4

2. Aussetzung des Transfers

Entscheidet der Zahlungsdienstleister des Begünstigten aufgrund seiner risikobasierten Analyse, dass ein Transfer ausgesetzt werden soll, bis ihm die vollständigen Angaben (Art. 4 Abs. 1, 2, Art. 5 Abs. 1, Art. 6 GTVO) vorliegen, so hat er den Transfer anzuhalten und dem **in der Zahlungskette unmittelbar vorhergehenden Zahlungsdienstleister** mitzuteilen, dass der Transfer ausgesetzt wird und dem Zahlungsdienstleister des Begünstigten die fehlenden Daten zu liefern sind beziehungsweise zulässige Buchstaben oder Zeichen zu verwenden sind. 5

Der aussetzende Zahlungsdienstleister sollte dabei dem vorhergehenden Zahlungsdienstleister eine angemessene Frist zur Lieferung der fehlenden Informationen setzen. Dabei ist zu unterscheiden, ob der vorhergehende Zahlungsdienstleister in der Zahlungskette innerhalb oder außerhalb des EWR sitzt. Bei einem Zahlungsdienstleister innerhalb des **EWR** sollte diese **Frist drei Arbeitstage** nicht überschreiten.[4] Ob bei grenzüberschreitenden Transfers lokale Feiertage bei der Berechnung der Arbeitstage zu berücksichtigen sind, ist fraglich. Vor dem Hintergrund der Pflichtverletzung des vorhergehenden Zahlungsdienstleisters sollte auf lokale Feiertage im Land des pflichtverletzenden Zahlungsdienstleisters keine Rücksicht bei der Fristberechnung genommen werden. Zudem würde die Berücksichtigung lokaler Feiertage schwerer zu überwachen sein, da von Zahlungsdienstleistern nicht verlangt werden kann, von allen Ländern, ggf. 6

---

3 JC/GL/2017/16, Rn. 30.
4 JC/GL/2017/16, Rn. 35.

GTVO Art. 8 Geldtransfers mit fehlenden oder unvollständigen Angaben

sogar regional unterschiedliche, Feiertage zu kennen. Davon zu unterscheiden ist die Regelung, die für behördliche Auskunftsersuchen gilt.[5]

7 Bei Transfers von Zahlungsdienstleistern **außerhalb des EWR** kann die Frist auf **fünf Arbeitstage** verlängert werden.[6] Im Einzelfall kann, soweit es sich um eine komplexe Zahlungsdienstleisterkette handelt, diese Frist verlängert werden.

8 Diese Frist sollte vom angefragten Zahlungsdienstleister eingehalten werden. Ist dies nicht der Fall, steht es im Ermessen des anfragenden Zahlungsdienstleisters, eine Nachfrist zu setzen. Eine Nachfrist kann, je nach risikobasierter Einstufung des Transfers und des Zahlungsdienstleisters, mit einer Warnung, künftig alle vom betreffenden Zahlungsdienstleister Transfers in die Hochrisikoprüfung zu übernehmen, verbunden werden. Zusätzlich wäre der betreffende Zahlungsdienstleister in eine Liste aufzunehmen, die alle Zahlungsdienstleister erfasst, die wiederholt gegen die Vorgaben der Verordnung verstoßen haben. Dies ist dem betroffenen Zahlungsdienstleister ebenfalls mitzuteilen.

3. Ausführung des Transfers

9 Sollte sich der Zahlungsdienstleister des Begünstigten dazu entschließen, trotz der fehlenden/unvollständigen Angaben den Transfer auszuführen, so entbindet ihn dies nicht von seiner Pflicht, beim vorhergehenden Zahlungsdienstleister nach den fehlenden Angaben zu fragen. Die Gründe für die Ausführung des Transfers trotz positiver Feststellung von fehlenden/unvollständigen Angaben durch die Echtzeitprüfung sind vom Zahlungsdienstleister des Begünstigten zu dokumentieren. Ein Grund hierfür kann sein, dass der betroffene Transfer von einem Zahlungsdienstleister übermittelt wird, der bisher zuverlässig war. Es ist jedenfalls eine Frage des Risikoappetits des Zahlungsdienstleisters des Begünstigten, ob er einen Transfer trotz positiver Kenntnis der Unvollständigkeit/Fehlerhaftigkeit ausführt.

10 Die zu setzende Rückmeldefrist entspricht derjenigen im Falle, dass der Transfer ausgesetzt wird (siehe oben Rn. 6 f.).

4. Dokumentation des Vorgehens

11 Unabhängig davon, ob der Transfer zurückgewiesen, zurückgehalten oder ausgeführt wird, ist die Entscheidung für das jeweilige Vorgehen zu begründen und zu dokumentieren. Dies ist insbesondere im eigenen Interesse des dokumentierenden Zahlungsdienstleisters, da er so mögliche Versäumnisse, z.B. der Frist zur Gutschrift (Art. 83, 84 der Richtlinie (EU) 2015/2366), gegenüber der Auf-

---

5 EG (28).
6 JC/GL/2017/16, Rn. 35.

sicht begründen kann.⁷ Hieraus ergibt sich der Vorrang der Geldwäsche-/Terrorismusfinanzierungsprüfung gegenüber der Fristeinhaltung der Zahlungsausführung.

III. Verfahren bei Ex-post-Prüfung

Prüft der Zahlungsdienstleister des Begünstigten die Transfers erst ex-post auf ihre Vollständigkeit und Richtigkeit, so hat er einen fehlerhaften Transfer bereits ausgeführt, bevor er Maßnahmen ergreifen kann. Folglich bleibt ihm dann nur noch die Möglichkeit, die Unvollständigkeit des Transfers zu dokumentieren und die fehlenden Angaben vom vorhergehenden Zahlungsdienstleister anzufragen. Dabei hat der Zahlungsdienstleister des Begünstigten allerdings dasselbe Verwarnverfahren bei Zahlungsdienstleistern, die wiederholt auffallen, unvollständige Transfers zu liefern, anzuwenden, wie dies Zahlungsdienstleister machen, die in Echtzeit die eingehenden Transfers überwachen. 12

Entscheidend ist hierbei die ordentliche und nachvollziehbare Dokumentation des Vorgehens, um im Zweifel der Aufsichtsbehörde die Entscheidung für das jeweilige Vorgehen begründen zu können.⁸ 13

IV. Wiederholtes Fehlverhalten eines Zahlungsdienstleisters (Art. 8 Abs. 2 GTVO)

Für wiederholtes Liefern von unvollständigen oder fehlerhaften Transfers durch einen Zahlungsdienstleister sieht Art. 8 Abs. 2 GTVO Sanktionen gegen diesen Zahlungsdienstleister vor, die zwar (zunächst) nicht aufsichtlicher Natur sind, aber durch die die Zahlungsdienstleister untereinander dazu gebracht werden sollen, sich verordnungsgemäß zu verhalten. Letztlich soll eine Art der Selbstregulierung der Branche erreicht werden. 14

Eine Definition für „wiederholtes" Fehlverhalten ist weder in der Verordnung noch in den Leitlinien zu finden. Auch hier setzt der Verordnungsgeber auf den risikobasierten Ansatz und überlässt es den Zahlungsdienstleistern im Rahmen ihrer eigenen Risikoanalyse zu entscheiden, ab wann ein Zahlungsdienstleister „wiederholt" unvollständige/fehlende Angaben geliefert hat. Allerdings geben die Leitlinien den Zahlungsdienstleistern zahlreiche **Anhaltspunkte quantitativer und qualitativer Art**, die bei solch einer Analyse berücksichtigt werden 15

---

7 JC/GL/2017/16, Rn. 38.
8 JC/GL/2017/16, Rn. 43.

GTVO Art. 8 Geldtransfers mit fehlenden oder unvollständigen Angaben

können.[9] Die Aufsichtsbehörde, die die Meldung erhält, Art. 8 Abs. 2 Satz 2 GTVO, wird die Europäische Bankaufsichtsbehörde über diese Meldung informieren.[10]

16 Entscheidend für die risikobasierte Ermittlung der Definition von „wiederholtem" Fehlverhalten ist, dass der Zahlungsdienstleister in einer internen Richtlinie Kriterien entwickelt und definiert hat, anhand derer er ein „wiederholtes" Fehlverhalten festmacht und entsprechende Konsequenzen zieht. Ein mögliches Vorgehen in der Konsequenz von Fehlverhalten könnte z. B. folgende Schritte umfassen:

- Anmahnung von den möglichen, nachfolgend beschriebenen Schritten gegenüber dem betroffenen Zahlungsdienstleister,
- Ankündigung einer verstärkten Überwachung, wie Echtzeitprüfungen aller Transfers des entsprechenden Zahlungsdienstleisters,
- Warnung, alle weiteren Transfers dieses Zahlungsdienstleisters zurückzuweisen,
- Einschränkung oder Kündigung der Geschäftsbeziehung mit diesem Zahlungsdienstleister als ultima ratio.

17 In jedem Fall muss ein Zahlungsdienstleister, der bei einem anderen Zahlungsdienstleister wiederholtes Fehlverhalten im Sinne von Art. 7, 8 GTVO feststellt, der nationalen Aufsichtsbehörde[11] eine **Meldung** hierüber zukommen lassen.[12] Dies gilt auch in Fällen, in denen der betroffene Zahlungsdienstleister in einem anderen Land sitzt.

18 Vor der Beendigung einer Geschäftsbeziehung mit einem unzuverlässigen Zahlungsdienstleister aus einem Drittland verlangen die Leitlinien zunächst eine Prüfung, ob dieser Schritt verhältnismäßig vor dem Hintergrund der politisch angestrebten finanziellen Inklusion[13] aller Länder wäre. Hierzu sollten Maßnahmen geprüft werden, die möglicherweise das Risiko der Zusammenarbeit mit diesem Zahlungsdienstleister aus einem Drittland minimieren können.

---

9 JC/GL/2017/16, Rn. 50, 51.
10 JC/GL/2017/16, Rn. 55.
11 BaFin für Deutschland.
12 Meldeformular im Anhang von JC/GL/2017/16.
13 FATF (http://www.fatf-gafi.org/media/fatf/content/images/Updated-2017-FATF-2013-Guidance.pdf) und EU-Kommission (https://ec.europa.eu/neighbourhood-enlargement/sites/near/files/neighbourhood/pdf/key-documents/nif/20160601-eu-initiative-for-financial-inclusion.pdf) befürworten die finanzielle Inklusion.

Art. 9 Bewertung und Verdachtsmeldung

Bei der Bewertung, ob ein Geldtransfer oder eine damit verbundene Transaktion verdächtig ist und ob er der zentralen Meldestelle gemäß der Richtlinie (EU) 2015/849 zu melden ist, berücksichtigt der Zahlungsdienstleister des Begünstigten als einen Faktor, ob Angaben zum Auftraggeber oder zum Begünstigten fehlen oder unvollständig sind.

I. Bewertung

Die Vorschrift gilt es für den Zahlungsdienstleister des Begünstigten zu beachten, wenn eine Entscheidung getroffen werden muss, ob der Geldtransfer an die zentrale Meldestelle, die Financial Intelligence Unit, in Deutschland die Zentralstelle für Finanztransaktionsuntersuchungen, gemeldet werden muss. Neben den klassischen Faktoren für einen auffälligen Transfer (z. B. smurfing) ist auch der Umstand, ob Angaben zum Auftraggeber oder zum Begünstigten fehlen oder unvollständig sind, mit in die Bewertung einzubeziehen und zu gewichten. 1

II. Verdachtsmeldung an die Behörde

Die zentrale Meldestelle ist in Deutschland die Zentralstelle für Finanztransaktionsuntersuchungen (FIU). Die Aufgaben und der Prozess einer Meldung an die FIU ist in den Abschnitten 5 und 6 des Geldwäschegesetzes geregelt (siehe Kommentierung dort). 2

Abschnitt 3
Pflichten zwischengeschalteter Zahlungsdienstleister

Art. 10 Erhaltung der Angaben zum Auftraggeber und zum Begünstigten bei einem Geldtransfer

Zwischengeschaltete Zahlungsdienstleister sorgen dafür, dass alle Angaben, die sie zum Auftraggeber und zum Begünstigten erlangt haben und die zusammen mit einem Geldtransfer übermittelt werden, auch bei der Weiterleitung des Transfers erhalten bleiben.

I. Allgemeines

1 Eine der Neuerungen der Verordnung ist die explizite Erfassung von zwischengeschalteten Zahlungsdienstleistern und das Auferlegen von Pflichten in Abschnitt 3. Dies wirkt sich in der Zusammenschau mit dem Anwendungsbereich der Verordnung praktisch auf die Korrespondenzbankbeziehungen mit Drittstaaten erheblich aus. Die von einem Drittstaat kommenden Datensätze mit den nach Art. 4 ff. erforderlichen Angaben müssen nun vom zwischengeschalteten Zahlungsdienstleister erhalten und vollständig weitergegeben werden. Anhand der weiteren Regelungen in Art. 11 ff. GTVO lässt sich erkennen, dass auch der zwischengeschaltete Zahlungsdienstleister keinen Transfer mit einem unvollständigen Datensatz weitertransferieren darf. Folglich ist der zwischengeschaltete Zahlungsdienstleister verpflichtet, unvollständige Datensätze zu erkennen und mit diesen anhand von implementierten Verfahren gemäß Art. 11 GTVO zu verfahren (siehe Art. 11 GTVO).

II. Überprüfung der Transaktionen

2 In der Praxis wirkt sich die Anforderung sowohl auf das Verfahren bei eingehenden Zahlungen als auch bei ausgehenden Zahlungen aus. Es ist insbesondere darauf zu achten, dass Informationen, die gemäß Art. 4 ff. GTVO erforderlich sind, aber ggf. in einem falschen Feld eingetragen sind, so z. B. ein Ländercode, auffallen und entsprechend berücksichtigt werden.

Der zwischengeschaltete Zahlungsdienstleister sollte über wirksame risikobasierte Verfahren verfügen, die zur Anwendung kommen, wenn die erforderlichen Angaben zum Auftraggeber oder zum Begünstigten fehlen, damit sie entscheiden können, ob der betreffende Geldtransfer ausgeführt, zurückgewiesen oder ausgesetzt wird und welche Folgemaßnahmen angemessenerweise zu treffen sind.[1]

Art. 11 Feststellung fehlender Angaben zum Auftraggeber oder zum Begünstigten

(1) Der zwischengeschaltete Zahlungsdienstleister richtet wirksame Verfahren ein, mit deren Hilfe er feststellen kann, ob die Felder für Angaben zum Auftraggeber und zum Begünstigten in dem zur Ausführung des Geldtransfers verwendeten Nachrichten- oder Zahlungs- und Abwicklungssystem unter Verwendung der im Einklang mit den Übereinkünften über das betreffende System zulässigen Buchstaben oder Einträge ausgefüllt wurden.

(2) Der zwischengeschaltete Zahlungsdienstleister richtet wirksame Verfahren ein, einschließlich – soweit angebracht – einer nachträglichen Überwachung oder einer Echtzeitüberwachung, mit deren Hilfe er feststellen kann, ob folgende Angaben zum Auftraggeber oder zum Begünstigten fehlen:

a) im Falle von Geldtransfers, bei denen die Zahlungsdienstleister des Auftraggebers und des Begünstigten ihren Sitz in der Union haben, die in Artikel 5 genannten Angaben;

b) im Falle von Geldtransfers, bei denen der Zahlungsdienstleister des Auftraggebers oder des Begünstigten seinen Sitz außerhalb der Union hat, die in Artikel 4 Absätze 1 und 2 genannten Angaben;

c) im Falle von Sammelüberweisungen, bei denen der Zahlungsdienstleister des Auftraggebers oder des Begünstigten seinen Sitz außerhalb der Union hat, die in Artikel 4 Absätze 1 und 2 genannten Angaben in Bezug auf die Sammelüberweisung.

I. Allgemeines

Wie auch bereits der Zahlungsdienstleister des Begünstigten hat der zwischengeschaltete Zahlungsdienstleister über wirksame risikobasierte Verfahren zu verfügen, die zur Anwendung kommen, wenn die erforderlichen Angaben zum

1

---

1 EG (23).

GTVO Art. 12 Geldtransfers mit fehlenden Angaben zum Auftraggeber

Auftraggeber oder zum Begünstigten fehlen oder unvollständig sind, damit er entscheiden kann, ob der betreffende Geldtransfer ausgeführt, zurückgewiesen oder ausgesetzt wird und welche Folgemaßnahmen angemessener Weise zu treffen sind. Grundsätzlich entspricht dies den Anforderungen wie in Art. 7 GTVO beschrieben.

II. Besondere Vorgaben für zwischengeschaltete Zahlungsdienstleister

2   Der zwischengeschaltete Zahlungsdienstleister hat zusätzlich zu den in Art. 7 GTVO beschriebenen Pflichten darauf zu achten, dass eine Übertragung der zum Auftraggeber und Begünstigten erhaltenen Angaben in ein anderes Format ohne Fehler und ohne Datenverlust abläuft. Dazu gehört auch, dass die zwischengeschalteten Zahlungsdienstleister über Systeme verfügen, die diese Aufgabe leisten können und dabei die Vorgaben der Verordnung einhalten können.

Art. 12   Geldtransfers mit fehlenden Angaben zum Auftraggeber oder zum Begünstigten

(1) Der zwischengeschaltete Zahlungsdienstleister richtet wirksame risikobasierte Verfahren ein, mit deren Hilfe festgestellt werden kann, ob ein Geldtransfer, bei dem die vorgeschriebenen Angaben zum Auftraggeber und zum Begünstigten nicht enthalten sind, auszuführen, zurückzuweisen oder auszusetzen ist, und welche Folgemaßnahmen angemessenerweise zu treffen sind.

Stellt der zwischengeschaltete Zahlungsdienstleister bei Erhalt von Geldtransfers fest, dass die in Artikel 4 Absätze 1 oder 2, Artikel 5 Absatz 1 oder Artikel 6 genannten Angaben zum Auftraggeber oder zum Begünstigten fehlen oder nicht, wie in Artikel 7 Absatz 1 vorgegeben, unter Verwendung der im Einklang mit den Übereinkünften über das Nachrichten- oder Zahlungs- und Abwicklungssystem zulässigen Buchstaben oder Einträgen ausgefüllt wurden, so weist er auf risikoorientierter Grundlage den Transferauftrag zurück oder fordert die vorgeschriebenen Angaben zum Auftraggeber und zum Begünstigten an, bevor oder nachdem er den Geldtransfer übermittelt.

(2) Versäumt es ein Zahlungsdienstleister wiederholt, die vorgeschriebenen Angaben zum Auftraggeber oder zum Begünstigten vorzulegen, so ergreift der zwischengeschaltete Zahlungsdienstleister Maßnahmen, die anfänglich Verwarnungen und Fristsetzungen umfassen können, bevor er entweder alle

künftigen Transferaufträge dieses Zahlungsdienstleisters zurückweist oder die Geschäftsbeziehungen zu diesem Zahlungsdienstleister beschränkt oder beendet.

Der zwischengeschaltete Zahlungsdienstleister meldet dieses Versäumnis sowie die ergriffenen Maßnahmen der für die Überwachung der Einhaltung der Vorschriften über die Bekämpfung von Geldwäsche und Terrorismusfinanzierung zuständigen Behörde.

Für zwischengeschaltete Zahlungsdienstleister gelten die zu Art. 8 GTVO gemachten Ausführungen gleichermaßen. 1

Art. 13 Bewertung und Verdachtsmeldung

Bei der Bewertung, ob ein Geldtransfer oder eine damit verbundene Transaktion verdächtig ist und ob diese(r) der zentralen Meldestelle gemäß der Richtlinie (EU) 2015/849 zu melden ist, berücksichtigt der zwischengeschaltete Zahlungsdienstleister als einen Faktor, ob Angaben zum Auftraggeber oder zum Begünstigten fehlen.

I. Bewertung der Transaktion

Die Vorschrift gilt für den zwischengeschalteten Zahlungsdienstleister, wenn 1 eine Entscheidung getroffen werden muss, ob ein Geldtransfer aufgrund des Verdachts der Geldwäsche oder Terrorismusfinanzierung an die zentrale Meldestelle, die Financial Intelligence Unit, in Deutschland die Zentralstelle für Finanztransaktionsuntersuchungen, gemeldet werden muss. Neben den klassischen Faktoren für einen auffälligen Transfer (z. B. smurfing) ist auch der Umstand, ob Angaben zum Auftraggeber oder zum Begünstigten fehlen, mit in die Bewertung einzubeziehen und zu gewichten. Die parallele Vorschrift für Zahlungsdienstleister des Begünstigten enthält neben der Einbeziehung, ob Angaben fehlen, noch die Möglichkeit, dass Angaben unvollständig sind. Dass dies in Art. 13 GTVO nicht enthalten ist, ist als redaktionelles Versehen zu verstehen. Der Pflichtenkatalog sollte in diesem Zusammenhang für die Zahlungsdienstleister identisch sein. Ein Gleichlauf ist bereits dem Erwägungsgrund der Verordnung zu entnehmen, der nicht zwischen dem Zahlungsdienstleister des Begünstigten und des zwischengeschalteten Zahlungsdienstleisters im Zusammenhang mit der risikobasierten Einschätzung, ob verdächtige Transaktionen gemeldet werden müssen, unterscheidet.[1]

---

1 Erwägungsgrund 24.

II. Abgabe der Verdachtsmeldung

2   Die zentrale Meldestelle ist in Deutschland die Zentralstelle für Finanztransaktionsuntersuchungen (FIU). Die Aufgaben und der Prozess einer Meldung an die FIU ist in den Abschnitten 5 und 6 des Geldwäschegesetzes geregelt (siehe Kommentierung dort).

Kapitel III
Informationen, Datenschutz und Aufbewahrung von Aufzeichnungen
Art. 14 Erteilung von Informationen

Zahlungsdienstleister beantworten vollständig und unverzüglich, auch über eine zentrale Kontaktstelle gemäß Artikel 45 Absatz 9 der Richtlinie (EU) 2015/849, falls eine solche Kontaktstelle benannt wurde, und unter Einhaltung der Verfahrensvorschriften des Rechts seines Sitzmitgliedstaats ausschließlich Anfragen der für die Bekämpfung von Geldwäsche oder Terrorismusfinanzierung zuständigen Behörden dieses Mitgliedstaats zu den nach dieser Verordnung vorgeschriebenen Angaben.

I. Informationsweitergabe

Zum Schutz der personenbezogenen Daten, die im Rahmen der Einhaltung dieser Verordnung erlangt wurden, sind die Zahlungsdienstleister angehalten, ausschließlich Anfragen der **zuständigen Behörden**, also den Aufsichtsbehörden der Zahlungsdienstleister sowie der Zentralen Finanzstelle für Finanztransaktionsuntersuchungen, den Polizei- und Ermittlungsbehörden, zu beantworten. Dies geschieht unter Einhaltung der Verfahrensvorschriften des Sitzmitgliedstaates des Zahlungsdienstleisters, die bei Zweigstellen und Zweigniederlassungen vom Recht des Aufnahmemitgliedstaates abweichen kann. 1

Die Anfragen der Behörden sind **unverzüglich**, also ohne schuldhaftes Zögern, zu beantworten. Dies ist auch dann noch gewährleistet, wenn zur verständlichen und/oder sinnvollen Beantwortung der Anfrage auf Rückmeldung von anderer Stelle gewartet werden muss. Die Grenze dürfte jedoch dann überschritten sein, wenn der Zahlungsdienstleister sich nicht redlich bemüht, binnen kürzester Zeit diese Informationen zu erhalten. Im Zweifel scheint eine Abstimmung mit der anfragenden Behörde sinnvoll. 2

Die Anfragen sind **vollständig** zu beantworten. Dazu gehören alle zu dem angefragten Transfer vorhandenen Informationen und Unterlagen, um den Sachverhalt des in Frage stehenden Transfers nachvollziehen zu können. Interne Bewertungen zu einem Transfer und Unterlagen kann dies ebenso betreffen wie Informationen, die im Rahmen einer Rückfrage gemäß Art. 8, 12 GTVO erlangt wurden. 3

GTVO Art. 15 Datenschutz

II. Zentrale Kontaktstelle

4   Die Möglichkeit der Mitgliedstaaten von den in Art. 45 Abs. 9 der Richtlinie (EU) 2015/849 genannten Zahlungsdienstleistern zu verlangen, eine zentralen Kontaktstelle einzurichten, ist von Deutschland nicht wahrgenommen worden.

Art. 15 Datenschutz

(1) Für die Verarbeitung personenbezogener Daten im Rahmen dieser Verordnung gilt die in nationales Recht umgesetzte Richtlinie 95/46/EG. Für die Verarbeitung personenbezogener Daten im Rahmen dieser Verordnung durch die Kommission oder die Europäischen Aufsichtsbehörden gilt die Verordnung (EG) Nr. 45/2001.

(2) Personenbezogene Daten dürfen von Zahlungsdienstleistern auf der Grundlage dieser Verordnung ausschließlich für die Zwecke der Verhinderung von Geldwäsche und Terrorismusfinanzierung verarbeitet werden und nicht in einer Weise weiterverarbeitet werden, die mit diesen Zwecken unvereinbar ist. Es ist untersagt, personenbezogene Daten auf der Grundlage dieser Verordnung für kommerzielle Zwecke zu verarbeiten.

(3) Zahlungsdienstleister stellen neuen Kunden die nach Artikel 10 der Richtlinie 95/46/EG vorgeschriebenen Informationen zur Verfügung, bevor sie eine Geschäftsbeziehung begründen oder gelegentliche Transaktionen ausführen. Diese Informationen umfassen insbesondere einen allgemeinen Hinweis zu den rechtlichen Pflichten der Zahlungsdienstleister bei der Verarbeitung personenbezogener Daten zu Zwecken der Verhinderung von Geldwäsche und Terrorismusfinanzierung gemäß dieser Verordnung.

(4) Zahlungsdienstleister stellen sicher, dass die Vertraulichkeit der verarbeiteten Daten gewahrt ist.

Übersicht

	Rn.		Rn.
I. Anwendbares Datenschutzrecht (Art. 15 Abs. 1 GTVO)	1	III. Informationspflichten des Zahlungsdienstleisters (Art. 15 Abs. 3 GTVO)	3
II. Zweck der Datenverarbeitung (Art. 15 Abs. 2 GTVO)	2	IV. Vertraulichkeit der Daten (Art. 15 Abs. 4 GTVO)	6

III. Informationspflichten des Zahlungsdienstleisters Art. 15 GTVO

I. Anwendbares Datenschutzrecht (Art. 15 Abs. 1 GTVO)

Die Verarbeitung personenbezogener Daten unterliegt dem Datenschutz. Da ein Zahlungsdienstleister gemäß Art. 4 ff. GTVO zahlreiche personenbezogene Daten von Auftraggebern und Begünstigten erhält, muss der Datenschutz gewährleistet sein. Die Verordnung referenziert für die Zahlungsdienstleister hierzu noch auf die EU-Datenschutzrichtlinie, die in 2018 durch die Europäische Datenschutzgrundverordnung abgelöst wird.[1]

II. Zweck der Datenverarbeitung (Art. 15 Abs. 2 GTVO)

Dem datenschutzrechtlichen Verbot mit Erlaubnisvorbehalt wird in Art. 15 Abs. 2 GTVO Rechnung getragen und die Datenverarbeitung ausdrücklich zum Zweck der Verarbeitung von personenbezogenen Daten, die über Art. 4 ff. GTVO erlangt wurden, gestattet. Die Grenze der für die Zwecke der Verhinderung von Geldwäsche und Terrrorismusfinanzierung findet sich dort, wo es nicht mehr vereinbar mit den Zielen der Geldwäscheprävention ist. Folglich können Daten in Systemen verarbeitet werden, die dem Zweck der Geldwäscheprävention dienen und damit vereinbar sind. Dazu kann auch der **Austausch von Daten** innerhalb eines (internationalen) Konzerns unter Beachtung bestimmter Voraussetzungen gehören.[2] Eine Nutzung der personenbezogenen Daten ohne Bezug zum Verordnungszweck ist untersagt. **Kommerzielle Zwecke** sind solche, die dem Zahlungsdienstleister wirtschaftlichen Nutzen bringen, ohne dem Verordnungszweck zu dienen. Darunter fallen Marketingmaßnahmen, Analyse des Kundenverhaltens anhand der Daten usw.

III. Informationspflichten des Zahlungsdienstleisters (Art. 15 Abs. 3 GTVO)

Die Informationspflicht gegenüber neuen Kunden als Betroffene, deren personenbezogene Daten verarbeitet werden, richten sich nach Art. 10 der Richtlinie 95/46/EG, der Datenschutzrichtlinie als Vorgängerrechtsakt der Datenschutzgrundverordnung.[3] Im Kern müssen dem Betroffenen folgende Informationen zur Verfügung gestellt werden:

---

1 Verordnung (EU) 2016/679.
2 Erwägungsgrund (11). Dies wird auch von der FATF ausdrücklich im Leitfaden „Private Sector Information Sharing" betont. Abrufbar unter http://www.fatf-gafi.org/media/fatf/documents/recommendations/Private-Sector-Information-Sharing.pdf.
3 Verordnung (EU) 2016/679.

GTVO Art. 15 Datenschutz

Artikel 10 der Datenschutzrichtlinie

Information bei der Erhebung personenbezogener Daten bei der betroffenen Person

Die Mitgliedstaaten sehen vor, daß die Person, bei der die sie betreffenden Daten erhoben werden, vom für die Verarbeitung Verantwortlichen oder seinem Vertreter zumindest die nachstehenden Informationen erhält, sofern diese ihr noch nicht vorliegen:

a) Identität des für die Verarbeitung Verantwortlichen und gegebenenfalls seines Vertreters,

b) Zweckbestimmungen der Verarbeitung, für die die Daten bestimmt sind,

c) weitere Informationen, beispielsweise betreffend

- *die Empfänger oder Kategorien der Empfänger der Daten,*
- *die Frage, ob die Beantwortung der Fragen obligatorisch oder freiwillig ist, sowie mögliche Folgen einer unterlassenen Beantwortung,*
- *das Bestehen von Auskunfts- und Berichtigungsrechten bezüglich sie betreffender Daten,*

sofern sie unter Berücksichtigung der spezifischen Umstände, unter denen die Daten erhoben werden, notwendig sind, um gegenüber der betroffenen Person eine Verarbeitung nach Treu und Glauben zu gewährleisten.

4   In der Datenschutzgrundverordnung sind die Informationspflichten in Art. 13, 14 GTVO geregelt und ab Mai 2018 anwendbar. Teilweise haben die kreditwirtschaftlichen Verbände **Mustertextbausteine** oder Formulierungshilfen entworfen, die die Anwendung dieser Vorschrift in der Praxis erleichtern und den in Art. 15 Abs. 3 Satz 2 GTVO niedergelegten Anforderungen entsprechen.

5   **Bestandskunden** sind von der Informationspflicht nach der Verordnung zwar nicht erfasst, aber aus datenschutzrechtlichen Gesichtspunkten ist eine Information ebenfalls im Zuge der Umsetzung der Datenschutzgrundverordnung zu prüfen.

IV. Vertraulichkeit der Daten (Art. 15 Abs. 4 GTVO)

6   Die Vertraulichkeit der Daten muss sichergestellt werden. Dazu zählt ein **Benutzerberechtigungsmanagement**, in dem fest definiert ist, welcher Mitarbeiter des Zahlungsdienstleisters Zugang zu welchen personenbezogenen Daten haben muss und darf. Sicherlich sind dies die mit der Geldwäscheprävention befassten Mitarbeiter, sowie Mitarbeiter im Zahlungsverkehr, die qua Aufgabe bereits mit den Daten arbeiten müssen. Das zur Vertraulichkeit gehörende Löschkonzept ist unter Berücksichtigung der Vorgaben von Art. 16 zu implementieren.

Die **technisch-organisatorische Sicherheit** gehört ebenfalls zu einem professionellen Vertraulichkeitskonzept. Hier sind nach dem aktuellen technischen Standard Maßnahmen zu ergreifen, um Angriffe von außen und innen (siehe oben Rn. 6) zu vermeiden. Neben den Sicherheitsupdates und der vom Dienstleister zur Verfügung gestellten Aktualisierungen sind auch die Mitarbeiter für dieses Thema zu sensibilisieren (z. B. Schulungen, Arbeitsanweisungen). Ebenso sind Vorkehrungen gegen versehentlichen Verlust, Veränderung, unbefugter Weitergabe oder gegen unbefugten Zugriff zu treffen.[4] Ein Notfallmanagementplan sollte für den Eintritt eines der genannten Szenarien vorliegen. Im Ergebnis können hier die grundsätzlichen Vorgehensweisen, die aus dem Datenschutzrecht bekannt sind, angewandt werden.

Art. 16 Aufbewahrung von Aufzeichnungen

(1) Angaben zum Auftraggeber und zum Begünstigten dürfen nicht länger als unbedingt erforderlich aufbewahrt werden. Die Zahlungsdienstleister des Auftraggebers und des Begünstigten bewahren Aufzeichnungen der in den Artikeln 4 bis 7 genannten Angaben fünf Jahre lang auf.

(2) Nach Ablauf der in Absatz 1 genannten Aufbewahrungsfrist stellen die Zahlungsdienstleister sicher, dass die personenbezogenen Daten gelöscht werden, es sei denn, das nationale Recht enthält andere Bestimmungen, die regeln, unter welchen Umständen die Zahlungsdienstleister die Daten länger aufbewahren dürfen oder müssen. Die Mitgliedstaaten dürfen eine weitere Aufbewahrung nur nach einer eingehenden Prüfung der Erforderlichkeit und Verhältnismäßigkeit einer solchen weiteren Aufbewahrung gestatten oder vorschreiben, wenn sie dies für die Verhinderung, Aufdeckung oder Ermittlung von Geldwäsche oder Terrorismusfinanzierung für erforderlich halten. Die Frist für diese weitere Aufbewahrung darf einen Zeitraum von fünf Jahren nicht überschreiten.

(3) Ist in einem Mitgliedstaat am 25. Juni 2015 ein Gerichtsverfahren betreffend die Verhinderung, Aufdeckung, Ermittlung oder Verfolgung von mutmaßlicher Geldwäsche oder Terrorismusfinanzierung anhängig und besitzt ein Zahlungsdienstleister Informationen oder Unterlagen im Zusammenhang mit diesem anhängigen Verfahren, so darf der Zahlungsdienstleister diese Informationen oder Unterlagen im Einklang mit den nationalen Rechtsvorschriften ab dem 25. Juni 2015 fünf Jahre lang aufbewahren. Die Mitgliedstaaten können unbeschadet ihrer Beweisregelungen im nationalen Strafrecht, die auf laufende strafrechtliche Ermittlungen und Gerichtsver-

---

4 Erwägungsgrund (11).

GTVO Art. 16 Aufbewahrung von Aufzeichnungen

fahren Anwendung finden, die Aufbewahrung dieser Informationen oder Unterlagen für weitere fünf Jahre gestatten oder vorschreiben, sofern die Erforderlichkeit und Verhältnismäßigkeit dieser weiteren Aufbewahrung für die Verhinderung, Aufdeckung, Ermittlung oder Verfolgung mutmaßlicher Geldwäsche oder Terrorismusfinanzierung festgestellt wurde.

Übersicht

	Rn.		Rn.
I. Allgemeine Aufbewahrungsfrist (Art. 16 Abs. 1 GTVO)	1	III. Maximale Aufbewahrungsfrist, laufende Verfahren (Art. 16 Abs. 3 GTVO)	5
II. Weitere Aufbewahrung (Art. 16 Abs. 2 GTVO)	3		

I. Allgemeine Aufbewahrungsfrist (Art. 16 Abs. 1 GTVO)

1 Die allgemeine Aufbewahrungsfrist für Angaben von Auftraggeber und Begünstigten, die die Zahlungsdienstleister gemäß Art. 4 bis Art. 7 GTVO erlangt haben, sind fünf Jahre lang aufzubewahren. **Zwischengeschaltete Zahlungsdienstleister** sind von Art. 16 Abs. 1 Satz 2 GTVO nicht erfasst, fallen aber in den Anwendungsbereich des Satz 1, sodass sie die Angaben zu Auftraggeber und Begünstigten zwar aufbewahren müssen, jedoch nicht länger als nötig, sodass auch hier von einer maximalen Speicherdauer von fünf Jahren auszugehen ist.

2 Der **Fristbeginn** ist in der Verordnung nicht definiert, sondern folgt den Vorgaben des Datenschutzrechts. Um hier einen Gleichlauf mit den Vorgaben der Richtlinie (EU) 2015/849 sicherzustellen, ist es sinnvoll, hier auf die Regelungen im GwG zur Aufbewahrungsfrist zurückzugreifen, § 8 Abs. 4 GwG analog.

II. Weitere Aufbewahrung (Art. 16 Abs. 2 GTVO)

3 Die Löschung aller personenbezogenen Daten nach Ablauf von fünf Jahren ist gemäß den gültigen datenschutzrechtlichen Vorgaben vorzunehmen. Dies schließt auch die Löschung von sämtlichen Sicherheitskopien ein. Regelmäßige Prüfungen, ob Datensätze aufgrund Zeitablauf zu löschen sind, sollten implementiert werden. Um sicherzustellen, dass die Löschung tatsächlich vollständig fristgerecht vorgenommen wurde, empfiehlt sich eine dem Datenschutzrecht entsprechende **Dokumentation**.

III. Maximale Aufbewahrungsfrist, laufende Verfahren   Art. 16 GTVO

Andere nationale Bestimmungen, die längere Aufbewahrungsfristen vorsehen, 4
sind z. B. solche des Handelsgesetzbuches oder der Abgabenordnung. Eine weitere Aufbewahrung aufgrund einer speziellen nationalen Regelung, die über die gestatteten fünf Jahre hinausgeht und für die Verhinderung, Aufdeckung oder Ermittlung von Geldwäsche oder Terrorismusfinanzierung erforderlich ist, ist gestattet. Deutschland hat von dieser Möglichkeit keinen Gebrauch gemacht. Andernfalls wäre eine maximale Aufbewahrungsfrist von insgesamt 10 Jahren möglich.

III. Maximale Aufbewahrungsfrist, laufende Verfahren (Art. 16 Abs. 3 GTVO)

Eine verlängerte Aufbewahrung über die in Abs. 1 festgelegte Fünfjahresfrist 5
wurde für solche Informationen und Unterlagen gewährt, die ein einschlägiges **Gerichtsverfahren** betreffen, das bereits zum Zeitpunkt des Inkrafttretens der Verordnung anhängig war. Diese Übergangsfrist endet folglich am 25.6.2020. Der nationale Gesetzgeber hat hier die Option, die Aufbewahrungsfrist, ähnlich der Regelung in Art. 16 Abs. 2 GTVO, um weitere fünf Jahre zu verlängern, sofern dies für einschlägige Verfahren erforderlich und verhältnismäßig wäre. So wäre auch hier eine maximale Aufbewahrungsfrist bis zum 25.6.2015 denkbar. Deutschland hat hiervon keinen Gebrauch gemacht.

Kapitel IV
Sanktionen und Überwachung

Art. 17 Verwaltungsrechtliche Sanktionen und Maßnahmen

(1) Unbeschadet ihres Rechts, strafrechtliche Sanktionen vorzusehen und zu verhängen, legen die Mitgliedstaaten die Vorschriften für verwaltungsrechtliche Sanktionen und Maßnahmen für Verstöße gegen die Bestimmungen dieser Verordnung fest und ergreifen alle erforderlichen Maßnahmen, um deren Durchführung zu gewährleisten. Die vorgesehenen Sanktionen und Maßnahmen müssen wirksam, angemessen und abschreckend sein und mit denen des Kapitels VI Abschnitt 4 der Richtlinie (EU) 2015/849 im Einklang stehen.

Mitgliedstaaten können beschließen, für Verstöße gegen die Vorschriften dieser Verordnung, die nach ihrem nationalen Recht strafrechtlichen Sanktionen unterliegen, keine Vorschriften für verwaltungsrechtliche Sanktionen oder Maßnahmen festzulegen. In diesem Fall teilen sie der Kommission die einschlägigen strafrechtlichen Vorschriften mit.

(2) Die Mitgliedstaaten stellen sicher, dass bei für Zahlungsdienstleister geltenden Verpflichtungen im Falle von Verstößen gegen die Bestimmungen dieser Verordnung nach dem nationalen Recht Sanktionen oder Maßnahmen gegen die Mitglieder des Leitungsorgans und jede andere natürliche Person, die nach nationalem Recht für den Verstoß verantwortlich ist, verhängt werden können.

(3) Die Mitgliedstaaten teilen der Kommission und dem Gemeinsamen Ausschuss der Europäischen Aufsichtsbehörden die Vorschriften gemäß Absatz 1 bis zum 26. Juni 2017 mit. Sie teilen der Kommission und dem Gemeinsamen Ausschuss der Europäischen Aufsichtsbehörden jegliche Änderung dieser Vorschriften ohne Verzögerung mit.

(4) Die zuständigen Behörden sind gemäß Artikel 58 Absatz 4 der Richtlinie (EU) 2015/849 mit allen für die Wahrnehmung ihrer Aufgaben erforderlichen Aufsichts- und Ermittlungsbefugnissen ausgestattet. Um zu gewährleisten, dass die verwaltungsrechtlichen Sanktionen oder Maßnahmen die gewünschten Ergebnisse erzielen, arbeiten die zuständigen Behörden bei der Wahrnehmung ihrer Befugnis zur Auferlegung von verwaltungsrechtlichen Sanktionen und Maßnahmen eng zusammen und koordinieren ihre Maßnahmen in grenzüberschreitenden Fällen.

(5) Die Mitgliedstaaten stellen sicher, dass juristische Personen für Verstöße im Sinne des Artikels 18 verantwortlich gemacht werden können, die zu ihren Gunsten von einer Person begangen wurden, die allein oder als Teil eines Organs der juristischen Person gehandelt hat und die aufgrund einer der folgenden Befugnisse eine Führungsposition innerhalb der juristischen Person innehat:

a) Befugnis zur Vertretung der juristischen Person;
b) Befugnis, Entscheidungen im Namen der juristischen Person zu treffen; oder
c) Kontrollbefugnis innerhalb der juristischen Person.

(6) Die Mitgliedstaaten stellen ferner sicher, dass juristische Personen verantwortlich gemacht werden können, wenn mangelnde Überwachung oder Kontrolle durch eine Person im Sinne des Absatzes 5 dieses Artikels das Begehen eines der in Artikel 18 genannten Verstöße zugunsten der juristischen Person durch eine ihr unterstellte Person ermöglicht hat.

(7) Die zuständigen Behörden üben ihre Befugnis zum Verhängen von verwaltungsrechtlichen Sanktionen und Maßnahmen gemäß dieser Verordnung wie folgt aus:

a) unmittelbar;
b) in Zusammenarbeit mit anderen Behörden;
c) in eigener Verantwortung durch Übertragung von Aufgaben an solche anderen Behörden;
d) durch Antragstellung bei den zuständigen Justizbehörden.

Um zu gewährleisten, dass die verwaltungsrechtlichen Sanktionen oder Maßnahmen die gewünschten Ergebnisse erzielen, arbeiten die zuständigen Behörden bei der Wahrnehmung ihrer Befugnis zum Verhängen von verwaltungsrechtlichen Sanktionen und Maßnahmen eng zusammen und koordinieren ihre Maßnahmen in grenzüberschreitenden Fällen.

Art. 17 GTVO richtet sich an die Mitgliedstaaten – diese haben dafür Sorge zu tragen, dass Verstöße gegen die Verordnung angemessen geahndet werden, entweder durch verwaltungsrechtliche oder strafrechtliche Sanktionen. Dem Verordnungsgeber ist insoweit ein Gleichlauf mit dem Sanktionsregime in der Richtlinie (EU) 2015/849 wichtig. Diese Aufgaben hat Deutschland mit dem Sanktionskatalog im GwG sowie im Zahlungsdiensteaufsichtsgesetz[1] umgesetzt.

---

[1] § 10 Abs. 2 Nr. 5, § 15 Abs. 1 Satz 1, § 18 Abs. 1 Nr. 1, § 22 Abs. 1 Nr. 4, Abs. 4, § 23, § 32 Abs. 3 Nr. 14 ZAG.

Art. 18 Besondere Bestimmungen

Die Mitgliedstaaten gewährleisten, dass ihre verwaltungsrechtlichen Sanktionen und Maßnahmen für die im Folgenden genannten Verstöße zumindest die verwaltungsrechtlichen Sanktionen und Maßnahmen nach Artikel 59 Absätze 2 und 3 der Richtlinie (EU) 2015/849 umfassen:

a) wiederholte oder systematische Nichtübermittlung vorgeschriebener Angaben zum Auftraggeber oder zum Begünstigten durch einen Zahlungsdienstleister unter Verstoß gegen die Artikel 4, 5 oder 6;

b) wiederholtes, systematisches oder schweres Versäumnis eines Zahlungsdienstleisters, die Aufbewahrung von Aufzeichnungen gemäß Artikel 16 sicherzustellen;

c) Versäumnis eines Zahlungsdienstleisters, wirksame risikobasierte Verfahren einzuführen, unter Verstoß gegen Artikel 8 oder 12;

d) schwerwiegender Verstoß zwischengeschalteter Zahlungsdienstleister gegen Artikel 11 oder 12.

1   Art. 18 GTVO richtet sich an die Mitgliedstaaten. Die verwaltungsrechtlichen Sanktionen sollen einheitlich sein, während sich die möglichen strafrechtlichen Sanktionen (Art. 17 Abs. 1 GTVO) in den Mitgliedstaaten unterscheiden dürfen. Die Verordnung gibt mit Art. 18 GTVO ein Mindestmaß für die verwaltungsrechtlichen Sanktionen vor, die denjenigen der Richtlinie (EU) 2105/849 entsprechen. Dies hat Deutschland im GwG und im Zahlungsdiensteaufsichtsgesetz (siehe Art. 17) umgesetzt.

Art. 19 Bekanntmachung von Sanktionen und Maßnahmen

Im Einklang mit Artikel 60 Absätze 1, 2 und 3 der Richtlinie (EU) 2015/849 machen die zuständigen Behörden verwaltungsrechtliche Sanktionen und Maßnahmen, die in den Artikel 17 und 18 dieser Verordnung genannten Fällen verhängt werden, unverzüglich unter Nennung der Art und des Wesens des Verstoßes und der Identität der für den Verstoß verantwortlichen Personen öffentlich bekannt, falls dies nach einer Prüfung im Einzelfall erforderlich und verhältnismäßig ist.

I. Festlegung der Sanktionen und Maßnahmen **Art. 20 GTVO**

I. Naming and Shaming

Einem derzeitigen Trend im Aufsichtsrecht folgend, wird mit Art. 19 GTVO das sog. **Naming and Shaming** eingeführt. Dabei werden Art und Weise des Verstoßes öffentlich gemacht. Die Identität der für den Verstoß verantwortlichen Person kann sich sowohl auf eine juristische als auch natürliche Person beziehen. Dies wird durch den Verweis auf Art. 60 der Richtlinie (EU) 2015/849 deutlich, in dem ebenfalls zwischen natürlicher und juristischer Person unterschieden wird. 1

In der Praxis veröffentlicht die BaFin ihre Maßnahmen auf ihrer Website. Ab wann ein Verstoß zu veröffentlichen ist, obliegt dem Ermessen der Aufsichtsbehörde und ist jeweils eine Einzelfallentscheidung. 2

Der Verstoß bleibt für fünf Jahre auf der Website der Aufsichtsbehörde veröffentlicht, Art. 60 Abs. 3 der Richtlinie (EU) 2015/849. 3

II. Verwaltungsrechtliche Maßnahmen und Sanktionen

Zuständige Behörde für verwaltungsrechtliche Maßnahmen und Sanktionen ist die BaFin. Naming and Shaming kann für alle in Art. 17 und 18 GTVO möglichen Maßnahmen und Sanktionen verhängt werden. 4

Art. 20 Anwendung von Sanktionen und Maßnahmen durch die zuständige Behörde

(1) Bei der Festlegung der Art der verwaltungsrechtlichen Sanktionen oder Maßnahmen und der Höhe der Geldbußen berücksichtigen die zuständigen Behörden alle maßgeblichen Umstände, darunter auch die in Artikel 60 Absatz 4 der Richtlinie (EU) 2015/849 genannten.

(2) In Bezug auf gemäß dieser Verordnung verhängte verwaltungsrechtliche Sanktionen und Maßnahmen gilt Artikel 62 der Richtlinie (EU) 2015/849.

I. Festlegung der Sanktionen und Maßnahmen (Art. 20 Abs. 1 GTVO)

Art. 20 Abs. 1 GTVO verweist auf die in Art. 60 Abs. 4 der Richtlinie (EU) 2015/849 genannten Kriterien, die zur Festlegung der Sanktionen und Maßnah- 1

GTVO Art. 21 Meldung von Verstößen

men im Einzelfall zu berücksichtigen sind. Art. 60 der Richtlinie (EU) 2015/849 ist in § 57 GwG in nationales Recht umgesetzt worden (siehe dort).

II. Europaweite Übersicht zu Sanktionen und Maßnahmen (Art. 20 Abs. 2 GTVO)

2   Auch für den Bereich der Verordnung gilt, dass die nationalen Aufsichtsbehörden den Europäischen Aufsichtsbehörden die Links zu ihren Websites mit den veröffentlichten Maßnahmen und Sanktionen übermitteln. Die Europäischen Aufsichtsbehörden bündeln diese Links ihrerseits auf einer Website, sodass ein Überblick über alle Sanktionsseiten in den Mitgliedstaaten besteht und eine nationale Sanktion bzw. Maßnahme über die zentrale Seite auch für Personen, die nicht mit der lokalen Aufsichtsbehörde vertraut sind, einfach einsehbar ist.

Art. 21 Meldung von Verstößen

(1) Die Mitgliedstaaten richten wirksame Mechanismen ein, um die Meldung von Verstößen gegen diese Verordnung an die zuständigen Behörden zu fördern.

Diese Mechanismen umfassen zumindest die in Artikel 61 Absatz 2 der Richtlinie (EU) 2015/849 genannten.

(2) Die Zahlungsdienstleister richten in Zusammenarbeit mit den zuständigen Behörden angemessene interne Verfahren ein, über die ihre Mitarbeiter oder Personen in einer vergleichbaren Position Verstöße intern über einen sicheren, unabhängigen, spezifischen und anonymen Weg melden können und der in Bezug auf die Art und die Größe des betreffenden Zahlungsdienstleisters verhältnismäßig ist.

I. Meldung von Verstößen gegen die Verordnung (Art. 21 Abs. 1 GTVO)

1   Es ist Aufgabe der Mitgliedstaaten, wirksame Maßnahmen zu etablieren, die es den nach der Verordnung verpflichteten Zahlungsdienstleistern ermöglichen, Verstöße gegen diese Verordnung[1] den zuständigen Behörden zu melden. Diese Mechanismen umfassen mindestens die folgenden Maßnahmen:

---

1 Art. 17f.

III. Internes Hinweisgebersystem **Art. 21 GTVO**

- spezielle Verfahren für die Entgegennahme der Meldung von Verstößen und diesbezüglicher Folgemaßnahmen;
- einen angemessenen Schutz für Angestellte der Verpflichteten oder Personen in einer vergleichbaren Position, die Verstöße innerhalb des Verpflichteten melden;
- einen angemessenen Schutz für die beschuldigte Person;
- den Schutz personenbezogener Daten gemäß den Grundsätzen der Richtlinie 95/46/EG sowohl für die Person, die die Verstöße meldet, als auch für die natürliche Person, die mutmaßlich für einen Verstoß verantwortlich ist;
- klare Vorschriften, die gewährleisten, dass in Bezug auf die Person, die die innerhalb des Verpflichteten begangenen Verstöße meldet, in allen Fällen Vertraulichkeit garantiert wird, es sei denn, eine Weitergabe der Information ist nach nationalem Recht im Rahmen weiterer Ermittlungen oder nachfolgender Gerichtsverfahren erforderlich.

Diese Vorgaben des Art. 61 der 4. EU-Geldwäscherichtlinie sind in Deutschland mit der Umsetzung der vorgesehenen Sanktionsnormen in § 56 Abs. 4 KWG umgesetzt worden. Entsprechend wird auf die einschlägige Kommentierung hierzu verwiesen. 2

II. Hinweisgebersystem (Art. 21 Abs. 1 Satz 2 GTVO)

Die zuständigen Aufsichtsbehörden haben ein Hinweisgebersystem einzurichten, das es Mitarbeitern der Behörden und der Zahlungsdienstleister ermöglicht, Verstöße gegen die Verordnung zu melden. Diese Vorgabe wurde für die Behördenseite in § 53 Abs. 1 GwG umgesetzt (siehe dort). 3

III. Internes Hinweisgebersystem

Die Zahlungsdienstleister müssen ihren Mitarbeitern ebenfalls eine Möglichkeit bieten, Verstöße gegen die Verordnung intern über einen sicheren, unabhängigen, spezifischen und anonymen Weg melden zu können. Eine anonyme Meldemöglichkeit kann je nach Größe und Art des Zahlungsdienstleisters ein Briefkasten oder eine rein technische Lösung sein. Die Meldung muss Mitarbeitern und **Personen in einer einem Mitarbeiter vergleichbaren Position** gleichermaßen möglich sein. Die Definition von Personen in vergleichbarer Position ist weit zu fassen. Entscheidend ist dabei, dass die Person Kenntnisse und Einblicke gleich einem Mitarbeiter gewinnen kann. Dies ist beispielsweise bei Leiharbeitnehmern und Dienstleistern, die in die internen Systemabläufe Einblick gewinnen, der Fall. Folglich muss auch der Zugang zum Hinweisgebersystem für alle diese Personen, also sowohl Mitarbeiter als auch die Personen in einer einem Mitarbeiter vergleichbaren Position, gleichermaßen gewährleistet sein. 4

Art. 22 Überwachung

(1) Die Mitgliedstaaten schreiben vor, dass die zuständigen Behörden eine wirksame Überwachung durchführen und die erforderlichen Maßnahmen treffen, um die Einhaltung dieser Verordnung sicherzustellen, und fördern durch wirksame Mechanismen die Meldung von Verstößen gegen die Bestimmungen dieser Verordnung an die zuständigen Behörden.

(2) Nachdem die Mitgliedstaaten der Kommission und dem Gemeinsamen Ausschuss der Europäischen Aufsichtsbehörden gemäß Artikel 17 Absatz 3 die in Absatz 1 dieses Artikels genannten Vorschriften mitgeteilt haben, übermittelt die Kommission dem Europäischen Parlament und dem Rat einen Bericht über die Anwendung des Kapitels IV, insbesondere im Hinblick auf grenzüberschreitende Fälle.

I. Wirksame Überwachung durch die zuständige Behörde (Art. 22 Abs. 1 GTVO)

1 Die zuständigen Aufsichtsbehörden gründen auf Art. 22 GTVO ihr Recht, die Tätigkeiten der verpflichteten Zahlungsdienstleister zu überwachen. In der Praxis geschieht dies durch entsprechende Prüfungen, so z.B. der Jahresabschlussprüfung in der Finanzbranche.[1]

2 Das in Art. 22 Abs. 1 GTVO geforderte **Hinweisgebersystem** hat die BaFin bereits errichtet und ist über das auf der Website der BaFin zugängliche Portal für Hinweisgeber zugänglich. Damit können Verstöße gegen die Verordnung der Aufsicht zur Kenntnis gebracht werden. Unter Hinweisgebern sind Personen zu verstehen, die ein besonderes Wissen oder Verhältnis zum Zahlungsdienstleister haben, z.B. dessen Arbeitnehmers. Nicht erfasst werden soll von dieser Norm der Kunde des Zahlungsdienstleisters. Diesem stehen andere Kanäle zur Beschwerde offen.

II. Bericht über die Anwendung der Vorgaben (Art. 22 Abs. 2 GTVO)

3 Art. 22 Abs. 2 GTVO richtet sich an die Europäische Kommission und verpflichtet diese, dem Europäischen Rat und dem Parlament Informationen zur Umsetzung der Verordnungsvorgaben in den einzelnen Mitgliedstaaten, die sie gemäß Art. 17 Abs. 3 von den nationalen Aufsichtsbehörden mitgeteilt bekom-

---

1 Für Kreditinstitute §§ 26 f. PrüfbV.

II. Bericht über die Anwendung der Vorgaben Art. 22 GTVO

men hat, in einem Bericht zu übermitteln. Neben der allgemeinen Information dient dies auch der Kontrolle, ob ein sog. level playing field in der EU bezüglich der Verordnungsumsetzung herrscht.[2] Darüber hinaus ist dieser Bericht für die Beurteilung der grenzüberschreitenden Sachverhalte von Bedeutung.

---

[2] Erwägungsgrund 31.

Kapitel V
Durchführungsbefugnisse

Art. 23 Ausschussverfahren

(1) Die Kommission wird vom Ausschuss zur Verhinderung der Geldwäsche und der Terrorismusfinanzierung (im Folgenden „Ausschuss") unterstützt. Der Ausschuss ist ein Ausschuss im Sinne der Verordnung (EU) Nr. 182/ 2011.

(2) Wird auf diesen Absatz Bezug genommen, so gilt Artikel 5 der Verordnung (EU) Nr. 182/2011.

1   Die Kommission wird bei ihrer Arbeit zur Verhinderung der Geldwäsche und der Terrorismusfinanzierung vom **Ausschuss zur Verhinderung der Geldwäsche und Terrorismusfinanzierung** unterstützt. Dies ist der Fall, wenn ein verbindlicher Rechtsakt der Union die **Notwendigkeit einheitlicher Durchführungsbedingungen** feststellt und vorschreibt, dass Durchführungsrechtsakte von der Kommission vorbehaltlich einer Kontrolle durch die Mitgliedstaaten erlassen werden. Soweit die Kommission zur vorliegenden Verordnung Durchführungsbestimmungen erlassen möchte, so wird ein Verfahren (Prüf- oder Beratungsverfahren) gewählt, innerhalb dessen der genannte Ausschuss die Kommission unterstützt. Maßgebliche Fälle sind die in Kapitel IV – Sanktionen und Überwachung – genannten Befugnisse der nationalen Aufsichtsbehörden.

Kapitel VI
Ausnahmeregelungen

Art. 24 Vereinbarungen mit Ländern und Gebieten, die nicht Teil des Unionsgebiets sind

(1) Die Kommission kann jedem Mitgliedstaat gestatten, mit einem Land oder Gebiet, das nicht zum räumlichen Geltungsbereich des EUV und des AEUV im Sinne des Artikels 355 AEUV gehört (im Folgenden „betreffendes Land oder Gebiet"), eine Vereinbarung mit Ausnahmeregelungen zu dieser Verordnung zu schließen, um zu ermöglichen, dass Geldtransfers zwischen diesem Land oder Gebiet und dem betreffenden Mitgliedstaat wie Geldtransfers innerhalb dieses Mitgliedstaats behandelt werden.

Solche Vereinbarungen können nur gestattet werden, wenn alle nachfolgenden Bedingungen erfüllt sind:

a) Das betreffende Land oder Gebiet ist mit dem betreffenden Mitgliedstaat in einer Währungsunion verbunden oder Teil seines Währungsgebiets oder hat eine Währungsvereinbarung mit der durch einen Mitgliedstaat vertretenen Union unterzeichnet;

b) Zahlungsdienstleister in dem betreffenden Land oder Gebiet nehmen unmittelbar oder mittelbar an den Zahlungs- und Abwicklungssystemen in dem betreffenden Mitgliedstaat teil; und

c) das betreffende Land oder Gebiet schreibt den in seinen Zuständigkeitsbereich fallenden Zahlungsdienstleistern vor, dieselben Bestimmungen wie nach dieser Verordnung anzuwenden.

(2) Will ein Mitgliedstaat eine Vereinbarung gemäß Absatz 1 schließen, so richtet er einen entsprechenden Antrag an die Kommission und liefert ihr alle Informationen, die für die Beurteilung des Antrags erforderlich sind.

(3) Sobald ein solcher Antrag bei der Kommission eingeht, werden Geldtransfers zwischen diesem Mitgliedstaat und dem betreffenden Land oder Gebiet bis zu einer Entscheidung nach dem Verfahren dieses Artikels vorläufig wie Geldtransfers innerhalb dieses Mitgliedstaats behandelt.

(4) Ist die Kommission innerhalb von zwei Monaten nach Eingang des Antrags der Ansicht, dass sie nicht über alle für die Beurteilung des Antrags erforderlichen Informationen verfügt, so nimmt sie mit dem betreffenden Mitgliedstaat Kontakt auf und teilt ihm mit, welche Informationen sie darüber hinaus benötigt.

GTVO Art. 24 Vereinbarungen mit Ländern und Gebieten

(5) Innerhalb von einem Monat, nachdem die Kommission alle Informationen erhalten hat, die sie für eine Beurteilung des Antrags für erforderlich hält, teilt sie dies dem antragstellenden Mitgliedstaat mit und leitet den anderen Mitgliedstaaten Kopien des Antrags weiter.

(6) Innerhalb von drei Monaten nach der Mitteilung nach Absatz 5 dieses Artikels entscheidet die Kommission gemäß Artikel 23 Absatz 2, ob sie dem betreffenden Mitgliedstaat den Abschluss der Vereinbarung, die Gegenstand des Antrags ist, gestattet.

Die Kommission erlässt auf jeden Fall innerhalb von 18 Monaten nach Eingang des Antrags eine Entscheidung nach Unterabsatz 1.

(7) Bis zum 26. März 2017 übermitteln die Mitgliedstaaten, denen gemäß dem Durchführungsbeschluss 2012/43/EU der Kommission[1], dem Beschluss 2010/259/EU der Kommission[2], dem Beschluss 2009/853/EG der Kommission[3] oder dem Beschluss 2008/982/EG der Kommission[4] gestattet wurde, Vereinbarungen mit einem betreffenden Land oder Gebiet zu schließen, der Kommission aktualisierte Informationen, die für eine Beurteilung nach Absatz 1 Unterabsatz 2 Buchstabe c erforderlich sind.

---

1 Durchführungsbeschluss 2012/43/EU der Kommission vom 25. Januar 2012 zur Ermächtigung des Königreichs Dänemark gemäß der Verordnung (EG) Nr. 1781/2006 des Europäischen Parlaments und des Rates, eine Vereinbarung mit Grönland und den Färöern zu schließen, damit Geldtransfers zwischen Dänemark und jedem dieser Gebiete wie innerdänische Geldtransfers behandelt werden können (ABl. L 24 vom 27.1.2012, S. 12).
2 Beschluss 2010/259/EU der Kommission vom 4. Mai 2010 zur Ermächtigung der Französischen Republik gemäß der Verordnung (EG) Nr. 1781/2006 des Europäischen Parlaments und des Rates, eine Vereinbarung mit dem Fürstentum Monaco zu schließen, damit Geldtransfers zwischen der Französischen Republik und dem Fürstentum Monaco wie innerfranzösische Geldtransfers behandelt werden können (ABl. L 112 vom 5.5.2010, S. 23).
3 Entscheidung 2009/853/EG der Kommission vom 26. November 2009 zur Ermächtigung Frankreichs, gemäß der Verordnung (EG) Nr. 1781/2006 des Europäischen Parlaments und des Rates eine Vereinbarung mit St. Pierre und Miquelon, Mayotte, Neukaledonien, Französisch-Polynesien beziehungsweise Wallis und Futuna zu schließen, damit Geldtransfers zwischen Frankreich und diesen Gebieten wie Geldtransfers innerhalb Frankreichs behandelt werden können (ABl. L 312 vom 27.11.2009, S. 71).
4 Entscheidung 2008/982/EG der Kommission vom 8. Dezember 2008 betreffend die Genehmigung für das Vereinigte Königreich zum Abschluss einer Vereinbarung mit der Vogtei Jersey (Bailiwick of Jersey), der Vogtei Guernsey (Bailiwick of Guernsey) und der Isle of Man, der zufolge Geldtransfers zwischen dem Vereinigten Königreich und jedes dieser Gebiete gemäß der Verordnung (EG) Nr. 1781/2006 des Europäischen Parlaments und des Rates als Geldtransfers innerhalb des Vereinigten Königreichs behandelt werden (ABl. L 352 vom 31.12.2008, S. 34).

Innerhalb von drei Monaten nach Erhalt dieser Informationen prüft die Kommission die übermittelten Informationen, um sicherzustellen, dass das betreffende Land oder Gebiet den in seinen Zuständigkeitsbereich fallenden Zahlungsdienstleistern vorschreibt, dieselben Bestimmungen anzuwenden wie nach dieser Verordnung. Falls die Kommission nach dieser Prüfung der Auffassung ist, dass die Bedingung nach Absatz 1 Unterabsatz 2 Buchstabe c nicht mehr erfüllt ist, hebt sie den einschlägigen Beschluss oder Durchführungsbeschluss der Kommission auf.

Eine Reihe von Ländern und Gebieten, die nicht dem Unionsgebiet angehören, sind mit einem Mitgliedstaat in einer Währungsunion verbunden oder Teil des Währungsgebiets eines Mitgliedstaats oder haben mit der durch einen Mitgliedstaat vertretenen Union eine Währungsvereinbarung unterzeichnet und verfügen über Zahlungsdienstleister, die unmittelbar oder mittelbar an den Zahlungs- und Abwicklungssystemen dieses Mitgliedstaats teilnehmen. Um zu vermeiden, dass die Anwendung dieser Verordnung auf Geldtransfers zwischen den betreffenden Mitgliedstaaten und diesen Ländern oder Gebieten für die Volkswirtschaften dieser Länder erhebliche Nachteile mit sich bringt, können die betroffenen Mitgliedstaaten bei der Kommission beantragen, eine Vereinbarung schließen zu dürfen, die es ermöglicht, derartige Geldtransfers wie Geldtransfers innerhalb der betreffenden Mitgliedstaaten zu behandeln.[5] Die Voraussetzungen, die eine solche Vereinbarung erfüllen muss, sind in Abs. 1 niedergelegt, während das Verfahren in Abs. 2 ff. beschrieben ist. **1**

Für Deutschland spielt Art. 24 keine Rolle, da Deutschland, anders wie z. B. Frankreich mit den französischen Überseegebieten im Pazifik, keine Länder oder Gebiete hat, für die eine derartige Vereinbarung erforderlich wäre. Im Falle eines erfolgreichen Antrags und einer wirksamen Vereinbarung wären die Zahlungen zwischen den betroffenen Gebieten und dem Mitgliedstaat für die Zwecke der vorliegenden Verordnung wie Inlandtransfers innerhalb des Mitgliedstaats zu behandeln, das die Vereinbarung geschlossen hat. **2**

---

5 Erwägungsgrund 32.

Art. 25 Leitlinien

Die Europäischen Aufsichtsbehörden geben bis zum 26. Juni 2017 für die zuständigen Behörden und Zahlungsdienstleister gemäß Artikel 16 der Verordnung (EU) Nr. 1093/2010, der Verordnung (EU) Nr. 1094/2010 und der Verordnung (EU) Nr. 1095/2010 Leitlinien zu den gemäß der vorliegenden Verordnung, insbesondere hinsichtlich der Anwendung der Artikel 7, 8, 11 und 12, zu ergreifenden Maßnahmen heraus.

1   Zur Sicherstellung der einheitlichen Rechtsanwendung, insbesondere hinsichtlich der Anwendung der Art. 7, 8, 11 und 12 GTVO, gibt Art. 25 GTVO den **Europäischen Aufsichtsbehörden** – EBA, ESMA, EIOPA – den Auftrag, **Leitlinien zu entwickeln**. Die entsprechende Leitlinie[1] wurde am 22.9.2017 in Englisch veröffentlicht und kommt sechs Monate nach Veröffentlichung zur Anwendung. Als Fristbeginn für die Berechnung des Veröffentlichungszeitpunktes ist jedoch der Tag der Veröffentlichung aller offiziellen EU-Sprachen entscheidend (16.1.2018).

2   Die nationalen Aufsichtsbehörden, in Deutschland die Bundesanstalt für Finanzdienstleistungsaufsicht, kommunizieren gegenüber den Europäischen Aufsichtsbehörden, ob sie gedenken, die Leitlinien anzuwenden, teilweise anzuwenden oder nicht in die nationale Verwaltungspraxis aufnehmen werden, sog. Comply-or-explain-Verfahren. Die Äußerungen der nationalen Aufsichtsbehörden sind als Übersicht auf der Website der Aufsicht abrufbar.[2]

---

[1] Joint Guidelines under Article 25 of Regulation (EU) 2015/847 on the measures payment service providers should take to detect missing or incomplete information on the payer or the payee, and the procedures they should put in place to manage a transfer of funds lacking the required information.

[2] Vgl. http://www.eba.europa.eu/regulation-and-policy/anti-money-laundering-and-e-money/guidelines-to-prevent-transfers-of-funds-can-be-abused-for-ml-and-tf.

Kapitel VII
Schlussbestimmungen

Art. 26 Aufhebung der Verordnung (EG) Nr. 1781/2006

Die Verordnung (EG) Nr. 1781/2006 wird aufgehoben.
Bezugnahmen auf die aufgehobene Verordnung gelten als Bezugnahmen auf die vorliegende Verordnung und sind nach Maßgabe der Entsprechungstabelle im Anhang zu lesen.

Mit Inkrafttreten dieser Verordnung wurde die **Vorgängerverordnung aufgehoben**. Allerdings ist es als redaktioneller Fehler zu verstehen, dass dies nicht mit dem neuen Geltungszeitpunkt gemäß Art. 27 GTVO zusammenfiel. Es sollte jedenfalls kein rechtsfreier Raum zwischen dem Inkrafttreten dieser Verordnung und der Aufhebung der Vorgängerverordnung einerseits und dem Geltungsbeginn dieser Verordnung entstehen. 1

Soweit auf die Vorgängerverordnung Bezug genommen wird, sei es in den Rechtstexten oder in anderen Dokumenten, so gelten diese als Bezugnahme auf die vorliegende Verordnung. Eine Entsprechungstabelle ist im Anhang zur Verordnung beigefügt. 2

Art. 27 Inkrafttreten

Diese Verordnung tritt am zwanzigsten Tag nach ihrer Veröffentlichung im Amtsblatt der Europäischen Union in Kraft.
Sie gilt ab dem 26. Juni 2017.

1 Die Verordnung trat am zwanzigsten Tag nach ihrer Veröffentlichung im Amtsblatt der Europäischen Union in Kraft. Veröffentlicht wurde die Verordnung am 5.6.2015 und trat folglich am 25.6.2015 in Kraft. Sie gilt jedoch ausdrücklich erst ab dem 26.6.2017, um so einen Gleichlauf mit der Geltung der Richtlinie (EU) 2015/849[1] herzustellen. Als Verordnung ist sie in allen ihren Teilen verbindlich und gilt unmittelbar, d.h. ohne dass ein Umsetzungsgesetz in den Mitgliedstaaten der Europäischen Union erforderlich wäre, in jedem Mitgliedstaat der Europäischen Union.

---

1 Richtlinie (EU) 2015/849 des Europäischen Parlaments und des Rates vom 20.5.2015 zur Verhinderung der Nutzung des Finanzsystems zum Zwecke der Geldwäsche und der Terrorismusfinanzierung, zur Änderung der Verordnung (EU) Nr. 648/2012 des Europäischen Parlaments und des Rates und zur Aufhebung der Richtlinie 2005/60/EG des Europäischen Parlaments und des Rates und der Richtlinie 2006/70/EG der Kommission.

Kreditwesengesetz (KWG)

§ 24c Automatisierter Abruf von Kontoinformationen

(1) Ein Kreditinstitut hat eine Datei zu führen, in der unverzüglich folgende Daten zu speichern sind:

1. die Nummer eines Kontos, das der Verpflichtung zur Legitimationsprüfung nach § 154 Absatz 2 Satz 1 der Abgabenordnung unterliegt, eines Depots oder eines Schließfachs sowie der Tag der Eröffnung und der Tag der Beendigung oder Auflösung,
2. der Name, sowie bei natürlichen Personen der Tag der Geburt, des Inhabers und eines Verfügungsberechtigten sowie in den Fällen des § 10 Absatz 1 Nummer 2 des Geldwäschegesetzes der Name und, soweit erhoben, die Anschrift eines abweichend wirtschaftlich Berechtigten im Sinne des § 3 des Geldwäschegesetzes.

Bei jeder Änderung einer Angabe nach Satz 1 ist unverzüglich ein neuer Datensatz anzulegen. Die Daten sind nach Ablauf von zehn Jahren nach der Auflösung des Kontos oder Depots zu löschen. Im Falle des Satzes 2 ist der alte Datensatz nach Ablauf von drei Jahren nach Anlegung des neuen Datensatzes zu löschen. Das Kreditinstitut hat zu gewährleisten, dass die Bundesanstalt jederzeit Daten aus der Datei nach Satz 1 in einem von ihr bestimmten Verfahren automatisiert abrufen kann. Es hat durch technische und organisatorische Maßnahmen sicherzustellen, dass ihm Abrufe nicht zur Kenntnis gelangen.

(2) Die Bundesanstalt darf einzelne Daten aus der Datei nach Absatz 1 Satz 1 abrufen, soweit dies zur Erfüllung ihrer aufsichtlichen Aufgaben nach diesem Gesetz oder dem Geldwäschegesetz, insbesondere im Hinblick auf unerlaubte Bankgeschäfte oder Finanzdienstleistungen oder den Missbrauch der Institute durch Geldwäsche, Terrorismusfinanzierung oder sonstige strafbare Handlungen, die zu einer Gefährdung des Vermögens der Institute führen können, erforderlich ist und besondere Eilbedürftigkeit im Einzelfall vorliegt. Die Zentralstelle für Finanztransaktionsuntersuchungen darf zur Erfüllung ihrer Aufgaben nach dem Geldwäschegesetz gleichermaßen einzelne Daten aus der Datei nach Absatz 1 Satz 1 abrufen.

(3) Die Bundesanstalt erteilt auf Ersuchen Auskunft aus der Datei nach Absatz 1 Satz 1

1. den Aufsichtsbehörden gemäß § 9 Abs. 1 Satz 4 Nr. 2, soweit dies zur Erfüllung ihrer aufsichtlichen Aufgaben unter den Voraussetzungen des Absatzes 2 erforderlich ist,

KWG § 24c Automatisierter Abruf von Kontoinformationen

2. den für die Leistung der internationalen Rechtshilfe in Strafsachen sowie im Übrigen für die Verfolgung und Ahndung von Straftaten zuständigen Behörden oder Gerichten, soweit dies für die Erfüllung ihrer gesetzlichen Aufgaben erforderlich ist,
3. der für die Beschränkungen des Kapital- und Zahlungsverkehrs nach dem Außenwirtschaftsgesetz zuständigen nationalen Behörde, soweit dies für die Erfüllung ihrer sich aus dem Außenwirtschaftsgesetz oder Rechtsakten der Europäischen Union im Zusammenhang mit der Einschränkung von Wirtschafts- oder Finanzbeziehungen ergebenden Aufgaben erforderlich ist.

Die Bundesanstalt hat die in den Dateien gespeicherten Daten im automatisierten Verfahren abzurufen und sie an die ersuchende Stelle weiter zu übermitteln. Die Bundesanstalt prüft die Zulässigkeit der Übermittlung nur, soweit hierzu besonderer Anlass besteht. Die Verantwortung für die Zulässigkeit der Übermittlung trägt die ersuchende Stelle. Die Bundesanstalt darf zu den in Satz 1 genannten Zwecken ausländischen Stellen Auskunft aus der Datei nach Absatz 1 Satz 1 nach Maßgabe des § 4b des Bundesdatenschutzgesetzes erteilen. § 9 Abs. 1 Satz 5, 6 und Abs. 2 gilt entsprechend. Die Regelungen über die internationale Rechtshilfe in Strafsachen bleiben unberührt.

(4) Die Bundesanstalt protokolliert für Zwecke der Datenschutzkontrolle durch die jeweils zuständige Stelle bei jedem Abruf den Zeitpunkt, die bei der Durchführung des Abrufs verwendeten Daten, die abgerufenen Daten, die Person, die den Abruf durchgeführt hat, das Aktenzeichen sowie bei Abrufen auf Ersuchen die ersuchende Stelle und deren Aktenzeichen. Eine Verwendung der Protokolldaten für andere Zwecke ist unzulässig. Die Protokolldaten sind mindestens 18 Monate aufzubewahren und spätestens nach zwei Jahren zu löschen.

(5) Das Kreditinstitut hat in seinem Verantwortungsbereich auf seine Kosten alle Vorkehrungen zu treffen, die für den automatisierten Abruf erforderlich sind. Dazu gehören auch, jeweils nach den Vorgaben der Bundesanstalt, die Anschaffung der zur Sicherstellung der Vertraulichkeit und des Schutzes vor unberechtigten Zugriffen erforderlichen Geräte, die Einrichtung eines geeigneten Telekommunikationsanschlusses und die Teilnahme an dem geschlossenen Benutzersystem sowie die laufende Bereitstellung dieser Vorkehrungen.

(6) Das Kreditinstitut und die Bundesanstalt haben dem jeweiligen Stand der Technik entsprechende Maßnahmen zur Sicherstellung von Datenschutz und Datensicherheit zu treffen, die insbesondere die Vertraulichkeit und Unversehrtheit der abgerufenen und weiter übermittelten Daten gewährleisten. Den Stand der Technik stellt die Bundesanstalt im Benehmen

mit dem Bundesamt für Sicherheit in der Informationstechnik in einem von ihr bestimmten Verfahren fest.

(7) Das Bundesministerium der Finanzen kann durch Rechtsverordnung Ausnahmen von der Verpflichtung zur Übermittlung im automatisierten Verfahren zulassen. Es kann die Ermächtigung durch Rechtsverordnung auf die Bundesanstalt übertragen.

(8) Soweit die Deutsche Bundesbank Konten und Depots für Dritte führt, gilt sie als Kreditinstitut nach den Absätzen 1, 5 und 6.

Schrifttum: *Boos/Fischer/Schulte-Mattler*, KWG/CRR-VO – Kommentar zu Kreditwesengesetz, VO (EU) Nr. 575/2013 (CRR) und Ausführungsvorschriften, 5. Auf. 2016; *Findeisen*, Bankgeheimnis und Verhinderung der Geldwäsche, in: Hadding/Hopt/Schimansky, Basel II: Folgen für Kreditinstitute und Ihre Kunden Bankgeheimnis und Bekämpfung von Geldwäsche, 2004, S. 95; *Quedenfeld*, Handbuch Bekämpfung der Geldwäsche und Wirtschaftskriminalität, 4. Aufl. 2017; *Schily*, Gesetze gegen die Geldwäsche und gegen die Finanzierung des Terrorismus – eine stille Verfassungsreform?, WM 2003, 1249; *Tischbein/Langweg*, Die Legitimationsprüfung/Identifizierung bei der Kontoeröffnung, 5. Aufl. 2015.

Übersicht

	Rn.		Rn.
I. Einführung	1	V. Datenschutz und Datensicherheit (§ 24c Abs. 4 und 6 KWG)	24
II. Pflicht zur Führung der Kontoabrufdatei (§ 24c Abs. 1 KWG)	4	VI. Kostentragungspflicht der Kreditinstitute (§ 24c Abs. 5 KWG)	28
III. Inhalt der Kontoabrufdatei (§ 24c Abs. 1 Satz 1 KWG)	8	VII. Rechtsverordnungsermächtigung (§ 24c Abs. 7 KWG)	31
IV. Berechtigung zum Abruf der Datei (§ 24c Abs. 2 und 3 KWG)	18	VIII. Sanktionsbestimmungen	32

I. Einführung

Durch das 4. Finanzmarktförderungsgesetz (4. FMFG) wurde das Verfahren zum automatisierten Abruf von Kontoinformationen nach § 24c in das KWG eingefügt. Die Regelung trat am 1.4.2003 in Kraft. Seitdem erfuhr § 24c KWG mehrmals Änderungen, so z. B. durch das Gesetz zur Ergänzung der Bekämpfung der Geldwäsche und der Terrorismusfinanzierung vom 13.8.2008[1] und zuletzt durch die GwG-Novelle 2017. Die Vorschrift hat ihr Vorbild in dem § 90 TKG i. d. F. vom 25.6.2004. Seine Wurzeln indes hat § 24c KWG in den Über-

1

---

1 BGBl. I, S. 1690.

KWG § 24c Automatisierter Abruf von Kontoinformationen

legungen zur Schaffung einer einheitlichen Datei aller in Deutschland bestehenden Konten und Depots als Reaktion auf die Terroranschläge auf das World Trade Center in New York im Jahre 2001.[2] Die Daten hierfür sollten ursprünglich zentral von der BaFin gesammelt und verwaltet werden. Stattdessen wurde das heute noch bestehende Kontenabrufverfahren geschaffen, welches es der BaFin ermöglicht, in § 24c KWG festgelegte Kerndaten, wie bspw. Kontonummer oder Name des Kontoinhabers, abzurufen. Der automatisierte Abruf von Kontoinformationen sollte die zuvor bereits existenten allgemeinen Auskunftsrechte der BaFin gemäß § 44 Abs. 1 KWG ergänzen und erweitern.[3] Die Aufsichtsbehörde soll dadurch in die Lage versetzt werden, die Geldwäsche, das illegale Schattenbankenwesen und das unerlaubte Betreiben von Bank- und Finanzdienstleistungsgeschäften besser durch zentral durchgeführte Recherchearbeiten zu bekämpfen.[4] Diese Aufgabe soll durch das Verfahren unterstützt werden, indem die BaFin einen aktuellen und vollständigen Überblick über die Existenz sämtlicher zugunsten von natürlichen oder juristischen Personen bestehender Konten bei Kredit- und Finanzdienstleistungsinstituten bzw. ihrer Inhaber und Verfügungsberechtigten erhält. Nur dann könne, nach der Vorstellung des Gesetzgebers, gezielt an das betreffende Kreditinstitut herangetreten werden, um kontenbezogene Informationen einzuholen.

2 Kurz nach der Einführung des § 24c KWG wurde die Befugnis zur Durchführung des Abrufverfahrens erweitert. Unter den Voraussetzungen des § 93b i.V. m. § 93 Abs. 7 und 8 AO sind **auch Finanz- und gewisse Sozialbehörden** in der Lage, solche Kontoinformationen abzufragen. Mittlerweile sind weitere Behörden und Stellen berechtigt, auf die Daten zuzugreifen, wie bspw. Gerichtsvollzieher oder das Bundesamt für Verfassungsschutz. Die Beachtung der Anforderungen des § 24c KWG ist gemäß der §§ 26 Abs. 4, 27 Abs. 7 PrüfbV Bestandteil der Jahresabschlussprüfung der Kredit- und Finanzdienstleistungsinstitute sowie gemäß § 13 Abs. 6 InvPrüfbV der Kapitalanlagegesellschaften.

3 Obwohl nur einige Mitgliedstaaten der EU über ein dem § 24c KWG vergleichbares Verfahren verfügen, besteht nach der 4. Geldwäscherichtlinie[5] grundsätzlich die Verpflichtung ein solches einzurichten. So bestimmt Art. 42 4. Geldwäscherichtlinie, dass die Verpflichteten über Systeme verfügen müssen, die es ihnen ermöglichen, über sichere Kommunikationskanäle und auf eine Art und Weise, die die vertrauliche Behandlung der Anfragen voll und ganz sicherstellt, auf Anfragen ihrer zentralen Meldestelle oder anderer Behörden im Einklang mit dem nationalen Recht vollständig und rasch Auskunft darüber zu geben, ob

---

2 *Findeisen*, Bankgeheimnis und Verhinderung der Geldwäsche, S. 120; *Achtelik*, in: Boos/Fischer/Schulte-Mattler, KWG/CRR-VO, § 24c KWG Rn. 1.
3 BT-Drs. 14/8017, S. 122; *Schily*, WM 2003, 1249, 1252.
4 BT-Drs. 14/8017, S. 122.
5 Siehe auch schon Art. 32 der 3. Geldwäscherichtlinie.

sie mit bestimmten Personen eine Geschäftsbeziehung unterhalten oder während eines Zeitraums von fünf Jahren vor der Anfrage unterhalten haben, sowie über die Art dieser Geschäftsbeziehung. Art. 40 4. Geldwäscherichtlinie ergänzt dies und normiert gewisse Aufbewahrungspflichten für die dort aufgelisteten Dokumente und Informationen für die Zwecke der Verhinderung, Aufdeckung und Ermittlung möglicher Geldwäsche oder Terrorismusfinanzierung. Die Aufbewahrung soll durch „die zentrale Meldestelle oder andere zuständige Behörden" erfolgen.

II. Pflicht zur Führung der Kontoabrufdatei (§ 24c Abs. 1 KWG)

Nach § 24c Abs. 1 KWG trifft Kreditinstitute die Pflicht, die in § 24c Abs. 1 Nr. 1 und 2 KWG genannten Daten unverzüglich in eine eigene zentrale Datei zu überführen und zum automatisierten Abruf bereit zu halten. Die Verpflichtungen aus § 24c KWG gelten für die Erfassung und Vorhaltung der Kontostammdaten für **alle Konten, die am 1.4.2003 bestehen oder nach diesem Datum eröffnet wurden**.[6]

Verpflichtet sind solche Kreditinstitute, die Konten oder Depots i. S. v. § 154 AO führen. Für Zahlungsinstitute i. S. d. § 1 Abs. 1 Nr. 5 ZAG und E-Geld-Institute i. S. d. § 1a Abs. 1 Nr. 5 ZAG gilt gemäß §§ 22 Abs. 2, 1 Abs. 2a ZAG der § 24c KWG entsprechend. Soweit die **Deutsche Bundesbank** Konten und Depots für Dritte führt, gilt sie gemäß § 24c Abs. 8 KWG als Kreditinstitut nach den Absätzen 1, 5 und 6. In Deutschland gelegene Zweigniederlassungen von CRR-Kreditinstituten oder Wertpapierhandelsunternehmen mit Sitz in einem anderen Staat des Europäischen Wirtschaftsraums sind nach § 53b Abs. 3 Satz 1 Nr. 6 KWG ebenfalls entsprechend § 24c KWG Verpflichtete. Kapitalverwaltungsgesellschaften werden gemäß § 28 Abs. 1 Satz 4 KAGB zur Führung der Kontoabrufdatei verpflichtet.

Einen Sonderfall stellen **Institute in Abwicklung** dar, die nicht (mehr) am Abrufverfahren gemäß § 24c KWG teilnehmen müssen.[7] Dies sind Institute, die nicht mehr werbend tätig sind oder solche, die als aufzunehmendes Institut unmittelbar vor einer Fusion mit einem aufnehmenden Institut stehen. Die das aufzulösende Institut betreffenden Pflichten sind allerdings vom aufnehmenden Institut zu erfüllen. In diesem Fall ist sicherzustellen, dass wegen der notwendigen Datenübertragung im Rahmen der Übernahme nur während einer kurzen Übergangszeit Ausfälle bei der Datenbereitstellung erfolgen.

---

6 BMF, 4.11.2002, VII B 7 – WK 5023 – 1031/02.
7 BMF, 4.11.2002, VII B 7 – WK 5023 – 1031/02.

KWG § 24c Automatisierter Abruf von Kontoinformationen

7   Die BaFin hat in mehreren Rundschreiben[8] festgelegt, welche technischen Voraussetzungen bei der Etablierung und Führung der Kontoabrufdatei zu beachten sind.[9] Dies betrifft insb. die Einzelheiten zur **Schnittstellenspezifikation (SSP)**, die technischen Anforderungen zur Bereitstellung der Abrufmöglichkeit und Maßnahmen zur Sicherstellung der Datensicherheit und -vertraulichkeit beim Abfrageprozess. Der jeweilige Verfahrensverantwortliche i. S. v. Nr. 6.1 Abs. 4 der SSP (= der in der Gesamtheit Verantwortliche für die schnittstellenkonforme Durchführung des Auskunftsverfahrens) ist jeder Abfragestelle (z. B. dem Bundeszentralamt für Steuern [BZSt] oder bei Kreditinstituten der BaFin) mitzuteilen.[10] Einer **Auslagerung** der aus § 24c KWG resultierenden Verpflichtungen stehen die Verlautbarungen der BaFin nicht entgegen. Kreditinstitute können sich somit einer Schnittstelle als Dienstleister (Kopfstelle) bedienen. Hierbei sind die Anforderungen des § 25b KWG zu beachten. Der Dienstleister hat die Auslagerung der BaFin anzuzeigen.

III. Inhalt der Kontoabrufdatei (§ 24c Abs. 1 Satz 1 KWG)

8   § 24c Abs. 1 Satz 1 Nr. 1 und 2 KWG listen auf, welche Daten in die Abrufdatei eingefügt werden müssen.

9   Dies ist zum einen nach § 24c Abs. 1 Satz 1 Nr. 1 KWG die **Kontonummer** bzw. seit August 2014 die **IBAN**,[11] die **Depotnummer** und seit dem Inkrafttreten der GwG-Novelle 2017 auch die **Schließfachnummer**, um eine Umgehung des § 24c KWG zu verhindern.[12] Zum anderen ist der **Tag der Errichtung (Eröffnung)** und der **Tag der Beendigung** oder **Auflösung (Löschung)** des Kontos, Depots oder Schließfachs miteinzustellen. Als Errichtungszeitpunkt gilt entweder der Zeitpunkt des Abschlusses des Giro- oder Depotvertrags oder der Zeitpunkt der datenverarbeitungstechnischen Einrichtung des Kontos oder Depots. Bei Schließfächern gilt der Beginn des Mietverhältnisses als Eröffnungsdatum.[13] Als Auflösungszeitpunkt gilt entweder der Zeitpunkt der Beendigung des Giro- oder Depotvertrags oder der Zeitpunkt der datenverarbeitungstechnischen Lö-

---

8   BaFin, Rundschreiben Nr. 17/2002 (GW) vom 26.9.2002; Nr. 6/2006 (GW) vom 11.7.2006; Nr. 20/2009 (GW) vom 5.11.2009; Nr. 9/2010 (GW) vom 16.9.2010; Nr. 5/2012 (GW) vom 27.9.2012 und Nr. 1/2018 (GW) vom 2.1.2018.
9   Vgl. § 24c Abs. 6 Satz 2 KWG.
10 BaFin, Rundschreiben Nr. 9/2010 (GW) vom 16.9.2010.
11 BaFin, Jahresbericht 2014, S. 131 f.
12 BT-Drs. 18/11555, S. 175.
13 BaFin, Schnittstellenspezifikation 3.3, S. 32, siehe BaFin, Rundschreiben Nr. 1/2018 (GW) vom 2.1.2018.

III. Inhalt der Kontoabrufdatei (§ 24c Abs. 1 Satz 1 KWG) **§ 24c KWG**

schung des Kontos oder Depots. Bei Schließfächern gilt das Ende des Mietverhältnisses als Auflösungsdatum.[14]

Weiter sind nach § 24c Abs. 1 Satz 1 Nr. 2 KWG von allen Kontoinhabern und sämtlichen **Verfügungsberechtigten** der Name und das Geburtsdatum zu erfassen. Bei **abweichend wirtschaftlich Berechtigten** betrifft dies ebenfalls den Namen und, soweit erhoben, auch die Anschrift.

10

Nach § 93b i.V.m. § 154 Abs. 2a AO sind zusätzlich zu den in § 24c Abs. 1 KWG bezeichneten Daten für jeden Verfügungsberechtigten und jeden wirtschaftlich Berechtigten auch die Adresse sowie die **Steueridentifikationsnummer** nach § 139b bzw. die **Wirtschafts-Identifikationsnummer** nach § 139c AO für Kontoabrufersuchen zu speichern.

11

Die Erfassungspflicht des § 24c KWG geht jedoch nur soweit, wie Daten erfasst werden konnten. So sind beispielsweise Vornamen nur dann zu übernehmen, soweit diese erfasst sind. Trägt eine natürliche Person keinen Nachnamen (was nach den Namensrechten einiger Staaten möglich ist), so sind nur die Vornamen einzutragen.[15] Wenn mehrere abweichend wirtschaftlich Berechtigte festgestellt worden sind, sind diese grundsätzlich auch alle einzumelden.[16] Zum Namen gehören bei natürlichen Personen Nachname und sämtliche im Ausweispapier enthaltenen Vornamen. Nach Verständnis des BMF und der BaFin sind auch sowohl hinsichtlich Konto- als auch Depotinhabern neben dem Nachnamen grundsätzlich alle verfügbaren Vornamen zu erfassen.[17] Eine (technische) Begrenzung gilt lediglich aufgrund der zur Verfügung stehenden Zeichenstellen (50 Stellen). Bei juristischen Personen ist der Firmenname, wie er sich aus dem Handelsregister ergibt, zu übernehmen.[18] Weist das Ausweisdokument kein komplettes Geburtsdatum auf, ist also z.B. nur das Geburtsjahr angegeben, ist folgende Schreibweise zu verwenden: „JJJJ-01-01".[19] Die Verwendung von Abkürzungen ist zulässig, soweit die Abkürzung Bestandteil der im Register veröffentlichten Bezeichnung oder eine allgemein übliche Abkürzung der Rechtsform darstellt.[20]

12

Die Verpflichtung zur Erfassung aller im Ausweisdokument vermerkten Vornamen bei Kundenneuerfassungen besteht seit Inkrafttreten der Schnittstel-

13

---

14 BaFin, Schnittstellenspezifikation 3.3, S. 32, siehe BaFin, Rundschreiben Nr. 1/2018 (GW) vom 2.1.2018.
15 BaFin, Schnittstellenspezifikation 3.3, S. 33, siehe BaFin, Rundschreiben Nr. 1/2018 (GW) vom 2.1.2018.
16 AuA, Tz. 78, S. 53.
17 AuA, Tz. 11 und 78 auf S. 52 f.
18 BaFin, Rundschreiben 6/2006 vom 11.7.2006.
19 BaFin, Schnittstellenspezifikation 3.3, S. 33, siehe BaFin, Rundschreiben Nr. 1/2018 (GW) vom 2.1.2018.
20 BaFin, Schnittstellenspezifikation 3.3, S. 33, siehe BaFin, Rundschreiben Nr. 1/2018 (GW) vom 2.1.2018.

KWG § 24c Automatisierter Abruf von Kontoinformationen

lenspezifikation zum automatisierten Abruf von Kontoinformationen (SSP) Version 3.1 am 3.3.2008.[21] Eine Nacherfassung von bis zum 2.3.2008 noch nicht erfassten Namensbestandteilen und Vornamen in den bestehenden Datenbeständen wird für die nach § 24c Abs. 1 KWG zu führende Datei nicht verlangt. Entsprechendes gilt für Verfügungsberechtigte.[22]

14 Betroffen sind nach § 24c Abs. 1 Satz 1 Nr. 1 KWG Konten, die der Verpflichtung zur Legitimationsprüfung i. S. d. § 154 Abs. 2 Satz 1 AO unterliegen. Nach der Definition des Reichsfinanzhofs wird ein Konto folgendermaßen charakterisiert: „[...] im Rahmen einer laufenden Geschäftsbeziehung für Kunden geführte Rechnung, in der Zu- und Abgänge von Vermögensgegenständen erfasst werden/buch- und rechnungsgemäße Darstellung einer Geschäftsbeziehung zwischen Kontoinhaber und kontoführendem Institut".[23] Demnach sind lediglich externe Konten gemeint, da hier eine tatsächliche Verfügungsberechtigung vorhanden ist. **Ausgeschlossen** sind daher rein **interne Verrechnungskonten** der Kreditinstitute, wie insbesondere **Bürgschafts- und Garantiekonten**, sowie im Zusammenhang mit einem Akkreditiv eröffnete Konten.[24]

15 Aufgrund der Fülle unterschiedlicher Kontomodelle und der damit zusammenhängenden Daten bestand schon früh das Bedürfnis der Praxis nach Klarstellung des Anwendungsbereichs und der genauen Inhalte, die es in die Abrufdatei einzustellen gilt. Das BMF hat sich in seinem Schreiben vom 4.11.2002[25] zu der Frage geäußert, ob der Anwendungserlass zu § 154 AO Anwendung findet. Insbesondere die Anwendbarkeit der Nr. 7 AEAO zu § 154 AO (Erleichterungen bei der Legitimationsprüfung von Verfügungsberechtigten) sah das BMF als gerechtfertigt an, um Widersprüche mit der Praxis zur Identifizierung nach dem GwG zu vermeiden, da im Geldwäscherecht im Rahmen der Verwaltungspraxis ebenfalls auf die Vorschriften der AEAO abgestellt werde. So sollen die Ausnahmebestimmungen für folgende Fallgruppen auf das automatisierte Kontoabrufsystem gemäß § 24c KWG übertragen werden:

– bei Vormundschaften und Pflegschaften einschließlich Amtsvormundschaften und Amtspflegschaften,
– bei Parteien kraft Amtes (Konkursverwalter, Insolvenzverwalter, Zwangsverwalter, Nachlassverwalter, Testamentsvollstrecker und ähnliche Personen),

---

21 BaFin, Schnittstellenspezifikation 3.1, siehe BaFin, Rundschreiben Nr. 6/2006 (GW) vom 11.7.2006.
22 BaFin, Schnittstellenspezifikation 3.1, S. 7, siehe BaFin, Rundschreiben Nr. 6/2006 (GW) vom 11.7.2006; siehe auch AuAs, Tz. 11.
23 RFH 24, 203, 205.
24 BMF, 4.11.2002, VII B 7 – WK 5023 – 1031/02.
25 BMF, 4.11.2002, VII B 7 – WK 5023 – 1031/02.

III. Inhalt der Kontoabrufdatei (§ 24c Abs. 1 Satz 1 KWG)   **§ 24c KWG**

– bei Pfandnehmern (insbesondere in Bezug auf Mietkautionskonten, bei denen die Einlage auf einem Konto des Mieters erfolgt und an den Vermieter verpfändet wird),
– bei Vollmachten auf den Todesfall (auch nach diesem Ereignis),
– bei Vollmachten zur einmaligen Verfügung über ein Konto,
– bei Verfügungsbefugnissen im Lastschriftverfahren (Abbuchungsauftragsverfahren und Einzugsermächtigungsverfahren),
– bei Vertretung juristischer Personen des öffentlichen Rechts (einschließlich Eigenbetrieb),
– bei Vertretung von Kreditinstituten und Versicherungsunternehmen,
– bei den als Vertretern eingetragenen Personen, die in öffentlichen Registern (Handelsregister, Vereinsregister) eingetragene Firmen oder Personen vertreten,
– bei Vertretung von Unternehmen, sofern schon mindestens fünf Personen, die in öffentliche Register eingetragen sind bzw. bei denen eine Legitimationsprüfung stattgefunden hat, Verfügungsbefugnis haben.

Ausnahmen von den Verpflichtungen des § 24c KWG gelten auch für „**Härtefälle**". Wann ein solcher vorliegt, hat das BMF in seinem Schreiben vom 16.12.2002 bestimmt.[26]   16

Zu den Einzelfällen und deren Bedeutung für § 24c KWG: 17

1. **Adelstitel**: Soweit Adelstitel zum Nachnamen gehören, sind sie in die Kontoabrufdatei einzustellen. Maßgeblich ist die Angabe im Identifizierungsdokument.[27]
2. **Akademische Grade:** Soweit akademische Bezeichnungen wie Titel oder Grade („Dr.", „Prof." etc.) im Identifizierungsdokument enthalten sind, sind sie auch zu erfassen.[28]
3. **Anderkonten**: Nach Auffassung des BMF[29] mussten Daten zu wirtschaftlich Berechtigten bei **Notaranderkonten** nur dann in die Datei nach § 24c KWG eingestellt werden, wenn sich ab dem 1.1.2004 ein Wechsel bei den abweichend wirtschaftlich Berechtigten ergab. Angaben über wirtschaftlich Berechtigte für Konten, die nach dem 1.1.2004 eröffnet werden, seien hingegen ausnahmslos in die Abrufdatei einzustellen.
4. **Eltern als gesetzliche Vertreter**: Für Eltern als gesetzliche Vertreter gibt es **keine Ausnahme** von der Erfassungspflicht des § 24c KWG, sodass de-

---

26 BMF, 4.11.2002, VII B 7 – WK 5023 – 1031/02.
27 Vgl. BaFin, Schnittstellenspezifikation 3.3, S. 32, siehe BaFin, Rundschreiben Nr. 1/2018 (GW) vom 2.1.2018.
28 BaFin, Schnittstellenspezifikation 3.3, S. 32, siehe BaFin, Rundschreiben Nr. 1/2018 (GW) vom 2.1.2018.
29 Vgl. Schreiben des ZKA vom 25.11.2003 (abgestimmt mit dem BMF).

KWG § 24c   Automatisierter Abruf von Kontoinformationen

ren Angaben (Namen, Geburtsdaten) in die Datei einzustellen sind.[30] Ziffer 7a AEAO ist hier nicht anwendbar.

5. **Gesellschaft bürgerlichen Rechts (GbR):** Hier ist die GbR selbst als Kontoinhaber zu erfassen. Die Gesellschafter werden i. d. R. als Verfügungsberechtigte erfasst (Namen und Geburtsdaten). Sofern abweichend wirtschaftlich Berechtigte vorhanden sind, sind deren Namen und Anschriften zu speichern. Es ist grundsätzlich unerheblich, welchen Zwecken die GbR dient. Für Investmentclubs oder Rechtsanwaltskanzleien, die als GbR organisiert sind, gelten daher keine Besonderheiten.
6. **Gemeinschaftskonten:** Hierzu gibt es keine Besonderheiten zu beachten. Es sind die Namen aller Kontoinhaber einzustellen.
7. **Kreditinstitute:** Auch Konten für Kreditinstitute sind in die § 24c-Datei aufzunehmen. Nach der Nr. 7 AEAO zu § 154 AO gelten jedoch Erleichterungen für die Daten der Verfügungsberechtigten.[31]
8. **(Kredit-)Kartenkonten:** Bei (Kredit-)Kartenkonten handelt es sich um Konten im Sinne des § 154 Abs. 2 AO, die grundsätzlich dem automatisierten Abrufverfahren des § 24c KWG unterliegen. Allerdings sind solche (Kredit-)Kartenkonten vom Abrufsystem ausgenommen, über die ausschließlich mit der Karte getätigte Zahlungen für Waren und Dienstleistungen abgerechnet und die Forderungen per Lastschrift von einem Konto des Kontoinhabers eingezogen werden. Gemeint sind (Kredit-)Kartenkonten, über die keine anderen Transaktionen abgewickelt werden können bzw. keine weitergehende Verfügungsmöglichkeit besteht.[32]
Sofern das (Kredit-)Kartenkonto jedoch vergleichbar einem Girokonto auf Guthabenbasis geführt wird, welches es erlaubt, Überweisungen auf Konten Dritter vorzunehmen bzw. von solchen Konten zu empfangen, greifen die Pflichten nach § 24c KWG.[33]
9. **Kredit- und Darlehenskonten:** Auch Kredit- und Darlehenskonten sind Konten i. S. d. § 24c KWG, wenn sie ab dem 1.4.2003 eröffnet oder prolongiert werden oder eine Novation gegeben ist.
10. **Künstlernamen:** Sofern im Ausweisdokument ein Künstlername eingetragen ist, kann auf diesen Namen ein Konto eröffnet werden. In diesem Fall ist der Künstlername in die Kontoabrufdatei mitaufzunehmen.
11. **Mitarbeiterkonten:** Hierzu gibt es keine Besonderheiten zu beachten. Allenfalls kann hier ein „Härtefall" festgestellt werden.[34]

---

30 Umkehrschluss aus der fehlenden Aufzählung des BMF im Schreiben vom 4.11.2002 (VII B 7 – WK 5023 – 1031/02).
31 BMF, 4.11.2002, VII B 7 – WK 5023 – 1031/02.
32 BMF, 15.1.2003, VII B 7 – WK 5023 – 26/03.
33 BMF, 15.1.2003, VII B 7 – WK 5023 – 26/03.
34 *Achtelik*, in: Boos/Fischer/Schulte-Mattler, KWG/CRR-VO, § 24c KWG Rn. 7; BMF, 4.11.2002, VII B 7 – WK 5023 – 1031/02.

12. **Ordensnamen:** Sofern im Ausweisdokument ein Ordensname eingetragen ist, kann auf diesen Namen ein Konto eröffnet werden. In diesem Fall ist der Ordensname in die Kontoabrufdatei mitaufzunehmen.
13. **Vermögenswirksame Leistungen:** Konten für vermögenswirksame Leistungen unterfallen dem automatisierten Abrufsystem. Eine Ausnahme gilt hier nur, wenn Konten für vermögenswirksame Leistungen unter Anwendung des Stammnummernprinzips als bloße Unterkonten eines Hauptkontos geführt werden. Hier muss jedoch gewährleistet sein, dass immer dann, wenn bei einem einzelnen Konto (unabhängig davon, ob es sich um ein Haupt- oder ein Unterkonto handelt) eine dritte Person wirtschaftlich Berechtigter ist, eine neue Stammnummer angelegt wird. Hierdurch ist ausgeschlossen, dass ein einzelnes Unterkonto einen gegenüber dem Hauptkonto abweichend wirtschaftlich Berechtigten ausweist.[35]
14. Konten für **Versicherungsunternehmen:** Auch Konten für Versicherungsunternehmen sind in die § 24c-Datei aufzunehmen. Nach der Nr. 7 AEAO zu § 154 AO gelten jedoch Erleichterungen für die Daten der Verfügungsberechtigten (siehe § 24c KWG Rn. 15).[36]
15. **Wohnungsbaugenossenschaften mit Spareinrichtung:** Von der Pflicht des § 24c KWG ausgenommen sind weiterhin Konten für Wohnungsbaugenossenschaften mit Spareinrichtung, da diese lediglich Sparkonten führen. Wohnungsgenossenschaften mit Spareinrichtung sind jedoch verpflichtet, der BaFin die gem. § 24c KWG zu erhebenden Daten auf einem von der BaFin festzulegenden Verfahrenswege zur Verfügung zu stellen und diese Daten zu aktualisieren.[37]
16. **Wohnungeigentümergemeinschaft (WEG):** Wird unter dem Namen einer Wohnungseigentümergemeinschaft ein Konto geführt, so muss der Verwalter als Verfügungsberechtigter in den Datenbestand nach § 24c KWG einfließen.

IV. Berechtigung zum Abruf der Datei (§ 24c Abs. 2 und 3 KWG)

Nach § 24c Abs. 2 KWG darf die BaFin zur Erfüllung ihrer aufsichtsrechtlichen Aufgaben einzelne Daten nach § 24c Abs. 1 KWG aus der Datei abrufen. Hierfür müssen zwingend folgende Voraussetzungen gegeben sein: 18

1. Der Datenabruf muss **erforderlich** sein, damit die BaFin ihre aufsichtlichen Aufgaben nach dem KWG oder dem GwG im Hinblick auf unerlaubte Bankgeschäfte oder Finanzdienstleistungen oder den Missbrauch der Insti-

---
35 BMF, 4.11.2002, VII B 7 – WK 5023 – 1031/02.
36 BMF, 4.11.2002, VII B 7 – WK 5023 – 1031/02.
37 BMF, 4.11.2002, VII B 7 – WK 5023 – 1031/02.

KWG § 24c Automatisierter Abruf von Kontoinformationen

tute durch Geldwäsche, Terrorismusfinanzierung oder sonstige strafbare Handlungen, die zu einer Gefährdung des Vermögens der Institute führen können, erfüllen kann und
2. es liegt eine besondere **Eilbedürftigkeit** im Einzelfall vor.

19 Nach § 24c Abs. 3 KWG können bestimmte Stellen die BaFin um Auskunft aus der Kontoabrufdatei ersuchen. Die BaFin ist in diesen Fällen ermächtigt und verpflichtet, die angefragten Daten im automatisierten Verfahren bei den Verpflichteten abzurufen und an die ersuchenden Stellen zu übermitteln. Die ersuchende Stelle hat dafür Sorge zu tragen, dass die begehrte Datenübermittlung zulässig ist. Eine Überprüfung der Zulässigkeit wird von der BaFin nur bei „besonderem Anlass" vorgenommen.

20 Die BaFin hat dem Ersuchen folgender Stellen nachzukommen, soweit dies zur Erfüllung der aufsichtlichen oder gesetzlichen Aufgaben der jeweiligen Stelle erforderlich ist:

1. **Aufsichtsbehörden gemäß § 9 Abs. 1 Satz 4 Nr. 2 KWG:** Kraft Gesetzes oder im öffentlichen Auftrag mit der Überwachung von Instituten, Kapitalverwaltungsgesellschaften, extern verwalteten Investmentgesellschaften, EU-Verwaltungsgesellschaften oder ausländischen AIF-Verwaltungsgesellschaften, Finanzunternehmen, Versicherungsunternehmen, der Finanzmärkte oder des Zahlungsverkehrs oder mit der Geldwäscheprävention betraute Stellen sowie von diesen beauftragte Personen,
2. den für die Leistung der internationalen Rechtshilfe in Strafsachen sowie im Übrigen für die **Verfolgung und Ahndung von Straftaten zuständigen Behörden oder Gerichten** (Steuerstrafverfahren ausgenommen)[38] und
3. der für die Beschränkungen des Kapital- und Zahlungsverkehrs nach dem Außenwirtschaftsgesetz zuständigen nationalen Behörde (z. B. das Bundesministerium für Wirtschaft und Energie).[39]

21 § 31 Abs. 6 GwG räumt der neu geschaffenen **Zentralstelle für Finanztransaktionsuntersuchungen** ein eigenes Abrufrecht gegenüber Kreditinstituten nach § 2 Abs. 1 Nr. 1 KWG und den Instituten nach § 2 Abs. 1 Nr. 3 KWG ein. Zur Erfüllung ihrer Aufgaben hat sie **direkten Zugriff** auf die Daten nach § 24c Abs. 1 KWG im automatisierten Verfahren. Für die Datenübermittlung gilt § 24c Abs. 4 bis 8 KWG entsprechend.

22 Eine Ausweitung erfuhr das automatisierte Kontoabrufverfahren durch das Gesetz zur Förderung der Steuerehrlichkeit vom 23.12.2003. Seit dessen Inkrafttreten am 30.12.2003 besteht für **Finanz- und Sozialbehörden** nun auch die Möglichkeit des Datenabrufs, sofern es steuerliche oder soziale Belange betrifft, wie beispielsweise Sozialhilfe, Bafög, Grundsicherung oder Wohngeld (§§ 93, 93b

---

38 *Achtelik*, in: Boos/Fischer/Schulte-Mattler, KWG/CRR-VO, § 24c KWG Rn. 10.
39 *Achtelik*, in: Boos/Fischer/Schulte-Mattler, KWG/CRR-VO, § 24c KWG Rn. 10.

V. Datenschutz und Datensicherheit (§ 24c Abs. 4 und 6 KWG)   § 24c KWG

AO). Im Zuge des Unternehmenssteuerreformgesetzes vom 14.8.2007[40] fand eine Präzisierung der zugriffsberechtigten Behörden und des Verfahrens zum automatisierten Datenabruf statt. Seitdem besteht u.a. nach § 93 Abs. 9 AO die Verpflichtung den Betroffenen **vor einem Abrufersuchen** nach § 93 Abs. 7 oder Abs. 8 AO auf die Möglichkeit eines Kontenabrufs hinzuweisen, was für gewöhnlich durch ausdrücklichen Hinweis in amtlichen Vordrucken und Merkblättern der Kreditinstitute geschieht. **Nach Durchführung eines Kontenabrufs** ist der Betroffene über die Durchführung zu benachrichtigen.

Auch **Gerichtsvollzieher** haben mittlerweile gemäß § 802l ZPO die Möglichkeit, über das Bundeszentralamt für Steuern Kontodaten abzurufen. Die gleiche Befugnis genießen auch das Bundesamt für Verfassungsschutz (BfV) gemäß § 8a Abs. 2a BVerfSchG, der Bundesnachrichtendienst (BND) gemäß § 2a BNDG und das Amt für den militärischen Abschirmdienst (MAD) gemäß § 4a MADG i.V.m. § 8a BVerfSchG. Unabhängig vom Kontoabrufverfahren besteht für BfV und BND die Möglichkeit, unmittelbar von Kreditinstituten Auskünfte zu verlangen (§ 8 Abs. 2 Nr. 2 BVerfSchG, § 2a BNDG).   23

V. Datenschutz und Datensicherheit (§ 24c Abs. 4 und 6 KWG)

Bei der Durchführung des Kontoabrufverfahrens sind auch die Anforderungen des Datenschutzes und der Datensicherheit zu beachten. So bestimmt § 24c Abs. 4 KWG zur Sicherstellung der Zweckgebundenheit des Datenabrufs und der Datenweiterleitung an ersuchende Stellen eine **Dokumentationspflicht**. Die BaFin hat bei jedem Abruf den Zeitpunkt, die bei der Durchführung des Abrufs verwendeten Daten, die abgerufenen Daten, die Person, die den Abruf durchgeführt hat, das Aktenzeichen sowie bei Abrufen auf Ersuchen die ersuchende Stelle und deren Aktenzeichen zu protokollieren.   24

Die Protokolldaten dürfen nur zum **Zwecke der Datenschutzkontrolle** verwendet werden und müssen mindestens 18 Monate aufbewahrt werden. Eine Löschung muss spätestens nach zwei Jahren erfolgen. Liegen keine rechtfertigenden Voraussetzungen für eine längere Aufbewahrung als 18 Monate vor, so sind die Protokolldaten nach den Grundsätzen der Datenminimierung und der Speicherbegrenzung (siehe 3a BDSG bzw. ab dem 25.5.2018 Art. 5 Abs. 1 c) und e) der Datenschutz-Grundverordnung) zu löschen.   25

Nach § 24c Abs. 6 KWG haben sowohl das Kreditinstitut als auch die BaFin dem jeweiligen Stand der Technik entsprechende Maßnahmen zur Sicherstellung von Datenschutz und Datensicherheit zu treffen. Ziel ist es, insbesondere   26

---

[40] BGBl. I 2007, S. 1912 ff.

KWG § 24c   Automatisierter Abruf von Kontoinformationen

die Vertraulichkeit und Unversehrtheit der abgerufenen und weiter übermittelten Daten zu gewährleisten. Die BaFin legt den Stand der Technik in einem von ihr bestimmten Verfahren fest und stimmt sich dabei mit dem Bundesamt für Sicherheit in der Informationstechnik ab.

27 Welche konkreten Anpassungen diese Bestimmungen im Hinblick auf die am 24.5.2016 in Kraft getretene und ab dem 25.5.2018 geltende Datenschutz-Grundverordnung noch erfahren wird, bleibt abzuwarten.

VI. Kostentragungspflicht der Kreditinstitute (§ 24c Abs. 5 KWG)

28 § 24c Abs. 5 KWG fordert von Kreditinstituten, dass diese **alle** im Zusammenhang mit ihren Verpflichtungen zur Führung der Kontoabrufdatei **erforderlichen Vorkehrungen auf eigene Kosten** treffen. Explizit (aber nicht abschließend) aufgezählt werden die Anschaffung der zur Sicherstellung der Vertraulichkeit und des Schutzes vor unberechtigten Zugriffen erforderlichen Geräte, die Einrichtung eines geeigneten Telekommunikationsanschlusses und die Teilnahme an dem geschlossenen Benutzersystem sowie die laufende Bereitstellung dieser Vorkehrungen. Die Vorkehrungen haben jeweils nach den Vorgaben der BaFin zu erfolgen. Diese Regelung zur Kostentragungspflicht findet nach § 93b Abs. 4 AO für die Zwecke des Abrufs nach §§ 93, 93b AO entsprechende Anwendung.

29 Anders als der Wortlaut des § 24c Abs. 5 KWG vermuten lässt, haben die Kreditinstitute nicht nur die Kosten in ihrem eigenen Verantwortungsbereich zu tragen. Nach den §§ 16 ff. FinDAG müssen sie auch die Kosten übernehmen, die der BaFin im Zusammenhang mit dem Kontoabrufverfahren in Form von Sach- oder Personalkosten entstehen. Auch die Kosten, die bei den Kreditinstituten durch Abrufe anderer berechtigter Stellen anfallen, haben diese selbst zu tragen, sofern sie ihren Verantwortungsbereich betreffen. In seiner Entscheidung zur Rechtmäßigkeit des Abrufverfahrens nach § 24c KWG und den §§ 93, 93b AO vermied es das BVerfG, die Regelung der Kostentragungspflicht zu würdigen.[41] Dennoch wird diese einseitige und größtenteils ausnahmslose Kostenverteilung zulasten der Kreditwirtschaft vielfach kritisch gesehen.[42] Dies hängt auch damit zusammen, dass die meisten Abfragen keinen bankaufsichtlichen, sondern einen fiskalischen oder strafrechtlichen Hintergrund haben. Das Abrufverfahren dient somit neben der Bekämpfung der Geldwäsche und der Finanzierung des Terrorismus tatsächlich in der Menge häufiger dem Kampf gegen Vermögens- und

---

41 BVerfG, 13.6.2007, 1 BvR 1550/03, NJW 2007, 2464 ff.
42 Siehe hierzu *Achtelik*, in: Boos/Fischer/Schulte-Mattler, KWG/CRR-VO, § 24c KWG Rn. 17 m. w. N.

VII. Rechtsverordnungsermächtigung (§ 24c Abs. 7 KWG) § 24c KWG

Kapitalverbrechen und gegen organisierte Kriminalität.[43] Die BaFin veröffentlicht in ihren Jahresberichten regelmäßig Zahlen zur Häufigkeit und zur Verteilung der Abrufe.

Auszug aus dem Jahresbericht der BaFin 2015:[44]

Bedarfsträger	2015* absolut	2015* in %	2014** absolut	2014** in %
BaFin	1.183	0,9	370	0,3
Finanzbehörden	13.003	9,7	14.020	10,2
Polizeibehörden	86.702	64,7	89.542	65
Staatsanwaltschaften	25.851	19,3	26.495	19,2
Zollbehörden	6.915	5,2	7.052	5,1
Sonstige	301	0,2	300	0,2
Gesamt	**133.955**	**100**	**137.779**	**100**

* Stand: 31.12.2015
** Stand: 31.12.2014

VII. Rechtsverordnungsermächtigung (§ 24c Abs. 7 KWG)

Grundsätzlich sind sämtliche Kreditinstitute von der Verpflichtung zur Bereitstellung von Daten für das automatisierte Kontenabrufsystem nach § 24c KWG erfasst, sofern diese Konten und Depots i. S. d. § 154 Abs. 2 AO führen. Das BMF kann jedoch gemäß § 24c Abs. 7 KWG durch Rechtsverordnung Ausnahmen von der Verpflichtung zur Übermittlung im automatisierten Verfahren zulassen bzw. die BaFin durch Rechtsverordnung hierzu ermächtigen. Von dieser Ermächtigung hat das BMF jedoch bisher keinen Gebrauch gemacht. Auch hat das BMF aus technischen Gründen sowie aus Kostengründen bislang darauf verzichtet, einen breiten Ausnahmekatalog zu schaffen.[45] Vielmehr haben Kreditinstitute die Möglichkeit, bei der BaFin unter substantiierter Darlegung des Sachverhalts eine Befreiung zu beantragen.[46] Ausnahmen werden jedoch nur in sehr seltenen Fällen zugelassen. Eine Befreiung setzt nach dem Willen des BMF voraus, dass die Teilnahme eines Kreditinstituts am automatischen Abrufsystem vor allem unter wirtschaftlichen Gesichtspunkten eine besondere Härte darstellt

---

43 BaFin, Jahresbericht 2007, S. 216.
44 BaFin, Jahresbericht 2015, S. 160.
45 BMF, 16.12.2002, VII B 7 – WK 5023 – 1166/02.
46 BMF, 16.12.2002, VII B 7 – WK 5023 – 1166/02.

KWG § 24c Automatisierter Abruf von Kontoinformationen

und es angesichts der spezifischen Besonderheit des Falles unter Berücksichtigung des dargestellten Gesetzeszwecks nicht zu einer wesentlichen Beeinträchtigung des Abrufsystems im laufenden Betrieb kommt (**Härtefallregelung**).[47] Dies könne allenfalls dann gegeben sein, wenn die Kosten der Teilnahme in keinem Verhältnis zum gesetzlichen Zweck des Systems (etwa angesichts eines Kontobestands von nur einzelnen oder wenigen Konten) und zum Ertrag und Geschäftsvolumen des Instituts stünden. Das Kreditinstitut muss daher in seinem Antrag an die BaFin Kontoanzahl und Kontoarten bezeichnen und deren Kontoinhaber sowie das Geschäftsvolumen angeben. Die Umstände, die nach Meinung des Kreditinstituts eine besondere Härte begründen, sind darzustellen.

VIII. Sanktionsbestimmungen

32 Verstöße gegen § 24c KWG können mit Geldbußen von der BaFin geahndet werden. Wird die Kontoabrufdatei nicht, nicht richtig oder nicht vollständig geführt oder wird nicht dafür gesorgt, dass die BaFin jederzeit Daten automatisch abrufen kann, so handelt das Kreditinstitut gemäß § 56 Abs. 2 Nr. 9 und 10 KWG ordnungswidrig. Für jeden Verstoß kann gemäß § 56 Abs. 6 Nr. 3 KWG ein Bußgeld in Höhe von bis zu 200.000 EUR verhängt werden. Was genau unter dem Begriff des „jederzeitigen Abrufs von Daten" zu verstehen ist, hat die BaFin in ihrer Schnittstellenspezifikation präzisiert.[48] Demnach muss durch den Betreiber durchschnittlich zu 99% fortlaufend Verfügbarkeit gewährleistet sein. Auch muss sichergestellt sein, dass die Daten rund um die Uhr abrufbar sind. Die durchschnittliche Antwortzeit darf 90 Minuten nicht überschreiten. Über Verstöße gegen § 24c KWG berichtet die BaFin regelmäßig in ihren Jahresberichten. Die Qualität der Daten wird hierbei häufig bemängelt. Häufige Fehlerquelle sei insbesondere die unvollständige oder nicht exakte Namenserfassung bei der Legitimationsprüfung.[49] Vereinzelt kam es auch zu gravierenden Feststellungen durch die BaFin, wenn beispielsweise Verfügungsberechtigte gemeldet wurden, deren Verfügungsberechtigung bereits seit mehr als drei Jahren erloschen war.[50] In einem besonders gravierenden Fall, in dem für 80% der überprüften Konten keine vollständig erfassten Vornamen gespeichert worden waren, hat die BaFin 2011 ein Bußgeld in Höhe von 25.000 EUR verhängt.[51] Die Arbeitsanweisungen der Kreditinstitute zur korrekten Datenerfassung werden hingegen nach Meinung der Aufsichtsbehörde hinreichend formuliert und die Vorgaben sind angemessen in ihren internen Kontrollsystemen berücksichtigt.[52]

---

47 BMF, 16.12.2002, VII B 7 – WK 5023 – 1166/02.
48 BaFin, Rundschreiben Nr. 1/2018 (GW) vom 2.1.2018.
49 BaFin, Jahresbericht 2012, S. 221 und 2013, S. 114.
50 BaFin, Jahresbericht 2013, S. 114.
51 BaFin, Jahresbericht 2011, S. 252.
52 BaFin, Jahresbericht 2011, S. 252 und 2013, S. 114.

§ 25h Interne Sicherungsmaßnahmen

(1) Institute sowie Finanzholding-Gesellschaften und gemischte Finanzholding-Gesellschaften nach § 25l müssen unbeschadet der in § 25a Absatz 1 dieses Gesetzes und der in den §§ 4 bis 6 des Geldwäschegesetzes aufgeführten Pflichten über ein angemessenes Risikomanagement sowie über interne Sicherungsmaßnahmen verfügen, die der Verhinderung von Geldwäsche, Terrorismusfinanzierung oder sonstigen strafbaren Handlungen, die zu einer Gefährdung des Vermögens des Instituts führen können, dienen. Sie haben dafür angemessene geschäfts- und kundenbezogene Sicherungssysteme zu schaffen und zu aktualisieren sowie Kontrollen durchzuführen. Hierzu gehört auch die fortlaufende Entwicklung geeigneter Strategien und Sicherungsmaßnahmen zur Verhinderung des Missbrauchs von neuen Finanzprodukten und Technologien für Zwecke der Geldwäsche und der Terrorismusfinanzierung oder der Begünstigung der Anonymität von Geschäftsbeziehungen und Transaktionen.

(2) Kreditinstitute haben unbeschadet des § 10 Absatz 1 Nummer 5 des Geldwäschegesetzes Datenverarbeitungssysteme zu betreiben und zu aktualisieren, mittels derer sie in der Lage sind, Geschäftsbeziehungen und einzelne Transaktionen im Zahlungsverkehr zu erkennen, die auf Grund des öffentlich und im Kreditinstitut verfügbaren Erfahrungswissens über die Methoden der Geldwäsche, der Terrorismusfinanzierung und über die sonstigen strafbaren Handlungen im Sinne von Absatz 1 im Verhältnis zu vergleichbaren Fällen besonders komplex oder groß sind, ungewöhnlich ablaufen oder ohne offensichtlichen wirtschaftlichen oder rechtmäßigen Zweck erfolgen. Die Kreditinstitute dürfen personenbezogene Daten verarbeiten, soweit dies zur Erfüllung dieser Pflicht erforderlich ist. Die Bundesanstalt kann Kriterien bestimmen, bei deren Vorliegen Kreditinstitute vom Einsatz von Systemen nach Satz 1 absehen können.

(3) Jede Transaktion, die im Verhältnis zu vergleichbaren Fällen besonders komplex oder groß ist, ungewöhnlich abläuft oder ohne offensichtlichen wirtschaftlichen oder rechtmäßigen Zweck erfolgt, ist von Instituten im Sinne von Absatz 1 unbeschadet des § 15 des Geldwäschegesetzes mit angemessenen Maßnahmen zu untersuchen, um das Risiko der Transaktion im Hinblick auf strafbare Handlungen im Sinne von Absatz 1 Satz 1 überwachen, einschätzen und gegebenenfalls die Erstattung einer Strafanzeige gemäß § 158 der Strafprozessordnung prüfen zu können. Die Institute haben diese Transaktionen, die durchgeführten Untersuchungen und deren Ergebnisse nach Maßgabe des § 8 des Geldwäschegesetzes angemessen zu dokumentieren, um gegenüber der Bundesanstalt darlegen zu können, dass diese Sachverhalte nicht darauf schließen lassen, dass eine strafbare Handlung im Sin-

KWG § 25h Interne Sicherungsmaßnahmen

ne von Absatz 1 Satz 1 begangen oder versucht wurde oder wird. Absatz 2 Satz 2 gilt entsprechend. Auf Institute ist § 47 Absatz 5 des Geldwäschegesetzes entsprechend anzuwenden für Informationen über konkrete Sachverhalte, die Auffälligkeiten oder Ungewöhnlichkeiten enthalten, die auf andere strafbare Handlungen als auf Geldwäsche, auf eine ihrer Vortaten oder auf Terrorismusfinanzierung hindeuten.

(4) Institute dürfen interne Sicherungsmaßnahmen nach Absatz 1 Satz 1 nach vorheriger Anzeige bei der Bundesanstalt im Rahmen von vertraglichen Vereinbarungen durch einen Dritten durchführen lassen. Die Bundesanstalt kann die Rückübertragung auf das Institut dann verlangen, wenn der Dritte nicht die Gewähr dafür bietet, dass die Sicherungsmaßnahmen ordnungsgemäß durchgeführt werden oder die Steuerungsmöglichkeiten der Institute und die Kontrollmöglichkeiten der Bundesanstalt beeinträchtigt werden könnten. Die Verantwortung für die Sicherungsmaßnahmen verbleibt bei den Instituten.

(5) Die Bundesanstalt kann gegenüber einem Institut im Einzelfall Anordnungen treffen, die geeignet und erforderlich sind, die in den Absätzen 1 bis 3 genannten Vorkehrungen zu treffen.

(6) Die Deutsche Bundesbank gilt als Institut im Sinne der Absätze 1 bis 4.

(7) Die Funktion des Geldwäschebeauftragten im Sinne des § 7 des Geldwäschegesetzes und die Pflichten zur Verhinderung strafbarer Handlungen im Sinne des Absatzes 1 Satz 1 werden im Institut von einer Stelle wahrgenommen. Die Bundesanstalt kann auf Antrag des Instituts zulassen, dass eine andere Stelle im Institut für die Verhinderung der strafbaren Handlungen zuständig ist, soweit hierfür ein wichtiger Grund vorliegt.

Übersicht

	Rn.
I. Allgemeines	1
II. Vorgaben für das Risikomanagement (§ 25h Abs. 1 KWG)	2
1. Angemessenes Risikomanagement	8
a) Verhältnis der Vorschriften untereinander	9
b) Begriff der sonstigen strafbaren Handlungen	11
2. Kunden- und geschäftsbezogene Sicherungssysteme	17
a) Allgemeine Sicherungsmaßnahmen	18
b) Konkrete Sicherungsmaßnahmen	21
c) Gruppenweite Umsetzung	23
3. Aktualisierung der Sicherungssysteme	24
4. Durchführung von Kontrollen	25
5. Sicherungsmaßnahmen zur Verhinderung des Missbrauchs von neuen Finanzprodukten und Technologien	30
III. Betrieb von Datenverarbeitungssystemen (§ 25h Abs. 2 KWG)	32

I. Allgemeines   § 25h KWG

1. Anforderungen an Datenverarbeitungssysteme 32
   a) Einzubeziehende Konten und Transaktionen 34
   b) Bildung von Parametern . . 35
2. Grenzen der Datenverarbeitung 37
3. Ausnahme von der Pflicht zum Betrieb von Datenverarbeitungssystemen 38
IV. Untersuchung von bestimmten Transaktionen (§ 25h Abs. 3 KWG) 40
1. Relevante Transaktionen und Einleitung von Maßnahmen . . 41
2. Dokumentation und datenschutzrechtliche Vorgaben . . . 44
3. Ermächtigung zur Informationsweitergabe 46
V. Auslagerung von Sicherungsmaßnahmen (§ 25h Abs. 4 KWG) . . . 47
VI. Anordnungsbefugnis der BaFin (§ 25h Abs. 5 KWG) 51
VII. Geltung für die Bundesbank (§ 25h Abs. 6 KWG) 52
VIII. Geldwäschebeauftragter und Zentrale Stelle (§ 25h Abs. 7 KWG) 53
1. Aufgabenbeschreibung 54
2. Ausnahmemöglichkeit auf Antrag 59

I. Allgemeines

§ 25h KWG regelt die **internen Sicherungsmaßnahmen** bei Instituten, Finanzholding-Gesellschaften und gemischten Finanzholding-Gesellschaften und stellt damit eine spezialgesetzliche Ausprägung zu § 6 GwG dar. § 6 GwG normiert im Vergleich zu § 25h KWG übergreifend die Anforderungen an interne Sicherungsmaßnahmen bei sämtlichen Verpflichteten i. S. d. GwG.   1

§ 25h KWG wurde zuletzt stark durch das Gesetz zur Umsetzung der **Zweiten E-Geld-Richtlinie (2009/110/EG) 9.3.2011** geändert. Im Zuge der Novellierung wurde § 25h KWG in Form des ehemaligen § 25c KWG eingeführt und seitdem mehrfach überarbeitet. Eine wesentliche Änderung durch das das Gesetz zur Umsetzung der Zweiten E-Geld-Richtlinie im Jahr 2011 lag in der Einführung der bis dahin unbekannten Rechtsfigur der sog. **Zentralen Stelle**, die heute in § 25h Abs. 7 KWG geregelt ist. Überdies wurde die eingeschränkte Betrachtung lediglich der **betrügerischen Handlungen** aus dem früheren Gesetzeswortlaut durch die Novellierung im Jahr 2011 aufgegeben und auf alle sonstigen strafbaren Handlungen, die zu einer Gefährdung des Vermögens des Instituts führen können ausgeweitet.   2

Durch die **GwG-Novelle 2017** wurde § 25h KWG insbesondere in Abs. 3 hinsichtlich der Untersuchung von **bestimmten Transaktionen** angepasst, die im Vergleich zu anderen Fällen besonders komplex oder groß sind, ungewöhnlich ablaufen oder ohne offensichtlichen wirtschaftlichen oder rechtmäßigen Zweck erfolgen. Zuvor war in § 25h Abs. 3 KWG a. F. demgegenüber lediglich die Pflicht zur Überwachung von zweifelhaften und ungewöhnlichen Sachverhalten normiert.   3

KWG § 25h Interne Sicherungsmaßnahmen

4 Weiter wurde der bisherige § 25h Abs. 4 KWG a. F. zur Ausgestaltung der **Funktion des Geldwäschebeauftragten (GWB)** aufgrund der Neuordnung der Normen zwischen GwG und KWG ersatzlos gestrichen.[1] Ausführliche Vorgaben zum GWB auch für Institute sind nunmehr in § 6 GwG (vgl. dort Rn. 1 ff.) enthalten.

5 Zudem wurden die Vorgaben für die **Auslagerung** der internen Sicherungsmaßnahmen an Dritte insofern geändert, als dass nunmehr lediglich die **vorherige Anzeige** der geplanten Auslagerung an die BaFin nach § 25h Abs. 4 Satz 1 KWG erfolgen muss, während zuvor nach § 25h Abs. 5 KWG a. F. die vorherige Zustimmung der BaFin erforderlich war.

6 Schließlich wurde § 25h Abs. 7 KWG a. F. gestrichen, wonach die **Bundesrepublik Deutschland – Finanzagentur GmbH** als Institut i. S. d. § 25 Abs. 1 bis 5 KWG a. F. galt und das BMF für dessen Überwachung im Hinblick auf die Einhaltung der Vorgaben zu internen Sicherungsmaßnahmen zuständig war.[2]

II. Vorgaben für das Risikomanagement (§ 25h Abs. 1 KWG)

7 § 25h KWG definiert spezielle Anforderungen an das Risikomanagement im Hinblick auf die Risiken der Geldwäsche, Terrorismusfinanzierung und sonstige strafbare Handlungen.

1. Angemessenes Risikomanagement

8 Institute, Finanzholding-Gesellschaften und gemischte Finanzholding-Gesellschaften nach § 25l KWG müssen nach § 25a Abs. 1 KWG über ein angemessenes Risikomanagement sowie über interne Sicherungsmaßnahmen verfügen, die der Verhinderung von Geldwäsche, Terrorismusfinanzierung oder sonstigen strafbaren Handlungen, die zu einer Gefährdung des Vermögens des Instituts führen können, dienen. Dies gilt neben den in § 25a Abs. 1 KWG und in den §§ 4 bis 6 GwG aufgeführten Pflichten. Im Hinblick auf das erforderliche Risikomanagement und die internen Sicherungsmaßnahmen für **Geldwäsche und Terrorismusfinanzierung** wird auf die Ausführungen in § 6 Rn. 1 ff. verwiesen.

a) Verhältnis der Vorschriften untereinander

9 § 25h KWG stellt für die genannten Unternehmen in seinem Geltungsbereich **lex specialis** zu § 25a Abs. 1 KWG und §§ 4 bis 6 GwG dar. § 25a KWG regelt

---

1 BT-Drs. 18/11555, S. 176.
2 BT-Drs. 18/11555, S. 176.

II. Vorgaben für das Risikomanagement (§ 25h Abs. 1 KWG)   § 25h KWG

insbesondere die allgemeinen Anforderungen an das Risikomanagement eines Instituts. Diese Vorschrift wird ergänzt durch die speziellen Vorgaben für das Risikomanagement im Hinblick auf die Risikobereiche Geldwäsche, Terrorismusfinanzierung und sonstige strafbare Handlungen in § 25h KWG sowie die allgemeinen Vorgaben für die Risikobereiche Geldwäsche und Terrorismusfinanzierung in §§ 4 bis 6 GwG.

Im **Verhältnis von § 25h KWG zu §§ 4 bis 6 GwG** wiederum stellt § 25h KWG grundsätzlich eine spezialgesetzliche Regelung für die im Geltungsbereich befindlichen Institute insbes. im Hinblick auf die Vorgaben zum Umgang mit Geldwäsche, Terrorismusfinanzierung, sonstigen strafbaren Handlungen (Abs. 1), den Betrieb von Datenverarbeitungssystemen (Abs. 2), Umgang mit bestimmten Transaktionen (Abs. 3) sowie Auslagerung (Abs. 4) dar. Bezüglich der Risikobereiche **Geldwäsche und Terrorismusfinanzierung** sind generell jedoch die wesentlich ausführlicheren Vorgaben des GwG zu beachten. Hinsichtlich der Vorgaben zur **Funktion des GWB** entfaltet wiederum § 7 GwG Geltung und ergänzt insoweit explizit § 25h Abs. 7 KWG. 10

b) Begriff der sonstigen strafbaren Handlungen

Der Begriff der sonstigen strafbaren Handlungen, die zu einer wesentlichen Gefährdung des Vermögens des Instituts führen können nach § 25h Abs. 1 Satz 1 KWG, ist weit zu verstehen. Er wurde durch die GwG-Novelle 2017 nicht geändert. 11

In regionaler Hinsicht sind davon sämtliche, vorsätzlich begangenen strafbaren Handlungen eines Instituts im **Inland, Ausland** oder einem sonstigen Rechtskreis zu verstehen, in dem das Institut physisch präsent ist (z. B. durch eine Filiale, Niederlassung, Repräsentanz) oder auf andere Weise **aktiv seine Dienstleistungen** erbringt. Aufgrund der Erstreckung des Anwendungsbereichs auf jegliche aktive Erbringung von Dienstleistungen können hierunter bspw. auch vorsätzlich strafbare Handlungen im Zusammenhang mit der **grenzüberschreitenden Erbringung von Dienstleistungen** i. S. d. §§ 24, 24a KWG fallen. 12

Inhaltlich umfassen die sonstigen strafbaren Handlungen annähernd alle **Straftatbestände des StGB und des Nebenstrafrechts**. Somit fallen darunter insbesondere: als Zentraldelikte sämtliche Betrugs- und Untreuetatbestände (§§ 263 ff. StGB), Diebstahl (§§ 242 ff. StGB), Unterschlagung (§ 246 StGB), Raub und räuberische Erpressung (§§ 249 ff. StGB), Missbrauch von Scheck- und Kreditkarten (§ 266b StGB), Kapitalanlagebetrug (§ 264a StGB), Korruptionstatbestände (§§ 331 ff. StGB), Insolvenzstraftaten (§§ 283 ff. StGB), Steuerstraftaten (§§ 369 ff. AO), Begünstigung (§ 257 StGB), Straftaten gegen den 13

KWG § 25h Interne Sicherungsmaßnahmen

Wettbewerb (§§ 298 ff. StGB), Ausspähen und Abfangen von Daten, Identitätsdiebstahl etc. (§§ 202a ff. StGB).[3]

14 Ausgenommen vom Geltungsbereich sind zur Vermeidung von Abgrenzungsschwierigkeiten innerhalb des Risikomanagements der Compliance-Funktion die Tatbestände **Geldwäsche, Terrorismusfinanzierung, Insiderhandel und Marktmanipulation**.[4] Es können sowohl Handlungen **von innen** (aus dem Unternehmen selbst) als auch **von außen** (durch Dritte herbeigeführt) unter den Begriff der sonstigen strafbaren Handlungen fallen.

15 Über die individuelle **Beurteilung der Wesentlichkeit** eines Straftatbestands im Hinblick auf die Geeignetheit zu einer Vermögensgefährdung für das konkrete Institut kann eine Eingrenzung der relevanten Straftatbestände erreicht werden.

16 Der Begriff der **Vermögensgefährdung** ist im Hinblick auf sonstige strafbare Handlungen so zu verstehen, dass zu deren Eintritt gerade **kein Vermögensschaden** (wie bei § 263 StGB) erforderlich ist, sondern eine bloße Eintrittswahrscheinlichkeit ausreicht und somit auch **Reputationsschäden** zum Vorliegen einer Vermögensgefährdung führen können.[5]

2. Kunden- und geschäftsbezogene Sicherungssysteme

17 Für ein adäquates Risikomanagement zu sonstigen strafbaren Handlungen und als interne Sicherungsmaßnahmen müssen Institute angemessene geschäfts- und kundenbezogene Sicherungssysteme nach § 25h Abs. 1 Satz 2 KWG schaffen und aktualisieren. Diese sind aus der Risikoanalyse abzuleiten. Bei den geschäfts- und kundenbezogenen Sicherungssystemen zu sonstigen strafbaren Handlungen bietet es sich an, zwischen allgemeinen und konkreten Sicherungssystemen zu unterscheiden.[6]

a) Allgemeine Sicherungsmaßnahmen

18 Unter **allgemeinen Sicherungssystemen** sind sämtliche Maßnahmen zu verstehen, die auch Gegenstand des **Internen Kontrollsystems (IKS)** sind.[7] Dies be-

---

3 Vgl. hierzu die Übersicht zu den einbezogenen Straftatbeständen zum Stand des § 25h KWG a. F. bei: Deutsche Kreditwirtschaft, Auslegungs- und Anwendungshinweise, Stand 1.2.2014 (nachfolgend auch bezeichnet als „AuA"), Rn. 86 f., abrufbar unter: https://bankenverband.de/media/uploads/2017/09/13/files-dk-hinweisestand_februar 2014.pdf (letzter Abruf am 14.1.2018); da sich die Regelungen zum Begriff der sonstigen strafbaren Handlungen im Zuge der GwG-Novelle 2017 nicht geändert haben, dürfte die Darstellung weiterhin Geltung haben.
4 AuA, Rn. 88.
5 AuA, Rn. 88.
6 AuA, Rn. 89.
7 AuA, Rn. 89.

II. Vorgaben für das Risikomanagement (§ 25h Abs. 1 KWG) **§ 25h KWG**

trifft insbesondere klare Organisations- und Berichtspflichten, Einbindung der Zentralen Stelle, Umgang mit der Aufdeckung und Verfolgung sonstiger strafbarer Handlungen, Maßnahmen zur Mitarbeiterauswahl, Schulung etc.[8]

Bei Kreditinstituten ist auch der **Einsatz von EDV-gestützten Monitoring-Systemen i. S. d. § 25h Abs. 2 KWG** als allgemeine Sicherungsmaßnahme zu verstehen (siehe dazu unten Rn. 32 ff.).[9] 19

Als allgemeine Sicherungsmaßnahme ist auch die Erstellung einer **Risikoanalyse** für sonstige strafbare Handlungen anzusehen.[10] Im Hinblick auf die Vorgaben zur Anfertigung einer **Risikoanalyse** für sonstige strafbare Handlungen, die sich auch an den Vorgaben der BaFin-Rs. 8/2005 (GW) orientieren, wird auf die Ausführungen zur Risikoanalyse im Hinblick auf Geldwäsche und Terrorismusfinanzierung unter § 5 GwG Rn. 21 ff. verwiesen. 20

b) Konkrete Sicherungsmaßnahmen

Konkrete Sicherungsmaßnahmen sind geschäfts- und kundenbezogene Sicherungsmaßnahmen.[11] Welche **geschäftsbezogenen Sicherungsmaßnahmen** gewählt werden, hängt davon ab, welche Risiken in Bezug auf sonstige strafbare Handlungen sich konkret aus dem Geschäftsmodell eines Instituts ergeben. Geschäftsbezogene Sicherungsmaßnahmen können z. B. sein: Code of Conduct (dessen Umsetzung wird häufig von der Personalabteilung verantwortet), Richtlinien für Geschenke und Einladungen, Kommunikation zur Compliance-Kultur. Diese Maßnahmen beziehen sich insbesondere auf die Mitarbeiter, die bestimmten Risiken ausgesetzt sein können. Die inhaltliche Ausprägung der einzelnen Regelungen je Institut kann daher risikobasiert stark variieren. 21

Kundenbezogene Sicherungsmaßnahmen schließlich beziehen sich auf den Umgang mit den Kunden des Instituts. Hierunter sind insbesondere alle Maßnahmen des Know-Your-Customer-Prozesses im weiteren Sinne mit dem Schwerpunkt auf die Bekämpfung sonstiger strafbarer Handlungen zu verstehen.[12] 22

c) Gruppenweite Umsetzung

Alle Sicherungsmaßnahmen nach § 25h Abs. 1 KWG sind gruppenweit umzusetzen.[13] Hierbei sind für (gemischte) Finanzholding-Gesellschaften die Vor- 23

---

8 Vgl. die ausführliche Auflistung in AuA, Rn. 89.
9 AuA, Rn. 89.
10 AuA, Rn. 89.
11 Vgl. die ausführliche Auflistung in AuA, Rn. 89.
12 Vgl. die ausführliche Auflistung in AuA, Rn. 89.
13 AuA, Rn. 89.

KWG § 25h Interne Sicherungsmaßnahmen

gaben des § 25l KWG und für alle übrigen Institute diejenigen des § 9 GwG (§ 9 GwG Rn. 1 ff.) zu beachten. Insofern ist auch die **Risikoanalyse** in Bezug auf sonstige strafbare Handlungen gruppenweit durchzuführen.[14]

3. Aktualisierung der Sicherungssysteme

24 Geschäfts- und kundenbezogene Sicherungssysteme müssen nach § 25h Abs. 1 Satz 2 KWG aktualisiert werden. Die Aktualisierung muss **regelmäßig** und bei Bedarf **anlassbezogen** erfolgen. Die erforderlichen Maßnahmen im Rahmen der Überarbeitung sind aus dem Ergebnis der Risikoanalyse abzuleiten.

4. Durchführung von Kontrollen

25 Die Einhaltung der Sicherungsmaßnahmen muss gem. § 25h Abs. 1 Satz 3 KWG durch regelmäßige Kontrollen des GWB sichergestellt werden. Die erforderlichen Kontrollhandlungen müssen aus der Risikoanalyse **abgeleitet** werden (gem. § 5 GwG für Geldwäsche und Terrorismusfinanzierung sowie nach § 25h Abs. 1 Satz 1 KWG für sonstige strafbare Handlungen).

26 Die Kontrollhandlungen durch die Compliance-Funktion erfolgen unter Einhaltung des mittlerweile in der Finanzwirtschaft weitgehend etablierten **sog. Three-Lines-of-Defense (drei Verteidigungslinien) Modells**. Dieses definiert die Verantwortlichkeiten für Risiken sowie für die Durchführung von Kontrollen innerhalb eines Unternehmens, abhängig von bestimmten Funktionen:

– Auf der **ersten Verteidigungslinie** ist der Geschäftsbereich angesiedelt, der das Kundenrisiko trägt. Der Geschäftsbereich führt eigene Kontrollhandlungen durch, um die Einhaltung eigener Regeln sowie die von Vorgaben der zweiten Verteidigungslinie sicherzustellen.

– Die **zweite Verteidigungslinie** wird durch die Compliance-Funktion besetzt, die compliance-relevante Vorgaben aus gesetzlichen und regulatorischen Bestimmungen ableitet, auslegt und in einem Institut umsetzt. Die Compliance-Funktion leitet aus der Risikoanalyse die erforderlichen Kontrollhandlungen ab, die sie in der ersten Verteidigungslinie durchführt um zu analysieren und sicherzustellen, dass ihre Vorgaben umgesetzt werden.

– **Dritte Verteidigungslinie** wiederum ist die Interne Revision als unabhängige Prüfungsinstanz.[15] Die Interne Revision führt Prüfungen in der ersten und zweiten Verteidigungslinie durch.

---

14 AuA, Rn. 89.
15 Vgl. zu den Anforderungen an die Funktion der Internen Revision auch: BaFin-Rundschreiben 09/2017 (BA) – Mindestanforderungen an das Risikomanagement – MaRisk vom 27.10.2017, GZ: BA 54-FR 2210-2017/0002, AT 4.4.3 (nachfolgend auch bezeichnet als „MaRisk"), abrufbar unter: https://www.bafin.de/SharedDocs/Veroeffent

II. Vorgaben für das Risikomanagement (§ 25h Abs. 1 KWG) § 25h KWG

Die **geplanten Kontrollhandlungen** der Compliance-Funktion sollten möglichst konkret beschrieben werden, insbesondere sollte dokumentiert werden: 27

- Nennung der Sicherungsmaßnahme
- Zeitpunkt der geplanten Durchführung der Kontrolle
- Risikobasierte Frequenz/Häufigkeit der Kontrolle
- Betroffener Geschäftsbereich
- Beschreibung der Kontrollhandlung

Für die **durchgeführten Kontrollen** sollte ergänzend zu den oben genannten Kriterien dokumentiert werden: 28

- Datum der Kontrollhandlung
- Name des Bearbeiters
- Genutzte Dokumente
- Ergebnis der Kontrollhandlung, einschl. ggf. erforderlicher Abstimmungen und Status der Maßnahmen

Sowohl die geplanten Handlungen, als auch die durchgeführten Kontrollen sollten zwecks Nachvollziehbarkeit schriftlich dokumentiert werden. Die Kontrollhandlungen sind Gegenstand der Prüfungshandlungen des **Jahresabschlussprüfers**. 29

5. Sicherungsmaßnahmen zur Verhinderung des Missbrauchs von neuen Finanzprodukten und Technologien

Gem. § 25h Abs. 1 Satz 3 KWG muss sich das Risikomanagement eines Instituts auch auf die fortlaufende Entwicklung geeigneter Strategien und Sicherungsmaßnahmen zur Verhinderung des Missbrauchs von neuen Finanzprodukten und Technologien für Zwecke der Geldwäsche und der Terrorismusfinanzierung oder der Begünstigung der Anonymität von Geschäftsbeziehungen und Transaktionen beziehen. Eine wichtige Maßnahme zur Überprüfung neuer Produkte und Technologien im Hinblick auf mögliche Risiken aus Compliance-Sicht ist die Einbindung der Compliance-Funktion in den **Neu-Produkt-Prozess (NPP)**. Der NPP muss nach den Vorgaben von **BaFin-Rs. 09/2017 (BA) – Mindestanforderungen an das Risikomanagement** AT 8.1. aufgesetzt sein.[16] Dieser Prozess wird in den meisten Instituten durch die Risikofunktion verantwortet. Die Einbeziehung der Compliance-Funktion muss einem bestimmten Prozess folgen und die Compliance-Funktion ist innerhalb dieses Ablaufs mit fest definierten Kompetenzen (z. B. Genehmigung, Genehmigung unter Auflagen, Ablehnung etc.) ausgestattet. 30

---

lichungen/DE/Rundschreiben/2017/rs_1709_marisk_ba.html?nn=9021442#doc10149454bodyText27 (letzter Abruf am 14.1.2018).
16 Vgl. BaFin-Rundschreiben 09/2017 (BA) – MaRisk, AT 8.1.

KWG § 25h   Interne Sicherungsmaßnahmen

31   Eine entsprechende Vorgabe ist auch in § 6 Abs. 2 Nr. 4 GwG enthalten. Es wird auf die Ausführungen unter § 6 Rn. 23 f. verwiesen.

III. Betrieb von Datenverarbeitungssystemen (§ 25h Abs. 2 KWG)

1. Anforderungen an Datenverarbeitungssysteme

32   Kreditinstitute haben nach § 25h Abs. 2 Satz 1 KWG unbeschadet des § 10 Abs. 1 Nr. 5 GwG Datenverarbeitungssysteme zu betreiben und zu aktualisieren, mittels derer sie in der Lage sind, Geschäftsbeziehungen und einzelne Transaktionen im Zahlungsverkehr zu erkennen, die aufgrund des öffentlich und im Kreditinstitut verfügbaren Erfahrungswissens über die Methoden der Geldwäsche, der Terrorismusfinanzierung und über die sonstigen strafbaren Handlungen im Sinne von § 25h Abs. 1 KWG im Verhältnis zu vergleichbaren Fällen

– besonders komplex oder groß sind,
– ungewöhnlich ablaufen oder
– ohne offensichtlichen wirtschaftlichen oder rechtmäßigen Zweck erfolgen.

33   Verpflichtet sind ausschließlich Kreditinstitute. Das **öffentlich verfügbare Erfahrungswissen** sollte aus Typologienpapieren der Ermittlungs- und Strafverfolgungsbehörden (z. B. Zentralstelle für Finanztransaktionsuntersuchungen, Bundeskriminalamt, Landeskriminalämter), ggf. relevanten ausländischen Ermittlungs- und Strafverfolgungsbehörden, Informationen von BaFin, FATF etc. abgeleitet werden.

a) Einzubeziehende Konten und Transaktionen

34   Gegenstand der Datenverarbeitung sind sämtliche Konten und Transaktionen eines Kreditinstituts.[17] Hierzu zählen **alle Kundenkonten**, einschließlich von Korrespondenzbankkonten und besonderen Kundenkonten im Investment Banking. Zudem muss der gesamte Zahlungsverkehr von der Analyse nach § 25h Abs. 2 KWG umfasst sein. Überdies ist auch für interne Konten eine entsprechende Überwachung sicherzustellen, um deren Missbrauch vorzubeugen und zu verhindern.

b) Bildung von Parametern

35   Durch die **GwG-Novelle 2017** wurde § 25h Abs. 2 KWG vollständig neu gefasst, nachdem sich dieser zuvor lediglich auf das Erkennen von Transaktionen bezog, die „als zweifelhaft oder ungewöhnlich anzusehen sind". Nunmehr ist

---

17   Vgl. AuA, Rn. 86d.

das Kreditinstitut verpflichtet, durch den **Vergleich von ähnlich gelagerten Fällen untereinander** zu erkennen, dass Geschäftsbeziehungen und einzelne Transaktionen im Hinblick auf die genannten Kriterien auffällig sind. Diese Pflicht besteht **neben dem regulären Transaktionsmonitoring**, das im Rahmen der kontinuierlichen Überwachung nach § 10 Abs. 1 Nr. 5 GwG der Geschäftsbeziehung und der innerhalb dieser getätigten Transaktionen durchzuführen ist.[18]

Die Bildung von Parametern für den Betrieb der Datenverarbeitungssysteme erfolgt abgeleitet aus der Risikoanalyse.[19] Hierzu sollten Institute auf Basis der vorhandenen Erfahrungswerte und anhand der gesetzlich vorgegebenen Kriterien zunächst mögliche **Vergleichsfälle** definieren. Diese können sodann zum Abgleich mit neuen Sachverhalten genutzt werden. Das Repertoire der Vergleichsfälle sollte ständig auf Basis neuer Erkenntnisse aus erfolgten Abgleichen aktualisiert und an neue Entwicklungen angepasst werden. Neue Entwicklungen können zu geänderten Vergleichswerten führen, die sich z. B. aus veränderten branchentypischen Situationen und der Nutzung neuer Technologien ergeben. 36

2. Grenzen der Datenverarbeitung

Die Grenzen der Datenverarbeitung werden in § 25h Abs. 2 Satz 2 KWG festgeschrieben, wonach Kreditinstitute personenbezogene Daten verarbeiten dürfen, soweit dies zur Erfüllung ihrer Pflichten aus § 25h Abs. 1 Satz 1 KWG erforderlich ist. Diese Regelung war auch bereits vor der GwG-Novelle 2017 im KWG enthalten und wurde unverändert übernommen. Hierdurch soll die **Einhaltung der datenschutzrechtlichen Vorgaben** sichergestellt werden. 37

3. Ausnahme von der Pflicht zum Betrieb von Datenverarbeitungssystemen

Für bestimmte Institute sind nach § 25h Abs. 2 Satz 3 KWG Ausnahmen von der Verpflichtung zum Betrieb von Datenverarbeitungssystemen möglich. Dies setzt voraus, dass die Kreditinstitute auch ohne die Nutzung EDV-gestützter Systeme in der Lage sind, auffällige und verdächtige Transaktionen und Geschäftsbeziehungen im Tagesgeschäft **vollumfänglich zu erkennen**. **Anhaltspunkte** für das Vorliegen einer möglichen Ausnahmemöglichkeit können sein:[20] 38

---

18 AuA, Rn. 86d.
19 Vgl. AuA, Rn. 86d mit weiteren Hinweisen für den Einsatz von Datenverarbeitungssystemen.
20 AuA, Rn. 86 f.; Verband Öffentlicher Banken, Leitfaden zur praxisorientierten Einführung in die Gefährdungsanalyse und Maßnahmen, April 2010 mit weiteren Nachweisen in Fn. 13 für Institute mit einer Bilanzsumme von weniger als 250 Mio. EUR (Schreiben der BaFin vom 8.11.2005, GZ: GW 1 – B 590) sowie für Spezialinstitute, wie etwa Förderbanken (Schreiben der BaFin vom 25.3.2004, GZ: GW 1 – F 405), ab-

KWG § 25h Interne Sicherungsmaßnahmen

– Die Größe des Instituts mit einer Bilanzsumme von unter 250 Mio. EUR,
– eine geringe Anzahl von Vertragspartnern, wirtschaftlich Berechtigten und Transaktionen, die auch manuell beherrschbar sind,
– die Aufstellung als Spezialinstitut (d. h. Hypotheken- und Pfandbriefbanken, Bausparkassen, Bürgschaftsbanken und Förderinstitute).

39 Die **Wirksamkeit** der Überwachung wird durch den internen und externen Prüfer beurteilt. In der heutigen Praxis dürfte es sich um eine sehr überschaubare Anzahl von möglichen Ausnahmefällen für den Betrieb von Datenverarbeitungssystemen handeln.

IV. Untersuchung von bestimmten Transaktionen (§ 25h Abs. 3 KWG)

40 Entsprechend der bestimmten Transaktionen, die Kreditinstitute durch den Betrieb von Datenverarbeitungssystemen nach § 25h Abs. 2 KWG zu erkennen in der Lage sein müssen, wurde durch die GwG-Novelle 2017 auch der Wortlaut des § 25h Abs. 3 KWG angepasst.

1. Relevante Transaktionen und Einleitung von Maßnahmen

41 Gem. § 25h Abs. 3 Satz 1 KWG ist jede Transaktion, die im Verhältnis zu vergleichbaren Fällen besonders komplex oder groß ist, ungewöhnlich abläuft oder ohne offensichtlichen wirtschaftlichen oder rechtmäßigen Zweck erfolgt, von Instituten im Sinne von § 25h Abs. 1 KWG unbeschadet des § 15 GwG mit angemessenen Maßnahmen zu untersuchen, um das Risiko der Transaktion im Hinblick auf strafbare Handlungen iSv § 25h Abs. 1 Satz 1 KWG (d. h. Geldwäsche, Terrorismusfinanzierung und sonstige strafbare Handlungen) überwachen, einschätzen und gegebenenfalls die Erstattung einer **Strafanzeige gemäß § 158 StPO** prüfen zu können. Nach § 25h Abs. 3 Satz 1 KWG a. F. war daneben auch die Erstattung einer Geldwäsche-Verdachtsmeldung nach § 11 GwG a. F. zu prüfen.

42 Von § 25h Abs. 3 Satz 1 KWG umfasst sind alle Transaktionen, die durch den **Betrieb von Datenverarbeitungssystemen** erkannt und der daran anschließenden institutsinternen Analysetätigkeit durch geschulte Mitarbeiter[21] nach § 25h Abs. 2 Satz 1 KWG als solche identifiziert und validiert wurden. Zur Erläuterung der Kriterien der Transaktionen nach § 25h Abs. 3 Satz 1 KWG siehe Rn. 35 f.

---

rufbar unter: https://www.voeb.de/de/publikationen/fachpublikationen/publikation-betrugsbekaempfung2010-2 (letzter Abruf am 14.1.2018).
21 Vgl. AuA, Rn. 86g.

Die Untersuchung muss mit **angemessenen Maßnahmen** erfolgen. Hierzu sind risikobasierte Maßnahmen zu wählen, die anhand des Risikoprofils einer Transaktion zu bestimmen sind. 43

2. Dokumentation und datenschutzrechtliche Vorgaben

Die Institute müssen nach § 25h Abs. 3 Satz 2 KWG Transaktionen, die durchgeführten Untersuchungen und deren Ergebnisse nach Maßgabe von **§ 8 GwG angemessen dokumentieren**, um gegenüber der BaFin darlegen zu können, dass diese Sachverhalte nicht darauf schließen lassen, dass eine strafbare Handlung i. S. v. § 25h Abs. 1 Satz 1 KWG (d. h. Geldwäsche, Terrorismusfinanzierung und sonstige strafbare Handlungen) begangen oder versucht wurde oder wird. Institute sollten insbesondere die Erwägungen zur **Angemessenheit** der gewählten Untersuchungsmaßnahmen nachvollziehbar dokumentieren. 44

Zudem gelten für die Durchführung der Untersuchung die Vorgaben zur Verarbeitung **personenbezogener Daten** nach § 25h Abs. 2 Satz 2 KWG entsprechend (siehe hierzu oben Rn. 37). 45

3. Ermächtigung zur Informationsweitergabe

Nach § 25h Abs. 3 Satz 3 KWG dürfen Institute entsprechend **§ 47 Abs. 5 GwG** Informationen über konkrete Sachverhalte, die Auffälligkeiten oder Ungewöhnlichkeiten enthalten, die auf andere strafbare Handlungen als auf Geldwäsche, auf eine ihrer Vortaten oder auf Terrorismusfinanzierung hindeuten, weitergeben. 46

V. Auslagerung von Sicherungsmaßnahmen (§ 25h Abs. 4 KWG)

Institute dürfen interne Sicherungsmaßnahmen nach § 25h Abs. 1 Satz 1 KWG **nach vorheriger Anzeige** bei der BaFin im Rahmen von vertraglichen Vereinbarungen durch einen Dritten durchführen lassen. Die Verantwortung für die Sicherungsmaßnahmen verbleibt bei den Instituten. 47

Durch die GwG-Novelle 2017 wurde die Pflicht zur vorherigen Anzeige einer geplanten Auslagerung an die BaFin **neu eingeführt**. Gem. § 25h Abs. 5 KWG a. F. musste noch die vorherige **Zustimmung** der BaFin eingeholt werden. Die Einwirkungsmöglichkeit der BaFin auf die Auslagerung bleibt durch die Möglichkeit der BaFin, nach § 25h Abs. 4 Satz 2 KWG eine **Rückübertragung** verlangen zu können, wenn der Dritte nicht die Gewähr dafür bietet, dass die Sicherungsmaßnahmen ordnungsgemäß durchgeführt werden oder die Steuerungs- 48

KWG § 25h Interne Sicherungsmaßnahmen

möglichkeiten der Institute und die Kontrollmöglichkeiten der Bundesanstalt beeinträchtigt werden könnten, bestehen. Für die Institute ist dadurch jedoch ein Vorab-Genehmigungsprozess weggefallen, der bei Auslagerungsprojekten zeitlich eingeplant werden musste. Die Prüfung der BaFin dürfte jetzt mit der Anzeige des Kreditinstituts beginnen.

49 Die **Verantwortung** für die Sicherungsmaßnahmen verbleibt nach § 25h Abs. 4 Satz 3 KWG bei den Instituten. Hierdurch wird, wie bei Auslagerungen üblich, gewährleistet, dass sich ein Unternehmen nicht seinen Verantwortlichkeiten entziehen kann, indem es Aufgaben auf Dritte überträgt. Kreditinstitute müssen daher ein **Auslagerungscontrolling** durchführen, durch das sichergestellt wird, dass der Auslagerungsnehmer alle ihm übertragenen Aufgaben vereinbarungsgemäß wahrnimmt und ausübt. Das Auslagerungscontrolling für ausgelagerte Sicherungsmaßnahmen i. S. d. § 25h Abs. 1 KWG wird üblicherweise bei der Compliance-Funktion liegen.

50 Bei einer Auslagerung von Sicherungsmaßnahmen sind auch die **Vorgaben des § 25b KWG** (Auslagerung von Aktivitäten und Prozessen) zu beachten.

VI. Anordnungsbefugnis der BaFin (§ 25h Abs. 5 KWG)

51 Nach § 25h Abs. 5 KWG besteht eine **Anordnungsbefugnis** der BaFin, wonach diese im Einzelfall gegenüber einem Institut Anordnungen treffen kann, die **geeignet und erforderlich** sind, die in den Absätzen 1 bis 3 genannten Vorkehrungen zu treffen. Die Regelung war auch bereits in § 25h Abs. 6 KWG a. F. enthalten.

VII. Geltung für die Bundesbank (§ 25h Abs. 6 KWG)

52 Die Deutsche Bundesbank gilt nach § 25h Abs. 6 KWG als Institut i. S. d. § 25h Abs. 1 bis 4 KWG. Daher gelten alle in diesen Absätzen genannten Vorgaben auch für die Bundesbank und müssen durch diese umgesetzt werden.

VIII. Geldwäschebeauftragter und Zentrale Stelle (§ 25h Abs. 7 KWG)

53 Gem. § 25h Abs. 7 Satz 1 KWG werden die Funktion des Geldwäschebeauftragten (GWB) nach § 7 GwG sowie die Pflicht zur Verhinderung strafbarer Handlungen nach § 25h Abs. 1 Satz 1 KWG im Institut von **einer Stelle** wahrgenommen (vgl. zu den Aufgaben des GWB § 7 Rn. 1 ff.). Der Gesetzeswortlaut wird

VIII. Geldwäschebeauftragter und Zentrale Stelle § 25h KWG

in der Praxis insofern abgewandelt, als dass diese Stelle als sog. **Zentrale Stelle** bezeichnet wird.[22]

1. Aufgabenbeschreibung

Aufgabe der Zentralen Stelle ist es, sämtliche Maßnahmen des Instituts zu den Risiken der Geldwäsche, Terrorismusfinanzierung und sonstigen strafbaren Handlungen zu **koordinieren** und für ein **„risikominimierendes Gesamtkonzept"** zu sorgen.[23] Durch die Schaffung der Zentralen Stelle sollte eine **klare und strukturierte Zuordnung der Verantwortlichkeiten** für die vorgenannten Risikobereiche in Instituten erreicht werden. Die Aufgaben der Zentralen Stelle können auch auf mehrere **Teileinheiten** verteilt werden.[24] Es ist zu beachten, dass letztlich alle in den Teileinheiten gewonnenen Erkenntnisse zu einem konsolidierten Ergebnis zusammenfließen müssen. Zudem muss die Verantwortlichkeit des GWB für die Zentrale Stelle immer bestehen. Insbesondere bei der Erfüllung ihrer Kontrollaufgaben kann sich die Zentrale Stelle auch anderer Bereiche bedienen.[25] Unter Beachtung der Grenzen der MaRisk-Vorgaben kann die Zentrale Stelle daher bspw. auf Prüfungsergebnisse der Internen Revision zurückgreifen. 54

Durch die GwG-Novellierung wird in § 25h Abs. 7 KWG von der Verantwortung des GWB für **strafbare Handlungen** i. S. d. § 25h Abs. 1 Satz 1 KWG gesprochen, während der Wortlaut des § 25h Abs. 7 KWG a. F. noch auf die Zuständigkeit des GWB für sonstige strafbare Handlungen verwiesen hat. Durch die Anpassung des Gesetzeswortlauts wird klargestellt, dass sich die Verantwortung von GWB und Zentraler Stelle auf die drei Risikobereiche Geldwäsche, Terrorismusfinanzierung und sonstige strafbare Handlungen bezieht. 55

Sofern es sich um eine Institutsgruppe handelt, müssen sämtliche Maßnahmen **gruppenweit** umgesetzt werden.[26] Hierbei sind nunmehr auch die Vorgaben des § 9 GwG zu berücksichtigen. 56

Zu den **wesentlichen Aufgaben** der Zentralen Stelle gehören: 57

- Definition und Aktualisierung von **internen Grundsätzen**[27] im Institut (d. h. Zuständigkeiten, Pflichten, Verantwortlichkeiten sowie Richtlinien und Prozesse). Unter Richtlinien und Prozessen ist die gesamte **schriftlich fixierte**

---

22 AuA, Rn. 89.
23 Mit weiteren Instruktionen für die Ausgestaltung der Zentralen Stelle: AuA, Rn. 89 f.
24 AuA, Rn. 89.
25 AuA, Rn. 89.
26 AuA, Rn. 86.
27 Vgl. dazu AuA, Rn. 89.

Zentes 993

KWG § 25h Interne Sicherungsmaßnahmen

Ordnung mit Bezug zu Geldwäsche, Terrorismusfinanzierung und sonstigen strafbaren Handlungen zu verstehen.

- Fortlaufende Entwicklung geeigneter Strategien zur Verhinderung des Missbrauchs von **neuen Produkten und Technologien**, die die Anonymität von Geschäftsbeziehungen und Transaktionen begünstigen können[28] (ebenfalls enthalten in § 25h Abs. 1 Satz 3 KWG, siehe dazu auch Rn. 50). Hierzu ist insbesondere die Einbindung der Zentralen Stelle in den **NPP** erforderlich.
- Schaffung und Fortentwicklung einer institutsspezifischen **Risikoanalyse** zu sonstigen strafbaren Handlungen mit einer Identifizierung aller aus solchen (internen und externen) strafbaren Handlungen resultierenden möglichen Risiken.[29]
- **Ableitung sämtlicher weiterer Handlungsschritte** (insbesondere allgemeine und konkrete Sicherungsmaßnahmen), Monitoring und Kontrollmaßnahmen anhand der Risikoanalyse (siehe dazu auch Rn. 17 ff.).[30]
- Sicherstellung, dass die jeweiligen **Risikoanalysen** in Bezug auf Geldwäsche, Terrorismusfinanzierung und sonstige strafbare Handlungen **aufeinander abgestimmt** sind.[31] Hierzu sollte auch die Verwendung einer einheitlichen Methodologie gehören, die die Besonderheiten jedes Risikotyps berücksichtigt und in Einklang bringt. Ziel sollte die Erstellung einer konsistenten Risikolandkarte für das Institut bzw. die Institutsgruppe sein.
- Risikobasierte Analyse der **Wirksamkeit** der bereits in den Prozessen der Institute verankerten Kontrollen und prozessimmanenten Kontrollsysteme.[32] Dies ist in Zusammenschau mit der durch die GwG-Novelle 2017 eingeführten Vorgabe zur **Überwachung der Funktionsfähigkeit** der internen Sicherungsmaßnahmen zur Geldwäsche und Terrorismusfinanzierung nach § 6 Abs. 1 Satz 3 GwG zu lesen.
- Schaffung klarer und einheitlicher **Berichtswege und -pflichten**, u. a. an folgende Adressaten: Vorstand/Geschäftsleitung, andere Geschäftsbereiche (z. B. zuständiger Bereich für operationelle Risiken, Interne Revision etc.), Kontakt zu Strafverfolgungsbehörden sowie mit der BaFin, hinsichtlich Sachverhalten, die mit sonstigen strafbaren Handlungen im Zusammenhang stehen.[33]

58 Die Vorgaben für ein Risikomanagement sowie für interne Sicherungsmaßnahmen zur Bekämpfung von Geldwäsche, Terrorismusfinanzierung und sonstigen strafbaren Handlungen aus **GwG und § 25h KWG** sollten in **Zusammenschau**

---

[28] Vgl. AuA, Rn. 89.
[29] Vgl. AuA, Rn. 89.
[30] Vgl. dazu AuA, Rn. 89.
[31] Vgl. dazu AuA, Rn. 89.
[32] Vgl. dazu AuA, Rn. 89.
[33] Vgl. dazu AuA, Rn. 89.

gelesen werden. Hierdurch kann eine **konsistente Umsetzung** der Vorgaben in der Zentralen Stelle der Compliance-Funktion erreicht werden.

2. Ausnahmemöglichkeit auf Antrag

Die Vorgabe zur Einrichtung einer Zentralen Stelle ist grundsätzlich **zwingend**. Gem. § 25h Abs. 7 Satz 2 KWG haben Institute jedoch die Möglichkeit, bei der BaFin einen **Antrag** darauf zu stellen, dass eine andere Stelle im Institut für die Verhinderung der strafbaren Handlungen zuständig ist. Voraussetzung für die Antragstellung ist das Vorliegen eines **wichtigen Grundes**. An die Darstellung des **wichtigen Grundes** dürften hohe Anforderungen zu stellen sein. Durch den Ausnahmeantrag soll insbes. historisch gewachsenen Konstellationen in Instituten Rechnung getragen werden, die auch ohne Umsetzung der Vorgaben des § 25h Abs. 7 Satz 1 KWG vollumfänglich in der Lage sind, die vom Gesetzgeber geforderten Aufgaben wahrzunehmen. Auch wenn diese Regelung bereits seit Inkrafttreten des Gesetzes im Jahr 2011 besteht, sind bislang kaum Erfahrungswerte zur Verwaltungspraxis der BaFin bei dem Umgang mit Ausnahmeanträgen bekannt geworden.

59

§ 25i Allgemeine Sorgfaltspflichten in Bezug auf E-Geld

(1) Kreditinstitute haben bei der Ausgabe von E-Geld die Pflichten nach § 10 Absatz 1 des Geldwäschegesetzes zu erfüllen, auch wenn die Schwellenwerte nach § 10 Absatz 3 Nummer 2 des Geldwäschegesetzes nicht erreicht werden.

(2) In den Fällen des Absatzes 1 können die Kreditinstitute unbeschadet des § 14 des Geldwäschegesetzes von den Pflichten nach § 10 Absatz 1 Nummer 1 bis 4 des Geldwäschegesetzes absehen, wenn

1. das Zahlungsinstrument nicht wieder aufgeladen werden kann oder wenn ein wiederaufladbares Zahlungsinstrument nur im Inland genutzt werden kann und die Zahlungsvorgänge, die mit ihm ausgeführt werden können, auf monatlich 100 Euro begrenzt sind,
2. der elektronisch gespeicherte Betrag 100 Euro nicht übersteigt,
3. das Zahlungsinstrument ausschließlich für den Kauf von Waren und Dienstleistungen genutzt wird,
4. das Zahlungsinstrument nicht mit anonymem E-Geld erworben oder aufgeladen werden kann,
5. das Kreditinstitut die Transaktionen oder die Geschäftsbeziehung in ausreichendem Umfang überwacht, um die Aufdeckung ungewöhnlicher oder verdächtiger Transaktionen zu ermöglichen, und
6. ein Rücktausch des E-Geldes durch Barauszahlung, sofern es sich um mehr als 20 Euro handelt, ausgeschlossen ist.

Beim Schwellenwert nach Satz 1 Nummer 1 ist es unerheblich, ob der E-Geld-Inhaber das E-Geld über einen Vorgang oder über verschiedene Vorgänge erwirbt, sofern Anhaltspunkte dafür vorliegen, dass zwischen den verschiedenen Vorgängen eine Verbindung besteht.

(3) Soweit E-Geld über einen wiederaufladbaren E-Geld-Träger ausgegeben wird, hat das ausgebende Kreditinstitut Dateien zu führen, in denen alle an identifizierte E-Geld-Inhaber ausgegebenen und zurückgetauschten E-Geld-Beträge mit Zeitpunkt und ausgebender oder rücktauschender Stelle aufgezeichnet werden. § 8 des Geldwäschegesetzes ist entsprechend anzuwenden.

(4) Liegen Tatsachen vor, die die Annahme rechtfertigen, dass bei der Verwendung eines E-Geld-Trägers

1. die Voraussetzungen nach Absatz 2 nicht eingehalten werden oder

Allgemeine Sorgfaltspflichten in Bezug auf E-Geld § 25i KWG

2. im Zusammenhang mit technischen Verwendungsmöglichkeiten des E-Geld-Trägers, dessen Vertrieb, Verkauf und der Einschaltung von bestimmten Akzeptanzstellen ein erhöhtes Risiko der Geldwäsche oder der Terrorismusfinanzierung nach § 1 Absatz 1 Nummer 1 und 2 des Geldwäschegesetzes oder ein erhöhtes Risiko sonstiger strafbarer Handlungen nach § 25h Absatz 1 besteht,

so kann die Bundesanstalt dem Kreditinstitut, das das E-Geld ausgibt, Anordnungen erteilen. Insbesondere kann sie

1. die Ausgabe, den Verkauf und die Verwendung eines solchen E-Geld-Trägers untersagen,
2. sonstige geeignete und erforderliche technische Änderungen dieses E-Geld-Trägers verlangen oder
3. das E-Geld ausgebende Institut dazu verpflichten, dass es dem Risiko angemessene interne Sicherungsmaßnahmen ergreift.

(nicht kommentiert)

§ 25j Zeitpunkt der Identitätsüberprüfung

Abweichend von § 11 Absatz 1 des Geldwäschegesetzes kann die Überprüfung der Identität des Vertragspartners, einer für diesen auftretenden Person und des wirtschaftlich Berechtigten auch unverzüglich nach der Eröffnung eines Kontos oder Depots abgeschlossen werden. In diesem Fall muss sichergestellt sein, dass vor Abschluss der Überprüfung der Identität keine Gelder von dem Konto oder dem Depot abverfügt werden können. Für den Fall einer Rückzahlung eingegangener Gelder dürfen diese nur an den Einzahler ausgezahlt werden.

Schrifttum: *Boos/Fischer/Schulte-Mattler*, KWG/CRR-VO – Kommentar zu Kreditwesengesetz, VO (EU) Nr. 575/2013 (CRR) und Ausführungsvorschriften, 5. Aufl. 2016.

I. Allgemeines

1 Die Bestimmung des § 25j KWG eröffnet für den Verpflichteten die Möglichkeit, bei der Konto- oder Depoteröffnung die **Identitätsüberprüfung nachzuholen**. Abweichend von § 11 Abs. 1 GwG muss die Überprüfung der Identität des Vertragspartners, einer für diesen auftretenden Person und des wirtschaftlich Berechtigten nicht bereits vor oder während der Begründung der Geschäftsbeziehung abgeschlossen sein. Sie ist jedoch **unverzüglich** (= ohne schuldhaftes Zögern, vgl. § 121 BGB) **nach der Konto- oder Depoteröffnung** abzuschließen. § 25j KWG soll zu einer größeren Flexibilität der Begründung der Geschäftsbeziehung führen.[1] Gleichzeitig soll durch die Regelung hinreichend gewährleistet werden, dass intransparente Konto- oder Depotverfügungen ausgeschlossen sind.[2]

2 Die Regelung des jetzigen § 25j KWG war ursprünglich unter § 25e KWG zu finden und wurde durch das GwBekErgG vom 13.8.2008 in das KWG aufgenommen. Grundlage für die Bestimmung ist Art. 4 und 9 der 3. Geldwäscherichtlinie. Durch das Gesetz zur Umsetzung der Zweiten E-Geld-Richtlinie vom 1.3.2011 wurde die Vorschrift ergänzt. Im Zuge des CRD IV-Umsetzungsgesetz vom 28.8.2013 wurde die Norm zu § 25i KWG. Im Zuge des Gesetzes zur Abschirmung von Risiken und zur Planung der Sanierung und Abwicklung von Kreditinstituten und Finanzgruppen vom 7.8.2013 wurde die Norm mit Wirkung vom 31.1.2014 in § 25j umbenannt.

---

1 *Achtelik*, in: Boos/Fischer/Schulte-Mattler, KWG/CRR-VO, § 25j KWG Rn. 2.
2 BR-Drs. 168/08, S. 114.

II. Vereinfachung bei der Durchführung der Identifizierung

Macht das Institut von der Möglichkeit des § 25j KWG Gebrauch, so muss gem. § 25j Satz 2 KWG sichergestellt sein, dass keine Möglichkeit besteht, über Vermögen zu verfügen, also Vermögensabflüsse zu bewirken. Als solche Abverfügungen sind z. B. Barabhebungen und Überweisungen an Dritte, aber auch auf eigene Konten bei anderen Instituten anzusehen. Zwar spricht § 25j Satz 2 KWG von der Abverfügung von Geldern, bezogen auf Depots dürften nach Sinn und Zweck der Vorschrift jedoch auch Wertpapiere umfasst sein. Innerhalb der Geschäftsbeziehung erfolgende Verlagerungen (z. B. vom Girokonto auf ein Festgeldkonto) sind keine Abverfügungen in diesem Sinne.[3] Auch wenn Abverfügungen in dieser Zeit nicht möglich sind, ist eine **Freischaltung** des Kontos oder Depots **für Zahlungseingänge** jedoch **möglich**. Sollen eingegangene Gelder zurückgezahlt werden, so dürfen diese gem. § 25j Satz 3 KWG nur an den Einzahler ausgezahlt werden. 3

Die Ausnahme des § 25j KWG bezieht sich nur auf die **Überprüfung der Identität** der zu identifizierenden Personen, aber nicht auf die Feststellung der Identität. Letztere muss im Vorfeld vorgenommen worden sein. 4

§ 25j KWG ist gegenüber § 154 Abs. 2 AO die speziellere Regelung und verdrängt diese daher. 5

---

[3] AuA, Tz. 13.

§ 25k Verstärkte Sorgfaltspflichten

(1) Abweichend von § 10 Absatz 3 Satz 1 Nummer 2 Buchstabe b des Geldwäschegesetzes bestehen die Sorgfaltspflichten nach § 10 Absatz 1 Nummer 1, 2 und 4 des Geldwäschegesetzes für Institute bei der Annahme von Bargeld ungeachtet etwaiger im Geldwäschegesetz oder in diesem Gesetz genannter Schwellenbeträge, soweit ein Sortengeschäft nach § 1 Absatz 1a Satz 2 Nummer 7 nicht über ein bei dem Institut eröffnetes Konto des Kunden abgewickelt wird und die Transaktion einen Wert von 2 500 Euro oder mehr aufweist.

(2) Institute, die Factoring nach § 1 Absatz 1a Satz 2 Nummer 9 betreiben, haben angemessene Maßnahmen zu ergreifen, um einem erkennbar erhöhten Geldwäscherisiko bei der Annahme von Zahlungen von Debitoren zu begegnen, die bei Abschluss des Rahmenvertrags unbekannt waren.

Übersicht

	Rn.		Rn.
I. Sortengeschäft (§ 25k Abs. 1 KWG)	1	3. Debitor-Begriff	11
II. Factoring (§ 25k Abs. 2 KWG)	4	4. Risiko der Geldwäsche und Terrorismusfinanzierung im Factoring sowie Umfang der Sorgfaltspflichten	14
1. Drei-Parteien-Verhältnis	7		
2. Identifizierungspflichten nach alter und neuer Gesetzeslage	10		

I. Sortengeschäft (§ 25k Abs. 1 KWG)

1 Nach § 25k Abs. 1 KWG haben Verpflichtete bei der Annahme von **Bargeld ab 2.500 EUR** außerhalb einer bestehen Geschäftsbeziehung die allgemeinen Sorgfaltspflichten nach § 10 Abs. 1 Nr. 1, 2 und 4 GwG zu beachten. Demzufolge ist der Vertragspartner zu identifizieren, der wirtschaftlich Berechtigten festzustellen und der PEP-Status zu klären. Die regulatorischen Pflichten des § 25k Abs. 1 KWG bzw. § 10 Abs. 1 Nr. 1, 2 und 4 GwG bestehen ausschließlich in Bezug auf die **Annahme von Bargeld**.

2 Die verstärkten Sorgfaltspflichten § 25k Abs. 1 KWG sind bei Transaktionen **außerhalb einer bestehenden Geschäftsbeziehung** zu beachten. Sofern der Vertragspartner (Person, die Bargeld tauschen möchte) ein Konto beim Verpflichteten unterhält, gelten die verstärkten Sorgfaltspflichten grundsätzlich nicht. Die Unterscheidung zwischen innerhalb und außerhalb einer bestehenden Geschäftsbeziehung erscheint sachgerecht, da bei einer bestehenden Geschäfts-

beziehung das KYC-Prinzip Anwendung findet. Die Person, die das Sortengeschäft durchführen möchte, ist dem Verpflichteten bekannt. Das Geldwäscherisiko ist im Vergleich zu einer unbekannten Person bzw. außerhalb einer bestehenden Geschäftsbeziehung grundsätzlich geringer.

Im Rahmen der Umsetzung der Vierten Geldwäscherichtlinie wurden die gesetzlichen Vorgaben in Bezug auf das Sortengeschäft lediglich redaktionell überarbeitet.[1]

3

II. Factoring (§ 25k Abs. 2 KWG)

Institute nach § 1 Abs. 1a Satz 2 Nr. 9 KWG (Factoringinstitute) haben gemäß § 25k Abs. 2 KWG angemessene Maßnahmen zu ergreifen, um einem erkennbar erhöhten Geldwäscherisiko bei der Annahme von Zahlungen von **Debitoren** zu begegnen, die bei Abschluss des Rahmenvertrages **unbekannt** sind.

4

Der Regelungsinhalt und -umfang der derzeit geltenden regulatorischen Anforderungen in Bezug auf die Geldwäscheprävention im **Factoringgeschäft** wurden durch das Gesetz zur Umsetzung der Zweiten E-Geld-Richtlinie eingeführt. Die Einführung diente der Schließung einer Regelungslücke in der Geldwäscheprävention im Factoringbereich,[2] denn bis zur Umsetzung der Zweiten E-Geld-Richtlinie erfasste das Geldwäschegesetz sowie die Regelungen im KWG ausschließlich sog. Zwei-Parteien-Vertragsverhältnisses (Verpflichteter und Vertragspartner). Hingegen nicht erfasst waren **Drei-Parteien-Verhältnisse**, wie sie üblicherweise im Factoringgeschäft existieren. Die Umsetzung der Zweiten E-Geld-Richtlinie diente neben der Berücksichtigung des Drei-Parteien-Verhältnisses auch der Fixierung des risikobasierten Ansatzes im Factoringbereich.

5

Im Rahmen der Umsetzung der Vierten Geldwäscherichtlinie wurden die gesetzlichen Vorgaben lediglich redaktionell überarbeitet. Inhaltlich gab es keine wesentlichen Veränderungen im Vergleich zu den bisherigen Regelungen zum Factoringgeschäft (vormals § 25k Abs. 4 KWG).[3]

6

1. Drei-Parteien-Verhältnis

Das Betreiben des Factoringgeschäfts qualifiziert ein Unternehmen als **Finanzdienstleistungsinstitut** nach § 1 Abs. 1a Satz 2 Nr. 9 KWG. Im Rahmen des Factorings verkauft ein Unternehmen (Factor) seine Forderungen aus Warenlie-

7

---

1 BT-Drs. 18/11555 v. 17.3.2017, Begr. zu § 25k KWG, S. 176.
2 Vgl. BT-Drs. 17/3023, S. 63.
3 BT-Drs. 18/11555 v. 17.3.2017, Begr. zu § 25k KWG, S. 176.

KWG § 25k Verstärkte Sorgfaltspflichten

ferungen und Dienstleistungen gegen seine Kunden an ein Factoringinstitut. Der Verkauf der Forderung dient der Liquiditätsbeschaffung.[4]

8 Die Ausgestaltung des Factoringgeschäfts variiert zwischen „echtem Factoring" und „unechtem Factoring". Darüber hinaus existiert die Möglichkeit, dass der Forderungsverkauf dem Forderungsschuldner offengelegt wird („offenes Factoring-Verfahren") oder er keine Kenntnis über den Forderungsverkauf erlangt („stilles Factoring-Verfahren").[5] Im Rahmen des offenen Factoring-Verfahrens wird der Kunde aufgefordert, unmittelbar an das Factoringinstitut zu zahlen.

9 Das Factoringgeschäft kommt durch ein Vertrag über den Kauf von Forderungen zwischen dem Factoringinstitut und dem ursprünglichen Forderungsinhaber zustande.[6] Der zivilrechtliche Vertragsschluss begründet für das Factoringinstitut als Verpflichteter des GwG die Pflicht zur Erfüllung der Sorgfaltspflichten gemäß §§ 10ff. GwG. Nach Abschluss des Vertrages über den Kauf von Forderungen zwischen dem Factoringinstitut und dem ursprünglichen Forderungsinhaber erhält das Factoringinstitut Gelder vom Forderungsschuldner (Debitor). Der Forderungsschuldner erfüllt hiermit seine vertraglichen Pflichten aus dem „Grundgeschäft".

2. Identifizierungspflichten nach alter und neuer Gesetzeslage

10 Seit der Umsetzung der Zweiten E-Geld-Richtlinie besteht im Factoringgeschäft bzw. im für dieses Geschäft charakteristischen Drei-Parteien-Verhältnis die Pflicht zur risikoorientierten Anwendung von Sorgfaltspflichten. In Bezug auf die regulatorischen Pflichten des § 25k Abs. 2 KWG ist zu differenzieren, ob der Forderungsschuldner dem Factoringinstitut zum Zeitpunkt des Abschlusses des Rahmenvertrages **bekannt oder unbekannt** war. Der Umfang und die Intensität der zu beachtenden Sorgfaltspflichten und zu ergreifenden Sicherungsmaßnahmen haben die Risikobeurteilung des Einzelfalls zu würdigen und zu berücksichtigen, ob der Forderungsschuldner dem Factoringinstitut zum Zeitpunkt des Abschlusses des Rahmenvertrages bekannt oder unbekannt war.

3. Debitor-Begriff

11 § 25k Abs. 2 KWG geht von einem grundsätzlich erhöhten Geldwäscherisiko aus, sofern der Debitor zum Zeitpunkt des Abschlusses des Rahmenvertrages

---

4 Vgl. hierzu ausführlich „Gemeinsame Anwendungshinweise des DFV und BFM für Factoringunternehmen zur Prävention von Geldwäsche und Terrorismusfinanzierung", S. 1.

5 Vgl. hierzu ausführlich „Gemeinsame Anwendungshinweise des DFV und BFM für Factoringunternehmen zur Prävention von Geldwäsche und Terrorismusfinanzierung", S. 1.

6 Die konkrete rechtliche Ausgestaltung, insbesondere der Delkredereschutz wird hier nicht weiter thematisiert, da dieser Schutz für die Geldwäschepräventionsmaßnahmen eine eher untergeordnete Rolle spielen dürfte.

unbekannt waren. Bei bekannten Debitoren wird regulatorisch grundsätzlich nicht von einem erhöhten Geldwäscherisiko ausgegangen.

Hinsichtlich des Geldwäscherisikos bei **bekanntem Forderungsschuldner** ist davon auszugehen, dass das Factoringinstitut bei Kenntnis des Forderungsschuldners eine Prüfung der Kreditwürdigkeit vornimmt und sich somit mit der Person und den wirtschaftlichen Verhältnissen auseinandersetzt.[7] Wiewohl die Bonitätsprüfung mit der Prüfung einer Person aus Geldwäschepräventionsgesichtspunkten in Gänze nicht vergleichbar ist, dürften nach der Bonitätsprüfung zumindest allgemeine Informationen (Name, Anschrift, Kreditwürdigkeit et cetera) über die Person vorhanden sein. Die Einholung der Informationen ist nicht nur zur Ermittlung des Ausfallrisikos erforderlich, sondern fördert grundsätzlich auch die Transparenz einschließlich der Minimierung des Geldwäscherisikos.

Im Vergleich zum bekannten Debitor existiert beim **unbekannten Forderungsschuldner** eine abweichende Risikolage. Denn ist der Debitor dem Factoringinstitut unbekannt, erfolgt grundsätzlich keine Bonitätsprüfung. Die Gesetzesbegründung zur Umsetzung der Zweiten E-Geld-Richtlinie führt aus, dass bei unbekannten Debitoren das Factoringinstitut nach Vertragsschluss in der Regel kein oder allenfalls ein geringes Interesse an aussagekräftigen Informationen über die Kreditwürdigkeit des Debitors hat. Dieses vermeintliche Desinteresse würde sich gemäß der Gesetzesbegründung potenzieren, sofern das Factoringinstitut nicht das Ausfallrisiko übernimmt.[8] Insgesamt besteht bei unbekannten Debitoren grundsätzlich ein – im Vergleich zu bekannten Debitoren – erhöhtes Geldwäscherisiko.

4. Risiko der Geldwäsche und Terrorismusfinanzierung im Factoring sowie Umfang der Sorgfaltspflichten

§ 25k Abs. 2 KWG stellt ein Regelbeispiel für Sachverhalte dar, die aufgrund des potenziell erhöhten Geldwäscherisikos die Berücksichtigung verstärkter Sorgfaltspflichten erfordern. Zu beachten ist, dass das Betreiben des Factoringgeschäfts (auch bei unbekannten Debitoren) **keine pflichtweise Erfüllung der verstärkten Sorgfaltspflichten** erfordert. Vielmehr ist eine risikoadäquate Behandlung des Einzelfalls verlangt, welche insbesondere auf das für das Factoringgeschäft charakteristische Drei-Parteien-Verhältnis eingeht. Eine allgemeine Pflicht zur Anwendung der verstärkten Sorgfaltspflichten besteht nicht.[9]

---

7 Vgl. hierzu ausführlich „Gemeinsame Anwendungshinweise des DFV und BFM für Factoringunternehmen zur Prävention von Geldwäsche und Terrorismusfinanzierung", S. 20.
8 Vgl. BT-Drs. 17/3023, S. 63.
9 Vgl. hierzu ausführlich „Gemeinsame Anwendungshinweise des DFV und BFM für Factoringunternehmen zur Prävention von Geldwäsche und Terrorismusfinanzierung", S. 22.

KWG § 25k Verstärkte Sorgfaltspflichten

15 Wie bereits zuvor erwähnt, dient die Umsetzung der Zweiten E-Geld-Richtlinie insbesondere der Stärkung des risikobasierten Ansatzes im Factoringbereich. Demzufolge haben die Verpflichteten einzelfallbezogen das Risiko des Missbrauchs zu Geldwäschezwecken und der Terrorismusfinanzierung zu eruieren. Im Rahmen dieser Analyse sind risikoerhöhende und ggf. risikominimierende Umstände zu berücksichtigen. Nachfolgende Faktoren können als **Indikator** für ein erhöhtes Risiko anzusehen sein:

– Vertragspartner oder Debitor hat seinen Sitz in einem Land, das über keine mit deutschen, europäischen oder FATF-Standards vergleichbare Geldprävention verfügt (beispielsweise Sitz in bekannten Offshore-Destinationen).
– Vertragspartner oder Debitor hat seinen Sitz in einem sanktionierten Staat.
– Factoringinstitut hat Kenntnis über Unregelmäßigkeiten in Sachen Geldwäscheprävention beim Kunden bzw. über das Sitzland des Kunden.
– Geschäftsfeld des Factoringkunden ist risikobehaftet (z. B. Luxusgüter).

16 Bei Vorlage der zuvor aufgeführten Risikoindikatoren bzw. weiterer oder anderer risikoerhöhender Umstände ist eine dauerhafte Überwachung des Debitors einschließlich der Geldeingänge empfehlenswert.

17 Die Ausgestaltung der auf Basis der Risikoanalyse zu ergreifenden Sicherungsmaßnahmen hat ebenfalls **risikobasiert und einzelfallbezogen** zu erfolgen. Die Anwendungshinweise von „Deutscher Factoring Verband e. V." und „Bundesverband Factoring für den Mittelstand" benennen beispielhaft und nicht abschließend eine Reihe von Sicherungsmaßnahmen,[10] hierzu zählen:

– Fortlaufende intensive und transaktionsbezogene Kontrollen (z. B. Kundenbesuche, Saldenbestätigungen und Einsatz von IT-Systemen zum Erkennen von Unregelmäßigkeiten).
– Fortlaufende Dokumentation des Factoringverhältnisses (z. B. Rechnungen und Angaben zu Bilanzen).
– Übernahme des Debitorenmanagements.
– Die Offenlegung des Factorings gegenüber dem Debitor ermöglicht die direkte Kontaktaufnahme mit dem Debitor. Die Offenlegung des Factorings ermöglicht es dem Factoringinstitut, Informationen vom Debitor direkt anzufordern und im Nachgang auszuwerten.

18 Die Verpflichteten haben das Ergebnis der kundenbezogenen Risikoanalyse sowie die ergriffenen Maßnahmen zur Minimierung des konkreten Risikos nachvollziehbar zu **dokumentieren**.

---

10 „Gemeinsame Anwendungshinweise des DFV und BFM für Factoringunternehmen zur Prävention von Geldwäsche und Terrorismusfinanzierung", S. 7.

§ 25l Geldwäscherechtliche Pflichten für Finanzholding-Gesellschaften

Finanzholding-Gesellschaften oder gemischte Finanzholding-Gesellschaften, die nach § 10a als übergeordnetes Unternehmen gelten oder von der Bundesanstalt als solches bestimmt wurden, sind Verpflichtete nach § 2 Absatz 1 Nummer 1 des Geldwäschegesetzes. Sie unterliegen insoweit auch der Aufsicht der Bundesanstalt nach § 50 Nummer 1 in Verbindung mit § 41 Absatz 1 des Geldwäschegesetzes.

Schrifttum: *Herzog*, Geldwäschegesetz, 2010.

I. Allgemeines

Im Rahmen der Umsetzung der Vierten EU-Geldwäscherichtlinie[1] durch das Gesetz zur Umsetzung der Vierten EU-Geldwäscherichtlinie, zur Ausführung der EU-Geldtransferverordnung und zur Neuorganisation der Zentralstelle für Finanztransaktionsuntersuchungen vom 23.6.2017[2] wurden die Vorschriften des bisherigen § 25l Abs. 1 KWG zur gruppenweiten Einhaltung von Sorgfaltspflichten in § 9 GwG verlagert und auf sämtliche Verpflichtete des GwG ausgeweitet (siehe hierzu die Kommentierung zu § 9 GwG Rn. 1 ff.). Die bisherige Regelung des § 25l Abs. 2 KWG in Bezug auf **Finanzholding-Gesellschaften** wurde als § 25l KWG grundsätzlich unverändert im KWG belassen. Nur der Wortlaut der Vorschrift wurde in Bezug auf § 10a Abs. 2 Satz 1 KWG klarer gefasst und angepasst.[3] Warum die Regelung nicht auch im Zuge der Umsetzung der Vierten EU-Geldwäscherichtlinie in das GwG (§ 2 GwG) überführt wurde, ist unklar.[4]

1

---

1 Richtlinie (EU) 2015/849 des Europäischen Rates und des Parlaments vom 20.5.2015 zur Verhinderung der Nutzung des Finanzsystems zum Zwecke der Geldwäsche und der Terrorismusfinanzierung, zur Änderung der Verordnung (EU) Nr. 648/2012 des Europäischen Parlaments und des Rates und zur Aufhebung der Richtlinie 2005/60/EG des Europäischen Parlaments und des Rates und der Richtlinie 2006/70/EG der Kommission, ABl. L 141/73 vom 5.6.2015.
2 BGBl. I 2017, S. 1822.
3 Gesetzesbegründung BT-Drs. 18/11555, S. 177.
4 Zur rechtssystematisch zweifelhaften Ansiedlung im KWG siehe bereits *Achtelik*, in: Herzog, GwG, § 25g KWG Rn 2.

KWG § 25l Geldwäscherechtliche Pflichten

II. Adressaten

2   § 25l Abs. 2 KWG a. F., die Vorgängerregelung des § 25l KWG, wurde durch das Gesetz zur Fortentwicklung des Pfandbriefrechts vom 20.3.2009[5] in das KWG eingefügt. Die Vorschrift bezieht Finanzholding-Gesellschaften und gemischte Finanzholding-Gesellschaften, die nach § 10a KWG als übergeordnete Unternehmen gelten oder von der BaFin als solche bestimmt wurden, in den Kreis der Verpflichteten des Geldwäschegesetzes (§ 2 Abs. 1 Nr. 1 GwG) ein und unterwirft sie insoweit auch der Aufsicht durch die BaFin nach § 50 Nr. 1 GwG.

3   Eine Definition von Finanzholding-Gesellschaften und gemischten Finanzholding-Gesellschaften fand sich ursprünglich in § 1 Abs. 3a KWG. Sie wurde dort – wie auch eine Definition der beaufsichtigten Unternehmen eines Finanzkonglomerats – im Rahmen der 5. KWG-Novelle[6] 1994 eingefügt. Die Definition der beaufsichtigten Finanzkonglomerats-Unternehmen wurde durch das Finanzkonglomerate-Aufsichtsgesetz (FKAG)[7] vom 27.6.2013 aufgehoben und findet sich nunmehr in §§ 1 Abs. 2, 2 Abs. 1 FKAG. Die Definitionen der „Finanzholding-Gesellschaft" und der „gemischten Finanzholding-Gesellschaft" wurden durch das Eigenkapitalrichtlinie (CRD IV)-Umsetzungsgesetz[8] vom 28.8.2013 aufgehoben und finden sich nunmehr über einen entsprechenden Verweis in § 1 Abs. 35 KWG in Art. 4 Abs. 1 Nr. 20 und 21 der Kapitaladäquanzverordnung (CRR).[9]

4   Gem. Art. 4 Abs. 1 Nr. 20 CRR handelt es sich bei einer **Finanzholding-Gesellschaft** um ein Finanzinstitut im Sinne des Art. 4 Abs. 1 Nr. 26 CRR, das keine gemischte Finanzholdinggesellschaft (im Sinne des Art. 4 Abs. 1 Nr. 21 CRR) ist und dessen Tochterunternehmen (im Sinne des Art. 4 Abs. 1 Nr. 16 CRR) ausschließlich oder hauptsächlich Institute (im Sinne des Art. 4 Abs. 1 Nr. 3

---

5   BGBl. I 2009, S. 607 ff.
6   Gesetz zur Änderung des Gesetzes über das Kreditwesen und anderer Vorschriften über Kreditinstitute vom 28.9.1994, BGBl. I 1994, S. 2735 ff.
7   Gesetz zur Umsetzung der Richtlinie 2011/89/EU des Europäischen Parlaments und des Rates vom 16.11.2011 zur Änderung der Richtlinien 98/78/EG, 2002/87/EG, 2006/48/EG und 2009/138/EG hinsichtlich der zusätzlichen Beaufsichtigung der Finanzunternehmen eines Finanzkonglomerats, BGBl. I 2013, S. 1862 ff.
8   Gesetz zur Umsetzung der Richtlinie 2013/36/EU des Europäischen Parlaments und des Rates vom 26.6.2013 über den Zugang zur Tätigkeit von Kreditinstituten und die Beaufsichtigung von Kreditinstituten und Wertpapierfirmen und zur Anpassung des Aufsichtsrechts an die Verordnung (EU) Nr. 575/2013 über Aufsichtsanforderungen an Kreditinstitute und Wertpapierfirmen, BGBl. I 2013, S. 3395 ff.
9   Verordnung (EU) Nr. 575/2013 des Europäischen Parlaments und des Rates vom 26.6.2013 über Aufsichtsanforderungen an Kreditinstitute und Wertpapierfirmen und zur Änderung der Verordnung (EU) Nr. 646/2012, ABl. L 176/1 vom 27.6.2013.

II. Adressaten § 25l KWG

CRR) oder Finanzinstitute sind, wobei mindestens eines dieser Tochterunternehmen ein Institut ist.

Bezüglich der Definition der **gemischten Finanzholdinggesellschaft** verweist Art. 5 Abs. 1 Nr. 20 CRR auf die Begriffsbestimmung in Art. 2 Nr. 15 der EG-Beaufsichtigungsrichtlinie.[10] Nach dieser handelt es sich bei einer gemischten Finanzholding-Gesellschaft um ein nicht der Aufsicht unterliegendes Mutterunternehmen, das zusammen mit seinen Tochterunternehmen, von denen mindestens eines ein beaufsichtigtes Unternehmen mit Sitz in der Gemeinschaft ist, und anderen Unternehmen ein Finanzkonglomerat (im Sinne des Art. 2 Nr. 14 der EG-Beaufsichtigungsrichtlinie) bildet.

5

---

10 Richtlinie 2002/87/EG des Europäischen Parlaments und des Rates vom 16.12.2002 über die zusätzliche Beaufsichtigung der Kreditinstitute, Versicherungsunternehmen und Wertpapierfirmen eines Finanzkonglomerats und zur Änderung der Richtlinien 73/239/EWG, 79/267/EWG, 92/49/EWG, 92/96/EWG, 93/6/EWG und 93/22/EWG des Rates und der Richtlinien 98/78/EG und 2000/12/EG des Europäischen Parlaments und des Rates, ABl. L 035 vom 11.2.2003.

§ 25m Verbotene Geschäfte

Verboten sind:

1. die Aufnahme oder Fortführung einer Korrespondenz- oder sonstigen Geschäftsbeziehung mit einer Bank-Mantelgesellschaft nach § 1 Absatz 22 des Geldwäschegesetzes und
2. die Errichtung und Führung von solchen Konten auf den Namen des Instituts oder für dritte Institute, über die die Kunden des Instituts oder dritten Instituts zur Durchführung von eigenen Transaktionen eigenständig verfügen können; § 154 Absatz 1 der Abgabenordnung bleibt unberührt.

I. Verbot einer Geschäftsbeziehung zu einer Bank-Mantelgesellschaft (§ 25m Nr. 1 KWG)

1 Gemäß § 25m Nr. 1 KWG ist die Aufnahme oder Fortführung einer Korrespondenz- oder sonstigen Geschäftsbeziehung mit einer **Bank-Mantelgesellschaft** verboten.[1]

2 Der Begriff der Bank-Mantelgesellschaft ist in § 1 Abs. 22 GwG definiert.

3 Wesentliches Merkmal einer Bank-Mantelgesellschaft ist ein Auseinanderfallen zwischen dem Land, in dem die Gesellschaft gegründet wurde bzw. der Registereintrag erfolgte, und dem der tatsächlichen **physischen Präsenz**. Die tatsächliche Leitung und Verwaltung werden bei Bank-Mantelgesellschaften nicht im Land der Registrierung vorgenommen. Demzufolge ist die Beaufsichtigung der Gesellschaft eingeschränkt. Bank-Mantelgesellschaften werden vermehrt zur Platzierung illegaler Gelder sowie deren Inumlaufbringen missbraucht.

4 Zu beachten ist, dass nachgeordnete Gesellschaften, die einer regulierten Gruppe von Kredit- oder Finanzinstituten angehören, keine Bank-Mantelgesellschaft darstellen können.

5 Das Verbot in Bezug auf Geschäftsbeziehungen zu Bank-Mantelgesellschaften erfuhr im Rahmen der Umsetzung der Vierten Geldwäscherichtlinie lediglich redaktionelle Änderungen.[2]

---

[1] Vgl. auch Ausführungen zu den verstärkten Sorgfaltspflichten im Korrespondenzgeschäft gemäß § 15 Abs. 3. Nr. 3 und Abs. 6 GwG.
[2] BT-Drs. 18/11555 v. 17.3.2017, Begr. zu § 25m KWG, S. 177.

II. Verbot von Durchlaufkonten (§ 25m Nr. 2 KWG)

Nach § 25m Nr. 2 KWG ist die Errichtung und Führung von solchen Konten auf den Namen des Instituts oder für dritte Institute, über die die Kunden des Instituts oder dritten Instituts zur Durchführung von eigenen Transaktionen eigenständig verfügen können, verboten. Durch dieses Verbot soll sichergestellt werden, dass Konten nicht von Dritten zur Abwicklung von eigenen, anonymen Geschäften missbraucht werden (sog. **Durchlaufkonten**).[3]

Unabhängig des Verbots in § 25m Nr. 2 KWG läuft die Errichtung und Führung von Durchlaufkonten („payable through accounts") auch dem **Grundsatz der Kontenwahrheit** des § 154 AO zuwider.[4]

Wie auch die Regelung zur Bank-Mantelgesellschaft wurde § 25m Nr. 2 KWG im Rahmen der Umsetzung der Vierten Geldwäscherichtlinie nur redaktionell angepasst.

---

[3] Vgl. auch Ausführungen zu den verstärkten Sorgfaltspflichten im Korrespondenzgeschäft gemäß § 15 Abs. 3. Nr. 3 und Abs. 6 GwG.
[4] Vgl. auch § 25m Nr. 2 Hs. 2 KWG.

Versicherungsaufsichtsgesetz (VAG)

Abschnitt 6
Verhinderung von Geldwäsche und von Terrorismusfinanzierung

§ 52 Verpflichtete Unternehmen

Die Vorschriften dieses Abschnitts gelten für alle Versicherungsunternehmen im Sinne von § 2 Absatz 1 Nummer 7 des Geldwäschegesetzes.

§ 53 Interne Sicherungsmaßnahmen

(1) Die verpflichteten Unternehmen dürfen im Einzelfall einander Informationen übermitteln, wenn tatsächliche Anhaltspunkte dafür vorliegen, dass der Empfänger der Informationen diese für die Beurteilung der Frage benötigt, ob ein Sachverhalt nach § 43 Absatz 1 des Geldwäschegesetzes der Zentralstelle für Finanztransaktionsuntersuchungen zu melden oder eine Strafanzeige nach § 158 der Strafprozessordnung zu erstatten ist. Der Empfänger darf die Informationen ausschließlich verwenden, um Geldwäsche, Terrorismusfinanzierung oder sonstige strafbare Handlungen zu verhindern oder nach § 158 der Strafprozessordnung anzuzeigen. Er darf die Informationen nur unter den durch das übermittelnde Versicherungsunternehmen vorgegebenen Bedingungen verwenden.

(2) Sofern die verpflichteten Unternehmen eine interne Revision vorhalten, haben sie sicherzustellen, dass ein Bericht über das Ergebnis einer Prüfung der internen Revision nach § 6 Absatz 2 Nummer 7 des Geldwäschegesetzes jeweils zeitnah der Geschäftsleitung, dem Geldwäschebeauftragten sowie der Aufsichtsbehörde vorgelegt wird.

§ 54 Allgemeine Sorgfaltspflichten in Bezug auf den Bezugsberechtigten

(1) Ein verpflichtetes Unternehmen ist unbeschadet des § 10 Absatz 1 Nummer 2 des Geldwäschegesetzes bei Begründung der Geschäftsbeziehung auch zur Feststellung der Identität eines vom Versicherungsnehmer ab-

weichenden Bezugsberechtigten aus dem Versicherungsvertrag nach Maßgabe des § 11 Absatz 5 des Geldwäschegesetzes verpflichtet. Soweit Bezugsberechtigte nach Merkmalen oder nach Kategorien oder auf andere Weise bestimmt werden, holt das verpflichtete Unternehmen ausreichende Informationen über diese ein, um sicherzustellen, dass es zum Zeitpunkt der Auszahlung in der Lage sein wird, ihre Identität festzustellen und zu überprüfen. Handelt es sich bei dem Versicherungsnehmer oder bei einem vom Versicherungsnehmer abweichenden Bezugsberechtigten um eine juristische Person oder um eine Personenvereinigung, so haben die verpflichteten Unternehmen gegebenenfalls auch deren wirtschaftlich Berechtigten nach Maßgabe des § 11 Absatz 5 des Geldwäschegesetzes zu identifizieren.

(2) Ein verpflichtetes Unternehmen hat die Pflicht nach § 10 Absatz 1 Nummer 4 des Geldwäschegesetzes auch in Bezug auf den vom Versicherungsnehmer abweichenden Bezugsberechtigten und gegebenenfalls in Bezug auf dessen wirtschaftlich Berechtigten zu erfüllen. Abweichend von § 11 Absatz 1 des Geldwäschegesetzes stellen die verpflichteten Unternehmen im Fall einer ganz oder teilweise an einen Dritten erfolgten Abtretung einer Versicherung, nachdem sie hierüber informiert wurden, die Identität des Dritten und gegebenenfalls die Identität seines wirtschaftlich Berechtigten fest, wenn die Ansprüche aus der übertragenen Police abgetreten werden. Die Überprüfung der Identität eines vom Versicherungsnehmer abweichenden Bezugsberechtigten und gegebenenfalls die Identität von dessen wirtschaftlich Berechtigten kann auch nach Begründung der Geschäftsbeziehung abgeschlossen werden, spätestens jedoch zu dem Zeitpunkt, zu dem die Auszahlung vorgenommen wird oder der Bezugsberechtigte seine Rechte aus dem Versicherungsvertrag in Anspruch zu nehmen beabsichtigt.

(3) Die nach den Absätzen 1 und 2 erhobenen Angaben und eingeholten Informationen sind von dem verpflichteten Unternehmen nach Maßgabe des § 8 des Geldwäschegesetzes aufzuzeichnen und aufzubewahren. § 43 Absatz 1 des Geldwäschegesetzes ist entsprechend anzuwenden.

§ 55 Verstärkte Sorgfaltspflichten

Handelt es sich bei einem vom Vertragspartner abweichenden Bezugsberechtigten oder, sofern vorhanden, um den wirtschaftlich Berechtigten des Bezugsberechtigten, um eine politisch exponierte Person, um deren Familienangehörigen oder um eine ihr bekanntermaßen nahestehende Person nach § 1 Absatz 12, 13 oder 14 des Geldwäschegesetzes, haben die verpflichteten Unternehmen, wenn sie ein höheres Risiko der Geldwäsche oder der Terrorismusfinanzierung feststellen, über die in § 15 Absatz 4 des Geldwäschegesetzes genannten Pflichten hinaus zusätzlich

I. Einführung **§§ 52–55 VAG**

1. vor einer Auszahlung ein Mitglied der Führungsebene zu informieren,
2. die gesamte Geschäftsbeziehung zu dem Versicherungsnehmer einer verstärkten Überprüfung zu unterziehen,
3. zu prüfen, ob die Voraussetzungen für eine Meldung nach dem Geldwäschegesetz gegeben sind.

Schrifttum: *Bürkle* (Hrsg.), Compliance im Versicherungsunternehmen, 2. Aufl. 2014; *Herzog*, Geldwäschegesetz, 2. Aufl. 2014; *Langheid/Wandt* (Hrsg.), Münchener Kommentar zum VVG, Bd. 3. 2. Aufl. 2017.

Übersicht

	Rn.		Rn.
I. Einführung	1	2. Prüfung der internen Sicherungsmaßnahmen	16
II. Verpflichtete (§ 52 VAG)	2	IV. Allgemeine Sorgfaltspflichten in Bezug auf den Bezugsberechtigten (§ 54 VAG)	19
1. Verpflichtete	2	1. Feststellung der Identität	20
2. Gruppenangehörige Unternehmen in Drittstaaten	8	2. Überprüfung der Identität	22
3. Vermittler	9	V. Verstärkte Sorgfaltspflichten (§ 55 VAG)	25
4. Nicht Verpflichtete	10	VI. Dokumentation	28
5. Folgen	11	VII. Aufsichts- und Bußgeldregime	30
III. Interne Sicherungsmaßnahmen (§ 53 VAG)	12		
1. Informationsübermittlung	12		

I. Einführung

Für Versicherungsunternehmen und Vermittler von Versicherungsprodukten entfalten die Neuerungen im Versicherungsaufsichtsgesetz unterschiedliche Wirkungen. Während an einigen Stellen Vorgaben eher reduziert werden, zeigt der berechtigte Fokus auf die interne Kontrolle der Wirksamkeit von Maßnahmen und der Effektivität der organisatorischen Vorkehrungen, dass aus den Lektionen in anderen Sektoren und Jurisdiktionen gelernt wurde. Der Anwendungsbereich in der Versicherungsindustrie grenzt weiterhin sehr deutlich die Lebensversicherung von der übrigen Produktwelt ab. Die Erfordernisse der digitalen Welt mit den geänderten Produkten, Vertriebsprozessen und Informationsflüssen stellen eine besondere Herausforderung dar, auf die weder die EU-Richtlinie, noch die Umsetzungsrechtsakte spezifische Antworten anbieten. Für international tätige Versicherungsunternehmen ergeben sich zudem Klärungen hinsichtlich des Aufsichtsregimes im Verhältnis Herkunftsmitgliedstaat – Aufnahmemitgliedstaat. Nicht zuletzt werden die Vereinheitlichungsanstrengungen bei der Risikobewertung dem Wunsch nach gemeinsamen Qualitätsstandards gerecht, bergen gleichzeitig aber das Risiko, wichtige lokale Gegebenheiten nicht ausreichend zu berücksichtigen.

1

II. Verpflichtete (§ 52 VAG)

1. Verpflichtete

2 Zur Einhaltung der Anforderungen des VAG zur Vermeidung von Geldwäsche und Terrorismusfinanzierung sind nach Umsetzung der 4. EU-Geldwäscherichtlinie die Versicherungsunternehmen verpflichtet, die **Lebensversicherungstätigkeiten** nachgehen oder Darlehen jeder Art oder **Unfallversicherungen mit Prämienrückgewähr (UPR)** anbieten. Es sind daher nicht nur Lebensversicherer umfasst, sondern auch **Nichtlebensversicherer** können verpflichtet sein,[1] vor allem durch Angebot einer UPR oder durch Darlehensvergabe im Anlagebereich.[2] § 52 VAG referenziert dazu auf § 2 Abs. 1 Nr. 7 GwG. Dieser bestimmt den Kreis der verpflichteten Unternehmen danach, ob dieses ein **Versicherungsunternehmen nach Art. 13 Nr. 1 der Solvency II-Richtlinie**[3] ist und zudem mindestens eine der folgenden Tätigkeiten ausübt:

– Angebot von Lebensversicherungstätigkeiten im Sinne von Solvency II.
  Die wichtigsten Tätigkeiten in der Lebensversicherung gem. Solvency II sind
   – die Lebensversicherung,
   – die Versicherung auf den Erlebensfall,
   – die Versicherung auf den Todesfall,
   – die gemischte Versicherung,
   – die Lebensversicherung mit Prämienrückgewähr,
   – die Heirats- und Geburtenversicherung,
   – die Rentenversicherung.
  Auch die mit den vorgenannten Produkten verbundenen **Zusatzdeckungen fallen in den Anwendungsbereich**, also etwa mit den Lebensversicherungsprodukten verbundene Deckungen für Unfalltod, Berufsunfähigkeit oder Krankheit.
– Angebot von Unfallversicherungen mit Prämienrückgewähr
– Vergabe von Darlehen im Sinne von § 1 Abs. 1 Satz 2 Nr. 2 KWG

3 Versicherungsunternehmen, welche jedoch die **selbstständige Berufsunfähigkeitsversicherung**[4] oder **selbstständige Pflegerenten-Versicherung** anbieten, fallen in Bezug auf diese Produkte nicht in den Anwendungsbereich des GwG, da Lebensversicherungstätigkeiten in Art. 2 Abs. 3a Richtlinie 2009/138/EG ab-

---

1 *Novak-Over*, in: MüKo-VVG, § 170 Rn. 232.
2 GDV-Rundschreiben vom 19.7.2017 (Nr. 1487/2017), FAQ zu den Anforderungen im Geldwäschegesetz 2017, Nr. 2.7 f.
3 Richtlinie 2009/128/EG des Europäischen Parlaments und des Rates v. 25.11.2009 betreffend die Aufnahme und Ausübung des Versicherungs- und Rückversicherungstätigkeit (ABl. L 335 vom 17.12.2009, S. 1).
4 BaFin Konsultation 05/2018: Der Entwurf der Auslegungs- und Anwendungshinweise zum Geldwäschegesetz der BaFin vertritt eine abweichende Rechtseinschätzung.

schließend definiert werden. Dies gilt analog für selbstständige Erwerbsunfähigkeitsversicherungen oder sonstige Invaliditätsversicherungen.

Ausgehend davon, dass die Todesfallabsicherung bei der **Restschuldversicherung** (RSV) ausschließlich zur Sicherung eines Kredits und keine kapitalbildende Komponente beinhaltet, würde die Todesfallleistung im Schadensfall nur an den Kreditgeber ausgezahlt. Somit kann bei der RSV kein Bezug zur Geldwäsche oder Terrorismusfinanzierung gegeben sein, der über das abgesicherte Darlehen hinaus geht. 4

Nach oben dargestellter Aufzählung der Lebensversicherungtätigkeiten würden demnach Kapitalisierungsgeschäfte (z. B. **Anlagedepots** für Ablaufleistungen) nicht mehr zu den Lebensversicherungstätigkeiten, sondern zu den Geschäften der Lebensversicherung nach Art. 2 Abs. 3 lit. b) sublit. ii) Richtlinie 2009/138/EG gehören. Da das GwG nur auf die Lebensversicherungstätigkeiten und nicht mehr auf die Geschäfte der Lebensversicherung verweist, fallen also Kapitalisierungsgeschäfte nicht mehr in den Anwendungsbereich des GwG. Es ist allerdings anzunehmen, dass es sich hierbei um ein gesetzgeberisches Versehen handelt.[5] 5

Neu ist allerdings, dass jegliche Arten von Versicherungsunternehmen zu Verpflichteten i. S. d. § 2 Abs. 1 Nr. 7 GwG werden, wenn sie Darlehen i. S. v. § 1 Abs. 1 Satz 2 Nr. 2 KWG vergeben. Damit werden z. B. auch **Sach- oder Krankenversicherungsunternehmen** zu Verpflichteten i. S. d. Geldwäschegesetzes, wenn diese bspw. im Anlagebereich Darlehen gemäß o. g. Rechtsnorm an Dritte ausreichen. Mitarbeiterdarlehen oder Provisionsvorschüsse sollen nach Aussagen des BMF nicht dazu zählen. 6

Hier weichen die Vorgaben des VAG von der Anforderung der 4. EU-Geldwäscherichtlinie ab, da diese lediglich die Lebensversicherungstätigkeiten im Sinne von Solvency II umfasst sieht.[6] 7

2. Gruppenangehörige Unternehmen in Drittstaaten

Neben den inländischen Unternehmen, die die vorgenannten Kriterien erfüllen, fallen auch inländische Niederlassungen von ausländischen Versicherungsunternehmen in den Anwendungsbereich, soweit dort das entsprechende Geschäft betrieben wird. Hier greifen die entsprechenden Anforderungen und die deutschen Behörden sind allein zuständig. Für ein Geschäft, das im Rahmen der Dienstleistungsfreiheit im Inland aus einem anderen Herkunftsmitgliedstaat heraus ange- 8

---

5 GDV-Rundschreiben vom 19.7.2017 (Nr. 1487/2017), FAQ zu den Anforderungen im Geldwäschegesetz 2017.
6 Vgl. Art. 3 Nr. 2 b) Richtlinie (EU) 2015/849 des Europäischen Parlaments und des Rates vom 20.5.2015.

VAG §§ 52–55 Interne Sicherungsmaßnahmen

boten wird, gilt weiterhin das Recht und die Aufsichtszuständigkeit des Herkunftsmitgliedstaates.

3. Vermittler

9 Eigenständig Verpflichtete sind des weiteren Versicherungsvermittler nach § 59 VVG, soweit sie Tätigkeiten, Geschäfte, Produkte oder Dienstleistungen nach § 2 Abs. 1 Nr. 7 GwG vermitteln. Ausgenommen sind Vermittler, welche nach § 34d Abs. 3 (produktakzessorische Vermittler) oder Abs. 4 GewO (gebundene Vermittler) tätig sind. Damit sind insbes. ungebundene Vermittler, wie z. B. Versicherungsmakler oder Mehrfachagenten, **eigenständig Verpflichtete i. S. d. GwG**.

4. Nicht Verpflichtete

10 Während die in § 261 StGB und dem Geldwäschegesetz enthaltenen Verpflichtungen breite Wirkung auch für die Versicherungswirtschaft entfalten, bleiben die speziellen Verpflichtungen des Versicherungsaufsichtsgesetzes weiterhin auf einen engen Kreis von Geschäftsaktivitäten beschränkt. Versicherungsunternehmen, die lediglich Sachversicherungen (Ausnahme bleibt die Unfallversicherung mit Prämienrückgewähr, siehe oben Rn. 2) anbieten, sind davon nicht umfasst, ebenso bleiben **Pensionskassen, -fonds und Unterstützungskassen** frei von den Anforderungen der §§ 52–55 VAG.[7]

5. Folgen

11 Wird ein Versicherungsunternehmen aufgrund der Geschäftstätigkeit zum Verpflichteten i. S. d. GwG, sind sämtliche Pflichten nach dem GwG zu erfüllen. Dazu gehören u. a. die Einrichtung eines Geldwäscherisikomanagements und die Bestellung eines Geldwäschebeauftragten. Das Versicherungsunternehmen ist aber nur insoweit Verpflichteter i. S. d. GwG, als es um die GwG-relevante Tätigkeit geht. So ist bspw. ein Krankenversicherungsunternehmen, welches auf der Anlageseite Darlehen ausreicht, **nicht verpflichtet, die Vorgaben des Geldwäschegesetzes im Krankenversicherungsgeschäft** umzusetzen.

III. Interne Sicherungsmaßnahmen (§ 53 VAG)

1. Informationsübermittlung

12 Die Neufassung der Vorschriften zu den internen Sicherungsmaßnahmen setzt sich ausführlich mit der Frage der Informationsübermittlung auseinander. Mit

---

[7] *Gehrke*, in: Bürkle, Compliance in Versicherungsunternehmen, § 12 Rn. 17, 19.

III. Interne Sicherungsmaßnahmen (§ 53 VAG)   §§ 52–55 VAG

Blick auf die Veränderungen im Datenschutzrecht und die in einzelnen Bundesländern beibehaltene enge Auslegung der bisherigen Anforderungen durch die Datenschutzbehörden der Länder wird durch § 53 Abs. 1 Satz 1 VAG eine Erlaubnisnorm zur Übermittlung von Informationen im Einzelfall geschaffen. Eine laufende und/oder anlasslose Übermittlung bleibt ausgeschlossen. Die Befugnis umfasst lediglich die **verpflichteten Unternehmen**. Eine Informationsübertragung von einem nicht verpflichteten Unternehmen (z. B. von einem Krankenversicherungsunternehmen) zu einem verpflichteten Unternehmen (wie z. B. Lebensversicherung) wird auch in der Neufassung nicht ermöglicht.

Die Informationsübermittlung erfordert **tatsächliche Anhaltspunkte** für das Vorliegen der Notwendigkeit (der Informationen) bei dem Empfänger für die Beurteilung, ob ein **meldepflichtiger Sachverhalt** vorliegt. Die Formulierung lehnt sich an die Kriterien für das Vorliegen eines Anfangsverdachts an. Hierbei handelt es sich gerade nicht um Anhaltspunkte für eine Straftat oder Vorbereitungshandlung, sondern um die **Erforderlichkeit** auf der Empfängerseite, also einem anderen Versicherungsunternehmen. 13

§ 53 Abs. 1 Satz 2 VAG sieht eine **Zweckbindung** der Informationen vor. Die Informationen dürfen von dem Empfänger ausschließlich zur Verhinderung von Geldwäsche, Terrorismusfinanzierung oder sonstigen strafbaren Handlungen genutzt werden oder zur Anzeige von Straftaten gem. § 158 StPO. Die Verdachtsmeldung durch den Informationsempfänger an die Zentralstelle ist hier nicht ausdrücklich genannt, aber als wesentliche Maßnahme zur Verhinderung anzusehen. Eine Speicherung der Informationen für potenzielle zukünftige Verwendungen oder Anzeigen ist von der Erlaubnis nicht gedeckt und somit unzulässig. 14

Das übermittelnde Unternehmen darf Bedingungen stellen, die die Verwendung der Daten regeln können. Dies können etwa Weitergabeverbote oder Löschfristen sein. Gesonderte Regelungen für Informationen, die aus oder in Drittstaaten übermittelt werden, sind in § 53 VAG nicht enthalten. Hier sind daher weiterhin die Vorgaben des jeweiligen Datenschutzrechts und des (strafrechtlichen) Geheimnisschutzrechts zu beachten. 15

2. Prüfung der internen Sicherungsmaßnahmen

Versicherungsunternehmen – „sofern" sie eine interne Revision vorhalten – müssen nach § 53 Abs. 2 VAG **Berichte über relevante Prüfungen** durch diese zeitnah der Geschäftsleitung, dem Geldwäschebeauftragten und der Aufsichtsbehörde vorlegen. Versicherungsunternehmen müssen gem. § 30 VAG eine interne Revision vorhalten. Während in der Fassung des VAG bis Ende 2015 aufgrund von § 64a VAG bestimmte Unternehmen von dem Erfordernis, eine interne Revision vorzuhalten, ausgenommen waren, stellt die Aufsicht nunmehr mit 16 den **Mindestanforderungen an die Governance** klar: „Alle Unternehmen müssen eine **interne Revision** einrichten. Ausnahmen hiervon sind nicht möglich."[8] Die Einschränkung „sofern" geht daher von Ausnahmen aus, die nach den **MaGov** nicht existieren sollten.

17 Relevante Prüfungen sind solche, die sich auf die Sicherungsmaßnahmen gem. § 6 Abs. 2 Nr. 7 GwG beziehen. Hier sieht das GwG vor, dass lediglich die Grundsätze und Verfahren nach § 6 Abs. 2 GwG einer unabhängigen Prüfung unterzogen werden sollen, soweit dies nach Proportionalitätsgesichtspunkten angemessen ist. Die als Sicherungsmaßnahmen vorgesehenen Kontrollen sind nach dem Wortlaut hingegen nicht zu prüfen. Nachdem die Grundsätze und Verfahren regelmäßig lediglich die abstrakten rechtlichen Verpflichtungen in verständliche Anweisungen für die beteiligten Mitarbeiter umsetzen, jedoch gerade nicht die konkrete Ausübung der Überwachungs- und Kontrolltätigkeiten beinhalten, bleibt eine entsprechende Prüfung stets auf die Ebene der Angemessenheit der internen Vorkehrungen beschränkt. Die tatsächliche Wirksamkeit lässt sich ohne Prüfung der Kontrollen nicht verifizieren. Geschäftsleiter und Geldwäschebeauftragte gehen wesentliche Risiken ein, wenn nicht auch Wirksamkeitsprüfungen durchgeführt werden.

18 Gemäß der bisherigen Fassung hatte die Interne Revision mindestens einmal jährlich die Einhaltung der Pflichten nach dem Geldwäschegesetz zu prüfen. Die Neufassung des § 53 Abs. 2 VAG beinhaltet keine eindeutige Vorgabe hinsichtlich Umfang und Frequenz durch die Interne Revision.[9] Der Bericht über die Prüfungsergebnisse muss gem. § 53 Abs. 2 VAG zeitnah sowohl der Geschäftsleitung und dem Geldwäschebeauftragten, aber auch der Aufsicht vorgelegt werden.

IV. Allgemeine Sorgfaltspflichten in Bezug auf den Bezugsberechtigten (§ 54 VAG)

19 Eine wesentliche Grundlage für die dedizierten Regelungen des VAG für Versicherungsprodukte liegt in den Spezifika begründet, die die Vertragsbeziehung über das Produkt trennen können von der Bezugsberechtigung im Versicherungsfall. Hierdurch können wirtschaftliche Nutznießer auf mehreren Ebenen bestehen: Während der Versicherungsnehmer als Vertragspartei in der Regel von Beginn an feststeht, können sich Regelungen zu den Bezugsberechtigten

---

8 Rundschreiben 2/2017 (VA) – Mindestanforderungen an die Geschäftsorganisation von Versicherungsunternehmen (MaGo), Nr. 134.
9 GDV-Rundschreiben vom 19.7.2017 (Nr. 1487/2017), FAQ zu den Anforderungen im Geldwäschegesetz 2017, Nr. 12.3.

meist relativ flexibel anpassen lassen. § 54 VAG sieht daher vor, dass mit **Beginn der Vertragsbeziehung die Verpflichtung** besteht, ggfs. vom Versicherungsnehmer abweichende **Bezugsberechtigte** zu prüfen. Der Umfang der Prüfung ist nicht genau bestimmt, soll aber die genaue Identifizierung ermöglichen.

1. Feststellung der Identität

Bzgl. des Umfangs der zu treffenden Maßnahmen zur Feststellung und Überprüfung der Identität des Bezugsberechtigten verweist § 54 Abs. 1 Satz 1 VAG auf § 11 Abs. 5 GwG. Dies gilt ebenso, wenn zunächst ein Bezugsberechtigter lediglich aufgrund abstrakter Merkmale oder Kategorien beschrieben wird. Hier muss eine Vorbereitung durchgeführt werden, um ggfs. eine Identifizierung zu einem späteren Zeitpunkt zu ermöglichen. Praktisch wird die Identifizierungspflicht erst im Versicherungsfall bzw. Auszahlungsfall relevant, da sich **im Rahmen der langjährigen Vertragsbeziehung stets Änderungen bei den Bezugsberechtigten ergeben können**. Wird ein Bezugsberechtigter hingegen unwiderruflich bestimmt, kann die Identifizierung des Bezugsberechtigten bereits zum diesem Zeitpunkt erfolgen. Zum Zeitpunkt der Auszahlung muss das Versicherungsunternehmen die Identität des Bezugsberechtigten spätestens feststellen und überprüfen. Einen bestimmten Umfang an Maßnahmen zur Überprüfung nimmt das Versicherungsunternehmen im Eigeninteresse ohnehin wahr, um sicherzustellen, dass eine Auszahlung mit befreiender Wirkung erfolgen kann. 20

Weiterhin hat spätestens zum Zeitpunkt der Auszahlung nach § 54 Abs. 2 Satz 3 VAG die Überprüfung der Identität eines ggf. vom Bezugsberechtigten abweichenden wirtschaftlich Berechtigten zu erfolgen. Hintergrund hierfür ist die Tatsache, dass die Leistung nicht an den Bezugsberechtigten, sondern **an einen Dritten ausgezahlt** werden soll. Hierbei handelt es sich um einen vom Versicherungsnehmer und Bezugsberechtigten **abweichenden Zahlungsempfänger**. Diese Konstellationen werden dem auszahlenden Unternehmen in der Praxis erst kurz vor der Auszahlung der Versicherungsleistung bekannt. 21

2. Überprüfung der Identität

§ 54 Abs. 2 VAG regelt, dass § 10 Abs. 1 Nr. 4 GwG auch für den vom Versicherungsnehmer abweichenden Bezugsberechtigten und ggf. für dessen wirtschaftlich Berechtigten zu erfüllen ist. Dies bedeutet, dass nicht nur der Vertragspartner, sondern bei abweichendem Bezugsberechtigten und ggf. dessen wirtschaftlich Berechtigten **durch angemessene und risikoorientierte Verfahren** festzustellen ist, ob es sich um eine politisch exponierte Person, um deren Familienmitglied oder um eine ihr bekanntermaßen nahestehende Person handelt. Im Rahmen der Proportionalität wird in mittleren und größeren verpflichteten Unter- 22 nehmen diese Prüfung in der Regel durch automatisierte Abgleiche mit entsprechenden Datenbanken durchgeführt. Für wirtschaftlich Berechtigte oder Bezugsberechtigte auftretende Personen i. S. d. § 10 Abs. 1 Nr. 1 GwG sind diese Verpflichtungen wiederum nicht einschlägig.[10]

23 Des Weiteren ist die Identität eines evtl. vorhandenen Zessionars und eines ggf. wirtschaftlich Berechtigten des Zessionars festzustellen. Da diese Verpflichtung in die Bestimmung zur Identifizierung des Bezugsberechtigten in § 54 Abs. 2 Satz 2 VAG integriert ist, folgt daraus, dass der Abtretungsgläubiger nach den für den Bezugsberechtigten geltenden Regeln zu identifizieren ist.[11] Policenaufkäufer sind risikobasiert hingegen strenger zu behandeln, zumal die FIU dieses Geschäftsmodell als mögliche Geldwäschetypologie identifiziert.[12] Für Abtretungsgläubiger gelten Verpflichtungen ebenso, jedoch wird die Abtretung aufgrund der Vertragsbedingungen regelmäßig früh angezeigt und eine Prüfung kann bereits dann vorbereitet werden, auch hier ist der späteste Zeitpunkt vor der Auszahlung bzw. Realisierung der Rechte aus dem Versicherungsvertrag. Abtretungsgläubiger sind häufig Banken, hier ist in der Regel das Risiko geringer, da der **Sicherungszweck** in der Regel der Absicherung oder Tilgung von Darlehensforderungen gilt.[13]

24 Für Bezugsberechtigte oder wirtschaftlich Berechtigte auftretende Personen müssen nicht identifiziert werden.[14]

V. Verstärkte Sorgfaltspflichten (§ 55 VAG)

25 In § 15 GwG wird ausgeführt, dass bei Vorliegen eines höheren Risikos verstärkte Sorgfaltspflichten anzuwenden sind. Diese Pflichten sind durch Verpflichtete für **Vertragsinhaber** und **wirtschaftlich Berechtigte** anzuwenden. In § 55 VAG wird der Personenkreis, auf den verstärkte Sorgfaltspflichten anzuwenden sind, auf die vom Vertragspartner abweichenden Bezugsberechtigten und um wirtschaftlich Berechtigte des Bezugsberechtigten erweitert. Dabei bezieht sich diese Rechtsnorm explizit auf die Anwendung von verstärkten Sorgfaltspflichten

---

10 GDV-Rundschreiben vom 19.7.2017 (Nr. 1487/2017), FAQ zu den Anforderungen im Geldwäschegesetz 2017, Nr. 5.
11 GDV-Rundschreiben vom 19.7.2017 (Nr. 1487/2017), FAQ zu den Anforderungen im Geldwäschegesetz 2017.
12 GDV-Rundschreiben vom 19.7.2017 (Nr. 1487/2017), FAQ zu den Anforderungen im Geldwäschegesetz 2017, Nr. 6.2.
13 GDV-Rundschreiben vom 19.7.2017 (Nr. 1487/2017), FAQ zu den Anforderungen im Geldwäschegesetz 2017, Nr. 6.2.
14 GDV-Rundschreiben vom 19.7.2017 (Nr. 1487/2017), FAQ zu den Anforderungen im Geldwäschegesetz 2017, Nr. 5.

auf den in § 1 Abs. 12, 13 oder 14 GwG definierten Personenkreis der **politisch exponierten Personen, deren Familienangehörige und ihnen bekanntermaßen nahestehende Personen.**

Die in § 55 Nr. 1 bis 3 VAG beschriebenen Pflichten sind demnach zusätzlich zu den Pflichten in § 15 Abs. 4 GwG zu erfüllen, wenn es sich bei dem vom Vertragspartner abweichenden Bezugsberechtigten oder bei den wirtschaftlich Berechtigten des Bezugsberechtigten um eine politisch exponierte Person, deren Familienangehörigen oder deren bekanntermaßen nahestehenden Person handelt und ein **höheres Risiko festgestellt** wird. Anders als in § 15 Abs. 3 GwG wird nicht per se ein höheres Risiko bei den genannten Personenkreisen angenommen, sondern nur bei einer entsprechenden Feststellung des Risikos durch das verpflichtete Unternehmen ist diese Konsequenz erforderlich. 26

Falls ein erhöhtes Risiko festgestellt wird, sind – über die Pflichten des § 15 Abs. 4 GwG hinaus – drei Schritte erforderlich: 1. Vor einer Auszahlung ist ein Mitglied der Führungsebene zu informieren, 2. Die Geschäftsverbindung ist zu überprüfen, wobei es sich hier um eine tiefergehende Prüfung handeln muss und 3. ist eine Verdachtsmeldung nach § 43 Abs. 1 GwG zu prüfen. Der im § 55 Nr. 1 VAG verwendete Begriff „**Mitglied der Führungsebene**" entspricht dem Begriff des GwG (§ 1 Abs. 15 GwG). 27

VI. Dokumentation

Die Versicherungsunternehmen haben nach §§ 54 Abs. 3 VAG, 8 Abs. 1 GwG folgende Angaben und **Informationen aufzuzeichnen und aufzubewahren**: 28

– Identifizierungsangaben und -informationen über Vertragspartner (meist Versicherungsnehmer), ggf. für den Vertragspartner auftretende Personen, wirtschaftlich Berechtigte sowie Bezugsberechtigte und Zessionar einschließlich vollständiger Ablichtungen der Ausweise
– Informationen über Durchführung und Ergebnisse der Risikobewertung
– Ergebnisse im Rahmen der verstärkten Sorgfaltspflichten
– Erwägungsgründe und Begründung der Klärung von Verdachtsfällen

Soweit der Vertragspartner oder die für ihn auftretende Person identifiziert wurden und sie natürliche Personen sind, sind die für die Identifizierung herangezogenen Ausweisdokumente zu kopieren und aufzubewahren. Bei juristischen Personen sind Kopien der zur Überprüfung der Identität vorgelegten Unterlagen wie z. B. Handelsregisterauszüge aufzubewahren. Im Rahmen von vereinfachten Sorgfaltspflichten kann das Versicherungsunternehmen, insbesondere bei der Überprüfung der Identität, von den Vorgaben des § 12 GwG abweichen. Die Identitätsprüfung muss also nicht zwingend anhand eines gültigen Ausweises oder Handelsregisterauszuges vorgenommen werden. Somit gibt es daraus abge- 29 leitet auch keine Kopierpflicht nach § 8 Abs. 2 GwG bzgl. der abweichend gewählten Dokumente.[15] Es muss aber in jedem Fall sichergestellt werden, dass eine Überprüfung der Identität auf Grundlage sonstiger Dokumente, Daten oder sonstiger Informationen erfolgt, die aus einer glaubwürdigen und unabhängigen Quelle stammen. Eine Besonderheit bzgl. der Aufbewahrung der Aufzeichnungen liegt vor, wenn die Identifizierungsunterlagen Teil der Antragsunterlagen sind. In diesen Konstellationen sind die Identifizierungsunterlagen ebenso lange wie die Antragsunterlagen aufzubewahren. Eine Löschung von Antrags- und Identifizierungsunterlagen zu unterschiedlichen Zeitpunkten ist in diesen Fällen nicht erforderlich.[16]

VII. Aufsichts- und Bußgeldregime

30 Die zuständige Aufsichtsbehörde kann nach § 303 VAG die Abberufung einer Person, die ein Versicherungsunternehmen tatsächlich leitet oder für andere Schlüsselaufgaben in einem Versicherungsunternehmen verantwortlich ist, verlangen und **dieser Person die Ausübung ihrer Tätigkeit untersagen**, wenn die Person vorsätzlich oder fahrlässig gegen die Bestimmungen des Teils 2 Kapitel 1 Abschnitt 6 des VAG, gegen das Geldwäschegesetz oder gegen die zur Durchführung dieser Vorschriften erlassenen Verordnungen oder vollziehbaren Anordnungen verstoßen hat, sofern die Verstöße **schwerwiegend, wiederholt oder systematisch sind.**

31 Des Weiteren kann die Aufsichtsbehörde nach § 304 Abs. 3 VAG die Erlaubnis ganz oder teilweise widerrufen, wenn das Unternehmen schwerwiegend, wiederholt oder systematisch gegen die Bestimmungen des Teils 2 Kapitel 1 Abschnitt 6 des VAG oder gegen das Geldwäschegesetz oder gegen die zur Durchführung dieser Vorschriften erlassenen Verordnungen oder vollziehbaren Anordnungen der Aufsichtsbehörde verstößt.

32 Nach § 319 VAG soll die BaFin jede gegen ein ihrer Aufsicht unterstehendes Unternehmen oder gegen einen Geschäftsleiter eines Unternehmens verhängte und bestandskräftig gewordene Maßnahme, die sie wegen eines Verstoßes gegen das VAG oder den dazu erlassenen Rechtsverordnungen verhängt hat, und jede unanfechtbar gewordene Bußgeldentscheidung auf ihren **Internetseiten öffentlich bekannt** machen und dabei auch Informationen zu Art und Charakter des Verstoßes mitteilen, soweit dies unter Abwägung der betroffenen Interessen zur Beseitigung oder Verhinderung von Missständen geboten ist. Dies beinhaltet u. a.

---

15 GDV-Rundschreiben vom 19.7.2017 (Nr. 1487/2017), FAQ zu den Anforderungen im Geldwäschegesetz 2017, Nr. 4.3.
16 GDV-Rundschreiben vom 19.7.2017 (Nr. 1487/2017), FAQ zu den Anforderungen im Geldwäschegesetz 2017.

VII. Aufsichts- und Bußgeldregime §§ 52–55 VAG

rechtskräftige **Bußgeldentscheidungen**, die aufgrund von Verstößen gegen die einschlägigen Regelungen des VAG bzgl. der Prävention von Geldwäsche und Terrorismusfinanzierung gegen das **Versicherungsunternehmen oder einen Geschäftsleiter** seitens der BaFin verhängt wurden.

§ 332 Abs. 4 lit. f) VAG ergänzt den mittlerweile sehr umfangreichen Katalog der Bußgeldvorschriften des § 56 GwG um **versicherungsspezifische Sachverhalte**, z. B. dass die Identität eines vom Versicherungsnehmer abweichenden Bezugsberechtigten nicht oder nicht richtig feststellt wurde. 33

Strafgesetzbuch (StGB)

§ 261 Geldwäsche; Verschleierung unrechtmäßig erlangter Vermögenswerte

(1) Wer einen Gegenstand, der aus einer in Satz 2 genannten rechtswidrigen Tat herrührt, verbirgt, dessen Herkunft verschleiert oder die Ermittlung der Herkunft, das Auffinden, die Einziehung oder die Sicherstellung eines solchen Gegenstandes vereitelt oder gefährdet, wird mit Freiheitsstrafe von drei Monaten bis zu fünf Jahren bestraft. Rechtswidrige Taten im Sinne des Satzes 1 sind

1. Verbrechen,
2. Vergehen nach
   a) den §§ 108e, 332 Absatz 1 und 3 sowie § 334, jeweils auch in Verbindung mit § 335a,
   b) § 29 Abs. 1 Satz 1 Nr. 1 des Betäubungsmittelgesetzes und § 19 Abs. 1 Nr. 1 des Grundstoffüberwachungsgesetzes,
3. Vergehen nach § 373 und nach § 374 Abs. 2 der Abgabenordnung, jeweils auch in Verbindung mit § 12 Abs. 1 des Gesetzes zur Durchführung der Gemeinsamen Marktorganisationen und der Direktzahlungen,
4. Vergehen
   a) nach den §§ 152a, 181a, 232 Absatz 1 bis 3 Satz 1 und Absatz 4, § 232a Absatz 1 und 2, § 232b Absatz 1 und 2, § 233 Absatz 1 bis 3, § 233a Absatz 1 und 2, den §§ 242, 246, 253, 259, 263 bis 264, 265c, 266, 267, 269, 271, 284, 299, 326 Abs. 1, 2 und 4, § 328 Abs. 1, 2 und 4 sowie § 348,
   b) nach § 96 des Aufenthaltsgesetzes, § 84 des Asylgesetzes, nach § 370 der Abgabenordnung, nach § 38 Absatz 1 bis 4 des Wertpapierhandelsgesetzes sowie nach den §§ 143, 143a und 144 des Markengesetzes, den §§ 106 bis 108b des Urheberrechtsgesetzes, § 25 des Gebrauchsmustergesetzes, den §§ 51 und 65 des Designgesetzes, § 142 des Patentgesetzes, § 10 des Halbleiterschutzgesetzes und § 39 des Sortenschutzgesetzes,
   die gewerbsmäßig oder von einem Mitglied einer Bande, die sich zur fortgesetzten Begehung solcher Taten verbunden hat, begangen worden sind, und
5. Vergehen nach den §§ 89a und 89c und nach den §§ 129 und 129a Abs. 3 und 5, jeweils auch in Verbindung mit § 129b Abs. 1, sowie von einem

StGB § 261 Geldwäsche

Mitglied einer kriminellen oder terroristischen Vereinigung (§§ 129, 129a, jeweils auch in Verbindung mit § 129b Abs. 1) begangene Vergehen.

Satz 1 gilt in den Fällen der gewerbsmäßigen oder bandenmäßigen Steuerhinterziehung nach § 370 der Abgabenordnung für die durch die Steuerhinterziehung ersparten Aufwendungen und unrechtmäßig erlangten Steuererstattungen und -vergütungen sowie in den Fällen des Satzes 2 Nr. 3 auch für einen Gegenstand, hinsichtlich dessen Abgaben hinterzogen worden sind.

(2) Ebenso wird bestraft, wer einen in Absatz 1 bezeichneten Gegenstand

1. sich oder einem Dritten verschafft oder
2. verwahrt oder für sich oder einen Dritten verwendet, wenn er die Herkunft des Gegenstandes zu dem Zeitpunkt gekannt hat, zu dem er ihn erlangt hat.

(3) Der Versuch ist strafbar.

(4) In besonders schweren Fällen ist die Strafe Freiheitsstrafe von sechs Monaten bis zu zehn Jahren. Ein besonders schwerer Fall liegt in der Regel vor, wenn der Täter gewerbsmäßig oder als Mitglied einer Bande handelt, die sich zur fortgesetzten Begehung einer Geldwäsche verbunden hat.

(5) Wer in den Fällen des Absatzes 1 oder 2 leichtfertig nicht erkennt, daß der Gegenstand aus einer in Absatz 1 genannten rechtswidrigen Tat herrührt, wird mit Freiheitsstrafe bis zu zwei Jahren oder mit Geldstrafe bestraft.

(6) Die Tat ist nicht nach Absatz 2 strafbar, wenn zuvor ein Dritter den Gegenstand erlangt hat, ohne hierdurch eine Straftat zu begehen.

(7) Gegenstände, auf die sich die Straftat bezieht, können eingezogen werden. § 74a ist anzuwenden.

(8) Den in den Absätzen 1, 2 und 5 bezeichneten Gegenständen stehen solche gleich, die aus einer im Ausland begangenen Tat der in Absatz 1 bezeichneten Art herrühren, wenn die Tat auch am Tatort mit Strafe bedroht ist.

(9) Nach den Absätzen 1 bis 5 wird nicht bestraft,

1. wer die Tat freiwillig bei der zuständigen Behörde anzeigt oder freiwillig eine solche Anzeige veranlasst, wenn nicht die Tat zu diesem Zeitpunkt bereits ganz oder zum Teil entdeckt war und der Täter dies wusste oder bei verständiger Würdigung der Sachlage damit rechnen musste, und
2. in den Fällen des Absatzes 1 oder des Absatzes 2 unter den in Nummer 1 genannten Voraussetzungen die Sicherstellung des Gegenstandes bewirkt, auf den sich die Straftat bezieht.

Geldwäsche **§ 261 StGB**

Nach den Absätzen 1 bis 5 wird außerdem nicht bestraft, wer wegen Beteiligung an der Vortat strafbar ist. Eine Straflosigkeit nach Satz 2 ist ausgeschlossen, wenn der Täter oder Teilnehmer einen Gegenstand, der aus einer in Absatz 1 Satz 2 genannten rechtswidrigen Tat herrührt, in den Verkehr bringt und dabei die rechtswidrige Herkunft des Gegenstandes verschleiert.

(10) (weggefallen)

Fußnote
§ 261 Abs. 2 Nr. 1: Nach Maßgabe der Entscheidungsformel mit GG (100-1) vereinbar gem. BVerfGE v. 30.3.2004 I 715 (2 BvR 1520/01, 2 BvR 1521/01)

Schrifttum: *Achenbach/Ransiek*, Handbuch Wirtschaftsstrafrecht, 3. Aufl. 2011; *Barton*, Das Tatobjekt der Geldwäsche: Wann rührt ein Gegenstand aus einer der im Katalog des § 261 Abs. 1 Nr. 1–3 StGB bezeichneten Straftaten her?, NStZ 1993, 159; *Bausch/Voller*, Geldwäsche-Compliance für Güterhändler, 2014; *Bottke*, Teleologie und Effektivität der Normen gegen Geldwäsche, wistra 1995, 121; *Bussmann/Vockrodt*, Geldwäsche-Compliance im Nicht-Finanzsektor: Ergebnisse aus einer Dunkelfeldstudie, CB 2016, 138; *Fischer*, Strafgesetzbuch, 64. Aufl. 2017; *Gradowski/Ziegler*, Geldwäsche, Gewinnabschöpfung – Erste Erfahrungen mit den neuen gesetzlichen Regelungen, 1997; *Graf/Jäger/Wittig*, Wirtschafts- und Steuerstrafrecht, 2. Aufl. 2017; *Heintschel-Heinegg*, Beck'scher Online-Kommentar StGB, 36. Edition, Stand: 1.11.2017; *Herzog*, Geldwäschegesetz, 2. Aufl. 2014; *Hoyer/Klos*, Regelungen zur Bekämpfung der Geldwäsche und ihre Anwendung in der Praxis, 2001; *Joecks/Miebach*, Münchener Kommentar zum Strafgesetzbuch, 2. Aufl. 2012; *Kindhäuser/Neumann/Paeffgen*, Strafgesetzbuch, 5. Aufl. 2017; *Körner/Dach*, Geldwäsche. Ein Leitfaden zum geltenden Recht, 1994; *Lackner/Kühl*, Strafgesetzbuch, 28. Aufl. 2014; *Laufhütte/Rissing-van Saan/Tiedemann*, Leipziger Kommentar, Strafgesetzbuch, Band 8, 12. Aufl. 2010; *Leip*, Straftatbestand der Geldwäsche, 2. Aufl. 1999; *Löwe-Krahl*, Die Strafbarkeit von Bankangestellten wegen Geldwäsche nach § 261 StGB, wistra 1993, 123; *Salditt*, Der Tatbestand der Geldwäsche, StraFo 1992, 121; *Scherp*, Gesetze gegen die Geldwäsche und gegen die Finanzierung des Terrorismus – eine stille Verfassungsreform?, WM 2003, 1254; *Scherp*, Terrorismusfinanzierung – Ist es an der Zeit für eine neue Risiko-Einschätzung?, CB 2016, 408; *Scherp*, Update zum Umgang mit Geldwäscherisiken, CB 2017, 275; *Scherp/Gündel*, Die Bekämpfung von Geldwäsche und Terrorfinanzierung durch die Aktienrechtsnovelle 2014, CB 2015, 148; *Schily*, Gesetze gegen die Geldwäsche und die Terrorismusfinanzierung – eine stille Verfassungsreform?, WM 2003, 1249; *Schönke/Schröder*, Strafgesetzbuch, 29. Aufl. 2014; *Schröder*, Handbuch Kapitalmarktstrafrecht, 3. Aufl. 2014; *Tiedemann*, Wirtschaftsstrafrecht Besonderer Teil, 4. Aufl. 2011; *Wolter*, Systematischer Kommentar, Strafgesetzbuch, Band IV, 8. Aufl. 2012.

Übersicht

	Rn.		Rn.
I. Allgemeines	1	II. Gegenstand der Geldwäsche	26
1. Kriminalpolitische Überlegungen	1	1. Vortaten	26
2. Normzweck	16	2. Verhältnis zur Vortat (§ 261 Abs. 9 Satz 2 StGB)	36
3. Rechtsgut	22	3. Tatobjekt	38

Scherp/Ballo

StGB § 261 Geldwäsche

- 4. Herrühren aus einer Straftat . . 39
  - a) Surrogate 42
  - b) Vermischte Vermögenswerte („Teilkontaminationen") 45
- III. Tathandlungen 46
  - 1. Tathandlungen nach § 261 Abs. 1 StGB 46
    - a) Verbergen 47
    - b) Verschleiern der Herkunft . 48
    - c) Vereitelungs- und Gefährdungstatbestand 49
  - 2. Tathandlungen nach § 261 Abs. 2 StGB 54
    - a) § 261 Abs. 2 Nr. 1 StGB („sich oder einem Dritten verschaffen") 55
    - b) § 261 Abs. 2 Nr. 2 Var. 1 StGB („Verwahren") 56
    - c) § 261 Abs. 2 Nr. 2 Var. 2 StGB („Verwenden") 57
- IV. Strafloser Vorerwerb (§ 261 Abs. 6 StGB) 59
- V. Einschränkung des Anwendungsbereichs des § 261 StGB 65
- 1. Sozialübliches Verhalten/ Bagatellgeschäfte 66
- 2. Honorarleistungen 67
  - a) Strafverteidiger 68
  - b) Weitere relevante Berufsgruppen 69
- VI. Subjektiver Tatbestand 70
  - 1. Vorsatz 70
  - 2. Leichtfertigkeit (§ 261 Abs. 5 StGB) 73
- VII. Versuchsstrafbarkeit 76
- VIII. Rechtsfolgen 79
  - 1. Der Strafrahmen des § 261 StGB 79
  - 2. Einziehung (§ 261 Abs. 7 StGB) 82
- IX. Tätige Reue (§ 261 Abs. 9 Satz 1 StGB) 83
- X. Konkurrenzen 89
- XI. Verjährung 94
- XII. § 261 StGB als Schutzgesetz i. S. d. § 823 Abs. 2 BGB 95

I. Allgemeines

1. Kriminalpolitische Überlegungen

1 Seit seinem Inkrafttreten im Jahr 1992 blieb der **Straftatbestand der Geldwäsche**, der in der Überschrift zusätzlich den Titel „Verschleierung unrechtmäßig erlangter Vermögenswerte" trägt, in der Strafrechtspraxis weit hinter den hohen Erwartungen und formulierten Zielen des Gesetzgebers zurück.

2 Schon kurz nach seiner Einführung mit dem Gesetz zur Bekämpfung des illegalen Rauschgifthandels und anderer Erscheinungsformen der Organisierten Kriminalität vom 15.7.1992[1] wurde der Gesetzestext zahlreichen Änderungen und Nachbesserungen unterzogen, die im Verbrechensbekämpfungsgesetz vom 29.10.1994[2] und dem Gesetz zur Verbesserung der Bekämpfung der Organisierten Kriminalität vom 4.5.1996[3] ihren ersten Entwicklungsschritt nahmen.

---

1 BGBl. I 1992, S. 1302.
2 BGBl. I 1994, S. 3186.
3 BGBl. I 1996, S. 845.

I. Allgemeines   § 261 StGB

Durch das Steuerverkürzungsbekämpfungsgesetz vom 19.12.2001[4] war erstmals ein deutlicher **Paradigmenwechsel**, weg von der Organisierten Kriminalität, hin zur Erfassung der Steuerkriminalität, festzustellen. Alle Versuche, der Norm die ihr ursprünglich zugedachte Schlagkraft zu verleihen, blieben jedoch im Ungefähren und konnten keine nachhaltigen Effekte erzielen.   3

Auch die Umsetzung der 3. EU-Geldwäscherichtlinie durch das Geldwäschebekämpfungsergänzungsgesetz vom 13.8.2008[5] sowie das Gesetz zur Optimierung der Geldwäscheprävention vom 22.12.2011[6] führten nicht zu einer engeren Verzahnung der Strafvorschrift mit den Präventionsvorschriften des GwG.   4

Dementsprechend konnte die Zahl der Verurteilungen wegen Geldwäsche mit der Entwicklung der Zahlen der Geldwäscheverdachtsmeldungen (früher: Geldwäscheverdachtsanzeigen) auch nicht annähernd mithalten.   5

Schon 1997 hatten *Gradowski/Ziegler* in einer Studie der BKA-Forschungsreihe[7] festgestellt, dass die aufgrund der Verdachtsanzeigen eingeleiteten Ermittlungsverfahren nicht allzu häufig zu Anklagen bzw. Verurteilungen führen. Als Ursache hierfür wurde die Schwierigkeit benannt, den Kausalzusammenhang zwischen der Geldwäschehandlung und der Vortat („herrühren") beweiskräftig herzustellen. Weder die mit dem Verbrechensbekämpfungsgesetz erfolgte Ausweitung des Vortatenkatalogs auf Delikte der klassischen Wirtschaftskriminalität[8] noch die Einführung des vom BGH später für verfassungswidrig befundenen Verbrechenstatbestandes des § 370a AO durch das Gesetz zur Bekämpfung von Steuerverkürzungen bei der Umsatzsteuer und zur Änderung anderer Steuergesetze[9] mit dem Tatbestand der gewerbsmäßigen oder bandenmäßigen Steuerhinterziehung[10] konnten Verurteilungserfolge oder die vom Gesetzgeber intendierte wirtschaftliche oder finanzielle Isolierung der Straftäter[11] in nennenswertem Maß herbeiführen.   6

Dementsprechend war der Straftatbestand jenseits aller fachlichen Diskussionen durchgehend erheblicher Kritik ausgesetzt,[12] die nicht selten an den immer weitergehenden Forderungen der Befürworter einer verschärften Verfolgung von   7

---

4 BGBl. I 2001, S. 3922.
5 BGBl. I 2008, S. 1690.
6 BGBl. I 2011, S. 2959.
7 *Gradowski/Ziegler*, Geldwäsche, Gewinnabschöpfung – Erste Erfahrungen mit den neuen gesetzlichen Regelungen, S. 12.
8 BT-Drs. 12/6853, S. 27.
9 BGBl. I 2001, S. 3922; vgl. auch BT-Drs. 14/6883.
10 BGH, 28.10.2004 5 StR 276/04, NStZ-RR 2005, 53.
11 *Hoyer/Klos*, Regelungen zur Bekämpfung der Geldwäsche und ihre Anwendung in der Praxis, S. 293 f.; a. A. *Schily*, WM 2003, 1249.
12 Vgl. dazu *Scherp*, WM 2003, 1254 m. w. N.

StGB § 261 Geldwäsche

Geldwäschern und der massiven Ausweitung des dazu erforderlichen Instrumentariums Anstoß nahm.

8 *Fischer*[13] fasst die Ergebnisse wie folgt zusammen:

„Eine tatsächliche Verfolgung und Bestrafung von Geldwäsche-Tätern – die es definitionsgemäß immerhin zu Hunderttausenden geben muss – findet nur in verschwindend geringem Umfang statt. Das Konzept hat sich als eklatant unwirksam erwiesen. Die Anzahl der Verurteilungen ist minimal, die der Gewinn-Abschöpfungen noch geringer."

9 Kürzer, prägnanter und treffender lässt sich die Kritik an § 261 StGB kaum zusammenfassen.

10 Nichts Anderes gilt nach Umsetzung der 4. EU-Geldwäscherichtlinie[14] durch das Gesetz zur Umsetzung der 4. EU-Geldwäscherichtlinie, zur Ausführung der EU-Geldtransferverordnung und zur Neuorganisation der Zentralstelle für Finanztransaktionsuntersuchungen vom 23.6.2017[15] und dem abermaligen Paradigmenwechsel durch die verstärkte erneute Hinwendung zur Thematik der **Terrorismusfinanzierung**.[16] Die fortlaufende Verbreitung von horrenden Schätzungen angeblich in Deutschland gewaschener Vermögenswerte aus kriminellen Handlungen[17] – manche Studien kommen auf eine wahrscheinliche Größenordnung i.H.v. über 100 Mrd. EUR jährlich[18] – oder die Bezeichnung einzelner Wirtschaftszweige als **Hochrisikobereiche** der Geldwäsche[19] und die daraus folgende mediale Überhöhung[20] des angeblichen Geldwäsche-Risikos in Deutschland ändern indes nichts an dem mageren Befund, der sich aus Verurteilungsstatistik und veröffentlichten Entscheidungen ergibt.

11 So bleiben Urteile oder veröffentlichte Beschlüsse aus Verfahren zu § 261 StGB weiter eine Seltenheit. Wir haben für die Jahre 2010 bis 2016 weniger als 50 Veröffentlichungen von Entscheidungen festgestellt. Diese Zahl korreliert in keiner Weise mit den Entwicklungen im Bereich der Erstattung von Verdachtsanzeigen/Verdachtsmeldungen.

---

13 *Fischer*, StGB, § 261 Rn. 4b.
14 RL EU 2015/849 vom 20.5.2015, ABl. EU v. 5.6.2015, L 141/73.
15 BGBl. I 2017, S. 1822, vgl. dazu *Scherp*, CB 2017, 275.
16 *Scherp*, CB 2016, 408.
17 *Bussman/Vockrodt*, CB 2016, 138.
18 Vgl. *Bussman*, Dunkelfeldstudie über den Umfang der Geldwäsche in Deutschland und über die Geldwäscherisiken in einzelnen Wirtschaftssektoren, August 2015.
19 Fachstudie des BKA: Geldwäsche im Immobiliensektor in Deutschland, erstellt von Deloitte Touche, vom 25.10.2012; *Bussmann/Vockrodt*, CB 2016, 138.
20 *Jahn*, FAZ v. 29.3.2016; *Drost*, Handelsblatt online v. 30.12.2016; *Drost*, Handelsblatt v. 30.12.2016, S. 24.

I. Allgemeines § 261 StGB

Den Statistiken der Financial Intelligence Unit des BKA zufolge wurden in Deutschland im Jahr 2013 19.095 Verdachtsmeldungen durch Verpflichtete des GwG erstattet. Im Jahr 2014 stieg diese Zahl auf 24.054 Meldungen. Im Jahr 2015 wurden insgesamt 29.108 Verdachtsmeldungen an die Financial Intelligence Unit des BKA erstattet. Diese Zahl wurde im Jahr 2016 abermals mit einer Steigerungsrate um ca. 40 % übertroffen und stieg auf 40.690 Verdachtsmeldungen.[21] **12**

Die Straftatenstatistik des statistischen Bundesamts[22] weist demgegenüber im Jahr 2015 für die Geldwäsche gemäß § 261 Abs. 1 StGB insgesamt 215 Verurteilungen aus. Gemäß § 261 Abs. 2 StGB wurden wegen des Verschaffens, Verwahrens und Verwendens unrechtmäßig erlangter Vermögenswerte 35 Personen verurteilt. Als besonders schwere Fälle der Geldwäsche sind 29 Verurteilungen ausgewiesen, während 455 Verurteilungen den Tatbestand der leichtfertigen Geldwäsche gemäß § 261 Abs. 5 StGB umfassen. **13**

Eine ähnliche Verurteilungsquote zeigte sich bereits im Jahr 2014 mit 335 Verurteilungen wegen § 261 Abs. 1 StGB, 27 Verurteilungen im Rahmen des Abs. 2 von § 261 StGB sowie 32 besonders schweren Fällen und 530 Fällen der leichtfertigen Geldwäsche. **14**

Zusammenfassend bleibt daher festzuhalten: § 261 StGB führt seit nunmehr 25 Jahren ein Schattendasein in der Rechtswirklichkeit. Prägnante Beiträge zur Bekämpfung der Organisierten Kriminalität, zur finanziellen Isolierung von Straftätern, zur Unterbindung der Finanzierung des Terrorismus oder zur Verhinderung der Einschleusung von Vermögensgegenständen aus Straftaten in den legalen Finanz- und Wirtschaftskreislauf gehen von diesem Straftatbestand nicht aus. **15**

2. Normzweck

Der Normzweck ist mit der Beschreibung des kriminalpolitischen Konzepts hinter § 261 StGB weitgehend umrissen und wurde durch die beschriebenen mehrfachen Paradigmenwechsel immer wieder anders akzentuiert. War zunächst Teil des Normzwecks, „schmutziges" Geld verkehrsunfähig zu machen[23] und damit den Straftäter in finanzieller Hinsicht gegenüber der Umwelt zu isolieren,[24] so entsprach es ebenfalls von Beginn an der Intention des Gesetzgebers, internatio- **16**

---

21 Quelle aller Zahlen: Jahresberichte 2014, 2015 und 2016 der Financial Intelligence Unit (FIU), Deutschland, Herausgeber: Bundeskriminalamt, Zentralstelle für Verdachtsmeldungen
22 Statistisches Bundesamt, Fachserie 10, Reihe 3, 2015.
23 *Körner/Dach*, Geldwäsche, S. 13; *Nestler*, in: Herzog, GwG, § 261 StGB Rn. 3.
24 *Hoyer/Klos*, Regelungen zur Bekämpfung der Geldwäsche und ihre Anwendung in der Praxis, S. 293.

StGB § 261 Geldwäsche

nale Empfehlungen der Financial Action Task Force on Money Laundering (FATF) der G7-Staaten[25] und die EU-Richtlinienwerke in deutsches Recht umzusetzen.

17 Eine **Definition** des Begriffs der Geldwäsche enthält § 261 StGB indes nicht,[26] obwohl § 1 Abs. 1 GwG unter den Begriffsbestimmungen als Geldwäsche im Sinne des GwG eine Straftat nach § 261 StGB bezeichnet.

18 Für die Terrorismusfinanzierung, deren Verhinderung ebenfalls im Normzweck des § 261 StGB enthalten ist, stellt das GwG in § 1 Abs. 2 immerhin eine Definition bereit, die über den Straftatbestand der Terrorismusfinanzierung in § 89c StGB hinausgeht, indem sie die dort normierten Tatbestandsmerkmale unter dem Begriff der Bereitstellung von Vermögensgegenständen mit dem Wissen oder in der Absicht, dass diese Vermögensgegenstände ganz oder teilweise dazu verwendet werden oder verwendet werden sollen, terroristische Straftaten (unter denen auch wieder § 89c StGB selbst genannt wird) zu begehen, zusammenfasst.

19 Gängige Erklärungsansätze und Definitionsversuche, was unter Geldwäsche zu verstehen ist, beziehen sich daher zumeist auf das sog. **Drei-Phasen-Modell**[27] oder stellen zusammengefasst auf die Transformation illegal erwirtschafteter Vermögenswerte durch Einbringung in den legalen Wirtschaftskreislauf ab, mit dem Ziel, diese mit einer legal erscheinenden Herkunft zu versehen bzw. die illegale Herkunft zu verschleiern.

20 Mangels Definition wird in der Geldwäscheprävention zur Erklärung vielfach auf sog. **Typologien**[28] verwiesen, um die Erscheinungsformen von Geldwäsche darzustellen. In der Strafrechtspflege, die die eindeutige und methodisch vorgenommene Subsumtion unter Tatbestandsmerkmale des Straftatbestandes voraussetzt, helfen diese Erklärungen indes nicht weiter.

21 Nach übereinstimmender Meinung vieler Kommentatoren[29] verfolgt die Norm durch die Verweisung auf die Vortaten und den Vortäter eher präventive als repressive Ziele, zu deren Erreichung sich der Geldwäschetatbestand aber mangels

---

25 *Fischer*, StGB, § 261 Rn. 1; vgl. auch *Scherp/Gündel*, CB 2015, 148 in Bezug auf die FATF-Prüfung 2010.
26 *Bausch/Voller*, Geldwäsche-Compliance für Güterhändler, S. 13.
27 Mit den Phasen „Placement, Layering und Integration", vgl. statt vieler *Körner/Dach*, Geldwäsche, S. 14; aktuell immer noch: *Herzog*, in: Achenbach/Ransiek/Rönnau, Handbuch Wirtschaftsstrafrecht, S. 1783; *Achtelik*, in: Herzog, GwG, Einl. Rn. 7–11.
28 *Achtelik*, in: Herzog, GwG, Einl. Rn. 12 f.
29 *Fischer*, StGB, § 261 Rn. 3a; *Eschelbach*, in: Graf/Jäger/Wittig, Wirtschaft- und Steuerstrafrecht, § 261 Rn. 4.

Bestimmtheit des Bekämpfungsziels sowie wegen der komplizierten Regelungsstruktur und des undeutlichen Norminhalts letztlich als ungeeignet erweist.[30]

3. Rechtsgut

Das geschützte Rechtsgut des Geldwäschetatbestandes ist umstritten.[31] So sollen insbesondere die inländische **staatliche Rechtspflege**[32] und die durch die Vortaten verletzten Rechtsgüter geschützt sein. Teilweise wird der Schutzbereich auch auf Begriffe wie „Wirtschafts- und Finanzkreislauf" und die „innere Sicherheit" ausgedehnt oder auf den staatlichen Einziehungs- und Verfallsanspruch oder Ermittlungszwecke im Rahmen der Strafrechtspflege reduziert.[33]   22

Im Rahmen des Rechtsgüterschutzes ist die Geldwäsche ein **Anschlussdelikt** und daher systematisch im Bereich des 21. Abschnitts des StGB – „Begünstigung und Hehlerei" – angesiedelt.   23

Während das Bundesverfassungsgericht diese Rechtsgutbestimmung als „vage" bezeichnet hat,[34] kommt *Eschelbach*[35] zu dem Schluss, die Legitimation der Strafnorm sei zweifelhaft, der Schutzzweck nicht einheitlich festzulegen und die Unvereinbarkeit mit dem **Bestimmtheitsgebot** zumindest naheliegend.   24

Das Bundesverfassungsgericht ist indes in den von ihm bisher entschiedenen Fällen nicht auf diese Argumentationslinie eingegangen und hat den Geldwäschetatbestand stets für verfassungskonform auslegbar erklärt und betont, dass der wichtigen Gemeinschaftsbelangen dienende Geldwäschetatbestand im Rahmen der verfassungskonformen Auslegung auch nicht „konturlos" zu werden drohe.[36]   25

II. Gegenstand der Geldwäsche

1. Vortaten

§ 261 StGB zählt in Abs. 1 Satz 2 und 3 sowie in Abs. 8 die **Vortaten** auf, an die eine Strafbarkeit wegen Geldwäsche geknüpft wird. Voraussetzung ist, dass die   26

---

30 Zum Ganzen: *Eschelbach*, in: Graf/Jäger/Wittig, Wirtschaft- und Steuerstrafrecht, § 261 Rn. 1–7.
31 *Fischer*, StGB, § 261 Rn. 3; *Eschelbach*, in: Graf/Jäger/Wittig, Wirtschaft- und Steuerstrafrecht, § 261 Rn. 8.
32 *Nestler*, in: Herzog, GwG, § 261 StGB Rn. 22.
33 Zum Ganzen: *Neuheuser*, in: MüKo-StGB, § 261 Rn. 6–11; *Ruhmannseder*, in: Beck-OK-StGB, § 261 Rn. 6.
34 BVerfG, NJW 2004, 1305, 1307.
35 *Eschelbach*, in: Graf/Jäger/Wittig, Wirtschaft- und Steuerstrafrecht, § 261 Rn. 5–7.
36 BVerfG, wistra 2016, 21 mit Verweis auf BVerfGE 110, 226, 262.

StGB § 261 Geldwäsche

Vortat rechtswidrig begangen wurde. Sie muss nicht schuldhaft begangen worden sein.

27 § 261 Abs. 1 Nr. 1 StGB erfasst zunächst sämtliche **Verbrechen** im Sinne des § 12 Abs. 1 und 3 StGB ohne näher zu differenzieren oder die Vortat sachlich zu begrenzen. Darüber hinausgehend sieht § 261 Abs. 1 Nr. 2 bis 5 StGB abschließend normierte **Vergehen** vor, die taugliche Vortaten der Geldwäsche sein können. § 261 Abs. 1 Nr. 2a StGB erfasst die Bestechung und Bestechlichkeit von Amtsträgern (§§ 108e, 332 Abs. 1 und Abs. 3, 334 StGB, auch i.V.m. § 335a StGB). Verbrechen nach § 332 Abs. 2 StGB werden bereits von § 261 Abs. 1 Nr. 1 StGB erfasst. § 261 Abs. 1 Nr. 2b StGB sieht Vergehen nach dem Betäubungsmittelgesetz und dem Grundstoffüberwachungsgesetz vor. Faktisch relevant sind auch die in § 261 Abs. 1 Nr. 3 StGB erwähnten Vergehen des gewerbsmäßigen, gewaltsamen und bandenmäßigen Schmuggels sowie der gewerbsmäßigen Steuerhehlerei (§§ 373, 374 Abs. 2 AO). Über die Verweisung auf § 12 MOG ist auch die Hinterziehung von Marktordnungsabgaben zum Nachteil der EU erfasst.

28 § 261 Abs. 1 Nr. 4a StGB umfasst als geldwäschefähige Vortaten des Weiteren zahlreiche Straftatbestände aus dem sog. Kernstrafrecht, sofern diese gewerbsmäßig oder bandenmäßig begangen werden. Der Katalog erfasst mithin wesentliche Erscheinungsformen Organisierter Kriminalität, aber auch der Wirtschaftskriminalität und weite Bereiche der allgemeinen Kriminalität.[37] Nach der Rechtsprechung des BGH genügt es für eine Strafbarkeit nach § 261 StGB nicht, wenn nur ein Teilnehmer gewerbsmäßig gehandelt hat. Vielmehr gebiete die restriktive Handhabung des § 261 StGB, dass mindestens ein Täter gewerbsmäßig handle.[38]

29 **Gewerbsmäßigkeit** bedeutet, dass der Täter sich durch wiederholte Tatbegehung eine nicht nur vorübergehende Einnahmequelle verschaffen möchte.[39] Bandenmäßigkeit liegt vor, wenn sich mindestens drei Täter zur fortgesetzten Begehung von Geldwäsche-Taten zusammengeschlossen haben. Dabei kommt auch ein Zusammenschluss zwischen Vortätern und Geldwäschern in Betracht.

30 § 261 Abs. 1 Nr. 4b StGB erfasst neben ausländerrechtlichen Verstößen insbesondere die Steuerhinterziehung gemäß § 370 AO, Straftaten nach dem WpHG (insbesondere Marktmanipulation und Insiderhandel) sowie dem Urhebergesetz und die sog. Produktpiraterie. Auch hier gilt, dass die Taten gewerbs- oder bandenmäßig begangen worden sein müssen.

31 Geldwäschefähige Vortaten sind nach § 261 Abs. 1 Nr. 5 StGB schließlich auch die Vorbereitung einer schweren staatsgefährdenden Straftat (§ 89a StGB), die

---

37 Das war auch ausdrücklich das Ziel des Gesetzgebers, vgl. BT-Drs. 13/8651, S. 12.
38 BGH, NJW 2008, 2516 f.; *Fischer*, StGB, § 261 Rn. 14 m. w. N.
39 Vgl. die Kommentierung zu § 243 StGB, z. B. *Fischer*, StGB, § 243 Rn. 18.

II. Gegenstand der Geldwäsche § 261 StGB

Terrorismusfinanzierung (§ 89c StGB) und die Bildung krimineller Vereinigungen (§§ 129, 129a Abs. 3, 5 StGB) sowie Vergehen, die von einem Mitglied einer kriminellen oder terroristischen Vereinigung begangen werden. Jede von einem solchen Mitglied begangene Tathandlung ist eine taugliche Vortat im Sinne des § 261 StGB. Dies gilt unabhängig davon, aus welcher konkreten Straftat das jeweilige Tatobjekt stammt, und ob das Mitglied nur für sich oder zugunsten der kriminellen Vereinigung agiert hat. Taugliche Tatgegenstände sind mithin sämtliche Gegenstände, die aus irgendeiner Straftat eines Mitglieds einer kriminellen oder terroristischen Vereinigung stammen. Erfasst sind hierbei über § 129b Abs. 1 StGB auch ausländische **kriminelle oder terroristische Vereinigungen**.

Des Weiteren erfasst § 261 Abs. 1 Satz 3 StGB ersparte Aufwendungen und unrechtmäßig erlangte Steuererstattungen und -vergütungen aus gewerbsmäßiger oder bandenmäßiger Steuerhinterziehung nach § 370 AO. 32

Das zuständige Gericht muss selbstständig prüfen und konkretisiert feststellen, ob eine Vortat im Sinne des § 261 StGB vorliegt. Es ist dabei nicht an eine ggf. rechtskräftige Entscheidung zur Vortat gebunden.[40] Für eine konkretisierte Feststellung der Vortat ist es nicht ausreichend, dass der fragliche Gegenstand irgendeines deliktischen Ursprungs ist, da **Ursprungstat** auch eine nicht von § 261 StGB erfasste Straftat sein kann.[41] Es ist nicht Tatbestandsvoraussetzung, dass der Täter der Vortat bekannt ist. 33

Ob eine bereits verjährte Tat taugliche Vortat sein kann, ist umstritten. Die überwiegende Ansicht[42] geht davon aus, dass eine Verjährung der Vortat für eine Strafbarkeit wegen Geldwäsche unschädlich ist. Dies soll auch für die Verjährung zivilrechtlicher Ansprüche des durch die Vortat Geschädigten gelten. 34

Nach § 261 Abs. 8 StGB können auch im **Ausland** begangene Taten geldwäscherelevante Vortaten darstellen, sofern die Vortat auch am Tatort mit Strafe bedroht ist und einer Katalogtat im Sinne des § 261 Abs. 1 StGB entspricht. Das gilt unabhängig davon, ob die Vortat am Tatort als Verbrechen oder Vergehen sanktioniert wird.[43] 35

2. Verhältnis zur Vortat (§ 261 Abs. 9 Satz 2 StGB)

Auch der Täter oder Teilnehmer der Vortat kann sich wegen Geldwäsche strafbar machen. § 261 Abs. 9 Satz 2 StGB enthält in diesem Zusammenhang einen per- 36

---

40 *Stree/Hecker*, in: Schönke/Schröder, StGB, § 261 Rn. 6.
41 Vgl. BGH, wistra 2000, 67; BGH, wistra 2003, 260, 261; *Fischer*, StGB, § 261 Rn. 9.
42 *Schmidt/Krause*, in: LK-StGB, § 261 Rn. 9; *Neuheuser*, in: MüKo-StGB, § 261 Rn. 61; *Ruhmannseder*, in: BeckOK-StGB, § 261 Rn. 10, 21; a. A. *Altenhain*, in: NK-StGB, § 261 Rn. 33, 34; *Nestler*, in: Herzog, GwG, § 261 StGB Rn. 33; *Hoyer*, in: SK-StGB, § 261 Rn. 6.
43 *Stree/Hecker*, in: Schönke/Schröder, StGB, § 261 Rn. 8.

sönlichen Strafaufhebungsgrund. Dieser beruht auf dem Gedanken der **mitbestraften Nachtat** und soll dem Grundsatz der Straffreiheit von Selbstbegünstigungshandlungen Rechnung tragen sowie eine Doppelbestrafung eines an der Vortat Beteiligten verhindern.[44] Der Täter kann danach nur entweder wegen der Vortat oder wegen Geldwäsche bestraft werden. In Fällen, in denen ungewiss ist, ob der Täter auch an der Vortat beteiligt war, ist nach der Rechtsprechung des BGH[45] eine Verurteilung wegen § 261 StGB im Wege der Postpendenz-Feststellung geboten.

37 Eine Rückausnahme von diesem Grundsatz findet sich in § 261 Abs. 9 Satz 3 StGB. Hiernach ist eine Straflosigkeit nach § 261 Abs. 9 Satz 2 StGB ausgeschlossen, wenn der Täter oder Teilnehmer einen Gegenstand, der aus einer Katalogtat herrührt, in den Verkehr bringt und dabei die rechtswidrige Herkunft des Gegenstandes verschleiert.

3. Tatobjekt

38 Tatobjekt des § 261 StGB kann jeder vermögenswerte **Gegenstand** sein. Der Begriff ist weit zu verstehen.[46] Zu diesen Gegenständen können neben beweglichen und unbeweglichen Sachen und Bargeld unter anderem auch Kontoguthaben, Wertpapiere, dingliche Rechte, Beteiligungen an Gesellschaften, Anteile an Gemeinschaftsvermögen sowie Forderungen zählen. Auch illegale Gegenstände werden von § 261 StGB erfasst, sodass auch Falschgeld Gegenstand der Geldwäsche sein kann.[47] Keine tauglichen Tatobjekte sind hingegen nichtige **Forderungen**, da es diesen Forderungen an der erforderlichen Rechtsqualität mangelt.[48] Eine sog. Geringwertigkeitsgrenze im Sinne des § 248a StGB gibt es im Rahmen der Geldwäsche nicht.

4. Herrühren aus einer Straftat

39 Das geldwäschetaugliche Tatobjekt muss zudem aus einer Katalogtat des § 261 Abs. 1 Satz 2 StGB **herrühren**. Der Begriff des Herrührens wird dabei weit gefasst.[49] Es werden also nicht nur Tatobjekte erfasst, die unmittelbar mit der Vortat

---

44 Vgl. BT-Drs. 13/8651, S. 11.
45 BGH, NStZ 1995, 500.
46 *Schmidt/Krause*, in: LK-StGB, § 261 Rn. 10; *Ruhmannseder*, in: BeckOK-StGB, § 261, Rn. 8.
47 *Stree/Hecker*, in: Schönke/Schröder, StGB, § 261 Rn. 4; *Schmidt/Krause*, in: LK-StGB, § 261 Rn. 10.
48 *Stree/Hecker*, in: Schönke/Schröder, StGB, § 261 Rn. 4; *Nestler*, in: Herzog, GwG, § 261 Rn. 30; *Neuheuser*, in: MüKo-StGB, § 261 Rn. 29; a. A. *Kühl*, in: Lackner/Kühl, StGB, § 261 Rn. 3; *Altenhain*, in: NK-StGB, § 261 StGB Rn. 26.
49 BGH, NStZ 2001, 535, 537.

in Zusammenhang stehen, sondern auch solche Tatobjekte, die nach ggf. mehreren Austauschvorgängen an die Stelle des ursprünglichen Gegenstandes getreten sind. Dabei kann es sich auch um eine Kette von Austausch- und Verwertungshandlungen handeln, in denen das ursprüngliche Tatobjekt ersetzt wird.[50] Der Begriff des Herrührens ist wenig bestimmt und in der Praxis mit Anwendungsproblemen verbunden. Der BGH hat dazu ausgeführt, dass es ausreichend sei, dass zwischen dem Gegenstand und der Vortat bei wirtschaftlicher Betrachtungsweise ein Kausalzusammenhang bestehe.[51]

40 Keine tauglichen Tatobjekte sind solche Gegenstände, die lediglich zur Begehung der Vortat verwendet worden sind. Anders soll es nach der Rechtsprechung des BGH bei **Bestechungsgeldern** sein, die zur Amtsträgerkorruption verwendet wurden, da anderenfalls die Nennung des § 334 StGB im Vortatkatalog leerliefe.[52]

41 Die Rechtsprechung bejaht den Kausalzusammenhang hinsichtlich solcher Surrogate, die „einer unmittelbaren Beziehung zum Vortäter" entstammen.[53]

a) Surrogate

42 Im Grundsatz gilt, dass auch Surrogate „bemakelt" bleiben, sofern das Surrogat ursächlich auf eine Katalogtat zurückzuführen ist bzw. ein konkreter Zusammenhang mit dem Tatobjekt aus der Vortat besteht. Dabei ist es unerheblich, ob das **Surrogat** einen höheren oder niedrigeren Wert hat als das ursprünglich aus der Vortat resultierende Tatobjekt. Hintergrund für dieses weite Verständnis des Merkmals „Herrühren" ist, dass auf diese Weise komplizierte und undurchsichtige Strukturen in der Organisierten Kriminalität eine Strafbarkeit der Geldwäsche nicht ohne Weiteres entfallen lassen. Die weiteren Einzelheiten bei der rechtlichen Bewertung des Surrogats sind jedoch unklar. Wie eine notwendige Begrenzung des ansonsten uferlosen Tatbestandes der Geldwäsche erfolgt, ist umstritten.

43 Zum Teil wird vertreten, dass die Regelungen der §§ 73 f. StGB (seit dem 1.7.2017: Einziehung) herangezogen werden sollen, sodass nur solche Tatobjekte geldwäschetauglich seien, die auch eine Einziehung rechtfertigen würden.[54] Nach einer anderen Auffassung in der Literatur sollen solche Gegenstände als

---

50 OLG Karlsruhe, NJW 2005, 767, 768; *Fischer*, StGB, § 261 Rn. 7; *Stree/Hecker*, in: Schönke/Schröder, StGB, § 261 Rn. 9.
51 BGHSt 53, 205, 209.
52 BGHSt 53, 205, 208 f.
53 BGH, NStZ-RR 2010, 109, 111.
54 Zur Rechtslage vor der Reform der Vermögensabschöpfung: *Kühl*, in: Lackner/Kühl, StGB, § 261 Rn. 5; dagegen *Altenhain*, in: NK-StGB, § 261 Rn. 58; *Neuheuser*, in: MüKo-StGB, § 261 Rn. 49.

StGB § 261 Geldwäsche

geldwäschetaugliche Surrogate ausscheiden, die nur vorübergehend Surrogat sind und anschließend durch ein anderes Surrogat ersetzt werden.[55]

44 Ein „Herrühren" entfällt jedoch, wenn ein Gegenstand oder ein Surrogat auf die selbstständige Leistung eines Dritten zurückzuführen ist.[56]

b) Vermischte Vermögenswerte („Teilkontaminationen")

45 In der Rechtsprechung ebenfalls noch nicht abschließend geklärt ist die Frage, wie sog. **Teilkontaminationen** zu behandeln sind. Dabei geht es um die Frage, wie es zu bewerten ist, wenn z. B. eine Person ein Fahrzeug im Wert von 50.000 EUR kauft und den Kaufpreis zum Teil (beispielsweise in Höhe von 10.000 EUR) mit Geld bezahlt, das aus einer geldwäschetauglichen Vortat stammt. Auch im Bankenbereich stellt sich diese Frage häufig, etwa bei der Finanzierung von Immobilientransaktionen, wenn der Kaufpreis zum Teil mit inkriminierten Geldern geleistet wird. Die Ansichten zu dieser Frage gehen auseinander. Zum Teil und richtigerweise wird vertreten, dass der Gegenstand insgesamt inkriminiert sei, wenn er „weit überwiegend" aus Vortaterlösen stammt[57] oder der inkriminierte Teil aus wirtschaftlicher Sicht nicht völlig unerheblich ist.[58] Teilweise werden Wertgrenzen von 5%[59] oder 25%[60] vorgeschlagen, ab deren Erreichen der Gegenstand insgesamt als inkriminiert anzusehen sei.[61] Bei Überweisungen von Konten, auf denen sich legal erworbenes und inkriminiertes Geld befindet, soll nach anderer Ansicht[62] darauf abgestellt werden, ob die Überweisung den Anteil des legalen Guthabenanteils übersteigt (dann rührt das hierfür Erlangte aus der Vortat her) oder ob die Überweisung unterhalb des Zuwachses an inkriminiertem Geld bleibt.

III. Tathandlungen

1. Tathandlungen nach § 261 Abs. 1 StGB

46 § 261 Abs. 1 StGB enthält verschiedene Tathandlungen. Diese lassen sich nicht immer trennscharf voneinander abgrenzen. Ihnen ist gemein, dass Handlungen bestraft werden, die es den Strafverfolgungsbehörden erschweren oder es verhin-

---

55 *Schmidt/Krause*, in: LK-StGB, § 261 Rn. 12; *Altenhain*, in: NK-StGB, § 261 Rn. 57.
56 Vgl. BT-Drs. 12/989, S. 27.
57 *Salditt*, StraFo 1992, 121, 124.
58 OLG Karlsruhe, NJW 2005, 767, 769.
59 *Barton*, NStZ 1993, 159, 163.
60 *Leip*, Der Straftatbestand der Geldwäsche, S. 112.
61 Generell gegen eine Makelquote *Schmidt/Krause*, in: LK-StGB, § 261 Rn. 12; *Neuheuser*, in: MüKo-StGB, § 261 Rn. 56.
62 *Stree/Hecker*, in: Schönke/Schröder, StGB, § 261 Rn. 11.

III. Tathandlungen § 261 StGB

dern, dass sie auf inkriminierte Gegenstände zugreifen können. Es ist fraglich, ob § 261 Abs. 1 StGB ein einvernehmliches Zusammenwirken des Täters mit dem Vortäter voraussetzt.[63] Die Geldwäschehandlung kann auch im Wege des **Unterlassens** nach § 13 StGB begangen werden, wobei dies eine entsprechende Garantenstellung voraussetzt. Eine solche Garantenstellung trifft den Bankangestellten jedoch nicht schon aus §§ 43, 44 GwG. Die Pflichten nach dem GwG treffen nicht den einzelnen Mitarbeiter, sondern das Unternehmen.[64]

a) Verbergen

Verbergen soll jede zielgerichtete Tätigkeit sein, „die mittels einer nicht üblichen örtlichen Unterbringung oder einer den Gegenstand verdeckenden Handlung den Zugang zu einem Tatobjekt erschwert".[65] Hierzu zählen etwa Handlungen, die darauf ausgerichtet sind, inkriminierte Gegenstände zu verstecken oder aber auch die falsche Namensangabe bei Geldeinzahlungen. 47

b) Verschleiern der Herkunft

Unter den „Verschleierungstatbestand" fallen sämtliche Aktivitäten, die dem inkriminierten Gegenstand zielgerichtet den Anschein einer anderen Herkunft verleihen oder zumindest die wahre Herkunft verdecken sollen.[66] Praktisch bedeutsam sind hier z. B. unrichtige Buchungen, die (unzulässige) **Vermischung** von inkriminierten Geldern mit legalen Geldern oder auch die Errichtung von Konten unter fremdem Namen. Ob die Tathandlungen des Verbergens und des Verschleierns der Herkunft eine konkrete Gefährdung eines Anspruchs voraussetzen, ist umstritten. Das wird zum Teil mit Blick auf den Wortlaut der Vorschrift verneint.[67] Teilweise wird dies bejaht, da ansonsten das Erfordernis in den übrigen Tatbestandsvarianten leerliefe.[68] 48

c) Vereitelungs- und Gefährdungstatbestand

Weitere Tathandlungen des § 261 Abs. 1 StGB sind das **Vereiteln** oder das **Gefährden** der Einziehung oder der Sicherstellung eines inkriminierten Gegenstandes. Das Vereiteln oder Gefährden der Einziehung bezieht sich auf die Vor- 49

---

63 Dagegen *Stree/Hecker*, in: Schönke/Schröder, StGB, § 261 Rn. 13; a. A. *Hoyer*, in: SK-StGB, § 261 Rn. 15.
64 *Schmidt/Krause*, in: LK-StGB, § 261 Rn. 15.
65 *Neuheuser*, in: MüKo-StGB, § 261 Rn. 63; *Ruhmannseder*, in: BeckOK-StGB, § 261 Rn. 24; ähnlich *Bottke*, wistra 1995, 121.
66 *Stree/Hecker*, in: Schönke/Schröder, StGB, § 261 Rn. 14; *Neuheuser*, in: MüKo-StGB, § 261 Rn. 64.
67 Vgl. *Fischer*, StGB, § 261 Rn. 21a m. w. N.
68 *Altenhain*, in: NK-StGB, § 261 Rn. 102.

StGB § 261 Geldwäsche

schriften der §§ 73 f. StGB und der Tatbestand des Vereitelns oder Gefährdens der Sicherstellung rekurriert auf §§ 111b f. StPO. Der Vereitelungstatbestand setzt einen Erfolg voraus. Für die Erfüllung des Gefährdungstatbestandes ist hingegen eine konkrete Gefährdung[69] ausreichend, dass die betreffenden Ermittlungen und Maßnahmen (Einziehung oder Sicherstellung) scheitern.

50 Den Varianten des Vereitelungs- und Gefährdungstatbestandes ist gemein, dass die jeweiligen staatlichen **Zugriffsmaßnahmen** durch die zuständigen Behörden angeordnet werden konnten. Das heißt, diese müssen grundsätzlich zulässig sein. Handelt es sich um einen Gegenstand im Ausland oder ein Konto bei einer ausländischen Bank, auf die die Strafverfolgungsbehörden keinen Zugriff haben (sodass die Behörden erst den Rechtshilfeweg beschreiten müssten), fehlt es an der konkreten Zugriffsmöglichkeit der Strafverfolgungsbehörden. Folglich scheidet auch der Vereitelungs- und Gefährdungstatbestand aus.[70] Zu beachten ist jedoch, dass gemäß § 7 Abs. 2 Nr. 1 StGB eine Strafbarkeit nach deutschem Strafrecht – mithin auch nach § 261 StGB – in Betracht kommt, wenn ein Deutscher eine Straftat im Ausland begeht und diese Straftat im Ausland mit Strafe bedroht ist. Geldwäsche dürfte in vielen Ländern strafbar sein, sodass auch eine Strafbarkeit gemäß § 261 StGB in vielen Fällen gegeben sein dürfte.

51 Die **Ermittlungen der Herkunft** gefährden (im Sinne des § 261 Abs. 1 StGB) kann unter anderem der Abschluss von Scheinverträgen ebenso wie die Vermischung von inkriminierten und „legalen" Geldern.

52 Da eine konkrete Gefährdung der Ermittlung oder des **Auffindens** des inkriminierten Gegenstandes erforderlich ist, scheidet eine Geldwäschestrafbarkeit nach dem Vereitelungs- oder Gefährdungstatbestand aus, wenn eine Gefährdung tatsächlich nicht zu befürchten ist. Der BGH[71] hat dies etwa für den Fall der Übergabe inkriminierter Gegenstände an polizeiliche Ermittler entschieden und keine vollendete, sondern lediglich versuchte Geldwäsche angenommen.

53 Das **Zerstören** eines Gegenstandes erfüllt nach richtiger Ansicht nicht den Tatbestand des Vereitelns.[72]

2. Tathandlungen nach § 261 Abs. 2 StGB

54 § 261 Abs. 2 StGB stellt ein abstraktes **Gefährdungsdelikt** dar.[73] Der Gesetzgeber bezweckt mit dieser Regelung, inkriminierte Gegenstände faktisch verkehrs-

---

69 BGH, NJW 1999, 436, 437.
70 *Stree/Hecker*, in: Schönke/Schröder, StGB, § 261 Rn. 15.
71 BGH, NJW 1999, 436, 437.
72 Ebenso *Hoyer*, in: SK-StGB, § 261 Rn. 15; a. A. *Schmidt/Krause*, in: LK-StGB, § 261 Rn. 19.
73 BGH, NStZ-RR 2013, 253.

III. Tathandlungen § 261 StGB

unfähig zu machen.[74] Es soll gewissermaßen eine Isolierung des Vortäters von seiner Umwelt stattfinden. Bei § 261 Abs. 2 StGB handelt es sich gegenüber § 261 Abs. 1 StGB um einen Auffangtatbestand.[75]

a) § 261 Abs. 2 Nr. 1 StGB („sich oder einem Dritten verschaffen")

Im Hinblick auf die erste Tatbestandsvariante des § 261 Abs. 2 StGB („sich oder einem Dritten verschaffen") kann weitgehend auf die Vorschrift der Hehlerei gemäß § 259 StGB verwiesen werden. Danach ist es erforderlich, dass sich der Täter eine eigene **Verfügungsgewalt** im Wege eines einvernehmlichen Zusammenwirkens des Täters mit dem Vorbesitzer verschafft (sog. abgeleiteter Erwerb). Bei dem Vorbesitzer muss es sich nicht zwingend um den Vortäter handeln.[76] Streitig ist, ob ein „sich verschaffen" im Sinne des § 261 Abs. 2 Nr. 1 StGB vorliegt, wenn dem Vortäter der inkriminierte Gegenstand durch Drohung oder gewaltsam weggenommen wird. Nach Auffassung der Rechtsprechung[77] ist der Tatbestand der Geldwäsche in diesem Fall nicht erfüllt, da es an dem mit § 261 Abs. 2 Nr. 1 StGB beabsichtigten Isolierungszweck fehle. Der BGH[78] hat zudem entschieden, dass das Einverständnis des Vortäters nicht frei von Willensmängeln sein müsse, sodass die täuschungsbedingte Verfügung des Vortäters nicht zwingend die Strafbarkeit ausschließe.[79]

55

b) § 261 Abs. 2 Nr. 2 Var. 1 StGB („Verwahren")

Das Merkmal des **Verwahrens** im Sinne des § 261 Abs. 2 Nr. 2 Var. 1 StGB bedeutet, einen geldwäschetauglichen Gegenstand in Gewahrsam zu nehmen oder zu halten, um ihn für einen Dritten oder für eigene spätere Verwendung zu erhalten.[80] Dazu ist es nicht ausreichend, dass sich ein inkriminierter Gegenstand im Herrschaftsbereich einer Person befindet, ohne dass feststellbar ist, wie der Gegenstand in den Gewahrsam gelangt ist.[81] Auch im Rahmen des Verwahrens ist es erforderlich, dass der Täter mit dem Vorbesitzer einverständlich zusammenwirkt. So ist das Merkmal des Verwahrens erfüllt, wenn ein Bankmitarbeiter oder Treuhänder inkriminierte Vermögensgegenstände, beispielsweise Geld, in **Gewahrsam** nimmt.

56

---

74 BT-Drs. 12/3533, S. 11.
75 BT-Drs. 12/989, S. 27.
76 BGHSt 55, 36, 47.
77 BVerfG, NJW 2004, 1305, 1306; BGH, NStZ 2010, 517, 518.
78 BGH, NStZ 2010, 517, 518.
79 *Fischer*, StGB, § 261 Rn. 24a; *Schmidt/Krause*, in: LK-StGB, § 261 Rn. 21; a. A. *Stree/ Hecker*, in: Schönke/Schröder, StGB, § 261 Rn. 18.
80 BGH, NStZ 2017, 167, 168.
81 BGH, NStZ 2012, 321, 322.

StGB § 261 Geldwäsche

c) § 261 Abs. 2 Nr. 2 Var. 2 StGB („Verwenden")

57 Unter den Begriff des **Verwendens** im Sinne des § 261 Abs. 2 Nr. 2 Var. 2 StGB fällt jeder bestimmungsgemäße Gebrauch eines Gegenstandes.[82] Nach dem Willen des Gesetzgebers sind hiervon insbesondere die vielfältigen Geldgeschäfte erfasst.[83] Dazu kann beispielsweise die Einzahlung inkriminierter Gelder auf Bankkonten oder der Umtausch inkriminierter Gelder in eine fremde Währung zählen.

58 Nach herrschender Meinung[84] soll der weite Wortlaut des § 261 Abs. 2 Nr. 2 StGB insoweit begrenzt werden, dass der Täter bzw. der Verwahrer oder Verwender des inkriminierten Gegenstandes dessen Herkunft gekannt haben muss. Dolus eventualis soll ausreichend sein. Maßgeblich ist der Zeitpunkt, zu dem der Täter den Gegenstand erlangt hat.

IV. Strafloser Vorerwerb (§ 261 Abs. 6 StGB)

59 Nach § 261 Abs. 6 StGB ist die Tat nach § 261 Abs. 2 StGB nicht strafbar, wenn **ein Dritter** den Gegenstand erlangt hat, ohne hierdurch eine Straftat zu begehen. Der Gesetzgeber wollte eine zu starke Einschränkung des Wirtschaftsverkehrs vermeiden und hat den weit gefassten Tatbestand des § 261 Abs. 2 StGB durch § 261 Abs. 6 StGB eingeschränkt.[85] Nach herrschender Meinung[86] ist mit Straftat im Sinne des § 261 Abs. 6 StGB die Geldwäschestraftat nach § 261 StGB gemeint. Hat sich der Dritte den inkriminierten Gegenstand durch Diebstahl oder Betrug verschafft, scheidet demnach eine Strafbarkeit gemäß § 261 Abs. 2 StGB aus.[87] Es besteht in diesen Fällen kein überzeugendes Motiv, die Strafbarkeitskette zu verlängern.[88]

60 Der Erwerb durch den Dritten muss zivilrechtlich nicht wirksam sein. Folglich greift § 261 Abs. 6 StGB auch ein, wenn der Dritte zwar gutgläubig war, er wegen eines vorangegangenen Raubes aber kein Eigentum erlangt hat.

---

82 BGH, NStZ 2017, 167, 168.
83 BT-Drs. 12/989, S. 27.
84 *Schmidt/Krause*, in: LK-StGB, § 261 Rn. 21; *Neuheuser*, in: MüKo-StGB, § 261 Rn. 70; *Stree/Hecker*, in: Schönke/Schröder, StGB, § 261 Rn. 20; *Kühl*, in: Lackner/Kühl, StGB, § 261 Rn. 8.
85 BT-Drs. 12/989, S. 28.
86 *Neuheuser*, in: MüKo-StGB, § 261 Rn. 72; *Kühl*, in: Lackner/Kühl, StGB, § 261 Rn. 6; *Altenhain*, in: NK-StGB, § 261 Rn. 88.
87 *Schmidt/Krause*, in: LK-StGB, § 261 Rn. 23; *Stree/Hecker*, in: Schönke/Schröder, StGB, § 261 Rn. 21 m. w. N.
88 Kritisch dazu *Fischer*, StGB, § 261 Rn. 27.

IV. Strafloser Vorerwerb (§ 261 Abs. 6 StGB) **§ 261 StGB**

Die **Bemakelungskette** bleibt somit unterbrochen, wenn der bösgläubige Täter den Gegenstand von einem Gutgläubigen übernimmt. 61

§ 261 Abs. 6 StGB ist auch bei Banküberweisungen relevant. So führt die Einzahlung oder Überweisung auf ein Bankkonto zu einer Unterbrechung der Bemakelungskette, sofern die Bank bzw. deren Mitarbeiter gutgläubig ist. Unerheblich ist, ob der Empfänger der Überweisung gutgläubig ist.[89] Die herrschende Meinung stimmt dem insoweit zu, als dass die Bank bzw. deren Mitarbeiter gutgläubig sei, der Vortäter jedoch einen Auszahlungsanspruch gegen die Bank erwerbe, der aus einem „Tatgegenstand" herrühre. Hierbei handele es sich um ein Surrogat des inkriminierten Gegenstandes. Mit der Überweisung an einen Dritten übertrage der Täter die Forderung an den Zahlungsempfänger und mache insoweit von seiner Verfügungsbefugnis Gebrauch. Eine Strafbarkeit nach § 261 Abs. 2 StGB sei daher zu bejahen.[90] 62

Um Missbrauchsgefahren einzudämmen, kann insbesondere im **Massenzahlungsverkehr** nicht grundsätzlich davon ausgegangen werden, die Bank sei gutgläubig. Vielmehr kann eine solche Gutgläubigkeit der Bank nur bejaht werden, wenn die Bank die gesetzlichen Pflichten, die sie zur Verhinderung von Geldwäsche treffen, eingehalten hat. Das sind insbesondere Monitoring-Pflichten nach § 10 Abs. 1 Nr. 5 GwG und Pflichten nach § 25h Abs. 2 und Abs. 3 KWG. 63

Umstritten ist des Weiteren das Verhältnis von § 261 Abs. 6 StGB zu § 261 Abs. 1 StGB. Nach dem Wortlaut bezieht sich § 261 Abs. 6 StGB ausdrücklich nur auf § 261 Abs. 2 StGB, nicht jedoch auf § 261 Abs. 1 StGB. Das stimmt überein mit dem gesetzgeberischen Willen.[91] Zugleich würde dies jedoch auch dem gesetzgeberischen Willen zuwiderlaufen, wonach der weitgefasste Tatbestand der Geldwäsche durch § 261 Abs. 6 StGB eingeschränkt werden soll. Begeht der Täter eine Tat nach § 261 Abs. 2 StGB, so ist häufig zugleich auch der Tatbestand des § 261 Abs. 1 StGB erfüllt. Um diese Wertungswidersprüche aufzulösen und zu verhindern, dass § 261 Abs. 6 StGB nicht nahezu vollständig leerläuft, scheidet § 261 Abs. 1 StGB nach richtiger Meinung bei allen Gegenständen aus, die zuvor von einem Dritten gutgläubig erlangt wurden. In diesen Fällen wird die Bemakelungskette unterbrochen.[92] 64

---

89 *Altenhain*, in: NK-StGB, § 261 Rn. 89; a.A. *Stree/Hecker*, in: Schönke/Schröder, StGB, § 261 Rn. 21.
90 *Stree/Hecker*, in: Schönke/Schröder, StGB, § 261 Rn. 21; *Schmidt/Krause*, in: LK-StGB, § 261 Rn. 24; *Fischer*, StGB, § 261 Rn. 29 m.w.N.
91 BT-Drs. 12/989, S. 28; vgl. auch BGHSt 47, 80; *Fischer*, StGB, § 261 Rn. 28.
92 A.A. *Schmidt/Krause*, in: LK-StGB, § 261 Rn. 24.

V. Einschränkung des Anwendungsbereichs des § 261 StGB

65 Neben der in § 261 Abs. 6 StGB ausdrücklich geregelten Tatbestandseinschränkung wird in der Literatur aufgrund der Weite des Tatbestandes teilweise eine restriktive Auslegung des § 261 StGB vorgeschlagen.

1. Sozialübliches Verhalten/Bagatellgeschäfte

66 Insbesondere für sozialtypisches Verhalten sowie **Alltags- und Bagatellgeschäfte** wird gefordert, diese aus dem Anwendungsbereich des § 261 StGB herauszunehmen.[93] Die überwiegende Ansicht[94] lehnt eine solche Einschränkung des Tatbestandes ab. Es fehle an klaren Abgrenzungskriterien (z. B. zur Bagatellgrenze bzw. für Luxus- und Alltagsgeschäfte) und der Gesetzgeber habe bewusst auf eine Bagatell- oder Ausschlussklausel verzichtet.[95] Zudem sei in den meisten Fällen sozialtypischer Verhaltensweisen der subjektive Tatbestand nicht erfüllt.[96]

2. Honorarleistungen

67 Des Weiteren wird diskutiert, inwieweit sich Strafverteidiger, Rechtsanwälte und Notare, Steuerberater, aber auch Ärzte und Wirtschaftsprüfer bei der Annahme von aus Katalogtaten herrührenden Gegenständen strafbar machen.

a) Strafverteidiger

68 Die Frage, inwieweit sich ein Strafverteidiger mit der Annahme eines aus einer Katalogtat stammenden **Honorars** strafbar machen kann, war lange Zeit stark umstritten.[97] Das BVerfG hat entschieden, dass sich ein Strafverteidiger nur strafbar machen könne, wenn er im Zeitpunkt der Annahme des Honorars sichere Kenntnis von dessen Herkunft aus einer Katalogtat habe. Handele der Straf-

---

93 *Barton*, StV 1993, 156, 163; *Löwe-Krahl*, wistra 1993, 123, 126.
94 *Stree/Hecker*, in: Schönke/Schröder, StGB, § 261 Rn. 23; *Neuheuser*, in: MüKo-StGB, § 261 Rn. 75, 76; *Altenhain*, in: NK-StGB, § 261 Rn. 120; *Schmidt/Krause*, in: LK-StGB, § 261 Rn. 25; vgl. zur Strafbarkeit von neutralen Handlungen generell BGH, NJW 2003, 2996; BGH, NStZ 2017, 461; vgl. zur Strafbarkeit von Bankangestellten bei berufstypischem Verhalten BGH, NJW 2000, 3010, 3011.
95 *Stree/Hecker*, in: Schönke/Schröder, StGB, § 261 Rn. 23; *Schmidt/Krause*, in: LK-StGB, § 261 Rn. 25.
96 *Stree/Hecker*, in: Schönke/Schröder, StGB, § 261 Rn. 23; *Schmidt/Krause*, in: LK-StGB, § 261 Rn. 25; ebenfalls für eine Verlagerung des Problems in den subjektiven Tatbestand *Löwe-Krahl*, in: Handbuch Wirtschaftsstrafrecht, Kapitel XIII Rn. 46 f.
97 Vgl. *Fischer*, StGB, § 261 Rn. 32 f. mit zahlreichen weiteren Nachweisen zum Streitstand; *Scherp*, NJW 2001, 3242; *Fischer*, NJW 2004, 473.

verteidiger nur bedingt vorsätzlich oder leichtfertig im Sinne des § 261 Abs. 5 StGB, scheide eine Strafbarkeit wegen Geldwäsche aus, da sonst unverhältnismäßig in die Berufsausübungsfreiheit des Strafverteidigers eingegriffen würde.[98]

b) Weitere relevante Berufsgruppen

Fraglich ist, inwieweit die vom BVerfG aufgestellten Grundsätze zur Annahme von **Honorarzahlungen** durch einen Strafverteidiger auf andere Berufsgruppen (z. B. Rechtsanwälte, Steuerberater, Ärzte) übertragen werden können.[99] Die Ansichten gehen hier auseinander. Teilweise wird eine Übertragbarkeit der Grundsätze generell bejaht.[100] Teilweise soll dies zumindest für rechtsberatende Berufe gelten.[101] Andererseits wird wegen der besonderen Stellung des Strafverteidigers als Organ der Rechtspflege jedenfalls eine Anwendung für Steuerberater und Ärzte abgelehnt.[102] 69

VI. Subjektiver Tatbestand

1. Vorsatz

Für die Tathandlungen nach § 261 Abs. 1 und 2 StGB ist **Vorsatz** erforderlich. Bedingter Vorsatz genügt grundsätzlich. Im Fall der Geldwäsche durch Annahme eines Verteidigerhonorars ist hingegen sicheres Wissen erforderlich.[103] Der Vorsatz muss sich auf sämtliche Tatbestandsmerkmale des § 261 StGB beziehen, d. h. auf das Tatobjekt, die Tathandlung und den Tatererfolg. Einzelheiten über die Vortat braucht der Täter nicht zu kennen. Er muss lediglich Umstände kennen, aus denen sich in groben Zügen eine Katalogtat ergibt.[104] 70

Bei Bankmitarbeitern wird nur sehr selten ein bedingter Vorsatz in dem Sinne vorliegen, dass sie die Tatbestandsmerkmale billigend in Kauf nehmen.[105] Ein 71

---

98 BVerfGE 110, 226, 261 f.
99 *Schmidt/Krause*, in: LK-StGB, § 261 Rn. 28.
100 *Fischer*, StGB, § 261 Rn. 38.
101 *Barton*, StV 1993, 156, 163; *Tiedemann*, Wirtschaftsstrafrecht BT, § 7 Rn. 285; *Neuheuser*, in: MüKo-StGB, § 261 Rn. 81, bejaht eine Anwendung jedenfalls, wenn die Wahrnehmung des Mandats in untrennbarem Zusammenhang mit einem geldwäscherelevanten Sachverhalt steht; a. A. *Löwe-Krahl*, in: Handbuch Wirtschaftsstrafrecht, Kapitel XIII Rn. 45.
102 *Schmidt/Krause*, in: LK-StGB, § 261 Rn. 28.
103 Siehe vorstehend unter Rn. 68.
104 *Stree/Hecker*, in: Schönke/Schröder, StGB § 261 Rn. 26; *Schmidt/Krause*, in: LK-StGB, § 261 Rn. 36; *Altenhain*, in: NK-StGB, § 261 Rn. 132.
105 *Schmidt/Krause*, in: LK-StGB, § 261 Rn. 36; *Altenhain*, in: NK-StGB, § 261 Rn. 131.

Verstoß gegen Anzeigepflichten nach dem GwG begründet für sich gesehen noch keinen Vorsatz.[106]

72 Ein **Tatbestandsirrtum** ist im Rahmen des § 261 StGB zu bejahen, wenn der Täter annimmt, der Vorgänger habe den Gegenstand rechtmäßig oder nicht durch eine strafbare Handlung erlangt.[107] Kennt der Täter hingegen die bemakelte Herkunft des Gegenstandes, glaubt aber, sein Handeln sei erlaubt, so liegt ein Verbotsirrtum (§ 17 StGB) vor.

2. Leichtfertigkeit (§ 261 Abs. 5 StGB)

73 Gemäß § 261 Abs. 5 StGB macht sich strafbar, wer in den Fällen des § 261 Abs. 1 oder 2 StGB leichtfertig nicht erkennt, dass der Gegenstand aus einer Katalogtat herrührt. **Leichtfertigkeit** liegt bei der Geldwäsche vor, wenn sich die Herkunft des Gegenstandes aus einer Katalogtat nach der Sachlage geradezu aufdrängt und der Täter gleichwohl handelt, weil er dies aus besonderer Gleichgültigkeit oder grober Unachtsamkeit außer Acht lässt.[108] Zu beachten ist, dass sich die Leichtfertigkeit nur auf die Herkunft des Gegenstandes bezieht. Hinsichtlich der übrigen Tatbestandsmerkmale ist Vorsatz erforderlich. Die Vorschriften über den Versuch (§ 261 Abs. 3 StGB) und die besonders schweren Fälle (§ 261 Abs. 4 StGB) sind bei der leichtfertigen Geldwäsche nicht anwendbar.[109] Die Teilnahme ist straflos.

74 Für die Frage, ob **Bankangestellte** leichtfertig handeln, können u.a. die im GwG normierten Pflichten der Bank und ihrer Mitarbeiter (§§ 4f. GwG), die von der FATF und dem BKA erstellten sog. Anhaltspunkte für Geldwäsche sowie weitere Typologiepapiere zur Geldwäsche und die Auslegungs- und Anwendungshinweise der DK herangezogen werden.[110] Es ist zudem die Stellung des konkreten Mitarbeiters in der Hierarchie des Instituts zu berücksichtigen. So kann der Geldwäschebeauftragte entsprechend seiner Möglichkeiten einen wei-

---

106 *Schmidt/Krause*, in: LK-StGB, § 261 Rn. 36.
107 *Fischer*, StGB, § 261 Rn. 40; *Schmidt/Krause*, in: LK-StGB, § 261 Rn. 37; *Stree/Hecker*, in: Schönke/Schröder, StGB, § 261 Rn. 26.
108 BGH, NJW 1997, 3323, 3325.
109 *Neuheuser*, in: MüKo-StGB, § 261 Rn. 87; *Altenhain*, in: NK-StGB, § 261 Rn. 137.
110 FATF, Recommandations „International Standards On Combating Money Laundering And the Financing of Terrorism & Proliferation, February 2012"; FATF, Report „Detecting Terrorist Financing: Relevant Risk Indicators, June 2016"; FATF, Report „Emerging Terrorist Financing Risks, October 2015"; BKA, Financial Intelligence Unit, Newsletter-Anhaltspunktepapier Ausgabe Nr. 11/August 2016; AuA zur Verhinderung von Geldwäsche, Terrorismusfinanzierung und sonstigen strafbaren Handlungen", Februar 2014; vgl. auch *Neuheuser*, in: MüKo-StGB, § 261 Rn. 89.

teren Pflichtenkreis haben als beispielsweise ein Schalterangestellter.[111] Eine Leichtfertigkeit wird bei einem Bankmitarbeiter nur in Ausnahmefällen anzunehmen sein, etwa wenn er vor kriminellen Transaktionen die Augen verschließt.[112]

Ob der Bankmitarbeiter leichtfertig gehandelt hat, ist letztlich im Wege einer differenzierenden Betrachtung im Einzelfall festzustellen. Zu beachten ist jedoch, dass das **Know-Your-Customer-Prinzip** des GwG auch und gerade den Schalterangestellten zwingt, sich Gedanken über die Identität des Kunden und die betroffene Transaktion zu machen.

VII. Versuchsstrafbarkeit

Gemäß § 261 Abs. 3 StGB ist der **Versuch** der Geldwäsche strafbar. Diesbezüglich gelten die allgemeinen Regeln.

Eine Versuchsstrafbarkeit ist insbesondere anzunehmen, wenn der Täter objektiv keine Geldwäschehandlung vorgenommen hat, aber irrig von Umständen ausgeht, bei deren Vorliegen der Tatbestand der Geldwäsche erfüllt wäre. Das ist z. B. der Fall, wenn der Täter irrig annimmt, dass Tatobjekt stamme aus einer Katalogtat. Es ist hierbei jedoch nicht ausreichend, dass der Täter davon ausgeht, der Gegenstand stamme aus „betrügerischen" oder „illegalen" Geschäften.[113] Ein Versuch ist auch in dem Fall gegeben, dass der Täter den bemakelten Gegenstand einem verdeckt ermittelnden Polizeibeamten übergibt[114] oder übersieht, dass ein strafloser Zwischenerwerb (§ 261 Abs. 6 StGB) erfolgt ist.[115]

Hinsichtlich der leichtfertigen Geldwäsche scheidet eine Versuchsstrafbarkeit aus.

VIII. Rechtsfolgen

1. Der Strafrahmen des § 261 StGB

Für die vorsätzliche Geldwäsche gilt der **Regelstrafrahmen** des § 261 Abs. 1 StGB von drei Monaten bis fünf Jahren Freiheitsstrafe. Für die leichtfertige Geldwäsche nach § 261 Abs. 5 StGB gilt ein Strafrahmen von bis zu zwei Jahren

---

111 *Neuheuser*, in: MüKo-StGB, § 261 Rn. 89.
112 *Neuheuser*, in: MüKo-StGB, § 261 Rn. 89; zum Ausschluss der Leichtfertigkeit durch Unterrichtung des Geldwäschebeauftragten *Nestler*, in: Herzog, GwG, § 261 StGB Rn. 120.
113 BGH, wistra 2003, 260, 261; *Nestler*, in: Herzog, GwG, § 261 StGB Rn. 133.
114 BGH, NJW 1999, 436, 437.
115 *Altenhain*, in: NK-StGB, § 261 Rn. 136.

StGB § 261 Geldwäsche

Freiheitsstrafe oder Geldstrafe. § 261 StGB enthält keine § 259 Abs. 2 StGB vergleichbare Regelung, sodass die Strafe für die Geldwäsche die für die Katalogtat verhängte Strafe übersteigen kann.[116] Der BGH[117] sieht jedoch aufgrund der Rechtsähnlichkeit der Geldwäsche zur Hehlerei eine Anwendung des Rechtsgedankens des § 259 Abs. 2 StGB als naheliegend an und geht davon aus, dass deshalb im Einzelfall regelmäßig auszuschließen sei, dass sich aus der Anschlusstat der Geldwäsche eine höhere Strafe ergeben könnte als aus der Vortat.

80 Für die besonders schweren Fälle der Geldwäsche (§ 261 Abs. 4 StGB) gilt ein (erhöhter) Strafrahmen von sechs Monaten bis zu zehn Jahren. Ein **besonders schwerer Fall** der Geldwäsche liegt vor, wenn der Täter gewerbsmäßig oder als Mitglied einer Bande handelt, die sich zur fortgesetzten Begehung einer Geldwäsche verbunden hat. Im Einzelfall kann auch ein unbenannter besonders schwerer Fall vorliegen, z. B. wenn sich die Geldwäsche auf einen sehr hohen Betrag bezieht.[118]

81 Daneben ist gemäß § 262 StGB die Anordnung der Führungsaufsicht nach §§ 68, 61 Nr. 4 StGB als Maßregel der Besserung und Sicherung möglich.

2. Einziehung (§ 261 Abs. 7 StGB)

82 Nach § 261 Abs. 7 StGB können Gegenstände, auf die sich die Straftat bezieht, eingezogen werden. Die **Einziehung** dieser inkriminierten Gegenstände richtet sich nach den §§ 73 f. StGB. Nach § 74a StGB unterliegen auch solche Gegenstände der Einziehung, die nicht dem Täter, sondern einem Dritten gehören.

IX. Tätige Reue (§ 261 Abs. 9 Satz 1 StGB)

83 § 261 Abs. 9 Satz 1 StGB normiert einen persönlichen **Strafaufhebungsgrund**. Die Regelung soll Täter vor allem dazu bewegen, strafbare Geldwäschevorgänge anzuzeigen und die Sicherstellung des gewaschenen Vermögens zu ermöglichen.[119]

84 Voraussetzung des Strafaufhebungsgrundes ist nach § 261 Abs. 9 Satz 1 Nr. 1 StGB die freiwillige Anzeige oder die freiwillige Veranlassung einer Anzeige

---

116 So auch *Schmidt/Krause*, in: LK-StGB, § 261 Rn. 42; *Altenhain*, in: NK-StGB, § 261 Rn. 140.
117 BGH, NJW 2000, 3725, 3726.
118 Nach BGH, NStZ 1998, 622, 623, soll die Annahme eines unbenannten Falles bei einem Betrag von DM 2,2 Mio. sehr nahe liegen; *Schmidt/Krause*, in: LK-StGB, § 261 Rn. 43; *Neuheuser*, in: MüKo-StGB, § 261 Rn. 115; *Nestler*, in: Herzog, GwG, § 261 StGB Rn. 135.
119 BT-Drs. 12/989, S. 28.

IX. Tätige Reue (§ 261 Abs. 9 Satz 1 StGB)

bei der zuständigen Behörde. War die Tat zum Anzeigezeitpunkt bereits ganz und oder teilweise entdeckt, entfällt eine Strafbefreiung gemäß § 261 Abs. 9 Satz 1 StGB, wenn der Täter oder Teilnehmer von der Entdeckung wusste oder den Umständen nach mit dieser rechnen musste.[120] In diesen Fällen bleibt aber eine Milderung gemäß § 46b StGB möglich.[121]

Freiwillig handelt der Täter, wenn er aus autonomen Motiven heraus handelt.[122] Ist der Täter ein Mitarbeiter eines Verpflichteten nach § 2 Abs. 1 GwG, steht die Pflicht zur Erstattung einer Geldwäscheverdachtsanzeige gemäß § 43 Abs. 4 GwG der **Freiwilligkeit** der Anzeige nach § 261 Abs. 9 Satz 1 Nr. 1 StGB nicht entgegen. 85

Im Falle einer vorsätzlichen Begehung normiert § 261 Abs. 9 Satz 1 Nr. 2 StGB die zusätzliche Voraussetzung, dass der Täter die Sicherstellung des Gegenstandes bewirken muss. Bewirken meint den Erfolg der **Sicherstellung**. Ein ernsthaftes, aber erfolgloses Bemühen um die Sicherstellung reicht nicht aus.[123] 86

Relevant ist der Verzicht auf das Erfordernis der Sicherstellung des Gegenstandes bei leichtfertigem Handeln vor allem im Zusammenhang mit Kreditinstituten, nämlich bei Fallkonstellationen, in denen sich der Verdacht der Geldwäsche erst im Laufe einer längeren **Geschäftsverbindung** herausstellt.[124] In diesen Fällen besteht die Gefahr, dass einem Bankangestellten nachträglich vorgeworfen wird, er habe die verdächtigen Umstände bereits zu einem früheren Zeitpunkt bemerken und anzeigen müssen.[125] Zwar ist eine nachträgliche Anzeige durch den Mitarbeiter in diesen Fällen noch möglich. Häufig wird der Kontoinhaber jedoch über den aus der Vortat herrührenden Gegenstand bereits weiterverfügt und eine Sicherstellung des Gegenstandes durch das Kreditinstitut unmöglich gemacht haben.[126] Eine Strafaufhebung wäre somit in diesen Konstellationen nicht möglich. 87

Liegen sowohl die Voraussetzungen des § 261 Abs. 9 Satz 1 StGB als auch des § 46b StGB vor, geht § 261 Abs. 9 Satz 1 StGB als günstigere Regelung vor.[127] 88

---

120 *Neuheuser*, in: MüKo-StGB, § 261 Rn. 104; *Fischer*, StGB, § 261 Rn. 51.
121 *Stree/Hecker*, in: Schönke/Schröder, StGB, § 261 Rn. 34.
122 Vgl. die Kommentierungen zu § 24 StGB, z. B. *Fischer*, StGB, § 24 Rn. 18 f.
123 *Neuheuser*, in: MüKo-StGB, § 261 Rn. 106; *Nestler*, in: Herzog, GwG, § 261 StGB Rn. 146; *Altenhain*, in: NK-StGB, § 261 Rn. 155; *Ruhmannseder*, in: BeckOK-StGB, § 261 Rn. 69.
124 BT-Drs. 12/989, S. 28.
125 BT-Drs. 12/989, S. 28.
126 BT-Drs. 12/989, S. 28.
127 *Neuheuser*, in: MüKo-StGB, § 261 Rn. 101; *Schmidt/Krause*, in: LK-StGB, § 261 Rn. 47.

X. Konkurrenzen

89 Führt eine Handlungsweise des Täters dazu, dass mehrere Modalitäten der § 261 Abs. 1, 2 oder 5 StGB verwirklicht sind, so liegt nur eine Tat vor.[128]

90 § 261 Abs. 2 StGB stellt gegenüber § 261 Abs. 1 StGB einen **Auffangtatbestand** dar.[129] Dies gilt ebenfalls für § 261 Abs. 5 StGB gegenüber § 261 Abs. 2 StGB.[130]

91 **Tateinheit** ist u. a. möglich mit den §§ 129, 129b, 257–260a, 263, 266, 267 StGB.[131] Ist die Geldwäschehandlung identisch mit einer Beihilfehandlung zur Vortat, tritt § 261 StGB im Wege der Subsidiarität zurück.[132] **Tatmehrheit** ist hingegen anzunehmen, wenn sich ein Täter bei verschiedenen Gelegenheiten Vermögenswerte verschafft, wobei unerheblich ist, ob diese Geldbeträge ihrerseits aus einer Vortat oder aus mehreren Vortaten herrühren.[133]

92 Der BGH hat eine Sperrwirkung der Hehlerei gemäß § 259 StGB gegenüber der leichtfertigen Geldwäsche verneint.[134]

93 Lässt sich nicht klären, ob dem Täter die Begehung einer Katalogvortat oder einer Geldwäsche angelastet werden kann, ist im Wege der Postpendenz eine Strafbarkeit nach § 261 StGB festzustellen.[135]

XI. Verjährung

94 Nach § 78 Abs. 3 Nr. 4 StGB beträgt die Verjährungsfrist für Taten nach § 261 StGB fünf Jahre. Die Frist beginnt mit der letzten Geldwäschehandlung zu laufen. Vollzieht sich die Geldwäsche in fortgesetzten Handlungen, bedeutet dies, dass die Verjährungsfrist erst mit dem letzten Geldwäscheakt beginnt.

---

128 *Kühl*, in: Lackner/Kühl, StGB, § 261 Rn. 19; *Neuheuser*, in: MüKo-StGB, § 261 Rn. 98.
129 BT-Drs. 12/989, S. 27; BGH, NJW 2013, 1158, 1159.
130 *Fischer*, StGB, § 261 Rn. 53; *Kühl*, in: Lackner/Kühl, StGB, § 261 Rn. 19.
131 BGH, NStZ-RR 1997, 359; *Fischer*, StGB, § 261 Rn. 53; *Kühl*, in: Lackner/Kühl, StGB, § 261 Rn. 19.
132 BGH, NStZ-RR 1998, 25, 26; *Neuheuser*, in: MüKo-StGB, § 261 Rn. 99.
133 BGH, NJW 1997, 3322, 3323.
134 BGH, NJW 2006, 1297, 1299.
135 BGH, NStZ 1995, 500.

XII. § 261 StGB als Schutzgesetz i. S. d. § 823 Abs. 2 BGB

Nach einhelliger Auffassung[136] stellt § 261 Abs. 2 StGB ein **Schutzgesetz** i. S. d. § 823 Abs. 2 BGB dar. Die Vorschrift soll neben der Rechtspflege auch das durch die Vortat verletzte Rechtsgut schützen[137] und dient somit dem Individualinteresse des durch die Vortat Geschädigten. Gleiches gilt für den Fall der leichtfertigen Geldwäsche gemäß § 261 Abs. 1, 5 StGB bei gewerbsmäßigem Betrug als Vortat.[138]

95

Streitig ist, ob auch § 261 Abs. 1 StGB individualschützenden Charakter hat. Der BGH[139] bejaht dies und sieht auch das Interesse des Geschädigten an der Durchsetzung von zivilrechtlichen Ersatzansprüchen gegen den Vortäter als von § 261 Abs. 1 StGB geschützt an.[140] Zudem verweist der BGH auf den Auffangcharakter des § 261 Abs. 2 StGB, dessen Schutzzweck nicht weiter reichen könne, als der des Kernbereichs der Geldwäsche in § 261 Abs. 1 StGB.

96

---

136 BGH, NJW 2013, 1158; OLG Frankfurt a. M., BeckRS 2004, 3039044; OLG Schleswig, BeckRS 2008, 02818.
137 BT-Drs. 12/989, S. 27.
138 BGH, NJW 2013, 1158.
139 BGH, NJW 2013, 1158.
140 A. A. KG, NJOZ 2010, 2164.

Abgabenordnung (AO)

§ 154 Kontenwahrheit

(1) Niemand darf auf einen falschen oder erdichteten Namen für sich oder einen Dritten ein Konto errichten oder Buchungen vornehmen lassen, Wertsachen (Geld, Wertpapiere, Kostbarkeiten) in Verwahrung geben oder verpfänden oder sich ein Schließfach geben lassen.

(2) Wer ein Konto führt, Wertsachen verwahrt oder als Pfand nimmt oder ein Schließfach überlässt (Verpflichteter), hat

1. sich zuvor Gewissheit über die Person und Anschrift jedes Verfügungsberechtigten und jedes wirtschaftlich Berechtigten im Sinne des Geldwäschegesetzes zu verschaffen und
2. die entsprechenden Angaben in geeigneter Form, bei Konten auf dem Konto, festzuhalten.

Ist der Verfügungsberechtigte eine natürliche Person, ist § 11 Absatz 4 Nummer 1 des Geldwäschegesetzes entsprechend anzuwenden. Der Verpflichtete hat sicherzustellen, dass er den Finanzbehörden jederzeit Auskunft darüber geben kann, über welche Konten oder Schließfächer eine Person verfügungsberechtigt ist oder welche Wertsachen eine Person zur Verwahrung gegeben oder als Pfand überlassen hat. Die Geschäftsbeziehung ist kontinuierlich zu überwachen und die nach Satz 1 zu erhebenden Daten sind in angemessenem zeitlichen Abstand zu aktualisieren.

(2a) Kreditinstitute haben für jeden Kontoinhaber, jeden anderen Verfügungsberechtigten und jeden wirtschaftlich Berechtigten im Sinne des Geldwäschegesetzes außerdem folgende Daten zu erheben und aufzuzeichnen:

1. die Identifikationsnummer nach § 139b und
2. die Wirtschafts-Identifikationsnummer nach § 139c oder, wenn noch keine Wirtschafts-Identifikationsnummer vergeben wurde und es sich nicht um eine natürliche Person handelt, die für die Besteuerung nach dem Einkommen geltende Steuernummer.

Der Vertragspartner sowie gegebenenfalls für ihn handelnde Personen haben dem Kreditinstitut die nach Satz 1 zu erhebenden Daten mitzuteilen und sich im Laufe der Geschäftsbeziehung ergebende Änderungen unverzüglich anzuzeigen. Die Sätze 1 und 2 sind nicht anzuwenden bei Kreditkonten, wenn der Kredit ausschließlich der Finanzierung privater Konsumgüter dient und der Kreditrahmen einen Betrag von 12 000 Euro nicht übersteigt.

(2b) Teilen der Vertragspartner oder gegebenenfalls für ihn handelnde Personen dem Kreditinstitut die nach Absatz 2a Satz 1 Nummer 1 zu erfassende Identifikationsnummer einer betroffenen Person bis zur Begründung der Geschäftsbeziehung nicht mit und hat das Kreditinstitut die Identifikationsnummer dieser Person auch nicht aus anderem Anlass rechtmäßig erfasst, hat es sie bis zum Ablauf des dritten Monats nach Begründung der Geschäftsbeziehung in einem maschinellen Verfahren beim Bundeszentralamt für Steuern zu erfragen. In der Anfrage dürfen nur die in § 139b Absatz 3 genannten Daten der betroffenen Person angegeben werden. Das Bundeszentralamt für Steuern teilt dem Kreditinstitut die Identifikationsnummer der betroffenen Person mit, sofern die übermittelten Daten mit den bei ihm nach § 139b Absatz 3 gespeicherten Daten übereinstimmen.

(2c) Soweit das Kreditinstitut die nach Absatz 2a Satz 1 zu erhebenden Daten auf Grund unzureichender Mitwirkung des Vertragspartners und gegebenenfalls für ihn handelnder Personen nicht ermitteln kann, hat es dies auf dem Konto festzuhalten. In diesem Fall hat das Kreditinstitut dem Bundeszentralamt für Steuern die betroffenen Konten sowie die hierzu nach Absatz 2 erhobenen Daten mitzuteilen; diese Daten sind für alle in einem Kalenderjahr eröffneten Konten bis Ende Februar des Folgejahrs zu übermitteln.

(2d) Die Finanzbehörden können für einzelne Fälle oder für bestimmte Fallgruppen Erleichterungen zulassen, wenn die Einhaltung der Pflichten nach den Absätzen 2 bis 2c unverhältnismäßige Härten mit sich bringt und die Besteuerung durch die Erleichterung nicht beeinträchtigt wird.

(3) Ist gegen Absatz 1 verstoßen worden, so dürfen Guthaben, Wertsachen und der Inhalt eines Schließfachs nur mit Zustimmung des für die Einkommen- und Körperschaftsteuer des Verfügungsberechtigten zuständigen Finanzamts herausgegeben werden.

§ 154 AO alte Fassung:

(1) Niemand darf auf einen falschen oder erdichteten Namen für sich oder einen Dritten ein Konto errichten oder Buchungen vornehmen lassen, Wertsachen (Geld, Wertpapiere, Kostbarkeiten) in Verwahrung geben oder verpfänden oder sich ein Schließfach geben lassen.

(2) Wer ein Konto führt, Wertsachen verwahrt oder als Pfand nimmt oder ein Schließfach überlässt, hat sich zuvor Gewissheit über die Person und Anschrift des Verfügungsberechtigten zu verschaffen und die entsprechenden Angaben in geeigneter Form, bei Konten auf dem Konto, festzuhalten. Ist der Verfügungsberechtigte eine natürliche Person, ist § 4 Absatz 3 Nummer 1 des Geldwäschegesetzes entsprechend anzuwenden. Er hat sicherzustellen,

Kontenwahrheit § 154 AO

dass er jederzeit Auskunft darüber geben kann, über welche Konten oder Schließfächer eine Person verfügungsberechtigt ist.

(3) Ist gegen Absatz 1 verstoßen worden, so dürfen Guthaben, Wertsachen und der Inhalt eines Schließfachs nur mit Zustimmung des für die Einkommen- und Körperschaftsteuer des Verfügungsberechtigten zuständigen Finanzamts herausgegeben werden.

AEAO zu § 154 – Kontenwahrheit (Stand Dez. 2017):

1. Verbot der Verwendung falscher oder erdichteter Namen

Das Verbot, falsche oder erdichtete Namen zu verwenden, richtet sich an denjenigen, der als Kunde bei einem anderen ein Konto errichten lassen will oder Buchungen vornehmen lässt. Wegen des Verbots im eigenen Geschäftsbetrieb falsche oder erdichtete Namen für Konten zu gebrauchen, Hinweis auf § 146 Abs. 1 AO.

2. Konten auf den Namen Dritter/CpD-Konten

Es ist zulässig, Konten auf den Namen Dritter zu errichten, hierbei ist die Existenz des Dritten nachzuweisen. Vgl. dazu auch Nr. 7.2 des AEAO zu § 154. Der ausdrücklichen Zustimmung des Dritten bedarf es nicht.

Verboten ist die Abwicklung von Geschäftsvorfällen über sog. CpD-Konten, wenn der Name des Beteiligten bekannt ist oder unschwer ermittelt werden kann und für ihn bereits ein entsprechendes Konto geführt wird.

3. Konto

Konto i.S.d. § 154 Abs. 2 AO ist jede für einen Dritten im Rahmen einer laufenden Geschäftsverbindung geführte Rechnung, in der Zu- und Abgänge der Vermögensgegenstände erfasst werden. Hierzu zählen auch Kredit- und Darlehenskonten sowie Konten über ausländische Währung oder über elektronisches Geld. Konten, die nicht „für einen anderen" geführt werden, sind keine Konten i.S.d. § 154 Abs. 2 AO (z.B. ein Warenforderungskonto oder ein Kontokorrentkonto i.S.d. § 355 HGB bei einem Geschäftspartner).

4. Verfügungsberechtigter

Verfügungsberechtigte i.S.d. § 154 Abs. 2 AO sind
- sowohl der Gläubiger der Forderung (Kontoinhaber) und seine gesetzlichen Vertreter
- als auch jede andere Person, die zur Verfügung über das Konto bevollmächtigt ist (Kontovollmacht).

Dies gilt entsprechend für die Verwahrung von Wertsachen sowie für die Überlassung von Schließfächern.

Personen, die aufgrund Gesetzes oder Rechtsgeschäfts zur Verfügung berechtigt sind, ohne dass diese Berechtigung dem Kreditinstitut usw. mitgeteilt worden ist, gelten insoweit nicht als Verfügungsberechtigte.

AO § 154 Kontenwahrheit

5. Wirtschaftlich Berechtigter

Wirtschaftlich Berechtigter i.S.d. § 154 AO ist derjenige, der auch nach § 3 GwG wirtschaftlich Berechtigter ist.

Wirtschaftlich Berechtigter i.S.d. § 3 Abs. 1 GwG ist die natürliche Person, in deren Eigentum oder unter deren Kontrolle der Vertragspartner letztlich steht oder auf deren Veranlassung eine Transaktion letztlich durchgeführt oder eine Geschäftsbeziehung letztlich begründet wird. Zu den wirtschaftlich Berechtigten zählen insbesondere die in den § 3 Abs. 2 bis 4 GwG aufgeführten natürlichen Personen, auch die fingierten wirtschaftlich Berechtigten i.S.d. § 3 Abs. 2 Satz 4 GwG.

6. Verpflichteter

Verpflichteter i.S.d. § 154 Abs. 2 AO ist jeder, der für einen anderen

– Konten führt,
– Wertsachen verwahrt,
– Wertsachen als Pfand nimmt oder
– ein Schließfach überlässt.

7. Identifizierungs- und Aktualisierungspflicht

7.1 Der Verpflichtete hat sich nach § 154 Abs. 2 Satz 1 Nr. 1 AO vor Beginn dieser Geschäftsbeziehung Gewissheit über die Person und Anschrift

– jedes Verfügungsberechtigten (vgl. Nr. 4 des AEAO zu § 154) und
– jedes wirtschaftlich Berechtigten (vgl. Nr. 5 des AEAO zu § 154)

zu verschaffen. Dies gilt nicht nur für Kreditinstitute, sondern auch im gewöhnlichen Geschäftsverkehr und für Privatpersonen.

7.1.1 Ist ein Verfügungsberechtigter eine natürliche Person, hat der Verpflichtete nach § 154 Abs. 2 Satz 2 AO i.V.m. § 11 Abs. 4 Nummer 1 GwG durch Abgleich mit einem amtlichen Ausweispapier oder Ausweisersatzpapier folgende Angaben zu erheben:

a) Vorname und Nachname,
b) Geburtsort,
c) Geburtsdatum,
d) Staatsangehörigkeit und
e) eine Wohnanschrift oder, sofern kein fester Wohnsitz mit rechtmäßigem Aufenthalt in der Europäischen Union besteht und die Überprüfung der Identität im Rahmen des Abschlusses eines Basiskontovertrags im Sinne von § 38 des Zahlungskontengesetzes erfolgt, die postalische Anschrift, unter der der Vertragspartner sowie die gegenüber dem Verpflichteten auftretende Person erreichbar ist. Ein vorübergehender Wohnsitz (z.B. Hoteladresse) reicht nicht aus.

7.1.2 Ist ein Verfügungsberechtigter eine juristische Person (Körperschaft des öffentlichen Rechts, AG, GmbH usw.), reicht die Bezugnahme auf eine amtliche Veröffentlichung oder ein amtliches Register unter Angabe der Register-Nr. aus.

7.2 Wird ein Konto auf den Namen eines verfügungsberechtigten Dritten errichtet, müssen die Angaben über Person und Anschrift sowohl des Kontoinhabers als auch desjenigen, der das Konto errichtet, festgehalten werden. Steht der Verfügungsberechtigte noch nicht fest (z. B. der unbekannte Erbe), reicht es aus, wenn das Kreditinstitut sich zunächst Gewissheit über die Person und Anschrift des das Konto Errichtenden (z. B. des Nachlasspflegers) verschafft; die Legitimation des Kontoinhabers ist sobald wie möglich nachzuholen.

7.3 Hinsichtlich des wirtschaftlich Berechtigten sind (mindestens ein) Vorname, der Nachname und die Anschrift zu erheben. Der Vertragspartner des Kreditinstituts hat diesem die hierzu erforderlichen Informationen und Unterlagen zur Verfügung zu stellen (vgl. § 11 Abs. 6 GwG).

Die Verpflichtung, sich Gewissheit über die Person und Anschrift jedes wirtschaftlich Berechtigten i. S. d. § 3 GwG zu verschaffen, gilt nach Art. 97 § 26 Abs. 4 EGAO erstmals für nach dem 31.12.2017 begründete Geschäftsbeziehungen.

Für vor dem 1.1.2018 begründete und auch danach weiterbestehende Geschäftsbeziehungen zu Kreditinstituten ist die Übergangsregelung in Art. 97 § 26 Abs. 5 EGAO zu beachten (Nacherhebungspflicht bis 31.12.2019).

7.4 Der Verpflichtete hat die Geschäftsbeziehung außerdem kontinuierlich zu überwachen und die Daten über Person und Anschrift in angemessenem zeitlichem Abstand zu aktualisieren (§ 154 Abs. 2 Satz 4 AO).

8. Aufzeichnungspflicht

8.1 Die Angaben i. S. d. Nummer 7 des AEAO zu § 154 sind gemäß § 154 Abs. 2 Satz 1 Nr. 2 AO in geeigneter Form festzuhalten, bei Konten auf dem Konto. Es ist unzulässig, Name und Anschrift des Verfügungsberechtigten lediglich in einer vertraulichen Liste zu führen und das eigentliche Konto nur mit einer Nummer zu kennzeichnen. Die Führung sog. Nummernkonten ist verboten.

8.2 Bei Auflösung des ersten Kontos müssen die Identifikationsmerkmale auf das zweite bzw. weitere Konto bzw. auf die betreffenden Kontounterlagen übertragen werden.

8.3 Die Verpflichtung, die Angaben über die Person und Anschrift jedes wirtschaftlich Berechtigten im Sinne des GwG in geeigneter Form festzuhalten, gilt nach Art. 97 § 26 Abs. 4 EGAO erstmals für nach dem 31.12.2017 begründete Geschäftsbeziehungen.

Für vor dem 1.1.2018 begründete und auch danach weiterbestehende Geschäftsbeziehungen zu Kreditinstituten ist die Übergangsregelung in Art. 97 § 26 Abs. 5 EGAO zu beachten.

9. Auskunftsbereitschaft

9.1 Jeder Verpflichtete muss ein Verzeichnis der Verfügungsberechtigten und der wirtschaftlich Berechtigten führen, um jederzeit über die Konten und Schließfächer eines Verfügungsberechtigten oder eines wirtschaftlich Berechtigten Auskunft geben zu können.

Die Verpflichtung zur Herstellung der Auskunftsbereitschaft besteht gemäß § 147 Abs. 3 AO noch sechs Jahre nach Beendigung der Geschäftsbeziehung, bei Bevollmächtigten sechs Jahre nach Erlöschen der Vollmacht. Diese Frist beginnt mit Ablauf des Kalenderjahrs, in dem die Geschäftsbeziehung beendet wurde oder die Vollmacht erloschen ist.

9.2 Die Verpflichtung, ein Verzeichnis der wirtschaftlich Berechtigten zu führen, gilt nach Art. 97 § 26 Abs. 4 EGAO erstmals für nach dem 31.12.2017 begründete Geschäftsbeziehungen.

Für vor dem 1.1.2018 begründete und auch danach weiterbestehende Geschäftsbeziehungen zu Kreditinstituten ist die Übergangsregelung in Art. 97 § 26 Abs. 5 EGAO zu beachten.

10. Erhebung und Aufzeichnung steuerlicher Ordnungsmerkmale und Vergeblichkeitsmeldung

10.1 Die Verpflichtung zur Erhebung und Aufzeichnung der steuerlichen Ordnungsmerkmale des Kontoinhabers, jedes anderen Verfügungsberechtigten und jedes wirtschaftlich Berechtigten nach § 154 Abs. 2a Satz 1 AO gilt nur für Kreditinstitute, nicht für andere Verpflichtete i.S.d. § 154 Abs. 2 Satz 1 AO. Diese Daten sind nach § 93b Abs. 1a AO im Kontenabruf-Dateisystem zum Abruf nach § 93 Abs. 7 oder 8 AO bereitzuhalten.

Diese Verpflichtung gilt auch für nicht im Inland ansässige Personen und Gesellschaften.

10.2 Hat der Vertragspartner (oder gegebenenfalls für ihn handelnde Personen) dem Kreditinstitut die Identifikationsnummer einer der in Nr. 10.1 des AEAO zu § 154 genannten Person bis zur Begründung der Geschäftsbeziehung nicht mitgeteilt, muss das Kreditinstitut innerhalb von drei Monaten nach Begründung der Geschäftsbeziehung die fehlende Identifikationsnummer (durch Übertrag aus einer anderweitigen rechtmäßigen Aufzeichnung oder durch maschinelle Anfrage beim BZSt) erheben und aufzeichnen.

10.3 Die Ausnahmeregelung des § 154 Abs. 2a Satz 3 AO gilt nur für Kredite, die ausschließlich der Finanzierung privater Konsumgüter dienen. Sie gilt nicht für Kredite zur Finanzierung betrieblicher Investitionen oder Aufwendungen und auch nicht für den Erwerb privater Kapitalanlagen sowie von Vermögensgegenständen, die nicht zum privaten Ge- oder Verbrauch bestimmt sind.

Soweit nicht ein verbundenes Geschäft i.S.d. § 358 Abs. 3 Satz 1 BGB über die Lieferung und Finanzierung eines privaten Konsumgutes vorliegt, kann das Kreditinstitut nur dann davon ausgehen, dass ein gewährter Kredit ausschließlich der Finanzierung privater Konsumgüter dient, wenn der Kreditnehmer dies ausdrücklich versichert hat und keine Anhaltspunkte für die Unrichtigkeit dieser Versicherung vorliegen.

10.4 Kreditrahmen i.S.d. § 154 Abs. 2a Satz 3 AO ist die betragsmäßige Obergrenze, bis zu der der Kreditnehmer bei einem Kreditgeber eine bestimmte Kreditart in Anspruch nehmen darf. Stellen mehrere private Konsumgüter eine Sachgesamtheit dar und werden sie von einem Kreditgeber gleichwohl durch mehrere rechtlich voneinander unabhängige Kredite finanziert, sind die Kredite bei Prüfung der Obergrenze zusammenzurechnen. Werden mehrere private Konsumgüter bei verschiedenen voneinander unabhängigen Kreditgebern individuell finanziert, ist die Obergrenze für jeden Kredit gesondert anzuwenden.

Kontenwahrheit § 154 AO

Wird ein Kredit, der bisher die Voraussetzungen für die Anwendung der Ausnahmeregelung des § 154 Abs. 2a Satz 3 AO erfüllte, später auf einen Kreditrahmen von mehr als 12.000 Euro erhöht, sind die steuerlichen Ordnungsmerkmale des Kontoinhabers, jedes anderen Verfügungsberechtigten und jedes wirtschaftlich Berechtigten nachträglich zu erheben und aufzuzeichnen.

Sofern der Beitrag für die Restschuldversicherung auch aus der Kreditsumme gezahlt (einbehalten) und der Darlehensbetrag nur abzüglich dieser Summe ausgeschüttet wird, ist der Beitrag zur Restschuldversicherung mit zu berücksichtigen.

10.5 Die nach § 154 Abs. 2b AO beim BZSt erfragte Identifikationsnummer eines Kontoinhabers, eines anderen Verfügungsberechtigten oder eines wirtschaftlich Berechtigten ist zusammen mit den nach § 154 Abs. 2 AO zu erhebenden Daten aufzuzeichnen und nach § 93b Abs. 1a AO im Kontenabruf-Dateisystem zum Abruf nach § 93 Abs. 7 oder 8 AO bereitzuhalten.

10.6 Soweit ein Kreditinstitut die nach § 154 Abs. 2a Satz 1 AO zu erhebenden Daten auf Grund unzureichender Mitwirkung des Vertragspartners (und gegebenenfalls für ihn handelnder Personen) nicht – auch nicht durch eine maschinelle Anfrage beim BZSt – ermitteln konnte, hat es diese Tatsache auf dem Konto festzuhalten (§ 154 Abs. 2c Satz 1 AO). Darüber hinaus hat das Kreditinstitut dem BZSt die jeweils betroffenen Personen, die betroffenen Konten sowie die hierzu von ihm erhobenen Daten bis Ende Februar des Folgejahrs zu übermitteln (§ 154 Abs. 2c Satz 2 AO).

10.7 Ergeben die im Rahmen der Legitimationsprüfung nach § 154 Abs. 2 AO vorgelegten amtlichen Ausweispapiere oder Ausweisersatzpapiere (vgl. Nr. 7.1.1 des AEAO zu § 154) und die erteilte Selbstauskunft des Geschäftspartners und/oder der für ihn handelnden Personen, dass der Kontoinhaber und ggf. alle weiteren zu identifizierenden Personen im Inland über keinen Wohnsitz oder gewöhnlichen Aufenthalt bzw. keinen Sitz, keine Betriebsstätte und keine Geschäftsleitung verfügen und ihnen auch kein steuerliches Ordnungsmerkmal zugeteilt worden ist, kann das Kreditinstitut auf die Abfrage der Identifikationsnummer beim BZSt nach § 154 Abs. 2b Satz 1 AO und die Vergeblichkeitsmeldung nach § 154 Abs. 2c AO verzichten, sofern kein Anlass dafür besteht, die Richtigkeit der vorgelegten Unterlagen oder der Selbstauskunft in Zweifel zu ziehen. Die Abfrage der Identifikationsnummer beim BZSt nach § 154 Abs. 2b Satz 1 AO und die Vergeblichkeitsmeldung nach § 154 Abs. 2c AO sind allerdings nachzuholen, wenn Umstände eintreten, die zu einer Änderung der Gegebenheiten führen.

11. Erleichterungen gemäß § 154 Abs. 2d AO

11.1 Erleichterungen hinsichtlich der Verfügungsberechtigten

Nach § 154 Abs. 2d AO kann hinsichtlich der Verfügungsberechtigten in folgenden Fällen auf die Identifizierung (Nrn. 7 des AEAO zu § 154), die Aufzeichnung (Nrn. 8 des AEAO zu § 154), die Herstellung der Auskunftsbereitschaft (Nr. 9 des AEAO zu § 154) und die Erhebung der steuerlichen Ordnungsmerkmale (Nr. 10 des AEAO zu § 154) verzichtet werden:

a) bei Eltern als gesetzliche Vertreter ihrer minderjährigen Kinder, wenn die Voraussetzungen für die gesetzliche Vertretung bei Kontoeröffnung durch amtliche Urkunden nachgewiesen werden,

Stumm

AO § 154 Kontenwahrheit

b) bei Vormundschaften und Pflegschaften einschließlich Amtsvormundschaften und Amtspflegschaften, sowie bei rechtlicher Betreuung (§§ 1896 ff. BGB),
c) bei Parteien kraft Amtes (Insolvenzverwalter, Zwangsverwalter, Nachlassverwalter, Testamentsvollstrecker und ähnliche Personen),
d) bei Pfandnehmern (insbesondere in Bezug auf Mietkautionskonten, bei denen die Einlage auf einem Konto des Mieters erfolgt und an den Vermieter verpfändet wird),
e) bei Vollmachten auf den Todesfall (auch nach diesem Ereignis),
f) bei Vollmachten zur einmaligen Verfügung über ein Konto,
g) bei Verfügungsbefugnissen im Lastschriftverfahren (SEPA-Lastschrift oder elektronisches Einzugsermächtigungsverfahren mit Zahlungskarte),
h) bei Vertretung juristischer Personen des öffentlichen Rechts (einschließlich Eigenbetriebe),
i) bei Vertretung von Kreditinstituten und Versicherungsunternehmen,
j) bei den als Vertretern eingetragenen Personen, die in öffentlichen Registern (Handelsregister, Vereinsregister) eingetragene Firmen oder Personen vertreten,
k) bei Vertretung von Unternehmen, sofern schon mindestens fünf Personen, die in öffentliche Register eingetragen sind bzw. bei denen eine Legitimationsprüfung stattgefunden hat, Verfügungsbefugnis haben,
l) bei vor dem 1.1.1992 begründeten, noch bestehenden oder bereits erloschenen Befugnissen.

Bei öffentlichen Förderkrediten wird auf die Erhebung der steuerlichen Ordnungsmerkmale (Nr. 10 des AEAO zu § 154) verzichtet, wenn die Abwicklung des Kredits über ein legitimationsgeprüftes Konto bei einem anderen Kreditinstitut erfolgt.

11.2 Erleichterungen hinsichtlich der wirtschaftlich Berechtigten

Hinsichtlich wirtschaftlich Berechtigter i.S.d. § 3 GwG kann nach § 154 Abs. 2d AO in folgenden Fällen auf die Identifizierung (Nrn. 7 des AEAO zu § 154), die Aufzeichnung (Nrn. 8 des AEAO zu § 154), die Herstellung der Auskunftsbereitschaft (Nr. 9 des AEAO zu § 154) und die Erhebung der steuerlichen Ordnungsmerkmale (Nr. 10 des AEAO zu § 154) verzichtet werden:

– Der (ggf. nach § 3 Abs. 2 Satz 4 GwG fingierte) wirtschaftlich Berechtigte ist zugleich Verfügungsberechtigter und für ihn wird nach Nr. 11.1 Satz 1 des AEAO zu § 154 auf eine Legitimationsprüfung verzichtet;
– nach dem GwG darf auf die Erfassung und Aufzeichnung des wirtschaftlich Berechtigten verzichtet werden (z.B. Mietkautionskonten auf den Namen des Vermieters, Anderkonten von Berufsträgern, sonstige Konten mit geringem Risiko des Missbrauchs);
– Wohnungseigentümer hinsichtlich des Kontos der Wohnungseigentümergemeinschaft.

Bei öffentlichen Förderkrediten wird auf die Erhebung der steuerlichen Ordnungsmerkmale (Nr. 10 des AEAO zu § 154) verzichtet, wenn die Abwicklung des Kredits über ein legitimationsgeprüftes Konto bei einem anderen Kreditinstitut erfolgt.

Kontenwahrheit § 154 AO

11.3 Unberührt von diesen Erleichterungen bleibt die Befugnis der Finanzämter, im Besteuerungsverfahren Auskünfte von Auskunftspersonen (§§ 93, 94 AO) einzuholen und die Vorlage von Unterlagen (§ 97 AO) zu verlangen sowie in einem Strafverfahren wegen einer Steuerstraftat oder in einem Bußgeldverfahren wegen einer Steuerordnungswidrigkeit die Befugnis zur Vernehmung von Zeugen oder zur Beschlagnahme von Unterlagen (§§ 208, 385, § 399 Abs. 2, § 410 AO).

12. Haftung bei Verstoß gegen § 154 AO

Die Verletzung der Verpflichtungen nach § 154 Abs. 2 bis 2d AO führt allein noch nicht zu einer Haftung des Verpflichteten. Es kann aber im Einzelfall eine Ordnungswidrigkeit i. S. d. § 379 Abs. 2 Nr. 2 AO vorliegen (vgl. dazu Nr. 13 des AEAO zu § 154).

Bei einem Verstoß gegen § 154 Abs. 3 AO haftet der Zuwiderhandelnde nach Maßgabe des § 72 AO.

Waren mehrere Personen über ein Konto usw. verfügungsberechtigt (mit Ausnahme der in Nr. 8.1 genannten Fälle), bedarf es zur Herausgabe nach § 154 Abs. 3 AO u. U. der Zustimmung aller beteiligten Finanzämter.

13. Ordnungswidrigkeiten

Wegen der Ahndung einer Verletzung des § 154 Abs. 1 bis 2c AO als Ordnungswidrigkeit Hinweis auf § 379 Abs. 2 Nr. 2 AO.

Wird festgestellt, dass die nach § 154 Abs. 2 bis 2c AO bestehenden Verpflichtungen nicht erfüllt sind, soll die für Straf- und Bußgeldsachen zuständige Stelle unterrichtet werden. Die Möglichkeit der Erzwingung der Verpflichtungen (§§ 328 ff. AO) bleibt unberührt.

Schrifttum: *Beermann/Gosch*, Abgabenordnung, Finanzgerichtsordnung, Kommentar, 133. EL 9/2017; *Bruschke*, Kontenwahrheit und Haftung (§ 72 AO i.V.m. § 154 AO), StB 2010, 124; *Carl/Klos*, Inhalt und Reichweite der Kontenwahrheitspflicht nach § 154 AO als Grundlage der steuerlichen Mitwirkungspflichten der Kreditinstitute, DStZ 1995, 296; *Gehm*, Die Haftung bei Verletzung der Pflicht zur Kontenwahrheit gemäß § 72 AO – Risikoprofil in der Praxis, StBp 2016, 7; *Göhler*, Ordnungswidrigkeitengesetz, Kommentar, 17. Aufl. 2017; *Hübschmann/Hepp/Spitaler*, Abgabenordnung/Finanzgerichtsordnung, Kommentar, 244. EL 10/2017; *Hüls/Reichling*, Steuerstrafrecht, Kommentar, 2016; *Klein*, Abgabenordnung, Kommentar, 13. Aufl. 2016; *Schmidt/Ruckes*, Das Steuerumgehungsbekämpfungsgesetz – Hintergrund, Inhalte und Praxisaspekte, IStR 2017, 473; *Schwarz/Pahlke*, AO/FGO, Kommentar, 174. EL 3/2017; *v. Schweinitz/Schneider-Deters*, Der Entwurf des Steuerumgehungsbekämpfungsgesetzes – Die Retourkutsche des Gesetzgebers auf die „Panama Papers", IStR 2017, 344; *Tipke/Kruse*, AO/FGO, Kommentar, 149. EL 8/2017.

Übersicht

	Rn.		Rn.
I. Zweck der Vorschrift	1	2. § 154 Abs. 2 AO neue Fassung	14
II. § 154 Abs. 1 AO	4	3. § 154 Abs. 2d AO	22
III. § 154 Abs. 2 bis 2d AO	6	IV. § 154 Abs. 3 AO	23
1. § 154 Abs. 2 AO alte Fassung	7	V. Ordnungswidrigkeiten	26

AO § 154 Kontenwahrheit

I. Zweck der Vorschrift

1 Die Vorschrift ist im Wesentlichen die Nachfolgeregelung von § 163 RAO und diente vornehmlich der Verhinderung der Kapitalflucht. Heute soll § 154 AO der Kontenwahrheit dienen und verhindern, die Nachprüfung steuerlicher Verhältnisse durch die Verwendung falscher oder erdichteter Namen zu erschweren. Nicht erfasst wird die materiell-rechtliche Zuordnung.[1] Es kommt nur darauf an, wer formal Inhaber des Kontos oder verfügungsberechtigt ist. Mangels gesetzlicher Ausnahme erfasst § 154 AO grundsätzlich alle Konten, anders als dies bei FATCA nach § 19 Nr. 18 Satz 2 FKAustG oder sonstigen Bestimmungen über den internationalen Informationsaustausch der Fall ist.[2]

2 In Abgrenzung zu den Vorschriften des GwG, die zugunsten der Strafverfolgungsbehörden eingeführt wurden, soll § 154 AO die erleichterte Überprüfung von steuerlichen Verhältnissen durch die Finanzverwaltung gewährleisten. Durch das Nebeneinander von § 154 AO und den Regelungen innerhalb des GwG kommt es zu einer „doppelten" Identitätsprüfung, die jedoch z. B. von den Kreditinstituten durch einmalige Feststellung der Identität des Vertragspartners sowohl nach den Regeln des GwG als auch nach § 154 AO erfolgt.

3 Zuletzt wurde § 154 AO durch das Steuerumgehungsbekämpfungsgesetz vom 23.6.2017 geändert. In dem Zuge wurde der ursprüngliche Abs. 2 durch die neuen Abs. 2 bis 2d ersetzt. Hierdurch sollen Kreditinstitute insbesondere verpflichtet werden, das steuerliche Identifikationsmerkmal des Kontoinhabers, jedes anderen Verfügungsberechtigten und jedes anderen wirtschaftlich Berechtigten zu erheben und aufzuzeichnen. Diese Informationen sollen anschließend im Kontenabrufverfahren nach § 93b Abs. 1a AO den Finanzbehörden mitgeteilt werden müssen.[3]

II. § 154 Abs. 1 AO

4 § 154 Abs. 1 AO richtet sich ausschließlich an Personen, die ein Konto eröffnen oder haben, ein Schließfach eröffnen oder Wertsachen in Verwahrung geben oder verpfänden.[4] Die in § 154 Abs. 1 AO aufgestellten Verbote richteten sich

---

1 BGH, 18.10.1994, XI ZR 237/93, BGHZ 127, 229; *Heuermann*, in: Hübschmann/Hepp/Spitaler, AO/FGO, § 154 AO Rn. 14; *Brandis*, in: Tipke/Kruse, AO/FGO, § 154 AO Rn. 3; *Dißars*, in: Schwarz/Pahlke, AO/FGO, § 154 AO Rn. 4; *Hendricks*, in: Beermann/Gosch, AO/FGO, § 154 AO Rn. 16.
2 A. A. *v. Schweinitz/Schneider-Deters*, IStR 2017, 344, 346.
3 BT-Drs. 816/16, S. 14.
4 AEAO Ziff. 1 zu § 154 AO; *Brandis*, in: Tipke/Kruse, AO/FGO, § 154 AO Rn. 2; *Rätke*, in: Klein, AO, § 154 Rn. 6; *Heuermann*, in: Hübschmann/Hepp/Spitaler, AO/FGO, § 154 AO Rn. 10, 30; *Hendricks*, in: Beermann/Gosch, AO/FGO, § 154 AO Rn. 10, 47; a. A. *Carl/Klos*, DStZ 1995, 296 m. w. N.

schon nach dem Wortlaut nicht an die jeweilige Bank oder an deren Mitarbeiter.[5] Bei den oben genannten Tätigkeiten darf man keinen **falschen oder erdichteten Namen verwenden**. Falsch ist der Name, wenn es ihn zwar gibt, es jedoch nicht der wirkliche Name der Person ist. Der wirkliche Name ist in der Regel der bürgerliche Name. Erdichtet ist ein Name dagegen, wenn er frei erfunden ist.[6] Da es nicht auf die materielle Berechtigung ankommt, muss auch ein Treuhänder oder Strohmann seinen eigenen Namen angeben. Als Vertrag zugunsten Dritter ist es auch zulässig, das Konto auf den Namen einer dritten Person zu errichten unabhängig von deren Zustimmung.[7] Allerdings muss in diesem Fall nicht nur die Identität des verfügungsberechtigten Dritten, sondern auch die desjenigen, der das Konto errichtet, festgestellt werden.[8]

Ein Verstoß gegen § 154 Abs. 1 AO soll zur **Nichtigkeit der zugrunde liegenden Vereinbarung**, Geld oder Wertsachen unter einem bestimmten Namen anzulegen, nach § 134 BGB führen. Er soll dagegen nicht auf den zugrunde liegenden (Darlehens-)Vertrag durchgreifen.[9]

III. § 154 Abs. 2 bis 2d AO

Durch das Steuerumgehungsbekämpfungsgesetz vom 23.6.2017 wurde § 154 Abs. 2 AO erweitert, indem der ursprüngliche § 154 Abs. 2 AO durch die neuen § 154 Abs. 2 bis 2d AO ersetzt wurde. Damit einhergehend hat sich der Anwendungsbereich erheblich ausgedehnt. Dies betrifft einerseits den persönlichen Anwendungsbereich, aber auch den inhaltlichen Umfang der Legitimationsprüfung. Die neuen § 154 Abs. 2 bis 2d AO sind nach Art. 97 § 26 Abs. 4 EGAO auf alle Geschäftsbeziehungen zu Kreditinstituten, die nach dem 31.12.2017 begründet werden, anwendbar. Für bereits bestehende Geschäftsbeziehungen gilt für eine Übergangszeit bis zum 31.12.2019 noch das alte Recht.

---

5 *Rätke*, in: Klein, AO, § 154 Rn. 6; *Heuermann*, in: Hübschmann/Hepp/Spitaler, AO/FGO, § 154 AO Rn. 10; a. A. *Carl/Klos* DStZ 1995, 296 m. w. N.
6 OLG Karlsruhe, 7.9.2010, 17 U 46/09, WM 2010, 2220.
7 AEAO Ziff. 2 zu § 154 AO; BFH, 13.10.1998, VIII R 61/96, BFH/NV 1999, 463; *Dißars*, in: Schwarz/Pahlke, AO/FGO, § 154 AO Rn. 13; *Beermann/Gosch*, AO/FGO, § 154 AO Rn. 6.1; zur Frage, zu welchem Zeitpunkt die Legitimationsprüfung in diesen Fällen zu erfolgen hat, siehe *Heuermann*, in: Hübschmann/Hepp/Spitaler, AO/FGO, § 154 AO Rn. 16.
8 AEAO Ziff. 2 zu § 154 AO.
9 OLG Karlsruhe, 7.9.2010, WM 2010, 2220.

AO § 154   Kontenwahrheit

1. § 154 Abs. 2 AO alte Fassung

7   § 154 Abs. 2 AO in der alten Fassung ist für einen Übergangszeitraum von zwei Jahren auf zum 1.1.2018 bereits bestehende Geschäftsbeziehungen noch anwendbar. Kreditinstitute haben nach Art. 97 § 26 Abs. 5 EGAO die bestehenden Geschäftsbeziehungen bis zum 31.12.2019 auf den Standard der neuen § 154 Abs. 2 bis 2d AO zu bringen.

8   Im Gegensatz zu § 154 Abs. 1 AO richtete sich § 154 Abs. 2 AO a. F. vor allem an Kreditinstitute, aber auch an jeden anderen, der ein Konto führt, Wertsachen verwahrt oder ein Schließfach überlässt. Bahnhofsschließfächer waren naturgemäß nicht erfasst, weil sie nicht zur Aufbewahrung von Wertsachen gedacht sind. **Nicht erfasst waren ferner bankinterne Konten**, die die Bank z. B. zu Buchführungszwecken führt.[10]

9   Die durch § 154 Abs. 2 AO a. F. begründete Pflicht zur Legitimationsprüfung konnte somit auch Privatpersonen treffen.[11] Traf die Pflicht juristische Personen, richtete sich diese an die juristische Person als solche und nicht nur an die für sie handelnden Personen, wobei hier eine Zurechnung erfolgen kann.[12]

10 Wie die Legitimationsprüfung zu erfolgen hatte, hatte die Finanzverwaltung in Ziff. 4 der AEAO (Stand bis November 2017)[13] festgehalten. Danach war bei natürlichen Personen grundsätzlich ein amtliches Ausweisdokument zu verwenden. Für juristische Personen reichte die Bezugnahme auf eine amtliche Veröffentlichung oder ein amtliches Register aus.

---

10 *Rätke*, in: Klein, AO, § 154 Rn. 4.
11 Vgl. AEAO Ziffer 7.1 zu § 154 AO; *Rätke*, in: Klein, AO, § 154 Rn. 8.
12 BFH, 17.2.1989, III R 35/85, BStBl. II 1990, S. 263.
13 Die AEAO lautete:
    4. ¹Das Kreditinstitut hat sich vor Erledigung von Aufträgen, die über ein Konto abgewickelt werden sollen, bzw. vor Überlassung eines Schließfachs Gewissheit über die Person und Anschrift des (der) Verfügungsberechtigten zu verschaffen (§ 154 Abs. 2 Satz 1 AO). ²Dazu muss zumindest ein Abgleich der diesbezüglichen Angaben mit einem amtlichen Ausweispapier oder Ausweisersatzpapier vorgenommen werden (entsprechend § 4 Abs. 4 GWG).
    4.1. ¹Bei natürlichen Personen besteht Gewissheit über die Person und Anschrift im Allgemeinen nur, wenn der vollständige Name, das Geburtsdatum und der Wohnsitz bekannt sind. ²Eine vorübergehende Anschrift (z. B. Hoteladresse) reicht nicht aus. ³Bei natürlichen Personen mit rechtmäßigem Aufenthalt in der Europäischen Union einschließlich Personen ohne festen Wohnsitz und Asylsuchenden sowie Personen ohne Aufenthaltstitel, die aber aus rechtlichen oder tatsächlichen Gründen nicht abgeschoben werden können, muss die postalische Anschrift festgestellt werden, unter der die Person erreichbar ist.
    4.2. Bei einer juristischen Person (Körperschaft des öffentlichen Rechts, AG, GmbH usw.) reicht die Bezugnahme auf eine amtliche Veröffentlichung oder ein amtliches Register unter Angabe der Register-Nr. aus.

III. § 154 Abs. 2 bis 2d AO **§ 154 AO**

Die Angaben müssen in geeigneter Form, bei Konten auf dem Kontenstammblatt, festgehalten werden.[14] **Nummernkonten** sind nicht zulässig. Es muss sichergestellt sein, dass jederzeit darüber Auskunft gegeben werden kann, wer über das Konto, die Wertsachen oder das Schließfach verfügungsberechtigt ist. 11

Die Legitimationsprüfung des § 154 Abs. 2 AO schützte nach § 30a Abs. 3 AO a. F. davor, dass Guthabenkonten oder Depots von den Finanzbehörden festgestellt oder abgeschrieben werden, um die ordnungsgemäße Versteuerung zu überprüfen. Dieser Schutz entfiel jedoch, wenn ein „hinreichender Anlass" für eine Kontrollmitteilung besteht.[15] Ein solcher liegt vor, wenn das zu prüfende Bankgeschäft nicht alltäglich und banküblich ist oder eine für Steuerhinterziehung besonders anfällige Art der Geschäftsabwicklung erkennen lässt – wenn also eine erhöhte Wahrscheinlichkeit der Entdeckung unbekannter Steuerfälle besteht.[16] 12

Mit Streichung des § 30a AO – dem sogenannten „steuerlichen Bankgeheimnis" – durch das Steuerumgehungsbekämpfungsgesetz vom 23.6.2017 entfällt dieser Schutz. Kreditinstitute können daher wie jede andere auskunftspflichtige Person von den Finanzbehörden durch Auskunftsersuchen in Anspruch genommen werden, um insbesondere Informationen über die Kunden der Kreditinstitute und deren Geschäftsbeziehungen zu Dritten zu erlangen.[17] Je nach Ansicht ist damit ein wesentlicher Pfeiler des Schutzes des Bankgeheimnisses oder ein strukturelles Vollzugsdefizit[18] beseitigt worden. 13

2. § 154 Abs. 2 AO neue Fassung

Zur Identifikation der Vertragspartner ist nach § 154 Abs. 2 AO immer noch jeder verpflichtet, der ein Konto führt, Wertsachen verwahrt oder als Pfand nimmt oder ein Schließfach überlässt.[19] Das Gesetz definiert diese Person jetzt als „**Verpflichteten**". Dieser Verpflichtete hat die Identifizierung vorzunehmen. Die Identifizierung erstreckt sich nun nicht mehr nur auf die Verfügungsberechtigten, sondern zusätzlich auf jeden wirtschaftlich Berechtigten im Sinne des Geld- 14

---

14 AEAO Ziff. 8.1 zu § 154 AO; nach *Brandis*, in: Tipke/Kruse, AO/FGO, § 154 AO Rn. 13, und *Heuermann*, in: Hübschmann/Hepp/Spitaler, § 154 AO Rn. 25, reicht es aus, wenn die Angaben auf dem Kontoeröffnungsantrag vermerkt werden.
15 BFH, 18.2.1997, VIII R 33/95, BFHE 183, 45, BStBl. II 1997, S. 499; BFH, 29.6.2005, II R 3/04, BFH/NV 2006, 1.
16 BFH, 9.12.2008, VII R 47/07, BFHE 224, 1, BStBl. II 2009, S. 509, unter Aufgabe der noch in BFH, 28.10.1997, VII B 40/97, DStRE 1998, 241 vertretenen restriktiven Auffassung, nach der erst ein strafrechtlicher Anfangsverdacht den Schutz des § 30a AO entfallen ließ.
17 BT-Drs. 816/16, S. 21.
18 *Drüen*, in: Tipke/Kruse, AO/FGO, § 30a AO Rn. 13.
19 AEAO Ziffer 6 zu § 154 AO.

wäschegesetzes (§ 1 Abs. 6 GwG). Die Erstreckung auf **wirtschaftlich Berechtigte** ist kritisch zu beurteilen, da diese Anforderungen weit über die Vorgaben der 4. EU-Geldwäscherichtlinie und über das Gesetz zur Umsetzung dieser Richtlinie hinausgehen. Schließlich sieht die Richtlinie es auch nicht als erforderlich an, die Steuer-ID und die Anschrift eines wirtschaftlich Berechtigten zu erheben.[20] Darüber hinaus ist kein Schwellenwert eingefügt worden, sodass grundsätzlich vollständige Gesellschafterlisten eingeholt und geprüft werden müssten. Die Finanzverwaltung hat jedoch von der Möglichkeit, Erleichterungen zuzulassen, in § 154 Abs. 2d AO Gebrauch gemacht und festgelegt, dass, wie auch schon zuvor, lediglich die ersten fünf Verfügungsberechtigten eines Unternehmens zu identifizieren sind.[21]

15 Für die Identifizierung hat sich der Verpflichtete Gewissheit über die Person und Anschrift des Verfügungsberechtigten oder wirtschaftlich Berechtigten zu verschaffen. Bei **natürlichen Personen** ist dafür § 4 Abs. 3 Nr. 1 des GwG entsprechend anzuwenden. Im Ergebnis hat sich damit an den Anforderungen zur Identitätsfeststellung, solange keine Kreditinstitute betroffen sind,[22] nichts geändert.

16 Die zu erhebenden Daten sind in geeigneter Form festzuhalten. Klargestellt wird durch die Gesetzesänderung nun, dass diese Informationen im Falle eines Kontos auf dem Konto selbst festgehalten werden müssen. Klargestellt wurde auch, dass jeder Verpflichtete nicht nur jederzeit Auskunft geben können muss, über welche Konten oder Schließfächer eine Person verfügungsberechtigt ist, sondern auch welche Wertsachen eine Person zur Verwahrung gegeben oder als Pfand überlassen hat.[23] Diese Daten können durch Sammelauskünfte von den Finanzbehörden abgefragt werden. Solche Sammelauskünfte sind zulässig, wenn aufgrund konkreter Anhaltspunkte oder aufgrund allgemeiner Erfahrung die Möglichkeit einer Steuerverkürzung in Betracht kommt und die Auskunft voraussichtlich zur Aufdeckung steuererheblicher Tatsachen führen wird. Ein strafrechtlicher Anfangsverdacht muss noch nicht vorliegen und die Finanzbehörde muss prüfen, ob die Inanspruchnahme des Betroffenen verhältnismäßig ist.[24] Nach dem Wortlaut des § 154 Abs. 2 Satz 3 AO muss nur Auskunft über „verfügungsberechtigte Personen" gegeben werden können. Ob hiermit tatsächlich gemeint ist, dass im Sinne der Unterscheidung des § 154 Abs. 2 Satz 1 Nr. 1 AO zwischen „Verfügungsberechtigten" und „wirtschaftlich Berechtigten" nur Auskunft über „Verfügungsberechtigte" gegeben werden muss, erscheint eher un-

---

20 *Schmidt/Ruckes*, IStR 2017, 473, 477.
21 AEAO Ziffer 11.1k); vgl. *v. Schweinitz/Schneider-Deters*, IStR 2017, 344, 346.
22 Siehe hierzu Rn. 18.
23 BT-Drs. 816/16, S. 28.
24 BFH, 12.5.2016, II R 17/14, BStBl. II 2016, S. 822.

III. § 154 Abs. 2 bis 2d AO § 154 AO

wahrscheinlich. Die Finanzverwaltung geht davon aus, dass auch über den „wirtschaftlich Berechtigten" Auskunft gegeben werden muss.[25]

Zudem werden durch den neuen § 154 Abs. 2 AO ausdrücklich auch Überwachungs- und Aktualisierungspflichten hinsichtlich der zu erfassenden Daten begründet. Der Verpflichtete muss die Geschäftsbeziehung kontinuierlich überwachen und die Daten zur Person und Anschrift von Verfügungsberechtigten und wirtschaftlich Berechtigten in angemessenen zeitlichen Abständen aktualisieren. Es ist davon auszugehen, dass hiermit nicht zwei verschiedene Pflichten gemeint sind. Vielmehr wird man die Geschäftsbeziehung kontinuierlich überwachen müssen und, sobald Änderungen an der Person oder Anschrift von Verfügungsberechtigten und wirtschaftlich Berechtigten eintreten, diese aktualisieren müssen. Wie die Überwachung zu erfolgen hat, ist unklar. In Betracht kommt entweder eine aktive Überwachungspflicht oder eine passive Überwachungspflicht. Ersteres würde erfordern, dass der Verpflichtete selbstständig überprüft, ob sich Änderungen an der Person oder Anschrift der Berechtigten ergeben haben. Dies würde jedoch schnell an Grenzen stoßen, weil hierzu regelmäßige Abgleiche mit den Standesämtern, Melderegistern und Handelsregistern erforderlich wären. Während Letzteres wohl noch möglich wäre, kann nicht jeder Abfragen bei Standesämtern oder Melderegistern vornehmen, um zu klären, ob sich vielleicht die Namen von Vertragspartnern geändert haben. Insofern wird wohl nur eine passive Überwachungspflicht erforderlich sein, nach der man seinen Vertragspartner auffordern muss, eventuelle Änderungen unverzüglich mitzuteilen. Ob diese Aufforderung in regelmäßigen Abständen zu wiederholen sein wird, ist unklar. Grundsätzlich sollte es ausreichend sein, am Anfang der Geschäftsbeziehung hierauf ausdrücklich hinzuweisen. Leider hat die Finanzverwaltung in der AEAO nicht ausgeführt, was sie genau erwartet, sondern lediglich den Gesetzeswortlaut wiederholt.[26]

17

§ 154 Abs. 2a bis 2c AO statuieren spezielle **Pflichten für Kreditinstitute**, die besonders umfassend ausgestaltet sind. Von Kreditinstituten sind bei der Legitimationsprüfung nun auch die Identifikationsnummer nach § 139b AO (Steueridentifikationsnummer) sowie die Wirtschafts-Identifikationsnummer nach § 139c AO, sofern eine erteilt wurde, zu erfassen. Dieses Erfordernis gilt nach § 154 Abs. 2a Satz 3 AO nicht für Kreditkonten, wenn der Kredit ausschließlich der Finanzierung privater Konsumgüter dient und der Kreditrahmen 12.000 EUR nicht übersteigt.[27] Die Steueridentifikationsnummer und die Wirtschafts-Identifikationsnummer sind nach dem neuen § 93b Abs. 1a AO zusammen mit der Adresse jedes Verfügungsberechtigten und wirtschaftlich Berechtigten im Sinne des Geldwäschegesetzes für automatische Kontenabrufverfahren nach

18

---

25 AEAO Ziffer 9.1 zu § 154 AO.
26 AEAO Ziffer 7.4 zu § 154 AO.
27 Einzelheiten hierzu in AEAO Ziffer 10.3 und 10.4 zu § 154 AO.

AO § 154 Kontenwahrheit

§ 93 Abs. 7 oder Abs. 8 AO zusätzlich zu den Daten nach § 24c Abs. 1 KWG zu speichern.

19 Aber auch dem **Kontoinhaber** bzw. für diesen handelnde Personen werden nun im Rahmen des § 154 Abs. 2a AO Mitteilungs- und Anzeigepflichten auferlegt. So haben diese die Steueridentifikationsnummer oder Wirtschafts-Identifikationsnummer mitzuteilen und sich im Laufe der Geschäftsbeziehung ergebende Änderungen unverzüglich anzuzeigen. Solange noch keine Wirtschafts-Identifikationsnummer erteilt wurde, ist bei juristischen Personen stattdessen die Steuernummer für die Besteuerung des Einkommens, also regelmäßig die Körperschaftsteuer- oder Einkommensteuernummer, mitzuteilen. Die Verpflichtung, Änderungen an der Steueridentifikationsnummer oder Wirtschafts-Identifikationsnummer anzuzeigen, scheint verfehlt. Es wäre für Kreditinstitute besser gewesen, wenn der Kontoinhaber oder die für diesen handelnde Person verpflichtet gewesen wäre, Änderungen der nach § 154 Abs. 2 AO zu erhebenden Daten anzuzeigen, denn an diesen werden sich eher Änderungen ergeben, als an der Steueridentifikationsnummer oder Wirtschafts-Identifikationsnummer.

20 Die Erhebung der Steueridentifikationsnummer ist keine gesetzliche Voraussetzung für die Eröffnung eines Kontos. Dieses kann gleichwohl eröffnet werden. Allerdings muss die Steueridentifikationsnummer in einem solchen Fall innerhalb von drei Monaten nach Begründung des Geschäftsverhältnisses durch ein maschinelles Verfahren beim Bundeszentralamt für Steuern abgefragt werden. Das Verfahren ist in § 154 Abs. 2b AO geregelt, der hierdurch eine begrenzte Erleichterung für die Kreditinstitute bietet.[28] In der Anfrage sind die in § 139b Abs. 3 AO genannten Daten[29] anzugeben.

21 Gleichzeitig ist nach § 154 Abs. 2c AO auf dem Konto festzuhalten, wenn die Steueridentifikationsnummer oder Wirtschafts-Identifikationsnummer aufgrund unzureichender Mitwirkung des Vertragspartners oder der für ihn handelnden Personen nicht erhoben werden kann. Kreditinstitute müssen alle diese Konten, die in einem Kalenderjahr eröffnet wurden, bis Ende Februar des Folgejahres an das Bundeszentralamt für Steuern mitteilen. Hierzu sind die nach § 154 Abs. 2 AO erhobenen Daten zu übermitteln. Laut Gesetzeswortlaut wäre diese Meldung auch erforderlich, wenn das Abrufverfahren beim Bundeszentralamt für Steuern nach § 154 Abs. 2b AO erfolgreich verlaufen ist und damit alle erforderlichen Daten beim Kreditinstitut vorliegen. Allerdings scheint auch die

---

28 In diesem Sinne auch: *Schmidt/Ruckes*, IStR 2017, 473, 478.
29 § 139b Abs. 3 AO beinhaltet: Familienname, frühere Namen, Vornamen, Doktorgrad, Tag und Ort der Geburt, Geschlecht, gegenwärtige oder letzte bekannte Anschrift, zuständige Finanzbehörden, Auskunftssperren nach dem Bundesmeldegesetz, Sterbetag, Tag des Ein- und Auszugs.

Finanzverwaltung § 154 Abs. 2c AO einschränkend auslegen zu wollen, sodass in diesem Fall keine Meldung erforderlich ist.[30]

3. § 154 Abs. 2d AO

§ 154 Abs. 2d AO bietet den Finanzbehörden die Möglichkeit, für einzelne Fälle oder für bestimmte Fallgruppen Erleichterungen zuzulassen, wenn die Einhaltung der Pflichten nach den § 154 Abs. 2 bis 2c AO unverhältnismäßige Härten mit sich bringt und die Besteuerung dadurch nicht beeinträchtigt wird. Die Finanzbehörden haben hiervon in der AEAO Gebrauch gemacht und umfangreiche Ausnahmen vorgesehen, in denen auf die Identifizierung, Aufzeichnung, Herstellung der Auskunftsbereitschaft und der Erhebung der Steueridentifikationsnummer oder Wirtschafts-Identifikationsnummer verzichtet werden kann.[31] Die Erleichterungen sind größtenteils personenbezogen und betreffen bestimmte Fallgruppen von Verfügungsberechtigten, z. B. Eltern für ihre Kinder und bei den Vertretern von in öffentlichen Registern eigetragenen Personen. Es gibt jedoch auch Erleichterungen, die sachbezogen sind, z. B. wenn bereits fünf Verfügungsberechtigte für die Vertretung eines Unternehmens erfasst sind oder wenn nach dem GwG auf die Erfassung und Aufzeichnung des wirtschaftlich Berechtigten verzichtet werden darf. 22

IV. § 154 Abs. 3 AO

Die **Kontensperre** nach § 154 Abs. 3 AO macht die Herausgabe von Guthaben, Wertsachen oder dem Inhalt von Schließfächern von der Zustimmung des Finanzamts abhängig, wenn gegen § 154 Abs. 1 AO verstoßen wurde. Die Kontensperre greift daher dann, wenn ein falscher oder erdichteter Name verwendet wurde, nicht jedoch, wenn gar keine Prüfung der Identität nach § 154 Abs. 2 AO erfolgt ist. Die Kontensperre tritt kraft Gesetzes ein. Die Kontensperre tritt auch ein, wenn jemand Buchungen auf einem Konto einer anderen Person und damit auf einen falschen Namen vornehmen lässt.[32] 23

Die erforderliche Zustimmung des Finanzamts ist eine Ermessensentscheidung.[33] Solange die Entscheidung nicht vorliegt, besteht eine öffentlich-rechtliche Beschränkung der Verfügungsmacht und die Auszahlung muss verweigert werden.[34] Zuständig ist das Finanzamt desjenigen, der das Geld oder die Wertsa- 24

---

30 AEAO Ziffer 10.6 zu § 154 AO.
31 AEAO Ziffer 11 zu § 154 AO.
32 BFH, 13.12.2011, VII R 49/10, BFHE 236, 1, BStBl. II 2012, S. 398.
33 BFH, 17.2.1989, III R 35/85, BFHE 156, 355, BStBl. II 1990, S. 263.
34 BFH, 13.12.2011, VII R 49/10, BFHE 236, 1, BStBl. II 2012, S. 398; *Brandis*, in: Tipke/Kruse, AO/FGO, § 154 AO Rn. 15.

AO § 154   Kontenwahrheit

chen herausverlangt.[35] Waren mehrere Personen verfügungsberechtigt, muss ggf. von jedem zuständigen Finanzamt die Zustimmung eingeholt werden.[36]

25   Erfolgt trotz Kontensperre eine Herausgabe von Guthaben, der Wertsache oder des Schließfachinhalts führt dies grundsätzlich zu einer Haftung nach § 72 AO für Steuerschulden, deren Tilgung vereitelt wurde. Herausgabe ist dabei nicht nur die körperliche Übergabe einer Sache, sondern jede Mitwirkung an der Verfügung über eine Sache oder ein Guthaben, wie z. B. die Mitwirkung bei der Abhebung, Giroüberweisung oder der Einlösung von Schecks und Wechseln.[37] Die Herausgabe des Guthabens usw. muss kausal die Verwirklichung von Ansprüchen aus dem Steuerschuldverhältnis beeinträchtigt haben.[38] Voraussetzung ist **vorsätzliches oder grob fahrlässiges Verhalten** und dass durch den Verstoß die Verwirklichung von Ansprüchen aus dem Steuerschuldverhältnis beeinträchtigt wird.[39] Die Haftung erfasst alle Ansprüche aus dem Steuerschuldverhältnis. Sie ist jedoch der Höhe nach beschränkt auf den Wert des Herausgegebenen.[40] Die Haftung wird durch Haftungsbescheid nach § 191 AO festgesetzt.[41] Insbesondere Kreditinstitute sollten die eigenen Mitarbeiter im Rahmen von Compliance-Maßnahmen für dieses Thema sensibilisieren, da diese meist diejenigen sind, die mit der Herausgabe von Guthaben und Inhalten von Schließfächern betraut sind.

V. Ordnungswidrigkeiten

26   Ein vorsätzlicher oder leichtfertiger Verstoß gegen § 154 Abs. 1 bis Abs. 2c AO stellt eine Ordnungswidrigkeit nach § 379 Abs. 2 Nr. 2 AO dar, die mit einem Bußgeld von bis zu 5.000 EUR geahndet werden kann, wenn der Verstoß nicht gleichzeitig eine Steuerhinterziehung nach § 370 AO oder Steuerverkürzung nach § 378 AO darstellt. Leichtfertigkeit bedeutet einen erhöhten Grad an Fahrlässigkeit, der erreicht ist, wenn jemand die Sorgfalt außer Acht lässt, zu der er nach den besonderen Umständen des Falles und seiner persönlichen Fähigkeiten und Kenntnisse verpflichtet und imstande ist.[42]

27   Bisher war allein die Kontenwahrheit nach § 154 Abs. 1 AO bußgeldbewehrt. Die Erweiterung erfolgte ebenfalls durch das Steuerumgehungsbekämpfungsgesetz vom 23.6.2017. Nach herrschender Auffassung konnte den Verstoß gegen § 379 Abs. 2 Nr. 2 AO in Verbindung mit § 154 Abs. 1 AO nur der Kontoinhaber

---

35   *Dißars*, in: Schwarz/Pahlke, AO/FGO, § 154 AO Rn. 15.
36   AEAO Ziffer 12 zu § 154 AO.
37   *Loose*, in: Tipke/Kruse, AO/FGO, § 72 AO Rn. 4.
38   BFH, 17.2.1989, III R 35/85, BStBl. II 1990, S. 263.
39   Hierzu z. B. *Gehm*, StBp 2016, 7; *Bruschke*, StB 2010, 124.
40   *Loose*, in: Tipke/Kruse, AO/FGO, § 72 AO Rn. 7.
41   *Loose*, in: Tipke/Kruse, AO/FGO, § 72 AO Rn. 8.
42   *Groß*, in: Hüls/Reichling, Steuerstrafrecht, § 378 AO Rn. 20.

V. Ordnungswidrigkeiten § 154 AO

begehen und nicht der Kontoführer.[43] Durch die neue Inbezugnahme der § 154 Abs. 2 bis 2c AO sind nun auch neue Bußgeldtatbestände für die Kontoführer hinzugekommen.

Ungewöhnlich ist in diesem Zusammenhang die Bußgeldbewehrung des § 154 Abs. 2a Satz 2 AO, weil hier sanktioniert wird, wenn ein Vertragspartner eines Kreditinstituts oder für diesen handelnde Personen es unterlassen, dem Kreditinstitut Änderungen an der Steueridentifikationsnummer oder Wirtschafts-Identifikationsnummer anzuzeigen. Da das Kreditinstitut in diesem Fall nicht zu einer Anzeige verpflichtet ist und wohl auch nicht merken wird, wenn sich die Identifikationsnummern ändern, wird sich zeigen, ob der Tatbestand überhaupt Anwendung finden wird. 28

Wenn Verpflichtete ihren Pflichten nach § 154 Abs. 2 bis 2c AO nicht nachkommen, kann gegen sie ebenfalls ein Bußgeld verhängt werden. Handelt es sich bei den Verpflichteten um juristische Personen, wie insbesondere bei Kreditinstituten, trifft die Pflicht die gesetzlichen Vertreter der juristischen Person oder die besonders Beauftragten, die gemäß § 9 OWiG die Ordnungswidrigkeit stattdessen begehen können.[44] Kommt es zu einer solchen Zuwiderhandlung kann dies für die gesetzlichen Vertreter darüber hinaus den Tatbestand der Verletzung der Aufsichtspflicht von Betrieben nach § 130 OWiG begründen und es kann grundsätzlich eine Geldbuße nach § 30 OWiG gegen die juristische Person festgesetzt werden. 29

---

43 *Reichling*, in: Hüls/Reichling, Steuerstrafrecht, § 379 AO Rn. 70.
44 *Gürtler*, in: Göhler, OWiG, § 9 Rn. 1.

Sachverzeichnis

Fettgedruckte Angaben verweisen auf die Paragrafen/Kapitel, magere auf die Randnummern.
Paragrafen ohne Gesetzesangabe beziehen sich auf das GwG.

3-Stufen-Modell **2** 4
Abberufung **2** 30; **7** 130
Abtretungsgläubiger **2** 23
Abweichender Zahlungsempfänger
– Auszahlung an ~ **1** 21
Agenten **2** 67 ff.
– zuständige Behörde **50** 3, 4
Aktien
– Inhaberaktien **20** 70
– Namensaktien **20** 69
Aktualisierungspflicht **10** 68 ff.
Alltags- und Bagatellgeschäfte **261 StGB** 66
Amtshilfe **55** 7
Anderkonten **10** 40, 114; **24c KWG** 17
Anfechtungsklage **57** 13
Angaben
– fehlende **Art. 8 GTVO** 1 ff.; **Art. 12 GTVO** 1 ff.
– unvollständige **Art. 8 GTVO** 1 ff.; **Art. 12 GTVO** 1 ff.
Angemessenheit des Risikomanagements **4** 9
Ankunftsnachweis **12** 44 ff., 51 f.
Anlagedepot
– Anwendungsbereich **1** 5
Anordnungsbefugnis zur Bestellung eines Geldwäschebeauftragten **7** 21 ff.
Anschlussdelikt **261 StGB** 23
Arbeitsrechtliche Stellung und Haftung des Geldwäschebeauftragten **7** 101 ff.
Asylsuchende/-r **11** 13; **12** 44 ff.
Aufbau- und Ablauforganisation **7** 78
Aufbewahrung **2** 28
– Dauer der Aufbewahrung **8** 31 f., 34 ff.
– digitale Speicherung **8** 29 f.
– Lesbarmachung **8** 41 f.
– Löschung **8** 38 f.
– Unterlagen **59** 7
Aufbewahrungsfrist **Art. 16 GTVO** 1 ff.
Auffangtatbestand **261 StGB** 54, 90
Auffinden **261 StGB** 52
Aufschiebende Wirkung
– von Widerspruch und Anfechtungsklage **51** 9
Aufsichtsbehörde **1** 144
Aufsichtsdurchgriff bei Outsourcing **6** 179
Aufsichtsorgan **7** 92
Aufsichtspflicht **51** 5 ff.
Auftraggeber **Art. 3 GTVO** 2, 11 ff.
Auftretende Person
– für den Bezugsberechtigten **2** 24
– für den wirtschaftlich Berechtigten **2** 24
Aufzeichnung **2** 28
– Anfertigung von Kopien **8** 19 ff.
– Anwendungsbereich **8** 4 ff.
– elektronischer Identitätsnachweis **8** 10
– qualifizierte Signatur **8** 11
– Transaktionsbelege **8** 14
– Umfang **8** 8
– Verdachtsmeldung **8** 17 f., 34
– Videoidentifizierungsverfahren **8** 33
– Vorliegen einer früheren Identifizierung **8** 25 ff.
– Zeitpunkt **8** 4 ff.
Auskünfte
– beim Zahlungsdienstleister **51** 30 ff.
Auskunftsersuchen **7** 109

Sachverzeichnis

Auskunftsersuchen und Unterlagenvorlage 52 3 ff.
- Beschäftigte 52 8
- Mitglieder seiner Organe 52 7
- Verpflichtete 52 6

Auskunftsrecht 52 9

Auskunftsverweigerungsrecht
- Allgemeines 52 16 ff.
- Besonderes 52 19 f.

Auslagen 24 15

Auslagerung 11 28; 13 9; 24c KWG 7

Auslagerung von Sicherungsmaßnahmen 6 162 ff.

Auslagerungsvertrag 6 177

Ausland 261 StGB 35, 50

Auslegung 1 1 ff.

Auslegungs- und Anwendungshinweise 51 32 ff.
- Finanzsektor 51 34
- Nichtfinanzsektor 51 36

Ausnahme vom Direktionsrecht 7 104

Bandenmäßigkeit 261 StGB 6, 27, 28, 30, 32, 80

Bankangestellte 261 StGB 46, 74, 87

Bankgeschäfte 2 27 ff.

Bank-Mantelgesellschaft 1 162; 15 42; 25m KWG 1 ff.

Bargeldverwendungssperren 4 35

Basiskonto 10 136; 11 13; 12 44 ff., 50 f.

Basiskonto Gesch. GwG 44

Basler Ausschuss für Bankaufsicht Gesch. GwG 7

Begünstigter Art. 3 GTVO 3, 11 ff.

Beherrschungsvertrag 3 36

Behörden
- Benachrichtigungspflicht inländischer ~ gegenüber der Zentralstelle 42 3

Bekanntmachung 57 9
- Ausnahmen und Einschränkungen 57 15 f.
- Dauer 57 17 f.

Bekanntermaßen nahestehende Person 1 109 ff.

Beleihung 25 4 ff.

Bemakelungskette 261 StGB 61, 62, 64

Benachteiligungsverbot 7 111 f.

Besonders schwerer Fall 261 StGB 80

Bestandskraft 57 4

Bestechungsgelder 261 StGB 40

Bestimmtheitsgebot 261 StGB 24

Beteiligungsketten 20 78 ff.

Betreuer 11 14; 12 34 ff.

Betreuung 7 95

Betriebs- und Geschäftsgeheimnissen
- Verschwiegenheitspflicht 54 13

Bezugsberechtigter
- allgemeine Sorgfaltspflichten in Bezug auf ~ **Einl.** 19

Bezugsberechtigung
- Überprüfung 2 22

Bundeszentralamt für Steuern 154 AO 20, 21

Bußgeld 2 30

Close Associates 1 109

Common Reporting Standard 19 24

Compliance-System 20 31, 83

Darlehensvergabe durch Versicherungsunternehmen 2 109

Daten
- Informationsaustausch von personenbezogenen ~ 55 5
- personenbezogene ~ 58 3 ff.
- Verarbeitung von ~ 58 7 ff.

Datenabgleich
- automatisiert 36 1 f.

Datenschutz 10 72, 115; 11 22; 13 10, 18; **Art. 15 GTVO** 1 ff.; 24c KWG 24 ff.
- Berichtigung, Einschränkung der Verarbeitung und Löschung personenbezogener Daten 37 1 f.; 38 1 f.
- Ermächtigung zur Weiterleitung personenbezogener Daten durch die Zentralstelle 34 3 f.; 35 6 f.
- Errichtungsanordnung für automatisierte Datei 39 1 f.

- gruppenweite Maßnahmen 9 10
- Informationsaustausch 55 8
- Rechtsfolge bei Verletzung 58 10

Datenschutzbeauftragter und Geldwäschebeauftragter 7 47
Datenverarbeitungssysteme 6 120 ff.
Definition 261 StGB 17 f., 20
Deutsche Bundesbank
- zuständige Behörde 50 3, 5

Dezentralisierte Aufgabenverteilung 20 15
DK-Hinweise 51 34
Dokumentation 2 28; Art. 16 GTVO 1 ff.
Dokumentationspflicht
- der Aufsichtsbehörden 51 37

Drei-Phasen-Modell 1 19; 261 StGB 19
Dritte
- Auszahlung an ~ 1 21

Dritte Geldwäscherichtlinie Gesch. GwG 19 ff.
Dritter 261 StGB 44, 55 f., 59 f., 62, 64, 82
Drittland Art. 6 GTVO 1 ff.
Drittstaat 1 134
Duldung 12 44, 48 ff.
Duldungspflicht
- von Prüfungen 52 13

Durchlaufkonten 15 45; 25m KWG 6 ff.

E-Geld 1 137 ff.
- Ausgabe 2 72
- Vertrieb 2 72

E-Geld-Agenten 2 67 ff.
- zuständige Behörde 50 3, 4

E-Geld-Institut 2 52 ff.
Eigenständig Verpflichtete 3 9
Eingetragener Verein (e. V.) 10 50
Einsichtnahmerecht 23 22 ff.
Einsichtssperre 23 31, 41 f.
Einziehung 261 StGB 22, 43, 49, 82
Entscheidungsbefugnis 7 61
Erforderlichkeit 55 4
Erlaubnis
- ganz oder teilweise widerrufen 2 31

Ermittlung der Herkunft 261 StGB 51
Erste Geldwäscherichtlinie Gesch. GwG 14 ff.
EU-Aktionsverordnung 51 29
Europäische Plattform 26 2
Europäischer Pass 2 34

Fachliche Eignung 7 33
Factoring 25k KWG 4 ff.
- Debitoren 25k KWG 11
- bekannter Forderungsschuldner 25k KWG 12
- Unbekannter Forderungsschuldner 25k KWG 13

Familienangehörige
- von politisch exponierten Personen 2 22, 25

Familienmitglied 1 101
FATF-Empfehlung 43 4 f.
Fiduziarische Stiftungen 3 60
Financal Action Task Force on Money Laundering 43 1
Financial Action Task Force Gesch. GwG 9 ff.
- 40 Empfehlungen Gesch. GwG 10 ff.

Finanzbehörde 154 AO, 2, 12, 21
Finanzdienstleistungen 2 44 ff.
Finanzdienstleistungsinstitute 2 39 ff.
- zuständige Behörde 50 3, 4

Finanzholding-Gesellschaften 25l KWG 1 f.
- gemischt 25l KWG 5

Finanzunternehmen 2 81 ff.
- zuständige Behörde 50 3, 15

FIU.net 36 2; s. a. Datenabgleich, automatisiert
Flüchtlinge s. Asylsuchende
Forderungen 261 StGB 7, 38
Freistellung
- Adressatenkreis 48 7
- Auskunftsverlangen 48 11 ff.
- Beschäftigte 48 9 ff.
- Umfang 48 3
- Verantwortlichkeit 48 2 ff.
- Verdachtsgrad 48 8

Freiwilligkeit 261 StGB 84

Sachverzeichnis

- der Anzeige **43** 41 ff.
Fremdnützige Rechtsgestaltungen
 3 52
Fristen
- Aufbewahrungsfrist **20** 45
- Beleihungsfrist **25** 13
- Offenlegungsfrist **20** 22
Führungsebene 1 117
Fünfte Geldwäscherichtlinie Gesch. GwG 25 f.

Garantenstellung 43 3
- des Geldwäschebeauftragten **7** 52
Gebühr
- Begriff **24** 10
- pauschale Erhebung **24** 12
- Vollstreckung der Gebührenbescheide **25** 16
Gebührenaufkommen 25 16
Gebundene Vermittler 2 47
Gefährden 261 StGB 49, 51
Gefährdungsdelikt 261 StGB 54
Gegenstand 261 StGB 33, 37 ff., 44 f., 47 ff., 52 f., 55 ff., 61 f., 72 f., 77, 86 f.
Geldbuße 56 43 ff.
- Bemessung **56** 44 ff.
- fahrlässiges Handeln **56** 48
- gegen Geldwäschebeauftragten **56** 16
- gegen Mitarbeiter **56** 17
- gegen Vertreter oder Beauftragten **56** 14 ff.
- Gesamtumsatz **56** 52 ff.
Geldtransferverordnung
- Ausnahmen **14** 67
Geldwäsche 1 11 ff.
- Begriff **Gesch. GwG** 2
Geldwäschebeauftragter 7 1 ff.
- Anordnungsbefugnis der Behörden **7** 21 ff.
- arbeitsrechtliche Stellung **7** 101 ff.
- auf Gruppenebene **7** 67 ff.
- Aufgaben **7** 72 ff.
- Ausnahme vom Direktionsrecht **7** 104 ff.
- Befreiungsmöglichkeit **7** 13 ff.
- Benachteiligungsverbot **7** 111 ff.

- Bestellungspflicht **7** 10
- Datenschutzbeauftragter als ~ **7** 47
- Garantenstellung **7** 54 ff.
- Gruppen-Geldwäschebeauftragter **9** 8
- Haftung **7** 125 ff.
- Kompetenzen **7** 59 ff.
- Outsourcing **7** 71
- Pflichten **7** 26 ff.
- Position im Unternehmen **7** 41
- Qualifikation **7** 31 ff.
- Sonderkündigungsschutz **7** 117 ff.
- Zuverlässigkeit **7** 39 f.
Geschäftsbeziehung 1 41 ff.
- Dauer **1** 46
- Gewerblichkeit **1** 43 ff.
Geschäftsleiter 7 45
Geschäftsleitung 7 92
Geschäftsverbindung 261 StGB 87
Geschäftsvorfall 43 22
Gesellschaft bürgerlichen Rechts (GbR) 10 50; **11** 17, 20; **12** 40; **24c KWG** 17
- und wirtschaftlich Berechtigter **3** 42
Gesellschaften
- Kapitalgesellschaften **20** 67 ff.
- Personengesellschaften **20** 71 ff.
Gesellschafterliste 20 67
Gesetzliche Verschwiegenheitspflichten 6 161
Gestaffelter Registerzugang 23 56
Gewahrsam 261 StGB 56
Gewerbsmäßigkeit 261 StGB 6, 27 ff., 32, 80, 95
Glücksspiel 1 65 ff.
- bereits gewährte Befreiung **59** 6
Glücksspiel im Internet 16 1 f.
- besondere Identifizierungsmöglichkeiten **16** 20
- Einbeziehung in das Geldwäschepräventionsregime **16** 1 f.
- Einsatz von Verbundzahlungssystemen **16** 1, 7
- Informationspflichten gegenüber der Aufsichtsbehörde **16** 1, 6
- Pflichtenadressaten **16** 8
- Spielerkonto **16** 9

– Zahlungsvorgänge 16 1, 2f., 18
Glücksspielbetreiber 2 206ff.
Glücksspielgeräte 2 211
Glücksspielveranstalter 2 206ff.
Gruppe 1 126ff.
Gruppen-Geldwäschebeauftragter 7 67
Gruppenweite Pflichten 9 1f.
– Adressaten 9 4
– Datenschutz 9 10
– Finanzholding-Gesellschaften 25l KWG 1f.
– Gruppen-Geldwäschebeauftragter 9 8
– Gruppenunternehmen in Drittstaaten mit geringeren Anforderungen 9 12f.
– Gruppenunternehmen in EU-Mitgliedstaaten 9 11
– Informationsaustausch in der Gruppe 9 9
– Risikoanalyse auf Gruppenebene 9 5
– Sicherungsmaßnahmen 9 7
Gruppenweite Sicherungsmaßnahmen 6 51
Güter 1 72ff.
– Veräußerung von Gütern 1 73
Güterhändler 1 68; 2 218ff.
– Bargeldverwendung 2 222; 4 23ff.
– Befreiung vom Risikomanagement 4 23ff.
– zuständige Behörde 50 3, 14

Haftung 154 AO 25
– des Geldwäschebeauftragten 7 125ff.
Handeln auf Veranlassung 3 64
Handelsregister
– eintragungspflichtige Tatsachen 22 5
– Handelsregisterauszug 20 67
– Handelsregisterportal 20 64
– Handelsregisterstelle 20 64
Herrühren 261 StGB 6, 37, 39, 42, 44, 62, 67, 73, 87, 91
Hinweis
– an die FIU 45 9
Hinweisgeber s. Whistleblower

Hinweisgebersystem 6 139ff.; 53 4ff.; Art. 21 GTVO 1ff.
– Datenschutz 53 11
– Informationsfreiheitsgesetz 53 15
Hochrisikobereich 261 StGB 10
Hochwertige Güter 1 76
Höheres Risiko
– von Familienangehörigen politisch exponierter Personen 2 26
– von nahestehenden Personen politisch exponierter Personen 2 26
– von politisch exponierten Personen 2 26
Honorar 261 StGB 67ff.
Honorarzahlungen 261 StGB 69

Identifizierung 1 33; 10 10, 12ff., 20ff., 37ff.
Immobilienmakler 1 79ff.; 2 199ff.
– Mietungsmakler 1 84f.; 2 201
– Nachweismakler 1 82
– Veräußerungsmakler 1 84f.
– Vermittlungsmakler 1 82
– zuständige Behörde 50 3, 14
Indexdaten 22 9ff.; 26 5
Industrieholdings 2 94; 7 19
(Industrie-)Holding-Gesellschaften 2 95
Informationelle Selbstbestimmung 23 9
Informationsaustausch
– Aufsichtsbehörden in Deutschland 55 3
– Europäische Aufsichtsbehörden 55 10f.
– grenzüberschreitend 55 9
Informationsersuchen
– Ablehnung des Ersuchens eines anderen Staates durch die Zentralstelle 35 28f.
– Ablehnung des Ersuchens eines EU-Mitgliedstaates durch die Zentralstelle 33 12f.
– der Zentralstelle an andere Staaten 34 1f.
– der Zentralstelle an EU-Mitgliedstaaten 33 11

Sachverzeichnis

– Einwilligung in Weiterleitung von Informationen an andere Behörden **33** 24 f.
Informationsfreitheitsgesetz
– Verschwiegenheitspflicht der Behörden **54** 21
Informationsmittler 20 51
Informationsübermittlung 1 12
Informationsweitergabe 47 1 ff.
– Ausnahme „Personenkreis" **47** 7 ff.
– gleiche Vertragspartner **47** 21 ff.
– Institute **47** 15 ff.
– Rechtsberater **47** 19 ff., 28 ff.
– Sonderregelung **47** 28 ff., 31 ff.
– staatliche Stellen **47** 9 ff.
– Verbot **47** 3 ff.
– Verpflichtete **47** 12 ff., 31 ff.
– Verschwiegenheitspflicht **47** 23 ff.
– Verwendungsvorbehalt **47** 22
– Wirtschaftsberater **47** 19 ff., 28 ff.
Informationszugang
– abgeschlossene Verfahren **49** 15 ff.
– Anspruch **49** 6 ff.
– laufende Verfahren **49** 11 ff.
– meldende Person **49** 25 ff.
– Strafverfolgungsbehörden **49** 22 ff.
Innenrevision 6 92
Interesse
– berechtigtes ~ **23** 1, 18, 34 ff.
– schutzwürdiges ~ **23** 47 ff.
– wirtschaftliches ~ **19** 24
Internationale Zusammenarbeit
– Datenübermittlung durch Zentralstelle an andere Staaten **35** 1 f.
– Informationsersuchen der Zentralstelle an andere Staaten **34** 1 f.
Interne Grundsätze 6 29
Interne Revision
– interne Sicherungsmaßnahmen **2** 16
Interne Sicherungsmaßnahmen
2 16 ff.; **4** 13; **6** 1 ff.
– Errichtungspflicht **6** 16 ff.
– Katalog **6** 28 ff.
– Verhältnis GwG zu KWG, ZAG und VAG **6** 11
Interne Sicherungsmaßnahmen bei Instituten

– Aktualisierung **25h KWG** 24
– allgemeine Sicherungsmaßnahmen **25h KWG** 18
– Angemessenheit **25h KWG** 8
– Auslagerung **25h KWG** 47
– Ausnahmemöglichkeit **25h KWG** 59
– Betrieb von Datenverarbeitungssystemen **25h KWG** 32 f., 42
– Geldwäschebeauftragter **25h KWG** 53
– konkrete Sicherungsmaßnahmen **25h KWG** 21
– Kontrollen **25h KWG** 25 f.
– Neu-Produkt-Prozess (NPP) **25h KWG** 30
– Risikomanagement **25h KWG** 7 ff.
– sonstige strafbare Handlungen **25h KWG** 11 ff., 44, 55
– Untersuchung von bestimmten Transaktionen **25h KWG** 40
– zentrale Stelle **25h KWG** 53 ff.
Jahresabschlussprüfer 6 98
Juristische Personen 20 7, 9, 37; **25** 1 ff.; **58** 6
Kammerrechtsbeistände 2 133
Kapitalisierungsgeschäfte
– Anwendungsbereich **1** 5
Kapitalverwaltungsgesellschaften 2 126
– zuständige Behörde **50** 3, 4
Know Your Customer (KYC) 10 6, 51, 90
Know-Your-Customer-Prinzip 1 36; **261 StGB** 75
Know Your Employee 6 65
Kontensperre 154 AO 23 ff.
Kontenwahrheit 154 AO 1 ff.
Kontinuierliche Überwachung 10 57, 62 ff.
Kontrolle 3 21; **6** 48
Kopierpflicht
– von Identifizierungsunterlagen **2** 29
Korrespondenzbeziehung 1 153

Sachverzeichnis

Kostentragung
– Aufsichtsmaßnahmen **51** 17 f.
Krankenversicherungsgeschäft 5 11
Kreditanstalt für Wiederaufbau
– zuständige Behörde **50** 3, 5
Kreditinstitute 2 13 ff.
– zuständige Behörde **50** 3, 4
Kriminelle oder terroristische Vereinigung 261 StGB 31
Kriterien
– qualitative **Art. 8 GTVO** 15; **Art. 12 GTVO** 1 ff.
– quantitative **Art. 8 GTVO** 15; **Art. 12 GTVO** 1 ff.
Krypto-Währungen 1 143; **2** 232

Laufende Überwachung 7 85
Lebensversicherungen 2 105
Lebensversicherungstätigkeiten
– von Verpflichteten **1** 2
Leichtfertigkeit 56 22; **261 StGB** 73 f.
Löschung
– von Identifizierungsunterlagen **2** 29
Lotterien 2 213

Massenzahlungsverkehr 261 StGB 63
Maßnahme 57 5
Mehrfachmeldungen 20 63 ff.
Meldepflicht
– Ausnahme von der ~ **43** 26 ff.
– bei dem Verdacht der Vortat einer Geldwäsche **43** 20
– der Aufsichtsbehörde **44** 3 ff.
– der Finanzbehörden **44** 8 f.
– der Verpflichteten **43** 1 ff.
– entfallene gegenüber der Strafverfolgungsbehörden **44** 2
– Folgen bei Verstoß **43** 3
– im Verhältnis zur Freiwilligkeit der Anzeige **43** 41 ff.
– von anderen Behörden **44** 6 f.
Meldepflichtiger Sachverhalt
– Informationsübermittlung **1** 13
Meldung
– Ausnahmeregelung hinsichtlich der Form wegen unbilliger Härte **45** 12 ff.

– durch die aufsichtsführenden Landesbehörden **45** 11
– durch Mitglieder der Führungsebene **43** 35 ff.
– durch Mitglieder einer Berufskammer **43** 8
– durch Nichtverpflichtete **43** 7; **45** 10
– elektronische ~ via goAML **45** 2 ff.
– erforderliche Form **45** 2 ff.
– mittels Übermittlung des Webformulars **45** 7
– mittels XML-Upload **45** 7
– Übergangsphase **45** 4
– Übermittlung per Fax **45** 5 f.
– Übermittlungsquittung **45** 6
– unter Verwendung der amtlichen Vordrucke **45** 15
– unverzügliche **43** 6 ff., 9
– vorherige Registrierung **45** 8
Mietkautionskonten 3 68
Minderjährige 12 31 ff.
Minderjährigkeit 23 46
Mitarbeiterschulungen 6 81
Mitarbeiterzuverlässigkeit 6 63 ff.
Mitbestrafte Nachtat 261 StGB 36
Mitglied der Führungsebene 2 27
Mitglied der Leitungsebene 4 16
Mitteilung
– Versäumnis **Art. 8 GTVO** 1 ff.
Mitteilungsfiktion 20 4, 9, 20 ff., 64, 67; **22** 2, 5 f., 8
Mittelbare Kontrolle 3 30
Monitoring 6 40; s. a. Überwachung; Kontinuierliche Überwachung

Nahestehende Personen
– von politisch exponierten Personen **2** 22, 25
Naming and Shaming 57 1
Natürliche Personen 20 88
Neu-Produkt-Prozess 6 55
Nicht rechtsfähiger Verein 10 50; **11** 17; **12** 40
Nicht Verpflichtete
– Pensionskassen, Pensionsfonds, Unterstützungskassen **4** 10

Sachverzeichnis

Niederlassungen 2 8
Notare 2 133
– zuständige Behörde 50 3, 10

Offenbarungspflicht
– Verletzung der ~ 43 24
Öffentliche Bekanntmachung 2 32
Öffentlicher Zugang 23 7 ff.
Online-Formular 20 61
Online-Glückspiel 16 1 f.; s. a. Glücksspiel im Internet
Ordnungswidrigkeiten
– Bundeszentralregisterabfrage 56 59
– Information der europäischen Aufsichtsbehörden 56 61
– Opportunitätsprinzip 56 7
– Tatbestände 56 25 ff.
– Täter 56 9 ff.
– Verfahren 56 6 ff.
– Verjährung 56 24
– Zuständigkeit der Veraltungsbehörden 56 6, 56 ff.
– Zuständigkeit des Finanzamtes 56 59
Organisationsmaßnahmen 20 41
Organisierter Markt 3 25
Outsourcing 7 71

Paradigmenwechsel 261 StGB 3, 10, 16
Patentanwälte 2 133
– zuständige Behörde 50 3, 9
Pensionsfonds 4 10
Pensionskassen 4 10
Persönliche Gebührenfreiheit 20 106
Pflichten
– Aktualisierungspflicht 20 16, 49
– Angabepflicht 20 23 f., 87 ff., 104
– Archivierungs- und Weitergabepflichten 20 33 ff., 42
– Aufzeichnungs- und Aufbewahrungspflichten 20 45 ff.
– Auskunftspflicht 20 102
– Authentifizierungspflicht 20 1
– Compliance-Pflicht 20 30 f., 41, 52
– Darlegungspflicht 23 37
– Duldungspflicht 20 14
– Einholungspflicht 20 40 f.

– Herausgabepflicht 20 49
– Kundensorgfaltspflichten 23 31
– Meldepflicht 20 4, 36, 69
– Mitteilungspflicht 20 3, 61; 22 6
– Mitwirkungspflicht 20 14
– Transparenzpflicht 19 2; 20 7, 26 ff.; 21 5
– Weitergabepflicht 20 51
Policenaufkäufer 2 23
Politisch exponierte Person 1 86 ff.; 2 22, 25
Position 7 41
Prangerwirkung 57 2
Privatisierung der Gefahrenabwehr 7 4
Privilegierung
– bestimmter Verpflichteter 43 29
– mögliche Einschränkung durch Informationseinholung 43 33 f.
– Rückausnahme von der ~ 43 30 ff.
Prüfbv 6 98 ff.
Prüfung
– Betretungs- und Nachschaurecht 52 11 f.
– Duldungspflicht 52 13
Prüfungsrechte 51 10 ff.
– berechtigte Aufsichtsbehörden 51 12
– Routine- und Sonderprüfung 51 14

Qualifikation des Geldwäschebeauftragten 7 31

Rechtsanwälte 2 133 ff.
– zuständige Behörde 50 3, 8
Rechtsbeistände 2 166 ff.
– zuständige Behörde 50 3, 14
Rechtsfähige Stiftungen 3 57; 19 27
Rechtshilfe 55 8
Rechtsschutz
– Bekanntmachung von Verstößen 57 13
Rechtsverordnungen 57 7
Regelstrafrahmen 261 StGB 79
Registerauskunft
– kostenfrei 55 6
Registerführende Stelle
– Änderung der Angaben 20 49 f.

- Erstellung eines Informationssicherheitskonzepts **18** 19
- Gebühren- und Auslagenerhebung **24** 3 ff.
- unklare Mitteilungen **18** 12

Registergerichte 22 11
Registerinformationen 20 21
Registerportal 20 16
Registrierungsverfahren 22 18
Relevante Prüfungen
- Interne Sicherungsmaßnahmen **2** 16

Restschuldversicherung
- Anwendungsbereich **1** 4

Richtlinien 6 33
Risikoanalyse 4 13; **7** 77; **28** 16; **25h** KWG 17, 20, 23 f., 26, 36, 57
- Ableitung von Kontrollen **5** 51
- Ableitung von Maßnahmen **5** 46 ff.
- Aktualisierung **5** 25 ff.
- Aktualisierung von bestehenden Sicherungsmaßnahmen **5** 52
- Befreiungsmöglichkeit **5** 55
- Begriff **5** 5
- Bestandsaufnahme **5** 33
- Bruttorisiko **5** 49 f.
- Dokumentation **5** 22 f.
- einzubeziehende Informationen **5** 12 ff., 40 f.
- Entwicklung von Monitoring-Parametern **5** 42 ff.
- Gefährdungsanalyse **5** 1
- Genehmigung durch die Leitungsebene **5** 27
- gruppenweite Umsetzung **5** 53 f.
- Güterhändler **5** 11
- Identifizierung der Risiken **5** 35 f.
- Kategorisierung der Risiken **5** 39
- nationale ~ **5** 16 f.
- Nettorisiko **5** 49 f.
- Risikomanagement **5** 5, 27
- supranationale ~ **5** 18 ff.
- Überprüfung **5** 24 ff.
- Überprüfung durch den Jahresabschlussprüfer **5** 28 f.
- Verhältnis zu § 25h KWG **5** 56
- Ziel **5** 7

Risikoangemessene Anwendung interner Sicherungsmaßnahmen 6 196
Risikobasierter Ansatz Gesch. GwG 21, 34
- Aufsichtsmittel **51** 8, 15
- Grenzen der aufsichtsrechtlichen Befugnisse **52** 15

Risikomanagement 4 4 ff.
Risikoorientiertes Verfahren 10 73 ff.; **11** 6, 21 f.; **12** 39
Risikosituation 6 16
RSV
- Anwendungsbereich **1** 4

Rückwirkungsverbot 57 10

Sach- oder Krankenversicherungsunternehmen
- Anwendungsbereich **1** 6

Sanktionen Art. 17 GTVO 1 ff.; **Art. 18 GTVO** 1 ff.; **Art. 19 GTVO** 1 ff.
- Naming and Shaming **Art. 19 GTVO** 1

Schnittstellenspezifikation 24c KWG 7, 32
Schriftlich fixierte Ordnung 6 33
Schulung 7 95
Schutzgesetz 261 StGB 95
Selbstständige Berufsunfähigkeitsversicherung §§ 52–55 3
Selbstständige Erwerbsunfähigkeitsabsicherung
- Anwendungsbereich **1** 3

Selbstständige Pflegerentenversicherung
- Anwendungsbereich **1** 3

Sicherstellung 261 StGB 49, 83, 86 f.
Sicherungsmaßnahmen 6 43; **9** 7
Sicherungszweck 2 23
Siena 36 2; s. a. Datenabgleich automatisiert
Smurfing 1 52
Sofortige Vollziehbarkeit
- von Aussichtsmaßnahmen **51** 9

Solvency II 1 2

Sachverzeichnis

Sonderkündigungsschutz 7 117
Sorgfaltspflichten
– Ausführung durch Dritte 17 1 f.
– gruppenweite Einhaltung 9 1 f.
– vereinfachte ~ 14 1 f.
Sortengeschäft 25k KWG 1 f.
Soziallotterien 2 214
Staatliche Rechtspflege 261 StGB 22
Staatsanwaltschaft
– Benachrichtigungspflicht gegenüber der Zentralstelle 42 2
Steuerberater 2 177 ff.
– zuständige Behörde 50 3, 12
Steuerbevollmächtigte 2 177
Steueridentifikationsnummer 154 AO 18, 19
Stillhaltepflicht 46 6 ff.
– Ausnahme 46 8 ff.
– Eilgeschäft 46 9
– Schaden 46 7
– Unverzüglichkeit 46 1
Strafaufhebungsgrund 261 StGB 26, 83 f.
Straftatbestand der Geldwäsche 261 StGB 1, 7, 15, 18, 20
Strafverteidiger 2 135
Surrogat 261 StGB 42 ff., 62

Tatbestandsirrtum 261 StGB 72
Tateinheit 261 StGB 91
Tatmehrheit 261 StGB 91
Tatsächliche Anhaltspunkte
– Informationsübermittlung 1 13
Teilkontamination 261 StGB 45
Terrorismusfinanzierung 1 22 ff.; 18 1, 5; 261 StGB 10, 18, 31
Tied Agents 2 47
Totalisatoren 2 212
Transaktion 1 48
– Durchführung 46 1 ff., 4 ff.
– Fristverstreichung 46 5 ff.
– Zustimmung 46 4
Transaktionskennziffer Art. 2 GTVO 8; Art. 4 GTVO 7
Transfer
– Ausführung Art. 8 GTVO 9; Art. 12 GTVO 1 ff.

– Aussetzung Art. 8 GTVO 5 ff.; Art. 12 GTVO 1 ff.
– Zurückweisung Art. 8 GTVO 4; Art. 12 GTVO 1 ff.
Transparenzpflichtige Rechtsgestaltungen 21 13 ff.
Transparenzregister Gesch. GwG 23, 47
– Auskunft 18 15
– Einsichtnahme 23 1; 59 5
– Führung 18 10
– Gebührenerhebung 24 8 ff.
– im Internet 20 53
– Indexdatenübermittlung 22 1, 9
– Mitteilung, erstmalig 59 2
– öffentlicher Zugang 23 7 ff.
– rechtliche Grundlage 18 9
– Registrierung 20 54 ff.
– Sinn und Zweck 20 79
– Statuierung 18 8
– Transparenzregisterportal 20 1
– Unverhältnismäßigkeit 23 12
– Vereinsregister, Zeitpunkt Zugang 59 3
– Vernetzung 26 1 ff.
– Verwaltung 18 10
– zugängliche Daten 22 4 ff.
– zur Einsichtnahme Berechtigte 23 22 ff.
Treibhausgasemissionszertifikate 51 29
Treuhänder
– zuständige Behörde 50 3, 14
Treuhandschaft 21 2
Treuhandstrukturen 20 92
Treuhandverhältnisse 3 67
Trust 1 54 ff.
– trust service provider 2 189 ff.
Typologie/-n 10 64, 74, 113; 12 55; 261 StGB 20, 74

Übermittlung
– der Meldung mittels Übermittlung des Webformulars 45 7
– der Meldung mittels XML-Upload 45 7
– der Meldung per Fax 45 5 f.

Sachverzeichnis

Übermittlungsquittung **45** 6
Überprüfung **6** 48 ff.
Überprüfung Identität
– Bezugsberechtigter, wirtschaftlich Berechtigter **2** 22
Überwachung
– Echtzeit **Art. 7 GTVO** 7 ff.
– nachträglich **Art. 7 GTVO** 8 ff.
Überwachungssysteme **6** 40 ff.
Unanfechtbarkeit **57** 4
Unbillige Härte **45** 13
Unfallversicherungen **2** 111
Unmittelbare Kontrolle **3** 29
Unterlagenvorlage **52** 10
Unterlassen **261 StGB** 46
Untersagungsbefugnis **51** 19 ff.
– bzgl. des Verpflichteten **51** 22 ff.
– bzgl. Mitgliedern der Führungsebene oder anderen Beschäftigten **51** 26 f.
Unterstützungskassen **4** 10
Unzuverlässigkeit **6** 78
Ursprungstat **261 StGB** 33

Veranlassung **3** 64
Veranstalter und Vermittler von Glücksspielen
– zuständige Behörde **50** 3, 13
Veräußerung von Gütern **1** 73
Verbergen **261 StGB** 47, 48
Verbrechen **261 StGB** 27, 35
Verdachtsanzeigen **43** 44
Verdachtsmeldeschwelle **43** 10 ff.
Verdachtsmeldewesen **43** 2
Verdachtsmeldung Art. 9 GTVO 1 f.; **Art. 13 GTVO** 1 f.; s. a. Meldung
– der Aufsichtsbehörde **44** 3 ff.
– der Finanzbehörden **44** 8 f.
– der Verpflichteten **43** 1 ff.
– von anderen Behörden **44** 6 f.
– Weiterleitung durch Zentralstelle an zuständigen Drittstaat **35** 1 f.
– Weiterleitung durch Zentralstelle an zuständigen EU-Mitgliedstaat **33** 6 f.
Verdachtsmomente **43** 13
Vereidigte Buchprüfer **2** 177

Vereinfachte Sorgfaltspflichten
– allgemein **14** 48
– Ausnahmeregelung zur EU-Geldtransferverordnung **14** 67
– Folgen der Nichterfüllbarkeit **14** 65
– im Rahmen des E-Geld-Geschäfts **14** 49; **25i KWG** 1 f.
– Risikobewertung **14** 6 f.
– risikoverringernde Faktoren gemäß Anlage 1 zum GwG **14** 7 f.
– risikoverringernde Faktoren gemäß Risikofaktor-Leitlinien **14** 17 f.
– vereinfachte Pflichten gemäß Risikofaktor-Leitlinien **14** 50 f.
– Verordnungsermächtigung **14** 66
Vereiteln **261 StGB** 9, 53
Verfügungsgewalt **261 StGB** 55
Vergehen **261 StGB** 27, 31, 35
Verhältnismäßigkeitsgrundsatz **20** 64; **57** 15 ff.
Vermietungsmakler **2** 201
Vermischung **261 StGB** 48, 51
Vermögensgegenstand **1** 61 ff.
Verordnungsermächtigung
– Form der Meldung **45** 16 f.
– typisierte Transaktionen **43** 46 ff.
Verpflichtete
– Darlehen von Versicherungsunternehmen **1** 2
– eigenständig Verpflichtete **1** 2; **3** 9
– Lebensversicherungstätigkeiten **1** 2
– Lebensversicherungsunternehmen **1** 2
– Tätigkeiten von ~ **1** 2
– Unfallversicherungen mit Prämienrückgewähr **1** 2
– Versicherungsmakler **1** 2; **3** 9
– Versicherungsvermittler **1** 2; **3** 9
Verschwiegenheitpflicht
– Ausnahmen **54** 15 ff.
– der Behörden **54** 4 ff.
– Folgen bei Verletzung **54** 23 f.
– Umfang **54** 9 ff.
Versicherungsmakler **2** 119
– Verpflichtete **3** 9
Versicherungsspezifische Sachverhalte
– Bußgeldvorschriften **2** 33

1083

Sachverzeichnis

Versicherungsunternehmen 2 103
– zuständige Behörde 50 3, 6 f.
Versicherungsvermittler 2 119; 10 126
– Verpflichtete 3 9
– zuständige Behörde 50 3, 14
Versicherungsvertreter 2 119
Verstärkte Sorgfaltspflichten 2 25; 15 1 ff.
– AML-Questionnaire 15 36
– Anlagen 15 2
– Anordnungsbefugnis 15 49
– Beendigungspflicht 15 50
– bekanntermaßen nahestehende Person 15 8
– EDV-Research 15 43
– Familienmitglieder 15 8
– Festlegung der Verantwortlichkeiten 15 41
– Geschäftsbeziehungen zu Risikoländern 15 12 f.
– Herkunft der Vermögenswerte 15 27 f.
– kontinuierliche Überwachung 15 29, 32
– Korrespondent 15, 19
– Korrespondenzbeziehung 15 17 ff.
– Länderrisiko 15 39
– PEP-Datenbank 15 24
– Pflicht zur Untersuchung 15 31
– politisch exponierte Person 15 6 f.
– regulatorische Beaufsichtigung
– 15 35, 38
– Respondent 15 19
– Risikoscoring 15 46
– Transaktion außerhalb einer bestehenden Geschäftsbeziehung 15 24
– ungewöhnliche Transaktionen 15 14 ff.
– Verlust des PEP-Status 15 47 f.
– Vor-Ort-Besuche 1 27
– Zustimmung der Führungsebene 15 40
Verstoß 57 6
Versuch 261 StGB 52, 73, 76 ff.
Vertraulichkeit 6 153
Verwahren 261 StGB 13, 56

Verwaltungsbefugnis 21 8
Verwaltungsgerichtliche Kontrolle 23 39
Verwaltungsvollstreckungsmaßnahmen 20 14
Vierte EU-Geldwäscherichtlinie 46 2; 47 1; 48 1; 49 1
Vierte Geldwäscherichtlinie Gesch. GwG 22 ff.
Vorsatz 56 20 f.; 261 StGB 70 f., 73
Vortaten 261 StGB 6, 21 f., 26 ff., 31, 33 ff., 39 f., 42, 45, 70, 79, 87, 91, 93, 95

Währung Art. 1 GTVO 1 ff.; Art. 2 GTVO 1 ff.
Weisungsbefugnis 7 63
Whistleblower 53 1 ff.
– arbeitsrechtlicher Schutz 53 19
– strafrechtlicher Schutz 53 20
Whistleblowing-System 6 135
Widerspruch 57 13
Wiener Drogenkonvention Gesch. GwG 6
Wirksamkeit des Risikomanagements 4 8
Wirtschaftlich Berechtigter 3 1 ff.
– Angaben 19 15 ff.
– Anteilseigner 20 90
– Aufbewahrung der Angaben 20 42
– bei fremdnützigen Rechtsgestaltungen 3 52 ff.
– bei Gesellschaften 3 23 ff.
– bei Handeln auf Veranlassung 3 64 ff.
– Bestimmung 19 21 ff.
– Daten 20 53
– Einholen der Angaben 20 38
– fiktiver 10 37 ff.; 11 18 ff.; 24c KWG 10 f.
– Kontrollstellung 3 21
– Schutz 23 35 ff.
– wirtschaftliches Interesse 19 24
Wirtschaftliches Interesse
– Art und Umfang 19 16, 24 ff.
Wirtschafts-Identifikationsnummer 154 AO 18, 19

Sachverzeichnis

Wirtschaftsprüfer 2 177
– zuständige Behörde 50 3, 11
Wohnungseigentümergemeinschaft (WEG) 10 50; 11 17, 20; **12** 40; **24c** KWG 17
Wolfsberg-Gruppe 2 38

Zahlungsdienste 2 54 ff.
Zahlungsinstitute 2 52 f.
– zuständige Behörde 50 3, 4
Zahlungskette Art. 8 GTVO 5 ff.
Zahlungskontonummer Art. 4 GTVO 4; Art. 5 GTVO 6
Zentrale Stelle 7 51
Zentralstelle für Finanztransaktionsuntersuchungen
– Ablehnung des Informationsersuchens eines anderen Staates durch die Zentralstelle 35 28 f.
– Ablehnung des Informationsersuchens eines EU-Mitgliedsstaates 33 12 f.
– Abruf von Meldedaten 31 29
– Aufsicht durch das BMF 28 33
– Auskunftsverpflichtung 30 13 f.; 31 3 ff.
– Auskunftsverweigerung 30 15
– automatisiertes Abrufverfahren 31 7 ff.
– Datenabruf 31 15 ff.; 32 17 ff.
– Datenabruf von Finanzbehörden 31 23 ff.
– Datenaustausch 28 10
– Datenaustausch mit EU-Mitgliedsstaaten 33 1 f.
– datenschutzrechtliche Zweckbindung 32 28
– Datenübermittlung an andere Staaten 35 1 f.
– Durchführung von strategischen Analysen 28 18 f.
– echte Zentralstelle 27 4
– Einwilligung in Weiterleitung von Informationen an andere Behörden 33 24 f.
– Entgegennahme von Meldungen 27 6; 28 5 f.; 29 3 ff.
– Erstellung von Berichten 28 18 f., 29

– Erstellung von Statistiken 28 25
– fachlich unabhängig 27 9
– Filterfunktion 27 7
– Hit-/No-hit-Verfahren 31 17
– Informationsaustausch 28 10, 28
– Informationsersuchen an andere Staaten 34 1 f.
– Informationsersuchen an EU-Mitgliedstaaten 33 11
– Informationsweitergabe 28 38 f.
– Intelligence-Einrichtung 27 6
– Kontenabrufverfahren (§ 24c KWG) 31 24
– Mitteilungspflicht der Strafverfolgungsbehörden 32 25
– operative Analyse 28 9; 30 8 ff.
– Rückmeldung an den Verpflichteten 28 14 ff., 29; 41 2 ff.
– Sammlung von Meldungen 27 6; 28 5 f.
– Sofortmaßnahmen 40 4 ff.
– Übermittlungsbeschränkungen 31 20; 32 20 f.
– Übermittlungspflichten 32 3, 8, 14
– Verarbeitung von personenbezogenen Daten 29 3 ff.
– Weiterleitung von Verdachtsmeldungen an andere Staaten 35 1 f.
– Weiterleitung von Verdachtsmeldungen an zuständige EU-Mitgliedstaat 33 6 f.
– Zuständigkeit 27 4 ff.
Zerstören 261 StGB 53
Zessionar 2 23
Zugriffsmaßnahmen 261 StGB 50
Zulassungsbehörde 51 22, 28
Zulassungswiderruf 51 24 f.
Zuständige Behörde
– Übersicht 50 3
– zuständige Landesbehörden 50 18
Zuverlässige Dritte 17 1 f.
– Auslagerung 17 36
– Dritte innerhalb der Unternehmensgruppe 17 24
– Einholung und Übermittlung von Informationen 17 22 f., 28
– gesetzliche Vermutung 17 10 f.

Sachverzeichnis

– kraft Gesetz geeignete Dritte **17** 10 f.
– kraft Vertrag eingesetzte Dritte **17** 25
– PostIdent **17** 26
– übertragbare Sorgfaltspflichten **17** 8 f.
– Zuverlässigkeitsprüfung **17** 29 f.
Zuverlässigkeit **1** 147 ff.; **25** 6 f.
– des Geldwäschebeauftragten **7** 31

Zuverlässigkeitsprüfung **6** 65
Zweckbindung der Information
– Informationsübermittlung **1** 14
Zweite Geldwäscherichtlinie Gesch. GwG 18
Zwischengeschalteter Zahlungsdienstleister Art. 10, 11, 12, 13 GTVO

Kapitalanlagegesetzbuch

INHALT
- Praxisnahe, wissenschaftlich fundierte und umfassende Abbildung des Kapitalanlagegesetzbuchs (KAGB)
- **Hochaktuell:** Änderungen im Rahmen des **OGAW-V-UmsG** vom März 2016 bereits berücksichtigt
- Enthält aktuelle Synopse KAGB – AIFM-RL – InvG
- Integrierung der Regelungen zur Umsetzung der OGAW-RL; Schaffung umfassender Regelungen für Manager von sog. alternativen Investmentfonds (AIF) und Fondsmanager
- Autorenteam aus ausgewiesenen Spezialisten

HERAUSGEBER
- **Joachim Moritz** war bis Frühjahr 2015 Mitglied des VIII. Senats am Bundesfinanzhof in München, der die alleinige Zuständigkeit betreffend die Besteuerung der Einkünfte aus Kapitalvermögen und der Freiberufler hat; er praktiziert jetzt als Rechtsanwalt und Steuerberater im Münchner Büro von Ernst & Young. Daneben ist er Autor und Herausgeber zahlreicher Veröffentlichungen.
- Dr. **Ulf Klebeck** ist General Counsel bei Woodman Asset Management mit Sitz in Zürich, Schweiz. Zudem ist er als Lehrbeauftragter an der Universität Liechtenstein in Vaduz und an der Humboldt-Universität in Berlin tätig.
- Dr. **Thomas A. Jesch** ist Rechtsanwalt in **Frankfurt** und praktiziert im Bereich Fondsstrukturierung. Er ist spezialisiert auf die steueroptimierte Beratung im Zusammenhang mit der Aufsetzung von institutionellen Investitionen in Fondsvehikel.

2016, Frankfurter Kommentar, 5.059 S. in 2 Teilbänden, Geb., € 529,-
ISBN: 978-3-8005-1570-7

www.shop.ruw.de
buchverlag@ruw.de

Umfassend & praxisnah

INHALT
- Erläuterung der Grundlagen eines wirksamen Compliance-Managements
- Vorstellung eines ganzheitlichen strategischen Ansatzes
- Integration zentraler Management-Aspekte
- Hinweise zur Entwicklung einer nachhaltigen Compliance-Kultur
- Mit Praxisbeispielen und Gestaltungsempfehlungen

AUTOREN UND HERAUSGEBER
Prof. Dr. **Martin R. Schulz**, LL.M (Yale), lehrt deutsches und internationales Privat- und Unternehmensrecht an der German Graduate School of Management and Law (GGS) in Heilbronn. Er leitet dort das Institut für Compliance und Unternehmensrecht und verfügt zudem über langjährige Erfahrung als Rechtsanwalt.

Alle Autoren sind ausgewiesene Experten aus der Wissenschaft, renommierte Rechtsanwälte und Unternehmensjuristen sowie Compliance-Officer, die über langjährige Kenntnisse und Erfahrungen im Umgang mit Compliance-Themen in Unternehmen verfügen.

2017, Handbuch, Recht Wirtschaft Steuern, 930 Seiten, Geb., € 149,-
ISBN: 978-3-8005-1630-8

R&W
Fachmedien Recht und Wirtschaft

www.shop.ruw.de
buchverlag@ruw.de

dfv Mediengruppe